# राजनीति विज्ञान

## एक समग्र अध्ययन

# राजनीति विज्ञान
# एक समग्र अध्ययन

सातवां संस्करण

**राजेश मिश्रा**

ओरियंट ब्लैकस्वॉन

राजनीति विज्ञान : एक समग्र अध्ययन (सातवां संस्करण)

**ओरियंट ब्लैकस्वॉन प्राइवेट लिमिटेड**

*मुख्य कार्यालय*
3-6-752 हिमायतनगर, हैदराबाद 500 029, तेलंगाना, भारत
ई-मेल: centraloffice@orientblackswan.com

*शाखाएँ*
बंग्लुरू, चेन्नई, गुवाहाटी, हैदराबाद, कोलकाता,
मुंबई, नई दिल्ली, नोएडा, पटना



छठा संस्करण 2018; पुनर्मुद्रण 2018, 2019
सातवां संस्करण 2020; पुनर्मुद्रण 2020, 2021, 2022, 2023, 2024, 2025

ISBN 978-93-5287-844-4

*पुस्तक सज्जा* : ओरियंट ब्लैकस्वॉन
*आवरण सज्जा* : ओरियंट ब्लैकस्वॉन

041209

*लेज़रटाइपसेटर*
ए. एंड डी. कं., दिल्ली

*मुद्रक*
आकाश प्रेस

*प्रकाशक*
ओरियंट ब्लैकस्वॉन प्राइवेट लिमिटेड
3-6-752 हिमायतनगर, हैदराबाद 500 029, तेलंगाना, भारत
ई-मेल: info@orientblackswan.com

# विषयानुक्रम



## भाग-1

## राजनीतिक अवधारणाएं



## भाग-2

## राजनीतिक विचारक

## भाग-3

## भारतीय राजनीतिक विचारक



## भाग-4

## तुलनात्मक राजनीतिक विश्लेषण

## भाग-5

## अंतर्राष्ट्रीय संबंध



## भाग-6

## भारत की विदेश नीति



## भाग-7

## भारत में राजनीतिक संस्थाएं

## भाग-8

## भारत में राजनीतिक प्रक्रियाएं



## भाग-9

## लोक प्रशासन



## भाग-10

## भारत में शासन विधि तथा लोक नीति

# छठे संस्करण की भूमिका

राजनीति विज्ञान का अध्ययन परंपरागत रूप में राज्य एवं सरकार के अध्ययन से आरंभ होता है। वर्तमान समय में यह अध्ययन राजनीतिक अर्थशास्त्र एवं राजनीतिक समाजशास्त्र तक विकसित हो चुका है। विश्वविद्यालय अनुदान आयोग द्वारा **नेट/जे.आर.एफ. परीक्षा** के लिए घोषित पाठ्यक्रम में लोक प्रशासन के कुछ भागों को भी शामिल कर लिया गया है।

इसलिए **नेट/जे.आर.एफ. परीक्षा** के राजनीति विज्ञान का पाठ्यक्रम अत्यधिक बहुआयामी बन गया है तथा विद्यार्थियों के लिए पाठ्यक्रम के सभी भागों की समझ विकसित करना आवश्यक है।

विश्वविद्यालय अनुदान आयोग (U.G.C.) के वर्तमान परीक्षा पैटर्न में सभी प्रश्न-पत्रों को वस्तुनिष्ठ बना दिया गया है। यह पुस्तक यू.जी.सी. नेट/जे.आर.एफ. के द्वितीय एवं तृतीय प्रश्न पत्र के पाठ्यक्रम पर आधारित है। परीक्षा के द्वितीय प्रश्न-पत्र में अभ्यर्थी से विषय की मूलभूत समझ की अपेक्षा है तथा तृतीय प्रश्न-पत्र में विद्यार्थियों के लिए गहरी संकल्पना से जुड़े प्रश्नों को भी समझने की आवश्यकता है। इसके साथ विभिन्न मूलभूत संदर्भ ग्रंथों में उल्लिखित मान्यताओं के विषय में सूचना भी होनी चाहिए।

इतनी व्यापक विषय वस्तु को किसी एक पुस्तक में प्रस्तुत करना अत्यधिक कठिन प्रतीत होता है। राजनीति विज्ञान के इस पाठ्य-पुस्तक में सभी टॉपिक की संकल्पनात्मक समझ विकसित करने का प्रयत्न किया गया है। इसी के साथ आज तक की अपडेटेड (अद्यतन) सामग्री को भी समाहित करने का प्रयास किया गया है। पुस्तक की भाषा अत्यन्त सरल एवं सहज है, जिससे राजनीति विज्ञान विषय में अभ्यर्थियों की समझ बोध को आसान किया जा सके।

इस पुस्तक में द्वितीय प्रश्न-पत्र एवं तृतीय प्रश्न-पत्र की सामग्री को एक जगह प्रस्तुत किया जा रहा है, क्योंकि पाठ्यक्रम में अनेक टॉपिक दोनों प्रश्न-पत्र में हैं। इसलिए दोनों प्रश्न-पत्र को विभाजित करने से टॉपिक का दुहराव होगा तथा छात्रों में भ्रम भी उत्पन्न होगा।

**राजेश मिश्रा**

# सातवें संस्करण की भूमिका

मेरे लिए अति प्रसन्नता एवं संतुष्टि का विषय है कि राजनीति विज्ञान (एक समग्र अध्ययन) पाठकों एवं छात्रों के द्वारा अत्यधिक पसंद की जा रही है और पाठकों एवं छात्रों का भरोसा इस पुस्तक पर बढ़ता जा रहा है, जिससे इस पुस्तक की गुणवत्ता को बेहतर बनाए रखने का दायित्व ज्यादा गंभीर हो गया है। **सातवें संस्करण** को विश्वविद्यालय अनुदान आयोग (यू.जी.सी.-नेट) (NET/JRF) के 2019 के नवीनतम पाठ्यक्रम के अनुसार तैयार किया गया है, जो पाठकों एवं छात्रों के लिए विशेष उपयोगी सिद्ध होगा। पुस्तक में वे सभी टॉपिक शामिल किए गए हैं जिनसे परीक्षा में प्रश्न पूछे जा सकते हैं।

प्रस्तुत पुस्तक के परिष्कृत एवं परिवर्द्धित सातवें संस्करण में कई नए खंड जोड़े गए हैं, जैसे- भारत की विदेश नीति, भारत में राजनीतिक संस्थाएं, भारत में राजनीतिक प्रक्रिया, लोक प्रशासन, भारत में शासन विधि तथा लोक नीति इत्यादि। इससे पुस्तक पाठ्यक्रमानुसार संपूर्ण हो गई है। पुस्तक के पुराने अंशों में भी नवीन जानकारियों का समावेश किया गया है। पुस्तक में 2019 के आम चुनाव और जम्मू-कश्मीर को केंद्रशासित प्रदेश बनाए जाने जैसी अद्यतन सूचनाएं दी गई हैं।

इस पुस्तक को सर्वश्रेष्ठ बनाने का प्रयास जारी रहेगा, जिससे छात्रों एवं पाठकों के लिए यह सदैव कारगार सिद्ध हो सके। पुस्तक में संशोधन हेतु मुझे कठिन परिश्रम करना पड़ा, परंतु ओरियंट ब्लैकस्वॉन के सहयोग के बिना यह कार्य संभव नहीं था। सुश्री निशा राय चौधरी का आभार व्यक्त करना मेरा पहला दायित्व है, जिन्होंने इसे संशोधित करने में सदैव पहल की।

सरस्वती संस्थान के प्रबंधक राकेश जी का सदैव सहयोग प्राप्त हुआ, जिससे पुस्तक को शीघ्रातिशीघ्र संशोधित किया गया। दिवश चंद के टाइपिंग के बिना इस पुस्तक को अंतिम रूप देना असंभव था। विकास एवं मोहिनी के द्वारा इस पुस्तक को पूर्ण करने में सहयोग प्राप्त हुआ। इनके प्रति मैं आभार प्रकट करता हूं।

**राजेश मिश्रा**

# आभार

भारतीय दर्शन एवं परंपरा की मूल मान्यता के अनुसार, व्यक्ति अनेक प्रकार के ऋण लेकर पैदा होता है। इसलिए व्यक्ति के किसी भी कार्य में अनंत लोगों का योगदान सम्मिलित होता है। इसमें कुछ लोगों का नाम उल्लेखनीय है। सर्वप्रथम राजनीति विज्ञान की आधारभूत समझ विकसित करने वाली प्रो. नलिनी पंत (सेवामुक्त, प्रोफेसर एवं विभागाध्यक्ष, काशी हिंदू विश्वविद्यालय, B.H.U.) मैम का मैं आजीवन आभारी रहूंगा, जिनसे मैं अभी भी मार्गदर्शन प्राप्त करता रहता हूं।

माता-पिता के आशीर्वाद के बिना कोई भी कार्य संभव नहीं है। इसके अतिरिक्त ''सरस्वती IAS'' संस्थान के प्रबंधक राकेश जी का योगदान उल्लेखनीय है, जिन्होंने मुझे प्रबंधकीय कार्यों से मुक्त रखा। मैं अपनी पत्नी सुनीता के सहयोग के लिए आभारी हूं, जिन्होंने मुझे घरेलू दायित्व से मुक्त रखा तथा अपने बच्चों अदिति एवं नंदिता के स्नेह ने यह कार्य ज्यादा आसान बना दिया।

मेरे मित्र विनीत वर्मा का योगदान भी सराहनीय है, जिन्होंने सदैव नवीन विचारों एवं मौलिक चिन्तन के लिए प्रेरित किया। विजय श्याम, आर. बी. सिंह, अमृता श्रीवास्तव एवं इन्द्रसेन सिंह के सहयोग के बिना यह कार्य संभव ही नहीं था, जिन्होंने पुस्तक लेखन में अथक परिश्रम किया। इसके अतिरिक्त मैं, मो. अब्दुल्लाह, दिवस चंद एवं नीरज प्रजापति को भी धन्यवाद देना चाहता हूं, जिन्होंने इस पुस्तक को अंतिम रूप देने में अत्यन्त महत्वपूर्ण भूमिका निभाई है। अंततः उन हजारों विद्यार्थियों का आभार व्यक्त करता हूं, जिन्होंने कक्षा में विचार-विमर्श के द्वारा सदैव नवीन विचारों तक पहुंच बनाने मेरी सहायता की।

**राजेश मिश्रा**

# भाग–1

# राजनीतिक अवधारणाएं

अध्याय 1

# स्वतंत्रता
# LIBERTY

- 'स्वतंत्रता' की अवधारणा का विकास मध्य युग में हुआ। प्रारंभ में धर्म और समाज के खिलाफ स्वतंत्रता की मांग की गई तथा कहा गया कि समाज और धर्म व्यक्ति को पूर्णत: अपने अधीन नहीं रख सकता।
- 15वीं व 16वीं सदी में 'स्वतंत्रता' का तात्पर्य, राजतंत्र के खिलाफ स्वतंत्रता थी। अर्थात् राजा या राजसत्ता लोगों के जीवन और विचारों को पूर्णत: नियंत्रित नहीं कर सकता।
- 17वीं सदी के बाद 'स्वतंत्रता', बहुमत तथा सरकार के विरोध में प्रकट हुई। इसमें यह माना गया कि बहुमत तथा सरकार लोगों के विचारों को नियंत्रित नहीं कर सकते। विचार व तर्क करने की स्वतंत्रता लोगों में अंतर्निहित है।

## स्वतंत्रता की परिभाषा

- सीले के अनुसार, 'स्वतंत्रता, अतिशासन का विलोम है।'
- मैक्कीन के अनुसार, 'स्वतंत्रता सभी प्रतिबंधों का अभाव नहीं, बल्कि अतार्किक प्रतिबंधों का अभाव है।'
- जे. एस. मिल के अनुसार, 'स्वतंत्रता प्रतिबंधों का अभाव है। प्रतिबंधों के रूप में हर प्रतिबंध दोष है और लोगों को नियंत्रित करने से बेहतर उन्हें अपनी इच्छा पर छोड़ देना है।'
- स्वतंत्रता, शब्द लैटिन शब्द 'लिबर' (Liber) से बना हुआ है, जिसका अर्थ है-'बंधनों का अभाव।' स्वतंत्रता का विचार आधुनिक युग की देन है। यूनानी युग और मध्यकाल में यह विचार अनुपस्थित था।
- लिओस्ट्रॉस के अनुसार, 'मानव जीवन में ऐसा कोई संबंध नहीं है, जिसमें वह दूसरों से संबंधित न हो। अर्थात् वह पूरी तरह से मुक्त हो। स्वतंत्रता की व्यापक भावना स्वतंत्रता पर प्रतिबंध की मांग करती है।'

## स्वतंत्रता पर लॉक का विचार

- लॉक को उदारवाद का जनक कहा जाता है। लॉक ने स्वतंत्रता के उदारवादी पक्ष की व्याख्या की, जिसमें उन्होंने मानव के प्राकृतिक अधिकारों में स्वतंत्रता को शामिल किया, परंतु उन्होंने स्वतंत्रता को बहुमत के अधीन बताया।

## स्वतंत्रता पर जे. एस. मिल का विचार

- जे. एस. मिल ने स्वतंत्रता पर अपना विचार अपनी रचना-"Essay on Liberty" (1859) में दिया।
- मिल की स्वतंत्रता का आशय, 'विचार, अभिव्यक्ति एवं भाषण की पूर्ण स्वतंत्रता से है।'
- प्रत्येक प्रकार का प्रतिबंध बुरा है।
- व्यक्ति अपने शरीर व मन का स्वामी है।
- मिल के अनुसार, 'स्वतंत्रता को सीमित करने वाला सबसे बड़ा माध्यम बहुमत समाज है, राज्य या सरकार नहीं।'
- मिल के अनुसार, 'स्वतंत्रता, व्यक्ति के विकास के लिए आवश्यक है।'
- मिल के अनुसार, 'स्वतंत्रता, सभ्यता के विकास के लिए आवश्यक है।'

## स्वतंत्रता पर हर्बर्ट स्पेंसर का विचार

- स्पेंसर, स्वतंत्रता के नकारात्मक सिद्धांत के सबसे प्रबल समर्थक हैं व राज्य को स्वतंत्रता का विरोधी मानते हैं। उनका राज्य पुलिस राज्य है, जिसके केवल दो कार्य हैं-बाहरी आक्रमणों से सुरक्षा और आंतरिक व्यवस्था बनाए रखना। इसके अतिरिक्त राज्य जो भी कार्य करेगा, उससे व्यक्तिगत स्वतंत्रता का हनन होगा।

## स्वतंत्रता पर एडम स्मिथ और डेविड रिकार्डो का विचार

- एडम स्मिथ और डेविड रिकार्डो आर्थिक क्षेत्र में यथेच्छाचारी सिद्धांत का समर्थन करते हैं। वे भूमि, श्रम और पूंजी पर निजी स्वामित्व चाहते हैं तथा राज्य द्वारा आर्थिक क्रियाओं के परिचालन में किसी प्रकार के हस्तक्षेप का विरोध करते हैं।

## स्वतंत्रता के आयाम

**नागरिक स्वतंत्रता** (Civil Liberty)

- बार्कर के अनुसार, 'नागरिक स्वतंत्रता, व्यक्ति को व्यक्ति होने के नाते प्राप्त होती है।' बार्कर के अनुसार, नागरिक स्वतंत्रता के **निम्नलिखित पक्ष हैं**-
  - (i) अभिव्यक्ति एवं आवागमन की स्वतंत्रता।
  - (ii) समझौते की स्वतंत्रता।
  - (iii) जीवन, स्वास्थ्य और शरीर को किसी भी बाह्य खतरे से मुक्त रखने की स्वतंत्रता।

**राजनीतिक स्वतंत्रता** (Political Liberty)

- इसका अभिप्राय, मतदान एवं राजनीतिक जीवन में सहभागिता का अधिकार है।
- रूसो के अनुसार, 'राजनीतिक स्वतंत्रता का आशय, जनसंप्रभुता का एक अंश होना है।'
- राजनीतिक स्वतंत्रता को उपनिवेशवाद एवं साम्राज्यवाद से मुक्ति के रूप में भी देखा जाता है।

**सामाजिक स्वतंत्रता** (Social Liberty)

- बहुमत समाज के विरुद्ध प्रत्येक व्यक्ति द्वारा अपनी इच्छानुसार कार्य करना ही सामाजिक स्वतंत्रता है।
- जाति, धर्म एवं लिंग के आधार पर भेदभाव का अभाव।

**आर्थिक स्वतंत्रता** (Economic Liberty)

- व्यक्ति को रोजगार या न्यूनतम रोजगार की सुनिश्चितता एवं समाज के अभावग्रस्त लोगों के लिए न्यूनतम आर्थिक आवश्यकताओं की पूर्ति।

**नकारात्मक स्वतंत्रता** (Negative Liberty)

- प्रत्येक प्रकार का प्रतिबंध बुरा है।
- चयन की स्वतंत्रता।
- निजी क्षेत्र में किसी भी प्रकार के हस्तक्षेप का अभाव।
- व्यक्ति विवेकशील है तथा व्यक्ति को अकेला छोड़ दिया जाए।
- राजनीतिक वैधानिक स्वतंत्रता।
- नकारात्मक स्वतंत्रता के प्रमुख समर्थकों में बेंथम, जे. एस.मिल, बर्लिन, फ्रीडमैन, डी. टॉकविले, स्पेंसर, एडम स्मिथ, रिकार्डो, हेयक एवं नॉजिक प्रमुख हैं।
- नकारात्मक स्वतंत्रता के अन्य मान्यताकारों में हॉब्स, लॉक, लॉर्ड एक्टन, कोंस्टेंट, एलेक्सी डी. टॉकविले, माइकल ओकशॉट (नव-रूढ़िवादी) प्रमुख हैं।
- स्पेंसर के अनुसार, 'राज्य इसलिए विद्यमान है, क्योंकि समाज में अपराध विद्यमान हैं। यदि समाज में अपराध नहीं होगा, तो राज्य की आवश्यकता नहीं होगी।'
- हर्बर्ट स्पेंसर की रचना-"Man Versus State" (1884) है।
- वॉल्टेयर के अनुसार, 'मैं आपके विचारों से असहमत हो सकता हूं लेकिन मरते दम तक आपके अभिव्यक्ति के अधिकार की रक्षा करूंगा।'
- प्रत्येक व्यक्ति को खुला छोड़ देना ही स्वतंत्रता है। (अर्थात् पितृ-सत्तात्मक सत्ता का अभाव ही स्वतंत्रता है)

### स्वतंत्रता पर बर्लिन (Isaiah Berlin) का विचार (नकारात्मक स्वतंत्रता)

- बर्लिन की रचना, Two Concepts of Liberty (1958) है।
- बर्लिन की रचनाओं का **कालक्रम है**-
  - Karl Marx: His Life and Environment (1939)
  - Four Essays on Liberty (1969)
  - Vico and Herder (1976)

- बर्लिन के अनुसार, 'सकारात्मक स्वतंत्रता को आत्म उपलब्धि, आत्मनियंत्रण या आत्मसाक्षात्कार के रूप में देखा जाता है, जो कि त्रुटिपूर्ण है।'
- सकारात्मक स्वतंत्रता को मानने के परिणामस्वरूप पितृ-सत्तात्मक व्यवस्था का जन्म होता है।
- सकारात्मक स्वतंत्रता की संकल्पना में सामाजिक आत्मनियंत्रण (Social self control) का विस्तार हो जाता है। जिसके अनुसार राज्य का हस्तक्षेप व्यक्ति की स्वतंत्रता में सहायक होता है।
- बर्लिन के अनुसार, 'सकारात्मक स्वतंत्रता के अंतर्गत् व्यक्ति राज्य का दास बन जाता है या उसके जीवन के प्रत्येक भाग पर राज्य का नियंत्रण स्थापित हो जाता है।'
- जिसे हम स्वतंत्रता कहते हैं, वह स्वतंत्रता की परिस्थितियां हैं, स्वतंत्रता नहीं।
- स्वतंत्रता का आशय, 'प्रतिबंधों के अभाव से है।'

### स्वतंत्रता पर हेयक का विचार (नव-उदारवादी)

- नोबेल पुरस्कार विजेता हेयक की प्रसिद्ध रचना का नाम-"The Constitution of Liberty" (1960) तथा इनकी अन्य रचना-"Law, Legislation and Liberty" (1973) है।
- हेयक लॉक के विचारों से प्रभावित थे।
- स्वतंत्रता का आशय, 'दूसरे की स्वेच्छाचारी इच्छा से स्वतंत्रता है।'
- हेयक के अनुसार, 'स्वतंत्रता का आशय, बाध्यकारी कार्यों को प्रतिबंधित करना है।'
- हेयक ने स्वतंत्रता का मूल अर्थ नकारात्मक माना। व्यक्तिगत स्वतंत्रता, स्वतंत्रता के निम्नलिखित रूपों से भिन्न होती है-

(i) राजनीतिक स्वतंत्रता।
(ii) आंतरिक स्वतंत्रता (उच्चतर विचार)।
(iii) स्वतंत्रता, शक्ति के रूप में।

## स्वतंत्रता पर मिल्टन फ्रीडमैन (नव-उदारवादी)

- मिल्टन फ्रीडमैन ने अपनी पुस्तक-"Capitalism and Freedom" (1962) में 'नकारात्मक स्वतंत्रता' की संकल्पना का प्रतिपादन किया।
- स्वतंत्रता का आशय, 'एक व्यक्ति पर उसके सहयोगी व्यक्ति द्वारा बाध्यता या बल प्रयोग का अभाव है।'

## सकारात्मक स्वतंत्रता

- सकारात्मक स्वतंत्रता के प्रमुख समर्थकों में-रूसो, कांट, हीगल, ग्रीन, बोसांके, बार्कर, लास्की, लियोस्ट्रॉस, मैकफर्सन आदि विचारकों के नाम उल्लेखनीय हैं।
- रूसो ने सकारात्मक स्वतंत्रता का समर्थन किया, क्योंकि उनके अनुसार, 'अपनी तात्विक इच्छा (Real Will) के अनुसार कार्य करना ही स्वतंत्रता है।'
- हैरॉल्ड जोसेफ लास्की के अनुसार, **स्वतंत्रता के निम्नलिखित प्रकार हैं-**
  (i) व्यक्तिगत स्वतंत्रता।
  (ii) राजनीतिक स्वतंत्रता।
  (iii) आर्थिक स्वतंत्रता।
- हैरॉल्ड जोसेफ लास्की की रचना-"A Grammar of Politics" (1925) है।
- लास्की के अनुसार, 'स्वतंत्रता का अर्थ ऐसी दशाओं की उपलब्धता से है, जिसमें मनुष्य के विकास का सर्वोत्तम अवसर उपलब्ध हो।' अत: इसलिए स्वतंत्रता अधिकारों से उत्पन्न होती है।
- लास्की के अनुसार, 'बिना अधिकारों के स्वतंत्रता नहीं हो सकते हैं, क्योंकि बिना अधिकारों के मनुष्य कानूनों को मानने के लिए बाध्य नहीं हो सकता, जो कि उसके व्यक्तित्व की आवश्यकताओं से संबंधित हों।'
- लास्की के अनुसार, अधिकार, अवसर व उत्तरदायी सरकार स्वतंत्रता के लिए आवश्यक हैं।
- आमर्त्य सेन ने अपनी प्रसिद्ध पुस्तक-"Development as Freedom" (1999) में स्वतंत्रता का आशय, 'व्यक्ति की क्षमताओं का विकास माना।'
- समुदायवादी विचारक चार्ल्स टेलर ने नकारात्मक स्वतंत्रता को 'अवसरवादी संकल्पना' (Opportunist concept) कहा। जबकि सकारात्मक स्वतंत्रता को 'अभ्यास की संकल्पना' (Exercise concept) कहा।
- मैकफर्सन के अनुसार भी स्वतंत्रता सकारात्मक है। इन्होंने स्वतंत्रता को 'रचनात्मक स्वतंत्रता' (Creative Freedom) कहा।
- रूसो, हीगल व ग्रीन के विचारों में भी सकारात्मक स्वतंत्रता की संकल्पना विद्यमान है। इनके विचारों में सकारात्मक स्वतंत्रता का दार्शनिक या नैतिक अर्थ विद्यमान है।
- हीगल के अनुसार, 'राज्य की आज्ञा का पालन करना ही स्वतंत्रता है।'
- ग्रीन के अनुसार, 'स्वतंत्रता उन कार्यों को करने और भोगने का नाम है, जो करने और भोगने योग्य हों और जिसका समाज में अन्य व्यक्तियों के साथ साझा उपयोग किया जा सके।'
- मैकफर्सन के अनुसार, 'सकारात्मक स्वतंत्रता एक पूर्ण मानव के रूप में कार्य करने की स्वतंत्रता है। यह मानव की अपने विकास करने की शक्ति है।' मैकफर्सन ने बर्लिन के स्वतंत्रता सिद्धांत की आलोचना की और कहा कि स्वतंत्रता की उदारवादी अवधारणा ने स्वतंत्रता के महत्व को ही खत्म कर दिया है।
- अर्नेस्ट बार्कर के अनुसार, स्वतंत्रता के निम्नलिखित तीन रूप हैं, जो **एक-दूसरे के पूरक हैं-**
  (i) नागरिक स्वतंत्रता।
  (ii) राजनीतिक स्वतंत्रता।
  (iii) आर्थिक स्वतंत्रता।
- अटलांटिक चार्टर में पूर्व अमेरिकी राष्ट्रपति रूजवेल्ट ने निम्न **चार प्रकार की स्वतंत्रताओं का वर्णन किया–**
  (i) अभिव्यक्ति की स्वतंत्रता।
  (ii) उपासना की स्वतंत्रता।
  (iii) भय से स्वतंत्रता।
  (iv) अभाव की स्वतंत्रता।
- बांग्लादेश के प्रसिद्ध अर्थशास्त्री महबूब अल हक ने संयुक्त राष्ट्र संघ की रिपोर्ट में मानव विकास की संकल्पना का निर्माण किया और मानवीय सुरक्षा की संकल्पना का विचार दिया। इनके अनुसार भी स्वतंत्रता सकारात्मक है।

## स्वतंत्रता की इकहरी संकल्पना

- रॉल्स व मैकलॉवेन जैसे विचारकों ने स्वतंत्रता के नकारात्मक व सकारात्मक विभाजन को अस्वीकार कर दिया।

## मार्क्सवादियों के अनुसार, स्वतंत्रता

### 1. मार्क्स

- मार्क्सवादी स्वतंत्रता को 'मुक्ति' (Liberation) के रूप में वर्णित करते हैं।

- मार्क्स के अनुसार, स्वतंत्रता का आशय, 'विवशताओं का अभाव (End of necessity) है।' (1844 की पेरिस पांडुलिपियों में मार्क्स ने यह विचार दिया।)
- व्यक्ति की स्वतंत्रता पर सबसे बड़ा प्रतिबंध आर्थिक कारणों से लगता है।
- पूंजीवादी समाज में व्यक्ति दोहरा जीवन जीने को विवश है। राजनीतिक/नागरिक रूप में वहां समानता दिखाई देती है, लेकिन उत्पादन के साधनों पर तथा आर्थिक संसाधनों पर मुट्ठीभर लोगों का अधिकार होता है।
- सकारात्मक एवं नकारात्मक स्वतंत्रता में विभाजन नहीं, लेकिन यदि एक चुनना हो, तो सकारात्मक स्वतंत्रता।

### 2. हर्बर्ट मॉर्क्यूज ( नव-मार्क्सवादी )

- व्यक्ति द्वारा तार्किक लक्ष्यों को पूरा करना ही स्वतंत्रता है। पूंजीवाद में व्यक्ति को, केवल उपभोक्ता के रूप में चित्रित किया जाता है व्यक्ति की कृत्रिम आवश्यकताएं पैदा की जाती हैं।
- हर्बर्ट मॉर्क्यूज ने स्पष्ट कहा, कि आधुनिक पूंजीवादी युग में पूंजीवादी व्यवस्था के द्वारा वास्तविक स्वतंत्रता का जोड़-तोड़ (Manipulate) किया गया है।
- पूंजीवादी व्यवस्था में औपचारिक स्वतंत्रता इसलिए प्रदान की जाती है, क्योंकि यह पूंजीवादी प्रभुत्व के लिए कोई प्रत्यक्ष खतरा उत्पन्न नहीं करती।

### 3. एरिक फ्रॉम

- मानव जीवन, भौतिक प्रबंध का दास बन गया है।
- उदारवाद ने मानव जीवन को मशीनीकृत/कंप्यूटरीकृत कर दिया है।
- स्वतंत्रता की एकीकृत संकल्पना नकारात्मक एवं सकारात्मक का भेद खत्म कर देती है।
- इकहरी संकल्पना 'जॉन रॉल्स' ने दी है।
- जोसेफ राज (Joseph Raz) ने स्वतंत्रता को 'स्वायत्तता' के रूप में परिभाषित किया।
- स्किनर (Skinner) ने 'स्वतंत्रता की गणतंत्रीय संकल्पना' का विचार दिया।
- एरिक फ्रॉम की रचना-"Escape From Freedom" (1941) एवं "Fear of Freedom" (1942) है।

## उद्देश्यात्मक स्वतंत्रता (Purposive Liberty)

## समुदायवादियों के अनुसार, स्वतंत्रता

- चार्ल्स टेलर के अनुसार, कुछ स्वतंत्रताएं ज्यादा महत्वपूर्ण होती हैं।
- उन्होंने उद्देश्यात्मक स्वतंत्रता का समर्थन किया।
- उनके अनुसार, उपासना की स्वतंत्रता, आवागमन की स्वतंत्रता से ज्यादा महत्वपूर्ण है, क्योंकि उपासना की स्वतंत्रता का उद्देश्य ज्यादा व्यापक है।

## स्वतंत्रता एवं विधि में संबंध

- स्वतंत्रता का आशय, विधि के अंतर्गत् स्वतंत्रता है।
- अत: स्वतंत्रता और विधि एक-दूसरे के विरोधी नहीं हैं।
- मैक्कीन के अनुसार, 'स्वतंत्रता का आशय, विधि के अंतर्गत् स्वतंत्रता है। लेकिन यह विधि तार्किक या औचित्यपूर्ण होनी चाहिए।'
- जॉन लॉक के अनुसार, विधि के अभाव में स्वतंत्रता नहीं हो सकती।

### स्वतंत्रता से संबंधित महत्वपूर्ण तथ्य

**विचारक - पुस्तक**

- नेल्सन मंडेला - Long Walk to Freedom (1995)
- आंग सांग सू की - Freedom from Fear (1990)
- आमर्त्य सेन - Developement as Freedom (1999)
- मिल्टन फ्रीडमैन - Capitalism and Freedom (1962)
- जोसेफ रॉज - Morality of Freedom (1986)
- रूसो की स्वतंत्रता की संकल्पना को 'बाध्यकारी स्वतंत्रता' (Freedom of Paradox) भी कहा जाता है।
- Liberty की जगह Liberation शब्द का सर्वप्रथम प्रयोग करने का श्रेय ब्राजील के **गुस्तावो क्यूरेज** को जाता है।
- जॉन रॉल्स की स्वतंत्रता की संकल्पना को 'परिवार की स्वतंत्रता' भी कहा जाता है।
- हेनरी ब्रेंजामिन कॉन्सटेंट ने स्वतंत्रता को प्राचीन स्वतंत्रता व आधुनिक स्वतंत्रता दो रूपों में विभाजित किया।
- कैरोल पैटमैन ने आधुनिक राज्य में मिलने वाली स्वतंत्रता को 'पुरुषवादी स्वतंत्रता' कहा है।

अध्याय 2

# समानता
# EQUALITY

- उदारवादियों के अनुसार, 'समानता वैधानिक होती है। अर्थात् व्यक्ति, कानून व नियमों के समक्ष समान माने जाएंगे।'
- लॉक के अनुसार, प्रकृति ने सभी मनुष्यों को समान व स्वतंत्र पैदा किया है। कोई व्यक्ति किसी दूसरे व्यक्ति के जीवन, स्वास्थ्य, स्वतंत्रता तथा संपत्ति को क्षति नहीं पहुंचा सकता।
- अमेरिकी स्वतंत्रता घोषणा-पत्र में कहा गया है कि सभी लोग जन्म से समान हैं और निर्माता ने सभी मनुष्यों को समान अधिकार दिया है।
- वर्ष 1789 में फ्रांसीसी क्रांति के घोषणा-पत्र में कहा गया कि मर्यादा और अधिकारों में सभी लोग जन्म से स्वतंत्र एवं समान हैं।
- मार्क्सवादियों एवं समाजवादियों ने तात्विक समानता पर बल दिया, जिसमें रोजगार, अधिकारों, संपत्तियों का समानतापूर्ण वितरण एवं राज्य के नियंत्रण पर बल दिया।
- समानता की संकल्पना, आधुनिक युग की देन है।
- आधुनिक युग में समानता की संकल्पना को केंद्रीय बनाने का श्रेय 'रूसो' को दिया जाता है।

## आशय

- समानता 'चाहिए' से संबंधित संकल्पना है।
- तथ्यात्मक रूप में समानता नहीं होती है।
- समानता का अर्थ, समाज में विशेषाधिकारों एवं विषमताओं को समाप्त करना है।
- अत: समानता का अर्थ, 'विभेदों का अंत' है।
- परंतु समानता का आशय, प्रत्येक प्रकार के विभेदों की समाप्ति नहीं, बल्कि अतार्किक विभेदों की समाप्ति है।
- अतार्किक विभेदों का आशय, लिंग, जाति एवं धर्म के आधार पर किए गए विभेद हैं।
- अत: समानता का अर्थ, 'उन विषमताओं को हटाना है, जो समाज द्वारा निर्मित हैं, न कि प्राकृतिक विषमताओं का अंत करना।
- समानता का आशय, सभी के साथ समान व्यवहार नहीं है।
- समानता का आशय, समान लोगों के साथ, समान व्यवहार करना एवं असमान लोगों के साथ, असमान व्यवहार करना समानता है।
- अत: समानता का समकालीन युग में सबसे सटीक अर्थ, 'अवसर की समानता' है।
- लास्की के अनुसार, 'समाज में कोई व्यक्ति इतना ऊंचा न होने पाए कि पड़ोसी अपनी नागरिकता और स्थिति में स्वत: को हीन समझें।'

## विभिन्न विचारकों के अनुसार, समानता की संकल्पना

- 20वीं शताब्दी में समानता के सबसे बड़े समर्थक आर. एच. टोनी हैं। इंग्लैंड में असमानता का धर्म व्याप्त है। इनकी रचना-"Equality" (1931) है। इनकी अन्य रचनाएं-"The Acquisitive Society" (1920) तथा "Religion and the Rise of Capitalism" (1926), "Education: the Socialist Policy" (1924) है।
- हॉब्स के लेखन के दौरान इंग्लैंड में समानता के लिए दो समानांतर **आंदोलन चल रहे थे-**
  - (i) Levellers-राजनीतिक समानता के समर्थक।
  - (ii) Diggers-आर्थिक समानता के समर्थक (नेता निन्स्टले)।
- लॉक के विचारों में नैतिक समानता की संकल्पना अंतर्निहित है। लॉक ने स्पष्ट कहा, 'कि प्राकृतिक अवस्था में सभी मनुष्य समान थे तथा सभी व्यक्तियों को ईश्वर ने समान अधिकार दिया।'
- बेंथम ने पहली बार राजनीतिक समानता का सूत्र प्रस्तुत किया-'एक व्यक्ति, एक मत।'

## समानता के आयाम

### A. औपचारिक समानता या निरपेक्ष समानता

- शास्त्रीय उदारवादी तथा नव-उदारवादी विचारक इस समानता का समर्थन करते हैं।

- औपचारिक समानता के समर्थक हॉब्स, लॉक, बेंथम, मिल इत्यादि विचारक हैं।
- औपचारिक समानता में निम्नलिखित प्रकार की समानता को शामिल किया जाता है-

### 1. नैतिक समानता

- समानता का आरंभिक विचार नैतिक समानता के रूप में आया।
- नैतिक समानता एक आदर्शवादी संकल्पना है।
- नैतिक समानता का आशय, सभी व्यक्तियों के साथ समानता का व्यवहार होना चाहिए, क्योंकि सभी व्यक्ति ईश्वर की समान संतान हैं।
- हॉब्स, लॉक द्वारा वर्णित प्राकृतिक अवस्था में नैतिक समानता विद्यमान थी।

### 2. वैधानिक समानता

- वैधानिक समानता का आशय, विधि के समक्ष समानता से है। अत: विधि के समक्ष सभी व्यक्ति समान होंगे।
- वैधानिक समानता के समर्थक लॉक, बेंथम, ऑस्टिन, मिल इत्यादि विचारक थे।

### 3. सामाजिक समानता

- समाज में धर्म, जाति एवं लिंग के आधार पर विभेद की समाप्ति।
- समाज में विशेषाधिकारों एवं विषमताओं का अंत करना तथा अल्पसंख्यकों के अधिकारों की रक्षा करना है।

### 4. राजनीतिक समानता

- प्रत्येक व्यक्ति को राजनीतिक जीवन में सहभागिता का समान अधिकार प्रदान करना।
- प्रत्येक व्यक्ति को समान मत देने का अधिकर प्रदान करना। (बेंथम ने सर्वप्रथम एक व्यक्ति, एक मत का विचार दिया)

### 5. आर्थिक समानता

- इसका समर्थन कल्याणकारी राज्य के समर्थक एवं समाजवादी विचारक करते हैं।
- न्यूनतम आर्थिक आवश्यकताओं की पूर्ति करना।
- व्यक्तियों को काम का अधिकार प्रदान करना।

### 6. लैंगिक समानता

- पितृ-सत्तात्मक सत्ता की समाप्ति करना।
- निजी एवं सार्वजनिक जीवन में विभेद की समाप्ति।
- महिलाओं के घरेलू कार्यों का महत्व स्वीकार करना।
- ब्रिटेन के वे विचारक जो समाजवादी झुकाव रखते थे। उनमें रिचर्ड टॉनी, जॉर्ज आर्वेल एवं रिचर्ड टिटमस प्रमुख थे।

## B. अवसर की समानता

- यह समानता का सर्वस्वीकृत आधुनिक रूप है।
- अवसर की समानता का अभिप्राय, 'समानों के साथ, समान व्यवहार तथा असमानों के साथ, असमान व्यवहार से है।'
- अवसर की समानता का मूल अभिप्राय, 'आरंभिक स्थिति या मूलभूत रूप में समानता लाना है, प्रत्येक स्थिति में नहीं।'
- डॉर्किन ने अवसर की समानता को 'संसाधनों की समानता' के रूप में व्यक्त किया।
- डॉर्किन के अनुसार, 'आरंभिक स्थिति में लोगों को समान संसाधन दिए जाएंगे।'
- परंतु डॉर्किन शारीरिक रूप से विकलांग लोगों को अन्य लोगों से अधिक सुविधाएं प्रदान करने का समर्थन करते हैं, जिसे डॉर्किन ने 'पेंशन योजना' का नाम दिया है। डॉर्किन की रचना-"Taking Rights Seriously" (1977) एवं इनकी अन्य रचना-"Law's Empire" (1986) तथा "Sovereign Virtue" (2000) है।
- जॉन रॉल्स भी अवसर की समानता के समर्थक हैं।
- रॉल्स के अनुसार, अवसर की समानता का आशय, 'व्यक्तियों को मूलभूत प्राथमिक वस्तुओं को प्रदान करना है।'

## अवसर की समानता का व्यावहारिक पक्ष

### 1. सकारात्मक क्रिया (Affirmative Action)

- यह व्यवस्था अमेरिका में प्रचलित है, जिसके द्वारा अश्वेतों के सामाजिक, आर्थिक एवं शैक्षिक उत्थान के लिए सरकार विश्वविद्यालय द्वारा कुछ विशेष उपाय एवं प्रबंध किए जाते हैं।
- सकारात्मक क्रिया के अंतर्गत् अमेरिका में विश्वविद्यालयों में अश्वेतों के लिए कम अंकों पर प्रवेश दिया गया।
- अश्वेतों के लिए सीट आरक्षित कर दी गई।

### 2. भारत में अवसर की समानता

- भारतीय संविधान में अवसर की समानता को 'संरक्षणात्मक विभेद' या (Reverse Discrimination) या विधि के समक्ष समान संरक्षण की संज्ञा भी दी जाती है। इसके अंतर्गत् पिछड़े वर्ग के लोगों को सेवाओं में आरक्षण प्रदान किया जाता है।
- यह विभेद संरक्षणात्मक है क्योंकि समाज के वंचित वर्गों के संरक्षण एवं उत्थान के लिए यह विभेद आवश्यक है।

## C. परिणामों की समानता या परिस्थितियों की समानता

- परिणामों की समानता का समर्थन मार्क्सवादी विचारक करते हैं।

- परिणामों की समानता का आशय, सभी व्यक्तियों की आर्थिक स्थिति को समान बना देना है।
- परिणामों की समानता के अंतर्गत् मार्क्सवादियों ने समाज से सामाजिक एवं आर्थिक विषमता को पूर्ण रूप में समाप्त करने का नारा दिया।
- पूंजीवादी व्यवस्था की समाप्ति के बाद ही वास्तविक समानता स्थापित होगी।

## परिणामों की समानता की आलोचना

- मिलोवन जिलास (Milovan Djilas) ने अपनी पुस्तक-"The New Class" (1957) में कहा कि 'समाजवादी समाज में समानता केवल एक दिखावा है। वास्तविक रूप में पार्टी के मुट्ठीभर पदाधिकारियों ने व्यवस्था पर नियंत्रण कर रखा है।'
- जेम्स बर्नहम ने अपनी पुस्तक-"The Managerial Revolution" (1941) में प्रबंधकीय क्रांति की चर्चा करते हुए आधुनिक समाज को उत्तर-औद्योगिक समाज की संज्ञा दी। उनके अनुसार, आधुनिक समाज में व्यवसायी और तकनीकी विशेषज्ञ महत्वपूर्ण भूमिका का निर्वाह कर रहे हैं। इसलिए न तो पूंजीपति प्रधान हैं, न ही सर्वहारा वर्ग।

## विभिन्न विचारधाराओं के अनुसार, समानता का अर्थ

### 1. शास्त्रीय उदारवादी या परंपरागत उदारवादी

- ये समानता को वैधानिक या औपचारिक या राजनीतिक समानता के रूप में स्वीकार करते हैं।

### 2. मार्क्सवादी

- ये समानता को परिणामों की समानता या परिस्थितियों की समानता के रूप में स्वीकार करते हैं।
- ये मूल रूप में समानता को आर्थिक समानता के रूप में मानते हैं। इनके अनुसार, आर्थिक समानता के अभाव में राजनैतिक एवं वैधानिक समानता निरर्थक है।

### 3. सकारात्मक उदारवादी या कल्याणकारी राज्य के समर्थक

- इनके अनुसार, समानता का आशय, अवसर की समानता से है।
- अवसर की समानता के अंतर्गत् वैधानिक, आर्थिक व राजनीतिक सभी तरह की समानता शामिल है।

## समानता की समुदायवादी संकल्पना

- वॉल्जार (Walzer) ने 'जटिल समानता' (Complex equality) का विचार प्रस्तुत किया।
- इनके अनुसार, समाज में मूलभूत वस्तुओं के वितरण के भिन्न मानदंड होने चाहिए।
- प्रत्येक समाज के लिए एकसमान वस्तुएं उपयोगी नहीं होती।
- इनके अनुसार, सभी व्यक्तियों को समान मूलभूत सुविधाएं प्राप्त होनी चाहिए। परंतु प्रत्येक क्षेत्र में समानता संभव नहीं है।
- चार्ल्स टेलर भी समुदायवादी हैं। इनकी प्रसिद्ध रचना-"Sources of the Self" (1989) है।

## समानता की नारीवादी संकल्पना

### उदारवादी नारीवाद

- उदारवादी नारीवादी, सार्वजनिक क्षेत्र में समानता के समर्थक हैं।
- समान राजनीतिक, अधिकार एवं शिक्षा अधिकार के समर्थक हैं।

### उग्र-नारीवाद

- उग्र-नारीवादी, निजी जीवन में समानता के समर्थक हैं।
- नैतिक, वैधानिक, राजनीतिक व आर्थिक समानता आवश्यक है, लेकिन पर्याप्त नहीं।
- नारीवादियों ने पितृ-सत्तात्मक सत्ता का विरोध किया।
- पितृ-सत्तात्मक सत्ता का अभिप्राय, सार्वजनिक क्षेत्र पुरुषों का होता है। जबकि निजी एवं घरेलू क्षेत्र महिलाओं को दे दिया गया है। महिलाएं इस निजी एवं घरेलू क्षेत्र में भी पुरुषों के अधीन होती हैं।
- महिलाओं के सामने नाम न होने की समस्या या पहचान का संकट होता है।
- घरेलू श्रम का कोई मूल्य नहीं। Sex-जैविक संकल्पना, Gender-सांस्कृतिक संकल्पना, परिधान, बड़े बाल का निर्धारण समाज द्वारा या पितृ-सत्तात्मक समाज द्वारा होता है।
- समानता का आशय, यह नहीं कि नारी को पुरुषों के समान बना दिया जाए, बल्कि नारीवादी मूल्यों को समाज में उचित स्थान दिया जाए।
- पुरुषों की बहादुरी और साहस को प्रभावी बनाकर प्रस्तुत किया गया।

### कैरोल पेटमैन

- महिलाओं को पितृ-सत्तात्मक सत्ता द्वारा निजी क्षेत्र के तहत रखा गया है।
- कल्याणकारी राज्य को पितृ-सत्तात्मक राज्य की संज्ञा दी।
- महिलाएं अभी भी प्राकृतिक अवस्था में हैं, सामाजिक समझौते में शामिल नहीं थीं।
- इनकी रचना-"Feminist Critiques of the Public/ Private Dichotomy" (1983) है।

### बेट्टी फ्रीडन

- महिला मुक्ति की जन्मदाता।
- द्वितीय चरण में नारीवादी आंदोलन (Radical Feminism) का आधार रखा गया। **इनकी रचनाओं के नाम हैं-**
  (i) "The Feminine Mystique" (1963)
  (ii) "The Second Stage" (1981)
- मुख्य समस्या नाम न होने की समस्या महिलाओं के समक्ष विद्यमान है।

### केट मिलेट

- नारीवादी राजनीति 'दिन-प्रतिदिन की राजनीति' है।
- "The Sexual Politics" (1969) इनकी प्रसिद्ध रचना है।

### जर्मीन ग्रीर की प्रसिद्ध रचनाएं

- "Sex and Destiny" (1984)
- "The Female Eunuch" (1970)

### साइमन द बुवा

- साइमन द बुवा का प्रसिद्ध कथन, 'महिलाएं पैदा नहीं होती, बल्कि बनाई जाती हैं।'
- इनका प्रसिद्ध कथन है कि 'व्यक्तिगत ही राजनीतिक है।'
- "The Second Sex" (1949) तथा "The Personal is Political" (1970) इनकी रचनाएं हैं।

### वर्जीनिया वूल्फ

- महिला होने के नाते मेरा कोई देश नहीं है।
- "A Room of One's Own" (1929) इनकी रचना है।
- मारियोसा डल्ला कोस्टॉ (इटली)-'महिलाओं को उनके घरेलू कार्यों के लिए वेतन प्रदान करना चाहिए।'

### कैरोल गिलिगन

- इनकी रचना-"In A Different Voice" (1982) है।
- मनोवैज्ञानिक दृष्टिकोण से लड़कियों का लगाव मां से होता है, जबकि पुरुष अपनी पहचान स्वतंत्र रूप में बनाना चाहता है।
- इन्होंने 'देखभाल की नैतिकता' (Ethics of Care) का विचार प्रस्तुत किया। जो रॉल्स की न्याय की नैतिकता से अलग है।

### एलस्टीन

- इनकी रचना-"Public Man, Private Woman" (1993) है।
- महिलाओं के पास केवल घरेलू कार्य हैं।
- शोषण का कारण सेक्स (Sex) नहीं, जेंडर (Gender) है।
- आयरिश मेरियम यंग ने "Justice and the Politics of Difference" (1994) नामक प्रसिद्ध रचना लिखी। इनकी अन्य रचनाएं-"Inclusion and Democracy" (2001) एवं "On Female Body Experience" (2005) है।
- कोहेन ने "Rescuing Justice and Equality" (2008) नामक रचना लिखी तथा इन्होंने रॉल्स के न्याय सिद्धांत की आलोचना भी की है।
- ओकिन की प्रसिद्ध रचना-"Justice, Gender and the Family" (1991) है।

### बहुसंस्कृतिवादी समानता की संकल्पना

- भीखू पारिख एवं किमलिका इसके मान्यताकार हैं।
- विषमता केवल आर्थिक नहीं होती, बल्कि सांस्कृतिक भी होती है।
- समूह विशेष के अधिकारों की मांग करते हैं।
- पहचान की राजनीति का समर्थन करते हैं।
- किमलिका के अनुसार, विभेदीकृत नागरिकता (Differentiated Citizenship) प्रत्येक समूह की विभिन्न, विशिष्ट आवश्यकताएं एवं लक्ष्य होते हैं।
- अल्पसंख्यकों को भी समाज में आत्म सम्मान प्राप्त होना चाहिए।
- किमलिका के अनुसार, अल्पसंख्यकों की सांस्कृतिक पहचान बनाए रखने पर विशेष बल देना चाहिए।
- मेरियम यंग के अनुसार, 'विभेद की राजनीति (Politics of Difference) का अर्थ केवल लोगों को अधिकार प्रदान कर देना नहीं है, बल्कि उनके प्रति व्याप्त पूर्वाग्रह और विभेद को भी समाप्त करना है।'
- सामान्यत: ब्रिटिश और अमेरिकी समाजों में एशियाई मूल्यों को हेय दृष्टि से देखा जाता है।

## समानता के विरोधी विचारक

- अरस्तू ने असमानता को प्राकृतिक माना।
- लॉर्ड एक्टन के अनुसार, 'समानता की आशा ने स्वतंत्रता को निष्फल बना दिया है।'
- टॉकविले के अनुसार, 'समानता का आशय, बहुमत की निरंकुशता है।'
- पैरेटो, मोस्का एवं मिशेल जैसे अभिजनवादियों ने समानता का प्रबल विरोध किया।
- समकालीन विचारक क्रिस्टोल बेल ने योग्यता आधारित संकल्पना (Just Meritocracy) की संकल्पना का समर्थन किया। जिनके अनुसार, वर्तमान समाज में भी विषमता व्याप्त है, लेकिन यह विषमता योग्यता, कौशल और उपलब्धि के आधार पर है।
- माइकल यंग ने अपनी रचना-"The Rise of the Meritocracy" (1958) में योग्यता तंत्र की आलोचना की तथा योग्यता आधारित संकल्पना (Meritocracy) की भी आलोचना की।
- उदारवादी कभी भी परिणामों की समानता की बात नहीं करते।

अध्याय 3

# न्याय
# JUSTICE

- Justice शब्द, लैटिन शब्द Justia से बना है, जिसका अभिप्राय 'जोड़ना' है।
- प्लेटो के अनुसार, 'न्याय का आशय, समाज में सामंजस्य एवं संतुलन का निर्माण करना है।'
- समाज में सामंजस्य और संतुलन बनाए रखने के लिए **दो** उपाय किए जाते हैं-पहला, दंडित करना तथा दूसरा, पुरस्कृत करना।
- वस्तुतः न्याय, एक जटिल संकल्पना है। इसका प्रयोग कभी नैतिक रूप में तो कभी वैधानिक रूप में तथा कभी सामाजिक, राजनीतिक एवं आर्थिक रूप में भी किया जाता है।
- समकालीन युग में न्याय का मूल अर्थ, सामाजिक न्याय से लिया जाता है। 'सामाजिक न्याय' शब्द एक वृहद् शब्द है, जिसमें वैधानिक, राजनीतिक एवं आर्थिक तीनों तरह का न्याय सम्मिलित होता है।
- न्याय के **दो** मूल तत्वों को प्रत्येक विचारकों ने माना है-समानता एवं निष्पक्षता।

## न्याय की परिभाषा

### अरस्तू का न्याय

- **संपूर्ण न्याय :** इस न्याय का आशय, सामाजिक नैतिकता से है। अरस्तू ने संपूर्ण न्याय के लिए 'सात्विकता' (Righteousness) शब्द प्रयुक्त किया है।
- **संशोधनात्मक न्याय :** विधि के अनुसार कार्य नहीं करने पर राज्य द्वारा दंड दिया जाना अर्थात् व्यक्तियों के आचरण को सुधारने के लिए राज्य द्वारा दंड व शक्ति प्रयोग करना।
- **वितरणात्मक न्याय :** राज्य द्वारा व्यक्तियों में पद, अवसर एवं रेखागणितीय आधार पर भौतिक सुविधाएं वितरित करने का आधार।
- अरस्तू के अनुसार, 'समाज में सेवाओं और पदों का वितरण, व्यक्ति द्वारा समाज में किए गए योगदान से निर्धारित होगा। सद्गुण ही योग्यता का मानदंड है।'
- अरस्तू का न्याय 'समानुपातिक' है।
- संत ऑगस्टीन के अनुसार, 'जिस राज्य में न्याय न हो, वह समुद्री लुटेरों के गिरोह जैसा है।'
- अर्नेस्ट बार्कर ने अपनी रचना-"Principles of Social and Political Theory" (1951) में स्वतंत्रता, समानता एवं बंधुत्व को सहयोगी मूल्य माना।
- थॉमस पोगे की प्रसिद्ध रचना-"World Poverty and Human Rights" (2002) है।

### न्याय के आयाम

#### न्याय का नैतिक आयाम

- व्यक्ति द्वारा अपने कर्त्तव्यों का पालन करना न्याय है।
- न्याय का यह आयाम प्राचीन यूनानी राजनीतिक चिंतक प्लेटो द्वारा परिभाषित किया गया।

#### न्याय का वैधानिक आयाम

- वैधानिक रूप में न्याय का अभिप्राय, विधि के उल्लंघन के परिणामस्वरूप दंड प्रदान करना है।
- विधि का शासन सुनिश्चित करना ही न्याय है।
- समाज में सभी व्यक्तियों को विधि के समक्ष समान मानना एवं विधि का निष्पक्ष प्रयोग ही न्याय है।
- बेंथम तथा ऑस्टिन वैधानिक न्याय के सबसे प्रमुख समर्थक हैं।

#### न्याय का राजनीतिक आयाम

- प्रत्येक व्यक्ति को शासन व्यवस्था में भागीदारी देना ही न्याय है।
- राजनीतिक रूप से सभी को समान माना जाता है।

#### न्याय का सामाजिक आयाम

- लिंग, जाति, धर्म, जन्म स्थान एवं प्रजाति इत्यादि के आधार पर भेद न करना न्याय है।
- वर्तमान में सामाजिक न्याय को व्यापक अर्थों में लिया जा रहा है, जिसमें सामाजिक, आर्थिक व राजनीतिक तीनों न्याय सम्मिलित हैं।
- कार्ल पॉपर ने सामाजिक न्याय को Piecemeal Social Engineering and Utopian Social Engineering कहा है।

### न्याय का आर्थिक आयाम

- मार्क्सवादियों एवं समाजवादियों के अनुसार, 'न्याय का मूल अभिप्राय, समाज में सभी को मूलभूत आर्थिक संसाधन उपलब्ध कराना है।'
- ब्रायन बैरी की प्रसिद्ध रचना-"Why Social Justice Matters" (2005)।
- Currency of Distributive Justice वाक्यांश का प्रयोग कोहेन के द्वारा किया गया।

## न्याय के मानदंड

- आवश्यकता के आधार पर वितरण।
- क्षमता या अधिकारिता के आधार पर वितरण।
- अर्हता के आधार पर वितरण।

### आवश्यकता के आधार पर वितरण

- आवश्यकता के आधार पर वितरण के मानदंड का समर्थन मूलतः मार्क्सवादी करते हैं।
- "Critique of the Gotha Programme" (May, 1875) के अंतर्गत् 'उचित वितरण' की मांग उठाते हैं।
- मार्क्स के अनुसार, 'प्रत्येक व्यक्ति अपनी क्षमता के अनुसार कार्य करेगा और उसे उसकी आवश्यकता के अनुसार प्राप्त होगा।
- मार्क्सवादियों के न्याय की संकल्पना को उपचारी न्याय (Remedial Justice) भी कहा जाता है।

### अधिकारों के आधार पर वितरण

- इस मानदंड के समर्थक नव-उदारवादी विचारक हैं।
- रॉबर्ट नॉजिक के अनुसार, 'न्याय का आधार पात्रता या योग्यता होनी चाहिए।' इनके अनुसार वस्तुओं का वितरण व्यक्ति द्वारा समाज के लिए किए गए योगदान के अनुपात में होना चाहिए (न्याय का अधिकारिता या पात्रता सिद्धांत)। इनके अनुसार, प्रचलित व्यवस्था के अंतर्गत् जो व्यक्ति जिस-जिस वस्तु का अधिकारी है, उसे उसकी सहमति के बिना किसी दूसरे को हस्तांतरित नहीं किया जा सकता।
- नॉजिक के अनुसार, न्याय का आशय, निम्नलिखित **तीन नियमों से है**-
  - (i) संपत्ति का अर्जन वैध होना चाहिए।
  - (ii) संपत्ति का हस्तांतरण वैध होना चाहिए।
  - (iii) यदि संपत्ति का हस्तांतरण, अर्जन वैध नहीं है, तो इस संबंध में दंड का प्रावधान भी होना चाहिए।
- नॉजिक ने 'आत्मस्वामित्व सिद्धांत' का समर्थन भी किया।
- अतः न्याय का सरोकार वितरण से नहीं है तथा न्याय सामाजिक नहीं है, बल्कि न्याय प्रक्रियात्मक (Procedural justice) है।
- नॉजिक के अनुसार, 'जो जैसा चयन करे, जिसका जैसा चयन हो।'

### एफ. ए. हेयक

- हेयक की रचना-"Law, Legislation and Liberty" (1973), **Volume-1-**"Rules and Order" (1973), **Volume-2-** "The Mirage of Social Justice" (1976), **Volume-3-** "The Political Order of a Free People" (1979)
- हेयक के अनुसार, 'समूचे समाज को न्यायपूर्ण या अन्यायपूर्ण कहना अतार्किक है।'
- इनके अनुसार अन्याय और दुर्भाग्य में अंतर होता है। क्योंकि अन्याय का अर्थ है किसी व्यक्ति के साथ जानबूझकर भेदभाव और शोषण करना। जबकि जो व्यक्ति समाज में वंचित है, वह दुर्भाग्यशाली है।
- हेयक के अनुसार, 'सामाजिक न्याय, मृगमरीचिका है।'
- हेयक ने राज्य द्वारा व्यक्तियों को न्यूनतम वस्तुएं प्रदान करने का समर्थन किया है, लेकिन यह न्याय के नाम पर नहीं होना चाहिए।
- हेयक के अनुसार, 'बाजार की प्रक्रिया और परिणामों को नैतिक रूप में विश्लेषित करना सामान्यतः अवैधानिक है।'
- हेयक के अनुसार, 'सामाजिक न्याय जैसा कोई शब्द नहीं होता।'
- जो स्वतंत्र विनिमय (Free Exchange) है, वही स्वच्छ विनिमय (Fare Exchange) है।
- इसलिए हेयक जैसे विचारकों ने कल्याणकारी राज्य की मान्यता पर सवाल उठाया और यह भी कहा कि कल्याणकारी राज्य का मार्ग दासता की ओर जाता है।
- वितरणात्मक न्याय के अनुसार, वस्तुओं के वितरण के निम्नलिखित मानदंड होते हैं-

### अर्हता के आधार पर वितरण

- यह मानदंड परंपरावादियों द्वारा स्वीकार किया जाता है। परंपरावादियों के अनुसार, 'न्यायपूर्ण वितरण का आधार या मानदंड अर्हता होनी चाहिए।'

### प्रक्रियात्मक न्याय

- प्रक्रियात्मक न्याय, मूलतः औपचारिक या वैधानिक न्याय है।
- प्रक्रियात्मक न्याय में समकालीन उदारवादी विचारक विश्वास करते हैं।
- अतः इस न्याय में सेवाओं, पदों एवं वस्तुओं के वितरण का आधार अधिकार माना जाता है।

- प्रक्रियात्मक न्याय में क्षमता पर बल दिया जाता है, आवश्यकता पर नहीं।
- अत: प्रक्रियात्मक न्याय में बाजारवादी अर्थव्यवस्था या पूंजीवादी अर्थव्यवस्था को महत्वपूर्ण माना जाता है।
- इस न्याय की अवधारणा में प्रक्रिया पर बल दिया जाता है, परिणाम पर नहीं।
- लेकिन प्रक्रियात्मक न्याय की सबसे बड़ी त्रुटि है कि इन्होंने न्याय की कल्पना एक अणुवादी व्यक्ति के संदर्भ में प्रस्तुत किया है, एक सामाजिक प्राणी के संदर्भ में नहीं।
- समाज में विभिन्न व्यक्तियों की स्थिति विषम होती है। इसलिए एक असमतामूलक समाज में न्याय का प्रक्रियावादी स्वरूप असंगत सिद्ध हो जाता है।

### तत्वात्मक न्याय (Substantive Justice)

- तत्वात्मक न्याय का अभिप्राय, सामाजिक-आर्थिक न्याय से है।
- तत्वात्मक न्याय में व्यक्ति की मूलभूत आर्थिक आवश्यकताओं की पूर्ति का प्रयत्न किया जाता है।
- अत: तत्वात्मक न्याय की संकल्पना, अवसर की समानता पर आधारित है।
- लेकिन तत्वात्मक न्याय का क्रांतिकारी स्वरूप मार्क्सवादी विचारकों ने माना। उनके अनुसार न्याय का अभिप्राय, 'पूंजीवादी व्यवस्था का पूर्ण उन्मूलन या विनाश है।'
- अत: यह एक ऐसे साम्यवादी समाज की कल्पना करते हैं, जिसमें उत्पादन के साधनों पर पूरे समाज का नियंत्रण है।
- अत: मार्क्सवादी, अवसर की समानता की बजाय, सभी के लिए समान परिस्थितियों का समर्थन करते हैं।
- मार्क्सवादियों के अनुसार, 'कल्याणकारी राज्य या सामाजिक लोकतंत्र द्वारा न्याय की प्राप्ति नहीं हो सकती।'
- लेकिन इस मान्यता में भी त्रुटि है, क्योंकि मार्क्सवादी व्यवस्था में जिस प्रकार एक दल का प्रभुत्व या आधिपत्य स्थापित हो गया है, उसमें व्यक्ति की अभिव्यक्ति की स्वतंत्रता का दमन किया गया है। सर्वहारा वर्ग के शासन की बजाय, सर्वहारा वर्ग पर शासन स्थापित हो गया है।
- प्रक्रियात्मक न्याय का समर्थन मुख्यत: शास्त्रीय उदारवादी, नव-उदारवादी विचारक करते हैं।
- कल्याणकारी न्याय को मानने वाले लोग तत्वात्मक, प्रक्रियात्मक न्याय के समिश्रण के समर्थक होते हैं। रॉल्स, डॉर्किन, एलिजाबेथ, एंडरसन जैसे विचारक इसके समर्थक हैं।

### प्राकृतिक न्याय

- प्राकृतिक न्याय से आशय, उन नियमों और मान्यताओं से है, जो मानव मात्र के लिए उपयोगी हैं। यह संभव है कि उनका वर्णन संविधान या विधि में न हो।

### प्राकृतिक न्याय के अंतर्निहित अर्थ

(i) किसी भी व्यक्ति को बिना सुनवाई के दंडित नहीं किया जा सकता।

(ii) दंड देने वाली संस्था आधिकारिक एवं वैध होनी चाहिए।

(iii) दंड तार्किक एवं उचित होना चाहिए, मनमाना नहीं।

## रॉल्स का न्याय सिद्धांत

### रॉल्स के न्याय का स्रोत

- बेंथम का न्याय परिणामवादी (Consequential) है। जबकि रॉल्स का सिद्धांत परिणाम निरपेक्ष है (Deontological) जिसमें प्रक्रिया पर अत्यधिक बल दिया गया है।
- रॉल्स, अमेरिका के हार्वर्ड विश्वविद्यालय में दर्शनशास्त्र के प्रोफेसर थे।
- रॉल्स का न्याय, कांट के आदर्शवादी विचारों पर आधारित है।
- रॉल्स का प्रसिद्ध कथन है कि 'आत्मन, साध्य से पहले है।' (The self is prior to its end) जो कांट की मान्यता 'व्यक्ति, स्वयं में साध्य है' से प्रभावित है।
- रॉल्स ने व्यक्ति की गरिमा को अत्यधिक महत्वपूर्ण माना।
- रॉल्स ने समाज में पारस्परिक लाभ के लिए एक सहयोगात्मक चेष्टा (Venture) की संकल्पना की।

### रॉल्स के न्याय का आधार

- रॉल्स का न्याय, कांट के आदर्शवादी सिद्धांतों से प्रभावित है। उसने कांट की इस मान्यता को स्वीकार किया कि 'व्यक्ति, स्वयं में साध्य है।' इसलिए इन्होंने कहा कि 'आत्मन, साध्य से पहले है।'
- अत: रॉल्स के लिए प्रत्येक व्यक्ति का महत्व समान है। रॉल्स ने बेंथम के न्याय के मूल आधार को अस्वीकृत कर दिया। बेंथम ने 'अधिकतम व्यक्तियों के अधिकतम सुख' को ही न्याय का मूल आधार माना था।
- बेंथम ने उपयोगितावादी न्याय का समर्थन किया, जिसका रॉल्स ने खंडन किया।

### रॉल्स के न्याय सिद्धांत की मूल विशेषताएँ

- रॉल्स ने न्याय सिद्धांत अपनी प्रसिद्ध रचना-"A Theory of Justice" (1971) में दिया।
- रॉल्स ने न्याय को 'फेयरनेस' (Fairness) कहा है। रॉल्स ने "Justice as Fairness: A Restatement" (2001) नामक रचना लिखी।

- रॉल्स के अनुसार, 'न्याय, समाज का सबसे मुख्य और प्राथमिक गुण है।'
- रॉल्स ने न्याय को 'Maximin Principle' भी कहा है।
- रॉल्स का न्याय सिद्धांत, 'विभेदों के नियम' पर आधारित है।
- रॉल्स के न्याय की संकल्पना, शुद्ध प्रक्रियात्मक है।
- रॉल्स के न्याय सिद्धांत को 'आच्छादित एकता' (Overlapping Consensus) का सिद्धांत भी कहा जाता है।
- रॉल्स के अनुसार, प्रत्येक व्यक्ति की न्याय पर संस्थापित अनुल्लंघनीयता होती है, अपनी विशिष्ट मान्यता होती है। इसका निर्धारण बहुमत नहीं करेगा।
- रॉल्स ने अपने न्याय सिद्धांत में निम्नलिखित बिंदुओं को **क्रमिक रूप में स्वीकार किया-**
  (i) सभी को समान स्वतंत्रता का अधिकार।
  (ii) अवसर की समानता।
  (iii) विभेद का नियम।

## रॉल्स के न्याय सिद्धांत का निर्माण

- रॉल्स ने न्याय सिद्धांत का निर्माण करने के लिए 'सामाजिक समझौते' और 'अज्ञान के पर्दे' का सहारा लिया।
- 'अज्ञान के पर्दे' से आशय, व्यक्ति को समाज में अपनी वर्तमान स्थिति का पता नहीं तथा व्यक्ति का भी पता नहीं है।
- व्यक्ति अपने लाभ को बढ़ाना चाहता है तथा व्यक्ति दूसरे के प्रति ईर्ष्या नहीं रखता है।
- रॉल्स का समझौता, तार्किक व्यक्तियों का समझौता है। व्यक्ति, तार्किक के साथ नैतिक भी है।
- व्यक्ति नि:स्वार्थ भाव से समझौता करता है।
- व्यक्ति सर्वाधिक सुरक्षित मार्ग का चयन करता है। वह समझौते में जोखिम भरे मार्ग का चयन नहीं करता है।
- न्याय, तार्किक चयन का परिणाम है।
- रॉल्स का न्याय, उदारवादी लोकतांत्रिक व्यवस्था की पृष्ठभूमि में है।
- बदतर परिस्थितियों में सर्वाधिक वस्तुएं अर्जित करना।
- रॉल्स के अनुसार, वस्तुओं से आशय, बदतर परिस्थितियों में प्राथमिक वस्तुओं से है।

## विशुद्ध प्रक्रियात्मक न्याय

- रॉल्स का न्याय, विशुद्ध प्रक्रियात्मक है, क्योंकि रॉल्स ने प्रक्रियाओं की निष्पक्षता पर अत्यधिक बल दिया।
- उनके 'अज्ञान के पर्दे' की कल्पना न्याय को निष्पक्ष बनाने के लिए है। 'अज्ञान के पर्दे' के पीछे किसी भी व्यक्ति को अपनी विशेष क्षमता और प्रतिभा का ज्ञान नहीं है।
- इसलिए समझौते पर आधारित न्याय का विचार सभी के लिए समान अवसर प्रदान करता है। इनके अनुसार, सामाजिक कल्याण के लिए स्वतंत्रता पर प्रतिबंध नहीं लगाया जा सकता।
- रॉल्स ने न्याय सिद्धांत के निर्माण के लिए 17वीं शताब्दी के समझौता सिद्धांतकारों के तरीके का प्रयोग किया।

## रॉल्स के न्याय का राजनीतिक परिप्रेक्ष्य ( न्याय की पृष्ठभूमि )

- रॉल्स के न्याय का निर्माण कल्याणकारी राज्य के अंतर्गत् किया गया है तथा उसने न्याय को व्यावहारिक आधार प्रदान करने के लिए लोकतांत्रिक राज्यों की पृष्ठभूमि को आवश्यक माना। इस संदर्भ में उसने राज्य के कार्यों को निम्नलिखित भागों में बांटा-

**1. आवंटन** (Allocation)

- प्रतिस्पर्धी पूंजीवादी, बाजारवादी व्यवस्था में राज्य के द्वारा कीमतों का नियंत्रण होगा और प्रगतिशील करारोपण किया जाएगा।

**2. स्थायित्व** (Stability)

- व्यक्तियों को पूर्ण रोजगार दिलाने का प्रयत्न किया जाएगा तथा सभी व्यक्ति रोजगार के चयन में स्वतंत्र होंगे।

**3. स्थानांतरण** (Transfer)

- सभी के लिए न्यूनतम आय की गारंटी होगी, जिससे दीर्घकालिक रूप में न्यूनतम स्थिति में रहने वाले लोगों की आय में वृद्धि हो, पूंजीवादी प्रतिस्पर्धी व्यवस्था में मानवीय आवश्यकताओं को उपेक्षित करना कठिन है।
- अत: सभी के लिए न्यूनतम आय का प्रबंध करना चाहिए, जिससे न्यूनतम स्थिति में रहने वाले लोगों के लिए अधिकतम लाभ हो।

**4. वितरण** (Distribution)

- समाज में संपत्ति का केंद्रीयकरण वितरण यदि एक सीमा से अधिक हो जाएं तो, स्वतंत्रता व समानता (अवसर की समानता) पर खतरा उत्पन्न हो जाता है। अत: रॉल्स ने उत्तराधिकार की संपत्ति और उपहारों के संदर्भ में भी करारोपण का समर्थन किया।
- रॉल्स की अन्य रचनाएं-"Political Liberalism" (1993) एवं "The Law of Peoples" (1993) हैं।

## प्राथमिक वस्तुओं के प्रकार

- **प्राकृतिक प्राथमिक वस्तुएं**-बुद्धि एवं स्वास्थ्य।
- **सामाजिक प्राथमिक वस्तुएं**-अधिकार, स्वतंत्रता, संपत्ति एवं गरिमा का सम्मान।

- न्यूनतम स्थिति में रहने वाले लोगों को अधिकतम लाभ से तात्पर्य प्राथमिक वस्तुओं के आवंटन से है। यह आवंटन केवल बदतर परिस्थितियों में लागू होता है तथा उसके पश्चात् व्यक्ति को स्वतंत्र प्रतिस्पर्धा के लिए छोड़ दिया जाता है।
- रॉल्स के अनुसार, 'ऐसी विषमताएं स्वीकार की जा सकती हैं, जिससे वंचित लोगों का कल्याण हो।'
- रॉल्स के न्याय को 'क्षतिपूर्ति का सिद्धांत' भी कहा जाता है। क्योंकि प्रतिभाशाली लोगों की प्रतिभा का प्रयोग करके वंचित लोगों का कल्याण किया जाएगा।

## प्राथमिकता का सिद्धांत

- न्याय, सामाजिक कल्याण एवं कुशलता दोनों से प्राथमिक है।
- समान स्वतंत्रता का अधिकार, पहली प्राथमिकता है।
- अवसर की समानता, दूसरी प्राथमिकता है।
- न्यूनतम स्थिति में रहने वाले व्यक्तियों का कल्याण, तीसरी प्राथमिकता है।
- रॉल्स के अनुसार, इस क्रम में कोई भी परिवर्तन संभव नहीं है।

## रॉल्स के न्याय सिद्धांत की आलोचना

- समुदायवादियों द्वारा रॉल्स की व्यक्ति की संकल्पना को अतार्किक व अव्यावहारिक बताया गया है।
- समुदायवादियों के अनुसार, न्याय की कोई एक मात्रा और सर्वमान्य परिभाषा नहीं हो सकती, बल्कि विभिन्न समूहों के लिए एवं विभिन्न समुदायों के लिए न्याय की भिन्न-भिन्न धारणाएं आवश्यक हैं। इसलिए न्याय का कोई एक मानदंड नहीं हो सकता।
- आमर्त्य सेन ने अपनी रचना-"The Idea of Justice" (2009) में नीति (प्रक्रिया) की बजाय, न्याय पर बल दिया।

## मार्क्सवादियों के अनुसार आलोचना

- मार्क्सवादियों के अनुसार, व्यक्ति, मूलतः वर्ग का सदस्य है। इसलिए व्यक्ति के प्रथम समझौते की कल्पना नहीं की जा सकती।
- रॉल्स का न्याय, उदारवादी, कल्याणकारी एवं पूंजीवादी राज्य के लिए है।
- **नॉजिक द्वारा रॉल्स की आलोचना (न्याय का नव-उदारवादी या स्वेच्छातंत्रवादी सिद्धांत) :** नॉजिक ने रॉल्स के नियमों की कड़ी आलोचना की तथा उन्होंने पूर्ण प्रक्रियात्मक न्याय का समर्थन किया।

**नॉजिक की मूल मान्यताएं निम्नलिखित हैं-**

(i) आरंभिक स्थिति में संसार की वस्तुओं पर किसी का नियंत्रण नहीं था।

(ii) व्यक्ति ने अपनी प्रतिभा व क्षमता द्वारा इन वस्तुओं पर नियंत्रण स्थापित किया।

(iii) व्यक्ति द्वारा अर्जित संपत्ति उसके व्यक्तित्व का भाग है।

(iv) नॉजिक के अनुसार, व्यक्ति को असीमित संपत्ति अर्जित करने का अधिकार है।

(v) इस संपत्ति को स्थानांतरित करने का भी अधिकार है।

(vi) बशर्ते संपत्ति का स्थानांतरण व अर्जन वैध हो।

- नॉजिक ने पूर्णतः बाजारवादी अर्थव्यवस्था का समर्थन किया। इसके न्याय का मूल आधार है कि 'जैसा जो चयन करे तथा जैसा जिसका चयन किया जाए।' नॉजिक ने न्यूनतम नकारात्मक राज्य का समर्थन करते हुए कहा कि राज्य का कार्य केवल विधि व व्यवस्था बनाए रखना तथा बाह्य शत्रुओं से नागरिक की रक्षा करना है। इसलिए इसने 'प्रगतिशील करारोपण के सिद्धांत' का खंडन किया। इसने अपनी प्रसिद्ध रचना-"State , Anarchy and Utopia" में लिखते हुए कहा है कि "राज्य केवल उतना करारोपण करेगा, जितना विधि व्यवस्था बनाए रखने एवं राज्य की सुरक्षा के लिए आवश्यक हो।"

## समुदायवादियों के अनुसार, न्याय

- न्याय के समुदायवादी दृष्टिकोण के अनुसार सामाजिक वस्तुओं का ऐसा वितरण होना चाहिए, जिसमें समुदाय के प्रति व्यक्ति की प्रतिबद्धता निहित हो।
- इस सिद्धांत के समर्थक मैकिंटायर, माइकल सैंडल तथा माइकल वॉल्जार है।
- इस दृष्टिकोण के अनुसार, समुदाय का हित उसकी ऐतिहासिक व सामाजिक पहचान में व्यक्त होता है।
- समुदायवादियों ने रॉल्स के न्याय सिद्धांत की आलोचना करते हुए कहा कि न्याय का कोई एक सिद्धांत नहीं अपनाया जा सकता, बल्कि यह समुदाय की मान्यताओं के अनुसार अलग-अलग हो सकता है।
- मैकिंटायर ने अपनी पुस्तक-"After Virtue" (1981) में समुदायवाद के नैतिक आधार पर बल दिया। उन्होंने व्यक्ति के स्वायत्तता (Autonomous) की आलोचना की तथा कहा कि व्यक्ति का व्यक्तित्व उसकी सामाजिक परंपराओं (Social Practice) में विकसित होता है और इसी के माध्यम से सद्गुण अर्जित करता है।
- मैकिंटायर की दूसरी पुस्तक का नाम-"Whose Justice? Which Rationality?" है।

- माइकल जे. सैंडल ने अपनी पुस्तक-"Liberalism and the Limits of Justice" (1982) में रॉल्स की तार्किक प्रणाली की आलोचना करते हुए उसके द्वारा वर्णित विवेकशील कर्ता (Rational Negotiators) तथा मूल स्थिति (Original Position) की आलोचना की और कहा कि व्यक्ति के चरित्र को समझने के लिए उसकी संस्कृति और समुदाय की जानकारी आवश्यक है।
- माइकल वॉल्जार ने अपनी पुस्तक-"Spheres of Justice: A Defense of Pluralism and Equality" (1983) में उदारवादी-बहुलवादी न्याय सिद्धांत की आलोचना करते हुए कहा कि न्याय का कोई सार्वभौम नियम नहीं हो सकता। न्याय के नियम के निर्धारण के लिए समुदाय विशेष में प्रचलित मान्यताओं व मापदंडों को ध्यान में रखना आवश्यक है।
- वॉल्जार के अनुसार, न्याय का सिद्धांत 'सरल समानता' (Simple Equality) के आधार पर नहीं वरन् 'जटिल समानता' (Complex Equality) के आधार पर निर्धारित किया जाना चाहिए।
- जटिल समानता के अनुसार, भिन्न-भिन्न सामाजिक वस्तुएं, जीवन के भिन्न-भिन्न क्षेत्रों के वितरण के लिए बनीं हैं। न्याय का उद्देश्य इस वितरण के तर्कसंगत आधार का पता लगाना है।
- रॉल्स ने अपनी पुस्तक-"Political Liberalism" (1993) में समुदायवादियों की आलोचना का उत्तर दिया और आच्छादित एकता (overlapping consensus) का सिद्धांत दिया।

## आमर्त्य सेन के विचार

- इन्होंने Capability Approach क्षमता पद्धति को अपनाया।
- आमर्त्य सेन ने अपनी रचना-"Development as Freedom" (1999) में क्षमताओं की समानता का समर्थन किया। इनके अनुसार, 'लोगों की क्षमताओं में वृद्धि करने का अभिप्राय, जीवन की गुणवत्ता में सुधार करना है।' लोकतांत्रिक व्यवस्था का दृढ़ समर्थन करते हुए कहा कि 'लोकतांत्रिक व्यवस्था में अकाल की घटना नहीं होती, बल्कि लोकतांत्रिक व्यवस्थाओं के द्वारा आर्थिक विकास बेहतर रूप में अर्जित किए जा सकते हैं।'
- आमर्त्य सेन के अनुसार, 'व्यक्तियों के मध्य भिन्नताएं लिंग, आयु के आधार पर निर्मित होती हैं और ये भिन्नताएं प्राकृतिक हैं, जबकि दूसरी भिन्नताएं परिस्थितियों के रूप में उत्पन्न होती हैं।' उदाहरण के लिए, जाति एवं संपत्ति पर आधारित विषमता।
- इनके अनुसार, समाज में महिलाओं की स्थिति सामाजिक रूप में अत्यंत पिछड़ी हैं, जिसमें दलित महिलाओं की स्थिति ज्यादा गंभीर है। इनके अनुसार, बाह्य परिस्थितियों की विषमता अनेक रूपों में विद्यमान होती हैं।
- इनके अनुसार किसी एक क्षेत्र में विषमता संभव है, परंतु किसी एक क्षेत्र की विषमता का प्रभाव, दूसरे क्षेत्र पर नहीं होना चाहिए। वॉल्जार के अनुसार, समाज के अनेक क्षेत्र होते हैं और यह सत्य है कि एक व्यक्ति संगीत के क्षेत्र में निपुण हो सकता है, तो दूसरा व्यक्ति गणित के क्षेत्र में प्रभावशाली हो सकता है। परंतु एक क्षेत्र का लाभ व्यक्ति दूसरे क्षेत्र में न उठा सके।
- आमर्त्य सेन ने अपनी नई पुस्तक-''ए आइडिया ऑफ जस्टिस'' में रॉल्स के न्याय को नीति कहा और इसे सार्वभौमिक संस्थावाद कहा और न्याय के व्यावहारिक पक्ष पर बल दिया।

अध्याय 4

# अधिकार
# RIGHTS

- अधिकार, व्यक्ति का वह दावा है, जो वह समाज से प्राप्त करता है और उसे शासन द्वारा लागू किया जाता है, लेकिन प्रत्येक दावा अधिकार नहीं हो सकता। अत: नैतिक दावा ही अधिकार कहलाता है।

## आशय

- अधिकार, मानव समाज में आधुनिक युग की देन है और मानवीय इतिहास में अधिकारों की प्राप्ति के लिए लंबा संघर्ष देखा गया है। फ्रांसीसी व अमेरिकी क्रांति के परिणामस्वरूप अधिकारों की घोषणा व्यापक रूप में स्वीकृत हुई।
- माना गया है कि व्यक्ति, जन्म से समान व स्वतंत्र है। व्यक्ति को जन्म से कुछ अधिकार प्राप्त हैं, जिसमें जीवन, स्वतंत्रता एवं सुख जैसे अधिकार प्रमुख हैं।
- उल्लेखनीय है कि मध्यकालीन सामंतवादी समाज में मानवीय अधिकारों के बजाए, दैवीय अधिकारों पर बल दिया गया। हैटफिल्ड (Hatfield) ने अधिकारों को निम्नलिखित रूपों में व्यक्त किया-

  (i) दावे के रूप में। (i) स्वतंत्रता के रूप में।
  (iii) छूट के रूप में। (iv) शक्ति के रूप में।
- अधिकारों का अर्थ, सामान्यतया व्यक्ति की उन मांगों अथवा दावों से है, जिन्हें समाज स्वीकार करता है व राज्य द्वारा संरक्षण प्रदान किया जाता है। अधिकारों के बिना मानव अपने व्यक्तित्व का विकास नहीं कर सकता।
- कांट के शब्दों में, 'प्रत्येक व्यक्ति, स्वयं में साध्य है किसी अन्य का साधन नहीं।' इसलिए एक व्यक्ति को, दूसरे व्यक्ति के लिए यंत्र की भांति प्रयोग में नहीं लिया जा सकता। अधिकार सामान्यतया समाज में पाए जाते हैं, समाज से बाहर नहीं। इसलिए वे दावे जिनकी समाज में स्वीकृति होती है, वे ही अधिकार के रूप में होते हैं।
- मूल प्रश्न है कि क्या विषमतामूलक समाज में सभी व्यक्तियों के दावों का समान महत्व होगा? इसलिए अधिकार का अभिप्राय, केवल राजनीतिक रूप में अधिकार की प्राप्ति ही नहीं, अपितु सामाजिक एवं आर्थिक अधिकार भी आवश्यक हैं; जैसे-मतदान का अधिकार तब तक एकांगी व अपूर्ण होगा, जब तक व्यक्ति को कार्य का अधिकार एवं न्यूनतम गरिमा में जीवन का अधिकार न प्रदान किया जाए।

## अधिकारों का स्रोत/सिद्धांत

### 1. प्राकृतिक अधिकारों का सिद्धांत या स्रोत

- प्राकृतिक अधिकारों के जन्मजात समर्थक 17वीं सदी के विचारक जॉन लॉक हैं। उन्होंने कहा कि व्यक्ति को जन्म से कुछ अधिकार प्राप्त हैं, जैसे-स्वतंत्रता का अधिकार, जीवन का अधिकार एवं संपत्ति का अधिकार।
- लॉक के अनुसार, राज्य या सरकार साधन व व्यक्ति के अधिकार साध्य हैं तथा राज्य/सरकार का महत्वपूर्ण कार्य इन अधिकारों की सुरक्षा करना है।
- अधिकारों का पहला सिद्धांत प्राकृतिक अधिकारों के सिद्धांत के रूप में विकसित हुआ, जिसका अभिप्राय है कि व्यक्ति को प्रकृति से अधिकार प्राप्त हैं। यह अधिकार, व्यक्ति को ईश्वर द्वारा प्रदत्त हैं, राज्य या सरकार द्वारा नहीं। ये तो एक साधन हैं, जिसके द्वारा इन अधिकारों की रक्षा की जाती है।
- अत: लॉक ने प्राकृतिक अधिकारों का सहारा लेकर सीमित राज्य की कल्पना की। उसमें यह भी कहा कि इन अधिकारों को राज्य/सरकार द्वारा सीमित किया जाएगा, तो व्यक्ति को क्रांति करने का अधिकार होगा। उनके अनुसार, जीवन, स्वतंत्रता व संपत्ति के अधिकार जन्मजात हैं, जिसमें संपत्ति के अधिकार को सबसे मुख्य माना व उसमें जीवन व स्वतंत्रता के अधिकार को सम्मिलित कर लिया।
- अमेरिका में जैफर्सन व मेडिसन द्वारा लॉक की इन मान्यताओं को संवैधानिक आधार प्रदान किया गया। प्राकृतिक अधिकारों के द्वारा लॉक ने निरंकुश राज्य के बजाय, संसद की शक्तियों का समर्थन किया।

### आलोचना

- रिची के अनुसार, प्राकृतिक शब्द को पारिभाषित करना ही कठिन है। इसलिए यह सिद्धांत अत्यधिक भ्रम उत्पन्न करता है, क्योंकि प्राकृतिक शब्द के निम्न अर्थ हो सकते हैं-
  (i) समूची सृष्टि।
  (ii) गैर-मानवीय भाग।
  (iii) आदर्श या संपूर्ण उद्देश्य के रूप में।
  (iv) मौलिक अर्थ भी होता है।
  (v) सामान्य रूप में भी व्यक्त करते हैं।
- इसलिए प्राकृतिक शब्द अपने आप में अस्पष्ट है, जैसे-दास प्रथा को प्राकृतिक माना गया, जबकि कुछ ने अप्राकृतिक माना। कुछ लोगों के अनुसार, पुरुष व महिलाओं के मध्य प्रकृति से ही समानता है। जबकि दूसरे इसे अस्वीकृत करते हैं। कुछ के अनुसार, निजी संपत्ति प्राकृतिक अधिकार है, जबकि कुछ इसका खंडन करते हैं।
- प्राकृतिक अधिकारों में वर्णित अधिकार परस्पर विरोधी प्रतीत होते हैं। फ्रांसीसी क्रांति में स्वतंत्रता, समानता व बंधुता को मानवाधिकार के रूप में चित्रित किया, जबकि व्यावहारिक रूप में तीनों एक-दूसरे के विरोधी भी प्रतीत होते हैं।
- इसकी सबसे बड़ी विसंगति है कि व्यक्ति के अधिकारों को समाज से पहले व पृथक् मान लिया गया। जबकि वास्तविक रूप में व्यक्ति के अधिकार समाज में सम्मिलित हैं। प्रत्येक अधिकार के साथ कर्त्तव्य जुड़े होते हैं।

## 2. वैधानिक अधिकारों का सिद्धांत

- बेंथम ने प्राकृतिक अधिकार को असंगत मानकर विधि के शासन का समर्थन किया। एडमंड बर्क ने भी प्राकृतिक अधिकार का समर्थन नहीं किया और राज्य की संकल्पना का विस्तार किया।
- इस सिद्धांत की मान्यतानुसार, अधिकार, राज्य की देन हैं। राज्य द्वारा प्रदत्त अधिकार, अधिकार कहलाते हैं, यह न तो मनुष्य को जन्मजात प्राप्त हैं और न ही व्यक्ति में अंतर्निहित हैं। इसलिए अधिकार प्रत्येक देश की विधि के सापेक्ष पाए जाते हैं।
- दूसरे शब्दों में, प्रत्येक देश में अधिकारों की अलग-अलग सूची प्राप्त होती है। अतः अधिकार कृत्रिम हैं, प्राकृतिक नहीं। इस सिद्धांत का आधार हॉब्स के विचारों में देखा जा सकता है, जिसके अनुसार, राज्य सरकार के अभाव में विधि, न्याय व अन्याय का कोई प्रश्न उपस्थित नहीं होता, क्योंकि 'विधि, राज्य की देन है व अधिकार विधि के परिणाम हैं।'
- वैधानिक अधिकारों का सिद्धांत, प्राकृतिक अधिकारों का विरोधी है। बेंथम ने प्राकृतिक अधिकारों को अनर्थकारी बकवास व निरर्थक कहा। क्योंकि अधिकार, राज्य द्वारा निर्मित होते हैं। बेंथम ने राज्य द्वारा निर्मित अधिकारों को ज्यादा महत्व दिया। उसने न केवल प्राकृतिक अधिकारों को अस्वीकृत किया, अपितु विधि के द्वारा ब्रिटेन में सामाजिक सुधारों का समर्थन किया। उसने ब्रिटेन में प्रचलित अनेक त्रुटिपूर्ण विधियों को अस्वीकृत किया।
- बेंथम, ब्लैकस्टोन का आलोचक था, क्योंकि ब्लैकस्टोन, ब्रिटेन की विधि को विश्व में सर्वोच्च विधि मानता था।

### आलोचना

- वाइल्ड के अनुसार, विधि द्वारा अधिकारों का निर्माण नहीं होता, बल्कि विधि के द्वारा अधिकारों की पहचान प्रदान की जाती है व उनको संरक्षित किया जाता है। अधिकार सदैव विद्यमान होते हैं, उन्हें चाहे दर्जा प्राप्त न हो।
- इसलिए वे लागू होते हैं कि क्या वे अधिकार हैं, न कि वे लागू होते हैं कि वे अधिकार हैं, जो क्रियान्वित होते हैं, वे अधिकार नहीं होते हैं। इसलिए अधिकारों की वैधानिक व नैतिक मान्यता दोनों आवश्यक हैं।
- यह कहना कि राज्य, अधिकारों का एकमात्र निर्माता है, यह असंगत है, क्योंकि कुछ व्यावहारिक बाध्यताएं प्रत्येक समाज में पाई जाती हैं। जैसे-परंपरा, इतिहास, व नैतिकता इनसे भी अधिकार प्राप्त होते हैं, केवल विधि से नहीं।

## 3. अधिकारों का ऐतिहासिक सिद्धांत

- इस सिद्धांत के अनुसार, मानव को अधिकार इतिहास, परंपरा या मान्यता से प्राप्त हैं, न कि समाज या राज्य से। एडमंड बर्क ने इस सिद्धांत का समर्थन किया। अधिकारों के ऐतिहासिक सिद्धांत को एक वाक्य में व्यक्त किया जा सकता है कि इतिहास अधिकारों का निर्माण करता है। अधिकार, परंपराओं के ठोस रूप हैं, क्योंकि लंबे समय तक विद्यमान परंपराएं ही अधिकारों का रूप धारण कर लेती हैं।
- रिची के मतानुसार, लोगों के अधिकार मूलतः परंपराओं से प्राप्त हैं, चाहे वह सत्य हो या असत्य। अतः परंपराएं, प्राथमिक या आदिमकालीन विधि हैं, जिन्हें हम प्राकृतिक अधिकारों के रूप में स्वीकार करते हैं, वे भी वस्तुतः परंपरा के ही परिणाम हैं।
- एडमंड बर्क ने अधिकारों के ऐतिहासिक सिद्धांत का पूर्ण समर्थन किया। वह प्राकृतिक अधिकारों का आलोचक था, क्योंकि प्राकृतिक अधिकारों की संकल्पना में समाज/राज्य के बजाए, व्यक्ति को प्राथमिकता प्रदान की गई है।

जबकि बर्क ने राज्य के महत्व को प्रतिपादित करते हुए कहा कि यह सावयवी संस्था है, न कि कृत्रिम। जिसका इच्छानुसार निर्माण या भंग किया जा सकता है।

- अतः बर्क ने गौरवमयी या अंग्रेजी क्रांति की प्रशंसा की क्योंकि वह इस क्रांति को परंपराओं पर आधारित क्रांति मानता था। जबकि फ्रांसीसी क्रांति व्यक्ति के अमूर्त अधिकारों पर आधारित थी। इसलिए वह फ्रांसीसी क्रांति का विरोधी था।

**आलोचना**

- यह कहना कि हमारे सभी अधिकार परंपराओं से प्राप्त हैं, अतिशयोक्तिपूर्ण कथन है। क्योंकि हॉकिंग ने कहा कि क्या दास प्रथा सही थी? जब इसका औचित्यपूर्ण रूप में प्रयोग होता था। दास प्रथा का प्रयोग परंपरा के आधार पर किया गया। हम इसे अधिकार नहीं मान सकते।
- भारत में प्रचलित सती प्रथा, बाल विवाह व छुआछूत जैसी परंपराओं को अधिकारों की श्रेणी में नहीं रखा जा सकता। अतः प्रत्येक परंपरा को अधिकारों का दर्जा देना अतार्किक एवं असंगत है।

## 4. सामाजिक उपयोगिता का सिद्धांत

- वस्तुतः इस सिद्धांत का आधार बेंथम के विचारों में ही देखा जा सकता है। बेंथम के अनुसार, समाज में अधिकतम व्यक्ति को अधिकतम सुख प्राप्त होने चाहिए। दूसरे शब्दों में, 'अधिकतम व्यक्तियों का अधिकतम सुख' का आशय, सामाजिक कल्याण है, क्योंकि अधिकार, सामाजिक कल्याण की वे परिस्थितियां हैं, जो सामाजिक रूप में उपयोगी हैं। इसलिए बेंथम ने ब्रिटेन में प्रत्येक क्षेत्र में सुधारों का प्रबल समर्थन किया, जो विधि, शिक्षा, जेल व प्रशासनिक सुधार से संबंधित थे।
- अतः अधिकारों को वास्तविक रूप में सामाजिक दृष्टिकोण से परिभाषित किया जा सकता है, वैधानिक या ऐतिहासिक दृष्टिकोण से नहीं। जो अधिकार, व्यक्ति को प्राप्त हुए उनकी सामाजिक उपयोगिता है। इसलिए कोई भी अधिकार असीमित रूप में स्वीकार नहीं किया जा सकता। व्यक्ति को अभिव्यक्ति की स्वतंत्रता का अधिकार दिया जाता है, लेकिन समाज के हित में इस पर प्रतिबंध आरोपित होते हैं। भारतीय संविधान ने जिन अधिकारों को स्वीकृत किया उनकी सामाजिक उपयोगिता निर्विवाद है। इस सिद्धांत के अन्य समर्थक रूस के पाउण्ड व चाफी हैं।

**आलोचना**

- सामाजिक कल्याण शब्द अनेकार्थी व भ्रामक है। क्योंकि इसका अभिप्राय, 'अधिकतम लोगों का अधिकतम सुख' या बहुमत का हित या वह सामान्य हित है, जिसका लोग समर्थन करें। इसमें अल्पसंख्यकों के हितों की अनदेखी होती है।
- इसकी दूसरी बड़ी कमी यह है कि यह व्यक्तिगत अधिकारों को संकुचित करती है, क्योंकि सामाजिक कल्याण के नाम पर व्यक्तिगत अधिकारों को सीमित किया जा सकता है।

## 5. अधिकारों का आदर्शवादी सिद्धांत अथवा व्यक्तित्व सिद्धांत

- व्यक्ति की चेतना में स्वतंत्रता अंतर्निहित होती है तथा स्वतंत्रता के लिए अधिकार आवश्यक है। इन अधिकारों के लिए राज्य या समाज आवश्यक हैं। अधिकार, वह भाग अथवा परिस्थितियां हैं, जो व्यक्ति के व्यक्तित्व के विकास में सहायक होती हैं। टी. एच. ग्रीन के अनुसार, ये परिस्थितियां राज्य अथवा समाज द्वारा प्रदान की जाती हैं, जिससे व्यक्ति को नैतिक बनाने का प्रयास किया जाता है। **टी. एच. ग्रीन के अनुसार, अधिकार**
- अधिकार, व्यक्ति की मांग अथवा दावा है, जिसे समाज द्वारा स्वीकृति प्राप्त हो और राज्य द्वारा संरक्षित हो। आदर्शवादी अधिकारों के सिद्धांतों में अधिकार जीवन की वे बाह्य परिस्थितियां हैं, जो व्यक्ति के आंतरिक विकास के लिए आवश्यक हो।
- अतः अधिकार का अभिप्राय, प्रत्येक व्यक्ति का कर्त्तव्य है कि वह अपनी क्षमताओं या व्यक्तित्व का पूर्ण विकास करे।
- ग्रीन के अनुसार, अधिकार, वे शक्तियां हैं, जो व्यक्ति को नैतिक बनाने में सहायक हों व जिसके बिना व्यक्ति अपने सर्वोच्च उद्देश्य की प्राप्ति न कर सके। अतः ग्रीन ने अधिकारों को नैतिक दृष्टिकोण से देखा है, क्योंकि यह व्यक्तित्व या आत्मा में अंतर्निहित है। यह ध्यान देने योग्य बिंदु है कि ग्रीन के अनुसार, व्यक्ति, सामाजिक प्राणी है। इसलिए अधिकार समाज द्वारा प्रदत्त होते हैं। समाज से पृथक् या अलग रूप में अधिकारों की कल्पना नहीं की जा सकती।
- व्यक्ति के जीवन का मूल उद्देश्य उसके नैतिक व्यक्तित्व का विकास है व इसके लिए राज्य द्वारा आवश्यक परिस्थितियां प्रदान की जाती हैं। अतः ग्रीन के लिए 'राज्य एक आवश्यक अच्छाई है', जो व्यक्ति के व्यक्तित्व के विकास में सहायक है, क्योंकि किसी व्यक्ति को बाध्यकारी रूप में नैतिक नहीं बनाया जा सकता, बल्कि नैतिक बनने की परिस्थितियां प्रदान की जा सकती हैं। इसलिए ग्रीन का प्रसिद्ध कथन है कि 'शक्ति नहीं, इच्छा ही राज्य का आधार है।' अतः ग्रीन के लिए राज्य, व्यक्ति की इच्छा का बाह्य रूप है, न कि बाध्यकारी या दंडकारी संस्था।

- ग्रीन ने लॉक के प्राकृतिक अधिकारों की संकल्पना को अस्वीकृत करते हुए कहा कि समाज से पहले व्यक्ति को अधिकार प्राप्त नहीं हो सकते, बल्कि समाज द्वारा अधिकार प्रदत्त होते हैं।

## आलोचना

- वस्तुत: यह निर्धारण करना कठिन है कि प्रत्येक व्यक्ति के व्यक्तित्व के विकास के लिए किस प्रकार की परिस्थितियां उपलब्ध हों?
- इस अधिकार के सिद्धांत में सामाजिक हित या भलाई को ज्यादा महत्वपूर्ण माना गया, जिसके द्वारा व्यक्ति के अधिकारों की अवहेलना हो सकती है। सांस्कृतिक अधिकार का प्रचलन 70 के दशक में आरंभ हुआ।
- सामाजिक एवं आर्थिक अधिकार में कुछ भौतिक परिस्थितियां अथवा न्यूनतम स्थितियां होती हैं, जिसमें व्यक्ति अपने व्यक्तित्व का विकास कर सके।

## अल्पसंख्यकों के अधिकार

- बहुसंस्कृतिवादियों ने अल्पसंख्यकों के अधिकारों का समर्थन करते हुए उदारवादी स्वायत्त एवं स्वतंत्र व्यक्ति की कल्पना को अस्वीकृत कर दिया। क्योंकि व्यक्ति, मूलत: संस्कृति व समुदाय का सदस्य होता है। राज्य द्वारा निर्मित विधियों पर संस्कृति का प्रभाव स्पष्ट रूप में पड़ता है। उदाहरण के लिए, विवाह, तलाक एवं संपत्ति इत्यादि विधियां संस्कृति से प्रभावित होती हैं। इसलिए राज्य द्वारा सामान्य हित की प्राप्ति का प्रयत्न किया जाता है, तो मूलत: सांस्कृतिक सापेक्ष होता है व कभी-कभी अन्य संस्कृतियों से संघर्ष होने की संभावना होती है।
- अत: बहुसंस्कृतिवादियों ने उदारवादी लोकतंत्र का एक विकल्प प्रस्तुत किया। उनके अनुसार, समानता का अभिप्राय, अल्पसंख्यक समुदाय की समानता नहीं होती। इसलिए अल्पसंख्यकों की संस्कृति को संरक्षित करने के लिए विशेष अधिकारों की आवश्यकता होती है।
- बहुसंस्कृतिवादियों के अनुसार, राष्ट्र-राज्य में संस्कृति को संरक्षित करने की आवश्यकता होती है। इसलिए समाज में अल्पसंख्यकों की संस्कृति के संरक्षण की आवश्यकता है। विभेदकारी नागरिकता प्रस्तुत करते हुए बहुसंख्यकवादियों ने अल्पसंख्यकों के लिए तीन विशेष अधिकारों का समर्थन किया-
  (i) सांस्कृतिक अधिकार।
  (ii) स्वशासित सरकार का अधिकार।
  (iii) विशेष प्रतिनिधित्व का अधिकार।
- चूंकि राज्य, बहुमत समुदाय की संस्कृति को प्रकट करता है। इसलिए अल्पसंख्यकों को सार्वजनिक जीवन में कुछ विशेष अधिकारों की आवश्यकता है। उदाहरण के लिए, कनाडा में सिक्खों ने हेलमेट पहनने से छूट देने की मांग की और कनाडाई सरकार ने उनकी मांग को स्वीकृत कर लिया तथा कनाडा में एशियाई मूल की महिलाओं को नर्सों की निर्धारित पोशाक से छूट प्रदान की गई।
- अत: उपरोक्त उदाहरण इस बात के प्रतीक हैं कि समानता का अभिप्राय, सभी के साथ एकसमान व्यवहार नहीं हो सकता। एक अन्य महत्वपूर्ण उदाहरण फ्रांस में देखा जा सकता है, जिसमें विभिन्न धर्मावलंबियों के धार्मिक प्रतीकों का प्रयोग सार्वजनिक स्थानों पर प्रतिबंधित कर दिया, जो अल्पसंख्यक समुदाय के लिए हानिकारक हैं। बहुसंस्कृतिवादियों ने केवल सांस्कृतिक रूप में विशेष अधिकारों का ही समर्थन नहीं किया, अपितु इन समुदाय को वित्तीय व आधारभूत सहायता देने का भी समर्थन किया। जैसे-संग्रहालय, अल्पसंख्यकों के शैक्षिक संस्थानों की स्थापना व सार्वजनिक त्योहार मनाने के लिए सहायता।
- अल्पसंख्यकों के विशेष अधिकार का समर्थन बहुसंस्कृतिवादियों ने किया और उन्होंने राजनीतिक व्यवस्था में ऐसे परिवर्तन का सुझाव दिया कि जिससे यह वर्ग स्वशासन में समर्थ हो सके। अपनी सांस्कृतिक पहचान को बनाए रखने के लिए अल्पसंख्यकों को विशेष प्रतिनिधित्व का अधिकार भी दिए जाने का समर्थन किया, जिससे समाज में समूहों के संस्कृति के अधिकार की रक्षा हो सके।

## पर्यावरणीय अधिकार

- समकालीन विश्व में अधिकारों का तीसरा चरण समूहवादियों के अधिकारों का चरण है, जिसमें पर्यावरणीय अधिकार की मांग की गई, क्योंकि यूरोप में उत्तर-भौतिकवादी समाज में लोगों की मुख्य चिंता जीवन की गुणवत्ता को लेकर है, भौतिक संवृद्धि को लेकर नहीं। एक स्वच्छ पर्यावरण का अधिकार मानवमात्र के लिए आवश्यक है।
- यही कारण है कि पश्चिमी देशों में ग्रीन आंदोलन अत्यधिक प्रभावी है, क्योंकि उनका मूल उद्देश्य, मानव के लिए स्वच्छ पर्यावरण उपलब्ध कराना है। इसलिए यूरोप में शांति आंदोलन व वैश्वीकरण के विरोध में भी आंदोलन देखे जा रहे हैं, क्योंकि वैश्वीकरण से पर्यावरण को गंभीर क्षति पहुंच रही है। भारत में भी उच्चतम न्यायालय ने जीवन के अधिकार में स्वच्छ पर्यावरण का अधिकार अंतर्निहित माना है।
- अत: अधिकारों का यह चरण व्यक्ति के अधिकार तथा सामाजिक एवं आर्थिक अधिकारों से भिन्न है। समूह के अधिकार के अंतर्गत् नारीवादियों के अधिकार को सम्मिलित किया जा सकता है, जिसमें उग्र अथवा आमूल

नारीवादियों ने महिलाओं की विशेष विभेद की स्थिति को देखते हुए उनके लिए अलग अधिकारों की मांग की। जैसे-गर्भपात का अधिकार, संपत्ति में अधिकार, विवाह व तलाक से संबंधित अधिकार। इनका तर्क है कि एक लोकतांत्रिक समाज में भी पुरुष तथा महिला की स्थिति में अंतर है। इसलिए महिलाओं को वैयक्तिक जीवन से संबंधित अधिकार आवश्यक हैं। इसके अभाव में व्यक्तिगत सामाजिक एवं आर्थिक अधिकार प्रभावी नहीं हो सकते।

## अधिकारों का विकास (विभिन्न चरण)

- अधिकारों की संकल्पना आधुनिक युग की देन है तथा इसका मूल आधार 'हॉब्स' के विचारों में देखा जा सकता है, जो निम्नलिखित हैं-
  - (i) प्रत्येक व्यक्ति के जीवन का मूल उद्देश्य, आत्म संरक्षण करना है।
  - (ii) प्राकृतिक अवस्था में प्रत्येक व्यक्ति अपने आत्म संरक्षण के तरीकों का निर्धारण करने के लिए स्वतंत्र था।
  - (iii) प्राकृतिक अवस्था में व्यक्ति आत्म संरक्षण के लिए कोई भी उपाय कर सकता था।
  - (iv) प्राकृतिक अवस्था समाप्त करने के लिए व्यक्तियों ने परस्पर समझौता किया तथा अपने ऊपर शासन करने के अधिकार का परित्याग किया।
- हॉब्स के विचारों में राज्य के अधिकारों का समर्थन किया गया। इसलिए उसने पूर्ण सत्तावादी शासन का समर्थन किया। अधिकारों की संकल्पना के जन्मदाता 'जॉन लॉक' हैं, जिन्होंने स्पष्ट कहा कि प्राकृतिक अवस्था में सभी व्यक्ति समान थे तथा व्यक्ति को जन्मजात प्राकृतिक अधिकार प्राप्त हैं, जिसमें स्वतंत्रता, जीवन, संपत्ति, स्वास्थ्य और उसके शरीर के अंगों पर उसका अपना अधिकार है।
- समाज में प्रत्येक व्यक्ति का यह नैतिक कर्त्तव्य है कि वह दूसरे के जीवन का संरक्षण करे एवं राज्य का निर्माण इन्हीं प्राकृतिक अधिकारों की रक्षा के लिए किया गया। राज्य के द्वारा प्राकृतिक अधिकारों को न तो छीना जा सकता है और न ही सीमित किया जा सकता है।
- मैकफर्सन के अनुसार, 'लॉक, मूलत: पूंजीवादी विचारक हैं तथा इन्होंने संपत्तिशाली व्यक्तियों के अधिकारों का समर्थन किया।' लॉक के प्राकृतिक अधिकारों के सिद्धांतों का प्रभाव अमेरिकी व फ्रांसीसी क्रांति पर हुआ। थॉमस पैने ने अपनी प्रसिद्ध पुस्तक-"Rights of Man" (1791) में लॉक के प्राकृतिक अधिकारों का समर्थन किया।
- प्राकृतिक अधिकारों के सिद्धांत की कई विचारकों ने कड़ी आलोचना की। एडमंड बर्क के अनुसार, 'प्राकृतिक अधिकारों की संकल्पना निरर्थक है। यह अमूर्त व तात्विक है एवं यह अत्यधिक सरलीकृत है।' बर्क के अनुसार, 'अधिकार, एक विशेष इतिहास व परिस्थितियों की देन होते हैं।' बर्क ने इंग्लैंड का उल्लेख करते हुए कहा कि यहां के लोगों को समाज के विकास के परिणामस्वरूप स्वाभाविक रूप में अधिकार प्राप्त हो गए। नागरिक और राजनीतिक अधिकार (Civil and Political Rights) परंपराओं की देन हैं, ऐसा बर्क की मान्यता है।
- बेंथम ने प्राकृतिक अधिकारों की धारणा का जोरदार खंडन किया। इनके अनुसार, 'समाज व राज्य से पहले अधिकारों की कल्पना करना पूर्णत: अतार्किक व निरर्थक है। इनके अनुसार, अधिकार, राज्य द्वारा प्रदत्त होते हैं।
- अत: इन्होंने लॉक की मान्यता को बकवास व अनर्गल कहा तथा वैधानिक अधिकारों का समर्थन किया। लॉक से लेकर बेंथम तक ने व्यक्तियों को स्वायत्त रूप में अधिकार प्रदान किए, जिसे हर्बर्ट हार्ट ने अधिकारों का चयनात्मक व वैकल्पिक सिद्धांत कहा है। व्यक्ति को स्वायत्त रूप में अधिकार आधुनिक युग में प्राप्त हुए तथा सामंतवादी विशेषाधिकारों का अंत हो गया, परंतु व्यक्तिगत, नागरिक और राजनीतिक अधिकार, विषमतापूर्ण समाज में वर्ग विशेष या समुदाय विशेष का विशेषाधिकार बन जाते हैं।
- इंग्लैंड ने 'रॉयल कमीशन' (Royal Commission) की रिपोर्ट में औद्योगीकरण के सामाजिक दुष्परिणामों को चित्रित किया। परिणामस्वरूप अधिकारों के द्वितीय चरण का विकास हुआ और कल्याणकारी राज्य द्वारा लोगों को 'सकारात्मक अधिकार' प्रदान किए गए या हार्ट के अनुसार, लोगों को कल्याणकारी अधिकार दिए गए। व्यक्ति के व्यक्तित्व विकास के लिए न्यूनतम सामाजिक एवं आर्थिक परिस्थितियां उपलब्ध होनी चाहिए। ग्रीन के विचारों में कल्याणकारी अधिकारों पर बल दिया गया।
- ग्रीन ने प्राकृतिक अधिकारों की संकल्पना को निम्नलिखित कारणों से अस्वीकृत कर दिया-
  - (i) ग्रीन के अनुसार, प्राकृतिक अधिकारों की संकल्पना में अधिकार व कर्त्तव्यों का विभाजन हो गया है।
  - (ii) लॉक ने माना कि व्यक्ति के अधिकार जन्मजात हैं।
  - (iii) प्राकृतिक अधिकारों में अधिकारों को समाज के विरुद्ध माना गया, जिसे ग्रीन ने दोषपूर्ण कहा। ग्रीन ने प्राकृतिक अधिकार शब्द का प्रयोग किया, किंतु इसकी व्याख्या नितांत निम्न रूप में की।
- ग्रीन के अनुसार, 'प्राकृतिक अधिकार, मानव के वे नैतिक

दावे हैं, जिनके अभाव में मानव पूर्ण नहीं हो सकता और समाज इस नैतिक दावे की पूर्णता में समाहित होता है व मानव का विकास व सामाजिक जीवन प्राकृतिक है।' इसलिए प्राकृतिक अधिकार का आशय, नैतिक पूर्णता प्राप्त करना है।

- इनके अनुसार, व्यक्ति के नैतिक कार्य समाज में ही संपन्न होते हैं। ग्रीन के अनुसार, 'अधिकार, मानव के विकास के लिए बाह्य परिस्थितियां हैं।' हेरॉल्ड लास्की ने अपनी प्रसिद्ध रचना-"A Grammar of Politics" (1925) में कहा कि 'स्वतंत्रता का आशय, प्रतिबंधों का अभाव ही नहीं है, बल्कि अवसरों की उपलब्धता भी है।' लास्की के अनुसार, 'स्वतंत्रता, मूलत: व्यक्तिगत व राजनीतिक होने के साथ आर्थिक भी होती हैं। लास्की ने तो यहां तक कहा कि राज्य की पहचान राज्य द्वारा प्रदत्त अधिकारों के द्वारा होती है।'
- मार्क्स ने उपरोक्त अधिकारों की संकल्पना की कड़ी आलोचना की। पूंजीवादी समाजों में प्राप्त अधिकार बुर्जुआ व्यक्ति के अधिकार हैं। मार्क्स ने 'पूंजीवादी व्यवस्था में व्यक्ति दोहरा जीवन जीने को विवश है, क्योंकि नागरिक रूप में उसे समान माना जाता है, परंतु वर्ग विभाजित समाज में उसके अधिकार व स्वतंत्रता निरर्थक सिद्ध होते हैं।' उदारवादी अधिकारों की धारणा एक कृत्रिम व्यक्ति और यांत्रिक समाज पर आधारित है।
- मार्क्स के अनुसार, 'मानव, मूलत: सामाजिक प्राणी है और वास्तविक स्वतंत्रता व अधिकार साम्यवादी समाज में ही संभव होंगे।' व्यावहारिक रूप में मार्क्सवादी राजनीतिक व्यवस्थाओं में सामाजिक एवं आर्थिक अधिकारों पर विशेष बल दिया गया, किंतु व्यक्तियों से नागरिक व राजनीतिक स्वतंत्रता छीन ली गई।

## समकालीन विश्व में अधिकारों की धारणा

- जॉन रॉल्स ने सभी व्यक्तियों को प्राथमिक वस्तुओं को प्राप्त करने का समान अधिकार दिया। यद्यपि नव-उदारवादियों ने रॉल्स की मान्यता को अस्वीकृत कर दिया तथा इस संबंध में नॉजिक ने आत्मस्वामित्व के सिद्धांत का समर्थन किया। व्यक्ति असीमित संपत्ति अर्जित कर सकता है, बशर्ते वह वैध हो। क्योंकि संपत्ति उसकी क्षमता व प्रतिभा का परिणाम है।
- समकालीन विचारक रोनॉल्ड डॉर्किन ने अपनी प्रसिद्ध पुस्तक-"Taking Rights Seriously" (1977) में मानवाधिकारों को 'नैतिक अधिकारों' के रूप में व्यक्त किया। इनके अनुसार, 'प्रत्येक नागरिक के साथ समान व्यवहार होना चाहिए एवं प्रत्येक व्यक्ति की गरिमा का सम्मान होना चाहिए।'
- वर्ष 1980 के दशक में पूरे विश्व में नव-उदारीकरण की नीतियों का प्रयोग होने लगा। अत: कुछ विचारकों ने भविष्य में सामाजिक एवं आर्थिक अधिकारों की संकल्पना में कटौती की आशंका व्यक्त की। क्योंकि बाजारवादी अर्थव्यवस्था में नागरिक व राजनीतिक अधिकारों पर ज्यादा बल दिया गया।
- उपरोक्त मान्यताएं पूर्णतया सत्य नहीं हैं, क्योंकि किसी भी व्यवस्था में सामाजिक एवं आर्थिक अधिकारों की अवहेलना करना संभव नहीं है। समकालीन समाज में परंपरागत समाजवाद व पूंजीवाद के मध्य का बिंदु तलाश किया जा रहा है, जिसे गिडिंस ने 'तीसरा मार्ग' कहा है। इनके अनुसार, 'नव-उदारवादी नीतियां कल्याणकारी अधिकारों की विरोधी नहीं हैं।' ऐसी ही मन्यता आमर्त्य सेन की भी है।

## मानवाधिकार (Human Rights)

- मानव होने के नाते मानव को जो अधिकार प्राप्त होते हैं, उनको मानवाधिकार कहते हैं, जिसका मूल आधार प्रत्येक व्यक्ति की गरिमा से है। मानव को जाति, लिंग, संपत्ति व राष्ट्र-राज्य के आधार पर नहीं, बल्कि मानव को मानव होने के आधार पर अधिकार प्राप्त होते हैं।
- कांट के अनुसार, 'प्रत्येक व्यक्ति स्वयं में साध्य है।' संयुक्त राष्ट्र संघ के घोषणा-पत्र के माध्यम से 10 दिसंबर, 1948 को वैश्विक स्तर पर मानवाधिकार की घोषणा को स्वीकृति दी गई। मूलत: ये अधिकारी हिटलर के सहयोगी थे, जिन्होंने द्वितीय विश्व युद्ध में यहुदियों के साथ बहुत बर्बर व्यवहार किया था, जिसके उपरांत मानवाधिकारों की घोषणा की गई, ताकि आगे से कोई हिटलर जन्म न ले और अन्य मानवों के साथ कोई दुर्व्यवहार न कर सके।

### मानवाधिकार का अर्थ

- सामान्यत: मानवाधिकार एवं अधिकार समान रूप में प्रयुक्त किए जा सकते हैं। इसलिए जब लॉक जैसे विचारक ने प्राकृतिक अधिकार की संकल्पना प्रस्तुत की, तो यह मूलत: मानवाधिकारों का ही रूप था, क्योंकि मानवाधिकार का आशय, व्यक्ति के उन नैतिक अधिकारों से है, जो उसे व्यक्ति होने के नाते प्राप्त हैं, लेकिन व्यावहारिक रूप में समूची मानव जाति के लिए अधिकार दीर्घकाल में प्राप्त हो सका, क्योंकि लॉक जैसे व्यक्तियों के लिए अधिकार मूलत: संपत्तिशाली व्यक्तियों के अधिकार थे। उस समय महिलाओं को पुरुषों के समान अधिकार प्राप्त नहीं हुए।

कालांतर में जे. एस. मिल ने महिलाओं के मताधिकार का प्रबल समर्थन किया।

- 19वीं व 20वीं सदी के उत्तरार्द्ध में जहां एक ओर फ्रांसीसी व अमेरिकी क्रांति के पश्चात् अधिकारों को सार्वजनिक रूप में स्वीकार किया गया, वहीं व्यावहारिक रूप में उपनिवेशवादी-साम्राज्यवादी व्यवस्था के अंतर्गत तीसरी दुनिया के देशों को इन अधिकारों से वंचित किया गया।
- प्रथम व द्वितीय विश्व युद्ध के मध्य जर्मनी में जिस प्रकार प्रजातिवाद के आधार पर मानव नरसंहार हुआ, वह अत्यंत बर्बर, अमानवीय और घृणित था। अत: द्वितीय विश्व युद्ध के पश्चात् संयुक्त राष्ट्र संघ के मंच से मानवाधिकारों के सार्वजनिक घोषणा-पत्र को स्वीकार किया गया और यह उद्देश्य रखा गया कि संयुक्त राष्ट्र संघ के द्वारा मानवाधिकारों की रक्षा होगी। मैकफर्लेन ने मानवाधिकारों को निम्नलिखित रूप में व्यक्त किया-
  - (i) मानवाधिकार, स्वतंत्र व्यक्ति, मानव गरिमा व व्यक्ति के चयन में विश्वास करता है।
  - (ii) यह अधिकार सर्वोच्च है, क्योंकि इनके उल्लंघन का आशय, न्याय का उल्लंघन है।
  - (iii) यह अधिकार, व्यावहारिक है, क्योंकि राज्य अथवा संवैधानिक उपायों के द्वारा इसे व्यवहार में लाया जाता है।
  - (iv) इसे बाध्यकारी रूप में राज्य के द्वारा लागू किया जा सकता है तथा राज्य द्वारा संरक्षण प्रदान किया जाता है।
  - (v) यह सार्वभौमिक है, क्योंकि मानवमात्र के लिए है।

## मानवाधिकार से संबंधित वैचारिक विवाद

- 10 दिसंबर, 1948 को जब मानवाधिकार के घोषणा-पत्र को सार्वभौमिक रूप में स्वीकार किया गया, तो यह मानवता के लिए बहुत बड़ी उपलब्धि थी, क्योंकि पहली बार विश्वव्यापी रूप में मानवाधिकारों को स्वीकृति प्रदान की गई। लेकिन व्यावहारिक रूप में इसमें वैचारिक विवाद स्पष्ट रूप से सामने आ गए।
- इस्लामी देशों विशेषत: सऊदी अरब ने मानवाधिकार की संकल्पना पर आपत्ति दर्ज करते हुए कहा कि इस्लामी समाज में धार्मिक स्वतंत्रता व धर्म परिवर्तन का अधिकार नहीं दिया जा सकता।
- अत: मूल प्रश्न उत्पन्न हुआ कि मानवाधिकारों को सार्वभौमिक रूप में कैसे लागू किया जाए? मानवाधिकारों पर सोवियत साम्यवादी खेमे की आपत्ति अलग थी, क्योंकि साम्यवादियों के अनुसार, ये मानवाधिकार नहीं, बल्कि संपत्तिशाली पूंजीपतियों के अधिकार हैं, क्योंकि उदारवादी लोकतांत्रिक देशों में व्यक्ति को नागरिक राजनैतिक अधिकार मुख्य रूप से प्रदान किए जाते हैं। जबकि मार्क्सवादियों ने आर्थिक अधिकारों को मूल या मुख्य माना।
- अत: मार्क्सवादियों के अनुसार, न्यूनतम आर्थिक परिस्थितियों व रोजगार का अधिकार मुख्य है। इसके विपरीत उदारवादी देशों का मानना है कि साम्यवादी व्यवस्थाएं सर्वाधिकारवादी हैं, जहां व्यक्ति को अभिव्यक्ति व उपासना की स्वतंत्रता प्राप्त नहीं है। एक दल का निरंकुश शासन है व व्यक्ति राजनैतिक सहभागिता से वंचित है। वस्तुत: इन वैचारिक विरोधों को देखते हुए वर्ष 1966 में संयुक्त राष्ट्र संघ के मानवाधिकारों के दस्तावेजों में सिविल राजनैतिक व सामाजिक एवं आर्थिक अधिकारों का समिश्रण किया गया। अत: मानवाधिकारों के संदर्भ में साम्यवाद बनाम् उदारवाद का विवाद समाप्त हुआ।

## मानवाधिकार सार्वभौमिक या सापेक्ष

- अफ्रीकी देशों द्वारा वर्ष 1981 में मानवाधिकारों के लिए एक घोषणा-पत्र बंजुल चार्टर (Banjul Charter) जारी किया। मानवाधिकार के संदर्भ में सार्वभौमिकता बनाम् सापेक्षवाद को लेकर प्रश्न खड़ा हुआ। इसलिए मूल प्रश्न है कि क्या पूरे विश्व में मानवाधिकारों का एकीकृत रूप स्वीकार किया जा सकता है? व्यावहारिक रूप में ऐसा संभव प्रतीत नहीं होता। क्योंकि सोवियत संघ के विघटन के पश्चात् चीन जैसे साम्यवादी देश व अमेरिका जैसे उदारवादी देशों के मध्य मानवाधिकारों को लेकर विवाद है।
- अमेरिका ने चीन पर सदैव मानवाधिकारों के उल्लंघन का आरोप लगाया है। विशेषकर तिब्बती शरणार्थी व दलाई लामा के मुद्दे पर चीनी सरकार की विश्वव्यापी आलोचना की जाती है। यद्यपि गैर-लोकतांत्रिक देश जैसे म्यांमार पर भी मानवाधिकारों के उल्लंघन के आधार पर प्रतिबंध आरोपित किए गए हैं।
- वर्ष 1980 के दशक में अफ्रीकी महाद्वीप के लोगों ने बंजुल चार्टर को स्वीकार करते हुए स्पष्ट रूप में प्रतिपादित किया कि अफ्रीकियों के मानवाधिकार, गैर-अफ्रीकियों के मानवाधिकारों से भिन्न हैं, क्योंकि अफ्रीका की सामाजिक एवं सांस्कृतिक स्थिति विशिष्ट है। विशेष परिप्रेक्ष्य में ही मानवाधिकारों को लागू किया जाना चाहिए। इसी मान्यता को किशोर मधुबनी जो कि म्यांमार के प्रधानमंत्री थे, उन्होंने मानवाधिकारों को देशकाल व परिस्थिति के अनुसार माना, सार्वभौमिक नहीं। दूसरे शब्दों में, समाज या संस्कृति के सापेक्ष ही मानवाधिकारों को लागू किया जा सकता है।

## एशियाई मूल्य

- महातिर मोहम्मद के अनुसार, एशियाई मूल्य, पाश्चात्य मूल्यों से अलग हैं। एशियाई मूल्यों का आशय, समाज को प्राथमिकता, सत्ता का सम्मान व परिवार को महत्व प्रदान करना है। अत: समाज में संघर्ष के बजाए, सहमति को महत्वपूर्ण स्थान प्राप्त है। अत: बहुसंस्कृतिवादियों ने माना कि समाज में अल्पसंख्यक समूह के अधिकार बहुसंख्यक समूहों के अधिकार से भिन्न होते हैं। इसलिए एक देश में अधिकारों में विभेद किया जाता है, तो पूरे विश्व में अधिकारों का एक ही रूप व्यावहारिक रूप में लागू नहीं हो सकता।
- यद्यपि मलेशियाई प्रधानमंत्री महातिर मोहम्मद की आलोचना की गई कि वे एशियाई मूल्यों की आड़ में गैर-लोकतांत्रिक शासनों को वैधता प्रदान करने का प्रयत्न कर रहे हैं। इसलिए यह ध्यान देने योग्य है कि लोकतांत्रिक शासन प्रणाली एशियाई समाजों के लिए पूर्णत: उपयुक्त है, लेकिन यह महत्वपूर्ण है कि एशियाई समाज स्पष्ट रूप में पश्चिमी समाजों से भिन्न हैं व मानवाधिकार को लागू करते समय इस भिन्नता को उपेक्षित नहीं किया जा सकता।
- मानवाधिकारों से संबंधित विवाद अंतर्राष्ट्रीय परिप्रेक्ष्य में भी है कि वस्तुत: मानवाधिकारों का उल्लंघन किया जाता रहा है। आतंकवाद व विघटनवाद को किस प्रकार परिभाषित किया जाए? अभी भी महत्वपूर्ण प्रश्न है कि अंतर्राष्ट्रीय राजनीति में एक ही मानदंड का प्रयोग नहीं हो रहा। जैसे-कुर्द लोगों के मानवाधिकारों के उल्लंघन का आरोप सद्दाम हुसैन पर लगाया गया। जबकि चेचेन्या के संदर्भ में पहले पश्चिमी देशों में मानवाधिकारों के उल्लंघन का आरोप लगाया।
- 11 सितंबर, 2001 की आतंकवादी घटना के पश्चात् पश्चिमी देशों व अमेरिका के दृष्टिकोण में परिवर्तन हुआ। अमेरिका के अनुसार, लीबिया व ईरान जैसे राष्ट्र आतंकवाद को प्रोत्साहित करते हैं, लेकिन पाकिस्तान के संदर्भ में अमेरिका का दृष्टिकोण परिवर्तित हो जाता है।
- मानवाधिकारों का मूल आधार लॉक के विचारों से ही आरंभ हुआ और इसका विकास लास्की तक हुआ। व्यावहारिक रूप में द्वितीय विश्व युद्ध के पश्चात् मानवाधिकारों को वैश्विक संस्था के द्वारा वैश्विक रूप में लागू करने का प्रयास किया गया। मानव को यह अधिकार मानव होने के कारण प्राप्त हुए हैं।
- मानवाधिकारों की आरंभिक घोषणा (10 दिसंबर, 1948) के पश्चात् इसमें समूहों के अधिकारों पर भी बल दिया गया। नागरिक व राजनीतिक अधिकारों के अंतर्राष्ट्रीय समझौते (वर्ष 1966) के अनुच्छेद-27 में कहा गया है कि 'प्रत्येक नृजातीय, धार्मिक, भाषाई व अल्पसंख्यकों को अपनी संस्कृति के आचरण व इसके प्रयोग की आजादी है।'
- वर्ष 1992 में संयुक्त राष्ट्र संघ के अल्पसंख्यकों के अधिकारों के घोषणा-पत्र के अनुच्छेद-2 में कहा गया है कि 'राष्ट्रीय या नृजातीय या धार्मिक अल्पसंख्यक समूहों को अपनी संस्कृति की रक्षा करने, धर्म को मानने व आचरण करने तथा निजी व सार्वजनिक जीवन में अपनी भाषा के प्रयोग का अधिकार है।
- अल्पसंख्यकों के इसी सांस्कृतिक अधिकार को बहुसंस्कृतिवाद कहा जाता है। अल्पसंख्यकों या समूह के अधिकार के समर्थकों ने मानवाधिकारों को सापेक्षिक माना। इनके अनुसार, 'सभी लोकतांत्रिक देशों में नागरिकों को समान अधिकार दिए जाते हैं, परंतु राज्यों में सामाजिक एवं सांस्कृतिक विविधता की अवहेलना की जाती है।'
- लोकतांत्रिक राज्य स्वयं को सभी धर्म व संस्कृतियों से तटस्थ मानते हैं, लेकिन वास्तविक रूप में राज्य व सरकार के द्वारा बहुसंख्यक समुदाय की संस्कृति व मूल्यों का समर्थन किया जाता है। इसलिए बहुसंस्कृतिवादी सार्वभौमिक अधिकारों के बजाए, विभेद के समर्थक हैं। इनके अनुसार, 'सभी व्यक्तियों के साथ समान व्यवहार के बजाए, इनके सामाजिक और सांस्कृतिक परिप्रेक्ष्य में व्यवहार किया जाना चाहिए।'
- किमलिका ने बहुसंस्कृतिवादियों की मान्यता को निम्नलिखित रूपों में व्यक्त किया है-
  (i) समाज में अल्पसंख्यकों को विशेष अधिकार प्राप्त होने चाहिए।
  (ii) अधिकार, व्यक्तियों के ही नहीं, अपितु समूहों के भी होते हैं।
  (iii) अल्पसंख्यकों की संस्कृति का सम्मान होना चाहिए तथा उनकी विशिष्टता को संरक्षित किया जाना चाहिए।
  (iv) उदारवादी लोकतांत्रिक व्यवस्था में अधिकार की संकल्पना बहुमत समाज द्वारा निर्धारित होती है।
- भीखू पारेख के अनुसार, 'प्रत्येक समुदाय को अपनी सामुदायिक पहचान बनाने के लिए अलग अधिकारों की आवश्यकता होती है। लोकतांत्रिक व्यवस्था में निर्णय बहुमत के आधार पर होते हैं। इसलिए अल्पसंख्यकों के अधिकारों को संरक्षित करने की विशेष आवश्यकता होती है। समकालीन समाज अत्यधिक विविधतापूर्ण है, इसलिए ऐसे समाज में प्रवासी अल्पसंख्यकों के अधिकारों को संरक्षित करने का प्रयत्न होना चाहिए।' वर्ष 1980 के दशक में समूह के अधिकार और अल्पसंख्यकों के

अधिकारों की मान्यता प्रभावी हुई, परंतु इस संबंध में एक व्यावहारिक समस्या भी उत्पन्न होती है कि अल्पसंख्यक अपनी भाषा व संस्कृति के बजाए, बहुमत की भाषा और संस्कृति सीखने के इच्छुक होते हैं।

### समुदायवादियों का मानवाधिकारों के प्रति दृष्टिकोण

- समुदायवादी, व्यक्तिवादी अधिकारों के आलोचक हैं। माइकल जे. सैंडल ने अपनी प्रसिद्ध रचना-"Liberalism and the Limits of Justice" (1982) में रॉल्स के सार्वभौमिक अधिकारों की मान्यता का खंडन किया। इनके अनुसार, 'व्यक्ति के अधिकारों की कल्पना समाज से पृथक् रूप में नहीं है। इसलिए इन्होंने उदारवादी अधिकारों की संकल्पना को अमूर्त व अनैतिहासिक कहा।
- माइकल वॉल्जार के अनुसार, 'अधिकारों की सार्वभौमिक मान्यता त्रुटिपूर्ण है। अधिकारों की कल्पना समाज के परिप्रेक्ष्य में ही संभव है एवं प्रत्येक समाज में वस्तुओं का समान महत्व नहीं होता है।'

## मानवाधिकारों की तीन पीढ़ियां

(Three generations of Human Rights)

- तीन पीढ़ियों में मानवाधिकारों का विभाजन प्रारंभ में 1979 में चेक गणराज्य के विधिवेत्ता कारेल वासाक द्वारा स्ट्रासबर्ग में अंतर्राष्ट्रीय मानवाधिकार संस्थान में प्रस्तावित किया गया था।
- पहली पीढ़ी के मानवाधिकारों की प्रवृत्ति मूलत: राजनीतिक थी, जिसमें जीवन का अधिकार, कानून के समक्ष समानता, बोलने की स्वतंत्रता, धर्म की स्वतंत्रता एवं मतदान के अधिकार शामिल हैं।
- दूसरी पीढ़ी के मानवाधिकारों की मूल प्रकृति आर्थिक, सामाजिक एवं सांस्कृतिक है।
- तीसरी पीढ़ी के मानवाधिकार, वे अधिकार हैं, जो महज नागरिक तथा सामाजिक से परे हैं। इसमें आत्मनिर्णय का अधिकार, स्वस्थ वातावरण का अधिकार, प्राकृतिक संसाधनों का अधिकार व सांस्कृतिक विरासत में भागीदारी का अधिकार सम्मिलित हैं।
- नारीवादियों के अनुसार, समाज में पितृ-सत्तात्मकता के कारण महिलाओं को प्राप्त राजनीतिक एवं संवैधानिक अधिकार निरर्थक हैं।
- सुसान मूलर ओकिन ने अपनी रचना-"Justice, Gender and the Family" (1989) में कहा कि समाज की पूरी संरचना लैंगिक संबंधों पर आधारित है।
- मेरियन यंग के अनुसार, सार्वभौमिक नागरिकता की संकल्पना में महिलाओं के विभेद या विशिष्ट स्थिति को मान्यता नहीं दी जाती है, बल्कि सभी को समान अधिकार प्रदान किए जाते हैं।

### नारीवादियों द्वारा मानवाधिकारों की सार्वभौमिकता का खंडन

- नारीवादियों ने व्यक्तिवादी, उदारवादी अधिकारों की सार्वभौमिक मान्यता का खंडन किया। इनके अनुसार, 'समाज में पितृ-सत्तात्मकता के स्वरूप के कारण महिलाओं को प्राप्त राजनीतिक एवं संवैधानिक अधिकार निरर्थक हैं।' इनके अनुसार, महिलाओं के समक्ष अभी भी निम्नलिखित समस्याएं हैं-
  - (i) महिलाओं द्वारा बच्चों का पालन-पोषण करने के कारण इन्हें सार्वजनिक जीवन में कार्य करने में कठिनाई आती है तथा इन्हें कम वेतन में कार्य करना पड़ता है।
  - (ii) जिस परिवार में पुरुष व महिला दोनों कार्यरत होते हैं वहां भी परिवार में घरेलू दायित्व महिलाएं ही संभालती हैं।
  - (iii) पितृ-सत्तात्मकता के प्रभाव के कारण महिलाओं के घरेलू श्रम के मूल्यों का आकलन अभी भी नहीं किया जा रहा है।
- सुसान मूलर ओकिन ने अपनी रचना-"Justice, Gender and the Family" (1989) में कहा कि समाज की पूरी संरचना लैंगिक संबंधों पर आधारित हैं। समाज में महिलाएं शोषित हैं। इसलिए महिलाओं के अधिकारों की कल्पना पुरुषवादी अधिकारों के दृष्टिकोण से संभव नहीं है।
- जबकि महिलाओं के अनुसार, उनके जीवन के लिए कुछ विशिष्ट अधिकार आवश्यक हैं, जो कि निम्नलिखित हैं-
  - (i) विवाह का अधिकार।
  - (ii) गर्भपात का अधिकार।
  - (iii) यौन उत्पीड़न से मुक्ति।
  - (iv) घरेलू हिंसा से निजात।
  - (v) समाज में महिलाओं के विशिष्ट मूल्यों को मान्यता प्रदान करना।

## निष्कर्ष

- मानवाधिकार, सैद्धांतिक रूप में सार्वभौमिक हैं, क्योंकि प्रत्येक व्यक्ति का महत्व समान है। प्रत्येक व्यक्ति स्वयं में साध्य है, परंतु इसका व्यावहारिक प्रयोग करते समय सामाजिक व सांस्कृतिक विशिष्टता का ध्यान रखना होगा। 21वीं शताब्दी मानवाधिकार व लोकतंत्र का युग है तथा मानवाधिकारों का बढ़ता विश्वव्यापी प्रभाव मानवीय समाज के प्रभावी विकास का द्योतक है।

अध्याय 5

# शक्ति
# POWER

- शक्ति, एक जटिल एवं व्यापक संकल्पना है, जिसके बहुत से आयाम हैं।
- ल्यूक्स के अनुसार, शक्ति, मूलतः विवादास्पद संकल्पना है, **लेकिन इसके तीन आयाम हैं-**
  - (i) शक्तिशाली हितों को दूसरे पर आरोपित करना।
  - (ii) शक्ति एजेंडा के रूप में।
  - (iii) शक्ति, संरचनात्मक है, जिसके द्वारा लोगों के प्रत्यक्षण (perception) का निर्माण होता है। शक्तिशाली लोग अपने हितों का या अपनी इच्छाओं को पूर्ण करने का प्रयत्न करते हैं।
- माइकल फूको-"Power, Right and Truth"
- डेविड हेल्ड-"Power and Legitimacy"
- स्टीवन ल्यूक्स-"Power: A Radical View" (1974)
- मैक्स वेबर के अनुसार, 'शक्ति का अर्थ है-सामाजिक संबंधों के अंतर्गत् एक कर्ता द्वारा दूसरों की इच्छा के विरुद्ध अपनी इच्छा को क्रियान्वित करना।'
- लॉसवेल के अनुसार, 'राजनीति का सरोकार शक्ति को संवारने और मिल-बांटकर उसका प्रयोग करने से है।'
- बर्टेंड रसेल (Bertrand Russell) के अनुसार, 'मनचाहा प्रभाव पैदा करना शक्ति है। अर्थात् अपने अनुसार दूसरे के व्यवहार को परिवर्तित करना।'

## आयाम

- सैनिक शक्ति, राजनीतिक शक्ति, आर्थिक शक्ति, सांस्कृतिक शक्ति एवं मनोवैज्ञानिक शक्ति इत्यादि।

**शक्ति किन संकल्पनाओं से अलग है-**

- शक्ति, बल, सत्ता, जोड़-तोड़, अनुनय-विनय व प्रभाव से अलग है। ये सभी शक्ति प्रयोग के माध्यम हैं।
- शक्ति में दंड देने की क्षमता विद्यमान होती है, प्रभाव में यह नहीं पाया जाता।
- युद्ध शक्ति का नहीं, बल्कि बल (Force) का द्योतक है।

### वैधता तथा शक्ति का संबंध

- वैधानिक शक्ति ही सत्ता कहलाती है।
- बेंथम के अनुसार, वैधता का आधार सहमति हो सकती है। परंपराएं भी वैधता का आधार हैं।

## विषय वस्तु के रूप में शक्ति की संकल्पना

- विषय वस्तु के रूप में शक्ति की संकल्पना उतनी पुरानी है, जितना कि राजनीति विज्ञान।
- परंतु अध्ययन की विषय वस्तु के रूप में शक्ति, आधुनिक युग की देन है।
- यूनानी विचारक थ्यूसीडाइड्स ने अपनी प्रसिद्ध रचना-"The Poloponasion War" में राजनीति को शक्ति राजनीति के रूप में चित्रित किया।
- भारतीय विचारक कौटिल्य ने 'अर्थशास्त्र' में यह विचार प्रतिपादित किया कि शक्ति राज्य के बने रहने के लिए आवश्यक है।
- आधुनिक युग में पहली बार मैकियावेली ने **'शक्ति राजनीति'** पर अत्यधिक बल दिया-
  - (i) राजनीति, नैतिक नियमों से संचालित नहीं होती, बल्कि शक्ति का अर्जन और शक्ति में वृद्धि ही राजनीति है।
  - (ii) राजा को पहले बल प्रयोग नहीं करना चाहिए।
  - (iii) हिंसा का प्रयोग शीघ्रता से करना चाहिए।
  - (iv) हिंसा का प्रयोग लंबे समय तक न हो।
- हॉब्स ने शारीरिक शक्ति और राजनीतिक शक्ति के **मध्य अंतर स्पष्ट किया-**
  - (i) राजनीतिक शक्ति, सामाजिक संबंधों की ओर संकेत करती है।
  - (ii) समाज में परस्पर संघर्ष और अंत:क्रिया विद्यमान है। राजनीतिक शक्ति, सहमति पर आधारित है।
  - (iii) हॉब्स ने शक्ति एवं वैधता में अंतर नहीं माना।
- ट्रीट्स्के ने राज्य को शक्ति के रूप में परिभाषित किया।
- लॉक एवं मान्टेस्क्यू ने शक्ति को सीमित और वैधानिक बनाने का प्रयत्न किया।
- हन्ना आरेंट एवं पार्संस ने शक्ति को सहमति के रूप में चित्रित किया।

## राजनीति विज्ञान, शक्ति विज्ञान के रूप में

- बर्टेंड रसेल के अनुसार, शक्ति, इच्छित परिणामों को उत्पादित करना है।
- द्वितीय विश्व युद्ध के बाद राजनीति विज्ञान का विकास, शक्ति विज्ञान के रूप में हुआ तथा इससे राज्य और सरकार के अध्ययन की बजाय, शक्ति के अध्ययन को अत्यधिक महत्वपूर्ण माना गया।
- अमेरिका में व्यवहारवाद के जन्मदाता 'चार्ल्स मेरियम' ने राजनीति विज्ञान में शक्ति को अध्ययन का केंद्र बनाया।
- इसके पश्चात् हैरॉल्ड लॉसवेल ने अपनी रचना–"Politics: Who Gets What, When, How" (1936) में शक्ति को अध्ययन का केंद्रीय विषय बनाया।
- राजनीति विज्ञान को शक्ति की विषय वस्तु के रूप में कैटलिन, काप्लान एवं मॉर्गेंथाऊ आदि विचारकों ने अत्यधिक महत्व दिया।
- आधुनिक युग में शक्ति का आनुभविक रूप में अध्ययन करने का श्रेय 'रॉबर्ट डाल' को जाता है।
  इनकी रचना–"Who Governs: Democracy and Power in an American City" (1961) है।
- बरॉक और बॉर्ट्ज (Bachrach & Baratz) ने शक्ति को एजेंडा निर्माण के रूप में परिभाषित किया। शक्ति का आशय, दूसरे की निर्णय क्षमता को प्रतिबंधित करना भी है।
- जे. आर. ल्यूकॉस (J. R. Lucuas) के अनुसार, 'शक्ति, दूसरे के चिंतन और आवश्यकताओं को निर्धारित करने की क्षमता है। अत: शक्ति, वैचारिक क्षमता या मनोवैज्ञानिक नियंत्रण है।'
- केट मिलेट ने अपनी पुस्तक–"Sexual Politics" (1969 (US); 1971 (UK) में कहा कि 'राजनीतिक शक्ति संरचना पर आधारित संबंध है, जिसके द्वारा एक समूह, दूसरे समूह को नियंत्रित करता है।'

## उदारवादियों के अनुसार, शक्ति

- इन्होंने शक्ति को राजनीतिक रूप में स्वीकार किया है। लॉक, बेंथम ने जनता की शक्ति का समर्थन किया।
- शक्ति संविधान एवं राजनीतिक व्यवस्था में विद्यमान है।

## मार्क्सवादियों के अनुसार, शक्ति

- शक्ति, मूलत: आर्थिक है। मार्क्स ने शक्ति को उत्पादन के संबंध एवं साधन के रूप में देखा।
- मार्क्स के अनुसार, 'जिसका नियंत्रण उत्पादन के साधनों पर होगा, वही शासन करता है।'
- ग्रामशी ने शक्ति को वैचारिक रूप में प्रस्तुत करते हुए इसे 'आधिपत्य की संज्ञा' दी।
- संरचनात्मक (मार्क्सवादी अल्थ्यूजर के अनुसार) पूंजीवादी व्यवस्था में राज्य द्वारा शक्ति का बाध्यकारी प्रयोग नौकरशाही, पुलिस, न्यायालय और सेना के द्वारा किया जाता है।
- निकोस पोलांजा के अनुसार, 'शक्ति, अवैयक्तिक सामाजिक संरचना का परिणाम है।'
- निकोस पोलांजा की रचना–"Political Power and Social Classes" (1968) है।
- रॉल्फ मिलीबैंड की रचना–"The State in Capitalist Society" (1969) है।

## नारीवादियों के अनुसार, शक्ति

- नारीवादी पितृसत्ता को शक्ति का केंद्र मानते हैं। पितृसत्ता के कारण महिलाएं आर्थिक एवं राजनीतिक रूप में हाशिए पर हैं।

## उत्तर-आधुनिक विचारकों के अनुसार, शक्ति

- फूकोल्ट ने शक्ति की संकल्पना को (Capillary) केशिका के रूप में परिभाषित किया। इनकी पुस्तक–"The History of Sexuality" (1976) है। यह समाज में उसी प्रकार फैली होती है, जैसे शरीर में केशिकाएं।
- माइकल फूकोल्ट ने शक्ति को ज्ञान के रूप में **परिभाषित किया**–
  (i) शक्ति के उत्पादन आयाम पर बल दिया।
  (ii) शक्ति का आधार केवल राज्य और सरकार के संगठनों में ही नहीं, अपितु वित्त, लेखा, विज्ञान और मनोचिकित्सा जैसे विशेषज्ञ क्षेत्रों में अंतर्निहित होता है।
- माइकल फूकोल्ट के अनुसार, 'शक्ति, कोई वस्तु या तत्व नहीं है, जो किसी संस्था या लोगों के समूह में स्थित है, बल्कि शक्ति का प्रयोग एक तकनीकी के रूप में किया जाता है।
- शक्ति के द्वारा पहचान (Identity) और आत्मनिष्ठता (Subjectivity) का निर्माण होता है।
- फूकोल्ट ने शक्ति के इन रूप को Governmentality के रूप में भी व्यक्त किया।
- फूकोल्ट के अनुसार, शक्ति के विरुद्ध निम्नलिखित **तीन प्रकार के संघर्ष पाए जाते हैं**–
  (i) नृजातीय, सामाजिक और धार्मिक जो सामंतवादी समाजों में व्याप्त था।
  (ii) शोषण के विरुद्ध संघर्ष, पूंजीवादी समाजों में उत्पन्न हुआ।
- उन्होंने शक्ति को बाध्यता न मानकर इसके उत्पादक आयाम पर बल दिया।

- आधुनिक युग में शक्ति केवल कार्यपालिका और नौकरशाही में ही निहित नहीं है, बल्कि वैज्ञानिक, चॉर्टर्ड एकाउन्टेंट में भी निहित है।
- माइकल फूकोल्ट की अन्य रचनाएं निम्न हैं-"Madness and Civilization: A History of Insanity in the Age of Reason" (1964) एवं "The Order of Things" (1970) है।

## शक्ति का वितरण

- विशिष्ट वर्गवादियों के अनुसार, 'शक्ति का समाज में समान वितरण नहीं होता।'
- बल्कि शक्ति का संकेंद्रण मुट्ठीभर विशिष्ट लोगों में होता है तथा यह सदैव बना रहता है।
- जबकि बहुलवादियों के अनुसार, समाज में शक्ति का वितरण विभिन्न समूहों में होता है। अत: बहुलवादियों के अनुसार, शक्ति, संबंधात्मक या सापेक्षिक होती है।
- बहुलवादियों के अनुसार, शक्ति, मूलत: नॉन-सेक्शनल (Non-Sectional) या नॉन-जीरो-सम-गेम (Non-Zero-Sum-game) पर आधारित है।
- जबकि विशिष्ट वर्गवादियों के अनुसार, शक्ति, सेक्शनल (Sectional) होती है। समाज में मुट्ठीभर लोगों में शक्ति निहित होती है।

## सत्ता (Authority)

- सत्ता, किसी व्यक्ति, संस्था, नियम या आदेश का ऐसा गुण है, जिसके निर्देश को सही या प्रमाणित मानकर स्वेच्छा से प्रयोग किया जाता है।
- सत्ता के दो घटक हैं-शक्ति और वैधता। किसी नियम या निर्णय की वैधता यह संकेत करती है कि लोग उस नियम या निर्णय को अपने लिए तथा सारे समाज के लिए महत्वपूर्ण मानते हैं तथा मन से स्वीकार करते हैं।
- जोसेफ डी. मैस्ट्रे के अनुसार, सत्ता के सिद्धांतों में विश्वास व्यवस्था को सुरक्षित रखने का एक मात्र विश्वसनीय माध्यम है।

## शक्ति और सत्ता

(i) शक्ति का वैधानिक रूप ही सत्ता है।
(ii) शक्ति को दीर्घकालिक बनाने के लिए शक्ति का सत्ता में परिवर्तन आवश्यक होता है।
(iii) प्रत्येक प्रकार की शक्ति, सत्ता नहीं है, सत्ता में शक्ति होना आवश्यक है।

## मैक्स वेबर

(i) राजनीतिक सत्ता का आशय, राज्य द्वारा प्रदत्त सत्ता है।
(ii) सत्ता का विश्लेषण समाजशास्त्रीय रूप में किया।

- मैक्स वेबर ने राज्य की परिभाषा देते हुए कहा कि 'किसी निश्चित भू-भाग में राज्य का हिंसा के वैधानिक प्रयोग पर एकाधिकार होता है।'
- मैक्स वेबर के अनुसार, शक्ति वह है, जिससे व्यक्ति अथवा समूह द्वारा अपना लक्ष्य प्राप्त किया जा सके या काम कराया जा सके, जिसके अभाव में अपना लक्ष्य प्राप्त नहीं किया सकता।
- मैक्स वेबर के अनुसार, **राज्य की मूल विशेषताएं**-
  (i) राज्य, एक भौगोलिक संकल्पना है।
  (ii) राज्य द्वारा हिंसा का वैधानिक प्रयोग किया जाता है।
- मैक्स वेबर ने सत्ता के आदर्शीय रूप का प्रयोग करते हुए उसे **निम्नलिखित भागों में विभाजित किया**-
  (i) परंपरागत सत्ता।
  (ii) करिश्माई सत्ता।
  (iii) सत्ता का तार्किक और वैधानिक रूप।

### (i) परंपरागत सत्ता

- इतिहास पर आधारित सत्ता।
- परंपराओं, प्रथाओं पर अत्यधिक महत्व।
- सत्ता की आज्ञा का पालन तर्क की बजाय, समाज के रीति-रिवाजों के आधार पर होता है।

### (ii) करिश्माई सत्ता

- व्यक्ति के व्यक्तित्व पर आधारित।
- आज्ञा देने वाले के विलक्षण प्रभावशाली व्यक्तित्व के कारण उसकी आज्ञा का पालन किया जाता है।

### (iii) सत्ता का तार्किक और वैधानिक रूप

- सत्ता का यह रूप तर्क और विवेक पर आधारित होता है।
- नियम और कानूनों पर आधारित।
- वेबर के अनुसार, आधुनिक युग में सत्ता के इसी तार्किक और वैधानिक स्वरूप को स्वीकार किया जाता है। तर्कबुद्धि के इस युग में जो व्यक्ति आज्ञा दे रहा है, उसकी सत्ता वैधानिक होनी चाहिए।
- मैक्स वेबर ने सत्ता के इस तार्किक, वैधानिक रूप को नौकरशाही की संज्ञा दी।
- मैक्स वेबर ने नौकरशाही के भी आदर्श स्वरूप का वर्णन किया। उनके अनुसार, नौकरशाही के आदर्श स्वरूप की **विशेषताएं निम्नलिखित हैं**-
  (i) नौकरशाही की संरचना, सोपानिक होती है।
  (ii) इसके पदों/शक्तियों का विभाजन होता है।

(iii) यह औपचारिक व्यवस्था है।
(iv) नौकरशाही की मूल विशेषता अन्यम्यता होती है।
(v) नौकरशाही, अवैयक्तिक आधार पर संचालित होती है।
(vi) नौकरशाही रूपी संगठन में प्रवेश के लिए प्रतियोगी परीक्षा आयोजित होती है।
(vii) आजीवन वेतन और भत्ते प्राप्त होते हैं।

- 'ब्यूरोक्रेसी' शब्द का प्रयोग पहली बार 'डिगोर्नी' ने किया।

## वैधता (Legitimacy)

- वैधता, शक्ति व सत्ता के बीच की कड़ी है। वैधता से शक्ति को तार्किकता व स्थायित्व मिलता है। वैधता द्वारा जनमत शक्ति को स्वीकार करता है।
- लिप्सेट के अनुसार, किसी राजनीतिक प्रणाली की वैधता लोगों के मन में यह विश्वास पैदा करने और कायम रखने की क्षमता है, जो राजनीतिक व्यवस्था समाज के लिए उपयुक्त हो।

### वैधता संकट

- हैबरमास की रचना-"Legitimation Crisis" है।
- नव-मार्क्सवादी विचारक हैबरमास द्वारा यह विचार दिया गया। जिनके अनुसार, पूंजीवादी समाजों में सदैव वैधता संकट उत्पन्न होता है, क्योंकि पूंजीवादी समाज में अर्थव्यवस्था विषमतामूलक होती है।
- जबकि राजनीतिक प्रणाली द्वारा लोगों के कल्याण का दावा किया जाता है। इसलिए राजनीतिक व्यवस्था पूंजीपतियों के हितों तथा आम जनता की आशाओं के बीच समन्वय स्थापित करने में विफल हो जाती है।

अध्याय 6

# लोकतंत्र
# DEMOCRACY

- 'डेमोक्रेसी' शब्द की उत्पत्ति, ग्रीक भाषा के शब्द 'डेमोस' एवं 'क्रेशिया' से हुई है।
- 'डेमोस' का अर्थ, लोग तथा 'क्रेशिया' का अर्थ, शासन से है।
- अतः लोकतंत्र का आशय, 'लोगों के शासन' से है।
- अमेरिकी राष्ट्रपति अब्राहम लिंकन ने अपने 'गैटिसबर्ग' भाषण में लोकतंत्र को ''जनता का, जनता के द्वारा, जनता के लिए शासन' रूप में परिभाषित किया।

## लोकतंत्र की परिभाषा

- सीली के अनुसार, 'लोकतंत्र, ऐसी सरकार है, जिसमें सभी का हिस्सा होता है।'
- जेम्स ब्राइस के अनुसार, 'लोकतंत्र, लोगों का शासन है, जिसमें लोग संप्रभु इच्छा को वोट के रूप में व्यक्त करते हैं।'
- डायसी के अनुसार, 'लोकतंत्र, ऐसा शासन है, जिसमें देश का बड़ा भाग शासन करता है।'
- शूम्पीटर के अनुसार, 'प्रजातंत्र राजनीतिक निर्णयों तक पहुंचने के लिए वह संस्थागत व्यवस्था है, जो नेताओं को निर्वाचन के माध्यम से विवादों का निर्णय करने योग्य बनाकर सामान्य कल्याण को साकार करती हैं।'

## लोकतंत्र का दार्शनिक आधार

### लोकतंत्र, मूल्यों के रूप में

- व्यक्ति को एक इकाई मानना।
- व्यक्ति की गरिमा में विश्वास।
- लोगों को स्वतंत्रता व अधिकार प्रदान करना।

### लोकतंत्र, समाज के रूप में

- जाति, लिंग व धर्म के आधार पर कोई भेदभाव नहीं करना।
- समाज में विशेषाधिकारों को समाप्त करना।

### लोकतंत्र, जीवन शैली के रूप में

- लास्की, स्मिथ, ब्राइस जैसे विचारक लोकतंत्र को जीवन शैली के रूप में देखते हैं।
- उदारवादी शास्त्रीय लोकतंत्र के समर्थक लोकतंत्र को जीवन शैली के रूप में चित्रित करते हैं।
- लोकतंत्र जीवन शैली का आशय, दूसरे के विचारों के प्रति सहिष्णु होना है। मिल के अनुसार, 'दूसरे के विचारों का सम्मान करना ही लोकतांत्रिक जीवन शैली है।'

### लोकतंत्र, शासन प्रणाली के रूप में

- सीमित, संवैधानिक शासन।
- सहमति का शासन।
- उत्तरदायी शासन।
- प्रतिनिधिमूलक शासन।
- नियमित चुनाव, लोकतंत्र में अनिवार्य तत्व है। चुनाव माध्यम है। इससे सामाजिक एवं आर्थिक विकास किया जाता है।

## लोकतंत्र के प्रकार

### 1. प्रत्यक्ष लोकतंत्र

- प्रत्यक्ष लोकतंत्र का पहला प्रयोग यूनानी युग में 'एथेंस' में हुआ। यह लोकतंत्र का आदर्श रूप है।
- प्रत्यक्ष लोकतंत्र में प्रतिनिधि द्वारा शासन नहीं किया जाता, बल्कि इसमें जनमत संग्रह, प्रत्याहार (Recall) तथा स्थानीय इकाइयों द्वारा शासन होता है।
- आधुनिक युग में प्रत्यक्ष लोकतंत्र की संकल्पना 'रूसो' के विचारों में पाई जाती है।
- ये लोग दल के चुनावी लोकतंत्र को अस्वीकार करते हैं।
- रूसो का मानना था कि इंग्लैंड के लोग पांच (5) वर्षों में एक बार स्वतंत्र होते हैं।

### 2. प्रक्रियात्मक लोकतंत्र

- राजनीतिक लोकतंत्र का आशय ही प्रक्रियात्मक लोकतंत्र है।
- प्रक्रियात्मक लोकतंत्र में प्रतिनिधि शासन, मतदान, वयस्क मताधिकार इत्यादि के द्वारा शासन किया जाता है।
- विशिष्ट वर्गवादी सिद्धांतकार लोकतंत्र को प्रक्रियात्मक रूप में मानते हैं।

### 3. तत्वात्मक लोकतंत्र

- सामाजिक एवं आर्थिक लोकतंत्र का आशय ही तत्वात्मक लोकतंत्र है।
- तत्वात्मक लोकतंत्र, मूलत: समाजवादी, कल्याणकारी राज्यों में निहित होता है। इसमें वयस्क मताधिकार, चुनाव, प्रतिनिधि शासन के अतिरिक्त लोगों को सामाजिक-आर्थिक अधिकार प्रदान किए जाते हैं, जिससे लोग सशक्त हो सकें।

## उदारवादी लोकतंत्र के विभिन्न रूप

- शास्त्रीय लोकतंत्र, विशिष्ट वर्गवादी लोकतंत्र, बहुलवादी लोकतंत्र उदारवादी लोकतंत्र के रूप हैं।

### 1. शास्त्रीय उदारवादी लोकतंत्र

- इस विचार के समर्थक लोकतंत्र के मूल्यों को प्रमुख स्थान देते हैं।
- ये लोकतंत्र को शासन प्रणाली के रूप में भी स्वीकार करते हैं।
- लोकतांत्रिक शासन प्रणाली के अंतर्गत् बहुमत का शासन, प्रतिनिधित्व, उत्तरदायी तथा सहमति पर आधारित शासन को स्वीकार करते हैं।
- ये लोकतंत्र को जीवन शैली के रूप में भी मानते हैं।
- इनके अनुसार, लोकतंत्र में सामान्य हित पर भी बल दिया जाता है।
- शास्त्रीय उदारवादी लोकतंत्र के मुख्य सिद्धांतकार लॉक एवं बेंथम हैं।
- लॉक और बेंथम के अनुसार, 'लोकतंत्र का अभिप्राय, एक ऐसी शासन प्रणाली से है, जिसमें व्यक्ति को निरंकुश सत्ता से संरक्षित किया जाता है।'
- मैकफर्सन ने अपनी रचना-"The Life And Times Of Liberal Democracy " (1977) में इसे 'संरक्षणात्मक मॉडल' कहा है।

### शास्त्रीय लोकतंत्र की मान्यता का खंडन

- सारटोरी के अनुसार, 'लोगों का स्वयं का शासन एक भ्रम है। इनके अनुसार, लोकतंत्र एक ऐसी प्रक्रिया है, जिसमें शासन सत्ता के लिए परस्पर प्रतिस्पर्धा होती है।'
- सारटोरी के अनुसार, 'लोकतंत्र के लिए वास्तविक खतरा नेताओं से नहीं, बल्कि नेताओं के अभाव से है।' सारटोरी की रचना-"Democratic Theory" (1973) है।
- कार्ल मैनहाइम के अनुसार, 'लोग शासन सत्ता में सीधे सहभागिता नहीं कर सकते, बल्कि निश्चित समय के बाद उनकी इच्छा जानने के लिए चुनाव होते हैं।' कार्ल मैनहाइम की रचना-"Ideology And Utopia" (1936) है।
- रेमण्ड ऐरो के अनुसार, 'उदारवादी लोकतंत्र में विशिष्ट वर्ग विभाजित होते हैं। जबकि सोवियत व्यवस्था में विशिष्ट वर्ग एकीकृत होते हैं।' रेमण्ड ऐरो की रचना-"Social Structure and the Ruling Class" (1950) है।

### 2. बहुलवादी लोकतंत्र ( उदारवादी-अनुभववादी सिद्धांत )

- इन सिद्धांतकारों के अनुसार, समाज में अनेक समूह शक्ति एवं सत्ता के लिए प्रतिस्पर्धा करते हैं।
- बहुलवादी लोकतंत्र के सिद्धांतकार लोकतंत्र की बजाय, 'बहुलतंत्र' (Polarchy) शब्द का प्रयोग करते हैं।
- बहुलतंत्र का आशय, बहुल अल्पसंख्यकों का शासन है।
- रॉबर्ट डाल और चार्ल्स लिंडब्लॉम ने बहुलतंत्र या (Polarchy) शब्द का प्रयोग संयुक्त रूप में अपनी रचना-"Politics and Markets : The World's Political Economic Systems" (1980) के अंतर्गत् किया।
- **लोकतंत्र के बजाय, बहुलतंत्र शब्द का प्रयोग करने के निम्नलिखित कारण हैं-**
  - (i) उन्होंने लोकतंत्र में परंपरागत मूल्यों को अस्वीकृत कर दिया।
  - (ii) शासन बहुसंख्यकों के द्वारा नहीं, बल्कि 'बहुल अल्पसंख्यकों' के द्वारा चलाया जाता है।
  - (iii) शासन बहुमत की बजाय, 'आम सहमति' से चलाया जाता है।
- बहुलवादी लोकतंत्र की आधारशिला रखने का श्रेय 'जेम्स मेडिसन' को दिया जाता है। इसलिए बहुलवादी लोकतंत्र को 'मेडिसनवादी लोकतंत्र' भी कहा जाता है।

### बहुलवादी लोकतंत्र की मान्यताओं का खंडन

- बहुलवादी लोकतंत्र के सिद्धांतकार भी लोकतंत्र का वर्णन संस्थात्मक रूप में करते हैं।
- इनके अनुसार, विभिन्न समूह सत्ता के लिए प्रतिस्पर्धा करते हैं तथा सौदेबाजी करते हैं।
- ये भी लोकतंत्र के मूल्य आदि को नहीं मानते हैं।

### नव-बहुलवाद

- नव-बहुलवाद का आधार 'रॉबर्ट डाल एवं चार्ल्स लिंडब्लॉम' ने रखा।
- नव-बहुलवाद को रॉबर्ट डाल ने 'डिफॉर्मड पोलार्की' (Deformed Polarchy) कहा।
- यह शास्त्रीय बहुलवाद का संशोधित रूप है।
- नव-बहुलवाद के अनुसार, समाज में आर्थिक संगठन ज्यादा शक्तिशाली होते हैं।
- इसलिए शासन सत्ता की प्रतिस्पर्धा में आर्थिक संगठनों का प्रभाव अधिक होता है।

## मैकफर्सन के लोकतंत्र के मॉडल

- मैकफर्सन ने अपनी रचना-"The Life and Times of Liberal Democracy " (1977) में लोकतंत्र के **चार (4) मॉडलों का उल्लेख किया है-**
  - (i) संरक्षणात्मक मॉडल - लॉक और बेंथम।
  - (ii) विकासात्मक मॉडल - रूसो और मिल।
  - (iii) साम्यावस्थावादी मॉडल - विशिष्ट वर्गवादी और बहुलवादी सिद्धांत।
  - (iv) लोकतंत्र का सहभागी मॉडल।
- मैकफर्सन ने लोकतंत्र के शास्त्रीय सिद्धांत को दो प्रकारों में बांटा है-

### 1. संरक्षणात्मक मॉडल

- इस मॉडल के अंतर्गत् मैकफर्सन ने लॉक तथा बेंथम के लोकतंत्र को रखा।
- मैकफर्सन के अनुसार, 'लॉक तथा बेंथम के लिए लोकतंत्र जनता को निरंकुश शासन से संरक्षित करने का एक माध्यम था।'

### 2. विकासवादी मॉडल

- इस मॉडल के अंतर्गत् मैकफर्सन ने मिल तथा रूसो के लोकतंत्र को रखा।
- क्योंकि मैकफर्सन के अनुसार, इन दोनों विचारकों ने व्यक्ति को नैतिक रूप में चित्रित किया।
- लोकतंत्र को व्यक्ति के व्यक्तित्व के विकास का एक साधन माना।
- अत: इन्होंने लोकतंत्र को शासन प्रणाली के साथ जीवन शैली और मूल्यों के रूप में भी चित्रित किया।

### 3. साम्यावस्थावादी मॉडल

- मैकफर्सन ने विशिष्ट वर्गवादी तथा बहुलवादी लोकतंत्र को लोकतंत्र के साम्यावस्थावादी मॉडल में रखा।
- क्योंकि मैकफर्सन के अनुसार, लोकतंत्र के इन दोनों रूपों में यथास्थिति या साम्यावस्था बनाए रखने का प्रयत्न किया जाता है।

### 4. लोकतंत्र का सहभागी मॉडल

- लोकतंत्र के सहभागी मॉडल का आदर्श 'रूसो' के विचारों में पाया जाता है।
- सहभागी लोकतंत्र के सिद्धांत के अंतर्गत् नागरिकों की राजनीतिक व्यवस्था में सक्रिय सहभागिता का समर्थन किया जाता है।
- सहभागिता का आशय, केवल मतदान करना ही नहीं है। बल्कि सहभागिता 'सामाजिक आंदोलनों के द्वारा' भी होनी चाहिए।
- सहभागी सिद्धांतकारों ने पुन: लोकतंत्र को आदर्शीय मूल्यों के रूप में पुनर्जीवित करने का प्रयास किया।
- इनके अनुसार, 'लोकतंत्र, व्यक्ति के व्यक्तित्व विकास के लिए आवश्यक है।'
- इन्होंने प्रत्यक्ष लोकतंत्र को आदर्श माना। परंतु व्यावहारिक रूप में कठिनाइयों के कारण प्रतिनिधिमूलक संस्थाओं को स्वीकार किया।
- प्रतिनिधिमूलक संस्थाओं को ज्यादा लोकतांत्रिक बनाने के लिए इन लोगों ने प्रत्यक्ष लोकतंत्र के साधनों को लागू करने का समर्थन किया, **जिसमें**-
  - (i) आरंभक
  - (ii) जनमत संग्रह
  - (iii) प्रत्यावाहन
  - (iv) प्लेबिसाइट।
- इन सिद्धांतकारों के अनुसार, स्थानीय स्तर पर प्रत्यक्ष लोकतंत्र का प्रयोग करना चाहिए, जिससे शक्तियों का विकेंद्रीकरण हो।
- सहभागी सिद्धांतकारों के अनुसार, लोकतांत्रिक प्रणाली में दल भी लोकतांत्रिक होने चाहिए, जिसे सामान्यतया आंतरिक लोकतंत्र भी कहा जाता है।

## पूंजीवाद का खंडन

- लोकतंत्र का व्यापक अर्थ, सामाजिक एवं आर्थिक रूप में लोकतंत्र लागू करना है, केवल राजनीतिक रूप में ही नहीं।
- अत: आर्थिक संगठनों और संरचना का लोकतांत्रिकरण आवश्यक है। ऐसा 'निकोस पोलांजा' की मान्यता है, जिसे व्यावहारिक रूप में औद्योगिक लोकतंत्र की संज्ञा भी दी जाती है।
- कैरोल पैटमेन के अनुसार, 'लोकतंत्र का आशय, केवल निर्वाचित सरकार ही नहीं, अपितु सामाजिक एवं पारिवारिक क्षेत्रों का भी लोकतांत्रिकरण है।'
- इनके अनुसार लोकतांत्रिक व्यवस्था में नौकरशाही की शक्तियां सीमित होनी चाहिए। नौकरशाही को पारदर्शी एवं उत्तरदायी बनाने पर बल दिया।
- इन्होंने नौकरशाही को पारदर्शी एवं अनुक्रियाशील बनाने पर बल दिया।

### मैकफर्सन की रचनाएं

- The Life and Times of Liberal Democracy (1977)
- The Real World of Democracy (1992)
- The Political Theory of Possessive Individualism: Hobbes to Locke (1962)

## लोकतंत्र की साम्यवादी मान्यता (जनवादी लोकतंत्र)

- साम्यवादी सिद्धांतकार उदारवादी लोकतंत्र की आलोचना करते हैं। इनके अनुसार, उदारवादी लोकतंत्र मूलतः बुर्जुआ लोकतंत्र है।
- इनके अनुसार, पूंजीवाद के विनाश के बाद ही सही अर्थों में लोकतंत्र आएगा।
- हटिंगटन के अनुसार, साम्यवादी तथा उदारवादी लोकतंत्र के मध्य अंतर की अपेक्षा व्यवस्था तथा अव्यवस्था के बीच अंतर अधिक महत्वपूर्ण है।
- ये लोकतंत्र को मूलतः सामाजिक एवं आर्थिक लोकतंत्र के रूप में मानते हैं।

## लोकतंत्र का वैकल्पिक मॉडल

### 1. परिचर्चात्मक लोकतंत्र

- 'वोट केंद्रित लोकतंत्र' की खामियों को दूर करने का प्रयत्न किया गया।
- परिचर्चात्मक लोकतंत्र के मुख्य प्रतिपादक 'हैबरमास' हैं। हैबरमास की रचना-"The Theory of Communicative Action" (1981) है।
- परिचर्चात्मक लोकतंत्र का मूल आधार, 'जे. एस. मिल' के विचारों में पाया जाता है।
- अतः परिचर्चात्मक सिद्धांतकार भी लोकतंत्र में संस्थाओं के महत्व को स्वीकार करते हैं।

#### परिचर्चा का अभिप्राय

- परिचर्चा करने वाला व्यक्ति 'तार्किक एवं नैतिक' होता है।
- परिचर्चा का मूल उद्देश्य 'सामुदायिक भलाई है, निजी स्वार्थ नहीं।'

#### परिचर्चा का स्थान

- परिचर्चात्मक सिद्धांतकारों के अनुसार, 'परिचर्चा के लिए सार्वजनिक क्षेत्र आवश्यक है।'
- परिचर्चा में सत्य अंतर्निहित होता है। सत्य पर किसी का एकाधिकार नहीं है।
- इनके अनुसार, निर्णय आम सहमति से लिए जाते हैं, बहुमत से नहीं। इसमें प्रत्येक व्यक्ति के मत का महत्व होता है।

#### परिचर्चा का संकीर्ण होता क्षेत्र

- हैबरमास के अनुसार, 'आधुनिक जनपुंज समाज में परिचर्चा का क्षेत्र संकीर्ण होता जा रहा है।'
- संचार साधनों के द्वारा वाणिज्यिक घराने परिचर्चा का प्रयोग अपने हितों लिए करते हैं।
- मनुष्य की केवल भौतिक आवश्यकताओं को महत्व दिया जा रहा है।

### 2. लोकतंत्र का आमूलवादी मॉडल (Radical Model)

- माइकल फूकोल्ट ने लोकतंत्र के इस मॉडल को 'एगोनिस्टिक मॉडल' (Agonistic Model) कहा है।
- आमूलवादी मॉडल के अनुसार, राजनीति में सहमति की बजाय, संघर्ष होता है। ये सामान्य हितों की बजाय, विभेद पर बल देते हैं और सुधार के स्थान पर विरोध को मुख्य मानते हैं।
- ये बहुलवाद के पूर्ण समर्थक हैं।
- फ्रांसीसी दार्शनिक Chantal Mauffe ने भी इसका समर्थन किया। इनके अनुसार, लोगों की सक्रिय सहभागिता लोकतंत्र का मूल यथार्थ है और लोगों की व्यवस्था में सहभागिता का मूल कारण नागरिक मूल्य है।
- विलियम कोनोली (Willium Conoley) ने उत्तर-आधुनिक लोकतंत्र को बहुलवादी नैतिकता कहा।

### 3. सहचारी या साहचर्य लोकतंत्र (Associative Democracy)

- कोहेन और रोजर्स जैसे विचारकों ने अमेरिकी उदारवादी लोकतंत्र को संरचनात्मक रूप में यूरोपीय सामाजिक लोकतंत्र के अनुसार परिवर्तित करने का प्रयत्न किया।
- समूहात्मक सिद्धांतकार समाज में सभी समूहों या संगठन की समानता पर बल देते हैं।
- इसलिए पोल हर्स्ट (Paul Hirst) ने वर्तमान नौकरशाही रूपी कल्याणकारी राज्य की बजाय, समूहात्मक कल्याणकारी राज्य का समर्थन किया है।
- इनके अनुसार, समूह दबाव नहीं है, बल्कि एक स्वैच्छिक समुदाय है।

### 4. समुदायवादी लोकतंत्र (Communitarial Democracy)

- समुदायवादी लोकतंत्र के मूल सिद्धांतकार बेंजामिन बार्बर, डेनियल बेल, जीन एलेस्टीन, रॉबर्ट बेला (Robert Bellah), एमिताई एजोनी (Amitai Etzioni), विलियम गालस्टोन।
- उदारवादी लोकतंत्र में सामान्यतः व्यक्ति के अधिकार, तार्किकता और वैयक्तिक हितों पर बल दिया जाता है। जबकि समुदायवादी लोकतंत्र में सामान्य भलाई और समुदाय की सदस्यता पर बल दिया जाता है।
- समुदायवादी सिद्धांतकारों के अनुसार, 'लोकतंत्र, समुदाय के सदस्यों के प्रति ज्यादा उत्तरदायी होना चाहिए।'
- ये बहुमत की बजाय, आम सहमति में विश्वास करते हैं।

### 5. निर्देशित लोकतंत्र (Guided Democracy)

- इंडोनेशिया के शासक सुहार्तो ने शासन पर पूर्ण नियंत्रण

कर लिया तथा चुनाव का प्रयोग दिखावटी रूप में किया। इसे 'प्रबंधकीय लोकतंत्र' भी कहा जाता है। रूस में भी ऐसा हो रहा है।

- निर्देशित लोकतंत्र में तानाशाही शासन के अंतर्गत लोकतंत्र को अपनाया जाता है। तानाशाही शासकों का विचार था कि इन देशों में धीरे-धीरे तानाशाही के द्वारा लोकतंत्र लाया जाएगा।

## 6. लोकतंत्र का सहवर्तनी मॉडल

(Consociational Model of Democracy)

- लिजफार्ट के अनुसार, बेल्जियम, ऑस्ट्रिया, स्विट्जरलैंड और भारत जैसे देश महत्वपूर्ण हैं।
- सहवर्तनी लोकतंत्र में बहुलवादी सरकार का निर्माण होता है।
- लिजफार्ट के अनुसार, वेस्ट मिनिस्टर मॉडल (West Minister Model) का सबसे बेहतर रूप ब्रिटिश लोकतंत्र है। इस मॉडल में द्विदलीय व्यवस्था पाई जाती है। इसलिए सरकार और विपक्ष का निर्माण स्पष्ट रूप में होता है।
- इसमें सामान्यत: निर्वाचन प्रणाली 'First Past the Post System' होती है।

## 7. लोकतंत्र का नव-दक्षिणपंथी सिद्धांत

- सैमुअल ब्रिट्टन के अनुसार, लोकतंत्र के द्वारा सरकार के खर्चों में अनावश्यक वृद्धि होती है।
- लोकतंत्र के परिणामस्वरूप राजकोषीय घाटा उत्पन्न होता है।
- लोकतंत्र का आर्थिक गतिविधियों पर दुष्परिणाम देखा जाता है।
- डेविड मॉरक्यूज ने कहा कि 'लोकतंत्र, वयस्कों के लिए वैसा ही है, जैसे बच्चों के लिए टॉफी।'
- ये विचारक कल्याणकारी राज्य के मूलत: विरोधी हैं।

## 8. डिजिटल डेमोक्रेसी (Digital Democracy)

- डिजिटल डेमोक्रेसी की संकल्पना 'स्मिथ' और 'ग्रे' ने प्रस्तुत की।
- इनके अनुसार, समकालीन सूचना क्रांति के युग में विकसित देशों में ई-मेल और इंटरनेट के द्वारा समर्थन जुटाया और प्रचार किया जाता है।
- अब मतदान के लिए भी इंटरनेट/कंप्यूटर के प्रयोग की पहल हो रही है।

## 9. सर्वदेशीय लोकतंत्र (Cosmopolitan Democracy)

- सर्वदेशीय लोकतंत्र के प्रणेता 'डेविड हेल्ड' हैं।
- इनके अनुसार, 'लोकतंत्र को केवल राज्यों की शासन प्रणाली के साथ जोड़ना पर्याप्त नहीं है, अपितु इसका प्रयोग वैश्विक होना चाहिए।'
- इसलिए इन्होंने वैश्विक संस्थाओं और अंतर्राष्ट्रीय संगठनों के लोकतांत्रिकरण पर बल दिया है।
- बार्बर के अनुसार, भू-मंडलीकरण के प्रसार के साथ लोकतंत्र का भी प्रसार हो रहा है।

## लोकतांत्रिक शांति का सिद्धांत

(Democratic Peace Theory)

- इस सिद्धांत का आधार कांट के विचारों में विद्यमान है।
- इसके प्रतिपादक 'माइकल डब्ल्यू. डोले' (Michael W. Doyle) हैं।
- इस संकल्पना के अनुसार, लोकतांत्रिक राज्यों के मध्य युद्ध नहीं होते।
- इन्होंने तो इतना तक दावा किया कि आज तक इतिहास में लोकतांत्रिक राज्यों के मध्य कभी युद्ध नहीं हुए।
- इनके अनुसार, यदि लोकतांत्रिक राज्यों के मध्य संघर्ष होता है, तो उसका समाधान शांतिपूर्ण रूप में कर लिया जाता है।

## लोकतांत्रिक घाटे का सिद्धांत (Theory of Democratic Deficit)

- लोकतांत्रिक घाटे के सिद्धांत का प्रयोग **यूरोपीय यूनियन** के संदर्भ में किया जाता है।
- लोकतांत्रिक घाटे का मूल अभिप्राय वैधता का अभाव है।
- लोकतांत्रिक घाटे के तहत सरकार और जनता में सामंजस्य नहीं होता और जनता, सरकार पर भरोसा नहीं करती है।

## अधीनता का सिद्धांत (Principle of Subsidiarity)

- इसका प्रयोग यूरोपीय यूनियन के संदर्भ में किया जाता है।
- इस सिद्धांत के अनुसार, यूरोपीय समुदाय को वही शक्तियां सौंपी जाएंगी, जिनका संपादन करने में राज्य अक्षम हों।
- अधीनता के सिद्धांत के अनुसार, स्थानीय शक्तियों का प्रयोग राज्य के द्वारा ही होना चाहिए।

## नव/अर्द्ध-लोकतंत्र

- इस शब्द का प्रयोग साम्यवादी राज्यों के लिए किया गया। जैसे-पोलैंड, हंगरी, बुल्गारिया। जहां वर्ष 1990 के बाद लोकतांत्रिक शासन प्रणाली अपनाई गई।
- इन देशों में लोकतांत्रिकरण की प्रक्रिया अभी भी अपूर्ण है।
- यहां लोकतंत्र के साथ कुछ अधिनायकवादी प्रवृत्तियां भी देखी जा सकती हैं।

## प्रबंधकीय/रूसी लोकतंत्र

- पश्चिम यूरोपीय और अमेरिकी सिद्धांतकारों ने रूसी लोकतंत्र को प्रबंधकीय लोकतंत्र कहा है, क्योंकि रूस

में अभी भी बहुदलीय या प्रतिस्पर्धी व्यवस्था का विकास नहीं हो सका। (Managerial democracy)

- ईरान-धर्मतंत्र (Theocracy)-सरकार के निर्णय पर अंतिम मुहर धार्मिक परिषद् लगाती है।
- चुनावी लोकतंत्र-भारत में लोकतंत्र का प्रयोग अमेरिका और फ्रांसीसी क्रांति के बाद लोकतंत्र का सबसे बड़ा प्रयोग है।

## लोकतंत्र का विकास

- सैमुअल हटिंग्टन ने अपनी रचना-"The Third Wave: Democratization in the Late Twentieth Century" (1991) में लिखते हुए कहा कि विश्व में लोकतंत्र के विकास के **निम्नलिखित चरण हैं**-
    (i) **पहला चरण** (1828-1926)- इस चरण में फ्रांस, अमेरिका और ब्रिटेन जैसे देश लोकतांत्रिक हुए।
    (ii) **द्वितीय चरण** (1943-1962)- इस चरण में इटली, पश्चिमी जर्मनी, भारत, जापान एवं इजरायल जैसे देश लोकतांत्रिक हुए।
    (iii) **तीसरा चरण** (1974 से अब तक)- स्पेन, पुर्तगाल, चिली, अर्जेण्टीना और पूर्वी यूरोप के अन्य देश लोकतांत्रिक हुए, जो पहले साम्यवादी थे।

**निर्वाचन थकान** (Voter Fatigue)

- लोग वोट देते-देते थक जाते हैं।
- जिससे निर्वाचन प्रक्रिया से उनका मोहभंग हो जाता है।

## लोकतंत्र के आलोचक और उनके कथन

- लेकी के अनुसार, 'लोकतंत्र, स्वतंत्रता का विरोधी है।'
- टैरीलैंड (Tarryland) के अनुसार, 'लोकतंत्र, दुष्टों का कुलीनतंत्र है।'
- मैक्सी के अनुसार, 'लोकतंत्र, आसानी से प्रपंचवाद और दुष्ट दबावकारी राजनीति का शिकार हो जाता है।'
- फ्रांसीसी विचारक फैजेट के अनुसार, 'लोकतंत्र में अयोग्य लोगों का महिमामंडन होता है।'
- हॉर्नशा के अनुसार, 'बहुमत का शासन, बहुमत का निरंकुश तंत्र बन जाता है तथा इसमें शासक ऐसे स्कूल मास्टर की तरह व्यवहार करते हैं, जो अपने ही छात्रों को दंडित करते हैं।'
- फैजेट के अनुसार, 'लोकतंत्र, जैविक विकास के नियमों के प्रतिकूल है, क्योंकि जैविक विकास के नियम के अनुसार सबसे प्रबुद्ध व्यक्तियों का ही शासन होना चाहिए।'
- मैक्सी के अनुसार, 'लोकतंत्र सबसे अकार्यकुशल, खर्चीली, गुटबंदी और प्रगति से उदासीन शासन प्रणाली है।'
- ब्राइस के अनुसार, 'लोकतंत्र, घूसखोरी, भ्रष्टाचार का पर्याय है।'

## लोकतंत्र के प्रशंसक

- सी. डी. बर्न्स के अनुसार, 'कोई व्यक्ति इससे इनकार नहीं कर सकता कि प्रतिनिधि संस्थाएं त्रुटिपूर्ण हैं और ये भली-भांति कार्य नहीं करती। लेकिन यह मूर्खता होगी कि यदि वायुयान दुर्घटना ग्रस्त होता है, तो हम बैलगाड़ी पर चढ़ना प्रारंभ कर दें।'
- लिंडसे के अनुसार, 'लोकतांत्रिक समाज और शासन प्रणाली अत्यधिक लचीली होती है और इनका प्रयोग संकट काल के समक्ष सबसे बेहतर रूप में किया जा सकता है।'
- जॉन डिग्वी के अनुसार, 'लोकतंत्र का मूल आधार मानवीय प्रकृति की क्षमताओं में विश्वास है तथा मानवीय बुद्धि में आस्था है और सहयोग के अनुभव की शक्ति है।'

# नागरिकता
# CITIZENSHIP

- नागरिकता का विचार यूनानी युग में अरस्तू द्वारा प्रतिपादित किया गया, जिसमें सभी नागरिकों को शासन सत्ता में पूर्ण भागीदारी का अधिकार दिया गया, जिसे नागरिक गणतंत्रवाद अथवा सक्रिय नागरिकता का विचार भी कहा जाता है। यद्यपि अरस्तू के विचार में नागरिकता केवल मालिक के लिए उपलब्ध थी।
- आधुनिक युग में नागरिकता का विचार वैधानिक रूप में परिवर्तित हो गया और नागरिकों को कुछ मूलभूत अधिकार प्राप्त हुए, जो विदेशियों को उपलब्ध नहीं हैं।
- वर्तमान युग में नागरिक का अभिप्राय शासन में सहभागिता के बजाए, एक मतदाता एवं कर देने वाले सदस्य के रूप में है।

## अधिकार एवं नागरिकता

- टी. एच. मार्शल ने अपनी रचना-"Citizenship and Social Class" (1950) में नागरिकता को समुदाय की पूर्ण सदस्यता के रूप में चित्रित किया। मार्शल ने नागरिकता के विकास को अधिकारों के साथ जोड़ते हुए इसे निम्नलिखित रूप में व्यक्त किया-

(i) नागरिकता के पहले चरण में नागरिक अधिकार प्राप्त हुए, जिसमें स्वतंत्रता एवं संपत्ति के अधिकार महत्वपूर्ण हैं, जो संवैधानिक लोकतंत्र में विद्यमान होते हैं।

(ii) नागरिकता के दूसरे चरण में व्यक्तियों को राजनीतिक अधिकार प्राप्त हुए, जिसमें मत देने का अधिकार सर्वाधिक महत्वपूर्ण माना जाता है।

(iii) नागरिकता के तीसरे चरण के विकास में सामाजिक अधिकार प्राप्त हुए, जिससे कल्याणकारी राज्य का विकास हुआ। मार्शल के अनुसार, नागरिकता एक सामाजिक परिस्थिति भी है। इनके अनुसार, जिस समाज में वर्ग विभाजन होता है और पूंजीवादी विषमता बनी रहती है, वहां नागरिकता का विचार प्रभावी नहीं होगा। परंतु मार्शल पूंजीवाद को समाप्त नहीं करना चाहते, अपितु इसमें सुधार कर कल्याणकारी राज्य के रूप में परिवर्तित करने के समर्थक हैं। इसलिए यह सामाजिक नागरिकता का भी विचार है।

## नागरिकता का मार्क्सवादी विचार

- मार्क्स ने अपनी रचना-"On the Jewish Question" (1844) में लिखते हुए कहा कि यदि नागरिकता अधिकार से जुड़ा हुआ विचार है, तो पूंजीवादी समाज में सर्वहारा नागरिक नहीं है, जिसे किसी प्रकार का अधिकार प्राप्त नहीं है। अधिकार केवल बुर्जुआ वर्ग को उपलब्ध है।

## नव-उदारवादियों का विचार

- सैमुअल स्माइल (Samuel Smiles) के अनुसार, नागरिकता का अभिप्राय, नागरिकों में गरिमा और आत्मसम्मान का विकास करना है, न कि यह समुदाय की भलाई से जुड़ा हुआ विचार है।

## समुदायवादियों का विचार

- समुदायवादी विचारक चार्ल्स टेलर के अनुसार, नागरिकता यदि अधिकारों के विचार से संबंधित है, तो यह समुदाय के सदस्य के रूप में प्राप्त की जा सकती है। इसीलिए सामुदायिक मूल्यों को संरक्षित करना और संस्कृति को बनाए रखना ही नागरिकता का मूल उद्देश्य होता है।

## बहुसंस्कृतिवादियों का विचार

- आधुनिक बहुलवादी लोकतांत्रिक राज्यों में उदारवादियों के नागरिकता के सार्वभौमिक विचार को अस्वीकृत कर दिया गया है, जिसके अंतर्गत ये सभी नागरिकों को एकसमान अधिकार प्रदान करने के समर्थक हैं। किमलिका ने अल्पसंख्यकों को विशेष अधिकार देने का समर्थन किया। जिनके अनुसार अल्पसंख्यकों को-

(i) **स्वशासित होने का अधिकार** (Self Government Rights)

- जिसके अंतर्गत शक्तियों का अविकेंद्रीकरण किया जाएगा तथा शासन में अल्पसंख्यकों की भाषा का भी सम्मान होगा।

(ii) **पोलीएथेनिक अधिकार** (Polyethnic Rights)

- धार्मिक एवं प्रवासी अल्पसंख्यकों को अपनी संस्कृति को बनाए रखने एवं संरक्षित करने का अधिकार होगा, जिस प्रकार कनाडा में सिक्ख धर्म के अनुयायियों को बिना हेलमेट के मोटर साइकिल चलाने की छूट प्रदान की गई है।

(iii) **प्रतिनिधित्व का अधिकार** (Representation Rights)

- इसके अंतर्गत उन्हें राजनीतिक व्यवस्था में भागीदारी का पूर्ण अधिकार दिया गया है।

## विभेदीकृत नागरिकता

(Differentiated Citizenship)

- इनके अनुसार, आधुनिक बहुलवादी समाजों में नागरिकों को विशेष अधिकार प्रदान करने की आवश्यकता है, जिसे मेरियन यंग (Marion Young) ने विभेदीकृत नागरिकता का विचार कहा है। इसमें प्रजाति, लिंग इत्यादि आधारों को ध्यान में रखकर नागरिकता प्रदान की जाएगी।

## नारीवादी विचार

- नारीवादियों का तर्क है कि नागरिकता को राज्य की सदस्यता के रूप में चित्रित किया गया है, जबकि परिवार में महिलाओं की स्थिति भेदभावपूर्ण है। इसीलिए परिवार में समानता के बिना नागरिकता का विचार प्रभावी नहीं होगा, क्योंकि महिलाओं को परिवार में अधिकार प्राप्त नहीं है।

## वैश्विक नागरिकता

- वर्तमान भूमंडलीकरण के दौर में नागरिकता का विचार केवल राष्ट्र कार्य से जुड़ा हुआ नहीं है, बल्कि व्यक्ति की निष्ठा अनेक प्रकार की बहुराष्ट्रीय संगठनों व संस्थाओं के प्रति भी है, जिसे डेरेक बेंजामिन हीटर (Derek Benjamin Heater) ने Multiple Citizenship का नाम दिया है। जिसके अनुसार, यूरोपीय नागरिक का दायित्व केवल उनकी सरकारों से ही नहीं जुड़ा हुआ है, बल्कि यूरोपीय यूनियन से भी जुड़ गया है।

# विचारधारा
# IDEOLOGY

- विचारधारा, शब्द के जन्मदाता फ्रांसीसी विचारक 'एंटोनी डेस्टट डी. ट्रेसी' (Antoine Destutt de Tracy) हैं। इस शब्द का प्रयोग पहली बार वर्ष 1796 में किया गया।
- उन्होंने विचारधारा को विचारों के विज्ञान के रूप में विकसित करने का प्रयत्न किया, परंतु वे असफल रहे।
- इसके बाद विचारधारा शब्द का प्रयोग राजनीतिक विद्वानों के द्वारा किया गया।
- विचारधारा के दो अर्थ हैं-**पहला,** वस्तुनिष्ठ अर्थ और **दूसरा,** विचारधाराओं के अनुसार विचारधारा का अर्थ।

## (i) वस्तुनिष्ठ रूप में विचारधारा का अभिप्राय

- यह विश्वासों का एक समुच्चय है या प्रत्यक्षण का एक रूप है, जिसके द्वारा राजनीतिक क्रियाओं की प्रेरणा प्रदान की जाती है तथा राजनीतिक कार्यों का औचित्य भी सिद्ध किया जाता है।

## (ii) आत्मनिष्ठ परिभाषा

- विभिन्न विचारधाराओं ने **विचारधारा को कैसे परिभाषित किया?**

### 1. मार्क्सवादियों के अनुसार विचारधारा

(i) मार्क्स के अनुसार, 'विचारधारा, मिथ्या चेतना है। मार्क्स ने स्वयं को वैज्ञानिक कहा।'

(ii) यद्यपि लेनिन ने विचारधारा मात्र का विरोध नहीं, बल्कि बुर्जुआवादी विचारधारा का विरोध किया तथा समाजवादी विचारधारा का समर्थन किया।

### 2. उदारवादियों के अनुसार विचारधारा

- कार्ल पॉपर के अनुसार, 'विचारधारा, बंद समाज का उदाहरण है।' उन्होंने मार्क्स को बंद समाज की संज्ञा दी। उन्होंने कहा कि मार्क्सवाद विचारधारा है, तो उदारवादी 'मुक्त समाज' के समर्थक हैं।
- जर्मीनो के अनुसार, मार्क्सवाद एक विचारधारा है, राजनीतिक सिद्धांत नहीं।

### 3. रूढ़िवादियों के अनुसार, विचारधारा

- रूढ़िवादियों के अनुसार, 'विचारधारा की खोज समुद्र में भटकी हुई नाव (कश्ती) की खोज जैसी है। इसलिए रूढ़िवादी विचारधारा की बजाय, परंपराओं एवं प्रथाओं को महत्व देते हैं।'

## विचारधारा के अंत की बहस

- End of Ideology वाक्यांश का पहला प्रयोग अल्बर्ट कामू के द्वारा किया गया।
- प्रसिद्ध समाजशास्त्री 'डेनियल बेल' ने 'विचारधारा के अंत' (The End of Ideology, 1960) की बात की।
- वर्ष 1953 में इटली के मिलान शहर में एक सम्मेलन आयोजित हुआ, जिसमें 'विचारधारा के अंत' का नारा दिया गया।
- उन्होंने तर्क दिया कि सभी समाज लगभग एक जैसी विकास प्रक्रियाओं को अपना रहे हैं, चाहे वे किसी भी विचारधारा का पालन करते हों।
- पश्चिमी विचारकों ने 'विचारधारा के अंत' के समर्थन में 'अभिसरण का सिद्धांत' प्रस्तुत किया, जिनके अनुसार, पूंजीवादी समाज कल्याणकारी बन रहे हैं। जबकि समाजवादी व्यवस्था में राज्य के द्वारा पूंजीवाद अपनाया जा रहा है।

### डेनियल बेल की रचनाएं

- Opium of Intellectuals Raymond Aron (1955)
- The End of Ideology (1960)
- The Cultural Contradictions of Capitalism (1976)
- The Coming of Post-Industrial Society (1973)

- डेनियल बेल के अनुसार, उत्तर-आधुनिक समाज की **विशेषताएं निम्नलिखित हैं-**

(i) विनिर्मित उद्योगों के स्थान पर सेवा क्षेत्र की प्राथमिकता।

(ii) नए विज्ञान आधारित उद्योगों का विकास।

(iii) नए तकनीकी विशिष्ट वर्ग का उदय।

- इनके अनुसार, विचारधारा के अंत का अभिप्राय, 'विचारधारा मात्र का अंत नहीं, बल्कि साम्यवादी विचारधारा का अंत था।'
- अमेरिकी अर्थशास्त्री जे. के. गैल्ब्रेथ "The New Industrial State" (1967) ने यह तर्क दिया कि औद्योगिक समाज एक जैसे विकास की ओर अग्रसर होते हैं तथा उनमें व्यावसायिक वर्गों (Professionals) व तकनीकविदों (Technocrats) का प्रभुत्व स्थापित होता है।
- अमेरिकी समाजशास्त्री सीमोर लिप्सेट (Political Man) ने लिखा कि वामपंथ और दक्षिणपंथ एक-दूसरे के निकट आ रहे हैं। उदारवाद और समाजवाद में विचारधारात्मक विभेद केवल इतना रह गया है कि सरकारी स्वामित्व और आर्थिक नियोजन का क्षेत्र कितना रहे।
- सोवियत संघ के विघटन के पश्चात् पुनः फ्रांसिस फूकोयामा ने "The End of History and the Last Man" (1992) का नारा दिया। इनके अनुसार, 'इतिहास के अंत का आशय, उदारवादी विचारधारा की विश्वव्यापी विजय है।'

## 'विचारधारा के अंत' सिद्धांत की आलोचना

- रिचर्ड टिटमस, सी. राइट मिल्स, सी. वी. मैकफर्सन ने 'विचारधारा के अंत' की आलोचना की।
- टिटमस ने लिखा कि अब भी समाज में एकाधिकार पूर्ण जमाव, सामाजिक विघटन व सांस्कृतिक वंचन विद्यमान है, जो विचारधारा के अस्तित्व की मांग करते हैं।
- सी. राइट मिल्स ने विचारधारा के अंत के समर्थकों को यथास्थितिवादी बताया।
- सी. वी. मैकफर्सन ने कहा कि 'विचारधारा के अंत' का नारा लगाने वाले लोग बाजारवादी समाज के भीतर समतामूलक वितरण की समस्या का समाधान ढूंढते हैं।

### कुछ महत्वपूर्ण रचनाएं

- रॉल्फ डेरेनडॉर्फ, Class Conflict in Industrial Society (1959) and Essays in the Theory of Society (1968)
- सेमौर मार्टिन लिप्सेट, Political Man (1960)

# उदारवाद
# LIBERALISM

- उदारवादी विचारधारा अत्यंत गतिशील व लचीली है। 18वीं शताब्दी से इसका प्रभाव विद्यमान है तथा इसका निरंतर विकास हो रहा है।
- शास्त्रीय उदारवाद का आरंभ मध्यकालीन, सामंतवादी, राजतंत्रीय एवं पोपशाही व्यवस्था के विरोध में हुआ।
- उदारवाद का उदय मध्यम वर्ग की विचारधारा के रूप में हुआ।
- उदारवादी विचारधारा 'वणिकवाद' (Mercantalism) के विरोध में आई। इसके उदय के **निम्नलिखित कारण माने जाते हैं-**
  (i) पुनर्जागरण आंदोलन।
  (ii) धर्म सुधार आंदोलन।
  (iii) वाणिज्यिक क्रांति।
  (iv) औद्योगिक क्रांति।
  (v) संचार साधनों का विकास।
  (vi) यूरोपीय समाज में मध्यम वर्ग का उदय।

## परिभाषा

- हैकर के अनुसार, 'उदारवाद, राजनीति के शब्दकोश में एक प्रचलित शब्दावली है। परंतु एक साहसी व्यक्ति ही इसकी स्पष्ट व सुनिश्चित परिभाषा करने का प्रयास करेगा।'
- उदारवाद, व्यक्ति व राज्य के संबंध में एक दृष्टिकोण है।
- लास्की के अनुसार, 'उदारवाद, सिद्धांतों का समुच्चय नहीं, अपितु मन की एक आदत है।'
- रिचर्ड बेंहम के अनुसार, 'व्यक्ति की स्वतंत्रता में विश्वास ही उदारवाद है।'
- उदारवाद की एक निश्चित परिभाषा देना अत्यंत कठिन है।

## उदारवाद की विशेषताएं

- बारबारा गुडविन ने उदारवाद की निम्नलिखित **विशेषताओं का उल्लेख किया है-**
  (i) व्यक्ति, स्वतंत्र, तार्किक और स्वायत्त है।
  (ii) सरकार, व्यक्तियों की सहमति और समझौते पर आधारित है।
  (iii) संवैधानिक व विधि का शासन।
  (iv) चयन की स्वतंत्रता, जिसमें सरकार का चयन भी सम्मिलित है।
  (v) अवसर की समानता, सामाजिक न्याय एवं सहिष्णुता।

## शास्त्रीय उदारवाद

- उदारवाद का विकास मूलत: 'यूरोप व इंग्लैंड' में हुआ।
- उदारवाद का दार्शनिक आधार 'हॉब्स' के विचारों में ही विद्यमान है।
- हॉब्स के अनुसार, 'प्रत्येक व्यक्ति विवेकशील और तार्किक है, वह अपने हितों की पूर्ति के लिए प्रयत्नशील होता है।'
- परंतु 'हॉब्स' को उदारवादी नहीं माना जाता है, क्योंकि 'हॉब्स' ने पूर्ण सत्तावादी राज्य का समर्थन किया।
- उदारवादी विचारधारा के जनक, 'जॉन लॉक' हैं। इन्होंने पूर्ण सत्तावादी राज्य का खंडन करते हुए सीमित और संवैधानिक शासन का समर्थन किया।
- सामाजिक रूप से उदारवाद धर्मनिरपेक्षता, प्रथाओं, परंपराओं व पुरानी संस्थाओं को नकारता है तथा तर्क व विवेक के अनुसार सामाजिक व धार्मिक व्यवस्था की जांच करता है।
- आर्थिक रूप से उदारवाद मानव को उत्पादन, विनिमय तथा वितरण करने, कोई व्यवसाय या व्यापार करने, अपनी संपत्ति रखने व बेचने की स्वतंत्रता देता है। अर्थात् राज्य आर्थिक क्षेत्र में 'न्यूनतम हस्तक्षेप' करेगा।
- राजनीतिक रूप से उदारवाद शक्तियों के पृथक्करण, शक्ति-संतुलन, निष्पक्ष चुनाव, उत्तरदायी शासन, सार्वभौम वयस्क मताधिकार, प्रेस तथा न्यायपालिका की स्वतंत्रता, अल्पसंख्यकों के अधिकारों की रक्षा से संबंधित हैं।

## राज्य की प्रकृति

- लॉक ने संसदीय सरकार का समर्थन करते हुए कहा कि संसद के द्वारा ही करारोपण का निर्धारण होना चाहिए।
- लॉक ने अहस्तक्षेपवादी राज्य का समर्थन किया, **जिसका अभिप्राय अग्रलिखित है-**

(i) पितृसत्ता का अभाव।
(ii) समझौते की स्वतंत्रता।

- लॉक ने स्वतंत्रता को महत्व देते हुए कहा कि 'राज्य, एक आवश्यक बुराई है।'
- उसने 'नकारात्मक पुलिस' या 'प्रहरी राज्य' का समर्थन किया।
- उसने प्राकृतिक अधिकारों की संकल्पना के प्रतिपादन के द्वारा संवैधानिक शासन का समर्थन किया।
- शास्त्रीय उदारवादी, व्यक्ति व राज्य के संबंधों में व्यक्ति को ज्यादा महत्व देते हैं।
- इनके अनुसार, 'समाज व राज्य, एक कृत्रिम संस्था है, जिसका निर्माण व्यक्तियों ने अपने हितों के लिए किया है।'
- बेंथम ने तो यहां तक कहा कि 'समाज, व्यक्तियों का योग मात्र है।' अतः व्यक्तियों से पृथक् समाज का कोई अस्तित्व नहीं होता है।
- इसलिए शास्त्रीय उदारवादियों का समाज अणुवादी प्रतीत होता है।

## अहस्तक्षेपवाद

- शास्त्रीय उदारवादियों ने राज्य और आर्थिक गतिविधियों के मध्य अलगाव किया।
- इनके अनुसार, 'राज्य का हस्तक्षेप आर्थिक गतिविधियों में नहीं होना चाहिए। आर्थिक गतिविधियों का नियंत्रण बाजार के आधार पर होगा।'
- जिसे एडम स्मिथ ने 'अदृश्य हाथ' की संज्ञा दी। इनके अनुसार, 'सभी व्यक्तियों को खुला छोड़ देने से समूचे समाज का भला हो जाएगा।'
- एडम स्मिथ की प्रसिद्ध रचना- "The Wealth of Nations" (1776) है।
- थॉमस रॉबर्ट मॉल्थस (Thomas Robert Malthus) ने "An Essay on the Principle of Population" (1798) नामक रचना लिखी।

## शास्त्रीय उदारवाद तथा उपयोगितावाद

- बेंथम ने उदारवाद को उपयोगितावाद के माध्यम से आगे बढ़ाया।
- बेंथम के अनुसार, 'प्रत्येक व्यक्ति का मूल उद्देश्य ज्यादा से ज्यादा सुख अर्जित करना है।'
- इसलिए वही शासन प्रणाली राज्य व सरकार से बेहतर है, जिसमें लोगों को अधिक से अधिक सुख प्रदान किया जा सके।
- बेंथम ने उदारवाद की व्याख्या नए आधारों पर की।
- इसलिए सेबाइन ने बेंथम को 'आमूल दार्शनिक' कहा है, क्योंकि इन्होंने प्राकृतिक अधिकारों की मान्यता का खंडन करते हुए भी व्यक्तिवादी विचार को बनाए रखा।

## शास्त्रीय उदारवाद तथा लोकतंत्र

- उदारवादी विचारधारा, मूलतः व्यक्तिवादी विचारधारा है, जिसमें व्यक्ति की स्वतंत्रता को केंद्रीय महत्व दिया गया।
- शास्त्रीय उदारवादी विचारकों ने लोकतंत्र का प्रयोग, स्वतंत्रता को संरक्षित करने व उसकी वृद्धि करने के लिए किया।
- शास्त्रीय उदारवादियों ने 'लोकतंत्र को साधन तथा व्यक्ति को साध्य' माना।

## शास्त्रीय उदारवाद तथा समानता

- शास्त्रीय उदारवादियों ने नैतिक समानता पर बल दिया।
- इनके अनुसार, 'सभी व्यक्ति नैतिक रूप में समान हैं।'

## शास्त्रीय उदारवाद की आलोचना

(i) इसमें व्यक्ति व समाज के संबंधों का त्रुटिपूर्ण वर्णन है। व्यक्ति को एक अणु के रूप में देखा गया, जो समाज में पृथक् है। इसलिए मैकफर्सन ने लॉक के विचारों को 'स्वत्वमूलक व्यक्तिवाद' कहा।
(ii) शास्त्रीय उदारवाद, मूलतः पूंजीपतियों व मध्यम वर्ग का दर्शन है, जिसमें सामान्य हित की संकल्पना का अभाव है।
(iii) व्यक्ति को खुला छोड़ देने से समूचे समाज की भलाई हो जाएगी। यह मान्यता आंशिक व त्रुटिपूर्ण है, क्योंकि समाज में सभी की स्थिति समान नहीं होती है।

## सकारात्मक उदारवाद (कल्याणकारी राज्य)

- संशोधनात्मक उदारवाद/नैनी स्टेट/सामाजिक उदारवाद/आधुनिक उदारवाद एक ही संकल्पना के नाम हैं। इसने शास्त्रीय उदारवाद में संशोधन प्रस्तुत किया।
- सेबाइन के अनुसार, 'शास्त्रीय उदारवादी विचारधारा का संशोधन जे. एस. मिल, स्पेंसर और टी. एच. ग्रीन ने किया।'
- स्पेंसर शास्त्रीय उदारवादी विचारधारा का संशोधन करते हुए धुर-व्यक्तिवादी हो गए। इन्होंने तो यहां तक कहा कि 'अपंग व्यक्तियों के मरने में ही समाज की भलाई है।'
- मिल और ग्रीन ने शास्त्रीय उदारवाद को कल्याणकारी राज्य के रूप में परिवर्तित कर दिया।

## जे. एस. मिल द्वारा किया गया संशोधन

- जे. एस. मिल पहले उदारवादी विचारक हैं, जिन्होंने व्यक्ति व राज्य के मध्य समाज नामक तीसरे महत्वपूर्ण तत्व की खोज की।

- जे. एस. मिल ने सर्वप्रथम कल्याणकारी राज्य का आधार रखा। क्योंकि उन्होंने राज्य के आर्थिक गतिविधियों में हस्तक्षेप को आवश्यक माना।
- जे. एस. मिल ने अपनी प्रसिद्ध रचना-"Principles of Political Economy" (1848) में लिखते हुए कहा कि 'राज्य का आर्थिक गतिविधियों में हस्तक्षेप आवश्यक है, क्योंकि समाज में सभी व्यक्तियों की सामाजिक स्थिति समान नहीं होती है।'
- जे. एस. मिल ने स्वतंत्रता को 'सामाजिक वस्तु' कहा।
- जे. एस. मिल ने कहा कि 'राज्य के द्वारा लोगों को स्वास्थ्य, शिक्षा एवं जीवन की मूलभूत सुविधाएं उपलब्ध कराई जानी चाहिए। अत: राज्य का कार्य केवल चौकीदारी करना, विधि और व्यवस्था को बनाए रखना नहीं है।'

## टी. एच. ग्रीन द्वारा किया गया संशोधन

- एल. टी. हॉबहाउस, सकारात्मक उदारवाद के प्रबल समर्थक हैं, जिन्होंने "Liberalism" (1911) नामक रचना लिखी।
- सेबाइन के अनुसार, टी. एच. ग्रीन ने उदारवाद का सबसे सफल संशोधन किया।
- टी. एच. ग्रीन ने परंपरागत उदारवाद में विद्यमान राज्य व व्यक्ति के मध्य विरोधाभासों को दूर कर दिया।
- टी. एच. ग्रीन ने स्पष्टतया कहा कि 'व्यक्ति मूलत: सामाजिक प्राणी है।'
- अत: टी. एच. ग्रीन ने उदारवाद में सामान्य हित या सामान्य भलाई की संकल्पना को महत्वपूर्ण बना दिया। व्यक्ति व समाज के संबंधों को पुनर्निर्धारित करते हुए, व्यक्ति को मूलत: सामाजिक प्राणी माना।
- अत: परंपरागत अणुवादी समाज की संकल्पना को इन्होंने अस्वीकृत कर दिया।
- टी. एच. ग्रीन ने उदारवाद को मध्यम वर्ग के दर्शन या विचारधारा की बजाय, पूरे समाज की विचारधारा के रूप में बदल दिया।
- सकारात्मक उदारवाद को सामाजिक उदारवाद भी कहा जाता है।
- इन्होंने 'राज्यों को एक आवश्यक अच्छाई माना।' इनके अनुसार, 'राज्य, व्यक्ति के नैतिक जीवन में आने वाली बाधाओं को दूर करता है।'
- इसलिए वेपर ने कहा कि 'ग्रीन ने आदर्शवाद को सभ्य व उदारवाद को सामाजिक बनाया।'
- ग्रीन के अलावा कल्याणकारी राज्य के अन्य सिद्धांतकारों में हॉबहाउस व लास्की प्रमुख हैं।

## लास्की द्वारा उदारवाद में संशोधन

- लास्की ने उदारवाद के राजनीति स्वरूप तथा समाजवाद के आर्थिक स्वरूप को मिलाने का प्रयास किया तथा कल्याणकारी उदारवाद के पक्ष में तर्क दिया।
- लास्की ने व्यक्ति के आर्थिक अधिकारों पर बल दिया।

## सकारात्मक उदारवाद का आर्थिक आधार

- अल्फ्रेड मार्शल ने "The Future of the Working Classes" (1874) नामक रचना लिखी।
- सकारात्मक उदारवाद के आर्थिक आधार का निर्माण 'जॉन मेनॉर्ड कींस' और 'ग्रैलब्रॉथ' ने किया।
- इन्होंने राज्य और बाजार के मध्य संबंधों को परिवर्तित किया। इन्होंने राज्य के द्वारा अर्थव्यवस्था में हस्तक्षेप को अर्थव्यवस्था और समाज दोनों के लिए महत्वपूर्ण माना।
- जॉन मेनॉर्ड कींस ने अपनी प्रसिद्ध रचना-"The General Theory of Employment, Interest and Money" (1936) में कहा कि 'राज्य के सक्रिय हस्तक्षेप के द्वारा अर्थव्यवस्था को मंदी का शिकार होने से बचाया जा सकता है।'

## कल्याणकारी राज्य का व्यावहारिक प्रयोग

- अमेरिका में राष्ट्रपति रूजवेल्ट ने नया समझौता कार्यक्रम (The New Deal Programs (1933 to 1938)) लागू किया।
- The New Deal Programs के तहत राज्य द्वारा लोक कल्याण हेतु सामाजिक खर्चों में बढ़ोत्तरी की गई।
- इंग्लैंड में बेबरिज रिपोर्ट (1942) में कल्याणकारी राज्य का स्पष्ट समर्थन किया गया तथा द्वितीय विश्व युद्ध के पश्चात् कल्याणकारी राज्य का व्यावहारिक प्रयोग भी किया गया, **जिसके मूल कारण निम्नलिखित माने जाते हैं-**
  (i) उदारवादी देशों में सार्वभौमिक वयस्क मताधिकार लागू होना।
  (ii) श्रमिकों को भी मतदान के अधिकार की प्राप्ति।
  (iii) आर्थिक संकट।
  (iv) साम्यवाद का बढ़ता प्रभाव।
- वर्ष 1942 की बेबरिज रिपोर्ट को कल्याणकारी राज्य का मूल आधार माना गया। इस रिपोर्ट के अनुसार, ब्रिटिश समाज की मूल समस्याएं निम्नलिखित थीं-अभाव, अज्ञानता, आलस्य, गंदगी व बीमारी।
- ब्रिटेन में वर्ष 1945 में लेबर पार्टी ने 'क्लीमेंट ऐटली' के नेतृत्व में कल्याणकारी राज्य का व्यावहारिक प्रयोग किया।

- राष्ट्रपति जॉनसन ने 'The Great Society' (May 7, 1964) का नारा देते हुए, 'गरीबी से युद्ध' के लिए संकल्प व्यक्त किया।
- राष्ट्रपति कैनेडी ने 'New Frontier' (1960) का नारा दिया।

## कल्याणकारी राज्य और लोकतंत्र का संबंध

- सेबाइन के अनुसार, 'द्वितीय विश्व युद्ध के पश्चात् उदारवाद एवं लोकतंत्र को एक-दूसरे के पर्यायवाची के रूप में प्रयुक्त किया जाने लगा।'
- अतः लोकतंत्र का अभिप्राय, 'कल्याणकारी राज्य के रूप में व्यक्त किया गया।'

## समकालीन सकारात्मक उदारवादी विचारक

- समकालीन विचारकों में जॉन रॉल्स और डॉर्किन ने कल्याणकारी राज्य की संकल्पना का प्रभावी समर्थन किया।
- इन लोगों के अनुसार, 'एक न्यायपूर्ण समाज में राज्य को सामाजिक एवं आर्थिक वस्तुओं का वितरण करना चाहिए। कल्याणकारी राज्य के द्वारा ही संपत्ति के केंद्रीयकरण को रोका जा सकता है।'
- रॉल्स ने समाज में न्यूनतम स्थिति में रहने वाले लोगों के लिए सामाजिक वस्तुएं उपलब्ध कराने का समर्थन किया।
- डॉर्किन के अनुसार, 'अपंग व्यक्तियों के कल्याण के लिए विशेष सुविधाएं होनी चाहिए, जिसे उन्होंने 'पेंशन योजना' का नाम दिया है।'
- आमर्त्य सेन ने कल्याणकारी राज्य का समर्थन करते हुए कहा कि 'राज्य का कार्य लोगों की क्षमताओं में वृद्धि व उनका मानवीय विकास करना है।'

## कल्याणकारी राज्य की आलोचना

(i) एफ. ए. हेयक ने अपनी प्रसिद्ध रचना-"The Road to Serfdom" (1944) में समाजवाद, राज्य नियंत्रित अर्थव्यवस्था और कल्याणकारी राज्य की कड़ी आलोचना की। इन्होंने 'लॉर्ड एक्टन और टॉकविले' की चेतावनी को दोहराते हुए कहा कि समाजवाद का आशय, 'दासता का मार्ग है।'

(ii) कल्याणकारी राज्य की भूमिका द्वारा व्यक्ति के जीवन पर राज्य का पूर्ण नियंत्रण स्थापित हो गया। परिणामस्वरूप व्यक्ति की स्वायत्तता, स्वतंत्रता व पहल में ह्रास हुआ। राज्य की गतिविधियां अकुशल हुईं व अर्थव्यवस्था खस्ताहाल हो गई।

(iii) फासीवादी, नाजीवादी व्यवस्थाओं ने भी स्वयं को कल्याणकारी कहा व समाजवादी देशों ने भी स्वयं को कल्याणकारी माना, जिससे व्यक्ति की स्वतंत्रता पर स्पष्ट संकट प्रतीत होने लगा।

(iv) ब्रिटेन की अर्थव्यवस्था व्यावहारिक रूप में संकटग्रस्त प्रतीत होने लगी। परिणामस्वरूप वर्ष 1979 में ब्रिटिश प्रधानमंत्री 'मारग्रेट थैचर' ने कल्याणकारी राज्य की संकल्पना का परित्याग करते हुए आर्थिक उदारवाद को अपनाया। अमेरिका में 'राष्ट्रपति रीगन' ने भी बाजारवादी नीतियों का समर्थन किया। इसलिए नव-उदारवादी नीतियों को 'रीगनवाद व थैचरवाद' के नाम से भी जाना जाता है।

## नव-उदारवाद ( स्वेच्छातंत्रवाद )

- नव-उदारवाद को नव-दक्षिणपंथ भी कहा जाता है।

## एफ. ए. हेयक का विचार

- हेयक ने संवैधानिक स्वतंत्रता (The Constitution of Liberty, 1960) में नव-उदारवादी विचारधारा का आधार रखा, जिसमें उन्होंने स्वतंत्रता और समानता को परस्पर विरोधी सिद्धांत माना है।
- उन्होंने तर्क दिया कि लोगों में भिन्न-भिन्न योग्यताएं (Ability) तथा निपुणताएं (Skill) पाई जाती हैं, जिसके कारण आय व संपदा में विषमता होती है।
- इन्होंने व्यक्तिवादी, अणुवादी समाज व बाजारवादी अर्थव्यवस्था को पुनर्जीवित किया।
- हेयक ने कल्याणकारी राज्य की मान्यता के औचित्य पर प्रश्न उठाते हुए कहा कि यह विधि के शासन व कुशलता के विरुद्ध है, क्योंकि व्यक्तियों के मध्य अतार्किक भेदभाव किया जाता है।
- गरीबों के कल्याण के नाम पर प्रशासन या नौकरशाही के आकार में वृद्धि होती है।
- इनके अनुसार, कल्याणकारी राज्य का लाभ गरीबों को नहीं, अपितु मध्यम वर्ग को प्राप्त होता है।
- इन्होंने प्रगतिशील करारोपण का भी विरोध किया, क्योंकि यह समान कार्य व समान वेतन के विरुद्ध है। प्रगतिशील करारोपण के द्वारा कुशल व्यक्ति को दंडित किया जाता है।
- यह बिंदु ध्यान देने योग्य है कि हेयक ने राज्य के कल्याणकारी कार्यों का पूर्णतः विरोध नहीं किया, बल्कि राज्य द्वारा आर्थिक गतिविधियों पर एकाधिकार का विरोध किया।
- हेयक उस कल्याणकारी राज्य की संकल्पना के विरोधी हैं, जिसका प्रयोग ब्रिटेन में हुआ।
- इन्होंने बाजारवादी अर्थव्यवस्था का समर्थन करते हुए कहा

कि राज्य द्वारा अभावग्रस्त लोगों के लिए कुछ सुविधाएं उपलब्ध कराई जाएंगी।

- इन्होंने स्पष्ट कहा कि अन्याय व दुर्भाग्य में अंतर होता है। इन्होंने कहा कि गरीब लोग दुर्भाग्य के शिकार हैं, अन्याय के नहीं।
- हेयक के अनुसार, 'सर्वाधिकारवाद व कल्याणकारी राज्य, एक ही सिक्के के दो पहलू हैं। इसलिए कल्याणकारी राज्य का मार्ग सर्वाधिकारवाद की ओर ही अग्रसर होता है।'
- इन्होंने बाजारवादी अर्थव्यवस्था को सबसे कुशल व सक्षम माना।

## फ्रीडमैन का विचार

- नव-उदारवादियों की मान्यता को 'फ्रीडमैन' ने आगे बढ़ाया।
- इनके अनुसार, 'पूंजीवादी आर्थिक प्रणाली व स्वतंत्रता में सह-संबंध पाया जाता है।'
- स्वतंत्रता वहीं संभव है, जहां आर्थिक प्रणाली पूंजीवादी हो।
- अत: इन्होंने भी बाजार व सीमित राज्य का समर्थन किया।

## नॉजिक का विचार

- नव-उदारवादियों में नॉजिक एक अतिवादी विचारक हैं, जिन्होंने राज्य के बिल्कुल न्यूनतम कार्यों का समर्थन किया।
- इनके अनुसार, 'व्यक्ति, अपनी क्षमता व प्रतिभा का स्वामी है। अत: व्यक्ति द्वारा अर्जित वस्तुओं पर उसी का स्वामित्व है।'
- इन्होंने मूलत: अणुवादी समाज को स्वीकार करते हुए कहा कि 'समाज का अस्तित्व, व्यक्तियों से पृथक् नहीं होता है।'
- इन्होंने यहां तक कहा कि 'राज्य का कार्य केवल पुलिस व सुरक्षा के लिए होना चाहिए। इसलिए इन्होंने न्यूनतम करारोपण का समर्थन किया।'

## नव-उदारवाद और व्यावहारिक स्थिति

- पूर्वी यूरोपीय साम्यवादी व्यवस्थाओं के विघटन व वर्ष 1990 में सोवियत संघ के विघटन के पश्चात् फ्रांसिस फूकोयामा ने अपनी रचना-"The End of History and the Last Man" (1992) में कहा कि ''उदारवादी विचारधारा ने विचारधाराओं के संघर्ष को जीत लिया है।''
- उदारवादी लोकतंत्र ही विश्व के समक्ष उपलब्ध सर्वोत्तम व एकमात्र विकल्प है। इनके अनुसार, उदारवाद ने फासीवाद एवं नाजीवाद जैसी विचारधाराओं को पराजित किया है।
- शीतयुद्ध के पश्चात् उदारवाद ने साम्यवादी विचारधारा को भी पराजित कर दिया।
- अत: उदारवाद की अब विश्वव्यापी विजय हो चुकी है।
- वर्ष 1990 के पश्चात् उदारवादी व्यवस्थाओं का प्रयोग पूर्व साम्यवादी व्यवस्थाओं में भी किया गया तथा तीसरी दुनिया के अनेक भागों में अब उदारवादी आर्थिक प्रणाली को स्वीकार किया जा रहा है, जिसे 'संरचनात्मक समायोजन कार्यक्रम' की संज्ञा दी जाती है।
- वर्तमान भू-मंडलीकरण के युग में उदारवाद का निर्णायक व व्यापक प्रसार हुआ है।

## समतावाद

- समतावाद, धनसंपदा, मान मर्यादा और प्रचलित विषमताओं को कायम नहीं रखना चाहते।
- समतावाद, मनुष्यों के लिए समान अवसर, अधिकार, लाभ व सकारात्मक कार्यवाही के लिए कोई तार्किक आधार नहीं ढूंढते हैं, बल्कि विषमता और भेदभाव ही राज्य की कार्यवाही का आधार उपलब्ध कराते हैं।
- सी. वी. मैकफर्सन ने परंपरागत् उदारवादी मान्यताओं को स्वत्वमूलक व्यक्तिवाद (Possessive Individualism) के नाम से संबोधित किया।
- स्वत्वमूलक व्यक्तिवाद में यह विचार निहित है कि व्यक्ति स्वभावत: अपने शरीर और अपनी क्षमताओं का स्वामी है और इनके लिए वह समाज का ऋणी नहीं है। वह जो कुछ अर्जित करता है, उसकी स्वयं की संपत्ति बन जाती है।
- मैकफर्सन ने सकारात्मक कल्याणकारी राज्य का समर्थन करते हुए कहा कि व्यक्ति, समाज का हिस्सा है। वर्तमान समाज प्राचीन समाजों से सरल नहीं है। अत: राज्य को गरीब तथा असहाय लोगों के पक्ष में कार्य करना चाहिए।
- जॉन रॉल्स ने स्वेच्छातंत्रवाद की आलोचना करते हुए कहा कि समतावाद ऐसी व्यवस्था का समर्थन करता है, जिसमें समर्थ और संपन्न वर्गों के साथ-साथ निर्बल, निर्धन और वंचित वर्गों को भी अपने विकास के लिए अनुकूल परिस्थितियां और पर्याप्त अवसर उपलब्ध हों।
- रॉल्स ने अपने न्याय के सिद्धांत में स्वतंत्रता और समानता को न्याय का बुनियादी सिद्धांत मानते हुए विषमता का न्यायसंगत आधार होने की कोशिश की।

अध्याय 10

# अनुदारवाद
# CONSERVATISM

## अनुदारवाद का अर्थ

- रूढ़िवाद का पर्याय अनुदारवाद भी है तथा इसे दक्षिणपंथी वाद भी कहा जा सकता है, क्योंकि दक्षिणपंथी इसे उदारवादियों और समाजवादियों से भिन्न बनाते हैं।
- रूढ़िवाद को कट्टरवाद कहना उचित नहीं है, क्योंकि यह सामाजिक व्यवस्था को बनाए रखने के लिए हिंसात्मक माध्यम का समर्थक नहीं है। अनुदारवाद, राजनीति विज्ञान के अंतर्गत एक ऐसी विचारधारा है, जो पारंपरिक मान्यताओं (धर्म, संस्कृति, राष्ट्रवाद की दृष्टि से) का अनुकरण तार्किकता या वैज्ञानिकता के स्थान पर केवल आस्था तथा प्रागनुभवों के आधार पर करती है।
- यह सामाजिक, राजनीतिक एवं नैतिक मान्यताओं का समुच्चय है, जो चिरकाल से प्रचलित मान्यताओं और व्यवस्था के प्रति सम्मान को बढ़ावा देती है।
- यह विचारधारा नए और बिना आजमाए हुए विचारों और संस्थाओं को अपनाने के बजाए पुराने और आजमाए हुए विचारों और संस्थाओं को कायम रखने का समर्थन करती है।
- शास्त्रीय अनुदारवाद परिवर्तन का विरोध तो सीधा-सीधा नहीं करता, किंतु क्रांतिकारी परिवर्तन का विरोध करता है।
- अनुदारवाद की धारणा, उदारवाद तथा समाजवाद की धारणा का विरोध करती है।
- अनुदारवाद (Conservatism) की उत्पत्ति लैटिन भाषा के शब्द Conservare से हुई है, जिसका अर्थ होता है-रक्षा करना तथा सुरक्षित रखना (Protect and Preserve) तथा फ्रैंच शब्द Conservateur से हुई है।
- फ्रांसीसी क्रांति (1789) के बाद फ्रांस में इस विचारधारा का विकास हुआ। अनुदारवाद विचारधारा साधारणतः दक्षिणपंथी विचारधारा का राजनीति में समर्थन करती है। यह विचारधारा व्यक्तिगत संपत्ति, आत्मनिर्भरता तथा व्यक्तिवाद का समर्थन करती है।
- अनुदारवादी विचारधारा दंडात्मक न्याय व्यवस्था का समर्थन करती है, साथ ही साथ अल्पसंख्यक वर्ग इस विचारधारा में खुद को सुरक्षित महसूस नहीं करते।

## ऐतिहासिक विकास

- रूढ़िवादी विचारों का आधार अरस्तू के विचारों में भी देखा जा सकता है, जिसमें उन्होंने परंपराओं को अत्यधिक महत्व दिया और पुरुष एवं महिलाओं के बीच विषमता को स्वाभाविक कहा।
- अनुदारवाद के बीज 1789 की फ्रांसीसी क्रांति के बाद फ्रांस में देखने को मिलते हैं। आंग्ल-अमेरिकी समूह 'एडमंड बर्क' को अनुदारवादी विचारधारा का पिता मानता है। इन्होंने फ्रांसीसी क्रांति का विरोध किया था।
- बर्क ने अपनी रचना-"Reflections on the French Revolution" (1790) में फ्रांसीसी क्रांति की आलोचना की। उनके अनुसार, राज्य कोई चाय या कॉफी की मशीन नहीं है, जिसे इच्छा के अनुसार बदल दिया जाए, बल्कि यह वर्तमान और भविष्य की पीढ़ियों के बीच समझौता है। यह विज्ञानों में विज्ञान है तथा कलाओं में कला है। किंतु अमेरिकी क्रांति के कुछ लक्ष्यों का समर्थन किया था।
- रूढ़िवाद एक तुलनात्मक शब्द है, क्योंकि ईरान के धार्मिक नेता अयातुल्ला खुमैनी (Ayatollah Khomeini) को भी रूढ़िवादी कहा जाता है, जिन्होंने ईरान में धर्मतंत्र की स्थापना का सैद्धांतिक समर्थन किया है।
- एडमंड बर्क के अनुसार, व्यक्ति यह समझने में असमर्थ है कि उत्तराधिकार में मिली बहुत सी चीजें व्यक्ति के सोचने एवं समझने की क्रिया को प्रभावित करती हैं। इसलिए समाज का वस्तुनिष्ठ रूप से मूल्यांकन करने का प्रयास व्यर्थ है।
- इंग्लैंड में अनुदारवाद के समर्थकों में सबसे प्रमुखता से टोरी पार्टी (Tory Party) को याद किया जाता है। 19वीं सदी में इंग्लैंड में पारंपरिक भूस्वामियों तथा उद्योगपतियों ने मिलकर अनुदार पार्टी का गठन किया। इंग्लैंड में इसे टोरी लोकतंत्र (Tory Democracy) के नाम से जाना जाता है।

## रूढ़िवाद के मूल अवयव

### 1. परंपरा में विश्वास

- रूढ़िवादी समाज में विद्यमान परंपराओं, प्रथाओं एवं

संस्थाओं को अत्यधिक सम्मान देते हैं। इनके अनुसार, जिस प्रकार ईश्वर द्वारा प्राकृतिक नियमों के आधार पर इस विश्व का निर्माण किया गया है, ठीक उसी प्रकार इस मानवीय समाज का भी निर्माण किया गया है। यह एडमंड बर्क का मानना है।

- परंपरावादी, बुद्धि और विवेक के विरोधी नहीं हैं, अपितु ये परंपराओं को भी सदियों के विवेक के रूप में चित्रित करते हैं और व्यक्ति का विवेक, आधा और अधूरा है। इसीलिए परंपरावादी, उदारवादियों से अलग हैं, जो व्यक्ति को विवेकशील मानते हैं और परंपराओं को अस्वीकार करते हैं।

### 2. मानवीय अपूर्णता

- इनके अनुसार, मानव मनोवैज्ञानिक रूप में सीमित और निर्भर होता है तथा समाज के साथ रहता है, जिसमें सुरक्षा और संबंध की भावना विद्यमान होती है, जिससे सामाजिक व्यवस्था का निर्माण होता है।
- इनके अनुसार, नैतिक रूप में मानव अपूर्ण है। अत: रूढ़िवादियों ने हॉब्स की भांति मानव के अपूर्ण स्वरूप को स्वीकार किया है। इसीलिए ब्रिटेन के राजनीतिक शास्त्री माइकल ओकशॉट (Michael Oakeshott) ने परंपरा, अनुभव और इतिहास को अत्यधिक महत्व दिया है, जो असीमित (Boundless and Bottomless) है।
- इनके अनुसार, क्रांतियों के द्वारा जो व्यक्ति के अधिकार का विचार दिया गया, उससे सामाजिक व्यवस्था के लिए चुनौती उत्पन्न हो गई है।

### 3. आंगिक समुदाय

- इनके अनुसार, अणुवादी समाज की यह मान्यता अव्यावहारिक है, जो उदारवादी मानते हैं। इनके अनुसार, परिवार समुदाय और राष्ट्र का सदस्य होता है। समूह के द्वारा व्यक्ति को सुरक्षा भी प्राप्त होती है।
- इनके अनुसार, समाज एक मानवीय शरीर की भांति कार्य करता है, जिसका अपना दिमाग, शरीर और हृदय भी होता है। परंतु शरीर के ये अंग तभी महत्वपूर्ण हैं, जब समूचे शरीर के भाग के रूप में कार्य करते हैं। अत: समाज को यंत्र की भांति नहीं समझा जा सकता है, जैसाकि उदारवादी बताते हैं। इसीलिए रूढ़िवादी, उदारवादियों से अलग हैं।

### सत्ता और अधिक्रमता का समर्थन

- इनके अनुसार, सामाजिक व्यवस्था में क्षमता और प्रतिभा के अनुसार अधिक्रमता विद्यमान होती है और आंगिक समाज में यह विषमता स्वाभाविक है।
- एडमंड बर्क ने प्राकृतिक कुलीन तंत्र (Natural Aristocracy) का विचार दिया है। इनके अनुसार, शरीर में अंगों के कार्य अलग-अलग होते हैं, ठीक उसी प्रकार समाज में भी प्रत्येक वर्ग के कार्य अलग-अलग होते हैं और समाज में विद्यमान इस विषमता का अभिप्राय है कि शासन, सत्ता का सम्मान होना चाहिए। इस प्रकार परिवार में बच्चे, पिता की आज्ञा का पालन करते हैं।

### संपत्ति

- रूढ़िवादी संपत्ति के अधिकारों के समर्थक हैं। इसीलिए समाज को महत्व देने के कारण भी ये समाजवादियों से अलग हैं।
- इनके अनुसार, संपत्ति का मनोवैज्ञानिक और सामाजिक लाभ है, क्योंकि संपत्ति से व्यक्ति को सुरक्षा प्राप्त होती है तथा समाज में उसे सम्मान भी प्राप्त होता है और संपत्ति, व्यक्ति के व्यक्तित्व का ही विस्तार है। घर को व्यक्ति का निजी साधन और स्वामित्व मानते हैं।

## रूढ़िवाद के प्रकार

### 1. सत्तावादी या अधिनायकवादी रूढ़िवाद
(Athoritarian Conservatism)

- फ्रांसीसी क्रांति के दौरान अधिनायकवादी शासन के सबसे प्रबल समर्थक जोसेफ डे मैस्त्रे (Joseph-Marie de Maistre) थे, जिन्होंने राजतंत्रीय व्यवस्था का समर्थन किया।
- इन्होंने कहा कि यह समाज दो विचारों से संचालित होता है। पहला, सिंहासन और दूसरा, परिवर्तन। रूस के जार निकोलस II (Tsar Nicholas-II) ने भी राजतंत्र और राष्ट्रवाद का समर्थन किया तथा वर्ष 1839 में लुईस नेपोलियन ने भी शासन पर अधिनायकवादी नियंत्रण कर लिया।

### 2. पितृ-सत्तात्मक रूढ़िवाद

- पितृ-सत्तात्मक रूढ़िवाद का अभिप्राय है कि जिस प्रकार पिता का नियंत्रण परिवार पर होता है, ठीक उसी प्रकार शासक का नियंत्रण समाज पर होना चाहिए। पितृ-सत्तात्मक रूढ़िवाद के दो भाग हैं-(i) एक राष्ट्र रूढ़िवाद। (ii) ईसाई लोकतंत्र।

### एक राष्ट्र रूढ़िवाद

- एक राष्ट्र रूढ़िवाद का विचार ब्रिटेन के प्रधानमंत्री बैंजामिन डिजराइली (Benjamin Disraeli) द्वारा प्रतिपादित किया गया, जिसमें उन्होंने व्यक्ति की प्रधानता की बजाए, सामाजिक दायित्वों पर अत्यधिक बल दिया।
- उन्होंने कहा कि ब्रिटेन में दो राष्ट्रों का निर्माण हो रहा है। पहला, अमीरों का राष्ट्र और दूसरा, गरीबों का राष्ट्र।

उनके अनुसार, समाज में संपत्तिशाली और शक्तिशाली व्यक्तियों के अत्यधिक सामाजिक दायित्व हैं, जिनके प्रयासों से ब्रिटेन एक राष्ट्र बना रहेगा।

- यही विचार लॉर्ड रूडोल्फ चर्चिल (Lord Randolph Churchill) ने टोरी लोकतंत्र के रूप में वर्णित किया। अत: रूढ़िवादियों ने व्यक्तिवाद और समाजवाद के लिए एक नए संतुलन के निर्माण का प्रयास किया। हेराल्ड मैकमिलन (Harold Macmillan) ने अपनी रचना-The Middle Way (1938) में पूंजीवादी व्यवस्था को नियंत्रित करने पर बल दिया।

**ईसाई लोकतंत्र**

- ईसाई धर्म की कैथोलिक मान्यता को राजनीतिक लोकतंत्र के साथ मिलाने का प्रयास किया गया तथा जर्मनी में क्रिश्चियन डेमोक्रेटिक पार्टी (Christian Democratic Union of Germany) का निर्माण किया गया तथा इटली में भी इस दल का गठन किया गया।
- इन्होंने प्रतिस्पर्धा, कठिन परिश्रम और व्यक्तिगत उत्तरदायित्व जैसे व्यक्तिवादी विचारों को भी स्वीकार किया। परंतु सामाजिक व्यवस्था बनाए रखने पर सर्वाधिक बल प्रदान किया गया और चर्च द्वारा व्यावसायिक समूह को साथ लेकर सामाजिक सहभागिता का नारा दिया गया।
- अत: इन्होंने लोकतंत्र से व्यक्ति की स्वतंत्रता का संरक्षण किया और ईसाई धर्म से सामाजिक दायित्वों को स्वीकार किया।

## तंत्रवादी रूढ़िवाद या (Libertarian Conservatism) स्वेच्छातंत्र-दक्षिणपंथवाद (New Rightist)

- रूढ़िवाद सामाजिक रूप में संस्कृति और राष्ट्रवाद के संरक्षक हैं, जबकि आर्थिक रूप में बाजारवादी व्यवस्था का भी समर्थन करते हैं।
- यह भी उल्लेखनीय है कि रूढ़िवाद को नव-दक्षिणपंथवाद भी कहा जाता है, क्योंकि दक्षिणपंथ का अभिप्राय भी परंपराओं और प्रथाओं का समर्थन करना है। इसीलिए नव-दक्षिणपंथवादी बाजारवादी व्यवस्था के समर्थक हैं, जिन्होंने राज्य नियंत्रित अर्थव्यवस्था का विरोध किया तथा व्यक्ति की स्वतंत्रता पर पुन: बल दिया और ब्रिटिश प्रधानमंत्री मारग्रेट थैचर (Margaret Thatcher) और अमेरिकी राष्ट्रपति रोनाल्ड रीगन ने नव-दक्षिणपंथवादी विचारों का समर्थन किया।
- यद्यपि नव-दक्षिणपंथवादी विचारों में अनेक प्रकार के मतभेद और मतांतर विद्यमान हैं। इसीलिए सर रोजर स्क्रूटन (Sir Roger Scruton) ने कहा कि दक्षिणपंथवाद में मुक्त बाजार के लिए कोई स्थान नहीं है। जबकि नॉजिक और फ्रीडमैन जैसे दक्षिणपंथवादी बाजारवादी व्यवस्था के पूर्ण समर्थक हैं।
- एंड्रयू गैम्बल (Andrew Gamble) ने मारग्रेट थैचर के विचारों को व्यक्त करते हुए कहा कि यह बाजारवादी अर्थव्यवस्था के साथ शक्तिशाली राज्य का विचार है।
- एक राष्ट्र अनुदारवाद (One nation Conservatism) का प्रवर्तक बैंजामिन डिजराइली (Benjamin Disraeli) को माना जाता है।
- यूरोप में अनुदारवाद का समर्थन मुख्यत: कैथोलिक दलों जिनका उदय 19वीं तथा 20वीं सदी में हुआ के द्वारा किया जाता है। यह वर्ग बाजार आधारित व्यवस्था का समर्थन करता है।
- अमेरिका में इस विचारधारा का समर्थन रिपब्लिकन पार्टी के द्वारा किया जाता है, जिसके समर्थकों में रोनाल्ड रीगन, जॉर्ज डब्ल्यू. बुश का नाम प्रमुखता से लिया जाता है।

## निष्कर्ष

- रूढ़िवादी विचारधारा समकालीन विश्व में उदारवादी विचारधारा के अत्यधिक निकट आ गई है, क्योंकि व्यक्तिवाद और बाजारवाद को भी स्वीकार कर लिया गया है, परंतु सामाजिक व्यवस्था और उत्तरदायित्व पर इनका अत्यधिक बल है।

# समाजवाद
# SOCIALISM

## समाजवाद का अर्थ

- समाजवाद, एक आर्थिक, सामाजिक व राजनीतिक सिद्धांत है, जिसके अनुसार समाज में उत्पादन, वितरण और विनिमय के प्रमुख साधनों पर सार्वजनिक स्वामित्व और नियंत्रण स्थापित होना चाहिए। यह सिद्धांत व्यक्तिवाद तथा पूंजीवाद का खंडन करता है।
- समाजवाद के अंतर्गत वितरण का नियम प्रत्येक से अपनी क्षमता के अनुसार प्रत्येक को अपनी आवश्यकता के अनुसार को अपनाया जाता है।
- 19वीं सदी के आरंभिक दशकों में समाजवादी दृष्टि से जो सामान्य तत्व उभर रहे थे, उन्हें लेसजेक कोलाकोवस्की (Leszek Kolakowski) ने अपनी रचना-"Main Currents of Marxism" (1976) में बताया कि संसार के उपहार समानता के आधार पर वितरित होंगे।

## समाजवाद की परिभाषाएं

- सी. ई. एम. जोड के अनुसार, 'समाजवाद, एक ऐसे टोपी/टोप के समान है, जिसकी शक्ल अत्यधिक धारण किए जाने के कारण बिगड़ गई है।'
- सिडनी वेब के अनुसार, 'लोकतंत्रात्मक विचार का आर्थिक पक्ष ही समाजवाद है।'
- सैलर्स के अनुसार, 'समाजवाद, एक जनतंत्रीय आंदोलन है, जिसका उद्देश्य समाज के ऐसे आर्थिक संगठन का निर्माण करना है, जो व्यक्ति को हर समय अधिकतम संभव न्याय व स्वतंत्रता दे सके।'
- समाजवाद अंग्रेजी भाषा के सोशलिज्म (Socialism) शब्द का हिंदी पर्यायवाची है। *सोशलिज्म* शब्द की उत्पत्ति सोशियस (Socious) शब्द से हुई है, जिसका अर्थ होता है-समाज।
- प्रूधों के अनुसार, 'सभी प्रकार की संपत्ति चोरी है।'
- जार्ज वनदिशा के अनुसार, समाजवाद आय की असमानता के अतिरिक्त और कुछ नहीं है।
- इमाइल के अनुसार, 'समाजवाद का अभिप्राय, श्रमिकों के ऐसे संगठन से है, जिसका उद्देश्य पूंजीवादी संपत्ति को सामाजिक संपत्ति में परिवर्तित करने के लिए राजनीतिक शक्ति प्राप्त करना है।'

## समाजवाद के मूल तत्व

1. **समुदाय** (Community)
   - इनके अनुसार, समुदाय, व्यक्ति से प्राथमिक है। समुदाय के कारण ही व्यक्ति का व्यवहार स्वार्थी एवं लालची हो गया है। पूंजीवाद एवं व्यक्तिवाद को परिवर्तित करने की आवश्यकता है।
2. **सहयोग** (Co-operation)
   - व्यक्तियों के बीच सहयोग स्वाभाविक होता है, लेकिन प्रतिस्पर्धा से नैतिकता का विकास नहीं होता।
3. **समानता** (Equality)
   - इनके अनुसार, समाज में आर्थिक समानता आवश्यक है। विषमता प्राकृतिक नहीं होती, अपितु समाज द्वारा निर्मित होती है तथा सभी व्यक्ति नैतिक रूप में समान होते हैं।
4. **सामाजिक वर्ग** (Social Class)
   - ये समाज को आर्थिक आधार पर विभाजित करते हैं। ये जाति, प्रजाति एवं धर्म के आधार पर समाज को विभाजित नहीं करते हैं।
5. **सामूहिक स्वामित्व** (Common Ownership)
   - समाजवादी, निजी संपत्ति के विरोधी हैं, क्योंकि उत्पादन सामूहिक होता है, इसलिए लाभ का वितरण भी साझा होना चाहिए। निजी संपत्ति से समाज में विषमता पैदा होती है तथा व्यक्ति स्वार्थी हो जाता है। इसीलिए संपत्ति पर समुदाय एवं राज्य का नियंत्रण आवश्यक है।

## अराजकतावाद और समाजवाद

- समाजवादी विचारों का आरंभिक प्रयोग Gerrard Winstanley, William Godwin, Joseph Proudhon, Mikhail Bakunin और Peter Kropotkin के विचारों में पाया जाता है, जिनके द्वारा राज्य को समाप्त करके

समानता स्थापित करने का विचार दिया गया था। इसलिए इन्हें अराजकतावादी भी कहा गया है, परंतु समानता के समर्थन के कारण इन्हें समाजवादी भी कहा गया है।

### कल्पनालोकीय समाजवाद (Utopian Socialism)

- कल्पनालोकीय समाजवाद का आरंभिक विचार प्लेटो के आदर्श राज्य में दिखाई देता है। जबकि ग्रे (Gray) ने पहली बार समाजवादी शब्द को औद्योगीकरण के बाद लोकप्रिय बनाया।
- थॉमस मूर, केम्पानेला, फ्रांसीस बेकन तथा जेम्स हेरिंग्टन ने 16वीं 17वीं सदी में एक ऐसे आदर्शवादी समाज की कल्पना की, जिसमें पूर्ण समानता होगी तथा किसी भी प्रकार की विषमता नहीं होगी।

**रचनाएं**

- Thomas More, Utopia (1516)
- Tommaso Campanella, The City of the Sun (1602)
- James Harrington, The Commonwealth of Oceana (1656)
- Gerrard Winstanley, The Law of Freedom in a Platform (1652)

### समाजवाद का बौद्धिक आधार

- फ्रांसीसी क्रांति के बाद आधुनिक समाजवाद का प्रभावी रूप François-Noël Babeuf और Filippo Michel के विचारों में विद्यमान है। इन दोनों को प्रेरणा देने वाले महान विचारक रूसो थे, जिन्होंने आधुनिक औद्योगिक समाज की कड़ी आलोचना की और इसे विषमता पैदा करने वाला माना।

### आरंभिक समाजवादी

- आरंभिक समाजवादियों को भी कल्पनालोकीय समाजवादी कहा जाता है, क्योंकि मार्क्स ने कम्युनिस्ट मैनिफेस्टो में इन्हें कल्पनालोकीय समाजवादी कहा। इनमें Henri de Saint-Simon" हैं, जिन्होंने-"On the Industrial System में समाज में विद्यमान समस्याओं को उजागर किया।
- उनके अनुसार, औद्योगिक व्यवस्था को मानवीय, तार्किक, वैज्ञानिक व्यवस्था को और धार्मिक आधार पर संचालित होना चाहिए। लाभ और प्रतिस्पर्धा जैसे विचारों को हतोत्साहित करने की आवश्यकता है, इन्होंने निजी संपत्ति को समाप्त करने का समर्थन किया।

### राबर्ट ओवन (Robert Owen)

- इन्हें ब्रिटेन के समाजवाद का पिता माना जाता है, जिन्होंने अपने निबंध-"A New View of Society" में एक आदर्श समाज का विचार दिया, जिसमें दूसरे के हितों का ध्यान दिया जाएगा और सभी को शिक्षा एवं स्वास्थ्य की सुविधाएं प्राप्त होंगी तथा उद्योग लाभ के लिए संचालित नहीं होंगे। उनके अनुसार, वर्तमान समाज स्वार्थ, अज्ञानता, घृणा और वैमनस्य से भरा हुआ है।

### चार्ल्स फोरियर (Charles Fourier)

- इन्होंने पूंजीवादी व्यवस्था का विरोध किया तथा अपने आदर्श समाज का विचार The Theory of the Four Movements का प्रतिपादन किया। इन्होंने एक समुदाय का निर्माण किया, जिसका नाम Phalanx दिया, जिसमें पुलिस, वकील और सेना की कोई आवश्यकता नहीं होगी तथा सामाजिक जीवन अत्यधिक सद्भावपूर्ण होगा।

### क्रांति अथवा क्रमिक परिवर्तन

- मार्क्स के द्वारा समाजवादी उद्देश्यों की प्राप्ति के लिए क्रांति का समर्थन किया गया। जबकि फर्डिनान्ड लासले (Ferdinand Lassalle) ने कहा कि राज्य के द्वारा समाजवाद की प्राप्ति संभव है और राज्य के द्वारा मानवीय स्वतंत्रता और सर्वहारा वर्ग का उत्थान भी किया जा सकता है। इसीलिए जर्मन विचारक लासले ने श्रमिक वर्ग को मतदान अधिकार की मांग उठाई तथा वैधानिक एवं शांतिपूर्ण तरीके से समाजवाद की स्थापना का समर्थन किया और सर्वहारा वर्ग के अधिनायकत्व को स्वीकार नहीं किया।
- जर्मनी के ही विचारक एडवर्ड बर्नस्टीन ने भी मार्क्स की मूल मान्यताओं पर सवाल उठाए। इनके अनुसार मार्क्स का विचार नियतिवादी है और मानवीय स्वतंत्रता को सीमित कर रहा है तथा पूंजीवाद के विकास के साथ सर्वहारा वर्ग की स्थिति खराब होने के बजाए, बेहतर हो रही है तथा जिन समाजों में पूंजीवाद का विकास प्रभावी हुआ है वहां सर्वहारा में क्रांति की चेतना का विकास नहीं हो रहा है।

### समूहवाद (Collectivism)

- समाजवादी विचारों को समूहवादी भी कहा जाता है, क्योंकि समाजवादी समुदाय की भलाई को महत्व देते हैं। विलियम मौरिस ने ब्रिटेन में समाजवादी विचारों को अत्यधिक प्रभावित किया। जिनके अनुसार, व्यक्ति की नैतिक क्षमता के विकास द्वारा समाज में समानता लाई जा सकती है। इन्होंने औद्योगीकरण और पूंजीवाद को मानव की बंधुता और स्वतंत्रता समाप्त करने वाला माना।
- विलियम मौरिस की भांति जॉन रस्किन तथा थॉमस कार्लाइल जैसे कवियों ने मानव की नैतिक क्षमताओं पर

अत्यधिक बल दिया। इंग्लैंड में जे. एस. मिल के विचारों ने भी समाजवाद को अत्यधिक प्रभावित किया और ब्रिटेन का फेबियन समाजवाद मिल के विचारों से प्रभावित है। ब्रिटिशवासियों ने यह माना कि समाजवाद स्थापित करने के लिए व्यक्ति की स्वतंत्रता का दमन नहीं होना चाहिए।

## मार्क्सवाद और विकासवादी समाजवाद में अंतर

(i) विकासवादी समाजवाद (लोकतांत्रिक समाजवाद), नैतिक समाजवाद है जबकि साम्यवाद, वैज्ञानिक समाजवाद है।

(ii) लोकतांत्रिक समाजवाद, संशोधनवादी है, जबकि मार्क्सवादी समाजवाद, रूढ़िवादी है।

(iii) लोकतांत्रिक समाजवाद का विश्वास क्रमिक सुधार में है। जबकि मार्क्सवाद में वर्ग विहीन एवं राज्य विहीन समाज की स्थापना क्रांतिकारी माध्यम से करने का निर्धारण हुआ।

(iv) लोकतांत्रिक समाजवादी, पूंजीवाद के मानविकीकरण के समर्थक हैं, जबकि मार्क्सवादी, पूंजीवाद को उखाड़ फेंकना चाहते हैं।

(v) विकासवादी समाजवादी, समान वितरण के समर्थक हैं, जबकि साम्यवादी, उत्पादन के सामूहिक स्वामित्व में विश्वास रखते हैं।

(vi) विकासवादी समाजवादी, समाज में वर्ग-संघर्षों का समाधान चाहते हैं। जबकि साम्यवादी, वर्ग विहीन एवं राज्य विहीन समाज के समर्थक हैं।

(vii) विकासवादी समाजवादी, सापेक्षिक समानता को स्वीकार करते हैं। जबकि साम्यवादी, निरपेक्ष समानता के समर्थक हैं।

(viii) लोकतांत्रिक समाजवादी, मिश्रित अर्थव्यवस्था चाहते हैं, जबकि साम्यवादी, पूर्णतया राज्य द्वारा नियंत्रित अर्थव्यवस्था के समर्थक हैं।

(ix) विकासवादी समाजवादी, आर्थिक प्रबंध को महत्वपूर्ण मानते हैं, जबकि साम्यवादी, केंद्रीय नियोजन को महत्व देते हैं।

(x) विकासवादी समाजवादी, लोकतांत्रिक संसदीय व्यवस्था को प्राथमिकता देते हैं, जबकि साम्यवादी, सर्वहारा वर्ग के अधिनायकत्व को स्वीकार करते हैं।

(xi) सामाजिक लोकतंत्रवादी, राजनीतिक बहुलवाद को मानते हैं, जबकि साम्यवादी, सर्वहारा वर्ग के अधिनायकत्व या एकदलीय शासन को महत्व देते हैं।

(xii) सामाजिक लोकतंत्रवादी, लोकतांत्रिक राज्य को महत्वपूर्ण मानते हैं, जबकि साम्यवादी, जनवादी राज्य की संकल्पना को स्वीकार करते हैं।

## फेबियन समाजवाद (समूहवाद, लोकतांत्रिक समाजवाद)

- ब्रिटेन के फेबियन समाजवाद का नाम रोम के सैनिक फैबियस कंकटेटर के नाम पर पड़ा था, जिसने युद्ध में क्रमिक तरीकों का प्रयोग किया। इंग्लैंड के फेबियन समाजवादियों में बर्नार्ड शॉ, एच. जी. बेल्स, एनी बेसेंट, ग्राहम वालास एवं रिचर्ड टॉनी शामिल थे। फेबियन समाजवाद, ब्रिटेन के बुद्धिजीवियों की देन है, जिनके अनुसार, क्रमिक, शांतिपूर्ण, संवैधानिक व लोकतांत्रिक तरीके से समाजवाद की प्राप्ति संभव है।
- इनके अनुसार, समाज में विषमता को दूर करने के लिए भूमि व पूंजी पर राज्य का सामूहिक नियंत्रण होना चाहिए। इनके अनुसार, 'वस्तुओं का उत्पादन व वितरण सामूहिक हित के लिए होना चाहिए, निजी लाभ के लिए नहीं।'
- लैडलर ने फेबियन समाजवाद की विशेषताओं को निम्नलिखित रूप में व्यक्त किया-
  (i) पूंजीवाद से समाजवाद की ओर संक्रमण एक क्रमिक प्रक्रिया है।
  (ii) उद्योगों पर समुदाय का नियंत्रण या राज्य का नियंत्रण शांतिपूर्ण रूप में होना चाहिए। इनके अनुसार, मध्यम वर्ग के द्वारा प्रशासन का प्रयोग करते हुए एक नई सामाजिक व्यवस्था के निर्माण का प्रयत्न करना चाहिए।
  (iii) समाजवाद की प्राप्ति समुदाय में, समाजवादी आदर्शों के प्रति चेतना जागृत करके प्राप्त हो सकती है।
- फेबियन समाजवादियों ने 'मूल्यों के श्रम-सिद्धांत' को अस्वीकृत कर दिया। इनके अनुसार, 'समाज के मूल्यों का निर्माण समुदाय के द्वारा होता है व इन मूल्यों से प्राप्त लाभ पर भी समुदाय का नियंत्रण होना चाहिए।' ब्रिटेन में द्वितीय विश्व युद्ध के बाद 'लेबर पार्टी' ने फेबियन समाजवादी मान्यताओं को व्यावहारिक रूप में लागू करने का प्रयत्न किया।
- फेबियन समाजवादी, जे. एस. मिल व हेनरी जॉर्ज से प्रभावित थे। स्वातंत्रोत्तर भारत में भी फेबियन समाजवाद अपनाया गया, जिसे भारत में 'समाज का समाजवादी ढांचा' कहा जाता है।

## संशोधनवादी (विकासवादी) समाजवादी

- बर्नस्टीन ने मार्क्स की मूल मान्यताओं में संशोधन किया। बर्नस्टीन के अनुसार, 'समाजवाद की प्राप्ति शांतिपूर्ण, क्रमिक व संवैधानिक ढंग से हो सकती है। समाजवाद की प्राप्ति के लिए वर्ग-संघर्ष व क्रांति की आवश्यकता

नहीं है।' इन्होंने मार्क्स की निम्नलिखित मान्यताओं में परिवर्तन कर दिया-

(i) इनके अनुसार, पूंजीवादी व्यवस्था के द्वारा पूंजीवाद के अंतर्विरोधों का समाधान किया जा सकता है।

(ii) पूंजीवाद प्रभावी होने के पश्चात्, सर्वहारा वर्ग की स्थिति और बेहतर हुई।

(iii) जिन देशों में पूंजीवाद का सर्वाधिक विकास हुआ, वहां मध्यम वर्ग की स्थिति और शक्तिशाली हो गई। अत: पूंजीवादी व्यवस्था के विकास के परिणामस्वरूप सर्वहारा वर्ग में, वर्ग चेतना का विकास नहीं हुआ।

## श्रम संघवाद

- श्रम संघवाद, फ्रांसीसी श्रमिक आंदोलन का एक भाग है, जिसके मुख्य नेता 'जॉर्ज सोरेल' हैं। श्रम संघवादी 'मार्क्स' के राजनीतिक कार्यक्रमों के आलोचक हैं, परंतु उसकी क्रांतिकारी रणनीति के समर्थक हैं। कुछ विचारकों ने श्रम संघवाद को 'अराजकतावाद व मार्क्सवाद का शिशु' कहा। जिनके अनुसार, समाजवाद की प्राप्ति 'ट्रेड यूनियन' के द्वारा संभव है।
- यह बिंदु ध्यान देने योग्य है कि फ्रांस में ट्रेड यूनियनों को वैधानिक रूप में कार्य करने की अनुमति प्राप्त नहीं थी। जोड ने श्रम संघवाद को परिभाषित करते हुए कहा कि 'यह ऐसा सामाजिक सिद्धांत है, जिसमें नए समाज के निर्माण का आधार ट्रेड यूनियन है।'
- श्रम संघवाद के अनुसार, समाजवाद की प्राप्ति निम्नलिखित तरीकों से संभव है-

(i) इनके अनुसार, राज्य, बुर्जुआ व मध्यमवर्गीय संस्था है। यह मूलत: पूंजीपतियों के शोषण का यंत्र है। इसलिए राज्य के विनाश के पश्चात् ही समाजवाद की प्राप्ति होगी। इनके अनुसार, लोकतांत्रिक माध्यमों के द्वारा समाजवाद की प्राप्ति संभव नहीं है।

(ii) भविष्य के समाज का मूल आधार, ट्रेड यूनियनों द्वारा निर्मित होगा। ट्रेड यूनियन, राज्य के स्थान पर कार्य करेंगे।

(iii) हैलोवल के अनुसार, 'श्रम संघवादी, समाजवाद में वर्ग-संघर्ष की संकल्पना केंद्रीय है। वर्गीय सुदृढ़ता को बनाए रखने के लिए यह राजनीतिक दलों व संसद में पूर्णतया अविश्वास रखते हैं।'

(iv) श्रम संघवादियों की क्रांति का तरीका मार्क्सवादियों से अलग है। इनके अनुसार, पूंजीवादी व्यवस्था के विरुद्ध निरंतर आक्रमण करना होगा। इसलिए ये तोड़-फोड़ में विश्वास रखते हैं तथा हिंसा को आवश्यक ही नहीं, नैतिक भी मानते हैं। इनके अनुसार, आम हड़ताल द्वारा पूंजीवाद का अंत होगा।

## गिल्ड समाजवाद (औद्योगिक लोकतंत्र)

- गिल्ड समाजवाद, इंग्लैंड की एक समाजवादी विचारधारा है। रोक्को के अनुसार, 'गिल्ड समाजवाद, अंग्रेजी फेबियनवाद व फ्रांसीसी श्रम संघवाद का बौद्धिक शिशु है।' ये राज्य की समाप्ति के समर्थक नहीं हैं। जैसाकि श्रम संघवादी मानते हैं, बल्कि ये राज्य को विकेंद्रित करने के समर्थक हैं।
- इनके अनुसार, राज्य का नियंत्रण आर्थिक गतिविधियों पर नहीं होना चाहिए। जैसाकि फेबियन समाजवादी मानते हैं, अर्थव्यवस्था पर गिल्ड का नियंत्रण होना चाहिए।
- इसके मुख्य मान्यताकारों में ए. जे. पेन्टी हैं तथा इसे लोकप्रिय बनाने का श्रेय 'जी. डी. एच. कोल' को दिया जाता है। गिल्ड समाजवाद द्वारा प्रतिपादित विचार निम्नलिखित हैं-

(i) ये पूंजीवादी व्यवस्था की मजदूरी पद्धति व लाभ निर्माण के आलोचक हैं।

(ii) इनके अनुसार, 'राज्य, समुदायों का एक समुदाय है, एकमात्र समुदाय नहीं।'

(iii) इनके अनुसार, 'उत्पादन पर गिल्ड का नियंत्रण होना चाहिए तथा उद्योगों पर गिल्ड का स्वशासन होना चाहिए।'

(iv) इनके अनुसार, मजदूरों को मजदूरी नहीं, अपितु वेतन प्राप्त होना चाहिए, क्योंकि मजदूरी नैतिक, मनोवैज्ञानिक रूप में बुरी है, जिसके द्वारा दास मानसिकता का निर्माण होता है व श्रमिकों की सृजनात्मक क्षमता का भी ह्रास होता है।

- सी. एम. जोड के अनुसार, 'गिल्ड समाजवाद, प्रकार्यात्मक लोकतंत्र है, इन्होंने प्रकार्यात्मक प्रतिनिधित्व का भी समर्थन किया, जिनके अनुसार, हितों का प्रतिनिधित्व होना चाहिए, व्यक्तियों का नहीं। इनके अनुसार, भविष्य में राज्य के स्थान पर एक कंप्यूटर या समुदाय की स्थापना होगी। ये समाजवाद की प्राप्ति के लिए हिंसा को अस्वीकार करते हैं तथा संसदीय मार्ग के भी पूर्ण समर्थक नहीं हैं।

## बाजारवादी समाजवाद (20वीं सदी का समाजवाद)

- वर्ष 1990 में फ्रांसिस फूकोयामा ने 'उदारवाद की विश्व विजय' की घोषणा की, जिसका अभिप्राय था कि अब समाजवादी विचारधारा समाप्त हो चुकी है, क्योंकि पूर्वी-यूरोपीय राज्यों में साम्यवादी व्यवस्था का विघटन हो गया। सोवियत संघ की साम्यवादी व्यवस्था का पतन हो गया। चीन व वियतनाम ने उदारीकरण के मार्ग को अपना लिया।

- अतः केंद्रीयकृत नियोजन पर आधारित आर्थिक प्रणाली असफल सिद्ध हुई। पूर्व साम्यवादी देशों ने भी बाजारवादी व्यवस्था को अपना लिया। 'डेंग शियाओपिंग' ने वर्ष 1978 में बाजारवादी समाजवाद का नारा दिया। इन्होंने चीनी अर्थव्यवस्था के आधुनिकीकरण पर भी बल दिया और चीन में प्रत्यक्ष विदेशी निवेश को आकर्षित किया गया तथा पूंजीवादी देशों के साथ व्यापार को बढ़ावा दिया गया।
- राज्य के अंतर्गत् मुख्य बाजारवादी व्यवस्था को अपनाया गया और उत्पादन के क्षेत्रों में निजी क्षेत्रों को कार्य करने की अनुमति दी, परंतु वितरण के क्षेत्र में राज्य का नियंत्रण बना रहा। इसलिए चीन में बाजारवाद को साधन व समाजवाद को आदर्श माना गया।
- वर्ष 1980 के दशक में अमेरिका में कंप्यूटर क्रांति हो रही थी, तो सोवियत संघ, आर्थिक रूप में संकटग्रस्त था। परिणामस्वरूप वर्ष 1985 में सोवियत संघ ने भी निजीकरण व उदारीकरण को स्वीकार किया। वर्तमान भूमंडलीकरण के युग में अधिकांश एशियाई व अफ्रीकी देश भी बाजारवादी व्यवस्था को अपना रहे हैं।
- यह बिंदु भी ध्यान देने योग्य है कि वर्ष 1979 में ब्रिटेन जैसे कल्याणकारी राज्यों ने भी आर्थिक उदारीकरण के मार्ग को अपनाया।

## नव-संशोधनवाद (तीसरा मार्ग)

- वर्ष 1980 के दशक के बाद समाजवादी दलों ने नया सुधारवादी दृष्टिकोण अपनाया। परंपरागत समाजवादी अवधारणा में महत्वपूर्ण परिवर्तन किया। व्यावहारिक रूप में 'तीसरे मार्ग' का प्रयोग अमेरिकी राष्ट्रपति बिल क्लिंटन व ब्रिटेन के प्रधानमंत्री टोनी ब्लेयर ने किया और इसी के साथ इसे अन्य राज्यों में भी स्वीकार किया गया, जिसमें नीदरलैंड, इटली, न्यूजीलैंड व जर्मनी प्रमुख हैं।
- नव-संशोधनवादियों पर अनेक विचारधाराओं का प्रभाव पड़ा, जिसमें सामाजिक लोकतंत्र, आर्थिक उदारवाद, समुदायवाद व सामाजिक रूढ़िवाद प्रमुख हैं।
- तीसरा मार्ग, कोई व्यवस्थित विचारधारा नहीं है, अपितु विभिन्न विचारों व मूल्यों का समन्वय है। इनका दृष्टिकोण अत्यंत व्यावहारिक है। इसलिए ये किसी नई वैचारिक व्यवस्था के बजाए, व्यावहारिक नीतियों व उनके समाधान पर बल देते हैं।
- तीसरा मार्ग, नव-उदारवाद या पूंजीवाद व परंपरागत समाजवाद के मध्य का मार्ग है। ब्रिटेन की 'लेबर पार्टी' ने वर्ष 1995 में अपने दल के संविधान में गतिशील बाजारवादी अर्थव्यवस्था को स्वीकार किया। अतः तीसरे मार्ग के समर्थक नव-उदारवादी नीतियों व बाजारवादी व्यवस्था को स्वीकार करते हैं और इसी के माध्यम से ये सामुदायिक भलाई प्राप्त करना चाहते हैं।
- तीसरे मार्ग का मूल बल, समुदाय व नैतिक उत्तरदायित्व पर है। इसलिए इनके अनुसार, समाज में सहयोग व बंधुत्व आवश्यक है। अतः ये नव-उदारवादियों की नैतिक मान्यता (अणुवादी समाज) का खंडन करते हैं। परंतु नव-उदारवादियों की आर्थिक मान्यता को स्वीकार करते हैं।
- तीसरे मार्ग में, समाज के संघर्षात्मक दृष्टिकोण के बजाए, सहमति पर बल दिया गया। ज्ञान, आधारित अर्थव्यवस्था में वस्तुओं के वितरण के बजाए, लोगों की क्षमताओं व कुशलताओं में वृद्धि करने की आवश्यकता है। इनके अनुसार, 'सभी को अवसर की समानता व सुरक्षा प्राप्त होनी चाहिए, जिससे लोगों में आत्मनिर्भरता का विकास हो सके।'
- अतः तीसरा मार्ग उत्तर व दक्षिण दोनों से अलग है और ये समाज में अवसर की समानता और लोगों की विशेष प्रतिभाओं को बनाए रखने के समर्थक हैं। इनके अनुसार, 'सभी व्यक्तियों को ऐसे अवसर प्राप्त होने चाहिए, जिससे उनकी क्षमता में वृद्धि हो सके।' इसलिए ये नव-उदारवादियों की इस मान्यता का खंडन करते हैं कि 'सभी व्यक्तियों को खुला या अकेला छोड़ दिया जाए।' ये समाजवाद की उन मान्यताओं के भी विरोधी हैं, जिसमें राज्य के द्वारा व्यक्ति का जन्म से लेकर, मृत्यु तक कल्याण किया जाता है।
- तीसरे मार्ग की मान्यता के अनुसार, 'राज्य के द्वारा सामाजिक निवेश होना चाहिए, जिससे अर्थव्यवस्था की आधारभूत संरचनाओं का विकास होगा और लोगों के ज्ञान व कुशलता में वृद्धि की जाएगी।' गिडिंस ने उत्पादन में वृद्धि व उत्पादन में प्रतिस्पर्धा का समर्थन किया है। राज्य का मूल कार्य लोगों की अभिवृत्ति, मूल्य व ज्ञान को बढ़ावा देना है। अतः राज्य का कार्य केवल वस्तुएं प्रदान करना नहीं है।

## समाजवाद की आलोचना

(i) मानव स्वभाव अपने हितों के लिए संचालित होता है। इसलिए व्यक्ति का उद्देश्य समुदाय व समाज के कल्याण के बजाए, अपनी भलाई होता है।

(ii) स्पेंसर के अनुसार, 'समाजवाद, दासता का दूसरा नाम है तथा समाजवाद में प्रत्येक व्यक्ति, समुदाय का दास बन जाता है।'

(iii) समाजवाद में आर्थिक प्रणाली का नियंत्रण एक केंद्रीय सत्ता द्वारा किया जाता है। इसलिए व्यक्ति की स्वायत्तता व स्वतंत्रता का दमन हो जाता है।

अध्याय 12

# मार्क्सवाद
# MARXISM

## अर्थ

- राजनीतिक चिंतन में मार्क्सवाद उत्पादन के साधनों पर सामाजिक स्वामित्व द्वारा वर्गविहीन समाज की स्थापना के संकल्प की साम्यवादी विचारधारा है।
- मार्क्सवाद मूलत: उन राजनीतिक और आर्थिक सिद्धांतों का समुच्चय है, जिन्हें 19वीं सदी में कार्ल मार्क्स, फ्रेडरिक एंगेल्स और व्लादिमीर लेनिन तथा साथी विचारकों ने समाजवाद के वैज्ञानिक आधार की पुष्टि के लिए प्रस्तुत किया।
- कार्ल मार्क्स को वैज्ञानिक समाजवाद का जनक माना जाता है।
- मार्क्सवाद का उदय 19वीं-20वीं सदी के मध्य हुआ, जब चिरसम्मत उदारवाद अपने चरमोत्कर्ष पर था।
- मार्क्स का दर्शन व्यावहारिक था। उसने विश्व की व्याख्या करने के बजाय विश्व को बदलने पर जोर दिया।
- उसने साम्यवादी घोषणापत्र में क्रांति के लिए मजदूरों का आह्वान करते हुए कहा है "विश्व के मजदूरों एक हो जाओ।"
- लास्की के अनुसार, "मार्क्स ने समाजवाद को अव्यवस्थित रूप से पाया और इसे एक निश्चित आंदोलन बना दिया।"

## चिरसम्मत मार्क्सवाद

- मार्क्सवाद की जो मान्यताएं स्वयं मार्क्स और एंगेल्स के विचारों पर आधारित हैं उन्हें चिरसम्मत मार्क्सवाद कहा जाता है।

### चिरसम्मत मार्क्सवाद के प्रमुख सिद्धांत

- यह मार्क्सवाद का दार्शनिक आधार है।
- वर्ग-संघर्ष का सिद्धांत
- अतिरिक्त मूल्य का सिद्धांत
- क्रांति का सिद्धांत
- वर्गहीन राज्यहीन समाज की स्थापना

## मार्क्स के पश्चात् मार्क्सवाद

- मार्क्सवाद को, मार्क्सवाद-लेनिनवाद के रूप में भी जाना जाता है, क्योंकि लेनिन को यह श्रेय दिया जाता है कि उन्होंने मार्क्सवादी क्रांति का व्यावहारिक प्रयोग किया। वर्ष 1917 की अक्टूबर क्रांति, लेनिन की क्रांतिकारी रणनीति एवं सूझबूझ का परिणाम थी। वस्तुत: मार्क्सवाद का आधार ही Praxis का सिद्धांत है।
- मार्क्स ने अपनी रचना-"Theses On Feuerbach" में कहा है कि अभी तक दार्शनिकों ने दुनिया की व्याख्या विभिन्न रूपों में की है, जबकि आवश्यकता इसमें परिवर्तन की है।

### रूस में क्रांति को लेकर मतभेद

- जॉर्ज प्लेखनोव जो रूसी मार्क्सवाद के पिता मानते जाते थे, उन्होंने-"Socialism and the Political Struggle" में लिखा कि रूस में साम्यवादी क्रांति की परिस्थितियां विद्यमान नहीं हैं। क्योंकि मार्क्स ने कहा था कि पूंजीवाद के विकास के बाद ही साम्यवादी क्रांति होगी। इसीलिए रूस में पहले बुर्जुआवादी क्रांति की आवश्यकता है। यही विचार कॉट्स्की के द्वारा भी दिया गया। जिन्होंने मार्क्स के विचारों को पूर्ण रूप में स्वीकार किया इसीलिए इन्हें रूढ़िवादी मार्क्सवादी कहा जाता है। परंतु लेनिन ने इन विचारों को अस्वीकार कर दिया।

## लेनिन द्वारा मार्क्स के विचारों की व्याख्या

- लेनिन ने व्यावहारिक परिवर्तन कर दिखाया। लेनिन के अनुसार, 'परिवर्तित स्थितियों में मार्क्स के सिद्धांत की व्याख्या भी परिवर्तित हो जाती है।' लेनिन के अनुसार, 'पूंजीवाद का विनाश अपरिहार्य है और साम्यवादी समाज की स्थापना होगी। इसके लिए लेनिन ने दल को अत्यंत महत्व दिया।' अपनी प्रसिद्ध पुस्तक-"What Is To Be Done?" में उन्होंने क्रांति का सिद्धांत दिया। जिसके मूल तत्व निम्न हैं-
  - (i) सर्वहारा वर्ग में वर्ग चेतना का विकास स्वत: नहीं होगा। सर्वहारा वर्ग में मजदूर चेतना का विकास ही स्वत: रूप में हो सकता है।
  - (ii) सर्वहारा वर्ग में चेतना का विकास दल द्वारा होगा, जो सर्वहारा वर्ग की अग्रपंक्ति है।
  - (iii) इसी दल द्वारा साम्यवादी क्रांति का मार्ग प्रशस्त होगा।

- उपरोक्त विचारों से यह प्रतीत होता है कि साम्यवादी क्रांति में भौतिक तत्वों के बजाय, चेतना का प्राथमिक महत्व हो जाता है। इसलिए सेबाइन ने लेनिन के विचारों को उलटे मार्क्सवाद की संज्ञा दी। लेनिन ने कॉट्स्की एवं प्लेखानोव के रूढ़िवादी मार्क्सवादी विचारों को अस्वीकृत कर दिया।
- लेनिन के अनुसार, 'परिवर्तित साम्राज्यवादी युग में दल द्वारा क्रांति होगी, क्रांति साम्राज्यवादी शोषण की कमजोर कड़ी वाले देश में होगी।' लेनिन ने साम्राज्यवाद को पूंजीवाद का सर्वोच्च रूप माना, जिसे लेनिन ने एकाधिकारवादी एवं वित्तीय पूंजीवाद कहा।
- उनके अनुसार, पूंजीवादी साम्राज्यवादी व्यवस्था के कारण साम्यवादी क्रांति को दोहरी हानि उठानी पड़ रही है–
  (i) विकसित पूंजीवादी देशों में क्रांति नहीं हो रही है।
  (ii) अल्पविकसित देशों का भी शोषण हो रहा है।
- लेनिन ने साम्राज्यवाद विरोधी संघर्ष और पूंजीवाद विरोधी संघर्ष को एक साथ मिलाने का प्रयास किया। उनके अनुसार, सोवियत संघ (U.S.S.R.) की साम्यवादी क्रांति तभी स्थायी होगी, जब पश्चिमी यूरोपीय देशों में क्रांति द्वारा इसको सहायता दी जाएगी। स्टालिन ने साम्यवादी विचारधारा में एक देश में समाजवाद की संकल्पना दी।

## स्टालिन का प्रयोग

- अत: स्टालिन के अनुसार, 'साम्यवाद का सोवियत संघ में बने रहना, पश्चिमी पूंजीवादी देशों के समर्थन पर आधारित नहीं है। उनके अनुसार, सोवियत संघ का समाज, वर्गविहीन हो चुका है, परंतु बाह्य पूंजीवादी शक्तियों के कारण सोवियत संघ में राज्य अभी भी बना हुआ है।
- आलोचकों के अनुसार, स्टालिन के युग में साम्यवादी व्यवस्था में शक्तियों का केंद्रीकरण पार्टी में हो गया और व्यक्ति की पूजा भी आरंभ हो गई। सत्ता के अति केंद्रीकरण के परिणामस्वरूप सर्वहारा वर्ग स्वयं हाशिये पर आ गया तथा व्यवस्था से अलग-थलग हो गया।

## लेनिन के आलोचक

- जूलियस मार्तोव ने भी लेनिन के बोल्शेविक तरीके का समर्थन नहीं किया। वे मैनशेविक या अल्पमत में थे। और उन्होंने प्लेखानोव के विचारों का समर्थन करते हुए कहा कि रूस में पहले बुर्जुआ क्रांति होनी चाहिए। कॉट्स्की ने भी लेनिन की पद्धति का समर्थन नहीं किया और उन्होंने सर्वहारा वर्ग के अधिनायकत्व के विचार पर भी आपत्ति व्यक्त की और लोकतांत्रिक तरीके का समर्थन किया। ट्रॉटस्की और रोजा लक्जमबर्ग ने भी लेनिन के क्रांति के विचारों को स्वीकार नहीं किया।

## राज्य पूंजीवाद

- मार्क्सवादी विचारक बुखारिन ने अपनी पुस्तक- "Imperialism and World Economy" में राज्य पूंजीवाद का विचार दिया। यह उल्लेखनीय है कि रोजा लक्जमबर्ग जैसे धुर मार्क्सवादियों ने यह चेतावनी दी थी कि जिस प्रकार सोवियत संघ में क्रांति का प्रयोग किया जा रहा है, वह मार्क्स द्वारा प्रतिपादित मान्यताओं से बिल्कुल भिन्न है। उन्होंने तो यहां तक कहा कि 'विकृत क्रांति से अच्छा है कि क्रांति न हो।'
- आलोचकों के अनुसार, वर्ष 1990 में साम्यवाद का विघटन, मार्क्स के विचारों का विघटन नहीं, अपितु ये स्टालिनवाद के विचारों का विघटन है, क्योंकि मार्क्स के विचारों का व्यावहारिक प्रयोग कहीं पर भी नहीं हुआ है। इसलिए साम्यवाद के मार्क्स के मॉडल एवं 20वीं सदी में प्रयुक्त रूस, चीन का साम्यवादी मॉडल एक-दूसरे से भिन्न हैं, क्योंकि मॉर्क्स ने राज्य के विलुप्त होने की संकल्पना प्रस्तुत की। परंतु व्यावहारिक रूप में साम्यवादी राज्य अधिक शक्तिशाली और नौकरशाही प्रधान हो गया। सोवियत परिषद्‌ों को शक्ति मिलने के बजाय, शक्तियों का केंद्रीकरण दल में हो गया।
- अत: व्यवहार में स्टालिनवाद, शास्त्रीय मार्क्स के विचारों का उल्लंघन प्रतीत होता है। इसीलिए मार्क्स के समर्थक अभी भी मार्क्स के विचारों की प्रासंगिकता को दृढ़ रूप में स्वीकार करते हैं। स्टालिन के बाद सोवियत संघ में ख्रुश्चेव ने शांतिपूर्ण सहअस्तित्व का सिद्धांत दिया। जिसका अर्थ था कि पूंजीवादी राज्य व साम्यवादी राज्य एक-दूसरे के साथ शांतिपूर्ण और सामंजस्यपूर्ण तरीके से रह सकते हैं। माओ ने इस विचार की कड़ी आलोचना की और संघर्ष की अपरिहार्यता को बनाए रखा।
- यह बिंदु ध्यान देने योग्य है कि 60 के दशक में व्यावहारिक रूप में साम्यवादी खेमे में दरार पड़ गई। सोवियत संघ व चीन के बीच गहरे मतभेद उत्पन्न हो गए। चीन ने स्वयं को मार्क्सवाद-लेनिनवाद का सच्चा उत्तराधिकारी घोषित किया। अत: साम्यवादियों की विश्व क्रांति की संकल्पना संकटग्रस्त प्रतीत होने लगी।
- माओ ने भी स्वयं को मार्क्सवादी-लेनिनवादी कहा, परंतु अन्य विचारकों ने उसके विचारों को माओवाद कहा। माओ ने एक पिछड़े एशियाई समाज में साम्यवादी क्रांति का सिद्धांत दिया। उसके अनुसार, लोगों की दृढ़ चेतना द्वारा अत्यंत पिछड़ी स्थितियों पर भी विजय पाई जा सकती है। माओ ने मार्क्स के विचारों में महत्वपूर्ण परिवर्तन करते हुए किसानों को सर्वहारा वर्ग की अग्रपंक्ति घोषित कर दिया।

- माओ ने व्यावहारिक रणनीति का प्रयोग करते हुए किसानों व गांवों को क्रांति का मुख्य केंद्र बनाया। उसने सोवियत संघ की साम्यवादी क्रांति में पैदा हुए, नौकरशाहीकरण की प्रवृत्तियों की आलोचना की। उसके अनुसार, साम्यवादी क्रांति का अर्थ केवल उत्पादन के साधनों पर ही राज्य का नियंत्रण करना नहीं, बल्कि लोगों का वैचारिक परिवर्तन करना भी है। उसके अनुसार, साम्यवादी क्रांति के बाद भी समाज में विरोध बने रहते हैं। इन विरोधों के समाधान के लिए सतत् क्रांति का नारा दिया। अत: माओ के विचारों में वैचारिक शक्ति, भौतिक शक्ति से ज्यादा महत्वपूर्ण सिद्ध हुई। वर्ष 1979 में डेंग शियाओ विंग ने माओ के मूल विचारों में महत्वपूर्ण परिवर्तन कर दिया।

## मार्क्सवादी राज्य का विचार
(Marxist Theory of State)

### मार्क्स के अनुसार उदारवादी राज्य की आलोचना

- मार्क्सवादियों के अनुसार, आधार एवं अर्थव्यवस्था नामक संरचना राज्य सरकार के स्वरूप का निर्धारण करती है इसलिए पूंजीपति वर्ग का उत्पादन के साधनों पर नियंत्रण होता है। इस तरह राज्य एवं सरकार पर उनका स्वाभाविक नियंत्रण हो जाता है।
- मार्क्स ने राज्य की आर्थिक व्याख्या की है। राज्य पूंजीपतियों के हाथों में शोषण का एक यंत्र है। (State is a tool in the (exploitative tool) hand of Capitalist class) और परजीवी संस्था है। इसलिए उदारवादियों द्वारा प्रतिपादित राज्य के तटस्थ, निष्पक्ष एवं कल्याणकारी स्वरूप को मार्क्सवादियों ने अस्वीकार कर किया।
- मार्क्सवादी राज्य को न तो प्राकृतिक मानते हैं और न ही कल्याणकारी बल्कि राज्य की उत्पत्ति इसलिए हुई कि समाज दो वर्गों के बीच विभाजित हो गया और पूंजीपति वर्ग द्वारा निजी संपत्ति (Private Property) को बनाए रखने के लिए राज्य का निर्माण किया गया। (Angels - Origin of Family, Private Property and State)

### मार्क्सवादी चिंतन में राज्य का वैकल्पिक सिद्धांत

### राज्य की सापेक्ष स्वायत्ता का सिद्धांत
(Principle of Relative Autonomy of State)

- मार्क्स ने आर्थिक निर्धारणवादी विचार के अलावा राज्य की सापेक्ष स्वायत्तता का विचार भी दिया जिसका अभिप्राय है कि राज्य एवं सरकार आर्थिक आधार से सापेक्षिक रूप में स्वायत्त है। अत: राज्य का निर्धारण केवल अर्थव्यवस्था द्वारा ही नहीं होता बल्कि अन्य सामाजिक, सांस्कृतिक, वैचारिक तत्वों से भी निर्धारित होता है।

### समकालीन मार्क्सवादी विचारकों (नव-मार्क्सवादियों) द्वारा राज्य की व्याख्या

- कल्याणकारी राज्य एवं बहुलवादी राज्य का सीधा खंडन किया और उनके अनुसार राज्य कल्याणकारी नहीं हो सकता, अभी भी यह शोषण का यंत्र है। परंतु मिलिबैंड की व्याख्या परंपरागत मार्क्सवादियों से अलग है जो समाज में केवल दो वर्गों को मानते हैं।
- मिलिबैंड ने यह माना कि वर्तमान में पूंजीपति वर्ग भी अनेक समूहों में विभाजित है और राज्य के अलावा सिविल सेवा/नौकरशाही एवं मीडिया के द्वारा पूंजीवादी व्यवस्था का संरक्षण किया जाता है। सिविल सेवक जनता की भलाई के लिए कार्य नहीं करते, अपितु पूंजीपतियों के हितों का संरक्षण करते हैं। उन्होंने इसका कारण बताते हुए कहा कि पूंजीपतियों और नौकरशाहों की सामाजिक और शैक्षिक पृष्ठभूमि एकसमान होती है। इसलिए दोनों एक-दूसरे के हितों का संरक्षण करते है।

### 1. विश्लेषणात्मक मार्क्सवाद

- विश्लेषणात्मक मार्क्सवादियों ने मार्क्स की मान्यताओं के तार्किक विश्लेषण पर बल दिया। इसलिए जो विचार तर्क की कसौटी पर खरे न उतरे उसे छोड़ देना चाहिए।

### 2. संरचनात्मक मार्क्सवाद

- फ्रांसीसी विचारक लुइस अल्थूसर ने कहा कि समाज में तीन प्रकार की संरचनाएं होती है–
  1. आर्थिक संरचना
  2. राजनीतिक संरचना
  3. वैचारिक संरचना: धर्म, विचार, संस्कृति।
- मार्क्स ने राज्य का पुलिस और सैन्य व्ययवस्था के रूप में वर्णन किया, जिसका अभिप्राय है कि राज्य एक दमनकारी संस्था है, जबकि संरचनात्मक मार्क्सवादियों ने राज्य की वैचारिक संरचनाओं पर अत्यधिक बल प्रदान किया। अत: राज्य के द्वारा ऐसे सांस्कृतिक मूल्य और विचार पैदा किए जाते हैं जिनसे पूंजीवाद को स्थायी बनाया जा सके।

### नव-मार्क्सवाद

- नव-मार्क्सवादी विचार सोवियत क्रांति के बाद विकसित हुए। जॉर्ज ल्यूकाच एवं ग्रामशी जैसे मार्क्सवादी विचारकों ने मार्क्स की भौतिकवादी एवं निष्क्रिय व्याख्या को अस्वीकार किया। इनके अनुसार, मार्क्स के विचारों का मूल आधार व्यक्तिनिष्ठता एवं चेतना में है। ये व्यक्ति की स्वतंत्रता एवं स्वायत्तता में विश्वास करते हैं। इन्होंने मानव को सृजनकर्ता माना। इनके अनुसार, व्यक्ति की भौतिकवादी, प्रकृतिवादी व्याख्या अपूर्ण एवं अपर्याप्त है।

मार्क्स ने कभी भी व्यक्ति को इस रूप में चित्रित नहीं किया। इसलिए ग्रामशी तथा ल्यूकाच के अनुसार, 'मार्क्स के सिद्धांतों को प्राकृतिक विज्ञानों की भांति वस्तुनिष्ठ एवं सार्वभौमिक रूप में चित्रित करना त्रुटिपूर्ण है।'

- इनके अनुसार, मानवीय चेतना द्वारा भौतिक तत्वों का विकास होता है एवं इतिहास का निर्धारण होता है। इन्होंने भौतिक तत्वों को एकमात्र कारक मानने को 'भद्दा भौतिकवाद' कहा। दोनों विचारकों ने मार्क्स की व्याख्या मानववादी, स्वतंत्रता प्रेमी विचारक के रूप में की। यह ध्यान देने योग्य है कि ये आर्थिक कारकों को पूर्ण रूप में अस्वीकृत नहीं करते, बल्कि आर्थिक कारणों के साथ चेतना तथा मनोवैज्ञानिक पक्षों को भी महत्व देते हैं। इन्होंने पूंजीवाद के बने रहने का कारण भी बताया।
- इनके अनुसार, पूंजीवाद ने मानव समुदाय पर अपना नियंत्रण स्थापित कर लिया है तथा इसके विरोधी भी इसके समर्थक प्रतीत होते हैं। पूंजीवादी विश्व की आलोचना करते हुए इन लोगों ने कहा कि 'समूचा विश्व, मानव द्वारा निर्मित तथा मानव की सृजनात्मक क्षमता का परिणाम है।' इसके बाद भी व्यक्ति इससे पराया है तथा व्यक्ति, वस्तु की भांति बन गया है।
- वर्ष 1970 के दशक में पश्चिम यूरोपीय देशों में परंपरागत मार्क्सवादी सिद्धांतों को सीधे चुनौती दी गई। इटली, स्पेन व फ्रांस नामक यूरोपीय देशों के साम्यवादी दलों ने सर्वहारा वर्ग के अधिनायकत्व की संकल्पना को अस्वीकार कर दिया तथा लोकतंत्र को प्राथमिकता प्रदान की गई। इसे ही यूरो साम्यवाद की संज्ञा दी जाती है। जिसका समर्थन कॉट्स्की ने बहुत पहले ही किया था। ग्रामशी ने इसे 'स्थितियों के युद्ध' के रूप में चित्रित किया था।
- अत: अब मार्क्सवादी विचारक यह कहने लगे कि साम्यवाद की प्राप्ति का कोई एक सार्वभौमिक मॉडल नहीं हो सकता, बल्कि साम्यवाद की प्राप्ति का तरीका विभिन्न देशों की परिस्थितियों द्वारा निर्धारित होगा। इन विचारकों के अनुसार, सर्वहारा वर्ग में केवल श्रमिक ही नहीं, अपितु कृषक, बुद्धिजीवी, व्यवसायी सिविल सेवक तथा छोटे उद्यमी भी पूंजीवाद का विरोध करेंगे। इन्होंने यह स्वीकार किया कि साम्यवादी आदर्श की प्राप्ति क्रांतिकारी तरीके के बजाय, विकासवादी एवं क्रमिक रूप में संभव है।
- यूरो साम्यवाद के प्रमुख प्रवक्ता एनिरिको बर्नलिंगुअवर व Santiago Carrillo हैं, जिन्होंने स्टालिनवादी सोवियत मॉडल की कड़ी आलोचना की।
- द्वितीय विश्व युद्ध के बाद नव-वामपंथवादी विचारधारा के लोगों ने आलोचनात्मक सिद्धांत का निर्माण किया। इसके गुरु हर्बर्ट मार्क्यूज थे तथा अन्य प्रमुख सदस्यों में मैक्स होरखाइमर तथा थियोडोर एडार्नो हैं। इन्होंने ल्यूकाच व ग्रामशी की परंपरा को आगे बढ़ाया। इन्होंने पूंजीवादी समाज की आलोचना करते हुए कहा कि इसमें मानव पराया हो गया है, मानवीय स्वतंत्रता विलुप्त हो गई है और इस तकनीकी प्रगति के युग में मानव अपनी आध्यात्मिक आवश्यकताओं से विमुख हो गया है।
- पूंजीवाद ने मानव में कृत्रिम मांग उत्पन्न की है। फ्रैंकफर्ट स्कूल ने मार्क्स की व्याख्या आर्थिक आधार पर नहीं की, बल्कि फ्रायड के मनोवैज्ञानिक आधार पर की। मार्क्यूज के अनुसार, आज के पूंजीवादी युग में श्रमिकों के पास पर्याप्त भौतिकवादी संसाधन उपलब्ध हैं। उन्होंने तो यहां तक कहा कि उसकी (व्यक्ति की) आत्मा तो कार में बसती है।
- पूंजीवादी समाज ने उपभोक्तावाद को बढ़ावा दिया है तथा व्यक्ति जानवर बन गया है और अपना दिमाग खो चुका है। व्यक्ति के जीवन के प्रत्येक पक्ष पर वैज्ञानिक एवं तकनीक पक्ष हावी है। सभी वस्तुओं को मात्रात्मक रूप में वर्गीकृत किया जा रहा है। इसी मान्यता को मार्क्यूज ने एक आयामी व्यक्ति की संकल्पना कहा।
- मार्क्यूज के अनुसार, पूंजीवादी व्यवस्था को नृजातीय एवं प्रजातीय अल्पसंख्यक, बेरोजगार और दलित इसके आधार को नष्ट कर सकते हैं, परंतु मार्क्यूज की संकल्पना में सर्वहारा वर्ग की संकल्पना आशावादी नहीं है।
- अत: नव-मार्क्सवादियों के अनुसार, वर्तमान पूंजीवादी समाज की त्रुटियों को आमूलवादी लोकतांत्रिक तरीके से दूर किया जा सकता है, जिसका अर्थ है कि लोकतंत्र का प्रयोग आर्थिक, सामाजिक तथा राजनीतिक प्रत्येक क्षेत्र में होना चाहिए। नव.मार्क्सवादियों ने कार्ल पॉपर की आलोचना का भी खंडन किया। पॉपर ने मॉर्क्स को 'मुक्त समाज का शत्रु' माना। पॉपर ने मार्क्स को इतिहासवाद का दोषी भी करार दिया। जबकि नव-मार्क्सवादी आर्थिक नियतिवाद के बजाय, स्वतंत्रता और लोकतंत्र में विश्वास करते हैं।

## नव-मार्क्सवादी निकोस पोलांजा (Nicos Poulantzas)

- निकोस पोलांजा ने मिलिबैंड के यंत्रवादी विचार (Instruemental ist theory of State) की आलोचना की और राज्य का संरचनात्मक सिद्धांत निर्मित किया। यंत्रवादी राज्य को शोषण का यंत्र मानते हैं, परंतु शोषण के लिए शासकों या व्यक्तियों को उत्तरदायी मानते हैं। जबकि निकोस पोलांजा व्यक्तियों के बजाय संरचना पर मूल ध्यान देते हैं।

- राल्फ मिलिबैंड और यंत्रवादियों का मानना है कि जिन व्यक्तियों के हाथों में उत्पादन के साधन हैं, उन्हीं का राज्य सरकार पर नियंत्रण होगा। जबकि निकोस पोलांजा जैसे संरचनावादियों का मानना है कि राज्य उन पूंजीवादी संरचनाओं को उत्पन्न करता है जो पूंजीवाद को और प्रभावी बनाती हैं।
- उनके अनुसार, पूंजीपति वर्ग का आपस में संघर्ष भी विद्यमान होता है। इसलिए राज्य केवल अर्थव्यवस्था से ही निर्धारित नहीं होता बल्कि अर्थव्यवस्था के अलावा राज्य के स्वरूप को अनेक संरचनाएं (जैसे कि वैचारिक) निर्धारित करती हैं। इसलिए निकोस पोलांजा के अनुसार राज्य आर्थिक कार्यों से सापेक्षिक रूप में स्वायत्त है।

### निष्कर्ष

- निकोस पोलांजा और राल्फ मिलिबैंड के राज्य के स्वरूप के विश्लेषण में अंतर होने के बावजूद दोनों राज्य के कल्याणकारी स्वरूप को नहीं मानते। दोनों राज्य को पूंजीवाद का संरक्षक मानते हैं इसलिए राज्य कभी तटस्थ एवं निष्पक्ष नहीं हो सकता।

## नव-मार्क्सवाद/नव-वामपंथवाद/फ्रैंकफर्ट स्कूल

### आलोचनात्मक सिद्धांत (Critical Theory)

- इन्होंने परंपरागत मार्क्सवाद के वैज्ञानिक एवं भौतिकवादी आकांक्षा को अस्वीकार कर दिया। इन्होंने मूल्य रहित समाज विज्ञान की कल्पना को अस्वीकार कर दिया। इन्होंने मार्क्स की मान्यताओं की आलोचना की।
- इसका विकास जर्मनी स्थित फ्रैंकफर्ट स्कूल द्वारा किया गया। इसकी पहली पीढ़ी में दार्शनिक एवं समाज मनोवैज्ञानिक होर्खाइमर (Harkhirmen) अर्थशास्त्री पोलाक (Pollock) दार्शनिक एर्डोनो (Adorno) समाज मनौवैज्ञानिक एरिक फ्राम (Eric Froman) दार्शनिक मार्क्यूज (Marcuse) राजनीति वैज्ञानिक न्यूमैन (Newmam) और कर्चाइमर (Kiechhimen) प्रमुख हैं। दूसरी पीढ़ी के विचारकों में दार्शनिक समाजशास्त्री हैबरमास (Habermas) दार्शनिक वेलमर (Vellmer) राजनीति वैज्ञानिक आफी (Offe) और एन्थ्रोपोलाजिस्ट एडर (Eder) है। फ्रैंकफर्ट स्कूल की मूल मान्यताएं निम्नलिखित हैं, जो कोलाकोवस्की (Kolakoweski) का मत है।
- ये मार्क्स को पवित्र एवं त्रुटिहीन नहीं मानते बल्कि वर्तमान संस्कृति के विश्लेषण एवं आलोचना का आरंभ बिंदु मानते हैं। इन पर गैर-मार्क्सवादी विचारकों जैसे कांट, हीगल, नीत्से (Nietzsche) एवं फ्रायड का प्रभाव है।
- ये किसी राजनीतिक दल से संबंधित नहीं हैं। इन्होंने साम्यवाद अथवा सामाजिक लोकतंत्र से स्वयं को कभी नहीं जोड़ा।
- ये ल्यूकास (Lukacs) एवं कोर्स (Korsch) की मार्क्स के व्याख्या से प्रभावित हैं।
- ये सिद्धांत की स्वायत्तता बनाए रखने के समर्थक थे और मार्क्स के प्रैक्सिस (Praxis) के विचारों के विरोधी थे। यद्यपि ये वर्तमान व्यवस्था के विरोधी थे एवं इसमें परिवर्तन चाहते थे।
- इन्होंने स्वयं को सर्वहारा एवं साम्यवादी दल से नहीं जोड़ा और सर्वहारा वर्ग की क्रांतिकारी क्षमता में संदेह व्यक्त करते थे। यद्यपि सर्वहारा के शोषण एवं अलगाववाद से सहमत थे।
- इन्होंने परंपरावादी मार्क्स को अस्वीकार कर दिया। यद्यपि क्रांतिकारी बुद्धिजीवी आंदोलन के समर्थक थे। इन्होंने सुधारवाद एवं क्रमिक परिवर्तन का विरोध किया तथा वर्तमान में पूर्ण बदलाव चाहते थे, वर्तमान में इसके सबसे महत्वपूर्ण विचारक हेबरमास (Habermas) है।

### निष्कर्ष

- उत्तर-आधुनिकतावादियों ने विचारधाराओं की भव्य व्याख्याओं (Grand Narratives) की मान्यता को अस्वीकृत किया, क्योंकि मार्क्सवाद में इतिहास एवं समाज की वस्तुनिष्ठ व्याख्या करने का दावा किया गया और इन्होंने अपने सिद्धांतों को एकमात्र सत्य माना, जबकि उत्तर आधुनिकतावादी बहुलवादी विचारों के समर्थक हैं एवं विविधता को बनाए रखने के पक्षधर हैं। अत: समाज की नियतिवादी एवं एकीकृत व्याख्या को अस्वीकृत करते हैं।

### यूरो साम्यवाद (Euro Communism)

- इनके द्वारा परंपरावादी, रूढ़िवादी मार्क्सवाद का खंडन किया गया, जिसका प्रयोग बोल्शेविकवाद के रूप में हुआ। इनके अनुसार, मार्क्सवादी विचार सार्वभौमिक नहीं हैं।
- टोगलेटी (Palmiro Togliatti) ने प्रगतिशील लोकतंत्र (Progressive Democracy) का विचार दिया। अत: बहुदलीय व्यवस्था एवं बहुलवादी समाज को स्वीकार किया।
- इन्होंने समाजवादी लक्ष्यों को क्रमिक एवं लोकतांत्रिक रूप में प्राप्त करने का प्रयास किया।
- इन्होंने सर्वहारा वर्ग के अधिनायकत्व एवं एकदलीय शासन का विरोध किया। टोगलेटी ने यूरो साम्यवाद और राज्य (Euro Communism and the State) में ग्रामशी के विचारों को पुनर्जीवित किया।

अध्याय 13

# नारीवाद

# FEMINISM

## प्रस्तावना

- 'नारीवाद' शब्द का पहली बार उपयोग काल्पनिक समाजवादी 'चार्ल्स फोरियर' ने 1837 में महिलाओं के लिए समान अधिकार का उल्लेख करने के लिए किया। नारीवाद राजनीतिक, आर्थिक, व्यक्तिगत और सामाजिक, लैंगिक समानता को स्थापित करने और प्राप्त करने के लक्ष्य को साझा करता है।
- आधुनिक पश्चिमी नारीवादी आंदोलन को तीन चरणों में विभाजित किया गया है-
    (i) नारीवादी आंदोलन के पहले चरण में महिलाओं के राजनीतिक अधिकारों पर अधिक जोर दिया गया जैसे- वोट का अधिकार। ये आंदोलन 19वीं सदी से लेकर 20वीं सदी की शुरूआत तक सक्रिय रहा।
    (ii) नारीवादी आंदोलन के दूसरे चरण में महिलाओं के सामाजिक समानता तथा कानूनी समानता के अधिकारों पर बल प्रदान किया गया। दूसरे चरण की शुरूआत उदारवादी आंदोलन के साथ 1960 से हुई।
    (iii) नारीवादी आंदोलन का तीसरा चरण मूलत: दूसरे चरण का ही विस्तार था, जिसमें दूसरे चरण के आंदोलन की कमियों को दूर करने का प्रयास किया गया। तथा सामाजिक, कानूनी समानता के साथ आर्थिक समानता को भी जोड़ दिया गया। इस आंदोलन की शुरूआत 1990 में हुई।
- नारीवादी विचारधारा, उत्तर-आधुनिक विचारधारा है। इसकी उत्पत्ति द्वितीय विश्व युद्ध के पश्चात् हुई। यद्यपि इसका मूल आधार मैरी वोलस्टोनक्राफ्ट तथा मिल के विचारों में भी पाया जाता है। इन विचारकों ने पुरुष व महिलाओं के मध्य सार्वजनिक जीवन में भेदभाव समाप्त करने पर बल दिया था। इन विचारकों ने पुरुष व महिलाओं के समान कार्य के लिए, समान वेतन का समर्थन किया तथा महिलाओं के लिए भी समान स्वतंत्रता और अधिकारों का समर्थन किया।
- उदारवादी विचारकों में लॉक व बेंथम ने मानवीय समानता पर बल दिया, परंतु महिलाओं की समानता की उपेक्षा की। रूसो जैसे महान मानववादी विचारक ने भी महिलाओं को पुरुषों से बौद्धिक व तार्किक रूप में हीन माना। इसलिए महिलाओं की समान शिक्षा का समर्थन नहीं किया।

## उदारवादी नारीवाद

- उदारवादी नारीवाद, नारीवादी आंदोलन का पहला चरण माना जाता है। इसकी पहली महत्वपूर्ण प्रवक्ता मैरी वोल्स्टोनक्राफ्ट थीं। उन्होंने अपनी रचना-"A Vindication of the Rights of Woman" (Mary Wollstonecraft) में महिलाओं के लिए समान अधिकारों एवं विशेषाधिकारों का समर्थन किया, जो पुरुषों को प्राप्त है, क्योंकि महिलाएं भी मूलत: मानव हैं।
- वोलस्टोनक्राफ्ट के अनुसार, राजनीतिक जीवन और सामाजिक जीवन में लैंगिक भेदभाव समाप्त किया जा सकता है। यदि महिलाओं को शिक्षा व अवसर एक विवेकशील प्राणी होने के नाते प्राप्त हों। जॉन स्टुअर्ट मिल एवं हैरियट टेलर मिल ने एक ऐसे समाज के निर्माण का प्रस्ताव रखा, जो तार्किक होगा, जिसमें जन्म के आधार पर लैंगिक भेदभाव स्वाभाविक रूप में समाप्त हो जाएगा।
- इसलिए महिलाओं को मताधिकार का अधिकार एवं पुरुषों के समान ही अधिकार प्रदान किए जाने चाहिए। द्वितीय विश्व युद्ध के पश्चात् भी अमेरिकी विचारकों में विशेषकर बेट्टी फ्रीडन ने अपनी रचना-"The Feminine Mystique" में उस सांस्कृतिक मिथ्या को दूर करने का प्रयास किया, जिसमें यह माना जाता है कि घरेलू जीवन में महिला की सुरक्षा एवं पूर्णता की प्राप्ति होती है। इसी मान्यता के कारण रोजगार, राजनीति और सार्वजनिक जीवन में महिलाओं के प्रवेश को हतोत्साहित किया जाता है।
- उनके अनुसार, महिलाओं के समक्ष सबसे बड़ी समस्या, अनाम की समस्या है। महिलाओं में घरेलू कार्यों के

कारण निराशा और अप्रसन्नता उत्पन्न होती है, क्योंकि वे सार्वजनिक जीवन में अपने व्यक्तित्व का विकास करने से वंचित हो जाती हैं।

- उदारवादी नारीवाद की मूल दार्शनिक मान्यता, व्यक्तिवादी आधार पर निर्मित है, जिसके अनुसार, सभी व्यक्तियों का समान नैतिक महत्व है, इसलिए उनके साथ समान व्यवहार होना चाहिए। अत: लिंग, प्रजाति और धर्म के आधार पर भेदभाव निषिद्ध होना चाहिए। तार्किक रूप में व्यक्ति का महत्व उसकी प्रतिभा, गुण और चरित्र के आधार पर होना चाहिए। इसलिए उदारवादियों ने सभी के लिए समान अधिकारों का समर्थन किया। किसी भी रूप में महिलाओं के साथ भेदभाव नहीं किया जाना चाहिए। इसलिए जे. एस. मिल ने महिलाओं के लिए समान नागरिकता और समान राजनीतिक अधिकारों का समर्थन किया।
- अत: उदारवादी नारीवादी मूलत: सुधारवादी हैं। इसलिए ये मूल रूप में पुरुष और महिला के मध्य समानता के समर्थक हैं, न कि पितृ-सत्तात्मक समाज की सत्ता को परिवर्तित करना चाहते हैं। इसलिए इनके अनुसार, निजी एवं सार्वजनिक जीवन के मध्य का भेद बना रहेगा। व्यावहारिक उदाहरणों को देखने से यह प्रतीत होता है कि पश्चिमी देशों में महिलाओं को तलाक के अधिकार, गर्भपात एवं समान वेतन के अधिकार प्राप्त हो चुके हैं। यह उल्लेखनीय बिंदु है कि समकालीन लोकतांत्रिक युग में महिलाओं को राजनीतिक अधिकार पहले ही प्राप्त हो चुके हैं।
- उदारवादी नारीवादी महिलाओं और पुरुषों के मध्य प्रकृति एवं प्रवृत्ति में भेद मानते हैं। उनके अनुसार, महिलाओं का झुकाव परिवार एवं घरेलू जीवन के प्रति स्वाभाविक होता है। अत: फ्रीडन ने महिलाओं के लिए घर एवं परिवार को केंद्रीय रूप में महत्वपूर्ण माना, लेकिन आमूल नारीवादियों ने इस मान्यता को अस्वीकृत कर दिया।
- लेकिन यह उल्लेखनीय है कि बेट्टी फ्रीडन ने पुरुष और महिलाओं के मध्य सार्वजनिक जीवन में सदैव समानता का समर्थन किया। उदारवादी नारीवादियों के विचार में एक बड़ी त्रुटि है, जिसकी ओर आमूलवादी नारीवादियों ने ध्यान दिलाया है, क्योंकि आमूल नारीवादियों के अनुसार, महिला को व्यक्ति के रूप में नहीं, अपितु उसका लैंगिक रूप में शोषण हुआ है। इसलिए प्रश्न यह नहीं है कि महिलाएं, पुरुषों के अधीन हैं, बल्कि लैंगिक आधार पर महिलाओं के साथ भेदभाव किया गया है।
- दूसरी ओर, आमूलवादी नारीवादियों के अनुसार, उदारवादियों ने मानवीय आधार पर महिलाओं की समस्या को हल करने का प्रयास किया है, लेकिन जब तक महिलाओं में एक सामूहिक पहचान और एकता निर्मित नहीं होगी, तब तक लैंगिक समानता प्राप्त नहीं हो सकती। इसलिए आमूल नारीवादी, भगिनी समाज (Sisterhood) की संकल्पना देते हैं।
- उदारवादियों ने लैंगिक विभाजन को दूर करते हुए पुरुष और महिला के मध्य समानता का समर्थन किया है। जबकि आमूल नारीवादी महिला की एक पृथक् पहचान और एक पृथक् अस्तित्व के लिए संघर्षरत हैं।

## उग्र-नारीवाद का विचार

- इनके अनुसार, सार्वजनिक और आर्थिक जीवन में विषमता का मूल कारण पारिवारिक या निजी क्षेत्र में व्याप्त विषमता है। इन्होंने इस विषमता को निम्न रूपों में दर्शाया-
  - (i) पितृसत्ता।
  - (ii) सेक्स एवं जेंडर का घाल-मेल।
  - (iii) घरेलू कार्यों के मूल्य/आकलन पर बल नहीं।
  - (iv) राजनीति को केवल सार्वजनिक जीवन तक सीमित करना।
- आमूल नारीवादियों ने सार्वजनिक जीवन में महिलाओं की अधीनता व शोषण के मूल कारणों की खोज की। इनके अनुसार, 'सार्वजनिक व निजी जीवन के मध्य का विभाजन, महिलाओं के शोषण का मूल कारण है। यह विभाजन मूलत: पितृ-सत्तात्मक सत्ता का मूल कारण है। परंपरागत रूप में राजनीति को सार्वजनिक जीवन की गतिविधि के रूप में परिभाषित किया गया तथा पारिवारिक क्षेत्र को निजी जीवन का भाग माना गया। यह विभाजन मूलत: अरस्तू के विचारों की देन है। अरस्तू ने भी पारिवारिक जीवन को निजी व गैर-राजनीतिक क्षेत्र माना।
- नारीवादियों के अनुसार, 'राजनीति, प्रत्येक क्षेत्र में विद्यमान है, जहां सामाजिक संघर्ष है।' केट मिलेट ने अपनी प्रसिद्ध रचना-"Sexual Politics" में राजनीति को परिभाषित करते हुए कहा कि 'यह शक्ति, संरचना पर आधारित संबंध है, जिसमें एक समूह द्वारा, दूसरे समूह को नियंत्रित करने का प्रयत्न किया जाता है। इसलिए सरकार व नागरिकों के मध्य का संबंध, कर्मचारियों व मालिक के मध्य का संबंध, परिवार में पति व पत्नी के मध्य का संबंध, पिता व बच्चे के मध्य का संबंध राजनीति का क्षेत्र है।' इसलिए साइमन द बुआ का प्रसिद्ध कथन है कि 'जो व्यक्तिगत है, वह राजनीतिक है।'
- नारीवादियों के अनुसार, 'परिवार में महिलाओं का शोषण होता है। इसलिए इन्होंने राजनीति को प्रतिदिन की राजनीति

कहा।' अत: घर में कार्य का विभाजन, घरेलू दायित्वों का निर्वहन भी राजनीतिक है। इनके अनुसार, निजी जीवन का सारा दायित्व महिलाओं पर छोड़ दिया गया। निजी जीवन का उत्तरदायित्व राज्य या अन्य सार्वजनिक संस्थाओं को सौंपे जाने चाहिए। बच्चों के पालन-पोषण का दायित्व नर्सरी या क्रेच द्वारा किया जाना चाहिए।

- नारीवादियों ने उदारवादी एवं मार्क्सवादी विचारों का प्रभावी विकल्प प्रस्तुत किया। इन्होंने महिलाओं के लिए एक विशिष्ट व वैकल्पिक दृष्टिकोण का निर्माण किया। नारीवादियों ने वर्तमान राज्य का विश्लेषण करते हुए कहा कि राज्य, एक तटस्थ संस्था नहीं है, क्योंकि राज्य के द्वारा महिलाओं के साथ भेदभाव किया जाता है। पुरुष व महिलाओं की पहचान अलग-अलग रूपों में निर्मित होती है। महिलाओं के ऊपर राज्यों की शक्ति व प्रभुत्व का अनेक रूपों में प्रयोग किया जाता है।
- अनेक देशों के राष्ट्रीय जीवन में महिलाओं को मां की संज्ञा दी गई। इन्हें देश की सांस्कृतिक धरोहर का संवाहक माना गया, क्योंकि ये बच्चों को जन्म देती हैं, इनका पालन-पोषण करती हैं और भविष्य की पीढ़ी को तैयार करती हैं।
- कैरोल पेटमैन ने तो यहां तक कहा कि 'पितृसत्ता के अधीन रहते हुए महिलाएं स्वतंत्र नहीं हो सकती हैं।' इसलिए इन्होंने राज्य के निर्माण के सामाजिक समझौते के सिद्धांत का खंडन किया। इनके अनुसार, 'महिलाएं अभी भी प्राकृतिक अवस्था में रह रही हैं। महिलाओं के लिए चयन की स्वतंत्रता निरर्थक है, क्योंकि उन्हें अपने शरीर पर ही स्वतंत्रता प्राप्त नहीं है।' इसलिए कैरोल पेटमैन ने कल्याणकारी राज्य को पितृसत्ता राज्य कहा।
- नारीवादियों के अनुसार, महिलाओं की स्वतंत्रता का अभिप्राय निम्नलिखित है-
  (i) बच्चे पैदा करने की स्वतंत्रता।
  (ii) विवाह की स्वतंत्रता।
  (iii) गर्भपात का अधिकार।
  (iv) घरेलू हिंसा से मुक्ति।
- उपरोक्त स्वतंत्रता मिलने के पश्चात् ही महिलाओं के लिए नागरिक व आर्थिक स्वतंत्रता का महत्व होगा।
- नारीवादियों ने जॉन रॉल्स के न्याय सिद्धांत का जोरदार खंडन किया, क्योंकि नारीवादियों के अनुसार, 'रॉल्स ने पितृसत्ता को स्वाभाविक माना। न्याय, तार्किक व्यक्तियों के समझौते का परिणाम नहीं है, क्योंकि महिलाएं पितृसत्ता के अधीन हैं।'
- ओकिन के अनुसार, 'रॉल्स ने परिवार को नागरिकता की पाठशाला व नागरिकों को सामाजिक बनाने का मूल स्थान माना। लेकिन इन्होंने परिवार में लैंगिक न्याय को अनदेखा कर दिया व परिवार को न्यायपूर्ण मान लिया तथा न्याय की मान्यता को सार्वभौमिक और निष्पक्ष भी कहा गया।' जबकि नारीवादियों ने सार्वभौमिकता व समानता के बजाय, विभेद पर बल दिया।
- इनके अनुसार, 'समाज में निकटता, देखभाल और सहानुभूति जैसे नारीवादी मूल्यों को स्थापित करना ही न्याय है।'

## पितृसत्ता

- नारीवादियों के अनुसार, 'जेंडर, सामाजिक वर्ग, प्रजाति या धर्म की भांति एक महत्वपूर्ण सामाजिक संरचना है। जेंडर सबसे गहरा एवं राजनीतिक रूप में सबसे महत्वपूर्ण सामाजिक विभाजन है।'
- अत: नारीवादियों की विचारधारा 'सेक्सुअल पॉलिटिक्स' पर आधारित है। उनके लिए सेक्स के आधार पर ठीक उसी प्रकार के शोषण होते हैं, जैसे, शोषण प्रजातीय आधारों पर होते हैं। पूरे समाज का आधार इस लैंगिक विषमता और लैंगिक शोषण पर निर्मित है। अत: पितृसत्ता का अभिप्राय, पुरुष और महिलाओं के मध्य शक्ति संबंध से है। पितृसत्ता का सामान्य अर्थ, पिता का शासन है, जिसका संकीर्ण रूप में परिवार में पति-पिता की सर्वश्रेष्ठ शक्ति के रूप में देखा जाता है तथा महिलाएं और बच्चे उनके अधीन होते हैं। जबकि पितृसत्ता का व्यापक अर्थ पुरुष की सर्वोच्चता और पुरुष के प्रभुत्व का द्योतक है, जो समाज में व्यापक रूप में पाया जाता है।
- नारीवादियों के अनुसार, परिवार में पिता की प्रधानता व अन्य सभी संगठनों में पुरुष प्रधानता स्थापित करती है। उदाहरण, शिक्षा के क्षेत्र में, कार्य के क्षेत्र में और राजनीति के क्षेत्र में पुरुषों की प्रधानता है। अत: पितृसत्ता का अर्थ, परिवार और बाह्य जीवन में पुरुषों के शासन से है।
- प्रसिद्ध नारीवादी विचारक कैट मिलेट के अनुसार, 'पितृ-सत्तात्मक सरकार एक ऐसी संस्थात्मक व्यवस्था है, जिससे आधी महिलाओं की जनसंख्या पर आधे पुरुषों का नियंत्रण है। अत: पितृसत्ता का स्वरूप ही सोपानिक है।'
- नारीवादी विचारकों के अनुसार, सभी प्रकार के समाजों सभी प्रकार की संस्कृतियों में और विभिन्न प्रकार के कालक्रम में कम या अधिक महिलाओं का यह शोषण देखा जा सकता है।

- नारीवादी आंदोलन की महत्वपूर्ण उपलब्धियां पश्चिमी देशों में मतदान के अधिकार, शिक्षा तक पहुंच, विवाह और तलाक के नियमों में परिवर्तन एवं गर्भपात को वैधानिक बनाना है। लेकिन विकासशील देशों में अभी भी महिलाओं को यह अधिकार प्राप्त नहीं हैं। पितृसत्ता का ही उदाहरण है कि आज तक महिलाओं के घरेलू कार्यों का मूल्यांकन नहीं हो सका, जबकि महिला द्वारा किए गए घरेलू कार्य बाह्य जीवन में किए गए कार्यों से किसी भी रूप में कम महत्वपूर्ण नहीं होते।

## लिंग और जेंडर

- नारी विरोधी तर्कों और परंपरावादियों के अनुसार, समाज में लैंगिक विभाजन प्राकृतिक है तथा महिलाएं एवं पुरुष अपने उन सामाजिक दायित्वों का निर्वाह कर रहे हैं, जो कि प्रकृति प्रदत्त हैं। महिलाओं की शारीरिक बनावट भी समाज में घरेलू कार्यों के लिए ही उपयोगी है।
- अतः संक्षेप में, महिलाओं की अधीनता के पीछे जैविक तर्क दिए जाते हैं, लेकिन ये सभी तर्क निरर्थक हैं। क्योंकि जैविक तर्कों के आधार पर सामाजिक विषमता का औचित्य सिद्ध नहीं किया जा सकता, लेकिन लिंग और जेंडर में घाल-मेल के कारण महिलाओं को प्राकृतिक रूप में मां और पत्नी की भूमिका प्रदान कर दी गई है। उदाहरण के लिए, बच्चों का पालन-पोषण करना, सांस्कृतिक है, जैविक नहीं। मातृत्व की क्षमता जैविक है, लेकिन महिलाओं की भूमिका घर तक सीमित करना सांस्कृतिक है, जो कि पितृसत्ता के प्रभाव के कारण है।
- एक आमूल नारीवादी विचारक ने तो यहां तक कहा कि घर महिलाओं के लिए आरामदायक प्रताड़ना शिविर है। मैरी डेवी ने तो यहां तक कहा कि 'हम लोग एक महिला विरोधी समाज में रह रहे हैं, जिसमें पुरुष सामूहिक रूप में महिलाओं का शोषण करते हैं।' मैकीनोन के अनुसार, 'पुरुषों का प्रभुत्व महिलाओं पर घर में, बिस्तर पर, रोजगार में, सड़क पर और पूरे जीवन पर ही है।'
- नारीवादियों के अनुसार, घरेलू दायित्व का विभाजन परिवार में विषम होता है तथा यह दायित्व सर्वाधिक महिलाओं पर है।
- नारीवादियों के अनुसार, 'जेंडर एक सांस्कृतिक संकल्पना है, जिसमें समाज द्वारा महिला और पुरुष के लिए अलग-अलग भूमिकाएं निर्धारित कर दी जाती हैं। इसीलिए साइमन द बुआ का मानना है कि 'महिला पैदा नहीं होती हैं, बल्कि बनाई जाती हैं।' क्योंकि सामाजिक विषमता को जैविक विषमताओं से जोड़ दिया जाता है। जबकि जेंडर पर आधारित विभेद समाज या राज्य द्वारा निर्मित हैं। संपत्ति के उत्तराधिकार में भी महिलाओं को समान अधिकार प्राप्त नहीं है।
- अतः आमूल नारीवादियों ने पुरुष और महिलाओं के मध्य विभेद स्वीकार किया है। इनके अनुसार, जब तक यह सामाजिक और सांस्कृतिक भेदभाव महिलाओं के साथ होंगे, तब तक सार्वजनिक एवं राजनीतिक जीवन में उनकी भूमिका द्वितीयक होगी।
- नारीवादी विचारकों के अनुसार, उनका आंदोलन पुरुष को अधीन बनाने का या स्वयं पुरुष बनने का नहीं है, अपितु वे समाज में महिलावादी मूल्यों को प्राथमिकता प्रदान करने की पक्षधर हैं। अतः देखभाल और भावना जैसे गुण, समाज और मानवता के लिए अत्यधिक महत्वपूर्ण हैं। यद्यपि कुछ अतिवादी आमूल नारीवादियों ने पुरुष और महिला के मध्य शोषण को समाप्त करने के लिए विवाह जैसी संस्था को अस्वीकृत कर दिया तथा उनके अनुसार, पुरुष, महिलाओं के शोषण के लिए ही नहीं, अपितु प्रकृति के शोषण के लिए भी उत्तरदायी हैं।

## निजी और सार्वजनिक जीवन में भेद

- राजनीति की परंपरागत मान्यता के अनुसार, राजनीतिक क्षेत्र, सार्वजनिक क्षेत्र से संबंधित है, निजी क्षेत्र से नहीं। अतः इस परंपरागत दृष्टिकोण के अनुसार, राजनीति का यह सार्वजनिक क्षेत्र, सरकारी संस्थाओं, राजनीतिक दलों, दबाव समूहों और सार्वजनिक वाद-विवाद से है। इसलिए सामान्यतः परिवार को निजी जीवन के क्षेत्र का भाग माना जाता था। इस पारिवारिक जीवन को गैर-राजनीतिक माना गया। लेकिन आधुनिक नारीवादी विचारकों के अनुसार, राजनीति सभी सामाजिक समूहों में विद्यमान है।
- अतः जहां भी और जिस प्रकार भी सामाजिक संघर्ष पाए जाते हैं, वहां राजनीति उपस्थित है। कैट मिलेट के अनुसार, राजनीति का आशय, शक्ति संरचना के उन संबंधों से है, जिसमें एक समूह के लोगों का नियंत्रण, दूसरे समूह द्वारा होता है। इसलिए परिवार में पति और पत्नी के मध्य संबंध भी राजनीतिक हैं। जिस प्रकार एक कारखाने में नियोक्ता और मजदूर के संबंध या सरकार और व्यक्ति के संबंध हैं। नारीवादी विचारकों के अनुसार, जो उसके निजी जीवन का क्षेत्र है, वही राजनीतिक है। क्योंकि अभी तक सार्वजनिक जीवन का आशय, पुरुष का जीवन और निजी जीवन का आशय, महिला का जीवन माना गया।
- नारीवादियों के अनुसार, राजनीति उनके प्रतिदिन से संबंधित क्रिया-कलापों से है, क्योंकि महिलाओं को अभी भी उनके

नितांत निजी जीवन पर नियंत्रण प्राप्त नहीं है। उदाहरण के लिए, विवाह का अधिकार, गर्भपात का अधिकार एवं घरेलू जीवन में महिला पितृसत्ता के अंतर्गत् शोषित है।

- श्रम के लैंगिक विभाजन को समाज में राजनीतिक के बजाय, प्राकृतिक मान लिया गया। इसलिए राजनीति, कला एवं साहित्य जैसे क्षेत्र में पुरुषों का प्रभाव हुआ और महिलाओं को सार्वजनिक क्षेत्र से वंचित कर घरेलू क्षेत्र तक सीमित कर दिया गया। अत: नारीवादियों के अनुसार, 'महिलाएं अभी भी प्राकृतिक अवस्था में हैं। ऐसा कैरोल पेटमैन का मानना है।' अत: अधिकार, स्वतंत्रता व न्याय जैसी संकल्पनाओं का महिलाओं के लिए कोई महत्व नहीं है तथा कल्याणकारी राज्य, मूलत: पितृ-सत्तात्मक राज्य हैं।

## समाजवादी नारीवाद

- 20वीं सदी के मध्य से समाजवादी नारीवादी विचारधारा प्रभावी हुई तथा उदारवादी विचारधारा के विपरीत समाजवादी नारीवादियों ने महिला को केवल राजनीतिक और वैधानिक रूप में ही समानता देने का समर्थन नहीं किया, अपितु लिंग के मध्य असमान संबंध सामाजिक-आर्थिक संरचना के परिणामस्वरूप हैं। जब तक समाज में सामाजिक-आर्थिक संरचना में आमूल-चूल परिवर्तन नहीं होगा, महिलाओं की स्थिति बेहतर नहीं हो सकती।
- संयुक्त राष्ट्र संघ की एक रिपोर्ट (वर्ष 1980) के अनुसार, महिलाएं पूरी दुनिया की जनसंख्या का 50 प्रतिशत और समूचे कार्य घंटों के 2/3 हिस्से का संपादन करती हैं, लेकिन उनकी आय विश्व आय का 1/10वां भाग और विश्व की संपत्ति में महिलाओं का 1 प्रतिशत हिस्सा भी नहीं है।
- अत: समाजवादी नारीवाद के अनुसार, पितृ-सत्तात्मक सत्ता को बेहतर रूप में सामाजिक-आर्थिक कारकों के माध्यम से देखा जा सकता है। इसका पहला उदाहरण, फ्रेडरिक एंगेल्स के विचार में मिलता है, उसने अपनी रचना-"The Origin of the Family, Private Property and the State" में यह वर्णित किया कि पूंजीवादी व्यवस्था और निजी संपत्ति के प्रादुर्भाव से महिलाओं की स्थिति वंचित हुई। क्योंकि पूंजीवाद के विकास के पहले पारिवारिक जीवन साम्यवादी तथा समाज मातृसत्तात्मक था।
- लेकिन पूंजीवाद के उद्भव के परिणामस्वरूप निजी संपत्ति पर पुरुषों का अधिकार हो गया तथा मां का अधिकार सदैव के लिए समाप्त हो गया। यह विश्व इतिहास में महिलाओं की ऐतिहासिक पराजय है और एंगेल्स के अनुसार, महिलाओं का शोषण परिवार नामक संस्था द्वारा ही होता है, जिसमें महिलाओं को परिवार में समान अधिकार प्राप्त नहीं होता तथा महिलाओं के विषय में दंत कथाओं और रूमानी प्रेम से संबंधित कर दिया जाता है, जबकि वास्तविकता में पुरुष अपने विशेषाधिकार और संपत्ति की रक्षा के लिए यह ढोंग रचता है।
- इसलिए एंगेल्स के अनुसार, समाजवादी समाज में विवाह नहीं होगा तथा जैसे ही निजी संपत्ति की समाप्ति होगी, पितृसत्ता का अंत स्वाभाविक रूप में हो जाएगा।
- 20वीं सदी की समाजवादी विचारक क्लेरा जेटकिन के अनुसार, वर्ग का मुद्दा लिंग से प्राथमिक है। उनके अनुसार, बुर्जुआ महिला और सर्वहारा महिला के मध्य विषमता है। इसलिए शिक्षा का समान अधिकार, रोजगार और समान वैधानिक स्थिति से महिलाओं की समस्या हल नहीं होगी।
- कुछ समाजवादी महिलावादियों के अनुसार, महिला को घरेलू कार्यों में सीमित कर देना और महिला का संबंध मातृत्व से जोड़ना, पूंजीवाद के आर्थिक हित में है, क्योंकि महिलाएं एक प्रकार से श्रम की सुरक्षित भंडार हैं तथा उनको काम में लगाया जा सकता है, जब उत्पादन को बढ़ाने की आवश्यकता हो, लेकिन जब आर्थिक मंदी का चरण हो, तब उन्हें घरों में वापस भेजा जा सकता है, इससे भी बढ़कर महिलाओं की भूमिका अस्थायी कर्मियों के रूप में होती है, जिन्हें कम वेतन प्राप्त होता है एवं जिनके रोजगार भी बेहतर नहीं हैं।
- इसी के साथ महिलाओं के घरेलू श्रम के कारण ही अर्थव्यवस्था कुशल एवं प्रभावी होती है तथा महिलाएं बच्चों के पालन-पोषण के द्वारा अगली पीढ़ी के लिए श्रमिक तैयार करती हैं और उत्पादन बनाए रखने की गारंटी प्रदान करती हैं। महिलाओं से यह भी अपेक्षा रखी जाती है कि वे एक आज्ञाकारी एवं अनुशासित श्रमिक का निर्माण करें।
- महिलाओं के घरेलू कार्यों के कारण ही पुरुषों को घरेलू कार्य और बच्चों के पालन-पोषण के कार्य से मुक्ति मिलती है, लेकिन पुरुष का कार्य, उत्पादक माना जाता है, जबकि महिला के घरेलू श्रम का कोई मूल्य ही नहीं होता तथा परंपरागत परिवार में एक व्यक्ति इसलिए बेहतर रोजगार पा जाता है कि उसके पीछे महिला एवं बच्चों का समर्थन प्राप्त होता है। महिलाएं ही श्रमिकों की निराशा और अलगाव को भी दूर करती हैं।
- समाजवादी नारीवादियों के अनुसार, घरेलू कार्यों के महत्व और मूल्य न होने के कारण ही महिलाओं की समाज में दुर्बल स्थिति है तथा वित्तीय रूप में अपने पति पर निर्भर

हैं। इसलिए आर्थिक विषमता स्वाभाविक रूप में उत्पन्न होती हैं। अत: कोस्टा के अनुसार, महिलाओं के घरेलू श्रम का मूल्यांकन अभी तक किया ही नहीं गया। इसलिए जब तक महिलाओं को सामाजिक-आर्थिक अवसर प्रदान नहीं किए जाएंगे, तब तक महिलाओं का उत्थान नहीं हो सकता, इसलिए महिला के मुद्दे को सामाजिक एवं आर्थिक जीवन से अलग नहीं किया जा सकता।

- अत: समाजवादियों के अनुसार, वर्गीय शोषण ज्यादा गहरा एवं प्रभावकारी है, न कि लैंगिक शोषण। इसका तार्किक अभिप्राय है कि महिलाओं का शोषण पुरुषों के द्वारा नहीं, अपितु पूंजीवादी व्यवस्था के कारण है। अत: समाजवादी क्रांति के पश्चात् महिलाओं की मुक्ति स्वाभाविक रूप में हो जाएगी।

## आलोचना

- आधुनिक समाजवादी नारीवादी, 'वर्गीय राजनीति' को 'लैंगिक राजनीति' से प्राथमिकता प्रदान करते हैं। इन नारीवादियों के अनुसार, समाजवाद स्वाभाविक रूप में पितृ-सत्तात्मक व्यवस्था के अंत का कारण होगा, ऐसा व्यावहारिक प्रतीत नहीं होता, क्योंकि सोवियत संघ (U.S.S.R.) जैसी समाजवादी व्यवस्था में महिलाओं के उत्थान पर तुलनात्मक रूप में उतना बल प्रदान नहीं किया गया।
- इसलिए नारी मुक्ति का मुद्दा ज्यादा व्यापक और ज्यादा गहरा है, केवल पूंजीवादी व्यवस्था के समाप्त होने से लैंगिक उत्थान को मान लेना, पूर्णत: सत्य प्रतीत नहीं होता।

## अश्वेत नारीवाद (Black Feminism)

- नारीवादी आंदोलन एवं विचारधारा को अमेरिका की श्वेत महिलाओं के द्वारा आरंभ किया गया। और Angela Davis ने कहा, कि अश्वेत महिला की समस्या को किसी ने नहीं उठाया। क्योंकि अश्वेत महिलाएं दों प्रकार के शोषण की शिकार है–

  1. पितृसत्ता
  2. प्रजाति भेदभाव
- इसीलिए अश्वेत नारीवादियों ने नारीवादी विचारधारा की सुदृढ़ता को स्वीकार नहीं किया।
- अश्वेत नारीवादियों के अनुसार, वर्ग और व्यक्ति की संकल्पना अमूर्त है, क्योंकि समाजवादी नारीवादी भी रंगभेद के मुद्दे को गंभीरता से नहीं लेते। उदारवादी नारीवादी में एक संस्कृति या समूह को श्रेष्ठ मान लिया गया है तथा अश्वेत नारीवादी विभेद या अंतर के मुद्दे को महत्वपूर्ण मानते हैं, लेकिन अश्वेत नारीवादियों का विरोध इस मूल मुद्दे पर है कि सभी महिलाएं समान हैं। महिलाओं की समानता में यह अंतर्निहित है कि गोरी महिलाएं, विश्वविद्यालय से पढ़ी-लिखी एवं मध्यम वर्ग की पृष्ठभूमि से हैं। ब्रिटेन के संदर्भ में महिलाओं का यह मानना है कि वे बाहरी मानी जाती हैं, उनकी संस्कृति का कोई महत्व नहीं है, उन्हें प्रजातीय रूप में असामान्य माना जाता है।
- अश्वेत नारीवादियों ने अपनी इस वंचित स्थिति के प्रति विरोध दर्ज किया है तथा इकहरी पहचान की मान्यता को खंडित किया है। इसलिए माना कि वस्तुत: उनके लिए पितृ-सत्तात्मक और प्रजातीय भेदभाव दोनों महत्वपूर्ण हैं। गेल रूबिन के अनुसार, 'अश्वेत महिलाओं का अस्तित्व ही नहीं है, क्योंकि उनकी पहचान इस समाज में अनुपस्थित है। इसलिए अश्वेत महिलाएं लिंग, प्रजाति एवं वर्ग सभी भेदों की शिकार हैं। वर्ष 1970 के दशक में आमूल नारीवादियों ने इन मुद्दों को गंभीरता से लिया, जिन्हें अश्वेत नारीवादियों ने उठाया था।

## पारिस्थितिकी नारीवाद (Eco-Feminism)

- पारिस्थितिकी नारीवाद शब्द का पहला प्रयोग फ्रांसीसी महिलावादी विचारक Francoise, d, Eaubonne (1974) के द्वारा पहली बार किया गया।
- पारिस्थितिकी नारीवाद जैसे Susen Griffin, Mary Daly, वंदना शिवा (भारत में)जैसे विचारकों ने प्रकृति पर मानवीय प्रभुत्व को समझने का प्रभाव किया।
- जैसे मानव का प्रकृति पर नियंत्रण होता है। वैसे ही पुरुष ने महिला पर नियंत्रण किया।
- इनके अनुसार, मानव ने प्रकृति पर प्रभुत्व स्थापित करने का प्रयास किया। ठीक उसी प्रकार पुरुषों ने महिलाओं पर प्रभुत्व स्थापित कर लिया।
- नारीवाद की अधीनता, प्रकृति की अधीनता के समान है।
- नारीवादियों का मानना है, कि महिलाओं का स्वभाव प्रकृति के ज्यादा निकट है। और जिस प्रकार पितृसत्ता के द्वारा प्रकृति का शोषण किया गया, ठीक उसी प्रकार पितृसत्ता के द्वारा ही पर्यावरण का विनाश हुआ।
- महिलाओं का मूल गुण देखभाल, प्रेम, सहानुभूति करना है। जो गुण मूलत: प्रकृति में भी पाए जाते हैं। परंतु पितृसत्ता के द्वारा जिस संस्कृति का निर्माण किया गया। उससे महिलाओं के गुणों की उपेक्षा हो गई।

## सांस्कृतिक नारीवाद (Cultural Feminism)

- पारिस्थितिकी नारीवाद मानते हैं कि पितृसत्ता द्वारा निर्मित की गई संस्कृति जीवन विज्ञान पर हावी हो जाती है। क्योंकि जैविक रूप में महिलाओं का स्वभाव प्रकृति जैसा है। जबकि सांस्कृतिक रूप में पितृसत्ता का प्रभाव है।

## आध्यात्मिक नारीवाद (Spriritual Feminism)

- सभी वस्तुओं में अपने जैसा दिखने लगे तो उसे 'आध्यात्मिक' कहा जाता है। आध्यात्मिक नारीवादी यह मानते हैं, कि प्रकृति के सबसे ज्यादा नजदीक महिलाएं हैं। जबकि परिवर्तनवादियों का मानना है, कि प्रकृति के साथ संबंधों के अलावा महिलाओं का उचित प्रतिनिधित्व सामाजिक, आर्थिक व राजनीतिक क्षेत्रों में भी होना चाहिए।

## नारीवाद की आलोचना

- पारिस्थितिकी नारीवादियों की आलोचना है, कि महिलाओं के स्वभाव को प्रकृति के समान बताना महिलाओं के शोषण का मूल कारण है। इसीलिए क्योंकि प्रकृति के नाम पर महिलाओं को परंपरागत दायित्व सौंपे जाते हैं।

## लेस्बियन नारीवाद (Lesbian Feminism)

- यह अमूल नारीवाद का अत्यधिक आमूलवादी रूप है। जिसमें यह कहा गया है कि पुरुष महिलाओं के शोषक हैं। इसलिए महिलाओं को पुरुषों के साथ विवाह नहीं करना चाहिए, बल्कि (Sisterhood) भगिनी को शक्तिशाली बनाया जाना चाहिए।
- आमूल नारीवादियों ने समुच्चय महिलाओं के हितों को एक जैसा माना। जबकि Lesbian नारीवादी अभी भी हाशिये पर है।

## उत्तर उपनिवेशवादी नारीवादी

- नारीवाद का विचार यूरोप से शुरू हुआ।
- गायत्री स्पीवॉक ने कहा, कि समूचा नारीवादी चिंतन एवं नारीवादी विचारधारा पश्चिम केंद्रित है, जो उपनिवेशवादी समाजों के लिए बहुत उपयोगी नहीं है।
- पश्चिमी चिंतन अभी भी अपने आप को श्रेष्ठ मानता है। इसलिए पश्चिम के नारीवादी विचार एशियाई-अफ्रीकी नारियों एवं महिलाओं को नकारात्मक दृष्टि से देखते है और उनके पहनावे पर भी आपत्ति व्यक्त करते हैं।

## समानता बनाम् विभेद

- यद्यपि नारीवादी विचारधारा का मूल उद्देश्य, पितृसत्ता और लैंगिक शोषण को समाप्त करना है। इसलिए आरंभिक रूप में नारीवादियों ने पुरुषों और महिलाओं के मध्य समानता पर बल दिया। मैरी वोल्स्टोनक्राफ्ट, मिल, हैरियट टेलर ने महिलाओं के लिए समान राजनीतिक एवं वैधानिक अधिकारों की मांग की।
- अतः परंपरागत रूप में नारीवादी आंदोलन, सार्वजनिक जीवन में समानता का आंदोलन था, लेकिन आमूल नारीवादियों ने महिलाओं की समानता घरेलू एवं व्यक्तिगत जीवन में स्थापित करने का प्रयास किया। उन्होंने विभेद या अंतर को महत्वपूर्ण माना।
- इनके अनुसार, समानता का अभिप्राय, महिलाओं की पहचान पुरुष आधारित नहीं होनी चाहिए, बल्कि समानता का अभिप्राय, महिलाओं के गुणों को मान्यता प्रदान करना है। अतः समानता महिलावादी रूप में होनी चाहिए।
- इसीलिए आमूल नारीवादियों ने 'सिस्टरहुड' (Sisterhood) पर बल दिया, 'पर्सनहुड' (Personhood) पर नहीं। आमूल नारीवादी महिला की स्वतंत्रता से बढ़कर महिला की मुक्ति के समर्थक हैं। ये केवल जेंडर समानता के ही नहीं, बल्कि लैंगिक मुक्ति के समर्थक हैं। आमूल नारीवादी महिलाओं की विशिष्ट पहचान को गौरवान्वित करना चाहते हैं।

## नारीवाद एवं न्याय

- न्याय का अभिप्राय, 'समाज में समानता और निष्पक्षता की स्थापना करना है। इसलिए नारीवादी न्याय का आशय, सार्वजनिक जीवन में पुरुष एवं महिलाओं के मध्य समानता की स्थापना करना तथा लैंगिक आधार पर सार्वजनिक जीवन में किसी भी प्रकार का भेदभाव नहीं होना चाहिए। लेकिन सार्वजनिक जीवन में समानता स्थापित करने के पश्चात् नारीवादियों ने घरेलू, वैयक्तिक एवं पारिवारिक जीवन में भी समानता स्थापित करने का प्रयास किया, जिसके लिए उन्होंने निम्नलिखित उपायों पर बल दिया-
  (i) पितृसत्ता की समाप्ति।
  (ii) निजी एवं सार्वजनिक जीवन के मध्य अंतर की समाप्ति।
  (iii) सेक्स एवं जेंडर के मध्य अंतर स्थापित करना।
- गिलिगंन के अनुसार, 'न्याय एवं अधिकार जैसी सार्वभौमिक मान्यताएं केवल पुरुषों के लिए हैं।' इसलिए नारीवादी विचारकों ने उन नारीवादी मूल्यों जैसे संबंध, सहानुभूति एवं निकटता जैसे गुणों को प्राथमिक बनाने पर बल दिया। जबकि समाज में पितृसत्ता के मूल्यों को प्राथमिकता दी जाती है, जिसमें स्वायत्तता, तार्किकता एवं आक्रामकता जैसे मूल्य हैं।

## देखभाल की नैतिकता (Ethics of Care)

- अधिकांश उग्रवादी नारीवादी विचारकों ने पितृसत्ता से मुक्ति के लिए महिलाओं को परंपरागत पारिवारिक दायित्वों से मुक्त करने का आह्वान किया। इनके अनुसार, महिलाओं की इसी घरेलू परंपरागत भूमिका के कारण उनका शोषण हो रहा है। परंतु सभी नारीवादी विचारकों ने महिलाओं की परंपरागत घरेलू भूमिका को अस्वीकृत नहीं किया, जिसमें सबसे प्रमुख कैरोल गिलिगन हैं।

- इनकी पुस्तक-"In a Different Voice" है। इनके अनुसार, पुरुष और महिलाओं का चिंतन अलग-अलग होता है तथा इस भिन्न चिंतन को ही दो प्रकार की नैतिकता माना, जिसे न्याय और देखभाल की नैतिकता कहा गया। पुरुष, न्याय को ज्यादा महत्व देते हैं। जबकि महिलाएं, न्याय के साथ देखभाल को महत्व प्रदान करती हैं। इसलिए देखभाल की समर्थक महिलाओं ने महिलाओं की भूमिका को पुनः परिभाषित करने का प्रयत्न किया।
- उदारवादी न्याय के सिद्धांतकार, जॉन रॉल्स और डॉर्किन ने अमूर्त व्यक्तिगत अधिकारों पर बल प्रदान किया। इन्होंने न्याय के ऐसे सिद्धांतों का विकास किया, जिन्हें सार्वभौमिक रूप में लागू किया जा सके, जिसमें निष्पक्षता एवं व्यक्तिगत स्वतंत्रता कायम रहे। न्याय की इन परंपरागत मान्यताओं में व्यक्ति को समुदाय से ज्यादा महत्व दिया गया।
- देखभाल की नैतिकता के अंतर्गत मानवीय, समयबद्धता, परित्याग और दूसरों के प्रति दायित्वों को अत्यधिक महत्व प्रदान किया गया। इसके अंतर्गत व्यक्तियों के मध्य संबंध तथा दूसरे व्यक्तियों का भावनात्मक समर्थन किया जाता है। विशेष तौर पर जिनके साथ हमारे निकट संबंध हैं। इसलिए देखभाल की नैतिकता, नैतिकता का एक वैकल्पिक रूप है।
- सामान्यतः न्याय को, देखभाल से ज्यादा महत्वपूर्ण माना जाता है, क्योंकि न्याय, तार्किकता पर आधारित है, भावनाओं पर नहीं। न्याय, अमूर्त होता है, विशिष्ट नहीं। न्याय का प्रयोग सामान्य रूप में किया जाता है, जो पूर्वाग्रहों से भी मुक्त है। जबकि देखभाल की नैतिकता में नैतिक तर्क को ज्यादा महत्व दिया जाता है एवं इसे न्याय से श्रेष्ठ माना जाता है। इसके अंतर्गत् शांति, समझौते एवं स्थायित्व पर बल प्रदान किया जाता है। न्याय और देखभाल के अंतर को निम्नलिखित उदाहरण से स्पष्ट किया जा सकता है। एक कार्यरत या पेशेवर महिला जिस पर अपने कार्य के साथ परिवार की भी देखभाल का दायित्व है।
- न्याय के अमूर्त नियमों के अनुसार, उसे अपना पूरा ध्यान अपने व्यवसाय में लगाना चाहिए। जबकि देखभाल की नैतिकता के अंतर्गत् उसे अपने बच्चों की देखभाल को ज्यादा महत्व देना चाहिए। परिवार और बच्चों के मध्य का यह संबंध अमूर्त और तार्किक आधार पर विश्लेषित करना संभव नहीं है।

## समकालीन समय में नारीवाद

- नारीवादी आंदोलन, वर्ष 1960 के अंतिम दशकों में चरम पर पहुंचा तथा वर्ष 1970 के दशक के पश्चात् यह आंदोलन कमजोर हो गया, जिसे 'उत्तर-नारीवादी युग' भी कहा जाता है। इसमें नारीवादी आंदोलन के समक्ष अनेक कठिनाइयां व समस्याएं उत्पन्न हुईं-
  (i) नारीवादी आंदोलन में अनेक विभाजन हो गए।
  (ii) उदारवादी नारीवाद, समाजवादी नारीवाद, अतिवादी नारीवाद (Lesbian Feminism) ने अलग-अलग मुद्दों को उठाया।
  (iii) अमेरिका में अश्वेत नारीवाद की उत्पत्ति हुई और अश्वेत महिलाओं के अनुसार, इनके हित श्वेत महिलाओं से अलग हैं, क्योंकि अमेरिका में अश्वेतों के विरुद्ध रंगभेद नीति का प्रयोग किया गया। अतः नारीवादी आंदोलन आंतरिक रूप में विभाजित हो गया।
  (iv) वर्ष 1980 व वर्ष 1990 के दशक में अनेक देशों में कट्टरपंथी तालिबानीकरण की प्रवृत्तियों का जन्म हुआ, जिन्होंने महिलाओं को पुनः घरों में लौटने को विवश किया।
  (v) इंग्लैंड व अमेरिका जैसे देशों में भी परिवार के मूल्यों के नाम पर महिलाओं को मां व पत्नी की भूमिका को अत्यधिक महत्वपूर्ण माना गया। पूर्व ब्रिटिश प्रधानमंत्री मारग्रेट थैचर ने स्वयं अतिवादी नारीवादियों का विरोध किया।
- उग्र-नारीवाद या द्वितीय चरण के नारीवादियों ने परंपरागत विचारकों की उन मान्यताओं का खंडन किया, जिसमें निजी एवं सार्वजनिक जीवन में विभेद स्थापित किया जाता है। यह परंपरा अरस्तू के चिंतन से ही विद्यमान है।
- समकालीन उदारवादी विचारकों ने भी इस मान्यता को स्वीकार किया, क्योंकि इन्होंने राज्य और सरकार की गतिविधि को सार्वजनिक क्षेत्र तक सीमित करने का समर्थन किया तथा इनके अनुसार, व्यक्ति की स्वतंत्रता के लिए राज्य द्वारा सार्वजनिक क्षेत्र में हस्तक्षेप आवश्यक है।
- समकालीन उदारवादी राज्यों का यह दावा है कि वे पुरुष या महिलाओं के प्रति तटस्थ हैं, क्योंकि उदारवादी राज्य के अंतर्गत् सभी को समान अधिकार एवं स्वतंत्रताएं प्राप्त होती हैं। नारीवादियों के अनुसार, 'राज्य, लैंगिक रूप में तटस्थ नहीं है, बल्कि राज्य द्वारा महिलाओं के प्रति भेदभाव किया जाता है।' उदाहरण के लिए, आज भी पुलिस और प्रशासन में सम्मिलित होने के लिए जिन मानकों का निर्माण किया गया है। वह मूलतः पुरुषों के लिए हैं। इसलिए कैरोल पेटमैन ने कल्याणकारी राज्य को मूलतः पितृ-सत्तात्मक राज्य माना।
- इनके अनुसार, 'महिलाएं अभी भी प्राकृतिक अवस्था में हैं।' इसलिए सार्वजनिक जीवन में प्राप्त स्वतंत्रता,

समानता और अधिकार केवल पुरुषों के लिए हैं। इसलिए नारीवादियों ने सार्वजनिक और निजी जीवन के कृत्रिम विभाजन को अस्वीकार कर दिया।

ओकिन ने व्यक्तिगत ही राजनीतिक है, को निम्न रूप में परिभाषित किया-

(i) राजनीति को शक्ति के अध्ययन के रूप में परिभाषित किया जाता है। इनके अनुसार, शक्ति का यह संघर्ष परिवार से ही आरंभ हो जाता है। परिवार में किए गए कार्यों का विभाजन इसका प्रमाण है तथा घरेलू हिंसा भी इसका उदाहरण है। नारीवादियों के अनुसार, विवाह से लेकर पारिवारिक जीवन तक उनके साथ लगातार भेदभाव होता है।

(ii) राज्य के विभिन्न कार्यों द्वारा व्यक्ति के जीवन प्रभावित होते हैं। उदाहरण के लिए, राज्य द्वारा विवाह को परिभाषित किया जाता है। राज्य के द्वारा ही विवाह की उम्र एवं शर्तों का भी निर्धारण होता है। वैवाहिक जोड़ों को मिलने वाले लाभों का निर्धारण भी राज्य के द्वारा किया जाता है। इसीलिए परिवार में राज्य का हस्तक्षेप आवश्यक है।

(iii) पारिवारिक जीवन द्वारा सार्वजनिक जीवन में कार्य करने की परिस्थितियों का निर्माण होता है। परिवार सामाजिक संरचना की मुख्य इकाई है, जिसमें सामाजिक मूल्यों एवं मानकों का निर्धारण होता है, जो न केवल हमारे जीवन को प्रभावित करते हैं, बल्कि जीवन को निर्धारित करने वाले विभिन्न विकल्पों को भी प्रभावित करते हैं। पितृ-सत्तात्मक समाज में सामाजिक संरचना, लैंगिक दृष्टि से विभाजित है, क्योंकि परिवार में ही पुरुषों एवं महिलाओं के लिए अलग-अलग पहनावे एवं भूमिकाओं का निर्धारण किया जाता है तथा लिंग विशेष के प्रति अभिवृत्ति का निर्माण भी होता है। परिवार में श्रम का लैंगिक विभाजन भी हो जाता है। महिलाओं का पालन-पोषण इस प्रकार होता है कि वे बच्चों की देखभाल करना ही अपना स्वाभाविक कर्त्तव्य मान लेती हैं।

(iv) लैंगिक दृष्टि से श्रम विभाजन का यह तार्किक परिणाम हुआ कि महिलाओं का जीवन घरेलू क्षेत्र तक ही सीमित हो गया और सार्वजनिक जीवन में इनके प्रवेश का मार्ग बंद हो गया है। वे भौतिक और मानसिक दोनों संसाधनों से वंचित हो गईं। परिणामस्वरूप सरकार, न्यायपालिका और विधायिका जैसी संस्थाओं में भी इनका प्रतिनिधित्व अपर्याप्त है। राजनीतिक, न्यायिक और आर्थिक नीति-निर्माण में इनकी भूमिका गौण या द्वितीयक हो गई।

अध्याय 14

# पारिस्थितिकी वाद
# ECOLOGISM

## परिचय (Introduction)

- पारिस्थितिकी वाद एक नई राजनीतिक विचारधारा है जो इस स्थिति पर आधारित है कि गैर-मानव दुनिया नैतिक विचार के योग्य है।
- 1970 से पूर्व ऑक्सफोर्ड अंग्रेजी शब्दकोश में पर्यावरणवाद का उपयोग एक ही अर्थ में होता था कि यह समाजशास्त्रीय सिद्धांत की एक शाखा है जो यह मानती है कि मानवीय संस्कृतियों के मध्य अंतर की व्याख्या करने के लिए भूमि, जलवायु एवं भोजन सामग्री की आपूर्ति महत्वपूर्ण कारक है।
- 'पारिस्थितिकी विज्ञान' शब्द का उपयोग सबसे पहले 1870 में जर्मन प्राणिशास्त्री अर्न्स हैकल द्वारा किया गया था।
- 1970 के पश्चात् पर्यावरणवाद एवं परिस्थितिकी वैज्ञानिक आंदोलन एक सामाजिक-राजनीतिक शक्ति के रूप में उभरने लगे और नए प्रकार के पर्यावरणीय राजनीतिक विचारधारा पारिस्थितिवाद का उदय हुआ।
- पर्यावरण को मानवीय जीवन के लिए भी महत्वपूर्ण माना जाता है और जॉन पासमोर के अनुसार, मानव के संदर्भ में तीन तरह की पर्यावरणीय व्यवस्था को देखा जा सकता है।
  (i) प्रत्येक मनुष्य मानवीय समुदायों से संबंधित होता है, जो समान सामाजिक आचरण से बंधे होते हैं। यह सभी समान सामाजिक आचरण मनुष्य के सामाजिक पर्यावरण को निर्मित करते हैं।
  (ii) प्रत्येक व्यक्ति के पास कई प्रकार की भौतिकीय वस्तुएं होती हैं, जो दूसरे व्यक्तियों के द्वारा मानवीय आवश्यकताओं को पूरा करने के लिए निर्मित होती हैं। ये वस्तुएं निर्मित पर्यावरण को जन्म देती है।
  (iii) तीसरे प्रकार का पर्यावरण प्राकृतिक पर्यावरण है और जिसके बारे में वर्तमान में सबसे अधिक चिंता व्यक्त की जा रही है।

## पारिस्थितिकी वाद का सैद्धांतिक पक्ष

- आर्ने नेस के अनुसार, पर्यावरणविद दो प्रकार के समूहों में विभक्त हैं। गहन पारिस्थितिकी विज्ञान भी इन्होंने ही प्रतिपादित किया है।
  (i) ऊपरी (Shallow) पर्यावरणविद
  (ii) गहन (Deep) पर्यावरणविद
- इन दोनों में अंतर केवल सैद्धांतिक स्तर पर करना ही संभव है, व्यावहारिक स्तर पर नहीं।
- पर्यावरणविदों के इस तर्क को कि हमारे प्राकृतिक स्रोत सीमित हैं और से समाप्त हो जाएंगे, को अर्थशास्त्री तथा प्रौद्योगिकविद स्वीकार नहीं करते। इसी आधार पर 'क्लब ऑफ रोम रिपोर्ट- द लिमिट टू ग्रोथ' की आलोचना की गई है।
- पीटर सिंगर नामक विचारक ने अपनी रचना ''एनिमल लिबरेशन'' (1975) में सभी पशुओं से समान व्यवहार करने पर बल दिया है।
- रीगन ने अपनी पुस्तक ''द केस फोर एनिमल राईट'' में स्तनपायी पशुओं को अधिकार देने की वकालत की है।
- थॉमस माल्थूस के अनुसार, जनसंख्या की वृद्धि रेखागणितीय होगी और खाद्य पदार्थ का उत्पादन अंकगणितीय होगा।
- डॉब्सन ने पारिस्थितिवाद विचारधारा को दो भागों में विभाजित किया है।
  (i) अधिकतमवाद
  (ii) अल्पमतवाद

(i) अधिकतमवादी इस राजनीतिक विचारधारा को परिभाषित करते हुए उसे संगठित और संकीर्ण स्वरूप प्रदान करते हैं।

(ii) अल्पमतवादी इस विचारधारा को नरम तरीके से परिभाषित करते हैं और उसमें गत्यात्मकता रखते हुए कई प्रकार के विचारों को इसमें शामिल करने की वकालत करते हैं। अल्पमतवादी पर्यावरण की समस्या को केवल 20वीं सदी और आधुनिकता की देन नहीं मानते इसे एक शाश्वत समस्या मानते हैं।

## आधुनिक औद्योगिक समाज की ग्रीन आलोचना

- ई. एफ. शूमेकर ने अपनी पुस्तक, ''स्माल इज ब्यूटीफुल''

में लिखा है कि आधुनिक औद्योगिक व्यवस्था जिस आधार पर टिकी है वह अपने अतिवादी दृष्टिकोण से उसे ही समाप्त कर रही है।

- ग्रीन विचारधारा विकसित राष्ट्रों द्वारा तेजी से की जा रही पर्यावरण दोहन की भी आलोचना करती है। टेड टर्नर के अनुसार प्रत्येक अमेरिकन एक सामान्य इथियोपियन की तुलना में 617 गुना अधिक ऊर्जा प्रतिवर्ष उपयोग में ले रहा है।
- ग्रीन विचारधारा के समर्थकों के अनुसार, मनुष्य को अपनी जीवनशैली को मूल्य आधारित बनाना चाहिए। इसके समर्थन में उनके द्वारा महात्मा गांधी के कथन 'पृथ्वी के पास इतना है कि वह पूरी मानव जाति की आवश्यकताओं को पूरा कर सके, लेकिन इतना नहीं है कि वह एक व्यक्ति के लालच को भी पूरा कर सके, का सहारा लेते हैं।

## पारिस्थितिकी के प्रकार

- पर्यावरण का विचार यूरोप में 1970 के पहले नहीं था। उदारवादी चिंतन में व्यक्ति की स्वायत्तता पर बल दिया गया। समाजवादी विचारों में वर्ग को बल दिया गया। फासीवादियों का केंद्र राष्ट्र पर है। जबकि नारीवादी लिंग को महत्व देते है। जबकि गहरी पारिस्थितिकी के विचार पर हमें समुच्चय पारिस्थितिकी को बचाने की आवश्यकता है।

### Deep Ecology

- Arne Ness ने यह कहा कि प्रकृति को बचाने के लिए मानवीय जीवन शैली में परिवर्तन होना चाहिए, जो मूलत: उपभोक्तावादी हैं। गहरी पारिस्थितिकी के विचार में मानव को एक भाग बताया गया है, श्रेष्ठ भाग नहीं।

### Gaia Hypothesis

- यह विचार यूनान में प्रचलित था, जिसके अनुसार पृथ्वी भौतिक नहीं है। धरती भौतिक नहीं है, यांत्रिक नहीं है। अपितु यह जीवित शरीर की भांति है। जिसके अनेक अंगों के बीच महत्वपूर्ण अंतनिर्भरता विद्यमान है। Earth is living Organism जो जीवंत कल्पना है। वेदों में प्रकृति जीवंत है। इसलिए इसके बिना मानवीय जीवन की कल्पना नहीं हो सकती।

### Ecosophy

- पारिस्थितिकी के समर्थक प्रकृति एवं सृष्टि के ज्ञान के समर्थक है। जिसका मानव के साथ सामंजस्यपूर्ण संबंध होना चाहिए। इसीलिए भौतिक वस्तुओं के ज्ञान के बजाये व्यक्ति का प्रकृति के प्रति ज्ञान होना चाहिए।

## पारिस्थितिकी विज्ञान की आलोचना

- पारिस्थितिकी वाद मुख्यत: प्रतिविकास की सीमा के सिद्धांत पर आधारित है जिसके अनुसार सीमित प्राकृतिक संसाधनों के संदर्भ में प्रतिविकास असीमित नहीं हो सकता है।
- पारिस्थितिकी वाद अपनी विचारधारा में मानव केंद्रित विकास की अवधारणा की आलोचना करता है और मानता है कि अगर विकास को सतत बनाना है तो वह मानव केंद्रित नहीं होना चाहिए।
- पर्यावरणवादियों की पर्यावरण बचाओ आंदोलन के प्रति अति उत्साही वकालत राजनीतिक क्षेत्र में ऐसी राजनीतिक विचारधारा को बढ़ावा देती है जो प्रजातंत्र और स्वतंत्रता में विश्वास नहीं रखते और फासीवादी और सर्वसत्तावादी विचार को प्रोत्साहन देते हैं।

## निष्कर्ष

- 21वीं सदी में पारिस्थितिवाद एक परिवर्तित विचारधारा के रूप में सामने आया है और सरकारी नीतियों, जनचेतना और विज्ञान और तकनीकी के विकास के कारण पारिस्थितिकी विज्ञान की अपील जनसाधारण में कम हुई है। यह माना जाने लगा है कि वह एक अतिवादी विचारधारा है जिसके निष्कर्ष व्यावहारिक नहीं है।

अध्याय 15

# समुदायवाद
# COMMUNITY

- गुडविन ब्राम्बी ने सर्वप्रथम 'कम्युनिज्म' शब्द का प्रयोग किया।
- समुदायवादी विचार अरस्तू के चिंतन में भी देखा जा सकता है, जहां मानव को सामाजिक प्राणी कहा गया है। (पोलितिकान जून)
- हीगल के नागरिक समाज में भी समुदाय को प्राथमिक महत्व दिया गया है।

## माइकल जे. सैंडल

- समुदायवादी विचारधारा के आरंभ का श्रेय 'माइकल जे. सैंडल' को दिया जाता है।
- माइकल जे. सैंडल ने पुस्तक-"Liberalism and the Limits of Justice" (1982) में रॉल्स के न्याय के सिद्धांत की आलोचना की।
- रॉल्स ने कहा कि Right is Prior to Good, परंतु सैंडल के अनुसार Good is Prior to Right.
- रॉल्स ने कहा कि Self is Prior to its end जबकि इसे सैंडल ने परिवर्तित करते हुए कहा कि End is Prior to Self.
- सैंडल ने कांटवादी नीतिशास्त्र की कठोर आलोचना की है, जो Man is end in itself कहा है, जो उदारवादी चिंतन का मूल आधार है। सैंडल ने पुस्तक-"What Money Can't Buy :The Moral Limits of Markets" (2012) में उदारवादी विचार को अपूर्ण कहा।

## चार्ल्स टेलर

- चार्ल्स टेलर की प्रसिद्ध रचनाओं में-"Hegel and Modern Society" (1979) और "Sources of the Self" (1989) प्रमुख हैं।
- वे उदारवादी Unencumbered self (अभार ग्रस्त स्व) के विचार के बजाए, Encumbered Self (भार ग्रस्त स्व) को स्वीकार करते हैं। जिसका अभिप्राय है कि व्यक्ति सामाजिक परिस्थितियों से प्रभावित होता है।
- टेलर सामाजिक थीसिस (Social Thesis) के विचार को स्वीकार करते हैं, क्योंकि व्यक्ति का चयन सदैव शुभ नहीं होता।
- टेलर ने उदारवाद के तटस्थ राज्य के विचार के प्रयोग का भी विरोध किया। उनके अनुसार, राज्यों को अच्छे मूल्यों को बढ़ावा देना चाहिए।

## माइकल वाल्जर

- वाल्जर ने-"Spheres of Justice" (1983) नामक रचना लिखी, वे अरस्तू एवं हीगलवादी चिंतन से प्रभावित हैं।
- उन्होंने कहा कि Self is Embedded Self जिसे उन्होंने Self is Situated Self भी माना। जिसके अनुसार व्यक्ति सामाजिक परिवेश का परिणाम होता है।
- उन्होंने अपनी रचना-"Spheres of Justice" (1983) में सरल समानता को उदारवादी विचार कहा एवं जटिल समानता के विचार को माना, जिसके अनुसार न्याय कोई सार्वभौतिक सिद्धांत नहीं हो सकता, जो प्रत्येक समाज को स्वीकार्य हो।
- सामाजिक वस्तुओं का वितरण पृथक् समुदाय के लिए अलग-अलग होगा तथा वितरण के मानदंड भी पृथक्-पृथक् होंगे।

## मैकिंटायर

- उन्होंने कहा कि आधुनिक व्यक्तिवादी एवं वैज्ञानिक चिंतन का मूल आधार मैक्स वेबर के विचारों में है। समकालीन व्यक्तिवादी नव-उदारवादी विचारक राबर्ट नॉजिक की भी आलोचना करते हैं।
- उन्होंने अरस्तू के चिंतन को आधार बनाया।
- मैकिंटायर ने कहा कि मैक्स वेबर ने व्यक्ति को इतिहास, समाज, प्रथाओं एवं सामाजिक परिवेश से पृथक करके देखा, जिन्हें नौकरशाही प्रबंध भी कहा जाता है।
- वे अपनी पुस्तक-"After Virtue" (1981) में पर्यावरणीय विनाश की कल्पना करते हैं, जिसके द्वारा उन्होंने व्यक्ति को सामाजिक कहा तथा सामाजिक परिस्थिति में ही व्यक्ति के व्यवहार को समझा जा सकता है।

- समुदायवादियों ने व्यक्तिवादी उदारवादी विचारकों की कड़ी आलोचना की। माइकल सैंडल ने नव-उदारवादियों पर कड़ा प्रहार करते हुए कहा कि 'इनके आत्मनिर्धारण की मान्यता अतार्किक है, क्योंकि ये विचार सामाजिक परिप्रेक्ष्य, समुदाय व सामाजिक परिस्थितियों की पूर्ण अवहेलना करते हैं।'
- समुदायवादियों ने व्यक्ति की बजाय, समुदाय को प्राथमिक माना। समुदाय का आशय, परिवार, पड़ोस, विद्यालय, चर्च व राष्ट्र-राज्य है। इनके अनुसार, व्यक्ति का जीवन, समुदाय में ही सार्थक हैं। समुदाय से परे व्यक्ति के जीवन की कल्पना करना कठिन है।
- समुदायवादियों के अनुसार, व्यक्ति का चयन सदैव तार्किक नहीं होता है व समुदाय के द्वारा व्यक्ति को ज्ञान, चेतना व समाज में अपनी स्थिति का पता चलता है। इसलिए समुदायवादियों ने व्यक्ति को समाज में अंतर्निहित माना। हमारी मूल मान्यताएं परिवार, समाज, धर्म व राष्ट्र द्वारा निर्धारित होती हैं।
- समुदायवादियों के अनुसार, 'राज्य का मूल कर्त्तव्य एक बेहतर समुदाय के निर्माण का प्रयास करना है।'
- अत: ये तटस्थ राज्य की संकल्पना को अस्वीकृत करते हैं। समुदायवादियों ने 'ग्रीन' जैसे विचारकों से प्रेरणा ली, जिन्होंने व्यक्ति को मूलत: सामाजिक माना। नव-उदारवादियों व समुदायवादियों के मध्य अन्य **विभेद निम्नलिखित हैं**-

(i) उदारवादियों के अनुसार, 'आत्मन, साध्य से पहले (self is prior to end) होता है।' समुदायवादियों के अनुसार, 'व्यक्ति की उदारवादी संकल्पना खोखली है, क्योंकि व्यक्ति के उद्देश्यों का निर्धारण समुदाय के द्वारा किया जाता है। इसलिए समुदायवादियों के अनुसार, 'आत्मन का निर्धारण, साध्य के द्वारा (end is prior to self) होता है।'

(ii) समुदायवादियों के अनुसार, उदारवादियों का आत्म प्रत्यक्षण त्रुटिपूर्ण है। चार्ल्स टेलर के अनुसार, 'समाज में मूल्यों का निर्धारण अधिक्रमता (सोपानिकता) के रूप में होता है। इन मूल्यों की प्राप्ति हमें समुदाय से होती हैं, जिनके द्वारा लक्ष्यों का निर्धारण किया जाता है। हम और हमारे उद्देश्य अलग नहीं होते हैं, हम अपने जीवन में उद्देश्यों का चयन नहीं, अपितु समाज में इनकी खोज करते हैं।'

(iii) समुदायवादियों के अनुसार, 'व्यक्ति, समाज में अवस्थित होता है।' माइकल सेंडल के अनुसार, 'सामुदायिक मूल्य समाज के सदस्यों द्वारा स्वीकार किए जाते हैं तथा समाज के सदस्यों की पहचान इन्हीं मूल्यों से होती है।'

### महत्वपूर्ण तथ्य

- माइकल सैंडल ने वर्ष 1982 में अपनी प्रसिद्ध रचना-"Liberalism and the Limits of Justice" (1982) लिखते हुए समुदायवादी सिद्धांत का प्रतिपादन किया। इन्होंने नव-उदारवादियों की कड़ी आलोचना की।
- इसके अन्य मान्यताकारों में वॉल्जार, चार्ल्स टेलर और मैकेंटायर हैं।
- माइकल वॉल्जार की रचना-"Spheres of Justice: A Defense of Pluralism and Equality" (1983) है।
- चार्ल्स टेलर की रचना-"Hegel and Modern Society" (1979) है।
- चार्ल्स टेलर के अनुसार, 'नव-उदारवादी सामान्य हित की राजनीति का परित्याग कर देते हैं।'
- टेलर के अनुसार, 'स्वतंत्रता, अवस्थित (Situated) होती है।'
- समुदायवाद, उदारवाद का ही विस्तार है।
- समुदायवाद, समाजवाद नहीं है।

**समुदायवादियों की मूल मान्यता निम्नलिखित हैं**-

- समुदाय, व्यक्ति की तुलना में ज्यादा महत्वपूर्ण है।
- समुदायवादियों ने Social Thesis पर बल दिया। (समुदाय को केंद्र)।
- समुदायवादियों के अनुसार, 'समुदाय का आशय, परिवार, विद्यालय, विश्वविद्यालय, चर्च, पास-पड़ोस एवं राष्ट्र है।'
- इनके अनुसार, 'व्यक्ति, मूलत: सामाजिक प्राणी है।'
- इन्होंने उदारवादियों की व्यक्ति की संकल्पना को अपूर्ण माना।
- इसलिए इन्होंने व्यक्ति को समाज में अवस्थित माना।
- उनके अनुसार, 'व्यक्ति, समाज में अपनी पुनर्खोज करता है।'
- इन्होंने व्यक्ति की समाज में संबद्धता (Embeddness) पर अत्यधिक बल दिया।
- इनके अनुसार, व्यक्ति की पहचान समुदाय के द्वारा निर्मित होती है।
- इनके अनुसार, हमारे उद्देश्यों का निर्धारण समुदाय के द्वारा ही किया जाता है।
- इनके अनुसार, व्यक्ति को स्वतंत्रता और अधिकार समुदाय से प्राप्त होते हैं।
- समुदायवादियों के अनुसार, राज्य द्वारा विशेष प्रकार के मूल्यों को बढ़ावा दिया जाना चाहिए।
- समुदायवादियों (सैंडल) के अनुसार, 'साध्य, आत्मन से पहले होता है।'
- समुदायवादियों के मुख्य मान्यताकार-सैंडल, चार्ल्स टेलर, वॉल्जार एवं मैकेंटायर इत्यादि।
- समुदायवादियों के मूल आदर्श हैं-हीगल एवं ग्रीन।

### नव उदारवादियों का खंडन

- समुदायवादियों ने नव-उदारवादियों का प्रबल खंडन किया।
- इनके अनुसार, नव-उदारवादियों की **निम्न कमियां हैं**-
  - (i) नव-उदारवादियों द्वारा वर्णित व्यक्ति की संकल्पना अपूर्ण है।
  - (ii) इसमें व्यक्ति के आत्म प्रत्यक्षण को उपेक्षित किया गया है।
  - (iii) नव-उदारवादियों ने संबद्धता को उपेक्षित किया है।
- समुदायवादियों ने नव-उदारवादियों की इस मान्यता का विरोध किया कि व्यक्ति का चयन सर्वाधिक महत्वपूर्ण है। व्यक्ति, समाज के किसी भी मूल्य और मान्यताओं पर सवाल उत्पन्न करने के लिए स्वतंत्र है।

## नव-उदारवाद बनाम् समुदायवाद का विवाद

- समुदायवादियों ने व्यक्तिवादी उदारवादी विचारकों की कड़ी आलोचना की।
- माइकल सैंडल ने नव-उदारवादियों पर कड़ा प्रहार करते हुए कहा कि 'इनके आत्मनिर्धारण की मान्यता अतार्किक है, क्योंकि ये विचार सामाजिक परिप्रेक्ष्य, समुदाय व सामाजिक परिस्थितियों की पूर्ण अवहेलना करते हैं।'
- समुदायवादियों ने व्यक्ति की बजाय, समुदाय को प्राथमिक माना।
- समुदाय का आशय, 'परिवार, पड़ोस, विद्यालय, चर्च व राष्ट्र-राज्य हैं।'
- इनके अनुसार, व्यक्ति का जीवन, समुदाय में ही सार्थक है। समुदाय से परे व्यक्ति के जीवन की कल्पना करना कठिन है।
- समुदायवादियों के अनुसार, व्यक्ति का चयन सदैव तार्किक नहीं होता है। समुदाय के द्वारा व्यक्ति को ज्ञान, चेतना व समाज में अपनी स्थिति का पता चलता है।
- इसलिए समुदायवादियों ने व्यक्ति को समाज में अंतर्निहित माना। हमारी मूल मान्यताएं परिवार, समाज, धर्म व राष्ट्र द्वारा निर्धारित होती हैं।
- समुदायवादियों के अनुसार, 'राज्य का मूल कर्त्तव्य एक बेहतर समुदाय के निर्माण का प्रयास करना है।' अतः ये तटस्थ राज्य की संकल्पना को अस्वीकृत करते हैं।
- समुदायवादियों ने 'ग्रीन' जैसे विचारकों से प्रेरणा ली, जिन्होंने व्यक्ति को मूलतः सामाजिक माना।

### नव-उदारवादियों व समुदायवादियों के मध्य अन्य विभेद निम्नलिखित हैं-

- (i) उदारवादियों के अनुसार, 'आत्मन, साध्य से पहले होता है।' समुदायवादियों के अनुसार, 'व्यक्ति की उदारवादी संकल्पना खोखली है, क्योंकि व्यक्ति के उद्देश्यों का निर्धारण समुदाय के द्वारा किया जाता है।' इसलिए समुदायवादियों के अनुसार, 'आत्मन का निर्धारण साध्य के द्वारा होता है।'
- (ii) समुदायवादियों के अनुसार, उदारवादियों का आत्म प्रत्यक्षण त्रुटिपूर्ण है। चार्ल्स टेलर के अनुसार, 'समाज में मूल्यों का निर्धारण अधिक्रमता (सोपानिकता) के रूप में होता है तथा इन मूल्यों की प्राप्ति हमें समुदाय से होती है, जिनके द्वारा लक्ष्यों का निर्धारण किया जाता है। हम और हमारे उद्देश्य अलग नहीं होते हैं, हम अपने जीवन में उद्देश्यों का चयन नहीं, अपितु समाज में इनकी खोज करते हैं।'
- (iii) समुदायवादियों के अनुसार, 'व्यक्ति, समाज में अवस्थित होता है।' माइकल सैंडल के अनुसार, 'सामुदायिक मूल्य समाज के सदस्यों द्वारा स्वीकार किए जाते हैं तथा समाज के सदस्यों की पहचान इन्हीं मूल्यों से होती है।'

## बहुसंस्कृतिवाद

### आशय

- विश्व के अधिकांश देश आंतरिक तौर पर बहुल हैं, लेकिन उनके यहां उनकी सीमाओं में निवास कर रहे लोगों की भिन्न-भिन्न धर्म, जातियां और संस्कृतियां हैं। लोकतंत्र के दायरे में इतने लोगों से कैसे समान रूप से व्यवहार किया जा सकता है? यह प्रश्न बहुसंस्कृतिवाद करता है और उसका उत्तर देने का प्रयत्न करता है।
- बहुसंस्कृतिवाद एक ऐसी विचारधारा है, जिसे सैलड बाउल संस्कृति (Salad bowl), मौजेक संस्कृति (Cultural Mosaic) तथा मेल्टिंग पॉट संस्कृति (Melting Pot Culture) के नाम से भी जाना जाता है।

### ऐतिहासिक परिप्रेक्ष्य

- किमलिका ने बहुसंस्कृतिवाद के इतिहास को तीन अवस्थाओं में विभाजित किया है।
  1. बहुसंस्कृतिवाद समुदायवाद के रूप में
  2. बहुसंस्कृतिवाद उदारवादी ढांचे के रूप में
  3. बहुसंस्कृतिवाद राष्ट्र निर्माण के प्रक्रिया के रूप में

### 1. बहुसंस्कृतिवाद समुदायवाद के रूप में

- समुदायवादियों के अनुसार, बहुसंस्कृतिवाद वैयक्तिक स्वायत्तता के भ्रांतिपूर्ण प्रभावों से समुदायों की सुरक्षा करने एवं समुदाय का मूल्य प्रदर्शित करने का एक उचित तरीका है।
- समुदायवादी टेलर व सैंडल के अनुसार, उदारवादी सिद्धांत अल्पसंख्यकों जैसे विभिन्न समुदाय समूहों को संगठित

करने एवं उनके अधिकारों को राष्ट्रीय स्तर पर बनाए रखने के लिए अनुपयुक्त हैं।

**2. उदारवादी ढांचे में बहुसंस्कृतिवाद**

- जोसफ राज के अनुसार, व्यक्ति की स्वायत्तता उसकी अपनी संस्कृति से संबंधों, अन्यों द्वारा उसकी संस्कृति व समृद्धि को दिए जाने वाले सम्मान एवं समाज के वृहत्तर संदर्भ में उसकी संस्कृति की पहचान से सीधे जुड़ी हुई है।
- किमलिका ने अल्पसंख्यकों के अधिकारों को दो भागों में विभाजित किया है प्रथम, 'आंतरिक नियंत्रण' दूसरा, 'बाह्य सुरक्षा'।
- किमलिका के अनुसार, आंतरिक नियंत्रण में अंत: सामूहिक संबंध आते हैं और बाह्य सुरक्षा में अंतर्सामूहिक संबंध।

**3. बहुसंस्कृतिवाद राष्ट्र निर्माण की प्रक्रिया के रूप में**

- उदारवादी राज्य ने राष्ट्र निर्माण के किसी-न-किसी बिंदु पर एक राष्ट्रीय संस्कृति को फैलाने का प्रयास किया जो समान असवरों, विश्वास एवं एकात्मकता जैसे महत्वपूर्ण राष्ट्रीय लक्ष्यों में लाभदायक हो सके।

## गैर विभेदीकरण का आदर्श

- बहुसंस्कृतिवाद का लक्ष्य अल्पसंख्यक सांस्कृतिक समुदायों के प्रति भेदभाव को न्यूनतम तथा गैर विभेदीकरण के आदर्श को प्रोत्साहित करना है। बहुसंस्कृतिकवाद का दूसरा लक्ष्य सांस्कृतिक विविधता का संरक्षण हैं।

### विभेदकारी नागरिकता का सिद्धांत

- बहुसंस्कृतिवाद के अनुसार, सभी के लिए समान अधिकार संस्कृति पर आधारित मतभेद को न्यूनतम करने के लिए अपर्याप्त हैं। आवश्यकता अल्पसंख्यकों को विशेष अधिकार देने की है। इस विचार के अनुसार, नागरिकों में उनकी सांस्कृतिक पहचान के आधार पर मतभेद किया जा सकता है।
- विभेदीकृत नागरिकता की रूपरेखा के भीतर, बहुसंस्कृतिवाद अल्पसंख्यक समुदायों के लिए तीन प्रकार के विशेष अधिकारों की व्यवस्था करता है।
  1. सांस्कृतिक अधिकार
  2. स्वशासन के अधिकार
  3. विशेष प्रतिनिधित्व के अधिकार

## भीखू पारेख तथा किमलिका के बहुसंस्कृतिवाद संबंधी विचार

- भीखू पारेख के अनुसार, आधुनिक समाजों में सांस्कृतिक विविधता कई रूपों में देखी जा सकती है; जिनमें से निम्न तीन सबसे अहम हैं :
- *पहला*, समाज के सदस्य व्यापक रूप से सामान्य संस्कृति साझा करते हैं। किंतु वे विविध तरीकों से मनोरंजन तथा कुछ काम करते हैं। इसमें समलैंगिक व्यक्ति और लेस्बियन शामिल हैं। ये व्यापक संस्कृति से खुश हैं, और केवल जीवन के प्रासंगिक क्षेत्रों में अपनी पसंद व्यक्त करते हैं।
- *दूसरा*, समाज का एक वर्ग प्रभुत्वशाली संस्कृति के केंद्रीय सिद्धांतों और मूल्यों की आलोचना करते हैं। जैसे- नारीवादियों द्वारा पितृसत्ता की आलोचना, पर्यावरणविदों के द्वारा मानवजनित विकास की आलोचना।
- *तीसरा*, अधिकांश आधुनिक समाजों में कई आत्म जागरूक और सुव्यवस्थित समुदाय शामिल हैं, जो विभिन्न मान्यताओं तथा प्रथाओं द्वारा अपना मनोरंजन करते हैं। इसमें अप्रवासी, यहूदी, अमीश शामिल हैं। भीखू पारेख के अनुसार, तीनों के अपने लाभ तथा हानि हैं किंतु उनके अनुसार तीसरा रूप तीनों में बहुसंस्कृतिवाद के लिए संतुलित है।

### विल किमलिका के विचार

- बहुसंस्कृति शब्द का प्रयोग विल किमलिका एक छतरी की तरह करते हैं और कहते हैं कि इसी अर्थ में कुछ बहुसंस्कृतिवादियों ने बहुसंस्कृतिवाद का एक सामान्य सिद्धांत विकसित करने का प्रयास किया है।
- किमलिका कनाडाई अनुभव को यूरोपीय अनुभवों की दृष्टि से देखने की आलोचना करते हैं। इसका तात्पर्य यह हुआ कि बहुसंस्कृतिवाद के अनेक देशज प्रतिमान होते हैं। ऐतिहासिक तथा सांस्कृतिक परिप्रेक्ष्य की विविधता की दृष्टि से किमलिका की यह स्वीकरोति समीचीन है।

### बहुसंस्कृतिवाद की आलोचना

- उदारवादी समानतावादियों ने बहुसंस्कृतिवाद की आलोचना की है। ब्रायन बेरी ने अपनी प्रसिद्ध रचना-"कल्चर एंड इक्वैलिटी" में बहुसंस्कृतिवाद की समालोचना की है। बेरी के अनुसार, संस्कृति व समानता मूलभूत रूप से असंगत वचनबद्धताएं हैं।
- साइमन केरी ने ब्रायन बेरी के दृष्टिकोण का सार प्रस्तुत करते हुए चार मूल विशिष्टताओं की रूपरेखा प्रस्तुत की है। जोकि निम्नलिखित हैं–
  1. वैयक्तिक नागरिक व राजनीतिक स्वतंत्रताओं के उदारवादी कार्यक्रम का समर्थन
  2. राज्य की तटस्थता के आदर्श का समर्थन
  3. समस्त नागरिकों को समान उदारवादी अधिकार
  4. बेरी अपने उदारवादी विचारों को पश्चिमी प्रजातंत्रों तक सीमित न रखकर वैश्विक आधार पर लागू करना चाहता है।

## नारीवादी आलोचना

- नारीवादियों के अनुसार, बहुसंस्कृतिवाद में नारियों के अधिकारों पर अलग से विशेष ध्यान नहीं दिया गया है। सुसान ओकिन ने "Is Multiculturalism Bad for Women" में बताया है कि बहुसंस्कृतिवाद कुछ प्रमुख बातों पर ध्यान नहीं देता।
  1. सांस्कृतिक समूहों को अखंड समूह माना गया। यह स्वीकार नहीं किया गया कि इन अल्पसंख्यक सांस्कृतिक समूहों के अंतर्गत जेंडर संबंध असमान हैं।
  2. समूह के अधिकारों की वकालत करने वालों ने निजी क्षेत्र पर ध्यान नहीं दिया।

## संयुक्त राष्ट्र की भूमिका

- संयुक्त राष्ट्र व इसकी एजेंसियां अल्पसंख्यक समूहों के व्यक्तियों के सांस्कृतिक अधिकारों के प्रति व देशज लोगों के अधिकारों के प्रति वचनबद्ध हैं। 18 दिसंबर 1992 को सामान्य सभा ने 47/135 प्रस्ताव द्वारा 'राष्ट्रीय अथवा जातीय, धार्मिक व भाषाई अल्पसंख्यकों के अधिकारों की घोषणा को अपनाया।
- मानव अधिकार विश्व सम्मेलन में 25 जून 1993 में विएना घोषणापत्र को अपनाया गया।

## निष्कर्ष

- बहुसंस्कृतिवाद की अवधारणा तथा उनके साथ जुड़े अन्य सिद्धांत समकालीन जीवन में अत्यधिक महत्वपूर्ण हो गए हैं। यह अल्पसंख्यक संस्कृति की सुरक्षा व पोषण के लिए सामाजिक/संस्थागत व्यवस्थाओं पर जोर देता हैं।

## बहुसंस्कृतिवाद (Multi Culturalism)

- विल किमलिका और भीखू पारेख ने बहुसंस्कृतिवाद की निम्नलिखित विशेषता बताई : 1) पहचान की राजनीति (Politics of Identity), 2) मान्यता की राजनीति (Politics of Recognistion), 3) प्रतिनिधित्व की राजनीति (Politics of Representation)।
- बहुसंस्कृतिवाद द्वारा पहचान की राजनीति पर बल दिया गया। बहुसंस्कृतिवाद ने उदारवादी मान्यता को अपर्याप्त एवं अपूर्ण माना। किमलिका के अनुसार, इंग्लैंड जैसे देशों में श्रमिक वर्ग को राष्ट्रीय संस्कृति में सम्मिलित करने का प्रयत्न केवल परोपकार की भावना से नहीं किया गया। ब्रिटेन में श्रमिक वर्ग स्वयं को ब्रिटिश सभ्यता से जुड़ा नहीं मानते थे। इसलिए ब्रिटिश सरकार को आशंका थी कि उनका झुकाव विदेशी विचारों या विचारधाराओं की ओर हो सकता है।
- विदेशी विचारधाराओं में साम्यवाद एवं बोल्शेविकवाद का खतरा सबसे ज्यादा था। इसके अतिरिक्त ऐसे समाज पर शासन करना ज्यादा आसान होता है, जिसके नागरिकों की राष्ट्रीय भाषा समान हो तथा वे समान संस्कृति एवं पहचान में विश्वास रखते हों।
- कल्याणकारी राज्य द्वारा एक समान राष्ट्रीय पहचान एवं संस्कृति के निर्माण के लिए सामाजिक अधिकारों को अत्यधिक महत्व दिया गया, इसलिए सामाजिक अधिकारों को शामिल किया गया। उदाहरण के लिए, शिक्षा के अधिकार का यह तात्पर्य नहीं है कि बच्चे या उसके माता-पिता द्वारा चुने गए किसी भाषा में शिक्षा का अधिकार प्राप्त हो। बच्चों में तार्किकता, साक्षरता प्रदान करने के लिए ही शिक्षा नहीं दी जाती, बल्कि इसका मूल उद्देश्य है, शिक्षा के द्वारा लोगों को राष्ट्रीय संस्कृति से जोड़ा जा सके।
- अत: समान अधिकारों की धारणा भी गहरे रूप में राष्ट्रीय एकीकरण के साथ जुड़ा हुई है। बहुसंस्कृतिवादी समान नागरिक अधिकारों एवं राष्ट्रीय एकीकरण के बीच के जुड़ाव के आलोचक हैं।
- उदारवादी व्यवस्था में सभी व्यक्तियों को सार्वभौमिक रूप में समान अधिकार प्रदान किए जाते हैं, परंतु अनेक अल्पसंख्यक समूह स्वयं को हाशिये पर तथा कलंकित और अपमानित महसूस करते हैं, जिनमें अश्वेत महिलाएं, मूल निवासी, जातियां एवं धार्मिक अल्पसंख्यक, पुरुष समलैंगिक (गे), महिला समलैंगिक (लेस्बियन) जैसे, समुदाय प्रमुख हैं, जो अपनी सामाजिक एवं सांस्कृतिक पहचान के कारण खुद को हाशिये पर महसूस करते हैं।
- बहुसंस्कृतिवादियों के अनुसार, 'बुनियादी रूप में नागरिकता को समान अधिकार, गोरे या श्वेत, विषम लैंगिक एवं सक्षम शरीर वाले व्यक्तियों को ध्यान में रखकर परिभाषित किया गया।
- ये अधिकार अल्पसंख्यक समूहों की आवश्यकताओं को समायोजित नहीं करते हैं। इसलिए अन्य समूहों ने अलग और पृथक् अधिकारों की मांग की, जिसे 'आयरिश मेरियन यंग' ने विभेदीकृत नागरिकता की संकल्पना कहा।
- इनके अनुसार, प्रत्येक समूहों को राजनीतिक समुदाय में सम्मिलित करना चाहिए न कि व्यक्तियों को प्राथमिकता देनी चाहिए। विश्व में अनेक समूह समान राष्ट्रीय संस्कृति में एकीकरण के विचार को ही खारिज कर देते हैं। जैसे-कनाडा के क्यूबिक प्रांत के लोग, स्पेन का कैटलोनिया प्रांत एवं बेल्जियम के फ्लेमिस जैसे राष्ट्रीय अल्पसंख्यक अपने लिए पृथक् राष्ट्र की मांग कर रहे हैं। साथ ही वे इसके लिए ये संघर्ष कर रहे हैं कि सार्वजनिक संस्थाओं में इनकी भाषा और संस्कृति को मान्यता प्रदान की जाए।
- ये स्वशासन की मांग उठाते हैं, जिससे ये अपनी संस्कृति की रक्षा कर सकेंगे। अन्य समूह राष्ट्रीय एकीकरण के

विचार के विरोधी नहीं हैं, लेकिन विभेदीकृत व्यवहार के समर्थक हैं। पुरुष समलैंगिक यह महसूस करते हैं कि उन्हें त्रुटिपूर्ण तरीके से राष्ट्रीय संस्कृति से अलग किया गया है।

- इसका कारण आर्थिक असमानता कदापि नहीं है, बल्कि समलैंगिकों को राष्ट्रीय संस्कृति में कलंकित माना जाता है।
- इनके अनुसार, राष्ट्रीय संस्कृति के सभी प्रतीक विषमलैंगिक लोगों से संबंधित पश्चिमी लोकतांत्रिक समाजों में विषमलैंगिक (Heterosexual) व्यक्तियों को अच्छा माना जाता है। जबकि शिक्षा या भौतिक संसाधनों की दृष्टि से यह अत्यधिक संपन्न हैं। परंतु राष्ट्रीय संस्कृति के पद्सोपान में इन्हें हीन दृष्टि से देखा जाता है। इन पर शारीरिक हमले का खतरा भी बहुत ज्यादा होता है।
- अनेक धार्मिक अल्पसंख्यक स्वयं को राष्ट्रीय संस्कृति में कलंकित एवं बहिष्कृत करते हैं। इसमें इन अल्पसंख्यकों की मांग है कि किन-किन धार्मिक छुट्टियों को सार्वजनिक मान्यता प्राप्त हो, ड्रेस कोड के नियमों में परिवर्तन हो। ड्रेस कोड और धार्मिक पूजा-पाठ में दखलंदाजी करने वाले कानूनों से छूट हो।
- बहुसंस्कृतिवादियों के अनुसार, आज के उदारवादी लोकतांत्रिक समाजों में आर्थिक विषमता को वितरणकारी नीतियों द्वारा हल करने का प्रयत्न किया जाता है। परंतु समाज में सांस्कृतिक विषमता को हल करने का उपाय उदारवादियों के पास नहीं है।
- अभी भी ब्रिटिश समाज में पद्सोपान एवं हैसियत के आधार पर समाज में विभाजन विद्यमान है। उदाहरण के लिए, अंग्रेज होना, आयरिश होने से ज्यादा अच्छा माना जाता है। प्रोटेस्टेंट को कैथोलिक से बेहतर माना जाता है। ईसाइयों को यहूदियों और मुस्लिम से श्रेष्ठ माना जाता है।
- जबकि गोरे लोगों को काले, भूरे एवं पीले लोगों से ज्यादा अच्छा माना जाता है। पुरुष होना, महिला होने से ज्यादा अच्छा माना जाता है तथा विषमलैंगिकों को, समलैंगिकों की तुलना में वरीयता दी जाती है। सक्षम या शक्तिशाली शरीर वाले व्यक्तियों को विकलांगों से श्रेष्ठ माना जाता है।
- किसी भी समाज में अल्पसंख्यक समुदाय के लोगों के समक्ष **निम्न विकल्प होते हैं**-
  (i) अल्पसंख्यक समूह के निकट कोई ऐसा संपन्न एवं मित्र राज्य हो, जो उन्हें स्वीकार कर ले। उदाहरण के लिए, अभी हाल में कजाकिस्तान से जर्मन प्रजाति के लोग जर्मनी चले गए। इसी प्रकार विश्व के अनेक क्षेत्रों से आकर यहूदी इजरायल में बस गए।
  (ii) अल्पसंख्यक, बहुसंख्यकों की संस्कृति में स्वयं को मिला ले और यह प्रयत्न करे कि एकीकरण ज्यादा निष्पक्ष और बेहतर हो।
  (iii) स्वशासन के अधिकारों की मांग और ऐसी शक्तियों की मांग, जिससे वे अपनी सामाजिक व संस्कृति पहचान को संरक्षित कर सके तथा अपनी भाषा में शैक्षणिक संस्थाओं की स्थापना भी कर सके।
  (iv) वे समाज में अपने वंचित या हाशिये की स्थिति को स्वीकार कर ले और ये कहे कि उन्हें अकेले ही छोड़ दिया जाए।
- उदारवादी विचारधारा में व्यक्ति के चयन और स्वतंत्रता को अत्यधिक महत्व दिया जाता है। उदारवादी विचारकों ने भी बहुसंस्कृतिवाद की मान्यताओं को अपनाया। परंतु उदारवादी अल्पसंख्यकों के बुरे अधिकार एवं अच्छे अधिकारों में भेद करते हैं।
- बुरे अल्पसंख्यक अधिकार वे हैं, जिसमें व्यक्तिगत अधिकारों पर पाबंदी लगाई जाए। उदाहरण के लिए, एक कैथोलिक संगठन इस बात के लिए जोर दे सकता है कि उनके सदस्य चर्च जाएं। जबकि उदारवादी समाज में हर व्यक्ति को निर्णय लेने का स्वतंत्र अधिकार होता है।
- अच्छे अल्पसंख्यक अधिकारों का अभिप्राय है, जो व्यक्तिगत अधिकारों के सहायक एवं पूरक हों। उदाहरण के लिए, प्रत्येक समूह को अपनी संस्कृति का अधिकार होना चाहिए। परंतु समुदाय के लोग अपने सदस्यों के अधिकारों का दमन न करे।
- पश्चिमी विचारकों ने अल्पसंख्यकों को भी **दो भागों में विभाजित किया है**-
  (i) वे अल्पसंख्यक, जो उस देश के मूल निवासी हों।
  (ii) वे अल्पसंख्यक, जिन्होंने उस देश में रहने का चयन किया हो।
- पाश्चात्य विचारकों के अनुसार, अल्पसंख्यकों के अधिकार केवल स्वाभाविक अल्पसंख्यकों को प्राप्त होना चाहिए न कि उन अल्पसंख्यकों को जिन्होंने किसी देश में रहने का चयन स्वेच्छा से किया है। भीखू पारीक इस मान्यता से असहमत हैं, क्योंकि इनके अनुसार, सभी प्रकार के अल्पसंख्यकों को समान अधिकार प्राप्त होना चाहिए। इससे अल्पसंख्यकों में भेदभाव करना, तार्किक एवं औचित्यपूर्ण नहीं है।

- **नव-उदारवादी विचारकों के नाम**

(i) हेयक (ii) फ्रीडमैन (iii) नॉजिक (iv) बर्लिन।

- **समतावादी विचारकों के नाम**

(i) रॉल्स (ii) डॉर्किन
(iii) रोकोवस्की (iv) आमर्त्य सेन।

- **समुदायवादी विचारकों के नाम**
  (i) वॉल्जार (ii) टेलर
  (iii) सैंडल एवं मैकेंटायर।
- **बहुसंस्कृतिवादी विचारकों के नाम**
  (i) किमलिका (ii) भीखू पारीक।
- रोनाल्ड डॉर्किन की रचना-"Taking Rights Seriously" (1977) है।
- विल किमलिका की रचना-"Liberalism, Community and Culture" (1989) है।

**महत्वपूर्ण रचनाएं**

- चार्ल्स मेरियम – Politics and Psychology
- वेल्डन की रचना – Vocabulary of Politics (1953)
- आर्थर एफ. बेन्टले – The Process of Government: A Study of Social Pressures (1908)
- डेविड ट्रूमैन – The Governmental Process: Political Interests and Public Opinion (1951)
- जेम्स ब्राइस – Modern Democracies (1921)
- मैक्रिडिस – Modern Government (1958)
- दांते जर्मीनो – Beyond Ideology: The Revival of Political Theory (1967)
- थॉमस एस. कुन्ह – The Structure of Scientific Revolutions (1962)
- मैक्स वेबर – Politics as a Vocation (1919)
- मैकाइवर – The Modern State (1926)
- हैरॉल्ड जोसेफ लास्की – Liberty in the Modern State (1930), A Grammar of Politics (1925), Authority in the Modern State (1919), The State in Theory and Practice (1935), Reflections on the Revolution of Our Time (2011)
- अर्नेस्ट बार्कर – Principles of Social & Political Theory (1951)
- बेंजामिन आर. बार्बर – Strong Democracy (1984)
- माइकल वॉल्जार – Spheres of Justice: A Defence of Pluralism and Equality (1983)

अध्याय 16

# उत्तर-आधुनिकतावाद
# POST-MODERNISM

## उत्तर-आधुनिकतावाद

- मिशेल फूकोल्ट उत्तर आधुनिक, उत्तर संरचनावादी एवं मार्क्सवादी विचारक हैं।
- मिशेल फूकोल्ट किसी भी प्रकार की व्यवस्था का विरोध करता है। वह इस मान्यता का खंडन करता है कि यदि व्यक्ति किसी व्यवस्था में रहेगा, तो उसकी समस्याएं समाप्त हो जाएंगी।
- इसे उत्तर-आधुनिक इसलिए कहा जाता है, क्योंकि यह विवेक की भी सीमाएं निर्धारित करता है।
- इसके अनुसार, पहले तो व्यक्ति के लिए एक व्यवस्था का निर्माण किया गया तथा फिर उस व्यवस्था को बनाए रखने के लिए सजा की व्यवस्था की गई।
- मिशेल फूकोल्ट ने बताया कि कोई भी व्यवस्था व्यक्ति के ऊपर कुछ न कुछ आरोपण करती है। इसी तरह उसने तर्क दिया कि जब लोगों को सुधारने के लिए जेल का आविष्कार किया गया, तो उसके उपरांत अपराधों में कमी आनी चाहिए थी, जबकि ऐसा नहीं हुआ, बल्कि अपराधों की संख्या में बढ़ोत्तरी हुई, ऐसा क्यों हुआ?
- फूको इसका उत्तर देता है तथा कहता है कि पूंजीवादी व्यवस्था में जेल का प्रयोग व्यक्तियों की आवाज को अनुशासन के नाम पर दबाने के लिए किया जाने लगा तथा क्रांति की आवाज को क्षीण बना दिया गया।
- फूकोल्ट बताता है कि अब एक विशेष वर्ग अपनी भलाई व लाभ के लिए तथा कमजोर लोगों का शोषण करने के लिए तर्क का सहारा लेने लगा। अत: तर्क का प्रयोग शोषण के लिए किया जाने लगा।
- फूकोल्ट एक ऐसे आधार की तलाश में था, जिसके आधार पर पूंजीवादी-उदारवादी व्यवस्था को नापाक सिद्ध किया जा सके। उसका मानना था कि पूंजीवादी व्यवस्था ने व्यक्ति को स्व से अलग कर दिया है। इस व्यवस्था की यह प्रकृति होती है कि वह शक्ति का आरोपण करे, जो बाध्यकारी होती है। इससे व्यक्ति की वैयक्तिकता एवं सृजन क्षमता समाप्त होती है। वह इसी से व्यक्ति को बचाना चाहता है।
- ये सत्य के सार्वभौमिक एवं निरपेक्ष स्वरूप को अस्वीकार करते हैं।
- जिस प्रकार न्यूटन ने गति के सार्वभौमिक सिद्धांत को क्वांटम भौतिकी के द्वारा परिवर्तित कर दिया।
- इसी प्रकार फ्रांसीसी विद्वानों ने 1960 एवं 1970 के दशक में आधुनिक विचारों को परिवर्तित करके उत्तर-आधुनिकता की नींव रखी।
- इसके प्रतिपादकों में गिलिज डेल्यूज, ल्यूस इरीगरे ल्योटार्ट, मिशेल फूकोल्ट एवं देरिदा हैं।
- ऐसा माना जाता है कि उत्तर-आधुनिकतावाद का आधार जर्मन दार्शनिक नीत्से के विचारों में विद्यमान है।
- नीत्से ने शून्यवाद का विचार देते हुए समाज में स्थापित सभी आदर्शों एवं मूल्यों को अस्वीकार कर दिया।

## विखंडनवाद (Deconstruction)

- उत्तर-आधुनिकतावाद का मूल आधार देरिदा का विखंडनवाद है।
- जिसके अनुसार, पाठक पाठ्य-पुस्तक का अर्थ व्यक्तिगत रूप में विश्लेषित करेगा, लेखक के दृष्टिकोण को स्वीकार करना आवश्यक नहीं है।
- उसके अनुसार पाठ (Text) के बजाए, संदर्भ (Context) अथवा सामाजिक परिवेश एवं परिस्थितियां महत्वपूर्ण होती हैं।
- देरिदा ने-"ऑफ ग्रामेटोलाजी" में अपने विचार व्यक्त किए। उनका प्रसिद्ध कथन है कि The End of the Book and the Beginning of Writing है।
- विखंडनवाद को स्पष्ट करते हुए वे 'प्लेटोस फॉर्मेसी' शब्द का प्रयोग करते हैं तथा 'आर्क राइटिंग' के द्वारा लेखन एवं वाबी के विखंडन का प्रयास करते हैं।
- वर्ष 1960 के दशक में फ्रांस में इस आंदोलन की शुरूआत हुई, जिसके प्रतिपादक Gilles Deleuze, Jacucques Derrida, Michel Foucault, Jean Francois Lyotard हैं।

- उत्तर-आधुनिकता बहुलवाद और अनिश्चितता को स्वीकार करती है।
- ये किसी भी सार्वभौमिक सत्य को स्वीकार नहीं करते, जैसाकि उदारवादी और मार्क्सवादी मानते हैं।
- इनके अनुसार, विश्व का ज्ञान किसी वस्तुनिष्ठ रूप में प्राप्त नहीं हो सकता, जैसाकि प्लेटो और कांट जैसे विचारकों ने विश्व को वस्तुनिष्ठ रूप में विश्लेषित करने का प्रयत्न किया।
- ये असहमति, सहिष्णुता तथा मतभेद को स्वीकार करते हैं। इनके अनुसार, प्रत्येक वस्तु, समय और संदर्भ के अनुसार निर्धारित होती है।
- इन्होंने आधुनिक विचारधाराओं के विश्व को समझने के सार्वभौमिक तरीकों को अस्वीकृत कर दिया।
- इन विचारकों में रिचार्ड रोरटी भी सम्मिलित हैं।
- आधुनिक उदारवादी विचारक अपने विचारों को सर्वभौमिक मानते हैं तथा एकमात्र सत्य होने का दावा करते हैं। इसके अतिरिक्त यह अपने विचारों को वैज्ञानिक तथा वस्तुनिष्ठ रूप से प्रस्तुत करते हैं।
- आधुनिक उदारवादी विचारकों का मानना है कि उनके विचार निरपेक्ष हैं। परंतु उत्तर-आधुनिक विचारधारा उपरोक्त बातों का खंडन करती है। इस विचारधारा का मानना है कि ज्ञान सार्वभौमिक नहीं, बल्कि विखंडित होता है तथा समाज व संस्कृति पर आधारित होते है। प्रत्येक विचार सापेक्ष होते हैं।
- उत्तर-आधुनिकवादी विचारकों के अनुसार, ज्ञान पूर्ण सत्य नहीं, बल्कि ज्ञान उस व्यक्ति पर निर्भर है, जो वस्तु के बारे में सोच रहा हो तथा उसे देख रहा हो। अतः उत्तर-आधुनिकवादी ज्ञान को वस्तुनिष्ठ नहीं, बल्कि आत्मनिष्ठ मानते हैं।

## मिशेल फूकोल्ट

- इस विचारधारा का समर्थन मिशेल फूकोल्ट (Michel Foucault), जैसे विचारक करते हैं। फूकोल्ट ने राजनीति विज्ञान में प्रचलित शक्ति की परंपरागत् मान्यताओं को अस्वीकार कर दिया। उनके अनुसार, शक्ति न तो राज्य में निहित है और न ही वर्ग में केंद्रित है, बल्कि यह समूचे समाज में बिखरी हुई है। जैसे शरीर में कोशिकाएं होती हैं अर्थात् शक्ति का कोई केंद्र नहीं होता।
- फूकोल्ट के अनुसार, आधुनिक समाज में अस्पताल, जेल, विश्वविद्यालय जैसे माध्यमों से व्यक्ति में अनुशासन का निर्माण किया जाता है। इसलिए शक्तियां न केवल बिखरी होती हैं, अपितु ये उत्पादक भी होती हैं। फूकोल्ट के अनुसार 'ज्ञान ही शक्ति है।'
- फूकोल्ट ने अपनी पुस्तक-''द हिस्ट्री ऑफ सेक्सुअलिटी'' (The History of Sexuality) में लिखते हैं कि विज्ञान निरपेक्ष नहीं होता, बल्कि वह समाज, संस्कृति व सामाजिक व्यवस्था द्वारा निर्मित होता है और समाज में सभी लोग समान नहीं होते, इसलिए समाज में प्रयोग की जाने वाली भाषा भी शक्ति संबंधों को परिभाषित करती है। इन्हीं शक्ति संबंधों से व्यक्ति को लैंगिकता का भी ज्ञान होता है।
- यह भी उल्लेखनीय है कि ज्ञान से ही छात्रों, मरीजों और खिलाड़ियों में अनुशासन पैदा किया जा सकता है।
- फूकोल्ट के अनुसार, व्यक्ति को अपने शरीर का ज्ञान होने पर ही (Genealogy of Power) शक्ति प्राप्त होती है तथा वर्तमान में शक्तियां सरकार (Government) से नहीं, बल्कि शासन (Governmentality) से प्राप्त होती है, जिसके द्वारा सरकार विभिन्न प्रकार से व्यक्तियों की पहचान का निर्माण करती है। जैसे-आधार कार्ड, पासपोर्ट इत्यादि का निर्माण।
- इसलिए फूकोल्ट ने शक्ति को ज्ञान के रूप में परिभाषित किया और इसे उन्होंने जैविक शक्ति (Biopower) का नाम दिया, जिससे यह प्रदर्शित होता है कि शक्ति संबंध ही ज्ञान पैदा करते हैं और शक्ति का कोई एक केंद्र नहीं होता। शक्तियां समाज में बिखरी रहती हैं। इनका प्रवाह नीचे से ऊपर की तरफ होता है। जैसे कोशिकाएं नीचे से ऊपर की ओर जाती है।
- फूकोल्ट के अनुसार, समाज में जहां भी शक्ति का प्रयोग होगा, उसका प्रतिरोध होना भी स्वाभाविक है।
- उत्तर-आधुनिकतावादियों के अनुसार, पाठक यह निर्धारित करेगा कि लेखक/लेखन का अभिप्राय क्या है? न कि लेखक यह निर्धारित करेगा कि पाठक इसे किस प्रकार पढ़े।
- उत्तर-आधुनिकतावादी इस बात पर बल देते हैं कि प्रत्येक व्यक्ति का दृष्टिकोण उसके सामाजिक, सांस्कृतिक परिप्रेक्ष्य/से परिवेश निर्धारित होता है। इसलिए वह सत्य (Truth) का अपने दृष्टिकोण के अनुसार विखंडन (Deconstruction) करेगा।
- इसलिए उत्तर-आधुनिकतावादी ज्ञान की निरपेक्षता और सार्वभौमिकता को अस्वीकार कर देते हैं और इसे विखंडित और सापेक्ष मानते हैं।
- उत्तर-आधुनिकतावादी विसंरचनावाद को स्वीकार करता है। विसंरचनावाद का सिद्धांत जेक्स दरिदा (Jacques Derrida) ने दिया।
- विसंरचनावाद यह मानना है कि अवधारणाएं, विचार,

सिद्धांत तथा पूर्वानुभव पुनर्संरचित किए जा सकते हैं जैसे शब्दों को परिवर्तित करके रचना को परिवर्तित किया जा सकता है।

- उत्तर-आधुनिकतावादी मेटा नैरेटिव (Meta Narrative) को स्वीकार नहीं करता है। मेटा नैरेटिव किसी विशेष ज्ञान की वैधता को स्वीकार करता है। यह सार्वभौमिकता अंतिम सत्य को स्वीकार करता है।
- यह मानता है कि समस्त संसार निश्चित उद्देश्यों के लिए संचालित हो रहा है। इस सिद्धांत की व्याख्या सबसे पहले जीन फ्रान्कोइस लियोटार्ड (Jean-François Lyotard) ने अपनी पुस्तक-"The Postmodern Condition: A Report on Knowledge" (1979) में किया।
- उत्तर-आधुनिकतावादी बहुल नैरेटिव (Polly Narrative) को स्वीकार करते हैं।

### मिशेल फूकोल्ट की रचनाएं

- Madness and Civilization (1961)
- The Order of Things (1966)
- Discipline and Punish (1975)
- The History of Sexuality (1976)

### Archeology and Gynaecology

- मिशेल फूकोल्ट के अनुसार, ज्ञान ही शक्ति है और ज्ञान की व्याख्या के लिए वे The Archaeology of Knowledge शब्द का प्रयोग करते हैं, जिसके अनुसार, शक्ति से ज्ञान का निर्माण होता है तथा शक्ति सामाजिक संबंधों में विद्यमान होती है।
- उनके अनुसार, Order of things का अभिप्राय है, भाषा व्याकरण द्वारा नहीं, अपितु पाठक की चेतना एवं शक्ति संबंधों द्वारा निर्धारित होती है।
- "The History of Sexuality" (1976) तथा "Discipline and Punish" (1975) के अंतर्गत फूकोल्ट ने कहा कि आधुनिक युग में व्यक्ति के व्यवहार को नियंत्रित करने के लिए जेल व चिकित्सालयों का प्रयोग किया जाता है। अत: व्यक्ति के व्यवहार को नियंत्रित करने के लिए दंड अथवा भय का प्रयोग नहीं किया जाता है।
- समाज के शक्ति संबंध ही उसकी पहचान बनाते हैं। उनके अनुसार, शक्तियां समाज से कैपिलरी की तरह फैली होती हैं तथा ये समूचे समाज में बिखरी (Diffuse) होती हैं।
- सरकार के बजाए, Governmentality के द्वारा सरकार व्यक्तियों की पहचान निर्मित करती है।
- प्रत्येक शक्ति में प्रतिरोध भी विद्यमान होता है तथा शक्तियां नीचे से ऊपर जाती हैं।

### Meta Narratives का खंडन

- ल्योटार्ड के अनुसार, आधुनिक युग में सार्वभौमिक मान्यताओं का निर्माण हुआ, जो तकनीकी-वैज्ञानिक वर्चस्व का भी परिणाम है।
- भाषाई प्रभुत्व के इस दौर को उन्होंने Language Game का नाम दिया है। भविष्य में सूचनाओं एवं तकनीकी की प्राप्ति के लिए संघर्ष होगा।
- उनके अुनसार, कंप्यूटर, आर्टीफिशियल इंटिलिजेस के वर्तमान दौर में विचारों को वस्तुनिष्ठ बनाने की होड़ है, जो मूलत: आत्मनिष्ठ होते हैं।

### राजनीति विज्ञान की कुछ महत्वपूर्ण रचनाएं

- आमण्ड एंड वर्बा - The Civic Culture (1963)
- रॉबर्ट डाल - Who Governs? (1961)
- रॉल्फ डेहरेन्डॉर्फ - Class and Class Conflict in Industrial Society (1959)
- कार्ल ड्यूस - The Nerves of Govt.: Models of Political Communication and Control (1963)
- एंथनी डॉउन्स - An Economic Theory of Democracy (1957)
- डेविड ईस्टन - A Systems of Analysis of Political Life (1965)
- सैमुअल पी. हटिंग्टन - Political Order in Changing Societies (1968)
- वी. ओ. की. जूनियर - The Responsible Electorate : Rationality in Presidential Voting, (1936–60 (1966))
- लेने - Political Ideology
- चार्ल्स एडवर्ड लिंडब्लाम - The Intelligence of Democracy (1965)
- सीम्योर मार्टिन लिप्सेट- Political Man (1960)
- कैरोल पेटमैन - Participation and

| | | |
|---|---|---|
| | | Democratic Theory (1970) |
| • बेंजामिन आर. बार्बर | - | Strong Democracy: Participatory Politics for a New Age (1984) |
| • जेने जे. मांसब्रिज | - | Beyond Adversary Democracy (1980) |
| • रॉबर्ट ए. डाल | - | Modern Political Analysis (1970) |
| • कार्ल पॉपर | - | The Poverty of Historicism (1957) |
| • ग्राह्म वॉलास | - | Human Nature in Politics (1920) |
| • कैटलिन | - | Science & Method of Politics |
| • हेनरी सिजविक | - | The Elements of Politics (1891) |
| • कैटलिन | - | Systematics Politics |
| • जॉन आर. लूकॉस | - | Principles of Politics (1966) |
| • ऐलन आर. बाल | - | Modern Politics and Government (1983) |
| • जे. डी. बी. मिलर | - | The Nature of Politics (1962) |
| • एडविन एन. विल्मसेन एंड पैट्रिक मैकअलिस्टर | - | The Politics of Difference (1996) |
| • मोरिस डुवर्जर | - | The Idea of Politics (1966) |

# भाग–2

# राजनीतिक विचारक

अध्याय 1

# कन्फ्यूशियस
# CONFUCIUS

- इनका पूरा नाम 'कोंग क्यू कन्फ्यूशियस' था।
- यह एक चाइनीज शिक्षक, राजनीतिक और दार्शनिक थे।
- इनका जन्म 551 ईसा पूर्व नैक्सिनजियान (Nanxinzhen, China) में हुआ। जो तत्कालीन समय में झोऊ राज्य (Zhou Kingdom) में आता था।
- इन्होंने मुख्यत: नैतिक दार्शनिकता, सामाजिक नैतिकता और नैतिक मूल्यों पर बल दिया।

### रचनाएं
- Book of Documents
- Book of Rites
- Confucius Says
- Classic of Poetry

## सामाजिक विचार
- कन्फ्यूशियस के विचारों को कन्फ्यूशियसवाद कहा जाता है। इनके 'विचारों में हीगल की झलक' मिलती है।
- कन्फ्यूशियस का जीवन एक धर्म गुरु जैसा रहा, जो हमें सुकरात की याद दिलाता है।
- कन्फ्यूशियस ने चीन की व्यवस्था में सुधार लाने, शांति व एकता स्थापित करने के लिए और एक शक्तिशाली व व्यवस्थित चीन का निर्माण करने का प्रयास किया।
- कन्फ्यूशियस का मानना था कि एक आदर्श व्यवस्था में समाज में 4 वर्ण होने चाहिए अर्थात् वे वर्णव्यवस्था का समर्थन करते हैं। किंतु वर्णव्यवस्था में कठोरता के समर्थक नहीं हैं।

### नैतिकता प्रधान चिंतन
- इनके विचारों का प्रमुख उद्देश्य नैतिकता है।
- कन्फ्यूशियस का मानना है, कि शिक्षा सबके लिए समान होनी चाहिए। यहां कन्फ्यूशियस के विचार अरस्तू के विचारों के निकट प्रतीत होते हैं। कन्फ्यूशियस का मानना है, कि शिक्षा सबको प्राप्त होनी चाहिए, किंतु राजनीतिक, सामाजिक व प्रशासनिक अधिकार सिर्फ पुरुषों को प्राप्त होना चाहिए।
- अरस्तू की तरह ही कन्फ्यूशियस ने माना एक सरकार को सामाजिक परंपराओं को ध्यान में रखकर कानून बनाने चाहिए।
- मानव एक नैतिक प्राणी है, उसी नैतिकता को आधार बनाकर विकास किया जाना चाहिए जिससे व्यक्ति स्व-अनुशासित हो जाएंगे।
- नैतिकता के आधार पर ही व्यक्ति अगर शासित होगा तो एक अच्छे राज्य का निर्माण होगा, अराजकता नहीं होगी।
- व्यक्ति को कानून के बजाय नैतिक नियमों से शासित व नियमित (Regulate) किया जाना चाहिए यही बात प्लेटो ने भी "Republic" में कही है।

## राजनीतिक विचार
- कन्फ्यूशियस परंपरावादी नहीं हैं, अपितु परंपराओं से सीखकर एक नई व्यवस्था के निर्माण पर बल देते हैं।
- मैकियावेली की तरह चीन को एक Unified Royal State बनाना चाहते थे।
- कन्फ्यूशियस का लोकतंत्र में विश्वास नहीं है, वे प्रतिनिधित्व की शासन प्रणाली में यकीन नहीं करते थे। उनका मानना था कि आम व्यक्ति इतने समर्थ नहीं होते कि अपने शासक का चयन कर सकें या स्वशासन कर सकें।
- सभी व्यक्ति इतने समर्थ नहीं होते कि अपने लिए सही निर्णय ले सकें।
- सभी इतने समान नहीं होते है कि सभी को अधिकार समान रूप से दिए जा सकें। कन्फ्यूशियस शैक्षिक समानता की बात करते हैं। किंतु सभी को समान अधिकार दिए जाने के समर्थक नहीं हैं।
- प्लेटो की तरह कन्फ्यूशियस भी सदगुणी राजा को सारी शक्तियां सौंपना चाहते हैं। लेकिन कौटिल्य की तरह वे राजा पर कुछ नियंत्रण भी लगाते हैं।

### राजा के गुण

- राजा को हमेशा सत्य बोलना चाहिए, ईमानदार होना चाहिए।
- यदि शासक अच्छे से नेतृत्व करता है, तो सभी व्यक्ति उसी के अनुसार कार्य करेंगे, उसका अनुसरण करेंगे।
- प्रजा व राजा के मध्य पिता व पुत्र का संबंध होता है।
- राजा को अपने निर्णय लेते समय सभी सम्मानित व्यक्तियों से सलाह लेनी चाहिए।

### मानव स्वभाव संबंधी विचार

- इनके अनुसार, मानव स्वभाव से अच्छा होता है। व्यक्ति को सिखाया जा सकता है, और प्रशिक्षित करके व्यक्ति को संपूर्ण बनाया जा सकता है। मानव एक सामाजिक और नैतिक प्राणी है, उसे नैतिकता सिखाई जा सकती है।
- कन्फ्यूशियस के अनुसार, हर व्यक्ति को नैतिक होना चाहिए व नैतिक जीवन जीने के लिए 5 चीजें बहुत जरूरी हैं:-

  1. मन में दूसरों के लिए हित की भावना
  2. व्यक्ति का न्याय प्रिय रहना।
  3. ईमानदार रहना।
  4. सही परंपराओं का पालन करना।
  5. ज्ञान की तलाश करना।

### आलोचना

- कन्फ्यूशियस द्वारा लोकतंत्र और समानता का विरोध करना अनुचित है।
- वे सभी व्यक्तियों को समान अधिकार नहीं देते, जो कि वर्ग-प्रभुत्व को दर्शाता है।
- केवल पुरुषों को प्रशासनिक व सामाजिक अधिकार देने के समर्थक हैं, जो कि महिला विरोधी विचार है।

### निष्कर्ष

- कन्फ्यूशियस के विचार उनके तत्कालीन समाज के अनुकूल हैं, आज के मापदंडों के आधार पर व्याख्या करना उचित नहीं है। जिस तरह नैतिकता पर बल देते हैं। वह वर्तमान में भी अनुकरणीय है।

अध्याय 2

# प्लेटो
# PLATO

## प्लेटो (428 ई.पू. – 347 ई.पू.)

- प्लेटो प्राचीन यूनानी राजनीतिक दार्शनिक है, जिसे प्राचीन राजनीतिक दर्शन का पिता माना जाता है।
- प्लेटो का जन्म 428 ई. पू. एथेंस (यूनान) में हुआ था। इनका वास्तविक नाम 'एरिस्टोक्लीज' था। प्लेटो की उपाधि उसे 'सुकरात' ने दी।
- प्लेटो की सबसे महत्वपूर्ण रचना-"The Republic" है। इसके अतिरिक्त प्लेटो ने "The Statesman" और "The Laws" नामक ग्रंथ लिखे हैं, जो आदर्श राज्य की बजाय, व्यावहारिक राज्य की व्याख्या करते हैं। प्लेटो ने अपनी किताब 'क्रिटो' में सुकरात को दिए गए विष के दौरान वार्तालाप का उल्लेख किया है।
- प्लेटो के आदर्श राज्य की जनसंख्या-5,040 है।
- प्लेटो की अध्ययन पद्धति 'दार्शनिक' या 'निगमनात्मक' है।
- प्लेटो ने राजनीतिशास्त्र को नैतिकता का एक भाग माना है।
- निगमनात्मक पद्धति-सामान्य से विशिष्ट की ओर या समष्टि से व्यष्टि की ओर निष्कर्ष निकालना है।
- आगमनात्मक पद्धति-विशिष्ट से समष्टि की ओर निष्कर्ष निकालना है।
- ''स्टेट्समैन'' (Statesman) में 'सर्वोत्तम संभावित राज्य' का उल्लेख है।
- ''लॉज'' में 'अपूर्ण मनुष्यों के बीच आदर्श शासन प्रणाली स्थापित करना संभव नहीं है।' प्लेटो ''स्टेट्समैन''(Statesman) में विधि के शासन की बात करता है। प्लेटो के अनुसार, 'यूनानी नगर-राज्य में दो प्रकार के नगर-राज्य पाए जाते हैं।'

### रचनाएं

- प्लेटो के सभी ग्रंथ **'संवाद शैली'** में लिखे गए हैं-
  - The Republic
  - The Statesman
  - The Laws
  - Meno
  - The Symposium
  - Phaedo
  - Socratic Dialogues
  - Apology
  - Timaeus
  - Gorgias

## प्लेटो की चिंतन पद्धति

- प्लेटो ने अपनी अध्ययन पद्धति में द्वंद्वात्मक पद्धति, विश्लेषणात्मक पद्धति एवं निगमनात्मक पद्धति के साथ कुछ अंशों में ऐतिहासिक पद्धति का भी प्रयोग किया है।
- प्लेटो ने 'ऐकेडमी' नामक शैक्षणिक संस्था की स्थापना (386 ई. पू.) में की, जिसे यूरोप का प्रथम विश्वविद्यालय होने का गौरव प्राप्त है।
- 'ऐकेडमी' में प्रवेश के लिए गणित का ज्ञान होना आवश्यक था।
- प्लेटो, सुकरात का शिष्य था। वह सुकरात के इस विचार से अत्यधिक प्रभावित था कि 'सद्गुण ही ज्ञान है।'
- प्लेटो के अनुसार, 'विचार, (Idea) ही समूचे संसार का मूल तत्व है एवं भौतिक दुनिया विचारों की छाया मात्र है। इसलिए यह यथार्थ विश्व विचारों की परछाईं है।'
- उनके अनुसार, विश्व के **दो प्रकार हैं**-
  - (i) विचारों की दुनिया।
  - (ii) भौतिक व वास्तविक दुनिया।
- तत्कालीन यूनानी युग में सत्य के संबंध में **दो प्रकार** के विचार प्रचलित थे-
  - (i) हेराक्लेटिस के अनुसार, 'यह विश्व निरंतर परिवर्तनशील है।'
  - (ii) पैरामिंडिस के अनुसार, 'सत्य, सदैव स्थायी और अपरिवर्तनशील होता है।'
- प्लेटो ने उपरोक्त दोनों विचारों के बीच सामंजस्य कर दिया। उनके अनुसार, 'सत्य स्थायी होता है, परंतु उसकी परछाईं सदैव परिवर्तित होती रहती है।'
- प्लेटो के चिंतन का मूल उद्देश्य एक आदर्श राज्य का निर्माण था न कि तत्कालीन एथेंस और स्पार्टा जैसे राज्यों का अध्ययन करना।
- प्लेटो के अनुसार, विचार 'तत्व' होते हैं और विचार सभी चीजों के सार होते हैं तथा वस्तुएं, विचारों का प्रतिबिंब होती हैं।

## प्लेटो का व्यक्ति के संबंध में विचार

- प्लेटो, ग्रीक युगीन विचारक था।

- प्लेटो के अनुसार, आत्मा ही व्यक्ति की पहचान है तथा हर आत्मा में **तीन प्रकार के गुण पाए जाते हैं-**
  (i) विवेक (ii) साहस (iii) तृष्णा।
- आत्मा के इन तीनों गुणों से समाज में **तीन वर्गों का निर्माण हुआ है-**
  (i) विवेक की प्रधानता - शासक (दार्शनिक राजा)
  (ii) साहस की प्रधानता - सैनिक
  (iii) तृष्णा की प्रधानता - उत्पादक।
- प्लेटो का प्रसिद्ध कथन है कि 'राज्य, व्यक्ति का बृहद् रूप है।'
- प्लेटो, राज्य या समाज में अंतर नहीं करता। वह इसे तीनों वर्गों का समूह मानता है। प्लेटो के अनुसार, 'प्रत्येक वर्ग को अपनी आत्मा के गुण के अनुसार ही कार्य करना चाहिए। यही प्लेटो का न्याय सिद्धांत है।'
- इन वर्गों के निर्धारण के लिए प्लेटो 'शिक्षा व्यवस्था' की बात करता है। प्लेटो के पूरे दर्शन में शासन व्यवस्था को एक 'कला' माना गया है। राजा को सामाजिकता से दूर कर तथा उसे सांसारिक जगत् से दूर कर 'साम्यवाद' की स्थापना का प्रयास किया है। 'शिक्षा एवं साम्यवाद' द्वारा स्थापित राज्य 'न्यायपूर्ण राज्य' होगा।
- प्लेटो के अनुसार, 'कोई धोबी, मोची या नाई राजा नहीं हो सकता।'

## प्लेटो के राज्य का विचार (राज्य की प्रकृति)

- प्लेटो ''द रिपब्लिक'' में 'आदर्श राज्य' की व्याख्या करता है किसी वास्तविक राज्य की नहीं।
- उसके अनुसार, 'राज्य का निर्माण ओक् के वृक्ष से नहीं, बल्कि व्यक्तियों के चरित्र से होता है।'
- राज्य की प्रकृति आंगिक, जैविक या सावयवी है। प्लेटो ने व्यक्ति की अपेक्षा राज्य को प्राथमिकता दी है।
- रिपब्लिक के प्रधान पात्र हैं- पोलिमार्कस, एडीमेन्ट्स और ग्लोकोन।

### राज्य की उत्पत्ति

- राज्य, एक 'प्राकृतिक संस्था' है। यह 'विकास का परिणाम' है। यह 'स्वाभाविक संस्था' है। प्लेटो के अनुसार, राज्य 'नैतिक' है। प्लेटो के राज्य में विधि और दंड को कोई स्थान प्राप्त नहीं है।
- प्लेटो का राज्य 'नैतिक' इसलिए है, क्योंकि वह एक दार्शनिक राजा द्वारा शासित होता है, जो वास्तविकता को देखता है। प्लेटो की शासन प्रणाली 'विवेकशील अधिनायकवाद' कहलाती है।

## प्लेटो का न्याय सिद्धांत

- प्लेटो के अनुसार, प्रत्येक व्यक्ति को अपना-अपना हक दिलाना ही न्याय है। प्लेटो के अनुसार, न्याय सिद्धांत व्यक्ति की आत्मा का गुण है।
- प्लेटो प्रथमतः तात्कालिक यूनानी समाज में प्रचलित न्याय सिद्धांत का खंडन करता है, जिसका प्रतिपादन सोफिस्ट, पोलिमार्कस, थ्रेसिमैक्स, ग्लूकोन ने किया था।
- प्लेटो ने संवाद शैली में ''रिपब्लिक'' लिखते हुए न्याय की सोफिस्ट धारणा का पूर्णतः खंडन किया। बार्कर के अनुसार, 'प्लेटो ने व्यक्तिवादी, अणुवादी एवं भौतिकवादी न्याय की मान्यता का पूर्णतः खंडन किया।' सोफिस्ट विचारक मूलतः भौतिकवादी एवं उपयोगितावादी थे।
- सोफिस्ट विचारकों में कैफिलॉस के अनुसार, 'सत्य बोलना व ऋण चुकाना ही न्याय है।' प्लेटो ने इस मान्यता का खंडन किया तथा प्लेटो के अनुसार, 'सत्य का पूर्ण ज्ञान परंपराओं व प्रथाओं से प्राप्त नहीं होता है। लेकिन प्रत्येक परिस्थिति में सत्य बोलना, न्यायपूर्ण नहीं होता है।'
- पॉलीमॉर्कस के अनुसार, 'शत्रु के साथ शत्रुता एवं मित्र के साथ मित्रता ही न्याय है।' प्लेटो के अनुसार, 'न्याय की संकल्पना व्यक्तिवादी चिंतन पर आधारित है, जिसमें व्यक्ति अपने स्वार्थ के आधार पर कार्य करते हैं।'
- प्लेटो के अनुसार, 'स्वार्थ के आधार पर कार्य करना, न्याय नहीं है, जबकि अपने नैतिक दायित्वों का पालन करना ही न्याय है।'
- थ्रेसिमैक्स ने न्याय की आमूलवादी धारणा प्रस्तुत करते हुए कहा कि 'शक्तिशाली व्यक्ति का हित ही न्याय है। अतः शासकों का स्वार्थ एवं भलाई ही न्याय है।' जबकि प्लेटो के अनुसार, 'समूचे समाज की भलाई ही न्याय है किसी व्यक्ति विशेष व वर्ग मात्र की नहीं।'
- प्लेटो के अनुसार, 'शक्तिशाली व्यक्ति की बजाय, न्यायपूर्ण व्यक्ति का महत्व ज्यादा है तथा एक अन्यायी व्यक्ति की बजाय, एक प्रसन्न व्यक्ति का महत्व ज्यादा है।'
- ग्लूकोन के अनुसार, न्याय, मनुष्यों के परस्पर समझौते का परिणाम है। उनके अनुसार, न्याय, अशक्त व्यक्तियों की आवश्यकता है। ग्लूकोन की मान्यता हॉब्स के समान प्रतीत होती है।
- प्लेटो ने इस मान्यता का भी खंडन करते हुए कहा कि 'न्याय, बाह्य नहीं, बल्कि आंतरिक होता है। यह कृत्रिम रूप में निर्मित नहीं हो सकता है, जबकि यह मानव आत्मा की शर्त है, जिसका निर्माण शिक्षा के द्वारा ही संभव है।'
- न्याय के **दो** पहलू हैं-
  (i) वैयक्तिक स्तर पर
  (ii) सामाजिक स्तर पर

(i) **वैयक्तिक स्तर पर न्याय :** आत्मा के तीनों गुणों में सामंजस्य ही न्याय है। साहस, वासना व विवेक द्वारा निर्देशित होते हैं।

(ii) **सामाजिक स्तर पर न्याय :** समाज के तीनों वर्गों द्वारा

अपने कर्तव्यों का निष्पादन करना तथा दूसरे के कार्यों में हस्तक्षेप न करना।

- प्लेटो के विचार की केंद्रीय रचना-"The Republic" है, जिसका उप-शीर्षक 'न्याय से संबंधित' है।
- प्लेटो का न्याय, कर्तव्य पर आधारित है, जबकि आधुनिक न्याय की संकल्पना, अधिकारों पर आधारित है।
- प्लेटो के न्याय का उद्देश्य समाज के तीन वर्गों में सामंजस्य स्थापित करना है, जबकि आधुनिक न्याय, व्यक्ति के अधिकारों की रक्षा पर आधारित है।
- प्लेटो का न्याय, नैतिकता से परिचालित है, जबकि आधुनिक न्याय, विधि द्वारा परिचालित है।
- प्लेटो के विचार में स्वतंत्रता, समानता या अधिकार की कोई संकल्पना नहीं है।

## प्लेटो द्वारा 'रिपब्लिक' में बताए गए सरकार के विभिन्न रूप

1. अभिजात तंत्र 2. सैनिक तंत्र 3. धनिक तंत्र
4. प्रजातंत्र 5. निरंकुश तंत्र।

### शासन प्रणाली

- प्लेटो ने 'लोकतांत्रिक शासन प्रणाली' को शासन का भ्रष्ट रूप माना।
- उनके अनुसार, 'राजतंत्रीय शासन प्रणाली' सर्वश्रेष्ठ है।
- प्लेटो के अनुसार, 'शासन, एक कला है।'
- उसने दार्शनिक राजा का समर्थन किया।
- सेबाइन ने प्लेटो के दार्शनिक राजा को 'प्रबुद्ध अधिनायकवाद' कहा।

## विधि

- प्लेटो के अनुसार, 'दार्शनिक राजा का विवेक किसी भी विधि या अध्यादेश से ज्यादा महत्वपूर्ण है।'
- प्लेटो ने विधि को अज्ञान माना।
- उसने गुफा की उपमा का प्रयोग करते हुए कहा कि जो व्यक्ति गुफा में रहता है, वह आग के प्रकाश को ही वास्तविक प्रकाश मानने लगता है, जबकि वास्तविक प्रकाश सूर्य का प्रकाश है। इसलिए प्लेटो ने परंपरा, प्रथा एवं विधि सभी को अज्ञान माना।
- प्लेटो ने अपनी बाद की रचना-"The Statesman" और "The Laws" में विधि के महत्व को स्वीकार कर लिया। लेकिन प्लेटो ने अपनी सबसे महत्वपूर्ण रचना-"The Republic" में विधि और दंड का उल्लेख नहीं किया।
- प्लेटो ने-"The Republic" में विधि की बजाय, शिक्षा पर बल दिया तथा दंड की बजाय, साम्यवाद पर महत्वपूर्ण बल दिया।
- प्लेटो के विचार में राज्य एवं समाज में कोई अंतर नहीं किया गया है। इसलिए प्लेटो के विचार में संप्रभुता का विचार नहीं है।

## शिक्षा का सिद्धांत

- बार्कर के अनुसार, 'प्लेटो की शिक्षा प्रणाली उसके न्याय सिद्धांत का तार्किक परिणाम है।'
- रूसो ने ''द रिपब्लिक'' को शिक्षा पर लिखा गया सर्वश्रेष्ठ ग्रंथ माना।
- बार्कर के अनुसार, ''द रिपब्लिक'' मानव जीवन के संपूर्ण दर्शन के विवेचन का प्रयास है। यह केवल शिक्षा, मनोविज्ञान या दर्शन पर रचना नहीं है।'
- प्लेटो ने शिक्षा का उद्देश्य बताते हुए कहा कि अज्ञान से ज्ञान तथा अंधकार से प्रकाश की ओर यात्रा ही शिक्षा है।
- शिक्षा का उद्देश्य, विचारों एवं आत्मा का ज्ञान प्राप्त करना है।

### शिक्षा के चरण

- प्राथमिक शिक्षा, जो 10 वर्ष से 20 वर्ष तक होगी तथा इसमें संगीत एवं व्यायाम शिक्षा की विषयवस्तु होंगे।
- द्वितीय चरण की शिक्षा, 20 से 30 वर्ष के बीच होगी, जिसमें गणित, ज्योतिष तथा ज्यामिति की शिक्षा दी जाएगी।
- शिक्षा का तृतीय चरण, 30 से 35 वर्ष का होगा, जिसमें दर्शनशास्त्र की शिक्षा दी जाएगी।

### कार्य का विभाजन एवं विशेषीकरण

- जो शिक्षा के प्रथम चरण में असफल होगा, उसे उत्पादन का कार्य सौंपा जाएगा।
- जो शिक्षा के द्वितीय चरण में असफल होगा, उसे सैनिकों का कार्य सौंपा जाएगा।
- जो शिक्षा के सभी चरण में सफल होगा, वह दार्शनिक राजा होगा।
- 35 वर्षों की शिक्षा के बाद 15 वर्ष का प्रशिक्षण दार्शनिक राजा को दिया जाएगा।
- शिक्षा के द्वारा सभी के कार्यों का विभाजन होगा, जिससे सभी अपने कार्यों में विशेषज्ञ होंगे, जिससे समूचे समाज का भला होगा।
- प्लेटो के राज्य को मूलत: एक विश्वविद्यालय कहा गया, जो शिक्षा प्रदान करने की संस्था है।

## साम्यवाद

- प्लेटो का प्रसिद्ध कथन है कि यूनानी नगर-राज्य, छोटे-छोटे नगर-राज्य थे। लेकिन इनका भी विभाजन **दो प्रकार के नगर-राज्यों में था**-
  (i) पहला, अमीरों का राज्य
  (ii) दूसरा, गरीबों का राज्य
- प्लेटो के साम्यवाद का उद्देश्य शासक वर्ग को संपत्ति

और परिवार के मोह से मुक्त रखना था, जिससे वे अपने उद्देश्यों को बिना किसी बाधा के पूरा कर सकें।

- प्लेटो ने स्पार्टा के अनुभवों से परिवार तथा संपत्ति के साम्यवाद का सिद्धांत दिया।
- प्लेटो के अनुसार, 'दार्शनिक राजा तथा सैनिकों को अपनी निजी संपत्ति रखने का अधिकार नहीं होगा।'
- इन दोनों वर्गों को अपनी पत्नियों को भी रखने का अधिकार नहीं होगा। अत: इनका अपना परिवार नहीं होगा।
- आधुनिक साम्यवाद और प्लेटो के साम्यवाद में **निम्नलिखित अंतर है-**

| **प्लेटो का साम्यवाद** | - | **आधुनिक साम्यवाद** |
|---|---|---|
| • यह पूरे समाज पर लागू नहीं होता। | - | यह पूरे समाज पर एक साथ लागू होता है। |
| • यह पूरे राज्य को सशक्त बनाना चाहता है। | - | यह वर्ग विहीन, राज्य विहीन समाज की कल्पना करता है। |
| • यह नैतिक साम्यवाद की कल्पना पर आधारित है। | - | यह आर्थिक साम्यवाद का समर्थन करता है। |

- मैक्सी ने प्लेटो को 'पहला कल्पनालोकीय विचारक' कहा।
- प्लेटो सबसे पहला 'व्यवस्थित राजनीतिक सिद्धांतकार' है।

## प्लेटो की आलोचना

- कार्ल पॉपर ने अपनी रचना-"The Open Society and Its Enemies" (1945 ) में प्लेटो को 'मुक्त समाज का शत्रु' कहा है। कार्ल पॉपर के अनुसार, 'प्लेटो, हीगल और मार्क्स, मुक्त समाज के शत्रु हैं।' इसलिए प्लेटो को 'सर्वाधिकारवाद का दार्शनिक प्रणेता' कहा जाता है।
- मैक्सी ने प्लेटो को 'पहला कल्पनालोकीय' विचारक कहा।
- हन्ना आरेंट ने भी प्लेटो को 'फासीवाद का दार्शनिक प्रेरक' कहा।

## प्लेटो और फासीवाद

- कार्ल पॉपर ने प्लेटो को पहला फासीवादी कहा। प्लेटो और फासीवाद में कई समानताएं व असमानताएं हैं।

### समानताएं

- प्लेटो और फासीवादी दोनों राज्य को नैतिक व सर्वशक्तिमान संस्था मानते हैं।
- दोनों का यह मानना है कि राज्य ही व्यक्ति की सबसे बेहतर भलाई कर सकता है।
- फासीवादी राज्य में विधि और संविधान पर कोई प्रतिबंध नहीं है। प्लेटो ने भी स्पष्ट कहा है कि दार्शनिक राजा का विवेक किसी भी विवेक या अध्यादेश से महत्वपूर्ण होता है।
- प्लेटो व फासीवादी विचारधारा, लोकतंत्र का घोर विरोध करते हैं।
- प्लेटो के विचार में स्वतंत्रता, अधिकार व समानता की संकल्पना विद्यमान नहीं है। फासीवादी भी यही मानते हैं।
- प्लेटो के आदर्श राज्य में शिक्षा व साहित्य पर नियंत्रण किया जाएगा, फासीवादी राज्य भी नियंत्रण करते हैं।

### असमानताएं

- प्लेटो के अनुसार, 'विवेक, व्यक्ति का सबसे महत्वपूर्ण गुण है। विवेकशील व्यक्ति ही राजा हो सकता है।' जबकि फासीवादी व्यक्ति को 'भावुक' प्रार्णी मानते हैं।
- दार्शनिक राजा का शासन विवेक, सत्य और न्याय पर आधारित है। जबकि फासीवाद में शासन धूर्तता, फरेब और चालाकी के द्वारा किया जाता है।
- प्लेटो के विचारों में स्वतंत्रता व समानता अंतर्निहित है। जबकि फासीवादी विचारक, स्वतंत्रता व समानता को बिल्कुल नहीं मानते।
- प्लेटो ने महिलाओं को भी सरकार वर्ग में शामिल किया। जबकि फासीवादी महिलाओं को बच्चा पैदा करने की मशीन मानते हैं।
- प्लेटो के विचारों में उग्र-राष्ट्रीयता बिल्कुल नहीं है। जबकि फासीवादी उग्र-राष्ट्रीयता के धुर समर्थक हैं।
- प्लेटो ने एक आदर्श राज्य की कल्पना की तथा उसका सैद्धांतिक विश्लेषण किया। जबकि फासीवादी मूलत: एक अवसरवादी विचारधारा है।

### निष्कर्ष

- प्लेटो की फासीवाद से समानताएं आपवादिक है।
- प्लेटो का दर्शन सत्य, विवेक, न्याय एवं सौंदर्य का पर्याय है।
- जबकि फासीवादी विचारधारा हिंसा, असत्य, चालाकी व धूर्तता का दूसरा नाम है।
- अत: प्लेटो और फासीवाद दोनों विपरीत हैं, दोनों में कोई समानता नहीं है।

### प्लेटो के संबंध में लिखी गई श्रेष्ठ रचनाएं

| | | |
|---|---|---|
| • अर्नेस्ट बार्कर | - | ग्रीक, राजनीतिक सिद्धांत, प्लेटो एवं उसके पूर्ववर्ती। |
| • अर्नेस्ट बार्कर | - | प्लेटो एवं अरस्तू के राजनीतिक विचार। |
| • बर्नार्ड बोसांके | - | A Companion to Plato's Republic (1895) |
| • आर. एल. नेटलशिप | - | Lectures on the Republic (1922) |

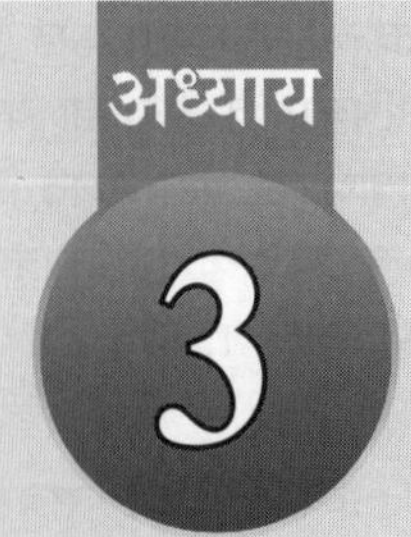

# अरस्तू
# ARISTOTLE

## अरस्तू (384 ई.पू. – 322 ई.पू.)

- अरस्तू का जन्म 384 ई. पू. में थ्रेस स्थित स्टागिरस (Stagirus) नामक जगह पर हुआ था, जो यूनानी उपनिवेश था।
- अरस्तू महान प्राचीन यूनानी राजनीतिक दार्शनिक प्लेटो का शिष्य और विश्व विजय की महत्वाकांक्षा रखने वाले सिकंदर का गुरु था।
- अरस्तू, राजनीति विज्ञान के पिता कहे जाते हैं तथा उन्होंने "Politics" नामक प्रसिद्ध रचना लिखी।
- अरस्तू ने राजनीति विज्ञान को 'मास्टर साइंस' कहा। अरस्तू ने 'लिसियम' नामक शैक्षणिक संस्था (335 ई. पू.) भी खोली थी।
- अरस्तू द्वारा आगनात्मक, द्वंद्वात्मक, सोद्देश्यीय, अन्वीक्षात्मक (Aporetic), विश्लेषणात्मक आदि पद्धतियों का प्रयोग किया गया।
- प्लेटो, अरस्तू, रूसो, हीगल, ग्रीन इत्यादि आदर्शवादी विचारक हैं। वे विचारक आदर्शवादियों में शामिल है जो अपना विचार, अमूर्त विचार से आरंभ करते हैं। तथा राज्य एवं समाज को प्राथमिकता प्रदान करते हैं तथा 'चाहिए' पर बल प्रदान करते हैं।
- अरस्तू एथेंस से कालचिस भाग गया था, ताकि एथेंसवासी दर्शनशास्त्र के विरुद्ध दूसरा अपराध न कर सकें।

## अध्ययन पद्धति

- अरस्तू की अध्ययन पद्धति को 'सोद्देश्यात्मक पद्धति' (Teleological) कहा जाता है।
- अरस्तू के अनुसार, 'किसी वस्तु का उद्देश्य पूर्व निर्धारित होता है।'
- सोद्देश्यात्मक पद्धति में संपूर्ण की कल्पना पहले की जाती है। जैसे-बीज से पहले वृक्ष की कल्पना की जाती है।
- अरस्तू ने 'सोद्देश्यात्मक पद्धति' का प्रयोग करते हुए राज्य को व्यक्ति से पहले बताया।
- अरस्तू के अनुसार, 'राज्य, मनुष्य का पूर्वगामी है।'

### सोद्देश्यात्मक (Teleological) पद्धति का विस्तृत अभिप्राय

(1) लकड़ी (Material Cause)
(2) निर्माण के यंत्र (Efficient Cause)
(3) मेज का विचार (Formal Cause)
(4) मेज का निर्माण (Final Cause)

## स्वर्णिम मध्यमार्ग का सिद्धांत

- अरस्तू के चिंतन में 'मध्यम मार्ग' का विचार प्रभावी है।
- यह विचार अरस्तू के चिंतन में प्रत्येक संकल्पना में दिखाई देता है। उदाहरण के लिए, शासन प्रणाली और संपत्ति के संदर्भ में भी उसने 'मध्यम मार्ग' का सहारा लिया।

### राज्य

- राज्य के विकास का क्रम-परिवार, गांव व राज्य है।
- अरस्तू के अनुसार, राज्य, स्वाभाविक, प्राकृतिक व आंगिक संस्था है।
- अरस्तू के अनुसार, राज्य, समुदायों का समुदाय है।
- व्यक्ति का पूर्ण नैतिक विकास राज्य में ही संभव है।
- अत: अरस्तू के अनुसार, राज्य का अस्तित्व जीवन के लिए है, लेकिन राज्य अच्छे जीवन के लिए बना हुआ है।
- अरस्तू के अनुसार, जो व्यक्ति राज्य में नहीं रहता, या तो वह पशु है, या देवता।
- अरस्तू के अनुसार, राज्य, एक नैतिक संगठन है, जो आत्मनिर्भर एवं सर्वश्रेष्ठ है।

## अरस्तू के आदर्श राज्य की विशेषता

- शासन प्रणाली 'पोलिटी' होनी चाहिए।
- राज्य की जनसंख्या न ज्यादा, न कम होनी चाहिए।
- राज्य का आकार भी न ज्यादा, न कम होना चाहिए।
- राज्य, समुद्र के किनारे स्थित होना चाहिए।
- नागरिकों का चरित्र, बुद्धिमान और साहसी दोनों का मिला-जुला रूप होना चाहिए।

## आंगिक राज्य

- आंगिक राज्य के समर्थक राज्य को व्यक्ति से ज्यादा महत्व देते हैं।
- राज्य के अंतर्गत् ही व्यक्ति का महत्व है, जिस तरह शरीर के अंगों के पहले व्यक्ति का बोध होता है। उसी तरह राज्य के नागरिकों के पहले राज्य का बोध होता है। इसीलिए अरस्तू कहते हैं कि 'राज्य, व्यक्ति का पूर्वगामी है।'
- राज्य, एक स्वाभाविक अथवा प्राकृतिक संस्था है।
- प्लेटो, अरस्तू, रूसो, हीगल एवं ग्रीन के राज्य का विचार, आंगिक है।
- अरस्तू ने अर्थशास्त्र के अध्ययन को घर एवं घरेलू कार्यों के प्रबंध का अध्ययन कहा। उसके अनुसार, जीव विज्ञान (Biology) में भी भौतिक शरीर का ही अध्ययन किया जाता है और जीवन का सर्वोच्च उद्देश्य, नैतिक और सद्गुणी जीवनयापन है।
- अरस्तू ने व्यक्ति के जीवन के निजी या पारिवारिक भाग को भौतिक और आर्थिक आवश्यकता की पूर्ति के लिए माना। जबकि सार्वजनिक जीवन को नैतिक और सद्गुणी जीवन का अध्ययन राजनीति विज्ञान के अंतर्गत किया जाता है। इसलिए उसने इसे सर्वोच्च विज्ञान का नाम दिया।

## अरस्तू के अनुसार, राजनीति की परिभाषा

- अरस्तू के अनुसार, मानवीय जीवन के दो पक्ष होते हैं और आर्थिक और व्यक्तिगत पक्ष से ज्यादा महत्वपूर्ण व्यक्ति का राजनीतिक एवं सामाजिक जीवन है। इसलिए अरस्तू ने 'व्यक्ति को एक राजनीतिक प्राणी का नाम दिया।' (Man is a Political animal)
- जिसका अभिप्राय है कि राजनीतिक गतिविधियों में शामिल होना व्यक्ति के जीवन का सबसे बड़ा लक्ष्य है। अरस्तू के अनुसार, व्यक्ति में भौतिक आवश्यकताएं विद्यमान होती हैं, जो पशुओं से मिलती हैं। परंतु व्यक्ति की मूल विशेषता नैतिक सद्गुणी जीवनयापन में है, जो ईश्वर की विशेषता के समान है।
- इसलिए राजनीतिक गतिविधि में भाग लेने का मूल उद्देश्य, समुदाय का कल्याण है, न कि व्यक्तिगत स्वार्थ और हितों को पूर्ण करना। यह विचार अरस्तू पर प्लेटो के विचारों का स्वाभाविक परिणाम है।

## परिवार का विचार

- अरस्तू ने परिवार को महत्व प्रदान किया।
- परिवार में अरस्तू ने पति-पत्नी, बच्चे व दासों को शामिल किया।
- अरस्तू के अनुसार, 'परिवार, एक स्वाभाविक संस्था है।'
- अरस्तू के अनुसार, 'परिवार में पति-पत्नी, बच्चे व दास होते हैं, परिवार का मुखिया पति होता है, जिसमें विवेक सर्वोच्च होता है। पत्नी में अल्प विवेक होता है। जबकि बच्चों में विवेक अविकसित होता है।'
- अरस्तू के अनुसार, 'परिवार में सभी की स्थिति समान नहीं होती है। परिवार के प्रत्येक सदस्य को निर्देशित करने में मुखिया की भूमिका अलग-अलग होती है।'
- डनिंग के अनुसार, 'जब पति, पत्नी को निर्देशित करता है, तब उसकी भूमिका संवैधानिक सलाहकार की होती है।'
- पिता, पुत्र को निर्देशित करता है, तो अधिनायकवादी होता है।
- जब मालिक, दास को निर्देशित करता है, तो उसकी भूमिका निरंकुश होती है।
- अतः अरस्तू के अनुसार, 'राज्य का नागरिकों पर शासन, मुखिया के परिवार पर शासन से भिन्न होता है।'
- प्लेटो के अनुसार, 'मुखिया का शासन, राजा का नागरिकों के समान होता है।' अरस्तू ने इसका खंडन किया।
- परिवार में पति का पत्नी पर शासन स्थायी होता है। जबकि राजा का नागरिकों पर शासन स्थायी नहीं होता है।
- परिवार का मूल उद्देश्य, भौतिक आवश्यकताओं का प्रबंध करना है। जबकि राज्य द्वारा नैतिक आवश्यकताएं पूर्ण होती हैं।
- परिवार के मुखिया का परिवार के अलग-अलग लोगों के लिए निर्देश भिन्न होता है। जबकि राज्य का निर्देश सभी के लिए समान होता है।
- राज्य का निर्माण, परिवार व गांव से मिलकर होता है। अतः राज्य, परिवार व गांव से गुणात्मक व व्यापक तथा तुलनात्मक रूप में भिन्न है।

## दास प्रथा पर विचार

- अरस्तू ने 'दास प्रथा' का समर्थन किया। अरस्तू के अनुसार, वे व्यक्ति दास हैं, जो विवेक शून्य है।
- अरस्तू ने 'विवेकशून्य' लोगों को दासों की श्रेणी में रखा। जो शारीरिक रूप से बलिष्ठ लोगों के दास होते हैं।
- दास, मनुष्य की जीवित संपत्ति व परिवार का भाग होते हैं।

## दास प्रथा के समर्थन में अरस्तू के तर्क

- अरस्तू के अनुसार, 'यह प्रकृति का नियम है कि श्रेष्ठ अधीनों पर शासन करें।' अतः दास प्रथा प्राकृतिक है।
- दास प्रथा, दासों व स्वामी दोनों के लिए उपयोगी है।
- स्वामी के लिए इसलिए उपयोगी है कि उनके द्वारा घरेलू कार्य करने से स्वामी को शासन कार्यों में भागीदारी के लिए पर्याप्त समय मिलता है।
- दासों के लिए इसलिए उपयोगी है, क्योंकि मालिक के साथ रहते हुए दासों में भी नैतिकता का विकास हो जाता है।

- अरस्तू ने 'नैतिकता का विकास' होने पर दासों को छोड़ देने का भी समर्थन किया।
- बार्कर के अनुसार, अरस्तू की दास प्रथा में मानवीयता का तत्व मौजूद है।

### आधुनिक दास प्रथा व अरस्तू की दास प्रथा में अंतर

- आधुनिक दास प्रथा 18वीं एवं 19वीं शताब्दी में अफ्रीका में प्रचलित थी, जिसमें दासों के साथ अमानवीय व बर्बर व्यवहार किया जाता था। दासों को खुले आम खरीदा व बेचा जाता था, इन्हें जंजीरों से बांध कर रखा जाता था। अत: अरस्तू की दास प्रथा, आधुनिक दास प्रथा से भिन्न है। **अरस्तू की दास प्रथा की विशेषताएं निम्नलिखित हैं-**
  (i) अरस्तू ने युद्धबंदियों को दासों की श्रेणी में नहीं रखा।
  (ii) इनके अनुसार, 'दास का बेटा, दास होगा, यह आवश्यक नहीं है।'
  (iii) अरस्तू के अनुसार, 'दासों को उत्पादन कार्यों में नहीं लगाया जाएगा, वे केवल घरेलू कार्यों में सहायता करेंगे।'
  (iv) अरस्तू के अनुसार, 'यदि दास में विवेक का विकास हो जाएगा, तो उसे मुक्त कर दिया जाएगा।' अत: यह आवश्यक नहीं है कि व्यक्ति आजीवन दास रहेगा।
  (v) अरस्तू के अनुसार, 'दासों के साथ मानवीय व मित्रतापूर्ण व्यवहार किया जाएगा।'
  (vi) अरस्तू के अनुसार, 'दास, मालिक के शरीर के ही विस्तृत रूप हैं, उसने तो यहां तक कहा कि यूनानी लोग दासों की श्रेणी में नहीं रखे जाएंगे, बल्कि बर्बर प्रजातियों को ही दासों में रखा जाएगा।'

## विधि का शासन

- अरस्तू ने अपने गुरु 'प्लेटो' के विपरीत विधि के शासन को महत्व दिया।
- अरस्तू के अनुसार, 'विधि, युग-युग के अनुभव की संचित निधि है।'
- अरस्तू के अनुसार, 'विधि, वासना रहित विवेक है।'
- अरस्तू ने 'विधि' को सद्गुण का पर्याय माना।
- अरस्तू ने अपनी रचना- ''पॉलिटिक्स'' में कहा कि 'जब व्यक्ति, विधि व न्याय से परिपूर्ण होता है, तो वह सर्वोत्तम होता है। परंतु इससे अलग होने पर वह निकृष्ट बन जाता है।'
- अरस्तू के अनुसार, 'विधि, अवैयक्तिक होती है।' क्योंकि विधि, शासक व शासित दोनों पर समान रूप से लागू होती है।
- शासक व शासित दोनों विधि के लिए समान हैं।
- शासक, विधि द्वारा शासन करते हैं, स्वेच्छाचारी द्वारा नहीं।
- शासन का आधार, शासितों की सहमति है।

### नागरिकता (Citizenship)

- अरस्तू के अनुसार, 'वे व्यक्ति नागरिक हैं, जो शासन कार्यों में भाग लेते हैं तथा अपना योगदान देते हैं।'
- बार्कर के अनुसार, 'अरस्तू की नागरिकता की कल्पना राज्य में करदाता के रूप में न होकर, शेयरहोल्डर या अंशधारी के रूप में है।'
- अरस्तू ने नागरिकता का आशय, सरकार के न्यायिक और प्रशासनिक कार्यों में भागीदारी से लिया है।
- आधुनिक नागरिकता का मूल आधार, अधिकार है। यह जन्म से या किसी भू-भाग में निवास करने से प्राप्त हो जाती है। अरस्तू के अनुसार, निम्न लोगों के लिए **नागरिकता नहीं होगी-**
  (i) महिलाएं (ii) शिल्पी (iii) बूढ़े एवं बच्चे
  (iv) दासों को (v) विदेशी।
- अरस्तू का कहना है कि 'यह तो प्रकृति का नियम है कि वरिष्ठ, कनिष्ठ पर शासन करेगा।'
- अरस्तू की नागरिकता, कर्तव्य पर आधारित है।
- अरस्तू की नागरिकता की मान्यता का आधार, नैतिकता का विकास है।
- अरस्तू की नागरिकता, जन्म या निवास के आधार पर प्राप्त नहीं होती।

### नागरिक के गुण

- अरस्तू के अनुसार, 'नागरिकों का कोई एक सामान्य गुण नहीं होता।'
- उनके गुण विभिन्न प्रकार के होते हैं तथा राज्य के विधान के अनुसार उनमें भी परिवर्तन होते रहते हैं।
- एक अच्छे मनुष्य के गुणों का नागरिकों में होना या न होना आवश्यक नहीं है।
- एक अच्छे नागरिक में शासन करने तथा शासित होने की क्षमता होनी चाहिए।

### एक श्रेष्ठ मनुष्य के गुण

- अरस्तू के अनुसार, 'श्रेष्ठ मनुष्य के गुण संयम, साहस एवं न्याय आदि होते हैं।
- एक श्रेष्ठ मनुष्य में 'शासक तथा नागरिक' दोनों का गुण होना आवश्यक है।
- अरस्तू के अनुसार, 'श्रेष्ठ मनुष्य के गुण, स्थिर एवं अपरिवर्तनशील होते हैं।'

## संपत्ति पर विचार

- व्यक्ति का मूल विकास, नैतिकता में है।
- नैतिकता, आंतरिक होती है।
- लेकिन नैतिकता के विकास के लिए बाह्य परिस्थितियां भी आवश्यक हैं। इन बाह्य परिस्थितियों में 'संपत्ति' प्रमुख है।

- अरस्तू के अनुसार, संपत्ति का अर्जन **दो प्रकार से होता है-**
  - (i) **प्राकृतिक तरीके से :** अरस्तू के अनुसार, मछली पालन करना, कृषि कार्य करना इत्यादि संपत्ति अर्जन के प्राकृतिक तरीके हैं।
  - (ii) **शोषण की विधि से :** व्यापार और वाणिज्य से प्राप्त संपत्ति। लेकिन अरस्तू 'प्राकृतिक विधि' द्वारा अर्जित संपत्ति को ही वैध मानता है।
- अरस्तू के अनुसार, 'संपत्ति, व्यक्ति के व्यक्तित्व का देश और काल में विस्तार है।'
- अरस्तू के अनुसार, 'संपत्ति पर स्वामित्व व्यक्ति की बजाय, परिवार का होता है।'
- अरस्तू संपत्ति का समर्थन तथा व्यापार और सूदखोरी की आलोचना करता है। **अरस्तू ने संपत्ति वितरण के तीन तरीके बताए-**
  - (1) व्यक्तिगत संपत्ति और सामूहिक उपभोग।
  - (2) सामूहिक संपत्ति और व्यक्तिगत उपभोग।
  - (3) सामूहिक संपत्ति और सामूहिक उपभोग।
- अरस्तू प्रथम वितरण के तरीकों को सबसे अच्छा मानता है।

## क्रांति का विचार

- अरस्तू ने शासन प्रणाली का विशद् वर्णन करते हुए शासन प्रणालियों के परिवर्तन का भी उल्लेख किया है। अरस्तू के अनुसार, 'शासन प्रणाली या संविधान में परिवर्तन ही क्रांति है।' उदाहरण के लिए, कुलीनतंत्र का गुटतंत्र में परिवर्तन है। इनके अनुसार, क्रांति का मूल कारण, 'विषमता या समानता की आकांक्षा' है। इनके अनुसार, **दो प्रकार की समानता होती है-**
  - (i) निरपेक्ष समानता (ii) आनुपातिक समानता।
- अरस्तू के अनुसार, 'क्रांति का मूल कारण, गरीब वर्गों में समान होने की आकांक्षा है तथा धनी वर्गों द्वारा विषमता बनाए रखना है।' इसलिए क्रांति, अमीर व गरीब दोनों वर्गों द्वारा होती है।
- अरस्तू के अनुसार, क्रांति के इस मूल कारण के अतिरिक्त क्रांति के अन्य कारण भी होते हैं, **जैसे-**
  - (i) शासकों की धृष्टता तथा लाभ की लालसा।
  - (ii) सम्मान की लालसा। इसके अंतर्गत् अयोग्य को सम्मानित व योग्य को अपमानित करना।
  - (iii) शासन करने वाले व्यक्ति अयोग्य हों।
  - (iv) घृणा के कारण भी क्रांति होती है, क्योंकि धनी वर्ग में जनता शासकों से घृणा करती है।
  - (v) समाज में गरीब व धनी वर्गों में असंतुलन ही, क्रांति का मूल कारण है।
  - (vi) राज्य के किसी एक अंग का आवश्यकता से अधिक शक्तिशाली होना।
- **विशेष शासन प्रणालियों में क्रांति के विशेष कारण इस प्रकार हैं-**
  - (i) 'प्रजातंत्र' में क्रांति तब होती है जब एक लोकप्रिय नेता, आम जनता को धनी व्यक्तियों के विरुद्ध भड़काए व धनी व्यक्तियों के साथ अत्याचार हो।
  - (ii) जब एक लोकप्रिय नेता, समूची शक्तियों को स्वयं प्राप्त करने का प्रयत्न करने लगे।
  - (iii) 'धनिक तंत्र' में क्रांति, शासन तंत्र के आपसी झगड़े व गुटबंदी द्वारा होती है। इसमें जनता से अन्याय भी, क्रांति का कारण है।
  - (iv) 'कुलीनतंत्र' में क्रांति का मूल कारण, शासन करने वाले व्यक्तियों की सीमित संख्या है।
  - (v) 'राजतंत्र' में क्रांति का मूल कारण, शासक वर्गों का आपसी मतभेद किसी जन-आंदोलन नेता द्वारा शासन के विरुद्ध भावनाएं भड़काना एवं शासकों का आलसी हो जाना है।

### क्रांति रोकने के उपाय

- अरस्तू के अनुसार, क्रांति रोकने का सबसे उपयुक्त उपाय, 'मध्यम वर्ग का शासन' है।
- जनता में अपने कानून के पालन व उसके प्रति सम्मान की भावना हो।
- शासकों का जनता से व्यवहार अच्छा हो।
- समाज में विषमता का अभाव हो।
- एक व्यक्ति या वर्ग आवश्यकता से अधिक संपत्ति अर्जित न कर सके।
- सार्वजनिक संपत्ति किसी विशेष व्यक्ति द्वारा न हड़पी जाए।
- शिक्षा पद्धति ऐसी हो, जिससे व्यक्तियों में सद्‌गुण का विकास हो।
- एक न्यायपूर्ण समाज में क्रांति की भावना कम होती है।
- क्रांति का मूल कारण, समाज में पाई जाने वाली विषमता है और क्रांति करने वाले लोग समानता की आकांक्षा रखते हैं।
- समानता की आकांक्षा, धनी व गरीब वर्ग के लिए भिन्न होती है।
- अरस्तू ने सामान्य कारणों के अतिरिक्त क्रांति के विशिष्ट कारणों का भी उल्लेख किया।
- अत्याचार तंत्र Tyranny का निर्माण, राजतंत्र की क्रांति के परिणामस्वरूप होता है।

## संविधान और शासन प्रणाली का वर्गीकरण

- अरस्तू के अनुसार, 'संविधान, राज्य का रूप है।' इनके अनुसार, **संविधान की निम्न विशेषताएं हैं-**
  - (i) विभागों का निर्धारण व बंटवारा

(ii) सर्वोच्च सत्ता के केंद्र का निर्धारण
(iii) राज्य के उद्देश्य का उल्लेख।

- सरकार का वर्गीकरण शासन कार्य में सम्मिलित लोगों की संख्या पर आधारित है।
- शासकों का उद्देश्य अर्थात् शासक जनहित में या स्वहित में काम करते हैं, के आधार पर अरस्तू का वर्गीकरण आधारित है।

## शासन प्रणाली का वर्गीकरण

- अरस्तू ने छह (6) प्रकार की शासन प्रणालियों का उल्लेख किया है।
- अरस्तू के अनुसार, शासन प्रणाली के **दो रूप हैं**-

**1. शासन प्रणाली का शुद्ध रूप**
(i) राजतंत्र (एक व्यक्ति का शासन)
(ii) कुलीनतंत्र (कुछ लोगों का शासन)
(iii) संवैधानिक शासन तंत्र (बहुमत का शासन)

**2. शासन प्रणाली का भ्रष्ट रूप**
(i) निरंकुश तंत्र (ii) गुटतंत्र (धनिक तंत्र) (iii)लोकतंत्र

## सर्वोत्तम व्यावहारिक शासन प्रणाली

- अरस्तू ने सर्वश्रेष्ठ शासन प्रणाली के लिए 'पोलिटी' शब्द का प्रयोग किया है। 'पोलिटी' में मध्यम सद्गुण पाया जाता है।
- 'पोलिटी' (Polity) शासन प्रणाली का सर्वश्रेष्ठ रूप होगी। क्योंकि यह दो प्रकार की शासन प्रणालियों का मध्यम मार्ग होता है। अरस्तू के अनुसार, 'पोलिटी', लोकतंत्र व गुटतंत्र शासन प्रणाली का सम्मिलित रूप है।'
- अरस्तू के अनुसार, 'सबसे बेहतर शासन प्रणाली, राजतंत्र है।' क्योंकि इसमें सर्वोच्च सद्गुण पाया जाता है।
- 'पोलिटी'(Polity) में संख्या एवं विवेक, दोनों का समन्वय होता है।
- विवेकशील व्यक्ति भी शामिल हों, साथ ही संख्या बल हो। इन दोनों के मिश्रित रूप से 'पोलिटी' (Polity) शासन प्रणाली का उदय होता है।
- सर्वोत्तम शासन प्रणाली में धनी लोगों के साथ गरीब लोग भी शामिल हों।
- इस प्रकार 'पोलिटी'(Polity) अभिजाततंत्र और लोकतंत्र दोनों ही प्रकार की शासन प्रणालियों के बीच का मार्ग है।
- निरंकुश शासन प्रणाली, शक्ति पर आधारित होती है।
- गुटतंत्र, संपत्ति पर आधारित शासन प्रणाली है।
- जबकि लोकतंत्र, स्वतंत्रता पर आधारित शासन प्रणाली है।
- वह सरकार अधिक प्रभावी तथा स्थायी होती है, जो दीर्घकालिक हित में काम करती है।

## अरस्तू का न्याय सिद्धांत

- अरस्तू का न्याय, 'समानुपातिक' है।
- अरस्तू ने **न्याय को दो भागों में विभाजित किया**-

1. **संपूर्ण न्याय :** इस न्याय से आशय, सामाजिक नैतिकता से है। अरस्तू ने संपूर्ण न्याय के लिए 'सात्विकता' (Righteousness) शब्द प्रयुक्त किया है। अपने कर्त्तव्य का पालन करना ही न्याय है।
2. **विशेष न्याय**
   (i) **संशोधनात्मक न्याय :** विधि के अनुसार कार्य नहीं करने पर राज्य द्वारा दंड दिया जाना अर्थात् व्यक्तियों के आचरण को सुधारने के लिए राज्य द्वारा दंड या शक्ति प्रयोग करना।
   (ii) **वितरणात्मक न्याय :** राज्य द्वारा व्यक्तियों में पद, सम्मान एवं पुरस्कार का वितरण करना।

- अरस्तू के अनुसार, 'समाज में सेवाओं और पदों का वितरण व्यक्ति द्वारा समाज में किए गए योगदान से निर्धारित होगा।'
- समानता का सिद्धांत भी 'समानुपातिक' है।
- अरस्तू के अनुसार, 'व्यक्ति का जिस अनुपात में समाज में योगदान हो, उसी अनुपात में उसे पुरस्कार मिलना चाहिए।'
- इसलिए समानता, अप्राकृतिक और अवांछित है।
- अरस्तू, आनुपातिक समानता के विचार का समर्थक है।
- अरस्तू, अंकगणितीय समानता के विचार का समर्थक नहीं है।
- मानवीय जीवन का मूल उद्देश्य, प्रसन्नता प्राप्त करना है, जिसे यूनानी भाषा में 'यूडेमोनिया' (Eudaimonia) कहा जाता है।
- व्यक्ति, एक राजनीतिक प्राणी है। यूनानी भाषा में इसका अर्थ-Zoon Politikon है।
- यूनानी युग में सभी लोग साथ बैठते थे, जिसे एकलेसिया (Ekklesia) कहा जाता था। यह विधायिका की भांति कार्य करती थी।

### • अरस्तू के प्रमुख ग्रंथ

- Politics
- On the Soul and on Memory and Recollection
- Athenian Constitution/Eudemian Ethics Virtues and Vices
- Metaphysics 10-14/Oeconomica/Magna Moralia
- Nicomachean Ethics
- The Categories
- Topics
- The Prior Analytics
- Posterior Analytics
- The Rhetoric
- Poetics

# मैकियावेली
# MACHIAVELLI

## मैकियावेली (1469-1527)

- आधुनिक युग के उद्धारक निकोलो मैकियावेली का जन्म इटली में पुनर्जागरण आंदोलन के अग्रणी फ्लोरेन्स नगर के एक संपन्न परिवार में 3 मई, 1469 में हुआ था।
- मैकियावेली ने अपनी रचना-"The Prince" फ्लोरेन्स के शासक 'लॉरेंजो डी मेडिसी' को समर्पित की थी।
- मैकियावेली की पुस्तक-''द प्रिंस'' को हीगल ने महान और एक वास्तविक प्रतिभाशाली राजनीतिक व्यक्ति की सच्ची धारण ा की संज्ञा दी, जिसका सर्वोच्च तथा महान उद्देश्य होता है।

## मैकियावेली के विचारों की पृष्ठभूमि

- मैकियावेली के समय यूरोप में तेजी से राजनीतिक परिवर्तन हो रहे थे।
- राजनीतिक परिवर्तन से आशय, सामंतवाद से पूर्ण निरंकुश राजतंत्रीय सत्ता का विकास हो रहा था तथा चर्च का प्रभाव निरंतर कम हो रहा था एवं एक नए वाणिज्यिक वर्ग का उदय हो रहा था।
- समुद्री यात्राओं का विकास तथा छापेखाने की मशीन का भी विकास हुआ।
- डनिंग ने मैकियावेली को 'अपने युग का शिशु' कहा।
- सेबाइन के अनुसार, 'मैकियावेली यदि कुछ वर्षों बाद पैदा होता, तो उसके विचार अलग होते।'

### उद्देश्य

- उसका उद्देश्य व्यावहारिक था।
- उसके विचारों का उद्देश्य इटली की एकता का निर्माण करना तथा इटली को शक्तिशाली बनाना था।
- इसलिए मैकियावेली ने 'शासन कला' पर अपने विचार दिए।

### मानव स्वभाव

- मानव स्वभाव मूलत: स्वार्थी, लालची व डरपोक है। मानव का मूल उद्देश्य अपनी संपत्ति की रक्षा करना है।
- संपत्ति की रक्षा के लिए ही वह शक्ति अर्जित करना चाहता है।
- राजा को इन स्वार्थी व्यक्तियों को नियंत्रित करने के लिए भय व प्रेम दोनों का प्रयोग करना चाहिए।
- मैकियावेली का प्रसिद्ध कथन है कि 'व्यक्ति अपने पिता की मृत्यु को भूल सकता है, लेकिन संपत्ति के विनाश को आजीवन नहीं भूलता है।'
- मैकियावेली ने मानव स्वभाव को सार्वभौमिक माना है, क्योंकि व्यक्ति स्वार्थी है।

## मैकियावेली के विचारों की विशेषता

- मैकियावेली ने यूनानी युग के नैतिकतापूर्ण विचारों की बजाए राजनीति के यथार्थ का विश्लेषण किया। उसका मूल उद्देश्य राजनीति विज्ञान के परंपरागत या सैद्धांतिक प्रश्नों का उत्तर देना नहीं था, बल्कि उसका सरोकार बिल्कुल व्यावहारिक प्रश्नों से था।
- मैकियावेली ने कई आधुनिक राजनीतिक विचारों का बीजारोपण किया। उसने संप्रभुता, भाषा आधारित राष्ट्र-राज्य, धर्मनिरपेक्षता व गणतंत्र जैसे विचारों का शुभारंभ किया।

## शासन कला पर विचार

- मैकियावेली ने अपनी रचना ''द प्रिंस'' में 'शासन कला' का विचार दिया।
- मैकियावेली ने एक शक्तिशाली इटली के निर्माण के लिए राजनीति में हिंसा, धोखेबाजी आदि को उचित माना। उनके अनुसार, 'एक शक्तिशाली राजा ही शक्तिशाली इटली का निर्माण कर सकता है।'
- उसने राजा के लिए 'शेर जैसी बहादुरी व लोमड़ी जैसी चालाकी' जैसे गुणों का होना उचित माना।
- मैकियावेली के अनुसार, 'राजा को सद्‌गुणी, धर्म परायण व उदार दिखना चाहिए। परंतु आवश्यकता पड़ने पर उसे छल, धोखा व बल प्रयोग से कभी पीछे नहीं हटना चाहिए।'
- मैकियावेली उत्कृष्ट उदारता अपनाने का परामर्श देता है।
- अत: उसने कहा कि 'राजा जैसा दिखे, वैसा होना नहीं चाहिए।' सीजर बोर्जियो मैकियावेली का आदर्श शासक था।

- मैकियावेली ने राजा को सलाह दी कि उसे यह सतर्कता बरतनी चाहिए कि राजा के प्रति प्रजा में घृणा उत्पन्न न हो तथा राजा द्वारा प्रजा की महिलाओं व संपत्ति पर आक्रमण न किया जाए।
- उनके अनुसार, राजा को धर्म का राजनीतिक प्रयोग सीखना चाहिए, जबकि स्वयं धार्मिक नहीं होना चाहिए। राजा को यह दिखावा करना चाहिए कि वह लोगों को स्वतंत्रता प्रदान कर रहा है, जबकि वास्तविकता में ऐसा न हो।
- राज्य की सुरक्षा के लिए नागरिक सेना का समर्थन किया, भाड़े की सेना का समर्थन नहीं किया। जिसका वर्णन उसने अपनी रचना-"The Art of War" में किया है।

## सद्गुण, भाग्य (Virtue/Fortune)

- मैकियावेली के अनुसार, राजा को सद्गुण का सहारा लेना चाहिए, भाग्य का नहीं तथा शक्ति द्वारा विपरीत परिस्थितियां भी नियंत्रित की जा सकती है।

## बर्लिन के अनुसार, राजनीति एवं नैतिकता का संबंध (नैतिकता के दो मानदंड)

- बर्लिन की रचना- "The Originality of Machiavelli" है।
- मैकियावेली के विचार में 'शक्ति राजनीति' का विचार पाया जाता है।
- उसने राजनीति को धर्म से पृथक् कर दिया।
- उसने राजनीति व नैतिकता के मध्य नवीन संबंधों का निर्माण किया।
- मैकियावेली के अनुसार, 'राजा पर नैतिक मानदंड लागू नहीं होते। यदि राजा नैतिक मानदंडों से बंधा होगा, तो यह उसके लिए हानिकारक है।'
- नैतिकता के मानदंड आम व्यक्तियों पर लागू होते हैं। उसने नैतिकता की नई परिभाषा देते हुए कहा कि शासक द्वारा राज्य को शक्तिशाली बनाने के लिए किया गया कोई भी कार्य नैतिक है।
- इसलिए 'मैकियावेली, अनैतिक नहीं, बल्कि नैतिकता से तटस्थ हैं।'

## धर्म व राजनीति में संबंध

- मैकियावेली ने 'धर्म व राजनीति' में स्पष्ट विभाजन किया।
- मैकियावेली ने पंथनिरपेक्ष राजनीति का आधार रखा। मैकियावेली ने चर्च व राज्य के मध्य पूर्ण पृथक्करण का समर्थन किया। क्योंकि चर्च, इटली में एकता पैदा करने में समर्थ नहीं है एवं अन्य शक्तियों को भी एकता उत्पन्न करने में बाधा उत्पन्न कर रहा है।
- मैकियावेली, चर्च का प्रबल विरोधी था, लेकिन वह धर्म का विरोधी नहीं था।
- मैकियावेली ने इटली के नैतिक अपकर्ष के लिए चर्च को जिम्मेवार माना।

## मैकियावेली की शासन पद्धति

- ''द डिसकोर्सेस'' ("The Discourses") में मैकियावली ने स्वतंत्रता का भी समर्थन किया, उसने कहा कि प्राचीन रोम में स्वतंत्रता सभी के लिए उपलब्ध थी। इसलिए विधि निर्माता का यह कर्त्तव्य है कि वह स्वतंत्रता को संरक्षित करे।
- मैकियावेली ने अपनी रचना-''द प्रिंस'' तथा ''द डिसकोर्सेस'' में शासन पद्धति का वर्णन किया।
- ''द प्रिंस'' में शक्तिशाली राजा का समर्थन किया तथा ''द डिसकोर्सेस'' में गणतंत्रीय राज्य का समर्थन किया।
- मैकियावेली ने व्यावहारिक रूप में निरंकुश राजतंत्र को सर्वश्रेष्ठ शासन प्रणाली माना तथा सैद्धांतिक रूप में उसने गणतंत्र को सर्वश्रेष्ठ शासन प्रणाली माना तथा गणतांत्रिक शासन की सुरक्षा बेहतर होती है।
- उसने कहा कि आम नागरिकों का सामूहिक विवेक, एक व्यक्ति के विवेक से ज्यादा महत्वपूर्ण होगा।
- उसने स्पष्टतया कहा कि गणतांत्रिक शासन सर्वश्रेष्ठ होता है। लेकिन ये उन्हीं समाजों में लागू हो सकता है, जहां व्यक्ति सद्गुणी हो।
- उसके अनुसार, स्विट्जरलैंड जैसे देश में यह प्रणाली लागू की जा सकती है, क्योंकि यहां के व्यक्ति सद्गुणी हैं।

## शक्ति

- मैकियावेली के विचारों में शक्ति राजनीति का समर्थन किया गया है।
- मैकियावेली ने 'केंद्रित शक्ति' का समर्थन किया।
- शक्ति को बढ़ाने के लिए 'बल का प्रयोग' अंतिम विकल्प के रूप में करना चाहिए।
- हिंसा का प्रयोग शीघ्रता से करना चाहिए।
- हिंसा का प्रयोग बर्बर एवं त्वरित रूप में करना चाहिए।
- मैकियावेली ने किसी भी साधन का प्रयोग करके शक्ति अर्जित करने का समर्थन किया।

- मैकियावेली के लिए 'शक्ति अर्जन ही राजनीति' का मूल उद्देश्य है।
- उसने इटली को शक्तिशाली बनाने के लिए 'नागरिक सेना' बनाने का समर्थन किया।
- मैकियावेली में आधुनिक राजनीतिक विचारों का शुरूआती बीज पाया जाता है। उसने संप्रभुता, भाषा आधारित राष्ट्र-राज्य, धर्मनिरपेक्षता व गणतंत्र जैसे राजनीतिक विचारों की रूपरेखा रखी।

## राष्ट्रवाद

- राष्ट्रवाद की उत्पत्ति का आधार मैकियावेली के विचारों में मिलता है।
- मैकियावेली के लिए राष्ट्रवाद का अभिप्राय, 'राष्ट्र को शक्तिशाली बनाने से था।'
- राष्ट्र को शक्तिशाली करने का आशय, इटली की शक्तियों को एक राजा में केंद्रित करना था। इसलिए उसने निरंकुश राजतंत्र का समर्थन किया।

## मैकियावेली की रचनाएं

- "The Prince" में 'शासन कला' का वर्णन किया।
- "The Discourses" में 'लोकतंत्र एवं स्वतंत्रता' का उल्लेख किया।
- "The Art of War" में 'नागरिक सेना' के निर्माण का समर्थन किया है।
- "The History of Florence".

# थॉमस हॉब्स
# THOMAS HOBBES

## हॉब्स (1588-1679)

- थॉमस हॉब्स का जन्म 1588 में ब्रिटेन के मॉल्मेसबरी के पास वेस्टपोर्ट (Westport near Malmesbury) में हुआ था।
- उसके जन्म के पूर्व स्पेन की जल सेना (Armada) ने इंग्लैंड पर आक्रमण कर दिया था। इस भय के वातावरण में थॉमस हॉब्स का जन्म समय से पूर्व हो गया था।
- स्वयं थॉमस हॉब्स ने 'भय' को अपना 'जुड़वां भाई' कहा है।
- हॉब्स चार्ल्स प्रथम का शिक्षक था। इसलिए राजतंत्र का समर्थक था।

## थॉमस हॉब्स की अध्ययन पद्धति

- थॉमस हॉब्स का प्रसिद्ध कथन है कि 'ज्ञान का अंत, शक्ति है।' यह उन्होंने "De Corpore" (1655) नामक रचना में कहा।
- थॉमस हॉब्स ने राजनीति विज्ञान का अध्ययन, ज्यामिति, भौतिकी और मनोविज्ञान की सहायता से किया।
- थॉमस हॉब्स की अध्ययन पद्धति को यांत्रिक भौतिकवाद या वैज्ञानिक भौतिकवाद भी कहा जाता है।
- थॉमस हॉब्स का यांत्रिक भौतिकवाद, मार्क्स के द्वंद्वात्मक भौतिकवाद से अलग है। हॉब्स के अनुसार, 'भौतिक अणु स्वत: गतिशील होते हैं।' जबकि मार्क्स का मानना था कि 'अणुओं को बाहर से गति प्राप्त होती है।'
- थॉमस हॉब्स, विशुद्ध भौतिकवादी विचारक है। हॉब्स के अनुसार, 'व्यक्ति और संपूर्ण विश्व भौतिक अणुओं के समुच्चय से निर्मित हैं।'
- उसने राजनीति के अध्ययन में इतिहास व नैतिकता का बिल्कुल प्रयोग नहीं किया।
- इसलिए ओकशॉट ने थॉमस हॉब्स के ग्रंथ ''लेवियाथन'' (Leviathan) को अंग्रेजी साहित्य की सर्वश्रेष्ठ रचना माना है।
- थॉमस हॉब्स ने ऑक्सफोर्ड विश्वविद्यालय में प्रचलित 'स्कॉलेस्टिक पद्धति' का जोरदार खंडन किया। वे इसी विश्वविद्यालय के छात्र थे। स्कॉलेस्टिक पद्धति के द्वारा धार्मिक मान्यताओं को तार्किक रूप में प्रमाणित किया जाता था।

## राज्य की प्रकृति

- वेपर ने थॉमस हॉब्स के राज्य की प्रकृति को 'यांत्रिक' कहा है।
- राज्य, मानव द्वारा निर्मित है। यह विचार 'थॉमस हॉब्स' द्वारा पहली बार आधुनिक युग में दिया गया।
- हॉब्स के अनुसार, 'राज्य, एक यंत्र है।' यह मानव निर्मित संस्था है, न कि दैवीय।
- 'राज्य, प्राकृतिक अथवा दैवीय संस्था नहीं है।' यांत्रिक राज्य के समर्थक व्यक्तिवाद को महत्व देते हैं।
- हॉब्स, लॉक, बेंथम व मिल राज्य को यंत्र मानते हैं।

## व्यक्तिवाद

- व्यक्तिवादी विचारधारा का जन्म आधुनिक युग में हुआ।
- व्यक्तिवादी विचारधारा में व्यक्ति को 'साध्य' तथा राज्य को 'साधन' माना जाता है।
- थॉमस हॉब्स, व्यक्तिवादी हैं, **जिसके पीछे निम्नलिखित तर्क हैं-**
  - (i) राज्य का निर्माण व्यक्तियों के समझौते से हुआ।
  - (ii) राज्य के निर्माण का मूल उद्देश्य, 'आत्मसंरक्षण' (Self Preservation) है।
  - (iii) अत: थॉमस हॉब्स ने राज्य की उत्पत्ति के 'दैवीय सिद्धांत' (जेम्स-1 द्वारा प्रदत्त) का खंडन कर दिया।
  - (iv) थॉमस हॉब्स के अनुसार, 'यदि राज्य व्यक्ति के आत्मसंरक्षण (Self Preservation) में असफल हो, तो राज्य के विरुद्ध क्रांति की जा सकती है।'

## व्यक्तिवाद एवं पूर्णसत्तावाद में समन्वय

- थॉमस हॉब्स ने व्यक्ति के आत्मसंरक्षण के लिए निरंकुश शक्तिशाली राजा का समर्थन किया। इसलिए थॉमस हॉब्स के विचारों में 'पूर्णसत्तावाद' भी विद्यमान है।
- थॉमस हॉब्स के विचारों में 'पूर्णसत्तावाद' साधन है एवं 'व्यक्तिवाद' साध्य है।

### थॉमस हॉब्स के अनुसार, व्यक्ति का स्वभाव

- व्यक्ति, यश एवं शक्ति प्राप्त करना चाहता है।
- व्यक्ति, लालची एवं स्वार्थी है।
- व्यक्ति की इच्छाएं अनंत होती हैं।

### थॉमस हॉब्स के अनुसार, समाज

- 'समाज को कृत्रिम राज्य की भांति कहा।'
- समाज को 'आणविक प्रकृति' बताया। आणविक प्रकृति से तात्पर्य है कि 'समाज, व्यक्तियों का समूह है तथा समाज में प्रत्येक व्यक्ति, अणु की भांति स्वतंत्र है।'

### थॉमस हॉब्स के अनुसार, प्राकृतिक अवस्था

- प्राकृतिक अवस्था पूर्व सामाजिक एवं पूर्व राजनीतिक अवस्था थी।
- सामाजिक समझौते की पूर्व अवस्था को 'प्राकृतिक अवस्था' कहा जाता है।
- प्राकृतिक अवस्था सभी के विरुद्ध, सभी के संघर्ष की अवस्था थी।
- प्राकृतिक अवस्था में समाज, राज्य, संपत्ति व सभ्यता का अभाव था।
- प्राकृतिक अवस्था में मानव जीवन पाशविक, क्षणिक व बर्बर था तथा प्राकृतिक अवस्था में 'नैतिकता की संकल्पना' का अभाव था।
- प्राकृतिक अवस्था में व्यक्ति के पास एक ही अधिकार था कि 'शक्ति ही अधिकार है।' (Might is Right)

### प्राकृतिक विधि

- मानव, विवेक या बुद्धि का नियम ही, प्राकृतिक विधि है।
- थॉमस हॉब्स के समझौते में विशुद्ध विवेक का प्रयोग देखा जा सकता है।
- थॉमस हॉब्स की प्राकृतिक विधि, मध्यकालीन सार्वभौमिक विधि नहीं है।
- थॉमस हॉब्स के चिंतन में **उन्नीस** (19) प्रकार की प्राकृतिक विधि का उल्लेख है। **कुछ इस प्रकार हैं**–
  - (i) प्रत्येक व्यक्ति को शांति स्थापित करने का प्रयत्न करना चाहिए।
  - (ii) व्यक्तियों को कुछ अधिकारों का परित्याग करने को तैयार रहना चाहिए।
  - (iii) इनके क्रियान्वयन के लिए परस्पर समझौता करना चाहिए।

### सामाजिक समझौता (Social Contract)

- सामाजिक समझौते का अभिप्राय, 'व्यक्तियों व समुदाय ने आपस में मिलकर राज्य का निर्माण किया।'
- थॉमस हॉब्स के शब्दों में, 'मैं अपने ऊपर शासन का अधिकार इस व्यक्ति या व्यक्ति समूह को सौंप रहा हूं, लेकिन शर्तें यह है कि आप भी अपनी शक्तियां इसे सौंप दें।'
- थॉमस हॉब्स के अनुसार, 'व्यक्तियों ने अपने आत्मसंरक्षण के लिए आपस में समझौता करके अपनी सभी शक्तियां एक सर्वोच्च राजा को सौंप दी।'
- 'राज्य या राजा, समझौते का परिणाम है, समझौते का भाग नहीं।'
- थॉमस हॉब्स के सामाजिक समझौते का मूल आधार, बुद्धि, शक्ति एवं उपयोगिता है।
- थॉमस हॉब्स का समझौता, एक दार्शनिक सत्य है या एक सैद्धांतिक समझौता है, ऐतिहासिक नहीं।
- थॉमस हॉब्स के सामाजिक समझौते में 'सहमति का सिद्धांत' पाया जाता है।
- थॉमस हॉब्स के अनुसार, 'राज्य, ठोस विवेक (Reason) का परिणाम है।'
- हैकर के अनुसार, थॉमस हॉब्स के सामाजिक समझौते के विचार में 'सहमति का सिद्धांत' निहित है।

### समझौते की विधि (Method of Contract)

- थॉमस हॉब्स के अनुसार, 'केवल एक ही समझौते के द्वारा राज्य, समाज व सरकार तीनों का निर्माण हुआ।'
- समझौते का मूल उद्देश्य आत्मसंरक्षण है। राज्य, समाज व सरकार कृत्रिम संस्थाएं हैं।
- समझौता भंग होने पर व्यक्ति पुनः प्राकृतिक अवस्था में चले जाएंगे।
- सभी व्यक्ति समझौते के द्वारा अपनी सभी शक्तियां एक राजा को प्रदान कर देते हैं।
- समझौते के बाद व्यक्तियों के पास अधिकार नहीं रहता।

### संप्रभुता

- थॉमस हॉब्स के विचारों में 'वैधानिक संप्रभुता' का विचार पाया जाता है।
- थॉमस हॉब्स के अनुसार, 'संप्रभुता की विशेषता सर्वोच्च शक्तिशाली, असीमित, अदेय, अविभाज्य और निरंकुश है।'
- थॉमस हॉब्स के पहले बोदा ने संप्रभुता पर ईश्वरीय कानून और नैतिकता के प्रतिबंध आरोपित किए थे।
- थॉमस हॉब्स ने 'संप्रभुता को सभी प्रतिबंधों से मुक्त' कर दिया।
- उसने चर्च को भी राज्य के अधीन बना दिया।
- थॉमस हॉब्स ने राज्य की शक्ति को 'पूर्णसत्तावादी' माना। उसके अनुसार, 'संप्रभु का आदेश ही विधि है।'
- थॉमस हॉब्स ने राज्य, सरकार व समाज के मध्य कोई विभाजन नहीं किया।

- उसने सरकार के अंगों का किसी प्रकार से विभाजन नहीं किया।
- थॉमस हॉब्स ने राज्य और राजा में भी अंतर नहीं किया।
- थॉमस हॉब्स की संप्रभुता को 'काल्पनिक निगम' की संज्ञा दी गई है। यह शब्द **सेबाइन** ने हॉब्स की संप्रभुता के लिए उपयोग किया है।

### स्वतंत्रता

- थॉमस हॉब्स के अनुसार, 'विधि का मौन रहना ही स्वतंत्रता है।'
- वाहन के अनुसार, 'थॉमस हॉब्स के विचारों में एक तरफ अराजकतावाद है, तो दूसरी ओर निरंकुशतावाद का खतरा है।'

### शक्ति का सिद्धांत

- शक्ति का प्रयोग सहमति से किया जाता है। यह दो व्यक्ति या समूहों की आपसी अंत:क्रिया के परिणामस्वरूप निर्मित होती है।
- थॉमस हॉब्स के अनुसार, 'शक्ति एवं बल में भेद है।'
- अवैधानिक शक्ति की कल्पना अतार्किक है।
- थॉमस हॉब्स ने 'शक्ति एवं सत्ता' में अंतर नहीं किया।

### थॉमस हॉब्स का महत्व

- थॉमस हॉब्स के चिंतन में उदारवाद का दार्शनिक आधार अंतर्निहित है। उसने व्यक्ति को अपना हित बढ़ाने वाला माना।
- उसके चिंतन में उपयोगितावाद का आधार भी विद्यमान है। क्योंकि राज्य को 'एक उपयोगी संस्था' माना।

### महत्वपूर्ण तथ्य

- थॉमस हॉब्स के जीवन काल में इंग्लैंड में एक 'लेवलर्स' (Levellers) का आंदोलन चल रहा था, जो राजनीतिक समानता की मांग कर रहे थे। **दूसरा,** 'डिगर्स' (Diggers) का आंदोलन था, जो आर्थिक समानता की मांग कर रहे थे।
- थॉमस हॉब्स की पहली रचना-"History of Peloponnesian War" थी, जिसका उन्होंने अनुवाद किया था।
- हॉब्स के अनुसार, कानून न्यायोचित और अन्यायोचित नियम है, जो कोई विधि से विपरीत नहीं है। उसे अन्यायोचित नहीं माना जाता।
- थॉमस हॉब्स की सबसे महत्वपूर्ण रचना-"Leviathan" है, जो उसने अंग्रेजी में लिखी।
- क्लेरेण्डन (Clerendon), हॉब्स के समकालीन विचारक थे, जो हॉब्स के घोर आलोचक थे। उन्होंने-''लेवियाथन'' को जला दिया था।
- ऑक्सफोर्ड विश्वविद्यालय में ''लेवियाथन'' को जलाया गया।
- हॉब्स ने "De Corpore", "De Cive" नामक रचना लैटिन में लिखी।
- माइकल ओकशॉट ने ''लेवियाथन'' को अंग्रेजी साहित्य में लिखी गई सबसे बेहतर रचना कहा।
- "Elements of Law, Natural and Politic" हॉब्स की प्रथम रचना है।
- "A Dialogue on the Civil Wars", ("Behemoth", "De Homine") ये सभी हॉब्स की अन्य प्रमुख रचनाएं हैं।

### विचारकों का क्रम

| विचारक | - | वर्ष |
|---|---|---|
| • बोदा | - | (1530-1596) |
| • हॉब्स | - | (1588-1679) |
| • स्पिनोजा | - | (1632-1677) |
| • लॉक | - | (1632-1704) |
| • मांटेस्क्यू | - | (1689-1755) |
| • ह्यूम | - | (1711-1776) |
| • बर्क | - | (1729-1797) |

अध्याय 6

# जॉन लॉक
# JOHN LOCKE

## जॉन लॉक (1632-1704)

- जॉन लॉक का जन्म सामरसेट शायर में रिंगटन (Wrington) नामक स्थान पर 29 अगस्त, 1632 ई. को हुआ था।
- जॉन लॉक, अनुभववाद के जन्मदाता हैं। अनुभववाद से तात्पर्य है कि ज्ञान पांच इन्द्रियों के अनुभव से प्राप्त होता है।
- जॉन लॉक उदारवाद के पिता हैं।
- जॉन लॉक 'अधिकारों के सिद्धांत' के जन्मदाता हैं। (प्राकृतिक अधिकारों का सिद्धांत)।
- जॉन लॉक को 'सामान्य बुद्धि' (Comman Sense) का दार्शनिक माना जाता है।
- वेपर का कहना है कि 'जॉन लॉक एक महान परंपरा का पहला प्रवक्ता (उदारवाद का) तथा एक महान परंपरा का अंतिम प्रवक्ता (मध्यकाल का) है।'
- जॉन लॉक, रिचर्ड हुकर की रचना-"Ecclesiastical Polity" से बहुत ज्यादा प्रभावित थे।
- जॉन लॉक की सबसे प्रसिद्ध पुस्तक-"Two Treatises of Government" है। इसके पहले भाग में जॉन लॉक ने रॉबर्ट फिल्मर की पुस्तक-"Patriarcha, or The Natural Power of Kings" का खंडन किया है, जिसमें राजा की प्राकृतिक शक्तियों का वर्णन किया गया है।
- जॉन लॉक के अनुसार, राजा को अपनी संपत्ति अपने उत्तराधिकारियों को देने की शक्ति नहीं है। जॉन लॉक ने प्राकृतिक अधीनता के सिद्धांत का खंडन किया, जो फिल्मर ने दिया था। पुस्तक के दूसरे भाग में अपने सिद्धांतों का प्रतिपादन किया है। इस पुस्तक में 1688 की गौरवमयी क्रांति का समर्थन किया था।

## अनुभववाद

- जॉन लॉक ने-"An Essay Concerning Human Understanding" नामक रचना लिखी।
- अनुभववादियों के अनुसार, 'व्यक्ति का समूचा ज्ञान, अनुभव पर आधारित है, जो पांच ज्ञानेन्द्रियों द्वारा प्राप्त होता है।'
- इस विश्व का ज्ञान एवं उसका औचित्य केवल अनुभव द्वारा ही सिद्ध किया जा सकता है।
- अनुभववाद के अनुसार, 'व्यक्ति का मस्तिष्क जन्म से 'खाली स्लेट' (Tabula rasa) के समान होता है।'
- अनुभववाद के अनुसार, 'कोई भी ज्ञान प्रागानुभविक नहीं होता।'
- अनुभववाद, बुद्धिवाद का विरोधी विचार है। क्योंकि बुद्धिवाद के अनुसार, 'ज्ञान मूलतः अनुभवपूर्व या प्रागानुभविक (A-Priori) होता है।'

## प्राकृतिक अधीनता (Natural Subjection) के सिद्धांत का खंडन

- राबर्ट फिल्मर के द्वारा यह कहा गया कि जिस प्रकार एक बच्चे पर पिता का प्राकृतिक नियंत्रण होता है, ठीक उसी प्रकार राजा का प्रजा पर स्वाभाविक रूप में नियंत्रण होता है।
- इस विचार को लॉक ने अस्वीकृत कर दिया। लॉक के अनुसार, बच्चा अल्पवयस्क होता है। इसलिए पिता, बच्चे को निर्देश दे सकता है, परंतु राजा, प्रजा को निर्देश नहीं दे सकता। क्योंकि प्रजा बच्चे नहीं हैं। इसलिए व्यक्ति पर शासन करने का एक ही उपाय है, व्यक्ति से सहमति प्राप्त करना।

## पितृ-सत्तात्मक राज्य का खंडन

- जॉन लॉक ने प्राकृतिक अधीनता के सिद्धांत का खंडन किया, जिसका उल्लेख 'रॉबर्ट फिल्मर' ने किया था।
- जॉन लॉक के अनुसार, 'व्यक्ति पर राज्य का नियंत्रण, व्यक्तियों की सहमति के बाद ही संभव है।'
- जॉन लॉक के अनुसार, 'पिता का बच्चे पर नियंत्रण एवं राज्य का नागरिकों पर नियंत्रण से अलग होता है।'

## प्राकृतिक अधिकार का सिद्धांत

- जॉन लॉक, 'अधिकारों के सिद्धांत' का जन्मदाता है।

- जॉन लॉक ने प्राकृतिक अधिकारों में जीवन, स्वतंत्रता तथा संपत्ति को शामिल किया।
- जॉन लॉक ने संपत्ति के अधिकार को अत्यधिक महत्व प्रदान किया तथा जीवन, स्वतंत्रता के अधिकार को भी संपत्ति के अधिकार में निहित माना।
- जॉन लॉक के अनुसार, व्यक्ति को प्राकृतिक अधिकार जन्मजात रूप में प्राप्त होते हैं। जैसे, उसकी त्वचा का रंग।
- जॉन लॉक के विचारों से अमेरिकी संविधान निर्माता, 'जैफर्सन' (1743 से 1826 तक) एवं 'मेडिसन' प्रभावित थे। जैफर्सन के अनुसार, 'व्यक्ति को जीवन, स्वतंत्रता एवं सुख लेने का अधिकार है।'
- जॉन लॉक के बाद प्राकृतिक अधिकारों का समर्थन थॉमस पेन द्वारा किया गया, जिन्होंने "Rights of Man" नामक रचना लिखी।
- अत: व्यक्ति के प्राकृतिक अधिकारों को कभी छीना नहीं जा सकता।
- बेंथम ने लॉक के प्राकृतिक अधिकारों की आलोचना करते हुए कहा कि 'प्राकृतिक अधिकार, बकवास है, बकवासों से बढ़कर, बकवास है।'
- बेंथम के अनुसार, 'राज्य एवं सरकार से पहले अधिकारों की कल्पना अतार्किक है।'
- जॉन लॉक के प्राकृतिक अधिकारों की आलोचना एडमंड बर्क तथा रूसो ने भी की।

## संपत्ति का विचार

- मैकफर्सन के अनुसार, 'जॉन लॉक द्वारा राज्य व सरकार के निर्माण का मूल उद्देश्य संपत्ति के सिद्धांत को औचित्य प्रदान करना है।'
- संपत्ति को परिभाषित करते हुए जॉन लॉक ने कहा कि 'संपत्ति, व्यक्तियों का व्यक्तित्व और उनके स्वामित्व में स्थित वस्तुएं हैं।'
- संपत्ति का आशय, 'भूमि व वस्तुओं से है।'
- जॉन लॉक ने मूल्य के श्रम सिद्धांत का निर्माण करते हुए कहा कि 'व्यक्ति, प्राकृतिक वस्तुओं में अपना श्रम मिलाकर उनका स्वामी बन जाता है।'
- उनके अनुसार, प्रकृति ने पर्याप्त वस्तुएं दी हैं। व्यक्ति का मूल उद्देश्य अपने श्रम द्वारा अर्जित संपत्ति को सुरक्षित रखना है।
- जॉन लॉक संपत्ति पर प्रतिबंध भी लगाता है। संपत्ति, दूसरे के लिए भी छोड़ना चाहिए तथा संपत्ति को नष्ट न किया जाए।

## उदारवादी विचारक

- जॉन लॉक, उदारवाद के जन्मदाता हैं। उदारवादी विचारधारा, मूलत: व्यक्तिवादी विचारधारा है।
- जॉन लॉक के विचारों में उदारवाद के **निम्नलिखित सिद्धांत पाए जाते हैं-**
  (i) स्वतंत्रता
  (ii) सहिष्णुता-"A Letter Concerning Toleration" नामक पुस्तक में सहिष्णुता पर विचार दिए
  (iii) सहमति का शासन
  (iv) संवैधानिक शासन।
- "The Calculus of Consent: Logical Foundations of Constitutional Democracy" नामक रचना 'जेम्स एम. बुकानन' द्वारा 1962 में लिखी गई।

## सामाजिक समझौते का सिद्धांत

- लॉक ने हॉब्स की तरह यह माना कि सामाजिक समझौते के द्वारा राज्य की उत्पति हुई। उसने मानव स्वभाव व प्राकृतिक अवस्था आदि का वर्णन करते हुए राज्य की उत्पत्ति की व्याख्या की।

### मानव स्वभाव

- जॉन लॉक के अनुसार, 'व्यक्ति, सुख प्राप्त करने का इच्छुक होता है एवं दु:ख से बचना चाहता है।'
- जॉन लॉक के अनुसार, 'व्यक्ति का स्वभाव नेक एवं अच्छा है।'
- व्यक्ति को जन्म से ही प्राकृतिक अधिकार प्राप्त हैं।
- प्राकृतिक अधिकारों में लॉक ने संपत्ति को सबसे अधिक महत्व दिया।

### प्राकृतिक अवस्था

- जॉन लॉक ने-"Essays on the Law of Nature" नामक रचना की।
- जॉन लॉक के अनुसार, 'प्राकृतिक अवस्था एवं युद्ध की अवस्था में अंतर होता है।'
- जॉन लॉक की प्राकृतिक अवस्था पूर्व-राजनीतिक है, पूर्व-सामाजिक नहीं।
- प्राकृतिक अवस्था परस्पर शांति और सहयोग की अवस्था थी।
- प्राकृतिक अवस्था प्राकृतिक नियमों से संचालित थी।
- प्राकृतिक अवस्था में प्राकृतिक विधि विद्यमान थी।

### विधि एवं स्वतंत्रता के मध्य संबंध

- जॉन लॉक ने कहा कि 'जहां विधि समाप्त होती है, वहां निरंकुशता आरंभ होती है।'
- जॉन लॉक के अनुसार, 'विधि स्वतंत्रता का संरक्षण ही नहीं करती, बल्कि उसमें वृद्धि भी करती है।'
- विधि के अभाव में स्वतंत्रता की कल्पना करना कठिन है।

### प्राकृतिक नियम

- जॉन लॉक के अनुसार, 'प्राकृतिक नियम का अभिप्राय, मध्यकालीन ईश्वरीय सार्वभौमिकता विधि है।'
- सिसरो के अनुसार, प्राकृतिक विधि का अभिप्राय 'ईश्वर द्वारा निर्मित नियमों से समूची सृष्टि संचालित है।'
- व्यक्ति बुद्धिमान होने के कारण ईश्वरीय नियमों का ज्ञान प्राप्त करके अपने जीवन का संचालन करता है।

## लॉक के सामाजिक समझौते का मूल कारण

- प्राकृतिक अवस्था में कुछ असुविधाएं थीं, **जो निम्नलिखित थीं**-
  - (i) एक स्पष्ट एवं मानव निर्मित नियम का अभाव था।
  - (ii) इन नियमों को क्रियान्वित करने वाली संस्था की अनुपस्थिति।
  - (iii) नियमों के व्याख्या करने वाली किसी निश्चित संस्था का अभाव।

### दो समझौता

- जॉन लॉक के विचार में निम्नलिखित **दो सामाजिक समझौते पाए जाते हैं**-
  - (i) **पहले समझौते में,** व्यक्तियों ने मिलकर नागरिक समाज का निर्माण किया।
  - (ii) **दूसरे समझौते में,** नागरिक समाज के द्वारा राज्य या सरकार का निर्माण किया गया।
- जॉन लॉक के समझौते में व्यक्तियों ने केवल दंड देने का अधिकार राज्य या 'Commanwealth' को सौंपा।
- जॉन लॉक ने राज्य या नागरिक समाज या समुदाय में अंतर नहीं किया।
- समझौते के पश्चात् भी प्राकृतिक अधिकार व्यक्ति के पास सुरक्षित है।
- जॉन लॉक के समझौते में व्यक्ति महत्वपूर्ण सिद्ध होता है।
- जॉन लॉक ने सरकार को सीमित करने के लिए सरकार का **तीन अंगों में विभाजन किया**-
  - (i) विधायिका।
  - (ii) कार्यपालिका।
  - (iii) संधि-निर्मात्री शक्ति।
- राज्य को सीमित करने के लिए लॉक ने 'संप्रभुता' शब्द का प्रयोग ही नहीं किया, उसने संप्रभुता के स्थान पर, All Supreme Power शब्द का प्रयोग किया।

### सामाजिक समझौते की विशेषता

- समझौता पूर्व-राजनीतिक था, पूर्व-सामाजिक नहीं।
- समझौते में व्यक्तियों ने सभी अधिकार अपने पास रखे, केवल एक अधिकार (दंड देने का अधिकार) सौंपा।
- समझौते टूटने के बाद सरकार समाप्त होगी। इसलिए व्यक्ति प्राकृतिक अवस्था में नहीं जाएगा।
- व्यक्तियों ने समझौते के द्वारा अपनी शक्तियां बहुमत समुदाय को प्रदान की।

## क्रांति का विचारक

- लॉक के विचारों के परिणामस्वरूप इंग्लैंड में गौरवमयी क्रांति हुई। उसके विचारों ने फ्रांसीसी क्रांति को भी प्रभावित किया। अमेरिकी क्रांतिकारी एवं अमेरिका के संविधान निर्माता जैफर्सन और मेडिसन लॉक के विचारों से अत्यधिक प्रभावित थे। अमेरिका के संविधान पर लॉक के विचारों का अत्यधिक प्रभाव है।

### लॉक के क्रांति का विचार

- जॉन लॉक के विचारों में सीमित और संवैधानिक शासन का आधार पाया जाता है। राज्य ने संभावित निरंकुश व्यक्ति पर प्रतिबंध लगाने के लिए **निम्न आधारों पर क्रांति को औचित्यपूर्ण ठहराया**-
  - (i) यदि राजा या एक व्यक्ति विधि के स्थान पर निरंकुश शासन करने लगे।
  - (ii) जब राजा विधायिका के स्वतंत्र कार्यकरण में बाधा उत्पन्न करे।
  - (iii) जब राजा निरंकुश रूप में चुनाव या चुनाव के तरीके में परिवर्तन करने लगे।
  - (iv) जब राजा या विधायिका नागरिकों को किसी विदेशी शक्ति के हवाले सौंपने लगे।
  - (v) यदि सर्वोच्च कार्यकारी अधिकारी विधि की अवहेलना या उसका पालन न करे।
- जॉन लॉक के अनुसार, 'क्रांति के परिणामस्वरूप सरकार को हटाया जाता है, राज्य या 'कॉमनवेल्थ' (Commanwealth) विद्यमान रहता है।
- जबकि हॉब्स के अनुसार, क्रांति के परिणामस्वरूप प्राकृतिक अवस्था पुनः आ जाएगी। क्योंकि हॉब्स के विचार में राज्य, समाज व सरकार सभी का निर्माण एक ही समझौते से हुआ था।
- जॉन लॉक ने सरकार को एक 'ट्रस्ट' या 'लिमिटेड लाइबिलिटी कंपनी' (Limited Liability Company) की संज्ञा दी।
- जॉन लॉक ने क्रांति के स्थान पर 'स्वर्ग से प्रार्थना' (Appeal to Heaven) शब्द का प्रयोग किया।

### राज्य के कार्य

- जॉन लॉक ने राज्य के **नकारात्मक कार्यों का उल्लेख किया**-

(i) विधि व्यवस्था बनाए रखना।
(ii) बाह्य शत्रुओं के आक्रमण से रक्षा करना।

## राज्य की प्रकृति

1. नकारात्मक राज्य।
2. पुलिस राज्य।
3. रात्रि-प्रहरी राज्य।
4. अहस्तक्षेपवादी राज्य (Laissez-faire State) का अभिप्राय-
   (i) समझौते की स्वतंत्रता को बनाए रखना।
   (ii) पितृ-सत्तात्मक राज्य का अभाव होना।

## लॉक की शासन प्रणाली

- सहमति का शासन।
- सीमित शासन।
- जॉन लॉक, राजतंत्र का विरोधी था, परंतु संवैधानिक राजतंत्र का समर्थन किया।
- जॉन लॉक के अनुसार, प्रतिनिधि शासन में सबके लिए प्रतिनिधित्व नहीं था।
- जॉन लॉक के लिए लोकतंत्र एक साधन तथा उदारवाद साध्य था।

## व्यक्तिवाद

- व्यक्ति को राज्य एवं समुदाय से ज्यादा महत्व देने वाले विचारक व्यक्तिवादी कहलाते हैं।
- व्यक्तिवादी व्यक्ति की स्वतंत्रता एवं सुख बढ़ाने के लिए राज्य को साधन मानते हैं।
- इसलिए उदारवादी उपयोगितावादी विचारक व्यक्ति की मान्यता में विश्वास रखते हैं।

## पूंजीवादी विचारक

- सी. बी. मैकफर्सन ने अपनी रचना-"The Political Theory of Possessive Individualism" (1962) में हॉब्स एवं लॉक को 'स्वत्वमूलक व्यक्तिवादी' कहा।
- सी. बी. मैकफर्सन ने लॉक को 'पूंजीवाद का जन्मदाता' कहा।
- सी. बी. मैकफर्सन के अनुसार, 'लॉक के राज्य का मुख्य उद्देश्य संपत्ति की रक्षा करना है।'
- सी. बी. मैकफर्सन के अनुसार, 'लॉक ने संपत्तिशाली लोगों को अधिकार प्रदान किए हैं।'
- जेम्स टुली इस विचार से सहमत नहीं हैं। इनके अनुसार, लॉक संवैधानिक शासन का समर्थक है।

## लॉक के विचारों में अंतर्निहित विरोधाभास

- जॉन लॉक के विचार एक ओर अनुभववाद से प्रभावित हैं तथा दूसरी ओर, मध्यकालिक विचारक 'रिचर्ड हूकर' का उन पर स्पष्ट प्रभाव है। लॉक के विचारों में हॉब्स की भांति तार्किक संगति विद्यमान नहीं है, **क्योंकि उसने चार स्तर पर 'सर्वोच्च शक्ति' की कल्पना की है**-
  (i) सरकार में विधायिका सर्वोच्च होगी।
  (ii) जबकि सरकार से सर्वोच्च समुदाय होगा।
  (iii) समुदायों का भी मूल उद्देश्य, प्राकृतिक अधिकारों की रक्षा करना है।
  (iv) प्राकृतिक अधिकारों से महत्वपूर्ण प्राकृतिक विधि है।
  (v) इसलिए यह भ्रम उत्पन्न होता है कि व्यक्ति के प्राकृतिक अधिकार ज्यादा महत्वपूर्ण हैं या समुदाय के दंड का अधिकार ज्यादा महत्वपूर्ण है।
  (vi) व्यक्ति ज्यादा महत्वपूर्ण है या समुदाय का महत्व ज्यादा है।
  (vii) समझौता एक या दो स्पष्ट नहीं है।
  (viii) उदारवादी होते हुए मध्यकालीन विचारों से प्रभावित हैं।

## लॉक की रचनाएं

- "An Essay Concerning Human Understanding" 1687 में लिखा गया तथा 1690 में प्रकाशित हुआ।
- लॉक ने-"Four Letter Concerning Toleration" (1689) लिखा, जिसमें दूसरा पत्र अत्यधिक प्रसिद्ध है।
- "A Letter Concerning Toleration" (1689)
- "The Reasonableness of Christianity" (1695), इस पुस्तक में लॉक ने ईसाई धर्म का तार्किक बचाव किया है।
- "Two Treatises of Government" (1689), इस पुस्तक के बारे में 'पीटर लॉसलेट' ने कहा कि यह रचना 1688 की गौरवमयी क्रांति के पहले लिखी गई थी।
- "Some Thoughts Concerning Education" (1693)
- शक्ति पृथक्करण के सिद्धांत के जन्मदाता 'मान्टेस्क्यू' हैं। इन्होंने "The Spirit of the Laws" (1748) नामक महत्वपूर्ण रचना लिखी।
- संयुक्त राज्य अमेरिका के संविधान निर्माण पर लॉक का प्रभाव पड़ा था।

# जे.जे. रूसो
# J.J. ROUSSEAU

## जे.जे. रूसो (1712-1778)

- रूसो का जन्म स्विट्जरलैंड के जेनेवा शहर में 1712 ई. में हुआ था।
- राजनीति विज्ञान में रूसो ने पहली बार 'समानता की संकल्पना' को-"Discourse on Inequality" (1754) इस पुस्तक में स्थान दिया।
- सेबाइन के अनुसार, 'रूसो ने आधुनिक युग में पहली बार 'समुदाय' की मान्यता को पुनर्जीवित कर दिया।
- रूसो, स्पार्टा के समुदाय से प्रभावित था।
- रूसो ने आधुनिक युग में पहली बार 'प्रत्यक्ष लोकतंत्र' का प्रतिपादन किया।
- रूसो ने पहली बार 'राष्ट्रवाद की संकल्पना' का सैद्धांतिक आधार रखा।
- रूसो ने 'नागरिक धर्म' (Civil Religion) की संकल्पना दी।
- फ्रांसीसी क्रांति पर रूसो का बहुत अधिक प्रभाव था।
- प्रबोधकाल के युग में तर्क व विवेक के प्रति विद्रोह किया। रूसो का प्रसिद्ध कथन है कि 'बुद्धिमान व्यक्ति, पतित प्राणी है।'
- रूसो के विचारों में प्राकृतिक अधिकारों का कोई स्थान नहीं है। ऐसा माना जाता है कि रूसो के हाथों में पहुंचकर प्राकृतिक अधिकारों की संकल्पना मृत हो गई।
- रूसो के विचारों से अमेरिका सहित दुनिया के कई संविधानों की प्रस्तावना प्रभावित है।
- रूसो को 'जैकोबिनवाद' और 'ब्लांकीवाद' का पिता माना जाता है।

## जैकोबिनवाद

- फ्रांसीसी क्लब का नाम 'जैकोबिन' था, जिसका नेता 'रोबेस्पियर' था। इस क्लब के अनुसार, क्रांति अपरिहार्य है और यह किसी भी साधन द्वारा की जाएगी।

## ब्लांकीवाद

- लुईस ब्लांकी के नाम पर 'ब्लांकीवाद' शब्द का प्रचलन हुआ। ब्लांकी ने फ्रांस में 'सशस्त्र एवं गुप्त' क्रांति का सिद्धांत दिया। ब्लांकी के अनुसार, 'क्रांति, छोटे विशिष्ट वर्ग द्वारा संचालित होगी।'
- वेपर ने कहा है कि "रूसो तर्क का उत्साही धर्मदूत है, जिसने विवेक के काल के लिए मार्ग प्रशस्त करने हेतु अधिकांश विचारों से अधिक कार्य किया।

## रोमांटिक विचारक

- रूसो के विचार अत्यधिक नैतिकतावादी एवं आदर्शवादी हैं, जिसमें वह वर्तमान समाज की बुराइयों को परिवर्तित करके एक आदर्श समाज के निर्माण का प्रयत्न कर रहा है।

## सामाजिक समझौता

- रूसो ने हॉब्स और लॉक की तरह सामाजिक समझौते का सिद्धांत दिया तथा राज्य की उत्पत्ति, स्वभाव इत्यादि का वर्णन किया।

## मानव स्वभाव व प्राकृतिक अवस्था

- रूसो ने मनुष्य के स्वभाव को पशुवत् माना। वह न तो अच्छा है न ही बुरा, बल्कि वह अपने प्राकृतिक पशुवत् जीवन में रहता है।
- रूसो ने व्यक्ति को 'भद्र पशु' (Noble Savage) की संज्ञा दी। यह 'भद्र पशु' पूर्ण रूप में स्वतंत्र था।
- यह व्यक्ति भद्र इसलिए था, क्योंकि इसे स्वयं के प्रति प्रेम एवं दूसरों के प्रति सहानुभूति थी।
- अपनी रचना-"The Social Contract" (1762) में रूसो ने कहा है कि 'मनुष्य स्वतंत्र जन्मा है, लेकिन सर्वत्र जंजीरों में जकड़ा हुआ है।'
- समाज के विकास तथा संपत्ति के उदय से यह स्वतंत्रता लुप्त होने लगी।
- इसी स्वतंत्रता को फिर से प्राप्त करना मूल उद्देश्य है।
- इसके लिए रूसो ने 'प्रकृति की ओर लौट चलो' का नारा लगाया। इसका अर्थ ऐतिहासिक रूप में लौटना बिल्कुल नहीं है, बल्कि मानव का नैतिक प्रवृत्तियों द्वारा निर्देशित जीवन है।

- 'मैक्सी' ने रूसो को 'प्रकृति का शिशु' (Child of Nature) कहा।

## रूसो की मूल समस्या

- उसके अनुसार, प्राकृतिक अवस्था की मुक्त स्वतंत्रता, संपत्ति और सभ्यता के विकास के पश्चात् समाप्त हो गई।
- रूसो के अनुसार, प्राकृतिक अवस्था की स्वतंत्रता की प्राप्ति के लिए एक वैकल्पिक समाज का निर्माण आवश्यक है।
- रूसो के अनुसार, 'मानव के भ्रष्ट होने का मूल कारण समाज और संस्थाएं हैं, मानव स्वभाव नहीं।'

## समझौता

- रूसो के सामाजिक समझौते का मूल उद्देश्य स्वतंत्रता की प्राप्ति था।
- रूसो के सामाजिक समझौते की विधि हॉब्स की भांति, परंतु उसका मूल तत्व लॉक की भांति है।
- **समझौता हॉब्स की भांति कैसे?**
  - (i) रूसो में भी हॉब्स की भांति एक समझौता पाया जाता है।
  - (ii) रूसो के समझौते में भी व्यक्तियों ने अपने सभी अधिकार राज्य को सौंप दिए।
  - (iii) रूसो का राज्य हॉब्स की भांति ही निरंकुश, शक्तिशाली, असीमित, अदेय और अविभाज्य है।
- **रूसो के समझौते में लॉक की विषय वस्तु**-
  - (i) रूसो ने प्रत्यक्ष लोकतंत्र का आधार समझौते के द्वारा रखा।
  - (ii) लॉक की भांति रूसो ने सरकार को एक 'मजिस्ट्रेट' की संज्ञा दी।

## रूसो के राज्य की प्रकृति

- रूसो का राज्य 'आंगिक राज्य' (Organic State) है।
- उसने राज्य को असीमित, अदेय, अविभाज्य व सर्वोच्च शक्तिशाली माना।
- रूसो के राज्य पर किसी प्रकार का नियंत्रण नहीं है।

## संप्रभुता

- रूसो की संप्रभुता, असीमित, अदेय, अविभाज्य एवं कभी त्रुटि न करने वाली संस्था है।
- रूसो के विचारों में 'लोकप्रिय संप्रभुता' का विचार पाया जाता है।
- उसने राज्य और संप्रभुता के लिए 'सामान्य इच्छा' (General Will) शब्द का प्रयोग किया।

## सामान्य इच्छा (General Will)

- सामान्य इच्छा का विचार रूसो के विचारों का केंद्र बिंदु है।
- रूसो के अनुसार, मानव में **दो** प्रकार की इच्छा पाई जाती है-
  - (i) समुदाय के कल्याण की इच्छा। (Real Will)
  - (ii) स्वार्थपूर्ण इच्छा। (Actual Will)
- सामान्य इच्छा का अभिप्राय समूचे समाज के भलाई की इच्छा है।
- अत: सामान्य इच्छा का अभिप्राय सभी की इच्छा नहीं, बल्कि सभी के कल्याण की इच्छा है।
- अत: सामान्य इच्छा एक आदर्शवादी संकल्पना है।
- सामान्य इच्छा गुणात्मक है, मात्रात्मक नहीं।
- समुदाय के कल्याण की इच्छा (Real Will) का योग 'सामान्य इच्छा' (General Will) है।
- हर्नशां ने कहा कि 'लेवियाथन का कटा सिर ही, रूसो की सामान्य इच्छा है।'

## समानता के विचार का समर्थन

- रूसो के अनुसार, 'कोई व्यक्ति इतना गरीब न हो कि स्वयं को बेंच सके तथा कोई व्यक्ति इतना धनवान न हो कि वह दूसरे को खरीद सके।'
- मालिक एवं दास, शासक एवं शासित का भेदभाव समाप्त होना चाहिए।
- रूसो ने महिलाओं के लिए समान शिक्षा के अधिकार का समर्थन नहीं किया।

## स्वतंत्रता की संकल्पना

- रूसो के लिए स्वतंत्रता का अर्थ अपनी नैतिक इच्छा का पालन करना है। समुदाय की भलाई के लिए कार्य करना ही स्वतंत्रता है।
- सेबाइन के अनुसार, 'रूसो के स्वतंत्रता की संकल्पना को **'विरोधाभासी स्वतंत्रता'** (Paradox of Freedom) कहा जाता है।'
- रूसो का कथन है कि 'जो व्यक्ति अपनी सामान्य इच्छा का पालन नहीं करेंगे, उस व्यक्ति को स्वतंत्र होने के लिए बाध्य किया जाएगा।' इसी कारण उसे फासीवाद के विचार का 'दार्शनिक पिता' कहा जाता है।

## रूसो की शासन प्रणाली

- रूसो 'प्रत्यक्ष लोकतंत्र' के जन्मदाता माने जाते हैं।
- उन्होंने प्रतिनिधिवादी लोकतंत्र का कड़ा खंडन किया।
- व्यावहारिक समस्या को देखते हुए रूसो ने यह भी कहा कि 'लोकतंत्र एक ऐसी शासन प्रणाली है, जो केवल ईश्वर के राज्य के लिए उपयुक्त है।'
- रूसो के लोकतंत्र की मान्यताओं को **आमूलवादी लोकतंत्र** (Radical Democracy) भी कहा जाता है।

- उसके लोकतंत्र को 'जनमत संग्रहीय लोकतंत्र' भी कहा जाता है।
- मैकफर्सन ने अपनी रचना-"The Life and Times of Liberal Democracy" (1977) में रूसो के लोकतंत्र को 'विकासवादी लोकतंत्र' (Developmental Democracy) की संज्ञा दी।

## राष्ट्रवाद

- रूसो को राष्ट्रवाद के विचार का सैद्धांतिक जन्मदाता माना जाता है।
- उसने राष्ट्रवाद को 'नागरिक धर्म' से संबंधित करने का प्रयास किया।

## विविधतावादी विचार

(i) रूसो लोकतांत्रिक भी है।
(ii) रूसो व्यक्तिवादी भी है।
(iii) समाजवादी उससे प्रेरणा लेते हैं।
(iv) फासीवादी भी उससे प्रभावित हैं।

## रूसो की आलोचना

- टॉलमैन के अनुसार, 'रूसो आधुनिक सर्वाधिकारवादी विचारधारा का दार्शनिक प्रणेता है।'

## रूसो की रचनाएं

- The Government of Poland (1772)
- Essay on the Origin of Languages (1781)
- Emile, or On Education or Émile, or Treatise on Education (1762) यह रूसो द्वारा शिक्षा पर लिखी गई रचना है।
- Discourse on the Sciences and Arts (1750)
- Discourse on the Origin and Basis of Inequality Among Men (1754)
- The Social Contract, Or Principles of Political Right (1762) की रचना में उसके आदर्शवादी विचार प्लेटो की भांति उल्लिखित है।
- Discourse on Political Economy (1755) में रूसो ने कहा कि 'संपत्ति का असीमित अर्जन राज्य के द्वारा प्रतिबंधित होना चाहिए।'
- La nouvelle Héloïse (1761)
- Four Letters to M. de Malesherbes (1762)

# बेंथम
# BENTHAM

## जर्मी बेंथम (1748-1832)

- जर्मी बेंथम का जन्म 1748 ई. में लंदन में हुआ था।

### जर्मी बेंथम की मूल रचनाएं

- A Fragment on Government (1891)
- An Introduction to the Principles of Morals and Legislation (1879)
- Constitutional Code (1830)
- Plan of Parliamentary Reform (1817)
- Bentham's Radical Reform Bill (1819)
- Emancipate your Colonies: addressed to the national convention of France as 1793 (1830)
- The Principles of International Law (Essay)
- Discourses on Civil and Panel Legislation (1802)
- A Catechism of Parliamentary Reform (1817)

## मूल विशेषताएं

- बेंथम ने इंग्लैंड के अमूर्त विचारों का **खंडन किया-**
  (i) प्राकृतिक अधिकार।
  (ii) सामाजिक समझौता।
  (iii) सामान्य इच्छा।
  (iv) ईसाई नैतिकता।
- उसके नवीन विचारों के कारण सेबाइन ने उसे 'दार्शनिक आमूलवादी' कहा।

## उपयोगितावाद

- बेंथम उपयोगितावाद के पहले व्यवस्थित प्रतिपादक हैं।
- उसने उपयोगितावादी मान्यता प्रतिपादित करते हुए कहा, 'यदि सुखों की मात्रा समान हो, तो पुष्पिन खेलना उतना ही अच्छा है, जितना कि अच्छा काव्य पढ़ना।'
- मानव जीवन का मूल उद्देश्य 'सुख' की प्राप्ति है तथा मानव दुःख को कम से कम करना चाहता है।
- बेंथम ने अपनी रचना-"An Introduction to the Principles of Morals and Legislation" (1879) में लिखा कि 'मानव जीवन के दो स्वामी हैं, सुख और दुःख।'
- ऐसा कार्य जो मानव को ज्यादा से ज्यादा सुख प्रदान करे, वह उपयोगी है।
- वे सब काम अच्छे हैं, जो सुख उत्पन्न करें।
- वह समाज अच्छा है, जहां 'अधिकतम व्यक्तियों का अधिकतम सुख हो।'
- बेंथम के अनुसार, 'सुख मात्रात्मक होता है।'
- बेंथम, एक उपयोगितावादी विचारक हैं। उपयोगितावाद को 'परिणामवाद' भी कहा जाता है।
- बेंथम के सुख मापन की गणना को 'सुखवादी आकलन' (फैलसेफिक कैलकुलेशन) कहा जाता है।
- बेंथम के अनुसार, सुख को मापने के **निम्नलिखित मात्रक हैं-**
  (i) तीव्रता (Intensity)
  (ii) समयावधि (Duration)
  (iii) निश्चितता (Certainty)
  (iv) निकटता (Propinquity)
  (v) उर्वर (Fecundity)
  (vi) उत्पादक (Purity)
  (vii) मात्रा (Extent)
- बेंथम ने 'अधिकतम व्यक्तियों के अधिकतम सुख' का विचार दिया। उसने यह विचार 'हचिसन' से लिया।
- सुख और दुःख नाम शब्द उन्होंने 'प्रीस्टले' से लिया।

## उपयोगितावाद एवं उदारवाद

- उपयोगितावाद उदारवाद का एक प्रकार है। जो भौतिकवाद तथा सुख-दुख के आधार पर संवैधानिक लोकतंत्र एवं अधिकारों को मान्यता देता है और उपयोगितावाद का व्यक्तिवादी विचार है।

### राज्य

- राज्य एक कृत्रिम संगठन है, व्यक्ति के संगठित समूह को राज्य कहा जाता है। व्यक्ति सुख की प्राप्ति के लिए राज्य का निर्माण करता है।

- बेंथम के अनुसार, 'राज्य की प्रकृति यांत्रिक है।'
- अत: बेंथम के विचार में व्यक्तियों को राज्य के द्वारा अधिकार प्राप्त होते हैं।
- बेंथम के अनुसार, 'राज्य ठीक है, यदि वह सुख प्रदान करता है। अत: राज्य का आधार सुख है।'
- बेंथम ने राज्य को एक उपयोगी संस्था बताया, क्योंकि यह व्यक्तियों के सुखों में वृद्धि करती है।

### अधिकार

- बेंथम ने प्राकृतिक अधिकारों की संकल्पना का खंडन किया तथा प्राकृतिक अधिकारों को बकवास कहा।
- बेंथम ने वैधानिक अधिकारों का सिद्धांत देते हुए कहा कि अधिकार राज्य द्वारा प्राप्त होते हैं।

### संप्रभुता

- बेंथम ने संप्रभुता को हॉब्स की भांति असीमित, अदेय एवं अविभाज्य बताया।
- बेंथम ने शक्ति विभाजन को अस्वीकार कर दिया।
- उन्होंने राज्य को वैधानिक संप्रभु कहा।
- बेंथम के समर्थन में ऑस्टिन ने संप्रभुता का सिद्धांत दिया।

### समाज

- बेंथम के अनुसार, 'समाज व्यक्तियों का योग मात्र है।'
- अत: उसके समाज की प्रकृति आणविक है।

### व्यक्ति का स्वभाव

- व्यक्ति ज्यादा से ज्यादा सुख प्राप्त करना चाहता है।

### कल्याणकारी राज्य का विचार

- बेंथम के विचारों में पहली बार राज्य के सकारात्मक कार्यों का वर्णन अंतर्निहित है।
- राज्य सामाजिक विधायन द्वारा कल्याणकारी कार्य करे।
- बेंथम ने राज्य के सकारात्मक कार्यों का उल्लेख तो किया, परंतु उसने राज्य के आर्थिक गतिविधियों में हस्तक्षेप का समर्थन नहीं किया। इसलिए इनके कल्याण ाकारी राज्य की संकल्पना आंशिक और अधूरी है, क्योंकि उसने आर्थिक रूप में 'अहस्तक्षेपवादी राज्य' का समर्थन किया।

### सार्वभौमिक अहंवाद (Universal egoism)

- सेबाइन के अनुसार, 'बेंथम का विचार सार्वभौमिक अहंवाद का प्रतीक है।'
- इसके अनुसार, 'व्यक्तियों का योग ही पूरा विश्व है। समाज और राज्य कृत्रिम संस्थाएं हैं।'

### नैतिकता और राजनीति

- मैक्सी के अनुसार, बेंथम ने 'राज्य और नैतिकता' के मध्य वैसा ही पृथक्करण किया, जैसा कि मैकियावेली ने 'नैतिकता और राजनीति' के मध्य किया था। इसलिए सेबाइन ने उसे 'आमूलवादी दार्शनिक' कहा। क्योंकि उसने ईसाई नैतिकता की मान्यताओं को पूर्णत: अस्वीकृत कर दिया।

### शासन प्रणाली

- बेंथम ने विलियम ब्लैक स्टोन एवं उसकी रचना-"The Commentaries on the Laws of England" (1771) की आलोचना की।
- लोकतंत्र को उपयुक्त शासन प्रणाली बताया।
- वेपर ने बेंथम के लोकतंत्र को व्यक्ति स्वभाव के आधार पर स्वीकार किया।
- लोकतंत्र में 'अधिकतम लोगों को अधिकतम सुख' प्राप्त होता है।
- बेंथम ने इतिहास, संस्कृति एवं सामाजिक विकास सभी मान्यताओं को उपेक्षित कर दिया। इसलिए वेपर ने उसे 'अमूर्तवादी' कहा।
- मैकफर्सन ने बेंथम के लोकतंत्र को लोकतंत्र का संरक्षणात्मक मॉडल कहा।

## सामाजिक सुधारक के रूप में योगदान

- वर्तमान युग में होने वाले सभी सुधारों पर बेंथम का प्रभाव है।
- बेंथम ने-"Theory of Legislation" (1894) नामक पुस्तक लिखी।
- बेंथम मूलत: सुधारवादी हैं। वे दार्शनिक नहीं, बल्कि सामाजिक सुधारों का दार्शनिक हैं।
- बेंथम के विचारों का मूल केंद्र सुधार है। (शिक्षा के माध्यम से सुधार)
- बेंथम की जेल सुधार योजना को 'पेनोप्टिकन' कहा जाता है।
- बेंथम ने 'एक व्यक्ति, एक मत' का विचार प्रतिपादित किया।
- कारलाइल ने बेंथम के दर्शन को 'सुअर का दर्शन' (Pig Philosophy) कहा।
- बेंथम ने अपने विचार में 'कल्याणकारी राज्य' का आधार रखा, उन्होंने राज्य के नकारात्मक कार्यों की बजाए राज्य के सकारात्मक कार्यों पर भी बल दिया।
- उन्हें सबसे बड़ा 'सामाजिक सुधारक' माना जाता है।
- उन्होंने 'ब्लैक स्टोन' के विचारों का खंडन किया।
- विधि या सामाजिक सुधारों का कोई भी ऐसा क्षेत्र नहीं है, जहां बेंथम का प्रभाव न हो।
- सार्वभौमिक मताधिकार का समर्थक एवं मताधिकार शिक्षित व्यक्तियों को ही प्राप्त। (महिलाएं शामिल नहीं)
- गुप्त मतदान प्रणाली का समर्थक, संसद के कार्यकाल को एक वर्ष तक सीमित करने का पक्षधर तथा लार्ड सभा एवं सम्राटों के शासन का विरोधी।

अध्याय 9

# जे.एस. मिल
# J.S. MILL

## जे.एस. मिल (1806-1873)

- जॉन स्टुअर्ट मिल का जन्म लंदन में 20 मई, 1806 ई. को हुआ था।
- मिल उपयोगितावाद का अंतिम समर्थक और व्यक्तिवाद का अग्रणी समर्थक था।
- स्वतंत्रता के महान विचार मिल ने अपने स्वतंत्रता संबंधी विचार अपने निबंध-"Essay On Liberty" (1859) में दिए।
- मिल ने लोकतंत्र का जोरदार समर्थन किया।
- मिल ने महिलाओं के प्रतिनिधित्व का जोरदार समर्थन किया। मिल ने महिलाओं के प्रतिनिधित्व संबंधी विचार अपनी पुस्तक-"Considerations on Representative Government" (1861) में दिया।
- मिल ने पहली बार 'कल्याणकारी राज्य का सैद्धांतिक' प्रतिपादन किया। मिल ने अहस्तक्षेपवादी राज्य के बजाए, 'हस्तक्षेपवादी राज्य' का समर्थन किया। मिल ने कल्याणकारी राज्य संबंधी विचार अपनी रचना-"Principles of Political Economy" (1848) में दिया।
- सेबाइन के अनुसार, 'मिल पहला उदारवादी विचारक है, जिसने व्यक्ति एवं राज्य के मध्य 'समाज' नामक तीसरे तत्व को खोजा।'
- मिल, ऐलेक्सी डी. टॉकविले की रचना-"Democracy in America" (Published in two volumes, the first in 1835 and the second in 1840) से अत्यधिक प्रभावित था।
- डी. टॉकविले के अनुसार, 'अमेरिका में लोकतंत्र नहीं, अपितु बहुमत का निरंकुश तंत्र है।'
- वह 'ऑगस्त कॉम्टे' के विचारों से भी अत्यधिक प्रभावित था। **ऑगस्त कॉम्टे ने समाज के विकास के निम्नलिखित चरणों का उल्लेख किया था-**
  (i) धार्मिक (ii) तात्विक
  (iii) वैज्ञानिक या सकारात्मक।

## स्वतंत्रता

- मिल की रचना-"On Liberty" जॉन मिल्टन (1608 से 1674) के निबंध-"Areopagitica; A speech of Mr. John Milton for the Liberty of Unlicenc'd Printing, to the Parlament of England" (1644) के समान महत्वपूर्ण मानी गई।
- वॉल्टेयर (1694 से 1678) भी स्वतंत्रता के समर्थक विचारक हैं।
- मिल की स्वतंत्रता का मूलभूत आशय विचार, अभिव्यक्ति व भाषण की पूर्ण स्वतंत्रता से है।
- मिल ने वाक् एवं अभिव्यक्ति की निरपेक्ष स्वतंत्रता पर बल दिया।
- मिल के अनुसार, 'प्रत्येक प्रकार का प्रतिबंध बुरा है।'
- 'प्रतिबंधों का अभाव ही स्वतंत्रता है।'
- मिल की स्वतंत्रता की संकल्पना 'नकारात्मक स्वतंत्रता' की संकल्पना है।
- 'व्यक्ति अपने शरीर व मन का स्वामी है।'
- मिल के अनुसार, 'स्वतंत्रता का हनन सबसे अधिक राज्य या सरकार नहीं, बल्कि बहुमत समाज करता है।'
- जे. एस. मिल ने अपने निबंध (On Liberty) में लिखते हुए कहा कि 'स्वतंत्रता, प्रतिबंधों का अभाव है।' लेकिन विधि का अभाव नहीं। यह उल्लेखनीय है कि मिल उदारवादी है तथा संवैधानिक शासन का समर्थक है और उससे भी बढ़कर व्यक्तिवादी है।
- मिल ने व्यक्ति को विवेकशील और तार्किक मानते हुए कहा कि-
  (i) व्यक्ति को विचारों की स्वतंत्रता है।
  (ii) अभिव्यक्ति की स्वतंत्रता है।
  (iii) समूह बनाने की स्वतंत्रता है तथा
  (iv) कार्य करने की भी स्वतंत्रता है।
- इनमें से सर्वाधिक बल वह विचार एवं अभिव्यक्ति की स्वतंत्रता पर देता है। उसके अनुसार, किसी भी व्यक्ति को समूची सभ्यता के विरोध में बोलने का अधिकार है और किसी व्यक्ति की अभिव्यक्ति का दमन इस आधार

पर नहीं किया जाएगा कि उसके विचार अन्य से अलग हैं।

- मिल ने अभिव्यक्ति की स्वतंत्रता का समर्थन करते हुए कहा कि प्रत्येक व्यक्ति अपने विचार अभिव्यक्त करें, क्योंकि आज तक कोई पूर्ण विचार या पूर्ण सत्य नहीं प्राप्त हो सका है। इसलिए विचार-विमर्श को बढ़ावा देने की आवश्यकता है।
- उसके अनुसार, यदि कोई व्यक्ति यह दावा करने लगे कि इसका विचार एक मात्र सत्य है, त्रुटिहीन है, निरपेक्ष है, तो यह स्वतंत्रता के लिए खतरा बन जाता है, क्योंकि विरोधी विचारों को दमित करने का प्रयास किया जाता है।
- मिल ने विचार और अभिव्यक्ति की निरपेक्ष स्वतंत्रता (Absolute Liberty) का समर्थन किया, जिसका अभिप्राय है कि वाक् और अभिव्यक्ति की स्वतंत्रता पर कोई प्रतिबंध (Censor) नहीं लगाया जा सकता और यदि कोई व्यक्ति दूसरे के विचारों से असहमत है, तो उसे उस व्यक्ति के विचार के दमन का अधिकार नहीं दिया जा सकता।
- उसका प्रसिद्ध कथन है कि प्रत्येक व्यक्ति अपने मन और शरीर का मालिक (स्वामी) है। इसलिए व्यक्ति के विचारों पर समाज और राज्य का नियंत्रण संभव नहीं है।

## स्वतंत्रता के पक्ष में तर्क

- कोई व्यक्ति सत्य के ज्ञान का पूर्ण दावा नहीं कर सकता है। अत: विचार-विमर्श के द्वारा ही सत्य का ज्ञान होता है।
- एक व्यक्ति यदि समूची सभ्यता के खिलाफ बोले, तो भी उसे चुप नहीं कराया जा सकता।
- स्वतंत्रता का दमन समूचे समाज को किसी विचार से वंचित कर सकता है।

## स्वतंत्रता पर प्रतिबंध की शर्तें

- स्वतंत्रता पर प्रतिबंध लगाया जा सकता है, जब आप दूसरे की समान स्वतंत्रता का हनन करें। (Harm principle)
- नागरिक कर्त्तव्य की भूमिका में होने पर प्रतिबंध लगाया जा सकता है। उदाहरण के लिए, कार्य पर तैनात सिपाही।
- देश पर बाह्य आक्रमण के समय स्वतंत्रता को प्रतिबंधित किया जा सकता है।

## स्वतंत्रता का महत्व

- व्यक्ति के व्यक्तित्व के विकास के लिए स्वतंत्रता आवश्यक है। मिल आदर्शवादी विचारक 'हम्बोल्ट' के विचारों से प्रभावित थे।
- सभ्यता के विकास के लिए भी स्वतंत्रता अपरिहार्य है।

## कार्य की स्वतंत्रता

- मिल ने व्यक्ति के कार्य को 'स्वयं परक' तथा 'अन्य परक' कार्यों के रूप में **विभाजित किया-**
- **स्वयं परक कार्य :** इन पर कोई प्रतिबंध नहीं लगाया जा सकता, जो केवल स्वयं व्यक्ति के जीवन को प्रभावित करे।
- **अन्य परक कार्य :** इन पर प्रतिबंध लगाया जा सकता है, जो समाज में अन्य व्यक्तियों को प्रभावित करे।

## सकारात्मक स्वतंत्रता का विचार

- मिल के अनुसार, 'अपनी इच्छानुसार कार्य करना, स्वतंत्रता है।' परंतु कई बार अन्य लोग उस इच्छा को हमसे ज्यादा जानते हैं। मिल ने पुल का उदाहरण देते हुए कहा कि यदि पुल टूटा हुआ है, तो अन्य व्यक्ति हमें पुल पार करने से रोक सकता है।
- यहां पर आकर मिल स्वतंत्रता पर अनजाने में प्रतिबंध लगा देता है तथा सकारात्मक स्वतंत्रता की ओर बढ़ जाता है।
- परंतु मूल रूप में मिल की स्वतंत्रता 'नकारात्मक स्वतंत्रता' ही है।

## मिल के स्वतंत्रता के विचार की आलोचना

- बार्कर के अनुसार, 'मिल की स्वतंत्रता, खोखली और उसका व्यक्तिवाद अमूर्त है।' क्योंकि वह स्वतंत्रता प्राप्त करने हेतु उपायों को नहीं बताता है और अधिकारों की कोई व्यवस्था नहीं करता।
- बोसांके के अनुसार, 'मिल का व्यक्तिवाद, अनालोचित व्यक्तिवाद है, जो अनालोचित समूहवाद की ओर झुकाव की प्रकृति रखता है।'

## लोकतंत्र का विचार

- मिल के लोकतंत्र का विचार 'संसदीय या प्रतिनिधिवादी' लोकतंत्र का है। इसे आज कल 'परिचर्चात्मक लोकतंत्र' भी कहा जाता है।
- अत: वह रूसो के 'प्रत्यक्ष लोकतंत्र' की मान्यता का समर्थक नहीं है।
- उसने बेंथम के 'एक व्यक्ति, एक मत' की मान्यता को अस्वीकृत कर दिया।
- उसने 'बहुल मतदान' का समर्थन किया। जिसका अभिप्राय है, शिक्षित और संपत्तिशाली व्यक्तियों को एक से अधिक मत प्राप्त होंगे।
- उसने लोकतंत्र को 'शिक्षा प्रणाली' और 'जीवन शैली' के रूप में चित्रित किया।
- इसलिए मैकफर्सन ने मिल के लोकतंत्र को उदारवादी लोकतंत्र के 'विकासात्मक मॉडल' में रखा है।
- वेपर के अनुसार, उसने मतदान को 'एक कर्त्तव्य' कहा।
- व्यक्ति को मतदान करते समय न्यायाधीश की भांति कार्य करना चाहिए। ऐसे व्यक्ति को मत देना चाहिए, जो समूची सभ्यता के लिए लाभदायी हो।

### अनिच्छुक लोकतंत्रवादी

- वेपर ने मिल को 'अनिच्छुक लोकतंत्रवादी' कहा, **जिसके कारण निम्नलिखित हैं**-
  - (i) वह सभी व्यक्ति को समान मत देने का समर्थन नहीं करता।
  - (ii) उसने यह स्पष्ट रूप में प्रतिपादित किया कि लोकतांत्रिक शासन प्रणाली, दुनिया के सभी समाजों के लिए उपयुक्त नहीं है।
- लॉर्ड लोथिया ने मिल के विचार को इस रूप में व्यक्त किया कि 'लोकतंत्र, उपहार नहीं है, जिसे दिया जा सके, बल्कि लोकतंत्र एक आदत है, जिसका निर्माण किया जाता है। लोकतंत्र ऐसे कुलीन लोगों का निर्माण करता है, जो जीवन से लेने की बजाय, जीवन को ज्यादा देते हैं।'
- अत: मिल ने यह पहली बार प्रतिपादित किया कि 'एक लोकतांत्रिक शासन प्रणाली के लिए एक लोकतांत्रिक समाज अनिवार्य है।'

### सच्चा लोकतंत्र बनाम् झूठा लोकतंत्र (गुणात्मक लोकतंत्र)

- मिल ने 'एक व्यक्ति, एक मत' और 'बहुमत के शासन की संकल्पना' को झूठा लोकतंत्र कहा।
- उसके अनुसार, सच्चा लोकतंत्र **निम्नलिखित है**-
  - (i) लोकतंत्र में बुद्धिमान और गुणी व्यक्तियों का सम्मान किया जाना चाहिए। इसलिए उसने लॉर्ड सभा को बनाए रखने का समर्थन किया।
  - (ii) वह खुले मतदान का समर्थक था।
  - (iii) उसने आनुपातिक प्रतिनिधित्व का समर्थन किया, जिससे अल्पसंख्यकों का भी प्रतिनिधित्व सुनिश्चित हो सके।
  - (iv) बहुल मतदान का समर्थन करते हुए पढ़े-लिखे संपत्तिशाली व्यक्तियों को पांच (5) मत देने का समर्थन किया।
  - (v) मिल महिलाओं के मताधिकार का सबसे बड़ा समर्थक था। उसने महिलाओं को भी प्रतिनिधित्व के अधिकार का समर्थन किया। उसने यह विचार अपनी रचना-"The Subjection of Women" (1869) में दिया।
  - (vi) वह सांसदों के वेतन का समर्थक नहीं था।
- आनुपातिक प्रतिनिधित्व के सिद्धांत का जन्मदाता 'हेयर' को माना जाता है।

### लोकतंत्र एवं स्वतंत्रता के बीच का संबंध

- मिल अपने मित्र डी. टॉकविले की रचना-"Democracy in America (1835)" से अत्यधिक प्रभावित थे।
- डी. टॉकविले ने लिखा कि अमेरिका में लोकतांत्रिक शासन के बावजूद व्यक्तियों की स्वतंत्रता का दमन हो रहा है। उनके अनुसार, अमेरिका में बहुमत पर निरंकुशता (Tyranny of Majority) व्याप्त है।
- मिल ने टॉकविले के विचारों को पूर्णत: स्वीकार करते हुए कहा कि लोकतांत्रिक शासन में सभी के स्वतंत्रता की गारंटी नहीं है। विशेष तौर पर लोकतांत्रिक शासन में समाज के अशिक्षित गरीब लोगों का प्रभाव बढ़ जाता है और वे पढ़े-लिखे संपत्तिशाली व्यक्तियों की स्वतंत्रता के लिए खतरा बन जाते हैं।

### मिल का उपयोगितावाद

- मिल को 'पहला व्यक्तिवादी' और 'अंतिम उपयोगितावादी' कहा जाता है।
- पहला व्यक्तिवादी इसलिए कि उसने व्यक्ति के व्यक्तित्व के विकास का जोरदार समर्थन किया।
- अंतिम उपयोगितावादी इसलिए कि उसने अपने विचार का आरंभ उपयोगितावाद से किया, परंतु उसने उपयोगितावाद में संशोधन कर दिया।

### उपयोगितावाद में संशोधन

- प्रत्येक व्यक्ति का मूल उद्देश्य, अधिकतम सुख की प्राप्ति है। व्यक्ति का वह कार्य ही सही है, जिसमें ज्यादा से ज्यादा सुख प्राप्त हो। जो भी चीज सुख प्रदान करे वह उपयोगी होगी।
- राज्य का सुख 'अधिकतम लोगों का अधिकतम सुख।' मिल ने भी उदारवाद की व्याख्या उपयोगितावादी सिद्धांत के आधार पर की।
- अत: मिल ने भी यह माना कि व्यक्ति के जीवन का मूल उद्देश्य, ज्यादा से ज्यादा सुख प्राप्त करना है। परंतु उसने बेंथम के विचारों को संशोधित कर दिया, क्योंकि बेंथम ने कहा कि सुख मात्रात्मक होता है, ये शारीरिक होता है। इसलिए सुख की ज्यादा से ज्यादा मात्रा प्राप्त करनी चाहिए।
- मिल ने 'बेंथम की उपयोगितावादी' मान्यता का खंडन किया।
- उसने सुखवाद में गुणात्मक विभाजन कर दिया।
- मिल के अनुसार, **सुख दो प्रकार का होता है**-
  - (i) नैतिक (उच्चतर सुख)।
  - (ii) भौतिक (निम्नतर सुख)।
- मिल के अनुसार, 'मानव होने का अर्थ उच्चतर (नैतिक) सुखों की प्राप्ति करना है।'
- 'असंतुष्ट सुकरात, संतुष्ट मूर्ख से बेहतर है।' यह मिल की मान्यता है।

- उसने 'सुख के बजाए, स्वतंत्रता को साध्य' माना।
- मिल ने परंपरा, इतिहास एवं संस्कृति का विशेष ध्यान रखा। इसलिए वेपर ने उसे 'ऐतिहासिक सापेक्षवादी' कहा है।
- जबकि बेंथम ने इतिहास, परंपरा एवं धर्म जैसे तथ्यों की अवहेलना की।

## मिल, एक व्यक्तिवादी

- मिल को 'पहला व्यक्तिवादी' और 'अंतिम उपयोगितावादी' कहा जाता है। मिल ने पहली बार व्यक्ति के नैतिक विकास पर सर्वाधिक महत्व दिया। जबकि इसके पहले व्यक्तिवादियों ने व्यक्ति के भौतिक विकास पर बल दिया।

### मिल द्वारा उदारवाद में किया गया संशोधन

- मिल ने परंपरागत उदारवाद में परिवर्तन करते हुए 'सीमित राज्य' या 'अहस्तक्षेपवादी राज्य' की संकल्पना को परिवर्तित कर दिया।
- मिल ने स्पष्ट रूप में राज्य द्वारा अर्थव्यवस्था में हस्तक्षेप का समर्थन किया तथा कल्याणकारी राज्य का आधार रखा।
- मिल ने अपनी प्रसिद्ध रचना-"Principles of Political Economy" (1848) में स्पष्ट रूप में स्वीकार किया कि समाज में सभी व्यक्ति अपने विकास की यात्रा समान रूप में प्रारंभ नहीं करते। अत: राज्य को अर्थव्यवस्था में हस्तक्षेप करना चाहिए।
- सेबाइन के अनुसार, मिल ने शास्त्रीय उदारवाद का संशोधन किया। लेकिन उनका संशोधन सफल नहीं रहा, क्योंकि वह व्यक्ति और समुदाय के बीच झूल रहा है और यह निश्चित नहीं कर सका कि समुदाय महत्वपूर्ण है अथवा व्यक्ति का महत्व ज्यादा है।
- इसलिए सेबाइन ने माना कि 'उदारवाद का सबसे सफल संशोधन ग्रीन ने किया, जिसने व्यक्ति और समाज के बीच विद्यमान विरोध समाप्त कर दिया तथा यह कहा कि व्यक्ति एक सामाजिक प्राणी है।'

## राज्य की संकल्पना

- मिल ने राज्य को 'यांत्रिक' प्रकृति का बताया।
- परंतु मिल के विचार में समूहवाद का आधार भी विद्यमान है एवं मिल के विचारों से इंग्लैंड का फेबियन समाजवादी विचार भी प्रभावित है।
- कल्याणकारी राज्य का सैद्धांतिक रूप में पहली बार स्पष्ट प्रतिपादन किया।
- मिल ने नकारात्मक उदारवाद का संशोधन करते हुए इसे सकारात्मक उदारवाद में परिवर्तित कर दिया।
- मिल ने पहली बार राज्य के अर्थव्यवस्था में हस्तक्षेप को स्वीकार किया। अत: मिल ने 'हस्तक्षेपकारी राज्य' का प्रतिपादन किया।
- मिल ने प्रगतिशील करारोपण का समर्थन किया।
- समाज में विषमता का मूल कारण मिल ने 'सामंती व्यवस्था' को बताया।
- सभ्यता के विकास में सभी अपनी यात्रा समान रूप में प्रारंभ नहीं करते। मिल का ऐसा विचार उनकी पुस्तक-"Principles of Political Economy" (1848) में वर्णित है।
- मिल के विचार से इंग्लैंड के फेबियन समाजवादी प्रभावित थे। अत: मिल का झुकाव समूहवाद की ओर भी है।
- मिल ने "A System of Logic, Ratiocinative and Inductive" (1843) नामक रचना लिखी।
- मिल ने "Utilitarianism" (1863) नामक रचना लिखी।

## महिलाओं के उत्थान संबंधी मिल के विचार

- मिल ने अपनी रचना-"The Subjection of Women" (1869) में महिलाओं को सार्वजनिक क्षेत्र में समानता के लिए जोरदार तर्क प्रस्तुत किया। उन्होंने-"Three Essays on Religion" (1874) में लिखा।
- मिल ने महिलाओं को 'संपत्ति के अधिकार' का समर्थन किया।
- मिल के अनुसार, 'पुरुष और महिलाओं की बौद्धिक और नैतिक क्षमता में कोई भेद नहीं होता। अत: सार्वजनिक जीवन में दोनों की सहभागिता समान रूप में होनी चाहिए तथा उन्हें समान रूप से मताधिकार प्राप्त होने चाहिए।'
- मिल ने इस बिंदु की ओर ध्यान भी दिया कि 'हम मानवीय समानता का तो समर्थन करते हैं, लेकिन लैंगिक समानता का नहीं।'
- मिल ने सार्वजनिक कार्यों के लिए दिए जा रहे पुरुष और महिलाओं के वेतन में असमानता का भी विरोध किया।

अध्याय 10

# हीगल
# HEGEL

## हीगल (1770-1831)

- हीगल का जन्म 1770 में जर्मनी के स्टुटगार्ट नामक नगर में हुआ था।
- हीगल, जर्मनी की आदर्शवादी परंपरा से प्रभावित थे। जर्मनी के प्रसिद्ध आदर्शवादी विचारक कांट ने-"The Critique of Pure Reason" (1781) नामक रचना लिखी।
- जर्मनी के अन्य आदर्शवादी विचारक फिक्टे एवं सेलिंग भी थे।
- हीगल ने-"The Phenomenology of Spirit" (1807) नामक रचना लिखी एवं उन्होंने 1821 में-"Elements of the Philosophy of Right" नामक रचना लिखी।
- हीगल पर जर्मन 'कवि हर्डर' के विचारों का प्रभाव था। हर्डर के अनुसार, 'जर्मनी आरंभ से ही राष्ट्र रहा है और जर्मन राष्ट्र की यह आत्मा स्वयं को एक राज्य के रूप में संगठित करना चाहती है।'
- हीगल के समय का जर्मनी सामंतवादी व्यवस्था पर आधारित था तथा जर्मनी पर औद्योगिक क्रांति का प्रभाव नहीं था।
- जर्मनी स्वार्थवाद एवं प्रांतीयतावाद का शिकार था तथा जर्मनी को ब्रिटेन, फ्रांस व स्पेन जैसे शक्तिशाली राष्ट्रों से खतरा था।
- हीगल का मूल उद्देश्य जर्मनी की एकता निर्मित करना तथा जर्मनी को एक शक्तिशाली राष्ट्र बनाना था।

## राज्य

- राज्य की प्रकृति आंगिक (Organic) है। 'राज्य धरती पर ईश्वर का अवतार है।'
- उसके विचार में राज्य नैतिक संकल्पना है।
- हीगल के अनुसार, 'राज्य का एक स्वयं का व्यक्तित्व है।'
- उसके विचार में राज्य एक साध्य है।
- हीगल के अनुसार, 'राज्य का मूल कार्य नागरिक समाज को नैतिक निर्देश देना है।'
- हीगल ने राज्य को सर्वोच्च संगठन माना और राज्य से उच्चतर और महत्वपूर्ण कोई संगठन नहीं हो सकता। इसलिए हीगल राष्ट्रवादी हैं, अंतर्राष्ट्रीयतावादी नहीं।
- राज्यों को इतना महत्वपूर्ण स्थान देने के कारण ही हीगल को फासीवादी विचारकों का प्रणेता कहा जाता है।
- हीगल का प्रसिद्ध कथन है कि 'तार्किक ही वास्तविक है, वास्तविक ही तार्किक है।'
- जो मुक्तिमूलक है, वह वास्तविक है तथा जो वास्तविक है, वह मुक्तिमूलक है।

## चिंतन पद्धति (द्वंद्वात्मक पद्धति)

- हीगल पहले विचारक हैं, जिन्होंने राजनीति का अध्ययन इतिहास के माध्यम से किया तथा इतिहास के दर्शन का निर्माण किया।
- उसने वाद-प्रतिवाद, संवाद के माध्यम से व्यक्ति, समाज, राज्य व इतिहास सभी के विकास का विश्लेषण किया।
- वाद से प्रतिवाद के विकास का मूल आधार विरोध है।
- संवाद में वाद-प्रतिवाद दोनों में अच्छे तत्वों का समन्वय होता है। इसलिए संवाद, वाद-प्रतिवाद दोनों से श्रेष्ठ है।
- यह विकास प्रक्रिया तब तक चलेगी, जब तक जर्मनी राष्ट्र-राज्य में ईश्वर का अवतरण नहीं होगा।
- हीगल के अनुसार, परिवारवाद है-बुर्जुआ समाज, प्रतिवाद और राज्य संवाद।

## हीगल के अनुसार, राज्य का विकास

- हीगल ने वाद-प्रतिवाद की द्वंद्वात्मक प्रक्रिया का प्रयोग करते हुए राज्य के विकास को परिभाषित किया।
- हीगल के अनुसार, 'राज्य का विकास परिवार से आरंभ होता है।'

- परिवार से नागरिक समाज तथा नागरिक समाज से राज्य का विकास होता है।
- हीगल के अनुसार, परिवार का मूल तत्व प्रेम तथा स्नेह होते हैं तथा यह 'व्यक्तिगत परार्थवाद' का क्षेत्र होता है।
- जबकि नागरिक समाज का मूल तत्व स्वार्थ तथा प्रतिस्पर्धा होते हैं तथा यह सार्वभौमिक स्वार्थवाद का क्षेत्र होता है।
- राज्य में परिवार का परार्थवाद का तत्व तथा नागरिक समाज का सार्वभौमिकता का तत्व दोनों सम्मिलित होते हैं।
- अत: राज्य 'सार्वभौमिक परार्थवाद' का क्षेत्र होता है।

### राज्य का विकास

- परिवार-(प्रेम एवं स्नेह)।
- व्यक्तिगत परार्थवाद-नागरिक समाज (स्वार्थवाद एवं प्रतिस्पर्धा)।
- सार्वभौमिक स्वार्थवाद-राज्य (सार्वभौमिक परार्थवाद)।

## नागरिक समाज की संकल्पना

- हीगल पहले विचारक हैं, जिन्होंने नागरिक समाज और राज्य के मध्य स्पष्ट विभाजन किया।
- हीगल के अनुसार, 'नागरिक समाज के द्वारा प्रशासनिक, न्यायिक व वैधानिक कार्य संपादित होंगे।'
- ईश्वर की जगह सार्वभौमिक आत्मा शब्द का प्रयोग किया।

### राज्य और नागरिक समाज के मध्य संबंध

- हीगल के अनुसार, 'राज्य और नागरिक समाज के मध्य संबंध परस्पर पूरक और विरोधाभासी दोनों हैं।'
- परस्पर पूरक इसलिए कि नागरिक समाज के बिना राज्य की कल्पना नहीं की जा सकती।
- नागरिक समाज में ही प्रशासनिक, विधायी व न्यायिक कार्य संपन्न किए जाते हैं।
- विरोधी इसलिए कि नागरिक समाज प्रतिस्पर्धा और स्वार्थ का क्षेत्र है। जबकि राज्य पूर्ण नैतिकता तथा सार्वभौमिक परार्थवाद का क्षेत्र है।

### युद्ध की संकल्पना

- हीगल ने युद्ध को नैतिक माना तथा युद्ध को अवैयक्तिक कहा।

### स्वतंत्रता

- हीगल ने 'व्यक्तिवादी-उदारवादी' विचारों को पूर्णत: अस्वीकृत कर दिया।
- राज्य की आज्ञा का पालन करना ही स्वतंत्रता है। यह विचार हीगल ने अपनी रचना-" Elements of the Philosophy of Right" (1821) दिया है।
- अत: हीगल की स्वतंत्रता सकारात्मक है।
- हीगल ने स्वतंत्रता की मांग के कारण 1789 की फ्रांसीसी क्रांति की कड़ी आलोचना की।
- अत: स्वतंत्रता का अभिप्राय, 'सामाजिक कर्त्तव्यों के रूप में है तथा व्यक्ति की स्वतंत्रता का संरक्षण और वृद्धि समाज की वैधानिक और नैतिक संस्थाओं के द्वारा की जाती है।'
- हीगल ने व्यक्तिगत स्वतंत्रता का विरोध किया।

### शासन प्रणाली

- हीगल ने संवैधानिक शासन प्रणाली का समर्थन किया है।
- उसने संवैधानिक राजतंत्र का समर्थन किया।
- हीगल के अनुसार, 'संविधान का निर्माण ईश्वर की देन है, मानव निर्मित संस्था नहीं।'

## नौकरशाही पर विचार

- हीगल ने व्यावहारिक रूप में शासन का संचालन करने के लिए नौकरशाही का विचार दिया।
- हीगल ने नौकरशाही को सार्वभौमिक वर्ग की संज्ञा दी।
- नौकरशाही के वर्ग में वे लोग सम्मिलित होंगे, जिनमें कुछ जन्मजात गुण होंगे तथा उन्हें प्रशिक्षण भी दिया जाएगा।

### रचनाएं

- Elements of the Philosophy of Right (1821)
- Lectures on the Philosophy of History (1857)
- The Phenomenology of Spirit or The Phenomenology of Mind (1807)
- The Science of Logic (1816)
- The Encyclopedia of the Philosophical Sciences (1817)
- The German Constitution (1802)
- Lectures on Aesthetics (1818)
- Lectures on the Philosophy of Religion (1827)

अध्याय 11

# टी.एच. ग्रीन
# T.H. GREEN

## टी.एच. ग्रीन (1836-1882)

- टी. एच. ग्रीन का जन्म 7 अप्रैल, 1836 को यार्कशायर (इंग्लैंड) के एक पादरी परिवार में हुआ था।
- टी. एच. ग्रीन को 'नव-हीगलवादी' भी कहा जाता है।
- ग्रीन मूल रूप में उदारवादी हैं, परंतु ग्रीन पर आदर्शवाद का प्रभाव भी है।
- टी. एच. ग्रीन की सबसे महत्वपूर्ण रचना-"Lectures on the Principles of Political Obligation" (1879-80 में दिए) प्रकाशित 1883 में मृत्यु के बाद। इनकी एक अन्य रचना-"The Prolegomena to Ethics" (1884) है।
- टी. एच. ग्रीन की अन्य रचनाएं-"Lectures on English Revolution" and "Liberal Legislation and Freedom of Contract" (1861)

## मूल राजनीतिक विचार

- ऑक्सफोर्ड स्कूल के तीन मुख्य विचारकों में ग्रीन सबसे महत्वपूर्ण हैं। ग्रीन के पश्चात् ब्रेडले और बोसांके नामक प्रसिद्ध आदर्शवादी विचारक हुए।
- ग्रीन ने 'उदारवाद का आदर्शवादी संशोधन' किया।
- सेबाइन के अनुसार, 'उदारवाद का आदर्शवाद में सबसे प्रभावी और सफल संशोधन टी. एच. ग्रीन ने किया।'
- ग्रीन ने उदारवाद को इंग्लैंड का सामाजिक दर्शन बना दिया।
- ग्रीन ने व्यक्ति को मूलत: सामाजिक माना है।
- ग्रीन के अनुसार, 'व्यक्ति सामाजिक प्राणी है।'
- ग्रीन 'कल्याणकारी राज्य के सिद्धांत के मुख्य प्रतिपादक हैं।'
- ग्रीन के विचार अंतर्राष्ट्रीयतावादी है।
- ऑक्सफोर्ड स्कूल पर प्लेटो और अरस्तू का बहुत ज्यादा प्रभाव माना जाता है।

## ग्रीन पर आदर्शवादियों का प्रभाव

- ग्रीन कांट के विचारों से प्रभावित थे।
- कांट का प्रसिद्ध कथन है कि 'व्यक्ति स्वयं में साध्य है।'
- कांट ने व्यक्ति की स्वतंत्रता को अत्यधिक महत्व दिया।
- कांट के अनुसार, 'राज्य का निर्माण मनुष्यों के आपसी समझौते का प्रमाण है।'
- ग्रीन के अनुसार, 'व्यक्ति का स्वभाव नैतिक है।'

## राज्य

- ग्रीन के अनुसार, 'राज्य की प्रकृति आंगिक है।'
- ग्रीन के अनुसार, 'राज्य का कार्य मनुष्य जीवन में आने वाली बाधाओं को बाधित करना है।'
- अशिक्षा, अज्ञान, गरीबी व नशाखोरी वह बाधाएं हैं, जो व्यक्ति को नैतिक बनने से रोकते हैं।
- ग्रीन के अनुसार, 'राज्य व्यक्ति की चेतना का बाहरी विस्तार है।'
- ग्रीन का प्रसिद्ध कथन है कि 'शक्ति नहीं, बल्कि इच्छा राज्य का आधार है।'
- राज्य को एक आवश्यक अच्छाई के रूप में प्रतिपादित किया।
- ग्रीन के अनुसार, 'राज्य व्यक्ति को नैतिक नहीं बनाता, बल्कि नैतिक बनने की परिस्थितियां उपलब्ध कराता है।'

## संप्रभुता

- ग्रीन ने रूसो की भांति सामान्य हित की सामान्य चेतना पर अत्यधिक बल दिया है।
- ग्रीन के विचारों में रूसो की संप्रभुता और ऑस्टिन की संप्रभुता का मिश्रण पाया जाता है।

## स्वतंत्रता

- ग्रीन के अनुसार, मानव चेतना स्वतंत्रता चाहती है। स्वतंत्रता में अधिकार निहित है तथा अधिकार राज्य की मांग करते हैं।
- स्वतंत्रता मानव चेतना में अंतर्निहित है। स्वतंत्रता अधिकारों की मांग करती है और अधिकार राज्य के बिना संभव नहीं है। बार्कर ने ग्रीन के विचार को इस कथन के रूप में कहा।

- ग्रीन ने स्वतंत्रता को परिभाषित करते हुए कहा कि 'करने योग्य एवं भोगने योग्य कार्य तथा साझे रूप में किए जा सकने वाले कार्यों को करना ही स्वतंत्रता है।'
- ग्रीन की स्वतंत्रता की संकल्पना 'सकारात्मक स्वतंत्रता' की संकल्पना है।

## अधिकार

- ग्रीन के अनुसार-
  (i) अधिकार व्यक्ति के नैतिक दावे हैं।
  (ii) जो समाज के द्वारा स्वीकृत हों।
  (iii) तथा जिनकी रक्षा राज्य द्वारा की जाए।
- ग्रीन ने प्राकृतिक अधिकार शब्द का प्रयोग किया। परंतु वह लॉक के अर्थ में प्राकृतिक अधिकार बिल्कुल नहीं है।
- ग्रीन ने लॉक के प्राकृतिक अधिकारों की मान्यता में परिवर्तन कर दिया।
- ग्रीन के अनुसार, 'अधिकार प्राकृतिक इसलिए हैं कि व्यक्ति के नैतिक विकास के लिए आवश्यक हैं, न कि इसलिए प्राकृतिक हैं कि वे राज्य स्थापना से पहले प्राकृतिक अवस्था में थे।'
- ग्रीन के अनुसार, 'अधिकार सुनिश्चित नहीं होते, अपितु मानव नैतिकता के विकास के साथ परिवर्तित होते रहते हैं।'
- ग्रीन के अनुसार, 'अधिकार वे सामाजिक परिस्थितियां हैं, जो व्यक्ति को नैतिक बनाने में सहायक हैं।'
- ग्रीन के अधिकार राज्य और समाज द्वारा प्राप्त होते हैं, जो राज्य और समाज के विरुद्ध नहीं हैं।

## अंतर्राष्ट्रीयतावादी

- ग्रीन ने हीगल के राष्ट्रवादी विचारों को अस्वीकृत कर दिया।
- वेपर के अनुसार, 'ग्रीन ने उदारवाद को नैतिक और आदर्शवाद को सभ्य बनाया।'
- ग्रीन के अनुसार, 'अंतर्राष्ट्रीय राजनीति में युद्ध मानवीय नैतिकता में कमी का परिणाम है और युद्ध अपूर्ण है।'
- ग्रीन के अनुसार, 'मानवीय नैतिकता में पूर्ण विकास के पश्चात् युद्ध स्वाभाविक रूप में समाप्त हो जाएंगे।'

अध्याय 12

# कार्ल मार्क्स
# KARL MARX

## कार्ल मार्क्स (1818-1883)

- मार्क्स का जन्म एक यहूदी परिवार में 5 मई, 1818 को प्रशिया के ट्रीयर नगर में हुआ था।

## मार्क्स के विचारों का दार्शनिक आधार

- मार्क्स होलबैक के भौतिकवादी विचारों से प्रभावित हैं।
- होलबैक का यह विचार है कि 'मनुष्य के द्वारा ईश्वर का निर्माण होता है।'
- इंग्लैंड के परंपरागत अर्थशास्त्रियों से मार्क्स ने 'श्रम का मूल्य सिद्धांत' लिया।
- वर्ग-संघर्ष का विचार मार्क्स ने 'ऑगस्टीन थियरे' से लिया।
- मार्क्स ने हीगल से 'द्वंद्वात्मक दर्शन' का विचार लिया।

## मार्क्स के मूल विचार

- मार्क्स ने पहली बार 'समाज को आर्थिक रूप में' दो वर्गों में विभाजित किया।
- मार्क्स के सिद्धांत का मूल आधार आर्थिक नियतिवाद है।
- मार्क्स ने वर्ग-संघर्ष के द्वारा समाज के विकास एवं क्रांति का विश्लेषण किया।
- मार्क्स ने पहली बार 'इतिहास का आर्थिक विश्लेषण' किया।
- मार्क्स के विचारों का मूल उद्देश्य पूंजीवादी व्यवस्था का विध्वंस करना था।
- मार्क्स का उद्देश्य एक वर्ग विहीन एवं राज्य विहीन समाज की स्थापना करना था।
- ऐसे समाज में सभी व्यक्ति अपनी क्षमता के अनुसार कार्य करेंगे और उन्हें अपनी आवश्यकतानुसार वस्तुएं प्राप्त होंगी।
- इस अवस्था में व्यक्ति पूर्णतया स्वतंत्र होगा, क्योंकि मार्क्स के अनुसार, स्वतंत्रता का आशय 'विवशता का अंत है।'
- मार्क्स पहले समाजवादी नहीं हैं, बल्कि पहले वैज्ञानिक समाजवादी हैं।
- मार्क्स एवं फ्रैड्रिक एंगेल्स ने अपनी रचना-"The Communist Manifesto" (1848) में स्वयं को वैज्ञानिक समाजवादी कहते हुए सेंट साइमन, चार्ल्स फूरियर, रॉबर्ट ओवेन को 'कल्पनालोकीय समाजवादी' कहा।
- समाजवाद के मूल तत्व समानता, समुदाय की प्राथमिकता, उत्पादन के साधनों पर समुदाय का नियंत्रण व बंधुत्व है।
- मार्क्स की रचनाओं का क्रम-"Theses on Feuerbach" (1845), "The Poverty of Philosophy" (1847), "The Communist Manifesto" (1848).

## युवा मार्क्स के विचार

- युवावस्था में मार्क्स ने ''राईनिस जेतुंग'' नामक पत्रिका का संपादन किया।
- लेसजेक कोलैकोवस्की ने-"Main Currents of Marxism: Its Origins, Growth and Dissolution" (1976) नामक रचना लिखी।
- मार्क्स के अनुसार, 'मानव की सबसे बड़ी विशेषता, उसके श्रम करने की क्षमता है।'
- युवा मार्क्स मानववादी है, इसमें स्वतंत्रता का विचार मुख्य है।
- मार्क्स ने-"Economic and Philosophic Manuscripts" (1844) लिखी है, जिसे 'पेरिस पांडुलिपि' भी कहा जाता है।
- मार्क्स के अनुसार, स्वतंत्रता का आशय 'अभाव या विवशता का अंत है।'
- युवा मार्क्स के विचारों में अलगाववाद की संकल्पना मुख्य है।
- मार्क्स के अनुसार, अलगाववाद को हम **निम्नलिखित रूप में देखते हैं-**
    (i) उत्पादन से अलगाव।
    (ii) प्रकृति से अलगाव।
    (iii) समाज से अलगाव।
    (iv) स्वयं से अलगाव।

## युवा मार्क्स एवं प्रौढ़ मार्क्स में संबंध

- युवा मार्क्स में व्यक्ति मुख्य है। जबकि प्रौढ़ मार्क्स में व्यक्ति वर्ग प्रधान है।

- युवा मार्क्स पूंजीवाद के मनोवैज्ञानिक दुष्प्रभाव बताता है। जबकि प्रौढ़ मार्क्स पूंजीवाद के आर्थिक कुप्रभाव बताता है।
- युवा मार्क्स आदर्शवादी है। जबकि प्रौढ़ मार्क्स वैज्ञानिक है।
- युवा मार्क्स लोकतांत्रिक है। जबकि प्रौढ़ मार्क्स क्रांतिकारी है।
- अल्थ्यूजर के अनुसार, 'युवा मार्क्स एवं प्रौढ़ मार्क्स दोनों अलग-अलग हैं।'
- जबकि डेविड मैकलेलन के अनुसार, 'युवा मार्क्स एवं प्रौढ़ मार्क्स दोनों समान हैं।' डेविड मैकलेलन की पुस्तक- "Marxism After Marx" (1980) है।

## वैज्ञानिक मार्क्स (1848 के पश्चात्)

- सी. ई. एम. जोड के अनुसार, 'मार्क्स वास्तविक रूप में समाजवाद के पिता हैं।'
- मार्क्स ने विषमता के तार्किक कारण बताए एवं समाधान भी वैज्ञानिक बताया।
- मार्क्स व एंगेल्स ने रॉबर्ट ओवेन, सेन्ट साइमन, चार्ल्स फूरियर को 'कल्पनालोकीय समाजवादी' कहा।

## द्वंद्वात्मक भौतिकवाद

- द्वंद्ववाद विकास की पद्धति है। जिसके अनुसार विकास की प्रक्रिया वाद, प्रतिवाद तथा संवाद से होकर पूर्ण होते हैं। इस प्रक्रिया में प्रतिवाद, वाद का निषेध होता है तथा संवाद निषेधों का निषेध होता है।
- द्वंद्वात्मक भौतिकवाद का आशय उस प्रक्रिया से है, जिसमें मूल भौतिक तत्वों का विकास द्वंद्वात्मक प्रक्रिया के माध्यम से व्यक्त किया जाता है।
- मार्क्स के अनुसार, ये भौतिक तत्व स्वत: गतिशील होते हैं। जबकि हॉब्स मानते थे कि भौतिक तत्वों में बाहर से गति प्रदान की जाती है।
- मार्क्स के अनुसार, इन स्वत: गतिशील भौतिक तत्वों का अध्ययन यांत्रिकी के द्वारा नहीं किया जा सकता है।
- क्योंकि इतिहास और समाज का निरंतर विकास हो रहा है। इन्हें विकास मान रूप में अध्ययन करने के लिए द्वंद्वात्मक पद्धति की आवश्यकता है।
- द्वंद्वात्मक पद्धति के अनुसार, 'वाद, प्रतिवाद एवं संवाद की यह प्रक्रिया वर्ग विहीन एवं राज्य विहीन समाज (साम्यवाद) के रूप में अपने सर्वोच्च विकास के स्तर को प्राप्त करेगी।'
  (i) वाद (पूंजीवाद)।
  (ii) प्रतिवाद (सर्वहारा वर्ग का अधिनायकत्व)।
  (iii) संवाद (साम्यवाद)।
- संवाद में वाद और प्रतिवाद दोनों के अच्छे तत्वों का मिश्रण पाया जाता है।
- **द्वंद्वात्मक भौतिकवाद के नियम हैं-**
  (1) मात्रा का गुणवत्ता के तथा इसके विपरीत रूपांतरण।
  (2) विरोध की एकता का नियम।
  (3) नकारने को नकारने का नियम Negation of Negation।

### हीगल की आलोचना

- मार्क्स ने 'द्वंद्वात्मक पद्धति' हीगल से ग्रहण की।
- परंतु हीगल ने जहां मूल तत्व 'चेतना' को माना। वहीं मार्क्स ने मूल तत्व 'भौतिक' को स्वीकार किया।
- मार्क्स ने कहा कि 'मैंने हीगल के विचार को सीधा खड़ा कर दिया। वह अभी तक वह सिर के बल खड़ा था।'

## ऐतिहासिक भौतिकवाद

- मार्क्स ने अपनी रचना-"On the Jewish Question" (1843) में लिखा है कि 'ईश्वर के बजाए, पैसा महत्वपूर्ण है।'
- मार्क्स ने अपनी रचना-"The German Ideology" (1845, प्रकाशित 1932) में भौतिकवाद का विश्लेषण किया तथा कहा कि 'इतिहास निर्माण के लिए मनुष्य का जीवन आवश्यक है।'
- इतिहास की आर्थिक व्याख्या ही 'ऐतिहासिक भौतिकवाद' है।
- मार्क्स ने इतिहास का आर्थिक विश्लेषण करते हुए, इतिहास की **निम्नलिखित अवस्थाएं बताईं-**
  (i) आदिम साम्यवाद। (ii) दास युग।
  (iii) सामंतवादी युग। (iv) पूंजीवादी युग।
  (v) साम्यवाद।
- मार्क्स ने पहली बार 'इतिहास का आर्थिक विश्लेषण' किया।
- उसके इतिहास की व्याख्या विकासवादी है और नियतिवादी भी। उसके ऐतिहासिक व्याख्या विकासवादी है, क्योंकि इतिहास की प्रत्येक अवस्था उसके पहले की अवस्था से प्रगतिशील है। परंतु यह नियतिवादी इसलिए है कि साम्यवाद के बाद इसका विकास नहीं होगा। क्योंकि उसने साम्यवाद को इतिहास के विकास का सर्वोच्च स्तर मान लिया।
- उसके अनुसार, इतिहास का विश्लेषण नहीं, बल्कि परिवर्तन मूल उद्देश्य है। अत: Theory of Praxis का विचार मार्क्स में पाया जाता है। मार्क्स के अनुसार, 'अभी तक तो विचारकों ने दुनिया की व्याख्या की है। आवश्यकता इसे परिवर्तित करने की है। यह विचार उसने "Theses on Feuerbach" (1845) में लिखा।'

- मार्क्स ने पूरे विश्व में साम्यवादी क्रांति के प्रसार के लिए 1864 में 'International Workingmen's Association (IWA) का निर्माण किया, जो विश्व में 'प्रथम अंतर्राष्ट्रीय संस्था' के नाम से विख्यात है।
- कार्ल पॉपर ने मार्क्स के इतिहास की व्याख्या को इतिहासवाद (Historicism) कहा।
- कार्ल पॉपर ने समाज परिवर्तन के लिए सोशल इंजीनियरिंग पर बल दिया।

### फॉयरबाख (Feuerbach) की आलोचना

- मार्क्स ने फॉयरबाख के भौतिकवाद की आलोचना करते हुए उसे 'भद्दा भौतिकवाद' (Contemplative materialism) कहा।
- फॉयरबाख के अनुसार, 'भौतिक तत्व कारण है तथा चेतना का परिणाम है।'
- जबकि मार्क्स ने माना कि 'भौतिक तत्व एवं चेतना के बीच का संबंध द्वंद्वात्मक होता है।'
- मार्क्स ने सिद्धांत एवं व्यवहार की एकता पर बल दिया।

## आर्थिक नियतिवाद

- मार्क्स ने पूंजी को 'संगठित श्रम' (Crystallised Labour) कहा है।
- मार्क्स ने अर्थव्यवस्था के विश्लेषण को केंद्रीय बनाया।
- मार्क्स के अनुसार, 'समाज की संरचना का आधार (Base) अर्थव्यवस्था होती है।'
- धर्म, राज्य, विचारधारा व सरकार आदि संरचना (Structure) के भाग हैं।
- आधार का आशय, उत्पादन के संबंध तथा उत्पादन के साधनों से है।
- एक शब्द में आधार का आशय, उत्पादन के संबंध से है। "Das Capital: Critique of Political Economy" (1867) नामक रचना में मार्क्स ने स्वयं आधार का यह आशय बताया)
- उत्पादन के संबंध से आशय, बुर्जुआ एवं सर्वहारा के मध्य के सामाजिक संबंधों से है।
- उत्पादन के साधन बदलने पर उत्पादन के संबंध बदल जाते हैं।
- मार्क्स ने 'धर्म को अफीम' बताया।
- मार्क्स ने विचारधारा को 'मिथ्या चेतना' कहा। मार्क्स के अनुसार, विचारधारा की आवश्यकता हमेशा शासक वर्ग को होती है।

## श्रम का मूल्य सिद्धांत

- मार्क्स के अनुसार, श्रम का मूल्य से तात्पर्य 'श्रम की मात्रा एवं उसके बनाने में लगा समय से है।'
- परंतु सर्वहारा वर्ग को कभी अपने श्रम का पूरा मूल्य नहीं मिलता, बल्कि उन्हें 'आजीविका निर्वाह मूल्य' मिलता है।
- शेष मूल्य को बुर्जुआ वर्ग हड़प लेता है। यही अतिरिक्त मूल्य है।
- इसी अतिरिक्त मूल्य से पूंजीवाद का विकास होता है।
- मार्क्स 'श्रम के मूल्य सिद्धांत' को मूल मानते हुए, उसमें 'आजीविका निर्वाह सिद्धांत' को जोड़ दिया।
- मार्क्स ने पूंजी के **दो** प्रकार बताए-परिवर्तनशील पूंजी तथा स्थायी पूंजी। श्रम, परिवर्तनशील पूंजी का उदाहरण है।

## विनिमय मूल्य

- उपभोक्तावाद (Commodity Fetishism) पूंजीवादी अर्थव्यवस्था में उत्पादन बाजार की आवश्यकता के लिए होने लगता है।
- मार्क्स के अनुसार, किसी वस्तु के उपभोग मूल्य एवं विनिमय मूल्य के बीच पूंजीवादी अर्थव्यवस्था में अंतर पाया जाता है। विनिमय मूल्य के द्वारा ही अतिरिक्त मूल्य प्राप्त किया जाता है। विनिमय मूल्य का अभिप्राय किसी वस्तु को जिस मूल्य पर बाजार में बेचा जाए।

## मार्क्स के विचारों का सामाजिक पक्ष

### वर्ग-संघर्ष (वर्ग का आशय)

- मार्क्स के अनुसार, उत्पादन के साधनों द्वारा समाज में वर्गों का निर्माण होता है। क्योंकि उत्पादन के साधन समान हैसियत वाले समूहों का निर्माण करते हैं।
- समाज में आर्थिक आधार पर **दो वर्ग होते हैं-**
  (i) बुर्जुआ। (ii) सर्वहारा।
- मार्क्स ने अपनी रचना-"The Communist Manifesto" (1848) में कहा कि 'अभी तक का इतिहास वर्ग-संघर्ष का इतिहास है।'
- मार्क्स ने अपनी रचना-"A Contribution to the Critique of Political Economy" (1859) में सामाजिक जीवन एवं सामाजिक चेतना के बीच संबंध स्थापित किया।
- मार्क्स ने अपनी रचना-"Theses on Feuerbach" (1888) में कहा कि 'मनुष्य सामाजिक संबंधों का जाल होता है।' (Human being are ensemble of the social relation)
- वर्ग-संघर्ष समाज के विकास का मूल कारण है।
- समाज केवल **दो वर्गों** में बंटा है-सर्वहारा वर्ग तथा बुर्जुआ वर्ग।

- ये वर्ग आर्थिक रूप में हैं।
- दोनों वर्गों के संबंध विरोधाभासी हैं।
- मार्क्स के अनुसार, 'इतिहास का विकास निरंतर प्रगतिशील है, इतिहास की प्रत्येक अवस्था अपनी पिछली अवस्था से ज्यादा प्रगतिशील है।'
- मार्क्स के अनुसार, 'पूंजीवाद अवस्था पिछली अवस्थाओं से अत्यधिक बेहतर अवस्था है, क्योंकि इसमें उत्पादन के साधनों का तीव्र विकास होता है।'
- मार्क्स के अनुसार, 'पूंजीवाद के पश्चात् ही साम्यवाद आएगा। अत: साम्यवादी क्रांति का मूल कारण भौतिक है।'

## राज्य

- मार्क्स के अनुसार, 'राज्य वर्ग यंत्र है।'
- 'राज्य शोषण का यंत्र है।'
- मार्क्स ने-"The Communist Manifesto" (1848) में कहा कि 'राज्य पूंजीपतियों की कार्यकारी समिति है।'
- राज्य की उत्पत्ति समाज के विकास के एक विशेष स्तर पर हुई।
- कार्ल मार्क्स ने-"The Eighteenth Brumaire of Louis Bonaparte" (1852) नामक रचना में 'राज्य की सापेक्ष स्वायत्तता' का सिद्धांत दिया।
- जबकि अन्य रचनाओं में 'आर्थिक नियतिवाद' संबंधी विचार दिए।

## साम्यवाद की विशेषताएं

- एंगेल्स ने कहा कि 'हंसिया एवं हथौड़े की भांति राज्य अजायबघर में चला जाएगा।'
- एंगेल्स के अनुसार, 'राज्य विलुप्त हो जाएगा।'
- मार्क्स के अनुसार, 'वर्ग विहीन एवं राज्य विहीन अवस्था साम्यवादी अवस्था है।'
- इसमें व्यक्ति अपनी क्षमता के अनुसार कार्य करेंगे तथा उन्हें अपनी आवश्यकतानुसार वस्तुएं प्राप्त होंगी।
- एंगेल्स के अनुसार, 'साम्यवादी समाज में शासन व्यक्तियों पर नहीं, बल्कि वस्तुओं पर होगा।'
- मार्क्स की प्रसिद्ध पंक्तियां हैं कि 'साम्यवादी अवस्था में कोई व्यक्ति सुबह मछली मार सकता है और शाम को इंजीनियर की भूमिका में भी कार्य कर सकता है। क्योंकि साम्यवाद की अवस्था में श्रम विभाजन समाप्त हो जाएगा।'
- साम्यवादी समाज में प्राइवेट प्रॉपर्टी, वर्ग, राज्य, परिवार, विचारधारा एवं धर्म नहीं होगा।
- परंतु मार्क्स यह बताने में असफल रहा कि ऐसे साम्यवादी समाज का प्रबंध और संचालन किस प्रकार होगा।

## सर्वहारा वर्ग का अधिनायकत्व

- मार्क्स ने अपनी रचना-"The Critique of the Gotha Program" (1875) में मार्क्सवाद को अराजकतावाद एवं संशोधनवाद से अलग बताया।
- पहली बार 'बहुमत का अधिनायकत्व' अल्पमत पर होगा।
- यह अधिनायकत्व, संक्रमणकालीन होगा।
- इस अवस्था को 'समाजवादी अवस्था' की संज्ञा भी दी गई, जिसका उद्देश्य है व्यक्ति अपनी क्षमता के अनुसार कार्य करेंगे तथा अपने कार्य के अनुसार वेतन प्राप्त करेंगे।
- एंगेल्स के अनुसार, 'सर्वहारा वर्ग के अधिनायकत्व का राज्य विलुप्त हो जाएगा।' (जबकि पूंजीवादी राज्य का विनाश होगा)।
- 'सर्वहारा वर्ग के अधिनायकत्व' रूपी राज्य का **निम्नलिखित उद्देश्य हैं-**
  (i) बचे-खुचे पूंजीवादी तत्वों का विनाश करना।
  (ii) भविष्य की साम्यवादी अवस्था का मार्ग प्रशस्त करना।

## वैज्ञानिक समाजवादी

- समाजवाद का विचार मार्क्स ने निर्मित नहीं किया, बल्कि समाजवाद की वैज्ञानिक व्याख्या की। अत: लास्की के अनुसार, 'मार्क्स ने समाजवादी विचारों को एक व्यवस्थित आंदोलन का रूप प्रदान कर दिया।'
- समाजवाद शब्द का प्रयोग 'रॉबर्ट ओवेन' ने किया।
- मार्क्स ने अपने पूर्व के समाजवादियों को 'कल्पनालोकीय समाजवादी' कहा।
- कल्पनालोकीय या यूटोपिया शब्द का पहला प्रयोग 'टॉमस मूर' ने किया।

### मार्क्सवाद और विकासवादी समाजवाद में अंतर

(i) विकासवादी समाजवाद (लोकतांत्रिक समाजवाद) नैतिक समाजवाद है। जबकि मार्क्सवाद वैज्ञानिक समाजवाद है।
(ii) लोकतांत्रिक समाजवाद संशोधनवादी है। जबकि मार्क्सवादी समाजवाद रूढ़िवादी है।
(iii) लोकतांत्रिक समाजवाद क्रमिक सुधार में विश्वास करता है। जबकि मार्क्सवाद में वर्ग विहीन एवं राज्य विहीन समाज की स्थापना क्रांतिकारी माध्यम से करने का निर्धारण हुआ।
(iv) लोकतांत्रिक समाजवादी पूंजीवाद के मानविकीकरण के समर्थक हैं। जबकि मार्क्सवादी पूंजीवाद को उखाड़ फेंकना चाहते हैं।

(v) विकासवादी समाजवादी समान वितरण के समर्थक हैं। जबकि साम्यवादी उत्पादन के सामूहिक स्वामित्व में विश्वास रखते हैं।

(vi) विकासवादी समाजवादी समाज में वर्ग-संघर्षों का समाधान चाहते हैं। जबकि साम्यवादी वर्ग विहीन एवं राज्य विहीन समाज के समर्थक हैं।

(vii) विकासवादी समाजवादी सापेक्षिक समानता को स्वीकार करते हैं। जबकि साम्यवादी निरपेक्ष समानता के समर्थक हैं।

(viii) लोकतांत्रिक समाजवादी मिश्रित अर्थव्यवस्था चाहते हैं। जबकि साम्यवादी पूर्णतया राज्य द्वारा नियंत्रित अर्थव्यवस्था के समर्थक हैं।

(ix) विकासवादी समाजवादी आर्थिक प्रबंध को महत्वपूर्ण मानते हैं। जबकि साम्यवादी केंद्रीय नियोजन को महत्व देते हैं।

(x) विकासवादी समाजवादी लोकतांत्रिक संसदीय व्यवस्था को प्राथमिकता देते हैं। जबकि साम्यवादी सर्वहारा वर्ग के अधिनायकत्व को स्वीकार करते हैं।

(xi) सामाजिक लोकतंत्रवादी राजनीतिक बहुलवाद को मानते हैं। जबकि साम्यवादी सर्वहारा वर्ग के अधिनायकत्व या एकदलीय शासन को महत्व देते हैं।

(xii) सामाजिक लोकतंत्रवादी लोकतांत्रिक राज्य को महत्वपूर्ण मानते हैं। जबकि साम्यवादी जनवादी राज्य की संकल्पना को स्वीकार करते हैं।

## मार्क्सवाद और फेबियनवाद में अंतर

- फेबियनवादी वर्ग की संकल्पना को उदार बनाते हैं। जबकि मार्क्सवादी वर्ग विहीन समाज की स्थापना को अपना मूल लक्ष्य मानते हैं।
- फेबियनवादी राज्य का प्रयोग करके समाजवाद का लक्ष्य प्राप्त करना चाहते हैं। जबकि मार्क्सवादी राज्य से परे साम्यवादी समाज का निर्माण करना चाहते हैं।
- फेबियनवादी समाजवाद को नैतिक रूप में बेहतर मानते हैं। जबकि मार्क्सवादी इसे ऐतिहासिक रूप में अपरिहार्य मानते हैं।
- फेबियनवादी संपूर्ण राष्ट्र को महत्व प्रदान करते हैं। जबकि मार्क्सवादी श्रमिकों को महत्व प्रदान करते हैं।
- प्रमुख फेबियनवादी विचारक **निम्नलिखित हैं-**
  (i) जॉर्ज बर्नार्ड शॉ। (ii) सिडनी वेब।
  (iii) ब्रिट्रीस वेब। (iv) ग्राहम वॉलास।
  (v) एच. जी. वॉलेस। (vi) एनी बेसेंट।
  (vii) एंथनी क्रॉसलैंड ने-"The Future of Socialism" (1956) नामक रचना लिखी।
  (viii) आर. एच. टॉनी।

## मार्क्स और उपनिवेशवाद

- मार्क्स ने 'एशियाटिक मोड ऑफ प्रोडक्शन' के अंतर्गत् गैर-पूंजीवादी समाजों में पूंजीवाद के विकास का विश्लेषण किया।
- मार्क्स के अनुसार, 'एशियाई समाज गतिहीन है।'
- अतः एशियाई समाजों में पूंजीवाद लाने के लिए उन्होंने उपनिवेशवाद को एक सकारात्मक प्रगतिशील शक्ति के रूप में चित्रित किया। परंतु मार्क्स उपनिवेशवाद का समर्थक कतई नहीं है।

## मार्क्स के आलोचक

- मिखाइल बाकूनिन नामक अराजकतावादी ने अपनी पुस्तक-"Statism and Anarchy" (1873) में मार्क्सवादी मान्यता का खंडन किया।
- एडवर्ड बर्नस्टीन नामक मार्क्स के मित्र ने मार्क्स के विचारों को संशोधित किया। इसलिए बर्नस्टीन को 'संशोधनवादी' कहा जाता है।
- एडवर्ड बर्नस्टीन की प्रसिद्ध पुस्तक-"Principles of Socialism and The task of Social Democracy" जिसे लोकप्रिय रूप में "Evolutionary Socialism" (1907) या विकासवादी समाजवाद की संज्ञा भी दी जाती है।

### बर्नस्टीन का संशोधन

- बर्नस्टीन के अनुसार, 'जैसे-जैसे पूंजीवाद का विकास हो रहा है, मध्यम वर्ग और ज्यादा शक्तिशाली होता जा रहा है।'
- पूंजीवाद के विकास के परिणामस्वरूप सर्वहारा वर्ग की स्थिति अच्छी हो रही है।
- पूंजीवाद का विनाश अपरिहार्य प्रतीत नहीं होता, बल्कि पूंजीवाद के अंतर्विरोधों का समाधान शांतिपूर्ण रूप में संभव है।
- अतः बर्नस्टीन के अनुसार, 'समाजवाद की प्राप्ति के लिए वर्ग-संघर्ष या क्रांति नहीं, बल्कि संसदीय लोकतांत्रिक माध्यम पर्याप्त है।'
- संशोधनवाद विकासवादी समाजवाद भी कहलाता है।

## मार्क्स की प्रमुख रचनाएं

- मार्क्स ने अपने युवावस्था में ''राईनिस जेतुंग'' नामक पत्रिका का भी संपादन किया।
- मार्क्स की रचनाओं को **निम्नलिखित श्रेणियों में विभाजित किया जा सकता है-**

1. पहली श्रेणी में वे रचनाएं हैं, जिन्हें मार्क्स ने युवावस्था में लिखा। इन रचनाओं में मार्क्स के मानववादी विचार प्रभावी हैं, इन्हीं रचनाओं में मार्क्स के 'अलगाववाद या पराएपन' के विचार पाए जाते हैं-

- पेरिस पांडुलिपियां आर्थिक एवं दार्शनिक पांडुलिपियां)।
- Theses on Feuerbach (1845)
- The German Ideology (1845)

2. दूसरी श्रेणी में मार्क्स की वे रचनाएं हैं, जिनमें मार्क्स ने पहली बार व्यवस्थित एवं वैज्ञानिक लेखन किया। इस श्रेणी की रचनाओं में मार्क्स ने मुख्यत: आर्थिक रचनाएं की हैं।

- "The Communist Manifesto" (1848) में मार्क्स ने कहा कि ''श्रमिकों के पास खोने के लिए कुछ भी नहीं है, केवल बेड़ियां हैं तथा पाने के लिए सारा संसार है। इसलिए दुनिया के मजदूरों एक हो जाओ।''
- "Das Capital" (1867,1885,1894) तीन खंडों में प्रकाशित हुआ।
- तीसरी श्रेणी में मार्क्स की वे रचनाएं हैं, जो उन्होंने तत्कालीन परिस्थितियों के अनुसार, **तत्कालीन संदर्भ में लिखी-**
  - The Eighteenth Brumaire of Louis Bonaparte (1852)
  - The Civil War in France (1871)
  - Critique of the Gotha Program (1875)
  - Grundrisse (1857)

### अन्य रचनाएं

- Elements
- The Poverty of Philosophy (1847)
- Critique of Hegel's Philosophy of Right (1843)
- Value, Price and Profit (1865)
- The Holy Family (1845)
- A Contribution to the Critique of Political Economy (1859)

## मार्क्स की रचनाओं से संबंधित कुछ तथ्य

- "Das Capital" (1867) में मार्क्स ने मूल आर्थिक नियमों का विश्लेषण किया।
- "Das Capital" (1867) का पूरा नाम-"A Contribution to the Critique of Political Economy" (1859) है। 'दास कैपिटल' का पहला खंड मार्क्स ने, बाकी दो खंड मार्क्स की मृत्यु के पश्चात् एंगेल्स ने लिखे। दूसरा खंड 1885 एवं तीसरा खंड 1894 में प्रकाशित हुआ।
- प्रूधों ने-"The Phlisophy of Poverty" (1846) नामक पुस्तक लिखी, जिसके जवाब में मार्क्स ने-"The Poverty of Philosophy" (1847) नामक रचना लिखी।
- "The Poverty of Philosophy" (1847) में मार्क्स ने वर्ग की सकारात्मक परिभाषा दी।
- "The Eighteenth Brumaire of Louis Bonaparte" (1852) में राज्य की सापेक्ष स्वायत्तता का विचार प्रतिपादित किया।
- "The Civil War in France" (1871) में राज्य पर विचार दिया तथा इसमें इन्होंने "The Communist Manifesto" (1848) के विचारों का संशोधन किया।
- "Critique of the Gotha Program" (1875) में फेर्डीनांड लासॉल तथा लोकतांत्रिक समाजवादियों की आलोचना व अराजकतावाद से खुद को अलग बताया।
- "The German Ideology" (1845) में द्वंद्वात्मक भौतिकवाद का सिद्धांत दिया।
- टेलर ने मार्क्स की रचना-"The Communist Manifesto" (1848) को 'बाइबिल' या 'कुरान' की भांति पवित्र कहा।

## मार्क्स तथा एंगेल्स द्वारा संयुक्त रूप में लिखी गई रचनाएं

- The Communist Manifesto (1848)
- The German Ideology (1845)
- The Holy Family (1845)

- एंगेल्स (1820 से 1895), मार्क्स के प्रसिद्ध मित्र थे। इनकी प्रसिद्ध रचना-"The Condition of the Working Class in England" (1844), "Anti-Dühring" (1878), Socialism: Utopian and Scientific" (1880) प्रमुख हैं। "The Origin of the Family, Private Property and the State" (1884)
- भौतिकवादी विचारक, विश्व को भौतिक तत्वों का मिश्रण मानते हैं। चेतना अथवा विचार, भौतिक तत्वों का परिणाम होता है। मार्क्स, भौतिकवादी विचारक हैं। इसलिए ईश्वर को नहीं मानते।

## मार्क्सवादी विचारक

- वी. आई. लेनिन, जोसेफ वी. स्टालिन, ख्रुश्चेव, रोजा लॅक्जेम बर्ग, माओ, ब्रेझनेव, बुखरिन, कार्ल कॉट्स्की एवं फ्रैड्रिक एंगेल्स इत्यादि।

अध्याय 13

# ग्रामशी
# GRAMSCI

## ग्रामशी (1891-1937)

- ग्रामशी, इटली के दार्शनिक 'क्रोचे' से प्रभावित था।
- ग्रामशी ने, The Communist Party of Italy (1921 to 1926) (सी. पी. आई.) की स्थापना की तथा इन्होंने साम्यवादी दल को नए 'प्रिंस' की संज्ञा दिया।
- ग्रामशी की महत्वपूर्ण रचना-"The Prison Notebooks" (1929 and 1935) के बीच लिखी गई और मृत्यु के बाद (1971) में प्रकाशित हुई।
- ग्रामशी नागरिक समाज के संगठन की तुलना राज्य के पीछे खड़े किले और मिट्टी के बांधों की शक्तिशाली प्रणाली से करता है।

### ग्रामशी द्वारा मार्क्स की मान्यताओं का किया गया खंडन

- ग्रामशी ने 'आर्थिक निर्धारणवाद' की संकल्पना को अस्वीकृत कर दिया।
- ग्रामशी ने मार्क्स द्वारा इतिहास के भौतिकवादी विश्लेषण को अस्वीकृत कर दिया।
- ग्रामशी ने नव-मार्क्सवाद का आधार रख दिया। इसी को पाश्चात्य मार्क्सवाद भी कहा जाता है।
- ग्रामशी ने अधिरचना को दो भागों में विभाजित किया-**राज्य एवं नागरिक समाज**। जिसमें नागरिक समाज अधिक महत्वपूर्ण होता है।

## ग्रामशी के विचारों की मूल विशेषताएं

- ग्रामशी ने नागरिक समाज को अपने विश्लेषण का केंद्र बिंदु माना। जिसके लिए उन्होंने अधिसंरचना का सिद्धांत दिया।
- ग्रामशी के अनुसार, 'बुद्धिजीवी के द्वारा समाज की अधिरचना पर आधिपत्य स्थापित किया जाएगा।'
- ग्रामशी ने आर्थिक निर्धारणवाद की संकल्पना को अस्वीकृत करते हुए 'राज्य की सापेक्ष स्वायत्तता' का सिद्धांत प्रस्तुत किया।
- ग्रामशी के अनुसार, क्रांति को 'सैन्य शब्दावली' में निम्नलिखित रूप में व्यक्त किया जाता है-
  (i) **गतिशील युद्ध** (War of Manouvres) : राज्य सरकार के विरुद्ध युद्ध है, जो लेनिन ने रूस में किया।
  (ii) **स्थितियों का युद्ध** (War of Positions) : नागरिक समाज पर नियंत्रण के लिए वैचारिक एवं सांस्कृतिक आधिपत्य है।

## आधिपत्य की संकल्पना

- आधिपत्य का अर्थ, सामान्यतया नकारात्मक रूप में लिया जाता है, जिसे प्रभुत्व का पर्याय माना जाता है। परंतु ग्रामशी ने 'आधिपत्य' शब्द का प्रयोग भिन्न रूप में किया है।
- ग्रामशी के अनुसार, 'आधिपत्य का आशय, सहमति है।'
- ग्रामशी के अनुसार, 'आधिपत्य का आशय, नेतृत्व है।'
- ग्रामशी के अनुसार, यह नेतृत्व मूलतः वैचारिक है।
- नेतृत्व बौद्धिक वर्ग के द्वारा किया जाएगा।
- ग्रामशी के अनुसार, पश्चिम यूरोपीय पूंजीवादी देशों में पूंजीवादी व्यवस्था बने रहने का मूल कारण, पूंजीवादी विचारधारा द्वारा नागरिक समाज पर आधिपत्य स्थापित करना है।

## क्रांति की रणनीति

- ग्रामशी ने अक्टूबर, 1917 की रूसी क्रांति की प्रशंसा की।
- परंतु उसने यह भी कहा कि क्रांति का रूसी मॉडल, पूंजीवादी देशों में लागू नहीं हो सकता।
- क्योंकि रूस एक समतावादी और पिछड़ा समाज था। जबकि पश्चिमी पूंजीवादी देशों में नागरिक समाज ज्यादा प्रभावशाली है तथा समाज व राज्य के मध्य का अंतर बहुत स्पष्ट है।
- ग्रामशी ने रूसी क्रांति को गतिशील युद्ध की उपमा दी। जबकि उसके अनुसार, पूंजीवादी देशों में स्थितियों के युद्ध की आवश्यकता है।

## राज्य की सापेक्ष स्वायत्तता का सिद्धांत

- राज्य, अर्थव्यवस्था को प्रभावित करता है तथा अर्थव्यवस्था, राज्य को प्रभावित करती है।
- राज्य की सापेक्ष स्वायत्तता का सिद्धांत, ग्रामशी के विचारों की देन है।
- ग्रामशी के अनुसार, 'राज्य, अर्थव्यवस्था से तुलनात्मक रूप में स्वायत्तता है।' जबकि मार्क्स का मानना था कि राज्य पूंजीपतियों की कार्यकारिणी है।

- अत: ग्रामशी के अनुसार, 'राज्य को समझने के लिए केवल आर्थिक कारकों को ही समझना पर्याप्त नहीं है।'
- अत: इस सिद्धांत के माध्यम से ग्रामशी ने आर्थिक निर्धारणवाद की संकल्पना को अस्वीकृत कर दिया।
- समकालीन मार्क्सवादी सिद्धांतकार, जो राज्य की सापेक्ष स्वायत्तता में विश्वास करते हैं-
    (i) निकोस पोलांजा की रचना-"Political Power and Social Classes" (1968), "State, Power, Socialism" (1978)
    (ii) रॉल्फ मिलिबैंड की रचना-"The State in Capitalist Society" (1969)

### ग्रामशी के नागरिक समाज की संकल्पना

- ग्रामशी, पहले मार्क्सवादी विचारक हैं, जिन्होंने 'नागरिक समाज' को अपने अध्ययन का केंद्र बनाया।
- ग्रामशी, क्रोचे से प्रभावित होने के कारण ऐतिहासिक विकास को सामाजिक संबंधों में ढूंढते हैं, भौतिक तत्वों में नहीं।
- नागरिक समाज का आशय, स्कूल, चर्च, विश्वविद्यालय व ट्रेड यूनियन है।
- ग्रामशी के अनुसार, 'पूंजीवादी देशों में नागरिक समाज का विकास राज्य से अलग रूप में हुआ है।'
- ग्रामशी, नागरिक समाज में ही वैचारिक परिवर्तन करने के समर्थक हैं।
- ग्रामशी के अनुसार, 'यह वैचारिक परिवर्तन ही आधिपत्य है।'

### बुद्धिजीवी की संकल्पना

- ग्रामशी के अनुसार, 'प्रत्येक तार्किक व्यक्ति, बुद्धिजीवी है। परंतु वह बुद्धिजीवी का कार्य नहीं करता।' उनके अनुसार, **बुद्धिजीवी दो प्रकार के हैं-**
    (i) परंपरागत बुद्धिजीवी (ii) संगठित बुद्धिजीवी।
- ग्रामशी ने संगठित बुद्धिजीवी की संकल्पना को 'आधुनिक प्रिंस' की संज्ञा दी। उनके अनुसार, 'संगठित बुद्धिजीवी ही, साम्यवादी दल है।'
- 'ग्रामशी' मार्क्स के बाद मार्क्स के विचारों में मौलिक योगदान करने वाले पहले विचारक हैं।

## फ्रैंकफर्ट स्कूल

- जर्मनी के समाज विज्ञान संस्थान का नाम है।
- हिटलर के जर्मनी में सत्ता में आने के बाद यह अमेरिका में स्थानांतरित हो गया। हिटलर की समाप्ति के बाद यह पुन: जर्मनी में आ गया।
- फ्रैंकफर्ट स्कूल, ग्रामशी के विचारों पर आधारित है।
- फ्रैंकफर्ट स्कूल ने 'नव-मार्क्सवाद' का विकास किया।
- फ्रैंकफर्ट स्कूल के मुख्य सदस्यों में थियोडोर एडोर्नो, मैक्स हॉर्खाइमर, हर्बर्ट मॉर्क्यूज, जुर्गेन हैबरमास आदि विचारक प्रमुख हैं।
- हर्बर्ट मॉर्क्यूज की प्रसिद्ध रचना-"One-Dimensional Man: Studies in the Ideology of Advanced Industrial Society" (1964) है।
- फ्रैंकफर्ट स्कूल ने 'आलोचनात्मक सिद्धांत' (Critical Theory) का विकास किया।
- आलोचनात्मक सिद्धांत का आशय, फ्रायड का मनोविश्लेषण एवं हीगल की चेतना तथा मार्क्स का राजनीतिक अर्थशास्त्र के विचारों के सम्मिश्रण द्वारा नवीन विचारों का विकास है। इन्होंने मार्क्स की भौतिकवादी एवं वैज्ञानिक व्याख्या को अस्वीकार कर दिया और मार्क्स के मानवीय और व्यक्तिनिष्ठ विचारों पर बल दिया।

### नव-मार्क्सवाद ( पाश्चात्य मार्क्सवाद )

- इसमें मार्क्सवाद को वैज्ञानिक एवं भौतिकवादी रूप में नहीं माना गया।
- नव-मार्क्सवाद के अंतर्गत् ग्रामशी के विचारों को मुख्य आधार माना जाता है।
- नव-मार्क्सवाद, युवा मार्क्स के विचारों पर आधारित है।
- मार्क्स की हीगलवादी व्याख्या पाई जाती है, जिसमें आर्थिक तत्व तथा चेतना दोनों को स्थान दिया गया है।
- मार्क्सवाद को लोकतांत्रिक एवं स्वतंत्रता समर्थक विचारधारा के रूप में स्वीकार किया गया।
- सामाजिक विश्लेषण में वर्ग को प्रधानता नहीं दी गई है।
- युवा मार्क्स के आधार पर नव-मार्क्सवादी व्याख्या करने का पहला श्रेय हंगरी के विचारक, जॉर्ज ल्यूकॉच को दिया जाता है। जॉर्ज ल्यूकॉच की रचना-"History and Class Consciousness: Studies in Marxist Dialectics" (1923) है।
- नव-मार्क्सवाद में पूंजीवाद के मनोवैज्ञानिक दुष्प्रभावों का उल्लेख किया गया।
- फ्रांसिसी नव-मार्क्सवादी विचारक लुइस अस्थूजर ने for Marx नामक पुस्तक में जन मार्क्सवाद को संरचनावाद के रूप में देखा।
- ब्रिटिश विचारक राल्फ लिवैंड ने-"State in Capitalist Society" में यंत्रवादी राज्य (Instrumentalist State) का सिद्धांत दिया।
- फ्रांसिसी नव-मार्क्सवादी विचारक निकोस पोलांजा ने-"State, Power and Socialism" में राज्य की संरचनावादी व्याख्या की है।

अध्याय 14

# लेनिन
# LENIN

## लेनिन (1870-1924)

- व्लादिमीर इलिच यूलियानोव लेनिन का जन्म 22 अप्रैल, 1870 में उलियानोवस्क नामक नगर में हुआ था।
- मार्क्सवाद को सर्वप्रथम व्यवहार में लाने का श्रेय लेनिन को ही जाता है।
- लेनिन के शब्दों में 'क्रांति होती नहीं, क्रांति की जाती है।'
- लेनिन ने एक ही देश में क्रांति लाने के लक्ष्य को उस समय अपनाया, जब उसे विश्वास हो गया कि विश्व क्रांति असंभव है।

## लेनिन की मूल मान्यताएं

- लेनिन ने मार्क्स की सभी मान्यताओं को स्वीकार किया तथा मार्क्स की मान्यताओं को व्यावहारिक रूप में प्रयोग करने का प्रयास किया।
- उन्होंने मार्क्स की मान्यताओं में पूर्ण विश्वास रखते हुए कहा कि मैं परिवर्तित परिस्थितियों के अनुसार मार्क्स की व्याख्या कर रहा हूं। अत: लेनिन ने मार्क्स की किसी मान्यता को विसंगतपूर्ण नहीं कहा।
- उन्होंने मार्क्स के विचारों का प्रयोग करते हुए, कुछ नए विचारों का **निर्माण किया-**
  (i) साम्राज्यवाद का सिद्धांत।
  (ii) दल का सिद्धांत।
- लेनिन ने 'लोकतांत्रिक केंद्रवाद' का विचार दिया।
- लेनिन के अनुसार, 'साम्यवादी लोकतंत्र, निर्देशित लोकतंत्र है।'
- लेनिन की अक्टूबर, 1914 की क्रांति में 'रोटी, भूमि और शांति' का नारा दिया गया।
- लेनिन ने पूंजीवाद के विनाश को अपरिहार्य माना। साम्यवादी क्रांति को सुनिश्चित माना। लेकिन उन्होंने वर्ग की संकल्पना में मजदूरों के साथ किसानों को भी जोड़ दिया।
- लेनिन के अनुसार, 'क्रांति का अभिप्राय, Class in Itself का Class for Itself में परिवर्तित होना है।'
- मार्क्स के अनुसार, 'विचारधारा, मिथ्या चेतना है।' परंतु लेनिन के अनुसार, 'सर्वहारा वर्ग की भी विचारधारा हो सकती है।' इसलिए पूंजीवादी विचारधारा, मिथ्या चेतना है।

## साम्राज्यवाद का सिद्धांत

- लेनिन की पुस्तक-"Imperialism, the Highest Stage of Capitalism" (1917) है।
- लेनिन के अनुसार, 'पूंजीवाद की उच्चतम अवस्था का आशय, वित्तीय पूंजीवाद है।' उसे एकाधिकारवादी पूंजीवाद भी कहा।
- लेनिन के अनुसार, इंग्लैंड एवं फ्रांस जैसे विकसित पूंजीवादी देश, अफ्रीकी महाद्वीप के देशों का शोषण कर रहे हैं और इस शोषण से वहां के सर्वहारा वर्ग को भी लाभ प्राप्त हो रहा है। इसलिए पूंजीवादी देशों में क्रांति नहीं हो पा रही है।
- रूस को साम्राज्यवादी शोषण की कमजोर कड़ी कहते हुए लेनिन ने कहा कि 'यहां क्रांति करना ज्यादा आसान है। क्योंकि रूस में एक संगठित व्यवस्थित दल विद्यमान है।'

## कॉट्स्की और लेनिन के मध्य मतभेद

- कार्ल कॉट्स्की की पुस्तक-"The Road to Power" (1909) जिसके उत्तर में लेनिन ने अपनी पुस्तक-"The Proletarian Revolution and the Renegade Kautsky" (1918) लिखा।
- लेनिन के अनुसार, वर्तमान युग में रूस में अभी क्रांति संभव है। इसलिए पहले पूंजीवाद की प्रतीक्षा करना और पुन: बुर्जुआ क्रांति के पश्चात् साम्यवादी क्रांति होना, रूस के लिए उपयुक्त नहीं है। जबकि कॉट्स्की का मानना था कि 'बुर्जुआ क्रांति के बाद, साम्यवादी क्रांति होगी।'

## दल का सिद्धांत

- लेनिन ने अपनी पुस्तक-"What Is to Be Done?" (Written 1901 and Published in 1902) में दल को बुद्धिजीवी और प्रशिक्षित लोगों का संगठन माना।

- दल, सर्वहारा वर्ग की सबसे प्रशिक्षित एवं भौतिक रूप में श्रेष्ठ और अग्रवाहक पंक्ति है।
- लेनिन के अनुसार, दल का **मूल कार्य निम्नलिखित है-**
  - (i) सर्वहारा वर्ग को साम्यवादी शिक्षा प्रदान करना।
  - (ii) साम्यवादी समाज के निर्माण की योजना बनाना।
  - (iii) लेनिन के अनुसार, 'क्रांति के लिए भौतिक परिस्थितियों के साथ-साथ आत्मगत परिस्थितियां भी होनी चाहिए।'
- स्टालिन ने एक देश में समाजवाद का नारा दिया। इन्होंने 'कमजोर कड़ी का सिद्धांत' तथा 'घेरे का सिद्धांत' भी दिया।
- स्टालिन ने ऊपर से समाजवाद या शीर्ष से समाजवाद का सिद्धांत दिया, जिसे राज्य पूंजीवाद का सिद्धांत भी कहा गया।
- ख्रुश्चेव ने 'शांतिपूर्ण सहअस्तित्व का सिद्धांत' दिया।

## बोल्शेविकवाद (Balshevism)

- यह एक रूसी शब्द है, जिसका अभिप्राय, बहुमत है। 1903 में रूसी समाजवादी लोकतांत्रिक श्रमिक दल का विभाजन हो गया। लेनिन का दल के बहुमत भाग पर नियंत्रण हो गया, जिसे 'बोल्शेविक दल' कहा गया। दल के अल्पसंख्यकों को 'मेनशेविक' (Menshevik) कहा गया, जिसके नेता 'मार्तोव' थे।

## लोकतांत्रिक केंद्रवाद का सिद्धांत

- लेनिन ने दल की संरचना को 'लोकतांत्रिक केंद्रवाद' के नाम से व्यक्त किया।
- लोकतांत्रिक केंद्रवाद का अभिप्राय, दल में वाद-विवाद और परिचर्चा की स्वतंत्रता प्रदान की जाएगी तथा दल में अनुशासन को कठोरता से लागू किया जाएगा।

## उपनिवेशवाद के संदर्भ में लेनिन का दृष्टिकोण

- भारत जैसे उपनिवेशवादी देशों के संदर्भ में लेनिन का दृष्टिकोण, मार्क्स की मान्यता से भिन्न है।
- लेनिन के अनुसार, पूंजीवाद आज के युग में प्रगतिशील नहीं है, बल्कि शोषणकारी है। इस पूंजीवाद से निम्नलिखित खामियां हो रही हैं। पूंजीवादी देशों में वर्गीय चेतना का निर्माण नहीं हो पा रहा है तथा उपनिवेशवादी देशों का शोषण किया जा रहा है।

## लेनिन और एम. एन. राय के विचारों में विवाद

- लेनिन के अनुसार, 'भारत में साम्यवादी क्रांति के लिए सर्वहारा वर्ग (साम्यवादी दल) को बुर्जुआ वर्ग (कांग्रेस) का सहयोग करना चाहिए और क्रांति का नेतृत्व सर्वहारा वर्ग करेगा।'
- एम. एन. राय इस मान्यता से सहमत नहीं थे। उनके अनुसार, 'भारत में सर्वहारा वर्ग का पर्याप्त विकास हो चुका है और वह स्वयं क्रांति करने में सक्षम है।' अतः बुर्जुआ वर्ग को सहयोग करने की आवश्यकता नहीं है।

## लेनिन की आलोचना

- रोजा लक्जेमबर्ग ने 'बोल्शेविकवाद' की कड़ी आलोचना की। **रोजा की आलोचना निम्नलिखित है-**
  - (i) रोजा के अनुसार, 'दल में शक्ति और सत्ता का केंद्रीयकरण हो गया है।'
  - (ii) सर्वहारा वर्ग के अधिनायकत्व की बजाय, दल का अधिनायकत्व हो गया है।
  - (iii) रोजा ने स्वतः स्फूर्त क्रांति का समर्थन किया।
  - (iv) रोजा के अनुसार, 'मार्क्स के विचार मूलतः लोकतांत्रिक हैं। जबकि सोवियत संघ में लोकतांत्रिक संस्थाओं का विनाश कर दिया गया।'
  - (v) रोजा, कट्टर मार्क्सवादी थीं। उन्होंने पूंजीवाद के विनाश को अपरिहार्य कहा तथा उन्होंने संशोधनवाद की कड़ी आलोचना की।

## लेनिन से संबंधित कुछ तथ्य

- "Imperialism, the Highest Stage of Capitalism" (1917)
- "Two Tactics of Social-Democracy in the Democratic Revolution" (1905)
- लेनिन की अन्य पुस्तक-"The State and Revolution" (1917), "The Development of Capitalism in Russia" (1899) एवं "Materialism and Empirio-criticism" (1909) है।
- लेनिन ने ''इस्करा'' (Iskra, Dec. 1, 1900) नामक बोल्शेविक पत्रिका का संपादन किया।
- **Second,** The International Workingmen's Association (the Second International) (1889–1916) का आयोजन 1889 में हुआ, जिसमें 'प्लेखानोव और लियोन ट्रॉट्स्की' ने भाग लिया।
- प्लेखानोव को 'रूसी समाजवाद' का पिता कहा जाता था।
- ट्रॉट्स्की के अनुसार, 'साम्यवादी शासन का आशय, 'सर्वहारा वर्ग के बहुमत का शासन है।' जबकि रूस में मुट्ठीभर पार्टी पदाधिकारियों का शासन स्थापित हो गया है। अतः ट्रॉट्स्की के अनुसार, 'मार्क्स की मान्यताएं लोकतांत्रिक है।' परंतु रूस में इन मान्यताओं की उपेक्षा की गई।
- मार्च, 1919 में **Third,** "The International Workingmen's Association (the Third International) का आयोजन हुआ। यहां इसका नाम बदलकर Communist International हो गया।

अध्याय 15

# माओ
# MAO

## माओ (1893-1976)

- माओ-त्से तुंग का जन्म 1893 में चीन में हुआ था। चीन में साम्यवादी क्रांति को सफल बनाने का श्रेय माओ-त्से तुंग को ही जाता है।
- माओ-त्से तुंग ने 1949 में समाजवादी राज्य की स्थापना की और आजीवन नेतृत्व अपने पास ही रखा।
- माओ-त्से तुंग ने चीनी क्रांति के लिए किसान वर्ग को विश्वास में लिया, क्योंकि किसानों के बीच असंतोष फैला हुआ था।

### माओ-त्से तुंग की पुस्तकें

- On New Democracy (1940)
- On Contradiction (1952)
- On Practice and Contradiction (1937)
- People's Democratic Dictatorship (1949)

## माओ-त्से तुंग द्वारा सोवियत संघ में स्टालिनवादी नीतियों की आलोचना

- माओ-त्से तुंग के अनुसार, 'स्टालिन ने रूस में उद्योगों की स्थापना करते समय रूस में किसानों के हितों की उपेक्षा की।'
- सोवियत संघ में भारी औद्योगीकरण को प्राथमिकता प्रदान की गई। माओ-त्से तुंग के अनुसार, 'कृषि क्षेत्र के विकास और मझोले उद्योगों के विकास के पश्चात् ही भारी उद्योगों की स्थापना करना संभव है।'
- माओ-त्से तुंग के अनुसार, स्टालिन की केंद्रीयकृत अर्थव्यवस्था में जनसहभागिता अनुपस्थित थी। उद्योगों और पूंजी का विकास राज्य द्वारा बाध्यकारी रूप में किया गया। माओ-त्से तुंग के अनुसार, 'दीर्घकालीन आर्थिक विकास के लिए समुदाय की स्वैच्छिक भागीदारी आवश्यक है।'
- माओ-त्से तुंग ने इस मान्यता को अस्वीकार कर दिया कि समाजवादी व्यवस्था में अवरोध समाप्त हो जाएंगे, बल्कि माओ-त्से तुंग के अनुसार, 'समाजवादी व्यवस्था में अंतर्विरोध अनंत काल तक विद्यमान रहेंगे। अत: माओ-त्से तुंग ने आर्थिक तत्वों की तुलना में राजनीति एवं चेतना को अत्यधिक महत्व दिया।'
- माओ-त्से तुंग के अनुसार, समाजवाद का अभिप्राय, 'केवल उत्पादन के साधनों का राष्ट्रीयकरण मात्र नहीं था, बल्कि इस उत्पादन में स्वैच्छिक सहभागिता को प्रोत्साहित करना तथा व्यक्ति के विचारों को परिवर्तित करना क्रांति का वास्तविक अर्थ है।'
- माओ-त्से तुंग के समय **चीन की समस्याएं**-
  (i) जापानी साम्राज्यवाद।
  (ii) सामंतवादी शोषण।
- माओ-त्से तुंग ने पहली बार किसानों को क्रांति का अग्रवाहक बना दिया।
- क्रांति के केंद्र शहर नहीं, गांव होंगे।
- क्रांति का तरीका 'गुरिल्ला युद्ध' होगा।

## विरोध का सिद्धांत

- माओ-त्से तुंग के अनुसार, 'समाज में अनंत काल तक विरोध बने रहेंगे।'
- सर्वहारा वर्ग के अधिनायकत्व के पश्चात् भी समाज में विरोध कायम रहेंगे।
- उसके अनुसार, विरोध **दो प्रकार** के होते हैं-
  (i) सामंजस्यशील विरोध।
  (ii) गैर-सामंजस्यशील विरोध।
- सामंजस्यशील विरोध का अभिप्राय, वे विरोध हैं, जो जनता के मध्य आपस में होते हैं और जिसे बिना किसी हिंसा के सुलझाया जा सकता है। ये विरोध साम्यवादी क्रांति के बाद भी बने रहेंगे।
- गैर-सामंजस्यशील विरोध, शोषक और शोषितों के मध्य होता है, जिसे सुलझाने को हिंसा की आवश्यकता होती है।

## निरंतर क्रांति

- क्रांति, एक घटना नहीं, बल्कि एक प्रक्रिया है, जो निरंतर चलती रहती है।
- माओ-त्से तुंग के अनुसार, 'समाज में क्रांतियों का एक दौर चलेगा, जिससे लोगों का वैचारिक परिवर्तन किया जा सके।' माओ-त्से तुंग ने निरंतर क्रांतियों का नारा दिया, **जिसमें मुख्य निम्नलिखित हैं-**
  (i) पंचवर्षीय योजना क्रांति (1953-1957)।
  (ii) सैंकड़ों फूल खिलने की योजना (1957) अनेक विचारों को मुक्त रूप में करने की स्वतंत्रता प्रदान की।
  (iii) लंबी छलांग का आंदोलन (1958-1960)।

## लंबी छलांग का आंदोलन (1958-1960)

- इस आंदोलन के अंतर्गत् माओ-त्से तुंग ने औद्योगिक उत्पादन में एक वर्ष में 100 प्रतिशत की वृद्धि का लक्ष्य निर्धारित किया।
- परंतु लंबी छलांग का आंदोलन असफल हो गया।
- इस आंदोलन की असफलता के बाद माओ ने 'सांस्कृतिक क्रांति' का नारा दिया।

## सांस्कृतिक क्रांति (1966-76 तक)

- दल में नौकरशाही को रोकने का प्रयास किया।
- सत्ता के केंद्रीयकरण को रोकने का प्रयास किया।
- लोगों में वैचारिक परिवर्तन का प्रयास किया।
- इसके द्वारा माओ-त्से तुंग ने स्कूल एवं विश्वविद्यालय के छात्रों की निष्ठा प्राप्त करने का प्रयत्न किया।
- दल को जनता के प्रति उत्तरदायी बनाने का कार्य किया। दल ने शक्ति का केंद्रीयकरण रोकने का प्रयत्न किया।
- आलोचकों के अनुसार, 'चीन के साम्यवादी दल ने शक्ति संघर्ष के कारण, माओ-त्से तुंग ने यह नारा दिया।'
- माओ-त्से तुंग, लीशियोकी एवं डेंगशियाओपिंग जैसे नेताओं के विरोध में संघर्ष कर रहे थे।
- माओ-त्से तुंग ने कहा, वे बुर्जुआ तत्वों से चीन को खाली कराना चाहते हैं।

## लाल सुरक्षा कर्मी (Red Guards)

- सांस्कृतिक क्रांति को प्रभावी बनाने के लिए माओ-त्से तुंग ने सैनिकों का प्रयोग किया।
- इनके हाथों में माओ-त्से तुंग की विचारधारा से प्रेरित, एक लाल किताब होती थी। इसलिए इन्हें 'रेडगार्ड' कहा गया।
- ये क्रांति के नए प्रहरी बन गए।
- इसके द्वारा चीनी सेना (जनवादी मुक्ति सेना) को पूर्णतः माओवादी विचारधारा में रंग दिया गया।

## चांडाल चौकड़ी (Gang of Four)

- नेतृत्व 'जियांग क्विंग' (Jiang Qing) द्वारा किया गया।
- अन्य तीन सहयोगी झांग चुनक्यिओ (Zhang Chunqiao), यॉओ वेनयुऑन (Yao Wenyuan) तथा वांग हांगवेन (Wang Hongwen) थे।
- इनका उद्देश्य, माओ की सांस्कृतिक क्रांति को लागू करना था।
- इन चारों पर माओ-त्से तुंग की मृत्यु के बाद आपराधिक मुकदमा चला।
- इस समूह के विघटन को माओ-त्से तुंग की 'सांस्कृतिक क्रांति का अंत' माना जाता है।

## माओ-त्से तुंग की क्रांति की विशेषता

- माओ-त्से तुंग ने पहली बार 'किसानों' को क्रांति का अगुआ बना दिया।
- माओ-त्से तुंग ने चीन जैसे सामंतवादी समाज में क्रांति को संभव बना दिया।
- माओ-त्से तुंग ने चेतना को भौतिक तत्वों से ज्यादा महत्वपूर्ण माना।
- माओ-त्से तुंग पहले मार्क्सवादी विचारक थे, जिन्होंने सैन्य शक्ति पर इतना ज्यादा बल दिया।
- माओ-त्से तुंग का प्रसिद्ध कथन है कि 'शक्ति, बंदूक की नली से निकलती है।'
- माओ-त्से तुंग-"History of Socialism" नामक पुस्तक से बहुत प्रभावित था।
- माओ-त्से तुंग के अनुसार, 'क्रांति खाने की दावत या निबंध लिखने जैसा नहीं है। यह सैकड़ों वर्षों के विद्रोह एवं दमन का परिणाम होता है।'

## माओ-त्से तुंग के नव-लोकतंत्र का विचार

- माओ-त्से तुंग ने किसानों और श्रमिकों का 'जनवादी लोकतांत्रिक अधिनायकत्व' स्वीकार किया।
- माओ-त्से तुंग ने पहली बार साम्यवादी क्रांति में बुर्जुआ वर्ग को सम्मिलित करने का विचार दिया।
- माओ-त्से तुंग ने लोकतांत्रिक सहभागिता की मान्यता को स्वीकार करते हुए, आधारभूत स्तर पर लोगों की सहभागिता को प्रोत्साहित किया।
- माओ-त्से तुंग ने महिला स्वतंत्रता का समर्थन करते हुए कहा कि 'आधा आसमान, महिलाओं ने उठा रखा है।'

- माओ-त्से तुंग के अनुसार, 'लोगों के लिए लोकतंत्र होता है तथा प्रतिक्रियावादियों पर अधिनायकत्व होता है।'

## युद्ध की रणनीति

- आक्रमणकारी दुश्मन के विरुद्ध सामरिक रक्षा की रणनीति।
- लोगों के द्वारा प्रति आक्रमण की रणनीति।
- लोगों (जनवादी) की आक्रमणकारी रणनीति एवं दुश्मन का पीछे हटना।

## चीन में समाजवादी राज्य

- 1978 में चीन के साम्यवादी दल के नेता **डेंग शियाओपिंग** (Deng Xiaoping) ने **चीन के स्वरूप के समाजवाद** (Socialism with Chinese Characteristics) का नारा दिया, जिसे उन्होंने आधुनिकीकरण (Modernization) का नाम दिया और इसके द्वारा उन्होंने समाजवादी आर्थिक प्रणाली को बाजारवाद से जोड़ दिया।
- चीन में लागू समाजवाद को बाजारवादी समाजवाद का नाम दिया गया। अतः चीन ने आर्थिक प्रतिस्पर्धा को बढ़ाने के लिए निजी निवेश को आकर्षित किया तथा विशेष आर्थिक क्षेत्र (SEZ) का भी गठन किया और सार्वजनिक उद्यमों को भी निजी उद्यमों की भांति कुशल और प्रतिस्पर्धी बना दिया और भूमि पर अभी भी राज्य का नियंत्रण है।
- परंतु औद्योगिक गतिविधियों के लिए व्यक्तियों को भूमि आवंटित की जाती है और आर्थिक कुशलता बढ़ाकर शिक्षा, स्वास्थ्य एवं गरीबी निवारण के लिए उल्लेखनीय कार्य किया गया।

अध्याय 16

# रॉबर्ट नॉजिक
# ROBERT NOZICK

## रॉबर्ट नॉजिक ( 1938-2002 )

- रॉबर्ट नॉजिक का जन्म 16 नवंबर, 1938 ब्रूकलिन (न्यूयॉर्क) में हुआ था। रॉबर्ट नॉजिक, समकालीन अमेरिकी विचारक हैं।
- रॉबर्ट नॉजिक, स्वेच्छातंत्रवादी विचारक हैं। वे स्वेच्छातंत्रवाद से अराजकतावाद की ओर बढ़ जाते हैं।
- परंतु मूल रूप में, वे 'नव-उदारवादी' (स्वेच्छातंत्रवादी) विचारक हैं।

## राज्य

- रॉबर्ट नॉजिक ने बाजारवादी आर्थिक प्रणाली का समर्थन किया। रॉबर्ट नॉजिक ने अपनी पुस्तक-"Anarchy, State and Utopia" (1974) में राज्य पर अपने विचार दिए हैं।
- रॉबर्ट नॉजिक की संकल्पना, 'न्यूनतम राज्य' (The Minimal State or Entitlement Theory) की है। अत: राज्य की शक्ति को केवल वहीं तक विधि सम्मत ठहरा सकते हैं, जहां तक वह व्यक्तियों के अधिकारों की रक्षा में सहायक हो, इससे अधिक नहीं।
- राज्य का मुख्य कार्य व्यक्तियों की संपत्ति की रक्षा करना है। रॉबर्ट नॉजिक ने 'कल्याणकारी राज्य' का विरोध किया।

## संपत्ति ( आत्म स्वामित्व का सिद्धांत )

- व्यक्ति द्वारा अपनी प्रतिभा से अर्जित संपत्ति पर पूरा अधिकार है।
- राज्य, संपत्ति को छीन नहीं सकता तथा संपत्ति पर उसका कर भी नहीं लगा सकता।

## न्याय ( अधिकारिता का सिद्धांत या पात्रता का सिद्धांत )

- रॉबर्ट नॉजिक ने रॉल्स के न्याय सिद्धांत की कड़ी आलोचना की है।
- रॉबर्ट नॉजिक ने न्याय के सिद्धांत का निर्माण 'आत्म स्वामित्व' के सिद्धांत के आधार पर किया।
- रॉबर्ट नॉजिक का प्रसिद्ध कथन है कि 'जो जैसा चयन करे, जिसका जैसा चयन हो' यही न्याय है।
- रॉबर्ट नॉजिक ने अपने न्याय का सिद्धांत प्रस्तुत करते हुए **कहा कि-**
  (i) आरंभ में सभी संपत्तियां अनर्जित थीं।
  (ii) व्यक्ति, संपत्ति का अर्जन करने के लिए स्वतंत्र है। संपत्ति, व्यक्ति के आत्म स्वामित्व का एक भाग है।
  (iii) परंतु संपत्ति का अर्जन वैध होना चाहिए।
  (iv) संपत्ति का स्थानांतरण भी वैध होना चाहिए।
  (v) यदि संपत्ति का अर्जन और स्थानांतरण अवैध है, तो राज्य के द्वारा दंडात्मक कार्यवाही की जाएगी।

अध्याय 17

# मेरी वोलस्टोनक्राफ्ट
# MARY WOLLSTONECRAFT

## मेरी वोलस्टोनक्राफ्ट (1759-1797 )

- इनका जन्म 27 अप्रैल 1759 को इंग्लैंड के स्पिटाफील्ड्स में हुआ।
- मेरी वोलस्टोनक्राफ्ट इंग्लिश लेखिका, दार्शनिक थी। इन्होंने महिलाओं के अधिकारों की वकालत की थी।
- इन्हें नारीवादी दार्शनिक के तौर पर जाना जाता है। अधिकांश नारीवादी विचारक इनके विचारों का अध्ययन करते हैं।
- इनका व्यक्तिगत जीवन विवादास्पद रहा, जिसका प्रभाव इनकी रचनाओं व दर्शन पर देखने को मिलता है।
- 10 सितंबर 1797 में सोमर्स-टाउन लंदन में 38 वर्ष की उम्र में इनकी मृत्यु हो गई।

### रचनाएं

- A Vindication of the Rights of the Woman (1792)
- Maria: Or, The Wrongs of Woman (1798)
- Thoughts on the Education of Daughters (1787)
- Letters Written During a Short Residence in Swedon.
- Mary, A Fiction (1788)
- Original Stories from Real Life (1788)

## मेरी वोलस्टोनक्राफ्ट के नारीवादी विचार

- मेरी वोलस्टोनक्राफ्ट उदारवादी नारीवाद विचारक हैं। वे उदारवादी नारीवाद का समर्थन करने वाली पहली महान दार्शनिक विचारक थी। मैरी ने महिलाओं के लिए जीवन के हर क्षेत्र में समान अधिकारों व अवसरों को बढ़ावा देने की वकालत की।
- अपनी रचना "Vindication of the Rights of Women" में वोलस्टोनक्राफ्ट ने महिलाओं के लिए समान अधिकारों व विशेषाधिकारों का समर्थन किया, जो पुरुषों को प्राप्त हैं, क्योंकि महिलाएं भी मूलतः मानव हैं।
- वोलस्टोन क्राफ्ट के अनुसार, यदि महिलाओं को शिक्षा व्यवस्था में समान अवसर प्राप्त होंगे तो राजनीतिक जीवन व सामाजिक जीवन में से लैंगिक भेदभाव को समाप्त किया जा सकता है।
- वोलस्टोनक्राफ्ट का मानना था कि समाज के पितृ-सत्तात्मक स्वरूप का कारण महिलाओं की सहनशील भूमिका है, जो नारीवादी आदर्शों के साथ चली आ रही है। वोलस्टोनक्राफ्ट का विश्वास था कि सभी व्यक्तियों का समान नैतिक महत्व है, इसलिए सब के साथ समान व्यवहार होना चाहिए। अतः लिंग, प्रजाति और धर्म के आधार पर भेदभाव निषेध होना चाहिए। तार्किक रूप में व्यक्ति का महत्व उसकी प्रतिभा, गुण व चरित्र के आधार पर होना चाहिए।
- उदारवादी नारीवादी मूलतः सुधारवादी हैं, इसलिए पुरुष व महिला के मध्य समानता के समर्थक हैं, न कि पितृ-सत्तात्मक समाज की सत्ता को परिवर्तित करना चाहते हैं।
- उदारवादी नारीवाद के समर्थक लैंगिक न्याय की बात करते हैं, लैंगिक समानता पर बल देते हुए लैंगिक भेदभाव कम करने पर बल देते हैं। मेरी वोलस्टोनक्राफ्ट ने महिलाओं के लिए जीवन के हर क्षेत्र में समान अधिकारों व समान अवसरों को बढ़ावा देने की वकालत की।
- महिलाओं को दमनकारी पितृ-सत्तात्मक लैंगिक भूमिका से स्वतंत्र कराने की इच्छा जाहिर की। वे पुस्तकों से लैंगिक रूप से भेदभावपूर्ण कानूनों व नीतियों का सफाया करके महिलाओं को पुरुषों के समान प्रतियोगी बनाकर बाधा दूर करना चाहती हैं। समाज को यह विश्वास दिलाना चाहती हैं, कि स्त्रियों द्वारा सामाजिक, आर्थिक व कानूनी बाधाओं को दूर किया जाना चाहिए।

## महिलाओं की शिक्षा संबंधी विचार

- मेरी वोलस्टोनक्राफ्ट ने अपनी रचना-"Thoughts on

Education of Daughters" (1787) में शिक्षा संबंधी विचार प्रस्तुत किए। इस पुस्तक के द्वारा मेरी ने ब्रिटिश मध्यम वर्ग में महिलाओं की शिक्षा को लेकर चेतना जागृत करने का प्रयास किया। हालांकि इस पुस्तक को वास्तविक महत्व 1970 के दशक में मिला जब इंग्लैंड में नारीवादी आंदोलन जारी था।

- यह पुस्तक एक मां को उत्साहित करती है, कि वह अपनी पुत्रियों में बचपन से ही तार्किक सोच, आत्म-अनुशासन, ईमानदारी और अपनी सामाजिक स्थिति विकसित करने के गुणों को विकसित करें।
- मेरी वोलस्टोनक्राफ्ट का प्रयास प्रत्येक नारी को शिक्षित करना था, चाहे वह मां हो, पुत्री हो या पत्नी। मेरी वोलस्टोनक्राफ्ट का मानना था कि शिक्षित होकर ही महिलाएं समाज में योगदान दे पाएंगी तथा पितृ-सत्तात्मक समाज में बराबरी का स्थान प्राप्त करेंगी।
- अमेरिकी क्रांति एवं फ्रांसीसी क्रांति से प्रभावित थी। इनके अनुसार महिलाएं, पुरुषों की संपत्ति के रूप में देखी जाती हैं।
- उनका संपत्ति में कोई अधिकार नहीं है, तथा पति के द्वारा उनके विरुद्ध घरेलू हिंसा भी की जाती है। उनकी पहली रचना Thought on the Education of Dauthers है। उसके बाद उन्होंने उपन्यास Marry : A Fiction भी लिखा वे पहली महिला लेखिका थी।

## पहली नारीवादी

- उन्होंने 1790 में एक पम्फ्लेट-"Vindication of the Rights of Women" लिखा जो एडमंड बर्क को सीधी चुनौती थी। एडमंड बर्क एक रूढ़िवादी विचारक थे जिन्होंने अपनी रचना-"Reflection on Revolution in France" (1789) लिखा, जिसमें परंपराओं एवं संपत्ति के अधिकारों का समर्थन किया गया था।

## महिलाओं की विशिष्टता

- उनके अनुसार, महिलाओं को अपनी बुद्धिमता एवं विशिष्टता पर बल देना चाहिए न कि पति को प्रसन्न करने पर ऊर्जा समाप्त करनी चाहिए। उन्होंने माना कि पुरुष शारीरिक रूप में ज्यादा शक्तिशाली होते हैं। परंतु विवेक एवं तर्क में महिलाएं समान है।

## रूसो की आलोचना

- रूसो द्वारा लिखी गई शिक्षा की रचना-"Emile" की कड़ी आलोचना की, जिसमें रूसो ने महिलाओं को केवल घरेलू कार्यों के लिए उपयोगी कहा। रूसो के जवाब में उन्होंने-"A Vindication of the Rights of Women" लिखा और महिलाओं की शिक्षा पर सर्वाधिक बल दिया।

## उदारवादी मूल्यों का समर्थन

- इनके अनुसार, मानव विवेकशील एवं तार्किक है। अत: महिलाएं भी तार्किक एवं विवेकशील हैं। उन्हें भी समान अधिकार एवं स्वतंत्रता प्राप्त होनी चाहिए जो शिक्षा के द्वारा ही संभव है।
- वे विवाह की विरोधी नहीं थी न ही परिवार को समाप्त करना चाहती थी, फिर महिलाओं की शिक्षा एवं स्वायत्तता पर बल दिया। उनका प्रसिद्ध कथन है विवाह वैधानिक वेश्यावृत्ति है। जहां महिलाएं दासों की भांति जीवन यापन करती हैं।

## आलोचना

- इनकी सबसे बड़ी कमी यह रही कि इन्होंने महिलाओं के शोषण को व्यक्ति के शोषण के रूप में देखा, जबकि वास्तविक रूप में यह लैंगिक शोषण था। ऐसा आमूलवादी नारीवादियों ने माना।
- जब तक महिलाओं में एक सामूहिक भगिनी समाज (Sisterhood) का निर्माण नहीं होगा, तब तक लैंगिक समानता स्थापित नहीं होगी। इस तरफ मेरी वोलस्टोनक्राफ्ट ने ध्यान नहीं दिया।

## निष्कर्ष

- मेरी वोलस्टोनक्राफ्ट की उपर्युक्त आलोचना उनके विचारों का आंशिक विश्लेषण है, जो उचित नहीं है, वास्तविक रूप में वे ऐसी पहली महिला विचारक थीं। जिन्होंने लैंगिक समानता की बात की व लैंगिक न्याय का आधार रखा। उनके विचारों से बाद के नारीवादियों ने प्रेरणा ग्रहण की।

अध्याय 18

# हन्ना आरेंट
# HANNAH ARENDT

- आधुनिक अमेरिकी दार्शनिक और राजनीतिक विचारक 'हन्ना आरेंट' का जन्म हैनॉवर (जर्मनी) में 1906 में हुआ।
- जर्मनी में नाजीवाद के उदय के बाद उन्हें वहां से भागना पड़ा और फ्रांस के रास्ते वह संयुक्त राज्य अमेरिका पहुंच गई।
- वे मूलत: समुदायवादी हैं, जिन्होंने सरकार व नागरिकों के मध्य विद्यमान परंपरागत संबंधों को पुन: परिभाषित किया।
- पहली आधुनिक राजनीतिक विचारक जिन्होंने सार्वजनिक जीवन को इतना महत्व दिया।
- हन्ना आरेंट के विचार कार्ल जैस्पर व मार्टिन हाइडेगर से प्रभावित थे।

### रचनाएं

- The Human Condition (1958)
- Th Origins of Totalitarianism (1951)
- On Revolution (1963)
- On Violence (1970)
- Between Past and Future (1961)

## हन्ना आरेंट का राजनीतिक दर्शन

- हन्ना आरेंट का मानना था, कि एक सही मानवीय जीवन के लिए व्यक्ति का सार्वजनिक होना आवश्यक है।
- हन्ना-आरेंट के राजनीतिक दर्शन में 3 प्रमुख धाराएं हैं:-
  1. सहभागिता का सिद्धांत, यह राजनीतिक स्वतंत्रता की अवधारणा पर आधारित है।
  2. उसकी मानवीय गतिविधियों के बहुलता के सिद्धांत।
  3. उसके मानवीय कार्यों का दार्शनिक मानवशास्त्रीय सिद्धांत।
- हन्ना आरेंट के राजनीतिक चिंतन में स्वतंत्रता को अत्यधिक महत्व दिया गया है। अपनी पुस्तक-"Between Past and Future" में उन्होंने कहा कि राजनीति का अस्तित्व स्वतंत्रता है, उसके अनुभव का क्षेत्र उसका कार्य है।
- "The Human Condition" में हन्ना आरेंट ने कहा कि आधुनिक विश्व में राजनीति को आर्थिक गतिविधियों से द्वितीयक माना जा रहा है और राजनीति को भौतिक व घरेलू आवश्यकताएं पूर्ण करने के प्रशासनिक यंत्र के रूप में देखा जा रहा है। यह सर्वाधिकारवाद के विकास में सहायक है।
- राष्ट्रीय क्षेत्र स्वतंत्र गतिविधि व निर्णय का क्षेत्र है।
- यूनानी युग में निजी व सार्वजनिक गतिविधियों के मध्य स्पष्ट विभाजन था जो अब समाप्त होता जा रहा है।
- आरेंट के अनुसार, 'प्लेटो व मार्क्स जैसे विचारक राष्ट्रीयता विरोधी विचारक हैं। क्योंकि मार्क्स ने व्यक्ति को निश्चित वर्ग तक सीमित कर दिया व प्लेटो ने उसे राज्य के अधीन कर दिया।
- हन्ना आरेंट का मानना है, कि राजनीति का आशय शक्ति प्राप्त करना न होकर न्याय व सम्मान प्राप्त करना है।
- आरेंट ने दलों के बजाय व्यक्ति को महत्व दिया व लोकतंत्र का समर्थन किया।

## राज्य व व्यक्ति का संबंध

- "The Origin of Totalitarianism" में हन्ना आरेंट ने सर्वाधिकारवाद का विरोध किया क्योंकि यह पूर्ण आतंक पर आधारित है। और व्यक्ति के जीवन के सभी पक्षों पर नियंत्रण कर लेता है, जिसमें व्यक्तियों की स्वतंत्रता व अधिकार समाप्त हो जाते हैं।
- सर्वाधिकारवाद में पूर्ण प्रभुत्व द्वारा समूची मानवता की वैयक्तिकता का विनाश किया जाता है। अभिव्यक्ति की स्वतंत्रता का विनाश हो जाता है।
- आरेंट के अनुसार, सर्वाधिकारवाद की उत्पत्ति का मूल कारण व्यक्ति स्वयं है, क्योंकि प्रथम विश्व युद्ध के बाद जब जर्मनी में बेरोजगारी, मुद्रास्फीति अधिक थी तो लोगों ने आर्थिक-समृद्धि प्राप्त करने हेतु हिटलर के नेतृत्व को स्वीकार कर लिया। व्यक्ति के निजी व सार्वजनिक जीवन का विभाजन समाप्त होने के कारण ऐसा हुआ।
- व्यक्ति ने क्रिया (Action) के बजाए, स्वयं को केवल काम (Work) और मजदूर (Labour) तक सीमित कर लिया। इसीलिए हन्ना आरेंट सर्वाधिक बल क्रिया

(Action) पर देती हैं। उन्होंने मानव जीवन के तीन स्रोतों का उल्लेख किया है।

**Action** : जीवन की सर्वश्रेष्ठ गतिविधि राजनीतिक एवं नैतिक कार्य है।

**Work** : जिसमें स्थायी वस्तुओं का निर्माण होता है।

**Labour** : शारीरिक आवश्यकताओं को पूर्ण किया जाता है, अत: प्रतिदिन कार्य करना पड़ता है, मानव की ये आवश्यकताएं पशुओं के समान हैं।

- यदि मानव अपनी शक्ति का सामूहिक प्रयोग करे और स्वतंत्रता को बनाए रखने के लिए सार्वजनिक गतिविधियों में सक्रिय भागीदारी करे, तब भविष्य में सर्वाधिकारवाद की पुनरावृति संभव नहीं होगी।

## क्रांति का विचार

- अपनी किताब-"On Revolution" में आरेंट ने गणतांत्रिक शासन प्रणाली का समर्थन किया। उनके अनुसार, क्रांति का मूल उद्देश्य लोगों को मुक्ति दिलाना नहीं अपितु स्वतंत्रता दिलाना है।
- आरेंट ने फ्रांसिसी व अमेरिकी क्रांति में तुलनात्मक अध्ययन किया व अमेरिकी क्रांति को ज्यादा बेहतर माना क्योंकि इसमें व्यक्ति की स्वतंत्रता (Action) को मूल स्थान दिया गया व हिंसा को अस्वीकृत कर दिया गया। हन्ना आरेंट ने अमेरिकी क्रांति को स्वच्छ क्रांति की संज्ञा दी।
- फ्रांसिसी क्रांति आवश्यकता की कहानी है (Labour) जिसमें मूल उद्देश्य समाज में पूर्ण सामाजिक व आर्थिक परिवर्तन था इसमें हिंसा का निर्माण हुआ, इसीलिए यह असफल रहीं। आवश्यकता पर अधिक बल देने के कारण ही उन्होंने मार्क्स की आलोचना की।

## सर्वाधिकारवाद के प्रति हन्ना आरेंट का दृष्टिकोण

- हन्ना आरेंट ने अपनी पुस्तक-"The Origins of Totalitarinism" में कहा कि सर्वाधिकारवाद, आतंक पर आधारित विचारधारा है, जिसमें एक दल के शासन को वैधानिकता प्रदान की जाती है। इसमें असीमित बल प्रयोग किया जाता है और विचारधारा को अधार्मिक स्वरूप प्रदान किया जाता है तथा इसके समर्थक एक ऐसी राजनीतिक व्यवस्था के निर्माण का नारा देते हैं, जो कल्पनालोकी होती है। सर्वाधिकारवादी विचारधारा पूर्ण आतंक पर आधारित है, इसके द्वारा मानव जीवन के सभी पक्षों पर पूर्ण नियंत्रण किया जाता है।
- व्यक्तियों की स्वतंत्रता व अधिकारों का पूर्ण लोप हो जाता है। इसमें व्यक्तियों की वैयक्तिकता का विनाश कर दिया जाता है, तथा उनके कार्य की क्षमता को नष्ट कर दिया जाता है, अत: सर्वाधिकारवादी विचारधारा धुर-राष्ट्रवादी विचारधारा है।
- सामान्य अधिनायकवादी व्यवस्था (स्वेच्छाचारी) व सर्वाधिकारवादी व्यवस्था के मध्य अंतर किया है। सामान्य अधिनायकवादी (निरंकुश) व्यवस्थाओं में राज्य, शक्ति का प्रयोग उस परिस्थिति में करता है, जब विपक्ष का दमन करना हो। लेकिन सर्वाधिकारवादी शासन में दमन शीर्ष (Climax) पर तब पहुंचता है, जब विपक्ष का पूर्ण अभाव हो जाता है।
- हन्ना आरेंट के अनुसार, सर्वाधिकारवाद की उत्पत्ति का मूल कारण व्यक्ति स्वयं है, क्योंकि प्रथम विश्व युद्ध के बाद जर्मनी में बेरोजगारी और मुद्रास्फीति अत्यधिक थी तथा लोगों में भ्रम व्याप्त था।
- वे अपने हितों के प्रति भी सचेत नहीं रहे तथा उन्होंने आर्थिक समृद्धि प्राप्त करने के लिए हिटलर जैसे सर्वाधिकारवादी नेतृत्व को स्वीकार कर लिया। इतिहास की सर्वाधिकारवादी प्रणाली के आधार पर भविष्य के लिए महत्वपूर्ण शिक्षा मिलती है।
- यदि मानव, अपनी शक्ति का सामूहिक प्रयोग करे और स्वतंत्रता को बनाए रखने के लिए सार्वजनिक गतिविधियों में सक्रिय भागीदारी करे, तो भविष्य में सर्वाधिकारवाद की पुनरावृत्ति संभव नहीं होगी।

## समुदायवादी एवं गणतंत्रवादी विचार

- आरेंट के विचारों को राजनीतिक सिद्धांत के परंपरागत श्रेणियों में विभाजित नहीं किया जा सकता। इसलिए न तो उन्हें उदारवादी कहा जाता है, न ही समाजवादी। यह स्पष्ट है कि हन्ना आरेंट फासीवाद की प्रबल विरोधी थी।
- इन्होंने व्यक्तिगत स्वतंत्रता को अत्यधिक महत्व प्रदान किया। परंतु व्यक्ति को सदैव नैतिक और सामुदायिक प्राणी माना। व्यक्ति प्रधान या अणुवादी समाज की आलोचना की। मार्क्सवाद की प्रबल विरोधी थीं।
- उनके अनुसार, लोकतंत्र में व्यक्ति की सक्रिय सहभागिता को बढ़ावा देने की आवयकता है, तथा शक्तियां आम जनता में निहित होती हैं। सरकार में नहीं। इसलिए जनता की सहमति एवं लोगों का समर्थन सरकार के संचालन का मूल आधार है। सहमति द्वारा व्यक्ति के विचारों में परिवर्तन करना शक्ति है।

## राजनीति के अरस्तू के विचारों का समर्थन

- उन्होंने राजनीतिक क्षेत्र को नैतिकता का पर्याय माना जिस प्रकार यूनानी विचारक अरस्तू ने किया था, राजनीति Action का क्षेत्र है। उन्होंने दास प्रथा का समर्थन नहीं

किया, राजनीति अर्थव्यवस्था से सर्वोच्च है। सार्वजनिक गतिविधि है।

## हन्ना आरेंट की आलोचना

- मानव गतिविधियों में कृत्रिम विभाजन करना गलत है। कई परिस्थितियों में निर्धारित करना कठिन हो जाता है, कि किस विशेष कार्य को विशेष गतिविधि में रखा जाए।
- अमेरिकी क्रांति क्रांति का एकमात्र व सर्वोत्तम उदाहरण है, यह पूर्णत: स्वीकार करना कठिन है। क्योंकि फ्रांसीसी क्रांति ने भी दुनिया को व्यापक तरीके से प्रभावित किया।

## निष्कर्ष

- हन्ना आरेंट का विचार सभी वैचारिक विभाजनों से परे है। वह स्वतंत्रता की समर्थक, लोकतंत्र की पक्षपोषक और सबसे बढ़कर एक क्रांतिकारी मानववादी हैं। जिनके विचार 21वीं सदी के लोकतंत्र और मानवधिकार के युग में अत्यधिक प्रासंगिक है।

अध्याय 19

# फ्रांज फैनन
# FRANTZ FANON

## फ्रांज फैनन (1925-1961)

- आधुनिक अफ्रीकी क्रांतिकारी और समाज दार्शनिक फ्रांज मूलत: मनोरोग वैज्ञानिक थे।
- इन्होंने 1956-65 की अल्जीरियाई क्रांति में विद्रोहियों का साथ दिया और बाद में अल्जीरियाई मुक्ति आंदोलन के लिए कार्य किया।
- अल्जीरिया के स्वतंत्रता संग्राम में सशस्त्र क्रांति का खुला समर्थन किया।
- फ्रांज फैनन को इब्राहिम फ्रांज फैनन के नाम से भी जाना जाता है। इनका जन्म मार्टीनिक द्वीप, फ्रांस में हुआ। इन्होंने लियोन विश्वविद्यालय से शिक्षा प्राप्त की।
- 36 वर्ष की उम्र में मेरीलैंड, अमेरिका में इनकी मृत्यु हुई।
- उपनिवेशवाद, विदेशी शासन, सांस्कृतिक साम्राज्यवाद और जातीय पूर्वाग्रह का विरोध किया।
- उनका अंतिम लक्ष्य था - संपूर्ण मानव जाति की स्वतंत्रता।
- फ्रांज फैनन कार्ल मार्क्स, जीडब्ल्यूएफ, हीगल, जॉन पॉल, सार्त्र, सिग्मंड फ्रायड, मैक्स वेबर, कार्ल गुस्ताव जंग से प्रभावित थे।

### रचनाएं

- Black Skin, White Masks (1952)
- A Dying Colonialism (1959)
- The Wretched of the Earth (1961)
- The Fact of Blackness
- Toward the African Revolution (1964)
- Alienation and Freedom (1961)

## उपनिवेशवाद का स्वरूप

- फैनन के उपनिवेशवाद संबंधी विचार अनुभव पर आधारित हैं।
- फैनन के अनुसार, उपनिवेशवाद उत्पीड़न का विस्तृत ढांचा है, जो जातीय व सांस्कृतिक श्रेष्ठता का मुखौटा लगाकर पूंजीवाद के आर्थिक स्वार्थों की पूर्ति करता है।
- श्वेत जातियां विदेशी भूमि व संसाधनों का भरपूर शोषण करती हैं।
- अपनी पुस्तक-"Black Skin, White Masks" (1952) में फैनन ने कहा कि उपनिवेशवाद के अंतर्गत श्वेत व अश्वेत जातियां निरंतर तनाव में रहती हैं। श्वेत व्यक्ति अपने आपको संपूर्ण सभ्यता, संस्कृति, कानून, शिक्षा, कला कौशल के प्रवर्तक बनाकर अश्वेत लोगों पर हीनता का कलंक लगा देते हैं।
- इसके लिए श्वेत जाति के भार का सिद्धांत (Whiteman Burdenship Theory) दिया जाता है। इसके विरोध में अश्वेत जातियों द्वारा 'अश्वेत जाति के गौरव का सिद्धांत' दिया जाता है। जिसके अनुसार, अश्वेत जातियों की सांस्कृतिक परंपरा महान है और गौरव का विषय है।
- फैनन के अनुसार 'श्वेत जाति के भार' का सिद्धांत सिर्फ कल्पना है, वैसे ही अश्वेत जाति के गौरव का सिद्धांत भी निराधार है। अश्वेत जाति का एक ही अधिकार है, कि वह श्वेत जाति से मानवीय व्यवहार की मांग करे, उसका एक ही कर्तव्य है, कि वह अपनी स्वतंत्रता का त्याग कभी न करे।

## राष्ट्रीय मुक्ति आंदोलन

- ''द रैचड ऑफ द अर्थ'' (The Wretched of the Earth, 1961) के अंतर्गत फैनन ने राष्ट्रीय मुक्ति आंदोलनों का व्यापक परिदृश्य प्रस्तुत किया।
- फैनन के अनुसार, मुक्ति आंदोलन का स्त्रोत न तो शहरी मध्यमवर्ग है, न ही अफ्रीकी संस्कृति की ओर लौट चलने की प्रेरणा। अफ्रीकी एकता के लिए एकदलीय अधिनायकतंत्र उपयुक्त नहीं है। क्योंकि इसमें व्यक्तिगत आकांक्षा की प्रधानता रहती है।
- राष्ट्रीय मुक्ति आंदोलन के लिए क्रांति आवश्यक है। इसके लिए देहाती किसानों में विद्यमान क्रांति क्षमता को पहचानना चाहिए और देहाती किसान समुदाय के साथ मिलकर काम करना चाहिए। क्रांति के लिए संपूर्ण अफ्रीका,

एशिया व लैटिन अमेरिका के राष्ट्रीय मुक्ति आंदोलनों का संचित प्रभाव मानवीय विकास में सहायक होगा।

- राष्ट्रीय मुक्ति आंदोलन ऐसा सामाजिक संदर्भ प्रस्तुत करेंगे, जिससे विभिन्न व्यक्ति अपने आपको ढूंढने में एक दूसरे की सहायता कर सकेंगे। तभी विश्व स्तर पर मनुष्यों में अलगाव की स्थिति का अंत हो सकेगा।

## तीसरे विश्व के लिए मार्क्सवाद

- फैनन ने कहा कि फ्रांसीसी साम्यवादी उपनिवेशों में विद्यमान शोषण को समाप्त करने के समर्थक नहीं हैं।
- लेनिन द्वारा प्रतिपादित क्रांति की रणनीति तीसरे विश्व में सफल नहीं होगी, लेनिन का तर्क था कि पहले राष्ट्रवादी क्रांति होगी, दूसरे चरण में समाजवादी क्रांति होगी।
- फैनन के अनुसार, तीसरी दुनिया में लुच्चा सर्वहारा (Lumpen Proletariat) के द्वारा क्रांति होगी जो सभी वर्गों का मिला जुला रूप होगा। फैनन ने लुच्चा सर्वहारा को मार्क्स की भांति नहीं माना, मार्क्स ने लुच्चा सर्वहारा में जेबकतरों, भगोड़े सैनिक, कबाड़ी एवं भिखारियों को शामिल किया था।
- फैनन के अनुसार किसानों, शहरी गरीबों एवं लुच्चा सर्वहारा के मध्य गठबंधन द्वारा क्रांति होगी। अत: फैनन की क्रांति की रणनीति माओ के समान है। परंतु परंपरागत मार्क्सवाद (Orthodox Marxism) के विरुद्ध है।

## फैनन के प्रभाव

- फैनन अस्तित्ववादी विचारक पाल सार्त्र (Paul Sartre) से प्रभावित था, जिसने फैनन की प्रसिद्ध रचना-"The Wretched of the Earth" (1961) का आमुख लिखा था।
- फैनन अफ्रीकी राष्ट्रवादी नेता पैट्रिक लुमुम्बा (Patrick Lumuba) से भी प्रभावित था जिसने प्रजतिवाद (रंगभेद) के विरुद्ध संघर्ष किया था।

## मार्क्सवाद के साथ प्रजातिवाद का सम्मिश्रण

- फैनन के अनुसार, परंपरागत मार्क्सवादी विचार में रंगभेद नीति का विरोध नहीं है। इसमें केवल सर्वहारा वर्ग एवं बुर्जुआ वर्ग का विचार है। इसीलिए यह तीसरे विश्व के लिए उपयोगी नहीं है। तीसरे विश्व में साम्राज्यवाद के साथ रंगभेद नीति का शोषण भी विद्यमान है।
- उसने अपनी प्रसिद्ध रचना-"Black Skin and White Marks" (1752) में कहा, श्वेत प्रजाति के द्वारा अश्वेतों पर सांस्कृतिक प्रभुत्व स्थापित किया गया है।
- आधुनिक यूरोपीय संस्कृति से एशिया-अफ्रीका की भलाई नहीं हो सकती है। नीग्रो प्रजातियों के साथ भेदभाव को प्रदर्शित करने के लिए Negritude शब्द का प्रयोग किया।

## हिंसक क्रांति का समर्थन

- फैनन के अनुसार, पश्चिमी बुर्जुआ उत्पादक भी है एवं परजीवी भी है। जबकि तीसरी दुनिया का बुर्जुआ केवल परजीवी है, उत्पादक नहीं है।
- जार्ज सोरेल की भांति उसने हिंसा का समर्थन किया। फैनन की आवाज तीसरे विश्व की आवाज है। जिसने मार्क्सवाद को वैकल्पिक व्यवस्था के लिए बाध्य किया है। जिसने आर्थिक तत्वों के साथ प्रजातीय भेदभाव एवं सांस्कृतिक आधिपत्य को केंद्रीय महत्व दिया है। अत: उसे नव-मार्क्सवादी कहा जा सकता है।

## आलोचना

- फैनन ने राष्ट्रीय आंदोलन की एकांगी व्याख्या की। मध्यम वर्ग के योगदान को नकारना उचित नहीं है।
- अफ्रीकी नजरिए से ही राष्ट्रीय आंदोलन की व्याख्या की, व्यापक नजरिया नहीं अपनाया।

## निष्कर्ष

- फैनन की उपर्युक्त आलोचना तार्किक नहीं है, उनका चिंतन देश-काल की सीमाओं से परे है। उन्होंने उपनिवेशवाद के विरोध का एक नया सिद्धांत दिया और उनका लक्ष्य हमेशा संपूर्ण मानव जाति की स्वतंत्रता ही था।

अध्याय 20

# जॉन रॉल्स
# JOHN RAWLS

## जॉन रॉल्स (1921-2002)

- जॉन रॉल्स एक उदारवादी विचारक हैं, जिन्होंने उदारवादी व्यवस्था के अंतर्गत एक न्यायपूर्ण समाज स्थापित करने का प्रयास किया।
- रॉल्स का जन्म 21 फरवरी 1921 को अमेरिका में हुआ।
- उन्होंने 1950 में लिखना प्रारंभ किया। तात्विक रूप से प्रथम विचार-"Mystic as Fairness : A Restatement" सर्वप्रथम 1957 में प्रकाशित हुआ।
- वे हार्वर्ड विश्वविद्यालय में दर्शन शास्त्र के प्राध्यापक थे।
- 1971 में उनकी रचना-"A Theory of Justice" प्रकाशित हुई। जिसमें सामाजिक न्याय की संकल्पना विकसित करके रॉल्स को समाजवादी नैतिकता का उदारवादी चिंतक माना गया है।

### रचनाएं

- A Theory of Justice (1971)
- Justice as Fairness (1985)
- Political Liberalism (1993)
- The Law of Peoples (1993)
- Lectures on the History of Moral Philosophy (2000)
- Collected Papers

## रॉल्स के न्याय का सिद्धांत

- 20वीं शताब्दी में रॉल्स ने अपनी प्रसिद्ध रचना "Theory of Justice" में न्याय की संकल्पना को पुन: राजनीतिक चिंतन के केंद्र में स्थापित किया।
- रॉल्स के अनुसार, न्याय समाज का केंद्रीय सद्गुण है। मानवीय समाज द्वारा न्याय के नियमों का निर्माण किया गया है। अत: न्याय, मानव के तार्किक चयन का परिणाम है।
- रॉल्स ने 'अज्ञान के पर्दे' की कल्पना की जहां व्यक्ति को अपनी प्रतिभा व क्षमता का ज्ञान नहीं था और भविष्य के समाज में उसकी स्थिति क्या होगी उसके विषय में उसे ज्ञान नहीं था। अत: इस स्थिति में जब व्यक्तियों ने परस्पर समझौता करके न्यायपूर्ण समाज के निर्माण का प्रयत्न किया तो उन्होंने स्वयं की स्थिति को सबसे वंचित रूप में रखा।
- रॉल्स के न्याय सिद्धांत को 'अधिकतम-न्यूनतम सिद्धांत' (Maxi-Mini Principal) भी कहते हैं। जिसका अभिप्राय है, समाज में न्यूनतम स्थिति में रहने वाले लोगों के लिए अधिकतम लाभ।

### रॉल्स के न्याय का स्रोत

- रॉल्स, अमेरिका के हार्वर्ड विश्वविद्यालय में दर्शनशास्त्र के प्रोफेसर थे।
- रॉल्स का न्याय, कांट के आदर्शवादी विचारों पर आधारित है।
- रॉल्स का प्रसिद्ध कथन है कि 'आत्मन, साध्य से पहले है।' (The self is prior to its ends) जो कांट की मान्यता 'व्यक्ति, स्वयं में साध्य है' से प्रभावित है।
- रॉल्स ने व्यक्ति की गरिमा को अत्यधिक महत्वपूर्ण माना।
- रॉल्स ने समाज में पारस्परिक लाभ के लिए एक सहयोगात्मक चेष्टा (Venture) की संकल्पना की।

### रॉल्स का वरीयता नियम

- जॉन रॉल्स न्याय के सिद्धांत में सर्वप्रथम स्वतंत्रता को प्राथमिकता देते हैं। उनके अनुसार, स्वतंत्रता का अधिकार प्रमुख व प्राथमिक है। यह अधिकार सभी को समान रूप से प्राप्त होगा। 'स्वतंत्रता को केवल स्वतंत्रता के लिए ही सीमित किया जा सकता है। अन्यथा नहीं'।
- दूसरी वरीयता रॉल्स अवसर की समानता को देते हैं।
- तीसरी वरीयता न्यूनतम स्थिति में रहने वाले व्यक्तियों का कल्याण है।
- उनके अनुसार, प्रत्येक प्रकार की सामाजिक-आर्थिक विषमता समाप्त नहीं की जा सकती। सामाजिक-आर्थिक विषमता स्वीकार योग्य है। यदि वह समाज के न्यूनतम व्यक्तियों के लिए अधिकतम लाभकारी है।

- रॉल्स ने प्रक्रियात्मक न्याय व तत्वात्मक न्याय में समन्वय स्थापित किया। पूंजीवादी अर्थव्यवस्था में कल्याणकारी राज्य द्वारा लोगों की प्राथमिक वस्तुओं के समान वितरण के द्वारा न्याय संभव है।

## रॉल्स के न्याय का राजनीतिक परिप्रेक्ष्य (न्याय की पृष्ठभूमि)

- रॉल्स के न्याय का निर्माण कल्याणकारी राज्य के अंतर्गत् किया गया है तथा उसने न्याय को व्यावहारिक आधार प्रदान करने के लिए लोकतांत्रिक राज्यों की पृष्ठभूमि को आवश्यक माना। इस संदर्भ में उसने राज्य के कार्यों को निम्नलिखित भागों में बांटा-

1. **आवंटन** (Allocation)

- प्रतिस्पर्धी पूंजीवादी, बाजारवादी व्यवस्था में राज्य के द्वारा कीमतों का नियंत्रण होगा और प्रगतिशील करारोपण किया जाएगा।

2. **स्थायित्व** (Stability)

- व्यक्तियों को पूर्ण रोजगार दिलाने का प्रयत्न किया जाएगा तथा सभी व्यक्ति रोजगार के चयन में स्वतंत्र होंगे।

3. **स्थानांतरण** (Transfer)

- सभी के लिए न्यूनतम आय की गारंटी होगी, जिससे दीर्घकालिक रूप में न्यूनतम स्थिति में रहने वाले लोगों की आय में वृद्धि हो, पूंजीवादी प्रतिस्पर्धी व्यवस्था में मानवीय आवश्यकताओं को उपेक्षित करना कठिन है।
- अत: सभी के लिए न्यूनतम आय का प्रबंध करना चाहिए, जिससे न्यूनतम स्थिति में रहने वाले लोगों के लिए अधिकतम लाभ हो।

4. **वितरण** (Distribution)

- समाज में संपत्ति का केंद्रीकरण वितरण यदि एक सीमा से अधिक हो जाए तो, स्वतंत्रता व समानता (अवसर की समानता) पर खतरा उत्पन्न हो जाता है। अत: रॉल्स ने उत्तराधिकार की संपत्ति और उपहारों के संदर्भ में भी करारोपण का समर्थन किया।
- रॉल्स की अन्य रचनाएं-"Political Liberalism" (1993) एवं "The Law of Peoples" (1993) हैं।

### प्राथमिक वस्तुओं के प्रकार

- प्राकृतिक प्राथमिक वस्तुएं-बुद्धि एवं स्वास्थ्य।
- सामाजिक प्राथमिक वस्तुएं-अधिकार, स्वतंत्रता, संपत्ति एवं गरिमा का सम्मान।
- न्यूनतम स्थिति में रहने वाले लोगों को अधिकतम लाभ से तात्पर्य– प्राथमिक वस्तुओं के आवंटन से है। यह आवंटन केवल बदतर परिस्थितियों में लागू होता है तथा उसके पश्चात् व्यक्ति को स्वतंत्र प्रतिस्पर्धा के लिए छोड़ दिया जाता है।
- रॉल्स के अनुसार, 'ऐसी विषमताएं स्वीकार की जा सकती हैं, जिससे वंचित लोगों का कल्याण हो।'
- रॉल्स के न्याय को 'क्षतिपूर्ति का सिद्धांत' भी कहा जाता है। क्योंकि प्रतिभाशाली लोगों की प्रतिभा का प्रयोग करके वंचित लोगों का कल्याण किया जाएगा।

### प्राथमिकता का सिद्धांत

- न्याय, सामाजिक कल्याण एवं कुशलता दोनों से प्राथमिक है।
- समान स्वतंत्रता का अधिकार, पहली प्राथमिकता है।
- अवसर की समानता, दूसरी प्राथमिकता है।
- न्यूनतम स्थिति में रहने वाले व्यक्तियों का कल्याण, तीसरी प्राथमिकता है।
- रॉल्स के अनुसार, इस क्रम में कोई भी परिवर्तन संभव नहीं है।

### रॉल्स द्वारा उपयोगितावाद का खंडन

- रॉल्स ने बेंथम के अधिकतम व्यक्तियों के अधिकतम सुख के सिद्धांत का खंडन किया। क्योंकि उपयोगितावाद में प्रत्येक व्यक्ति के बजाय अधिकतम व्यक्तियों के सुख पर बल दिया जाता है।
- रॉल्स का विचार कांट की नैतिकता से प्रभावित है। जिसमें प्रत्येक व्यक्ति को साध्य माना गया है। रॉल्स के अनुसार, आत्मन साध्य से पहले है। प्रत्येक व्यक्ति का महत्व समान है।

### आलोचना

- समुदायवादियों के अनुसार, रॉल्स ने व्यक्ति को एकांकी व अमूर्त अणु के रूप में देखा। समूह के सदस्य के बजाय अलग-थलग रूप में देखा।
- मार्क्सवादियों के अनुसार, व्यक्ति के पृथक समझौते की कल्पना नहीं की जा सकती क्योंकि व्यक्ति मूलत: वर्ग का सदस्य है।
- मैकफर्सन ने रॉल्स के उदारवाद को संशोधनवाद कहा।
- नॉजिक ने रॉल्स की-"Theory of Justice" की कटु आलोचना करते हुए प्रक्रियात्मक न्याय को महत्वपूर्ण स्थान दिया तथा कल्याणकारी राज्य की आलोचना की।

### निष्कर्ष

- रॉल्स के न्याय की अवधारणा में स्वतंत्रता व अवसर की समानता का बेहतर मिश्रण है। तथा न्याय की प्राप्ति के

लोकतांत्रिक संवैधानिक मार्ग को ज्यादा सहज व सुलभ माना।

- रॉल्स ने न्याय व कल्याणकारी राज्य का अंतर्संबंध प्रभावी रूप में स्थापित किया, जो कि 20वीं सदी का सबसे मौलिक योगदान माना जाता है।
- रॉल्स ने 1999 में-"The Law of Peoples" नामक प्रसिद्ध रचना की। इसमें अंतर्राष्ट्रीय व्यवस्था को उदारवादी आधारों पर निर्मित किया। रॉल्स ने अंतर्राष्ट्रीय व्यवस्था के निम्नलिखित आधार बताए-
  (i) लोगों के बीच उचित व्यापार।
  (ii) सहकारी बैंकिंग संस्थाओं से उधार।
  (iii) संयुक्त राष्ट्र की स्वीकृति, जिसे उन्होंने पीपुल्स परिसंघ (Confederation of People's) कहा।
- उन्होंने-"The Law of Peoples" रचना में आठ सिद्धांतों का प्रतिपादन किया है-
  (i) लोग, मुक्त एवं स्वतंत्र हैं, जिनका सम्मान अन्य व्यक्तियों के द्वारा भी होना चाहिए।
  (ii) लोगों को संधियों का पालन करना चाहिए।
  (iii) समझौते में सभी व्यक्तियों को समान माना जाए।
  (iv) अहस्तक्षेप के कर्त्तव्य का पालन।
  (v) लोगों को आत्मरक्षा का अधिकार है, आत्मरक्षा के अलावा अन्य किसी आधार पर युद्ध नहीं होना चाहिए।
  (vi) मानव अधिकार का सम्मान आवश्यक है।
  (vii) युद्ध के दौरान निश्चित प्रतिबंधों का पालन।
  (viii) अन्य व्यक्तियों की सहायता एवं न्यायपूर्ण राजनीतिक एवं सामाजिक व्यवस्था का निर्माण।

# भाग–3

# भारतीय राजनीतिक विचारक

अध्याय 1

# धर्मशास्त्र
# DHARMSHASTRA

- धर्मशास्त्र भारतीय चिंतन में महत्वपूर्ण स्थान रखता है, धर्मशास्त्र सबंधी संपूर्ण ज्ञान, मनुष्य के कल्याण के लिए ब्रह्म ने मनु को दिया था।
- धर्मशास्त्र में धर्म को राज्य से प्राथमिक माना गया है।
- धर्म शब्द की उत्पत्ति 'धृ' धातु से हुई है, जिसका अर्थ है- धारण करना। अर्थात् वह गुण जिसके आधार पर प्राणी जगत अपने वास्तविक स्वरूप को धारण करने में समर्थ हो सके।
- मानव धर्म की व्याख्या हेतु व प्राणी मात्र को उनके विभिन्न धर्मों का बोध कराने हेतु ही धर्मशास्त्र का निर्माण हुआ।

## धर्मशास्त्र और राज्य उत्पत्ति

- मानव धर्मशास्त्र में राज्य की उत्पत्ति के दैवीय सिद्धांत का वर्णन है। मनु के अनुसार, संसार में राज्य के न होने पर बलवानों के डर से प्रजाओं में व्याप्त असुरक्षा के कारण संपूर्ण संसार की रक्षा के लिए ईश्वर ने राजा की सृष्टि की। राजा को ईश्वर ने इंद्र, वायु, यम, सूर्य, अग्नि, वरूण, चन्द्रमा व कुबेर का सारभूत अंश लेकर बनाया है। राजा का प्रभाव अक्षुण्ण है।
- साधारण मनुष्य मानकर राजा के पद पर प्रतिष्ठित बालक का भी अपमान नहीं करना चाहिए क्योंकि वह भी मनुष्य के रूप में स्थित दैवी-शक्ति का ही प्रतिनिधि है।
- मनु ने राजा की दिव्यता को शक्ति के बजाय कर्तव्य के विभिन्न पक्षों से जोड़ा है। इसे शासक के लोक कल्याणकारी दायित्वों की पवित्रता के रूप में परिभाषित कर दिया है।

## धर्मशास्त्र में दंड नीति

- मनु ने धर्म के 10 लक्षण बताए हैं- धैर्य, क्षमता, संयम, अस्तेय, शौच, शुद्धता, इंद्रिय निग्रह, विवेकशीलता, विद्या, सत्य, वाच्य व अक्रोध।
- धर्मशास्त्र का उद्देश्य मानव के विभिन्न धर्मों की व्याख्या व शांति का पथ-प्रदर्शन है। मनुष्य की असुरीय प्रवृत्ति का दमन करने हेतु दंड नीति की आवश्यकता हुई।
- दंड का प्रयोग सम्यक् होना चाहिए। दंड का सृजन ईश्वर ने स्वयं किया है। दंड का उद्देश्य धर्म की रक्षा है।
- मनु ने 4 प्रकार के दंडों का उल्लेख किया है- वाक् दंड, धिग् दंड, अर्थ-दंड, भौतिक दंड।

## राज्य का सप्तांग सिद्धांत

- धर्मशास्त्र में राज्य की सावयव प्रकृति की कल्पना की गई है, जिस तरह से मनुष्य के शरीर के विभिन्न भाग महत्वपूर्ण हैं, उसी तरह राज्य में विभिन्न अंगों का महत्व होता है। राज्य के 7 तत्व/अंग हैं, इन सभी का महत्व क्रमिकता में है, किसी भी अंग को नकारा नहीं जा सकता। ये 7 तत्व हैं-

  1. स्वामी या राजा
  2. मंत्री या अमात्य
  3. पुर या दुर्ग
  4. राष्ट्र।
  5. कोष
  6. दंड
  7. मित्र

- मनु के अनुसार, ये सभी तत्व परस्पर निर्भर हैं। इनमें से प्रत्येक तत्व दूसरे पर निर्भर है। प्रत्येक राज्य के लिए अत्यावश्यक है। मनु ने एक कल्याणकारी राज्य का समर्थन किया तथा अर्थव्यवस्था पर राज्य के नियंत्रण की भी बात की जिससे संपत्ति का प्रयोग राज्य के हित में हो सके।

## धर्मशास्त्र के सामाजिक विचार

- धर्मशास्त्र में तत्कालीन वर्णव्यवस्था का समर्थन किया गया। राजा का मूल उद्देश्य वर्ण व्यवस्था को बनाए रखना था। राजा से अपेक्षा की गई कि वह प्रत्येक वर्ण के सदस्य द्वारा उसके निर्धारित कर्तव्यों के पालन को सुनिश्चित करे। वर्ण सकंटता से समाज की रक्षा करना राजा का कर्तव्य था।
- वर्ण व्यवस्था के अलावा प्राचीन समाज में कर्तव्य निर्धारित करने हेतु आश्रम व्यवस्था का निर्माण भी किया गया क्योंकि यह व्यक्ति के सामूहिक व्यवहार को समन्वित करने में सहायक थी। आश्रम व्यवस्था द्वारा व्यक्ति के व्यक्तिगत आचरण पर नियंत्रण किया जाता है।

**4 प्रकार के आश्रम की व्यवस्था विद्यमान थी-**

1. ब्रह्मचर्य आश्रम - विद्या अर्जन करना व ब्रह्मचर्य का पालन करना। (25 वर्ष तक)।

2. गृहस्थ आश्रम - परिवार का पालन पोषण करना (25 से 50 वर्ष तक)
3. वानप्रस्थ आश्रम - घर में रहते हुए स्वयं को सांसारिक कार्यों से पृथक करना (50 से 75 वर्ष तक)
4. संन्यास आश्रम - वन में जाकर तपस्या करना या ईश्वर का जप करना (75 से 100 वर्ष तक)

- व्यक्ति का उद्देश्य मोक्ष की प्राप्ति थी, चाहे वह राजा हो या सामान्य व्यक्ति।
- धर्मानुकूल आचरण के द्वारा व्यक्ति को मोक्ष की प्राप्ति होती है, तथा जो राजा अपने राजधर्म का निर्वाह करता है, उसे भी मोक्ष की प्राप्ति होती है। धर्म के अनुकूल आचरण पर बल दिया गया।
- मनु ने धर्म के 5 स्त्रोत बताए हैं:- वेद, स्मृति, सज्जनों का आचरण, अंत:करण तथा राजाज्ञा।

## धर्मशास्त्र व विदेश नीति

- मनु ने विदेश नीति के सैद्धांतिक पक्षों में मंडल सिद्धांत, षड्गुण्य नीति व उपायों को सम्मिलित किया है। मंडल सिद्धांत अंतर्राज्य सबंधों के सुचारू संचालन के लिए राज्यों के वर्गीकरण पर बल देता है। यह राष्ट्रों के मध्य शक्ति संतुलन का व्यावहारिक स्वरूप माना जा सकता है।
- विजीगिषु राज्य को राष्ट्र मंडल का केंद्रस्थ माना गया है। राष्ट्रमंडल में 4 प्रकार के राज्य माने गए हैं- मित्र, शत्रु, मध्यम, उदासीन।
- किसी राज्य द्वारा दूसरे राज्य के प्रति किसी विशिष्ट परिस्थिति में अपनाई जा सकने वाली नीतियां धर्मशास्त्र में 6 बताई गई हैं- संधि, विग्रह, यान, आसन, द्वैधीभाव व संश्रय।
- मंडल सिद्धांत के दूसरे राज्य को अपने पक्ष में करने हेतु 4 उपायों पर भी बल दिया गया है- साम, दाम, दंड भेद।
- विदेश नीति के संचालन में दूत व्यवस्था व गुप्तचर व्यवस्था को महत्वपूर्ण माना गया है। अनुरक्त, चतुर, तीव्र स्मरण शक्ति युक्त, देश व काल के अनुरूप निर्भय व वाक्पटु दूत को मनु ने श्रेष्ठ दूत के रूप में स्वीकारा है।
- मनु ने 5 प्रकार के गुप्तचरों पर बल दिया है- कापारिक, तापस, उदास्थित (संन्यास धर्म से पतित), गृहपति (जो कृषि के स्थान पर गुप्तचर्चा करे) व्यापारी।

## कर-व्यवस्था संबंधी नियम

- मनु ने राजा द्वारा उचित मात्रा में कोष संचय की आवश्यकता पर बल दिया है। धर्मशास्त्र में करारोपण संबंधी निम्न नियम बताए गए हैं:-

1. राजा द्वारा प्रजा से न्यायपूर्ण तरीके से और कर के लिए नियुक्त अधिकारी के माध्यम से वार्षिक कर प्राप्त किया जाना चाहिए।
2. व्यापारियों से खरीद, बिक्री, मार्ग व्यय, लाभ आदि पर विचार-विमर्श के माध्यम से ही कर की दर निर्धारित करनी चाहिए।
3. राजा को कर के रूप में पशु, स्वर्ण का पचासवां भाग व धान्य का छठा, आठवां व बारहवां भाग ग्रहण करना चाहिए।
4. वृक्ष, मांस, शहद, घी, गंध, औषधि, फूल, फल, पत्ता, शाक, घास, मिट्टी से निर्मित बर्तन व पत्थर से बनी वस्तु का छठा भाग कर के रूप में ग्रहण किया जाना चाहिए।
5. राजा द्वारा आपातकाल में भी वेदपाठी ब्राह्मणों से कर नहीं लिया जाना चाहिए।
6. राज्य के कारीगर, बढ़ई, लोहार आदि अति निर्धन व्यक्तियों पर राज्य द्वारा किसी प्रकार का कर-भार नहीं डाला जाना चाहिए। इसके स्थान पर राजा को उनसे एक दिन का अतिरिक्त कार्य लेना चाहिए।
7. अधिक लाभ के लालच में प्रजा पर किसी भी परिस्थिति में कर का अधिक भार नहीं डाला जाना चाहिए।

## आलोचना

- मनु द्वारा समाज का वर्णों में विभाजन, तार्किक व उचित प्रतीत नहीं होता।
- मनु ने राजा को ईश्वर से भी सर्वोच्च सत्ता के रूप में चित्रित किया। यह राजा, निरंकुश व अधिनायकवादी प्रतीत होता है, क्योंकि उस पर किसी भी प्रकार के प्रतिबंध नहीं हैं।
- मनु द्वारा वर्णित राज्य की दैवीय उत्पत्ति का सिद्धांत तार्किक प्रतीत नहीं होता।
- मनु ने व्यक्तियों के कर्तव्य व धर्म पर बल दिया है, स्वतंत्रता व अधिकारों पर नहीं।

## निष्कर्ष

- उपरोक्त आलोचना में मनु द्वारा व्यापक दृष्टिकोण की उपेक्षा की गई है। मनु के अनुसार, राजा धर्म के नियंत्रण में तथा उसके अधीन होगा। वह निरंकुश नहीं हो सकता। राजा ईश्वर का अंश है, व आदर्श पुरुष है। वर्णव्यवस्था भी जन्म पर आधारित न होकर कर्म पर आधारित है। अत: धर्मशास्त्र की व्याख्या व्यापक आधार पर की जानी चाहिए न कि आंशिक।

अध्याय 2

# कौटिल्य
# KAUTILYA

- प्राचीन भारतीय राजनीतिक चिंतन का जनक कौटिल्य को माना जाता है। इनका जन्म ईसा पूर्व चौथी शताब्दी में प्राचीन भारत की ऐतिहासिक नगरी आर्यवर्त के वैभव संपन्न मगध साम्राज्य में हुआ था। इनके बचपन का नाम विष्णुगुप्त था।
- पाटलिपुत्र के नंद राजा ने कौटिल्य का अपमान किया था, जिससे क्रोधित होकर कौटिल्य ने नंद वंश के समूल नाश की प्रतिज्ञा ली थी। अंततोगत्वा चन्द्रगुप्त मौर्य को प्रधानमंत्री बनाकर नंद वंश को जड़ से उखाड़ फेंका और महान मौर्य साम्राज्य की नींव रखी।

## अर्थशास्त्र-रचना/स्वरूप

- अर्थशास्त्र की रचना गद्य एवं पद्य दोनों में की गई है। इसमें 15 अधिकरण, 150 अध्याय और 180 प्रकरण हैं। पहले पांच अधिकरणों में राज्य के आंतरिक प्रशासन पर प्रकाश डाला गया है। 6 से 13 अधिकरणों में राज्य के वैदेशिक संबंधों की विवेचना की गई है एवं शेष दो अधिकरणों में राज्य के अन्य विषयों की चर्चा की गई है।
- अर्थशास्त्र में सरकार के 34 भागों का उल्लेख है।

## अर्थशास्त्र के चिंतन की परंपरा

- बृहस्पति, अर्थशास्त्र के प्रणेता माने जाते हैं। उनके अनुसार, इस धरती पर अर्थ ही प्रधान पदार्थ है।
- कौटिल्य द्वारा प्रतिपादित अर्थशास्त्र में भी इसी अर्थप्रधान चिंतन का प्रतिनिधित्व किया गया है।
- धर्म व काम की उपलब्धि इसी अर्थ पर आधारित है।
- कौटिल्य के अनुसार, अर्थ का अभिप्राय, 'मनुष्य से बसी भूमि से है।'
- अर्थशास्त्र वह है, जिससे मनुष्य से बसी भूमि का लाभ व उसके पालन करने के उपायों का वर्णन भी किया गया है।
- अर्थशास्त्र, राजनीति शास्त्र पर लिखी रचना है। अर्थशास्त्र, मूलत: प्रशासन का एक महत्वपूर्ण ग्रंथ है।

## अर्थशास्त्र की परंपरा

- पश्चिमी विचारकों ने भारतीय चिंतन की आलोचना करते हुए कहा कि भारत में राजनीतिक और आर्थिक चिंतन के बजाए, धार्मिक एवं आध्यात्मिक चिंतन की प्रधानता रही है।
- अर्थशास्त्र की परंपरा इसके विरुद्ध है, जिसमें भौतिकवादी पंथनिरपेक्ष प्रवृत्ति प्रभावी है।
- अर्थशास्त्र पश्चिमी विचारक मैकियावेली की भांति शासन कला पर लिखी गई एक रचना है। लेकिन कौटिल्य ने ज्ञान के चार वृहद रूपों को परिभाषित किया है-

## ज्ञान की चार परंपरा

1. **आन्वीक्षिकी**- दर्शन और योग की चर्चा की गई है।
2. **त्रयी**- इसके तहत सामाजिक व्यवस्था (चार वर्णाश्रम, चार पुरुषार्थ एवं चार आश्रम) की बात की गई है।
3. **वार्ता**- ज्ञान की तीसरी परंपरा वार्ता में आर्थिक गतिविधियों पर ध्यान दिया गया है। इसमें कृषि, पशुपालन जैसे विषयों पर महत्व दिया गया है।
4. **दंडनीति**- इसके अंतर्गत शासन कला का उल्लेख किया गया है। विदेश नीति, अंतर्राष्ट्रीय संबंध/पर-राष्ट्र संबंधों, कूटनीति, गुप्तचर, पुलिस (रक्षाकृत) का प्रावधान दंडनीति के अंतर्गत किया गया है।

## राज्य की उत्पत्ति का सिद्धांत

- कौटिल्य के अनुसार, राज्य की उत्पत्ति, मत्स्य न्याय की अवस्था को समाप्त करने के लिए हुई।
- कौटिल्य ने राज्य की उत्पत्ति का आधार समझौते को माना।
- मत्स्य न्याय में शक्तिशाली मानव व दुर्बल मानव में संघर्ष था।
- दंड व्यवस्था लागू करने के लिए राज्य की उत्पत्ति हुई।
- मनुष्य ने आपस में समझौता करके विश्वमान के पुत्र मनु को अपना राजा बनाया। लोगों के अनाज के उपज का 6 प्रतिशत तथा व्यापार से प्राप्त 10 प्रतिशत भाग राजा के लिए देने का निश्चय किया, जिसके बदले राजा उनकी रक्षा करेगा।

## कौटिल्य का सप्तांग सिद्धांत

- कौटिल्य ने मनुष्य की तरह राज्य को भी विभिन्न अंगों से निर्मित माना। कौटिल्य के अनुसार, राज्य के सात अंग हैं। जबकि आधुनिक समय में राज्य के चार तत्व माने जाते हैं।
- कौटिल्य ने शरीर के अंगों के महत्व की तरह राज्य को विभिन्न अंगों में विभाजित किया। जिस तरह शरीर में मस्तिष्क सबसे महत्वपूर्ण होता है, उसी तरह राज्य में राजा या स्वामी सबसे महत्वपूर्ण होता है। इसी तरह कौटिल्य ने राज्य के विभिन्न अंगों के महत्व को रेखांकित किया।

### 1. स्वामी

- राजा या स्वामी को शारीरिक, आत्मिक, मानसिक एवं बौद्धिक गुणों से युक्त होना चाहिए, जिसे कौटिल्य ने आत्म सम्मत की संज्ञा दी। कौटिल्य ने राजा के लिए दिनचर्या का निर्धारण भी किया।
- उसने राजा के गुणों को महत्वपूर्ण मानते हुए उत्तराधिकार के संदर्भ में स्पष्ट कहा कि राजपद का उत्तराधिकारी वही व्यक्ति होगा, जो राज्योचित गुणों व योग्यता को धारण करे।
- राजा के निम्नलिखित **कर्त्तव्य हैं**-
  - (i) प्रजाजनों का कल्याण।
  - (ii) प्रजाजनों को कर्त्तव्य पालन की सीख देना।
  - (iii) संयम बरतना व प्रजाजनों को प्रसन्न रखना।
  - (iv) विधायी, न्यायिक, प्रशासनिक व अन्य कर्त्तव्य।

### 2. अमात्य या मंत्री

- कौटिल्य ने 'राजा व अमात्य को गाड़ी के दो पहिए की उपमा दी है, जो एक-दूसरे के बिना बेकार हैं।'
- कौटिल्य ने मंत्रिपरिषद् के अध्यक्ष को महत्वपूर्ण माना।
- उन्होंने मंत्रियों के वेतन का भी समर्थन किया।
- कौटिल्य ने मंत्रियों की योग्यता का वर्णन किया।

### 3. कोष

- कौटिल्य के अनुसार, 'कोष वृद्धि एक शक्तिशाली राज्य का आधार है, क्योंकि एक शक्तिशाली कोष के द्वारा ही एक चतुरंगिणी सेना का निर्माण किया जा सकता है।'
- राजस्व वृद्धि के लिए कौटिल्य ने **निम्नलिखित सिद्धांतों का निर्माण किया**-
  - (i) **परिपुष्ट सिद्धांत :** कौटिल्य के अनुसार, धन की प्राप्ति उद्योगों पर करारोपण द्वारा ही होती है। लेकिन शैशव काल या आरंभिक काल में ही कर नहीं लगाना चाहिए, बल्कि उनके संपूर्ण विकास पर करारोपण होना चाहिए।
  - (ii) **दौर्लभ्य का सिद्धांत :** कौटिल्य के अनुसार, ऐसी दुर्लभ सामग्री जो राज्य के लिए अत्यधिक उपयोगी हो, उसे कर मुक्त रखना चाहिए।
  - (iii) **कर मुक्ति का सिद्धांत :** कौटिल्य के अनुसार, जीवन में ऐसे विशेष कारण होते हैं, जिनके अत्यधिक महत्व के कारण कर मुक्त रखना चाहिए। जैसे-विशेष संस्कार, व्रत, यज्ञ एवं दान।

### 4. दंड

- प्राचीन भारतीय चिंतन को 'दंडनीति' भी कहा गया है।
- अपराध के अनुसार दंड दिया जाना चाहिए तथा गर्भवती स्त्रियों को दंड नहीं दिया जाना चाहिए।
- वर्णव्यवस्था के अनुसार दंड देने की व्यवस्था की। अर्थात् एक ही अपराध के लिए कौटिल्य ने ऊंचे व्यक्ति को कम दंड देने का समर्थन किया।
- कौटिल्य ने दैहिक, 'कायिक' व आर्थिक दंड का समर्थन किया।
- दंड के अंतर्गत् सेना को भी शामिल किया गया, इसके अंतर्गत् हाथी, घोड़े, रथ तथा पैदल चतुरंगिणी सेनाएं आती हैं।

### 5. दुर्ग

- कौटिल्य के सप्तांग सिद्धांत में दुर्ग का आशय, राज्य की राजधानी है।
- दुर्ग को शासन के चार समान भागों में विभक्त किया गया था।
- कौटिल्य ने चार प्रकार के दुर्गों की विवेचना की है-पहला, औदिक दुर्ग (पानी से घिरा हुआ)। दूसरा, पार्वत दुर्ग (पर्वत श्रेणियों से घिरा हुआ)। तीसरा, धान्वन दुर्ग (मरूस्थल प्रदेश में स्थित) एवं चौथा, वन दुर्ग (बीहड़ जंगलों में स्थित)।
- प्रत्येक भाग का नियंत्रण 'नागरिक' नामक अधिकारी करता था।

### 6. जनपद

- कौटिल्य के अनुसार, 'जनपद' प्रशासन की एक ईकाई थी। जनपद की सबसे छोटी ईकाई 'ग्राम' है।
- दस गांवों को मिलाकर 'संग्रहण' नामक बड़ा गांव, दो सौ गांवों को मिलाकर 'खार्वटिक' नामक नगर विशेष, चार सौ गांवों के मध्य 'द्रोणमुख' नामक उपनगर विशेष एवं आठ सौ गांवों के मध्य 'स्थानीय' (निगम) नामक नगर बसाना चाहिए।
- 'ग्राम' की शासन व्यवस्था के संचालन हेतु 'ग्रामिक' नामक अधिकारी की नियुक्ति होती थी।
- सीमा विवाद की स्थिति में समाधान 'पंचग्रामिक' नाम का अधिकारी करता था।

### 7. मित्र

- कौटिल्य के अनुसार, राज्य की उन्नति के लिए एवं विपत्ति के समय राज्य की सहायता के लिए मित्रों का होना आवश्यक होता है।

## कौटिल्य के सिद्धांत का अंतर्राष्ट्रीय पक्ष

### मंडल सिद्धांत

- 'अर्थशास्त्र' के छठें अधिकरण के दूसरे अध्याय में, कौटिल्य ने 'मंडल सिद्धांत' का वर्णन किया है। मंडल का अर्थ है-'राज्यों का वृत्त।'
- इसमें कुल मिलाकर **12 राज्य होते हैं-**
    (i) कौटिल्य के अनुसार, अपने राज्य के विस्तार की इच्छा रखने वाला राजा 'विजिगीषु' कहलाता है एवं भौगोलिक दृष्टि से इसका स्थान मंडल के मध्य में होता है।
    (ii) 'विजिगीषु' के सामने लगा हुआ राज्य उसका शत्रु होता है। इसलिए वह 'अरि' कहलाता है।
    (iii) 'अरि' के सामने वाला राज्य 'मित्र' कहलाता है, क्योंकि 'विजिगीषु' का उसके साथ मैत्रीपूर्ण संबंध होता है।
    (iv) 'मित्र' के सामने वाला राज्य 'अरि मित्र' कहलाता है, क्योंकि वह 'अरि' का मित्र किंतु 'विजिगीषु' का शत्रु होता है।
    (v) 'अरि मित्र' के सामने वाला राज्य 'मित्र-मित्र' कहलाता है, क्योंकि वह 'मित्र' राज्य का मित्र होता है और इसी कारण 'विजिगीषु' के साथ भी मित्रता होती है।
    (vi) 'मित्र-मित्र' की सामने वाला राज्य 'अरि मित्र-मित्र' कहलाता है, क्योंकि वह 'अरि मित्र' राज्य का मित्र होता है।
    (vii) 'विजिगीषु' के पीछे स्थित राज्य को 'पार्ष्णिग्राह' कहा जाता है, यह भी 'अरि' की तरह 'विजिगीषु' का शत्रु होता है।
    (viii) 'पार्ष्णिग्राह' के पीछे जो राज्य होता है, उसे 'आक्रन्दा' कहा जाता है, यह 'विजिगीषु' का मित्र होता है।
    (ix) 'आक्रन्दा' के पीछे स्थित राज्य को 'पार्ष्णिग्रहासार' कहा जाता है, क्योंकि वह 'पार्ष्णिग्राह' का मित्र होता है।
    (x) 'पार्ष्णिग्रहासार' के पीछे स्थित राज्य को 'आक्रन्दासार' कहा जाता है, क्योंकि वह 'आक्रन्दा' का मित्र होता है।
    (xi) 'विजिगीषु' और 'अरि' राज्यों की सीमाओं से लगे राज्य को 'माध्यमा' राज्य कहा जाता है। यह राज्य अधिक शक्तिशाली होता है।
    (xii) 'विजिगीषु' और उसके शत्रु के मध्य कहीं भी स्थित राज्य को 'उदासीन' राज्य कहा जाता है। युद्ध के समय यह पूर्णतः तटस्थ रहता है और शक्ति की दृष्टि से 'विजिगीषु', 'अरि' और 'मध्यम' तीनों से अधिक शक्तिशाली होता है।

## कौटिल्य की छह ( 6 ) नीतियां

- कौटिल्य ने अंतर्राष्ट्रीय राजनीति के विश्लेषण में यथार्थवाद को मुख्य माना।
- राज्य की सुरक्षा व शक्ति में वृद्धि के लिए उसने **निम्नलिखित छह नीतियों का वर्णन किया-**
    (i) **संधि** : दो राज्यों में परस्पर संबंध स्थापित करना।
    (ii) **विग्रह** : एक-दूसरे की बुराई में संलग्न होना।
    (iii) **यान** : आक्रमण करना।
    (iv) **आसन** : विशेष परिस्थिति की प्रार्थना में मौन बैठना।
    (v) **संश्रय** : दूसरे के आशय में स्वयं को समर्पण कर देना।
    (vi) **द्वैधीभाव** : एक राज्य की, दूसरे राज्य के साथ संधि।

### चार उपाय

(i) **साम** : शांति या समझा-बुझाकर काम निकालना।
(ii) **दाम** : धन देकर राज्यों को अपने पक्ष में करना।
(iii) **दंड** : किसी राज्य के विरुद्ध बल प्रयोग करना या आक्रमण करना।
(iv) **भेद** : मित्र राज्यों या दूसरे राज्यों में फूट डालना।

- कौटिल्य ने दंड को अंतिम प्राथमिकता प्रदान की।

## कौटिल्य के सामाजिक विचार

- कौटिल्य ने मनु के समान वर्ण व्यवस्था का समर्थन किया है।
- कौटिल्य की वर्ण व्यवस्था मनु की तुलना में उदार है, क्योंकि उसने वर्णों के कार्यों के स्थानांतरण की चर्चा की है।
- कौटिल्य ने पहली बार स्पष्ट रूप में महिलाओं को राज्य के उत्तराधिकार देने का समर्थन किया है।

## अर्थशास्त्र के प्रशासनिक विचार

- कौटिल्य ने प्रशासनिक विभागों की संख्या **अट्ठारह** बताई है।
- कौटिल्य ने विधि व्यवस्था व नागरिक सुरक्षा के लिए राज्य को **दो भागों** में विभक्त किया-
    (i) दुर्ग (ii) जनपद।
- न्याय प्रशासन का उल्लेख करते हुए उसने **विधि के चार आधारों का वर्णन किया है-**
    (i) धर्म (ii) व्यवहार
    (iii) चरित्र (iv) राज्य शासन।

- कौटिल्य ने शासन संरचना के अंतर्गत् गुप्तचरों को विशद् महत्व दिया है।
- कौटिल्य ने नौ प्रकार के गुप्तचरों का वर्णन किया है।

## तथ्य

- कौटिल्य ने 'अर्थशास्त्र' में **चार विद्याओं** का उल्लेख किया है-
  (i) आन्वीक्षिकी (आध्यात्म या दर्शन)
  (ii) त्रयी (धर्म-अधर्म या वेदों का ज्ञान)
  (iii) वार्ता (कृषि, पशुपालन तथा वाणिज्य विद्या)
  (iv) दंड नीति (शासन कला, राज विद्या)
- कौटिल्य के काल में 'रूपदर्शक' एक ऐसा अधिकारी था, जो मुद्रा की जांच-पड़ताल के लिए उत्तरदायी था।
- कौटिल्य ने राजा को दिनचर्या में दिन व रात को आठ-आठ भागों में विभाजित किया, जिसमें प्रत्येक भाग डेढ़ घंटे का होगा।
- कौटिल्य के अनुसार, राजा में **चार प्रकार** के गुण होने चाहिए-
  (i) अभिगामिक गुण (ii) प्रज्ञा गुण
  (iii) उत्साह गुण (iv) आत्म सम्मत गुण।
- कौटिल्य ने 'अर्थशास्त्र' में **चार प्रकार** के न्यायालयों का विवरण दिया है-
  (i) जनपद संधि न्यायालय।
  (ii) संग्रहण न्यायालय।
  (iii) द्रोणमुख न्यायालय।
  (iv) स्थानीय न्यायालय।
- कौटिल्य ने 'अर्थशास्त्र' में **सत्रह** प्रकार के कानूनों का वर्णन किया है।
- कौटिल्य ने रोजगार के **तीन साधनों का उल्लेख किया है-**
  (i) कृषि (ii) पशुपालन (iii) व्यापार।

अध्याय 3

# अगानासुत्त
# AGGANNASUTTA

- अगानासुत्त बौद्ध धर्म के ''दीर्घनिकाय'' के 34 सुत्तों में से 27वां सुत्त है।
- गौतम बुद्ध का जन्म 563 ईसा पूर्व नेपाल के लुंबिनी में हुआ। इन्हें 483 ईसा पूर्व में निर्वाण प्राप्त हुआ, इन्होंने बौद्ध धर्म को प्रचलित किया।
- ''त्रिपिटक'' गौतम बुद्ध के तीन पिटक (विनय पिटक, सुत्त पिटक व अभिधम्म पिटक) का संग्रह है।
- ''दीर्घनिकाय'' बौद्ध ग्रंथ त्रिपिटक के सुत्तपिटक का प्रथम निकाय है। इसमें कुल 34 सुत्त है, चूंकि इन सुत्तों के आकार दीर्घ हैं, इसीलिए इस निकाय को ''दीर्घनिकाय'' कहा गया।
- महात्मा बुद्ध ने सामाजिक समानता व लैंगिक समानता पर बल दिया तथा तत्कालीन समाज में प्रचलित वर्णव्यवस्था व अंधविश्वासों का विरोध किया।

**बौद्ध साहित्य**
- त्रिपिटक
- जातक
- बुद्धचरितम्
- मिलिंद पन्हो
- महावंश व दीपवंश महाकाव्य।
- दिव्यावदान
- अंगुत्तर निकाय।

## अगानासुत्त के मूल विचार

- अगानासुत्त मुख्यतः जातिगत कर्मकांडों, अंधविश्वास, ब्राह्मणवादी व्यवस्था के विरोध में है।
- अगानासुत की शुरूआत में गौतम बुद्ध की श्रावस्ती की यात्रा का जिक्र किया गया है। जब दो ब्राह्मणों भारद्वाज व वशिष्ठ ने गौतम बुद्ध से प्रभावित होकर संघ की सदस्यता ग्रहण कर ली और वे भिक्षुक बन गए।
- इस पर अन्य ब्राह्मणों व उनकी जाति के सदस्यों ने उनका अपमान किया, उन्हें जाति से निकाल दिया।
- गौतम बुद्ध ने बताया कि ब्राह्मणवादी व्यवस्था, ब्राह्मणों ने सामाजिक सत्ता में अपने वर्चस्व के लिए बनाई है, जिसके द्वारा वे अपना प्रभुत्व कायम करते हैं।
- ब्राह्मणों ने इस व्यवस्था व धारणा का प्रचार किया कि ब्राह्मण ब्रह्म के मुख से पैदा हुए हैं, और शुद्र पैरों से। बुद्ध ने इसका सख्त विरोध किया।
- बुद्ध ने कहा कि जाति के आधार पर नैतिक कार्यों व धम्म का वर्णन नहीं किया जाता। कोई भी व्यक्ति चारों जातियों में से भिक्षुक बन सकता है, और अरहन्त के स्तर पर पहुंच सकता है।
- व्यक्ति अपने अनुशासन, दृढ़-निश्चय कर्मों के आधार पर अरहन्त कहलाता है। कोई भी व्यक्ति किसी भी जाति का हो, अगर वह गलत कार्य करता है, अपने विचारों द्वारा गलत अभिव्यक्ति करता है, तो उसे मरने के बाद नरक की प्राप्ति होगी। इसके विपरीत व्यक्ति चाहे किसी भी जाति व धर्म का हो, अगर वह अपने जीवन में अच्छे कार्य करता है, अच्छे विचार रखता है, वह स्वर्ग प्राप्त करेगा, जो व्यक्ति अनुशासित तरीके से अपने जीवन में अच्छे कार्य करता है, वह ज्ञान की प्राप्ति करने में सफल होगा।
- बुद्ध कहते हैं, कि धम्म व्यक्ति के इस जन्म और मोक्ष प्राप्ति के लिए सर्वोत्तम है।
- लोगों का मूल्यांकन जन्म के आधार पर नहीं हो बल्कि कर्म के आधार पर हो।
- धम्म जीवन की पवित्रता बनाए रखता है व तथ्य ज्ञान में पूर्णता प्रदान करता है, साथ ही निर्वाण प्राप्त करना व तृष्णा का त्याग करता है।
- धम्म यानी धर्म वही है, जो सबसे लिए ज्ञान के द्वार खोले और विद्वान वही है, जो अपने ज्ञान की रोशनी से सबको रोशन करे।
- बौद्ध धर्म के प्रणेता, गौतम बुद्ध थे। इनका जन्म 563 ईसा पूर्व में शाक्य गणराज्य में लुंबिनी (नेपाल) नामक स्थान पर हुआ था।

- इन्होंने जीवन के कष्टों से छुटकारा पाने के लिए नए दर्शन तथा जीवन पद्धति की आधारशिला रखी, जिसे बौद्ध धर्म के नाम से जाना जाता है। बौद्ध धर्म, धर्म और दर्शन के अतिरिक्त राजनीति पर भी महत्वपूर्ण विवेचना करता है।
- बौद्ध धर्म एक मध्यममार्गी एवं व्यावहारिक धर्म के रूप में सामने आया। यह मूलतः वैदिक धर्म में व्याप्त कुरीतियों तथा समस्याओं के विरोध का परिणाम था।
- गौतम बुद्ध को एशिया का ज्योति पुंज कहा जाता है। बौद्ध धर्म की मूल मान्यताएं चार आर्य-सत्य निम्नलिखित हैं-
    1. दुःख है, अर्थात् संसार में सर्वत्र दुःख है।
    2. दुःख का कारण है।
    3. दुःख का निवारण संभव है, अथवा विनाश संभव है।
    4. दुःख के निवारण का मार्ग है।
- गौतम बुद्ध द्वारा प्रतिपादित इन्हीं चार आर्य-सत्य को भलीभांति समझ कर इसके अनुसार निष्ठापूर्वक आचरण करना चाहिए।
- गौतम बुद्ध के अनुसार, दुःख निवारण के आठ उपाय हैं, जिसे इन्होंने 'आष्टांगिक मार्ग' की संज्ञा दी है। प्रत्येक व्यक्ति को दुःख से मुक्ति प्राप्त करने के लिए इन **आठ नियमों** का अनिवार्यतः पालन करना चाहिए। **ये आठ नियम निम्न हैं**-
    1. **सम्यक् ज्ञान अथवा सम्यक् दृष्टि**- सम्यक् ज्ञान का आशय, चार आर्य-सत्य का समुचित या वास्तविक ज्ञान है।
    2. **सम्यक् संकल्प**- इसमें हिंसा, राजद्वेष, मोह इत्यादि दुर्गुणों व सांसारिक विषयों व भोगों का परित्याग करने का दृढ़ निश्चय है।
    3. **सम्यक् वचन**- इसका अभिप्राय, अनुचित एवं मिथ्या वचन का त्याग करके सत्य के अनुसार आचरण करना है।
    4. **सम्यक् कर्मांत**- हिंसा, द्रोह, दुराचार, वासना इत्यादि से संबंधित दुष्कर्मों का परित्याग करते हुए सदैव शुभ कार्य करना चाहिए।
    5. **सम्यक् आजीविका**- उचित व न्यायपूर्ण तरीकों द्वारा जीविकोपार्जन करना चाहिए।
    6. **सम्यक् व्यायाम**- समस्त बुराई को नष्ट करने व सदैव सत्कर्म करने का प्रयास करना चाहिए।
    7. **सम्यक् स्मृति**- लोभ, मोह, क्रोध इत्यादि दोषों से मुक्त होकर, चित्त की शुद्धि करनी चाहिए।
    8. **सम्यक् समाधि**- राग, द्वेष इत्यादि द्वंद्वों से मुक्त होकर, चित्तपूर्ण एकाग्रता प्राप्त करनी चाहिए।
- बौद्ध धर्म में 'अष्टांग मार्ग' का विशेष महत्व है, क्योंकि इसमें मनुष्य को अतिशय भोगवाद व अत्यधिक कठोर संन्यासवाद (अतिशय अपरिग्रह) के मध्य संतुलन का उपदेश दिया गया है। अतः बौद्ध धर्म की मूल विशेषता 'मध्यम मार्ग' के नाम से जानी जाती है। बौद्ध धर्म में राजनीति से संबंधित निम्नलिखित विचार पाए जाते हैं-

### (i) बौद्ध धर्म में राज्य की उत्पत्ति

- बौद्ध धर्म में राज्य की उत्पत्ति के संदर्भ में समझौतेवादी सिद्धांत को अपनाया गया है, जिसका वर्णन ''दीर्घ निकाय'' नामक ग्रंथ में मिलता है। बुद्धवादी परंपरा के अनुसार, पहले धरती पर स्वर्ण युग था, जिसमें लोगों में सामंजस्य व प्रसन्नता थी।
- व्यक्ति का जीवन, सद्गुणी व खुशहाल था। कालांतर में लोग लालची व स्वार्थी हो गए तथा अन्य बुराइयां उत्पन्न हुईं व आदर्श राज्य समाप्त हो गया। परिणामस्वरूप लोगों ने आपसी समझौते (महासम्मत चुनाव) के द्वारा एक राजा का चयन किया, जिससे अव्यवस्था उत्पन्न करने वाले व्यक्तियों को दंडित किया जा सके। अतः व्यक्तियों ने अपनी फसल का कुछ भाग राजा को देने का निर्णय किया।

### (ii) राजा के अधिकार तथा कर्त्तव्य

- जातक कथाओं और दीर्घ निकाय में राजा के अधिकार तथा कर्त्तव्यों का उल्लेख है। जातक कथा के अनुसार, राजा को नागरिकों पर उचित करारोपण करना चाहिए तथा राजा को नैतिक नियमों का अनुसरण एवं राजा को न्यायपूर्ण तरीके से दंड देना चाहिए। जातक कथाओं में कूटनीति के विषय में भी कुछ पंक्तियां उल्लेखित हैं।
- जिनके अनुसार, राजा को शत्रु राज्य की उपेक्षा नहीं करनी चाहिए, भले ही वह कितना भी कमजोर क्यों न हो? परंतु बुद्ध परंपरा में राजा, कौटिल्य के राजा की भांति बिल्कुल नहीं है। यह स्पष्ट कहा गया है कि राजा अपने उद्देश्य की प्राप्ति के लिए अनैतिक माध्यमों का प्रयोग कभी न करे तथा युद्ध काल में भी राजा को न्यायपूर्ण व्यवहार की सलाह दी गई है।
- बुद्धवादी परंपरा में राजनीति का मूल आधार, नैतिकता है। यदि राजा नैतिक आचरण नहीं करेंगे, तो मंत्री व प्रजा भी अधार्मिक होंगे। परिणामस्वरूप प्रकृति नाराज हो जाएगी, बरसात नहीं होगी तथा फसल का भी अभाव हो जाएगा।
- बुद्धवादी परंपरा में धर्म एवं राजनीति का गहन सम्मिश्रण पाया जाता है, जिसमें राजनीति को बुरा मानते हुए भी आवश्यक माना है तथा राजा को धार्मिक एवं नैतिक बनने की सलाह भी दी गई है।
- ''दीर्घनिकाय'' में राजा या शासक के कर्त्तव्यों का वर्णन

किया गया है। राजा को शक्ति व सदाचरण का पालन करना चाहिए। उसे प्रशासन करते समय धर्म (धम्म) के नियमों का पालन करना चाहिए, जो कि राजा का कर्त्तव्य है।

- राजा का मूल कर्त्तव्य, प्रजा की सुरक्षा बनाए रखना है। राजा को विधि का उल्लंघन करने वाले व्यक्तियों को अवश्य दंड देना चाहिए तथा गरीबों को आर्थिक सहायता देना भी राजा का कर्त्तव्य है।

(iii) **राजा के मूल गुण**

- अंगुत्तर निकाय में राजा के मूल गुणों का भी वर्णन किया गया है। इसके अनुसार, राजा को अच्छे कुल में पैदा होना चाहिए, (माता-पिता अर्थात् दोनों का कुल अच्छा हो)। यह कुल सात पीढ़ियों तक शुद्ध व पवित्र होना चाहिए।
- राजा देखने में आकर्षक व प्रिय तथा उसे एक कुशल योद्धा होना चाहिए। वह बुद्धिमान होना चाहिए, जिससे वह अतीत की घटनाओं के आधार पर भविष्य की घटनाओं को समझ सके। राजा, धन-धान्य तथा सोने-चांदी जैसी संपत्तियों से युक्त होना चाहिए तथा राज्य के लिए एक अनुशासित व आज्ञाकारी सेना भी आवश्यक है।

(iv) **राजनीति और धर्म**

- बुद्धवादी परंपरा में राजनीति व धर्म का सम्मिश्रण पाया जाता है। इस परंपरा में राजनीति के संबंध में एक वैकल्पिक विचार भी है, जिसमें राजनीति को एक नैतिक बुराई, धोखेबाजी व चालाकी का पर्याय माना और इसकी निंदा की।
- बौद्ध भिक्षु पुंडरीक के अनुसार, 'बौद्ध भिक्षुओं को राजा व राजकुमार के साथ नहीं बैठना चाहिए तथा किसी राजकीय पद को ग्रहण नहीं करना चाहिए।' इसी मान्यता का समर्थन करते हुए अश्वघोष ने अपनी रचना-''बुद्ध चरित्र'' में लिखा कि 'राजनीति, धर्म व नैतिकता दोनों के विरुद्ध है, लेकिन बुरी होते हुए भी आवश्यक है, क्योंकि समाज में व्यवस्था बनाए रखना राज्य के द्वारा ही संभव है।'

## बौद्ध परंपरा में संघ

- बौद्ध परंपरा में संघ के द्वारा प्रशासनिक संगठन का वर्णन किया गया है। संघ के नियम, सिद्धांत व कार्य प्रणाली राजनीतिक संगठनों की तरह थे। संघ का विकास तीन (3) चरणों में हुआ-

1. **प्रथम चरण में**, प्रशासनिक संगठन का गठन नहीं किया गया था तथा संघ के नेता बौद्ध थे और समाज को नियंत्रित करने के लिए संस्था का अभाव था। बौद्ध भिक्षु नैतिकतापूर्ण जीवन-यापन करते थे एवं निर्वाण के लिए प्रयत्नशील रहते थे। भिक्षुओं के द्वारा बुद्ध के निर्देशों का पूर्ण रूप में पालन किया जाता था। संघ के विकास के प्रथम चरण में संघ से संबंधित सभी प्रकार के निर्णय लेने का अधिकार बुद्ध को था और उनका संघ पर पूर्ण नियंत्रण था और वे बिना सलाह के स्वयं कार्य करते थे।
2. **द्वितीय चरण में**, वरिष्ठ बौद्ध भिक्षुओं को संघ में प्रवेश देने का अधिकार मिल गया। यह अधिकार पहले केवल बुद्ध के हाथ में था। संघ के विकास के बाद धार्मिक परंपराओं में सभी भिक्षुओं को भाग लेने का अधिकार दे दिया और वरिष्ठ भिक्षुओं द्वारा नए भिक्षुओं को प्रशिक्षण दिया गया। बुद्ध और भिक्षुओं के बीच का संबंध पिता और पुत्र की भांति था। अतः संघ में अनुशासन बनाए रखा जाता था।
3. **तृतीय चरण में**, संघ अत्यधिक बड़ा समुदाय बन गया। इसलिए बुद्ध और भिक्षुओं के कार्य भी बढ़ गए तथा उनकी कार्य प्रणाली में भी परिवर्तन हो गया। अब सभी बौद्ध भिक्षुओं को संघ में प्रवेश का अधिकार प्राप्त हो गया।
   यह उल्लेखनीय है कि पहले चरण में यह अधिकार केवल बुद्ध को था, लेकिन दूसरे चरण में यह अधिकार वरिष्ठ भिक्षुओं को दिया गया तथा तीसरे चरण में यह अधिकार समूचे संघ को प्राप्त हो गया। इसलिए तीसरे चरण में शक्तियां व्यक्ति के हाथों से स्थानांतरित होकर, संघ में केंद्रित हो गई।

- संघ के तीन चरणों के विकास को शासन प्रणाली के रूप में इस प्रकार वर्णित किया जा सकता है, जब निर्णय की शक्ति, एक व्यक्ति के हाथ में थी, तब राजतंत्रीय शासन था और जब निर्णय वरिष्ठ भिक्षुओं के हाथ में आ गया, तो यह कुलीन तंत्रीय शासन बन गया तथा जब निर्णय समूचे संघ के हाथ में आ गया, तब यह लोकतांत्रिक शासन जैसा प्रतीत होता है।

# अरबिंदो घोष
# AUROBINDO GHOSH

- अरबिंदो घोष का जन्म कोलकाता में 15 अगस्त, 1872 को हुआ।
- अरबिंदो आधुनिक भारतीय विचारकों में सबसे अधिक ख्याति प्राप्त विद्वानों में से एक थे।
- रोम्यां रोलां उन्हें पूर्वी और पश्चिमी प्रतिभाओं का उत्कृष्टतम् संश्लेषण मानते थे।

### रचनाएं

- The Life Divine (1914 and 1919)
- Essays on the Gita (1916 and 1920)
- The Synthesis of Yoga (1914 and 1921)
- The Ideal of Human Unity (1915 and 1918)
- The Renaissance in India with A Defence of Indian Culture (1918 and 1921)

## अरबिंदो घोष के जीवन को तीन चरणों में बांटा जाता है

### जीवन का प्रथम चरण

- अरबिंदो ने जीवन के प्रथम चरण में उग्र-राष्ट्रवादी विचारधारा का समर्थन किया।
- वे गरमपंथी विचारधारा के कट्टर समर्थक थे। अरबिंदो घोष, बंकिम चन्द्र चटर्जी के ''आनंद मठ'' व ''कृष्ण चरित्र'' से अत्यंत प्रभावित हुए।
- लंदन में अपनी पढ़ाई के दौरान वे 'लंदन मजलिस' नामक क्रांतिकारी संगठन के सदस्य बने।
- भारत आकर वे 'गुप्त समाज' नामक क्रांतिकारी संगठन के सदस्य बने।
- उन्होंने नरमपंथियों की आलोचना की तथा स्वदेशी, स्वराज, बहिष्कार व स्वशासन का समर्थन किया।
- उन्होंने नरमपंथियों के इस मत का विरोध किया कि सामाजिक सुधार पहले हो।
- उनके अनुसार, स्वराज सबसे महत्वपूर्ण है।
- उन्होंने 'समझौता नहीं' (No Compromise) नामक लेखों में कांग्रेस की कड़ी आलोचना की। उनके अनुसार, कांग्रेस का दृष्टिकोण निराशाजनक व कमजोर है।
- "New Lamps for Old" (1893) नामक लेखों में उन्होंने आम लोगों से संघर्ष का आह्वान किया।
- उनके अनुसार, 'हमारा शत्रु या विरोधी कोई नहीं, बल्कि हमारी अपनी कमजोरी स्वार्थ एवं पाखंड है।'
- अरबिंदो के अनुसार, 'ब्रिटिश साम्राज्य का मुकाबला धर्मयुद्ध है।'
- जिन ब्रिटिश अधिकारियों की हत्या हो रही है, वह ईश्वर की इच्छा है।
- अरबिंदो के अनुसार, 'हिंसा के विरुद्ध हिंसा अपरिहार्य है।' वे गीता से अत्यंत प्रभावित थे।

### नव-वेदांतवाद की भूमिका

- अरबिंदो के विचार नव-वेदांतवादी दर्शन से प्रभावित हैं, **जिसके सिद्धांत निम्नलिखित हैं-**
  (i) ईश्वर, मानव एवं ब्रह्मांड के बीच एकता पाई जाती है।
  (ii) नव-वेदांतवाद में संसार के परित्याग या संयास का समर्थन नहीं किया गया, अपितु मानवता की सेवा में नि:स्वार्थ कर्म का समर्थन किया गया है।
  (iii) इसने सहिष्णुता का प्रचार किया। इनके अनुसार, विभिन्न धार्मिक विश्वास मुक्ति के लक्ष्य तक पहुंचने के विभिन्न साधन हैं।

## अरबिंदो के राष्ट्रवाद की संकल्पना (सांस्कृतिक राष्ट्रवाद)

- अरबिंदो के राष्ट्रवाद की संकल्पना आध्यात्मिक व धार्मिक है।
- अरबिंदो के अनुसार, राष्ट्रवाद धर्म है। यह ईश्वर की देन है। इसका निर्देशन ईश्वर स्वयं कर रहे हैं।
- भारत स्वयं एक राष्ट्र रहा है। परंतु यहां राज्य का निर्माण नहीं हो सका है।

- राष्ट्र, एक शरीर की तरह है। यह एक आंगिक जीवन एवं एक आस्तिक प्रवृत्ति है, जिसमें मन व शरीर का विकास होता है। राष्ट्र, केवल भू-भाग का टुकड़ा नहीं, बल्कि यह मां है।
- अरबिंदो के अनुसार, भारत का राष्ट्रवाद शाश्वत है। यह ईश्वर के समान अमर है। अत: इसका विनाश करना असंभव है। उन्होंने 'वन्दे मातरम्' नामक पत्र में भी लेखन किया तथा उन्होंने "Old Lamps for New" नामक शृंखला लिखी। उन्होंने 'कर्मयोगीन' एवं 'धर्म' नामक पत्र प्रकाशित किया।
- अरबिंदो ने राजनीति व धर्म के संबंध को अविभाज्य माना।
- अरबिंदो ने कहा कि 'स्वराज की प्राप्ति, ईश्वर में विश्वास द्वारा ही संभव है।'

## जीवन का दूसरा चरण

- अरबिंदो जीवन के दूसरे चरण में स्वदेशी व बहिष्कार के समर्थक हो गए।
- बंगाल विभाजन के पश्चात् इन्होंने स्वराज, स्वदेशी, बहिष्कार व राष्ट्रीय शिक्षा का समर्थन किया। इनके अनुसार, बहिष्कार व स्वदेशी एक-दूसरे के पूरक हैं।
- बहिष्कार के निम्नलिखित **उद्देश्य हैं**-
  - (i) घरेलू अर्थव्यवस्था को शक्तिशाली बनाना।
  - (ii) भारत में ब्रिटिश शासन को कमजोर करना, क्योंकि यह शोषण पर आधारित है।
- बंगाल विभाजन को इन्होंने ईश्वर का आशीर्वाद माना, जिसके द्वारा लोगों में घृणित साम्राज्यवाद के विरुद्ध एकता पैदा हुई।
- उन्होंने-''युगांतर'' में लिखते हुए कहा कि 'एक पराश्रित देश अपनी शक्ति खो देता है।'
- विदेशी सरकार के अंतर्गत् स्वतंत्रता समाप्त हो जाती है।
- प्रशासन केवल व्यक्ति के विकास के लिए ही नहीं, अपितु राष्ट्र के विकास के लिए आवश्यक है।

## नरमपंथियों की आलोचना

- इन्होंने नरमपंथियों की कड़ी आलोचना करते हुए कहा कि याचना व प्रार्थना से स्वशासन संभव नहीं।
- इन्होंने नारा दिया कि 'नियंत्रण नहीं, तो सहयोग नहीं।'

## निष्क्रिय प्रतिरोध का विचार

- अरबिंदो का निष्क्रिय प्रतिरोध गांधीजी से अलग था। अरबिंदो के अनुसार, अहिंसक आंदोलन होना चाहिए, परंतु अंग्रेजों के दमन की स्थिति में हिंसा का प्रयोग आवश्यक है। **अन्यथा यह कायरतापूर्ण कार्य समझा जाएगा-**
  - (i) सरकार की सहायता से इनकार।
  - (ii) सरकार को कर अदा करने में मनाही।
  - (iii) विदेशी वस्तुओं का बहिष्कार।
  - (iv) सरकारी स्कूलों, विद्यालयों एवं न्यायालयों का बहिष्कार।
  - (v) स्वयं सहायता व राष्ट्र स्वतंत्रता के लिए लोगों को प्रशिक्षित करना।
- अरबिंदो के द्वारा लिखे गए आक्रामक राष्ट्रवादी विचारों के कारण उन्हें ब्रिटिश सरकार द्वारा जेल में बंद कर दिया गया और उनके अनुसार जेल में उन्होंने ईश्वर का दर्शन किया, जिससे उनके विचारों में महत्वपूर्ण परिवर्तन आ गया।

## जीवन का तृतीय चरण (मानवीय एकता, अंतर्राष्ट्रीयतावाद का विचार)

- उन्होंने पाण्डिचेरी में 'ऑरविले' नामक आश्रम बनाया।
- उन्होंने 'सावित्री' नामक लंबी कविता लिखी, जिसमें उन्होंने महाभारत के सत्यवान का उदाहरण दिया।
- उन्होंने-"Essays on the Gita", "The Human Cycle", "Ideal of Human Unity", "War and Self Determination" (1962), "The Renaissance in India" नामक पुस्तक लिखी।
- जीवन के तीसरे चरण में अरबिंदो आमूल परिवर्तनवादी हो गए।
- उन्होंने आध्यात्मिक मानववाद का निर्माण किया तथा मानवीय एकता पर बल दिया।
- राष्ट्रवाद के विचारों को अंतर्राष्ट्रीयतावाद से समन्वित कर दिया।
- उन्होंने तीसरे चरण में अपनी रचना-"The Life Divine" जिसके लिए वे विश्व प्रसिद्ध हो गए तथा इसके अलावा "The Ideal's of Human Unity" एवं "The Synthesis of Yoga" जैसी रचनाएं की हैं।
- वर्ष-1910 के पश्चात् वे महान योगी हो गए तथा उन्होंने सक्रिय राजनीति से संयास ले लिया।
- अरबिंदो के अनुसार, 'मानव मस्तिष्क उच्चतम है, परंतु यह दैवीय चेतना से निम्न है।' ईश्वर 'सुपर माइंड' के द्वारा मानव मस्तिष्क में चेतना का प्रवाह करते हैं।
- उनके विचारों में व्यक्ति व समाज के मध्य बेहतर संतुलन पाया जाता है।
- उन्होंने कहा कि व्यक्ति के विकास के लिए परिवार, समुदाय व राष्ट्र आवश्यक हैं।
- उनके अनुसार, व्यक्ति के मध्य आत्मिक व आध्यात्मिक एकता सबसे प्रभावी होती है।
- अरबिंदो की शिष्या 'मीरा रिचर्ड' थी, जिन्हें 'मदर' के नाम से जाना गया।

### पूर्व एवं पश्चिम का सम्मिश्रण

- पश्चिमी देशों की स्वतंत्रता को अपूर्ण माना एवं स्वराज को महत्व दिया।
- भौतिक विकास से ज्यादा महत्वपूर्ण आध्यात्मिक विकास है। भौतिक विकास, विकास का निम्न चरण है तथा पश्चिमी समाजवाद को भी उन्होंने कृत्रिम माना।
- उनके अनुसार, वास्तविक एकता आत्मा में विद्यमान होती है।
- राजनीतिक एवं आर्थिक तरीकों से एकता स्थापित नहीं होती है।
- अरबिंदो के विचारों में पूर्व के आध्यात्म तथा पश्चिम के मानवतावाद तथा राष्ट्रवाद का सम्मिश्रण पाया जाता है।
- अरबिंदो के अनुसार, आत्मिक व आध्यात्मिक एकता के परिणामस्वरूप राष्ट्रों व राज्यों में संघर्ष नहीं होगा। उन्होंने मानवीय एकता का विचार देते हुए विश्व राज्य के निर्माण पर बल दिया, जिसकी विशेषताएं निम्नलिखित हैं-
- उन्होंने मानव धर्म के निर्माण पर बल दिया, जिसके द्वारा लोग संकीर्ण भावनाओं से ऊपर उठेंगे। यह विचार उत्पन्न किया जाना चाहिए कि मानव की आत्मा में एकता विद्यमान है।
- आध्यात्मिक प्रशिक्षण योग के द्वारा व्यक्तियों को स्वार्थ से ऊपर उठने की शिक्षा दी जाएगी।
- व्यक्तियों के मध्य अलगाव की बजाय, एकता पर बल दिया गया।
- उनके अनुसार, विश्व में एकता उत्पन्न करने के लिए राजनैतिक व प्रशासनिक माध्यम पर्याप्त नहीं हैं तथा वास्तविक एकता, आत्मिक व आध्यात्मिक होती है। उनके अनुसार, मानवीय आत्मा में ही भाई-चारा अंतर्निहित होता है।

# महात्मा गांधी
# MAHATAMA GANDHI

- महात्मा गांधी का जन्म 2 अक्टूबर, 1869 में गुजरात के पोरबंदर नामक स्थान पर हुआ।
- अप्रैल, 1893 में पोरबंदर के एक व्यापारिक संस्थान में बैरिस्टर के रूप में वे दक्षिण अफ्रीका के लिए रवाना हुए।
- अगस्त, 1894 को उन्होंने रंगभेद के खिलाफ आवाज उठाने के उद्देश्य से 'नेटाल इंडियन कांग्रेस' की स्थापना की।
- 1903 में 'ट्रांसवाल ब्रिटिश इंडिया सोसायटी' की स्थापना की।
- 1 अक्टूबर, 1904 को 'इंडियन ओपिनियन' के प्रबंध और प्रकाशन का जिम्मा लिया।
- नवंबर-दिसंबर, 1904 में उन्होंने 'फीनिक्स' आश्रम की स्थापना की।
- गांधीजी 9 जनवरी, 1915 में भारत लौट आए।
- 25 मई, 1915 को अहमदाबाद में साबरमती आश्रम की स्थापना की।
- सुभाष चन्द्र बोस ने उन्हें 'राष्ट्रपिता' कहा तथा रविन्द्र नाथ टैगोर ने 'महात्मा' की उपाधि दी।
- गांधीजी व्यावहारिक आदर्शवादी (Practicle Idealist) कहे जा सकते हैं।
- गांधीवाद, एक आदर्शवादी विचारधारा है।
- 'सत्य ही ईश्वर है।' गांधीजी ने इसी को दर्शन बनाया।
- गांधीजी ने प्रेम को सत्य की प्राप्ति का मार्ग बताया।
- प्यारेलाल नैय्यर गांधीजी के निजी सचिव थे, जिन्होंने गांधीजी के जीवन पर अनेक रचनाएं लिखीं, जिसमें- "Mahatma Gandhi: The Last Phase Discovery of Satyagraha" उल्लेखनीय है।
- गांधीजी वर्ष-1893 में अफ्रीका गए और वहां उन्होंने 'फिनिक्स एवं टॉल्सटॉय फॅर्म' की स्थापना की तथा वर्ष-1914 तक वे अफ्रीका में रहे।
- टॉल्सटॉय एक रूसी उपन्यासकार थे, जिन्होंने "War and Peace" (1869) नामक उपन्यास लिखा, जिससे गांधीजी अत्यधिक प्रभावित थे तथा गांधीजी ने Bread Labour'का विचार इन्हीं से लिया।

## गांधीजी को प्रभावित करने वाले विचार

- गांधीजी जिन विचारधाराओं और व्यक्तियों से प्रभावित थे, उनमें से गीता व रामायण उल्लेखनीय हैं।
- गांधीजी, बौद्ध धर्म के शांति एवं अहिंसा के विचार से प्रभावित थे।
- गांधीजी, इस्लाम धर्म की बंधुता की संकल्पना से प्रभावित थे।
- लियो टॉलस्टॉय के "The Kingdom of God is with in You" (1894) कथन से प्रभावित थे।
- हेनरी डेविड थोरो के "The Essay on Civil Disobedience" (1849) से प्रभावित थे।
- जॉन रस्किन की रचना-"Unto This Last" (1860) से प्रभावित थे। 'सर्वोदय' इसी का रूपांतरण माना जाता है, जो गुजराती भाषा में लिखी गई है।
- गांधीजी ने यह शिक्षा जॉन रस्किन से ली कि 'प्रत्येक व्यक्ति को श्रम करना चाहिए। जितना महत्व एक वकील के श्रम का है, उतना ही महत्व नाई के भी श्रम का है।'
- लियो टॉल्सटॉय के उपन्यास-"War and Peace" (1869) से गांधीजी अत्यधिक प्रभावी थे।

## गांधीजी के विचारों का आध्यात्मिक पक्ष

- गांधीजी, मूलत: धार्मिक और आध्यात्मिक व्यक्ति थे।
- गांधीजी के राजनीतिक गुरु 'गोपाल कृष्ण गोखले' थे, जिन्होंने राजनीति को 'नैतिकता एवं सेवा' का क्षेत्र माना।
- इसलिए उन्हें संतों में राजनेता और राजनेताओं में संत कहा गया।
- गांधीजी के विचारों का मूल केंद्र 'सत्य एवं अहिंसा' है। गांधीजी ने सत्य एवं अहिंसा के नियमों को सार्वजनिक एवं राजनीतिक जीवन में प्रयुक्त किया।
- गांधीजी पूर्ण रूप में नैतिकतावादी थे।
- गांधीजी ने 'साध्य एवं साधन' दोनों की पवित्रता पर अत्यधिक बल दिया।
- उनके अनुसार, अपवित्र साधन के द्वारा पवित्र साध्य की प्राप्ति नहीं हो सकती।

- वे मूलतः एक आदर्शवादी व्यक्ति थे, लेकिन उनका आदर्शवाद व्यावहारिक था।
- गांधीजी ने सार्वजनिक जीवन में सत्य और अहिंसा का प्रयोग किया।

## गांधीजी के अनुसार, धर्म और राजनीति

- गांधीजी के लिए धर्म का अभिप्राय, अत्यधिक विस्तृत रूप में था। अतः धर्म का आशय, 'जो धारण करने योग्य है, वही धर्म है।'
- उनके लिए धर्म का अर्थ, नैतिक कार्य और मानवता की भलाई के कार्य करना था।
- धर्म पालन करने का आशय, 'सत्य तथा अहिंसा के मार्ग पर चलना है।'
- गांधीजी धर्म एवं नैतिकता विहीन राजनीति की कल्पना नहीं करते थे।
- उनके शब्दों में, धर्म विहीन और नैतिकता विहीन राजनीति नहीं हो सकती। अतः वे पाश्चात्य विचारों के आलोचक थे, जिसमें पंथनिरपेक्षता पर बल प्रदान किया गया।
- उन्होंने पंथनिरपेक्षता की बजाय, 'सर्व-धर्म समभाव' पर बल दिया।

## गांधीजी के अनुसार, सत्य और अहिंसा

- गांधीजी ने अपनी आत्मकथा-''सत्य के प्रयोग'' (The Story of My Experiments with Truth) में लिखा कि सत्य के लिए कोई अलग ईश्वर नहीं होता है। अहिंसा की साधना से सत्य को प्राप्त किया जा सकता है। सत्य की ओर ले जाने वाला मार्ग अहिंसा ही है।
- गांधीजी के अनुसार, अहिंसा के **दो अभिप्राय हैं**- नकारात्मक अहिंसा और सकारात्मक अहिंसा।
- नकारात्मक रूप में अहिंसा का अर्थ, 'किसी की हत्या न करना' तथा सकारात्मक रूप में अहिंसा का अर्थ, 'प्राणि मात्र के प्रति प्रेम से है।'
- गांधीजी के अनुसार, 'अहिंसा, मनसा, वाचा एवं कर्मणा होनी चाहिए।'
- गांधीजी के अनुसार, 'अहिंसा वह सिद्धांत है, जिसमें अपने विरोधियों को प्रेम से जीता जाता है, न कि घृणा या संघर्ष से। गांधीजी बाइबिल के इस कथन के समर्थक थे कि पाप से घृणा करो, पापी से नहीं।'
- गांधीजी अहिंसा को वीरों का गुण मानते थे, न कि कायरों का। गांधीजी का कहना था कि यदि हिंसा और कायरता में से किसी एक को चुनना हो, तो मैं हिंसा को चुनूंगा, न कि कायरता को।

### सत्याग्रह

- सत्याग्रह का आशय, 'सत्य का आग्रह है।'
- सत्याग्रह, कमजोर का नहीं, बल्कि शक्तिशाली व्यक्ति का अस्त्र है।
- आत्मा को शक्तिशाली बनाने के लिए व्यक्ति को सत्य, अहिंसा, अस्तेय, अपरिग्रह एवं ब्रह्मचर्य का पालन करना चाहिए। उनके अनुसार, शक्तिशाली का आशय, आत्मिक रूप में शक्तिशाली होना है, भौतिक रूप में नहीं।
- निष्क्रिय प्रतिरोध का सिद्धांत अरविन्दो घोष ने दिया था। **सत्याग्रह और निष्क्रिय प्रतिरोध में अंतर होता है-**
  - (i) सत्याग्रही व्यक्ति विरोधी के नुकसान का प्रयास नहीं करता, बल्कि वह विरोधी के हृदय परिवर्तन का प्रयास करता है और वह हिंसा का प्रयोग कभी नहीं करता।
  - (ii) निष्क्रिय प्रतिरोध का आशय, 'नकारात्मक रूप में विरोध करना है।' अतः अवसर पाने पर हिंसा का प्रयोग किया जा सकता है।
- सत्याग्रह के निम्नलिखित **दो** प्रकार होते हैं-
  (i) असहयोग (ii) सविनय अवज्ञा।
- नकारात्मक रूप में असहयोग का आशय, सहयोग न करना है।
- सकारात्मक रूप में असहयोग का आशय, स्वावलंबी बनने के कार्य करना तथा रचनात्मक कार्यों में सहयोग करना है। रचनात्मक कार्यों से आशय, चरखा चलाना, सूत कातना, राष्ट्रीय शिक्षा पर बल, स्वदेशी का समर्थन एवं समाज में समरसता बनाए रखने से है।
- सविनय अवज्ञा का **अर्थ निम्न है-**
  - (i) जानबूझकर सार्वजनिक रूप में अन्यायपूर्ण विधि का उल्लंघन करना।
  - (ii) विधि का उल्लंघन सामुदायिक हित के लिए किया जाएगा, व्यक्तिगत स्वार्थ के लिए नहीं।
  - (iii) सविनय अवज्ञा का प्रयोग व्यक्तिगत और सामूहिक दोनों रूपों में हो सकता है।

## गांधीजी की सविनय अवज्ञा तकनीक से प्रभावित विदेशी व्यक्ति

- मार्टिन लूथर किंग जूनियर ने अमेरिका में अश्वेतों के साथ भेदभाव समाप्त करने के लिए सविनय अवज्ञा का प्रयोग किया।
- बर्ट्रेंड रसेल ने परमाणु हथियारों की समाप्ति के लिए आंदोलन किया।
- दक्षिण अफ्रीका की स्वतंत्रता के नायक 'नेल्सन मण्डेला' ने इस तकनीक का प्रयोग किया।
- वर्तमान में अमेरिकी विचारक 'नोम चोमस्की' भी गांधीजी की सविनय अवज्ञा तकनीक से प्रभावित हैं।
- माइकल शूमाकर, गांधीजी के पर्यावरण संबंधी मान्यताओं से प्रभावित हैं।

- गांधीजी के अनुसार, उन्होंने सविनय अवज्ञा का विचार 'डेविड थोरो' से लिया।

## आधुनिक सभ्यता की आलोचना

- गांधीजी ने ''हिंद स्वराज'' (1909) में आधुनिक सभ्यता की कड़ी आलोचना की। उन्होंने रेल, वकीलों तथा डॉक्टरों की भी आलोचना की।
- गांधीजी के अनुसार, 'सभ्यता का आशय, भौतिकता एवं मशीनों का विकास नहीं है, सभ्यता मानवीय एवं आत्मा का विकास है।'
- गांधीजी पाश्चात्य सभ्यता के कड़े आलोचक थे।
- गांधीजी के अनुसार, पाश्चात्य सभ्यता, भौतिकवादी है तथा वहां शक्तियों का केंद्रीयकरण है। आर्थिक तथा राजनीतिक दोनों रूपों में इस केंद्रीयकरण से हिंसा उत्पन्न होती है।

## राज्य का विचार

- गांधीवाद को 'दार्शनिक अराजकतावादी' भी कहा जाता है। अथवा उन्हें शांतिवादी अराजकतावादी भी कहा जाता है।
- क्योंकि सत्याग्रही और अहिंसात्मक नैतिक व्यक्ति के लिए राज्य की कोई आवश्यकता नहीं होगी।
- गांधीजी ने राज्य को 'आत्मा रहित मशीन' कहा, जिसके द्वारा हिंसा का संगठित प्रयोग किया जाता है।
- गांधीजी 'राज्य' नामक संस्था का विरोध करते थे, क्योंकि गांधीजी के अनुसार, आदर्श व्यवस्था में राज्य की कोई आवश्यकता नहीं है।
- राज्य की हिंसा, व्यक्ति की हिंसा से भयंकर होती है।
- गांधीजी ने समूची पाश्चात्य सभ्यता की आलोचना की। उन्होंने संसदीय लोकतंत्र, बहुमत के शासन एवं दलीय प्रणाली को पूर्ण रूप में अस्वीकृत कर दिया।
- गांधीजी ने संसद को 'बांझ औरत' कहा।
- गांधीजी के अनुसार, समूची पाश्चात्य सभ्यता में शक्तियों का केंद्रीयकरण पाया जाता है। इसलिए ऐसा समाज अहिंसात्मक नहीं हो सकता।
- इसलिए गांधीजी 'विकेंद्रित शासन' के समर्थक थे।
- गांधीजी के लिए आदर्श राज्य, 'रामराज्य' होगा। परंतु व्यावहारिक रूप में उन्होंने 'पंचायती राज' का भी समर्थन किया।
- गांधीजी का रामराज्य, 'गांवों का एक संघ' होगा। गांधीजी के अनुसार, ''शहरों में व्यक्ति रहते हैं, लेकिन गांवों में देवता का निवास होता है।''
- उनके अनुसार, 'राजनीति का आशय, लोकनीति या लोककल्याण है, शक्ति के लिए संघर्ष नहीं।'
- उन्होंने विकेंद्रित शासन का समर्थन करते हुए गांव को मूल ईकाई माना। उनके अनुसार, गांव के लोग जनपद से प्रांत तथा प्रांत के लोग अखिल भारतीय प्रतिनिधियों को निर्वाचित करेंगे।
- गांधीजी सबसे बड़े लोकतंत्रवादी, समाजवादी तथा व्यक्तिवादी थे, परंतु पाश्चात्य अर्थ में बिल्कुल नहीं।

## अधिकारों का विचार

- गांधीजी एक बड़े व्यक्तिवादी विचारक थे, परंतु उनका व्यक्तिवाद नैतिक था। उनके अनुसार, यदि प्रत्येक व्यक्ति अपने कर्त्तव्यों का पालन करे, तो व्यक्तियों के बीच में अधिकारों के लिए संघर्ष नहीं होगा।

## स्वराज (स्वतंत्रता)

- गांधीजी का मूल उद्देश्य 'स्वराज' की प्राप्ति करना था। 'स्वराज' शब्द मूलतः उपनिषदों से लिया गया है, जिसका आशय है, 'स्वयं पर शासन या स्वशासन।' (Self Rule)
- स्वराज के नैतिक-आध्यात्मिक एवं राजनीति दोनों अर्थ माने जा सकते हैं। नैतिक एवं आध्यात्मिक रूप में स्वराज का अर्थ, स्वशासन या आत्मनियंत्रित होना है। जबकि राजनीतिक रूप में स्वराज का आशय, लोगों द्वारा अपना शासन स्वयं करना है।
- 'स्वराज' शब्द का व्यवस्थित प्रयोग सर्वप्रथम 'तिलक' ने किया। तिलक के अनुसार, **स्वराज के निम्न अर्थ हैं**-
  - (i) 'स्वराज' का आशय, 'एक ही धर्म या प्रजाति के लोगों पर समान धर्म या प्रजाति के लोगों का शासन है।'
  - (ii) 'स्वराज' का अभिप्राय, 'उत्तरदायी एवं सहमति पर आधारित शासन है।'
  - (iii) 'स्वराज' का आशय, 'लोगों की राजनीतिक प्रक्रिया में सहभागिता है।'
  - (iv) तिलक ने 'स्वराज' का प्रयोग, 'डोमिनियन स्टेट्स' के रूप में किया।
  - (v) इसलिए भारतीय राष्ट्रीय आंदोलन में स्वराज एवं पूर्ण स्वराज में अंतर किया जाता है। पूर्ण स्वराज की मांग वर्ष-1929 से कांग्रेस के लाहौर अधिवेशन में रखी गई।

# गांधीवाद का आर्थिक पक्ष

## ट्रस्टीशिप का सिद्धांत

- ट्रस्टीशिप सिद्धांत के अनुसार, संपत्तिशाली व्यक्ति अपनी संपत्ति का मालिक नहीं, बल्कि ट्रस्टी है।
- गांधीजी अरस्तू के इस सिद्धांत के समर्थक थे कि संपत्ति व्यक्तिगत होनी चाहिए तथा उपभोग सार्वजनिक होना चाहिए।
- गांधीजी ने भारत में पूंजीपतियों को अपनी संपत्ति को व्यक्तिगत नहीं, बल्कि संपूर्ण समाज की धरोहर समझने को कहा। इस हेतु पूंजीपतियों से हृदय परिवर्तन की मांग की।
- इस सिद्धांत के अनुसार, 'ईश्वर, संपत्ति का मालिक है।'
- व्यक्ति, संपत्ति का 'ट्रस्टी' है।

- गांधीजी का प्रसिद्ध कथन है कि 'प्रकृति के द्वारा सभी की आवश्यकताओं के लिए पर्याप्त सामग्री उपलब्ध है, लेकिन किसी भी एक व्यक्ति के लालच के लिए प्रकृति में संपदा का अभाव है।'
- इसलिए गांधीवादी विचारधारा में दान पर अत्यधिक महत्व दिया गया। **दान के कई रूप हैं-**
  (i) श्रम दान (ii) संपत्ति दान
  (iii) भूमि दान (iv) ग्राम दान।
- गांधीजी ने कुटीर उद्योगों एवं लघु उद्योगों का समर्थन किया, क्योंकि इससे संपत्ति का केंद्रीयकरण नहीं होता।
- गांधीवादी विचारधारा भारत जैसे श्रम प्रधान देश के लिए अत्यधिक व्यावहारिक है।
- इसलिए वे भारी मशीनों के विरोधी थे, लेकिन मशीन मात्र के विरोधी नहीं थे। क्योंकि चरखा भी एक मशीन है।
- गांधीजी के अनुसार, प्रत्येक व्यक्ति को श्रम करना चाहिए।

## गांधीवाद का सामाजिक पक्ष (सर्वोदय)

- सर्वोदय का अर्थ है-सबका उत्थान। गांधीजी के अनुसार, सर्वोदय उस विचारधारा की ओर संकेत करता है, जो सत्य और अहिंसा पर आधारित हो। समाज में किसी का किसी के प्रति बैर न हो। यह वर्ग सहयोग पर आधारित है।
- गांधीजी का सर्वोदय का विचार समाजवाद का विकल्प माना जा सकता है।
- गांधीजी के अलावा अन्य सर्वोदयी विचारक-जयप्रकाश नारायण, दादा धर्माधिकारी, धीरेन्द्र मजूमदार, के. जी. मसरूवाला एवं दीनकराव देव हैं। विनोवा भावे सर्वाधिक प्रख्यात सर्वोदयी थे।
- संविधान सभा में एस. एन. अग्रवाल प्रसिद्ध गांधीवादी थे।
- सर्वोदय, जॉन रस्किन की रचना-"Unto This Last" (1860) का गुजराती अनुवाद है।
- जॉन रस्किन के विचारों से उन्होंने **निम्नलिखित विचार लिए-**
  1. व्यक्ति की भलाई, समाज की भलाई में निहित है।
  2. वकील एवं नाई के श्रम का मूल्य समान है।
  3. मजदूर एवं कारीगर का जीवन ही वास्तविक जीवन है।
- गांधीजी का आदर्श समाज, सर्वोदयी समाज था, जिसे उन्होंने 'सामुद्रिक वृत्त' (Oceanic Circle) की संज्ञा दी।
- जिसके अनुसार, 'व्यक्ति परिवार की भलाई के लिए कार्य करेगा और परिवार गांव की भलाई करेगा तथा गांव वासियों के द्वारा तालुका की भलाई की जाएगी। इसलिए प्रत्येक छोटी इकाई अपने बड़ी इकाई की भलाई के लिए कार्य करेगी।'
- उनके अनुसार, सभी व्यक्तियों का उत्थान आवश्यक है।
- धनी व्यक्तियों का नैतिक उत्थान एवं गरीब व्यक्तियों का भौतिक उत्थान होना चाहिए।
- गांधीजी ने व्यावहारिक रूप में 'हरिजन सेवक संघ' की स्थापना की।
- गांधीजी ने वर्णाश्रम व्यवस्था को स्वीकार किया। यद्यपि उन्होंने इसे जन्म से नहीं, बल्कि कर्म के आधार पर माना।

## नई तालीम

- नई तालीम के द्वारा गांधीजी ने पश्चिमी शिक्षा का प्रभावी विकल्प प्रस्तुत किया।
- शिक्षा मातृभाषा में दी जानी चाहिए।
- शिक्षा में चरित्र विकास व सादगी तथा शारीरिक शिक्षा पर बल दिया।
- शिक्षा में कुटीर उद्योग एवं हस्तकला का प्रशिक्षण दिया जाएगा।
- शिक्षा गांव में ही प्रदान की जाएगी।
- शिक्षा के लिए धन आम लोगों से एकत्र किया जाएगा।
- नई तालीम में प्राथमिक शिक्षा के साथ प्रौढ़ शिक्षा पर भी बल प्रदान किया गया।

## कुछ तथ्य

- के. जी. मशरूवाला ने अपनी रचना-''गांधी एवं मार्क्स'' में कहा कि 'गांधीवाद से हिंसा जोड़ने से यह मार्क्सवाद नहीं होगा।'
- गांधीजी ने दक्षिण अफ्रीका में ''ग्रीन पंपलेट'' और ''इंडियन ओपीनियन'' (1909) नामक विचार-पत्र प्रकाशित किया तथा 'इंडियन ओपीनियन' (Indian Opinion) को साप्ताहिक पत्रिका के रूप में प्रकाशित किया जाने लगा।
- गांधीजी के राजनीतिक विचार ''हिंद स्वराज'' में पाए जाते हैं। ''हिंद स्वराज'' का प्रकाशन वर्ष-1938 में हुआ।
- गांधीजी की आत्मकथा-"The Story of My Experiments with Truth" (1929) है, जो गुजराती भाषा में लिखी है तथा जिसका अंग्रेजी अनुवाद महादेव देसाई ने किया।
- गांधीजी ने भारत में ''हरिजन'' तथा ''यंग इंडिया'' पत्रों का संपादन किया।
- गांधीजी के ऊपर लुईस फिशर (Louis Fischer) ने प्रसिद्ध रचना-"The Life of Mahatma Gandhi" (1950) लिखी।
- दिनकर जोशी-"Mahatma Vs Gandhi" (2007)
- रामचन्द्र गुहा-"India after Gandhi: The History of the World's Largest Democracy" (2007)
- 27 दिसंबर, 1901 को गांधीजी कोलकाता कांग्रेस अधिवेशन में शामिल हुए थे।
- जी. एन. धवन-"Political Philosophy of Mahatma Gandhi" (1946)
- जे. बी. कृपलानी-"The Gandhian way" (1938)
- जे. बी. कृपलानी-"I Follow Mahatma Gandhi"
- गांधीजी ने अपने जीवन काल में केवल एक बार वर्ष-1923 के बेलगांव अधिवेशन में कांग्रेस की अध्यक्षता की।

# विनायक दामोदर सावरकर
# VINAYAK DAMODAR SAVARKAR

- विनायक दामोदर सावरकर का जन्म 28 मई, 1883 को हुआ था।
- सावरकर उग्र राष्ट्रवादी एवं क्रांतिकारी विचारधारा के समर्थक थे।
- कुछ क्रांतिकारी गतिविधियों में संलिप्तता के कारण सावरकर को 50 वर्ष के कारावास का दंड देकर अंडमान भेज दिया गया था।
- इनके द्वारा लिखी गई पंपलेट-"Hindutva: Who is a Hindu?" (1923) है।
- "The History of the War of Indian Independance" (1909) में कहा कि '1857 केवल सिपाही विद्रोह नहीं, बल्कि भारत की स्वतंत्रता के लिए संघर्ष था।'
- फॅर्ग्यूसन कालेज में अध्ययन के दौरान उन्होंने 'अभिनव भारत' की स्थापना की, जो मूलत: क्रांतिकारी एवं राष्ट्रवादी संगठन था।
- हिंसक माध्यमों द्वारा भारतीय स्वतंत्रता के समर्थक थे तथा मैज्जिनी के विचारों से प्रभावित थे।
- विनायक दामोदर सावरकर जिन्हें लोकप्रिय रूप में 'वीर सावरकर' के रूप में जाना जाता था।
- 'तिलक' को अपना गुरु माना। सावरकर ने लंदन में Five India Society की स्थापना की।
- सावरकर को 13 अप्रैल, 1910 को गिरफ्तार किया गया। उनके ऊपर नासिक के कलेक्टर कर्जन वाइली की हत्या का आरोप था। वे वर्ष-1924 में जेल से छूटे।

## हिंदू राष्ट्र की विचारधारा (सांस्कृतिक राष्ट्रवाद)

- सावरकर ने 'रत्नागिरी हिंदू सभा' की स्थापना की तथा बाद में इसका विलय 'हिंदू महासभा' में कर दिया गया।
- वर्ष-1937 में हिंदू महासभा के अध्यक्ष निर्वाचित हुए तथा उन्होंने इसे नया वैचारिक आधार प्रदान किया।
- सावरकर ने 'राष्ट्रीय स्वयं सेवक संघ' (RSS) को डरपोक संगठन कहा। सावरकर एक हिंदू राज्य की स्थापना के समर्थक थे। जबकि 'राष्ट्रीय स्वयं सेवक संघ' (RSS) के द्वारा हिंदू राष्ट्र का समर्थन किया गया।
- हिंदू का आशय, 'केवल धर्म या परंपरा नहीं, बल्कि एक प्रजाति एवं राष्ट्रीयता है।'
- हिंदू का आशय, 'सिंधु नदी के उस पार रहने वाले लोग थे।'
- सावरकर ने हिंदूवाद की बजाय, हिंदुत्व शब्द को प्राथमिकता प्रदान की।
- हिंदू का आशय, 'जो इस भूमि को मातृभूमि एवं पितृभूमि दोनों मानता है।'
- वी. डी. सावरकर का कहना था कि 'इसलिए ब्रुट्स की तलवार पवित्र है, इसलिए शिवजी का 'बघनख' न्याय संगत है। इसलिए चार्ल्स प्रथम का सिर कटवा देना न्यायोचित कार्य है। इसलिए विलियम टेलर का तीर दिव्य है? क्योंकि यह सब राष्ट्र के लिए किया गया था।'

## हिंदुत्व की विशेषता

- जिसके माता-पिता इस देश के नागरिक हों।
- साझे प्रजाति एवं रक्त संबंध होना चाहिए, केवल साझी भूमि होना पर्याप्त नहीं है।
- साझी संस्कृति जिससे समान विचार, प्रथाएं, त्योहार, धार्मिक एवं आध्यात्मिक विचार होने चाहिए।
- हिंदुत्व में ऐसे विचार एवं विश्वास सम्मिलित नहीं हैं, जो भारतीय भू-भाग के बाहर पैदा हुए हैं।
- उनके राष्ट्र का अभिप्राय, धार्मिक एवं सांस्कृतिक एकता ज्यादा था, न कि केवल साझी भूमि होना।

## हिंदूवाद की आलोचना

- उन्होंने हिंदू धर्म की कुरीतियों की आलोचना की, **जो निम्नलिखित हैं-**
  - (i) जाति व्यवस्था की आलोचना।
  - (ii) यदि कुत्ते, बिल्ली के चलने से रास्ते गंदे नहीं होते, तो मानव के चलने से अपवित्र कैसे होंगे?
  - (iii) जनेऊ एवं वेद सबके लिए हैं।
  - (iv) हिंदी को राष्ट्र भाषा बनाने का समर्थन किया।

### रचनाएं

- Hindu Pad-Padashahi (1925)
- My Transportation for life (1984)
- The Indian War of Independence 1857 (1909)
- Hindutva (1923)

अध्याय 7

# बाबासाहेब अम्बेडकर
# BABASAHEB AMBEDKAR

- दलितों के नेता और सामाजिक समानता के लिए जीवनपर्यंत संघर्षरत् डॉ. भीमराव अम्बेडकर का जन्म 14 अप्रैल, 1891 को मध्य प्रदेश के नगर महु के मध्यवर्गीय परिवार (महार) में हुआ था।
- बड़ौदा के महाराजा ने उन्हें छात्रवृत्ति देकर उच्च शिक्षा के लिए अमेरिका भेजा था।
- वर्ष-1926 में अम्बेडकर बंबई विधान परिषद् के सदस्य मनोनीत किए गए।
- अम्बेडकर ने अंग्रेजों द्वारा आयोजित तीनों गोलमेज सम्मेलन में अनुसूचित जाति के प्रतिनिधि के रूप में भाग लिया।
- स्वतंत्र भारत के केंद्रीय मंत्रिमंडल में अम्बेडकर प्रथम विधि मंत्री नियुक्त किए गए।
- विधि मंत्री के रूप में अम्बेडकर संविधान निर्माण के प्रारूप समिति के अध्यक्ष बनाए गए।
- 5 फरवरी, 1951 को संसद में अम्बेडकर ने 'हिंदू कोड बिल' पेश किया, जिसके असफल हो जाने पर 27 सितंबर, 1951 को नेहरू मंत्रिमंडल से त्यागपत्र दे दिया।
- अम्बेडकर ने वर्ष-1920 में ''मूकनायक'' (साप्ताहिक) एवं वर्ष-1927 में ''बहिष्कृत भारत'' (पाक्षिक) पत्र का प्रकाशन किया।
- अम्बेडकर एक धर्म निरपेक्ष राज्य के समर्थक थे।

### डॉ. अम्बेडकर की रचनाएं

- Waiting for a Visa (1935-36) (यह डॉ.अम्बेडकर की आत्मकथा है)
- Castes in India (May 1917)
- Who Were the Shudras? (1946)
- Origin of Untouchable (1948)
- Riddles In Hinduism (1997)
- The Annihilation of Caste (1936)

## सामाजिक विचार

- डॉ. अम्बेडकर ने वर्णव्यवस्था का विरोध किया तथा डॉ. अम्बेडकर ने ब्राह्मणवादी व्यवस्था पर आक्रमण किया।
- डॉ. अम्बेडकर ने वर्णव्यवस्था के नियम को पूर्णतया अवैज्ञानिक, अव्यावहारिक, अन्यायपूर्ण व गरिमा हीन माना।
- डॉ. अम्बेडकर ने वर्णव्यवस्था की तुलना, प्लेटो की सामाजिक व्यवस्था की परिकल्पना से की।
- डॉ. अम्बेडकर के अनुसार, वर्णव्यवस्था में वे दोष विद्यमान हैं, जो सामाजिक संरचना की प्लेटो की परिकल्पना में विद्यमान थे।
- डॉ. अम्बेडकर ने जाति व्यवस्था का घोर विरोध करते हुए कहा कि हिंदू समाज की अनेक विकृतियों और अन्यायों के लिए जाति व्यवस्था उत्तरदायी है।
- डॉ. अम्बेडकर के अनुसार, जातीय व्यवस्था में सामाजिक और आर्थिक विकास के लिए कोई स्थान नहीं है।
- डॉ. अम्बेडकर ने छुआछूत (अस्पृश्यता) का विरोध किया।
- डॉ. अम्बेडकर के अनुसार, अस्पृश्यता की जड़ें वर्णव्यवस्था में है। अम्बेडकर ने समाज के उत्थान के लिए अस्पृश्यता का निवारण अति आवश्यक माना।
- डॉ. अम्बेडकर ने चार वर्णीय व्यवस्था में शूद्रों को निम्न स्थान दिए जाने के आधार पर भी विरोध किया।

## शूद्रों की उत्पत्ति

- डॉ. अम्बेडकर ने अपनी रचना-''शूद्र कौन थे?'' (Who Were the Shudras? (1949)) में शूद्रों की उत्पत्ति के बारे में अपने विचार दिए।
- डॉ. अम्बेडकर ने शूद्रों को कोई पृथक् वर्ण नहीं, अपितु क्षत्रिय वर्ण का ही भाग माना।
- डॉ. अम्बेडकर के अनुसार, 'शूद्र वह क्षत्रिय थे, जिनका ब्राह्मणों ने उपनयन संस्कार बंद कर दिया था।'

## महार वतन प्रणाली तथा खोट व्यवस्था

- महार वतन प्रणाली महाराष्ट्र में प्रचलित थी।
- महार वतन प्रणाली के अंतर्गत् अनुसूचित जाति के किसी व्यक्ति को सरकारी कार्यालय में नौकरी करने पर यदि

वह अनुपस्थित है, तो उसके परिवार के किसी सदस्य को अनिवार्य रूप में उसके स्थान पर कार्य करना पड़ता था।

- खोट जमींदार थे किसानों से राजस्व वसूली का कार्य करते थे।
- 'खोटी' भूमि प्रबंध का तरीका था, जो महाराष्ट्र राज्य के कोंकण क्षेत्र में था।
- डॉ. अम्बेडकर ने इन दोनों प्रणालियों का विरोध किया।

### दलित वर्गों के उत्थान का उपाय

- हिंदू समाज के परंपरागत् विधान में क्रांतिकारी परिवर्तन करके हिंदू समाज को समता और भ्रातृत्व के आदर्शों के आधार पर संगठित किया जाना चाहिए।
- दलित वर्ग के उत्थान के उपाय के रूप में अम्बेडकर ने जाति प्रथा के स्वरूप में परिवर्तन का सुझाव दिया।
- दलित वर्गों के उत्थान के लिए अम्बेडकर ने दलित वर्गों को संगठित, जागरूक एवं शिक्षित करने की आवश्यकता पर बल दिया।
- दलित वर्गों की दशा में सुधार के लिए अम्बेडकर ने उनकी शिक्षा पर महत्वपूर्ण रूप में बल प्रदान किया।
- डॉ. अम्बेडकर ने दलितों के शोषण को रोकने के लिए उन्हें संगठित होने का आह्वान किया।
- डॉ. अम्बेडकर ने गांवों को उदासीनता का अड्डा कहा तथा दलित वर्ग के सदस्यों को गांव छोड़ने का सुझाव दिया और भावी भारत में शहरों को अत्यधिक महत्व दिया।
- दलित वर्गों की दशा में सुधार के लिए डॉ. अम्बेडकर ने दलित विद्यार्थियों को शिक्षा तथा सेवा में आरक्षण प्रदान करने का समर्थन किया।
- डॉ. अम्बेडकर ने दलित वर्गों की दशा में सुधार के लिए दलितों को धर्म परिवर्तन करके बौद्ध धर्म स्वीकार करने का भी सुझाव दिया।
- वर्ष-1956 में डॉ. अम्बेडकर ने स्वयं बौद्ध धर्म को अपनाया।
- डॉ. अम्बेडकर ने भारत के औद्योगीकरण को दलितों के उद्धार के लिए एक प्रभावशाली उपाय माना।
- दलित वर्गों के उत्थान के लिए अम्बेडकर ने Independent Labour Party (August 1936) तथा Scheduled Castes Federation (1942) जैसे संगठनों की स्थापना भी की।

## डॉ. अम्बेडकर के राजनीतिक विचार

### राज्य का स्वरूप

- डॉ. अम्बेडकर ने राज्य का उदारवादी स्वरूप स्वीकार किया तथा वे कल्याणकारी राज्य के पक्षधर थे।
- डॉ. अम्बेडकर ने संसदीय शासन पद्धति का समर्थन किया।
- अम्बेडकर के अनुसार, 'धर्म में भक्ति आत्मा की मुक्ति का मार्ग हो सकता है, परंतु राजनीति में भक्ति या वीर पूजा अपकर्ष और संभावित तानाशाही के लिए मार्ग सुनिश्चित करती है।'
- डॉ. अम्बेडकर ने ऐसी शासन प्रणाली का समर्थन किया, जो शक्तियों के विभाजन पर आधारित हो तथा जिसमें कार्यपालिका, व्यवस्थापिका और न्यायपालिका की शक्तियां एक जगह केंद्रित न हों।

## डॉ. अम्बेडकर के लोकतंत्र संबंधी विचार

- डॉ. अम्बेडकर ने संवैधानिक लोकतंत्र का समर्थन किया तथा इसकी सफलता के लिए संवैधानिक नैतिकता को आवश्यक माना।
- उनके अनुसार, राजनीतिक लोकतंत्र की सफलता के लिए सामाजिक एवं आर्थिक लोकतंत्र एक पूर्व शर्त है।
- डॉ. अम्बेडकर के अनुसार, स्वतंत्र शासन तथा लोकतंत्र तब वास्तविक होते हैं, जब शासक वर्ग की सत्ता को सीमित किया जा सके।
- अतः केवल संविधान एवं वयस्क मताधिकार से ही लोकतंत्र स्थापित नहीं होगा।
- **उन्होंने लोकतंत्र की निम्नलिखित समस्याओं का भी वर्णन किया-**
    (i) राजनीतिक लोकतंत्र से पहले सामाजिक एवं आर्थिक लोकतंत्र की स्थापना आवश्यक है।
    (ii) लोकतंत्र किसके लिए है, यह ज्यादा महत्वपूर्ण होता है। समाज में शासन एवं शासित के मध्य, सत्ता का संघर्ष होता है।
    (iii) सत्ताधारी अपनी शक्ति एवं प्रतिष्ठा के कारण वंचित वर्गों में प्रभुत्व बनाने में सफल हो जाते हैं।

### जाति, वर्ग और लोकतंत्र

- डॉ. अम्बेडकर ने कहा कि विदेशियों के द्वारा किसी देश की स्वतंत्रता एवं लोगों की स्वतंत्रता में अंतर है, जिसे नहीं समझा जाता है।
- अतः कांग्रेस देश की स्वतंत्रता के लिए संघर्ष कर रही है, लोगों की स्वतंत्रता के लिए नहीं।
- इसलिए यह महत्वपूर्ण नहीं है कि स्वतंत्रता के लिए संघर्ष हो रहा है।
- भारत में ब्राह्मणवादी व्यवस्था विद्यमान है। इसलिए लोगों की स्वतंत्रता का आशय, ब्राह्मणवादी व्यवस्था का अंतर है।
- डॉ. अम्बेडकर के अनुसार, भारत में जाति, वर्ग से ज्यादा महत्वपूर्ण है।

## अधिकारों के प्रति दृष्टिकोण

- डॉ. अम्बेडकर मानवाधिकारों के प्रबल समर्थक थे।
- उनके अनुसार, नागरिकों के कुछ अधिकारों को अनुल्लंघनीय माना जाना चाहिए तथा उन्हें संवैधानिक सुरक्षा प्रदान की जानी चाहिए।

## आर्थिक विचार

- डॉ. अम्बेडकर ने भारी उद्योगों का समर्थन किया।
- डॉ. अम्बेडकर मिश्रित अर्थव्यवस्था के समर्थक थे।
- कृषि क्षेत्र में उन्होंने सहकारी कृषि का समर्थन किया।
- डॉ. अम्बेडकर ने अपने आर्थिक विचारों को **निम्नलिखित रचनाओं में व्यक्त किया-**
    - Administration and Finance of the East India Company (15 May, 1915)
    - The Evolution of Provincial Finance in British India (1925)
    - The Problem of the Rupee: Its Origin and Its Solution (1923)
    - Paper-The Problem of Small Holdings in India and their Remedies (1918)

## मार्क्सवाद की आलोचना

- डॉ. अम्बेडकर ने वर्ग-संघर्ष के विचार का विरोध किया।
- उनके अनुसार, वर्ग-संघर्ष द्वारा समाज से गरीबी और शोषण को नहीं मिटाया जा सकता।
- डॉ. अम्बेडकर ने भारत की साम्यवादी दलों की आलोचना भी की। उनके अनुसार, ये दल उच्च जाति के लोगों का संगठन है।
- इन्होंने बौद्ध धर्म को मार्क्सवाद से बेहतर माना।

## डॉ. अम्बेडकर द्वारा गांधीजी की आलोचना

- डॉ. अम्बेडकर के अनुसार, 'गांधीजी के द्वारा चलाया गया अछूतों के उद्धार का कार्यक्रम भ्रामक है।' उनके अनुसार, यह सनातनवाद का दूसरा रूप है।
- डॉ. अम्बेडकर के अनुसार, 'परंपरागत हिंदूवाद की सभी बुराइयां गांधीजी में विद्यमान है।'
- गांधीजी, वर्ण व्यवस्था के पक्षधर हैं।
- डॉ. अम्बेडकर के अनुसार, 'गांधीजी ने हिंदूवाद की कुरीतियों का दार्शनिक औचित्य प्रतिपादित किया।'
- डॉ. अम्बेडकर के अनुसार, गांधीवाद में विरोधाभास है, क्योंकि गांधीजी देश की राजनीतिक व्यवस्था को परिवर्तित करने के लिए तो संघर्ष कर रहे थे, परंतु वे सामाजिक व्यवस्था को बनाए रखने के समर्थक थे।
- डॉ. अम्बेडकर के अनुसार, गांधीजी द्वारा वर्णित रामराज्य की संकल्पना लोकतंत्र के प्रयोग में संभव नहीं है।
- डॉ. अम्बेडकर ने गांधीजी के 'ट्रस्टीशिप सिद्धांत' को पूर्णतया अस्वीकृत कर दिया तथा उन्होंने इस सिद्धांत को हास्यास्पद बताया।
- डॉ. अम्बेडकर ने यहां तक कहा कि गांधीवादी विचार में व्यक्ति को पशु की भांति माना गया है। क्योंकि गांधीजी जिस सादगीपूर्ण जीवन का समर्थन करते हैं। अम्बेडकर ने उसका कड़ा खंडन किया।

## डॉ. अम्बेडकर संबंधी कुछ तथ्य

- डॉ. अम्बेडकर द्वारा स्थापित **दल तथा संस्थाएं-**
    - (i) अखिल भारतीय अनुसूचित जाति संघ की वर्ष-1942 में स्थापना हुई।
    - (ii) बहिष्कृत हितकारिणी सभा की स्थापना 20 मार्च, 1924 को बंबई में हुई।
    - (iii) लेबर पार्टी-Independent Labour Party (August 1936) इसी दल को अम्बेडकर के समर्थकों ने वर्ष-1957 में रिपब्लिकन दल का नाम दिया।

## जाति की समाप्ति

- डॉ. अम्बेडकर ने अपनी किताब-"Annahilation of Caste" में इसकी समाप्ति के तीन चरणों का उल्लेख किया है।
  1. Reification 2. Transdence 3. Annahilation

# जयप्रकाश नारायण
# JAI PRAKASH NARAYAN

- जयप्रकाश नारायण का जन्म बिहार राज्य के छपरा जिले के 'सिताब दियारा' नामक गांव में 11 अक्टूबर, 1902 को हुआ था।
- जयप्रकाश नारायण अपनी इंटर की परीक्षा को बीच में ही छोड़कर वर्ष-1921 में गांधीजी के असहयोग आंदोलन में सम्मिलित हो गए।

**रचनाएं**
- Prison Diary (1976)
- A Plea for Reconstruction of Indian Polity (1959)
- Towards Total Revolution (1978)
- Socialism, Sarvodaya and Democracy (1964)

## समाजवाद की धारणा

- लोकप्रिय रूप में इन्हें 'लोकनायक' कहा गया।
- जयप्रकाश नारायण के समाजवादी विचारों को विकास क्रम की दृष्टि से **तीन** खंडों में वर्गीकृत किया जा सकता है-
  1. मार्क्सवादी समाजवाद।
  2. लोकतांत्रिक समाजवाद।
  3. गांधीवादी समाजवाद या सर्वोदय।

### 1. मार्क्सवादी समाजवाद

- जयप्रकाश नारायण ने अपने विचारों के प्रारंभिक चरण में मार्क्सवाद को समाजवाद का एक सिद्धांत माना।
- यद्यपि इस चरण में उनके समाजवादी दर्शन में मुख्यत: मार्क्सवादी धारणाओं का ही प्रतिपादन हुआ तथा उन्हें मार्क्स का कट्टर अनुयायी नहीं कहा जा सकता था, क्योंकि समाजवाद की व्याख्या में उनकी स्वतंत्रता की मौलिक अंतर्दृष्टि भी परिलक्षित हुई।
- जयप्रकाश नारायण ने यह स्पष्ट स्वीकार किया कि समाजवाद व मार्क्सवाद के सिद्धांत भारत के लिए भी उपयुक्त हैं।

### 2. लोकतांत्रिक समाजवाद (लोकनीति एवं लोकशक्ति)

- समाजवादी विचारों के दूसरे चरण में जयप्रकाश नारायण ने लोकतांत्रिक समाजवादी विचारों का प्रतिपादन किया।
- इसके तहत जयप्रकाश नारायण ने मार्क्सवाद के प्रति मत आग्रह का विरोध किया तथा समाजवाद की भारतीय परिस्थितियों के अनुरूप व्याख्या पर बल दिया।
- जयप्रकाश नारायण ने समाजवाद को ही वस्तुत: लोकतंत्र के रूप में परिभाषित किया।
- जयप्रकाश नारायण के अनुसार, समाजवाद का वास्तविक अर्थ है, सामाजिक राज्य व आर्थिक स्वतंत्रता।
- समाजवाद की स्थापना के लिए हिंसक साधनों के इस्तेमाल का विरोध किया।

### 3. गांधीवादी समाजवादी या सर्वोदय

- जयप्रकाश नारायण अंतत: मार्क्सवादी से गांधीवादी बन गए।
- सर्वोदय की जयप्रकाश नारायण की अवधारणा मूलतया **चार बिंदुओं पर केंद्रित थी-**
  (i) साधनों की पवित्रता।
  (ii) मानवीय मूल्यों की सर्वोपरिता।
  (iii) आर्थिक और सामाजिक रूपांतरण के लिए जनता की शक्ति में विश्वास।
  (iv) विकेंद्रीकरण।
- जयप्रकाश नारायण के अनुसार, 'सर्वोदयी समाजवाद नई व्यवस्था के निर्माण के लिए मूलत: प्रेम, अहिंसा और करुणा की शक्ति पर विश्वास करता है।'
- अहिंसा, प्रेम और करुणा की शक्ति के संगठित स्वरूप को जयप्रकाश नारायण ने 'लोकशक्ति' की संज्ञा दी।
- जयप्रकाश नारायण ने सर्वोदयी समाज के अंतर्गत् समाजवाद के नैतिक पक्ष पर बल दिया।
- जयप्रकाश नारायण के अनुसार, सर्वोदयी समाजवाद एक अहिंसक, शोषण मुक्त, सहकारी समाज का आदर्श प्रस्तुत करेगा।
- सर्वोदयी समाजवाद की व्यवस्था का आधार प्रतियोगिता

नहीं होगा, अपितु यह सहयोग पर आधारित सामाजिक अर्थव्यवस्था होगी।

- सर्वोदयी समाज की संरचना जाति या वर्ग पर आधारित नहीं होगी।
- जयप्रकाश नारायण की रचना-"Why Socialism?" (1936) है।
- वर्ष-1949 में अपने एक लेख-"My Picture of Socialism" में जयप्रकाश नारायण ने **निम्नलिखित विचार दिए-**
  - (i) ग्राम पंचायत के द्वारा सहकारी खेती की जाएगी।
  - (ii) भारी उद्योगों पर राज्य का स्वामित्व एवं प्रबंध होना चाहिए।
  - (iii) छोटे उद्योगों पर उत्पादकों का नियंत्रण होना चाहिए।
  - (iv) राज्य की भूमिका सीमित होनी चाहिए।

## जयप्रकाश नारायण का मानववाद

- जयप्रकाश नारायण ने मानव के स्वभाव की संतुलित व्याख्या की।
- उनकी धारणा थी कि मनुष्य मूलत: केवल अच्छा या बुरा नहीं है।
- उनके अनुसार, मानव का स्वभाव प्रकृति प्रदत्त तत्वों और सामाजिक कारकों से मिलकर निर्धारित होता है।
- अत: मनुष्य में अच्छा और बुरा बनने की संभावनाएं एक साथ विद्यमान रहती हैं।
- जयप्रकाश नारायण ने मानव स्वभाव को कोई रूढ़ तत्व नहीं माना। उनके अनुसार, मनुष्य के स्वभाव व आचरण को प्रयासों के माध्यम से बदला जा सकता है।
- जयप्रकाश नारायण ने मानव केंद्रीयता को किसी भी सामाजिक, राजनीतिक और आर्थिक व्यवस्था की सार्थकता का मानदंड माना।
- उन्होंने पूंजीवादी और समाजवादी व्यवस्था तथा औद्योगिक सभ्यता का इस आधार पर विरोध किया कि इन व्यवस्थाओं में मनुष्य को एक यंत्र मात्र बना दिया है तथा मनुष्य को उसकी सृजनात्मक शक्ति के वास्तविक आनंद की अनुभूति से वंचित कर दिया जाता है।
- जयप्रकाश नारायण का दृढ़ मंत्र था कि धर्म, विचारधारा, राज्य एवं विज्ञान आदि सभी को साधन तथा मनुष्य को साध्य माना जाना चाहिए।
- जयप्रकाश नारायण ने मानव की केंद्रीय सत्ता को मान्यता देते हुए भी मानव का समुदाय से पृथक् अस्तित्व स्वीकार नहीं किया गया।
- जयप्रकाश नारायण ने मानव की आत्मा की स्वतंत्रता तथा आत्म साक्षात्कार को ही मानवीय प्रयत्नों का सर्वोच्च बिंदु स्वीकार किया।

## जयप्रकाश नारायण द्वारा संसदीय लोकतंत्र की आलोचना (दल विहीन लोकतंत्र)

- जयप्रकाश नारायण लोकतंत्र के प्रबल पक्षधर थे। किंतु वे लोकतंत्र की पश्चिमी धारणा तथा संसदीय शासन प्रणाली के कटु आलोचक थे।
- उन्होंने पश्चिमी लोकतंत्र की धारणा को लोकतांत्रिक अल्पतंत्र की संज्ञा दी और दल विहीन लोकतंत्र का समर्थन किया।
- उन्होंने पश्चिमी लोकतांत्रिक धारणा की आलोचना मुख्यत: इस आधार पर की है कि उसमें व्यक्ति के सामाजिक स्वभाव की उपेक्षा की गई है।
- जयप्रकाश नारायण के अनुसार, संसदीय प्रजातंत्र का मूल दोष यह है कि इसमें व्यक्ति की व्यक्तिगत् भूमिका पर बल दिया गया है।
- संसदीय लोकतंत्र की राजनीतिक प्रक्रिया में व्यक्ति की भागीदारी केवल मतदान करने तक सीमित हो जाती है।
- जयप्रकाश नारायण के अनुसार, 'संसदीय शासन, वस्तुत: अल्पमत का शासन होता है।'
- उन्होंने संसदीय लोकतंत्र को मिथ्याचार को प्रोत्साहन देने वाली प्रणाली बताया।
- जयप्रकाश नारायण के अनुसार, 'संसदीय लोकतंत्र का सबसे बड़ा दोष उसमें विद्यमान केंद्रीयकरण की प्रवृत्ति है।'
- उन्होंने दल व्यवस्था को भी संसदीय लोकतंत्र का एक बड़ा दोष माना। क्योंकि दल राष्ट्रीय हितों की अपेक्षा अपने दलीय हितों को अधिक महत्व देते हैं।
- जयप्रकाश नारायण ने संसदीय लोकतंत्र की चुनाव प्रणाली को विकृत और खर्चीला बताया।

## जयप्रकाश नारायण की लोकतंत्र की संकल्पना

- जयप्रकाश नारायण की लोकतंत्र की संकल्पना में लोकतंत्र को शासन की एक संस्थागत व्यवस्था तथा नैतिक मूल्यों की एक व्यवस्था माना गया है। उनके अनुसार, ये नैतिक अपेक्षाएं लोकतंत्र से अनिवार्य रूप में जुड़ी हुई हैं।
- लोकतांत्रिक व्यवस्था की अनिवार्य **नैतिक अपेक्षाएं निम्नलिखित हैं-**
  - (i) जनता को लोकतंत्र के लिए नैतिक प्रशिक्षण।
  - (ii) आवश्यकताओं का परिसीमन।
  - (iii) स्वतंत्रता के साथ दायित्वों की व्यवस्था।

(iv) आर्थिक न्याय।
(v) सामाजिक क्रांति।

## जयप्रकाश नारायण की सामुदायिक लोकतंत्र (लोक स्वराज) की धारणा

- भारत के लिए सामुदायिक प्रजातंत्र को उन्होंने एक आदर्श लोकतांत्रिक प्रणाली माना। उनकी संकल्पना मुख्यत: **तीन प्रेरणाओं पर आधारित हैं**-
  (i) राज्य व्यवस्था की प्राचीन भारतीय परंपरा।
  (ii) मानव की मूलभूत सामुदायिक प्रवृत्ति।
  (iii) सत्ता के आधार की व्यापकता।

### सामुदायिक लोकतंत्र की संरचना

- सामुदायिक लोकतंत्र की संकल्पना में मनुष्य की सामुदायिक प्रवृत्ति को आधार बनाया गया है।
- जयप्रकाश नारायण ने सामुदायिक लोकतंत्र की पंचस्तरीय संरचना का सुझाव दिया, **जो निम्नलिखित हैं**-
  (i) प्रारंभिक स्तर पर सर्वोच्च निकाय 'ग्राम सभा' होगी।
  (ii) क्षेत्रीय स्तर पर 'कार्यपालिका पंचायत समिति' होगी।
  (iii) जिला स्तर पर 'जिला परिषद् कार्यपालिका' होगी।
  (iv) प्रांतीय स्तर पर 'प्रांतीय सभा' गठित होगी।
  (v) राष्ट्रीय स्तर पर 'राष्ट्र सभा' गठित होगी।
- राष्ट्रीय सभा के लिए प्रतिनिधियों का निर्वाचन 'प्रांतीय समिति' द्वारा किया जाएगा।
- राष्ट्र सभा, राष्ट्रीय स्तर पर कार्यपालिका की नियुक्ति करेगी, जो राष्ट्र सभा के प्रति उत्तरदायी होगी।

### सामुदायिक प्रजातंत्र की आर्थिक संरचना

- जयप्रकाश नारायण के अनुसार, आर्थिक नियोजन, उत्पादन व वितरण के विकेंद्रीकरण द्वारा ही आर्थिक प्रजातंत्र की स्थापना की जा सकती है।

## जयप्रकाश नारायण की संपूर्ण क्रांति की धारणा

- जयप्रकाश नारायण ने 5 जून, 1974 में पटना के गांधी मैदान से इंदिरा गांधी सरकार की अस्वीकार्य नीतियों के विरुद्ध 'संपूर्ण क्रांति' की घोषणा की।
- जयप्रकाश नारायण के अनुसार, 'संपूर्ण क्रांति में व्यक्ति और समाज दोनों में सर्वाधिक परिवर्तन लाने का लक्ष्य होगा।
- जयप्रकाश नारायण के अनुसार, संपूर्ण क्रांति की धारणा का उद्देश्य विद्यमान विकृत व्यवस्था को समाप्त करना ही नहीं, अपितु उसके माध्यम से एक नवीन वैकल्पिक व्यवस्था की योजना भी प्रस्तुत करना है।
- जयप्रकाश नारायण ने संपूर्ण क्रांति की परिधि में **निम्नलिखित सात आयामों को सम्मिलित किया**-
  (i) सामाजिक क्रांति (ii) आर्थिक क्रांति
  (iii) राजनीतिक क्रांति (iv) सांस्कृतिक क्रांति
  (v) वैचारिक क्रांति (vi) शैक्षणिक क्रांति
  (vii) नैतिक अथवा आध्यात्मिक क्रांति।
- जयप्रकाश नारायण ने मानव के ऐसे दृष्टिकोण की कल्पना की, जिसमें भौतिक आवश्यकताओं की पूर्ति को आवश्यक माना जाए। किंतु मनुष्य उन भौतिक वस्तुओं को स्वयं में साधन न माने, अपितु एक आध्यात्मिक लक्ष्य की चेतना उसकी प्रत्येक गतिविधि तथा इच्छा को मर्यादित करे।
- जयप्रकाश नारायण ने संपूर्ण क्रांति के सामाजिक आयाम के अंतर्गत् ऐसे समाज की रचना के लिए प्रतिबद्धता व्यक्त की, जिसमें छुआछूत, बुरे रिवाजों तथा जातिवाद का कोई स्थान नहीं होगा।
- संपूर्ण क्रांति के शैक्षणिक आयाम के अंतर्गत् उन्होंने विद्यमान शिक्षा प्रणाली को सड़ी-गली और निकम्मी प्रणाली की संज्ञा दी।
- उन्होंने शिक्षा के सारे तंत्र को इस आधार पर पुनर्गठित करने की आवश्यकता बताई, जिससे उसका सीधा संबंध देश की समस्या से स्थापित हो सके।
- संपूर्ण क्रांति के आर्थिक आयाम के अंतर्गत् उनके अनुसार, आर्थिक विकास का लक्ष्य मनुष्य का सुख और आरोग्य होना चाहिए तथा प्रत्येक व्यक्ति को रोजगार तथा न्यूनतम जीवन की सुरक्षा प्राप्त होनी चाहिए।
- संपूर्ण क्रांति के राजनीतिक आयाम के अंतर्गत् जयप्रकाश नारायण ने राजशक्ति पर लोकशक्ति की निर्णायक प्रतिष्ठा को आवश्यक बताया। उन्होंने ऐसी राजनीतिक व्यवस्था का सुझाव दिया, जो राजनीति को मानव कल्याण की साधना का माध्यम बना दे।
- संपूर्ण क्रांति के सांस्कृतिक आयाम के अंतर्गत् भारत की मूलभूत मानवीय और आध्यात्मिक परंपरा पुन: प्रतिष्ठित की जाएगी।
- जयप्रकाश नारायण के अनुसार, 'सामाजिक क्रांति केवल अहिंसात्मक साधनों से ही संभव है।'
- जयप्रकाश नारायण ने संपूर्ण क्रांति को सतत् रूप में चलने वाली एक प्रक्रिया बताया।

# एम.एन. राय
## M.N. ROY

- मानवेन्द्र नाथ राय का जन्म 6 फरवरी, 1886 को बंगाल के चौबीस परगना जिले में हुआ था।
- एम. एन. राय अपने जीवन के प्रारंभिक चरण में क्रांतिकारी गतिविधियों में संलिप्त थे। इन्हें 'हावड़ा षड्यंत्र' केस में एवं 'कानपुर षड्यंत्र' केस में गिरफ्तार भी किया गया था।
- आरंभिक रूप में वे 'युगांतर' एवं 'अनुशीलन समिति' जैसे संगठनों से जुड़े थे।
- एम. एन. राय के वैचारिक जीवन को तीन चरणों में बांटा जा सकता है-
- जीवन के प्रथम चरण में वे 'क्रांतिकारी राष्ट्रवादी' थे।
- जीवन के द्वितीय चरण में वे 'कट्टर मार्क्सवादी' बन गए।
- जीवन के तृतीय चरण में वे मार्क्सवाद का त्याग करके, 'नव-मानववादी' होकर उभरे।
- एम. एन. राय एक 'विशुद्ध भौतिकवादी' विचारक थे।
- उन्होंने भारतीयों के आध्यात्मिक श्रेष्ठता के सिद्धांत को नकार दिया और उन्होंने इसे 'पोंगापंथ' और 'पिछड़ापन' करार दिया।
- वे गांधी तथा नेहरू के कठोर आलोचक थे।

### मार्क्सवादी

- एम. एन. राय ने-"Revolution and Counter-Revolution in China" (Dec. 1973) लिखी तथा उन्होंने-"The Philosophical Consequences of Modern Science" (1932-36) नामक पांडुलिपि भी लिखी।
- एम. एन. राय के अनुसार, भारतीय बुर्जुआ ने ब्रिटिश साम्राज्यवाद के साथ सांठ-गांठ स्थापित कर ली है।
- इसलिए भारत में साम्राज्यवाद के विरुद्ध केवल सर्वहारा की क्रांति ही विकल्प है।
- उन्होंने अपनी रचना-"The Future of Indian Politics" (1920) में कहा कि भारत में सर्वहारा किसानों को सम्मिलित करके क्रांति की जाएगी।
- एम. एन. राय ने भारतीय इतिहास का वर्गीय विश्लेषण करते हुए कहा कि भारत में सामंतवादी अर्थव्यवस्था का धीरे-धीरे विनाश हो रहा है।
- एम. एन. राय ने अपनी रचना-"India in Transition" (1922) में भारतीय समाज एवं इतिहास का वर्गीय विश्लेषण प्रस्तुत किया।
- भारत में पूंजीवाद का विकास हो रहा है।
- एम. एन. राय के अनुसार, 1857 का विद्रोह सामंतवादी ताकतों द्वारा पुनः अपनी सत्ता हथियाने का प्रयास था।
- उनके अनुसार, ब्रिटिश शासन द्वारा प्रत्येक संवैधानिक सुधार बुर्जुआ वर्ग को खुश करने के लिए है, जिससे भारत में शोषण बरकरार रखा जाएगा।
- उन्होंने भारत में साम्यवादी क्रांति का बड़ा उद्देश्य बताते हुए कहा कि भारत की क्रांति पूरी दुनिया में साम्यवादी क्रांति के लिए महत्वपूर्ण है।

### रचनाएं

- India in Transition (1922)
- New Humanism: A Manifesto (1953)
- The Problem of Freedom (1945)
- Scientific Politics (1940)
- One Year of Non-Cooperation from Ahmedabad to Gaya (1923)
- Revolution and Counter-Revolution in China (1946)
- Materialism: An Outline of the History of Scientific Thought (1940)
- New Humanism: A Manifesto (1947)

### एम. एन. राय के विचारों में परिवर्तन

- एम. एन. राय अपनी युवावस्था में क्रांतिकारी विचारधारा के समर्थक थे। उन्होंने क्रांतिकारी गतिविधियों में भाग लिया। राय ने वर्ष-1915-16 में सशस्त्र क्रांति के द्वारा भारत को ब्रिटिश साम्राज्य से मुक्त कराने हेतु योजना तैयार की, जो सफल नहीं हो सकी।
- वर्ष-1918 के बाद उन्होंने समाजवाद का अध्ययन किया तथा अपना नाम मानवेन्द्र नाथ राय (पहले मानवेन्द्र नाथ

भट्टाचार्य था) कर लिया तथा वर्ष-1920 में स्वयं को समाजवादी घोषित किया।

- वर्ष-1929 में कुछ समाजवादी सिद्धांतों के विरोध के कारण उन्हें वर्ष-1929 में हुए कम्युनिस्ट इंटरनेशनल (कॉमिंटर्न) से निष्कासित कर दिया गया।
- वर्ष-1930 में कानपुर षडयंत्र के तहत उन्हें 6 वर्ष की सजा हुई। जहां जेल में उन्होंने कई महत्वपूर्ण दार्शनिक रचनाएं लिखी तथा जेल से निकलने के बाद उन्होंने समाजवाद को पूर्णत: त्याग दिया और क्रांतिकारी मानववादी (Redical Humanism) बन गए।

## कांग्रेस के प्रति दृष्टिकोण

- उन्होंने कांग्रेस को एक बुर्जुआ संगठन माना।
- उन्होंने भारत में साम्राज्यवाद के विरुद्ध संघर्ष में कांग्रेस का सहयोग करने से इनकार कर दिया।
- कांग्रेस से सहयोग के मुद्दे पर उनमें और लेनिन में मतभेद थे, क्योंकि लेनिन के अनुसार, साम्राज्यवाद के विरुद्ध संघर्ष में बुर्जुआ वर्ग (कांग्रेस) को साथ लिया जा सकता है।

## एम. एन. राय एवं लेनिन के मध्य क्रांति की राजनीति में मतभेद

- एम. एन. राय ने वर्ष-1925 में भारत में साम्यवादी दल की स्थापना तथा उन्होंने मैक्सिको में भी साम्यवादी दल की स्थापना किया।
- भारत में साम्राज्यवाद के विरुद्ध संघर्ष को लेकर व्लादिमीर लेनिन व एम. एन. राय के मध्य मतभेद थे।
- एम. एन. राय के अनुसार, भारत में साम्यवाद है तथा वे साम्यवादी क्रांति कर सकते हैं। इसलिए बुर्जुआ वर्ग (कांग्रेस) का साम्राज्यवाद के विरुद्ध संघर्ष में सहयोग नहीं लेना चाहिए।
- जबकि भारत में एक अन्य साम्यवादी नेता सोमेन्द्र नाथ टैगोर ने लेनिन को बताया कि भारत में साम्यवाद बहुत कम है। सोमेन्द्र नाथ के अनुसार, भारत में केवल दर्जन भर साम्यवादी हैं।
- अत: व्लादिमीर लेनिन ने साम्राज्यवाद के विरुद्ध संघर्ष में कांग्रेस को साथ लेने का समर्थन किया। परंतु एम. एन. राय ने इसका विरोध किया।
- व्लादिमीर लेनिन ने "Craft Thesis on the National and the Colonial Question" लिखा।

## एम. एन. राय का नव-मानववाद का विचार (आमूल मानववाद व वैज्ञानिक एकात्म मानववाद)

- नव-मानववाद के अंतर्गत् एम. एन. राय द्वारा **निम्नलिखित विचारधाराओं का खंडन किया गया-**

(i) गांधीवाद के आध्यात्मिक व धार्मिक आधार की आलोचना की।

(ii) संसदीय लोकतांत्रिक मान्यताओं का खंडन किया और संसदीय लोकतंत्र को विनम्र अधिनायकवाद कहा।

(iii) फासीवाद एवं नाजीवाद का विरोध किया।

(iv) भारतीय दार्शनिक परंपरा की आलोचना की तथा वेदांत दर्शन को रूढ़िवादी कहा।

(v) साम्यवादी विचारधारा को भी अस्वीकृत कर दिया, जिसके वे पहले समर्थक थे एवं वर्गीय विश्लेषण को भी अस्वीकृत कर दिया।

## साम्यवाद का खंडन

- साम्यवादी विचारधारा का खंडन करते हुए एम. एन. राय ने आर्थिक नियतिवाद की संकल्पना को नकार दिया तथा कहा कि यह संकल्पना तर्कसंगत नहीं है, क्योंकि संस्कृति, धर्म एवं दर्शन का निर्धारण अर्थव्यवस्था द्वारा नहीं होता है।
- मार्क्स के वर्गीय विश्लेषण को नकारते हुए एम. एन. राय ने कहा कि वर्ग के सदस्य के रूप में व्यक्ति का चित्रण करने से व्यक्ति की स्वतंत्रता का लोप हो जाता है।
- ऐतिहासिक भौतिकवाद की आलोचना करते हुए एम. एन. राय ने कहा कि वणिक वर्ग के उदय एवं पुनर्जागरण के मध्य कोई कारणात्मक संबंध नहीं है।
- एम. एन. राय ने 'अतिरिक्त मूल्य के सिद्धांत' को अस्वीकार कर दिया। एम. एन. राय के अनुसार, 'अतिरिक्त मूल्य के अभाव में कोई समाज प्रगति नहीं कर सकता है।'

## नव-मानववाद का आशय

- एम. एन. राय ने 1940 में "Radical Democratic Party" की स्थापना की।
- एम. एन. राय ने "Reason, Romanticism and Revolution" (1952) नामक रचना लिखी।
- नव-मानववाद का विचार यूरोपीय पुनर्जागरण से प्रभावित है।
- जीवन के तृतीय चरण में एम. एन. राय 'नव-मानववादी' होकर उभरे।
- नव-मानववाद दर्शन के दो आधार हैं-
  (i) स्वतंत्रता। (ii) नैतिकता।
- एम. एन. राय ने नव-मानववाद में व्यक्ति को केंद्र बनाया।
- व्यक्ति की स्वतंत्रता एवं नैतिकता महत्वपूर्ण है।
- एम. एन. राय के अनुसार, उदारवाद में दल ने स्वतंत्रता

को समाप्त कर दिया तथा मार्क्सवाद ने स्वतंत्रता का दमन वर्ग के आधार पर किया गया। अत: स्वतंत्रता न मार्क्सवाद में मिलेगी, न ही उदारवाद में। स्वतंत्रता, नव-मानववाद में मिलेगी।

- नव-मानववाद में सभी सामाजिक संस्थाओं का केंद्र बिंदु मानव है।
- एम. एन. राय के अनुसार, 'मनुष्य ही सभी वस्तुओं का मानदंड है।'
- नव-मानववाद के अंतर्गत् समाज और व्यक्ति की स्वतंत्रता में कोई विरोधाभास नहीं है। यदि समाज के निर्माण में व्यक्ति का प्रयोग किया जाए।
- उन्होंने नव-मानववाद में समाज के 'आर्थिक पुनर्गठन' तथा 'शिक्षा' पर बल प्रदान किया। वैज्ञानिक ज्ञान पर भी अत्यधिक बल दिया।
- मानव को नैतिक माना।
- क्रांति, शिक्षा एवं सहमति के द्वारा होगी।
- बहुलवादी समाज का समर्थन किया।
- विकेंद्रित राजनैतिक प्रणाली एवं दल विहीन लोकतंत्र का समर्थन किया।

**महत्वपूर्ण रचनाएं**

| | | |
|---|---|---|
| Quentin Skinner | - | The Foundations of Modern Political Thought (1978) |
| Michael Sandel | - | Liberalism and the Limits of Justice (1982) |
| Giovanni Sartori | - | Democratic Theory (1962) |
| Charles Taylor | - | Philosophy and the Human Sciences (1985) |
| Anthony Arblaster | - | Democracy |
| C. B. Macpherson | - | The Real World of Democracy (1965) |
| Carole Pateman | - | Participation and Democratic Theory (1970) |
| David Held | - | Models of Democracy (1986) |

अध्याय 10

# जियाउद्दीन बरनी
# ZIAUDDIN BARANI

- बरनी एक प्रसिद्ध इतिहासकार व राजनीतिक विचारक थे। वे 'मुहम्मद-बिन-तुगलक' व 'फिरोजशाह' के काल में भारत में रहे।
- उनकी प्रसिद्ध कृति है- "तारीखे फिरोजशाही"।
- बरनी, शेख निजामुद्दीन औलिया के भक्त व अमीर खुसरो के मित्र थे।
- "तारीखे फिरोजशाही" में उन्होंने सुल्तान बलबन से लेकर सुल्तान फिरोज के राज्य-काल के प्रथम 6 वर्षों तक का इतिहास लिखा है।
- बरनी ने इस्लामिक राज्य पर बल दिया।

### रचनाएं
- फतवा ए जहाँदारी
- तारीख-ए-फिरोजशाही
- सलात-ए-कबीर
- हसरत नामा
- सनाय मुहम्मदी।
- इनायत नामये इलाही
- मआसर-ए-सादात।

## मुस्लिम शासकों का कौटिल्य
- जियाउद्दीन बरनी द्वारा ''फतवा ए जहाँदारी'' का लेखन किया गया। जिसे कौटिल्य के अर्थशास्त्र की भांति माना जाता है। जिसमें उसने यह कहा है कि मुस्लिम शासक को कुरान एवं शरीअत के सिद्धांतों का पालन करना चाहिए। उसे एक रूढ़िवादी एवं कट्टरवादी विचारक माना जाता है।

## बरनी के राजनीतिक सिद्धांत
- बरनी दिल्ली सल्तनत अलाउद्दीन खिलजी, मुहम्मद बिन तुगलक और फिरोज तुगलक के शासन के दौरान लेखन कर रहा था। जिसका उन शासकों पर अत्यधिक प्रभाव भी था। बरनी भारत में मुस्लिम साम्राज्य के प्रवक्ता थे और मध्ययुगीन सामंती शासन व्यवस्था के सिद्धांतकार थे। बरनी के राजनीतिक सिद्धांत के 3 प्रमुख लक्ष्य थे-
  1. साम्राज्य के संगठन को अत्यंत सुदृढ़ कैसे बनाया जाए।
  2. राजशक्ति को जनहित में कैसे लगाया जाए।
  3. राजशक्ति के लिए वैधता और लोकप्रियता कैसे प्राप्त की जाए।
- इन लक्ष्यों की पूर्ति हेतु विस्तृत सुझाव बरनी ने अपनी पुस्तक-''फतवा ए जहाँदारी'' में दिए हैं।

## आदर्श-शासक के विषय में बरनी के विचार
- बरनी ने 'महमूद गजनवी' को आदर्श शासक माना तथा उसे ही सच्चा बादशाह कहा। बाद के बादशाहों को महमूद की संतान माना।
- बरनी एक कट्टर मुसलमान था, उसकी दृष्टि में जो सुल्तान काफिरों का विनाश करता है, वही आदर्श था।
- वास्तविक शासक ईश्वर है, तथा अन्य सांसारिक बादशाह तो ईश्वर के खिलौने हैं और बादशाही खुदा की नियामत है।
- बादशाही उसी समय तक स्थापित रह सकती है जब तक कि बादशाह पर लोगों को विश्वास हो।

## राजनीति और नैतिकता
- बरनी का मानना है कि शासक को व्यक्तिगत एवं राजनीतिक दोनों जीवन में नैतिक और धार्मिक आचरण का प्रयोग करना चाहिए। जिसका उल्लेख कुरान और शरीअत में है। परंतु उसने यह भी माना कि आवश्यकता पड़ने पर उसे नैतिक और धार्मिक साधनों का परित्याग कर देना चाहिए जिससे राज्य की सुरक्षा संभव हो सके।

## कल्याणकारी राज्य
- बरनी के अनुसार, सुल्तान का मूल कार्य प्रजा का कल्याण होना चाहिए। उसके अनुसार, शरीअत में यह उल्लिखित है, कि वह धरती पर ईश्वर के प्रतिनिधि के रूप में कार्य कर रहा है। इसीलिए उसे आम जनता की भलाई करनी चाहिए।

### कुलीनता (Nobility)

- बरनी का मानना है कि सुल्तान को कर लगाने का अधिकार है जिसे इकता कहा जाता है और जमींदारों को इकतादार कहा जाता था। उसके अनुसार, सुल्तान को अपने सहायक या कुलीन का चयन करते समय निम्नलिखित बिंदुओं का ध्यान रखना चाहिए:
  - उच्च कुलीन खानदान में पैदा हुआ हो तथा व्यक्तिगत और राजनीतिक रूप में सुल्तान के प्रति निष्ठा रखता हो।
  - वह उचित राज्यिक निर्णय ले सके।
  - उचित राजनीतिक निर्णय लेने के लिए उसमें ईश्वर का भय इतिहास का ज्ञान, राज्य की जानकारी भी होनी चाहिए।

### विधि का शासन

- बरनी ने विधि को दो रूपों में विभाजित किया। पहला शरीअत और दूसरा जवाबित। शरीअत पैगम्बर साहब की शिक्षा एवं आचरण पर आधारित है, जबकि जवाबित सुल्तान द्वारा बनाई गई विधि है जो व्यावहारिक परिस्थितियों के लिए उपयोगी है जिसका उल्लेख शरीअत में नहीं है।
- परंतु बरनी ने यह भी कहा है कि जवाबित का निर्माण करते समय निम्नलिखित बिंदुओं का ध्यान रखना आवश्यक है-
  - यह शरीअत के विरोध में नहीं होनी चाहिए।
  - इससे आम लोगों के बीच सुल्तान की निष्ठा बढ़े।
  - इसका आधार शरीअत ही होना चाहिए।

### सेना

- दिल्ली सल्तनत के पास अत्यधिक विशाल सेना थी जो तुर्की मंगोल मॉडल पर आधारित थी। इसे चार भागों में विभाजित किया गया था।
  (i) पैदल सेना अथवा पायकस
  (ii) घुड़सवार
  (iii) हाथियों का दल
  (iv) सहायक सेना जैसे- नाविक, जासूस इत्यादि।
- सेना में अनेक पद विद्यमान थे जैसे– खान, मलिक, अमीर, सिपाहसालार।

### अधिकारी तंत्र

- शासन के संचालन और राजस्व एकत्रित करने के लिए बरनी के द्वारा नौकरशाही का भी उल्लेख किया गया है। जिसके लिए केंद्र प्रांत तथा गांव को ईकाई माना गया था।
- नौकरशाही का सबसे प्रमुख पद वजीर का होता था जिसका कार्य राजस्व वसूलना था। जिसे आजकल प्रधानमंत्री कहा जाता है। वजीर की सहायता के लिए नायाब, मुंसिफ मुमालिक, मुस्तावफी इत्यादि थे। और केंद्र सरकार को दीवाने वजारात कहा जाता था। जिसका प्रधान वजीर होता था।
- राज्य स्तर का शासन मुफ्ती अथवा वलि के द्वारा नियंत्रित होता था। जिसके नीचे दीवान कार्य करता था। जिसे प्रांत का वजीर भी कहा जाता था।
- स्थानीय स्तर पर अथवा ग्रामीण स्तर पर सरकार, परगना का नाम दिया गया था। जिसका प्रधान मुकदम होता था, जिसे आज की भाषा में ग्राम प्रधान भी कहा जा सकता है।

### न्याय प्रणाली

- बरनी के अनुसार, न्यायालयों को सिविल और आपराधिक क्षेत्र में विभाजित किया गया था और न्यायाधीशों की नियुक्ति सुल्तान खुद करता था। जो स्वयं अपील का सर्वोच्च न्यायालय था। मुख्य न्यायाधीश को काजी-उल-कुज्जत कहा जाता था। जबकि प्रांतीय न्यायाधीश को सदर-उल-मुल्क कहा जाता था।
- धार्मिक मामलों को हल करते समय सुल्तान मुफ्ती और सदर-उल-मुल्क की सहायता लेता था। जबकि आर्थिक और भौतिक मामलों की सहायता के लिए काजी-उल-कुज्जत का उपयोग किया जाता था।
- न्याय प्रणाली में भेदभाव नहीं किया जाता था। परंतु न्यायिक आधार शरीअत ही होता था। और न्याय प्रदान करने में धर्म को भी आधार बनाया था।
- उसने फतवे का भी समर्थन किया है।

### बाजार पर नियंत्रण

- बरनी के अनुसार, बाजार को नियंत्रित करने के लिए दीवाने रियासत का निर्माण किया गया था, जबकि अनाज की मंडी के संचालन के लिए सबाना-ए-मंडी का प्रावधान था। जिनके द्वारा बाजार में वजन, कीमतें एवं कालाबाजारी को नियंत्रित किया जाता था। क्योंकि कीमतों के बढ़ने से आम व्यक्तियों में असंतोष बढ़ने की संभावना होती थी।
- उसके अनुसार, प्राकृतिक आपदा अथवा अन्य समस्याओं के दौरान करों की माफी भी की जाती थी।

### बादशाह कैसा होना चाहिए

- बादशाह को न्याय पसंद होना चाहिए। शासन संबंधी कार्यों में न्याय से बढ़कर कोई कार्य नहीं है।
- बादशाही के लिए इस्लाम का सम्मान स्थापित करना आवश्यक है। बिना ईरानियों के रीति-रिवाज का पालन किए बादशाही संभव नहीं है।

- दूरदर्शी बादशाह को किसी अपराध के लिए दंड देने का उचित समय व अवसर भली-भांति समझना चाहिए। धूर्त, मक्कार व अत्याचारियों को कभी क्षमा प्रदान नहीं करनी चाहिए।
- राजा को कृपा, प्रोत्साहन, दान, कठोर दंड, अपमान, धन संपत्ति आदि उपायों से सुव्यवस्था स्थापित करनी चाहिए।
- गैर-मुस्लिम व मुस्लिम में बरनी अंतर करता है, तथा उसका मानना है, कि गैर-मुस्लिमों को सुल्तान कभी भी मृत्युदंड दे सकता है, परंतु मुस्लिमों को शरीअत के नियमों से परे हटकर मृत्युदंड नहीं देना चाहिए।
- बरनी के अनुसार, समाज में असमानता सदैव विद्यमान नहीं है। बादशाह को कुलीनता के अनुसार व्यवहार करना चाहिए।
- बादशाह को सेना की अधिकता व एकता बनाए रखना चाहिए। सेना को किसी न किसी काम में लगाए रखना चाहिए व इसका ध्यान रखना चाहिए कि सेना संतुष्ट रहे।
- बादशाह को बाजार के भाव सस्ते रखने चाहिए। अकाल के समय खराज व जजिया नहीं लेना चाहिए। चोरबाजारी व जमाखोरी तथा दाम को बहुत बढ़ा देना पाप है।
- बादशाह का राजकोष पर पूरा नियंत्रण होना चाहिए। करों में वृद्धि, नए कर लगाना व वसूलने का अधिकार होना चाहिए। सुल्तान को राज्य की आमदनी में वृद्धि का प्रयास करना चाहिए।
- बादशाह का कुरान पर दृढ़ विश्वास होना चाहिए। मोहम्मद साहब के धर्म में पूर्ण विश्वास हो, इबादत और रोजा करना चाहिए। बादशाह के आदेश पालन में ढिलाई नहीं होनी चाहिए।

## आलोचना

- बरनी एक कट्टर सुन्नी मुसलमान था। उसने निष्पक्ष इतिहासकार की भूमिका नहीं निभाई।
- हिंदुओं के प्रति कठोर रवैया अपनाया ओर बादशाह को उन्हें समाप्त करने का भी आदेश देता है।
- बरनी ने इतिहास को एक धर्म-शाखा के रूप में दिखाने का प्रयास किया।

अध्याय 11

# कबीर
# KABIR

- इनका जन्म वाराणसी में हुआ। मृत्यु गोरखपुर के मगहर में हुई।
- 15वीं सदी के भारतीय रहस्यवादी कवि व संत थे। हिंदी साहित्य के भक्तिकाल के ज्ञानश्रयी निर्गुण शाखा के प्रवर्तक थे। जुलाहा (सूत कातकर कपड़े बनाना) थे।
- ये दादू, नानक से प्रभावित थे।
- हिंदू धर्म व इस्लाम दोनों में ही प्रचलित कुरीतियों, अंधविश्वास का विरोध किया। सामाजिक बुराइयों की कड़ी निंदा की।
- कबीर पंथ नामक धार्मिक संप्रदाय इनकी शिक्षाओं के अनुयायी हैं।
- इन्होंने वैष्णव संत आचार्य रामानंद को अपना गुरु बनाया।
- कबीर की दृढ़ मान्यता थी कि कर्मों के अनुसार ही गति मिलती है, स्थान विशेष के कारण नहीं।
- कबीर की भाषा सधुक्कड़ी है। जिसमें हिंदी भाषा की कई बोलियां राजस्थानी, हरियाणवी, पंजाबी, खड़ी बोली, अवधी व ब्रजभाषा के शब्द मिलते हैं।

## कृतियां

- कबीर स्वयं निरक्षर थे, किंतु उनके शिष्यों ने उनकी वाणियों का संग्रह 'बीजक' नामक ग्रंथ में किया। जिसके 3 भाग हैं:- साखी, सबद (पद), रमैनी।

**साखी:-** (दोहे व सोरठों में संकलित) इसमें कबीर की शिक्षाओं व सिद्धांतों का निरूपण मिलता है।

**सबद:-** गेय पद हैं। इसमें कबीर के प्रेम व अंतरंग साधना की अभिव्यक्ति हुई है।

**रमैनी:-** चौपाई छंद में लिखी गई है। इनमें कबीर के रहस्यवादी व दार्शनिक विचारों को प्रकट किया गया है।

- आदि ग्रंथ, सर्वांगी, पंथवाणी, ग्रंथवाली में उनके विचार मिलते हैं।

## विचार

### अमर देशवा

- कबीर ने प्लेटो की भांति एक आदर्शवादी समाज की कल्पना की है, जिस प्रकार तुलसीदास ने रामराज्य का विचार दिया था। ठीक उसी प्रकार कबीर ने अमर देशवा का विचार दिया।
- जिस समाज में किसी प्रकार का भेदभाव और शोषण नहीं हो रहा है तथा समाज का प्रबंधन मानवीय मूल्यों के आधार पर होगा। जिससे यह प्रतीत होता है कि कबीर के विचार लोकतंत्र के अग्रदूत थे। जहां प्रत्येक व्यक्ति को अपनी इच्छानुसार जीवनयापन की स्वतंत्रता होती है।

### सामंतवाद, पुरोहितवाद एवं धर्मशास्त्रों के विरुद्ध संघर्ष

- कबीर के विचार अत्यधिक क्रांतिकारी हैं जो समाज में विद्यमान शक्ति/सत्ता को चुनौती देते हैं। जिन्होंने अनेक सामाजिक आधारों पर आम जनता का शोषण किया है।
- यद्यपि इस शोषण के विरुद्ध कबीर ने वैचारिक क्रांति की है। इसलिए उनके विचार में हिंसा का समर्थन नहीं है। उन्होंने जनसामान्य की पीड़ा को उजागर किया है एवं अहिंसात्मक रूप में समाज के परिवर्तन के समर्थक हैं।

### आदर्श समाज

- कबीर मध्यकालीन भारत के प्रगतिशील विचारक थे। इन्होंने सामाजिक समानता पर बल दिया।
- कबीर ने प्रशासनिक सत्ता, राजसत्ता की आलोचना की। मुख्यत: तत्कालीन न्यायिक व्यवस्था व राजस्व विभाग की आलोचना की।
- कबीर ने एक राज्यविहीन काल्पनिक समाज की आलोचना की जिसे 'बेगमपुरा' कहा, जिसमें गरीबी, जाति-व्यवस्था, कर प्रणाली का कोई स्थान नहीं होगा। आम प्रजा (भक्तों) द्वारा एक बेहतर समाज के निर्माण का प्रयास किया जाएगा, जिसमें सभी क्षमतानुसार कार्य करेंगे, जिसका बाद में मार्क्स ने भी समर्थन किया।
- कबीर ने पितृ-सत्तात्मक समाज की आलोचना की, जिसमें घर में कार्य करने वाली औरतों के श्रम को मूल्य मिलने का समर्थन किया।
- कबीर ने राजसत्ता को शोषण का माध्यम बताया।

## एकेश्वरवाद

- कबीर ने धर्म में विद्यमान कुरीतियों, कुप्रथाओं का जोरदार खंडन किया। उनके अनुसार धर्म मानवीय उत्थान का साधन होना चाहिए, प्रभुत्व बनाए रखने का माध्यम नहीं होना चाहिए। इसीलिए उन्होंने मूर्तिपूजा का भी विरोध किया।
- स्वानुभूति के आधार पर अपने विचार दिए।
- प्रारंभ में ईश्वर प्राप्ति के लिए नाथ-परंपरा का अनुकरण किया, बाद में नाथ परंपरा को त्यागकर भक्ति की परंपरा को अपनाया।
- निराकार, निर्गुण भक्ति का समर्थन किया और निर्गुण ईश्वर को उन्होंने 'राम' नाम दिया।
- परम ब्रह्म या ईश्वर इस विश्व में सर्वत्र व्याप्त हैं। यह संसार नश्वर है, व्यक्ति की आत्मा को ईश्वर में ही मिलना है।
- कबीर के अनुसार, आत्मा ईश्वर का अंश है, और अजर अमर है।
- आत्मा और परमात्मा अभेद है। जीव व परमात्मा में अंश व अंशी का भाव रहता है।
- व्यक्ति को सांसरिक मोह माया से मुक्त होकर ईश्वर प्राप्ति का प्रयास करना चाहिए।
- माया को व्यक्ति के वास्तविक लक्ष्य ईश्वर की प्राप्ति में बाधक बताया। माया से बचकर ही व्यक्ति ईश्वर को प्राप्त कर सकता है। माया सारहीन है।
- जो व्यक्ति ईश्वर की शरण में चला जाता है, वह माया से बच जाता है।
- जीवन मुक्ति के लिए कबीर ने ज्ञान मार्ग, योग साधना व भक्ति तीनों का अनुकरण किया।

## मानववादी

- मानवीय संबंधों के बीच किसी प्रकार की विषमता स्वीकार्य नहीं है। जबकि धर्म, ईश्वर, समाजवाद के नाम पर मानवीय संबंधों के बीच विषमता को पैदा किया गया है। इसलिए ईश्वर एवं व्यक्ति के बीच सीधा संबंध होना चाहिए।

## क्रांतिकारी सुधारक

- कबीर द्वारा एक समतामूलक समाज का समर्थन किया गया। इन्होंने समाज में प्रचलित अंधविश्वासों, कुरीतियों का विरोध किया।
- कबीर डॉ. भीमराव अम्बेडकर के भी गुरु थे।
- कबीर ने धर्म व जाति की सीमाओं का उल्लंघन किया। जातिगत समानता पर बल दिया।
- उन्होंने हिंदू व मुस्लिम दोनों ही समाजों के सुधार पर बल दिया।
- बहुजन समाज की अवधारणा दी। अस्पृश्यता का विरोध किया।
- जुलाहा होने के कारण उन्होंने सामाजिक भेदभाव का अनुभव किया था, उसी के आधार पर उन्होंने इसकी आलोचना की। आर्थिक समानता पर बल दिया।
- वर्ण व्यवस्था के आधार पर निर्मित सामाजिक सोपानिकता की आलोचना की। पुरोहित वर्ग पर प्रहार किया। पुरोहित वर्ग की मान्यताओं, कर्मकांडों का विरोध किया।
- ऊंचे कुल या जाति में जन्म लेने व शुचिता आदि के ब्रह्मचारों के आचरण से कोई छोटा या बड़ा नहीं होता। बड़ा वही है, जिसके हृदय में राम बसता है। नीच वही है, जो भक्ति-भाव से रहित है।
- कबीर ने गृहस्थ-आश्रम को सभी आश्रमों में श्रेष्ठ बताया। गृहस्थ का चित्त उदार होना चाहिए।
- प्रोफेसर महावीर सरन जैन के अनुसार, 'कबीर का सारा जीवन सत्य की खोज व असत्य का खंडन है।'

## कबीरः एक संत

- कबीर एक आध्यात्मिक व्यक्ति थे जो स्वार्थों से संचालित नहीं थे बल्कि उनका मूल उद्देश्य सामाजिक भलाई था। वे निर्भीक थे तथा निडर थे। और स्वयं को ईश्वर के अंशरूप में मानते थे।

## निष्कर्ष

- कबीर एक संत, भक्त, कवि व समाज सुधारक थे, जिन्होंने तत्कालीन समाज में प्रचलित कुरीतियों का विरोध करते हुए एक समतामूलक समाज की स्थापना पर बल दिया व आर्थिक-सामाजिक समानता की बात की। सर्वधर्म समभाव को अपनाया।

अध्याय 12

# पंडिता रमाबाई
# PANDITA RAMABAI

- पंडिता रमाबाई एक प्रतिष्ठित भारतीय ईसाई समाज सुधारिका व सामाजिक कार्यकर्ता, कवि व अध्येता थी।
- भारतीय महिलाओं के उत्थान की प्रबल समर्थक थीं। ब्राह्मण होकर भी एक गैर-ब्राह्मण से विवाह किया। जिनका नाम विपन बिहारी मेधावी था।
- रमाबाई का जन्म 23 अप्रैल 1858 को कर्नाटक के कनारा जिले में हुआ। उनके पिता संस्कृत के विद्वान थे, जिन्होंने उन्हें संस्कृत ग्रंथों का अध्ययन कराया।
- उन्होंने हिंदू धर्म में महिलाओं की स्थिति पर प्रश्न उठाए तथा ईसाई धर्म को अपनाया।
- उन्होंने पितृ-सत्तात्मक समाज का विरोध किया।
- 1989 में भारत सरकार द्वारा उनके नाम पर डाक टिकट जारी किया गया।

## रचनाएं

- The High Cast Hindu Women (1887)
- ए टेस्टीमनी (1917)
- स्त्री धर्मनीति (1882)
- वायेज टू इंग्लैंड (1883)
- फेमाइन एक्सपीरिएंस इन इंडिया (1890)
- द न्यू टेस्टामेंट (1924)
- द लाइफ ऑफ द क्राइस्ट (1924)
- हिस्ट्री ऑफ द ब्रह्मो-समाज
- अर्ली लाइफ स्टोरी एंड ट्रेवल्स इन इंडिया।
- पीपल्स ऑफ द यूनाइटेड स्टेट्स।
- राइज एंड फॉल ऑफ द आर्यन रेस।

## महिला सुधार संबंधी विचार

- 1882 में महिलाओं की स्थिति में सुधार लाने के लिए पंडिता रमाबाई ने पूना में 'आर्य महिला समाज' की स्थापना की, जो पहला भारतीय महिला संगठन था जिसका लक्ष्य देहाती स्त्रियों में शिक्षा की बढ़ोतरी करना तथा बाल-विवाह को रोकना था।
- 1887 मे 'रमाबाई एसोसिएशन' की स्थापना की। जिसने भारत में धर्मनिरपेक्ष स्कूल खोलने का कार्य किया जिसमें 10 वर्ष तक आर्थिक मदद दी जाएगी।
- 1889 में विधवाओं को आश्रय देने के लिए शारदा सदन की स्थापना की। वे जबरन धर्मांतरण की विरोधी थी।
- मुक्ति मिशन की स्थापना की, जिसमें महिलाओं को शिक्षा व व्यवसायिक प्रशिक्षण दिया।
- 1898 में पथभ्रष्ट स्त्रियों के उद्धार हेतु उद्धार गृह शुरू किया जिसका नाम 'कृपा सदन' रखा।

## भारत की पहली नारीवादी

- टाउनहॉल कलकत्ता के द्वारा उन्हें सरस्वती का सम्मान दिया गया। 1881 में आर्य महिला सदन की स्थापना की। उनकी पहली मराठी पुस्तक ''स्त्री धर्म नीति'' 1882 में प्रकाशित हुई।
- उन्होंने विधवा विवाह का समर्थन किया। रूढ़िवादी सामाजिक व्यवस्था का विरोध किया, जिसमें बाल विवाह और घरेलू हिंसा के विरुद्ध आवाज उठाई। उन्होंने मराठी में "The Cry of Indian Women" भी लिखी।

## हिंदू धर्म व पितृ-सत्तात्मक समाज की आलोचना

- पंडिता रमाबाई की पुस्तक ''द हाई कास्ट हिंदू वूमेन'' को पहला 'नारीवादी मैनीफेस्टो' माना जाता है। जिसमें उन्होंने हिंदू स्त्री के जीवन का आलोचनात्मक वर्णन किया है।
- उन्होंने कहा कि मनुस्मृति के नियमों में स्त्रियों का जीवन कष्टप्रद बनाया गया है, स्त्री की स्वतंत्रता व समानता की उपेक्षा की गई है।
- हिंदू समाज में एक लड़की का जन्म होना ही हीन भावना से देखा जाता है, परिवार में भी उसके साथ समानता का व्यवहार नहीं होता। कुछ परिवारों में 'कन्या हत्या' भी की जाती है।

- मनुस्मृति में विवाह के लिए लड़की की उम्र 8-12 वर्ष बताई गई है, जो बाल-विवाह को बढ़ावा देती है।
- संपूर्ण भारत में विधवा होना एक सजा माना जाता है। विधवाओं के लिए हिंदू समाज में कठोर नियम हैं, वहीं विधुरों के लिए ऐसा नहीं है।
- विधवाओं का चेहरा देखना अपशकुन माना जाता है, उन्हें गाली दी जाती है।
- पंडिता रमाबाई ने उच्च जाति की हिंदू स्त्री की 3 आवश्यकताएं बताई हैं:- आत्मनिर्भरता, शिक्षा, कार्यकुशलता।

## ईसाई धर्म की स्वीकृति

- 1883 में रमाबाई ने ईसाई धर्म स्वीकार कर लिया और उन्होंने अपना नाम मैरी रामा रख लिया। और उनकी पुत्री मनोरमा ने भी ईसाई धर्म स्वीकार किया। उन्होंने मराठी में "The People of United States" का लेखन भी किया।
- उनके अनुसार, हिंदू धर्म में महिलाओं की स्थिति अत्यधिक प्रतिकूल है और मनुस्मृति जैसे धर्मशास्त्र में महिलाओं को द्वितीय स्थान प्राप्त है।
- यद्यपि उन्होंने वैदिक युग की प्रशंसा की, जिसने पुरुष महिला के बीच समानता विद्यमान थी।
- उन्होंने अपनी सर्वाधिक लोकप्रिय किताब "The High Caste Hindu Women" में हिंदू धर्म में महिलाओं की पीड़ित स्थिति का उल्लेख किया।

## लैंगिक न्याय

- उनके अनुसार, महिलाओं को शिक्षित करने की आवश्यकता है तथा महिलाओं को अपनी इच्छा से विवाह करने की स्वतंत्रता होनी चाहिए। जिससे वे आत्मनिर्भर बन सकें तथा उनका नैतिक उत्थान भी हो सके।
- उन्होंने नारीवाद के लिए सीता-सावित्री मॉडल का समर्थन किया। जो अत्यधिक विवादास्पद भी है।

## तिलक की आलोचना

- उन्होंने राष्ट्रवादी विचारक बाल गंगाधर तिलक की आलोचना की। इनके अनुसार, तिलक सामाजिक सुधारों और महिलाओं के समान अधिकारों के समर्थक नहीं हैं। क्योंकि तिलक ब्रिटिश सरकार द्वारा किए गए सामाजिक सुधारों का विरोध करते थे।
- तिलक के अनुसार, ब्रिटिश सरकार सामाजिक सुधारों के नाम पर भारतीय समाज को विभाजित कर रही है।

## राष्ट्रवादी विचार

- रमाबाई ने अमेरिका और यूरोपीय देशों की भी यात्रा की। (1886) उनके अनुसार भारत में एक ऐसे राष्ट्र का निर्माण होना चाहिए, जिसमें सभी नागरिकों को स्वतंत्रता प्राप्त हो। उनके अनुसार, आधुनिक भारतीय राष्ट्र का निर्माण अमेरिका के आधार पर होना चाहिए।

## जाति व्यवस्था पर विचार

- शास्त्रों को लिखते समय शुद्र व नारियों से कोई सलाह नहीं ली गई व उन पर एकतरफा सामाजिक बंधन लगाए गए।
- जाति व्यवस्था का आर्य मॉडल ही हिंदू राष्ट्र के अपघटन का कारण है।
- संस्कृत भाषा 'स्त्री विरोधी' है।
- जाति व्यवस्था के विरोध के लिए 'प्रतिलोम विवाह' का समर्थन किया। अंतर्जातीय विवाह, विधवा पुनर्विवाह पर बल दिया।
- वर्ण व्यवस्था व जाति व्यवस्था मनुस्मृति की देन है, जो अन्यायपूर्ण है।
- जातिवाद की समाप्ति हेतु पंडिता रमाबाई ने 'शारदा सदन' की स्थापना की व धर्मनिरपेक्षता तथा जाति निरपेक्षता पर बल दिया।

## हिंदू धर्म का विरोध एवं ईसाई धर्म पर बल

- पंडिता रमाबाई ने हिंदू धर्म का विरोध किया। उनका मानना था कि हिंदू धर्म महिलाओं का विरोधी है, कर्मकांड को बढ़ावा देता है, हिंदू धर्म ग्रंथों का ज्ञान होने के बावजूद उन्हें सिर्फ तिरस्कार मिला।
- हिंदू धर्म में शूद्र व स्त्रियों को सदैव नीचा दिखाया जाता है। इसलिए हिंदू धर्म का विरोध किया तथा ईसाई धर्म को प्रगतिशील माना, जिसमें व्यक्ति की स्वतंत्रता पर बल दिया जाता है, ईसाई धर्म में ही स्त्रियों की प्रगति संभव है।

अध्याय 13

# बाल गंगाधर तिलक
# BAL GANGADHAR TILAK

- उनका जन्म 1856 में महाराष्ट्र के कोंकण जिले के रत्नगिरि में हुआ।
- 1 जनवरी 1880 को उन्होंने 'न्यू इंग्लिश स्कूल' का प्रारंभ किया।
- 1881 में अंग्रेजी में "मराठा" व मराठी में "केसरी" नामक समाचार पत्र का प्रकाशन आरंभ किया।
- 1885 में "दक्कन ऐजुकेशन सोसायटी" के नाम से सार्वजनिक संस्था की स्थापना की। यहां उनके आगरकर से मतभेद हो गए।
- जनता में प्राचीन संस्कृति के प्रति आत्मगौरव की भावना जागृत करने के लिए इन्होंने 'शिवाजी महोत्सव' व 'गणेश महोत्सव' आरंभ किया।
- 1889 में तिलक भारतीय कांग्रेस में सम्मिलित हुए।
- 1916 में तिलक के प्रयासों से ही कांग्रेस व मुस्लिम लीग के मध्य लखनऊ समझौता हुआ।

## गरमपंथी विचारक

- तिलक ने गोखले एवं रानाडे जैसे उदारवादी एवं गरमपंथी विचारकों की आलोचना की। जो यह मानते थे कि ब्रिटिश शासन भारत के लिए सकरात्मक है।
- उनके अनुसार, साम्राज्यवादी शासन कभी भी आम जनता की भलाई नहीं कर सकता। उन्होंने कहा कि ब्रिटिश शासन अच्छा होता तो आयरलैंड के निवासी ब्रिटिश शासन का विरोध न करते।
- उन्होंने ब्रिटिश शासन के विरोध के संवैधानिक आधार को भी अस्वीकार कर दिया। उनके अनुसार भारत में संविधान ही नहीं है। इसलिए संवैधानिक विरोध का कोई औचित्य नहीं है।

## तिलक के राजनीतिक विचार

- तिलक ने व्यक्ति की स्वतंत्रता की आध्यात्मिक अवधारणा प्रस्तुत की और भारतीय अद्वैतवाद में गहरी आस्था व्यक्त की। तिलक के लिए स्वतंत्रता की राजनीतिक अवधारणा साध्य न होकर व्यक्ति की आध्यात्मिक स्वतंत्रता की पूर्व शर्त थी। तिलक के स्वतंत्रता संबंधी विचार जे. एस. मिल से प्रभावित थे।
- राज्य के प्रयोजन के संबंध में उपयोगितावादी तर्कों का विरोध किया। अर्थात् अधिकतम व्यक्तियों के अधिकतम सुख के बजाय 'बहुजन हिताय, बहुजन सुखाय' पर बल दिया।

## तिलक का स्वराज

- तिलक के राजनीतिक विचार भारत के धार्मिक ग्रंथों वेद, रामायण, महाभारत, कौटिल्य के अर्थशास्त्र, शुक्रनीति तथा कामांदक नीतिसार से प्रभावित थे। उनके अनुसार, स्वराज में निम्नलिखित चार अवयव निहित हैं-
  - (i) शासक एवं शासित एक ही देश, धर्म अथवा प्रजाति के होने चाहिए।
  - (ii) विधि द्वारा स्थापित विधि का शासन अथवा सुशासन होना चाहिए।
  - (iii) सरकार आम जनता की भलाई वाली होनी चाहिए।
  - (iv) सरकार जनता के प्रति उत्तरदायी होनी चाहिए और जनता द्वारा निर्वाचित भी होनी चाहिए। जिसका उन्होंने जोरदार समर्थन किया।

## स्वराज एवं सुराज्य (Good Governance) में अंतर

- उनके अनुसार, स्वराज सुराज्य का विकल्प नहीं हो सकता क्योंकि स्वराज के अतंर्गत लोकतांत्रिक सरकार का निर्माण होगा जिसका स्वाभाविक कार्य आम जनता की भलाई करना होगा।
- अत: साम्राज्यवादी शासन का इस आधार पर समर्थन नहीं किया जा सकता कि इसके द्वारा जनता की भलाई की जा रही है। उनके अनुसार, साम्राज्यवादी शासन कभी भी जनता की भलाई नहीं कर सकता। उन्होंने कहा- 'स्वराज मेरा जन्मसिद्ध अधिकार है, मैं इसे लेकर रहूंगा।'

## स्वराज राजनीतिक एवं आध्यात्मिक

- तिलक के अनुसार, स्वराज केवल एक राजनीतिक कार्यक्रम नहीं है, बल्कि इससे भी बढ़कर एक नैतिक

और आध्यात्मिक सिद्धांत है। उनके अनुसार, स्वराज का विचार भारत के ऋषि मुनियों का दिया गया विचार है। जिसके अनुसार प्रत्येक व्यक्ति को आत्म नियंत्रण करना चाहिए।

- उन्होंने भागवत गीता पर ''गीता रहस्य'' नामक टिप्पणी लिखी। इसे उन्होंने मांडले जेल में 6 वर्ष के कारावास के दौरान लिखा था, जो व्यक्ति को कर्म, योग तथा कर्तव्य के द्वारा पूर्णता प्रदान करती है।

## भौतिकवाद एवं उपयोगितावाद का खंडन

- तिलक ने भौतिकवादी एवं उपयोगितावादी विचारों का पूर्ण खंडन किया। उनके अनुसार, अधिकतम व्यक्तियों के अधिकतम सुख का विचार जो बेंथम द्वारा दिया गया है, अतार्किक है।
- उनके अनुसार, वेद और भागवत गीता में व्यक्ति के सुख और अन्य के सुखों में कोई अंतर नहीं है। बल्कि समाज के सुख में ही व्यक्ति का सुख निहित है। जिसका उल्लेख वेदांतिक दर्शन में विद्यमान है।

## वेदांतिक विचारधारा का समर्थन

- विवेकानंद एवं अरबिंदो की भांति तिलक ने भी भारत की वेदांतिक परंपरा को स्वीकार किया। इनके अनुसार स्वतंत्रता व्यक्ति की आत्मा का मूल तत्व है क्योंकि वेदांत में यह उल्लिखित किया गया है कि व्यक्ति और परमात्मा के बीच कोई अंतर नहीं है।

## राष्ट्रवाद का विचार

- तिलक के राष्ट्रवादी विचार वेदांत के आध्यात्मिक एकता एवं मानवीय एकता तथा पश्चिमी विचारकों में राष्ट्रवाद का विचार प्रतिपादित करने वाले मैजिनी, बर्क, मिल और विल्सन से प्रभावित हैं। उनके अनुसार, राष्ट्रवाद का विकास निम्नलिखित चरणों में हुआ–
  - (i) ब्रिटेन और फ्रांस में राष्ट्रवाद का आरंभिक विकास हुआ। जिसमें भाषा, जाति और धार्मिक एकता के आधार पर राजनीतिक एकता को बढ़ावा दिया गया।
  - (ii) फ्रांसीसी क्रांति राष्ट्रवाद के विकास का दूसरा चरण है जिसमें राष्ट्रीय संप्रभुता को लोकप्रिय संप्रभुता के रूप में चित्रित किया गया।
  - (iii) फ्रांसीसी क्रांति के बाद यूरोप में अनेक राष्ट्र राज्यों का उदय हुआ जिसमें राजनीतिक एकता पर अत्यधिक बल दिया गया। फिक्टे तथा हर्डर इस विचार के समर्थक थे।
  - (iv) वुडरो विल्सन द्वारा आत्मनिर्धारण के सिद्धांत के प्रतिपादन के बाद यूरोप और एशिया में राष्ट्रवादी मान्यताओं का विकास हुआ।

## सांस्कृतिक राष्ट्रवाद

- तिलक के अनुसार, राष्ट्रवाद के विकास के लिए वस्तुनिष्ठ तत्व जैसे समान भाषा, भू-भाग और धर्म आवश्यक होता है, जबकि सामूहिक लगाव और मनोवैज्ञानिक एकता इसका आत्मनिष्ठ तत्व है। उन्होंने गणपति उत्सव तथा शिवाजी महोत्सव के द्वारा ब्राह्मणों एवं गैर-ब्राह्मणों के बीच एकता पैदा करने का प्रयास किया।
- उनके अनुसार, सामाजिक आंदोलन और राजनीतिक विरोध राष्ट्रवादी एकता के निर्माण में सहायक है। उनके अनुसार, भारत के विभिन्न भाषायी समुदाय राष्ट्र के उपभाग हैं। उनका मानना था कि हिंदूवाद भारत में राष्ट्रीय एकता का बड़ा आधार है। हिंदू धार्मिक ग्रंथ जैसे रामायण और महाभारत कश्मीर से लेकर कन्याकुमारी तक भारत की एकता निर्मित करते हैं।
- उनके अनुसार, इसी धार्मिक एकता को आर्थिक और राजनीतिक आधार पर सुदृढ़ करने की आवश्यकता है।
- उनके अनुसार, हिंदू राष्ट्रवाद का विचार भारत में पहले से ही विद्यमान है। अत: ब्रिटिश शासन राष्ट्रवाद का निर्माण नहीं कर रहा है बल्कि इसे खंडित कर रहा है।

## आर्थिक राष्ट्रवाद

- तिलक ने सांस्कृतिक और धार्मिक आधारों पर राष्ट्रवाद के निर्माण के अलावा उदारवादी विचारकों – रानाडे, दादाभाई नौरोजी आर.सी. दत्त और गोपाल कृष्ण गोखले के आर्थिक विचारों को आधार बनाकर राष्ट्रवाद का निर्माण किया। जिसके अनुसार आर्थिक शोषण के कारण लोगों में ब्रिटिश सरकार के विरुद्ध चेतना का निर्माण हो रहा है।
- उन्होंने दादाभाई नौरोजी की आर्थिक निकासी (drain theory) का समर्थन किया। उन्होंने औद्योगीकरण और परिवहन संचार के विकास का समर्थन किया, जो रानाडे द्वारा बताया गया था। उन्होंने यह माना कि आर.सी. दत्त ने अकाल और ग्रामीण किसानों के कर्ज की समस्या बताकर ब्रिटिश शासन के विरुद्ध प्रतिरोध उत्पन्न किया है। परंतु उन्होंने उदारवादियों के इस विचार को अस्वीकार कर दिया कि ब्रिटिश शासन का विरोध संवैधानिक आधार पर होना चाहिए।

## सामाजिक रूढ़िवादी राजनीतिक आमूलवादी

- उनके अनुसार, पहले राजनीतिक अधिकार और स्वराज्य

प्राप्त होना चाहिए। उसके बाद सामाजिक सुधार होना चाहिए, जबकि उदारवादी अथवा नरमपंथी यह मानते थे कि पहले सामाजिक सुधार होना चाहिए। उसके बाद राजनीतिक अधिकार प्राप्त होने चाहिए।

- तिलक के सामाजिक विचारों के संबंध में उनके समय में गंभीर भ्रांतियां रहीं। उनके समकालीन आलोचकों ने तिलक को सामाजिक रूढ़िवादी सुधार विरोधी के रूप में चित्रित किया। किंतु तिलक को रूढ़िवादी अथवा सुधार विरोधी मानना न्यायसंगत नहीं है।
- तिलक वस्तुतः समाज सुधारों के नहीं, अपितु समाज सुधारों के प्रयत्न में ब्रिटिश सरकार के हस्तक्षेप और समाज सुधारों के नाम पर भारतीय मूल्यों की अपेक्षा पश्चिम जीवन मूल्यों को भारतीय समाज में स्थापित किए जाने के विरोधी थे।
- समाज सुधारों का समर्थन किया, किंतु पश्चिमीकरण का विरोध किया। समाज सुधार हेतु भारतीय संस्कृति के मूल तत्वों के उन्मूलन की नहीं, अपितु कुरीतियों के निवारण की आवश्यकता थी।
- तिलक ने समाज सुधारों के लिए व्यवस्थापन की अपेक्षा जन-जागृति पर बल दिया। क्योंकि उनका मानना था कि समाज-सुधार बल प्रयोग द्वारा थोपे नहीं जा सकते।
- तिलक ने बाल-विवाह और छूआछूत का विरोध किया। यदि छूआछूत ईश्वरीय आदेश का परिणाम है, तो वे ईश्वर को ही नकार देंगे ऐसा तिलक का मानना था।

## निष्क्रिय प्रतिरोध

- उनके अनुसार, ब्रिटिश शासन का विरोध करने के लिए विदेशी वस्तुओं का बष्हिकार करना चाहिए। भूमि का राजस्व नहीं देना चाहिए तथा विदेशी न्यायालयों एवं विदेशी शैक्षणिक संस्थाओं का भी बहिष्कार करना चाहिए। इनके अनुसार उपनिवेशवादी विधियां अन्यायपूर्ण और शोषणकारी हैं।
- इसलिए उन्होंने निष्क्रिय प्रतिरोध के अंतर्गत स्वदेशी, बहिष्कार और राष्ट्रीय शिक्षा को मूल आधार बनाया। निष्क्रिय प्रतिरोध का आशय अहिंसक एवं शांतिपूर्ण गतिरोध है। जिसे बाद में गांधी द्वारा सत्याग्रह के रूप में परिवर्तित कर दिया गया। तिलक की लोकप्रियता को देखते हुए उन्हें लोकमान्य की उपाधि दी गई थी।

## तिलक का महत्व

- भारत की प्राचीन संस्कृति और जीवन मूल्यों को भारतीय राष्ट्रवाद का आधार बनाया। भारतीय राष्ट्रवाद के प्रणेता थे।
- तिलक ने स्वराज की जीवन धारणा प्रस्तुत की। जिसका तात्पर्य था- ऐसा राज्य जिसमें जनता का शासन के निकायों पर प्रभावशाली नियंत्रण हो और राजनीतिक शक्ति व संस्थाओं का उपयोग जनता के कल्याण के लिए हो।
- राजनीतिक आंदोलन के प्रभावशाली साधनों का समर्थन किया।

### प्रमुख रचनाएं

- वेदकाल का निर्णय (The Orion)
- The Arctic Home in the Vedas
- श्रीमद्‌भागवत्‌ गीता-रहस्य अथवा कर्मयोग शास्त्र।
- Vedic Chronology & Vedang Jyotish
- हिंदुत्व
- श्यामजी कृष्ण वर्मा को लिखे तिलक के पत्र

अध्याय 14

# स्वामी विवेकानन्द
# SWAMI VIVEKANAND

- स्वामी विवेकानंद का जन्म कलकत्ता में 12 जनवरी, 1863 को हुआ था।
- उनका मूल नाम नरेन्द्रनाथ दत्त था।
- उन्होंने 1886 में स्वामी रामकृष्ण संघ की स्थापना की।
- 11 सितंबर, 1893 में शिकागो में विश्व धर्म संसद में भाग लिया और भारतीय संस्कृति पर उत्कृष्ट भाषण दिया।
- 1 मई, 1897 में कलकत्ता के पास बैलूर में रामकृष्ण मिशन की स्थापना की।
- आधुनिक वेदांत व राजयोग उनका प्रमुख दर्शन था।
- उनका प्रसिद्ध कथन- 'उठो, जागो और तब तक नहीं रुको जब तक लक्ष्य प्राप्त न हो जाए'।
- 4 जुलाई 1902 में बैलूर-मठ में उनकी मृत्यु हुई।
- इनका जन्मदिन "राष्ट्रीय-युवा दिवस" के रूप में मनाया जाता है।

**रचनाएं**
- सिक्स लेसंस ऑन राजयोग (1896)
- कर्मयोग (1896)
- Lectures from Colombo to Almora (1897)
- Practical Vedanta (1912)

## नव-वेदांतिक विचारधारा

- विवेकानंद अद्वैत दर्शन को मानते थे। जिसके अनुसार, एक ही ब्रह्म या ईश्वर समूचे विश्व में विद्यमान हैं और विश्व में दिखने वाले भौतिक तत्व इसी ब्रह्म के परिणाम हैं।
- विवेकानंद के सामाजिक विचार इसी वेदांतिक परंपरा पर आधारित हैं। जिसमें मानवीय एकता का आध्यात्मिक आधार निहित है।

## धर्म भारत का मूल आधार

- धर्म, विवेकानंद के विचारों का केंद्रीय तत्व है। उनका मानना था कि धर्म ही वह मूल तत्व है जिस पर चलकर भारत अपनी उन्नति कर सकता है।
- विवेकानंद के अनुसार, प्रत्येक देश के कार्य करने की अपनी शैली होती है, कुछ राजनीति के माध्यम से कार्य करते हैं। कुछ समाज सुधारों के माध्यम से। हमारे पास तो केवल धर्म ही वह भूमि है, जिस पर हम चल सकते हैं।

1. विवेकानंद ने धर्म की उदार व्याख्या की। राजनीतिक उद्देश्यों के लिए धर्म के प्रयोग को अनुचित बताया। धर्म राजनीतिक शक्ति प्राप्त करने का साधन न होकर स्वयं में साध्य है।
2. स्वामी विवेकानंद ने धर्म का वास्तविक उद्देश्य मानव कल्याण माना। दीन दुखियों के कष्टों के निराकरण के लिए समर्पण को धर्म की साधना का अनिवार्य अंग बताया।
3. धार्मिक सहिष्णुता व धर्म के समन्वयवादी स्वरूप पर बल दिया। धर्म के प्रति कट्टर दृष्टिकोण व मतांधता का घोर विरोध किया। सच्चा धार्मिक दृष्टिकोण वह है, जिसमें अपने धर्म की मूल मान्यताओं के प्रति निष्ठा रखकर भी दूसरे धर्मों के प्रति समान सम्मान का भाव रखा जाए। हिंदू धर्म की उदार व्याख्या की।

## हिंदूवाद का सैद्धांतिक आधार

- ऐसा माना जाता है कि राजा राममोहन राय द्वारा पहली बार हिंदू शब्द का प्रयोग किया गया। विवेकानंद ने हिंदू शब्द को सैद्धांतिक एवं वैचारिक आधार प्रदान किया। तथा हिंदू धर्म के आध्यात्मिक एवं धार्मिक आधारों का भी निर्माण किया।
- परंतु उन्होंने हिंदू धर्म में विद्यमान कुप्रथाओं एवं रूढ़ियों पर जबरदस्त प्रहार किया। इसीलिए वे एक संन्यासी थे और उससे भी बढ़कर एक समाज सुधारक भी थे।
- उनके अनुसार, हिंदू धर्म व्यापक और सहिष्णु है। जिसमें इस धरती पर रहने वाले अन्य धर्मावलंबी भी शामिल हो जाते हैं।

## आर्य सिद्धांत का खंडन

- उनके अनुसार, आर्यों के द्वारा भारत पर आक्रमण किया

गया। यह विचार सत्य नहीं है। उन्होंने आर्य तथा द्रविड़ों के बीच विद्यमान प्रजातीय भेदभाव को भी अस्वीकार कर दिया। जिससे भारत में एकता का निर्माण हो सके।

## दरिद्र नारायण

- विवेकानंद रामकृष्ण परमहंस के विचारों से अत्यधिक प्रभावित थे, जिन्होंने दीन-दुखियों की सेवा को भी धर्म माना।
- उनके अनुसार, यदि मुझे अनेक जन्म प्राप्त हो जाएं तो भी वे उन्हीं दीन दुखियों की सेवा करने का प्रयास करेंगे न कि मोक्ष प्राप्त करने का प्रयत्न करेंगे। उनके अनुसार, सामाजिक मोक्ष व्यक्तिगत मोक्ष से ज्यादा महत्वपूर्ण है।

## सांस्कृतिक राष्ट्रवाद

- विवेकानंद के विचारों से भारत में राष्ट्रवाद का आधार निर्मित हुआ। क्योंकि उन्होंने कहा कि कमजोरी मृत्यु के समान है और प्रत्येक व्यक्ति को शक्तिशाली बनाने का समर्थन किया।
- उन्होंने भारत के सांस्कृतिक गौरव को पुनर्जीवित किया तथा भारत की सांस्कृतिक विरासत की श्रेष्ठता पर भी बल दिया। यद्यपि उनका राष्ट्रवादी विचार मानवीय एकता पर आधारित है। उनके अनुसार व्यक्ति को दैवीय शक्ति अर्जित करनी चाहिए।

1. स्वामी विवेकानंद ने धर्म को भारतीय राष्ट्रवाद का आधार बताया। उनका मानना था कि धर्म ही वह नैतिक बल है, जो व्यक्ति और राष्ट्र को शक्ति प्रदान करता है।
2. राष्ट्रवाद के लिए अतीत से प्रेरणा ली जानी चाहिए व उज्ज्वल भविष्य के प्रति विश्वास होना चाहिए। विवेकानंद ने भारतीय संस्कृति की श्रेष्ठता को, भारतीय जनता में आत्मविश्वास व राष्ट्रीयता की भावना विकसित करने हेतु आधार बनाया।
3. देश की जनता में भारतीय होने के गर्व, भाईचारे की भावना और अदम्य देशभक्ति को राष्ट्रीयता के लिए आवश्यक माना।
4. राष्ट्रीयता के लिए 3 तत्वों की आवश्यकता पर बल दिया-
   (i) सौजन्य की शक्ति में दृढ़-विश्वास।
   (ii) ईर्ष्या व संदेह का अभाव।
   (iii) अच्छे कार्यों में सहायता करने की आवश्कता।
5. राष्ट्रवाद में मानव के कल्याण की कामना पर बल दिया।

## राजनीति के प्रति नकारात्मक दृष्टिकोण

- विवेकानंद राजनीति को विभाजनकारी मानते थे और धर्म को एकता स्थापित करने की शक्ति स्वीकार करते थे। उन्होंने पश्चिमी देशों के लोकतंत्र एवं दलीय व्यवस्था की भी कड़ी आलोचना की।
- उनके अनुसार, यह प्रवृत्ति भारत में अपनाने की आवश्यकता नहीं है, बल्कि नैतिक एवं आध्यात्मिक विकास पर बल दिया। उन्होंने नैतिक और आध्यात्मिक विकास को सर्वाधिक महत्व दिया।

## ब्रिटिश सरकार की आलोचना

- यद्यपि विवेकानंद राजनीति से स्वयं को दूर रखने का प्रयास करते थे, परंतु उन्होंने माना कि उपनिवेशवादी व्यवस्था के द्वारा भारत का शोषण किया गया और भारतीयों के आत्म गौरव एवं सम्मान का भी विनाश किया गया। उन्होंने समाज में सुधार के द्वारा एवं व्यक्तियों के आत्मबल को बढ़ाकर राष्ट्रवादी चिंतन का आधार रखा।

## सामाजिक सुधार

- विवेकानंद समाजवादी विचारक कॉपरनिकस से प्रभावित थे। उन्होंने ''मैं समाजवादी हूँ'' नामक अपनी पुस्तक में अपने विचार दिए।

1. स्वतंत्रता तथा गरिमा के प्रति आस्था रखते हुए भी समुदाय के हितों के लिए व्यक्ति के समर्पण की आकांक्षा व्यक्त की।
2. मानवीय कार्यों के अंतिम लक्ष्य और परिणाम सामूहिक होने चाहिए, न कि सिर्फ व्यक्तिगत सुख।
3. विवेकानंद ने मानव मात्र की समानता पर बल दिया व दरिद्रों की सेवा को सर्वोच्च प्राथमिकता दी।
4. दलितों व पीड़ितों के उत्थान की आवश्यकता पर बल दिया।
5. सामाजिक-व्यवस्था में उच्च वर्णों के वर्चस्व का विरोध किया।
6. अवसर की समानता के सिद्धांत पर बल दिया।
7. जन साधारण की शक्ति व क्षमताओं में विश्वास जताते हुए इसे राष्ट्रवाद के लिए आवश्यक माना।

## सामाजिक रूढ़ियों एवं छुआछूत का विरोध

- उन्होंने हिंदू धर्म में विद्यमान कुरीतियों को दूर करने का प्रयास किया। उनके अनुसार, धर्म, रसोई घर तक आकर सिमट गया है, जो अत्यधिक नकारात्मक है।
- उनके अनुसार, जब तक आम लोगों को शिक्षा प्राप्त नहीं होगी, तब तक राष्ट्रवाद का विचार प्रभावी नहीं हो सकता है।

1. समाज व व्यक्ति के मध्य तादाम्य स्थापित होना चाहिए, व्यक्ति व समुदाय के हितों के मध्य कोई टकराव नहीं है।

2. भारतीय संस्कृति के गौरव का उद्घोष किया किंतु पश्चिमी संस्कृति का तिरस्कार नहीं किया।
3. विवेकानंद ने जाति भेद के वर्तमान स्वरूप को गलत बताया किंतु इसे उन्होंने जाति-व्यवस्था के स्वरूप में आई विकृति बताया।
4. उन्होंने भारतीय समाज में प्रचलित रूढ़ियों व अन्यायपूर्ण परंपराओं का विरोध किया। अस्पृश्यता की आलोचना की।
5. भारतीय समाज में विद्यमान रूढ़िवादिता व कूपमंडूकता को समाज के पतन के लिए जिम्मेदार माना व बाल-विवाह का विरोध किया।
6. विवेकानंद ने शिक्षा पर बल दिया और व्यक्ति के नैतिक विकास, आंतरिक क्षमताओं के विकास के लिए शिक्षा के बोध को आवश्यक माना।
7. श्रेष्ठ समाज के निर्माण हेतु नारी की स्वतंत्र व महत्वपूर्ण भूमिका के महत्व को आवश्यक माना।

## भारत विश्व गुरु के रूप में

- विवेकानंद ने धर्म एवं आध्यात्म को केंद्रीय महत्व प्रदान किया। परंतु उनके अनुसार, पश्चिम अथवा यूरोपीय देशों की भौतिक एवं वैज्ञानिक उपलब्धि भी अत्यधिक महत्वपूर्ण है।
- उनके अनुसार, भौतिक समृद्धि के बिना आध्यात्मिक विकास संभव नहीं है। उनके अनुसार, भौतिक और वैज्ञानिक विकास सभ्यता का प्रथम सोपान है, जबकि आध्यात्मिक विकास सभ्यता का उच्चतम चरण है।
- अतः उन्होंने पश्चिमी देशों की उस मान्यता का खंडन किया। जिसमें स्वयं को श्रेष्ठ बताने की प्रवृत्ति विद्यमान थी। उनके अनुसार, किसी भी राष्ट्र के महत्व का उसके सैन्य और भौतिक समृद्धि के द्वारा आकलन करना उचित नहीं है। बल्कि आध्यात्मिक विकास सभ्यता का मूल आधार है। इसलिए भारत मानवता का एक आध्यात्मिक शिक्षक भी बन सकता है।

अध्याय 15

# रवीन्द्रनाथ टैगोर
# RAVINDRANATH TAGORE

- टैगोर का जन्म 7 मई, 1861 को कलकत्ता में हुआ।
- वे प्रसिद्ध लेखक, कवि, नाटककार, संगीतकार, चित्रकार थे।
- उनकी रचना ''गीतांजलि'' के लिए उन्हें 1913 में नोबेल पुरस्कार (साहित्य) प्राप्त हुआ।
- राष्ट्रगान 'जन गण मन' की रचना 1911 मे रवीन्द्रनाथ टैगौर ने की।
- रवीन्द्रनाथ टैगौर ब्रह्म समाजी थे, लेकिन अपनी रचनाओं व कर्म के द्वारा उन्होंने सनातन धर्म को भी आगे बढ़ाया।
- 2011 में हार्वर्ड यूनिवर्सिटी प्रेस ने विश्व भारती विश्वविद्यालय के साथ अंग्रेजी में उपलब्ध टैगोर के कार्यों का सबसे बड़ा संकलन ''द एसेंशियल टैगोर'' को प्रकाशित करने हेतु सहयोग किया है।

### रचनाएं

- गीतांजलि (1910)
- घर और बहार (1916)
- गोरा (1910)
- आमार सोनार बांग्ला
- Stray Birds (1916)
- द एसेंशियल टैगोर (2011)
- द रिलिजन ऑफ मैन (1931)
- Creative Unity (1922)
- Nationalism (1917)
- The Spirit of Japan (1916)

## सच्ची स्वतंत्रता

- सच्ची स्वतंत्रता, पूर्ण जागरण, पूर्ण स्व-अभिव्यक्ति है।
- समाज में ऐसी अनुकूल परिस्थितियां हो, जिसमें प्रत्येक व्यक्ति स्वयं को उस सर्वोच्च सत्ता तक ले जा सके।
- उन्होंने सच्ची स्वतंत्रता प्राप्त करने हेतु 4 चरण बताए-
  1. व्यक्तिगत स्तर पर स्वतंत्रता की प्राप्ति।
  2. व्यक्ति से समुदाय के स्तर पर।
  3. समुदाय से ब्रह्मांड के स्तर पर।
  4. ब्रह्मांड से अनंत तक स्वतंत्रता की प्रगतिशील यात्रा।
- व्यक्ति धीरे-धीरे सर्वोच्च सत्ता के अनंत व्यक्तित्व के साथ स्वयं को समाहित कर देता है।
- टैगोर के लिए सच्ची स्वतंत्रता की प्राप्ति व्यक्ति के स्वयं को सांसारिक प्रलोभनों के संकुचित बंधनों से मुक्त करने की तथा अपने व्यक्तित्व के अनंत के अंतिम पड़ाव की ओर प्रगतिशील यात्रा की योग्यता पर निर्भर करती है।
- सच्ची स्वतंत्रता व्यक्ति की मौलिक रचनात्मकता पर बल देती है।
- टैगोर ने भारत के लिए राजनीतिक रूप से स्वंतत्र तथा नैतिक रूप से दृढ़ सामाजिक-राजनीतिक व्यवस्था की कल्पना की जिसमें उनकी सच्ची स्वतंत्रता के विचार के मूल तत्व संपूर्णता से अभिव्यक्त होते हैं।

## यूरोपीय राष्ट्रवाद

- टैगोर ने राष्ट्रवाद के विचार के जन्म को आधुनिक विज्ञान व तकनीकी विकास से जोड़ा।
- उन्होंने भारतीय व यूरोपीय राष्ट्रवाद में अंतर बताया तथा यूरोपीय राष्ट्रवाद को आक्रामक राष्ट्रवाद बताया।
- उनके अनुसार, राष्ट्रवाद लोगों में सत्ता व धन हेतु अंतहीन लालच को प्रोत्साहित करता है। इससे नैतिकता का पतन होता है।
- राष्ट्रवाद, उपनिवेशवाद को बढ़ावा देता है क्योंकि राष्ट्रवाद में संसाधनों की खोज ने और उनके शोषण को बढ़ावा दिया। उपनिवेशों की गतिविधियों से राष्ट्रवाद का यथार्थ चरित्र उजागर हो उठता है।
- राष्ट्रवाद का विकास पश्चिम के राष्ट्रों से निर्धारित हुआ है, जो कि मानवताहीन तथा आध्यात्मिकताविहीन है, क्योंकि यह युद्ध, शस्त्र तथा हिंसा पर आधारित होता है।

## राष्ट्रवाद, उपनिवेशवाद और साम्राज्यवाद

- टैगोर का मानना है कि वर्तमान विश्व में साम्राज्यवाद उपनिवेशवाद की वृद्धि का मूल कारण पश्चिमी राष्ट्रवाद है। जिसने मशीनों और वैज्ञानिक माध्यमों से समस्त विश्व पर अपना नियंत्रण स्थापित कर लिया है।

- इसलिए राष्ट्रवाद का विचार अत्यधिक हिंसक हो गया। इसका यह अभिप्राय नहीं कि उन्होंने समूचे पश्चिमी देशों और विचारों की आलोचना की है।
- उन्होंने पश्चिमी समाजों द्वारा निर्मित स्वतंत्रता, समानता और बंधुत्व के मूल्यों को अत्यधिक महत्वपूर्ण माना। जिसे उन्होंने पश्चिम की जीवंतता कहा।

## भारतीय राष्ट्रवाद

- उनके अनुसार, नैतिक और सामाजिक विकास के अभाव में वैज्ञानिक और तकनीकी विकास मानवता के हितों के लिए हानिकारक होता है। जिससे समाज में नैतिक और मानवीय मूल्य समाप्त होने लगते हैं।
- उनके अनुसार, भारतीय राष्ट्रवाद का आधार विश्वव्यापी बंधुता एवं लोगों के बीच समरसता का आधार होना चाहिए। और इन्हीं मूल्यों पर भारतीय राष्ट्रीय आंदोलन का भी संचालन होना चाहिए। भारतीय राष्ट्रवाद का मूल उद्देश्य विश्व नागरिक समाज का निर्माण करना है।
- अत: टैगोर का राष्ट्रवादी विचार मानववादी और अंतर्राष्ट्रीयतावाद पर आधारित है। उनके अनुसार, राष्ट्रवाद केवल स्वराज्य एवं राजनीतिक स्वतंत्रता तक सीमित नहीं है। बल्कि इसका मूल उद्देश्य आध्यात्मिक और नैतिक उत्थान है।

## मानववादी एवं अंतर्राष्ट्रीयतावादी

- टैगोर के विचारों का मूल उद्देश्य मानव का उत्थान और आत्म साक्षात्कार था। उनके सहयोगियों में रोलैंड एच. जी वैल्स, जार्ज बर्नार्ड शॉ थे जिन्होंने मानववादी विचारों का निर्माण किया।

## राज्य

- उनके अनुसार, राज्य से ज्यादा समाज का महत्व होता है। और व्यक्ति के लिए समाज का महत्व ज्यादा होता है। इसीलिए राज्य को समाज के कार्य छीनने की अनुमति नहीं होनी चाहिए।
- उनके अनुसार, राज्य का कार्य कल्याणकारी होता है। उन्होंने रूस के समाजवादी प्रयोग की प्रशंसा की, और लेटर फ्रॉम रसिया में लिखा कि रूसी समाजवाद को और ज्यादा मानवीय और संवेदनशील होना चाहिए। क्योंकि रूस में व्यक्ति की स्वतंत्रता पर संकट विद्यमान था। इससे यह प्रतीत होता है कि टैगोर पूंजीवादी विचारों के आलोचक थे। परंतु आधुनिक राष्ट्रवादी और साम्राज्यवादी विचारों के भी विरोधी थे, जो आक्रामक और हिंसक हैं।

## भारतीय राष्ट्रीय आंदोलन की पद्धतियों की आलोचना

- टैगोर के अनुसार, गांधी के असहयोग आंदोलन में आध्यात्मिक एवं नैतिक शक्ति का अभाव था। जिनके अनुसार, गांधी का आंदोलन केवल राजनीतिक और आर्थिक उद्देश्यों से प्रेरित था। जिसके द्वारा शहरी पढ़ा-लिखा वर्ग राजनीतिक और आर्थिक शक्ति प्राप्त करना चाहता है क्योंकि भारतीय राष्ट्रवाद न तो आक्रामक होगा और न ही विध्वंसात्मक होगा।

## गांधी की आलोचना

- टैगोर तथा गांधी दोनों एक-दूसरे के व्यक्तित्व का आदर व प्रशंसा करते थे। टैगोर ने गांधी जी को महात्मा कहा तथा गांधी ने टैगोर को गुरुदेव कहा। फिर भी दोनों में वैचारिक मतभेद था।
- आध्यात्मिक सिद्धांतवादी तथा विश्व नागरिकतावाद के समर्थक टैगोर ने गांधी जी के राष्ट्रीय आंदोलन की आलोचना की।
- टैगोर ने विदेशी वस्तुओं के बहिष्कार संबंधी आंदोलन की आलोचना की। टैगोर ने सामंजस्यपूर्ण अंत:क्रिया तथा नैतिकता से अंग्रेजों की क्रूर शक्ति को परास्त करने की बात की।
- देश के आर्थिक-सामाजिक परिवर्तन के लिए गांधीवादी पद्धति से टैगोर खुश नहीं थे, उन्होंने चरखे को साधन के रूप में लोकप्रिय करने के गांधीजी के प्रयास की आलोचना की।
- गांधीजी द्वारा पारंपरिक वर्णाश्रम व्यवस्था को आदर्श मानने की आलोचना की। इसे जातिगत भेदभाव के लिए जिम्मेदार बताया।

अध्याय 16

# पेरियार ई. वी. रामास्वामी
## PERIYAR E.V. RAMASAMY

- इनका मूल नाम ई. वी. रामास्वामी नायकर था। (इरोड़ वेंकट नायकर रामास्वामी)
- इनके अनुयायियों ने इनके प्रति आदर प्रकट करने हेतु इन्हें 'पेरियार' की संज्ञा दी। तमिल में पेरियार शब्द का तात्पर्य है- सम्मानित व्यक्ति या महर्षि।
- इनका जन्म कोयम्बटूर जिले के नायडू परिवार में हुआ। जिसे हिंदुओं में निम्न जाति का परिवार माना जाता है। उन्होंने सामाजिक भेदभाव को झेला।
- तत्कालीन ब्राह्मणवादी व्यवस्था, रूढ़िवादी हिंदुत्व, वर्ण-व्यवस्था, मूर्ति-पूजा, हिंदू पौराणिक कथाओं का तीव्र विरोध किया।
- दक्षिण भारत में हिंदी के अनिवार्य शिक्षण का विरोध किया।
- इन्होंने जस्टिस पार्टी का गठन किया।
- द्रविड़ कडगम के संस्थापक थे।
- 1970 में यूनेस्को द्वारा सम्मानित किए गए।

### रचनाएं
- Why Were Women Enslaved?
- Periyar on Buddhism
- Thoughts of Periyar

### ब्राह्मणवादी व्यवस्था का खंडन
- सार्वजनिक जीवन में भेदभाव का खंडन किया।
- कांग्रेस के अस्पृश्यता उन्मूलन कार्यक्रम से प्रभावित होकर 1920 में कांग्रेस में सम्मिलित हुए।
- त्रावणकोर में वैकम-सत्याग्रह का नेतृत्व किया।
- कांग्रेस में गैर-ब्राह्मणों के प्रति हो रहे भेदभाव को देखते हुए इन्होंने कांग्रेस छोड़ दी।
- वर्णाश्रम धर्म का विरोध किया। सामाजिक कुप्रथा, बाल विवाह, देवदासी प्रथा, स्त्री व दलितों के शोषण का विरोध किया।

### गांधी का विरोध
- पेरियार जिन्हें एक महान व्यक्ति के रूप में भी जाना जाता है। उन्होंने राजनीतिक जीवन की शुरूआत गांधी के अनुयायी के रूप में की। परंतु कांग्रेस के परित्याग के बाद उन्होंने गांधी के विचारों के प्रति विरोध व्यक्त किया। उनके अनुसार गांधी वर्ण व्यवस्था के समर्थक थे।

### जाति का उन्मूलन
- उनके अनुसार, भारतीय समाज में जाति व्यवस्था सर्वाधिक भेदभावपूर्ण एवं अधिक्रमतामूलक है। जिसमें शुद्धता और प्रदूषण का विचार अमानवीय है। उन्होंने कहा कि जातिवाद केवल समाज में ही नहीं है अपितु राजनीतिक दल और विभिन्न दबाव समूहों में भी विद्यमान है, जिसे वे समाप्त करना चाहते थे।

### आमूलवादी उदारवादी
- पेरियार मानवीय विवेक और स्वतंत्रता के समर्थक थे। इसलिए जन्माधारित जातिवादी व्यवस्था और छुआछूत के प्रबल विरोधी थे। इसके अतिरिक्त वे महिलाओं के उत्थान के भी समर्थक थे।
- उनके अनुसार, धार्मिक समाज में धर्म और धार्मिक ग्रंथियों के आधार पर कुरीतियों का समर्थन किया जाता है, जबकि उन्होंने नई तकनीकी की खोज एवं ज्ञान के नए आधारों के निर्माण पर बल दिया।
- उनके अनुसार, व्यक्ति को कोई विचार इसलिए नहीं स्वीकार करना चाहिए कि यह पूर्वजों द्वारा धर्म के द्वारा अथवा धर्म ग्रंथों द्वारा बताया गया है। बल्कि विवेकीय ज्ञान इसके निर्धारण का एकमात्र आधार है।

### निरीश्वरवादी
- वे ईश्वर को भी नहीं मानते थे। उनके अनुसार, ईश्वर ने कभी भी किसी को अपना दर्शन नहीं दिया, और ईश्वर और धर्म की उत्पत्ति का मूल कारण भय, अज्ञान और गरीबी है। उन्होंने व्यक्ति के विवेकशील चिंतन पर बल दिया।

## आर्य आधिपत्य का विरोध

- उनके अनुसार, आर्यों के द्वारा द्रविड़ों पर आधिपत्य स्थापित किया गया है। जो वेदों के द्वारा निर्मित किया गया है और वर्णाश्रम और धर्म का निर्माण किया गया तथा इसी वर्णाश्रम से शुद्रों की उत्पत्ति हुई। और ब्राह्मण जो आर्य प्रजाति के थे उन्होंने स्वयं को समाज का नेतृत्वकर्ता मान लिया। जिससे समाज में ऊंच-नीच के भाव का विकास हुआ और सामाजिक विषमता भी पैदा हुई। उनके अनुसार, छुआछूत मानवीय गरीमा को क्षति पहुंचाने वाला सर्वाधिक कठोर माध्यम है।

## क्रांति और साम्यवाद

- उनके अनुसार, समाज में क्रांतिकारी परिवर्तन शुरू से होते रहे हैं। और छुआछूत को समाप्त करने के लिए ऐसे ही क्रांतिकारी परिवर्तनों की आवश्यकता है। जहां राजा, पुजारी, जाति, धर्म एवं ईश्वर के विरुद्ध क्रांति की जाएगी। उन्होंने आत्मसम्मान आंदोलन का साम्यवाद के साथ विलय कर दिया और आत्मसम्मान भी साम्यवादी विचारधारा से प्रभावित था जिसने सामाजिक भेदभाव का विरोध किया गया।
- समाज सुधार कार्यक्रम को बढ़ावा देने के लिए 1925 में आत्मसम्मान आंदोलन चलाया। इसका लक्ष्य तमिल प्रदेश के गैर-ब्राह्मणों के मन में अपनी द्रविड़ परंपरा पर गर्व का भाव जगाना था।
- बाल्मीकि रामायण के 'रावण' को द्रविड़ जाति के आदर्श नायक के रूप में चित्रित किया और राम को आर्य जाति के दुष्ट व्यक्ति के रूप में प्रस्तुत किया। कई हिंदू देवी-देवताओं के चरित्र पर कीचड़ उछालने की कोशिश की। पेरियार-रामायण की रचना की।
- ब्राह्मणों के धार्मिक वर्चस्व को चुनौती देने के लिए उन्होंने 'आत्मसम्मान विवाहोत्सव' आयोजित किए जिनमें ब्राह्मण पुरोहित को बुलाए बिना विवाह संस्कार संपन्न कराए जाते थे।
- दलित जातियों के मन से हीन भावना हटाने के लिए आत्मसम्मानपूर्वक जीने की शिक्षा दी। अस्मिता की भावना को बढ़ावा दिया।
- आत्मसम्मान आंदोलन के प्रचार हेतु "कुड़ी अरासु" व "रिवोल्ट" का प्रकाशन शुरू किया।
- दलितों की नई पहचान स्थापित करने हेतु न केवल द्रविड़ आंदोलन चलाया। बल्कि एक नए स्वाधीन देश द्रविड़िस्तान की मांग उठाई।

## भाषा विवाद

- मद्रास प्रेजीडेंसी में जब चक्रवर्ती राजगोपालाचारी के नेतृत्व में स्कूली स्तर पर हिंदी भाषा अनिवार्य की गई तब पेरियार ने इस नीति का विरोध किया।
- इस विरोध के दो कारण थे-
  1. तमिल प्रदेश में हिंदी लागू करने का अर्थ था- संस्कृत का पुनरूत्थान।
  2. हिंदी के बजाय मातृभाषा पर बल दिया जाना चाहिए था।
- पेरियार ने मातृभाषा को पराई, आर्य भाषा के आक्रमण से बचाने का आह्वान किया।
- यूनेस्को ने पेरियार को नए युग का पैगम्बर, दक्षिण-पूर्व एशिया का सुकरात, समाज-सुधार आंदोलन का पिता माना। 1970 में इन्हें यूनेस्को द्वारा सम्मानित किया गया।
- 1938 में 'तमिलनाडु तमिलों के लिए' का नारा दिया।

## जस्टिस पार्टी और द्रविड़ कड़गम

- 1916 में गठित जस्टिस पार्टी का उद्देश्य ब्राह्मण समुदाय की आर्थिक शक्ति व राज्य का विरोध और गैर-ब्राह्मणों का सामाजिक उत्थान था।
- 1937 में जस्टिस पार्टी का नेतृत्व पेरियार ने संभाला।
- 1944 में पेरियार ने जस्टिस पार्टी का नाम बदलकर 'द्रविड़ कड़गम' कर दिया। इसका प्रभाव मुख्यत: विद्यार्थी व शहरी लोगों पर था।
- 1949 में पेरियार और अन्नादुराई के मध्य मतभेद के कारण द्रविड़ कड़गम का विभाजन हो गया।

अध्याय 17

# मोहम्मद इकबाल
# MOHAMMAD IQBAL

- इकबाल मुस्लिम नवोत्थान के विचारक, कवि, बुद्धिजीवी व राजनीतिक विचारक थे। इन्होंने मुस्लिम समाज में सुधार के लिए चिंतन किया तथा जागरूकता लाने का प्रयास किया।
- 9 नवंबर, 1877 को पंजाब के सियालकोट में इनका जन्म हुआ। एम. ए लाहौर में तथा दर्शन का अध्ययन कैंब्रिज में किया।
- 1922 में ब्रिटिश सरकार ने इन्हें 'सर' का खिताब दिया तथा 1930 में मुस्लिम लीग के अध्यक्ष चुने गए।
- गोलमेज सम्मेलन में इन्हें मुसलमानों के प्रतिनिधित्व के लिए आमंत्रित किया गया।
- इन्हें 'अल्लामा इकबाल' के नाम से भी जाना जाता है।
- इन्हें पाकिस्तान का 'आध्यात्मिक पिता' भी कहा जाता है।

### रचनाएं

- द सीक्रेट्स ऑफ द सेल्फ (1915)
- द कॉल ऑफ द मार्चिंग बेल (1924)
- द रिकंस्ट्रक्शन ऑफ रिलीजियस थॉट: इन इस्लाम (1930)
- द डेवलपमेंट ऑफ मेटाफिजिक्स इन परसिया (1908)
- जाविद नामा (1932)
- स्ट्रे रिफ्लेक्शन्स (1961)

## हिंदू मुस्लिम एकता का समर्थन

- इकबाल राष्ट्रवाद के समर्थक भी रहे। राष्ट्रीय आंदोलन के प्रारंभिक दौर में उन्होंने हिंदू-मुस्लिम एकता और देशभक्ति का समर्थन किया। विदेशी शासन का विरोध करते हुए उपनिवेशवाद के विरुद्ध संघर्ष के लिए लोगों को प्रेरित किया।
- अपनी कविता 'परिंदे की फरियाद' और 'तराना ए हिंद' में उन्होंने राष्ट्रीय एकता का समर्थन किया है। 1909 के पृथक निर्वाचन के मुद्दे पर उन्होंने कहा एक ऐसा नया शिवाला बने, जिसमें सभी धार्मिक भेदभाव समाप्त हो जाएं तथा भारत के प्रेम व भक्ति की भावना बनी रहे। हालांकि इकबाल ने इस्लामी राष्ट्रवाद पर बल दिया। मुस्लिम समुदाय के उद्धार के लिए प्रयास किया।

## पाश्चात्यीकरण का विरोध

- इकबाल ने पाश्चात्यीकरण का और यूरोप के अंधानुकरण को हानिकारक बताया। उन्होंने कहा यूरोपीय सभ्यता तर्क व बुद्धि पर आधारित है, जबकि तर्क व बुद्धि की अपेक्षा प्रेम व अनुभूति ज्यादा महत्वपूर्ण है।
- यूरोप का ज्ञान आत्मारहित है तथा प्रेमहीन होने के कारण अर्थहीन है।

## खुदी का सिद्धांत

- इकबाल का खुदी का सिद्धांत केवल आत्मा ही नहीं बल्कि व्यक्ति के व्यक्तित्व का पर्याय है। उनके अनुसार, आत्मा व शरीर के गुण समान हैं।
- मनुष्य का नैतिक व धार्मिक आदर्श जीवन को स्वीकार करना है, न कि उसे ठुकराना व इस आदर्श की प्राप्ति व्यक्तित्व के विकास से ही संभव है। खुदी व्यक्तित्व के विकास का चरम बिंदु है।
- व्यक्ति को अपने भीतर नई इच्छाएं पैदा करनी चाहिए व उन्हें प्राप्त करके जीवन के नए लक्ष्य की तरफ बढ़ना चाहिए।

### खुदी के सिद्धांत के 3 नियम हैं–

- साधक धर्म की आज्ञा का पालन करे क्योंकि धर्म की आज्ञा का पालन करके ही व्यक्ति अपने व्यक्तित्व का विकास करके ईश्वरीय गुणों को प्राप्त कर सकता है।
- व्यक्ति अपने ऊपर नियंत्रण रखे जो कि खुदी का सबसे बड़ा प्रमाण है, तथा आत्मनियंत्रण के बिना व्यक्तित्व कभी भी संपूर्ण नहीं हो सकता।
- खुदी का तीसरा सिद्धांत यह है कि पृथ्वी पर व्यक्ति भगवान का प्रतिनिधि बनकर रहे।

## पूंजीवाद का विरोध

- इकबाल पूंजीवादी व्यवस्था के खिलाफ थे। वे व्यक्ति के व्यक्तित्व के विकास हेतु पूंजीवादी व्यवस्था को वरीयता नहीं देते। उनका मानना है कि इससे व्यक्ति मात्र एक मशीन बनकर रह जाता है। इसलिए व्यक्ति के व्यक्तित्व के विकास हेतु 'खुदी का सिद्धांत' ज्यादा महत्वपूर्ण है।

## इस्लामी राष्ट्रवाद

- उन्होंने मुस्लिम राष्ट्रीयता व सर्वइस्लामवाद पर बल दिया। वर्ष 1930 में इलाहाबाद में मुस्लिम लीग की बैठक को संबोधित करते हुए पहली बार पाकिस्तान के विचार का सैद्धांतिक आधार रखा। उनके अनुसार, पंजाब पश्चिमोत्तर सीमा प्रांत, सिंध, बलूचिस्तान आदि जैसे राज्यों को मिलाकर एक पृथक पाकिस्तान का निर्माण किया जाएगा।
- राष्ट्रवाद से विचलन दिखाते हुए इकबाल मुस्लिम राष्ट्रवाद की ओर बढ़ गए। उन्होंने ऐसी राष्ट्रीयता की कल्पना की जिसका आधार देश नहीं धर्म है। मुस्लिमों को संघर्ष का आधार धर्म को बताते हुए अवसरों का लाभ उठाने के लिए प्रेरित किया। मुहम्मद इकबाल ने 'सर्वइस्लामवाद' (Pan-Islam) पर बल दिया, इसका अभिप्राय है, संपूर्ण विश्व के मुसलमानों में एकता है।

## विभाजन का विचार

- मोहम्मद इकबाल ने भारत के विभाजन की बात की तथा अलग राज्य की मांग का समर्थन किया। उन्होंने कहा कि भारतीय मुस्लिमानों को एक अलग मातृभूमि की आवश्यकता है।

अध्याय 18

# जवाहरलाल नेहरू
# JAWAHARLAL NEHRU

- इनका जन्म 14 नवंबर 1889 को इलाहाबाद में हुआ।
- 1912 में वे कांग्रेस में शामिल हुए। 1912 में ही पहली बार कांग्रेस के बांकीपुर अधिवेशन में प्रतिनिधि के रूप में सम्मिलित हुए।
- उन्होंने गांधीजी के साथ मिलकर कांग्रेस के प्रमुख आंदोलनों में भाग लिया।
- 1929 में लाहौर अधिवेशन में कांग्रेस के अध्यक्ष बने और इसी अधिवेशन में कांग्रेस ने पूर्ण स्वतंत्रता को अपना लक्ष्य घोषित किया।
- स्वतंत्रता के बाद 1947 में भारत के पहले प्रधानमंत्री बने।
- बच्चों के मध्य वे चाचा नेहरू के नाम से प्रसिद्ध थे, इसीलिए नेहरू जी का जन्मदिवस 14 नवंबर 'बाल-दिवस' के रूप में मनाया जाता है।
- 1955 में नेहरू जी को देश के सर्वोच्च सम्मान 'भारत-रत्न' से सम्मानित किया गया।

### रचनाएं
- Discovery of India (1946)
- Toward-Freedom-An autobiography (1936)
- Letters for a Nation
- A Bunch of Old Letters
- The Unity of India

## मानवतावाद पर विचार
- नेहरू जी ने व्यक्ति की नैतिकता में आस्था व्यक्त की। अपनी नैतिक-चेतना के कारण ही व्यक्ति अपने कल्याण व सामुदायिक हित के मध्य समन्वय स्थापित करने की क्षमता रखता है।
- मानव में ऐसी आंतरिक प्रेरणा व सामर्थ्य होता है, कि वह क्षुद्र व संकीर्ण मंतव्यों के बजाय व्यापक व नैतिक प्रयोजनों के प्रति समर्पित हो सके।
- परिस्थितियां, विकृतियां व संकीर्ण स्वार्थ ने व्यक्ति को उसकी मूलभूत गरिमा से वंचित कर दिया है।
- व्यक्ति के व्यक्तित्व में विद्यमान अनिवार्य श्रेष्ठता में आस्था रखकर ही एक नई न्यायनिष्ठ व्यवस्था का निर्माण किया जा सकता है।
- समस्त संस्थाओं का औचित्य सिर्फ इसी आधार पर स्वीकृत किया जा सकता है, कि वे कल्याण के प्रति समर्पित हों।

## वैज्ञानिक प्रवृत्ति
- नेहरू के अनुसार, विज्ञान समाज को परिवर्तित करने का एक महत्वपूर्ण साधन है। परंतु इससे भी बढ़कर विज्ञान के द्वारा व्यक्ति का विचार ज्यादा तार्किक और विवेकशील हो जाता है। जो समाज के परिवर्तन के लिए अत्यधिक आवश्यक होता है।
- इसलिए उन्होंने जाति धर्म जैसे संकीर्ण आधारों का विरोध किया। आधुनिकीकरण के लिए विज्ञान का प्रयोग आवश्यक है।

## वैज्ञानिक समाजवादी
- नेहरू समाजवाद में समानता के लिए भारी उद्योगों के समर्थक थे तथा वैज्ञानिक तरीकों का प्रयोग करके समाज के परिवर्तन के समर्थक थे।
- नेहरू, गांधी की भांति धर्म और अध्यात्म को नहीं मानते थे। बल्कि व्यक्ति की स्वतंत्रता और उदारवादी विचारों को अपनाकर समाज को परिवर्तित करना चाहते थे।

## उदारवादी राष्ट्रवादी
- नेहरू के अनुसार, व्यक्ति की स्वतंत्रता, विधि एवं संविधान का शासन ही राष्ट्रवाद का मूल आधार होगा। उनके अनुसार, भारत का राष्ट्रवाद शांतिवाद, उदारवाद एवं तार्किकतावाद के आधार पर निर्मित होगा।

## अंतर्राष्ट्रीयवाद
- नेहरू के राष्ट्रवाद की धारणा में ही अंतर्राष्ट्रीयवाद के तत्व समाहित हैं। वस्तुत: वे राष्ट्रवाद को अंतर्राष्ट्रवाद की पूर्व शर्त मानते थे। उनका दृढ़ मत था, कि भारत अपनी स्वतंत्रता व विश्व के मामलों में प्रभावशाली स्थिति प्राप्त

किए बिना अंतर्राष्ट्रीय शांति व मानव मात्र के कल्याण के लिए किए जाने प्रयत्नों में सार्थक भूमिका नहीं निभा सकता। उनका राष्ट्रवाद मानव मात्र की एकता व बिना किसी भेदभाव के समस्त मनुष्यों के अधिकारों व हितों के प्रति समर्पण पर आधारित था।

- अतः साम्राज्यवाद व उपनिवेशवाद का विरोध करना उनके अनुसार राष्ट्रवाद व अंतर्राष्ट्रवाद दोनों के लिए ही अनिवार्य था–
  1. राष्ट्रवाद के भावनात्मक पक्ष पर बल दिया तथा इसे अतीत की उपलब्धियों, परंपराओं व अनुभूति की स्मृति माना।
  2. अतीत, वर्तमान व भविष्य के मध्य समन्वय पर बल दिया।
  3. राष्ट्रवाद हेतु जनशक्ति में आस्था व्यक्त की और भारत के कल्याण हेतु भारत की स्वाधीनता अनिवार्य है।
  4. राष्ट्रवाद अंतर्राष्ट्रीयवाद की पूर्व शर्त है। भारत स्वतंत्र होकर ही विश्व शांति में अपना योगदान दे सकता है।
  5. पंचशील व गुटनिरपेक्षता उनकी विदेश नीति का प्रमुख आधार है।

## धर्मनिरपेक्षता पर बल

- नेहरू जी वैज्ञानिक, इहलोकवादी, उद्देश्यवादी व अज्ञेयवादी थे।
- नेहरू जी ने कहा यदि धर्म का अर्थ पूर्ण निष्ठा के साथ सत्य की खोज करना तथा उसके लिए सर्वस्व बलिदान कर देने के लिए तत्पर होना है, तो मैं धर्मनिष्ठ हूं।
- वे धर्ममात्र के विरोधी नहीं थे, अपितु मानव जीवन में धर्म के सकारात्मक योगदान के महत्व को स्वीकार करते थे, किंतु धर्म के नकारात्मक पक्षों की आलोचना करते थे।
- नेहरू जी धर्मनिरपेक्ष राज्य के समर्थक थे। उनका मानना था, कि राज्य को धर्म के आधार पर अपने नागरिकों से भेदभाव नहीं करना चाहिए।
- नेहरू जी सांप्रदायिकता के घोर विरोधी थे, और धार्मिक सहिष्णुता को आवश्यक मानते थे।

  नेहरू के धर्मनिरपेक्षता के दृष्टिकोण के विशिष्ट पक्ष निम्न हैं–
  1. राज्य को सामाजिक हित, सामाजिक सुधार, शिष्टाचार, स्वास्थ्य व सार्वजनिक व्यवस्था के हित के प्रसंगों के अतिरिक्त व्यक्ति के धार्मिक कार्यों में हस्तक्षेप का प्रयास नहीं करना चाहिए।
  2. धर्म के आधार पर राज्य को नागरिकों के मध्य किसी भी प्रकार का भेदभाव नहीं करना चाहिए।
  3. धर्म के प्रति मताग्रही दृष्टिकोण नहीं रखा जाना चाहिए। धार्मिक विश्वासों के रूप में प्रचलित ऐसी रूढ़ियों को जो समानता, मानवीय गरिमा, न्याय व बंधुता के आदर्श के असंगत हो, अस्वीकार करने के लिए व्यक्ति को तत्पर रहना चाहिए।
  4. व्यक्ति को सभी धर्मों के प्रति सहिष्णुता व सौहार्द्र का भाव रखना चाहिए।
  5. धर्मनिरपेक्षता को सामाजिक जीवन के सभी क्षेत्रों में व्याप्त किया जाना चाहिए।

## नेहरू के लोकतंत्र संबंधी विचार

- नेहरू जी के अनुसार, लोकतंत्र एक जीवन पद्धति है, जो सहिष्णुता, उदारता, स्वतंत्रता को महत्व देती है। लोकतांत्रिक व्यवस्था का मर्म जनता के कल्याण के प्रति शासन के समर्पण व अधिकारों व कर्तव्य के प्रति जनता की चेतना व जागरूकता में निहित है।
- व्यक्तिगत स्वतंत्रता, समानता और आर्थिक न्याय को मिलाकर लोकतंत्र का निर्माण होता है।
- लोकतंत्र सामाजिक-आर्थिक न्याय व व्यक्तिगत गरिमा में समन्वय का साधन है।
- नेहरू ने विधि के शासन, संविधानवाद व नागरिक अधिकारों पर बल दिया।
- लोकतंत्र के संस्थागत और प्रक्रियागत स्वरूपों में उन्होंने संसदीय-लोकतंत्र का समर्थन किया क्योंकि संसदीय लोकतंत्र में उत्तरदायित्व, निरंतरता व सामूहिकता पर बल दिया जाता है।
- लोकतंत्र के उद्देश्य की पूर्ति हेतु विकेंद्रीकरण पर बल दिया।

## मार्क्सवाद व साम्यवाद के प्रति दृष्टिकोण

- नेहरू एक समाजवादी विचारक थे। वे मार्क्सवाद के प्रति आकर्षित हुए किंतु उन्होंने मार्क्सवाद का अंधानुकरण नहीं किया। उन्होंने मार्क्सवाद के ऐतिहासिक भौतिकवाद के सिद्धांत को महत्व दिया।
- मार्क्सवाद के सामाजिक व आर्थिक समस्याओं के प्रति यथार्थपरक दृष्टिकोण में आस्था व्यक्त की। मार्क्सवाद की पीड़ित जनता के उत्थान के प्रति नैतिक संवेदना की भावना पर बल दिया। पदार्थ की गतिशीलता के विचार का समर्थन किया। किंतु नेहरू ने मार्क्स के वर्ग-संघर्ष की अनिवर्यता के प्रति संदेह जताया तथा सहयोग पर बल दिया।
- मार्क्स द्वारा व्यक्ति की गरिमा के बजाय वर्ग पर अधिक ध्यान देने के सिद्धांत की आलोचना की तथा जिस प्रकार

मार्क्सवाद राष्ट्रवाद का निषेध करता है, इसकी आलोचना की।

## लोकतांत्रिक समाजवाद पर विचार

- नेहरू का मानना था कि लोकतांत्रिक समाजवाद जनता की राजनीतिक व आर्थिक स्वतंत्रता को सुनिश्चित करने का उपाय है।
- आर्थिक-विकास के लिए जनता की भागीदारी आवश्यक है।
- समाजवाद की उदार व व्यावहारिक व्याख्या की। उनका मानना था कि शांतिमय व वैध उपायों से समाजवाद व लोकतंत्र में समन्वय स्थापित किया जा सकता है।
- औद्योगीकरण तथा मिश्रित अर्थव्यवस्था पर बल दिया।
- साधनों के न्यायसम्मत वितरण पर बल दिया।

## नेहरू एवं गांधी

- नेहरू और गांधी के उद्देश्य लगभग समान थे, परंतु साधनों में अत्यधिक भिन्नता थी। गांधी आध्यात्मवाद को स्वीकार करते थे, जबकि नेहरू विज्ञान को महत्व देते थे।
- गांधी ने ग्राम स्वराज्य एवं विकेंद्रीकरण को स्वीकार किया जबकि नेहरू राज्य के द्वारा समाजवाद स्थापित करने के समर्थक थे। गांधी ने भारी उद्योगों का विरोध किया जबकि नेहरू उद्योगों को मंदिर के रूप में चित्रित करते थे।
- नेहरू पंथनिरपेक्षता के समर्थक थे। जबकि गांधी सर्वधर्म समभाव के विचार को मानते थे। गांधी ने आधुनिक सभ्यता को शैतानी सभ्यता कहा और संसदीय लोकतंत्र की आलोचना की। जबकि नेहरू संसदीय लोकतंत्र के प्रबल समर्थक थे।

अध्याय 19

# राम मनोहर लोहिया
# RAM MANOHAR LOHIYA

- राम मनोहर लोहिया एक मौलिक राजनीतिक चिंतक, अर्थशास्त्री, सफल समाजवादी व महान देशभक्त थे।
- इनका जन्म 23 मार्च, 1910 को उत्तर प्रदेश के फैजाबाद जनपद के अकबरपुर में हुआ था।
- 1934 में प्रतिनिधि के रूप में कांग्रेस में शामिल हुए। यह कांग्रेस का गया अधिवेशन था।
- 1934 में "कांग्रेस-सोशलिस्ट" साप्ताहिक पत्र का संपादन किया।
- 1955 में 'भारतीय समाजवादी दल' का निर्माण किया।
- लोहिया ने हिंदी को भारत की राजभाषा बनाने का समर्थन किया।
- 1963 में वे लोक सभा के सदस्य बने।

**रचनाएं**
- Aspects of Socialist Policy (1952)
- Equidistant Theory (1953)
- Wheel of History (1955)
- Marx, Gandhi and Socialism (1963)
- Fragments of World Mind (1949)

## मार्क्सवाद का खंडन

- लोहिया ने मार्क्सवाद का खंडन किया और वर्ग संघर्ष और भौतिकवादी विचारों को अस्वीकार कर दिया। उन्होंने लोकतांत्रिक समाजवाद के विचार का समर्थन किया। उनके अनुसार, मार्क्स की इतिहास की भौतिकवादी व्याख्या भारतीय समाज के लिए उपयुक्त नहीं है।
- उन्होंने समाज में समानता लाने के लिए स्वतंत्रता, समानता एवं बंधुत्व जैसे आदर्शों को भी स्वीकार किया। लोहिया ने हिंद मजदूर सभा और हिंद किसान पंचायत का गठन भी किया।

## जाति एवं वर्ग

- मार्क्सवादी चिंतन में समाज के वर्गीय स्वरूप को स्वीकार किया गया। जबकि गांधी के अनुसार, भारतीय समाज में जाति का अत्यधिक महत्व है। उनके अनुसार, जाति और वर्ग के बीच एक अंतर्संबंध भी विद्यमान है। क्योंकि जातियां परिवर्तित होकर वर्ग बनती हैं तथा वर्ग जातियों में परिवर्तित हो जाते हैं।
- मानव इतिहास में संघर्ष केवल वर्गों के मध्य ही नहीं होते, अपितु जातियों के मध्य भी संघर्ष होते हैं। जातिगत वर्गों के समूह का स्वरूप निश्चित तथा परंपरागत होता है, जबकि वर्गों का रूप शिथिल होता है।

## राम मनोहर लोहिया : गांधीवाद व समाजवाद का सम्मिश्रण

- लोहिया ने गांधी के सत्याग्रह तथा खादी के प्रयोग का समर्थन किया एवं विकेंद्रित अर्थव्यवस्था का भी पक्ष लिया। उनका मानना है कि गांधीवाद का अंधानुकरण न करके इनके सिद्धांतों की अमूल्य बातों को व्यवहार में उतारना चाहिए।
- समाजवाद के लक्ष्यों को लोहिया ने इतिहास की पुनर्व्याख्या के माध्यम से दर्शाने का प्रयास किया है। उन्होंने अपनी पुस्तक-"Wheel of History" (1955) में तर्क दिया कि इतिहास एक चक्र के समान घूमता है।
- उन्होंने चतुर्युग के माध्यम से भारत के ऐतिहासिक चक्र के सिद्धांत को समझाया है। जैसे-पहला सतयुग, दूसरा त्रेता युग, तीसरा द्वापर तथा चौथा कलियुग है। सतयुग से लेकर कलियुग तक इतिहास में उत्थान तथा पतन का चक्र बराबर घूमता रहता है।

## गांधीवादी विचारों में संशोधन

- लोहिया गांधीवादी विचारों को स्वीकार करते थे, लेकिन उन्होंने गांधी के सत्याग्रह के विचारों को पुन: परिभाषित किया। उनके अनुसार, सत्याग्रह जनसामान्य को आंदोलित करने और विशेष लक्ष्यों को पूर्ण करने का प्रभावी माध्यम है। उन्होंने तानाशाही तथा असंवेदनशील सरकार के विरुद्ध हिंसा का भी समर्थन किया। उनका नारा था 'भोजन दो या जेल में रखो' उन्होंने घेराव का भी समर्थन किया।

- लोहिया ने गांधी के संरक्षकता (Trusteeship) के विचारों का विरोध किया और उन्होंने निजी संपत्ति के उन्मूलन का समर्थन किया। उनके अनुसार, भूमि पर खेती करने वाले का अधिकार होना चाहिए।
- उन्होंने भारी औद्योगीकरण का भी समर्थन किया और चरखा के विचारों का समर्थन नहीं किया और त्वरित औद्योगीकरण एवं विकेंद्रीकरण के बीच समन्वय स्थापित किया।

## लोकतांत्रिक समाजवादी

- लोहिया, गांधी से प्रभावित थे और समन्वयवादी विचारधारा के समर्थक थे।
- लोहिया ने गांधीवादी तकनीकों से समाजवाद लाने पर बल दिया। समाजवाद के एशियाई दृष्टिकोण पर बल दिया।
- लोहिया ने समाजवाद को 'समानता तथा संपन्नता' का प्रतीक माना।
- समाजवाद के 3 (सभी उद्योगों तथा बीमा कंपनियों का राष्ट्रीयकरण, समूचे संसार में जीवन स्तर सुधारना तथा एक विश्व संसद की स्थापना) प्रमुख तत्व हैं।
- आर्थिक समाजवाद की स्थापना हेतु कुटीर उद्योग, आर्थिक एवं राजनीतिक विकेंद्रीकरण तथा ग्राम पंचायतों की स्थापना को समाजवादी लक्ष्य माना।

## समाजवादी अर्थव्यवस्था

- समाज से आर्थिक विषमता को दूर करने हेतु लोहिया ने निम्न सुझाव दिए-
  1. उत्पादन मूल्य से विक्रय मूल्य डेढ़-गुने से अधिक नहीं होना चाहिए।
  2. औसत आय में निरंतर वृद्धि होती रहनी चाहिए।
  3. कृषि क्षेत्र में क्रांतिकारी परिवर्तन किए जाएं, सिंचाई सुविधा में वृद्धि हो। भू-अन्न सेना का निर्माण हो, जो बेकार पड़ी भूमि को कृषि योग्य बनाए।
  4. उत्पादन के साथ-साथ वितरण की व्यवस्था को संतुलित बनाया।
  5. 'अन्न बांटो आंदोलन' पर बल दिया तथा राज्य की ओर से मुफ्त रसोई घर स्थापित करने की सलाह दी। अनाज के व्यापार का समाजीकरण करने का सुझाव दिया।

## चौखंभा शासन (Four Pillar )

- लोहिया ने समाजवादी प्रजातंत्र पर बल दिया। स्वचेतना की भावना व्यक्ति के व्यक्तित्व के विकास में सहायक है।
- लोकतंत्र में शक्ति का स्त्रोत 'नीचे से ऊपर' होना चाहिए न कि 'ऊपर से नीचे' की ओर।
- अपनी कृति-"आस्पेक्ट्स ऑफ सोशलिस्ट पॉलिसी" में 'चौखंभा शासन' का विचार दिया। जिसमें निम्न स्तर पर ग्राम व मंडल उसके ऊपर राज्य या प्रांत तथा सबसे ऊपर केंद्रीय सरकार की इकाई होगी। यह एक संघात्मक व्यवस्था होगी।
- चौखंभा शासन के अंतर्गत– ग्राम, मंडल, प्रांत व केंद्र– चार समान प्रतिभा व सम्मान वाले खंभों में शक्ति का बिखराव होगा।
- चौखंभा शासन में राज्य की सशस्त्र सेना केंद्र के अधीन, सशस्त्र पुलिस प्रांत व अन्य पुलिस मंडल ग्राम के अधीन होगी।
- चौखंभा शासन का उद्देश्य व्यक्ति को राजनीतिक, सांस्कृतिक व आर्थिक स्वतंत्रता प्रदान करना है। उन्होंने 'अंग्रेजी हटाओ' अभियान भी चलाया।
- दंड-शक्ति का प्रयोग निष्पक्षता से न्याय हेतु विधि के अनुकूल होना चाहिए।
- उन्होंने भारतीय संघात्मक शासन का विरोध किया, जो केंद्रीयकरण पर आधारित है। उनके अनुसार, भारत में जिलाधिकारी और जनपद प्रशासन भी केंद्रीयकरण पर आधारित है, जो लोकतंत्र और स्वतंत्रता के लिए नकारात्मक है।

## विश्व संसद एवं विश्व सरकार

- इसमें वयस्क मताधिकार पर चुनी हुई व सीमित अधिकार वाली विश्व सरकार का पांचवां खंभा भी जोड़ने का सुझाव दिया।
- विश्व संसद के निर्माण का भी सुझाव दिया तथा भारत और पाकिस्तान के बीच एक परिसंघात्मक शासन के निर्माण का समर्थन किया

## सप्त-क्रांति की अवधारणा

- समाजवाद की पुष्टि के लिए लोहिया ने सात क्रांतियों का आह्वान किया। ये 7 क्रांतियां इस प्रकार हैं-

1. स्त्री-पुरुष की समानता हेतु क्रांति।
2. चमड़ी के रंग पर रची राजकीय, आर्थिक व दिमागी असमानता के विरुद्ध क्रांति।
3. संस्कारगत, जन्मजात, जाति प्रथा के खिलाफ व पिछड़ों को विशेष अवसर के लिए क्रांति।
4. विदेशी गुलामी के खिलाफ तथा स्वतंत्रता एवं विश्व लोकतंत्र के लिए क्रांति।
5. निजी पूंजी की विषमताओं के खिलाफ व आर्थिक समानता के लिए तथा योजना द्वारा पैदावार बढ़ाने हेतु क्रांति।

6. निजी जीवन में अन्यायी हस्तक्षेप के खिलाफ व लोकतंत्र पद्धति के लिए क्रांति।
7. अस्त्र-शस्त्र के खिलाफ व सत्याग्रह के लिए क्रांति।

## समाजवादी समाज की संकल्पना

- लोहिया जी का मानना था, कि भारत में व्याप्त सामाजिक विषमता भारतीय समाज के पतन हेतु जिम्मेदार है-

1. जाति-प्रथा समाजवाद के मार्ग की सबसे बड़ी बाधा है, वर्ग-व्यवस्था ने ही जाति-प्रथा को जन्म दिया व छुआछूत की भावना को फैलाया। जाति की जकड़न ने भारतीय सामाजिक जीवन को प्राणहीन कर दिया है।
2. वर्ण अथवा जाति का आधार स्वभाव तथा कर्तव्य विभाजन है। कर्म की प्रतिष्ठा होनी चाहिए न कि जन्म की। जाति-प्रथा की समाप्ति के लिए लोहिया ने सहभोज व अंतर्जातीय विवाह का सुझाव दिया।
3. समान अवसरों के बजाय विशेष अवसरों की व्यवस्था करने से जाति-प्रथा की जड़ों पर प्रहार किया जाना चाहिए।
4. अस्पृश्यता हिंदू जाति पर कलंक के समान है। अस्पृश्यता की वजह से ही अंतर्राष्ट्रीय जगत में भारत का अपमान हो रहा है।
5. लोहिया ने स्त्री-पुरुष समानता पर बल दिया। स्त्रियों के लिए शिक्षा, स्वतंत्रता व समानता के उचित प्रबंध करने की वकालत की। स्त्री को आर्थिक-दृष्टि से स्वतंत्र बनाने की हिमायत की। समान कार्य के लिए समान वेतन, अवसर व विधि की समानता और विशेष अवसरों की वकालत की।
6. सांप्रदायिकता व सांप्रदायिक राजनीति समाजवादी समाज के विकास में एक अवरोधक है। जब तक सांप्रदायिकता का अंत नहीं होता, तब तक समाज में सहयोग की स्थिति नहीं आ सकती।
7. सांप्रदायिकता की समाप्ति के लिए 5 सुधार आवश्यक हैं:- हृदय-परिवर्तन, इतिहास की उचित व्याख्या, राजनीति में सुधार, भाषा संबंधी उदार नीति व धार्मिक-प्रयास। ये 'सांप्रदायिक-समरसता' के लिए आवश्यक हैं।
8. 'अंग्रेजी हटाओ आंदोलन' द्वारा भाषायी विषमता को समाप्त करने का प्रयास किया। अंग्रेजी को समाप्त कर हिंदी को राष्ट्रभाषा बनाए जाने की वकालत की।
9. रंगभेद को मानवता-विरोधी माना, पर्दा-प्रथा, बाल-विवाह, दहेज का विरोध किया। विधवा विवाह तथा नारी-शिक्षा पर बल दिया।

## पिछड़ा वर्ग आंदोलन एवं अंग्रेजी विरोध

- राम मनोहर लोहिया ने कांग्रेस के विरोध में पिछड़ी जातियों को लामबंद किया; तथा गैर-कांग्रेसी दलों को एकत्रित किया। उनके अनुसार, कांग्रेस की विजय का मूल कारण विपक्षी दलों के बीच एकता का अभाव है। उन्होंने हिंदी भाषा का समर्थन किया।

## सामाजिक-परिवर्तन की पद्धति

- लोहिया का मानना था, कि सामाजिक परिवर्तन के लिए संघर्ष का रास्ता अपनाना चाहिए, लेकिन यह संघर्ष समाजवादी यूरोपीयों के संघर्ष से भिन्न होगा।
- संघर्ष के 3 प्रकार हैं:- फावड़ा, मत तथा जेल। **फावड़ा** कर्मशीलता का, **मत** जनतंत्र का तथा **जेल** बुराई के प्रतिरोध का सीधा उपाय है और ये सभी परस्पर पूरक हैं। संसद परिवर्तन का संपूर्ण माध्यम नहीं हो सकती। सामाजिक परिवर्तन हेतु लोहिया ने अहिंसात्मक साधनों वाली गांधीवादी तकनीकों को चुना। उनका मानना था कि व्यक्ति व समुदाय को सत्याग्रह के रास्ते पर चलकर अनैतिक कानूनों को बदलने हेतु संघर्ष करने का अधिकार है।

अध्याय 20

# दीनदयाल उपाध्याय
# DEENDAYAL UPADHYAY

- इनका जन्म 25 सितंबर 1916 में हुआ।
- 1937 में राष्ट्रीय स्वयंसेवक संघ के सदस्य बने।
- उन्होंने राष्ट्रधर्म, पांचजन्य साप्ताहिक तथा स्वदेश दैनिक पत्र का संपादन किया।
- 1967 में भारतीय जनसंघ के अध्यक्ष निर्वाचित हुए।
- इनके राष्ट्रीय उत्तराधिकारी 'अटल बिहारी बाजपेयी' माने जाते हैं।

### रचनाएं
- सम्राट चंद्रगुप्त मौर्य
- The Two Plans (1958)
- Devaluation- A Great Fall (1966)
- Integral - Humanism (1967)
- अखंड भारत
- जनसंघ : सिद्धांत और नीति।

## आध्यात्मिक एवं भारतीय चिंतन
- उन्होंने समाज को एक परिवार की भांति माना जिस प्रकार परिवार में एक व्यक्ति की सहायता परिवार के अन्य सदस्य करते हैं, ठीक उसी प्रकार समाज एवं राष्ट्र एक वृहद परिवार है। जिसमें एक आंगिक एकता विद्यमान है।
- इसलिए व्यक्तियों के बीच एक आत्मिक संबंध पाया जाता है। जिसे उन्होंने चिति का नाम दिया। उनके अनुसार, समाज में आध्यात्मिक और आत्मिक उत्थान के बिना समाज का विकास संभव नहीं है।

## मार्क्सवादी चिंतन का विकल्प
- उन्होंने समाज को वर्गों में विभाजित नहीं माना। इसीलिए समाज में संघर्ष के बजाय सहयोग पर बल दिया और उनका विचार मानववादी है उन्होंने समाज में श्रमिक पूंजीपति के विभाजन के बजाय मानवीय संबंधों में आंतरिक एकता पर बल दिया।
- इसलिए समाज में सभी व्यक्तियों का कर्तव्य है कि वे वंचित व्यक्तियों की सहायता करें क्योंकि सभी व्यक्ति समाज के महत्वपूर्ण घटक हैं। इसीलिए सभी की उपयोगिता भी है।

## अन्त्योदय
- अन्त्योदय का शाब्दिक अभिप्राय है कि समाज में विद्यमान सबसे वंचित और गरीब व्यक्ति का उत्थान होना चाहिए। जो समूचे समाज का नैतिक दायित्व है। उनका यह विचार गांधी के समान प्रतीत होता है।
- उनके अनुसार, समाज के वंचित वर्गों के उत्थान के बिना राष्ट्र शक्तिशाली नहीं हो सकता है और जिस प्रकार परिवार में सभी व्यक्तियों को उचित हिस्सा प्राप्त होता है ठीक उसी प्रकार समाज में भी वंचित वर्गों का ध्यान रखना होगा।

## एकात्मक मानवतावाद पर विचार
- उनके अनुसार, समाज एक आंगिक ईकाई है और जिस प्रकार शरीर के विभिन्न अंग एक दूसरे से अंतरसंबंधित होते हैं। ठीक उसी प्रकार समाज में विद्यमान प्रत्येक व्यक्तियों के बीच एक आंगिक एवं पूरकता का संबंध पाया जाता है। इसीलिए व्यक्तियों के बीच भेदभाव नहीं होना चाहिए।
- आत्मिक एकता का विचार जाति-धर्म जैसे बंधनों से सीमित नहीं है। इसीलिए यह मानववादी विचार है। जिस प्रकार समूची सृष्टि का निर्माण ईश्वर करता है। उसी प्रकार व्यक्ति का निर्माण भी ईश्वर के द्वारा होता है। अत: व्यक्तियों के बीच आत्मिक संबंध विद्यमान होता है।
- व्यक्ति के जीवन की पूर्णता अर्जित करने हेतु व्यक्ति को भौतिक, नैतिक व आध्यात्मिक सभी प्रकार की उपलब्धियों की आवश्यकता होती है।
- व्यक्ति के जीवन की एकांगी व्यवस्था किया जाना उचित नहीं है।
- धर्म, अर्थ, काम, मोक्ष चारों पुरूषार्थों पर बल दिया।
- एकात्मक मानववाद की धारणा में व्यक्ति प्रमुख है, किंतु

उसका राष्ट्र व समाज से कोई टकराव नहीं है। व्यक्ति प्रकृति व समुदाय में एकरसता विद्यमान है।

- उन्होंने मनुष्य मात्र की एकता पर बल दिया। 'वसुधैव-कुटुम्बम्' की भावना में विश्वास जताया।

## सांस्कृतिक राष्ट्रवाद संबंधी विचार

- इनका विचार विवेकानंद के विचारों से प्रभावित है जो यह मानते हैं कि भारत में राष्ट्र की भावना सदैव मावनीय चेतना में अंतर्निहित है। इनके अनुसार, राष्ट्र के सांस्कृतिक विचार हैं।
- इनके अनुसार, राष्ट्र में निम्नलिखित तत्वों की आवश्यकता होती है-
  (i) भूमि एवं जनता
  (ii) सामूहिक इच्छा एवं सभी की भावना
  (iii) सिद्धांतों का समुच्चय जो भारत में धर्म के रूप में विद्यमान है
  (iv) जीवन के आदर्श
- उन्होंने कहा कि केवल भूमि और लोगों से देश का निर्माण होता है। जबकि राष्ट्र का निर्माण साझे सांस्कृतिक मूल्यों से होता है। उन्होंने राष्ट्र को मां के रूप में चित्रित किया और जिस प्रकार मां का बेटे के प्रति लगाव होता है ठीक उसी प्रकार भूमि और नागरिकों के बीच मां की भांति लगाव होना चाहिए। जिसे उन्होंने मातृभूमि का नाम दिया।

## राष्ट्र और राज्य में अंतर

- दीनदयाल के अनुसार, जब एक मानव समुदाय के समक्ष एक व्रत, विचार या आदर्श रहता है, और वह समुदाय किसी भूमि विशेष को मातृभाव से देखता है, तो वह राष्ट्र कहलाता है।
- राज्य केवल भौगोलिक सीमाओं को व्यक्त करता है, जबकि राष्ट्र एक सांस्कृतिक संकल्पना है।
- राष्ट्र का निर्माण कुछ शाश्वत मूल्यों व आदर्शों की आधारशिला पर होता है, जिसे उस राष्ट्र की आत्मा माना जा सकता है।
- राष्ट्रवाद में संकीर्णता के लिए कोई स्थान नहीं है।
- मानव की चेतना की चरम अभिव्यक्ति विश्व के हितों के साथ एकाकार हो जाने में है।
- राज्य की तुलना में राष्ट्र प्राथमिक है।

## राष्ट्र एवं दल

- उनके अनुसार, राष्ट्र सदैव दल से प्राथमिक होना चाहिए राष्ट्र में एकात्मक चेतना और मनोवैज्ञानिक लगाव होता है जिसे उन्होंने चिति का नाम दिया। चिति के द्वारा जो ऊर्जा और शक्ति प्राप्त होती है उसे उन्होंने विराट का नाम दिया।
- उनके अनुसार, राष्ट्र सदैव दल से प्राथमिक होना चाहिए। उनके अनुसार राष्ट्र और दल के बीच टकराव में सदैव राष्ट्र को प्राथमिकता होनी चाहिए।

## स्वराज संबंधी विचार

- दीनदयाल उपाध्याय ने स्वराज की व्याख्या हेतु तीन अनिवार्य पक्ष माने-
  1. राज्य उन लोगों द्वारा संचालित हो जो राष्ट्र के अंग हैं।
  2. राज्य का संचालन राष्ट्रीय हितों के अनुकूल किया जाए।
  3. राज्य में राष्ट्र के हितों का संरक्षण व संवर्धन करने की सामर्थ्य स्वयं में हो। राजनीतिक स्वतंत्रता, राष्ट्रहित के लिए समर्पण व स्वावलंबन स्वराज्य के आवश्यक तत्व हैं।

## राजनीति संबंधी विचार

- दीनदयाल उपाध्याय ने भारत के लिए संघात्मक व्यवस्था के बजाय एकात्मक शासन का समर्थन किया।
- भारत में धर्मनिरपेक्ष राष्ट्र का निर्माण हो। उनके अनुसार भारत में राज्य की कोई पूजा पद्धति नहीं है, परंतु भारत के सांस्कृतिक मूल्यों को प्राथमिकता दी जाएगी।
- राष्ट्रभक्ति, समाज-भक्ति ही भगवान-भक्ति है।
- राज्य व राष्ट्र के मध्य साधन व साध्य का संबंध है।
- व्यक्ति के व्यक्तित्व व स्वतंत्रता पर राज्य द्वारा मनमाना नियंत्रण नहीं होना चाहिए।

## आर्थिक विचार

- दीनदयाल उपाध्याय ने आदर्श अर्थव्यवस्था की निम्नलिखित विशेषताएं बताई:-

1. प्रत्येक व्यक्ति को न्यूनतम जीवन स्तर के प्रति आश्वस्त करना। उन्होंने लघु उद्योग एवं कुटीर उद्योगों पर बल दिया। अर्थव्यवस्था को विकेंद्रित करने का समर्थन किया।
2. राष्ट्र में व्यक्ति की सुरक्षा की सामर्थ्य की व्याख्या करना।
3. व्यक्ति और राष्ट्र की न्यूनतम आर्थिक आवश्यकताओं की पूर्ति के लिए साधन उपलब्ध कराना।
4. प्रत्येक वयस्क व स्वस्थ्य व्यक्ति को उपयुक्त रोजगार का अवसर प्रदान करना।
5. प्रकृति के संसाधनों का मितव्ययिता से उपयोग करना।
6. राष्ट्र की आवश्यकताओं व उपलब्ध संसाधनों के आधार पर तकनीकी का विकास करना।

- पूंजीवादी आर्थिक प्रणाली व समाजवादी व्यवस्था दोनों की ही आलोचना की व मानवीय अर्थशास्त्र पर बल दिया।

# भाग–4

# तुलनात्मक राजनीतिक विश्लेषण

अध्याय 1

# तुलनात्मक राजनीति के अध्ययन के उपागम

# APPROACHES TO THE STUDY OF COMPARATIVE POLICS

## तुलनात्मक राजनीतिः अर्थ एवं उपागम

- तुलनात्मक राजनीति का आधार अरस्तू के चिंतन में ही विद्यमान है, जिन्होंने 158 देशों के संविधान का अध्ययन किया और पहली बार विभिन्न प्रकार की शासन प्रणालियों के बीच तुलना करने का प्रयास किया।
- अरस्तू ने इन 6 (राजतंत्र, निरंकुशतंत्र, कुलीनतंत्र, गुटतंत्र, राजव्यवस्था एवं लोकतंत्र) शासन प्रणालियों के बीच तुलना करते हुए यह बताने का प्रयास किया कि राजतंत्रीय शासन सर्वश्रेष्ठ है। जबकि 'पोलिटी' (Polity) का शासन व्यावहारिक रूप में सर्वश्रेष्ठ है। मांटेस्क्यू ने विभिन्न प्रकार की शासन प्रणालियों एवं भौगोलिक कारकों के बीच तुलना करने का प्रयास किया। मांटेस्क्यू ने अपनी प्रसिद्ध पुस्तक-"Spirit of Laws" में यह अध्ययन किया। डी. टॉकविले ने यह देखने का प्रयास किया कि अमेरिका जैसे लोकतांत्रिक देशों में स्वतंत्रता उपलब्ध है अथवा स्वतंत्रता के लिए चुनौती उत्पन्न हो रही है।

## परंपरागत उपागम के विकास का दूसरा चरण

- तुलनात्मक राजनीति के विकास के दूसरे चरण में अनेक विचारकों का योगदान है, **जिसमें-**
  - James Bryce- "Modern Democracies" (1921)
  - Herman Finer-"Theory and Practice of Modern Government" (1949)
  - Carl J. Friedrich-"Constitutional Government and Democracy" (1968)
  - Robert Michels-"Political Parties" (1911)
  - Maurice Duverger-"Political Parties : Their Organization and Activity in the Modern State" (1954)
- 20वीं शताब्दी के आरंभिक दशकों में तथा प्रथम व द्वितीय विश्व युद्ध के बीच में उपरोक्त विद्वानों के द्वारा विभिन्न पश्चिमी देशों की शासन प्रणालियों की तुलना की गई और इन्होंने इन देशों की संवैधानिक व्यवस्था के अध्ययन के आधार पर शासन के बीच तुलना करने का प्रयास किया। तुलनात्मक राजनीति के विकास के इस चरण में सरकार और संविधान की तुलना की गई, इसलिए इस उपागम को **परंपरागत उपागम अथवा संस्थागत वैधानिक उपागम** का नाम दिया गया।

## परंपरागत उपागम

### (i) औपचारिक या वैधानिक संस्थागत

- औपचारिक या वैधानिक उपागम संविधानों, सरकारों तथा उसकी संरचनाओं का तुलनात्मक अध्ययन है। यह विभिन्न देशों के संविधानों के अध्ययन के माध्यम से विभिन्न नियमितताओं की जांच करता है तथा उसके सैद्धांतीकरण का प्रयास करता है।
- तुलनात्मक राजनीति के जिन विद्वानों ने इस औपचारिक या वैधानिक उपागम को अध्ययन के रूप में प्रयुक्त किया, उनमें विल्सन, डॉयसी जैसे विद्वान उल्लेखनीय हैं। समकालीन विचारकों में कॉर्टर, जॉन हर्ज और न्यूमैन जैसे लोगों के नाम उल्लेखनीय हैं। सामान्यतः 19वीं सदी को 'संविधान का युग' कहा गया तथा अनेक नए राज्यों ने अपने संविधानों का निर्माण किया।

#### कमियां

- औपचारिक वैधानिक उपागम की अनेक आधारों पर आलोचना की गई, क्योंकि आलोचकों के अनुसार, तुलनात्मक राजनीति के इस उपागम में संविधान व संस्थाओं के अध्ययन पर बल दिया गया। जबकि सामाजिक, आर्थिक एवं मनोवैज्ञानिक कारकों की उपेक्षा की गई। जैसे-ब्रिटेन में सैद्धांतिक रूप से संसद सर्वोच्च है किंतु व्यावहारिक रूप में ऐसा नहीं है।

### (ii) ऐतिहासिक उपागम

- तुलनात्मक राजनीति के ऐतिहासिक उपागम के समर्थकों में या जिन विचारकों ने इस उपागम का प्रयोग किया, उनमें अरस्तू, मांटेस्क्यू, हीगल, मार्क्स, हेनेरी मैन, जेंक्स (Jenks) तथा मैकाइवर हैं। उदाहरण के लिए, हीगल

के विचारों में राज्य के विकास का ऐतिहासिक उल्लेख पाया जाता है तथा हीगल ने एशियाई राज्यों और पश्चिमी राज्यों के मध्य अंतर बताया। उन्होंने जर्मनी राज्य-राष्ट्र को सर्वश्रेष्ठ कहा। ऐतिहासिक उपागम के समर्थक राजनीतिक संस्थाओं के विकास पर अपना बल प्रदान करते हैं। सेबाइन ने भी तुलनात्मक राजनीति के अध्ययन के लिए इतिहास के अध्ययन को अपरिहार्य माना।

### कमियां

- ऐतिहासिक उपागम के संबंध में सबसे बड़ी समस्या यह है कि इसे विभिन्न विद्वान, विभिन्न रूपों में व्याख्यायित करते हैं। आलोचकों के अनुसार, अतीत पर ज्यादा बल देकर वर्तमान को ठीक प्रकार से नहीं समझा जा सकता है।

### (iii) क्षेत्र उपागम

- मैक्रिडिस के अनुसार, जिन क्षेत्रों में विभिन्न देशों के मध्य की संस्कृतियों में समानता विद्यमान होती है, वहां राजनैतिक संस्थाओं की तुलना करना आसान है। क्षेत्र उपागम द्वितीय विश्व युद्ध के बाद अत्यधिक लोकप्रिय हुआ, क्योंकि द्वितीय विश्व युद्ध के बाद (USA & USSR) दोनों महाशक्तियों ने इन क्षेत्रों में अपने प्रभाव के विस्तार का प्रयत्न किया। पश्चिमी विद्वानों ने अनेक गैर-पश्चिमी समाजों के अध्ययन का प्रयत्न किया।
- उदाहरण के लिए, डेविस ने लैटिन अमेरिकी क्षेत्रों का अध्ययन किया। मैक्कीन ने दक्षिण-पूर्वी एशियाई क्षेत्रों का अध्ययन किया। एंडरसन ने यूरोपीय क्षेत्र का अध्ययन किया। जबकि हरारी ने मध्य-पूर्व (पश्चिमी एशिया) का अध्ययन किया।

### कमियां

- आलोचकों के अनुसार, एक भौगोलिक क्षेत्र में या भौगोलिक निकटता देशों के मध्य या राजनीतिक व्यवस्थाओं के मध्य समान ऐतिहासिक, सांस्कृतिक या नृजातीय समानता स्थापित नहीं होती।

### (iv) समस्या समाधान उपागम

- तुलनात्मक राजनीति के परंपरागत उपागम में अनेक समस्याओं को उठाया गया तथा उनके अंतर्संबंध के अंतर पर बल दिया गया। जैसे-लोकतंत्र और आर्थिक नियोजन के मध्य संबंध की समस्या की जांच करना। संघीय व्यवस्था और द्विसदनात्मक विधायिका की जांच करना। यह उल्लेखनीय है कि समस्या समाधान उपागम में औपचारिक संस्थाओं के अध्ययन पर ही बल दिया गया तथा इन संस्थाओं में अध्ययन के द्वारा सुधार एवं पुनर्गठन का भी समर्थन किया गया। जैसे-इंग्लैंड के लॉर्ड सभा में सुधार की अनुशंसा की गई तथा प्रकार्यात्मक प्रतिनिधित्व का सुझाव दिया गया।

### कमियां

- व्यावहारिक, सामाजिक व आर्थिक परिप्रेक्ष्यों को देखे बिना संस्थागत समस्या को नहीं समझा जा सकता है।

### (v) संस्थात्मक ( प्रकार्यात्मक ) उपागम

- तुलनात्मक राजनीति के इस उपागम में संस्थाओं एवं उनके द्वारा संपादित प्रकार्यों के अध्ययन पर बल दिया गया। यहां संस्था का अभिप्राय, व्यवहार के द्वारा स्थापित एकरूपता है। जबकि प्रकार्य का तात्पर्य, संस्थाओं के द्वारा संपादित कार्य है। तुलनात्मक राजनीति का यह उपागम 1930 के दशक से अत्यधिक लोकप्रिय हुआ, जिसके अध्ययन में हर्मन फॉइनर, कॉर्ल फ्रेडरिक, मोरिस डुवर्जर और के. सी. व्हीयर के नाम उल्लेखनीय हैं।
- तुलनात्मक राजनीति का परंपरागत उपागम मूलतः वर्णनात्मक है, व्याख्यात्मक या विश्लेषणात्मक नहीं। इसमें न किसी परिकल्पना का निर्माण किया गया और न ही उसे प्रमाणित करने का प्रयत्न किया गया।

### परंपरागत उपागमों की कमियां

- मैक्रिडिस ने अपनी रचना-"The Study of Comparative Government" (1968) में परंपरागत उपागम की निम्नलिखित खामियों को उजागर किया-
  - (i) तुलनात्मक राजनीति के परंपरागत उपागम में मूलतः पश्चिमी राजनीतिक व्यवस्थाओं के अध्ययन पर मूल बल दिया गया है। इस अध्ययन में पश्चिमी समाजों के ही सांस्कृतिक व्यवस्था को स्वीकार किया गया और गैर-लोकतांत्रिक राजनीतिक व्यवस्थाओं को त्रुटिपूर्ण माना गया। इन्होंने विकासशील देशों के समाजों पर या एशियाई समाजों की सांस्कृतिक विशिष्टता को पूर्णतः उपेक्षित किया। अतः यह केवल नाममात्र का उपागम था।
  - (ii) तुलनात्मक राजनीति का परंपरागत उपागम मूलतः औपचारिक था, जिसमें सरकार की औपचारिक संस्थाओं के विश्लेषण पर मूल बल दिया गया। गैर-राजनीतिक कारकों (सामाजिक एवं आर्थिक) की उपेक्षा की गई। अतः तुलनात्मक राजनीति का परंपरागत उपागम, व्यवस्थित और वैज्ञानिक नहीं था, क्योंकि राजनीतिक प्रक्रियाओं के अध्ययन को उपेक्षित किया गया।
- परंपरागत अध्ययन की कमियों को दूर करने के लिए तुलनात्मक राजनीति के आधुनिक उपागम का निर्माण हुआ, जिसमें राज्य एवं सरकार के बीच तुलना करने के

बजाय, राजनीतिक दलों के बीच तुलना पर बल दिया गया तथा राजनीतिक प्रक्रिया के व्यावहारिक कार्य की तुलना पर प्रमुख बल दिया गया।

## तुलनात्मक राजनीति के आधुनिक उपागम की उत्पत्ति के कारण

- अमेरिका में होने वाली व्यवहारवादी क्रांति के परिणामस्वरूप राजनीति विज्ञान को प्राकृतिक विज्ञानों की भांति वस्तुनिष्ठ एवं वैज्ञानिक बनाने का प्रयास किया गया। द्वितीय विश्व युद्ध के शीत युद्ध के दौर में पूंजीवाद एवं साम्यवाद के बीच वैचारिक संबंध विद्यमान था, जहां मार्क्सवादी स्वयं को वैज्ञानिक होने का दावा करते थे, जिसके विरोध में अमेरिकन पोलिटिकल साइंस एसोसिएशन (American Political Science Association (APSA)) ने व्यवहारवादी उपागम के माध्यम से स्वयं को वैज्ञानिक रूप में प्रस्तुत किया। परिणामस्वरूप तुलनात्मक राजनीति के आधुनिक उपागम का जन्म हुआ।

## तुलनात्मक राजनीति के आधुनिक उपागम

- अमेरिका में होने वाली व्यवहारवादी क्रांति के परिणामस्वरूप राजनीति विज्ञान को प्राकृतिक विज्ञानों की भांति वस्तुनिष्ठ एवं वैज्ञानिक बनाने का प्रयास किया गया।
- द्वितीय विश्व युद्ध के शीत युद्ध के दौर में पूंजीवाद एवं साम्यवाद के बीच वैचारिक संबंध विद्यमान था, जहां मार्क्सवादी स्वयं को वैज्ञानिक होने का दावा करते थे, जिसके विरोध में अमेरिकन पॉलिटिकल साइंस एसोशिएसन (American Political Science Association (APSA)) ने व्यवहारवादी उपागम के माध्यम से स्वयं को वैज्ञानिक रूप में प्रस्तुत किया। परिणामस्वरूप तुलनात्मक राजनीति के आधुनिक उपागम का जन्म हुआ।
- तुलनात्मक राजनीति के आधुनिक उपागम का आधार रॉबर्ट मिचेल्स (Robert Michels) और मोरिस डुवर्जर (Maurice Duverger) की रचनाओं में विद्यमान है, जिन्होंने संविधान एवं सरकारों की तुलना के बजाए, दलीय प्रणाली की तुलना पर ध्यान दिया।
- परंतु आधुनिक उपागम का प्रभावी विकास द्वितीय विश्व युद्ध के बाद देखा गया, जिसमें-
- Roy C. Macridis-"The Study of Comparative Government." (1966)
- Harry Eckstein-"A Perspective on Comparative Politics."
- David Apter, Almond and Powell-"Political development."
- तुलनात्मक राजनीति के आधुनिक उपागम में राज्य एवं सरकार के बीच तुलना करने के बजाए राजनीतिक व्यवस्थाओं के बीच तुलना करने का प्रयास किया गया है।
- **माईकल कर्टिस** ने-"Comparative Government and Politics" (1968) नामक रचना लिखी।
- तुलनात्मक राजनीति के आधुनिक उपागम में राज्य एवं सरकार के बीच तुलना करने के बजाए राजनीतिक व्यवस्थाओं के बीच तुलना करने का प्रयास किया गया है। तुलनात्मक राजनीति के आधुनिक उपागम में विकासशील देशों के समाजों पर विशेष बल दिया गया। इसलिए डेविड कोलमैन, आमण्ड एवं वर्बा (David Coleman, Almond and Verba) ने विकासशील देशों में भारत, श्रीलंका एवं लैटिन अमेरिकी देशों के अध्ययन पर बल दिया, जिससे तुलनात्मक राजनीति के एक समग्र एवं व्यवस्थित दृष्टिकोण का विकास हो सके। इन्होंने संविधान के अध्ययन के बजाए शासन प्रणालियों के व्यावहारिक कार्यकरण (Function) पर बल प्रदान किया। डेविड ईस्टन (David Easton) ने आगत-निर्गत (Input-Output) तथा आमण्ड एवं पॉवेल (Almond & Powell) ने संरचनात्मक-कार्यात्मक दृष्टिकोण (Structural-Functional Approach) से राजनीतिक व्यवस्था के बीच तुलना करने का प्रयास किया और इन्होंने अपने विचारों

### परंपरागत अध्ययन एवं आधुनिक अध्ययन की तुलना

| परंपरागत अध्ययन | आधुनिक अध्ययन |
|---|---|
| • राज्य एवं सरकार का अध्ययन। | • दलीय प्रणाली, दबाव समूह, आर्थिक विकास, राजनीतिक व्यवस्था एवं समाजीकरण का अध्ययन। |
| • पश्चिमी यूरोप तथा लोकतांत्रिक देशों के बीच तुलना। | • यहां सभी देशों/समाजों के बीच तुलना की जाती है, ताकि अध्ययन व्यापक हो सके। |
| • राज्य सरकार/संविधान का अध्ययन। | • राजनीतिक व्यवस्था का अध्ययन। |

को सभी राजनीतिक व्यवस्थाओं की तुलना के लिए समान रूप से उपयोगी माना।

- डेविड ईस्टन (David Easton) ने आगत-निर्गत (Input-Output) तथा आमण्ड एवं पॉवेल (Almond & Powell) ने संरचनात्मक-कार्यात्मक दृष्टिकोण (Structural-Functional Approach) से राजनीतिक व्यवस्था के बीच तुलना करने का प्रयास किया और इन्होंने अपने विचारों को सभी राजनीतिक व्यवस्थाओं की तुलना के लिए समान रूप से उपयोगी माना।
- व्यवस्था उपागम का सैद्धांतिक आधार **लुडविक बर्टलांफी** ने दिया, जो एक जीव वैज्ञानिक थे। उन्होंने सामान्य व्यवस्था सिद्धांत के निर्माण का प्रयास किया।
- व्यवस्था सिद्धांत, व्यवहारवादी क्रांति का परिणाम है।
- व्यवस्था उपागम की **मूल मान्यताएं निम्नलिखित हैं**-
  (i) समग्र अध्ययन पर बल दिया जाना चाहिए, न कि खण्ड या भाग के अध्ययन को महत्वपूर्ण मानना चाहिए।
  (ii) व्यवस्था सिद्धांतकारों के अनुसार, 'समग्र अध्ययन उसके अवयवों के योग से अधिक है।'
  (iii) व्यवस्था सिद्धांतकारों ने राजनीतिक व्यवस्था का अध्ययन परिवेश के अंतर्गत् करने का प्रयास किया।
  (iv) व्यवस्था सिद्धांतकारों का मूल उद्देश्य राजनीतिक व्यवस्था में एक सामान्य सिद्धांत का निर्माण करना था।
  (v) व्यवस्था सिद्धांत का सामाजिक विज्ञानों में प्रयोग दो विचारकों की देन मानी जाती है-ब्रॉनिस लॉ मैलिनोवस्की व रैडक्लिफ ब्रॉउन। यह मूलत: एन्थ्रोपोलॉजी विषय से जुड़े हुए थे।
  (vi) व्यवस्था सिद्धांत का राजनीति विज्ञान में व्यापक रूप में प्रयोग अंतर्राष्ट्रीय राजनीति में 'मॉर्टन काप्लान' के द्वारा किया गया।
  (vii) व्यवस्था सिद्धांत को मानने वाले अन्य विचारकों में कॉर्ल ड्यूश, स्टेनली हॉफमैन, चॉर्ल्स मैक्लीलैंड, डेविड सेंगर, केनेथ बोल्डिंग हैं। ये विचारक संघर्ष समाधान (Conflict Resolution) से भी जुड़े हैं।

## डेविड ईस्टन का व्यवस्था उपागम सिद्धांत (आगत-निर्गत मॉडल)

- डेविड ईस्टन ने वर्ष 1953 में प्रकाशित-"The Political System – An Inquiry into the State of Political Science" में राजनीति विज्ञान में एकसमान व्यवस्था सिद्धांत निर्माण का विचार प्रस्तुत किया।
- डेविड ईस्टन ने राजनीतिक व्यवस्था का विश्लेषण करते हुए, इसे 'मूल्यों के आधिकारिक आवंटन' के रूप में व्यक्त किया।
- डेविड ईस्टन के अनुसार, 'राजनीतिक व्यवस्था का विश्लेषण, 'आगत एवं निर्गत' के माध्यम से किया।'
- उन्होंने राजनीतिक व्यवस्था का विश्लेषण, 'निरंतर चलने वाले प्रवाहों' (System of Flows) के रूप में व्यक्त किया।
- डेविड ईस्टन के राजनीतिक व्यवस्था के विश्लेषण में अत्यधिक गति पाई जाती है और व्यवस्था सदैव चलती रहती है। इसे ईस्टन ने पुनर्निवेश (Feedback) के माध्यम से गतिशीलता प्रदान की।
- डेविड ईस्टन व्यवस्था अनुरक्षण तथा व्यवस्था अवस्थिति में विभेद करता है।

### आगत

- ईस्टन के अनुसार, 'समाज या पर्यावरण से आने वाली मांग एवं समर्थन आगत है।' उनके अनुसार, मांग के **निम्नलिखित प्रकार होते हैं**-
  (i) सेवाओं एवं वस्तुओं के वितरण की मांग।
  (ii) व्यक्तियों के व्यवहारों के नियंत्रण की मांग।
  (iii) राजनीतिक व्यवस्था में सहभागिता की मांग।
  (iv) संचार एवं सूचना की मांग।
- समर्थन के **निम्नलिखित प्रकार होते हैं**-
  (i) भौतिक समर्थन।
  (ii) विधि की आज्ञापालन द्वारा समर्थन।
  (iii) राजनीतिक क्रियाओं में सहभागिता द्वारा समर्थन।
  (iv) सांकेतिक रूप में समर्थन।

### निर्गत

- निर्गत का अभिप्राय, 'राजनीतिक व्यवस्था के निर्णयों एवं क्रियाओं से है।'

### पुनर्निवेश

- पुनर्निवेश के **निम्नलिखित कार्य होते हैं**-
  (i) राजनीतिक व्यवस्था द्वारा पर्यावरण से राजनीतिक सूचना प्राप्त की जाती है।
  (ii) जिनके माध्यम से राजनीतिक व्यवस्था अपने कार्यों के लिए समर्थन प्राप्त करती है।
  (iii) व्यवस्था के प्रति संभावित खतरों को भी टाल देती है।
  (iv) पुनर्निवेश के माध्यम से राजनीतिक व्यवस्था, भविष्य की मांगों को भी प्राप्त करती हैं।

### गेट कीपिंग (नियंत्रण व्यवस्था)

- डेविड ईस्टन ने राजनीतिक व्यवस्था को अतिभार से बचाने के लिए 'गेट कीपिंग' की व्यवस्था दी है।

- डेविड ईस्टन ने राजनीतिक व्यवस्था को अतिभार से बचाए रखने के लिए निम्नलिखित उपायों का वर्णन किया-
  (i) राजनीतिक व्यवस्था में अनियंत्रित और बेरोकटोक मांगें प्रवेश न कर सकें।
  (ii) राजनीतिक व्यवस्था द्वारा कुछ ऐसे सांस्कृतिक एवं सामाजिक मानकों का निर्माण किया जाता है, जिससे प्रतिकूल मांगों को अस्वीकृत कर दिया जाता है।

### आलोचना

- आलोचकों के अनुसार, ईस्टन ने अपने अध्ययन में यथास्थितिवाद पर बल प्रदान किया। इनका यह मॉडल विकासशील देशों और साम्यवादी देशों में प्रभावी रूप में लागू नहीं किया जा सकता।
- ईस्टन ने अपने अध्ययन में शक्ति के अध्ययन की उपेक्षा की।
- परिवेश की बात करते हैं। लेकिन परिवेश क्या है? परिभाषित नहीं किया।
- ईस्टन द्वारा प्रस्तुत राजनीति विज्ञान की परिभाषा, 'राजनीति विज्ञान, मूल्यों का आधिकारिक आवंटन है।' अपूर्ण है। क्योंकि राजनीतिक व्यवस्था और अन्य व्यवस्थाओं द्वारा आवंटित मूल्यों में उन्होंने स्पष्ट रूप में भेद नहीं किया।

## संरचनात्मक-प्रकार्यात्मक उपागम

- यह उपागम 'आमण्ड एवं पॉवेल' द्वारा दिया गया।
- डेविड ईस्टन का आगत-निर्गत मॉडल मुख्यत: विकसित उदारवादी देशों पर केंद्रित था। अत: यह विकासशील, समाजवादी देशों की व्यवस्था की पूर्णत: व्याख्या नहीं कर रहा था। इसलिए आमण्ड एवं पॉवेल ने संरचनात्मक-प्रकार्यात्मक मॉडल दिया, जिसे उन्होंने विकासशील तथा समाजवादी देशों पर केंद्रित किया।

### परिभाषा

- आमण्ड एवं पॉवेल ने ईस्टन की परिभाषा को संशोधित करते हुए कहा कि 'राजनीतिक व्यवस्था वैधानिक एवं भौतिक सत्ता का प्रयोग है।'

### विशेषताएं

- आमण्ड एवं पॉवेल के अनुसार, एक व्यवस्था की निम्नलिखित विशेषताएं होती हैं-
  (i) व्यापकता (ii) अंतर्निर्भरता
  (iii) एक स्पष्ट सीमा का होना।
- आमण्ड एवं पॉवेल का मूल बल प्रकार्य पर था तथा उन्होंने प्रकार्य के द्वारा संरचना को समझने का प्रयास किया।
- आमण्ड के विचार में प्रकार्य प्राथमिक हैं।
- प्रत्येक व्यवस्था के द्वारा कुछ निश्चित प्रकार्य संपादित होते हैं।
- ये प्रकार्य कुछ निश्चित संरचनाओं के द्वारा किए जाते हैं।
- संरचनाओं से तात्पर्य विभिन्न व्यक्तियों की भूमिकाओं के समुच्चय से है। उदाहरण के लिए, न्यायाधीश की भूमिका या कर्त्तव्य क्या हैं?
- ये प्रकार्य एक निश्चित परिवेश के अंतर्गत् किए जाते हैं।
- आमण्ड एवं पॉवेल के अनुसार, 'इसके प्रयोग के द्वारा राजनीतिक व्यवस्था का प्रकार्यात्मक अध्ययन संभव है। इसका प्रयोग तुलना के लिए भी किया जा सकता है।'
- इस मॉडल का प्रयोग सभी प्रकार की राजनीतिक व्यवस्थाओं के अध्ययन के लिए किया जा सकता है।
- आमण्ड एवं पॉवेल के अनुसार, 'राजनीतिक व्यवस्था का अध्ययन एवं इसके विकास का अध्ययन भी इस उपागम द्वारा किया जा सकता है।'
- आमण्ड एवं पॉवेल के अनुसार, राजनीतिक व्यवस्था के विकास की निम्नलिखित दो मुख्य विशेषताएं हैं-
  (i) संस्कृति का पंथनिरपेक्षीकरण
  (ii) संरचनात्मक विभेदीकरण

### राजनीतिक व्यवस्था के प्रकार्य ( निर्गत कार्य )

(i) नियम का निर्माण (विधायिका)
(ii) नियम का क्रियान्वयन (कार्यपालिका)
(iii) नियम का अधिनिर्णय (न्यायपालिका)

## राजनीतिक व्यवस्था के मुख्य व प्राथमिक कार्य

(i) **राजनीतिक समाजीकरण** (Political Socialisation): राजनीतिक मूल्यों का एक पीढ़ी से, दूसरे पीढ़ी को स्थानांतरण। राजनीतिक समाजीकरण के कार्य राजनीतिक संस्कृति तथा राजनीतिक भर्ती द्वारा किया जाता है।

**राजनीतिक संस्कृति** (Political Culture) : व्यवस्था को देखने का अलग दृष्टिकोण।

**राजनीतिक भर्ती** (Political Recruitment) : राजनीतिक समाजीकरण का उद्देश्य, ही राजनीतिक भर्ती को आसान बनाना है। राजनीतिक भर्ती जैसे-दलों, दबाव समूहों का सदस्य बनना, विभिन्न राजनीतिक गतिविधियों में भाग लेना।

(ii) **हित अभिव्यक्तिकरण** (Interest Articulation) : दबाव समूहों द्वारा अपने हितों को अभिव्यक्त करना, सरकार पर दबाव डालना। उदाहरणार्थ-अखिल भारतीय विद्यार्थी परिषद्, किसान मोर्चा आदि।

(iii) **हितों का एकीकरण** (Interest Aggregation)

(संचयीकरण) : राजनीतिक दलों द्वारा विभिन्न हितों का एकीकरण करना। जैसे-कांग्रेस के विभिन्न छात्र, युवा, महिला मोर्चा इत्यादि, कांग्रेस जो विभिन्न हितों को साथ लेकर चलती है।

(iv) **राजनीतिक संचार** (Political Communication) : लोगों में राजनीतिक दलों के उद्देश्यों, मूल्यों के संचार। जैसे-प्रेस, जनसंपर्क के साधन।

- आमण्ड एवं पॉवेल ने राजनीतिक व्यवस्था को निम्नलिखित रूप में परिभाषित किया-
- उनके अनुसार, 'व्यवस्था अनेक अवयवों से मिलकर बनी होती है। इसलिए इसमें व्यापकता पाई जाती है।'
- 'व्यवस्था के अवयवों में परस्पर अंतर्निर्भरता होती है।'
- 'प्रत्येक व्यवस्था की एक निर्धारित सीमा होती है।' आमण्ड एवं पॉवेल ने व्यवस्था का विश्लेषण करते हुए, इसमें सभी प्रकार की संरचनाओं को सम्मिलित किया, जिसमें दलीय व्यवस्था, दबाव समूह व राजनीतिक संचार सम्मिलित हैं। उनके अनुसार, 'व्यवस्था द्वारा साम्यावस्था, सामंजस्य एवं संतुलन बनाए रखा जाता है।'
- इनके अनुसार, राजनीतिक समाजीकरण, राजनीतिक संस्कृति में प्रवेश की प्रक्रिया है। इनके द्वारा 'राजनीतिक मूल्यों का एक पीढ़ी से, दूसरी पीढ़ी को स्थानांतरण होता है।' राजनीतिक संस्कृति का आशय, 'राजनीतिक व्यवस्था के प्रति लोगों की अभिवृत्ति (Attitude) व प्रत्यक्षण (Perception) है।' राजनीतिक भर्ती का अभिप्राय, 'राजनीतिक व्यवस्था की सदस्यता ग्रहण करना है।' हित अभिव्यक्तिकरण द्वारा विभिन्न समूह अपने हितों को प्रकट करते हैं तथा हित संचयीकरण द्वारा विभिन्न हितों का एकीकरण किया जाता है।
- आमण्ड एवं पॉवेल के अनुसार, 'किसी एक प्रकार्य को संपादित करने के लिए अनेक संरचनाओं की आवश्यकता हो सकती है। जबकि अनेक संरचनाओं के द्वारा कभी-कभी एक ही प्रकार्य संपादित होते हैं।' उनके अनुसार, 'हित एकीकरण का कार्य मूलतः राजनीतिक दलों के द्वारा किया जाता है। जबकि हित अभिव्यक्तिकरण का प्रकार्य, दबाव समूह द्वारा संपन्न होता है।' आमण्ड एवं पॉवेल ने राजनीतिक संचार को शरीर में रक्त के संचार की भांति माना है, जिसके द्वारा राजनीतिक व्यवस्था में अन्य कार्यों का संपादन होता है। समाज व राजनीतिक व्यवस्थाओं के मध्य सूचनाओं का आदान-प्रदान किया जाता है, व व्यवस्था के विभिन्न भागों में भी सूचना का प्रवाह किया जाता है। आमण्ड ने उपरोक्त प्रकार्यों पर मूल बल दिया है।
- उनके अनुसार, निर्गत प्रकार्यों का महत्व द्वितीयक है, जिसमें **निम्नलिखित निर्गत प्रकार्य सम्मिलित हैं**-

(i) नियम-निर्माण।

(ii) नियम-अनुप्रयोग या क्रियान्वयन।

(iii) नियम-अधिनिर्णय।

- उपरोक्त 'निर्गत प्रकार्य' सरकारी व्यवस्थाओं द्वारा संपादित होते हैं। उनके अनुसार, 'पाश्चात्य समाजों में ये सभी प्रकार्य अत्यंत व्यवस्थित रूप में संपादित होते हैं।' यद्यपि उन्होंने माना कि सभी प्रकार की व्यवस्थाओं में आधुनिकतावाद व परंपरावाद का तत्व विद्यमान होता है, किंतु पश्चिमी समाजों में ये कार्य अत्यंत विशेषीकृत रूप में संपादित होते हैं।
- आमण्ड एवं पॉवेल के अनुसार, राजनीतिक व्यवस्था के **मूल प्रकार्य निम्नलिखित होते हैं**-

  (i) परिवर्तन (आगत का निर्गत में परिवर्तन)।

  (ii) क्षमता (राजनीतिक क्षमता)।

  (iii) व्यवस्था को बनाए रखना, अनुरक्षित करना।

- उन्होंने संरचनात्मक-प्रकार्यात्मक उपागम के अंतर्गत् राजनीतिक क्षमता पर विशेष बल दिया। उनके अनुसार, व्यवस्था की क्षमता का निर्धारण निम्नलिखित अवयवों से निर्धारित होता है-

  (i) दोहनकारी क्षमता, जिसके द्वारा व्यवस्था के संसाधनों का दोहन (Tax) किया जाता है।

  (ii) नियंत्रणकारी क्षमता, जिसके द्वारा व्यक्ति व समूहों के व्यवहारों का नियंत्रण होता है।

  (iii) वस्तुओं व सेवाओं के वितरण की क्षमता।

  (iv) सांकेतिक व अनुक्रियाशील क्षमता, व्यवस्था में परिवर्तन के साथ ही बदलाव।

- उनके अनुसार, राजनीतिक व्यवस्था के समक्ष अनेक चुनौतियां भी उत्पन्न होती रहती हैं, **जैसे**-

  (i) राष्ट्र-निर्माण की चुनौती

  (ii) राजनीतिक सहभागिता

  (iii) वस्तुओं व सेवाओं का वितरण।

## आलोचना

(i) आलोचकों के अनुसार, आमण्ड एवं पॉवेल का तुलनात्मक व्यवस्था विश्लेषण पश्चिमी राजनीतिक व्यवस्था का विश्लेषण प्रतीत होता है। विशेषकर उन्होंने अमेरिकी राजनीतिक व्यवस्था को एक मॉडल के रूप में प्रस्तुत करने का प्रयास किया। इसके माध्यम से अन्य राजनीतिक व्यवस्थाओं का विश्लेषण प्रभावकारी नहीं है।

(ii) आमण्ड एवं पॉवेल ने संरचनात्मक-प्रकार्यात्मक उपागम, पॉर्संस जैसे समाजशास्त्रियों से ग्रहण किया व पार्संस ने व्यवस्था के विश्लेषण को केंद्रीय माना। जबकि आमण्ड एवं पॉवेल ने व्यवस्था के विश्लेषण के बजाय, प्रकार्यों पर भी मूल बल दिया।

(iii) आमण्ड एवं पॉवेल ने जिन सात प्रकार्यों का उल्लेख किया है, उनका स्पष्ट विभाजन करना कठिन है।

(iv) इन्होंने निर्गत प्रकार्यों पर पर्याप्त बल नहीं दिया।

(v) इनके अध्ययन में पुनर्निवेश (Feedback) का भी वर्णन नहीं है।

## निष्कर्ष

- इन्होंने प्रकार्यात्मक आधार पर तुलनात्मक राजनीति में नए मॉडल के विकास का प्रयत्न किया। इन्होंने 'डेविड ईस्टन' की विसंगतियों को दूर करते हुए राजनीतिक व्यवस्था को वैधानिक सत्ता या शक्ति के बाध्यकारी प्रयोग के रूप में चित्रित किया। उन्होंने पहली बार समाजीकरण व राजनीतिक संस्कृति जैसी संकल्पनाओं का भी प्रयोग किया।

### आमण्ड एवं पॉवेल तथा ईस्टन की तुलना

- आमण्ड एवं पॉवेल ने ईस्टन की तुलना में राजनीतिक व्यवस्था का ज्यादा प्रभावी विश्लेषण किया।
- आमण्ड एवं पॉवेल ने राजनीतिक व सांस्कृतिक का अत्यधिक प्रभावी प्रयोग किया, जबकि ईस्टन के विचार में यह संकल्पना अनुपस्थित है।
- ईस्टन के व्यवस्था विश्लेषण में पुनर्निवेश के कारण गतिशीलता ज्यादा पाई जाती है। जबकि आमण्ड एवं पॉवेल का विश्लेषण मूलत: प्रकार्यात्मक है।

## संचार सिद्धांत

- **साइबरनैटिक्स** शब्द यूनानी भाषा से लिया गया है, जिसका अभिप्राय आगे बढ़ाना है।
- नॉर्बट वीनर तथा रॉस एशबे इसके मुख्य प्रतिपादक हैं। संचार सिद्धांत में संचार पर बल दिया जाता है, परिणाम पर नहीं।
- संचार सिद्धांत, निर्णय-निर्माण की प्रक्रिया से संबंधित है, जिसमें सूचना को अत्यधिक महत्व दिया जाता है और विभिन्न संरचनाओं में सूचना के प्रसार का अध्ययन किया जाता है।
- संचार सिद्धांत, व्यवस्था सिद्धांत से ही संबंधित है, जिसका निर्माण कॉर्ल डब्ल्यू. ड्यूश ने किया। जिनकी रचना-"The Nerves of Government" (1963) है।
- संचार सिद्धांत की तकनीक को **साइबरनैटिक्स** (Cybernatics) भी कहा जाता है, जिसका अभिप्राय है, संचार व्यवस्था एवं नियंत्रण का प्रयोग।
- संचार सिद्धांत के द्वारा मानवीय व्यवहार को इंजीनियरिंग की भांति समझने का प्रयत्न किया गया है।
- कार्ल डब्ल्यू. ड्यूश के अनुसार, 'संचार के दो मूल तत्व हैं, संरचनाएं और प्रवाह एवं प्रक्रियाएं।' ड्यूश ने फीडबैक को भी महत्वपूर्ण माना, जिसमें नकारात्मक फीडबैक भी सम्मिलित है।
- सूचना प्रवाह में चैनल लोड एवं लोड क्षमता मुख्य तत्व हैं।
- अनुक्रियाशीलता, विश्वसनीयता, पृष्ठभूमि संगीत, तोड़-मरोड़ संचार सिद्धांत में लोड कैपसिटी से संबंधित हैं।
- राजनीतिक व्यवस्था में संचार, 'शरीर में संचारी तंत्र' (Nervous System) के समान होता है।
- संचार विश्लेषण में ड्यूश ने चार मात्रात्मक तत्वों को शामिल किया, जिसमें लोड, लैग, बढ़त (Gain) और नेतृत्व (Lead) है।
- ड्यूश ने राजनीतिक व्यवस्था में निम्नलिखित तत्वों का उल्लेख किया-
  (i) नवाचार
  (ii) वृद्धि
  (iii) परिवर्तन (Self Transformation)।

## मार्क्सवादी उपागम

- तुलनात्मक राजनीति का मार्क्सवादी उपागम, राजनीति का अध्ययन आर्थिक तत्वों के आधार पर करता है।
- इस उपागम के अंतर्गत् राज्य व सरकार इत्यादि का अध्ययन नहीं किया जाता है।
- इस उपागम में आर्थिक तत्वों को राज्य तथा सरकार के स्वरूप के निर्धारण का मूल तत्व माना जाता है।
- मार्क्सवादी उपागम के अंतर्गत् समाज को बुर्जुआ तथा सर्वहारा, दो वर्गों में विभाजित किया जाता है तथा इसी आधार पर राजनीति का अध्ययन किया जाता है।
- "The Federalist Papers" (1788) के लेखक-जेम्स मेडीसन हैं।

## राजनीतिक समाजीकरण

- राजनीतिक मूल्यों का एक पीढ़ी से, दूसरी पीढ़ी को हस्तांतरण ही राजनीतिक समाजीकरण है। राजनीतिक समाजीकरण परिवार, विद्यालय व राजनीतिक दल द्वारा किया जाता है। आमण्ड एवं पॉवेल के अनुसार, 'राजनीतिक समाजीकरण, राजनीतिक व्यवस्था का मूल प्रकार्य है।'

- राजनीतिक समाजीकरण प्रत्यक्ष व अप्रत्यक्ष दोनों हो सकता है। अप्रत्यक्ष रूप से परिवार, परंपरा, स्थिति इत्यादि तरीके से होता है। जबकि प्रत्यक्ष समाजीकरण राजनीतिक दलों, राजनीतिक आंदोलनों तथा सामाजिक-आर्थिक कारणों से होता है।
- तुलनात्मक राजनीति में राजनीतिक समाजीकरण औपचारिक तथा अनौपचारिक तंत्रों की जांच का प्रयास करता है, जिसके द्वारा अभिवृत्तियों को मन में बिठाया जाता है।

## राजनीतिक संस्कृति

- राजनीतिक संस्कृति शब्द का प्रयोग 'सिडनी वर्बा' ने किया। सिडनी वर्बा के अनुसार, 'राजनीतिक संस्कृति से तात्पर्य उन अनुभवजन्य विश्वासों, अभिव्यक्ति के प्रतीकों और मूल्यों की उस व्यवस्था से है, जो राजनीतिक कार्य को संपादित करते हैं।
- आमण्ड और वर्बा ने अपनी पुस्तक-"The Civic Culture: Political Attitudes and Democracy in Five Nations" (1963) में पांच देशों (ब्रिटेन, अमेरिका, इटली, जर्मनी व मैक्सिको) में लोकतंत्र की स्थिरता या अस्थिरता पर राजनीतिक संस्कृति के प्रभाव की समीक्षा की है।
- राबर्ट पुटनम ने अपनी किताब-"Bowling Alone: The Collapse and Revival of American Community" में सामाजिक पूंजी का विचार दिया है।
- आमण्ड तथा वर्बा ने राजनीतिक संस्कृतियों के तीन रूझानों की चर्चा की है-
  1. संज्ञानात्मक रूझान
  2. भावात्मक रूझान
  3. मूल्यांकनपरक रूझान
- एस. ई. फाइनर ने अपनी पुस्तक-"The Man on Horseback : The Role of the Military in Politics" (1962) में राजनीतिक संस्कृतियों का अध्ययन करते हुए विकासशील देशों में संवैधानिक प्रणालियों की अस्थिरता के दो कारण बताए-प्रथम, वैधता का अभाव, द्वितीय, तरह-तरह के सहचर्यों का होना।
- सांस्कृतिक द्वैतवाद का अर्थ है-अभिजात लोगों का एक आधुनिकृत वर्ग होता है, जबकि अधिकांश लोग कठोर परंपरागत ढांचे में जकड़े रहते हैं।
- राजनीतिक संस्कृति के तहत राष्ट्रीय एकरूपता, अपने देश के नागरिकों की एकरूपता, सरकारी लाभों एवं निर्णय प्रक्रियाओं का अध्ययन किया जाता है।
- राजनीतिक संस्कृति, राजनीतिक व्यवस्था का मनोवैज्ञानिक पक्ष है। व्यक्ति का राजनीतिक व्यवस्था के प्रति दृष्टिकोण ही राजनीतिक संस्कृति कहलाता है। आमण्ड एवं पॉवेल के अनुसार, राजनीतिक संस्कृति तीन प्रकार की होती हैं-
  1. आदिम कालीन संस्कृति।
  2. प्रजाभावी संस्कृति।
  3. सहभागी संस्कृति।

### 1. आदिम कालीन संस्कृति

- इसके अंतर्गत् व्यक्ति को राजनीतिक व्यवस्था के बारे में कोई ज्ञान नहीं होता और न ही व्यक्ति को राजनीतिक व्यवस्था में अपने अधिकारों का ज्ञान होता है।

### 2. प्रजाभावी संस्कृति

- इसके अंतर्गत व्यक्ति को राजनीतिक व्यवस्था के बारे में ज्ञान होता है। लेकिन राजनीतिक व्यवस्था में अपनी भूमिका का ज्ञान नहीं होता।

### 3. सहभागी संस्कृति

- इसमें व्यक्ति को राजनीतिक व्यवस्था के बारे में पूरी जानकारी होती है तथा व्यक्ति को अपने अधिकारों व भूमिका का भी ज्ञान होता है।
- आमण्ड एवं वर्बा ने नागरिक संस्कृति का विचार दिया, जो सहभागी संस्कृति और प्रजाभावी संस्कृति का मिला-जुला रूप है।
- समरूप संस्कृति यू. के. में प्रचलित है, जबकि भारत में अभिजात जन-संस्कृति पाई जाती है। सब्जेक्ट राजनीतिक, संस्कृति चीन की विशेषता है तथा संकीर्ण संस्कृति यूगांडा जैसे अफ्रीकी देश में है।

## राजनीतिक समाजशास्त्र (Political Sociology)

- द्वितीय विश्व युद्ध के पश्चात् तुलनात्मक राजनीति में 'अंतर्विषयक उपागम' पर बल दिया गया, जो मूलत: व्यवहारवादी क्रांति का परिणाम था। अंतर्विषयक उपागम के माध्यम से विषयों के मध्य कृत्रिम विभाजन के बजाय, उसमें अंतर्निर्भरता व अंतर्संबंध पर बल दिया गया। राजनीतिक समाजशास्त्र इसी प्रवृत्ति का परिणाम है।
- राजनीति द्वारा समाज कैसे प्रभावित होता है तथा समाज किस प्रकार राजनीति को प्रभावित करता है? इसी का अध्ययन राजनीतिक समाजशास्त्र है।
- राजनीतिक समाजशास्त्र व समाज की राजनीति के मध्य स्पष्ट अंतर पाया जाता है। समाज की राजनीति के अंतर्गत् राज्य, राजनीति को सामाजिक कार्यों पर निर्भर माना जाता है, इसमें राजनीति की स्वतंत्रता व स्वायत्तता को महत्व नहीं दिया गया।

- मैक्स वेबर के अनुसार, 'सामाजिक संबंधों में शक्ति एवं प्रभुत्व का अध्ययन करना ही राजनीतिक समाजशास्त्र है।' इसके अंतर्गत् राजनीतिक व्यवहार, राजनीतिक समाजीकरण और सामाजिक व्यवहार के अध्ययन पर बल दिया गया।
- लिप्सेट ने अपनी रचना-''पॉलिटिकल मैन'' (Political Man) में राजनीतिक समाजशास्त्र का व्यापक अर्थ ग्रहण किया। इन्होंने आधुनिकीकरण व राष्ट्र निर्माण पर बल दिया। इनके अनुसार, राजनीतिक समाजशास्त्र में इस बिंदु पर बल दिया गया कि राज्य द्वारा विकास कैसे होता है?
- वर्तमान परिप्रेक्ष्य में राजनीतिक समाजशास्त्र में राज्य व नागरिकों के मध्य संबंधों का अध्ययन किया जाता है।
- राजनीतिक समाजशास्त्र, राजनीति विज्ञान का भाग है, इस बिंदु पर विचारकों के मध्य मतभेद है।
- सारटोरी के अनुसार, 'राजनीतिक समाजशास्त्र, राजनीति विज्ञान का भाग है, यह समाजशास्त्र का भाग नहीं है।' परंतु अन्य विद्वान सारटोरी के इस मत से पूर्णतया सहमत नहीं हैं।
- राजनीतिक समाजशास्त्र के अध्ययन की विषयवस्तु का निर्धारण निम्नलिखित श्रेणियों में किया जा सकता है-

## राज्य केंद्रित अध्ययन

- ग्रीर और ओरलेंस के अनुसार, 'राजनीतिक समाजशास्त्र के अंतर्गत् राज्य की संरचना, वैधता, राजनीतिक सहभागिता, प्रतिनिधित्व, आर्थिक विकास एवं राजनीतिक परिवर्तन का अध्ययन किया जाता है। इसलिए राजनीतिक समाजशास्त्र, राज्य व सरकार के अध्ययन से संबंधित विषय हैं।'
- बर्नाड क्रिक ने राज्य को राजनीति समाजशास्त्र के अध्ययन का मूल विषय माना है। जिसमें उन्होंने समूहों के अध्ययन को शामिल नहीं किया है क्योंकि समूह राज्य के द्वारा निर्मित नहीं होते हैं।

## शक्ति केंद्रित अध्ययन

- एन्ड्रयू एफ्रॉट के अनुसार, राजनीतिक समाजशास्त्र का अर्थ व्यापक है, इसका संबंध केवल राज्य से ही नहीं है, अपितु सभी प्रकार की सामाजिक व्यवस्था में शक्ति व सत्ता का वितरण तथा शक्ति की प्रक्रिया का अध्ययन किया जाता है। इसमें समूह, परिवार, शैक्षणिक संस्थाएं, सरकारी व राजनीतिक संस्थाएं भी सम्मिलित हो सकती हैं।
- इनके अनुसार, राजनीतिक समाजशास्त्र के अध्ययन की विषयवस्तु को निम्नलिखित भागों में विभाजित किया जा सकता है-
  - (i) **राजनीतिक संरचना**- सामाजिक वर्ग, जाति, हित समूह, विशिष्ट वर्ग, नौकरशाही एवं राजनीतिक दल।
  - (ii) **राजनीतिक जीवन**- चुनाव प्रक्रिया, राजनीतिक संचार एवं जनमत।
  - (iii) **राजनीतिक नेतृत्व**- समाज में शक्ति की संरचना व समुदाय के प्रकार्य का अध्ययन।
  - (iv) **राजनीतिक विकास**- सामाजिक परिवर्तन एवं आधुनिकीकरण।

### सभी सामाजिक संबंधों का अध्ययन

- मरियम और लॉसवेल का मानना है समाज के सभी समूहों और सभी संबंधों में राजनीतिक समाजशास्त्र विद्यमान होता है। जिसमें परिवार, क्लब, कॉलेज भी शामिल हैं।
- इसी प्रकार रॉबर्ट डाल ने भी समाज के सभी संबंधों को शक्ति अध्ययन में शामिल किया है।

### व्यापक अभिप्राय

- रिचर्ड ब्राउनगार्ट ने राजनीतिक समाजशास्त्र को विभिन्न प्रकार के समूहों के बीच गतिशील संबंधों के रूप में व्यक्त किया जिसमें राजनीति के सामाजिक उत्त्पत्ति के कारण की व्याख्या होती है।
- राजनीति की संरचना एवं राजनीतिक प्रक्रियाओं का उल्लेख होता है। तथा आस-पास के समाज पर संस्कृति और समाज के प्रभाव का अध्ययन भी शामिल किया जाता है।

### समाजशास्त्र का भाग

- राजनीतिक समाजशास्त्र में राजनीति एवं समाज की अंतर्क्रिया का अध्ययन होता है। परंतु कुछ विचारक इसमें सामाजिक कारकों को प्राथमिक महत्व देते हैं, जिसमें लिप्सेट ने अपनी पुस्तक-''पॉलिटिकल मैन'' में लिखा कि सामाजिक कारक राजनीतिक व्यवहार का निर्धारण करते हैं।
- बेन्डिक्स और लिप्सेट ने कहा राजनीतिक समाजशास्त्र का अध्ययन समाज से अलग होता है और राज्य उसका परिणाम है। कोजर ने स्पष्ट कहा कि राजनीति समाजशास्त्र का एक भाग है।

### राजनीति की स्वायत्तता

- सारटोरी द्वारा राजनीतिक समाजशास्त्र में समाज की प्राथमिकता पर आपत्ति उठाई गई है। उनके अनुसार, यदि समाज राजनीति को निर्धारित करता है, तो इसे सोसियोलॉजी ऑफ पॉलिटिक्स कहा जाएगा। और राजनीतिक समाज के अधीन हो जाएगी। इसीलिए सारटोरी ने Sociology of Politics और Politics Sociology में अंतर बताया है।
- सारटोरी का मानना है कि राजनीतिक समाजशास्त्र का भाग नहीं है, बल्कि यह स्वायत्त है। और राजनीतिक समाजशास्त्र

में राजनीति की प्राथमिकता विद्यमान है। रेमंड एरां का भी मानना है कि राजनीतिक समाजशास्त्र सामाजिक एवं राजनीतिक घटनाओं की परस्पर अंतर्क्रिया से ही निर्मित होती है।

## राजनीतिक अर्थशास्त्र (Political Economy)

- तुलनात्मक राजनीति के आधुनिक उपागम में संविधान एवं सरकार के अध्ययन के बजाए राजनीतिक एवं आर्थिक अवयवों के बीच अंतर्निर्भरता की खोज की गई। इसलिए राजनीतिक अर्थशास्त्र का विचार राजनीतिक समाजशास्त्र के निकट प्रतीत होता है। राजनीतिक अर्थशास्त्र के द्वारा आर्गेन्स्की (Organski) ने वृद्धि/विकास के विभिन्न चरणों की खोज की (Stages of Growth) बात की, जिनके अनुसार राज्य का विकास निम्नलिखित चरणों से होकर गुजरता है-
    (i) **एकीकरण** (Unification)- राष्ट्र-राज्यों का एकीकरण।
    (ii) **औद्योगीकरण** (Industrialisation)- उत्पादन के तरीके में बदलाव।
    (iii) **कल्याण** (Welfare)- कल्याणकारी राज्य।
    (iv) **प्रचुरता** (Abundance)/**संपन्नता** (Affluence)- Affluence in Switzerland (राज्य द्वारा शिक्षा, स्वास्थ्य नि:शुल्क उपलब्ध कराई जाती है)। 1960 के दशक में अर्थशास्त्री W.W. Rostow में "Stages of Growth" की बात की।

## विकास के चरण

(i) परंपरागत समाज (Traditional Society)
(ii) पूर्व की स्थिति के लिए दौड़ (Pre Condition for take off)
(iii) परंपरागत समाज को आधुनिक समाज की ओर बढ़ने की दौड़ (Take off)
(iv) परिपक्वता की ओर बढ़ना (Drive towards maturity)
(v) उच्च उपभोग की व्यवस्था (Age of High Consumption)
(vi) गुणवत्ता की खोज (Search for Quality)

- डब्ल्यू. डब्ल्यू. रोस्टोव (W.W. Rostow) ने विकास के इस मॉडल को पूरे विश्व के लिए उपयोगी बताया। इसलिए उनका यह दावा था कि सभी समाज विकास की इसी प्रक्रिया के अनुसार समृद्धि के रास्ते पर बढ़ेंगे और नव-स्वतंत्र एशियाई अफ्रीकी देशों के लिए भी विकास का यही मॉडल लागू होगा। इसलिए उन्होंने उपनिवेशवाद, साम्राज्यवाद जैसी मान्यताओं को दरकिनार कर दिया एवं मार्क्सवादी राजनीतिक अर्थशास्त्र की मान्यताओं को पूर्णत: खारिज कर दिया।

## राजनीतिक अर्थव्यवस्था का अन्य परिप्रेक्ष्य

- चिलकोटे ने अपनी किताब-"Theories of Comparative Politics" में राजनीतिक अर्थशास्त्र को निम्नलिखित रूप में चित्रित किया है।
- राजनीतिक अर्थशास्त्र के सिद्धांत के विकास को निम्नलिखित क्रम के अनुसार व्यवस्थित किया जा सकता है-

### 1. वणिकवाद

- इनके अनुसार, 'राजनीतिक अर्थशास्त्र के अध्ययन का मूल उद्देश्य, राष्ट्रीय संपत्ति में वृद्धि करना है।' इनकी मान्यता के अनुसार, 'व्यक्ति का स्वभाव मूलत: स्वार्थी होता है।'
- इसलिए व्यक्ति के स्वभाव को नियंत्रित करने की आवश्यकता होती है। इनके अनुसार, 'राज्य का सबसे बड़ा दायित्व सुरक्षा बनाए रखना है। इसके लिए राष्ट्रीय संपत्ति में वृद्धि आवश्यक है व इसके लिए राज्य का आर्थिक गतिविधियों में हस्तक्षेप आवश्यक है।'
- राज्य द्वारा आयात को हतोत्साहित करने का प्रयत्न होना चाहिए व निर्यात को बढ़ावा देना चाहिए।

### 2. उदारवादी

- इंग्लैंड के राजकीय अर्थशास्त्रियों ने उदारवादी राजनीतिक अर्थशास्त्र के सिद्धांत का निर्माण किया। इनमें एडम स्मिथ, रिकार्डो एवं माल्थस उल्लेखनीय हैं। इनके अनुसार, 'प्रत्येक व्यक्ति सदैव अपने हितों के लिए कार्य करता है। इसलिए बाजारवादी अर्थव्यवस्था सर्वश्रेष्ठ है, जिसमें व्यक्ति की मांगें तार्किक रूप में पूर्ण हो जाती हैं तथा समूचे समाज की भलाई भी हो जाती है, क्योंकि समाज, मूलत: व्यक्तियों का योग है।'
- बाजार में मांग व आपूर्ति द्वारा एक स्वाभाविक सामंजस्य उत्पन्न हो जाता है तथा मुक्त व्यापार सभी के लिए लाभकारी है।
- इन विचारकों ने तुलनात्मक लाभ के सिद्धांत का समर्थन करते हुए कहा कि प्रत्येक समुदाय कुछ विशेष वस्तुओं के निर्माण में कुशल होता है। इसलिए बाजार में सभी को लाभ प्राप्त हो जाता है।
- आलोचकों के अनुसार, उदारवादी राजनीतिक अर्थव्यवस्था का समर्थन आर्थिक रूप से शक्तिशाली राष्ट्रों ने किया। जबकि अशक्त राष्ट्रों ने सदैव संरक्षणकारी नीतियों का प्रयोग किया। इसलिए द्वितीय विश्व युद्ध के पश्चात् तीसरी दुनिया के अधिकांश देशों ने 'उदारवादी राजनीतिक अर्थशास्त्र' के मॉडल को अस्वीकृत कर दिया।

- जॉन मेनॉर्ड कीन्स ने अपनी रचना-"The General Theory of Employment, Interest and Money" (1936) में राज्य द्वारा आर्थिक गतिविधियों में हस्तक्षेप का पूर्ण समर्थन किया। इनके अनुसार, ''राज्य के हस्तक्षेप के द्वारा ही पूंजीवादी व्यवस्था को आर्थिक मंदी से बचाया जा सकता है।'' अत: कीन्स ने 'कल्याणकारी राज्य' का आधार रखा।
- वर्ष 1980 के दशक में कीन्सवादी राजनीतिक अर्थशास्त्र का सिद्धांत विफल होने लगा।
- पश्चिमी यूरोप व अमेरिका में नव-उदारवादी नीतियों का समर्थन किया गया। नव-उदारवादियों ने भूमंडलीकरण को सभी के लिए लाभप्रद माना।
- विश्व व्यापार संगठन के माध्यम से मुक्त बाजारवादी प्रणाली को संस्थाकृत करने पर बल दिया गया। वर्तमान वैश्विक आर्थिक मंदी के परिणामस्वरूप नव-उदारवादी नीतियों व भूमंडलीकरण की नीतियों पर पुनर्विचार किया जा रहा है व अधिकांश राज्यों द्वारा संरक्षणकारी नीतियों का प्रयोग हो रहा है।

### 3. मार्क्सवादी सिद्धांत

- मार्क्सवादी सिद्धांत में शास्त्रीय उदारवादियों की प्राकृतिक सामंजस्य की मान्यता का जोरदार खंडन किया गया।
- मार्क्सवादियों के अनुसार, "उदारवादियों ने पूंजीवाद का औचित्य सिद्ध करने के लिए बाजारवादी नियमों को प्राकृतिक मान लिया, जबकि वास्तविक रूप में यह शोषण पर आधारित है।" इसलिए मार्क्स ने पूंजीवाद के विध्वंस का नारा दिया। लेनिन के अनुसार, "साम्राज्यवाद, पूंजीवाद का ही विकसित रूप है।" मार्क्स व लेनिन की इन्हीं मान्यताओं का व्यवस्थित स्वरूप पराश्रितता सिद्धांतकारों ने निर्मित किया।

## पराश्रितता सिद्धांत

- पराश्रितता सिद्धांत के मूल प्रतिपादक रॉल प्रेबिस हैं। इनके अनुसार, 'लैटिन अमेरिका जैसे तीसरी दुनिया के देशों के अल्पविकास का मूल कारण इन देशों में पूंजीवाद का अभाव है।'
- इसलिए प्रेबिस ने इन देशों में स्वायत्त पूंजीवाद के विकास पर बल दिया। मार्क्सवादी पराश्रितता सिद्धांतकारों ने पूंजीवादी व्यवस्था को नष्ट करने पर बल दिया।
- इनके अनुसार, 'विकासशील देशों के पिछड़े होने का मूल कारण इनका विकसित देशों द्वारा किया गया शोषण है।'
- वॉलरस्टीन ने विश्व व्यवस्था का विश्लेषण करते हुए पराश्रितता सिद्धांत की मान्यता में आंशिक परिवर्तन किया।
- इनके अनुसार, विकासशील देश भी विकसित पूंजीवादी देशों की श्रेणी में पहुंच सकते हैं। इसलिए कोर, परिधि व अर्ध-परिधि के मध्य स्थानांतरण संभव है।
- इनके अनुसार, कोर के राष्ट्र परिधि के राष्ट्रों का शोषण करते हैं।
- एकाधिकारी पूंजीवाद का विचार बारॉन एवं स्वीजी ने दिया।
- अल्प विकास की पूंजीवादी विकास की मान्यता को फ्रैंक एवं रोडनी द्वारा विकसित किया गया।
- उप-साम्राज्यवाद का विकास मॉरनी के द्वारा दिया गया।
- एन्द्रेदे ने विकास के खंभे (Poles of Development) का विचार दिया।
- आंतरिक उपनिवेशवाद का विचार केसनोवा द्वारा दिया गया।
- पराश्रित पूंजीवादी विकास का सिद्धांत कार्डोसो द्वारा दिया गया।
- संरचनात्मक साम्राज्यवाद का विचार गाल्टुंग द्वारा दिया गया।
- पराश्रितता सिद्धांतकारों ने अपनी मूल मान्यता लेनिन के विचारों से प्राप्त की है।
- इनके अनुसार, विश्व व्यापार में विनिमय की असमानता व्याप्त है। कच्चे पदार्थों का उत्पादन विकासशील देश करते हैं किंतु विश्व व्यापार में सबसे ज्यादा लाभ विकसित देशों को प्राप्त होता है। इनके अनुसार, विकासशील देश, अल्प विकास के शिकार हैं, इनके अल्प विकास का मूल कारण साम्राज्यवादी शोषण है।
- इन सिद्धांतकारों के अनुसार, तीसरी दुनिया के देश अविकसित (Undeveloped) नहीं, अपितु अल्पविकसित (Under Developed) हैं।
- पराश्रितता सिद्धांत के मान्यताकारों में आंद्रे गुन्डर फ्रैंक और सामीर अमीन भी हैं।
- नव-पराश्रितता सिद्धांत का विकास डैस सन्टोस ने किया।
- इसमें बहुराष्ट्रीय कंपनियों के द्वारा सभी देशों का शोषण किया जाता है।
- इसे 'नव-कॉरपोरेटवाद' भी कहा जाता है।

## नव-उपनिवेशवाद

- इस शब्द का इस्तेमाल एन. क्रूमा द्वारा किया गया। एन. क्रूमा की रचना-"Neo-colonialism" (1965) है।
- नव-उपनिवेशवाद की संकल्पना, द्वितीय विश्वयुद्ध के बाद आई।
- नव-उपनिवेशवाद का आशय, विकसित देशों द्वारा आर्थिक, तकनीकी रूप में विकासशील देशों पर प्रभुत्व कायम करने से है।

- परंपरागत उपनिवेशवाद का आशय, राजनीतिक एवं प्रशासनिक रूप से किसी देश पर प्रभुत्व से लिया जाता है।

## नव-संस्थावाद (New-Institutional Approach)

- व्यवहारवादियों के द्वारा परंपरागत अध्ययन को अस्वीकार कर दिया गया। जबकि वस्तुनिष्ठ अध्ययन पर बल दिया गया और नव-संस्थावादियों ने व्यवहारवादियों के वैज्ञानिक अध्ययन पद्धति एवं परंपरागत दृष्टिकोण के बीच समन्वय तथा सामंजस्य स्थापित करने का प्रयास किया और परंपरागत उपागम में संस्थाओं का अध्ययन संविधान के द्वारा किया गया। जबकि नव-संस्थावादियों ने संस्थाओं का अध्ययन वैज्ञानिक रूप में किया तथा इसे सामाजिक संदर्भ में भी देखने का प्रयास किया। वर्ष 1984 में जेम्स जी. मार्च और जॉन ओलसन के द्वारा-"The New Institutionalism : Organizational Basis of Politics" नामक पेपर प्रकाशित किया गया। इनके अनुसार, संस्थाओं को बेहतर समझने के लिए व्यक्ति के व्यवहार का अध्ययन आवश्यक है।
- तुलनात्मक राजनीति में परंपरागत उपागम के पश्चात् संस्थाओं की पूर्णतः उपेक्षा की गई तथा राजनीतिक व्यवस्था के प्रकार्य एवं परिवेश पर मुख्य बल दिया गया। परंतु नव-संस्थावादियों के द्वारा संस्थाओं के महत्व को पुनः स्वीकार किया गया। इनके तीन प्रकार हैं:

### 1. तार्किक चयन का सिद्धांत
(Rational Choice Theory)

- इसके प्रतिपादक मैंकुर ओलसन (Mancur Olson) हैं।
- इसके अनुसार व्यक्ति, विवेकशील प्राणी है।
- प्रत्येक व्यक्ति अपने लाभ को बढ़ाना चाहता है।
- इसीलिए ये संस्थाओं का अध्ययन व्यक्ति के इसी तार्किक चयन के अनुसार करना चाहते हैं।
- इनके अनुसार, संस्थाओं का प्रभाव व्यक्ति के चयन पर भी पड़ता है।
- तार्किक चयन, नव-संस्थावादी बाजारवादी अर्थशास्त्रियों से प्रभावित है और अर्थशास्त्र का प्रयोग करके इन्होंने व्यक्ति एवं संस्थाओं के मध्य नए संबंधों की तलाश की।

### 2. सांस्कृतिक नव-संस्थावाद
(Cultural New Institutionalism)

- इनके अनुसार, संस्थाओं की समझ के लिए समाज, संस्कृतियों एवं मूल्यों की समझ आवश्यक है। इसीलिए इनका मानना है कि व्यक्तियों का व्यवहार इन मूल्यों व संस्कृति से प्रभावित होता है।

### 3. संरचनात्मक नव-संस्थावाद
(Structural New Institutionalism)

- तुलनात्मक राजनीति में गैर-मार्क्सवादियों के द्वारा राज्य जैसी संरचनाओं को महत्व दिया गया है। इसमें थेडा स्कॉकपॉल (Theda Skocpol) ने राज्य की संरचना की व्याख्या करते हुए कहा कि क्रांति उन देशों में हो सकती है, जहां राज्य की शक्तियां कमजोर हैं।
- उनके अनुसार, 1991 में यू.एस.एस.आर. (USSR) का विघटन हो गया। क्योंकि वहां राज्य की संरचना कमजोर हो गई थी। जबकि इसी दौरान चीन में साम्यवादी शासन बना रहा और चीन में राजनीतिक संरचनाएं अत्यधिक शक्तिशाली थीं।

अध्याय 2

# उपनिवेशवाद तथा विउपनिवेशीकरण
# COLONIALISM AND DECOLONIZATION

## उपनिवेशवाद का अर्थ

- किसी विदेशी भू-भाग पर लंबे समय तक के लिए सत्ता स्थापित करना एवं उसे बनाए रखना उपनिवेशवाद कहलाता है।
- हॉब्सन उपनिवेशवाद को किसी देश द्वारा किसी दूसरे निर्जन या कम आबादी वाले भू-भाग पर स्थानांतरण के रूप में परिभाषित करते हैं।
- उपनिवेशवाद एक ऐसी प्रक्रिया है जिसमें औपनिवेशिक राष्ट्र उपनिवेश के आर्थिक, प्राकृतिक तथा मानवीय संसाधनों का प्रयोग अपने हित के लिए करता है।
- उपनिवेशवादी सरकार की राजनीतिक व्यवस्थाएं अलोकतांत्रिक थी।
- कानून व्यवस्था का उद्देश्य शांति व्यवस्था बनाएं रखना था, लेकिन उसमें स्थानीय लोगों को शामिल नहीं किया जाता था। शासन उन पर थोपा जाता था।
- औपनिवेशिक सरकारें 'बांटो व राज करो' की नीति का अनुसरण करती थी।
- उपनिवेशवाद पूंजीवाद से भिन्न है, पूंजीवादी राज्य एक वर्ग पर दूसरे वर्ग का प्रभुत्व स्थापित करना चाहता है तथा कानून के प्रवर्तन का माध्यम होता है।
- औपनिवेशिक राज्य उपनिवेशिक समाज पर प्रभुत्व के लिए केंद्रीय सत्ताधारी वर्ग की संगठित शक्ति होती है।
- उपनिवेशवाद पूंजीवादी व्यवस्था के सहायक के रूप में कार्य करता है।
- उपनिवेशवाद में एकपक्षीय धन निष्कासन द्वारा शोषण किया जाता है।
- उपनिवेशवादी व्यवस्था में वैदेशिक राजनीतिक प्रभुत्व बना रहता है।

## उपनिवेशवाद के विभिन्न रूप

### 1. वाणिज्यिक उपनिवेशवाद

- उपनिवेशवाद का आरंभ व्यवसायिक गतिविधियों से हुआ।
- वाणिज्यिक रूकावटों को दूर करने के लिए देशी राज्यों पर कब्जा प्रारंभ किया।
- उपनिवेशों के धन व संसाधनों का उपयोग का एकतरफा लाभ कमाया गया।
- देशी उद्योगों व मजदूरों का शोषण किया गया।
- कृषि के वाणिज्यिकरण पर बल दिया गया, परिणामतः अकाल पड़े।
- कुटीर व हस्तशिल्प उद्योगों का पतन हुआ।
- ग्रामीण ऋण ग्रस्तता बढ़ी।
- यातायात के साधनों का विकास हुआ।

### 2. वैचारिक एवं सांस्कृतिक उपनिवेशवाद

- उपनिवेशों पर प्रत्यक्ष नियंत्रण समाप्त होने के बाद पूंजीवादी देशों ने अपने नियंत्रण को बनाए रखने के लिए वैचारिक व सांस्कृतिक उपनिवेशवाद का सहारा लिया। इसके तहत उन्होंने निम्नलिखित कार्य किए।
- संचार माध्यमों के द्वारा अपनी संस्कृति का प्रचार-प्रसार किया।
- लोकतांत्रिक शासन व्यवस्था की स्थापना के नाम पर अपना नियंत्रण बनाए रखा।
- पाश्चात्य संस्कृति को श्रेष्ठ बताने का प्रयास किया।
- व्हाइट मैन बर्डन की संकल्पना का प्रतिपादन किया।
- पर्यावरण संरक्षण के नाम पर अपने नियंत्रण को बनाए रखने का प्रयास किया।
- विचार व वेश-भूषा के द्वारा प्रभावित किया।
- मैक्डोनाल्डाइजेशन द्वारा नियंत्रण का प्रयास किया।

## उपनिवेश विरोधी संघर्ष

- समस्त यूरोपीय देशों के उपनिवेशों को अपनी स्वतंत्रता हेतु संघर्ष करना पड़ा है। इसके लिए आंदोलन किया गया, आंदोलन के तरीके एवं उसमें लगने वाला समय अलग-अलग थे। आंदोलन की सफलता में लगने वाला समय कई तत्वों पर निर्भर था।

## उपनिवेश विरोधी संघर्ष के तरीके

- उपनिवेशवाद को एक अभिशाप माना गया।
- एशियाई व अफ्रीकी देशों में इसके शोषणकारी रूप को उजागर किया गया।

- आत्म गौरव को जगाया गया।

### शांतिपूर्ण अहिंसात्मक संघर्ष

- उपनिवेशों में स्वतंत्रता के लिए लोकतांत्रिक अहिंसात्मक मार्ग अपनाया गया।
- भारत में गांधी इसके प्रेरणा स्रोत रहे।

### सशस्त्र संघर्ष

- क्रांतिकारी नौजवानों द्वारा हिंसक तरीकों से विरोध किया गया।

### जन आंदोलन

- उपनिवेश विरोधी संघर्ष में जन आंदोलन सबसे प्रभावी माध्यम था। यह अपनी मांगों को धरना, प्रदर्शन द्वारा मनवाने का प्रयत्न करता था।

## वि-औपनिवेशीकरण

- उपनिवेशवाद विरोध की पहली लहर 18वीं सदी में अमेरिका में ब्रिटिश उपनिवेशों में देखी गई।
- प्रथम विश्व युद्ध के बाद उपनिवेशों की समस्या पर गंभीरता से विचार किया गया।
- प्रथम विश्व युद्ध के बाद एशिया व अन्य क्षेत्रों में राष्ट्रवादी विचारों के विकास ने इसे बल प्रदान किया।
- द्वितीय विश्व युद्ध के बाद विऔपनिवेशीकरण की प्रक्रिया तेज हुई।

### यू. एन. चार्टर एवं औपनिवेशिक समूह

- सैन फ्रांसिस्को में होने वाले सम्मेलन में प्रतिनिधियों ने उपनिवेशों में राष्ट्रवाद के उदय की लहर को महसूस कर, उपनिवेशों के लिए कुछ विशेष उपबंध किए, जिस क्षेत्र में स्वशासन का पूर्ण अधिकार नहीं था, वहां के लिए अनुच्छेद-73 में कहा गया कि-
  - (i) इस क्षेत्र के लोगों की संस्कृति को ध्यान में रखते हुए उनकी सामाजिक, आर्थिक व शैक्षणिक प्रगति के साथ न्यायपूर्ण व्यवहार सुनिश्चित किया जाए।
  - (ii) स्वशासन को विकसित कर लोगों की राजनीतिक आकांक्षा को पूरा करना।
  - (iii) विशेषज्ञ अंतर्राष्ट्रीय संस्थाओं के साथ सामाजिक तथा आर्थिक विकास के संरचनात्मक उपायों को बढ़ावा देना।

### बांडुग सम्मेलन

- औपनिवेशिक शासन से स्वतंत्रता प्राप्त देशों ने अपने को संगठित कर वि-औपनिवेशीकरण की प्रक्रिया को तीव्र करने हेतु दबाव बनाने का प्रयास किया।
- बांडुग में उपनिवेशवाद के अंत के लिए रणनीतिक प्रयास किया गया।

## वि-औपनिवेशीकरण पर विशेष समिति

- उपनिवेशी देशों व लोगों को स्वतंत्रता प्रदान करने हेतु संयुक्त राष्ट्र (UN) महासभा ने 1961 में एक विशेष समिति का गठन किया।
- प्रारंभ में इसमें 17 सदस्य रखे गए, 1962 के अंत तक इसमें 24 सदस्य हो गए।
- इसका उद्देश्य गैर-स्वशासी क्षेत्र के लोगों की शिकायतों पर ध्यान देना था।
- 1999-2000 को उपनिवेशवाद के उन्मूलन की अंतर्राष्ट्रीय सदी के रूप में स्वीकार किया गया।
- संयुक्त राष्ट्र महासभा के 44वें अधिवेशन में महासचिव द्वारा 21वीं सदी को उपनिवेशवाद से मुक्ति की एक कार्य योजना स्वीकार करने पर बल दिया गया।

## नव-उपनिवेशवाद

- "Neo-Colonialism, the Last Stage of Imperalism" (1965) में न्यूक्रूमा ने कहा विश्व में अभी भी आर्थिक एवं तकनीकी आधिपत्य कायम है।

अध्याय 3

# राष्ट्रवाद
# NATIONALISM

- राष्ट्र शब्द लैटिन शब्द Nasci से बना है, जिसका अभिप्राय पैदा होना है। राष्ट्र एक सामूहिक पहचान है। मनोवैज्ञानिक एवं भावनात्मक विचार है। राष्ट्र की धारणा सांस्कृतिक एवं राजनीतिक है।

## सांस्कृतिक अवधारणा

- जर्मन कवि हर्डर (Gotfried Herder) सांस्कृतिक राष्ट्रवाद के जनक हैं। फिक्टे (Fichte) भी इसके समर्थक है। जर्मन भाषा में राष्ट्र का अभिप्राय Volksgicst है।
- राष्ट्र एक आंगिक धारणा है, राष्ट्र की पृथक पहचान होती है। यह एक प्राकृतिक विचार है।
- एथंनी स्मिथ ने अपनी रचना-"The Ethnic Origins of Nations" (1986) में कहा, राष्ट्र का विचार सांस्कृतिक विरासत एवं भाषा में विद्यमान होता है। एंथनी स्मिथ ने राष्ट्र को Ethemies कहा है।
- अफ्रीकी विचारक Marcus Garvey and Maleomx ने अफ्रीका को एक सांस्कृतिक एवं आध्यात्मिक घर कहा है। इन्होंने भी राष्ट्र को सांस्कृतिक माना।
- जर्मन इतिहासकार Friedreke ने सांस्कृतिक राष्ट्रवाद का समर्थन किया तथा इसे राजनीतिक राष्ट्र से अलग कहा।

## राष्ट्रवाद की राजनीतिक अवधारणा

- राजनीतिक राष्ट्रवाद के पिता रूसो हैं।
- एर्नेस्ट गैलनर ने-"Nations and Nationalism" (1983) में कहा कि राष्ट्र का विचार औद्योगीकरण का परिणाम है। अत: राष्ट्रवाद का विचार ऐतिहासिक विकास का परिणाम है।
- Eric Hobsbawm ने कहा राष्ट्र एक खोजी गई या अन्वेषित (Invented Tradition) धारणा है। अत: राष्ट्रवाद का संबंध संस्कृति अथवा भाषा से नहीं है। इनकी रचना-"Nations and Nationalism Since" 1780 है।
- Benedict Anderson (1983) ने राष्ट्र को एक कल्पित समुदाय (Imagined Community) की संज्ञा दी जो शिक्षा, मीडिया एवं राजनीतिक समाजीकरण का परिणाम है।

## उत्तर-उपनिवेशवादी राष्ट्रवाद

- पार्थ चटर्जी ने एंडरसन के कल्पित समुदाय के विचार का खंडन किया है। इनके अनुसार एशियाई एवं अफ्रीकी देशों पर यूरोपीय राष्ट्रवाद की धारणा थोप दी गई है। इन देशों ने अपना विचार अपनाने के बजाय यूरोपीय राष्ट्र के विचार को अपना लिया।
- अतुल कोहली ने अपनी पुस्तक-''स्टेट डायरेक्टेड डेवलपमेंट: पॉलिटिकल पावर एंड इंडस्ट्रीलाइजेशन इन ग्लोबल पेरीफेरी'' में भारत, नाइजीरिया, ब्राजील एवं कोरिया का तुलनात्मक अध्ययन किया है।
- इनके अनुसार राज्य के मुख्य तीन मॉडल हैं-
  1. सहचारी पूंजीवादी राज्य
  2. नव पैतृक राज्य
  3. खंडित बहुवर्गीय राज्य

## यूरोपीय एवं गैर यूरोपीय राष्ट्रवाद

- राष्ट्रवाद का विचार यूरोप में आत्म निर्धारण (Self-Determination) से उत्पन्न हुआ, जबकि एशिया-अफ्रीका में राष्ट्रवाद का विचार साम्राज्यवाद के विरोध एवं स्वतंत्रता आंदोलन के रूप में आरंभ हुआ।
- यूरोप में राष्ट्रवाद का विचार वेस्टफीलिया संधि (1648) से माना जाता है। अमेरिकी राष्ट्रपति वुडरो विल्सन के 14 सूत्र में राष्ट्रवाद का आधार दिखाई देता है। जबकि गैर-यूरोपीय देशों में राष्ट्रवाद का विचार द्वितीय विश्व युद्ध के बाद आरंभ हुआ। अर्जेंटीना के मार्क्सवादी चे ग्वारा ने क्यूबा एवं दक्षिण अमेरिका में राष्ट्रवाद को मार्क्सवाद से मिला दिया।
- यूरोप में मैजिनी (Mazzini) ने लैटिन अमेरिका में उदारवाद राष्ट्रवाद का विचार प्रस्तुत किया, जबकि फ्रांसीसी सैनिक Nicolas Chauvin ने प्रजातीय

राष्ट्रवाद का आधार रखा, जिसे हिटलर, मुसोलिनी ने प्रभावी बनाया, जिसे विस्तारवादी राष्ट्रवाद कहा, जबकि एशियाई-अफ्रीका में राष्ट्रवाद का संबंध स्वतंत्रता आंदोलन से संबंधित था।

## विश्व में राष्ट्रवाद का बढ़ता प्रभाव

- यूरोप में राष्ट्रवादी प्रवृत्तियां पुनः बढ़ रही हैं। ब्रिटेन यूरोपीयन यूनियन से अलग हो रहा है। अमेरिका के राष्ट्रपति ट्रंप द्वारा पुनः राष्ट्रवादी नीतियां अपनाई जा रही हैं। सोवियत संघ के विघटन के पश्चात् तथा समाजवाद के कमजोर पड़ने के साथ राष्ट्रवादी प्रवृत्तियों में वृद्धि हो रही है। यह संयोग का विषय है कि एक ओर भूमंडलीकरण की प्रक्रिया में वृद्धि हो रही है और दूसरी ओर राष्ट्रवादी प्रवृत्तियां भी बढ़ रही हैं।

# राज्यों के सिद्धांत
# STATE THEORY

## राज्य के सिद्धांत का तुलनात्मक उपागम
(Comparative Dimensions of the Theory of State)

- राज्य के सिद्धांतों के संबंध में विचारकों में एकमतता का अभाव पाया जाता है। परंपरागत उदारवादी चिंतन में राज्य को स्वायत्त एवं निष्पक्ष माना गया है, जबकि मार्क्सवादी परंपरा में राज्य को एक 'यंत्र' माना गया है, साथ ही राज्य संबंधी इन परंपरागत धारणाओं को अन्य विचारधाराओं जैसे-बहुलवाद, नारीवाद, उत्तर-आधुनिकतावाद आदि से चुनौती भी मिली है।
- वर्तमान वैश्वीकरण के युग में राज्य की प्रकृति में महत्वपूर्ण परिवर्तन भी हो रहे हैं। स्पष्टत: वर्तमान राज्य की उत्पत्ति एवं विशेषताओं के विश्लेषण हेतु हमें इसकी राजनीतिक उत्पत्ति तथा उत्पादन प्रणाली (Capitalist Socialist) आदि पर विचार करना होगा, क्योंकि संरचना, कार्य तथा वैधता आदि के आधार पर ही हम राज्य की वास्तविक प्रकृति को समझ सकते हैं।
- इस बात को भी ध्यान में रखना होगा कि प्रत्येक राज्य के निर्माण में वहां के नागरिक समाज (Civil Society) की महत्वपूर्ण भूमिका होती है, लेकिन दूसरी ओर, यह भी सत्य है कि नागरिक समाज (Civil Society) की भूमिका भी राज्य के द्वारा ही तय की जाती है।
- स्पष्टत: उपर्युक्त समस्याओं के कारण ही हमें राज्य के 'सैद्धांतिक ऐतिहासिक विश्लेषण' की आवश्यकता है। राज्य की संरचना एवं कार्य, विशिष्ट संस्थाओं के विकास, सामाजिक-आर्थिक कारकों के संबंध में स्वायत्त (Autonomy), आंतरिक विरोधाभास आदि के मध्य समानताओं व असमानताओं की व्याख्या के लिए एक विस्तृत तुलनात्मक अध्ययन की आवश्यकता है।
- स्पष्टत: विभिन्न राज्यों के सामाजिक-आर्थिक परिप्रेक्ष्य की समानता एवं असमानता हमें विश्लेषण के लिए एक प्रारूप (Framework) प्रदान करती है। साथ ही, वर्तमान दौर में पूंजी के अंतर्राष्ट्रीयकरण के कारण अनेक राज्यों की प्रकृति में महत्वपूर्ण परिवर्तन दृष्टिगोचर हुए हैं। अनेक अधिराष्ट्रीय आर्थिक एवं राजनीतिक संस्थाओं का विकास हुआ है।
- Richard Scase ने राज्य के तुलनात्मक अध्ययन के पांच चलनों (Trends) का उल्लेख किया है-
  - (i) राज्य के कार्यों में बहुत अधिक बढ़ोत्तरी हुई तथा यह शिक्षा, स्वास्थ्य, आवास, कल्याण आदि कार्यों का भी संचालन करने लगा है। इससे राज्य के हस्तक्षेप के वैधानिक क्षेत्र (Legitimate area) के संबंध में विवाद भी पैदा हो गए हैं। इसकी प्रतिक्रिया स्वरूप अनेक देशों में कल्याणकारी राज्य (Welfare State) के विरुद्ध दक्षिणपंथी राजनीतिक व्यवस्थाओं का उदय हुआ है।
  - (ii) अपने नियंत्रण और निरीक्षण के कार्यों में राज्य, अत्यधिक दमनमूलक बन चुका है। नियंत्रण के औपचारिक स्रोतों को अन्य एजेंसियों से प्रतिस्थापित कर दिया गया है, जिसमें न केवल पुलिस शामिल है, बल्कि सामाजिक कार्यों को संचालित करने वाली एजेंसियां भी हैं। इससे मानवाधिकारों तथा राजनीतिक स्वतंत्रताओं पर खतरा पैदा हो गया है तथा राज्य की संरक्षणकर्ता और निरंकुशता के बीच विरोधाभास उत्पन्न हो गया है।
  - (iii) राज्य, अत्यधिक केंद्रीयकृत हो चुका है। इसके कारण राजनीतिक दल उतने प्रासंगिक नहीं रह गए हैं तथा शक्तियों का केंद्रीयकरण कार्यपालिका के पास हो गया है। इससे राजनीतिक संस्थाओं जैसे, संसद की वैधता का संकट भी पैदा हो गया है। इन सबका विरोध भी प्रारंभ हो गया है, जो शांतिपूर्ण विरोध से उग्रवादी हिंसक विरोध के रूप में देखा जा सकता है।
  - (iv) राज्य ने अपने हस्तक्षेप को उत्पादन प्रक्रियाओं तक बढ़ा दिया है। ऐसा प्रतीत होता है कि पूंजीवाद का विकास कॉरपोरेटवाद राज्य के रूप में हो रहा है। वर्ग-संघर्ष को अधिक से अधिक समाप्त करने का

प्रयत्न किया जाता है। राज्य के कार्यों में विस्तार के फलस्वरूप राजकोषीय संकट उत्पन्न हुए हैं। हाल के यूरो संकट में इसे देखा जा सकता है।

(v) पूंजी के अंतर्राष्ट्रीयकरण अथवा वैश्वीकरण ने राज्य के अस्तित्व पर प्रश्नचिह्न खड़ा कर दिया है।

## पूंजीवादी समाजों में राज्य की प्रकृति
(Nature of State in Capitalist Society)

- समकालीन राजनीतिक सिद्धांत का उलझाऊ तथा विरोधाभासी आयाम यह है कि राज्य के कार्य क्षेत्र में सामाजिक जीवन के अधिकाधिक क्षेत्र शामिल कर लिए गए। इस राजनीतिक विमर्श के शब्दकोश में इसका स्पष्ट अर्थ बताना कठिन होने लगा।
- अतः यदि पूंजीवादी समाजों में राज्य की प्रकृति एवं भूमिका को समझना है, तो हमें इसके अर्थ तथा संगठित राजनीतिक शक्ति की केंद्रीयता पर बल देना होगा।
- 20वीं सदी की दो प्रमुख राजनीतिक विचारधारा, उदारवाद एवं मार्क्सवाद में राज्य की महत्वपूर्ण भूमिका है। उदारवादी परंपरा के अंतर्गत् राज्य के 'रात्रि प्रहरी' स्वरूप से प्रारंभ करते हुए कल्याणकारी राज्य (Welfare State) तथा बाद में नव-उदारवादी 'रात्रि प्रहरी राज्य' के विकास का विश्लेषण है।

## पूंजीवादी राज्य के विकास के चरण

- पूंजीवादी राज्य या उदारवादी राज्य के विकास का राजनीतिक इतिहास एक जैसा नहीं रहा है। उदारवादी लोकतांत्रिक राज्य (Liberal Democratic State) या पूंजीवादी राज्य में एक विरोधाभास पाया जाता है, जिसे संचय की आवश्यकता और वैधता के मध्य आवश्यक तनाव के रूप में देखा जा सकता है।
- प्रारंभिक उदारवादी राज्य, संचय (Accumulation) की निजी व्यवस्था की विचारधारा के साथ विकसित हुआ तथा कालांतर में लोकप्रिय स्वीकार्यता (वैधता) हेतु लोकतांत्रिक विचारों को लागू किया।
- एलन वोल्फ (Alan Wolfe) ने पिछले 200 वर्षों में उदारवादी राज्य द्वारा इन विरोधाभासों को हल करने के लिए छह (6) आदर्श प्रारूप (Ideal Type) के पूंजीवादी राज्य का वर्णन किया है-

(i) **संचयी राज्य** (The Accumulative State)

- इसे वोल्फ ने पूंजीवादी औद्योगीकरण का पहला चरण माना है। इसमें पूंजी के संग्रह या संपत्ति के संग्रह को वैध माना गया। यह राज्य 'अहस्तक्षेप राज्य' (Laissez Faire) की नीति के प्रति प्रतिबद्ध नहीं था तथा अर्थव्यवस्था में राज्य के सक्रिय हस्तक्षेप को प्रोत्साहित किया गया। वास्तव में यह संचयी राज्य, तानाशाही वणिकवादी राज्य और अपेक्षाकृत लचीला राज्य के मध्य संक्रमण काल का समझौता था, ताकि औद्योगिक पूंजीपतियों की आवश्यकताओं को पूरा किया जा सके।

(ii) **समन्वयकारी राज्य** (The Harmonious State)

- राज्य का यह स्वरूप, पूंजीवादी औद्योगीकरण के दूसरे चरण में विकसित हुआ। इसमें एक ओर, इस बात पर बल दिया कि यदि बुर्जुआ वर्ग के हाथों में सत्ता रहेगी, तो सभी को लाभ होगा। वहीं दूसरी ओर, उभरते श्रमिक वर्ग ने अपने लिए अधिक अधिकारों की मांग की। इस कारण राज्य के द्वारा अनेक सुधारों को लागू किया गया और वैधता के संकट को दूर करने का प्रयास किया गया।

(iii) **विस्तारवादी राज्य** (The Expansionist State)

- जब पूंजीवादी व्यवस्था और लोकतंत्र के मध्य संघर्ष चरम बिंदु पर पहुंच गया, तब विस्तारवादी राज्य का उदय हुआ एवं इसी के साथ शास्त्रीय उदारवाद का भी अंत हो गया। इस विस्तारवादी राज्य द्वारा साम्राज्यवादी विस्तार किया गया, जिसके कारण प्रथम विश्वयुद्ध हुआ, परंतु युद्ध की समाप्ति के बाद इस विस्तारवादी राज्य का पतन प्रारंभ हो गया।

(iv) **शाखा राज्य** (The Franchise State)

- विभिन्न वर्गों के मध्य संघर्षों को समाप्त करने तथा सार्वजनिक शक्ति को निजी संगठनों को सौंपने के क्रम में इस राज्य का उदय हुआ, जिसे सामान्यतः बहुलवादी लोकतंत्र के नाम से जाना जाता है।
- परंतु, निजी हित समूह प्रभावी रूप से स्वयं को नियंत्रित नहीं कर पाए तथा द्वितीय विश्वयुद्ध की समाप्ति तक बहुलवादी राज्य का अंत होने लगा। यूरोपीय राज्यों में आर्थिक नियोजन तथा सैन्य खर्च में बढ़ोत्तरी से अमेरिका शक्तिशाली राज्य बनकर उभरा।
- इस कारण सार्वजनिक शक्ति को हित समूहों को सौंपने पर आधारित शाखा राज्य (Franchise State) अतीत बनकर रह गया और भविष्य के लिए कोई समाधान देने में भी असफल रहा।

(v) **दोहरा राज्य** (The Dual State)

- राज्य के पूंजीवादी व लोकतांत्रिक विरोधाभास को समाप्त करने के लिए यह राज्य अस्तित्व में आया। इसके अंतर्गत् दो समानांतर संरचनाओं का निर्माण किया गया, जिसमें एक को व्यवस्था संभालने का कार्य सौंपा गया, तथा दूसरे को लोकतांत्रिक दिखावे को बचाकर रखने का कार्य सौंपा गया।

- इस दोहरी व्यवस्था का पहला भाग सैन्य व्यवस्था, नौकरशाही तथा गुप्त सूचना एजेंसियां थीं, तो दूसरा भाग, संसदीय व्यवस्था। इस दोहरे राज्य की प्रकृति में भी उदारवादी या पूंजीवादी तत्वों तथा लोकतांत्रिक सिद्धांतों के मध्य सदैव विरोधाभास बने रहे।

(vi) **पार-राष्ट्रीय राज्य** (Transnational State)

- एलन वोल्फ (Alan Wolfe) के अनुसार, 'यह पूंजीवादी राज्य के विकास का सबसे नवीनतम मॉडल है, जिसका विकास पूंजी के अंतर्राष्ट्रीयकरण तथा बहुराष्ट्रीय कंपनियों (MNCs) के विकास के साथ हुआ। यद्यपि राज्य के द्वारा अभी भी बहुराष्ट्रीय कंपनियों को अनेक प्रकार की सहायताएं दी जाती हैं।
- इस पार-राष्ट्रीय राज्य ने पूंजीवादी राज्य को एक नया क्षितिज प्रदान किया। परंतु यह पार-राष्ट्रीय राज्य भी समकालीन पूंजीवादी समाज में विद्यमान राजनीतिक विरोधाभासों को दूर नहीं कर सका। अमेरिकी ऋण संकट (American Debt. Crisis) तथा यूरो संकट (Euro Zone Crisis) और आर्थिक मंदी को इसी संदर्भ में समझा जा सकता है।

## उत्तर-पूंजीवादी युग में राज्य के संबंध में समकालीन चर्चा (Contemporary Debates About the State in late Capitalism)

- उदारवादी विचारकों के अनुसार, 'विकसित पूंजीवादी समाज प्रतिस्पर्धी, विघटित और विसरित है। इन समाजों में नागरिकों को सार्वभौमिक मताधिकार प्राप्त है। स्वतंत्र एवं निष्पक्ष चुनाव होते हैं तथा नागरिक स्वतंत्रता उपलब्ध है।'
- संसद, वह मुख्य बिंदु है, जिसके ऊपर सीधे लॉबिंग के द्वारा या पार्टी द्वारा हित समूह अपना दबाव बनाते हैं। यहां कोई विशेषाधिकार वर्ग, हित या समूह नहीं है, बल्कि हितों के प्रतिस्पर्धी ब्लॉक हैं।
- लघु एवं मध्यम उद्योगों की व्यापक उपस्थिति के बावजूद बड़े औद्योगिक समूहों का अर्थव्यवस्था में महत्वपूर्ण स्थान है। इन बहुराष्ट्रीय कंपनियों का एशिया, अफ्रीका, लैटिन अमेरिका आदि में विस्तार समकालीन पूंजीवादी राज्यों की विदेश नीति की महत्वपूर्ण विशेषता है।
- इन पूंजीवादी देशों में लोगों की आय में व्यापक अंतर पाया जाता है। 'वॉल स्ट्रीट का घेराव' (Occupy wall street) आंदोलन के अनुसार, 'अमेरिका के 1 प्रतिशत लोगों की संपत्ति बाकी 99 प्रतिशत लोगों से भी अधिक है। आय में असमानता, राजनीतिक शक्ति में असमानता स्पष्ट रूप से दृष्टिगोचर होती है।'

## राज्य व्यवस्था और राज्य विशिष्ट वर्ग

(The State System and the State Elite)

- इस संदर्भ में राज्य का अभिप्राय, 'विभिन्न राजनीतिक संस्थाओं से है। इसमें सरकारी तत्वों के अंतर्गत् सरकार, प्रशासन, सेना और पुलिस, न्यायपालिका, संसद तथा उपकेंद्रीय सरकारें; जैसे-अमेरिका के राज्य (States in US) आते हैं।
- इसके अतिरिक्त, इस राज्य व्यवस्था में राजनीतिक दल एवं दबाव समूह, बहुराष्ट्रीय कंपनियां, चर्च, मास मीडिया तथा सांस्कृतिक एवं शैक्षिक संगठन; जैसे-गैर-सरकारी तत्व शामिल हैं। इन देशों में राज्य की भूमिका तथा उद्देश्यों को समझने के लिए विशिष्ट वर्ग एवं आर्थिक रूप से संपन्न वर्ग के मध्य संबंधों को समझना आवश्यक है।'
- रॉल्फ मिलिबैंड (Ralf Miliband) के अनुसार, 'समकालीन पूंजीवादी देशों में व्यवसायी वर्ग, कैबिनेट का सबसे बड़ा वर्ग है। इसके अलावा, नौकरशाही, सेना तथा राज्य की वित्तीय संस्थाओं में भी इनका वर्चस्व देखा जा सकता है।'
- राज्य के विशिष्ट वर्ग की नीतियों, विचारों एवं दृष्टिकोणों में भिन्नता के बावजूद पूंजीवादी व्यवस्था को मजबूत करने पर सभी एक मत हैं। व्यावसायिक हित को, राष्ट्रीय हित से जोड़कर देखा जाता है। उदाहरण के लिए, जो जनरल मोटर्स के लिए अच्छा है, वह अमेरिका के लिए भी अच्छा है। (e.g. What is good for General Motors is good for US)।
- हैबरमास जैसे नव-मार्क्सवादियों ने भी पूंजीवादी राज्य की विसंगति का विश्लेषण करते हुए इसे वैधता संकट के रूप में प्रस्तुत किया। इनके अनुसार, पूंजीवादी व्यवस्था में आर्थिक साधनों पर मुट्ठीभर लोगों का ही नियंत्रण होता है, लेकिन राजनीतिक व्यवस्था के द्वारा सभी के लिए समानता और कल्याण का दावा किया जाता है।
- पूंजीवादी व्यवस्था में विद्यमान यह अंतर्विरोध वर्तमान में पश्चिमी देशों में प्रत्यक्ष रूप से दिख रहा है। वर्ष 2008 की आर्थिक मंदी के बाद यूरोप और अमेरिका में राज्य के द्वारा पूंजीपतियों के हितों के संरक्षण को लेकर लोगों में अत्यधिक आक्रोश है।
- ओबामा ने स्वास्थ्य विधेयक प्रस्तुत करके लोगों के विश्वास को अर्जित करने का प्रयत्न किया। नौमचौसकी ने पूंजीवादी समाजों द्वारा संचालित बाजारवादी, उदारवादी नीतियों को व्यापारिक घरानों के लिए संचालित नीतियां कहा है।

### निष्कर्ष

- पूंजीवादी राज्य के लिए संकट कोई नई परिघटना नहीं है। वर्ष-1930 के आर्थिक संकट का कल्याणकारी राज्य के द्वारा समाधान किया गया। वर्तमान बाजारवाद, उपभोक्तावाद के युग में पूंजीवाद की आलोचना सिर्फ समानता के समर्थक ही नहीं कर रहे हैं, बल्कि पर्यावरणीय आंदोलन के समर्थक भी कर रहे हैं।
- अत: पूंजीवादी उत्पादन प्रणाली और सामाजिक न्याय के मध्य बेहतर समन्वय एवं संतुलन की आवश्यकता है।

## समाजवादी समाज में राज्य का सैद्धांतिक आधार

(Theoretical Basis of the State in Socialist Society)

- समाजवादी समाज, वे समाज हैं, जहां उत्पादन की पूंजीवादी प्रणाली को प्रतिस्थापित करके सामाजिक स्वामित्व (Social Ownership) पर आधारित उत्पादन की प्रणाली को लागू किया गया।
- अधिकांशत: ऐसे समाज मार्क्सवादी-लेनिनवादी विचारधारा पर आधारित राजनीति से संचालित क्रांति के द्वारा अस्तित्व में आए और यही दल वहां के शासक दल बने। इस प्रकार, राज्य की मार्क्सवादी धारणा समाजवादी समाजों में राज्य की प्रकृति को समझने के लिए अत्यंत उपयोगी है।
- मार्क्स के विचारों में राज्य संबंधी मुख्यत: दो धारणाएं पाई जाती हैं। ''कम्युनिस्ट मैनिफेस्टो'' (Communist Menifesto) में मार्क्स तथा एंगेल्स ने 'राज्य को एक यंत्र' माना, जो कि बुर्जुआ की कार्यकारी समिति है।
- परंतु, ''18वें ब्रूमेर ऑफ लुईस बोनापार्ट'' (Eighteenth Brumaire of Louis Bonaparte) में मार्क्स ने राज्य की सापेक्षिक स्वायत्तता को भी स्वीकार किया है। समाजवादी राज्य का मूल कार्य, बुर्जुआ राज्य मशीनरी को समाप्त कर सर्वहारा की शक्ति को मजबूत करना है, जिसे सामान्यत: 'सर्वहारा वर्ग की तानाशाही' भी कहा जाता है और यह पूंजीवाद से साम्यवाद के संक्रमण काल में आवश्यक भी है।
- मार्क्सवादी राज्य की उदारवादियों के द्वारा सर्वाधिकारवादी राज्य कहकर आलोचना की जाती है। संपत्ति के सामूहिक मालिकाना एवं राष्ट्रीयकरण से एक विशाल नौकरशाही तंत्र का उदय हुआ, जो बाद में विशेषाधिकार वर्ग बन गया।
- एकदलीय व्यवस्था का आधिपत्य होने के कारण चुनाव केवल औपचारिकता बनकर रह गए और चार्ल्स बेटलहम (Charles Bettlehem) के शब्दों में, 'सोवियत संघ का शासक वर्ग 'राज्य बुर्जुआ' बन गया और राज्य का स्वरूप 'राज्य पूंजीवाद' (State Capitalism) में परिवर्तित हो गया।'

## सोवियत संघ में राज्य की विशेषताएं

(Characteristic of the state in the Soviet Union)

(i) सोवियत राज्य की सर्वाधिक विशिष्ट विशेषता इसका समाजवादी स्वरूप था। इसके अंतर्गत् संपत्ति पर निजी अधिकार की बजाय, पूरे समाज का मालिकाना हक था। उत्पादन की पूंजीवादी प्रणाली को समाप्त करके, समाजवादी प्रणाली से प्रतिस्थापित कर दिया गया।

(ii) समाज का कायापलट करने के लिए आर्थिक नियोजन को अपनाया गया।

(iii) सोवियत संघ में पूरी व्यवस्था का नियंत्रण कम्युनिस्ट पार्टी के हाथ था। पश्चिमी विचारकों ने इस व्यवस्था को फासीवाद की तरह ही सर्वाधिकारवादी बताया। इनके विचार में, एकदलीय व्यवस्था से दल में नौकरशाहीकरण की प्रवृत्तियां उभरीं।

(iv) सोवियत संघ की एक अन्य विशेषता उसका बहुराष्ट्रीय चरित्र का होना है। समाजवादी विचारधारा द्वारा विभिन्न 'राष्ट्रीयताओं' का एकीकरण किया गया।

(v) सरकारी एवं प्रशासनिक व्यवस्था में लोकतांत्रिक केंद्रवाद को अपनाया गया, लेकिन सोवियत राज्य औपचारिक रूप से संघीय था, लेकिन व्यवहार में एकात्मक है।

(vi) सोवियत राज्य की प्रकृति तथा इसका क्रांतिकारी उद्भव एवं परंपरा का होना है। यह अपनी प्रकृति में सामंतवाद, पूंजीवाद, उपनिवेशवाद, साम्राज्यवाद विरोधी था। नए सोवियत राज्य ने वर्ग अथवा प्रजाति आधारित सभी असमानताओं को समाप्त कर दिया। इस राज्य का उद्देश्य एक साम्यवादी समाज की तरफ अग्रसर होना था। स्पष्टत: वर्ष-1917 की बोल्शेविक क्रांति को निरंतर जारी रखने का प्रयास किया गया।

### सोवियत राज्य का विकास

(Development of the Soviet State)

- सोवियत संघ की शासन की मूलभूत इकाई 'सोवियत' के रूप में थी, जो कि प्रारंभ में सर्वहारा वर्ग का संगठन था तथा बाद में विभिन्न स्तरों पर चुने गए प्रतिनिधियों की संस्था बन गई।
- सोवियत के अंतर्गत् प्रतिनिधित्व को किसी उदारवादी व्यवस्था में प्रतिनिधित्व से बेहतर माना गया, क्योंकि यह

एकदलीय व्यवस्था के लिए विरोधाभासी प्रतीत होता है, लेकिन जैसाकि, स्टालिन का मत था कि सोवियत शासन व्यवस्था पुरानी बुर्जुआ लोकतांत्रिक एवं संसदीय व्यवस्था से अलग है। यह एक नई प्रकार की व्यवस्था है, जिसका उद्देश्य जनता का शोषण करना नहीं, बल्कि उन्हें सभी प्रकार के शोषण से मुक्त करना है।

- यह समाजवादी राज्य, सर्वहारा वर्ग की तानाशाही पर आधारित था, जिसके अंतर्गत् उत्पादन की समाजवादी प्रणाली का विकास करना और मजबूत करना था। हालांकि, यह संक्रमण काल के लिए ही था, परंतु बाद में वास्तविक रूप में नौकरशाही का प्रभाव हावी हो गया।
- स्टालिन के सोवियत राज्य का पूर्ण सिद्धांत वर्ष 1939 के कम्युनिस्ट पार्टी के अधिवेशन में मिलता है। स्टालिन ने यह स्वीकार किया कि साम्यवाद के अंतर्गत् राज्य अवश्य विलुप्त हो जाएगा, लेकिन साथ ही उन्होंने यह मत दिया कि शायद मार्क्स ने भी एकमात्र समाजवादी राज्य की कल्पना नहीं की होगी। चूंकि, सोवियत समाजवादी राज्य चारों ओर से अनेक पूंजीवादी राज्यों से घिरा हुआ है। सोवियत समाजवादी राज्य के विलुप्त होने की उम्मीद नहीं की जा सकती।
- अतः सोवियत समाजवादी राज्य तब तक अस्तित्व में रहेगा, जब तक कि विदेशी पूंजीवादी राज्यों के सैन्य आक्रमण की संभावना समाप्त न हो जाए।
- स्टालिन का मानना था कि सोवियत राज्य पहले ही विकास के दो चरणों से गुजर चुका है-
  - (i) वर्ष 1917-1931 के दौरान क्रांतिकारी सोवियत राज्य को मजबूत बनाना मुख्य उद्देश्य था।
  - (ii) सोवियत राज्य की आर्थिक प्रगति के बाद एक विकसित सोवियत समाज का उदय हुआ है।
- स्टालिन ने विकसित समाजवादी राज्य के कार्यों के बारे में बताते हुए कहा कि राज्य का मुख्य कार्य अब आर्थिक गतिविधियों का प्रबंध करना तथा सांस्कृतिक शिक्षा का प्रसार करना है। सैन्य व्यवस्था, पुलिस, इंटेलिजेंस के कार्यों के संबंध में स्टालिन का मानना था कि अब इनका कार्य आंतरिक न होकर, बाहरी दुश्मनों से लड़ना है।
- वास्तव में, सोवियत राज्य का इस प्रकार का सैद्धांतीकरण वास्तविक प्रतीत नहीं होता, क्योंकि सोवियत राज्य में कालांतर में सैन्य नौकरशाही मजबूत हुई, जिसका कार्य आंतरिक व बाह्य दोनों रूपों में दमनकारी ही था। सोवियत समाजवादी राज्य के विलुप्त होने की भी पश्चिमी विश्लेषकों द्वारा आलोचना की गई है।

## जनवादी लोकतंत्र संक्रमणकालीन राज्य के रूप में (People's Democracy as a Transitional State)

- जन-लोकतंत्र की अवधारणा को पूर्वी यूरोपीय देशों के संदर्भ में व्यक्त किया गया, जो द्वितीय विश्व युद्ध के बाद स्वतंत्र (नाजी आक्रमण से) हुए थे। इन सभी देशों में जो कि आर्थिक व राजनीतिक विकास के अलग-अलग चरणों में थे।
- साम्यवादी, समाजवादी तथा उदारवादी देशों में गठबंधन सरकारों की स्थापना की गई एवं इनकी प्रकृति संक्रमणकालीन थी, जिनका उद्देश्य सामाजिक व्यवस्था में लोकतांत्रिक परिवर्तन लाना था, ताकि अंततः समाजवादी राज्य (Socialist State) के निर्माण का आधार तैयार किया जा सके। समाजवादी राज्य भी सर्वहारा वर्ग की तानाशाही के रूप में होगा।
- पूर्वी यूरोपीय देशों में 'जन लोकतंत्र' इसलिए आवश्यक माना गया, क्योंकि इन सभी देशों को सोवियत संघ द्वारा सैन्य बल से मुक्त कराया गया था। चूंकि इन देशों में कम्युनिस्ट पार्टी या तो अस्तित्व में ही नहीं थी, या बहुत कमजोर थी।
- अतः कम्युनिस्ट पार्टी के नेतृत्व में तथा सोवियत संघ की देख-रेख में बहुदलीय गठबंधन को आवश्यक माना गया। जन लोकतंत्र के इस संक्रमणकारी रूप को 10 वर्षों के अंदर ही सोवियत संघ के अनुरूप सर्वहारा वर्ग की तानाशाही के रूप में बदल दिया गया। हालांकि, यूगोस्लाविया ने समाजवादी राज्य का अपना पैटर्न विकसित किया, जो सोवियत मॉडल से अधिक बहुलवादी था।
- पूर्वी यूरोपीय देशों में समाजवादी व्यवस्था सोवियत संघ द्वारा आरोपित थी। इसी कारण पोलैंड, हंगरी तथा चेकोस्लोवाकिया में विद्रोह हुए। पोलैंड में ट्रेड यूनियन तथा कैथोलिक चर्च को काफी हद तक स्वायत्तता प्राप्त थी। बाद में, यहां 'सोलिडेरिटी आंदोलन' मजबूत हुआ और व्यवस्था परिवर्तित हुई। सोवियत संघ के पतन के साथ ही इन राज्यों में भी परिवर्तन आ गए।

## नव-लोकतंत्र से समाजवादी राज्य का चीन में विकास (From New Democracy to Socialist State in China)

- जहां पूर्वी यूरोपीय देशों में जन-लोकतंत्र व्यावहारिक (Pragmatic) अवधारणा थी। नव-लोकतंत्र की माओ की अवधारणा को वैचारिक कहा जा सकता है। चूंकि चीन एक अल्पविकसित, अर्द्धउपनिवेशवादी तथा सामंतवादी देश था।
- माओ द्वारा इस बात पर बल दिया गया कि साम्राज्यवाद, सामंतवाद तथा पूंजीवाद को समाप्त करने के लिए

कम्युनिस्ट पार्टी द्वारा 'लोकतांत्रिक क्रांति' करने की जरूरत है। यह लोकतांत्रिक बुर्जुआ क्रांति से अलग होगी, क्योंकि यह बुर्जुआ वर्ग के द्वारा नहीं, बल्कि कम्युनिस्ट पार्टी के नेतृत्व में किसानों, छोटे बुर्जुआ तथा राष्ट्रीय बुर्जुआ के माध्यम से लाई जाएगी। कुमिन्तांग शासन को समाप्त कर चीन में नव-लोकतांत्रिक राज्य की वर्ष 1949 में स्थापना की गई।

- माओ ने चीन के एक समाजवादी राज्य में बदलने से पूर्व नव-लोकतंत्र काल को संक्रमणकारी बताया। उनके विचार में, इस चरण में विभिन्न 'लोकतांत्रिक वर्गों की तानाशाही' स्थापित की जाएगी, न कि सर्वहारा वर्ग की तानाशाही।
- इस लोकतांत्रिक वर्ग में शामिल हैं-किसान, मजदूर, छोटे बुर्जुआ और राष्ट्रीय बुर्जुआ। चूंकि, चीन में पूंजीवादी विकास के निम्न स्तर के कारण मजदूर वर्ग का पूर्णत: विकास नहीं हो पाया था। किसानों ने क्रांति में महत्वपूर्ण भूमिका निभाई थी। ऐसा माना गया कि अगर बेहतर तरीके से नियंत्रण किया जाए, तो छोटे बुर्जुआ और राष्ट्रीय बुर्जुआ नव-लोकतंत्र की राजनीतिक एवं आर्थिक व्यवस्था के निर्माण में शामिल होंगे।
- माओ के अनुसार, नए लोकतांत्रिक राज्य में नौकरशाह तथा एकाधिकारी पूंजीवाद की संपत्ति को जब्त कर लिया जाएगा, जिनका बैंक, रेलवे एवं वायु परिवहन आदि पर मालिकाना हक था, लेकिन उत्पादन की पूंजीवादी प्रणाली को पूर्णत: समाप्त नहीं किया जाएगा, बल्कि नव-लोकतांत्रिक राज्य का कार्य वैध निजी संपत्ति की रक्षा करना है। स्पष्टत: यह निजी संपत्ति को समाप्त करने के सोवियत मॉडल से भिन्न था।
- वर्ष 1975 में संविधान द्वारा जनवादी चीन का 'सर्वहारा के अधिनायकत्व में समाजवादी राज्य' के रूप में वर्णन किया गया। अन्य समाजवादी राज्यों की भांति चीन में कम्युनिस्ट पार्टी का शासन व्यवस्था पर एकाधिकार है, लेकिन सोवियत संघ की तरह यह बहुराष्ट्रीय होने का दावा नहीं करता। यहां पर एकात्मक व्यवस्था है और 90 प्रतिशत से अधिक जनसंख्या हान समुदाय की है।
- वर्ष 1978 में 'डेंग शियाओपिंग' द्वारा आधुनिकीकरण का नारा दिया गया तथा बाजारवादी समाजवाद का प्रयोग किया गया, जिसका कट्टर मार्क्सवादियों ने कड़ा विरोध किया, लेकिन समकालीन युग में चीन के बाजारवादी समाजवाद का प्रभाव विश्व में अत्यधिक है।
- चीन के अतिरिक्त, उत्तरी कोरिया व क्यूबा जैसे राज्य ही समाजवादी राज्य होने का दावा करते हैं, लेकिन यहां (क्यूबा) भी सुधारों की मांग चल रही है। रेमंड लोट्टा (Raymond lotta) ने तो यहां तक कहा कि वर्ष-1978 के बाद चीन समाजवादी नहीं है।

## विकसित ( औद्योगिक ) देशों में राज्य

(The State in Developed (Industrialized) Countries)

- विकसित पूंजीवादी राज्यों में मुक्त बाजार तथा उत्पादन की निजी प्रणाली होती है। अर्थव्यवस्था, व्यक्तिगत उद्यम पर आधारित होती है तथा नियोजन सीमित स्तर पर किया जाता है। खासकर समाज कल्याण के क्षेत्र में उत्पादन मुख्यत: उपभोक्ता वस्तुओं तथा सेवाओं का होता है।
- राज्य, उदार कर व्यवस्था के अंतर्गत् स्वैच्छिक बचत (Voluntary Saving) को भी प्रोत्साहित करता है। निजी निवेश को प्रतिबंधित करने का प्रयास नहीं किया जाता।
- इन राज्यों में संसदीय लोकतंत्र पाया जाता है। राज्य, अक्सर उन नीतियों का पालन करता है, जो न तो रूढ़िवादी होती हैं और न ही सुधारवादी। राजनीतिक दलों एवं हित समूहों के द्वारा नीतियों को अभिव्यक्त किया जाता है, जिनका विधि निर्माण किया जाता है।
- राजनीतिक दल, चुनावों के अतिरिक्त अधिकांश समय असक्रिय रहते हैं। कार्यपालिका की नीतियों को नौकरशाही द्वारा लागू किया जाता है। न्यायपालिका कार्यपालिका से स्वतंत्र होती है, परंतु यथास्थिति को बनाए रखने में यह कार्यपालिका के साथ होती है।
- राज्य धर्मनिरपेक्ष नीतियों को मानता है, जो राजनीति और धर्म के पृथक्करण पर आधारित होती हैं। सेना को कार्यपालिका के अधीन माना जाता है। इसका व्यवहार व्यावसायिक होता है, न कि किसी विचारधारा के अधीन। तृतीय विश्व की तरह इन देशों में, सेना सत्ता पर कब्जा नहीं करती है।
- विकसित पूंजीवादी राज्यों में अनेक बड़े व छोटे शहरों का प्रशासन राज्य को चलाना होता है एवं मध्यम वर्ग की संख्या इन शहरों में अधिक होती है। व्यवसाय व आय के आधार पर उनकी प्रस्थिति (Status) में भी अंतर पाया जाता है।
- राज्य द्वारा समाज कल्याण कार्यक्रम चलाए जाते हैं, परंतु आर्थिक मंदी के समय बेरोजगारी से नहीं बच पाता। वर्तमान संकट में भी यह देखा जा सकता है। जन्म-दर (Birth Rate) कम होने के कारण यहां जनसंख्या नीति पाई जाती है।

## विकासशील समाजों में राज्य की प्रकृति

(Nature of the State in Developing Societies)

- अनेक नए राज्यों के उदय, उनकी विशिष्ट सांस्कृतिक व राजनीतिक व्यवस्था ने समकालीन विश्व में अनेक मुद्दों

को उभारा है। कोई भी अविकसित या अल्पविकसित राष्ट्र विकास के लक्ष्य को नकार नहीं सकता, लेकिन विकसित देश के संबंध में यह अनेक रूपों में बिखरी हुई है।

- विकास की प्रक्रिया का अस्तित्व में होना एक सामाजिक तथ्य है और विकास की आवश्यकता की पहचान करना एक सामाजिक मूल्य। विकास की सामाजिक वास्तविकताओं तथा उसके विचारधारात्मक लक्ष्यों के संदर्भ में ही एक विकासशील राष्ट्र की प्रकृति एवं मूल्य का निर्धारण किया जा सकता है।
- साथ ही यह भी देखना जरूरी है कि विकास की रणनीति व लक्ष्य निर्धारण में विकासशील राष्ट्र किस स्तर तक स्वतंत्र हैं। अनुभव यह बताते हैं कि विकासशील राज्य अपने संरचनात्मक पिछड़ेपन के दुश्चक्र को ध्वस्त करने में असफल रहे हैं। हालांकि, पिछले कुछ वर्षों में अपवाद भी रहे हैं।
- तृतीय विश्व, हालांकि प्रकृति में गणतांत्रिक हैं, परंतु इनकी वास्तविक राजनीतिक व्यवस्था अक्सर तानाशाही किस्म की पाई जाती है। ये न तो राजतंत्र हैं और न ही पूरी तरह से तानाशाही। यहां संविधान तो है, लेकिन इनका संविधानवाद किसी करिश्माई नेता अथवा पार्टी की इच्छा पर निर्भर है।
- यहां एक उच्च विशिष्ट वर्ग पाया जाता है, जिसका अक्सर एक रूढ़िवादी सैनिक विशिष्ट वर्ग द्वारा नियंत्रण किया जाता है। यहां न तो विकसित संसदीय व्यवस्था है और न ही विकसित या प्रतिस्पर्धी दल व्यवस्था। जहां कहीं संसदीय व्यवस्था अस्तित्व में है, वहां भी कुछ वर्गों का प्रभुत्व है और विधायिका में संपत्तिशाली वर्ग का प्रभुत्व है। अपराधीकरण, धन एवं मंत्रिमंडल शक्ति की समस्या यहां पर गंभीर है।
- एशिया एवं अफ्रीका के कुछ देशों ने बहुदलीय व्यवस्था को त्यागकर, एकदलीय व्यवस्था को अपनाया है। जैसे-सीरिया, केन्या, तंजानिया, गिनी आदि। यहां संसदीय व्यवस्था का लगातार ह्रास हुआ है।
- उल्लेखनीय है कि हाल में प्रारंभ हुआ 'अरब स्प्रिंग' इन्हीं देशों में हुआ है। यहां पर राजनीतिक सुधारों की प्रक्रिया जारी है; जैसे-मिस्र, ट्यूनीशिया, लीबिया एवं सीरिया आदि। कुछ देशों में एकदलीय प्रभुत्व की प्रणाली रही है; जैसे-मैक्सिको व भारत।
- उन देशों में जहां संसदीय मूल्यों को अपनाया गया, वे वास्तविकता से कोसों दूर हैं। विकास के लक्ष्यों को प्राप्त करने के लिए नियोजन की जरूरत होती है तथा अक्सर इसके नाम पर तानाशाही सत्ता उभर आती है। संसद विरोधी विचारों व हितों का मंच बनकर रह जाती है, जिसका लाभ सैनिक तानाशाहों द्वारा उठाया जाता है। संविधान को या तो बदल या फिर समाप्त कर दिया जाता है।
- हालांकि, विकासशील देशों में अधिनायकवादी व्यवस्था होने के बावजूद यहां पर सर्वाधिकारवाद नहीं पाया जाता, क्योंकि यहां तकनीकी पिछड़ापन तथा अदक्ष नौकरशाही पाई जाती है। लोकतांत्रिक मूल्यों के प्रति मौखिक प्रतिबद्धता हमेशा रखी जाती है, जहां संक्रमण काल में विकास के लिए अधिनायकवादी शासन को उचित घोषित किया जाता है। वहीं लोकतंत्र की प्राप्ति एवं भविष्य का लक्ष्य रखा जाता है।
- अधिकांशतः विकासशील देशों में लिखित संविधान एवं संसद है, परंतु यहां पर अक्सर संविधान तथा औपचारिक संसदीय संस्थाएं तानाशाह के शासन को वैध बनाने का कार्य करती हैं।

# राजनीतिक शासन प्रणालियां
# POLITICAL REGIMES

## लोकतांत्रिक शासन प्रणाली

- लोकतांत्रिक शासन प्रणाली सहमति पर आधारित शासन प्रणाली होती है।
- इसमें बहुत से लोग शासन में भागीदार होते हैं।
- सर्वप्रथम पांचवीं सदी ई. पू. में एथेंस के लोकतंत्र में वयस्क मताधिकार को लागू किया गया, लेकिन यह सार्वभौमिक नहीं था।
- सार्वभौमिक मताधिकार का प्रयोग बीसवीं सदी में हुआ।
- वर्तमान समय में लोकतांत्रिक शासन में जनता के शासन का अर्थ, राजनीतिक संस्थाओं में उसकी व्यवस्था से है।
- लोकतांत्रिक शासन सामूहिक आत्मनिर्धारण अधिकार के रूप में जाना जाता है।
- संसदीय लोकतांत्रिक व्यवस्था में बहुदलीय प्रणाली को अपनाया गया।
- पश्चिमी देशों में लोकतांत्रिक शासन चुनावी प्रतिनिधित्व पर आधारित है।
- समानता व स्वतंत्रता लोकतंत्रीय शासन की महत्वपूर्ण विशेषता है।
- सभी नागरिक कानून के समक्ष समान होते हैं।
- सभी नागरिकों के मत का मूल्य समान होता है।
- संविधान के माध्यम से नागरिकों के अधिकारों को संरक्षित किया गया है।
- सरकार के महत्वपूर्ण प्रतिरूपों में प्रतिनिधि लोकतंत्र, विमर्शी लोकतंत्र और एक मत लोकतंत्र महत्वपूर्ण है।
- लोकतंत्र शक्ति पृथक्करण पर बल देता है।

## गैर-लोकतांत्रिक सरकार

- गैर लोकतांत्रिक सरकार में जनता की सहमति का कोई महत्व नहीं होता।
- शासन सत्ता कुछ लोगों के हाथों में निहित होती है।
- सरकार जनता के प्रति किसी रूप में उत्तरदायी नहीं होती।
- व्यक्ति की स्वतंत्रता प्रतिबंधित होती है।
- यह व्यक्तिवाद एवं लोकतंत्र की विरोधी होती है।
- इसमें शक्ति का केंद्रीयकरण होता है।
- राजनीतिक निर्णय बहुमत द्वारा नहीं अपितु कुछ लोगों द्वारा लिए जाते हैं।
- पितृ-सत्तात्मक शासन में शासन वंशानुगत होता है, वहां योग्यता का कोई मतलब नहीं होता।
- सत्तावादी सरकारें अंतर्राष्ट्रीय शांति में किसी प्रकार का सहयोग नहीं करती।
- सर्वाधिकारवादी शासन के अंतर्गत राजनीतिक-सामाजिक तथा बौद्धिक जीवन के सभी पहलुओं पर सरकार का पूर्ण केंद्रीयकरण होता है।
- सर्वसत्तावादी शासन का उद्देश्य असमानता नहीं होता, अपितु राज्य व नागरिक समाज के अंतर को समाप्त करना होता है।

## शासन के प्रकार

- विश्व में विभिन्न प्रकार की लोकतांत्रिक राजनीतिक व्यवस्थाएं कार्य कर रही हैं। भौगोलिक रूप में शक्तियों के विभाजन के आधार पर सरकारों को **दो भागों में विभाजित किया जा सकता है-**

  1. एकात्मक शासन 2. संघात्मक शासन

### 1. एकात्मक शासन (Unitary Government)

- एकात्मक शासन प्रणाली सामाजिक एवं भौगोलिक वातावरण से प्रभावित होती है। इसलिए जिन देशों में सामाजिक विविधता का अभाव एवं भौगोलिक क्षेत्र छोटा है, उनमें एकात्मक शासन का प्रयोग किया जाता है। इसमें स्थानीय सरकार, केंद्र सरकार के अधीन होती हैं। एकात्मक शासन में संपूर्ण शक्तियां केवल एक केंद्रीय सरकार में निहित होती हैं तथा कानून निर्माण एवं नीति निर्धारण केवल केंद्रीय सरकार द्वारा किया जाता है। जैसे-ग्रेट ब्रिटेन। इन व्यवस्थाओं में राज्य सरकारें एक नगर निगम की तरह होती हैं और उनके पास संवैधानिक अधिकार नहीं होते। केवल ऐसे अधिकार व शक्तियां होती हैं, जिसे केंद्रीय

सरकार, स्थानीय शासन को सुचारू रूप से चलाए जाने हेतु प्रदान करती हैं।

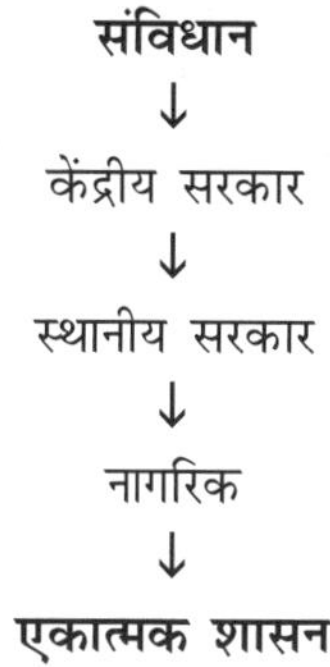


## 2. संघात्मक शासन (Federal Government)

- भौगोलिक रूप में विशाल देशों में शासन का संचालन एक केंद्र से संभव नहीं है। विविधतापूर्ण एवं बहुलवादी समाज के शासन के संचालन में सभी समूहों के अधिकारों की मान्यता एवं रक्षा के लिए संघात्मक शासन बेहतर है। इस शासन प्रणाली की प्रमुख विशेषता शक्तियों का विभाजन (Division of Powers) है। इसमें संघ और राज्य एक-दूसरे से स्वायत्त एवं समकक्ष होते हैं। इसमें दो (केंद्र एवं राज्य सरकार) प्रकार की सरकारें होती हैं, जो एक-दूसरे से पृथक् एवं स्वायत्त रूप में काम करती हैं। दोनों सरकारें अपनी शक्तियां सर्वोच्च संविधान से प्राप्त करती हैं और दोनों सरकारों के बीच विवाद को हल करने के लिए एक स्वतंत्र न्यायपालिका का प्रावधान होता है। इस व्यवस्था में एक संविधान के माध्यम से विधायी व कार्यकारी शक्तियों को केंद्र व राज्यों के मध्य दो स्तर पर विभाजित किया जाता है। संघात्मक सरकारों में केंद्रीकरण तथा विकेंद्रीकरण के मध्य संतुलन बनाने का प्रयास किया जाता है। संघीय शासन के द्वारा केंद्रीकरण सुनिश्चित किया जाता है। जबकि विभिन्न राज्यों के निर्माण के द्वारा सामाजिक एवं सांस्कृतिक विविधता बनाए रखने में सहायता प्राप्त होती है। इन व्यवस्थाओं में राज्य अपनी सांस्कृतिक विविधता को बनाए रखना चाहते हैं, परंतु सुरक्षा एवं विकास की दृष्टि से वे एक सम्मिलित संघ में भागीदार होना चाहते हैं।

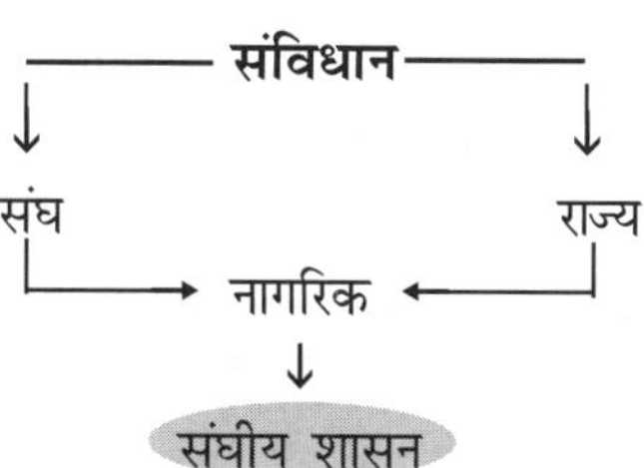


## संघवाद के प्रकार

- संघ के निर्माण तथा शक्तियों के विभाजन के स्तर पर संघवाद को **दो प्रकार** में विभाजित किया गया है-

### 1. अमेरिकी प्रतिरूप (American Model)

- संघ शब्द का शाब्दिक अभिप्राय, समझौता है। अमेरिका ने स्वतंत्र राज्यों में आपसी समझौते के द्वारा एक संघीय शासन का निर्माण किया तथा संघीय शासन को राज्यों के द्वारा शक्तियां प्रदान की गई। अमेरिका संघ, राज्यों के आपसी समझौते का परिणाम है। अमेरिकी संघवाद में स्वतंत्र राज्यों द्वारा एक समझौते के तहत् संघ का निर्माण किया जाता है। इस प्रतिरूप में राज्य अपने पास अधिक शक्तियां व अधिकार रखते हैं। संघ को सुरक्षा तथा संचार जैसे विषयों पर कानून बनाने का अधिकार होता है। इसीलिए, **अमेरिकी संघ को अविनाशी राज्यों का अविनाशी संघ कहा जाता है।** यह विश्व की सबसे प्राचीन संघीय शासन प्रणाली है। अमेरिकी संघीय प्रणाली की विशेषताएं निम्नलिखित हैं–

(i) प्रत्येक राज्य का अपना संविधान है।

(ii) प्रत्येक राज्य के गर्वनर का निवार्चन राज्य की आम जनता के द्वारा होता है।

(iii) शक्ति के विभाजन में संघीय संविधान में केवल संघ सरकार की शक्तियों का उल्लेख किया गया है। 'अवशिष्ट शक्तियां' राज्यों को प्राप्त हैं।

(iv) अमेरिका में केवल दो प्रकार की सेवाएं हैं-संघ एवं राज्य की सेवा।

(v) अमेरिका में संघ एवं राज्यों के बीच नागरिकता का भी विभाजन किया गया है इसलिए संघ एवं राज्यों की नागरिकता पृथक् है।

(iv) अमेरिका में राज्यों के नाम तथा उनके भू-भाग क्षेत्र में राज्यों की सहमति के बिना कोई परिवर्तन संभव नहीं है।

(vii) राज्यों को संघ से पृथक (अलग) होने का भी अधिकार नहीं है। इसलिए अमेरिकी संघ के लिए यह कहा जाता है कि यह 'अविनाशी राज्यों का अविनाशी संघ' है।

(viii) अमेरिकी संघीय व्यवस्था में राज्यों के बीच की समानता के सिद्धांत को अपनाया गया है। इसलिए अमेरिका के उच्च सदन सीनेट में प्रत्येक राज्य को समान प्रतिनिधित्व प्रदान किया गया है।

### 2. कनाडाई प्रतिरूप (Canadian Model)

- कनाड़ा में संघीय शासन का निर्माण राज्यों के समझौतों का परिणाम नहीं है, बल्कि एक केंद्रीय शासन के द्वारा विभिन्न इकाइयों का निर्माण किया गया। इसलिए कनाडाई

संविधान में 'यूनियन' (Union) शब्द का प्रयोग किया गया है। कनाडा में यूनियन एवं राज्यों का संविधान एक है। यूनियन के राष्ट्रपति के द्वारा राज्यों के गवर्नर की नियुक्ति तथा अवशिष्ट शक्तियां यूनियन सरकार में निहित होती है। राष्ट्रीय हित के मुद्दों पर यूनियन सरकार राज्य सूची के विषयों पर भी विधि का निर्माण कर सकती है। कनाडा में संघीय (Federal) शब्द का प्रयोग नहीं किया गया है, जिसके निम्नलिखित कारण हैं–

(i) कनाडा का संघ (Union) राज्यों के समझौते का परिणाम नहीं है।

(ii) कनाडाई संविधान निर्माता संघ सरकार को ज्यादा शक्तिशाली बनाना चाहते थे।

## संसदीय शासन की विशेषता

### 1. संसद शक्ति का केंद्र

- संसदीय शासन में कार्यपालिका का निर्माण विधायिका के द्वारा होता है। इसलिए मंत्रिपरिषद् के सभी सदस्य लोक सभा अथवा राज्य सभा के सदस्य होने चाहिए। संसदीय शासन में कार्यपालिका और विधायिका के मध्य समन्वय एवं सामंजस्य पाया जाता है।

### 2. सामूहिक उत्तरदायित्व (Collective Responsibility)

- लोक सभा के द्वारा मंत्रिपरिषद् के विरुद्ध अविश्वास प्रस्ताव पारित किया जाता है, जिसके पश्चात् नई मंत्रिपरिषद् का निर्माण किया जाएगा। राष्ट्रपति के द्वारा लोक सभा को भंग किया जा सकता है एवं कार्यपालिका का निर्माण संसद द्वारा किया जाता है और वह संसद के प्रति ही उत्तरदायी होती है। अर्थात् सरकार पर नियंत्रण रखना संसद का महत्वपूर्ण कार्य है। भारत में कैबिनेट अथवा मंत्रिमंडल लोक सभा (निम्न सदन) के प्रति उत्तरदायी होता है। मंत्रिमंडलीय उत्तरदायित्व का यह तार्किक परिणाम है कि मंत्रिपरिषद् को सत्ता में बने रहने के लिए सदन के विश्वास (Confidence) की आवश्यकता होती है।
- संसदीय शासन सामूहिक उत्तरदायित्व के सिद्धांत पर आधारित होता है, जिसका अभिप्राय है कि मंत्री कैबिनेट के कार्यों का बचाव करेगा व कैबिनेट के निर्णय से सार्वजनिक रूप में असहमति व्यक्त नहीं कर सकता और यदि किसी भी मंत्री के विरुद्ध संसद में कोई प्रस्ताव अथवा लोक सभा में कोई प्रस्ताव पारित हो जाता है, तो समूचे मंत्रिपरिषद् को त्यागपत्र देना होगा। इसलिए संसदीय शासन के संबंध में कहा जाता है कि **मंत्री साथ-साथ तैरते एवं साथ-साथ डूबते हैं।**

### 3. मंत्रिमंडलीय शासन (Cabinet Government)

- संसदीय शासन को कैबिनेट का शासन भी कहा जाता है, क्योंकि संसदीय शासन में समूची शक्तियां एक समूह में निहित होती हैं, जिसका नाम कैबिनेट (मंत्रिमंडल) होता है। संसदीय शासन में प्रधानमंत्री की भूमिका महत्वपूर्ण होती है। प्रधानमंत्री को समानों (समकक्षों) में प्रथम कहा जाता है।

### 4. प्रधानमंत्री समकक्षों में प्रधान

- वह कैबिनेट के सदस्यों के समान तथा उनमें प्राथमिक में होता है। प्रधानमंत्री अन्य मंत्रियों की भांति मंत्रालय का प्रधान होता है। परंतु मंत्रालयों के बीच समन्वय व विभागों का आवंटन प्रधानमंत्री का उत्तरदायित्व है। इसलिए वह मंत्रियों में प्रथम भी कहलाता है। संसदीय शासन में शासन के दो प्रधान होते हैं-**प्रथम**, एक संवैधानिक प्रधान, जो राष्ट्रपति कहलाता है तथा **द्वितीय**, वास्तविक प्रधान, जो प्रधानमंत्री कहलाता है।

### 5. प्रतिदिन का उत्तरदायित्व

- संसदीय शासन में कार्यपालिका में प्रधानमंत्री एवं मंत्रियों का कोई निश्चित कार्यकाल नहीं होता, बल्कि इन्हें लोक सभा के द्वारा अविश्वास प्रस्ताव के माध्यम से कभी भी शासन से हटाया जा सकता है। इसलिए संसदीय शासन के वैकल्पिक सरकार निर्माण की सदैव संभावना होती है। संसदीय शासन में स्थायित्व की बजाए, उत्तरदायित्व को ज्यादा महत्व प्रदान किया गया।

## प्रधानमंत्री शासन

### 1. प्रधानमंत्री शक्ति का केंद्र

- प्रधानमंत्री शासन संसदीय शासन का व्यावहारिक रूप है। संसदीय शासन में प्रधानमंत्री समकक्षों में प्रधान होता है, जबकि प्रधानमंत्री शासन में कोई भी मंत्री प्रधानमंत्री के समकक्ष नहीं होता। संसदीय शासन में कैबिनेट का शासन होता है, जबकि प्रधानमंत्री शासन में कैबिनेट प्रधानमंत्री के अधीन हो जाती है। संसदीय शासन में संसद शक्ति का केंद्र होती है, जबकि प्रधानमंत्री शासन में प्रधानमंत्री ही शक्ति का केंद्र हो जाता है। संसदीय शासन में कार्यपालिका लोक सभा के प्रति उत्तरदायी होती है।

### 2. प्रधानमंत्री द्वारा संसद का नियंत्रण

- संसद कार्यपालिका एवं उसके प्रधानमंत्री को नियंत्रित करती है, परंतु जब लोक सभा में किसी एक दल का स्पष्ट बहुमत हो जाए, तब व्यावहारिक रूप में प्रधानमंत्री लोक सभा को नियंत्रित करने लगता है, क्योंकि प्रधानमंत्री लोक सभा के बहुमत दल का नेता भी होता है। प्रधानमंत्री

का दल में प्रभाव उसके मंत्रिमंडल में प्रभाव को स्वयं बढ़ा देता है। इंदिरा गांधी के प्रधानमंत्रित्व कार्यकाल में संसदीय शासन के बजाए, प्रधानमंत्री शासन पाया जाता था। नरेंद्र मोदी के प्रधानमंत्री बनने के बाद भारत में पुन: प्रधानमंत्री शासन की स्थापना हुई है। नरेंद्र मोदी का न केवल लोक सभा पर प्रभावी नियंत्रण है, बल्कि मंत्रिमंडल पर भी शक्तिशाली नियंत्रण बना हुआ है।

### 3. प्रधानमंत्री का निर्वाचन

- संसदीय शासन की मूलभूत मान्यता के अनुसार, लोक सभा के बहुमत दल के द्वारा प्रधानमंत्री का चुनाव होता है। अत: सांसदों के निर्वाचन के बाद ही प्रधानमंत्री का चयन होता है। व्यावहारिक रूप में 16वीं लोक सभा चुनाव में प्रधानमंत्री नरेंद्र मोदी को पहले ही प्रधानमंत्री उम्मीदवार के रूप में घोषित कर दिया गया और नरेंद्र मोदी के प्रभाव के कारण भारतीय जनता पार्टी को लोक सभा में बहुमत प्राप्त हो गया। इंदिरा गांधी का भी निर्वाचन सांसदों द्वारा नहीं होता था, बल्कि इंदिरा गांधी के प्रभाव के कारण सांसद निर्वाचित होते थे।

### 4. प्रधानमंत्री द्वारा राष्ट्रपति का चयन

- भारत में प्रधानमंत्री इंदिरा गांधी के द्वारा अपने पसंदीदा व्यक्तियों को राष्ट्रपति के रूप में निर्वाचित कराया गया। इसलिए वी.वी. गिरि, फखरूद्दीन अली अहमद एवं ज्ञानी जैल सिंह प्रधानमंत्री इंदिरा गांधी के चयन थे तथा प्रधानमंत्री नरेंद्र मोदी के द्वारा भी रामनाथ कोविंद को राष्ट्रपति के रूप में निर्वाचित कराया गया।

## अध्यक्षीय शासन (Presidential Government)

### 1. शक्ति का पृथक्करण

- अमेरिका में अध्यक्षीय शासन प्रणाली का प्रयोग किया गया है। अध्यक्षीय शासन में विधायिका एवं कार्यपालिका के बीच शक्तियों का पृथक्करण (Separation of Powers) पाया जाता है जिसके अनुसार कार्यपालिका के सदस्य विधायिका के सदस्य नहीं हो सकते। अमेरिकी राष्ट्रपति अपनी इच्छानुसार विशेषज्ञों का मंत्रिमंडल के लिए चयन करता है। अमेरिका में मंत्रिमंडल का सदस्य विधायिका का सदस्य नहीं हो सकता और अध्यक्षीय शासन में विधायिका के द्वारा कार्यपालिका के विरुद्ध किसी प्रकार का अविश्वास प्रस्ताव नहीं लाया जा सकता है।

### 2. राष्ट्रपति शासन का केंद्र

- अध्यक्षीय शासन में शक्ति का केंद्र राष्ट्रपति होता है। अत: शासन समूह में विद्यमान नहीं, अपितु व्यक्ति में निहित होता है। अमेरिकी राष्ट्रपति का कार्यकाल 4 वर्ष के लिए निर्धारित होता है तथा वह जनता के प्रति उत्तरदायी होता है और विधायिका के प्रति जवाबदेह नहीं होता है। राष्ट्रपति शासन का संवैधानिक प्रधान होता है, क्योंकि संविधान के द्वारा राष्ट्रपति को शक्तियां प्राप्त होती हैं और राष्ट्रपति इन शक्तियों का व्यावहारिक प्रयोग भी करता है। इसलिए वह शासन का वास्तविक प्रधान भी होता है।

### 3. राष्ट्रपति संवैधानिक एवं वास्तविक प्रधान

- मंत्रिमंडल के सदस्य राष्ट्रपति के अधीन होते हैं। राष्ट्रपति मंत्रिमंडल में किसी भी सदस्य को शामिल कर सकता है और उसे निष्कासित भी करने की शक्ति रखता है। क्योंकि शासन की शक्तियां मंत्रिमंडल में न होकर, राष्ट्रपति में निहित होती हैं। अध्यक्षीय शासन में मंत्रियों का कार्य केवल मंत्रालय का संचालन करना होता है। ये विधायिका एवं आम जनता के प्रति उत्तरदायी नहीं होते।

### 4. स्थायी शासन

- अध्यक्षीय शासन में स्थायित्व पाया जाता है, क्योंकि विधायिका का कार्यकाल सुनिश्चित होता है और कार्यपालिका का भी निश्चित कार्यकाल होता है तथा निर्धारित कार्यकाल से पहले इन्हें भंग नहीं किया जा सकता है। अमेरिकी लोकतंत्र में निश्चित कालीन उत्तरदायित्व के सिद्धांत को अपनाया गया है और अमेरिकी संविधान निर्माताओं के द्वारा स्थायित्व को उत्तरदायित्व से ज्यादा महत्व दिया गया।

## लोकतांत्रिक शासन प्रणाली के प्रकार

### 1. चुनावी लोकतंत्र (Electoral Democracy)

- लोकतांत्रिक शासन में जनमत के लिए चुनाव का नियमित समय पर आयोजन किया जाता है और बहुदलीय प्रतिस्पर्धा के आधार पर चुनाव में भाग लेने वाले उम्मीदवारों का चयन किया जाता है। लोकतंत्र में निर्वाचन होना लोकतांत्रिक शासन की आवश्यक शर्त है, परंतु पर्याप्त शर्त नहीं है। वर्ष 1991 के बाद विश्व के अनेक देशों में चुनावी लोकतंत्र की स्थापना हो चुकी है। चुनावी लोकतंत्र में सत्ताधारी दल ऐसे नियमों का निर्माण करता है, जिससे अन्य दलों की निर्वाचन में भागीदारी सीमित हो जाए।

### 2. उदारवादी (Liberal)

- लोकतांत्रिक शासन जिसमें व्यक्ति की गरिमा स्वतंत्रता, एवं अधिकारों का संरक्षण किया जाता है। प्रत्येक व्यक्ति को समान महत्व प्रदान किया जाता है। इसके रक्षा के लिए विधि एवं संविधान का शासन अपनाया जाता है एवं निर्वाचन का आयोजन भी होता है। इसलिए ब्रिटेन, फ्रांस और अमेरिका में लोकतांत्रिक शासन उदारवादी है।

भारत में भी इसी शासन को स्वीकार किया गया है। अत: उदारवादी लोकतंत्र चुनावी लोकतंत्र से ज्यादा महत्वपूर्ण है।

3. **बहुमतवादी** (Majoritarian)

- लोकतांत्रिक शासन का सामान्य अभिप्राय बहुमत का शासन भी माना जाता है, क्योंकि निर्णय बहुमत द्वारा लिए जाते हैं। बहुमतवादी लोकतंत्र में अल्पसंख्यक अधिकारों एवं उनके हितों की रक्षा संभव नहीं हो पाती है। मलेशिया जैसे देश में अल्पसंख्यकों के हितों की रक्षा संभव नहीं है। श्रीलंका के लोकतंत्र में बहुमतवाद का प्रभाव दिखाई देता है, क्योंकि बहुमत सिंघली समुदाय के द्वारा अल्पसंख्यक तमिलों के हितों की उपेक्षा की जाती है।

4. **सहभागी** (Participatory)

- लोकतंत्र का मूल आधार ही निर्वाचन है और निर्वाचन के माध्यम से जनता को शासन में सहभागिता का अवसर प्राप्त होता है। परंतु निर्वाचन जनता की भागीदारी का संकीर्ण रूप है, क्योंकि निर्वाचन एक निश्चित समय में ही संभव है। सरकार के निर्माण के बाद भी आम जनता की सहभागिता के लिए इंग्लैंड ने जनमत संग्रह का आयोजन किया जाता है। स्विट्जरलैंड में जनमत संग्रह के अलावा आम जनता को विधि निर्माण के लिए पहल (Initiave) करने की शक्ति दी है। जिस आधार पर संसद विधि का निर्माण करती है। इसके अतिरिक्त आम जनता अपने निर्वाचित प्रतिनिधियों को कार्यकाल पूर्ण करने से पहले भी उन्हें वापस बुला सकती है (Recall)। इसलिए वर्तमान में उदारवादी लोकतंत्र वास्तविक रूप में सहभागी लोकतंत्र बन चुका है। जिसमें नागरिक समाज की सहभागिता पर अत्यधिक बल दिया जा रहा है।

## गैर लोकतांत्रिक शासन के प्रकार

1. **एकदलीय साम्यवादी शासन** (Totalitarianism)

- चीन, क्यूबा और उत्तर कोरिया जैसे देशों में साम्यवादी दल का समूचे शासन पर प्रभावी नियंत्रण है, जहां नागरिकों को शासन के विरुद्ध अभिव्यक्ति की स्वतंत्रता नहीं है और न ही किसी पृथक राजनीतिक संगठन जैसे दल और दबाव समूह के निर्माण की आजादी है। इसलिए राज्य के द्वारा व्यक्ति के जीवन के सभी पक्षों पर नियंत्रण स्थापित किया जाता है, जिसे सर्वाधिकारवादी शासन भी कहा जाता है।

2. **सैन्य शासन** (Milirty Dictatorship) & (Bureaucratic Authoritarianism)

- परंपरागत रूप में फिलीपींस मार्कोस के सैन्य शासन पर जबकि दक्षिणी अमेरिका के अनेक देश सैन्य शासन के नियंत्रण में थे। जिसमें चिली प्रमुख था। सैन्य शासन का एक रूप जुन्टा (Zunta) शासन कहलाता है। जिसमें सेना के सभी पदाधिकारी शासन में सेना के पद के अनुसार अपना पद ग्रहण करते हैं। जिसमें सामान्य नागरिकों को शासन में भागीदारी प्राप्त नहीं होती। शासन का यह स्वरूप पहले म्यांमार में विद्यमान था, जबकि पाकिस्तान में विद्यमान सैन्य शासन में सामान्य नागरिकों को भी भागीदारी प्रदान की गई थी।

3. **धर्मतंत्र** (Theocracy/ Patrimonilism)

- इस शासन में शासक स्वयं को पिता के रूप में चित्रित करता है तथा समूचे समाज और शासन पर अपना नियंत्रण स्थापित करने का दावा करता है। पश्चिम एशिया में सउदी अरब, संयुक्त अरब अमीरात जैसे राज्यों में धार्मिक ग्रंथों के आधार पर शासन संचालित होता है। शासन संचालन के लिए कुरान एवं शरीअत का सहारा लिया जाता है। ईरान में धर्मतंत्र का सम्मिश्रण लोकतंत्र के साथ किया गया है। क्योंकि ईरान की संसद आम जनता के द्वारा निर्वाचित होती है। परंतु संसद द्वारा किए गए विधि निर्माण का परीक्षण धर्माधिकारियों के द्वारा किया जाता है। ईरान में वर्ष 1979 में इस्लामिक क्रांति हुई। जिसके द्वारा ईरान में धर्मतंत्र की स्थापना की गई।

4. **फासीवादी**

- फासीवादी शासन में अंधराष्ट्रवाद को बढ़ावा दिया जाता है। व्यक्ति पूजा और शक्ति पूजा को अत्यधिक महत्व दिया जाता है। एक दल का शासन होता है, जिसमें सेना की भांति अनुशासन विद्यमान होता है। राष्ट्रवाद एवं राष्ट्र को शक्तिशाली करने के नाम पर व्यक्ति की स्वतंत्रता का बलिदान हो जाता है, जिससे शांति, लोकतंत्र और संविधानवाद सभी के लिए अप्रवर्तन हो जाता है।

# संविधान तथा संविधानवाद
# CONSTITUTION & CONSTITUTIONALISM

## संविधान का आशय

- संविधान, उन समस्त लिखित और अलिखित नियमों और कानूनों का समूह है, जिनके आधार पर किसी देश की व्यवस्था संगठित की जाती है।
- संविधान में शासन के विभिन्न अंगों के मध्य शक्तियों का विभाजन किया जाता है।

## संविधान के उद्देश्य

- संविधान के द्वारा सरकार की शक्ति को सीमित किया जाता है।
- संविधान के द्वारा राजनीतिक मूल्यों और आदर्शों की स्थापना की जाती है। जिन्हें सरकार के द्वारा अर्जित किया जाएगा।
- संविधान के द्वारा व्यक्ति की स्वतंत्रता की रक्षा होती है।
- संविधान के द्वारा शासन को वैधता भी प्राप्त हो जाती है।

## संविधान

- संविधान शासन के संचालन का मूल आधार होता है, जिसमें शासन के विभिन्न अंगों की शक्तियों एवं उनकी सीमाओं का उल्लेख किया जाता है। संविधान के द्वारा व्यक्ति के शासन के बजाय विधि के शासन की स्थापना होती है। संविधान का निर्माण आधुनिक युग की देन है। उदारवादी विचारधारा के द्वारा संविधान का निर्माण किया गया। ब्रिटेन में संविधान विकास का परिणाम है। जिसके लेखन के लिए कभी भी संविधान सभा का निर्माण नहीं किया गया। इंग्लैंड में 1215 में मेग्नाकार्टा 1689 में बिल ऑफ राइट्स और 1701 में एक्ट ऑफ सेटलमैंट जैसे प्रावधानों से संविधान का विकास हुआ। ब्रिटेन का संविधान अलिखित परंपराओं पर आधारित है। और ब्रिटेन की भांति न्यूजीलैंड और इजराइल का संविधान भी परंपराओं पर आधारित है।

## लिखित संविधान

- संयुक्त राज्य अमेरिका का संविधान विश्व का पहला लिखित संविधान है, जिसके निर्माण के लिए फिलाडेल्फिया सम्मेलन का आयोजन किया गया(1787)। इसके बाद फ्रांसीसियों ने 1789 में नवीन संविधान का निर्माण किया। भारतीय संविधान का निर्माण भी संविधान सभा के द्वारा किया गया। यद्यपि लिखित और अलिखित संविधान के बीच कोई गुणात्मक अंतर नहीं है। क्योंकि कोई भी संविधान न तो पूर्णत: लिखित हो सकता है। और न ही पूर्णत: अलिखित हो सकता है। इसलिए अलिखित संविधान का अभिप्राय है कि उसके ज्यादातर भाग अलिखित हैं। जबकि लिखित संविधान में सबकुछ लिपिबद्ध करना संभव नहीं है। लिखित संविधान के निम्नलिखित लाभ हैं।

1. सरकार की शक्तियों को सीमित करते हैं।
2. न्यायपालिका एवं सिविल सेवा जैसी तटस्थ और निष्पक्ष संस्थाओं का निर्माण होता है, जो सार्वजनिक संस्थाओं की रक्षा करते हैं।
3. व्यक्तिगत स्वतंत्रता का संरक्षण होता है।
4. संविधान सर्वोच्च विधि हो जाता है। अत: सरकार द्वारा निर्मित कोई नीति या विधि संविधान के विरुद्ध नहीं हो सकती।

### लिखित संविधान की हानि

1. लिखित संविधान कठोर होता है क्योंकि परिवर्तित परिस्थितियों के अनुसार बदल नहीं पाता।
2. सरकार की शक्तियां संविधान के बजाय निरंतर होने वाले चुनावों से नियंत्रित होती हैं। इसलिए लिखित संविधान सरकार पर प्रभावी नियंत्रण रखने में सक्षम नहीं हो पाता।
3. लिखित संविधान में गैर निर्वाचित न्यायाधीशों को प्राथमिकता प्राप्त हो जाती है। जबकि निर्वाचित राजनेताओं की शक्ति का ह्रास होता है।
4. समाज की परंपराएं और प्रथाएं ज्यादा महत्वपूर्ण होती हैं क्योंकि इनका पालन व्यक्ति के द्वारा किया जाता है, जबकि संविधान कालखंड में लिखा गया एक दस्तावेज है।
5. संविधान के द्वारा जिन मूल्यों का प्रतिपादन किया जाता

है उनमें अनेक बार आपस में विरोधाभास प्रतीत होता है। जिससे टकराव बढ़ता है।

## कठोर और लचीला संविधान

- जिन संविधान में संशोधन का तरीका कठोर होता है। वे कठोर संविधान कहलाते हैं। उदाहरण के लिए अमेरिका के संविधान में संशोधन के लिए कांग्रेस के दो-तिहाई बहुमत एवं राज्यों के तीन-चौथाई बहुमत से समर्थन की आवश्यकता होती है। कठोर संविधान में संविधान के संशोधन एवं सामान्य विधि के निर्माण के प्रारूप में अंतर होता है। अत: सामान्य विधि के निर्माण के लिए सदन में सामान्य बहुमत की आवश्यकता होती है। जबकि संविधान संशोधन के लिए विशेष बहुमत की आवश्यकता होती है। भारत के संविधान में कठोर एवं लचीलेपन का सम्मिश्रण किया गया है।

## संविधानवाद

- संविधान शासन संचालन के लिए लिखित नियमों और कानूनों का दस्तावेज है। इसलिए संविधान विश्व के प्रत्येक राज्यों में विद्यमान है। जबकि संविधानवाद मूल्यों और आदर्शों का संग्रह है, जिसमें स्वतंत्रता और अधिकार जैसे मूल्य शामिल हैं। संविधान प्रत्येक देश में विद्यमान है। परंतु संविधानवाद में संविधान की सर्वोच्चता के विचार को अपनाया जाता है। संविधानवाद के अंतर्गत व्यक्ति का शासन संभव नहीं है। अपितु शासन सीमित एवं संवैधानिक होना चाहिए। संविधान का होना संवैधानिक शासन की गारंटी नहीं है, क्योंकि संविधान का निर्माण तानाशाह के द्वारा भी किया जा सकता है। परंतु संवैधानिक शासन केवल लोकतंत्र में ही संभव है। जहां शासक की शक्तियां संविधान से सीमित होती है। इसलिए संविधानवाद में व्यक्ति की स्वतंत्रता की रक्षा होती है। व्यक्ति की स्वतंत्रता के लिए शासन का सीमित और संवैधानिक होना आवश्यक है। वर्तमान में संविधानवाद का वास्तविक अभिप्राय उदारवादी संविधानवाद ही है।

## उदारवादी संविधानवाद

- उदारवाद का अभिप्राय स्वतंत्रता, अधिकार एवं सीमित शासन जैसे प्रमुख मूल्य हैं जबकि संविधानवाद द्वारा विधि के शासन तथा लोकतांत्रिक शासन का निर्माण किया जाता है। संविधानवाद साध्य अथवा उद्देश्य का प्रतीक है। उदारवाद में स्वतंत्रता को सर्वाधिक महत्व दिया जाता है। उदारवादी संविधानवाद निष्पक्ष स्वतंत्र निर्वाचन एवं बहुदलीय प्रतिस्पर्धा पर आधारित है। जिसमें तटस्थ और निष्पक्ष न्यायपालिका विद्यमान होती है तथा सरकार में भागीदारी के लिए सभी को समान अवसर प्राप्त होता है।

## विधि का शासन

- विधि के शासन का विचार विधि की सर्वोच्चता के विचार को प्रकट करता है, जिसके अनुसार सभी व्यक्तियों के लिए एकसमान विधि लागू होगी। कोई भी व्यक्ति विधि से बड़ा नहीं होगा। इसलिए सभी विधि के समक्ष समान होंगे। किसी व्यक्ति को न्यायालय में कोई विशेषाधिकार प्राप्त नहीं होगा। विधि के शासन का यह विचार अधिनायकवाद और व्यक्तियों के शासन विचार का विरोधी है। विधि के शासन का विचार शासकों की विधि से अलग है, क्योंकि विधि के शासन के अंतर्गत विधि तटस्थ और निष्पक्ष होनी चाहिए और शासक भी विधि के अधीन होने चाहिए। जबकि शासकों के विधि के अंतर्गत विधि के बजाय शासक को सर्वोच्चता दी जाती है।
- विधि के शासन का विचार अरस्तू जितना पुराना है। आधुनिक युग में ब्रिटेन के विधि शास्त्री अल्बर्ट डाइसी के द्वारा प्रतिपादित किया गया।

## प्रशासकीय विधि

- विधि के शासन का विचार ब्रिटेन से अपनाया गया, जबकि प्रशासनिक विधि का विचार फ्रांसिसियों ने अपनाया और उनके अनुसार, सभी व्यक्तियों के लिए एकसमान विधि होना आवश्यक नहीं है। अपितु प्रशासनिक अधिकारियों के लिए पृथक विधि एवं अलग न्यायालय का निर्माण किया जा सकता है और भारत में भी अधिकरणों की स्थापना के द्वारा प्रशासकीय विधि का प्रयोग किया जा रहा है।

## न्यायालय की स्वतंत्रता और संविधानवाद

- संविधानवाद विधि की सर्वोच्चता का विचार है, जिसका उल्लंघन सरकार के द्वारा भी संभव नहीं है। इसीलिए लोकतांत्रिक शासन में विधि एवं संविधान की रक्षा के लिए तटस्थ और निष्पक्ष न्यायपालिका का निर्माण किया जाता है। संसद को विधि के निर्माण एवं संविधान के संशोधन की शक्ति प्रदान की जाती है। परंतु संसद जनता के हितों को प्रकट करती है। संसद में अनेक दलों का प्रतिनिधित्व होता है और राजनीतिक दल अपने हितों को पूर्ण करने के लिए संविधान के प्रावधानों का उल्लंघन कर सकते हैं। इसीलिए अमेरिका एवं भारत जैसे लोकतांत्रिक देशों में न्यायपालिका को स्वतंत्रता प्रदान की गई है। न्यायपालिका की स्ववतंत्रता का अभिप्राय निम्नलिखित है-

1. अमेरिका में न्यायाधीशों की नियुक्ति आजीवन होती है। उन्हें कार्यपालिका अपने पद से नहीं हटा सकती जबकि भारत में भी न्यायाधीशों को पद से हटाने

के लिए संसद के विशेष प्रस्ताव और बहुमत की आवश्यकता होती है।

2. भारत में न्यायाधीशों का वेतन, भत्ता संचित निधि पर भारित होता है।
3. उनके आचरण पर सदन में टिप्पणी संभव नहीं है।
4. भारत में न्यायाधीश के अवकाश प्राप्ति के बाद न्यायालय में वकालत करने पर भी प्रतिबंध आरोपित किया गया है। जिस देश में न्यायालय कार्यपालिका के अधीन होता है, वहां स्वतंत्रता और अधिकार का संरक्षण संभव नहीं है। भारत-अमेरिका जैसे लोकतांत्रिक देशों में सरकार के विरुद्ध कोई भी व्यक्ति न्यायपालिका में जा सकता है। जबकि चीन जैसे साम्यवादी देश में न्यायपालिका कार्यपालिका के विरुद्ध कोई निर्णय नहीं ले सकती। इसीलिए लोकतांत्रिक देशों में न्यायपालिका को संविधान का संरक्षक और मूल अधिकारों का रक्षक भी कहा जाता है। अतः स्वतंत्र न्यायपालिका के अभाव में संविधान संभव है परंतु उदारवादी संविधानवाद संभव नहीं है।

## संविधानवाद का संकट

- संविधानवाद मूल्यों और आदर्शों का प्रतिबिंब है, जो व्यक्तियों के अधिकार तथा स्वतंत्रता के रक्षक हैं और राज्य की शक्तियों को सीमित करते हैं। परंतु आपातकाल के दौरान व्यक्ति की स्वतंत्रता को निलंबित कर दिया जाता है तथा राज्य की शक्तियां अनियंत्रित हो जाती हैं। इसलिए आपातकाल लोककतांत्रिक शासन में विद्यमान एक अलोकतांत्रिक प्रवृत्ति है, जिसमें सरकार तथा शासन की सर्वोच्चता स्थापित हो जाती है। और व्यक्ति की राज्य और सरकार के विरुद्ध न्यायालय में भी जाने की शक्ति सीमित हो जाती है। भारत में 25 जून 1975 को आपातकाल का प्रयोग किया गया जिसमें व्यक्तियों की स्वतंत्रता का अत्यधिक दुरूपयोग किया गया है।
- भारतीय संविधान में आपातकाल का प्रावधान किया गया है क्योंकि लोकतांत्रिक शासन में स्वतंत्रता और अधिकार के लिए स्थायित्व आवश्यक है। अमेरिका और इंग्लैंड जैसे प्रमुख लोकतांत्रिक देशों में आपातकाल जैसा प्रावधान अनुपस्थित हैं। यद्यपि द्वितीय विश्व युद्ध के दौरान इन देशों में भी व्यवहारिक रूप में आपातकाल का प्रयोग किया जाता है।
- भारत जैसे विकासशील देश में केवल संवैधानिक मूल्यों के द्वारा भी व्यक्ति की स्वतंत्रता का संरक्षण संभव नहीं है। अपितु सामाजिक-आर्थिक परिस्थितियां भी समतामूलक होनी चाहिए। आर्थिक विषमता के कारण सामान्य व्यक्ति अधिकारों की रक्षा के लिए न्यायालय में प्रवेश नहीं कर सकते।
- संविधान में उदारवादी लोकतांत्रिक मूल्यों को प्राथमिकता प्रदान की गई है, जबकि सभी समाज में उदारवादी लोकतांत्रिक मूल्य होने आवश्यक नहीं हैं। इसीलिए संविधानवाद पर खतरा उत्पन्न होता है।

## संविधानवाद का आशय

- संविधानवाद का आशय, सीमित शासन है।
- संविधानवाद, संविधान पर आधारित विचारधारा है, जिसका मूल अर्थ है कि 'शासन, संविधान में लिखे नियमों व विधि के अनुसार संचालित हो।'
- संविधानवाद, 'केवल नियमों के अनुरूप शासन नहीं है, बल्कि इसका अर्थ है, निरंकुश शासन के विपरीत विधि सम्मत शासन है।' अतः संविधानवाद, 'शासन की वह पद्धति है, जिसमें शासन, जनता की आस्थाओं, मूल्यों व आदर्शों को परिलक्षित करने वाले नियमों से संचालित हो।'
- जिस देश में संविधान है, वहां संविधानवाद होना आवश्यक नहीं है। क्योंकि सैनिक सरकारों के द्वारा भी संविधान का निर्माण कर लिया जाता है। जबकि ब्रिटेन में संविधान का अभाव है, लेकिन संविधानवाद पाया जाता है।

## संविधान व संविधानवाद में अंतर

- संविधान का पाया जाना, संविधानवाद नहीं होता है। संविधान व संविधानवाद का अंतर निम्नलिखित है-

**1. परिभाषा की दृष्टि से**

- संविधानवाद, विचारधारा का प्रतीक है। जबकि संविधान, संगठन का प्रतीक होता है।

**2. उत्पत्ति की दृष्टि से**

- संविधानवाद, हमेशा विकास का परिणाम होता है। जबकि संविधान, एक निश्चित अवधि में सोचे-समझे प्रयासों का नतीजा होते हैं।

**3. प्रकृति की दृष्टि से**

- संविधानवाद, साध्य प्रधान अवधारणा है। जबकि संविधान, साधन प्रधान अवधारणा है।

## संविधानवाद के आधार

- संस्थाओं के ढांचे और प्रक्रियाओं पर समान मत पाया जाना।
- सरकार के आधार के रूप में विधि के शासन पर सहमति का पाया जाना।
- समाज के सामान्य उद्देश्यों पर सहमति का पाया जाना।
- नीति-निर्माण के लक्ष्यों पर सहमति का पाया जाना।

## संविधानवाद के तत्व

- संविधानवाद के **निम्नलिखित तत्व होते हैं**-
  (i) संविधान राजनीतिक शक्ति पर प्रतिबंध लगाता है।
  (ii) संविधान विकास का निदेशक होता है।
  (iii) संविधान राजनीतिक शक्ति का संगठन होता है।

## संविधानवाद की अवधारणाएं

- संविधानवाद की अवधारणाएं **निम्नलिखित हैं**-
  1. उदार लोकतंत्रों की अवधारणा या पाश्चात्य लोकतंत्र की अवधारणा।
  2. साम्यवादी लोकतंत्रों की अवधारणा।
  3. विकासशील लोकतंत्रों की अवधारणा।

### 1. उदार लोकतंत्रों की अवधारणा

- संविधानवाद की उदार लोकतंत्रों की अवधारणा के मूल आधार **निम्नलिखित हैं**-
  (i) व्यक्ति की स्वतंत्रता।
  (ii) विधि का शासन।
  (iii) मौलिक अधिकारों व स्वतंत्रताओं का प्रावधान होना।
  (iv) राजनीतिक शक्तियों का विभाजन होना।
  (v) स्वतंत्र व निष्पक्ष न्यायपालिका।

### 2. साम्यवादी लोकतंत्रों की अवधारणा

(i) संविधानवाद की साम्यवादी लोकतंत्र की अवधारणा निम्नलिखित हैं-
  (i) सामाजिक जीवन में शक्ति के आर्थिक पहलू की सर्वोच्चता।
  (ii) समाज में आर्थिक शक्ति से संपन्न वर्ग का प्रभुत्व।
  (iii) राजनीतिक शक्ति का आर्थिक शक्ति के अधीन होना।

### 3. विकासशील लोकतंत्रों की अवधारणा

- विकासशील देशों में संविधानवाद अभी तक अस्थायित्व के दौर से गुजर रहा है।
- इन देशों में राजनीतिक प्रक्रियाएं अभी संक्रमणकालीन अवस्था में हैं, इसलिए संविधानवाद के आधार सुनिश्चित नहीं हो पाए हैं। परंतु फिर भी निम्नलिखित बिन्दुओं को इन देशों में संविधानवाद का आधार माना **जा सकता है**-
  (i) संविधानवाद निर्माण की अवस्था में है।
  (ii) संविधानवाद दिशा रहित चरण में है।
  (iii) संविधानवाद मिश्रित प्रकृति का है।

## संविधानवाद की समस्याएं

(i) युद्ध
(ii) आंतरिक आपात
(iii) सामाजिक संकट
(iv) एकदलीय पद्धति
(v) समाजवाद तथा अंतर्राष्ट्रीयतावाद
(vi) करिश्माई सत्ता

## संविधानवाद की सीमाएं

(i) संविधानवाद, व्यापक परिवर्तन के मार्ग में अवरोध उत्पन्न करता है।
(ii) संविधानवाद की सैद्धांतिक मान्यताओं एवं व्यावहारिक प्रयोग में अंतर देखने को मिलता है।
(iii) संविधानवाद, राजनीतिक आधुनिकीकरण के मार्ग में बाधक है।

## संविधान के प्रकार

### 1. औपचारिक संविधान

- जब संविधान के अनुरूप शक्तियों का प्रयोग न किया जाए और संविधान केवल दिखावटी हो।

### 2. प्रभावी संविधान

- जब संविधान के अनुकूल शक्तियों का प्रयोग किया जाए, तो ऐसा राजनीतिक आचरण प्रभावी संविधान कहलाता है।

### 3. विकसित संविधान

- इस प्रकार के संविधानों का निर्माण संविधान सभा जैसी किसी संस्था के द्वारा निश्चित समय पर नहीं किया जाता है, बल्कि इस प्रकार के संविधान विभिन्न परंपराओं, रीति-रिवाजों, प्रथाओं एवं न्यायालयों के निर्णय पर आधारित होते हैं। उदाहरण-**ब्रिटेन का संविधान।**

### 4. निर्मित संविधान

- वे संविधान, जिनका निर्माण एक विशेष समय पर संविधान सभा जैसी किसी विशेष संस्था के द्वारा होता है। उदाहरण-**भारत का संविधान।**

### 5. लिखित संविधान

- लिखित संविधान से आशय उस संविधान से है जिसकी अधिकांश धाराएं कानून के रूप में लेखबद्ध हों। उदाहरण-**अमेरिका एवं भारत का संविधान।**

### 6. अलिखित संविधान

- अलिखित संविधान वह है जिसकी अधिकांश बातें किसी पत्र या लेख पत्रों के संग्रह में लिखी हुई नहीं होती हैं। इन संविधानों में परंपरागत प्रथाओं, परंपराओं तथा समय-समय पर न्यायालयों द्वारा दिए गए निर्णयों का अधिक महत्व होता है। उदाहरण-**ब्रिटेन का संविधान।**

## स्वतंत्रता एवं विधि में संबंध

- स्वतंत्रता का आशय, विधि के अंतर्गत् स्वतंत्रता है।
- अत: स्वतंत्रता और विधि एक-दूसरे के विरोधी नहीं हैं।
- मैक्कीन के अनुसार, 'स्वतंत्रता का आशय, विधि के

अंतर्गत् स्वतंत्रता है। लेकिन यह विधि तार्किक या औचित्यपूर्ण होनी चाहिए।'

- जॉन लॉक के अनुसार, विधि के अभाव में स्वतंत्रता नहीं हो सकती।

## आपातकाल का प्रावधान

- आपातकाल से संबंधित उपबंध संविधान के भाग-18 में अनुच्छेद-352 से 360 तक है।
- भारतीय संविधान में आपातकाल के प्रावधान आपवादिक हैं, जिनका प्रयोग विशेष परिस्थितियों में किया जाएगा।
- संविधान में तीन प्रकार के आपातकाल का प्रावधान है-

1. राष्ट्रीय आपातकाल, जो युद्ध, बाह्य आक्रमण, सशत्र विद्रोह के आधार पर आरोपित किया जाता है, (अनुच्छेद-352)।
2. राज्य में संवैधानिक तंत्र की विफलता, जिसे लोकप्रिय रूप में राष्ट्रपति शासन के नाम से जाना जाता है, (अनुच्छेद-356)।
3. आपातकाल का तीसरा प्रकार, वित्तीय आपातकाल है, जब देश के वित्तीय साख पर खतरा हो, तब इसका प्रयोग किया जा सकता है, (अनुच्छेद-360)।

## राष्ट्रीय आपातकाल ( अनुच्छेद-352 )

- अनुच्छेद-352 में वर्णित आपात को 'राष्ट्रीय आपात' कहा जाता है। जब राष्ट्रीय आपात की उद्घोषणा युद्ध या बाह्य आक्रमण के आधार पर की जाती है, तो इसे बाह्य आपात। यदि सशस्त्र विद्रोह के आधार पर की जाती है, तो आंतरिक आपात कहा जाता है।
- उपर्युक्त तीन आधारों पर आपात की उद्घोषणा की जा सकती है। परंतु वास्तविक युद्ध या आक्रमण या सशस्त्र विद्रोह आवश्यक नहीं है। यदि राष्ट्रपति पूर्णत: आश्वस्त हैं कि युद्ध या आक्रमण का संकट सन्निकट है, तो आपात की उद्घोषणा की जा सकती है।
- अब तक तीन बार (1962, 1971 एवं 1975) राष्ट्रीय आपातकाल लगाया जा चुका है।
- जब वर्ष 1975 में तीसरी बार आपातकाल लगाया गया, तब वर्ष 1971 का आपातकाल चल ही रहा था। इसे वर्ष 1977 में समाप्त किया गया।
- वर्ष 1975 में राष्ट्रीय आपातकाल आंतरिक अशांति के आधार पर लगाया गया था।
- 44वें संविधान संशोधन के द्वारा आंतरिक अशांति शब्द को संविधान से हटा दिया गया तथा इसके स्थान पर सशस्त्र विद्रोह शब्द जोड़ा गया।

## आपातकाल की अवधि को कैसे बढ़ाया जाता है?

- आपातकाल लगने के 1 माह के भीतर लोक सभा और राज्य सभा के द्वारा इसका अनुमोदन अवश्य हो जाना चाहिए। पहली बार केवल 6 माह के लिए लगाया जाता है।
- यदि एक माह की इस निर्धारित अवधि में लोक सभा का विघटन हो जाय, तो पुनर्गठित लोक सभा की पहली बैठक से तीस दिन की अवधि में लोक सभा इसे अनुमोदित करे। परंतु यह शर्त है कि इस अवधि में राज्य सभा ने इसे स्वीकार कर लिया हो।
- फिर अगली बार 6 माह तक बढ़ाया जा सकता है। लेकिन अगली बार 6 माह बढ़ाने के लिए विशेष बहुमत की आवश्यकता होती है, जो कुल सदस्य संख्या का बहुमत और उपस्थित और मत देने वालों का दो-तिहाई बहुमत होनी चाहिए।
- आपातकाल की अवधि 6-6 माह के लिए बढ़ाई जाती है, जबकि इस दौरान संसद (लोक सभा) और विधान सभाओं की अवधि 1 वर्ष के लिए बढ़ायी जाती है।

## आपातकाल को कैसे समाप्त कर सकते हैं?

- 44वें संविधान संशोधन में यह प्रावधान किया गया कि कैबिनेट (मंत्रिमंडल) इस आशय की लिखित सूचना राष्ट्रपति को देगा।
- यदि लोक सभा के 1/10 सदस्य राष्ट्रपति या स्पीकर से यह अनुरोध करें कि आपातकाल हटाने का प्रस्ताव लाया जाय। तब लोक सभा साधारण बहुमत से इस आशय का प्रस्ताव पास कर इसे समाप्त कर सकती है।
- जबकि बढ़ाने के लिए दोनों सदनों की सहमति की आवश्यकता होती है।

## आपातकाल और संघ एवं राज्य संबंध

- संघ, राज्य सूची के किसी विषय पर विधि निर्माण कर सकता है।
- राज्य विधान सभाएं बनी रहती हैं, लेकिन संसद को राज्य सूची पर विधि-निर्माण की समानांतर शक्ति प्राप्त हो जाती है।
- आपातकाल के समय राज्य सूची, समवर्ती सूची बन जाती है।
- अगर संसद का सत्र नहीं चल रहा है, तो राष्ट्रपति, राज्य सूची के विषय पर अध्यादेश भी जारी कर सकता है।
- इस दौरान संघ सरकार राज्यों को किसी भी मुद्दे पर निर्देश दे सकती है।

## राष्ट्रपति शासन ( अनुच्छेद-356 )

- संविधान में इसे संवैधानिक तंत्र की विफलता कहा गया। लोकप्रिय रूप में इसे राष्ट्रपति शासन के रूप में जाना जाता है।

- राज्यों में राष्ट्रपति शासन राज्यपाल की सिफारिश पर या स्वत: राष्ट्रपति द्वारा लगाया जा सकता है।

## अवधि को बढ़ाया कैसे जाता है?

- आपातकाल लागू होने के दो महीने के भीतर लोक सभा एवं राज्य सभा द्वारा साधारण बहुमत से अनुमोदन आवश्यक होता है।
- अनुच्छेद-356 को 6-6 महीने की अवधि के लिए बढ़ता रहेगा।
- यदि लोक सभा भंग हो जाए, तो पुनर्गठित लोक सभा की पहली बैठक से 30 दिन के भीतर इसका अनुमोदन होना चाहिए। तब तक राज्य सभा द्वारा अनुसमर्थन आवश्यक होती है।
- एक (1) वर्ष से ज्यादा के लिए दो शर्तें आवश्यक हैं-
  (i) देश के किसी भाग में आपातकाल लागू हो।
  (ii) चुनाव आयोग ने प्रमाणित कर दिया हो कि उस राज्य में फिलहाल चुनाव नहीं कराया जा सकता।
- तब अधिकतम तीन (3) वर्ष तक अवधि को बढ़ाया जा सकता है।
- पंजाब के लिए विशेष 59वां संविधान संशोधन किया गया, जिसके द्वारा पंजाब में तीन वर्षों से ज्यादा राष्ट्रपति शासन लगा रहा।
- अनुच्छेद-356 के तहत आपात की उद्घोषणा सबसे पहले पेप्सू (पंजाब एण्ड पटियाला स्टेट) में किया गया तथा सर्वाधिक बार उत्तर प्रदेश में अनुच्छेद-356 के तहत राष्ट्रपति शासन लगाया गया। वर्ष-2014 में आंध्र प्रदेश तथा तेलंगाना में अनुच्छेद-356 का प्रयोग किया गया।

## राज्यों में राष्ट्रपति शासन हटाने का प्रावधान

- राष्ट्रपति उद्घोषणा द्वारा इसे किसी भी समय समाप्त घोषित कर सकता है।

## केंद्र एवं राज्य संबंध पर इसका प्रभाव

- विधान मंडल भंग हो जाता है एवं पहले विधान परिषद् निलंबित (Suspension) रहती है।
- राज्य सूची के सभी विषयों पर कानून का निर्माण राष्ट्रपति या अन्य प्राधिकारी जिसे वह उचित समझे करेगा।

# वित्तीय आपातकाल (अनुच्छेद-360)

- यदि राष्ट्रपति को यह समाधान हो जाता है कि भारत या उसके किसी भाग में वित्तीय अस्थायित्व या भारत की साख (Credit) संकट में है, तो वित्तीय आपातकाल की घोषणा हो सकती है।
- अभी तक भारत में वित्तीय आपातकाल नहीं लगाया गया।

## अवधि कैसे बढ़ाया जाता है?

- वित्तीय आपातकाल लागू होने की दो (2) महीने की अवधि में दोनों सदनों द्वारा साधारण बहुमत से यह प्रस्ताव अनुमोदित होना चाहिए।
- वित्तीय आपातकाल का अनुमोदन संसद को बार-बार नहीं करना पड़ता।
- परंतु दो महीने की अवधि में यदि लोक सभा भंग हो जाए, तो पुनर्गठित लोक सभा अपनी पहली बैठक के 30 दिनों की अवधि में इसका अनुमोदन करे। परंतु इस बीच राज्य सभा द्वारा यह अनुमोदित होना चाहिए।
- वित्तीय आपातकाल की अधिकतम सीमा का वर्णन नहीं है।

## समाप्त करने का प्रावधान

- राष्ट्रपति कभी भी वित्तीय आपातकाल को समाप्त करने की उद्घोषणा कर सकता है।

## संघ एवं राज्य संबंधों पर प्रभाव

- राज्य के क्रियाकलाप के संबंध में सेवा करने वाले सभी या किन्हीं व्यक्तियों के वेतन या भत्तों में कटौती की जा सकती है।
- राष्ट्रपति के द्वारा संघ सरकार के अंतर्गत् कार्य करने वाले किसी वर्ग या सभी अधिकारियों के वेतन एवं भत्तों में कटौती की जा सकती है। इसमें उच्चतम और उच्च न्यायालय के न्यायाधीशों के वेतन और भत्ते भी सम्मिलित हैं।
- संघ सरकार के द्वारा राज्यों को किसी भी वित्तीय मामले पर निर्देश दिए जा सकते हैं।
- अनुच्छेद-207 के अंतर्गत् राज्य विधान मंडल द्वारा पारित धन विधेयक या अन्य विधेयकों को राष्ट्रपति के विचार के लिए आरक्षित किया जा सकता है।
- हरगोविन्द वाद में सुप्रीम कोर्ट ने कहा कि अनुच्छेद-356 का न्यायिक पुनरावलोकन नहीं करेंगे तथा बोम्मई वाद में कहा कि अगर दुरूपयोग हुआ, तो न्यायपालिका, भंग विधान सभा को भी बहाल कर देगी।

## बोम्मई वाद का निर्णय और अनुच्छेद-356

- वस्तुत: 44वें संविधान संशोधन, 1978 में ही यह प्रावधान कर दिया गया कि अनुच्छेद-356 के दुरूपयोग का न्यायिक पुनरावलोकन किया जा सकता है, क्योंकि राष्ट्रपति की राय न्यायिक पुनरावलोकन से परे नहीं है।
- 1994 में बोम्मई वाद में न्यायपालिका ने अनुच्छेद-356 के संदर्भ में एक ऐतिहासिक निर्णय दिया, जिसकी मूल विशेषताएं निम्नलिखित हैं-

(i) राष्ट्रपति शासन, न्यायिक पुनरावलोकन के अधीन होगा।
(ii) राष्ट्रपति शासन के प्रयोग का वैधानिक आधार होना चाहिए और ऐसी वास्तविक परिस्थितियां होनी चाहिए, जिसके कारण इसका प्रयोग किया गया।
(iii) न्यायपालिका ने यहां तक कहा कि यदि अनुच्छेद-356 का दुरूपयोग किया जाता है, तो न्यायपालिका भंग विधान सभा को भी पुनर्जीवित कर सकती है।
(iv) राष्ट्रपति की उद्घोषणा के पश्चात् जब तक दोनों सदनों का अनुमोदन प्राप्त न हो, विधान सभा भंग नहीं हो सकती, केवल निलंबित रहेगी।

- यदि दोनों सदनों द्वारा इसका अनुमोदन नहीं किया जाता, तो विधान सभा पुनर्जीवित हो जाएगी।
- राज्य सरकार के बहुमत का परीक्षण विधान सभा के पटल पर होना चाहिए। यदि सरकार को बहुमत परीक्षण का अवसर नहीं दिया गया, तो विधान सभा को भंग नहीं किया जा सकता।
- अगर केंद्र में कोई नया सत्ताधारी दल आ जाए, तो वह राज्य के विपक्षी दलों की सरकार को विघटित नहीं कर सकता।
- अनुच्छेद-356 के अंतर्गत् प्रदत्त शक्ति अपवाद स्वरूप है। इसका आपवादिक परिस्थितियों में ही प्रयोग होना चाहिए।

अध्याय 7

# लोकतांत्रिकरण, संक्रमण तथा समेकन

# DEMOCRATISATION, TRANSITION & CONSOLIDATION

- राजतंत्रीय, अधिनायकवादी एवं औपनिवेशिक शासन सत्ता का निर्वाचित सरकारों के रूप में परिवर्तन लोकतंत्र कहलाता है तथा इसकी प्रक्रिया लोकतांत्रिकरण कहलाती है।
- लोकतंत्र का उदय प्राचीन एथेंस राज्य में 461 से 322 ई. पू. के बीच माना जाता है।
- एथेंस यूनान का एक प्रमुख नगर राज्य था। एथेंस राज्य अरस्तू द्वारा बताए गए लोकतांत्रिक सिद्धांत के अनुसार संचालित होता था।
- परंपरागत लोकतंत्र प्रत्यक्ष लोकतंत्र था, जबकि वर्तमान लोकतांत्रिक व्यवस्था प्रतिनिध्यात्मक है।
- वर्तमान राज्य में वयस्क मताधिकार लोकतंत्र की प्रथम शर्त है।
- राबर्ट डाल ने लोकतंत्र को बहुआयामी प्रक्रिया कहा उन्होंने लोकतंत्र के दो आयामों का उल्लेख किया–
  (i) राजनीतिक क्रिया में जन सहभागिता
  (ii) पद प्राप्ति हेतु राजनीतिक दलों में प्रतियोगिता।

## लोकतांत्रिकरण के चरण

- लोकतांत्रिकरण के प्रथम चरण की शुरूआत 1828 से 1926 के बीच मानी जाती है।
- पहले चरण में लगभग 30 देशों ने लोकतांत्रिक संस्थाओं की स्थापना की। इन देशों में ब्रिटेन, अर्जेंटीना, कनाडा, ऑस्ट्रेलिया और संयुक्त राज्य अमेरिका शामिल हैं।
- 1922 से 1942 के मध्य लोकतंत्र को फासीवाद, साम्यवाद व सैन्य तख्ता पलट से चुनौती मिली।
- हटिंग्टन ने लोकतांत्रिकरण के दूसरे चरण की शुरूआत द्वितीय विश्व युद्ध के दौरान मानी है, और यह 1960 तक जारी रही। पश्चिमी जर्मनी, ऑस्ट्रिया, जापान एवं इटली में अधिनायकवादी सरकारों का अंत हुआ और व्यवस्थित लोकतांत्रिक संस्थाओं का उदय हुआ।
- लोकतांत्रिकरण के तीसरे चरण की शुरूआत 1974 में हुई। इसी दौरान दक्षिणी यूरोप में दक्षिणपंथी अधिनायकतंत्र का अंत हुआ तथा सोवियत संघ व पूर्वी यूरोप में साम्यवाद का पतन आरंभ हुआ।
- द्वितीय विश्व युद्ध के बाद नवोदित स्वतंत्र राज्यों ने नवीन लोकतांत्रिक व्यवस्था को अपनाया।
- 1947 में भारत व पाकिस्तान की आजादी के बाद 1950 के दशक में सहारा अफ्रीका में घाना व सूडान स्वतंत्र हुए।
- प्रारंभ में अधिकांश नवोदित राज्यों ने लोकतांत्रिक व्यवस्था को अपनाया।
- सैमुअल हटिंग्टन ने अपनी किताब-"In The Third Wave" (1991) में लोकतांत्रिकरण के चरणों का उल्लेख किया है। (Waves of Democratization) का उल्लेख किया है। उनके अनुसार, लोकतंत्र के विकास का पहला चरण 1828 से 1926 के बीच का है। जब इंग्लैंड, अमेरिका और फ्रांस जैसे देशों में लोकतांत्रिक शासन स्थापित हुआ। जबकि 1943 से 1962 लोकतंत्र के विकास का दूसरा चरण है जिसमें भारत, इजराइल जैसे देश लोकतांत्रिक हुए जबकि उनका तीसरा चरण वर्ष 1975 के बाद आरंभ हुआ जिसमें पुर्तगाल स्पेन जैसे देश लोकतांत्रिक हो गए। रेन्सके, डोरेन्स प्लीट ने हटिंग्टन के वर्गीकरण को अस्वीकार करते हुए कहा कि सोवियत संघ के विघटन के बाद लोकतंत्र के विकास का चौथा चरण शुरू हो गया है।
- सुनिल खिलनानी ने अपनी पुस्तक-"An Idea of India" में लिखा कि भारत में लोकतंत्र अमेरिकी और फ्रांसीसी क्रांति के बाद लोकतंत्र का सर्वाधिक बड़ा प्रयोग है। रामचंद्र गुहा ने कहा कि भारत में पहला निर्वाचन विश्व के लोकतंत्र का सबसे बड़ा प्रयोग था।

### निर्देशित लोकतंत्र (Guided Democracy)

- द्वितीय विश्वयुद्ध के बाद इंडोनेशिया में निर्देशित लोकतंत्र का प्रयोग किया गया। इसके अनुसार, तत्कालीन शासक सुकार्नो ने यह कहा कि पश्चिमी लोकतंत्र एशियाई देशों के अनुकूल नहीं है। उन्होंने शासक की प्रभावशाली शक्ति का समर्थन करते हुए कहा कि शासन के स्थायित्व के लिए शासक का शक्तिशाली होना आवश्यक है। उन्होंने कहा कि सभी दलों को शासक के अधीन होना चाहिए और सरकार के द्वारा सेना और आम जनता पर भी प्रभावी नियंत्रण स्थापित किया गया। स्थायित्व के नाम पर व्यक्ति की स्वतंत्रता को सीमित किया गया।

### लोकतंत्र और विकास

- सिंगापुर के पूर्व प्रधानमंत्री ली क्वान ने कहा कि लोकतंत्र और विकास एक-दूसरे के विरोधी हैं। विकास के हित में लोकतंत्र को सीमित करने की आवश्यकता है। उन्होंने सिंगापुर में एकदलीय शासन की स्थापना की। सिंगापुर में प्रति व्यक्ति आय विश्व में सर्वाधिक तीव्र गति से बढ़ी और सिंगापुर विकसित श्रेणी के देशों में शामिल हो गया।
- आमर्त्य सेन का मानना है कि लोकतंत्र और विकास एक-दूसरे के अनुकूल हैं। उनके अनुसार, विकास का अभिप्राय केवल अर्थव्यवस्था का विकास नहीं है अपितु मानवीय क्षमताओं का विकास है। लोकतांत्रिक शासन मानवीय क्षमताओं के विकास में सहायक होता है और लोकतंत्र में अकाल की घटनाएं नहीं होती।

### स्थायी लोकतंत्र

- लोकतांत्रिक शासन अपनाना अत्यधिक आसान है। वर्ष 1992 में थाइलैंड में लोकतंत्र की स्थापना हुई। वर्ष 2011 में अरब स्प्रिंग के बाद मिस्त्र में लोकतांत्रिक शासन स्थापित हुआ। परंतु इन देशों में लोकतंत्र स्थायी नहीं है। अपितु लोकतांत्रिक शासन को समाप्त करके तानाशाही शासन की स्थापना कर दी गई। पाकिस्तान में लोकतांत्रिक शासन को बार-बार सेना द्वारा अपदस्थ किया गया। विकासशील देशों में भारत एक स्थायी लोकतांत्रिक देश माना जाता है। इसके अतिरिक्त ब्रिटेन, फ्रांस, अमेरिका जैसे विकसित देशों में लोकतंत्र सदैव स्थायी माना जाता है।

### लोकतंत्र के लिए चुनौती

- सोवियत संघ के विघटन के बाद रूस में लोकतंत्र की स्थापना की गई, परंतु आलोचक रूस को प्रबंधकीय लोकतंत्र की संज्ञा देते हैं। व्लादीमिर पुतिन चौथी बार रूस के राष्ट्रपति बन गए, जबकि चीन में राष्ट्रपति जिंगपींग को आजीवन राष्ट्रपति बना दिया गया। जिससे यह सिद्ध करने का प्रयास किया जा रहा है कि विकास के लिए चीनी मॉडल ज्यादा बेहतर है, क्योंकि चीन की अर्थव्यवस्था लगातार शक्तिशाली बन रही है।

### लोकतांत्रिक संक्रमण (Democratic Transition)

- सैमुअल हटिंग्टन ने कहा कि राजनीतिक संस्थाकरण लोकतंत्र के विकास के लिए आवश्यक है। संस्थाकरण के अभाव में लोकतंत्र का क्षरण हो जाता है। हटिंग्टन के अनुसार, सामाजिक आकांक्षाओं की पूर्ति राज्य के द्वारा करने से लोकतंत्र स्थायी बनता है।

## लोकतांत्रिकरण की प्रक्रिया

### मध्य यूरोप में लोकतांत्रिकरण

- मध्य यूरोप में राजनीतिक व आर्थिक सुधार के कई प्रयास हुए।
- 1953 में जर्मन लोकतांत्रिक गणराज्य में राजनीतिक सुधार का प्रथम प्रयास हुआ।
- 1956 में हंगरी में सुधार का प्रयास।
- मिखाइल गोर्वाच्योव के नेतृत्व में 1985 से 1991 के मध्य सोवियत संघ में राजनीतिक व आर्थिक व्यवस्था में सुधार के प्रयास किए गए।

### अफ्रीका में लोकतांत्रिकरण

- अफ्रीका में लोकतांत्रिकरण की प्रक्रिया अत्यंत जटिल रही है। ऐतिहासिक रूप में तो लोकतंत्र की जीत हुई किंतु इसका मार्ग अत्यंत कठिन रहा।
- लोकतंत्र के समकालीन संघर्ष को तीन चरणों में बांटा जा सकता है।
  - (i) निर्देशित लोकतांत्रिकरण व उपनिवेशों का अंत।
  - (ii) उत्तर-औपनिवेशिक काल में राज्य पूंजीवाद का विस्तार।
  - (iii) आर्थिक संकट का समय जिसने पुनर्लोकतांत्रिकरण पर दबाव उत्पन्न किया।

### पूर्वी एशिया में लोकतांत्रिकरण

- 1970 के दशक में पूर्वी एशिया में लोकतांत्रिकरण प्रारंभ हुआ।
- फिलीपींस में रक्तहीन जनशक्ति आंदोलन द्वारा अधिनायक फर्डीनेंड मार्कोस की बर्खास्तगी के साथ ही 1986 में लोकतांत्रिकरण पूर्वी एशिया में प्रारंभ हुआ।
- 1990 में मंगोलिया ने बहुदलीय लोकतंत्र को अपनाया।
- 1991 में कंबोडिया ने लोकतांत्रिक शासन अपनाया।
- 1992 में थाइलैंड ने लोकतंत्र की पुनर्स्थापना की।

### लोकतांत्रिक शासन में बदलाव की प्रक्रिया

- 1993 में हटिंग्टन ने लोकतांत्रिकरण की प्रक्रिया में भूमिका निभाने वाले कर्ता का तीन प्रकार से वर्गीकरण किया है-
  - (i) विपक्षी दल की प्रतिक्रिया के फलस्वरूप प्रतिस्थापन होता है।
  - (ii) शासक एवं विपक्षी दल समान रूप से महत्वपूर्ण शासन पर प्रतिक्रिया करते हैं तो पारस्थापन होता है।
  - (iii) तीसरा प्रकार रूपांतरण है।

## समकालीन लोकतांत्रिक लहर

### अरब क्रांति

- वर्ष 2011 में ट्यूनीशिया की भ्रष्ट व्यवस्था के विरुद्ध प्रदर्शनों के बाद राष्ट्रपति जिने-अल-अबिदायिनी बेन अली ने इस्तीफा दे दिया।
- मिस्त्र में होस्नी मुबारक अपदस्थ किए गए।
- लीबिया में जनरल गद्दाफी के शासन का अंत हुआ।
- वर्ष 2011 को अरब क्रांति का वर्ष कहा गया।

अध्याय 8

# विकास
# DEVELOPMENT

- अनेक नए राज्यों का उदय, उनकी विशिष्ट सांस्कृतिक व राजनीतिक व्यवस्था ने समकालीन विश्व में अनेक मुद्दों को उभारा है। कोई भी अविकसित या अल्पविकसित राष्ट्र विकास के लक्ष्य को नकार नहीं सकता, लेकिन विकसित देश के संबंध में यह अनेक रूपों में बिखरी हुई है। विकास की प्रक्रिया का अस्तित्व में होना एक सामाजिक तथ्य है और विकास की आवश्यकता की पहचान करना एक सामाजिक मूल्य।
- विकास की सामाजिक वास्तविकताओं तथा उसके विचारधारात्मक लक्ष्यों के संदर्भ में ही एक विकासशील राष्ट्र की प्रकृति एवं मूल्य का निर्धारण किया जा सकता है। साथ ही यह भी देखना जरूरी है कि विकास की रणनीति व लक्ष्य निर्धारण में विकासशील राष्ट्र किस स्तर तक स्वतंत्र हैं।

## विकासशील समाजों में राज्य की भूमिका
(Role of State in Developing Societies)

- अर्थव्यवस्था के संचालन एवं विनियमन में विकासशील देशों की महत्वपूर्ण भूमिका है। अक्सर इन देशों में मिश्रित अर्थव्यवस्था पाई जाती है, जिसमें सार्वजनिक क्षेत्र की भूमिका महत्वपूर्ण होती है। हालांकि वर्ष 1990 के बाद इन देशों में बाजार प्रधान मिश्रित अर्थव्यवस्था को अपनाया जा रहा है।
- इन देशों की अर्थव्यवस्था कृषि प्रधान है, लेकिन राज्य के द्वारा औद्योगिक विकास पर बल दिया जाता है। अधिकांश विकासशील देशों में केंद्रीयकृत नियोजन पाया जाता है। राज्य, आर्थिक असंतुलन एवं क्षेत्रीय विषमता को समाप्त करने के लिए हस्तक्षेप करता है एवं अनेक बार मजदूरों की हड़ताल से उत्पादन प्रभावित होता है। यहां वृद्धि दर तो अच्छी पाई जाती है, परंतु प्रति व्यक्ति आय की दृष्टि से ये राज्य अभी भी पिछड़े माने जाते हैं।
- इसके अलावा राज्य के द्वारा शैक्षिक, स्वास्थ्य संबंधी कल्याण के कार्य किए जाते हैं। जनसंख्या विस्फोट रोकने के लिए नीतियां एवं कार्यक्रम चलाए जाते हैं। जिन पर अक्सर विरोधाभास की स्थिति पाई जाती है। नि:शस्त्रीकरण, गुटनिरपेक्षता (NAM) के प्रति प्रतिबद्धता के बावजूद अधिकांश विकासशील राज्यों में सैन्य शक्ति को मजबूत बनाने पर बल दिया जाता है।
- सेना का राजनीतिकरण, यहां की प्रमुख विशेषता है। सैनिक विशिष्ट वर्ग अक्सर, नागरिक विशिष्ट वर्ग का प्रतिस्पर्धी बन जाता हैं और राजनीति में हस्तक्षेप करते हैं। सकल घरेलू उत्पाद (GDP) के छोटे आकार के बावजूद ये अपने सैन्य बजट बड़ा बनाते हैं तथा विकसित देशों से हथियार खरीदते हैं।
- विकासशील देशों में राज्य के द्वारा राष्ट्रवाद, समाजवाद जैसी विचारधारा के माध्यम से सत्ता की वैधता स्थापित करने का प्रयास किया जाता है। अक्सर किसी करिश्माई व्यक्तित्व या दल द्वारा इसे प्राप्त करने का प्रयास किया जाता है। विकास के नाम पर अक्सर विरोध को कुचल दिया जाता है। अधिकांश मौकों पर विकासशील राष्ट्र, पूंजीपति वर्ग, सामंती वर्ग तथा रूढ़िवादी तत्वों के मध्य सामंजस्य बनाने का प्रयास किया जाता है।
- वर्ष 1990 के बाद अधिकांश विकासशील देशों ने उदारवादी नीतियों को अपनाया। अब इन देशों की चुनौती न केवल आर्थिक विकास को तीव्र करना है, बल्कि लोगों के लिए कल्याणकारी सुविधाएं भी उपलब्ध कराना है। इन दोनों लक्ष्यों में विरोधाभास उत्पन्न हो रहे हैं, क्योंकि अंतर्राष्ट्रीय मुद्रा कोष (IMF) या विश्व बैंक से ऋण प्राप्त करने के लिए विकासशील देशों को एल. पी. जी. (LPG) की नीतियों को अपनाना पड़ता है।

## निर्भरता या पराश्रितता सिद्धांत

- इस सिद्धांत का विकास लैटिन अमेरिकी विचारकों द्वारा दिया गया।
- पराश्रितता सिद्धांतकारों ने अपनी मूल मान्यता लेनिन के विचारों से प्राप्त की है।
- रॉल प्रेबिस ने 'पराश्रितता का सिद्धांत' दिया।

- पराश्रितता सिद्धांतकारों के अनुसार, विश्व, कोर एवं परिधि में विभाजित है। वॉलरस्टीन ने यह विभाजन किया है।
- इनके अनुसार, कोर के राष्ट्र परिधि के राष्ट्रों का शोषण करते हैं।
- इनके अनुसार, विश्व व्यापार में विनिमय की असमानता व्याप्त है। कच्चे पदार्थों का उत्पादन विकासशील देश करते हैं किन्तु विश्व व्यापार में सबसे ज्यादा लाभ विकसित देशों को प्राप्त होता है। इनके अनुसार, विकासशील देश, अल्प विकास के शिकार हैं, इनके अल्प विकास का मूल कारण साम्राज्यवादी शोषण है।
- इन सिद्धांतकारों के अनुसार, तीसरी दुनिया के देश अविकसित (Undeveloped) नहीं, अपितु अल्पविकसित (Under Developed) हैं।
- पराश्रितता सिद्धांत के मान्यताकारों में आंद्रे गुण्डर फ्रेंक और सामिर अमीन भी हैं।
- नव-पराश्रितता सिद्धांत का विकास डैस सन्टोस ने किया।
- इसमें बहुराष्ट्रीय कंपनियों के द्वारा सभी देशों का शोषण किया जाता है।
- इसे 'नव-कॉरपोरेटवाद' भी कहा जाता है।

**प्रमुख रचनाएं**

| | | |
|---|---|---|
| अल्फ्रेड मार्शल | - | Study The Principles of Economics |
| गिलपिन | - | Global Political Economy |
| फिलिप्स | - | Globlizing International Political Economy. |

## राजनीतिक आधुनिकीकरण

- आधुनिकीकरण सिद्धांत के अनुसार, एक समाज परंपरागत विशेषताओं से आधुनिक विशेषताओं की तरफ अग्रसर होता है।
- सिरील ब्लैक के अनुसार, आधुनिकीकरण का तत्व प्राकृतिक शक्तियों पर मनुष्य का तेजी से बढ़ता हुआ नियंत्रण है। राजनीतिक परिवर्तन और आधुनिकीकरण को औद्योगीकरण, नगरीकरण, प्राविधिक विकास, शिक्षा, वाणिज्य, सांस्कृतिक तथा सामाजिक विकास और संचार संगठनों के जाल से संबंधित किया जाना चाहिए।
- राजनीतिक आधुनिकीकरण की अवधारणा को विकसित करने का श्रेय यूरोपीय देशों को है। बाद में इसे एशिया, अफ्रीका व लैटिन अमेरिका के राष्ट्रों ने अपनाया।
- 'परंपरागत राजनीतिक व्यवस्था का आधुनिक राजनीतिक व्यवस्था में परिवर्तन ही, राजनीतिक आधुनिकीकरण है।' एस. एन. ऑइजनस्टैंड ने अपनी रचना- "Modernization: Protest and Change" (1966) में आधुनिकीकरण को निम्नलिखित रूपों में व्यक्त किया-
  (i) सामाजिक परिचालन।
  (ii) सामाजिक विभेदीकरण।
  (iii) आर्थिक परिवर्तन।
  (iv) राजनीतिक परिवर्तन।
- कॉर्ल ड्यूश ने सामाजिक परिचालन को 'आधुनिकीकरण का सामाजिक जननांकीय पक्ष' कहा।
- सी. ई. ब्लैक ने आधुनिकीकरण से संबंधित निम्नलिखित समस्याओं की पहचान की-
  (i) आधुनिकीकरण के प्रति चुनौती।
  (ii) आधुनिक नेतृत्व की सुदृढ़ता।
  (iii) आर्थिक एवं सामाजिक परिवर्तन।
  (iv) समाज का एकीकरण।
- एडवर्ड शिल्स के अनुसार, आधुनिकीकृत राष्ट्रों के पांच मॉडल विकसित किए गए हैं-
  (i) राजनीतिक लोकतंत्र।
  (ii) संरक्षक लोकतंत्र।
  (iii) सर्वाधिकारवादी अभिजात्य तंत्र।
  (iv) आधुनिकशील अभिजात्य तंत्र।
  (v) परंपरावादी अभिजात्य तंत्र।
- सैमुअल हटिंग्टन ने आधुनिकीकरण को निम्नलिखित रूप में व्यक्त किया-
  (i) मनोवैज्ञानिक स्तर (ii) जननांकीय
  (iii) बौद्धिक (iv) सामाजिक। (v) आर्थिक
- ए. एफ. ऑर्गेन्स्की के अनुसार, राजनीतिक विकास का सोपान है-
  1. आदिम राष्ट्रीय एकीकरण 2. औद्योगीकरण
  3. राष्ट्रीय कल्याण। 4. प्रचुरता।
- ऑर्गेन्स्की के अनुसार, विकास लक्ष्यों तक पहुंचने के लिए उपरोक्त चरणों से गुजरना आवश्यक है।
- सैमुअल पी. हटिंग्टन की रचना-"Political Order in Changing Societies" (1968) है।
- डेविड ऐप्टर ने अपनी रचना-"The Politics of Modernization" (1965) में आधुनिकीकरण और विकास के मध्य अंतर किया।
- एडवर्ड शिल्स की रचना-"Political Development in the New States" (1960)।
- लुसियन पाई की रचना-"Communications and Political Development" (1967)।

## राजनीतिक विकास

- राजनीतिक विकास का आशय निम्नलिखित है-
  (i) गैर-लोकतांत्रिक समाज से लोकतांत्रिक समाज का विकास।
  (ii) आदिम कालीन समाज से आधुनिक औद्योगिक समाज का विकास।
  (iii) अविभेदीकृत समाज से विभेदीकृत समाज का विकास।
- राजनीतिक विकास के अंतर्गत् एक राजनीतिक व्यवस्था की विभिन्न परिवर्तनशील राजनीतिक मांगों और संगठनों को आत्मसात करने की योग्यता है। इसके अंतर्गत् उन नवीन एवं परिवर्तनशील समस्याओं को सुलझाने का वह कौशल भी शामिल है, जिन्हें राजनीतिक व्यवस्था जन्म देती है।

## विकास और आधुनिकीकरण के मध्य अंतर

- अनेक विचारक विकास और आधुनिकीकरण को एक-दूसरे का पर्याय मानते हैं। इनके अनुसार, आधुनिकीकरण का तार्किक अभिप्राय, विकास है। हटिंग्टन की भी यही मान्यता है, परंतु अनेक विचारक विकास एवं आधुनिकीकण के मध्य अंतर स्पष्ट करते हैं।
- रजनी कोठारी के अनुसार, 'कुछ समाज आधुनिकीकृत होने के बावजूद, राजनीतिक रूप में विकसित नहीं हुए। जैसे-पश्चिम एशिया। जबकि भारत जैसे देश में राजनीतिक विकास प्रभावी रूप में विद्यमान है यद्यपि आधुनिकीकरण का अभाव था।'

## विकास के सिद्धांत

- लुसियन पाई के अनुसार, राजनीतिक विकास की तीन विशेषताएं हैं-
  (i) **समानता :** राजनीतिक गतिविधियों में जन सहभागिता की वृद्धि।
  (ii) **क्षमता :** इसका अभिप्राय, राज्य या सरकार के कार्य हैं।
  (iii) **विभेदीकरण :** इसका अभिप्राय, संरचनाओं का विशेषीकरण है।
- द्वितीय विश्व युद्ध के पश्चात् राजनीतिक वैज्ञानिकों ने विकास के अध्ययन पर बल दिया। जेम्स कोलमैन, हॉवर्ड रेगिंग, लियोनॉर्ड विंडर, हर्बर्ट फीथ, डेविड एप्टर जैसे विचारकों ने नाइजीरिया, श्रीलंका, पाकिस्तान, इंडोनेशिया, म्यांमार व घाना जैसे विकासशील देशों का अध्ययन किया।
- कोलमैन ने विशेष रूप में अफ्रीकी महाद्वीप के देशों का अध्ययन किया।
- लुसियन डब्ल्यू. पाई ने दक्षिणी-पूर्वी एशियाई देशों का अध्ययन किया। लुसियन डब्ल्यू. पाई की रचना-"Political Culture & Development" (1969) है।
- इंग्लैंड की राजनीतिक व्यवस्था के आधार पर लुसियन पाई ने राजनीतिक विकास संकट की पहचान की।
- माइरन वीनर ने भारत एवं दक्षिणी एशियाई देशों का अध्ययन किया।
- हंटिंग्टन और नेल्सन ने अपनी पुस्तक-"No Easy Choice - Political Participation in Developing Countries" में राजनीतिक भागीदारी के पांच मॉडल का उल्लेख किया। जिसमें-
  1. उदारवादी मॉडल जो विकासशील देशों के लिए कमजोर माना जाता है।
  2. विकास का बुर्जुआ मॉडल या पूंजीवादी मॉडल
  3. निरंकुश मॉडल
  4. टेक्नोक्रेटिक मॉडल
  5. जनसहभागी अथवा लोकवादी मॉडल

## हटिंग्टन का विचार

- हटिंग्टन के अनुसार, 'राजनीतिक विकास का अर्थ, राजनीतिक संगठनों व क्रिया विधियों का संस्थाकरण है।'
- हटिंग्टन ने एकल रेखीय विकास प्रक्रिया को चुनौती दी।
- हटिंग्टन ने राजनीतिक विकास को निम्न बिंदुओं में व्यक्त किया-
  (i) अनुकूलन (Adaptation)
  (ii) जटिलता (Complexity)
  (iii) स्वायत्तता (Autonomy)
  (iv) संसक्तता (Coherence)

## हटिंग्टन के राजनीतिक क्षरण की संकल्पना

- हटिंग्टन के अनुसार, 'राजनीतिक विकास के साथ, राजनीतिक क्षरण भी होता है।'
- राजनीतिक क्षरण का मूल कारण, राजनीतिक संगठनों व क्रिया विधियों का संस्थाकरण न होना है।
- उनके अनुसार, 'राजनीतिक क्षरण का अभिप्राय, सामाजिक आकांक्षाओं व उनकी पूर्ति के मध्य उत्पन्न खाईं है।'

## हटिंग्टन की गैप (GAP) परिकल्पना

- लोगों की बढ़ती हुई सामाजिक आकांक्षाओं व उनकी पूर्ति के मध्य 'एक खाईं उत्पन्न होना' (Gap Hypothesis) है।
- कोलमैन ने विकास की प्रक्रिया में बाधा को Development Syndrome के रूप में व्यक्त किया।

- फ्रेड रिग्स ने विकास के निम्न तीन रूपों को व्यक्त किया–
  - (i) Diffracted Model (आधुनिक समाज में पाया जाता है)
  - (ii) Fused Model (परंपरागत समाज में पाया जाता है)
  - (iii) Prismatic Model (विकासशील देशों में पाया जाता है)
- रिग्स के अनुसार, Development Trap की संकल्पना का अभिप्राय निम्न है–
  - (i) जब किसी राजनीतिक व्यवस्था में समानता व क्षमता के मध्य असंतुलन उत्पन्न हो जाता है, तो परिणाम स्वरूप Development Trap उत्पन्न होता है।
  - (ii) रिग्स के अनुसार, पाश्चात्य राजनीतिक संस्थाओं को स्वीकार करने का यह अभिप्राय नहीं है कि पाश्चात्य सांस्कृतिक एवं राजनैतिक मूल्यों को भी स्वीकार किया जाए।

## विकास का चरणबद्ध मॉडल

- मूल मान्यताकार डब्ल्यू. डब्ल्यू रोस्टोव हैं।
- इनकी प्रसिद्ध रचना–"The Stages of Economic Growth: A Non-Communist Manifesto" (1960) है।
- रोस्टोव ने चरणबद्ध मॉडल में परंपरागत समाज से आधुनिक समाज के विकास का चित्रण किया है। इन्होंने इसे वायुयान के उड़ने के रूप में वर्णित किया।
- इन्होंने अपनी पुस्तक में विकास को निम्नलिखित चरणों में व्यक्त किया–
  - (i) परंपरागत समाज (Traditional Society)
  - (ii) संक्रमणकालीन स्थिति (Pre Conditions of Take off)
  - (iii) Take off
  - (iv) परिपक्वता की ओर संक्रमण (Drive Towards Maturity)
  - (v) उच्च उपभोग स्तर (High Consumption Age)
  - (vi) गुणवत्ता की खोज (Search of Quality)
- रोस्टोव ने विकास के चरणों के माध्यम से यह सिद्ध करने का प्रयास किया है कि कोई परंपरागत समाज भी आधुनिक समाज में परिवर्तित हो सकता है।
- डब्ल्यू. डब्ल्यू. रोस्टोव (W.W. Rostow) ने विकास के इस मॉडल को पूरे विश्व के लिए उपयोगी बताया। इसलिए उनका यह दावा था कि सभी समाज विकास की इसी प्रक्रिया के अनुसार समृद्धि के रास्ते पर बढ़ेंगे और नव-स्वतंत्र एशियाई अफ्रीकी देशों के लिए भी विकास का यही मॉडल लागू होगा।
- इसलिए उन्होंने उपनिवेशवाद, साम्राज्यवाद जैसी मान्यताओं को दर किनार कर दिया एवं मार्क्सवादी राजनीतिक अर्थशास्त्र की मान्यताओं को पूर्णत: खारिज कर दिया।
- इनके अनुसार, विकासशील देशों को भी विकास करने के लिए पूंजीवादी देशों से सहायता लेनी पड़ेगी।
- पराश्रितता सिद्धांतकारों ने रोस्टोव की मान्यता से असहमति व्यक्त की।
- रोस्टोव के अलावा ऑर्गेसकी व सी. ई. ब्लैंक ने भी विकास का चरणवादी मॉडल प्रस्तुत किया।
- विकास के अध्ययन के संदर्भ में पहला महत्वपूर्ण प्रयास 'डेनियल लर्नर' ने किया। इनकी प्रसिद्ध रचना–"The Passing of Traditional Society: Modernizing Middle East" (1958) है।
- ब्लैंक के अनुसार, राजनीतिक विकास के निम्न चरण हैं–
  - (i) परंपरागत समाज को आधुनिकता की चुनौती।
  - (ii) परंपरागत नेतृत्व का ह्रास व आधुनिक नेतृत्व का सशक्तिकरण।
  - (iii) ग्रामीण एवं कृषि आधारित अर्थव्यवस्था एवं समाज में शहरी औद्योगिक परिवर्तन।
  - (iv) समाज का एकीकरण।
- आमण्ड एवं पॉवेल ने राजनीतिक विकास को निम्नलिखित रूपों में अभिव्यक्त किया है–
  - (i) संस्कृति का पंथनिरपेक्षीकरण
  - (ii) कार्यक्षमताओं का विकास
  - (iii) संरचनाओं का विभेदीकरण।
- डेनियल लर्नर व कॉर्ल ड्यूश (Karl Deutch) ने विकास के सामाजिक प्रक्रिया सिद्धांत का निर्माण किया।
- एडवर्ड शील्स ने राजनीतिक व्यवस्था के विकास के आधार पर पांच प्रकार की व्यवस्थाओं का वर्णन किया–
  - (i) राजनीतिक लोकतंत्र
  - (ii) नाम मात्र का लोकतंत्र
  - (iii) आधुनिकीकृत स्वेच्छा तंत्रवाद
  - (iv) सर्वाधिकारवादी गुट तंत्रवाद
  - (v) परंपरागत गुट तंत्रवाद।
- ऑर्गेन्सकी ने विकास को निम्नलिखित रूपों में व्यक्त किया–
  - (i) आदिम एकीकरण (ii) औद्योगीकरण
  - (iii) लोक कल्याण (iv) प्रचुरता
- लियोनार्ड बिन्डर (Leonard Binder) ने अपनी पुस्तक–

"Crises and Sequences in Political Development" में राजनीतिक विकास के निम्नलिखित संकटों की चर्चा किया–

(i) पहचान का संकट
(ii) समेकन का संकट
(iii) वैधता का संकट
(iv) संसाधन जुटाने का संकट।

## अल्पविकास एवं पराश्रितता

- 1970 के दशक में दक्षिण अमेरिका या लैटिन अमेरिकी विचारकों में आंद्रे गुन्डर फ्रैंक (Andre Gunder Frank), सामीर अमीन (Samir Amin) ने रोस्टोव की मान्यताओं को अस्वीकार करते हुए पराश्रितता सिद्धांत (DependencyTheory) का निर्माण किया।
- पराश्रितता सिद्धांतकारों ने कहा कि एशियाई, अफ्रीकी या लैटिन अमेरिकी देशों का विकास उस प्रकार नहीं हो सकता जैसाकि पूंजीवादी देशों का हुआ। क्योंकि एशियाई, अफ्रीकी देश उपनिवेशवादी व्यवस्था से पीड़ित और शोषित थे।
- जबकि पूंजीवादी देशों ने उन पर उपनिवेशवाद बनाया था। इसलिए एशियाई, अफ्रीकी देश अविकसित (Underdeveloped) हैं। जबकि पूंजीवादी देश पहले से ही विकसित (Develop) थे।
- पराश्रितता सिद्धांतकारों के अनुसार, वर्तमान वैश्विक व्यापार एशियाई, अफ्रीकी, लैटिन अमेरिकी देशों के प्रतिकूल हैं। क्योंकि एशियाई, अफ्रीकी और लैटिन अमेरिकी देश कच्चे पदार्थों के निर्यातक हैं। जबकि पूंजीवादी देश विनिर्मित वस्तु का निर्यात करते हैं।
- इसलिए विकासशील देशों को सदैव व्यापारिक घाटा होता है और जब तक पूंजीवादी व्यवस्था विद्यमान होगी तब तक यह शोषण समाप्त नहीं होगा।
- पराश्रितता सिद्धांत का विकास गैर-मार्क्सवादियों के द्वारा किया गया।
- लैटिन अमेरिका के लिए 'संयुक्त राष्ट्र संघ आर्थिक आयोग' (ECLA) के अध्यक्ष 'रॉल प्रेबिस' थे, जिन्होंने पराश्रितता सिद्धांत का आधार रखा। इसके अतिरिक्त सेलसो फरटॉडो नेअपनी रचना-"Development and Underdevelopment" (1964) में उदारवादी और मार्क्सवादी विकास के सिद्धांतों की आलोचना किया।
- सामीर आमीन ने 'पराश्रितता सिद्धांत' की व्याख्या को मार्क्सवादी आधार प्रदान किया।
- इनकी रचना-"Imperialism and Unequal Development" (1977) है।
- वॉल्टर रोडनी ने अपनी रचना-"How Europe Underdeveloped Africa" (1972) में यह विचार दिया कि यूरोप के शोषण के कारण अफ्रीका आर्थिक रूप में शोषित हुआ।
- पराश्रितता सिद्धांतकारों ने यह बताया कि विकासशील देशों के पिछड़ेपन का मूल कारण, पूंजीवादी देशों द्वारा किया गया शोषण है।
- आंद्रे गुंडर फ्रैंक की प्रसिद्ध रचना-"Capitalism and Underdevelopment in Latin America" (1967) है।
- इनके अनुसार, 'अविकास और अल्पविकास में अंतर होता है। विकासशील देश, अल्पविकास के शिकार हैं।'
- आंतरिक उपनिवेशवाद का विचार, 'गोंजालेज केसनोवा' ने दिया।
- फ्रांसीसी विचारक एन्द्रेदे ने 'विकास के खंभे' (Poles of Development) का विचार दिया।
- पराश्रित पूंजीवादी विकास का विचार, 'कार्डोसो' ने दिया।
- एकाधिकारी पूंजीवाद का विचार, 'पॉलबैरन और पॉलस्वीजी' ने दिया।
- उपसाम्राज्यवाद का विचार, 'मोरो मारिनी' ने दिया।
- नव-पराश्रितता का विचार, 'डोंस सेन्टोस' ने दिया, जिनके अनुसार, 'वर्तमान समय में बहुराष्ट्रीय कंपनियां पूरी दुनिया का शोषण कर रही हैं।'
- कल्यान सान्याल (Kalyan Sanyal) ने अपनी रचना-"Rethinking Capitalist Development. Routledge India" (2007) में कहा कि उत्तर-उपनिवेशवादी समाजों में विकास के अलग तरीकों का प्रयोग होना चाहिए।
- 1980 के दशक में दक्षिण कोरिया, ताईवान, सिंगापुर और उसके बाद इंडोनेशिया व मलेशिया का तेज गति से आर्थिक उत्थान हुआ और ये नव-औद्योगिक देश कहलाए। जबकि ये पहले विकासशील देशों की श्रेणी में शामिल थे, जिससे यह स्पष्ट होता है कि पराश्रितता सिद्धांतकारों की मान्यताएं पूर्णत: सत्य नहीं हैं।
- वर्तमान में बहुराष्ट्रीय कंपनियों के प्रभाव को नव-पराश्रितता (New-Dependency Theory) के रूप में चित्रित किया गया है।

## वॉलरस्टीन द्वारा विश्व व्यवस्था का विश्लेषण

- इन्होंने व्यवस्था विश्लेषण का प्रयोग मार्क्सवाद के अंतर्गत् किया और इन्होंने पराश्रितता सिद्धांत का संशोधन किया, जिनके अनुसार परिधि में शामिल देश भी विकास कर सकते हैं।
- वॉलरस्टीन, अमेरिकी समाजशास्त्री हैं, जिनकी प्रसिद्ध रचना-"The Modern World-System, vol. I: Capitalist

Agriculture and the Origins of the European World-Economy in the Sixteenth Century" (1974) है। इनकी अन्य रचनाएं-"Geopolitics and Geoculture: Essays on the Changing World-System" (1991), "Decline of American Power : The U.S. in a Chaotic World" (2003) है।

- वॉलरस्टीन भी मार्क्सवादी विचारक हैं, जिन्होंने विश्व व्यवस्था को विश्व अर्थव्यवस्था की संज्ञा दी।
- इनके अनुसार, 'विश्व अर्थव्यवस्था, पूंजीवादी या बाजारवादी अर्थव्यवस्था है।'
- इन्होंने विश्व व्यवस्था के राज्यों को तीन (3) भागों में विभाजित किया-

  (i) कोर (ii) अर्द्ध-परिधि (iii) परिधि।
- तीनों का परस्पर संबंध शोषणकारी होता है। कोर के द्वारा परिधि एवं अर्द्ध-परिधि दोनों का शोषण किया जाता है, जबकि अर्द्ध-परिधि के द्वारा परिधि का शोषण होता है।
- वॉलरस्टीन ने-"The Rise and Future Demise of the World Capitalist System - Concepts for Comprative Analysis" नामक रचना वर्ष 1979 में लिखी।
- वॉलरस्टीन के अनुसार, विश्व व्यवस्था एक सामाजिक व्यवस्था की भांति है। जिसमें निम्नलिखित विशेषताएं विद्यमान हैं-
  - व्यवस्था की सीमा
  - व्यवस्था की संरचना
  - वैधता के नियम और आपसी संबद्धता
- वॉलरस्टीन ने विश्व व्यवस्था को सामाजिक व्यवस्था के रूप में निम्नलिखित भागों में विभाजित किया है-
  - **लघु व्यवस्था:** जिसमें उत्पादन और व्यापारिक संबंध विद्यमान होते हैं, जो मूलत: पशुपालन और कृषि संबंधों के परिणाम हैं।
  - **विश्व साम्राज्य:** अन्य राज्यों पर प्रभुत्व स्थापित करके उन्हें सैनिक रूप में नियंत्रित करके उनकी वस्तुओं और सेवाओं का प्रयोग अपने लाभ के लिए किया गया।
  - **विश्व अर्थव्यवस्था:** इसके द्वारा सैनिक एवं राजनीतिक दोनों क्षेत्रों में प्रभुत्व स्थापित करके विश्व के अन्य राज्यों का शोषण किया गया जो वर्तमान पूंजीवादी व्यवस्था के अंतर्गत संचालित किया जा रहा है।

## विश्व व्यवस्था का ऐतिहासिक परिवर्तन

- वॉलरस्टीन ने अपनी पुस्तक-"The Modern World System - Capitalist Agriculture and the Origins of the Europian World Economy in the 20th Century" में उन्होंने आधुनिक विश्व के आरंभ की प्रक्रिया में ऐतिहासिक परिवर्तन का वर्णन किया और इसे सैद्धांतिक आधार दिया। उन्होंने यूरोपीय समाज में समांतवाद से पूंजीवाद के विकास का अध्ययन किया। उनके अनुसार, 15वीं 16वीं सदी की शुरूआत में एक नवीन विश्व व्यवस्था अथवा पूंजीवादी व्यवस्था का आरंभ हुआ, जिसे साम्राज्यवादी व्यवस्था भी कहा जा सकता है।
- इस साम्राज्यवादी व्यवस्था में मूलत: चार अवयव विद्यमान थे-

  1. केंद्र (Centre) 2. अर्द्धपरिधि (Semi Periphery) 3. परिधि (Periphery) 4. बाहर

### केंद्र

- वॉलरस्टीन के द्वारा पश्चिमी यूरोप का 1450 से 1660 के बीच का अध्ययन किया गया। जिसमें उन्होंने उत्तर-पश्चिमी यूरोप के इंग्लैंड, फ्रांस और हॉलैंड को केंद्र में रखा। जिनका समूचे विश्व पर आर्थिक नियंत्रण था तथा विश्व व्यापार से लाभ और मुनाफा अर्जित किया।

### परिधि

- ये केंद्र के द्वारा शोषित थे। जहां शक्तिशाली सरकार का भाव था। साम्राज्यवादी शक्तियों के द्वारा स्थानीय शासन सत्ता को समाप्त कर दिया गया तथा यूरोप के सस्ते सामान, निर्यात के केंद्र बन गए। इन देशों में उत्पादन केवल आतंरिक आवश्यकताओं को पूर्ण करने के लिए किया गया। दक्षिणी अमेरिकी देश परिधि में शामिल थे।

### अर्द्धपरिधि

- ये केंद्र और परिधि के मध्य स्थित थे जिसमें इटली दक्षिणी जर्मनी और दक्षिणी फ्रांस थे। इनका केंद्र के द्वारा शोषण किया जा रहा था।

### बाह्य क्षेत्र

- ये क्षेत्र अपनी अर्थव्यवस्था को संरक्षित करने के लिए स्वयं को विश्व पूंजीवादी क्षेत्र से बाहर रखते थे। इसका सबसे अच्छा उदाहरण रूस है।
- वॉलरस्टीन के विश्व व्यवस्था का विश्लेषण अत्यधिक गतिशील है और उनके अनुसार, 1640 के बाद उत्तर-पश्चिमी यूरोप केंद्र के रूप में विकसित हुआ। जबकि स्पेन और इटली अर्द्धपरिधि की ओर स्थानांतरित हो गए। एशियाई-अफ्रीकी महाद्वीप परिधि के रूप में बने हुए थे।

## विश्व व्यवस्था के अन्य विचारक

- क्रिस्टोफर चेज डुन का मानना है कि राज्यों के बीच

पूंजीवादी व्यवस्था के कारण आर्थिक और सैनिक रूप में शोषणकारी संबंध विद्यमान होता है।

- जेनेट अबु लोगोट का मानना है कि विश्व अर्थव्यवस्था 16वीं सदी में उत्पन्न नहीं हुई थी, अतः उन्होंने वॉलरस्टीन के विचार को अस्वीकार कर दिया।

## वॉलरस्टीन के अनुसार, कोर राष्ट्रों की विशेषता

- लोकतांत्रिक सरकार।
- कल्याणकारी राज्य।
- विनिर्मित पदार्थों का निर्यात व कच्चे पदार्थों का आयात करते हैं।

## अर्द्ध-परिधि की विशेषता

- अधिनायकवादी सरकार।
- कल्याणकारी सुविधाएं केवल अल्प रूप में प्रदान की जाती हैं।
- कच्चे पदार्थ व विनिर्मित वस्तु दोनों का आयात एवं निर्यात किया जाता है।

## परिधि की विशेषताएं

- गैर-लोकतांत्रिक सरकार।
- कल्याणकारी राज्य का अभाव।
- कच्चे पदार्थों का निर्यात एवं विनिर्मित वस्तुओं का आयात।

## विकास एवं लोकतंत्र

- विकास एवं लोकतंत्र विरोधाभाषी नहीं है लेकिन स्वस्थ लोकतांत्रिक मूल्यों का विकास हुआ हो।
- लोकतंत्र सुशासन की संकल्पना के करीब हो जहां लोकतांत्रिक व्यवस्था हो।
- नीतिगत स्पष्टता, त्वरित निर्णय एवं निर्णय का प्रभावी तरीके से क्रियान्वयन तीव्र विकास पृष्ठभूमि निर्मित करते हैं।
- भारत जैसे देश में लोकतंत्र एवं विकास में विरोधाभास दिखाई देता है।
- आर्थिक पिछड़ापन, अशिक्षा व गरीबी के कारण अबतक यहां स्वस्थ लोकतांत्रिक मूल्यों का निर्माण नहीं हो पाया है, इसके कारण लोकतांत्रिक भागीदारी की संकल्पना कमजोर पड़ी है।
- कमजोर हुए वंचित समूह पिछड़ते चले जा रहे है।
- यह प्रभुत्वशाली वर्ग की भागीदारी को सुनिश्चित कर रहा है, परिणामतः दोनों के बीच बढ़ता अंतराल विकास की प्रक्रिया को अवरुद्ध कर रहा है।
- एक ओर राजनीतिक एवं प्रशासनिक भ्रष्टाचार के कारण संसाधनों का सही इस्तेमाल नहीं हो पा रहा, तो दूसरी ओर लोकतांत्रिक व्यवस्था में नीतिगत अस्पष्टता, निर्णय प्रक्रिया में और निर्णय के क्रियान्वयन ना हो पाने के फलस्वरूप विकास प्रक्रिया बाधित हो रही है।
- सरकारी एवं गैर-सरकारी संस्थाओं के बीच में अंतराल होता है और कई बार यह अंतराल असंवाद की स्थिति भी उत्पन्न करता है।

## विकास का उत्तर उपनिवेशिवादी दृष्टिकोण

- विकास के जिन सिद्धांतों का यूरोप और अमेरिकी विद्वानों के द्वारा निर्माण किया गया, उसे एशियाई-अफ्रीकी देशों के अनुकूल नहीं माना गया। रजनी कोठारी, क्रिस और एस्कोबार ने इसे विकास के ज्ञान का व्यवसायवाद कहा। जिसका अभिप्राय है विकास के सभी सिद्धांत पश्चिमी देशों के लिए आर्थिक रूप में लाभकारी हैं।
- कल्याण सान्याल ने भी माना कि विकास के सिद्धांत और मान्यताएं समय के अनुसार परिवर्तित हो जाती हैं। विकास के पश्चिमी मॉडल एशियाई-अफ्रीकी देशों के लिए अनुकूल नहीं हैं, बल्कि पूंजीवाद को वैधता प्रदान करते हैं।

## विकास का नारीवादी दृष्टिकोण

- नारीवादियों द्वारा विकास में जेंडर को केंद्रीय महत्व दिया गया। मेरियन यंग ने विकास के लिए परिवार में उत्पादन तथा परिवार में संसाधनों के प्रबंध और इनकी बच्चों, महिलाओं के लिए उपलब्धता पर केंद्रीय भूमिका प्रदान करने का समर्थन किया।
- डियाना एलिशन ने कहा कि समाज में महिला होना मूल पहचान का विचलन माना जाता है।

## विकास का क्षमतावादी विचार (Capability Approach)

- पाकिस्तान के अर्थशास्त्री महबूब उल हक के द्वारा आर्थिक विकास के बजाय मानवीय विकास के विचार को केंद्रीय महत्व प्रदान किया। भारतीय अर्थशास्त्री आमर्त्य सेन तथा अमेरिका की महिला दार्शनिक मारथा नुसबॉम के द्वारा विकास का एक वैकल्पिक विचार प्रदान किया गया।
- आमर्त्य सेन के अनुसार, समाज में व्यक्तियों की क्षमताएं अलग-अलग होती हैं। इसीलिए सभी व्यक्ति वस्तुओं का प्रयोग एकसमान रूप में नहीं कर पाते। व्यक्तियों की क्षमताएं शारीरिक आधार पर निर्धारित होती हैं, क्योंकि एक स्वस्थ्य एवं एक विकलांग व्यक्ति एक ही सुविधा का समान उपयोग नहीं कर सकता।

- क्षमताएं सामाजिक, सांस्कृतिक वातावरण द्वारा भी निर्धारित होती हैं। उदाहरण के लिए, दिल्ली में रहने वाली गरीबी रेखा के नीचे कोई महिला राजस्थान में निवास करने वाली उच्च जाति की विधवा महिला से ज्यादा स्वतंत्र है क्योंकि दिल्ली में रहने वाली महिला के पास विकल्पों के चयन की आजादी है।
- क्षमता एवं स्वतंत्रता परस्पर अंतर्संबंधित होते हैं और स्वतंत्रता विभिन्न विकल्पों की उपस्थिति में ही संभव है। उदाहरण के लिए जिस व्यक्ति के पास केवल साईकिल है वह साईकिल चलाने के लिए स्वतंत्र नहीं है। जबकि व्यक्ति के पास कार और साईकिल दोनों है तो वह साईकिल चलाने के लिए स्वतंत्र है।
- क्षमता का संबंध क्रिया (Function) से भी होता है। उदाहरण के लिए इंजीनियरिंग की पढ़ाई करने वाला व्यक्ति यदि रोजगार प्राप्त नहीं कर पाता तो उसने अपनी क्षमता को क्रिया में परिवर्तित नहीं किया।
- आमर्त्य सेन ने कहा राज्य द्वारा प्रदान की गई कल्याणकारी सुविधाओं और आर्थिक संसाधनों के वितरण से समाज की भलाई संभव नहीं है, बल्कि व्यक्तियों की क्षमता का विकास होना चाहिए। आमर्त्य सेन ने गरीबी को क्षमता की हानि के रूप में चित्रित किया है।

## नुसबॉम का विचार

- मारथा नुसबॉम द्वारा क्षमताओं पर विचार करते हुए विभिन्न प्रकार की क्षमताओं की सूची का निर्माण किया गया। जिसमें -

| | |
|---|---|
| 1. जीवन | 2. शारीरिक स्वास्थ्य |
| 3. शारीरिक अखंडता | 4. समझ, विचार और कल्पना |
| 5. भावना | 6. व्यावहारिक तर्क |
| 7. सदस्य स्वीकृति | 8. अन्य प्रजाति |
| 9. खेल | 10. परिवेश पर भौतिक और राजनीतिक नियंत्रण। |

- नुसबॉम के अनुसार, उपरोक्त विशेषताएं ही व्यक्ति की क्षमता को प्रदर्शित करती हैं। उन्होंने विकास के नारीवादी विचार का भी समर्थन किया। जिनके अनुसार, केवल संसाधन विकृत कर देना ही विकास नहीं है। अपितु ये संसाधन महिला उत्थान के लिए वास्तविक रूप में सहायक हैं। यह प्रश्न ज्यादा महत्वपूर्ण है।

## भारत और विकास की बहस

- पी. साईनाथ ने अपनी किताब-"Everybody Loves a Good Drought" में लिखा कि भारत में अभी भी आम जनता को मूलभूत सुविधाएं प्राप्त नहीं हैं। घूसखोर, ठेकेदार, प्रशासनिक अधिकारी और राजनेताओं ने अपना एक गिरोह बना लिया है, जो बहुमत गरीब जनसंख्या के हितों को क्षतिग्रस्त कर रहे हैं।
- उन्होंने पंचायती राज और स्थानीय शासन को भ्रष्ट और गैर-जिम्मेदार कहा है जो ग्रामीण भारत में शिक्षा और स्वास्थ्य की सुविधा प्रदान करने में विफल रहा है।
- अमित भादुड़ी ने अपनी किताब-"Development With Dignity" में लिखा कि बाजारवादी व्यवस्था केवल समाज के संपन्न वर्गों के लिए ही लाभप्रद है। यह ग्रामीण और किसान जनता के हितों के लिए उपयोगी नहीं है।
- ज्यां द्रेज के अनुसार, भोजन का अधिकार सभी व्यक्तियों के लिए उपलब्ध होना चाहिए और वास्तविक स्वतंत्रता भूख से स्वतंत्रता है।

# अध्याय 9 शक्ति की संरचना
## STRUCTURES OF POWER

### विशिष्ट वर्गवादियों के अनुसार, शक्ति की मान्यता

- विशिष्ट वर्ग का संरचनात्मक सिद्धांत प्रस्तुत किया। इनकी रचना-"The Ruling Class" (1896) है।
- विशिष्ट वर्ग की संख्या कम होती है, लेकिन ये अत्यधिक संगठित होते हैं।
- इन्होंने विशिष्ट वर्ग के विश्लेषण में सामाजिक और मनोवैज्ञानिक दोनों आधारों का प्रयोग किया।
- इनके अनुसार निम्नलिखित सामाजिक परिवर्तन के परिणाम स्वरूप भी विशिष्ट वर्ग का उदय होता है-
  (i) नए धर्म का उद्भव।
  (ii) सामाजिक परिवर्तन।
  (iii) नई वैज्ञानिक खोजें।
- मोस्का ने भी विशिष्ट वर्ग के परिसंचरण की मान्यता को स्वीकार किया।
- मोस्का ने उपविशिष्ट वर्ग की संकल्पना भी प्रस्तुत की, जिसमें उन्होंने सिविल सेवक, प्रबंधक और वैज्ञानिकों को रखा।
- मोस्का के अनुसार, सरकार का वर्गीकरण विभिन्न शासन प्रणालियों में करना व्यर्थ है। उनके अनुसार, शासन का केवल एक ही रूप है, वह है गुटतंत्र।

### मिशेल्स के अनुसार, शक्ति की संकल्पना

- मिशेल्स की रचना-"Political Parties" (1911) है, जिसमें उन्होंने जर्मन समाजवादी दल का अध्ययन किया।
- मिशेल्स के अनुसार, 'संगठन ही गुटतंत्र है।'
- मिशेल्स समाजवाद, लोकतंत्र के समर्थक हैं, लेकिन फासीवादी शासन प्रणाली के समर्थक कदापि नहीं हैं।
- उन्होंने 'गुटतंत्र के लौह नियम' का निर्माण किया।
- यह विचारधारा मार्क्स द्वारा वर्णित शासनात्मक गुट के अभिलक्षणों से मिलता-जुलता है।

### पावर एलीट

- अमेरिकी विचारक सी. राइट मिल्स ने "Power Elite" की संकल्पना प्रस्तुत की तथा इस पुस्तक में अमेरिकी लोकतंत्र की समीक्षा की गई।
- इनके अनुसार, 'अमेरिका में लोकतंत्र एक शर्म है, यह आदर्श से कोसों दूर है।'
- अमेरिका में लोगों के शासन के बजाय, संघीय राजनेताओं, सैन्य पदाधिकारियों और वाणिज्यिक घराने के लोगों का शासन होता है।
- जेम्स बर्नहम ने अपनी पुस्तक-"The Managerial Revolution" (1941) में कहा कि 'आधुनिक युग में प्रबंधकों का शासन है।'

### गैसेट के अनुसार, शक्ति

- गैसेट ने शक्ति के संदर्भ में 'मास माइंड' (Mass Mind) की संकल्पना दी है।

### बहुलवादियों के अनुसार, शक्ति

- बहुलवादी समाज में शक्ति का वितरण विभिन्न समूहों में मानते हैं।
- बहुलवादियों के अनुसार, 'शक्ति, संबंध, संबंधात्मक और सापेक्षित होता है।'
- शक्ति, नॉन-जीरो-सम-गेम (Non-Zero-Sum-Game) पर आधारित होती है। जिसका आशय है कि समाज में एक समूह का शक्तिशाली होना, दूसरे समूह को कमजोर नहीं बनाता।

## शक्ति का वितरण

- विशिष्ट वर्गवादियों के अनुसार, 'शक्ति का समाज में समान वितरण नहीं होता।'
- बल्कि शक्ति का संकेंद्रण मुट्ठीभर विशिष्ट लोगों में होता है तथा यह सदैव बना रहता है।
- जबकि बहुलवादियों के अनुसार, समाज में शक्ति का वितरण विभिन्न समूहों में होता है। अत: बहुलवादियों के अनुसार, शक्ति, संबंधात्मक या सापेक्षिक होती है।
- बहुलवादियों के अनुसार, शक्ति, मूलत: नॉन-सेक्शनल (Non-Sectional) या नॉन-जीरो-सम-गेम (Non-Zero-Sum-game) पर आधारित है।

- जबकि विशिष्ट वर्गवादियों के अनुसार, शक्ति, सेक्शनल (Sectional) होती है। समाज में मुट्ठीभर लोगों में शक्ति निहित होती है।

## विशिष्ट वर्गवादी लोकतंत्र

- विशिष्ट वर्गवादी लोकतंत्र के समर्थक लोकतंत्र की संस्थात्मक व्याख्या करते हैं।
- पुराने विशिष्ट वर्गीय सिद्धांतकार पैरेटो, मोस्का एवं मिशेल्स लोकतंत्र को अस्वीकार करते हैं तथा इसे निरर्थक मानते थे।
- आधुनिक विशिष्ट वर्गवादी, लोकतंत्र को विशिष्ट वर्गवाद से जोड़ देते हैं।
- ये लोकतंत्र को केवल शासन प्रणाली के रूप में मानते हैं।
- ये मूल्य आदि को बिल्कुल नहीं मानते हैं।
- जोसेफ शूम्पीटर के अनुसार, 'लोकतंत्र, एक ऐसी संस्थात्मक व्यवस्था है, जिसमें नेता, लोगों के वोटों के लिए प्रतिस्पर्धा करते हैं।' जोसेफ शूम्पीटर की रचना- "Capitalism, Socialism And Democracy" (1947) है।
- अत: जोसेफ शूम्पीटर के अनुसार, लोकतांत्रिक तरीका, एक संस्थात्मक तरीका है, जिसके दो अभिप्राय हैं-
  (i) लोकतंत्र में निर्णय नेता द्वारा लिए जाते हैं।
  (ii) नेताओं के मध्य वोट प्राप्ति के लिए खुली प्रतिस्पर्धा होती है।
- जोसेफ शूम्पीटर के अनुसार, 'लोकतंत्र, बाजारवादी साम्यावस्था की भांति है, जिसमें नेता अधिक से अधिक वोटों की खरीद करता है तथा मतदाता उस व्यक्ति या दल को वोट देते हैं, जिसमें उन्हें अधिकतम लाभ हो।'
- मैकफर्सन ने विशिष्ट वर्गवादी लोकतंत्र को 'साम्यावस्थावादी मॉडल' कहा।
- एंथनी डॉउन्स ने इसे लोकतंत्र का 'आर्थिक मॉडल' भी कहा है। इनकी रचना-"An Economic Theory of Democracy" (1957) है।

### रॉबर्ट डाल की अन्य रचनाएं

- Polarchy: Participation and Opposition (1972)
- A Preface to Democratic Theory (1956)
- Democracy and Its Critics (1989)

अध्याय 10

# निर्वाचन पद्धतियां
# ELECTORAL METHODS

## 1. सर्वाधिक मत प्रणाली

(First Past The Post System)

- जिसे सर्वाधिक मत मिलते हैं, वह प्रत्याशी चुनाव जीत जाता है। मतों का बहुमत नहीं, बल्कि जिसे सबसे ज्यादा मत प्राप्त होता है, वह विजयी घोषित हो जाता है।
- एक सदस्यीय निर्वाचन क्षेत्र होता है तथा इसमें अनेक उम्मीदवार खड़े हो सकते हैं।
- इस प्रणाली में जो उम्मीदवार सर्वाधिक मत प्राप्त करता है, वही विजयी होता है। यह जरूरी नहीं है कि वह निर्वाचन क्षेत्र में 50 प्रतिशत मत प्राप्त करे।
- विकासशील देशों में ज्यादा प्रचलित है।
- देश को समान आकार के कई चुनाव क्षेत्रों में विभाजित कर दिया जाता है।
- विजेता प्रत्याशी को सबसे ज्यादा मत प्राप्त करना होता है।
- इस चुनाव प्रणाली को **इकहरी सदस्यीय बहुलवादी व्यवस्था** भी कहते हैं।
- इसमें चुनाव क्षेत्र और प्रतिनिधियों के मध्य सीधे संबंध का निर्माण होता है।
- इसके द्वारा मतदाताओं के समक्ष स्पष्ट चयन का विकल्प होता है।
- अतिवादी तत्वों के चुनाव जीतने की संभावना कम होती है।
- इसके द्वारा शक्तिशाली एकदलीय सरकार का निर्माण होता है, जिसमें आंतरिक संघर्ष और विखंडन का अभाव होता है।
- इस व्यवस्था में कभी-कभी या सामान्यत: हारे हुए सभी प्रत्याशियों का मत प्रतिशत, विजयी प्रत्याशी के मतों के प्रतिशत से अधिक होता है।
- दो दलों के अलावा छोटे या तीसरे दल की विजय की संभावना नहीं होती। अत: मतदाताओं के विकल्प सीमित हो जाते हैं।
- अनुत्तरदायी सरकार का निर्माण होता है, क्योंकि विधायिका में एक दल के बहुमत के कारण सरकार के विरोध की संभावना बहुत कम होती है।

## 2. आनुपातिक प्रतिनिधित्व प्रणाली

- इसके जन्मदाता **थॉमस हेयर** हैं, जिन्होंने-"The Machinery of Representation" (1857) नामक लेख लिखा। इस व्यवस्था में अल्पसंख्यकों को प्रतिनिधित्व प्राप्त हो जाता है।
- जिस दल को चुनाव में जितने प्रतिशत मत प्राप्त हों, उतने ही प्रतिशत सीटें भी मिलें। यानि सीटों और मतों दोनों का प्रतिशत समान हो।
- इसके अंतर्गत् अन्य प्रणाली **निम्नलिखित हैं**-
  (i) आनुपातिक प्रतिनिधित्व प्रणाली की सबसे बेहतर प्रणाली, 'सूची प्रणाली' (List System) है।
  (ii) एकल संक्रमणीय आनुपातिक प्रतिनिधित्व की व्यवस्था।
  (iii) अतिरिक्त सदस्यीय चुनाव प्रणाली।
  (iv) संचयी प्रणाली।

**A. सूची प्रणाली** (List System)

- पूरे देश को एक निर्वाचन क्षेत्र मान लिया जाता है।
- इजरायल एवं यूरोप के अधिकांश देश-बेल्जियम, लक्जेमबर्ग, जर्मनी, स्विट्जरलैंड जैसे देशों में लागू है।
- दलों के द्वारा उम्मीदवारों की एक सूची का निर्माण होता है, जो मतदाताओं के समक्ष प्रस्तुत की जाती है।
- मतदाता, दल को वोट देते हैं, प्रत्याशी को नहीं।
- दलों को उतनी ही सीटें प्राप्त होती हैं, जितने प्रतिशत मत उन्हें चुनाव में मिलते हैं।
- पूरे देश को एक विधायी क्षेत्र के रूप में समझा जाता है।
- कुछ देशों में अत्यधिक छोटे दलों को निष्कासित करने के लिए एक न्यूनतम सीमांकन का निर्माण भी किया गया है। जैसे-जर्मनी में कम से कम 5 प्रतिशत वोट पाने वाले दल को एक भी सीट नहीं मिलेगी।
- यह आनुपातिक प्रतिनिधित्व का सबसे बेहतर तरीका है। क्योंकि इसमें दलों को मतों के अनुपात में सीटें प्राप्त हो जाती हैं।

- इस प्रणाली के द्वारा अल्पसंख्यकों का प्रतिनिधित्व बेहतर रूप में संभव है।
- इस चुनाव प्रणाली में राष्ट्रीय एकता की भावना का निर्माण होता है। क्योंकि मतदाता का लगाव किसी विशेष चुनाव क्षेत्र से नहीं, अपितु समूचे देश से होता है।
- इस प्रतिनिधित्व प्रणाली के द्वारा छोटे दलों का भी प्रतिनिधित्व संभव हो जाता है। इसलिए समझौते और आम सहमति के द्वारा शासन का संचालन होता है।
- इस प्रणाली का दोष यह है कि अनेक छोटे-छोटे दलों के उभरने से अस्थायी एवं कमजोर सरकार का निर्माण होता है।
- निर्वाचन क्षेत्र और उनके प्रतिनिधियों के मध्य स्पष्ट संबंधों का निर्माण नहीं होता।
- इस चुनाव प्रणाली में दल का महत्व बढ़ जाता है और कोई अलोकप्रिय उम्मीदवार भी दल की सूची के माध्यम से निर्वाचित हो सकता है।
- दलों में शक्तियों का अत्यधिक केंद्रीयकरण हो जाता है और दल के द्वारा किसी अयोग्य उम्मीदवार को भी सूची में उच्च स्थान दिया जा सकता है।

**B. एकल संक्रमणीय मत प्रणाली**

- इसका प्रयोग आयरलैंड गणराज्य, इंग्लैंड में उत्तरी आयरलैंड विधान सभा में होता है।
- भारत में राज्य सभा और विधान परिषद् के चुनाव में इस पद्धति का प्रयोग किया जाता है।
- यह भी चुनाव की आनुपातिक प्रतिनिधित्व पद्धति है। इसमें निर्वाचन क्षेत्र बहुसदस्यीय होता है। एक निर्वाचन क्षेत्र से लगभग पांच (5) प्रत्याशियों का निर्वाचन हो सकता है।
- प्रत्येक दल उतने ही प्रत्याशियों को चुनाव में खड़ा करता है, जितनी सीटों की कुल संख्या होती है।
- मतदाता के द्वारा केवल एक मत प्रदान किया जाता है, परंतु इसका प्रयोग वह वरीयता के रूप में करता है।
- प्रत्याशियों को विजयी होने के लिए मतों का एक निश्चित कोटा प्राप्त करना होता है, जिसका मूल आधार **'हेयर'** ने रखा था।
- इसलिए आनुपातिक प्रतिनिधित्व प्रणाली को **'हेयर प्रणाली'** के नाम से भी जानते हैं। बाद में इसे **'डूप'** ने संशोधित किया।
- इस चुनाव प्रणाली में मतों का संक्रमण भी होता है। ऐसे प्रत्याशी जिन्हें पहली वरीयता के सबसे कम मत प्राप्त होते हैं, उनका नाम हटाकर उसे अन्य प्रत्याशियों को दूसरी वरीयता के अनुसार वितरित कर दिया जाता है।
- इससे लाभ यह है कि आनुपातिक प्रतिनिधित्व बना रहता है।
- बहुसदस्यीय निर्वाचन क्षेत्र होने के कारण मतदाताओं के समक्ष अनेक विकल्प उपलब्ध होते हैं।
- इसमें एक ही दल के अनेक उम्मीदवारों के मध्य प्रतिस्पर्धा भी देखी जाती है।
- इससे एक दल की स्थायी सरकार का निर्माण कठिन होता है।
- दलों में आंतरिक संघर्ष उत्पन्न हो जाता है।

**C. अतिरिक्त सदस्यीय चुनाव प्रणाली** (Additional Member Electoral System)

- जर्मनी में आधी सीट का चुनाव First Past The Post System तथा आधी सीटों पर चुनाव List System (सूची प्रणाली) के द्वारा होता है। एक ही साथ दो प्रकार की चुनाव प्रणाली का प्रयोग होता है। इसलिए इसे अतिरिक्त सदस्यीय चुनाव प्रणाली कहा जाता है।
- इसे Top Up Members चुनाव प्रणाली भी कहते हैं।
- अतिरिक्त सदस्यीय मत प्रणाली का जर्मनी, इटली, रूस, न्यूजीलैंड और इंग्लैंड में स्कॉटलैंड की संसद और वेल्स विधानसभा के चुनाव में प्रयोग किया जाता है।
- इस आनुपातिक प्रणाली के द्वारा जर्मनी में 50 प्रतिशत सीटों के लिए सूची प्रणाली का प्रयोग होता है। जबकि इटली, स्कॉटलैंड और वेल्स में यह प्रतिशत और ज्यादा है।
- इसके अतिरिक्त शेष सीटों को First Past The Post System के आधार पर भरा जाता है।
- इस प्रकार की चुनाव प्रणाली में मतदाता दो मतों का प्रयोग करते हैं। एक उस क्षेत्र के उम्मीदवार के First Past The Post System के लिए और दूसरा दल के सूची के लिए देता है।
- चुनाव की इस मिश्रित प्रणाली में स्थायित्व और प्रतिनिधित्व, दोनों का सामंजस्य हो जाता है।
- चुनाव का यह तरीका आनुपातिक है। लेकिन इसमें एक दल के सरकार के निर्माण की संभावना भी कायम रहती है।
- इसके अंतर्गत् मतदाताओं को दो दलों को मत का विकल्प मिल जाता है। इसमें सरकार के निर्माण में अल्पसंख्यकों का प्रतिनिधित्व भी संभव हो जाता है।
- इसे विशुद्ध आनुपातिक पद्धति नहीं माना जाता। क्योंकि इसमें First Past The Post System का भी प्रयोग किया जाता है।
- इस प्रणाली में दल अत्यधिक शक्तिशाली और केंद्रीयकृत हो जाते हैं तथा इसमें चुनाव क्षेत्रों का आकार अत्यधिक बड़ा होता है।

**D. संचयी प्रणाली** (Cumulative System)

- यह भी प्रतिनिधित्व का आनुपातिक तरीका है, जिसमें निर्वाचन क्षेत्र बहुसदस्यीय होता है।
- मतदाताओं को उतने मत प्राप्त होते हैं, जितनी सीटों का निर्वाचन होना होता है।
- मतदाता के समक्ष यह विकल्प उपस्थित होता है कि वह किसी एक प्रत्याशी को अपना समूचा वोट दे सकता है, या अपने मतों को विभिन्न प्रत्याशियों के मध्य बांट सकता है।

## निरपेक्ष बहुमत प्रणालियां

### 1. द्वितीय मत प्रणाली

- इसमें निर्वाचन क्षेत्र, एक सदस्यीय होता है।
- First Past Post System की भांति, व्यक्ति को एक मत देना होता है।
- विजेता प्रत्याशी को कुल मतों का बहुमत प्राप्त करना होता है।
- यदि पहले चुनाव में किसी एक प्रत्याशी को पूर्ण बहुमत प्राप्त न हो, तो दो प्रत्याशियों के मध्य **Run Off Ballot** होता है। जैसा कि फ्रांस के राष्ट्रपति के चुनाव में होता है। अत: पहली बार में यदि किसी उम्मीदवार को पूर्ण बहुमत न मिले, तो दोबारा चुनाव होता है।
- इस चुनाव प्रणाली में मतदाताओं के समक्ष विकल्प की वृद्धि हो जाती है।
- इस चुनाव प्रणाली के लिए ऐसा कहा जाता है कि मतदाता पहली बार दिल से वोट करते हैं, दूसरी बार दिमाग से वोट करते हैं।
- चूंकि बहुमत प्राप्त प्रत्याशी ही विजयी होता है। इसलिए प्रत्याशी को सभी का समर्थन प्राप्त करना होता है।
- इससे एक शक्तिशाली और स्थायी सरकार का निर्माण संभव है।
- इससे हानि यह होती है कि इसमें किसी तीसरे दल के उभरने की संभावना नहीं होती।
- **Run Off**/ द्वितीय चुनाव में हारे हुए प्रत्याशियों के साथ अन्य प्रत्याशी समझौता कर लेते हैं और सिद्धांतों का पूर्णत: परित्याग कर देते हैं।
- दो बार चुनाव होने से मतदाताओं की चुनाव में रुचि भी कम हो जाती है।

### 2. वैकल्पिक सहायक वोट प्रणाली (Alternative Vote System)

- इसका प्रयोग ऑस्ट्रेलिया के प्रतिनिधि सदन और लंदन में मेयर तथा भारत के राष्ट्रपति के चुनावों में किया जाता है।
- इसके लिए एक सदस्यीय निर्वाचन क्षेत्र की आवश्यकता होती है। वरीयताक्रम में मतदान (मतदाता का एक मत) होता है।
- विजेता प्रत्याशी को कुल मतों के 50 प्रतिशत से अधिक मत प्राप्त करने होंगे। अत: एक कोटा प्राप्त करना होता है।
- वोटों की गिनती पहली बार वरीयता के आधार पर होती है। यदि पहली वरीयता के आधार पर किसी उम्मीदवार को बहुमत (कोटा) नहीं मिलता है, तो जिसे पहली वरीयता का सबसे कम मत प्राप्त होता है, उसे लिस्ट से हटाकर उसके शेष मत अन्य प्रत्याशियों को वितरित कर दिए जाते हैं।
- इसमें कम मत व्यर्थ होते हैं तथा Second Ballot की भांति दोबारा चुनाव नहीं कराने पड़ते तथा एक दल के सरकार बनाने की संभावना खुली होती है।
- यह प्रणाली आनुपातिक नहीं है। इसलिए बड़े दलों के लिए लाभकारी और छोटे दलों के प्रतिकूल है तथा इसमें चुनाव का परिणाम छोटे-छोटे दलों की प्राथमिकता से भी प्रभावित होते हैं।

अध्याय 11

# राजनीतिक दल एवं दलीय प्रणाली
# POLITICAL PARTIES AND PARTY SYSTEM

- दबाव समूह समाज में विशिष्ट हितों का प्रतिनिधित्व करते हैं, जिसे आमण्ड एवं पॉवेल ने हितों के अभिव्यक्तिकरण (Interest articulation) के रूप में अभिव्यक्त किया है। जबकि राजनीतिक दल समाज में विद्यमान सभी के हितों को संचित या एकत्रित करने का प्रयास करते हैं, जिसे आमण्ड एवं पॉवेल ने हित समूहीकरण (Interest aggregation) का नाम दिया है।
- राजनीतिक दल का मूल उद्देश्य सत्ता की प्राप्ति है अथवा सरकार का निर्माण करना है। लेकिन दबाव समूह सरकार को प्रभावित करने का प्रयास करते हैं। एक व्यक्ति एक साथ अनेक दबाव समूहों का सदस्य हो सकता है। इसलिए दबाव समूहों की सदस्यता सर्वसमावेशी (Inclusive) होती है। जबकि कोई व्यक्ति केवल एक राजनीतिक दल का ही सदस्य हो सकता है। इसलिए राजनीतिक दलों की सदस्यता अनन्य (Exclusive) हो सकती है।
- एडमण्ड बर्क के अनुसार, दल, समान विचार के लोगों का एक ऐसा समूह है, जो राष्ट्रीय हित के लिए कार्य करता है।
- मैकाइवर के अनुसार, 'राजनीतिक दल किन्हीं शासन सिद्धांतों अथवा नीति के समर्थन में गठित संघ है, जो संवैधानिक उपायों द्वारा शासन सत्ता प्राप्त करने का प्रयास करते हैं।'
- गैटिल के अनुसार, 'राजनीतिक दल, न्यूनाधिक रूप से संगठित नागरिकों का समूह है, जो राजनीतिक इकाई के रूप में काम करते हैं तथा जो मताधिकार की शक्ति के द्वारा शासन पर नियंत्रण कर अपने सामान्य नीतियों को लागू करने का प्रयास करते हैं।'

## दल की आधुनिक व्यवहारवादी परिभाषा

- आधुनिक युग में दलों को समान लोगों का एक ऐसा संगठन माना जाता है, जो शक्ति या सत्ता प्राप्त करने के लिए प्रतिस्पर्धा करते हैं। डेनियल एल्जार प्रमुख व्यक्ति हैं, जो राजनीतिक दलों के यह व्यवहारवादी विश्लेषण करते हैं।
- राजनीतिक दल के **उत्पत्ति के स्रोत**–
  (i) मानव स्वभाव (ii) परिवेश
  (iii) आर्थिक हित (iv) विचारधारा
  (v) धार्मिक व सांप्रदायिक भावनाएं।

## दलों की उत्पत्ति के सिद्धांत

**1. ऐतिहासिक संकट का सिद्धांत**

- इस सिद्धांत के मुख्य मान्यताकारों में '**पालोम्बारा तथा माइरन वीनर**' हैं।
- इस सिद्धांत के अनुसार, प्रत्येक देश में ऐसी मूलभूत परिवर्तनकारी घटनाएं पाई जाती हैं। जब शासन की वैधता पर सवाल उठता है, तब नागरिक सरकार में अपना विश्वास नहीं करते हैं।
- इस संकट में दलों की उत्पत्ति होती है। उदाहरण के लिए, भारतीय राष्ट्रीय कांग्रेस की दल के रूप में उत्पत्ति इसी संकट का परिणाम थी।

**2. संस्थागत सिद्धांत**

- इस सिद्धांत के अनुसार, 'दलों की उत्पत्ति ब्रिटेन जैसे देशों में संसदीय संस्थाओं से हुई है।' क्योंकि प्रारंभ में 'हाउस ऑफ कॉमन्स' के दो गुट, दो दल के रूप में विकसित हुए।
- डुवर्जर ने ब्रिटेन में दल की उत्पत्ति को आंतरिक उत्पत्ति का सिद्धांत भी कहा है। क्योंकि दल का निर्माण संसद के अंदर से हुआ है।

**3. विकास का सिद्धांत**

- इस सिद्धांत के अनुसार, 'जैसे-जैसे समाज का आधुनिकीकरण हुआ, परिणामस्वरूप इस आधुनिक औद्योगिक समाज में राजनीतिक प्रक्रिया के वाहक के रूप में दलों का विकास हुआ है।'

## संख्या के आधार पर दलों के प्रकार

- एकदलीय • द्विदलीय
- बहुदलीय

## विचारधारा के आधार पर दल

- वामपंथी दल
- दक्षिणपंथी दल
- मध्यममार्गी दल

### दक्षिणपंथ

- सामान्यत: दक्षिणपंथ का आशय, 'उस विचारधारा से है, जो समाज में यथास्थिति की समर्थक होती है।'
- यह विचारधारा, 'समाज में विशेषाधिकारों का समर्थन करती है।'
- इस विचारधारा में स्वतंत्रता और अधिकारों की बजाय, समाज के स्वरूप को सोपानिक माना जाता है।
- उदाहरण के लिए, रूढ़िवादी, फासीवाद एवं नाजीवाद इत्यादि।

### वामपंथ

- वामपंथ का आशय, 'प्रगतिशील विचारधारा से है।'
- यह विचारधारा, 'समाज में समानता को मुख्य मानती है, विशेषाधिकारों को नहीं।'
- वामपंथी, 'अधिकारों और स्वतंत्रता के समर्थक होते हैं।'
- उदाहरण के लिए, उदारवादी एवं मार्क्सवादी इत्यादि।

[**Note :** दक्षिणपंथ और वामपंथ शब्द का इस्तेमाल सापेक्षिक रूप में किया जाता है, वस्तुगत रूप में नहीं।]

## भौगोलिक आधार पर दल

- राष्ट्रीय दल
- क्षेत्रीय दल।

## दलों के प्रकार्य

- प्रतिनिधित्व स्थापित करना
- विशिष्ट लोगों का चयन
- लक्ष्य निर्धारण
- हितों का एकीकरण एवं हितों का संचयन
- समाजीकरण एवं लोगों को गतिशील बनाना
- सरकार का निर्माण।

## दलों का वर्गीकरण

### 1. मोरिस डुवर्जर का वर्गीकरण

- दलों का वर्गीकरण **मोरिस डुवर्जर** ने यूरोपीय दलीय प्रणाली के अध्ययन के आधार पर किया है। मोरिस डुवर्जर की अपनी रचना-"Political Parties: Their Organization and Activity in the Modern State" (1963) है।
- डुवर्जर के अनुसार, निर्वाचन प्रणाली दलीय व्यवस्था की प्रकृति को निर्धारित करती है।
- डुवर्जर ने **कैडर व मासदलों** के मध्य अंतर किया है।
- डुवर्जर के पहले यूरोप में **मैक्स वेबर** ने दलीय राजनीति के बढ़ते व्यवसायीकरण पर अपना विचार दिया है।
- कैडर दलों की विशेषता बताते हुए डुवर्जर ने **कहा कि**-
  (i) ये संरचनात्मक रूप में अशक्त होते हैं।
  (ii) विशिष्ट वर्ग केंद्रित होते हैं।
  (iii) विधायिका के बाहर इनका संगठन नहीं के बराबर पाया जाता है।
  (iv) कुछ विशेष व्यक्ति दल के लिए संसाधन व चंदा उगाहने का कार्य करते हैं, जिन्हें डुवर्जर ने **कॉकस** (Caucus) की संज्ञा भी दी है।
- **कॉकस** शब्द का अभिप्राय, 'दल के विशिष्ट लोगों से है।'
- अमेरिका में दलीय प्रणाली 'कैडर पार्टी' या 'कॉकस' के रूप में हैं।
- डुवर्जर के अनुसार, 'कैडर दल, मास दलों से अलग होते हैं।'
- कूले ने 'आधुनिक कैडर दल' की विशेषता **निम्न रूप में व्यक्त की**-
  (i) व्यावसायिक नेतृत्व समूह का प्रभुत्व।
  (ii) शक्तिशाली और वृहद् कार्यक्रम, जिससे मतदाताओं के मत प्राप्त किए जा सकें।
  (iii) दल की संरचना को निर्मित किया जाता है व कुछ मात्रा में आंतरिक लोकतंत्र भी पाया जाता है।
  (iv) दल का वित्तीय स्रोत, सदस्यों के चंदे व दान से प्राप्त किया जाता है।

**मास दल** (Mass Party)

- डुवर्जर के अनुसार, 'मास दल लगातार अपनी सदस्यता में वृद्धि करते हैं एवं दल अपनी शाखाओं में निरंतर वृद्धि करते हैं।'
- दलों का मूल कार्य 'मतदाताओं के मध्य सदैव कार्य करना है।'
- डुवर्जर के अनुसार, 'मास दल, कैडर पार्टियों से श्रेष्ठ हैं।' जैसे-ब्रिटेन के मजदूर दल व रूढ़िवादी दल हैं।'
- फ्रांस व जर्मनी के दलों को भी मास दल में सम्मिलित किया जा सकता है।

### डुवर्जर का संरचना के आधार पर दलों का विभाजन

- डुवर्जर ने दलों का विभाजन संरचनात्मक रूप में इस प्रकार **किया है**-
  (i) कॉकस दल (ii) शाखा दल (Branch)
  (iii) प्रकोष्ठ दल (Cell) (iv) नागरिक दल (Militia)
- **कॉकस दल** : इसका अभिप्राय 'विशिष्ट लोगों के दल से है।'
- कॉकस दल, 'केवल चुनाव में मतदाताओं के मत प्राप्त

करने का प्रयास करते हैं। इसलिए ये केवल चुनाव के समय सक्रिय होते हैं।'

- **शाखा दल** : डुवर्जर के अनुसार, 'शाखा दल निरंतर अपनी सदस्यता विस्तार के लिए प्रयत्नशील होते हैं, ये सदैव सक्रिय रहते हैं। उदाहरण के लिए, **ब्रिटेन एवं भारत** में पाए जाने वाले दल।
- **प्रकोष्ठ दल** : इनका आधार प्रकार्यात्मक होता है। जैसे-साम्यवादी दल अपने जनाधार एवं समर्थन के लिए मजदूरों पर निर्भर रहते थे।
- प्रकोष्ठ दलों का वैचारिक आधार अत्यधिक सुदृढ़ होता है।
- ये केवल चुनाव में विजय का ही प्रयत्न नहीं करते अपितु संपूर्ण व्यवस्था के परिवर्तन के लिए भी प्रयत्नशील होते हैं। जैसे- **साम्यवादी दल।**
- **नागरिक सेना** : डुवर्जर ने इसमें फासीवादी एवं नाजीवादी दलों को सम्मिलित किया है।
- दल का संगठन, सैन्य प्रणाली जैसा होता है।
- दल के कार्यकरण का आधार, सुदृढ़ अनुशासन होता है।
- दल में प्राय: शक्ति पूजा व शक्तियों का केंद्रीयकरण पाया जाता है।

## डुवर्जर के वर्गीकरण की आलोचना

- जर्मन विचारक मिचेल्स (Micheles) ने कहा कि राजनीतिक दलों को वैचारिक आधार पर विभाजित करना तार्किक प्रतीत नहीं होता। उन्होंने जर्मन समाजवादी दल का उदाहरण देते हुए कहा कि यह श्रमिकों या सर्वहारा का दल नहीं है, बल्कि विशेषज्ञों पर प्रभावशाली लोगों का दल है।
- ब्रिटिश विचारक मैकेंजी ने मिचेल्स की मान्यताओं का समर्थन किया और उनके अनुसार ब्रिटेन में कार्य करने वाली लेबर पार्टी श्रमिकों का दल नहीं है।
- कर्चाइमर (Kirchheimer) के द्वारा कहा गया कि वर्तमान में सभी राजनीतिक दल वैचारिक आधार पर विभाजित नहीं है, बल्कि वे समाज के सभी समूहों के मत प्राप्त करने का प्रयास करते हैं।
- इसलिए वर्तमान के राजनीतिक दलों के लिए 'कैच ऑल पार्टी' (Catch All Party) का प्रयोग करना ज्यादा उचित है, क्योंकि राजनीतिक दल सभी का मत प्राप्त करने का प्रयास करते हैं, न कि किसी समूह विशेष के मत पर निर्भर होते हैं।
- रिकर (Richer) ने भी यह कहा कि दलों के बीच गठबंधन का निर्माण सत्ता के बंटवारे (Power Sharing) के आधार पर होता है, वैचारिक आधार पर नहीं।

## 2. सिगमंड न्यूमैन (Sigmund Neumann) का वर्गीकरण

(i) प्रतिनिधित्वकारी (Representative)
(ii) एकीकृत (Integrated)

### प्रतिनिधित्ववादी दल की मूल विशेषताएं

- ये जनमत को प्रकट करते हैं, लेकिन उसका निर्माण नहीं करते।
- प्रतिनिधित्ववादी, दलीय व्यवस्था का उदाहरण अमेरिका के रिपब्लिकन व डेमोक्रेट दलों को माना जा सकता है।
- प्रतिनिधित्ववादी व्यवस्था में दलों का मूल उद्देश्य अधिक से अधिक मत प्राप्त करना होता है।
- दलों के कार्यों का यह सैद्धांतिक आधार शूम्पीटर, एंथनी डाउन्स जैसे विचारकों ने माना, जिसके अनुसार, 'राजनेता मूलत: शक्ति अर्जित करने वाले लोग हैं, जो चुनावी सफलता के लिए कार्य करते हैं।'

### एकीकृत दलों की विशेषताएं

- दलों का यह स्वरूप भारत व ब्रिटेन जैसे देशों में देखा जाता है।
- ये दल अपनी सदस्यता के विस्तार के लिए प्रयत्नशील होते हैं।
- ये दल सदैव सक्रिय रहते हैं, केवल चुनाव के समय ही नहीं, बल्कि जनता को आंदोलित एवं प्रेरित करते रहते हैं। इनका मूल उद्देश्य जनता को शिक्षित एवं प्रशिक्षित करके सत्ता प्राप्त करना होता है।

## 3. सारटोरी का वर्गीकरण

- सारटोरी की रचना-"Parties and Party Systems" (1976) में उन्होंने बहुदलीय व्यवस्था को वैचारिक आधार पर दो भागों में **विभाजित किया-**
  - **उदारीकृत ध्रुवीय बहुलवादी व्यवस्था** (Moderate Polarised Pluralist System)
- सारटोरी के अनुसार, 'यह प्रणाली नॉर्वे व नीदरलैंड में पाई जाती है। इस प्रणाली में दलों में वैचारिक विभाजन न्यूनतम होता है।
  - **ध्रुवीय बहुलवादी व्यवस्था** (Polarised Pluralist System)
- यह **फ्रांस, इटली एवं स्पेन** जैसे देशों में पाई जाती है।
- इन देशों में दलों के मध्य वैचारिक आधार पर विभाजन पाया जाता है।
- सारटोरी के अनुसार, 'प्रतिस्पर्धी दलीय प्रणाली में दलों का महत्व सरकार के निर्माण की सफलता में देखा जाता है।'

- सारटोरी के अनुसार, दल दो प्रकार के होते हैं। **पहला,** 'जो सरकार का निर्माण करते हैं व **दूसरा,** जो परिधि या छोर पर रह जाते हैं।'

## 4. समकालीन विभाजन

- स्ट्रॉम के विश्लेषण के आधार पर दलों में तीन (3) प्रकार का **विभाजन किया गया-**
  - (i) नीति-निर्माण करने वाले दल (Policy Seeking Party)।
  - (ii) मत प्राप्त करने वाले दल (Vote Seeking Party)।
  - (iii) कार्यालय प्राप्त करने वाले दल (Office Seeking Party)।

## 5. पेनीबियानको का वर्गीकरण

- इन्होंने दो प्रकार के दलों को स्वीकार किया है व दलों का विभाजन एक आदर्श प्रारूप हैं, **जो निम्न हैं-**
  - (i) 'द मास ब्यूरोक्रेटिक पार्टी' जो डुवर्जर के मास दल की भांति है।
  - (ii) चुनावी व्यावसायिक दल, (Electoral Professional Party) 'कैडर पार्टी' में आएगी।

## 6. कॉर्ट्ज व मेयर का विश्लेषण

- इन्होंने **'कार्टेल पार्टी'** (Cartel Party) की संकल्पना दी है।
- कॉर्टेल दल का अभिप्राय, 'परंपरागत दल से भिन्न राज्य के एजेण्ट के रूप में किया जाता है।'
- राज्य के द्वारा दलों को समर्थन दिया जाता है। अत: दलों की भूमिका समाज व राज्य के मध्य मध्यस्थ की भांति नहीं होती।
- दलों का आधार पैसे पर चलने वाला प्रचार प्रबंधकीय क्षमता व कुशलता पर आधारित होता है। यह आम सदस्यों से प्रभावी रूप में नहीं जुड़ते।

## किरचाइमर (Kirchheimer) का 'कैच ऑल पार्टी' (Catch-All Party (1966) )

- (i) किरचाइमर के अनुसार, 'वर्तमान समय में दलों के मध्य विभाजन समाप्त हो गए हैं। जैसा कि पहले या परंपरागत रूप में देखा जाता था।'
- (ii) समकालीन युग में प्रत्येक दल सभी के मत प्राप्त करने का प्रयत्न करते हैं।
- (iii) इसलिए दलों के मध्य वैचारिक विभाजन न्यूनतम होता जा रहा है।
- (iv) रॉबर्ट डाल, लिप्सेट व डेनियल बेल के विचार भी कैच आल पार्टी से संबद्धता रखते हैं।
- (v) कैच आल पार्टी का प्रभाव यूरोप तथा अमेरिका में रहा।

- रॉबर्ट मैकेन्जी ने अपनी रचना-"British Political Parties" (1955) में-
  - (i) लेबर व कंजरवेटिव दलों की आंतरिक संरचना का अध्ययन किया। मैकेंजी के अनुसार, 'दोनों की आंतरिक संरचना समान है। इसलिए लेबर दल व कंजरवेटिव दल में कोई अंतर नहीं है जैसा कि सामान्यत: माना जाता है। इसलिए लेबर दल, श्रमिकों का दल नहीं है।'
  - (ii) मैकेंजी के अनुसार, 'संरचनात्मक रूप में दोनों में अंतर करना कठिन है।'

## लोकतांत्रिक एवं गैर-लोकतांत्रिक देशों में राजनीतिक दलों की कार्य प्रणाली

- लोकतांत्रिक देशों में प्रतिस्पर्धात्मक या प्रतियोगी दलीय प्रणाली (Competitive Party System) पाई जाती है।
- मोरिस डुवर्जर (Maurice Duverger) ने चुनाव प्रणाली और एकदलीय प्रणाली के बीच एक संबंध (Correlation) स्थापित करने का प्रयास किया। उनके अनुसार जिन देशों में आनुपातिक प्रतिनिधित्व प्रणाली का प्रयोग किया गया है वहां बहुदलीय प्रणाली ही स्थापित होगी। इसलिए ब्रिटेन में 'फस्ट पास्ट द पोस्ट सिस्टम' (First Past the Post System) का प्रयोग किया गया है।
- जबकि स्कैंडिनेवियाई देशों (Scandinavian Countries) में आनुपातिक प्रतिनिधित्व की सूची प्रणाली (List System) का प्रयोग होता है। इसलिए इन देशों में सदैव बहुदलीय सरकार का निर्माण होता है।
- जर्मनी जैसे देशों में 'फस्ट पॉस्ट द पोस्ट या सूची प्रणाली' (First Past the Post or list system) का मिला-जुला प्रयोग किया गया। लोकतांत्रिक देशों में यह माना जाता है कि विभिन्न प्रकार के समूहों के हित अलग-अलग होते हैं। इसलिए अनेक दलों का निर्माण समाज में विद्यमान विभिन्न हितों को प्रकट करता है और विविधतापूर्ण बहुलवादी समाज में बहुदलीय व्यवस्था होना स्वाभाविक है।
- गैर-लोकतांत्रिक देशों में केवल एक राजनीतिक दल को कार्य करने की अनुमति होती है, क्योंकि गैर-लोकतांत्रिक देश यह प्रचारित करते हैं कि समाज का हित एक है, इसलिए अनेक दलों की आवश्यकता नहीं है।
- साम्यवादी देशों में प्रतिस्पर्धी दलीय प्रणाली नहीं पाई जाती और यह माना जाता है कि समाज के सभी व्यक्तियों को साम्यवादी विचारधारा के प्रति अपनी निष्ठा रखनी चाहिए।

### किन देशों में एकदलीय शासन पाया जाता है?

- चीन व क्यूबा में अभी भी एकदलीय शासन प्रणाली है।
- घाना में न्यूक्रूमा (Kwame Nkrumah) ने The Convention People's Party (1949) की स्थापना की। (June 12, 1949. Banned 1966. Refounded 29 January 1996)
- जायरे में **'मोबूतू'** (Mobutu Popular Movement) मुख्य दल है।
- कुछ देशों में लोकतंत्र का नया प्रयोग हो रहा है, जिसमें मालदीव है। 'मोहम्मद अन्नी नशीद' इसके नेता हैं। मालदीव में **द्वितीय मतपत्र प्रणाली** (Second Ballot System) का प्रयोग किया गया है।
- भूटान में लोकतंत्र का नया प्रयोग हो रहा है। (Druk Phuensum Tshogpa Party (DPT)
- म्यांमार में 'आंग सान सूकी' (Aung San Suu Kyi) के दल का नाम है-National League for Democracy (27 Sept. 1988)
- बांग्लादेश में आवामी लीग की नेता 'शेख हसीना' हैं।

### जिन देशों में द्विदलीय व्यवस्था पाई जाती है

- इंग्लैंड व अमेरिका में द्विदलीय प्रणाली का सबसे बेहतर उदाहरण पाया जाता है।
- ब्रिटेन में 'लेबर व कंजरवेटिव दल' प्रमुख दल हैं। वर्तमान समय में इंग्लैंड में भी गठबंधन सरकार का प्रयोग हो रहा है।
- अमेरिका में 'डेमोक्रेटिक व रिपब्लिकन दल' प्रमुख दल हैं।
- कनाडा, आस्ट्रेलिया व न्यूजीलैंड में भी द्विदलीय व्यवस्था पाई जाती है।
- श्रीलंका में भी द्विदलीय प्रणाली है।
  (i) श्रीलंका फ्रीडम पार्टी।
  (ii) यूनाइटेड नेशलिस्ट पार्टी।

### बहुदलीय शासन प्रणाली

- इजरायल में **लिकुड पार्टी व कदीमा पार्टी** मुख्य दल हैं।
- जर्मनी में इस दलीय व्यवस्था को विचारकों ने 'ढाई दलीय व्यवस्था' कहा है।
- बेल्जियम, नीदरलैंड, नॉर्वे, फ्रांस, इटली, स्पेन, वर्तमान पाकिस्तान, वर्तमान समय में भारत में भी बहुदलीय प्रणाली पाई जाती है।

### एकदलीय प्रभुत्व शासन प्रणाली

- 1967 के पहले भारत में कांग्रेस का एकदलीय प्रभुत्व स्थापित था।
- जापान एकदलीय प्रभुत्व वाली प्रणाली का महत्वपूर्ण उदाहरण है। जापान की 'लिबरल डेमोक्रेटिक पार्टी' 1993 से पहले लगातार 38 वर्षों तक सत्ता में बनी रही।
- मैक्सिको में भी एकदलीय प्रभुत्व प्रणाली पाई जाती थी। 'पारटीडो रिवोल्यूशनरी इन्स्टीट्यूशन' का एकदलीय प्रभुत्व वर्षों तक विद्यमान रहा।
- यूरोपीय देशों में स्वीडन जहां 'सोशल डेमोक्रेटिक पार्टी' 1951-1993 तक लगातार सत्ता में कायम रही।
- इटली में 'क्रिश्चियन डेमोक्रेटिक पार्टी' का प्रतिनिधित्व 1992 तक लगातार बना रहा।
- दक्षिण अफ्रीका की 'अफ्रीकन नेशनल कांग्रेस' की एकदलीय प्रभुत्व प्रणाली थी।
- विकासशील देशों में दलों की भूमिका दोहरी होती है। यहां दलों का कार्य है, समाज व सरकार दोनों का निर्माण 'लोकतंत्रीय पद्धति' के साथ होता है।

### उदारवादी व्यवस्था में दलों के क्रियाकलाप

- उदारवादी व्यवस्था में दलों की भूमिका मध्यवर्ती होती है, व प्रतिस्पर्धी शासन प्रणाली पाई जाती है।
- ऐतिहासिक रूप में पहले लोकतंत्र का प्रयोग हुआ, उसके पश्चात् दलीय प्रणाली का विकास हुआ। जैफरसन जैसे अमेरिकी संविधान निर्माताओं ने दलों को नकारात्मक दृष्टिकोण से देखा। उन्होंने दलों को विखंडनकारी व दुःखद बढ़ावा देने वाला माना। ये समाज की सत्ता में बाधक होते हैं।
- स्वतंत्रता के प्रबल समर्थक जे. एस. मिल ने दलों को व्यक्ति की, अभिव्यक्ति की स्वतंत्रता में सबसे बड़ी बाधा माना।

### साम्यवादी देशों में दलों की भूमिका

- साम्यवादी देशों में एकदलीय व्यवस्था पाई जाती है। क्योंकि समूचे समाज का हित एक माना जाता है।
- दल का समाज व सरकार, दोनों पर नियंत्रण होता है।
- इसी के साथ दल का शिक्षा, संचार व अर्थव्यवस्था पर भी पूर्ण नियंत्रण होता है।

## विकसित तथा विकासशील देशों में दलों की भूमिका

- विकासशील देशों में व्यक्तित्व आधारित (Personality Based) राजनीतिक दलों का निर्माण होता है। रजनी कोठारी ने अपनी रचना-"Politics in India" (1970) में कहा कि भारत में अनेक व्यक्तियों ने राजनीतिक दलों का गठन किया और व्यक्ति की मृत्यु के बाद दल भी समाप्त हो गया। इसलिए विकासशील देशों में राजनीतिक दल के संगठन के बजाए, व्यक्तित्व को महत्व दिया जाता है।

- विकासशील देशों के लिए यह कहा जाता है कि यहां राजनीतिक दल तो हैं, लेकिन दलीय प्रणाली नहीं है। क्योंकि यह सुनिश्चित रूप में कहना कठिन है कि किस समय कौन-सी दल प्रणाली विद्यमान रहेगी। जबकि पश्चिमी विकसित देशों में दलीय प्रणाली विद्यमान है। जैसे-ब्रिटेन, ऑस्ट्रेलिया व अमेरिका में पिछले सैकड़ों वर्षों से दो दलीय प्रणाली विद्यमान है।
- विकासशील देशों की गुटबाजी या दलबंदी (Factional ism) की समस्या एवं दल-बदल (Anti Defection) की समस्या गंभीर है और राजनीतिक दलों के सदस्य सदैव दल परिवर्तित करते रहते हैं। जबकि विकसित देशों में यह समस्या नहीं है।
- विकसित औद्योगिक देशों में दलों का स्वरूप लोकतांत्रिक हो गया है। जबकि विकासशील देशों में राजनीतिक दलों में आंतरिक लोकतंत्र का अभाव है।
- विकासशील देशों में राजनीतिक दल का निर्माण अभी भी जाति, धर्म, नृजातीय पहचानों पर आधारित है। जबकि विकसित उत्तर-औद्योगिक एवं उत्तर-भौतिकवादी समाजों में पर्यावरण संरक्षण के लिए ग्रीन पार्टी (Green Party) का निर्माण हो रहा है।
- इनमें दलों की भूमिका सत्ता व सरकार के निर्माण के साथ समाज के आधुनिकीकरण एवं सामाजिक कल्याण के यंत्र के रूप में भी प्रयुक्त होती है।
- विकासशील देशों में अभी भी दलों की वैधता स्थापित नहीं हुई है।
- विकासशील देशों में अभी भी दलीय व्यवस्था संक्रमणकालीन स्थिति में है। इसलिए कहीं एक दल प्रणाली तो कहीं द्विदलीय व कहीं बहुदलीय प्रणाली पाई जाती है।
- विकासशील देशों में दल व्यक्ति केंद्रित होते हैं। संगठन एवं विचारधारा द्वितीयक हो जाती है।

## दल विरोधी राजनीति

- 1960-70 के दशक में यूरोपीय देशों में 'दल विरोधी राजनीति' का जन्म हुआ।
- लोगों के अनुसार, दलों में विशिष्ट वर्गों की स्थिति प्रभावी है व दल गुटतंत्र के शिकार हैं।
- आधुनिक जटिल समाजों का नियंत्रण एवं समस्याओं का समाधान दलों के द्वारा नहीं किया जा सकता।
- दल केवल सत्ता प्राप्ति के लिए प्रयत्नशील होते हैं। परिणामस्वरूप यूरोप में सामाजिक आंदोलन का जन्म हुआ।

## Mosaic Ostrogorski के अनुसार

- राजनीतिक दलों में वरिष्ठ एवं विशिष्ट व्यक्तियों की भूमिका ही निर्णायक तथा आम सदस्यों की भूमिका सदैव गौण होती हैं।
- Ostrogorski ने अपनी रचना-"Democracy and The Organization of The Political Parties" (Vol. I-1902) में कहा कि 'दलों में आम कार्यकर्ता का दल पर कोई नियंत्रण नहीं होता।'
- लोकतांत्रिक देशों में नागरिकों को मूल अधिकार प्राप्त होते हैं, जिनके अंतर्गत् उन्हें समूह एवं संगठन के निर्माण का अधिकार भी प्राप्त होता है इसलिए दबाव समूह का निर्माण लोकतांत्रिक देशों में स्वाभाविक है और समाज में अनेक प्रकार के समूह भी विद्यमान होते हैं।
- इसलिए दबाव समूह भी अनेक प्रकार के होते हैं और सरकार पर दबाव डालकर ये सरकार की नीतियों को परिवर्तित करना चाहते हैं या अपने पक्ष में नीतियों के निर्माण के लिए दबाव का प्रयोग करते हैं।
- अमेरिकी संविधान निर्माताओं जैसे जैफरसन मेडिसन (Jefferson Madison) ने दबाव समूहों को अत्यधिक सकारात्मक माना, जिनके द्वारा समाज में शक्ति का विकेंद्रीकरण बना रहता है। इसलिए व्यक्ति की स्वतंत्रता सुनिश्चित हो जाती है।
- दबाव समूह की राजनीति मार्क्सवादी सिद्धांतों के बिल्कुल प्रतिकूल है, क्योंकि दबाव समूह के बीच निरंतर संघर्ष और प्रतिस्पर्धा विद्यमान होती है, जिसके द्वारा ये राजनीतिक व्यवस्था को प्रभावित करते हैं। जबकि मार्क्सवादी समाज केवल दो वर्गों को मानते थे और समाज में विद्यमान संघर्ष को ही समाप्त कर देना चाहते थे।
- दबाव समूह राजनीतिक व्यवस्था में भाग नहीं लेते, अपितु इसे प्रभावित करते हैं।
- दबाव समूह स्थायी होते हैं, जो किसी निश्चित उद्देश्य की पूर्ति के लिए कार्य करते हैं।
- माइरन वीनर के अनुसार, 'दबाव समूह व्यक्तियों का ऐसा ऐच्छिक समूह है, जो प्रशासकीय ढांचे से बाहर होते हैं और जो सरकारी अधिकारियों की नियुक्ति, नामांकन, प्रशासन व नीति इत्यादि को अपने अनुसार प्रभावित करने की कोशिश करते हैं।'
- ओ. वी. के. (O.V. Key) के अनुसार, 'हित समूह ऐसे असार्वजनिक संगठन हैं, जिनका निर्माण सार्वजनिक नीतियों को प्रभावित करने के लिए किया जाता है। ये समूह प्रत्याशियों के चयन व सरकार के व्यवस्थापन के

उत्तरदायित्व की अपेक्षा सरकार को प्रभावित करने का प्रयास करके अपना हित साधन करते हैं।'

- फाइनर के अनुसार, दबाव समूह अज्ञात साम्राज्य का निर्माण करते हैं।

## हित समूह ( दबाव समूह ) एवं दल में विभेद

- दल का मूल उद्देश्य, सत्ता की प्राप्ति या सरकार का निर्माण करना है। जबकि दबाव समूह, सत्ता को प्रभावित करते हैं, जिससे उनके पक्ष में नीतियों का निर्माण किया जा सके।
- एक व्यक्ति, कई दबाव समूहों का सदस्य हो सकता है। जबकि एक व्यक्ति, केवल एक ही दल का सदस्य हो सकता है।
- इसलिए दलों की सदस्यता, अपवर्जी (Exclusive) होती है। परंतु दबाव समूह, अंत:वर्ती होते हैं।
- दलों का मूल कार्य, हितों का संचयीकरण होता है। जबकि दबाव समूहों का कार्य, हितों को अभिव्यक्त करना होता है।

## दबाव समूहों का सैद्धांतिक आधार

- आर्थर एफ. बेंटले ने अपनी रचना-"The Process of Government: A Study of Social Pressures" (1908) में समूहों का व्यवस्थित अध्ययन किया।
- बेंटले के अनुसार, 'राजनीतिक प्रक्रिया की मूलभूत समझ के लिए समूहों का अध्ययन आवश्यक है।' बेंटले के अनुसार, 'जहां समूहों का पर्याप्त महत्व है, वहीं सभी का महत्व है।'
- इसके अलावा ग्राहम वॉलास व नॉर्मन एंजिल ने भी समूहों के अध्ययन पर बल दिया। समूहों का अध्ययन करने वाले विचारकों को **नव-व्यक्तिवादियों** की संज्ञा भी दी गई। क्योंकि इन्होंने समूहों के माध्यम से व्यक्तियों की रक्षा का प्रयास किया।
- द्वितीय विश्व युद्ध के पश्चात् 'डेविड ट्रूमैन ने अपनी रचना-"The Governmental Process : Political Interests and Public Opinion" (1951) में राजनीतिक प्रक्रिया में समूहों के अध्ययन पर बल दिया।
- पहली बार समूहों का आनुभविक अध्ययन 'रॉबर्ट डाल व नेल्सन पॉल्सबाई' द्वारा किया गया।
- रॉबर्ट डाल के अनुसार, 'सभी सक्रिय व वैधानिक समूह नीति-निर्माण में सक्रिय भूमिका का निर्वाह करते हैं।'

### लॉबिंग

- यह दबाव निर्माण की एक पद्धति है, जो मूलत: अमेरिका में पाई जाती है। अमेरिकी सीनेट के सदस्यों को प्रभावित करने का प्रयत्न किया जाता है। इसलिए इसे लॉबिंग कहते हैं। लॉबिंग का प्रयोग केवल विधायिका पर दबाव बनाने के लिए किया जाता है।

### दबाव समूह के पक्ष में तर्क या लाभ

- यह प्रतिनिधित्व को ज्यादा शक्तिशाली बनाते हैं, व उन हितों को ज्यादा प्रभावी बनाते हैं, जिन्हें राजनीतिक दल उपेक्षित कर देते हैं।
- ये मतदाताओं को शिक्षित करते हैं। सार्वजनिक नीतियों के निर्माण में सहायक हैं, क्योंकि ये समूह परिचर्चा एवं बहस को बढ़ावा देते हैं।
- ये सरकार की शक्ति को नियंत्रित करते हैं। इसलिए स्वतंत्रता की वृद्धि करने में सहायक हैं। परिणामस्वरूप एक स्वस्थ नागरिक समाज का निर्माण होता है।
- दबाव समूह, 'सरकार व लोगों के मध्य, एक सेतु का कार्य करते हैं।' अत: राजनीतिक स्थायित्व में वृद्धि होती है।

### दबाव समूहों के विपक्ष में तर्क

- एस. ई. फाइनर ने दबाव समूहों को **अज्ञात साम्राज्य** की संज्ञा दी है।
- दबाव समूह राजनीतिक विषमता में वृद्धि करते हैं, क्योंकि दबाव समूहों की पहुंच वित्तीय, शैक्षिक और संपत्तिशाली व्यक्तियों तक आसानी से होती है।
- ये विखंडनकारी होते हैं। क्योंकि समाज के विशेष हितों का संरक्षण करते हैं व आम हित में वृद्धि का प्रयास नहीं करते।
- ये असंवैधानिक शक्ति का प्रयोग करते हैं व जनता के प्रति उत्तरदायी नहीं होते हैं।
- ये नीति-निर्माण को अत्यधिक संकुचित व संकीर्ण बना देते हैं, जिससे आम जनता का इन विषयों पर प्रभाव कम हो जाता है।
- ये समाज के शासन में बाधा उत्पन्न करते हैं। क्योंकि अपने हितों के लिए सरकार की नीतियों को प्रभावित करते हैं।

## दबाव समूहों का वर्गीकरण

### आमण्ड एवं पॉवेल के अनुसार, दबाव समूहों के निम्नलिखित रूप हैं

1. **संस्थात्मक दबाव समूह** (Institutional Pressure Group)

- ये दबाव समूह, सरकार या संस्थाओं के भाग होते हैं।
- तुलनात्मक रूप में ज्यादा अनौपचारिक होते हैं।
- लोकतांत्रिक व्यवस्था की तुलना में अधिनायकवादी व्यवस्था में ये ज्यादा प्रभावी होते हैं।
- नौकरशाही व सैन्य व्यवस्था के सदस्य इस दबाव समूह के भाग हैं।

2. **साहचर्यात्मक दबाव समूह** (Associational Pressure Group)
- साहचर्यात्मक दबाव समूह, अत्यधिक औपचारिक होते हैं।
- ये दबाव समूह, द्वितीयक सामाजिक समूह कहलाते हैं।
- इनका निर्माण व्यक्ति अपने हितों की पूर्ति के लिए करते हैं। अतः ये जन्म के आधार पर निर्मित नहीं होते।
- साहचर्यात्मक दबाव समूह, पूरे विश्व में सर्वाधिक शक्तिशाली हैं।
- साहचर्यात्मक दबाव समूहों में व्यावसायिक संगठन सबसे ज्यादा शक्तिशाली हैं।

3. **सांप्रदायिक या गैर-साहचर्यात्मक दबाव समूह** (Non-Associational Pressure Group)
- इन समूहों का निर्माण जन्म, जाति या धर्म के आधार पर होता है। ये जनजातीय या नृजातीय समूहों से संबंधित होते हैं।
- गैर-साहचर्यात्मक दबाव समूह, विकासशील देशों में ज्यादा प्रभावी होते हैं।
- गैर-साहचर्यात्मक दबाव समूह, इटली व आयरलैंड जैसे विकसित देशों में भी अत्यधिक प्रभावी हैं।

4. **प्रदर्शनात्मक दबाव समूह** (Anomic Pressure Group)
- ये दबाव समूह अकस्मात् एवं अचानक उत्पन्न होते हैं व समस्याओं के समाधान के पश्चात् विलुप्त हो जाते हैं।
- ये बिल्कुल अनौपचारिक होते हैं।
- फ्रांस जैसे विकसित देशों में भी प्रदर्शनात्मक दबाव समूह अत्यधिक सक्रिय है।

## 2. कार्ल फ्रेडरिक का वर्गीकरण
- फ्रेडरिक ने दबाव समूहों का वर्गीकरण **दो वर्गों** में किया है-
  - (i) सामान्य दबाव समूह।
  - (ii) विशिष्ट दबाव समूह।

## 3. जीन ब्लॉण्डेल का वर्गीकरण
- (i) सांप्रदायिक दबाव समूह।
- (ii) प्रथागत दबाव समूह।
- (iii) संघात्मक दबाव समूह।
- (iv) संरक्षणात्मक दबाव समूह।
- (v) उत्थानात्मक दबाव समूह।

## 4. रॉबर्ट सी. बोन का वर्गीकरण
- बोन ने सामान्य प्रकृति और उद्देश्य के आधार पर दबाव समूहों को **दो भागों में बांटा है-**

1. **परिस्थितिजन्य समूह :** ऐसे दबाव समूह अपने सदस्यों की रक्षा और सुधार से संबंधित होते हैं तथा ये प्रकृति से विशिष्ट होते हैं।
2. **अभिवृत्तिजन्य समूह :** ये समूह कम से कम समय में अपने लक्ष्यों को प्राप्त करने के लिए सरकार को मजबूर करने का प्रयास करते हैं।

## मोरिस डुवर्जर द्वारा किया गया वर्गीकरण
1. **अनन्य दबाव समूह**
- ऐसे दबाव समूह, जो सदैव कार्य करते हैं, वे अनन्य दबाव समूह कहलाते हैं। जैसे- **साहचर्यात्मक दबाव समूह**।

2. **आंशिक दबाव समूह**
- जो सदैव कार्य नहीं करते, बल्कि किसी समय विशेष पर दबाव का प्रयोग करते हैं।
- मोरिस डुवर्जर आभासी या कृत्रिम दबाव समूहों की चर्चा करते हैं।

## सामान्य वर्गीकरण
1. **संकीर्ण दबाव समूह**
- इन्हें संरक्षणात्मक दबाव समूह भी कहा जाता है व इनका मूल उद्देश्य, केवल अपने सदस्यों के हितों की रक्षा करना है। इसलिए अमेरिका में इन्हें **'निजी दबाव समूह'** (Private Interest Group) भी कहा जाता है।
- साहचर्यात्मक दबाव समूह, अधिकांशतः संकीर्ण दबाव समूह ही होते हैं।

2. **उत्थानात्मक दबाव समूह**
- इन दबाव समूहों को 'अभिवृत्यात्मक' (Attitudanal) दबाव समूह भी कहते हैं, जिनका मूल उद्देश्य पूरे समाज के हितों की रक्षा करना है।
- पर्यावरण की रक्षा के लिए निर्मित होने वाले दबाव समूह, उत्थानात्मक दबाव समूह के उदाहरण हैं।

3. **आंतरिक दबाव समूह व बाध्य दबाव समूह**
- आंतरिक दबाव समूह का अभिप्राय, शक्तिशाली दबाव समूहों से है, जो सरकार तक अपनी सीधी पहुंच रखते हैं, व सरकारी संस्थाओं में इनके प्रतिनिधि भी होते हैं। जैसे- **वाणिज्यिक संगठन,** आंतरिक दबाव समूहों के उदाहरण हैं।
- बाध्य दबाव समूह का अभिप्राय, कमजोर समूहों की सीधी पहुंच सरकार तक नहीं होती। इन समूहों के प्रतिनिधि सरकार में नहीं होते, न ही इनसे परामर्श किया जाता है। जैसे- **शिक्षक संघ**।

## लोकतांत्रिक एवं गैर-लोकतांत्रिक देशों में दवाब समूह
- दबाव समूह विश्व की प्रत्येक शासन प्रणाली में विद्यमान है, परंतु लोकतांत्रिक देशों में इनकी कार्य प्रणाली ज्यादा

प्रभावशाली एवं विविधतापूर्ण होती है और लोकतांत्रिक देशों में सभी प्रकार के दबाव समूह विद्यमान होते हैं।

- जबकि गैर-लोकतांत्रिक देशों में संस्थात्मक दबाव समूह ज्यादा प्रभावशाली होते हैं, क्योंकि गैर-लोकतांत्रिक देशों में समूह के निर्माण की स्वतंत्रता नहीं होती और न ही व्यक्तियों को प्रदर्शन करने की आजादी होती है।
- चीन जैसे साम्यवादी देश में साम्यवादी दल की सर्वाधिक महत्वपूर्ण संस्था पोलित ब्यूरो (Politburo) भी दबाव समूह के रूप में कार्य करती है और चीन में सैनिक अधिकारी एवं प्रशासनिक अधिकारी भी अपने लिए लाबिंग (Lobbying) का प्रयोग करते हैं।

## उन्नत औद्योगिक देश एवं विकासशील देशों में दबाव समूह

- विकसित राज्य (Europe, America, Canada, Australia, New Zealand) उत्तर-आधुनिक या उत्तर-भौतिकतावादी (Post-Materialist/Post-Industrial) हैं। जहां सभी देशों में शासन की प्रणाली लोकतांत्रिक है।
- इसलिए विकसित देशों में दबाव समूहों का निर्माण केवल अपने हितों की रक्षा के लिए ही नहीं, बल्कि सार्वजनिक भलाई के लिए भी किया जा रहा है।
- विकसित देशों में सार्वजनिक हित समूह (Public Interest group) का निर्माण किया जा रहा है, जिसके द्वारा वे पर्यावरण की रक्षा का प्रयास कर रहे हैं और समुद्री व्हेल (Wheal fish) को बचाने में लगे हुए हैं।
- विकसित देशों में गैर-साहचर्यात्मक दबाव समूह प्रभावशाली नहीं है, क्योंकि समाज अत्यधिक विकसित हो चुका है। जबकि विकासशील देशों में अभी भी 'नृजातीय पहचान' (Ethnic Identity) अत्यधिक प्रभावशाली है।
- समाज में धर्म एवं जाति का अत्यधिक महत्व है। इसलिए गैर-साहचर्यात्मक दबाव समूह प्रभावशाली रूप में कार्य करते हैं।
- विकसित देशों में दबाव समूह एवं राजनीतिक दलों के बीच स्पष्ट अंतर बने हुए हैं। जैसे-अमेरिका तथा जापान में केवल एक सैनिक संगठन हैं। जबकि भारत जैसे विकासशील देश में राजनीतिक दल एवं दबाव समूहों के बीच अंतर्निर्भरता देखी जा सकती है। जहां प्रत्येक राजनीतिक दलों के द्वारा अपने दबाव समूहों का गठन किया गया है।

## दबाव समूह को निर्धारित करने वाले कारक

### 1. राजनीतिक संस्कृति

- राजनीतिक संस्कृति का अभिप्राय, 'लोगों का राजनीतिक प्रणाली के प्रति अभिवृत्ति एवं दृष्टिकोण।'
- अमेरिका में दबाव समूहों को सकारात्मक माना जाता है एवं इन्हें लोकतंत्र के लिए सहायक भी माना जाता है। जबकि फ्रांस में दबाव समूहों को विघटनकारी एवं विध्वंसकारी माना जाता है।

### 2. संस्थात्मक संरचना

- संस्थात्मक संरचना का अभिप्राय है कि सरकार की प्रणाली संघीय है या संसदीय। इनसे भी दबाव समूहों की कार्य शैली प्रभावित होती है।
- अमेरिका में संघीय व्यवस्था होने के कारण शक्तियों का पृथक्करण पाया जाता है। इसलिए अमेरिका में दबाव समूह बेहतर रूप में कार्य करते हैं। क्योंकि शक्ति के पृथक्करण व शक्ति के विभाजन से दबाव समूहों के लिए संस्थाओं तक पहुंचना आसान हो जाता है।

### 3. दलीय व्यवस्था

- दलीय व्यवस्था के द्वारा भी दबाव समूहों का कार्यकरण प्रभावित होता है।
- एकदलीय प्रभुत्व व्यवस्था में दबाव समूह स्वाभाविक रूप में अशक्त होते हैं।
- बहुदलीय व्यवस्था में दबाव समूह ज्यादा प्रभावशाली रूप में कार्य करते हैं। जिन देशों में दलों में संगठन व अनुशासन अशक्त होता है, वहां दबाव समूह ज्यादा प्रभावशाली होते हैं। जैसे-अमेरिका में दलों में अनुशासन का अभाव होता है। इसलिए ये वहां प्रभावी रूप में कार्य करते हैं।

## नव-बहुलवादी

- यह बहुलवाद का संशोधित रूप है।
- 'रॉबर्ट डाल व चार्ल्स लिंडब्लॉम' ने नव-बहुलवाद की संकल्पना का निर्माण किया। चार्ल्स ई. लिंडब्लॉम की रचना-"Politics and Markets:The World's Political Economic Systems" (Nov.1977) है।
- नव-बहुलवादियों में समाज में अन्य समूहों की तुलना में वाणिज्यिक संगठनों को ज्यादा महत्व दिया जाता है।

## नव-उदारवाद एवं समूह

- नव-उदारवाद के प्रतिनिधि विचारक, मैनकुर ओल्सन की रचना-"The Logic of Collective Action: Public Goods and the Theory of Groups" (1965) एवं "The Rise and Decline of Nations: Economic Growth, Stagflation, and Social Rigidities" (1982) है।
- नव-उदारवादियों द्वारा सामाजिक समूहों व संस्थाओं को संदेह की दृष्टि से देखा जाता है।

- नव-उदारवादी, 'फ्री राइड्र्स' (Free Riders) की संकल्पना में विश्वास रखते हैं।
- नव-उदारवादी, 'व्यक्ति व बाजार में पूर्ण विश्वास करते हैं।' इनके अनुसार, 'व्यक्ति, अपने हितों की पूर्ति बाजारवादी व्यवस्था के माध्यम से कर सकता है।'
- जे. के. गॉलब्रैथ ने इन्हें **प्रतिसंतुलनकारी शक्ति** कहा है।

## विकसित देशों में राज्य

- विकसित औद्योगिक समाज उत्तर-आधुनिक व उत्तर-भौतिकतावादी समाज है और राज्य का स्वरूप लोकतांत्रिक है, जहां आम जनता की शासन में सक्रिय सहभागिता देखी जाती है।
- राज्य के द्वारा नागरिकों को कल्याणकारी सुविधाएं उच्च स्तर पर प्राप्त होती है और विकसित राज्य के समक्ष पर्यावरण, लैंगिक समानता, समलैंगिक अधिकार, अल्पसंख्यकों के अधिकार तथा प्रवासियों का मुद्दा सर्वाधिक प्रमुख होता है।
- आमण्ड एवं पॉवेल के शब्दों में विकसित देशों में सहभागी संस्कृति (Participated Culture) पाई जाती है। नागरिक समाज अत्यधिक प्रभावशाली है। इसलिए नव-सामाजिक आंदोलन सदैव देखे जाते हैं।
- यद्यपि वर्तमान में विकसित देशों में भी दक्षिणपंथी (Rightist) अथवा राष्ट्रवादी विचारधारा का प्रभाव बढ़ रहा है।

## विकासशील देशों में राज्य

- विकासशील देशों में अनेक प्रकार की शासन प्रणालियां विद्यमान हैं। इसलिए राज्य के स्वरूप भी अलग-अलग होते हैं।
- विकासशील देशों में भारत को लोकतांत्रिक देश के मॉडल के रूप में स्वीकार किया जाता है। परंतु जाति, धर्म व नृजातीयता की प्रमुखता के कारण राष्ट्रवाद के मुद्दे पर सदैव मतभेद होता है।
- प्रो. आशुतोष वार्ष्णेय ने कहा कि भारत जैसे देशों में राष्ट्र-निर्माण के **दो विचार हैं**-

  **1. मेल्टिंग पॉट** (Melting Pot)- विविधताएं समाप्त हो जाती हैं, केवल एक पहचान बचती है।

  **2. सलाद बाउल** (Salad Bowl)- विविधताएं मिलकर अपना अस्तित्व बनाए रखती हैं और भारत के लिए सलाद बॉउल (Salad Bowl) का विचार ज्यादा उपयुक्त है।
- दक्षिण-पूर्वी एशियाई देशों में नव-औद्योगिक राज्यों का विकास हुआ है। जबकि पश्चिम एशिया में अभी भी धर्मतंत्र का शासन चलता है। ज्यादातर विकासशील देशों ने उदारवादी आर्थिक प्रणाली अपना ली है।
- यद्यपि सामाजिक लक्ष्यों की प्राप्ति के लिए कल्याणकारी राज्य पर भी बल दिया जाता है।

### रचनाएं

- Leon D. Epstein - Political Parties in Western Democracies (1967).
- Katz & Mair - Party Organizations: A Data Handbook on Party Organizations in Western Democracies (1992).
- Otto Kirchheimer - The Transformation of Western European Party Systems (1966).
- Sigmund Neumann - Toward a Comparative Study of Political Parties (1954).
- L. Harmon Zeigler - Interest Groups in American Society.
- Samuel Edward Finer - Anonymous Empire: A Study of the Lobby in Great Britain (1958).
- Graham Wallas - Human Nature in Politics (1981).

अध्याय 12

# सामाजिक आंदोलन एवं नव-सामाजिक आंदोलन

# SOCIAL MOVEMENTS & NEW SOCIAL MOVEMENTS

## सामाजिक आंदोलन का अभिप्राय

- सामाजिक आंदोलन, किसी समूह की ऐसी सामूहिक गतिविधियां हैं, जिनका उद्देश्य किसी सामूहिक लक्ष्य को प्राप्त करना होता है। सामाजिक आंदोलन समाज में पाए जाने वाले निरंतर और अनौपचारिक आंदोलन हैं।
- सामाजिक आंदोलन और राजनीतिक आंदोलन में भिन्नता पाई जाती है, क्योंकि सामाजिक आंदोलनों का उद्देश्य राज्य और सरकार की नीतियों को प्रभावित करना है, सत्ता को प्राप्त करना नहीं। जबकि राजनीतिक आंदोलनों का मूल उद्देश्य सत्ता प्राप्त करना होता है।
- दोनों के परस्पर संबंध के विषय में दो मत या दृष्टिकोण हैं-
  - (i) रुडोल्फ हैबरली के अनुसार, 'सामाजिक और राजनीतिक आंदोलन कमोबेश एकसमान होते हैं। इनके अनुसार, सभी सामाजिक आंदोलनों के परिणाम राजनीतिक होते हैं। इसलिए यह तथ्य महत्वपूर्ण नहीं है कि संघर्ष करने वाले लोग राजनीतिक सत्ता की प्राप्ति करना चाहते हैं या उन्हें प्रभावित करने का प्रयत्न करते हैं।'
  - (ii) फ्रैंक एवं मार्ता फुटेंस के अनुसार, 'सामाजिक एवं राजनीतिक आंदोलनों के मध्य स्पष्ट अंतर पाया जाता है, क्योंकि सामाजिक आंदोलन के द्वारा सरकार व सत्ता पर नियंत्रण का प्रयत्न नहीं किया जाता, अपितु व्यक्तियों की स्वतंत्रता और अधिकार की रक्षा के लिए संघर्ष किया जाता है। सामाजिक आंदोलन का संघर्ष सामाजिक परिवर्तन और सामाजिक न्याय के लिए होता है।'
- सामाजिक आंदोलन, पहचानगत आंदोलन से भी भिन्न होते हैं, क्योंकि पहचानगत आंदोलन जाति एवं नृजातिवाद पर आधारित होते हैं। उदाहरण के लिए, गुर्जरों द्वारा आरक्षण की मांग के लिए किया गया आंदोलन पहचानगत आंदोलन है। पहचानगत आंदोलन में किसी समूह विशेष के हितों की पूर्ति का प्रयत्न किया जाता है। जबकि सामाजिक आंदोलन समूचे समाज के कल्याण से संबंधित होता है।
- सामाजिक आंदोलन द्वारा राज्य या सरकार के विरुद्ध सीधी कार्यवाही की जाती है। उदाहरण के लिए, हड़ताल, धरना व विरोध प्रदर्शन के द्वारा अपनी मांग प्रकट की जाती है। सामाजिक आंदोलनकारी संवैधानिक मार्ग का भी सहारा लेते हैं, जिसके अंतर्गत् वे न्यायालय में याचिका दायर करते हैं तथा सरकार के समक्ष ज्ञापन प्रस्तुत करते हैं।

**सामाजिक आंदोलन एवं नव-सामाजिक आंदोलन में निम्नलिखित भिन्नताएं हैं-**

(i) परंपरागत सामाजिक आंदोलन किसानों और श्रमिकों का आंदोलन था, जो मूलतः वैचारिक आधार पर चलाया गया। जबकि नव-सामाजिक आंदोलन मूलतः पर्यावरणीय आंदोलन, महिला आंदोलन, शांति आंदोलन, उपभोक्ता आंदोलन एवं नागरिक अधिकार आंदोलन से संबंधित हैं।

(ii) नव-सामाजिक आंदोलन यूरोप में वर्ष-1960 और 1970 के दशक से आरंभ हुआ, जिसका प्रभाव भारत जैसे लोकतंत्र पर भी पड़ा।

## नव सामाजिक आंदोलन

- परंपरागत सामाजिक आंदोलन मार्क्सवादी चिंतन से प्रभावित था जिसमें समाज को दो विरोधाभासी वर्गों में विभाजित किया गया था। जबकि नव सामाजिक आंदोलन नव मार्क्सवादी चिंतन से प्रभावित हैं। इसके अनुसार, समाज में अनेक समूह विद्यमान होते हैं। नव सामाजिक आंदोलन समाज के परिवर्तन के लिए लोकतांत्रिक माध्यमों का समर्थन करते हैं। वर्ग संघर्ष और हिंसात्मक आंदोलन के पक्षधर नहीं हैं। मार्क्सवादी चिंतन अर्थव्यवस्था को प्राथमिक महत्व प्रदान करते हैं, जबकि नव सामाजिक आंदोलन के द्वारा सांस्कृतिक, वैचारिक, राजनीतिक, लैंगिक और नृजातीय कारणों पर अत्यधिक बल प्रदान किया गया।
- परंपरागत सामाजिक आंदोलन मूलतः मजदूरों और किसानों के आंदोलन थे जबकि नव सामाजिक

आंदोलन पर्यावरण, समलैंगिक अधिकार(लेस्बियन) और अल्पसंख्यकों के हितों से संचालित होते हैं। इसके मुख्य प्रतिपादकों में हैबरमास हैं।

- परंपरागत सामाजिक आंदोलनों का मूल केंद्र व्यक्ति के जीवन के आर्थिक पक्ष को सुदृढ़ करना था और किसानों-मजदूरों की भौतिक आवश्यकताओं को पूर्ण करने पर बल दिया गया। नव सामाजिक आंदोलन उत्तर भौतिकवादी मूल्यों पर बल देते हैं। उनके द्वारा शांति आंदोलन, परमाणु हथियार विरोधी आंदोलन, उपभोक्ताओं के हितों के लिए संचालित आंदोलन शामिल हैं। नव सामाजिक आंदोलन के द्वारा पूंजीवाद एवं परंपरागत साम्यवादी विचार को अस्वीकार कर दिया गया।
- नव सामाजिक आंदोलनों का मूल आधार नागरिक समाज है, जिसमें छात्र, पत्रकार, मानव अधिकार कार्यकर्ता शामिल होते हैं। हर्बट मार्क्यूस के अनुसार, नव सामाजिक आंदोलन भौतिकवादी, पूंजीवादी और वैज्ञानिक मूल्यों के विरुद्ध हैं।

## पर्यावरणीय आंदोलन

- भारत में वर्ष 1970 के दशक में पर्यावरणीय आंदोलन प्रभावी रूप में शुरू हुआ। भारत में पर्यावरणीय आंदोलन का संबंध निम्नलिखित मुद्दों से जुड़ा है-
  (i) संसाधनों पर नियंत्रण।
  (ii) पर्यावरण की रक्षा।
  (iii) पारिस्थितिकीय संतुलन बनाए रखना।
  (iv) अपनी संस्कृति की रक्षा के लिए आंदोलन।
- भारत में पारिस्थितिकीय आंदोलन किसानों और जनजातियों से जुड़े हैं, जिनकी आजीविका वन, नदी एवं जलाशय इत्यादि प्राकृतिक संसाधनों से संबंधित है। घनश्याम शाह ने भारत में पर्यावरणीय सामाजिक आंदोलन को निम्नलिखित रूपों में वर्गीकृत किया है-

1. वन और भूमि पर आधारित आंदोलन- इसके अंतर्गत् चिपको और एपिको आंदोलन सबसे महत्वपूर्ण हैं। इन आंदोलनों का उद्देश्य निम्नलिखित था-
   (i) वन संसाधनों पर आम जनता का नियंत्रण।
   (ii) प्राकृतिक संसाधनों का गैर-वाणिज्यिक प्रयोग।
   (iii) भूमि अपरदन से बचाव।
   (iv) सामाजिक न्याय एवं मानवाधिकार की रक्षा।
2. समुद्री संसाधन और मत्स्य पालन से संबंधित आंदोलन- इसमें केरल के परंपरागत मछुआरों का आंदोलन और उड़ीसा में चिल्का बचाओ आंदोलन प्रमुख हैं, जिसमें यह मांग की गई कि मछली मारने के अत्यधिक मशीनीकृत तरीके से पर्यावरण असंतुलित हो रहा है।
3. औद्योगिक प्रदूषण से संबंधित आंदोलन- इसमें भोपाल में जहरीली गैस मोर्चा, बिहार में गंगा मुक्ति मोर्चा, मध्य प्रदेश के पहाड़ी इलाकों में (शहडोल) अवैध खनन के विरुद्ध आंदोलन, केरल में केरल साहित्य परिषद् (N.G.O.) द्वारा पेरियार नदी को साफ करने का आंदोलन आते हैं।
4. विकास परियोजनाओं और बांधों से संबंधित आंदोलन- केरल साहित्य परिषद् द्वारा साइलेंट वैली आंदोलन आरंभ किया गया। इसके अतिरिक्त नर्मदा बचाओ आंदोलन, टिहरी बांध विरोधी आंदोलन उल्लेखनीय हैं। इन आंदोलनों का मूल उद्देश्य निम्नलिखित हैं-
   (i) वनों की रक्षा करना।
   (ii) पारिस्थितिकीय असंतुलन को दूर करना।
   (iii) विध्वंसात्मक विकास को प्रतिबंधित करना।
   (iv) विस्थापितों का उचित पुनर्वास।
   (v) विकास नीतियों के निर्माण में आम लोगों की सहभागिता सुनिश्चित करना।
   (vi) महाराष्ट्र में एनरॉन एवं दाभोल पावर प्रोजेक्ट के विरुद्ध आंदोलन।
   (vii) दूनघाटी में खनन परियोजनाओं के विरुद्ध आंदोलन।
   (viii) बढ़ते पर्यटन के विरुद्ध हिमालय बचाओ आंदोलन।
   (ix) विशेष आर्थिक क्षेत्रों (Special Economic Zones (SEZs) के विरुद्ध आंदोलन।

- पर्यावरणीय आंदोलन का आरंभ यूरोप, अमेरिका में देखा गया। विशेष तौर पर राचेल कार्सन के द्वारा लिखी गई पुस्तक-"Salient Spring" के द्वारा कीटनाशकों के दुष्परिणामों को उल्लिखित किया गया है। सूमाकर ने अपनी पुस्तक-"Small is Beautiful" और "Economics of Performance" में यह उल्लिखित किया कि आर्थिक गतिविधियों के संचालन में व्यवसाय और लाभ के दृष्टिकोण के बजाय प्रकृति को संरक्षित करने पर बल दिया गया।
- जर्मनी में 1979 में ग्रीन आंदोलन की शुरूआत की गई जिसे ग्रीन पार्टी के रूप में भी परिवर्तित कर दिया गया। अत: यूरोपीय राजनीति में दक्षिणपंथ और वामपंथ के बजाय ग्रीन राजनीति का आरंभ हुआ। जिसके द्वारा प्रदूषण, परमाणु सामग्री के विरुद्ध प्रभावी आंदोलन आरंभ किया गया।
- समुद्र में व्हेल की रक्षा के लिए ग्रीन पार्टी के द्वारा रैनबो वरियर नामक जहाज का भी संचालन किया जाता है।
- भारत में सामाजिक आंदोलनों के मुख्य प्रतिपादकों में एम. एस. के. राव ने-"सोशल मूवमेंट इन इंडिया" नामक पुस्तक

वर्ष 1979 में लिखी। वर्ष 1990 में घनश्याम शाह के द्वारा भी ''सोशल मूवमेंट इन इंडिया'' नामक किताब का लेखन किया गया। रामचन्द्र गुहा ने-"Environmentalism" (वर्ष 2000) नामक पुस्तक लिखी तथा 'Unquiet Woods' नामक रचना में चिपको आंदोलन का प्रभावी चित्रण किया।

## नारीवादी आंदोलन

- भारत में स्वतंत्रता के पश्चात् कल्याणकारी राज्य की स्थापना हुई। संविधान में अनुसूचित जातियों, जनजातियों, पिछड़े वर्गों एवं महिलाओं के उत्थान के लिए विशेष प्रावधान किए गए। परंतु भारतीय समाज मूलतः पितृ-सत्तात्मक समाज है, जिसमें महिलाओं की स्थिति अभी भी द्वितीयक है।
- इसलिए भारत में महिलावादी या नारीवादी आंदोलन का विशेष महत्व है। भारत में नारीवादी सामाजिक आंदोलन पहले बहुओं या महिलाओं को जलाने व बलात्कार के विरोध में आरंभ हुआ। इसके बाद इसमें दहेज के मुद्दे को भी सम्मिलित कर लिया गया। भारत में महिलाओं ने शराब बिक्री के विरुद्ध भी आंदोलन किया। भारत में नारीवादी आंदोलन और पर्यावरणीय आंदोलन एक-दूसरे से अंतर्संबंधित हैं, क्योंकि चिपको आंदोलन में यह स्पष्ट देखा जा सकता है।
- 60 के दशक में वामपंथी दलों ने महाराष्ट्र के धुलिया जिले में शाहदा आंदोलन (Shahada movement) आरंभ किया। यह मूलतः जनजातीय महिलाओं का आंदोलन था, जो भूस्वामियों के विरुद्ध चलाया गया। महिला आंदोलन भारत में वर्ष-1970 के दशक में अत्यधिक प्रभावी हुआ। वर्ष-1975 के बाद भारत में शहर केंद्रित (City Centred) नारीवादी आंदोलन आरंभ हुए।
- इन आंदोलनों में वामपंथ से प्रेरित प्रगतिशील महिला संघ, स्त्री मुक्ति संगठन, पुणे में लाल निशान पार्टी, पुरोगामी महिला संघ एवं श्रमिक संगठनों द्वारा भी नारीवादी आंदोलन चलाया गया।
- नारीवादी आंदोलन के समकालीन चरण में समानता के बजाए, विभेद पर बल दिया गया, जिनके अंतर्गत् महिलाओं ने उन विशिष्ट मुद्दों को उठाया, जो उनके जीवन से संबंधित थे। जैसे-
  (i) गर्भपात का अधिकार।
  (ii) घरेलू हिंसा से मुक्ति।
  (iii) दहेज उत्पीड़न।
  (iv) घरेलू कार्यों का मूल्य।
- वर्तमान उदारीकरण और निजीकरण के युग में कामकाजी महिलाओं का आंदोलन अत्यधिक महत्वपूर्ण है। इनके लिए निम्नलिखित मुद्दे महत्वपूर्ण हैं-
  (i) कार्यस्थल पर यौन उत्पीड़न के विरुद्ध आंदोलन।
  (ii) कार्यस्थल पर शारीरिक सुरक्षा की मांग।
  (iii) महिलाओं के लिए ड्रेस कोड लागू करने का विरोध।

### नारीवादी आंदोलन की उपलब्धियां

(i) सती प्रथा को अवैधानिक (Illegal) घोषित किया गया।
(ii) भ्रूण हत्या को रोकने से संबंधित विधि का निर्माण।
(iii) दहेज लेना अवैधानिक हुआ।
(iv) घरेलू हिंसा के विरुद्ध विधि का निर्माण।
(v) कार्यस्थल पर महिलाओं के उत्पीड़न को रोकने का स्पष्ट निर्देश।
(vi) महिला आयोग की स्थापना।
(vii) पिता की संपत्ति में महिलाओं को समान हिस्सा।

## मानवाधिकार आंदोलन

### इतिहास

- भारत में 'स्वतंत्रता संघ' पहला मानवाधिकार संगठन है, जिसका निर्माण वर्ष-1930 के दशक में पंडित जवाहरलाल नेहरू और उनके सहयोगियों ने किया। इसका निर्माण ब्रिटिश शासन की स्वेच्छाचारी गतिविधियों के विरोध में किया गया था।
- इस संगठन द्वारा लोगों को मानवाधिकार के उल्लंघन की सूचना दी गई और उन राष्ट्रवादियों को वैधानिक सहायता दी गई, जिनके विरुद्ध अंग्रेजी सरकार ने राजद्रोह का आरोप लगाया था।
- इस संगठन द्वारा आम जनता में मानवाधिकारों के प्रति व्यापक चेतना का निर्माण किया गया। स्वतंत्रता के पश्चात् वर्ष-1947 में मद्रास नागरिक स्वतंत्रता संगठन का भी निर्माण किया गया, जिसके द्वारा मानवाधिकारों के विषय में लोगों में चेतना जागृत करने का प्रयत्न किया गया।
- वर्ष 1960 के दशक में भारत में मानवाधिकार संगठनों का निर्माण प्रभावी रूप में हुआ, क्योंकि जिन लोगों ने समुदाय के वंचित लोगों की मांग उठाई, जिस पर सरकार ने हिंसा का प्रयोग किया। वर्ष 1972 में 'एसोसिएशन फॉर प्रोटेक्शन ऑफ डेमोक्रेटिक राइट्स' (कलकत्ता) की स्थापना तथा वर्ष 1974 में 'आंध्र प्रदेश नागरिक स्वतंत्रता समिति' की स्थापना हुई। परंतु इनका कार्यकलाप मूलतः क्षेत्रीय था।
- भारत में अखिल भारतीय मानवाधिकार आंदोलन का

उदय आपातकाल (वर्ष-1975-77) के दौरान हुआ, क्योंकि आपातकाल में नागरिकों के मानवाधिकारों का घोर उल्लंघन हुआ। परिणामस्वरूप जय प्रकाश नारायण ने 'पीपुल्स यूनियन फॉर सिविल लिबर्टी एंड डेमोक्रेटिक राइट्स' नामक संगठन का निर्माण किया (वर्ष 1975), जिसका मूल उद्देश्य भारत में नागरिकों की स्वतंत्रता और अधिकारों की रक्षा करना था, परंतु यह मानवाधिकार समूह एक दल विशेष से संबंधित था।

- इसलिए बाद में इसने स्वयं को दल की सदस्यता से मुक्त कर लिया। भारत में आपातकाल की समाप्ति के पश्चात् अनेक मानवाधिकार संगठनों का निर्माण हुआ, जिसमें कुछ निम्नलिखित हैं-
  - (i) सिविल लिबर्टीज एंड ह्यूमन राइट्स आर्गेनाइजेशन (मणिपुर) (Civil Liberties and Human Rights Organisation (Clahro) (Manipur))।
  - (ii) सिटिजंस फॉर डेमोक्रेसी (दिल्ली) (Citizens for Democracy (Delhi))।
  - (iii) द कमेटी फॉर द प्रोटेक्शन ऑफ डेमोक्रेटिक राइट्स (मुंबई)। (The Committee for the Protection of Democratic Rights, (Mumbai)) ।
  - (iv) फ्री लीगल ऐड कमेटी (बिहार) (Free Legal Aid Committee (Bihar))।
  - (v) जम्मू एंड काश्मीर मूवमेंट्स फॉर ह्यूमन राइट्स (Jammu and Kashmir Human Rights Movement)।
- समकालीन युग में नागरिक अधिकार आंदोलन के द्वारा सैन्य अधिनियमों के विरुद्ध आंदोलन किया जा रहा है। मणिपुर की शर्मिला चानू ने लंबे समय तक भूख हड़ताल की। शर्मिला चानू मणिपुर से विशेष सैन्य अधिनियम समाप्त करने की मांग कर रही थी।
- छत्तीसगढ़ सरकार द्वारा डॉ. विनायक सेन की रिहाई भारत में मानवाधिकार आंदोलन के संदर्भ में एक महत्वपूर्ण विजय है। इनकी रिहाई के लिए नागरिक अधिकार आंदोलन के कार्यकर्त्ताओं ने उच्चतम न्यायालय में एक याचिका दायर की।
- परिणामस्वरूप उच्चतम न्यायालय ने डॉ. सेन को जमानत प्रदान कर दी। डॉ. विनायक सेन को छत्तीसगढ़ के निवारक नजरबंदी कानून के अंतर्गत् बंदी बनाया गया था।
- जम्मू एवं कश्मीर में सोफिया हत्याकांड के विरोध में नागरिक अधिकार आंदोलन के लोगों ने प्रदर्शन किया और वे जम्मू एवं कश्मीर से सेना हटाने की मांग भी कर रहे थे।
- नागरिक अधिकार आंदोलन का महत्व सकारात्मक भी है, क्योंकि इन लोगों ने बच्चों के अधिकारों की रक्षा के लिए आंदोलन किया तथा बालश्रम को समाप्त करने की मांग उठाई। अनुसूचित जातियों, जनजातियों एवं महिलाओं के शोषण के विरुद्ध भी आंदोलन किया जा रहा है।
- इसलिए भारत जैसे देश में नागरिक अधिकारों का अभिप्राय व्यापक है। प्रत्येक व्यक्ति को गरिमामय जीवन की परिस्थितियां उपलब्ध कराना इनकी मांग है, क्योंकि भारत में अभी भी किसान आर्थिक मजबूरी के कारण आत्म हत्या को विवश हैं।

## सामाजिक आंदोलन एवं लोकतंत्र का संबंध

- समाज में मतभेद सदैव विद्यमान होते हैं और राजनीतिक व्यवस्था द्वारा अनेक विवाद हल किए जाते हैं, तो दूसरी ओर नए विवाद जन्म भी लेते हैं। इसलिए मतभेद या असहमति लोकतंत्र की मुख्य विशेषता है। सामाजिक आंदोलन लोगों की समस्याओं और शिकायतों को अभिव्यक्त करने का एक माध्यम हैं। स्वस्थ लोकतंत्र हेतु राज्य और सरकार पर समाज का नियंत्रण आवश्यक है।
- सामाजिक आंदोलन जन सामान्य की ही मांगें हैं, जिन्हें राजनीतिक व्यवस्था उपेक्षित कर देती है। इसलिए सामाजिक आंदोलन लोकतंत्र के लिए सकारात्मक और महत्वपूर्ण है। अन्य दृष्टिकोण के अनुसार, सामाजिक आंदोलन निरर्थक हैं। ये बेहतर सामाजिक व्यवस्था के मार्ग में बाधा हैं।
- इस दृष्टिकोण के अनुसार, असहमति अच्छी नहीं है और इसे सहन भी नहीं किया जा सकता। इसलिए सामाजिक आंदोलन गैर-जिम्मेदार आंदोलन है, जो समाज में अव्यवस्था उत्पन्न करते हैं। परंतु ज्यादातर सिद्धांतकार इस मत से असहमत हैं।
- विशेषकर उत्तर आधुनिक विचारकों के अनुसार, सामाजिक आंदोलन लोकतांत्रिक बहुलवाद का उदाहरण है। यह आवश्यक है, क्योंकि वर्तमान उदारीकरण और भूमंडलीकरण के युग में व्यक्ति के जीवन पर राज्य और बाजार दोनों का अतिक्रमण हो रहा है। ऐसी परिस्थितियों में सामाजिक आंदोलन का महत्व निर्विवाद है।

### महत्व

- सामाजिक आंदोलन लोगों की राजनीतिक चेतना के परिणाम हैं और यह जनचेतना की ही एक अभिव्यक्ति है।
- इसके द्वारा लोगों की राजनीतिक मुद्दों पर सहभागिता में वृद्धि होती है।
- ये संघर्ष के कार्यक्रम को लोगों के समक्ष रखते हुए

राजनीतिक भागीदारी और जनचेतना का निर्माण करते हैं, जो लोकतंत्र की रीढ़ है।

- सामाजिक आंदोलनों द्वारा समाज और अधिक लोकतांत्रिक होता है, क्योंकि इससे समाज के वंचित वर्गों को अपनी मांग रखने का अवसर प्राप्त होता है।
- सामाजिक आंदोलन जनसाधारण की आकांक्षाओं, आवश्यकताओं और अपेक्षाओं को व्यक्त करते हैं। परिणामस्वरूप नीति निर्माताओं को सतर्क और जवाबदेह बनाते हैं।
- सामाजिक आंदोलन द्वारा समूचे समाज के हितों की पूर्ति की जाती है।

### निष्कर्ष

- समकालीन युग में सामाजिक आंदोलनों की पर्यावरण की रक्षा और नागरिक अधिकारों की रक्षा के संदर्भ में उल्लेखनीय भूमिका है।

## औपचारिक लोकतंत्र की सीमाएं और सामाजिक आंदोलन

- हैबरमास जैसे प्रसिद्ध विचारकों के अनुसार, 'उत्तर-आधुनिक समाज में लोकतांत्रिक व्यवस्था, वैयक्तिक स्वतंत्रता और समानता तथा बंधुत्व दायित्व की पूर्ति में अक्षम हैं। लोकतंत्र एक तकनीकी सत्ता तंत्र में परिवर्तित होता जा रहा है और राज्य के लिए अब उपभोक्ता वर्ग सबसे महत्वपूर्ण बन चुका है। इसलिए सामाजिक आंदोलन व्यक्तियों के सार्वजनिक और निजी जीवन के बचाव के लिए अत्यधिक महत्वपूर्ण है।
- रजनी कोठारी के अनुसार, 'भारत में लोकतंत्र बढ़ते भ्रष्टाचार व अपराधीकरण के कारण आम लोगों के लिए एक तमाशा बन गया है तथा लोगों में असंतोष और निराशा व्याप्त है। इसलिए सामाजिक आंदोलन ही इनके लिए आशा की एक मात्र किरण है।'
- ए. आर. देसाई के अनुसार, 'भारतीय संसदीय लोकतंत्र जनता के यथार्थ अधिकारों को विस्तृत करने में अपर्याप्त सिद्ध हुआ है। इसलिए सामाजिक आंदोलनों का महत्व निर्विवाद है।

### औपचारिक लोकतंत्र की खामियां (परंपरागत)

- इसमें परिस्थितियों के अनुसार परिवर्तन नहीं हो पाता।
- ये किसी निश्चित उद्देश्य को प्राप्त करने के बजाए, उसमें बाधा उत्पन्न करते हैं।
- समाज में कोई भी संस्था सभी व्यक्तियों की आवश्यकताओं को पूर्ण करने में सक्षम नहीं होती।
- सरकार के लिए कभी-कभी प्रक्रियाएं प्राथमिक हो जाती हैं तथा उद्देश्य द्वितीयक।

### निष्कर्ष

- भारतीय लोकतंत्र की सफलता उल्लेखनीय है, क्योंकि इतनी अल्पकालिक अवधि में समाज में निर्णायक परिवर्तन हुए हैं। इसलिए लोकतंत्र को और प्रभावशाली बनाने के लिए सामाजिक आंदोलनों की भूमिका सहायक और पूरक होती है।

## सामाजिक आंदोलन, दबाव समूह तथा राजनीतिक दल

- दबाव समूहों के द्वारा केवल एक विशेष समुदाय के हितों की पूर्ति का प्रयास किया जाता है। जबकि सामाजिक आंदोलन समूचे समुदाय के कल्याण के लिए कार्य करते हैं।
- सामान्यतः अमेरिका में दबाव समूहों को दो श्रेणियों में विभाजित किया जाता है-निजी दबाव समूह और सार्वजनिक दबाव समूह या उत्थानात्मक दबाव समूह। उत्थानात्मक दबाव समूह सामाजिक आंदोलन से मिलते-जुलते प्रतीत होते हैं।
- सामाजिक आंदोलन और दबाव समूह (दोनों) के द्वारा सरकार की नीतियों को प्रभावित किया जाता है। परंतु दबाव समूह सामान्यतः औपचारिक एवं संगठित होते हैं। जबकि सामाजिक आंदोलन मूलतः अनौपचारिक और असंगठित होते हैं।
- राजनीतिक दलों का मूल उद्देश्य सरकार का निर्माण करना है। जबकि सामाजिक आंदोलन के द्वारा राज्य और सरकार के विरुद्ध एक प्रतिसंतुलन का निर्माण किया जाता है, जिससे शासन की नीतियों में आम जनता के कल्याण के समुचित प्रबंध किए जाए।

## विकास और सामाजिक आंदोलन

- भारत में सबसे प्रभावी सामाजिक आंदोलन नर्मदा घाटी परियोजना के विरुद्ध शुरू हुआ, जिसमें सरदार सरोवर बांध के विरुद्ध आंदोलन शुरू किया गया। क्योंकि इस बांध से प्रभावित होने वाले लोग मुख्यतया आदिवासी एवं भूमिहीन मजदूर थे, जिन्हें बाध्यकारी तरीके से विस्थापित किया जा रहा था।
- नर्मदा घाटी परियोजना के अंतर्गत् 30 बड़े, 130 मध्यम और 3 हजार से ज्यादा छोटे बांधों के निर्माण की योजना थी। इस परियोजना को आर्थिक विकास के आधार पर औचित्यपूर्ण माना गया तथा यह भी तर्क प्रस्तुत किया

गया कि इससे सूखा प्रभावित क्षेत्रों को पीने के पानी की सुविधा उपलब्ध होगी और गुजरात सरकार के द्वारा इसे गुजरात सरकार की जीवन रेखा की संज्ञा दी गई।

- यद्यपि सरकार के दावों पर अनेक लोगों ने सवाल उठाए। आलोचकों के अनुसार, इस परियोजना द्वारा सौराष्ट्र के 6 जिलों में से 3 जिलों (जामनगर, जूनागढ़ तथा अमरेली) को पानी पहुंचाने का प्रावधान नहीं था। जबकि ये अत्यधिक सूखा प्रभावित क्षेत्र हैं।
- इसलिए इस बांध के निर्माण का लाभ मुख्यतया बड़ौदा, अहमदाबाद, खेड़ा, गांधीनगर, सुरेन्द्र नगर को प्राप्त होगा, जो पहले से ही संपन्न क्षेत्र हैं। इसलिए सरदार सरोवर परियोजना से जिन 70 तालुकाओं को लाभ प्राप्त होगा, उनमें केवल 20 ही सूखा प्रभावित क्षेत्रों में आते हैं।
- यह बिंदु उल्लेखनीय है कि भारतीय लोकतंत्र के आरंभिक दशकों में विकास के लिए भारी उद्यमों और बड़े बांधों पर पर्याप्त बल दिया गया। लेकिन वर्तमान समय में विकास के इस मॉडल पर अनेक प्रश्न उठाए जा रहे हैं।
- क्योंकि आलोचकों के अनुसार, ये विषमतामूलक पर्यावरणीय रूप में सतत् विकास के विरोधी तथा गैर-लोकतांत्रिक भी हैं। क्योंकि लोगों के समान नागरिकता के अधिकारों का उल्लंघन होता है। इन परियोजनाओं से जो लाभ गिनाए जाते हैं, वे महज तकनीकी और आर्थिक प्रकृति के होते हैं। इनमें इस बिंदु की उपेक्षा होती है कि इन परियोजनाओं से सर्वाधिक लाभ किसे पहुंच रहा है तथा किस समूह को इसकी सबसे बड़ी कीमत चुकानी पड़ती है।
- आधिकारिक रूप में इन परियोजनाओं का औचित्य सामान्य हित एवं राष्ट्रीय हित के आधार पर सिद्ध किया जाता है। विस्थापितों से यह अपेक्षा की जाती है कि वे सामान्य भलाई के नाम पर अपने हितों का परित्याग करें तथा इन बांधों के विरुद्ध आंदोलनकारियों को राष्ट्रीय हित का विरोधी भी माना जाता है।
- नर्मदा बचाओ आंदोलन द्वारा इन्हीं विस्थापित लोगों के हितों के लिए आंदोलन किया गया और आंदोलन द्वारा लोगों के पुनर्वास पर प्रभावी बल दिया गया। आंदोलनकारियों के अनुसार, पुनर्वास की नीति अप्रभावी है, क्योंकि अच्छी भूमि की कमी है। इसलिए भूमि के बदले भूमि की क्षतिपूर्ति योजना प्रभावी नहीं हो पा रही है।
- आलोचकों के अनुसार, पुनर्वास की नीति जनजातीय समुदायों के हितों के प्रति असंवेदनशील है। क्योंकि गुजरात में कुल विस्थापितों में 90 प्रतिशत आदिवासी थे। महाराष्ट्र में 95 प्रतिशत और मध्य प्रदेश में 49 प्रतिशत जनजातीय लोगों को विस्थापित किया गया। नर्मदा जल विवाद न्यायाधिकरण द्वारा जनजातियों के भूमि पर संपत्ति के अधिकारों को मान्यता नहीं दी गई।
- क्योंकि उनके पास भूमि के वैधानिक और आधिकारिक दस्तावेज नहीं थे, बल्कि उनका इस भूमि पर नियंत्रण परंपरागत था, जिसे न्यायाधिकरण ने नहीं माना। ये समुदाय अपनी आजीविका, आवास एवं दवाओं के लिए वनों पर निर्भर थे।
- यह उल्लेखनीय है कि भारतीय राज्य द्वारा धार्मिक एवं जातीय समुदायों की मांगों को अत्यधिक महत्व दिया जाता है, लेकिन जनजातीय समुदायों की मांगों को सरकार ने उपेक्षित किया।
- अत: नर्मदा बचाओ आंदोलन गांधीवादी तरीके से किया गया। इस आंदोलन के परिणामस्वरूप वर्ष 1992 में विश्व बैंक द्वारा परियोजना को दी जा रही सहायता रोक दी गई है, जिससे यह स्पष्ट है कि भारतीय लोकतंत्र में सामाजिक आंदोलन का अत्यधिक महत्व है, जिनके द्वारा आधारभूत स्तर पर आंदोलन किया गया तथा आम लोगों की मांगों को उठाया गया।

**राज्य द्वारा इन परियोजनाओं के समर्थन में निम्नलिखित लोकतांत्रिक तर्क दिए गए-**

- समर्थकों के अनुसार, इस परियोजना से बहुमत को लाभ प्राप्त होगा। इसलिए केवल कुछ लोगों को विस्थापित किया जा रहा है।
- विकास की इन परियोजनाओं को पूरे राष्ट्रीय हित के लिए उपयोगी कहा गया तथा इसे विकास के लिए अपरिहार्य माना गया।
- समर्थकों ने सांस्कृतिक तर्क भी प्रस्तुत किए। इनके अनुसार इससे जनजातीय और आदिवासी लोगों को समाज की मुख्य धारा में सम्मिलित किया जाएगा।
- आंदोलनकारियों के अनुसार, विकास की इस पूरी योजना में आदिवासी समुदाय की मांगों या दावों को पूर्णत: खारिज कर दिया गया। इन हाशिये पर स्थित समूहों के लोगों के हितों का बलिदान किया गया तथा इनका सांस्कृतिक, आर्थिक एवं भौतिक विस्थापन भी हुआ।
- मेधा पाटेकर के अनुसार, 'नर्मदा बचाओ आंदोलन लोकतांत्रिक प्रक्रिया का एक भाग है।' उन्होंने कहा कि 'मैं नेता नहीं, बल्कि सहायक हूं।'
- नागरिक समाज का विचार अरस्तू के चिंतन में भी विद्यमान है क्योंकि अरस्तू ने समुदाय को अत्यधिक महत्व दिया तथा व्यक्ति को एक सामाजिक प्राणी माना।
- नागरिक समाज के विचार की आधुनिक युग में उत्पत्ति प्रबोध काल में मानी जाती है जो 18वीं सदी का युग था।

जॉन लॉक के द्वारा नागरिक समाज के विचार को प्रभावी रूप में चित्रित किया गया है। लॉक नागरिक समाज और राज्य के बीच अंतर नहीं कर सका।

- पश्चिमी चिंतन में नागरिक समाज को राज्य से पृथक मानने वाला पहला विचारक हीगल कहलाता है। मार्क्स के चिंतन मे नागरिक समाज को आर्थिक गतिविधियों के रूप में चित्रित किया गया। इसलिए मार्क्स के अनुसार, नागरिक समाज उत्पादन के साधन और उत्पादन संबंधों से मिलकर बनता है। ग्रामशी पहले मार्क्सवादी विचारक हैं जिन्होंने नागरिक समाज को केंद्रीय महत्व प्रदान किया।
- 1970 के दशक में नव मार्क्सवादियों हर्बट मार्क्यूस और हैबरमॉस ने नागरिक समाज के विचार को केंद्रीय महत्व प्रदान किया उनके अनुसार, नागरिक समाज राज्य से पृथक है क्योंकि राज्य के द्वारा बल का प्रयोग किया जाता है। नागरिक समाज का विचार व्यापारिक और व्यवसायिक संगठनों से भी पृथक है जो लाभ के आधार पर कार्य करते हैं। नागरिक समाज समूचे समाज की भलाई के लिए कार्य करता है। नागरिक समाज छात्रों, पत्रकारों, मानव अधिकार कार्यकर्ताओं का एक सामूहिक नाम है, जो शैक्षिक आधार पर कार्य करता है।
- आधुनिक युग में रॉबर्ट पुटनम ने सोशल कैपिटल का विचार अत्यधिक प्रभावी बनाया जो नागरिक समाज का ही पर्याय है। पुटनम ने अपनी पुस्तक-"Making Democracy Work - Civic Traditions in Modern Italy" में यह कहा कि लोकतंत्र की सफलता नागरिक समाज के प्रभावीशाली होने पर निर्भर करती है। उन्होंने अपनी पुस्तक 'Bowling Alone' में कहा कि अमेरिका में सामाजिक पूंजी का अत्यधिक ह्रास हो गया है।
- विश्व में नागरिक समाज के बढ़ते प्रभाव के परिणामस्वरूप वर्ष 2001 में वर्ल्ड सोशल फोरम नामक नागरिक समाज की स्थापना की गई, जिसका नारा है कि 'Another World is Possible' इसके द्वारा नव उदारीकरण की नीतियों और बाजारवादी नीतियों तथा भूमंडलीकरण की समूची प्रक्रिया का विरोध किया गया। इसके द्वारा विश्व व्यापार संगठन की भी अलोचना की गई।
- वर्ष 2007 में समूचे विश्व से परमाणु हथियारों की समाप्ति के लिए 'International Campaign to Abolish Nuclear Weapons (ICAN)' की स्थापना की गई, जिसे वर्ष 2017 में शांति का नोबेल पुरस्कार भी प्राप्त हुआ।

अध्याय 13

# गैर-सरकारी संगठन एवं नागरिक समाज

# NGO'S AND CIVIL SOCIETY

- नागरिक समाज का संबंध मानव जीवन के उन पहलुओं से है जो राजनीतिक सत्ता तथा राज्य और सरकार के दायरे से बाहर होते हैं, अर्थात् आर्थिक संबंध, परिवार, नातेदारी के ढांचे, धार्मिक संस्थाएं, सांस्कृतिक संगठन आदि।
- यह एक विश्लेषणात्मक अवधारणा है क्योंकि नागरिक समाज तो राजनीतिक सत्ता से स्वतंत्र रहकर बना नहीं रह सकता और राजनीतिक सत्ता भी नागरिक समाज के बगैर नहीं रह सकती।

## नागरिक समाज की अवधारणा की उत्पत्ति

- अठारहवीं सदी के अंत में नागरिक समाज का विचार 'स्कॉटिश प्रबोधन' ने दिया था। और फर्ग्यूसन ने उसे जोरदार ढंग से मुखरित किया था। यद्यपि, उस समय यह सिद्धांत मुख्यत: राजनीति नहीं, बल्कि अर्थशास्त्र के क्षेत्र पर केंद्रित था।
- राजनीति से इसका संबंध सिर्फ राज्य की गतिविधि को प्रतिबंधित करने तक था जो वाणिज्यवाद के अस्वीकार और अहस्तक्षेप के दर्शन के कारण बाध्यकारी हो गया था।
- नागरिक समाज के विचार की व्युत्पत्ति Koinonia शब्द में देखी जा सकती है। जिसका प्रयोग अरस्तू ने समिति, समुदाय और समाज की धारणाओं के संदर्भ में किया था। इसका अर्थ है साझा मूल्यों और सार्वजनिक प्रक्रियाओं की एक कानून द्वारा परिभाषित व्यवस्था के अंतर्गत शासन करने और शासित होने वालों में स्वतंत्र और समान नागरिकों का एक नैतिक राजनीतिक समुदाय।
- यद्यपि, अठारहवीं सदी के मध्य में नागरिक समाज और राज्य का अंतर उभरा, जो शासितों की सहमति के आधार पर राजनीतिक सत्ता की अवधारणा को सिद्धांत रूप देने और निरंकुशतावाद की जड़ें, खोदने के उदारवादी कार्यक्रम का एक हिस्सा था।
- लोकतंत्र का विस्तार नागरिक समाज को राष्ट्र-राज्य के साथ राष्ट्र-राज्यों के बीच क्रमशः गहनता और व्यापकता देता है।

## निष्कर्ष

- इस तरह नागरिक समाज वह प्रक्रिया है जिसके माध्यम से व्यक्ति एक-दूसरे के साथ या राजनीतिक और आर्थिक सत्ता के केंद्रों के साथ बातचीत करते, बहस करते, लड़ाई करते या सहमति बनाते हैं।

### रचनाएं

- Mary B. Anderson - Do No Harm : How Aid Can Support Peace or War, (1999)
- Chris Allen - Who Needs Civil Society? Review of African Political Economy, (1997)

## गैर सरकारी स्वैच्छिक संगठन (एनजीओ)

- संयुक्त राष्ट्र संघ चार्टर के अनुच्छेद 71 में एनजीओ के महत्व को स्वीकार किया गया है। एनजीओ निजी व्यक्तियों के द्वारा निर्मित एक समूह है। जिसका उद्देश्य लाभ अर्जित करना नहीं है और वे समाज की सेवा अथवा भलाई के लिए कार्य करते हैं यह नागरिक समाज का एक भाग हैं। ये गैर-लाभकारी होते हैं अत: व्यवसायिक उद्देश्य नहीं होता है।
- एनजीओ की प्रकृति वैधानिक होती है। भारत में एनजीओ का पंजीकरण सोसायटी रजिस्ट्रेशन एक्ट 1860 के द्वारा होता है। क्योंकि इन्हें एक विशेष अधिनियम के अंतर्गत पंजीकृत किया जाता है। वर्तमान उदारीकरण के दौर में राज्य के द्वारा नव उदारवादियों नीतियों को प्रोत्साहित किया जा रहा है। कल्याणकारी राज्य और समाजवादी राज्य की विफलता के बाद सामजिक भलाई का मूल दायित्व एनजीओ के हाथ में है।

### मानवाधिकार संरक्षण के लिए

- एमेनस्टी इंटरनेशनल की स्थापना वर्ष 1961 में हुई जिसका

मुख्यालय इंग्लैंड में है। इसके द्वारा मानवाधिकारों की रक्षा के लिए कार्य किए जाते हैं। वर्ष 1970 में न्यूयॉर्क में ह्यूमन राइट्स वॉच नामक एनजीओ की स्थापना की गई जिसका कार्य प्रवासी शरणार्थियों, कैदियों के मानव अधिकार का संरक्षण करना है। रेड क्रॉस की स्थापना 1863 में जेनेवा में की गई। जिसके द्वारा युद्ध के मैदान में पीड़ित बच्चों, महिलाओं को सहायता प्रदान की जाती है।

### सामाजिक क्षेत्र में

- ऑक्सफेम का मूल कार्य गरीबी निवारण है। जिसकी स्थापना 1942 में ऑक्सफोर्ड इंग्लैंड में की गई। इसका मुख्यालय कीनिया के नैरोबी में है। इसके द्वारा आपदा के दौरान भी मानवीय हितों की रक्षा की जाती है। सेव द चिल्ड्रन नामक एनजीओ वर्ष 1919 में लंदन में स्थापित किया गया। जिसके द्वारा बच्चों को शिक्षा और स्वास्थ्य की सुविधाएं प्रदान की जाती हैं। युद्ध तथा प्राकृतिक आपदा से इनकी रक्षा भी की जाती है। एस.ओ.एस. चिल्ड्रन विलेज के द्वारा बच्चों की रक्षा की जाती है जिसका मुख्यालय ऑस्ट्रिया में है।

### स्वास्थ्य क्षेत्र में

- डॉक्टर्स विदआउट बॉर्डर के द्वारा संघर्ष में घिरे और महामारी पीड़ित क्षेत्र में विशेषज्ञ चिकित्सीय सुविधा उपलब्ध कराई जाती है जिसका मुख्यालय जिनेवा स्विट्जरलैंड में है।

### पर्यावरण

- इंटरनेशनल यूनियन फॉर कंजरवेशन ऑफ नेशन पर्यावरण संरक्षण के लिए कार्य करता है। वर्ल्ड वाइड फंड फॉर नेचर जिसके द्वारा पर्यावरण संरक्षण किया जाता है और जैव विविधता की रक्षा की जाती है। जिसका मुख्यालय स्विट्जरलैंड में है। ग्रीन पीस वर्ष 1971 में पर्यावरण संरक्षण के लिए स्थापित किया गया। जिसका मुख्यालय हॉलैंड अथवा नीदरलैंड में है।

## भारत के प्रमुख एनजीओ

### गरीबी निवारण के लिए

- सम्मान फाउंडेशन द्वारा समाज के गरीब वर्गों को प्रशिक्षण, शिक्षा और आर्थिक सहयोग प्रदान किया जाता है। रिक्शा चालकों को स्वास्थ्य सेवाएं भी प्रदान की जाती हैं। गूंज के द्वारा बिहार, बंगाल, असम में बाढ़ के दौरान समाज के वंचित वर्गों को सहायता प्रदान की जाती है। अक्षय ट्रस्ट के द्वारा फुटपाथ पर रहने वाले के लिए अच्छे भोजन और आश्रय की सुविधा प्रदान की जाती है।

### शिक्षा और स्वास्थ्य

- स्माईली फाउंडेशन द्वारा गरीब व्यक्तियों को शिक्षा और स्वास्थ्य की सुविधाएं प्रदान की जाती हैं। उड़ान फाउंडेशन के द्वारा असहाय औरतों, बच्चों और वृद्धों को स्वास्थ्य सुविधा प्रदान की जाती है। प्रथम शिक्षा के क्षेत्र में कार्य करने वाला सर्वाधिक महत्वपूर्ण एनजीओ है।

### बाल कल्याण

- उदय फाउंडेशन के द्वारा जन्मजात अपंग बच्चों को स्वास्थ्य सुविधा प्रदान की जाती है। चिल्ड्रेन फाउंडेशन की स्थापना कैलाश सत्यार्थी के द्वारा की गई जिन्होंने 'बचपन बचाओ' आंदोलन आरंभ किया था।

# भाग–5

# अंतर्राष्ट्रीय संबंध

अध्याय 1

# अंतर्राष्ट्रीय संबंध के अध्ययन के उपागम

# APPROACHES TO THE STUDY OF INTERNATIONAL RELATIONS

## उदारवादी सिद्धांत ( आदर्शवादी सिद्धांत )

- उदारवाद में स्वतंत्रता को सर्वाधिक महत्व दिया जाता है तथा इस स्वतंत्रता को बनाए रखने के लिए एक सीमित संवैधानिक शासन (लोकतांत्रिक शासन) का समर्थन किया जाता है तथा ये बाजारवादी अर्थव्यवस्था का पक्ष लेते हैं। इनके अनुसार, अंतर्राष्ट्रीय राजनीति में सहयोग व शांतिपूर्ण संबंधों का निर्माण होना चाहिए। इन्होंने इन संबंधों की स्थापना के लिए भिन्न-भिन्न साधनों का सहारा लिया।

### 1. समाजशास्त्रीय उदारवाद (Deutsch Model)

- कॉर्ल ड्यूश, कोबंडेन, जॉन बर्टन इसके प्रमुख मान्यताकार हैं। "World Society" जॉन बर्टन की महत्वपूर्ण रचना है।
- इनके मान्यताकारों ने अंतर्राष्ट्रीय राजनीति की यथार्थवादी मान्यता को अस्वीकृत किया, क्योंकि अंतर्राष्ट्रीय राजनीति की यथार्थवादी दृष्टि सीमित, आंशिक और अपूर्ण है। यथार्थवादियों ने राज्य के मध्य संबंधों को केंद्रीय महत्व दिया। जबकि समाजशास्त्रीय उदारवादियों के अनुसार, अंतर्राष्ट्रीय संबंध मूलतः **पार-राष्ट्रीय संबंध** होते है, जिसमें विभिन्न देशों के लोगों, समूहों एवं संगठनों के मध्य संबंध निर्मित होते हैं। यद्यपि यह उल्लेखनीय है कि ये राज्यों के मध्य विद्यमान संबंधों को पूर्णतः उपेक्षित नहीं करते, बल्कि राज्य के अतिरिक्त अन्य कर्त्ताओं के संबंध को भी अत्यधिक महत्व प्रदान करते हैं। इसलिए इस उपागम को **बहुलवाद** भी कहा जाता है। जिसका आशय है कि राज्य के अतिरिक्त अन्य समुदायों का भी अत्यधिक महत्व है। इनके अनुसार, सरकारों के मध्य संबंधों की तुलना में लोगों के मध्य विद्यमान संबंध सहयोग एवं शांति स्थापित करने में ज्यादा सहायक हैं।
- कार्ल ड्यूश ने विभिन्न समुदायों के मध्य संचार के अध्ययन पर बल दिया। इन्होंने राजनीतिक व्यवस्था के विश्लेषण में आधुनिक सूचना तकनीकी का प्रयोग किया। इनके अनुसार, राजनीतिक व्यवस्था में संरचनाओं की बजाय, संरचनाओं के संचार एवं उनके निर्माण के अध्ययन को महत्वपूर्ण माना जाना चाहिए। इन्होंने शक्ति के विश्लेषण की बजाए संचार के विश्लेषण पर बल दिया। अंतर्राष्ट्रीय राजनीति में दो या दो से अधिक राजनीतिक व्यवस्थाओं के मध्य संचार के अध्ययन पर बल दिया जाता है।
- कार्ल ड्यूश ने इसी संचार सिद्धांत का उपयोग करते हुए कहा कि विभिन्न समाजों के मध्य पार-राष्ट्रीय संबंधों से शांतिपूर्ण संबंधों का विकास होगा। शांति का आशय, युद्ध के अभाव से ज्यादा व्यापक है, जिसे उन्होंने सुरक्षा समुदाय के रूप में माना, जिसमें लोगों के मध्य समुदाय की भावना का विकास होता है एवं वे इस बात के लिए सहमत हो जाते हैं कि **संघर्षों का समाधान बिना बल प्रयोग के संभव है**। पश्चिमी देशों का उदाहरण देते हुए उन्होंने कहा कि इन देशों में सुरक्षा समुदाय का निर्माण हो चुका है। सामाजिक संचार, आवाजाही, बेहतर आर्थिक संबंध एवं पारस्परिक मानवीय अंतर्क्रियाओं के द्वारा ही सुरक्षा समुदाय की उत्पत्ति होती है। लोगों के सहयोग के द्वारा एक नए मानवीय समाज की स्थापना होगी, जो राष्ट्र-राज्य से भी प्रतिस्पर्धा करेगा। कार्ल ड्यूश के अनुसार, पार-राष्ट्रीय संबंधों के द्वारा क्षेत्रीय एकीकरण का निर्माण संभव है। जैसे-व्यापार, पर्यटन एवं अप्रवासियों के आने-जाने से एकीकरण में वृद्धि होती है और सुरक्षा समुदाय का निर्माण होता है।
- **कार्ल ड्यूश के अनुसार, सुरक्षा समुदाय दो प्रकार के हो सकते हैं-**
  (i) **समुच्चयी सुरक्षा समुदाय :** संयुक्त राज्य अमेरिका (USA)
  (ii) **बहुलवादी सुरक्षा समुदाय :** यूरोपीय यूनियन (EU)
- कार्ल ड्यूश के अनुसार, संयुक्त राज्य अमेरिका समुच्चयी सुरक्षा समुदाय का उदाहरण है, जिसके द्वारा एक उपमहाद्वीप आकार के क्षेत्र में संघीय सरकार का निर्माण किया गया। इसलिए इस मान्यता का प्रयोग करते हुए विश्व में भी सुरक्षा समुदाय का निर्माण संभव है।
- यूरोपीय यूनियन (EU) बहुलवादी सुरक्षा समुदाय का उदाहरण है, क्योंकि यूरोपीय यूनियन में अमेरिका की

भांति एक केंद्रीय राजनीतिक सत्ता का अभाव है और समुदायों के मध्य सीमापार आवागमन को बढ़ाया जाता है।

- जॉन बर्टन ने भी समाजशास्त्रीय उदारवाद का समर्थन करते हुए पार-राष्ट्रीय संबंधों पर बल दिया और उन्होंने कहा कि एक राज्य में अनेक प्रकार के समुदाय होते हैं। उदाहरण के लिए, आर्थिक समूह, धार्मिक समुदाय, श्रमिक समुदाय जिनके मध्य संबंधों का विशेष महत्व होता है। इनके मध्य स्थापित संबंध राष्ट्र-राज्यों की सीमाओं से परे होते हैं। राज्यों की सीमाएं कृत्रिम प्रतीत होने लगती हैं। ये संबंध पारस्परिक रूप में लाभदायक होते हैं, जिनमें विरोधी संघर्षों का अभाव होता है। आलोचकों के अनुसार, विभिन्न समुदायों के मध्य संघर्षों की पूर्णतया समाप्ति संभव नहीं है, लेकिन इनको शांत करना संभव है।
- **जेम्स रोजे नॉऊ** ने अंतर्राष्ट्रीय व्यवस्था को एक नवीन बहुकेंद्रित विश्व के रूप में चित्रित किया, परंतु यह माना कि विश्व में अराजकता पूर्णतः विलुप्त नहीं हुई है। जेम्स रोजे नॉऊ के अनुसार, परंपरागत् अंतर्राष्ट्रीय राजनीति **बिलियर्ड बॉल मॉडल** पर आधारित थी, जबकि वर्तमान राजनीति **कॉबवेब मॉडल** (Cobweb Model ) पर आधारित है।

## 2. गणतांत्रिक उदारवाद (Democratic peace theory)

- इस मान्यता के अनुसार, उदारवादी लोकतांत्रिक राजनीतिक व्यवस्थाएं, अन्य राजनीतिक व्यवस्थाओं की तुलना में ज्यादा शांतिपूर्ण होती है। इनके अनुसार, लोकतांत्रिक राज्यों के मध्य परस्पर युद्ध नहीं होते हैं। यह मान्यता पहली बार 18वीं सदी में कांट द्वारा प्रतिपादित की गई। समकालीन विश्व में लोकतांत्रिक राज्यों की संख्या में वृद्धि के कारण राज्यों के मध्य सहयोग की संभावना और शांतिपूर्ण विश्व के निर्माण की प्रबल आशा उत्पन्न हो रही है।
- समकालीन युग में **माइकल डोल** ने कांट की मान्यता को पुनर्जीवित किया। उन्होंने उन कारणों का उल्लेख किया, जिससे लोकतांत्रिक राज्यों के मध्य **शांति स्थापित** होती हैं-
  - (i) लोकतंत्र की मूल मान्यता के अनुसार, सभी संघर्षों का शांतिपूर्ण समाधान संभव है। लोकतांत्रिक राज्यों की घरेलू राजनीतिक संस्कृति में सदैव शांति पर जोर दिया जाता है, क्योंकि लोकतांत्रिक सरकारों पर सामान्यतः आम नागरिकों का नियंत्रण होता है, जो युद्ध का समर्थन नहीं करते।
  - (ii) लोकतांत्रिक राज्यों में साझे नैतिक मूल्य पाए जाते हैं, जिसे कांट ने **शांतिवादी संघ** की संज्ञा दी। इन मूल्यो में अभिव्यक्ति की स्वतंत्रता के द्वारा विचार-विमर्श को प्रोत्साहित किया जाता है एवं निर्णय, विचार-विमर्श के द्वारा लिए जाते हैं, बल प्रयोग के द्वारा नहीं।
  - (iii) राज्यों के मध्य आर्थिक सहयोग एवं अंतर्निर्भरता के द्वारा शांति में वृद्धि होती है। गणतांत्रिक उदारवादी मान्यता के अनुसार, विश्व में लोकतंत्र की प्रगति से शांति एवं सहयोग निर्मित होगा।
- अतः लोकतांत्रिक राज्यों का यह दायित्व है कि समूचे विश्व में इसका प्रचार-प्रसार किया जाए। यह उल्लेखनीय है कि पश्चिमी देशों में लोकतंत्र के प्रभावी होने के साथ-साथ शांतिपूर्ण संबंधों का विकास हुआ। इसलिए पश्चिमी यूरोप, अमेरिका और जापान को शांति का क्षेत्र माना जाता है। यद्यपि विकासशील देशों में अभी भी लोकतंत्र के विस्तार की समस्या विद्यमान है।
- द्वितीय विश्व युद्ध के बाद अनेक औद्योगिक राष्ट्रों का उदय हुआ। परिणामस्वरूप राष्ट्र-राज्यों के मध्य संबंधों में भी परिवर्तन हुआ। अंतर्राष्ट्रीय राजनीति में पहले राष्ट्र-राज्य, क्षेत्रीय विस्तार तथा सैन्य शक्ति का प्रयोग, शक्ति अर्जन के लिए किया करते थे। परंतु वर्तमान युग में परिस्थितियां परिवर्तित हो गई हैं।
- अतः आर्थिक विकास एवं विदेशी व्यापार, सैन्य शक्ति एवं भौगोलिक विस्तार की तुलना में ज्यादा महत्वपूर्ण हो गए। आर्थिक विकास, समृद्धि का सस्ता माध्यम है। जबकि युद्ध अत्यधिक खर्चीला सिद्ध हुआ। इसके द्वारा प्राप्त लाभ लगातार कम होने लगे। अतः समकालीन युग में वित्तीय पूंजी, सूचना तक पहुंच एवं कुशल श्रम शक्ति सफलता के मूल बिंदु हैं। द्वितीय विश्व युद्ध के बाद जापान एवं जर्मनी जैसे देशों ने वाणिज्यिक गतिविधियों का मार्ग अपनाकर तीव्र विकास किया।

## आत्मनिर्भर उदारवाद

- यह संकल्पना 'रॉबर्ट कोहेन' और 'जोसेफ नाई' ने दी। इसमें निम्न राजनीति (Low Politics) की बात की गई। मुक्त व्यापार व तुलनात्मक लाभ पर बल दिया गया। अंतर्राष्ट्रीय राजनीति को जटिल अंतर्निर्भरता के रूप में व्यक्त किया।
- इनकी रचनाएं हैं-"Power and Interdependence" (1977), "After Hagemony: Cooperation and Discord in the World Political Economy" (1984), "Power and Governance in a Partially Globalized World", "Transnational Relations and World Politics" (1972).
- आर्थिक गतिविधियों के विस्तार से राज्यों के मध्य अंतर्निर्भरता में वृद्धि हुई। अब राज्य सैन्य शक्ति के प्रयोग

से परहेज करने लगे। यद्यपि अभी भी विकासशील देशों में या कम विकसित देशों में युद्ध होते हैं, क्योंकि यहां आर्थिक विकास का स्तर कम है और आधुनिकीकरण की प्रक्रिया अभी भी अपूर्ण है। वर्ष 1980-90 के दशक में पश्चिमी यूरोपीय देशों में आर्थिक सहयोग तीव्र गति से विकसित हुआ। 'रॉबर्ट कोहेन' और 'जोसेफ नाई' ने इसे **जटिल अंतर्निर्भरता** के रूप में व्यक्त किया। इनके अनुसार, यह अंतर्निर्भरता राज्यों के मध्य विद्यमान पहले की साधारण अंतर्निर्भरता की तुलना में गुणात्मक रूप में भिन्न है। इनके अनुसार, समकालीन विश्व में उच्च राजनीति (High Politics) (सुरक्षा और अस्तित्व की राजनीति) की तुलना में निम्न राजनीति (Low Politics) (विकास, निवेश की राजनीति, आर्थिक व्यापार) प्राथमिक हो गई हैं। इस निम्न राजनीति के प्रभावी होने के कारण ही जटिल अंतर्निर्भरता का विकास हुआ, **जिसकी विशेषताएं निम्नलिखित हैं-**

(i) राज्यों के मध्य संबंध केवल राजनेताओं और सरकार के मध्य के संबंध नहीं है, बल्कि यह सरकार की अन्य शाखाओं और कर्त्ताओं के मध्य भी संबंध है।
(ii) इन्होंने यह माना कि राज्यों के परे **व्यक्तियों एवं समुदायों के पार-राष्ट्रीय संबंधों** के विकास के कारण जटिल अंतर्निर्भरता का निर्माण होता है।
(iii) इनके अनुसार, समकालीन युग में सैन्य शक्ति का प्रयोग आकर्षक विकल्प नहीं है।
(iv) आज अंतर्राष्ट्रीय संबंध घरेलू राजनीति की भांति होते जा रहे हैं।
(v) राष्ट्रीय सुरक्षा की बजाय, लोगों का कल्याण ज्यादा महत्वपूर्ण हो गया है। इसलिए राज्यों के मध्य मित्रता एवं सहयोगपूर्ण संबंधों का विकास हो रहा है।

**इस घटना के निम्नलिखित परिणाम हैं-**

1. राज्य के लक्ष्य एवं गैर-राष्ट्रीय कर्त्ताओं के लक्ष्य अलग-अलग हो सकते हैं, क्योंकि गैर-राष्ट्रीय कर्त्ताओं पर राज्य का नियंत्रण नहीं होता।
2. प्रत्येक राज्य किसी क्षेत्र विशेष में शक्तिशाली हो सकता है। जैसाकि डेनमार्क एवं नार्वे जहाजरानी के क्षेत्र में अत्यधिक शक्तिशाली एवं प्रभावशाली हैं।
3. अंतर्राष्ट्रीय संगठनों के महत्व में वृद्धि होगी। विश्व व्यापार संगठन (WTO), यूरोपीय यूनियन (EU) का महत्व बढ़ता ही जा रहा है।

- यद्यपि यह उल्लेखनीय है कि 'रॉबर्ट कोहेन' एवं 'जोसेफ नाई' ने यह माना कि यथार्थवाद पूर्णत: समाप्त नहीं हो सकता। उन्होंने स्वीकार किया कि जटिल अंतर्निर्भरता का यह सिद्धांत **पश्चिमी देशों** के लिए विशेष रूप में लागू हो रहा है-

(i) मूलत: तकनीकी की खोज मिलिट्री के लिए की गई। बाद में उसका प्रारंभ आर्थिक, व्यापार के क्षेत्र में किया गया।
(ii) संयुक्त राज्य अमेरिका (USA) ने पूरी दुनिया को पांच कमांड क्षेत्रों में बांटा है।
(iii) कौटिल्य के अनुसार, 'शक्तिशाली अर्थव्यवस्था के अभाव में शक्तिशाली सैन्य व्यवस्था नहीं हो सकती।' नव-यथार्थवादी भी शक्ति को अत्यधिक महत्वपूर्ण मानते हैं।
(iv) **कैदी दुविधा मॉडल** के अनुसार, दुविधा में रहे दूसरों द्वारा अपने प्रति अपनाई जाने वाली रणनीति को लेकर मतभेद रहे।
(v) म्यांमार ने संयुक्त राज्य अमेरिका (USA) का अनुदान नहीं लिया तथा म्यांमार ने तर्क दिया कि संयुक्त राज्य अमेरिका ने हमारा अनुदान नहीं लिया था।

## 3. संस्थात्मक उदारवाद

- उदारवाद की मूल मान्यता के अनुसार, अंतर्राष्ट्रीय राजनीति में सहयोग, समन्वयपूर्ण एवं शांतिपूर्ण संबंधों का निर्माण होना चाहिए। लेकिन उदारवादियों ने शांति एवं सहयोग की स्थापना के लिए अलग-अलग साधनों का सहारा लिया। संस्थात्मक उदारवादियों की मान्यता है कि संस्थाओं के निर्माण से राष्ट्रों के मध्य सहयोग में वृद्धि होगी। उदारवाद की यह मान्यता पूर्व आदर्शवादियों से भिन्न है। क्योंकि परंपरागत् उदारवादियों के अनुसार, अंतर्राष्ट्रीय संस्थाओं की स्थापना मात्र से विश्व में शांति स्थापना होगी। परंतु समकालीन उदारवादी विचारकों के अनुसार, संस्थाएं शांति निर्माण में सहायक हैं, स्वयं शांति की गारंटी नहीं।
- इनके अनुसार, संस्थाओं एवं संगठनों के द्वारा सामान्य नियमों एवं मानकों का निर्माण होता है, जिनका पालन प्रत्येक राज्य करता हैं। अत: यहां विश्व व्यापार संगठन के द्वारा राज्यों के मध्य बहुपक्षीय सहयोग हो रहे हैं। संस्थात्मक उदारवादियों ने राज्यों के मध्य संस्थाकरण का व्यावहारिक एवं आनुभविक अध्ययन करने का भी प्रयत्न किया। इनकी यह मान्यता है कि संस्थाओं से सहयोग बढ़ता है। लेकिन यह कहना कठिन है कि किस स्तर का संस्थाकरण राज्यों के मध्य सहयोग में सहायक है। जैसे-यूरोपीय यूनियन के सदस्यों के मध्य अत्यधिक सहयोग विद्यमान है। ई. यू. द्वारा विवादों के समाधान के लिए संस्था का निर्माण भी किया गया है। यहां तक कि नव-यथार्थवादी विचारक 'जॉन मर्शाइमर' ने भी यह

माना कि उच्च स्तर का संस्थाकरण बहुध्रुवीय विश्व की अस्थायी अराजकता को न्यूनतम करने में सहायक है।

- इनके अनुसार, संस्थाओं के द्वारा सूचना का आदान-प्रदान होता है। परस्पर अविश्वास में कमी आती है, भय भी न्यून होता है एवं राज्यों के मध्य समझौते का एक मंच भी विकसित होता है।

## आदर्शवाद (उदारवाद) एवं नव-उदारवाद में तकनीकी अंतर

(i) आदर्शवादियों की मान्यता थी कि अंतर्राष्ट्रीय संस्थाओं के निर्माण से विश्व में स्वाभाविक रूप में शांति स्थापित हो जाएगी, जबकि नव-उदारवादियों की यह मान्यता है कि संस्थाएं शांति निर्माण में सहायक हो सकती हैं, लेकिन संस्थाओं के द्वारा स्वत: शांति नहीं आ सकती।

(ii) आदर्शवादी विचारकों का उद्देश्य विश्व सरकार का निर्माण करना है। जबकि नव-उदारवादी राष्ट्र-राज्यों के मध्य सहयोग पर ज्यादा बल प्रदान करते हैं, विश्व सरकार के निर्माण पर नहीं।

(iii) आदर्शवादियों ने नैतिकता को अत्यधिक महत्व दिया। ये विश्व को शांतिपूर्ण और सहयोगपूर्ण तरीके से देखते हैं। जबकि नव-उदारवादी विश्व को अराजक मानते हैं।

### नव-उदारवाद बनाम् नव-यथार्थवाद

- नव-यथार्थवादियों और नव-उदारवादियों ने विश्व को अराजक रूप में देखा। जिसका अभिप्राय है कि विश्व में राष्ट्र-राज्य के व्यवहार को नियंत्रित करने के लिए किसी केंद्रीय संस्था का अभाव है। इसलिए विश्व मूलत: राज्य केंद्रित व्यवस्था द्वारा संचालित है। लेकिन नव-उदारवादियों और नव-यथार्थवादियों ने अराजकता की प्रकृति और परिणाम को अलग-अलग रूप में परिभाषित किया। **इसलिए इनमें स्पष्ट अंतर विद्यमान है-**

  (i) नव-उदारवादी, अंतर्राष्ट्रीय राजनीति में सहयोग एवं शांति पर बल देते हैं और पारस्परिक हितों को अत्यधिक महत्व प्रदान करते हैं। इनके अनुसार, यह सहयोग और शांति सामुदायिक संबंधों, व्यापारिक आदान-प्रदान और लोकतांत्रिक संस्थाओं के द्वारा बेहतर किया जा सकता है। जबकि इसके विपरीत कैनेथ वॉल्टज जैसे नव-यथार्थवादी विचारक सहयोग को अत्यधिक कठिन मानते हैं। क्योंकि राज्य एक-दूसरे पर विश्वास नहीं करते तथा धोखेबाजी की समस्या लगातार बनी रहती है।

  (ii) नव-उदारवादियों के अनुसार, अंतर्राष्ट्रीय संस्थाओं और संगठनों को निर्मित करके राष्ट्र-राज्यों के मध्य शांतिपूर्ण संबंधों का विकास संभव है। इसलिए अंतर्राष्ट्रीय राजनीति में व्याप्त अराजकता को नियंत्रित किया जा सकता है।

  जबकि नव-यथार्थवादियों ने अंतर्राष्ट्रीय राजनीति को संघर्ष के रूप में चित्रित किया है। जहां राज्यों के मध्य सहयोग यदि असंभव नहीं, तो कठिन अवश्य है। क्योंकि इनके अनुसार, इस अराजक विश्व व्यवस्था में प्रत्येक राज्य अपनी सुरक्षा के लिए स्वयं उत्तरदायी होते हैं। इसलिए वे अधिक से अधिक शक्ति अर्जन के लिए प्रयत्नशील होते हैं।

  (iii) नव-यथार्थवादियों ने शक्ति संघर्ष को अंतर्राष्ट्रीय राजनीति का केंद्रीय बिंदु स्वीकार किया तथा इस बिंदु पर बल दिया कि राज्य को अपनी क्षमता में वृद्धि के लिए निरंतर प्रयत्नशील होना पड़ता है। 'कैनेथ वॉल्टज' ने शक्ति को साधन मानते हुए राष्ट्रीय हितों को साध्य माना। उन्होंने शक्ति को एक समुच्चयी संकल्पना के रूप में व्यक्त किया, जिसमें आर्थिक व सैन्य शक्ति दोनों शामिल हैं। जबकि नव-उदारवादियों ने राज्यों के उद्देश्य (Intention) को प्रमुख माना। इनके अनुसार, राज्यों के मध्य परस्पर विश्वास निर्माण के द्वारा शांति संभव है।

  (iv) नव-यथार्थवादियों के अनुसार, अंतर्राष्ट्रीय राजनीति में प्रत्येक राज्य अपने हितों को अधिक से अधिक करना चाहते हैं। इसी के साथ राज्यों का यह भी प्रयत्न होता है कि वे दूसरों के लाभों को कम से कम कर सकें, (Relative Gain)। जबकि नव-उदारवादियों के अनुसार, प्रत्येक राज्य को अपने हितों को बढ़ाने की चिंता करनी चाहिए। उसे यह परवाह नहीं करनी चाहिए कि इससे दूसरे राज्यों को कितना लाभ होगा, (Absolute Gain)।

### महत्वपूर्ण तथ्य

- आदर्शवादियों के अनुसार, 'अंतर्राष्ट्रीय राजनीति में संघर्ष संक्रमणकालीन है।'
- अंतर्राष्ट्रीय राजनीति में लोकतंत्र के प्रसार व अंतर्राष्ट्रीय विधि को महत्वपूर्ण बनाकर संघर्षों को समाप्त किया जा सकता है।
- आदर्शवादी, अंतर्राष्ट्रीय राजनीति को नैतिकता से प्रेरित व संचालित मानते हैं।
- उदारवादियों के अनुसार, 'मानव स्वभाव अच्छा होता है।'
- मानव स्वभाव तार्किक व अच्छा होने के कारण अंतर्राष्ट्रीय राजनीति में सहयोग संभव है।

**1. समाजशास्त्रीय उदारवाद**

- इनके अनुसार, अंतर्राष्ट्रीय राजनीति में लोगों, समूहों व संगठनों का संबंध महत्वपूर्ण होता है। अत: ये अंतर्राष्ट्रीय राजनीति को केवल राज्य केंद्रित नहीं मानते, बल्कि अंतर्राष्ट्रीय राजनीति में पार-राष्ट्रीय संबंधों पर बल देते हैं।
- अंतर्राष्ट्रीय राजनीति में उदारवादी मॉडल को बहुलवादी मॉडल भी कहा जाता है।
- इसके मान्यताकार कोबंडेन एवं कार्ल ड्यूश हैं।
- सबसे महत्वपूर्ण मान्यताकार, जॉन बर्टन हैं। इन्होंने 'विश्व समाज' की संकल्पना दी। इनकी रचना-"The World Society" (1972) है।

**2. अंतर्निर्भर उदारवाद**

- इसमें प्रकार्यवाद आते हैं।
- जटिल अंतर्निर्भरता के सिद्धांत का विकास उदारवादियों ने किया, जिसका निर्माण 1970 के दशक में रॉबर्ट ओवेन कोहेन व जोसेफ एस. नाई ने किया। इनकी पुस्तक का नाम-"Power and Interdependence" (1977) है। दोनों ने मिलकर "After Hegemony: Cooperation and Discord in the World Political Economy" (1984) नामक रचना भी लिखी।
- कोहेन और नाई ने राजनीति को निम्नलिखित **दो भागों में बांटा-**
  - (i) **उच्च राजनीति का क्षेत्र**
    - कोहेन व नाई ने उच्च राजनीति के क्षेत्र में राजनीतिक गतिविधियों एवं सैनिक गतिविधियों को शामिल किया है।
    - कोहेन और नाई ने "Power and Governance in a Partially Globalized World" (2002) नामक रचना भी लिखी।
  - (ii) **निम्न राजनीति का क्षेत्र**
    - कोहेन व नाई ने निम्न राजनीति के क्षेत्र में आर्थिक गतिविधियों को शामिल किया है।
    - कोहेन व नाई ने कहा कि निम्न राजनीति का क्षेत्र (Low Politics Area) ही है, जो अंतर्निर्भरता पैदा करता है।
    - जोसेफ नाई ने "Soft Power: The Means to Success in World Politics" (2004) नामक रचना लिखी। इसके अतिरिक्त इनकी अन्य रचनाएं-"The Paradox of American Power"(2002), "Understanding International Conflicts: An Introduction to Theory and History" (2008), "Bound to Lead: The Changing Nature of American Power" (1990) हैं।
    - कोहने और नाई ने "Transnational Relations and World Politics" (1972) नामक रचना भी लिखी।

**3. संस्थागत उदारवाद**

- इसके अनुसार, अंतर्राष्ट्रीय राजनीति में यूरोपीय यूनियन व विश्व व्यापार जैसे संगठनों के माध्यम से शांति स्थापना हो सकती है।

**4. गणतांत्रिक उदारवाद**

- कांट, जर्मनी के दार्शनिक थे, जिनका प्रसिद्ध कथन (1724-1804) है कि 'लोकतांत्रिक राज्य आपस में युद्ध नहीं करते।' इसी मान्यता को समकालीन विश्व में 'माइकल डोल' ने पुनर्जीवित किया। माइकल डोल के अनुसार, 'लोकतांत्रिक राज्य अपने संघर्षों का शांतिपूर्ण समाधान करते हैं।'
- लोकतांत्रिक राज्यों के मूल्य, समाज होते हैं। इसलिए ये परस्पर शांति का निर्माण करते हैं। माइकल डोल ने 'लोकतांत्रिक शांति का सिद्धांत' दिया।

## अंतर्राष्ट्रीय बनाम् वैश्विक

- अंतर्राष्ट्रीय संबंधों में राष्ट्रों के बीच अंत:क्रिया को प्राथमिकता दी जाती है। चूंकि यह एक यथार्थवादी संकल्पना है। अत: इसका स्वरूप 'राज्य केंद्रित' है। किंतु भू-मंडलीकरण ने अंतर्राष्ट्रीय संबंधों में राज्य के साथ-साथ अन्य वैश्विक कारक जैसे अंतर्राष्ट्रीय संस्थाएं, बहुराष्ट्रीय कंपनी, गैर-सरकारी संगठन एवं सिविल समाज के महत्व को बढ़ा दिया, जिसे वैश्विक राजनीति की संज्ञा दी गई तथा जिसमें विश्व निर्भरता से अंतर्निर्भरता की ओर बढ़ रहा है।
- अंतर्राष्ट्रीय संबंधों का निरूपण 'बिलियर्ड बॉल मॉडल' के द्वारा किया जाता है, जिसमें राष्ट्र, बिलियर्ड बाल की भांति अभेद्य (Impermeable) एवं आत्मनिर्भर इकाई है। अत: अंतर्राष्ट्रीय संबंध उस मेज की भांति है, जहां स्वतंत्र बिलियार्ड बॉल एक-दूसरे पर बाहरी रूप से दबाव डाल रही हैं, जिसमें टकराने (Collision) का मुख्य उद्देश्य सुरक्षा एवं शक्ति है।
- जबकि वैश्विक राजनीति का निरूपण 'कॉबवेब मॉडल' द्वारा किया जाता है, जिसे जोसेफ नाई व कोहेन ने जटिल अंतर्निर्भरता की संज्ञा दी, जिसमें राज्यों के बीच सैन्य के अतिरिक्त आर्थिक व अन्य क्षेत्रों में अंतर्निर्भरता स्थापित

हो, जहां उच्च राजनीति (High Politics) के स्थान पर निम्न राजनीति (Low Politics) का महत्व बढ़ा तथा स्वत: राज्यों का एकमात्र वर्चस्व समाप्त हुआ।

## यथार्थवाद

- यथार्थवाद, 'राज्य केंद्रित विचारधारा है' तथा यह विचारधारा में राष्ट्रीय हित को सर्वाधिक महत्व देता है।
- यथार्थवाद के अनुसार, 'राज्य की सुरक्षा उनका स्वयं का दायित्व है।'
- यथार्थवाद, 'शक्ति राजनीति का पर्याय है।'
- यथार्थवाद में शक्ति, शक्ति संतुलन, राष्ट्रीय हित एवं राष्ट्रीय सुरक्षा जैसी संकल्पनाएं महत्वपूर्ण हैं।
- यथार्थवादियों ने आदर्शवादियों का खण्डन किया।
- आदर्शवादियों के अनुसार, 'अंतर्राष्ट्रीय राजनीति में संघर्ष संक्रमणकालीन है।'
- अंतर्राष्ट्रीय राजनीति में लोकतंत्र के प्रसार व अंतर्राष्ट्रीय विधि को महत्वपूर्ण बनाकर संघर्षों को समाप्त किया जा सकता है। स्टीफन वॉल्ट के अनुसार, 'यथार्थवाद को हमारे बौद्धिक उपकरण (Tool box) में सर्वाधिक उपयोगी उपकरण बने रहने की संभावना है।'
- आदर्शवादी, अंतर्राष्ट्रीय राजनीति को नैतिकता से प्रेरित व संचालित मानते हैं।

## प्रमुख यथार्थवादी विचारक

- कौटिल्य, थ्यूसीडाइड्स, "Peloponnesian War" (431–404 BC), मैकियावली–"The Art of War" (Written between 1519 and 1520), हॉब्स–"Leviathan" (1651), रूसो की रचना–"The State of War" ने लिखीं।
- आधुनिक यथार्थवादी, ई. एच. कार की रचना–"The Twenty Years' Crisis" (written in the 1930s first edition was published in Sept. 1939) है।
- रोनॉल्ड नेबूर, निकोलस स्पॉइकमैन, जॉर्ज केनन, रेमण्ड एरन, गिलपिन, जॉन हर्ज एवं किसिंजर अन्य यथार्थवादी विचारक हैं।
- हैंस मॉर्गेंथाऊ के यथार्थवादी विचार की छ: (6) मूल मान्यताएं : हैंस मॉर्गेंथाऊ ने यथार्थवाद को सैद्धांतिक आधार प्रदान किया। इनकी प्रसिद्ध रचना–"Politics Among Nations: The Struggle for Power and Peace" (1948) है। इनकी अन्य रचनाएं निम्नलिखित हैं–"Scientific Man versus Power Politics" (1946), "In Defense of the National Interest" (1951), "The Purpose of American Politics" (1960)

## मॉर्गेंथाऊ के यथार्थवाद के (6) मौलिक नियम

(i) मॉर्गेंथाऊ के अनुसार, 'अंतर्राष्ट्रीय राजनीति मूल रूप में मनुष्य के वस्तुनिष्ठ स्वभाव पर आधारित होती है। मॉर्गेंथाऊ ने मनुष्य के स्वभाव को मूल रूप में प्रभुत्व की आकांक्षा रखने वाला कहा है।' मॉर्गेंथाऊ के अनुसार, ये संघर्ष संक्रमणकालीन नहीं, अपितु शाश्वत हैं।

(ii) अंतर्राष्ट्रीय राजनीति का केंद्र राष्ट्रीय हित होता है, जिसे प्रत्येक राज्य शक्ति के द्वारा प्राप्त करने की कोशिश करता है। राष्ट्रीय हित का अभिप्राय, राष्ट्र के उन केंद्रीय मूल्यों से होता है, जिसे प्रत्येक राष्ट्र-राज्य अर्जित करना चाहता है।

(iii) मॉर्गेंथाऊ के अनुसार, राष्ट्रीय हित सदैव परिवर्तनशील होते हैं। वस्तुत: उसने राष्ट्रीय हित का कोई वस्तुनिष्ठ अर्थ नहीं दिया, अपितु वह राष्ट्रीय हित को देशकाल, परिस्थितियों के सापेक्ष मानता है।

(iv) मॉर्गेंथाऊ के अनुसार, अंतर्राष्ट्रीय राजनीति, नैतिकता से संचालित नहीं होती हैं। मॉर्गेंथाऊ की मूल मान्यता के अनुसार, 'राजनीति का संचालन शक्ति और राष्ट्रीय हित से होता है, न कि नैतिकता से।'

(v) मॉर्गेंथाऊ के अनुसार, राष्ट्र के उद्देश्यों को सदैव विवेक से संचालित किया जाता है, न कि किसी सार्वभौमिक नैतिकता का पालन किया जाता है। यहां मॉर्गेंथाऊ के सार्वभौमिक नैतिकता का अभिप्राय, 'उन सार्वभौमिक नैतिक मूल्यों को अपनाना है, जिन्हें देशकाल से निरपेक्ष माना जाता है।' जबकि मॉर्गेंथाऊ विवेक और राष्ट्रीय हित के आधार पर अंतर्राष्ट्रीय राजनीति का वर्णन करता है, न कि सार्वभौमिक नैतिकता के आधार पर।

(vi) मॉर्गेंथाऊ ने राजनीति को एक स्वायत्त प्रक्रिया कहा है। मॉर्गेंथाऊ ने राजनीति का विश्लेषण करते हुए कहा कि राजनीति का स्वरूप चाहे घरेलू हो या अंतर्राष्ट्रीय एक समान होता है। क्योंकि राजनीति मूलत: शक्ति के लिए संघर्ष है। अंतर केवल इतना है कि घरेलू क्षेत्र में राज्य नामक संप्रभु सत्ता होने के कारण इन संघर्षों पर नियंत्रण किया जा सकता है। जबकि अंतर्राष्ट्रीय क्षेत्र में किसी भी केंद्रीय सत्ता के अभाव होने के कारण ये संघर्ष अनियंत्रित हो जाते हैं। मॉर्गेंथाऊ ने राजनीति को इतना अधिक महत्व दिया कि वह उसे स्वायत्त मानता है।

- यद्यपि मॉर्गेंथाऊ का सिद्धांत वर्तमान के नॉन-जीरो-सम-गेम युग में आंशिक एवं अपूर्ण प्रतीत होता है। किंतु अनेक कमियों के बावजूद उसका सबसे बड़ा महत्व यह है कि

वह पहला विचारक था, जिसने अंतर्राष्ट्रीय राजनीति में सर्वप्रथम यथार्थवाद का सैद्धांतिक आधार रखा।

### आलोचना

- रॉबर्ट टकर व केनेथ वॉल्ट्ज ने मॉर्गेंथाऊ को यथार्थवादी नहीं माना। इनके अनुसार, मॉर्गेंथाऊ यथार्थवाद का विश्लेषण करने के बजाय, यथार्थवाद का प्रयोग अपनी पूर्व निर्धारित मान्यताओं को प्रमाणित करने के लिए करते हैं।
- स्टेनली हॉफमैन के अनुसार, 'मॉर्गेंथाऊ का यथार्थवाद, शक्ति अद्वैतवाद का विचार है।' क्योंकि मॉर्गेंथाऊ शक्ति को ही साधन व शक्ति को ही साध्य मानते हैं।
- मॉर्गेंथाऊ ने अंतर्राष्ट्रीय राजनीति में केवल संघर्ष का अध्ययन किया, जबकि वास्तविकता में सहयोग भी पाया जाता है।
- मॉर्गेंथॉऊ ने स्वयं शांति निर्मित करने के निम्नलिखित उपायों का वर्णन किया-
  (i) प्रतिबंध के द्वारा शांति।
  (ii) विश्व सरकार के द्वारा शांति।
  (iii) कूटनय या राजनय के द्वारा शांति।
- मॉर्गेंथाऊ ने प्रतिबंध के द्वारा शांति तथा विश्व सरकार के द्वारा शांति के उपायों को व्यर्थ बताया तथा कूटनीति या राजनय के द्वारा शांति को उपयुक्त बताया।
- एक ओर मॉर्गेंथाऊ संघर्ष को यथार्थवाद मानते हैं, तो दूसरी ओर शांति का वर्णन भी करते हैं। यह विरोधाभास है।
- सी. ए. डब्ल्यू. मैनिंग, मॉर्टिन व्हाइट, हॉफसन महोदय अंतर्राष्ट्रीय राजनीति को स्वायत्त अनुशासन मानते हैं।

### आक्रामक यथार्थवाद (Offensive Realism)

- जॉन मर्शाइमर का यथार्थवाद आक्रामक यथार्थवाद कहा जाता है। इनकी प्रसिद्ध रचना "The Tragedy of Great Power Politics" (2001) है।
- इन्होंने Waltz के यर्थाथवाद को 'रक्षात्मक यथार्थवाद' की संज्ञा दी। क्योंकि Waltz के अनुसार, प्रत्येक राज्य का उद्देश्य अपनी सुरक्षा में अधिक से अधिक वृद्धि करना है। जबकि मर्शाइमर के अनुसार, राज्य का मूल उद्देश्य अधिकाधिक शक्ति अर्जित करना है। इसलिए मर्शाइमर के यथार्थवाद को आक्रामक यथार्थवाद कहते हैं।

### तार्किक चयन यर्थावादी

- ग्रीको व क्रेजनर।
- राज्य तार्किक व्यवहार करता है।

## नव-यथार्थवाद ( संरचनात्मक यथार्थवाद )

- संरचनात्मक यथार्थवाद के प्रतिपादक, 'केनेथ वॉल्ट्ज' हैं। इनकी रचना-"Theory of International Politics" (1979) है। इनकी अन्य रचना-"Man, the State, and War" (1959) है।
- संरचनात्मक यथार्थवाद, केनेथ् वॉल्ट्ज द्वारा वर्ष 1970 के दशक में प्रतिपादित किया गया, जिसमें उन्होंने यथार्थवाद का विश्लेषण व्यवस्था सिद्धांत को मिलाकर किया है। दूसरे शब्दों में, यथार्थवाद का विश्लेषण अंतर्राष्ट्रीय संरचना के आधार पर करते हैं। उन्होंने अंतर्राष्ट्रीय संरचना की प्रकृति को विश्लेषित करते हुए कहा कि अंतर्राष्ट्रीय राजनीति की संरचना अराजकतापूर्ण है। अराजकतापूर्ण का आशय, हिंसात्मक या ध्वंसात्मक व्यवस्था में नहीं है, अपितु अराजकतापूर्ण व्यवस्था का आशय, उस मान्यता से है, जिसमें राष्ट्र-राज्यों के व्यवहार को नियंत्रित करने की कोई केंद्रीय या अंतर्राष्ट्रीय संस्था नहीं है। अत: केनेथ् वॉल्ट्ज की कल्पना हॉब्स के प्राकृतिक अवस्था के अत्यंत समीप है, जो कि निरंतर संघर्ष की अवस्था थी। इस प्राकृतिक अवस्था में मानव व्यवहार को नियंत्रित करने की किसी केंद्रीय संस्था का अभाव था।
- अत: केनेथ् वॉल्ट्ज भी अंतर्राष्ट्रीय राजनीति को शक्ति के लिए संघर्ष मानते हैं। अंतर्राष्ट्रीय राजनीति में राष्ट्रीय हित ही केंद्रीय होते हैं। इस राष्ट्रीय हित का मूलभूत बिन्दु (केंद्रीय बिंदु) राष्ट्रीय सुरक्षा है। इसलिए वॉल्ट्ज के अनुसार, यह महत्वपूर्ण नहीं है कि राज्य लोकतांत्रिक है या गैर-लोकतांत्रिक (राज्य का स्वरूप)। यह भी मूल प्रश्न नहीं है कि कोई राष्ट्र विशेष शक्तिशाली है या अशक्त है, उनका मुख्य ध्यान अंतर्राष्ट्रीय राजनीति की संरचना की ओर था। इस संरचना के आधार पर उन्होंने राष्ट्र-राज्यों के व्यवहार का विश्लेषण किया। उनके अनुसार, अंतर्राष्ट्रीय राजनीति की यह संरचना अराजकतापूर्ण है तथा वे भी यथार्थवादी हैं। इसलिए स्वाभाविक रूप में इस मान्यता को स्वीकार करते हैं कि अंतर्राष्ट्रीय राजनीति, नैतिकता और विधि के बजाय, राष्ट्रीय हितों से प्रेरित और संचालित होती हैं। लेकिन मॉर्गेंथाऊ की भांति उन्होंने शक्ति को साध्य और साधन नहीं माना, अपितु शक्ति को साधन और राष्ट्रीय हित (राष्ट्रीय सुरक्षा) को साध्य कहा तथा उन्होंने मानव स्वभाव के विश्लेषण के बजाय, अंतर्राष्ट्रीय राजनीति का विश्लेषण संरचनात्मक आधार पर किया।

## नव-यथार्थवाद की मूल मान्यताएं

- ये व्यवहारवादी क्रांति एवं व्यवस्था उपागम से प्रभावित हैं।
- यथार्थवाद का विश्लेषण वस्तुनिष्ठ एवं वैज्ञानिक रूप में किया।
- इन्होंने अंतर्राष्ट्रीय राजनीति का विश्लेषण, अंतर्राष्ट्रीय

संरचना के आधार पर किया है। इनके अनुसार, 'अंतर्राष्ट्रीय राजनीति की संरचना अराजकतापूर्ण होती हैं।'

- नव-यथार्थवादियों के अनुसार, 'राज्य की शक्ति कई तत्वों के मिलने से बनती है।' इसलिए शक्ति का अभिप्राय मूलत: सैन्य शक्ति नहीं है, जैसाकि परंपरागत यथार्थवादियों ने माना।
- नव-यथार्थवादियों के अनुसार, 'अंतर्राष्ट्रीय राजनीति में प्रत्येक राज्य का व्यवहार प्रकार्यात्मक रूप में समान होता है व छोटे व बड़े दोनों राज्य अंतर्राष्ट्रीय राजनीति में अपनी सुरक्षा के लिए व शक्ति अर्जित करने के लिए कार्य करते हैं।'
- मर्शाइमर के नव-यथार्थवाद को आक्रामक यथार्थवाद भी कहा जाता है। इनकी प्रसिद्ध रचना-"The Tragedy of Great Power Politics" (2001) है।
- मस्टनडूनो ने 'रक्षात्मक यथार्थवाद' की मान्यता का विकास किया।
- नव-यथार्थवाद, यथार्थवाद की मान्यताओं का खण्डन नहीं करता है, बल्कि विश्लेषण के तरीके में बदलाव करता है।

## नव-यथार्थवादी स्थायित्व का सिद्धांत

- मर्शाइमर ने केनेथ वॉल्ट्ज के यथार्थवाद को 'रक्षात्मक यथार्थवाद' (Defensive Realism) की संज्ञा दी, क्योंकि वॉल्ट्ज के अनुसार, प्रत्येक राज्य का उद्देश्य अपनी सुरक्षा में अधिक से अधिक वृद्धि करना है। वॉल्ट्ज के अनुसार, 'राज्य के द्वारा अत्यधिक शक्ति संचय के परिणामस्वरूप अंतर्राष्ट्रीय राजनीति की अनिश्चितता में वृद्धि होती है।'
- मर्शाइमर के अनुसार, 'राज्य का मूल उद्देश्य अधिक से अधिक शक्ति अर्जित करना है।' इसलिए मर्शाइमर के यथार्थवाद को 'आक्रामक यथार्थवाद' (Offensive Realism) भी कहा जाता है। नव-यथार्थवाद या शास्त्रीय यथार्थवाद के मध्य विश्लेषण की इकाई भिन्न है, परंतु दोनों अनेक बिन्दुओं पर समान हैं, क्योंकि उनके अनुसार, अंतर्राष्ट्रीय राजनीति, शक्ति का संघर्ष है, राष्ट्रीय हितों की पूर्ति एवं सुरक्षा बनाए रखना राज्य का मूल उद्देश्य है तथा दोनों अंतर्राष्ट्रीय राजनीति को शक्ति राजनीति एवं संघर्ष राजनीति के रूप में चित्रित करते हैं। मर्शाइमर जैसे नव-यथार्थवादी विचारक, अमेरिका द्वारा इराक में किए गए हस्तक्षेप का समर्थन नहीं करते, (वर्ष 1990 के दशक में)।

## नव-शास्त्रीय यथार्थवाद (Neo-Classical Realism)

- मुख्य मान्यताकार स्वेलर व फरीद जकारिया हैं।
- नव-शास्त्रीय यथार्थवादियों ने यथार्थवादी विश्लेषण में घरेलू तत्वों व घरेलू कारकों को भी महत्व प्रदान किया।
- इन्होंने संरचनात्मक यथार्थवादियों के विरुद्ध अपनी प्रतिक्रिया प्रस्तुत की और अंतर्राष्ट्रीय राजनीति का विश्लेषण वैज्ञानिक वस्तुनिष्ठ मानदंडों के बजाए मूल्यों को अधिक या पुन: स्थान दिया। इसलिए इन्हें नव-शास्त्रीय यथार्थवादी कहा जाता है। इन्होंने संरचना के बजाए पुन: इकाई विश्लेषण (राज्य) पर मूल बल प्रदान किया। इन विचारकों ने राज्य को प्रभावित करने वाले अनेक कारकों को अध्ययन में सम्मिलित किया, जिसकी अपेक्षा परंपरागत यथार्थवादियों ने की। जैसे-
  (i) राज्य नेतृत्व का प्रत्यक्षण।
  (ii) राज्य-समाज के संबंध।
  (iii) राज्यों की अभिप्रेरणा।
- स्टीफन वॉल्ट्ज के अनुसार, 'नव-शास्त्रीय यथार्थवादियों ने शक्ति के वितरण और राज्यों की विदेश नीति के व्यवहार के मध्य घरेलू कारकों को तीसरा सबसे महत्वपूर्ण कारक माना।'
- फरीद जकारिया के अनुसार, 'यथार्थवाद, राज्य केंद्रित संकल्पना है, जिसमें घरेलू तत्वों की उपेक्षा की गई। इसलिए इन्होंने घरेलू तत्वों को यथार्थवाद के विश्लेषण में महत्वपूर्ण स्थान दिया। यह बिन्दु उल्लेखनीय है कि मॉर्क्सवादी विचारकों ने यथार्थवादी विचारकों को अमूर्त एवं अनैतिहासिक कहा, क्योंकि इसमें राज्य पर अत्यधिक बल दिया गया तथा सामाजिक-आर्थिक परिस्थितियों की अवहेलना की गई। अत: नव-शास्त्रीय यथार्थवादियों ने इस कमी को पूर्ण करने का प्रयत्न किया है।'
- नव यथार्थवाद की संकल्पना 1980 के बाद 'केनेथ वॉल्ट्ज' की पुस्तक "Politics Among Nations" से उभर कर आई। नव यथार्थवादियों में संरचनात्मक यथार्थवादी, नव शास्त्रीय यथार्थवादी, आक्रामक यथार्थवादी (Offensive Realist), रक्षात्मक यथार्थवादी (Defensive Realist) आते हैं।

### मान्यताएं

- ये व्यवहारवादी क्रांति व व्यवस्था उपागम से प्रभावित हैं।
- यथार्थवाद का विश्लेषण वस्तुनिष्ठ व वैज्ञानिक रूप में किया।
- इन्होंने अंतर्राष्ट्रीय राजनीति का विश्लेषण, अंतर्राष्ट्रीय संरचना के आधार पर किया।
- अंतर्राष्ट्रीय व्यवस्था को अराजकतापूर्ण माना।
- इनके अनुसार राज्य की शक्ति कई तत्वों से मिलकर

बनती है। इसलिए शक्ति का अभिप्राय मूलत: सैन्य शक्ति नहीं है। जैसाकि परंपरागत यथार्थवादियों ने माना।

- नव-यथार्थवादियों के अनुसार, 'अंतर्राष्ट्रीय राजनीति में प्रत्येक राज्य का व्यवहार प्रकार्यात्मक रूप में समान होता है। सभी राज्य अपनी सुरक्षा व शांति अर्जित करने के लिए कार्य करते हैं।'

## परंपरागत् यथार्थवाद और नव-यथार्थवाद में अंतर

- नव-यथार्थवाद का प्रतिपादन 'केनेथ वॉल्ट्ज' ने किया, इनका विचार अमेरिका की व्यवहारवादी क्रांति से प्रभावित है, क्योंकि व्यवहारवादी क्रांति के परिणामस्वरूप अंतर्राष्ट्रीय राजनीति के सिद्धांतों को भी व्यावहारिक और वस्तुनिष्ठ बनाने का प्रयत्न किया गया। इसलिए यह माना जाता है कि संरचनात्मक यथार्थवाद का निर्माण केनेथ वॉल्ट्ज ने व्यवस्था उपागम से प्रभावित होकर किया।
- संरचनात्मक यथार्थवादियों ने परंपरागत् यथार्थवादियों के मानकी दृष्टिकोण (Normative) को अस्वीकृत कर दिया तथा वॉल्ट्ज ने मानव स्वभाव और राज्य की नैतिकता के पहलू को पूर्णत: उपेक्षित किया। परंपरागत् या शास्त्रीय यथार्थवादियों ने सरकार और उसके नेतृत्व के व्यक्तिनिष्ठ दृष्टिकोण पर अत्यधिक बल दिया। जबकि वॉल्ट्ज ने वस्तुनिष्ठ विश्लेषण पर महत्वपूर्ण बल प्रदान किया। परंपरागत् यथार्थवादियों ने मानवीय स्वभाव को महत्वपूर्ण माना, जो व्यवस्था का निर्माण एवं उनका संचालन करते हैं तथा विदेश नीति के निर्माण में राज्य के नेतृत्व पर अत्यधिक बल प्रदान किया गया। वॉल्ट्ज के अनुसार, विदेश नीति का निर्माण और नियंत्रण अंतर्राष्ट्रीय व्यवस्था या संरचना के द्वारा होता है तथा उनके अनुसार, अंतर्राष्ट्रीय संरचना के द्वारा नेतृत्व या नेताओं पर अनेक प्रतिबंध आरोपित होते हैं। इसलिए नेतृत्व के विकल्प सीमित होते हैं तथा वे अंतर्राष्ट्रीय संरचना द्वारा निर्धारित होते हैं।
- परंपरागत् यथार्थवाद मूलत: 'एक आगमनात्मक' सिद्धांत है। उदाहरण के लिए, मार्गेथॉऊ ने अंतर्राष्ट्रीय राजनीति का विश्लेषण राज्य की अंतर्क्रियाओं और कार्यों द्वारा स्पष्ट करने का प्रयत्न किया। उदाहरण स्वरूप, भारत एवं पाकिस्तान द्वारा परमाणु बम का विस्फोट के विश्लेषण के लिए परंपरागत् यथार्थवादी दोनों राज्यों की क्रियाओं का अध्ययन करते हैं। इसलिए परंपरागत् यथार्थवाद का विश्लेषण, इकाई विश्लेषण कहलाता है। जबकि संरचनात्मक यथार्थवादियों में केनेथ वॉल्ट्ज ने इस मान्यता को अस्वीकृत कर दिया। वॉल्ट्ज के अनुसार, अंतर्राष्ट्रीय राजनीति का विश्लेषण, अंतर्राष्ट्रीय संरचना के द्वारा किया जाना चाहिए। उनके अनुसार, अंतर्राष्ट्रीय राजनीति की संरचना अराजकतापूर्ण है, क्योंकि विश्व में ऐसी वैश्विक केंद्रीय संस्था का अभाव है, जो राज्य की क्रियाओं को नियंत्रित कर सके एवं अंतर्राष्ट्रीय राजनीति के नियमों और व्यवहारों को लागू किया जा सके।
- अत: नव-यथार्थवादियों के दृष्टिकोण से भारत और पाकिस्तान द्वारा परमाणु विस्फोट इसलिए किया गया, क्योंकि अराजकतापूर्ण विश्व में दोनों ने अपनी सुरक्षा बनाए रखने का व्यक्तिगत प्रयत्न किया।
- परंपरागत् यथार्थवादियों के अनुसार, 'शक्ति स्वयं में साध्य है और प्रत्येक राज्य अधिकाधिक शक्ति अर्जित करने के लिए प्रयत्नशील हैं।' परंपरागत् यथार्थवादियों के अनुसार, 'सैन्य शक्ति, राज्य शक्ति का सबसे महत्वपूर्ण अवयव है, जबकि आर्थिक या तकनीकी शक्ति सैन्य शक्ति के साधन मात्र हैं।' केनेथ वॉल्ट्ज उपरोक्त मान्यता से असहमत हैं। उनके अनुसार, 'समकालीन युग में अनेक प्रकार के संघर्ष विद्यमान हैं, जिनका समाधान केवल शक्ति के द्वारा संभव नहीं है।' उदाहरण के लिए, पश्चिम एशिया, रूस, अफ्रीका में अनेक संघर्ष कायम हैं।
- नव-यथार्थवादियों के अनुसार, 'शक्ति की संकल्पना सैन्य शक्ति के संचय से ज्यादा महत्वपूर्ण और व्यापक हैं।' इनके अनुसार, शक्ति, राज्य की कुल क्षमताओं का योग है तथा इन्होंने यह भी माना कि अंतर्राष्ट्रीय राजनीति में प्रत्येक राज्य की शक्ति या क्षमता में भिन्नता होती है एवं क्षमता में इसी भिन्नता के कारण महाशक्तियों के मध्य संघर्ष भी होते हैं। यद्यपि अंतर्राष्ट्रीय राजनीति में शक्ति संतुलन स्थापित करना संभव है, लेकिन अराजकतापूर्ण विश्व में युद्ध की संभावना हमेशा विद्यमान होती है।' वॉल्ट्ज के अनुसार, शीतयुद्ध का युग ज्यादा स्थायी माना जाता है, जहां शांति और सुरक्षा की गारंटी ज्यादा बेहतर थी। शीतयुद्धोत्तर बहुध्रुवीय विश्व में अस्थायित्व की संभावना ज्यादा है।
- नव-यथार्थवादियों ने उदारवादियों की इस मान्यता का खण्डन किया कि शीतयुद्धोत्तर वैश्वीकरण के इस युग में राज्यों के मध्य सहयोग में वृद्धि होगी। नव-यथार्थवादियों के अनुसार, अंतर्राष्ट्रीय संस्थाओं की सफलता महाशक्तियों के समर्थन पर निर्भर है। परंपरागत् यथार्थवादियों के अनुसार, अंतर्राष्ट्रीय राजनीति में राज्यों की क्रियाओं या कार्यों का निर्धारण उनके आकार और नेतृत्व क्षमता से संबंधित होती हैं। उनके अनुसार, अंतर्राष्ट्रीय राजनीति में एक शक्तिशाली और एक असक्त राज्य की प्रतिक्रियाएं भिन्न-भिन्न होती हैं। इसके विपरीत नव-यथार्थवादियों के

अनुसार, सभी राज्यों की क्षमताएं अलग-अलग हैं, लेकिन सभी राज्य प्रकार्यात्मक रूप में समान इकाईयां हैं।

- अत: वे इस अराजकतापूर्ण विश्व में अपनी सुरक्षा बनाए रखने के लिए समान रूप में चिंतित होते हैं। इसलिए चीन और बेल्जियम की क्षमता या शक्ति में भिन्नता है, लेकिन दोनों अपनी सुरक्षा के लिए पूर्णतया प्रतिबद्ध हैं तथा दोनों का उद्देश्य अपने राष्ट्रीय हितों की पूर्ति करना है।

## प्रकार्यवादी (Functionalism) सिद्धांत

- प्रकार्यवादी सिद्धांत के जन्मदाता, 'डेविड मिट्रनी' हैं। इनकी रचना-"A Working Peace System" (1943) है।
- इनके अनुसार, 'तकनीकी व वैज्ञानिक क्षेत्रों में सहयोग के द्वारा राज्यों के मध्य बेहतर संबंधों का निर्माण किया जा सकता है।'
- ये राजनीतिक, तकनीकी तथा आर्थिक क्षेत्रों का विभाजन कर देते हैं। इनके अनुसार, राजनीतिक क्षेत्र में सहयोग नहीं हो पाता। क्योंकि राज्य परस्पर अविश्वास करते हैं व एक-दूसरे को संदेह की दृष्टि से देखते हैं। अत: प्रकार्यवादियों ने यथार्थवादियों की मान्यता को अस्वीकृत कर दिया।
- इनके अनुसार आर्थिक क्षेत्र में आरंभ सहयोग अंत: राजनीतिक सहयोग बढ़ाने में सहायक होता है। इनके अनुसार, एक क्षेत्र में किया गया सहयोग दूसरे क्षेत्र में सहयोग को बढ़ावा देने में सहायक है, जिसे प्रदर्शनात्मक प्रभाव (Spill Over Effect) कहा जाता है।
- ये क्रमिक (Peace Meal) सहयोग को बढ़ावा देते हैं। इनके अनुसार, आर्थिक सहयोग के लिए शासन लोकतांत्रिक होना चाहिए तथा उदारवादी आर्थिक प्रणाली एवं संवैधानिक शासन आवश्यक है।

## नव-प्रकार्यवाद

- इनके अनुसार, प्रकार्यवाद का संशोधन किया गया। इनके अनुसार, क्षेत्रीय आर्थिक संगठनों में सहयोग के अलावा विवाद भी होते हैं। इन्होंने यूरोपीय यूनियन के विकास के आधार पर अपने सिद्धांत का निर्माण किया।
- मूल सिद्धांतकार 'अर्नेस्ट बी. हॉस' हैं। इनकी रचना-"The Uniting of Europe" (1958) है।
- अर्नेस्ट बी. हॉस के अनुसार, 'राजनीतिक व गैर-राजनीतिक क्षेत्रों के मध्य कठोर विभाजन नहीं किया जा सकता।'
- नव-प्रकार्यवादियों के अनुसार, 'राज्यों के मध्य परस्पर सहयोग द्वारा नए शांतिपूर्ण विश्व का निर्माण हो सकता है।'

# मार्क्सवाद

- मार्क्सवादी सिद्धांतों का विकास लेनिन और स्टालिन ने किया।
- अंतर्राष्ट्रीय राजनीति का विश्लेषण करने के लिए आर्थिक कारकों का विश्लेषण सबसे महत्वपूर्ण है।
- अंतर्राष्ट्रीय राजनीति के विश्लेषण में राज्य नहीं, बल्कि वर्ग (Class) मूल इकाई है।
- अंतर्राष्ट्रीय राजनीति का विश्लेषण समग्र होना चाहिए व समग्रता से विश्लेषण के लिए आर्थिक कारकों का अध्ययन आवश्यक है।
- मार्क्सवादी सिद्धांत में एक समतामूलक, शोषणरहित विश्व के निर्माण का प्रयास किया गया।
- इसके लिए पूंजीवाद व साम्राज्यवाद का विध्वंस आवश्यक है। मार्क्सवादियों के अनुसार, 'पूंजीवाद व साम्राज्यवाद एक ही सिक्के के दो पहलू हैं।'

## मार्क्स एवं अंतर्राष्ट्रीय राजनीति

- मार्क्स ने अंतर्राष्ट्रीय राजनीति के संदर्भ में किसी भी व्यवस्थित सिद्धांत का निर्माण नहीं किया।
- मार्टिन बाइट ने कहा है कि 'अंतर्राष्ट्रीय राजनीति में मार्क्सवाद का कोई सिद्धांत ही नहीं है।'
- लेनिन ने भी अंतर्राष्ट्रीय राजनीति का कोई व्यवस्थित सिद्धांत निर्मित नहीं किया, लेकिन उन्होंने परोक्ष रूप में अंतर्राष्ट्रीय राजनीति का विश्लेषण किया व साम्राज्यवाद का अध्ययन करते हुए लेनिन ने कहा कि 'पूंजीवादी देश बुर्जुआ वर्ग के सदस्य हैं तथा एशियाई अफ्रीकी देश, सर्वहारा वर्ग के सदस्य हैं।'

## समकालीन मार्क्सवादी सिद्धांत

### 1. बिल वॉरेन की संकल्पना

- "Impearlism: Pioneer of Capitalism" (1980) नामक रचना में बिल वॉरेन ने साम्राज्यवाद को सकारात्मक शक्ति मानते हुए, इसे पूंजीवाद के विकास में सहायक माना।
- बिल वॉरेन ने मार्क्स की मान्यताओं को स्वीकार करते हुए तीसरी दुनिया के देशों में उपनिवेशवाद को पूंजीवाद के विकास के रूप में एक सहायक शक्ति माना।
- क्योंकि उपनिवेशवादी व्यवस्था के द्वारा तीसरी दुनिया के देशों में उपभोक्ता वस्तुओं में वृद्धि हुई व शिक्षा एवं चिकित्सा व्यवस्था प्रदान की गई।

**Note :** तीसरी दुनिया, शब्द का प्रयोग फ्रांस के **अल्फ्रेड सोवी** ने किया।

## 2. जस्टिन रोजेनबर्ग-पूंजीवाद व वैश्विक सामाजिक संबंध का विश्लेषण

- जस्टिन रोजेनबर्ग ने यथार्थवाद की आलोचना करते हुए कहा कि 'यथार्थवादी सिद्धांत, अनैतिहासिक है।'
- रोजेनबर्ग के अनुसार, 'अंतर्राष्ट्रीय राजनीति को समझने के लिए अंतर्राष्ट्रीय आर्थिक प्रणाली की समझ आवश्यक है।'
- आर्थिक प्रणाली के द्वारा सामाजिक संबंधों का भी ज्ञान हो सकता है।
- रोजेनबर्ग ने यथार्थवाद की आलोचना करते हुए कहा कि 'यथार्थवाद के दो मूल आधार हैं, अराजकता एवं संप्रभुता। इनके अनुसार, आर्थिक प्रणाली के अध्ययन के द्वारा उनको बेहतर रूप में समझा जा सकता है।

## संरचनात्मक मार्क्सवाद (Structural Marxism)

- संरचनात्मक सिद्धांत का विकास भाषा वैज्ञानिक सौसर (Sassur) के द्वारा किया गया जिनके अनुसार बोलने के माध्यम से व्यक्ति भाषायी संरचना का प्रयोग करता है। इसका विकास समाजशास्त्र में लेवी स्ट्रॉस (Levi Strauss) के द्वारा किया गया। मार्क्सवाद में इसका प्रयोग अल्थ्यूसर(Althusser) ने किया।
- अल्थ्यूसर के द्वारा परंपरागत मार्क्सवादी विचारों को परिवर्तित किया गया। और इनके अनुसार समाज में अर्थव्यवस्था के अलावा राजनैतिक, वैचारिक, तकनीकी संरचनाएं ही विद्यमान होती हैं। इसलिए अर्थव्यवस्था ही समूचे समाज को प्रभावित नहीं करती।
- यद्यपि अल्थ्यूसर के द्वारा मार्क्स को मानववादी के बजाय वैज्ञानिक और भौतिकवादी कहा गया। अल्थ्यूसर ने राज्य के वैचारिक आधार की व्याख्या की। उसके अनुसार समाज की प्रत्येक संरचनाएं पूंजीवादी व्यवस्था को बनाए रखने का कार्य करती है। इसीलिए आर्थिक आधार पर समूचे समाज की समझ पर्याप्त नहीं है। बल्कि वैचारिक तकनीकी और वैज्ञानिक संरचनाओं का प्रयोग पूंजीवाद को बनाए रखने के लिए किया जा रहा है।
- अंतर्राष्ट्रीय राजनीति में संरचनात्मक मार्क्सवाद का प्रयोग पराश्रितता सिद्धांतकारों तथा वॉलरस्टीन की विश्व व्यवस्था के विश्लेषण के माध्यम से किया गया।

## पराश्रितता का सिद्धांत व अंतर्राष्ट्रीय राजनीति

- पराश्रितता सिद्धांतकारों ने अपना मूल विचार, लेनिन के विचारों से प्राप्त किया है।
- पराश्रितता सिद्धांतकारों के अनुसार, 'विश्व, कोर एवं परिधि में विभाजित है।'
- इनके अनुसार, 'कोर, परिधि का शोषण करते हैं।'
- शोषण का यह कारण विनिमय की असमानता है। (व्यापार की प्रतिकूल शर्तें हैं)
- पराश्रितता सिद्धांतकारों के अनुसार, 'तीसरी दुनिया के देश अविकसित नहीं, बल्कि अल्पविकसित हैं।'
- पराश्रितता सिद्धांत के मूल मान्यताकार, सामिर अमीन व आन्द्रे गुन्डरफ्रैंक की रचना-"Capitalism and Underdevelopment in Latin America: Historical Studies of Chile and Brazil" (January 1, 1967) है।

## वॉलरस्टीन द्वारा विश्व व्यवस्था का विश्लेषण

- इन्होंने व्यवस्था विश्लेषण का प्रयोग मार्क्सवाद के अंतर्गत् किया और इन्होंने पराश्रितता सिद्धांत का संशोधन किया, जिनके अनुसार परिधि में शामिल देश भी विकास कर सकते हैं।
- वॉलरस्टीन, अमेरिकी समाजशास्त्री हैं, जिनकी प्रसिद्ध रचना-"The Modern World-System, vol. I: Capitalist Agriculture and the Origins of the European World-Economy in the Sixteenth Century" (1974) है। इनकी अन्य रचनाएं-"Geopolitics and Geoculture: Essays on the Changing World-System" (1991), "Decline of American Power : The U.S. in a Chaotic World" (2003) है।
- वॉलरस्टीन भी मार्क्सवादी विचारक हैं, जिन्होंने विश्व व्यवस्था को विश्व अर्थव्यवस्था की संज्ञा दी।
- इनके अनुसार, 'विश्व अर्थव्यवस्था, पूंजीवादी या बाजारवादी अर्थव्यवस्था है।'
- इन्होंने विश्व व्यवस्था के राज्यों को तीन (3) भागों में विभाजित किया-

  (i) कोर (ii) अर्द्ध-परिधि
  (iii) परिधि।
- तीनों का परस्पर संबंध शोषणकारी होता है। कोर के द्वारा परिधि एवं अर्द्ध-परिधि दोनों का शोषण किया जाता है, जबकि अर्द्ध-परिधि के द्वारा परिधि का शोषण होता है।

### वॉलरस्टीन के अनुसार, कोर राष्ट्रों की विशेषता

- लोकतांत्रिक सरकार।
- कल्याणकारी राज्य।
- विनिर्मित पदार्थों का निर्यात व कच्चे पदार्थों का आयात करते हैं।

### अर्द्ध-परिधि की विशेषता

- अधिनायकवादी सरकार।
- कल्याणकारी सुविधाएं केवल अल्प रूप में प्रदान की जाती हैं।

- कच्चे पदार्थ व विनिर्मित वस्तु दोनों का आयात एवं निर्यात किया जाता है।

**परिधि की विशेषताएं**

- गैर-लोकतांत्रिक सरकार।
- कल्याणकारी राज्य का अभाव।
- कच्चे पदार्थों का निर्यात एवं विनिर्मित वस्तुओं का आयात।

## आलोचनात्मक सिद्धांत (Critical Theory)

- आलोचनात्मक सिद्धांत मार्क्स की वैज्ञानिक और भौतिकवादी व्याख्या के बजाय मानववादी एवं वैचारिक व्याख्या को स्वीकार करते हैं। इनका संबंध किसी राजनीतिक दल अथवा विचारधारा के साथ नहीं है। इन्होंने पूंजीवाद का विरोध किया है। तथा उन परंपरागत मार्क्सवादियों का भी खंडन किया है जिन्होंने मार्क्स को केवल आर्थिक रूप में समझने का प्रयास किया। फ्रैंकफर्ट स्कूल के द्वारा आलोचनात्मक सिद्धांत का आधार रखा गया जिसे नव मार्क्सवाद भी कहा जाता है।
- इसके प्रतिपादक रॉबर्ट डब्ल्यू. कॉक्स की रचना- "Social Forces, States and World Order: Beyond International Relations Theory" (1981) तथा एन्ड्रयू लिंकलेटर की रचना- "The Achievements of Critical Theory" (1996) है।
- आलोचनात्मक सिद्धांतकार मानवीय प्रगति एवं पूंजीवाद के विरोधी हैं।
- इसके अनुसार, 'कोई भी सिद्धांत वस्तुनिष्ठ एवं तटस्थ नहीं होता, बल्कि विशेष उद्देश्यों के लिए निर्मित होता है।'
- इनके अनुसार, 'तथाकथित वैज्ञानिक ज्ञान भी वैज्ञानिक नहीं होता। अत: इन्होंने यथार्थवादी एवं उदारवादी सिद्धांत दोनों की आलोचना की।'
- एन्ड्रयू लिंकलेटर ने अंतर्राष्ट्रीय राजनीति में 'नव-मार्क्सवाद' का प्रयोग किया।
- एंड्रयू लिंकलेटर की कृति-"Realism, Marxism & Critical International Theory", "Men & Citizens in International Relations" में इन्होंने आलोचनात्मक सिद्धांत (Critical Theory) को बताया है।
- नव-मार्क्सवादी युवा-मार्क्स की रचना "दार्शनिक आर्थिक पांडुलिपि- 1948" से प्रभावित थे तथा नव-मार्क्सवादियों ने उदारवादियों को बुर्जुआ व शोषणकारी बताया व वैज्ञानिक मार्क्स की वस्तुनिष्ठता व आर्थिक-अपचयनवाद के सिद्धांत का खंडन किया।

### 3. अंतर्राष्ट्रीय राजनीति का ग्रामशीवादी विश्लेषण

- रॉबर्ट डब्ल्यू. कॉक्स की महत्वपूर्ण कृति है-"Approaches to World Order" (1996), "Production, Power, and World Order" (1987)।
- इसका विश्लेषण, अंतर्राष्ट्रीय राजनीति में 'रॉबर्ट कॉक्स' ने किया।
- रॉबर्ट कॉक्स के अनुसार, 'साम्राज्यवाद, सहमति के द्वारा कायम रहता है।'
- कॉक्स के अनुसार, 'साम्राज्यवादी व्यवस्था के द्वारा एक सामान्य समझ (Common Sense) का विचार पैदा किया जाता है, जिसके द्वारा साम्राज्यवादी शासन सभी के हित के लिए है।' जबकि रॉबर्ट कॉक्स के अनुसार, 'यह केवल साम्राज्यवादी व्यवस्था के हित में होता है।'
- साम्राज्यवादी व्यवस्था के द्वारा समाज में एक आम सहमति निर्मित की जाती है तथा यह प्रचारित-प्रसारित किया जाता है कि यह व्यवस्था सभी के लाभ के लिए है।

**मान्यताएं**

- आमूलवादी लोकतंत्र का समर्थन किया।
- व्यक्ति की स्वतंत्रता पर बल दिया।
- वैचारिक कारक को अंतर्राष्ट्रीय राजनीति में महत्वपूर्ण माना।
- अंतर्राष्ट्रीय राजनीति में वर्ग के बजाए, मानवीय उत्थान पर बल दिया।

## सामाजिक रचनात्मक सिद्धांत
(Social Constructivism Theory)

- इसके मुख्य प्रतिपादक ऐलेक्जेण्डर वेन्ड (Alexander Wendt) हैं। इनकी रचना-"Anarchy is What States Make of It", (full title: Anarchy is What States Make of it: the Social Construction of Power Politics) (1992) है।
- इनके अनुसार, राज्य एवं सरकार मानव निर्मित संस्थान हैं। इसलिए राज्यों के बीच के संघर्षमूलक संबंधों को, शांतिपूर्ण संबंधों में बदला जा सकता है।
- रचनात्मक सिद्धांतकारों के अनुसार, कोई बाह्य, वस्तुगत एवं सामाजिक यथार्थ नहीं होता। सामाजिक और राजनीतिक विश्व भौतिक नहीं है, बल्कि मानवीय चेतना का विषय है। इसलिए अंतर्राष्ट्रीय व्यवस्था का सौरमंडल की भांति स्वतंत्र रूप में अस्तित्व नहीं होता, बल्कि इसका अस्तित्व लोगों की परस्पर चेतना के परिणामस्वरूप होता है।
- अंतर्राष्ट्रीय व्यवस्था मानव का वैचारिक और बौद्धिक निर्माण है। यह मानवीय प्रयासों के कारण निर्मित है। जिस प्रकार मानव के विचार परिवर्तित होते हैं, उसी प्रकार अंतर्राष्ट्रीय संबंधों में भी परिवर्तन हो जाता है। इसलिए इन्होंने व्यवहारवादियों और व्यवस्था उपागम की

आलोचना की, जिन्होंने अंतर्राष्ट्रीय संबंधों का विश्लेषण वैज्ञानिक रूप में करने का प्रयत्न किया और अंतर्राष्ट्रीय संबंधों की वैज्ञानिक रूप में पड़ताल का प्रयत्न किया।

- इनके अनुसार, 'सामाजिक और राजनीतिक विश्व प्रकृति का भाग नहीं है। इसलिए समाज, राजनीति एवं अर्थ की व्याख्या के लिए किसी प्रकार से भी प्राकृतिक नियमों का प्रयोग करना तार्किक नहीं है। इसलिए सामाजिक और राजनीतिक नियमों को प्राकृतिक रूप में व्याख्यायित करना तार्किक नहीं।'
- राजनीतिक और सामाजिक विश्व का निर्माण मानव के विचार और चेतना के द्वारा निर्मित हैं। इसलिए भौतिक तत्वों का महत्व द्वितीयक है तथा वैचारिक परिप्रेक्ष्य के अभाव में वस्तुओं का महत्व निरर्थक हो जाता है। राष्ट्र, राष्ट्रवाद, राष्ट्रीय पहचान सामाजिक रचनाएं हैं, जिसका निर्माण देश और काल के अनुसार किया जाता है।
- इन विचारकों के अनुसार, समाज में असहमति या संघर्ष का मूल कारण संचार या बौद्धिक विचार-विमर्श का अभाव है। रचनात्मक सिद्धांतकार, यथार्थवाद के भी आलोचक हैं।

## संरचनावादी या रचनावादियों (Constructivist) द्वारा उदारवाद की आलोचना

- उदारवादी वस्तु के आदान-प्रदान व आर्थिक विकास के द्वारा शांति को स्थापित करने की बात करते हैं। उदारवादी अंतर्राष्ट्रीय राजनीति की भौतिकवादी व्याख्या करते हैं जहां व्यापार वाणिज्य बढ़ने से विकास व विकास से शांति की बात करते हैं। मानव विचारों को भौतिक तत्वों से नहीं विचारों से बदला जाता है।
- अंतर्राष्ट्रीय राजनीति में विचार एवं मूल्यों का महत्व ज्यादा है और विश्व का परिवर्तन विचारों से संभव है भौतिक व आर्थिक रूप से नहीं। दुनिया में संघर्ष के कारण विचार हैं और नए विचारों के द्वारा शांतिपूर्ण सहअस्तित्व को बढ़ावा दिया जा सकता है। इनका मानना है कि सामाजिक विश्व विचारों के द्वारा निर्मित होता है, सामाजिक विश्व सौरमंडल की भांति बिल्कुल नहीं है, जिसमें परिवर्तन संभव न हो।
- संरचनावादी या रचनावादी (Constructivist) के अनुसार, विश्व के संघर्ष किसी राज्य या संगठन के बीच नहीं होता, बल्कि यह संघर्ष संवाद के अभाव के कारण होता है तथा यह संघर्ष विचारों व बुद्धि में मतांतर के कारण बना हुआ है।
- इसलिए वर्तमान में संरचनावादी या रचनावादी (Constructivist) सिद्धांत का अत्यधिक महत्व है।
- अलेक्जेण्डर वेन्ड ने वर्ष 1992 में अपनी रचना-"Anarchy What State Make Out of it" में रचनावाद का प्रतिपादन किया। इस समय शीतयुद्ध का खात्मा हो गया था और उन्होंने बताया शीतयुद्ध के समाप्ति की भविष्यवाणी कोई भी सिद्धांतकार नहीं कर सका। अत: अंतर्राष्ट्रीय राजनीति की वैज्ञानिक व वस्तुनिष्ठ व्याख्या संभव नहीं है।

## अंतर्राष्ट्रीय राजनीति में नारीवादी सिद्धांत

### नारीवाद

- उत्तर-आधुनिक युग में, अंतर्राष्ट्रीय राजनीति के विश्लेषण हेतु परंपरागत दृष्टिकोणों (उदारवादी एवं यथार्थवाद) को अपर्याप्त मानते हुए सामाजिक एवं ऐतिहासिक पहलुओं के महत्व को भी स्वीकारा।
- इसी क्रम में वर्ष 1980 के दशक में नारीवादी विचारधारा का प्रभाव देखा जाने लगा, जिसमें विश्लेषण का आधार राष्ट्र-राज्य, शक्ति, राष्ट्रीय हित अथवा शासन व्यवस्था नहीं, अपितु लैंगिक संबंध है। इसलिए इसे अंतर्राष्ट्रीय राजनीति में वैकल्पिक सिद्धांत के रूप में देखा जाता है।

### मॉर्गेंथाऊ की आलोचना

- J. Amm Tickner के द्वारा मॉर्गेंथाऊ के सभी 6 सिद्धांतों की आलोचना की गई। जिसके अनुसार-

1 मॉर्गेंथाऊ अंतर्राष्ट्रीय राजनीति को मानव के वस्तुनिष्ठ स्वभाव पर आधारित मानता है जबकि टिकनर ने कहा कि यह पुरूष का स्वभाव है मानव का स्वभाव नहीं है।

2 राष्ट्रीय हित को केवल शक्ति के संदर्भ में परिभाषित नहीं किया जा सकता।

3 शक्ति को प्रभुत्व के रूप में परिभाषित करने से सामूहिक उत्थान की भावना का ह्रास हो जाता है।

4 सभी राजनीतिक कार्यकर्ताओं और घटनाओं का नैतिक प्रभाव होता है।

5 इनके अनुसार अंतर्राष्ट्रीय राजनीति में मानव के सार्वभौमिक स्वभाव और नैतिक सिद्धांतों की व्याख्या आवश्यक है।

6 राजनीति को स्वायत्त कहने का दृष्टिकोण पितृ-सत्तात्मक सत्ता का समर्थन है जिससे महिलाओं का दृष्टिकोण उपेक्षित हो जाता है। Nancy Hartsock ने मॉर्गेंथाऊ के शक्ति के विचार को पुरुष पर पुरुष की शक्ति के रूप में चित्रित किया इनके अनुसार नारीवादी शक्ति को प्रभुत्व के रूप में नहीं मानते। Jane Jaquette के अनुसार, महिला शक्ति अनुनय विनय और सहयोग पर आधारित होती है। परंतु महिलाओं का शक्ति पर नियंत्रण नहीं रहा।

- यह उत्तर-आधुनिक सिद्धांत है, जिसमें अंतर्राष्ट्रीय राजनीति का विश्लेषण लैंगिक संदर्भ में करने पर बल दिया गया। नारीवादियों ने यथार्थवाद की कड़ी आलोचना की।
- नारीवादियों के अनुसार, 'शक्ति राजनीति मूलत: पितृ-सत्तात्मक है, क्योंकि शक्ति की संकल्पना मूलत: पुरुषों से जुड़ी हुई है तथा कमजोर होना मूलत: महिलाओं से जोड़ा जाता है। पुरुषों को शक्ति संघर्ष में संलग्न दिखाया गया।'
- दूसरी ओर, पितृसत्ता द्वारा महिलाओं की भूमिका को दोयम दर्जे का माना और उन्हें संतान पैदा करने वाले यंत्र के रूप में वर्णित किया गया। अत: महिलाओं की भूमिका समाज और राज्य दोनों में द्वितीयक हो गई।

## युद्ध और शांति ( नारीवाद )

- नारीवादियों ने मॉर्गेंथाऊ की मान्यता को अस्वीकार करते हुए कहा कि 'मानवीय स्वभाव आक्रामक और शक्ति प्राप्त करने वाला नहीं होता, बल्कि यह मूलत: पुरुषों का स्वभाव है।'
- इसलिए उग्र-नारीवादियों के अनुसार, अंतर्राष्ट्रीय राजनीति के युद्ध का मूल कारण शासन सत्ता पर स्थापित पुरुषों का नियंत्रण है। यदि अंतर्राष्ट्रीय राजनीति में महिलाओं का शासन सत्ता पर नियंत्रण हो जाए, तो पूरे विश्व में शांति होगी।
- नारीवादियों के अनुसार, युद्ध के दौरान भी महिलाओं की स्थिति द्वितीयक होती है। इनके अनुसार, युद्ध मूलत: जेंडर से संबंधित हैं। युद्ध से सर्वाधिक पीड़ित महिलाएं होती हैं, वे उन नीतियों का शिकार होती हैं, जिसका निर्माण और क्रियान्वयन उन्होंने स्वयं नहीं किया।
- अत: युद्ध का प्रभाव पुरुष एवं महिलाओं पर अलग-अलग रूप में होता है और युद्ध में महिलाओं के साथ बलात्कार की घटनाएं भी होती हैं। शरणार्थियों में भी अधिकांश संख्या महिलाओं एवं बच्चों की होती है। युद्ध से प्राकृतिक पर्यावरण भी प्रभावित होता है। इसलिए महिलाओं को घरेलू कार्यों को संपादन करने में भी कठिनाई आती है।

### नारीवाद और सुरक्षा

- नारीवादी विचारकों ने सुरक्षा की राज्य केंद्रित यथार्थवादी संकल्पना को पूर्णत: अस्वीकृत कर दिया। इनके अनुसार, सुरक्षा मूलत: समाज केंद्रित संकल्पना है। इन्होंने यथार्थवादियों की आलोचना करते हुए कहा कि राष्ट्र-राज्यों द्वारा अर्जित हथियारों का भंडार राज्य की सुरक्षा की बजाय, पितृ-सत्तात्मक व्यवस्था को बनाए रखने के लिए किया जाता है।
- इनके अनुसार, सुरक्षा का अभिप्राय, मानवीय सुरक्षा से है। इसलिए स्वास्थ्य, शिक्षा जैसी सुविधाओं को सुरक्षा का अपरिहार्य भाग माना। इनके अनुसार, कुपोषण समाप्त करना एवं गरीबी निवारण सुरक्षा का व्यापक रूप है, जिसमें ये विचारक, नव-मार्क्सवादियों और संरचनावादियों के समान प्रतीत होते हैं।

### उग्र-नारीवाद

- उग्र-नारीवादियों की यह मान्यता स्वीकार करना कठिन है, जिसके अंतर्गत् उन्होंने कहा कि जेंडर के कारण विश्व में युद्ध एवं अशांति उत्पन्न होती है, क्योंकि अनेक उदाहरणों से यह अस्पष्ट है कि महिला नेतृत्व द्वारा भी अंतर्राष्ट्रीय राजनीति में उसी प्रकार व्यवहार किया गया जैसाकि पुरुषों के द्वारा व्यवहार किए गए। उदाहरण के लिए, पूर्व ब्रिटिश प्रधानमंत्री मारग्रेट थैचर ने अर्जेंटीना पर आक्रमण किया।
- वर्ष 1971 में इंदिरा गांधी के नेतृत्व में पाकिस्तान के आक्रमण का करारा जवाब दिया गया। ठीक इसी प्रकार पूर्व अमेरिकी विदेश सचिव कोंडलीजा राईस और अमेरिकी विदेश सचिव हिलेरी क्लिंटन के सत्ता संभालने से अमेरिकी विदेश नीति में कोई परिवर्तन नहीं हुआ। यद्यपि उग्र-नारीवादियों की यह मान्यता अभी भी प्रमाणित नहीं है कि जब समूचे विश्व में महिलाएं सत्ता में आ जाएंगी, तो उस समय अंतर्राष्ट्रीय राजनीति का स्वरूप कैसा होगा।

### उदार नारीवाद

- उग्र-नारीवादियों की बजाय, उदारवादी नारीवादियों की मान्यता ज्यादा संतुलित और व्यावहारिक है। उनके अनुसार, जेंडर से राजनीति की प्रकृति निर्धारित नहीं होती। इसलिए इन्होंने राजनीतिक निर्णय-निर्माण और संस्थाओं में एवं सैन्य व्यवस्थाओं में महिलाओं के समान प्रतिनिधित्व का समर्थन किया।
- इनके अनुसार, विश्व के अधिकांश देशों में अभी भी महिलाओं को शासन और सेना में द्वितीयक दर्जा प्राप्त है। सेना में महिलाओं की भर्ती, नर्सिंग एवं खाना बनाने वाले क्षेत्रों में ही होती है। अमेरिका जैसे देशों में आज भी जल पनडुब्बियों में महिलाओं की भर्ती नहीं होती।
- उदारवादी नारीवादियों के अनुसार, महिलाओं को समान प्रतिनिधित्व देने से राष्ट्रीय हित में वृद्धि होगी। राष्ट्र अत्यधिक शक्तिशाली होगा। यदि देश की आधी जनसंख्या अशक्त एवं कमजोर है, तो समूचे राष्ट्र का विकास संभव नहीं है।

### नारीवाद की आलोचना

- जेंडर के आधार पर अंतर्राष्ट्रीय राजनीति की प्रकृति

परिवर्तित नहीं होगी, क्योंकि अंतर्राष्ट्रीय राजनीति में राष्ट्रीय हित एवं सुरक्षा अत्यधिक महत्वपूर्ण हैं।

- समाज, राष्ट्र एवं विश्व का मात्र लैंगिक आधार पर विश्लेषण करना एकांगी एवं अपूर्ण है।

## निष्कर्ष

- उदारवादी नारीवादियों का विचार अधिक व्यावहारिक है। क्योंकि समाज एवं शासन में महिलाओं की सशक्त भूमिका, राष्ट्र की आर्थिक, राजनीतिक एवं सामरिक स्थिति को मजबूत करेगी, जिससे राष्ट्रीय हितों को बढ़ावा मिलने के साथ-साथ सामाजिक न्याय भी स्थापित होगा।

## जेंडर जस्टिस

- अंतर्राष्ट्रीय राजनीति में वर्तमान समय में लैंगिक न्याय का मुद्दा अत्यधिक महत्वपूर्ण हो गया है। विश्व राजनीति में 70 के दशक से एवं देतांत के काल से लैंगिक न्याय को अत्यधिक महत्व दिया गया।
- परिणामस्वरूप संयुक्त राष्ट्र द्वारा वर्ष 1975 को अंतर्राष्ट्रीय महिला वर्ष के रूप में घोषित किया गया। वर्ष 1975 से वर्ष 1985 के दशक को अंतर्राष्ट्रीय महिला दशक के रूप में मनाया गया। वर्ष 1979 में मानवाधिकारों के घोषणा-पत्र में महिलाओं के विरुद्ध भेदभाव और शोषण को मानवाधिकार का उल्लंघन माना गया।
- शीतयुद्धोत्तर विश्व में अनेक देशों में गृहयुद्ध एवं नृजातीय संघर्ष आरंभ हुए। परिणामस्वरूप इनसे महिलाएं सर्वाधिक पीड़ित हुईं। वर्तमान विश्व में सुरक्षा के समक्ष उत्पन्न गैर-परंपरागत संकटों में पर्यावरणीय संकट, जनसंख्या विस्फोट, एड्स जैसी महामारी प्रमुख चुनौतियां हैं और लैंगिक न्याय के द्वारा इन मुद्दों का भी समाधान किया जा सकता है।
- इसलिए यदि संयुक्त राष्ट्र द्वारा निर्धारित 'सहस्राब्दि विकास लक्ष्यों' को अर्जित करना है, तो लैंगिक न्याय का मुद्दा सर्वाधिक महत्वपूर्ण है।
- अत: परिवर्तित विश्व में अंतर्राष्ट्रीय राजनीति को राष्ट्रीय हित एवं शक्ति संघर्ष के रूप में ही परिभाषित करना कठिन है, बल्कि महिला उत्थान और उससे भी बढ़कर मानवीय उत्थान अंतर्राष्ट्रीय राजनीति के सार्वभौमिक सरोकार बन चुके हैं।

## पर्यावरणीय नारीवाद

- नारीवादियों के अनुसार, पितृ-सत्ता से केवल महिलाएं ही पीड़ित नहीं हैं, बल्कि पुरुषों का स्वभाव ही आक्रामक और शोषणकारी होता है, ये न केवल महिलाओं पर प्रभुत्व और शोषण स्थापित करते हैं, बल्कि इनके द्वारा प्राकृतिक संसाधनों का भी शोषण होता है।
- इसलिए पर्यावरणीय क्षति का मूल कारण, पुरुषों का प्रभुत्वशाली एवं आक्रामक व्यवहार है। इनके अनुसार, जबकि महिलाओं का स्वभाव प्रकृति के अनुरूप होता है। इनकी मान्यता है कि मनोवैज्ञानिक रूप में महिलाओं में देखभाल, स्नेह और संबंधों को बनाए रखने का गुण पाया जाता है।

## वैश्विक नारीवादी आंदोलन में समकालीन संकट

- वर्तमान में नारीवादी आंदोलन समरूप नहीं रहे। क्योंकि विकसित देशों (अमेरिका) में श्वेत एवं अश्वेत महिलाओं के सरोकारों में विभाजन उत्पन्न हो चुका है।
- विकसित एवं विकासशील (एशिया-अफ्रीका) देशों की महिलाओं की स्थिति, मांग एवं समस्याओं में स्पष्ट अंतर देखा जा सकता है। विकसित देशों के महिला संगठन विकासशील देशों की महिलाओं के प्रति नकारात्मक दृष्टिकोण रखते हैं।
- उत्तर-उपनिवेशवादी नारीवादियों के अनुसार, विकासशील (उत्तर-उपनिवेशवादी राज्य) देश की महिलाएं एक ओर तो उपनिवेशवादी व्यवस्था के द्वारा शोषित होती हैं, तो दूसरी ओर, पितृ-सत्तात्मक सत्ता के द्वारा। जबकि विकसित देशों की महिलाओं के समक्ष केवल दूसरी समस्या है।

## निष्कर्ष

- उपरोक्त विभाजन के बावजूद 'जेंडर न्याय' को लेकर किए गए आंदोलन विश्व की सभी महिलाओं के अधिकारों को संरक्षित एवं संवर्धित करते हैं। क्योंकि वर्तमान में यह वैश्विक सरोकार का मुद्दा बन चुका है।

## उत्तर-आधुनिकतावाद (Post Modernism)

- नव यथार्थवादियों ने अंतर्राष्ट्रीय राजनीति को वस्तुनिष्ठ एवं वैज्ञानिक बनाने का दावा किया। जबकि मार्क्सवादी स्वयं को वैज्ञानिक और वस्तुनिष्ठ होने का दावा करते थे। उत्तर-आधुनिकतावाद के अनुसार कोई भी ज्ञान वस्तुनिष्ठ और वैज्ञानिक नहीं होता बल्कि सामाजिक व्यवस्था का परिणाम होता है। ज्ञान सार्वभौमिक सत्य न होकर विभिन्न दृष्टिकोण एवं परिप्रेक्ष्य पर आधारित होता है। इसीलिए अंतर्राष्ट्रीय राजनीति का कोई भी सिद्धांत पूर्ण नहीं है।
- इसके प्रमुख प्रतिपादक रिचर्ड एशले हैं, जिनकी रचना- "The Achievements of Post-Structuralism" है।
- उत्तर-आधुनिकतावादी, यथार्थवाद एवं उदारवाद दोनों के आलोचक हैं।

- इनके अनुसार, ज्ञान एवं शक्ति एक-दूसरे से अंतर्संबंधित होते हैं।
- इनके अनुसार कोई ज्ञान वस्तुनिष्ठ नहीं होता, बल्कि सामाजिक पृष्ठभूमि में निर्मित होता है।

**महत्वपूर्ण तथ्य**

- अंतर्राष्ट्रीय राजनीति में संघर्ष समाधान सिद्धांत का निर्माण 'कैनेथ बोल्डिंग' ने किया।
- एन्ड्रयू लिंकलेटर ने नव-मार्क्सवादी का आलोचनात्मक सिद्धांत का विकास किया।
- एन्ड्रयू लिंकलेटर ने अंतर्राष्ट्रीय राजनीति में नव-मार्क्सवादी सिद्धांत का निर्माण भी किया।
- शेलिंग ने सामरिक यथार्थवादी सिद्धांत का निर्माण किया।
- अंतर्राष्ट्रीय राजनीति के ऐतिहासिक समाजशास्त्री उपागम का निर्माण 'चार्ल्स टिली' ने किया।
- अंतर्राष्ट्रीय राजनीति में Normative Theory का निर्माण 'क्रिस ब्राउन' ने किया।
- न्यायोचित युद्ध का सिद्धांत 'वॉल्जार' ने दिया।
- नारीवादी सिद्धांत का निर्माण अंतर्राष्ट्रीय राजनीति में सिंथिया एनोल व स्पाइक पीटरसन ने दिया।
- अंतर्राष्ट्रीय राजनीति का उत्तर-उपनिवेशवादी सिद्धांत गायत्री स्पीवाक ने दिया।
- अंतर्राष्ट्रीय समाज का विचार हेडले बुल (न्याय व व्यवस्था) ने दिया।
- हेडले वूल ने तीन विचारधाराओं (यथार्थवाद, तर्क बुद्धिवाद एवं क्रांतिवाद) के संयोजन के रूप में अंतर्राष्ट्रीय समाज सिद्धांत का प्रवर्तन किया।
- कैनेथ वॉल्ट्ज ने यथार्थवाद का (नव-यथार्थवादी) विश्लेषण व्यवस्था सिद्धांत के आधार पर किया।

## अंतर्राष्ट्रीय राजनीति के व्यावहारिक उपागम

- ऐतिहासिक समाजशास्त्रीय उपागम-चार्ल्स टिली।
- मानकीय सिद्धांत-क्रिस ब्राउन।
- न्यायोचित युद्ध सिद्धांत (Just War Theory)-वॉल्जार।
- नियम-निर्माण सिद्धांत-हर्बर्ट साइमन।

## इंगलिश स्कूल सिद्धांत (English School Theory)

- अंतर्राष्ट्रीय राजनीति के इंगलिश स्कूल (English School) को अंतर्राष्ट्रीय समाज का उपागम भी कहा जाता है, इन्होंने व्यवहारवादी क्रांति व वैज्ञानिक दृष्टिकोण को पूर्णत: अस्वीकार कर दिया तथा मानवीय समझ इतिहास मूल्यों जैसे परंपरागत दृष्टिकोण पर अत्यधिक बल प्रदान किया। इनके द्वारा मानवीय मूल्यों व राजनीतिक मूल्यों पर अत्यधिक बल दिया गया।
- इनके अनुसार विचार व विचारधाराओं के द्वारा विश्व राजनीति का निर्माण होता है। इनके अनुसार अंतर्राष्ट्रीय राजनीति मानवीय संबंधों का एक भाग है, जिसके आधारभूत मूल्य स्वतंत्रता व्यवस्था एवं न्याय है।
- इंगलिश स्कूल (English School) के द्वारा अंतर्राष्ट्रीय राजनीति में शक्ति के महत्व को स्वीकार किया गया, परंतु यथार्थवादियों के उस दृष्टिकोण को अस्वीकार कर दिया गया, जिनके अनुसार विश्व में केवल अराजकता व्याप्त है और अंतर्राष्ट्रीय संस्थाओं व मूल्यों का कोई महत्व नहीं है।
- इनके अनुसार राज्य शक्ति का प्रतीक है, परंतु यह एक संवैधानिक संस्था भी है। इसलिए अंतर्राष्ट्रीय राजनीति में शक्ति व विधि दोनों का समान महत्व है। इन्होंने यह स्वीकार किया है कि राज्य को नियंत्रित करने वाली वैश्विक संस्था का अभाव है, जिसका अभिप्राय है कि विश्व अराजक है। परंतु यह भी सत्य है कि यह अराजकता सामाजिक है।
- अत: अंग्रेजी स्कूल के द्वारा यथार्थवादी व उदारवादी दोनों सिद्धांतों के बीच समन्वय का प्रयत्न किया गया है, क्योंकि दोनों की मान्यताएं अतिवादी हैं। यथार्थवादी केवल अराजकता की बात करते हैं, जबकि उदारवादी केवल सहयोग की। यथार्थवादी शक्ति राजनीति के समर्थक हैं, जबकि उदारवादी अंतर्राष्ट्रीय विधि को मानते हैं।
- अंग्रेजी स्कूल के अनुसार दोनों आंशिक रूप में सत्य हैं। उदारवादी के लिए संयुक्त राष्ट्र संघ के आदर्श उदारवादी मूल्यों को प्रदर्शित करते हैं। जबकि सुरक्षा परिषद् के पांच स्थायी सदस्यों को दिया गया वीटो का अधिकार शक्ति संतुलन का उदाहरण है।
- हैडले बुल तथा जेम्स रोजेनाऊ इसके मूल प्रतिपादक हैं।

## महत्वपूर्ण तथ्य

### नोम चोमस्की

- एक अमेरिकी बुद्धिजीवी हैं, जो अमेरिकी विदेश नीति के कड़े आलोचक हैं। ये पूंजीवाद, भूमंडलीकरण तथा नव-कार्पोरेटवाद के कड़े आलोचक हैं। इनकी प्रसिद्ध रचनाएं निम्नलिखित हैं-"American Power and the New Mandarins" (written in 1968, published in 1969), "Manufacturing Consent: The Political Economy of the Mass Media" (1988), "Hegemony or Survival: America's Quest for Global Dominance" (Nov., 2003) है।

### नारीवादी

- कैथिया इनोल, जालेवस्की, गायत्री स्पीवाक, पीटरसन।

### Post Modernist

- माइकल फूकोल्ट (फूको), देरिदा-उत्तर-संरचनावादी (Post Structuralist), ल्यूटॉर्ड।

### उत्तर-उपनिवेशवादी

- गायत्री स्पीवॉक (Spyvak)
- ड्यूबोइस।

**प्राच्यवाद** (Orientalism)

- एडवर्ड सईद की रचना- "Culture and Imperialism" (1993) है।

### Beyond Orientalism

- डेलडियर।

## अंतर्राष्ट्रीय राजनीति के प्रमुख विचारक

### 1. यथार्थवादी

- रेमंड एरन:- The Opium of the Intellectuals, The Dawn of Universal History, The Century of Total War.
- ई. एच. कार:- The New Society, A Study of Foreign Policy From the Versailes Treaty to the Out Break of War, Conditions of Peace.
- रॉबर्ट गिलपिन:- Scientists and National Policy Making.
- जॉन हर्ज:- Idealist Internationalism and the Security Dilemma, Political Realism and Political Idealism.
- जार्ज केनन:- अमेरिकन कूटनीति (1900-1950)
- हेनरी किसिंजर:- The Troubled Partnership : A Re-Appraisal of Atlantic Alliance, Nuclear Weapons & Foreign Policy.
- मॉर्गेंथाऊ:- Politics Among Nations, Politics in The Twentieth Century.
- Susan Strange:- International Economics & International Politics.
- Kenneth Waltz:- Man, The State and War, Theory of Internatinal Politics.

### 2. आदर्शवाद/उदारवाद

- नॉर्मन एंजेल:- Patriotism Under Three Flags, The Great Illusion: A Study of Relations of Military Power to National Advantage, The Foundations of International Polity.
- चार्ल्स बेट्ज:- Justice & International Relations Political Theory & International Relations .
- माइकल डोल:- Liberalism and World Politics, Thucydidean Realism.
- फ्रांसिस फूकुयामा:- The End of History and Last Man.
- डेविड हैल्ड:- Models of Democracy.
- जॉन हॉब्सन:- The Economics of Unemployment, The Physiology of Industry.
- स्टैनले हॉफमैन:- International Relations: The long road to Theory, The State of War.
- वुडरो विल्सन:- A History of The American People, The State.
- अल्फ्रेड जिमनर:- The British Empire.

### Radical/Critical Theory

- जॉन बर्टन:- International Relations: A General Theory, The Alternative.
- रॉबर्ट कॉक्स:- The Anatomy of Influence, International Organisation.
- रिचर्ड ए फाल्क:- Law, Morality and War in Contemporary World.
- आंद्रे गुंडर फ्रैंक:- Capitalism and Underdevelopment in Latin America.
- जॉन गाल्टुंग:- A Structural Theory of Imperialism, Transarmament & The Cold War.
- लेनिन:- The War and The Second International.
- लिंकलेटर:- Realism, Marxism & Critical International Theory, Men & Citizens in International Relations.

अध्याय 2

# युद्ध तथा संघर्ष
# WAR AND CONFLICTS

## युद्ध का अभिप्राय

- दो राज्यों अथवा राजनीतिक इकाइयों के बीच हिंसक संघर्ष को युद्ध कहा जाता है, जिसमें एक हजार से ज्यादा लोगों की मृत्यु हो।
- युद्ध, संघर्ष से अलग है, क्योंकि संघर्ष में हिंसा का प्रयोग आवश्यक नहीं है।
- रेडक्रॉस सोसायटी के अनुसार, 'युद्ध राज्यों के मध्य संघर्षों का चरम स्तर है, जहां सेनाओं के मध्य सशस्त्र संघर्ष होते हैं।'
- मार्टिन शॉ ने 'युद्धों के अपहास का सिद्धांत' दिया।
- रेमण्ड आरो ने 'अतिशयोक्तिपरक युद्ध' का सिद्धांत दिया।
- काल्डार ने 'नवीन युद्ध' की संकल्पना दी।
- मैकियावेली, कौटिल्य, थ्यूसीडाइस इत्यादि विद्वानों ने युद्धों का विश्लेषण कर यथार्थवादी सिद्धांत दिया।
- दो पक्षों के मध्य किसी संसाधन पर नियंत्रण के लिए संघर्ष हो सकता है। संघर्ष में पक्षों के मध्य विवाद को हल करने के लिए बातचीत का प्रयोग किया जाता है। कभी-कभी न्यायिक रूप में भी संघर्ष को हल करने का प्रयत्न किया जाता है। जबकि युद्ध के दौरान संघर्ष होना आवश्यक नहीं है।

**सीमित युद्ध** (Limited War)

- वर्तमान युग में घातक नरसंहार के हथियारों के कारण युद्ध अत्यधिक भयानक बन सकता है। इसलिए वर्तमान समय में युद्ध का स्वरूप पहले जैसा नहीं है। पहले के युद्धों में केवल सैनिकों के बीच युद्ध होते थे। लेकिन वर्तमान घातक नरसंहार के हथियारों के युग में सैनिकों के साथ-साथ आम नागरिक भी मारे जाते हैं।
- इसलिए आज के परमाणु हथियारों के युग में सीमित युद्ध की संकल्पना प्रचलित हो रही है, जिसका अभिप्राय है कि राज्यों के मध्य छोटे युद्ध हो सकते हैं, व्यापक युद्ध नहीं होंगे।
- काल्डार के अनुसार, वर्तमान युद्धों में भू-मंडलीकरण का व्यापक प्रभाव पड़ा है। अब युद्ध मानवीय स्वरूप का हो गया है। अंतर्राष्ट्रीय पत्रकारों की उपस्थिति, ऑक्सफेम, सेव द चिल्ड्रेन, शरणार्थी संगठन इत्यादि की उपस्थिति ने मध्ययुगीन बर्बर युद्धों के दौर को समाप्त कर दिया है।

**घातक नरसंहार के हथियार** (Weapons of Mass Destruction)

- परमाणु हथियार, रासायनिक हथियार तथा जैविक हथियारों को घातक नरसंहार के हथियार (WMD) कहा जाता है।
- इनकी विनाशक क्षमता बहुत ज्यादा है तथा इससे आम लोग भी मारे जाते हैं।
- वर्तमान समय के युद्ध के लिए 'संपूर्ण युद्ध' (Total war) नामक शब्द प्रचलित है।

## वर्तमान समय में युद्ध की परिवर्तित प्रकृति

- शीतयुद्ध के दौरान युद्ध सामान्यत: राज्यों के मध्य होते थे।
- शीतयुद्धोत्तर (1990 के बाद) युग में युद्ध राज्यों के अंदर ही जारी है। उदाहरण के लिए, सूडान में गृह युद्ध के कारण सूडान का विभाजन हो गया और अफगानिस्तान में अभी भी आंतरिक नृजातीय संघर्ष बने हुए हैं।
- वर्ष 1990 के बाद राज्यों के अंदर ही नृजातीय संघर्ष विद्यमान हैं। उदाहरण के लिए, अफगानिस्तान में तालिबानी राज्य के विरुद्ध संघर्ष कर रहे हैं। नोगार्नोकाराबाक को लेकर अर्मीनिया एवं अजरबैजान के मध्य युद्ध हुआ। रूस के चेचेन्या में भी अलगाववादी आंदोलन चल रहा है।
- पूर्व यूगोस्लाविया ने उत्तराधिकारी राज्य सर्बिया में स्लोबोदान मिलोसेविच अल्बेनियाई मूल के लोगों का नरसंहार किया। अभी भी ईरान, इराक तथा तुर्की के कुर्द अपने लिए एक अलग कुर्दिस्तान की मांग कर रहे हैं। माली में भी आंतरिक संघर्ष बना हुआ है।
- पाकिस्तान में बलूचिस्तान के निर्माण के लिए बलूच नृजातीय लोग संघर्ष कर रहे हैं।
- ग्रेग सिन्डर और जॉन मलिक ने अपनी पुस्तक-''डेवलपमेंट इन मॉडर्न वार फेयर'' में लिखा है कि वर्तमान राज्य का स्वरूप तीन स्तर का है- **प्रथम स्तर में,** वे राज्य आते हैं, जो अंतर्राष्ट्रीय मानकों के अनुरूप व्यवहार करते

हुए सामाजिक-आर्थिक कल्याण करते हैं। जैसे-पश्चिमी देश। **दूसरे स्तर पर,** वे राज्य आते हैं, जो कुछ समय के लिए स्थायित्व धारण करते हैं और कुछ समय के लिए अस्थायित्व। जैसे-पाकिस्तान, इंडोनेशिया। **तृतीय स्तर पर,** वे राज्य आते हैं जहां कि केंद्रीय सरकार अपनी पहुंच और शक्ति खो चुकी होती है तथा यहां राज्येत्तर संगठन कार्यरत होते हैं। जैसे-इराक, सीरिया तथा मध्यपूर्व के अन्य राज्य।

## आतंक के विरुद्ध युद्ध

- 11 सितंबर, 2001 के बाद अमेरिकी राष्ट्रपति बुश ने 'आतंक के विरुद्ध युद्ध' का नारा दिया।
- इसी के अंतर्गत् अमेरिका ने अफगानिस्तान पर आक्रमण किया, जिसे 'ऑपरेशन इन्ड्यूरिंग फ्रीडम' का नाम दिया गया।
- वर्ष 2002 में अमेरिकी राष्ट्रपति बुश ने 'दुष्ट राज्यों की धुरी' (Axis of Evil) का विचार दिया, जिसमें ईरान, इराक एवं उत्तरी कोरिया को सम्मिलित किया।
- अमेरिका के अनुसार ये राज्य आतंकवाद को प्रायोजित करते हैं।

**पूर्व आशंका आधारित हमला** (Pre-Emptive)

- इसके अंतर्गत् एक राज्य दूसरे पर इसलिए हमला करता है कि दूसरा राज्य भविष्य में इसकी सुरक्षा के लिए खतरा पैदा कर सकता है। जैसाकि वर्ष 2003 में अमेरिका ने इराक के ऊपर हमला किया और यह कहा कि ईराक रासायनिक हथियार बना रहा है तथा आतंकवाद को बढ़ावा दे रहा है।
- वर्ष 1991 में पहला खाड़ी युद्ध हुआ, जिसमें अमेरिका ने 'ऑपरेशन डेजर्ट स्टॉर्म' का प्रयोग किया। वर्ष 2003 में अमेरिका ने दूसरे खाड़ी युद्ध का आरंभ किया। यह उल्लेखनीय है कि वर्ष 2001 में हेन्स ब्लिक्स की अध्यक्षता में इराक में हथियार निरीक्षण दल भेजा गया था। इन्होंने यह स्पष्ट कहा था कि ईराक के पास किसी प्रकार के रासायनिक हथियार नहीं हैं।
- वर्तमान समय में सीरिया में गृहयुद्ध की स्थिति बनी हुई है और अमेरिका के द्वारा सैनिक हस्तक्षेप करने का प्रयत्न किया जा रहा है।

## युद्ध के कारण

(i) मानवीय आक्रामकता।

(ii) आर्थिक लाभ।

(iii) राज्य के भौगोलिक विस्तार की आकांक्षा।

## शांति निर्माण के उपाय

(i) यथार्थवादी, शांति निर्माण के लिए कूटनीतिक माध्यमों का सहारा लेते हैं।

(ii) उदारवादी, शांति स्थापना के लिए अंतर्राष्ट्रीय विधि एवं अंतर्राष्ट्रीय संस्थाओं के निर्माण के समर्थक हैं। अत: उदारवादी सामूहिक सुरक्षा पर बल देते हैं।

(iii) मार्क्सवादी, आर्थिक समानता, शांति स्थापना के लिए मूल माध्यम मानते हैं।

## कुछ तथ्य

- माइकल वॉल्जार ने न्यायपूर्ण युद्ध (Just War) की संकल्पना का विकास किया। वॉल्जार ने-"Just and Unjust Wars: A Moral Argument with Historical Illustrations" (1977) नामक पुस्तक लिखी। इन्होंने "Arguing About War" (2004) नामक रचना भी लिखी। लियो टालस्टॉय ने-"War and Peace" (first published in 1869) नामक रचना लिखी। ए. जे. कोट्स ने-"The Ethics of War" (Sept.15, 1997) नामक रचना लिखी।
- शीतयुद्ध में ज्यादातर युद्ध राज्यों के बीच हुए। जबकि वर्तमान समय में ज्यादा युद्ध राज्यों के अंदर ही विद्यमान हैं। नृजातीय संघर्ष विद्यमान हैं। जैसे-सूडान में संघर्ष, युगांडा व रवांडा के संघर्ष।
- कार्ल वान क्लाउजेविट्ज ने अपनी रचना-"On War" (1832) में लिखा कि 'युद्ध अन्य माध्यमों के द्वारा संचालित राजनीति है।'
- मैरी कॉलडोर (Marry Kaldor) ने-"New and Old Wars: Organized Violence in a Global Era" (1999) नामक पुस्तक लिखी।
- मार्टिन वेन क्रेवेल्ड ने-"The Transformation of War" (1991) नामक पुस्तक लिखी।
- विलियम कोहेन ने 'सैन्य क्रियाकलापों से क्रांति को' युद्ध के रूप में वर्णित किया।
- डेविड जॉन किलकुलेन ने-"Countering Global Insurgency" (30 Nov. 2004) नामक पुस्तक लिखी।
- RMA का अर्थ-Revolution in Military Affairs है।
- माली (अफ्रीका) में इस्लामी कट्टरवादी जिनको अलकायदा का समर्थन प्राप्त है, जो सत्ता पर नियंत्रण करने का प्रयत्न कर रहा है। इसलिए फ्रांस ने अपनी सेना माली में भेजने का निर्णय किया। इसके लिए संयुक्त राष्ट्र संघ सुरक्षा परिषद् में प्रस्ताव पारित किया गया था।
- वर्ष 2012 में फिलीस्तीन को संयुक्त राष्ट्र संघ के द्वारा माली में गैर राज्य पर्यवेक्षक नियुक्त किया गया है।
- वर्ष 2013 में आर्म्स ट्रेड ट्रिटी पर भारत ने वीटो कर दिया, जिससे अवैध हथियारों के आदान-प्रदान पर रोक लगाई जाए, जिसके लिए संयुक्त राष्ट्र महासभा में सामान्य बहुमत की आवश्यकता होती है। इसके लिए सुरक्षा परिषद

का समर्थन जरूरी नहीं है। स्विट्जरलैंड एवं वेटिकन सिटी राज्य को पर्यवेक्षक नियुक्त किया गया है।

**Books:**


- Martin Wight- "International Theory: The Three Traditions."
- Nassau A. Adams- "Worlds Apart: the North-South Divide and the International System."
- Shahrbanou Tadjbakhsh and Anuradha Chenoy- "Human Security: Concepts and Implications."


## आंतकवादी संगठन (Terrorist Organizations)

| Name | Region | Location of Operations |
|---|---|---|
| Ansar-al-Shri'a | Africa | Tunisia |
| Japanese Red Army (JRA) | Asia | Japan |
| Abdullah Azzam Brigades | Middle East | Iraq |
| Haqqani network | Asia | Afghanistan |
| Ansar Dine | Africa | Mali |
| Boko Haram | Africa | Nigeria |
| Ansaru | Africa, | Nigeria |
| Ansar al-Shari'a in Benghazi | Africa | Libya |
| Ansar al-Shari'a | Africa | Libya |
| al-Qa'ida in the Arabian Peninsula | Middle East | Saudi Arabia |
| Harkat-ul-Jihad al-Islami (HUJI) | Asia | Bangladesh |
| Tehrik-i-Taliban (TTP) | Asia | Pakistan |
| Jundallah (People's Resistance Movement of Iran, or PRMI) | Asia (Iran) | Iran |
| Indian Mujahideen (IM) | (Asia) | India |
| Jamaah Ansharut Tauhid (JAT) | Asia | Indonesia |
| Libyan Islamic Fighting Group (LIFG) | Middle East Africa | Libya |
| Islamic Jihad Union (IJU) | Asia | Uzbekistan |
| Harkat-ul-Jihad al-Islami (HUJI-B) | Asia | Bangladesh |
| Al-Shabaab | Africa | Somalia |
| Kata'ib Hezbollah | Middle East | Iraq |
| Jemaah Islamiya organization (JI) | Asia | Indonesia |
| Lashkar i Jhangvi | Asia | Pakistan |
| Al-Qaeda Kurdish Battalions | Middle East | Iraq |
| Jaish-e-Mohammed (Army of Mohammed) (JEM) | Asia | Pakistan |
| Lashkar-e Tayyiba (Army of the Righteous) (LET) | Asia | Pakistan |
| Shining Path (Sendero Luminoso,SL) | S. America | Peru |
| al-Qa'ida (Worldwide) | Afghanistan, Pakistan | Saudi Arabia |
| Hezbollah (Party of God) | Middle East | Lebanon |
| Liberation Tigers of Tamil Eelam (LTTE) | Asia | Sri Lanka |
| Abu Nidal Organization (ANO) | Middle East | Palestinian Territories |
| Abu Sayyaf Group (ASG) | Asia | Philippines |
| Hamas (Islamic Resistance Movement) | Middle East | Palestinian Territories |
| Harakat ul-Mujahidin (HUM) | Asia | Pakistan |
| Islamic State in Iraq and Syria (ISIS) | West Asia | Lebanon (Former), Iraq, Libya, Syria |

## शस्त्र नियंत्रण

- शस्त्र नियंत्रण का अर्थ है कि हथियारों के प्रसार को सीमित करना।
- नि:शस्त्रीकरण का विचार आदर्शवादी है। जिसके अनुसार, समूचे विश्व से सभी प्रकार के हथियार समाप्त होने चाहिए।
- शस्त्र नियंत्रण एक व्यावहारिक विचार है, जिसके द्वारा हथियारों के प्रसार को रोका जाता है। जबकि नि:शस्त्रीकरण, एक आदर्शवादी विचार है, जिसके द्वारा समूचे हथियार विश्व से समाप्त हो जाने चाहिए।
- विश्व में शस्त्रों के नियंत्रण तथा शांति निर्माण के लिए वैश्विक स्तर पर अनेक उपाय किए गए हैं।
- शस्त्र नियंत्रण की आवश्यकता तब और बढ़ गई जब शीतयुद्ध के दौरान अमेरिकी राष्ट्रपति रीगन ने स्टारवॉर (Strategic Defense Initiative) का नारा दिया। इसके द्वारा अमेरिका ने अंतरिक्ष में प्रक्षेपास्त्र रक्षा प्रणाली का विकास करने की योजना बनाई।
- इसी संदर्भ में पारस्परिक सुनिश्चित विनाश (Mutual Assured Distruction-MAD) की संकल्पना आई। इस संकल्पना के अनुसार, परमाणु शक्ति संपन्न राज्यों के मध्य युद्ध संभव नहीं है, क्योंकि इसके द्वारा सभी का विनाश होगा।
- इन परिस्थितियों तथा परमाणु हथियारों के विकास को देखते हुए विश्व में शस्त्र नियंत्रण को आवश्यक माना गया। अमेरिकी राष्ट्रपति आइजनहावर ने शांति के लिए परमाणु (Atom for Peace) का नारा दिया।
- 'शांति के लिए परमाणु (Atom for Peace) निशस्त्रीकरण योजना' आइजनहावर ने वर्ष 1953 में प्रस्तुत की। जिसके तहत शांतिपूर्ण उद्देश्यों के लिए परमाणु तकनीकी के प्रयोग को बढ़ावा देने की बात कही गई।

## नि:शस्त्रीकरण के प्रयास

### 1. पार्शियल टेस्ट बैन ट्रीटी (PTBT-1963)

- आंशिक परमाणु परीक्षण निषेध संधि के अंतर्गत् भूमिगत परमाणु परीक्षण के अलावा अन्य सभी प्रकार के परमाणु परीक्षणों पर प्रतिबंध लगा दिया गया।
- इस पर भारत ने भी हस्ताक्षर किया था।

### 2. परमाणु अप्रसार संधि (Non-Proleferatiom Treaty) (1968)

- दुनिया में परमाणु हथियारों की रोक के लिए वर्ष 1968 में नई संधि आई, जिसका नाम परमाणु अप्रसार संधि था।
- इसका उद्देश्य है-परमाणु क्षमता का शांतिपूर्ण प्रयोग, परमाणु अप्रसार को बढ़ावा देना, समूचे विश्व में परमाणु हथियारों की समाप्ति।

### एन. पी. टी. के मूल प्रावधान

- इस संधि द्वारा परमाणु शक्ति संपन्न राज्यों का निर्धारण किया गया। इनके अनुसार, वे राज्य जिन्होंने 1 जनवरी, 1967 से पहले परमाणु हथियारों का परीक्षण किया है, वे परमाणु शक्ति संपन्न देश माने जाएंगे।
- इस संधि द्वारा यह निर्धारित किया गया कि पांच (5) परमाणु शक्ति संपन्न देश अपने परमाणु ईंधन या तकनीक उन देशों को प्रदान नहीं करेंगे, जिन्होंने एन. पी. टी. पर हस्ताक्षर नहीं किए हैं।
- जिन देशों ने एन. पी. टी. पर हस्ताक्षर कर दिए हैं, उन्हें पांच (5) परमाणु शक्ति संपन्न देशों ने परमाणु ईंधन और तकनीक प्रदान की। लेकिन उन देशों के परमाणु संयंत्रों की निगरानी अंतर्राष्ट्रीय परमाणु ऊर्जा एजेंसी द्वारा होगी।
- एन. पी. टी. के लिए परमाणु मुक्त क्षेत्र का प्रावधान किया गया है।
- एन. पी. टी. के अनुसार, दुनिया से परमाणु हथियारों को समाप्त करने के लिए प्रत्येक पांच (5) वर्षों में संधि का पुनरावलोकन होगा।
- वर्ष 1970 में यह संधि लागू कर दी गई और वर्ष 1995 में इसे अनिश्चित काल तक के लिए लागू कर दिया गया।
- एन. पी. टी. में **दो प्रकार के राज्यों की संकल्पना है-**
  - (i) परमाणु शक्ति संपन्न, इन राज्यों का निरीक्षण अंतर्राष्ट्रीय परमाणु ऊर्जा एजेंसी (IAEA) द्वारा नहीं होगा।
  - (ii) गैर-परमाणु शक्ति राज्य की इन राज्यों की अंतर्राष्ट्रीय परमाणु ऊर्जा एजेंसी (IAEA) द्वारा जांच होगी।
- इस संधि में क्षैतिज परमाणु प्रसार को रोकने का कोई प्रावधान नहीं है। यह भेदभावकारी संधि है, जिसमें परमाणु शक्ति संपन्न देशों को संरक्षण प्राप्त हुआ है।

### भारत की आपत्ति

- परमाणु हथियारों का विरोध करने के बावजूद भारत ने एन. पी. टी. पर हस्ताक्षर नहीं किए। भारत ने **इस संधि पर निम्नलिखित आपत्तियां उठाईं-**
  - (i) भारत ने निरस्त्रीकरण का समर्थन किया, जबकि एन. पी. टी. परमाणु अ-प्रसार की संधि है।
  - (ii) यह संधि अत्यधिक भेदभावपूर्ण है, क्योंकि इसमें राज्यों को दो श्रेणियों में बांटा गया है-परमाणु शक्ति संपन्न एवं गैर-परमाणु शक्ति संपन्न। यह अंतर्राष्ट्रीय विधि के प्रतिकूल थी, क्योंकि अंतर्राष्ट्रीय विधि में प्रत्येक राज्य को एकसमान ईकाई माना जाता है।
  - (iii) इस संधि द्वारा परमाणु शक्ति संपन्न राज्यों का परमाणु हथियारों पर विशेषाधिकार बनाए रखने का प्रावधान

किया गया तथा गैर-परमाणु शक्ति संपन्न राज्यों के लिए इसमें सुरक्षा का कोई प्रावधान नहीं था।

(iv) यह संधि मूलतः तकनीकी हस्तांतरण में बाधा है। संधि में इसका कोई उल्लेख नहीं है कि परमाणु क्लब में सम्मिलित राज्य अपने परमाणु हथियारों की कटौती करेंगे या नहीं।

(v) यद्यपि उपरोक्त आपत्तियों के बावजूद उस संधि पर हस्ताक्षर न करने का सबसे बड़ा कारण भारत की राष्ट्रीय सुरक्षा के लिए उत्पन्न खतरा था।

(vi) एन. पी. टी. पर ईरान ने हस्ताक्षर कर दिए हैं। उत्तरी कोरिया ने एन. पी. टी. पर हस्ताक्षर किया था परंतु वर्ष 2003 में उत्तर कोरिया ने एन. पी. टी. से अपने आप को अलग कर लिया।

(vii) यह उल्लेखनीय है कि भारत, पाकिस्तान, इजरायल ने अभी भी एन. पी. टी. पर हस्ताक्षर नहीं किया है।

## 3. सामरिक हथियारों को प्रतिबंधित करने की संधि ( Strategic Arms Limitation Treaty-I-1972)

- सोवियत संघ और संयुक्त राज्य अमेरिका के बीच यह संधि संपन्न हुई, जिसके अंतर्गत् सामरिक हथियारों को सीमित करने का समझौता किया गया, क्योंकि 1960 के दशक के बाद अमेरिका के पास 30,000 परमाणु हथियार और वर्ष 1980 तक सोवियत संघ के पास परमाणु हथियारों की कुल संख्या 40,000 थी।
- सामरिक हथियारों को सीमित करने का समझौता SALT-II-1979 में हुआ, परंतु यह लागू नहीं हो सका।

## 4. रासायनिक व जैविक हथियारों पर नियंत्रण

- वर्ष 1972 में 100 से ज्यादा देशों ने जैविक हथियारों के समझौते पर हस्ताक्षर किए, जिसके अंतर्गत् जैविक हथियारों का उत्पादन, विकास एवं नियंत्रण प्रतिबंधित है।
- वर्ष 1992 में रासायनिक हथियारों के उत्पादन एवं भंडारण पर प्रतिबंध लगा दिया गया है। इस पर लगभग 175देशों ने हस्ताक्षर किए हैं। परंतु मिस्र, सीरिया, लीबिया, इराक एवं उत्तरी कोरिया ने इस पर हस्ताक्षर नहीं किए हैं।

## 5. प्रक्षेपास्त्र विरोधी संधि (ABM)-1972

- इसके अंतर्गत् अमेरिका एवं सोवियत संघ के मध्य समझौता हुआ तथा दोनों ने अंतरिक्ष में प्रक्षेपास्त्र तकनीकी तैनात न करने का निर्णय लिया। वर्तमान समय में अमेरिका ने इस संधि से स्वयं को अलग कर लिया।

### ऑस्ट्रेलिया ग्रुप

- इसका निर्माण वर्ष 1984 में इराक के द्वारा रासायनिक हथियारों के प्रयोग के बाद हुआ।
- ऑस्ट्रेलिया समूह का निर्माण वर्ष 1985 में हुआ, जिसका उद्देश्य रासायनिक और जैविक हथियारों का नियंत्रण करना और उन देशों की पहचान करना है, जो इसका निर्यात करते हैं।
- वर्तमान समय में इसके 41 सदस्य हैं। इसमें यूरोपीय यूनियन के 27 सदस्य हैं। भारत, इसका सदस्य नहीं है।

### सामरिक हथियारों की कटौती का समझौता

START-I (Strategic Arms Reduction Treaty)

- सोवियत संघ और अमेरिका के मध्य वर्ष 1985 के बाद परमाणु हथियारों की कटौती के संदर्भ में महत्वपूर्ण समझौते हुए।
- शीतयुद्धोत्तर विश्व में वर्ष 1991 में सामरिक हथियारों की कटौती का पहला समझौता (स्टार्ट-।) हुआ।
- जिसके अंतर्गत् महाशक्तियों– सोवियत संघ और अमेरिका ने अपने सामरिक हथियारों में 30 प्रतिशत तक की कटौती का निर्णय लिया।
- वर्ष 2001 तक दोनों महाशक्तियों ने अपने परमाणु हथियारों की संख्या को 6,000 से कम किया, जो स्वयं में महत्वपूर्ण उपलब्धि है।
- वर्ष 2009 में यह संधि समाप्त हो गई।

### मिसाइल तकनीकी नियंत्रण व्यवस्था (MTCR)

- यह एक अनौपचारिक संधि है, जिसमें 34 देशों के बीच स्वैच्छिक सहभागिता है, जिसका उद्देश्य, प्रक्षेपास्त्रों और मानव रहित यानों की तकनीकी प्रसार का नियंत्रण करना है। इसकी स्थापना वर्ष 1987 में हुई।
- संस्थापक देश कनाडा, फ्रांस, जर्मनी, इटली एवं अमेरिका।
- एम. टी. सी. आर. का मूल कार्य प्रक्षेपास्त्रों का नियंत्रण करना है, लेकिन ईरान, उत्तरी कोरिया और पाकिस्तान जैसे राज्य लगातार अपने प्रक्षेपास्त्रों को बेहतर बना रहे हैं।

### सामरिक हथियारों की कटौती का समझौता (START-II)

- यह समझौता भी सोवियत संघ और अमेरिका के बीच हुआ। इसके अंतर्गत् वर्ष 1992 में यह समझौता किया गया, जिसकी 8 वर्ष बाद रूसी संसद ने पुष्टि की।
- इसके अंतर्गत् यह निर्णय लिया गया कि दोनों महाशक्तियां अपने परमाणु हथियारों की संख्या को 3,000 से 3,500 के मध्य सीमित करेंगे।
- इन प्रयासों के अंतर्गत् रासायनिक और जैविक हथियारों की कटौती का समझौता भी सम्मिलित किया जा सकता है।

**विखंडनीय पदार्थों की कटौती का समझौता** Fissile Material Cut off Treaty (FMCT) 1993

- विंखडित पदार्थ कटौती समझौता का प्रस्ताव संयुक्त राष्ट्र संघ महासभा में पारित किया गया। ऐसे विखंडनीय पदार्थों के उत्पादन पर रोक लगाने की मांग की गई, जिसका प्रयोग परमाणु हथियारों के लिए हो सकता है। लेकिन यह प्रस्ताव आज तक लागू नहीं हो पाया है।

**Strategic Offensive Reduction Treaty**

- अमेरिका व रूस के मध्य हथियारों को कम करने को लेकर वर्ष 2002 में यह संधि प्रारंभ हुई है।
- वर्ष 2012 में यह संधि समाप्त हो गई।

**ओबामा-मेदवेदेव समझौता, 2010**

- इस समझौते के अंतर्गत् अमेरिका व रूस ने परमाणु हथियारों की संख्या को 1,500 एवं 1,675 के बीच रखने का निर्णय लिया है।

**व्यापक परमाणु परीक्षण निषेध संधि** (Comprehensive Test Ban Treaty (CTBT) 1996 **में लाई गई, जिसके मूल प्रावधान हैं**

- कोई भी राज्य किसी भी प्रकार से कभी भी, कहीं भी परमाणु परीक्षण नहीं कर सकता। समग्र का अर्थ, इसमें सभी देश सम्मिलित हैं, चाहे वे P-5 ही क्यों न हों?
- कोई भी देश परमाणु परीक्षण के संबंध में अन्य देशों का समर्थन नहीं करेगा।
- संधि लागू करने के लिए 'अंतर्राष्ट्रीय डाटा केंद्र' व 'अंतर्राष्ट्रीय मॉनिटरिंग केंद्र' की स्थापना का प्रावधान किया गया।
- सी. टी. बी. टी. को अनिश्चित काल तक के लिए लागू कर दिया गया। इस संधि के किसी भाग पर विवाद को सुलझाने का दायित्व अंतर्राष्ट्रीय न्यायालय को सौंपा गया।
- इसमें बाध्यकारी रूप में लागू होने का प्रावधान (Entry Into Force Clause) रखा गया है। जिसके अनुसार, सी. टी. बी. टी. लागू होने के 180 दिन के भीतर वे 44 राज्य इस पर हस्ताक्षर करेंगे, जिनके पास परमाणु अनुसंधान की क्षमता है।
- वे देश, जिन्होंने सी. टी. बी. टी. पर हस्ताक्षर किए हैं, परंतु इसकी पुष्टि नहीं की है, अमेरिका, चीन, इजरायल, उत्तरी कोरिया, मिस्र एवं ईरान ने अभी भी संधि की पुष्टि नहीं की है।
- भारत और पाकिस्तान ने इस संधि पर हस्ताक्षर ही नहीं किए हैं।

**भारत की आपत्ति**

- भारत के अनुसार, यह संधि केवल विकासशील देशों के परमाणु कार्यक्रम को प्रतिबंधित करने के लिए है, क्योंकि विकसित देशों ने कंप्यूटर सिमुलेशन तकनीकी का विकास कर लिया है। इसलिए उन्हें परमाणु परीक्षण की आवश्यकता नहीं है।
- यह संधि मूलत: दहलीज पर खड़े (Threshold) राज्यों के विरोध में निर्मित थी।
- इस संधि का 'इन्ट्री इन टू फोर्स क्लॉज' राज्यों के संप्रभुता के सिद्धांत के विरुद्ध था।
- इस संधि के द्वारा विकासशील देशों को तकनीकी से भी वंचित करने का प्रयत्न किया गया।

## परमाणु प्रसार रोकने के अन्य उपाय

**परमाणु आपूर्तिकर्ता समूह** (Nuclear Supplier Group)

- इसकी स्थापना भारत के परमाणु परीक्षण के बाद की गई थी।
- इसकी स्थापना वर्ष 1974 में हुई। इसे 'लंदन क्लब' के नाम से भी जाना जाता है।
- एन. एस. जी. में 46 सदस्य हैं।
- एन. एस. जी. का प्रावधान है कि जिन देशों ने एन. पी. टी. संधि पर हस्ताक्षर किए हैं, उन्हीं को ये परमाणु ईंधन और तकनीकी प्रदान करेंगे।
- भारत, एकमात्र ऐसा देश है, जो एन. पी. टी. पर हस्ताक्षर किए बिना भी एन. एस. जी. से ईंधन प्राप्त कर रहा है।
- भारत, इसका सदस्य नहीं है।

**मध्यमकारी परमाणु शक्ति समझौता, (INF) 1987**

- यह अमेरिका एवं सोवियत संघ के मध्य संपन्न हुआ, जिसके द्वारा दोनों ने पूर्वी यूरोपीय देशों में प्रक्षेपास्त्र तैनाती न करने का समझौता किया।

**वाजीनार समूह**

- इसकी स्थापना वर्ष 1996 हालैंड (वाजीनार शहर) में हुई। इसके 41 सदस्य हैं।
- इस समझौते का उद्देश्य, परंपरागत हथियारों के निर्यात तथा दोहरे तकनीकी इस्तेमाल को रोकना है।

**परमाणु अप्रसार की सुरक्षा पहल** (Prolification of Security Initiative-2003)

- यह अमेरिका द्वारा निर्मित प्रावधान है।
- इसके अंतर्गत् किसी भी जहाज की अंतर्राष्ट्रीय सीमा लाइन में जांच की जा सकती है।
- चीन इस प्रावधान का विरोध कर रहा है।

- इंडोनेशिया ने भी इसे अंतर्राष्ट्रीय कानून के विरुद्ध माना।

## परमाणु पदार्थों की सुरक्षा पर सम्मेलन, 2010

- इस सम्मेलन में परमाणु आतंकवाद को नियंत्रित करने के लिए वैश्विक सहयोग और सहभागिता पर बल दिया गया।
- अंतर्राष्ट्रीय परमाणु ऊर्जा एजेंसी को और शक्तिशाली बनाने पर बल दिया गया।
- परमाणु पदार्थों जैसे प्लूटोनियम की सुरक्षा पर बल दिया गया।
- रेडियोएक्टिव स्रोतों को भी सुरक्षित करने पर बल दिया गया।
- यह सम्मेलन अमेरिका में आयोजित किया गया।
- इस सम्मेलन का मुख्य उद्देश्य परमाणु हथियारों को आतंकवादियों तक पहुंचने से रोकना है।

## परमाणु सुरक्षा शिखर सम्मेलन

- इस सम्मेलन का प्रादुर्भाव अमेरिकी राष्ट्रपति बराक ओबामा के वर्ष 2009 में चेक गणराज्य के पैरागुए में दिए भाषण के बाद हुआ।
- पहला शिखर सम्मेलन वाशिंगटन डीसी में वर्ष 2010 में आयोजित हुआ।
- दूसरा सम्मेलन सियोल में वर्ष 2012 में आयोजित हुआ था।
- परमाणु तकनीकी एवं पदार्थों की सुरक्षा एवं संरक्षा के लिए यह सम्मेलन संपन्न किया गया।
- यह सम्मेलन सियोल (दक्षिण कोरिया) में वर्ष 2012 में आयोजित किया गया।
- इस सम्मेलन का उद्देश्य भी परमाणु हथियारों को गैर-राष्ट्रीय कर्ताओं (आतंकवादियों) तक पहुंचने से रोकना है।

## परमाणु सुरक्षा शिखर सम्मेलन (2014)

- 24 से 25 मार्च, 2014 तक तीसरा परमाणु सुरक्षा शिखर सम्मेलन (एन.एस.एस.) का आयोजन नीदरलैंड के हेग में किया गया।
- विश्व के 58 देशों ने इसमें भाग लिया।
- शिखर सम्मेलन में नेताओं ने आतंकवादियों के हाथ परमाणु सामग्री पहुंचने पर रोक लगाने के लिए समझौते पर सहमति जताई।

**इसमें निम्नलिखित समझौता हुआ-**

1. खतरनाक परमाणु सामग्रियों की मात्रा को विश्व में कम करना।
2. रेडियोधर्मी सामग्रियों की सुरक्षा बढ़ाना, जिसका इस्तेमाल खतरनाक बम बनाने में किया जा सकता है।
3. अंतर्राष्ट्रीय स्तर पर सूचनाओं और सहयोग को बढ़ावा देना।
4. समझौते में अन्य रेडियोधर्मी पदार्थ। जैसे-कम संवर्धित यूरेनियम, कोबाल्ट-60, स्ट्रोन्टियम-90 और सीजियम-137 को भी शामिल किया गया।

## वाशिंगटन सम्मेलन, 2016

- इसका मूल उद्देश्य परमाणु आतंकवाद को समाप्त करना है। भारतीय प्रधानमंत्री मोदी ने इस सम्मेलन में भाग लिया।

## परमाणु विश्वास निर्माण के उपाय

- इसके अंतर्गत् निम्नलिखित उपायों को **अपनाया गया-**
  - (i) महाशक्तियों के मध्य हॉटलाइन प्रारंभ।
  - (ii) परमाणु अनुसंधान केंद्रों की सुरक्षा के संदर्भ में सामान्य सहयोग।
  - (iii) प्रक्षेपास्त्रों के परीक्षण से पहले सूचना का आदान-प्रदान।
  - (iv) परमाणु अनुसंधान केंद्रों की सूची का आदान-प्रदान।
  - (v) नो फॅर्स्ट यूज का समझौता।

## परमाणु मुक्त क्षेत्र बनाम् व्यापक परमाणु अप्रसार

- परमाणु अप्रसार संधि (1968) में परमाणु मुक्त क्षेत्रों का प्रावधान किया गया। कुछ एक महाद्वीप में यह प्रवृत्ति परमाणु अप्रसार संधि के लागू होने के पहले भी देखी जा सकती है। उदाहरण के लिए, 'टोटलको संधि' के द्वारा लैटिन अमेरिका को परमाणु मुक्त क्षेत्र घोषित किया गया।
- वर्ष 1985 में 'रोरा टोंगा संधि' के द्वारा दक्षिण प्रशांत क्षेत्र को परमाणु मुक्त क्षेत्र के रूप में घोषित किया गया।
- वर्ष 1996 में बैंकाक संधि के द्वारा सभी दक्षिण-पूर्वी एशियाई देशों ने दक्षिण-पूर्वी एशियाई क्षेत्र को परमाणु मुक्त क्षेत्र घोषित किया।
- वर्ष 1996 में 'पालिंडाबा संधि' के द्वारा अफ्रीकी महाद्वीप के 48 देशों ने इस क्षेत्र को परमाणु मुक्त क्षेत्र घोषित किया।
- वर्ष 1997 के 'बैंकाक संधि' के द्वारा आसियान देशों ने स्वयं को परमाणु मुक्त क्षेत्र के रूप में घोषित किया।
- वर्ष 2007 की खाड़ी सहयोग परिषद् की बैठक में सदस्य राज्यों ने खाड़ी क्षेत्र को परमाणु मुक्त क्षेत्र घोषित करने की मांग उठाई तथा इजरायल से यह अनुरोध किया गया कि वह परमाणु अप्रसार संधि पर हस्ताक्षर करे।
- भारतीय विदेश नीति में क्षेत्रीय अप्रसार की संकल्पना का समर्थन नहीं किया जाता है। भारत के अनुसार, परमाणु हथियारों का व्यापक, सार्वभौमिक, समग्र और निश्चित समय में समापन होना चाहिए। इसलिए भारत ने सदैव निरस्त्रीकरण का समर्थन किया, परमाणु अप्रसार का नहीं। वर्ष 1988 में भारतीय प्रधानमंत्री राजीव गांधी ने संयुक्त राष्ट्र महासभा को संबोधित करते हुए कहा कि वर्ष 2020 तक समूचे विश्व से परमाणु हथियारों को समाप्त किया जाना चाहिए।

- शीतयुद्धोत्तर विश्व में परमाणु प्रसार का मुख्य क्षेत्र एशियाई महाद्वीप बना हुआ है। उत्तरी कोरिया, ईरान का मुद्दा अभी भी विवादास्पद है। ईरान, परमाणु हथियारों की प्राप्ति का सजग प्रयास कर रहा है।
- जबकि दूसरी ओर, विश्व में कुछ राज्यों ने परमाणु क्षमता का परित्याग भी किया है। उदाहरण के लिए, 1991 में दक्षिण अफ्रीकी सरकार ने परमाणु हथियारों को समाप्त करने की घोषणा की। वर्ष 1996 में पूर्व सोवियत संघ के अंतर्गत् तीन राज्यों ने अपने परमाणु हथियार रूस को सौंप दिए, जिसमें बेलारूस, कजाकिस्तान और यूक्रेन सम्मिलित थे। इन राज्यों ने परमाणु अप्रसार संधि पर हस्ताक्षर भी किए।
- शीतयुद्धोत्तर विश्व में उत्तरी कोरिया ने वर्ष 2003 में स्वयं को एन. पी. टी. संधि से पृथक् कर लिया। वर्ष 2006 में परमाणु परीक्षण भी किया।
- उत्तरी कोरिया के परमाणु कार्यक्रम को समाप्त करने के लिए अमेरिका, रूस, जापान, चीन, उत्तरी कोरिया, दक्षिण कोरिया नामक छह (6) देशों के मध्य वार्ता आरंभ हुई।
- वर्ष 2008 में उत्तरी कोरिया ने अपने परमाणु कार्यक्रम को बंद करने की घोषणा की। परंतु वर्ष 2009 में छह (6) देशों के मध्य चल रही वार्ता से स्वयं को अलग कर लिया।
- ईरान पर अभी भी सुरक्षा परिषद् द्वारा आरोपित प्रतिबंध कायम है। ईरान पर यह आरोप है कि वह परमाणु हथियारों के विकास का प्रयत्न कर रहा है। इसलिए एशियाई महाद्वीप में परमाणु प्रसार की समस्या सबसे गंभीर है। इसके बावजूद शीतयुद्धोत्तर विश्व में परमाणु हथियारों के प्रसार में कमी हुई है, **जिसके निम्नलिखित कारण हैं-**
  - (i) अमेरिका तथा रूस दोनों महाशक्तियां अपने सहयोगी राष्ट्रों को सुरक्षा उपलब्ध कराते हैं।
  - (ii) शीतयुद्धोत्तर विश्व में अमेरिका और रूस दोनों के हित, परमाणु प्रसार रोकने में समान हैं।
  - (iii) क्योंकि दोनों महाशक्तियां विश्व राजनीति में अपने अन्य प्रतिस्पर्धी के उत्पन्न होने से रोकने के लिए अप्रसार का सहारा ले रहे हैं।
  - (iv) वर्ष 1995 में एन. पी. टी. संधि को अनिश्चित काल तक के लिए लागू कर दिया गया। जबकि वर्ष 1996 में व्यापक परमाणु परीक्षण संधि (CTBT) को भी प्रस्तावित किया गया।
- आलोचकों के अनुसार, उपरोक्त मान्यता पूर्णत: सत्य नहीं है, क्योंकि परमाणु हथियारों की मात्रा में कमी हो रही, जबकि गुणात्मक रूप में इसमें वृद्धि हो रही है।
- यह बिंदु ध्यान देने योग्य है कि वर्ष 1999 में अमेरिकी सीनेट ने सी. टी. बी. टी. संधि को अस्वीकृत कर दिया। अमेरिका ने वर्ष 1972 में संपन्न 'प्रक्षेपास्त्र विरोधी संधि' ABMT(Anti Ballistic Missile Treaty) से भी अपने आपको पृथक् कर लिया। (वर्ष 2002 में)
- वर्तमान समय में अमेरिका प्रक्षेपास्त्र सुरक्षा प्रणाली के निर्माण का प्रयास कर रहा है।
- जिससे यह स्पष्ट है कि कोई भी राष्ट्र परमाणु अप्रसार की संधियों को तभी स्वीकार करता है, जब यह उसके सुरक्षा हितों के प्रतिकूल न हो।

## शीतयुद्धोत्तर विश्व में परमाणु आतंकवाद का खतरा

- सुरक्षा की परंपरागत मान्यता के अनुसार, एक राज्य को सुरक्षा का सबसे बड़ा खतरा दूसरे राज्य से होता है।
- समकालीन युग में राज्यों की सुरक्षा के लिए गैर-राष्ट्रीय कर्ताओं द्वारा चुनौती उत्पन्न की जा रही है।
- शीतयुद्धोत्तर विश्व में अनेक भागों में नृजातीय और जातीय संघर्ष कायम है। पाकिस्तान जैसे राज्य भी असफल राज्य की श्रेणी में पहुंचने की कगार पर हैं। ऐसे राज्यों में विद्यमान घातक नरसंहार के हथियार आतंकवादियों तक पहुंच सकते हैं।
- सोवियत संघ के विघटन के पश्चात् विश्व में पहली बार यह समस्या उत्पन्न हुई कि विघटित राज्यों की परमाणु शक्ति को किस प्रकार नियंत्रित किया जाए। यह बिंदु ध्यान देने योग्य है कि पाकिस्तान, उत्तरी कोरिया, लीबिया जैसे राष्ट्रों के पास परमाणु सामग्री और प्रक्षेपास्त्र तकनीकी का अवैध आदान-प्रदान किया गया। इस संबंध में पाकिस्तानी वैज्ञानिक अब्दुल कादिर खान की भूमिका जगजाहिर है।
- विश्व में परमाणु आतंकवाद के अनेक रूप हो सकते हैं, **जो निम्नलिखित हैं-**
  - (i) परमाणु सामग्री का चोरी छिपे आदान-प्रदान और परमाणु हथियारों का निर्माण, जिसका प्रयोग भविष्य में आतंकवादियों द्वारा किया जा सकता है।
  - (ii) परमाणु अनुसंधान केंद्रों पर आतंकवादियों का संभावित हमला।
- समकालीन विश्व में परमाणु आतंकवाद का खतरा संपूर्ण मानवता के लिए सबसे गंभीर चुनौती है। इसलिए अब अप्रसार का दायरा केवल राष्ट्र-राज्यों तक ही सीमित नहीं किया जा सकता, बल्कि इसमें गैर-राज्यीय कर्ताओं को भी सम्मिलित करना होगा।

अध्याय 3

# संघर्ष तथा शांति
# CONFLICT AND PEACE

## शांति अध्ययन (Peace Study) एवं विवाद समाधान (Conflict Resolution)

- शांति अध्ययन एक अंतर्विषयक उपागम है। इसके द्वारा संघर्षों को रोकने, कम करने और शांतिपूर्ण समाधान का प्रयत्न किया जाता है। इसके द्वारा उन कारणों का अध्ययन किया जाता है, जो संघर्ष को बढ़ावा देते हैं। संघर्ष समाधान में उन सभी पक्षों को शामिल किया जाता है, जो आपस में संघर्ष कर रहे हैं।
- जॉन गलटंग (Johan Vincent Galtung) ने शांति को दो (सकारात्मक शांति तथा नकारात्मक शांति) भागों में विभाजित किया।
- नकारात्मक शांति का अर्थ है-हिंसा की अनुपस्थिति। जबकि सकारात्मक शांति का अर्थ है-संबंधों की पुनर्स्थापना या संबंधों का अंतरण तथा अंतर्राज्यों में सामाजिक संबंधों का निर्माण।
- प्रथम विश्व युद्ध के बाद अंतर्राष्ट्रीय संबंध का अध्ययन एक स्वतंत्र विषय के रूप में होने लगा। एक स्वतंत्र विषय के रूप में 'वुडरो विल्सन' के नेतृत्व में वेल्स विश्वविद्यालय में पहली बार अंतर्राष्ट्रीय संबंध का अध्ययन आरंभ हुआ। डेविड डेविस भी इस अध्ययन को बढ़ाने वाले मुख्य व्यक्ति थे।
- इसी के साथ शांति अध्ययन की भी शुरुआत हुई। अमेरिका में शांति अध्ययन को पृथक् विषय के रूप में वर्ष 1948 में मैनचेस्टर कॉलेज में पहली बार पढ़ाया जाने लगा।
- वियतनाम युद्ध के दौरान अमेरिका में शांति अध्ययन अत्यधिक लोकप्रिय हुआ। वर्ष 1960 के दशक में जॉन गलटंग और जॉन बर्टन ने शांति अनुसंधान में महत्वपूर्ण योगदान दिया।
- वर्ष 1959 में ओस्लो में शांति अनुसंधान केंद्र की स्थापना हुई।
- केनेथ बोल्डिंग और आनातोल रेपोपोर्ट ने शांति विज्ञान समाज की स्थापना की और उन तकनीकी संकल्पना के विकास का प्रयत्न किया, जिससे संघर्ष का समाधान हो सके।

## शीतयुद्ध के बाद अध्ययन की नवीन विषयवस्तु

- शीतयुद्ध की समाप्ति के बाद शांति अध्ययन में नवीन विषयों को शामिल किया गया। अब संघर्ष के अध्ययन की बजाय, राजनीतिक हिंसा, मानवीय सुरक्षा, सामाजिक न्याय, कल्याण तथा विकास के अध्ययन पर मूल बल दिया गया।
- शांति का अभिप्राय, केवल युद्ध या हिंसा की समाप्ति नहीं है, बल्कि यह उन परिस्थितियों का निर्माण है, जिसमें युद्ध होने की परिस्थितियां समाप्त हो जाए।
- इसलिए शांति अध्ययन में उत्तर-दक्षिण संबंध, पर्यावरण, जनसंख्या वृद्धि जैसे मुद्दों को भी शामिल किया गया।

## शांति अध्ययन के प्रकार

- शांति अध्ययन अंतर्विषयक हो सकता है, जिसमें राजनीति विज्ञान, समाजशास्त्र, मनोविज्ञान एवं अर्थशास्त्र का अध्ययन किया जाता है।
- बहुस्तरीय अध्ययन, जिसमें व्यक्ति, नृजातीय समुदाय, राज्य एवं सभ्यताओं के आपसी संबंधों का अध्ययन किया जाता है।
- यह अध्ययन बहुसंस्कृतिवादी भी हो सकता है। फिलहाल ज्यादातर अध्ययन पश्चिमी देशों के द्वारा किया गया है।

## शांति का महत्व

- परमाणु हथियारों के युग में युद्ध अत्यधिक भयंकर परिणाम पैदा कर सकता है। इसलिए आज शांति का महत्व सार्वभौमिक है।
- शांति, एक प्राकृतिक सामाजिक स्थिति है। जबकि युद्ध सामाजिक स्थिति नहीं है।
- हिंसक होना, अकुशलता एवं पाप का प्रतीक है। इसलिए अहिंसा और सद्‌गुण को समाज में बढ़ावा दिया जाना चाहिए।
- शांति, मानवीय व्यवहार की विशेषता है तथा शांति स्थापना के अनेक तरीके हैं।
- जॉन गलटंग के अनुसार, 'हिंसा, सीधी एवं प्रत्यक्ष हो सकती है। हिंसा संरचनात्मक भी हो सकती है तथा हिंसा सांस्कृतिक भी हो सकती है।'

- चार्ल्स पी. वेबल और डेविड पी. बराश ने-"Peace and Conflict Studies" (March, 2002) नामक महत्वपूर्ण रचना लिखी।
- भारत में पहली बार शांति अध्ययन केंद्र की स्थापना 'बनारस हिंदू विश्वविद्यालय' में वर्ष 1997 में हुई। नई दिल्ली में भी शांति अध्ययन अनुसंधान केंद्र की स्थापना की गई है।
- केनेथ बोल्डिंग (Kenneth E. Boulding) ने-"Stable Peace" (1978) नामक पुस्तक लिखी।

## कूटनीति ( राजनय )

- हेनरी किसीन्जर की रचना-"Diplomacy" (1994 ) है।
- डिप्लोमेसी लैटिन शब्द 'डिप्लोमा' से बना हुआ है, जिसका अभिप्राय, आधिकारिक दस्तावेज है।
- अंतर्राष्ट्रीय राजनीति में दो देशों के मध्य व्यवहार अथवा संबंध को ही कूटनीति कहा जाता है, जिसके लिए व्यावसायिक कूटनयिकों की नियुक्ति होती है।
- कूटनयिक संबंधों पर आयोजित वियना कन्वेशन (1815) में कूटनीतिक मिशन को **निम्नलिखित भागों में बांटा गया**-
  - (i) विभिन्न देशों के मंत्रियों के परस्पर संबंध।
  - (ii) देशों में नियुक्त राजदूत।
  - (iii) दूतावास में नियुक्त छोटे अधिकारी।
- कॉमनवेल्थ देशों में राजदूत को 'उच्चायुक्त' कहा जाता है।
- एक देश में राजदूत की नियुक्ति के पहले सामान्यत: उस देश की सहमति ली जाती है। प्रत्येक देश अपने यहां नियुक्त होने वाले राजदूतों के संबंध में अपनी जांच करवाता है।
- कूटनयिक व्यवहार के संबंध में निम्नलिखित सम्मेलनों का **अत्यधिक महत्व है**-
  - (i) वियना कांग्रेस (1815)
  - (ii) बर्लिन कांग्रेस (1878)
- वियना सम्मेलन में राजनयिकों को 3 भागों में विभाजित किया गया-राजनयिक या कूटनीतिक आयोग के अध्यक्ष, दूत या अमात्य और राजदूत।

## राजनयिकों के कार्य

- राजनयिकों के मूलत: **दो प्रकार के कार्य होते हैं**-
  - (i) जिस देश में वे नियुक्त हैं, उसकी रिपोर्ट अपने देश को भेजना, इसके अंतर्गत् वे खुफिया जानकारी भी इकट्ठा करने का प्रयत्न करते हैं। राजदूत को किसी देश के आंतरिक मामलों में हस्तक्षेप का अधिकार नहीं है। लेकिन व्यावहारिक रूप में कई बार राजदूत देश के आंतरिक मामलों में हस्तक्षेप करते हैं।
  - (ii) राजदूतों का दूसरा सबसे महत्वपूर्ण कार्य 'कूटनयिक वार्तालाप' करना है।

### वर्तमान समय में कूटनय का बदलता स्वरूप

- वर्तमान भू-मंडलीकरण तथा सूचना क्रांति एवं संचार साधनों के युग में कूटनीतिज्ञों की परंपरागत भूमिका में परिवर्तन हुआ है। उदाहरण के लिए, राज्यों के बीच हॉट लाइन की स्थापना की गई है।
- वर्तमान युग में 'शटल डिप्लोमेसी' का विकास हुआ है, जिसके अंतर्गत् किसी देश का मंत्री दूसरे देश की यात्रा करके वार्तालाप करता है। इसलिए उस देश में नियुक्त राजदूत की भूमिका कम हो रही है।
- 'शटल डिप्लोमेसी' अमेरिकी विदेश सचिव हेनरी किसीन्जर के समय अत्यधिक लोकप्रिय हुई। जब उन्होंने मिस्र एवं इजरायल की यात्रा करके पश्चिमी एशियाई संकट के समाधान का प्रयत्न किया।
- वर्तमान समय में 'शिखर कूटनीति' का भी अत्यधिक प्रभाव है, जिसके अंतर्गत् अनेक देशों के शासनाध्यक्ष परस्पर वार्ता करते हैं। आजकल अनेक क्षेत्रीय आर्थिक संगठनों की स्थापना हो चुकी है, जिससे शिखर कूटनीति का महत्व बढ़ता जा रहा है।
- वर्तमान भू-मंडलीकरण के युग में अंतर्राष्ट्रीय राजनीति में गैर-राष्ट्रीय कर्ताओं का महत्व बढ़ रहा है। इसलिए आजकल 'पब्लिक डिप्लोमेसी' का भी खूब प्रयोग किया जा रहा है। इस शब्द का प्रयोग 'एडमण्ड गुलियन' ने किया। इनके द्वारा सरकार आम जनता के साथ संवाद स्थापित करने का प्रयत्न करती है।

## कूटनय के विभिन्न रूप

- **अनौपचारिक कूटनीति**, जिसके अंतर्गत् सरकारी अधिकारियों की बजाय, नागरिक समाज के लोग आपसी संबंधों को बढ़ाने का प्रयत्न करते हैं। इसके अंतर्गत् अवकाश प्राप्त मंत्री और अधिकारी भी भाग लेते हैं। इसे लोकप्रिय रूप में ट्रैक-II कूटनीति भी कहा जाता है।
- **पिंगपोंग कूटनीति**, वर्ष 1971 में पहली बार अमेरिकी टेबल टेनिस टीम ने चीन की यात्रा की। उस समय अमेरिका ने चीन को मान्यता प्रदान नहीं की थी। इस टीम की यात्रा के बाद अमेरिका और चीन के संबंध सामान्य हुए और वर्ष 1972 में अमेरिकी राष्ट्रपति 'निक्सन' ने चीन की यात्रा किया की।
- **गनबोट कूटनीति**, इसके अंतर्गत् एक राज्य के द्वारा अपने नौसैनिक जहाजों के प्रयोग के द्वारा दूसरे राज्य पर दबाव बनाने का प्रयत्न किया जाता है। उदाहरण के लिए, वर्ष

1971 में अमेरिका ने भारत एवं पाकिस्तान युद्ध के समय अपना सातवां जहाजी बेड़ा बंगाल की खाड़ी में भेज दिया था।

- **चेक बुक कूटनीति**, किसी देश को आर्थिक सहायता देकर उस पर प्रभाव बढ़ाने का प्रयत्न करना।
- **गुप्त और खुली कूटनीति** भी कूटनीति के प्रकार हैं। दो देशों के बीच कभी-कभी गुप्त रूप में वार्ताएं चलती रहती हैं, जिसे सार्वजनिक नहीं किया जाता और अनेक बार कूटनय को सार्वजनिक किया जाता है।
- **दुकानदारी कूटनीति** (Shopkeeper Diplomacy) एक प्रकार से शांतिपूर्ण दृष्टिकोण आधारित कूटनीति है, जो समझौते के माध्यम से शांति स्थापित करने का प्रयास करती है। यह संतुलन के अच्छे व्यवसाय पर आधारित है।

## एक अच्छे कूटनीतिज्ञ के गुण

- भारतीय विचारक, कौटिल्य ने अपनी रचना-"The Arthashastra" (अर्थशास्त्र) में अच्छे कूटनयिक के गुणों का उल्लेख किया है।
- आधुनिक पश्चिमी विचारक मैकियावली ने भी एक अच्छे कूटनयिक के गुणों का उल्लेख किया है।
- पश्चिमी विचारक निकोलसन ने एक अच्छे कूटनयिक के सात गुणों का उल्लेख किया है, जिसके अंतर्गत् वह ईमानदार, शांत, अच्छे स्वभाव वाला, धैर्यवान, स्वामिभक्त, सटीक तथा मध्यममार्गी होना चाहिए।

## कूटनीति के नियम

- मॉर्गेंथाऊ ने कहा कि 'विश्व में कूटनीति के द्वारा ही शांति स्थापना संभव है।' मॉर्गेंथाऊ के अनुसार, **कूटनीति के निम्नलिखित नौ नियम होते हैं-**
  - (i) कूटनीति, दुराग्रह से मुक्त होनी चाहिए।
  - (ii) विदेश नीति के उद्देश्य, राष्ट्रीय हितों से परिभाषित होने चाहिए।
  - (iii) कूटनीतिज्ञ द्वारा राजनीतिक दुनिया को दूसरे देशों के दृष्टिकोण से भी देखना चाहिए।
  - (iv) गौण विषय पर समझौता करने के लिए राज्यों को सदैव तैयार रहना चाहिए।
  - (v) राज्य को तुच्छ लाभ की बजाए वास्तविक लाभ पर ध्यान देना चाहिए।
  - (vi) राज्यों को ऐसा दृष्टिकोण नहीं अपनाना चाहिए, जिससे पीछे हटना संभव न हो।
  - (vii) राज्य को कभी भी कमजोर राज्यों को अपने लिए निर्णय करने का अधिकार नहीं देना चाहिए।
  - (viii) सैन्य शक्ति, राजनीतिक शक्ति के अधीन होनी चाहिए।
  - (ix) सरकार को जनमत का निर्माण करना चाहिए, न कि उसके अधीन होना चाहिए।

## हस्तक्षेप एवं अहस्तक्षेप

- अंतर्राष्ट्रीय राजनीति में शक्ति संतुलन बनाए रखने के लिए हस्तक्षेप का प्रयोग किया गया।
- द्वितीय विश्व युद्ध के प्रारंभ होने का एक प्रमुख कारण, जर्मनी द्वारा अन्य राज्यों के आंतरिक मामलों में हस्तक्षेप था।
- वर्तमान समय में भी शक्तिशाली राज्य, हस्तक्षेप की नीति अपनाते हैं।
- संयुक्त राष्ट्र संघ चार्टर में अहस्तक्षेप को अंतर्राष्ट्रीय विधि का मूल आधार माना गया है।
- संयुक्त राष्ट्र संघ चार्टर में हस्तक्षेप करने का केवल एक ही आधार प्राप्त होता है, वह है आत्मरक्षा। अतः आत्मरक्षा के लिए एक राज्य, दूसरे राज्य के आंतरिक मामलों में हस्तक्षेप कर सकता है।

## पैराडिप्लोमेसी (Paradiplomacy)

- पैराडिप्लोमेसी उप-राष्ट्रीय या संघीय इकाइयों को विदेशी संबंधों हेतु अवसर प्रदान करती है। पैराडिप्लोमेसी गतिविधियों में विभिन्न अभिकर्ता जैसे-क्षेत्र, फर्म, सामाजिक आंदोलन, अलगावादी/उप-राष्ट्रीय समूह शामिल होते हैं। इकोनॉमिक डिप्लोमेसी, सिटी डिप्लोमेसी इसी के भाग हैं।

### महत्वपूर्ण रचनाएं

- Alexander Kuznetsov -Theory and Practice of Paradiplomacy: Subnational Governments in International Affairs (2014)
- Rodrigo Tavares - Paradiplomacy : Cities and States as Global Players (2016).

# अंतर्राष्ट्रीय संबंधों में शक्ति
# POWER IN INTERNATIONAL RELATIONS

## शक्ति का अर्थ

- जेम्स एच. वुल्फ एवं थियोडोरे ए. कोलंबिस ने- "Introduction to International Relations : Power and Justice" (1935) नामक रचना में 'शक्ति के परास, डोमेन तथा क्षेत्र को महत्वपूर्ण माना।'
- मॉर्गेंथाऊ ने शक्ति को राजनीतिक संदर्भ में परिभाषित करते हुए कहा है कि 'शक्ति का आशय, दूसरे व्यक्तियों के मन और क्रियाओं पर अन्य व्यक्ति का नियंत्रण है।'
- ठीक इसी प्रकार स्वाजन बर्गर का मानना है कि 'यह व्यक्ति की या राष्ट्र की वह क्षमता है, जो दूसरों से उसकी इच्छा के विरुद्ध कार्य करा सके।'
- इसलिए शक्ति को एक व्यापक संकल्पना माना जाता है, जिसका आशय है कि एक राज्य, दूसरे राज्य के विदेश नीति या दूसरे राज्य के व्यवहार को कैसे प्रभावित करता है? इसलिए शक्ति का प्रयोग करने के लिए कुछ साधन भी अपनाए जाते हैं। ये साधन बल प्रयोग, जोड़-तोड़ तथा अनुनय-विनय के द्वारा भी पूरे किए जाते हैं।
- उदाहरण के लिए, शीतयुद्ध काल में अमेरिकी विदेश नीति ने 'मार्शल प्लान' के माध्यम से 'डॉलर डिप्लोमेसी' का भी प्रयोग किया। दूसरी ओर नाटो रूपी सैन्य संगठन के माध्यम से बल प्रयोग भी किया गया। स्वाजन बर्गर ने शक्ति और प्रभाव में भेद किया है, क्योंकि प्रभाव के द्वारा भी दूसरों के व्यवहार में परिवर्तन किए जाते हैं। लेकिन प्रभाव में बल प्रयोग की क्षमता अनुपस्थित होती है।

## शक्ति का सिद्धांत

- क्लाउजविट्ज (Clausewitz) का मानना है कि 'शक्ति युद्धों में व्यक्त होती है, जिसमें शत्रु को समाप्त करने का प्रयास किया जाता है।' मिचेल हार्वर्ड का मानना है कि 'राज्य राजनीतिक शक्ति के प्रदर्शन हेतु तथा अपनी राष्ट्रीय हितों के संरक्षण हेतु इसे प्रयोग में लाते हैं।'
- क्वींसी राइट-"History of the Peloponnesian War" के अनुसार, शक्ति सिद्धांत क्षमता को अर्जित करने और उसे बढ़ाने का सिद्धांत है, जिससे राष्ट्र-राज्य अंतर्राष्ट्रीय व्यवस्था में स्वतंत्र कर्ता के रूप में कार्य कर सकें।

### आर्गेन्सकी

- शक्ति दूसरे राष्ट्रों के आचरण को अपने लक्ष्यों के अनुसार प्रभावित करने की क्षमता है। जब तक कोई राष्ट्र यह नहीं कर सकता, चाहे वह कितना ही संपन्न क्यों न हो, शक्तिशाली नहीं कहा जा सकता।

### अंतर्राष्ट्रीय राजनीति, शक्ति संघर्ष के रूप में

- मॉर्गेंथाऊ जैसे यथार्थवादियों ने अंतर्राष्ट्रीय राजनीति को शक्ति के लिए संघर्ष कहा है, जो शाश्वत है। प्रत्येक राष्ट्र-राज्य, ज्यादा से ज्यादा शक्ति अर्जित करने का प्रयास करते हैं। क्योंकि इसी शक्ति के द्वारा राष्ट्रीय हितों की पूर्ति होती है। इसलिए मॉर्गेंथाऊ ने अंतर्राष्ट्रीय राजनीति में नैतिकता, विधि या आर्थिक कारकों की बजाय, शक्ति और राज्य की स्वायत्तता पर बल दिया है।
- अंतर्राष्ट्रीय राजनीति का शक्ति के रूप में देखने का यह दृष्टिकोण अत्यंत पुराना है, जो कौटिल्य और थ्यूसीडाइड्स जैसे परंपरागत विचारकों के विचारों में ही देखा जा सकता है।

### ई. एच. कार ने शक्ति को तीन श्रेणियों में विभाजित किया है

(i) सैन्य शक्ति (ii) आर्थिक शक्ति

(iii) जनमत को प्रभावित करने वाली शक्ति।

- ई. एच. कार यह भी मानते हैं कि शक्ति की संकल्पना मूलत: अविभाज्य हैं। इसलिए शक्ति को तीन श्रेणी में विभाजित करने का आशय, शक्ति का विभाजन करना नहीं है।
- शक्ति की संकल्पना मूलत: सापेक्षिक होती है, निरपेक्ष नहीं। उदाहरण के लिए, अमेरिका को शक्तिशाली कहने का आशय, चीन, रूस, फ्रांस, जापान की तुलना में हो सकता है, निरपेक्ष रूप में नहीं। शक्ति का वस्तुनिष्ठ मापन भी नहीं किया जा सकता, क्योंकि यह एक सापेक्षिक

संकल्पना है। लेकिन शक्ति के विभिन्न अवयवों का मापन किया जा सकता है।

## शक्ति के अवयव

- शक्ति के दो प्रकार के अवयव हैं-

1. **मूर्त अथवा ठोस अवयव :** जिसमें जनसंख्या, आर्थिक विकास, शासन का स्वरूप तथा भू-भाग सम्मिलित हैं।
2. **अमूर्त अथवा वैचारिक अवयव :** जिसमें विचारधारा, नेतृत्व, मनोबल एवं नागरिकों का चरित्र सम्मिलित होता है।
3. शक्ति के मूर्त एवं अमूर्त अवयवों के सामंजस्य से ही राष्ट्र शक्तिशाली बनता है।

### 1. भू-भाग (भूगोल)

(i) आकार
(ii) अवस्थिति
(iii) जलवायु
(iv) स्थल-आकृति
(v) सीमाएं।

### 2. जनसंख्या

- जनसंख्या किसी भी राष्ट्र के शक्तिशाली होने का महत्वपूर्ण आधार होता है। जलवायिक तथा अवस्थितिक विशेषताएं तभी महत्वपूर्ण व प्रभावी हो सकती हैं, जब वहा समुचित जनसंख्या का वास हो। लेकिन जनसंख्या विस्फोट, शक्ति के मार्ग में बड़ी बाधा है। क्योंकि अधिकांश विकासशील देशों में बड़ी मात्रा में जनसंख्या पाई जाती है।
- हॅक्सले का मानना है कि अत्यधिक जनसंख्या होना, असुरक्षा और अव्यवस्था को जन्म देता है। ऐसे देशों में शासन प्रणाली प्राय: अधिनायकवादी हो जाती हैं।
- जनसंख्या का अधिक होना ही अपने आप में महत्वपूर्ण नहीं है, क्योंकि चीन, भारत, पाकिस्तान तथा बांग्लादेश अधिक जनसंख्या वाले राष्ट्र हैं। लेकिन दूसरी ओर जापान और पश्चिमी जर्मनी की जनसंख्या अधिक है, लेकिन सभी की आर्थिक वृद्धि एवं राष्ट्रीय शक्ति समान नहीं है।
- इसलिए जनसंख्या में लिंग अनुपात का बेहतर होना, जीवन स्तर का बेहतर होना, स्वास्थ्य साक्षरता की उच्चतम दर होना तथा जनसंख्या प्रशिक्षित एवं कुशल हो, तभी वह राष्ट्रीय शक्ति का स्रोत हो सकती है।
- पामर एवं पार्किंस का तो यहां तक मानना है कि ''लोगों में शिक्षा तथा साक्षरता के साथ उनकी धार्मिक एवं वैचारिक मान्यताएं तथा उनमें पाए जाने वाला मनोबल किसी राष्ट्र को शक्तिशाली बनाता है।''

### 3. तकनीकी

- वस्तुत: विकसित देशों व विकासशील देशों के मध्य तकनीकी का ही मूल भेद है। तकनीकी का आशय, अनुपयुक्त विज्ञान से है तथा तकनीकी के द्वारा ही नई पद्धतियों, नए उत्पादन एवं नए बाजार का निर्माण हुआ है।
- अधिकांश अनुसंधान, व्यवस्थाएं विकसित और शक्तिशाली राष्ट्रों में हैं। उद्योग, कृषि, दवाईयां, शिक्षा, परिवहन, वित्त जैसे क्षेत्रों में नित नए अनुसंधान किए जा रहे हैं। इसलिए रॉबर्ट हिल ब्रोनर का मानना है कि 'आधुनिक समय की सबसे बड़ी विशेषता, तकनीकी है।'
- तकनीकी का प्रयोग युद्ध क्षेत्र में, परमाणु तथा अंतरिक्ष क्षेत्र में तथा समाज के विकास में भी किया जाता है।
- जैसाकि बार्डविन का मानना है कि 'जर्मनी व जापान पर द्वितीय विश्व युद्ध के समय अमेरिका ने जो विजय दिलाई, वह उसकी सैन्य क्षमता और तकनीकी का ही प्रमाण था।'

### 4. विचारधारा

- मॉर्गेंथाऊ ने विदेश नीति में निम्नलिखित विचारधाराओं को **स्वीकार किया है**-
  (i) यथास्थितिवादी विचारधारा, जिसमें शांति व अंतर्राष्ट्रीय विधि के अनुसार कार्य किया जाता है।
  (ii) साम्राज्यवादी विचारधारा, जिसमें आक्रामक विदेश नीति को स्वीकार किया जाता है।
  (iii) राष्ट्रीय आत्मनिर्णय की विचारधारा।
- संप्रति अमेरिका जैसी महाशक्ति लोकतंत्र, मानवाधिकार एवं शांति की विचारधारा के नाम पर अपने राष्ट्रीय हितों को शक्तिशाली रूप में पूर्ण करने का प्रयास कर रही है।

### 5. मनोबल

- मनोबल का अभिप्राय, व्यक्तित्व व गरिमा को बनाए रखने से है। मनोबल में उत्साह, विश्वास, पात्रता, साहस तथा आस्था जैसे गुणों को भी सम्मिलित किया जाता है। इसी मनोबल के द्वारा लोगों को राष्ट्र के प्रति त्याग और बलिदान के लिए प्रोत्साहित किया जाता है तथा उन्हें आपसी मतभेदों को भुलाने की सलाह भी दी जाती है।
- इसलिए प्रत्येक राष्ट्र नागरिकों के मनोबल में वृद्धि का प्रयास करता है तथा मनोबल के निर्माण के लिए प्रचार और प्रोपेगेंडा का भी प्रयोग किया जाता है।
- लोगों के इस मनोबल की वृद्धि के लिए सदैव बेहतर नेतृत्व की आवश्यकता होती है। जैसाकि अमेरिकी विदेश नीति में बार-बार कहा जाता है कि हमने तो अभी युद्ध प्रारंभ की है, अभी आगे की लड़ाई शेष है, क्योंकि हमें पूरी दुनिया के लिए लोकतंत्र को सुरक्षित बनाना है।
- वस्तुत: राष्ट्रीय चरित्र की भूमिका शक्ति के लिए

महत्वपूर्ण होती है तथा यह राष्ट्रीय चरित्र दुनिया के भिन्न-भिन्न देशों में भिन्न-भिन्न रूपों में पाया जाता है।

- जैसाकि पामर एवं पार्किंस की **मान्यता है कि-**
  (i) चीनी लोग सार्वभौमिक अपरिवर्तनशीलता में विश्वास करते हैं।
  (ii) जर्मनवासी के राष्ट्रीय चरित्र थारोनेस शांतिपूर्णता के अर्थ में व्यक्त किया जाता है तथा कुशलता व अनुशासन भी जर्मनवासियों का राष्ट्रीय चरित्र माना जाता है।
  (iii) रूसियों का राष्ट्रीय चरित्र उनका अटूट जुझारूपन है।
  (iv) दक्षिणी अमेरिकी देशों का राष्ट्रीय चरित्र उनकी धार्मिक भावना के द्वारा व्यक्त किया जाता है।
  (v) अमेरिकी और कनाडाई व्यक्तियों का राष्ट्रीय चरित्र, खोजकर्ता तथा संसाधनों की पूर्णता के रूप में देखा जाता है।
  (vi) पार्किंस के अनुसार, इंग्लैंडवासियों का राष्ट्रीय चरित्र 'कॉमनसेंस' है।
- यद्यपि किसी भी देश के नागरिकों के लिए राष्ट्रीय चरित्र का निर्धारण करना अत्यधिक कठिन व विवादास्पद है। लेकिन यह राष्ट्रीय शक्ति का एक बड़ा स्रोत माना जाता है। जैसाकि हैन्स मॉर्गेंथाऊ ने अपनी रचना-"Politics Among Nations : The Struggle for Power and Peace" (1948) में भी स्वीकार किया है।

## 6. नेतृत्व

- बिना नेतृत्व के न तो राज्य का निर्माण हो सकता है, न ही तकनीकी का विकास और न ही कोई देश विकसित हो सकता है। बिना नेतृत्व के मनोबल को भी नहीं बढ़ाया जा सकता। अंतर्राष्ट्रीय राजनीति में यह नेतृत्व युद्ध के समय महत्वपूर्ण होता है तथा शांति के समय कूटनीति में भी नेतृत्व की **महत्वपूर्ण भूमिका** होती है-
  (i) जोसेफ नाई के द्वारा **सॉफ्ट पावर** शब्द का प्रयोग किया गया।
  (ii) इसके अंतर्गत नेतृत्व, विचारधारा, सांस्कृतिक तथा अंतर्राष्ट्रीय संस्थाओं में नेतृत्व को सम्मिलित किया जाता है।
  (iii) **हार्ड पावर** के अंतर्गत् सैनिक शक्ति, आर्थिक शक्ति एवं तकनीकी शक्ति को सम्मिलित किया जाता है।
- Hedley Bull-"The Control of the Arms Race."

## संप्रभुता

- किसी भी भौगोलिक क्षेत्र या जन समूह पर सत्ता या प्रभुत्व के नियंत्रण पर अनन्य अधिकार को संप्रभुता कहते हैं तथा संप्रभुता राज्य का प्राण तत्व होता है।

## भू-मंडलीकरण और राष्ट्र-राज्य

- सुसैन स्ट्रेन्ज (Susan Strange) ने कहा कि 'राज्य वैश्वीकरण की उच्च शक्ति के समक्ष पीछे हट रहा है।'
- भू-मंडलीकरण का मूल अभिप्राय, 'राज्यों का विश्व में वस्तु, सेवा और वित्त का मुक्त आदान-प्रदान है।' वर्तमान भू-मंडलीकृत विश्व में एक वैश्विक गांव का निर्माण हो रहा है। पार-राष्ट्रीय संबंधों का विकास हो रहा है। इसलिए राज्य की परंपरागत शक्ति या संप्रभुता में ह्रास या क्षरण देखा जा सकता है, क्योंकि राज्य एक भौगोलिक संकल्पना है या भू-भाग विशेष में सर्वोच्च वैधानिक सत्ता का प्रयोग किया जाता है। डेविड हेल्ड के अनुसार, समकालीन भू-मंडलीकरण के युग में राज्य के परंपरागत कार्यों में **निम्नलिखित रूप में कमी देखी जा सकती है-**
  (i) आर्थिक गतिविधियों पर राज्य का नियंत्रण कम हो रहा है।
  (ii) सुरक्षा बनाए रखने के कार्य भी अधिराष्ट्रीय कर्ताओं को सौंपा जा रहा है।
  (iii) अब राज्यों के लिए आर्थिक निर्णय, क्षेत्रीय आर्थिक संगठनों द्वारा किए जा रहे हैं।
  (iv) अनेक वैश्विक एवं अंतर्राष्ट्रीय संस्थाओं द्वारा राज्य के लिए अनेक विधियों का निर्माण किया जा रहा है।
- परंपरागत रूप में राज्य का मूल कार्य विधि-निर्माण, आर्थिक व्यवस्था को बनाए रखना एवं सुरक्षा बनाए रखना माना जाता था। लेकिन भू-मंडलीकरण के इस युग में राज्य के इन कार्यों में प्रभावी कटौती देखी जा रही है। इससे प्रथम दृष्टया ऐसा प्रतीत होता है कि राज्य की भूमिका का क्षरण हो रहा है और अति भू-मंडलीकृत विचारकों की मान्यता ऐसी ही प्रतीत हो रही है, जिन्होंने कहा कि विश्व में भौगोलिक सीमाएं संकुचित होती जा रही हैं।
- यथार्थवादियों के अनुसार, 'राज्य का महत्व कभी भी कम नहीं हो सकता।' इसलिए यथार्थवादियों ने भू-मंडलीकरण के युग में राज्य को प्रधानता प्रदान की है, क्योंकि इनके अनुसार, राज्य अपने राष्ट्रीय हितों के लिए ही इन संगठनों का सदस्य बनता है तथा ये संगठन राष्ट्रीय हित बनाए रखने के माध्यम मात्र हैं। इन लोगों ने यहां तक माना कि भू-मंडलीकरण भी कुछ शक्तिशाली राज्यों द्वारा प्रतिपादित विचार हैं। इस शीतयुद्धोत्तर विश्व में भी राज्यों के मध्य संघर्ष बने रहेंगे। अत: यथार्थवादियों ने अति भू-मंडलीकृतवादियों या उदारवादियों की मान्यता को चुनौती दी।

- वस्तुतः भू-मंडलीकरणवादियों और यथार्थवादियों के विचारों में आंशिक सत्यता है तथा दोनों के विचार एक-दूसरे के पूरक हैं। अति भू-मंडलीकरणवादियों की मान्यता सत्य है, जबकि वे दुनिया में अंतर्निर्भरता, वस्तु और सेवाओं के मुक्त आदान-प्रदान को स्वीकार करते हैं। परंतु इसका अभिप्राय यह नहीं है कि राज्य का महत्व कम हो रहा है या क्षीण हो रहा है। **इसके उदाहरण निम्नलिखित हैं**-
  (i) विश्व व्यापार संगठन, यूरोपीय यूनियन जैसे संगठनों की सदस्यता, राज्य अपने हितों के लिए अर्जित करते हैं तथा वे इसे छोड़ने के लिए भी स्वतंत्र हैं।
  (ii) यह वास्तविकता है कि जहां राज्य शक्तिशाली हैं तथा राज्य द्वारा आधारभूत संरचनाओं का विकास किया गया, उन राज्यों ने भू-मंडलीकरण का लाभ अत्यधिक उठाया।
- जबकि कमजोर राज्य भू-मंडलीकरण का प्रभावी लाभ उठाने में असमर्थ रहे। यूरोपीय यूनियन के निर्माण के बाद भी विदेश नीति और सुरक्षा के मुद्दों पर राज्यों के मध्य अभी भी मतभेद बने हुए हैं।
- उपरोक्त तर्क यह प्रमाणित करते हैं कि राज्य का महत्व लगातार बना हुआ है, लेकिन इसका अभिप्राय यह बिल्कुल नहीं है कि राज्य का वर्तमान स्वरूप हीगलवादी या हॉब्सवादी है। इसलिए राज्य के स्वरूप में समकालीन विश्व में निर्णायक परिवर्तन हुआ है। सुसैन स्ट्रैन्ज ने इसे 'नव-मध्यकालीन राज्य' की संज्ञा दी। अन्य लोगों के अनुसार, यह सहभागी संप्रभुता का विचार है। समकालीन सूचना क्रांति व वैश्विक नागरिक समाज के युग में राज्य के कार्यों और गतिविधियों पर निर्णायक प्रभाव पड़ा है। वैश्विक नागरिक समाज और कॉस्मोपॉलिटन नागरिकता का विचार प्रभावी हुआ। इसके बावजूद भी राष्ट्र-राज्यों का महत्व अभी भी बना हुआ है। यह राष्ट्र-राज्य अभी भी अंतर्राष्ट्रीय राजनीति की महत्वपूर्ण ईकाई है।

अध्याय 5

# शक्ति संतुलन, शांति एवं सुरक्षा
# BALANCE OF POWER, PEACE AND SECURITY

## शक्ति संतुलन

- वस्तुत: शक्ति के संतुलन की धारणा अंतर्राष्ट्रीय राजनीति में 18वीं-19वीं शताब्दी की है, जहां पांच या छह मुख्य राष्ट्रीय कर्ता हुआ करते थे, जो शक्ति के लिए परस्पर संघर्षरत थे। अत: शक्ति संतुलन की धारणा से यह प्रकट होता है कि शक्ति, राजनीति, नैतिकता और अंतर्राष्ट्रीय विधि से नियंत्रित नहीं होती, बल्कि राष्ट्रीय हितों और शक्ति से संचालित होती है।
- 18वीं शताब्दी तथा 19वीं शताब्दी शक्ति संतुलन का स्वर्णिम काल माना जाता है। क्योंकि इस समय ब्रिटेन, फ्रांस, रूस, ऑस्ट्रिया व हंगरी जैसे देशों के मध्य शक्ति का संतुलन बना हुआ था या शक्ति की साम्यावस्था निर्मित थी। क्योंकि सभी राष्ट्रों में शक्तियों का वितरण लगभग समान था। इसलिए अंतर्राष्ट्रीय राजनीति में तत्कालीन समय में शांति विद्यमान थी।
- शक्ति के संतुलन को शक्ति की साम्यावस्था या शक्ति की बराबरी की बजाय, शक्ति को अतिप्रबलता के रूप में भी देखा जाता है। इसलिए शक्ति संतुलन, संतुलनकर्ता की भूमिका में थी। अत: ब्रिटेन की भूमिका संतुलन के रूप में अंतर्राष्ट्रीय शांति और व्यवस्था बनाए रखने की थी।
- ऐतिहासिक रूप में शक्ति के संतुलन या शक्ति की साम्यावस्था को भंग करने का श्रेय फ्रांसीसी क्रांति को जाता है। जब इस फ्रांसीसी क्रांति के द्वारा राजनीतिक प्रणाली में आमूल-चूल परिवर्तन के प्रयास किए गए तथा व्यक्ति के अधिकारों और उसकी स्वतंत्रता को प्राथमिक रूप में उठाया गया।
- वर्तमान समय में शक्ति का केंद्र केवल राष्ट्र-राज्य ही नहीं है, बल्कि बहुराष्ट्रीय कंपनियां, क्षेत्रीय आर्थिक संगठन एवं विश्व व्यापार शक्ति के उभरते नवीन केंद्र हैं।
- शक्ति संतुलन सिद्धांत में 'संतुलक' (Ballancer) वह राष्ट्र होता है, जिसके पास इतनी अधिक शक्ति हो कि वह जिस पक्ष में जाए वह पक्ष अधिक शक्तिशाली हो जाता है। 'संतुलक' हमेशा संतुलन को बनाए रखने का प्रयास करता है। द्वितीय विश्व युद्ध से पहले ग्रेट ब्रिटेन को 'संतुलक' माना जाता था। वर्तमान समय में संयुक्त राज्य अमेरिका 'संतुलक' है।
- शक्ति संतुलन स्थापित करने के साधन हैं-क्षतिपूर्ति, हस्तक्षेप, मध्यवर्ती-राज्य, शस्त्रीकरण, मैत्री-संधियां।

## वर्तमान समय में शक्ति संतुलन

- शीतयुद्ध के बाद के वर्तमान युग में कुछ लोगों का विचार है कि अमेरिका का एकध्रुवीय शक्ति संतुलन कायम है।
- अन्य लोगों का विचार है कि वर्तमान विश्व बहुध्रुवीय है, जिसमें अमेरिका अत्यधिक प्रभावी है।
- कुछ लोग इस विश्व को 'नॉन पोलर विश्व' की संज्ञा दे रहे हैं।

## संयुक्त राष्ट्र संघ और शक्ति का संतुलन
(UNO Vs Balance of Power)

- द्वितीय विश्व युद्धोत्तर अंतर्राष्ट्रीय राजनीति में संयुक्त राष्ट्र संघ के निर्माण करने का मूल उद्देश्य था कि अंतर्राष्ट्रीय राजनीति में शांति और सुरक्षा बनाए रखना, राष्ट्र-राज्यों के मध्य मित्रतापूर्ण संबंधों का विकास करना एवं राज्यों के मध्य सामाजिक, सांस्कृतिक, आर्थिक एवं मानवीय सहयोग में वृद्धि करना एवं मानवाधिकारों की रक्षा करना।
- अंतर्राष्ट्रीय शांति और सुरक्षा के लिए ही संयुक्त राष्ट्र संघ के चार्टर में अध्याय-7 के प्रावधान के अनुसार, संयुक्त राष्ट्र संघ पूरी दुनिया में सामूहिक सुरक्षा निर्मित करेगा। किसी एक राज्य पर आक्रमण संपूर्ण विश्व की शांति पर आक्रमण माना जाएगा। अत: अब प्रत्येक राज्यों की सुरक्षा का दायित्व संयुक्त राष्ट्र संघ के जिम्मे था। ऐसी स्थिति में क्या शक्ति के संतुलन की धारणा प्रासंगिक है?
- यदि सैद्धांतिक रूप में देखा जाए, तो शक्ति संतुलन और सामूहिक सुरक्षा परस्पर विरोधी प्रतीत होते हैं। परंपरागत शक्ति संतुलन के समय सामूहिक सुरक्षा की कल्पना अनुपस्थित थी। लेकिन यदि व्यावहारिक रूप में देखा

जाए, तो संयुक्त राष्ट्र संघ की बजाय, शीतयुद्ध काल में शक्ति संतुलन के अनुसार अंतर्राष्ट्रीय राजनीति संचालित हुई। इसलिए शीतयुद्ध के समय जो विवाद संयुक्त राष्ट्र संघ के समक्ष उपस्थित हुए उन राजनीतिक विवादों का समाधान संयुक्त राष्ट्र संघ करने में असफल रहा। उदाहरण के लिए, कोरिया संकट, ईरान, इंडोनेशिया, हंगरी में हस्तक्षेप तथा अरब-इजरायल विवाद।

- वस्तुतः शीतयुद्धोत्तर विश्व राजनीति में जब सोवियत संघ (USSR) का विघटन हुआ, तो एक बार पुनः संयुक्त राष्ट्र संघ के प्रभावशाली होने की उम्मीद की गई। लेकिन अमेरिका द्वारा ईराक पर किए गए आक्रमण, नाटो द्वारा सर्बिया पर किया गया आक्रमण तथा अमेरिका द्वारा दुष्ट राष्ट्रों की श्रेणी घोषित करना, क्योटो प्रोटोकाल को अस्वीकार करना, प्रक्षेपास्त्र संधि का उल्लंघन करना, इस बात का यथेष्ट प्रमाण है कि अंतर्राष्ट्रीय राजनीति में शक्ति संतुलन अभी भी प्रासंगिक है। यहां यह ध्यान देने योग्य बिंदु है कि शक्ति संतुलन का अर्थ, व्यापक रूप में प्रयोग किया जा रहा है। इसे शक्ति के संघर्ष के रूप में देखा जा रहा है। इसलिए आज एकध्रुवीय शक्ति संतुलन एवं द्विध्रुवीय शक्ति संतुलन शब्द की भी प्रयोग किया जा रहा है।
- लेकिन इन व्यावहारिक उदाहरणों के साथ-साथ पामर एवं पार्किंस ने इस तथ्य की ओर भी ध्यान दिलाया है कि वस्तुतः संयुक्त राष्ट्र संघ के निर्माण और संरचना में भी शक्ति संतुलन के मूलभूत नियमों को देखा जा सकता है। अतः पामर एवं पार्किंस के अनुसार, 'दोनों एक-दूसरे के विरोधी नहीं, अपितु दोनों एक-दूसरे के पूरक हैं।' उन्होंने तो यहां तक कहा है कि संयुक्त राष्ट्र संघ इसलिए कायम है, क्योंकि इसके पीछे शक्ति संतुलन कार्य कर रहा है। उदाहरण के लिए, लीग ऑफ नेशंस इसलिए असफल हो गया, क्योंकि उसमें न तो अमेरिका ने भागीदारी की तथा सोवियत संघ भी उससे दूर रहा।
- पामर एवं पार्किंस ने संयुक्त राष्ट्र संघ की संरचना का विश्लेषण करते हुए इस महत्वपूर्ण तथ्य की ओर ध्यान दिलाया है कि संयुक्त राष्ट्र संघ में सुरक्षा का दायित्व सुरक्षा परिषद् पर है। इसलिए सुरक्षा परिषद् (Security Council) संयुक्त राष्ट्र संघ का सबसे महत्वपूर्ण एवं मुख्य अंग माना जाता है। यदि पांच स्थायी सदस्यों को देखा जाए, जिन्हें वीटो शक्ति प्राप्त थी, तो ये पांच शक्तियां तत्कालीन समय में महाशक्ति के रूप में विश्व व्यवस्था का निर्धारण कर रही थीं। अतः स्पष्ट है कि सुरक्षा परिषद् की संरचना तत्कालीन शक्ति संतुलन की संरचना के अनुरूप निर्मित की गई। दूसरी ओर, सामूहिक सुरक्षा के साथ राज्यों को आत्म रक्षा देने का अधिकार (Art-51) इस तथ्य को इंगित करते हैं कि क्या संयुक्त राष्ट्र संघ सभी राष्ट्रों की सुरक्षा करने में असफल तो नहीं होगा? इसी के साथ संयुक्त राष्ट्र संघ के चार्टर में क्षेत्रीय सुरक्षा के लिए भी स्पष्ट अलग प्रावधान है, जो (Art-52-54) में वर्णित है, जिनके अनुसार, नाटो तथा वार्सा (WARSA) जैसे संगठनों का निर्माण भी किया गया। इसलिए क्या नाटो की सहयोगी सुरक्षा महत्वपूर्ण है या संयुक्त राष्ट्र संघ की सामूहिक सुरक्षा? सामूहिक सुरक्षा के होते हुए क्षेत्रीय सुरक्षा का विकल्प क्यों प्रदान किया गया? यदि व्यावहारिक उदाहरणों से देखा जाए, तो सामूहिक सुरक्षा की बजाय, नाटो की सुरक्षा ज्यादा प्रभावी हुई।
- हैंडले बुल के अनुसार, 'शक्ति संतुलन के द्वारा छोटे राज्यों की सुरक्षा सुनिश्चित होती है।'
- शक्ति संतुलन और शांति के संदर्भ में **तीन प्रकार के दृष्टिकोण हैं**-
  (i) पहली श्रेणी के विचारकों के अनुसार, एकध्रुवीय विश्व में शांति एवं स्थायित्व की संभावना सर्वाधिक होती है, क्योंकि एक महाशक्ति के द्वारा समूचे विश्व पर नियंत्रण कर लिया जाता है एवं उसके निर्देश के अनुसार ही अंतर्राष्ट्रीय राजनीति में संस्थाओं और नियमों का निर्माण होता है। इस श्रेणी के विचारक आधिपत्यवादी स्थायित्व के सिद्धांत को मानते हैं। जिनके अनुसार, एक महाशक्ति का आधिपत्य समूची विश्व व्यवस्था के स्थायित्व में सहायक होता है।
  (ii) कैनेथ वॉल्ट्ज जैसे नव-यथार्थवादी विचारक उपरोक्त मत से सहमत नहीं हैं। इनके अनुसार, द्विध्रुवीय शक्ति संतुलन अधिक स्थायी होता है, क्योंकि शक्तियों के लगभग समान वितरण के कारण एक गुट, दूसरे गुट पर आक्रमण नहीं करता। उदाहरण के लिए, शीतयुद्ध युगीन विश्व में अमेरिका तथा सोवियत संघ के मध्य मतभेदों के बावजूद सीधा युद्ध नहीं हुआ तथा वर्ष 1962 के क्यूबा संकट का भी शांतिपूर्ण समाधान कर लिया गया।
  (iii) तीसरी श्रेणी के विचारकों में मॉर्गेंथाऊ और कार्ल ड्यूश सम्मिलित हैं, जिनके अनुसार, बहुध्रुवीय विश्व में शांति और स्थायित्व की सर्वाधिक संभावना होती है, क्योंकि इसमें शक्तियों का लगभग समान वितरण होता है। एक राज्य की शक्ति अधिशेष को दूसरा राज्य प्रतिसंतुलित कर देता है। विटकॉफ के अनुसार, उपरोक्त मतों में कौन सा मत सत्य के

अधिक निकट है, यह कहना कठिन है तथा यह भी कहना कठिन है कि किस व्यवस्था में अधिक शांति और स्थायित्व होगा।

## डिटरेंस (Deterence) प्रतिरोध (परमाणु छतरी) विस्तारित प्रतिरोध

- डिटरेंस के द्वारा शक्ति संबंधों को व्यक्त किया जाता है। इसके द्वारा अंतर्राष्ट्रीय राजनीति में सामंजस्य की बजाय, विरोधी संबंधों को प्रकट किया जाता है।
- डिटरेंस एक सैन्य रणनीति है, जिसके द्वारा राज्यों के आक्रामक व्यवहार पर प्रतिबंध आरोपित किया जाता है, क्योंकि आक्रामक राष्ट्र आक्रमण से होने वाले संभावित नुकसान को देखते हुए आक्रमण नहीं करता।
- डिटरेंस, भय को व्यक्त करने का एक माध्यम है, जिसके अंतर्गत् राज्यों के अनापेक्षित व्यवहार को परिवर्तित किया जाता है।

## डिटरेंस के दो प्रकार हैं

(i) परंपरागत डिटरेंस। (ii) परमाणु डिटरेंस।

- द्वितीय विश्व युद्ध के पश्चात् परमाणु डिटरेंस को डिटरेंस का पर्याय माना गया। अंतर्राष्ट्रीय राजनीति में परमाणु शक्ति संपन्न राज्यों के समक्ष **निम्नलिखित चुनौती विद्यमान होती हैं**-
  - (i) क्या उन्हें (राज्यों को) परमाणु हथियारों का प्रयोग करना चाहिए?
  - (ii) परमाणु हथियारों के संभावित आक्रमण से राज्य स्वयं को किस प्रकार सुरक्षित रखें?
- जापान पर पहली बार परमाणु हमले के बाद अमेरिकी विदेश नीति में परमाणु हथियारों की सर्वोच्चता का प्रभावी प्रयोग किया गया तथा परमाणु हथियारों की धमकी के द्वारा अमेरिकी विदेश मंत्री 'जॉन फास्टर डलेस' ने 'कगार की नीति' (Policy of Brinkmanship) का पालन किया।
- अमेरिका ने ऐसा प्रदर्शित किया कि वह वास्तव में परमाणु हथियारों का प्रयोग कर सकता है। अमेरिका द्वारा अन्य राष्ट्रों से सौदेबाजी भी की गई। अतः अमेरिका ने परमाणु हथियारों के विनाश का आतंक पैदा किया।
- राष्ट्रपति आइजनहावर ने साम्यवाद और सोवियत संघ के विस्तार को रोकने के लिए परमाणु हथियारों के प्रयोग का समर्थन किया, ऐसा विटकॉफ का मत है। परंतु अन्य विचारक इस दृष्टिकोण से सहमत नहीं हैं। इनके अनुसार, अमेरिका ने कभी भी परमाणु हथियारों के प्रयोग के विकल्प पर विचार नहीं किया।
- वर्ष 1949 में सोवियत संघ ने परमाणु विस्फोट किया। अमेरिका ने शांतिपूर्ण सहअस्तित्व का नारा दिया। इनके अनुसार, परमाणु शक्ति संपन्न राष्ट्रों के मध्य सैन्य संघर्ष संभव नहीं है। सोवियत संघ ने आर्थिक एवं राजनीतिक कूटनय के द्वारा अमेरिका के साथ संबंधों को बेहतर करने पर बल दिया।
- प्रथम चरण में अमेरिका की सामरिक क्षमता सोवियत संघ से निर्णायक रूप में बेहतर थी। वर्ष 1957 में सोवियत संघ ने पहली बार अंतरिक्ष उपग्रह 'स्पूतनिक' छोड़ा, जिससे यह सिद्ध हो गया कि सोवियत संघ, अमेरिका के दूर-दराज के ठिकानों पर भी हमला कर सकता है।
- वर्ष 1960 के दशक में क्यूबा संकट के दौरान अमेरिकी राष्ट्रपति कैनेडी ने ख्रुश्चेव को क्यूबा से सोवियत प्रक्षेपास्त्रों को हटाने के लिए बाध्य किया। क्यूबा संकट के दौरान पहली बार ऐसा प्रतीत हुआ कि दो परमाणु शक्ति संपन्न राष्ट्रों के मध्य युद्ध हो सकता है।
- इस संकट के दौरान अमेरिका की नीति में परिवर्तन आया। इस समय तक सोवियत संघ ने परमाणु क्षेत्र में अमेरिकी सर्वश्रेष्ठता को तोड़ दिया। अतः अमेरिका ने नई रणनीति का प्रयोग करते हुए परमाणु हथियारों के प्रयोग की बजाय, राजनैतिक सौदेबाजी का सहारा लिया।
- 70 के दशक में डिटरेंस को 'पारस्परिक सुनिश्चित विनाश' (MAD) के पर्याय के रूप में व्यक्त किया गया, जिसका अभिप्राय है कि परमाणु शक्ति संपन्न राष्ट्रों के मध्य युद्ध सर्वविनाशक होगा, जिसमें किसी की हार या जीत संभव नहीं है।
- अतः अंतर्राष्ट्रीय राजनीति में विजय की बजाय, अस्तित्व की चिंता प्राथमिक हो गई। यहां यह बिंदु उल्लेखनीय है कि 70 के दशक में दोनों महाशक्तियों की सामरिक क्षमता समान थी।
- परमाणु डिटरेंस में 70 के दशक के दौरान **निम्नलिखित प्रवृत्तियां उभरीं**-
  - (i) अमेरिका और सोवियत संघ ने अपने सहयोगी मित्रों को भी परमाणु डिटरेंस की सुविधा उपलब्ध कराई, जिसे 'एटमी छाता' या 'विस्तारित डिटरेंस' भी कहा जाता है।
  - (ii) दूसरी ओर परमाणु हथियारों के अप्रसार पर भी बल दिया गया। परमाणु हथियारों की कटौती के लिए अमेरिका और सोवियत संघ के मध्य अनेक समझौते संपन्न हुए।
- आलोचकों के अनुसार, यथार्थवादी विश्व में यह कहना कठिन है कि महाशक्तियां अपने मित्रों की रक्षा हेतु स्वयं

विनाशक संघर्ष में संलग्न होंगी। परमाणु उपयोगिता सिद्धांत के अनुसार, परमाणु हथियारों का प्रयोग केवल डिटरेंस के लिए ही नहीं, युद्ध के लिए भी किया जा सकता है। क्योंकि परमाणु हथियारों के प्रसार से इसके प्रयोग की प्रायिकता में भी वृद्धि होती है। यद्यपि यह प्रयोग सीमित रूप में होगा, ऐसी इनकी मान्यता है।

## आक्रामक युद्ध से रक्षात्मक विकास की ओर

- द्वितीय विश्व युद्ध के पश्चात् अमेरिका ने सोवियत संघ के प्रभाव को रोकने हेतु आक्रामक रणनीति का प्रयोग किया।
- अमेरिकी राष्ट्रपति रीगन ने 80 के दशक में 'स्टार वार' का नारा दिया, जिसके अंतर्गत् अमेरिकी भूमि की रक्षा अंतरिक्ष में निर्मित कंप्यूटर प्रणाली द्वारा करने की योजना बनाई गई, जो किसी भी बाह्य प्रक्षेपास्त्र को सीमा पर ही निष्क्रिय कर देगा।
- इससे यह स्पष्ट है कि अमेरिका ने परमाणु डिटरेंस पर पूर्ण विश्वास नहीं किया। आलोचक भी यह मानते हैं कि परमाणु हथियार आक्रामक हथियार है, रक्षात्मक नहीं।
- वर्ष 1985 में सोवियत संघ में गोर्वाच्योब के सत्ता में आने के पश्चात् परमाणु हथियारों की कटौती हेतु व्यापक पहल की गई, क्योंकि सोवियत संघ आर्थिक रूप में खस्ताहाल हो चुका था तथा उसे अमेरिकी सहायता की आवश्यकता थी।
- सोवियत संघ के विघटन के पश्चात् शीतयुद्धोत्तर विश्व में अमेरिकी राष्ट्रपति बुश ने 'दुष्ट राज्यों' को परमाणु हथियार प्राप्त करने पर कारगर प्रतिबंध लगाने कीपहल की।

## दक्षिण एशियाई उप-महाद्वीप और डिटरेंस

- वर्ष 1998 में भारत और पाकिस्तान ने परमाणु विस्फोट किए। पश्चिमी विचारकों के अनुसार, भारत और पाकिस्तान के मध्य डिटरेंस की संकल्पना लागू नहीं होगी तथा इनके मध्य परमाणु हथियारों का संघर्ष सुनिश्चित है।
- अमेरिका ने भारत पर परमाणु कार्यक्रम बंद करने के लिए दबाव बनाया। परंतु विगत् 10 वर्षों के दौरान दोनों के मध्य परमाणु हथियारों के प्रयोग के विकल्प पर विचार नहीं किया गया। नवाज शरीफ और अटल बिहारी वाजपेयी के मध्य परमाणु क्षेत्र में विश्वास निर्माण के उपाय किए गए।
- इस बिंदु पर परस्पर विरोधी मत पाए जाते हैं। उदाहरण के लिए, पाकिस्तान के पूर्व राष्ट्रपति परवेज मुशर्रफ ने एक साक्षात्कार में स्पष्ट रूप में कहा कि 'पाकिस्तान, भारत के विरुद्ध सभी प्रकार के हथियारों के प्रयोग पर विचार करेगा, जिसमें परमाणु हथियार भी सम्मिलित होंगे।'
- जबकि दूसरी ओर तत्कालीन राष्ट्रपति आसिफ अली जरदारी ने 'नो फर्स्ट यूज' की संकल्पना का समर्थन किया। भारत ने आरंभ से ही 'नो फर्स्ट यूज' की नीति का समर्थन किया। अब अमेरिका सहित अनेक विकसित राष्ट्र भारत को परमाणु क्षेत्र में उच्च तकनीकी क्षमता वाला उत्तरदायी राष्ट्र मानते हैं।

अध्याय 6

# राष्ट्रीय सुरक्षा की बदलती अवधारणा
# CHANGING CONCEPT OF NATIONAL SECURITY

## अंतर्राष्ट्रीय राजनीति में सुरक्षा का मूल अभिप्राय

- वॉल्टर लिपमैन के अनुसार, 'एक राज्य के द्वारा अपने केंद्रीय मूल्यों को बनाए रखना ही सुरक्षा है, चाहे राज्य युद्ध को बचाकर इन मूल्यों की रक्षा करे या युद्ध में विजय प्राप्त करे।'
- बैरी बुजान ने सुरक्षा को परिभाषित करते हुए कहा कि 'यह राज्य और समाज की वह क्षमता है, जिसके द्वारा राज्य अपनी स्वतंत्र पहचान कायम रखे तथा प्रकार्यात्मक एकता एवं अखंडता को सुरक्षित रख सके।'
- सुरक्षा को आत्मनिष्ठ और वस्तुनिष्ठ दोनों रूपों में परिभाषित किया जा सकता है।
- अर्नोल्ड वुल्फर्स के अनुसार, 'वस्तुनिष्ठ रूप में सुरक्षा का आशय, राज्य के मूल्यों के ऊपर बाह्य आक्रमण का अभाव है। जबकि आत्मनिष्ठ रूप में सुरक्षा का अभिप्राय, राज्य के मूल्यों को संभावित आक्रमण के भय से बचाए रखना है।'

## सुरक्षा का परंपरागत अर्थ

- परंपरागत रूप में एक राज्य सुरक्षा के लिए सबसे बड़ा खतरा अन्य राज्यों को मानता था। उदाहरण के लिए, वर्ष 1960 के दशक में चीन ने सोवियत संघ को अपनी सुरक्षा के लिए सबसे बड़ा खतरा माना। ठीक इसी प्रकार सोवियत संघ ने अमेरिका को अपनी सुरक्षा के लिए खतरा माना।
- इन बाह्य खतरों से अपनी सुरक्षा के लिए प्रत्येक राज्य के द्वारा अधिक से अधिक सैन्य सामग्री अर्जित करने का प्रयत्न किया गया। इसलिए शीतयुद्ध के युग में हथियारों की दौड़ अत्यधिक प्रभावी थी।
- समकालीन विश्व में ईरान द्वारा परमाणु हथियारों के विकास का प्रयत्न इस तथ्य का स्पष्ट प्रमाण है कि राज्य अपनी सुरक्षा के लिए बेहतर सैन्य सामग्री अर्जित करने का प्रयत्न करते हैं।
- शीतयुद्धोत्तर विश्व में भी एक राज्य की सुरक्षा को अन्य राज्यों के द्वारा विघटित करने का प्रयत्न किया गया। उदाहरण के लिए, वर्ष 2008 में रूस ने जार्जिया पर आक्रमण किया। वर्ष 2000 में इरीट्रिया और इथोपिया के मध्य संघर्ष हुआ। वर्ष 1999 में पाकिस्तान ने कारगिल में संघर्ष किया तथा वर्ष 1990 में इराक ने कुवैत पर आक्रमण किया।
- उपरोक्त उदाहरणों से यह प्रमाणित है कि राज्य की सुरक्षा हेतु बड़ा खतरा अन्य राज्यों द्वारा उत्पन्न किया जाता है। इसलिए अधिकाधिक सैन्य क्षमता अर्जित करना, राज्य की सुरक्षा की गारंटी मानी जाती है।

## सुरक्षा उभयपाश (Dilemma) और असुरक्षा उभयपाश

- अंतर्राष्ट्रीय राजनीति में सुरक्षा बनाए रखना प्रत्येक देश का मार्मिक हित माना जाता है (Core National Interest)। क्योंकि यथार्थवादियों के अनुसार, अंतर्राष्ट्रीय राजनीति में प्रत्येक राज्य, दूसरे का संभावित शत्रु होता है। इसलिए प्रत्येक राज्य राष्ट्रीय सुरक्षा को बनाए रखने के लिए स्वयं प्रयत्नशील होते हैं तथा राष्ट्रीय सुरक्षा में वृद्धि के लिए सैन्य क्षमता को बेहतर बनाना मुख्य उपाय माना जाता है।
- अतः प्रत्येक राज्य बेहतर हथियारों का भंडारण करते हैं। परंतु एक राज्य द्वारा हथियारों के भंडारण से दूसरा राज्य मनोवैज्ञानिक रूप में असुरक्षित हो जाता है और वह भी हथियारों के संग्रह का प्रयत्न करता है।
- इसलिए हथियारों के अभाव में राज्य असुरक्षित होते हैं। हथियारों के संग्रह के बाद भी राज्य असुरक्षित बने रहते हैं, क्योंकि प्रत्येक राज्य हथियारों के संग्रह के लिए प्रयत्नशील रहता है। इसे ही सुरक्षा उभयपाश कहा जाता है।
- अंतर्राष्ट्रीय राजनीति में प्रत्येक राज्य का उद्देश्य **दोहरा होता है-**
  (i) अपनी सुरक्षा को बेहतर बनाना।
  (ii) अन्य राज्यों में उत्पन्न मनोवैज्ञानिक असुरक्षा की भावना को भी दूर करना।

### असुरक्षा उभयपाश

- शीतयुद्धोत्तर विश्व में सुरक्षा उभयपाश की बजाय, असुरक्षा उभयपाश प्रभावी होता प्रतीत हो रहा है, जिसके अंतर्गत् राज्य की सुरक्षा के लिए उत्पन्न खतरा बाह्य न होकर, आंतरिक है। उदाहरण के लिए, वर्ष 1990 के पश्चात् अनेक राज्य गृहयुद्ध के शिकार हुए, जिसमें सोमालिया, रवांडा, अफगानिस्तान जैसे राज्य उल्लेखनीय हैं।
- वर्तमान विश्व में राज्यों की सुरक्षा का मूल खतरा आंतरिक है। उदाहरण के लिए, पाकिस्तानी सुरक्षा को सबसे बड़ा खतरा पाकिस्तान में बढ़ रहे कट्टरपंथी तालिबानियों से है।

## सुरक्षा की आदर्शवादी अवधारणा (सामूहिक सुरक्षा)

- वुडरो विल्सन द्वारा इसका समर्थन किया गया। इनके अनुसार, सामूहिक सुरक्षा का मूल आधार, 'एक के लिए सभी तथा सभी के लिए एक है।'
- आदर्शवादियों के अनुसार, 'विश्व में सामूहिक सुरक्षा के द्वारा ही प्रभावी और दीर्घकालिक शांति स्थापित करना संभव है।'
- इनके अनुसार, अंतर्राष्ट्रीय विवादों का समाधान सामूहिक दंड के भय के द्वारा किया जा सकता है तथा एक राष्ट्र पर दूसरे राष्ट्र का आक्रमण पूरे विश्व की शांति और सुरक्षा पर आक्रमण माना जाएगा।
- जार्ज श्वार्जनबर्जर, 'एक सुप्रतिष्ठित अंतर्राष्ट्रीय व्यवस्था के आधार पर हमले को रोकने हेतु यह विभिन्न राज्यों द्वारा सम्मिलित कार्यवाही करने का एक साधन है।'
- आइनिक्स क्लाड, 'सामूहिक-सुरक्षा शक्ति के व्यवस्थापन की एक युक्ति है।'
- ऐसे आक्रमणकारी राष्ट्र को दंडित करने का दायित्व अंतर्राष्ट्रीय संगठनों को सौंपा जाएगा। अत: सामूहिक सुरक्षा को व्यावहारिक रूप प्रदान करने के लिए 26 जून, 1919 को 'लीग ऑफ नेशंस' की स्थापना हुई।
- 24 अक्टूबर, 1945 में संयुक्त राष्ट्र संघ (UNO) का निर्माण किया गया। अत: आदर्शवादियों ने सुरक्षा की यथार्थवादी मान्यता का विकल्प प्रस्तुत किया।
- सामूहिक सुरक्षा के **निम्नलिखित लाभ हैं**-
  - (i) इसके द्वारा सभी राष्ट्रों की सुरक्षा की गारंटी सुनिश्चित हो जाती है। चाहे कोई राष्ट्र शक्तिशाली हो या अशक्त। उदाहरण के लिए, वर्ष 1991 में कुवैत को इराक के आक्रमण से मुक्त कराया गया। यह सामूहिक सुरक्षा की कार्यवाही के द्वारा संभव हुआ। सामूहिक सुरक्षा को बनाए रखने का दायित्व सुरक्षा परिषद् को सौंपा गया है।
  - (ii) सामूहिक सुरक्षा के द्वारा अंतर्राष्ट्रीय राजनीति के स्थायित्व में वृद्धि होती है, क्योंकि सभी राष्ट्रों की सुरक्षा का दायित्व एक अंतर्राष्ट्रीय संगठन को सौंप दिया जाता है। इसलिए सुरक्षा उभयपाश से राष्ट्र मुक्त हो जाते हैं।
  - (iii) सामूहिक सुरक्षा के द्वारा शक्ति संतुलन एवं विश्व सरकार के मध्य एक व्यावहारिक मार्ग की खोज की गई है, जिसके द्वारा राष्ट्र अपनी संप्रभु शक्ति बनाए रखते हुए भी एक वैश्विक संस्था के लाभ प्राप्त कर सकते हैं।
  - (iv) सामूहिक सुरक्षा का अभिप्राय, 'एक के लिए सभी एवं सभी के लिए एक है।' इसके अंतर्गत् पूरे विश्व की सुरक्षा का प्रयत्न किया जाता है तथा किसी एक राष्ट्र या समूह विशेष की सुरक्षा का प्रयत्न नहीं किया जाता।
  - (v) सामूहिक सुरक्षा के परिणामस्वरूप हथियारों की दौड़ में भी कमी होने की संभावना भी प्रबल हो जाती है। समकालीन विश्व में सामूहिक सुरक्षा की संकल्पना ज्यादा व्यावहारिक प्रतीत होती हैं, क्योंकि विश्व के समक्ष सुरक्षा की समस्याएं साझी एवं वैश्विक हैं। इसलिए इसका समाधान भी साझा एवं वैश्विक ही हो सकता है।

### सामूहिक सुरक्षा की खामियां

- जॉन मर्शाइमर जैसे नव-यथार्थवादियों के अनुसार, सामूहिक सुरक्षा की संकल्पना में **निम्नलिखित कमियां विद्यमान हैं**-
  - (i) अंतर्राष्ट्रीय राजनीति में आक्रमणकारी राष्ट्र एवं पीड़ित राष्ट्र में विभेद करना कठिन है।
  - (ii) सभी प्रकार के आक्रमण को निरर्थक मानना तार्किक नहीं है। क्योंकि कभी-कभी पड़ोसी राष्ट्र, दूसरे राष्ट्र की सुरक्षा के लिए गंभीर खतरा उत्पन्न कर देते हैं, जहां आक्रामक कार्यवाही आवश्यक हो जाती है। उदाहरण के लिए, भारत एवं पाकिस्तान के मध्य वर्ष 1971 का संघर्ष।
  - (iii) विभिन्न राष्ट्रों के मध्य ऐतिहासिक एवं वैचारिक आधार पर मित्रता पाई जाती है। अत: एक राष्ट्र अपने मित्र राष्ट्र के विरुद्ध सैन्य शक्ति का प्रयोग करने में पहल नहीं करते। उदाहरण के लिए, अमेरिका एवं इजरायल के मध्य संबंध।

(iv) राष्ट्रों के मध्य ऐतिहासिक आधार पर शत्रुता भी पाई जाती है, जिससे सामूहिक सुरक्षा की संकल्पना प्रभावी नहीं होती। उदाहरण के लिए, जब हिटलर ने चेकोस्लोवाकिया पर आक्रमण किया, तो पश्चिमी देशों ने हिटलर के विरुद्ध कार्यवाही नहीं की, क्योंकि वे सोचते थे कि हिटलर अंततः सोवियत संघ पर आक्रमण करेगा।

(v) सामूहिक सुरक्षा की संकल्पना खतरनाक है, क्योंकि इससे स्थानीय या क्षेत्रीय विवाद, वैश्विक विवाद में परिवर्तित हो जाते हैं।

(vi) लोकतांत्रिक राज्य, सामूहिक सुरक्षा के अंतर्गत् भागीदारी नहीं करना चाहते, क्योंकि इससे राज्यों की संप्रभु शक्ति प्रभावित होती है।

### सुरक्षा स्थापित करने के उदारवादी माध्यम अंतर्राष्ट्रीय संस्थाओं के निर्माण द्वारा

- उदारवादियों के अनुसार, 'विश्व में विभिन्न अंतर्राष्ट्रीय संस्थाओं के निर्माण के द्वारा बेहतर रूप में सुरक्षा स्थापित की जा सकती है।'
- इन संस्थाओं के द्वारा राज्यों के मध्य परस्पर सहयोग संभव है, क्योंकि समस्याओं के समाधान के लिए राज्यों को एक मंच प्राप्त हो जाता है।
- इसलिए उदारवादियों के अनुसार, यूरोपीय यूनियन जैसे अधिराष्ट्रीय संगठन के द्वारा फ्रांस और जर्मनी के मध्य व्याप्त ऐतिहासिक शत्रुता को सहयोग में परिवर्तित कर दिया गया।

### लोकतंत्र के प्रसार द्वारा

- उदारवादियों के अनुसार, 'विश्व में लोकतंत्र के प्रसार के द्वारा युद्धों को सीमित किया जा सकता है।' क्योंकि लोकतांत्रिक राज्यों के मध्य संघर्षों का समाधान शांतिपूर्ण रूप में किया जाता है। इनके अनुसार, 'लोकतांत्रिक राज्यों के मध्य अभी तक एक भी युद्ध नहीं हुआ।'
- लोकतांत्रिक शांति का सिद्धांत, **माइकल डोल** द्वारा प्रतिपादित किया गया।

### आर्थिक अंतर्निर्भरता द्वारा

- उदारवादियों के अनुसार, 'विश्व में व्यापारिक लेन-देन और आर्थिक अंतर्निर्भरता के परिणामस्वरूप भी शांति की स्थापना संभव है, जिसे कोहेन ने 'जटिल अंतर्निर्भरता' के रूप में व्यक्त किया।

## सुरक्षा स्थापित करने की यथार्थवादी मान्यता

- यथार्थवादियों के अनुसार, 'समूचा विश्व, अराजकतापूर्ण है। इसलिए राज्य को अपनी सुरक्षा बनाए रखने हेतु स्वयं प्रयत्न करना होता है, क्योंकि विश्व में ऐसे केंद्रीय संगठन या सत्ता का अभाव है, जो राष्ट्र-राज्यों के व्यवहार को नियंत्रित कर सके।' यथार्थवादी, शक्ति संतुलन में विश्वास रखते हैं।
- बैरी बुजान ने इस अराजकतापूर्ण विश्व को परिपक्व अराजकता की संज्ञा दी है, क्योंकि राष्ट्रीय सुरक्षा परस्पर अंतर्निर्भर हैं। इसलिए एक राज्य अपनी सुरक्षा की गारंटी पूर्णतः अलग-थलग रूप में नहीं कर सकता, ऐसा करना घातक होगा।
- इनकी मान्यता के अनुसार, आज सैन्य सुरक्षा की बजाय, परिपक्व सुरक्षा ज्यादा महत्वपूर्ण है। अतः इन्होंने सैन्य सुरक्षा से बढ़कर सुरक्षा समुदाय के निर्माण का विचार दिया, जिसका अभिप्राय यूरोपीय यूनियन जैसी संस्थाओं से है।
- चार्ल्स ग्लेसर जैसे यथार्थवादियों ने सुरक्षा के लिए राज्यों के मध्य आपसी सहयोग को महत्वपूर्ण माना, जिसके पक्ष में इन्होंने **निम्नलिखित तर्क दिए-**

(i) सहयोग का विचार, आवश्यक और आशावादी है।

(ii) साथ-साथ कार्य करने के विशिष्ट लाभ हैं।

(iii) राज्य, सापेक्षिक लाभ की बजाय, समान लाभ की आशा करते हैं।

(iv) यथार्थवादियों द्वारा धोखेबाजी की संकल्पना को अतिरंजित रूप में पेश किया जाता है।

## सुरक्षा और महिलाएं या नारीवाद (Security and Feminism)

- अंतर्राष्ट्रीय राजनीति में नारीवादियों ने राष्ट्र शक्ति एवं सुरक्षा की संकल्पना को नए रूप में परिभाषित किया। नारीवादियों के अनुसार, 'राष्ट्र-राज्यों के मध्य युद्ध में महिलाएं सर्वाधिक पीड़ित होती हैं तथा सुरक्षा की पूरी मान्यता पितृ-सत्तात्मक समाज के अनुरूप निर्मित है।'
- इनके अनुसार, सुरक्षा का अभिप्राय **निम्नलिखित है-**

(i) युद्ध के दौरान बलात्कार से सुरक्षा।

(ii) घरेलू सुरक्षा।

(iii) महिलाओं एवं बच्चों की सुरक्षा।

(iv) महिलाओं के लिए बेहतर शिक्षा, स्वास्थ्य और पोषण की सुविधा उपलब्ध कराना।

- अधिकांश युद्धों में महिलाएं सर्वाधिक पीड़ित होती हैं, परंतु महिलाओं की सुरक्षा का दायित्व पुरुषों को सौंपा गया, क्योंकि समाज मूलतः पितृ-सत्तात्मक है।
- महिलाओं की सुरक्षा को उनकी स्वतंत्र अस्मिता की बजाय, पुरुषों के गौरव से जोड़ा गया, जिसके अनुसार, 'बहादुर पुत्रों का यह दायित्व है कि वे राष्ट्र रूपी मां की रक्षा

करें।' अतः अंतर्राष्ट्रीय राजनीति में राष्ट्र को मां के रूप में चित्रित किया गया।

- आमूल नारीवादियों ने यथार्थवादियों का खंडन करते हुए कहा कि राष्ट्र की सैन्य शक्ति में वृद्धि राष्ट्र की सुरक्षा की बजाय, महिलाओं पर आधिपत्य स्थापित करने के लिए भी की जाती है।
- इन लोगों ने यह भी माना कि 'अंतर्राष्ट्रीय राजनीति में संघर्ष का मूल कारण पुरुषों द्वारा शासन सत्ता पर स्थापित नियंत्रण है।'
- उदारवादी नारीवादियों ने राष्ट्र की सुरक्षा और शक्ति के लिए महिलाओं की प्रत्येक क्षेत्र में सहभागिता बढ़ाने पर बल दिया।
- इनके अनुसार, महिलाओं का प्रतिनिधित्व राजनीति, प्रशासन और सैन्य व्यवस्था में भी समान रूप में होना चाहिए, क्योंकि महिलाएं इन सभी कार्यों को करने में कुशल हैं, जिन कार्यों को पुरुष कर सकते हैं।
- महिलाओं की सहभागिता से राष्ट्र की क्षमता में वृद्धि होगी एवं राज्य ज्यादा शक्तिशाली होगा। इसलिए समकालीन विश्व में महिलाओं के विकास एवं सशक्तिकरण पर प्रभावी बल दिया जा रहा है, क्योंकि पर्यावरणीय समस्या, जनसंख्या नियंत्रण एवं अन्य सामाजिक समस्याओं को हल करने में महिलाओं की भूमिका केंद्रीय है।
- नारीवादी विचारक 'जे. एन. टिकनर' ने मॉर्गेंथाऊ के यथार्थवादी छह सिद्धांतों की कड़ी आलोचना की। इसके जवाब में छह नए सिद्धांतों का निर्माण किया, जिसके अनुसार इन्होंने मानव स्वभाव को अच्छा माना। इनके अनुसार, संघर्ष करना पुरुषों का स्वभाव है, महिलाओं का नहीं। इन्होंने अंतर्राष्ट्रीय राजनीति में नैतिकता को भी बढ़ाने का समर्थन किया। इनकी प्रसिद्ध रचनाएं निम्नलिखित हैं-"Gender in International Relations" (1992), "Morgenthau's Principles of Political Realism" (1947).

## शीतयुद्धोत्तर विश्व में सुरक्षा का अर्थ

- शीतयुद्धोत्तर विश्व में सुरक्षा का अर्थ, अत्यधिक व्यापक हो चुका है। इसलिए सुरक्षा का परंपरागत अर्थ आंशिक और अपूर्ण प्रतीत होता है।
- वर्तमान विश्व में सुरक्षा का खतरा मूलतः आंतरिक है। सर्बिया के पूर्व राष्ट्रपति स्लोवोदान मिलोसेविच ने अल्बानियाई लोगों का नरसंहार किया।
- शीतयुद्धोत्तर विश्व में लगभग 90 प्रतिशत संघर्ष राज्यों के आंतरिक गृहयुद्ध के परिणाम हैं। उदाहरण के लिए, अफगानिस्तान, अंगोला, पूर्वी यूगोस्लाविया, जार्जिया, हैती, लाइबेरिया, रवांडा, सिएरालियोन, सोमालिया और श्रीलंका जैसे देश गृहयुद्ध से बुरी तरह प्रभावित हुए।
- ऐलेक्जेंडर बेंड ने सुरक्षा के नवीन अर्थ को परिभाषित करते हुए कहा कि सुरक्षा की संकल्पना मूलतः समाज केंद्रित होती हैं, जिसे 'रचनात्मक सिद्धांत' (Constructive Theory) भी कहा जाता है।
- इनके अनुसार, अंतर्राष्ट्रीय राजनीति की प्रकृति भौतिक नहीं, अपितु सामाजिक होती है। इसलिए सुरक्षा की खोज सामाजिक संबंधों में होनी चाहिए तथा सामाजिक संरचना के द्वारा सामाजिक सहयोग को बढ़ावा दिया जाना चाहिए।
- संप्रति भूमंडलीकरण के युग में दो विरोधाभासी प्रवृत्तियां उत्पन्न हो रही हैं। एक ओर, राष्ट्र-राज्यों की परस्पर अंतर्निर्भरता में वृद्धि हो रही है, तो दूसरी ओर, विश्व में नृजातीय संघर्ष उभर रहे हैं तथा धार्मिक कट्टरता में वृद्धि हो रही है।
- इस युग में एक राज्य को, दूसरे राज्य से सुरक्षा खतरा नहीं है, बल्कि आज प्रत्येक राज्य को राज्येत्तर कर्ताओं (Non State Actors) से खतरा है, जिसमें अलकायदा, लश्कर-ए-तैयबा जैसे आतंकवादी संगठन संपूर्ण विश्व की सुरक्षा के लिए गंभीर खतरा उत्पन्न कर रहे हैं। इसलिए समकालीन युग में सुरक्षा के खतरे मूलतः असैन्य या गैर-सैन्य हैं।
- वर्तमान परिप्रेक्ष्य में सुरक्षा का व्यापक अभिप्राय **निम्नलिखित हैं-**
  (i) आर्थिक और वित्तीय अस्थायित्व जो समकालीन आर्थिक मंदी के युग में और प्रभावी हो गया है।
  (ii) ऊर्जा सुरक्षा।
  (iii) पर्यावरणीय सुरक्षा।
- नॉरू तथा किरिबाती जैसे देशों के समक्ष समुद्र में डूबने का खतरा उत्पन्न हो गया है, जो जलवायु परिवर्तन के कारण हो रहा है।
- अफ्रीका में भीषण अकाल, यूरोपीय देशों में भीषण गर्मी और बाढ़ के प्रकोप में वृद्धि हो रही है।
- इंडोनेशिया के वनों में लगी आग से पड़ोसी देशों के समक्ष भी खतरा उत्पन्न हो जाता है।
- इसलिए वर्तमान समय में पर्यावरणीय असंतुलन समूची मानवता के समक्ष उत्पन्न सबसे गंभीर संकट है। यह सुरक्षा की नई गतिकी का प्रमाण है।

## पर्यावरणीय सुरक्षा

- रॉचेल कार्सन ने-"Silent Spring" (Sept. 27, 1962) नामक प्रसिद्ध रचना लिखी। यह पर्यावरण पर लिखी गई पहली पुस्तक है।
- गैरेट हॉर्डिन ने 'ट्रेजडी ऑफ कॉमंस' नामक का शब्द का प्रयोग किया।

- पॉल आर. इर्लिच ने-"The Population Bomb" (1968) नामक प्रसिद्ध रचना लिखी।
- सतत् विकास शब्द 'ब्रटलैंड रिपोर्ट' के द्वारा अत्यधिक लोकप्रिय हुआ। इस रिपोर्ट का विषय 'Our Common Future' था।
- नॉर्वे के वैज्ञानिक अर्नेनॉस ने 'गहरी पारिस्थितिकी' शब्द का प्रयोग किया तथा उन्होंने इसे 'सतही पारिस्थितिकी' से अलग किया।
- गहरी पारिस्थितिकी का आशय है कि मानव जीवन शैली में परिवर्तन होना चाहिए और प्रकृति के संसाधन मानव के उपभोग मात्र के लिए नहीं है, बल्कि इनका स्वतंत्र महत्व है। प्रकृति से आवश्यकता के अनुसार चीजें प्राप्त करनी चाहिए। इसका अत्यधिक दोहन पर्यावरण के लिए विनाशकारी है।

## संयुक्त राष्ट्र संघ का पर्यावरणीय सुरक्षा में योगदान

- पर्यावरण संरक्षण के लिए संयुक्त राष्ट्र संघ का पहला सम्मेलन वर्ष 1972 में स्टॉकहोम में हुआ।
- वर्ष 1987 में मॉन्ट्रियल प्रोटोकॉल पर हस्ताक्षर हुए, जिसके द्वारा ओजोन परत को संरक्षित करने के लिए समझौता हुआ।
- संयुक्त राष्ट्र संघ का पर्यावरण पर सर्वाधिक महत्वपूर्ण सम्मेलन वर्ष 1992 में रियो डि जेनेरियो (ब्राजील) में हुआ, जो संयुक्त राष्ट्र संघ का पर्यावरण एवं विकास पर आयोजित सम्मेलन था। लेकिन लोकप्रिय रूप में इसे पृथ्वी सम्मेलन के नाम से जाना गया। इसी सम्मेलन से एजेंडा-21 का निर्माण हुआ तथा इसी सम्मेलन के द्वारा संयुक्त राष्ट्र संघ का मौसम परिवर्तन पर कन्वेंशन (UNFCCC) का निर्माण हुआ।
- वर्ष 1992 में रियो डि जेनेरियो (ब्राजील) में पृथ्वी सम्मेलन आयोजित किया गया, जिसमें पर्यावरण संरक्षण के लिए कई महत्वपूर्ण कदम उठाए गए।
- रियो डी जेनेरियो पृथ्वी सम्मेलन में 'समान किंतु विभेदिका जिम्मेवारी'(Common But Differentiated Responsibilities) के सिद्धांत को अपनाया गया।
- पर्यावरणीय संरक्षण के संदर्भ में साम्यवाद और पूंजीवाद के मध्य का वैचारिक संघर्ष समाप्त हो गया। यद्यपि विकसित और विकासशील देशों के मध्य प्रभावी रूप में मतभेद उभरे। संयुक्त राष्ट्र द्वारा आयोजित पर्यावरण एवं विकास के सम्मेलन में 'एजेंडा-21' स्वीकार किया गया, जो मूलत: सतत् विकास कार्यक्रम को क्रियान्वित करने की एक योजना है। 'एजेंडा-21' में पर्यावरण संरक्षण के लिए **निम्नलिखित के संरक्षण पर बल दिया गया-**
  (i) शहरी विकास को सतत् रूप में बढ़ावा देना।
  (ii) वनों का संरक्षण।
  (iii) जैव तकनीकी प्रबंध।
  (iv) विघटित पर्वतीय पारिस्थितिकी तंत्र का निर्माण।
- 'एजेंडा-21' को लागू करने के लिए अनेक समूहों एवं निकायों को शक्तिशाली बनाने पर बल दिया गया, जिसमें स्थानीय शासन, व्यापारिक घराने, युवा एवं महिलाओं को सम्मिलित किया गया है। 'एजेंडा-21' में वर्णित उपरोक्त कार्यक्रमों को लागू करने के लिए वित्तीय साधनों एवं संस्थात्मक पहलुओं का भी उल्लेख किया गया है तथा 'एजेंडा-21' में इस बिंदु पर बल दिया गया। 'ग्लोबल इन्वायरमेंटल फेसिलिटी' (पर्यावरण रक्षा कोष) को शक्तिशाली बनाने पर बल दिया गया, क्योंकि इसके अंतर्गत् यह प्रावधान किया गया था कि विकसित देश अपने राष्ट्रीय उत्पाद का 0.7 प्रतिशत भाग का योगदान करेंगे। परंतु विकसित देशों ने यह आश्वासन पूर्ण नहीं किया। पृथ्वी सम्मेलन (रियो) में ही एफ. सी. सी. सी. पर 153 राज्यों ने हस्ताक्षर किए। यह संधि वर्ष 1994 से ही लागू है, जिसका मूल उद्देश्य पर्यावरण में ग्रीन हाऊस गैसों के उत्सर्जन में कमी लाना है। इसी पृथ्वी सम्मेलन में विश्व में बढ़ते हुए मरूस्थलीकरण को रोकने के लिए समझौता हुआ तथा जैवविविधता को संरक्षित करने के समझौते पर भी हस्ताक्षर हुए।
- विश्व बैंक द्वारा विकासशील देशों की पर्यावरणीय परियोजनाओं के निधियन के लिए 'ग्लोबल एनवायरमेंटल फैसिलिटी' (Global Environment Facility (GEF)) का सृजन किया है।
- UNFCCC की वर्ष 1997 में क्योटो प्रोटोकाल में बैठक हुई, जिसमें ग्रीन हाऊस गैसों की कटौती का समझौता हुआ। यह समझौता विकसित देशों के लिए बाध्यकारी था। जबकि विकासशील देशों पर किसी प्रकार का प्रतिबंध नहीं था।
- यह उल्लेखनीय है कि वर्ष 2002 में डरबन में सतत् विकास का सम्मेलन आयोजित किया गया था। सतत् विकास का अभिप्राय है कि वर्तमान पीढ़ी प्रकृति संसाधनों का इस प्रकार उपयोग करे कि भविष्य की पीढ़ी के लिए भी उतनी ही मात्रा में प्राप्त हो सके।
- UNFCCC की वर्ष 2007 में बाली में बैठक हुई, वर्ष 2009 में कोपेनहेगन तथा वर्ष 2010 में कानकुन में बैठक हुई। UNFCCC की 20वीं बैठक दिसंबर, 2012 डरबन में हुई।

- वर्ष 2012 में जोहन्सबर्ग में 'पृथ्वी+20' सम्मेलन आयोजित किया गया। इस सम्मेलन में एक आयोग बनाया गया, जिसका नाम है- Commission on Sustainable Development (CSD)।
- इस सम्मेलन में पर्यावरण संरक्षण के लिए गरीबी का उन्मूलन सबसे महत्वपूर्ण माना गया।
- गैरेट हार्डिन ने पर्यावरण विनाश को Tragedy of Common's के रूप में व्यक्त किया।
- वर्ष 2014 में लीमा (पेरू) में UNFCCC की बैठक हुई, जिसमें वर्ष 2025 तक ग्रीन हाउस गैस के स्तर में 26 से 28 प्रतिशत की कटौती की बात कही गई। यह कटौती वर्ष 2005 के स्तर से होगी। साथ ही चीन ने स्वेच्छा से 20 प्रतिशत ग्रीन हाउस गैसों की कटौती को स्वत: स्वीकार किया।

## पेरिस सम्मेलन (COP-21)

- यह सम्मेलन 30 नवंबर से 12 दिसंबर, 2015 के मध्य फ्रांस के पेरिस शहर में संपन्न हुआ। यह क्योटो प्रोटोकाल (CMP-11) से संबंधित 11वां सम्मेलन था, जिसमें 146 देशों ने भाग लिया।
- इस सम्मेलन में यह तय किया गया कि वर्ष 2050 तक तापमान में 2 प्रतिशत की कटौती का लक्ष्य रखा गया है, जो औद्योगीकरण के पूर्व के आधार पर होगा।
- इसके लिए ग्रीन हाउस गैसों हेतु जिम्मेदार विकसित देशों को अपने ग्रीन हाउस उत्सर्जन में 55 प्रतिशत की कटौती करनी होगी।
- विकसित देश वर्ष 2020 तक विकासशील देशों के लिए 100 बिलियन डॉलर की सहायता प्रदान करेंगे।
- तापमान को रोकने के लिए विभिन्न क्षेत्रों के विकास हेतु सदस्य राष्ट्रों को गोंद लेंगे।

## मराकस सम्मेलन (COP-22)

- यह सम्मेलन 7-18 नवंबर, 2016 को मोरक्को की राजधानी मराकस में संपन्न हुआ। यह सम्मेलन क्योटो प्रोटोकाल पर 12वां सम्मेलन (CMP-12) तथा पेरिस समझौते पर पहला सम्मेलन (CMA-1) भी था।
- इस सम्मेलन का उद्देश्य जलवायु परिवर्तन से लड़ने के लिए नीतियों को लागू करना तथा पेरिस समझौते के क्रियान्वयन से संबंधित मुद्दों पर विचार-विमर्श किया गया।
- इस सम्मेलन में वर्ष 2018 तक पेरिस समझौते को लागू करने को हरी झंडी दी गई है।
- इस सम्मेलन में भारत ने दोहा समझौतों को लागू करने तथा विकसित देशों द्वारा कार्बन उत्सर्जन कम करने पर जोर दिया गया।
- इसी सम्मेलन के दौरान 20 देशों द्वारा अंतर्राष्ट्रीय सौर गठबंधन के प्रारूप समझौते पर हस्ताक्षर किए गए। इस गठबंधन का सुझाव भारतीय प्रधानमंत्री नरेन्द्र मोदी ने दिया।

## सुरक्षा का परिवर्तित अर्थ या मानवीय सुरक्षा

- आलोचनात्मक सिद्धांतकारों के अनुसार, सुरक्षा का अभिप्राय, राज्य की भौगोलिक सीमा की रक्षा करना मात्र नहीं है, अपितु सुरक्षा का मूल अर्थ मानवीय विकास और मानवीय उत्थान है।
- रॉबर्ट कॉक्स के अनुसार, आधुनिक संघर्षों में बड़ी संख्या में बच्चे, महिलाएं और नागरिक हताहत हो रहे हैं। अनेक आतंकवादी संगठनों द्वारा बच्चों को बाध्यकारी रूप में अपनी सेना में भर्ती किया जा रहा है।
- इन सिद्धांतकारों के अनुसार, स्वतंत्रता का व्यापक अर्थ, 'व्यक्ति को सामाजिक, भौतिक, आर्थिक और राजनीतिक प्रतिबंधों से मुक्त करना है।' इनके अनुसार, भू-मंडलीकरण से सभी राष्ट्रों को समान लाभ प्राप्त नहीं हो रहे हैं। विकासशील देशों पर तुलनात्मक रूप में इसका कुप्रभाव पड़ रहा है। वर्तमान आर्थिक मंदी के परिणामस्वरूप विकासशील देशों की अर्थव्यवस्थाएं बुरी तरह प्रभावित हो रही हैं।
- आर्थिक अभाव और राजनीतिक भेदभाव के कारण विश्व में शरणार्थियों की संख्या में वृद्धि हो रही है। शरणार्थियों के कारण अनेक राज्यों की सुरक्षा पर नकारात्मक प्रभाव पड़ रहा है। अत: शीतयुद्धोत्तर विश्व में मानवीय सुरक्षा की संकल्पना प्रमुख है।

## यूरोप शरणार्थी संकट

- पाकिस्तानी अर्थशास्त्री महबूबउल हक ने मानवीय सुरक्षा की संकल्पना का विचार दिया। इन्होंने वर्ष 1994 के संयुक्त राष्ट्र संघ की मानव विकास रिपोर्ट में मानवीय सुरक्षा के आयामों को स्पष्ट किया।
- इसके प्रमुख आयाम **निम्नलिखित हैं**-
  - (i) **आर्थिक असुरक्षा से मुक्ति** : यह रोजगार और वित्तीय स्थायित्व के द्वारा संभव है।
  - (ii) भोजन के अभाव से मुक्ति।
  - (iii) विभिन्न बीमारियों से मुक्ति।
  - (iv) प्रदूषण से छुटकारा।
  - (v) नि:शुल्क स्वास्थ्य सेवा की उपलब्धता।
  - (vi) **पर्यावरणीय खतरे से मुक्ति** : प्राकृतिक आपदाओं को नियंत्रित करना, वनों के क्षरण को प्रतिबंधित करना तथा जल स्तर को बनाए रखना।

(vii) **व्यक्तिगत खतरों से मुक्ति :** हिंसक अपराधों, नशीली दवाओं के व्यापार पर प्रतिबंध, बच्चों तथा महिलाओं के अवैध दुर्व्यापार को रोकना।

(viii) **सामुदायिक सुरक्षा :** परिवार को बनाए रखना, भाषा एवं संस्कृति का संरक्षण तथा नृजातीय सफाए और मानव नरसंहारों पर प्रतिबंध।

(ix) **राजनीतिक सुरक्षा :** मानवाधिकारों के उल्लंघन पर प्रतिबंध तथा निरंकुश सरकारों पर प्रतिबंध।

अतः महबूबउल हक के अनुसार, मानवीय सुरक्षा हेतु **निम्नलिखित उपाय आवश्यक हैं-**

(i) **विकास** (Development) : लोगों को अवसर की समानता, भूमि वितरण, सामाजिक सुरक्षा, रोजगार में वृद्धि तथा न्यूनतम जीवन स्तर प्राप्त करने में सहायता करना।

(ii) **सैन्य उपाय :** हथियारों पर खर्च को कम करना, सैन्य अड्डों को बंद करना, हथियारों के निर्यात और स्थानांतरण पर प्रतिबंध, सैन्य सहायता की बजाय, आर्थिक सहायता पर बल देना।

(iii) **उत्तर-दक्षिण संबंधों की पुनर्संरचना पर बल :** तीसरी दुनिया के देशों के विरुद्ध व्यापारिक भेदभाव की समाप्ति और उन्हें तकनीकी और वित्तीय सहयोग प्रदान करना।

(iv) **संस्थागत उपाय :** अंतर्राष्ट्रीय मुद्रा कोष, विश्व बैंक और संयुक्त राष्ट्र संघ द्वारा मानवीय विकास को महत्व देना।

(v) **वैश्विक नागरिक समाज का निर्माण** (Global Civil Society) : अधिनायकवादी शासन प्रणाली की बजाय, लोकतांत्रिक शासन प्रणाली को बढ़ावा दिया जाना चाहिए एवं आम लोगों के मध्य परस्पर आदान-प्रदान में वृद्धि।

## साइबर अपराध

- कंप्यूटर एवं इंटरनेट को सूचना प्रौद्योगिकी की सबसे बड़ी देन कहा जाता है। इन दिनों सभी क्षेत्र प्रायः कंप्यूटर एवं इंटरनेट के माध्यम से संचालित हो रहे हैं किंतु यह दुर्भाग्य है कि आपराधिक प्रवृत्ति के व्यक्ति इन शक्तिशाली माध्यमों का अनैतिक कार्यों और विद्वेषपूर्ण भावना से उपयोग कर रहे हैं।
- इन अनैतिक कार्यों में अश्लील संदेशों का प्रसारण किसी को धमका देना या फिरौती मांगना, क्रेडिट कार्डों या ऑनलाइन बैंकिंग सेवाओं में छेड़-छाड़ कर धन निकालने का प्रयास करने जैसे अनेक कृत्य शामिल हैं। इस प्रकार की अनैतिक कार्यवाहियों को **साइबर क्राइम** या **साइबर अपराध** की संज्ञा दी गई है। निम्नांकित कार्यों को साइबर अपराधों **की श्रेणी में रखा गया है-**

(i) साइबर कैफे या सार्वजनिक स्थलों के जरिए इंटरनेट पर अश्लील पोर्नोग्राफिक वेबसाइटों को देखना।

(ii) चाइल्ड पोर्नोग्राफी अर्थात् इंटरनेट के माध्यम से बच्चों को यौन कार्यों या अपराधों के लिए उकसाने का प्रयास करना।

(iii) बिना आज्ञा के किसी के कंप्यूटर या नेटवर्क सिस्टम में प्रवेश कर जानकारी हासिल करने का प्रयास करना।

(iv) बिना मर्जी किसी के कंप्यूटर से फ्लापी या सीडी के जरिए डाटा निकालना।

(v) कंप्यूटर के जरिए बैंकों की ऑनलाइन बैंकिंग सेवा और क्रेडिट कार्ड में छेड़छाड़ कर धन निकालने का प्रयास करना।

(vi) किसी के कंप्यूटर, वेबसाइट आदि के पासवर्ड में छेड़छाड़ करना और उसको बदलना।

(vii) फर्जी वेबसाइट बनाना और कंप्यूटर या मोबाइल के जरिए अश्लील संदेश भेजना।

(viii) ई-मेल के जरिए किसी को धमकी देना या फिरौती मांगना।

(ix) कंप्यूटर वायरस भेजकर इंटरनेट या कंप्यूटर को खराब करने का प्रयास करना।

# अंतर्राष्ट्रीय संबंधों में राष्ट्रीय हित
# NATIONAL INTEREST IN INTERNATIONAL RELATIONS

## राष्ट्रीय हित का आशय

- ऐसा सामान्य दीर्घकालिक सतत् उद्देश्य या हित है, जिसे कोई भी राज्य या सरकार प्राप्त करना चाहती है। राष्ट्रीय हित का आशय, उन मूल्यों से है, जिसे राष्ट्र एक-दूसरे के संबंध में सुरक्षित रखना चाहते हैं।
- राष्ट्रीय हित किसी भी देश की विदेश नीति और अंतर्राष्ट्रीय संबंधों का केंद्र बिंदु है।
- चार्ल्स लेर्चे और अब्दुल सईद ने कहा, 'ऐसे सामान्य दीर्घकालिक सतत् उद्देश्य, जिसे कोई भी राज्य या सरकार प्राप्त करना चाहती है। राष्ट्रीय हित का अभिप्राय, उन मूल्यों से है, जिसे राष्ट्र एक-दूसरे के संबंध में सुरक्षित करना चाहते हैं।'
- जोसेफ फ्रैंकेल ने अपनी कृति "National Interest" में राष्ट्र की आकांक्षाओं, विदेश नीति के क्रियात्मक, व्याख्यात्मक तथा विवादों का निरूपण करने वाले तत्व को राष्ट्रीय हित माना है।

**रचनाएं**

- स्कॉट बर्चिल-The National Interest in Interenational Relations Theory
- स्टीफन डी. किन्नर-Descending The National Interest

## मॉर्गेंथाऊवादी या यथार्थवादी दृष्टिकोण

- इनके अनुसार, राज्य का सर्वोच्च हित उसके अस्तित्व (Survival) की रक्षा है। अस्तित्व की रक्षा का अर्थ, राष्ट्र द्वारा उसके भौगोलिक क्षेत्र की रक्षा एवं अपनी भौतिक, राजनीतिक तथा सांस्कृतिक पहचान को कायम रखना है। राज्य यह प्रयत्न करते हैं कि इस पहचान पर कोई भी आक्रमण न कर सके। इसे मार्मिक हित भी कहा जाता है।
- राज्य के कार्य, राष्ट्रीय हितों द्वारा निर्देशित होते हैं, नैतिकता व विधि के द्वारा नहीं। विदेश नीति का निर्धारण विचारधारा द्वारा नहीं होता, बल्कि राष्ट्रीय हितों द्वारा होता है। उन्होंने राष्ट्रीय हित को शक्ति का पर्याय माना है।
- उनके अनुसार, राष्ट्रीय हित, परिवर्तनशील होते हैं, जिनका निर्धारण देश एवं काल के अनुसार होता है। अतः एक राज्य के हित, सदैव एक समान नहीं होते।
- एक बेहतर राजनयिक का दायित्व है कि वह राष्ट्रीय हितों को उपराष्ट्रीय हितों से पृथक् कर सके।
- मॉर्गेन्थॉऊ के अनुसार, 'किसी भी राष्ट्र के हित का निर्धारण उसकी क्षमता के अनुसार होना चाहिए।' जैसे-1990 में ईराक द्वारा कुवैत पर किया गया आक्रमण उसकी क्षमतानुसार नहीं था, परिणामस्वरूप ईराक को क्षति उठानी पड़ी।
- उन्होंने राष्ट्रीय हित को प्राथमिक मानते हुए कहा कि राष्ट्र को सुरक्षा के लिए स्वयं तैयार रहना चाहिए। अंतर्राष्ट्रीय संगठन या संस्थाओं पर भरोसा नहीं करना चाहिए।

## राष्ट्रीय हितों के प्रकार

- राष्ट्रीय हितों को सामान्यतः मार्मिक एवं गौण (द्वितीयक) रूपों में विभाजित किया जाता है। मार्मिक हितों का आशय, भौगोलिक एकता व अखंडता एवं सुरक्षा बनाए रखना है। इन हितों पर कोई भी राष्ट्र किसी भी परिस्थिति में समझौता नहीं कर सकता। जबकि राजनीतिक एवं आर्थिक हितों के संबंध में राज्यों के मध्य समझौते संभव हैं।

## राष्ट्रीय हित को परिभाषित करने के तरीके

- जोसेफ फ्रैंकल के अनुसार, 'राष्ट्रीय हितों को वस्तुनिष्ठ एवं आत्मनिष्ठ रूप में परिभाषित किया जा सकता है'-

### (i) वस्तुनिष्ठ रूप में (प्लेटोवादी)

- राष्ट्रीय हितों को वस्तुनिष्ठ रूप में परिभाषित करना, प्लेटोवादी तरीका है। प्लेटो के अनुसार, 'शासन एक कला है।' अतः हितों का निर्धारण भी विशेषज्ञता का कार्य है, जो प्रत्येक व्यक्ति द्वारा संपादित नहीं हो सकता, बल्कि शासन मर्मज्ञ की आवश्यकता है। इससे ऐसा प्रतीत होता है कि हितों के निर्धारण में संभ्रांत वर्ग की भूमिका महत्वपूर्ण होती है। राष्ट्रीय हितों के निर्धारण का प्लेटोवादी तरीका गैर-लोकतांत्रिक राज्यों में अपनाया जाता है, जिसमें राष्ट्रीय हितों के मूल तत्व पर बल दिया जाता है, प्रक्रिया

पर नहीं। अतः हितों के निर्धारण में विचार-विमर्श एवं वाद-विवाद को पूर्णतः प्रतिबंधित किया जाता है।

**(ii) आत्मनिष्ठ रूप में (अरस्तूवादी)**

- यह आत्मनिष्ठ रूप से परिभाषित करने का तरीका है। इसके अनुसार, 'हितों के निर्माण में प्रक्रिया पर बल दिया जाता है, मूल तत्व पर नहीं।' राष्ट्रीय हितों का निर्धारण परस्पर वाद-विवाद एवं परिचर्चा के द्वारा होता है, जिससे विभिन्न समूह अपनी विरोधी मांगों को व्यक्त कर सकें। राष्ट्रीय हितों के निर्धारण का यह तरीका समकालीन युग में लोकतांत्रिक राज्यों में प्रयुक्त होता है, जहां परस्पर विचार-विमर्श के द्वारा निर्णय किए जाते हैं।
- राष्ट्रीय हितों के निर्धारण का आत्मनिष्ठ रूप, अरस्तूवादी कहलाता है, जिसके अनुसार, राष्ट्रीय हितों के निर्धारण में परिचर्चा एवं संवाद की आवश्यकता होती है, जिसमें विभिन्न समूह अपनी परस्पर विरोधी मांगों को व्यक्त कर सकें। अतः आत्मनिष्ठ रूप में राष्ट्रीय हितों के निर्माण में मूल तत्व पर नहीं, बल्कि प्रक्रिया पर बल दिया जाता है।

## विचारधारा

- विचारधारा, विचारों का ऐसा समुच्चय या दृष्टिकोण है, जिसके माध्यम से कोई विचार व्यक्त किया जाता है।
- अंतर्राष्ट्रीय राजनीति में प्रत्येक राष्ट्र विचारधारा का उपयोग करता है।

### राष्ट्रीय हित बनाम् विचारधारा

- अंतर्राष्ट्रीय राजनीति में राष्ट्र-राज्य अपने प्रत्येक कार्यों का राष्ट्रीय हितों के आधार पर औचित्य ठहराते हैं। परंतु इस बिंदु पर मतांतर है कि विचारधारा के द्वारा राष्ट्रीय हित निर्धारित होते हैं तथा विचारधारा का प्रयोग राष्ट्रीय हितों के औचित्य को सिद्ध करने के लिए किया जाता है।
- द्वितीय विश्व युद्ध के बाद शीतयुद्ध के काल में विश्व दो गुटों में विभाजित था। पूंजीवादी गुट का नेतृत्व, अमेरिका ने किया। जबकि साम्यवादी गुट का नेतृत्व, सोवियत संघ कर रहा था।
- यदि विचारधारा के द्वारा हित निर्धारित होते हैं, तो समान विचारधारा वाले राष्ट्रों के हित समान होने चाहिए। परंतु व्यावहारिक रूप में यह मान्यता सिद्ध नहीं होती है, क्योंकि समान विचारधारा वाले राष्ट्रों में भी आपसी संघर्ष हुए हैं।
- जैसे-वर्ष 1948 में सोवियत संघ एवं यूगोस्लाविया के मध्य, वर्ष 1956 में सोवियत संघ एवं हंगरी के मध्य, वर्ष 1960 में चीन एवं सोवियत संघ के मध्य। जबकि ये सभी राष्ट्र समान विचारधारा वाले राष्ट्र थे। दूसरी ओर, पूंजीवादी गुट में भी अमेरिका एवं फ्रांस के बीच स्पष्ट मतभेद उभरे। वर्ष 1956 में स्वेज संकट के समय जब ब्रिटेन, फ्रांस एवं इजरायल ने मिस्र पर आक्रमण किया, तो अमेरिका ने इसका विरोध किया तथा अमेरिका ने आक्रमण को समाप्त करने की चेतावनी दी। अतः प्रथम दृष्टया विचारधारा की तुलना में हित ही प्राथमिक होते हैं।
- विचारकों के अनुसार, वैचारिक माध्यमों से राष्ट्रीय हित को प्रभावी रूप में पूर्ण किया जाता है।
- अतः कोई भी राष्ट्र-राज्य राष्ट्रीय हितों को नग्न रूप में प्राप्त करने की बजाय, वैचारिक माध्यमों की सहायता लेता है, जिससे विदेश नीति के निर्णयों की वैधानिकता बढ़ जाए तथा लोगों की सहमति भी प्राप्त की जा सके।
- उदाहरण, अमेरिका की विदेश नीति का मूल आधार लोकतंत्र, मानवाधिकार एवं शांति जैसे मूल वैचारिक आधार हैं। जबकि पाकिस्तान ने अपनी पहचान मूलतः इस्लामिक राष्ट्र के रूप में व्यक्त की, जिससे वह पश्चिम एशियाई देशों का समर्थन भारत के विरुद्ध प्राप्त कर सके।

### राष्ट्रीय हित बनाम् वैश्विक हित

- राष्ट्रीय हितों की यथार्थवादी परिभाषा समकालीन वैश्वीकरण के युग में एकांगी एवं आंशिक प्रतीत होती हैं, क्योंकि समकालीन विश्व में आर्थिक अंतर्निर्भरता की वृद्धि से राज्यों के हित परस्पर साझे हो रहे हैं। क्षेत्रीय आर्थिक संगठनों के विकास के युग में एक राज्य का हित, दूसरे से अंतर्संबंधित हैं।
- आतंकवाद, पर्यावरणीय समस्याएं किसी राष्ट्र-राज्य तक सीमित नहीं, बल्कि इससे संपूर्ण विश्व प्रभावित हो रहा है। अतः वर्तमान विश्व में राष्ट्रीय हित एवं वैश्विक हित एक-दूसरे के पूरक बनते जा रहे हैं।

## राष्ट्रीय हितों को प्रभावित करने वाले कारक

(i) शासन प्रणाली।
(ii) नेतृत्व।
(iii) भू-भाग या अवस्थिति।
(iv) परंपरा या विचारधारा।
(v) तकनीकी या आर्थिक विकास।
(vi) क्षेत्रीय वातावरण।
(vii) विश्व व्यवस्था।

- पामर एवं पार्किंस ने राष्ट्रीय हितों की अभिवृद्धि के निम्नलिखित साधन बताए हैं-

(i) प्रचार व राजनीतिक युद्ध।
(ii) आर्थिक साधन।
(iii) सामाज्यवाद व उपनिवेशवाद।
(iv) युद्ध।

# संयुक्त राष्ट्र संघ
# UNITED NATIONS

## संयुक्त राष्ट्र संघ के निर्माण का इतिहास

- संयुक्त राष्ट्र संघ का विचार, एटलांटिक चार्टर (1942) द्वारा प्रस्तुत किया गया।
- वर्ष 1943 में संयुक्त राष्ट्र संघ के निर्माण के लिए तेहरान सम्मेलन आयोजित किया गया।
- संयुक्त राष्ट्र संघ शब्द का प्रयोग पहली बार अमेरिकी राष्ट्रपति 'रूजवेल्ट' ने किया।
- याल्टा सम्मेलन (फरवरी, 1945) में रूजवेल्ट, स्टालिन तथा चर्चिल ने हिस्सा लिया। इस सम्मेलन में सुरक्षा परिषद् में पांचों स्थायी सदस्यों को वीटो का अधिकार प्रदान किया गया।
- सैन फ्रैंसिस्को सम्मेलन (जून, 1945) में संयुक्त राष्ट्र संघ के चार्टर का निर्माण हुआ।
- चार्टर के अनुच्छेद-3 के अनुसार, जिन देशों ने जून, 1945 के सैन फ्रांसिस्को सम्मेलन में भाग लिया तथा जिन्होंने 1 जनवरी, 1942 को संयुक्त राष्ट्र घोषणा-पत्र पर हस्ताक्षर किया, वे ही संयुक्त राष्ट्र के मूल सदस्य कहलाए।
- 24 अक्टूबर, 1945 को संयुक्त राष्ट्र संघ का चार्टर स्वीकार कर लिया गया। इसलिए 24 अक्टूबर को 'संयुक्त राष्ट्र दिवस' के रूप में भी मनाते हैं।
- 10 फरवरी, 1946 को लंदन के वेस्टमिनिस्टर हॉल में संयुक्त राष्ट्र संघ महासभा का पहला अधिवेशन हुआ।
- राज्यों के मध्य विवादों का निपटारा करने और राष्ट्रों में आपसी सहयोग सामंजस्य को बढ़ावा देने के लिए संयुक्त राष्ट्र संघ का निर्माण किया गया।
- संयुक्त राष्ट्र संघ के संस्थापक सदस्य 51 थे। जबकि वर्तमान समय में 193 सदस्य हैं। भारत, संस्थापक सदस्यों में से है। वर्तमान में सबसे नया सदस्य दक्षिणी सूडान है।

## उद्देश्य

- संयुक्त राष्ट्र के उद्देश्यों का चार्टर के अनुच्छेद-1 में उल्लेख **किया गया है-**
  (i) अंतर्राष्ट्रीय शांति और सुरक्षा बनाए रखना तथा उस उद्देश्य के लिए प्रभावी सामूहिक सुरक्षा उपाय करना, ताकि शांति के लिए खतरों से बचा जा सके और उन्हें दूर किया जा सके।
  (ii) सभी राष्ट्रों के मध्य मैत्रीपूर्ण संबंधों का विकास करना।
  (iii) आर्थिक, सामाजिक, सांस्कृतिक और मानवीय समस्याओं के समाधान के लिए अंतर्राष्ट्रीय सहयोग प्राप्त करना।
  (iv) इन सामान्य उद्देश्यों की उपलब्धि के लिए एक समीकरण केंद्र का कार्य करना।

## संयुक्त राष्ट्र संघ के कार्यकरण का सिद्धांत

- चार्टर के अनुच्छेद-2 में संयुक्त राष्ट्र के मार्गदर्शन के लिए **सात सिद्धांतों का उल्लेख है-**
  (i) संयुक्त राष्ट्र के सभी सदस्यों की संप्रभु समानता।
  (ii) सदस्य राष्ट्रों द्वारा ग्रहण किए चार्टर के सभी उत्तरदायित्वों का स्वेच्छा से पालन करना।
  (iii) अंतर्राष्ट्रीय विवादों का शांतिपूर्ण समाधान, ताकि अंतर्राष्ट्रीय शांति, सुरक्षा और न्याय खतरे में न पड़े।
  (iv) सभी सदस्य ऐसा कुछ नहीं करेंगे, जिससे अन्य देशों की प्रादेशिक अखंडता के लिए वे बल प्रयोग या उसकी धमकी के द्वारा किसी प्रकार का संकट उत्पन्न करें।
  (v) सभी सदस्य संयुक्त राष्ट्र संघ को हर संभव सहायता उपलब्ध कराएंगे तथा ऐसे देश को किसी प्रकार की सहायता नहीं देंगे, जिसके विरुद्ध संयुक्त राष्ट्र कोई कार्यवाही कर रहा होगा।
  (vi) संयुक्त राष्ट्र संघ इस बात का प्रयास करेगा कि जो देश संगठन के सदस्य नहीं हैं, वे भी देश के सिद्धांतों के अनुकूल आचरण करें।
  (vii) जो मामले मूल रूप से किसी भी देश के आंतरिक क्षेत्राधिकार (घरेलू अधिकारिता) में आते हैं, उनमें संयुक्त राष्ट्र हस्तक्षेप नहीं करेगा।

## संयुक्त राष्ट्र संघ की संरचना

**1. अंग**

(i) सुरक्षा परिषद् (ii) महासभा

(iii) सामाजिक एवं आर्थिक परिषद्

(iv) सचिवालय (v) अंतर्राष्ट्रीय न्यायालय

(vi) न्यास परिषद्। (ट्रस्टी काउंसिल)।

**2. एजेंसी**

(i) अंतर्राष्ट्रीय श्रम संगठन (ILO), **मुख्यालय**-जिनेवा (स्विट्जरलैंड)

(ii) संयुक्त राष्ट्र संघ शैक्षिक, सामाजिक एवं सांस्कृतिक संगठन (UNESCO), **मुख्यालय**-पेरिस (फ्रांस)

(iii) कृषि एवं खाद्य संगठन (FAO), **मुख्यालय**-रोम (इटली)

(iv) विश्व स्वास्थ्य संगठन (WHO), **मुख्यालय**-जिनेवा (स्विट्जरलैंड)

- अमेरिका ने यूनेस्कों की सदस्यता छोड़ दी क्योंकि यूनेस्को के द्वारा फिलीस्तीन के एक शहर को विश्व धरोहर में शामिल किया गया। जिस पर इजराइल अपना दावा व्यक्त करता है।

**3. कार्यक्रम**

(i) संयुक्त राष्ट्र संघ विकास कार्यक्रम (UNDP)।

(ii) संयुक्त राष्ट्र संघ पर्यावरणीय कार्यक्रम (UNEP)।

**4. कोष**

(i) संयुक्त राष्ट्र संघ अंतर्राष्ट्रीय बाल आपातकालीन कोष (UNICEF)।

(ii) अंतर्राष्ट्रीय मुद्रा कोष (IMF)। मुख्यालय- वाशिंगटन।

(iii) विश्व बैंक (World Bank)।

### संयुक्त राष्ट्र संघ की आधिकारिक भाषा

- संयुक्त राष्ट्र संघ का मुख्यालय न्यूयॉर्क में है।
- इसकी आधिकारिक भाषा अरबी, चाइनीज, अंग्रेजी, फ्रेंच, रूसी एवं स्पेनिश है।
- सचिवालय के कामकाज में केवल अंग्रेजी और फ्रेंच भाषा का प्रयोग किया जाता है।

### संयुक्त राष्ट्र संघ की प्रकृति

- यह एक अंतर्राष्ट्रीय संगठन है, जो राष्ट्र-राज्यों की सहायता पर निर्भर है।
- यह विश्व सरकार नहीं है।
- संयुक्त राष्ट्र संघ आर्थिक सहायता और सैनिक सहायता के लिए भी राज्यों पर निर्भर है।
- संयुक्त राष्ट्र संघ आदर्शवादी विचारकों द्वारा समर्थित संस्था है।

## संयुक्त राष्ट्र के विभिन्न अंग एवं उनके कार्य

## सुरक्षा परिषद्

### कार्य

- सुरक्षा परिषद् का मूल कार्य विश्व में शांति एवं सुरक्षा बनाए रखना है।
- हथियारों की दौड़ को रोकने का प्रयत्न करना।
- आक्रमणकर्ता राज्य के विरुद्ध सैन्य कार्यवाही करना।
- आक्रमण को रोकने या बंद करने के लिए राज्यों पर आर्थिक प्रतिबंध लगाना।
- सुरक्षा परिषद् के प्रस्ताव राज्यों पर बाध्यकारी होते हैं। ईरान, म्यांमार, सीरिया पर प्रतिबंध वर्तमान में सुरक्षा परिषद् द्वारा लगाए गए हैं।

### संरचना

- सुरक्षा परिषद् के वर्तमान समय में 15 सदस्य हैं, जिसमें 5 स्थायी और 10 अस्थायी हैं। वर्ष 1963 में चार्टर का संशोधन किया गया और अस्थायी सदस्यों की संख्या 6 से बढ़ाकर 10 कर दी गई।
- अस्थायी सदस्य, विश्व के विभिन्न भागों से लिए जाते हैं, जिसका **अनुपात निम्नलिखित है-**

(i) पांच सदस्य अफ्रीका एवं एशिया से।

(ii) दो सदस्य लैटिन अमेरिका से।

(iii) दो सदस्य पश्चिमी देशों से।

(iv) एक सदस्य पूर्वी यूरोप से।

- संयुक्त राष्ट्र के चार्टर के अनुच्छेद-25 के अनुसार, संयुक्त राष्ट्र के सभी सदस्य सुरक्षा परिषद् के निर्णयों को अंगीकार करने और उन्हें लागू करने पर सहमत होते हैं।
- चार्टर के अनुच्छेद-27 में मतदान का प्रावधान दिया गया है। सुरक्षा परिषद् में दोहरा वीटो का प्रावधान है। सुरक्षा परिषद् के स्थायी सदस्य पहले वीटो के द्वारा किसी मुद्दे को साधारण मामलों से अलग करने के लिए वीटो का प्रयोग करते हैं। दूसरी बार वीटो का प्रयोग उस मुद्दे को रोकने के लिए किया जाता है।
- परिषद् के अस्थायी सदस्यों का निर्वाचन सुरक्षा परिषद् की सहमति के द्वारा महासभा की उपस्थित और मतदान करने वाले दो-तिहाई सदस्यों के द्वारा होता है।
- वर्ष 1971 में राष्ट्रवादी चीन (ताईवान) को स्थायी सदस्यता से निकालकर जनवादी चीन को स्थायी सदस्य बना दिया गया।
- सुरक्षा परिषद् की बैठक वर्ष भर चलती है।
- वर्तमान में 10 अस्थायी सदस्य हैं-अंगोला, मलेशिया, न्यूजीलैंड, स्पेन, वेनेजुएला वर्ष 2016 तक सदस्य रहेंगे तथा मिस्र, जापान, सेनेगल, यूक्रेन, उरग्वे वर्ष 2017 तक सदस्य रहेंगे।
- सुरक्षा परिषद् के द्वारा शांति बनाए रखने के लिए पहले व्यापारिक एवं आर्थिक प्रतिबंध लगाए जाते हैं, जिसका उल्लेख चार्टर के अनुच्छेद-41 में किया गया है। किसी राज्य पर सैनिक कार्यवाही भी की जा सकती है, जिसका

उल्लेख संयुक्त राष्ट्र संघ के चार्टर के अनुच्छेद-42 में किया गया है।

- सुरक्षा परिषद् में किसी भी कार्यवाही के लिए 9 सदस्यों की आवश्यकता होती है। लेकिन किसी भी स्थायी सदस्य का वीटो इसके विरोध में नहीं होना चाहिए। किसी स्थायी सदस्य की अनुपस्थिति को वीटो नहीं माना जाता।

### सामूहिक सुरक्षा ( सुरक्षा परिषद् के महत्वपूर्ण कार्य )

- संयुक्त राष्ट्र संघ द्वारा सभी राज्यों के लिए बनाई गई सुरक्षा, सामूहिक सुरक्षा है।
- सामूहिक सुरक्षा का अभिप्राय है, 'एक के लिए सभी, सभी के लिए एक है।'
- सामूहिक सुरक्षा का आशय है, एक राज्य के द्वारा दूसरे राज्यों पर किया गया आक्रमण विश्व की शांति और सुरक्षा पर किया गया आक्रमण है। इसलिए सभी राज्यों का यह दायित्व है कि वे विश्व के आक्रमणकारी राज्य के विरुद्ध कार्य करें। इसका प्रावधान संयुक्त राष्ट्र संघ के चार्टर-7 में किया गया है।
- सुरक्षा परिषद् द्वारा सुरक्षा एवं शांति व्यवस्था बनाए रखने के लिए कई प्रकार के कार्यक्रम चलाए जाते हैं। संयुक्त राष्ट्र संघ किसी भी राज्य के विरुद्ध सैनिक कार्यवाही, शांति निर्माण प्रक्रिया हेतु कर सकता है।
- सुरक्षा परिषद् के प्रस्ताव बाध्यकारी होते हैं। इसलिए इनका अत्यधिक महत्व है।

**पीस कीपिंग ऑपरेशन** (Peace Keeping Operation)

- संयुक्त राष्ट्र संघ द्वारा युद्धरत पक्षों को अलग-अलग करके उनके बीच शांति स्थापना करना 'पीस कीपिंग' का मूल उद्देश्य है। इनको 'नील हेलमेट' (Blue Helmet) के लोग भी कहा जाता है।
- शांति सेनाओं के द्वारा हथियारों का प्रयोग नहीं किया जाता और ये केवल आत्म रक्षा की स्थिति में ही हथियारों का प्रयोग करते हैं। इसका प्रावधान संयुक्त राष्ट्र संघ के चार्टर-6 में निहित है।
- शांति सेनाएं राज्यों की सहमति के बाद ही भेजी जाती हैं।

**पीस बिल्डिंग ऑपरेशन** (Peace Building Operation)

- 'पीस बिल्डिंग' एक व्यापक शब्द है, जिसके अंतर्गत् राज्यों के सामाजिक एवं आर्थिक पुनर्निर्माण में संयुक्त राष्ट्र संघ के द्वारा महत्वपूर्ण भूमिका का निर्वाह किया जाता है।

**पीस मेकिंग** (Peace Making)

- किसी संभावित युद्ध की परिस्थिति को प्रतिबंधित कर देना या रोक देना ही 'पीस मेकिंग' कहलाता है। इसे निवारात्मक या निषेधात्मक कूटनीति के रूप में भी जाना जाता है।
- संयुक्त राष्ट्र संघ के महासचिव बुतरस घाली ने वर्ष 1992 में 'एजेंडा फॉर पीस' का नारा दिया, जिसके अंतर्गत् उन्होंने 'पीस कीपिंग', 'पीस बिल्डिंग' तथा 'पीस मेकिंग' का नारा दिया।

## महासभा

- यह एक लोकतांत्रिक संस्था है, क्योंकि इसमें सभी राज्यों का समान प्रतिनिधित्व होता है।
- महासभा में कई प्रकार की समितियां हैं, जिसके माध्यम से यह **कार्य करती है-**
  (i) राजनीतिक समिति।
  (ii) सामाजिक, आर्थिक एवं सांस्कृतिक समिति।
  (iii) वित्तीय और प्रशासनिक समिति।
  (iv) निःशस्त्रीकरण की समिति। (उल्लेखनीय है)
- महासभा की बैठक प्रतिवर्ष सितंबर माह में होती है। इसी बैठक में विभिन्न अध्यक्ष और कई उपाध्यक्षों का निर्वाचन होता है।
- अनुच्छेद-18 के अनुसार, महासभा में प्रत्येक सदस्य को एक मत प्राप्त होगा। महासभा में किसी एक देश के पांच से अधिक प्रतिनिधि नहीं होंगे, परंतु सभी देशों को एक मत प्राप्त होगा।

### महासभा के कार्य

- अनुच्छेद-10 से 17 के बीच महासभा की शक्तियों का वर्णन है।
- संयुक्त राष्ट्र संघ का जो सदस्य अपना निर्धारित अंशदान न चुकाए, तो उसे महासभा में मतदान से वंचित किया जा सकता है। ऐसा अनुच्छेद-19 में वर्णित है।
- महासभा के महत्वपूर्ण निर्णय उस समय उपस्थित एवं मतदान करने वाले दो-तिहाई बहुमत से लिए जाएंगे, जिसमें **निम्नलिखित विषय शामिल होंगे-**
  (i) अंतर्राष्ट्रीय शांति एवं सुरक्षा बनाए रखने की सिफारिश।
  (ii) सुरक्षा परिषद् के अस्थायी सदस्यों का निर्वाचन।
  (iii) सामाजिक एवं आर्थिक परिषद् के सदस्यों का निर्वाचन।
  (iv) संयुक्त राष्ट्र संघ में नए सदस्यों का प्रवेश।
  (v) सदस्यों का निष्कासन।
- महासभा केवल परामर्शदात्री प्रस्ताव ही प्रस्तुत करती है।
- महासभा द्वारा विश्व के विभिन्न राज्यों के लिए सलाहकारी प्रस्ताव पारित किए जाते हैं। इसलिए महासभा के द्वारा दुनिया के राज्यों के लिए विधि का निर्माण नहीं किया जाता।
- संयुक्त राष्ट्र संघ का बजट पारित करना।
- अंतर्राष्ट्रीय न्यायालय के न्यायाधीशों का निर्वाचन सामान्य बहुमत से होगा।

- वर्ष 1953 में भारत की विजय लक्ष्मी पंडित, संयुक्त राष्ट्र महासभा की पहली महिला अध्यक्षा थीं।
- महासभा ने वर्ष 2006 में विकलांग व्यक्तियों के अधिकारों पर कन्वेनशन अंगीकृत किया।

**महासभा की समितियां**

(i) निःशस्त्रीकरण एवं अंतर्राष्ट्रीय सुरक्षा।
(ii) आर्थिक एवं वित्तीय।
(iii) सामाजिक, मानवीय एवं सांस्कृतिक।
(iv) राजनीतिक एवं औपनिवेशिक स्वतंत्रता।
(v) प्रशासनिक एवं आय-व्यय संबंधी।
(vi) कानूनी समिति।

**शांति के लिए एकता प्रस्ताव** (Uniting for Peace Resolution)

- इसके अंतर्गत् महासभा ने पहली बार विश्व में शांति स्थापना के लिए प्रयत्न किया। क्योंकि सुरक्षा परिषद् में स्थायी शक्तियों के वीटो के कारण शांति स्थापना में समस्या उत्पन्न हुई थी। वर्ष 1950 में कोरिया संकट के दौरान महासभा ने यह प्रस्ताव पारित किया था।

## सामाजिक एवं आर्थिक परिषद्

- सामाजिक एवं आर्थिक परिषद् के 54 सदस्य होते हैं। 18 सदस्य प्रति 3 वर्षों के लिए निर्वाचित होंगे।
- इसका मूल कार्य विश्व का सामाजिक एवं आर्थिक विकास करना है।
- संयुक्त राष्ट्र संघ की समूची विशेषज्ञ एजेंसियां जैसे- 'अंतर्राष्ट्रीय श्रमिक संगठन' (ILO), 'खाद्य एवं कृषि संगठन' (FAO), 'यूनेस्को' (UNESCO), 'विश्व स्वास्थ्य संगठन' (WHO), सामाजिक एवं आर्थिक परिषद् के निर्देशन में ही कार्य करती हैं, पुनर्निर्वाचन के लिए योग्य होंगे।
- सामाजिक एवं आर्थिक परिषद् के नियंत्रण में अनेक आयोगों की स्थापना भी की गई है।
- सामाजिक एवं आर्थिक परिषद् के द्वारा वर्तमान समय में ''सतत विकास लक्ष्यों'' (SDG) को प्राप्त करने के लिए प्रयत्न किया जा रहा है।
- इस प्रस्ताव से महासभा की शक्तियों में व्यापक वृद्धि हुई।

**सतत् विकास लक्ष्य**

- सहस्राब्दि विकास लक्ष्यों की सफलता के बाद वर्ष 2015 में संयुक्त राष्ट्र संघ ने विश्व के समक्ष सतत् विकास लक्ष्य की अवधारणा रखी, जिसे वर्ष 2030 तक प्राप्त करना है। यह लक्ष्य अंतर सरकारी प्रयासों से प्राप्त किए जाएंगे।
- इसमें 17 लक्ष्य रखे गए हैं, जिसका शीर्षक है- Transforming our World: The 2030 Agenda for Sustainable Development.
- 17 लक्ष्य इस प्रकार हैं-सभी प्रकार की गरीबी का उन्मूलन, खाद्य सुरक्षा तथा भुखमरी का समापन, जिसका आधार सतत् कृषि होगा। स्वास्थ्य, समावेशी तथा समतापूर्ण शिक्षा, लैंगिक समानता तथा महिला सशक्तिकरण, स्वच्छ जल, सतत् पर्याप्त वहनीय ऊर्जा, सतत् समावेशी अर्थव्यवस्था, सतत् आधार संरचना, राष्ट्रों के बीच असमानता का समापन, पर्याप्त सुरक्षित सतत् आवास, सतत् उपभोग की प्रवृत्ति, जलवायु परिवर्तन रोकने का प्रयास, समुद्री पर्यावरण की सुरक्षा, वन संरक्षण, मरूस्थलीकरण संरक्षण इत्यादि प्रयासों के साथ पारितंत्र की सुरक्षा, संस्थानीकरण, सतत् वैश्विक भागीदारी।

**मानवाधिकार परिषद्**

- मानवाधिकार परिषद् की स्थापना संयुक्त राष्ट्र संघ महासभा द्वारा वर्ष 2006 में की गई।
- इसका निर्माण संयुक्त राष्ट्र संघ मानवाधिकार उच्चायुक्त को हटाकर किया गया। इसका मूल उद्देश्य दुनिया में मानवाधिकारों की रक्षा करना है।

**संरचना**

- 47 सदस्यीय संस्था, जो संयुक्त राष्ट्र संघ की महासभा के द्वारा निर्वाचित होते हैं। सदस्यों का कार्यकाल-3 वर्ष का होता है।
- कोई भी सदस्य लगातार दो बार से अधिक सदस्य नहीं हो सकता। (वैसे हो सकता है)
- इसके सदस्य विश्व के विभिन्न क्षेत्रों से लिए जाते हैं-
  (i) अफ्रीका से-13 (ii) एशिया से-13
  (iii) पूर्वी यूरोप से-6 (iv) पश्चिमी यूरोप से-7
  (v) लैटिन अमेरिका तथा कैरेबियाई देशों से-8

## सचिवालय

- संयुक्त राष्ट्र संघ की प्रशासनिक संस्था है, जिसका कार्य संयुक्त राष्ट्र संघ के कार्यों का प्रशासनिक प्रबंध करना है।
- संयुक्त राष्ट्र संघ का महासचिव, संयुक्त राष्ट्र संघ का प्रशासनिक प्रधान होता है।

**नियुक्ति**

- महासचिव की नियुक्ति सुरक्षा परिषद् के द्वारा होती है। लेकिन इसके पहले महासचिव का निर्वाचन महासभा में उपस्थित और मतदान देने वाले दो-तिहाई सदस्यों के द्वारा होता है।

**कार्यकाल**

- चार्टर में महासचिव के कार्यकाल का कोई प्रावधान नहीं

है, परंतु महासभा के द्वारा पारित प्रस्ताव के आधार पर महासचिव की नियुक्ति 5 वर्षों के लिए होती है। वह दोबारा भी नियुक्त किया जा सकता है।

**महासचिव**

(i) त्रिग्वेली (नार्वे) (1946 – 1952)
(ii) डैग हैमरशोल्ड (स्वीडन) (1953 – 1961)
(iii) यू थांट (वर्मा) (1961 – 1971)
(iv) कुर्त बाल्देइम (ऑस्ट्रिया) (1972 – 1981)
(v) जेवियर पेरेज दे क्योलार (पेरू) (1982 – 1991)
(vi) बुतरस बुतरस घाली (इजिप्ट, मिस्र) (1992 – 1996)
(vii) कोफी अन्नान (घाना) (1997 – 2006)
(viii) बान की मून (दक्षिण कोरिया) (2007 – 2016)
(ix) एंटोनियो गुटरस (पुर्तगाल) (2017 – )

- इसलिए संयुक्त राष्ट्र संघ के महासचिव की भूमिका निम्नलिखित **दो रूपों में देखी जा सकती है**-
  (1) सचिवालय के प्रधान के रूप में।
  (2) कूटनीतिक दुनिया के पहले **कूटनीतिक के रूप में**-
    (i) नि:शस्त्रीकरण को बढ़ावा देना।
    (ii) वैश्विक आतंकवाद की समाप्ति, समाधान में सहयोग।
    (iii) सतत् विकास के लक्ष्य को अर्जित करने में।
    (iv) सहस्त्राब्दि विकास लक्ष्य (MDG) को लागू करना।

## अंतर्राष्ट्रीय न्यायालय

- इसका मुख्यालय नीदरलैंड के शहर 'हेग' में स्थित है।
- अंतर्राष्ट्रीय राजनीति में वैधानिक विवादों (राज्यों के मध्य) के समाधान के लिए अंतर्राष्ट्रीय न्यायालय की स्थापना की गई है।
- अंतर्राष्ट्रीय न्यायालय का निर्णय परामर्शकारी माना जाता है।
- अंतर्राष्ट्रीय न्यायालय के द्वारा दिए गए निर्णय को बाध्यकारी रूप में लागू करने की शक्ति सुरक्षा परिषद् के पास है।
- अंतर्राष्ट्रीय न्यायालय के द्वारा राज्यों के मध्य उत्पन्न विवाद भी सुलझाए जाते हैं। जैसे-सीमा विवाद, जल विवाद इत्यादि। इसे स्वैच्छिक अधिकारिता कहा जाता है।
- इसके अतिरिक्त संयुक्त राष्ट्र संघ की विभिन्न एजेंसियां भी अंतर्राष्ट्रीय न्यायालय से विवाद के मुद्दों पर परामर्श ले सकती है। इसे 'परामर्शकारी अधिकारिता' कहा जाता है।
- अंतर्राष्ट्रीय न्यायालय का निर्णय उन सभी देशों पर बाध्यकारी होता है, जो न्यायालय द्वारा दी गई संविधि के भाग हैं।

### संरचना

- मुख्यालय 'हेग' में स्थित है।
- न्यायालय की आधिकारिक भाषा अंग्रेजी और फ्रेंच है।
- न्यायालय में किसी एक राज्य के एक से अधिक नागरिक एक साथ न्यायाधीश नहीं हो सकते।
- अंतर्राष्ट्रीय न्यायालय में 15 न्यायाधीश होते हैं, जिनका कार्यकाल-9 वर्षों का होता है।

### भारतीय न्यायाधीश दलबीर भंडारी का अंतर्राष्ट्रीय न्यायालय में निर्वाचन

- अतंर्राष्ट्रीय न्यायालय में न्यायाधीश के निर्वाचन के लिए 70 वर्षों में पहली बार एक रोचक एवं ऐतिहासिक विवाद उत्पन्न हो गया। क्योंकि महासभा में भारतीय न्यायाधीश दलबीर भंडारी को बहुमत प्राप्त हो गया। जबकि सुरक्षा परिषद् में ब्रिटिश न्यायाधीश ग्रीन वुड को बहुमत मिला।
- इस गतिरोध को तोड़ने के लिए सुरक्षा परिषद् एवं महासभा के सदस्यों से मिलकर समिति के गठन का प्रावधान है। लेकिन समिति के गठन से पहले ही ब्रिटिश न्यायाधीश ने अपना नाम वापस ले लिया, जिससे भारतीय न्यायाधीश दलबीर भंडारी की विजय हुई। यह भारत की बड़ी कूटनीतिक सफलता है तथा भारत के बढ़ते वैश्विक पटल पर बढ़ती शक्ति का भी उदाहरण है।

## न्यास परिषद् (Trustee Council)

- साम्राज्यवाद एवं उपनिवेशवाद को पूर्णत: समाप्त करने के लिए न्यास परिषद् का निर्माण किया गया था। परंतु वर्तमान समय में राजनीतिक एवं सामाजिक किसी भी रूप में उपनिवेशवाद एवं साम्राज्यवाद विद्यमान नहीं है। अत: धीरे-धीरे न्यास परिषद् की भूमिका समाप्त हो रही है।
- द्वितीय विश्व युद्ध के बाद जो राज्य अपना प्रशासन करने में सक्षम नहीं थे, उन पर प्रशासन के लिए न्यास परिषद् की स्थापना की गई। उदाहरण के लिए, फिलीस्तीन का प्रशासन, न्यास परिषद् के अंतर्गत् था।
- वर्तमान समय में न्यास परिषद् का कार्य लगभग समाप्त हो चुका है, क्योंकि अब प्रत्येक राज्य अपना शासन स्वयं संचालित कर रहा है।

### संयुक्त राष्ट्र संघ के चार्टर में संशोधन

- अनुच्छेद-108 में महासभा को चार्टर में संशोधन की शक्ति प्रदान की गई है।
- महासभा के संपूर्ण सदस्यों के दो-तिहाई बहुमत के द्वारा चार्टर का संशोधन किया जाएगा, जिसमें पांचों स्थायी सदस्य भी सम्मिलित होंगे।
- यदि सुरक्षा परिषद् के स्थायी सदस्य वीटो का प्रयोग कर दें, तो चार्टर में संशोधन नहीं हो सकता।

## वे राष्ट्र जो संयुक्त राष्ट्र संघ के सदस्य नहीं हैं

- ऐसा राष्ट्र, जो संयुक्त राष्ट्र संघ का सदस्य नहीं है। वह भी अपने विवाद संयुक्त राष्ट्र संघ के समक्ष ला सकता है।
- वह राष्ट्र सुरक्षा की बैठक में भी भागीदारी कर सकता है, परंतु उसे मतदान का अधिकार नहीं होगा।

## सुरक्षा परिषद् में सुधार

- सुरक्षा परिषद् संयुक्त राष्ट्र संघ का महत्वपूर्ण अंग है। इसे विश्व का 'पुलिस मैन' कहा जाता है। इसका कार्य विश्व में शांति तथा सुरक्षा स्थापित करना है।
- संयुक्त राष्ट्र के अध्याय-7 के अनुच्छेद-42 के अनुसार, अंतर्राष्ट्रीय शांति के लिए खतरा होने पर सर्वप्रथम वाद-विवाद के माध्यम में शांतिपूर्ण उपयोग से शांति विस्थापन का प्रयास किया जाएगा।
- सुरक्षा परिषद्, संयुक्त राष्ट्र संघ का सबसे महत्वपूर्ण अंग है, क्योंकि इसके प्रस्ताव बाध्यकारी होते हैं। विश्व में शांति और सुरक्षा बनाए रखने का मूल दायित्व सुरक्षा परिषद् को सौंपा गया है। शीतयुद्धोत्तर विश्व में, विश्व राजनीति में आमूलकारी परिवर्तन हुए हैं, परंतु सुरक्षा परिषद् की संरचना अभी भी द्वितीय विश्व युद्ध के पश्चात् के शक्ति संतुलन को ही प्रकट करती है। इसलिए समकालीन विश्व में सुरक्षा परिषद् की संरचना में परिवर्तन की आवश्यकता है। सुरक्षा परिषद् की विसंगतियों या खामियों को **दो श्रेणियों में विभाजित किया जा सकता है-**
  (i) पारदर्शिता का अभाव।
  (ii) वैधानिकता का अभाव।
- पाल कैनेडी और माइकल रेसीमैन के अनुसार, 'सुरक्षा परिषद्, अत्यधिक शक्तिशाली संस्था है, लेकिन इसमें पारदर्शिता का अभाव है, क्योंकि सुरक्षा परिषद् के स्थायी सदस्य गुप्त विचार-विमर्श के द्वारा किसी भी मुद्दे पर निर्णय ले लेते हैं तथा मतदान औपचारिकता मात्र होता है।' परंतु 1994 से सुरक्षा परिषद् के अध्यक्ष ने एक नई पहल की, जिसके अनुसार, पहली बार गैर-सदस्य राज्यों से भी सुरक्षा परिषद् में विचार-विमर्श किया गया। विशेषकर शांति निर्माण कार्यक्रमों के संदर्भ में। इसके अनुसार, सुरक्षा परिषद् के द्वारा उन सदस्यों से भी परामर्श किया, जो शांति कार्यक्रमों में योगदान दे रहे हैं।
- संयुक्त राष्ट्र संघ के संस्थापक सदस्य-51 थे। लेकिन वर्तमान में इसकी संख्या-193 हो गई है, लेकिन अभी भी सुरक्षा परिषद् के स्थायी सदस्यों की संख्या-5 ही है। अफ्रीका और लैटिन अमेरिकी महाद्वीप का स्थायी सदस्यों में कोई प्रतिनिधित्व नहीं है। भारत, सदृश विशाल लोकतांत्रिक उभरती हुई महाशक्ति को अभी भी स्थायी सदस्यता नहीं प्राप्त है। अमेरिका ने जर्मनी और जापान को स्थायी सदस्यता का सबसे बेहतर दावेदार माना, **जिसके निम्नलिखित कारण हैं-**
  (i) दोनों देशों का संयुक्त राष्ट्र संघ में आर्थिक योगदान अत्यधिक है।
  (ii) दोनों दुनिया की सबसे बड़ी एवं शक्तिशाली अर्थव्यवस्थाएं हैं।
- आलोचकों के अनुसार, ये दोनों राष्ट्र अमेरिका पर निर्भर हैं तथा अमेरिका के सामरिक मित्र हैं। इसलिए स्वतंत्र निर्णय लेने में अक्षम हैं। जब तीन यूरोपीय देश सुरक्षा परिषद् में पहले से ही शामिल हैं, तो जर्मनी को सम्मिलित करने से यूरोपीय देशों की संख्या समानुपातिक रूप में ज्यादा होगी।
- सदस्यता का विस्तार वीटो के साथ हो या बिना वीटो के इस बिंदु पर भी मतभेद है। जिनेवा स्थित दक्षिण केंद्र (South Centre) के अनुसार, सुरक्षा परिषद् की स्थायी सदस्यता ही समाप्त कर दी जाए, तथा वीटो शक्ति का पूर्णतः उन्मूलन कर देना चाहिए, क्योंकि वीटो के द्वारा मुट्ठीभर राष्ट्रों को विशेषाधिकार प्राप्त हो जाता है तथा इसका कार्य भी प्रभावित होता है।

## सुरक्षा परिषद् के सुधार या विस्तार के प्रस्ताव (कोफी अन्नान का प्रस्ताव)

- 11 मार्च, 2005 को तत्कालीन संयुक्त राष्ट्र संघ महासचिव कोफी अन्नान ने सुरक्षा परिषद् की सदस्य संख्या बढ़ाकर 24 करने का सुझाव दिया, परंतु सदस्यों की यह वृद्धि बिना वीटो की होगी। इन्होंने दो मॉडल सुझाए, जो निम्नलिखित हैं-

### पहला मॉडल

- कोफी अन्नान के पहले मॉडल की विशेषताएं निम्न हैं-
  (i) 6 नए स्थायी सदस्य, बिना वीटो के।
  (ii) 3 नए अस्थायी सदस्य, जिनका कार्यकाल-2 वर्ष का होगा।
  (iii) सदस्यता में यह विस्तार क्षेत्र के अनुसार किया जाएगा। अफ्रीका महाद्वीप (कुल सदस्य संख्या -53), एशिया प्रशांत (कुल सदस्य संख्या-56), यूरोप (कुल सदस्य संख्या-48),अमेरिका (कुल सदस्य संख्या-35)

### दूसरा मॉडल

- कोफी अन्नान के दूसरे मॉडल की **विशेषताएं निम्न हैं-**
  (i) स्थायी सदस्यों की संख्या में कोई वृद्धि नहीं होगी।
  (ii) 8 नए सदस्य सम्मिलित होंगे, जिनका कार्यकाल-4 वर्षों का होगा, लेकिन इनका पुनर्निर्वाचन भी संभव है।
  (iii) एक सदस्य अस्थायी होगा, जिसका कार्यकाल-2 वर्ष का होगा, लेकिन इनका पुनर्निर्वाचन संभव नहीं है।
  (iv) मॉडल 2 में भी कुल सदस्यों की संख्या-24 होगी।

### कॉफी क्लब का प्रस्ताव

- कॉफी क्लब, उन देशों के समूह को कहते हैं, जिन्होंने G-4 के प्रस्ताव का विरोध किया। इस प्रस्ताव को आम सहमति के लिए एकता के नाम से भी जाना जाता है। यह प्रस्ताव अर्जेण्टीना, कनाडा, कोस्टारिका, कोलंबिया, माल्टा, मैक्सिको, पाकिस्तान, इटली, स्पेन और तुर्की द्वारा प्रस्तुत किया गया। **इनकी मांग निम्नलिखित हैं-**
  - (i) स्थायी सदस्य संख्या में कोई परिवर्तन न हो।
  - (ii) केवल 10 नए अस्थायी सदस्यों को बढ़ा दिया जाए, जिनका निर्वाचन-2 वर्ष के लिए होना चाहिए।
  - (iii) इनके अनुसार, सुरक्षा परिषद् की कुल सदस्य संख्या-25 होनी चाहिए, जिसमें 15 मतों से निर्णय लिया जाए।

### G-4 का प्रस्ताव

- G-4 का प्रस्ताव भारत, ब्राजील, जर्मनी, जापान द्वारा लाया गया। इसके सह प्रस्तावकों में बेल्जियम, भूटान, चेक रिपब्लिक, डेनमार्क, फिजी, फ्रांस, जॉर्जिया, यूनान, हैती, होंडुरास, आइसलैंड किरिबाती, लातविया, लिथुआनिया, मालदीव, नारू, पलाऊ, पोलैंड, परागुए, पुर्तगाल, सोलोमान द्वीप, तुवालू और यूक्रेन थे।

### प्रस्ताव

(i) 6 नए स्थायी सदस्य बिना वीटो के।
(ii) G-4 के अलावा 2 स्थायी सदस्य अफ्रीकी महाद्वीप से।
(iii) 4 नए अस्थायी सदस्य होंगे।
(iv) कुल सदस्य संख्या-25

### अफ्रीकी देशों का प्रस्ताव

(i) इनके अनुसार, 6 नए स्थायी सदस्य वीटो के साथ होने चाहिए।
(ii) इसमें G-4 के अलावा 2 अफ्रीका से।
(iii) 5 नए अस्थायी सदस्य।
(iv) कुल सदस्य संख्या-26

- नवंबर, 2012 में संयुक्त राष्ट्र महासभा ने एक प्रस्ताव पारित कर फिलीस्तीन को गैर-सदस्यीय पर्यवेक्षक राष्ट्र का दर्जा प्रदान कर दिया है। इससे पूर्व संयुक्त राष्ट्र संघ में फिलीस्तीन का दर्जा एक पर्यवेक्षक प्राधिकरण का ही था।
- गैर-सदस्यीय पर्यवेक्षक राष्ट्र का दर्जा अभी तक केवल वेटिकन सिटी को ही प्राप्त था।
- इस तरह के सदस्यों के लिए संयुक्त राष्ट्र महासभा में सदस्य देशों के बाद अन्य पर्यवेक्षकों के पहले बैठने की व्यवस्था है, इन देशों को महासभा की बैठकों में बोलने, प्रस्ताव लाने और उस पर हस्ताक्षर करने का अधिकार है, लेकिन प्रस्तावों पर वोट देने का अधिकार नहीं होता। इस श्रेणी का सदस्य अंतर्राष्ट्रीय अपराध न्यायालय (ICC) जैसी अंतर्राष्ट्रीय संस्थाओं की सदस्यता के लिए आवेदन कर सकता है।

### वित्तीय सुधार

- वर्तमान समय में संयुक्त राष्ट्र संघ के लिए सबसे ज्यादा आर्थिक योगदान अमेरिका का है। उसके बाद जापान और जर्मनी संयुक्त राष्ट्र संघ को आर्थिक सहायता देने वाले सबसे बड़े देश हैं। ये तीनों देश मिलाकर संयुक्त राष्ट्र संघ के कुल खर्चे का 50 प्रतिशत भाग का योगदान करते हैं।
- विटकॉफ के अनुसार, 'संयुक्त राष्ट्र संघ का बजट न्यूयार्क राज्य के प्रशासन के बजट से भी कम होता है।' इसलिए इनके अनुसार, शीतयुद्धोत्तर विश्व में संयुक्त राष्ट्र संघ के अप्रभावकारी या अशक्त होने का मूल कारण इसकी वित्तीय कमजोरी या अक्षमता है। जबकि शीतयुद्ध युगीन विश्व में वीटो के प्रयोग के कारण संयुक्त राष्ट्र संघ का कार्यकरण प्रभावित हुआ। वर्तमान समय में संयुक्त राष्ट्र संघ को प्रभावशाली बनाने के लिए निम्नलिखित **वित्तीय सुधार महत्वपूर्ण हैं-**
  - (i) प्रत्येक सदस्य राज्य द्वारा अपना निर्धारित योगदान निश्चित समय पर देना चाहिए।
  - (ii) संयुक्त राष्ट्र संघ के चार्टर के अनुच्छेद-19 के अनुसार, यदि किसी राष्ट्र का वित्तीय अनुदान बकाया होता है, तो उसे महासभा में मत देने का अधिकार नहीं है, परंतु यह प्रावधान व्यावहारिक रूप में लागू नहीं किया जाता। इसे सख्ती से लागू करने की आवश्यकता है।
  - (iii) अमेरिका, जर्मनी, जापान जैसे बड़े राष्ट्र भी अपनी निर्धारित राशि का भुगतान नहीं कर रहे हैं। उदाहरण के लिए, वर्ष 1995 में अमेरिका की 1.1 बिलियन डॉलर राशि बकाया थी। वर्ष 1999 में यह बढ़कर 1.6 बिलियन डॉलर हो गई।
  - (iv) समकालीन भू-मंडलीकरण, उदारीकरण के युग में संयुक्त राष्ट्र संघ के वित्तीय स्रोत केवल राष्ट्र-राज्यों पर ही निर्भर नहीं होने चाहिए। विचारकों ने संयुक्त राष्ट्र संघ के वित्तीय स्रोत में वृद्धि के लिए **निम्नलिखित सुझाव दिए गए हैं-**
    1. साझी धरोहर के उपयोग पर कर। (खुला समुद्र, खुला आसमान)
    2. वैश्विक वित्तीय विनिमय पर करारोपण।
    3. अंतर्राष्ट्रीय वायुसेवाओं के टिकट पर सरचार्ज।
    4. अंतर्राष्ट्रीय पर्यटन पर शुल्क।
    5. ऐसे राष्ट्र जिनकी राशि बकाया हो, उन पर

विलंब शुल्क भी लगाया जाए, परंतु गरीब देशों को इससे छूट प्राप्त हो।

6. दक्षिण केंद्र (South Centre) ने संयुक्त राष्ट्र संघ की वित्तीय समस्या के संदर्भ में **निम्नलिखित सुझाव दिए हैं-**
   (i) किसी भी एक देश के योगदान की सीमा 10 या 12.5 प्रतिशत से अधिक न हो।
   (ii) क्योंकि एक राष्ट्र द्वारा अधिक योगदान करने से संयुक्त राष्ट्र संघ वित्तीय रूप में उस राष्ट्र पर निर्भर हो जाता है, तथा संयुक्त राष्ट्र संघ के तटस्थ कार्यकरण में बाधा उत्पन्न होती है। वर्तमान समय में अमेरिका, जर्मनी और जापान, संयुक्त राष्ट्र संघ के कुल बजट का 50 प्रतिशत से अधिक का योगदान करते हैं।
   (iii) कुछ विचारकों के अनुसार, 'संयुक्त राष्ट्र संघ के समक्ष उत्पन्न संकट वित्तीय नहीं, बल्कि मूलत: राजनीतिक है, क्योंकि महाशक्तियों के द्वारा जान-बूझकर संयुक्त राष्ट्र संघ को अशक्त बनाने का प्रयत्न किया जाता है।

## आर्थिक योगदान

- संयुक्त राष्ट्र संघ में राज्यों के द्वारा स्वैच्छिक रूप में आर्थिक अनुदान दिया जाता है।
- प्रत्येक देश की देय क्षमता तथा सकल राष्ट्रीय आय के आधार पर योगदान निश्चित होता है।
- वर्ष 2000 में एक महत्वपूर्ण परिवर्तन के अंतर्गत् देनदारी की उच्चतम सीमा 22 प्रतिशत निर्धारित कर दी गई, जिसका अभिप्राय है कि कोई भी राज्य, संयुक्त राष्ट्र संघ के समूचे बजट के 22 प्रतिशत से अधिक का योगदान नहीं कर सकता है।
- अति पिछड़े देशों के लिए देनदारी की सीमा 0.01 प्रतिशत है।
- शांति निर्माण कार्यक्रम के लिए किसी एक देश का अधिकतम योगदान 27 प्रतिशत से ज्यादा नहीं होना चाहिए।
- अमेरिका के द्वारा शांति निर्माण कार्यक्रम में सर्वाधिक 27 प्रतिशत भाग का योगदान किया जाता है। इसके बाद जापान, इंग्लैंड, जर्मनी, फ्रांस, इटली, चीन, कनाडा, स्पेन एवं दक्षिण कोरिया मुख्य हैं।
- संयुक्त राष्ट्र संघ के सामान्य बजट में सर्वाधिक योगदान करने वाले राज्यों में अमेरिका (22 प्रतिशत), जापान (12.53 प्रतिशत), जर्मनी (8 प्रतिशत), इंग्लैंड (6.6 प्रतिशत), फ्रांस (6.12 प्रतिशत), इटली (4.99 प्रतिशत), कनाडा (3 प्रतिशत), चीन (3.18 प्रतिशत), स्पेन (3.17 प्रतिशत), मैक्सिको (2.35 प्रतिशत) दक्षिण कोरिया एवं ऑस्ट्रेलिया हैं।

## संयुक्त राष्ट्र संघ की उपलब्धियां

- विश्व शांति और सुरक्षा बनाए रखने में योगदान प्रदान करना। जैसे-संयुक्त राष्ट्र संघ द्वारा तैनात शांति सेनाओं के माध्यम से पर्यवेक्षकों के द्वारा दुनिया में जान-माल की हानि को निश्चित तौर पर कम किया जाता है।
- परमाणु अप्रसार के संदर्भ में संयुक्त राष्ट्र संघ लगातार संलग्न/क्रियारत हैं। उदाहरणार्थ-ईरान के वर्तमान परमाणु कार्यक्रम पर प्रतिबंध लगाने की सिफारिश 'अंतर्राष्ट्रीय परमाणु ऊर्जा एजेंसी' (IAEA) के द्वारा की गई, जो संयुक्त राष्ट्र संघ की एजेंसी है।
- विश्व में उपनिवेशवाद और साम्राज्यवाद के औपचारिक अंत में संयुक्त राष्ट्र संघ की भूमिका उल्लेखनीय है।
- संयुक्त राष्ट्र संघ द्वारा विश्व से गरीबी, निरक्षरता, भुखमरी दूर करने का प्रयत्न किया जा रहा है। इसके लिए संयुक्त राष्ट्र संघ की विभिन्न एजेंसियां कार्यक्रम और कोष कार्यरत हैं।
- संयुक्त राष्ट्र संघ द्वारा 'सहस्राब्दि विकास लक्ष्य' को प्राप्त करने का प्रयत्न इसका सबसे बड़ा उदाहरण है।
- संयुक्त राष्ट्र संघ द्वारा दुनिया में मानवाधिकारों की रक्षा की जा रही है। उदाहरण के लिए, लीबिया और सीरिया में मानवाधिकारों के हनन को रोकने का आदेश संयुक्त राष्ट्र संघ द्वारा दिया गया।
- पर्यावरण की रक्षा और सतत् विकास के उद्देश्य को प्राप्त करने में संयुक्त राष्ट्र संघ की भूमिका उल्लेखनीय है। संयुक्त राष्ट्र संघ के द्वारा आयोजित 'पृथ्वी (रियो)+20 सम्मेलन' इसका उदाहरण है।

## संयुक्त राष्ट्र संघ की कमियां/आलोचना

- आलोचकों के अनुसार, संयुक्त राष्ट्र संघ दुनिया के शक्तिशाली राज्यों के हितों को पूरा करने का एक उपकरण मात्र है।
- संयुक्त राष्ट्र संघ अपने वित्तीय योगदान के लिए अमेरिका, जर्मनी और जापान पर पूर्णतया निर्भर है।
- इस समय संयुक्त राष्ट्र संघ की वित्तीय स्थिति अच्छी नहीं है तथा संयुक्त राष्ट्र संघ के पास अपने कार्यों को पूर्ण करने के लिए वित्त का अभाव है।
- अमेरिका ने संयुक्त राष्ट्र संघ की अनुमति के बिना वर्ष 2003 में इराक पर आक्रमण कर दिया।
- नि:शस्त्रीकरण और पर्यावरण की वार्ताओं में भी संयुक्त राष्ट्र संघ का योगदान नगण्य है।
- अभी भी शक्तिशाली राज्य संयुक्त राष्ट्र संघ, सुरक्षा परिषद् में किसी भी संभावित परिवर्तन के विरोधी हैं।

## संयुक्त राष्ट्र संघ की प्रासंगिकता

- संयुक्त राष्ट्र संघ की विफलता का मूल कारण इसकी अक्षमता नहीं, बल्कि महाशक्तियों द्वारा उसको वित्तीय सहायता पर्याप्त रूप में प्रदान न करके कमजोर बनाना है। लेकिन वर्तमान समय में वैश्विक तौर पर उभरती नई समस्याओं के समाधान में जैसे-वैश्विक आतंकवाद, साइबर क्राइम, नशीली वस्तुओं का अवैध व्यापार, एड्स, मलेरिया जैसी बीमारियों में वृद्धि, संयुक्त राष्ट्र संघ की भूमिका अत्यंत महत्वपूर्ण एवं आवश्यक है।
- संयुक्त राष्ट्र संघ, वर्तमान में अत्यधिक प्रासंगिक है, क्योंकि वर्तमान विश्व की समस्याएं सार्वभौमिक प्रकृति की है, जिनका समाधान कोई भी राज्य अकेले नहीं कर सकता।
- पर्यावरणीय समस्या, वैश्विक आतंकवाद, नशीली दवाओं का व्यापार इत्यादि के समाधान के लिए सार्वभौमिक सहयोग की आवश्यकता है।
- संयुक्त राष्ट्र संघ, एक ऐसा मंच है, जहां विश्व के प्रत्येक राज्य को इकट्ठा होने का अवसर प्राप्त होता है।
- विकासशील देशों के लिए इसका महत्व निर्विवाद है, क्योंकि विश्व की अधिकांश सामाजिक एवं आर्थिक समस्याएं विकासशील देशों में हैं, जिनके समाधान के लिए संयुक्त राष्ट्र संघ निरंतर प्रयास कर रहा है।
- संयुक्त राष्ट्र संघ यह प्रदर्शित करता है कि दुनिया में शांति और सहयोग की आवश्यकता है और तमाम विफलताओं के बावजूद संयुक्त राष्ट्र संघ ने दुनिया में शांति स्थापना में उल्लेखनीय योगदान प्रदान किया है।
- यदि संयुक्त राष्ट्र संघ कुछ मुद्दों पर विफल हो रहा है, तो यह महाशक्तियों के कारण है और संयुक्त राष्ट्र संघ को प्रभावशाली बनाने के लिए इसमें कुछ सुधारों की आवश्यकता है।
- संयुक्त राष्ट्र के अनुच्छेद-43 में यह उपबंध किया गया है कि संयुक्त राष्ट्र संघ के सभी सदस्य यह वचन देते हैं कि वे सुरक्षा परिषद् को इसकी मांग पर विशेष समझौते के अनुसार अंतर्राष्ट्रीय शांति व सुरक्षा बनाए रखने के लिए आवश्यक सशस्त्र बल और आवागमन के अधिकार सहित सहायता तथा सुविधाएं उपलब्ध कराएंगे।'

## संयुक्त राष्ट्र संघ के महत्वपूर्ण निकाय

(A) **व्यापार एवं विकास पर संयुक्त राष्ट्र सम्मेलन** (UNCTAD)

- स्थापना - 30 दिसंबर, 1964 को
- मुख्यालय - जिनेवा।
- सदस्य - सभी संयुक्त राष्ट्र सदस्य तथा पर्यवेक्षक के रूप में अनेक सरकारी एवं गैर-सरकारी संगठन।
- उद्देश्य - अल्प विकसित देशों के त्वरित आर्थिक विकास हेतु अंतर्राष्ट्रीय व्यापार को प्रोत्साहित करता है।

(B) **संयुक्त राष्ट्र विकास कार्यक्रम** (UNDP)

- स्थापना - 22 नवंबर 1965
- मुख्यालय - न्यूयॉर्क।
- उद्देश्य - अल्पविकसित देशों द्वारा समान आर्थिक विकास की दिशा में किए जा रहे प्रयासों को तीव्र करने हेतु तकनीकी सहायता प्रदान करना।

(C) **शरणार्थियों हेतु संयुक्त राष्ट्र उच्चायुक्त का कार्यालय** (UNHCR)

- स्थापना - 3 दिसंबर 1949
- मुख्यालय - जिनेवा।
- उद्देश्य - शरणार्थियों की समस्याओं के प्रति आपात राहत, पुनर्वास सहायता, सुरक्षा तथा स्थायी निदान उपलब्ध करना।

(D) **संयुक्त राष्ट्र बालकोष** (UNICEF)

- स्थापना - 1946
- मुख्यालय - न्यूयॉर्क।
- उद्देश्य - अल्पविकसति देशों में स्थायी बाल स्वास्थ्य व कल्याण सेवाओं की स्थापना हेतु सहायता प्रदान करना।

## मानवीय हस्तक्षेप

- एमनेस्टी इंटरनेशनल की स्थापना जुलाई 1961 में पीटर बेनसेन (Peter Benenson) ने लंदन में की थी। इसका कार्य विश्व में मानवाधिकार की रक्षा करना है। यह गैर-सरकारी स्वैच्छिक संगठन है।
- अंतर्राष्ट्रीय राजनीति में अंतर्राष्ट्रीय विधि के अनुसार, प्रत्येक राष्ट्र-राज्य संप्रभु है तथा घरेलू मामलों में राज्यों का ही पूर्ण नियंत्रण होता है।
- संयुक्त राष्ट्र संघ चार्टर के अनुच्छेद-2,(7) में यह स्पष्टत: कहा गया है कि संयुक्त राष्ट्र संघ के द्वारा राज्यों के आंतरिक मामलों में हस्तक्षेप नहीं होगा। इसलिए अंतर्राष्ट्रीय विधि के अनुसार, बाध्यतापूर्ण मानवीय हस्तक्षेप अवैधानिक है।
- राज्यों के आंतरिक मामलों में हस्तक्षेप का केवल एक ही आधार है-आत्मरक्षा, जिसे अंतर्राष्ट्रीय विधि द्वारा मान्यता दी गई है। अत: अंतर्राष्ट्रीय राजनीति का मूल आधार, अ-हस्तक्षेपवाद है। परंतु समकालीन युग में मानवाधिकार के हनन को रोकने हेतु किए गए हस्तक्षेप को 'मानवीय हस्तक्षेप' की संज्ञा दी जा रही है।

### हस्तक्षेप (वैधानिक अथवा नैतिक)

- विचारकों के अनुसार, राज्य किसी भू-भाग में सुरक्षा बनाए रखने के मूल यंत्र हैं। परंतु यदि राज्य में मानवाधिकार का उल्लंघन हो, तो मानव नरसंहार को रोकने हेतु हस्तक्षेप उचित है और यह अंतर्राष्ट्रीय विधि के अनुकूल भी है।
- विधि विशेषज्ञों के अनुसार, मानवाधिकार के हनन का मुद्दा विधि का नहीं, अपितु नैतिकता से संबंधित मुद्दा है। इसलिए नैतिक आधार पर हस्तक्षेप को औचित्यपूर्ण ठहराया जा सकता है। शीतयुद्धोत्तर युग में विश्व में मानवीय नरसंहार को रोकने हेतु मानवीय हस्तक्षेप के अनेक उदाहरण हैं।

## मानवीय हस्तक्षेप के विरुद्ध आपत्ति

(i) भीखू पारेख के अनुसार, मानवीय हस्तक्षेप में मानव की रक्षा निःस्वार्थ रूप में नहीं की जाती। यथार्थवादियों की मान्यता भी इसके समान है, जिनके अनुसार, राष्ट्र-राज्य केवल राष्ट्रीय हितों को बनाए रखने हेतु कार्य करते हैं। इसलिए वे मानवीय संवेदना व करुणा के आधार पर हस्तक्षेप नहीं करते।

(ii) मानवीय हस्तक्षेप द्वारा कोई भी राज्य अपने सैनिकों की जान जोखिम में नहीं डालेगा। इसलिए यथार्थवादी तो यहां तक कहते हैं कि हस्तक्षेप करना ही नहीं चाहिए। नागरिकों की सुरक्षा का दायित्व पूर्णतः राज्य का दायित्व है। इसलिए अगर राज्य में कोई अव्यवस्था या नरसंहार होता है, तो इसे रोकने व रक्षा का दायित्व राज्यों का है। इसलिए कोई बाहरी राज्य, आंतरिक मामलों को बेहतर करने का प्रयत्न नहीं कर सकता।

(iii) मानवीय हस्तक्षेप के दुरुपयोग की संभावना विद्यमान होती है, क्योंकि अंतर्राष्ट्रीय राजनीति में ऐसे निष्पक्ष मानकों का अभाव है, जिनके द्वारा मानवीय हस्तक्षेप की अनुमति प्रदान की जा सके। इसलिए मानवीय हस्तक्षेप के नाम पर शक्तिशाली राज्य, कमजोर राज्यों के आंतरिक मामलों में हस्तक्षेप कर सकते हैं तथा राज्य अपने राष्ट्रीय हितों की पूर्ति हेतु भी मानवीय हस्तक्षेप के आवरण का प्रयोग कर सकते हैं।

(iv) आलोचकों के अनुसार, मानवीय हस्तक्षेप का चयनात्मक प्रयोग किया जाता है। परिणामतः यह नीति ही विसंगतिपूर्ण है, क्योंकि राज्य नैतिक मानदंडों के बजाय, हितों के आधार पर हस्तक्षेप करते हैं। आलोचकों के मत में नाटो द्वारा कोसोवो में हस्तक्षेप इसका उदाहरण है। यह केवल मानवीय उद्देश्यों से प्रेरित नहीं था। दूसरी ओर, तुर्की के कुर्दों, चेचेन्या में हस्तक्षेप नहीं किया गया।

(v) विचारक इस बिंदु पर भी असहमत हैं कि मानवीय हस्तक्षेप हेतु किन नैतिक सिद्धांतों का निर्माण किया जाए। इसमें सहमति का अभाव है। बहुलवादियों के अनुसार, मानवाधिकार की रक्षा आवश्यक है, लेकिन राज्यों के मध्य असहमति की स्थिति में हस्तक्षेप नहीं करना चाहिए, क्योंकि हस्तक्षेप के द्वारा मानवीय व्यवस्था बनाए रखना आसान है, परंतु जिस हस्तक्षेप में असहमति है, वहां हस्तक्षेप के परिणामस्वरूप स्थिति और गंभीर हो जाती है।

### शीतयुद्धोत्तर विश्व में मानवीय हस्तक्षेप

- शीतयुद्धोत्तर विश्व में सोवियत संघ के विघटन के बाद अमेरिका के नेतृत्व में समूचे विश्व में मानवाधिकार को संरक्षित करने का आह्वान किया गया, क्योंकि शीतयुद्धोत्तर विश्व में मानवाधिकार का व्यापक हनन हुआ। विश्व के अनेक भागों में नृजातीय एवं धार्मिक संघर्ष देखे गए।
- उल्लेखनीय है कि शीतयुद्धोत्तर विश्व में मीडिया और घरेलू जनमत के दबाव के कारण मानवीय हस्तक्षेप की घटनाएं हुईं। विचारकों के अनुसार, इराक के कुर्द लोगों की रक्षा हेतु पश्चिमी मीडिया द्वारा समाचार प्रसारण के आधार पर अमेरिका द्वारा हस्तक्षेप किया गया। (वर्ष 1991) तथा इराक के कुर्द क्षेत्र को 'उड़ान प्रतिबंधित क्षेत्र' घोषित कर दिया गया।
- अमेरिकी सेना ने वर्ष 1992 में सोमालिया में हस्तक्षेप किया, ऐसा माना जाता है कि यह CNN के प्रभाव के कारण हुआ। यद्यपि उल्लेखनीय है कि जब अमेरिका के 18 सैनिकों की 'मोगादिशू' में हत्या कर दी गई, तो अमेरिकी जनमत मानवीय हस्तक्षेप के विरुद्ध हो गया तथा क्लिंटन प्रशासन ने सभी अमेरिकी सैनिकों को सोमालिया से हटाने का प्रयत्न किया। ऐसा माना जाता है उपरोक्त दोनों उदाहरण, मानवीय हस्तक्षेप के उदाहरण हैं। यद्यपि दूसरा अभियान विफल हो गया।
- भीखू पारेख ने मानवीय हस्तक्षेप की परिभाषा में कहा कि 'यह अन्य मानव के प्रति प्रेम और करुणा द्वारा निर्देशित हस्तक्षेप है। साथ ही यह भी कहा कि सोमालिया, उत्तरी इराक में किया गया हस्तक्षेप पूरी तरह मानवीय संवेदनाओं व भावनाओं से प्रेरित नहीं था।'
- माना जाता है कि वर्ष 1994 में फ्रांस द्वारा रवांडा में मानवीय आधार पर हस्तक्षेप किया गया, जिससे नरसंहार को रोका गया। परंतु आलोचकों ने इसे 'विलंब से किया कम' हस्तक्षेप कहा।
- जबकि इसके विपरीत वर्ष 1999 में कोसोवो में मानवीय हस्तक्षेप की आलोचना की गई तथा इसे अत्यधिक व ज्यादा हस्तक्षेप कहा गया। इसलिए अंतर्राष्ट्रीय राजनीति में मानवीय हस्तक्षेप को लेकर विवाद बना हुआ है। विचारकों

के मत में क्लिंटन द्वारा कोसोवो में इसलिए शीघ्रता से हस्तक्षेप किया गया, क्योंकि कोसोवो, यूरोप के केंद्र में स्थित था और नाटो के पिछवाड़े का देश था।

- वर्ष 2012 में लीबिया में मानवीय आधार पर ही हस्तक्षेप किया गया। वर्तमान समय में सीरिया में भी मानवाधिकारों के उल्लंघन का आरोप लगाया जा रहा है।
- मानवीय हस्तक्षेप का ताजा उदाहरण वर्ष 2017 में सीरिया में आया, जहां सीरिया के शहर खान शेखून में असद सरकार द्वारा रासायनिक हमला करवाया गया, जिसके बाद बिना संयुक्त राष्ट्र की सहमति से संयुक्त राज्य अमेरिका ने असर अल असद की सैना पर 59 क्रूज मिसाइलें दांगी।

## मानवीय हस्तक्षेप की वैधता

- उत्तरी इराक के कुर्द क्षेत्र में किए गए हस्तक्षेप पर लोगों ने सवाल उठाए, क्योंकि यह इराक का आंतरिक मामला था। इससे इराकी संप्रभुता का उल्लंघन हुआ और संयुक्त राष्ट्र संघ के अनुच्छेद-7 का प्रयोग उन्हीं परिस्थितियों में होना चाहिए, जब मानव नरसंहार के व्यापक मामले उत्पन्न हों, और शांति व सुरक्षा हेतु भी खतरा उत्पन्न हो।
- इराक के संदर्भ में वर्ष 1991 में प्रस्ताव संख्या-688 पारित किया गया, जिसमें सद्दाम हुसैन की तानाशाह सरकार को अंतर्राष्ट्रीय शांति व सुरक्षा के लिए खतरा माना गया। यद्यपि उल्लेखनीय है कि प्रस्ताव में सैन्य कार्यवाही का उल्लेख नहीं था।
- प्रस्ताव पर रूस, चीन और अन्य गैर-पश्चिमी देशों ने आपत्ति व्यक्त की। जबकि सोमालिया में हस्तक्षेप के लिए सुरक्षा परिषद् द्वारा आम सहमति से प्रस्ताव पारित किया गया। इसलिए सोमालिया में हस्तक्षेप को ज्यादा वैध माना गया।

## निष्कर्ष

- मानवीय हस्तक्षेप के प्रयोग पर अभी भी विवाद जारी है, और मानवाधिकार की रक्षा के संदर्भ में गैर-राष्ट्रीय कर्ताओं की भूमिका उल्लेखनीय है। ये गैर-राष्ट्रीय कर्ता तभी अपना कार्य प्रारंभ करते हैं, जब राज्यों की सहमति प्राप्त होती है।
- वर्तमान भूमंडलीकरण के युग में सर्वदेशीय (कॉस्मोपोलिटन) नैतिक चेतना का विकास हो रहा है। इसलिए विश्व समुदाय मानवाधिकार के हनन के प्रति ज्यादा सचेत हुआ है।
- दीर्घकालिक रूप में मानवाधिकार की समस्या हल करने हेतु गरीबी, अभाव, कुपोषण जैसी समस्याओं को समाप्त करना होगा। अधिकांश मानवाधिकार उल्लंघन की घटनाएं तीसरी दुनिया के देशों में हो रही हैं।
- इसलिए मानवाधिकार को बचाने का सकारात्मक प्रयत्न आवश्यक है, जिसका अभिप्राय है, 'सामाजिक एवं आर्थिक विकास और मानवीय हस्तक्षेप स्वीकार्य है, यदि यह सर्वसम्मति से निर्मित मानकानुसार हो, तथा किसी महाशक्ति के हितों की पूर्ति न हो।

## अंतर्राष्ट्रीय विधि

- वर्तमान अंतर्राष्ट्रीय कानून आधुनिक विचारों तथा फ्रांसीसी क्रांति के परिणामस्वरुप सामने आया। फ्रांसीसी क्रांति के पहले अंतर्राष्ट्रीय विधि निरपेक्षतावाद के अधीन, जहां पर अंतर्राष्ट्रीय कानून ईश्वर के अधीन था। यह मानवीय दया पर आधारित था। फ्रेंच क्रांति के बाद अंतर्राष्ट्रीय कानूनों का संस्थीकरण हुआ।
- अंतर्राष्ट्रीय कानून नियमों तथा संधियों का एक सेट है, जो राष्ट्र-राज्यों द्वारा स्वीकार किया गया है। राष्ट्र-राज्य अंतर्राष्ट्रीय परिप्रेक्ष्य में इन नियमों और संधियों से बंधे हुए हैं। अतः अंतर्राष्ट्रीय कानून, राष्ट्रीय कानून से अलग है।
- सर हेनरीमैन, लॉर्ड रसेल, ब्रियर्ली, स्टार्क, ओपेनहीम आदि ने अंतर्राष्ट्रीय कानून को वास्तविकता माना है।
- हेनरीमैन के अनुसार, किसी नियम को कानून बनाने के लिए यह आवश्यक नहीं है, कि उसके पीछे कोई बाध्यकारी शक्ति हो।
- प्रो. ओपेनहीम ने कानून के अस्तित्व हेतु समुदाय, नियमों के संग्रह व नियमों का पालने कराने वाली बाह्य-शक्ति को आवश्यक माना है।

## अंतर्राष्ट्रीय विधि एवं घरेलू विधि में अंतर

- 'ह्यूगो ग्रोशियस' को अंतर्राष्ट्रीय विधि का जन्मदाता कहा जाता है। ह्यूगो ग्रोशियस की रचना-"On the Law of War and Peace" (1625) है।
- अंतर्राष्ट्रीय विधि, राष्ट्र-राज्यों के मध्य लागू होने वाली विधि है। यह घरेलू विधियों से अलग होती है।
- अंतर्राष्ट्रीय विधि के निर्माण के लिए कोई सर्वोच्च विधायी संस्था नहीं है, जबकि घरेलू विधि-निर्माण के लिए संसद होती है।
- विश्व में कोई विश्व सरकार नहीं है, जो विधि को लागू करती है। यह उल्लेखनीय है कि संयुक्त राष्ट्र संघ, दुनिया की सरकार नहीं है। यह अंतर्राष्ट्रीय संस्था है, जो राज्यों पर निर्भर है। जबकि घरेलू कानून को लागू करने के लिए एक सर्वोच्च सरकार होती है।
- इसलिए अंतर्राष्ट्रीय विधि को नरम विधि भी कहा जाता है।

## अंतर्राष्ट्रीय विधि के स्रोत

### अंतर्राष्ट्रीय संधि

- इसके अंतर्गत् राज्यों के बीच औपचारिक लिखित समझौता

होता है। यह द्विपक्षीय या बहुपक्षीय होता है। राष्ट्र-राज्यों के बीच कुछ **महत्वपूर्ण संधि निम्नलिखित हैं-**

(i) आंग्सबर्ग की शांति संधि, 1555

(ii) वेस्टफीलिया की संधि, 1648

(iii) उटरेक्ट संधि, 1713

(iv) पेरिस की संधि, 1814

- संधियां द्विपक्षीय या बहुपक्षीय हो सकती हैं।
- संयुक्त राष्ट्र चार्टर के प्रावधान सभी राज्यों पर स्वाभाविक एवं बिना शर्त के लागू होते हैं।
- संधियां, राज्यों के परस्पर समझौते पर आधारित होती हैं।

### परंपराएं

- राज्यों के मध्य संबंध अनेक परंपराओं के द्वारा भी निर्धारित होते हैं। उदाहरण के लिए, विदेशी कूटनीतिज्ञों को राज्य में अनेक प्रकार की छूट प्राप्त होती है।
- अनेक परंपराओं को बाद में संधि के रूप में परिवर्तित कर दिया जाता है। कूटनीतिक संबंधों से जुड़ा विएना समझौता (1961) इसका उदाहरण है।
- अंतर्राष्ट्रीय विधि विशेषज्ञों के निर्णय भी अंतर्राष्ट्रीय विधि के स्रोत होते हैं।

### वर्तमान अंतर्राष्ट्रीय कानून की विशेषताएं

- बहुपक्षीय विधायन।
- सहमति और वैधानिक दायित्व।
- न्याय व क्षेत्र पर आधारित भाषा।
- अंतर्राष्ट्रीय समुदाय की स्वायत्तता।

### अंतर्राष्ट्रीय विधि के पालन के आधार

- अपने हितों को पूर्ण करने के लिए।
- अंतर्राष्ट्रीय व्यवस्था बनाए रखने के लिए।
- अंतर्राष्ट्रीय समाज का दबाव।
- दंड का अभाव।
- नैतिकता।

### अंतर्राष्ट्रीय विधि के कार्यक्रम का आधार

- संयुक्त राष्ट्र के चार्टर के अनुच्छेद-2 में कहा गया है कि राज्य, दूसरे राज्यों के आंतरिक मामलों में हस्तक्षेप नहीं करेंगे।
- संप्रभुता एवं अहस्तक्षेप, अंतर्राष्ट्रीय विधि के मूल आधार हैं।
- संयुक्त राष्ट्र संघ चार्टर के अनुसार, राज्यों के मध्य संघर्ष के दौरान अंतर्राष्ट्रीय कानून सर्वोपरि होंगे। राज्यों का यह दायित्व है कि वे अंतर्राष्ट्रीय कानूनों और संधियों के अनुसार कार्य करें, (अनुच्छेद-103)।

### अंतर्राष्ट्रीय विधि के संबंध में विभिन्न सिद्धांतों की मान्यता

- यथार्थवादी, अंतर्राष्ट्रीय विधि में विश्वास नहीं करते, बल्कि शक्ति को महत्व प्रदान करते हैं।
- आदर्शवादी एवं उदारवादी, अंतर्राष्ट्रीय विधि पर महत्वपूर्ण बल देते हैं।
- वर्तमान समय में अंतर्राष्ट्रीय विधि का 'नीति उन्मुखी उपागम' भी प्रचलित है, जिसे 'न्यू हेवेन स्कूल' भी कहा जाता है। इसके समर्थक मैकडूगल, लॉसवेल और रेसीमेन हैं।

### अंतर्राष्ट्रीय न्यायाधिकरण

- मानव नरसंहार करने वालों के विरुद्ध जर्मनी में 'न्यूरेमबर्ग ट्रायल' चलाया गया।
- टोकियो में भी न्यायाधिकरण की स्थापना हुई।
- मानव नरसंहार के दोषी व्यक्तियों को दंडित करने के लिए एक पृथक् अंतर्राष्ट्रीय आपराधिक न्यायालय (ICC) की स्थापना 17 July, 1998 को हुई तथा 1 July, 2002 को यह लागू हो गया।
- अंतर्राष्ट्रीय आपराधिक न्यायालय, एक स्वतंत्र संस्था है। यह संयुक्त राष्ट्र संघ का अंग नहीं है। इसका कार्य केवल मानव नरसंहार के दोषी व्यक्तियों को दंडित करना है। यह अंतर्राष्ट्रीय न्यायालय से बिल्कुल अलग है।
- मानव नरसंहार का मुकदमा सद्दाम हुसैन (ईराक), स्लोबोदान मिलोसेविच (सर्बिया) तथा रॉस टेलर (लाइबेरिया) के ऊपर चलाया गया।

**बीमार राज्य** (Rogue State)

- अमेरिका द्वारा प्रतिपादित विचार है, जिसके अनुसार, एक ऐसा राज्य, जो पड़ोसी या अन्य राज्यों के लिए खतरा पैदा करे।
- ऐसा राज्य, जो अंतर्राष्ट्रीय मान्यताओं का पालन न करे और घातक नरसंहार के हथियार का निर्माण करे तथा आतंकवाद को बढ़ावा दे।
- इसमें ईरान, इराक, उत्तरी कोरिया एवं लीबिया को सम्मिलित किया जाता है।

**असफल राज्य** (Failed State)

- ऐसा राज्य, जो अपनी आंतरिक विधि व्यवस्था बनाने में असफल हो।
- जहां गृहयुद्ध की परिस्थितियां बनी हुई हों।
- यह स्थिति अफ्रीका के अत्यधिक पिछड़े राज्यों में है। अफगानिस्तान को भी पहले असफल राज्यों में शामिल किया जाता था।

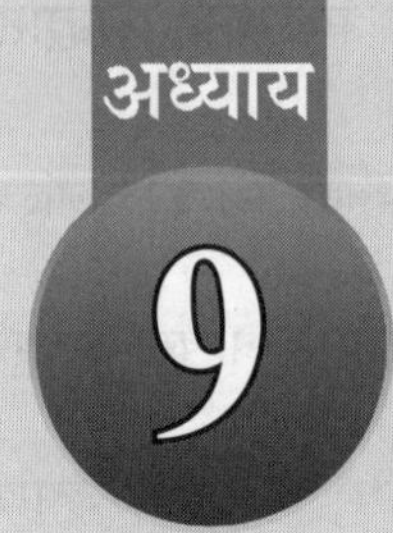

# अंतर्राष्ट्रीय संबंध की राजनीतिक अर्थव्यवस्था

# POLITICAL ECONOMY OF INTERNATIONAL RELATION

### आशय

- वस्तु, सेवा तथा वित्त के मुक्त प्रवाह की प्रक्रिया वैश्वीकरण या भूमंडलीकरण है।
- वैश्वीकरण एक प्रक्रिया है। जबकि वैश्वीकृत विश्व (Globalized World) लक्ष्य है, जिसे पाया जाना है।
- वैश्वीकरण मूलतः एक आर्थिक संकल्पना है। परंतु इसके सामाजिक, सांस्कृतिक व राजनीतिक आयाम भी हैं।
- ओह्मे के अनुसार, 'भू-मंडलीकरण, एक सीमाविहीन विश्व की कल्पना है, जिसमें भौगोलिक बाधाएं अप्रासंगिक हो जाती हैं तथा लोगों के मध्य देशकाल की भिन्नता समाप्त हो जाती है।' इसी प्रकार का मत ऐंथनी गिडिंस तथा हॉर्वे का भी है।
- बारबारा वॉल्ड ने 'भू-मंडलीकरण को एक विश्व के रूप में परिभाषित किया।'
- मैक लुहान ने इसे 'ग्लोबल विलेज' की संज्ञा दी।

### विशेषताएं

- डेविड हेल्ड के अनुसार, भू-मंडलीकरण की **विशेषताएं निम्न हैं-**
  - (i) विश्व के एक स्थान या भाग में लिया गया निर्णय, समूचे विश्व को प्रभावित करता है तथा राष्ट्र-राज्यों से परे सामाजिक संबंधों का निर्माण होता है।
  - (ii) संचार-साधनों के प्रवाह के कारण भौतिक दूरी अप्रासंगिक हो गई है तथा सामाजिक अंत:क्रिया के मध्य बाधाएं भी समाप्त हो गई हैं।
  - (iii) संस्कृतियों के मध्य आदान-प्रदान हो रहा है।
  - (iv) राष्ट्र-राज्यों की नीतियों का नियंत्रण एवं निर्धारण वैश्विक संस्थाओं के द्वारा किया जा रहा है।

### विकास

- इसके विकास को विचारकों ने अलग-अलग रूपों में चित्रित किया।
- **ऐंथनी गिडिंस** के अनुसार, 'भू-मंडलीकरण, आधुनिकीकरण का परिणाम है।'
- **रोजेनाऊ** के अनुसार, 'भू-मंडलीकरण, तकनीकी विकास का परिणाम है, क्योंकि वर्तमान कंप्यूटर क्रांति तथा सूचना क्रांति के युग में संचार-साधनों का तीव्र विकास हुआ तथा परिवहन की लागत निरंतर कम हो रही है।'
- **गिलपिन** के अनुसार, 'भू-मंडलीकरण के लिए राजनीतिक कारक उत्तरदायी हैं। भू-मंडलीकरण का एक आधिपत्यवादी शक्तिशाली राष्ट्र के द्वारा निर्माण किया गया है। इसी आधिपत्यवादी नीति के कारण, राज्यों ने आर्थिक उदारीकरण की नीतियां अपनाई।'
- **वॉलरस्टीन** के अनुसार, 'भू-मंडलीकरण, पूंजीवाद की देन है।'

## विभिन्न परिप्रेक्ष्य

### अतिवादी वैश्वीकृत दृष्टिकोण (Hyper Globalist)

- अतिवाद वैश्वीकृत दृष्टिकोण के अनुसार, भू-मंडलीकरण, पूरे विश्व की संप्रभुता का महत्वपूर्ण साधन है।
- इसके परिणामस्वरूप पूरे विश्व में अवसरों में वृद्धि हुई है तथा सस्ती एवं गुणवत्तापूर्ण वस्तुएं पूरी दुनिया में उपलब्ध हैं।
- वैश्वीकरण के परिणामस्वरूप राष्ट्र-राज्यों की केंद्रीय स्थिति की बजाय, अन्य संगठनों के महत्व में वृद्धि हो रही है।
- पूरे विश्व में वस्तु, वित्त एवं सेवाओं का मुक्त आदान-प्रदान हो रहा है।
- नव-उदारवादियों ने भू-मंडलीकरण का समर्थन करते हुए कहा कि इससे विश्व में जटिल अंतर्निर्भरता का विकास हुआ है।
- इसलिए भू-मंडलीकरण, सभी के लिए लाभदायक है।
- नव-उदारवादियों के तर्क शास्त्रीय उदारवादियों के समान हैं, जिन्होंने तुलनात्मक लाभ का सिद्धांत प्रस्तुत करते हुए कहा कि प्रत्येक राज्य, उत्पाद और निर्यात में कुछ विशेष वस्तुओं के उत्पादन और निर्यात में विशेषज्ञता प्राप्त कर लेता है।
- रिकार्डो के अनुसार, मुक्त व्यापार के लिए निम्न शर्तें **आवश्यक होती हैं-**
  - (i) विश्व में वस्तुओं का अबाध आदान-प्रदान।

(ii) राज्यों के मध्य उचित प्रतिस्पर्धा।
(iii) एकाधिकारी प्रवृत्तियों का अभाव।

- विश्व व्यापार संगठन के निर्माण के पश्चात् उपरोक्त शर्तों को पूर्ण करने का प्रयास किया जा रहा है।
- वर्ष 1980 के दशक से अमेरिका तथा यूरोप में नव-उदारवादी नीतियों का प्रभावी प्रयोग किया गया तथा मुक्त व्यापार पर बल प्रदान किया गया।
- वर्ष 1985 से सोवियत संघ ने भी आर्थिक उदारीकरण की नीति को स्वीकार कर लिया।
- दक्षिण-पूर्वी एशियाई देशों ने आर्थिक उदारीकरण के द्वारा तीव्र आर्थिक विकास किया।
- सोवियत संघ के विघटन के पश्चात् पूरे विश्व में मुक्त व्यापार एवं भू-मंडलीकरण को बढ़ावा मिला।

## संदेहवादी दृष्टिकोण

- संदेहवादी दृष्टिकोण के अनुसार, 'भू-मंडलीकरण के नाम पर पूंजीवाद को नई वैधता प्रदान की जा रही है।'
- इनके अनुसार, यह पूंजीवादी विकसित राष्ट्र-राज्यों की सीमाओं में ही संचालित हो रहा है।
- भू-मंडलीकरण, एक क्रांतिकारी आर्थिक या तकनीकी शक्ति नहीं है, बल्कि यह एक वैचारिक शक्ति है। नव-उदारवादी, 'भू-मंडलीकरण की नीतियां बहुराष्ट्रीय कंपनियों के हितों के लिए संचालित हैं।'
- राज्य के कल्याणकारी कार्य समाप्त हो रहे हैं तथा पूरे विश्व में सामाजिक एवं आर्थिक विषमता में वृद्धि हो रही है एवं विकासशील देश पराजित हो रहे हैं।
- भू-मंडलीकरण के युग में एक विरोधाभासी प्रवृत्ति विद्यमान है, जिसमें उत्पादन स्थानीय आवश्यकताओं के लिए न होकर, विश्व बाजार के लिए हो रहे हैं।
- वर्ष 1980-90 के दशक में भू-मंडलीकरण की नीतियों के परिणामस्वरूप अफ्रीकी महाद्वीप में जीवन स्तर में गिरावट आई। यहां अभी भी 40 प्रतिशत लोग गरीबी लाइन के नीचे जीवन यापन कर रहे हैं।
- अतः इनके अनुसार, 'भू-मंडलीकरण, पूंजीवादी आर्थिक प्रणाली का ही वैश्विक विस्तार है।'
- वॉलरस्टीन ने कहा कि 'पूंजीवादी व्यवस्था में लाभ का स्थानांतरण, अर्द्ध-परिधि और परिधि देशों से कोर देशों की ओर होता है।'

**संदेहवादी दृष्टिकोण के अनुसार, भू-मंडलीकरण की विशेषताएं**

- नव-मार्क्सवादी विचारक, 'रॉबर्ट कॉक्स' ने भू-मंडलीकरण की **निम्न विशेषताओं का उल्लेख किया है-**

(i) भू-मंडलीकरण की प्रकृति सोपानिक है।
(ii) भू-मंडलीकरण के द्वारा अंतर्निर्भरता की बजाय, निर्भरता में वृद्धि हो रही है।
(iii) आर्थिक शक्तियों का केंद्रीयकरण चुनिंदा औद्योगिक देशों में हो रहा है, जिसमें अमेरिका, जापान और यूरोपीय यूनियन के देश प्रमुख हैं।
(iv) भू-मंडलीकरण से तीसरी दुनिया के देशों को हानि हो रही है। अमेरिका जैसी महाशक्ति के द्वारा विश्व में यह वैचारिक सहमति उत्पन्न करने का प्रयास हो रहा है कि भू-मंडलीकरण सभी के लिए लाभप्रद है। भू-मंडलीकरण के दौर में क्षेत्रीय आर्थिक संगठनों की संख्या में वृद्धि हो रही है। इन्हीं क्षेत्रीय संगठनों में विश्व का अधिकांश व्यापार संपन्न हो रहा है। अतः विकासशील देश हानि की स्थिति में हैं।

## परिवर्तनवादी दृष्टिकोण

- परिवर्तनवादी दृष्टिकोण के अनुसार, भू-मंडलीकरण का मूल्यांकन संतुलित एवं सामंजस्यपूर्ण रूप में किया गया।
- इनके अनुसार यह सत्य है कि भू-मंडलीकरण के द्वारा विश्व में वस्तु, सेवा तथा वित्त के आदान-प्रदान में निर्णायक वृद्धि हुई है। परंतु इसके साथ यह भी सत्य है कि इस भू-मंडलीकरण का लाभ सभी राज्यों को समान रूप में प्राप्त नहीं हुआ।
- भू-मंडलीकरण के द्वारा व्यापार, आवागमन तथा संपन्नता में वृद्धि हुई, परंतु पूंजीवादी राष्ट्रों का प्रभुत्व अभी भी कायम है।
- जगदीश नटवर लाल भगवती ने अपनी पुस्तक-"In Defense of Globalization" (2007) में कहा कि मुक्त व्यापार के द्वारा अर्थव्यवस्था का विकास होता है।
- भू-मंडलीकरण के द्वारा लोगों को विकास का एक अवसर प्राप्त हुआ।
- इन्होंने यह भी कहा कि भू-मंडलीकरण की प्रक्रिया से जिन लोगों को हानि पहुंची, उनकी सहायता करना, राज्य का दायित्व है। यदि राज्य ऐसे लोगों की सहायता करता है, तो भू-मंडलीकरण एक वरदान सिद्ध होगा।
- आमर्त्य सेन के अनुसार, 'भू-मंडलीकरण को पूर्णतः पाश्चात्य सभ्यता के रूप में चित्रित करना सत्य नहीं है।'
- इनके अनुसार, बाजार द्वारा प्रदान किए गए अवसर से आर्थिक समृद्धि तथा संपन्नता में वृद्धि होती है, परंतु बाजार स्वयं कार्य नहीं करता, बल्कि इसका कार्यकरण अनेक परिस्थितियों पर निर्भर होता है, जिसमें राजनीतिक, आर्थिक तथा सामाजिक कारक मुख्य हैं।

## विकसित एवं विकासशील देशों का दृष्टिकोण

- वॉलडेन बेलो ने अपनी रचना-"Deglobalization" (2005) में विश्व आर्थिक प्रणाली में विकेंद्रीयकरण, विशिष्टता तथा स्थानीयता का समर्थन किया।
- इन्होंने कहा कि विश्व व्यापार संगठन जैसी संस्था को नष्ट करने की आवश्कता है।
- इनके अनुसार, विश्व व्यापार संगठन एक ऐसी बहुपक्षीय शक्तिशाली संस्था हो गई है, जिससे विकास, सामाजिक न्याय, समानता तथा पर्यावरण को भी खतरा है।
- विश्व व्यापार संगठन पर अमेरिका का पूर्णतया आधिपत्य है। अमेरिका के हितों के लिए यह संस्था संचालित है।
- इनके कहने का अभिप्राय यह नहीं है कि प्रत्येक राज्य विश्व अर्थव्यवस्था से स्वयं को पूर्णत: अलग कर ले, बल्कि इन्होंने स्थानीय बाजार के उत्पादन को बढ़ावा दिया।
- विदेशी वित्तीय संसाधन, विदेशी प्रत्यक्ष निवेश पर निर्भर होने की बजाय, राष्ट्र को विकास के लिए अपने संसाधनों पर निर्भर होना चाहिए।

## विकासशील देश तथा भू-मंडलीकरण

- वाशिंगटन सम्मेलन में उदारीकरण को प्रभावी बनाने का प्रयत्न किया, इसे वाशिंगटन सहमति के नाम से जाना जाता है।
- विकासशील देशों के लिए भू-मंडलीकरण से जुड़ना कठिन नहीं है, परंतु उस भू-मंडलीकरण को स्वीकार करना कठिन है, जिसे विकसित देश अपने हितों की पूर्ति के लिए विकासशील देशों पर थोपने का प्रयास कर रहे हैं।
- अभी भी इसके मुक्त आदान-प्रदान पर **निम्नलिखित अनेक प्रतिबंध आरोपित हैं**-
  - (i) वस्तुओं और सेवाओं के आदान-प्रदान में अभी भी अनेक प्रतिबंध आरोपित किए जाते हैं। विशेषकर विकासशील देशों को विकसित देशों में पहुंचने से प्रतिबंधित करने का प्रयास किया जाता है।
  - (ii) श्रम के मुक्त आदान-प्रदान को भू-मंडलीकरण की परिभाषा में शामिल नहीं किया गया है।
  - (iii) वर्तमान समय में विकसित देश कठोर अप्रवासी नीतियों का निर्माण कर रहे हैं, जिससे विकासशील देशों के नागरिकों को उनके देशों में पहुंचने से प्रतिबंधित किया जा सके।

## विकसित देश तथा भू-मंडलीकरण

- विकसित देशों के श्रमिक संगठनों ने भू-मंडलीकरण का भारी विरोध किया, क्योंकि इनके अनुसार, मुक्त व्यापार से विकसित देशों की कंपनियां अपना उत्पादन विकासशील देशों में स्थानांतरित कर रही है, क्योंकि विकासशील देशों में श्रम सस्ता है। उदाहरण स्वरूप, अमेरिका और मैक्सिको के मध्य मुक्त व्यापार समझौते का अमेरिका में विरोध हुआ, क्योंकि मैक्सिको में मजदूर सस्ते हैं।
- विकसित देशों के श्रमिक संगठन पूरी दुनिया में एक समान न्यूनतम श्रम मानक स्थापित करने के समर्थक हैं।
- विकसित देशों में भू-मंडलीकरण का विरोध पर्यावरण संरक्षण के आधार पर भी किया जा रहा है। उदाहरण के लिए, सिएटल बैठक का विरोध अनेक पर्यावरणीय संगठनों द्वारा किया गया।

## विकसित देशों की पक्षपातपूर्ण नीतियां

- विकसित देश, अपने हितों को संरक्षित करने के लिए आज भी पक्षपातपूर्ण नीतियां अपनाते हैं। उदाहरण, अमेरिका एवं अन्य विकसित देश अपने यहां भारी घाटे का बजट पेश करते हैं। जबकि विकासशील देशों को सलाह देते हैं कि वे उदारीकरण एवं निजीकरण की नीतियों का पालन करें।
- आर्थिक मंदी से उबरने के लिए अमेरिका ने अपने औद्योगिक क्षेत्र को एक बड़ा आर्थिक पैकेज प्रदान किया है, जबकि वे विकासशील देशों से सब्सिडी समाप्त करने हेतु दबाव डालते हैं।
- मुक्त व्यापार को संचालित करने वाली सभी संस्थाओं में विकसित देशों का ही प्रभुत्व है। इसलिए इन संस्थाओं की नीतियां सदैव विकसित देशों के पक्ष में होती हैं।
- विकसित देश कृषि क्षेत्र में भारी सब्सिडी प्रदान करते हैं, जबकि अंतर्राष्ट्रीय मुद्रा कोष द्वारा संरचनात्मक समायोजन कार्यक्रम के अंतर्गत् विकासशील देशों पर सब्सिडी समाप्त करने का दबाव बनाया जा रहा है।
- विकसित देश, विकासशील देशों के व्यापार को प्रतिबंधित करने के लिए गैर-व्यापारिक मानकों का प्रावधान करते हैं। उदाहरण के लिए, श्रम एवं पर्यावरणीय मानकों के आधार पर विकासशील देशों के निर्यात को प्रतिबंधित करना, क्योंकि विकासशील देशों में श्रम सस्ता है, जबकि विकसित देशों में महंगा। लेकिन वे तकनीकी रूप से दक्ष हैं। इसलिए विकसित देश मुक्त व्यापार का नारा देते हैं।
- जबकि विकासशील देशों ने मुक्त व्यापार के साथ उचित व्यापार का नारा दिया। महत्वपूर्ण तथ्य है कि पहले विकसित देशों ने, विकासशील देशों को वरीयता व्यापार की सुविधा देने का निर्णय किया।
- परंतु व्यावहारिक रूप में वरीयता व्यापार की बजाय, संरक्षणकारी नीतियों का प्रयोग किया गया।

## संरचनात्मक समायोजन कार्यक्रम तथा विकासशील देश

- अंतर्राष्ट्रीय मुद्रा कोष (IMF) द्वारा संचालित संरचनात्मक समायोजन कार्यक्रम के अंतर्गत् विकासशील देशों को सहायता के बदले कड़ी शर्तों का पालन करना पड़ता है।
- अत: विकासशील देशों के अनुसार, अंतर्राष्ट्रीय मुद्रा कोष (IMF) की भूमिका एक मौद्रिक बैंक से बढ़कर विकास बैंक की भांति होनी चाहिए।
- अंतर्राष्ट्रीय मुद्रा कोष के द्वारा आरोपित शर्तों के कारण विकासशील देशों के कल्याणकारी कार्य प्रभावित होते हैं।
- अंतर्राष्ट्रीय मुद्रा कोष के अनुसार, 'संरचनात्मक समायोजन कार्यक्रम लागू करने में स्थानीय परिस्थितियों की पूर्ण अवहेलना होती है तथा पूरी दुनिया में एक ही प्रकार के कार्यक्रम थोपे जाते हैं।' इसलिए ये कार्यक्रम विफल हुए।
- विशेषज्ञों के अनुसार, 'अफ्रीकी महादेश संरचनात्मक समायोजन कार्यक्रम विफलता का मरूस्थल बन गया।'
- अंतर्राष्ट्रीय मुद्रा कोष द्वारा प्राप्त सहायता राजनीतिक मानदंडों के आधार पर तय होती है।

## बहुराष्ट्रीय कंपनियां तथा विकासशील देश

- भू-मंडलीकरण के युग में बहुराष्ट्रीय कंपनियों द्वारा विकासशील देशों की आर्थिक नीतियां प्रभावित हो रही हैं, क्योंकि विकासशील देशों की अपनी घरेलू नीतियों को संरक्षित करने की आवश्यकता है।
- 90 प्रतिशत से ज्यादा बहुराष्ट्रीय कंपनियों का मुख्यालय विकसित देशों में है।
- विकासशील देशों में प्राप्त होने वाले लाभ भी विकसित देशों को स्थानांतरित हो जाते हैं।

## विकासशील देशों के विकल्प

- विश्व अर्थव्यवस्था एवं भू-मंडलीकरण से पूर्णत: अलग-अलग रहना, व्यावहारिक विकल्प नहीं है, बल्कि भू-मंडलीकरण के साथ सतर्क रूप में जुड़ने की आवश्यकता है, **सतर्क रूप से जुड़ने का अभिप्राय है-**
  - (i) किन क्षेत्रों में अर्थव्यवस्था का एकीकरण विश्व अर्थव्यवस्था के साथ किया जाए, इस प्राथमिकता का निर्धारण विकासशील देश स्वयं करें।
  - (ii) भू-मंडलीकरण अपनाने का अभिप्राय यह नहीं है कि अर्थव्यवस्था को पूर्णतया बाजार के हवाले कर दिया जाए।
  - (iii) विकासशील देशों को भू-मंडलीकरण से जुड़कर इसमें व्याप्त आधिपत्यवादी प्रवृत्तियों के विरुद्ध सामूहिक संघर्ष करना चाहिए। इसे पारदर्शी और तार्किक बनाने के लिए संघर्ष करना चाहिए।
  - (iv) विकासशील देश, भू-मंडलीकरण से भयभीत नहीं हैं, बल्कि विकासशील देशों के समक्ष भू-मंडलीकरण के नाम पर विकसित देशों की आधिपत्यवादी नीतियों से समस्या है।
  - (v) दक्षिण कोरिया, ताईवान तथा हांगकांग व चीन जैसे देशों ने भी अपने को चयनात्मक रूप में भू-मंडलीकरण से जोड़ा।
  - (vi) वर्तमान आर्थिक मंदी के दौर में चीन और भारत की अर्थव्यवस्थाएं सबसे कम प्रभावित हुईं, क्योंकि इन देशों ने भू-मंडलीकरण से स्वयं को चयनात्मक रूप में जोड़ा।

## वर्तमान आर्थिक मंदी

- रोजर अल्टमैन के अनुसार, 'समकालीन आर्थिक मंदी के परिणामस्वरूप उदारीकरण की प्रक्रिया पर विराम लग गया है।'
- राज्य के हस्तक्षेप का नया युग प्रारंभ हो गया है एवं संरक्षणवादी नीतियों में वृद्धि हो रही है।
- भू-मंडलीकरण की पूरी प्रक्रिया पर प्रश्न चिह्न लगाया जा रहा है।
- इस आर्थिक संकट के परिणामस्वरूप अमेरिका समर्थित मुक्त व्यापार की नीति को गहरा झटका लगा है।
- इसके द्वारा यूरोपीय संघ की आंतरिक कमजोरी भी उभर रही है, क्योंकि फ्रांस, जर्मनी, इंग्लैंड जैसे देशों ने इस आर्थिक संकट का मुकाबला भिन्न-भिन्न तरीके से करने का प्रयत्न किया।
- ईरान एवं रूस जैसे देशों के समक्ष नया संकट उत्पन्न हो गया है, क्योंकि इन देशों की अर्थव्यवस्थाएं तेल निर्यातों पर निर्भर हैं। आर्थिक मंदी के परिणामस्वरूप तेल की कीमतों में भारी गिरावट आई है।
- आर्थिक मंदी से विकासशील देशों की अर्थव्यवस्थाएं अत्यधिक प्रभावित हुईं, जिससे विकासशील देशों में आने वाला निवेश और वित्तीय अनुदान भी प्रभावित हुआ।
- विकासशील देशों का निर्यात लगभग ठप हो गया। यहां तक कि यूरोप के कुछ देश जैसे हंगरी एवं पोलैंड भुगतान संतुलन के संकट से जूझ रहे हैं।

## वर्तमान आर्थिक संकट का भू-मंडलीकरण पर प्रभाव

- वर्तमान आर्थिक संकट के कारण भू-मंडलीकरण पर **निम्न प्रभाव देखा जा सकता है-**
  - (i) विगत् 30 वर्षों से कायम यूरोपीय एवं अमेरिकी मुक्त बाजार का पूंजीवादी मॉडल संकटग्रस्त हो गया है। इस आर्थिक मॉडल को मध्य एवं पूर्वी-यूरोपीय देशों में, दक्षिण-पूर्वी एशियाई देश तथा आयरलैंड से

लेकर मैक्सिको तक सभी देशों ने अपनाया। वर्तमान आर्थिक मंदी या संकट के युग में राज्य की भूमिका का पुनर्विस्तार हो रहा है, तथा अमेरिका के राष्ट्रपति ओबामा कल्याणकारी राज्य की ओर लौटते दिखे। अमेरिका में बैंकों का अर्द्ध-राष्ट्रीयकरण हो रहा है। पूर्व फ्रांसीसी राष्ट्रपति सरकोजी के अनुसार, 'यह राज्य की पुनर्वापसी का युग है।'

(ii) आर्थिक मंदी से विश्व का प्रत्येक राष्ट्र प्रभावित हुआ। परंतु भारत और चीन जैसे देशों की अर्थव्यवस्था पर इसका सबसे कम प्रभाव देखा गया, क्योंकि इन देशों ने भू-मंडलीकरण को पूर्ण रूप में नहीं अपनाया। इसलिए अब भू-मंडलीकरण से पीछे हटने का नारा दिया जा रहा है। विश्व व्यापार संगठन एवं विश्व बैंक की रिपोर्ट के अनुसार, 'मंदी के परिणामस्वरूप अनेक देश उच्च स्तर की प्रशुल्कीय और गैर-प्रशुल्कीय बाधाओं का प्रयोग कर रहे हैं।'

(iii) इस आर्थिक मंदी के समय में राज्यों के समक्ष बेरोजगारी से निपटने की समस्या मुख्य हो गई। राजकोषीय प्रबंध बनाए रखना, सभी राज्यों की प्राथमिकता है। अमेरिकी विदेश नीति में भी अंतर्मुखता अपनाते हुए अर्थव्यवस्था के सुधार पर मूल बल दिया जा रहा है।

(iv) इस आर्थिक अस्थायित्व का प्रभाव राजनीति पर भी हो रहा है, क्योंकि रूस में बेरोजगारी की दर 12 प्रतिशत हो गई है, जिसके कारण 50 लाख लोग गरीबी लाइन के नीचे जीवन यापन करने को विवश हैं।

(v) आर्थिक मंदी का सबसे ज्यादा कुप्रभाव अफ्रीकी महाद्वीप पर देखा जा सकता है। दक्षिण-पूर्व एशियाई देशों की अर्थव्यवस्थाएं भी बुरी तरह से प्रभावित हुईं, क्योंकि इनकी अर्थव्यवस्थाओं का मूलाधार निर्यात केंद्रित था। इसलिए अब नए ब्रेटेनवुड्स व्यवस्था की मांग की जा रही है। अब दोहा विकास वार्ता पर नया संकट आ गया है।

## भू-मंडलीकरण को सर्वसमावेशी बनाने के उपाय

- आर्थिक संकट के परिणामस्वरूप विश्व के समक्ष समूची अर्थव्यवस्था को सुधारने का एक नया अवसर प्राप्त हुआ है। इसलिए विश्व अर्थव्यवस्था में निम्न सुधारों के द्वारा भू-मंडलीकरण को **सर्वसमावेशी बनाया जा सकता है-**

(i) **अंतर्राष्ट्रीय मुद्रा कोष** (IMF) **में सुधार**-21वीं सदी में विकासशील देशों के बढ़ते महत्व को इसमें उचित स्थान प्राप्त नहीं है, बल्कि इसकी संरचना अभी भी वर्ष 1945 के समय की दुनिया का संकेतक है तथा इसमें अपेक्षित परिवर्तन या सुधार किया जाना चाहिए।

(ii) अंतर्राष्ट्रीय मुद्रा कोष (IMF) का उन देशों की अर्थव्यवस्थाओं पर कोई नियंत्रण नहीं होता, जिन्होंने इससे ऋण प्राप्त नहीं किया है।

(iii) वर्तमान युग में समूचे मुक्त व्यापार पर विकसित देशों का आधिपत्य एवं नियंत्रण है। इसलिए चीन, भारत और तेल उत्पादक देशों को अंतर्राष्ट्रीय मुद्रा कोष (IMF) में अधिक हिस्सेदारी प्रदान करने की आवश्यकता है।

(iv) G-8 वर्तमान परिप्रेक्ष्य में अप्रासंगिक हो चुका है। अतः इसमें सुधार होना चाहिए।

(v) विश्व व्यापार संगठन का प्रयोग अभी भी विकसित देश अपने हितों की पूर्ति के लिए कर रहे हैं। इसलिए नीति-निर्माण में विकासशील देशों को पर्याप्त महत्व दिया जाना चाहिए। वर्तमान आर्थिक संकट के द्वारा मुक्त बाजार व्यवस्था एवं अमेरिकी प्रभुत्व को एक चुनौती मिली है। इसका अभिप्राय यह नहीं है कि उदारीकरण और भू-मंडलीकरण की संकल्पना पूर्णतः निरर्थक हो चुकी है, बल्कि इस संकट से यह संकेत प्राप्त होता है कि भू-मंडलीकरण को संकट से बचाने के लिए ऐसे सभी उपायों और सुधारों को अपनाना होगा, जिससे सभी देशों को लाभ प्राप्त हो सके।

## भू-मंडलीकरण और राष्ट्र-राज्य

- सुसैन स्ट्रैन्ज (Susan Strange) ने कहा कि 'राज्य वैश्वीकरण की उच्च शक्ति के समक्ष पीछे हट रहा है।'
- भू-मंडलीकरण का मूल अभिप्राय, 'राज्यों का विश्व में वस्तु, सेवा और वित्त का मुक्त आदान-प्रदान है।' वर्तमान भू-मंडलीकृत विश्व में एक वैश्विक गांव का निर्माण हो रहा है। पार-राष्ट्रीय संबंधों का विकास हो रहा है। इसलिए राज्य की परंपरागत शक्ति या संप्रभुता में ह्रास या क्षरण देखा जा सकता है, क्योंकि राज्य एक भौगोलिक संकल्पना है या भू-भाग विशेष में सर्वोच्च वैधानिक सत्ता का प्रयोग किया जाता है। डेविड हेल्ड के अनुसार, समकालीन भू-मंडलीकरण के युग में राज्य के परंपरागत कार्यों में **निम्नलिखित रूप में कमी देखी जा सकती है-**

(i) आर्थिक गतिविधियों पर राज्य का नियंत्रण कम हो रहा है।

(ii) सुरक्षा बनाए रखने के कार्य भी अधिराष्ट्रीय कर्ताओं को सौंपा जा रहा है।
(iii) अब राज्यों के लिए आर्थिक निर्णय, क्षेत्रीय आर्थिक संगठनों द्वारा किए जा रहे हैं।
(iv) अनेक वैश्विक एवं अंतर्राष्ट्रीय संस्थाओं द्वारा राज्य के लिए अनेक विधियों का निर्माण किया जा रहा है।

- परंपरागत रूप में राज्य का मूल कार्य विधि-निर्माण, आर्थिक व्यवस्था को बनाए रखना एवं सुरक्षा बनाए रखना माना जाता था। लेकिन भू-मंडलीकरण के इस युग में राज्य के इन कार्यों में प्रभावी कटौती देखी जा रही है। इससे प्रथम दृष्टया ऐसा प्रतीत होता है कि राज्य की भूमिका का क्षरण हो रहा है और अति भू-मंडलीकृत विचारकों की मान्यता ऐसी ही प्रतीत हो रही है, जिन्होंने कहा कि विश्व में भौगोलिक सीमाएं संकुचित होती जा रही हैं।
- यथार्थवादियों के अनुसार, 'राज्य का महत्व कभी भी कम नहीं हो सकता।' इसलिए यथार्थवादियों ने भू-मंडलीकरण के युग में राज्य को प्रधानता प्रदान की है, क्योंकि इनके अनुसार, राज्य अपने राष्ट्रीय हितों के लिए ही इन संगठनों का सदस्य बनता है तथा ये संगठन राष्ट्रीय हित बनाए रखने के माध्यम मात्र हैं। इन लोगों ने यहां तक माना कि भू-मंडलीकरण भी कुछ शक्तिशाली राज्यों द्वारा प्रतिपादित विचार हैं। इस शीतयुद्धोत्तर विश्व में भी राज्यों के मध्य संघर्ष बने रहेंगे। अत: यथार्थवादियों ने अति भू-मंडलीकृतवादियों या उदारवादियों की मान्यता को चुनौती दी।
- वस्तुत: भू-मंडलीकृतवादियों और यथार्थवादियों के विचारों में आंशिक सत्यता है तथा दोनों के विचार एक-दूसरे के पूरक हैं। अति भू-मंडलीकरणवादियों की मान्यता सत्य है, जबकि वे दुनिया में अंतर्निर्भरता, वस्तु और सेवाओं के मुक्त आदान-प्रदान को स्वीकार करते हैं। परंतु इसका अभिप्राय यह नहीं है कि राज्य का महत्व कम हो रहा है या क्षीण हो रहा है। **इसके उदाहरण निम्नलिखित हैं**-
  (i) विश्व व्यापार संगठन, यूरोपीय यूनियन जैसे संगठनों की सदस्यता, राज्य अपने हितों के लिए अर्जित करते हैं तथा वे इसे छोड़ने के लिए भी स्वतंत्र हैं।
  (ii) यह वास्तविकता है कि जहां राज्य शक्तिशाली हैं तथा राज्य द्वारा आधारभूत संरचनाओं का विकास किया गया, उन राज्यों ने भू-मंडलीकरण का लाभ अत्यधिक उठाया।
- जबकि कमजोर राज्य भू-मंडलीकरण का प्रभावी लाभ उठाने में असमर्थ रहे। यूरोपीय यूनियन के निर्माण के बाद भी विदेश नीति और सुरक्षा के मुद्दों पर राज्यों के मध्य अभी भी मतभेद बने हुए हैं।
- उपरोक्त तर्क यह प्रमाणित करते हैं कि राज्य का महत्व लगातार बना हुआ है, लेकिन इसका अभिप्राय यह बिल्कुल नहीं है कि राज्य का वर्तमान स्वरूप हीगलवादी या हॉब्सवादी है। इसलिए राज्य के स्वरूप में समकालीन विश्व में निर्णायक परिवर्तन हुआ है। सुसैन स्ट्रैन्ज ने इसे 'नव-मध्यकालीन राज्य' की संज्ञा दी। अन्य लोगों के अनुसार, यह सहभागी संप्रभुता का विचार है। समकालीन सूचना क्रांति व वैश्विक नागरिक समाज के युग में राज्य के कार्यों और गतिविधियों पर निर्णायक प्रभाव पड़ा है। वैश्विक नागरिक समाज और कॉस्मोंपालिटन नागरिकता का विचार प्रभावी हुआ। इसके बावजूद भी राष्ट्र-राज्यों का महत्व अभी भी बना हुआ है। यह राष्ट्र-राज्य अभी भी अंतर्राष्ट्रीय राजनीति की महत्वपूर्ण ईकाई है।

**वैश्विक पर्यावरणीय शासन** (Global Environmental Governance, (GEG)):

- यह संकल्पना आदिल नजाम, नदा तैयब द्वारा अपनी कृति 'Global Environmental Governance' में दी गई।
- विश्व पर्यावरणीय सरकार ऐसे संगठन, नीति तंत्र व वित्तीय संगठनों व नियमों का योग है, जो विश्व पर्यावरणीय सुरक्षा के लिए कार्य करते हैं। यह अवधारणा 70 के दशक में देखने को मिली।
- 2008 में फ्रैंक बियरमैन और फिलिप पट्टबर्ग ने भी इस अवधारणा पर अपने लेख-"Global Environmental Governance: Taking Stock, Moving Forward" में अपने विचार व्यक्त किए।

**भू-मंडलीकरण से संबंधित महत्वपूर्ण रचनाएं**

- जॉर्ज सोरोस-George Soros On Globalization (2002)
- मार्शल मैकलूहान-Global Village (1962)
- जोसेफ ई. स्टिगलिट्ज-Globalization and Its Discontents (June, 2002)
- केनीची ओहमे-The End of the Nation State: The Rise of Regional Economies (May 15, 1996)
- सुसैन स्ट्रेंज-Casino Capitalism (1986), States and Markets (1988), The Retreat of the State (1996), Mad Money: When Markets Outgrow Governments (1998)
- थॉमस फ्रीडमैन-The World Is Flat: A Brief History of the Twenty-First Century (April 5, 2005)

- बारबारा वॉर्ड-Only One Earth: The Care and Maintenance of a Small Planet (1972)
- आमर्त्य सेन-Development as Freedom (1999), Poverty and Famines: An Essay on Entitlement and Deprivation (1981)
- सुसॉन जॉर्ज-A Fate Worse Than Debt (1988), Another World Is Possible, If.. (Sept. 17, 2004)
- जैफरी डी. सॉच-The End of Poverty: Economic Possibilities for Our Time (30 Dec. 2005), Common Wealth: Economics for a Crowded Planet (2008)

## नई विश्व व्यवस्था

- सोवियत संघ के विघटन के बाद विश्व में 'पैक्स-अमेरिकाना' का अत्यधिक प्रभाव बढ़ा। प्रथम खाड़ी युद्ध में विजय के बाद अमेरिकी विदेश नीति निर्माताओं ने वियतनाम सिंड्रोम को भी पीछे छोड़ दिया।
- अमेरिकी राष्ट्रपति जॉर्ज बुश सीनियर ने अमेरिकी कांग्रेस के दोनों सदनों को संबोधित करते हुए 'नई विश्व व्यवस्था' का नारा दिया।
- यह उल्लेखनीय है कि अमेरिकी राष्ट्रपति विल्सन ने प्रथम विश्व युद्ध के बाद तथा द्वितीय विश्व युद्ध के दौरान रूजवेल्ट ने 'नई विश्व व्यवस्था' का नारा दिया।
- जॉर्ज बुश द्वारा उल्लेखित 'नई विश्व व्यवस्था' के मूल **तथ्य निम्नलिखित हैं-**
  (i) विश्व को आतंक के खतरे से मुक्त करना।
  (ii) न्याय, सुरक्षा एवं शांति स्थापना।
  (iii) रूस और अमेरिका के मध्य समन्वय व सहयोग।
  (iv) विकासशील और विकसित देशों के मध्य सहयोग।
  (v) 'नई विश्व व्यवस्था' में संयुक्त राष्ट्र संघ को शक्तिशाली बनाना।

**हैडले बुल के अनुसार, अंतर्राष्ट्रीय राजनीति में विश्व व्यवस्था का अभिप्राय निम्नलिखित है-**

(i) अंतर्राष्ट्रीय राजनीति के मूल अवयव राष्ट्र-राज्यों के अस्तित्व को संरक्षित करना।
(ii) अंतर्राष्ट्रीय राजनीति में शांति व्यवस्था बनाए रखना तथा ऐसे मानकों और व्यवहारों को लागू करना, जिनका पालन प्रत्येक राष्ट्र-राज्य करें।
(iii) यथार्थवादी विचारकों के अनुसार, 'अंतर्राष्ट्रीय राजनीति में व्यवस्था की बजाय, अव्यवस्था होती है, जिसे अराजकता के रूप में भी परिभाषित किया जाता है, क्योंकि राष्ट्र-राज्यों के व्यवहारों को नियंत्रित करने के लिए किसी केंद्रीय संस्था का अभाव है। इसलिए विचारकों ने कहा कि शीतयुद्ध के बाद भी अमेरिकी प्रभुत्व लगातार बना हुआ है। इसके बावजूद भी विश्व व्यवस्था में होने वाले कुछ महत्वपूर्ण परिवर्तन निम्न हैं-

## शीतयुद्ध व शीतयुद्धोत्तर विश्व व्यवस्था में अंतर

| शीतयुद्ध | शीतयुद्धोत्तर विश्व |
|---|---|
| i. द्विध्रुवीय विश्व | i. गैर ध्रुवीय विश्व (Non-Polar World.) या बहुध्रुवीय विश्व। |
| ii. सैनिक संगठनों का महत्व। | ii. आर्थिक संगठनों का निर्माण। |
| iii. भू-राजनीति की प्रधानता | iii. भू-अर्थ का महत्व। |
| iv. राज्यों के मध्य वैचारिक संघर्ष। | iv. राज्यों के भीतर नृजातीय संघर्ष। |
| v. सुरक्षा को खतरा दूसरे राज्यों से। | v. सुरक्षा के गैर-परंपरागत खतरे जैसे आतंकवाद। |

- रॉबर्ट कोहेन ने हथियारों के संग्रह तथा शक्ति संघर्ष को उच्च राजनीति (High Politics) के रूप में चित्रित किया। जबकि आर्थिक, वैचारिक एवं सांस्कृतिक शक्ति को निम्न राजनीति (Low Politics) के रूप में वर्णित किया।
- सैमुअल हंटिंग्टन ने वर्तमान विश्व के बहुक्षेत्रीय ध्रुवीय विश्व के रूप में वर्णित किया। जिनके अनुसार वर्तमान विश्व में शक्तियां क्षेत्रीय आर्थिक संगठनों में केंद्रित है, जिनमें यूरोपीय यूनियन व आसियान जैसे संगठन मुख्य हैं।

## सभ्यताओं का संघर्ष (The Clash of Civilizations)

- शीत युद्ध के बाद के विश्व में सैमुअल फिलिप्स हंटिंगटन (Samuel Phillips Huntington) ने विश्व में संघर्षों को नए रूप में प्रस्तुत किया और उन्होंने सांस्कृतिक संघर्षों पर बल दिया। उनके अनुसार, आगामी विश्व में संघर्ष राज्यों के बीच नहीं होगा, बल्कि विभिन्न सभ्यताओं के मध्य होगा। उन्होंने विश्व को निम्नलिखित सभ्यताओं में विभाजित किया-
  1. अमेरिका व यूरोप (प्रोटेस्टेन्ट ईसाई) एवं रूस (केथोलिक ईसाई)।
  2. इस्लाम।
  3. चीनी सभ्यता।
  4. भारत (हिंदू सभ्यता)।
- उनके अनुसार प्रत्येक सभ्यता का एक केंद्रीय राज्य होगा,

जो परमाणु शक्ति संपन्न होगा। आगामी संघर्ष मुख्यतः ईसाईयत् एवं इस्लामी सभ्यता के बीच होगा और यदि इस संघर्ष में चीनी सभ्यता के द्वारा इस्लामी सभ्यता का समर्थन किया जाता है, तो यह संघर्ष इस्लामी सभ्यता के पक्ष में हो सकता है।

- सितंबर, 2001 के बाद अमेरिका के द्वारा 'आतंक के विरुद्ध युद्ध' के नाम पर अफगानिस्तान, इराक व लीबिया जैसे देशों पर हमले किए गए, जिसे कई विचारकों ने ईसाईयत् और इस्लामी सभ्यता के रूप में चित्रित किया।

## आलोचना

- हंटिंगटन ने इस्लामी सभ्यता को एकीकृत रूप में चित्रित किया है। जबकि इस्लामी सभ्यता में अनेक विभाजन विद्यमान हैं और इस्लामी सभ्यता के अंदर ही संघर्ष बना हुआ है।

## सभ्यताओं के बीच संघर्ष भारत के परिप्रेक्ष्य से

- महात्मा गांधी का प्रसिद्ध कथन है कि व्यक्ति का आध्यात्मिक और नैतिक विकास ही वास्तविक सभ्यता की पहचान है, भौतिक पहचान नहीं। इसलिए वास्तविक सभ्यताओं के बीच संघर्ष हो नहीं सकता, जबकि संघर्ष तो असभ्यताओं के बीच होता है।

## नई विश्व व्यवस्था बनाम् तीसरी दुनिया

- नई विश्व व्यवस्था में उदारीकरण, विश्व व्यापार संगठन की स्थापना एवं आर्थिक संगठनों (अंतर्राष्ट्रीय मुद्रा कोष, विश्व बैंक) की स्थापना की गई है। यह भूमंडलीकरण का युग है।
- तीसरी दुनिया के देशों का शोषण अभी भी हो रहा है।
- इन देशों को अंतर्राष्ट्रीय संस्थाओं (विश्व बैंक, अंतर्राष्ट्रीय मुद्रा कोष) में विकसित देशों के निर्णयों को मानना पड़ता है, क्योंकि उनके मत का मूल्य अधिक होता है।
- विश्व व्यापार संगठन में भी व्यावहारिक रूप में मतदान नहीं किया जाता है तथा सभी निर्णय विकसित देशों द्वारा लिए जाते हैं।
- विकासशील देश अभी भी संयुक्त राष्ट्र संघ तथा अन्य अंतर्राष्ट्रीय संगठनों के लोकतांत्रिकरण की मांग कर रहे हैं।
- नोम चोमस्की के अनुसार, 'भू-मंडलीकरण के नाम पर कॉरपोरेट घराने अपना हित बढ़ा रहे हैं।' इसे उन्होंने 'नव-कॉरपोरेटवाद' कहा।'
- आलोचकों के अनुसार, अमेरिका का पहले भी विश्व व्यवस्था पर प्रभुत्व स्थापित था तथा अभी भी उसका प्रभुत्व निर्णायक रूप में कायम है। इसलिए नवीन विश्व व्यवस्था की मान्यता एक मिथक है।
- रॉबर्ट कॉक्स के अनुसार, 'वर्तमान भू-मंडलीकरण, उदारीकरण का युग पूंजीवादी साम्राज्यवादी व्यवस्था को नए सिरे से थोपने का प्रयत्न है। भू-मंडलीकरण से अंतर्निर्भरता नहीं, अपितु निर्भरता का निर्माण हो रहा है। पूंजीवादी देशों द्वारा जानबूझकर यह प्रचारित किया जा रहा है कि भू-मंडलीकरण सभी के लिए लाभप्रद है। उपरोक्त आलोचनाएं विकासशील देशों के संदर्भ में अत्यधिक प्रासंगिक और महत्वपूर्ण हैं।
- किशोर मधुबनी के अनुसार, 'वर्तमान विश्व व्यवस्था में विकासशील देश हाशिये पर हैं, क्योंकि समूची व्यवस्था पर पाश्चात्य शक्तियों का नियंत्रण है।' उदाहरण के लिए, अंतर्राष्ट्रीय मुद्रा कोष, विश्व बैंक जैसी संस्थाओं पर अभी भी विकसित देशों का नियंत्रण है। विश्व के प्रमुख आर्थिक मुद्दों का निर्धारण G-8 के द्वारा किया जाता है। तकनीकी हस्तांतरण का मुद्दा अभी भी बना हुआ है। जलवायु परिवर्तन की समस्या के समाधान के लिए भी विकसित देश अपने दायित्वों को पूर्ण नहीं करते और पर्यावरणीय मानकों के आधार पर विकासशील देशों का प्रतिनिधित्व नहीं है। आतंक के मुद्दे पर भी मतभेद विद्यमान है।

## अमेरिका एवं चीन

- थॉमस फ्रीडमैन के अनुसार, 'चीन का शांतिपूर्ण उभार समकालीन विश्व व्यवस्था की महत्वपूर्ण घटना है। चीन द्वारा अमेरिका के प्रभुत्व के अस्तित्व के लिए प्रस्तुत की गई चुनौती, सोवियत संघ की चुनौती से ज्यादा खतरनाक है, क्योंकि सोवियत संघ ने अमेरिका को केवल सैन्य रूप में चुनौती प्रस्तुत की थी।'
- जर्मनी और जापान ने अमेरिका के लिए मूलतः आर्थिक क्षेत्र में चुनौती प्रस्तुत की। परंतु चीन के द्वारा आर्थिक व सैन्य दोनों क्षेत्रों में चुनौती प्रस्तुत की जा रही है।
- कुछ विचारकों के अनुसार, भविष्य में भी चीन, अमेरिका को पीछे नहीं छोड़ पाएगा। जोसेफ नाई के अनुसार, 'अमेरिका की मूल शक्ति वैचारिक है, जिसका चीन के पास अभाव है। अमेरिकी तकनीकी क्षमता भी निर्विवाद रूप में सर्वश्रेष्ठ है।'

## पाश्चात्य के पतन की संकल्पना

- पॉल कैनेडी व नील फॅर्ग्यूसन ने पाश्चात्य पतन की संकल्पना प्रस्तुत की। कैनेडी के अनुसार, ब्रिटेन के कमजोर होने का कारण उसका साम्राज्यवादी विस्तार था। ठीक इसी प्रकार अमेरिका द्वारा ईराक और अफगानिस्तान में किए गए हस्तक्षेप का लाभ चीन, रूस एवं वेनेजुएला जैसे राष्ट्र उठा रहे हैं।

- शीतयुद्धोत्तर विश्व व्यवस्था में इन दो महाशक्तियों के मध्य शक्ति संघर्ष के अलावा क्षेत्रीय संगठनों का निर्माण किया गया और पहले से विद्यमान क्षेत्रीय संगठनों को प्रभावशाली बनाने का भी प्रयत्न किया गया।
- अत: शीतयुद्धोत्तर विश्व व्यवस्था, नॉन-जीरो-सम-गेम के आधार पर संचालित है, क्योंकि आर्थिक सहयोग के द्वारा सभी राज्यों को लाभ प्राप्त होंगे। राज्यों के मध्य जटिल अंतर्निर्भरता का निर्माण हो रहा है। व्यापार के आदान-प्रदान से विकास और शांति में वृद्धि होती है।
- यूरोपीय यूनियन का निर्माण विश्व में क्षेत्रीय आर्थिक संगठनों के निर्माण में सर्वाधिक महत्वपूर्ण है। यूरोपीय यूनियन के परिणामस्वरूप विश्व में अनेक क्षेत्रीय आर्थिक संगठनों का निर्माण हुआ। जबकि यह उल्लेखनीय है कि शीतयुद्ध के दौर में नाटो, सियटो एवं सेन्टो जैसे सैन्य संगठनों का निर्माण हुआ था।
- शीतयुद्धोत्तर विश्व में विश्व व्यापार संगठन द्वारा बहुपक्षीय व्यापार बढ़ाया जा रहा है। समकालीन विश्व में युद्ध को एक महंगा विकल्प माना जाता है। जबकि आर्थिक सहयोग ज्यादा सस्ता व लाभकारी है।
- अत: शीतयुद्धोत्तर विश्व में निम्न राजनीति (Low politics) प्रभावी है। जर्मनी और जापान का आर्थिक उत्थान इस तर्क को प्रमाणित करते हैं। व्यापारिक एकीकरण, राजनैतिक एकीकरण में भी सहायक हो सकता है। उदाहरण के लिए, यूरोपीय राज्यों ने आर्थिक सहयोग के बाद एक समान संविधान के निर्माण की पहल की। इसलिए पूर्वी यूरोप और पश्चिमी यूरोप के मध्य का विभाजन अतीत की घटना हो गई है।

### कुछ महत्वपूर्ण पुस्तकें

- डेविड हेल्ड - Democracy in the Global Order (1999)
- डेविड हेल्ड - A Globalizing World?: Culture, Economics, Politics (2000)
- A. Ralph Epperson - The Unseen Hand : An Introduction to the Conspiratorial View of History (1982)
- Pat Robertson - The New World Order (1991)

### आधिपत्यवादी स्थायित्व का सिद्धांत

- इस सिद्धांत के मूल मान्यताकार चार्ल्स किंडलबर्गर हैं।
- चार्ल्स किंडलबर्गर के अनुसार, अमेरिका जैसे प्रभुत्वशाली देश के नेतृत्व में ही ब्रेटेनवुड्स संस्थाओं का निर्माण हुआ।
- दुनिया में मुक्त व्यापार को कायम रखने के लिए एक प्रभुत्वशाली राष्ट्र की आवश्यकता होती है तथा इसी प्रभुत्वकारी राष्ट्र के कारण गैट (GATT) की स्थापना तथा मुक्त व्यापार संभव हुआ। उदाहरण, ब्रेटेनवुड्स सम्मेलन का आयोजन अमेरिका के द्वारा हुआ। अमेरिका के नेतृत्व में ही IMF, IBRD तथा गैट (GATT) की स्थापना हुई।
- विचारकों ने तो यहां तक कहा कि एक प्रभुत्वकारी राष्ट्र व्यापारिक जहाजों के आवागमन के लिए अबाधित मार्ग उत्पन्न करता है तथा अन्य राज्यों की संरक्षणवादी नीतियों को परिवर्तित करने की क्षमता रखता है।
- मूल प्रश्न उत्पन्न होता है कि यदि अमेरिकी प्रभुत्व का क्षरण हो जाए, तो क्या दुनिया में मुक्त व्यापार समाप्त हो जाएगा?
- रॉबर्ट गिलपिन के अनुसार, 'वर्तमान विश्व में ऐसा संभव नहीं है, क्योंकि अब मुक्त व्यापार का संस्थाकरण हो चुका है।' उदाहरण के लिए, विश्व व्यापार संगठन (WTO) की स्थापना हो चुकी है।
- ऐसी परिस्थितियों में एक आधिपत्यवादी राष्ट्र के अभाव में भी मुक्त व्यापार कायम रहे,गा।

## गैट (GATT) से लेकर विश्व व्यापार संगठन (WTO) तक

### व्यापार और प्रशुल्कों पर सामान्य समझौता
(General Agreement on Trade and Tariffs GATT)

- द्वितीय विश्व युद्ध के बाद विश्व में मुक्त व्यापार को प्रभावी बनाने, संरक्षणकारी नीतियों को प्रतिबंधित करने हेतु प्रशुल्कों की दरों को कम करने पर विचार-विमर्श आरंभ हुआ, क्योंकि प्रशुल्कों की उच्च दर के कारण राज्यों के मध्य व्यापारिक आदान-प्रदान में गतिरोध बने हुए थे। वर्ष 1930 के दशक की सबसे बड़ी मंदी ने भी गैट जैसी संस्था की स्थापना को प्रोत्साहित किया।
- गैट का आधार वर्ष 1944 के ब्रेटेनवुड्स सम्मेलन में रखा गया।
- जिसके अंतर्गत् विश्व में मुक्त व्यापार को प्रोत्साहित करने के लिए एवं प्रशुल्कों को कम करने के लिए एक समान समझौता आरंभ हुआ।

### गैट की प्रकृति

- गैट मूलत: एक अनौपचारिक एवं बहुपक्षीय संस्था थी।

जिसमें परस्पर विचार-विमर्श के द्वारा प्रशुल्कों को कम करने का समझौता हुआ, जिसे 'कांफ्रेंस डिप्लोमेसी' भी कहा गया।

- गैट के निर्णय को लागू कराने के लिए किसी भी बाध्यकारी संस्था का अभाव था। अतः निर्णय परस्पर सहमति से लिए जाते थे।
- गैट की प्रथम चक्र की वार्ता जिनेवा में आयोजित हुई, जिसमें प्रशुल्कों की कटौती पर विचार किया गया।

## गैट (GATT) की कैनेडी चक्र की वार्ता

- वर्ष 1960 के दशक में गैट की कैनेडी चक्र की वार्ता (वर्ष 1964-65 में) आरंभ हुई। इस चक्र की **विशेषता निम्न थी-**
  - (i) इसमें 54 देशों ने भागीदारी की, जिसमें यूरोपीय यूनियन का इकहरा प्रतिनिधित्व था।
  - (ii) पहली बार प्रशुल्कों की कटौती में रेखीय तरीका अपनाया गया तथा वस्तु दर, वस्तु की कटौती का तरीका छोड़ दिया गया।
  - (iii) इस चक्र की वार्ता में यह निर्णय लिया गया कि औद्योगिक वस्तुओं की प्रशुल्कों में 35 प्रतिशत की कटौती होगी।
  - (iv) इस चक्र की वार्ता की आलोचना भी की गई, क्योंकि गैर-प्रशुल्की बाधाओं तथा कृषि के व्यापार पर कोई विचार नहीं किया गया।

## गैट (GATT) की टोकियो चक्र की वार्ता

- वर्ष 1970 के दशक में अमेरिका का विश्व अर्थव्यवस्था में योगदान घट गया।
- जर्मनी एवं जापान ने अमेरिकी आर्थिक प्रभुत्व को कड़ी चुनौती प्रस्तुत की। अमेरिका की उदारवादी व्यापारिक व्यवस्था पर संकट प्रतीत होने लगा।
- इसी परिप्रेक्ष्य में राष्ट्रपति निक्सन की पहल के परिणामस्वरूप टोकियो चक्र की वार्ता (वर्ष 1973-79) आयोजित हुई।
- विश्व व्यापार में 70 के दशक से उत्तरोत्तर वृद्धि हुई। औद्योगिक राज्यों के मध्य अभूतपूर्व आंतरिक आत्मनिर्भरता का विकास हुआ। अब यह प्रतीत होने लगा कि राज्यों के मध्य व्यापार में बाधा प्रशुल्क ही नहीं, बल्कि गैर-प्रशुल्की बाधाएं मुख्य हैं। विश्व में व्यापारिक आदान-प्रदान बढ़ने के पश्चात् व्यापार केवल वस्तुओं तक ही सीमित नहीं रहा, बल्कि कृषि तथा सेवा क्षेत्र के व्यापार में भी उल्लेखनीय वृद्धि हुई।
- इसलिए टोकियो चक्र की वार्ताओं में गैर-प्रशुल्की बाधाओं को समाप्त करने पर विशेष बल और विचार-विमर्श किया गया।
- गैर-प्रशुल्की बाधाओं के संदर्भ में आचार संहिता निर्माण पर भी बल दिया गया।

## विकासशील देश और गैट (GATT)

- विश्व में ब्रेटेनवुड्स संस्थाओं के द्वारा मुक्त व्यापार को बढ़ाने पर बल दिया गया।
- दूसरी ओर, विकासशील देश साम्राज्यवाद और उपनिवेशवाद से मुक्त हो रहे थे।
- इन देशों ने अपने आर्थिक विकास के लिए विकसित देशों से अनुदान एवं सहायता प्राप्त की। 60 के दशक में विकासशील देशों ने समूची अंतर्राष्ट्रीय अर्थव्यवस्था में विषमता एवं भेदभाव को समाप्त करने का नारा दिया।
- विकासशील देशों के अनुसार, 'व्यापार की शर्तें उनके प्रतिकूल हैं।'
- इसलिए उन्होंने वर्ष 1964 में संयुक्त राष्ट्र संघ के मंच से व्यापार और विकास के संदर्भ में नई वार्ता अंकटाड (UNCTAD) पर बल दिया।
- जिससे स्पष्ट प्रतीत होता है कि गैट के अंतर्गत् संचालित मुक्त व्यापार विकासशील देशों के अनुकूल नहीं है।
- विकासशील देशों की इन आपत्तियों को ध्यान में रखते हुए विकसित देशों ने समान राष्ट्रीय व्यवहार की बजाय, विभेदक व्यवहार को अपनाया, जिसके अंतर्गत् विकसित देशों ने यह स्वीकार किया कि विकासशील देशों की वस्तुओं को विकसित देशों के बाजारों में विशेष वरीयता दी जाएगी। इसलिए इस प्रावधान को समान वरीयता व्यवस्था भी कहते हैं।
- सैद्धांतिक रूप में विभेदक व्यवहार अपनाया गया, परंतु व्यावहारिक रूप में विकसित देशों ने विकासशील देशों की वस्तुओं को अपने बाजारों में पहुंचने से रोकने के उपाय किए।
- वर्ष 1974 का 'मल्टी फाइबर समझौता' इसका स्पष्ट प्रमाण है, जिसके अंतर्गत् विकसित देशों ने, विकासशील देशों को टेक्सटाइल निर्यातों को पहुंचने से प्रतिबंधित किया।
- 70 के दशक में विकासशील देश, विकसित देशों पर पूर्णतः निर्भर होने लगे। इनके अनुसार, अंतर्राष्ट्रीय आर्थिक प्रणाली पर विकसित देशों का पूर्ण प्रभुत्व है।

## नव-अंतर्राष्ट्रीय आर्थिक व्यवस्था (NIEO)

- 70 के दशक में विकासशील देशों के समक्ष अविकास की समस्या उत्पन्न हुई।
- नव-अंतर्राष्ट्रीय आर्थिक व्यवस्था की मांग सबसे पहले गुटनिरपेक्ष आंदोलन के अल्जीयर्स सम्मेलन में की गई।
- इस परिप्रेक्ष्य में विकासशील देशों ने संयुक्त राष्ट्र संघ के

मंच से वर्ष 1974 में 'नई अंतर्राष्ट्रीय आर्थिक व्यवस्था' (NIEO) की मांग उठाई गई है।

- विकासशील देशों ने नारा दिया कि "Trade not Add" क्योंकि विकसित देशों ने विकासशील देशों के व्यापार पर विभिन्न प्रकार की प्रतिबंधित शर्त लगा रखी थी। जबकि वे विकासशील देशों को अनुदान देने का दिखावा करते थे।
- विकासशील देशों ने स्पष्ट कहा कि वर्तमान आर्थिक प्रणाली में इनका विकास संभव नहीं है। विकासशील देशों द्वारा उठाई गई NIEO की **मूल मांगें निम्न थीं-**
  - (i) ब्रेटेनवुड्स संस्थाओं की पुनर्सरचना।
  - (ii) व्यापार की शर्तों में सुधार।
  - (iii) औद्योगिक देशों के बाजारों में विकासशील देशों की पहुंच सुनिश्चित करना।
  - (iv) तकनीकी हस्तांतरण।
  - (v) तीसरी दुनिया के देशों के ऋण को कम करना।
  - (vi) अपने आर्थिक संसाधनों पर प्रभुत्व की मांग।

## उरूग्वे दौर की वार्ता

- 80 के दशक में गैट (GATT) की उरूग्वे चक्र की वार्ता आयोजित हुई। इस दशक में विश्व राजनीति में निम्न **परिवर्तन हो रहे थे-**
  - (i) सोवियत संघ द्वारा आर्थिक उदारीकरण की नीति का अपनाया जाना।
  - (ii) विकासशील देशों द्वारा आर्थिक सुधार के लिए अंतर्राष्ट्रीय मुद्रा कोष (IMF) से सहायता प्राप्त करना।
  - (iii) पूर्वी यूरोपीय साम्यवादी अर्थव्यवस्थाओं की संकट ग्रस्त स्थिति।
- उपरोक्त परिप्रेक्ष्य में अमेरिका ने बहुपक्षीय मुक्त व्यापार को और प्रभावी बनाने पर बल दिया तथा गैट (GATT) की वार्ता में अनेक नए मुद्दों को शामिल किया गया, जो पहले गैट (GATT) के **मंच पर नहीं थे-**
  - (i) सेवा का व्यापार।
  - (ii) कृषि का व्यापार।
  - (iii) व्यापार से संबंधित बौद्धिक संपदा अधिकार।
  - (iv) व्यापार से संबंधित निवेश के उपाय।
  - (v) इसके अतिरिक्त सब्सिडी एवं कोटा जैसे-गैर-प्रशुल्की बाधाओं को भी शामिल किया गया।
- उरूग्वे दौर की वार्ता में अमेरिका ने यूरोप और जापान की शक्ति को प्रतिसंतुलित करने का प्रयत्न किया।
- विश्व व्यापार की वार्ताओं में अमेरिका की बहुराष्ट्रीय कंपनियों के विस्तार के लिए भी अवसर उपलब्ध कराए गए।
- उरूग्वे चक्र में गैर-प्रशुल्की बाधाओं को कम करने पर विचार हुआ।
- अमेरिका और यूरोपीय यूनियन के मध्य सब्सिडी के मुद्दे पर मतभेद उत्पन्न हुए।

### उरूग्वे चक्र की वार्ता पर विकासशील देशों की आपत्तियां

- विकासशील देशों की **आपत्तियां निम्न थीं-**

(a) विकासशील देशों ने क्रियान्वयन के मुद्दे पर बल दिया। इनके अनुसार, उरूग्वे दौर की वार्ताओं में जिन नए मुद्दों को सम्मिलित किया गया, उन्हें लागू करने से पहले गैट (GATT) के पहले के समझौतों को क्रियान्वित करने की जरूरत है। विकासशील देशों ने विभेदक व्यवहार लागू करने की मांग उठाई।

(b) **व्यापार से संबंधित बौद्धिक संपदाधिकार** (TRIPS TRADE) **पर आपत्ति**
  - (i) इससे विकासशील देशों में दवाई महंगी हो जाएगी।
  - (ii) इससे खाद्यान्न सुरक्षा पर संकट उत्पन्न होगा।
  - (iii) विकासशील देश, अपने परंपरागत ज्ञान का प्रयोग भी अपने हितों के लिए नहीं कर सकेंगे।

(c) **व्यापार से संबंधित निवेश के उपाय** (TRIMS TRADE) **पर आपत्ति**
  - (i) विकासशील देशों के अनुसार, बहुराष्ट्रीय कंपनियों के साथ समान व्यवहार करने से उनके घरेलू उद्योग नष्ट हो जाएंगे।
  - (ii) विकासशील देशों की राष्ट्रीय संप्रभुता का भी उल्लंघन होगा।
  - (iii) बहुराष्ट्रीय कंपनियां विकासशील देशों से प्राप्त लाभ विकसित देशों को स्थानांतरित कर देती हैं।

## विश्व व्यापार संगठन (WTO)

- वर्ष 1994 में कराकस समझौते के द्वारा 123 देशों ने समझौते पर हस्ताक्षर किए तथा 8 वर्षों तक उरूग्वे चक्र की वार्ता के परिणामस्वरूप उसे विश्व व्यापार संगठन में परिवर्तित करने का निर्णय लिया गया।
- 1 जनवरी, 1995 से गैट की जगह विश्व व्यापार संगठन (World Trade Organisation) की स्थापना हुई।

### विश्व व्यापार संगठन की स्थापना के कारण

(i) विश्व में व्यापार बढ़ाने के लिए गैर-प्रशुल्की प्रतिबंधों को समाप्त करना।

(ii) कृषि, सेवा एवं वस्तु व्यापार जैसे मुद्दों को भी सम्मिलित किया गया। अनेक देशों ने मुक्त व्यापार

को प्रतिबंधित करने के लिए सब्सिडी और कोटा का प्रयोग किया, जिसे विश्व व्यापार संगठन में शामिल किया गया।

(iii) विभिन्न देशों में अलग-अलग पेटेंट और ट्रेडमार्क नियमों के कारण विश्व व्यापार में बाधा उत्पन्न हुई।

(iv) विश्व अर्थव्यवस्था में सेवा क्षेत्र का तीव्र विकास हुआ। इसलिए इसे वार्ताओं में शामिल किया गया।

(v) विकसित देशों की अर्थव्यवस्था में स्थिरता आ चुकी थी। इसलिए विकसित देशों ने विकासशील देशों को भी मुक्त व्यापार में सम्मिलित करने का प्रयास किया।

(vi) सोवियत संघ के विघटन के पश्चात् समूचे विश्व में उदारीकरण एवं बाजारवाद के नियमों को स्वीकार किया गया, जिसे **वाशिंगटन सहमति** के नाम से भी जाना जाता है।

- उपरोक्त परिवर्तन के परिणामस्वरूप गैट जैसे अनौपचारिक बहुपक्षीय मंच की बजाय, मुक्त व्यापार को प्रभावी करने के लिए एक अनौपचारिक एवं बाध्यकारी संस्था के निर्माण की आवश्यकता हुई, जिससे गैट की खामियां दूर किया जा सके।

## विश्व व्यापार संगठन के सिद्धांत

(i) विवाद निवारण समिति।

(ii) व्यापार नीति समीक्षा समिति।

(iii) समान मत (एक राष्ट्र, एक मत)।

## विश्व व्यापार संगठन में बहुपक्षीय व्यापार के नियम

(i) **गैर-भेदभावकारी व्यवहार :** इसके दो आयाम हैं-सर्वाधिक वरीय राष्ट्र की संकल्पना तथा राष्ट्रीय समानता का सिद्धांत।

(ii) **पारस्परिकता :** इसके अंतर्गत् बहुपक्षीय वार्ताओं में एक राज्य द्वारा प्रदत्त सुविधाएं अन्य सभी राज्यों को प्राप्त होती हैं। इसलिए पारस्परिकता का नियम सर्वाधिक वरीय व्यापार के पूरक हैं।

(iii) **बाध्यकारी समझौता :** विश्व व्यापार संगठन की बहुपक्षीय वार्ताओं में लिए गए सभी निर्णय बाध्यकारी होते हैं। यदि किसी राज्य को इन समझौतों पर आपत्ति है, तो वह विश्व व्यापार संगठन की विवाद निस्तारण समिति का सहारा ले सकता है।

(iv) **पारदर्शिता :** विश्व व्यापार संगठन के सभी सदस्यों को अपनी व्यापारिक नीतियां और प्रशासनिक निर्णय अन्य राष्ट्रों के समक्ष प्रस्तुत करने होते हैं, जिससे कोई भी राज्य संरक्षणकारी नीतियों का प्रयोग न कर सके। विश्व व्यापार संगठन की व्यापार नीति की समीक्षा के द्वारा पारदर्शिता का निर्माण किया जाता है।

(v) **सेफ्टी वॉल्व का नियम :** विशेष वरीय राष्ट्र और पारस्परिकता के नियमों का आपवादिक परिस्थितियों में उल्लंघन किया जा सकता है। जब राज्य की आर्थिक स्थिति संकटग्रस्त हो या अर्थव्यवस्था में भुगतान के संतुलन का संकट विद्यमान हो।

## विश्व व्यापार संगठन की संरचना

### 1. प्रथम स्तर ( मंत्रिस्तरीय निकाय )

- विश्व व्यापार संगठन का सर्वोच्च निकाय, मंत्रिस्तरीय निकाय है, जिसमें प्रत्येक देशों के वाणिज्य मंत्री भाग लेते हैं तथा सभी देशों का मत समान होता है, परंतु निर्णय सामान्यतः मतदान द्वारा नहीं, बल्कि आम सहमति के द्वारा लिए जाते हैं।
- आलोचकों के अनुसार, शक्तिशाली राष्ट्र सदैव सौदेबाजी करते हैं तथा सभी निर्णय व्यावहारिक रूप में ग्रीन रूम के बैठक में लिए जाते हैं, जिसमें अधिकांश विकासशील देश सम्मिलित नहीं होते हैं।

### 2. द्वितीय स्तर ( सामान्य परिषद् )

- मंत्रिस्तरीय वार्ताओं के निर्णयों को क्रियान्वित करने के लिए सर्वोच्च नीति निर्मात्री निकाय 'सामान्य परिषद्' है, जिसकी बैठकें जिनेवा में सदैव चलती रहती है, जिसमें राज्यों के प्रतिनिधि सम्मिलित होते हैं।
- सामान्य परिषद् के अंतर्गत् विवाद निस्तारण समिति और व्यापार नीति समीक्षा समिति का कार्य संपादित होता है। विवाद निस्तारण समिति का मूल कार्य राज्यों के मध्य उत्पन्न विवादों का समाधान करना है। इस संस्था में सभी सदस्य देशों के प्रतिनिधि सम्मिलित होते हैं।
- आलोचकों के अनुसार, विकासशील देशों को इस समिति में समान अवसर प्राप्त नहीं होता, क्योंकि विवादों को सुलझाने की लागत बहुत ज्यादा है। इसलिए विकासशील देश भारी लागत के कारण विवादों को उठाने से परहेज करते हैं।
- व्यापार नीति समीक्षा समिति के द्वारा राज्यों की व्यापारिक नीतियों की समीक्षा की जाती है।

### 3. तृतीय स्तर ( व्यापारिक परिषद् )

- व्यापारिक परिषद्, सामान्य परिषद् के अधीन होती है।
- व्यापारिक परिषदें अलग-अलग विषयों के लिए अलग-अलग होती हैं। उदाहरण के लिए, वस्तु व्यापार का मूल कार्य अंतर्राष्ट्रीय व्यापार में वस्तुओं पर प्रशुल्कों के सामान्य समझौतों की देखभाल करना है।
- बौद्धिक संपदा अधिकार का मूल कार्य बौद्धिक संपदा

से संबंधित विषयों और आंकड़ों को इकट्ठा करना है, जबकि सेवा परिषदों का कार्य सेवाओं के व्यापार पर निगरानी रखना है।

## विश्व व्यापार संगठन की विभिन्न बैठकें

### 1. सिंगापुर बैठक

- विकासशील देशों ने इस बैठक में क्रियान्वयन मुद्दे को उठाया, जिन मुद्दों पर गैट (GATT) के विभिन्न चरणों की वार्ता में सहमति हुई थी, **उनमें निम्न मुद्दे मुख्य हैं-**
  (i) विकसित देशों द्वारा दी जा रही कृषि सब्सिडी समाप्त करना।
  (ii) वर्ष 1974 के 'मल्टी फाइबर समझौते' को समाप्त करना।
  (iii) विकासशील देशों की वस्तुओं के साथ विशेष विभेदक व्यवहार करना।
  (iv) विकासशील देशों की वस्तुओं को विकसित देशों के बाजारों में पहुंच की मांग।
- विकासशील देशों के अनुसार, नए मुद्दों पर वार्ता करने से पहले लिए गए निर्णयों को क्रियान्वित करना चाहिए।
- सिंगापुर बैठक में व्यापार को, गैर-व्यापारिक मानदंडों के आधार पर भी प्रतिबंधित करने का प्रयत्न किया गया। विकसित देशों ने श्रम और पर्यावरणीय मानकों को व्यापार से जोड़ने का प्रयत्न किया।
- विकासशील देशों के अनुसार, श्रम मानकों का निर्धारण अंतर्राष्ट्रीय श्रम संगठन (ILO) के द्वारा होना चाहिए।
- व्यापारिक मुद्दों को गैर-व्यापारिक मानदंडों के आधार पर प्रतिबंधित करने का विरोध किया गया, क्योंकि विकसित देश, विकासशील देशों के श्रम की बढ़त को गैर-व्यापारिक मानदंडों को प्रतिसंतुलित करना चाहते थे।
- यह बिंदु उल्लेखनीय है कि TRIPS और TRIMS के मुद्दों पर विकासशील देशों को पहले से ही आपत्ति थी, क्योंकि पेटेंट, ट्रेडमॉर्क एवं कॉपीराइट जैसे बौद्धिक संपदा अधिकारों (IPR) पर विकसित देशों का नियंत्रण है एवं अधिकांश अनुसंधान कार्य विकसित देशों में ही किए जाते हैं।

#### विकसित देशों का दृष्टिकोण

- विकसित देशों ने सिंगापुर बैठक में निम्न नए मुद्दों को सम्मिलित करने पर बल दिया-
  (i) व्यापार को बढ़ावा देना।
  (ii) सरकारी खरीद में पारदर्शिता।
  (iii) व्यापार में निवेश के उपाय।

### 2. दोहा बैठक

- सिंगापुर के पश्चात् सिएटल बैठक बुरी तरह विफल हुई, उसके पश्चात् दोहा विकास वार्ता आयोजित हुई, जिसमें व्यापार को विकास का प्रमुख यंत्र माना गया।
- विशेषज्ञों के अनुसार, बहुपक्षीय मुक्त व्यापार को बढ़ावा देने से विश्व में गरीबी, अभाव, निरक्षरता और कुपोषण जैसी समस्याएं स्वाभाविक रूप में दूर होंगी।
- इसलिए पहली बार व्यापार को सीधे विकास से जोड़ने का प्रयत्न किया गया।
- वर्ष 2003 तक दोहा विकास वार्ता को पूर्ण करने का लक्ष्य निर्धारित किया गया।
- विकास वार्ता में विकसित देशों ने यह कहा कि मुक्त वैश्विक व्यापार में अल्पविकसित देशों के हितों का विशेष ध्यान रखा जाएगा।
- विकसित देशों ने भी आश्वासन दिया कि वे अल्पविकसित देशों की वस्तुओं को अपने बाजारों में शुल्क मुक्त रूप में आयातित करेंगे।

#### दोहा विकास वार्ता के मुद्दे

- दोहा विकास वार्ताओं में **निम्न मुद्दे आए-**
  (i) कृषि क्षेत्र में सब्सिडी का मुद्दा।
  (ii) गैर-कृषि क्षेत्र में औद्योगिक वस्तुओं के बाजार पहुंच का मुद्दा।
  (iii) सेवा क्षेत्र में व्यापार।
  (iv) सिंगापुर मुद्दा।
  (v) विशेष व्यवहार का मुद्दा।

#### कृषि क्षेत्र का व्यापार

- सिंगापुर बैठक में ही कृषि क्षेत्र में दी जाने वाली सब्सिडी को समाप्त करने का विकसित देशों ने आश्वासन दिया, परंतु इसे अभी भी लागू नहीं किया गया।
- घरेलू सहायता के नाम पर विकसित देश कृषि में भारी सब्सिडी प्रदान करते हैं। यह सब्सिडी अनेक रूपों में प्रदान की जाती है।

## विकसित देशों द्वारा प्रदान की जाने वाली सब्सिडी के प्रकार

#### ग्रीन बॉक्स

- इसके अंतर्गत् विकसित देशों द्वारा कृषि, शोध एवं विकास हेतु भारी मात्रा में सब्सिडी प्रदान की जाती है। इसके पीछे यह तर्क दिया जाता है कि इन अनुसंधानों से पर्यावरण संरक्षण होगा।

#### ब्लू बॉक्स

- इसके अंतर्गत् किसानों को सस्ते बीज, खाद एवं बिजली प्रदान की जाती है।

#### एंबर बॉक्स

- इसके अंतर्गत् किसानों को निर्यात हेतु सब्सिडी प्रदान की

जाती है, जिससे विकसित देशों के कृषि उत्पाद सस्ते हो जाते हैं।

## बाजार पहुंच का मुद्दा

- कृषि क्षेत्र में विकसित और विकासशील देश अपने बाजारों का उदारीकरण करने के लिए समझौता कर चुके हैं, जिसके अंतर्गत् प्रशुल्कों की कटौती भी की जा रही है, जिससे कृषि उत्पादों के व्यापार में वृद्धि हो सके, परंतु विकसित देश सब्सिडी घटाने को तैयार नहीं हैं।
- वर्ष 2005 की हांगकांग बैठक में विकसित देश इस बिंदु पर सहमत हुए कि वे वर्ष 2013 तक कृषि क्षेत्र में दी जा रही निर्यात सब्सिडी पूर्णत: समाप्त कर देंगे, परंतु आलोचकों के अनुसार, यह समस्या का समाधान नहीं है, क्योंकि विकसित देशों द्वारा कृषि क्षेत्र को दी गई कुल सब्सिडी का भाग केवल 3.5 प्रतिशत है। इससे स्पष्ट है कि विकसित देश अभी भी कृषि क्षेत्र में सब्सिडी समाप्त करने को सहमत नहीं हैं।
- सिंगापुर से लेकर दोहा विकास वार्ता की प्रगति में सबसे बड़ी बाधा कृषि क्षेत्र से संबंधित ही है।

## विशेष सुरक्षा उपाय

- विश्व व्यापार संगठन की जिनेवा वार्ता में भारत सहित अन्य विकासशील देशों ने सीमित कृषि उत्पादों पर अधिक आयात शुल्क लगाने की मांग की, ताकि वे उत्पाद विशेष सस्ते दरों पर उनके बाजारों में न पहुंच पाए।
- भारत ने कहा कि विशेष सुरक्षा तंत्र का अधिकार सीमित न किया जाए। देशों को अपने कृषि क्षेत्र को देखते हुए इसके प्रयोग की पूर्ण अनुमति हो तथा देशों को किसी भी वस्तु पर विशेष सुरक्षा तंत्र का प्रयोग करने की विशेष छूट होनी चाहिए।
- सिर्फ 38 वस्तुओं को ही विशेष सुरक्षा उपाय (Special Safeguard Mechanism) के दायरे में रखा गया है।
- लेकिन भारत के अनुसार, एक निश्चित सीमा में कृषि उत्पादों के आयात में 15 प्रतिशत से अधिक वृद्धि होने पर विशेष सुरक्षा प्रणाली लागू करने की व्यवस्था हो, जबकि अमेरिका ने इसे 40 प्रतिशत रखने की मांग की।

## गैर-कृषि बाजार पहुंच का मुद्दा

- विकसित देश औद्योगिक क्षेत्र में मुक्त व्यापार के समर्थक हैं। वे विकासशील देशों से अपने औद्योगिक क्षेत्रों को पूर्णत: उदारीकृत करने की मांग कर रहे हैं।
- विकासशील देशों के अनुसार, अभी उनका औद्योगिक क्षेत्र विकसित देशों की तुलना में अल्पविकसित है। इसलिए इन्हें अभी भी अपने घरेलू उद्योगों के संरक्षण की आवश्यकता है।
- विकसित देश अपने बाजारों में अभी भी विकासशील देशों की वस्तुओं को पहुंचने से प्रतिबंधित करते हैं। इन वस्तुओं के विरुद्ध 'एंटी डंपिंग' का प्रयोग करते हैं।

## सेवा क्षेत्र (सेवा क्षेत्र के अंतर्गत् व्यापार के निम्नलिखित तरीके होते हैं)

**मोड** (i) **:** इसके अंतर्गत् सेवा उत्पादों का भौतिक आदान-प्रदान होता है। उदाहरण के लिए, बिजनेस आउटसोर्सिंग पर कोई प्रतिबंध नहीं है।

**मोड** (ii) **:** इसके अंतर्गत् सेवा निर्यातक देश में उपभोक्ताओं का गमन। उदाहरण के लिए, जैसे किसी सेवा निर्यातक देश, डॉक्टरी सेवा प्राप्त करने के लिए स्वयं मरीज का जाना या सेवा उपभोक्ता का निर्यातक देश में जाना, पर्यटन पर कोई प्रतिबंध नहीं।

**मोड** (iii) **:** किसी देश में वाणिज्यिक इकाई या संस्था को स्थापित करना। जैसे-बैंकिंग, बीमा।

**मोड** (iv) **:** इसके अंतर्गत् प्राकृतिक व्यक्तियों का आवागमन होता है, जिसमें श्रम की गतिशीलता को भी रखा जाता है।

- विमानन, पर्यटन एवं बीमा जैसे सेवा क्षेत्रों में विकसित देशों की अर्थव्यवस्थाएं अत्यंत प्रतिस्पर्धी हैं।
- विकसित देश इन क्षेत्रों में विकासशील देशों द्वारा लगाए गए प्रतिबंधों को हटाने की मांग कर रहे हैं, जबकि विकासशील देश श्रम के मुक्त आदान-प्रदान का समर्थन कर रहे हैं, क्योंकि विकसित देश तकनीकी रूप में अत्यधिक शक्तिशाली हैं।
- समकालीन विश्व में दुनिया के अधिकांश राष्ट्र विश्व व्यापार संगठन के सदस्य बन चुके हैं, परंतु विकसित देश इस संगठन का प्रयोग अपने हितों की रक्षा के लिए करना चाहते हैं।
- आरंभिक रूप में विकासशील देशों की प्रतिक्रिया विश्व व्यापार संगठन के प्रति 'ट्रोजन हॉर्स' के रूप में रही, लेकिन अब विकासशील देश पलायनवादी न होकर, विकसित देशों की भेदभावकारी नीतियों का सामूहिक विरोध कर रहे हैं तथा उन्हें अनेक **सफलताएं भी प्राप्त हुई हैं-**

(i) वर्ष 2003 की कानकून बैठक में TRIPS के मुद्दे पर विकासशील देशों को निर्णायक बढ़त प्राप्त हुई, क्योंकि इस बैठक में यह निर्णय लिया गया कि सार्वजनिक बीमारियों को TRIPS के प्रावधानों से छूट होगी।

(ii) विकसित देश इस बिंदु पर भी सहमत हो गए हैं कि

श्रम मानकों का निर्णय निर्धारण अंतर्राष्ट्रीय श्रम संगठन द्वारा किया जाएगा।

- अतः विश्व व्यापार में अनेक असहमतियों के बावजूद मुक्त व्यापार बढ़ाने पर सहमति होती प्रतीत हो रही है।
- इसलिए विकासशील देशों की मूल आपत्ति विश्व व्यापार संगठन से नहीं है, बल्कि विश्व व्यापार संगठन में विकसित देशों द्वारा निर्मित आधिपत्यवादी नियमों से है।

## बाली सम्मेलन

- दिसंबर, 2013 में बाली के मंत्रिस्तरीय सम्मेलन में भारत सहित विकासशील देशों के समूह G-33 ने सब्सिडी के दायरे में खाद्य सुरक्षा पहलों की रक्षा के स्पष्ट उद्देश्य के साथ खाद्य भंडार के अधिग्रहण का प्रस्ताव दिया था।

## बाली पैकेज

- बाली पैकेज के अनुसार, भारत और अन्य विकासशील देशों को जब तक वे अंतर्राष्ट्रीय व्यापार समझौता खत्म नहीं करते, तब तक बिना किसी कानूनी चुनौतियों के मुख्य खाद्य उपजों पर सब्सिडी देने की अनुमति देता है। यह अंतरिम शांति खंड (Peace Clause) भी प्रदान करता है।

## शांति खंड (Peace Clause)

- शांति खंड दिसंबर, 2013 से शुरू होने वाले चार (4) वर्ष की अंतरिम अवधि की सुविधा देता है, जिसमें खाद्य सुरक्षा से जुड़े सभी मुद्दों पर चर्चा की जाएगी और वर्ष 2017 तक एक स्थायी समाधान निकाल लिया जाएगा।
- शांति खंड में कई शर्तें हैं। जैसे, भारत को वर्ष 2017 में खत्म हो रहे चार (4) वर्षों की अवधि में एक बार विश्व व्यापार संगठन के विवाद निराकरण निकाय में ले जाए जा सकता है।

## खाद्य सुरक्षा विधेयक व कृषि मुद्दे

- भारत द्वारा निर्मित खाद्य सुरक्षा अधिनियम को मुक्त व्यापार के प्रतिकूल माना जा रहा है। क्योंकि भारत के द्वारा न्यूनतम खरीद मूल्य के द्वारा सरकार कृषि उत्पादों की बाजार कीमत से ज्यादा पर खरीदारी करती है तथा खाद्य सुरक्षा विधेयक के अंतर्गत् इसे बाजार से कम कीमत पर आम लोगों को उपलब्ध करा दिया जाता है, इससे मुक्त व्यापार सीधे तौरपर बाधित होता है।
- अतः भारत के बाजारों में कोई देश अपने कृषि उत्पाद का निर्यात नहीं कर पाएगा।
- विश्व व्यापार संगठन के मानकों के अनुसार, कोई भी देश अपनी सकल कृषि उत्पाद के 10 प्रतिशत से ज्यादा सब्सिडी प्रदान नहीं करेगा।
- भारत द्वारा खाद्य सुरक्षा विधेयक के माध्यम से जो सब्सिडी प्रदान की जा रही है, वह 10 प्रतिशत की सीमा से ज्यादा है। अतः विश्व व्यापार संगठन के नियमों के विरुद्ध है।
- भारत ने इसका बचाव करते हुए तर्क दिया है कि सब्सिडी वर्ष 1986 के कृषि पदार्थों के मूल्यों पर आधारित है, जिसे परिवर्तित करना चाहिए। क्योंकि वर्ष 1986 के बाद कृषि पदार्थों की कीमतों में विकासशील देशों में बेतहाशा वृद्धि हुई। जबकि विकसित देशों के कृषि पदार्थों के मूल्य में यह वृद्धि नहीं हुई।
- भारत का यह भी तर्क है कि संयुक्त राष्ट्र संघ द्वारा निर्धारित सहस्त्राब्दि विकास लक्ष्यों को प्राप्त करने हेतु गरीबी निवारण आवश्यक है, जिसके लिए खाद्य सुरक्षा आवश्यक है।
- भारत की इस आपत्ति को देखते हुए भारत को बाली बैठक में वर्ष 2017 तक भारत को 'खाद्य सुरक्षा अधिनियम' लागू करने की अनुमति दे दी गई, जिसे शांति खंड (Peace Clause) कहा गया।

## नैरोबी सम्मेलन

- यह सम्मेलन विश्व व्यापार संगठन (WTO) का 10वां सम्मेलन था, जिसमें 160 देशों ने भाग लिया। इस सम्मेलन के समापन पर विश्व व्यापार संगठन (WTO) के अध्यक्ष रॉबर्ट अजबेडो (Roberto Azevêdo) ने 'नैरोबी पैकेज' की घोषणा किया, जिसमें चरणबद्ध तरीके से कृषि सब्सिडी समाप्त करने की घोषणा की गई है।
- इस सम्मेलन में अल्पविकसित देशों के लिए विशेष सहायता की घोषणा की गई है।
- भारत को आशाओं के विपरीत कृषि सब्सिडी को चरणबद्ध तरीके से समाप्त करने को कहा गया है। जबकि भारत खाद्य सुरक्षा तथा सीमांत कृषकों के हित में कृषि सब्सिडी अनिश्चित काल तक जारी रखने की मांग कर रहा था।
- नैरोबी पैकेज में यह निर्धारित किया गया है कि विकसित देश तुरंत कृषि निर्यात सब्सिडी समाप्त करेंगे तथा विकासशील देश वर्ष 2018 तक इसे समाप्त करेंगे।
- विकासशील देशों को वर्ष 2023 तक कृषि पर दिए जाने वाले विपणन एवं परिवहन सहायता को समाप्त करना है तथा नैफेड, ट्राफेड जैसे एजेंसियों को दी जाने वाली सहायता भी बंद करनी है।
- इस सम्मेलन में स्पेशल सेफगार्ड मेकेनिज्म (Special Safeguard Mechanism (SSM)) के तहत् विकासशील देशों को अत्यधिक आयात की दिशा में अपने कृषकों के हित में प्रशुल्क बढ़ाने की छूट दी गई है।

## विश्व व्यापार संगठन के वाणिज्य मंत्रिस्तरीय सम्मेलन

| क्रम. | स्थान | वर्ष |
|---|---|---|
| 1. | सिंगापुर | 1996 |
| 2. | जिनेवा | 1998 |
| 3. | सिएटल | 1999 |
| 4. | दोहा | 2001 |
| 5. | कानकुन | 2003 |
| 6. | हांगकांग | 2005 |
| 7. | जिनेवा | 2009 |
| 8. | जिनेवा | 2011 |
| 9. | बाली | 2013 |
| 10. | नैरोबी (कीनिया) | दिसंबर, 2015 |
| 11. | ब्यूनसआर्यस (अर्जेंटीना) | दिसंबर, 2017 |

## भारत और विश्व व्यापार संगठन

### प्रथम चरण

- वर्ष 1996 की सिंगापुर बैठक तथा वर्ष 1998 की जिनेवा बैठक में भारत ने महज अपनी उपस्थिति दर्ज कराई।
- यद्यपि गैट की उरूग्वे चक्र की वार्ताओं में भारत ने अनेक मुद्दों पर आपत्ति व्यक्त की थी, जिनमें TRIPS एवं TRIMS का मुद्दा प्रमुख था, क्योंकि भारत के अनुसार, इससे विकसित देशों को लाभ होगा तथा विकासशील देश घाटे में होंगे। इन आपत्तियों के बावजूद करॉकस समझौते पर भारत ने हस्ताक्षर किया तथा विश्व व्यापार संगठन का सदस्य बना।

### भारत के विश्व व्यापार संगठन का सदस्य बनने के कारण

- भारत का विश्व व्यापार संगठन का सदस्य बनने के पीछे **निम्नलिखित कारण थे-**
  (i) वर्ष 1991 में भारत ने उदारीकरण की नीति अपनाई।
  (ii) चीन जैसे साम्यवादी देश ने भी मुक्त बाजार को स्वीकार कर लिया।
  (iii) रूस ने भी उदारीकरण की नीतियों को लागू किया।
  (iv) भू-मंडलीकरण के युग में कोई भी राज्य बिल्कुल अलग-थलग नीतियों का प्रयोग नहीं कर सकता।
  (v) इसलिए विश्व व्यापार संगठन की सदस्यता भारत ने ग्रहण की तथा चयनात्मक एवं अपनी प्राथमिकताओं के अनुरूप विश्व बाजार से संबंध स्थापित किया।

### द्वितीय चरण (भारत की सक्रिय भूमिका)

- विश्व व्यापार संगठन की सिएटल बैठक (1999) से भारत ने पर्यावरण एवं श्रम जैसे मुद्दों को व्यापार से जोड़ने का भारी विरोध किया।
- भारत ने निम्न मुद्दों पर **आपत्ति उठाई-**
  (i) TRIPS एवं TRIMS
  (ii) सिंगापुर मुद्दे।
  (iii) भारत ने क्रियान्वयन मुद्दे पर बल दिया।
- भारत ने ब्राजील, इंडोनेशिया जैसे विकासशील देशों के साथ मिलकर विकसित देशों द्वारा दी गई कृषि सब्सिडी का विरोध किया।
- वर्ष 2001 की दोहा विकास वार्ता तथा वर्ष 2003 की कानकुन बैठक में कृषि सब्सिडी के मुद्दे पर भारत ने प्रभावी विरोध दर्ज कराया।
- दोहा विकास वार्ता को लेकर विकसित देशों ने भारत पर आरोप लगाया कि यह दोहा विकास वार्ता पूर्ण होने में बाधा उत्पन्न कर रहा है।

### तृतीय चरण (भारत की सकारात्मक भूमिका)

- विकसित देशों की आलोचना के विरोध में भारत ने यह तर्क दिया कि वह विकासशील देशों के हितों के संरक्षण के लिए रचनात्मक भूमिका का निर्वाह कर रहा है।
- भारत ने भेदभावकारी नीतियों का विरोध किया, न कि वार्ता को विफल बनाने का प्रयत्न किया।
- वर्ष 2008 में जिनेवा में आयोजित लघु मंत्रिस्तरीय वार्ता भी विफल रही, जिसका एक कारण, कृषि क्षेत्र में सब्सिडी और कृषि क्षेत्र में दी जा रही विशेष सुरक्षा प्रणाली है।
- भारत के अनुसार, कृषि क्षेत्र में भारत की खाद्य सुरक्षा एवं ग्रामीण विकास से जुड़ा हुआ है।

### भारत तथा विशेष मुद्दे

(i) कृषि का मुद्दा (ii) सिंगापुर का मुद्दा
(iii) सेवा क्षेत्र का मुद्दा।

- भारत के जी. डी. पी. (G.D.P.) में सेवा क्षेत्र का भाग लगभग 58 प्रतिशत है एवं आई. टी. तथा सॉफ्टवेयर के क्षेत्र में भारत ने उल्लेखनीय प्रगति दर्ज की।
- भारत की यह मांग है कि प्राकृतिक व्यक्तियों के आदान-प्रदान पर विकसित देशों द्वारा लगाए गए प्रतिबंध ढीले होने चाहिए।

### एंटी डंपिंग एवं भारत

- परंपरागत रूप में भारत, टेक्सटाइल का एक बड़ा निर्यातक है, परंतु विकसित देशों की डंपिंग विरोधी नीतियों के कारण भारतीय निर्यात अत्यधिक प्रभावित हुआ।
- विश्व व्यापार संगठन की वर्ष 2004 की वार्षिक रिपोर्ट

में कहा गया है कि सर्वाधिक डंपिंग विरोधी नीतियों का प्रयोग अमेरिका ने किया।

- जबकि दूसरी ओर, यूरोपीय यूनियन तथा चीन एवं अमेरिका ने भारत पर यह आरोप लगाया कि भारत डंपिंग नीतियों का प्रयोग कर रहा है।

## भारत और विवाद निस्तारण समिति

- भारत के अनुसार, विश्व व्यापार संगठन के विवाद निस्तारण तंत्र में सुधार करने की आवश्यकता है, क्योंकि विवाद निस्तारण का वैधानिक लागत बहुत ज्यादा हैं, जिससे विकासशील देशों की स्थिति अशक्त हो जाती है।
- भारत के अनुसार, इसमें निम्न **सुधार की आवश्यकता है**-
  - (i) जो वाद अत्यंत तुच्छ किस्म का हो, उन्हें ग्रहण नहीं करना चाहिए।
  - (ii) विकसित और विकासशील देशों के मध्य विवाद में यदि विकासशील देशों की विजय हो, तो विकसित देशों द्वारा उन्हें समूची वैधानिक लागत का भुगतान किया जाना चाहिए।
  - (iii) भारत के अनुसार, विकसित देश किसी वाद में पराजित होने के बाद भी एक निश्चित समय सीमा में निर्णयों को लागू नहीं करते। इसलिए यदि निस्तारण समिति के निर्णयों को लागू नहीं किया गया हो, तो दंड का प्रावधान होना चाहिए।
  - (iv) विवाद निस्तारण समिति में विकासशील देशों के साथ विशेष विभेदक व्यवहार किया जाना चाहिए।

## विश्व व्यापार संगठन (WTO) की ब्यूनस आयर्स (Buenos Aires) बैठक

- यह बैठक दिसंबर, 2017 में अर्जेन्टीना की राजधानी ब्यूनस आयर्स में संपन्न हुई, जिसमें सब्सिडी, खाद्य सुरक्षा पीस क्लाज, ई. कामर्स, मत्स्यन, संरक्षणवाद वार्ता के महत्वपूर्ण मुद्दे रहे। परंतु यह सम्मेलन भी असफल रहा, क्योंकि सदस्य देशों के मध्य कोई सहमति नहीं बन पाई।
- संयुक्त राज्य अमेरिका के नेतृत्व में पश्चिमी विकसित देशों ने 'विकास' शब्द को पुन: परिभाषित करने की बात कही। इन देशों का मानना है कि कुछ देश (भारत-चीन-ब्राजील) विकासशील के नाम पर अधिक लाभ ले रहे हैं। जबकि उनकी अर्थव्यवस्था विश्व की प्रमुख अर्थव्यवस्थाओं में है। इस संदर्भ में भारत का कहना था कि 'विकास' का मापन जी.डी.पी. के माध्यम से न करके 'प्रति व्यक्ति आय' के माध्यम से किया जाना चाहिए। इस आधार पर भारत की बड़ी जनसंख्या गरीब है।
- विकसित देशों ने भारत द्वारा 'पीस क्लाज' के तहत खाद्य सुरक्षा के लिए दिए जा रहे सब्सिडी तथा सार्वजनिक खाद्य भंडारण का विरोध किया। भारत इन प्रावधानों को स्थायी करने की मांग कर रहा था, ताकि गरीबी तथा भुखमरी मिटाने में मदद मिल सके। जबकि पश्चिमी देश इसका समयबद्ध समापन चाहते हैं।
- परिणामत: इस पर कोई निर्णय नहीं लिया जा सका। भारत तथा चीन जैसे देशों ने विकसित देशों द्वारा दी जा रही फॉर्म सब्सिडी का विरोध किया।
- विकसित देशों ने इस सम्मेलन में ई. व्यापार के लिए नया मसौदा पेश किया, जिसमें खुले-सीमापार (Open Cross Border), ई. व्यापार (e-Trade) का प्रस्ताव है। भारत ने इस प्रस्ताव का विरोध किया है तथा वर्ष 1998 में स्वीकार किये गये ई. व्यापार समझौते को सही बताया है।

# कुछ महत्वपूर्ण संगठन

## ब्रेटेनवुड्स व्यवस्था

- वर्ष 1944 में अमेरिका के हैम्पशायर नामक राज्य के शहर ब्रेटेनवुड्स में एक सम्मेलन आयोजित किया गया।
- इसी सम्मेलन के द्वारा अंतर्राष्ट्रीय मुद्रा कोष (IMF), विकास और पुनर्संरचना का अंतर्राष्ट्रीय बैंक (विश्व बैंक) तथा व्यापार एवं प्रशुल्क पर सामान्य समझौता (GATT) की स्थापना का आधार रखा गया।
- इसलिए इन तीनों संस्थाओं को ब्रेटेनवुड्स संस्था के रूप में जानते हैं।
- अंतर्राष्ट्रीय मुद्रा कोष, राज्यों को भुगतान के संतुलन के संकट से निपटने के लिए छोटी अवधि के लिए आर्थिक सहायता प्रदान करता है।
- जबकि विश्व बैंक के द्वारा राज्यों को आर्थिक विकास के लिए लंबी अवधि की आर्थिक सहायता प्रदान की जाती है।

### G-8

- वर्ष 1973 के तेल संकट तथा आर्थिक संकट के बाद इसकी स्थापना हुई।
- इसमें अमेरिका, फ्रांस, जर्मनी, इंग्लैंड, जापान, इटली तथा कनाडा सम्मिलित हुए। वर्ष 1975 से इसकी औपचारिक स्थापना हुई।
- वर्ष 1997 में इसमें रूस भी सम्मिलित हुआ।
- इसके द्वारा वैश्विक आर्थिक मुद्दों पर विचार एवं परामर्श किया जाता है।

- अब G-8 की बैठकों में चीन, ब्राजील, भारत, मैक्सिको एवं दक्षिण अफ्रीका को भी सम्मिलित किया जाता है। जिसे G-8+5 भी कहा जाता है।
- 40वां G-8 शिखर सम्मेलन 4, 5 जून, 2014 को ब्रुसेल्स में यूरोपीय संघ परिषद् के 'जस्टस लिपसियस भवन' (Justus Lipsius Building) में आयोजित किया गया।
- यूरोपीय संघ ने G-8 शिखर सम्मेलन की मेजबानी पहली बार की।
- वर्ष 1997 में रूस इस संगठन का सदस्य बना था, लेकिन क्रीमिया मुद्दे को लेकर रूस को G-8 से निष्कासित भी कर दिया गया है।
- उल्लेखनीय है कि G-8 शिखर सम्मेलन, 2014 रूस के 'सोची' (Sochi, Russia) शहर में आयोजित किया जाना था। परंतु यह ब्रुशेल्स में आयोजित किया गया।
- G-8 का 42वां सम्मेलन मई, 2016 में जापान के शहर शीमा (Shima) में आयोजित हुआ तथा 43वां सम्मेलन वर्ष 2017 (मई) में टार्मिना (Taormina) (इटली) और 44वां सम्मेलन कनाडा में आयोजित होना है।
- 27 मार्च 2014 को इस समूह द्वारा रूस को संगठन से अनिश्चित काल के लिए निलंबित कर दिया गया। अब यह पुन: जी-7 के नाम से जाना जाने लगा।
- 8-9 जून, 2018 के मध्य जी-7 राष्ट्रों का 44वां शिखर सम्मेलन क्यूबेक सिटी (कनाडा) में हुआ। इसमें लैंगिक समानता, स्त्री सशक्तिकरण, जलवायु परिवर्तन, सुरक्षित विश्व पर बल दिया गया।

### G-20

- इसकी स्थापना 1999 ई. में की गई, जिसमें दुनिया की 20 बड़ी अर्थव्यवस्था वाले देशों ने मिलकर इसकी शुरुआत की।
- 20 देशों के वित्तमंत्री और इन देशों के केंद्रीय बैंकों के अध्यक्ष प्रतिवर्ष G-20 के सम्मेलन में भाग लेते हैं। यूरोपीय यूनियन का प्रतिनिधित्व, यूरोपीय यूनियन के चेयरपर्सन के द्वारा किया जाता है। हर दो वर्ष में शासनाध्यक्षों की बैठक होती है।

### सदस्य देश

- **एशिया महाद्वीप में**, चीन, जापान, भारत, दक्षिण कोरिया, इंडोनेशिया, टर्की एवं सऊदी अरब।
- **यूरोप में**, यूनाइटेड किंगडम, फ्रांस, जर्मनी, इटली, यूरोपीय यूनियन एवं रूस।
- **अफ्रीका में**, दक्षिण अफ्रीका।
- **अमेरिका में**, अमेरिका, कनाडा, मैक्सिको, ब्राजील एवं अर्जेंटीना।
- **ऑस्ट्रेलिया में**, ऑस्ट्रेलिया।

### उद्देश्य

- इस संगठन का मूल उद्देश्य, विश्व के वित्तीय मुद्दों पर सहयोग और परामर्श करना है।

### महत्व

- वर्ष 2008 में वाशिंगटन सम्मेलन के बाद इसके महत्व में निर्णायक वृद्धि हुई। यह उल्लेखनीय है कि वर्ष 2008 में अमेरिका और यूरोप वैश्विक आर्थिक मंदी के शिकार थे।
- इस सम्मेलन के बाद यह कहा गया कि आने वाले विश्व में G-8 का स्थान G-20 लेगा।
- यह उल्लेखनीय है कि चीन दुनिया की दूसरी सबसे बड़ी अर्थव्यवस्था है और फिलहाल ब्राजील की अर्थव्यवस्था इंग्लैंड की अर्थव्यवस्था से भी बड़ी हो गई है। भारत का बड़ा आर्थिक बाजार विश्व के आकर्षण के केंद्र के रूप में उभर रहा है।
- विकासशील देशों के बढ़ते आर्थिक महत्व के ही कारण वर्ष 2005 ई. से G-8+5 की बैठक आरंभ हुई।

### G-8+5

- अमेरिका, कनाडा, जर्मनी, फ्रांस, ब्रिटेन, इटली, जापान, रूस (वर्ष 1997 में) तथा+5 में, चीन, भारत, ब्राजील, मैक्सिको एवं दक्षिण अफ्रीका।

### अंताल्या ( तुर्की ) जी-20 सम्मेलन

- जी-20 का सम्मेलन 15-16 नवंबर, 2015 को अंताल्या, तुर्की में हुआ।
- यह जी-20 का 10वां सम्मेलन था। इसका मुख्य लक्ष्य 'समावेशी तथा त्वरित विकास हेतु सामूहिक कार्यवाही' था। इस सम्मेलन में वैश्विक विकास दर का लक्ष्य अतिरिक्त 2 प्रतिशत तक बढ़ाना है।
- फ्रांस में आतंकवादी हमले के कारण फ्रांसीसी राष्ट्रपति होलांदे ने भाग नहीं लिया।

### जी-20 का 11वां शिखर सम्मेलन

- यह सम्मेलन 4-5 सितंबर, 2016 में चीन के शहर हांगझाऊ (Hangzhou) में संपन्न हुआ, पहली बार यह सम्मेलन चीन में संपन्न हुआ। इसमें प्रधानमंत्री नरेन्द्र मोदी ने भारत का प्रतिनिधित्व किया।
- इसमें अमेरिका तथा चीन ने पेरिस जलवायु परिवर्तन संधि लागू करने की घोषणा की।
- जी-20 के देशों ने व्यापार बढ़ाने, कर चोरी रोकने, भगोड़े आर्थिक अपराधियों को पनाह नहीं देने इत्यादि पर सहमति व्यक्त की।
- इस सम्मेलन में विकास के एजेंडे को वर्ष 2030 तक अमल में लाने तथा अफ्रीकी तथा अल्प विकसित देशों में औद्योगीकरण को सामूहिक रूप से बढ़ावा देने पर जोर दिया गया।

- जी-20 का अगला अर्थात् 12वां शिखर सम्मेलन 7-8 जुलाई, 2017 को जर्मनी के हैमबर्ग शहर में आयोजित हुआ तथा अगला शिखर सम्मेलन अर्जेंटीना में वर्ष 2018 में प्रस्तावित है।

### B-20 ऑस्ट्रेलिया शिखर सम्मेलन

- व्यापार-20 (B-20) ऑस्ट्रेलिया शिखर सम्मेलन 18 जुलाई, 2014 को सिडनी में आयोजित किया गया।
- वर्ष 2014 में G-20 अध्यक्ष के रूप में ऑस्ट्रेलिया ने B-20 स्थापित किया था।
- यह एक ऐसा मंच है, जो निजी क्षेत्र की समूह-20 (G-20) के नेताओं के वार्षिक बैठक के लिए नीति एवं सिफारिशों के उत्पादन का माध्यम है।

## ओपेक (OPEC)

### स्थापना

- ओपेक की स्थापना वर्ष 1960 में हुई।
- ओपेक 12 तेल उत्पादक देशों का संगठन है।

### प्रकृति

- ओपेक, कोई क्षेत्रीय आर्थिक संगठन नहीं है वरन् यह एक 'कॉर्टेल' है।
- कॉर्टेल का मूल कार्य कीमतों का नियंत्रण करना तथा व्यापार का संचालन करना होता है।

### कार्य

- तेल उत्पादक देश इस संगठन के माध्यम से तेल की कीमतों का निर्धारण व किस देश को तेल बेचा जाए, इसका निर्धारण करते हैं।

### महत्व

- ओपेक, विकासशील देशों के अपने प्राकृतिक संसाधनों पर नियंत्रण का उदाहरण है।
- इससे पहले बहुराष्ट्रीय कंपनियां तेल की कीमतों का निर्धारण करती थीं।

### ओपेक के सदस्य राष्ट्र

| | |
|---|---|
| 1. अल्जीरिया | 2. अंगोला |
| 3. इक्वॉडोर | 4. ईरान |
| 5. ईराक | 6. कुवैत |
| 7. लीबिया | 8. नाइजीरिया |
| 9. कतर | 10. सऊदी अरब |
| 11. वेनेजुएला | 12. संयुक्त अरब अमीरात |

**Note :** वर्ष 2008 में इंडोनेशिया ओपेक से बाहर हो गया, क्योंकि अब वह तेल उत्पादक राष्ट्र नहीं रहा।

## उत्तर-दक्षिण संवाद

### उत्तर-दक्षिण का आशय

- भौगोलिक रूप में उत्तरी गोलार्ध में बसे देश विकसित देश हैं, जिन्हें उत्तर का देश कहा जाता है।
- भौगोलिक रूप में दक्षिण गोलार्ध में बसे देश, विकासशील देश हैं, जिन्हें दक्षिण का देश कहा जाता है।

### उत्तर-दक्षिण संवाद की पृष्ठभूमि

- द्वितीय विश्वयुद्धोत्तर अंतर्राष्ट्रीय राजनीति में जब विकासशील देश उपनिवेशवादी साम्राज्यवादी व्यवस्था से मुक्त हुए, तो उन्होंने विकास की रणनीति अपनाते हुए यह अपेक्षा की कि विकसित देशों के द्वारा प्राप्त आर्थिक अनुदान व सहायता के द्वारा विकासशील देश भी आर्थिक रूप में समृद्ध हो जाएंगे।
- जिस प्रकार अमेरिका ने यूरोपीय खस्ताहाल अर्थव्यवस्था को पुनर्जीवित करने के लिए मार्शल योजना लागू की, उससे विकासशील देशों को भी लगा कि विकसित देश, विकासशील देशों की आर्थिक सहायता करेंगे।
- विकसित देशों की ऐसी मान्यता थी कि दुनिया में मुक्त उदारीकृत अर्थव्यवस्था को स्वीकार किया जाए, तो सभी का समान रूप में विकास हो सकता है।
- लेकिन 1960 के दशक तक आते-आते विकासशील देशों को विश्व आर्थिक व्यवस्था से निराशा होने लगी। दूसरे शब्दों में, विकासशील देशों ने ब्रिटेनवुड्स अर्थव्यवस्था के प्रति अविश्वास व्यक्त किया और इसी संदर्भ में विकासशील देशों ने विकास के अलग मुद्दों को उठाया, जो कि स्पष्ट रूप में विकसित देशों के दृष्टिकोण के अनुकूल नहीं था। यह पहला प्रयास 'यूनाइटेड नेशंस कॉन्फ्रेंस ऑन ट्रेड एंड डेवलपमेंट' (UNCTAD) के रूप में वर्ष 1964 में दिखाई दिया।
- विकासशील देश वैश्विक आर्थिक विकास की प्रगति से सहमत नहीं थे और अंकटाड ब्रिटेनवुड्स संस्थाओं को विकासशील देशों के प्रतिकूल माना। क्योंकि ये संस्थाएं पाश्चात्य उदारवादी दृष्टिकोण को प्रतिबिंबित करती हैं, जो विकासशील देशों के अनुकूल नहीं है। अत: अंतर्राष्ट्रीय आर्थिक व्यवस्था के हित एवं आवश्यकताएं विकासशील देशों के प्रति भेदभावपूर्ण हैं। अत: विकासशील देशों ने अपने विकास के लिए नई संस्था के निर्माण का प्रयास किया, जो उनके आर्थिक विकास को बढ़ा सकती है। लेकिन पाश्चात्य देशों ने इस नई संस्था के निर्माण का विरोध किया। लेकिन

अंतत: विकासशील देशों की विजय हुई और अंकटाड का निर्माण हुआ।

- अंकटाड के अनुसार, तीसरी दुनिया के कच्चे पदार्थों के निर्यात में देखी जा रही है।
- विकासशील देशों को अपनी आर्थिक स्थिति सुदृढ़ करने के लिए आयात प्रतिस्थापन की नीति अपनानी चाहिए।
- विकासशील देशों की निर्यातित वस्तुओं पर विकसित देश अवरोध न लगाएं।
- विकासशील देशों को विकसित देश तकनीकी सहायता प्रदान करें।
- 1970 के दशक में तेल संकट के कारण विकासशील देशों की अर्थव्यवस्था बुरी तरह प्रभावित हुईं।
- इसलिए वर्ष 1973 के अल्जीरिया के गुटनिरपेक्ष सम्मेलन में आर्थिक मुद्दों को प्राथमिक बनाया गया। परिणामस्वरूप वर्ष 1974 में संयुक्त राष्ट्र संघ में नई अंतर्राष्ट्रीय आर्थिक व्यवस्था (NIEO) का प्रस्ताव पारित हुआ, जो कि विकासशील देशों का प्रस्ताव था।

## उत्तर-दक्षिण संवाद में मुख्य मुद्दे

### 1. तकनीकी हस्तांतरण की मांग

- तकनीकी हस्तांतरण की मांग और तकनीकी का आशय ज्ञान, कुशलता, पद्धति, डिजाइन या यंत्र की प्राप्ति से है। जिस तकनीकी पर विकसित देशों का नियंत्रण माना जाता है और वस्तुत: विकसित और विकासशील देशों के मध्य मूल अंतर तकनीकी को लेकर ही है।
- तकनीकी हस्तांतरण की समस्या संप्रति वैश्वीकरण के युग में और जटिल हो गई है। क्योंकि विकसित देश मांग कर रहे हैं कि पर्यावरण संरक्षण के लिए विकासशील देश पर्यावरणीय मित्र तकनीकी का उपयोग करें। लेकिन विकसित देश इसके लिए आर्थिक सहायता प्रदान नहीं करते।

### 2. विकासशील देशों पर बढ़ता कर्ज का बोझ

- उपनिवेशवाद एवं साम्राज्यवाद की समाप्ति के पश्चात् विकासशील देशों को यह अपेक्षा थी कि वे विकसित देशों द्वारा प्राप्त ऋण और अनुदान के माध्यम से विकासशील स्वयं को औद्योगीकृत करने का प्रयास करेंगे, क्योंकि विकासशील देशों के पास पूंजी का अभाव था भले ही प्राकृतिक संसाधन प्रचुर मात्रा में थे।
- दूसरी ओर, विकसित देशों ने विकासशील देशों को ऋण लेने के लिए प्रोत्साहित भी किया। लेकिन 1980 के दशक तक आते-आते अर्जेंटीना और मैक्सिको जैसी अर्थव्यवस्थाएं ऋण दुश्चक्र का शिकार हो गईं और विकासशील देशों के निर्यात बढ़ नहीं सके। दूसरी ओर, पश्चिमी देशों ने विकासशील देशों के निर्यात पर तरह-तरह के प्रतिबंध भी आरोपित किए।
- इसलिए विकासशील देशों ने 1970 के दशक में नारा दिया-व्यापार, न कि अनुदान। (Trade not Aid) इस नारे का मूल उद्देश्य था कि विकसित देश, विकासशील देशों के आयात को सदैव प्रतिबंधित करने का प्रयास करते हैं तथा विकासशील देशों के द्वारा निर्धारित कच्चे पदार्थों की कीमत घटती-बढ़ती रहती है।
- इसलिए विकासशील देशों ने इन कीमतों में स्थायित्व लाने की मांग की। अत: विकासशील देशों का तर्क था कि यदि व्यापार की शर्तें उचित कर दी जाएं, तो किसी भी रूप में विकासशील देशों को ऋण की आवश्यकता नहीं है।

### 3. ब्रिटेनवुड्स संस्थाओं की पुनर्संरचना

- द्वितीय विश्व युद्ध राजनीति में आर्थिक व्यवस्था का संचालन अंतर्राष्ट्रीय मुद्रा कोष, विश्व बैंक तथा गैट के द्वारा किया गया। यही तीनों संस्थाएं ब्रिटेनवुड्स संस्थाएं कहलाती हैं।
- इन संस्थाओं का मूल उद्देश्य, व्यापार और आर्थिक दृष्टिकोण से विकसित देशों के हितों का संरक्षण करना है। उदाहरण के लिए, विश्व बैंक का अध्यक्ष सदैव अमेरिकी नागरिक ही होगा। जबकि अंतर्राष्ट्रीय मुद्रा कोष का निदेशक केवल पश्चिमी यूरोप का व्यक्ति ही हो सकता है।
- दूसरी ओर, अंतर्राष्ट्रीय मुद्रा कोष के नीति-निर्माण में विकसित देशों का प्रभुत्व है, क्योंकि इससे प्रत्येक देश को उतने मत का अधिकार है, जितना उसका वित्तीय योगदान अंतर्राष्ट्रीय मुद्रा कोष में है। अत: स्वाभाविक रूप में अंतर्राष्ट्रीय मुद्रा कोष में 70 प्रतिशत योगदान विकसित देशों का है। इसलिए ऐसी संस्था से विकासशील देशों के हित के लिए कार्य करने की अपेक्षा नहीं की गई।
- 1990 के दशक में विकासशील देशों को एक और बड़ी समस्या का समाना करना पड़ा, क्योंकि विश्व बैंक द्वारा दिए जा रहे अधिकांश ऋण अब पूर्वी यूरोपीय देशों और रूस को प्राप्त होने लगे, जिससे अन्य विकासशील देशों के समक्ष विकास के लिए वित्त का अभाव हुआ।
- जबकि गैट के माध्यम से जहां एक ओर दुनिया में मुक्त व्यापार का नारा दिया जा रहा था। वहीं दूसरी ओर, विकासशील देशों के निर्यात को प्रतिबंधित करने के लिए रेशे या तंतु का समझौता (Multi Fiber Agreement) वर्ष 1974 में किया गया।

### 4. निवेश और बहुराष्ट्रीय कंपनियों का मुद्दा

- एक आंकड़े के अनुसार, दुनिया की 800 बड़ी बहुराष्ट्रीय कंपनियों पर अमेरिका, इंग्लैंड, फ्रांस, जर्मनी, इटली, जापान और कनाडा जैसे-सात देशों का प्रभुत्व है। ये 800 कंपनियां विश्व के उत्पादन के 50 प्रतिशत भाग पर नियंत्रण स्थापित करती हैं।
- इन बहुराष्ट्रीय कंपनियों के कार्यकलाप को लेकर विकासशील देशों ने सदैव अपना विरोध व्यक्त किया है।
- वर्ष 1990 के पश्चात् जबकि अधिकांश विकासशील देशों ने उदारीकृत अर्थव्यवस्था को अपना लिया, तो बहुराष्ट्रीय कंपनियों के संदर्भ में अब विवाद निवेश के उपाय (TRIMS) पर ज्यादा है, न कि स्वयं कंपनियों के कार्यकलाप पर।
- लेकिन बहुराष्ट्रीय कंपनियां निम्न कारणों से विकासशील देशों में निवेश करना **चाहती हैं**-
  (i) प्राकृतिक संसाधानों का प्रचुर मात्रा में उपलब्ध होना।
  (ii) सस्ता श्रम।
  (iii) एक बड़ा बाजार।

### 5. उत्तर-दक्षिण संवाद में पर्यावरण संरक्षण का मुद्दा

- संप्रति विश्व राजनीति में पर्यावरण संरक्षण और सतत् विकास का मुद्दा केंद्रीय बन चुका है, लेकिन पर्यावरण संरक्षण के उपाय को लेकर विकसित और विकासशील देशों में मतभेद पाए जा रहे हैं।
- जहां तक पर्यावरण के प्रदूषण का प्रश्न है, इसमें भी मत वैभिन्नता है, क्योंकि विकासशील देशों के अनुसार, पर्यावरण प्रदूषण के लिए सबसे ज्यादा उत्तरदायी विकसित देश हैं। इसलिए पर्यावरण के संरक्षण में भी उनका योगदान और दायित्व अधिक होना चाहिए।
- जबकि विकसित देशों के अनुसार, पर्यावरण प्रदूषण का बड़ा कारण विकासशील देशों की विशाल जनसंख्या है।

### संयुक्त राष्ट्र जलवायु परिवर्तन लीमा वार्ता (2014)

- इस वार्ता का शीर्षक था-'जलवायु कार्रवाई का लीमा आह्वान।'
- वर्ष 2015 में अंतर्राष्ट्रीय जलवायु परिवर्तन बैठक 'पेरिस' में होगी।
- भारत समेत 190 से अधिक देशों ने वैश्विक कार्बन उत्सर्जन में कटौती के राष्ट्रीय संकल्पों के लिए सहमति व्यक्त की है।
- भारत ने जलवायु परिवर्तन कार्रवाई एवं उपायों के लिए अदायगी करने की क्षमता के आधार पर देशों को श्रेणीबद्ध करने की मांग की थी, जिसे मान लिया गया है।
- पहली बार चीन, भारत, ब्राजील और उभरती हुई अन्य अर्थव्यवस्थाएं अपने कार्बन उत्सर्जन में कटौती करने पर राजी हुईं।
- लीमा मसौदे के अनुसार, प्रत्येक देश अपने उत्सर्जन कटौती का अपना लक्ष्य पेश करेंगे, जिसकी समय सीमा 31 मार्च, 2015 होगी।

### पेरिस जलवायु सम्मेलन (COP-21)

- COP-21 के पेरिस सम्मेलन में 12 दिसंबर, 2015 को 195 देशों के मध्य समझौते पर हस्ताक्षर हुआ, जिसका उद्देश्य पृथ्वी को अधिक गर्म होने से बचाना है।
- समझौते में, ग्लोबल वार्मिंग को सदी के अंत तक पूर्व औद्योगिक युग की तुलना में 2ºC नीचे रखने तथा वर्ष 2020 से इस समस्या से निपटने के लिए विकासशील देशों को हर वर्ष 100 अरब डॉलर की मदद देने पर प्रतिबद्धता जताई गई।
- भारत तथा चीन जैसे विकासशील देश 2ºC से नीचे के तापमान रखने के लक्ष्य के पक्ष में नहीं है, ये देश लंबे समय तक कोयले से ईंधन हासिल करने की अनुमति चाहते हैं।
- भारत ने स्वत: घोषणा की है कि वह वर्ष 2030 तक अपनी जी.डी.पी. और उत्सर्जन के अनुपात को वर्ष 2005 के मुकाबले 33-35 प्रतिशत नीचे ले जाने का प्रयास करेगा।
- पेरिस सम्मेलन में निम्नलिखित **पांच बिंदुओं पर बल दिया गया**-
  (i) तापमान वृद्धि दर के लक्ष्य की प्राप्ति हेतु कार्बन उत्सर्जन में तीव्र कमी।
  (ii) पारदर्शी प्रणाली, सर्वेक्षण जलवायु कार्यवाही लेखांकन।
  (iii) जलवायु परिवर्तन से निपटने हेतु क्षमता विस्तार (अनुकूलन)।
  (iv) जलवायु परिवर्तन के दुष्प्रभावों से उबरने हेतु क्षमता विस्तार। (क्षति भरपाई)
  (v) लोचशीलता तथा स्वच्छता हेतु वित्तीय सहायता। (सहयोग)
- वर्ष 2020 तक 100 बिलियन डॉलर की जलवायु निधि हेतु एक स्पष्ट रोड मैप।
- इस सम्मेलन में पेरिस समझौते पर हस्ताक्षर हेतु आगामी पृथ्वी दिवस (22 अप्रैल, 2016) से एक वर्ष तक का समय निश्चित किया गया है।
- यह समझौता उन 55 देशों, जो विश्व कार्बन उत्सर्जन में 55 फीसदी हिस्सेदारी रखते हैं, के अनुसमर्थन से प्रभावी

हो जाएगा। वर्ष 2020 तक प्रभावी होने वाले इस समझौते पर वर्ष 2023 में वैश्विक समीक्षा की जाएगी, तत्पश्चात् हर पांच वर्ष पर समीक्षा बैठक होगी।

- प्रधानमंत्री नरेन्द्र मोदी ने इस सम्मेलन के दौरान, जलवायु परिवर्तन से निपटने के लिए अंतर्राष्ट्रीय सौर ऊर्जा सहयोग मंच की घोषणा की ।

**मराकस सम्मेलन** (COP-22)

- यह सम्मेलन 7-18 नवंबर, 2016 को मोरक्को की राजधानी मराकस में संपन्न हुआ। यह सम्मेलन क्योटो प्रोटोकाल पर 12वां सम्मेलन (CMP-12) तथा पेरिस समझौते पर पहला सम्मेलन (CMA-1) भी था।
- इस सम्मेलन का उद्देश्य जलवायु परिवर्तन से लड़ने के लिए नीतियों को लागू करना तथा पेरिस समझौते के क्रियान्वयन से संबंधित मुद्दों पर विचार-विमर्श करन था।
- इस सम्मेलन में वर्ष 2018 तक पेरिस समझौते को लागू करने की हरी झंडी दी गई है।
- इस सम्मेलन में भारत ने दोहा समझौतों को लागू करने तथा विकसित देशों द्वारा कार्बन उत्सर्जन कम करने पर जोर दिया गया।
- इसी सम्मेलन के दौरान 20 देशों द्वारा अंतर्राष्ट्रीय सौर गठबंधन के प्रारूप समझौते पर हस्ताक्षर किया गया। इस गठबंधन का सुझाव भारतीय प्रधानमंत्री नरेन्द्र मोदी ने दिया।

## विश्व व्यापार संगठन के निर्माण के बाद उत्तर-दक्षिण संवाद का मुद्दा

- विश्व व्यापार संगठन के निर्माण के बाद संप्रति विश्व व्यापार संगठन के मंच पर कृषि सब्सिडी और निर्यात सब्सिडी को लेकर उत्तर एवं दक्षिण के मध्य मतभेद बरकरार है।
- उत्तर-दक्षिण संवाद, मूलत: समानता की मांग से जुड़ा प्रश्न है। यह अंतर्राष्ट्रीय आर्थिक व्यवस्था के पुनर्संरचित करने का प्रश्न है, क्योंकि संप्रति यह व्यवस्था विकसित देशों के पक्ष में झुकी हुई है।
- यह संवाद मात्र विकासशील देशों की मांग नहीं है, अपितु एक अंतर्निर्भर विश्व में शोषण और भेदभाव को समाप्त करने की मांग है। दक्षिण के देशों की मांग याचना नहीं, अपितु सामूहिक वाजिब अधिकार है, जो नए अंतर्राष्ट्रीय आर्थिक व्यवस्था के लिए अपरिहार्य है।
- अत: उत्तर-दक्षिण संवाद की मांग उपनिवेशवाद और साम्राज्यवाद के नए रूपों को समाप्त करने की मांग है।

## उत्तर-दक्षिण संवाद के विभिन्न मंच

1. पेरिस सम्मेलन (1975)
2. ब्रान्ट आयोग (जर्मन चांसलर बिली ब्रान्ट)
3. कानकुन सम्मेलन, 1981 मैक्सिको।

## दक्षिण-दक्षिण सहयोग

- विकासशील देशों के मध्य आपसी सहयोग की संकल्पना, दक्षिण-दक्षिण सहयोग है।
- उत्तर-दक्षिण संवाद को कारगर बनाने के लिए दक्षिण-दक्षिण सम्मेलन भी आयोजित किया गया।
- वर्ष 1982 में गुटनिरपेक्ष आंदोलन का सम्मेलन नई दिल्ली में हुआ।
- वर्ष 1987 में प्योंगयांग में गुटनिरपेक्ष देशों के विदेश मंत्रियों की बैठक तथा दक्षिण-दक्षिण आयोग की बैठक हुई।
- 1989 के बेलग्रेड गुटनिरपेक्ष सम्मेलन में G-15 की स्थापना हुई, जो दक्षिण-दक्षिण सहयोग का क्रियात्मक समूह माना जाता है।
- वर्ष 1999 में G-20 की स्थापना के द्वारा उत्तर-दक्षिण का संवाद वित्तीय मामलों में देखा जा सकता है। इसमें G-7 के सदस्य और 13 (तेरह) अन्य विकासशील देश थे।

## एशियाई टाइगर

- दक्षिण कोरिया, सिंगापुर, ताईवान एवं हांगकांग जैसे देशों ने 1980 के दशक में तीव्र आर्थिक विकास दर्ज किया।
- इसलिए इन देशों को टाइगर अर्थव्यवस्था के रूप में लोकप्रिय बनाया गया।

**समूह-77** (G-77)

- इसकी स्थापना वर्ष 1964 में हुई।
- यह विकासशील देशों का संगठन है।
- इसमें वर्तमान में 120 से अधिक सदस्य हैं।
- इसके द्वारा विकासशील देशों ने विश्व व्यापार को विकासशील देशों के अनुकूल बनाने की मांग की।

**मर्कोसुर** (Mercosur)

- यह लैटिन अमेरिकी देशों का संगठन है।
- यह लैटिन अमेरिकी देशों का साझा बाजार है।
- वर्ष 1991 में इसकी स्थापना अर्जेंटीना, ब्राजील, पराग्वे एवं उरुग्वे द्वारा की गई।
- वर्ष 2012 में वेनेजुएला को इसमें नए सदस्य के रूप में सम्मिलित किया गया।

## ब्रिक्स (BRICS)

- 'ब्रिक्स' शब्द का प्रयोग, 'जिम ओ नील' के द्वारा किया गया।

- ब्राजील, रूस, भारत एवं चीन इसके सदस्य हैं।
- वर्ष 2008 में रूस बैठक के द्वारा इसके निर्माण का निर्णय किया गया तथा वर्ष 2009 में इसकी पहली बैठक हुई।
- वर्ष 2010 में इसमें अफ्रीका को भी शामिल कर लिया गया।
- वर्ष 2012 में इसका सम्मेलन नई दिल्ली में हुआ।
- अफ्रीका के विकास के लिए वर्ष 2005 को अफ्रीका वर्ष के रूप में मनाया गया।
- ब्रिक्स का छठवां शिखर सम्मेलन 15 जुलाई, 2014 ब्राजील के शहर फोर्टलेजा (Fortaleza) में संपन्न हुआ।

## 8वां ब्रिक्स सम्मेलन

- यह सम्मेलन 15-16 अक्टूबर, 2016 को गोवा (भारत) में संपन्न हुआ। भारत ने ब्रिक्स सम्मेलन की अध्यक्षता की।
- सम्मेलन में सभी प्रकार के आतंकवाद की निंदा की गई।
- सम्मेलन में एक 'ब्रिक्स क्रेडिट रेटिंग एजेंसी' स्थापित करने की घोषणा की गई।
- इस सम्मेलन में सहमति बनी कि ब्रिक्स 'न्यू डेवलपमेंट बैंक' विकासात्मक परियोजनाओं को ऋण देगा।
- एक अन्य समझौते के तहत एक 'शोध संस्थान' स्थापित करने पर सहमति बनी, जो कृषि, रेलवे इत्यादि के विकास पर कार्य करेगा।
- इस सम्मेलन के बाद 'ब्रिक्स-बिम्सटेक सम्मेलन' आयोजित किया गया, जिसमें ब्रिक्स देशों के अतिरिक्त बांग्लादेश, भूटान, म्यांमार, नेपाल, श्रीलंका व थाइलैंड सम्मिलित हुए।

## 9वां ब्रिक्स सम्मेलन

- ब्रिक्स का 9वां सम्मेलन चीन के तटीय शहर सीयामेन (Xiamen) में 2 से 3 सितंबर, 2017 को संपन्न हुआ।

## ब्रिक्स विकास बैंक

- 'न्यू डेवलपमेंट बैंक', जिसे पहले ब्रिक्स बैंक के नाम से जाना जाता है। यह एक बहुपक्षीय विकास बैंक है।
- इसको एक प्रकार से विश्व बैंक और अंतर्राष्ट्रीय मुद्रा कोष का बेहतर विकल्प माना जा रहा है। यह पश्चिमी प्रभाव और वित्तीय संस्थाओं पर विकासशील देशों की निर्भरता को कम अथवा समाप्त करेगा।
- ब्रिक्स विकास बैंक का मुख्यालय शंघाई में होगा।
- बैंक का प्रथम अध्यक्ष भारत बनेगा।
- इसमें सभी सदस्य देशों को समान अधिकार होगा।
- किसी भी सदस्य को वीटो का अधिकार नहीं होगा।
- वर्ष 2016 से यह बैंक कार्य करना प्रारंभ कर देगा।

### संरचना

- आधारभूत संरचना एवं सतत् विकास की परियोजनाओं को इस बैंक के केंद्र में रखा गया है।
- बैंक की शुरूआती पूंजी 50 बिलियन डॉलर होगी, जिसे बढ़ाकर 100 बिलियन डालर तक पहुंचाया जाएगा।
- प्रारंभ में प्रत्येक सदस्य देश 10-10 बिलियन डालर का योगदान देंगे।
- भारत द्वारा शर्त रखी गई थी कि सदस्य देशों के सहमति के बगैर कोई भी सदस्य देश अपनी योगदान राशि में बढ़ोत्तरी नहीं कर सकेगा।
- बैंक की पूंजी 100 अरब डॉलर पहुंचने तक चीन का योगदान 41 अरब डालर, जबकि भारत, रूस, ब्राजील 18-18 अरब डालर तथा दक्षिण अफ्रीका 9 अरब डालर का योगदान करेगा।
- 15 जुलाई, 2014 को फोर्टलेजा (Fortaleza) में 'न्यू डेवलपमेंट बैंक' (New Development Bank) (NDB)), स्थापना के दस्तावेज पर सदस्य देशों ने हस्ताक्षर किए।
- सम्मेलन के दौरान 'ओस्मिक आरक्षित व्यवस्था' पर भी सदस्य देशों में सहमति बनी।
- 'कंटिनजेंट रिजर्व अरेंजमेंट' (Contingent Reserve Arrangement (CRA)) का मुख्य उद्देश्य, सदस्य देशों को वैश्विक तरल दबाब (Global liquidity pressures) से सुरक्षा प्रदान करना है।

## 10वां ब्रिक्स सम्मेलन, (2018)

- ब्रिक्स का 10वां शिखर सम्मेलन दक्षिण अफ्रीका के जोहांसबर्ग में 25-27 जुलाई, 2018 को हुआ।

## एशिया आधारभूत संरचना निवेश बैंक (AIIB)

- 'एशिया आधारभूत संरचना निवेश बैंक' हेतु हस्ताक्षर समारोह का आयोजन 'बीजिंग' में 24 अक्टूबर, 2014 को हुआ।
- इस बैंक का मुख्यालय 'बीजिंग' में होगा।
- बैंक की अधिकृत पूंजी 100 बिलियन डालर होगी।
- चीन लगभग 50 बिलियन डालर का इसमें योगदान देगा।
- वर्ष 2015 से बैंक के कार्य शुरू होने की संभावना है।
- चीन के बाद भारत दूसरा सबसे बड़ा अंशधारक होगा।
- भारत और चीन के अलावा इसके **19 संस्थापक सदस्य हैं-**

| | | |
|---|---|---|
| 1. बांग्लादेश | 8. कुवैत | 15. कतर |
| 2. नेपाल | 9. लाओस | 16. सिंगापुर |
| 3. श्रीलंका | 10. मलेशिया | 17. थाइलैंड |
| 4. पाकिस्तान | 11. मंगोलिया | 18. उज्बेकिस्तान |
| 5. ब्रुनेई | 12. म्यांमार | 19. वियतनाम |
| 6. कंबोडिया | 13. ओमान | |
| 7. कजाखस्तान | 14. फिलीपींस | |

- उल्लेखनीय है कि अमेरिकी दबाव के कारण तीन देशों, ऑस्ट्रेलिया, इंडोनेशिया और दक्षिण कोरिया ने इसमें भागीदारी से इनकार कर दिया।

## इब्सा (IBSA)

**स्थापना**

- इसके भारत, ब्राजील एवं दक्षिण अफ्रीका सदस्य हैं।
- वर्ष 2003 में संयुक्त राष्ट्र संघ के मंच पर इसकी स्थापना हुई।
- इसका निर्माण विश्व व्यापार संगठन की 'कानकुन सम्मेलन' (2003) की असफलता के बाद किया गया।
- इब्सा का सातवां सम्मेलन वर्ष 2015 में नई दिल्ली में संपन्न हुआ।
- यह दक्षिण-दक्षिण सहयोग का उदाहरण है।
- इसमें सम्मिलित तीनों देश लोकतांत्रिक तथा विकासशील भी हैं।
- उनके बीच व्यापार एवं निवेश बढ़ाने पर सहयोग किया जा रहा है।
- वर्तमान विश्व में दक्षिण-दक्षिण सहयोग के अलावा नवीन प्रवृत्तियों का विकास देखा जा सकता है। वर्तमान क्षेत्रीय आर्थिक संगठनों में विकसित एवं विकासशील देशों के मध्य सहयोग भी हो रहा है। उदाहरण के लिए, नाफ्टा, उत्तरी अमेरिका मुक्त व्यापार क्षेत्र के सदस्य अमेरिका, कनाडा एवं मैक्सिको हैं। मैक्सिको एक विकासशील देश है, जबकि अमेरिका एवं कनाडा विकसित देश हैं।

## यूरेसियन इकोनॉमिक यूनियन

- इसका गठन 1 जनवरी, 2015 को किया गया तथा इसमें रूस, बेलारूस, कजाकिस्तान, अरमेनिया एवं किर्गिस्तान 4 सदस्य राष्ट्र हैं।
- इसका उद्देश्य सदस्यों के बीच मुक्त व्यापार संचालित करना है। यह संगठन यूरोपीय यूनियन के तर्ज पर गठित किया गया है।

### भारत-अफ्रीका मंच शिखर सम्मेलन, 2015

- इस सम्मेलन में भारत सहित 54 अफ्रीकी देशों के राष्ट्राध्यक्षों ने भाग लिया। पहला भारत-अफ्रीका सम्मेलन वर्ष 2008 में हुआ तथा दूसरा सम्मेलन वर्ष 2011 में आदिस अबाबा (इथोपिया) में हुआ था। यह तीसरा शिखर सम्मेलन था, जो नई दिल्ली में संपन्न हुआ।
- इस सम्मेलन में विकास, भागीदारी, व्यापार तथा निवेश, शांति एवं सुरक्षा, आधार संरचना इत्यादि पर सहयोग की संभावना बनीं।
- यह सम्मेलन इस दृष्टि से भी महत्वपूर्ण है कि अफ्रीका में चीन का प्रभाव अत्यधिक रूप से बढ़ रहा है। ऐसे में भारत द्वारा सभी 54 राष्ट्रों को एकजुट करना एक बड़ी सफलता है।

## बिमस्टेक (BIMSTEC)

**बिमस्टेक** (Bay of Bengal Initiative for Multi-Sectoral Technical and Economic Cooperation (BIMSTEC)

- बिमस्टेक की स्थापना 6 जून, 1997 हुई। प्रारंभ में इसकी स्थापना बांग्लादेश, भारत, थाइलैंड, म्यांमार, श्रीलंका द्वारा की गई। बाद में नेपाल तथा भूटान भी वर्ष 2004 में बिमस्टेक के सदस्य बन गए।
- बिमस्टेक, एक उपक्षेत्रीय संगठन है, जिसके द्वारा आसियान और दक्षेस के बीच आर्थिक संबंधों को बढ़ाने में मदद मिली है।
- बिमस्टेक, आसियान व दक्षेस के देशों के आर्थिक विकास में अत्यधिक कारगर सिद्ध हो सकता है।
- बिमस्टेक के माध्यम से इन देशों के बीच व्यापार, निवेश, तकनीकी, परिवहन, ऊर्जा तथा पर्यटन जैसे क्षेत्रों में सहयोग किया जा रहा है।
- इसके लिए प्रत्येक सदस्यों को एक विशेष क्षेत्र आवंटित किया गया है। उदाहरण के लिए, भारत को तकनीकी क्षेत्र और म्यांमार को ऊर्जा का क्षेत्र प्रदान किए गए हैं।
- बिमस्टेक देशों के मध्य आर्थिक सहयोग के अतिरिक्त राजनीतिक व सुरक्षा के मुद्दों पर भी आपस में सहयोग किया जा रहा है।
- बिमस्टेक के माध्यम से भारत, थाइलैंड में म्यांमार के साथ अपने संबंधों को शक्तिशाली बना रहा है और म्यांमार में चीन के बढ़ते प्रभाव को प्रतिसंतुलित करने का प्रयास किया जा रहा है।
- बिमस्टेक देशों के मध्य आतंकवाद का मुकाबला करने के लिए भी आपस में सहयोग का विचार किया गया है तथा नशीली दवाओं के व्यापार को प्रतिबंधित करने के लिए भी समझौता हुआ है।
- बिमस्टेक उच्चस्तरीय बैठक गोवा में नवंबर, 2016 में संपन्न हुई, जिसमें मुक्त व्यापार, निवेश सुरक्षा इत्यादि पर विचार-विमर्श किया गया। बिमस्टेक की यह बैठक ब्रिक्स देशों के साथ संयुक्त रूप से हुई।

### गंगा-मेकांग परियोजना

- गंगा-मेकांग परियोजना को वर्ष 2000 में आरंभ किया गया है।

- इस परियोजना में भारत, थाइलैंड, म्यांमार, लाओस, कंबोडिया तथा वियतनाम सदस्य हैं।
- गंगा-मेकांग परियोजना के अंतर्गत् पर्यावरण, संस्कृति, शिक्षा जैसे मुद्दों पर प्रमुखता से समझौता हुआ है।
- अगले चरण में परिवहन, संचार, आधारभूत संरचना में सहयोग का निर्णय लिया गया है।
- इन देशों के साथ बेहतर आर्थिक संबंधों के द्वारा भारत अपने उत्तर-पूर्वी राज्यों के आर्थिक विकास को मूर्तरूप देने का प्रयत्न कर रहा है।
- भारत, मेकांग नदी के इन देशों के साथ समझौता करके आसियान देशों के साथ संबंध बेहतर करने का इच्छुक है।

## प्रशांत महासागरीय द्वीपों के देशों का सम्मेलन

- भारतीय विदेश नीति में समुद्र एवं समुद्री संचार मार्गों पर नियंत्रण के लिए अनेक उपाय किए जा रहे हैं तथा प्रधानमंत्री के द्वारा वर्ष 2014 में फिजी की यात्रा के दौरान प्रशांत महासागरीय देशों के सम्मेलन का विचार दिया गया और इसमें 14 द्वीप शामिल हैं।
- वर्ष 2015 में इन देशों की दूसरी बैठक जयपुर में आयोजित हुई। इसके द्वारा इन देशों के बीच कृषि, खाद्य प्रसंस्करण, मछली पालन, सौर ऊर्जा, टेली मेडिसीन, टेली एजुकेशन, अंतरिक्ष सहयोग तथा जलवायु परिवर्तन और ई-नेटवर्किंग की क्षेत्र में सहयोग को बढ़ावा दिया जाएगा। इन देशों के नागरिकों को भारत में 'वीजा ऑन ऐराइवल' की सुविधा दी जाएगी तथा सस्ते ऋण प्रदान किए जाएंगे। इसके अतिरिक्त ग्लोबल वार्मिंग का सामना करने के लिए विशेष तकनीकी सहायता तथा क्षमता निर्माण में सहयोग किया जाएगा तथा ग्लोबल वार्मिंग का सामना करने के लिए एक विशेष कोष का भी निर्माण होगा।
- भारत के द्वारा इन देशों के साथ व्यापारिक एवं आर्थिक संबंधों को सुदृढ़ करने का प्रयत्न किया जा रहा है और इससे भी बढ़कर इन देशों में चीन के बढ़ते प्रभाव को प्रतिसंतुलित करने का प्रयत्न किया जा रहा है। चीन द्वारा इन महासागरीय देशों को बड़ी आर्थिक सहायता प्रदान की जा रही फिजी को सबसे बड़ी आर्थिक सहायता देने वाला देश चीन है और कोकोद्वीप को दूसरी सबसे बड़ी मात्रा में सहायता देने वाला देश भी चीन है। पापुआ न्यूगिनी, समोया और टोंगा को भी चीन के द्वारा आर्थिक सहायता दी जाती है। चीन के द्वारा फिजी को दी गई आर्थिक सहायता ऑस्ट्रेलिया और जापान से भी ज्यादा है।
- चीन द्वारा वर्ष 2015 में इन महासागरीय देशों का सम्मेलन आयोजित किया गया तथा चीन द्वारा 55 बिलियन यूआन की आर्थिक सहायता इन देशों को प्रदान की गई। इन महासागरीय द्वीपों में भारत भी अपना प्रभाव बेहतर करने का प्रयत्न कर रहा है और प्रशांत महासागर क्षेत्र में वर्तमान में भारत के संबंध ऑस्ट्रेलिया, जापान एवं अमेरिका जैसे देशों के साथ अत्यधिक मधुर व मित्रतापूर्ण हैं। यह उल्लेखनीय है कि फिजी में बड़ी संख्या में भारतीय मूल के लोगों का निवास है, जिससे भारत का इस देश में वैचारिक प्रभाव बना हुआ है।
- एशिया प्रशांत क्षेत्र में अमेरिका, रूस, जापान, ऑस्ट्रेलिया का परंपरागत रूप में प्रभाव रहा है और चीन के द्वारा अपने प्रभाव का लगातार विस्तार किया जा रहा है तथा भारत के द्वारा भी इस क्षेत्र में अपने प्रभाव को स्थापित करने का प्रयत्न किया जा रहा है। इस क्षेत्र के देशों में फिजी का अत्यधिक महत्व है, इसके अतिरिक्त इस क्षेत्र में अनेक छोटे-छोटे देश है, जिसमें तुआलू, नौरू किरीबाती, बानुताउ, सोलोमन द्वीप, पलाऊ, मार्शलद्वीप, माइक्रोनेशिया तथा न्यूगिनी शामिल हैं।
- फ्रेंज फेनॉन की प्रसिद्ध रचना-"Black Skin, White Masks" (1952) है।
- अफ्रीका के विकास के लिए वर्ष 2005 को अफ्रीका वर्ष के रूप में मनाया गया।

# क्षेत्रीय संगठन
# REGIONAL ORGANISATIONS

## यूरोपीयन यूनियन

- वर्ष 1951 में कोयला और स्टील समुदाय के निर्माण के द्वारा परस्पर सहयोग का निर्णय लिया, जिसमें पश्चिमी जर्मनी, फ्रांस, इटली, बेल्जियम, नीदरलैंड और लक्जमबर्ग सम्मिलित थे।
- वर्ष 1957 में 'यूरोपीय आर्थिक समुदाय' की स्थापना हुई, तथा इसी वर्ष 'यूरोपीय परमाणु ऊर्जा समुदाय' की भी स्थापना हुई तथा इसके द्वारा सदस्य राज्यों के मध्य 'एक समान प्रशुल्क संघ' का निर्माण किया गया। वर्ष 1957 में ही यूरोपीय राज्यों के मध्य सहयोग और समन्वय को बढ़ावा देने के लिए 'यूरोपीय आर्थिक समुदाय' के संस्थात्मक ढांचे का भी निर्माण किया गया।
- वर्ष 1967 के पूर्व में संपन्न सभी समझौतों या संधियों को मिलाकर 'यूरोपीय समुदाय' का निर्माण हुआ।
- 70 के दशक में ही यूरोपीय समुदाय में डेनमार्क, आयरलैंड, ब्रिटेन और नॉर्वे जैसे नए सदस्य सम्मिलित हुए। लेकिन नॉर्वे की संसद ने इस सदस्यता को अनुमोदित नहीं किया। इसलिए नॉर्वे यूरोपीय समुदाय का सदस्य नहीं बन सका। वर्ष 1979 में पहली बार यूरोपीय संसद के लिए प्रत्यक्ष चुनाव आयोजित किया गया।
- 80 के दशक में ग्रीस, स्पेन और पुर्तगाल भी यूरोपीय समुदाय के नए सदस्य हो गए। यह उल्लेखनीय है कि ये राष्ट्र पहले अधिनायकवादी शासन प्रणाली के अधीन थे। विश्व में इस समय शीत का दूसरा चरण (नव-शीतयुद्ध) विद्यमान था, परंतु यूरोपीय समुदाय का तीव्र गति से विकास हुआ।
- वर्ष 1987 में संपन्न हुए एकल यूरोपीय अधिनियम के अंतर्गत् यूरोप को आर्थिक रूप में एकीकृत करने का निर्णय लिया गया तथा वर्ष 1992 तक यूरोपीय राज्यों में आर्थिक एकीकरण के लिए परिस्थितियों का निर्माण किया गया। इसी समझौते के अंतर्गत् एक 'यूरोपीय सेंट्रल बैंक' की स्थापना का भी प्रावधान किया गया, जिससे भविष्य में यूरोपीय समुदाय में समान मुद्रा का प्रचलन हो सके।
- यूरोपीय यूनियन की राजधानी ब्रुसेल्स में है।

### शीतयुद्धोत्तर विश्व और यूरोपीय यूनियन (Post-Cold War World and E.U.)

- उपरोक्त परिप्रेक्ष्य में यूरोपीय देशों के मध्य मॉस्ट्रिच संधि संपन्न हुई। इसी संधि से यूरोपीय यूनियन का निर्माण हुआ। **इस संधि के द्वारा निम्नलिखित समझौते हुए-**
  - (i) यूरोपीय आर्थिक समुदाय।
  - (ii) समान रक्षा और विदेश नीति।
  - (iii) घरेलू और न्याय के मामले।

**(i) यूरोपीय आर्थिक समुदाय या समान मौद्रिक संघ**

- **मॉस्ट्रिच संधि** के द्वारा यूरोपीय यूनियन में साझे मुद्रा के प्रयोग का निर्णय लिया गया, जिसको व्यावहारिक रूप में वर्ष 2002 से लागू किया गया। यूरोपीय यूनियन इस समय विश्व का सबसे बड़ा एकल बाजार है, जहां सभी राज्यों में वस्तु, सेवाओं और वित्त का मुक्त आदान-प्रदान होता है, परंतु अभी केवल 17 राज्यों ने ही यूरो के प्रचलन को स्वीकार किया है।

**(ii) समान विदेश नीति और सुरक्षा का मुद्दा**

- विटकॉफ के अनुसार, 'यूरोपीय यूनियन आर्थिक दृष्टि से भीमकाय है, जबकि सुरक्षा की दृष्टि से कीड़ा या मच्छर है, क्योंकि यूरोपीय यूनियन अभी भी अपनी सुरक्षा के लिए नाटो पर निर्भर है।'
- यूरोपीय यूनियन के 27 देशों में से 21 देश नाटो के सदस्य हैं। ऑस्ट्रिया, फिनलैंड, आयरलैंड, स्वीडन जैसे, यूरोपीय यूनियन के सदस्य, नाटो के सदस्य नहीं हैं, मूलतः तटस्थ राज्य हैं।

**(iii) समान गृह और न्याय के मामले**

- इसके अंतर्गत् नागरिकों की आवाजाही, अप्रवासियों की समस्या सुलझाने के लिए नियमों का निर्माण किया गया। वर्ष 1985 की शेंजेन संधि के द्वारा यूरोपीय नागरिकों को बिना पासपोर्ट के पूरे यूरोप में भ्रमण करने की अनुमति प्रदान की गई तथा इसे वर्ष 1995 में लागू किया गया।
- इसी के बाद एमस्टरडम संधि, 1997 में हुई।

- यह बिंदु उल्लेखनीय है कि नॉर्वे, स्विट्जरलैंड, आइसलैंड, यूरोपीय यूनियन के सदस्य नहीं हैं, परंतु इनके नागरिकों को यूरोपीय यूनियन में मुक्त आवागमन की सुविधा प्रदान की गई है, लेकिन दूसरी ओर, रोमानिया, बुल्गारिया जिन्हें वर्ष 2007 में यूनियन की सदस्यता प्राप्त हुई, के नागरिकों को वर्ष 2014 तक यूरोपीय यूनियन में अबाध भ्रमण से प्रतिबंधित किया गया है।
- वर्ष 1995 में ऑस्ट्रिया, फिनलैंड और स्वीडन जैसे तटस्थ राज्यों को भी यूनियन की सदस्यता प्राप्त हो गई।
- यूरोपीय यूनियन की सदस्यता प्राप्त करने के लिए 'कोपेन हेगन मानदंडों' (वर्ष 1993) का निर्माण किया गया, **जिसके मूल प्रावधान निम्नलिखित हैं-**
  - (i) लोकतांत्रिक शासन प्रणाली।
  - (ii) मानवाधिकारों का बेहतर रिकॉर्ड।
  - (iii) बेहतर राजकोषीय प्रबंध।
- शेनजेन क्षेत्र का समझौता वर्ष 1985 में हुआ तथा इसे वर्ष 1995 में लागू किया गया।
- इसमें 22 यूरोपीय यूनियन, राज्य सम्मिलित हैं तथा चार गैर-यूरोपीय यूनियन के राज्य हैं, जिसमें से स्विट्जरलैंड, आईसलैंड, लिचिंस्टीन तथा नॉर्वे प्रमुख हैं।

### पूरब और पश्चिम के विभाजन की समाप्ति या यूरोपीय यूनियन का विस्तार

- वर्ष 2001 में नीस संधि के द्वारा यूरोपीय यूनियन में 10 नए पूर्वी यूरोपीय राज्यों को सम्मिलित किया गया। ये पहले साम्यवादी खेमे में सम्मिलित राज्य थे। वर्ष 2011 में एस्टोनिया को यूरोपीय यूनियन का नया सदस्य बनाया गया। वर्ष 2012 में एस्टोनिया की संसद के अनुमोदन के बाद वह यूनियन का 28वां सदस्य हो जाएगा।
- यूरोपीय यूनियन की सदस्यता के लिए अल्बानिया, बोस्निया, हर्जेगोविना, मॉण्टेनेग्रो एवं सर्बिया भी प्रयत्नशील हैं, परंतु तुर्की की सदस्यता को लेकर सबसे ज्यादा विवाद है।

## यूरोपीय यूनियन

### यूरोपीय संसद

- यूरोपीय संसद के सदस्यों का निर्वाचन यूरोपीय देशों के लोग प्रत्यक्ष निर्वाचन के द्वारा करते हैं। यूरोपीय संसद में 751 सदस्य हैं, जो प्रत्येक 5 वर्षों में निर्वाचित होते हैं।
- संसद में यूनियन के सभी देशों का प्रतिनिधित्व देशों की जनसंख्या के अनुसार होता है। अत: जर्मनी का प्रतिनिधित्व ज्यादा है तथा संसद के द्वारा यूनियन के बजट पारित किए जाते हैं।

### यूरोपीय आयोग

- यह यूरोपीय यूनियन की नौकरशाही नामक संस्था है। इसमें प्रत्येक देशों का एक प्रतिनिधि नियुक्त होता है, वर्तमान में इसमें 28 प्रतिनिधि हैं।
- इसके द्वारा यूनियन में निर्मित सभी विधियों का प्रारूप तैयार तथा नए विधि का प्रस्ताव किया जाता है।
- परिषद् के द्वारा आयोग के अध्यक्ष को मनोनीत किया जाता है, जिसे संसद अनुमोदित करती है।

### यूरोपीय मंत्रिपरिषद्

- यूरोपीय परिषद् सदस्य देशों के विभिन्न मंत्रियों से मिलकर बनती है। इसलिए इसे यूरोपीय यूनियन का मंत्रिपरिषद् कहा जाता है। इसके विधायी और सीमित रूप में कार्यकारी शक्तियां हैं।
- यह यूनियन की प्रमुख निर्णय लेने वाली संस्था है। परिषद् का एक अध्यक्ष होता है तथा परिषद् में 28 देशों से एक-एक मंत्री शामिल होते हैं और जिस विषय पर परिषद् में चर्चा होती है उस विभाग का मंत्री सदस्य देश से भाग लेता है।

### यूरोपीय परिषद्

- परिषद् के द्वारा यूनियन को राजनीतिक दिशा-निर्देश दिए जाते हैं तथा इसके द्वारा एक अध्यक्ष (President) का निर्वाचन होता है, जिसका कार्यकाल ढ़ाई वर्षों का होता है।
- यह यूरोपीय यूनियन का प्रधान तथा यूरोपीय आयोग का अध्यक्ष होता है और इसमें सभी सदस्य राज्यों के निर्वाचित राष्ट्रपति भाग लेते हैं।

### यूरोपीय न्यायालय

- इसके द्वारा विवादों का समाधान किया जाता है। यह लक्जमबर्ग में स्थित है और इसमें प्रत्येक देशों से एक न्यायाधीश लिया जाता है।
- इनका कार्यकाल 6 वर्षों का होता है तथा इनके द्वारा यूरोपीय यूनियन की संधियों और विधियों की व्याख्या होती है। यूनियन की विधियों और राज्यों की विधियों में होने वाले टकराव का समाधान किया जाता है।

### यूरोपीय सेंट्रल बैंक

- यह फ्रैंकफर्ट (जर्मनी) में स्थित है। यूरोप में आर्थिक नीतियों की समानता और मौद्रिक एकीकरण के लिए सेंट्रल बैंक की भूमिका महत्वपूर्ण है।
- वर्ष 1999 में यूरोपीय यूनियन के द्वारा यूरो नामक साझी मुद्रा अपनाई गई, जिसकी निगरानी सेंट्रल बैंक के द्वारा की जाती है।
- सेंट्रल बैंक में बेलआउट पैकेज का प्रावधान नहीं है, परंतु

ग्रीस के आर्थिक संकट को देखते हुए ग्रीस को बेलआउट (आर्थिक सहायता) पैकेज प्रदान किया गया।

- वर्ष 1992 में मॉस्ट्रिच संधि संपन्न हुई, जिसके द्वारा यूरोपीय समुदाय का नाम बदलकर यूरोपीय यूनियन कर दिया गया और यूरोपीय यूनियन के तीन मूल आधारों का निर्माण हुआ, **जो निम्नलिखित हैं**-
  1. यूरोपीय आर्थिक समुदाय।
  2. समान रक्षा और विदेश नीति।
  3. घरेलू और न्याय के मामले।

## लिस्बन संधि (वर्ष 2009)

- वर्ष 2009 में लिस्बन संधि को स्वीकार कर लिया गया, जिससे यूरोपीय यूनियन के संविधान निर्माण का आधार तैयार हो गया। **इस संधि के द्वारा यूरोपीय यूनियन में निम्नलिखित परिवर्तन हुए**-
- इस संधि के अनुसार, यूरोपीय आयोग का एक स्थायी अध्यक्ष नियुक्त होगा, जिसका कार्यकाल ढ़ाई वर्ष का होगा। इसके पहले यूरोपीय आयोग का अध्यक्ष उस देश का प्रधानमंत्री अथवा राष्ट्रपति होता था, जिस देश में इसका सम्मेलन आयोजित होता है।
- यूरोपीय संसद को दो सदनीय बना दिया गया।
- यूरोपीय यूनियन के विदेश मामलों तथा सुरक्षा नीति निर्माण के लिए एक उच्च प्रतिनिधि नियुक्त किया गया, जिसका कार्यकाल पांच वर्ष का होगा। यह यूरोपीय आयोग का उपराष्ट्रपति भी होगा।
- यूरोपीय यूनियन के अधिकारों का दस्तावेज निर्मित हुआ।
- यूरोपीय यूनियन में वैधानिक रूप में लागू मूल अधिकार का चार्टर स्वीकार किया गया।
- लिस्बन संधि के प्रभाव के कारण यूरोपीय आयोग और यूरोपीय मंत्रिपरिषद् के अधिकार कम हुए, जबकि यूरोपीय यूनियन का निर्माण एक वैधानिक व्यक्ति के रूप में हुआ।

## यूरोपीय यूनियन का विस्तार

- यूरोपीय यूनियन की सदस्यता के लिए अल्बानिया, बोस्निया, हर्जेगोविना, मॉण्टेनेग्रो, सर्बिया भी प्रयत्नशील हैं।
- वर्ष 2004 में हंगरी, साइप्रस, चेक रिपब्लिक, स्टोनिया, लाटिविया, लिथुआनिया, माल्टा, स्लोवाकिया यूरोपीय यूनियन के सदस्य बनें।
- वर्ष 2007 में बुल्गारिया, रोमानिया तथा वर्ष 2013 में क्रोएशिया यूरोपीय यूनियन का सदस्य बना।
- परंतु तुर्की की सदस्यता को लेकर सबसे ज्यादा विवाद है तथा तुर्की की सदस्यता के विरोध में निम्नलिखित तर्क दिए जाते हैं। जैसे-यह भौगोलिक रूप में यूरोपीय देश नहीं है तथा इसकी सांस्कृतिक पहचान पृथक् है और अर्थव्यवस्था अत्यंत पिछड़ी है। मानवाधिकार का रिकॉर्ड अच्छा नहीं है तथा अस्थायी लोकतंत्र है।

## यूरोजोन

(i) यूरोप में साझे मुद्रा का प्रयोग 19 यूरोपीय देश कर रहे हैं।

(ii) यूरोपीय सेंट्रल बैंक **फ्रैंकफर्ट** में स्थित है।

(iii) यूरोपीय यूनियन के वे देश, जिन्होंने यूरो नहीं अपनाया, उनमें से बुल्गारिया, क्रोएटिया, चेक गणराज्य, डेनमार्क, हंगरी, पोलैंड, रोमानिया, स्वीडन तथा इंग्लैंड सम्मिलित हैं।

(iv) वे देश जिन्होंने यूरो अपनाया हैं, उनमें से ऑस्ट्रिया, बेल्जियम, साइप्रस, एस्टोनिया, फिनलैंड, फ्रांस, जर्मनी, ग्रीस, आयरलैंड, इटली, लक्जमबर्ग, माल्टा, नीदरलैंड, पुर्तगाल, स्लोवाकिया, स्लोवेनिया, स्पेन, लाटविया (1 जनवरी, 2014), लिथुआनिया (1 जनवरी, 2015) प्रमुख हैं।

(v) वर्तमान यूरोजोन का संकट ग्रीस, आयरलैंड, पुर्तगाल, स्पेन, इटली, स्लोवाकिया एवं हॉलैंड प्रमुख हैं।

## वर्तमान संकट

- पश्चिम एशिया के सीरिया से आने वाले शरणार्थियों के मुद्दे को लेकर सदस्यों के बीच आपस में विवाद उत्पन्न हो गया है। जर्मनी में शरणार्थियों को शरण दी गई है। जबकि अन्य सदस्य इसके समर्थक नहीं हैं।
- इंग्लैंड के द्वारा यह घोषणा की गई है कि जून, 2016 में इंग्लैंड के नागरिकों से जनमत संग्रह कराया जाएगा कि वे यूरोपीय यूनियन में बने रहना चाहते हैं अथवा नहीं।

## यूरोपीय यूनियन से इंग्लैंड का अलगाव (Brexit)

- वर्ष 2016 में इंग्लैंड की जनता के द्वारा एक ऐतिहासिक जनमत संग्रह के द्वारा इंग्लैंड को यूरोपीय यूनियन से पृथक् होने का जनादेश दिया गया, जिससे यूरोपीय यूनियन का बढ़ता विस्तार थम गया है। इंग्लैंड यूरोपीय यूनियन की दूसरी सबसे बड़ी अर्थव्यवस्था है तथा यूरोपीय यूनियन का दूसरा सबसे बड़ा जनसंख्या वाला देश भी है। यूरोपीय यूनियन की लिस्बन संधि के अनुच्छेद-50 के अनुसार, इंग्लैंड को यूरोपीय यूनियन छोड़ने के लिए दो वर्ष का समय मिलेगा, जिस दौरान वह यूरोपीय यूनियन को छोड़ने के शर्त के संबंध में समझौता करेगा। इंग्लैंड यूरोपीय यूनियन में कभी भी पूर्ण रूप में शामिल नहीं था। इंग्लैंड शेनजेन संधि में शामिल नहीं था। इंग्लैंड ने साझी मुद्रा यूरो को भी नहीं अपनाया।

### कारण

- यूरोपीय यूनियन में वर्तमान में अनेक समस्याएं उत्पन्न हुई। शेनजेन संधि के कारण यूरोप के अन्य देशों के नागरिक भी इंग्लैंड में आकर रोजगार तलाशने लगे, जिससे स्थानीय लोगों का रोजगार प्रभावित हुआ और स्थानीय लोगों में प्रवासियों के प्रति असंतोष उत्पन्न होने लगा। वर्तमान में यूरोप में होने वाली आतंकी घटनाओं के कारण भी स्थानीय लोगों में प्रवासियों के प्रति असंतोष उत्पन्न हुआ। यूरोपीय यूनियन के प्रशासनिक खर्च के लिए इंग्लैंड को आर्थिक योगदान भी देना पड़ा। यूरोपीय यूनियन के द्वारा पर्यावरण, खाद्य सामग्री तथा घरेलू मामले में भी हस्तक्षेप किया गया, जिससे इंग्लैंड के निवासियों को यह प्रतीत होने लगा कि उनके ऊपर ब्रिटिश सरकार का नियंत्रण नहीं, बल्कि यूरोपीय यूनियन का नियंत्रण हो गया है, जिससे उनकी संप्रभुता का हनन हो रहा है और ब्रिटिशवासियों को यह लगने लगा कि उन्हें यूरोपीय यूनियन में शामिल होने से घाटा हो रहा है।

### ब्रिटेन के लिए चुनौती

- ब्रिटेन के यूरोपीय यूनियन से निकलने के निर्णय से यूरोपीय यूनियन में राजनीतिक अस्थायित्व उत्पन्न हो गया है। क्योंकि वर्तमान प्रधानमंत्री कैमरून ने त्यागपत्र दे दिया है और अभी तक यूरोपीय यूनियन का इकहरा बाजार इंग्लैंड के लिए उपलब्ध था और अब ब्रिटेन को 27 देशों के साथ अलग-अलग समझौता करना पड़ेगा। अभी तक यूरोप में व्यापार के लिए ब्रिटेन को केंद्रीय देश के रूप में देखा जाता था और अन्य देश यूरोपीय यूनियन से व्यापार करने लिए ब्रिटेन को व्यापार का द्वार मानते थे। इंग्लैंड के अलग होने से स्काटलैंड और उत्तरी आयरलैंड में पुनः अलगाववादी आंदोलन उत्पन्न हो सकते हैं। क्योंकि दोनों प्रांतों के निवासियों ने यूरोपीय यूनियन में बने रहने के पक्ष में मतदान किया था।

### भविष्य का विकल्प

- यूरोपीय यूनियन के 28 देशों के साथ साझे व्यापार के लिए नॉर्वे, आइसलैंड तथा लिचिस्टिन के द्वारा पृथक् व्यापारी समझौता किया गया है। जिसके अनुसार ये देश यूनियन के साझे बाजार का लाभ उठाते हैं, परंतु यूरोपीय यूनियन के अन्य निर्णयों में शामिल नहीं है। इसलिए यूरोपीय यूनियन के द्वारा इनके घरेलू मामले का निर्देशन नहीं किया जाता। इंग्लैंड के द्वारा इस विकल्प को अपनाया जा सकता है। यद्यपि इसके लिए यूरोपीय यूनियन के साथ समझौता और यूरोपीय यूनियन की सहमति आवश्यक है। जनमत संग्रह के बाद इंग्लैंड में अभी भी अत्यधिक राजनीतिक उठापटक जारी है।

### क्षेत्रीय आर्थिक संगठनों का भविष्य

- इंग्लैंड के यूरोपीय यूनियन से अलग होने के बाद यूरोपीय यूनियन के अन्य देश भी अलगाव के रास्ते पर जा सकते हैं, जिससे यह प्रतीत होता है कि यूरोप में पुनः राष्ट्रवाद का विकास प्रभावी हो रहा है। यद्यपि यह भी सत्य है कि यूरोपीय यूनियन की सबसे बड़ी अर्थव्यवस्था जर्मनी है और फ्रांस जब तक यूरोपीय यूनियन में रहेगा तब तक यूरोपीय यूनियन का भविष्य खतरे में नहीं है। परंतु इंग्लैंड के अलगाव से यूरोपीय यूनियन का आकर्षण समाप्त हुआ है। विद्वानों के अनुसार, यूरोपीय यूनियन की समस्या की मूल जड़ समान मुद्रा है, क्योंकि राजनीतिक एकीकरण के बिना साझा मुद्रा का प्रयोग सदैव समस्या उत्पन्न करेगा। क्योंकि देशों की आर्थिक परिस्थितियां अलग-अलग हैं। इसलिए इनकी राजकोषीय नीति एक समान नहीं हो सकती। यह भी उल्लेखनीय है कि यूरोपीय यूनियन के छोटे देश संगठन में शामिल होकर संगठन से आर्थिक सहायता प्राप्त कर लेते हैं।

### भारत-यूरोपीय यूनियन शिखर सम्मेलन

- भारत और यूरोपीय यूनियन के मध्य 14वां शिखर सम्मेलन नई दिल्ली में 6 अक्टूबर, 2017 को हुआ।
- इसमें भारतीय शोधकर्ताओं हेतु यूरोपीय आयोग तथा विज्ञान व इंजीनियरिंग अनुसंधान बोर्ड के मध्य, व्यवस्था क्रियान्वयन हेतु समझौता किया गया है।

## अफ्रीकी संघ

- अफ्रीकी संघ 53 अफ्रीकी राज्यों का एक संगठन है। अफ्रीकी संघ की स्थापना 2001 में एकीकृत अफ्रीकी आर्थिक समुदाय और अफ्रीकी एकता संगठन की उत्तरवर्ती संस्था के रूप में हुई।
- अफ्रीकी संघ का अंतिम उद्देश्य एकल मुद्रा व एकीकृत प्रतिरक्षा बल के साथ-साथ राज्य की अन्य संस्थाओं की स्थापना करना है। जिसमें अफ्रीकी संघ राज्याध्यक्ष के लिए एक कैबिनेट भी शामिल है।
- संघ का उद्देश्य अफ्रीका के भीतर विवादों को समाप्त करके एक प्रभावी साझा बाजार कायम कर अफ्रीका में लोकतंत्र, मानव अधिकार व एक चिरकालिक अर्थव्यवस्था के संरक्षण में मदद करना है।
- 9 सितंबर, 1999 को Organisation of African Unity (OAU) के राष्ट्राध्यक्षों ने महाद्वीप में एकीकरण की प्रक्रिया को तेज करने के लिए एक उद्घोषणा जारी की। इस उद्घोषणा के बाद वर्ष 2000 में लोम (LOME) में

शिखर सम्मेलन हुआ। जिसमें अफ्रीकी संघ के संवैधानिक अधिनियम को ग्रहण किया गया।

- 2001 के लुसाका शिखर सम्मेलन में अफ्रीकी संघ की स्थापना हुई। अफ्रीकी संघ के तीसरे अधिवेशन में इसके संवैधानिक अधिनियम में घोषणा की गई है, कि "यह अफ्रीकी संघ के निर्माण के लिए अफ्रीकी प्रवासियों" को हमारे महाद्वीप का एक महत्वपूर्ण भाग मानते हुए उनकी पूर्ण सहभागिता का स्वागत करता है।

## चुनौतियां

- अफ्रीकी संघ ने अनेक चुनौतियों का सामना किया है, जिनमें ये समस्याएं शामिल हैं- स्वास्थ्य मुद्दे जैसे कि मलेरिया, HIV। राष्ट्रीय मुद्दे जैसे कि करोड़ों दरिद्र, अशिक्षित अफ्रीकियों के जीवन स्तर में सुधार, पारिस्थितिक मुद्दे जैसे कि अकाल, मरूस्थलीकरण तथा पारिस्थितिक पोषणकारिता का अभाव।
- एड्स जैसी महामारी से दक्षिण अफ्रीका की 25 प्रतिशत आबादी प्रभावित है, जिसमें दक्षिण अफ्रीका, बोत्सवाना, कीनिया, जाम्बिया व जिम्बावे शामिल है। इन देशों में जीवन प्रत्याशा में गिरावट आई है।

## निष्कर्ष

- अफ्रीकी संघ का निर्माण सदस्य देशों ने चुनौतियों के साझा समाधान हेतु किया है। सभी देश चुनौतियों का मिलकर सामना कर रहे हैं। अफ्रीकी संघ के निर्माण से अफ्रीका के विकास में मदद मिलेगी।

## दक्षिण अफ्रीकी विकास समुदाय (SADC)

- दक्षिण अफ्रीकी विकास समुदाय (SADC) दक्षिण अफ्रीकी देशों का क्षेत्रीय संगठन है, जो सदस्य राज्यों के बीच आर्थिक सहयोग और एकीकरण को बढ़ावा देने तथा उनकी आर्थिक स्वतंत्रता को संरक्षित करने के लिए कार्य करता है।
- इसकी स्थापना 1979 में हुई।
- अंगोला, बोत्सवाना, कोमोरोस, एस्वतिनी, लेसोथो, डेमोक्रेटिक रिपब्लिक ऑफ कांगो, मेडागास्कर, मलावी, मॉरीशस, मोजाम्बिक, नामीबिया, सेशेल्स, दक्षिण अफ्रीका, तंजानिया, जाम्बिया और जिम्बावे इसके प्रमुख सदस्य हैं।
- दक्षिण अफ्रीकी विकास समुदाय (SADC) सभी राष्ट्राध्यक्षों व मंत्रिपरिषद का वार्षिक सम्मेलन आयोजित करता है। यह संगठन कृषि, पशुपालन, ऊर्जा, खनन, रोग नियंत्रण, दूरसंचार और क्षेत्रीय व्यापार में विभिन्न परियोजनाओं के लिए वित्त पोषण करता है।
- 2016 में यूरोपीय यूनियन व दक्षिण अफ्रीकी विकास समुदाय के मध्य Economic Partnership Agrrement पर हस्ताक्षर हुए।

### दक्षिण अफ्रीकी विकास समुदाय (SADC) की संस्थाएं

- दक्षिण अफ्रीकी विकास समुदाय की 8 प्रमुख संस्थाएं हैं-
  (i) राष्ट्राध्यक्षों का सम्मेलन।
  (ii) दक्षिण अफ्रीकी विकास समुदाय – काउंसिल ऑफ मिनिस्टर्स
  (iii) SADCAT
  (iv) दक्षिण अफ्रीकी विकास समुदाय – सचिवालय।
  (v) दक्षिण अफ्रीकी विकास समुदाय – संसदीय फोरम
  (vi) स्टैंडिंग कमेटी
  (vii) दक्षिण अफ्रीकी विकास समुदाय – राष्ट्रीय कमेटी
  (viii) Summit Troika of the Organ
- दक्षिण अफ्रीकी विकास समुदाय, अफ्रीकी संघ, नेपाड और अन्य क्षेत्रीय आर्थिक समुदायों के साथ मिलकर काम करता है। इसका उद्देश्य क्षेत्र का सर्वांगीण विकास करना है।

## शंघाई सहयोग परिषद् (SCO)

- इसकी स्थापना वर्ष 1996 में हुई तथा इसकी शिखर वार्ता वर्ष 1998 में अलमाटी (कजाकिस्तान) में हुई, जिसमें रूस, चीन, कजाकिस्तान किर्गिस्तान तथा ताजिकिस्तान सम्मिलित हुए।
- वर्ष 2001 की शंघाई शिखर बैठक में उज्बेकिस्तान को छठे नए सदस्य के रूप में सम्मिलित किया गया।
- वर्ष 2015 में उफा (रूस) सम्मेलन में भारत और पाकिस्तान को शंघाई सहयोग संगठन का नया सदस्य बनाया गया है। अब सदस्यों की संख्या आठ हो गई है।
- शंघाई सहयोग संगठन की सदस्यता से भारत इस क्षेत्र में अपनी प्रभावी भूमिका निभा सकेगा तथा ऊर्जा, गैस जैसी महत्वपूर्ण जरूरतों को पूरा कर सकेगा।
- चीन ने शंघाई सहयोग परिषद् में भारत की पूर्ण सदस्यता का समर्थन किया है। वर्ष 2012 में भारत के द्वारा 'कनेक्ट सेंट्रल एशिया नीति' की घोषणा की गई, जिसके द्वारा मध्य एशियाई देशों के साथ सामरिक, व्यापारिक एवं सांस्कृतिक संबंधों पर प्रभावी बल दिया गया है।

### पर्यवेक्षक राष्ट्र

- अफगानिस्तान, ईरान एवं मंगोलिया हैं।
- इसकी स्थापना का मूल उद्देश्य, इस क्षेत्र में पृथकतावाद, आतंकवाद एवं नशीली दवाओं पर नियंत्रण करना था।

अब इनके बीच आर्थिक सहयोग, सुरक्षा सहयोग तथा सैन्य सहयोग भी हो रहे हैं।

- सोवियत संघ के विघटन के बाद मध्य एशिया में संयुक्त राज्य अमेरिका के बढ़ते प्रभाव को रोकने के लिए चीन एवं रूस ने इसका निर्माण किया। कुछ लोग इसे 'पूर्व का नाटो' भी कह रहे हैं।

## आसियान

### पृष्ठभूमि

- भारतीय स्वतंत्र विदेश नीति में एशियाई एवं अफ्रीकी एकता पर अत्यधिक बल प्रदान किया गया। एशियाई संबंधों में बांडुंग सम्मेलन के द्वारा एशियाई अफ्रीकी एकता निर्मित करने का प्रयत्न किया गया। प्रथम चरण में, भारत एवं आसियान संबंधों का निर्माण इसी पृष्ठभूमि में हुआ, **जिसकी विशेषताएं निम्नलिखित हैं-**
  - (i) दक्षिण-पूर्वी एशियाई देशों में उपनिवेशवाद विरोधी आंदोलन का सक्रिय समर्थन।
  - (ii) एशियाई सुदृढ़ता को प्रभावी बनाना।
  - (iii) पंचशील, शांतिपूर्ण सहअस्तित्व एवं गुटनिरपेक्षता के आधार पर संबंधों को बेहतर करना।
  - (iv) आसियान की स्थापना वर्ष 1967 में की गई, **जिसमें पांच देश सम्मिलित थे**-इंडोनेशिया, मलेशिया, सिंगापुर, थाइलैंड एवं फिलीपींस। इसमें वर्ष 1984 में ब्रुनेई, 1995 में वियतनाम, 1997 में म्यांनमार, लाओस तथा 1999 में कंबोडिया सदस्य बने।

### शीतयुद्ध विश्व में संबंध

- भारत की इन देशों के प्रति सहानुभूति, भौगोलिक एवं सांस्कृतिक निकटता के बावजूद शीतयुद्ध के विश्व में दूरी बनी रही, **जिसके निम्नलिखित कारण हैं-**
  - (i) भारत ने गुटनिरपेक्ष विदेश नीति को स्वीकार किया। जबकि दक्षिण-पूर्वी एशियाई राज्यों द्वारा अमेरिका समर्थित सैन्य गठबंधन की नीति को स्वीकार किया गया।
  - (ii) इंडोनेशिया पहले गुटनिरपेक्ष आंदोलन का संस्थापक सदस्य था, परंतु बाद में अमेरिकी गुट का सदस्य बन गया।
  - (iii) वियतनाम मुद्दे पर भारत, वियतनाम का समर्थक था जबकि आसियान के द्वारा अमेरिका का समर्थन किया गया था।
  - (iv) भारत द्वारा कंपूचिया में हेंग सामरिन सरकार का समर्थन जबकि दक्षिण-पूर्वी एशियाई देशों ने पोलपोट की सरकार का समर्थन किया।
  - (v) सोवियत संघ एवं भारत के मध्य मित्रतापूर्ण संबंध थे जबकि आसियान देश सोवियत संघ के विरोधी थे।
  - (vi) वर्ष 1962, वर्ष 1965 और वर्ष 1971 के युद्ध के कारण भी भारत इस क्षेत्र पर पर्याप्त ध्यान नहीं दे सका।

### शीतयुद्धोत्तर विश्व में संबंध सुधार के मूल कारण

1. सोवियत संघ का विघटन और शीतयुद्ध की समाप्ति।
2. वियतनाम में साम्यवाद की समाप्ति।
3. कंपूचिया की समस्या का समाधान।
4. वर्ष 1991 में भारत द्वारा आर्थिक उदारीकरण की नीति अपनाया जाना।
5. आसियान क्षेत्र का आर्थिक महत्व, क्योंकि वर्ष 1980 के बाद आसियान क्षेत्र में तीव्र आर्थिक वृद्धि दर्ज की गई और यह क्षेत्र आर्थिक समृद्धि के क्षेत्र के रूप में उभरा।
6. भारत एवं अमेरिकी संबंधों में सुधार।

### 'पूरब की ओर देखो' विदेश नीति

- वर्ष 1992 में प्रधानमंत्री नरसिंह राव ने 'पूरब की ओर देखने' का नारा दिया।
- जिसका अभिप्राय, दक्षिणी-पूर्वी एशियाई देशों के साथ बेहतर संबंधों की स्थापना करना और इससे भी बढ़कर पूरब की ओर देखने का अभिप्राय, दक्षिणी-पूर्वी एशियाई देशों के अतिरिक्त दक्षिणी कोरिया, जापान, ऑस्ट्रेलिया और न्यूजीलैंड के साथ भी बेहतर संबंधों का निर्माण करना है।
- वर्ष 1992 में भारत को आसियान देशों के क्षेत्रीय वार्ताकार सहयोगी का दर्जा दिया गया तथा भारत को व्यापार, निवेश और पर्यटन के क्षेत्र में क्षेत्रीय वार्ताकार को सहयोगी बनाया गया।
- वर्ष 1996 में भारत पूर्ण वार्ताकार सहयोगी बन गया। वर्ष 2002 से भारत एवं आसियान के मध्य शिखर वार्ता आरंभ हुई।
- वर्ष 2010 में दक्षिण कोरिया तथा वर्ष 2012 में जापान के साथ समग्र आर्थिक सहभागिता समझौता (CEPA)।
- वर्ष 2012 में भारत एवं दक्षिण कोरिया के मध्य सिविल परमाणु समझौता हुआ है।

## आर्थिक सहयोग का मुद्दा

### मुक्त व्यापार क्षेत्र का समझौता (वर्ष 2009)

- भारत एवं आसियान के मध्य वर्ष 2009 में मुक्त व्यापार क्षेत्र का समझौता हुआ, जो दोनों देशों के मध्य बढ़ते आर्थिक संबंधों का प्रमाण है।

- मुक्त व्यापार समझौते से दोनों को लाभ होगा, **जिसके निम्नलिखित कारण हैं-**
  (i) दोनों देशों की अर्थव्यवस्थाएं प्रतिस्पर्धी न होकर, पूरक हैं, क्योंकि आसियान हल्के विनिर्मित वस्तुओं का मुख्य निर्यातक है जबकि भारत सेवा क्षेत्र में निर्यातक है। यह बिंदु ध्यान देने योग्य है कि वर्तमान समय में भारत के सकल घरेलू उत्पाद में सेवा क्षेत्र का योगदान 54 प्रतिशत है।
  (ii) भौगोलिक निकटता, जिससे व्यापार में परिवहन का खर्च कम होता है और समय की भी बचत होती है।
  (iii) निकट सांस्कृतिक एवं ऐतिहासिक संबंध तथा भारतीय मूल के लोगों की बड़ी संख्या में रहने के कारण भारतीय वस्तुओं की भारी मांग है। इससे भी बढ़कर भारतीय सॉफ्टवेयर इंजीनियर, वित्तीय प्रबंधक, विशेषज्ञ इन क्षेत्रों में कुशल सेवाएं प्रदान कर रहे हैं।
  (iv) सूचना प्रौद्योगिकी के क्षेत्र में भारत का प्रमुख स्थान है और मुक्त व्यापार से निर्यात की संभावना में वृद्धि होगी।
  (v) इंडोनेशिया और सिंगापुर जैसे देशों ने भारत में भारी मात्रा में निवेश किया है।
  (vi) भारत और दक्षिण-पूर्वी एशियाई देशों के मध्य अनेक संयुक्त उद्यम स्थापित किए गए हैं। सिंगापुर और थाइलैंड के साथ भारत पहले ही मुक्त व्यापार समझौता संपन्न कर चुका है।
  (vii) भारत और म्यांमार के मध्य गैस के आयात के लिए भी समझौता हुआ, क्योंकि म्यांमार में प्राकृतिक गैस का बड़ा भंडार पाया जाता है।
  (viii) भारत और आसियान देशों का आर्थिक संबंध **दो स्तर पर विद्यमान हैं-**
    (a) प्रथम श्रेणी में वियतनाम, कंपूचिया एवं लाओस के साथ संबंध, जो आसियान के पिछड़े राष्ट्र हैं, इन क्षेत्रों में भारत आधारभूत संरचना और क्षमता निर्माण कार्यक्रम में भी संलग्न है।
    (b) दूसरी श्रेणी में अन्य आसियान देशों के साथ संबंध हैं।
  (ix) भारत और दक्षिण-पूर्वी एशियाई देशों के संबंध उपक्षेत्रीय स्तर पर भी कायम है, जिसमें भारत, बांग्लादेश, भूटान, म्यांमार, नेपाल, श्रीलंका और थाइलैंड सम्मिलित हैं। महत्वपूर्ण निर्णय के अंतर्गत् वर्ष 2017 तक बिम्सटेक (BIMSTEC) को मुक्त व्यापार क्षेत्र के रूप में निर्मित करने का निर्णय लिया गया है। मुक्त व्यापार क्षेत्र के लिए 13 (तेरह) मुख्य मुद्दों की पहचान की गई है। अत: बिम्सटेक (BIMSTEC), दक्षेस और आसियान के मध्य का एक सेतु है। बिम्सटेक (BIMSTEC) के मुक्त व्यापार समझौते में सेवा और निवेश को भी सम्मिलित करने का निर्णय लिया गया है।
  (x) इस समूचे क्षेत्र में आर्थिक सहयोग के द्वारा क्षेत्रीय विकास करने का प्रयत्न किया जा रहा है तथा इस क्षेत्र में चीन ने 'कुनमिंग पहल' की है, जिसके अंतर्गत् उसे चीन के युआंग प्रांत, भारत के उत्तर-पूर्व राज्य, म्यांमार और बांग्लादेश को मिलाकर क्षेत्रीय सहयोग की पहल की गई है, लेकिन भारत ने कुनमिंग पहल की बजाय, बिम्सटेक (BIMSTEC) को ज्यादा प्राथमिकता दी।

## आर्थिक मुद्दे और भविष्य की चुनौतियां

- भारत और आसियान के द्विपक्षीय व्यापार में निर्णायक वृद्धि हुई है, परंतु यह अभी भी आशानुरूप नहीं है। किंतु भारत और आसियान का द्विपक्षीय व्यापार वर्ष 2016 में 74 बिलियन डॉलर था। जबकि इसी वर्ष आसियान और चीन के मध्य का व्यापार 190 बिलियन डॉलर था।
- मुक्त व्यापार को प्रभावी बनाने के लिए बेहतर आधारभूत संरचनाओं और परिवहन सुविधा का विकास होना चाहिए।
- इस संबंध में मोरेह (मणिपुर)-तामू (म्यांमार)-कालेवा (थाइलैंड) में मार्ग का निर्माण किया गया है।
- भविष्य में नई दिल्ली और वियतनाम के मध्य रेलमार्ग बिछाने की योजना है।
- दक्षिण-पूर्वी एशियाई राज्य आर्थिक रूप में अभी भी समृद्ध हैं, लेकिन यहां राजनीतिक अस्थिरता भी कायम है। इसलिए विदेश नीति में राजनीतिक और आर्थिक मुद्दों को अलग-अलग किया जाना चाहिए, इसलिए भारत ने म्यांमार के साथ संबंधों की स्थापना की। (वर्ष 1992)
- वर्तमान आर्थिक मंदी से दक्षिण-पूर्वी एशियाई देशों की अर्थव्यवस्थाएं बुरी तरह से प्रभावित हुई हैं, क्योंकि इस क्षेत्र की अर्थव्यवस्थाएं निर्यात पर आधारित हैं। इस संकट में भारत को इनकी सकारात्मक सहायता करनी चाहिए।
- वर्तमान विश्व में भारत, दुनिया के 10 विशाल बड़े बाजारों में से एक है। इसलिए दक्षिण-पूर्वी एशियाई देशों ने भी भारत को महत्व दिया, परंतु भारत में अभी भी बेहतर आधारभूत संरचनाओं का अभाव है।

**परमाणु मुद्दा** (Nuclear Issue)

- वर्ष 1998 में भारतीय परमाणु परीक्षण की मलेशिया और थाइलैंड ने आलोचना की, परंतु वियतनाम ने समर्थन किया। वियतनाम ने तो यहां तक कहा कि भारत की परमाणु शक्ति अन्य आक्रामक राज्यों के संभावित हमले से रक्षा करने में समर्थ होगी।
- पोखरण परमाणु परीक्षण के पश्चात् भारत ने स्पष्ट किया कि उसका उद्देश्य क्षेत्र में आधिपत्यवादी नीतियों का प्रयोग करना नहीं, अपितु भारत ने सुरक्षा और क्षेत्रीय बाध्यताओं के कारण ऐसा किया। बाद में आसियान देशों ने भारत के इस पक्ष को स्वीकार किया तथा परमाणु मुद्दे को लेकर दोनों के संबंध प्रतिकूल नहीं हुए।
- सितंबर, 2001 के पश्चात् आसियान और भारत के मध्य सामरिक गठजोड़ और प्रभावी हुआ।
- भारत ने दक्षिण-पूर्वी एशियाई देशों के परमाणु मुक्त क्षेत्र समझौते पर भी हस्ताक्षर किया।
- भारत ने आसियान के साथ सौहार्द्र और सहयोग के समझौते पर भी हस्ताक्षर किया।

**सामरिक मुद्दा** (Strategic Issue)

- आसियान देश भारत के निकटवर्ती पड़ोसी हैं।
- भारत एवं आसियान के संबंध आर्थिक क्षेत्र के अलावा सामरिक क्षेत्र में भी सुदृढ़ हैं।
- वर्ष 1996 में भारत एवं आसियान क्षेत्रीय संगठन (ARF) का सदस्य बना तथा (ARF) के माध्यम से भारत की भूमिका **इस क्षेत्र में निम्नलिखित है-**
  (i) हथियारों का अप्रसार।
  (ii) नशीली दवाओं की तस्करी रोकना।
  (iii) पार-राष्ट्रीय अपराध (Trans National Crime) और समुद्री डकैतियों को रोकने में सहयोग।
  (iv) एशियाई प्रशांत क्षेत्र में सुरक्षा और समुद्री सहयोग पर बल।
  (v) मानवीय सहायता, आपदा प्रबंधन एवं शांति कार्यक्रमों में सैन्य एवं नागरिक सहयोग।
- आसियान एवं भारत के द्वारा संयुक्त रूप से हिंद महासागर, मलक्का जलसंधि की सुरक्षा की जा रही है। भारत, सिंगापुर और इंडोनेशिया के मध्य नौसैनिक अभ्यास भी संपन्न हुआ। भारत-आसियान के बीच **मिलन** सैनिक अभ्यास प्रति वर्ष आयोजित होता है तथा भारत-सिंगापुर के बीच **बोल्ड कुरूक्षेत्र** सैनिक अभ्यास का आयोजन होता है।
- आसियान क्षेत्र में चीन के महाशक्ति के रूप में उभरने से इस क्षेत्र के सामरिक समीकरण में परिवर्तन हो रहा है। उभरता चीन, भारत और आसियान दोनों के लिए महत्वपूर्ण सामरिक चुनौती है।
- चीन के साथ संबंधों को लेकर आसियान देशों में दो **प्रकार के दृष्टिकोण हैं-**
  (i) कुछ राष्ट्र, चीन के साथ गठबंधन बनाए रखने के पक्षधर हैं।
  (ii) अन्य राष्ट्र, चीन के साथ दूरी बनाए रखना चाहते हैं।
- स्प्रॉटले द्वीप को लेकर अभी भी चीन और आसियान के मध्य विवाद कायम है।
- चीन द्वारा किए गए प्रभावी सैन्य आधुनिकीकरण तथा उसकी म्यांमार और हिंद महासागर में बढ़ती उपस्थिति को संतुलित करने के लिए भारत, आसियान के साथ जापान, अमेरिका भी आपसी सामरिक समझौते का निर्माण कर रहे हैं, परंतु दीर्घकालिक रूप में चीन का मुकाबला करने के लिए एक सुदृढ़ अर्थव्यवस्था का निर्माण आवश्यक है। यह बिंदु ध्यान देने योग्य है कि चीन, भारत के उत्तरी-पूर्वी राज्यों में आतंकी गतिविधियों को प्रोत्साहित करता है। इसी संदर्भ में भारत एवं म्यांमार का सहयोग अत्यधिक महत्वपूर्ण है तथा दोनों ने मिलकर आतंकवादियों के विरुद्ध संयुक्त कार्यवाही की।
- सिंगापुर की सेनाओं के तीनों अंगों को प्रशिक्षण भारत द्वारा दिया जाता है। ऐसा प्रशिक्षण प्राप्त करने वाला सिंगापुर एकमात्र देश है।
- सिंगापुर के द्वारा अपने प्रक्षेपास्त्र का परीक्षण चांदीपुर में किया जाता है।
- वर्ष 1993 में भारत ने मलेशिया के पायलटों को विमान उड़ाने के प्रशिक्षण का समझौता किया।
- वर्ष 2001 में भारत एवं इंडोनेशिया के बीच सैन्य समझौता हुआ।
- थाइलैंड के साथ भी वर्ष 2005 में नौसैनिक अभ्यास का समझौता हुआ।
- म्यांमार के साथ भी भारत का सैन्य अभ्यास जारी है। मलक्का संधि का भी दोनों के लिए अत्यधिक महत्व है, क्योंकि दुनिया के समूचे व्यापार का 40 प्रतिशत भाग मलक्का संधि से होकर गुजरता है।
- यह भी उल्लेखनीय है कि अंडमान निकोबार द्वीप समूह भारत की मुख्य भूमि से 1,400 किमी. दूर है। यह दक्षिणी-पूर्वी एशियाई देशों के अत्यधिक निकट है। इसलिए भारत ने पोर्टब्लेयर में तीनों सेनाओं की कमान की स्थापना की है। (वर्ष 2001)
- इस क्षेत्र में भारत की स्थिति अत्यधिक बेहतर है, क्योंकि भारत ने कभी भी हस्तक्षेपवादी नीति का समर्थन नहीं किया। भारत के साथ इंडोनेशिया, थाइलैंड और म्यांमार के साथ सीमा निर्धारण किया जा चुका है।

- जबकि दक्षिणी-चीन सागर को लेकर चीन और दक्षिणी-पूर्वी एशियाई देशों के बीच विवाद कायम है। आसियान देशों का भी आपस में सीमा विवाद है।

### आतंकवाद

- आतंकवाद का मुकाबला करने के लिए भारत एवं आसियान के मध्य प्रभावी सहयोग हो रहा है।
- आसियान में 'अबू सैयाद, मोरो इस्लामिक लिबरेशन फ्रंट' जैसे संगठनों का अलकायदा के साथ संबंध हैं। इंडोनेशिया में 'जिम्माह इस्लामिया' भी अलकायदा से प्रेरित है।
- इसके अतिरिक्त इंडोनेशिया का 'मजलिसे मुजाहिद्दीन' आतंकवादी गतिविधियों में अत्यधिक सक्रिय है।
- इसलिए भारत एवं आसियान के मध्य आतंकवाद को रोकने हेतु सूचना का आदान-प्रदान द्विपक्षीय और बहुपक्षीय समझौते को लागू करना और आसियान देशों में सुरक्षा परिषद् के प्रस्ताव-1373, 1267, 1390 को दृढ़ता से लागू करने का निर्णय लिया गया है, जो आतंकवाद को रोकने हेतु है।

### भारतीय मूल का मुद्दा

- दक्षिण-पूर्वी एशियाई देशों में बड़ी संख्या में भारतीय मूल के लोग निवास करते हैं।
- वर्ष 2007 में मलेशिया में रह रहे भारतीय मूल के लोगों ने मलेशिया सरकार के विरुद्ध भेदभाव पूर्ण नीतियों का आरोप लगाया तथा इस मुद्दे पर व्यापक हिंसक प्रदर्शन हुए, परंतु भारतीय विदेश नीति द्वारा अत्यधिक सतर्कता बरती गई तथा इसे मलेशिया का आंतरिक मामला माना गया।

## भारत एवं आसियान और उत्तरी-पूर्वी भारतीय राज्य

- आसियान देश, भारत के निकटवर्ती पड़ोसी हैं। उत्तरी-पूर्वी राज्यों के साथ म्यांमार की 1,400 किमी. लंबी सीमा लगती है।
- अंडमान निकोबार द्वीप समूह से इंडोनेशिया अत्यधिक निकट है। इसलिए 'पूरब की ओर देखो' विदेश नीति का घरेलू पक्ष अत्यधिक महत्वपूर्ण है।
- भारत द्वारा आसियान देशों के साथ सुदृढ़ संबंधों के द्वारा उत्तरी-पूर्वी राज्यों के विकास को अत्यधिक महत्व दिया जा रहा है।
- भारत के उत्तरी-पूर्वी राज्य आतंकवादी गतिविधियों के शिकार हैं। अब इन्हें सुरक्षा बोझ की बजाय, वाणिज्य और व्यापार के केंद्र के रूप में विकसित करने की योजना है। इसलिए गुवाहाटी को अब दक्षिण-पूर्वी एशियाई देशों के साथ संबंध निर्मित करने का प्रवेश द्वार माना जा रहा है।

## दक्षिणी चीन सागर विवाद

- दक्षिणी-चीन सागर में अनेक द्वीप हैं। सबसे बड़े द्वीप स्प्रेटले एवं पार्सेल हैं। चीन के क्षेत्र में स्थिति द्वीपों के 90 प्रतिशत भाग पर नियंत्रण है तथा कुल 52 द्वीपों में से चीन का नियंत्रण केवल 7 द्वीप पर है।
- वियतनाम का नियंत्रण लगभग 40 द्वीपों पर है, एवं फिलीपीन्स का नियंत्रण 9 द्वीपों पर है। मलेशिया का 5 द्वीपों पर नियंत्रण है। जबकि ताईवान का एक द्वीप पर नियंत्रण है। अतः इन देशों के मध्य आपसी विवाद है।
- दक्षिणी-चीन सागर व्यापारिक महत्व का मार्ग है तथा तेल एवं गैस के भी भंडार हैं।
- भारत एवं वियतनाम के मध्य तेल उत्पादन के लिए समझौता हुआ है।
- भारत के द्वारा दक्षिणी-चीन सागर में उपस्थिति का चीन के द्वारा कड़ा विरोध किया गया।
- पिछले कुछ वर्षों से चीन, भारत की घेराबंदी करने में लगा रहा है, जिसे अमेरिकी रक्षा मंत्रालय द्वारा 'स्ट्रिंग ऑफ पर्ल' (String of Pearls) नामक पॉलिसी कहा गया।
- भारत में बदले हुए शासन नेतृत्व ने अंतर्राष्ट्रीय राजनीति में अपनी एक पहचान बनाई है।
- प्रधानमंत्री श्री नरेन्द्र मोदी ने नेपाल, भूटान, जापान, अमेरिका एवं ऑस्ट्रेलिया जैसे प्रमुख देशों की यात्रा करके विदेश नीति को बदला है, जिसमें चीन को घेरने की रणनीति नजर आती है।
- ऑस्ट्रेलिया, वियतनाम एवं आसियान देशों से बढ़ते भारतीय संबंधों को वैश्विक राजनीति में चीन की 'स्ट्रिंग ऑफ पर्ल्स' के जवाब में बनते घेराबंदी के रूप में 'नेकलेस ऑफ डायमण्ड' के रूप में देखा जा रहा है, जो भारत की कूटनीतिक जीत मानी जा रही है।

### आसियान का 25वां शिखर सम्मेलन, 2014

- आसियान का 25वां शिखर सम्मेलन 13 नवंबर, 2014 को म्यांमार की राजधानी 'नायपीडाव' में संपन्न हुआ।
- इस शिखर सम्मेलन का केंद्रीय विषय (Theme) था- एक शांतिपूर्ण एवं समृद्ध समुदाय के लिए एकबद्ध आगे बढ़ना।

### आसियान का 27वां शिखर सम्मेलन, 2015

- यह सम्मेलन 21 से 23 नवंबर, 2015 को मलेशिया की राजधानी क्वालालंमपुर में संपन्न हुआ। इस शिखर सम्मेलन का थीम थी-Our People, Our Community, Our Vision.

- इस सम्मेलन में आतंकवाद, मानव तस्करी, दक्षिणी चीन सागर विवाद महत्वपूर्ण मुद्दा रहा। साथ ही आसियान समुदाय संगठन के गठन पर भी चर्चा हुई।
- आसियान शिखर सम्मेलन में क्वालालंपुर घोषणा-पत्र जारी किया गया, जिसकी थीम थी-'डिक्लेरेशन ऑन आसियान 2025: फोर्जिंग अहेड टूगेदर' (Declaration on ASEAN 2025: Forging Ahead Together)। इससे वर्ष 2025 तक आसियान को आर्थिक समुदाय के रूप में स्थापित करना है।
- इस दौरान भारत, म्यांमार, थाइलैंड हाइवे परियोजना को वर्ष 2018 तक पूरा किए जाने की घोषणा की तथा प्रधानमंत्री ने भारत-आसियान इनोवेशन प्लेटफार्म की घोषणा की।
- शिलांग (मणिपुर) को भारत का गेटवे बताते हुए शिलांग यूनिवर्सिटी में आसियान स्टडी सेंटर की स्थापना की घोषणा की गई।
- भारत ने आसियान के लिए जी. पी. एस. आधारित सेवा उपलब्ध कराने की घोषणा की तथा 122 सदस्यों के सौर गठबंधन में सम्मिलित होने के लिए आमंत्रित किया।

## आसियान सम्मेलन, 2016

- यह सम्मेलन 6 से 8 सितंबर, 2016 को वियतनाम की राजधानी लाओस में संपन्न हुआ। यह संयुक्त रूप से आसियान का 28वां एवं 29वां सम्मेलन था। इसी समय भारत एवं आसियान के मध्य 14वां शिखर सम्मेलन तथा 11वां पूर्वी एशिया सम्मेलन भी संपन्न हुआ।
- इस सम्मेलन की **थीम थी**-"Turning Vision into Reality for a Dynamic ASEAN Community."
- इस सम्मेलन में भारतीय प्रधानमंत्री नरेन्द्र मोदी ने भाग लिया।
- इस सम्मेलन में सदस्य देशों ने 'आसियान कम्युनिटी विजन, 2025' को लागू करने पर चर्चा की तथा आसियान के बाह्य सहयोगियों से संबंध बढ़ाने पर बल दिया।
- सदस्य देशों ने 'आसियान एकीकरण कार्ययोजना-3' को स्वीकार किया।
- सदस्य देशों ने 'एक आसियान एक अनुक्रिया' घोषणा-पत्र पर हस्ताक्षर किया, जिसके तहत प्राकृतिक आपदाओं पर एक साथ सहयोग किया जा सके।
- आसियान देशों ने वार्ताभागीदार देशों तथा अन्य बाह्य सहयोगियों (आसियान +3, आसियान +1) से संबंधों को बढ़ाने पर जोर दिया।
- प्रधानमंत्री मोदी ने भारत-आसियान सम्मेलन में आतंकवाद के बाह्य निर्यात पर चिंता प्रकट की।

## आसियान सम्मेलन, 2017

- आसियान का 30वां शिखर सम्मेलन 28-29 अप्रैल, 2017 एवं 31वां सम्मेलन 10-14 नवम्बर, 2017 को फिलीपींस की राजधानी मनीला में हुआ।
- इस सम्मेलन की थीम थी-Partnering for Change,. Engaging the World.

अध्याय 11

# समसामयिक चुनौतियां

# CONTEMPORARY CHALLENGES

## आतंकवाद

### आतंकवाद की परिभाषा

- आतंकवाद को आज तक संयुक्त राष्ट्र संघ ने परिभाषित नहीं किया है। वर्तमान में आतंकवाद राष्ट्र राज्य के दायरे तक सीमित नहीं है बल्कि यह सुरक्षा का वैश्विक खतरा बन चुका है। वर्तमान में गैर राष्ट्रीय कर्ता (Non State actor) विश्व की शांति और सुरक्षा के लिए गंभीर चुनौती बन रहे हैं। परंतु आज तक संयुक्त राष्ट्र के द्वारा आंतकवाद के विरुद्ध कोई कन्वेंशन नहीं बनाया गया।
- कन्वेंशन का निर्माण इसलिए नहीं हो पा रहा है कि आतंकवाद के मुद्दे पर ही असहमति है। सन् 2000 के बाद हिंसा का किसी भी प्रकार का इस्तेमाल ही आतंकवाद कहा गया। मानवाधिकार कार्यकर्ताओं ने राज्य आतंकवाद का विचार दिया जिसमें राज्य द्वारा हिंसा को आतंकवाद का नाम दिया गया। मैक्स, वेबर ने राज्य भू-भाग के अंदर की गई हिंसा को राज्य आतंकवाद का नाम दिया जो वैध है।
- इसलिए आज तक इसे नियंत्रित करने के लिए किसी अंतर्राष्ट्रीय विधि का निर्माण नहीं हो पाया है। यद्यपि सुरक्षा परिषद के द्वारा आतंकवाद के विरुद्ध प्रस्ताव संख्या 1267 के अनुसार अलकायदा से संबंधित सभी आतंकी संगठनों को प्रतिबंधित किया जाए।
- प्रस्ताव संख्या 1373 के अनुसार, आतंकी संगठनों को कोई भी देश किसी भी प्रकार की वित्तीय और तकनीकी सहायता नहीं देगा। इन दोनों प्रस्तावों को सुरक्षा परिषद द्वारा लाया गया। बिना राज्यों के समर्थन के आतंकवाद का अस्तित्व ही नहीं हो सकता। इसलिए यह कहा गया है कि आतंकवाद एक बहुअर्थी शब्द है।
- किन्हीं राजनीतिक उद्देश्यों के लिए व्यवस्थित रूप में हिंसा का प्रयोग करके निर्दोष नागरिकों की हत्या करके इस हत्या के द्वारा प्रचार-प्रसार करने का प्रयत्न किया जाए। यद्यपि आतंकवाद की सुस्पष्ट परिभाषा विद्यमान नहीं है। फिर भी आतंकवाद को निम्न संदर्भ में परिभाषित किया जा सकता है-आतंकवाद का अभिप्राय किसी संगठन द्वारा आम नागरिकों की हत्या करना, विमान अपहरण करना तथा सामूहिक नरसंहार माना जाता है, जिसका उद्देश्य आम लोगों में मनोवैज्ञानिक भय उत्पन्न करना है।
- विटकॉफ के अनुसार, 'आतंकवाद, अशक्त लोगों द्वारा शक्तिशाली लोगों के विरुद्ध एक रणनीति है।' आतंकवादी हिंसा का मूल उद्देश्य एक समूह या समुदाय की समस्या की ओर समूचे विश्व का ध्यान आकर्षित करना है।' आतंकवादी गतिविधियों का संचालन राष्ट्रीय स्वतंत्रता के नाम पर किया गया।
- कुछ लोगों ने इसका प्रयोग समाज में समानता स्थापित करने के लिए किया, जबकि अन्य लोगों द्वारा धार्मिक कारणों से भी आतंकवादी घटनाओं को अंजाम दिया गया।

### आतंकवाद और स्वतंत्रता आंदोलन में अंतर

- विटकॉफ ने आतंकवादियों एवं स्वतंत्रता सेनानियों के मध्य अंतर स्थापित करने का प्रयत्न किया। इनके अनुसार, आतंकवादियों को हिंसा (साधन) से परिभाषित किया जाता है, जबकि स्वतंत्रता सेनानियों को उनके साध्य (स्वतंत्रता) से परिभाषित किया जाता है।
- इनके अनुसार, स्वतंत्रता सेनानी, स्वतंत्रता के लिए नैतिक और वैधानिक संघर्ष भी कर सकते हैं, जबकि आतंकवादी सदैव हिंसा का प्रयोग करते हैं। वुल्फ और कोलंबस ने आतंकवाद को परिभाषित करते हुए कहा कि ये ऐसे गैर-राष्ट्रीय कर्ता हैं, जो राजनीतिक उद्देश्यों की पूर्ति के लिए हिंसा के गैर-परंपरागत साधनों का प्रयोग करते हैं।
- बेलिस एवं स्मिथ के अनुसार, 'आतंकवाद, मूलतः हिंसा का संगठित प्रयोग है, यद्यपि हिंसा प्रयोग के उद्देश्यों में भिन्नता संभव है।'

### आतंकवाद के कारण

#### 1. आर्थिक कारण

- शीतयुद्धोत्तर विश्व में पाश्चात्य देशों ने भूमंडलीकरण के नाम पर विश्व में नव-साम्राज्यवाद की स्थापना की।

पश्चिमी देशों ने विश्व की तकनीकी, पूंजी एवं वैश्विक संस्थाओं पर नियंत्रण स्थापित किया। विश्व में संसाधनों का वितरण अभी भी असमान है। सामाजिक विषमता बढ़ रही है। इसलिए व्यक्ति एवं समूह हिंसात्मक गतिविधियों में संलग्न हो रहे हैं।

- वर्तमान विश्व में जीवन स्तर में वृद्धि एवं शिक्षा में वृद्धि के साथ रोजगार में वृद्धि नहीं हो रही है। फ्रेंज फेनॉन के शब्दों में शोषणकारी व्यवस्था के विरुद्ध तब तक संघर्ष जारी रहेगा, जब तक पश्चिमी विश्व तथा शेष विश्व के मध्य आर्थिक एवं शक्ति का असंतुलन बना रहेगा। इसलिए कुछ विचारकों ने 11 सितंबर, 2001 की घटना को विश्व पूंजीवाद के प्रतीक पर आक्रमण माना।
- एन्ड्रयू जैक्सन के अनुसार, यह सत्य है कि आतंकवादी गतिविधियों में सम्मिलित पहले ज्यादातर लोग गरीब देशों से संबंधित थे, परंतु वर्ष 2005 में लंदन में हुए बम विस्फोट में अत्यधिक शिक्षित लोग संलिप्त पाए गए। इसलिए आज के आतंकवादी केवल फिलीस्तीन से भागे लोग नहीं हैं और न ही वे केवल अफगानी मुजाहिद्दीन हैं, बल्कि समकालीन युग में अत्यधिक बेहतर शैक्षिक पृष्ठभूमि के लोग इन घटनाओं से संबंधित हैं।

## 2. सांस्कृतिक कारण

- भूमंडलीकरण के युग में विश्व में पश्चिमी दुनिया के उत्पाद एवं संस्कृति का प्रभाव बढ़ रहा है। कुछ समुदाय अपने मूल्यों की रक्षा के लिए सशस्त्र संघर्ष का सहारा ले रहे हैं, क्योंकि पश्चिमी पंथनिरपेक्ष भौतिकवादी संस्कृति के बजाय, वे अपनी पृथक् सांस्कृतिक पहचान कायम रखना चाहते हैं। वर्तमान युग में विश्व के अनेक भागों में धार्मिक एवं नृजातीय संघर्ष विद्यमान है।
- सैम्युअल हटिंग्टन ने **सभ्यताओं के संघर्ष** की संकल्पना में यह स्वीकार किया कि 'आने वाले विश्व में राष्ट्र-राज्यों के मध्य संघर्ष नहीं, बल्कि विभिन्न सभ्यताओं के मध्य संघर्ष होंगे।' यह संघर्ष मूलतः इस्लाम एवं ईसाईयत के मध्य होगा।'
- यह उल्लेखनीय है कि सभ्यताओं के संघर्ष की मान्यता तार्किक नहीं है, क्योंकि इस्लामी विश्व में अनेक विभाजन विद्यमान हैं। इस्लामी विद्वानों के अनुसार, पश्चिमी सभ्यता कमजोर हो रही है। इस्लामी सभ्यता द्वारा, पश्चिमी सभ्यता को कड़ी चुनौती दी जा रही है।
- खाड़ी युद्ध के बाद पश्चिमी-एशियाई देश, अमेरिका के बढ़ते प्रभुत्व से अत्यधिक चिंतित हैं। पूर्व अमेरिकी राष्ट्रपति जॉर्ज बुश ने 'दुष्ट-राष्ट्र' (Axis of Evil) और कुछ राष्ट्रों को 'बीमार राज्य' की श्रेणी में रखा। उनके अनुसार, ये बीमार राज्य, आतंकवाद को प्रोत्साहित करते हैं। यू. एस. के अनुसार, आतंकवाद बीमार राज्य और घातक नरसंहार के हथियार एक-दूसरे से अंतर्संबंधित हैं।

## 3. धार्मिक कारण

- 11 सितंबर, 2001 के बाद के आतंकवाद को नव-आतंकवाद या उत्तर-आधुनिक आतंकवाद की संज्ञा भी दी जाती है, इसे इस्लामी आतंकवाद भी कहा जाता है। यह मूलतः मुसलमानों की विश्व के प्रति प्रतिक्रिया का परिणाम है।
- इसके अनुसार, मुसलमानों का विश्वव्यापी शोषण हो रहा है एवं पश्चिमी विश्व का आध्यात्मिक पतन हो रहा है। ओसामा बिन लादेन के अनुसार, 'जो लोग कुरान में विश्वास नहीं करते, कुरान की व्याख्या को स्वीकार नहीं करते, वे इस्लामी संस्कृति के पतन के लिए उत्तरदायी हैं।'
- **भूमंडलीकरण के युग में विश्व के मुसलमानों के समक्ष निम्नलिखित संकट विद्यमान हैं-**
  (i) वे संपूर्ण विश्व के साथ एकीकृत हो जाएं।
  (ii) अथवा अपनी आध्यात्मिक शुद्धता (पहचान) बनाए रखने हेतु इससे संघर्ष करें।
- इनके अनुसार, पंथनिरपेक्ष व्यवस्था स्वीकार करने वाले इस्लामी राज्य पश्चिमी देशों के पिछलग्गू हैं। अपनी आत्मा की शुद्धता एवं समुदाय की रक्षा हेतु बलिदान आवश्यक है। इसलिए आत्मघाती दस्ते तैयार किए जा रहे हैं। यह प्रेरणा प्रदान की जाती है कि जो भी इस पवित्र उद्देश्य के लिए अपने जीवन का त्याग करेगा, वह अल्लाह के निकट पहुंचेगा, क्योंकि व्यक्तिगत कुर्बानी आध्यात्मिकता प्राप्त करने का मार्ग है।
- यह उल्लेखनीय है कि इस्लाम में धर्म का प्रयोग राजनीतिक उद्देश्यों के लिए आरंभ से ही किया गया, क्योंकि इस्लाम में धर्म और राजनीति के मध्य के विभाजन को स्वीकार नहीं किया जाता। साम्राज्यवाद एवं उपनिवेशवाद के विरुद्ध आंदोलनों में भी धार्मिक तत्वों का प्रयोग किया गया। द्वितीय विश्वयुद्ध के बाद मिस्र ने इस्लामिक बंधुता (अरबवाद) का नारा दिया। इस्लाम की आमूलवादी प्रवृत्ति की प्रभावी व्याख्या ईरान द्वारा की गई।
- ईरान ने इस्लाम के आधार पर राजनीतिक एवं आर्थिक व्यवस्थाओं के निर्माण का प्रयत्न किया। अफगानिस्तान में शीतयुद्धोत्तर विश्व में तालिबानियों ने पुनः इस्लामी शासन की मान्यता को प्रभावी रूप में लागू करने का प्रयत्न किया।
- ऐसा माना जाता है कि पश्चिमी एशिया में कार्यरत हिजबुल्ला जैसे संगठनों को ईरान का समर्थन प्राप्त है। हमास को भी ईरान एवं अन्य देशों द्वारा समर्थन दिया जाता है। तालिबान का पतन वर्ष 2001 में हो गया, लेकिन

पश्चिम एशिया में 'रेडिकल इस्लाम' लगातार प्रभावी होता जा रहा है। ईरान की भूमिका इस संदर्भ में अग्रणी है।

- यह उल्लेखनीय है कि अमेरिका एवं ईरान के बीच अभी भी संघर्ष बने हुए हैं। वर्तमान विश्व में आमूलवादी इस्लाम पाकिस्तान और अफगानिस्तान में प्रभावी हो रहा है। तालिबानी शासन के समाप्ति के बाद भी तालिबानीकरण की प्रवृत्तियां निरंतर प्रभावी हो रही हैं।
- यह उल्लेखनीय है कि आतंकवाद का संबंध केवल एक धर्म विशेष के साथ जोड़ना पूर्णत: तार्किक नहीं है। ऐसे आतंकवादी जो मुसलमान हैं, समूचे मुस्लिम समुदाय का प्रतिनिधित्व नहीं करते। वस्तुत: आतंकवाद का कोई एक धर्म नहीं है। ये सभी धर्मों के विरोधी और सबसे बढ़कर मानवीय मूल्यों के विरोधी हैं, क्योंकि किसी भी धर्म में निर्दोष व्यक्तियों की हत्या को औचित्यपूर्ण नहीं माना जाता।
- यह भी उल्लेखनीय है कि आतंकवादियों का संबंध लगभग सभी धर्मों से जुड़ा है। कॉच काहने (आतंकवादी संगठन) का संबंध यहूदियों से है। लिट्टे का संबंध श्रीलंका के तमिलों से था, जो मूलत: हिंदू हैं, जबकि आइरिश रिपब्लिकन आर्मी का संबंध केथोलिक धर्म से है।

## आतंकवाद के प्रकार

### 1. राज्य प्रायोजित आतंकवाद

- अंतर्राष्ट्रीय राजनीति में अभी भी राज्य को केंद्रीय महत्व दिया जाता है। प्रत्येक राज्य अपनी विदेश नीति के माध्यम से राष्ट्रीय हितों को पूर्ण करने का प्रयत्न करते हैं। सुरक्षा बनाए रखने के लिए सदैव सतर्क रहते हैं।
- अमेरिकी विदेश मंत्रालय के अनुसार, विश्व के अनेक राज्य आतंकवाद प्रायोजित करते हैं, जिससे वे अपनी विदेश नीति के उद्देश्यों को पूर्ण कर सकें। क्योंकि राज्यों के मध्य सीधे संघर्ष कठिन होते जा रहे हैं। अमेरिका के अनुसार, उत्तर कोरिया, ईरान, सीरिया, लीबिया, सूडान, क्यूबा जैसे राष्ट्र आतंकवाद को प्रायोजित करते हैं।
- यह उल्लेखनीय है कि आतंकवाद प्रायोजित करने वाले राष्ट्रों की सूची वस्तुनिष्ठ रूप में निर्मित करना अत्यधिक कठिन है। भारत के अनुसार, पाकिस्तान, आतंकवाद को प्रायोजित करने वाला राष्ट्र है। जबकि पाकिस्तान 'आतंक के विरुद्ध युद्ध' में अमेरिका का सहयोगी है।
- इजरायल के अनुसार, ईरान, आतंकवाद प्रायोजित करने वाला राष्ट्र है, लेकिन भारत इस मत से सहमत नहीं है। यह उल्लेखनीय है कि पाकिस्तान द्वारा भारत के विरुद्ध लगातार आतंकवाद प्रायोजित किया जा रहा है।
- **सितंबर, 2001 के बाद भारत में घटित होने वाले आतंकवादी हमलों की मूल विशेषताएं निम्नलिखित हैं-**
  (i) आतंकवादियों ने राजनीतिक रूप में महत्वपूर्ण संकेतकों पर हमला किया। उदाहरण के लिए, उन्होंने भारतीय संसद एवं कश्मीर विधान सभा को निशाना बनाया।
  (ii) आतंकवादियों ने धार्मिक स्थलों पर हमले किए।
  (iii) आतंकवादियों ने महिलाओं और बच्चों को जानबूझकर निशाना बनाया।
  (iv) आत्मघाती दस्तों (मानव बम) का प्रयोग किया।
- शीतयुद्ध के दौरान स्वयं अमेरिका द्वारा आतंकवाद को बढ़ावा दिया गया। अमेरिका ने चिली, अलसल्वाडोर, निकारागुआ में आतंकवाद को प्रायोजित किया। अफगानिस्तान में वर्ष 1979 में सोवियत संघ की सेना के हस्तक्षेप का सामना करने के लिए मुजाहिद्दीनों को प्रशिक्षित किया गया।
- अत: वर्तमान अफगानिस्तान, विश्व आतंकवाद का केंद्र बना हुआ है, जहां आतंकवाद को आरंभ करने का श्रेय अमेरिका को ही जाता है। अलकायदा जैसे संगठन समूची वैश्विक सुरक्षा के लिए खतरा हैं, लेकिन तुलनात्मक रूप में कमजोर राज्यों के लिए ज्यादा हानिकारक हैं। उदाहरण के लिए, कोलंबिया, नेपाल, श्रीलंका, पाकिस्तान एवं अफगानिस्तान, जिनमें इनकी गहरी पैठ बन चुकी है।

### 2. अंतर्राष्ट्रीय आतंकवाद

- जो आतंकवाद एक से अधिक देशों में संचालित हो या जिससे अनेक देशों के नागरिकों की हत्या हो, अंतर्राष्ट्रीय आतंकवाद कहलाता है। उदाहरण के लिए, 11 सितंबर, 2001 की घटना, 26 नवंबर, 2008 की घटना (मुंबई हमला)। यह उल्लेखनीय है कि सितंबर, 2001 के बाद आतंकवाद का अत्यधिक संगठित रूप उभरकर सामने आया है।
- यह मूलत: अंतर्राष्ट्रीय या वैश्विक बन चुका है, जिससे राष्ट्रों की सुरक्षा के लिए गंभीर खतरा उत्पन्न हो गया है। अलकायदा जैसे गैर-राष्ट्रीय कर्ता, अंतर्राष्ट्रीय आतंकवाद के मुख्य स्रोत हैं। अलकायदा का प्रशिक्षण सूडान, यमन, चेचेन्या, तजाकिस्तान, सोमालिया, फिलीपींस, पाकिस्तान एवं अफगानिस्तान में संचालित किया जा रहा है।
- अलकायदा का प्रसार विश्व के अधिकांश भागों में है, जिसमें ब्रिटेन, फ्रांस, नीदरलैंड, बेल्जियम, इटली, स्पेन, जर्मनी, मिस्र, अल्जीरिया, यमन, इराक, सूडान, थाईलैंड, म्यांमार, जापान, कोरिया, सिंगापुर, भारत, पाकिस्तान एवं बांग्लादेश मुख्य हैं। यद्यपि कुछ आतंकवादी संगठनों का कार्य राज्य विशेष की सीमा में ही स्थित होता है। जैसे,

स्पेन का बास्क संगठन, आयरलैंड का आइरिश रिपब्लिकन आर्मी, पेरू का शाईनिंग पाथ।

### 3. सीमापार आतंकवाद

- भारत के अनुसार, भारत, पिछले तीन दशकों से सीमापार आतंकवाद से प्रभावित है। पाकिस्तान द्वारा आतंकवादियों को प्रशिक्षण सहायता उपलब्ध कराई जाती है। 26 नवंबर, 2008 के मुंबई आतंकी हमले में पाकिस्तानियों के सम्मिलित होने के सीधे प्रमाण पाए गए।
- इसके अतिरिक्त, पठानकोट आतंकवादी हमले (2 जनवरी, 2016) में भी आई.एस.आई. (ISI) की भूमिका के प्रमाण मिले हैं। इससे पहले भी वर्ष 1999 में इंडियन एयरलाइंस के विमान का अपहरण किया गया था, तो उसके बाद **जैश-ए-मोहम्मद** के कुख्यात आतंकवादी अजहर मसूद को भारत ने छोड़ा। जैश-ए-मोहम्मद और लश्कर-ए-तैयबा द्वारा कश्मीर में अभी भी आतंकवादियों को भेजा जाता है। लश्कर-ए-तैयबा का मुख्य सरगना मोहम्मद हाफिज सईद अभी भी पाकिस्तान में है।
- वर्ष 1990 के बाद पाकिस्तान ने भारत के विरुद्ध **'छद्म युद्ध'** का संचालन किया। सीधे संघर्ष की बजाय, आतंकवादियों का सहारा लिया गया, जिससे भारत के राष्ट्रीय हितों और सुरक्षा पर हमला किया जा सके। **पाकिस्तान में कार्य कर रहे आतंकवादी संगठनों के व्यवहार निम्नलिखित कारणों से प्रभावित होते हैं-**
  - (i) इन संगठनों के विरुद्ध पाकिस्तान सरकार के द्वारा कार्यवाही नहीं की जाती।
  - (ii) भारत के विरुद्ध संघर्ष करते समय इन्होंने इस प्रकार हथियारों का संग्रह कर लिया है, जिससे इनके आक्रमण की क्षमता में भारी वृद्धि हुई है।
  - (iii) इन संगठनों को यह पता है कि अमेरिका का मूल हित अफगानिस्तान में है। इसलिए अमेरिका, पाकिस्तान या कश्मीर पर उतना ध्यान नहीं देगा।
  - (iv) सितंबर, 2001 की घटना के परिणामस्वरूप ये इसी प्रकार के गंभीर हमले के प्रयत्न में हैं।
  - (v) आतंकवादी भारत को उकसाना चाहते हैं, जिससे भारत, पाकिस्तान पर आक्रमण करे तथा इस संकट का ये लाभ उठा सकें।
  - (vi) आतंकियों ने लगातार पाकिस्तानी सरकार के उस दावे को गलत सिद्ध किया है, जिसमें पाकिस्तान ने लगातार यह आश्वासन दिया कि वह अपनी भूमि से आतंकियों का सफाया करेगा।
- सितंबर, 2001 के बाद अलकायदा, तालिबान और पाकिस्तान में स्थित जैश-ए-मोहम्मद जैसे संगठनों के मध्य तालमेल बन रहे हैं, जो भारत के लिए अत्यधिक संकटकारी है। यह उल्लेखनीय है कि अलकायदा ने अमेरिका, रूस, इजरायल और भारत को इस्लाम का शत्रु माना है। इसलिए अलकायदा, कश्मीर में भी चल रहे आतंकवादियों का समर्थक है।

### 4. नारको आतंकवाद

- वर्तमान विश्व में यह सर्वाधिक प्रभावी है। आज आतंकवाद का पर्याय ही, नारको आतंकवाद माना जाता है। आतंकवाद का यह स्वरूप नशीली दवाओं के व्यापार और हिंसात्मक गतिविधियों के परस्पर जुड़ने से होता है। क्योंकि आतंकवादियों को नशीली दवाओं के अवैध व्यापार से भारी वित्तीय मदद मिलती है, जिसका प्रयोग वे हथियारों को खरीदने में करते हैं। इसके अतिरिक्त नशीली दवाओं का व्यापार, अवैध घुसपैठ एवं बच्चों के दुर्व्यापार से भी जुड़ा हुआ है। इस व्यापार का मूल क्षेत्र **'स्वर्णिम अर्धचन्द्र'** है, जिसमें अफगानिस्तान, पाकिस्तान और ईरान सम्मिलित हैं, इनसे अफीम एवं हेरोईन यूरोप में भेजी जाती है।
- यूरोप, अमेरिका को भी नशीले पदार्थों का प्रयोग की सुरक्षा के लिए महत्वपूर्ण है। साथ ही बाल्कन क्षेत्र से होकर यह अमेरिका तक भेजी जाती है। दूसरी ओर, नशीली दवाओं का मूल केंद्र **'स्वर्णिम त्रिभुज'** है, जिसमें म्यांमार, लाओस और थाइलैंड सम्मिलित हैं, जिसका विश्व के अफीम व्यापार में एक बड़ा हिस्सा है। चीन के युआन प्रांत में भी हेरोईन का उत्पादन होता है, जिसे हांगकांग एवं ताइवान तक पहुंचाया जाता है।
- वर्तमान विश्व में लेबनान भी अफीम के मुख्य उत्पादक देश के रूप में उभर रहा है एवं लैटिन अमेरिका में कोलंबिया एवं पेरू विश्व के कुल कोकीन उत्पादन का दो-तिहाई भाग उत्पादित करते हैं।
- वर्तमान विश्व में नारको आतंकवाद लैटिन अमेरिका से दक्षिण-पूर्वी एशियाई देशों की ओर स्थानांतरित हो रहा है, जिससे भारतीय सुरक्षा स्वाभाविक रूप में अत्यधिक प्रभावित होती है।
- वर्तमान विश्व में अफगानिस्तान, पाकिस्तान वैश्विक आतंकवाद के केंद्र बन चुके हैं। ऐसा माना जाता है कि पूर्व पाकिस्तानी प्रधानमंत्री बेनजीर भुट्टो की हत्या में पाकिस्तान में फैले नारको आतंकवादियों का ही हाथ था।

### 5. राज्य आतंकवाद

- राज्य के द्वारा एक विशेष भौगोलिक क्षेत्र में हिंसा या शक्ति के प्रयोग पर एकाधिकार माना जाता है। इसलिए कुछ विचारकों के अनुसार, राज्य आतंकवाद, शब्द तकनीकी

रूप में सही नहीं है, क्योंकि राज्य अपनी सुरक्षा के लिए वैधानिक शक्ति का प्रयोग करते हैं।

- विटकॉफ के अनुसार, राज्य आतंकवाद का प्रयोग उन लोगों के विरुद्ध किया जाता है, जो सरकार का विरोध करते हैं।
- **राज्य आतंकवाद और अन्य आतंकवाद में निम्नलिखित अंतर किया जा सकता है-**
  - (i) राज्य आतंकवाद के द्वारा किसी भी हिंसात्मक कार्यवाही का उत्तरदायित्व नहीं लिया जाता। जबकि आतंकवादी संगठन अपनी कार्यवाही का उत्तरदायित्व सीधे लेते हैं।
  - (ii) आतंकवादी संगठन हिंसा का प्रयोग प्रचार-प्रसार के लिए करते हैं, जबकि राज्य आतंकवाद के द्वारा की गई हिंसा के लिए राज्य प्रचार-प्रसार नहीं करता।

### 6. आतंकवाद एक वैश्विक घटना के रूप में

- विटकॉफ के अनुसार, आतंकवाद रोमन काल से ही विद्यमान है। इसके अतिरिक्त रूसी अराजकतावादियों ने आतंकवाद का प्रयोग किया। अनेक देशों के राष्ट्रीय आंदोलन के नेताओं द्वारा भी आतंकवादी गतिविधियों का प्रयोग किया गया। साम्यवादी विचारधारा के समर्थकों ने भी आतंकवाद का प्रयोग किया।
- परंतु 70 के दशक के बाद आतंकवाद एक वैश्विक घटना के रूप में हुआ तथा इसके प्रभाव में तीव्र वृद्धि हुई, **जिसके निम्नलिखित कारण माने जाते हैं-**
  - (i) वायु सेवाओं का तीव्र विस्तार।
  - (ii) टेलीविजन, समाचार का व्यापक प्रसार।
  - (iii) समान राजनीतिक एवं वैचारिक हित।
- बेलिस एवं स्मिथ के अनुसार, उपरोक्त कारणों से आतंकवाद एक वैश्विक घटना के रूप में परिवर्तित हो गया। 70 के दशक में विमान अपहरण की अनेक घटनाएं हुईं। आतंकवादी संगठनों के मध्य परस्पर संबंध स्थापित हुए। अपहरण की इन घटनाओं को टेलीविजन पर दिखाने से आतंकवादी संगठनों को अत्यधिक प्रचार-प्रसार मिला।
- बेलिस एवं स्मिथ के अनुसार, मीडिया प्रचार आतंकवाद को जीवित रखने हेतु ऑक्सीजन का कार्य करता है। समकालीन सूचना क्रांति के युग में आतंकवाद की पैठ वैश्विक हो गई है। मीडिया के द्वारा आतंकवादी लोगों में मनोवैज्ञानिक भय उत्पन्न करने में सफल हो जाते हैं।
- वैश्विक आतंकवाद के प्रभावशाली होने के संबंध में परस्पर दो विरोधी व्याख्याएं दी जाती हैं। पहली व्याख्या के अनुसार, अमेरिका की पश्चिमी एशिया नीति के कारण तथा इजरायल को दिए जा रहे समर्थन के कारण आतंकवाद प्रभावी हुआ। दूसरी मान्यता के अनुसार, वर्ष 1979 की ईरान की इस्लामी क्रांति के बाद अंतर्राष्ट्रीय आतंकवाद को व्यापक समर्थन मिला। ईरान ने पश्चिम एशिया में फिलीस्तीन का व्यापक समर्थन किया तथा आतंकवादी संगठनों ने पश्चिम एशिया में अमेरिकी ठिकानों पर हमले किए, जिसमें सर्वाधिक घातक हमला वर्ष 1983 में हुआ (लेबनान हमला)। एक कार बम विस्फोट में अमेरिका के 283 सैनिकों को मार दिया गया। इसके अतिरिक्त ईरान एवं सोमालिया में स्थित अमेरिकी दूतावासों पर हमले हुए। अतः वर्ष 1980 के दशक को आतंकवाद का दशक भी कहा गया।
- शीतयुद्ध की विश्व राजनीति में महाशक्तियों ने आतंकवाद का प्रयोग विदेश नीति के उद्देश्यों की पूर्ति के लिए किया। सोवियत संघ के विघटन के बाद विश्व में वामपंथी आतंकी संगठनों का ह्रास हुआ एवं अलकायदा जैसे संगठनों का उदय हुआ। 11 सितंबर, 2001 की घटना वैश्विक आतंकवाद के संदर्भ में सर्वाधिक निर्णायक घटना मानी जाती है।

## आतंकवाद का समाधान

### यथार्थवादी समाधान

- यथार्थवादियों के अनुसार, 'आतंकवाद का समाधन मूलतः राज्यों द्वारा ही संभव है, क्योंकि प्रत्येक राज्य का दायित्व अपनी सुरक्षा बनाए रखना है।' इन्होंने यह भी माना कि आतंकवाद के बने रहने का मूल कारण भी राज्य ही है, क्योंकि कुछ राज्य आतंकवाद का समर्थन करते हैं और अनेक राज्य तो आतंकवाद को प्रायोजित करते हैं।
- 11 सितंबर, 2001 के बाद अमेरिकी विदेश नीति में यथार्थवादी नीति अपनाते हुए 'आतंक के विरुद्ध युद्ध' का नारा दिया गया। अमेरिका की आतंकवादी घटना घरेलू आतंकवाद नहीं, बल्कि बाहरी आक्रमण है। इसलिए अमेरिका द्वारा अफगानिस्तान के तालिबान के विरुद्ध 'ऑपरेशन इंड्यूरिंग फ्रीडम' (Operation Enduring Freedom) आरंभ किया गया। वर्ष 2003 में अमेरिका ने 'ऑपरेशन इराकी फ्रीडम' (Operation Iraqi Freedom) आरंभ किया।
- अमेरिकी विदेश नीति में 'आतंक के विरुद्ध युद्ध' में आतंकवाद के अलावा घातक नरसंहार के हथियारों को भी सीमित करने का प्रयत्न किया गया। 'आतंक के विरुद्ध इस युद्ध' में अमेरिका ने पाकिस्तान और सऊदी अरब राष्ट्रों का समर्थन प्राप्त किया। ईरान, इराक एवं उत्तरी कोरिया को दुष्ट राज्यों की श्रेणी में रखा गया, जो आतंकवाद को प्रायोजित करते हैं।

### यथार्थवादी समाधान की आलोचना

- प्रथम दृष्टया यह प्रतीत होता है कि अमेरिकी विदेश नीति में आतंकवाद को सैन्य तरीके से समाप्त करने का प्रयत्न

किया गया। यद्यपि (नव-यथार्थवादी) जॉन मर्शाइमर ने अमेरिका द्वारा इराक पर आक्रमण का समर्थन नहीं किया। इनके अनुसार, इराक पर आक्रमण के बाद आतंकवाद में कमी होने के बजाय, वृद्धि हुई।

- आतंकवाद का पूर्णत: सैनिक समाधान कठिन है, **जिसके निम्नलिखित कारण हैं-**
  - (i) आम नागरिकों एवं आतंकवादियों के बीच स्पष्ट रूप में पहचान करना कठिन होता है।
  - (ii) आतंकी संगठनों का कोई एक निश्चित ठिकाना नहीं होता।
  - (iii) आतंकवाद के विरुद्ध संघर्ष में आम नागरिकों की हत्या से जन आक्रोश बढ़ता है। जैसाकि अफगानिस्तान में देखा जा सकता है।
- आलोचकों ने अमेरिका की 'आतंक के विरुद्ध युद्ध' नीति की आलोचना की, क्योंकि इनके अनुसार, अमेरिका के विरुद्ध आतंक फैलाने वाले आतंकवादी है। जबकि अन्य देशों के विरुद्ध आतंकी घटनाओं को अंजाम देने वाले लोगों को आतंकवादी मानने से परहेज किया जाता है।
- उदारवादियों के अनुसार, 'आतंकवाद के समाधान हेतु राज्यों के मध्य परस्पर सहयोग आवश्यक है। इनके अनुसार, आतंकवाद को फैलाने में गैर-राष्ट्रीय कर्ताओं की भूमिका मुख्य है।' आतंकवाद को समाप्त करने हेतु विश्व के अनेक देशों ने कड़े आतंकवाद विरोधी नियम बनाए। हवाईअड्डों की सुरक्षा बढ़ाई गई।
- वर्ष 1970 के हेग सम्मेलन में वायुयान अपहरण को रोकने के लिए विधि का निर्माण किया गया। इंटरपोल के द्वारा भी इसमें सहायता दी जा रही है।

### आतंकवाद के समाधान हेतु व्यावहारिक उपाय

- वैश्विक आतंकवाद के समाधान हेतु निम्नलिखित माध्यमों का सहारा लिया जा सकता है-
  - (i) आतंकवादियों को प्राप्त वित्तीय स्रोतों को पूर्णत: समाप्त करना।
  - (ii) नशीली दवाओं के व्यापार पर प्रतिबंध।
  - (iii) आतंकियों के प्रशिक्षण अड्डों को समाप्त करना।
  - (iv) राज्यों के मध्य सूचनाओं का आदान-प्रदान।
- उपरोक्त प्रयासों के बेहतर परिणाम सामने आ रहे हैं, क्योंकि सितंबर, 2001 के बाद इन्हें प्रभावी तरीके से लागू किया जा रहा है। संयुक्त राष्ट्र संघ द्वारा आतंकवाद के समाधान हेतु प्रस्ताव संख्या-1373 पारित किया गया, जिसमें यह निर्दिष्ट है कि राज्य आतंकवाद के नियंत्रण हेतु पुन: प्रभावी विधि का निर्माण करें।
- वर्ष 2004 में संयुक्त राष्ट्र (UN) द्वारा प्रस्ताव-1576 पारित किया गया, जिसमें आतंकवादी गतिविधियों को घोर आपराधिक कृत्य माना गया। इसकी समाप्ति के लिए समूचे राज्यों से प्रस्ताव पारित करने के लिए कहा गया। वैश्विक आतंकवाद, वर्तमान विश्व के समक्ष सुरक्षा की सर्वाधिक गंभीर चुनौती है। इसका समाधान यथार्थवादी और उदारवादी दोनों उपायों को मिलाकर ही संभव है।
- यद्यपि यह उल्लेखनीय है कि आतंकवाद की स्पष्ट एवं सर्वमान्य परिभाषा का अभी भी अभाव है। प्रत्येक राज्य आतंकवाद को वैश्विक समस्या की बजाय, केवल अपने राष्ट्रीय हितों के दृष्टिकोण से देखते हैं। इसके संबंध में दोहरे मानदंडों का प्रयोग किया जाता है, जबकि इसके समाधान के लिए एक साझी एवं समग्र रणनीति की आवश्यकता है।

## आई.एस.आई.एस.

(Islamic State of Iraq and Syria, ISIS)

### उत्पत्ति के कारण

- पश्चिम एशिया में नृजातीय संघर्ष एवं शिया-सुन्नी विवाद के कारण राज्यों के बीच अविश्वास का स्तर उच्च है। क्योंकि सुन्नी समुदाय का मानना है कि इराक एवं सीरिया के शिया शासक सुन्नियों के साथ भेदभाव कर रहे हैं। इस अविश्वास एवं विवाद के कारण सुन्नी समुदाय के एक भाग ने आई.एस.आई.एस. का गठन किया।
- सऊदी अरब एवं ईरान के बीच शक्ति-संघर्ष ने भी पश्चिम एशिया में अस्थायित्व को बढ़ाया। सऊदी अरब (सुन्नी बहुमत) के द्वारा ईरान (शिया बहुल) के प्रभाव को कम करने के लिए आतंकवादी संगठनों को प्रत्यक्ष या अप्रत्यक्ष रूप से सहायता प्रदान की जा रही है, जिसका समर्थन तुर्की एवं इजरायल द्वारा भी किया गया।
- महाशक्तियों के बीच शक्ति-संघर्ष एवं अपनी ऊर्जा सुरक्षा को सुनिश्चित करने के लिए संघर्ष की स्थिति को बढ़ावा दिया जा रहा है। ऐसा माना जाता है कि लीबिया के शासक गद्दाफी को हटाने के लिए अमेरिका ने अलकायदा का समर्थन किया तथा अमेरिका द्वारा वर्ष 2003 में इराकी हमले के कारण आई.एस.आई.एस. का गठन हुआ।

### आई.एस.आई.एस. (ISIS) की विचारधारा (एजेंडा)

- इस्लामिक एकता को स्थापित करते हुए कुरान एवं शरीअत के आधार पर शासन व्यवस्था स्थापित करना।
- पश्चिमी ताकतों (विशेषकर अमेरिका) के प्रभुत्व को समाप्त करना।
- आई.एस.आई.एस. (ISIS) द्वारा अपनाए गए रास्ते (लोगों की बेरहमी से हत्या) ने पश्चिम एशिया में अस्थिरता

एवं संघर्ष को बढ़ावा दिया, जिससे लाखों की संख्या में लोग शरणार्थी बनने पर मजबूर हैं।

- ज्ञातव्य है कि आई.एस.आई.एस. का प्रभाव वैश्विक होता जा रहा है, क्योंकि इसमें लगभग सभी देशों (विकसित एवं विकासशील देश) के नागरिक शामिल हो रहे हैं। पेरिस हमले के बाद यह स्पष्ट हो चुका है कि पंथनिरपेक्ष लोकतांत्रिक एवं यूरोपीय देशों के समक्ष वैचारिक खतरा भी उत्पन्न हो रहा है।

### समाधान

- अमेरिका व रूस जैसी महाशक्तियां गठबंधन बनाकर आई.एस.आई.एस. (ISIS) के विरुद्ध हवाई हमले कर रही हैं। किंतु इसका व्यापक प्रभाव सामने नहीं आ रहा। इसका एक मुख्य कारण अमेरिका भी है, क्योंकि एक ओर तो वो आई.एस.आई.एस. (ISIS) को समाप्त करना चाहता है, परंतु दूसरी ओर, असद सरकार से सहयोग भी नहीं करना चाहता।
- इसके अतिरिक्त, संयुक्त राष्ट्र के अंतर्गत् इस संघर्ष को रोकने के लिए राजनीतिक एवं कूटनीतिज्ञ समाधान भी किए जा रहे हैं। यहां आवश्यकता इस बात की है कि सीरिया सरकार के सहयोग एवं पश्चिम एशिया में शिया-सुन्नी विवाद को हल करके, संयुक्त रूप से इस समस्या का समाधान किया जाए। तभी वैश्विक शांति एवं सुरक्षा संभव है।

### भारत में आई.एस.आई.एस. (ISIS) का प्रभाव

- भारत के पंथनिरपेक्ष एवं लोकतांत्रिक ढांचे के कारण भारत में आई.एस.आई.एस. (ISIS) का खतरा विद्यमान है। हैदराबाद में मेंहदी मामला एवं कुछ लोगों के आई.एस.आई.एस. (ISIS) में लिप्त होने के मामले भी सामने आ रहे हैं, जो निश्चित रूप से भारत की सुरक्षा के लिए बड़ा खतरा है।
- हालांकि इन मामलों की अभी पुष्टि होना बाकी है। यद्यपि सरकार के द्वारा बचाव के रूप में (Preventive measures) सुरक्षा के मानकों को कड़ाई से लागू किया जा रहा है तथा वैश्विक स्तर पर इसके विरुद्ध एकजुटता की मुहिम भी आरंभ की गई। हालांकि भारत ने सैन्य हमलों में भागीदारी नहीं की।

## 2. पर्यावरण एवं जलवायु परिवर्तन

Environment & Climate Change

- हमारे आस-पास का परिवेश एवं वातावरण, पर्यावरण कहलाता है, जिसमें भौतिक एवं जैविक घटक शामिल होते हैं। इन घटकों के बीच जटिल अंतर्निर्भरता पाई जाती है, जिसे पारिस्थितिकी की संज्ञा दी गई।
- उल्लेखनीय है कि आधुनिक युग में मानवीय बुद्धि, तर्क, विज्ञान एवं आकांक्षाओं के तीव्र विकास के कारण पर्यावरण का अतिदोहन किया गया, जिससे पर्यावरण प्रदूषण एवं जलवायु परिवर्तन की समस्या उत्पन्न हुई।
- परिणामस्वरूप राष्ट्रों के बीच प्राकृतिक संसाधनों के बंटवारे का विवाद, द्वीपीय राष्ट्रों के डूबने का खतरा, खाद्यान्नों के उत्पादन में कमी, आपदाओं की बढ़ती तीव्रता इत्यादि संकट सामने आ रहे हैं।
- पर्यावरणीय समस्या के समाधान हेतु मुख्यत: दो दृष्टिकोण अपनाए गए। **प्रथम**, पर्यावरणवाद, जिसमें पर्यावरण प्रदूषण एवं जलवायु परिवर्तन को मानवीय जीवन के लिए खतरा माना है अर्थात् पर्यावरण संरक्षण का मुख्य उद्देश्य मानवीय सुरक्षा है। अत: यह विचार पूर्णत: मानव केंद्रीय है।
- **दूसरी ओर**, पारिस्थितिकी संबंधित अवधारणा में पर्यावरण के सभी घटकों को समान मानते हुए, मानवीय सर्वोच्चता के विचार को नकारा एवं परिवेश के स्वयं में महत्व को देखते हुए संपूर्ण पर्यावरण की रक्षा करने पर बल दिया। इसके अतिरिक्त सतही एवं गहन पारिस्थितिकी का विचार भी उल्लेखनीय है।

### मूल मान्यता

- पारिस्थितिकीवादी विचारधारा द्वारा उदारवाद, समाजवाद एवं साम्यवाद जैसी आधुनिक विचारधारा का विकल्प प्रदान किया गया। क्योंकि इस आधुनिक विचारधारा में मानववाद को प्राथमिकता देकर प्रकृति एवं पर्यावरण की उपेक्षा की गई।
- पर्यावरण का विचार भारतीय परंपरा में गांधीवादी दर्शन में विद्यमान है तथा यूनानी विचार में भी इस पृथ्वी को एक जीवंत शरीर के रूप में चित्रित किया गया, जिसे Gaia कहा गया। इसे यूनानी भाषा में पृथ्वी की देवी कहा गया।
- इस विचार पर जेम्स लॉबलॉक ने एक पुस्तक भी लिखी जिसका नाम है-"Gaia - A New Look at Life on Earth" इससे यह प्रतीत होता है कि आधुनिक चिंतन के द्वारा समूची प्रकृति को यंत्र अथवा मशीन की भांति माना गया। और आधुनिक विचारधारा के द्वारा इस प्रकृति पर विजय का लक्ष्य निर्धारित किया गया, जिसे पारिस्थितिकी दर्शन के द्वारा चुनौती दी गई है।

### आधुनिक विकास

- Rachel Carson ने अपनी पुस्तक-"The Silent Spring" (1962) में कीटनाशकों के प्रयोग से पर्यावरणीय समस्या को प्रदर्शित किया।

- हैरिमन ने अपनी पुस्तक-"How to be a Survivor" में पर्यावरणीय समस्या का चित्रण किया। गोल्ड स्मिथ ने अपनी पुस्तक-"Blue Print For Survival" लिखी।
- संयुक्त राष्ट्र संघ के द्वारा Only One Earth (1972) रिपोर्ट जारी की गई तथा 1972 में क्लब ऑफ रोम रिपोर्ट प्रकाशित हुई। जिसमें यह कहा गया पर्यावरण संरक्षण के लिए आर्थिक विकास की दर शून्य हो जानी चाहिए। पारिस्थितिवाद एक नई राजनीतिक विचारधारा है जो इस स्थिति पर आधारित है कि गैर-मानव दुनिया नैतिक विचार के योग्य है।
- 1970 से पूर्व ऑक्सफोर्ड अंग्रेजी शब्दकोश में पर्यावरणवाद का उपयोग एक ही अर्थ में होता था कि यह समाजशास्त्रीय सिद्धांत की एक शाखा है जो यह मानती है कि मानवीय संस्कृतियों के मध्य अंतर की व्याख्या करने के लिए भूमि, जलवायु एवं भोजन सामग्री की आपूर्ति महत्वपूर्ण कारक है।
- 'पारिस्थितिक विज्ञान' शब्द का उपयोग सबसे पहले 1870 में जर्मन प्राणिशास्त्री अर्नैस्ट हैकल के द्वारा किया गया था।
- 1970 के पश्चात् पर्यावरणवाद एवं परिस्थितिकी वैज्ञानिक आंदोलन एक सामाजिक-राजनीतिक शक्ति के रूप में उभरने लगे और नए प्रकार की पर्यावरणीय राजनीतिक विचारधारा पारिस्थितिवाद का उदय हुआ।
- पर्यावरण को मानवीय जीवन के लिए भी महत्वपूर्ण माना जाता है और जॉन पासमोर के अनुसार, मानव के संदर्भ में तीन तरह की पर्यावरणीय व्यवस्था को देखा जा सकता है-
  - (i) प्रत्येक मनुष्य मानवीय समुदायों से संबंधित होता है, जो समान सामाजिक आचरण से बंधे होते हैं। यह सभी समान सामाजिक आचरण मनुष्य के सामाजिक पर्यावरण को निर्मित करते हैं।
  - (ii) प्रत्येक व्यक्ति के पास कई प्रकार की भौतिक वस्तुएं होती हैं, जो दूसरे व्यक्तियों के द्वारा मानवीय आवश्यकताओं को पूरा करने के लिए निर्मित होती हैं। ये वस्तुएं निर्मित पर्यावरण को जन्म देती हैं।
  - (iii) तीसरे प्रकार का पर्यावरण प्राकृतिक पर्यावरण है और जिसके बारे में वर्तमान में सबसे अधिक चिंता व्यक्त की जा रही है।

## सतत विकास

- वर्ष 1972 में क्लब ऑफ रोम रिपोर्ट जारी की गई। जिसके अनुसार आर्थिक विकास और पर्यावरण का संरक्षण एक दूसरे के विरोधी हैं। इसलिए पर्यावरण संरक्षण के लिए आर्थिक विकास की दर शून्य करनी होगी।
- पर्यावरण एवं विकास के लिए विश्व आयोग की स्थापना ब्रुटलैंड की अध्यक्षता में वर्ष 1983 में की गई। जिसे लोकप्रिय रूप में ब्रुटलैंड रिपोर्ट कहा जाता है। वर्ष 1987 में यह रिपोर्ट प्रकाशित हुई।
- **ब्रुटलैंड रिपोर्ट** में यह स्वीकार किया गया कि आर्थिक विकास एवं परिवहन संरक्षण एक दूसरे के विरोधी नहीं हैं। पर्यावरण मित्र तकनीकी का विकास करके पर्यावरण संरक्षण किया जा सकता है। रिपोर्ट के द्वारा Our Common Future नामक विषय पर बल दिया गया।

## पारिस्थितिवाद का सैद्धांतिक पक्ष

- आर्ने नेस के अनुसार, पर्यावरणविद दो प्रकार के समूहों में विभक्त हैं। गहन पारिस्थितिकी विज्ञान भी इन्होंने ही प्रतिपादित किया है-
  - (i) ऊपरी (Shallow) पर्यावरणविद
  - (ii) गहन (Deep) पर्यावरणविद
- इन दोनों में अंतर केवल सैद्धांतिक स्तर पर करना ही संभव है, व्यावहारिक स्तर पर नहीं।
- पर्यावरणविदों के इस तर्क को हमारे प्राकृतिक स्त्रोत सीमित हैं और से समाप्त हो जाएंगे, को अर्थशास्त्री तथा प्रौद्योगिकविद स्वीकार नहीं करते। इसी आधार पर "क्लब ऑफ रोम रिपोर्ट- द लिमिट टु ग्रोथ" की आलोचना की गई है।
- पीटर सिंगर नामक विचारक ने अपनी रचना-"एनिमल लिबरेशन" 1975 में सभी पशुओं से समान व्यवहार करने पर बल दिया हैं।
- रीगन ने अपनी पुस्तक-"द केस फोर एनिमल राइट" में स्तनपायी पशुओं को अधिकार देने की वकालत की है।
- थॉमस माल्थूस के अनुसार, जनसंख्या की वृद्धि रेखागणितीय होगी और खाद्य पदार्थ का उत्पादन अंकगणितीय होगा।
- डॉब्सन ने पारिस्थितिवाद विचारधारा को दो भागों में विभाजित किया है।
  - (i) अधिकतमवाद
  - (ii) अल्पमतवाद

(i) अधिकतमवादी इस राजनीतिक विचारधारा को परिभाषित करते हुए उसे संगठित और संकीर्ण स्वरूप प्रदान करते हैं।

(ii) अल्पमतवादी इस विचारधारा को नरम तरीके से परिभाषित करते हैं और उसमें गत्यात्मकता रखते हुए कई प्रकार के विचारों को इसमें शामिल करने की वकालत करते हैं। अल्पमतवादी पर्यावरण की समस्या को केवल 20वीं शताब्दी और आधुनिकता की देन नहीं मानते, इसे एक शाश्वत समस्या मानते हैं।

## आधुनिक औद्योगिक समाज की ग्रीन आलोचना

- ई. एफ. शूमेकर ने अपनी पुस्तक **स्माल इज ब्यूटीफूल** में लिखा है कि आधुनिक औद्योगिक व्यवस्था जिस आधार पर टिकी है वह अपने अतिवादी दृष्टिकोण से उसे ही समाप्त कर रही है।
- ग्रीन विचारधारा विकसित राष्ट्रों द्वारा तेजी से की जा रही पर्यावरण दोहन की भी आलोचना करती है। टेड टर्नर के अनुसार, प्रत्येक अमेरिकन एक सामान्य इथियोपियन की तुलना में 617 गुणा अधिक ऊर्जा प्रतिवर्ष उपयोग में ले रहा है।
- ग्रीन विचारधारा के समर्थकों के अनुसार, मनुष्य को अपनी जीवनशैली को मूल्य आधारित बनाना चाहिए। इसके समर्थन में उनके द्वारा महात्मा गांधी के कथन 'पृथ्वी के पास इतना है कि वह पूरी मानव जाति की आवश्यकताओं को पूरा कर सके, लेकिन इतना नहीं है कि वह एक व्यक्ति के लालच को भी पूरा कर सके, का सहारा लेते हैं।

## पर्यावरणीय समाजवाद

- रूडोल्फ बहारो ने पर्यावरण के विनाश के लिए पूंजीवादी व्यवस्था को उत्तरदायी ठहराया है। जहां लाभ के आधार पर अर्थव्यवस्था का संचालन किया जाता है, जिससे समूचे पर्यावरण का विनाश हो गया।

## पर्यावरण अराजकतावाद

- Murray Bookchin ने अपनी पुस्तक "Our Synthetic Environment" में कहा कि समाज का निर्माण आपसी सद्भाव और सामंजस्य के आधार पर होना चाहिए। इसलिए राज्य एवं सरकार जैसी नियंत्रणकारी संस्था की कोई आवश्यकता नहीं है। जिस प्रकार प्रकृति में सामंजस्य विद्यमान है ठीक उसी प्रकार समाज में भी सामजंस्य स्थापित किया जा सकता है। इन्होंने "The Ecology of Freedom" और "Remaking Society" नामक पुस्तक भी लिखी।

## पारिस्थितिकी विज्ञान की आलोचना

- पारिस्थितिकीवाद मुख्यत: प्रतिविकास की सीमा के सिद्धांत पर आधारित है, जिसके अनुसार, सीमित प्राकृतिक संसाधनों के संदर्भ में प्रतिविकास असीमित नहीं हो सकता है।
- पारिस्थितिवाद अपनी विचारधारा में मानव केंद्रित विकास की अवधारणा की आलोचना करता है और मानता है कि अगर विकास को सतत बनाना है तो वह मानव केंद्रित नहीं होना चाहिए।
- पर्यावरणवादियों की पर्यावरण बचाओ आंदोलन के प्रति अति उत्साही वकालत राजनीतिक क्षेत्र में ऐसी राजनीतिक विचारधारा को बढ़ावा देती है जो प्रजातंत्र और स्वतंत्रता में विश्वास नहीं रखते और फासीवादी और सर्वसत्तावादी विचार को प्रोत्साहन देते हैं।

### 1. डीप इकोलॉजी (Deep Ecology)

- अर्ने नेस (Arne nass) ने सतही पारिस्थितिकी एवं डीप इकोलॉजी के मध्य भेद किया। इनके अनुसार, सतही पारिस्थितिकी (Shallow Ecology) का आशय, 'प्रदूषण नियंत्रण एवं संसाधनों के क्षरण को रोकना है। उदाहरण के लिए, क्योटो और मांट्रियल प्रोटोकॉल के द्वारा पर्यावरणीय समस्या को नियंत्रित करने का प्रयत्न सतही पारिस्थितिकी है।'
- जबकि गहन पारिस्थितिकी के समर्थक पर्यावरण के क्षरण के मूल कारणों को खोजते हैं और उन्हें समाप्त करने पर बल देते हैं। **गहन पारिस्थितिकी का अर्थ निम्नलिखित है**-

(i) मानव एवं गैर-मानवीय जीवों (पशु, पक्षी एवं पौधे) का स्वयं में महत्व है। गैर-मानवीय जीव केवल मानव के उपयोग के लिए नहीं हैं, बल्कि इनका महत्व मानव से स्वतंत्र है।

(ii) जीवन एवं पृथ्वी की विविधता तथा समृद्धि स्वयं में महत्वपूर्ण है।

(iii) मानव को यह अधिकार नहीं है कि वह प्राकृतिक विविधता एवं समृद्धि का विनाश करे। यद्यपि वह अपनी मूलभूत आवश्यकताओं की पूर्ति प्रकृति से कर सकता है।

(iv) वर्तमान समय में मानव द्वारा प्राकृतिक जगत में अत्यधिक हस्तक्षेप किया जा रहा है, इससे गैर-मानवीय जगत को भारी क्षति पहुंच रही है।

(v) पृथ्वी को समग्रता में देखा जाना चाहिए तथा इस पर नियंत्रण के बजाय, इसके संरक्षण और अनुरक्षण का प्रयत्न करना चाहिए। इसके लिए राजनीतिक, सामाजिक, तकनीकी एवं आर्थिक संरचनाओं में परिवर्तन की आवश्यकता है।

(vi) उपभोक्तावादी जीवन शैली का परित्याग करना चाहिए तथा जीवन की गुणवत्ता पर विशेष बल देना चाहिए।

(vii) पारिस्थितिकी, विविधता एवं समृद्धि तुलनात्मक रूप में छोटी जनसंख्या के लिए ही अनुकूल है। (विकसित देशों का दृष्टिकोण है)

(viii) उपरोक्त मान्यताओं को प्रत्यक्ष या परोक्ष रूप में लागू करना प्रत्येक व्यक्ति का दायित्व है और इसे लागू

करने के लिए अहिंसक साधनों का सहारा लिया जाना चाहिए।

## पर्यावरणीय समस्या उत्पन्न होने के तार्किक कारण

- पारिस्थितिकी दृष्टिकोण के अनुसार, 'व्यक्ति द्वारा किया गया विवेकपूर्ण कार्य समूचे समुदाय के लिए भी विवेकपूर्ण हो, यह आवश्यक नहीं है।'
- व्यक्ति के हित (रोटी, कपड़ा व मकान) अल्पकालिक होते हैं तथा समुदाय के हित दीर्घकालिक होते हैं। व्यक्ति तात्कालिक लाभ से प्रेरित होता है, जबकि पर्यावरणीय संरक्षण के लिए दीर्घकालिक उपायों की आवश्यकता होती है।
- परंपरागत उदारवादी अर्थशास्त्र में तात्कालिक लाभों पर बल दिया गया। जबकि पर्यावरणीय संरक्षण के लिए दीर्घकालिक प्रयत्न आवश्यक होते हैं।
- किसी भी वस्तु के निर्माण में तथा उसकी कीमत के निर्धारण में पर्यावरणीय क्षति को सम्मिलित नहीं किया जाता। सामान्यत: यह स्वीकार कर लिया जाता है कि किसी वस्तु के निर्माण में पर्यावरणीय क्षति अपरिहार्य है।
- पर्यावरणीय समस्या का प्रभाव अत्यधिक जटिल होता है, क्योंकि पहले की पीढ़ी के द्वारा की गई क्षति का भुगतान आगे आने वाली पीढ़ी को करना होता है। अत: पर्यावरणीय प्रदूषण करने वाला व्यक्ति उसके परिणाम को भी भुगते यह आवश्यक नहीं है। जैसे-वर्तमान विश्व में ग्रीन हाऊस गैसों का सर्वाधिक उत्सर्जन विकसित देश कर रहे हैं, जबकि उसका सबसे बड़ा कुप्रभाव विकासशील देशों पर पड़ रहा है।

## 2. ग्लोबल कॉमन्स

- यह वैश्विक धरोहरों का संरक्षण है। जिसके अर्थ निम्नलिखित है-

(i) वे धरोहर, जो राष्ट्र-राज्य की भौगोलिक सीमा में स्थित हैं, लेकिन उनका महत्व वैश्विक है। जैसे-मलेशिया एवं ब्राजील के वर्षा वन तथा हिमालय के ग्लेशियर। यह भी उल्लेखनीय है कि इनके संरक्षण में अंतर्राष्ट्रीय राजनीति के जटिल मुद्दे भी विद्यमान हैं, क्योंकि ब्राजील के अनुसार, उसके वनों पर उसका संप्रभु अधिकार है और अपनी अर्थव्यवस्था को बेहतर बनाए रखने के लिए ब्राजील को अपने वनों के उपयोग का अधिकार है। जबकि साझी धरोहर की मान्यता के अनुसार, ब्राजील के वनों पर समूची मानवता का अधिकार है। इसलिए राष्ट्रीय संप्रभुता एवं अंतर्राष्ट्रीय दायित्वों में सीधा विरोधाभास उत्पन्न हो जाता है।

(ii) दूसरे प्रकार की साझी धरोहर जिन पर किसी राष्ट्र-राज्य का नियंत्रण नहीं है, बल्कि इन पर समूचे विश्व समुदाय का नियंत्रण है। उदाहरण के लिए, खुला आकाश, खुला समुद्र, अंटार्कटिका महाद्वीप इत्यादि। पर्यावरणीय समस्या का प्रभाव राष्ट्र-राज्य की सीमा के दायरे में बंधा नहीं होता। इसलिए समूचे विश्व समुदाय का यह दायित्व है कि इन वैश्विक धरोहरों की रक्षा की जाए।

### ट्रेजिडी ऑफ कॉमन्स

- गैरेट हॉर्डिन ने साझी धरोहरों के विनाश को 'ट्रेजिडी ऑफ कॉमन्स' के रूप में चित्रित किया है। इसके अंतर्गत् उन्होंने यह उदाहरण प्रस्तुत किया कि किस प्रकार व्यक्ति विशेष के लाभ और तार्किक निर्णयों के कारण समूचे पर्यावरण का विनाश होता है। उन्होंने समुद्र में मछली मारने के उदाहरण को प्रस्तुत करते हुए कहा कि बेहतर होती तकनीकी और व्यक्ति के लाभ की आकांक्षा ने वैश्विक धरोहरों के लिए खतरा उत्पन्न कर दिया है। परिणामस्वरूप व्यक्ति की आजीविका और पारिस्थितिकी दोनों पर खतरा उत्पन्न हो गया है।

## 3. पर्यावरणीय समस्या के प्रति विभिन्न दृष्टिकोण

पर्यावरणवादी दृष्टिकोण यथार्थवादियों का उदारवादियों एवं मार्क्सवादियों से भिन्न है। यथार्थवादियों के अनुसार, 'अंतर्राष्ट्रीय राजनीति में प्रत्येक राज्य अपने हित एवं शक्ति में वृद्धि के लिए प्रयत्नशील होते हैं।' इसलिए राज्यों के द्वारा आर्थिक संसाधनों का बेहतर प्रयोग किया जाता है, जो पर्यावरणीय प्रदूषण के मूल कारण हैं। राज्य के समक्ष नागरिकों के कल्याण, रोजगार की वृद्धि एवं सुरक्षा को बेहतर बनाए रखना चुनौती होती है, जिससे कोई भी राज्य समझौता करने को तैयार नहीं होता।

- इसलिए अमेरिका ने क्योटो प्रोटोकॉल पर हस्ताक्षर करने से मना कर दिया। जबकि अमेरिका और चीन का समूचे ग्रीन हाऊस गैसों के उत्सर्जन में 45 प्रतिशत हिस्सा है। 'जलवायु परिवर्तन पर संयुक्त राष्ट्र फ्रेमवर्क कन्वेंशन' (United Nations Framework Convention on Climate Change, (UNFCCC)) के 15वें कोपेनहेगेन सम्मेलन में चल रही वार्ताएं विफल हुईं, जिससे कुछ लोगों ने क्योटो प्रोटोकॉल को मृत मान लिया।
- अत: मॉर्गेथाऊ की यह मान्यता सत्य प्रतीत होती है कि 'प्रत्येक राज्य विदेश नीति का निर्धारण राष्ट्रीय हितों के अनुसार करते हैं, सार्वभौमिक मानदंडों के अनुसार नहीं।'
- पर्यावरणीय संकट के परिणामस्वरूप आने वाले विश्व में प्राकृतिक संसाधनों पर नियंत्रण को लेकर राज्यों के मध्य

संघर्ष की आशंका है। जैसे- पश्चिम एशिया में जॉर्डेन नदी के पानी के बंटवारे पर इजरायल और अन्य पश्चिमी एशियाई देशों के मध्य संघर्ष बने हुए हैं।

- पर्यावरणीय संकट के परिणामस्वरूप न केवल द्वीपीय राष्ट्रों के समुद्र में डूबने का खतरा उत्पन्न हो गया है, बल्कि एक एजेंसी खाद्य एवं कृषि संगठन (FAO) के अनुसार, 'पर्यावरणीय प्रदूषण से खाद्यान्नों के उत्पादन में कमी हो रही है। इसलिए भविष्य में खाद्य सुरक्षा पर भी बड़ा संकट उत्पन्न होगा और विकासशील देशों के लिए यह समस्या अत्यधिक गंभीर है।' इस गंभीर समस्या के निदान के लिए शीतयुद्ध के आरंभिक दौर से ही प्रयत्न होने लगे।
- 70 के दशक में पहली बार पर्यावरणीय संरक्षण हेतु 'क्लब ऑफ रोम रिपोर्ट' प्रकाशित हुई, जिसमें पर्यावरणीय संरक्षण का आमूलवादी उपाय सुझाया गया। रिपोर्ट के अनुसार, 'आर्थिक वृद्धि एवं पर्यावरणीय संरक्षण एक-दूसरे के विरोधी हैं। अत: पर्यावरणीय संरक्षण के लिए आर्थिक विकास दर को शून्य कर देना चाहिए।' परंतु व्यावहारिक रूप में राष्ट्र-राज्यों ने इसे स्वीकार नहीं किया। वर्ष 1972 में पहली बार पर्यावरणीय संरक्षण के लिए 'स्टॉकहोम सम्मेलन' आयोजित हुआ, उसके बाद पर्यावरणीय सुरक्षा एक वैश्विक मुद्दा बन गया।
- यद्यपि शीतयुद्ध के दौर में 'स्टॉकहोम सम्मेलन' में लिए गए निर्णयों को प्रभावी रूप में लागू नहीं किया गया। इसी 'स्टॉकहोम सम्मेलन' से 'ट्रेजिडी ऑफ कॉमन्स' की मान्यता अत्यधिक लोकप्रिय हुई। वर्ष 1987 में 'पर्यावरण एवं विश्व विकास के विश्व आयोग' (ब्रुटलैंड आयोग) के द्वारा 'आवर कॉमन फ्यूचर' नामक रिपोर्ट प्रकाशित की गई। 'ब्रुटलैंड आयोग' ने 'क्लब ऑफ रोम रिपोर्ट' की मान्यताओं में संशोधन करते हुए कहा कि आर्थिक विकास के साथ पर्यावरणीय संरक्षण संभव है तथा दोनों एक-दूसरे के पूरक हैं। बेहतर आर्थिक विकास के द्वारा ही पर्यावरणीय संरक्षण संभव है। इसे व्यावहारिक रूप में सतत् विकास भी कहा गया।

## 4. शीतयुद्धोत्तर विश्व एवं पर्यावरणीय संरक्षण

- यद्यपि यह उल्लेखनीय है कि वर्ष 1987 में पर्यावरण को संरक्षित करने के लिए 'मांट्रियल प्रोटोकाल' पर हस्ताक्षर हुए, जिसके माध्यम से ओजोन परत की रक्षा के लिए समझौता किया गया तथा उन गैसों की कटौती पर सहमति जताई, जिनसे ओजोन परत का विनाश होता है।
- परंतु पर्यावरणीय संरक्षण की दिशा में सर्वाधिक महत्वपूर्ण सम्मेलन वर्ष 1992 में रियो में आयोजित हुआ। पर्यावरणीय संरक्षण के संदर्भ में साम्यवाद और पूंजीवाद के मध्य का वैचारिक संघर्ष समाप्त हो गया। यद्यपि विकसित और विकासशील देशों के मध्य प्रभावी रूप में मतभेद उभरे। संयुक्त राष्ट्र द्वारा आयोजित पर्यावरण एवं विकास के सम्मेलन में 'एजेंडा-21' स्वीकार किया गया, जो मूलत: सतत् विकास कार्यक्रम को क्रियान्वित करने की एक योजना है।
- **'एजेंडा-21' में पर्यावरण संरक्षण के लिए निम्नलिखित के संरक्षण पर बल दिया गया-**
  (i) शहरी विकास को सतत् रूप में बढ़ावा देना।
  (ii) वनों का संरक्षण।
  (iii) जैव तकनीकी प्रबंध।
  (iv) विघटित पर्वतीय पारिस्थितिकी तंत्र का निर्माण।
- 'एजेंडा-21' को लागू करने के लिए अनेक समूहों एवं निकायों को शक्तिशाली बनाने पर बल दिया गया, जिसमें स्थानीय शासन, व्यापारिक घराने, युवा एवं महिलाओं को सम्मिलित किया गया है। 'एजेंडा-21' में वर्णित उपरोक्त कार्यक्रमों को लागू करने के लिए वित्तीय साधनों एवं संस्थात्मक पहलुओं का भी उल्लेख किया गया है।
- 'एजेंडा-21' में 'ग्लोबल इन्वायरमेंटल फेसिलिटी' (पर्यावरण रक्षा कोष) को शक्तिशाली बनाने पर बल दिया गया, क्योंकि इसके अंतर्गत् यह प्रावधान किया गया था कि विकसित देश अपने राष्ट्रीय उत्पाद का 0.7 प्रतिशत भाग का योगदान करेंगे। परंतु विकसित देशों ने यह आश्वासन पूर्ण नहीं किया। पृथ्वी सम्मेलन (रियो) में ही एफ. सी. सी. सी. पर 153 राज्यों ने हस्ताक्षर किए।
- यह संधि वर्ष 1994 से ही लागू है, जिसका मूल उद्देश्य पर्यावरण में ग्रीन हाऊस गैसों के उत्सर्जन में कमी लाना है। इसी पृथ्वी सम्मेलन में विश्व में बढ़ते हुए मरूस्थलीकरण को रोकने के लिए समझौता हुआ तथा जैव विविधता को संरक्षित करने के समझौते पर भी हस्ताक्षर हुआ। पृथ्वी सम्मेलन के बाद ग्रीन हाऊस गैसों के उत्सर्जन को रोकने हेतु वर्ष 1997 में 'क्योटो समझौता' हुआ, जिसमें वर्ष 2008 से वर्ष 2012 के मध्य अमेरिका, यूरोपीय यूनियन और जापान ने अपने ग्रीन हाऊस गैसों के उत्सर्जन में वर्ष 1990 के स्तर से क्रमश: 8, 7, 6 प्रतिशत तक की कटौती का समझौता किया लेकिन अमेरिका ने इसे अंतत: स्वीकार नहीं किया।
- 'क्योटो प्रोटोकॉल' के अंतर्गत् विकासशील देशों को ग्रीन हाऊस गैसों की बाध्यकारी कटौती से मुक्त रखा गया। यद्यपि 'क्योटो प्रोटोकॉल' द्वारा निर्धारित मानकों का किसी

भी राज्य ने पालन नहीं किया। गैसों के उत्सर्जन में कटौती के बजाय, गैसों के उत्सर्जन में वृद्धि हुई।

## जोहांसबर्ग सम्मेलन (पृथ्वी+10) वर्ष 2002

- पृथ्वी सम्मेलन के दस वर्षों बाद सतत् विकास पर 'जोहांसबर्ग सम्मेलन' आयोजित हुआ। यह उल्लेखनीय है कि सितंबर, 2001 के बाद समूचे विश्व में 'आतंक के विरुद्ध युद्ध' का नारा दिया गया। उसी दौरान पर्यावरणीय संरक्षण के लिए भी एक अत्यधिक महत्वपूर्ण प्रयत्न किया गया। **'जोहांसबर्ग सम्मेलन' में सतत् विकास को बनाए रखने के लिए निम्नलिखित मुद्दों पर केंद्रीय बल प्रदान किया गया-**
  (i) जल (ii) कृषि (iii) ऊर्जा
  (iv) जैव विविधता (v) स्वास्थ्य।
- इस सम्मेलन में सामान्य सहमति के बजाय, अत्यधिक मतभेद उभरे तथा विकसित और विकासशील देशों के मध्य मूल मतभेद उत्पन्न हुए। विचारकों ने यह भी कहा कि पर्यावरणीय संकट के समाधान के लिए 'गैर-राष्ट्रीय स्वैच्छिक संगठनों' एवं बहुराष्ट्रीय कंपनियों की भी सहायता ली जानी चाहिए।

## क्योटो प्रोटोकॉल और उसके बाद में उत्पन्न होने वाले विवाद

- क्योटो प्रोटोकॉल के बाद 'जलवायु परिवर्तन पर संयुक्त राष्ट्र फ्रेमवर्क कन्वेंशन' (United Nations Framework Convention on Climate Change, (UNFCCC)) की बैठकों में कार्बन उत्सर्जन को प्रतिबंधित करने का प्रयत्न किया गया। वर्ष 2007 के 'बाली सम्मेलन' के साथ वर्ष 2012 के बाद गैसों के उत्सर्जन को नियमित करने के लिए 'क्योटो प्रोटोकॉल' के विकल्पों पर भी चर्चा होने लगी।
- 'बाली सम्मेलन' में भी कोई ठोस सहमति नहीं बन पाई। लेकिन निम्नलिखित उपाय किए गए-
  (i) पर्यावरणीय परिवर्तन से सामंजस्य हेतु अनुकूलन एवं क्षमता का निर्माण।
  (ii) पर्याप्त वित्त का प्रबंध।
  (iii) विकासशील देशों को तकनीकी हस्तांतरण।

## कोपेनहेगेन सम्मेलन (वर्ष 2009)

(i) पर्यावरणीय समस्या के समाधान के लिए साझे, लेकिन अलग-अलग उत्तरदायित्व की मान्यता को स्वीकार किया गया।

(ii) इस बिंदु पर बल दिया गया कि वैश्विक तापमान में $2^0$ सेल्सियस से अधिक की वृद्धि नहीं होनी चाहिए।

(iii) यह भी स्वीकार किया गया कि उत्सर्जन की कटौती करने के मानकों का निर्माण करते समय विकासशील देशों को अधिक समय दिया जाएगा और विकासशील देशों के सामाजिक, आर्थिक विकास तथा गरीबी निवारण को प्राथमिकता दी जाएगी।

(iv) अति पिछड़े देशों एवं छोटे द्वीपीय देशों के लिए विशेष सहायता का समर्थन लिया गया। विकासशील देशों की इस मांग को स्वीकार किया गया कि उन्हें घरेलू उद्योगों के संदर्भ में कटौती की बाध्यता नहीं होगी। लेकिन उन उद्योगों में जिन्हें अंतर्राष्ट्रीय वित्त तथा तकनीकी सहायता प्राप्त है। उत्सर्जन कटौती को स्वीकार करना पड़ेगा।

(v) विकासशील देशों को वर्ष 2010-12 के मध्य (30), तीस बिलियन अमेरिकी डॉलर की सहायता दी जाएगी तथा वर्ष 2020 तक (100), सौ बिलियन डॉलर वार्षिक सहायता विकासशील देशों को प्राप्त होगी।

(vi) इस सम्मेलन में ब्राजील, दक्षिण अफ्रीका, भारत एवं चीन ने एक साझे दृष्टिकोण का निर्माण किया तथा विकासशील देशों की आवाज को सामूहिक रूप में व्यक्त किया। जबकि इस सम्मेलन में बोलीविया, सूडान, वेनेजुएला और क्यूबा ने राजनीतिक सहमति को मानने से इनकार कर दिया।

## कानकुन सम्मेलन

- जलवायु परिवर्तन (Climate Change) की वार्ताओं का 16वां शिखर सम्मेलन मैक्सिको-2010 में आयोजित हुआ। इस सम्मेलन में विकसित और विकासशील देशों के मध्य मतभेद बने रहे, क्योंकि विकसित देशों ने यह स्पष्ट कहा कि वे कोई भी बाध्यकारी लक्ष्य स्वीकार नहीं करेंगे। उनका यह भी तर्क था कि यदि विकासशील देशों के लिए कोई बाध्यकारी लक्ष्य नहीं है, तो विकसित देशों के लिए भी कोई बाध्यकारी लक्ष्य निर्धारित नहीं हो सकता।
- इस सम्मेलन में पहले से विद्यमान विकासशील देशों के मध्य एकता में भी दरार देखी गई, क्योंकि विकासशील देशों में ब्राजील और दक्षिण अफ्रीका ने ग्रीन हाऊस गैसों के उत्सर्जन के संदर्भ में बाध्यकारी कटौती के लक्ष्य का समर्थन किया। जबकि भारत और चीन ने यह स्पष्ट कहा कि वे बाध्यकारी कटौती के लक्ष्य को स्वीकार नहीं करेंगे, क्योंकि इससे विकासशील देशों के आर्थिक विकास और सामाजिक कल्याण के कार्यक्रम अत्यधिक प्रभावित होंगे।
- यद्यपि एक बिंदु पर स्पष्ट रूप में सहमति देखी गई कि पर्यावरण को बचाने के लिए 'समान लेकिन अलग-अलग उत्तरदायित्व' की मान्यता पर बल दिया गया। यद्यपि विकसित देशों ने लगातार समान उत्तरदायित्व पर बल देने

का प्रयत्न किया। वे विभेदक उत्तरदायित्व की मान्यता से आरंभिक रूप में असहमत थे।

- इस सम्मेलन में भी किसी भी बाध्यकारी समझौते पर हस्ताक्षर नहीं हो सका। 'क्योटो संधि-2012' के बाद ग्रीन हाऊस गैसों के प्रबंधन के लिए अभी भी किसी मसौदे पर सहमति नहीं बन पाई। विकसित देशों ने 'कोपेनहेगेन सम्मेलन' की भांति यह पुनः आश्वासन दिया कि वे विकासशील देशों को तकनीकी एवं वित्तीय सहायता प्रदान करेंगे। अंतर्राष्ट्रीय राजनीति में प्रत्येक देश अपने राष्ट्रीय हितों के अनुसार नीतियों का निर्माण करते हैं।
- पर्यावरण की रक्षा सभी का सार्वभौमिक दायित्व है, परंतु अभी भी राज्य अपने हितों को ज्यादा प्राथमिकता देते हैं। भारत ने 'साझे एवं अलग-अलग उत्तरदायित्व' की मान्यता को स्पष्ट रूप में स्वीकार किया। भारत में अभी भी प्रति व्यक्ति प्रतिवर्ष कार्बन उत्सर्जन की दर एक टन है, जबकि यूरोपीय देश दस टन प्रति व्यक्ति, अमेरिका का उत्सर्जन 20 टन प्रति व्यक्ति है। अभी भी वैश्विक उत्सर्जन में भारत का योगदान केवल 4 प्रतिशत है।
- भारत ने अपने हितों की रक्षा करते हुए विकासशील देशों के भी हितों का प्रतिनिधित्व किया। पर्यावरण के नियंत्रण के लिए भारतीय सरकार द्वारा आंतरिक रूप में अनेक कार्यक्रमों एवं नीतियों का निर्माण किया गया है, जबकि अंतर्राष्ट्रीय स्तर पर भी भारत की भूमिका एक उत्तरदायी राष्ट्र की है।

## हरित ऊर्जा पर्यावरण की समस्या के समाधान के रूप में बेहतर विकल्प

- पर्यावरण की समस्या के समाधान के लिए स्वच्छ ऊर्जा तकनीकी की आवश्यकता होती है। जुलाई, 2009 में 17 बड़े आर्थिक देशों का सम्मेलन आयोजित हुआ, जिसमें पर्यावरणीय संरक्षण पर अलग से बल प्रदान किया गया।
- पर्यावरणीय संरक्षण के लिए स्वच्छ ऊर्जा तकनीकी अत्यधिक आवश्यक है तथा स्वच्छ ऊर्जा तकनीकी के संदर्भ में एक वैश्विक सहभागिता के निर्माण का प्रयत्न किया गया, जिससे ऐसी तकनीकी का विकास किया जा सके, जो ग्रीन हाऊस गैसों का कम उत्सर्जन करे।
- **इस संदर्भ में निम्न देशों ने निम्नलिखित क्षेत्रों में पहल की-**

(i) अमेरिका (ऊर्जा बचत)।
(ii) जर्मनी (सौर ऊर्जा)।
(iii) इटली और दक्षिण कोरिया (बेहतर बिजली निर्माण के ग्रिड)।
(iv) ऑस्ट्रेलिया और इंग्लैंड (कार्बन का प्रयोग एवं भंडारण)।
(v) जापान और भारत (उच्च कुशलतायुक्त निम्न कोयला तकनीकी)।
(vi) ब्राजील और इटली (जैव ऊर्जा)।
(vii) जर्मनी, डेनमार्क और स्पेन (पवन ऊर्जा)।

- बोन में पर्यावरण पर आयोजित सम्मेलन में दिसंबर, 2009 में आयोजित कोपेनहेगेन वार्ता के संदर्भ में विचार किया गया। यह आशा व्यक्त की गई कि वर्ष 2012 तक क्योटो प्रोटोकॉल के स्थान पर ग्रीन हाऊस गैसों को नियंत्रित करने की नई संधि पर समझौता होगा, क्योंकि क्योटो प्रोटोकॉल समझौते की अवधि वर्ष 2012 में समाप्त होगी। लेकिन बोन बैठक में कोई विशेष परिणाम नहीं आ सका, क्योंकि विकासशील देशों की चिंताएं अभी भी कायम हैं।
- विकासशील देशों के अनुसार, विकसित देशों ने अपने दायित्वों का पालन नहीं किया तथा विकासशील देशों को तकनीकी और आर्थिक सहायता अभी भी प्राप्त नहीं हो रही है। सम्मेलन में चीन और भारत जैसे विकासशील देशों ने इस बिंदु पर बल दिया कि विकासशील देश किसी भी उत्सर्जन लक्ष्य (Emission Target) पर हस्ताक्षर नहीं करेंगे, जब तक विकसित देश वर्ष 2020 तक ग्रीन हाऊस गैसों के उत्सर्जन में वर्ष 1990 के स्तर में 40 प्रतिशत की कटौती नहीं करेंगे।
- विकासशील देशों ने कम उत्सर्जक तकनीकी को हस्तांतरित करने की भी मांग उठाई, लेकिन विकासशील देशों की मांग पूर्ण होने में अनेक समस्याएं हैं, क्योंकि अभी तक केवल यूरोपीय यूनियन ने वर्ष 2020 तक उत्सर्जन में 30 प्रतिशत कटौती का आश्वासन दिया है।

## 5. विकसित एवं विकासशील देशों के मध्य मतभेद

- विकसित और विकासशील देशों के मध्य का संघर्ष शक्ति राजनीति बनाम् समानता एवं लोकतांत्रिक व्यवस्था का संघर्ष है, क्योंकि विश्व राजनीति का संचालन सदैव शक्ति राजनीति द्वारा हुआ। कभी इस पर नियंत्रण 'पैक्स ब्रिटानिका' द्वारा किया गया। वर्तमान समय में इसका नियंत्रण 'पैक्स अमेरिकाना' द्वारा हो रहा है।
- द्वितीय विश्व युद्ध के बाद से ही विकासशील देशों ने इस शक्ति राजनीति और विषमतामूलक व्यवस्था के विरुद्ध आवाज उठाना शुरू किया तथा एक नई अंतर्राष्ट्रीय आर्थिक

व्यवस्था की मांग भी उठाई गई। इसलिए वर्तमान समय में पर्यावरणीय मुद्दे पर विद्यमान गतिरोध उसी शक्ति राजनीति को प्रतिबिंबित करता है।

- दोनों देशों के मध्य निम्नलिखित दो मुद्दों पर मतभेद विद्यमान हैं-
  (i) पर्यावरणीय संकट के लिए कौन उत्तरदायी है?
  (ii) पर्यावरणीय संरक्षण में किसका कितना योगदान होना चाहिए?
- विकासशील देशों ने यह तर्क सदैव प्रस्तुत किया कि वर्तमान पर्यावरणीय संकट पश्चिमी देशों द्वारा आरंभ वृहद् और व्यापक औद्योगीकरण का परिणाम है। पश्चिमी देशों के लोगों की उपभोक्तावादी जीवनशैली इसके लिए उत्तरदायी है, जबकि विकसित देशों के अनुसार, विकासशील देशों की बढ़ती जनसंख्या एवं पर्यावरण का अकुशल प्रबंधन, प्रदूषण का मूल कारण है।
- विकासशील देशों के अनुसार, विकसित देशों ने औद्योगीकरण की आरंभिक प्रक्रिया में क्रमिक रूप में जिस तकनीकी का प्रयोग किया, उसी तकनीकी का प्रयोग विकासशील देश भी कर रहे हैं। पहले विकसित देशों के पास 'ईको फ्रेंडली' तकनीकी नहीं थी।
- विकसित देशों द्वारा क्रमिक विकास के परिणामस्वरूप पर्यावरणीय मित्र तकनीकी के प्रयोग के लिए विकासशील देशों को बड़ी मात्रा में वित्तीय और तकनीकी सहायता की आवश्यकता है, क्योंकि विकासशील देशों के समक्ष शिक्षा, स्वास्थ्य की सुविधाएं उपलब्ध कराना तथा गरीबी निवारण सबसे बड़ी चुनौतियां हैं।
- **इसके अतिरिक्त निम्नलिखित मुद्दों पर भी मतभेद विद्यमान हैं-**

### 1. तकनीकी हस्तांतरण

- वर्ष 1970 के दशक से ही विकासशील देश तकनीकी हस्तांतरण की मांग उठा रहे हैं, लेकिन विकसित देश तकनीकी हस्तांतरण के समर्थक नहीं हैं। अधिकांश तकनीकी का आविष्कार विकसित देशों द्वारा ही होता है। यह उल्लेखनीय है कि वर्तमान बौद्धिक अधिकारों के युग (ट्रिप्स) में तकनीकी हस्तांतरण का मुद्दा और भी जटिल हो चुका है तथा तकनीकी आयात करने की लागत भी अत्यधिक है, जिसका भार वहन करने में विकासशील देश अक्षम हैं।

### 2. क्षमता निर्माण

- विकासशील देशों के अनुसार, 'विकसित देशों को उनकी आर्थिक सहायता करनी चाहिए, जिससे विकासशील देश सामाजिक कल्याण के उपायों को प्रभावी रूप में लागू कर सकें तथा मानवीय संसाधनों के विकास में समर्थ हो सकें।' परंतु विकसित देश पर्यावरणीय मानकों के आधार पर विकासशील देशों के निर्यात को हतोत्साहित करते हैं।
- विकसित देश, विकासशील देशों के सस्ते श्रम को प्रतिसंतुलित करने के लिए पर्यावरणीय मानकों का प्रयोग करते हैं, क्योंकि यदि विकसित देश तकनीकी रूप में संपन्न हैं, तो विकासशील देशों में श्रम सस्ता है, और विश्व जनसंख्या का लगभग 75 प्रतिशत विकासशील देशों में है।

### 3. वित्तीय सहायता का मुद्दा

- पर्यावरणीय असंतुलन को नियंत्रित करने के लिए 'पर्यावरणीय संरक्षण कोष' के निर्माण का प्रस्ताव किया गया। विकसित देशों ने यह आश्वासन दिया कि वे अपनी राष्ट्रीय आय का 0.7 प्रतिशत भाग का योगदान करेंगे, लेकिन विकसित देशों ने इस आश्वासन को कभी पूर्ण नहीं किया, जिससे स्पष्ट है कि विकसित देश पर्यावरणीय संरक्षण के प्रति प्रतिबद्ध नहीं हैं।
- वर्ष 2008 में आई वैश्विक आर्थिक मंदी का बहाना बनाकर विकसित देशों ने अपना योगदान इस कोष के लिए नहीं किया। यद्यपि जलवायु परिवर्तन के 'कोपेनहेगन सम्मेलन' के दौरान विकसित देशों ने एक निश्चित राशि प्रदान करने का आश्वासन दिया।

### 4. प्राकृतिक संसाधनों का मुद्दा

- विकासशील देशों के अनुसार, 'उनके प्राकृतिक संसाधनों पर विकसित देशों का स्वामित्व है।' उदाहरण के लिए, ब्राजील के वन और मलेशिया के वर्षा वनों पर पहला अधिकार इन देशों का है तथा इसका प्रयोग वे अपनी प्राथमिकता और हितों के अनुसार करेंगे।
- विकासशील देशों के निर्यात बड़ी मात्रा में इस प्राकृतिक धरोहर पर निर्भर हैं। जबकि विकसित देशों ने कहा कि 'साझा धरोहर' (ग्लोबल कॉमन्स) के आधार पर इन संसाधनों पर समूचे विश्व का नियंत्रण होना चाहिए।

### 5. उद्योगों की प्रकृति में भिन्नता

- विकसित देश उत्तर-आधुनिक युग में प्रवेश कर चुके हैं। इन देशों में सेवा क्षेत्र अत्यधिक विकसित है, जो कम प्रदूषणकारी होते हैं। जबकि विकासशील देशों में अभी भी औद्योगीकरण की प्रक्रिया अपूर्ण है और विकासशील देशों में विनिर्मित उद्योग ज्यादा है, जो अधिक प्रदूषणकारी होते हैं। यह भी उल्लेखनीय है कि विकासशील देशों ने कहा कि समग्र उत्सर्जन की बजाय, उत्सर्जन को प्रति व्यक्ति के रूप में देखा जाना चाहिए। विकसित देशों का प्रति व्यक्ति उत्सर्जन अत्यधिक है। विकासशील देशों के उत्सर्जन विकास एवं सामाजिक कल्याण से संबंधित

हैं। जबकि विकसित देशों के उत्सर्जन जीवनशैली से संबंधित हैं।

- आलोचकों के अनुसार, 'मांट्रियल प्रोटोकॉल' को लागू करने में विकसित देशों ने अत्यधिक प्रतिबद्धता प्रदर्शित की, क्योंकि ओजोन परत में हो रहे छेद से विकसित देश सर्वाधिक प्रभावित हो रहे थे। जबकि ग्रीन हाऊस गैसों के बढ़ते उत्सर्जन से विकासशील देश सबसे ज्यादा प्रभावित होते हैं।

## F. पर्यावरण की समस्या पर भारत का दृष्टिकोण

- पर्यावरण के संबंध में भारत का दृष्टिकोण आरंभिक रूप में विकासशील देशों के हितों से प्रेरित था। भारत के अनुसार, पर्यावरण का संरक्षण करते हुए विकासशील देशों के विकास की समस्या को ध्यान में रखना चाहिए। विकासशील देशों के समक्ष गंभीर सामाजिक समस्याएं विद्यमान हैं। इसलिए पर्यावरणीय समस्या को हल करने के लिए भारत ने साझे परंतु भेदभावपूर्ण व्यवहार पर बल दिया।
- भारत के इस पक्ष को वर्ष 1992 के पृथ्वी सम्मेलन में स्वीकार कर लिया गया। भारत के अनुसार, 'मौसम परिवर्तन और विकास के बीच एक गहरा संबंध विद्यमान है।' भारत के अनुसार, 'पर्यावरणीय समस्या को हल करने के लिए विकासशील देशों को विकसित देशों के द्वारा तकनीकी हस्तांतरण होना चाहिए। भारत ने द्वीपीय देशों का समर्थन किया।
- इन छोटे द्वीपीय देशों ने यह मांग उठाई कि वर्ष 2000 तक विकसित देश ग्रीन हाऊस गैसों के उत्सर्जन के स्तर में वर्ष 1990 के स्तर से 20 प्रतिशत कटौती करने की आवश्यकता है।
- यह उल्लेखनीय है कि क्योटो प्रोटोकॉल (वर्ष 1997) के दौरान विकासशील देशों को ग्रीन हाऊस गैसों के कटौती के बाध्यकारी प्रावधान से मुक्त रखा गया। यह भी भारत के लिए एक बड़ी कूटनीतिक विजय थी।

### भारत का परिवर्तित दृष्टिकोण ( वर्ष 2000 के बाद )

- वर्ष 2000 के बाद भारत ने पर्यावरणीय सम्मेलनों में विकसित और विकासशील देशों के बीच सख्त विभाजन करने पर बल नहीं दिया। जबकि परंपरागत रूप में भारत ने विकसित और विकासशील देशों की श्रेणियों को सदैव विभाजित करने का प्रयत्न किया।
- वर्ष 2009 में ब्राजील, चीन, भारत एवं दक्षिण अफ्रीका ने यह घोषणा की कि वे ग्रीन हाऊस गैसों की स्वयं एक तरफा कटौती करेंगे। भारत ने यह कहा कि वर्ष 2020 तक भारत अपने ग्रीन हाऊस गैसों के स्तर को वर्ष 2005 के स्तर तक लाएगा।
- ब्राजील, दक्षिण अफ्रीका, भारत व चीन (BASIC) का आपस में सहयोग यह प्रदर्शित करता है कि ये देश अन्य छोटे विकासशील देशों से अलग हैं। भारत ने यह भी संकेत दिया कि वह ग्रीन हाऊस गैसों की बाध्यकारी कटौती के समझौते पर भी विचार कर सकता है। यह भारत के परिवर्तित दृष्टिकोण का उदाहरण है। भारत स्वयं को उत्तरदायी राज्य के रूप में प्रस्तुत कर रहा है।
- भारत इस समय विश्व की उभरती महाशक्तियों में से एक है तथा चीन, अमेरिका के बाद ग्रीन हाऊस गैसों का उत्सर्जन करने वाला तीसरा सबसे बड़ा देश है। भारत के आर्थिक विकास को देखते हुए भविष्य में भारत का उत्सर्जन बढ़ेगा। इसलिए भारत अपने वैश्विक दायित्वों का भी निर्वाह कर रहा है।
- इसके अतिरिक्त पर्यावरणीय परिवर्तन से निपटने के लिए वर्ष 2008 में भारत द्वारा मौसम परिवर्तन की राष्ट्रीय कार्य योजना का निर्माण किया गया।
- **इस योजना में निम्नलिखित आठ केंद्रीय राष्ट्रीय मिशनों की पहचान की गई है-**

(i) राष्ट्रीय सौर ऊर्जा मिशन, जिसका उद्देश्य सौर ऊर्जा के उत्पादन के द्वारा विकास को बढ़ाना है।

(ii) वृद्धिगत ऊर्जा कुशलता का राष्ट्रीय मिशन, जिसके द्वारा वर्ष 2012 तक दस हजार मेगावाट बिजली बचाने का लक्ष्य रखा गया है।

(iii) राष्ट्रीय जल मिशन, जिसके द्वारा जल संसाधनों के संरक्षण पर बल दिया गया है।

(iv) हिमालय पारिस्थितिकी के सतत् विकास का राष्ट्रीय मिशन, जिसके द्वारा हिमालय क्षेत्रों में जैव विविधता तथा वृक्ष लगाने पर बल दिया गया है।

(v) ग्रीन इंडिया का राष्ट्रीय मिशन, इसके द्वारा भारत ने वर्तमान वन्य क्षेत्र के 23 प्रतिशत भाग को बढ़ाकर 33 प्रतिशत करने का लक्ष्य रखा गया है।

(vi) कृषि के सतत् विकास का राष्ट्रीय मिशन, जिसके द्वारा मौसम परिवर्तन के दौर में कृषि उत्पादन को बढ़ावा देना है।

(vii) मौसम परिवर्तन के लिए सामरिक ज्ञान का राष्ट्रीय मिशन, जिसके द्वारा मौसम परिवर्तन की बेहतर समझ पर बल दिया गया है तथा नए वैज्ञानिक अनुसंधान पर बल दिया गया है।

(viii) सतत् आवास का राष्ट्रीय मिशन, जिसके द्वारा शहरी नियोजन की ऊर्जा संरक्षण पर बल दिया गया है।

- भारत के समक्ष दोहरी चुनौती विद्यमान है, क्योंकि

एक ओर, पर्यावरण संरक्षण को बेहतर बनाना है तथा सतत् विकास को बढ़ावा देना है तो दूसरी ओर, सामाजिक-आर्थिक विकास का लक्ष्य भी प्राप्त करना है। एक विशाल और शक्तिशाली देश को अपने वैश्विक दायित्व को भी पूर्ण करना है तथा भारत में सामाजिक न्याय की स्थापना करना है।

- भारत में जारी विकास, समाज के सभी वर्गों के लिए उपलब्ध होना चाहिए और सतत् विकास को भी बढ़ावा देने की आवश्यकता है। क्योंकि मौसम परिवर्तन, सामाजिक-आर्थिक समस्याओं को भी बढ़ाता है। मौसम परिवर्तन से खाद्यान्न सुरक्षा भी प्रभावित होती है।

## लीमा वार्ता ( वर्ष 2014 )

- 'जलवायु परिवर्तन पर संयुक्त राष्ट्र फ्रेमवर्क कन्वेंशन' (United Nations Framework Convention on Climate Change, (UNFCCC)) की लीमा बैठक में वर्ष 2012 के बाद पर्यावरणीय प्रदूषण को नियंत्रित करने की संभावनाओं का प्रबल विकास हुआ है, क्योंकि अमेरिका द्वारा यह आश्वासन दिया गया है कि वर्ष 2025 तक वह वर्ष 2005 के स्तर से लगभग 26-28 प्रतिशत ग्रीन हाऊस गैसों की कटौती करेगा।
- चीन ने भी यह घोषणा की है कि वह भी ग्रीन हाऊस गैसों में स्वैच्छिक कटौती करेगा और वर्ष 2030 तक चीन के द्वारा अपनी ऊर्जा की आपूर्ति में लगभग 20 प्रतिशत भाग गैर-परंपरागत ऊर्जा का प्रयोग करेगा। अमेरिका व चीन के बीच ग्रीन हाऊस गैसों की कटौती का स्वैच्छिक समझौता किया गया है।

## इस संभावना का आलोचनात्मक मूल्यांकन

- लीमा बैठक में किसी भी प्रकार के बाध्यकारी व वैधनिक समझौते पर विचार नहीं हुआ, जो क्योटो प्रोटोकाल का मूलभाग है। बैठक में इस बिंदु का उल्लेख नहीं है कि यदि स्वैच्छिक रूप में किए गए उद्देश्यों का पालन नहीं किया गया, तो इसके लिए किस प्रकार के दंड का प्रावधान होगा।
- चीन को वर्ष 2030 तक असीमित उत्सर्जन का अधिकार दे दिया गया है। जबकि जलवायु परिवर्तन पर अंतर्सरकारी पैनल (IPCC) की रिपोर्ट के अनुसार, पर्यावरण में बढ़ते तापमान को कम करने हेतु वर्ष 2050 तक वर्ष 2010 के स्तर से 40-70 प्रतिशत ग्रीन हाऊस गैसों के उत्सर्जन में कटौती करना अनिवार्य है अथवा वर्ष 2100 तक इसे वर्ष 2010 के स्तर से शून्य किया जाए।

## विकसित देश बनाम् विकासशील देश

- 'जलवायु परिवर्तन पर संयुक्त राष्ट्र फ्रेमवर्क कन्वेंशन' की बैठक में चीन व अमेरिका के बीच होने वाली सहमति पर ही मूल बल दिया गया, क्योंकि पहली बार चीन द्वारा स्वैच्छिक कटौती की घोषणा की गई।
- विकासशील व विकसित देशों के बीच विद्यमान मूल मुद्दे जैसे-तकनीक हस्तांतरण, पर्यावरणीय प्रदूषण को नियंत्रित करने हेतु कोष के प्रावधान व क्षमता निर्माण कार्यक्रम का कोई उल्लेख ही नहीं किया गया है।

## भारत की स्थिति ( रणनीति )

- भारत के लिए वर्तमान सम्मेलन से नई चुनौतियां उत्पन्न हो रही हैं, क्योंकि चीन द्वारा ग्रीन हाऊस गैसों के कटौती की एकतरफा घोषणा के बाद भारत के ऊपर अत्यधिक दबाव है। विकासशील देशों द्वारा निर्मित ब्राजील, दक्षिण अफ्रीका, भारत व चीन (BASIC) की एकता भी प्रभावित हो रही है।
- भारत, विश्व में ग्रीन हाऊस गैसों का उत्सर्जन करने वाला तीसरा सबसे बड़ा देश है। भारत का उत्सर्जन, चीन का एक-चौथाई तथा अमेरिकी उत्सर्जन का एक-तिहाई व यूरोपीय यूनियन का आधा है। भारत का उत्सर्जन रूस व जापान जैसे देशों के लगभग बराबर है, जो औद्योगिक देश हैं और जिन्होंने क्योटो प्रोटोकाल में ग्रीन हाऊस गैसों के बाध्यकारी समझौते पर सहमति भी प्रकट की थी। परंतु दुनिया के देशों का ध्यान भारत पर ज्यादा है।
- एक अनुमानित आंकड़े के अनुसार, भारत के ग्रीन हाऊस का उत्सर्जन वर्ष 2030 तक लगभग 4-5 हजार मिलियन मिट्रिक टन होगा, जो अमेरिका व चीन से नीचे होगा। जबकि वर्ष 2030 तक चीन के ग्रीन हाऊस गैसों के उत्सर्जन में वर्ष 2012 के स्तर से 20 प्रतिशत तक की वृद्धि हो सकती है।
- भारत, ग्रीन हाऊस गैसों का उत्सर्जन करने वाला तीसरा सबसे बड़ा देश है। परंतु प्रति व्यक्ति आंकड़े से भारत का उत्सर्जन अत्यधिक कम है। प्रति व्यक्ति के हिसाब से अमेरिकी उत्सर्जन का 1/10 है।
- **इसलिए भारत के लिए ग्रीन हाऊस गैसों की कटौती करने के संदर्भ में निम्न रणनीतियों का प्रयोग किया जा रहा है-**

(i) भारत के द्वारा ऊर्जा उत्पादन में नवीकरणीय ऊर्जा के स्रोतों का प्रयोग किया जाएगा।

(ii) नवीकरण ऊर्जा के प्रयोग में आने वाली लागत को कम से कम करना।

(iii) भारत के अनुसार, ग्रीन हाऊस गैसों के उत्सर्जन में प्रतिवर्ष का आंकड़ा शामिल करना उचित नहीं है, क्योंकि अमेरिका व यूरोपीय देशों के ग्रीन हाऊस गैसों के उत्सर्जन लगभग स्थिर हो चुके हैं, चीन के उत्सर्जन

स्थिर होने की कगार पर है। भारत में विश्व की सबसे बड़ी युवा आबादी है, जहां वर्ष 2050 तक देश का प्रभावी औद्योगीकरण व शहरीकरण होगा।

(iv) भारत द्वारा वर्ष 2025 तक ग्रीन हाऊस की कटौती में वर्ष 2005 के स्तर से लगभग 25-30 प्रतिशत तक कमी की जा सकती है।

(v) भारत द्वारा ऊर्जा उत्पादन में नवीनीकृत ऊर्जा के भाग को 20 प्रतिशत तक बढ़ाया जा सकता है, क्योंकि पूरे देश में 24 घंटे बिजली देने हेतु ऊर्जा के बड़े भंडार की आवश्यकता है। भारतीय सरकार द्वारा यह कहा गया है कि वर्ष 2030 तक लगभग 1 लाख मेगावाट बिजली का उत्पादन सौर ऊर्जा के द्वारा होगा।

(vi) भारत द्वारा वित्त व तकनीक के हस्तांतरण के मांग पर बल दिया जा रहा है।

## जलवायु परिवर्तन पर पेरिस सम्मेलन (COP) (पार्टियों का सम्मेलन)-21

### पृष्ठभूमि

- कोपेनहेगन सम्मेलन (वर्ष 2009) के असफल हो जाने के पश्चात् डरबन सम्मेलन वर्ष 2011 में तय किया गया था कि वर्ष 2015 के सम्मेलन में सभी देशों द्वारा स्वीकार्य समझौते का निर्माण किया जाएगा, जिसे वर्ष 2020 के बाद लागू किया जाएगा।
- उल्लेखनीय है कि क्योटो प्रोटोकॉल की द्वितीय प्रतिबद्धता अवधि वर्ष 2020 में समाप्त होगी। इसके बाद लागू किए जाने वाले लक्ष्यों का निर्धारण पेरिस सम्मेलन वर्ष 2015 में किया गया।
- लीमा समझौते वर्ष 2014 के अनुरूप सभी देशों को 'स्वैच्छिक राष्ट्रीय लक्षित सहयोग' (आई.एन.डी.सी.) की घोषणा पेरिस सम्मेलन से पूर्व करनी थी। जिन मुद्दों पर लीमा सम्मेलन में सहमति नहीं बन पाई थी, उन पर भी पेरिस सम्मेलन में चर्चा हुई।

## स्वैच्छिक राष्ट्रीय लक्षित सहयोग

(Intended Nationally Determined Contributions, (INDCs)

- प्रत्येक देश अपनी घरेलू परिस्थितियों एवं विकास की आवश्यकताओं को ध्यान में रखते हुए जलवायु परिवर्तन पर नियंत्रण करने एवं कार्बन उत्सर्जन को कम करने हेतु अपनी ओर से योगदान निर्धारित करेंगे। इसके साथ एक वैश्विक कार्यक्रम भी जुड़ा होगा, जो अनुकूलन की दिशा में सामूहिक तौर पर कार्य करेगा।

### पेरिस सम्मेलन से जुड़े मुद्दे

- दिसंबर, 2015 में विश्व के 190 से अधिक देशों ने ऐतिहासिक जलवायु परिवर्तन समझौते को अंगीकार किया, जिसमें जलवायु परिवर्तन के प्रभावों एवं जोखिमों को कम करने के लिए औसत वैश्विक तापमान को पूर्व औद्योगिक स्तर से $2^0C$ से अधिक न बढ़ने दिए जाने का लक्ष्य निर्धारित किया गया।
  (i) इस समझौते में विकासशील देशों के निर्धारित लक्ष्यों को पूरा करने में सहयोग देने के लिए विकसित देश वर्ष 2020 तक प्रतिवर्ष 100 बिलियन अमेरिकन डॉलर का योगदान देंगे।
  (ii) वहीं दूसरी ओर, विकासशील देश साझे किंतु विभेदात्मक दायित्वों (Common but Differentiated Responsibilities (CBDRs)) के सिद्धांत के आधार पर अपनी स्थानीय परिस्थितियों एवं संदर्भित क्षमताओं के अनुरूप योगदान देंगे। चूंकि इस समझौते में सभी देशों के दायित्वों को स्वीकारा गया है। इसलिए पिछले सम्मेलनों की तुलना में यह अधिक समग्र एवं समन्वयकारी है।

### पेरिस सम्मेलन के प्रति बेसिक (ब्राजील, दक्षिण अफ्रीका, भारत व चीन) का दृष्टिकोण

- इस समूह ने एक व्यापक, महत्वाकांक्षी और वैधानिक रूप में बाध्यकारी संधि तक पहुंचने के प्रति अपनी प्रतिबद्धता व्यक्त की। किंतु विभेदीकृत सिद्धांत का पुरजोर समर्थन किया, जिसमें अनुकूलन, उत्सर्जन में कटौती और हानि (Loss) एवं क्षति (Damage) की स्थितियों से निपटने के लिए उचित वित्तीयन, तकनीकी हस्तांतरण व क्षमता निर्माण पर जोर दिया।

### पेरिस सम्मेलन की असफलता के बिंदु

- वित्तीयन, तकनीकी हस्तांतरण एवं क्षमता निर्माण पर कोई बाध्यकारी समझौता नहीं हो पाया, जो जलवायु परिवर्तन को रोकने हेतु निर्धारित लक्ष्यों की सफलता को शंकायुक्त बनाता है।
- कई राष्ट्रों द्वारा वर्ष 2030 के बाद कार्बन उत्सर्जन को कम करने की प्रतिबद्धता दर्शाई गई है, जबकि समस्या अभी की है तथा बांग्लादेश, मालदीव जैसे V-20 (Vulnerable-सुभेद्य) देशों के डूबने का खतरा इस दशक का है।

### भारत का स्वैच्छिक राष्ट्रीय लक्षित सहयोग

(i) भारत वर्ष 2030 तक सकल घरेलू उत्पाद के प्रति इकाई कार्बन उत्सर्जन को वर्ष 2005 के स्तर से 33 से 35 प्रतिशत तक कमी लाएगा।

(ii) इस लक्ष्य को हासिल करने हेतु वर्ष 2030 तक कुल विद्युत उत्पादन का 40 प्रतिशत अक्षय ऊर्जा स्रोतों से प्राप्त करने का प्रयत्न करेगा।

(iii) संरक्षण और सुधार की परंपराओं और मूल्यों पर आधारित स्वास्थ्य और टिकाऊ रहन-सहन पर जोर देगा।

(iv) वर्ष 2030 तक अतिरिक्त वनाच्छादन और पेड़-पौधों से अतिरिक्त 2.5 से 3 अरब टन कार्बन डाईआक्साइड ($CO_2$) का अवशोषण करने का लक्ष्य निर्धारित किया गया।

- भारत द्वारा घोषित उपरोक्त लक्ष्य अत्यधिक महत्वाकांक्षी प्रतीत होते हैं, क्योंकि भारत में विद्युत उत्पादन का 60 प्रतिशत से अधिक परंपरागत स्रोतों से प्राप्त होता है। 'सहस्त्राब्दि विकास लक्ष्यों' में भी भारत विकसित देशों से काफी पिछड़ा हुआ है।
- यद्यपि भारत में निरंतर सौर, पवन, नाभिकीय एवं बायोमास आधारित ऊर्जा को बढ़ावा दिया जा रहा है। इसके अतिरिक्त देश में वनारोपण के स्तर में भी लगातार सुधार देखा जा रहा है। इस प्रकार भारत पर्यावरण को न्यूनतम हानि पहुंचाते हुए विकास के लक्ष्यों को हासिल करने का प्रयास कर रहा है, जिसे दोहरी चुनौती के रूप में देखा जा रहा है।

### भारत का दृष्टिकोण

- जलवायु वार्ताओं में भारत की स्थिति बहुत जटिल होती है, क्योंकि एक तरफ भारत अपनी बड़ी जनसंख्या के कारण विश्व का तीसरा सबसे बड़ा कार्बन उत्सर्जक देश है, वहीं प्रति व्यक्ति उत्सर्जन में 135वें स्थान पर स्थित है।
- इसलिए भारत सभी वार्ताओं में जलवायु न्याय एवं ऐतिहासिक उत्तरदायित्व के प्रश्न को प्रमुखता से उठाता है। इसके अतिरिक्त भारत ने जलवायु वित्तीयन में पारदर्शिता संबंधी प्रावधानों को स्पष्ट करने एवं क्रियान्वयन का मुद्दा उठाया।

### निष्कर्ष

- संक्षेप में, पर्यावरणीय समस्या मानवता के अस्तित्व के लिए सबसे बड़ा खतरा है। अत: विकसित व विकासशील (उत्तर-दक्षिण) विवाद के बजाय, इसका साझा समाधान समय की मांग है, जिसमें विकसित देशों की भूमिका अहम होनी चाहिए। पर्यावरणीय समस्या के समाधान हेतु सभी संधियां महत्वपूर्ण हैं। परंतु यह समस्या का सतही एवं तत्कालीन समाधान है।
- दीर्घकालीन समाधान के लिए गहरी पारिस्थितिकी एवं गांधीवादी आदर्शों को अपनाने की आवश्यकता है। इसके साथ-साथ विकास बनाम् पर्यावरण के स्थान पर धारणीय विकास को बढ़ावा दिया जाना चाहिए। यहां सरकार की भूमिका तो अहम है ही, किंतु व्यक्तिगत स्तर पर अति उपभोग की जगह सदुपयोग को आदत के रूप में विकसित करना, समस्या का समुचित एवं संपूर्ण समाधान होगा।

## 3. मानवाधिकार (Human Rights)

- विश्व राजनीति में मानवाधिकारों के महत्व में निर्विवाद रूप से वृद्धि हो रही है और मानवाधिकारों के संरक्षण हेतु विश्वव्यापी प्रयत्न किए जा रहे हैं। शीतयुद्धोत्तर विश्व में पहली बार मानवाधिकार के महत्व में निर्णायक वृद्धि हुई है।
- इसलिए अंतर्राष्ट्रीय राजनीति में सुरक्षा, शक्ति संतुलन व शक्ति संघर्ष के साथ-साथ मानवाधिकारों को भी केंद्रीय महत्व प्राप्त हुआ है। यद्यपि यह सत्य है कि मानवाधिकार की रक्षा अभी भी मूलत: आदर्शवादी विचार है।

### अंतर्राष्ट्रीय राजनीति में मानवीय हस्तक्षेप (Humanitarian intervention) की अवधारणा

- अंतर्राष्ट्रीय राजनीति में अंतर्राष्ट्रीय विधि के अनुसार, प्रत्येक राष्ट्र-राज्य संप्रभु है तथा घरेलू मामलों में राज्यों का ही पूर्ण नियंत्रण होता है। संयुक्त राष्ट्र संघ के अनुसार, चार्टर के अनुच्छेद-2 (7) में यह स्पष्टत: कहा गया है कि संयुक्त राष्ट्र संघ के द्वारा राज्यों के आंतरिक मामलों में हस्तक्षेप नहीं किया जाएगा।
- इसलिए अंतर्राष्ट्रीय विधि के अनुसार, बाध्यतापूर्ण मानवीय हस्तक्षेप अवैधानिक है। राज्यों के आंतरिक मामलों में हस्तक्षेप का केवल एक ही आधार है, वह है आत्मरक्षा, जिसे अंतर्राष्ट्रीय विधि द्वारा मान्यता दी गई है।
- अत: अंतर्राष्ट्रीय राजनीति का मूल आधार, अहस्तक्षेपवाद है, परंतु समकालीन युग में मानवाधिकार के हनन को रोकने हेतु किए गए हस्तक्षेप को 'मानवीय हस्तक्षेप' की संज्ञा दी जा रही है।

### मानवाधिकार

- मानवाधिकार, मानवता के वे सार्वभौमिक अधिकार हैं, जो मानवमात्र को प्राप्त हैं। मानवाधिकार मूलत: नैतिक अधिकार हैं। पहली बार संयुक्त राष्ट्र संघ द्वारा 10 दिसंबर, 1948 को मानवाधिकार का सार्वभौमिक घोषणा-पत्र जारी किया गया, जिसमें मानवमात्र को निश्चित अधिकार सौंपे गए और मानवाधिकार का यह आधार लॉक के विचारों में प्राकृतिक अधिकारों के रूप में विद्यमान हैं।
- उन्होंने कहा कि सभी व्यक्तियों को जन्म से ही प्राकृतिक अधिकार प्राप्त हैं। संयुक्त राष्ट्र संघ महासभा द्वारा पारित ये अधिकार नैतिक अधिकार थे, क्योंकि महासभा की घोषणा बाध्यकारी रूप में राज्यों पर लागू नहीं होती।

- यद्यपि बाद में प्रत्येक राज्यों ने इनके अनुरूप मानवाधिकार की रक्षा हेतु विधि का निर्माण किया। अंतर्राष्ट्रीय राजनीति में मानवाधिकार नैतिक है, क्योंकि मानवाधिकार के उल्लंघन को रोकने हेतु संयुक्त राष्ट्र संघ राष्ट्र-राज्यों के समर्थन पर ही निर्भर हैं।
- मानवाधिकार की सार्वभौमिक घोषणा में मानवमात्र को अधिकार प्रदान किए गए। यद्यपि इसका आधार 19वीं सदी में भी देखा जा सकता है। जबकि वर्ष 1890 के 'ब्रुसेल्स समझौते' के द्वारा दास प्रथा को समाप्त करने का निर्णय लिया गया।
- वर्ष 1926 के जिनेवा कन्वेंशन में स्पष्ट कहा गया कि युद्ध में भी मानवाधिकार का उल्लंघन न हो, इन मान्यताओं को सार्वभौमिक घोषणा-पत्र ने व्यापक व लोकप्रिय बना दिया। उल्लेखनीय है कि वर्ष 1919 में स्थापित राष्ट्र संघ के चार्टर में मानवाधिकार का कोई उल्लेख नहीं था।

## मानवाधिकार की अवधारणा पर विभिन्न आपत्तियां

- मानवाधिकार की घोषणा शीतयुद्ध के दौरान हुई, जब अंतर्राष्ट्रीय राजनीति में साम्यवाद बनाम् पूंजीवाद के मध्य संघर्ष विद्यमान था। सार्वभौमिक घोषणा-पत्र पर भी राज्यों के मध्य **निम्नलिखित स्पष्ट मतभेद उभरे**-

(i) दक्षिण अफ्रीका की श्वेत सरकार ने मानवाधिकार के अनुच्छेद-1 को मानने से इनकार कर दिया, जिसमें उल्लेखित था कि सभी व्यक्ति अपनी गरिमा और अधिकारों के संदर्भ में समान हैं। अफ्रीकी सरकार के अनुसार, यह घोषणा अफ्रीकी सरकार के आंतरिक मामलों में हस्तक्षेप का उदाहरण है, जो संयुक्त राष्ट्र संघ के चार्टर का उल्लंघन है।

(ii) सोवियत संघ व साम्यवादी देशों ने इस बिंदु पर आपत्ति की कि मानवाधिकार के सार्वभौमिक घोषणा-पत्र में सामाजिक-आर्थिक अधिकारों की उपेक्षा की गई है। सोवियत संघ ने इन्हें बुर्जुआ अधिकार कहा और इसे 'शीतयुद्ध का घोषणा-पत्र' भी कहा।

(iii) सऊदी अरब मतदान के दौरान अनुपस्थित रहा और सऊदी अरब ने धार्मिक आधार पर मानवाधिकार की घोषणा पर आपत्ति उठाई। उसके अनुसार, घोषणा-पत्र का अनुच्छेद-18 अस्वीकार्य है, जिसमें कहा गया है कि प्रत्येक व्यक्ति को अपने चयनानुसार धार्मिक उपासना का अधिकार है और धर्म परिवर्तन का भी अधिकार है।

- **शीतयुद्ध के देतांत काल के दौरान वर्ष 1966 में मानवाधिकार के दो घोषणा-पत्र जारी किए गए-**

(i) सिविल, राजनीतिक अधिकारों का समझौता।

(ii) आर्थिक, सामाजिक व सांस्कृतिक अधिकारों का समझौता।

- दोनों को सामूहिक रूप में अधिकारों का अंतर्राष्ट्रीय दस्तावेज भी कहा गया। इसमें साम्यवाद व पूंजीवाद के मतभेद को समायोजित करने का प्रयत्न भी किया गया। 70 के दशक में 'हेलसिंकी समझौता' मानवाधिकार के संदर्भ में अत्यधिक महत्वपूर्ण है, क्योंकि दोनों महाशक्तियों ने मानवाधिकार को सम्मान देने का निर्णय किया।
- 70 के दशक से अमेरिकी राष्ट्रपति 'जिमी कार्टर' ने मानवाधिकार की रक्षा को अमेरिकी विदेश नीति का मूल उद्देश्य बताया। अमेरिका ने ऐसी सरकारों को अनुदान देने पर प्रतिबंध लगाया, जो मानवाधिकार का उल्लंघन करती हों। जबकि केंद्रीय इंटेलिजेंस एजेंसी (Central Intelligence Agency (CIA)) ने ऐसी सरकारों का समर्थन किया और वास्तविकता है कि दोनों महाशक्तियों ने व्यावहारिक रूप में अपने हितों को बनाए रखने हेतु मानवाधिकार का उल्लंघन किया। उदाहरण के लिए, अमेरिका द्वारा वियतनाम में कार्यवाही, पूर्व सोवियत संघ द्वारा हंगरी एवं चेकोस्लोवॉकिया में हस्तक्षेप।
- वर्ष 1965 में सभी प्रजातीय भेदभावों को समाप्त करने का समझौता हुआ। यद्यपि उल्लेखनीय है कि तत्कालीन समय में दक्षिण अफ्रीका में नस्लभेदी सरकार सत्ता में थी। 70 के दशक में मानवाधिकार की सूची का विस्तार हुआ। महिलाओं के शोषण समाप्ति का भी समझौता हुआ।
- वर्ष 1979 में महिलाओं के विरुद्ध सभी भेदभाव समाप्ति का समझौता किया गया, जिसे वर्ष 1991 में और व्यापक बनाया गया तथा महिलाओं के विरुद्ध सभी प्रकार के राजनीतिक, आर्थिक, सामाजिक, सांस्कृतिक तथा नागरिक भेदभाव समाप्त करने का समझौता किया गया।
- मानवाधिकार, समूची मानवता को प्राप्त अधिकार है, परंतु अंतर्राष्ट्रीय समाज में महिलाओं व बच्चों की स्थिति ज्यादा दयनीय है। इसलिए इनके लिए विशेष व पृथक् प्रावधान किए गए और वर्ष 1989 में बच्चों के अधिकारों की रक्षा हेतु समझौता किया गया।
- सोवियत संघ के विघटन के बाद शीतयुद्धोत्तर विश्व तथा समूचे विश्व में नृजातीय व धार्मिक संघर्ष उत्पन्न हुए। इसलिए वर्ष 1991 में मानव नरसंहार को रोकने और समाप्त करने का समझौता किया गया। शीतयुद्धोत्तर विश्व में अमेरिका की विदेश नीति में मानवाधिकार व मानवीय हस्तक्षेप को महत्वपूर्ण भाग बना दिया गया। इसी संदर्भ में वर्ष 1993 का विएना समझौता प्रमुख है।
- इसी वर्ष मानवाधिकार की रक्षा हेतु संयुक्त राष्ट्र संघ द्वारा

मानवाधिकार उच्चायोग की स्थापना की गई है। शीतयुद्धोत्तर विश्व में मानवाधिकार की रक्षा में गैरराष्ट्रीय कर्ताओं की भूमिका उल्लेखनीय रही, जिसमें 'एमनेस्टी इंटरनेशनल' जैसे संगठनों ने अमेरिका की भी आलोचना की।

- इसके अतिरिक्त 'ह्यूमैन राइट्स वॉच' (Human Rights Watch) ने क्षेत्रीय स्तर पर मानवाधिकार के उल्लंघन के मुद्दों पर अंतर्राष्ट्रीय जनमत का ध्यान आकर्षित किया। उल्लेखनीय है कि मानवाधिकार उच्चायुक्त को किसी राज्य को दंडित करने का अधिकार नहीं, बल्कि मानवाधिकार उल्लंघन को रोकने का नैतिक दायित्व दिया गया।
- उल्लेखनीय है कि चीन ने वर्ष 1998 में 'सिविल राजनीतिक अधिकारों के घोषणा-पत्र' (वर्ष 1966) को स्वीकार किया। जबकि अमेरिका ने इसे वर्ष 1992 में स्वीकारा था, इससे स्पष्ट है कि शीतयुद्धोत्तर विश्व में मानवाधिकार की रक्षा हेतु लगातार आम सहमति का निर्माण हो रहा है।
- मानवीय हस्तक्षेप सोमालिया, कोसोवो, रवांडा की घटनाएं शीतयुद्धोत्तर विश्व में मानवाधिकार की रक्षा हेतु राजनीति व सिविल स्वतंत्रता के साथ विकास के मुद्दों पर भी बल प्रदान किया गया। आमर्त्य सेन का मानना है कि बिना विकास के स्वतंत्रता, एकांगी व अपूर्ण है। इसी प्रकार का मत महबूब-उल-हक ने भी व्यक्त किया।
- जिनके अनुसार, सुरक्षा का मूल अभिप्राय, मानवीय सुरक्षा है तथा भीखू पारेख ने भी इस बिंदु पर बल दिया है कि मानवाधिकार को विश्व में सकारात्मक रूप में लागू किया जाए। सामाजिक-आर्थिक विषमता के उन्मूलन का प्रयत्न हो, यद्यपि मॉरिस क्रेंक्सटन इस मत से असहमत हैं।
- इनके अनुसार, मानवाधिकार, सार्वभौमिक है। इसलिए यह सामाजिक-आर्थिक अधिकार नहीं हो सकते, क्योंकि समूचे विश्व में एक प्रकार की समान सामाजिक-आर्थिक परिस्थितियों का निर्माण संभव नहीं है। इसलिए केवल सिविल राजनीतिक अधिकार ही सार्वभौमिक हो सकते हैं।

## मानवाधिकार की प्रकृति

### 1. मानवाधिकार ( सापेक्षिकता बनाम् सार्वभौमिकता )

- मानवाधिकार, मानवमात्र को प्राप्त अधिकार हैं, इसलिए इनकी प्रकृति सार्वभौमिक है, परंतु मानव होने का अभिप्राय, भिन्न-भिन्न संस्कृतियों में भिन्न-भिन्न होता है। इसलिए समुदाय व संस्कृति की भिन्नता को स्वीकार करना आवश्यक है।
- सार्वभौमिकता बनाम् सापेक्षिकता का विवाद आरंभ से ही विद्यमान है, क्योंकि सार्वभौमिक घोषणा-पत्र पर साम्यवादियों ने वैचारिक रूप में आपत्ति की, उन्होंने कहा कि मानवाधिकार, मानवमात्र के बजाय, बुर्जुआ वर्ग के अधिकार प्रतीत होते हैं।
- इस्लामी राज्यों ने भी अधिकारों की सार्वभौमिकता पर सवाल उठाया। उनके अनुसार, मानवाधिकार मूलतः पाश्चात्य सांस्कृतिक मूल्यों व विरासत की देन है, जिनमें व्यक्तिवाद, भौतिकवाद, पंथनिरपेक्षता जैसे मूल्य प्रभावी हैं। जबकि इस्लाम के समर्थकों के अनुसार, उनके लिए व्यक्ति के बजाय, खुदा महत्वपूर्ण है, धर्मनिरपेक्षता के बजाय, धर्म व धार्मिकता महत्वपूर्ण है तथा व्यक्ति के बजाय, समुदाय को महत्व दिया जाता है।
- इसी आधार पर **'एशियाई मूल्यों की संकल्पना'** का निर्माण किया गया। जब महातिर मोहम्मद ने कहा कि एशियाई मूल्य, पश्चिमी समाजों के मूल्यों से अलग हैं।
  नारीवादियों ने भी मानवाधिकार की सार्वभौमिकता को चुनौती दी।
- इनके अनुसार, 'मानवाधिकार की संकल्पना मूलतः पितृ-सत्तात्मक है, क्योंकि सार्वजनिक जीवन में प्राप्त अधिकार केवल पुरुषों के लिए हैं। जबकि महिलाओं को उनके निजी जीवन के अधिकार भी प्राप्त नहीं हैं।
- बहुसंस्कृतिवादियों ने भी मानवाधिकार की सार्वभौमिकता को चुनौती दी। इनके अनुसार, 'अल्पसंख्यकों को विशेष अधिकार दिया जाना चाहिए, न कि केवल समानता ही पर्याप्त है।' अतः अब उदारवादी अधिकारों की सार्वभौमिकता पर प्रश्न उठाए जा रहे हैं।

#### निष्कर्ष

- मानवाधिकार, नैतिक रूप में सार्वभौमिक है, परंतु इनको लागू करते समय देश काल की विशिष्टता व भिन्नता का ध्यान रखना जरूरी है।

### 2. नकारात्मक अधिकार बनाम् सकारात्मक अधिकार

- नकारात्मक अधिकार से अभिप्राय, उन अधिकारों से है, जिसके संरक्षण के लिए बाहरी अहस्तक्षेप (मुख्यतः सरकार) आवश्यक है। ये व्यक्ति के निजी जीवन से जुड़े हैं। जैसे-अभिव्यक्ति की स्वतंत्रता, धर्म की स्वतंत्रता इत्यादि।
- **वहीं दूसरी ओर**, वे अधिकार, जिनके संरक्षण के लिए राज्य की सकारात्मक भूमिका आवश्यक है, उन्हें सकारात्मक अधिकार कहते हैं। जैसे-श्रमिकों के अधिकार, कल्याणकारी योजनाएं इत्यादि।
- अधिकारों का उपरोक्त वर्गीकरण आंगिक प्रतीत नहीं होता, बल्कि ये दोनों मिलकर समाज में सभी के अधिकारों को

संरक्षित करते हैं तथा स्वतंत्रता एवं समानता को स्थापित करते हैं।

### निष्कर्ष

- अंतर्राष्ट्रीय राजनीति में मानवाधिकार एक नैतिक मुद्दा है, जो शक्ति एवं सुरक्षा की तुलना में कम महत्वपूर्ण माना जाता है। यद्यपि विश्व शांति एवं सुरक्षा को बनाए रखने के लिए मानवाधिकारों का संरक्षण आवश्यक है। किंतु यह संरक्षण एकतरफा मानवीय हस्तक्षेप के बजाय, संयुक्त राष्ट्र संघ द्वारा सर्वसहमति से निर्मित मानकों के अनुसार होना चाहिए, जिसमें राज्यों की सकारात्मक भूमिका आवश्यक है।

## शरणार्थी संकट

- आर्थिक अभाव और राजनीतिक भेदभाव के कारण विश्व में शरणार्थियों की संख्या में वृद्धि हो रही है। शरणार्थियों के कारण अनेक राज्यों की सुरक्षा पर नकारात्मक प्रभाव पड़ रहा है। अत: शीतयुद्धोत्तर विश्व में मानवीय सुरक्षा की संकल्पना प्रमुख है।

### रोहिंग्या समस्या

- रोहिंग्या मुस्लिम धर्म को मानने वाले लोग हैं, जो म्यांमार के रखाइन प्रांत में रहते हैं। म्यांमार की पूर्व सैनिक सरकार द्वारा इनको नागरिकता प्रदान नहीं की गई और इन्हें अवैध शरणार्थी कहा जा रहा है। म्यांमार की सैनिक सरकार ने वर्ष 1982 में नागरिकता का कानून बनाते हुए 8 लाख रोहिंग्या (Rohingya) मुसलमानों को देश विहीन या राज्य विहीन करार दिया।
- जून, 2012 में बर्मी मूल और रोहिंग्याओं के बीच हिंसक झड़पें हुईं, जिससे लगभग 2 लाख रोहिंग्या व्यक्तियों ने म्यांमार छोड़ दिया और वे बांग्लादेश आ गए तथा बांग्लादेश होते हुए भारत के उत्तरी-पूर्वी राज्यों में भी प्रवेश कर जाते हैं।
- वर्ष 2015 में पुन: बर्मियों और रोहिंग्यों के बीच हिंसक संघर्ष हुआ, जिसके परिणामस्वरूप रोहिंग्या समुदाय के लोगों ने इंडोनेशिया, मलेशिया तथा सिंगापुर में शरण लेने का प्रयत्न किया, परंतु इन देशों ने रोहिंग्याओं को शरण देने से इनकार कर दिया, इसलिए रोहिंग्या समस्या मानवाधिकार की समस्या बन गई।
- संयुक्त राष्ट्र संघ शरणार्थियों के उच्चायुक्त (United Nation High Commission for Refugee) के द्वारा इन निवार्सित व्यक्तियों को सहायता प्रदान की गई तथा म्यांमार से इस समस्या के समाधान का अनुरोध किया गया। रोहिंग्याओं और बर्मियों के बीच संघर्ष से भारत भी प्रभावित होता है और रोहिंग्या भारत में आकर बौद्ध धार्मिक स्थानों पर हमला करने की योजना बनाते हैं।
- रोहिंग्या मुसलमान के खिलाफ बौद्ध संगठनों द्वारा हिंसा ने म्यांमार में सांप्रदायिक सौहार्द बिगाड़ दिया है। बौद्ध नेता 'आशीन विरातु' द्वारा शुरू किए गए 'आंदोलन-969' द्वारा पश्चिमी प्रांत के माइकातिला शहर से यह हिंसा शुरू हुई।
- बौद्ध चरमपंथी संगठनों का मानना है कि रोहिंग्या बांग्लादेशी हैं तथा ये लोग हमारे रोजगार तथा विकास के अवसरों को छीन रहे हैं और म्यांमार में मुस्लिम जनसंख्या तेजी से बढ़ रही है, जिसका विरोध भी बौद्ध संगठन कर रहे हैं।
- अब तक 200 से अधिक रोहिंग्या मुसलमानों की हत्या की जा चुकी है एवं इन घटनाओं से भारत भी सतर्क हो गया है कि पूर्वोत्तर के राज्यों में भी इसी तरह हिंसा की संभावना हमेशा बनी रहती है।
- अगस्त 2017 में म्यांमार में भौंगडोव सीमा पर 9 पुलिस अधिकारियों की हत्या कर दी गई। सरकार का मानना था कि यह हत्या रोहिंग्या समुदाय के आतंकवादियों ने की है। परिणामस्वरूप रखाइन प्रांत में सुरक्षा बलों ने व्यापक कार्यवाही आरंभ की। इस दौरान 100 से अधिक रोहिंग्या कार्यकर्ता मारे गए तथा सैकड़ों को गिरफ्तार किया गया।
- साथ ही म्यांमार से व्यापाक पैमाने पर पलायन आरंभ हो गया। लाखों शरणार्थी बांग्लादेश, भारत, तथा अन्य देशों में पलायन करने लगे। म्यांमार के सैनिकों पर हत्या, बलात्कार, प्रताड़ना संबंधी मानवाधिकार उल्लंघन के आरोप लगे।
- म्यांमार की स्टेट काउंसलर तथा नोबेल पुरस्कार विजेता आंग सांग सूकी पर भी आरोप लगे क्योंकि वे सरकार में हैं तथा रोहिंग्या पर हो रहे अत्याचारों के खिलाफ चुप थी।

## यूरोप शरणार्थी संकट

- पाकिस्तानी अर्थशास्त्री महबूबउल हक ने मानवीय सुरक्षा की संकल्पना का विचार दिया। इन्होंने वर्ष 1994 की संयुक्त राष्ट्र संघ की मानव विकास रिपोर्ट में मानवीय सुरक्षा के आयामों को स्पष्ट किया।
- इसके प्रमुख आयाम निम्नलिखित हैं–
  (i) **आर्थिक असुरक्षा से मुक्ति :** यह रोजगार और वित्तीय स्थायित्व के द्वारा संभव है।
  (ii) भोजन के अभाव से मुक्ति।
  (iii) विभिन्न बीमारियों से मुक्ति।
  (iv) प्रदूषण से छुटकारा।
  (v) नि:शुल्क स्वास्थ्य सेवा की उपलब्धता।

(vi) **पर्यावरणीय खतरे से मुक्ति :** प्राकृतिक आपदाओं को नियंत्रित करना, वनों के क्षरण को प्रतिबंधित करना तथा जल स्तर को बनाए रखना।

(vii) **व्यक्तिगत खतरों से मुक्ति :** हिंसक अपराधों, नशीली दवाओं के व्यापार पर प्रतिबंध, बच्चों तथा महिलाओं के अवैध दुर्व्यापार को रोकना।

(viii) **सामुदायिक सुरक्षा :** परिवार को बनाए रखना, भाषा एवं संस्कृति का संरक्षण तथा नृजातीय सफाए और मानव नरसंहारों पर प्रतिबंध।

(ix) **राजनीतिक सुरक्षा :** मानवाधिकारों के उल्लंघन पर प्रतिबंध तथा निरंकुश सरकारों पर प्रतिबंध।

अत: महबूबउल हक के अनुसार, मानवीय सुरक्षा हेतु निम्नलिखित उपाय आवश्यक हैं-

(i) **विकास** (Development) : लोगों को अवसर की समानता, भूमि वितरण, सामाजिक सुरक्षा, रोजगार में वृद्धि तथा न्यूनतम जीवन स्तर प्राप्त करने में सहायता करना।

(ii) **सैन्य उपाय :** हथियारों पर खर्च को कम करना, सैन्य अड्डों को बंद करना, हथियारों के निर्यात और स्थानांतरण पर प्रतिबंध, सैन्य सहायता के बजाय, आर्थिक सहायता पर बल देना।

(iii) **उत्तर-दक्षिण संबंधों की पुनर्संरचना पर बल :** तीसरी दुनिया के देशों के विरुद्ध व्यापारिक भेदभाव की समाप्ति और उन्हें तकनीकी और वित्तीय सहयोग प्रदान करना।

(iv) **संस्थागत उपाय :** अंतर्राष्ट्रीय मुद्रा कोष, विश्व बैंक और संयुक्त राष्ट्र संघ द्वारा मानवीय विकास को महत्व देना।

(v) **वैश्विक नागरिक समाज का निर्माण** (Global Civil Society) : अधिनायकवादी शासन प्रणाली के बजाय, लोकतांत्रिक शासन प्रणाली को बढ़ावा दिया जाना चाहिए एवं आम लोगों के मध्य परस्पर आदान-प्रदान में वृद्धि।

## 9/11 के बाद हस्तक्षेप

- 9/11 के बाद अमेरिकी विदेश नीति में 'आतंक के विरुद्ध युद्ध' का नारा दिया गया। विचारकों के अनुसार, अमेरिका 'आतंक के विरुद्ध युद्ध' के नाम पर और मानवाधिकार के आधार पर अपनी सामरिक बढ़त बनाए रखने का प्रयत्न कर रहा है।
- इसलिए अमेरिका द्वारा मानवाधिकार की रक्षा के आधार पर घरेलू व विदेशी दोनों क्षेत्रों में सामरिक हितों में वृद्धि का प्रयत्न किया जा रहा है। अमेरिका 'आतंक के विरुद्ध युद्ध' में तानाशाही व गैर-लोकतांत्रिक राज्यों के साथ गठबंधन कर रहा है, जिसके विरुद्ध मानवाधिकार के उल्लंघन का आरोप है।
- इसलिए कुछ लोग मानवीय हस्तक्षेप की संकल्पना के प्रति अत्यधिक निराशावादी हैं। वर्ष 2002 में सिएरॉलियोन, कांगो, आइवरी कोस्ट जैसे देशों में मानवीय नरसंहार को रोकने हेतु महाशक्तियों की प्रतिक्रिया अत्यधिक उदासीन थी।
- कुछ लोग मानवीय हस्तक्षेप के प्रति अभी भी आशावादी हैं। उनके अनुसार, मानवीय हस्तक्षेप, मानवाधिकार और राष्ट्रीय सुरक्षा दोनों आधार पर संभव हैं। यद्यपि अमेरिका द्वारा अफगान में आत्मरक्षा के आधार पर कार्यवाही की गई।
- वर्ष 2003 में अमेरिका द्वारा इराक में किए गए हस्तक्षेप को औचित्यपूर्ण माना गया, क्योंकि उनके अनुसार, सद्दाम हुसैन विनाशकारी नरसंहार के हथियारों का निर्माण कर रहे थे।

## 9/11 के बाद 'आतंक के विरुद्ध युद्ध' और मानवाधिकार

- 9/11 के बाद मानवाधिकार के विषय में नवीन चिंता अनेक गैरराष्ट्रीय संगठनों द्वारा व्यक्त की जा रही है। इनके अनुसार, आतंकवाद विरोधी विधि के नाम पर नागरिकों की स्वतंत्रता व अधिकारों को सीमित किया जा रहा है। अमेरिका व पश्चिमी देशों में भी नागरिक स्वतंत्रताओं को सीमित किया गया है।
- दूसरी ओर, अमेरिका द्वारा प्रतिपादित लोकतंत्र प्रोत्साहन नीति को लेकर भी अनेक विकासशील देश संशयग्रस्त हैं, क्योंकि उन्हें भय है कि मानवाधिकार के नाम पर अनेक आंतरिक मामलों में हस्तक्षेप किया जा सकता है तथा अमेरिका द्वारा अनेक राज्यों को 'दुष्ट-राज्यों' की श्रेणी में रखना और अनेक शासकों को सत्ता से हटाने का प्रयत्न करना, यह मत अंतर्राष्ट्रीय राजनीति के लिए अस्थायित्वकारी हो सकता है।
- 9/11 के बाद मानव नरसंहार को रोकने के लिए उल्लेखनीय प्रगति हुई। वर्ष 2002 में 60 राज्यों ने अंतर्राष्ट्रीय आपराधिक न्यायालय (ICC) की स्थापना पर सहमति देते हुए इसकी पुष्टि की तथा 138 देशों ने इस पर हस्ताक्षर किए। अंतर्राष्ट्रीय आपराधिक न्यायालय का मूल कार्य विश्व में कहीं भी मानवता के विरुद्ध नरसंहार को रोकना है, यह युद्ध अपराधों की जांच हेतु बनाया गया।
- यद्यपि अंतर्राष्ट्रीय आपराधिक न्यायालय की पुष्टि अमेरिका ने नहीं की, क्योंकि अमेरिका के अनुसार, यह अमेरिकी संप्रभुता के विरुद्ध होगा। भारत ने भी इसकी पुष्टि नहीं की। वर्ष 2006 में संयुक्त राष्ट्र संघ ने मानवाधिकार

परिषद् की स्थापना मानवाधिकार उच्चायोग के स्थान पर की गई, ताकि मानवाधिकार उल्लंघन पर प्रभावी नियंत्रण किया जा सके।

- अंतर्राष्ट्रीय राजनीति में मानवीय संहारों को लेकर विवाद बने हुए हैं तथा सूडानी राष्ट्रपति के ऊपर ऐसे आरोप हैं। यद्यपि उनका कहना है कि मानव नरसंहार के विरुद्ध पहले इजरायली प्रधानमंत्री पर अभियोग चले, क्योंकि इजरायल ने गाजा क्षेत्र में अत्यधिक निर्दोष नागरिकों की हत्या की।
- पहली बार इतिहास में देखा गया, जब नरसंहार के आरोप में दो पूर्व राष्ट्राध्यक्षों (सद्दाम हुसैन और स्लोवोदॉन मिलोसेविच (सर्बिया)) पर मुकदमें चलाए गए। यद्यपि ये मुकदमें अत्यधिक विवादास्पद हैं और प्रो. उपेन्द्र बख्शी का मत सत्य प्रतीत होता है कि 'अंतर्राष्ट्रीय राजनीति में मानवाधिकार के लिए राजनीति न होकर, मानवाधिकार की राजनीति होती है।'

### मानवीय हस्तक्षेप की सफलता

- प्रत्येक मानवीय हस्तक्षेप सफल नहीं हुआ। उदाहरण के लिए, अमेरिका द्वारा सोमालिया में हस्तक्षेप अल्पकालिक रूप में सफल रहा, क्योंकि हजारों सोमालियाई लोगों को भुखमरी से बचाया जा सका। परंतु यह दीर्घकालिक रूप में असफल रहा। विचारकों के मत में कोसोवो में हस्तक्षेप भी तत्कालिक रूप में सफल प्रतीत हुआ, परंतु बाद में फिर मानवीय हस्तक्षेप व नरसंहार की घटनाएं हुईं।
- इसलिए आलोचकों के अनुसार, मानवीय हस्तक्षेप से समस्या की मूल जड़ को समाप्त करना कठिन है। इसके द्वारा केवल तात्कालिक रूप में शांति निर्मित की जाती है।

### निष्कर्ष

- मानवीय हस्तक्षेप के प्रयोग पर अभी भी विवाद जारी है और मानवाधिकार की रक्षा के संदर्भ में गैर-राष्ट्रीय कर्ताओं की भूमिका उल्लेखनीय है। ये गैर-राष्ट्रीय कर्ता तभी अपना कार्य प्रारंभ करते हैं, जब राज्यों की सहमति प्राप्त होती है।
- वर्तमान भू-मंडलीकरण के युग में सर्वदेशीय (कॉस्मोपोल्टेन) नैतिक चेतना का विकास हो रहा है। इसलिए विश्व समुदाय मानवाधिकार के हनन के प्रति ज्यादा सचेत हुआ है। दीर्घकालिक रूप में मानवाधिकार की समस्या हल करने हेतु गरीबी, अभाव, कुपोषण जैसी समस्याओं को समाप्त करना होगा। अधिकांश मानवाधिकार उल्लंघन की घटनाएं तीसरी दुनिया के देशों में हो रही है।
- इसलिए मानवाधिकार को बचाने का सकारात्मक प्रयत्न आवश्यक है। जिसका अभिप्राय है, सामाजिक-आर्थिक विकास और मानवीय हस्तक्षेप स्वीकार्य है, यदि यह संयुक्त राष्ट्र संघ द्वारा सर्वसहमति से निर्मित मानकानुसार हो तथा उससे किसी महाशक्ति के हितों की पूर्ति न हो।

## गरीबी तथा विकास (Poverty and Development)

- वर्तमान समय में तीसरी दुनिया के देशों विशेषत: एशियाई-अफ्रीकी देशों में अशिक्षा, बेरोजगारी, विषमता, गरीबी एवं स्वास्थ्य संबंधी समस्या विद्यमान हैं।
  - (i) तीसरी दुनिया के देशों के पास संसाधन की कमी एवं तकनीक का अभाव है।
  - (ii) कुपोषण की समस्या विद्यमान है।
- अत: समतामूलक विश्व के निर्माण हेतु संयुक्त राष्ट्र विकास कार्यक्रमों के द्वारा समतामूलक विश्व की स्थापना का प्रयास किया जा रहा है।
- समतामूलक विश्व की स्थापना हेतु सहस्त्राब्दि विकास लक्ष्य की घोषणा की गई है। यह वर्ष 2015 से वर्ष 2030 तक चलेगा

## सहस्त्राब्दि विकास लक्ष्य

- पूरे विश्व से गरीबी के सभी रूपों की समाप्ति।
- भूख की समाप्ति, खाद्य सुरक्षा व बेहतर पोषण और धारणीय कृषि को बढ़ावा देना।
- सभी आयु वर्ग के लोगों में स्वास्थ्य, सुरक्षा व स्वस्थ जीवन को बढ़ावा देना।
- समावेशी और न्यायसंगत गुणवत्ता युक्त शिक्षा सुनिश्चित करने के साथ ही सभी को सीखने का अवसर प्रदान करना।
- लैंगिक समानता प्राप्त करने के साथ ही महिलाओं व लड़कियों को सशक्त बनाना।
- सभी के लिए स्वच्छता और पानी के सतत प्रबंध की उपलब्धता सुनिश्चित करना।
- सस्ती, विश्वसनीय, टिकाऊ और आधुनिक ऊर्जा तक पहुंच सुनिश्चित करना।
- सभी के लिए निरंतर समावेशी व सतत आर्थिक विकास, पूर्ण व उत्पादक रोजगार और बेहतर कार्य को बढ़ावा देना।
- लचीले बुनियादी ढांचे, समावेशी और सशक्त औद्योगीकरण को बढ़ावा देना।
- देशों के मध्य आंतरिक असमानता को कम करना।
- सुरक्षित, लचीले व टिकाऊ शहर और मानव बस्तियों का निर्माण।

- स्थायी खपत और उत्पादन पैटर्न को सुनिश्चित करना।
- जलवायु परिवर्तन व उसके प्रभावों से निपटने के लिए तत्काल कार्यवाही करना।
- स्थायी सतत विकास के लिए महासागरों, समुद्रों और समुद्री संसाधनों का संरक्षण और उपयोग।
- सतत उपयोग को बढ़ावा देने वाले स्थलीय पारिस्थितिकीय प्रणालियों, सुरक्षित जंगलों, भूमि क्षरण और जैव विविधता के बढ़ते नुकसान को रोकने का प्रयास करना।
- सतत विकास के लिए शांतिपूर्ण और समावेशी समितियों को बढ़ावा देने के साथ ही सभी स्तरों पर इन्हें प्रभावी और जवाबदेह बनाना ताकि सभी के लिए न्याय सुरक्षित हो सके।
- सतत विकास के लिए वैश्विक भागीदारी को पुनर्जीवित करने के अतिरिक्त कार्यान्वयन के साधनों को मजबूत बनाना।

## धर्म, संस्कृति व पहचान - राजनीति की भूमिका

- वर्तमान समय में विश्व से उपनिवेशवाद की समाप्ति हो चुकी है और ज्यादातर देशों में लोकतांत्रिक सरकारों का गठन हो चुका है। एशियाई-अफ्रीकी देशों में समाज विविधतापूर्ण है। समाज में लोकतांत्रिक मूल्यों का अभी तक पूर्ण विकास नहीं हुआ है। अत: बहुमत जनसंख्या के द्वारा अल्पमत जनसंख्या के अधिकारों का दमन किया जाता है। अपनी धार्मिक व सांस्कृतिक पहचान बनाए रखने के लिए विभिन्न समुदायों के मध्य संघर्ष दिखाई देते हैं।

### श्रीलंका में नृजातीय समस्या

- वर्ष 2009 में लिट्टे की समाप्ति के बाद श्रीलंकाई राष्ट्रपति महिंद्रा राजपक्षे के द्वारा कहा गया कि श्रीलंका की समस्या का समाधान हो गया है, क्योंकि श्रीलंका की मूल समस्या आतंकवाद की थी, जो लिट्टे की समाप्ति के बाद स्वाभाविक रूप में समाप्त हो गया है।
- वर्तमान समय में श्रीलंका में तमिलों का नेतृत्व तमिल गठबंधन (Tamil Alliance) द्वारा किया जा रहा है, जिनके अनुसार, लिट्टे के खात्मे से श्रीलंका की तमिल समस्या का समाधान नहीं हुआ है और अभी भी तमिलों की स्वायत्तता की मांग को लागू करना शेष है।
- श्रीलंका में अभी भी 13वां संविधान संशोधन लागू नहीं हो सका, इसलिए तमिलों को आज भी स्वायत्तता प्राप्त नहीं हुई। श्रीलंका में 13वें संविधान संशोधन के द्वारा 9 प्रांतीय सरकारों का गठन किया गया और इन सरकारों को सुशासन के लिए स्थानीय महत्व के अनेक विषय सौंपे गए, परंतु भूमि एवं पुलिस का विषय स्थानीय शासन को नहीं सौंपा गया और उत्तरी प्रांत की स्थानीय सरकार के द्वारा पुलिस एवं भूमि पर प्रांतीय सरकारों के नियंत्रण की मांग की जा रही है, परंतु श्रीलंकाई सरकार प्रांतीय सरकारों को भूमि एवं पुलिस विषय सौंपने की समर्थक नहीं है और वर्तमान में श्रीलंका की दो-तिहाई सेना को तमिल बहुमत वाले उत्तरी प्रांत में तैनात किया गया है तथा उत्तरी प्रांत की सरकार के द्वारा श्रीलंकाई सरकार पर गृहयुद्ध के दौरान मानव नरसंहार का आरोप लगाया गया है।
- वर्तमान सरकार तमिलों के प्रति अत्यधिक सख्त दृष्टिकोण अपना रही है। इसलिए सरकार के अनुसार तमिलों को किसी प्रकार की स्वायत्तता देने का विचार सही प्रतीत नहीं हो रहा है।
- श्रीलंकाई सरकार को यह भी भय है कि इन क्षेत्रों को स्वायत्तता देने से पुन: तमिल पृथकतावाद आरंभ हो सकता है। यह भी उल्लेखनीय है कि तमिलों में भी दो विभाजन हैं-मुस्लिम तमिल एवं हिंदू तमिल। मुस्लिम तमिल, तमिलों से अपना अलगाव व्यक्त करते हैं, क्योंकि लिट्टे ने मुस्लिम तमिलों की भी हत्या की थी और उनके ऊपर आरोप लगाया था कि वे श्रीलंकाई सरकार के समर्थक हैं, क्योंकि श्रीलंकाई सरकार को भारत के प्रभावी होने का भय है।
- वर्ष 2010 में श्रीलंका के राष्ट्रपति महिंद्रा राजपक्षे (Mahindra Rajapaksa) ने श्रीलंकाई सेना एवं तमिलों के बीच संघर्ष तथा युद्ध विराम के उल्लंघन की जांच के लिए 'सामंजस्यकारी आयोग' (Lessons Learnt and Reconciliation Commission) की स्थापना की। इस आयोग ने अपनी रिपोर्ट में यह कहा कि सिंहलियों एवं तमिलों के बीच सामंजस्य एवं एकता पैदा करने पर बल दिया गया है।
- आयोग के अनुसार, तमिल भाषा को भी समान महत्व दिया जाए तथा तमिल क्षेत्रों में सेना की अधिक तैनाती नहीं होनी चाहिए।
- भारत ने इस आयोग की अनुशंसाओं का स्वागत किया, यद्यपि मानवाधिकार संगठनों ने इसका विरोध किया। उनके अनुसार, आयोग की रिपोर्ट केवल दिखावा है। अत: लिट्टे की समाप्ति के बाद भी तमिल समस्या का पूर्ण समाधान नहीं हुआ है।

# भाग–6

# भारत की विदेश नीति

अध्याय 1

# भारतीय की विदेश नीति पर दृष्टिकोण

# PERSPECTIVES ON INDIA'S FOREIGN POLICY

## भारतीय विदेश नीति का ऐतिहासिक विकास (तीसरे विश्व की नीति)

- भारतीय विदेश नीति का प्रारंभ नेहरू युग से होता है। नेहरू ही विदेश नीति के निर्माता और मूल निर्धारक थे।
- विदेश मंत्रालय का कार्यभार नेहरू ही देखते थे। पंडित नेहरू की विदेश नीति का मूल आधार इस प्रकार है-

### 1. स्वतंत्र एवं स्वायत्त विदेश नीति

- ऐसी विदेश नीति अपनाना, जो अपने हितों के लिए सर्वाधिक महत्वपूर्ण हो।
- इसी आधार पर भारत ने अपने संबंधों का विकास अपने हितों के संदर्भ में किया, किसी राष्ट्र विशेष या गुट विशेष के संदर्भ में नहीं।
- शीतयुद्ध के दौरान सैन्य गुटों के संघर्ष से अलग गुटनिरपेक्षता की नीति अपनाई।
- इसी क्रम में स्वायत्तता के बाद भारत द्वारा मिश्रित अर्थव्यवस्था का मॉडल अपनाया गया व सार्वजनिक उद्यमों को प्राथमिकता दी।
- नेहरू ने शिक्षा, स्वास्थ्य और लोकतंत्र पर विश्वास किया।
- नेहरू ने शस्त्रों की होड़ को त्यागकर आर्थिक विकास पर बल दिया।
- नेहरू ने बाजारवादी अर्थव्यवस्था और समाजवादी अर्थव्यवस्था दोनों के सम्मिलित रूप मिश्रित अर्थव्यवस्था को अपनाया।

### 2. आर्थिक विकास की नीति

- नेहरू ने विदेश नीति में आर्थिक और वित्तीय संबंधों पर ध्यान दिया और सैन्य शक्ति बढ़ाने को प्राथमिकता नहीं दी। उन्होंने देश के आर्थिक विकास पर बल दिया एवं सार्वजनिक उद्यमों की प्राथमिकता को स्वीकार किया।

### 3. पंचशील की नीति

- यह नीति पंडित जवाहर लाल नेहरू ने महात्मा बुद्ध के जीवन से प्रभावित होकर ग्रहण किया। ये जीवन के पांच आचरण हैं, जिसे अंतर्राष्ट्रीय संबंधों में भी अपनाया जाना चाहिए। इसे वर्ष 1954 में चीन के साथ संबंधों में अपनाया गया।
- इस नीति के अनुसार निम्नलिखित **पांच सिद्धांत अपनाए जाते हैं**-
  (i) एक-दूसरे की प्रादेशिक अखंडता व स्वतंत्रता का पारस्परिक सम्मान करना।
  (ii) एक-दूसरे पर आक्रमण न करना।
  (iii) एक-दूसरे के आंतरिक मामलों में हस्तक्षेप न करना।
  (iv) समानता के आधार पर एक-दूसरे को लाभ पहुंचाना।
  (v) शांतिपूर्ण सहअस्तित्व।

### 4. एशियाई अफ्रीकी देशों की एकता की नीति

- वर्ष 1947 में नई दिल्ली में एशियाई सम्मेलन इस नीति को दर्शाता है। नई दिल्ली में एशियाई संबंधों की बैठक हुई तथा वर्ष 1955 में बांडुंग सम्मेलन आयोजित किया गया।
- नेहरू के अनुसार, एशियाई-अफ्रीकी एकता से पश्चिमी देशों को प्रतिसंतुलित किया जा सकता है।
- इसी क्रम में नेहरू ने चीन से बेहतर संबंध बनाने का प्रयत्न किया।

### 5. चीन के साथ बेहतर संबंध कायम करना

- एशियाई एकता के लिए चीन के साथ बेहतर संबंध बनाना आवश्यक था।

### 6. गुटनिरपेक्ष नीति

- भारत ने द्विध्रुवीय विश्व में गुटनिरपेक्षता की नीति अपनाई तथा वर्ष 1961 में पहला गुटनिरपेक्ष सम्मेलन हुआ।
- यह एक स्वतंत्र और स्वायत्त विदेश नीति है।
- यह साम्राज्यवाद, उपनिवेशवाद व शस्त्रीकरण के विरुद्ध एक आंदोलन है।
- यह शांतिपूर्ण सहअस्तित्व का आंदोलन था।
- यह तीसरी दुनिया की साझी आवाज थी, एक समतामूलक व्यवस्था स्थापित करने के लिए।
- तीसरी दुनिया की एकता स्थापित करने का मंच था।
- दुनिया से शोषण समाप्त करने का एक सम्मेलन था।

- गुटनिरपेक्षता का तात्पर्य, दुनिया में तीसरे गुट का निर्माण नहीं, वरन् दुनिया से गुट की समाप्ति करने का मंच था।

### 7. संयुक्त राष्ट्र संघ को शक्तिशाली बनाने पर बल

- नेहरू ने सदैव संयुक्त राष्ट्र संघ को प्रभावशाली बनाने की रणनीति अपनाई।

### 8. तीसरी दुनिया का नेतृत्व करने की नीति

- नेहरू द्वारा तृतीय विश्व के नेतृत्व की नीति अपनाई।
- नेहरू की इन्हीं उपर्युक्त नीतियों को विदेश नीति की भाषा में आदर्शवाद कहा जाता है।

### नेहरू की नीति का मूल्यांकन

- नेहरू की आदर्शवादी नीतियों को लेकर आलोचना की जाती है, परंतु यह तत्कालीन समय के आधार पर निश्चित रूप से महत्वपूर्ण थी।
- वर्ष 1962 का भारत एवं चीन युद्ध भारतीय विदेश नीति की एक बड़ी असफलता को प्रदर्शित करता है।

## नेहरू की विदेश नीति उदारवादी थी या यथार्थवादी

- नेहरू की विदेश नीति आदर्शवाद से प्रभावित थी, क्योंकि उन्होंने दुनिया में शांति एवं शांतिपूर्ण सहअस्तित्व पर बल दिया।
- नेहरू ने परमाणु हथियारों की दौड़ का विरोध किया व तीसरी दुनिया की एकता पर बल दिया तथा गुटनिरपेक्षता को महत्वपूर्ण माना। इसलिए नेहरू को आदर्शवादी माना जाता है।
- पाकिस्तान द्वारा स्वतंत्रता के बाद वर्ष 1948 में भारत पर कबायली आक्रमण किया गया, तो नेहरू इस मुद्दे को लेकर संयुक्त राष्ट्र संघ में गए और कश्मीर का मुद्दा विश्व राजनीति के शक्ति संघर्ष में उलझ गया।
- भारत ने चीन के द्वारा उत्पन्न होने वाले सुरक्षा के खतरे को नजरअंदाज किया और तिब्बत पर चीन के नियंत्रण को भी स्वीकार कर लिया। भारत ने चीन का लगातार संयुक्त राष्ट्र सुरक्षा परिषद् की स्थाई सदस्यता का समर्थन किया।
- स्वतंत्र भारत में नेहरू के नेतृत्व में परमाणु ऊर्जा आयोग की स्थापना हुई, लेकिन नेहरू ने परमाणु ऊर्जा के शांतिपूर्ण उपयोग का समर्थन किया और कभी भी परमाणु हथियारों के विकल्प पर विचार ही नहीं किया।
- इसलिए नेहरू की विदेश नीति को आदर्शवादी माना गया और चीन के वर्ष 1962 के आक्रमण के समय इसकी बड़ी आलोचना की गई।

### नेहरू में यथार्थवाद (नेहरू के पक्ष में तर्क)

- वस्तुत: दुनिया के किसी भी देश की विदेश नीति न तो पूर्ण आदर्शवादी होती है और न ही पूर्ण यथार्थवादी।
- नेहरू का झुकाव आदर्शवाद की तरफ ज्यादा था। इसलिए उन्हें आदर्शवादी कहा गया। उन्होंने इस आदर्शवाद को अपनाकर राष्ट्रीय हितों को पूरा करने का प्रयत्न किया। इसलिए वे आदर्शवादी थे।
- नेहरू यथार्थवादी थे, क्योंकि उन्होंने भारत के सामाजिक एवं आर्थिक विकास पर मूल बल प्रदान किया। क्योंकि स्वतंत्रता के बाद देश का सामाजिक एवं आर्थिक पुनर्निर्माण भारत के लिए सबसे बड़ी चुनौती थी। नेहरू ने देश के आर्थिक विकास का आधारभूत ढांचा रखा।
- नेहरू भारत की सुरक्षा के प्रति सजग थे। उदाहरण के तौर पर वर्ष 1949 में भारत एवं भूटान की संधि, 1950 में भारत एवं नेपाल शांति मित्रता की संधि। क्योंकि तिब्बत पर चीन के नियंत्रण के बाद इन हिमालयी राज्यों का महत्व भारत की सुरक्षा के लिए बहुत ज्यादा था।
- वर्ष 1962 का भारत एवं चीन युद्ध, चीन की आक्रामक विदेश नीति का परिणाम था। वर्ष 1962 के इस युद्ध के दौरान भारत को अमेरिका से सहायता प्राप्त हुई और सोवियत संघ ने भी इस युद्ध में चीन का समर्थन नहीं किया। इससे यह स्पष्ट होता है कि भारत की गुटनिरपेक्षता की नीति विफल नहीं हुई।
- नेहरू की गुटनिरपेक्ष नीति कोरा आदर्शवाद न होकर यह तीसरी दुनिया के साथ संबंधों को बेहतर करने का एक आधार था। इसी आधार पर भारत ने तीसरी दुनिया के देशों का नेतृत्व भी किया।
- यदि भारत किसी गुट का सदस्य होता, तो भारत को उन देशों के अनुरूप विदेश नीति अपनाना पड़ता तथा भारत को कश्मीर मुद्दे पर समझौता करना पड़ता और अपने आर्थिक विकास का मनचाहा मॉडल नहीं अपना पाता।
- स्वतंत्रता के बाद से ही पाकिस्तान की विदेश नीति सदैव भारत विरोधी थी, इसलिए नेहरू, चीन के साथ बेहतर संबंध पर बल दे रहे थे। क्योंकि देश सीमा के दोनों ओर दो शत्रुओं का सामना नहीं कर सकता है।

## भारतीय विदेश नीति का द्वितीय चरण

### इंदिरा गांधी का युग (यथार्थवादी)

- वर्ष 1962 में चीन के आक्रमण के बाद तथा वर्ष 1964 में चीन द्वारा किए गए परमाणु विस्फोट के बाद भारतीय सुरक्षा के लिए गंभीर खतरा उत्पन्न हुआ। इसलिए अब भारत में सेना के आकार में भारी वृद्धि की गई एवं सैन्य आधुनिकीकरण पर बल दिया गया।

- इंदिरा गांधी के कार्यकाल के दौरान भारतीय विदेश नीति में यथार्थवाद का प्रभावी विकास हुआ।
- वर्ष 1971 में भारत एवं सोवियत संघ के मध्य शांति और मित्रता की संधि हुई, जिसमें यथार्थवाद साफ तौरपर दिखता है। कई विचारकों ने तो यहां तक कहा कि अब भारत, गुटनिरपेक्षता की बजाय, गुटों में शामिल हो गया है। क्योंकि इस संधि में इस बात का स्पष्ट उल्लेख था कि यदि दोनों के ऊपर किसी भी प्रकार का आक्रमण होगा, तो वे एक-दूसरे की सहायता करेंगे। यद्यपि कुछ विचारकों ने इसे गुटनिरपेक्षता का उल्लंघन नहीं माना। क्योंकि सोवियत संघ ने भारत की गुटनिरपेक्ष नीति को मान्यता प्रदान की थी। यह संधि शांति और मित्रता की थी, सैन्य गठबंधन की नहीं।
- वर्ष 1971 के युद्ध में पाकिस्तान को पराजित कर बांग्लादेश का निर्माण।
- वर्ष 1974 का भारत का शांतिपूर्ण परमाणु विस्फोट।
- वर्ष 1975 में सिक्किम का भारत में विलय।
- भारत एवं सोवियत संघ से बड़ी मात्रा में हथियारों की खरीदारी करना प्रारंभ किया, जो वर्ष 1990 तक चला। यह व्यापार, वस्तु विनिमय और रूपया एवं रूबल में होता था।
- इसी दौरान भारतीय विदेश नीति में अमेरिका और पश्चिम का विरोध भी किया गया।
- परंतु इस परिवर्तन के बावजूद भारतीय विदेश नीति में आदर्शवादी तत्व निरंतर बने रहे।
- क्योंकि इंदिरा गांधी ने भी गुट निरपेक्ष आंदोलन को प्रभावी बल प्रदान किया।
- उन्होंने साम्राज्यवाद और उपनिवेशवाद विरोधी नीति को आगे बढ़ाया, उन्होंने भी निःशस्त्रीकरण का जोरदार समर्थन किया।
- इंदिरा गांधी ने हिंद महासागर एवं दक्षिण एशिया में महाशक्तियों के हस्तक्षेप का विरोध किया।

## विदेश नीति के निर्माण में व्यवस्था या व्यक्तित्व का प्रभाव

- निर्णय-निर्माण सिद्धांतकारों के अनुसार, विदेश नीति में लिया गया निर्णय परिवेश से या वातावरण से अत्यधिक प्रभावित होता है। इंदिरा गांधी, जिस समय प्रधानमंत्री बनीं दुनिया में शीतयुद्ध का दौर जारी था तथा भारत एवं चीन युद्ध और चीन के परमाणु विस्फोट के बाद भारतीय सुरक्षा के लिए गहरी सुरक्षा चुनौतियां उत्पन्न हो गई थीं।
- इसलिए वर्ष 1971 की भारत एवं सोवियत संघ शांति और मित्रता की संधि इसी बदलते परिवेश का परिणाम था।
- संरचनात्मक यथार्थवादी के अनुसार, विदेश नीति के निर्माण पर अंतर्राष्ट्रीय व्यवस्था का अत्यधिक प्रभाव होता है। इसलिए विदेश नीति में व्यक्तित्व के स्थान पर परिवेश का प्रभाव अधिक होता है।
- निर्णय-निर्माण सिद्धांतकारों के दूसरे परिप्रेक्ष्य के अनुसार, विदेश नीति के निर्माण में व्यक्तित्व की भूमिका महत्वपूर्ण होती है। यदि विदेश नीति को समझना है, तो हमें निर्णय कर्ता के व्यक्तित्व को समझना चाहिए।
- इंदिरा गांधी एवं राजीव गांधी ने हिंद महासागर को शांति का क्षेत्र घोषित करने में प्रभावी बल दिया।

### जनता पार्टी के दौरान भारतीय विदेश नीति ( 1977 )

- मोरारजी देसाई ने अमेरिका के साथ बेहतर संबंध बनाने पर विशेष बल दिया और जनता पार्टी सरकार ने वास्तविक गुटनिरपेक्षता का नारा दिया, जिसके अंतर्गत् जनता पार्टी ने यह बताने का प्रयत्न किया कि भारतीय विदेश नीति का झुकाव सोवियत संघ की ओर अधिक है। इसे संतुलित करने की आवश्यकता है तथा उन्होंने अमेरिका के साथ संबंधों पर प्रभावी बल दिया। इसी का परिणाम था कि जनवरी, 1978 में अमेरिकी राष्ट्रपति जिमी कॉर्टर भारत की यात्रा पर आए, जो वर्ष 1959 में राष्ट्रपति आइजनहावर की भारत यात्रा के बाद किसी अमेरिकी राष्ट्रपति की भारत यात्रा थी तथा वर्ष 1978 में स्वयं मोरारजी देसाई द्वारा अमेरिका की यात्रा की गई।
- जनता पार्टी सरकार के विदेश मंत्री वाजपेयी द्वारा वर्ष 1977 में चीन की यात्रा की गई। परंतु चीन के वियतनाम आक्रमण के कारण वे तुरंत वापस भारत लौट आए व चीन के साथ संबंधों को सामान्य करने का प्रयत्न भी असफल रहा।
- जनता पार्टी सरकार अमेरिका के साथ सुदृढ़ संबंधों का विकास नहीं कर सकी, क्योंकि वर्ष 1979 में सोवियत संघ की सेनाओं ने अफगानिस्तान में हस्तक्षेप किया। सोवियत संघ के इस हस्तक्षेप के विरोध में अमेरिका ने पाकिस्तान का प्रयोग फ्रन्ट लाइन राज्य के रूप में किया।
- अमेरिका एवं पाकिस्तान की बढ़ती मित्रता के कारण भारत एवं अमेरिकी संबंधों में लगातार दूरी बनती गई।
- इसलिए शासन के परिवर्तन के परिणामस्वरूप भी भारतीय विदेश नीति में कोई आमूल-चूल परिवर्तन नहीं हुआ।

### वर्ष 1980 से 1989 तक की भारतीय विदेश नीति

- सोवियत संघ के साथ मित्रता को प्रभावी बनाना।
- दक्षिण एशिया तथा हिंद महासागर के क्षेत्र को महाशक्तियों की प्रतिस्पर्धा से दूर रखना।

- विदेश नीति में अमेरिकी विरोध व पश्चिम विरोध लगातार बना रहा।
- इसी दौरान सोवियत संघ की आर्थिक स्थिति कमजोर हो रही थी तथा जापान और दक्षिण-पूर्वी देशों की अर्थव्यवस्था तेजी से भाग रही थी। इसी दौरान चीन के द्वारा भी आर्थिक विकास की नीति अपनाई गई थी।

## राजीव गांधी के दौरान भारतीय विदेश नीति

- राजीव गांधी ने तकनीकी और आर्थिक विकास पर बल प्रदान किया तथा उन्होंने भारतीय अर्थव्यवस्था को उदारीकृत करने का भी प्रयत्न किया। उन्होंने अमेरिका से तकनीकी विशेष कर कंप्यूटर तकनीकी और जापान के आटो मोबाइल उद्योग को भारत लाने का प्रयत्न किया।
- राजीव गांधी की विदेश नीति की सबसे बड़ी पहल में वर्ष 1988 में चीन की यात्रा थी, जिसके अंतर्गत् उन्होंने चीन के साथ संबंधों को सामान्य बनाने का प्रयत्न किया और राजीव गांधी के अनुसार, भारत, चीन के मध्य का सीमा विवाद एक जटिल मुद्दा है, जिसको धीरे-धीरे हल किया जाएगा।
- लेकिन चीन के साथ अन्य क्षेत्रों में संबंध बनाने पर बल प्रदान किया गया। अत: सीमा विवाद को चीन के साथ संबंधों को सामान्य बनाने में बाधा नहीं माना जाएगा।
- राजीव गांधी ने भारत की विदेश नीति के आदर्शवादी तत्वों को नहीं छोड़ा और वर्ष 1988 में उन्होंने संयुक्त राष्ट्र संघ में भाषण देते हुए कहा कि पूरी दुनिया से 20 वर्षों की निश्चित समय सीमा के भीतर परमाणु हथियारों को समाप्त कर दिया जाना चाहिए।
- श्रीलंका के संबंध में राजीव गांधी की विदेश नीति काफी संशयपूर्ण रही। राजीव गांधी ने श्रीलंका में पहले तमिलों की सहायता की तथा तमिल इलाकों में विमानों से सहायता पहुंचाई। पुन: श्रीलंका सरकार से समझौता होने के बाद श्रीलंकाई तमिलों के खिलाफ शांति सेना भेजी।
- राजीव गांधी के कार्यकाल के दौरान भारत के पड़ोसी देशों के साथ संबंध अत्यधिक प्रतिकूल हुए। भारत एवं नेपाल के बीच पारगमन मार्ग को लेकर विवाद उत्पन्न हुआ।
- राजीव गांधी ने हिंद महासागर क्षेत्र में महाशक्तियों की उपस्थिति का विरोध किया।

## वर्ष 1990 के बाद वैश्विक परिवर्तन

- सोवियत संघ का विघटन, रूस, सोवियत संघ का उत्तराधिकारी बना।
- विश्व राजनीति में वैचारिक संघर्ष शीतयुद्ध की समाप्ति।
- अमेरिका और रूस के मध्य बेहतर संबंधों की स्थापना।
- दुनिया में वैश्वीकरण एवं उदारीकरण का प्रभाव।
- क्षेत्रीय आर्थिक संगठनों का विकास।
- वारसा नामक सैन्य संगठन का विघटन हो गया।
- अमेरिका की एकलध्रुवीयता कायम हुई। अमेरिका एकध्रुवीय विश्व का नियंत्रणकर्ता बन गया है।

## वर्ष 1990 के दौरान भारत की स्थिति

- वर्ष 1990 के दौरान भारतीय अर्थव्यवस्था संकटग्रस्त हो गई।
- भारत के समक्ष भुगतान के संतुलन का संकट (BOP) उत्पन्न हो गया।
- हथियारों की आपूर्ति को लेकर रूस के प्रति संशय उत्पन्न हो गया।
- सोवियत संघ के विघटन से आयात और निर्यात का भी संकट उत्पन्न हो गया।

## शीतयुद्धोत्तर युग में हुए भारतीय विदेश नीति में बड़े परिवर्तन ( वर्ष 1990 के बाद )

- नरसिंह राव (प्रधानमंत्री) और डॉ. मनमोहन सिंह (वित्त मंत्री) ने भारतीय आर्थिक नीति में भारी परिवर्तन किया और उदारीकरण की नीति अपनाई तथा सार्वजनिक उद्यमों की प्राथमिकता के सिद्धांत का परित्याग कर दिया गया और विदेश नीति में अमेरिका के साथ संबंध बनाने पर मूल बल प्रदान किया गया।
- क्योंकि शीतयुद्ध की समाप्ति के बाद अमेरिका विश्व की एक मात्र महाशक्ति बनकर उभरा। इसलिए अमेरिका के साथ संबंध भारत के लिए विकल्प न होकर वरन् एक अनिवार्य आवश्यकता थी।
- अमेरिका के कारण भारत को 'अंतर्राष्ट्रीय मुद्रा कोष' (IMF) से बड़ी मात्रा में आर्थिक सहायता प्रदान की गई, जिससे भारत का आर्थिक संकट दूर हुआ।

## 'पूर्व की ओर देखो' की विदेश नीति

- वर्ष 1992 में भारतीय विदेश नीति में 'पूर्व की ओर देखो' की नीति को अपनाया गया और आसियान देशों के साथ आर्थिक संबंधों को अत्यधिक सुदृढ़ करने पर बल दिया गया। क्योंकि ये क्षेत्र आर्थिक विकास के प्रभावी केंद्र के रूप में उभर रहे थे।
- 'पूर्व की ओर देखो' नीति के अंतर्गत् भारत ने दक्षिण कोरिया, ऑस्ट्रेलिया, न्यूजीलैंड एवं जापान जैसे देशों के साथ संबंध सुदृढ़ करने पर बल दिया। शीतयुद्ध के बाद भारतीय विदेश नीति में सक्रिय यथार्थवाद देखा गया।
- उदाहरण के लिए, भारत ने म्यांमार के सैन्य शासन से भी मित्रतापूर्ण संबंध स्थापित किया।
- नरसिंहा राव सरकार ने चीन के साथ संबंधों को सुधारने पर विशेष बल प्रदान किया।
- भारतीय विदेश नीति में आर्थिक तत्व प्रभावी बन कर

उभरे और भारत के द्वारा दक्षेस (SAARC) को आर्थिक रूप से प्रभावी बनाने पर बल दिया गया।

- वर्ष 1992 में भारत ने इजरायल के साथ भी कूटनीतिक संबंधों की स्थापना की, जो विदेश नीति में बड़ा परिवर्तन था।
- यूरोपीय यूनियन के साथ आर्थिक संबंधों के विकास पर बल दिया गया तथा विदेश नीति में निवेश व्यापार निर्यात को केंद्रीय महत्व प्रदान किया गया।
- अफ्रीका और लैटिन अमेरिका के साथ आर्थिक और व्यापारिक संबंधों पर बल प्रदान किया गया।

## गुजराल सिद्धांत ( 1996 )

- वर्ष 1996 के बाद भारतीय विदेश नीति में पड़ोसी देशों के प्रति बहुत बड़ा परिवर्तन हुआ तथा इस नीति को गुजराल सिद्धांत का नाम दिया जाता है, क्योंकि वर्ष 1996 में गुजराल विदेश मंत्री थे, उन्होंने पड़ोसी देशों के साथ संबंध बनाने में पारस्परिकता की मान्यता को परिवर्तित किया और पड़ोसी देशों को एक तरफा छूट देने की रणनीति अपनाई। चीन एवं पाकिस्तान को एकतरफा छूट नहीं मिलेगी।
- यद्यपि यह उल्लेखनीय है कि एकतरफा छूट की नीति केवल छोटे पड़ोसी देशों के प्रति थी।
- गुजराल सिद्धांत में पड़ोसी देशों के साथ संबंध बेहतर करने पर बल दिया गया और एक-दूसरे की संप्रभुता के सम्मान का आश्वासन दिया गया तथा यह भी निर्णय किया गया कि एक राज्य, दूसरे के विरुद्ध कार्य नहीं करेंगे।
- गुजराल सिद्धांत के अनुसार, यह भी कहा गया कि दक्षिण एशिया का कोई भी देश अपने भू-भाग का इस्तेमाल किसी दूसरे देश के विरुद्ध नहीं होने देगा।

## वाजपेयी के कार्यकाल के दौरान विदेश नीति ( 1998-2004 )

- 11 मई तथा 13 मई, वर्ष 1998 में भारत के द्वारा पोखरण परमाणु परीक्षण किया गया। भारत ने इस परमाणु परीक्षण का उद्देश्य निर्धारित करते हुए कहा कि यह न्यूनतम परमाणु प्रतिरोधक क्षमता के विकास के लिए है।
- अत: भारत का यह परमाणु परीक्षण वर्ष 1974 के परमाणु परीक्षण से भिन्न था, क्योंकि इससे परमाणु हथियारों के विकास का लक्ष्य निर्धारित किया, क्योंकि पाकिस्तान ने चीन की सहायता से परमाणु हथियारों का विकास कर लिया था।
- विचारकों के अनुसार, भारत ने एक महाशक्ति के दर्जे का दावा प्रस्तुत किया, क्योंकि परमाणु परीक्षण के साथ भारत ने संयुक्त राष्ट्र सुरक्षा परिषद् की स्थाई सदस्यता का भी दावा प्रस्तुत कर दिया।
- सितंबर, 2001 के बाद भारतीय विदेश नीति में 'आतंक के विरुद्ध युद्ध' में अमेरिका सहयोग का निर्णय किया गया। भारत ने पूरी दुनिया को यह बताने का प्रयत्न किया कि भारत विगत् दो दशकों से सीमापार आतंकवाद से प्रभावित है। इसलिए भारतीय विदेश नीति में आतंकवाद एक बड़ा मुद्दा बन कर उभरा।
- अटल बिहारी वाजपेयी के कार्यकाल में पाकिस्तान के साथ संबंधों को मधुर बनाने के लिए 'लाहौर घोषणा-पत्र (वर्ष 1999)' एक महत्वपूर्ण उपलब्धि थी।
- वाजपेयी कार्यकाल में अमेरिका के साथ संबंधों को बढ़ाने पर महत्वपूर्ण बल प्रदान किया गया।
- इसी संबंध में वाजपेयी तथा क्लिंटन के मध्य वर्ष 2000 में 'भारत एवं अमेरिका संबंध 21वीं शताब्दी की दृष्टि का घोषणा-पत्र'(India-US Relations: A Vision for the 21st Century) नामक समझौते पर हस्ताक्षर किए गए।
- वाजपेयी कार्यकाल के दौरान वर्ष 2000 में रूसी राष्ट्रपति पुतिन की भारत यात्रा के दौरान भारत और रूस के मध्य रक्षा सहयोग समझौते पर हस्ताक्षर किए गए।
- ईरान और इजरायल दोनों के साथ समानांतर संबंध विकसित करना। इसी के समानांतर सउदी अरब से भी भारत के बेहतर संबंध हैं।
- वर्ष 2001 के उपरांत भारत एवं अमेरिका के संबंध तेजी से आगे बढ़े और इसी क्रम में वर्ष 2005 में भारत और अमेरिका के मध्य सिविल परमाणु समझौता हुआ, जो भारत और अमेरिका के मध्य बढ़ते सामरिक संबंधों का परिणाम था।

## महाशक्ति की विदेश नीति (2001 के बाद)

- वर्ष 2001 के बाद भारत एवं अमेरिकी संबंधों में निर्णायक वृद्धि हुई, वर्ष 2005 का भारत एवं अमेरिकी सिविल परमाणु समझौता, भारत एवं अमेरिकी संबंधों में एक महत्वपूर्ण घटना है, क्योंकि यह दोनों देशों के मध्य केवल ऊर्जा मात्र का समझौता न होकर यह दोनों के मध्य सामरिक संबंधों को शक्तिशाली बनाता है। क्योंकि इस समझौते से भारत को समूचे विश्व में उत्तरदायी राज्य का दर्जा प्राप्त हो गया और भारत, विश्व का एक मात्र ऐसा देश है, जिसने परमाणु अप्रसार संधि पर हस्ताक्षर नहीं किया है, फिर भी उसे परमाणु तकनीकी और परमाणु ईंधन प्राप्त हो रहे हैं।
- वर्ष 2003 के बाद ईरान जैसे देशों के साथ मधुर और मित्रतापूर्ण संबंधों को विकसित किया गया तथा इजरायल के साथ रक्षा संबंधों में लगातार वृद्धि हुई।
- इजरायल रक्षा हथियारों का दूसरा सबसे बड़ा आपूर्ति करने वाला देश बन गया है।

- भारतीय विदेश नीति में यह यथार्थवाद का परिचायक है, क्योंकि भारत एक तरफ रूस से हथियारों की खरीद कर रहा है, तो दूसरी तरफ इजरायल भारत की रक्षा आपूर्ति करने वाला दूसरे सबसे बड़ा देश के रूप में उभर चुका है। भारत के द्वारा अमेरिका और फ्रांस के साथ भी रक्षा हथियारों की बड़ी मात्रा में खरीद की जा रही है।
- भारत, एक महाशक्ति है। इसलिए उसके हित अत्यधिक व्यापक और विविधतापूर्ण हैं। इसलिए भारत के लिए सभी प्रकार के संबंधों का अपना विशेष महत्व है।

### भारत की महाशक्ति का प्रमाण

- यह उल्लेखनीय है कि वर्ष 1997 के आर्थिक संकट के बाद वैश्विक आर्थिक गतिविधियों के संबंध में विचार-विमर्श के लिए G-20 की स्थापना हुई, जिसका भारत भी सदस्य है।
- भारत G-8 की बैठकों में भी भागीदारी करता है।
- यह भी उल्लेखनीय है कि विश्व शक्ति का केंद्र एशियाई प्रशांत क्षेत्र बन कर उभर रहा है।

## भारत और तीसरी दुनिया

- वर्तमान समय में भारत का उभार एक महाशक्ति के रूप में हुआ है, परंतु इसका यह अभिप्राय नहीं है कि भारत के सरोकार अब तीसरी दुनिया के देशों के साथ नहीं है, बल्कि भारत आज भी दक्षिण-दक्षिण एकता पर प्रभावी बल प्रदान कर रहा है। भारत, विकासशील देशों के साथ मिलकर विकसित देशों द्वारा संचालित भेदभाव की नीतियों का विरोध कर रहा है। वर्ष 2003 में IBSA की स्थापना। वर्ष 2009 में BRICS की स्थापना भारत के बहुपक्षीय कूटनय का प्रमाण है।
- आज भी पर्यावरण के मुद्दे पर विश्व व्यापार संगठन की वार्ताओं (दोहा) के मुद्दों पर भारत के हित विकासशील देशों के हितों के समान हैं।

## मनमोहन सिंह का कार्यकाल ( अर्थ को प्रधानता )

- वर्ष 2004 में डॉ. मनमोहन सिंह के नेतृत्व में बनी यू. पी. ए. (UPA) सरकार ने भी एन. डी. ए. (NDA) की विदेश नीति को आगे बढ़ाया।
- वर्ष 2005 में सुदूरवर्ती पड़ोसी (Extended Neighbourhood) नीति के अंतर्गत् दक्षिण-पूर्व एशिया एवं पश्चिम एशिया के साथ संबंध बनाने पर बल दिया गया।
- वर्ष 2005 में 'पश्चिम की ओर देखो' नीति अपनाई गई।
- वर्ष 2008 के बाद विश्व में व्याप्त आर्थिक मंदी से भारतीय अर्थव्यवस्था और विदेश नीति प्रभावित हुई। भारत ने इस बिंदु पर बल दिया कि विश्व अर्थव्यवस्था के प्रबंध में विकासशील देशों की भूमिका में वृद्धि होनी चाहिए।
- प्रधानमंत्री मनमोहन सिंह की महत्वपूर्ण उपलब्धि अमेरिका के साथ सिविल परमाणु समझौता (वर्ष 2003) रहा, जिसके पश्चात् भारत को विश्व में परमाणु देश की मान्यता प्राप्त है।
- भारत ने भू-मंडलीकरण को सर्वसमावेशी बनाने पर बल दिया। भारत अभी भी वर्तमान विश्व अर्थव्यवस्था प्रणाली में सुधार की मांग कर रहा है।
- वर्ष 2010 में सुरक्षा परिषद् के सभी पांचों स्थाई सदस्य राष्ट्र के राष्ट्राध्यक्षों ने भारत की यात्रा की, जिसमें अमेरिकी राष्ट्रपति ओबामा की यात्रा अत्यधिक उल्लेखनीय है। अमेरिकी राष्ट्रपति ने पहली बार संयुक्त राष्ट्र की सुरक्षा परिषद् की स्थाई सदस्यता हेतु भारत का समर्थन किया और कहा कि भारत, एक महाशक्ति के रूप में उभर चुका है।
- अमेरिका सहित अन्य देशों ने सीमा पार आतंकवाद के मुद्दे पर भारत के पक्ष का समर्थन किया।
- भारतीय विदेश नीति में एक तरफ अमेरिका के साथ संबंधों को प्रगाढ़ बनाया जा रहा है, तो दूसरी ओर, चीन का उभार (Rising China) से दक्षिण एशिया और विश्व राजनीति में बड़ा परिवर्तन हो रहा है। विदेश नीति में पड़ोसी का कोई विकल्प नहीं होता। इसलिए चीन के साथ संबंध बेहतर करना, भारतीय विदेश नीति के समक्ष सबसे बड़ी चुनौती है। चीन के शक्तिशाली उभार के परिणामस्वरूप भारत अपनी रक्षा तैयारियों को और बेहतर बना रहा है।
- दूसरी तरफ, चीन के साथ व्यापारिक और आर्थिक संबंधों पर भी बल दिया जा रहा है। इसलिए भारत एवं अमेरिका और भारत एवं जापान के बढ़ते संबंध चीन के विरुद्ध नहीं हैं।
- भारत के हित चीन में अमेरिका और जापान के हित से अलग है। इसलिए चीन के प्रति भारत को स्वतंत्र नीति का निर्माण करना चाहिए। चीन के प्रति भारतीय विदेश नीति, अमेरिका निर्देशित नहीं है, न ही होनी चाहिए। भारत द्वारा वर्ष 2012 में मध्य-एशिया को जोड़ने (Connect Central Asia) के नीति की घोषणा हुई।

## भारत के साथ सामरिक समझौते

- भारत - अमेरिका, जर्मनी
- भारत - रूस, यूरोपीय यूनियन
- भारत - जापान
- भारत - दक्षिण कोरिया
- भारत - अफगानिस्तान
- भारत - फ्रांस, ब्राजील एवं दक्षिण अफ्रीका।

- चीन के साथ सामरिक वार्ता चल रही है, लेकिन चीन के साथ सामरिक समझौता नहीं हुआ है।
- वर्ष 2010 में अमेरिकी राष्ट्रपति ओबामा ने Pivot Asia नीति की घोषणा की।

## प्रधानमंत्री नरेंद्र मोदी की विदेश नीति

- वर्ष 1996 से मई, 2014 तक संघ में गठबंधन सरकारों का निर्माण हुआ, जिससे विदेश नीति के निर्माण में क्षेत्रीय दलों की भूमिका प्राथमिक हो गई। गठबंधन सरकार में सहयोगी दलों के दबाव के कारण सरकार के द्वारा त्वरित निर्णय नहीं लिए जा सके। गठबंधन सहयोगियों के दबाव के कारण सरकार की श्रीलंका के प्रति नीति प्रभावित हुई तथा भारत-बांग्लादेश के बीच अंत:क्षेत्रों के लेन-देन का समझौता भी अटक गया। भारत-अमेरिकी सिविल परमाणु समझौते का भी विरोध किया गया तथा सरकार की आर्थिक नीतियां अत्यधिक ढुलमुल बन गई। 16वीं लोक सभा चुनाव (मई, 2014) में पहली बार वर्ष 1984 के बाद संघ में किसी एक दल के नेतृत्व में सरकार का निर्माण हुआ और पहली बार भारतीय जनता पार्टी को लोक सभा में पूर्ण बहुमत प्राप्त हुआ, जिसका प्रभाव विदेश नीति में स्पष्ट रूप में देखा जा सकता है। लोक सभा में पूर्ण बहुमत के कारण शक्तिशाली प्रधानमंत्री का निर्माण हुआ है, जिससे विदेश नीति के निर्णय शीघ्रता से लिए जा रहे हैं। सरकार के एक वर्ष के कार्यकाल में प्रधानमंत्री के द्वारा लगभग 18 देशों की यात्राएं की गईं हैं तथा 40 वर्ष बाद भारत के किसी प्रधानमंत्री के द्वारा कनाडा की यात्रा की गई। 28 वर्षों बाद भारत के प्रधानमंत्री की श्रीलंका यात्रा हुई तथा 17 वर्षों बाद प्रधानमंत्री के द्वारा नेपाल की यात्रा की गई। नरेन्द्र मोदी की विदेश नीति की प्रमुख विशेषताएं **निम्नलिखित हैं**-

### 1. पहले पड़ोस की नीति

- पहली बार किसी भारतीय प्रधानमंत्री के द्वारा अपने शपथ ग्रहण समारोह में दक्षेस के सभी सदस्यों को आमंत्रित किया गया। प्रधानमंत्री की पहली विदेश यात्रा भारत के सबसे छोटे पड़ोसी देश भूटान के लिए निर्धारित की गई। प्रधानमंत्री के द्वारा अपने कार्यकाल के पहले ही वर्ष में नेपाल, श्रीलंका एवं बांग्लादेश की यात्राएं की गईं और बांग्लादेश के साथ अत्यधिक महत्वपूर्ण अन्त:क्षेत्रों के लेन-देन का समझौता किया गया, जो वर्ष 1974 से लंबित था। सर्वप्रथम पड़ोस की नीति वर्ष 1996 में गुजराल सिद्धांत के द्वारा निर्मित की गई थी, परंतु वर्तमान प्रधानमंत्री ने इसे प्रभावी रूप में लागू करने का प्रयत्न किया।

### 2. आर्थिक विकास

- भारत को विनिर्माण का केंद्र बनाने के लिए सरकार के द्वारा 'मेक इन इंडिया' का नारा दिया गया तथा भारत को विश्व के निवेश केंद्र के रूप में विकसित करने का प्रयत्न किया गया। जापान की यात्रा से भारत में 35 बिलियन डॉलर निवेश आकर्षित किया गया तथा चीन के राष्ट्रपति की भारत यात्रा के दौरान 20 बिलियन डॉलर के निवेश की घोषणा की गई। अमेरिका से भी भारी निवेश आकर्षित करने की योजना बनाई गई है तथा भारत को व्यापार के लिए सरल और सुविधाजनक देश के रूप में निर्मित किया जा रहा है और वर्तमान में भारत में निवेश के लिए एक विकल्प का स्थान माना जा रहा है।

### 3. सांस्कृतिक कूटनीति

- सांस्कृतिक कूटनीति के द्वारा सरकार ने भारत के वैचारिक शक्ति को विस्तारित करने का प्रयत्न किया है तथा इसके द्वारा लोगों के बीच संबंधों को बढ़ाया जा रहा है। सांस्कृतिक कूटनीति पहले भी अपनाई गई थी, परंतु इसका प्रभावी प्रयोग वर्तमान सरकार के द्वारा किया जा रहा है। प्रधानमंत्री ने जापान की यात्रा के लिए क्योटो शहर का चुनाव किया और वाराणसी तथा क्योटो के बीच बौद्ध धर्म के सांस्कृतिक संबंधों पर बल दिया। प्रधानमंत्री के द्वारा म्यांमार यात्रा के दौरान भी सांस्कृतिक संबंधों के द्वारा आर्थिक एवं व्यापारिक संबंधों को सुदृढ़ किया गया। भारत में पहली बार योग दिवस का सार्वजनिक आयोजन किया गया और समूचे विश्व में योग दिवस के कार्यक्रम आयोजित हुए, जो भारत के सॉफ्ट पावर को बढ़ाने में सहायक हैं।

### 4. एक्ट ईस्ट पॉलिसी

- 'पूर्व की ओर देखो' की नीति भारत के द्वारा वर्ष 1992 में अपनाई गई, परंतु इसके व्यावहारिक क्रियान्वयन में अनेक प्रकार की बाधाएं बनी हुई हैं। इसलिए आधारभूत संरचना के बेहतर विकास के द्वारा आसियान देशों के साथ संबंधों को सुदृढ़ करने पर बल दिया जा रहा है तथा दक्षिण कोरिया एवं जापान जैसे पूर्व में स्थित देशों के साथ संबंधों को बेहतर करने की रणनीति अपनाई जा रही है। इसलिए 'लुक ईस्ट' की जगह पर 'एक्ट ईस्ट पॉलिसी' की जरूरत पर जोर दिया जा रहा है।

## प्रवासी (डायस्पोरा) को जोड़ने पर बल

- वर्तमान सरकार की विदेश नीति में गुणात्मक परिवर्तन नहीं है, बल्कि परिवर्तन शैली का ज्यादा है। भारत के द्वारा डायस्पोरा को भारत से जोड़ने की नीति की शुरूआत वर्ष 1998 के बाद आरंभ हुई, परंतु वर्तमान सरकार के द्वारा पहली बार सीधे डायस्पोरा से भावनात्मक जुड़ाव

स्थापित करने का प्रयत्न किया गया। प्रधानमंत्री मोदी की अमेरिका यात्रा के दौरान भारतीय मूल के अमेरिकी लोगों को प्रधानमंत्री के द्वारा सार्वजनिक रूप में संबोधित किया गया। प्रधानमंत्री की ऑस्ट्रेलिया यात्रा के दौरान भी भारतीय मूल के लोगों के लिए सार्वजनिक कार्यक्रम आयोजित किया गया। डायस्पोरा के साथ बेहतर संबंध भारत की 'मेक इन इंडिया' कार्यक्रम को सफल बना सकते हैं तथा भारत में बड़ी मात्रा में निवेश आकर्षित किया जा सकता है।

## सुरक्षा

- आर्थिक विकास के साथ सुरक्षा का मुद्दा भी विदेश नीति की बड़ी प्राथमिकता है। सरकार के द्वारा उत्तरी-पूर्वी राज्यों के विकास पर मुख्य बल दिया जा रहा है तथा मणिपुर में आतंकी घटनाओं में शामिल आतंकवादियों को समाप्त करने के लिए म्यांमार की सीमा के भीतर सैनिक कार्यवाही की गई। भारत में रक्षा सामग्री के उत्पादन में आत्मनिर्भरता के लिए रक्षा क्षेत्र में प्रत्यक्ष विदेशी निवेश की सीमा बढ़ाकर 49 प्रतिशत कर दी गई है। चीन के साथ व्यापारिक संबंधों को बढ़ाया जा रहा है तथा चीन का भारत में निवेश भी आकर्षित किया जा रहा है, परंतु रक्षा आधुनिकीकरण पर भी समान बल दिया जा रहा है। हिंद महासागर में भारत की सामरिक पहुंच को बेहतर करने के लिए पहली बार किसी भारतीय प्रधानमंत्री के द्वारा हिंद महासागरीय देशों की पृथक् यात्रा की गई और प्रधानमंत्री के द्वारा श्रीलंका, सेशेल्स एवं मॉरीशस की यात्रा की गई।
- वर्तमान सरकार की विदेश नीति में अनेक उपलब्धियां हैं, परंतु भारत के प्रभावी आर्थिक विकास के बिना निवेश आकर्षित करना अत्यधिक कठिन है। पाकिस्तान के साथ भारत के संबंध अभी भी तनावपूर्ण बने हुए हैं, जिसे बेहतर करना सरकार के लिए बड़ी चुनौती है और चीन के प्रभावी विकास तथा शक्तिशाली उभार का सामना करने के लिए भारत को दीर्घकालिक विकास की रणनीति अपनानी होगी। डायस्पोरा के साथ निर्मित भावनात्मक संबंधों को आर्थिक संबंधों में परिवर्तित करना एक बड़ी चुनौती है। वर्तमान सरकार की विदेश नीति में परिवर्तन स्पष्ट रूप में दिखाई देता है, परंतु विदेश नीति में होने वाला यह परिवर्तन गुणात्मक नहीं, बल्कि मात्रात्मक है। अत: विदेश नीति के मूल तत्व में परिवर्तन नहीं है, बल्कि विदेश नीति की शैली में परिवर्तन ज्यादा प्रतीत होता है तथा विदेश नीति में मूल परिवर्तन वर्ष 1991 के बाद देखे गए।

## महत्वपूर्ण तथ्य

- भारत के लिए पिछले चार वर्षों में रक्षा सामग्री का निर्यात करने वाले देशों में अमेरिका, रूस, इजरायल, फ्रांस प्रमुख हैं।
- भारत के द्वारा रक्षा हथियारों का साझा उत्पादन रूस, इजरायल, फ्रांस के साथ किया जाता है।
- अमेरिका के साथ रक्षा सामग्री का साझा उत्पादन अभी भी नहीं हो रहा है, परंतु दोनों देशों के बीच 'डिफेंस ट्रेड टेक्नोलॉजी इनिसिएटिव' (DTTI) का समझौता हो चुका है, जिसके अंतर्गत् अमेरिका, भारत को रक्षा सामग्री के निर्माण की तकनीकी का हस्तांतरण करेगा।

# अध्याय 2 भारतीय विदेश नीति में निरंतरता एवं बदलाव

# CONTINUITY AND CHANGE IN INDIA'S FOREIGN POLICY

## भारतीय विदेश नीति के निर्धारक तत्व

- विदेश नीति का निर्धारण निम्नलिखित **कारकों** द्वारा होता है–

(i) देश का भौगोलिक आकार।

(ii) भौगोलिक अवस्थिति, पर्यावरण जैसे कारक महत्वपूर्ण होते हैं।

(iii) भू-भाग में पाए जाने वाले प्राकृतिक संसाधन।

(iv) तकनीकी और पूंजीगत क्षमता।

(v) राजनीतिक व्यवस्था की प्रकृति या शासन प्रणाली।

(vi) देश का इतिहास और संस्कृति के द्वारा विदेश नीति प्रभावित होती है।

(vii) क्षेत्रीय और वैश्विक कारक भी विदेश नीति के महत्वपूर्ण निर्धारक तत्व हैं।

## भौगोलिक कारक (भू-राजनीति)

- भू-भाग या भौगोलिक कारकों के द्वारा विदेश नीति अत्यधिक प्रभावित होती है, जिसे परंपरागत रूप में भू-राजनीति की संज्ञा दी गई।
- भू-भागीय कारकों में देश की अवस्थिति, आकार एवं स्थलाकृति इत्यादि कारक अत्यधिक महत्वपूर्ण होते हैं।

## हिंद महासागर की भूमिका

- भारत का हिंद महासागर में स्थित होना, विदेश नीति को प्रभावित करता है।
- भौगोलिक रूप में भारत का विशाल क्षेत्र हिमालय से घिरा हुआ है और पाकिस्तान के द्वारा अभी भी भारत को पारगमन मार्ग उपलब्ध नहीं कराया जाता। इसलिए हिंद महासागर भारत के व्यापार के लिए अत्यधिक महत्वपूर्ण है। भारत ने एक विशाल जल सेना का निर्माण किया है।
- वर्तमान युग में हिंद महासागर एक महत्वपूर्ण व्यापारिक, समुद्री, संचार मार्ग हैं। इसलिए भारत, हिंद महासागर को अपने प्रभाव का क्षेत्र बनाए रखना चाहता है और अमेरिका, जापान एवं सिंगापुर जैसे देशों के साथ मिलकर भारत ने हिंद महासागर में शांति एवं सुरक्षा बनाए रखने का निरंतर प्रयत्न किया है।
- हिंद महासागर विशेषकर स्वेज नहर से मलक्का संधि के बीच अपने प्रभाव को बनाए रखने के लिए भारत द्वारा वर्ष 1999 में अंडमान निकोबार द्वीप समूह में सुदूरपूर्वी नौसैनिक कमाण्ड की स्थापना की गई। यह उल्लेखनीय है कि म्यांमार का कोकोद्वीप जहां चीन ने एक नौसैनिक अड्डे का विकास किया है। यह इस सैनिक कमाण्ड से मात्र 40 किमी. दूर है।
- भारत और इंडोनेशिया के मध्य वर्ष 2001 में एक सैन्य समझौता हुआ। इसलिए हिंद महासागर सुरक्षा और आर्थिक दोनों कारणों से भारत के लिए अत्यधिक महत्वपूर्ण है।
- वर्ष 1997 में 'इंडियन ओशियन रिम एसोसिएशन फॉर रीजनल कोऑपरेशन' (हिमत्क्षेस) की स्थापना हुई। इसके अतिरिक्त बिमस्टेक की स्थापना भी वर्ष 1997 में हुई। वर्ष 2000 में गंगा मेकांग परियोजना को आगे बढ़ाया गया। डियागो गार्शिया में पहले ही अमेरिका का सैनिक अड्डा बना हुआ है।
- उभरते चीन ने हिंद महासागर में अपना प्रभाव बनाए रखने के लिए 'स्ट्रिंग ऑफ पर्ल्स' की नीति को बढ़ावा दिया, जिसका अभिप्राय है, हांगकांग से लेकर सूडान के पत्तन तक समुद्री संचार पर चीन का नियंत्रण बना रहे, जिसमें मलक्का जलसंधि, हार्मुज जलसंधि तक चीन अपना प्रभाव बनाए रखना चाहता है।

## हिमालय क्षेत्र की भूमिका

- हिमालय पर्वत भारत के उत्तरी सीमा पर अविछिन्न रूप से तीन समानांतर श्रृंखलाओं के रूप में फैला हुआ है।
- हिमालय की लंबाई 2,400 किमी. के लगभग तथा चौड़ाई 150 से 400 किमी. तक है।
- हिमालय क्षेत्र के जम्मू एवं कश्मीर, हिमाचल प्रदेश, सिक्किम, अरूणाचल प्रदेश, नागालैंड इत्यादि राज्य अवस्थित हैं।
- हिमालय क्षेत्र में भारत की सीमाएं पाकिस्तान, चीन, नेपाल व भूटान राज्यों से लगती हैं।
- भारतीय विदेश नीति के निर्माण में हिमालय जैसे प्राकृतिक प्रहरी की भूमिका अत्यधिक महत्वपूर्ण है।
- वर्ष 1962 के युद्ध के बाद चीन ने लद्दाख और तिब्बत के मध्य स्थित महत्वपूर्ण दर्रों पर अपना नियंत्रण कायम

कर लिया है और अक्साई चिन से होकर सिक्यांग तिब्बत राजमार्ग का निर्माण किया गया है। इसके अतिरिक्त चीन ने नेपाल को जोड़ने वाले कुछ महत्वपूर्ण दर्रों, जिसमें कोदारी दर्रे पर भी अपना प्रभाव स्थापित किया है।

- चीन, अरूणाचल प्रदेश के एक बड़े भाग पर अपना दावा कर रहा है, जिससे भारतीय विदेश नीति स्पष्टतः प्रभावित होती है।
- इसलिए विदेश नीति में हिमालयी राज्यों विशेषकर नेपाल, भूटान एवं म्यांमार के साथ संबंध बनाने पर विशेष बल दिया है, क्योंकि चीन जैसी महाशक्ति का सीमा पर स्थित होना और उत्तरी-पूर्वी राज्यों में व्याप्त आंतरिक सुरक्षा की समस्या से विदेश नीति पर अत्यधिक प्रभाव पड़ता है।

## विशाल आकार

- भारत का क्षेत्रफल लगभग 32 लाख वर्ग किमी. है। उत्तर से दक्षिण तक यह 3,214 किमी. लंबा तथा पूर्व से पश्चिम में 2,933 किमी. लंबा है। यह विश्व का 7वां बड़ा देश है।
- एक विशाल आकार के देश होने के कारण सुरक्षा व्यवस्था बनाए रखना बड़ी चुनौती होती है।
- नेहरू ने भारत की अवस्थिति के बारे में कहा कि भारत की स्थिति एशिया में केंद्रीय है तथा दक्षिणी-पूर्वी एशिया एवं मध्य एशिया में होने वाली किसी भी घटना का प्रभाव भारतीय विदेश नीति पर पड़ता है।
- यद्यपि विशाल आकार राष्ट्रीय सुरक्षा के लिए लाभदायक भी होता है, क्योंकि कोई भी बाहरी सेना देश को आसानी से नियंत्रित नहीं कर सकती।

## जनसंख्या की भूमिका

- भारत की विशाल जनसंख्या भी विदेश नीति को प्रभावित करती है, क्योंकि विशाल जनसंख्या के लिए खाद्य सुरक्षा बनाए रखना चुनौती होती है।
- अभी भी भारत की एक बड़ी आबादी भुखमरी और गरीबी का शिकार है, जिसका स्पष्ट प्रभाव विदेश नीति पर पड़ता है।
- भारत, दुनिया की दूसरी सबसे तेजी से बढ़ती हुई अर्थव्यवस्था है। भारत, दुनिया के विशाल बाजार के रूप में जाना जा रहा है।
- एक ओर बेहतर मानवीय संसाधन के कारण देश का तीव्र विकास हो रहा है, तो दूसरी ओर, भारत को एक महाशक्ति के रूप में बनाए रखने के लिए गरीबी, अशिक्षा और कुपोषण जैसी समस्याओं को दूर करना महत्वपूर्ण चुनौती है।
- जनसंख्या का प्रभाव विदेश नीति पर केवल आंतरिक ही नहीं होता, अपितु अनेक देशों में प्रवासी भारतीयों और भारतीय मूल के लोगों के कारण भी विदेश नीति प्रभावित होती है। उदाहरण के लिए, श्रीलंका में जारी नृजातीय संघर्ष से भारत अत्यधिक प्रभावित हुआ, क्योंकि तमिल मूल के लोगों का संबंध भारत से था।
- दूसरी ओर, भारत एवं यू. एस. संबंधों के प्रगाढ़ होने से अमेरिका में रह रहे भारतीय मूल के लोगों की भूमिका अत्यधिक महत्वपूर्ण है। इनकी बढ़ती भूमिका के कारण विदेश मंत्रालय ने एक प्रभाग भारतीय मूल के लोगों का बनाया गया, जो अब एक मंत्रालय के रूप में विकसित हो चुका है।

## राजनीतिक व्यवस्था की भूमिका

- विदेश नीति के निर्धारण में राजनीतिक व्यवस्था की अहम भूमिका होती है।
- दुनिया के सबसे बड़े लोकतांत्रिक देश होने के कारण भारत ने सदैव शांतिपूर्ण सहअस्तित्व पर बल दिया।
- विश्व में लोकतंत्र के प्रसार का समर्थन किया। वर्तमान समय में अनेक विकसित लोकतांत्रिक देशों ने भारत के लोकतंत्र को स्थाई लोकतंत्र का दर्जा दिया।
- यू. एस., यूरोपीय यूनियन, जापान जैसे लोकतांत्रिक देशों के साथ निरंतर मजबूत होते संबंध, लोकतांत्रिक व्यवस्था के महत्व को प्रदर्शित करते हैं।
- यह उल्लेखनीय है कि लोकतांत्रिक शासन प्रणाली में अनेक दलों का अस्तित्व होता है। वर्ष 1990 के बाद बनने वाली गठबंधन सरकारों के दौर में गठबंधन सहयोगियों के मध्य विदेश नीति के अनेक मुद्दों पर मतभेद उत्पन्न हुए, जिसमें सबसे उल्लेखनीय मतभेद वर्ष 2005 में किए गए भारत एवं अमेरिका सिविल परमाणु समझौते के मुद्दे पर देखा गया, जहां वामपंथी दल ने इस समझौते का विरोध किया एवं कांग्रेस के मध्य स्पष्ट मतभेद उभरे।

## राज्य सरकारों की भूमिका

- भारतीय लोकतंत्र में संसदीय शासन प्रणाली के साथ संघात्मक व्यवस्था को भी अपनाया गया है। इसलिए विदेश नीति के निर्माण में राज्य सरकारों की भूमिका भी महत्वपूर्ण हो जाती है। उदाहरण के लिए, श्रीलंका में जारी तमिल संघर्ष मुद्दे पर तमिलनाडु सरकार द्वारा संघ सरकार पर दबाव बनाने का प्रयत्न किया गया।
- शीतयुद्धोत्तर विश्व में भी भारत ने लोकतंत्र के प्रसार का समर्थन किया है, लेकिन भारत की स्पष्ट मान्यता है कि वह किसी देश के लोकतंत्र को बाहर से आरोपित नहीं करेगा। इसलिए भारत एवं म्यांमार के मध्य संबंधों को मधुर बनाया गया।
- वर्तमान समय में भारत में विद्यमान सांप्रदायिकता, नृजातीय संघर्ष और नक्सलवाद जैसी समस्या से विदेश नीति स्पष्ट

रूप में प्रभावित होती है। इसलिए इन समस्याओं को हल करना, विदेश नीति की मूल चुनौती है।

## आर्थिक विकास की भूमिका

- देश का आर्थिक विकास भी विदेश नीति को अत्यधिक प्रभावित करता है। उदाहरण के लिए, भारत की बढ़ती आर्थिक वृद्धि दर को बनाए रखने के लिए भारत को विशाल ऊर्जा की आवश्यकता है, क्योंकि भारत, मूलत: तेल पर पराश्रित राष्ट्र है। इसलिए पश्चिमी एशिया के साथ बेहतर संबंध बनाए रखने पर बल दिया जाता है।
- ऊर्जा सुरक्षा की रणनीति के अंतर्गत् भारत का यह भी प्रयत्न है कि तेल की बजाय, गैस के उपयोग को भी ज्यादा से ज्यादा बढ़ाया जाए। इसलिए म्यांमार और तजाकिस्तान के साथ गैस पाईप लाईन बिछाने के प्रस्ताव पर विचार किया जा रहा है।
- भारत की ऊर्जा आपूर्ति का अभी भी बड़ा भाग पश्चिम एशिया से आता है। राष्ट्रीय हित में यह आवश्यक है कि ऊर्जा के लिए हम किसी एक ही स्रोत पर निर्भर न हों। इसलिए अफ्रीकी देशों के साथ मध्य एशिया और रूस के साथ भी ऊर्जा आदान-प्रदान के सहयोग हो रहे हैं।
- लैटिन अमेरिकी देशों (वेनेजुएला) से भी ऊर्जा आपूर्ति के समझौते किए जा चुके हैं।
- विदेश नीति में ऊर्जा सुरक्षा की नीतियों के निर्धारण में पेट्रोल एवं प्राकृतिक गैस मंत्रालय, कोयला मंत्रालय, गैर-परंपरागत ऊर्जा, संसाधन मंत्रालय एवं परमाणु ऊर्जा विभाग की भूमिका महत्वपूर्ण होती है।
- वर्तमान युग में आर्थिक विकास बनाए रखने के साथ पर्यावरणीय प्रदूषण को भी नियंत्रित करना मूल चुनौती है। इसलिए परमाणु ऊर्जा के मुद्दे पर विभिन्न देशों के साथ समझौते किए गए।

## इतिहास एवं संस्कृति की भूमिका

- विदेश नीति के निर्माण में देश के इतिहास एवं संस्कृति का अत्यधिक प्रभाव होता है। यद्यपि भारतीय इतिहास में अशोक और कौटिल्य दोनों की परंपराएं विद्यमान हैं। परंतु विदेश नीति के आरंभ में अशोक की परंपरा का प्रभाव ज्यादा रहा।
- इंदिरा गांधी के कार्यकाल से विदेश नीति में यथार्थवाद अत्यधिक प्रभावी हुआ।
- भारतीय समाज न केवल विविधतापूर्ण है, बल्कि सहिष्णु भी है। विदेश नीति के निर्माण में राष्ट्रीय आंदोलन का अत्यधिक प्रभाव है।
- विदेश नीति के मूलभूत आदर्श राष्ट्रीय आंदोलन से ही निर्मित हुए, जिनमें साम्राज्यवाद विरोध, उपनिवेशवाद विरोध, रंगभेद नीति का विरोध और हथियारों के दौर का विरोध किया गया। ऐसा माना जाता है कि आरंभिक काल विदेश नीति में राष्ट्रीय आंदोलन का ही रूपांतरण था।

## क्षेत्रीय एवं वैश्विक कारकों की भूमिका

- विदेश नीति के निर्माण में घरेलू कारकों के अलावा क्षेत्रीय एवं वैश्विक कारकों का भी अत्यधिक प्रभाव होता है।
- आरंभ में नेहरू ने एशियाई अफ्रीकी सुदृढ़ता की नीति पर बल दिया। परंतु पाकिस्तान की भारत विरोधी नीति और चीन की विस्तारवादी आकांक्षाओं के कारण नेहरू का सपना साकार नहीं हो सका।
- भारत द्वारा पड़ोसी देशों के प्रति सद्भावपूर्ण नीति अपनाई गई। परंतु पड़ोसी देशों ने भारत के प्रति संदेह और अविश्वास व्यक्त किया।
- वर्ष 1970 के दशक में अमेरिका, चीनी, पाकिस्तानी सामरिक गठजोड़ के कारण भारत की सुरक्षा पर गहरा खतरा उत्पन्न हुआ। इसी कारण भारत और सोवियत संघ के मध्य शांति और मित्रता की संधि संपन्न हुई।
- विश्व में व्याप्त शीतयुद्ध और हथियारों की दौड़ के कारण भारत चाहकर भी सभी देशों के साथ संबंध बेहतर नहीं कर सका। भारत की गुटनिरपेक्षता नीति को यू. एस. जैसे देशों ने सीधे नकार दिया।

## शीतयुद्धोत्तर विश्व में क्षेत्रीय और वैश्विक कारकों की भूमिका

- शीतयुद्धोत्तर विश्व में क्षेत्रीय और वैश्विक कारकों में महत्वपूर्ण परिवर्तन हुए हैं और भारतीय विदेश नीति में परिवर्तन स्पष्ट रूप में दिखते हैं।
- भारत में उदारीकरण और निजीकरण की नीतियों को अपनाया गया एवं विदेश नीति में भू-अर्थ को प्राथमिकता दी गई।
- एकध्रुवीय विश्व में अमेरिका के साथ बेहतर संबंध बनाने पर बल दिया गया।
- विदेश नीति में व्यापार एवं निवेश जैसे मुद्दे प्राथमिक हुए।
- दक्षिण एशिया में उभरते चीन के परिणामस्वरूप और चीन एवं पाकिस्तान गठजोड़ के कारण अभी भी भारतीय विदेश नीति एवं सुरक्षा के लिए एक गंभीर चुनौती विद्यमान है।
- वर्ष 1990 के बाद वैश्विक शक्ति संतुलन में स्पष्ट परिवर्तन हुए। अमेरिका एवं रूस के मध्य मित्रतापूर्ण संबंधों का विकास हुआ। अब रूस और चीन भी सामरिक मित्र बन गए।
- विश्व से पूंजीवाद बनाम् साम्यवाद का विभाजन समाप्त हो गया। अत: भारत ने 'लुक ईस्ट पॉलिसी' (वर्ष 1992)

अपनाई, जिससे दक्षिणी-पूर्वी एशियाई देशों के साथ आर्थिक संबंधों का सुदृढ़ किया जा सके।

- दक्षेस को मुक्त व्यापार क्षेत्र (साफ्टा) के रूप में विकसित करने पर बल दिया गया। वर्तमान में भारत एवं आसियान के मध्य, मुक्त व्यापार के समझौते पर हस्ताक्षर हो चुके हैं। भारत एवं यूरोपीय यूनियन के मध्य मुक्त व्यापार समझौते पर विचार चल रहा है।

## भू-मंडलीकरण की भूमिका

- वर्तमान युग उदारीकरण एवं भू-मंडलीकरण का युग है।
- भारत, भू-मंडलीकरण का विरोधी नहीं है और न ही बहुपक्षीय वैश्विक वार्ताओं के विरुद्ध है। परंतु भारत का यह मानना है कि 'दोहा विकास वार्ता' में विकासशील देशों के हितों को भी बनाए रखा जाए।
- क्षेत्रीय आर्थिक संगठनों एवं विश्व व्यापार संगठन के युग में विविधताकारी विदेश नीति अपनाते हुए अफ्रीका, लैटिन अमेरिका, लुक वेस्ट पॉलिसी (2004), मध्य एशिया के साथ भी व्यापारिक आर्थिक संबंधों को सुदृढ़ बनाने का प्रयत्न किया।
- शीतयुद्ध की समाप्ति और बढ़ते भारतीय एवं अमेरिकी संबंधों के परिणामस्वरूप भारत, जापान, ऑस्ट्रेलिया व दक्षिण कोरिया के साथ भी मधुर और मित्रतापूर्ण संबंध विकसित हो रहे हैं। वर्ष 2012 में भारत एवं दक्षिण कोरिया के बीच सिविल परमाणु समझौता हुआ।

## वैश्विक आतंकवाद का मुद्दा

- वर्तमान विश्व में व्याप्त वैश्विक आतंकवाद से भारतीय विदेश नीति पर इसके स्पष्ट प्रभाव देखे जा सकते हैं। इसलिए भारत ने अफगानिस्तान में एक लोकतांत्रिक सरकार का समर्थन किया तथा सीमापार आतंकवाद के मुद्दे पर पाकिस्तान पर अंतर्राष्ट्रीय दबाव बनाने का प्रयत्न किया गया।
- भारत की अभी भी यह मान्यता है कि आतंकवाद के विरुद्ध दोहरे मानदंडों का प्रयोग नहीं होना चाहिए। आतंकवाद को किसी भी आधार पर औचित्यपूर्ण नहीं ठहराया जा सकता।

## पर्यावरण का मुद्दा

- भारत ने सदैव सतत् विकास का समर्थन किया, परंतु विकासशील देशों के हितों को संरक्षित करने की मांग भी उठाई।
- भारत के अनुसार, पर्यावरणीय समस्या के समाधान के लिए साझे, परंतु अलग-अलग उत्तरदायित्व के सिद्धांत का प्रयोग होना चाहिए।

## संयुक्त राष्ट्र संघ का मुद्दा

- विश्व में व्याप्त सुरक्षा की नई चुनौतियों या सुरक्षा के गैर-परंपरागत खतरों को सुलझाने के लिए एक शक्तिशाली यू. एन. की आवश्यकता है। इसलिए भारत ने यू. एन. सुधार पर बल दिया तथा स्थायी सदस्यता का दावा भी प्रस्तुत किया। इसके लिए भारत द्वारा G-4 की स्थापना की गई है, इसके सदस्य भारत, जापान, ब्राजील एवं जर्मनी हैं।

# गुटनिरपेक्षता

## गुटनिरपेक्षता का अभिप्राय

- गुटनिरपेक्षता, शब्द का प्रयोग पूर्व भारतीय प्रधानमंत्री पं. जवाहरलाल नेहरू ने किया।
- जॉर्ज स्वार्जन बर्गर ने गुटनिरपेक्षता के अनेक अर्थ बताए। जैसे-पृथकतावादी नीति, गैर-प्रतिबद्धता, तटस्थता एवं तटस्थीकरण।
- गुटनिरपेक्षता, तीसरी दुनिया की सामूहिक आवाज तथा विश्व को लोकतांत्रिक बनाने की साझी मांग है। यह साम्राज्यवाद, उपनिवेशवाद एवं रंगभेद नीति को समाप्त करने का सामूहिक आंदोलन है।
- यह विश्व में एक नवीन अंतर्राष्ट्रीय राजनीतिक व्यवस्था के निर्माण की मांग है, जिसमें संप्रभुता, स्वतंत्रता और राज्यों के मध्य समानता के आधार पर अंतर्राष्ट्रीय राजनीति का संचालन होगा।
- गुटनिरपेक्षता का आशय, स्वतंत्र और स्वायत्त विदेश नीति का निर्माण, विश्व को शांति पूर्ण बनाने का आंदोलन और विश्व को गुटों से मुक्त करने का आंदोलन है। गुटनिरपेक्षता का आशय, विश्व के प्रत्येक मुद्दे पर उसके गुण और अवगुण के आधार पर सक्रिय सहभागिता है। अत: गुटनिरपेक्षता, तटस्थता और अलगाववाद से भिन्न है।
- गुटनिरपेक्ष राज्यों के मध्य विद्यमान भिन्नताओं से इसका महत्व कम नहीं होता, क्योंकि इसका उद्देश्य एक न्यायपूर्ण लोकतंत्र की स्थापना करना है।

## बांडुंग सम्मेलन (1955)

- इस आंदोलन ने गुटनिरपेक्षता का आधार तैयार किया।
- मार्च, 1947 में नई दिल्ली में एशियाई संबंधों की बैठक आयोजित की गई, जिसमें विश्व से साम्राज्यवाद, उपनिवेशवाद समाप्त करने का विचार दिया गया।
- बांडुंग में एशियाई एवं अफ्रीकी देशों का सम्मेलन हुआ, जिसमें 29 एशियाई अफ्रीकी देशों ने भाग लिया, जिसमें चीन एवं भारत जैसे देशों की भागीदारी मुख्य थी।
- बेलग्रेड, यूगोस्लाविया (1961) में इसका पहला सम्मेलन हुआ। वर्ष 1961 के गुटनिरपेक्ष आंदोलन में सदस्यों

को सम्मिलित करने के लिए **निम्नलिखित मानकों का निर्माण किया गया-**

(i) सैन्य संगठनों का सदस्य न होना।
(ii) सदस्य राष्ट्रों की भूमि पर विदेशी सैनिक अड्डों का न होना।
(iii) महाशक्तियों के साथ द्विपक्षीय सैन्य संधि का अभाव।
(iv) स्वतंत्र और स्वायत्त विदेश नीति।
(v) उपनिवेशवाद और साम्राज्यवाद का विरोध।

## गुटनिरपेक्षता (आंदोलन बनाम् संस्थाकरण)

- गुटनिरपेक्षता, मूलत: एक आंदोलन था, जिसका उद्देश्य विश्व राजनीति को शक्ति संतुलन की बजाए न्याय और समता के आधार पर निर्मित करने का प्रयत्न किया गया।
- वर्ष 1973 के अल्जीयर्स सम्मेलन में एक समन्वयकारी ब्यूरो की स्थापना हुई, जिसके द्वारा इस आंदोलन को संस्थागत करने का प्रयत्न किया गया।

## पाश्चात्य दृष्टिकोण के अनुसार, गुटनिरपेक्षता

- पाश्चात्य विचारकों के अनुसार, गुटनिरपेक्षता, थोथी विचारधारा है। यह अवसरवादी विचारधारा है, जिसमें प्रत्येक राज्य अवसरवादी नीतियों का प्रयोग अपने हितों में वृद्धि के लिए करते हैं।
- जॉन फास्टर डलेस के अनुसार, 'शीतयुद्ध के वैचारिक ध्रुवीकरण के युग में गुटनिरपेक्षता की संकल्पना निरर्थक है।'

## गुटनिरपेक्षता का विकास (प्रथम चरण)

- वर्ष 1961 से गुटनिरपेक्ष आंदोलन की औपचारिक शुरूआत हुई, जिसकी स्थापना मुख्यतया भारत, मिस्र, यूगोस्लाविया और इंडोनेशिया द्वारा हुई। पहले सम्मेलन में 25 देशों ने भाग लिया, जिसमें क्यूबा, यूगोस्लाविया एवं साइप्रस जैसे देश भी सम्मिलित थे।
- यूगोस्लाविया के राष्ट्रपति मार्शल टीटो ने पहले सम्मेलन में कहा कि 'गुटनिरपेक्षता का आशय, स्वतंत्र विकास का अधिकार है, अंतर्राष्ट्रीय मंचों पर समान रूप में भागीदारी करने की मांग है।'
- इन राज्यों ने शीतयुद्ध की विश्व राजनीति में स्वतंत्र और स्वायत्त विदेश नीति तथा संयुक्त राष्ट्र संघ को प्रभावशाली करने की मांग उठाई, क्योंकि अभी भी दुनिया के अनेक भागों में साम्राज्यवाद और उपनिवेशवादी व्यवस्था बनी हुई थी।
- पहले चरण के बेलग्रेड, काहिरा (1964), लुसाका (1970) बैठकों में गुटनिरपेक्ष आंदोलन द्वारा **निम्नलिखित मांगें उठाई गईं-**

  (i) साम्राज्यवाद एवं उपनिवेशवाद का विरोध।
  (ii) दक्षिण अफ्रीका से रंगभेद नीति की समाप्ति।
  (iii) फिलीस्तीनी राज्य की स्थापना।
  (iv) नि:शस्त्रीकरण।
  (v) अफ्रीकी महाद्वीप से साम्राज्यवाद एवं उपनिवेशवाद को पूर्णत: समाप्त करना।

## नई अंतर्राष्ट्रीय व्यवस्था की मांग (द्वितीय चरण)

- वर्ष 1973 के अल्जीयर्स सम्मेलन के मंच से गुटनिरपेक्ष आंदोलन में आर्थिक मुद्दों को प्राथमिकता प्रदान की गई, क्योंकि तीसरी दुनिया के देशों को ऐसा प्रतीत हुआ कि समूची आर्थिक व्यवस्था पर विकसित देशों का प्रभुत्व है तथा वे इसका प्रयोग अपने हितों के लिए कर रहे हैं।
- गुटनिरपेक्ष आंदोलन के कारण विकासशील देशों ने संयुक्त राष्ट्र संघ के मंच से वर्ष 1974 में 'नई अंतर्राष्ट्रीय आर्थिक व्यवस्था' की मांग उठाई, **जिसके मूल मुद्दे निम्नलिखित थे-**

  (i) तीसरी दुनिया के देशों के ऋण के बोझ को कम करना।
  (ii) विकासशील देशों का उनके प्राकृतिक संसाधनों पर स्वामित्व स्वीकार करना।
  (iii) बहुराष्ट्रीय कंपनियों की गतिविधियों पर नियंत्रण।
  (iv) ब्रेटेनवुड्स आर्थिक प्रणाली में सुधार की मांग।
  (v) तकनीकी हस्तांतरण।

- इसके पश्चात् वर्ष 1976 के कोलंबो सम्मेलन, वर्ष 1979 के हवाना सम्मेलन एवं वर्ष 1983 के नई दिल्ली सम्मेलन तथा वर्ष 1986 के हरारे सम्मेलन में भी 'नई अंतर्राष्ट्रीय आर्थिक व्यवस्था' की मांग को प्रभावी रूप में उठाया गया।
- नई दिल्ली सम्मेलन में उत्तर-दक्षिण संवाद पर बल दिया गया।
- हरारे सम्मेलन में अफ्रीका के विकास के लिए अफ्रीकी कोष के गठन का निर्णय लिया गया।
- कोलंबो सम्मेलन में दक्षिण-दक्षिण सहयोग को प्रभावी बनाने पर बल दिया गया।

### नई अंतर्राष्ट्रीय सूचना व्यवस्था की मांग

- गुटनिरपेक्ष राष्ट्रों ने सभी राष्ट्रों के मध्य समान सूचना एवं संचार को बेहतर करने के लिए नई अंतर्राष्ट्रीय सूचना व्यवस्था की मांग उठाई।
- नव-उपनिवेशवादी विरासत के कारण विकासशील राज्यों के पास सूचना एवं संचार के साधनों का अभाव था। इस नई सूचना व्यवस्था के माध्यम से साम्राज्यवादी व्यवस्था के विरोध के समर्थक थे। नई सूचना व्यवस्था विकासशील देशों के आपसी सहयोग के लिए आवश्यक है।
- वर्ष 1976 में नई दिल्ली में गुटनिरपेक्ष राष्ट्रों के सूचना मंत्रियों की बैठक हुई, जिसमें यह कहा गया कि नई सूचना व्यवस्था का निर्माण भी आवश्यक है। हवाना सम्मेलन में भी इस पर महत्वपूर्ण बल दिया गया।

### प्राकृतिक मित्र का सिद्धांत

- गुटनिरपेक्षता, आंदोलन के द्वितीय चरण में आर्थिक मुद्दे प्राथमिक हो गए तथा राजनीतिक मुद्दे भी बने रहे। वर्ष 1979 में क्यूबा के हवाना शहर में गुटनिरपेक्ष आंदोलन का सम्मेलन आयोजित किया गया और क्यूबा के राष्ट्रपति फिदेल कास्त्रो ने वर्ष 1979 के सम्मेलन में साम्यवादी सोवियत संघ को गुटनिरपेक्ष आंदोलन का स्वाभाविक मित्र कहा, क्योंकि सोवियत संघ और विकासशील देश दोनों साम्राज्यवाद और उपनिवेशवाद के विरोध में संघर्ष कर रहे हैं, परंतु भारत ने प्राकृतिक मित्र के सिद्धांत को नकार दिया।
- गुटनिरपेक्ष आंदोलन की 15वीं बैठक में भू-मंडलीकरण को सर्वसमावेशी बनाने पर बल दिया गया, जबकि विकसित देश भू-मंडलीकरण का प्रयोग केवल अपने हितों के लिए करना चाहते हैं।
- वर्ष 1986 के गुटनिरपेक्ष सम्मेलन (हरारे) में अफ्रीका कोष की स्थापना हुई है। जिसका पूरा नाम-Action for Resisting Invasion, Colonialism and Apartheid Fund (AFRICA Fund) है।

## तीसरा चरण (वर्ष 1992 से वर्तमान तक)

### गुटनिरपेक्षता की प्रासंगिकता

- शीतयुद्धोत्तर विश्व में दुनिया में कई निर्णायक परिवर्तन हुए, जिसमें सोवियत संघ का विघटन और वारसा नामक सैन्य गुट की समाप्ति की घोषणा की गई तथा अब विश्व अमेरिकी प्रभुत्व में एकध्रुवीय हो गया तथा इस दौरान क्षेत्रीय आर्थिक संगठनों का प्रभाव बढ़ने लगा, क्योंकि संपूर्ण विश्व ने समान रूप से आर्थिक प्रणालियों को स्वीकार किया।
- वर्ष 1991 तक नामीबिया और दक्षिण अफ्रीका सहित समस्त विश्व से उपनिवेशवाद और रंगभेद को समाप्त कर दिया गया। यह सत्य है कि सभी गुटनिरपेक्ष राष्ट्रों ने स्वतंत्र और स्वायत्त नीतियों का प्रयोग नहीं किया। उदाहरण के लिए, मिस्र, पाकिस्तान व अमेरिका सामरिक गठबंधन के सदस्य बन गए। सऊदी अरब और वियतनाम ने अपनी भूमि पर महाशक्तियों के सैनिक अड्डों का निर्माण करवाया, जबकि दूसरी ओर सिंगापुर, श्रीलंका और सुकर्णो के पश्चात् मलेशिया, इंडोनेशिया जैसे राज्य भी महाशक्तियों के साथ सैन्य रूप में बंध गए।
- उपरोक्त परिप्रेक्ष्य में यूगोस्लाविया और मिस्र ने गुटनिरपेक्ष आंदोलन की प्रासंगिकता पर सवाल उठाया। यह बिंदु उल्लेखनीय है कि दोनों देश गुटनिरपेक्ष आंदोलन के संस्थापक तथा इसके चेयरमैन भी रह चुके थे।
- वर्ष 1991 की गुटनिरपेक्ष विदेशमंत्रियों की बैठक में यूगोस्लाविया ने गुटनिरपेक्षता के नाम को परिवर्तित करने का प्रस्ताव किया। मिस्र ने तो यहां तक कहा कि गुटनिरपेक्ष आंदोलन का विलय जी-77 में हो जाना चाहिए। शीतयुद्धोत्तर विश्व में जकार्ता सम्मेलन (1992), कॉर्टाजेना सम्मेलन (1995), डरबन (1998), क्वालालंपुर (2003), हवाना (2006) और शर्म-अल-शेख सम्मेलन (2009) में लगातार गुटनिरपेक्षता की प्रासंगिकता पर बल प्रदान किया गया।
- एम. एस. राजन के अनुसार, कुछ लोगों ने गुटनिरपेक्षता की प्रासंगिकता पर शुरू से ही प्रश्न उठाया। इसलिए यह कोई नवीन प्रवृत्ति नहीं है। अन्य लोगों के अनुसार, जब गुटनिरपेक्ष राष्ट्र ही गुटनिरपेक्षता का पालन नहीं करते, तो यह प्रासंगिक कैसे है?
- अन्य के अनुसार, गुटनिरपेक्षता इसलिए भी अप्रासंगिक है कि गुट ही नहीं है। ये सभी मान्यताएं गुटनिरपेक्षता के वास्तविक और पूर्ण अर्थ को स्वीकार नहीं करते, बल्कि गुटनिरपेक्षता का संकीर्ण अर्थ है, जबकि एक लोकतांत्रिक समतामूलक विश्व की मांग गुटनिरपेक्षता का व्यापक और वास्तविक अर्थ है।
- गुटनिरपेक्ष आंदोलन द्वारा आरंभ से ही निरस्त्रीकरण का समर्थन किया गया। परमाणु शक्ति संपन्न विकसित देश निरस्त्रीकरण के बजाए, परमाणु हथियारों पर अपना आधिपत्य कायम रखना चाहते हैं और शेष विश्व को इससे वंचित करने के लिए प्रयत्नशील हैं। इससे स्पष्ट है कि अंतर्राष्ट्रीय व्यवस्था में अभी भी प्रभुत्व एवं आधिपत्य कायम है।
- शीतयुद्धोत्तर विश्व में विकासशील देशों को आर्थिक एवं सैन्य सहायता प्राप्त करने के लिए विकसित देशों की कठोर शर्तों का सामना करना पड़ रहा है। विकासशील देशों के समक्ष इन शर्तों से इनकार करने का विकल्प नहीं है। शीतयुद्ध के युग में विकासशील देशों को दोनों महाशक्तियों से सहायता प्राप्त होती थी।
- संयुक्त राष्ट्र संघ के निर्माण का मूल आधार सभी राज्यों की समानता पर आधारित सहयोग और समन्वय में वृद्धि करना है, परंतु सुरक्षा परिषद् में अभी भी पांच महाशक्तियों का आधिपत्य कायम है। इसलिए विश्व व्यवस्था लोकतंत्र और न्याय की बजाय, शक्ति संतुलन द्वारा संचालित है। इसलिए गुटनिरपेक्षता की प्रासंगिकता स्वाभाविक है।
- एकध्रुवीय विश्व राज्यों की समान संप्रभुता की संकल्पना के प्रतिकूल हैं, क्योंकि इस विश्व में अशक्त एवं छोटे राज्यों के विकल्प अत्यधिक सीमित हो गए हैं। अत: सोवियत संघ के विघटन के पश्चात् इसकी प्रासंगिकता बढ़ गई है।
- समकालीन भू-मंडलीकृत उदारीकरण की अर्थव्यवस्था में वैश्विक संस्थाओं पर चुनिंदा महाशक्तियों का आधिपत्य

है। वर्तमान आर्थिक संकट के युग में विकासशील देशों की अर्थव्यवस्थाएं अत्यंत प्रतिकूल स्थिति में हैं। अत: वर्तमान परिप्रेक्ष्य में एक नए ब्रेटेनवुड्स आर्थिक प्रणाली के निर्माण की आवश्यकता है। गुटनिरपेक्ष आंदोलन की 15वीं बैठक में भू-मंडलीकरण को सर्वसमावेशी बनाने पर बल दिया गया, जबकि विकसित देश भू-मंडलीकरण का प्रयोग केवल अपने हितों के लिए करना चाहते हैं।

- उत्तर-दक्षिण के मध्य का विभाजन अभी भी बरकरार है तथा विकासशील देशों में अभी भी विकास की समस्या विद्यमान है। गुटनिरपेक्ष आंदोलन की प्रासंगिकता इससे स्वयं सिद्ध है। वर्तमान विश्व में वैश्विक आतंकवाद, पर्यावरणीय समस्या, नशीली दवाओं का बढ़ता व्यापार, समूची मानवता के समक्ष उत्पन्न साझे खतरे हैं और इन समस्याओं का समाधान बहुपक्षीय रूप में ही किया जा सकता है।
- इसलिए एक लोकतांत्रिक विश्व के निर्माण की गुटनिरपेक्ष आंदोलन की मांग ज्यादा प्रासंगिक है।
- वर्ष 2009 के शर्म-अल-शेख सम्मेलन में आर्थिक मंदी से उबरने के लिए साझे प्रयासों पर बल दिया गया। अफ्रीकी देशों की सहायता का प्रस्ताव किया गया। पर्यावरणीय वार्ताओं में विकासशील देशों के हितों को सुरक्षित करने की मांग की गई। साथ में यह भी कहा गया कि सुरक्षा और निरस्त्रीकरण एक-दूसरे के पूरक हैं। इसलिए विश्व सुरक्षा के लिए नि:शस्त्रीकरण आवश्यक है।
- संयुक्त राष्ट्र संघ के लोकतांत्रिकरण पर बल प्रदान किया गया तथा कहा गया कि आतंकवाद को किसी भी आधार पर उचित नहीं ठहराया जा सकता।

## भारतीय विदेश नीति में गुटनिरपेक्षता का औपचारिक आरंभ

- भारतीय विदेश नीति में गुटनिरपेक्षता का आधार अंतर्निहित है व वर्ष 1961 में गुटनिरपेक्ष आंदोलन की स्थापना में नेहरू की भूमिका अग्रणी थी।
- नेहरू ने गुटनिरपेक्षता को तीसरा गुट नहीं, बल्कि 'शांति का गुट' कहा।
- इसलिए उन्होंने गुटनिरपेक्ष आंदोलन में शांति व नि:शस्त्रीकरण पर मूल बल प्रदान किया। इनके अनुसार, गुटनिरपेक्ष महाशक्तियों का विरोध नहीं, अपितु स्वतंत्रता के विस्तार की मांग है।

### नेहरू के पश्चात् गुटनिरपेक्ष विदेश नीति

- भारत ने काहिरा, लुसाका सम्मेलन में उल्लेखनीय भूमिका का निर्वाह किया।
- इंदिरा गांधी के कार्यकाल में गुटनिरपेक्ष विदेश नीति बनाए रखने के बावजूद राष्ट्रीय सुरक्षा, राष्ट्रीय एकता, अखंडता व संप्रभुता के मुद्दों पर मुख्य बल दिया गया।
- अत: इंदिरा गांधी की नीति ज्यादा व्यावहारिक व यथार्थवादी थी। क्षेत्रीय व वैश्विक सुरक्षा के परिवर्तित परिवेश के कारण वर्ष 1971 में भारत व सोवियत संघ के मध्य शांति व मित्रता की संधि हुई।
- इस दशक में श्रीमती गांधी ने अंगोला व मोजांबिक में उपनिवेशवादी विरोधी आंदोलन का समर्थन किया।
- जिबाब्वे की अल्पमत सरकार का विरोध व रंगभेद नीति की आलोचना की गई एवं भारत ने फिलीस्तीन मुद्दे पर भी अपना स्पष्ट समर्थन किया।
- वर्ष 1976 के कोलंबो सम्मेलन में भारत ने 'तीसरी दुनिया के बैंक' के निर्माण का प्रस्ताव रखा, जिसके द्वारा विकासशील देशों को आर्थिक सहायता देने का प्रस्ताव था।

### वास्तविक गुटनिरपेक्षता

- वर्ष 1977 में जनता पार्टी सरकार ने वास्तविक गुटनिरपेक्षता का नारा दिया। जनता पार्टी के अनुसार, भारतीय विदेश नीति का झुकाव साम्यवाद के पक्ष में था तथा जनता पार्टी ने दोनों महाशक्तियों के साथ समान रूप में मित्रतापूर्ण संबंध बनाने का प्रयास किया।
- अमेरिका के साथ संबंधों को बेहतर करने पर बल प्रदान किया। परंतु क्षेत्रीय और वैश्विक परिस्थितियों के कारण अमेरिका और भारत के मध्य दूरी बनी रही।

### नई दिल्ली सम्मेलन, 1983

- गुटनिरपेक्ष देशों का सम्मेलन, 1982 में बगदाद में आयोजित होने वाला था, परंतु ईरान एवं ईराक के मध्य युद्ध के कारण यह नई दिल्ली में आयोजित किया गया।
- भारत ने इस सम्मेलन में 'नई अंतर्राष्ट्रीय आर्थिक व्यवस्था' का प्रभावी रूप से समर्थन किया। इंदिरा गांधी के अनुसार, विकास, नि:शस्त्रीकरण और स्वतंत्रता एक-दूसरे से जटिल रूप में अंर्तसंबंधित हैं। इन्होंने अंतर्राष्ट्रीय संस्थाओं के लोकतंत्रिकरण पर भी बल दिया। इनके अनुसार, कोई पहली, दूसरी या तीसरी दुनिया नहीं है, बल्कि पूरा विश्व एक है।

| क्रम. | दिनांक | मेजबान देश | मेजबान शहर |
|---|---|---|---|
| पहला | 1-6 सितंबर, 1961 | यूगोस्लाविया | बेलग्रेड |
| दूसरा | 5-10 अक्टूबर, 1964 | संयुक्त अरब अमीरात | कैरो |
| तीसरा | 8-10 सितंबर, 1970 | जांबिया | लुसाका |
| चौथा | 5-9 सितंबर, 1973 | अल्जीरिया | अल्जीयर्स |

| | | | |
|---|---|---|---|
| पाचवां | 16-19 अगस्त, 1976 | श्रीलंका | कोलंबो |
| छठां | 3-9 सितंबर, 1979 | क्यूबा | हवाना |
| सातवां | 7-12 मार्च, 1983 | भारत | नई दिल्ली |
| आठवां | 1-6 सितंबर, 1986 | जिम्बाब्वे | हरारे |
| नौवां | 4-7 सितंबर, 1989 | यूगोस्लाविया | बेलग्रेड |
| दसवां | 1-6 सितंबर, 1992 | इंडोनेशिया | जकार्ता |
| ग्यारहवां | 18-20 अक्टूबर, 1995 | कोलम्बिया | कार्टागेना दी इंडियास |
| बारहवां | 2-3 सितंबर, 1998 | द. अफ्रीका | डरबन |
| तेरहवां | 20-25 फरवरी, 2003 | मलेशिया | क्वालालंपुर |
| चौदहवां | 15-16 सितंबर, 2006 | क्यूबा | हवाना |
| पंद्रहवां | 11-16 जुलाई, 2009 | मिस्र | शर्म-अल शेख |
| सोलहवां | 26-31 अगस्त, 2012 | ईरान | तेहरान |
| सत्रहवां | 13-18 सितंबर, 2016 | वेनेजुएला | पोर्लामर |
| अठरहवां | 2018 | अजरबैजान प्रस्तावित | |

## तेहरान सम्मेलन, 2012

- गुटनिरपेक्षता के 16वें सम्मेलन में 29 शासनाध्यक्षों ने भाग लिया, जिसमें भारतीय प्रधानमंत्री डॉ. मनमोहन सिंह भी सम्मिलित थे। इसके अतिरिक्त 70 देशों के अन्य प्रतिनिधियों ने भाग लिया। संयुक्त राष्ट्र संघ महासचिव ने भी इसमें भाग लिया। यह उल्लेखनीय है कि वर्तमान समय में गुटनिरपेक्ष आंदोलन के सदस्यों की संख्या-120 है।
- गुटनिरपेक्ष आंदोलन के द्वारा ईरान के शांतिपूर्ण परमाणु कार्यक्रम का समर्थन किया और अमेरिका द्वारा ईरान पर लगाए गए प्रतिबंधों की आलोचना की।
- सम्मेलन में समग्र नि:शस्त्रीकरण पर बल दिया गया।
- इसलिए ईरान सम्मेलन का अत्यधिक महत्व है। अमेरिका के द्वारा ईरान को अलग-थलग करने का प्रयत्न सफल नहीं हो सका।

## वेनेजुएला सम्मेलन, 2016

- यह सम्मेलन लैटिन अमेरिका में वेनेजुएला के पोर्लामर (Porlamar) में हुआ, जिसमें भारत का प्रतिनिधित्व उपराष्ट्रपति हामिद अंसारी ने किया।
- यह पहला अवसर था जब किसी भारतीय प्रधानमंत्री ने गुटनिरपेक्ष सम्मेलन में भाग नहीं लिया। इससे पहले 1979 में कार्यवाहक प्रधानमंत्री चौ. चरण सिंह ने गुटनिरपेक्ष सम्मेलन में भाग नहीं लिया था।
- विशेषज्ञों का यह मानना है कि इसका कारण भारत की अमेरिका केन्द्रित नीति रही है तथा अब गुटनिरपेक्ष आंदोलन से भारत का कोई निहित लगाव नहीं रह गया है।
- इस सम्मेलन में भारत ने सीमापार आतंकवाद के समर्थन पर जोर दिया। यह मानवाधिकार हनन का सबसे बड़ा कारण है, जो विश्व के समक्ष बहुत बड़ा खतरा है।
- इस सम्मेलन में संयुक्त राष्ट्र संघ के सतत् विकास लक्ष्यों की प्राप्ति पर जोर दिया गया है।

## भारतीय विदेश नीति में प्रासंगिकता

- शीतयुद्धोत्तर विश्व में सोवियत संघ के विघटन और वारसा के विघटन के पश्चात् गुटनिरपेक्ष विदेश नीति पर प्रश्न उठाए जाने लगे। विचारकों के अनुसार, अब तीसरा विकल्प अप्रासंगिक है।
- वर्ष 1990 के पश्चात् अब भारतीय विदेश नीति में यथार्थवाद प्रभावी हुआ। भारत ने पहलकारी विदेश नीति का प्रयोग करते हुए सभी देशों के साथ बेहतर संबंधों के निर्माण का प्रयत्न किया तथा विदेश नीति में भू-अर्थ का महत्व बढ़ा और अमेरिका के साथ संबंधों को सुदृढ़ करने पर महत्वपूर्ण बल दिया गया। इसलिए कुछ यथार्थवादी विचारकों सी. राजामोहन ने कहा कि नरसिंहा राव से लेकर अटल बिहारी वाजपेयी तक के कार्यकाल में गुटनिरपेक्षता का मूल आधार विदेश नीति से विलुप्त हो गया। अब विदेश नीति में इसका प्रयोग केवल अलंकारिक रूप में किया जाता है।
- इन विचारकों के अनुसार, भारत तथा अमेरिका में अब वैचारिक मतभेद समाप्त हो गए हैं तथा अब भारत अपने राष्ट्रीय हितों को अधिक महत्व देने लगा है। साथ ही परमाणु शक्ति संपन्न भारत एक महाशक्ति के रूप में उभर रहा है। विचारकों ने तो यहां तक कहा कि विगत् वर्षों में गुटनिरपेक्ष विदेश नीति से भारत को अपेक्षित लाभ प्राप्त नहीं हुआ, परंतु इस मत से सभी लोग सहमत नहीं हैं।
- जैसाकि एम. एस. राजन ने कहा कि गुटनिरपेक्ष विदेश नीति स्वतंत्र एवं स्वायत्त विदेश नीति का पर्याय है। इसलिए यह कभी अप्रासंगिक नहीं हो सकती तथा भारतीय विदेश नीति में आज भी प्रत्येक अंतर्राष्ट्रीय मुद्दे पर उसके गुण और अवगुण के आधार पर निर्णय किया जाता है, **जिसके उदाहरण निम्नलिखित हैं-**
- वर्ष 2003 में अमेरिका द्वारा ईराक पर आक्रमण करने के पश्चात् भारत ने इराक में अपनी सेना नहीं भेजी।
- राष्ट्रीय हित को आधार पर भारत ने म्यांमार के साथ संबंधों की पुनर्बहाल किया तथा आदर्शवादी सोच को त्याग दिया।
- भारत ने सुरक्षा परिषद् के विस्तार की मांग तथा संयुक्त राष्ट्र संघ को लोकतांत्रिक बनाने का समर्थन किया।

- भारत ने ब्रेटेनवुड्स संस्थाओं की पुनर्संरचना की मांग की, जिसमें भारत सहित विकासशील देशों को अधिक भागीदारी प्रदान की जाए।
- भारत ने विश्व व्यापार संगठन में विकासशील देशों के साथ मिलकर विकसित देशों की भेदभावकारी नीतियों का विरोध किया।
- भारत द्वारा सार्वभौमिक एवं समग्र नि:शस्त्रीकरण का समर्थन किया गया।
- भारत द्वारा दक्षिण-दक्षिण सहयोग को मजबूत करने पर बल दिया गया, क्योंकि भारत का दक्षिण-दक्षिण सहयोग अभी भी विदेश नीति का मूल आधार है।
- वर्ष 2012 के तेहरान गुटनिरपेक्ष सम्मेलन में भारत ने भाग लिया। इस 16वें गुटनिरपेक्ष सम्मेलन में भाग न लेने के लिए अमेरिका के द्वारा भारत के ऊपर दबाव का प्रयोग किया गया। इजरायल भी भारत के इस सम्मेलन में सहभागिता का समर्थक नहीं था। इसके बावजूद भारतीय प्रधानमंत्री इस सम्मेलन में भाग लेने पहुंचे। यह भारतीय विदेश नीति के स्वतंत्र एवं स्वायत्त होने का प्रमाण है।
- शर्म-अल-शेख गुटनिरपेक्ष शिखर सम्मेलन में प्रधानमंत्री ने स्पष्ट कहा कि भू-मंडलीकरण सर्वसमावेशी होना चाहिए तथा वर्तमान आर्थिक मंदी के दौर में विकासशील देशों के हितों का संरक्षण होना चाहिए।
- अत: भारतीय विदेश नीति में गुटनिरपेक्षता अभी भी कायम है। विकासशील देशों के साथ साझे आर्थिक सहयोग के द्वारा पारस्परिक लाभ प्राप्त होंगे तथा विश्व में शांतिपूर्ण सहअस्तित्व का आदर्श और प्रभावी होगा।
- भारतीय विदेश नीति में तीसरी दुनिया के देशों के साथ संबंध को अभी भी निर्णायक महत्व प्रदान किया जाता है। अफ्रीका, लैटिन अमेरिका व पश्चिम एशिया के साथ संबंधों के निर्माण पर विशेष बल दिया गया है। दक्षिण-पूर्व एशियाई देशों के साथ संबंधों को प्रगाढ़ किया गया। इसी के साथ अमेरिका से मित्रतापूर्ण संबंध और सुदृढ़ किए जा रहे हैं। रूस के साथ पहले से ही सदाबहार संबंध बना हुआ है। इसलिए भारतीय विदेश नीति में गुटनिरपेक्षता स्पष्ट रूप में विद्यमान है, परंतु वर्तमान परिदृश्य में गुटनिरपेक्ष विदेश नीति में महाशक्तियों की सीधी आलोचना एवं विरोध के बजाए, विकासशील देशों के हितों को पूर्ण करने पर ज्यादा महत्व दिया जा रहा है।
- अत: भारतीय विदेश नीति में गुटनिरपेक्षता कायम है, लेकिन महाशक्तियों का विरोध नहीं, यह एक मध्यममार्गी एवं व्यावहारिक तरीका है।

## विकासशील देशों की विदेश नीति

### गुटनिरपेक्षता-2 (NAM-2)

- भारत द्वारा 21वीं सदी में अपनाई जाने वाली स्वायत्त तथा स्वतंत्र विदेश नीति को गुटनिरपेक्षता-2 कहा गया है। इसमें 21वीं सदी में अपनाए जाने वाले आधारभूत सिद्धांतों, रणनीतियों (Strategic Policy) का उल्लेख किया गया है।
- यह भारत द्वारा अंतर्राष्ट्रीय अवसरों का प्रभावकारी ढंग से उपयोग करने तथा अंतर्राष्ट्रीय परिस्थितियों में अपने विकल्पों के बढ़ाने से संबंधित है। यह नीति नेहरू की उदारवादी स्वायत्त नीतियों का व्यावहारिक रूप है। इस दस्तावेज में यह कहा गया है कि भारत द्वारा अंतर्राष्ट्रीय संबंधों के निर्माण में स्वायत्तता की नीति पर बल दिया गया। एक राष्ट्र, दूसरे राष्ट्र से बनने वाले संबंधों में बाधक नहीं होंगे। यह दस्तावेज (NAM-2) कहता है कि भारत का विश्व पर भौतिक प्रभावों से अधिक नैतिक प्रभाव है।
- गुटनिरपेक्षता-2 रणनीतिक व स्वायत्तता पर जोर देते हुए महाशक्तियों के साथ-साथ पड़ोसी देशों से विशेष संबंधों पर बल देती है। साथ ही यह नीति भारत की घरेलू नीतियों और विदेश नीति पर सह-संबंध बनाने पर जोर देती है तथा प्रयास करती है कि विदेश नीति कैसे राष्ट्रीय विकास में सहायक हो सकती है?
- इस रिपोर्ट के अनुसार, भविष्य में भारत की विदेश नीति तीन मुख्य उद्देश्यों द्वारा संचालित होगी-**प्रथम**, भारत, विचारधारा तथा उद्देश्यों से अपने राष्ट्रीय हितों को सीमित नहीं करेगा। **द्वितीय**, भारत, अधिकतम रणनीतिक स्वायत्तता (Strategic Automomy) अर्जित करते हुए अपने विकास लक्ष्यों को प्राप्त करेगा, तथा **तृतीय**, एक समतामूलक विश्व व्यवस्था के निर्माण का प्रयास करेगा।
- गुटनिरपेक्षता-2 में गुटनिरपेक्षता की प्रासंगिकता को स्वीकार करते हुए यह कहा गया है कि सामरिक स्वायत्तता गुटनिरपेक्ष विदेश नीति का मूल आधार है। गुटनिरपेक्षता का महत्व आंदोलन के रूप में समाप्त हो सकता है, क्योंकि आरंभ में गुटनिरपेक्षता को साम्राज्यवाद, उपनिवेशवाद विरोधी आंदोलन के रूप में चित्रित किया गया, परंतु स्वतंत्र विदेश नीति के रूप में इसका महत्व हमेशा बना रहेगा।

### बहुगुटीयता की नीति : (Policy of Multi-Alignment)

- मोदी के नेतृत्व में गुटनिरपेक्षता के बजाय बहुगुटीयता की नीति अपनाई गई है, जिसके अंतर्गत, अमेरिका, जापान, भारत (JAI) तथा अमेरिका, भारत, जापान एवं ऑस्ट्रेलिया के बीच सामरिक सहयोग के चौकोण (QUAD) का

निर्माण किया गया है। इसी के साथ भारत-रूस एवं भारत-चीन (RIC) के साथ सहयोग बढ़ा रहा है। तथा भारत ने शंघाई सहयोग संगठन (SCO) की सदस्यता भी प्राप्त कर ली है। अत: **सामरिक स्वायत्तता** की नीति को प्रभावी बनाया जा रहा है।

## भारत की परमाणु नीति

- मई, 1998 में शक्ति श्रृंखला के परमाणु परीक्षण के बाद भारत ने **परमाणु नीति का निर्माण किया**-
  - (i) संयुक्त राष्ट्र संघ चार्टर में प्रत्येक राज्य को आत्मरक्षा का अधिकार दिया गया है। जब तक यह विश्व परमाणु हथियारों से मुक्त नहीं होता, तब तक भारत को अपनी सुरक्षा के लिए 'विश्वसनीय परमाणु प्रतिरोध क्षमता' बनाने की आवश्यकता है।
  - (ii) परमाणु प्रतिरोध के निर्माण में अधिकतम विश्वसनीयता, प्रभावकारिता और सुरक्षा की भी आवश्यकता है।
  - (iii) विश्वसनीय परमाणु प्रतिरोध निर्मित करने के लिए भारत के पास पलटवार की क्षमता होनी चाहिए तथा स्वयं को बचाने की भी क्षमता होनी चाहिए।
  - (iv) भारत में परमाणु शक्ति का मूल उद्देश्य भारत को परमाणु आक्रमण से सुरक्षित रखना है। इसलिए भारत किसी भी देश के ऊपर पहले परमाणु हमला नहीं करेगा।
  - (v) भारत उन देशों के ऊपर भी परमाणु हमला नहीं करेगा, जिनके पास परमाणु हथियार नहीं हैं अथवा वे परमाणु शक्ति संपन्न देशों के गठबंधन के साथ नहीं हैं।
  - (vi) भारत अपनी परंपरागत सैन्य क्षमता को भी और सुदृढ़ करेगा।
  - (vii) यदि भारत पर रासायनिक अथवा जैविक हथियारों से हमला किया जाता है, तो ही भारत परमाणु हथियारों का प्रयोग करेगा।

**डिटरेंस के लिए भारत को निम्नलिखित बिंदुओं पर ध्यान देना होगा-**

- (i) परमाणु शक्ति, पर्याप्त, प्रकार्यात्मक तथा सुरक्षित होनी चाहिए।
- (ii) एक प्रभावी कमान और नियंत्रण व्यवस्था होनी चाहिए।
- (iii) एक प्रभावी सूचना और पहले सावधान करने वाली क्षमता होनी चाहिए।

- उपरोक्त रणनीति के अनुसार, व्यावहारिक रूप में व्यवस्थित योजना और प्रशिक्षण होना चाहिए तथा अंत में परमाणु हथियारों की तैनाती आवश्यक है।

**परमाणु शक्ति**

- (i) इसके अंतर्गत् युद्ध का खतरा उत्पन्न होने के दौरान कम से कम समय में भारत अपनी परमाणु क्षमता की तैनाती कर सके।
- (ii) भारत की परमाणु शक्ति प्रभावकारी, विविधतापूर्ण, लचीली और विश्वसनीय तथा न्यूनतम प्रतिरोध की आवश्यकताओं के अनुसार होगी, जिसके अनुसार, समुद्र, भू-भाग, गतिशील वाहन और परमाणु हथियारों के प्रयोग की वायु क्षमता का भी विकास किया जाएगा।

**विश्वसनीय और बचाव**

- (i) विरोधी राज्यों के विरुद्ध परमाणु शक्ति के प्रयोग की प्रभावी क्षमता।
- (ii) परमाणु क्षमता विश्वसनीय, सटीक एवं समयबद्ध होनी चाहिए।

**बचाव**

- भारत की परमाणु शक्ति तथा कमान और नियंत्रण व्यवस्था का इस प्रकार निर्माण होगा कि अचानक होने वाले हमले के विरुद्ध भारत त्वरित प्रतिक्रिया दे सके।

**कमान और नियंत्रण व्यवस्था**

- भारतीय परमाणु नीति के अंतर्गत् एक प्रभावी कमान व्यवस्था का निर्माण किया गया है। परमाणु हथियारों के प्रयोग का अंतिम अधिकार प्रधानमंत्री को या प्रधानमंत्री द्वारा नियुक्त व्यक्ति के् हाथ में होगी।
- एक प्रभावी कमान और नियंत्रण व्यवस्था के द्वारा एकीकृत प्रकार्यात्मक योजना का निर्माण किया जाएगा। परमाणु प्रक्षेपण को भी प्रभावी रूप में तैनात किया जाएगा। भारतीय रक्षा बल को योजना को क्रियान्वित करने के लिए तैयार रहना होगा।

**सुरक्षा एवं संरक्षा**

- (i) परमाणु हथियारों के निर्माण, उनके परिवहन तथा उनके संचित करने पर प्रभावी बल दिया जाएगा, जिससे वे खो न सकें एवं उनकी हानि न हो अथवा वे किसी अनाधिकृत व्यक्ति के पास न पहुंचे।
- (ii) परमाणु दुर्घटनाओं को टालने की पर्याप्त व्यवस्था की जाएगी।
- (iii) आपदा प्रबंध के लिए प्रभावी इंतजाम किया जाएगा।

**अनुसंधान एवं विकास**

- भारत को इस क्षेत्र में अनुसंधान और विकास पर प्रभावी बल देना होगा तथा अनुसंधान और विकास पर लागू होने वाले प्रतिबंधों को स्वीकार नहीं करेगा।

**भारत की परमाणु नीति में परिवर्तन**

- भारत के द्वारा परमाणु नीति से न्यूनतम शब्द हटा दिया गया है। जो अब केवल परमाणु प्रतिरोधक क्षमता है।

### नि:शस्त्रीकरण एवं हथियारों का नियंत्रण

(i) एक वैश्विक भेदभाव रहित परमाणु नि:शस्त्रीकरण भारत का मूल उद्देश्य है। भारत परमाणु रहित, विश्व के निर्माण का समर्थक है।

(ii) भारत के द्वारा अन्य राज्यों को भी परमाणु हथियार पहले प्रयोग न करने की नीति के लिए सहमत किया जायेगा।

(iii) परमाणु हथियारों के घातक प्रवृत्ति को देखते हुए विश्वास निर्माण के उपायों को अपनाया जाएगा तथा उनके संभावित खतरे को भी न्यूनतम किया जाएगा।

(iv) परमाणु हथियारों का नियंत्रण भी भारतीय सुरक्षा के लिए आवश्यक है।

## एन. एस. जी. (NSG) और भारत की सदस्यता

- एन. एस. जी. की स्थापना वर्ष 1974 में की गई। यह भारत द्वारा परमाणु विस्फोट (1974) की स्थापना की प्रतिक्रिया स्वरूप हुआ।
- वर्तमान समय में इसके 46 सदस्य हैं और सभी सदस्य एन. पी. टी. पर हस्ताक्षर करने वाले राज्य हैं।
- वर्तमान समय में एन. एस. जी. ने भारत को परमाणु तकनीकी और ईंधन के मामले में एक विशेष छूट दे रखी है, क्योंकि एन. एस. जी. के द्वारा केवल उन्हीं राज्यों को परमाणु तकनीकी और ईंधन दिया जाता है, जिन्होंने एन. पी. टी. पर हस्ताक्षर कर दिया है।
- वर्ष 2010 से और उसके बाद अमेरिकी राष्ट्रपति ओबामा ने भारत की 'परमाणु आपूर्ति कर्ता समूह' में सदस्यता का स्पष्ट समर्थन किया।
- भारत परमाणु अनुसंधान के क्षेत्र में अत्यधिक विकसित राज्य है। इसलिए भारत की इस संगठन में सदस्यता का समर्थन किया जा रहा है, जिससे परमाणु अप्रसार को प्रभावी बनाया जा सके।

### सदस्यता का लाभ

- इसकी सदस्यता से भारत को एक उत्तरदायी राज्य का दर्जा प्राप्त हो जाएगा और भारत का परमाणु निर्यात व्यवस्था से अलगाव समाप्त हो जाएगा।
- एन. एस. जी. के प्रावधानों में होने वाले परिवर्तन में भी भारत की भूमिका महत्वपूर्ण हो जाएगी।
- अन्य संगठनों में भारत को सदस्यता प्राप्त करना भी आसान हो जाएगा। (वॉसेनार समूह, A समूह)

### सदस्यता में बाधा

- एन. एस. जी. का सदस्य होने के लिए एन. पी. टी. पर हस्ताक्षर करना, पहली और प्राथमिक शर्त है।
- यदि भारत एन. पी. टी. पर हस्ताक्षर कर देगा, तो उसके सभी परमाणु अनुसंधान केंद्रों पर IAEA को निरीक्षण करने का अधिकार मिल जाएगा।

### चीन का दृष्टिकोण

- एन. एस. जी. के सदस्यों में अमेरिका, रूस, जापान, कनाडा, इंग्लैंड, जर्मनी एवं ऑस्ट्रेलिया के द्वारा भारत की सदस्यता का समर्थन किया गया और अन्य सदस्यों को भारत के समर्थन के लिए कूटनीतिक पहल की गई। जबकि ऑस्ट्रेलिया, न्यूजीलैंड तथा आयरलैंड के द्वारा कहा गया कि भारत को सदस्यता देने से पहले एन. एस. जी. के द्वारा उन मानकों एवं प्रक्रियाओं का निर्माण करना चाहिए, जिसके आधार पर उन देशों को शामिल किया जा सके, जिन्होंने एन. पी. टी. पर हस्ताक्षर नहीं किया है। चीन के द्वारा इसी दृष्टिकोण का समर्थन किया गया। इसके अतिरिक्त चीन का यह भी मानना है कि यदि भारत इस समूह में सम्मिलित हो गया, तो भविष्य में पाकिस्तान के शामिल होने का मार्ग बंद हो जाएगा।
- परिणामत: चीन ने एन.एस.जी. में सम्मिलित होने की भारतीय पहल को दो बार वीटो कर दिया और अपने इस नीति से चीन ने पाकिस्तान को भी खुश करने का प्रयास किया।

## न्यूक्लिअर लायबिलीटी बिल (The Civil Liability for Nuclear Damage Act, or Nuclear Liability Act-2010)

### उद्देश्य

- सिविल परमाणु दुर्घटना की स्थिति में नागरिकों को सहायता प्रदान करना अथवा उनको मुआवजा देना।
- दुर्घटना के लिए उत्तरदायी कंपनी नागरिकों को मुआवजा देगी, जिससे कंपनियों को उत्तरदायी बनाने का प्रयत्न किया गया है।

### प्रावधान

- किसी भी सिविल परमाणु दुर्घटना के लिए उस रिएक्टर का ऑपरेटर उत्तरदायी होगा।
- ऑपरेटर को 1,500 करोड़ रूपये का आर्थिक मुआवजा देना होगा।
- मुआवजा दुर्घटना की स्थिति से 20 साल तक दिया जाएगा।
- दुर्घटना के लिए क्षतिपूर्ति का दावा व्यक्ति नहीं करेंगे, बल्कि ऑपरेटर द्वारा किया जाएगा।
- इस संबंध में विवाद का निर्धारण उच्चतम न्यायालय की बजाय, एक अलग परमाणु न्यायाधिकरण के समक्ष किया जाएगा।
- इस विधेयक के जिस मुद्दे पर अधिकांश देशों को आपत्ति है, उसमें इस बात का प्रावधान है कि यदि निर्माता के द्वारा कोई त्रुटिपूर्ण सामग्री या खराब सेवा दी जाती है, तो इस कारण से होने वाली दुर्घटना के लिए ऑपरेटर निर्माता से मुआवजे की मांग करेगा। निर्माता 1,500 करोड़ रूपये का भुगतान करेगा।

- किसी खराब उपकरण के परिणामस्वरूप होने वाली दुर्घटना के लिए भी निर्माता उत्तरदायी होगा।
- उपरोक्त दोनों शर्तों का प्रयोग समझौते के दौरान स्वीकार किया जाएगा।

## भारत का नया सैन्य सिद्धांत

(New Military Doctrine) (2017)

- भारतीय सेना अध्यक्ष के द्वारा वर्ष 2017 में नवीन सैन्य सिद्धांत की घोषणा की गई। जिसमें यह कहा गया कि भारत को चीन व पाकिस्तान की ओर से सुरक्षा का परंपरागत खतरा विद्यमान है। इसके अतिरिक्त आतंकवाद भी सुरक्षा हेतु गंभीर खतरा है।
- अतः भारत द्वारा परमाणु नीति में बदलाव करते हुए न्यूनतम शब्द को हटाकर विश्वसनीय परमाणु प्रतिरोधक क्षमता का प्रयोग किया गया। भारत में एकीकृत सैन्य कमान के गठन की सिफारिश की गई।

## ईरान की परमाणु समस्या

- ईरान ने एन. पी. टी. पर हस्ताक्षर किया है।
- अंतर्राष्ट्रीय परमाणु ऊर्जा एजेंसी (IAEA) ने वर्ष 2003 में अपनी रिपोर्ट में कहा कि ईरान अपने परमाणु कार्यक्रमों को विस्तारित करके वह परमाणु हथियार बनाने का प्रयत्न कर रहा है।
- IAEA ने यह रिपोर्ट सुरक्षा परिषद् को सौंपी। सुरक्षा परिषद् के द्वारा ईरान पर प्रतिबंध लगाए गए।
- IAEA के मतदान में भारत ने ईरान के विरुद्ध वर्ष 2005 एवं वर्ष 2006 और वर्ष 2009 में मतदान किया।

## ईरान का पक्ष

- ईरान के अनुसार, ईरान परमाणु अप्रसार संधि पर हस्ताक्षर करने वाला राज्य है और इस संधि के अंतर्गत् प्रत्येक राज्य को परमाणु ऊर्जा के शांतिपूर्ण प्रयोग का अधिकार है।
- 20 प्रतिशत से ज्यादा संबंधित परमाणु का परमाणु हथियार में प्रयोग होता है। जबकि ईरान द्वारा संबद्धित परमाणु 20 प्रतिशत से कम है।
- ईरान के अनुसार, इजरायल के परमाणु हथियार ईरान की सुरक्षा को गंभीर खतरा पहुंचाते हैं। इसलिए पहले इजरायल के परमाणु हथियारों को समाप्त करने की बात होनी चाहिए और समूचे पश्चिम एशिया को परमाणु मुक्त क्षेत्र के रूप में विकसित किया जाए।

## ईरान समस्या पर भारत का दृष्टिकोण

- रूस और चीन ईरान पर यू. एन. के प्रतिबंध को मानने को तैयार नहीं है।
- भारत के अनुसार, ईरान पर लगाए जाने वाले प्रतिबंध एकपक्षीय नहीं होने चाहिए, बल्कि भारत केवल बहुपक्षीय प्रतिबंधों का समर्थक है।
- बहुपक्षीय प्रतिबंध, यू. एन. जैसी संस्थाओं द्वारा तथा एकपक्षीय प्रतिबंध अमेरिका द्वारा।
- भारत के अनुसार, ईरान समस्या का कोई सैनिक समाधान नहीं है। इसलिए भारत, ईरान पर किसी भी सैन्य कार्यवाही का बिल्कुल समर्थक नहीं है।
- भारत ने ईरान के शांतिपूर्ण परमाणु कार्यक्रम का समर्थन किया, लेकिन ईरान के परमाणु हथियार बनाने का बिल्कुल समर्थन नहीं किया।

## ईरान परमाणु समझौता

- ईरान और P-5+1 देशों (संयुक्त राज्य अमेरिका, ब्रिटेन, रूस, फ्रांस, चीन व जर्मनी) के मध्य अप्रैल, 2015 में लूसाने (स्विट्जरलैंड) में समझौता हुआ।
- इस समझौते के अनुसार, ईरान अपने परमाणु कार्यक्रम बंद करेगा तथा ईरान पर लगे प्रतिबंध हटा लिए जाएंगे।
- **ईरान पर निम्नलिखित दायित्व होगा-**
  - (i) ईरान को संवर्धन क्षमता, संवर्धन स्तर निश्चित समय के भीतर सीमित करना होगा।
  - (ii) ईरान में नाटांज (NATANZ) परमाणु घर को छोड़ कर कहीं पर भी परमाणु ईंधन संवर्धन नहीं करेगा।
  - (iii) ईरान अपने भूमिगत परमाणु संयंत्रों को अनुसंधान गृह में परिवर्तित करेगा।
  - (iv) परमाणु ऊर्जा के लिए ईरान संवर्धित ईंधन का आयात करेगा।
  - (v) IAEA को ईरान के परमाणु घरों पर निरीक्षण की अनुमति होगी।
- 4 से 12 महीने के भीतर यूरोपीय यूनियन, संयुक्त राष्ट्र संघ तथा संयुक्त राज्य अमेरिका, ईरान पर लगे प्रतिबंधों को हटा लेंगे।
- वर्ष 2017 में अमेरिकी राष्ट्रपति डोनाल्ड ट्रंप ने ईरान के साथ हुए समझौते को समाप्त करने की बात कही। ट्रंप की नीति ईरान को हर ढंग से प्रतिबंधित करने की रही।
- अमेरिका की इस नीति के कारण अब ईरान पुनः अपने परमाणु कार्यक्रमों को आगे बढ़ा रहा है।
- मई, 2017 में रियाद (सऊदी अरब) में संपन्न 55 देशों के इस्लामिक सैन्य गठबंधन सम्मेलन संपन्न हुआ, जिसका नेतृत्व सऊदी अरब कर रहा है। इस गठबंधन को संयुक्त राज्य अमेरिका सैन्य समर्थन दे रहा है। इस सम्मेलन में मुख्यतः ईरान को आतंक को बढ़ावा देने वाले देश के रूप में बताया गया है।
- उपरोक्त कारण से भी ईरान अपने परमाणु कार्यक्रमों को पुनः शुरू कर रहा है।

अध्याय 3

# प्रमुख शक्तियों के साथ भारत के संबंध

# INDIA'S RELATIONS WITH MAJOR POWERS

## भारत-अमेरिका संबंध

**पैक्स-अमेरिकाना** (PAX-AMERICANA)

- पैक्स-अमेरिकाना एक लैटिन शब्द है, जिसका शाब्दिक अर्थ अमेरिका द्वारा स्थापित शांति है।
- आलोचकों के अनुसार, यह अमेरिका द्वारा स्थापित आधिपत्य है।
- द्वितीय विश्व युद्ध के बाद पैक्स-अमेरिकाना का व्यवहारिक प्रयोग अमेरिकी राष्ट्रपति वुडरो विल्सन के द्वारा किया गया।
- वर्तमान में पैक्स-अमेरिकाना के लिए सबसे बड़ी चुनौती उभरते चीन के द्वारा प्रस्तुत की जा रही है।

### भारत एवं संयुक्त राज्य अमेरिका के संबंधों का इतिहास

- द्वितीय विश्व युद्ध के पश्चात् अमेरिका विश्व का सबसे शक्तिशाली देश बनकर उभरा, जबकि द्वितीय विश्व युद्ध के बाद भारत आजाद हुआ। स्वतंत्र भारत में लोकतांत्रिक शासन प्रणाली स्वीकार किया गया एवं भारत ने गुटनिरपेक्ष विदेश नीति अपनाई तथा भारत विकासशील देशों में मुख्य लोकतांत्रिक राज्य था। अमेरिकी विदेश नीति का मूल उद्देश्य साम्यवाद को नियंत्रित एवं प्रतिसंतुलित करना था। अत: अमेरिका ने साम्यवाद को नियंत्रित करने में भारत से सहायता की अपेक्षा की, जबकि भारत ने स्वतंत्र एवं स्वायत्त विदेश नीति अपनाई। भारत के आरंभिक विकास में अमेरिका ने अत्यधिक आर्थिक एवं तकनीकी सहायता प्रदान की एवं दोनों देशों की लोकतांत्रिक शासन प्रणाली के कारण भी संबंध मजबूत हुए। परंतु निम्नलिखित कारणों से शीतयुद्ध के दौरान **भारत एवं अमेरिकी संबंध प्रतिकूल हुए-**
- भारत ने सार्वजनिक उद्यमों की प्राथमिकता का सिद्धांत अपनाया, जबकि अमेरिका ने निजी उद्यमों को बढ़ावा देने वाला सिद्धांत स्वीकार किया।
- कश्मीर मुद्दे पर अमेरिका ने भारत पर दबाव का प्रयोग किया एवं पाकिस्तान का समर्थन किया।
- भारत की गुटनिरपेक्ष विदेश नीति को अमेरिका ने स्वीकार नहीं किया।
- भारत द्वारा सोवियत संघ के साथ बेहतर संबंधों को अमेरिका ने संदेह के दृष्टिकोण से देखा।
- गोवा पर पुर्तगालियों का नियंत्रण तथा पुर्तगााल नाटो का सदस्य था। इसलिए अमेरिका और पुर्तगाल के मध्य मित्रतापूर्ण संबंध थे। वर्ष 1961 में भारत के द्वारा गोवा को पुर्तगालियों से मुक्त कराने के लिए अभियान शुरू हुआ। अत: गोवा की मुक्ति के संबंध में अमेरिका ने पुर्तगाल का समर्थन किया।
- उपरोक्त मतभेदों के बावजूद 60 के दशक में भारत एवं अमेरिका के संबंध अत्यधिक बेहतर रहे। वर्ष 1962 में भारत-चीन युद्ध में अमेरिका ने भारत का पूर्ण समर्थन किया तथा भारत को तकनीकी एवं आर्थिक सहायता प्रदान की, परंतु भारत एवं अमेरिका के मध्य यह मधुर संबंध ज्यादा दूरगामी सिद्ध नहीं हुआ। क्योंकि वर्ष 1965 के भारत एवं पाकिस्तान युद्ध के बाद अमेरिका ने दोनों देशों को युद्ध के लिए समान रूप में उत्तरदायी माना और भारत के लिए आर्थिक और सैनिक सहायता पर भी प्रतिबंध लगा दिया, जिससे भारत एवं अमेरिकी संबंधों में दूरी बन गई।

### भारत एवं अमेरिकी संबंधों में शत्रुतापूर्ण युग का आरंभ ( वर्ष 1971 )

- वर्ष 1971 में विश्व राजनीति में महत्वपूर्ण परिवर्तन हुए तथा अमेरिका एवं चीन के मध्य संबंध सामान्य हो गए और दोनों शत्रु से मित्र के रूप में परिवर्तित हो गए। वर्ष 1971 में भारत एवं सोवियत संघ के बीच शांति एवं मित्रता की संधि संपन्न हुई, जिससे भारत और अमेरिका के बीच संबंध कटु हो गए। वर्ष 1971 में अमेरिका-चीन-पाकिस्तान एक साथ हो गए, इनका दृष्टिकोण भारत विरोधी था। इसी वर्ष भारत एवं पाकिस्तान के बीच युद्ध आरंभ हो गया, जिसमें अमेरिका ने पाकिस्तान की सहायता

की और भारत के विरुद्ध अपना सातवां जहाजी बेड़ा यू. एस. एस. इंटरप्राइजेज बंगाल की खाड़ी में भेज दिया। अत: भारत-अमेरिकी संबंध निम्नतम बिंदु पर पहुंच गए। वर्ष 1974 में भारत ने शांतिपूर्ण परमाणु परीक्षण किया, जिसकी अमेरिका ने कड़ी आलोचना की और भारत के ऊपर परमाणु एवं तकनीकी क्षेत्र में प्रतिबंध भी लगा दिया। वर्ष 1975 में भारत में आपातकाल लागू कर दिया गया, जिसकी अमेरिका ने कड़ी आलोचना की।

- वर्ष 1977 में भारत में पहली बार गैर-कांग्रेसी सरकार ने केंद्र में सरकार का निर्माण किया और जनता पार्टी सरकार ने अमेरिका के साथ संबंध बेहतर करने पर बल दिया, परंतु इसमें जनता पार्टी सरकार सफल नहीं हुई, क्योंकि वर्ष 1979 में सोवियत संघ ने अफगानिस्तान में सैन्य हस्तक्षेप किया, जिससे नए शीतयुद्ध की शुरुआत हुई। अमेरिका ने सोवियत संघ का मुकाबला करने के लिए पाकिस्तान का प्रयोग फ्रंटलाइन राज्य के रूप में किया तथा पाकिस्तान को बड़ी आर्थिक एवं सैनिक सहायता प्रदान किया गया, जिसका प्रयोग पाकिस्तान ने छुपे रूप में भारत के विरुद्ध किया। यह उल्लेखनीय है कि सोवियत संघ और भारत की, मित्रता के कारण अमेरिकी एवं भारतीय संबंधों में विरोधी दृष्टिकोण बना रहा। इंदिरा गांधी (वर्ष 1980) सरकार ने अमेरिकी विरोधी दृष्टिकोण अपनाया।
- वर्ष 1990 में सोवियत संघ के विघटन के बाद समूचे विश्व में आमूलचूल परिवर्तन हुआ और सोवियत संघ की सेनाएं अफगानिस्तान से वापस हो गईं। अत: वर्ष 1990 के बाद भारतीय विदेश नीति में अमेरिका के साथ संबंध बेहतर करने पर सबसे ज्यादा बल दिया गया, क्योंकि अमेरिका के साथ बेहतर संबंध भारत की आवश्यकता थी, विकल्प नहीं।

## शीतयुद्ध के बाद भारत एवं अमेरिकी संबंध

- शीतयुद्धोत्तर विश्व में दुनिया में निर्णायक परिवर्तन हुआ। सोवियत संघ का विघटन हो गया। रूस एवं अमेरिका के मध्य संबंध बेहतर हो गए तथा रूस ने यूरोप-अमेरिका केंद्रित विदेश नीति अपनाई। इस एकध्रुवीय विश्व में अमेरिका दुनिया का एकमात्र सुपर पावर बनकर उभरा। इसलिए यह भारत के राष्ट्रीय हितों के अनुकूल था कि अमेरिका के साथ संबंधों को बेहतर किया जाए तथा शीतयुद्धोत्तर विश्व में भारत ने आर्थिक उदारीकरण की नीति अपनाई, क्योंकि विश्व में भू-मंडलीकरण को बढ़ावा दिया गया। आंतरिक रूप में भारतीय अर्थव्यवस्था अत्यंत खस्ताहाल थी। इसलिए भारतीय विदेश नीति में आर्थिक कूटनय को अत्यधिक महत्व दिया गया तथा अमेरिका ने भी भारत को एक उभरते बाजार के रूप में देखा। शीतयुद्धोत्तर विश्व में अमेरिका, विश्व का एकमात्र सुपर पावर है। जबकि भारत, विश्व की एक उभरती हुई शक्ति है। सुपर पावर के द्वारा ही विश्व की समूची व्यवस्था का निर्धारण किया जाता है। जबकि उभरती शक्ति में यह क्षमता नहीं होती कि वह विश्व व्यवस्था को निर्धारित कर सके। परंतु उभरती हुई शक्ति के द्वारा विश्व व्यवस्था का उल्लंघन किया जा सकता है। शीतयुद्धोत्तर विश्व में दोनों देशों के मध्य नवीन संबंधों का निर्माण हुआ। ऐसा माना जा रहा है कि वर्तमान समय में भारत और अमेरिका के संबंध सबसे बेहतर हैं।

## संबंधों का कटु दौर

- वर्ष 1991 के बाद भारत और अमेरिका के बीच द्विपक्षीय व्यापार में तीव्र वृद्धि हुई तथा अमेरिका के द्वारा भारत में निवेश भी किया गया। आर्थिक रूप में दोनों देशों के बीच संबंध मजबूत हो रहे थे, परंतु परमाणु अप्रसार के मुद्दे पर अमेरिका, भारत पर दबाव बनाए हुए था तथा अमेरिका ने भारत के ऊपर परमाणु अप्रसार संधि तथा समग्र परमाणु परीक्षण निषेध संधि पर हस्ताक्षर करने का दबाव बनाया तथा अमेरिकी राष्ट्रपति क्लिंटन ने कहा कि काकेकस से लेकर कश्मीर तक विश्व में नृजातीय संघर्ष बने हुए हैं। भारत के द्वारा समग्र परमाणु परीक्षण निषेध संधि पर हस्ताक्षर करने से इनकार कर दिया गया और वर्ष 1998 में भारत में परमाणु बम का विस्फोट किया, जिससे अमेरिका ने भारत के ऊपर कड़े आर्थिक प्रतिबंध लगा दिए तथा भारतीय अनुसंधान केंद्रों के ऊपर भी प्रतिबंध आरोपित किए गए।
- अमेरिका ने भारत को अलग-थलग करने की नीति अपनाई, जिसका भारतीय अर्थव्यवस्था पर अत्यधिक नकारात्मक परिणाम देखा गया और भारत-अमेरिकी संबंध पुन: निम्नतम बिंदुओं पर पहुंच गए। अमेरिका के अनुसार, भारत परमाणु हथियारों की दौड़ को बढ़ावा दे रहा है। वर्ष 1999 में पाकिस्तान के द्वारा भारत के कारगिल क्षेत्र में परोक्ष रूप में अपने सैनिकों को भेजा गया, परंतु अमेरिका ने पाकिस्तान से नियंत्रण लाइन के सम्मान का निर्देश दिया और वर्ष 1998 के बाद यह पहला मौका था, जब अमेरिका ने भारत का विरोध नहीं किया।

## संबंधों में सुधार

- वर्ष 1998 में अमेरिकी राष्ट्रपति बिल क्लिंटन की भारत यात्रा प्रस्तावित थी, परंतु भारत के परमाणु परीक्षण के

कारण इसे स्थगित कर दिया गया और वर्ष 2000 में बिल क्लिंटन की भारत यात्रा हुई, जिसमें अमेरिकी-भारत संबंधों को बेहतर बनाने का प्रयत्न किया गया। अमेरिका के द्वारा भारत को बड़े बाजार के रूप में देखा गया तथा चीन के शक्तिशाली उभार को संतुलित करने के लिए भारत का महत्व स्वीकार किया गया। भारत, विश्व का सबसे बड़ा लोकतांत्रिक देश है और भारतीय मूल के अमेरिकी अप्रवासियों के द्वारा भारत-अमेरिकी संबंधों में सुधार में योगदान दिया गया। सितंबर, 2001 में अमेरिका में विश्व व्यापार केंद्र पर बड़ा आतंकी हमला हुआ, जिसमें 2000 से ज्यादा लोग मारे गए। परिणामस्वरूप अमेरिकी विदेश नीति में 'आतंक के विरुद्ध युद्ध' का नारा दिया गया और भारत ने आतंकवाद का मुकाबला करने के लिए अमेरिका का पूर्ण सहयोग किया। अमेरिका ने सुरक्षा की इस नई चुनौती के बाद भारत के ऊपर आरोपित प्रतिबंधों को समाप्त करना आरंभ कर दिया और भारत-अमेरिकी संबंध लगातार बेहतर हुए।

## संबंधों में निर्णायक परिवर्तन

- वर्ष 2003 में भारतीय प्रधानमंत्री अटल बिहारी वाजपेयी ने 'न्यूयॉर्क एशियाई सोसायटी' के समक्ष भाषण देते हुए कहा कि 'भारत एवं अमेरिका स्वाभाविक मित्र (Natural Ally) हैं। बुश प्रशासन ने शीतयुद्धोत्तर विश्व में भारत और अमेरिका के मध्य संबंधों को अत्यधिक निर्णायक माना।' अमेरिका के दक्षिण एशिया की सहायक विदेशमंत्री क्रिस्टीना रोका ने कहा कि वर्ष 1947 के पश्चात् भारत एवं अमेरिका के मध्य इतने मधुर संबंध कभी नहीं रहे। वर्ष 2004 से भारत-अमेरिका सामरिक संबंधों का विकास हुआ और अमेरिका के द्वारा भारत को रक्षा सामग्री की आपूर्ति आरंभ कर दी गई। वर्ष 2004 में ही दोनों देशों के बीच सामरिक संबंधों के नए चरण (NSSP) के समझौते पर हस्ताक्षर हुए। वर्ष 2005 में भारत एवं अमेरिका के बीच सिविल परमाणु समझौते पर हस्ताक्षर हुए, जो दोनों देशों के बीच संबंधों में निर्णायक परिवर्तन का प्रमाण है। यह दोनों देशों के बीच केवल ऊर्जा के क्षेत्र में समझौता ही नहीं, बल्कि दोनों देशों के मध्य विकसित होते सामरिक संबंधों का प्रमाण है। इस समझौते को वर्ष 2008 में लागू किया गया।

### प्रधानमंत्री नरेंद्र मोदी की अमेरिका यात्रा ( वर्ष 2014 )

- सितंबर, 2014 में भारतीय प्रधानमंत्री श्री नरेन्द्र मोदी ने अमेरिका की पांच दिवसीय यात्रा की। 27 सितंबर, 2014 को संयुक्त राष्ट्र महासभा को हिंदी में संबोधित करने वाले श्री अटल बिहारी वाजपेयी के बाद वे दूसरे भारतीय प्रधानमंत्री हैं। संयुक्त राष्ट्र संघ में श्री मोदी ने आतंकवाद का मुद्दा उठाया और अंतर्राष्ट्रीय आतंकवाद पर व्यापक अभिसमय (Comprehensive Convention on International Terrorism) को पारित करने की आवश्यकता पर बल दिया। प्रधानमंत्री मोदी ने योग के महत्व को रेखांकित करते हुए 'अंतर्राष्ट्रीय योग दिवस' का प्रस्ताव संयुक्त राष्ट्र महासभा में रखा था, जिसे 170 से अधिक देशों का समर्थन मिला और 21 जून को 'योग दिवस' के रूप में मनाने का निर्णय संयुक्त राष्ट्र संघ द्वारा लिया गया है। 29 सितंबर, 2014 को भारत-अमेरिका द्वारा एक विजन स्टेटमेंट 'चलें साथ-साथ' जारी किया गया। इस विजन स्टेटमेंट में सुरक्षा, आतंकवाद, जलवायु परिवर्तन, आर्थिक विकास, संयुक्त राष्ट्र सुरक्षा परिषद् एवं भेदभाव रहित परमाणु नि:शस्त्रीकरण इत्यादि मुद्दों पर एक-दूसरे के सहयोग की बात की गई है तथा दोनों देशों के बीच विज्ञान, तकनीक, व्यापार एवं रणनीतिक मुद्दों पर महत्वपूर्ण समझौते भी हुए हैं।

### बराक ओबामा की भारत यात्रा ( वर्ष 2015 )

- प्रधानमंत्री नरेन्द्र मोदी की वर्ष 2014 में की गई सफल अमेरिका यात्रा के बाद अमेरिकी राष्ट्रपति बराक ओबामा का 66वें भारतीय गणतंत्र दिवस का मुख्य अतिथि बनना, भारत-अमेरिकी संबंधों में बढ़ते विश्वास को प्रदर्शित करता है। उल्लेखनीय है कि बराक ओबामा पहले अमेरिकी राष्ट्रपति हैं, जो भारत के गणतंत्र दिवस (26 जनवरी, 2015) में मुख्य अतिथि के रूप में शामिल हुए हैं, जो भारत-अमेरिका के मजबूत होते रिश्ते को दिखाता है। चार महीने के अंदर मोदी-ओबामा की दूसरी मुलाकात ने अमेरिका और भारत के बीच संबंधों का नया दौर शुरू कर दिया है एवं दोनों देशों के बीच मुख्य रूप से दो मुद्दों पर पिछले छह साल से गतिरोध बना हुआ था, **जो इस प्रकार है-**
- भारतीय नाभिकीय रिएक्टरों पर अमेरिका की निगरानी को भारत ने मानने से इनकार कर दिया था।
- अमेरिका 'जवाबदेही के प्रावधान' पर सहमत नहीं था। भारत द्वारा निर्मित परमाणु उत्तरदायित्व अधिनियम पर अमेरिका ने आपत्ति व्यक्त की। अमेरिका के अनुसार, परमाणु दुर्घटना के बाद भरपाई करने का दायित्व ऑपरेटर का होना चाहिए, तकनीकी आपूर्ति करने वाले देश का नहीं। लेकिन भारत के अधिनियम में आपूर्तिकर्ता को उत्तरदायी ठहराया गया है।
- परमाणु करार को क्रियान्वित करने में सबसे बड़ी बाधा 'नाभिकीय उत्तरदायित्व कानून, 2008 एवं 2010' का

उपबंध था। इस उपबंध के अनुसार, यदि अमेरिका द्वारा उपलब्ध कराए गए उपकरणों के कारण भारत में कोई परमाणु दुर्घटना (यूक्रेन के चेर्नोबिल और जापान के फुकूशिमा में हुई दुर्घटनाओं की तरह) होती है, तो परमाणु संयंत्र लगाने वाली कंपनी को नुकसान की भरपाई करनी होगी। यह शर्त दुर्घटना की स्थिति में आपूर्तिकर्ता को जिम्मेदार ठहराती है। अमेरिका और फ्रांस जैसे देशों का कहना था कि भारत, वैश्विक नियमों का पालन करे। वैश्विक नियमों के अनुसार, दुर्घटना की पहली जिम्मेवारी संबंधित कंपनी की होती है। उल्लेखनीय है कि भारत में सभी परमाणु संयंत्रों का संचालन सरकारी कंपनी 'भारतीय नाभिकीय ऊर्जा निगम' करती है। ऐसे में दुर्घटना की स्थिति में सरकार को मुआवजे की अदायगी करनी पड़ेगी।

- नाभिकीय उत्तरदायित्व कानून, 2010 के अनुसार, किसी भी परमाणु दुर्घटना की आशंका में 1500 करोड़ रूपये का इंश्योरेंस पूल बनाने का प्रावधान है, जिससे पीड़ितों को तत्काल मुआवजा दिया जा सके। मोदी-ओबामा समझौते के अनुसार, मुआवजे का उत्तरदायित्व अमेरिकी कंपनियों का न होकर, भारतीय कंपनी तथा भारत सरकार का होगा। इस इंश्योरेंस पूल में 750 करोड़ रूपये परमाणु ऊर्जा निगम अर्थात् देश की 4 सबसे बड़ी बीमा कंपनियां देंगी और 750 करोड़ रूपये भारत सरकार देगी तथा दोनों पक्षों द्वारा व्यावहारिक दृष्टिकोण अपनाते हुए 6 साल से चले आ रहे गतिरोध को समाप्त कर दिया गया है। अमेरिका ने निगरानी (Tracking) वाले प्रावधान को वापस ले लिया है, तो वहीं भारत ने लचीला रुख अपनाते हुए जवाबदेही का उत्तरदायित्व स्वयं ले लिया है। नाभिकीय ऊर्जा पर गतिरोध खत्म होने के बाद दोनों देश रोडमैप तैयार करने पर सहमत हुए हैं, जिससे सस्ती बिजली का रास्ता खुलेगा और दुर्घटना से निपटने के लिए 1500 करोड़ रूपये का इंश्योरेंस पूल बनाने के भारत के प्रस्ताव पर अमेरिका ने अपनी सहमति दे दी है तथा परमाणु करार से जुड़ी दो शर्तों पर अमेरिका सहमत हुआ है। **पहला,** अमेरिका परमाणु संयंत्रों की निगरानी वाले प्रावधान से पीछे हट गया है ऐसा इसलिए किया गया, क्योंकि अंतर्राष्ट्रीय परमाणु ऊर्जा एजेंसी अर्थात् आई.ए.ई.ए. इस तरह के सभी रिएक्टरों की निगरानी करती ही है, ऐसे में दोहरे निगरानी के प्रावधान की आवश्यकता नहीं थी। **दूसरा,** अब परमाणु दुर्घटना के मुआवजे के लिए इंश्योरेंस पूल का निर्माण किया है, जिससे रिएक्टर और तकनीकी प्रदान करने वाली कंपनी को मुआवजा नहीं देना होगा। ये कंपनियां आकस्मिक दुर्घटना सहायता के लिए सेतु की तरह मिल-जुलकर काम करेंगी। इस समझौते का महत्वपूर्ण पहलू यह भी है कि मोदी सरकार को 'परमाणु ऊर्जा नागरिक उत्तरदायित्व अधिनियम, 2008 और 2010' में किसी संशोधन के लिए बाध्य नहीं होना पड़ेगा।
- इस समझौते से अमेरिकी कंपनियों के सहयोग से बन रही काकरापार (Kakrapar Atomic Power Station), जैतापुर और राजस्थान परमाणु ऊर्जा परियोजनाओं के जल्दी शुरू होने की उम्मीद बढ़ गई है। इस समझौते के अस्तित्व में आने से न केवल भारत को यूरेनियम की आपूर्ति सुनिश्चित होगी, बल्कि वह दोहरे उपयोग वाली तकनीक को भी हासिल कर सकेगा। इससे भारत के संबंध न केवल अमेरिका, बल्कि यूरोप के साथ भी राजनीतिक व कूटनीतिक रूप में सुदृढ़ होंगे और वैश्विक राजनीति में भारत का कद बढ़ेगा। इस समझौते से प्रधानमंत्री मोदी द्वारा चलाए गए 'मेक इन इंडिया' अभियान के लिए फायदा होगी, क्योंकि अमेरिकी रक्षा क्षेत्र में को-प्रोडक्शन और को-डेवलपमेंट अर्थात् साझा उत्पादन और साझा विकास के लिए आगे बढ़ने को तैयार हैं तथा रक्षा हथियारों का मिलकर विकास करने के लिए दोनों देशों ने परस्पर 5-5 अरब डॉलर का योगदान देने का निर्णय लिया है, जो 'मेक इन इंडिया' अभियान को मजबूत करेगा।

## 1. कश्मीर मुद्दा

- शीतयुद्ध के दौर में भारत एवं अमेरिका संबंधों के कटु होने का महत्वपूर्ण कारण कश्मीर मुद्दा था। कश्मीर मुद्दे पर अमेरिका ने सदैव पाकिस्तान का समर्थन किया था तथा भारत को दी जाने वाली आर्थिक सहायता को भी कश्मीर मुद्दे से जोड़ा गया। अमेरिका ने कश्मीर में जनमत संग्रह कराने की मांग का समर्थन किया। अमेरिका ने वास्तविक स्थिति का समर्थन करने की बजाय, **निम्नलिखित दृष्टिकोण अपनाया**-
- कश्मीर एक विवादित क्षेत्र है, जबकि भारतीय विदेश नीति में कश्मीर को सदैव भारत का अभिन्न अंग माना गया।
- वर्ष 1990 के दशक में अमेरिकी मंत्री (गृह विभाग में सहायक सचिव) रॉबिन रॉफेल ने कहा कि 'कश्मीर का भारत में विलय ही विवादास्पद है। अमेरिका ने तो यहां तक कहा कि कश्मीर मसले पर दोनों राष्ट्रों के मध्य संघर्ष हो सकता है।' वर्तमान समय में अमेरिका के दृष्टिकोण में कश्मीर मुद्दे पर स्पष्ट परिवर्तन हुआ, जो **निम्नलिखित हैं**-

(i) कश्मीर मुद्दे का समाधान द्विपक्षीय रूप में होना चाहिए, अब अमेरिका जनमत संग्रह की मांग का समर्थन नहीं करता।

(ii) अभी भी कश्मीर मुद्दे को लेकर भारत एवं अमेरिका के मध्य दृष्टिकोण में भिन्नता है, क्योंकि अमेरिका के अनुसार, कश्मीर मुद्दे के समाधान में कश्मीरियों को भी शामिल किया जाना चाहिए।

- वर्ष 1999 में पहली बार अमेरिका के द्वारा भारतीय पक्ष का सीधा समर्थन किया गया था। वर्ष 1999 के कारगिल संघर्ष के दौरान अमेरिका ने स्पष्ट रूप में **भारत के दृष्टिकोण का समर्थन करते हुए कहा कि-**
  - पाकिस्तान को नियंत्रण लाइन का पालन करना चाहिए।
  - किसी भी सैन्य कार्यवाही द्वारा नियंत्रण लाइन परिवर्तित करने का विरोध किया।
  - समस्या का समाधान द्विपक्षीय रूप में करने का समर्थन किया।
  - सितंबर, 2001 के बाद भारत एवं अमेरिकी संबंधों में निर्णायक परिवर्तन हुआ। अमेरिका ने स्पष्ट कहा कि आतंकवाद को किसी भी रूप में स्वीकार नहीं किया जा सकता। अमेरिका आतंकवादियों के विरुद्ध अफगानिस्तान में और वर्तमान में पाकिस्तान में कार्यवाही कर रहा है। अमेरिका ने स्पष्ट स्वीकार किया है कि कश्मीर में सीमापार आतंकवाद को समाप्त करने के लिए प्रभावी दबाव भी बनाया जाए। अत: अब दक्षिण एशिया में अमेरिका ने पाकिस्तान की बजाय, भारत को स्पष्ट प्राथमिकता दी है।

## 2. मानवाधिकार का मुद्दा

- शीतयुद्धोत्तर विश्व में अमेरिकी विदेश नीति में लोकतंत्र, मानवाधिकार और शांति को महत्व दिया गया। वर्ष 1990 में अमेरिका के प्रतिनिधि सदन में एक विधेयक प्रस्तुत किया गया, जिसमें यह प्रावधान था कि भारत को सभी प्रकार के अनुदान स्थगित कर दिए जाएं, क्योंकि भारत 'एमनेस्टी इंटरनेशनल' को मानवाधिकारों के उल्लंघन की जांच की अनुमति नहीं दे रहा है। भारतीय विदेश नीति के अनुसार, अमेरिका की भांति भारत भी एक लोकतांत्रिक देश है, जहां एक निष्पक्ष न्यायिक प्रणाली है। इसलिए मानवाधिकारों के उल्लंघन का आरोप तार्किक नहीं है। वर्ष 1992 में अमेरिका के राज्य विभाग के वार्षिक रिपोर्ट में कहा गया है कि भारतीय सैनिक और अर्द्धसैनिक बलों द्वारा असम, जम्मू एवं कश्मीर तथा पंजाब में मानवाधिकारों का घोर उल्लंघन किया जा रहा है। परंतु सितंबर, 2001 के बाद अमेरिकी दृष्टिकोण में आमूल-चूल परिवर्तन हुआ तथा उसने स्वीकार किया कि भारत मूलत: सीमापार आतंकवाद से प्रभावित है और भारत के स्थायी लोकतंत्र की प्रशंसा भी की गई।

## 3. परमाणु मुद्दा

- भारतीय विदेश नीति में आरंभ से ही वैश्विक व समग्र नि:शस्त्रीकरण का समर्थन किया गया, परंतु परिवर्तित क्षेत्रीय परिस्थितियों के कारण और धुर-राजनैतिक बाध्यताओं के कारण भारत ने वर्ष 1974 में शांतिपूर्ण परमाणु विस्फोट किया। अमेरिका ने इसके बाद भारत पर कड़े आर्थिक प्रतिबंध लगा दिए। शीतयुद्धोत्तर विश्व में परमाणु मुद्दे पर दोनों देशों के मध्य मतभेद बना रहा, क्योंकि भारतीय विदेश नीति में सोवियत संघ के विघटन के बाद पाकिस्तान द्वारा चोरी छुपे परमाणु क्षमता अर्जित करने के कारण भारत की सुरक्षा पर एक गंभीर संकट था। यह बिंदु उल्लेखनीय है कि चीन पहले से ही परमाणु शक्ति संपन्न राष्ट्र था। दूसरी ओर, शीतयुद्धोत्तर विश्व में क्लिंटन प्रशासन ने परमाणु अप्रसार को विदेश नीति का मूल तत्व बनाया। **अमेरिकी उद्देश्य निम्नलिखित थे-**
  - बेलारूस, कजाकिस्तान एवं यूक्रेन के परमाणु हथियारों को रूस को वापस दिलाना।
  - सोवियत परमाणु वैज्ञानिकों और इंजीनियरों को लीबिया एवं ईरान जैसे देशों में जाने से रोकना।
  - दक्षिण एशिया में संभावित परमाणु प्रसार को रोकना।
- भारत के ने वर्ष 1995 में स्थापित सी. टी. बी. टी. पर हस्ताक्षर नहीं किया गया, न ही वर्ष 1968 में स्थापित एन. पी. टी. पर हस्ताक्षर किया है। क्योंकि भारत के अनुसार, नि:शस्त्रीकरण व्यापक, वैश्विक और सार्वभौमिक रूप में होना चाहिए। इसलिए भारत ने इन दोनों संधियों को भेदभावपूर्ण माना और वर्ष 1998 में राष्ट्रीय सुरक्षा को ध्यान में रखते हुए भारत द्वारा पोखरण परमाणु विस्फोट किया गया, जिसमें भारत ने स्पष्ट कहा कि उसका उद्देश्य न्यूनतम परमाणु प्रतिरोधक क्षमता अर्जित करना था। पोखरण विस्फोट के पश्चात् भारत के संबंध अमेरिका से अत्यधिक कटु हो गए। अमेरिका ने भारत पर व्यापक आर्थिक और तकनीकी प्रतिबंध आरोपित कर दिए। परिणामस्वरूप विदेशमंत्री जसवंत सिंह ने स्ट्रोब टॉलबोट के साथ अनेक चक्रों की वार्ता की। जसवंत सिंह ने स्पष्ट किया कि भारत ने परमाणु विस्फोट सुरक्षा बाध्यताओं के कारण किया है, लेकिन भारत की नीतियां आधिपत्यवादी नहीं हैं।
- सितंबर, 2001 के बाद भारत एवं अमेरिकी संबंधों में

निर्णायक परिवर्तन हुआ और अमेरिका ने भारत पर लगाए गए प्रतिबंध समाप्त कर दिए। अमेरिकी विदेश नीति में भारत के प्रति महत्वपूर्ण परिवर्तन हुआ। अब अमेरिका ने भारत को अलग-थलग करने की बजाय, परमाणु क्षेत्र में सहयोग का निर्णय लिया। वर्ष 2005 में भारत और अमेरिका के मध्य सिविल परमाणु समझौते पर हस्ताक्षर किया गया, जिसे वर्ष 2008 से लागू कर दिया गया तथा अमेरिका ने भारत के साथ संबंधों को निर्णायक महत्व प्रदान किया। वर्ष 2008 में अमेरिका के नए राष्ट्रपति ओबामा ने परमाणु अप्रसार के संबंध में पहलकारी रणनीति अपनाई और भारत एवं अमेरिकी परमाणु समझौते को लागू करने में विलंब किया गया। विचारकों के अनुसार, राष्ट्रपति बुश के कार्यकाल में भारत एवं अमेरिकी संबंधों में तीव्र वृद्धि हुई। ओबामा के आने से वे संबंध ढीले पड़ने लगे। जून, 2011 में परमाणु आपूर्ति कर्ता समूह (NSG) ने भारत को दी जा रही परमाणु तकनीकी और ईंधन को प्रतिबंधित करने का कदम उठाया। जबकि वर्ष 2008 में भारत एवं अमेरिकी सिविल परमाणु समझौते का समर्थन परमाणु आपूर्ति कर्ता समूह (NSG) द्वारा किया गया था। अमेरिका ने यह आश्वासन दिया है कि इससे भारत एवं अमेरिकी सिविल परमाणु समझौता प्रभावित नहीं होगा। ओबामा ने भारत की परमाणु आपूर्ति कर्ता समूह (NSG) की सदस्यता का भी समर्थन किया। इन सहयोग के बावजूद भारत और अमेरिका के बीच परमाणु मुद्दे पर मतभेद भी कायम हैं, **जो निम्नलिखित हैं**-

- अमेरिका अभी भी भारत के प्रक्षेपास्त्र विकास कार्यक्रम को प्रतिबंधित करने का प्रयत्न कर रहा है।
- अमेरिका द्वारा भारत के लिए अभी भी उच्च संवेदनशील तकनीकी का हस्तांतरण नहीं किया जा रहा है, जिससे भारत का अंतरिक्ष कार्यक्रम प्रभावित हो रहा है।

## 4. आर्थिक सहयोग

- नई निवेश संधि पर दोनों देश सहमत हो गए हैं तथा दोनों देशों में एक-दूसरे के निवेश को संरक्षण देने वाली द्विपक्षीय निवेश संधि पर भी बातचीत आगे बढ़ाने पर सहमति हो गई है। पिछले कुछ वर्षों में दोनों देशों के आपसी व्यापार में 60 प्रतिशत की वृद्धि हुई है और दोनों देशों ने लंबे समय से लंबित 'टोटलाइजेशन समझौते' पर बातचीत के लिए सहमति जताई है, इससे अमेरिका में रह रहे लाखों भारतीयों को सामाजिक सुरक्षा संबंधी टैक्सों के जरिए फायदा मिलेगा। मोदी-ओबामा वार्ता का सबसे महत्वपूर्ण बिंदु परमाणु करार अवश्य था, लेकिन दूसरे क्षेत्रों में प्रगति का ध्यान भी रखा गया। भारत सरकार ने आशा व्यक्त की कि वर्ष 2022 तक 100 गीगावाट सौर ऊर्जा उत्पादन में अमेरिकी सहयोग मिलेगा, स्मार्ट सिटी के साथ-साथ रक्षा प्रौद्योगिकी और व्यापार पहल (डी.टी.टी.आई.) जैसे समझौते प्रमुख हैं। दोनों देश ऊर्जा सुरक्षा और स्वच्छ ऊर्जा को लेकर जल्द से जल्द समझौता करना चाहते हैं। यह समझौता भारत को अमेरिका के सबसे सहयोगी साझेदार देशों के समूह में शामिल करा देगा। इस तरह का समझौता अमेरिका ने कनाडा, सऊदी अरब जैसे गिने-चुने देशों के साथ ही किया है। मोदी सरकार द्वारा सौर ऊर्जा से 1 लाख मेगावाट बिजली बनाने की योजना में अमेरिकी कंपनियां हिस्सा लेने के लिए तैयार हैं। सबसे प्रमुख बात तरल प्राकृतिक गैस (एल.एन.जी.) के आयात पर हुई है। यह सहमति बन गई है कि अमेरिका से भारत को एल.एन.जी. का निर्यात किया जाएगा। उल्लेखनीय है कि भारत ने वर्ष 2022 तक सौर ऊर्जा से 1 लाख मेगावाट और पवन ऊर्जा से 60 हजार मेगावाट बिजली बनाने का लक्ष्य रखा है तथा कार्बन उत्सर्जन पर भारत सरकार ने लचीला रुख दिखाया है। इसी दौरान प्रधानमंत्री मोदी और बराक ओबामा के बीच हॉटलाइन संपर्क स्थापित करने का निर्णय लिया गया है। यह पहला मौका होगा, जब भारतीय प्रधानमंत्री और अमेरिकी राष्ट्रपति सीधे हॉटलाइन से जुड़ेंगे। प्रधानमंत्री मोदी के अनुसार, इससे दोनों देशों के रिश्तों को नई ऊंचाई पर ले जाने में मदद मिलेगी।
- यह उल्लेखनीय है कि भारत एवं अमेरिका के मध्य उच्च तकनीकी का समझौता भी प्रगाढ़ हो रहा है, जिसकी शुरुआत वर्ष 2004 में हुई। जनवरी, 2011 में 9 भारतीय रक्षा और अंतरिक्ष कंपनियों पर लगाए गए अमेरिकी प्रतिबंध हटा लिए गए हैं। भारत एवं अमेरिका के बीच राष्ट्रपति बुश की भारत यात्रा (वर्ष 2005) के दौरान सहयोग के **निम्नलिखित मूल आधारों पर बल दिया गया**-
  - सामरिक सहयोग।
  - विज्ञान, तकनीकी एवं स्वास्थ्य के क्षेत्र में सहयोग।
  - ऊर्जा और मौसम परिवर्तन के क्षेत्र में सहयोग।
  - शिक्षा और विकास।
  - आर्थिक, व्यापार और कृषि क्षेत्र में सहयोग।
- भारतीय और अमेरिकी अर्थव्यवस्थाएं परस्पर प्रतिस्पर्धी नहीं हैं, बल्कि एक-दूसरे की पूरक हैं। भारतीय अर्थव्यवस्था में सेवा क्षेत्र की बढ़ती वृद्धि को देखते हुए भारत को अमेरिकी वस्तुओं, सेवाओं और तकनीकी की आवश्यकता है, क्योंकि अमेरिका के पास दुनिया की सबसे बेहतर

तकनीकी उपलब्ध है। भारत एवं अमेरिकी आर्थिक संबंधों का भविष्य बेहतर है, क्योंकि द्विपक्षीय व्यापार तीव्र गति से बढ़ रहे हैं तथा दोनों देशों के मध्य लगभग 100 बिलियन डॉलर का द्विपक्षीय व्यापार है। अमेरिका द्वारा भारत में बड़ी मात्रा में निवेश किया जा रहा है तथा वित्तीय क्षेत्र में आर्थिक उदारीकरण के पश्चात् अमेरिका की विभिन्न कंपनियां भारत में निवेश कर रही हैं। वर्तमान समय में अमेरिका में पढ़ने वाले सबसे ज्यादा छात्र भारतीय हैं। भारतीय अर्थव्यवस्था में दूसरी हरित क्रांति की आवश्यकता है, क्योंकि भारतीय अर्थव्यवस्था में कृषि क्षेत्र के विकास का अवरुद्ध होना सबसे बड़ी चिंता है। इस संदर्भ में भारत, अमेरिका से सहायता ले रहा है और आर्थिक संबंधों के उपरोक्त सामंजस्य के कारण ऐसा प्रतीत होता है कि दोनों देश एक-दूसरे के प्राकृतिक मित्र हैं।

## 5. सामरिक संबंधों का विकास

- वर्ष 2005 में भारत एवं अमेरिका के बीच रक्षा समझौते के नए फ्रेमवर्क पर हस्ताक्षर हुए, **जिसके मूलभूत बिंदु निम्नलिखित हैं**-
    - सुरक्षा हितों में व्यापक सहयोग।
    - लॉजिस्टिक सहायता सुविधाओं की लेन-देन
    - भारत की नौसेना का हिंद महासागर के बाहर विस्तार।
- नवंबर, 2010 में अमेरिकी राष्ट्रपति ओबामा ने भारत की यात्रा के दौरान पहली बार सुरक्षा परिषद् की स्थायी सदस्यता के लिए भारत का समर्थन किया। ओबामा ने कहा कि भारत एक उभरती शक्ति नहीं है, बल्कि भारत का पहले ही उभार हो चुका है। शीतयुद्धोत्तर विश्व में अमेरिका की नीति में एक बड़ा बदलाव आया और अमेरिकी लेफ्टिनेंट जनरल 'किक लाइटर' के सुझाव पर दोनों देशों की सेनाओं के मध्य सहयोग और सहभागिता का समर्थन किया गया। परिणामस्वरूप शीतयुद्धोत्तर विश्व में दोनों देशों की सेनाओं के मध्य कई संयुक्त सैन्य अभ्यास हुए।
- वर्ष 2012 में अमेरिकी रक्षा सचिव पेनेटा ने साइबर सुरक्षा और अंतरिक्ष सुरक्षा के क्षेत्र में सहयोग का प्रस्ताव किया। इस संदर्भ में अमेरिका, भारत का एक महत्वपूर्ण सहयोगी बन गया है। क्योंकि यह बिंदु उल्लेखनीय है कि उभरता चीन अमेरिकी प्रभुत्व के लिए सबसे बड़ी चुनौती है। अमेरिकी राष्ट्रपति बराक ओबामा की दूसरी भारत यात्रा वर्ष 2015 के दौरान मोदी-ओबामा वार्ता की एक महत्वपूर्ण उपलब्धि यह थी कि रक्षा क्षेत्र में आधुनिक तकनीकी के मुद्दे पर दोनों देशों ने रक्षा फ्रेमवर्क अनुबंध का अगले 10 साल के लिए नवीनीकरण कर दिया है और इसमें संयुक्त सैन्य अभ्यास, गुप्तचर सूचनाओं का आदान-प्रदान और समुद्री सुरक्षा शामिल हैं।

### लॉजिस्टिक सहयोग समझौता

- वर्ष 2016 में भारत-अमेरिकी सामरिक संबंध और सुदृढ़ हो गए दोनों देशों के बीच दोनों की सेनाओं के लिए ईंधन की आपूर्ति, कल-पुर्जों की मरम्मत के क्षेत्र में आपसी सहयोग किया जाएगा। इसके अंतर्गत् अमेरिकी सेनाएं भारत के सैनिक अड्डों पर तैनात नहीं होंगी, परंतु अमेरिकी सेनाओं के हिंद महासागर एवं समुद्री क्षेत्रों में दोनों के द्वारा एक-दूसरे को परिवहन तथा सैन्य संचालन के क्षेत्र में सहयोग दिया जाएगा।

### रक्षा संबंध

- भारत हथियारों के आयात की दृष्टि से दुनिया के सबसे बड़े बाजारों में से एक है। वर्ष 2014 में भारत के द्वारा अमेरिका के विमानों की खरीद को रद्द करने का कारण तकनीकी है। अभी भी भारत को बड़ी मात्रा में रक्षा सामग्री के आयात की आवश्यकता है। वर्तमान में अमेरिका से भारत रक्षा सामग्री की सबसे बड़ी मात्रा में आयात कर रहा है। जबकि पहले भारत के द्वारा रक्षा सामग्री की आपूर्ति करने वाला सबसे बड़ा देश रूस था। पिछले तीन वर्षों में अमेरिका, भारत के लिए रक्षा सामग्री का सर्वाधिक निर्यात कर रहा है। भारत के द्वारा अमेरिका के विमान 'हरकुलीस ग्लोब मास्टर' का आयात किया गया है तथा अमेरिका की रक्षा तकनीकी विश्व में सर्वाधिक बेहतर है। वर्तमान में अमेरिका के द्वारा भारत के साथ रक्षा सामग्री के संयुक्त उत्पादन का भी संकेत दिया गया है। भविष्य में विश्व में दोनों देशों के बीच रक्षा संबंध और बेहतर होंगे और अमेरिका, भारत को तकनीक का निर्यात भी कर रहा है। रक्षा संबंधों को प्रभावी बनाने के लिए दोनों देशों के बीच अंतिम निरीक्षण प्रयोग (End User Monitoring Agreement, 2009) का समझौता हुआ है। वर्ष 2011 में भारत, अमेरिका से हथियार खरीदने वाला तीसरा सबसे बड़ा देश बन गया तथा भारत ने अमेरिका से 4.5 बिलियन डॉलर के हथियारों की खरीद का समझौता किया। भारत-अमेरिका के बीच यह समझौता अत्यधिक महत्वपूर्ण माना जा रहा है, जिससे भविष्य में अमेरिकी हथियारों के निर्यात में आने वाली बाधाएं समाप्त होंगी। अप्रैल, 2011 में भारतीय रक्षा मंत्रालय द्वारा अमेरिका के **बोइंग** और **लॉकरहीड मार्टिन** विमानों को नहीं खरीदा गया। F-16 अमेरिकी लड़ाकू विमानों के खरीद के संबंध में भारत ने सकारात्मक अनुक्रिया नहीं दिखाई, क्योंकि F-16 विमान पाकिस्तान के भी पास है। अमेरिका ने यह समझौता उन

देशों के साथ किया है, जिसे वह हथियार निर्यात करता है। **इसकी मुख्य विशेषताएं निम्नलिखित हैं-**

- अमेरिका द्वारा निर्यातित रक्षा उपकरणों को अमेरिका की अनुमति के बिना किसी अन्य देश को नहीं बेचा जाएगा।
- भारत, अमेरिकी रक्षा उपकरणों में सुधार नहीं करेगा।
- इन रक्षा उपकरणों के विभिन्न सामान अमेरिका से लिए जाएंगे।
- अमेरिका इन उपकरणों का निरीक्षण भी कर सकता है तथा निरीक्षण के स्थान का चयन भारत के द्वारा निर्धारित किया जाएगा।

- वर्ष 2015 में भारत-अमेरिका के बीच रक्षा संबंधों के फ्रेमवर्क पर हस्ताक्षर हुए, जिसके द्वारा आसूचना के आदान-प्रदान में वृद्धि, क्षेत्रीय एवं वैश्विक शांति की स्थापना के लिए आपस में सहयोग व सुरक्षा और आतंकवाद का सामना करने के लिए रक्षा प्रतिष्ठानों को सुदृढ़ बनाने का समझौता हुआ और दोनों देशों के बीच रक्षा सेवकों को आदान-प्रदान तथा सैनिक अभ्यास बनाए रखने पर सहमति व्यक्त की गई। दोनों देशों के बीच रक्षा संबंध संस्थागत हो चुके हैं, जिसके अंतर्गत् रक्षा खरीद एवं उत्पादन समूह का गठन किया गया है। वरिष्ठ तकनीकी सुरक्षा समूह, संयुक्त तकनीकी समूह और सैन्य सहयोग समूह का गठन किया गया है तथा रक्षा क्षेत्र में संबंधों को प्रगाढ़ करने के लिए अमेरिका के द्वारा यह संकेत दिया गया है कि भविष्य में भारत और अमेरिका के बीच रक्षा सामग्री का संयुक्त उत्पादन पर विचार किया जा रहा है।

### 6. आतंकवाद

- विश्व व्यापार केंद्र (WTC) और पेंटागन पर अलकायदा द्वारा किया गया हमला बहुत भीषण था, जिसमें 3,000 से ज्यादा लोगों की मौत हुई। इसके बाद बुश प्रशासन ने 'आतंक के विरुद्ध युद्ध' (War Against Terror) का नारा दिया, जिसका भारत ने पूर्ण सहयोग का प्रस्ताव किया। वर्ष 2004 में अमेरिका ने पाकिस्तान के अनेक संगठनों को आतंकवादी संगठन घोषित किया, जिसमें हिजबुल-मुजाहिद्दीन, जैश-ए-मोहम्मद और लश्कर-ए-तैयबा प्रमुख हैं। यह बिंदु ध्यान देने योग्य है कि 26 नवंबर, 2008 को मुंबई में किए गए आतंकवादी हमले में लश्कर-ए-तैयबा का हाथ है। अब अमेरिका ने भारत की आतंकवाद की समस्या के संदर्भ में सकारात्मक प्रतिक्रिया व्यक्त की तथा पाकिस्तान पर सीमापार आतंकवाद समाप्त करने के लिए दबाव बनाया। मई, 2011 में अमेरिका की सैनिक कार्यवाही में पाकिस्तान के एबटाबाद में अलकायदा के मुखिया ओसामा बिन लादेन की हत्या कर दी गई। वर्ष 2011 में ही एक अमेरिकी सैनिक अधिकारी ने यह स्पष्ट कहा कि अफगानिस्तान में आतंकवाद, पाकिस्तानी खुफिया एजेंसी (ISI) द्वारा प्रायोजित है, अमेरिका ने पहली बार यह सार्वजनिक रूप में कहा। इसके अतिरिक्त दोनों देशों के मध्य आतंकवाद के मुकाबले के लिए सैन्य और आसूचना के क्षेत्र में सहयोग किया जा रहा है। नशीली दवाओं के व्यापार को प्रतिबंधित करने के क्षेत्र में सहयोग हो रहा है तथा बढ़ती धार्मिक कट्टरता भारत तथा अमेरिका जैसे लोकतांत्रिक राज्यों के लिए एक महत्वपूर्ण चुनौती है। इसके बावजूद दोनों देशों के मध्य 'आतंकवाद के विरुद्ध युद्ध' को लेकर दृष्टिकोण में **निम्नलिखित अंतर हैं-**
    - भारत के अनुसार, अफगानिस्तान नहीं, बल्कि पाकिस्तान आतंकवाद को प्रायोजित करने वाला सर्वप्रमुख देश है।
    - भारत के अनुसार, जम्मू एवं कश्मीर में चल रहे सीमापार आतंकवाद को भी 'आतंक के विरुद्ध युद्ध' में सम्मिलित किया जाना चाहिए।
    - सितंबर, 2001 के बाद भारत ने अमेरिका से यह शिकायत की कि वह आतंकवाद के विरुद्ध दोहरा मानदंड अपना रहा है।
    - भारतीय विदेश नीति के अनुसार, अमेरिका, पाकिस्तान के सहयोग के द्वारा आतंकवाद को समाप्त करना चाह रहा है, जबकि पाकिस्तान स्वयं आतंकवाद को संचालित करने वाला राष्ट्र है।

## भारतीय मूल के लोग और लोकतंत्र

- भारत एवं अमेरिकी संबंध को प्रगाढ़ करने और नई ऊंचाइयों तक पहुंचाने में भारतीय मूल के लोगों का निर्णायक योगदान है। अब भारतीय मूल के लोग अमेरिकी विदेश नीति को अत्यधिक प्रभावित कर रहे हैं। हाल के अमेरिकी चुनाव में हिलेरी क्लिंटन की उम्मीदवारी को भारतीय मूल के लोगों ने व्यापक आर्थिक सहयोग दिया। अमेरिका में रह रहे भारतीय मूल के लोग (लगभग 25 लाख) अत्यधिक शिक्षित एवं संपन्न हैं। इसलिए भारत और अमेरिका को अब प्राकृतिक मित्र कहा जा रहा है तथा अमेरिका, दुनिया का सबसे पुराना लोकतंत्र और भारत, विश्व का सबसे विशाल लोकतंत्र है। अत: लोकतंत्र के कारण वैचारिक आधार पर भी दोनों देशों के मध्य संबंध मित्रतापूर्ण हो रहे हैं।

## अमेरिका की एशिया केंद्रित नीति

(Pivot to Asia Policy-2011)

- वर्तमान में अमेरिकी विदेश नीति में पश्चिम एशिया एवं

दक्षिणी एशिया की बजाय, एशिया प्रशांत क्षेत्र प्राथमिक बन रहा है, क्योंकि चीन के उभार को प्रतिसंतुलित करने के लिए अमेरिका प्रयत्नशील है तथा भारत और अमेरिका के बीच इस समय अनेक क्षेत्रीय मुद्दों पर भी सहयोग देखे जा रहे हैं। एशिया महाद्वीप में भारत, अमेरिका का महत्वपूर्ण सहयोगी के रूप में उभर रहा है। एशिया प्रशांत का महत्व इसलिए भी है कि यह वर्तमान विश्व आर्थिक केंद्र के रूप में भी उभर रहा है। इसलिए अमेरिका का मुख्य ध्यान इस एशियाई क्षेत्र पर है और अमेरिका अपने ज्यादातर सैनिकों की तैनाती इस क्षेत्र में कर रहा है। इसी के अंतर्गत् ओबामा ने एशिया केंद्रित नीति का निर्माण किया, **जिसके पांच मूल स्तंभ हैं-**

- इस क्षेत्र में अमेरिका के सहयोगियों के साथ संबंधों को सुदृढ़ करना। जापान, दक्षिण कोरिया, थाइलैंड, फिलीपींस एवं ऑस्ट्रेलिया जैसे देश इस क्षेत्र में अमेरिका के परंपरागत् सहयोगी हैं।
- इस क्षेत्र में नई उभरती हुई शक्तियों के साथ संबंधों को सुदृढ़ करना। भारत के साथ संबंधों को अमेरिका ने 21वीं शताब्दी का सबसे महत्वपूर्ण संबंध कहा (Defining Relation of 21st Century) तथा अमेरिका ने मलेशिया को वैश्विक भागीदार के रूप में प्रस्तुत किया।
- चीन के साथ प्रभावी और सकारात्मक संबंधों का निर्माण। अमेरिका के अनुसार, वह उभरते हुए चीन का स्वागत करेगा। लेकिन अपने हितों की रक्षा करने में कोई कमी नहीं रखेगा। अमेरिका के अनुसार वह चीन के साथ सैन्य संवाद को जारी रखेगा।
- इस क्षेत्र के क्षेत्रीय संगठनों को शक्तिशाली बनाना। उदाहरण के लिए, आसियान को ज्यादा प्रभावशाली बनाने पर बल दिया गया।
- अमेरिका के अनुसार, उसकी एशिया केंद्रित नीति केवल सैनिक विस्थापन की नीति नहीं है, बल्कि एशियाई देशों के साथ आर्थिक संबंधों को प्रभावी करने की नीति है और पार-प्रशांत देशों के साथ संबंधों को बेहतर करने की नीति है।

## वैश्विक दृष्टिकोण में भिन्नता

- अमेरिका, विश्व की महाशक्ति है और अमेरिका के द्वारा भारत को अपना पिछलग्गू बनाने का प्रयत्न किया जाता है, जबकि भारत सामरिक स्वायत्तता की नीति का समर्थक है। इसलिए स्वतंत्र विदेश नीति अपनाता है। भारत, एक बहुध्रुवीय विश्व का समर्थन करता है, परंतु अमेरिका पूरी दुनिया को अमेरिकी प्रभुत्व के अंतर्गत् नियंत्रित करना चाहता है, जिसे लोकप्रिय रूप में **'पैक्स अमेरिकाना'** (Pax Americana) कहा जाता है।
- विश्व व्यापार संगठन (WTO) की वार्ताओं में भारत और अमेरिका के मध्य स्पष्ट मतभेद विद्यमान हैं। अमेरिका का यह आरोप है कि भारत, विश्व व्यापार संगठन की वार्ताओं में बाधा उत्पन्न करता है, जबकि भारत का मानना है कि इन वार्ताओं में विकासशील देशों के हितों का संरक्षण होना चाहिए।
- अमेरिका के अनुसार, पर्यावरण प्रदूषण को नियंत्रित करने के लिए भारत जैसे देशों को भी क्योटो प्रोटोकॉल पर बाध्यकारी समझौते के लिए तैयार हो जाना चाहिए। भारत के अनुसार, विकासशील देश बाध्यकारी समझौते को मानने के लिए तैयार नहीं हैं, क्योंकि पर्यावरण प्रदूषण में विकसित देशों का सर्वाधिक योगदान है। लेकिन दोनों देशों के मध्य पर्यावरणीय प्रदूषण को कम करने के मुद्दे पर भी मतभेद विद्यमान हैं। चूंकि भारत, विकासशील देशों के दृष्टिकोण का समर्थक है, जबकि अमेरिका विकसित देशों के दृष्टिकोणों का।
- अमेरिका के अनुसार, भारत को परमाणु अप्रसार संधि एवं समग्र परमाणु परीक्षण संधि पर हस्ताक्षर कर देना चाहिए। जबकि भारत का तर्क है कि परमाणु हथियारों का समापन समूचे विश्व में होना चाहिए। विकसित देश अपने परमाणु हथियारों को बनाए रखना चाहते हैं, जबकि भारत पर परमाणु अप्रसार का दबाव बनाया जाता है। इसलिए परमाणु अप्रसार के मुद्दे पर भी मतभेद हैं।

## ट्रम्प प्रशासन

- अमेरिकी राष्ट्रपति ट्रम्प ने भारत को प्राप्त **वरीयता व्यापार की** सुविधा को (General Preference System) समाप्त कर दिया है।
- ट्रम्प प्रशासन ने Countering American Adversaries through Sanction Act का निर्माण किया है, तथा रूस, उत्तर कोरिया एवं ईरान को अपना विरोधी कहा है। तथा ईरान से तेल आयात करने पर प्रतिबंध का दबाव बनाया है।
- ट्रम्प प्रशासन के द्वारा भारत के साथ सामरिक संबंध बढ़ाकर COMCASA का समझौता हुआ है। इसका अभिप्राय Communication Compatibility and Security Agreement है।
- भारत अमेरिका के बीच Logistic Exchange Memorandem Agreement (LEMOA) का समझौता पहले ही हो चुका है।
- अमेरिका ने भारत को Major Defence Partner का दर्जा भी दिया है।

## भारत-अमेरिका सिविल परमाणु समझौता

- स्वतंत्र भारत में परमाणु कार्यक्रम का आरंभ अमेरिका और कनाडा के सहयोग से हुआ। वर्ष 1974 में भारत के द्वारा शांतिपूर्ण परमाणु परीक्षण के बाद अमेरिका के द्वारा भारत के ऊपर आर्थिक एवं तकनीकी प्रतिबंध आरोपित कर दिए गए। वर्ष 1998 में भारत के द्वारा परमाणु परीक्षण के बाद अमेरिका ने पहले से विद्यमान प्रतिबंधों को और कड़ा कर दिया, परंतु वर्ष 2001 के बाद भारत और अमेरिका के बीच सहयोग और मित्रता का नया अध्याय शुरू हुआ। परिणामस्वरूप वर्ष 2005 में अमेरिकी राष्ट्रपति बुश और डॉ. मनमोहन सिंह के बीच सिविल परमाणु समझौता हुआ, जिसके अंतर्गत् दोनों देशों के बीच ऊर्जा और शांतिपूर्ण सहयोग के लिए समझौता किया गया, **जिससे भारत को निम्नलिखित लाभ होंगे-**
  - भारत को वर्तमान आर्थिक विकास दर बनाए रखने के लिए तेल और गैस की भारी आवश्यकता है। भारत, तेल और गैस के आयात पर निर्भर राज्य है। इस समझौते के द्वारा परमाणु ऊर्जा के उत्पादन में वृद्धि होगी, क्योंकि भारत को बड़ी क्षमता के परमाणु रिएक्टर प्राप्त होंगे और परमाणु ईंधन भी मिलेगा।
  - वर्तमान में भारत, एक महाशक्ति है और इस समझौते के द्वारा भारत को अन्य देशों के साथ सिविल परमाणु समझौता संपन्न करने का अवसर प्राप्त होगा तथा विश्व के सभी देशों से ईंधन भी प्राप्त कर सकेगा और अब भारत विश्व परमाणु व्यवस्था से अलग-थलग नहीं रहेगा।
  - इस समझौते के द्वारा भारत एकमात्र राज्य बन गया, जिसने परमाणु अप्रसार संधि पर हस्ताक्षर नहीं किया है और उसे परमाणु रिएक्टर और परमाणु ईंधन भी प्राप्त हो रहे हैं। विश्व के द्वारा भारत को एक उत्तरदायी राज्य का दर्जा भी प्राप्त हुआ है। वर्तमान में परमाणु आपूर्तिकर्ता समूह (NSG) में भी भारत की सदस्यता का समर्थन किया जा रहा है।
  - इस समझौते के बाद भारत के द्वारा विश्व के अनेक देशों के साथ सिविल परमाणु समझौता किया गया, जिसमें रूस, फ्रांस, दक्षिण कोरिया, ऑस्ट्रेलिया जैसे राज्य उल्लेखनीय हैं।
- भारत-अमेरिका सिविल परमाणु समझौता अमेरिकी विदेश नीति में भारत के प्रति प्रत्यक्षण में महत्वपूर्ण परिवर्तन हुआ, जिसके अनेक कारण हैं तथा भारतीय अर्थव्यवस्था की बढ़ती वृद्धि दर के कारण भारत एक आर्थिक पावर हाउस बनकर उभरा है और भू-मंडलीकृत दुनिया में ऐसी अनेक समस्याएं उत्पन्न हुईं, जिनका समाधान भारत जैसे विशाल देश के सहयोग के बिना संभव नहीं है। उदाहरण के लिए, वैश्विक आतंकवाद, नशीले पदार्थों का व्यापार, मौसम परिवर्तन इत्यादि। भू-मंडलीकृत विश्व में दुनिया का सबसे बड़ा उभरता बाजार, तीव्र आर्थिक संवृद्धि दर और लोकतंत्र का बेजोड़ समन्वय भारत के महत्व में वृद्धि करते हैं तथा भारत की भूमिका परमाणु क्षेत्र में बिल्कुल विशिष्ट है तथा भारत परमाणु शक्ति संपन्न होने के बावजूद समग्र और सार्वभौमिक निःशस्त्रीकरण का समर्थक है। भारत की भूमिका पाकिस्तान, उत्तर कोरिया से अलग एक उत्तरदायी तकनीकी संपन्न और स्थायी लोकतंत्र की है।

### समझौते का प्रभाव

- भारत एवं अमेरिकी संबंधों में वर्ष 2008 सिविल परमाणु समझौते की ऐतिहासिक उपलब्धि के लिए याद रखा जाएगा, क्योंकि वर्ष 1974 से अमेरिका ने भारत पर परमाणु ईंधन तथा तकनीकी आपूर्ति पर प्रतिबंध लगा रखा था, जो समझौते के साथ समाप्त हो गया। **समझौता निम्न रूपों में संपन्न किया गया-**
  - भारत ने अपने सैन्य और असैन्य परमाणु रिएक्टरों का अलगाव किया तथा यह निर्धारित करने का अधिकार भारत को है कि कौन सा रिएक्टर ऊर्जा उत्पादन के लिए है।
  - अमेरिका ने समझौते के लिए अपने वर्ष 1954 के घरेलू ऊर्जा अधिनियम के प्रावधानों में संशोधन किया, जिसे लोकप्रिय रूप में प्रावधान-1, 2, 3 आदि के रूप में भी जाना जाता है।
  - समझौते को क्रियान्वित करने हेतु भारत ने अंतर्राष्ट्रीय परमाणु ऊर्जा एजेंसी (IAEA) से एक विशेष समझौता किया, जिसके द्वारा अंतर्राष्ट्रीय परमाणु ऊर्जा एजेंसी (IAEA) भारत के ऊर्जा उत्पादन करने वाले सिविल रिएक्टरों की जांच करेगा।
  - अंतर्राष्ट्रीय परमाणु ऊर्जा एजेंसी के साथ भारत को विशेष समझौता करना पड़ा, क्योंकि भारत, परमाणु अप्रसार संधि (NPT) पर हस्ताक्षर करने वाला राष्ट्र नहीं है।
  - समझौते को क्रियान्वित करने हेतु परमाणु आपूर्ति कर्ता देशों के समूह (NSG) ने भारत के पक्ष में प्रस्ताव पारित किया। एन.एस.जी. उन 45 देशों का एक अनौपचारिक समूह है, जिनके पास परमाणु तकनीक एवं ईंधन हैं तथा एन.एस.जी. के द्वारा उन्हीं देशों को परमाणु तकनीक तथा ईंधन की आपूर्ति की जाती है, जिन्होंने परमाणु अप्रसार संधि (NPT) पर हस्ताक्षर कर

दिए हों। परंतु भारत, एकमात्र राष्ट्र है, जिसे परमाणु अप्रसार संधि (NPT) पर हस्ताक्षर किए बिना परमाणु ईंधन और तकनीकी प्राप्त होगी।

- अंतत: इस समझौते को अमेरिका के दोनों सदनों ने पारित कर दिया।

  अत: बुश प्रशासन के द्वारा वर्ष 2005 में किया गया समझौता, वर्ष 2008 में क्रियान्वित हो गया। यह समझौता व्यावहारिक रूप में वर्ष 2015 में अमेरिकी राष्ट्रपति ओबामा की भारत यात्रा के दौरान लागू किया गया। वर्ष 2010 में भारत के द्वारा भारत में परमाणु दुर्घटना से होने वाले नुकसान की भरपाई के लिए परमाणु उत्तरदायित्व अधिनियम का निर्माण किया, जिसमें यह उल्लेखित किया गया कि परमाणु दुर्घटना से होने वाले नुकसान की भरपाई का दायित्व विदेशी कंपनियों का होगा, जिस पर अमेरिका के द्वारा आपत्ति व्यक्त की गई थी। अमेरिका ने विदेशी कंपनियों के द्वारा भारत को यूरेनियम और रिएक्टर आपूर्ति की निगरानी करने का अधिकार मांगा था, जिसे ट्रैकिंग क्लाज भी कहा जाता है। ओबामा की भारत यात्रा के दौरान इन दोनों मुद्दों को सुलझा लिया गया। अमेरिका इस बात के लिए राजी हो गया कि परमाणु रिएक्टर की निगरानी अंतर्राष्ट्रीय परमाणु ऊर्जा एजेंसी के द्वारा होगा और परमाणु दुर्घटना से होने वाले नुकसान की भरपाई के लिए बीमा पूल का गठन किया जाएगा।

- भारत एवं अमेरिका परमाणु समझौते (सिविल) के अंतर्गत् अमेरिका के घरेलू परमाणु अधिनियम, 1954 में संशोधन किया गया तथा वर्ष 2006 में सीनेटर 'हेनरी हाइड' ने इस अधिनियम के प्रावधानों में संशोधन किए। इसलिए वर्ष 1954 के अधिनियम और हाइड अधिनियम में अंतर आ गया, **जो इस प्रकार हैं**-
  - वर्ष 1954 के अधिनियम में भारत के परमाणु परीक्षण पर किसी प्रकार का प्रतिबंध नहीं था, लेकिन हाइड एक्ट में यह वर्णित है कि दक्षिण एशिया में परमाणु हथियारों के भंडार में कमी की जाएगी और अंतत: इसे समाप्त किया जाएगा। इस अधिनियम में यह भी प्रावधान है कि भारत के असुरक्षित परमाणु केंद्रों में विखंडनीय पदार्थों के उत्पादन को नियंत्रित किया जाएगा। इन्हीं प्रावधानों के कारण आलोचकों ने कहा कि अमेरिका का मूल उद्देश्य भारत की परमाणु क्षमता को सीमित करना है। वह सिविल परमाणु समझौते के द्वारा भारत को परमाणु अप्रसार के दायरे में लाने का प्रयास कर रहा है।
  - वर्ष 1954 के अधिनियम के प्रावधान-1, 2, 3 के अंतर्गत् उल्लिखित था कि भारत एवं अमेरिका सिविल समझौता समाप्त होने के बाद भारत को परमाणु ईंधन की आपूर्ति समाप्त नहीं होगी तथा वह अन्य देशों से भी ईंधन की आपूर्ति कर सकता है, जबकि हाइड अधिनियम में यह कहा गया कि भारत एवं अमेरिका समझौता समाप्त होने के बाद अमेरिका अन्य देशों द्वारा प्रदत्त तकनीक और ईंधन की आपूर्ति को भी प्रतिबंधित करेगा।
- समझौते के बारे में कुछ लोगों का तर्क बिल्कुल उल्टा है। इनके अनुसार, भारत एवं अमेरिका सिविल परमाणु समझौते का उद्देश्य भारत की सामरिक क्षमता में बढ़ोत्तरी करना है, क्योंकि भविष्य में चीन की बढ़ती शक्ति को संतुलित करना, अमेरिका का मूल उद्देश्य है और इसमें आंशिक सच्चाई है। इसलिए चीन ने इस समझौते का विरोध किया तथा उसने आयरलैंड और ऑस्ट्रिया जैसे छोटे देशों को इस समझौते के विरुद्ध उकसाया। जब समझौता संपन्न होने लगा, तो उसने रणनीतिक परिवर्तन करके यह कहा कि पाकिस्तान को भी ऐसी सुविधा प्राप्त होनी चाहिए।

### अमेरिकी राष्ट्रपतियों की भारत यात्रा

1. आईजनहावर–1956
2. जिमी कॉर्टर–1979
3. बिल क्लिंटन–2000
4. जॉर्ज बुश–2005
5. ओबामा–2010
6. ओबामा–2014

### भारत और अमेरिका का कॉमकासा करार

- भारत और अमेरिका के मध्य 6 सितंबर, 2018 को कॉमकासा करार हुआ। यह एक रक्षा-संधि है। (Communications Compatibility and Security Agreement, COMCASA)

  इससे अमेरिका अपनी गोपनीय सुरक्षा तकनीक भारत को मुहैया कराएगा। सेना के लिए अमेरिका से अत्याधुनिक संचार-प्रणाली मिलगी। अमेरिका के बेहद उन्नत युद्धक विमानों का निर्माण भारत में हो सकेगा।

## भारत-रूस संबंध

- रूस क्षेत्रफल में विश्व का सबसे बड़ा देश है। यह भूतपूर्व सोवियत संघ का उत्तराधिकारी राज्य है। यूरोप तथा एशिया दोनों महाद्वीपों में फैला है। रूस भारत का परंपरागत गहरा मित्र रहा है। वर्तमान समय में रूस में प्रजातांत्रिक, उदारवादी व्यवस्था विद्यमान है। भूतपूर्व सोवियत संघ द्वारा पोषित समाजवादी विचारधारा का प्रभाव विकासशील देशों पर प्रभाव पड़ा है।

- सोवियत संघ ने छोटी अवधि में तीव्र आर्थिक एवं तकनीकी विकास किया था। सोवियत संघ का इतिहास कभी भी साम्राज्यवादी अथवा उपनिवेशवादी नहीं था। सोवियत संघ में राज्य नियंत्रित आर्थिक प्रणाली तथा एक दलीय शासन प्रणाली का प्रयोग किया गया, जबकि भारत में एक लोकतांत्रिक व्यवस्था के अंतर्गत् समाजवाद का लक्ष्य प्राप्त करने का प्रयत्न किया गया।
- सोवियत नेता स्टालिन के अनुसार, 'जो समाजवाद के साथ नहीं है, वह पूंजीवादी है।' अत: स्टालिन ने भारत एवं पंडित जवाहरलाल नेहरू को पूंजीवादी व्यवस्था का समर्थक माना। अत: आरंभ में भारत-सोवियत संघ के बीच संबंध मित्रतापूर्ण नहीं थे।

## मित्रतापूर्ण संबंधों की शुरूआत

- वर्ष 1953 में सोवियत संघ में ख्रुश्चेव ने शासन सत्ता संभाली और उन्होंने शांतिपूर्ण सहअस्तित्व की मान्यता को स्वीकार किया तथा यह भी माना कि भारत पूंजीवादी व्यवस्था का समर्थक नहीं है। उन्होंने भारत की गुटनिरपेक्ष विदेश नीति का समर्थन किया तथा कश्मीर मुद्दे पर भी भारतीय दृष्टिकोण का समर्थन किया।
- यह उल्लेखनीय है कि भारत की आर्थिक प्रणाली सार्वजनिक उद्यमों की प्राथमिकता पर आधारित थी। अत: सोवियत संघ ने भारत में सार्वजनिक उद्यमों की स्थापना में सहयोग किया और भारत-सोवियत संघ के बीच संबंध लगातार मधुर होते गए।
- वर्ष 1962 के भारत-चीन युद्ध के दौरान सोवियत संघ ने चीन का समर्थन नहीं किया। सोवियत संघ के अनुसार, 'यह युद्ध समाजवाद और पूंजीवाद के बीच नहीं था, बल्कि यह दो देशों के बीच का युद्ध था।' वर्ष 1965 में भारत-पाकिस्तान युद्ध के बाद दोनों देशों के बीच ताशकंद समझौता हुआ, जो सोवियत संघ की मध्यस्थता में संपन्न हुआ।
- इसके बाद भारत-सोवियत संघ के मध्य संबंध मधुर होने लगे और इस युद्ध के बाद अमेरिका ने भारत पर हथियारों की आपूर्ति पर प्रतिबंध लगा दिया, जिससे भारत हथियारों की आपूर्ति के लिए सोवियत संघ पर निर्भर होने लगा। यह उल्लेखनीय है कि वर्ष 1962 के भारत-चीन युद्ध के बाद भारतीय सेनाओं के आधुनिकीकरण की आवश्यकता थी।

### मधुर मित्रतापूर्ण सामरिक संबंधों का विकास

- भारत-सोवियत संघ के बीच वर्ष 1971 की शांति और मित्रता संधि के बाद संबंधों में गुणात्मक परिवर्तन हुआ। शीतयुद्ध के दौर में भारत-सोवियत संघ का सबसे बड़ा सामरिक सहयोगी बन गया। वर्ष 1971 के भारत-पाकिस्तान युद्ध के दौरान सोवियत संघ ने भारत को खुफिया सूचनाएं उपलब्ध कराई तथा संयुक्त राष्ट्र संघ सुरक्षा परिषद् में भी भारत का समर्थन किया।
- यह बिंदु ध्यान देने योग्य है कि वर्ष 1971 के दौरान अमेरिका-चीन-पाकिस्तान के बीच एक सामरिक त्रिकोण बन गया था, जिसके बाद भारत ने सोवियत संघ के साथ शांति एवं मित्रता की संधि की, जो भारत की सुरक्षा के लिए आवश्यक थी।
- वर्ष 1971 में इंदिरा गांधी को लोक सभा चुनाव में भारी सफलता प्राप्त हुई। वे भारत की प्रधानमंत्री बनीं तथा उन्होंने भारत में समाजवादी कार्यक्रमों को अपनाया। उन्होंने ''गरीबी हटाओ'' का नारा दिया, बैंकों का राष्ट्रीयकरण किया तथा राजाओं के प्रिवीपर्स (PrivyPurse) को समाप्त कर दिया।
- अत: इंदिरा गांधी ने घरेलू नीतियों में समाजवाद पर बल दिया तथा बाहरी संबंधों में भी समाजवाद को आगे बढ़ाया। भारत और सोवियत संघ के बीच संबंध इतने बेहतर हो गए कि वर्ष 1975 में भारत में लागू आपातकाल का सिक्किम के भारत में विलय (वर्ष 1975) का तथा वर्ष 1974 में भारत द्वारा शांतिपूर्ण परमाणु परीक्षण के बाद परमाणु क्षेत्र में भी भारत का समर्थन किया।
- वर्ष 1970 के बाद सोवियत संघ भारत का सबसे बड़ा व्यापारिक सहयोगी बन गया तथा भारत और सोवियत संघ के बीच रुपये-रूबल में व्यापार होता था तथा दोनों देशों ने एक-दूसरे का प्रबल समर्थन किया। वर्ष 1979 में सोवियत संघ द्वारा अफगानिस्तान में सैन्य हस्तक्षेप का भारत द्वारा विरोध नहीं किया गया।
- भारत हथियारों की आपूर्ति के लिए सोवियत संघ पर निर्भर हो गया, क्योंकि सोवियत संघ के हथियार सस्ते थे तथा उन्हें प्रदान करने के लिए सोवियत संघ ने कभी भी प्रतिकूल शर्तें नहीं थोपी। परंतु वर्ष 1990 में सोवियत संघ के विघटन के बाद उसके उत्तराधिकारी रूस के साथ नवीन आधारों पर संबंधों का विकास हुआ।

## शीतयुद्ध के बाद भारत-रूस संबंध

- वर्ष 1991 के बाद के विश्व में भारत-रूस के द्विपक्षीय व्यापार रुपये और रूबल पर आधारित नहीं रहे, बल्कि दोनों के बीच डॉलर के द्वारा व्यापार होने लगा। शीतयुद्ध के बाद विश्व में भारत और रूस के संबंध यथार्थ, व्यावहारिकता तथा पारस्परिकता पर आधारित हैं, वैचारिक सुदृढ़ता इसका आधार नहीं है।
- बोरिस येल्तसिन ने विदेश नीति में यूरोपीय और अमेरिकी

राज्यों को प्राथमिकता प्रदान की, क्योंकि रूस को आर्थिक सुधारों के लिए भारी मात्रा में आर्थिक सहायता की आवश्यकता थी। रूसी विदेश नीति में भारत और एशिया को तुलनात्मक रूप में कम महत्व दिया गया।

- शीतयुद्धोत्तर विश्व में भारत में भी आर्थिक सुधार और उदारीकरण की नीति अपनाई गई। इस संदर्भ में अमेरिका ने भारत की आर्थिक सहायता की। अत: भारतीय विदेश नीति में भी यूरोप और अमेरिका के साथ संबंध को अत्यधिक महत्व दिया गया। परंतु सोवियत संघ के विघटन के पश्चात् भारतीय विदेश नीति के समक्ष निम्न समस्याएं उत्पन्न हुईं, जैसे-भारत के समक्ष आर्थिक संकट विद्यमान था तथा देश के समक्ष भुगतान संतुलन के संकट की समस्या बनी हुई थी।
- वर्ष 1991 के पहले भारत के निर्यात का मूल केंद्र सोवियत संघ था, परंतु सोवियत संघ के विघटन के बाद भारत को नए व्यापारिक सहयोगी की तलाश थी। शीतयुद्ध के दौरान भारत के हथियारों की आपूर्ति मूलत: सोवियत संघ के ऊपर निर्भर थी। सोवियत संघ के विघटन के बाद हथियारों की आपूर्ति भारत की सुरक्षा के लिए महत्वपूर्ण थी।
- वर्ष 1991 के बाद परमाणु मुद्दे पर रूस का खुला समर्थन प्राप्त नहीं हुआ, जिस प्रकार भारत को सोवियत संघ का समर्थन प्राप्त होता था।
- वर्ष 1991 के बाद रूस ने यूरोपीय देशों एवं अमेरिका के साथ संबंध सुदृढ़ करने पर महत्वपूर्ण बल दिया, परंतु रूस को पर्याप्त आर्थिक सहायता प्राप्त नहीं हुई। अमेरिका के बढ़ते प्रभाव के कारण पूर्वी यूरोप में नाटो का विस्तार हुआ, जिससे रूस इस क्षेत्र में अपना प्रभाव बनाए रखने के लिए सक्रिय हुआ।
- मध्य एशिया में अमेरिका की उपस्थिति के परिणामस्वरूप रूस ने भारत और चीन के साथ संबंधों को बेहतर कर अमेरिका को प्रतिसंतुलित करने पर बल दिया। रूस द्वारा जार्जिया पर किए गए हमले से स्पष्ट है कि वह इस क्षेत्र में अमेरिका की उपस्थिति को सीमित करना चाहता है।
- जार्जिया और यूक्रेन को अमेरिका द्वारा प्रस्तावित नाटो की सदस्यता का रूस विरोधी है। वर्ष 1995 के पश्चात् रूसी विदेश नीति में पुन: भारत और एशियाई देशों के साथ संबंध बनाने पर बल प्रदान किया गया, जिससे उसकी यूरोप, अटलांटिक केंद्रित विदेश नीति में परिवर्तन आया।
- रूसी राष्ट्रपति बोरिस येल्तसिन द्वारा भारत के साथ संबंधों को बेहतर करने की पहल की गई, परंतु वर्ष 1998 में भारत द्वारा किए गए परमाणु परीक्षण की रूस के द्वारा आलोचना की गई। परमाणु अप्रसार संधि तथा समग्र परमाणु परीक्षण संधि पर भी रूस ने भारत का खुला समर्थन नहीं किया। इसलिए भारत-रूस संबंधों में परिवर्तन स्पष्ट रूप में दिख रहा था। परंतु वर्ष 1998 के परमाणु परीक्षण के बाद रूस ने भारत पर लगाए गए कड़े आर्थिक प्रतिबंधों का समर्थन नहीं किया।

## सामरिक संबंधों के नए युग की पुन: शुरूआत

- वर्ष 2000 के दिल्ली घोषणा-पत्र में भारत एवं रूस सामरिक संबंधों को और मजबूत करने का निर्णय लिया गया तथा व्लादिमीर पुतिन ने भारत के साथ संबंधों को सुदृढ़ करने पर अत्यधिक बल दिया। भारत एवं रूस के मध्य वर्ष 2000 से प्रत्येक वर्ष वार्षिक सामरिक शिखर वार्ता आयोजित होती है।
- वर्ष 2008 में भारत में 'रूस का वर्ष' के रूप में तथा वर्ष 2009 में रूस में 'भारत का वर्ष' के रूप में मनाया गया। दिसंबर, 2011 में भारतीय प्रधानमंत्री डॉ. मनमोहन सिंह ने मॉस्को की यात्रा की, जो भारत एवं रूस के मध्य सदाबहार संबंधों का स्पष्ट उदाहरण है कि भारत और रूस के मध्य सामरिक संबंध अत्यंत प्रगाढ़ और मित्रतापूर्ण हैं।
- दिसंबर, 2008 में रूसी राष्ट्रपति की भारत यात्रा के दौरान इस रक्षा सहयोग को वर्ष 2020 तक बढ़ाने का निर्णय लिया गया, जो वर्ष 2010 में समाप्त होने वाला था। भारत और रूस के मध्य संयुक्त अनुसंधान, विकास, विपणन और तकनीकी हस्तांतरण पर भी समझौता किया गया है तथा प्रक्षेपास्त्र, विकास एवं उड्डयन के क्षेत्र में भी भारत और रूस के मध्य परस्पर सहयोग हो रहा है।

## सैन्य संबंध

- शीतयुद्धोत्तर विश्व में भी भारत अपनी सैन्य आवश्यकताओं का लगभग 70 प्रतिशत भाग रूस से आयात करता है और दोनों देशों के मध्य रक्षा संबंध क्रेता-विक्रेता तक सीमित नहीं हैं, बल्कि हथियारों का संयुक्त उत्पादन भी दोनों देशों के द्वारा किया जाता है एवं दोनों देश मिलकर पांचवीं पीढ़ी के युद्धक विमान का विकास कर रहे हैं और ब्रह्मोस प्रक्षेपास्त्र निर्माण के लिए संयुक्त उद्यम स्थापित किया गया है। भारत S-400 मिसाइल रक्षा प्रणाली रूस से खरीद रहा है।
- भारत एवं रूस के मध्य अंतरिक्ष, परमाणु शक्ति, दूरसंचार एवं तकनीकी क्षेत्र में भी सहयोग हो रहा है। शीतयुद्धोत्तर विश्व में भारत, दुनिया के सबसे बड़े हथियारों के बाजारों में से एक है। शीतयुद्धोत्तर विश्व में भारत और चीन के द्वारा रूस से रक्षा सामग्री के आयात के कारण रूसी

कारखाने बंद नहीं हुए, क्योंकि सोवियत संघ के विघटन के बाद रूस की आर्थिक स्थिति अत्यंत दयनीय थी। यदि भारत और चीन, रूस से हथियार न खरीदते तो रूस के कारखाने बंद होने के कगार पर थे।

## लोगों के बीच का संबंध

(People to People Contact)

- भारत एवं पूर्व सोवियत संघ के मध्य राजनीतिक, सामरिक एवं सांस्कृतिक संबंध भी अत्यधिक मधुर थे और सांस्कृतिक संबंधों को बेहतर करने के लिए अनेक उपाय अपनाए गए हैं। मॉस्को में भारतीय दूतावास में पंडित जवाहरलाल नेहरू द्वारा सांस्कृतिक केंद्र की स्थापना की गई, जिसके द्वारा रूस की सभी संस्थाओं के साथ संबंध स्थापित किए गए हैं।
- मॉस्को में स्थिति दर्शनशास्त्र संस्थान में भारतीय दर्शन के अध्ययन हेतु महात्मा गांधी पीठ स्थापित की गई। रूसी के लगभग 20 संस्थाओं में 1,500 रूसी विद्यार्थियों को हिंदी की शिक्षा दी जाती है तथा रूसी लोगों में भारतीय नृत्य, संगीत, योग और आयुर्वेद के प्रति अत्यधिक रुचि है और लोगों में आदान-प्रदान को बढ़ावा देने के लिए वर्ष 2008 में भारत में रूसी वर्ष तथा वर्ष 2009 में रूस में भारत वर्ष मनाया गया।
- वर्ष 2011 में रवींद्रनाथ टैगोर की 150वीं जयंती के अवसर पर रूस में भारतीय संस्कृति का उत्सव तथा वर्ष 2012 में भारत में रूसी संस्कृति का उत्सव मनाया गया, क्योंकि वर्ष 2012 में भारत एवं रूस के कूटनीतिक संबंधों की स्थापना के 65 वर्ष हो गए। रूस में लगभग 15,000 भारतीय मूल के लोग निवास करते हैं तथा लगभग 4,500 भारतीय विद्यार्थी रूस की मेडिकल एवं तकनीकी संस्थाओं में अध्ययन कर रहे हैं।

## आर्थिक मुद्दा

- शीतयुद्धकालीन विश्व में भारत अपने निर्यात का 20 प्रतिशत हिस्सा केवल सोवियत संघ को करता था, परंतु शीतयुद्धोत्तर विश्व में भारत एवं रूस के मध्य द्विपक्षीय व्यापारिक संबंध आशानुरूप नहीं हैं।
- भारत एवं रूस के बीच सामरिक संबंध पहले से ही सुदृढ़ बने हुए हैं लेकिन द्विपक्षीय व्यापार महज, 10 बिलियन डॉलर है। दोनों देशों के बीच के व्यापार आज भी सरकारी व्यापार तक ही सीमित हैं। और भारत की निजी कंपनियां रूस के साथ व्यापार को प्राथमिकता नहीं दे रही है।
- भारत और रूस के मध्य वर्ष 2025 तक द्विपक्षीय व्यापार को 30 बिलियन डॉलर करने का लक्ष्य रखा गया है और यह द्विपक्षीय व्यापार भारत एवं चीन, भारत एवं अमेरिका और भारत एवं आसियान की तुलना में नगण्य है।
- रूस कच्चे हीरे का प्रमुख उत्पादक देश है, जबकि भारत के द्वारा कटे हुए हीरों का बड़ी मात्रा में निर्यात किया जाता है। इसके अतिरिक्त भारत द्वारा ऊर्जा आपूर्ति बनाए रखने के लिए रूस से गैस पाइप लाइन के समझौते पर भी विचार किया जा रहा है।
- विचारकों के अनुसार, दोनों देशों के मध्य प्रभावी व्यापारिक संबंध के **अभाव के निम्नलिखित कारण हैं-**
  (i) भारतीय व्यापारी रूस के प्रति अनिच्छुक दृष्टिकोण रखते हैं तथा वे दक्षिण-पूर्वी एशिया, यूरोप, अफ्रीका तथा लैटिन अमेरिकी देशों को प्राथमिकता दे रहे हैं।
  (ii) रूसी भाषा और वहां के कानूनों की भी जानकारी का अभाव है।
  (iii) रूसी अर्थव्यवस्था अभी भी तेल और गैस पर निर्भर हैं और गतिशीलता का अभाव है।
  (iv) वर्तमान आर्थिक संकट के युग में रूसी अर्थव्यवस्था ज्यादा संकटग्रस्त हुई है, क्योंकि आर्थिक मंदी के परिणामस्वरूप तेल और गैस की कीमतों में कमी हुई।
  (v) रूसी व्यापारी यूरोपीय देशों के साथ व्यापार को प्राथमिकता देते हैं, क्योंकि रूसी तेल और गैस के मूल आयातक देश यूरोपीय हैं।
  (vi) रूसी अर्थव्यवस्था में अभी भी पर्याप्त आर्थिक सुधार नहीं है और भारत ने रूस को बाजारवादी अर्थव्यवस्था का दर्जा दिया है। इसके बावजूद भारत में निजी क्षेत्र रूस के साथ व्यापारिक गतिविधियों में ज्यादा दिलचस्पी नहीं लेते।
  (vii) वर्तमान में अमेरिका और यूरोपीय देशों के द्वारा रूस पर आर्थिक प्रतिबंध लगाए गए है इसलिए भारत रूस व्यापारिक संबंधों में वृद्धि की संभावना है।
  (viii) यह भी उल्लेखनीय है कि भारत के द्वारा ईरान से रूस के बीच अंतर्राष्ट्रीय उत्तर-दक्षिण परिवहन गलियारा (International North–South Transport Corridor) के निर्माण पर बल दिया जा रहा है, जिससे भारत और रूस के बीच की भौगोलिक दूरी कम होगी और व्यापार बढ़ेगा।

## कश्मीर मुद्दा

- पूर्व-सोवियत संघ ने कश्मीर मुद्दे पर भारत का सदैव समर्थन किया तथा कश्मीर को भारत का अभिन्न अंग माना। सुरक्षा परिषद् में कश्मीर मुद्दे पर सोवियत संघ ने भारत के पक्ष में वीटो किया और शीतयुद्धोत्तर विश्व में रूस ने भी इसी परंपरागत नीति का पालन किया।

- रूस ने कश्मीर में प्रायोजित सीमापार आतंकवाद का विरोध किया तथा वर्ष 1999 में कारगिल मुद्दे पर भारत का स्पष्ट समर्थन किया। रूस ने कभी भी पाकिस्तान में चीन के द्वारा भारत को प्रतिसंतुलित करने का समर्थन नहीं किया तथा आज भी दक्षिण एशिया में भारत को रूस सर्वाधिक महत्व प्रदान करता है।

**आतंकवाद** (Terrorism)

- भारत एवं रूस दोनों देश आतंकवाद से ग्रस्त हैं। रूस में रूसी मूल के लोगों का बहुमत है, परंतु रूस के एक स्वायत्त क्षेत्र चेचेन्या में मुस्लिम जनसंख्या बहुमत में है। इसलिए चेचेन्या के द्वारा रूस से अलगाव की मांग की जा रही है। रूस में चेचेन्या का क्षेत्र आतंकवाद से प्रभावित है तथा रूस के अनुसार, कश्मीर में आतंकवाद सीमापार से प्रायोजित है।
- सितंबर, 2001 के पश्चात् भारत और रूस ने आतंकवाद को रोकने के लिए आपस में समझौता किया। 26 नवंबर, 2008 को मुंबई आतंकी हमले की रूस ने कड़ी निंदा की तथा रूस ने आतंकवाद से निपटने के लिए प्रयोग किए जा रहे दोहरे मानदंडों का विरोध किया।
- रूस और भारत दोनों अफगानिस्तान में आतंकवाद को समाप्त करने के लिए परस्पर सहयोग कर रहे हैं। अफगानिस्तान में उभरने वाला आतंकवाद रूस के चेचेन्या तथा भारत के कश्मीर को प्रभावित करता है।

**परमाणु मुद्दा** (Nuclear Issues)

- वर्ष 1974 के बाद भारत और रूस के बीच परमाणु क्षेत्र में उल्लेखनीय सहयोग हुआ। वर्ष 1974 के परमाणु परीक्षण के बाद सभी पश्चिमी देशों ने भारत के परमाणु कार्यक्रम पर प्रतिबंध लगा दिया था, परंतु इसके बाद भी सोवियत संघ के द्वारा भारत को परमाणु ऊर्जा के विकास में सहायता प्रदान की गई।
- लेकिन वर्ष 1991 के बाद रूस के द्वारा परमाणु क्षेत्र में भारत का एकतरफा समर्थन नहीं किया गया। शीतयुद्धोत्तर विश्व में परमाणु अप्रसार के मुद्दे पर रूस, अमेरिकी दृष्टिकोण का समर्थन करने लगा तथा रूस ने भी भारत पर एन. पी. टी. पर हस्ताक्षर करने के लिए दबाव बनाया। रूस ने भारत को क्रायोजेनिक इंजन (cryogenic engine) देने से इनकार कर दिया।
- वर्ष 1995 के बाद जब रूसी अर्थव्यवस्था सुदृढ़ हुई, तो रूस ने परमाणु अप्रसार के मुद्दे को वैश्विक मानते हुए इसे भारत के साथ संबंधों में बाधा नहीं बनने दिया (यह समझौता भारत और रूस के बीच वर्ष 1988 में हुआ)।
- इस समझौते का कई पश्चिमी देशों ने विरोध किया और उनके अनुसार, रूस इसके द्वारा एन. एस. जी. (NSG) के प्रावधानों का उल्लंघन कर रहा है। वर्ष 1998 के भारत के परमाणु परीक्षण की आलोचना रूस ने भी की, परंतु रूस ने भारत पर कड़े आर्थिक प्रतिबंध लगाने का समर्थन नहीं किया।
- भारत एवं अमेरिका सिविल परमाणु समझौते के पश्चात् रूस एवं भारत के मध्य परमाणु ऊर्जा के क्षेत्र में सहयोग की संभावनाएं और व्यापक हो गई हैं।

**सिविल परमाणु क्षेत्र में सहयोग**

- भारत में रूस के सहयोग से 'कुडनकुलम् परियोजना' का निर्माण किया गया तथा रूस के सहयोग से भविष्य में भारत के पूर्वी तटीय क्षेत्रों में छह नए रिएक्टर स्थापित करने पर भी विचार किया जा रहा है। रूस, भारत को परमाणु ईंधन देने वाला एक प्रमुख राष्ट्र है।
- रूस द्वारा परमाणु उत्तरदायी विधेयक के संबंध में कुछ असहमति व्यक्त की गई, जिसे भारत ने सुलझाने का प्रयत्न किया। रूस के अनुसार, परमाणु दुर्घटना की स्थिति में रिएक्टर देने वाला देश उत्तरदायी नहीं होगा। वर्ष 2015 में परमाणु उत्तरदायी विधेयक से संबंधित विवाद समाप्त हो गया, क्योंकि भारत के द्वारा दुर्घटना के बाद मुआवजा देने के लिए बीमा पूल के निर्माण की घोषणा की है।
- वर्ष 2017 में एन.एस.जी. में भारत की सदस्यता का अमेरिका, जर्मनी, फ्रांस, जापान जैसी महाशक्तियों के द्वारा समर्थन किया जा रहा है। जबकि चीन का तर्क है कि एन.एस.जी. की सदस्यता के लिए जिन देशों ने परमाणु अप्रसार संधि (NPT) पर हस्ताक्षर नहीं किया है। उनकी सदस्यता के लिए पृथक मानदंड का निर्धारण होना चाहिए। जिसके द्वारा चीन परोक्ष रूप में पाकिस्तान की सदस्यता का समर्थन कर रहा है।
- जबकि रूस ने चीन के इस दृष्टिकोण का समर्थन नहीं किया और रूस का मानना है कि एन.एरा.जी. की सदस्यता के भारत के मुद्दे को पाकिस्तान के साथ जोड़ने की आवश्यकता नहीं है। अत: रूस ने भारत की एन.एस.जी. सदस्यता का समर्थन किया है।

**ऊर्जा सुरक्षा** (Energy Security) **का मुद्दा**

- भारतीय अर्थव्यवस्था, विश्व की दूसरी सबसे तेजी से बढ़ती हुई अर्थव्यवस्था है तथा इस आर्थिक वृद्धि दर को बनाए रखने के लिए भारत को बड़ी मात्रा में ऊर्जा की आवश्यकता है, क्योंकि भारत, मूलत: तेल आयात पर निर्भर राष्ट्र है।
- वर्तमान में रूस ऊर्जा सुपर पावर के रूप में उभर रहा

है। वर्तमान में भारत एवं रूस संबंधों को व्यक्त करते हुए भारत के पूर्व पेट्रोलियम मंत्री ने कहा कि विगत् 50 वर्षों में रूस ने भारत के क्षेत्रीय अखंडता के निर्माण में योगदान दिया तथा आने वाले वर्षों में रूस, भारत की ऊर्जा सुरक्षा में सहायक होगा।

- पश्चिमी एशियाई क्षेत्रों में अस्थिरता व्याप्त है। इसलिए भारत एवं रूस के साथ बेहतर संबंध मध्य एशियाई देशों से भी तेल और गैस प्राप्त करने में सहायक होंगे। वर्तमान में भारत और अमेरिका के बीच रक्षा संबंध तीव्र गति से बढ़ रहे हैं और पिछले तीन वर्षों में भारत के लिए रक्षा सामग्री की आपूर्ति करने वाला सबसे बड़ा देश अमेरिका बन गया है।
- भारत अभी भी रूस के रक्षा हथियारों के आयात पर निर्भर है, परंतु भविष्य में रक्षा संबंध परिवर्तित होने की संभावना है और ऊर्जा संबंध को बेहतर बनाने की असीम संभावनाएं हैं, जो भविष्य में भारत-रूस संबंधों का मूल आधार हो सकता है।

**क्षेत्रीय मुद्दे** (Regional issues)

- रूस के द्वारा चीन के साथ अत्यधिक मधुर एवं मित्रतापूर्ण संबंध का विकास हो रहा है। जिससे अधिकांश क्षेत्रीय एवं वैश्विक मुद्दों पर रूस एवं चीन के दृष्टिकोण साझे हैं।
- अत: भारत एवं रूस के बीच अनेक क्षेत्रीय मुद्दों पर पृथक दृष्टिकोण देखे जा सकते हैं। दक्षिण चीन सागर के मुद्दे पर चीन रूस का समर्थक है। जबकि भारत नौवहन की स्वतंत्रता का समर्थन करता है।
- अफगानिस्तान में भारत के द्वारा तालिबानियों का समर्थन नहीं किया जाता, जबकि रूस का मानना है अफगानिस्तान में तालिबान के बजाए, आई.एस.आई.एस. मुख्य खतरा है।

## शंघाई सहयोग संगठन (SCO)

- सोवियत संघ के विघटन के बाद मध्य एशियाई राज्यों के साथ भी भारत के संबंध बेहतर हो चुके हैं। ताजिकिस्तान में भारत ने एक वायु सैनिक अड्डे के निर्माण का प्रस्ताव किया है। मध्य एशियाई देशों में प्राकृतिक गैस और तेल का विशाल भंडार भी पाया जाता है तथा इस क्षेत्र में प्रवेश के लिए रूस एक महत्वपूर्ण माध्यम है।
- रूस, चीन और मध्य एशियाई राज्यों के द्वारा इस क्षेत्र में आतंकवाद, पृथक्तावाद और कट्टरवाद का मुकाबला करने के लिए 'शंघाई-सहयोग परिषद्' की स्थापना की गई। वर्तमान में भारत इस संगठन का सदस्य बन गया है।
- इसलिए भारत और रूस के मध्य इस क्षेत्र में सहयोग अत्यधिक महत्वपूर्ण है। मध्य एशिया में भारत-कजाखस्तान और भारत-ताजिकिस्तान के मध्य सामरिक संबंध हैं। ताजिकिस्तान में भारत का सैनिक अड्डा भी है और ताजिकिस्तान के साथ गैस पाइप लाइन बिछाने का प्रस्ताव भी है।

**ब्रिक्स** (BRICS)

- ब्रिक्स के द्वारा भारत, ब्राजील, रूस, चीन एवं दक्षिण अफ्रीका के बीच आर्थिक एवं वैश्विक मुद्दों पर बहुपक्षीय सहयोग किया जाना है।
- ब्रिक्स विकास बैंक के द्वारा विकासशील देशों में आधारभूत संरचना के विकास के लिए आर्थिक सहायता दी जा रही है, जिससे वैश्विक अर्थव्यवस्था में अमेरिका के प्रभुत्व को भी नियंत्रित करने में सहायता प्राप्त होगी।

**महाशक्ति की आकांक्षा** (Assertive Policy)

- रूसी राष्ट्रपति व्लादीमीर पुतिन चौथी बार राष्ट्रपति के रूप में निर्वाचित हुए हैं। और इन्होंने रूस में निर्वाचन के दौरान यह कहा कि वे पश्चिमी देशों के मूल्यों को स्वीकार नहीं करेंगे। इसीलिए रूस एवं अमेरिका के बीच टकराव बढ़ रहा है। क्षेत्रीय एवं वैश्विक मुद्दों पर भी रूस स्वतंत्र दृष्टिकोण अपना रहा है।
- सीरिया ने असद को सत्ता से हटाने के अमेरिकी प्रयासों का जोरदार विरोध किया गया है। रूस के द्वारा यूक्रेन पर आक्रमण करके क्रीमिया पर नियंत्रण स्थापित करना भी रूस की आक्रामक विदेश नीति का परिचायक है।

**वैश्विक मुद्दे** (Global Issues)

- भारत और रूस दोनों का अंतर्राष्ट्रीय दृष्टिकोण समान है। बहुध्रुवीय विश्व व्यवस्था का समर्थन दोनों राज्य करते हैं। सुरक्षा परिषद् का लोकतंत्रीकरण एवं भारत की सदस्यता का समर्थन रूस के द्वारा सदैव किया गया।
- दोनों देशों ने मानवाधिकारों के आधार पर किसी भी राज्य के आंतरिक मामले में हस्तक्षेप का विरोध किया गया है। आतंकवाद एवं नशीले पदार्थों के व्यापार को प्रतिबंधित करने के लिए संयुक्त राष्ट्र संघ को मजबूत या महत्वपूर्ण बनाने का समर्थन किया जाता है।
- इनके अनुसार, आतंकवाद को किसी भी आधार पर औचित्यपूर्ण नहीं ठहराया जा सकता और पर्यावरणीय समस्या के समाधान के संदर्भ में दोनों यह मानते हैं कि समस्या का समाधान साझा लेकिन अलग-अलग उत्तरदायित्व द्वारा होना चाहिए।
- भविष्य में भारत एवं रूस के मध्य संबंधों के बेहतर होने की संभावना है, क्योंकि दोनों देशों के मध्य ऊर्जा और रक्षा सहयोग बने रहेंगे तथा क्षेत्रीय एवं वैश्विक मामलों

पर दोनों देशों के मध्य का साझा दृष्टिकोण बेहतर संबंधों की आधारशिला रखते हैं।

## 'रूस-चीन सामरिक संबंध' और 'भारत- अमेरिकी सामरिक संबंध' का भारत-रूस संबंधों पर प्रभाव

- भारत एवं रूस के मध्य सामरिक संबंध प्रगाढ़ और मित्रतापूर्ण हैं, परंतु दोनों देशों के संबंधों का आधार अब पारस्परिक और यथार्थवादी है तथा राष्ट्रीय हितों से पूर्णतया प्रेरित हैं, क्योंकि भारत एवं रूस के मधुर संबंधों के बावजूद अब भारत केवल रूसी हथियारों पर ही निर्भर नहीं है, बल्कि अमेरिका और इजरायल से भी हथियारों की खरीद कर रहा है।
- किसी भी देश के लिए हथियारों की आपूर्ति के लिए एक ही स्रोत पर निर्भर होना राष्ट्रीय हितों के अनुकूल नहीं है। इसलिए भारतीय विदेश नीति में भी यथार्थवाद प्रभावी है। विचारकों के अनुसार, अमेरिका का मूल उद्देश्य भारतीय हथियारों के बाजार से रूस को बाहर करना है। अब अमेरिका ने भी प्रस्ताव किया है कि वह भारत के साथ हथियारों के संयुक्त अनुसंधान और विकास हेतु समझौता करने का इच्छुक है।
- दूसरी ओर, रूसी विदेश नीति में भी यथार्थवाद प्रभावी है तथा व्लादिमीर पुतिन के सत्ता में आने के पश्चात् रूसी अर्थव्यवस्था का तीव्र गति से विकास हुआ। रूस ने 'गोर्शकोव' नामक युद्धक जलपोत की कीमत 1.5 बिलियन डॉलर बढ़ाने का निर्णय लिया।
- यह बिंदु ध्यान देने योग्य है कि 'गोर्शकोव' का समझौता भारत ने उस समय किया था, जब रूसी अर्थव्यवस्था अत्यंत संकटग्रस्त थी। वर्ष 2000 के बाद रूस और चीन के बीच आर्थिक और सामरिक संबंधों में तीव्र वृद्धि हुई और चीन, रूस का सबसे प्रभावी सामरिक सहयोगी बन गया।
- चीन के द्वारा रूस से हथियारों का आयात किया गया तथा चीन, विश्व में तेल और गैस आयात करने वाला सबसे बड़े देशों में एक है और रूसी अर्थव्यवस्था तेल एवं गैस के निर्यात पर निर्भर है और दोनों देशों के बीच तेल पाइप लाइन बिछाने का समझौता किया गया है। रूस के द्वारा चीन को वे हथियार प्रदान किए जा रहे हैं, जो पहले केवल भारत को ही प्रदान किए जाते थे। चीन इन हथियारों को पाकिस्तान को प्रदान करता है।
- एक उल्लेखनीय प्रगति के अंतर्गत् वर्ष 2015 में रूस के द्वारा पाकिस्तान को भी सैनिक सहायता देने का संकेत दिया गया है। यद्यपि ऐसा नहीं हुआ। इसलिए भारत-रूस संबंधों पर इसका प्रभाव स्वाभाविक है, परंतु भारत के द्वारा भी अमेरिका के साथ सामरिक संबंधों पर महत्वपूर्ण बल दिया जा रहा है।
- वर्ष 2014 में भारत के लिए हथियारों का निर्यात करने वाला सबसे बड़ा देश अमेरिका बन गया और इन परिवर्तनों के बावजूद भारत एवं रूस के मध्य अभी भी संबंध मित्रतापूर्ण और मधुर हैं, परंतु विचारधारा या भावना के बजाय, अब यथार्थ एवं व्यावहारिकता प्रभावी है।

## भारत-रूस संबंध और अमेरिका

- भारत रूस संबंध आज भी सदाबहार और मित्रतापूर्ण है और रूस का फिलहाल भारत के लिए कोई विकल्प नहीं है और भारतीय सेनाओं की लगभग 60 प्रतिशत सैन्य सामग्री की आपूर्ति रूस के द्वारा होती है और सुखोई, आईएनएस अरिहन्त, आईएनएस विक्रमादित्य रूस द्वारा प्रदान किए गए अत्यधिक महत्वपूर्ण और संवेदनशील सैन्य सामग्री है।
- भारत और रूस के बीच ब्रह्मोस प्रक्षेप्रास्त्र का साझा उत्पादन भी हो रहा है और पांचवीं पीढ़ी के युद्धक विमान और S-400 मिसाइल रक्षा प्रणाली के मुद्दे पर भी वार्ता हो रही है और वर्तमान में सामरिक सहभागिता की नीति के अंतर्गत रक्षा सहयोग में निजी क्षेत्रों की सहभागिता से रक्षा संबंध और प्रगाढ़ होंगे।
- वर्तमान में अमेरिका और पश्चिमी देशों के द्वारा रूस को जी-8 से निलंबित कर दिया गया है। पश्चिमी देशों ने रूस के ऊपर भारी प्रतिबंध आरोपित कर दिए हैं और अमेरिका, भारत से यह अपेक्षा करता है कि भारत भी रूस के साथ व्यापारिक संबंधों को स्थगित करे, परंतु भारत-रूस के व्यापारिक और रक्षा संबंध आगे बढ़ रहे हैं।
- अत: भारतीय सरकार के लिए भारत-रूस संबंध महत्वपूर्ण चुनौती बनी हुई है, क्योंकि अमेरिका, भारत के लिए अत्यधिक महत्वपूर्ण है तथा रूस की अनदेखी करना संभव नहीं है। भारत दोनों के साथ समानांतर संबंधों के विकास का प्रयत्न कर रहा है।
- वर्तमान में भारत का सर्वाधिक निकट सामरिक साझेदार संयुक्त राज्य अमेरिका बन चुका है। विगत 3 वर्षों में भारत के लिए रक्षा सामग्री आपूर्ति करने वाला सबसे बड़ा देश अमेरिका है। इस समय भारत का अमेरिका के साथ सबसे बड़ी संख्या में सैनिक अभ्यास आयोजित हो रहे हैं।
- अमेरिका, भारत और जापान के बीच मालाबार सैनिक अभ्यास का आयोजन अमेरिका, भारत, जापान और

ऑस्ट्रेलिया के बीच सामरिक सहयोग के चौकोण (Quadilateral) से यह प्रतीत होता है कि भारत, अमेरिका और जापान के बीच अत्यधिक निकट सामरिक संबंध का विकास हो चुका है। यह भी उल्लेखनीय है कि अमेरिका और जापान के सामरिक संबंध चीन के साथ नहीं है।

## भारत-रूस एवं चीन-रूस के संबंध

- भारत-रूस के मध्य परंपरागत एवं मित्रतापूर्ण संबंध रहे हैं और शीतयुद्ध ने विश्व में भारत-रूस सामरिक संबंधों के द्वारा भारत ने अमेरिका, चीन एवं पाकिस्तान को प्रतिसंतुलित किया। वर्ष 1960 से लेकर वर्ष 1990 के बीच रूस और चीन के बीच संबंध अत्यधिक कटु थे। परंतु शीतयुद्ध की समाप्ति के बाद रूस एवं चीन के बीच प्रभावी सामरिक संबंधों का विकास हुआ है।
- विशेष तौर पर वर्ष 2000 के बाद रूस एवं चीन के बीच सामरिक संबंध अत्यधिक मधुर हो चुके हैं। रूस के द्वारा चीन को वे हथियार प्रदान किए जा रहे हैं, जो पहले रूस केवल भारत को प्रदान करता था। इसके अतिरिक्त रूस के द्वारा प्रदान किए गए हथियार चीन के माध्यम से पाकिस्तान को भी प्राप्त हो रहे हैं।
- वर्तमान में रूस, पाकिस्तान से भी सैनिक संबंध बनाने की पहल कर रहा है। इससे रूस और भारत के परंपरागत संबंध प्रभावित होंगे। समकालीन युग में रूस का सबसे बड़ा सामरिक भागीदार चीन बन चुका है। दोनों के बीच लगभग 100 बिलियन डॉलर का द्विपक्षीय व्यापार है।
- चीन तेल और गैस का दूसरा बड़ा आयातक देश है। जबकि रूस की अर्थव्यवस्था तेल और गैस के निर्यात पर निर्भर है। रूस और चीन के बीच 400 बिलियन डॉलर के गैस पाइपलाइन का भी समझौता हुआ है।

## रूस एवं पाकिस्तान

- अमेरिका द्वारा रूस पर कड़े आर्थिक प्रतिबंध आरोपित किए गए हैं। इसलिए रूस का झुकाव चीन की ओर हो रहा है और रूस के द्वारा चीन को वह सैनिक सामग्री भी प्रदान की जाती है जो पहले भारत को दी जाती थी। वर्ष 2017 में पहली बार रूस के द्वारा पाकिस्तान को भी सैन्य हेलीकॉप्टर प्रदान किए गए। पठानकोट आतंकी हमले के बाद भारत के द्वारा पाकिस्तान को अलग-थलग करने का प्रयास किया गया। उस समय रूस ने पाकिस्तान के साथ सैन्य अभ्यास किया।
- यह उल्लेखनीय है कि भारत की सुरक्षा के लिए सबसे गंभीर खतरा चीन और पाकिस्तान से है। रूस और चीन के बीच बढ़ते सामरिक संबंध से पाकिस्तान को भी लाभ प्राप्त हो रहा है। क्योंकि चीन पाकिस्तान को हथियार आपूर्ति करने वाला सबसे बड़ा देश बन गया है।
- यह भी उल्लेखनीय है कि रूस, चीन को हथियार प्रदान कर रहा है, तो भारत के द्वारा अमेरिका, फ्रांस और इजरायल से भी भारी मात्रा में हथियार खरीदे जा रहे हैं। इसलिए वर्तमान संबंध यथार्थ और राष्ट्रीय हितों पर आधारित हैं। इन मतभेदों के बावजूद भारत-रूस के संबंध सदाबहार और मित्रतापूर्ण बने रहेंगे और रक्षा आपूर्ति के अलावा रूस, भारत के लिए ऊर्जा आपूर्ति का भी बहुत बड़ा स्रोत बनकर उभर रहा है।

## यूक्रेन संकट

- सोवियत संघ के विघटन के बाद सोवियत संघ में सम्मिलित पूर्व राज्यों में अभी भी रूसी मूल के लोग निवास करते हैं। रूस में आंतरिक रूप में भी नृजातीय संघर्ष बना हुआ है तथा रूस और अन्य राज्यों के बीच नृजातीय संघर्ष कायम हैं। इसी के परिणामस्वरूप रूस और जॉर्जिया के बीच हिंसक झड़पें हुईं तथा वर्तमान में रूस और यूक्रेन के बीच संघर्ष बना हुआ है।
- यूक्रेन के पूर्व राष्ट्रपति यूनाकोविच के द्वारा रूस के साथ बेहतर संबंध बनाने की रणनीति अपनाई गई, जबकि यूक्रेन के लोग पश्चिमी देशों के साथ बेहतर संबंध बनाने के समर्थक थे। यूक्रेन के लोगों द्वारा यूक्रेन के राष्ट्रपति को सत्ता से हटा दिया गया एवं उन्होंने रूस में जाकर शरण ली। परिणामस्वरूप रूस द्वारा क्रीमिया में सैनिक हस्तक्षेप किया गया।
- मार्च, 2014 में यूक्रेन के क्रीमिया क्षेत्र पर रूस द्वारा नियंत्रण कर लिया गया और रूसी सेना की उपस्थिति में क्रीमिया में जनमत संग्रह करा लिया गया। क्रीमिया में रूसी मूल के लोग अभी भी बहुमत में हैं। उल्लेखनीय है कि वर्ष 1954 में रूस के द्वारा क्रीमिया को यूक्रेन को सौंप दिया गया था।
- वर्तमान में रूसी सैनिकों द्वारा क्रीमिया पर नियंत्रण के साथ-साथ पूर्वी यूक्रेन पर भी नियंत्रण कर लिया गया और रूसी सेनाओं के द्वारा पूर्वी यूक्रेन में यूक्रेन विद्रोहियों का समर्थन किया गया तथा रूस के द्वारा यूक्रेन में सेनाओं का भेजना यूक्रेन की संप्रभुता के विरुद्ध है।
- रूस के अनुसार, यूक्रेन के पूर्व राष्ट्रपति यूनाकोविच को जानबूझकर सत्ता से बेदखल कर दिया गया और इनके द्वारा पश्चिमी देश यूक्रेन पर अपना प्रभाव बढ़ाने का प्रयत्न कर रहे थे, क्योंकि यूनाकोविच रूस के साथ संबंधों को प्रगाढ़ करने पर बल दे रहे थे।

- रूस के अनुसार, क्रीमिया का जनमत संग्रह वैधानिक व लोकतांत्रिक है। रूस ने यूरोपीय देशों से आयातित वस्तुओं पर प्रतिबंध लगा दिया है। रूस द्वारा चीन के साथ 400 बिलियन डॉलर की गैस पाइप लाइन का समझौता किया गया तथा रूस ने चीन के साथ युआन व रूबल में व्यापार का समझौता किया।
- रूस के अनुसार, पश्चिमी देशों ने सर्बिया से कोसोवो के अलगाव का समर्थन किया था, क्योंकि कोसोवो में जनमत संग्रह आयोजित किया गया था। इसलिए यूक्रेन का जनमत संग्रह भी वास्तविक है।
- पश्चिमी देशों ने क्रीमिया में कराए गए जनमत संग्रह को अवैधानिक माना। सुरक्षा परिषद् के प्रस्ताव में सभी पश्चिमी देशों ने रूस का विरोध किया तथा रूसी सेनाओं की यूक्रेन में तैनाती का विरोध किया। यूक्रेन संकट के कारण अमेरिका व रूस के संबंध वर्ष 1991 के बाद सर्वाधिक निम्नतम बिंदुओं पर आ गए हैं। रूस और पश्चिमी देशों के बीच अत्यधिक तनावपूर्ण संबंध हो गए हैं तथा रूस को जी-8 से निलंबित कर दिया गया है।

### चीन का दृष्टिकोण

- चीन, सुरक्षा परिषद् के मतदान में अनुपस्थित रहा। चीन ने न तो रूस का विरोध किया और न ही क्रीमिया में जनमत संग्रह कराने का समर्थन किया। चीन और रूस के बीच 400 बिलियन डॉलर के गैस पाइप लाइन का समझौता हुआ है। इसलिए रूस पर लागू प्रतिबंध का प्रभाव कम हो जाता है।

### भारत का दृष्टिकोण

- भारत द्वारा मध्यममार्गी विदेश नीति अपनाई गई। भारत व रूस के बीच के संबंध अत्यधिक महत्वपूर्ण व मित्रतापूर्ण हैं। इसलिए भारत ने रूस का विरोध नहीं किया तथा भारत ने यूक्रेन की एकता व अखण्डता का एवं भारत ने समस्या के शांतिपूर्ण समाधान का समर्थन किया।
- यद्यपि यूक्रेन संकट के बाद भारत-रूस संबंध में चुनौती उत्पन्न हुई है, क्योंकि भारत के संबंध अमेरिका एवं पश्चिमी देशों के साथ मित्रतापूर्ण एवं मधुर हैं। जबकि भारत-रूस संबंधों का प्रभाव भारत-अमेरिकी संबंधों पर पड़ रहा है, क्योंकि भारत-रूस व्यापारिक संबंधों से अमेरिका के आर्थिक प्रतिबंध का प्रभाव कम होता है।

## भारत और चीन

### चीन के शांतिपूर्ण उदय (Peaceful Rising of China)

(i) चीन पश्चिमी शक्तियों की भांति युद्ध, विस्तारवादी नीतियों तथा आक्रमणकारी नीतियों का प्रयोग नहीं करेगा।

(ii) अर्थव्यवस्था को आत्मनिर्भर बनाने के लिए आर्थिक विकास पर बल दिया जाएगा।

(iii) वैज्ञानिक प्रगति द्वारा चीन का विकास होगा, जिससे एक सामंजस्यपूर्ण समाज का निर्माण हो और शांतिपूर्ण सहयोगी विकास पर बल दिया गया। इसके अंतर्गत् चीन ने प्रत्येक राज्य के साथ सहयोग पर बल दिया।

(iv) चीन के राष्ट्रीय हित मानवता के साझे हितों से मिलते-जुलते हैं।

**मध्यम राज्य** (Middle Kingdom) **का सिद्धांत**

- इस सिद्धांत की मान्यताएं **निम्नलिखित हैं**-
  (i) चीन, स्वर्ग के सबसे निकट है।
  (ii) चीन की पौराणिक मान्यता के अनुसार धरती का केंद्रीय बिंदु है।
  (iii) चीनी जाति सभ्य एवं अन्य जातियां बर्बर हैं।

### माओ की पांच ऊंगलियों का सिद्धांत

- माओ के अनुसार, 'चीन हाथ है, तो तिब्बत हथेली। उस तिब्बत की पांच ऊंगलियां-नेपाल, भूटान, लद्दाख, सिक्किम और अरूणांचल प्रदेश हैं।'
- चीन ने वर्ष 1962 के युद्ध को साम्राज्यवाद और पूंजीवाद के बीच के युद्ध के रूप में प्रचलित किया।
- चीन वर्तमान राष्ट्रपति जी, जिंगपिंग ने 'मेरे स्वप्न' (My Dream) का नारा दिया।

### संबंधों का इतिहास

- भारत एवं चीन के मध्य भौगोलिक एवं सांस्कृतिक संबंध विद्यमान हैं। चीनी यात्रियों ह्वेनसांग और फाहियान ने भारतीय सभ्यता और सांस्कृतिक खोज के लिए भारत की यात्रा की तथा दोनों देश एशिया की दो बड़ी महाशक्तियां हैं। भारतीय प्रधानमंत्री नेहरू ने एशियाई-अफ्रीकी एकता को शक्तिशाली बनाने के लिए चीन के साथ मित्रतापूर्ण संबंधों पर प्रभावी बल प्रदान किया।
- वर्ष 1949 में चीन नामक साम्यवादी देश की स्थापना हुई, जिसका भारत ने समर्थन किया, जबकि शीतयुद्ध के दौरान अमेरिका ने चीन के संयुक्त राष्ट्र संघ में प्रवेश का विरोध किया। भारत ने संयुक्त राष्ट्र संघ में चीन की सदस्यता का समर्थन किया। वर्ष 1950 में चीनी सेनाओं ने तिब्बत पर नियंत्रण कर लिया, जिसके बाद भारत ने तिब्बत को चीन के एक स्वायत्त भाग के रूप में मान्यता प्रदान कर दी।

### भाई-भाई का संबंध

- भारत एवं चीन के बीच आरंभ में अत्यधिक मित्रतापूर्ण संबंधों का विकास हुआ, जिसका सबसे बड़ा उदाहरण दोनों देशों के बीच पंचशील का समझौता (वर्ष 1954) है, जो

भारतीय प्रधानमंत्री नेहरू और चीनी प्रधानमंत्री चाऊ एन लाई के बीच हुआ, **जिसके मुख्य बिंदु निम्नलिखित हैं-**

(i) एक-दूसरे की क्षेत्रीय अखंडता और संप्रभुता के लिए आपसी सम्मान की भावना पर आचरण करना।

(ii) एक-दूसरे पर आक्रमण न करना।

(iii) एक-दूसरे के आंतरिक मामलों में हस्तक्षेप न करना।

(iv) परस्पर समानता और मित्रता की भावना।

(v) शांतिपूर्ण सहअस्तित्व।

- दोनों देशों के बीच मित्रता का यह स्वर्णिम समय वर्ष 1955 के बाण्डुंग सम्मेलन में भी देखा गया, जिसे एशियाई अफ्रीकी सम्मेलन भी कहा गया।

## संबंधों में कड़वाहट

- चीन की विदेश नीति में यथार्थवाद अत्यधिक प्रभावी रहा है। इसलिए चीन ने पहले भारत एवं चीन सीमा पर अपनी स्थिति मजबूत कर लिया तथा कराकोरम राजमार्ग (वर्ष 1956-57) का भी निर्माण कर ली, उसके बाद चीन ने आधिकारिक रूप में कहा कि भारत एवं चीन सीमा का स्पष्ट विभाजन नहीं हुआ है। चीन ने मैकमोहन लाइन को भी अस्वीकार कर दिया। वर्तमान अरूणांचल प्रदेश को दक्षिणी तिब्बत कहा। जबकि चीन द्वारा पहले सीमा विवाद का कभी भी उल्लेख नहीं किया।
- वर्ष 1959 में तिब्बत में तिब्बतियों ने चीन के विरुद्ध विद्रोह कर दिया और दलाई लामा समेत लाखों तिब्बती भारत आ गए, जिससे चीन का दृष्टिकोण भारत के विरुद्ध और आक्रामक हो गया। चीन के द्वारा भारतीय सीमा पर अतिक्रमण होने लगा। अंततः सितंबर, 1962 में चीन ने भारत पर सैनिक आक्रमण कर दिया और अरूणांचल प्रदेश (जिसे पहले नेफा कहा जाता था) और लद्दाख क्षेत्र पर आक्रमण कर दिया। इस आक्रमण के बाद चीनी सेना ने एकतरफा युद्ध विराम घोषित कर दिया।
- इसके बाद भारत एवं चीन संबंध अत्यधिक शत्रुतापूर्ण हो गए। भारत के अनुसार, जब तक चीन भारतीय क्षेत्र को मुक्त नहीं करेगा, तब तक चीन के साथ संबंध सामान्य नहीं किए जाएंगे। चीन द्वारा इस आक्रमण के लिए भारतीय सेना और सरकार तैयार नहीं थी। इसलिए इसे विदेश नीति की बड़ी विफलता माना गया।
- वर्ष 1965 के भारत एवं पाकिस्तान युद्ध में चीन द्वारा पाकिस्तान का समर्थन किया गया तथा वर्ष 1971 के भारत एवं पाकिस्तान युद्ध में चीन ने खुलकर पाकिस्तान का समर्थन किया। वर्ष 1974 में भारत के शांतिपूर्ण परमाणु परीक्षण को परमाणु ब्लैकमेलिंग कहा तथा वर्ष 1975 में सिक्किम के भारत में विलय का भी विरोध किया।
- वर्ष 1976 में भारत एवं चीन संबंधों को सामान्य करने के लिए एक नई पहल हुई, क्योंकि इस वर्ष भारत ने चीन में राजदूत की नियुक्ति की। वर्ष 1962 के बाद भारत का चीन में कोई राजदूत नहीं था।
- लेकिन नए शीतयुद्ध के कारण जनता पार्टी सरकार चीन के साथ संबंध सामान्य नहीं कर सकी। तत्कालीन भारतीय विदेशमंत्री अटल बिहारी वाजपेयी ने चीन की यात्रा की, लेकिन चीन के द्वारा वर्ष 1979 में ही वियतनाम पर आक्रमण के बाद अटल बिहारी वाजपेयी भारत वापस आ गए।

## डेंगशियाऊ पिंग

- डेंगशियाऊ पिंग ने चीनी विदेश नीति में आर्थिक मुद्दों पर सर्वाधिक बल दिया तथा उन्होंने कहा कि सीमा विवाद जैसे मुद्दों को आने वाली पीढ़ी के लिए छोड़ दिया जाना चाहिए। अतः उन्होंने आर्थिक और राजनीतिक मुद्दों के बीच अलगाव करने का प्रयत्न किया।
- वर्ष 1980 के दशक में भारत ने भी यह महसूस किया कि सीमा पर दोनों ओर से चीन और पाकिस्तान के साथ विवाद भारत के हित में नहीं है। इसलिए भारतीय प्रधानमंत्री राजीव गांधी ने भारत एवं चीन संबंधों में सुधार के लिए उल्लेखनीय प्रयत्न किया।
- वर्ष 1988 में राजीव गांधी ने चीन की यात्रा की और कहा कि चीन के साथ आर्थिक और व्यापारिक संबंध बढ़ाए जाएंगे। सीमा विवाद के कारण चीन के साथ संबंधों को स्थगित नहीं किया जाएगा।

## शीतयुद्धोत्तर विश्व में भारत और चीन

- शीतयुद्धोत्तर विश्व में भारत और चीन के संबंध नॉन-जीरो-सम-गेम पर आधारित हैं।
- 21वीं शताब्दी में चीन का एक महाशक्ति के रूप में उदय, विश्व राजनीति की एक महत्वपूर्ण घटना है। भारतीय विदेश नीति पर इसका दीर्घकालिक प्रभाव देखा जा सकता है। क्योंकि चीनी विदेश नीति में विस्तारवादी महत्वाकांक्षा सदैव विद्यमान रही है।
- चीन की आर्थिक समृद्धि के परिणामस्वरूप चीन तेजी से अपना सैन्य आधुनिकीकरण कर रहा है। वर्तमान समय में चीन का रक्षा खर्च अमेरिका के पश्चात् विश्व में सर्वाधिक है।
- शीतयुद्धोत्तर विश्व में संबंधों में आशातीत सुधार हुआ है, लेकिन चीन के साथ बेहतर संबंधों को निर्मित करते हुए भारत को अपनी सामरिक क्षमता में निर्णायक वृद्धि करना होगा।
- शीतयुद्धोत्तर विश्व में भारत, दुनिया की दूसरी सबसे तेजी

से बढ़ती अर्थव्यवस्था है। दुनिया के 10 बड़े बाजारों में से एक है। इसलिए चीन ने भारत के प्रति अपनी नीति का पुनरावलोकन किया है।

- भारत ने भी यथार्थवादी दृष्टिकोण अपनाते हुए सीमा विवाद उपस्थित होने के बावजूद चीन के साथ अन्य क्षेत्रों में सुधार पर बल प्रदान किया है।

## सीमा विवाद का मुद्दा

- सीमा विवाद के संदर्भ में यह मान्यता सत्य प्रतीत होती है, क्योंकि भारत और चीन के मध्य समूची 4,057 किमी.की सीमा लाइन का अभी भी सीमांकन नहीं किया गया है। वर्ष 1988 की राजीव गांधी की यात्रा से सीमा विवाद के संदर्भ में भारतीय दृष्टिकोण में परिवर्तन हुआ, **जो निम्नलिखित हैं**-
- भारत एवं चीन के मध्य अरूणाचल क्षेत्र में '**मैकमोहन रेखा**' के द्वारा सीमा विभाजित होती है-
  (i) भारत और चीन के मध्य सीमा विवाद अभी भी मूल समस्या है। सीमा विवाद का समाधान एक जटिल समस्या है, जिसका समाधान परस्पर सहयोग के द्वारा किया जाएगा।
  (ii) अन्य क्षेत्रों में सहयोग बढ़ाने का प्रयास किया जाएगा।
- वर्ष 1988 से सीमा विवाद को सुलझाने के लिए एक संयुक्त कार्यदल की स्थापना हुई। वर्ष 1996 में नियंत्रण लाइन पर शांति और सद्भाव बनाए रखने का समझौता हुआ।
- वर्ष 2003 में अटल बिहारी वाजपेयी की चीन यात्रा के दौरान सीमा विवाद को सुलझाने के लिए विशेष प्रतिनिधियों की नियुक्ति हुई।
- चीन की नीति भारत पर दबाव बनाने की है, **जिसके उदाहरण निम्नलिखित हैं**-
  (i) चीन ने विश्व के अधिकांश देशों के साथ सीमा विवाद सुलझा लिया है, जबकि भारत के साथ यह विवाद अभी भी बना हुआ है।
  (ii) चीन, विश्व के समक्ष यह प्रदर्शित करना चाहता है कि सीमा विवाद के समाधान न हो पाने का मूल कारण भारत है।
  (iii) चीन पहले पश्चिमी सेक्टर में विवाद के समाधान पर मूल बल देता था, लेकिन वर्तमान में वह पूर्वी सेक्टर पर ज्यादा बल दे रहा है। चीन के द्वारा दौलत बेग ओल्डी क्षेत्र में सीमा का अतिक्रमण किया गया।
  (iv) सीमा विवाद सुलझाने में पहले इस बिंदु पर हम सहमत हुए थे कि जनसंख्या वाले क्षेत्रों का फेरबदल नहीं होगा, परंतु बाद में चीन इस समझौते से मुकर गया।
  (v) विवाद को सुलझाने के लिए किसी निश्चित समय सीमा का निर्धारण नहीं किया गया।
  (vi) भारत के अनुसार, सीमा का समाधान सेक्टर के अनुसार, जबकि चीन 'पैकेज डीलिंग' (Package Dealing) पर बल दे रहा है।
  (vii) चीन अभी भी 90,000 वर्ग किमी. भारतीय क्षेत्रफल पर अपना दावा प्रस्तुत करता है तथा अरूणांचल प्रदेश के 'तवांग क्षेत्र' पर भी वह दावा कर रहा है। इससे स्पष्ट है कि चीन समस्या समाधान के लिए भारत पर निरंतर दबाव बनाए रखना चाहता है।
  (viii) चीन ने अक्साई चिन क्षेत्र पर नियंत्रण कर रखा है।
- वर्ष 1962 के युद्ध के पश्चात् चीन ने भारतीय भू-भाग के अत्यंत महत्वपूर्ण भागों पर नियंत्रण कर लिया है, जिसमें लद्दाख एवं तिब्बत के मध्य 10 महत्वपूर्ण दर्रे हैं, जिनसे भारत एवं तिब्बत के मध्य आवागमन होता था। हिमाचल प्रदेश के शिपकीला दर्रे पर दावा प्रस्तुत कर रहा है। यह बिंदु ध्यान देने योग्य है कि पाकिस्तान अधिकृत कश्मीर का कुछ भाग चीन को पाकिस्तान ने सौंप दिया है। इस क्षेत्र में गिलगित, शिनकियांग के मध्य कराकोरम पहाड़ियों में अनेक दर्रों पर चीन ने नियंत्रण कर लिया है।
- भारत और चीन के पारस्परिक संबंधों में कुछ खटास नवंबर, 2012 में उस समय आई, जब चीन ने अपने नागरिकों को जारी किए जा रहे ई-पासपोर्टो के पृष्ठों पर वाटर मार्क वाले मानचित्रों पर अरूणाचल प्रदेश व अक्साई चिन को अपना भू-भाग दर्शाया।
- भारत के इन क्षेत्रों पर चीन अपना दावा यद्यपि पहले ही करता रहा है तथा इसके लिए वर्ष 1962 में भारत के साथ युद्ध भी चीन ने लड़ा था किंतु शांति बनाए रखने के लिए दोनों देशों ने वास्तविक नियंत्रण लाइन का सम्मान करने संबंधी समझौतों पर हस्ताक्षर भी वर्ष 1993 व वर्ष 1996 में किए थे।

## सीमा रक्षा सहयोग समझौता

- चीनी सेनाओं के द्वारा चुमार, देशपांग, दौलतवेग ओल्डी, बुर्तसे में वर्ष 2013-14 में लगातार भारतीय सीमा क्षेत्रों में अतिक्रमण किया गया, जिससे भारत एवं चीन के संबंधों में अत्यधिक तनाव उत्पन्न हो गया, जिसे समाप्त करने के लिए वर्ष 2013 में दोनों देशों के बीच सीमा रक्षा सहयोग का समझौता हुआ, **जिसके महत्वपूर्ण प्रावधान निम्नलिखित हैं**-

(i) एक महत्वपूर्ण प्रगति के अंतर्गत् दोनों देशों की सीमा पर नशीली दवाओं, हथियारों तथा वन्य जीवों की तस्करी को रोकने के लिए संयुक्त पेट्रोलिंग का समझौता किया गया।
(ii) समझौते में कहा गया कि सीमा पर दोनों देशों की सेनाएं एक-दूसरे का पीछा नहीं करेंगी।
(iii) सीमा पर उत्पन्न होने वाले विवादों को शांतिपूर्ण व बातचीत के द्वारा हल किया जाएगा।
(iv) सीमा पर सैन्य अधिकारियों के बीच वार्ताएं आयोजित होंगी तथा उनके बीच सांस्कृतिक आदान-प्रदान बढ़ाया जाएगा।

## आर्थिक सहयोग

- वर्ष 1979 में चीन में 'डेंग शियाओ पिंग' ने आर्थिक सुधार और आर्थिक समृद्धि पर मूल बल प्रदान किया। शीतयुद्धोत्तर विश्व में चीन की विदेश नीति में आर्थिक समृद्धि, व्यापार एवं वाणिज्य पर अत्यधिक बल दिया जा रहा है।
- भारत द्वारा आर्थिक उदारीकरण अपनाए जाने के पश्चात् भारत और चीन के द्विपक्षीय व्यापार में निर्णायक वृद्धि हुई तथा वर्तमान समय में चीन, भारत का सबसे बड़ा द्विपक्षीय व्यापारिक साझीदार बन गया है।
- वर्ष 2010 तक भारत और चीन के मध्य 60 बिलियन डॉलर द्विपक्षीय व्यापार का लक्ष्य रखा गया है और इस व्यापार को बेहतर करने के लिए सिक्किम से होकर नाथूला दर्रा को भी खोला गया है।
- वर्ष 2003 की अटल बिहारी वाजपेयी की यात्रा में भारत और चीन के मध्य व्यापारिक और आर्थिक क्षेत्र में सहयोग के लिए एक संयुक्त कार्यदल की स्थापना हुई। कार्यदल की वार्षिक रिपोर्ट में कहा गया कि सेवा और निवेश के क्षेत्र में व्यापारिक सहयोग की संभावनाएं अधिक हैं।
- दोनों देश वर्तमान समय में एशिया की दो बड़ी अर्थव्यवस्थाएं तथा विश्व की भी प्रमुख अर्थव्यवस्थाएं हैं। इसमें साझे सहयोग के द्वारा राष्ट्रीय हितों की पूर्ति की जा सकती है।
- भारत और चीन ने दोनों देशों के बीच आर्थिक सहयोग को बढ़ावा देने के लिए 5 अरब डॉलर के निवेश सहित 11 समझौतों पर हस्ताक्षर किए। यह हस्ताक्षर द्वितीय भारत एवं चीन आर्थिक वार्ता के दौरान नई दिल्ली में 26 नवंबर, 2012 को किए गए।

## आर्थिक संबंधों में चुनौतियां

- भारत एवं चीन के द्विपक्षीय व्यापार के कारण भारतीय अर्थव्यवस्था में 'पराश्रितता सिंड्रोम' (Dependency Syndrome) का विकास हो रहा है। चीन की सस्ती वस्तुओं के कारण भारत के कई उद्योग बंद होने के कगार पर हैं। भारत एवं चीन के मध्य वर्ष 2016 में भारत को $45 बिलियन का व्यापारिक घाटा है।

## ब्रह्मपुत्र नदी पर बांध का मुद्दा

- वर्ष 2006 से चीन ने ब्रह्मपुत्र नदी (यारलुंग सांगपो) पर बांध बनाने का प्रस्ताव किया। वर्ष 2010 तक एक बांध का निर्माण भी कर लिया। नया विवाद वर्ष 2013 में उत्पन्न हुआ, जब चीन ने तिब्बत में 3 नए बांधों के निर्माण की घोषणा की, जो भारतीय सीमा से केवल 30 किमी. की दूरी पर है।
- चीन, विश्व में 13वां सबसे बड़ा सूखा क्षेत्र है। तिब्बत पूरे एशिया के पानी का बड़ा भंडार है। मेकांग नदी, ब्रह्मपुत्र नदी आदि तिब्बत से होकर जाती हैं।
- चीन का मानना है कि ब्रह्मपुत्र नदी पर बनाए जा रहे बांध से चीन केवल बिजली उत्पादन का कार्य करना चाहता है। (Run of Water Project)
- चीन के अनुसार, ब्रह्मपुत्र नदी पर बनाए जा रहे बांध भारत जैसे देशों के पानी की मात्रा को प्रभावित नहीं करेंगे।
- यह भी उल्लेखनीय है कि चीन का किसी भी पड़ोसी राज्य के साथ जल बंटवारे का कोई समझौता नहीं है।
- वर्ष 1997 में 'गैर-परिवहन योग्य अंतर्राष्ट्रीय पानी के समझौते का संयुक्त राष्ट्र का कन्वेंशन' (UN Convention on Non-Navigational Distribution of International Water) का समझौता हुआ, जिसके विरोध में चीन ने वीटो का प्रयोग किया।
- भारत के अनुसार, चीन केवल जल विद्युत योजना के लिए ही बांध का निर्माण नहीं कर रहा है, बल्कि वह सुरंग बनाकर पानी को मार्ग परिवर्तन (divert) करने की योजना बना रहा है।
- भारत के अनुसार, ब्रह्मपुत्र नदी उत्तरी-पूर्वी राज्यों की जीवन लाइन है और पानी के विस्थापन से इस क्षेत्र पर न केवल आर्थिक प्रभाव पड़ेगा, बल्कि पारिस्थितिकी असंतुलन भी पैदा होगा।
- नीचे वाले राज्यों का भी पानी पर उतना ही अधिकार है।

## परमाणु मुद्दा (Nuclear Issue)

- वर्ष 1964 में चीन ने परमाणु परीक्षण किया, परिणामस्वरूप भारतीय विदेश नीति में अपनी सुरक्षा बनाए रखने के लिए वर्ष 1974 में शांतिपूर्ण परमाणु परीक्षण किया गया, जिसे चीन ने परमाणु ब्लैकमेल की संज्ञा दी।

- शीतयुद्धोत्तर विश्व में वर्ष 1998 के भारत द्वारा परमाणु परीक्षण के बाद, भारत और चीन के संबंध अत्यधिक कटु हो गए तथा चीन ने सुरक्षा परिषद् में 1172 नामक प्रस्ताव लाते हुए भारत पर कड़े प्रतिबंध की मांग की।
- चीन, एकमात्र महाशक्ति है, जो परमाणु मुद्दे पर भारत के साथ बातचीत नहीं करता, क्योंकि चीन के अनुसार, इससे भारतीय परमाणु हथियारों को वैधता प्राप्त हो जाएगी।
- वर्ष 2005 के भारत एवं अमेरिका सिविल परमाणु समझौते का विरोध करने वाला चीन मुख्य राष्ट्र था। जब भारत एवं अमेरिका के मध्य यह समझौता संपन्न हो गया, तो उसने पाकिस्तान को भी यह सुविधा दिलाने की मांग की।
- यह बिंदु उल्लेखनीय है कि चीन और पाकिस्तान के परस्पर परमाणु क्षेत्र में सहयोग के कारण भारतीय सुरक्षा के लिए एक बड़ा संकट उत्पन्न होता है। इससे स्पष्ट है कि दक्षिण एशिया और एशिया महाद्वीप में चीन, भारत को सदैव प्रति संतुलित करने की नीति अपनाता है।
- परंतु वर्तमान समय में चीन की विदेश नीति में भारत के प्रति महत्वपूर्ण परिवर्तन हुए हैं, **जिसके कारण निम्नलिखित हैं**-
  (i) भारत का आर्थिक महाशक्ति के रूप में उदय।
  (ii) भारत का परमाणु शक्ति संपन्न होना।
  (iii) भारत, अमेरिका, जापान और सिंगापुर जैसे राष्ट्रों का परस्पर सामरिक सहयोग।
  (iv) सितंबर, 2001 के पश्चात् बढ़ती आतंकवादी गतिविधियों से चीन भी प्रभावित हो रहा है। इसलिए चीन भी पाकिस्तान में बढ़ते आतंकवाद का विरोधी है।

## कश्मीर मुद्दा

- चीन, कश्मीर के लोगों के लिए **स्टेपल वीजा** का प्रयोग कर रहा है, जिसका अभिप्राय है कि कश्मीर एक विवादास्पद क्षेत्र है और यह भारत का अभिन्न भाग नहीं है।

## आतंकवाद का मुद्दा

- सितंबर, 2001 के पश्चात् दोनों देश आतंकवाद के खात्मे के लिए परस्पर सहयोग कर रहे हैं और अफगानिस्तान में बढ़ती आतंकवादी गतिविधियां दोनों के हितों के प्रतिकूल हैं।
- भारत और चीन के मध्य आतंकवाद के संदर्भ में **निम्नलिखित भिन्नताएं भी हैं**-
  (i) चीन, पाकिस्तान को आतंकवाद प्रायोजित करने वाला राष्ट्र नहीं मानता।
  (ii) जबकि भारत के अनुसार, पाकिस्तान, आतंकवाद का प्रायोजक देश है।
  (iii) अफगानिस्तान में भारत और अमेरिका के मध्य मधुर सहयोग से चीनी विदेश नीति में आशंका उत्पन्न होती है।
  (iv) वर्ष 2009 में चीन के शिनजियांग प्रांत में विगत वर्षों की सबसे बड़ी हिंसा हुई। इससे भविष्य में चीन के लिए भी आतंकवाद की बड़ी चुनौती है। यद्यपि विचारकों के अनुसार, यहां कश्मीर और चेचेन्या जैसी समस्या नहीं है।
- वर्ष 2016 में भारत और चीन के बीच आतंकवाद के विरुद्ध आसूचना के क्षेत्र में सहयोग का समझौता हुआ, परंतु चीन के द्वारा पाकिस्तान आतंकवादी संगठन जैश-ए-मोहम्मद और उसके नेता मसुद अजहर तथा लश्कर-ए-तोयबा के नेता हाफिज सईद का सुरक्षा परिषद् के मंच पर समर्थन किया गया। भारत के द्वारा इनके विरुद्ध प्रस्ताव लाया गया था।

## तिब्बत मुद्दा (Tibbet Issue)

- भारत ने सदैव एक चीन नीति (One China Policy) का समर्थन किया, जिसका अभिप्राय है कि ताईवान और तिब्बत चीन के भाग हैं।
- वर्तमान समय में भारत ने एक चीन नीति का सार्वजनिक समर्थन करना बंद कर दिया है, क्योंकि चीन की नीति में कश्मीर के प्रति दृष्टिकोण में बदलाव आया है।
- नेहरू ने वर्ष 1950 में ही तिब्बत को चीन का एक स्वायत्त भाग माना। इसलिए भारतीय विदेश नीति में तिब्बत के मुद्दे पर हमेशा एक समान दृष्टिकोण बना रहा।
- वर्ष 2003 में अटल बिहारी वाजपेयी की चीन यात्रा के दौरान तिब्बत को चीनी भू-भाग का एक स्वायत्त या अभिन्न भाग माना।
- भारत ने स्पष्ट कहा कि दलाई लामा भारत में एक धार्मिक गुरु के रूप में निवास कर रहे हैं तथा भारतीय भूमि पर चीन विरोधी किसी भी कार्यवाही का समर्थन नहीं किया जाएगा। परंतु भारत सरकार ने यह भी कहा कि चीन सरकार को तिब्बतियों के साथ बातचीत करनी चाहिए।
- दलाई लामा पर भारतीय प्रभाव के कारण भारत, चीन पर दबाव बनाने में सफल होता है, क्योंकि दलाई लामा भारत को गुरुदेश का दर्जा देते हैं। दलाई लामा के अनुयायी पूरी दुनिया में हैं।
- वर्ष 2011 में तिब्बत में अनेक बौद्ध भिक्षुओं ने आत्मदाह किया। चीनी सरकार ने इसमें भी भारत के हाथ होने की आशंका व्यक्त की।
- यह उल्लेखनीय है कि 1,20,000 तिब्बती शरणार्थी भारत में रह रहे हैं तथा 20,000 तिब्बती नेपाल में निवास कर रहे हैं।

### सामरिक वार्ता

- भारत और चीन के बीच सामरिक वार्ता का आयोजन होता है, परंतु दोनों के बीच सामरिक संबंधों का अभाव है।
- शीतयुद्धोत्तर विश्व में भारत और चीन के मध्य संबंधों में उल्लेखनीय प्रगति हुई है तथा चीन ने सिक्किम को भारत के अंग के रूप में मान्यता प्रदान की है।
- वर्ष 2005 के बाद पहली बार भारत और चीन के मध्य सामरिक वार्ता आरंभ हुई।
- दोनों देशों के मध्य संयुक्त सैन्य अभ्यास (हैण्ड इन हैण्ड) भी हुए, जिसका सांकेतिक महत्व निर्विवाद रूप में अत्यधिक है, लेकिन दोनों के मध्य सामरिक समझौता और सहमति तभी दीर्घकालिक हो सकता है, जब सीमा विवाद का समाधान कर लिया जाए। जापान, चीन एवं भारत एशिया की तीन महाशक्तियां हैं, जिनके बीच सामरिक प्रतिस्पर्धा कायम है।

## वैश्विक मुद्दे तथा भारत एवं चीन संबंध

- भारत और चीन दोनों एशिया महाद्वीप की दो महाशक्तियां हैं, दोनों देशों के मध्य सामरिक प्रतिस्पर्धा के बावजूद अनेक क्षेत्रों में परस्पर सहयोग भी देखा जा रहा है, क्योंकि दोनों विकासशील देश हैं एवं दोनों के आपसी सहयोग के द्वारा एक नई विश्व व्यवस्था स्थापित करने में सहायता मिल सकती है।
- निम्नलिखित वैश्विक मंचों पर दोनों का **दृष्टिकोण समान है-**
  - (i) विश्व व्यापार संगठन (WTO) की वार्ताएं।
  - (ii) जलवायु परिवर्तन के मुद्दे पर दोनों का साझा दृष्टिकोण।
  - (iii) दक्षिण एशिया, हिंद महासागर क्षेत्र में आतंकवाद एवं नशीली दवाओं के व्यापार को रोकने पर सहयोग।
  - (iv) ऊर्जा सुरक्षा में सहयोग।
  - (v) शंघाई सहयोग परिषद् (SCO) में भारत, पर्यवेक्षक राष्ट्र है, जबकि दक्षेस में चीन, पर्यवेक्षक राष्ट्र है।
  - (vi) भारत-रूस-चीन त्रिकोण के मुद्दे पर सहमति का प्रयास किया जा रहा है।
  - (vii) ब्राजील, रूस, भारत एवं चीन (BRICS) के संगठन में भी दोनों साथ हैं।
  - (viii) वर्ष 2003 के बाद चीन ने यह पहली बार स्वीकार किया है कि भारत की भूमिका संयुक्त राष्ट्र संघ में महत्वपूर्ण या बृहत्तर होनी चाहिए।

### चीन का विवादित एयर डिफेंस आइडेंटिफिकेशन जोन ( ए.डी.आई.जेड. )

- चीन ने अपनी विदेश नीति को जापान तथा अमेरिका की तरफ से मिल रही चुनौतियों के मद्देनजर इसे आक्रामक स्वरूप देना प्रारंभ किया है। चीन अपनी इस आक्रामकता के पीछे अपने सैन्य विस्तार, विवादित परंतु खनिज संसाधनों से पूर्ण द्वीपों पर कब्जा, विवादित आर्थिक कार्यक्रमों को आगे बढ़ाने की मंशा रखता है।
- इस दिशा में चीन ने नवंबर, 2013 में पूर्वी चीन सागर में अपना पहला 'एयर डिफेंस आइडेंटिफिकेशन जोन' बनाकर अंतर्राष्ट्रीय समुदाय को एक बार फिर हेकड़ी दिखाने की कोशिश की है। उसने इस जोन में न सिर्फ विवादों से घिरे शेंकाकू द्वीप समूह के साथ जापान, दक्षिण कोरिया तथा फिलीपींस के वायु निषेध क्षेत्रों को शामिल किया है, बल्कि विदेशी विमानों के लिए प्रवेश के कड़े नियम कायदे भी जारी किए हैं।

### एयर डिफेंस आइडेंटिफिकेशन जोन

- एयर डिफेंस आइडेंटिफिकेशन जोन को किसी क्षेत्र पर दावा ठोकने की कोशिश के तौरपर नहीं लिया जाता है। इसे अंतर्राष्ट्रीय सीमा का एक निर्धारित इलाका समझा जाता है, जिससे देश अपनी सीमा में प्रवेश करने वाले विमानों पर नजर रखते हैं। सबसे पहले अमेरिका ने वर्ष 1950 में कनाडा के साथ मिलकर ए.डी.आई.जेड. बनाने की घोषणा की थी। उस समय इसने कहा था कि दुनिया के हर देश को अपनी सीमा में प्रवेश के नियम कायदे तय करने का कानूनी हक हासिल है।

### चीन के राष्ट्रपति की भारत यात्रा ( 2014 )

- चीन के राष्ट्रपति शी. जिनपिंग (Xi Jinping) 17 से 19 सितंबर, 2014 तक भारत यात्रा पर रहे।
- राष्ट्रपति शी. जिनपिंग की यह यात्रा आर्थिक व व्यापारिक मुद्दों पर अधिक केंद्रित रही।
- चीन के ग्वांझाओ और भारत के अहमदाबाद शहरों के बीच सिस्टर सिटी, एम. ओ. यू. पर हस्ताक्षर हुए।

### द्विपक्षीय समझौते

- कुल 12 समझौतों पर हस्ताक्षर किए गए, जिसमें रेलवे से लेकर अंतरिक्ष तक विभिन्न क्षेत्रों में सहयोग के मुद्दे **निम्नलिखित हैं-**
- कैलाश मानसरोवर यात्रा के लिए तिब्बत के स्वायत्त क्षेत्र से जुड़ा नया रास्ता खोलने हेतु समझौता।
- रेलवे सहयोग बढ़ाने के लिए सहयोग पर सहमति बनी, **जो इस प्रकार है-**
  - (i) रेलवे की गति को बढ़ाना।
  - (ii) हाईस्पीड रेलवे में संभावनाओं का अध्ययन करना।
  - (iii) रेलवे स्टेशनों का पुनर्विकास।
  - (iv) भारत में एक रेलवे विश्वविद्यालय की स्थापना।

- पंचवर्षीय व्यापार एवं आर्थिक विकास योजनाओं पर समझौता।
- 5 वर्ष में चीन से 20 अरब डॉलर का निवेश जुटाने के लिए निवेश सहयोग को बढ़ावा देना।
- भारत-चीन संयुक्त आर्थिक समूह के 10वें सत्र के कार्य वितरण पर सहमति।
- कस्टम से जुड़े मामलों पर सहयोग समझौता।
- अंतरिक्ष के शांतिपूर्ण इस्तेमाल में सहयोग के लिए इसरो और चीनी राष्ट्रीय अंतरिक्ष प्रशासन में सहमति।
- चीन ने 'गेस्ट ऑफ ऑनर कंट्री' के तौरपर नई दिल्ली विश्व पुस्तक मेला-2016 में भाग लिया।
- मुंबई और शंघाई के बीच 'सिस्टर सिटी' संबंध स्थापित करने के लिए समझौता।

## भारत एवं चीन सीमा के लिए एक्शन प्लान

- प्रधानमंत्री नरेन्द्र मोदी ने भारत एवं चीन सीमा से सटे इलाकों में लोगों को बसाने के लिए रणनीतिक महत्व को भांपते हुए गृह मंत्रालय और राष्ट्रीय सुरक्षा सलाहकार से 'एक्शन प्लान' तैयार करने को कहा है, जिसके लिए प्रोत्साहन के तौर पर 5,000 करोड़ रूपये की वित्तीय सहायता निर्धारित की गई है।

## प्रधानमंत्री मोदी की चीन यात्रा (मई, 2015)

- प्रधानमंत्री मोदी ने अपनी चीन यात्रा का प्रारंभ चीनी राष्ट्रपति शी. जिनपिंग के गृह नगर और चीन की प्राचीन राजधानी शांसी से प्रारंभ किया। इस यात्रा के दौरान प्रधानमंत्री ने 24 समझौतों पर हस्ताक्षर किए तथा जलवायु परिवर्तन पर राष्ट्रपति शी. जिनपिंग के साथ संयुक्त वक्तव्य जारी किया।
- इन समझौतों में प्रमुख है-500 मेगावाट का सोलर पावर प्लांट, गुजरात में औद्योगिक पार्क, मुद्रा बंदरगाह और गुआंगझू बंदरगाह के बीच सिस्टर पोर्ट समझौता, भारतीय रेलवे और चीन रेलवे के बीच कार्य योजना खनन और खनिज के क्षेत्र में समझौता, सिचुआन तथा कर्नाटक के मध्य सिस्टर स्टेट समझौता, क्यूमिन में योगा कॉलेज की स्थापना, औरंगाबाद और दुनफुआंग के मध्य सिस्टर सिटी समझौता।
- इस यात्रा के दौरान दोनों देशों ने जलवायु परिवर्तन पर संयुक्त वक्तव्य जारी किया, जिसमें कहा गया है कि जलवायु परिवर्तन 21वीं सदी की महत्वपूर्ण चुनौती है तथा यह मानवता के लिए चिंता का विषय है।
- दोनों देशों ने स्वीकार किया कि जलवायु परिवर्तन से निपटने के लिए संयुक्त राष्ट्र संघ की जलवायु परिवर्तन संबंधी संधि यू.एन.एफ.सी.सी.सी. (UNFCCC) तथा क्योटो प्रोटोकॉल सबसे उपयुक्त प्रारूप है।
- दोनों देशों ने यू.एन.एफ.सी.सी.सी. (UNFCCC) के अंतर्गत् संतुलित, समान एवं प्रभावी समझौते के लिए विचार-विमर्श को आगे बढ़ाने का आहवान किया तथा साथ में ही उत्तरदायित्व में विभेदता के सिद्धांत को भी स्वीकार किया तथा दोनों देशों ने विकसित देशों से वर्ष 2020 तक विकासशील देशों को 100 बिलियन डॉलर की सहायता की प्रतिबद्धता को स्वीकार करने का अनुरोध किया।

## समुद्री रेशम मार्ग (सिल्करूट)

- चीन ने 19 मई, 2014 को 1.6 अरब डॉलर (10 अरब युआन) का एक फंड स्थापित किया है, जो चीन के समुद्री रेशम मार्ग के विकास परियोजनाओं में सहायता करेगा।
- समुद्री रेशम मार्ग की पुनर्स्थापना का प्रस्ताव चीन के राष्ट्रपति शी. जिनपिंग द्वारा अक्टूबर, 2013 में इंडोनेशिया यात्रा के दौरान किया गया।

## समुद्री रेशम मार्ग विकास परियोजना

- यह परियोजना दक्षिण-पूर्व एशिया और हिंद महासागर क्षेत्र में स्थित रणनीतिक दृष्टि से महत्वपूर्ण देशों, जिसमें बांग्लादेश और श्रीलंका शामिल हैं, में बंदरगाहों एवं बुनियादी सुविधाओं के निर्माण को प्राथमिकता देगी।
- चीन द्वारा क्रमश: हंबनटोटा (Hambantota) और चिदगोंग (Chittagong) में बंदरगाह परियोजनाओं का निर्माण पहले किया जा चुका है।
- मई, 2014 में प्रकाशित परियोजना मानचित्र में ग्वादर बंदरगाह का जिक्र नहीं किया गया है। जबकि उसमें कोलकाता और कोलंबो दर्शाए गए हैं, जिनके साथ चीन नजदीकी व्यापार संपर्क बनाना चाहता है।

## समुद्री रेशम मार्ग का प्रस्तावित रूट

- यह फुजियान प्रांत में क्वांझोऊ से शुरू होगा और गुआंझोऊ, बिहाई और हैकाऊ से होता हुआ, दक्षिण में मलक्का जल डमरूमध्य की ओर जाएगा।
- कुआलालंपुर से यह रेशम मार्ग भारत में कोलकाता की ओर जाएगा और फिर शेष हिंद महासागर को पार करता हुआ नैरोबी व कीनिया जाएगा।
- नैरोबी से यह मार्ग उत्तर की ओर अफ्रीका के शृंग के इर्द-गिर्द जाता है और वहां से लाल सागर के जरिए मेडिटेरिनियन होते हुए एथेंस में एक स्टाप के साथ वेनिस में भू-आधारित रेशम मार्ग से मिल जाता है।
- आलोचकों के अनुसार, चीन द्वारा प्रस्तावित इस सिल्क मार्ग में अनेक बाधाएं हैं। क्योंकि चीन के साथ दक्षिण-पूर्वी

एशियाई देशों के साथ समुद्री सीमा का विवाद बना हुआ है। जापान व चीन के मध्य शेंकाकू को लेकर विवाद बना हुआ है। चीन के अनुसार, सिल्करूट केवल व्यापारिक उद्देश्यों के लिए है, सैनिक उद्देश्यों के लिए नहीं, क्योंकि अभी तक चीन द्वारा विदेशों में कभी भी अपने सैनिक तैनात नहीं किए गए हैं।

## वन बेल्ट वन रोड (One Belt One Road) परियोजना पर बीजिंग में वैश्विक सम्मेलन

- चीन की महत्वाकांक्षी परियोजना पर यह वैश्विक सम्मेलन चीन की राजधानी बीजिंग में 14-15 मई 2017 को संपन्न हुआ।
- जिसमें 29 देशों के राष्ट्राध्यक्षों सहित लगभग 100 देशों ने भाग लिया। जापान तथा संयुक्त राज्य अमेरिका जैसे देश, जो प्रारंभ में इस परियोजना का विरोध कर रहे थे, ने भी चीन के कूटनीतिक प्रभाव के कारण इस सम्मेलन में हिस्सा लिया।
- वन बेल्ट वन रोड परियोजना के तहत चीन विश्व में कुल 6 आर्थिक कॉरिडोर बनाएगा, जिसमें रोड, रेलवे, ऊर्जा परियोजना, हवाई यातायात, डैम इत्यादि का निर्माण किया जाएगा।
- चीन इस परियोजना को सैन्य तत्वों की अनुपस्थिति में 'मार्शल प्लान' तथा 'भूमंडलीकरण-2' के रूप में दर्शा रहा है, जिससे वैश्विक मंदी को रोका जा सकता है तथा विश्व के देशों के मध्य सहयोग, आर्थिक खुलापन एवं व्यापार इत्यादि को बढ़ावा दिया जा सके।
- भारत ने इस सम्मेलन में हिस्सा नहीं लिया है। भारत द्वारा 'चाइना-पाकिस्तान आर्थिक कॉरिडोर' का विरोध किया जा रहा है, क्योंकि यह पाक अधिकृत कश्मीर से होकर गुजरती है, जो भारत की संप्रभुता के खिलाफ है, क्योंकि भारत से इस संदर्भ में कोई अनुमति नहीं ली गई है।

## बी. सी. आई. एम. कॉरिडोर (BCIM Corridor)

- भारत एवं बांग्लादेश, चीन व म्यांमार के बीच व्यापार, परिवहन तथा पर्यटन को बढ़ाने के लिए परस्पर आर्थिक सहयोग का निर्णय लिया गया है।
- पहले इसे कुनमिंग परियोजना के नाम से जाना जाता था, चीन के जिंगजियांग और यून्नान (Yunnan) प्रांत चीन के सबसे पिछड़े क्षेत्रों में सम्मिलित हैं।
- ये चीन के समुद्री मार्ग से दूर भी हैं। इसलिए इन सुदूर क्षेत्रों के विकास के लिए चीन ने इस कोरीडोर को प्रभावी बनाने का प्रयत्न किया। जबकि भारत के उत्तरी-पूर्वी राज्य सुरक्षा के लिए बोझ माने जाते हैं तथा इनका विकास सरकार के लिए बड़ी चुनौती है।
- इस परियोजना के संदर्भ में भारत का दृष्टिकोण दुविधापूर्ण था। जबकि वर्तमान में इसे आर्थिक सहयोग व लाभ के अवसर के रूप में देखा जा रहा है।
- भारत द्वारा बांग्लादेश व म्यांमार के साथ सहयोग के अलग मंचों का भी निर्माण किया गया। उदाहरण के लिए, गंगा-मेकांग परियोजना (Ganga-Mekong) में म्यांमार सम्मिलित है तथा बिम्सटेक (BIMSTEC) बंगाल की खाड़ी के देशों के तकनीकी आर्थिक संगठन में बांग्लादेश शामिल है।
- इन सभी संगठनों के द्वारा इस क्षेत्र में व्यापार निवेश व पर्यटन को बढ़ाया जा रहा है। इस कोरिडोर से भारत का नाथूला दर्रे का विकल्प भी भारत को मिल जाएगा और भारत व बांग्लादेश के बीच कोलकाता से होकर व्यापार बढ़ाया जाएगा।

## मौसम प्रोजेक्ट अथवा स्पाइस रूट

- यह संस्कृति मंत्रालय द्वारा दिया गया प्रस्ताव है, जिसके अनुसार प्राचीन समय में भारतीय व्यापारी मानसून के हवाओं के सहारे पश्चिम एशिया, दक्षिणी-पूर्व एशिया तथा अफ्रीकी देशों के साथ व्यापार करते थे। वर्तमान में इसे प्रभावी बनाने का प्रयत्न किया जा रहा है, जिससे भारत अपनी सॉफ्ट पॉवर का विकास कर सके।
- भारत द्वारा समर्थित मौसम प्रोजेक्ट अथवा स्पाइस रूट चीन द्वारा समर्थित सिल्क रूट तथा मेरीटाइम सिल्क रूट के प्रति उत्तर में है।
- मौसम प्रोजेक्ट के तहत मानसून प्रभावित देशों में एकता की बात कही जा रही है।
- स्पाइस रूट परियोजना के तहत प्राचीन मसाला व्यापार के रास्तों को पुनर्जीवित करने की योजना है।

## शंघाई सहयोग परिषद् (SCO) और भारत

- इसकी स्थापना वर्ष 1996 में हुई तथा इसकी शिखर वार्ता वर्ष 1998 में अलमाटी (कजाकिस्तान) में हुई, जिसमें रूस, चीन, कजाकिस्तान किर्गिस्तान तथा ताजिकिस्तान सम्मिलित हुए।
- वर्ष 2001 के शंघाई शिखर बैठक में उज्बेकिस्तान को छठे नए सदस्य के रूप में सम्मिलित किया गया।
- वर्ष 2015 में उफा (रूस) सम्मेलन में भारत और पाकिस्तान को शंघाई सहयोग संगठन का नया सदस्य बनाया गया है। अब सदस्यों की संख्या आठ हो गई है।
- शंघाई सहयोग संगठन की सदस्यता से भारत इस क्षेत्र

में अपनी प्रभावी भूमिका निभा सकेगा तथा ऊर्जा, गैस जैसी महत्वपूर्ण जरूरतों को पूरा कर सकेगा।

- चीन के द्वारा शंघाई सहयोग परिषद् में भारत की पूर्ण सदस्यता का समर्थन किया गया है। वर्ष 2012 में भारत के द्वारा 'कनेक्ट सेंट्रल एशिया नीति' की घोषणा की गई, जिसके द्वारा मध्य एशियाई देशों के साथ सामरिक, व्यापारिक एवं सांस्कृतिक संबंधों पर प्रभावी बल दिया गया है।

## पर्यवेक्षक राष्ट्र

- अफगानिस्तान, ईरान एवं मंगोलिया हैं।
- इसकी स्थापना का मूल उद्देश्य, इस क्षेत्र में पृथकतावाद, आतंकवाद एवं नशीली दवाओं पर नियंत्रण करना था, अब इनके बीच आर्थिक सहयोग, सुरक्षा सहयोग तथा सैन्य सहयोग भी हो रहे हैं।
- सोवियत संघ के विघटन के बाद मध्य एशिया में संयुक्त राज्य अमेरिका के बढ़ते प्रभाव को रोकने के लिए चीन एवं रूस ने इसका निर्माण किया। कुछ लोग इसे 'पूर्व का नाटो' भी कह रहे हैं।

## डोकलाम विवाद

- डोकलाम का पठार भारत, भूटान तथा चीन के मिलन बिंदु पर चुम्बी घाटी के पास अवस्थित है। यह पठार भूटान के अधिकार क्षेत्र में आता है, जिस पर चीन भी अपना दावा करता है।
- यह भूटान तथा चीन के बीच विवादित क्षेत्र है।
- जुलाई, 2017 में चीन की सेना ने डोकलाम के पठार पर सड़क निर्माण कार्य आरंभ किया, जिस पर भूटान के अनुरोध पर भारतीय सेना ने चीनी सेना के सड़क निर्माण कार्य का विरोध किया।
- परिणामस्वरूप भारत तथा चीन की सेनाओं के बीच विवाद उत्पन्न हो गया और भारतीय सेना ने चीन के सड़क निर्माण कार्य को रोक दिया।
- परिणामस्वरूप दोनों देशों के बीच लंबे समय तक गतिरोध बना रहा। भारत का मानना था कि यह क्षेत्र भूटान के अंतर्गत आता है, जिससे भारत की रक्षा संधि है। अत: चीन की सेना द्वारा किया जा रहा यह कार्य अवैध तथा अतिक्रमणकारी है।
- चीन का मानना है कि यह क्षेत्र उसका भू-भाग है तथा विकास कार्य के लिए वहां सड़क निर्माण का कार्य किया जा रहा है। इसलिए भारत द्वारा विरोध गलत है तथा भारतीय सेना को तुरंत वहां से हट जाना चाहिए।
- अगस्त, 2017 के अंतिम सप्ताह में भारत-चीन के मध्य यह गतिरोध समाप्त हो गया तथा चीन ने डोकलाम क्षेत्र से अपनी सेना हटाने की घोषणा की और सड़क निर्माण कार्य को रोक दिया।
- अत: अंतरराष्ट्रीय कूटनीति के क्षेत्र में यह भारत की महत्वपूर्ण विजय रही है।

## वुहान शिखर सम्मेलन

- मई 2018 भारत-चीन डोकलाम विवाद को पीछे छोड़ सहयोग पर सहमत हुए हैं।
- चीन ने मसूद अजहर को वैश्विक आतंकवादी घोषित करने के सुरक्षा परिषद के प्रस्ताव का समर्थन किया है (2019)।

# बहुध्रुवीय विश्व के साथ भारत का संबंध

# INDIA'S ENGAGEMENT WITH MULTIPOLAR WORLD

## भारत-यूरोपीय यूनियन

- भारत, जनसंख्या की दृष्टि से विश्व का दूसरा सबसे बड़ा देश है तथा दुनिया की दूसरी सबसे तेजी से बढ़ती अर्थव्यवस्था और सूचना प्रौद्योगिकी तथा संचार क्षेत्र में भारत, विश्व के अग्रणी राज्यों में से एक है। शीतयुद्धोत्तर विश्व में पूरब-पश्चिम का विवाद अप्रासंगिक हो गया, क्योंकि वैचारिक संघर्ष के बजाय, आर्थिक मुद्दे प्राथमिक हो गए।
- भारतीय विदेश नीति में आर्थिक उदारीकरण अपनाने के बाद यूरोपीय यूनियन (EU) के साथ तीव्र गति से वाणिज्यिक और व्यापारिक संबंधों में वृद्धि हुई। यूरोपीय यूनियन का निर्माण एक ऐतिहासिक प्रक्रिया रही है, जिसकी शुरूआत द्वितीय विश्व युद्ध के बाद हुई।
- वर्ष 1951 में कोयला और स्टील समुदाय के निर्माण के द्वारा परस्पर सहयोग का निर्णय लिया, जिसमें पश्चिमी जर्मनी, फ्रांस, इटली, बेल्जियम, नीदरलैंड और लॅक्जमबर्ग सम्मिलित थे। वर्ष 1957 में 'यूरोपीय आर्थिक समुदाय' की स्थापना हुई, तथा इसी वर्ष 'यूरोपीय परमाणु ऊर्जा समुदाय' की भी स्थापना हुई तथा इसके द्वारा सदस्य राज्यों के मध्य 'एकसमान प्रशुल्क संघ' का निर्माण किया गया।
- वर्ष 1957 में ही यूरोपीय राज्यों के मध्य सहयोग और समन्वय को बढ़ावा देने के लिए 'यूरोपीय आर्थिक समुदाय' के संस्थात्मक ढांचे का भी निर्माण किया गया। वर्ष 1967 के पूर्व में संपन्न सभी समझौतों या संधियों को मिलाकर 'यूरोपीय समुदाय' का निर्माण हुआ।
- 70 के दशक में ही यूरोपीय समुदाय में डेनमार्क, आयरलैंड, ब्रिटेन और नॉर्वे जैसे नए सदस्य सम्मिलित हुए। लेकिन नॉर्वे की संसद ने इस सदस्यता को अनुमोदित नहीं किया। इसलिए नॉर्वे यूरोपीय समुदाय का सदस्य नहीं बन सका। वर्ष 1979 में पहली बार यूरोपीय संसद के लिए प्रत्यक्ष चुनाव आयोजित किया गया।
- 80 के दशक में ग्रीस, स्पेन और पुर्तगाल भी यूरोपीय समुदाय के नए सदस्य हो गए। यह उल्लेखनीय है कि ये राष्ट्र पहले अधिनायकवादी शासन प्रणाली के अधीन थे। विश्व में इस समय शीतयुद्ध का दूसरा चरण (नव-शीतयुद्ध) विद्यमान था, परंतु यूरोपीय समुदाय का तीव्र गति से विकास हुआ।
- वर्ष 1987 में संपन्न हुए एकल यूरोपीय अधिनियम के अंतर्गत् यूरोप को आर्थिक रूप में एकीकृत करने का निर्णय लिया गया तथा वर्ष 1992 तक यूरोपीय राज्यों में आर्थिक एकीकरण के लिए परिस्थितियों का निर्माण किया गया। इसी समझौते के अंतर्गत् एक 'यूरोपीय सेंट्रल बैंक' की स्थापना का भी प्रावधान किया गया, जिससे भविष्य में यूरोपीय समुदाय में समान मुद्रा का प्रचलन हो सके।
- यूरोपीय यूनियन की राजधानी ब्रसेल्स में है। एक उदारीकृत और लोकतांत्रिक भारत के प्रति यूरोपीय यूनियन के देशों के दृष्टिकोण में महत्वपूर्ण परिवर्तन हुआ है, जो निम्नलिखित हैं-

### 1. आर्थिक मुद्दा

- भारत और यूरोपीय यूनियन के मध्य वर्ष 1980 में 4.4 बिलियन डॉलर का द्विपक्षीय व्यापार था, जो वर्ष 2004 में बढ़कर 88 बिलियन यूरो हो गया तथा यूरोपीय यूनियन के द्वारा भारत में लगभग 2.5 बिलियन यूरो का निवेश किया गया। वर्तमान समय में दोनों के मध्य मुक्त व्यापार समझौते पर भी विचार-विमर्श हो रहा है।
- भारत-यूरोपीय यूनियन के मध्य वर्ष 1990 से 1999 तक व्यापारिक संबंधों में निरंतर वृद्धि हुई, परंतु वर्ष 2000 से अब तक संबंधों में एक गुणात्मक परिवर्तन हुआ, क्योंकि जून, 2000 में पहली बार भारत और यूरोपीय यूनियन के मध्य प्रथम शिखर वार्ता का आयोजन हुआ।
- भारत और यूरोपीय यूनियन के मध्य द्विपक्षीय व्यापार तथा निवेश के समझौते को विस्तृत एवं व्यापक किया जा रहा है तथा वस्तु, सेवा, निवेश और व्यापार में वृद्धि का लक्ष्य निर्धारित किया गया है। भारत और यूरोपीय यूनियन सबसे बड़े द्विपक्षीय व्यापारिक भागीदार हैं। यूरोपीय यूनियन,

भारत को अनुदान देने तथा भारत में विदेशी निवेश करने वाला प्रमुख समुदाय है।

- भारत-यूरोपीय यूनियन के मध्य व्यापार और आर्थिक संबंध ही केंद्रीय या मूल आधार हैं और दोनों देशों के मध्य 76 बिलियन अमेरिकी डॉलर का द्विपक्षीय व्यापार है। एक समुदाय के रूप में यूरोपीय यूनियन भारत का सबसे बड़ा व्यापारिक भागीदार है। यूरोपीय यूनियन द्वारा आने वाला भारत में विदेशी, एफ.डी.आई. अमेरिका और जापान के कुल एफ.डी.आई. से भी ज्यादा है।
- सर्वाधिक महत्वपूर्ण रूप में कई भारतीय कंपनियों ने यूरोपीय कंपनियों को खरीद लिया है। यह इस बिंदु का स्पष्ट प्रमाण है कि यूरोपीय यूनियन द्वारा अब भारत को एक उभरते बाजार के रूप में देखा जा रहा है। भारत को निर्यात करने वाले मुख्य यूरोपीय देशों में जर्मनी, इंग्लैंड, फ्रांस, बेल्जियम, इटली, नीदरलैंड, स्पेन और स्वीडन हैं।
- वर्ष 2016-17 में भारत-यूरोपीय यूनियन के कुल व्यापार में इन देशों का योगदान 85 प्रतिशत है। विगत् कुछ वर्षों में भारत का बेल्जियम, जर्मनी, फ्रांस, फिनलैंड और स्वीडन के साथ व्यापार में घाटा दर्ज किया गया, जबकि इटली, हालैंड, स्पेन, पुर्तगाल एवं इंग्लैंड के साथ हमारा व्यापारिक लाभ रहा है।
- यह उल्लेखनीय है कि भारतीय अर्थव्यवस्था में सेवा क्षेत्र के द्वारा सर्वाधिक योगदान (लगभग 58 प्रतिशत) किया जा रहा है। यह भी उल्लेखनीय है कि वर्ष 2016 की यूरोपीय यूनियन की अर्थव्यवस्था में सेवा क्षेत्र का योगदान 74 प्रतिशत था। वर्ष 2016 के आंकड़ों के अनुसार, समूचे वैश्विक सेवा व्यापार में भारत का स्थान सातवां (7) है तथा भारत से आगे यूरोपीय यूनियन, अमेरिका, जापान, चीन और कनाडा हैं।
- यह भी उल्लेखनीय है कि भारत में निवेश करना चीन और ब्राजील की तुलना में ज्यादा लाभकारी है। वर्तमान समय में भारत-यूरोपीय यूनियन के मध्य मुक्त व्यापार समझौते पर विचार-विमर्श चल रहा है। यह उल्लेखनीय है कि भारतीय विदेश नीति में आर्थिक कूटनय नीति अत्यधिक प्रभावी है।
- ब्रिटेन के एक प्रसिद्ध कूटनयिक रॉबर्ट कूपर के अनुसार, यूरोपीय यूनियन उत्तर आधुनिक व्यवस्थाओं में सर्वाधिक बेहतर उदाहरण है। यह एक अधिराष्ट्रीय या पार-राष्ट्रीय संगठन है, जिसमें अत्यधिक अंतर्निर्भरता विद्यमान है। यूरोपीय यूनियन ने स्वयं को एक नागरिक शक्ति (सिविलियन पावर) के रूप में व्यक्त किया है। यूरोपीय यूनियन बहुपक्षवाद के संस्थाकरण का सबसे बेहतर उदाहरण है।
- यूरोपीय देश अपनी उदारवादी संस्कृति और व्यवस्था को अत्यधिक महत्व प्रदान करते हैं। इनके अनुसार, इसका अनुसरण विश्व के अन्य देशों द्वारा किया जा सकता है।

## मुक्त व्यापार

- वर्तमान समय में यूरोपीय देश आर्थिक संकट से प्रभावित हैं, इसलिए वे भारत के बड़े बाजार का लाभ उठाना चाहते हैं और भारत अपने व्यापार को बढ़ाने के लिए यूरोपीय यूनियन के साथ मुक्त व्यापार के समझौते पर बातचीत कर रहा है।
- यह उल्लेखनीय है कि यूरोपीय यूनियन विकसित देशों का पहला समूह है, जिसके साथ भारत की मुक्त व्यापार की वार्ता चल रही है। इस समझौते के द्वारा भारत के इंजीनियर, सूचना तकनीकी विशेषज्ञों को यूरोपीय देशों में जाने में सहायता मिलेगी तथा इससे भारत को स्वास्थ्य, पर्यटन और सेवा क्षेत्र में भी फायदा होगा और इस समझौते से यूरोपीय यूनियन को भी लाभ होगा, क्योंकि उन्हे भारत का बड़ा बाजार प्राप्त होगा और बैंकिंग और रिटेल के क्षेत्र में लाभ होगा तथा भारत के सभी क्षेत्रों में निवेश में भी लाभ होगा।

## व्यापार में चुनौतियां

- भारत-यूरोपीय यूनियन के मध्य व्यापारिक संबंधों में विविध ता का अभाव है तथा भारतीय निर्यात का 70 प्रतिशत भाग इंग्लैंड, जर्मनी, इटली, बेल्जियम और लक्जमबर्ग जैसे देशों को किया जाता है व दोनों के मध्य द्विपक्षीय व्यापार अत्यधिक है, परंतु व्यापार संतुलन भारत के विपरीत है। भारतीय निर्यातकों के लिए यूरोपीय यूनियन के बाजारों में अनेक समस्याएं हैं।
- भारतीय वस्तुओं को यूरोपीय बाजारों में भेजने में अनेक कठिनाइयां आती हैं। यूरोपीय यूनियन के द्वारा प्रशुल्की और गैर-प्रशुल्की बाधाओं का प्रयोग किया जाता है। यूरोपीय यूनियन डंपिंग विरोधी शुल्क भी आरोपित करता है। यूरोपीय यूनियन के द्वारा श्रम और पर्यावरणीय मानक के आधार पर भारतीय वस्तुओं के निर्यात को बाधित किया जाता है। भारत के मछली के निर्यात को पर्यावरणीय आधार पर प्रतिबंधित किया जाता है तथा कालीन के निर्यात को बालश्रम के आधार पर रोका जाता है।
- यूरोपीय यूनियन का इकहरे बाजार के रूप में विकास, जिससे वे यूरोपीय यूनियन के सदस्यों के आयात को प्राथमिकता देते हैं।
- ऑक्सफेम (Oxfam एक NGO है) ने दोहरे मानक सूचकांक (Double Standard Index) के अंतर्गत् यूरोपीय

यूनियन को प्रथम स्थान प्रदान किया। इनके अनुसार, यूरोपीय यूनियन मुक्त बाजार का समर्थक है, लेकिन व्यावहारिक रूप में यूरोपीय यूनियन अत्यधिक संरक्षण ıकारी नीतियों का प्रयोग करता है।

- यूरोपीय यूनियन के द्वारा अपने कृषि क्षेत्र को भारी सब्सिडी दी जाती है, जिससे भारत जैसे विकासशील देशों के निर्यात प्रभावित होते हैं, क्योंकि भारत के अधिकांश निर्यात कृषि क्षेत्र पर आधारित हैं।
- प्रो. राजेंद्र जैन के अनुसार, यूरोपीय देशों में भारत का अपेक्षित निर्यात न होने का मूल कारण खराब गुणवत्ता की वस्तुओं, प्रतिस्पर्धी कीमतों का अभाव, समय से वस्तुओं का बाजार में न पहुंचना, जटिल नौकरशाही तथा कमजोर आधारभूत ढांचा है, जिसे भविष्य में सुधारने की आवश्यकता है।
- यूरोपीय यूनियन, विश्व का सबसे बड़ा इकहरा बाजार है। लेकिन यह अत्यधिक प्रतिस्पर्धी बाजार है, गतिशील है, लेकिन भेदभाव भी है। कीमत के प्रति सतर्क है, लेकिन गुणवत्ता भी महत्वपूर्ण है। एशियाई टाइगर (ताइवान, सिंगापुर और हांगकांग) ने यूरोपीय बाजारों में सफलतापूर्वक प्रवेश किया है, जिससे यह सिद्ध होता है कि सस्ती वस्तुएं प्रभावी विपणन और बेहतर वितरण क्षमता द्वारा यूरोपीय बाजारों में पैठ बनाई जा सकती है।
- समकालीन परिस्थितियों में भारत की स्थिति सुधर रही है और यूरोपीय देशों ने भारत को महत्व प्रदान किया है, जिसके कारण निम्न हैं-
    - गतिशील लोकतांत्रिक राजनीतिक व्यवस्था।
    - बड़ा बाजार।
    - उदारीकरण एवं निजीकरण की नीति।
    - निष्पक्ष प्रशासनिक और वैधानिक तंत्र।
    - अंग्रेजी भाषा बोलने वालों की बड़ी संख्या।

    उपरोक्त कारणों से यूरोपीय यूनियन के देशों ने चीन, जापान और दक्षिण-पूर्वी एशियाई देशों के साथ भारत को भी अत्यधिक महत्व प्रदान किया गया है। लेकिन इसमें निम्न बाधाएं हैं-
    - यूरोपीय यूनियन के साथ व्यापार करने में अनेक भाषाओं की जानकारी आवश्यक है, जबकि भारतीय व्यापारी अंग्रेजी भाषा के बेहतर जानकार हैं।

## 2. कश्मीर मुद्दा

- भारतीय विदेश नीति में कश्मीर मुद्दा अत्यधिक संवेदनशील रहा है और कश्मीर में पाकिस्तान द्वारा सीमापार आतंकवाद को प्रायोजित किया गया, लेकिन यूरोपीय देशों ने भारत की सुरक्षा चिंताओं को समझने के बजाय, भारत पर मानवाधिकारों के उल्लंघन का आरोप लगाया।
- यद्यपि परिवर्तित परिस्थितियों में यूरोपीय देशों का दृष्टिकोण बदला है तथा यूरोपीय देशों ने मुंबई बम विस्फोट की कड़ी आलोचना की और कश्मीर पर भी यूरोपीय देशों का दृष्टिकोण बदला और कारगिल संघर्ष के समय यूरोपीय देशों ने भारत का पूर्ण समर्थन किया।
- अब यूरोपीय देशों के अनुसार, कश्मीर विवादित क्षेत्र न होकर भारत का अंग है। इसका समाधान द्विपक्षीय रूप में होना चाहिए, जबकि पहले यूरोपीय देश जनमत संग्रह का समर्थन करते थे।

## 3. परमाणु अप्रसार का मुद्दा

- शीतयुद्धोत्तर काल में भारत एवं यूरोपीय यूनियन के मध्य आर्थिक संबंधों में तीव्र वृद्धि हुई और सोवियत संघ के विघटन के बाद पूर्वी यूरोपीय राज्यों में साम्यवाद के पतन होने से संबंधों में व्यापार और वाणिज्य मुख्य हो गया, परंतु परमाणु अप्रसार के मुद्दे पर दोनों के मध्य मतभेद उत्पन्न हुए, क्योंकि यूरोपीय यूनियन ने भारत पर परमाणु अप्रसार संधि (NPT) तथा समग्र परमाणु परीक्षण संधि (CTBT) पर हस्ताक्षर करने का दबाव बनाया।
- यूरोपीय यूनियन के अनुसार, यदि भारत इस पर हस्ताक्षर कर दे, तो पाकिस्तान और इजरायल भी इन संधियों पर हस्ताक्षर कर सकते हैं, परंतु भारत ने हस्ताक्षर करने के बजाय, वर्ष 1998 में परमाणु परीक्षण किया, परिणामस्वरूप यूरोपीय यूनियन ने भारत पर आर्थिक प्रतिबंध लगा दिए। सितंबर, 2001 के बाद अमेरिका तथा अन्य यूरोपीय देशों ने ये प्रतिबंध समाप्त कर दिए। फ्रांस और ब्रिटेन ने भारत-अमेरिका सिविल परमाणु समझौते का समर्थन किया, जबकि आयरलैंड और ऑस्ट्रिया ने इस समझौते का कड़ा विरोध किया।
- यह उल्लेखनीय है कि यूरोपीय यूनियन के देशों में विदेश नीति के मुद्दे पर एकसमान दृष्टिकोण नहीं पाया जाता तथा ऑस्ट्रिया और आयरलैंड ने मूलतः परमाणु अप्रसार का समर्थन किया, भारत का विरोध नहीं। फ्रांस, भारत के सिविल परमाणु ऊर्जा उत्पादन में सहयोग देने वाला एक अग्रणी देश हो सकता है, जिसके लिए समझौता हो चुका है। अतः परमाणु मुद्दा अब संबंधों में बाधक नहीं है।

**परमाणु आपूर्तिकर्ता समूह** (Nuclear Supplier Group)

- भारत-अमेरिकी सिविल परमाणु समझौते के मुद्दे पर परमाणु आपूर्तिकर्ता समूह (एन.एस.जी.) के छह देशों ने इस समझौते पर आपत्ति व्यक्त की है, जिनमें पांच यूरोपीय थे, ऑस्ट्रिया, नॉर्वे, स्विट्जरलैंड, आयरलैंड एवं नीदरलैंड है। यूनियन के बड़े सदस्यों में जर्मनी, फ्रांस, भारत के समूह की सदस्यता के समर्थक हैं।

- इनके अनुसार, भारत एक उत्तरदायी लोकतांत्रिक देश है। जिसे परमणु क्षमता के शांतिपूर्ण प्रयोग का अधिकार होना चाहिए। जबकि स्वीडन, आयरलैंड जैसे देश भारत की सदस्यता को परमाणु अप्रसार के लिए हानिकारक मानते हैं। इनका विरोध भारत से नहीं है। अपितु परमाणु प्रसार के विरोधी हैं।

## सामरिक संबंध

- भारत और यूरोपीय यूनियन के मध्य निम्न मुद्दों पर समान दृष्टिकोण का विकास हो रहा है-
  (i) वैश्विक आतंकवाद का मुकाबला भारत एवं यूनियन की साझी चुनौती है। क्योंकि यूरोपीय देशों के बीच अब सीमा विवाद अथवा सैन्य संघर्ष नहीं है।
  (ii) अत: आतंकवाद इनकी सुरक्षा के लिए सर्वाधिक गंभीर चुनौती है। जलवायु परिवर्तन की समस्या का समाधान का साझा हल खोजने के लिए पेरिस पर्यायवरणीय वार्ताओं को लागू करने पर बल दिया जा रहा है।
  (iii) ऊर्जा सुरक्षा पर सहयोग एवं नशीले पदार्थों की तस्करी सुरक्षा के नवीन गैर-परंपरागत खतरे हैं। यूनियन के द्वारा यह स्वीकार किया गया है कि भारत आतंकवाद का शिकार है।

## समस्याएं

- भारत-यूरोपीय यूनियन के मध्य बेहतर सामरिक संबंधों का निर्माण हो चुका है तथा इन संबंधों के बावजूद कुछ चुनौतियां उल्लेखनीय हैं। उदाहरण के लिए, यूरोपीय यूनियन विदेश नीति के पूर्व मुखिया जेवियर सोलाना ने कहा कि यूरोपीय यूनियन की विदेश नीति में भारत एक प्राथमिक देश नहीं है और उन्होंने इस बिंदु पर बल दिया कि भारत के साथ संबंधों को और प्रगाढ़ करने की आवश्यकता है।
- एक वरिष्ठ फ्रांसीसी विद्वान क्रिस्टोफे जेफ्रेलो के अनुसार, 'भारत-यूरोपीय यूनियन के मध्य प्रभावी कूटनयिक और भू-राजनीतिक संबंधों का अभाव है।' ठीक इसी प्रकार भारतीय विदेश नीति में यूरोपीय यूनियन महत्वपूर्ण कारक नहीं है। भारतीय चिंतकों के अनुसार, 'यूरोप में सामरिक दृष्टि का अभाव है।
- इसलिए भविष्य की बहुध्रुवीय विश्व राजनीति में यूरोपीय यूनियन के साथ सहभागिता को निम्न स्थान दिया जाता है। परिणामस्वरूप भारतीय विदेश नीति में अमेरिका और पूर्वी एशियाई देशों को प्राथमिकता दी जाती है। यूरोपीय यूनियन अभी भी निचले पायदान पर स्थित है, क्योंकि यूरोपीय यूनियन की साझा विदेश नीति नहीं है।
- भारत के बड़े सामरिक विश्लेषक सी. राजामोहन भी उपरोक्त दृष्टिकोण से सहमत प्रतीत होते हैं। उनके अनुसार, नई दिल्ली विश्व राजनीति में यूरोप की भूमिका से प्रभावित नहीं है। उनके अनुसार, 'यूरोपीय देशों में अमेरिकी विदेश नीति का विरोध पाया जा रहा है।' जबकि भारत जैसे परंपरागत अमेरिकी आलोचकों का दृष्टिकोण अमेरिका के साथ मिल रहा है।
- भारतीय विदेश नीति में अमेरिका की कई अप्रिय नीतियों का विरोध नहीं किया जा रहा है। उनके अनुसार, यूरोप, भारत के उभार के विषय में संदेहग्रस्त है, जबकि अमेरिकी राष्ट्रपति बुश ने यह स्पष्ट कहा कि भारत के महाशक्ति के रूप में उभार में अमेरिका सहायक होगा।
- उपरोक्त आलोचनाएं आंशिक हैं, क्योंकि भारत एवं मुख्य यूरोपीय महाशक्तियों इंग्लैंड, फ्रांस और जर्मनी के साथ घनिष्ठ आर्थिक और राजनीतिक संबंधों का विकास हो रहा है। भूतपूर्व फ्रांसीसी राष्ट्रपति निकोलस सरकोजी को वर्ष 2008 में गणतंत्र दिवस के मौके पर मुख्य अतिथि के रूप में आमंत्रित किया गया।
- यूरोपीय यूनियन के देशों ने भारत की सुरक्षा परिषद् में स्थायी सदस्यता का समर्थन किया। यद्यपि यह उल्लेखनीय है कि यूरोपीय देशों की कोई साझा विदेश नीति नहीं है। यूरोपीय देश कुछ मामलों में साझा दृष्टिकोण रखते हैं। जैसे, कश्मीर में मानवाधिकार का मुद्दा, क्योटो प्रोटोकॉल, श्रम मानक जिन पर भारत की अपनी चिंताएं हैं।
- यूरोपीय यूनियन अभी भी एक सामरिक कर्ता नहीं है तथा सुरक्षा के मुद्दे पर इनका आपस में सहयोग सीमित हैं। इसके बावजूद भारत और यूरोपीय यूनियन के मध्य अत्यधिक प्रभावी व्यापारिक और आर्थिक संबंधों का विकास हुआ। पिछले दो दशकों में यह संबंध अत्यधिक तीव्र गति से विकसित हुए। भविष्य में इन संबंधों को और प्रगाढ़ बनाने की आवश्यकता है।
- केवल ब्रिटेन, जर्मनी और फ्रांस के साथ ही संबंधों पर बल प्रदान न किया जाए, बल्कि चेक गणतंत्र, स्वीडन, स्पेन और हंगरी जैसे छोटे देशों के साथ भी संबंधों के विकास की संभावनाएं हैं और दोनों के मध्य सुरक्षा के गैर-परंपरागत खतरों के संबंध में सहयोग हो रहे हैं तथा दोनों के मध्य मुक्त व्यापार समझौते का प्रस्ताव भविष्य में संबंधों का सुदृढ़ आधार तैयार करेगा।

## प्रत्यक्षण में परिवर्तन (Change in Perception)

- परंपरागत रूप से यूरोपीय देशों के लिए भारत की पहचान एक आध्यात्मिक देश, पिछड़ा, संघर्षरत समाज, गरीबी का शिकार तथा प्राकृतिक आपदाओं से ग्रस्त देश के रूप

में है। वर्तमान में भारत, दुनिया की तीसरी सबसे बड़ी अर्थव्यवस्था है। शीतयुद्धोत्तर विश्व में भारतीय अर्थव्यवस्था में तीव्र विकास हुआ।

- समकालीन युग में इस प्रत्यक्षण में परिवर्तन हो रहा है तथा भारत की उभरती अर्थव्यवस्था तथा स्थाई लोकतंत्र को विश्वव्यापी मान्यता प्राप्त हो रही है। आई. टी. (I.T.) के क्षेत्र में भारत ने निर्णायक बढ़त प्राप्त की है, इसलिए यूरोपीय यूनियन के देशों में चीन के साथ भारत के महत्व में भी वृद्धि हुई है।
- समकालीन युग में यूरोपीय देशों में बढ़ती इस्लामिक कट्टरता के परिप्रेक्ष्य में भारतीय पंथनिरपेक्षता और बहुलवादी समाज को बहुत महत्व दिया जाता है,

## नीतिगत विकल्प

भारत और यूरोपीय यूनियन के संबंधों को सुदृढ़ बनाने के लिए निम्नलिखित उपाय अपनाने होंगे-

- यूरोप के कुछ देशों को प्राथमिकता देने के साथ, यूरोप के सभी देशों में अपने हितों को विस्तार देना।
- यूरोप में पहुंचने हेतु पूर्वी यूरोप को मार्ग के रूप में प्रयोग करना।
- भारतीय कूटनयिकों को प्रशिक्षण देना तथा उन्हें विभिन्न यूरोपीय भाषाओं की जानकारी देना।
- भारतीय दूतावासों तथा वाणिज्यिक दूतावासों को ज्यादा गतिशील बनाना।
- सूचना अंतराल को दूर करना, जिसके लिए **निम्न उपाय किए गए-**
  - (i) यूरोपीय महाद्वीप में पत्रकारों की तैनाती।
  - (ii) यूरोपीय अर्थशास्त्र, समाजशास्त्र और राजनीति के विशेषज्ञों के मध्य बेहतर समन्वय।
  - (iii) मीडिया कर्मियों का आदान-प्रदान।
  - (iv) भारतीय विदेश नीति में यूरोपीय अध्ययन केंद्रों की स्थापना।
  - (v) सांस्कृतिक कूटनीति को बढ़ावा देना और व्यवस्थित रूप में भारत के बारे में सकारात्मक सूचनाएं प्रदान करना कि भारत एक लोकतांत्रिक उदारवादी राज्य है, जिसकी अर्थव्यवस्था अत्यधिक गतिशील है।

## यूरोपीय यूनियन का दृष्टिकोण

- यूरोपीय यूनियन और भारत के बीच आर्थिक संबंधों पर अनेक समझौते हो चुके हैं तथा दो लोकतांत्रिक व्यवस्थाओं के बीच अब सामरिक संबंधों का भी विकास हो रहा है। यूरोपीय यूनियन द्वारा अब भारत को सकारात्मक रूप में देखा जा रहा है।
- यूरोपीय यूनियन के लिए भारत का महत्व इस बिंदु का प्रमाण है कि भारत-यूरोपीय यूनियन के मध्य शिखर वार्ता भी आरंभ हो चुकी है तथा अमेरिका, रूस, कनाडा, चीन, जापान के अलावा भारत छठा देश है, जिसके साथ यूरोपीय यूनियन सामरिक संबंध बना रहा है। यूरोपीय यूनियन ने दक्षिण एशियाई क्षेत्र में भारत को निर्विवाद रूप में प्राथमिकता प्रदान की है। अब यूरोपीय यूनियन द्वारा एशिया में चीन और जापान के साथ-साथ भारत के साथ भी समान व्यवहार किया जा रहा है।
- वर्ष 2001 में भारत-यूरोपीय यूनियन के मध्य दूसरी शिखर वार्ता के दौरान यूरोपीय आयोग के अध्यक्ष रोमानो प्रोदी ने कहा कि 'दोनों मिलकर इस अस्थायी विश्व में स्थायित्व लाने का प्रयत्न करेंगे।' यूरोपीय यूनियन ने न केवल भारत के विशाल लोकतंत्र की प्रशंसा की, अपितु भारत के उभरते बाजार को असीम संभावनाओं का क्षेत्र माना।
- फ्रांसीसी विद्धान डोमिनिक मोइजी ने विश्व स्तर पर भारत को एक स्वतंत्र एवं महत्वपूर्ण दोनों प्रकार की शक्ति माना। यूरोपीय यूनियन के द्वारा एक बहुध्रुवीय विश्व में भारत की महत्वपूर्ण भूमिका का समर्थन किया गया।

## भारत का दृष्टिकोण

- यूरोपीय यूनियन के विशाल बाजार तथा इसके आकार एवं महत्व को भारत अत्यधिक प्राथमिकता देता है तथा यूरोपीय यूनियन भारत में निवेश का एक बड़ा स्रोत है। यह उच्च तकनीकी का मूल स्रोत है, जो भारत की आर्थिक और औद्योगिक वृद्धि के लिए अपरिहार्य है।
- सामान्यत: विकासशील देश और विशेष रूप में भारत अंतर्राष्ट्रीय राजनीति में यूरोपीय यूनियन को अत्यधिक सकारात्मक महत्व देते हैं और इसे अमेरिका द्वारा निर्मित एकध्रुवीय प्रभुत्व को प्रतिसंतुलित करने का प्रभावी माध्यम मानते हैं। अत: यूरोपीय यूनियन का उभार बहुध्रुवीय विश्व के निर्माण में सहायक होगा और एक पक्षवाद को प्रतिसंतुलित करने एवं शांति निर्माण में सहायक होगा।

## क्षेत्रीय एवं वैश्विक मुद्दों पर दृष्टिकोण

### 1. लोकतंत्र एवं मानवाधिकार

- लोकतंत्र और मानवाधिकार के मुद्दे पर अमेरिकी विदेश नीति में बल प्रयोग का समर्थन किया जाता है। अमेरिका ने इराक और अफगानिस्तान में ऐसी नीतियों का समर्थन किया। जबकि यूरोपीय यूनियन द्वारा लोकतंत्र और मानवाधिकारों को अत्यधिक महत्व दिया जाता है, लेकिन बल प्रयोग का समर्थन नहीं किया जाता तथा यूरोपीय

यूनियन की मान्यता है कि बल प्रयोग से मानवाधिकारों का अत्यधिक उल्लंघन होता है। भारत की नीति यूरोपीय यूनियन के अधिक निकट है।

**2. अंतर्राष्ट्रीय संगठन और बहुपक्षवाद**

- अमेरिका ने वर्ष 1972 की 'एंटी बैलिस्टिक मिसाइल संधि' से स्वयं को अलग कर लिया। वर्ष 2003 में इराक पर संयुक्त राष्ट्र के बिना अनुमति के आक्रमण किया गया, जबकि यूरोपीय यूनियन द्वारा इन एकपक्षीय और एकतरफा नीतियों का समर्थन नहीं किया गया।
- फ्रांस और जर्मनी ने इराक पर आक्रमण (वर्ष 2003) का विरोध किया। भारतीय विदेश नीति में भी बहुपक्षवाद को अत्यधिक महत्व दिया जाता है और अंतर्राष्ट्रीय आपराधिक न्यायालय के मुद्दे पर भी भारत-यूरोपीय यूनियन के दृष्टिकोण ज्यादा मिलते-जुलते हैं।

**3. आतंक के विरुद्ध युद्ध**

- वैश्विक आतंकवाद की समस्या से सभी की सुरक्षा के लिए समान रूप से खतरा है। यूरोपीय यूनियन ने आतंकी गतिविधियों की सामान्य परिभाषा और उनके संगठन की सूची निर्मित करने पर अधिक बल दिया, जबकि अमेरिका ने 'आतंक के विरुद्ध युद्ध' के नारे के अंतर्गत् दुष्ट राष्ट्रों की संकल्पना प्रस्तुत की, जिसका फ्रांस एवं जर्मनी ने विरोध किया।
- यूरोपीय यूनियन ने अमेरिका की संकल्पना से स्वयं को अलग किया। अमेरिका ने 'वार ऑन टेररिज्म' का नारा दिया, जबकि यूरोपीय यूनियन ने 'आतंक के विरुद्ध संघर्ष' का नारा दिया। भारत ने भी अंतर्राष्ट्रीय आतंकवाद के विरुद्ध अमेरिका का सहयोग किया, क्योंकि भारत कई दशकों से आतंकवाद से पीड़ित है।
- भारत एवं यूरोपीय यूनियन के मध्य भी आतंकवाद का सामना करने के लिए समान रणनीति पर विचार-विमर्श हो रहा है। वर्ष 2008 के आतंकी हमले में अनेक यूरोपीय नागरिक भी मारे गए। इसीलिए अब यूरोपीय यूनियन द्वारा सीमापार आतंकवाद के मुद्दे पर भारत के साथ सहानुभूतिपूर्ण दृष्टिकोण अपनाया जाता है।

**4. बहुध्रुवीय विश्व**

- भारत और यूरोपीय यूनियन दोनों बहुध्रुवीय विश्व के समर्थक हैं। फ्रांस ने स्पष्ट रूप में सुरक्षा परिषद् में भारत की स्थायी सदस्यता का समर्थन किया है, साथ ही ब्रिटेन और जर्मनी ने भी जो, जी-4 का एक सदस्य है, वर्तमान समय में जी-8 की बैठकों में भारत को आमंत्रित किया जाता है। अतः भारतीय नेतृत्व द्वारा एकध्रुवीय और एकपक्षीय नीतियों का समर्थन नहीं किया जाता।

## भारत-जर्मनी

- जर्मनी यूरोप की सबसे बड़ी अर्थव्यवस्था है। जर्मनी की जनसंख्या लगभग 8 करोड़ है, जहां ईसाई धर्म तथा जर्मन भाषा प्रभावी है। यह एक उच्च तकनीक पर आधारित विकसित अर्थव्यवस्था है। राजनीतिक रूप में यह एक लोकतांत्रिक, उदारवादी, पूंजीवादी देश है।

### व्यापारिक

- वर्ष 1991 के उदारीकरण के बाद भारत द्वारा यूरोपीय देशों के साथ आर्थिक संबंधों पर प्रमुख बल दिया गया और जर्मनी, यूरोप का तकनीकी और आर्थिक रूप में सबसे शक्तिशाली देश है। जर्मनी, भारत और यूरोप के बीच व्यापारिक भागीदारी हुई, जो सर्वाधिक महत्वपूर्ण है।
- यूरोपीय देशों में जर्मनी, भारत का सबसे बड़ा द्विपक्षीय व्यापारिक भागीदार है एवं दोनों देशों के बीच का व्यापार वर्ष 2016-17 में 19 अरब बिलियन डॉलर था। तकनीकी विकास किसी भी देश की अर्थव्यवस्था के लिए अत्यधिक महत्वपूर्ण माना जाता है और जर्मनी, तकनीकी रूप में अत्यधिक सक्षम देश है और भारत के सेवा प्रधान उद्योगों के लिए तकनीकी की आवश्यकता है। पर्यावरण संरक्षण के लिए भी बेहतर तकनीकी जरूरी है।

### तकनीकी

- जर्मनी का दूसरा सबसे बड़ा तकनीकी सहयोगी भारत है और दोनों के बीच वर्ष 2008 में भारत-जर्मनी विज्ञान और तकनीकी केंद्र की स्थापना नई दिल्ली में हुई।
- वर्तमान में तकनीकी के खरीद का अभिप्राय, बौद्धिक संपदा अधिकारों की खरीद है, जो विकासशील देशों के लिए अत्यधिक मंहगा विकल्प है। इसलिए दोनों के बीच तकनीकी सहयोग को बढ़ावा देने के लिए संयुक्त अनुसंधान तथा ऊर्जा, पर्यावरण और जल तकनीकी के विकास में सहयोग किया जा रहा है। दोनों देश संबंधों को विक्रेता और खरीदार से बढ़ाकर साझे सहयोग और संयुक्त उत्पादन पर बल दे रहे हैं।
- भारत और जर्मनी के बीच सहयोग केवल व्यापारिक मुद्दों पर ही नहीं है, बल्कि सामरिक सहयोग का भी प्रभावी विकास और दोनों के बीच दीर्घकालिक संबंध का भी विकास हो रहा है।
- जर्मनी और भारत के बीच सामरिक सहभागिता का समझौता भी संपन्न हो चुका है और भारत, जर्मनी का एकमात्र सामरिक सहभागी है, जो यूरोप से नहीं हैं। भारत और जर्मनी के बीच वर्ष 2013 में अंतर्सरकारी, परामर्शकारी बैठक का आयोजन किया गया।

### सामरिक

- जर्मनी, विश्व की एक प्रमुख अर्थव्यवस्था है और भारत का उभार विश्व के बड़े बाजार के रूप में हो रहा है। इसलिए दोनों देशों के बीच सहयोग स्वाभाविक है। सुरक्षा परिषद् की स्थायी सदस्यता के लिए दोनों जी-4 के प्रस्तावक सदस्य हैं और सुरक्षा परिषद् में एक-दूसरे की सदस्यता के दावे का समर्थन करते हैं।
- जर्मनी ने भारत के परमाणु आपूर्तिकर्ता समूह (NSG) की सदस्यता का भी समर्थन किया और यह उल्लेखनीय है कि वर्ष 2012-2013 को जर्मनी में भारत वर्ष के रूप में मनाया गया।
- दोनों देशों के बीच सांस्कृतिक संबंधों को भी प्रगाढ़ बनाया जा रहा है। भारत, विश्व का सबसे बड़ा लोकतांत्रिक देश एवं जर्मनी, यूरोप का सबसे बड़ा लोकतांत्रिक देश है। अत: दोनों के बीच साझे मूल्यों का भी सहयोग है।

## भारत-ब्रिटेन

- ग्रेट ब्रिटेन पश्चिम यूरोप में स्थित है। जिसमें इंग्लैंड स्कॉटलैंड, वेल्स तथा उत्तर आयरलैंड सम्मिलित हैं। ग्रेट ब्रिटेन की जनसंख्या लगभग 5 करोड़ है। यह आर्थिक रूप से उदारवादी पूंजीवादी राज्य है। जहां लोकतात्रिक संसदीय व्यवस्था आधारित राजनीति व्यवस्था है। यह इंग्लिश चैनल से यूरोप की मुख्य भूमि से अलग है।

### डायसपोरा

- भारत और ब्रिटेन के बीच परंपरागत रूप में बेहतर संबंध रहे हैं। भारत के संविधान निर्माता इंग्लैंड में प्रचलित संसदीय शासन के समर्थक थे। इसलिए भारत की स्वतंत्रता के बाद संसदीय शासन अपनाया गया तथा भारत अभी भी कॉमनवेल्थ का सदस्य है, जिसकी स्थापना इंग्लैंड के द्वारा की गई थी।
- इंग्लैंड, अमेरिका का परंपरागत मित्र रहा है और वर्तमान में भारत का संबंध इंग्लैंड और अमेरिका दोनों के साथ मित्रतापूर्ण बना हुआ है और इंग्लैंड में अभी भी लगभग 16 लाख भारतीय मूल के लोग निवास करते हैं।

### व्यापारिक

- अमेरिका और जापान के बाद इंग्लैंड, भारत में निवेश करने वाला तीसरा सबसे बड़ा देश है तथा भारत की लगभग 1200 कंपनियां इंग्लैंड में अपना व्यवसास कर रही हैं। भारत की प्रसिद्ध मोटर निर्माता कंपनी टाटा के द्वारा इंग्लैंड की जगुआर कंपनी को खरीद लिया गया तथा भारत, ब्रिटेन में निवेश करने वाला अमेरिका के बाद दूसरा सबसे बड़ा देश है और दोनों के बीच का द्विपक्षीय व्यापार 16 बिलियन डॉलर है और लगभग 16 लाख भारतीय मूल के लोग इस समय ब्रिटेन में रह रहे हैं। दोनों के बीच निवेश को प्रोत्साहित करने के लिए संयुक्त आर्थिक और व्यापारिक समिति की स्थापना वर्ष 2005 में हुई।

### सिविल परमाणु सहयोग

- वर्ष 2008 में भारत-अमेरिका के बीच सिविल परमाणु समझौता हुआ और वर्तमान समय में भारत और ब्रिटेन के बीच सिविल परमाणु समझौते के मुद्दे पर बातचीत चल रही है। भारत और ब्रिटेन के बीच सामरिक संबंध का विकास हो चुका है तथा ब्रिटेन, सुरक्षा परिषद् का स्थायी सदस्य है और ब्रिटेन के द्वारा भारत की स्थायी सदस्यता का समर्थन किया जा रहा है।
- ब्रिटेन के द्वारा भारत के विरुद्ध सीमापार आतंकवाद का भी विरोध किया गया है और कश्मीर मुद्दे पर भी ब्रिटेन, भारत का समर्थन कर रहा है।

### सामरिक

- भारत इस समय दुनिया के बड़े उभरते बाजारों में से एक और हथियारों का आयात करने वाला विश्व का सबसे बड़ा देश है। इसलिए ब्रिटेन, भारत के बाजार में हथियार निर्यात करने का प्रयत्न कर रहा है। ब्रिटेन विश्व के बड़े हथियार निर्यातक देशों में से एक है।
- वर्ष 2005 में दोनों देशों के बीच संयुक्त सैन्य अभ्यास भी हुआ और दोनों के बीच वर्तमान समय में सामरिक संबंध भी हैं। दोनों देशों के बीच सांस्कृतिक क्षेत्र में भी सहयोग किया जा रहा है तथा लोकतंत्र के साझे मूल्य दोनों देशों के संबंधों को और प्रगाढ़ बना रहे हैं। ब्रिटेन, विश्व का सबसे पुराना लोकतांत्रिक देश है, जबकि भारत, विश्व का सबसे बड़ा लोकतांत्रिक देश है।

## भारत-फ्रांस

- फ्रांस, यूक्रेन के बाद यूरोप का सबसे बड़ा देश है। फ्रांसीसी भाषी यह देश पश्चिम यूरोप की मुख्य भूमि पर अवस्थित है। यहां की जनसंख्या लगभग 6.5 करोड़ है। यह राजनीतिक रूप से लोकतांत्रिक, उदारवादी देश है। तथा आर्थिक रूप से पूंजीवादी अर्थव्यवस्था को अपनाता है।

### सामरिक

- भारत एवं फ्रांस के बीच वर्ष 1991 के बाद प्रभावी संबंधों का विकास हुआ तथा फ्रांस, अमेरिका के नेतृत्व में निर्मित सुरक्षा संगठन नाटो का सदस्य है। यह सुरक्षा

परिषद् का स्थायी सदस्य तथा विश्व की एक प्रमुख अर्थव्यवस्था है।

- फ्रांस और भारत के बीच व्यापारिक, राजनीतिक एवं सैनिक संबंधों का प्रभावी विकास हो रहा है। भारत द्वारा रक्षा सामग्री की आपूर्ति के लिए सस्ते एवं बेहतर विकल्पों की तलाश की जा रही है। फ्रांस, रक्षा सामग्री का प्रमुख निर्यातक देश है।

## हिंद महासागर

- हिंद महासागर में भारत की स्वाभाविक एवं प्राकृतिक उपस्थिति है। भारत हिंद महासागर के मध्य में स्थित है। वर्तमान में हिंद महासागर क्षेत्र में चीन के प्रभाव में निरंतर वृद्धि हो रही है। हिंद महासागर में फ्रांस का अत्यधिक महत्वपूर्ण द्वीपों पर नियंत्रण है, जिसमें रियूनियन द्वीप (Reunion island), मायोटी द्वीप (Mayotte island) तथा स्कॉटर द्वीप (Scoter island) पर फ्रांस के नौसैनिक अड्डे हैं।
- इसके अतिरिक्त जिबूति में भी फ्रांस के लड़ाकू जहाज तैनात हैं। इसलिए भारत फ्रांस के बीच हिंद महासागर के इन द्वीपों पर सहयोग का समझौता हुआ है, जो लॉजिस्टिक समझौते के समान है। इससे यह प्रतीत होता है। कि वर्तमान में अमेरिका के बाद फ्रांस भारत का दूसरा सबसे बड़ा सामरिक सहयोगी बन गया है।

## सैन्य

- भारत-फ्रांस के बीच लड़ाकू विमान (Medium multirole combat aircraft) खरीदने का समझौता हुआ। इसके अंतर्गत् भारत ने फ्रांस की कंपनी राफेल से 126 लड़ाकू विमान खरीदने का समझौता किया। यह समझौता 12 बिलियन डॉलर का था। भारत रक्षा हथियारों की आपूर्ति के लिए किसी एक देश पर निर्भर नहीं रहना चाहता।
- भारत और फ्रांस के बीच तकनीकी हस्तांतरण की भी सहमति प्राप्त हो चुकी है, जिसके अंतर्गत् राफेल का उत्पादन भारत में भी होगा। भारत और फ्रांस के बीच सामरिक संबंधों की स्थापना हो चुकी है। राफेल लड़ाकू विमानों की खरीद का समझौता भारत के इतिहास में फ्रांस के साथ रक्षा का सबसे बड़ा सौदा (Mother of all defence deal) है।
- इसके अतिरिक्त फ्रांस, भारत को स्कॉरपीन (Scorpene) पनडुब्बी के निर्माण की तकनीकी भी हस्तांतरित कर रहा है। एक महत्वपूर्ण समझौते के अंतर्गत् दोनों देशों ने सतह से हवा में मार करने वाली प्रक्षेपास्त्र 'मैत्री' के साझे विकास की परियोजना पर समझौता किया है। इससे ऐसा प्रतीत होता है कि भारत-फ्रांस के रक्षा संबंध भारत-रूसी रक्षा संबंधों के मॉडल पर आगे बढ़ रहे हैं।
- भारत-फ्रांस के बीच ऐतिहासिक लड़ाकू विमान के समझौते में समस्या उत्पन्न हो गई, क्योंकि फ्रांस ने विमानों की कीमतों में वृद्धि कर दी तथा विमानों के भारत में उत्पादन के समझौते पर भी आपत्ति करने लगा। भारत ने रक्षा सामग्री की तत्काल आवश्यकताओं को देखते हुए फ्रांस से 36 राफेल विमान मंगाने का निर्णय किया है, जबकि आरंभिक रूप में 126 विमानों का समझौता किया गया था।
- सरकार द्वारा कंपनी की कीमत को लेकर आपत्ति व्यक्त की गई। पहले इस समझौते में यह उल्लिखित है कि 118 विमानों का निर्माण फ्रांस के सहयोग से भारत में होगा, परंतु फ्रांस के द्वारा विमानों की कीमत बढ़ाने के बाद तथा तकनीकी न प्रदान करने के कारण भारत के द्वारा समझौते का पुनरावलोकन किया गया और व्यावहारिक नीति अपनाते हुए केवल 36 विमानों के भारत द्वारा आयात का निर्णय लिया गया।
- वर्तमान सरकार के द्वारा मेक इन इंडिया कार्यक्रम के अंतर्गत् लड़ाकू विमानों के घरेलू उत्पादन पर भी बल दिया गया है।

## सिविल परमाणु सहयोग

- वर्ष 2008 में भारत और अमेरिका के बीच सिविल परमाणु समझौता हुआ, जिसके बाद भारत के लिए अन्य देशों से परमाणु रिएक्टर और परमाणु ईंधन प्राप्त करने का रास्ता साफ हो गया। फ्रांस, परमाणु रिएक्टर के अग्रणी निर्माताओं में से एक है तथा दोनों देशों के बीच सिविल परमाणु समझौता भी संपन्न हो चुका है। फ्रांस ने परमाणु आपूर्तिकर्ता समूह (NSG) में भी भारत की सदस्यता का समर्थन किया है।
- वर्तमान में भारत के द्वारा परमाणु उत्तरदायित्व अधिनियम में परिवर्तन करते हुए दुर्घटना के बाद मुआवजा देने के लिए बीमा पूल के निर्माण की घोषणा की गई, जिससे मुआवजा देने का दायित्व निर्माता कंपनी का नहीं होगा। इस परिवर्तन से भारत, फ्रांस, सिविल परमाणु सहयोग प्रभावी होगा।
- यह उल्लेखनीय है कि वर्ष 2032 तक भारत अपने परमाणु बिजली उत्पादन की क्षमता को 63 हजार मेगावाट तक बढ़ाना चाहता है। फ्रांस की कुल बिजली का 78 प्रतिशत भाग परमाणु ऊर्जा से उत्पादित होता है, इसलिए सिविल परमाणु क्षेत्र में सहयोग की बेहतर संभावनाएं हैं।

## व्यापारिक

- वर्तमान में भारत के द्वारा व्यापार व वाणिज्य पर अत्यधिक बल प्रदान किया जा रहा है और फ्रांस के साथ भी

व्यापारिक संबंधों को बेहतर बनाने पर बल दिया जा रहा है। भारत का बड़ा बाजार फ्रांसीसी लोगों के लिए आकर्षण का केंद्र है, क्योंकि वर्ष 2008 के बाद यूरोपीय देश आर्थिक मंदी के शिकार हैं।

- दोनों देशों के बीच वर्ष 2016 में द्विपक्षीय व्यापार लगभग 8.2 बिलियन डॉलर है तथा अंतरिक्ष के क्षेत्र में भी दोनों में परस्पर सहयोग हो रहा है। दोनों देशों के बीच सहयोग से भारत को तकनीकी का भी लाभ होगा और भारत के द्वारा सुरक्षा परिषद् की स्थायी सदस्यता का दावा किया गया है तथा फ्रांस, भारत की सुरक्षा परिषद् की स्थायी सदस्यता का प्रबल समर्थक है।
- भारत, विश्व का सबसे बड़ा लोकतांत्रिक देश है तथा फ्रांस में लोकतांत्रिक शासन अत्यधिक शक्तिशाली है, इसलिए दोनों देशों के बीच लोकतंत्र का साझा मूल्य भी विद्यमान है।

## ब्रिक्स (BRICS)

- 'ब्रिक्स' शब्द का प्रयोग, 'जिम ओ नील' द्वारा किया गया।
- ब्राजील, रूस, भारत एवं चीन इसके सदस्य हैं।
- वर्ष 2008 में रूस बैठक के द्वारा इसके निर्माण का निर्णय किया गया तथा वर्ष 2009 में इसकी पहली बैठक हुई।
- वर्ष 2010 में इसमें अफ्रीका को भी शामिल कर लिया गया।
- वर्ष 2012 में इसका सम्मेलन नई दिल्ली में हुआ।
- अफ्रीका के विकास के लिए वर्ष 2005 को अफ्रीका वर्ष के रूप में मनाया गया।
- ब्रिक्स का छठवां शिखर सम्मेलन 15 जुलाई, 2014 ब्राजील के शहर फोर्टालेजा (Fortaleza) में संपन्न हुआ।

### 8वां ब्रिक्स सम्मेलन

- यह सम्मेलन 15-16 अक्टूबर, 2016 को गोवा (भारत) में संपन्न हुआ। भारत ने ब्रिक्स सम्मेलन की अध्यक्षता की।
- सम्मेलन में सभी प्रकार के आतंकवाद की निंदा की गई।
- सम्मेलन में एक 'ब्रिक्स क्रेडिट रेटिंग एजेंसी' स्थापित करने की घोषणा की गई।
- इस सम्मेलन में सहमति बनी कि ब्रिक्स 'न्यू डेवलपमेंट बैंक' विकासात्मक परियोजनाओं को ऋण देगा।
- एक अन्य समझौते के तहत एक 'शोध संस्थान' स्थापित करने पर सहमति बनी, जो कृषि, रेलवे इत्यादि के विकास पर कार्य करेगा।
- इस सम्मेलन के बाद 'ब्रिक्स-बिमस्टेक सम्मेलन' आयोजित किया गया, जिसमें ब्रिक्स देशों के अतिरिक्त बांग्लादेश, भूटान, म्यांमार, नेपाल, श्रीलंका व थाइलैंड सम्मिलित हुए।

### 9वां ब्रिक्स सम्मेलन

- ब्रिक्स का 9वां सम्मेलन चीन के तटीय शहर सीयामेन (Xiamen) में 2 से 3 सितंबर, 2017 को संपन्न हुआ।

### 10वां ब्रिक्स सम्मेलन, (2018)

- ब्रिक्स का 10वां शिखर सम्मेलन दक्षिण अफ्रीका के जोहांसबर्ग में 25-27 जुलाई, 2018 को हुआ।

## ब्रिक्स विकास बैंक

- 'न्यू डेवलपमेंट बैंक', जिसे पहले ब्रिक्स बैंक के नाम से जाना जाता था। यह एक बहुपक्षीय विकास बैंक है।
- इसको एक प्रकार से विश्व बैंक और अंतर्राष्ट्रीय मुद्रा कोष का बेहतर विकल्प माना जा रहा है। यह पश्चिमी प्रभाव और वित्तीय संस्थाओं पर विकासशील देशों की निर्भरता को कम अथवा समाप्त करेगा।
- ब्रिक्स विकास बैंक का मुख्यालय शंघाई में होगा।
- बैंक का प्रथम अध्यक्ष भारत बनेगा।
- इसमें सभी सदस्य देशों को समान अधिकार होगा।
- किसी भी सदस्य को वीटो का अधिकार नहीं होगा।
- वर्ष 2016 से यह बैंक कार्य करना प्रारंभ कर देगा।

### संरचना

- आधारभूत संरचना एवं सतत् विकास की परियोजनाओं को इस बैंक के केंद्र में रखा गया है।
- बैंक की शुरूआती पूंजी 50 बिलियन डॉलर होगी, जिसे बढ़ाकर 100 बिलियन डालर तक पहुंचाया जाएगा।
- प्रारंभ में प्रत्येक सदस्य देश 10-10 बिलियन डॉलर का योगदान देंगे।
- भारत द्वारा शर्त रखी गई थी कि सदस्य देशों की सहमति के बगैर कोई भी सदस्य देश अपनी योगदान राशि में बढ़ोत्तरी नहीं कर सकेगा।
- बैंक की पूंजी 100 अरब डॉलर पहुंचने तक चीन का योगदान 41 अरब डॉलर, जबकि भारत, रूस, ब्राजील 18-18 अरब डॉलर तथा दक्षिण अफ्रीका 9 अरब डॉलर का योगदान करेगा।
- 15 जुलाई, 2014 को फोर्टालेजा (Fortaleza) में 'न्यू डेवलपमेंट बैंक' (New Development Bank) (NDB)), स्थापना के दस्तावेज पर सदस्य देशों के हस्ताक्षर हुए।
- सम्मेलन के दौरान 'ओस्मिक आरक्षित व्यवस्था' पर भी सदस्य देशों में सहमति बनी।
- 'कंटिनजेंट रिजर्व अरेंजमेंट' (Contingent Reserve Arrangement (CRA)) का मुख्य उद्देश्य, सदस्य देशों को वैश्विक तरल दबाब (Global liquidity pressures) से सुरक्षा प्रदान करना है।

## एशिया आधारभूत संरचना निवेश बैंक (AIIB)

- 'एशिया आधारभूत संरचना निवेश बैंक' हेतु हस्ताक्षर समारोह का आयोजन 'बीजिंग' में 24 अक्टूबर, 2014 को हुआ।
- इस बैंक का मुख्यालय 'बीजिंग' में होगा।
- बैंक की अधिकृत पूंजी 100 बिलियन डॉलर होगी।
- चीन लगभग 50 बिलियन डॉलर का इसमें योगदान देगा।
- वर्ष 2015 से बैंक के कार्य शुरू होने की संभावना है।
- चीन के बाद भारत दूसरा सबसे बड़ा अंशधारक होगा।
- भारत और चीन के अलावा इसके 19 संस्थापक सदस्य हैं-

| | | |
|---|---|---|
| 1. बांग्लादेश | 8. कुवैत | 15. कतर |
| 2. नेपाल | 9. लाओस | 16. सिंगापुर |
| 3. श्रीलंका | 10. मलेशिया | 17. थाइलैंड |
| 4. पाकिस्तान | 11. मंगोलिया | 18. उज्बेकिस्तान |
| 5. ब्रुनेई | 12. म्यांमार | 19. वियतनाम |
| 6. कंबोडिया | 13. ओमान | |
| 7. कजाखस्तान | 14. फिलीपींस | |

- उल्लेखनीय है कि अमेरिकी दबाव के कारण तीन देशों, ऑस्ट्रेलिया, इंडोनेशिया और दक्षिण कोरिया ने इसमें भागीदारी से इनकार कर दिया।

## भारत-आसियान संबंध

### शीत युद्ध के दौरान संबंध

- दक्षिणी-पूर्वी एशियाई देश सांस्कृतिक रूप से भारत के अत्यधिक निकट हैं। इस क्षेत्र पर भारत का सांस्कृतिक प्रभाव स्पष्ट रूप में दिखाई देता है। थाइलैंड व म्यांमार बौद्ध धर्म प्रधान देश हैं। इंडोनेशिया का नाम इंडिया से प्रभावित है। इंडोनेशिया में आज भी रामलीला का मंचन होता है और सिंगापुर पर भारतीय शहरों के नाम का प्रभाव है।
- स्वतंत्र भारतीय विदेश नीति में एशियाई-अफ्रीकी एकता पर अत्यधिक बल प्रदान किया गया। एशियाई संबंधों में बांडुंग सम्मेलन के द्वारा एशियाई-अफ्रीकी एकता निर्मित करने का प्रयत्न किया गया। भारत ने इंडोनेशिया की स्वतंत्रता के लिए नई दिल्ली में एशियाई संबंधों की बैठक (वर्ष 1948) आयोजित की।
- भारत ने बांडुंग सम्मेलन (वर्ष 1955) में एशियाई-अफ्रीकी एकता के विचार का समर्थन किया। इंडोनेशिया के प्रधानमंत्री सुकार्नो के साथ पं. जवाहरलाल नेहरू ने गुटनिरपेक्ष आंदोलन की नींव रखी। वियतनाम की मुक्ति का भारत ने सदैव समर्थन किया तथा म्यांमार के साथ भारत के मित्रतापूर्ण संबंध थे।
- आसियान देशों में थाईलैंड, फिलीपींस, सिएटो (SEATO) के सदस्य थे, जो अमेरिका द्वारा प्रायोजित एक सैनिक गठबंधन था। जबकि भारत ने गुटनिरपेक्ष विदेश नीति अपनाई। इसलिए इन आसियान देशों के साथ भारत के संबंध बेहतर नहीं हो सके।
- वर्ष 1962 में म्यांमार में सेना के द्वारा शासन पर नियंत्रण कर लिया गया। इस सैनिक सरकार ने चीन के साथ मित्रतापूर्ण संबंध का निर्माण किया। जबकि म्यांमार में रह रहे भारतीय मूल के लोगों को म्यांमार से भगा दिया, जिससे भारत-म्यांमार के संबंध कटु हो गए।
- इंडोनेशिया के प्रधानमंत्री सुकार्नो का झुकाव बाद में चीन की ओर होने लगा, जबकि भारत और चीन के बीच वर्ष 1962 में युद्ध हुआ था। इंडोनेशिया में वर्ष 1966 में सुकार्नो के स्थान पर सुहार्तो ने शासन पर नियंत्रण कर लिया और इंडोनेशिया में सुहार्तो का सैनिक शासन वर्ष 1966 में स्थापित हुआ, जिसके बाद सुहार्तो ने अमेरिका के साथ बेहद मित्रतापूर्ण संबंध स्थापित किया।
- वर्ष 1971 में भारत-सोवियत संघ के बीच शांति एवं मित्रता की संधि हुई, जिससे भारत और आसियान देशों के बीच दूरी बढ़ गई, क्योंकि अधिकांश आसियान देश अमेरिका समर्थित थे।
- वर्ष 1971 में चीन एवं अमेरिका के बीच कूटनीतिक संबंध बहाल हो गए। अत: आसियान देश चीन के निकट हो गए, जबकि वर्ष 1967 में आसियान की स्थापना साम्यवादी चीन को प्रतिसंतुलित करने के लिए हुई थी। अत: आसियान के साथ चीन के संबंध लगातार बेहतर हुए।
- भारत ने 60 के दशक में चीन के साथ युद्ध का सामना किया तथा वर्ष 1965 में पाकिस्तान ने भारत पर आक्रमण किया। वर्ष 1971 में भारत-पाकिस्तान के मध्य एक और युद्ध हुआ, जिससे भारत, दक्षिण एशिया में ही उलझ कर रह गया और अन्य क्षेत्रों पर प्रभावी ध्यान नहीं दे सका।
- आसियान में साम्यवाद के प्रसार के लिए संघर्ष जारी था। वर्ष 1979 में कंपूचिया में पोलपोट और हेंगसामरिन के बीच सत्ता के लिए संघर्ष चल रहा था। पोलपोट का समर्थन चीन, थाईलैंड और अमेरिका ने किया, जबकि हेंगसामरिन का समर्थन वियतनाम, भारत और सोवियत संघ ने किया।
- वर्ष 1979 में वियतनाम ने हेंगसामरिन के समर्थन के लिए कंपूचिया पर आक्रमण कर दिया, जिसके बाद चीन ने वियतनाम पर आक्रमण कर दिया। भारत ने वियतनाम और हेंगसामरिन सरकार का समर्थन किया, जिसके कारण आसियान देश भारत विरोधी हो गए।
- वर्ष 1980 के दशक में दक्षिण कोरिया, सिंगापुर, ताईवान

तथा मलेशिया जैसे देशों ने तीव्र आर्थिक प्रगति दर्ज की, जिससे आसियान क्षेत्र विश्व अर्थव्यवस्था का उभरता क्षेत्र बन गया। वर्ष 1984 में ब्रूनेई, ब्रिटेन से स्वतंत्र हो गया और आसियान का सदस्य बन गया।

**आसियान देशों में जनसंख्या**

| देश | जनसंख्या |
|---|---|
| इंडोनेशिया | 26 करोड़, 67 लाख |
| फीलीपींस | 10 करोड़, 65 लाख |
| वियतनाम | 9 करोड़, 64 लाख |
| थाइलैंड | 6 करोड़, 91 लाख |
| म्यांमार | 5 करोड़, 38 लाख |
| मलेशिया | 3 करोड़, 20 लाख |
| कंबोडिया | 1 करोड़, 62 लाख |
| लाओस | 69 लाख |
| सिंगापुर | 57 लाख |
| ब्रुनेई | 43 लाख |

## शीत युद्ध के बाद संबंध : सुधार की ओर

- वर्ष 1990 में सोवियत संघ का विघटन हो गया, जिससे आसियान में उदारवादी और साम्यवादी विचारधारा के बीच का संघर्ष समाप्त हो गया। अब वियतनाम (1995), लाओस (1997) एवं कंपूचिया (1999) जैसे समाजवादी देश भी आसियान के सदस्य बन गए और कंपूचिया का गृह युद्ध समाप्त हो गया एवं आसियान के सभी देश आर्थिक विकास के लिए आपस में सहयोग करने लगे।
- वर्ष 1990 के बाद भारत और अमेरिका के मध्य मित्रतापूर्ण संबंधों का विकास हुआ। वर्ष 1991 में भारत ने आर्थिक उदारीकरण अपनाया तथा आसियान देशों के साथ आर्थिक संबंधों पर बल दिया। सोवियत संघ के विघटन के बाद भारत को नए निर्यात बाजारों की तलाश थी। इसलिए आसियान देश भारत के लिए प्राथमिकता के रूप में उभरकर सामने आए।
- यह उल्लेखनीय है कि आसियान देशों और भारत के बीच सांस्कृतिक एकता विद्यमान है तथा ये भारत के सुदूरवर्ती पड़ोसी (Extended Neighbour) हैं, जैसाकि अटल बिहारी वाजपेयी सरकार के द्वारा कहा गया।

### आर्थिक विकास का मॉडल

- विकासशील देशों में दक्षिण कोरिया, सिंगापुर, ताइवान के द्वारा आर्थिक विकास में तीव्र वृद्धि दर्ज की गई। इनका अनुकरण इंडोनेशिया, मलेशिया एवं थाइलैंड जैसे देशों के द्वारा किया गया। इन्होंने पूंजीवादी आर्थिक प्रणाली एवं निर्यात आधारित अर्थव्यवस्था का विकास किया और समूचे क्षेत्र में व्यापार के लिए आधारभूत संरचनाओं का विकास किया गया।
- इन देशों के बीच विवाद भी अनुपस्थित है। इस क्षेत्र में लोकतंत्र अस्थायी रहा है, परंतु आर्थिक विकास के लिए ये देश प्रेरणा स्रोत हैं। भारत ने इन देशों के लिए स्वाधीनता का संघर्ष किया था, परंतु आर्थिक विकास के बिना राजनैतिक नेतृत्व प्रभावी नहीं हो सकता।

## 'पूर्व की ओर देखो' की नीति

- प्रधानमंत्री नरसिम्ह राव ने 'पूर्व की ओर देखो' (Look East policy) का नारा दिया, जिसका अभिप्राय दक्षिणी-पूर्वी एशियाई देशों के साथ भौगोलिक, आर्थिक एवं संस्थागत संबंधों की स्थापना करने का प्रयत्न किया गया। आसियान देशों को इस नीति का केंद्रीय भाग माना गया तथा इसके अतिरिक्त 'पूर्व की ओर देखो' का अभिप्राय, दक्षिणी-पूर्वी एशियाई देशों के अलावा दक्षिणी कोरिया, जापान, ऑस्ट्रेलिया और न्यूजीलैंड के साथ भी बेहतर संबंधों का निर्माण करना है।
- वर्ष 1992 में भारत को आसियान देशों के क्षेत्रीय वार्ताकार सहयोगी का दर्जा दिया गया। साथ ही भारत को व्यापार, निवेश और पर्यटन के क्षेत्र में क्षेत्रीय वार्ताकार का सहयोगी बनाया गया तथा वर्ष 1996 में भारत पूर्ण वार्ताकार सहयोगी बन गया।
- वर्ष 2002 से भारत और आसियान के मध्य भारत-आसियान शिखर वार्ता आरंभ हुई। उल्लेखनीय है कि म्यांमार के आसियान का सदस्य बनने के बाद से भारत-आसियान के साथ भूमि सीमा साझा करता है। भारत, इंडोनेशिया, मलेशिया, सिंगापुर और थाईलैंड के साथ समुद्री सीमाओं को साझा करता है।

### आर्थिक सहयोग का मुद्दा

- भारत-आसियान के मध्य वर्ष 2009 में मुक्त व्यापार क्षेत्र का समझौता हुआ, जो दोनों देशों के मध्य बढ़ते आर्थिक संबंधों का प्रमाण है। मुक्त व्यापार समझौते से दोनों देशों को लाभ होगा, जिसके कारण निम्नलिखित हैं-
  - (i) दोनों देशों की अर्थव्यवस्थाएं प्रतिस्पर्धी न होकर, पूरक हैं, क्योंकि आसियान हल्के विनिर्मित वस्तुओं का मुख्य निर्यातक है, जबकि भारत सेवा क्षेत्र में निर्यातक है। यह बिंदु ध्यान देने योग्य है कि वर्तमान समय में भारत के सकल घरेलू उत्पाद में सेवा क्षेत्र का योगदान 64 प्रतिशत है।
  - (ii) भौगोलिक निकटता, जिससे व्यापार में परिवहन का खर्च कम तथा समय की भी बचत होती है।

(iii) निकट सांस्कृतिक एवं ऐतिहासिक संबंध तथा भारतीय मूल के लोगों की बड़ी संख्या में रहने के कारण भारतीय वस्तुओं की भारी मांग है। इससे भी बढ़कर भारतीय सॉफ्टवेयर इंजीनियर, वित्तीय प्रबंधक एवं विशेषज्ञ इन क्षेत्रों में कुशल सेवाएं प्रदान कर रहे हैं।

(iv) सूचना प्रौद्योगिकी के क्षेत्र में भारत का प्रमुख स्थान है और मुक्त व्यापार से निर्यात की संभावना में वृद्धि होगी।

(v) इंडोनेशिया और सिंगापुर जैसे देशों ने भारत में भारी मात्रा में निवेश किया है।

(vi) भारत और दक्षिण-पूर्वी एशियाई देशों के मध्य अनेक संयुक्त उद्यम स्थापित किए गए हैं। सिंगापुर और थाईलैंड के साथ भारत पहले ही मुक्त व्यापार समझौता संपन्न कर चुका है।

(vii) भारत-आसियान के मध्य वर्ष 2022 तक 200 बिलियन डॉलर के व्यापार का लक्ष्य रखा गया है। इसके अतिरिक्त भारत और म्यांमार के मध्य गैस के आयात के लिए भी समझौता हुआ, क्योंकि म्यांमार में प्राकृतिक गैस का बड़ा भंडार पाया जाता है।

(viii) भारत और आसियान देशों का आर्थिक संबंध दो स्तर पर विद्यमान हैं-

- वियतनाम, कंपूचिया तथा लाओस के साथ संबंध, जो आसियान के पिछड़े राष्ट्र हैं। इन क्षेत्रों में भारत आधारभूत संरचना और क्षमता निर्माण कार्यक्रम में भी संलग्न हैं।
- दूसरी श्रेणी में अन्य आसियान देशों के साथ संबंध हैं।

(ix) भारत और दक्षिण-पूर्वी एशियाई देशों के संबंध उपक्षेत्रीय स्तर पर भी कायम है, जिसमें भारत, बांग्लादेश, भूटान, म्यांमार, नेपाल, श्रीलंका और थाइलैंड सम्मिलित हैं। महत्वपूर्ण निर्णय के अंतर्गत् वर्ष 2017 तक बिम्सटेक को मुक्त व्यापार क्षेत्र के रूप में निर्मित करने का निर्णय लिया गया है। मुक्त व्यापार क्षेत्र के लिए 13 (तेरह) मुख्य मुद्दों की पहचान की गई है। अत: बिमस्टेक, दक्षेस और आसियान के मध्य का एक सेतु है। बिम्सटेक के मुक्त व्यापार समझौते में सेवा और निवेश को भी सम्मिलित करने का निर्णय लिया गया है।

(x) इस समूचे क्षेत्र में आर्थिक सहयोग के द्वारा क्षेत्रीय विकास करने का प्रयत्न किया जा रहा है तथा इस क्षेत्र में चीन ने कुनमिंग पहल की है, जिसके अंतर्गत् उसे चीन के युआंग प्रांत, भारत के उत्तर-पूर्वी राज्य म्यांमार और बांग्लादेश को मिलाकर क्षेत्रीय सहयोग की पहल की गई है।

- भारत और आसियान के बीच सहयोग विविध क्षेत्रों में देखा जा सकता है। व्यापार, विज्ञान एवं प्रौद्योगिकी, कृषि, पर्यावरण, मानव संसाधन, विकास, अंतरिक्ष विज्ञान, नवीन और नवीकरणीय ऊर्जा, सूचना एवं संचार प्रौद्योगिकी, दूरसंचार, परिवहन और बुनियादी ढांचे, पर्यटन, संस्कृति, स्वास्थ्य और औषधि सहयोग के मुख्य विषय हैं।
- आसियान के आंकड़ों के अनुसार, कुल व्यापार वर्ष 1993 में 2.9 बिलियन डॉलर से वर्ष 2017 में 70 बिलियन डॉलर तक पहुंच गया, जबकि कुल आसियान व्यापार में भारत का हिस्सा वर्ष 1993 में सिर्फ 0.7 प्रतिशत से वर्ष 2008 में 2.8 प्रतिशत चौगुना हो गया, जिससे यह आसियान का चौथा सबसे बड़ा व्यापारिक साझेदार बन गया है।
- दक्षिणी-पूर्वी एशियाई देशों के द्वारा परंपरागत रूप में यूरोप और अमेरिका के साथ व्यापारिक संबंधों पर बल दिया जाता था। परंतु वर्तमान में यूरोप और अमेरिका के बाजार आर्थिक मंदी के दौर से गुजर रहे हैं। जबकि भारत, विश्व के सबसे बड़े बाजारों में एक बनकर उभर रहा है।
- भारतीय अर्थव्यवस्था सेवा प्रधान अर्थव्यवस्था है, जबकि आसियान (Association of South-East Asian Nations (ASEAN) देशों की अर्थव्यवस्थाएं हल्के विनिर्मित क्षेत्रों/उद्योगों में अग्रणी हैं।
- इसके अलावा भारत-आसियान के बीच मुक्त व्यापार का समझौता हो चुका है। दक्षिण कोरिया के साथ 'समग्र आर्थिक सहभागिता समझौता' (Comprehensive Economic Partnership Agreement, (CEPA)) किया गया है।
- यह उल्लेखनीय है कि चीन का आसियान के साथ द्विपक्षीय व्यापार 350 बिलियन डॉलर है। जबकि भारत का आसियान के साथ व्यापार लगभग 60 बिलियन डॉलर है। भारत द्वारा पूर्व के देशों के साथ आर्थिक संबंध को प्रभावी बनाने में निम्नलिखित बाधाएं आ रही हैं-

(i) बेहतर आधारभूत संरचनाओं का अभाव।

(i) भूमि अधिग्रहण एवं श्रम कानून का कठोर होना।

(iii) सरकारी तंत्र के निर्णय की प्रक्रिया अत्यधिक औपचारिक और जटिल है।

(iv) ईज ऑफ डूइंग बिजनेस इंडेक्स (Ease of doing business index) में भारत की स्थिति को सुधारने की आवश्यकता है और इन्हीं कमियों को वर्तमान

सरकार के द्वारा दूर करने की जो पहल की जा रही है, उसे ही 'एक्ट ईस्ट नीति' (Act East Policy) का नाम दिया गया है, जिसमें लाओस, म्यांमार, कंबोडिया व वियतनाम जैसे देशों के साथ व्यापारिक संबंधों का सुदृढ़ करने पर बल दिया जा रहा है।

- 'एक्ट ईस्ट नीति' (Act East Policy) के अंतर्गत व्यापारिक संबंधों को बेहतर करने के लिए सांस्कृतिक कूटनीति पर भी बल दिया गया है।

## भविष्य की चुनौतियां

- भारत और आसियान के द्विपक्षीय व्यापार में निर्णायक वृद्धि हुई है, परंतु यह अभी भी आशानुरूप नहीं है, किंतु भारत और आसियान का द्विपक्षीय व्यापार वर्ष 2017 में 70 बिलियन डॉलर था, जबकि इसी वर्ष आसियान और चीन के मध्य का व्यापार 450 बिलियन डॉलर था। आसियान के लिए भारत के निर्यात में तेल, जवाहरात और आभूषण, मांस और मांस से तैयार पदार्थ, सूती धागा, कपड़ा, मशीनरी, चावल, ड्रग्स और फार्मास्यूटिकल्स, रसायन इत्यादि हैं।
- आसियान देशों से भारत के आयात में कृत्रिम रेजिन, प्लास्टिक सामग्री, प्राकृतिक रबड़, लकड़ी के उत्पादों, इलेक्ट्रानिक सामान, कार्बनिक रसायन, खाद्य तेल एवं उर्वरक इत्यादि शामिल हैं।
- दक्षिण-पूर्वी एशियाई राज्य आर्थिक रूप में अभी भी समृद्ध हैं, लेकिन यहां राजनीतिक अस्थिरता भी कायम है। इसलिए विदेश नीति में राजनीतिक और आर्थिक मुद्दों को अलग-अलग किया जाना चाहिए।
- आर्थिक मंदी से दक्षिण-पूर्वी एशियाई देशों की अर्थव्यवस्थाएं बुरी तरह से प्रभावित हुईं, क्योंकि इस क्षेत्र की अर्थव्यवस्थाएं निर्यात पर आधारित हैं। इस संकट में भारत को इनकी सकारात्मक सहायता करनी चाहिए। भारत दुनिया के 10 विशाल बड़े बाजारों में से एक है। इसलिए दक्षिण-पूर्वी एशियाई देशों ने भी भारत को महत्व दिया, परंतु भारत में अभी भी बेहतर आधारभूत संरचनाओं का अभाव है।
- वर्ष 1993-2003 की अवधि में भारत-आसियान द्विपक्षीय व्यापार 11.22 प्रतिशत की वार्षिक वृद्धि दर से बढ़ा। वर्ष 2003 में भारत-आसियान के बीच व्यापार 12.1 बिलियन डॉलर था, जो वर्ष 208 में बढ़कर 48 बिलियन डॉलर तथा वर्ष 2012 में बढ़कर 79.3 बिलियन डॉलर तक पहुंच गया, जबकि वर्ष 2013 में कुल व्यापार में गिरावट देखी गई। वर्ष 2017 में भारत-आसियान द्विपक्षीय व्यापार 70 बिलियन डॉलर दर्ज किया गया तथा वर्ष 2022 तक 200 बिलियन डॉलर तक पहुंचाने का लक्ष्य रखा गया है।

**कनेक्टिविटी** (Connectivity)

- पूर्वोत्तर क्षेत्र के साथ बेहतर संचार के लिए कालादान मल्टिमॉडल ट्रांजिट ट्रांसपोर्ट परियोजना का निर्माण किया जाता रहा है, जिसके द्वारा कोलकाता पत्तन से और समुद्री मार्ग से म्यांमार के सितवे पत्तन से जोड़ा जाएगा, (539 किमी.)। यहां से म्यांमार की कालादान नदी से म्यांमार के पालेतवा तक वस्तुओं की ढुलाई होगी, (154 किमी.) तथा इसी स्थान से मिजोरम राज्य को राजमार्ग से जोड़ा जाएगा, (110 किमी.)।
- अतः पूर्वोत्तर राज्यों में प्रवेश के लिए भारत को केवल बांग्लादेश पर निर्भर नहीं रहना होगा। मुक्त व्यापार को प्रभावी बनाने के लिए बेहतर आधारभूत संरचनाओं और परिवहन सुविधा का विकास होना चाहिए।
- इस संबंध में मोरेह (मणिपुर)-तामू (म्यांमार)-कालेवा (थाईलैंड) में मार्ग का निर्माण किया गया है और भविष्य में नई दिल्ली और वियतनाम के मध्य रेलमार्ग बिछाने की योजना है।

**परमाणु मुद्दा** (Nuclear Issue)

- आसियान देशों ने इस क्षेत्र को परमाणु मुक्त क्षेत्र घोषित किया है, जिसका अभिप्राय है कि आसियान देश परमाणु हथियार प्राप्त नहीं करेंगे तथा इस क्षेत्र में परमाणु पनडुब्बियों का प्रवेश वर्जित होगा और परमाणु हथियारों की तैनाती नहीं होगी, जबकि भारत के द्वारा वर्ष 1998 में परमाणु परीक्षण किया गया, जिसका मूल उद्देश्य परमाणु बम का निर्माण करना था।
- वर्ष 1998 में भारतीय परमाणु परीक्षण की मलेशिया और थाईलैंड ने आलोचना की, परंतु वियतनाम ने समर्थन किया। वियतनाम ने तो यहां तक कहा कि भारत की परमाणु शक्ति अन्य आक्रामक राज्यों के संभावित हमले से रक्षा करने में समर्थ होगी। पोखरण परमाणु परीक्षण के पश्चात् भारत ने स्पष्ट किया कि उसका उद्देश्य क्षेत्र में आधिपत्यवादी नीतियों का प्रयोग करना नहीं, अपितु भारत ने सुरक्षा और क्षेत्रीय बाध्यताओं के कारण ऐसा किया।
- बाद में आसियान देशों ने भारत के इस पक्ष को स्वीकार किया तथा परमाणु मुद्दे को लेकर दोनों के संबंध प्रतिकूल नहीं हुए। सितंबर, 2001 के पश्चात् आसियान और भारत के मध्य सामरिक गठजोड़ और प्रभावी हुआ।

भारत ने दक्षिण-पूर्वी एशियाई देशों के परमाणु मुक्त क्षेत्र समझौते पर भी हस्ताक्षर किया तथा भारत ने आसियान के साथ सौहार्द्र और सहयोग के समझौते पर भी हस्ताक्षर किया।

## सामरिक मुद्दा (Strategic Issues)

- वर्ष 1994 में आसियान रीजनल फोरम का गठन किया गया, जिसका मूल उद्देश्य राजनीतिक एवं सुरक्षा के समान हितों पर सकारात्मक संवाद एवं परामर्श को बढ़ावा देना है। साथ ही इसके द्वारा एशिया प्रशांत क्षेत्र में विभिन्न देशों के बीच विश्वास निर्माण के उपाय अपनाए जाएंगे तथा विवादों का कूटनीतिक समाधान किया जाएगा।
- इसके द्वारा सुरक्षा के बहुपक्षीय तंत्र का निर्माण किया गया है, जो राज्यों के बीच आपसी सहयोग के विकास में सहायक होगा। इस फोरम में भाग लेने वाले देशों में आस्ट्रेलिया, बांग्लादेश, ब्रूनेई, दार-ए-इस्लाम, कंबोडिया, कनाडा, चीन, कोरियाई, गणतंत्र, यूरोपीय यूनियन, भारत, लाओस, इंडोनेशिया, जापान, मलेशिया, मंगोलिया, म्यांमार, न्यूजीलैंड, पाकिस्तान, पापुआ न्यूगिनी, फिलीस्तीन, दक्षिण कोरिया, रूस, सिंगापुर, श्रीलंका, थाइलैंड, तिमोर, संयुक्त राज्य अमेरिका तथा वियतनाम शामिल हैं।
- आसियान देश, भारत के निकटवर्ती पड़ोसी हैं। भारत-आसियान के संबंध आर्थिक क्षेत्र के अलावा सामरिक क्षेत्र में भी सुदृढ़ हैं। वर्ष 1996 में भारत-आसियान क्षेत्रीय संगठन (ARF) का सदस्य बना।

**भारत का पड़ोसी देशों के साथ व्यापार**
(बिलियन डॉलर में)

| देश | आयात | निर्यात | कुल व्यापार |
|---|---|---|---|
| इंडोनेशिया | 13.0 | 4.0 | 17.0 |
| सिंगापुर | 7.1 | 9.6 | 16.7 |
| मलेशिया | 7.72 | 4.0 | 12.8 |
| थाइलैंड | 5.3 | 3.0 | 8.3 |
| वियतनाम | 0.80 | 2.2 | 3.0 |
| फिलीपीन्स | 0.50 | 1.5 | 2.0 |
| म्यांमार | 0.34 | 0.46 | 0.80 |

(स्रोत विश्व बैंक)

## सैन्य संबंध

- भारत-आसियान के द्वारा संयुक्त रूप से हिंद महासागर, मलक्का जलसंधि की सुरक्षा की जा रही है। भारत, सिंगापुर और इंडोनेशिया के मध्य नौसैनिक अभ्यास भी हुए। आसियान क्षेत्र में चीन के महाशक्ति के रूप में उभरने से इस क्षेत्र का सामरिक समीकरण परिवर्तित हो रहा है।
- भारत और दक्षिण-पूर्वी एशियाई देशों के साथ सामरिक संबंधों का प्रभावी विकास हुआ है। भारत-सिंगापुर के साथ प्रति वर्ष सैन्य अभ्यास होता है। वर्ष 2005 में भारत-सिंगापुर के बीच समुद्री द्विपक्षीय अभ्यास समझौते पर हस्ताक्षर हुआ। सिंगापुर की सेनाओं के तीनों अंगों को प्रशिक्षण भारत द्वारा दिया जाता है। ऐसा प्रशिक्षण प्राप्त करने वाला सिंगापुर एकमात्र देश है।
- सिंगापुर द्वारा अपने प्रक्षेपास्त्रों का परीक्षण चांदीपुर में किया जाता है। वर्ष 1993 में भारत ने मलेशिया के पायलटों को विमान उड़ाने के प्रशिक्षण का समझौता किया। वर्ष 2001 में भारत एवं इंडोनेशिया के बीच सैन्य समझौता तथा थाइलैंड के साथ भी वर्ष 2005 में नौसैनिक अभ्यास का समझौता और म्यांमार के साथ भी भारत का सैन्य अभ्यास जारी है। मलक्का संधि का भी दोनों देशों के लिए अत्यधिक महत्व है, क्योंकि दुनिया के समूचे व्यापार का 40 प्रतिशत भाग मलक्का संधि से होकर गुजरता है।
- यह भी उल्लेखनीय है कि अंडमान निकोबार द्वीप समूह भारत की मुख्य भूमि से 1,400 किमी. दूर है। यह दक्षिणी-पूर्वी एशियाई देशों के अत्यधिक निकट है। इसलिए भारत ने पोर्टब्लेयर में तीनों सेनाओं की कमान की स्थापना की।
- इस क्षेत्र में भारत की स्थिति अत्यधिक बेहतर है, क्योंकि भारत ने कभी भी हस्तक्षेपवादी नीति का समर्थन नहीं किया। भारत के साथ इंडोनेशिया, थाइलैंड और म्यांमार के साथ सीमा निर्धारण किया जा चुका है, जबकि दक्षिणी चीन सागर को लेकर चीन और दक्षिणी-पूर्वी एशियाई देशों के बीच विवाद कायम है तथा आसियान देशों का भी आपस में सीमा विवाद है।

## चीन एवं दक्षिण-पूर्व एशिया

- स्प्रॉटले द्वीप को लेकर अभी भी चीन और आसियान के मध्य विवाद कायम है। चीन द्वारा किए गए प्रभावी सैन्य आधुनिकीकरण तथा उसकी म्यांमार और हिंद महासागर में बढ़ती उपस्थिति के कारण आसियान देश चीन को प्रतिसंतुलित करने के लिए भारत का समर्थन चाहते हैं।
- चीन द्वारा फिलीपींस, लाओस, कंबोडिया जैसे देशों को आर्थिक सहायता के द्वारा अपने पक्ष में किया जा रहा है और चीन, सिंगापुर को बुलेट ट्रेन से जोड़ने का कार्य कर रहा है। चीन का आसियान देशों के साथ लगभग 450 बिलियन डॉलर का व्यापार भी है।

## अमेरिका और दक्षिण-पूर्व एशिया

- दक्षिण-पूर्व एशियाई क्षेत्र परंपरागत रूप में अमेरिकी प्रभाव वाला क्षेत्र माना जाता है, परंतु चीन के शक्तिशाली उभार के कारण अमेरिका के प्रभाव में निर्णायक कमी आ रही है और चीन का बढ़ता प्रभाव भारत एवं अमेरिका दोनों के हितों के लिए एक साझी चुनौती है।
- इसलिए हिंद महासागर क्षेत्र में चीन की सक्रिय पहुंच के विरुद्ध भारत 'एक्ट ईस्ट नीति' पर बल दे रहा है।

## आतंकवाद

- आतंकवाद का मुकाबला करने के लिए भारत-आसियान के मध्य प्रभावी सहयोग हो रहा है। आसियान में अबू सैय्यद, मोरो इस्लामिक लिबरेशन फ्रंट जैसे संगठनों का अलकायदा के साथ संबंध हैं। इंडोनेशिया में जिम्माह इस्लामिया भी अलकायदा से प्रेरित है। इसके अतिरिक्त इंडोनेशिया का मजलिसे मुजाहिद्दीन आतंकवादी गतिविधियों में अत्यधिक सक्रिय है।
- वर्ष 2002 में बाली बम विस्फोट, वर्ष 2003 और वर्ष 2009 में मेरियट होटल में बम विस्फोट तथा वर्ष 2004 में जकार्ता में आस्ट्रेलियाई दूतावास के समक्ष विस्फोट आतंकवादी गतिविधियों की सक्रियता के स्पष्ट प्रमाण हैं। भारत में लश्कर-ए-तैयबा, हरकत-उल-जेहादी इस्लामी जैसे संगठन आतंकवादी गतिविधियों में सक्रिय हैं।
- भारत पिछले तीन दशकों से आतंकवाद से पीड़ित राष्ट्र है। वर्ष 2001 का भारतीय संसद पर हमला, वर्ष 2008 के मुंबई के ताज होटल में बम विस्फोट आतंकवादियों की विनाशकारी क्षमता के उदाहरण हैं।
- इसलिए भारत-आसियान के मध्य आतंकवाद को रोकने हेतु सूचना का आदान-प्रदान द्विपक्षीय और बहुपक्षीय समझौतों को लागू करना और आसियान देशों में सुरक्षा परिषद् के प्रस्ताव संख्या-1373, 1267, 1390 को दृढ़ता से लागू करने का निर्णय लिया गया है, जो आतंकवाद को रोकने हेतु हैं।

## आंतरिक सुरक्षा

- पूर्वोत्तर राज्यों में कार्य करने वाले अनेक उग्रवादी संगठन म्यांमार एवं थाइलैंड में शरण लेते हैं तथा इस सीमा से होकर हथियारों की अवैध तस्करी एवं नशीली दवाओं के अवैध व्यापार भी करते हैं। पूर्वोत्तर राज्यों में सक्रिय उल्फा तथा एन.एस.सी.एन. के कार्यकर्ता इन देशों में रहकर भारत के विरुद्ध सुरक्षा चुनौती उत्पन्न करते हैं।
- आसियान देश, भारत के निकटवर्ती पड़ोसी हैं। उत्तरी-पूर्वी राज्यों के साथ म्यांमार की 1,400 किमी. लंबी सीमा लगती है। अंडमान निकोबार द्वीप समूह से इंडोनेशिया अत्यधिक निकट है। वर्तमान में पूर्वोत्तर राज्यों में आधारभूत संरचना के विकास पर प्रमुख बल दिया जा रहा है।
- भारत की पूर्वोत्तर राज्य भूमि आबद्ध राज्य हैं और आसियान के साथ सड़क संपर्क के द्वारा इसके विकास का प्रयत्न किया जा रहा है। इसलिए गुवाहाटी को अब दक्षिण-पूर्वी एशियाई देशों के साथ संबंध निर्मित करने का प्रवेश द्वार माना जा रहा है।

## एक्ट ईस्ट नीति (Act East Policy)

- प्रधानमंत्री नरेन्द्र मोदी द्वारा 'लुक ईस्ट नीति' को 'एक्ट ईस्ट नीति' के रूप में परिवर्तित किया गया है, जिसके अंतर्गत पूर्वोत्तर राज्यों में आधारभूत संरचना के विकास पर अत्यधिक बल दिया गया है। उड़ान योजना के अंतर्गत पूर्वोत्तर राज्यों में क्षेत्रीय कनेक्टिविटी को बेहतर किया गया है। असम में भूटान एवं अन्य दक्षिणी-पूर्वी एशियाई देशों के वाणिज्यिक दूतावास स्थापित करने का भी प्रस्ताव है।
- दक्षिणी-पूर्वी एशियाई देशों की कनेक्टिविटी के लिए संचालित कालादान मल्टिमॉडल ट्रांजिट ट्रांसपोर्ट परियोजना को वर्ष 2019 तक पूर्ण करने का लक्ष्य निर्धारित किया गया है तथा मणिपुर और म्यांमार के बीच सड़क संपर्क को बेहतर बनाने के लिए नए पुल बनाए जा रहे हैं तथा सड़क को चौड़ा किया जा रहा है।
- इस नीति के अंतर्गत पूर्व के देशों के साथ सैन्य संबंधों को भी बेहतर बनाने पर बल दिया जा रहा है और वियतनाम को सैनिक सहायता देने का प्रस्ताव किया गया है तथा सिंगापुर के साथ लॉजिस्टिक सहयोग समझौता किया गया है, जिससे भारतीय नौसैनिक जहाज सिंगापुर में रूक सकेंगे।
- वर्तमान में भारत के व्यापार इंडोनेशिया, मलेशिया, सिंगापुर व थाइलैंड के साथ सीमित हैं, जिसे बढ़ाकर वियतनाम, लाओस, कंबोडिया और म्यांमार तक बढ़ाया जाएगा, जिनके साथ व्यापार अपेक्षा से कम हैं।
- पूर्वी क्षेत्रों में भारत का सांस्कृतिक प्रभाव सर्वाधिक दिखाई देता है। इसलिए इस क्षेत्र में सॉफ्ट पावर के माध्यम से आर्थिक एवं सामरिक हितों को बढ़ाया जा सकता है।

## आसियान के निर्माण की पृष्ठभूमि

(i) इंडोनेशिया में सुहार्तो का सत्ता में आना।

(ii) चीन में साम्यवाद की स्थापना और साम्यवाद के प्रसार का भय।

(iii) इंडोनेशिया और मलेशिया के मध्य विवादों की समाप्ति।

(iv) आसियान के निर्माण का मूल उद्देश्य, साम्यवाद के प्रसार को प्रतिबंधित करना था, क्योंकि इसमें सभी सदस्य देश अमेरिका के मित्र थे।

(v) चीन के विरोध के कारण बर्मा और कंपूचिया ने इस संगठन की सदस्यता नहीं ली, क्योंकि आसियान का उद्देश्य परोक्ष रूप में साम्यवादी चीन के प्रसार को नियंत्रित करना था।

- आसियान की स्थापना वर्ष 1967 में हुई। आसियान के संस्थापक सदस्यों में इंडोनेशिया, मलेशिया, सिंगापुर, थाइलैंड एवं फिलीपींस थे।
- वर्ष 1984 में ब्रुनेई, वर्ष 1995 में वियतनाम, वर्ष 1997 में म्यांमार, लाओस, वर्ष 1999 में कंबोडिया सदस्य बना।

## औपचारिक रूप में आसियान के निम्नलिखित उद्देश्य निर्धारित किए गए

(i) क्षेत्र में आर्थिक प्रगति, सामाजिक प्रगति और सांस्कृतिक विकास।

(ii) क्षेत्रीय स्थायित्व और शांति में वृद्धि।

(iii) आर्थिक, सामाजिक, सांस्कृतिक, तकनीकी, वैज्ञानिक और प्रशासनिक क्षेत्रों में समान हितों के मुद्दों पर पारस्परिक सहायता और सक्रिय सहयोग।

(iv) शैक्षिक, तकनीकी और प्रशासनिक क्षेत्रों में प्रशिक्षण और अनुसंधान में एक-दूसरे की सहायता।

(v) दक्षिण-पूर्वी एशियाई देशों के अध्ययन को बढ़ावा देना।

(vi) कृषि और उद्योग तथा व्यापार को बढ़ावा देना और परस्पर सहयोग करना।

(vii) समान उद्देश्यों के लिए वर्तमान अंतर्राष्ट्रीय और क्षेत्रीय संगठनों में लाभकारी सहयोग को बढ़ावा देना।

## आसियान की संरचना

(i) आसियान का सर्वोच्च नीति-निर्मात्री निकाय मंत्रिस्तरीय बैठक है, जिसमें हर सदस्य देश के विदेश मंत्री भाग लेते हैं और चक्रीय रूप में वर्ष में एक बार इसकी बैठक होती है।

(ii) स्टैंडिंग कमेटी की बैठक आवश्यकता पड़ने पर बुलाई जाती है और स्टैंडिंग कमेटी की बैठक में आयोजक राष्ट्र का विदेश मंत्री और अन्य देशों के राजदूत सम्मिलित होते हैं।

(iii) इसके अतिरिक्त अनेक स्थायी और अस्थायी समितियों का निर्माण किया गया है, जो विभिन्न निर्णयों को लागू करती हैं।

(iv) जकार्ता में आसियान का एक स्थायी सचिवालय भी है, जिसकी स्थापना वर्ष 1976 में हुई।

- यह विकासशील देशों का सबसे बेहतर क्षेत्रीय आर्थिक संगठन है।
- वर्तमान समय में आसियान चार्टर का निर्माण 14वीं आसियान बैठक वर्ष 2009 के दौरान हुआ, जिसे लोगों के चार्टर के नाम से जाना गया, क्योंकि इसमें आसियान के विकास को लोगों के विकास से संबंधित करने का प्रयत्न किया गया। सभी लोगों की भलाई और कल्याण आसियान का मूल उद्देश्य है।
- वर्ष 2011 के आसियान सम्मेलन में 'एक समुदाय, एक लक्ष्य' का नारा दिया गया।
- इसके पूर्व '2003 के बाली सम्मेलन' के द्वारा आसियान में एक नई उपलब्धि प्राप्त हुई और आसियान घोषणा-पत्र के अंतर्गत् **निम्नलिखित तीन समुदायों की स्थापना हुई-**

(i) आसियान आर्थिक समुदाय।

(ii) आसियान सुरक्षा समुदाय।

(iii) आसियान सांस्कृतिक समुदाय।

## आसियान क्षेत्रीय फोरम

- वर्ष 1994 में आसियान क्षेत्रीय फोरम (ARF) की स्थापना हुई, जिसका मूल उद्देश्य इस क्षेत्र में विश्वास निर्माण में वृद्धि करना है।
- आसियान क्षेत्रीय फोरम (ARF) में 10 आसियान देशों के अलावा अमेरिका, चीन, ई. यू., रूस, कनाडा, ऑस्ट्रेलिया, जापान एवं भारत महत्वपूर्ण सदस्य हैं।

## आसियान + 3

- इसकी स्थापना वर्ष 1997 के दक्षिण-पूर्वी एशियाई देशों में आए आर्थिक संकट के बाद की गई है।
- इसमें आसियान के देशों के अलावा चीन, दक्षिण कोरिया एवं जापान शामिल हैं।

## आसियान सम्मेलन, 2016

- यह सम्मेलन 6 से 8 सितंबर, 2016 को वियतनाम की राजधानी लाओस में संपन्न हुआ। यह संयुक्त रूप से आसियान का 28वां एवं 29वां सम्मेलन था। इसी समय भारत एवं आसियान के मध्य 14वां शिखर सम्मेलन तथा 11वां पूर्वी एशिया सम्मेलन भी संपन्न हुआ।
- इस सम्मेलन की **थीम थी**-Turning Vision into Reality for a Dynamic ASEAN Community.
- इस सम्मेलन में भारतीय प्रधानमंत्री नरेन्द्र मोदी ने भाग लिया।
- सम्मेलन में सदस्य देशों ने 'आसियान कम्युनिटी विजन, 2025' के लागू करने पर चर्चा की तथा आसियान के बाह्य सहयोगियों से संबंध बढ़ाने पर बल दिया।
- सदस्य देशों ने 'आसियान एकीकरण कार्ययोजना-3' को स्वीकार किया।
- सदस्य देशों ने 'एक आसियान एक अनुक्रिया' घोषणा-पत्र

पर हस्ताक्षर किया, जिसके तहत प्राकृतिक आपदाओं पर एक साथ सहयोग किया जा सके।
- आसियान देशों ने वार्ता भागीदार देशों तथा अन्य बाह्य सहयोगियों (आसियान +3, आसियान +1) से संबंधों को बढ़ाने पर जोर दिया।
- प्रधानमंत्री मोदी ने भारत-आसियान सम्मेलन में आतंकवाद के बाह्य निर्यात पर चिंता प्रकट की।

### दक्षिणी चीन सागर विवाद

- एशिया प्रशांत क्षेत्र में आने वाले दिनों में व्यापार में वृद्धि होने की सबसे अधिक संभावना है।
- प्रशांत महासागर में स्थित है।
- दुनिया के व्यापार का बहुत बड़ा भाग इस क्षेत्र में स्थित है, जो कि 70 प्रतिशत है।
- गैस और तेल के बड़े भंडार होने की संभावना है।
- यहां एक द्वीपों की श्रृंखला है, लेकिन मानवीय बस्ती नहीं है।

### विवाद

- चीन और आसियान देशों के बीच विवाद है।
- आसियान देशों में वियतनाम, फिलीपींस, बुनेई के बीच विवाद विद्यमान है।
- स्प्रोटले और पार्सेल दो सबसे बड़े द्वीप हैं।
- वर्तमान समय में सभी द्वीपों के 80 प्रतिशत भाग पर चीन का नियंत्रण है।

### भारत के हित एवं विवाद

- भारत और वियतनाम पुराने मित्र हैं।
- भारत और वियतनाम के बीच दक्षिणी चीन सागर में गैस के 'उत्खनन और उत्पादन' के लिए समझौता हुआ।
- यह समझौता ओ.एन.जी.सी. विदेश निगम लिमिटेड तथा वियतनाम की गैस कंपनी के बीच हुआ।
- इसी समझौते के अंतर्गत् भारत का एक जलपोत INS-ऐरावत दक्षिणी चीन सागर में पहुंचा, जिसके विरुद्ध चीन ने आक्रामक प्रतिक्रिया व्यक्त की और चीन ने भारत को वापस जाने की धमकी दी।
- भारत के अनुसार, भारत और वियतनाम के बीच समझौता तथा भारत की दक्षिणी चीन सागर में उपस्थिति केवल व्यापारिक उद्देश्यों के लिए है।

### आसियान + 1

- आसियान के साथ निम्नलिखित देशों का अलग-अलग सहयोग हो रहा है-
- आसियान-चीन
- आसियान-भारत
- आसियान-जापान
- आसियान-दक्षिण कोरिया
- आसियान-अमेरिका

### आसियान + 6

- इसमें ऑस्ट्रेलिया, चीन, भारत, जापान, न्यूजीलैंड एवं दक्षिण कोरिया जिनके साथ मुक्त व्यापार समझौता आसियान के साथ हुआ है।
- भारत-आसियान का 15वां शिखर सम्मेलन 10-14 नवंबर के बीच फिलीपींस की राजधानी मनीला में हुआ।
- 10-12 दिसंबर 2017 के मध्य नई दिल्ली में आसियान-भारत कनेक्टिविटी शिखर-सम्मेलन का आयोजन किया गया। इसकी थीम Powering Digital And Physical Linkages For Asia in the 21st Century रखी गई।
- भारत-आसियान सहयोग की 25वीं वर्षगांठ के अवसर पर आसियान देशों के सभी राष्ट्राध्यक्षों को भारत के 69वें गणतंत्र दिवस समारोह में मुख्य अतिथि के तौर पर आमंत्रित किया गया।

## भारत-सिंगापुर संबंध

- सिंगापुर वर्ष 1965 में मलेशिया से अलग होकर स्वतंत्र राज्य बना और वर्ष 1967 में सिंगापुर आसियान का सदस्य बन गया, जबकि भारत के द्वारा इस दौरान गुटनिरपेक्ष विदेश नीति अपनाई गई। इसलिए भारत में आसियान के साथ निकट संबंध नहीं बनाया, क्योंकि आसियान, अमेरिका समर्थित संगठन था, जबकि भारत के संबंध सोवियत संघ के साथ थे।
- वर्ष 1991 में सोवियत संघ के विघटन के बाद शीतयुद्ध का शक्ति समीकरण परिवर्तित हो गया और भारत-सिंगापुर के बीच मधुर एवं मित्रतापूर्ण संबंधों का विकास हुआ।

### आर्थिक संबंध

- सिंगापुर विकासशील देशों के लिए आर्थिक विकास एवं सुशासन का मॉडल है तथा वर्तमान में सिंगापुर का आर्थिक विकास विकसित देशों के समान है। सिंगापुर में बड़ी संख्या में भारतीय मूल के लोगों का निवास है। 'पूर्व की ओर देखो' की नीति के अंतर्गत् भारत का आसियान देशों के साथ मित्रतापूर्ण एवं मधुर संबंध बना, जिसमें सिंगापुर के साथ संबंधों का विशेष महत्व है।
- वर्तमान 'एक्ट ईस्ट नीति' के अंतर्गत् सिंगापुर के साथ बेहतर संबंध बनाने पर अत्यधिक बल दिया जा रहा है। सिंगापुर, आसियान देशों में भारत का सबसे बड़ा द्विपक्षीय व्यापारिक भागीदार है और वैश्विक स्तर पर विदेशी निवेश का भी एक बड़ा स्रोत है। सिंगापुर, पहला ऐसा राज्य है, जिसके साथ भारत ने 'समग्र आर्थिक सहभागिता समझौता' (CEPA) पर हस्ताक्षर किया।
- सिंगापुर को भारत के लिए 'आसियान का प्राकृतिक सहयोगी'

कहा जाता है तथा दोनों देशों के बीच पिछले एक दशक के दौरान द्विपक्षीय व्यापार 4.2 बिलियन डॉलर से बढ़कर लगभग वर्ष 2017 में 23 बिलियन डॉलर हो गया है।

### सामरिक संबंध

- भारत और सिंगापुर के बीच सैन्य सहयोग भी अत्यधिक बेहतर हैं। दोनों देशों के बीच बायोनिक्स (BIONIX) और बोल्ड कुरूक्षेत्र (Bold Kurukshetra) सैनिक अभ्यास किया गया तथा दोनों देशों के बीच सांस्कृतिक संबंध भी अत्यधिक बेहतर हैं। वर्ष 2005 में पूर्वी एशियाई सम्मेलन आरंभ हुआ, जिसका सदस्य भारत भी है। आरंभिक रूप में चीन के द्वारा भारत की पूर्वी एशियाई सम्मेलन में सदस्यता का विरोध किया गया था।
- सिंगापुर के सहयोग से ही भारत, पूर्वी एशियाई सम्मेलन में भागीदार बना। इस क्षेत्र में चीन के उभार को देखते हुए भारत-सिंगापुर के संबंधों का विशेष महत्व है। उल्लेखनीय है कि सिंगापुर को राजनयिक तौर पर मान्यता देने वाला भारत विश्व का पहला देश था। 24 अगस्त, 1965 को दोनों देशों के बीच राजनयिक संबंध स्थापित हुए।

### लॉजिस्टिक सहयोग

- भारत ने 'एक्ट ईस्ट नीति' को क्रियान्वित करते हुए सिंगापुर के साथ लॉजिस्टिक सहयोग समझौता किया है, जिसके अंतर्गत सिंगापुर के नौसैनिक जहाजों को भारतीय नौसैनिक पत्तनों पर रूकने की सुविधा होगी एवं भारतीय नौसैनिक जहाजों को सिंगापुर के नौसैनिक पत्तनों पर लॉजिस्टिक सुविधा प्रदान की जाएगी। अत: अमेरिका के बाद भारत का यह लॉजिस्टिक सहयोग का दूसरा समझौता है।

### डायस्पोरा

- सिंगापुर में लगभग 2.5 लाख भारतीय मूल के लोगों का निवास है, जिसमें ज्यादातर तमिल मूल के लोग हैं। भारतीयों की संख्या सिंगापुर की कुल आबादी के लगभग 7.0 प्रतिशत है और सिंगापुर में भारतीय व्यापार राजनीति एवं प्रशासन सभी क्षेत्रों में प्रभावशाली हैं।

## भारत-इंडोनेशिया संबंध

### सांस्कृतिक

- इंडोनेशिया, दक्षिणी-पूर्वी एशिया का सबसे बड़ा देश तथा विश्व की सबसे बड़ी इस्लामी जनसंख्या वाला देश है। भारत-इंडोनेशिया के बीच के संबंध वर्ष 1955 में आयोजित बांडुंग सम्मेलन जितने पुराने हैं। इंडोनेशिया में भारत के प्रसिद्ध पौराणिक ग्रंथ महाभारत और रामायण का प्रभाव विद्यमान है। अत: सांस्कृतिक संबंध अत्यधिक प्राचीन हैं।

### आर्थिक

- वर्तमान में दोनों देशों के बीच व्यापारिक और आर्थिक संबंधों पर मुख्य बल दिया जा रहा है। इंडोनेशिया, विश्व की उभरती हुए विश्व अर्थव्यवस्थाओं में एक है। इंडोनेशिया, आसियान में भारत का तीसरा बड़ा व्यापारिक भागीदार है तथा दोनों देशों के बीच द्विपक्षीय व्यापार 20 बिलियन डॉलर के ऊपर पहुंच गया है और सामरिक सहयोग का समझौता हो चुका है। दोनों देशों की समुद्री सीमा निकट है और भारत का अंडमान निकोबार द्वीप समूह इंडोनेशिया के निकट है।
- अत: हिंद महासागर में दोनों देश एक-दूसरे के निकटवर्ती पड़ोसी हैं। वर्ष 2004 की सुनामी से इंडोनेशिया और भारत दोनों देश प्रभावित हुए।

### सामरिक

- वर्तमान समय में भारत-इंडोनेशिया के साथ द्विपक्षीय संबंधों को सामरिक संबंधों तक बढ़ाने का इच्छुक है। हिंद महासागर में समुद्री संचार मार्गों पर इंडोनेशिया का प्रभाव है, मलक्का, सुन्डा और लौम्बोक संधि इंडोनेशिया के निकट हैं तथा इन्हीं मार्गों से होकर चीन, जापान के लिए जाने वाले समुद्री जहाज गुजरते हैं।
- हिंद महासागर क्षेत्र में सहयोग एवं आतंकवाद के संबंध में सहयोग के साथ-साथ दोनों देशों के बीच "मिलन" नामक सैनिक अभ्यास प्रतिवर्ष आयोजित होता है। इंडोनेशिया में वर्ष 1996 से लोकतांत्रिक शासन की स्थापना हो चुकी है। इंडोनेशिया के लिए वैश्विक आतंकवाद एक नवीन खतरा है तथा भारत, सीमापार आतंकवाद से पिछले तीन दशकों से त्रस्त है।

## भारत-थाइलैंड संबंध

- थाइलैंड वर्ष 1945 के बाद अमेरिका द्वारा निर्मित सैनिक संगठन का सदस्य बन गया, जबकि भारत के द्वारा गुटनिरपेक्ष विदेश नीति अपनाई गई। इसलिए दोनों देशों के बीच निकटता नहीं बन सकी।
- थाइलैंड के द्वारा उदारवादी आर्थिक प्रणाली अपनाई गई, जबकि भारत के द्वारा समाजवादी आर्थिक प्रणाली अपनाई गई थी। इसलिए शीत युद्ध के दौरान दोनों देशों के बीच दूरी बनी रही। वर्ष 1991 में शीत युद्ध की समाप्ति के बाद भारत और थाइलैंड के बीच नवीन संबंधों की स्थापना हुई।

### आर्थिक

- भारत के द्वारा उदारीकरण आर्थिक प्रणाली अपनाई गई तथा अर्थव्यवस्था को सुदृढ़ करने के लिए दक्षिणी-पूर्वी

एशियाई देशों के साथ संबंधों पर महत्वपूर्ण बल दिया गया। थाइलैंड के साथ संबंध भारत की 'पूर्व की ओर देखो' की नीति का भाग है। थाइलैंड के द्वारा भारत में बड़ा निवेश किया जा रहा है।

- वर्ष 2016 में थाइलैंड ने भारत में 68 मिलियन डॉलर का निवेश किया था और दोनों देशों के बीच का द्विपक्षीय व्यापार 7.7 बिलियन डॉलर से अधिक एवं दोनों देशों के बीच मुक्त व्यापार समझौता भी संपन्न हो चुका है। वर्तमान में भारत और थाइलैंड को राजमार्ग से जोड़ा जा रहा है, जो म्यांमार होकर जाएगा।
- इस राजमार्ग से भारत की 'एक्ट ईस्ट नीति' को प्रभावी रूप में लागू करने का प्रयत्न किया जा रहा है। अभी तक केवल आठ देश जिसमें सिंगापुर, इंडोनेशिया, मलेशिया, वियतनाम, ब्रूनेई, लाओस, दार-ए-इस्लाम, थाइलैंड और म्यांमार ने ही मुक्त व्यापार समझौते को मंजूरी दी है। भारत और थाइलैंड के बीच का सहयोग बिम्सटेक और आसियान के मंच पर भी है।

### सामरिक

- भारत ने थाइलैंड को म्यांमार के रास्ते जोड़ने की योजना का निर्माण किया है तथा भारत और थाइलैंड के बीच सामरिक और रक्षा सहयोग भी किया जा रहा है। दोनों देशों ने सुरक्षा पर सहयोग बढ़ाने के लिए एक संयुक्त कार्यदल का निर्माण किया है। भारत और थाइलैंड के बीच वर्ष 2013 में प्रत्यर्पण का समझौता भी हो चुका है।
- भारत और थाइलैंड दोनों देश आतंकवाद से प्रभावित हैं, इससे थाइलैंड में रह रहे उत्तरी-पूर्वी राज्यों के उग्रवादी संगठनों के लोगों के प्रत्यर्पण में सहायता मिलेगी। उत्तरी-पूर्वी राज्यों में आतंकी गतिविधियों में सम्मिलित संगठन थाइलैंड में जाकर निवास करते थे और लोगों के बीच आदान-प्रदान (People to people contact) के संबंध में सहयोग बढ़ाने का निर्णय लिया गया है।
- भारत और थाइलैंड के बीच बौद्ध धर्म का साझा सांस्कृतिक महत्व विद्यमान हैं। इसलिए दोनों देशों के बीच छात्रों के आदान-प्रदान का समझौता किया गया है। सांस्कृतिक आदान-प्रदान का भी समझौता किया गया है। यह निर्णय किया गया है कि लोगों की आपसी सहभागिता को भारत-थाइलैंड संबंधों का मूल आधार बनाया जाएगा।
- भारत और थाइलैंड के बीच सुरक्षा एवं सामरिक संबंधों की स्थापना पर प्रमुख बल दिया जा रहा है और वर्तमान में दोनों देशों के बीच आर्थिक और व्यापारिक संबंधों को सामरिक रूप में परिवर्तित किया जा रहा है।

## भारत-वियतनाम संबंध

- भारत और वियतनाम के बीच परंपरागत रूप में बेहतर संबंध रहे हैं। वर्ष 1945 के बाद वियतनाम के द्वारा स्वतंत्रता की मांग की गई और फ्रांसीसी शासन के द्वारा वियतनाम छोड़ने की घोषणा की गई, परंतु वियतनाम में समाजवाद के प्रभावी होने के भय के कारण अमेरिका के द्वारा वर्ष 1954 में अमेरिकी सेनाएं भेजी गई, वियतनामियों के द्वारा अमेरिकी सेनाओं के विरुद्ध संघर्ष और वियतनाम के इस संघर्ष में भारत द्वारा वियतनाम का समर्थन किया गया।
- वियतनाम और सोवियत संघ के बीच मित्रतापूर्ण संबंध विद्यमान थे तथा भारत और सोवियत संघ के बीच शांति एवं मित्रता की संधि को वर्ष 1971 में संपन्न किया गया।
- वर्ष 1971 में सोवियत संघ और चीन के बीच संघर्ष उत्पन्न हो गया और दोनों समाजवादी देश अलग-अलग हो गए। वियतनाम के द्वारा सोवियत संघ का समर्थन किया गया और चीन की आलोचना की गई। इसलिए वियतनाम एवं चीन के बीच संबंध प्रतिकूल हो गए।
- यह उल्लेखनीय है कि वर्ष 1962 में भारत और चीन के बीच युद्ध हो गया और दोनों देशों के बीच संबंध शत्रुतापूर्ण हो गए। इसलिए भारत-वियतनाम के बीच सहयोग और बेहतर हो गया। वियतनाम से वर्ष 1975 में अमेरिकी सेनाएं वापस लौट गईं और वियतनाम में समाजवादी शासन की स्थापना हुई और वियतनाम के समाजवादी शासन के विरुद्ध में चीन व थाइलैंड के द्वारा कंबोडिया में पोल पोट की शासन का समर्थन किया गया।
- कंबोडिया में पोलपोट और हैंगसामरिन के बीच संघर्ष चल रहा था तथा दोनों शासन पर अपना नियंत्रण बनाना चाहते थे। पोलपोट का समर्थन अमेरिका, चीन, थाइलैंड और आसियान के द्वारा किया गया, जबकि हैंगसामरिन का समर्थन सोवियत संघ एवं भारत के द्वारा किया गया। वियतनाम के द्वारा कंबोडिया में सैनिक हस्तक्षेप किया गया, जिसके विरुद्ध चीन ने वियतनाम पर वर्ष 1979 में हमला कर दिया।

### आर्थिक

- वर्ष 1991 में सोवियत संघ के विघटन के बाद शीत युद्ध समाप्त हो गया और वियतनाम में समाजवाद के बजाए, उदारीकरण की आर्थिक प्रणाली को अपनाया गया और भारत के द्वारा भी आर्थिक उदारीकरण की नीति स्वीकार की गई। इसलिए भारत ने वियतनाम के साथ परंपरागत संबंधों को आर्थिक और सामरिक रूप में सुदृढ़ करने का प्रयत्न किया।
- दोनों देशों के बीच टैक्सटाइल, कृषि, दवाइयों और ऊर्जा के क्षेत्र में सहयोग किया गया। दोनों देशों के द्वारा वर्ष

2020 तक द्विपक्षीय व्यापार को 15 बिलियन डॉलर तक बढ़ाने का लक्ष्य निर्धारित किया गया है। वर्तमान में दोनों देशों के बीच का द्विपक्षीय व्यापार 8 बिलियन डॉलर है। भारत के द्वारा वियतनाम को आर्थिक सहायता प्रदान की जा रही है और भारत की 'एक्ट ईस्ट नीति' के अंतर्गत् वियतनाम के साथ संबंधों पर विशेष बल दिया गया।

### सामरिक

- भारत और वियतनाम के बीच सामरिक संबंधों के विकास पर प्रमुख बल प्रदान किया गया है। वर्ष 2015 में दोनों देशों के बीच 5 वर्ष के रक्षा समझौते पर हस्ताक्षर किया गया है, जिसके द्वारा दोनों देशों की समुद्री तटीय रक्षकों के बीच समुद्री सुरक्षा वियतनाम के सैनिकों के प्रशिक्षण की सुविधा उपलब्ध कराई गई है।
- वियतनाम की नौसैनिक पनडुब्बियों में कार्य करने वाले सैनिकों को भारत प्रशिक्षण देगा और भारत के द्वारा वियतनाम को ब्रह्मोस प्रक्षेपास्त्र देने पर विचार किया जा रहा है। भारत के द्वारा वियतनाम को 100 मिलियन डॉलर की आर्थिक सहायता प्रदान की गई, जिसके द्वारा वियतनाम, भारत से सैनिक सामग्री की खरीद करेगा।

### चीन-भारत-वियतनाम

- भारत और वियतनाम के बीच दक्षिण चीन सागर क्षेत्र में प्राकृतिक गैस के उत्खनन का समझौता किया है, जिस पर चीन के द्वारा आपत्ति व्यक्त की गई है, क्योंकि चीन एवं वियतनाम के बीच दक्षिण चीन सागर के मुद्दे पर विवाद विद्यमान है। भारत के अनुसार, इस समस्या का संयुक्त राष्ट्र संघ समुद्री कानून के द्वारा हल होना चाहिए।
- चीन के द्वारा भारत को प्रतिसंतुलित करने के लिए पाकिस्तान को भारी आर्थिक एवं सैनिक सहायता दी जाती है। इसलिए भारत के द्वारा वियतनाम के साथ सामरिक संबंधों का विकास किया जा रहा है, जिससे चीन पर दबाव बनाया जा सके।
- वर्तमान में भारत एवं अमेरिका के बीच अत्यधिक मित्रतापूर्ण संबंध हैं तथा एक महत्वपूर्ण परिवर्तन के अंतर्गत् अमेरिका और वियतनाम के बीच मित्रतापूर्ण संबंध का विकास हो चुका है। जबकि चीन एवं वियतनाम के बीच वर्तमान संबंध भी तुलनात्मक रूप में मधुर नहीं है।

### नरेन्द्र मोदी की वियतनाम यात्रा

- इस यात्रा के दौरान (सितंबर, 2016) दोनों देशों के नेताओं ने आपसी संबंधों पर विश्वास व्यक्त किया। दोनों देश परंपरागत मित्र रहे हैं तथा रणनीतिक सहयोगी भी। इस यात्रा के दौरान दोनों देशों ने अपने संबंधों की 45वीं वर्षगांठ तथा रणनीतिक संबंधों की 10वीं वर्षगांठ मनाई। वियतनाम ने भारत की 'एक्ट ईस्ट नीति' का समर्थन किया।
- इस यात्रा के दौरान प्रधानमंत्री मोदी ने वियतनाम के लिए 500 मिलियन डॉलर के लाइन ऑफ क्रेडिट की घोषणा की तथा तकनीकी सहयोग, साइबर सुरक्षा तथा स्वास्थ्य से संबंधित 12 समझौतों पर हस्ताक्षर किया। भारत, हनोई में एक सॉफ्टवेयर पार्क स्थापित करने की भी घोषणा की तथा दोनों देशों ने समुद्री सुरक्षा, व्यापार संतुलन व पर्यावरण इत्यादि मुद्दों पर वार्ता की।
- साथ ही भारत पहले ही वियतनाम में एक सेटेलाइट ट्रैकिंग सिस्टम (Satellite Tracking System) लगाने की घोषणा कर चुका है। प्रधानमंत्री मोदी ने कहा है कि वियतनाम, भारत द्वारा घोषित 'एक्ट ईस्ट पॉलिसी' का आधार स्तंभ है।

## भारत एवं क्षेत्रीय सहयोग

- संयुक्त राष्ट्र चार्टर के अनुच्छेद-51 में क्षेत्रीय संगठनों के निर्माण संबंधी प्रावधान हैं।

### अमेरिकी राज्यों का संगठन
(Organisation of American States)

- यह अखिल अमेरिकी क्षेत्रीय सहयोग का सबसे पुराना उदाहरण है।
- वर्ष 1890 में वाशिंगटन में हुए अखिल अमेरिकी सम्मेलन के समापन के पश्चात्, अमेरिकी गणराज्यों के संघ (The Union of America Republics) की स्थापना हुई थी।
- कुछ समय तक इस आंदोलन के मंच का प्रयोग संयुक्त राज्य अमेरिका ने अपने साम्राज्यवादी उद्देश्यों के लिए करने का प्रयास किया था।
- प्रथम विश्व युद्ध के पश्चात् लैटिन अमेरिकी देशों के साथ संयुक्त राज्य अमेरिका के संबंधों में उल्लेखनीय सुधार हो गया था।
- अमेरिकी गणराज्यों ने वर्ष 1947 में रियो संधि पर हस्ताक्षर किए। उसमें यह प्रावधान किया गया था कि किसी भी अमेरिकी गणराज्य के विरुद्ध किया गया सशस्त्र आक्रमण सभी अमेरिकी गणराज्यों के विरुद्ध आक्रमण माना जाएगा। परंतु यह व्यवस्था भी की गई थी कि किसी भी गणराज्य को उसकी इच्छा के विपरीत किसी देश के विरुद्ध बल प्रयोग करने के लिए बाध्य नहीं किया जा सकता था।
- बोगोटा (Bogota) में हुए नौवें अखिल अमेरिकी सम्मेलन में (रियो संधि के औपचारिक क्रियान्वयन के लिए) वर्ष 1948 में अमेरिकी राज्यों के संगठन (Organisation of America States) की औपचारिक स्थापना की गई। इस संगठन का आधार रियो संधि, बोगोटा समझौता तथा अमेरिकी राज्यों के संगठन का चार्टर है।

### संरचना

- अमेरिकी राज्यों के संगठन के तीन मुख्य अंग हैं-
  - (i) अंतर-अमेरिकी सम्मेलन (The Inter-American Conference)
  - (ii) परिषद्
  - (iii) अखिल अमेरिकी संघ (Pan-American Union)
- सम्मेलन सर्वोच्च अंग है तथा उसमें सभी 21 सदस्य तथा राज्यों का एक-एक प्रतिनिधि शामिल होता है।
- प्रत्येक पांच वर्ष के पश्चात् सम्मेलन का आयोजन किया जाता है।
- यह संगठन की नीतियों का निर्धारण करता है तथा अन्य अंगों की गतिविधियों को समन्वित करता है।
- परिषद् इस संगठन की कार्यपालिका है, जबकि अखिल अमेरिकी संघ इसका सचिवालय है।
- बोगोटा समझौते में अमेरिकी गणराज्यों के पारस्परिक विवादों के शांतिपूर्ण समाधान का प्रावधान है।
- रियो संधि के अनुसार, पश्चिम गोलार्द्ध के किसी भी देश के विरुद्ध आक्रमण अमेरिकी राज्यों के संगठन के विरुद्ध आक्रमण माना जाता है। इस आक्रमण का प्रतिरोध संगठन के सभी सदस्य, राज्य सामूहिक रूप से करते हैं।
- पॉमर एवं पर्किन्स ने अमेरिकी राज्यों के संगठन (OAS) को अंतर्राष्ट्रीय क्षेत्रवाद का अग्रणी उदाहरण कहा है।
- अमेरिकी राज्यों के संगठन के सदस्य देश न केवल सामूहिक रक्षा के लिए वचनबद्ध हैं, परंतु वे सामाजिक, आर्थिक तथा सांस्कृतिक विकास के लिए भी सामूहिक रूप से प्रतिबद्ध हैं। आपसी विवादों को शांतिपूर्ण ढंग से सुलझाने तथा एक-दूसरे के प्रति युद्ध न करने के लिए भी सभी सदस्य राज्य वचनबद्ध हैं।

### कोलंबो प्लान

- जनवरी, 1950 में कॉमनवेल्थ देशों के विदेश मंत्रियों की बैठक कोलंबो में हुई। एशिया प्रशांत क्षेत्र में लोगों के जीवन स्तर पर वृद्धि के लिए आपसी सहयोग का निर्णय लिया गया। इसकी स्थापना ऑस्ट्रेलिया, ब्रिटेन, कनाडा, न्यूजीलैंड, भारत, श्रीलंका एवं पाकिस्तान द्वारा की गई। वर्तमान समय में इसके 27 सदस्य हैं।

## एशिया-प्रशांत आर्थिक सहयोग संगठन (APEC)

- यह एक क्षेत्रीय व्यापारिक ब्लॉक है, जिसकी स्थापना वर्ष 1989 में हुई। इसके 21 सदस्य हैं। भारत इसका सदस्य नहीं है। इसका मुख्यालय सिंगापुर है।
- वर्ष 1989 में स्थापित एपेक 21 देशों का समूह है, जो कि विश्व की कुल जनसंख्या का 40 प्रतिशत है।
- वैश्विक सकल घरेलू उत्पाद में इन देशों का योगदान 57 प्रतिशत है और वैश्विक व्यापार में इनका योगदान 50 प्रतिशत है।
- उल्लेखनीय है कि ब्रिक्स सम्मेलन-2014 के दौरान चीन के राष्ट्रपति ने एक महत्वपूर्ण पहल करते हुए पहली बार भारत को एपेक शिखर सम्मेलन में भाग लेने के लिए आमंत्रित किया था। लेकिन भारत अपनी व्यस्तताओं के कारण इसमें शामिल नहीं हो सका।
- इस बैठक में 'एशिया प्रशांत मुख्य व्यापार क्षेत्र' प्रक्रिया को व्यवस्थित ढंग से पूरे विस्तार के साथ आगे बढ़ाने की सहमति जताई गई।
- बैठक में चार (4) उद्देश्य प्राप्त किए गए, जिनमें एशिया प्रशांत की मुक्त व्यापार क्षेत्र प्रक्रिया (एफ.टी.ए.ए.पी) शुरू करना, एपेक की 25वें वर्षगांठ पर बयान जारी करना, नव-प्रवर्तन तथा सुधार व वृद्धि को बढ़ावा देना शामिल है।

### एपेक सम्मेलन, 2016

- यह सम्मेलन 19-20 नवंबर, 2016 को पेरू की राजधानी लीमा में संपन्न हुआ।
- इस सम्मेलन में सभी 21 सदस्यों देशों के राष्ट्राध्यक्षों ने भाग लिया तथा सम्मेलन की थीम थी-गुणवत्ता, विकास और मानव विकास। (Quality, Growth and Human Development)
- इस सम्मेलन में प्राथमिकता के क्षेत्र थे-मानव पूंजी विकास, क्षेत्रीय खाद्य बाजार, सूक्ष्म उद्योग तथा क्षेत्रीय आर्थिक एकीकरण एजेंडा।

### एपेक सम्मेलन, 2018

- यह सम्मेलन 17-18 नवंबर, 2018 को पापुआ न्यू गिनी में प्रस्तावित है। वर्ष 2017 का सम्मेलन वियतनाम में हुआ।

### सीआईसीए (CICA)

- इसकी स्थापना का विचार पहली बार कजाकिस्तान के द्वारा प्रस्तुत किया गया। इसका पहला शिखर सम्मेलन वर्ष 2002 में आयोजित हुआ।
- वर्तमान समय में इसके भारत सहित 24 सदस्य हैं।
- यह एक अंतर्राष्ट्रीय संगठन है, जिसका उद्देश्य, एशिया में शांति, सुरक्षा एवं स्थायित्व का निर्माण करना है।
- इस संगठन के अनुसार, एशिया में सुरक्षा का शेष विश्व की सुरक्षा के साथ गहरा संबंध है।

## लैटिन अमेरिकी एवं केरेबियाई देशों का संगठन

(The Community of Latin American and Caribbean States (CELAC)

- इसकी स्थापना 3 दिसंबर, 2011 में हुई।
- इसमें 33 लैटिन अमेरिकी एवं केरिबियाई देश सम्मिलित हैं।

- इसमें अमेरिका एवं कनाडा सम्मिलित नहीं हैं।
- इसे अमेरिकी राज्यों के संगठन (OAS) के विकल्प के रूप में देखा जा रहा है।
- इसमें वेनेजुएला भी सम्मिलित है, जिसके पूर्व राष्ट्रपति ह्यूगो चावेज अमेरिका विरोधी थे, जिनकी (5 मार्च, 2013) को केंसर के कारण मृत्यु हो गई।

## मॉर्कोसुर ( दक्षिण अमेरिका का साझा बाजार )

- इसकी स्थापना 26 मार्च, 1991 में हुई, जिसका मुख्यालय क्यूटो (इक्वाडोर) में है।
- अर्जेन्टीना, ब्राजील, ऊरुग्वे एवं पैरागुए इसके प्रमुख सदस्य हैं, जिनके बीच आर्थिक एवं राजनीतिक सहयोग हो रहा है।
- वर्ष 2012 में इसमें वेनेजुएला एवं बोलीविया देश भी इसके सदस्य बन गए हैं।

## यूनॉसुर ( दक्षिणी अमेरिकी राज्यों का यूनियन )

- इसकी स्थापना 23 मई, 2008 में हुई।
- इसके 12 दक्षिणी अमेरिकी राज्य सदस्य हैं, जिनमें से ब्राजील, चिली, बोलीविया, अर्जेन्टीना, वेनेजुएला, इक्वाडोर, पैरागुए, पेरू, कोलंबिया, सूरीनाम, उरुग्वे एवं गुयाना देश प्रमुख रूप से हैं।

### अन्य तथ्य

- भारत के सबसे बड़े व्यापारिक साझीदार हैं-
  1. चीन 2. संयुक्त राज्य अमेरिका
  3. संयुक्त अरब अमीरात

### भारत के सबसे बड़े व्यापारिक भागीदार

- यूरोपीय यूनियन, यूएसए, चीन।
- वे देश, जिनका भारत के साथ 'समग्र आर्थिक सहभागिता का समझौता' (CEPA) है, उनमें सिंगापुर (2005), दक्षिण कोरिया (2009) एवं जापान (2012) प्रमुख देश हैं।
- वे देश, जिनके साथ भारत का सिविल परमाणु समझौता हुआ है-अमेरिका, रूस, फ्रांस, कनाडा, कजाकिस्तान, ऑस्ट्रेलिया, मंगोलिया, नामीबिया एवं दक्षिण कोरिया। जापान के साथ वार्ता चल रही है।

## उत्तरी अमेरिकी मुक्त व्यापार क्षेत्र

(North American Free Trade Agreement (NAFTA)

- इसकी स्थापना 1 जनवरी, 1994 में हुई तथा इसमें अमेरिका, कनाडा एवं मैक्सिको देश सम्मिलित हैं।

## शंघाई सहयोग संगठन

- 1996 में चीन, कजाखस्तान, किर्गिस्तान, रूस, तजिकिस्तान ने शंघाई-5 के रूप में इसकी स्थापना की। 2001 में इसमें उज्बेकिस्तान को जोड़ा गया। इसका नाम बदलकर शंघाई सहयोग संगठन कर दिया गया। 2017 में कजाखस्तान की राजधानी अस्ताना में हुए शिखर सम्मेलन में इसमें भारत व पाकिस्तान को इसके पूर्ण सदस्य के तौर पर शामिल किया गया। इसकी सदस्य संख्या बढ़कर 8 हो गई है।
- 9-10 जून 2018 को इसका 18वां शिखर सम्मेलन चीन किंगदाओं में हुआ। इसमें भारतीय प्रधानमंत्री द्वारा SECURE का नया Concept दिया गया।

## खाड़ी सहयोग परिषद

(Gulf Cooperation Council)

- खाड़ी सहयोग परिषद (GCC) अरब प्रायद्वीप में 6 देशों का एक राजनीतिक और आर्थिक गठबंधन है। इसके प्रमुख देश हैं:-बहरीन, कुवैत, ओमान, कतर, सऊदी अरब और संयुक्त अरब अमीरात।
- इसकी स्थापना 1981 में की गई।
- यह सदस्य राज्यों के मध्य आर्थिक सुरक्षा, सांस्कृतिक और सामाजिक सहयोग को बढ़ावा देता है, और सहयोग और क्षेत्रीय मामलों पर चर्चा करने के लिए हर साल शिखर सम्मेलन आयोजित करता है।

### संरचना

- खाड़ी सहयोग परिषद (GCC) की मुख्य छह शाखाएँ हैं, जो विभिन्न कार्यों को पूरा करती है और बैठकों की तैयारी से लेकर नीतियों के कार्यान्वयन तक का कार्य देखती है।

### खाड़ी सहयोग परिषद (GCC) की शाखाएं

(i) सर्वोच्च परिषद (ii) मंत्रिस्तरीय परिषद
(iii) सचिवालय जनरल (iv) परामर्शदात्री आयोग।
(v) विवादों के निपटारे के लिए आयोग।
(vi) महासचिव।

- खाड़ी राज्यों में पिछले कुछ दशकों से विभिन्न मुद्दों पर भिन्नता दिखाई दे रही है। 2003 के अमेरिकी आक्रमण के बाद से खाड़ी सहयोग परिषद (GCC) की भूमिका में कमी आई है।
- 2011 की अरब स्प्रिंग क्रांति के बाद इस क्षेत्र में विरोध प्रदर्शन के स्वर तेज हुए हैं। वर्तमान में सऊदी अरब खाड़ी सहयोग परिषद (GCC) में एक महत्वपूर्ण भूमिका अदा कर रहा है।
- खाड़ी सहयोग परिषद (GCC) का 39वां सत्र हाल ही में रियाद में आयोजित किया गया था। परिषद में "रियाद घोषणा-पत्र" जारी किया, जिसमें खाड़ी देशों, क्षेत्र और दुनिया से संबंधित 72 मुद्दों को शामिल किया गया। खाड़ी सहयोग परिषद (GCC) का 40वां सत्र संयुक्त अरब अमीरात में आयोजित किया जाएगा।

अध्याय 5

# पड़ोसी देशों के साथ भारत का संबंध

# INDIA'S RELATIONS WITH NEIGHBOURHOOD

## भारत और अफगानिस्तान

- अफगानिस्तान की भौगोलिक स्थिति अत्यधिक महत्वपूर्ण है। इसकी सीमा ईरान, पाकिस्तान, चीन व मध्य एशियाई देशों तथा भारत के भू-भाग से भी मिलती है, जिस पर वर्तमान में पाकिस्तान का नियंत्रण है।
- स्वतंत्र भारतीय विदेश नीति में गुटनिरपेक्षता की नीति अपनाई गई तथा अफगानिस्तान के शासक 'जहीर शाह' (वर्ष 1933-73) ने भी गुटनिरपेक्षता की नीति अपनाई।
- फलस्वरूप भारत और अफगानिस्तान के मध्य क्षेत्रीय एवं वैश्विक मुद्दों पर मित्रतापूर्ण संबंध बने रहे, लेकिन इस काल में अफगानिस्तान एक शांतिप्रिय देश था।
- यह बिंदु उल्लेखनीय है कि अफगानिस्तान एवं पाकिस्तान के मध्य आरंभ से ही 'डुरंड रेखा' को लेकर विवाद कायम था।
- अफगानिस्तान के अनुसार, पाकिस्तान, एक नया राज्य है, ब्रिटिश साम्राज्य का उत्तराधिकारी नहीं। इसलिए पाकिस्तान और अफगानिस्तान के मध्य सीमा लाइन का पुनर्निर्धारण होना चाहिए।
- वर्ष 1973 में अफगानिस्तान में राजतंत्र समाप्त हो गया तथा 'मोहम्मद दाऊद' नए प्रधानमंत्री बने, जिन्होंने 'डुरंड रेखा' के मुद्दे पर आक्रामक दृष्टिकोण अपनाया।
- अफगानिस्तान की समस्या को **निम्नलिखित चरणों में** देखा जा **सकता है-**
  - (i) वर्ष 1979 से वर्ष 1988 तक वैचारिक संघर्ष।
  - (ii) वर्ष 1988 से वर्ष 2001 तक नृ-जातीय संघर्ष।
  - (iii) वर्ष 2001 से आज तक इस्लामी कट्टरपंथ बनाम् लोकतांत्रिक शक्तियों के मध्य का संघर्ष।

### वैचारिक संघर्ष

- वर्ष 1978 में प्रधानमंत्री दाऊद की सत्ता मार्क्सवादी समर्थित नेता 'नूर मोहम्मद तराकी' ने पलट दी। परिणामस्वरूप साम्यवादी शासन को बनाए रखने के लिए अफगानिस्तान में सोवियत संघ ने हस्तक्षेप किया।
- अफगानिस्तान महाशक्तियों के वैचारिक संघर्ष का अखाड़ा बन गया।
- इस संघर्ष के दौरान भारत ने मध्यममार्गी नीति अपनाई। जैसे-अफगानिस्तान की क्षेत्रीय एकता और अखंडता का समर्थन।

### नृ-जातीय संघर्ष

- शीतयुद्धोत्तर काल में सोवियत संघ की सेनाएं अफगानिस्तान से वापस हो गईं, और सत्ता पर नियंत्रण हेतु अफगानिस्तान में विभिन्न नृ-जातियों के मध्य आपस में संघर्ष आरंभ हो गया।
- वर्ष 1992 में 'ताजिक नेता बुरहानुद्दीन रब्बानी' सरकार के अंतरिम राष्ट्रपति नियुक्त हुए तथा भारत के साथ इन्होंने मित्रतापूर्ण संबंध निर्मित करने का प्रयत्न किया।
- भारत ने अफगानिस्तान को बड़ी मात्रा में सहायता प्रदान की।
- लेकिन 'बुरहानुद्दीन रब्बानी' का विरोध 'पश्तुन नेता गुलबदीन हिकमतियार' ने किया, क्योंकि हिकमतियार का समर्थन पाकिस्तान ने किया। परिणामस्वरूप अफगानिस्तान एक लंबे नृ-जातीय संघर्ष का शिकार हो गया तथा आर्थिक रूप में अफगानिस्तान की स्थिति और बदतर हो गई।

### तालिबानी शासन

- वर्ष 1996 में पाकिस्तान समर्थित तालिबानियों ने काबुल पर नियंत्रण स्थापित कर लिया और तालिबानी सरकार को पाकिस्तान, सउदी अरब तथा यू. ए. ई. (UAE) तीन राज्यों को ही मान्यता प्रदान की।
- यह बिंदु उल्लेखनीय है कि संयुक्त राष्ट्र संघ तथा अंतर्राष्ट्रीय समुदाय ने तालिबानी सरकार को मान्यता नहीं दी, बल्कि उत्तरी गठबंधन के नेता 'रब्बानी' को मान्यता दी।
- भारत, रूस, ईरान और मध्य एशियाई राज्यों ने भी रब्बानी सरकार को मान्यता दी।
- तालिबानी शासन आने के बाद भारत एवं अफगानिस्तान के संबंध कटु हो गए।

- भारत को काबुल में अपना दूतावास बंद करना पड़ा।
- तालिबानियों का सत्ता में आना भारत के लिए अत्यधिक चुनौतीपूर्ण था, जिसके **कारण निम्नलिखित हैं**–
  - (i) अफगानिस्तान से मित्रतापूर्ण संबंधों की समाप्ति।
  - (ii) तालिबानियों के कट्टरपंथी विचारधारा के कारण पंथनिरपेक्षता लोकतांत्रिक मूल्यों पर खतरा।
  - (iii) अफगानिस्तान में सक्रिय आतंकवादियों ने कश्मीर में भी सीमा पार आतंकवाद को प्रोत्साहित किया।
  - (iv) अफगानिस्तान और पाकिस्तान का विकास आतंकवाद के एक नए गढ़ के रूप में हुआ।
  - (v) तालिबान के कारण पाकिस्तान को अत्यधिक सामरिक लाभ हुआ।
  - (vi) मध्य एशियाई राज्यों में पहुंचने के लिए तथा भारत के लिए अफगानिस्तान का महत्व निर्विवाद है।

## वर्ष 2011 के बाद का संघर्ष, समकालीन संघर्ष (इस्लामी कट्टरपंथ बनाम् लोकतांत्रिक शक्ति)

- अफगानिस्तान में तालिबानी शासन आने के पश्चात् अलकायदा से इनका गठजोड़ हो गया। परिणामस्वरूप समूचे विश्व में आतंकवाद को प्रोत्साहन प्राप्त हुआ।
- यह बिंदु ध्यान देने योग्य है कि वर्ष 1999 में इंडियन एयरलाइंस के विमान-IC-814 को काठमांडू से अपहृत करके कंधार ले जाए गया। भारत को मसूद अजहर जैसे आतंकी को रिहा करना पड़ा।
- तालिबान की बढ़ती गतिविधियों के कारण संयुक्त राष्ट्र संघ ने वर्ष 1998 में तालिबान सरकार पर प्रतिबंध भी लगाए। इसी दौरान कीनिया तथा तंजानिया में अमेरिकी दूतावासों पर अलकायदा का बम विस्फोट हुआ। इसके उपरांत संयुक्त राज्य अमेरिका ने भी तालिबान को प्रतिबंधित कर दिया।
- तालिबान एवं अलकायदा के आपसी संबंध उजागर होने लगे।
- सितंबर, 2001 में विश्व व्यापार केंद्र पर आतंकी हमले के पश्चात् अमेरिका ने तालिबान के विरुद्ध 'ऑपरेशन इनड्यूरिंग फ्रीडम' (Operation Enduring Freedom) आरंभ किया, जिसका समर्थन उत्तरी गठबंधन और भारत ने भी किया। परिणामस्वरूप तालिबानी शासन का अंत हो गया।

## हामिद करजई का शासनकाल

- दिसंबर, 2001 में जर्मनी में 'बोन समझौता' हुआ, जिसके द्वारा अफगानिस्तान में एक अंतरिम प्रशासन का निर्माण किया गया, जिसके चेयरमैन 'हामिद करजई' थे।
- अफगानिस्तान के पुनर्निर्माण के लिए संयुक्त राष्ट्र संघ द्वारा प्रायोजित 21 (इक्कीस) देशों का सम्मेलन न्यूयॉर्क में हुआ, जिसमें भारत की भूमिका उल्लेखनीय थी।

## अफगानिस्तान के पुनर्निर्माण में भारत की भूमिका

### आर्थिक सहायता

- भारतीय सरकार ने अफगानिस्तान को 100 (सौ) मिलियन डॉलर आर्थिक सहायता प्रदान की। भारत, अफगानिस्तान को आर्थिक सहायता देने वाला 5वां बड़ा देश है।
- 1 (एक) मिलियन टन गेहूं भारत ने अफगानिस्तान को दिया।
- भारत ने 'जेरांग-देलराम सड़क परियोजना' के निर्माण हेतु 70 (सत्तर) मिलियन डॉलर की आर्थिक सहायता का प्रस्ताव किया। भारतीय सीमा सड़क संगठन द्वारा निर्मित इस सड़क का वर्ष 2009 में उद्घाटन भी किया गया।
- भारत ने 'इंदिरा गांधी शिशु स्वास्थ्य केंद्र' का भी निर्माण किया।
- भारत द्वारा काबुल में 'हबीबी स्कूल' की स्थापना की गई।
- भारत ने अफगानिस्तान के संसद के निर्माण में सहयोग प्रदान किया। इसके साथ ही शिक्षा एवं स्वास्थ्य के क्षेत्र में भी सहायता उपलब्ध करवाई।
- भारत द्वारा हेरात में सलमा बांध शक्ति परियोजना के लिए 80 (अस्सी) मिलियन डॉलर सहायता राशि देने का आश्वासन दिया।
- भारत में अफगानिस्तान के पुनर्निर्माण के लिए अफगानिस्तान की सरकार एवं सी.आई.टी. (CIT) के सहयोग से जून, 2012 में दिल्ली निवेश शिखर सम्मेलन का आयोजन किया।
- इस सम्मेलन का मूल उद्देश्य अफगानिस्तान के लिए निवेश आकर्षित करना था।
- अफगानिस्तान के पुनर्निर्माण के लिए समान हाइड्रोकार्बन आधारभूत संरचना, संचार, कृषि, शिक्षा एवं स्वास्थ्य जैसे क्षेत्रों में निवेश का आवाहन किया गया।
- वर्ष 2011 से भारत ने अफगानिस्तान में शांति एवं स्थिरता बनाए रखने के लिए भारत, अफगानिस्तान एवं अमेरिका नामक त्रिकोणीय बैठक का आयोजन किया गया।
- 19 फरवरी, 2013 को द्वितीय भारत, अफगानिस्तान एवं अमेरिका त्रिपक्षीय वार्ता नई दिल्ली में आयोजित हुई।

### सामरिक संबंध

- भारत के लिए अफगानिस्तान का सामरिक रूप में अत्यधिक महत्व है। क्योंकि अफगानिस्तान की सीमा पश्चिम एशिया तथा पाकिस्तान से लगती है।

- एक महत्वपूर्ण घटनाक्रम के अंतर्गत् भारत व अफगानिस्तान के मध्य सामरिक समझौता संपन्न हुआ है।
- अफगानिस्तान, भारत के साथ सामरिक समझौता करने वाला पहला दक्षेस राष्ट्र है।
- पश्चिमी एशिया से गैस तथा तेल के आयात के लिए अफगानिस्तान महत्वपूर्ण मार्ग उपलब्ध कराता है। उदाहरण के लिए, तापी गैस पाईप लाइन परियोजना, अफगानिस्तान से होकर आएगी।
- वर्ष 2012 में अमेरिका ने अफगानिस्तान को गैर-नाटो (Non-Nato Major Ally) वाले श्रेणी में सर्वाधिक महत्वपूर्ण राज्य का दर्जा दिया।

## अफगानिस्तान के निर्माण हेतु वैश्विक पहल

- वर्ष 2012 में टोकियो सम्मेलन आयोजित किया गया। इस सम्मेलन के द्वारा दुनिया के विकसित राज्यों ने अफगानिस्तान के पुनर्निर्माण के लिए वर्ष 2015 तक 16 बिलियन अमेरिकी डॉलर की आर्थिक सहायता देने का आश्वासन दिया।

## हार्ट ऑफ एशिया सम्मेलन

- इस्तांबुल बैठक के द्वारा Heart of Asia की पहल की गई, जिसमें एशिया के राज्यों ने मिलकर अफगानिस्तान के पुनर्निर्माण पर सहयोग का आश्वासन दिया। इसकी शुरूआत तुर्की की राजधानी इस्तांबुल से वर्ष 2011 में हुई। इसमें अफगानिस्तानी, अजरबैजान, चीन, भारत, ईरान, कजाकस्तान, पाकिस्तान, किर्गीस्तान, रूस, सऊदी अरब, तजाकिस्तान, तुर्की, तुर्कमेनिस्तान और संयुक्त अरब अमीरात शामिल हैं।
- इस सम्मेलन का उद्देश्य अफगानिस्तान में स्थिरता तथा विकास को बढ़ावा देना है।
- इस संगठन में 14 देश सम्मिलित हैं। इसमें आतंकवाद का उन्मूलन, ड्रग्स, गरीबी, कट्टरता इत्यादि विषय सम्मिलित हैं, जिनसे अफगानिस्तान पीड़ित है।
- वर्ष 2016 में इसका सम्मेलन 'अमृतसर' में हुआ।

## तापी गैस लाइन समझौता (TAPI)

- तापी गैस परियोजना तुर्कमेनिस्तान, अफगानिस्तान, पाकिस्तान व भारत के मध्य प्रस्तावित है, जो गैस के खरीद और बिक्री से संबंधित है।
- यह परियोजना तुर्कमेनिस्तान के दौलताबाद गैस फील्ड से प्रारंभ होकर अफगानिस्तान के हेरात-कंधार से होते हुए पाकिस्तान के कोहिटा तथा मुल्तान तक पहुंचेगी तथा वहां से भारत-पाकिस्तान सीमा पर स्थित फजिल्का में खत्म होगी।
- यह वर्ष 2018 तक चालू हो जाएगी। इस समझौते से क्षेत्र में स्थायी शांति, विकास व सौहार्द को बढ़ावा मिलेगा।

## अफगानिस्तान की वर्तमान स्थिति

- वर्ष 2014 में अफगानिस्तान में तैनात अंतर्राष्ट्रीय सेनाएं अफगानिस्तान से हटने की तैयारी कर रही है। वर्तमान समय में एक नई अफगानिस्तान सेना का निर्माण किया गया, जिसमें 1,25,000 सैनिकों की भर्ती की गई है, जो अंतर्राष्ट्रीय सेना के जाने के बाद अफगानिस्तान की सुरक्षा करेंगे।
- इसके अतिरिक्त 1 लाख, 49 हजार की संख्या में पुलिस बल का भी निर्माण किया गया है।
- अंतर्राष्ट्रीय सेनाओं के हटने के बाद भी अमेरिका की उपस्थिति अफगानिस्तान में बनी रहेगी, जिससे अफगानिस्तान सेनाओं को प्रशिक्षित किया जा सके।
- वर्ष 2010 में Afghanistan High Peace Council (HPC) का निर्माण किया गया, जिससे अफगानिस्तान में शांति एवं स्थिरता के लिए तालिबानियों के साथ बातचीत को आरंभ किया।
- अमेरिका के अनुसार, अच्छे तालिबानियों से बातचीत करके शांति की स्थापना की जा सकती है।

## भारत के समक्ष विकल्प

- भारतीय विदेश नीति के अनुसार, अफगानिस्तान और पाकिस्तान में आतंकवादियों की उपस्थिति केवल भारतीय सुरक्षा के लिए नहीं, अपितु समूचे विश्व के लिए सबसे बड़ा खतरा है।
- इसलिए भारत एवं अफगानिस्तान में एक लोकतांत्रिक और स्थायी सरकार का समर्थक है।
- भारत की भूमिका अफगानिस्तान के सैन्य क्षेत्र में नहीं है। जैसाकि अमेरिका और नाटो की भूमिका है।
- विचारकों के अनुसार, अफगानी नाटो की उपस्थिति का विरोध करते हैं तथा इन्हें विदेशी मानते हैं। जबकि भारतीयों के प्रति अफगानियों का दृष्टिकोण अत्यधिक सकारात्मक है, वे भारतीयों को विदेशी नहीं मानते।
- अफगानिस्तान में विकास और लोकतंत्र के परिणामस्वरूप क्षेत्रीय स्थिरता में वृद्धि होगी। आतंकवाद की समस्या का समाधान होगा और वर्तमान समय में भारत अफगानिस्तान के विकास में सक्रिय रूप से सहायक हैं।
- परंतु पाकिस्तान द्वारा पारगमन मार्ग उपलब्ध न कराने के कारण भारत को ईरान होकर अफगानिस्तान जाना पड़ता है।
- भारत को अफगानिस्तान के सभी नृजातीय समूहों के साथ बातचीत करने को तैयार रहना चाहिए।

- भारत को यह प्रदर्शित नहीं करना चाहिए कि भारत का झुकाव किसी एक समूह के साथ है।
- वर्तमान समय में भारत ने भी यह मान लिया है कि यदि भविष्य में तालिबान समर्थित सरकार बनती है, तो भारत को उससे भी संबंध बेहतर करने हेतु तैयार रहना होगा।
- वर्तमान समय में भारत ने Connect Central Asia की नीति अपनाई है। (भारत का तजाकिस्तान में एकमात्र विदेशी सैनिक अड्डा है)
- मध्य एशिया को जोड़ने की नीति बनाकर भारत ने अपनी स्थिति और सुदृढ़ करने का प्रयत्न किया है, क्योंकि मध्य एशियाई राज्य भी पृथकतावाद, आतंकवाद तथा उग्रवाद से अत्यधिक त्रस्त हैं।
- अफगानिस्तान को प्रभावी रूप में आर्थिक सहयोगी बनाया जा रहा है। अफगानिस्तानी सेनाओं के प्रशिक्षण में भारत का सहयोग होना चाहिए, क्योंकि कश्मीर तथा उत्तर-पूर्व में सेनाओं को आतंकवाद से लड़ने का अनुभव प्राप्त है।

### अफगानिस्तान में राष्ट्रीय एकता सरकार का गठन

- अशरफ गनी अहमदजई ने 19 सितंबर, 2014 को अफगानिस्तान के नए राष्ट्रपति के रूप में शपथ ग्रहण की।
- अफगानिस्तान में वर्ष 2001 के बाद पहली बार लोकतांत्रिक तरीके से सत्ता का हस्तांतरण हुआ।
- वर्ष 2014 में संपन्न राष्ट्रपति चुनाव में किसी भी दल को 50 प्रतिशत मत न मिल पाने के कारण राष्ट्रीय सरकार के गठन हेतु समझौता हुआ।
- समझौते के अनुसार अशरफ गनी अहमदजई को राष्ट्रपति और अब्दुल्ला को नवनिर्मित पद कार्यकारी अधिकारी (CEO) के पद पर नियुक्त किया गया। नई सरकार के द्वारा अफगानिस्तान में स्थायित्व लाने के लिए चीन एवं पाकिस्तान के साथ संबंध बेहतर करने पर बल दिया गया और पाकिस्तान के साथ अफगानिस्तान की सेनाओं के लिए प्रशिक्षण का भी समझौता हुआ। इसलिए अफगानिस्तान के द्वारा भारत पर अतिरिक्त निर्भरता की नीति में परिवर्तन किया गया।

### प्रधानमंत्री नरेंद्र मोदी की अफगानिस्तान यात्रा (2015)

- प्रधानमंत्री मोदी ने अफगानिस्तान में भारत द्वारा निर्मित अफगानिस्तान की संसद का उद्घाटन किया। अफगान संसद के एक ब्लॉक का नाम 'अटल ब्लॉक' रखा गया।
- प्रधानमंत्री द्वारा तालिबान का विरोध किया गया तथा यह कहा गया कि नाटो सैनिकों की वापसी के बाद तालिबान का प्रभाव रोकना होगा।
- भारत 2 बिलियन डॉलर अफगानिस्तान के पुनर्निर्माण के लिए खर्च कर रहा है तथा भारत, अफगानिस्तान को चार MI-25 हेलिकॉप्टर उपहार स्वरूप देगा।
- 27-29 सितम्बर 2017 को अफगानिस्तान के मुख्य कार्यकारी अधिकारी 'डॉ. अब्दुल्ला अब्दुल्ला' भारत की यात्रा पर रहे।
- इस यात्रा के दौरा भारत अफगानिस्तान के मध्य अफगानिस्तान पुलिस के तकनीकी प्रशिक्षण व विकास हेतु समझौता ज्ञान का आदान प्रदान किया गया।

## भारत-श्रीलंका

- भारतीय विदेश नीति में शांतिपूर्ण सहअस्तित्व एवं पंचशील की नीति को पं. जवाहर लाल नेहरू ने मूल आधार बनाया, तो श्रीलंकाई विदेश नीति का आधार रखने वाले बी. एस. सेनानायके ने श्रीलंकाई द्वीप की सुरक्षा के लिए पड़ोसी भारत को खतरे के रूप में देखा, लेकिन सेनानायके ने कभी भी ऐसा सार्वजनिक वक्तव्य नहीं दिया और न ही उन्होंने प्रत्यक्ष रूप में कभी ऐसा कहा, लेकिन श्रीलंकाई विदेश नीति में भारत भय की प्रवृत्ति विभिन्न उदाहरणों से देखी जा सकती है, जिसमें नवंबर, 1947 में श्रीलंका और ब्रिटेन के मध्य की गई रक्षा की संधि थी।
- मूल प्रश्न यह है कि श्रीलंका ने ब्रिटेन के साथ ऐसी संधि क्यों की? जबकि पड़ोसी देश भारत के साथ ऐसी संधि नहीं की, तो इसका उत्तर स्वाभाविक रूप में श्रीलंकाई विदेश नीति में भारत भय के रूप में देखा जा सकता है। वस्तुत: जिस भारत भय को डी. एस. सेनानायके ने कभी सार्वजनिक रूप में व्यक्त नहीं किया, उसे श्रीलंका के अगले प्रधानमंत्री कोतेलवाला ने ज्यादा स्पष्टता से व्यक्त किया।
- कोतेलवाला के अनुसार, 'यदि श्रीलंकाई द्वीप से ब्रिटिश अड्डा हट जाएगा, तो हमारा पड़ोसी देश (भारत) इस द्वीप को हथिया सकता है।'
- भारत का प्रारंभ से ही पड़ोसी देशों के साथ बेहतर संबंध निर्मित करने का प्रयास रहा है। भारत-श्रीलंका के संबंध भी इसके अपवाद नहीं हैं, लेकिन दोनों देशों के मित्रतापूर्ण एवं सहयोगपूर्ण संबंधों में तमिल मूल के लोगों की समस्या तथा कच्चा तिवू द्वीप विवाद आरंभ में उभरे तथा दोनों देशों के मध्य सहयोग एवं संघर्षमूलक संबंध का दौर आरंभ हुआ। क्योंकि दोनों देशों की विदेश नीति के हितों और प्रत्यक्षण में भिन्नता पाई जाती थी, विशेषकर सामरिक या सुरक्षा के मुद्दे को लेकर दोनों देशों का दृष्टिकोण भिन्न था।

- भारतीय विदेश नीति में पूरे दक्षिणी एशियाई क्षेत्र की सुरक्षा का मुद्दा मुख्य था, जिसके लिए इस क्षेत्र को महाशक्तियों की होड़ से बचाया जा सके। श्रीलंकाई विदेश नीति मुख्यतया भारत केंद्रित थी तथा उसका मूल कारण दोनों देशों के आकार और शक्तियों में भिन्नता मानी जाती है तथा ऐसी ऐतिहासिक मान्यता भी है कि दक्षिण भारत के तमिलों ने सिंहलियों को पराजित किया था। इसलिए तमिल मूल के लोगों को लेकर श्रीलंकाई विदेश नीति में असुरक्षा का भाव निर्मित हो रहा था तथा श्रीलंकाई सुरक्षा एवं अस्थिरता के लिए भारत को सबसे बड़ा खतरा माना गया।
- दूसरी ओर, विचारकों की यह भी मान्यता है कि दक्षिण एशियाई देशों में सांस्कृतिक, ऐतिहासिक एवं धार्मिक एकता जटिल होने के कारण राजनीतिक पहचान का संकट मुख्य मुद्दा बन जाता है।
- श्रीलंकाई विदेश नीति में स्वत: भारत भय को निर्मित कर लिया गया। भारत इसके लिए उत्तरदायी नहीं था और न ही भारतीय विदेश नीति में कभी ऐसी कार्यवाही की गई, जिससे श्रीलंका के मन में भय उत्पन्न हो। लेकिन कुछ मान्यताकारों के अनुसार, 'तमिल मूल के लोगों की श्रीलंका में उपस्थिति और श्रीलंका की स्वतंत्रता के समय कुछ भारतीय नेताओं का यह कथन है कि श्रीलंका को भारत में मिलाया जा सकता है, जो उसकी असुरक्षा का मूल कारण माना गया, लेकिन पं. जवाहर लाल नेहरू ने श्रीलंका के भय को दूर करने के अनेक प्रयास किए, परंतु श्रीलंका की विदेश नीति में यह भय केंद्रीय बना रहा। जहां एक ओर श्रीलंका ने ब्रिटेन से सामरिक मित्रता स्थापित की, तो वहीं श्रीलंका में सिंहली राष्ट्रवाद को स्थापित करने का प्रभावी प्रयास किया गया, जिससे तमिल मूल के लोगों के संबंध में श्रीलंका, भारत से सौदेबाजी कर सके। यद्यपि श्रीलंका का यह प्रयास नेहरू के काल में सफल नहीं हुआ, जो लाल बहादुर शास्त्री और श्रीमती इंदिरा गांधी के काल में सफल हुआ।
- दूसरी ओर, यह भी माना जाता है कि इस उपमहाद्वीप में सेनानायके और कोतेलवाला ने स्वयं को एशियाई नेता के रूप में स्थापित करने का प्रयास किया। जिस संदर्भ में पं. जवाहर लाल नेहरू उनके सबसे बड़े प्रतिस्पर्धी थे और भारतीय विदेश नीति में पं. जवाहर लाल नेहरू ने ब्रिटिश व श्रीलंका द्वारा संपन्न सैन्य संधि की कभी आलोचना नहीं की, लेकिन इतना अवश्य कहा कि भारत का दृष्टिकोण अपने पड़ोसी देशों के प्रति सदैव सद्भावना पूर्ण रहेगा।

## तमिल समस्या

- भारत और श्रीलंका के मध्य प्रतिकूल संबंध होने में तमिल समस्या मूल कारण मानी जाती है। श्रीलंका में रहने वाले तमिल अल्पसंख्यक हैं, जिनकी आबादी लगभग 20 प्रतिशत है। इन तमिलों का जुड़ाव भारत से माना जाता है, लेकिन इन तमिलों की भी **दो श्रेणी हैं**-
  (i) जो सदियों पूर्व भारत से श्रीलंका जाकर बस गए थे, जिनकी जनसंख्या करीब दस लाख है और ये मूल रूप में श्रीलंका के जाफना प्रांत में निवास करते हैं।
  (ii) दूसरी श्रेणी के तमिल ब्रिटिश सरकार के द्वारा श्रीलंका ले जाए गए, जिन्हें चाय बागानों में कार्य करने के लिए लगाया गया। इनकी जनसंख्या भी लगभग 10 लाख है तथा इन तमिलों की संख्या बट्टीकलोवा और ट्रिंकोमाली क्षेत्र में हैं।

## नेहरू युग

- वर्ष 1948 के नए नागरिकता संबंधी कानूनों से 10 लाख तमिल देश विहीन हो गए। यह कानून भारतीय मूल के तमिलों के लिए प्रतिकूल था, जिससे उनकी नागरिकता समाप्त हो गई। इस प्रावधान से केवल भारतीय मूल के तमिल प्रभावित थे।
- दूसरी ओर, वर्ष 1956 में सिंहली भाषा को देश की एकमात्र सरकारी काम-काज की भाषा घोषित कर दिया गया, जिससे सभी तमिलों के लिए यह भेदभावपूर्ण कानून था, अर्थात् श्रीलंका सरकार की नीतियां तमिल अल्पसंख्यकों के प्रतिकूल थी। यहीं से तमिल समस्या का जन्म होता है। सरकार के द्वारा जानबूझकर तमिलों के साथ भेदभाव किया गया।
- श्रीलंका में ब्रिटिश शासन समाप्त होने के पश्चात् तमिल समुदाय के लोग आर्थिक, व्यापारिक एवं शैक्षणिक रूप में अत्यधिक शक्तिशाली थे। अत: वहां के बहुसंख्यक समुदाय सिंहलियों ने तमिलों की प्रभावपूर्ण स्थिति को समाप्त करने के लिए उनके साथ न केवल भेदभाव किया, बल्कि तमिल समस्या का प्रभाव भारत पर स्पष्ट रूप में देखा गया, क्योंकि तमिल मूल के लोग तमिलनाडु प्रांत से श्रीलंका गए थे।
- दूसरी ओर, इस तमिल समस्या को ही लेकर श्रीलंकाई विदेश नीति में भारत के प्रति एक असुरक्षा की भावना उत्पन्न हुई, जिसके लिए श्रीलंका ने अपनी भूमि पर ब्रिटेन के सैनिक अड्डे को निर्मित करने की इजाजत दी। श्रीलंका की इस कार्यवाही से हिंद महासागर में

महाशक्तियों का हस्तक्षेप बढ़ा, जबकि भारतीय विदेश नीति का मूल आधार दक्षिण एशिया में महाशक्तियों के प्रभाव को रोकना तथा विवादों को द्विपक्षीय रूप में हल करना था।

- वर्ष 1953 में नेहरू-कोतेलवाल समझौता हुआ। इस समझौते में भारतीय विदेश नीति तमिल समस्या को लेकर बिल्कुल स्पष्ट थी। नेहरू के अनुसार, उन्हीं भारतीय मूल के लोगों को भारत में आने की अनुमति होगी, जो भारत में स्वेच्छा से आना चाहते हों, लेकिन जो तमिल मूल के लोग श्रीलंका में रहना चाहते हैं, उन्हें श्रीलंका से निकालने का प्रयास नहीं किया जाना चाहिए, या तो उन्हें नागरिकता प्रदान की जाए या उन्हें विदेशियों के रूप में श्रीलंका में रहने दिया जाए।
- श्रीमती भंडारनायके के समय भारत और श्रीलंका के बीच बेहतर संबंधों की उम्मीद की गई तथा श्रीलंकाई सरकार ने गुटनिरपेक्ष विदेश नीति को अपनाने का निर्णय और उन्होंने विश्व राजनीति में तटस्थ दृष्टिकोण रखने का फैसला किया।
- कटुनायके ने ट्रिकोंमाली में ब्रिटिश सैनिक अड्डों को हटाने का भी आदेश दिया। जयवर्धने के कार्यकाल में दोनों के मध्य अत्यधिक मित्रतापूर्ण संबंध स्थापित हुए एवं सैनिक अड्डों को तो हटा लिया गया, लेकिन श्रीलंका ने ब्रिटेन के साथ रक्षा समझौते को समाप्त नहीं किया।
- श्रीलंका की यह रणनीति भविष्य की सामरिक सुरक्षा के अंतर्गत् अपनाई गई। भंडारनायके ने यहां तक कहा कि भारत एक मित्र देश है, जिससे डरने व आक्रमण की चिंता नहीं की जानी चाहिए। इसके बावजूद वे भारत के कारक को विदेश नीति में पूर्णतया हटा नहीं सके। दोनों देशों ने आपस में मित्रतापूर्ण संबंध स्थापित करने के बावजूद श्रीलंका ने भारत को संतुलित करने के लिए ब्रिटेन से सैन्य संधि बनाए रखी।

## लाल बहादुर शास्त्री एवं इंदिरा गांधी का कार्यकाल

- नेहरू के पश्चात् तमिल समस्या के संदर्भ में भारतीय विदेश नीति में परिवर्तन देखा गया। जैसाकि वर्ष 1964 के लाल बहादुर शास्त्री-श्रीमावो समझौते में देखा जा सकता है। इस समझौते के द्वारा 9,75,000 तमिल मूल के नागरिकता विहीन लोगों की समस्या सुलझाने का प्रयास किया गया, जिसके अंतर्गत् श्रीलंकाई सरकार 3,00,000 तमिल मूल के व्यक्तियों को नागरिकता प्रदान करेगी एवं 5,25,000 तमिल मूल के लोगों को भारत वापस बुलाया जाएगा।
- इसके लिए 15 वर्ष का समय सुनिश्चित किया गया तथा अन्य 5,000 नागरिकता विहीन व्यक्तियों के भविष्य का निर्णय बाद में लिया जाएगा। लाल बहादुर शास्त्री और श्रीमती गांधी के काल में भारतीय विदेश नीति में तमिलों को वापस बुलाने का प्रयास किया गया, जबकि नेहरू तमिलों को वापस बुलाने के पक्ष में नहीं थे, लेकिन इसके बावजूद श्रीलंकाई सरकार की नीति तमिल अल्पसंख्यकों के उत्पीड़न व अत्याचार की रही, जिससे तमिल समस्या का नेतृत्व उन तमिलों ने करना आरंभ कर दिया, जो श्रीलंकाई तमिल माने जाते थे तथा उनकी नागरिकता पर कोई विवाद नहीं था। कहने का आशय है कि तमिल समस्या का आरंभ भारतीय तमिलों को लेकर हुआ, लेकिन बाद में इस समस्या का नेतृत्व श्रीलंकाई तमिलों ने करना आरंभ कर दिया।
- अत: तमिल आंदोलन और तमिल संघर्ष दोनों प्रश्न आपस में जुड़ गए। पहला नागरिकता की समस्या और दूसरा बहुमत (सिंहलियों) का अत्याचार। अब तमिलों ने श्रीलंका में अपने लिए स्वायत्त क्षेत्र की मांग उठाई। श्रीलंकाई सरकार ने आरोप लगाया कि इन तमिलों को भारत का समर्थन प्राप्त हो रहा है।
- यहां ध्यान देने योग्य बिन्दु है कि वर्ष 1962 के भारत-चीन युद्ध के पश्चात् श्रीलंका का झुकाव चीन की ओर हुआ। वर्ष 1970 के दशक में भारत-सोवियत मैत्री के परिणामस्वरूप श्रीलंकाई क्षेत्र में हिंद महासागर क्षेत्र में महाशक्तियों (अमेरिका एवं इजरायल) के साथ संबंधों को और बेहतर बनाने का प्रयास किया, जिससे भारत व श्रीलंका के मध्य दूरी बढ़ती गई।
- श्रीलंकाई विदेश नीति में श्रीमाओ भंडारनायके ने अपने संबंध चीन और पाकिस्तान से भी बेहतर करने शुरु कर दिए। श्रीलंका की चीन और पाकिस्तान के प्रति झुकाव की यह विदेश नीति स्वाभाविक रूप में भारत के अनुकूल नहीं थी। वर्ष 1962 में जब भारत-चीन का युद्ध हुआ, तो श्रीलंका ने उस पर अपना एक तटस्थ दृष्टिकोण अपनाया। इससे भी बढ़कर युद्ध के केवल 9 महीने बाद श्रीलंका ने चीन के साथ एक समुद्री समझौता किया, जो चीन को हिंद महासागर क्षेत्र में सामरिक शक्ति प्रदान करने वाला था।
- दूसरी ओर, वर्ष 1971 के भारत-पाकिस्तान युद्ध में श्रीलंका ने पाकिस्तानी वायुयानों को अपने क्षेत्र से उड़ने की इजाजत दी। जब बांग्लादेश एक स्वतंत्र राष्ट्र के रूप में निर्मित हुआ, तो श्रीलंका ने उसे मान्यता प्रदान करने में भी देरी की। भारत ने वर्ष 1974 में परमाणु विस्फोट किया, तो

श्रीलंका ने पाकिस्तान के उस प्रस्ताव का समर्थन किया, जिसमें पाकिस्तान ने दक्षिण एशिया को परमाणु हथियार मुक्त क्षेत्र घोषित करने की मांग की थी। स्वाभाविक रूप में ये नीतियां भारत और श्रीलंकाई संबंधों को प्रतिकूल बनाती थीं। इसके बावजूद वर्ष 1970 से वर्ष 1977 तक श्रीमती गांधी और श्रीलंकाई प्रधानमंत्री भंडारनायके के मध्य अत्यधिक मधुर संबंध रहे।

- वर्ष 1980 के दशक में दोनों देशों के मध्य संबंध अत्यधिक प्रतिकूल हुए। यह केवल दोनों देशों के दृष्टिकोण में भिन्नता का ही परिणाम नहीं था, अपितु नए श्रीलंकाई नेता जे. आर. जयवर्धने के व्यक्तित्व का भी प्रभाव था।
- जयवर्धने तमिल समस्या का समाधान सैनिक माध्यम से करना चाहते थे तथा वे भारत की बजाय, पश्चिमी शक्तियों के प्रति झुकाव रखते थे। इस दशक में हिंद महासागर में श्रीलंका ने अमेरिका और ब्रिटेन की सहायता के अलावा इजरायली खुफिया एजेंसी मोसाद का भी प्रयोग किया। हिंद महासागर में महाशक्तियों की बढ़ती प्रतिस्पर्धा में भारतीय क्षेत्र की सुरक्षा पर व्यापक प्रभाव हुआ।
- श्रीलंकाई सरकार ने ट्रिंकोमाली जैसे सामरिक पत्तन को एक अमेरिकी कंपनी को सौंप दिया। वर्ष 1983 में 'वॉयस आफ अमेरिका' का रेडियो स्टेशन भी श्रीलंका में लगाया गया। भारतीय विदेश नीति के अनुसार, अमेरिका इस रेडियो स्टेशन का प्रयोग खुफिया सूचनाओं के लिए कर रहा है।
- यहां यह ध्यान देने योग्य है कि अमेरिका नेवी पहले ही हिंद महासागर में उपस्थित थी। भारत-श्रीलंका के बिगड़ते संबंधों को वर्ष 1987 के राजीव-जयवर्धने समझौते से पुनः बहाल करने की कोशिश की गई।

## राजीव गांधी का कार्यकाल (संबंधों का सबसे खराब दौर)

- वर्ष 1980 के दशक से श्रीलंका की जातीय समस्या (तमिल समस्या) ने एक नया रुप धारण किया, क्योंकि तमिलों ने अब अत्याचार का मुकाबला करने के लिए हिंसक गतिविधियों का सहारा लेना आरंभ कर दिया है तथा दूसरी ओर, श्रीलंकाई सेना ने तमिलों का बर्बरतापूर्ण दमन किया। वर्ष 1983 से वर्ष 1986 के मध्य लगभग 25,000 तमिल शरणार्थी भारत पहुंचे।
- वर्ष 1986 में ही तमिल क्षेत्रों को श्रीलंकाई सेना द्वारा पूर्णतः घेर लिया गया तथा उनकी नाकेबंदी कर दी गई। परिणामस्वरूप भारत ने मानवीय आधार पर तमिलों के लिए खाद्य सामग्री देने का निर्णय किया। भारतीय वायुसेना द्वारा 'ऑपरेशन ईगल' प्रारंभ किया गया तथा तमिल क्षेत्रों में खाद्य सामग्री पहुंचाई गई। श्रीलंकाई सरकार ने भारत की इस कार्यवाही की कड़ी आलोचना की एवं इसे अपने संप्रभुता पर सीधा आक्रमण कहा।
- दूसरी ओर, तमिल समस्या स्वायत्तता की मांग से बढ़कर गृहयुद्ध की ओर बढ़ने लगी तथा तमिल लोगों ने एक पृथक् राज्य की मांग का निर्णय लिया।
- अतः 'ऑपरेशन ईगल' के संबंध में दोनों देशों के मध्य संबंध अत्यंत कटु हो गए। श्रीलंका ने भारत की नीति को आक्रामक एवं साम्राज्यवादी कहा। इसके बाद दोनों देशों के मध्य समस्या का समाधान करने के लिए वर्ष 1987 में राजीव गांधी-जयवर्धने समझौता हुआ एवं इस समझौते के माध्यम से तमिल समस्या को हल करने का प्रयास किया गया। भारत ने अपनी शांति सेना श्रीलंका में भेजने का निर्णय किया। **इस समझौते के प्रावधान निम्नलिखित थे-**

(i) श्रीलंका में उत्तरी-पूर्वी प्रांतों में एक स्वायत्त इकाई की स्थापना की जाएगी, जो तमिल बाहुल्य क्षेत्र थे।
(ii) दोनों देश तमिलों और सिंहलियों की सुरक्षा का प्रयास करेंगे।
(iii) श्रीलंका में तमिल, सिंहली तथा अंग्रेजी तीनों सरकारी भाषाएं होंगी, केवल एक या सिंहली भाषा नहीं।
(iv) तमिल आतंकवादियों को आत्मसमर्पण करने का भी समझौता था।
(v) उत्तरी-पूर्वी प्रांतों में घोषित आपातकाल समाप्त कर दिया जाएगा।
(vi) इन उत्तरी-पूर्वी क्षेत्रों के स्वायत्त इकाई का चुनाव, भारत के चुनाव पर्यवेक्षकों के नियंत्रण में किया जाएगा।

- इस समझौते को लागू करने के लिए श्रीलंकाई सरकार ने तेरहवां संविधान संशोधन किया। यद्यपि यह बिंदु उल्लेखनीय है कि यह संविधान संशोधन आज तक व्यावहारिक रूप में लागू नहीं हो सका, लेकिन यह समझौता न तमिलों को स्वीकार था, न ही श्रीलंकाई सरकार को। तमिलों ने राजीव-जयवर्धने समझौते को अस्वीकार कर दिया, क्योंकि तमिल मूल के लोग पृथक् राज्य की मांग पर अड़े हुए थे।
- श्रीलंकाई सरकार ने कभी मूल रूप में इस समझौते का पालन किया ही नहीं तथा श्रीलंकाई सरकार जानबूझकर भारतीय शांति सेना को असफल करने में लगी थी। भारतीय शांति सेना की उपस्थिति को श्रीलंका की संप्रभुता के

विरुद्ध देखा जाने लगा। इसीलिए जब जयवर्धने के बाद प्रेमदासा श्रीलंका के राष्ट्रपति हुए, तो प्रेमदासा ने भारतीय शांति सेना की वापसी का आग्रह किया, जिसमें भारतीय विदेश नीति को भारी क्षति हुई, क्योंकि न केवल भारी धन-जन की हानि हुई, अपितु भारतीय सैन्य मनोबल को भी धक्का लगा।

- भारत का श्रीलंका में सेना भेजे जाने का निर्णय **निम्न आधारों पर लिया गया था-**
  - (i) शांति सेना के द्वारा श्रीलंका और हिंद महासागर में महाशक्तियों के बाहरी हस्तक्षेप को रोका जा सकता था।
  - (ii) इस समझौते के द्वारा तमिल समस्या का समाधान करने का प्रयास किया गया, क्योंकि इस समस्या से भारत भी प्रभावित हो रहा था।
  - (iii) इसके पूर्व वर्ष 1971 में भी भारतीय सेना ने श्रीलंकाई सरकार के विरुद्ध वामपंथी विद्रोह को समाप्त करने में निर्णायक भूमिका का निर्वाह किया था।

## वर्ष 1990 के बाद भारत-श्रीलंका संबंध

- श्रीलंका की तमिल समस्या से श्रीलंका में गृहयुद्ध छिड़ गया तथा भारत पर भी इसका अत्यधिक नकारात्मक परिणाम हुआ। वर्ष 1989 में विश्वनाथ प्रताप सिंह भारत के नए प्रधानमंत्री बने और उन्होंने श्रीलंका के राष्ट्रपति के अनुरोध पर भारतीय शांति सेनाओं को वापस बुला लिया और श्रीलंका में शांति स्थापना संभव नहीं हो सकी। शांति सेना भेजने के विरोध में लिट्टे के द्वारा भारत के पूर्व प्रधानमंत्री राजीव गांधी की वर्ष 1991 में हत्या कर दी गई, जिसके बाद भारत में लिट्टे को एक आतंकवादी संगठन घोषित कर दिया गया तथा भारत के द्वारा लिट्टे को दी जा रही सहायता बंद कर दी गई, परंतु भारत ने तमिलों की स्वायत्तता का समर्थन किया।
- वर्ष 1991 के बाद श्रीलंका में शांति स्थापना के लिए एक तटस्थ देश नार्वे द्वारा मध्यस्थता की गई और श्रीलंकाई सरकार और तमिलों के बीच वार्ता आयोजित की गई। वर्ष 1998 के बाद श्रीलंकाई सरकार और तमिलों के बीच सीधी वार्ता शुरू हुई।
- सितंबर, 2001 के बाद अमेरिका के द्वारा आतंकवाद को नियंत्रित करने के लिए विश्वव्यापी पहल की गई और श्रीलंका में लिट्टे को प्राप्त होने वाली वित्तीय और आर्थिक सहायता पर पूर्णतः प्रतिबंध लगा दिया गया। लिट्टे को अमेरिका और यूरोप में रहने वाले तमिल अप्रवासियों से वित्तीय सहायता प्राप्त होती थी।
- वर्ष 2002 में श्रीलंकाई सरकार और लिट्टे के बीच युद्ध विराम का समझौता हो गया तथा वर्ष 2004 में लिट्टे में आंतरिक विभाजन हो गया और लिट्टे के पूर्वी एवं उत्तरी भाग में अलगाव हो गया तथा प्रभाकरन के मुख्य सहयोगी कर्नल करूना, लिट्टे से अलग हो गया, जिसमें नॉर्वे के द्वारा मध्यस्थता की गई। परंतु वर्ष 2006 में दोनों देशों के बीच युद्ध विराम का समझौता भंग हो गया और संघर्ष आरंभ हो गया।
- श्रीलंकाई सरकार ने लिट्टे का सफाया करने के लिए चीन एवं पाकिस्तान से आर्थिक एवं सैनिक सहायता प्राप्त की। परिणामस्वरूप श्रीलंकाई सरकार और लिट्टे के बीच होने वाले सीधे युद्ध में लिट्टे के नेता प्रभाकरन की हत्या हो गई और लिट्टे का सफाया हो गया तथा श्रीलंका में चल रहा गृहयुद्ध भी समाप्त हो गया।

## भारत-श्रीलंका संबंध ( वर्ष 2013 )

- लिट्टे की समाप्ति के बाद भारतीय सेना के द्वारा श्रीलंकाई सैनिकों को प्रशिक्षण दिया जा रहा है। भारत, श्रीलंकाई सरकार को सैन्य सामग्री भी प्रदान कर रहा है। जुलाई, 2013 में भारत, श्रीलंका एवं मालदीव ने हिंद महासागर के त्रिपक्षीय सुरक्षा संधि पर हस्ताक्षर किए एवं तीनों देशों के प्रतिनिधि 'राष्ट्रीय सुनामी चेतावनी केंद्रों' के माध्यम से एक साथ सुनामी चेतावनी संदेश जारी करने पर सहमत हुए।
- वर्ष 2013 में श्रीलंका की कैबिनेट द्वारा मतदाता पंजीकरण विशेष प्रावधान विधेयक को मंजूरी प्रदान की गई तथा इसके तहत श्रीलंका के उत्तर और पूर्व में विस्थापित नागरिकों को चुनाव में मतदान का अधिकार प्रदान किया गया। उत्तर और पूर्वी प्रांत में वर्ष 1983 से वर्ष 2009 के बीच रहने वाले लोगों को मतदान का अधिकार प्राप्त होगा, जिससे तमिल बहुल उत्तरी क्षेत्र में लगभग 20,000 लोग आगामी प्रांतीय चुनाव में मतदान कर सकेंगे।
- लिट्टे की वर्ष 2009 में समाप्ति के बाद, यह एक प्रकार से तमिलों के साथ सुलह का प्रयास था। इसके लिए श्रीलंका के संविधान के 13(A) में संशोधन पर विचार होगा। श्रीलंका में लिट्टे के गढ़ रहे तमिल बहुल उत्तरी प्रांत में 25 सालों के बाद हुए प्रांतीय परिषद् के चुनाव में श्रीलंका की मुख्य तमिल पार्टी ने भारी जीत हासिल की। तमिल नेशनल एलायंस ने राष्ट्रपति महिंदा राजपक्षे के सत्तारूढ़ गठबंधन यू.पी.एफ.ए. को उखाड़ फेंकते हुए प्रांत के बहुप्रतीक्षित चुनाव में 38 में से 30 सीटों पर जीत हासिल की।
- चुनाव में तमिलों की इस भारी विजय के पश्चात् टी.एन.ए. के वरिष्ठ नेता सी. वी. विग्नेश्वरन के नॉर्थ प्रॉविंशियल काउन्सिल के मुख्यमंत्री बनने का मार्ग प्रशस्त हुआ।

## मछुआरों की समस्या

- भारत-श्रीलंका के बीच समुद्र की चौड़ाई 10 मील से लेकर 30 मील तक है। दोनों देशों के स्थानीय निवासियों की आजीविका मछली मारने पर निर्भर हैं। वर्ष 1974 में भारत-श्रीलंका के बीच समुद्री सीमा लाइन का विभाजन कर लिया गया है, परंतु पाक की खाड़ी अत्यधिक सकरी है, जिससे दोनों देशों के मछुआरे एक-दूसरे की सीमा का उल्लंघन करते हैं।
- अंतर्राष्ट्रीय समुद्री कानून के अनुसार देश के भू-भाग से 12 नॉटिकल मील तक देश की संप्रभुता का विस्तार होता है तथा दोनों देशों के बीच संकरा जल क्षेत्र होने के कारण विवाद उत्पन्न होते हैं। वर्ष 2006 से वर्ष 2009 के बीच श्रीलंका में सरकार एवं लिट्टे के बीच संघर्ष चल रहा था, इसलिए श्रीलंकाई सरकार ने मछुआरों को लिट्टे के समर्थकों के रूप में देखा। श्रीलंकाई सेना के द्वारा मछुआरों पर गोली चलाई गई। भारत के अनुसार मछुआरों का मुद्दा 'आजीविका का मुद्दा' है। अत: मछुआरों पर गोलीबारी करना ठीक नहीं है। हाल ही में श्रीलंका में मौत की सजा पाए पांच भारतीय मछुआरों के लिए श्रीलंकाई राष्ट्रपति से क्षमादान हेतु भारत के प्रयास और श्रीलंका सरकार की ओर से सकारात्मक प्रतिक्रिया यह दर्शाने के लिए पर्याप्त हैं कि दोनों देश उत्कृष्ट द्विपक्षीय संबंधों का लाभ उठा रहे हैं। भारत-श्रीलंका और मालदीव क्षेत्रीय सुरक्षा को सुनिश्चित करने के क्रम में क्षेत्रीय सहयोग की भावना से एक साथ काम कर रहे हैं। 'गाले वार्ता-2014' अंतर्राष्ट्रीय समुद्री सम्मेलन 1 और 2 दिसंबर को गाले नामक बंदरगाह शहर में आयोजित किया गया। मौजूदा द्विपक्षीय सैन्य संबंधों को बढ़ावा देते हुए, 'एक्सरसाइज-मित्र शक्ति' नामक एक तीन सप्ताह की अवधि वाला भारत-श्रीलंका संयुक्त सैन्य अभ्यास हंबनटोटा में आयोजित किया गया है।

## संबंधों में नई गरमाहट

- श्रीलंका में संपन्न राष्ट्रपति चुनाव में महिंदा राजपक्षे को हराकर मैत्रीपाल सिरीसेना (Maithripala Sirisena) ने श्रीलंका के सातवें राष्ट्रपति के रूप में 9 जनवरी, 2015 को शपथ ग्रहण की। विपक्ष के संयुक्त उम्मीदवार के रूप में चुनाव मैदान में उतरे सिरीसेना को 51.2 प्रतिशत मत प्राप्त हुए तथा वहीं राजपक्षे को 47.6 प्रतिशत मत मिले। उल्लेखनीय है कि राजपक्षे ने राष्ट्रपति की तीसरी पारी की उम्मीद में नियत समय से दो (2) वर्ष पहले चुनाव कराने का फैसला किया था।
- महिंद्रा राजपक्षे को मुस्लिम व तमिल समुदाय की नाराजगी का सामना करना पड़ा। वर्ष 2009 में तमिलों के नरसंहार और दूसरी ओर बहुसंख्यक सिंघली तथा मुसलमानों के बीच हुए दंगों में सिंघली दंगाइयों पर कार्रवाई न होने से मुस्लिम समुदाय नाराज थे।
- मैत्रीपाल सिरीसेना भारत के साथ संबंधों को अत्यधिक महत्व प्रदान किया। पूर्व राष्ट्रपति महिंद्रा राजपक्षे चीन के साथ सामरिक संबंधों को लगातार सुदृढ़ बना रहे थे, जबकि नई सरकार के द्वारा भारत के साथ संबंधों को विशेष महत्व दिया गया है। सरकार के द्वारा श्रीलंका की चीन के प्रति अतिरिक्त झुकाव की नीति को संतुलित करने का प्रयत्न किया गया है।

## 19वां संविधान संशोधन

- श्रीलंका ने अध्यक्षीय एवं संसदीय शासन की मिले जुले रूप को अपनाया गया है इसमें राष्ट्रपति को निर्णायक शक्तियां प्राप्त है। वर्ष 1978 में निर्मित श्रीलंका के नए संविधान में राष्ट्रपति संवैधानिक एवं वास्तविक दोनों प्रधान है। श्रीलंका में महिंद्रा राजपक्षे के राष्ट्रपति बनने के बाद राष्ट्रपति की शक्तियों में निर्णायक वृद्धि की गई थी। उन्होंने राष्ट्रपति के कार्यकाल को 5 वर्ष से बढ़ा कर 6 वर्ष कर दिया था तथा संविधान संशोधन से यह प्रावधान किया कि श्रीलंका का राष्ट्रपति अनगिनत बार राष्ट्रपति के चुनाव में भाग ले सकता है। राष्ट्रपति की शक्तियों को सीमित करने के लिए वर्तमान सिरीसेना सरकार के द्वारा 19वां संविधान संशोधन पारित किया गया जिसके अनुसार, राष्ट्रपति का कार्यकाल केवल 5 वर्षों का होगा तथा राष्ट्रपति दो बार से ज्यादा कार्यकाल के लिए निर्वाचित नहीं होगा। संशोधन में यह भी प्रावधान किया गया है कि राष्ट्रपति साढ़े चार वर्ष से पूर्व संसद भंग नहीं कर सकता तथा विभिन्न संवैधानिक पदो पर नियुक्तियों के लिए संवैधानिक परिषद् का प्रावधान किया गया है, जो बहुसदस्यीय होगी। अत: राष्ट्रपति की असीमित शक्तियों पर प्रतिबंध लगाया जाएगा।

## असैन्य परमाणु करार

- श्रीलंका के नवनिर्वाचित राष्ट्रपति मैत्रीपाल सिरीसेना अपने पहले विदेशी दौरे पर (फरवरी, 2015) भारत आए और भारत-श्रीलंका के बीच 16 फरवरी, 2015 को असैन्य परमाणु समझौता संपन्न हुआ। उल्लेखनीय है कि श्रीलंका का किसी देश के साथ यह पहला असैन्य परमाणु समझौता है। इससे पहले श्रीलंका का किसी दूसरे देश के साथ इस तरह का असैन्य परमाणु समझौता संपन्न नहीं हुआ था। इस समझौते से कृषि, स्वास्थ्य, सेवा सहित अन्य क्षेत्रों में भी सहयोग के नए रास्ते खुलेंगे। **समझौते के मुख्य बिंदु अग्रलिखित हैं-**

(i) इस समझौते से दोनों देशों के बीच जानकारी और विशेषज्ञता के आदान-प्रदान में सहयोग बढ़ेगा।

(ii) परमाणु ऊर्जा के शांतिपूर्ण इस्तेमाल के लिए भारत, श्रीलंकाई कर्मचारियों को प्रशिक्षण देगा और क्षमता निर्माण में सहयोग करेगा।

(iii) परमाणु ऊर्जा के शांतिपूर्ण इस्तेमाल में संसाधनों को साझा करने, क्षमता निर्माण, प्रशिक्षण और परमाणु सुरक्षा सहित इससे जुड़े अन्य क्षेत्रों में भी दोनों देशों के बीच सहयोग बढ़ेगा। श्रीलंका, दक्षिण एशिया का पहला देश है, जिसके साथ भारत ने परमाणु क्षेत्र में सहयोग का फैसला किया है। इसका सबसे प्रमुख कारण है-हिंद महासागर समुद्री मार्ग क्षेत्र में श्रीलंका सबसे महत्वपूर्ण स्थान पर स्थित है। समुद्री, भौगोलिक एवं राजनीतिक स्थिति ने श्रीलंका की सामरिक महत्ता बढ़ा दी है।

- दोनों देशों के बीच तीन अन्य महत्वपूर्ण समझौते भी संपन्न हुए हैं, जिसके अंतर्गत् कृषि, सैन्य और रक्षा क्षेत्र में सहयोग के साथ-साथ नालंदा विश्वविद्यालय परियोजना में श्रीलंका को भी शामिल करने पर दोनों देशों में सहमति बनी है।

## मानवाधिकार परिषद् के वर्ष 2015 में मतदान

- श्रीलंका में श्रीसेना के राष्ट्रपति वर्ष 2015 में संयुक्त राष्ट्र मानवाधिकार परिषद् में श्रीलंका के खिलाफ हुए मतदान में अनुपस्थित रहा, वर्तमान परिस्थितियों में भारत का मानना है कि अब श्रीलंका में एक नई सरकार का गठन हुआ है, जो समय के साथ मानवाधिकार संबंधी विवादों तथा तमिल समस्या के समाधान हेतु प्रतिबद्ध है। भारत का मतदान से अनुपस्थित रहना भू-राजनीतिक दृष्टि से भी महत्वपूर्ण है। यह माना जा रहा है कि नई सरकार भारत के साथ अच्छे संबंधों हेतु प्रतिबद्ध है। इसका उदाहरण, राष्ट्रपति सिरीसेना के प्रथम विदेशी दौरे के लिए भारत को चुनने से स्पष्ट है। भारत मतदान में बाहर रहकर हिंद महासागरीय रणनीति में श्रीलंका से अपने संबंधों को मजबूत बनाना चाहता है। यद्यपि तमिलनाडु में भारत के इस कदम का विरोध हो रहा है। ज्ञातव्य हो कि संयुक्त राष्ट्र मानवाधिकार परिषद् में यह प्रस्ताव पश्चिमी देशों द्वारा लाया गया था तथा इस प्रस्ताव के पास होने पर एक वैधानिक निकाय का गठन किया जाना है, जो श्रीलंका में मानवाधिकार संबंधी हनन के दावों की जांच करेगा। इस प्रस्ताव में मानवाधिकार हनन की जांच अंतर्राष्ट्रीय एजेंसियों से कराने की मांग की गई थी, जिसका भारत ने विरोध किया था। यह प्रस्ताव 23 सदस्यों की सहमति से पास हो गया जबकि पाकिस्तान, चीन जैसे देशों ने श्रीलंका के पक्ष में मतदान किया।

## आर्थिक संबंध

- वर्ष 1991 के बाद भारत में आर्थिक उदारीकरण की नीति अपनाई गई तथा भारत के द्वारा श्रीलंका के साथ आर्थिक संबंधों को प्रगाढ़ करने पर मूल बल दिया गया। वर्तमान समय में चीन, श्रीलंका को आर्थिक सहायता प्रदान करने वाला सबसे बड़ा राज्य है, उसके बाद दूसरा स्थान भारत का है। वर्ष 2010 में श्रीलंका में भारत सबसे बड़ा निवेशक देश था। श्रीलंका के द्वारा सबसे ज्यादा वस्तुओं का आयात भारत से किया जाता है। दक्षिण एशिया में श्रीलंका, भारत का सबसे बड़ा व्यापारिक भागीदार है तथा वर्तमान समय में भारत-श्रीलंका के बीच समुद्री स्टीमर की सेवा भी बहाल कर दी गई है। भारतीय रेल कंपनी इरकॉन श्रीलंका में रेल बिछाने का भी कार्य कर रही है। वर्तमान में भारत के द्वारा तमिलों के पुनर्वास में भारी योगदान दिया जा रहा है।
- नवंबर, 2011 में भारतीय विदेशमंत्री एस. एम. कृष्णा श्रीलंका की यात्रा पर गए तथा उन्होंने श्रीलंका को 1.7 बिलियन डॉलर की आर्थिक सहायता प्रदान की, जिसका प्रयोग श्रीलंका के उत्तरी प्रांत में रेल निर्माण और पुनर्वास कार्यों के लिए किया जाएगा। यह उल्लेखनीय है कि श्रीलंका के उत्तरी और पूर्वी प्रांतों में तमिलों की आबादी बहुमत में है। भारतीय विदेशमंत्री ने उत्तरी जाफना और दक्षिणी हंबनटोटा में दो नए वाणिज्यिक दूतावासों को खोलने का समझौता किया। इससे यह स्पष्ट है कि भारत, श्रीलंका के साथ आर्थिक संबंधों को लगातार प्रगाढ़ बना रहा है। दोनों देशों के मध्य कोलंबो से तूतीकोरिन और तेलई मन्नार से रामेश्वरम् के मध्य समुद्री नाव सेवा को बहाल करने का समझौता हुआ। इस सेवा को वर्ष 1983 के बाद प्रतिबंधित कर दिया गया था, क्योंकि श्रीलंका में तमिलों का हिंसक संघर्ष इसी समय से आरंभ हुआ था। इससे यह प्रतीत होता है कि भारत-श्रीलंका के बीच तमिल मुद्दा संबंधें में अब बाधा नहीं है।

## समग्र आर्थिक सहभागिता का समझौता (CEPA) का भविष्य

- भारत-श्रीलंका के बीच मुक्त व्यापार का समझौता पहले ही लागू हो चुका है। यह न केवल दोनों देशों के लिए महत्वपूर्ण है, बल्कि समूचे दक्षिण एशिया के लिए मॉडल है। इस मुक्त व्यापार के समझौते को आगे बढ़ाकर वर्तमान समय में समग्र आर्थिक सहभागिता के समझौते पर विचार

किया गया है। यद्यपि श्रीलंका के कुछ लोग इसे अपने हितों के प्रतिकूल मानते हैं। भारत के द्वारा मानवाधिकार परिषद् में श्रीलंका के विरुद्ध मतदान के कारण भी गतिरोध पैदा हुआ था। वास्तविक रूप में दोनों देशों को इससे लाभ होगा, विशेष तौरपर पर्यटन, साफ्टवेयर, विज्ञान, वित्तीय और गैर-वित्तीय सेवाएं, स्वास्थ्य, होटल तथा रिटेल सेवाओं में लाभ प्राप्त होंगे।

### कच्चातीवू द्वीप (Katchatheevu or Kachchativu) विवाद

- इस द्वीप पर वर्तमान में कोई मानवीय बस्ती नहीं है और इसका उपयोग केवल मछुआरे करते हैं। पाक जलडमरू मध्य अवस्थित यह क्षेत्र दोनों देशों के बीच विवाद का केंद्र रहा है तथा दोनों देश इतिहास का हवाला देकर अपना स्वामित्व पेश करते रहे हैं। कच्चातीवू द्वीप मछुआरों के लिए अत्यधिक महत्वपूर्ण है तथा भारत और श्रीलंका दोनों देशों की बड़ी आबादी अपनी आजीविका के लिए मछली मारने पर निर्भर है। इसलिए कच्चातीवू का मुद्दा लोगों की आजीविका का एक भावनात्मक मुद्दा है। वर्ष 1974 में इस द्वीप पर दोनों देशों के मछुआरे मत्स्यन करते थे तथा विराम लेते थे। वर्ष 1974 में श्रीमती इंदिरा गांधी ने कच्चातीवू द्वीप को श्रीलंका को सौंप दिया गया तथा तमिलनाडु सरकार के द्वारा उच्चतम न्यायालय में याचिका दायर की गई। सरकार के अनुसार, संसद की अनुमति के बिना यह द्वीप श्रीलंका को सौंपना असंवैधानिक है और सरकार ने तर्क दिया कि भारत के बेरूबारी क्षेत्र को बांग्लादेश को सौंपने के लिए संविधान संशोधन किया गया। लेकिन बेरूबारी क्षेत्र भारतीय क्षेत्र का भाग था, परंतु कच्चातीवू भारत के भौगोलिक क्षेत्र का सीधा हिस्सा नहीं है। कुछ लोगों का तर्क है कि पहले कच्चातीवू पर भारत के एक राजा का नियंत्रण था। इसलिए बिना संविधान संशोधन के इसे श्रीलंका को सौंपना असंवैधानिक है। अत: यह मुद्‌दा उच्चतम न्यायालय के समक्ष लंबित है।

## नृजातीय समस्या

- वर्ष 2009 में लिट्टे की समाप्ति के बाद श्रीलंकाई राष्ट्रपति महिंद्रा राजपक्षे के द्वारा कहा गया कि श्रीलंका की समस्या का समाधान हो गया है, क्योंकि श्रीलंका की मूल समस्या आतंकवाद की थी, जो लिट्टे की समाप्ति के बाद स्वाभाविक रूप में समाप्त हो गई है। वर्तमान समय में श्रीलंका में तमिलों का नेतृत्व तमिल गठबंधन (Tamil Alliance) द्वारा किया जा रहा है, जिनके अनुसार, लिट्टे के खात्मे से श्रीलंका की तमिल समस्या का समाधान नहीं हुआ है और अभी भी तमिलों के स्वायत्तता की मांग को लागू करना शेष है।
- श्रीलंका में अभी भी 13वां संविधान संशोधन लागू नहीं हो सका, इसलिए तमिलों को आज भी स्वायत्तता प्राप्त नहीं हुई। श्रीलंका में 13वें संविधान संशोधन के द्वारा 9 प्रांतीय सरकारों का गठन किया गया और इन सरकारों को सुशासन के लिए स्थानीय महत्व के अनेक विषय सौंपे गए, परंतु भूमि एवं पुलिस का विषय स्थानीय शासन को नहीं सौंपा गया और उत्तरी प्रांत के स्थानीय सरकार के द्वारा पुलिस एवं भूमि पर प्रांतीय सरकारों के नियंत्रण की मांग की जा रही है, परंतु श्रीलंकाई सरकार प्रांतीय सरकारों को भूमि एवं पुलिस विषय सौंपने की समर्थक नहीं है और वर्तमान में श्रीलंका की दो-तिहाई सेना को तमिल बहुमत वाले उत्तरी प्रांत में तैनात किया गया है तथा उत्तरी प्रांत की सरकार के द्वारा श्रीलंकाई सरकार पर गृहयुद्ध के दौरान मानव नरसंहार का आरोप लगाया गया है।
- वर्तमान सरकार तमिलों के प्रति अत्यधिक सख्त दृष्टिकोण अपना रही है। इसलिए सरकार के अनुसार तमिलों को किसी प्रकार की स्वायत्तता देने का विचार सही प्रतीत नहीं हो रहा है।
- श्रीलंकाई सरकार को यह भी भय है कि इन क्षेत्रों को स्वायत्तता देने से पुन: तमिल पृथक्‌तावाद आरंभ हो सकता है। यह भी उल्लेखनीय है कि तमिलों में भी दो विभाजन हैं-मुस्लिम तमिल एवं हिंदू तमिल। मुस्लिम तमिल, तमिलों से अपना अलगाव व्यक्त करते हैं, क्योंकि लिट्‌टे ने मुस्लिम तमिलों की भी हत्या की थी और उनके ऊपर आरोप लगाया था कि वे श्रीलंकाई सरकार के समर्थक हैं, क्योंकि श्रीलंकाई सरकार को भारत के प्रभावी होने का भय है।
- वर्ष 2010 में श्रीलंका के राष्ट्रपति महिंद्रा राजपक्षे (Mahindra Rajapaksa) ने श्रीलंकाई सेना एवं तमिलों के बीच संघर्ष तथा युद्ध विराम के उल्लंघन की जांच के लिए 'सामंजस्यकारी आयोग' (Lessons Learnt and Reconciliation Commission) की स्थापना हुई। इस आयोग ने अपनी रिपोर्ट में यह कहा कि सिंहलियों एवं तमिलों के बीच सामंजस्य एवं एकता पैदा करने पर बल दिया गया है।
- आयोग के अनुसार, तमिल भाषा को भी समान महत्व दिया जाए तथा तमिल क्षेत्रों में सेना की अधिक तैनाती नहीं होनी चाहिए।
- भारत ने इस आयोग की अनुशंसाओं का स्वागत किया, यद्यपि मानवाधिकार संगठनों ने इसका विरोध किया। उनके अनुसार, आयोग की रिपोर्ट केवल दिखावा है। अत: लिट्टे

की समाप्ति के बाद भी तमिल समस्या का पूर्ण समाधान नहीं हुआ है।

### श्रीलंका में चीन एवं पाकिस्तान का बढ़ता प्रभाव

- श्रीलंकाई सैनिकों और लिट्टे के बीच संघर्ष के दौरान चीन द्वारा श्रीलंका का पूर्ण समर्थन किया गया। श्रीलंका के पक्ष में चीन ने संयुक्त राष्ट्र संघ सुरक्षा परिषद् में वीटो का प्रयोग भी किया। चीन के अनुसार, यह श्रीलंका का आंतरिक मामला है। जबकि सुरक्षा परिषद् ने श्रीलंका के विरुद्ध मानवाधिकार हनन का प्रस्ताव उठाया था। चीन के लिए हिंद महासागर में श्रीलंका का अत्यधिक महत्व है तथा चीन, श्रीलंका को हथियारों की आपूर्ति करने वाला सबसे बड़ा देश है, उससे भी बढ़कर चीन द्वारा इस समय श्रीलंका को सबसे बड़ी आर्थिक सहायता प्रदान की जा रही है। इसके अतिरिक्त चीन, श्रीलंका में सबसे बड़ा निवेशक भी है। चीन, श्रीलंका के हंबनटोटा पत्तन के निर्माण में भी सहायता प्रदान कर रहा है। इस पत्तन का उपयोग भविष्य में सैनिक कार्यों के लिए भी हो सकता है, जो भारतीय सुरक्षा के लिए एक बड़ी चुनौती है, क्योंकि चीन, हिंद महासागर में अपनी उपस्थिति बढ़ाने का लगातार प्रयत्न कर रहा है। लिट्टे के खात्मे के बाद श्रीलंकाई राष्ट्रपति महिंद्रा राजपक्षे ने लिट्टे के विरुद्ध संघर्ष में पाकिस्तान द्वारा दी गई सहायता के लिए पाकिस्तान को धन्यवाद दिया तथा पाकिस्तान के अनेक सैनिक भी श्रीलंका में तैनात हैं, क्योंकि चीन, श्रीलंका में पाकिस्तान की उपस्थिति को भी बढ़ावा दे रहा है।
- इसलिए भारत के द्वारा श्रीलंका के साथ आर्थिक संबंधों को प्रगाढ़ बनाया जा रहा है, क्योंकि चीन के प्रभाव को नियंत्रित करने का सबसे कारगर तरीका पड़ोसी देशों के साथ संबंधों को बेहतर करना है।
- भारत-श्रीलंका के मध्य मुक्त व्यापार समझौते के बाद श्रीलंका में जाने वाले पर्यटकों की सबसे बड़ी संख्या भारतीयों की है।

### श्रीलंका-पाकिस्तान नाभिकीय सहयोग

- श्रीलंका और पाकिस्तान के मध्य बढ़ता नाभिकीय सहयोग इस क्षेत्र में एक प्रमुख सुरक्षा समस्या बनती जा रही है। पाकिस्तान के भूतपूर्व सेनाध्यक्ष जनरल अशफाक परवेज कियानी और श्रीलंका के सेना प्रमुख ने एक नाभिकीय कार्यक्रम में सहयोग का निर्णय किया है। श्रीलंका के अनुसार, यह सहयोग विकासात्मक है, लेकिन भारत द्वारा अनुशंसित काम्प्रीहेंसिव न्यूक्लियर एग्रीमेंट संबंधी प्रस्ताव को ठुकरा देना कुछ और ही संकेत दे रहा है। पाकिस्तान और चीन की परमाणु दोस्ती जगजाहिर है तथा उसमें श्रीलंका का शामिल होना भारत के लिए एक नकारात्मक संकेत है। ऐसे समय में जब चीन-भारत के बीच हिंद महासागर और दक्षिणी चीन सागर में प्रतिद्वंद्विता हो, तो यह त्रिकोण (चीन-श्रीलंका-पाकिस्तान) ठीक नहीं है। मानवाधिकार के मामले में श्रीलंका का साथ नहीं दिया है, उससे भी श्रीलंका, भारत से नाराज है और ऐसे कदम प्रतिक्रिया स्वरूप उठा रहा है, उधर भारत लगातार तमिलों के मुद्दे पर श्रीलंका पर दबाव बढ़ाता जा रहा है। भारत का कहना है कि शक्तियों के सार्थक हस्तांतरण के द्वारा कोलंबो को राजनीतिक समाधान और राष्ट्रीय मेल-मिलाप का कार्य जल्दी से पूरा करना चाहिए, लेकिन भारत के दबाव से बेपरवाह श्रीलंकाई सरकार संविधान संशोधन 13(A) के तहत तमिल बहुल प्रातों को दी गई तमाम शक्तियां वापस लेने की ओर कदम बढ़ा चुकी हैं।

### प्रधानमंत्री मोदी की श्रीलंका यात्रा

- प्रधानमंत्री मोदी मई, 2017 में अपने कार्यकाल के दौरान दूसरी यात्रा पर श्रीलंका पहुंचे।
- इस यात्रा के दौरान दोनों देशों के मध्य किसी भी प्रकार के द्विपक्षीय समझौते पर हस्ताक्षर नहीं हुआ। प्रधानमंत्री ने डिकोया में 150 बेडों वाले 'सुपर स्पेशियलिटी हॉस्पीटल (Super-Speciality Hospital) का उद्‌घाटन किया।
- प्रधानमंत्री ने 'वेसाक डे' समारोह में हिस्सा लिया। 'वेसाक डे' बौद्ध कैलेन्डर का सबसे महत्वपूर्ण दिन है।
- इस यात्रा के दौरान तमिल मछुआरों के रिहाई से संबंधित वार्तालाप हुआ।
- 2019 में पुन: प्रधानमंत्री द्वारा श्रीलंका की यात्रा की गई एवं आतंकवाद के विरुद्ध भारत का समर्थन व्यक्त किया गया।

## भारत-पाकिस्तान

### भारत एवं पाकिस्तान के मध्य संबंधों की प्रतिकूलता का मूल कारण

- भारत एवं पाकिस्तान के मध्य संबंधों के शत्रुतापूर्ण होने का मूल कारण राष्ट्र निर्माण के तरीके में विद्यमान भिन्नता है।
- पाकिस्तान का निर्माण धार्मिक आधार पर हुआ। द्वि-राष्ट्रवाद का सिद्धांत देते हुए जिन्ना ने कहा कि मुसलमानों के लिए एक अलग राष्ट्र की आवश्यकता है।
- भारत द्वारा विभाजन को एक आवश्यक बुराई के रूप में स्वीकार किया गया। परंतु द्वि-राष्ट्रवाद के सिद्धांत को पूर्णतया अस्वीकार कर दिया गया।
- भारत का राष्ट्र निर्माण लोकतांत्रिक पंथनिरपेक्ष बहुलवादी राज्य के रूप में हुआ।
- पाकिस्तान ने भारत के विभाजन को अपूर्ण मानते हुए यह

कहा कि कश्मीर के बिना पाकिस्तान का निर्माण अधूरा है।

- पाकिस्तान ने कश्मीर पर अधिकार के लिए सैनिक सरकार को वैधता प्रदान की। इसलिए पाकिस्तान में लोकतंत्र की प्रक्रिया कभी प्रभावी नहीं हुई।
- पाकिस्तानी विदेश नीति में भारत का विरोध मूल आधार बनाया गया। पाकिस्तान ने यह भी कहा कि भारत, पाकिस्तान का स्वतंत्र अस्तित्व नहीं देखना चाहता।
- दक्षिण एशिया, शक्ति संतुलन की दृष्टि से भारत केंद्रित क्षेत्र है, क्योंकि भारत का आकार और जनसंख्या पड़ोसी देशों की कुल आकार और जनसंख्या से भी ज्यादा है, लेकिन पाकिस्तान इसे मानने के लिए तैयार नहीं है। वह भारत की बराबरी करने की नीति अपनाता है।
- पाकिस्तान ने भारत को प्रतिसंतुलित करने के लिए सदैव महाशक्तियों का सहारा लिया, क्योंकि पाकिस्तान को यह पता है कि वह अकेले भारत को प्रतिसंतुलित नहीं कर सकता।
- शीतयुद्ध के दिनों में पाकिस्तान ने पहले अमेरिका का सहारा लिया, फिर अमेरिका और चीन दोनों का प्रयोग भारत के विरुद्ध किया।
- शीतयुद्धोत्तर युग में पाकिस्तान, चीन का प्रयोग भारत के विरोध में कर रहा है।
- पाकिस्तान में लोकतंत्र की विफलता के कारण पाकिस्तान का विभाजन भी हो गया, परंतु पाकिस्तान के अनुसार, इसके लिए भारत उत्तरदायी है।
- अभी भी बलूचिस्तान में उत्पन्न समस्या के लिए वह भारत को दोषी मानता है। जबकि पाकिस्तान की समस्या उसकी आंतरिक है।
- पाकिस्तान में बढ़ता तालीबानीकरण उसके राष्ट्र निर्माण के त्रुटिपूर्ण तरीके का परिणाम है। पाकिस्तान में लोकतंत्र की बहाली के बाद भी सेना सबसे शक्तिशाली है तथा वही वास्तविक शक्तियों का प्रयोग करती हैं।

## कश्मीर मुद्दा और भारत एवं पाकिस्तान संबंध

### 1. पाकिस्तान का तर्क

(i) कश्मीर को पाकिस्तान द्वि-राष्ट्रवाद के तर्क के आधार पर मांग करता है, क्योंकि कश्मीर मुस्लिम बहुल क्षेत्र है। इसलिए यह पाकिस्तान का भाग होना चाहिए।

(ii) भौगोलिक रूप में भी कश्मीर की सीमा पाकिस्तान से ज्यादा लगती है तथा पाकिस्तान में बहने वाली तीन मुख्य नदियों का उद्‌गम कश्मीर से माना जाता है। पाकिस्तान की कृषि इन्हीं नदियों के जल पर निर्भर है। इसलिए कश्मीर को पाकिस्तान का अंग होना चाहिए।

(iii) पाकिस्तान के अनुसार, कश्मीर राज्य की अर्थव्यवस्था पूर्णतया पाकिस्तान पर निर्भर है, क्योंकि कश्मीर के अधिकतर प्राकृतिक उत्पादों को पाकिस्तान में बेचने के लिए भेजा जाता था तथा कश्मीर के लिए खाद्य पदार्थों का आयात पाकिस्तान से किया जाता है।

(iv) सामरिक और सैन्य दृष्टिकोण से कश्मीर के महत्व को देखते हुए पाकिस्तान ने इसे अपना भाग बनाने का प्रयास किया।

### 2. भारत का तर्क

(i) भारत ने विभाजन को एक अनिवार्य बुराई के रूप में स्वीकार किया, लेकिन द्वि-राष्ट्रवाद के सिद्धांत को नहीं, क्योंकि भारत अनेक धर्मों का देश है तथा यह मूल रूप में बहुलवादी पंथनिरपेक्ष देश है। संप्रति इंडोनेशिया की सबसे बड़ी जनसंख्या भारत में है।

(ii) राष्ट्रीय आंदोलन के समय मुस्लिम लीग का प्रभाव कभी भी कश्मीर में नहीं रहा है, बल्कि कश्मीर में शेख अब्दुल्ला के नेतृत्व में नेशनल कान्फ्रेंस प्रभावी रहा। नेशनल कान्फ्रेंस का संबंध कांग्रेस के साथ अत्यंत घनिष्ठ था।

(iii) पाकिस्तान में विलय की बजाय, कश्मीर के महाराजा हरिसिंह ने कश्मीर का विलय भारत में किया। यह 27 अक्टूबर, 1947 को हुआ। इस विलय को वर्ष 1954 में जम्मू एवं कश्मीर की लोकतांत्रिक तरीके से निर्मित संविधान सभा ने स्वीकार कर लिया था। यह निर्विवाद है।

(iv) अत: भारत के अनुसार, पाकिस्तान समर्थित कबाइलियों ने कश्मीर के एक-तिहाई भाग पर अनाधिकृत रूप में नियंत्रण कर लिया। वर्तमान में 32,000 वर्ग किमी. का क्षेत्र पाकिस्तान के नियंत्रण में है, जिसे पाकिस्तान में 'आजाद कश्मीर' के नाम से जाना जाता है।

### कश्मीर समस्या के समाधान के प्रयास

- भारतीय प्रधानमंत्री नेहरू कश्मीर समस्या का शांतिपूर्ण समाधान करने के लिए इस मुद्दे को संयुक्त राष्ट्र संघ में ले गए। 1 जनवरी, 1948 को भारत ने यह मामला सुरक्षा परिषद् में उठाया। कश्मीर मुद्दे को सुरक्षा परिषद् में ले जाने का निर्णय **निम्न आधारों पर किया गया-**
  - (i) नेहरू, अंतर्राष्ट्रीय राजनीति में विवादों के शांतिपूर्ण समाधान के पक्षधर थे।
  - (ii) नेहरू को यह विश्वास था कि कश्मीरी लोग भारत में विलय के लिए अपना निर्णय देंगे, लेकिन तत्कालीन शीतयुद्ध की राजनीति में कश्मीर का मुद्दा निरंतर उलझता गया, क्योंकि अंतर्राष्ट्रीय राजनीति में मुद्दों पर निर्णय वस्तुनिष्ठ आधार पर नहीं किए जाते, अपितु वैचारिक एवं राष्ट्रीय हितों के आग्रह से प्रेरित होते हैं।

- **संयुक्त राष्ट्र संघ ने समस्या को सुलझाने के लिए निम्न उपाय का सुझाव दिया**

(i) पाकिस्तान अधिकृत क्षेत्र से अपनी सेनाएं वापस हटाए।
(ii) दोनों देशों के मध्य युद्ध विराम घोषित हो।
(iii) जम्मू एवं कश्मीर में जनमत संग्रह कराया जाए।

- पाकिस्तान ने अपनी सेनाएं अधिकृत क्षेत्र से वापस करने से इनकार कर दिया एवं जनमत संग्रह कराने की मांग पर अड़ा रहा। अत: इससे स्पष्ट है कि पाकिस्तान सुरक्षा परिषद् के प्रस्ताव को पूर्णरूप में स्वीकार नहीं कर रहा था। समस्या में उस समय एक नया मोड़ आया, जब पाकिस्तान ने इस अधिकृत क्षेत्र का एक भाग (5,000 वर्ग किमी.) चीन को सौंप दिया। इसलिए भारतीय विदेश नीति के अनुसार, पाकिस्तान के जनमत संग्रह की यह मांग अब अनावश्यक एवं बेतुकी है। इसके बावजूद कश्मीर मुद्दे को सुलझाने के लिए **संयुक्त राष्ट्र संघ** ने तीन योजनाओं का निर्माण किया, **जो इस प्रकार से हैं-**

1. मैकनॉटन योजना 2. डिक्सॅन प्रस्ताव
3. ग्राहम मिशन।

## कश्मीर का विशेष दर्जा समाप्त

- वर्ष 2019 में प्रधानमंत्री मोदी के द्वारा ऐतिहासिक कदम उठाते हुए कश्मीर को केंद्र शासित क्षेत्र के रूप में परिवर्तित कर दिया गया।
- कश्मीर को अनुच्छेद 370 से प्राप्त विशेष दर्जा स्वाभाविक रूप से समाप्त हुआ। अत: पाकिस्तान के साथ अब कश्मीर मुद्‌दे पर वार्ता संभव नहीं है। क्योंकि कश्मीर, अब भारत का आंतरिक मामला है।
- पाकिस्तान इसे संयुक्त राष्ट्र संघ सुरक्षा परिषद के प्रस्ताव का उल्लंघन मान रहा है। जबकि पाकिस्तान ने अधिकृत कश्मीर से गिलगित बाल्टिस्तान को अलग कर दिया है। तथा कश्मीर के एक भाग **सक्षगाम घाटी** को 1963 में चीन को सौंप दिया है।

## सिंधु नदी जल समझौता

- वर्ष 1960 में भारत और पाकिस्तान के बीच नदी जल के विभाजन के लिए सिंधु नदी जल समझौता किया गया। यह समझौता विश्व बैंक की मध्यस्थता के द्वारा हुआ।
- इस समझौते के द्वारा सिंधु, झेलम और चिनाब जैसी पूर्वी नदियों को पाकिस्तान की नदी कहा गया तथा सतलज, रावी, व्यास को भारतीय नदियों के रूप में चिह्नित किया गया। (पश्चिमी नदियां)
- इस समझौते के अनुसार, पाकिस्तान की नदियों पर भारत को जल के सीमित प्रयोग की अनुमति दी गई। अत: इस समझौते के अनुसार, भारत जल विद्युत परियोजनाओं के निर्माण के लिए इन नदियों के पानी का सीमित उपयोग कर सकता है।
- सिंधु नदी का जल समझौता भारत और पाकिस्तान के बीच सहयोग का एक अनूठा उदाहरण है, क्योंकि दोनों देशों के बीच दो बड़े युद्ध वर्ष 1965 एवं वर्ष 1971 में हुए। इसके बावजूद भी यह समझौता बना रहा।

## वर्तमान समय में विवाद का कारण

- भारत के द्वारा चिनाब नदी पर बंगलिहार बांध बनाने का पाकिस्तान ने विरोध किया।
- भारत की किशनगंगा परियोजना के निर्माण पर भी पाकिस्तान ने आपत्ति दर्ज की। इसके अतिरिक्त भारत कश्मीर के डोडा जिले में सलाल और दुलहस्ती परियोजना के विकास पर भी कार्य कर रहा है, जिस पर पाकिस्तान के द्वारा बार-बार आपत्ति जताई जाती है।
- वर्तमान में भारतीय प्रधानमंत्री नरेन्द्र मोदी ने कहा है कि सिंधु जल समझौता कभी भी भंग किया जा सकता है, क्योंकि खून तथा पानी एक साथ नहीं बह सकता।

## सिंधु नदी जल समझौते के अनुसार समाधान के उपाय

- वर्ष 1960 के सिंधु नदी जल समझौते में यह भी उल्लेखित है कि दोनों के बीच विवाद का समाधान किस प्रकार किया जाएगा।
- विवाद समाधान के उपाय निम्नलिखित हैं-
  (i) दोनों सरकारों के द्वारा विवाद का समाधान।
  (ii) अंतर्राष्ट्रीय न्यायालय के द्वारा विवाद का समाधान।
- यह उल्लेखनीय है कि बंगलिहार परियोजना तथा किशनगंगा जलविद्युत परियोजना में अंतर्राष्ट्रीय न्यायालय ने भारत के पक्ष में निर्णय दिया और दोनों मामलों में पाकिस्तान की हार हुई।

## 1965 का भारत-पाकिस्तान युद्ध और ताशकंद समझौता (1966)

- पाकिस्तान ने वर्ष 1965 में भारत को एक कमजोर एवं अशक्त देश मानकर आक्रमण कर दिया। लेकिन पाकिस्तान को इस युद्ध में बुरी तरह से असफलता हाथ लगी। परिणामस्वरूप ताशकंद समझौता हुआ, **जिसके मूल प्रावधान इस प्रकार हैं-**
  (i) भारत और पाकिस्तान आपस में अच्छे पड़ोसियों के संबंध स्थापित करने का प्रयास करेंगे और वे कभी एक-दूसरे के विरुद्ध बल प्रयोग नहीं करेंगे एवं विवादों का समाधान शांतिपूर्ण ढ़ंग से करेंगे।

(ii) भारत एवं पाकिस्तान के बीच आर्थिक एवं व्यापारिक संबंध, दूर संचार व्यवस्था तथा सांस्कृतिक आदान-प्रदान पुनः स्थापित किए जाएंगे।
(iii) दोनों देशों के बीच सामान्य राजनीतिक संबंध बहाल किए जाएंगे तथा दोनों देशों के उच्चायुक्त अपने-अपने पदों पर पुनः कार्य करेंगे।
(iv) युद्ध बंदियों की अदला-बदली की जाएगी।
(v) दोनों देशों से संबंधित अन्य मामलों पर सिफारिश करने के लिए भारत एवं पाकिस्तान संयुक्त दल की स्थापना होगी।
(vi) लेकिन भारत एवं पाकिस्तान के मध्य यह ऐतिहासिक समझौता बहुत दिनों तक कायम नहीं रह सका। परिणामस्वरूप भारत और पाकिस्तान के मध्य एक ओर फरक्का बांध को लेकर विवाद हुआ। दूसरी ओर, भारत ने आरोप लगाया कि पाकिस्तान उत्तरी-पूर्वी राज्यों के आतंकवादियों को सहायता दे रहा है। पाकिस्तान में सैन्य शासन के विरुद्ध लोकतांत्रिक आंदोलन के परिणामस्वरूप पूर्वी पाकिस्तान के लोगों के दमन के कारण एक नए राज्य बांग्लादेश का निर्माण 1971 में हुआ। इसी संदर्भ में पाकिस्तान ने 1971 में भारत पर आक्रमण किया था।

**1971 का युद्ध और शिमला समझौता ( इंदिरा गांधी तथा जुल्फिकार अली भुट्टो के मध्य-1972 )**

- वर्ष 1971 के भारत एवं पाकिस्तान युद्ध के पश्चात् शिमला समझौता हुआ, समझौते के **उद्देश्य** निम्नलिखित थे-
  (i) उन पाकिस्तानी युद्ध बंदियों को छुड़ाना, जो भारत एवं पाकिस्तान की सेना के अधीन थे।
  (ii) बांग्लादेश को मान्यता देने का प्रश्न।

**शिमला समझौते के प्रावधान निम्नलिखित थे-**

(i) दोनों देश सभी विवादों और समस्याओं के शांतिपूर्ण समाधान के लिए सीधी बातचीत करेंगे, एकतरफा कार्यवाही नहीं करेंगे। एक-दूसरे के विरुद्ध बल का प्रयोग नहीं करेंगे। प्रादेशिक अखंडता की अवहेलना नहीं करेंगे एवं एक-दूसरे की राजनीतिक स्वतंत्रता में हस्तक्षेप नहीं करेंगे।
(ii) दोनों देशों के संबंधों को सामान्य बनाने के लिए निम्नलिखित उपाय किए जाएंगे-
  1. सभी संचार संबंध फिर से स्थापित किए जाएंगे।
  2. आवागमन की सुविधा दी जाएगी, जिससे दोनों देशों में घनिष्ठ संबंध स्थापित हो सके।
  3. व्यापारिक एवं आर्थिक क्षेत्रों में सहयोग किया जाएगा।
  4. विज्ञान एवं संस्कृति के क्षेत्र में आदान-प्रदान बढ़ाया जाएगा।
(iii) 17 सितंबर, 1971 की युद्ध विराम लाइन को नियंत्रण लाइन (LOC) की मान्यता दी जाएगी।
(iv) स्थायी शांति के हित में इस बात पर सहमति हुई कि भारत और पाकिस्तान की सेनाएं अपने-अपने क्षेत्रों में वापस हो जाएंगी।

## भारत एवं पाकिस्तान सीमा विवाद

- भारत एवं पाकिस्तान के मध्य सीमा विवाद सरक्रीक और सियाचिन ग्लेशियर के क्षेत्र में है।
- वर्ष 1999 के कारगिल घुसपैठ के द्वारा पाकिस्तान ने लद्दाख पर नियंत्रण करने का असफल प्रयास तथा श्रीनगर-लेह राष्ट्रीय राजमार्ग को नियंत्रित करने का प्रयास है।
- यह राजमार्ग घाटी को लद्दाख से जोड़ने वाला एक मात्र राजमार्ग है।

## सियाचिन विवाद

- सियाचिन का क्षेत्र, दुनिया का सबसे ऊंचा ग्लेशियर माना जाता है।
- सियाचिन विश्व का सबसे ऊंचा युद्ध क्षेत्र है। इसके पश्चिम में सल्टोरो पहाड़ियां तथा पूरब में कराकोरम श्रृंखला है। यह 72 किमी. लंबा है और यह क्षेत्र अत्यधिक दुर्गम होने के कारण अभी भी भारत और पाकिस्तान के मध्य विभाजित है, जबकि भारत और पाकिस्तान के मध्य लगभग 765 किमी. लंबी सीमा (LOC) है।
- शिमला समझौते के द्वारा युद्ध विराम लाइन को नियंत्रण लाइन (LOC) में परिवर्तित कर दिया गया। लेकिन सियाचिन क्षेत्र का विभाजन अभी भी स्पष्ट नहीं था।
- सियाचिन क्षेत्र की ऊंचाई बहुत ज्यादा है। इसलिए सियाचिन क्षेत्र से चीन के सक्षमान घाटी पर निगरानी की जा सकती है। इस सक्षमान घाटी को वर्ष 1963 में पाकिस्तान के द्वारा चीन को सौंप दिया गया था, जो पाकिस्तान अधिकृत कश्मीर का एक भाग है।
- सियाचिन पर नियंत्रण के द्वारा कराकोरम दर्रे की भी निगरानी की जा सकती है।
- सियाचिन पर नियंत्रण के द्वारा कश्मीर-लद्दाख राजमार्ग पर भी निगरानी बेहतर रूप में की जा सकती है।
- लद्दाख में बहने वाली नेब्रू नदी सियाचिन से निकलती है।
- भारत और पाकिस्तान के बीच सियाचिन क्षेत्र में क्रमांक संख्या-**NJ9842** के आगे सीमा का विभाजन नहीं किया जा सका है, क्योंकि यह क्षेत्र अत्यधिक दुर्गम है।

- वर्ष 1984 में पाकिस्तान ने सियाचिन क्षेत्र पर नियंत्रण करने का प्रयत्न किया और वहां पर्वतारोहियों को भेजकर सेना को भी भेजा गया।
- इसके विरोध में भारतीय सरकार ने वर्ष 1986 में 'ऑपरेशन मेघदूत' आरंभ किया और समूचे सियाचिन क्षेत्र को पाकिस्तानी सैनिकों से खाली करा लिया। वर्तमान में इस क्षेत्र पर भारतीय सेना का नियंत्रण बना हुआ है।

## कच्छ के रन का विवाद

- भारत और पाकिस्तान के बीच अथवा पाकिस्तान के सिंध प्रांत और भारतीय गुजरात प्रांत के बीच समुद्री सीमा लाइन का विभाजन अभी भी नहीं हुआ है, यही विवाद का मूल कारण है।
- कच्छ के रन के क्षेत्र में तेल और प्राकृतिक गैस के विशाल भंडार होने की संभावनाएं हैं। इसलिए इसका महत्व अधिक है।
- भारत की समुद्री तटीय सुरक्षा के लिए भी इसका विशेष महत्व है।
- पाकिस्तान का दावा है कि कच्छ की सीमा लाइन का विभाजन $24^0$ समानांतर लाइन को आधार मानकर होना चाहिए।
- पाकिस्तान इस समस्या के समाधान के लिए वर्ष 1914 के मानचित्र को आधार मानता है। इस मानचित्र में पूर्वी किनारे पर एक हरी लाइन खींची गई है, जिसे पाकिस्तान वास्तविक सीमा लाइन मानता है।
- भारत इस क्षेत्र की सीमा लाइन को निर्धारित करने के लिए वर्ष 1925 के मानचित्र को आधार मानता है, जिसमें सरक्रीक के बीचों-बीच सीमा लाइन होनी चाहिए।
- भारत के अनुसार, समुद्री सीमा विभाजन का 'थेलबाग नियम' ही समुद्री सीमा को बीचों-बीच (Mid Channel) विभाजित करता है।
- पाकिस्तान ने थेलबाग नियम के अनुसार, सीमा विभाजित करने पर आपत्ति व्यक्त की है, क्योंकि यह नियम उन क्षेत्रों में लागू होता है, जहां समुद्री नौवहन या नेविगेशन की सुविधा होती है।
- इसके विरुद्ध भारत का तर्क है कि उच्च ज्वार के समय यह क्षेत्र समुद्री नौवहन का क्षेत्र बन जाता है। इसलिए यहां थेलबाग का नियम लागू होता है।

## शीतयुद्धोत्तर काल में भारत-पाकिस्तान संबंध

### ट्रैक-2 कूटनीति

- भारत-पाकिस्तान के बीच वर्ष 1990 के बाद संबंधों को बेहतर करने की एक नवीन पहल की गई और दोनों देशों के बीच ट्रैक-2 वार्ता की शुरूआत हुई। इस वार्ता में दोनों देशों के अवकाश प्राप्त विदेश सेवा के अधिकारी, अवकाश प्राप्त मंत्री तथा विदेश एवं सुरक्षा मामलों के विशेषज्ञ भाग लेते हैं तथा इनके द्वारा दोनों देशों के बीच संबंध सामान्य करने का प्रयत्न और विश्वास निर्माण किया जाता है। ट्रैक-2 की वार्ताओं के द्वारा दोनों देशों के बीच ट्रैक-1 की वार्ताओं का आधार निर्मित किया जाता है। ट्रैक-1 की वार्ता में मंत्री अथवा सरकारी अधिकारी शामिल होते हैं। दोनों देशों के बीच ट्रैक-2 की पहली वार्ता नीमराना किले राजस्थान में आयोजित हुई (1991)। ट्रैक-2 की वार्ताओं का आयोजन विभिन्न प्रकार के गैर-सरकारी स्वैच्छिक संगठनों तथा शांति स्थापना करने वाले संगठनों के द्वारा आयोजित होता है। वर्ष 2014 में भारत और पाकिस्तान के बीच सीमा पर तनाव बना हुआ था। उसी दौरान दोनों के बीच दुबई में ट्रैक-2 की वार्ताए आयोजित की गईं।

### लाहौर घोषणा-पत्र (1999)

- यह घोषणा-पत्र भारतीय प्रधानमंत्री अटल बिहारी वाजपेयी तथा पाकिस्तानी प्रधानमंत्री नवाज शरीफ के द्वारा जारी किया गया।
- भारत और पाकिस्तान के मध्य लाहौर घोषणा-पत्र के द्वारा इस मान्यता को खंडित करने का प्रयास किया गया कि दोनों परमाणु शक्ति संपन्न राष्ट्र आपस में युद्धरत होंगे।
- लाहौर घोषणा-पत्र में निम्न मुद्दों पर सहमति **व्यक्त की गई-**
  - (i) परस्पर शांति एवं स्थायित्व को बढ़ाएंगे तथा लोगों के विकास एवं समृद्धि के लिए कार्य किया जाएगा।
  - (ii) स्थायी शांति एवं सुखद संबंध दोनों देशों की जनता के भविष्य के लिए आवश्यक है।
  - (iii) सुरक्षा के क्षेत्र में परमाणु हथियारों के दृष्टिकोण ने दोनों देशों के उत्तरदायित्व को बढ़ा दिया है।
  - (iv) शिमला समझौते में दोनों देशों ने वचनबद्धता व्यक्त की।
  - (v) संयुक्त राष्ट्र चार्टर में आस्था तथा शांतिपूर्ण सहअस्तित्व को मान्यता दी गई।
- लाहौर घोषणा-पत्र के इन मूल सिद्धांतों के अतिरिक्त विदेश सचिवों के मध्य भी सहमति के ज्ञापन पर **निम्नलिखित विषयों पर हस्ताक्षर हुए-**
  - (i) दोनों देश सुरक्षा के संदर्भ में परमाणु संघर्ष रोकने हेतु आपसी विश्वसनीयता बढ़ाने हेतु (Nuclear C.B.M.) कदमों की पहल करेंगे।
  - (ii) दोनों देश आपस में परमाणु हथियारों के अचानक

एवं अनाधिकृत उपयोग की संभावनाओं को रोकने हेतु एक-दूसरे को प्रक्षेपास्त्रों की परीक्षण की सूचना उपलब्ध कराएंगे।

(iii) इसके अतिरिक्त दोनों देश अपने यहां अलग से परमाणु परीक्षण पर प्रतिबंध रखने का प्रयत्न करेंगे।

**कारगिल संघर्ष के समय पाकिस्तान का रणनीतिक उद्देश्य**

- कारगिल हमले का उद्देश्य लेह को श्रीनगर से जोड़ने वाली सामरिक महत्व की सड़कों को बंद करके शीतकाल में लद्दाख में आवश्यक वस्तुओं की आपूर्ति को रोकना था, यहां पर यह भी ध्यान देने योग्य है कि यही राजमार्ग भारत को सियाचिन से भी जोड़ता है, जिसका महत्व भारत के लिए सामरिक और सुरक्षा की दृष्टि से निर्विवाद रूप में महत्वपूर्ण है।
- द्रास एवं कारगिल क्षेत्रों पर कब्जा करके पाकिस्तान उसका प्रयोग नियंत्रण लाइन को खुलवाने एवं कश्मीर मुद्दे पर दबाव बनाने के लिए कर सकता था।
- कारगिल के समीप मस्कोह घाटी के नाले पर नियंत्रण करके इसे कश्मीर में घुसपैठ के लिए मार्ग बनाने की सोच रहा था।
- सबसे महत्वपूर्ण रूप में पाकिस्तान का उद्देश्य कश्मीर मुद्दे को अंतर्राष्ट्रीय मंच पर लाना था या उसका अंतर्राष्ट्रीयकरण करना था।
- चुघ घाटी, बटालिक और तुतुर्क क्षेत्रों की पहाड़ियों पर कब्जा करके भारत को सियाचिन से पीछे हटने के लिए पाकिस्तान मजबूर करने की रणनीति बना रहा था।
- कारगिल मुद्दे पर भारत को अप्रत्याशित वैश्विक समर्थन प्राप्त हुआ। अमेरिका, यूरोपीय यूनियन सहित चीन ने भी पाकिस्तान को (LOC) अंतर्राष्ट्रीय नियंत्रण लाइन के सम्मान करने का निर्देश दिया तथा भारत के संयमपूर्ण व्यवहार की प्रशंसा की। यह उल्लेखनीय है कि कश्मीर मुद्दे पर अमेरिका द्वारा भारत का समर्थन भारतीय विदेश नीति के लिए अत्यधिक सकारात्मक था, क्योंकि वर्ष 1998 की 'शक्तिशृंखला परमाणु विस्फोट' के बाद भारत पर समूचे विश्व की महाशक्तियों ने आर्थिक प्रतिबंध आरोपित किया था। वर्ष 1999 में पाकिस्तान में लोकतंत्र समाप्त हो गया और सैनिक शासक परवेज मुशर्रफ ने निर्वाचित प्रधानमंत्री नवाज शरीफ को सरकार से बेदखल कर दिया। परिणामस्वरूप भारत के द्वारा पाकिस्तान से सभी प्रकार की वार्ताएं स्थगित कर दी गई। भारत के अनुसार, सैनिक शासक से बातचीत करने का सकारात्मक परिणाम नहीं होगा। परंतु वर्ष 2001 में भारत ने पाकिस्तान के साथ संबंधों को सामान्य करने के लिए पाकिस्तानी राष्ट्रपति परवेज मुशर्रफ को भारत आमंत्रित किया।

## आगरा शिखर वार्ता (2001)

- भारत एवं पाकिस्तान के मध्य पुनः वार्ता का दौर आगरा शिखर वार्ता के रूप में आरंभ हुआ। जब पाकिस्तानी राष्ट्रपति परवेज मुशर्रफ ने भारत की यात्रा की। परंतु अटल बिहारी वाजपेयी द्वारा की गई सकारात्मक पहल का परिणाम सकारात्मक नहीं रहा।
- पाकिस्तानी राष्ट्रपति ने संवाददाता सम्मेलन में ही भारत के विरुद्ध नकारात्मक और कठोर बयान दिया तथा यह आरोप लगाया कि भारत के द्वारा ही पाकिस्तान का विभाजन किया गया। पाकिस्तानी राष्ट्रपति भारत विरोध की नीति अपनाकर पाकिस्तान में अपने सैनिक शासन को वैधता देने का प्रयत्न कर रहे थे। पाकिस्तान की यह नीति पुरानी है, जब उन्होंने सैनिक सरकार का समर्थन भारत से कश्मीर लेने के नाम पर किया। यह बिंदु भी महत्वपूर्ण है कि परवेज मुशर्रफ ही कारगिल घुसपैठ के मुख्य सूत्रधार थे।

**संबंधों का अत्यधिक कटु दौर (दिसंबर-2001 से 2003 तक)**

- सितंबर, 2001 में अमेरिका के विश्व व्यापार केंद्र पर आतंकी हमला हुआ, जिसके बाद अमेरिकी राष्ट्रपति जॉर्ज बुश ने 'आतंक के विरुद्ध युद्ध का नारा' दिया तथा आतंकवादियों के सफाए के लिए अमेरिका द्वारा अफगानिस्तान पर हमला किया गया, जिसे अमेरिका ने 'ऑपरेशन इंड्यूरिंग फ्रीडम' का नाम दिया।
- दिसंबर, 2001 में भारतीय संसद पर आतंकी हमला हुआ, जिसे भारतीय लोकतंत्र पर आक्रमण माना गया। इसे भारत ने पाकिस्तान द्वारा प्रायोजित आतंकवाद कहा। भारत ने भी पाकिस्तान पर हमले की धमकी दी, क्योंकि पाकिस्तान में आतंकवादियों को प्रशिक्षण दिया जा रहा था।
- एन. डी. ए. सरकार ने 'ऑपरेशन पराक्रम' के अंतर्गत् सीमा पर भारतीय सेनाओं की तैनाती की गई। वर्ष 1971 के बाद भारतीय सेनाओं की यह सीमा पर सबसे बड़ी तैनाती थी।
- भारत ने अमेरिका से पाकिस्तान को आतंकवादी राज्य घोषित करने की मांग की तथा 'आतंकवाद के विरुद्ध युद्ध' में दोहरे मानदंड अपनाने का विरोध भी किया, क्योंकि 'आतंक के विरुद्ध युद्ध' में पाकिस्तान, अमेरिका का सहयोगी राष्ट्र बन गया। जबकि भारत ने तर्क दिया कि आतंकवाद प्रायोजित करने वाला राज्य आतंकवाद के विरुद्ध युद्ध में सहयोगी नहीं हो सकता।
- भारत द्वारा पाकिस्तान पर हमले न करने के पक्ष में **निम्नलिखित तर्क दिए गए-**

(i) भारत एवं पाकिस्तान दोनों के पास परमाणु हथियार

थे, ऐसी परिस्थिति में दोनों के मध्य का संघर्ष अत्यधिक विनाशक सिद्ध हो सकता था।

(ii) पाकिस्तान पर आक्रमण करने से आतंकवाद की बजाय, भारत एवं पाकिस्तान के बीच संघर्ष प्राथमिक हो जाता।

(iii) वर्ष 1998 के बाद भारत पर आरोपित आर्थिक प्रतिबंधों के बाद भारतीय अर्थव्यवस्था पर नकारात्मक प्रभाव पड़ा था, ऐसी परिस्थिति में युद्ध राष्ट्रीय हितों के लिए अनुकूल नहीं था।

- दिसंबर, 2001 के बाद भारतीय विदेश नीति में आतंकवाद के विरुद्ध युद्ध का मुद्दा अत्यधिक महत्वपूर्ण बन गया।
- भारत द्वारा विश्व जनमत को यह बताया गया कि भारत पिछले तीन दशकों से सीमापार आतंकवाद का शिकार है।
- वर्ष 2001 के बाद पाकिस्तान के साथ रेल संबंध और लोगों की आवाजाही भी समाप्त हो गई।
- दक्षेस की बैठक भी स्थगित हो गई।
- भारत ने पाकिस्तान पर अंतर्राष्ट्रीय कूटनीतिक दबाव बनाया।
- यह भी उल्लेखनीय है कि वर्ष 2001 के बाद भारत पर पहले से लागू आर्थिक प्रतिबंध अमेरिका द्वारा धीरे-धीरे हटाया जाने लगा।
- भारत-सऊदी अरब के मध्य भी अत्यधिक बेहतर संबंध स्थापित हुए। सऊदी अरब, पाकिस्तान का परंपरागत मित्र है।
- भारत एवं पाकिस्तान के बीच वर्ष 2004 के काठमांडू दक्षेस सम्मेलन के बाद पुनः बातचीत आरंभ हुई तथा विश्वास निर्माण के उपायों पर वार्ता आयोजित हुई। इससे यह प्रतीत होता है कि पड़ोसी के साथ संबंध सामान्य करना, अंतर्राष्ट्रीय राजनीति की बाध्यता है।

### हवाना में संयुक्त घोषणा-पत्र (भारत एवं पाकिस्तान, सितंबर, 2006)

- यह घोषणा-पत्र अत्यधिक महत्वपूर्ण है, क्योंकि मुंबई बम विस्फोट के पश्चात् भारत व पाकिस्तान के मध्य विदेश सचिव स्तर की वार्ता को स्थगित कर दिया गया था, लेकिन नवंबर से इसे पुनः आरंभ करने का निर्णय लिया गया। यह इस तथ्य का स्पष्ट प्रमाण है कि दोनों देशों के मध्य संबंध सुधार के लिए चल रहे प्रयास अब पीछे नहीं लौटाए जा सकते।
- इस संयुक्त घोषणा-पत्र में निम्न बिंदुओं को **शामिल किया गया है-**

(i) दोनों देशों के मध्य शांति बनाए रखने एवं शांति को सफल बनाने के लिए पूर्ण रूप में सहयोग करेंगे। यह सहयोग केवल दोनों देशों के लिए नहीं, अपितु दक्षिण एशिया के लिए भी आवश्यक है।

(ii) सभी प्रकार के आतंकवाद की निंदा की गई तथा उसके मुकाबले का भी निर्णय किया गया।

(iii) दोनों देशों के मध्य सभी मुद्दों को शांतिपूर्ण ढ़ंग से सुलझाने पर बल दिया गया, जिसमें कश्मीर भी सम्मिलित है एवं ऐसे विकल्पों पर विचार किया जाएगा, जो दोनों को स्वीकार होंगे।

(iv) समग्र वार्ता को बनाए रखने के लिए विदेश सचिव स्तर की वार्ता प्रारंभ की जाएगी।

(v) सियाचिन मुद्दे को सुलझाया जाएगा।

(vi) सरक्रीक मुद्दे का संयुक्त रूप में सर्वेक्षण किया जाएगा।

(vii) विश्वास बनाने के उपायों (C.B.M.-Confidence Building Measure) को लागू किया जाएगा।

## आर्थिक संबंध या सहयोग

- वस्तुतः शीतयुद्धोत्तर राजनीति में एक ओर भारत और पाकिस्तान के मध्य विभिन्न मुद्दों पर समग्र वार्ता आरंभ है, तो दूसरी ओर, आर्थिक एवं वाणिज्यिक क्षेत्रों में भी महत्वपूर्ण सहयोग देखे जा रहे हैं।
- भारतीय विदेश नीति के अनुसार, दोनों देशों के मध्य आर्थिक व वाणिज्यिक सहयोग बढ़ाने पर राजनीतिक विवाद स्वाभाविक रूप में सुलझ जाएंगे। अतः इससे स्पष्ट है कि पाकिस्तान में कश्मीर केंद्रित विदेश नीति में परिवर्तन आया है।
- मार्च, 2006 में इस्लामाबाद में दोनों देशों के मध्य आर्थिक एवं वाणिज्यिक सहयोग पर तीसरे चक्र की वार्ता हुई, जिसमें **निम्नलिखित बिंदुओं पर सहयोग का निर्णय लिया गया-**

(i) दोनों देशों की अनुसूचित बैंक की शाखाओं को एक-दूसरे के देश में खोलने का प्रयास करना।

(ii) भारत से चाय आयात को सुविधाजनक बनाना।

(iii) नया समुद्री जहाजी समझौता करना, जिससे भारत से चाय आयात को व्यावहारिक बनाया जाए।

(iv) वस्तुओं के परिवहन को भारत एवं पाकिस्तान के मध्य रेल के माध्यम से कैसे बढ़ाया जाए?

(v) बासमती चावल को संयुक्त रूप में रजिस्ट्रेशन के लिए एक संयुक्त आयोग की स्थापना हुई।

(vi) भारत से आयातित वस्तुओं की सूची संख्या में वृद्धि का निर्णय किया गया है।

(vii) भारत स्वास्थ्य सेवाओं में, सूचना क्षेत्र में तथा बीमा के क्षेत्र में पाकिस्तान के साथ सहयोग करेगा।

(viii) पूंजी बाजार के संदर्भ में सहयोग के लिए परस्पर समझौते पर हस्ताक्षर भी हुए हैं।

**परंपरागत विश्वास बहाली के उपाय** (Confidence Building Measures, C.B.M.)

- भारत और पाकिस्तान के मध्य संबंधों को बेहतर करने के लिए सी.बी.एम. (CBM) उपाय किए जा रहे हैं, विशेषकर सीमा के आर-पार के क्षेत्रों में, तथा इसी संदर्भ में मई, 2006 में दोनों देशों के विदेश सचिवों ने अंत:क्रिया एवं सहयोग को बढ़ाने का निर्णय लिया। जैसा कि श्रीनगर-मुजफ्फराबाद बस सेवा की प्रगति पर समीक्षा की गई एवं जुलाई, 2006 से श्रीनगर-मुजफ्फराबाद के मध्य ट्रक सेवा को भी आरंभ करने का निर्णय लिया गया, जिससे दोनों देशों के मध्य वस्तुओं का आदान-प्रदान बढ़ सके एवं व्यापार में वृद्धि हो सके।
- यह भी निर्णय किया गया कि वाणिज्यिक चैम्बर्स के सदस्य दोनों देशों की यात्रा करके व्यापार के संबंध में विभिन्न मुद्दों पर चर्चा करेंगे और इसी संबंध में पुंछ-रावलकोट बस सेवा को भी जून, 2006 में आरंभ करने का निर्णय लिया गया।
- अक्टूबर, 2006 में भारत और पाकिस्तान में भूकंप आने के पश्चात् नियंत्रण लाइन की पांच चौकियों को लोगों की आवाजाही के लिए खोला गया।
- 19 जून, 2006 को पुंछ और रावलकोट के मध्य सड़क निर्माण को पूरा करके परस्पर खोला गया, जो कि 50 वर्षों के पश्चात् पहली बार किया गया।
- भारतीय प्रधानमंत्री अटल जी ने जब बस डिप्लोमेसी का आरंभ किया, तो इसे दोनों देशों के मध्य विश्वास बढ़ाने का एक महत्वपूर्ण माध्यम माना गया। यह बस सेवा अब अमृतसर और ननकाना साहब के मध्य भी आरंभ की जा चुकी है।
- मुनाबाओ-खोखरापार रेल संपर्क को भी बहाल किया गया है, जो दोनों देशों के मध्य बढ़ते संबंधों का स्पष्ट प्रमाण है।
- पाकिस्तान के राष्ट्रपति मुशर्रफ ने यह भी घोषणा की कि जो भारतीय युद्धबंदी अभी भी पाकिस्तान की जेलों में बंद हैं, उन्हें मुक्त कर दिया जाएगा।
- सी.बी.एम. (CBM) का अगला उपाय मछुआरों के संदर्भ में भी देखा जा सकता है, क्योंकि अरब सागर में मछुआरे अनचाहे एक-दूसरे की सीमा को पार कर जाते हैं, जिससे उन्हें हिरासत में ले लिया जाता है तथा लंबे समय तक जेलों में बंद रहते हैं। एक अनुमान के अनुसार, लगभग 500 भारतीय मछुआरे पाकिस्तानी जेल में बंद हैं।
- दिसंबर, 2004 में आयोजित भारत एवं पाकिस्तान की विदेश सचिव स्तर की वार्ता में इन मछुआरों की समस्याओं को हल करने का निर्णय लिया गया है, जिसके अनुसार, दोनों देश मछुआरों को हिरासत में लेने के तीन महीने की अवधि के अंदर उच्चायोगों को सूचना देंगे। इसके लिए भारत एवं पाकिस्तान के तट रक्षकों के मध्य भी एक सहमति पत्र पर हस्ताक्षर हुए।

## परमाणु सी. बी. एम.

- वस्तुत: भारत-पाकिस्तान के मध्य वर्ष 1999 के लाहौर घोषणा-पत्र को परमाणु सी. बी. एम. का आधार माना जा सकता है। लाहौर घोषणा-पत्र के पश्चात् यद्यपि कारगिल की घटना एवं भारत में संसद पर हमले को लेकर दोनों देशों के मध्य संबंध निम्नतम बिंदु पर आ गए, लेकिन संप्रति परमाणु क्षेत्र में सी. बी. एम. पर प्रगति देखी जा रही है, जिसके अंतर्गत् अप्रैल, 2006 में परमाणु सी. बी. एम. को लेकर चौथे दौर की वार्ता हुई। परमाणु सी. बी. एम. के संदर्भ में **मुख्य मुद्दे निम्नलिखित हैं**-
- विदेश सचिवों के मध्य सुरक्षा एवं परमाणु सिद्धांत के संबंध में परस्पर विचार-विमर्श करना।
- दोनों देशों के मध्य सुरक्षा एवं शांति के स्थायी वातावरण का निर्माण करना।
- प्रक्षेपास्त्रों के परीक्षण के संदर्भ में पूर्व सूचना एवं पूर्व अधिसूचना जारी करने के संबंध में समझौता।
- दोनों देशों के विदेश सचिवों के मध्य हॉटलाइन को प्रकार्यात्मक बनाना।
- परमाणु मुद्दे के संदर्भ में परमाणु खतरे को कम करने के उपाय करने तथा परमाणु क्षेत्र में दुर्घटनाओं को रोकने (परमाणु संयंत्रों या परमाणु हथियारों की) का उपाय करना।
- वस्तुत: परमाणु क्षेत्र में इस सी. बी. एम. का अत्यधिक महत्व है, क्योंकि दोनों देशों को परमाणु संघर्ष क्षेत्र (Nuclear Flashpoint) माना जाता है या दूसरे शब्दों में, इन देशों के मध्य परमाणु हथियारों के प्रयोग की सर्वाधिक संभावना है, ऐसा अंतर्राष्ट्रीय विचारक मानते हैं। लेकिन दोनों देशों के परमाणु हथियारों के संबंध में दोनों देशों के भविष्य के संबंध के **दृष्टिकोण पर मतवैभिन्नता पाई जाती हैं**-
- दोनों देशों का इतिहास संघर्ष का रहा है। इसलिए इनके मध्य भविष्य में परमाणु हथियारों के प्रयोग की संभावना है।
- दूसरे दृष्टिकोण के अनुसार, दोनों देशों के मध्य नागरिक समाज के संबंध को प्रगाढ़ करके दोनों देशों के मध्य संबंधों को संतुलित किया जा सकता है।
- तीसरे दृष्टिकोण के अनुसार, दोनों देशों का परमाणु शक्ति संपन्न होना तथा दोनों देशों के मध्य संबंधों में स्थिरता प्रदान करेगा, क्योंकि डिटरेंस की मान्यता के अनुसार, एक परमाणु शक्ति संपन्न देश, दूसरे परमाणु शक्ति संपन्न देश पर आक्रमण नहीं करता।

## मुंबई आतंकी हमला (नवंबर, 2008) संबंधों का निम्नतम दौर

- वर्ष 2008 में पाकिस्तान प्रायोजित सीमापार आतंकवाद का शिकार मुंबई का ताजमहल होटल बना, जिससे भारत एवं पाकिस्तान संबंध अत्यधिक कटु हो गए।
- पाकिस्तान पर अंतर्राष्ट्रीय दबाव बढ़ने लगा, क्योंकि भारत के अनुसार, इस हमले में पाकिस्तान सीधा संलग्न था। पाकिस्तानी नागरिक कसाब जीवित पकड़ लिया गया।
- पहली बार भारत के हाथों में सीधा सबूत प्राप्त हुआ। बाद में अमेरिकी नागरिक हेडली ने भी यह माना कि मुंबई आतंकी हमले की योजना पाकिस्तानी खुफिया एजेंसी आई. एस. आई. द्वारा बनाई गई।
- भारत के अनुसार, पाकिस्तान जब तक मुंबई बम विस्फोट में सम्मिलित लोगों के विरुद्ध कार्यवाही नहीं करेगा, तब तक उसके साथ किसी प्रकार की वार्ता नहीं होगी।
- 28 अप्रैल, 2010 को 'दक्षेस की थिम्पू बैठक' आयोजित हुई, जिसमें भारतीय प्रधानमंत्री मनमोहन सिंह और पाकिस्तानी प्रधानमंत्री यूसुफरजा गिलानी के बीच सद्भावपूर्ण मुलाकात हुई। पाकिस्तान ने आतंकवाद को नियंत्रित करने का वादा किया। इसी के साथ भारत एवं पाकिस्तान के बीच वार्ता का मार्ग पुनः साफ हो गया।
- भारतीय प्रधानमंत्री ने स्पष्ट कहा कि दोनों देशों के बीच संबंध सामान्य होने के लिए आतंकवाद समाप्त होना चाहिए।

## पाकिस्तान और आतंकवाद

- पाकिस्तान अभी भी आतंकवादियों के प्रशिक्षण केंद्रों का संचालन कर रहा है एवं सीमापार आतंकवाद को पूर्ण रूप में नियंत्रित नहीं कर रहा है। भारत ने उन 35 वांछित व्यक्तियों की सूची पाकिस्तान को सौंपी है, जिन पर भारत में आतंकवादी गतिविधियों में संलिप्त होने का आरोप है, जिसमें मुख्य रूप में इब्राहिम सैयद सलाउद्दीन, जो जेहादी संघ के चेयरमैन हैं एवं हिजबुल मुजाहिद्दीन से संबंधित हैं। दूसरा, दाऊद इब्राहीम, जो मुंबई बम विस्फोट के लिए उत्तरदायी माना जाता है एवं मसूद अजहर, जो जैश-ए-मोहम्मद से संबंधित है। भारत के अनुसार, पाकिस्तान, भारत में जाली नोटों एवं नशीली दवाओं के व्यापार को बढ़ावा दे रहा है और यह गतिविधियां विशेष रूप में भारत-नेपाल सीमा पर देखी जा रही है।
- वर्ष 2011 में पाकिस्तान की नई विदेशमंत्री हिना रब्बानी ने भारत की यात्रा की। उन्होंने दोनों देशों के मध्य संबंध बेहतर करने पर बल दिया तथा उन्होंने कश्मीर मुद्दे का उल्लेख बिल्कुल नहीं किया। ऐसा माना जा रहा है कि वे पहली पाकिस्तानी विदेशमंत्री हैं, जिन्होंने कश्मीर मुद्दे का उल्लेख सार्वजनिक रूप में नहीं किया। परंतु इससे यह मानना तर्क संगत नहीं होगा कि पाकिस्तान ने कश्मीर मुद्दे पर अपनी दावेदारी छोड़ दी। लेकिन यह सत्य है कि जब से ओसामा बिन लादेन की पाकिस्तान के ऐबटाबाद में हत्या हुई, (1 मई, 2011) उसके बाद पाकिस्तान पर आतंकवाद समाप्त करने का अत्यधिक वैश्विक दबाव है, क्योंकि ओसामा बिन लादेन की पाकिस्तान में उपस्थिति इस बात का प्रमाण है कि पाकिस्तान आतंकवादियों को शरण प्रदान करता है तथा उनको प्रशिक्षित भी करता है। वर्ष 2011 में पहली बार अमेरिकी सैनिक अधिकारी ने भी यह स्पष्ट कहा कि अफगानिस्तान में आई. एस. आई. के द्वारा हक्कानी गुट को सीधा समर्थन दिया जा रहा है। पाकिस्तान, अफगानिस्तान में अपना प्रभाव निरंतर बनाए रखना चाहता है। वह भारत की अफगानिस्तान में उपस्थिति का विरोधी है, जबकि भारत-अफगानिस्तान के संबंध अत्यधिक मधुर एवं मित्रतापूर्ण हैं। पाकिस्तान द्वारा भारत को अफगानिस्तान में पहुंचने के लिए पारगमन मार्ग उपलब्ध नहीं कराया जा रहा है। इसलिए भारत को ईरान से होकर अफगानिस्तान जाना पड़ता है। वर्तमान समय में अमेरिका एवं पाकिस्तान के बीच संबंध अत्यधिक कटु बने हुए हैं, क्योंकि अमेरिका ने 'आतंक के विरुद्ध युद्ध' की नीति के अंतर्गत् पाकिस्तान पर भी हमले किए हैं। रूस ने **ऊफा** में पाकिस्तान में आतंकवाद को मुख्य मुद्दा स्वीकार किया।

### आतंकवाद के विरुद्ध राष्ट्रीय कार्य योजना

- वर्ष 2014 में पेशावर में सैनिक स्कूल पर बड़ा आतंकी हमला हुआ, जिसमें 141 लोग मारे गए, इसमें से 132 बच्चे शामिल थे। इस घटना के बाद पाकिस्तान ने आतंकवादियों के विरुद्ध कठोर कदम उठाया। इस घटना के बाद पाकिस्तान के द्वारा आतंकवाद के विरुद्ध एक निर्णायक कदम उठाया गया और आतंकवाद को समाप्त करने के लिए कार्य योजना भी प्रस्तुत की गई। इसे पाकिस्तान के लिए एक ऐतिहासिक कदम के रूप में देखा गया और इस कार्य योजना की अनेक विशेषताएं हैं, जिसे 20 सूत्रीय योजना के रूप में भी जाना जाता है। जिन व्यक्तियों के विरुद्ध आतंकवादी घटनाओं में शामिल होने के आरोप हैं और उन्हें मृत्युदंड दिया गया है उनके दंड को तत्काल क्रियान्वित करना है।
- आतंकवादियों को दंडित करने के लिए सैनिक अधिकारियों के नेतृत्व में विशेष अदालतों की स्थापना की गई, जिससे आतंकवादियों को शीघ्र दंडित किया

जा सके। किसी भी सशस्त्र संगठन को कार्य करने की इजाजत नहीं होगी।

- आतंकवाद को रोकने के लिए विभिन्न संगठनों को प्रभावशाली बनाया जाएगा और किसी भी प्रतिबंधित संगठन को कार्य करने की इजाजत नहीं दी जाएगी तथा वे अपना नाम बदलकर कार्य नहीं कर सकते। उन समाचार पत्र-पत्रिकाओं को प्रतिबंधित किया जाएगा, जो संकीर्णता, असहिष्णुता तथा घृणा को बढ़ावा देते हों। आतंकवाद के विरुद्ध के विशेष सेल का निर्माण होगा।
- अल्पसंख्यकों की सुरक्षा की जाएगी तथा इंटरनेट व सोशल मीडिया की भी निगरानी होगी और आतंकी संचार नेटवर्क को समाप्त किया जाएगा तथा आतंकवादियों को प्राप्त होने वाले वित्त और प्रशिक्षण को पूर्णत: प्रतिबंधित किया जाएगा तथा आसूचना को बेहतर किया जाएगा और पंजाब के अलावा समूचे देश के आतंकवाद को समाप्त करने का प्रयत्न किया जाएगा।
- पाकिस्तान के आतंकी संगठन जैस-ए-मोहम्मद के नेता मसूद अजहर तथा लश्कर-ए-तोयबा के नेता हाफिज सईद के द्वारा अभी भी भारत के विरुद्ध आतंकवाद को बढ़ावा दिया जा रहा है।

**पाकिस्तान के प्रधानमंत्री नवाज शरीफ की भारत यात्रा (2014)**

- भारतीय प्रधानमंत्री श्री नरेन्द्र मोदी के शपथ ग्रहण समारोह (26 मई, 2014) में सभी सार्क सदस्य देशों के प्रमुख आमंत्रित किए गए थे।
- शपथ ग्रहण समारोह में शामिल होने के लिए पाकिस्तान के प्रधानमंत्री नवाज शरीफ भारत आए थे।
- इस यात्रा के दौरान मोदी और शरीफ ने द्विपक्षीय वार्ता प्रक्रिया के गतिरोध को दूर करने की बात की थी।
- दोनों देशों के बीच उच्च स्तरीय सचिव स्तर की वार्ता इस्लामाबाद में 25 अगस्त, 2014 को होने पर सहमति बनी थी।
- भारत ने पाकिस्तान को साफ शब्दों में कहा कि पाकिस्तान भारत-पाक वार्ता को चुने या अलगाववादियों के साथ बातचीत को।
- भारत की प्रतिक्रिया को देखने के बावजूद पाकिस्तान के उच्चायुक्त वासिद ने मीरवाइज उमर फारूख, सईद अली शाह गिलानी और यासीन मलिक के साथ बैठक की।
- पाकिस्तान के अड़ियल रवैये के कारण भारत ने सचिव स्तर की वार्ता को रद्द कर दिया।
- दोनों देशों में वार्ता गतिरोध बने होने के बावजूद 17 दिसंबर, 2014 को पाकिस्तान के पेशावर में हुए आतंकवादी हमले के बाद भारत ने एकजुटता का परिचय दिया।
- भारत के दोनों सदनों में दो मिनट का मौन रखकर पेशावर में मारे गए स्कूली बच्चों को श्रद्धांजलि दी गई और देश भर के स्कूलों में प्रार्थना सभा आयोजित की गई।

**प्रधानमंत्री नरेंद्र मोदी की पाकिस्तान यात्रा (दिसंबर, 2015)**

- प्रधानमंत्री मोदी द्वारा बिना किसी सरकारी घोषणा के एकाएक पाकिस्तान की यात्रा दोनों देशों के मध्य संबंधों को सही करने का एक प्रयास था। प्रधानमंत्री मोदी अफगानिस्तान की यात्रा के बाद एकाएक लाहौर पहुंचे।
- यह यात्रा दोनों देशों के मध्य लंबे समय से बाधित वार्ता को पुन: प्रारंभ करने में सहायक होगी। परंतु पाकिस्तान द्वारा प्रायोजित पठानकोट आतंकी हमले के बाद दोनों देशों के बीच वार्ता का मुद्दा संकटग्रस्त हो गया। पठानकोट आतंकी हमले के बाद पहली बार पाकिस्तान के द्वारा आतंकी हमले की जांच के लिए एक संयुक्त जांच समिति भेजी गई। परंतु इस समिति के लौटने के बाद पाकिस्तान ने इसे भारत प्रायोजित हमला कहा।

**भारत एवं पाकिस्तान के मध्य तनाव**

- वर्ष 2016 में पठानकोट, उरी सैन्य कैंपों पर आतंकवादियों के हमले से दोनों देशों में संबंध खराब होने लगे तथा भारत ने भारत-पाकिस्तान के मध्य संभावित सचिव स्तरीय वार्ता को स्थगित कर दिया।
- सितंबर, 2016 में भारतीय सैन्य शिविरों पर उरी हमले के बाद भारतीय सेना ने पाकिस्तान अधिकृत कश्मीर (POK) में अंदर तक जाकर उन ठिकानों पर हमला किया, जहां आतंकवादियों को प्रशिक्षण दिया जा रहा था। यह भारत द्वारा अपनाई जाने वाली नई रणनीति थी। यद्यपि पाकिस्तान ने इसे स्वीकार नहीं किया।
- भारतीय नौसेना के अधिकारी को पाकिस्तान सैन्य अदालतों ने मई, 2017 में रॉ का जासूस बताकर फांसी की सजा सुनाई, जिसका दोनों देशों के संबंधों पर बहुत बुरा असर हुआ और भारत ने इसके विरोध में अंतर्राष्ट्रीय न्यायालय में अपील की, जिसमें अंतर्राष्ट्रीय न्यायालय द्वारा फांसी की सजा को स्थगित करने का आदेश दिया गया।

**बालाकोट सर्जिकल स्ट्राइक**

- आतंकवाद के विरुद्ध भारत द्वारा **सामरिक संयम** की नीति का परित्याग करते हुए आतंकवादी कैंप पर सर्जिकल हमला किया गया।
- बालाकोट, पाकिस्तान के **खैबर पख्तून प्रांत** में स्थित है। अत: पाकिस्तान के भीतर यह हमला किया गया जो पाकिस्तान अधिकृत कश्मीर तक सीमित नहीं है।

- दूसरी ओर पाकिस्तान के साथ **करतारपुर गलियारे** का सहयोग बढ़ाया जा रहा है।

## भारत-बांग्लादेश

### भारत एवं बांग्लादेश संबंधों के राजनीतिक आयाम

- बांग्लादेश के एक स्वतंत्र राष्ट्र के निर्माण के रूप में भारत की भूमिका उल्लेखनीय एवं महत्वपूर्ण है।
- वस्तुतः एक स्वतंत्र राष्ट्र के रूप में निर्माण शेख मुजीबुर्रहमान के नेतृत्व में हुआ तथा मुजीबुर्रहमान के नेतृत्व में आवामी लीग ने बांग्लादेश में पंथनिरपेक्ष, लोकतांत्रिक एवं समाजवादी राज्य की स्थापना की।
- बांग्लादेश से मधुर संबंध का प्रमाण वर्ष 1972 की संधि में देखा जा सकता है, जो 25 वर्षों के लिए की गई थी।
- बांग्लादेश के एक स्वतंत्र राष्ट्र के निर्माण के साथ ही आवामी लीग का विरोध भी बांग्लादेश में देखा जाने लगा।
- विशेषकर बांग्लादेश में वे कट्टरपंथी तत्व, जो मुजीबुर्रहमान के पंथ निरपेक्ष लोकतांत्रिक शासन के विरुद्ध थे। बांग्लादेश के मुजीबुर्रहमान का विरोध, भारत के विरोध में बदल गया।
- अतः बांग्लादेश की विदेश नीति में भारत के साथ संबंध को लेकर विदेश नीति का आधार निर्मित होने लगा और भारत के साथ संबंध को राष्ट्रीय सम्मान के विरुद्ध देखा जाने लगा, लेकिन इसके बावजूद मुजीबुर्रहमान के शासन काल में भारत और बांग्लादेश के संबंध अत्यंत मित्रतापूर्ण थे।
- वर्ष 1975 में जब शेख मुजीबुर्रहमान की हत्या कर दी गई, तो बांग्लादेश में लोकतांत्रिक पंथनिरपेक्ष समाजवादी शासन प्रणाली की बजाय, तानाशाही, सैन्य शासन प्रणाली स्थापित हुई तथा इस्लामी दलों पर लगे प्रतिबंध को उठा लिया गया।

#### जिया-उल-रहमान का शासन काल ( 1975 )

- बांग्लादेश के नए शासक जिया-उल-रहमान ने विदेश नीति में धार्मिक कट्टरता को प्रकट करते हुए, मुस्लिम देशों के साथ बेहतर संबंध निर्मित करने का प्रयास किया।
- जिया-उल-रहमान ने मुजीबुर्रहमान की विरोधी नीतियां अपनाते हुए, बांग्लादेशी विदेश नीति में भारत विरोध के स्वर को मुखर किया, तो दूसरी ओर, जिया-उल-रहमान ने पाकिस्तान के साथ अपने संबंधों को सुधारने की कोशिश की।
- यहां यह उल्लेखनीय है कि वर्ष 1974 में पाकिस्तान ने बांग्लादेश को एक पृथक् राज्य के रूप में मान्यता प्रदान कर दी थी, दूसरी ओर, जिया-उल-रहमान ने बांग्लादेश के चीन के साथ बेहतर संबंध बनाने का प्रयास किया।

#### जनरल ईरशाद का शासन काल ( 1981 )

- वर्ष 1981 में जिया-उल-रहमान की हत्या के पश्चात् जनरल ईरशाद ने बांग्लादेश के नए शासक के रूप में शासन संभाला।
- ईरशाद ने देश को स्पष्ट रूप में इस्लामी आधार पर चलाने का प्रयास किया।
- इसी घटनाक्रम के अंतर्गत् भारत विरोधी नीति बांग्लादेश में प्रभावी होने लगी तथा भारत एवं बांग्लादेश के मध्य गंगा जल के बंटवारे की समस्या भी भावनात्मक मुद्दा बनाने का प्रयास किया गया।
- ईरशाद ने कहा था कि 'समस्त उत्तरी बंगाल भले ही रेगिस्तान बन जाए, बांग्लादेश फरक्का के प्रश्न पर कभी भी नहीं झुकेगा। बांग्लादेशी सच्चे मुसलमान हैं और अल्लाह उनकी सहायता अवश्य करेगा। फरक्का के साथ या उसके बिना भी बांग्लादेशी जीवित रहेंगे, क्योंकि इस्लाम धर्म तो रेगिस्तान में पैदा हुआ था।'
- अतः ईरशाद की नीतियां स्पष्ट रूप में धार्मिक कट्टरता से ग्रस्त थीं। यह तब आधिकारिक नीति बन गई, जब वर्ष 1988 में बांग्लादेश ने इस्लाम को देश का राजधर्म घोषित कर दिया।
- बांग्लादेश में पनपी यह प्रवृत्ति बांग्लादेश के स्वतंत्र राष्ट्र की आरंभिक प्रवृत्ति के बिल्कुल प्रतिकूल थी।

### 1990 के पश्चात् भारत और बांग्लादेश के मध्य संबंधों का राजनीतिक आयाम

- वर्ष 1990 में बांग्लादेश में सैनिक तानाशाही का अंत हुआ तथा बहुदलीय लोकतांत्रिक व्यवस्था को स्वीकार किया गया।
- इस लोकतांत्रिक व्यवस्था में आवामी लीग ने वर्ष 1972 के संविधान और पंथ निरपेक्षता के सिद्धांत को पुनर्जीवित करने का प्रयास किया। ऐसा माना जाता है कि आवामी लीग का दृष्टिकोण भारत के प्रति तुलनात्मक रूप में ज्यादा बेहतर एवं अनुकूल रहा है। जबकि बांग्लादेशी राष्ट्रीय पार्टी (BNP) का दृष्टिकोण भारत विरोधी माना जाता है।
- वर्ष 1996 में शेख हसीना वाजिद (आवामी लीग) के सत्ता में आने से भारत एवं बांग्लादेश के संबंधों में महत्वपूर्ण प्रगति देखी गई। इसका सर्वाधिक महत्वपूर्ण उदाहरण, गंगा नदी के जल बंटवारे के संबंध में किया गया वर्ष 1996 का समझौता है।
- लेकिन वर्ष 2001 में जब BNP सत्ता में आई, तो BNP के साथ जमायते इस्लामी तथा इस्लामिया-ओके-जोते जैसे दल जो कि कट्टरपंथी माने जाते हैं, गठबंधन सरकार के भागीदार थे, स्वाभाविक रूप में इससे बांग्लादेश में कट्टरता बढ़ी।

## 2001 के बाद बांग्लादेश का तालिबानीकरण होना एवं इसका भारतीय राष्ट्रीय सुरक्षा पर प्रभाव

- जमात्-उल्-मुजाहिद्दीन, हरकत्-उल्-इस्लामी जैसे आतंकवादी संगठन भारत की राष्ट्रीय सुरक्षा के लिए भी बड़े खतरे हैं। इनका उद्देश्य तो जम्मू एवं कश्मीर को भी एक इस्लामी राज्य बनाना है।
- भारत में कार्य कर रहे आतंकवादी संगठन, लश्कर-ए-तैयबा, जैश-ए-मोहम्मद तथा हरकत्-उल्-इस्लामी जैसे संगठनों के लोग अधिकांशत: बांग्लादेशी हैं, जिनको कट्टरपंथी रूप में प्रशिक्षित किया गया है तथा भारत विरोध के लिए प्रयोग किया जा रहा है।

## खालिदा जिया की सरकार (2001-06)

- खालिदा जिया की सरकार ने भारतीय सुरक्षा चिंताओं की अवहेलना की।
- उल्फा नेता अनूप चेतिया ने बांग्लादेश में शरण ली। उल्फा को न केवल बांग्लादेश में शरण दिया गया, बल्कि इन्हें स्वतंत्रता सेनानी की उपाधि भी दी गई। भारत ने बांग्लादेश द्वारा उग्रवादी संगठनों को शरण देने का विरोध किया।
- BNP नेता खालिदा जिया ने वर्ष 2005 में बांग्लादेश में हुए सीरियल बम विस्फोट में भारत का हाथ होने का आरोप लगाया।

## शेख हसीना सरकार (दिसंबर, 2008 से वर्तमान तक)

- शेख हसीना की आवामी लीग दल ने वर्ष 2008 के चुनाव में भारी विजय प्राप्त की।
- उन्होंने यथार्थवादी और व्यावहारिक विदेश नीति अपनाते हुए भारत के साथ मित्रता एवं सहयोगपूर्ण संबंधों पर बल दिया। यह उल्लेखनीय है कि शेख हसीना, मुजीबुर्रहमान की पुत्री हैं, जिन्होंने बांग्लादेश को स्वतंत्र कराया था।
- उन्होंने जनवरी-2010 में भारत की यात्रा की तथा दोनों देशों के प्रधानमंत्रियों ने एक वर्ष की अवधि में तिस्ता, फेनी सहित अन्य छह साझी नदियों के जल बंटवारे को हल करने का संकल्प लिया।
- अगस्त, 2010 में भारत ने बांग्लादेश को एक बिलियन डॉलर की सहायता प्रदान की, जो भारत द्वारा किसी भी देश को दी गई आज तक की सबसे बड़ी सहायता है।
- भारत द्वारा दी गई इस सहायता का उपयोग रेल के विकास और बस खरीदने के लिए किया जाएगा तथा बांग्लादेशी कूटनयिकों को भारत में नई दिल्ली में प्रशिक्षण दिया जाएगा।
- सितंबर, 2011 की यात्रा के दौरान प्रधानमंत्री मनमोहन सिंह ने बांग्लादेश की कुछ वस्तुओं को (46) भारत में प्रशुल्क मुक्त रूप में आयातित किया जाएगा।
- जनवरी, 2012 में बांग्लादेशी प्रधानमंत्री शेख हसीना ने त्रिपुरा की यात्रा की, जहां उन्हें त्रिपुरा विश्वविद्यालय द्वारा डी. लिट. की उपाधि दी गई। उन्होंने ने कहा कि त्रिपुरा में ही मुक्ति वाहिनी के लोगों को प्रशिक्षित किया गया। अत: उन्होंने बांग्लादेश की स्वतंत्रता में त्रिपुरा के लोगों के योगदान के लिए उनका आभार व्यक्त किया। उन्होंने यह भी कहा कि भारत, नेपाल, भूटान को चटगांव और मोंगला पत्तन के प्रयोग की सुविधा प्रदान कर दी गई है, जिससे इस क्षेत्र में व्यापारिक गतिविधियों में वृद्धि होगी।

## पारगमन मार्ग का मुद्दा

- बांग्लादेश की सीमा भारत की सुरक्षा के लिए अत्यधिक संवेदनशील क्षेत्र उत्तरी-पूर्वी राज्यों की सीमाओं से मिलती है।
- भारत के उत्तरी-पूर्वी राज्य भारत विभाजन के बाद भूमि आबद्ध क्षेत्र के रूप में परिवर्तित हो गया। उत्तरी-पूर्वी राज्यों में जाने के लिए भारत के द्वारा सिलीगुड़ी कोरिडोर का प्रयोग किया जाता है।
- जबकि बांग्लादेश यदि पारगमन मार्ग प्रदान कर दे, तो कोलकाता और अगरतल्ला के बीच की दूरी 1,200 किमी. कम हो जाएगी।
- बांग्लादेश ने यह भी आश्वासन दिया है कि मोंगला और चटगांव पत्तन का प्रयोग भारत कर सकेगा, जिससे भारत रेल और सड़क मार्ग से पत्तन को जोड़ेगा। इस संदर्भ में अगरतल्ला और बांग्लादेश में अखौर को जोड़ने के लिए 11.5 किमी. रेल लाइन बिछाने के समझौते पर सहमति व्यक्त की गई।
- यदि चटगांव पत्तन को अगरतल्ला से रेल मार्ग से जोड़ दिया जाए, तो उत्तरी-पूर्वी राज्यों से भारत के अन्य क्षेत्रों के लिए सामानों की आवाजाही सरल हो जाएगी।
- यद्यपि बांग्लादेश ने कहा कि यह सुविधा बांग्लादेश, भारत को तभी देगा जब तिस्ता जल बंटवारे की समस्या का समाधान हो जाएगा। बदले में भारत ने बांग्लादेश को नेपाल और भूटान जाने के लिए पारगमन मार्ग प्रदान करने का भी आश्वासन दिया है।

## भारत एवं बांग्लादेश संबंध, सीमा विवाद एवं अन्य विवादों के संदर्भ में

- भारत की सबसे लंबी सीमा बांग्लादेश के साथ लगती है। भारत एवं बांग्लादेश की यह सीमा पश्चिम बंगाल, असम, मेघालय, त्रिपुरा एवं मिजोरम से होकर गुजरती है।
- इतनी लंबी सीमा में विवाद केवल 6.1 किमी. सीमा के ऊपर है, जो कि अभी भी दोनों के मध्य विभाजित नहीं

है। इस अविभाजित सीमा में पश्चिम बंगाल में दैखाता का 1.5 किमी. क्षेत्र त्रिपुरा में बेलोनिया का 1.6 किमी. का क्षेत्र विवादास्पद है। इस क्षेत्र में मुहरी नदी के कारण सीमा विवाद उत्पन्न हुआ, क्योंकि यह नदी बहाव की दिशा परिवर्तित करती रहती है। इसलिए इस क्षेत्र में सीमा का निर्धारण नहीं किया जा सकता है।

- तीन किलोमीटर असम का क्षेत्र जिसमें लाठी, तीलिया एवं दुबारी का क्षेत्र है, जहां पर सीमा का विभाजन नहीं किया जा सकता है।

### अंत:क्षेत्र का मुद्दा (Enclave)

- सीमा विवाद से संबंधित अन्य समस्या भारत और बांग्लादेश के मध्य अंत:क्षेत्र से संबंधित हैं। ये अत:क्षेत्र भारत के कूच बेहार तथा बांग्लादेश के रंगपुर में है। एक आंकड़े के अनुसार, 111 भारतीय अंत:क्षेत्र बांग्लादेश में हैं, जबकि 51 बांग्लादेशी अंत:क्षेत्र भारत में हैं। इन अंत: क्षेत्रों का विवाद भारत और बांग्लादेश को विरासत में प्राप्त हुआ है, क्योंकि भारत और पाकिस्तान के सीमा निर्धारण के समय ही इन अंत:क्षेत्रों की स्थिति को भविष्य में सुलझाने का लक्ष्य रखा था। तीन बीघा गलियारा भारत ने बांग्लादेश को सौंप दिया है, जो बांग्लादेश के दाहाग्राम एवं अंगोरपोता को जोड़ता है।
- वर्ष 2015 में भूमि सीमा समझौते के अंतर्गत् अंत:क्षेत्रों के लेन-देन पर समझौता हो गया और दोनों देशों में अंत:क्षेत्रों में रहने वाले निवासियों को किसी भी देश के अंत:क्षेत्रों में बसने की स्वतंत्रता दी गई। **100वां** संविधान संशोधन के द्वारा इसे भारतीय संसद के द्वारा पारित कर दिया गया। अत: दोनों देशों के बीच लंबे समय से विद्यमान विवाद हल हो गया।

## तीस्ता नदी विवाद

- भारत एवं बांग्लादेश के बीच तीस्ता नदी के जल विभाजन के संबंध में पहली बार वर्ष 1983 में समझौता हुआ कि तीस्ता नदी के जल के 75 प्रतिशत भाग का बंटवारा भारत तथा बांग्लादेश के बीच किया गया, जिसमें 39 प्रतिशत जल भारत को तथा 36 प्रतिशत जल का भाग बांग्लादेश को प्रदान किया गया तथा शेष 25 प्रतिशत पानी मुक्त प्रवाह के लिए छोड़ा गया।
- वर्तमान में तीस्ता जल विभाजन का स्थायी समझौता प्रस्तावित किया गया है, जिसके अंतर्गत् भारत को जल का 42.5 प्रतिशत तथा बांग्लादेश को 37.5 प्रतिशत एवं 20 प्रतिशत पानी मुक्त प्रवाह के लिए छोड़ा जाएगा। परंतु बांग्लादेश पानी के आधे भाग की मांग कर रहा है। अभी तक इस पर स्थायी समझौता नहीं हो सका।

### गंगा नदी जल विभाजन समझौता ( 1996 )

- बांग्लादेश ने गंगा नदी के जल के आधे भाग पर दावा किया, क्योंकि बांग्लादेश ने तर्क दिया कि फरक्का से गंगा नदी का प्रवाह बाधित होगा और बांग्लादेश को उसके हिस्से का पानी नहीं मिलेगा।
- भारत का तर्क था कि गंगा नदी का सर्वाधिक प्रवाह भारत में है। इसलिए गंगा के जल पर सर्वाधिक हक भारत का है। भारत का यह भी तर्क था कि बांग्लादेश पूर्वी भाग में स्थित है, जहां पर्याप्त वर्षा होती है।
- भारत एवं बांग्लादेश के बीच जल विवाद को हल करने हेतु वर्ष 1971 में संयुक्त नदी जल आयोग की स्थापना हुई। किंतु दोनों के बीच वर्ष 1996 में पानी के विभाजन के लिए 30 वर्ष का एक लंबा समझौता हुआ। इसी समझौते के अंतर्गत् यह कहा गया कि यदि गंगा नदी में 70,000 क्यूसेक से कम पानी होगा, तो दोनों के बीच विभाजन आधा-आधा होगा।
- यदि पानी की मात्रा 70,000 से अधिक हुई, तो भारत को 40,000 क्यूसेक शेष बांग्लादेश को मिलेगा।

## तिपाई मुख बांध विवाद

- तिपाई मुख बांध बराक एवं तुबई नामक नदियों के संगम पर बन रहा है, जिसका बांग्लादेश द्वारा विरोध हो रहा है।
- बांग्लादेश के अनुसार, इस बांध से बांग्लादेश के हिस्से का पानी उसे प्राप्त नहीं होगा, क्योंकि इस बांध के कारण बांग्लादेश की दो नदियां कशियारा एवं सुरमा में पानी का प्रवाह कम हो जाएगा।
- बांग्लादेश के अनुसार, उसकी मूल आजीविका कृषि पर आधारित है। इसलिए इन बांधों का निर्माण बांग्लादेश के लिए अत्यधिक हानिकारक है।
- भारत के अनुसार, इस बांध से बाढ़ नियंत्रण में सहायता मिलेगी।
- इस बांध से जल परिवहन भी बेहतर होगा।
- बांध के कारण मत्स्य पालन बढ़ेगा।
- यह उल्लेखनीय है कि तिपाई मुख बांध का मुद्दा वर्ष 1972 में संयुक्त नदी आयोग को सौंपा गया, लेकिन वर्ष 2005 में इस पर पुन: विवाद हो गया।

## अवैध घुसपैठ की समस्या

- वर्तमान समय में लगभग 2 करोड़ अवैध बांग्लादेशी भारत में रह रहे थे।
- बांग्लादेशी घुसपैठियों के कारण उत्तर-पूर्वी भारत में जनांकीय आंकड़ों में बदलाव आ रहा है और यह त्रिपुरा

तथा असम में होने वाली हिंसक एवं सांप्रदायिक घटनाओं के पीछे बड़ा कारक है।
- इन घुसपैठियों से देश की सुरक्षा को गंभीर खतरा है। भारत के अनेक बम विस्फोटों में बांग्लादेशी घुसपैठियों के संलिप्त होने के प्रमाण भी मिले हैं।

## प्रत्यर्पण का समझौता

- दोनों देशों के बीच आपराधिक गतिविधियों में शामिल व्यक्तियों के लेन-देन का भी समझौता हो गया है, जिससे उत्तरी-पूर्वी राज्यों में कार्य करने वाले उग्रवादी संगठन बांग्लादेश में शरण नहीं लेंगे।

## द्वीपों के विवाद

- इन विवादों के अलावा न्यूमूर द्वीप विवाद भी भारत और बांग्लादेश के मध्य अन्य विवाद है। यह द्वीप बंगाल की खाड़ी में दो से बारह वर्ग किमी. का तट है, जो भारत के तट से 5,200 मी. तथा बांग्लादेश के तट से 7,000 मीटर है। इस द्वीप को सर्वप्रथम वर्ष 1971 में देखा गया तथा वर्ष 1979 तक इस द्वीप पर भारत के अधिकार को कोई चुनौती नहीं दी गई थी। इसे पश्चिम बंगाल सरकार ने पूर्वासा द्वीप का नाम दिया। वर्ष 1980 के पश्चात् बांग्लादेश में पहली बार न्यूमूर द्वीप को विवादास्पद क्षेत्र कहा तथा इस पर अपना दावा पेश किया। विवाद का मूल कारण है कि दोनों देशों के मध्य सागरीय सीमा का निर्धारण हुआ ही नहीं है। अब यह द्वीप पानी में विलीन हो चुका है।

## भारत एवं बांग्लादेश संबंधों का आर्थिक आयाम

- भारत और बांग्लादेश के मध्य आर्थिक संबंधों में व्यापार असंतुलन की समस्या मुख्य है।
- भारत दोनों देशों के मध्य मुक्त व्यापारिक क्षेत्र (Free Trade Area) के निर्माण का समर्थन करता है, जिससे दोनों देशों के मध्य व्यापार को बढ़ाया जा सके, जो दक्षेस की मान्यता के भी अनुकूल है।
- यहां यह बिंदु अत्यंत महत्वपूर्ण है कि बांग्लादेश, भारत के साथ मुक्त व्यापार समझौता करने का इच्छुक नहीं है, जबकि हाल ही में उसने पाकिस्तान के साथ ऐसे मुक्त व्यापार का समझौता किया है।
- जहां तक व्यापार असंतुलन की समस्या है, तो बांग्लादेश का व्यापार असंतुलन चीन के साथ भी है। इसलिए विचारकों के अनुसार, भारत और बांग्लादेश के मध्य आर्थिक संबंध राजनीतिक कारकों में निर्धारित हो रहे हैं, आर्थिक मुद्दा इतना बड़ा भी नहीं है।

### निवेश का मुद्दा

- आर्थिक संबंधों में अगला मुद्दा निवेश का है, जिसके अंतर्गत् भारत हैवी इलेक्ट्रिकल लिमिटेड (BHEL) ने बांग्लादेश में 124 मेगावाट गैस आधारित परियोजना का निर्माण किया है, इसका उद्देश्य सिलहट में भी एक ऐसी परियोजना निर्मित करने का है।
- वर्ष 2005 में भारत के टाटा समूह ने 1,000 मेगावाट की कोयला आधारित शक्ति परियोजना निर्मित करने का प्रस्ताव किया है।
- गैस अथॉरिटी ऑफ इंडिया ने एक सहमति के पत्र पर हस्ताक्षर किया।

### चकमा और रोहिंग्या

- बांग्लादेश की चटगांव पहाड़ियों पर चकमा लोगों का निवास है, जो बौद्ध धर्म में मान्यता रखते हैं। उल्लेखनीय है कि भारत के उत्तरी-पूर्वी राज्यों में भी चकमा नृजाति के लोगों का निवास है।
- वर्तमान समय में चकमा पहाड़ियों से होकर, भारतीय राज्य त्रिपुरा तथा अरूणाचल प्रदेश में शरण लिए हुए हैं।
- भारत एवं बांग्लादेश के बीच इन शरणार्थियों के वापस जाने के संबंध में बातचीत चल रही है।
- भारत सरकार ने एक महत्वपूर्ण निर्णय के तहत यह घोषणा की है कि वर्ष 1969 से पहले भारत में आए चकमा शरणार्थियों को नागरिकता प्रदान की जाएगी।
- रोहिंग्या मुसलमान बांग्लादेश के मूल निवासी हैं, जो म्यांमार के रिखिन प्रांत में रहते हैं। म्यांमार सरकार इन्हें नागरिकता नहीं दे रही है। बर्मी और रोहिंग्या के बीच सदैव संघर्ष होता रहता है।

### मोटर वाहन समझौता

- भारत-बांग्लादेश के बीच महत्वपूर्ण संबंध के परिणामस्वरूप भारत-बांग्लादेश के चटगांव एवं मोगला पत्तन का प्रयोग भारत की वस्तुओं को उत्तरी-पूर्वी राज्यों में भेजा जा रहा है तथा वर्ष 2015 में प्रधानमंत्री मोदी ने बांग्लादेश यात्रा के दौरान कोलकाता और त्रिपुरा के बीच बस यात्रा की शुरूआत की, जो ढाका होकर जाएगी। यह समझौता भारत के लिए निर्णायक महत्व का विषय है। इसके द्वारा कोलकाता और त्रिपुरा के बीच की दूरी लगभग 350 किमी. हो जाएगी।
- जबकि वर्तमान में कोलकाता से त्रिपुरा जाने के लिए सिलीगुड़ी गलियारे का प्रयोग किया जाता है, जिनके बीच की दूरी 1,700 किमी. है। इस समझौते से व्यावहारिक रूप में भारत को पारगमन मार्ग मिल गया है। इसके अतिरिक्त कोलकाता और असम के बीच भी बस सेवा शुरू की गई, जो ढाका होकर जाएगी।

**समुद्री सीमा विवाद पर अंतर्राष्ट्रीय न्यायाधिकरण का निर्णय ( 2014 )**

- संयुक्त राष्ट्र के 'सामुद्रिक कानून' पर बने न्यायाधिकरण ने 8 जुलाई, 2014 को अपना निर्णय दिया।
- विवादित क्षेत्र का 80 प्रतिशत हिस्सा बांग्लादेश को देने का प्रावधान किया गया है।
- विवादित 25,000 वर्ग किमी. क्षेत्र का 19,500 वर्ग किमी. क्षेत्र बांग्लादेश को और शेष भाग लगभग 6,000 वर्ग किमी. का क्षेत्र भारत के हिस्से में आया।
- भारत एवं बांग्लादेश के बीच समुद्री सीमा लाइन के विभाजन से भारत के विवाद समाधान बांग्लादेश, म्यांमार, थाइलैंड सभी के साथ हो चुके हैं और इससे भारत का बांग्लादेश के साथ संबंध और सुदृढ़ व बेहतर होगा और दोनों के बीच BCIM और BIMSTEC जैसे क्षेत्रीय सहयोग आगे बढ़ाए जाएंगे।
- इस पंचाट के निर्णय से न्यू मूर द्वीप पर भारत के दावे को भी स्वीकार कर लिया गया है, जिस पर पहले बांग्लादेश भी अपना दावा व्यक्त करता था।
- बांग्लादेश खाड़ी में स्थित हरिभंगा नदी के पास के क्षेत्रों पर भी भारत के अधिकार को मान्यता दे दी गई है। इन क्षेत्रों में गैस उत्खनन के भारतीय प्रयासों का बांग्लादेश ने बार-बार विरोध किया था।
- इस निर्णय के बाद दोनों देश अपने-अपने क्षेत्र में प्राकृतिक संसाधनों की खोज कर सकते हैं। भारतीय कंपनी ओ. एन. जी. सी. (ONGC) को बांग्लादेशी भू-भाग में स्थित तेल व गैस उत्खनन हेतु आमंत्रित किया जा सकता है। इसलिए दोनों के बीच ऊर्जा क्षेत्र में सहयोग के रास्ते भी साफ हो गए हैं।

**प्रधानमंत्री नरेंद्र मोदी की बांग्लादेश यात्रा ( जून, 2015 )**

- इस यात्रा को पहले पड़ोसी की नीति का एक भाग कहा गया तथा इसमें दोनों देशों के मध्य अंत:क्षेत्र हस्तांतरण, जल समझौता, तटीय नौवहन इत्यादि समझौते हुए।
- दोनों देशों के मध्य अंत:क्षेत्र हस्तांतरण समझौता लागू कर दिया गया, जिसके तहत् 111 अंत:क्षेत्र बांग्लादेश को दिए गए तथा 51 अंत:क्षेत्र भारत को मिले। इस समझौते को लागू करने के लिए आर्थिक संविधान में 100वां संविधान संशोधन लागू किया गया।

**बांग्लादेश की प्रधानमंत्री शेख हसीना की भारत यात्रा**

- दोबारा सत्ता में आने के बाद अप्रैल, 2017 में बांग्लादेशी प्रधानमंत्री पहली बार भारत यात्रा पर आईं, जहां कई महत्वपूर्ण समझौतों पर हस्ताक्षर हुए। इस यात्रा के दौरान भारत ने बांग्लादेश को 4.5 अरब डालर की नई रियायती ऋण सुविधा देने की घोषणा की।
- साथ ही असैन्य परमाणु सहयोग समझौते पर भी दोनों देशों ने हस्ताक्षर किया और दोनों देशों के मध्य खुलना से कलकत्ता तक रेल संपर्क बढ़ाने पर भी समझौता हुआ।

## भारत-भूटान संबंध

**पृष्ठभूमि**

- भूटान, भारत का पड़ोसी देश है। हिमालयी राज्य तथा भूमि आबद्ध देश है।
- भारत एवं भूटान के मध्य अत्यधिक मधुर मित्रतापूर्ण संबंध बने हुए हैं।
- भारत एवं भूटान के मध्य शांति और मित्रता की संधि नेपाल के समान ही संपन्न है। भूटान की सुरक्षा विदेश नीति या बाह्य मामलों का दायित्व मूलत: भारत के द्वारा किया जाता है।

**भूटान का महत्व**

- उत्तरी-पूर्वी राज्यों के सीमावर्ती होने के कारण और चीन के साथ भौगोलिक निकटता के कारण भूटान का भारत के लिए विशेष महत्व है।
- यह उल्लेखनीय है कि वर्ष 1949 में साम्यवादी चीन के निर्माण के बाद और चीन द्वारा तिब्बत पर नियंत्रण के बाद भारत के लिए भूटान, सिक्किम और नेपाल तीनों का अत्यधिक महत्व हो गया।
- भारतीय सुरक्षा संरचना के अंतर्गत् इन हिमालयी राज्यों की सुरक्षा अत्यधिक महत्वपूर्ण है। यह नीति ब्रिटिश भारत के समय से ही संचालित है।
- यह उल्लेखनीय है कि नेपाल, भूटान और सिक्किम तीनों की वैधानिक प्रकृति में भिन्नता है, क्योंकि नेपाल पूर्णत: एक संप्रभु देश है। जबकि आरंभ में सिक्किम एक संरक्षित प्रांत था, जिसका 1975 में भारत में विलय हो गया।

**भारत एवं भूटान के मध्य 1949 की संधि**

- भूटान का विकास एक संप्रभु राज्य के रूप में धीरे-धीरे हुआ।
- भारत और भूटान के मध्य वर्ष 1949 में एक संधि हुई, जिसमें स्पष्ट कहा गया कि भूटान अपने आंतरिक मामलों में स्वतंत्र है। लेकिन अपने विदेशी संबंधों का संचालन भारत के निर्देश के द्वारा करेगा।

**वर्ष 2007 में बड़ा परिवर्तन**

- विदेश नीति के संबंध में वर्ष 2007 में कहा गया है कि अब भूटान की विदेशी संबंधों का संचालन भारत से परामर्श के द्वारा किया जाएगा, जबकि वर्ष 1949 की

संधि में कहा गया कि विदेश संबंधों का संचालन भारत के निर्देश द्वारा होगा।

## चीन कारक

- चीन के नेता, माओ ने अपनी एक मान्यता में यह प्रतिपादित किया कि 'चीन हाथ है तथा तिब्बत हथेली, जिसकी पांच अंगुलियां लद्दाख, नेपाल, भूटान, सिक्किम व अरूणांचल प्रदेश शामिल हैं।'
- वर्ष 1962 के भारत एवं चीन युद्ध के बाद, चीन द्वारा भारत विरोधी नीति के परिणामस्वरूप चीन की नेपाल में बढ़ती सक्रियता के कारण भूटान का महत्व निर्विवाद रूप में देखा गया।
- चीन ने लगातार यह प्रयत्न किया कि वह भूटान में अपना दूतावास खोल सके।
- चीन भूटान में विद्यमान आंतरिक नृजातीय संबंधों को भी भारत के विरुद्ध बताने का प्रयास करता रहा है। इसके बावजूद भारत एवं भूटान के संबंध सदाबहार और मित्रतापूर्ण हैं।
- चीन, भूटान में अपना दूतावास खोलना चाहता है, जिसकी अनुमति अभी भूटान ने नहीं दी है। जबकि वर्ष 2014 में भूटान ने जापान को दूतावास खोलने की अनुमति प्रदान कर दी है।
- भूटान और चीन के मध्य **चुम्बी घाटी** क्षेत्र में सीमा विवाद है।
- दोनों देशों के सीमा विवाद में भारत का हित निहित है।

### आर्थिक सहयोग

- वर्तमान आर्थिक उदारीकरण के दौर में भी भारत एवं भूटान के मध्य बेहतर संबंधों का निर्माण किया जा रहा है।
- भूटान, पनबिजली क्षमता से संपन्न राष्ट्र हैं, जबकि भारत को अपनी आर्थिक वृद्धि दर बनाए रखने के लिए बड़ी मात्रा में ऊर्जा की आवश्यकता है।
- चुक्खा पन बिजली परियोजना, दोनों देशों के मध्य आर्थिक सहयोग का बेहतर उदाहरण हैं।
- यह उल्लेखनीय है कि भूटान के समूचे आर्थिक एवं सामाजिक विकास में भारत की भूमिका अत्यधिक निर्णायक है।
- दक्षेस के थिम्पू सम्मेलन में 'साफ्टा' के अंतर्गत् सेवाओं के व्यापार की अनुमति दी गई है।

## द्रुकपा और नेपाली मूल के लोगों का मुद्दा

- भारत और भूटान के मध्य किसी प्रकार के विवाद नहीं हैं। परंतु भूटान में भूटानी मूल के कारण द्रुकपा और नेपाली मूल के लोगों के मध्य संघर्ष के परिणामस्वरूप भारत प्रभावित हो जाता है, क्योंकि भूटानी मूल के लोगों का यह आरोप है कि नेपालियों के आने से भूटानी अपने ही देश में अल्पसंख्यक बनने के कगार पर हैं। यह भी उल्लेखनीय है कि सिक्किम में भोटिया और लेप्चा तथा भूटान में पाए जाने वाले द्रुकपा के मध्य और तिब्बतियों घनिष्ट सांस्कृतिक और धार्मिक संबंध पाए जाते हैं।
- उत्तरी-पूर्वी राज्यों में कार्यरत आतंकी संगठनों के विरुद्ध भारत और भूटान के आपसी सहयोग के द्वारा 'ऑपरेशन ऑल क्लीयर' नाम से संयुक्त कार्यवाही की गई। भारत और म्यांमार के मध्य भी आतंकियों के विरुद्ध सहयोग किया जा रहा है। संयोग से वर्तमान में शेख हसीना सरकार द्वारा भी आतंकियों के विरुद्ध कार्यवाही की जा रही है। इसलिए भूटान, भारत के लिए निर्विवाद तौर पर महत्वपूर्ण है।
- वर्तमान समय में समूचे दक्षिण एशियाई क्षेत्र में लोकतंत्र की बहाली हो गई है। भूटान में यह प्रक्रिया शांतिपूर्ण रूप में आरंभ हुई। (वर्ष 2004 के बाद) ऐसा माना जाता है कि नेपाल में चल रहे संघर्ष को देखते हुए भूटान में भी राजतंत्रीय व्यवस्था के विरोध की संभावना थी, क्योंकि भूटान में भूटानी मूल के द्रुकपा और नेपालियों के मध्य पहले से ही संघर्ष विद्यमान है। महाराजा ने भूटान को आंतरिक संघर्ष से बचाने के लिए लोकतांत्रिक प्रक्रिया आरंभ की। मार्च-2008 में भूटान में नए लोकतांत्रिक चुनाव हुए। भारत ने भूटान में लोकतंत्र की बहाली एवं चुनाव कराने में भी सहयोग दिया।
- भारतीय प्रधानमंत्री ने भूटान की संसद को संबोधित करते हुए कहा कि लोकतंत्र का अर्थ मात्र चुनाव आयोजित करना नहीं है, बल्कि आम लोगों की भलाई के लिए शक्ति का प्रयोग करना है।
- भारत के सहयोग के द्वारा भूटान की GDP का 42 प्रतिशत भाग जल विद्युत परियोजनाओं से प्राप्त होता है।
- भूटान, दक्षिण एशिया का सबसे अधिक प्रतिव्यक्ति आय वाला देश है।
- भूटान के पास जल विद्युत संसाधन का बहुत बड़ा भाग है।
- भारत एवं भूटान के बीच आर्थिक सहयोग का मुद्दा वर्तमान समय में भारत को अपनी आर्थिक वृद्धि पर 10 प्रतिशत बढ़ाने के लिए विशाल ऊर्जा संसाधनों की आवश्यकता है। चुक्खा और ताला जल विद्युत परियोजनाएं भारत और भूटान के बीच जल विद्युत ऊर्जा के क्षेत्र में सहयोग के उल्लेखनीय उदाहरण हैं, जिन परियोजनाओं में भारत ने 100 प्रतिशत निवेश किया है। यह समझौता 99 वर्षों के लिए है।
- वर्ष 2020 तक भारत और भूटान ने 10 हजार मेगावाट बिजली के साझे उत्पादन का लक्ष्य रखा है, जिससे भूटान

की आर्थिक संवृद्धि होगी और भारत को ऊर्जा (बिजली) प्राप्त होगी।

- भूटान का आर्थिक व्यापार मुख्यतया भारत के साथ है।
- भूटान के कुल निर्यात का 85 प्रतिशत भाग भारत को दिया जाता है तथा भूटान अपने समूचे आयात का 72 प्रतिशत भाग भारत से आयात करता है।
- वर्तमान समय में भारत और भूटान के बीच ( वर्ष 2011) कुल द्विपक्षीय व्यापार की मात्रा 61.6 बिलियन रूपये है।
- 5 वर्ष के अंतराल के पश्चात भूटान में संसदीय चुनाव 13 जुलाई, 2013 को संपन्न हुए, जिसमें सत्तारूढ़ ड्रक फ्यूनसूम शोग्पा (DPT) को भारी पराजय का सामना करना पड़ा है तथा विगत 5 वर्षों से विपक्ष में रही पीपुल्स डेमोक्रेटिक पार्टी (PDP) ने भारी बहुमत प्राप्त किया है, जिससे पी.डी.पी. के नेता शेरिंग तोबगे के प्रधानमंत्री बनने का मार्ग प्रशस्त हो गया है।
- अक्टूबर-नवंबर, 2013 में भारत ने भूटान की नई सरकारी प्रोत्साहन योजना में सहायता के लिए 100 करोड़ रूपये दिए हैं। यह राशि भूटान की 11वीं योजना में सहायता के अलावा 500 करोड़ रूपये उपलब्ध कराने के केंद्र सरकार के पैकेज का हिस्सा है।

## डोकलाम विवाद

- वर्ष 1949 की भारत-भूटान संधि के अनुसार, भूटान की सुरक्षा का दायित्व भारत का है और भूटान में भारतीय सेनाओं की तैनाती है। चीन और भूटान के बीच सीमा विवाद बने हुए हैं, जिसमें डोकलाम भी शामिल है।

### भारत की मुखर विदेश नीति

- डोकलाम विवाद भारत और चीन के बीच में विवाद के रूप में परिवर्तित हो गया, क्योंकि भूटान की सुरक्षा का दायित्व भारत का है महाशक्ति होने के कारण भारत को अपने छोटे पड़ोसी देशों को सुरक्षा भी प्रदान करनी चाहिए।
- भारत के द्वारा चीन के सड़क निर्माण को रोक दिया गया, जिसके विरोध में चीन के अत्यधिक हिंसक और आक्रामक प्रतिक्रिया की, परंतु भारत ने अपनी सेनाएं पीछे नहीं किया और चीनी आक्रामक रणनीति के समक्ष न झुकना, भारत की कूटनीतिक विजय है।

### डोकलाम विवाद एवं वैश्विक जनमत

- जापान के द्वारा डोकलाम मुद्दे पर भारत का समर्थन और हिंसक तरीके से एकतरफा रूप में सीमा में बदलाव का विरोध किया गया। चीन ने नेपाल पर दवाब बनाकर भारत के समक्ष काला पानी विवाद उठाने के लिए कहा, परंतु नेपाल ने इस मुद्दे पर चीन का समर्थन नहीं किया।
- रूस ने भी तटस्थता की नीति अपनाई तथा अमेरिका के द्वारा समस्या के कूटनीतिक समाधान पर बल दिया, जिसका अभिप्राय है कि विश्व जनमत ने परोक्ष रूप में भारतीय दृष्टिकोण का ही समर्थन किया।

### डोकलाम का भू-सामरिक महत्व

- चुम्बी घाटी सामरिक रूप में अत्यधिक महत्वपूर्ण है, क्योंकि यह ऊंचाई पर स्थित है। उससे भी बढ़कर यह सिलीगुड़ी गलियारे के अत्यधिक निकट है, जो समूचे पूर्वोत्तर क्षेत्र को भारत के साथ जोड़ता है। इसलिए यहां चीन की सेनाओं की तैनाती का समूचे पूर्वोत्तर क्षेत्र की सुरक्षा खतरे में आ जाती है।
- यद्यपि यह उल्लेखनीय है कि डोकलाम विवाद का शांतिपूर्ण समाधान हो गया है। परंतु चीन के नेता शी. जीनपिंग की साम्यवादी दल में अत्यधिक शक्तिशाली स्थिति हो गई है। इसलिए भविष्य में भी चीन की नीतियां अत्यधिक आक्रामक हो गई, जो भारत की सुरक्षा के लिए बड़ी चुनौती बनी रहेगी।
- विचारकों का यह भी कहना है कि डोकलाम मुद्दे पर चीन का आक्रामक दृष्टिकोण भारत के द्वारा चीन द्वारा प्रस्तावित रोड बेल्ट की परियोजना में भाग लेने से इंकार करना भी था।
- भूटान नरेश जिग्मे खेसर नामग्याल वांगचूक नवंबर, 2017 में भारत की यात्रा पर आए। यह यात्रा इसलिए भी महत्वपूर्ण रही, क्योंकि यह डोकलाम विवाद के तुरंत बाद की भारत यात्रा है। इस यात्रा के दौरान दोनों देशों के मध्य व्यापारिक, सुरक्षा संबंधों को आगे ले जाने पर सहमति बनी। भूटान ने डोकलाम पर चीनी अतिक्रमण का विरोध किया।
- वर्ष 2019 में प्रधानमंत्री मोदी के द्वारा दोबारा भूटान की यात्रा की गई।

# भारत और नेपाल

### पृष्ठभूमि

- भारत और नेपाल के मध्य संबंध सांस्कृतिक, धार्मिक और नृजातीय रूप से अभिन्न रूप में जुड़े हुए हैं।
- दोनों के मध्य 1,700 किमी. की लंबी सीमा पर मुक्त आवाजाही है तथा दोनों देशों के मध्य पृथक् राज्य की मान्यता को अलग कर दें, तो दोनों देशों के मध्य विभेद करना कठिन है।

### शांति और मैत्री संधि, 1950

- इस संधि के **प्रावधान निम्नलिखित थे-**
  (i) दोनों देश किसी विदेशी आक्रमण के समय एक-दूसरे की रक्षा करेंगे।

(ii) सामान्य रूप से नेपाल अपने लिए युद्ध सामग्री भारत से खरीदेगा तथा किसी अन्य देश से युद्ध सामग्री खरीदने से पहले नेपाल, भारत से परामर्श करेगा।

(iii) तिब्बत, नेपाल और भूटान के मध्य दर्रों पर भारत और नेपाली सैनिक संयुक्त रूप से नियुक्त किए जाएंगे।

(iv) नेपाली सेना के संगठन और प्रशिक्षण के लिए एक भारतीय सैनिक मिशन को काठमांडू में स्थापित किया जाएगा।

(v) इसी संधि के अंतर्गत् नेपालियों को भारत में कार्य करने तथा रोजगार प्राप्त करने की सुविधा प्रदान की गई है।

- वर्तमान में संधि को रद्द करने की मांग कर रहे हैं।

### चीन के साथ नेपाल के संबंध की स्थापना (1955)

- वर्ष 1955 में जब राजा त्रिभुवन के स्थान पर नेपाल के राजा महेन्द्र हुए तब उन्होंने चीन के साथ भी नेपाल के बेहतर संबंधों के निर्माण का प्रयास किया तथा चीन के साथ वर्ष 1956 में नेपाल के कूटनयिक संबंध स्थापित हो गए। इसी समय चीन ने काठमांडू और कोदारी राजमार्ग का निर्माण किया।
- वर्ष 1959 तक आते-आते भारत-चीन के मित्रतापूर्ण संबंध अत्यधिक प्रतिकूल हो गए। परिणामस्वरूप नेपाल की विदेश नीति में चीन की ओर स्पष्ट झुकाव देखा जाने लगा।

### चीन कार्ड का प्रयोग

- राजा महेन्द्र ने भारत को संतुलित करने के लिए चीन कार्ड का प्रयोग किया। राजा महेन्द्र ने यहां तक कहा कि किसी विदेशी असुरक्षा के मसले पर चीन, नेपाल की सहायता करेगा।
- भारतीय विदेश नीति की दक्षिण एशिया में मुख्य दो चुनौती, चीन और पाकिस्तान के साथ संबंधों को लेकर है। जैसे ही चीन और भारत के मध्य संबंध खराब हुए, (वर्ष 1962 का युद्ध हुआ) तो स्वाभाविक रूप में भारत की उत्तरी सीमा की रक्षा करना अधिक महत्वपूर्ण हो गया।
- जिससे पाकिस्तानी सैनिकों को भारत के विरुद्ध कार्यवाही करने में ज्यादा आसानी दिखने लगी। इसी परिप्रेक्ष्य में पाकिस्तान ने वर्ष 1965 में भारत पर आक्रमण भी किया।
- वर्ष 1970 के दशक में भारत और नेपाल के संबंध निम्नलिखित कारणों से **खराब हुए-**

(i) भारत द्वारा नेपाल में लोकतांत्रिक शक्तियों को दिया जा रहा समर्थन।

(ii) वर्ष 1971 का भारत एवं पाकिस्तान युद्ध।

(iii) वर्ष 1974 में भारत का पोखरण परमाणु विस्फोट।

(iv) वर्ष 1975 में सिक्किम का भारत में विलय। (इसके बाद चीन कहने लगा कि अगला नंबर अब नेपाल का है)

- परिणामस्वरूप वर्ष 1975 में नेपाल ने स्वयं को शांति क्षेत्र घोषित करने की मांग की।

### शीतयुद्धोत्तर युग

- वर्ष 1990 के बाद के शीतयुद्धोत्तर युग में नेपाल में माओवाद के बढ़ते प्रभाव से भारतीय सुरक्षा के लिए नई चुनौती उत्पन्न हुई, क्योंकि माओवादियों का दृष्टिकोण, भारत विरोधी रहा है।
- भारत एवं नेपाल के बीच लंबी खुली सीमा भी सुरक्षा के लिए नई चुनौती बनने लगी, क्योंकि सीमावर्ती क्षेत्रों में आई. एस. आई. की गतिविधियां बढ़ने लगीं तथा हथियारों की तस्करी एवं नकली नोटों का अवैध व्यापार भी बढ़ने लगा।
- वर्ष 1999 में काठमांडू से इंडियन एयरलाइंस के विमान का अपहरण कर लिया गया।
- वर्तमान समय में चीन का शांतिपूर्ण उभार और चीन द्वारा नेपाल तक रेल लाइन बिछाने की योजना, चीन की दूरगामी रणनीति का परिणाम है। अत: नेपाल एवं भूटान का भारतीय सुरक्षा के लिए अत्यधिक महत्व है।

## भारत एवं नेपाल के मध्य आर्थिक संबंध

- भारत की स्वतंत्रता के बाद से ही भारत द्वारा नेपाल के आर्थिक विकास में पूर्ण सहायता प्रदान की गई।
- नेपाल की अधिकांश आधारभूत संरचनाओं का निर्माण भारत के सहयोग द्वारा किया गया।
- नेपाल के सैनिकों को भी भारत द्वारा प्रशिक्षण दिया गया।
- नेपाल की वस्तुओं को भारत में शुल्क मुक्त रूप में आयातित करने की सुविधा प्रदान की गई।
- भारत ने नेपाल की वस्तुओं के आयात के लिए भारतीय भू-भाग से होकर पारगमन की सुविधा भी प्रदान की, क्योंकि नेपाल की वस्तुओं का आयात कोलकाता पत्तन द्वारा होता है।
- भारत ने नेपाल के साथ महाकाली परियोजना के समझौते पर भी हस्ताक्षर किया, जिसके अंतर्गत् भारत में महाकाली नदी पर बांध बनाकर बिजली उत्पादन के लिए पैसे का निवेश किया गया।
- नवंबर, 2011 में भारतीय विदेश मंत्री की नेपाल यात्रा के दौरान दोनों के मध्य दोहरे करारोपण (Double Taxation Avoidance Agreement) समाप्त करने का समझौता हुआ।

## भारत एवं नेपाल संबंधों का राजनीतिक आयाम

- वर्ष 1955 में राजा महेन्द्र के सत्ता में आने के पश्चात्

नेपाल की आंतरिक राजनीति में भी परिवर्तन देखा जाने लगा। वर्ष 1960 में नेपाल में लोकतांत्रिक शासन को समाप्त कर दिया गया।

- जबकि भारतीय विदेश नीति में नेपाल में लोकतंत्र के बने रहने का समर्थन किया जाता था। अत: भारतीय विदेश नीति में संवैधानिक राजतंत्र का समर्थन किया जाता था।
- नेपाल में जैसे ही लोकतांत्रिक शासन बर्खास्त हुआ, उसी के साथ नेपाल ने भारत को संतुलित करने के लिए चीन कार्ड का प्रयोग आरंभ कर दिया।
- अत: राजा महेन्द्र की 'समान दूरी की नीति' आंतरिक रूप में अपनी सत्ता सशक्त करने के लिए थी, जिस समय भारत व चीन के संबंध प्रतिकूल होने लगे, तो दूसरी ओर चीन और नेपाल के संबंध ज्यादा मधुर होने लगे।
- राजा वीरेन्द्र के सत्ता में आने के पश्चात् भी नेपाल ने अपनी विदेश नीति में 'समान दूरी के सिद्धांत' को बनाए रखा।
- वर्ष 1970 के दशक में नेपाल ने नेपाली क्षेत्र को, शांति क्षेत्र घोषित करने का (सिक्किम के भारत विलय वर्ष 1975 के बाद) नारा भी दिया। अत: 70 के दशक में भारत और नेपाल के मध्य संबंध कटु हुए, जिसका कारण सिक्किम का विलय (वर्ष 1975), भारत का परमाणु विस्फोट (वर्ष 1974) करना एवं भारत व सोवियत मैत्री भी मानी जाती है।
- वर्ष 1980 के दशक में भारत और नेपाल के संबंध राजीव गांधी के कार्यकाल में अधिक कटु हुए। राजीव गांधी ने नेपाल के चीन कार्ड के विरुद्ध सख्त और यथार्थवादी प्रत्युत्तर दिया।
- राजीव गांधी की यह नीति वैचारिक की बजाय, सामरिक रणनीति पर आधारित थी।

### जन-आंदोलन प्रथम

- वर्ष 1990 के बाद नेपाल में लोकतंत्र की बहाली हुई और बहुदलीय व्यवस्था पर आधारित लोकतांत्रिक चुनाव आयोजित किए गए, जिसमें आम लोगों ने लोकतंत्र की बहाली का समर्थन किया। इसलिए इसे जन-आंदोलन कहा गया।
- वर्ष 1990 के दशक में नेपाल का परिदृश्य परिवर्तित होने लगा तथा वहां बहुदलीय लोकतांत्रिक शासन की स्थापना हुई, जिससे दोनों देशों के मध्य बेहतर संबंधों की स्थापना का प्रयास किया गया।
- शीतयुद्धोत्तर विश्व राजनीति में भारत ने एक ओर अपने संबंध महाशक्तियों के साथ अनुकूल करने का प्रयास किया, तो दूसरी ओर, पड़ोसी देशों के साथ मित्रतापूर्ण संबंध पर बल दिया।
- नेपाल में लोकतंत्र राजनीतिक स्थायित्व को प्राप्त नहीं कर सका।
- इसलिए नेपाल में वर्ष 1995 के पश्चात् माओवाद का प्रभाव देखा गया, जो संप्रति पूरे नेपाल में विद्यमान है।
- परिणामस्वरूप नेपाल में एक ओर राजा, दूसरी ओर, लोकतांत्रिक शक्तियां और तीसरी ओर माओवादी संघर्ष के मध्य संतुलन बैठाने की समस्या उत्पन्न हुई। इसी बढ़ती माओवादी हिंसा के दौरान राजा वीरेन्द्र की हत्या हुई, जो कि खुद उनके पुत्र द्वारा की गई। परिणामस्वरूप नेपाल में अत्यधिक अस्थिरता का वातावरण बना।
- वर्ष 2000 में राजा ज्ञानेन्द्र ने शासन संभाला, तो यह अस्थिरता समाप्त नहीं हुई। परिणामस्वरूप वर्ष 2002 में नेपाल की संसद को भंग कर दिया गया। वर्ष 2005 में नेपाल में आपातकाल की घोषणा कर दी गई।

### जन-आंदोलन द्वितीय

- जबकि दूसरा जन-आंदोलन वर्ष 2006 में आरंभ हुआ। जब नेपाल के महाराजा ने वर्ष 2005 में शासन पर नियंत्रण कर लिया।
- जिस पर प्रतिक्रिया करते हुए, भारत ने कहा कि यह नेपाल में लोकतंत्र के लिए सदमा है, जिससे भारत भी चिंतित है।
- भारत ने परंपरागत रूप में नेपाल के प्रति विदेश नीति का **दो मूल आधार अपनाया-**
  (i) बहुदलीय लोकतंत्र का समर्थन।
  (ii) संवैधानिक राजतंत्र।
- भारत ने महाराजा ज्ञानेंद्र पर दबाव बनाया तथा नेपाल को दी जा रही हथियारों की आपूर्ति भी रोक दी गई।
- भारत ने वर्ष 2005 में आयोजित ढाका दक्षेस बैठक में भी भाग लेने से मना कर दिया, जिसके कारण दक्षेस बैठक स्थगित हो गई।
- भारत द्वारा अमेरिका और यूरोपीय यूनियन के साथ समान दृष्टिकोण अपनाते हुए नेपाल में लोकतंत्र की बहाली का समर्थन किया।
- चीन, पाकिस्तान का नेपाल में बढ़ता प्रभाव भारत की सुरक्षा के लिए गंभीर चुनौती उत्पन्न करता है।

### नवीन नेपाल का उदय

- अत: अब नेपाल में लोकतंत्र की बहाली के लिए संघर्ष होने लगा। आंतरिक विरोधों एवं अंतर्राष्ट्रीय दबाव के परिणामस्वरूप अप्रैल, 2006 में नेपाल में आपातकाल समाप्त कर दिया गया।
- एक अत्यधिक महत्वपूर्ण घटना के अंतर्गत् माओवादियों ने नेपाल में मुख्य राजनीतिक धारा में सम्मिलित होने का

निर्णय लिया, जिससे विष्णु के अवतार के रूप में माने जा रहे राजा एवं राजशाही का नेपाल में अंत प्रतीत हो रहा है।

- इसी के अंतर्गत् सात दलों के गठबंधन (7 Alliance) और नेपाल के माओवादी के मध्य **निम्न समझौतों पर सहमति हो गई**-
  - (i) पहली बार नेपाल के माओवादी दल ने लोकतांत्रिक प्रक्रिया में भागीदारी के लिए प्रतिबद्धता व्यक्त की।
  - (ii) निरंकुश राजतंत्र की समाप्ति तथा संविधान सभा के लिए संयुक्त राष्ट्र संघ के नियंत्रण में चुनाव कराने की भी सहमति हुई।
  - (iii) माओवादी दल ने बहुदलीय प्रतिस्पर्धी राजनीतिक व्यवस्था को स्वीकार किया है, जिसमें नागरिकों के अधिकार, मूल अधिकार, मानवाधिकार एवं विधि के शासन का भी समर्थन किया है।
  - (iv) विगत् वर्षों के संघर्ष में जो भी लोग विस्थापित हुए हैं या उनकी संपत्ति छीन ली गई है, वह उन्हें वापस की जाएगी।
  - (v) प्रतिनिधि सदन देश की सभी विधायी शक्तियों का प्रयोग करेगा, यही सदन संविधान सभा के निर्वाचन की प्रक्रिया भी निर्धारित करेगा। समूची कार्यकारी शक्तियां मंत्रिमंडल में निहित होंगी तथा महामहिम की सरकार की बजाय, अब नेपाल की सरकार शब्द का प्रयोग किया जाएगा।
  - (vi) रॉयल नेपाली सेना का नाम बदलकर, नेपाली सेना रखा जाएगा।
  - (vii) अब नेपाली सेना का कमांडर-इन-चीफ मंत्रिमंडल द्वारा नियुक्त होगा (जो पहले राजा के द्वारा नियुक्त होता था)
  - (viii) नेपाली सेना का गठन राष्ट्रीय दृष्टिकोण से किया जाएगा।
  - (ix) प्रतिनिधि सदन राजा के विशेषाधिकार एवं उनके कार्यों के संबंध में नीति का निर्धारण करेगा।
  - (x) राजा की संपत्ति पर करारोपण भी किया जाएगा।
  - (xi) राजा के कार्यों को विधायिका एवं कार्यपालिका में प्रश्नांकित भी किया जाएगा।
  - (xii) संक्षेप में नेपाल एक पंथ निरपेक्ष एवं लोकतांत्रिक राज्य होगा, न कि हिंदू एवं राजशाही व्यवस्था के अंतर्गत् शासित होगा।

## मधेशी समस्या

- नेपाल में पहाड़ी और तराई क्षेत्रों के मध्य क्षेत्र को ही मधेशी क्षेत्र कहा गया, जो नेपाल के पहाड़ी और मैदानी भाग के बीच का भाग है। इस मधेशी क्षेत्र में नेपाल के 22 जिले सम्मिलित हैं, जिन जनपद की सीमा भारत की सीमा के साथ मिलती है।
- मधेशियों में भारतीय मूल के मधेशी हैं और नेपाली मधेशी भी हैं। नेपाल की जनसंख्या का लगभग 40 प्रतिशत से ज्यादा हिस्सा इस भाग में निवास करता है। नेपाल के कृषि उत्पादन का 65 प्रतिशत तथा नेपाल के कुल राजस्व का 76 प्रतिशत भाग इसी क्षेत्र से प्राप्त होता है।
- मधेशी मैथिली, भोजपुरी एवं हिंदी भाषा बोलते हैं। इसलिए इनके सांस्कृतिक और वैवाहिक संबंध भारतीयों से हैं।
- मधेशियों के साथ अनेक प्रकार के भेदभाव हुए। उदाहरण के लिए, वर्ष 1964 के नागरिकता अधिनियम के अनुसार, मधेशियों को नागरिकता के सर्टिफिकेट से वंचित कर दिया गया, जिससे उन्हें नेपाल में भूमि खरीदने के अधिकार से भी वंचित होना पड़ा।
- मधेशियों के अनुसार, मधेशी क्षेत्र का विकास नेपाल के पहाड़ी क्षेत्र की तुलना में अत्यधिक कम हुआ है।
- मधेशी ये भी मानते हैं कि भारत का दृष्टिकोण सदैव काठमांडू केंद्रित होता है और भारत भी मधेशियों के हितों की उपेक्षा करता है।
- नेपाल सरकार मधेशियों को भारत समर्थक मानती है।
- माओवादियों और मधेशियों के बीच भी हिंसक संघर्ष हो चुके हैं।
- माओवादियों ने आरोप लगाया कि मधेशियों को भारत उकसाता है।

### माओवादियों के प्रभावी होने से भारत के लिए समस्याएं

- वर्ष 2008 के निर्वाचन में माओवादियों का दल सबसे बड़े दल के रूप में उभरा, इसलिए वे पहली बार लोकतांत्रिक तरीके से निर्वाचित होकर सत्ता में आए।
- माओवादियों का झुकाव चीन के प्रति ज्यादा माना जाता है।
- माओवादियों का ऐसा मानना है कि भारत एक साम्राज्यवादी शक्ति है, जो नेपाल के संसाधनों का प्रयोग अपने हितों के लिए कर रहा है।
- माओवादी वर्ष 1950 की भारत एवं नेपाल संधि को समाप्त करने की मांग कर रहे हैं ये गोरखाओं के भारतीय सेना में भर्ती के भी विरोधी हैं। इन्होंने भारत एवं नेपाल के बीच जल समझौतों का भी विरोध किया। माओवादी भारत विरोध को ग्रामीण वासियों तक पहुंचा रहे हैं।
- नेपाली माओवादी और भारतीय माओवादियों के बीच संबंध बन रहे हैं।
- वर्ष 2012 में माओवादी दल का विभाजन हो गया और माओवादी दल के नेता किरण विद्या ने अपना अलग दल

बना लिया और उनका यह कहना है कि वे नेपाल की चुनावी प्रणाली में भाग नहीं लेंगे और वे हिंसक संघर्ष जारी रखेंगे। किरण विद्या भी भारत के बड़े आलोचक हैं। किरण विद्या के अनुसार, 'प्रचण्ड भारत से मिलकर कार्य कर रहे हैं। यह उल्लेखनीय है कि नेपाल में जब भी कोई दल सरकार का निर्माण करता है, तो उसे भारत के साथ संबंध बनाना अनिवार्य हो जाता है।'

## सीमा विवाद

- भारत और नेपाल के मध्य 1,700 किमी. लंबी सीमा है। अत: सामान्यत: भारत और नेपाल के मध्य सीमा विवाद नहीं है, केवल **काला पानी** क्षेत्र को अपवाद मान लिया जाए और इस क्षेत्र के विवाद को शीघ्रतया हल करने की कोशिश की जा रही है और यह काला पानी का क्षेत्र भू-सामरिक रूप में महत्वपूर्ण है, क्योंकि भारत, चीन और नेपाल तीनों की सीमा यहां मिलती है और लगभग 372 वर्ग किमी. का क्षेत्र विवादास्पद है तथा इसी क्षेत्र से कैलाश मानसरोवर की यात्रा भी की जाती है।

### भारत और नेपाल के बीच जल परियोजना पर सहयोग

- भारत एवं नेपाल के बीच जल संसाधन क्षेत्र में सहयोग की व्यापक संभावनाएं हैं। नेपाल के पास 83,000 मेगावाट पन विद्युत ऊर्जा क्षमता विद्यमान है। इस क्षेत्र में दोनों देशों के मध्य **सहयोग के निम्नलिखित उदाहरण हैं**-
  (i) नेपाल की प्रमुख नदी महाकाली, करनाली, कोशी और गंडक जैसी बड़ी नदियां नेपाल में हैं, जहां जल विद्युत की क्षमता लगभग 40-43 हजार मेगावाट की है।
  (ii) वर्तमान समय में नेपाल केवल 600 मेगावाट जल विद्युत क्षमता ही उत्पादन कर रहा है। इसलिए भारत और नेपाल के बीच जल विद्युत के क्षेत्र में सहयोग की असीम संभावनाएं हैं।
  (iii) वर्तमान समय में नेपाल, भारत से बिजली का आयात कर रहा है।

### नेपाल और भारत के बीच जल विद्युत के मुद्दे पर होने वाले सहयोग इस प्रकार हैं-

- शारदा बांध, वर्ष 1927
- कोशी समझौता, वर्ष 1954
- गंडक समझौता, वर्ष 1959
- टनकपुर समझौता वर्ष 1991
- महाकाली संधि, वर्ष 1969 पंचेश्वर समझौता।

### समस्या

- महाकाली समझौता वर्ष 1996 में हुआ और वर्तमान समय में भी यह क्रियान्वित नहीं हो पा रहा है।
- नेपाल के द्वारा विशेषकर माओवादी इस समझौते को नेपाल के हितों के प्रतिकूल मान रहे हैं।
- नेपाल की मांग है कि बांध से बनने वाली बिजली का विभाजन भारत और नेपाल के बीच आधा-आधा होना चाहिए।
- नेपाल का यह भी तर्क है कि बिजली की कीमत नेपाल का बिजली बोर्ड तय करेगा।

## काला पानी क्षेत्र का विवाद

- यह 370 वर्ग किमी. का क्षेत्र है। यह भारत, नेपाल एवं चीन सीमा पर स्थित है। वर्तमान में इस क्षेत्र पर भारत का नियंत्रण है।
- परंतु नेपाल द्वारा इस पर अपने दावा किए जाने के कारण यह क्षेत्र विवादित हो गया है।

### 2008 का संविधान सभा का चुनाव (एक नए युग की शुरूआत)

- वर्ष 2008 के नेपाल के संविधान सभा के चुनाव में एकीकृत नेपाली साम्यवादी दल (माओवादी) सबसे बड़े दल के रूप में उभरा।
- नेपाली कांग्रेस को दूसरा स्थान प्राप्त हुआ तथा तीसरे स्थान पर नेपाली मार्क्सवादी-लेनिनवादी दल रहा।
- चुनाव के परिणाम भारतीय परिप्रेक्ष्य के अनुकूल नहीं रहे, क्योंकि माओवादियों का शासन सत्ता पर नियंत्रण भारत के लिए बड़ी चुनौती है। माओवादियों की निकटता चीन के साथ है। उदाहरण के लिए, माओवादी नेता पुष्प कुमार दहल (प्रचंड) को प्रधानमंत्री बनाने के लिए चीन ने नेपाल के सांसदों को 500 मिलियन रुपये दिए।
- ये भारत को एक साम्राज्यवादी देश की संज्ञा देते हैं, इनका संबंध भारतीय नक्सलियों से भी है।
- अत: भारत के लिए दोनों रूप में चुनौती उत्पन्न करता है। पड़ोसी देशों की विदेश नीति में भारत विरोध का मुद्दा सदैव प्रभावी होता है। माओवादी नेपाल के अन्य दलों पर यह भी अरोप लगाते हैं कि वे भारत से मिले हुए हैं। इसलिए नेपाल में लोकतंत्र की बहाली भी भारत के लिए अनुकूल सिद्ध नहीं हुई।

### संविधान सभा भंग एवं संविधान निर्माण पर विवाद, 2012

(i) माओवादी, नृजातीय संघवाद के समर्थक हैं, जबकि मार्क्सवादी-लेनिनवादी दल इसका विरोधी है, वहीं नेपाली कांग्रेस संघीय व्यवस्था की समर्थक है।
(ii) मधेशी मोर्चा संघीय सरकार की समर्थक है, इसके

अनुसार, इस संघीय व्यवस्था में प्रत्येक नृजातीय समुदायों का भी प्रतिनिधित्व होना चाहिए। यह उल्लेखनीय है कि मधेशी मोर्चे में भी विभाजन हो गया है।

(iii) नेपाल में संसदीय शासन की स्थापना हो या अध्यक्षीय शासन प्रणाली की स्थापना हो। इस बिंदु पर भी असहमति है।

- नेपाल में शांति बहाली का मुद्दा संविधान के निर्माण के अलावा, माओवादी सैनिकों की सेना में भर्ती और उनके पुनर्वास से भी संबंधित है।
- माओवादी गुरिल्ला संघर्ष में 19,000 माओवादी लड़ाके सम्मिलित थे। वर्ष 2012 में सभी माओवादियों का सेना में एकीकरण कर लिया गया है।
- भारत का मानना है कि नेपाली सेना के व्यावसायिक और निष्पक्ष प्रकृति को बनाए रखा जाए।
- यह उल्लेखनीय है कि नेपाली सेना में माओवादियों के प्रभाव से चीन का नेपाली सेना पर प्रभाव बढ़ जाएगा, जो भारतीय हितों के लिए अनुकूल नहीं है। इससे यह प्रतीत होता है कि समझौता अभी जटिल है।
- 28 नवंबर, 2011 को तत्कालीन भारतीय विदेश मंत्री प्रणव मुखर्जी ने नेपाल की यात्रा की और नेपाल में शांति बहाली का समर्थन किया।

**भारतीय प्रधानमंत्री की नेपाल यात्रा**

- प्रधानमंत्री ने 3 अगस्त, 2014 को दो दिवसीय नेपाल की यात्रा की।
- दोनों पक्ष वर्ष 1950 की भारत-नेपाल मैत्री संधि और द्विपक्षीय समझौते की समीक्षा एवं समायोजन व उनके नवीनीकरण पर सहमत हुए।
- नेपाल की संविधान सभा को संबोधित करते हुए प्रधानमंत्री ने नेपाल की मदद के लिए एक फॉर्मूला प्रस्तुत किया- ''हाईवेज अर्थात् राजमार्ग। इनफॉरमेशन हाइवेज अर्थात् सूचना राजमार्ग और ट्रांसवेज अर्थात् ट्रांसमिशन लाइंस।''
- भारत, नेपाल को 10 हजार करोड़ नेपाली रूपये की ऋण सहायता देगा।
- नेपाल में अरूण नदी पर 900 मेगावाट का पनबिजली संयंत्र लगाने पर समझौता हुआ।
- भारत सतलज जल विद्युत निगम पनबिजली संयंत्र लगाएगा। वर्ष 2021 तक उत्पादन शुरू करने का लक्ष्य है। उत्पन्न बिजली का 21 फीसदी हिस्सा नेपाल को मुफ्त में दिया जाएगा।
- काठमांडू-वाराणसी, जनकपुर-अयोध्या और लुंबिनी-बोधगया के बीच जुड़वा शहर का करार किया गया है।

**भारतीय प्रधानमंत्री की दूसरी काठमांडू यात्रा**

- 18वें दक्षेस सम्मेलन में शामिल होने के लिए पहुंचे प्रधानमंत्री मोदी की यह दूसरी काठमांडू यात्रा थी।
- भारत ने नेपाल को एक लड़ाकू विमान ध्रुव प्रदान किया।
- मिट्टी की टेस्टिंग के लिए मोबाइल लैब का पूरा सेटअप एवं टेक्नोलॉजी उपलब्ध करवाई।
- काठमांडू-दिल्ली बस सेवा का उद्घाटन किया।

**मोटर वाहन समझौता** (Motor Vehicle Agreement, MVA)

- सार्क देशों के मध्य प्रस्तावित यह समझौता पाकिस्तान के विरोध के कारण असफल रहा। परंतु भारत, भूटान, बांग्लादेश, नेपाल के मध्य यह समझौता संपन्न हुआ, जो सार्क देशों में एक अलग उपसमूह है।
- यह समझौता चारों पड़ोसी देशों के मध्य व्यापार, आवागमन व कनेक्टिविटी बढ़ाने में मददगार होगा तथा देशों के मध्य कम समय में पहुंच, ऊर्जा सहयोग, जल परिवहन इत्यादि संभव होगा, जिससे वस्तुओं, सेवाओं, तकनीकी तथा लोगों का मुक्त प्रवाह संभव होगा।

## नेपाल में नया संविधान और मधेशी समस्या

- संविधान सभा के गठन के आठ वर्षों बाद नेपाल में वर्ष 2015 में नया संविधान स्वीकार कर लिया गया। इस हेतु दो बार संविधान सभा का चुनाव संपन्न हुआ। नए संविधान के पक्ष में कुल 598 वोटों में से 507 वोट पड़े।

  **नए संविधान की विशेषताएं इस प्रकार हैं-**

  (i) नेपाल में संघीय शासन व्यवस्था को अपनाया गया है, जिसमें सात राज्य होंगे। केंद्र व राज्यों के बीच शक्तियों का विभाजन किया गया है।

  (ii) 'धर्मनिरपेक्षता' नेपाल के नए संविधान की दूसरी विशेषता है। अतः अब नेपाल हिंदू राष्ट्र नहीं होगा।

  (iii) नेपाल में संसदीय शासन व्यवस्था को अपनाया गया है। इसका चुनाव समानुपातिक प्रतिनिधित्व और क्षेत्रीय (भौगोलिक) प्रतिनिधित्व के अनुसार होगा।

  (iv) इस संविधान में मूल अधिकारों की व्यवस्था की गई है, जो सामाजिक, आर्थिक व सांस्कृतिक होंगे।

  (v) इस संविधान के अनुसार, एक सर्वोच्च न्यायपालिका होगी, जो केंद्र व राज्यों के बीच विवादों का निपटारा करेगी। न्यायाधीशों की नियुक्ति हेतु एक 'न्यायिक नियुक्ति परिषद्' की स्थापना की गई है।

  (vi) संविधान की अन्य विशेषताएं-बहुदलीय लोकतंत्र, समतामूलक समाज की स्थापना, प्रेस की स्वतंत्रता व कानून आधारित समाजवाद इत्यादि हैं।

### मधेशियों का विरोध

- संविधान के निर्माण के बाद मधेशियों के द्वारा संवैधानिक प्रावधानों को भेदभावपूर्ण माना गया। मधेशियों ने अपने लिए दो प्रांतों के निर्माण की मांग की। क्योंकि नेपाल के 75 जनपदों में से 22 जनपदों में मधेशियों की बड़ी आबादी है और 5 जनपदों में मधेशियों का एकतरफा बहुमत है। परंतु राज्यों के निर्माण के दौरान मधेशी बहुमत वाले जनपदों को पहाड़ी क्षेत्रों के साथ जोड़ दिया गया तथा प्रत्येक राज्य में पहाड़ी, मैदानी तथा तराई क्षेत्रों को शामिल किया गया। जबकि मधेशी तराई क्षेत्रों के लिए अलग मधेशी राज्य के निर्माण की मांग कर रहे थे।
- संविधान में संसद की सीटों के परिसीमन के लिए भू-भाग को आधार बनाया गया। जबकि मधेशियों ने जनसंख्या के अनुसार संसदीय क्षेत्रों के परिसीमन का समर्थन किया। संविधान में उच्च सदन में प्रत्येक राज्यों को समान प्रतिनिधित्व दिया गया। जबकि मधेशियों ने जनसंख्या के आधार पर प्रतिनिधित्व की मांग की। मधेशियों के द्वारा नेपाल के प्रशासन, सैन्य व्यवस्था तथा संसद में मधेशियों के लिए आरक्षण की मांग भी उठाई गई। वर्तमान संविधान में यह प्रावधान है कि जिन नेपाली नागरिकों के माता-पिता भी नेपाली हैं, उन्हें ही राष्ट्रपति, प्रधानमंत्री जैसे संवैधानिक पदों पर नियुक्त किया जाएगा। जबकि मधेशियों के माता-पिता नेपाल के नागरिक नहीं हैं।
- संविधान के उपरोक्त प्रावधानों को भेदभावपूर्ण कहा गया, जिसका मधेशियों ने हिंसक विरोध किया तथा भारत-नेपाल के बीच आवागमन के मार्ग को भी अवरूद्ध कर दिया। नेपाल ने यह आरोप लगाया कि भारत के द्वारा पारगमन मार्ग रोका गया है। नेपाल के द्वारा चीन के साथ निकटता बनाने का प्रत्यन किया गया तथा चीन-नेपाल के बीच रेलमार्ग बिछाने का भी समझौता हो गया है। नेपाल ने चीन से तेल का आयात भी आरंभ कर दिया है, जिसके लिए पहले नेपाल केवल भारत पर निर्भर था। भारत के अनुसार, यह नेपाल की आंतरिक समस्या है और नेपाल अपनी आंतरिक समस्या से ध्यान भटकाने के लिए भारत विरोध को बढ़ावा दे रहा है। वर्ष 2014 में भारतीय प्रधानमंत्री के द्वारा 17 वर्षों बाद नेपाल की यात्रा की गई तथा वर्ष 2015 में नेपाल में भयंकर भूकंप के बाद भारत ने 'आपरेशन मैत्री' के अंतर्गत् नेपाल की बड़ी सहायता प्रदान की, परंतु मधेशी समस्या के बाद नेपाल में पुनः भारत विरोध अत्यधिक प्रभावी बन गया।

### पहला संविधान संशोधन

- नेपाल में विद्यमान इस गतिरोध को देखते हुए नेपाली सरकार ने पहला संविधान संशोधन किया और संसद में जनसंख्या के आधार पर सीटों का निर्धारण किया गया तथा सरकार ने मधेशी समुदाय के लोगों के लिए शासन तथा सेना में उचित प्रतिनिधित्व देने का प्रावधान किया। परंतु मधेशी अभी भी अपने लिए दो प्रांतों के निर्माण की मांग कर रहे हैं। भारत के द्वारा नेपाल के पहले संविधान संशोधन को सकारात्मक कहा गया।

## नेपाली प्रधानमंत्री पुष्प कमल दहल (प्रचंड) की भारत यात्रा

- नेपाली प्रधानमंत्री पुष्प कमल दहल की पद ग्रहण करने के उपरांत यह पहली विदेश यात्रा थी। इस यात्रा के दौरान कई मुद्दों पर सहयोग की सहमति बनी।
- दोनों देशों ने द्विपक्षीय तथा बहुपक्षीय सहयोग को बढ़ावा देने तथा सार्क तथा बिम्सटेक में आपसी सहयोग पर सहमति व्यक्त की। दहल ने मधेशियों की समस्या समाधान का आश्वासन दिया तथा कहा कि संविधान में संशोधन के माध्यम से मधेशियों को उनका हक दिया जाएगा।
- दोनों देशों के मध्य 750 मिलियन डॉलर की 'लाइन ऑफ क्रेडिट' पर समझौता हुआ।
- दोनों देशों के मध्य तराई क्षेत्र में सड़कों के विकास तथा पॉवर ट्रान्समिशन तथा विद्युत उपग्रह केंद्र के विकास से संबंधित समझौता हुआ।
- अप्रैल, 2017 में नेपाल की प्रथम महिला राष्ट्रपति विद्यादेवी भंडारी की पांच दिवसीय भारत यात्रा संपन्न हुई। इस यात्रा के दौरान दोनों देशों के मध्य व्यापक स्तर पर साझेदारी बढ़ाने, पीपल टू पीपल कनेक्टीविटी बढ़ाने पर सहमति हुई और उन्होंने गुजरात तथा ओडीशा की यात्रा भी की।

## नेपाल में प्रथम आम चुनाव

- वर्ष 2017 के अंतिम महीनों में नेपाल में नए संविधान के अनुरूप प्रथम आम चुनाव संपन्न हुआ, जिसमें केंद्रीय विधायिका के 275 सदस्यों में से 165 सदस्यों का चुनाव प्रत्यक्ष रूप से जनता द्वारा किया गया, साथ ही 7 प्रांतों का चुनाव भी संपन्न हुआ।
- इन चुनावों में नेपाली कम्युनिस्ट पार्टी-माले तथा नेपाली कम्युनिस्ट पार्टी-माओवादी ने मिलकर चुनाव लड़ा, जिसमें इन वाम दलों ने जबरदस्त सफलता प्राप्त की तथा 165 सीटों में से 113 सीटें इन दलों ने प्राप्त किया।
- पूर्व प्रधानमंत्री के. पी. ओली की पार्टी कम्युनिस्ट पार्टी (माओवादी) को व्यापक समर्थन मिला तथा नेपाल कांग्रेस

पार्टी की बुरी तरह हार हुई। साथ ही 7 में से 6 प्रांतों में इन वामपंथी दलों की सरकारें बनी।

- 110 सदस्यों का चुनाव अप्रत्यक्ष रूप से हुआ, जिसमें वामपंथी दलों को व्यापक सफलता मिली। फरवरी, 2018 में के. पी. ओली को नेपाल का 41वां प्रधानमंत्री नियुक्त किया गया।
- 11-12 मई 2018 के मध्य भारतीय प्रधानमंत्री मोदी नेपाल की यात्रा पर रहे। दोनों देशों ने भारत-नेपाल के मध्य कनेक्टिविटी बढ़ाने के प्रति प्रतिबद्धता व्यक्त की।
- भारत द्वारा बिहार के रक्सौल से नेपाल के काठमांडू के बीच सामरिक रेलवे लिंक का निर्माण किया जाएगा।
- नई विद्युतीकृत रेल लाइन का निर्माण करने पर सहमति व्यक्त की है। जिसका वित्त पोषण भारत द्वारा किया जाएगा।
- भारत और नेपाल के प्रधानमंत्रियों ने नेपाल के तुम्लिगतर क्षेत्र में 900 मेगावाट की अरूण-थ्री जल विद्युत परियोजना की नींव रखी।

## भारत-मालदीव

### मालदीव

- मालदीव, हिंद महासागर में अवस्थित एक देश है, जहां से विश्व के महत्वपूर्ण व्यापारिक मार्ग गुजरते हैं।
- हिंद महासागर में स्थित अमेरिका का सैनिक अड्डा डियागो गार्शिया, मालदीव के निकट हैं। (300 किमी. दूर)
- मालदीव वर्ष 1965 में ब्रिटिश शासन से आजाद हुआ।
- गॉन द्वीप पर ब्रिटिश शासन का सैनिक अड्डा था।
- वर्तमान समय में चीन अपनी 'स्टिंग ऑफ पर्ल्स' की नीति के अंतर्गत् गॉन द्वीप पर सैनिक अड्डा बनाने का प्रयत्न कर रहा है।
- मालदीव, भारतीय केंद्र शासित क्षेत्र लक्षद्वीप के अत्यधिक निकट है।
- भारतीय मूल के लोग मालदीव में बांग्लादेश के बाद सबसे बड़ी संख्या में रहते हैं।

### इतिहास

- वर्ष 1988 में मालदीव में सैनिक तख्तापलट की कोशिश की गई तथा भारत के द्वारा मालदीव की सहायता की गई थी।

## 2008 के बाद भारत से संबंध

- वर्ष 2008 में मालदीव में भी लोकतंत्र की बहाली हुई, और यहां होने वाले लोकतांत्रिक चुनाव में मोहम्मद नशीद को विजय प्राप्त हुई।
- मोहम्मद नशीद का दृष्टिकोण सदैव भारत समर्थित रहा। यह उल्लेखनीय है कि मालदीव का राज्य धर्म सुन्नी इस्लाम है। (पंथनिरपेक्ष नहीं)
- मालदीव की अर्थव्यवस्था का मूल आधार पर्यटन है।
- मोहम्मद नशीद ने पर्यटन उद्योग को बढ़ावा देने का प्रयत्न किया। उनके कार्यकाल में कई भारतीय कंपनियों और व्यापारियों को भी मालदीव में कार्य करने का अवसर मिला, जिसमें जी.एम.आर. (GMR) का उदाहरण उल्लेखनीय है।

### संबंधों में गिरावट का मूल कारण

- इस्लामी कट्टरपंथियों ने मोहम्मद नशीद के द्वारा उदारीकरण और पर्यटन को बढ़ावा देने की नीतियों का घोर विरोध किया गया।
- कट्टरपंथियों का आरोप था कि मालदीव में शराब उद्योग को बढ़ावा दिया जा रहा है।
- इसलिए कट्टरपंथियों ने विदेशी पर्यटकों का विरोध करना शुरू कर दिया। इजरायल के पर्यटकों को मालदीव न आने की धमकी दी गई, जिससे मालदीव की अर्थव्यवस्था प्रभावित हुई।
- कट्टरपंथियों ने मालदीव में आयोजित दक्षेस सम्मेलन में प्रदर्शित प्रतीकों को तोड़ दिया और यह आरोप लगाया कि यह प्रतीक इस्लाम के विरुद्ध है।

### समस्या का राजनीतिक रूपांतरण

- मालदीव में मोहम्मद नशीद ने वहां के मुख्य न्यायाधीश को बर्खास्त कर दिया। न्यायाधीश के ऊपर यह आरोप था कि वे मालदीव के पूर्व शासक अब्दुल गयूम को भ्रष्टाचार के मामले में बचाने का प्रयत्न कर रहे थे।
- न्यायाधीश की बर्खास्तगी के विरोध में नशीद के विरुद्ध लोगों का आंदोलन शुरू हो गया।
- नशीद का आरोप है कि उनको बलपूर्वक सत्ता से हटा दिया गया और उपराष्ट्रपति मोहम्मद वहीद राष्ट्रपति बन गए।

## भारत-मालदीव संबंध और चीन

- मालदीव, चीन द्वारा संकल्पित 'मोतियों की माला' नीति का महत्वपूर्ण भाग है। चीन, मालदीव के उथुरू थिला नामक स्थान पर नौसैनिक अड्डे विकसित कर रहा है।
- चीन अपने आर्थिक शक्ति और निवेश के बल पर मालदीव में भारत विरोधी गतिविधियों का विस्तार कर रहा है।
- वर्तमान में मालदीव में कट्टर इस्लामिक नेताओं का शासन है, जो चीन समर्थक और भारत विरोधी हैं।

### मालदीव में सत्ता परिवर्तन और भारत

- वहीद के शासन में आने के बाद मालदीव की चीन के साथ निकटता स्पष्ट तौर पर देखी जा सकती है।
- जो ठेका मालदीव में भारत की जी.एम.आर. (GMR) कंपनी को मिला था, वह ठेका चीन को दे दिया गया।
- चीन, मालदीव के पर्यटन उद्योगों में भी बड़ा निवेश कर रहा है।
- राष्ट्रपति वहीद ने नशीद की गिरफ्तारी का तरीका ढूंढ निकाला और वहीद, नशीद को गिरफ्तार करके उन्हें अगला चुनाव लड़ने से रोकने का प्रयत्न कर रहे हैं।

### भारत का दृष्टिकोण

- भारत के अनुसार, वह लोकतंत्र का समर्थक है।
- भारत ने मालदीव के आने वाले लोकतांत्रिक चुनाव में नशीद के निर्वाचन में भाग लेने को प्रतिबंधित करने के प्रयत्नों का विरोध किया।
- भारत के अनुसार, आगामी लोकतांत्रिक चुनाव में सभी को भागीदारी का अवसर मिलना चाहिए।
- भारत के अनुसार, नशीद ने स्वयं भारतीय दूतावास में शरण ली थी।
- अक्टूबर-नवंबर, 2013 को मालदीव में हुए चुनाव में 'प्रोग्रेसिव पार्टी ऑफ मालदीव' के उम्मीदवार अब्दुल्ला यामीन ने राष्ट्रपति पद का चुनाव जीत लिया है।
- अब्दुल्ला यामीन मालदीव में लोकतांत्रिक रूप से निर्वाचित दूसरे राष्ट्रपति हैं। मालदीव के पहले निर्वाचित राष्ट्रपति मोहम्मद नशीद थे।

### लोकतंत्र पर संकट

- वर्ष 2015 में मालदीव में राष्ट्रपति पर जानलेवा हमला हुआ। उसके बाद मालदीव में आपातकाल की घोषणा कर दी गई। यद्यपि 30 दिन के भीतर आपातकाल समाप्त कर दिया गया। परंतु लोकतंत्र के स्थायित्व पर संकट उत्पन्न हो गया। मालदीव में राजनीतिक संकट बना हुआ है और मालदीव के रक्षामंत्री को राष्ट्रपति के द्वारा बर्खास्त कर दिया गया और जम्हूरी पार्टी के द्वारा सरकार से समर्थन भी वापस ले लिया गया। इस बीच मानवाधिकार संगठनों के दबाव के कारण तथा भारत-श्रीलंका के अनुरोध के कारण मालदीव के पूर्व राष्ट्रपति मोहम्मद नशीद को इलाज के लिए ब्रिटेन जाने की अनुमति दे दी गई। नशीद को मालदीव में आतंक विरोधी अधिनियम के अंतर्गत् 13 वर्षों की सजा दी गई है। नशीद ने ब्रिटेन में कहा कि मालदीव में लोकतंत्र खतरे में है। यह उल्लेखनीय है कि राष्ट्रपति की सजा को माफ नहीं किया गया और उन्हें पुनः मालदीव वापस आना होगा।

### मालदीव का पहला संविधान संशोधन

- जुलाई, 2015 में मालदीव के संविधान में पहला संशोधन किया गया मालदीव के संविधान के अनुच्छेद-251 में उल्लिखित है कि मालदीव की भूमि विदेशी सैनिक उद्देश्यों अथवा विदेशी लोगों के लिए नहीं बेची जाएगी, परंतु इस प्रावधान में परिवर्तन कर दिया गया है, जिसके अनुसार मालदीव की भूमि विदेशी निवेश के लिए बेची जाएगी। विचारकों के अनुसार, संविधान में इस संशोधन से चीन के लिए मालदीव में सैनिक अड्डे के निर्माण का रास्ता साफ हो गया है, जो भारत के लिए बड़ी चिंता का विषय है।

## भारत-मालदीव रक्षा सहयोग समझौता

- भारतीय विदेश मंत्री सुषमा स्वराज की मालदीव यात्रा के दौरान दोनों देशों ने रक्षा, सुरक्षा, ऊर्जा एवं स्वास्थ्य में सहयोग बढ़ाने पर सहमति दी तथा भारत ने यह आश्वासन दिया कि आवश्यकता पड़ने पर मालदीव को सुरक्षा उपलब्ध कराई जाएगी।
- दोनों देशों के मध्य खेल तथा युवा मामलों के संबंध में सहमति-पत्र (MOU) पर हस्ताक्षर किए तथा मालदीव ने संयुक्त राष्ट्र सुरक्षा परिषद् में भारत की सदस्यता का समर्थन किया।
- अप्रैल, 2016 में मालदीव के राष्ट्रपति अब्दुल्ला यामिन के द्वारा भारत की यात्रा की गई और रक्षा संबंधों को सुदृढ़ बनाया गया।

## मालदीव में भारत समर्थित सरकार

- वर्ष 2019 में मालदीव के राष्ट्रपति चुनाव में मोहम्मद सोलिह को विजय प्राप्त हुई, जिन्होंने **भारत प्रथम** की नीति पुनः अपनाई।
- पूर्व सरकार की चीन झुकाव वाली नीति में परिवर्तन भी किया, जिससे, भारतीय प्रधानमंत्री नरेन्द्र मोदी के द्वारा दूसरे कार्यकाल में पहली विदेश यात्रा के लिए मालदीव का चयन किया गया, जो **पड़ोसी पहले की** नीति के अनुरूप है।
- भारत के द्वारा मालदीव **कोस्टल सर्विलांस** के लिए राडार लगाने का समझौता किया गया।

## दक्षेस (South Asian Association for Regional Cooperation (SAARC))

- दक्षेस के निर्माण का आरंभिक सुझाव बांग्लादेश के राष्ट्रपति जियाउर्रहमान द्वारा दिया गया, परंतु क्षेत्रीय संगठन के निर्माण के प्रस्ताव पर भारत की प्रतिक्रिया आरंभिक रूप में नकारात्मक रही, **जिसके निम्नलिखित कारण थे-**

(i) पड़ोसी देशों द्वारा सदैव भारत विरोधी नीति अपनाना।
(ii) पाकिस्तान और बांग्लादेश द्वारा द्विपक्षीय मुद्दों को अंतर्राष्ट्रीय मंचों पर उठाना।
(iii) अत: भारत पड़ोसी देशों के प्रति संदेहपूर्ण था, क्योंकि पड़ोसी देश इस क्षेत्रीय मंच का प्रयोग द्विपक्षीय विवादों को उठाने के लिए तथा भारत को प्रतिसंतुलित करने के लिए कर सकते थे।
(iv) बांग्लादेश द्वारा प्रस्तावित क्षेत्रीय संगठन का विचार अत्यधिक महत्वपूर्ण था, क्योंकि दक्षिण एशिया विश्व का एक मात्र ऐसा क्षेत्र था, जिसमें विभिन्न देशों की स्वतंत्रता के 40 वर्षों बाद भी किसी क्षेत्रीय संगठन का निर्माण नहीं हो सका था।
(v) कालांतर में भारत ने इसके प्रति सकारात्मक दृष्टिकोण अपनाया और दक्षेस में अफगानिस्तान को भी सम्मिलित करने का प्रस्ताव किया, परंतु पाकिस्तान द्वारा यह प्रस्ताव अस्वीकृत कर दिया गया।

- दक्षेस की स्थापना 8 Dec. 1985 में हुई, परंतु इसके पहले **विकास का क्रम निम्नलिखित है-**
  (i) वर्ष 1977-80 के मध्य बांग्लादेश ने दक्षेस का प्रस्ताव दिया।
  (ii) वर्ष 1980-81 में सात दक्षेस राज्यों के मध्य परस्पर विचार-विमर्श आरंभ हुआ।
  (iii) वर्ष 1981 में कोलंबो में विदेश सचिवों की बैठक हुई तथा इसी वर्ष क्षेत्रीय सहयोग के विषयों के चुनाव के लिए समिति का निर्माण हुआ।
  (iv) वर्ष 1983 में नई दिल्ली में विदेश मंत्रियों की बैठक हुई।

## दक्षेस का उद्देश्य

- दक्षेस की पहली बैठक वर्ष 1985 में ढाका में संपन्न हुई, इसके अंतर्गत् सहयोग के **निम्नलिखित विषयों का चयन किया गया-**
  (i) कृषि एवं संस्कृति (ii) संचार एवं खेलकूद
  (iii) शिक्षा (iv) ग्रामीण विकास
  (v) पर्यटन (vi) परिवहन
  (vii) पर्यावरण और मौसम विज्ञान
  (viii) नशीली दवाओं के व्यापार पर प्रतिबंध
  (ix) महिलाओं का विकास
  (x) स्वास्थ्य और जनसंख्या संबंधी गतिविधियां
  (xi) विज्ञान एवं तकनीकी।
- विभिन्न क्षेत्रों में सहयोग के निर्माण के लिए समितियों का गठन किया गया तथा यह दक्षिण एशिया में एक महत्वपूर्ण पहल सिद्ध हुई, क्योंकि विभिन्न प्रकार के विवादों की बजाय, परस्पर सहयोग और समन्वय का निर्णय लिया गया और यह सहयोग **निम्नलिखित उद्देश्यों को प्राप्त करने के लिए किया गया-**
  (i) दक्षिण एशिया के लोगों के जीवन की गुणवत्ता में वृद्धि।
  (ii) क्षेत्र के आर्थिक, सामाजिक और सांस्कृतिक विकास को तीव्र करना, जिससे सभी व्यक्तियों को गरिमामय जीवन का अवसर प्राप्त हो सके।
  (iii) दक्षिण एशियाई राज्यों में सामूहिक अंतर्निर्भरता की वृद्धि एवं इसे सशक्त करना।
  (iv) एक-दूसरे की समस्याओं को समझना और पारस्परिक विश्वास को बढ़ावा देना।
  (v) आर्थिक, सामाजिक, सांस्कृतिक एवं तकनीकी क्षेत्र में सक्रिय सहभागिता को बढ़ावा देना एवं पारस्परिक सहायता करना।
  (vi) अन्य विकासशील देशों के साथ सहयोग को सुदृढ़ करते हुए अंतर्राष्ट्रीय एवं क्षेत्रीय संगठनों में समान उद्देश्यों के लिए सहयोग करना।

## संरचना

- दक्षेस के चार्टर में वर्णित उपरोक्त उद्देश्यों को प्राप्त करने के लिए दक्षेस की संरचना का भी चार्टर में उल्लेख किया गया है, **जो निम्नलिखित हैं-**

1. **शीर्ष स्तर पर राष्ट्राध्यक्षों या शासनाध्यक्षों की बैठक होती है।**
2. **द्वितीयक स्तर पर विदेश मंत्रियों की बैठक होती है, जिसके कार्य निम्नलिखित हैं-**
   (i) संगठन की नीतियों का निर्माण करना।
   (ii) सहयोग की प्रगति की समीक्षा।
   (iii) नए क्षेत्रों में सहयोग का निर्णय।
   (iv) यदि आवश्यक हो, तो अतिरिक्त उपायों का निर्माण।
   (v) संगठन के सामूहिक एवं सामान्य हित के मुद्दों पर विचार-विमर्श करना।

- राष्ट्राध्यक्षों या शासनाध्यक्षों की बैठक वर्ष में एक बार होती है, जबकि मंत्रिपरिषद् की बैठक एक वर्ष में दो बार होती है, यदि आवश्यकता पड़े तो इसकी अतिरिक्त बैठक भी बुलाई जा सकती है।

3. **विदेश सचिवों की बैठक**

- स्टैंडिंग कमेटी (Standing Committee) का निर्माण विदेश सचिवों से मिलकर होता है, **जिसके कार्य निम्नलिखित हैं-**
  (i) सहयोग में समन्वय एवं उसका पर्यवेक्षण करना।

(ii) कार्यक्रमों, परियोजनाओं को अनुशंसित करना एवं उनका वित्तीय प्रबंध करना।
(iii) प्राथमिकताओं का निर्धारण।
(iv) क्षेत्रीय एवं अन्य संसाधनों का परियोजन।
(v) उचित अध्ययन के आधार पर नए क्षेत्रों में सहयोग की पहचान।

**4. तकनीकी समितियां**

- विभिन्न विषयों पर विभिन्न समितियों का निर्माण किया गया है। तकनीकी समिति, स्टैंडिंग कमेटी के अंतर्गत् कार्य करती है।

**5. कार्य समिति**

- तकनीकी समिति के द्वारा परियोजनाओं को लागू करने के लिए दो या दो से अधिक सदस्यों से मिलकर कार्य समिति की स्थापना होती है।

**6. सचिवालय**

- सचिवालय के द्वारा समितियों के कार्य का लेखा-जोखा रखा जाता है। सार्क के चार्टर में द्विपक्षीय विवादों को उठाने पर प्रतिबंध है और चार्टर में विवाद निस्तारण प्रणाली की व्यवस्था नहीं है।

## दक्षेस की प्रगति एवं साफ्टा (SAFTA)

- दक्षेस में आर्थिक सहयोग बढ़ाने हेतु वर्ष 1993 में वरीयता व्यापार का समझौता हुआ।
- वरीयता व्यापार में अल्पविकसित राष्ट्रों भूटान, नेपाल एवं बांग्लादेश को विशेष छूट देने का प्रावधान किया गया।
- वरीयता व्यापार के पश्चात् वर्ष 2004 के इस्लामाबाद बैठक में दक्षेस को मुक्त व्यापार क्षेत्र के रूप में परिवर्तित करने का निर्णय लिया गया।
- 1 जनवरी, 2006 से मुक्त व्यापार को लागू करने का भी निर्णय लिया गया।
- दक्षेस को वर्ष 2010 तक मुक्त व्यापार क्षेत्र के रूप में स्थापित करने का लक्ष्य निर्धारित किया गया था, जो पूरा नहीं हो सका।
- वर्ष 2015 तक समान प्रशुल्क संघ तथा वर्ष 2020 तक दक्षेस को आर्थिक संघ के रूप में परिवर्तित करने का लक्ष्य निर्धारित किया गया है, परंतु व्यावहारिक रूप में अभी भी इन लक्ष्यों को प्राप्त करने में अनेक चुनौतियां विद्यमान हैं।
- दक्षेस के सदस्यों के मध्य आपसी आर्थिक व्यापार उनके कुल व्यापार का मात्र 5 प्रतिशत भाग होता है। जबकि यूरोपीय यूनियन के सदस्यों का आपसी व्यापार उनके कुल व्यापार का 55 प्रतिशत भाग होता है।
- नाफ्टा (NAFTA) के सदस्यों के मध्य आपसी व्यापार 52 प्रतिशत है, जबकि आसियान में 20 प्रतिशत है।
- साफ्टा के अंतर्गत् यह समझौता किया गया था कि 5,500 वस्तुओं पर प्रशुल्क कम किए जाएंगे और प्रशुल्क में 10 से 20 प्रतिशत की कटौती होगी।
- भारत ने अल्पविकसित देशों के लिए 50 से 100 प्रतिशत प्रशुल्कों में कटौती का आश्वासन दिया।
- वरीयता व्यापार को वर्ष 1995 से लागू किया गया, परंतु वरीयता व्यापार के समझौते में गैर-प्रशुल्की बाधाओं को हटाने पर कोई समझौता नहीं किया गया। इसके अतिरिक्त पाकिस्तान ने भारत को सर्वाधिक वरीय राष्ट्र (MFN) का दर्जा नहीं दिया है।
- परंतु वर्ष 2012 में पाकिस्तान ने भारत को सर्वाधिक वरीय राष्ट्र का दर्जा देने की घोषणा की थी, परंतु बाद में मुकर गया।

## मुक्त व्यापार या साफ्टा की विशेषताएं

(i) साफ्टा के द्वारा दक्षेस में राज्यों के मध्य वस्तुओं का व्यापार बढ़ाने का निर्णय लिया गया, जिससे सभी राज्यों को लाभ प्राप्त हो और पूरे क्षेत्र का आर्थिक विकास सुनिश्चित हो सके।
(ii) दक्षेस में मुक्त व्यापार का प्रावधान विश्व व्यापार संगठन के प्रावधानों के अनुसार किया गया।
(iii) इसमें प्रशुल्कीय और गैर-प्रशुल्कीय दोनों प्रकार की बाधाओं को दूर करने का निर्णय लिया गया।
(iv) अल्पविकसित देशों (नेपाल, भूटान एवं बांग्लादेश) के लिए विशेष विभेदक व्यवहार का प्रावधान किया गया। इसके अनुसार, अल्पविकसित देश, गैर-अल्पविकसित देशों से आने वाली वस्तुओं पर प्रशुल्कों को 0-5 प्रतिशत तक निर्धारित (नीचे) करेंगे, तथा वर्ष 2013 तक समूचे दक्षेस में मुक्त व्यापार प्रभावी होगा तथा वर्ष 2016 तक साफ्टा भी प्रभावी होगा, परंतु यह वर्ष 2017 तक प्रभावी नहीं हो सका।
(v) मालदीव के लिए विशेष प्रावधान किया गया है।
(vi) यदि कोई राज्य भुगतान संतुलन के संकट की स्थिति में है, तो वह दूसरे राज्यों को दी जा रही विशेष सुविधा स्थगित कर सकता है।
(vii) इस समझौते के द्वारा राज्यों के मध्य व्यापारिक विवादों को सुलझाने के लिए विवाद निस्तारण प्रणाली का भी निर्माण किया गया।

## साफ्टा की चुनौतियां

(i) सेवाओं में व्यापार के समझौते को लागू करना, क्योंकि अभी तक व्यापार केवल वस्तुओं के संदर्भ में ही है।

(ii) गैर-प्रशुल्कीय बाधाओं को कम करना अभी भी सबसे बड़ी चुनौती है।
(iii) आधारभूत संरचना का अभाव।
(iv) सूचना एवं संचार का अभाव।
(v) पाकिस्तान का दृष्टिकोण जिसके कारण वह अभी भी भारत को सर्वाधिक वरीय राष्ट्र (MFN) का दर्जा नहीं दे रहा है।

## साफ्टा की सफलता के मार्ग में बाधाएं

(i) प्रतिबंधात्मक व्यापार नीतियां।
(ii) दक्षेस के देश अभी भी आर्थिक सहायता के लिए बाह्य महाशक्तियों पर निर्भर हैं, जिसके कारण इन देशों को अनुदान देने वाले राष्ट्र से वस्तुएं आयातित करनी पड़ती हैं।
(iii) उत्पादन की उच्च कीमत।
(iv) व्यापारिक असंतुलन।
(v) उचित आंकड़ों का अभाव और जटिल प्रक्रियाएं।
(vi) दक्षेस में सदस्य देशों की अर्थव्यवस्थाएं परस्पर प्रतिस्पर्धी हैं। उदाहरण के लिए, बांग्लादेश, श्रीलंका, नेपाल, भारत, पाकिस्तान और मालदीव सभी कपड़ों के मुख्य निर्यातक देश हैं। इसलिए विश्व बाजार में इनके मध्य परस्पर प्रतिस्पर्धा पाई जाती है।
(vii) मालदीव, बांग्लादेश, श्रीलंका व पाकिस्तान ताजी मछलियों के बड़े निर्यातक हैं और ये विश्व बाजार में निर्यात के लिए स्पर्धारत होते हैं।
(viii) भारत और श्रीलंका कटे हुए हीरे के मुख्य निर्यातक हैं, परंतु दक्षेस में कटे हुए हीरों का बाजार ही नहीं है।
(ix) पाकिस्तान, भारत और श्रीलंका से चाय मंगाने की बजाय, कीनिया से चाय आयात करता है।
(x) पड़ोसी देशों की तुलना में भारत अनेक वस्तुओं का निर्यात कर सकता है, लेकिन पड़ोसी देश, भारत की वस्तुओं की गुणवत्ता पर संदेह करते हैं।

- वर्ष 2005 में भारत एवं श्रीलंका के मध्य मुक्त व्यापार का समझौता दक्षेस के विकास में एक मॉडल है, क्योंकि इस मुक्त व्यापार से श्रीलंका को अत्यधिक लाभ हुआ।
- अत: यह कहना पूर्णतया सत्य नहीं है कि मुक्त व्यापार के द्वारा भारतीय अर्थव्यवस्था का पड़ोसी देशों की अर्थव्यवस्था पर पूर्णत: आधिपत्य हो जाएगी।
- यह बिंदु उल्लेखनीय है कि भारत का श्रीलंका के अलावा नेपाल और भूटान के साथ भी मुक्त व्यापार का समझौता हो चुका है।
- बांग्लादेश के साथ मुक्त व्यापार के समझौते के संदर्भ में विचार-विमर्श किया जा रहा है।
- दक्षेस की 14वीं बैठक में अफगानिस्तान को नए सदस्य के रूप में सम्मिलित कर लिया गया।
- भारत एवं अफगानिस्तान की वस्तुओं को भारतीय बाजारों में शुल्क मुक्त रूप में आयात की सुविधा प्रदान कर रहा है, क्योंकि अफगानिस्तान की अर्थव्यवस्था भी अल्पविकसित देशों में सम्मिलित है।
- वर्तमान समय में अफगानिस्तान के आर्थिक पुनर्निर्माण के लिए भारत भारी मात्रा में सहायता प्रदान कर रहा है। अत: मुक्त व्यापार के मार्ग में सबसे बड़ी बाधा पाकिस्तान का दृष्टिकोण है।
- पाकिस्तान की आपत्ति राजनीतिक पूर्वाग्रहों से प्रेरित है, आर्थिक तर्कों से नहीं। यद्यपि पाकिस्तान और बांग्लादेश के मध्य भी मुक्त व्यापार का समझौता है।
- बांग्लादेश और भारत के मध्य द्विपक्षीय व्यापार में व्यापार संतुलन भारत के पक्ष में है, जिसके कारण बांग्लादेश, भारत के बाजारों में अपनी वस्तुओं को शुल्क मुक्त रूप में निर्यात करने के लिए दबाव बना रहा है।
- बांग्लादेश और चीन के मध्य व्यापारिक संबंधों में व्यापार का संतुलन बांग्लादेश के प्रतिकूल है, परंतु वह चीन के व्यापारिक मुद्दे पर शिकायत नहीं करता।

## आतंकवाद

- 90 के दशक से पाकिस्तान द्वारा संचालित छद्म युद्ध और सीमा पार आतंकवाद दक्षेस की प्रगति में सबसे बड़ी बाधा है।
- दक्षेस में एक सुरक्षा समुदाय के निर्माण की भी आवश्यकता है, परंतु छोटे पड़ोसी राज्यों का दृष्टिकोण भारत के अत्यधिक प्रतिकूल है।
- वर्ष 2008 में मुंबई में किया गया आतंकी हमला पाकिस्तान द्वारा प्रायोजित सीमापार आतंकवाद का उदाहरण है।
- दक्षेस की आरंभिक बैठकों से ही आतंकवाद को समाप्त करने के लिए विभिन्न समझौते हुए, परंतु उनका वास्तविक क्रियान्वयन अभी तक नहीं हुआ।
- वर्ष 2005 की दक्षेस की ढाका बैठक में आतंकवाद की सभी रूपों में निंदा की गई और यह स्पष्ट कहा गया कि आतंकवाद को किसी भी रूप में औचित्यपूर्ण नहीं ठहराया जा सकता, क्योंकि आतंकवाद सभी राज्यों के लिए और इससे भी बढ़कर समूची मानवता के लिए खतरा है।
- सम्मेलन में आतंकवाद से लड़ने के लिए अपनाए जाने वाले दोहरे मानदंडों का भी विरोध किया गया।
- सदस्य देशों ने आतंकवाद के संदर्भ में संयुक्त राष्ट्र संघ

सुरक्षा परिषद् के प्रस्ताव संख्या-1373 को प्रभावी रूप में लागू करने पर बल दिया।

- यह बिंदु उल्लेखनीय है कि वर्ष 1985 की पहली ढाका बैठक में ही आतंकवाद की समस्या का परीक्षण करने के लिए एक अध्ययन दल का गठन हुआ।
- वर्ष 1988 की चौथी दक्षेस बैठक में आतंकवाद को रोकने से संबंधित कन्वेंशन की पुष्टि की गई तथा लागू किया गया।
- वर्ष 1991 की कोलंबो बैठक में आतंकवाद को रोकने के लिए सभी राज्यों से विधि बनाने का आग्रह किया गया।
- वर्ष 1993 की ढाका बैठक में सूचनाओं के आदान-प्रदान तथा सूचनाओं की समन्वित कार्यवाही पर बल दिया गया।
- वर्ष 1993 में दक्षेस द्वारा नशीली और मादक द्रव्यों से संबंधित कंवेंशन पर समझौता हुआ।

## दक्षेस का 18वां शिखर सम्मेलन ( 2014 )

- 26-27 नवंबर, 2014 को दो दिवसीय दक्षेस शिखर सम्मेलन नेपाल की राजधानी 'काठमांडू' में संपन्न हुआ।
- वर्तमान में दक्षेस की अध्यक्षता नेपाल के पास है।

## काठमांडू घोषणा-पत्र के प्रमुख बिंदु

- व्यापार, निवेश, वित्त, ऊर्जा, सुरक्षा, अवसंरचना, संपर्क और संस्कृति के क्षेत्र में सहयोग बढ़ाकर क्षेत्रीय एकता के प्रति दृढ़ निश्चय व्यक्त किया गया।
- दक्षिण एशियाई संघ बनाने के प्रति वचनबद्धता व्यक्त किया गया।
- दक्षेस विकास निधि सामाजिक विंडो को सुदृढ़ बनाने पर सहमति।
- आर्थिक विंडो को अतिशीघ्र कार्यान्वित करने पर सहमति।
- मोटर-वाहन करार एवं क्षेत्रीय रेलवे करार की दिशा में प्रगति का स्वागत किया गया।
- दक्षेस ऊर्जा सहयोग संरचना करार (विद्युत) पर हस्ताक्षर किए गए।
- व्यावसायिक शिक्षा एवं प्रशिक्षण के क्षेत्र में सहयोग पर सहमति व्यक्त की गई।
- वर्ष 2016 को 'दक्षेस सांस्कृतिक विरासत वर्ष' घोषित किया गया।
- सभी देश 'साइबर अपराध निगरानी डेस्क' स्थापित करने पर सहमत हुए।

## नकारात्मक पहलू

- भारत एवं पाकिस्तान विवाद ही इसका सबसे बड़ा नकारात्मक पहलू है। पाकिस्तान की कोशिश थी कि चीन को दक्षेस का सदस्य बनाया जाए, जिसका भारत ने विरोध किया। इसलिए भारत द्वारा प्रस्तावित सड़क, रेलमार्ग व बिजली जैसे समझौते का पाकिस्तान ने विरोध किया।

## मोटर वाहन समझौता

- काठमांडू दक्षेस सम्मेलन के दौरान ऊर्जा व्यापार का समझौता हुआ, जिसके द्वारा दक्षेस देशों के बीच बिजली ग्रिड की स्थापना का प्रस्ताव है।
- इसी सम्मेलन में मोटर वाहन समझौते का भी प्रस्ताव किया गया, जिसके अंतर्गत् दक्षेस देशों के बीच व्यापारिक वाहनों का मुक्त आवागमन होगा, जिसमें बाद में निजी वाहनों के भी आवागमन की सुविधा दी जाएगी। परंतु पाकिस्तान के द्वारा इस समझौते का विरोध किया गया, जिसके परिणामस्वरूप चार देशों ने मिलकर **(BBIN)** मोटर वाहन समझौता संपन्न किया।
- परंतु पाकिस्तान के विरोध के बावजूद दक्षेस के चार सदस्य राष्ट्रों (भारत, बांग्लादेश, भूटान व नेपाल) ने वर्ष 2015 में अलग से मोटर वाहन समझौता (Motor Vehicles Agreement, (MVA)) किया।
- 19वें दक्षेस शिखर सम्मेलन की मेजबानी वर्ष 2016 में पाकिस्तान में संपन्न होना था, परंतु भारत के उरी तथा पठानकोट में आतंकी हमलों के कारण भारत सहित कई देशों ने सम्मेलन में भाग लेने से मना कर दिया। परिणामस्वरूप सम्मेलन स्थगित कर दिया गया।

**दक्षेस के सम्मेलन ( 1985-2014 )**

| सम्मेलन | वर्ष | स्थान | प्रमुख घोषणाएं |
|---|---|---|---|
| पहला | 1985 | ढाका (बांग्लादेश) | |
| दूसरा | 1986 | बंगलौर (भारत) | |
| तीसरा | 1987 | काठमांडू (नेपाल) | |
| चौथा | 1988 | इस्लामाबाद (पाकिस्तान) | |
| पाचवां | 1990 | माले (मालदीव) | |
| छठां | 1991 | कोलंबो (श्रीलंका) | |
| सातवां | 1993 | ढाका (बांग्लादेश) | वरीयता व्यापार का समझौता। |
| आठवां | 1995 | नई दिल्ली (भारत) | |
| नौवां | 1997 | माले (मालदीव) | |
| दसवां | 1998 | कोलंबो (श्रीलंका) | |
| ग्यारहवां | 2002 | काठमांडू (नेपाल) | द.एशियाई अर्थव्यवस्थाओं का |

| | | | |
|---|---|---|---|
| | | | एकीकरण व आतंकवाद की समाप्ति। |
| बारहवां | 2004 | इस्लामाबाद | सामाजिक चार्टर स्वीकार किया गया। मुक्त व्यापार का समझौता भी इसी सम्मेलन में हुआ। |
| तेरहवां | 2005 | ढाका, (बांग्लादेश) | |
| चौदहवां | 2007 | नई दिल्ली | अफगानिस्तान नया सदस्य बना। |
| पंद्रहवां | 2008 | कोलंबो (श्रीलंका) | |
| सोलहवां | 2010 | थिम्पू (भूटान) | लोकतांत्रिक चार्टर, पर्यावरण परिवर्तन सेवाक्षेत्र में व्यापार, सार्क विकास बैंक। |
| सत्रहवां | 2011 | आडुसीटी | सेतु निर्माण (Building Bridges) को मुख्य विषय वस्तु बनाया गया। |
| अठारहवां | 2014 | काठमांडू (नेपाल) | |
| उन्नीसवां | 2016 | पाकिस्तान में प्रस्तावित परंतु संपन्न नहीं हो सका। | |

## दक्षेस के सदस्य राष्ट्र

1. भारत 2. बांग्लादेश 3. भूटान
4. मालदीव 5. नेपाल 6. पाकिस्तान
7. श्रीलंका 8. अफगानिस्तान।

## दक्षेस के पर्यवेक्षक राष्ट्र

1. अमेरिका 2. दक्षिण कोरिया 3. यूरोपीय यूनियन
4. ईरान 5. चीन 6. जापान
7. ऑस्ट्रेलिया 8. मारीशस 9. म्यांमार

**मेहमान** - दक्षिण अफ्रीका

## दक्षेस के प्रमुख संस्थान

- दक्षेस सचिवालय-काठमांडू (नेपाल)
- दक्षेस विश्वविद्यालय-नई दिल्ली (भारत)
- दक्षेस एशियाई कृषि सूचना केंद्र-ढाका (बांग्लादेश)
- दक्षेस एशियाई टी. वी. (क्षय रोग) केंद्र-नेपाल
- दक्षेस एशियाई मौसम अनुसंधान केंद्र-ढाका (बांग्लादेश)
- दक्षेस एशियाई वित्त चित्र केंद्र-नई दिल्ली (भारत)
- मानव संसाधन विकास केंद्र-इस्लामाबाद (पाकिस्तान)
- दक्षेस एशियाई संस्कृति केंद्र-श्रीलंका
- दक्षेस एशियाई तटीय प्रबंध क्षेत्र-मालदीव
- दक्षेस एशियाई सूचना केंद्र-नेपाल।

## सुशासन हेतु दक्षेस केंद्र प्रस्तावित

- भारत ने सुशासन के लिए दक्षेस केंद्र की स्थापना का प्रस्ताव किया।
- दक्षेस देशों के गृहमंत्रियों की 18-19 सितंबर, 2014 को आयोजित 6वीं बैठक में यह प्रस्ताव रखा गया।

## दक्षेस सांस्कृतिक राजधानी

- अफगानिस्तान के ऐतिहासिक शहर बामियान को वर्ष 2015 तथा बांग्लादेश के ढाका को वर्ष 2016 के लिए दक्षेस की सांस्कृतिक राजधानी घोषित करने का निर्णय 25 सितंबर, 2014 को दक्षेस राष्ट्रों के सांस्कृतिक मंत्रियों की बैठक में लिया गया।
- दक्षेस राष्ट्रों के सांस्कृतिक संबंधों को मजबूत बनाने के लिए वर्ष 2016 को सांस्कृतिक विरासत के दक्षेस वर्ष (SAARC Year of Cultural Heriage) के रूप में मनाने का फैसला सदस्य देशों ने किया है।
- दक्षेस सदस्य देशों ने 8 दिसंबर को 'सार्क चार्टर दिवस' के रूप में मनाने की घोषणा की है।

### तथ्य

- सार्क का चौदहवां सम्मेलन 2007, नई दिल्ली में संपन्न हुआ। इस सम्मेलन में "अंत:क्षेत्रीय संयोजन सुधारने'' पर जोर दिया गया।

## दक्षेस का 20वां सम्मेलन

- दक्षेस का 20वां सम्मेलन 2018 में प्रस्तावित था। लेकिन पाकिस्तान छोटे देशों की मदद से इसे इस्लामावाद में कराने का प्रयास कर रहा है और भारत इसके लिए तैयार नहीं है। तथा वर्तमान में बिम्स्टेक को भी सार्क के विकल्प के तौर पर देखा जा रहा है।

## दक्षेस के बजाय बिमस्टेक को प्राथमिकता

- प्रधानमंत्री नरेन्द्र मोदी के द्वारा यह स्पष्ट कर दिया गया है आतंकवाद और वार्ता साथ-साथ संचालित नहीं होते और पाकिस्तान के द्वारा दक्षेस में लगातार उत्पन्न की गई बाधाओं से विदेश मंत्रालय के द्वारा यह स्वीकार किया गया है कि दक्षेस वर्तमान अविश्वास के वातावरण में प्रभावी नहीं बन सकता। इसीलिए भारत को बिमस्टेक को प्रभावी बनाने की आवश्यकता है।

- बिमस्टेक (Bay of Bengal Initiative for Multi Sectoral Technical and Economic Cooperation) की स्थापना वर्ष 1997 में बैंकाक घोषणा के अंतर्गत की गई थी। आरंभिक रूप में इसमें बांग्लादेश, भारत, श्रीलंका, थाइलैंड शामिल थे। इसके बाद इसमें म्यांमार को शामिल किया गया और वर्ष 2004 में नेपाल और भूटान भी शामिल हो गए हैं।
- प्रधानमंत्री के द्वारा बिमस्टेक की बैठकों में अफगनिस्तान और मालदीव को भी आमंत्रित किया गया है जिससे यह प्रतीत हो रहा है कि भारत के द्वारा बिमस्टेक को दक्षेस के एक विकल्प के रूप में देखा जा रहा है।
- बिमस्टेक देशों के साथ भारत के राजनीतिक विवाद नहीं है। भौगोलिक और सांस्कृतिक रूप में निकटता विद्यमान है इसलिए व्यापार, पर्यटन, परिवहन के क्षेत्र में सहयोग किया जा रहा है। इसके अतिरिक्त सुरक्षा क्षेत्र में भी सहयोग बढ़ाया जा रहा है। वर्ष 2018 में काठमांडू में बिमस्टेक की बैठक आयेजित की गई। यह उल्लेखनीय है कि बिमस्टेक का स्थायी सचिवालय बांग्लादेश में है। बिमस्टेक देशों की साझी आबादी 1.5 बिलियन है जो विश्व की जनसंख्या का 22 प्रतिशत है। और इनका आर्थिक आकार 2.7 ट्रिलियन डॉलर का है।

## भारत की पड़ोसी देशों के प्रति नीति

- दक्षिण एशिया में भारत का आकार अत्यधिक विशाल है, जबकि पड़ोसी देश छोटे भौगोलिक आकार के हैं। भारत की जनसंख्या लगभग 1 अरब, 21 करोड़ है, जबकि भारत के पड़ोसी देशों की कुल जनसंख्या लगभग 40 करोड़ है।
- आर्थिक रूप में भी भारत पड़ोसी देशों की तुलना में अत्यधिक शक्तिशाली है। इसलिए दक्षिण एशिया में भारत का भीमकाय आकार पड़ोसी देशों के साथ संबंध निर्माण में चुनौती प्रस्तुत करता है।
- भारत द्वारा पड़ोसी देशों के साथ सदैव मधुर एवं मित्रतापूर्ण संबंध बनाने का प्रयत्न किया गया है। भारत के पहले प्रधानमंत्री नेहरू के द्वारा पड़ोसी देशों के प्रति किसी पृथक् नीति का निर्माण नहीं किया गया, बल्कि पड़ोसी देशों को एशियाई-अफ्रीकी देशों की एकता के विचार के साथ जोड़ दिया गया।
- इसलिए पड़ोसी देशों के साथ संबंध मित्रतापूर्ण थे। इंदिरा गांधी एवं राजीव गांधी के कार्यकाल के दौरान पड़ोसी देशों के प्रति आक्रामक नीति अपनाई गई तथा उनके साथ **जैसे को तैसा** का व्यवहार अपनाया गया। यद्यपि इंदिरा गांधी द्वारा श्रीलंका को कच्चातीवू द्वीप सौंप दिया गया और बांग्लादेश को तीन वीघा गलियारा दे दिया गया।
- उनके अनुसार, छोटे पड़ोसी देशों को एकतरफा छूट प्रदान करनी चाहिए तथा पड़ोसी देशों के आंतरिक मामलों में हस्तक्षेप नहीं किया जाएगा और कोई भी देश अपनी भूमि का प्रयोग पड़ोसी देशों के विरुद्ध नहीं करेगा।

### गुजराल सिद्धांत

- शीतयुद्धोत्तर विश्व में भारतीय विदेश नीति में पड़ोसी देशों के प्रति गुणात्मक परिवर्तन हुआ। तत्कालीन विदेश मंत्री इंद्र कुमार गुजराल के द्वारा पड़ोसी देशों के साथ मधुर संबंधों पर विशेष बल प्रदान किया गया।
- इस नीति को 'गुजराल सिद्धांत' का नाम दिया जाता है, क्योंकि वर्ष 1996 में गुजराल विदेश मंत्री थे तथा उन्होंने पड़ोसी देशों के साथ संबंध बनाने में पारस्परिकता की मान्यता को परिवर्तित किया और पड़ोसी देशों को एकतरफा छूट देने की रणनीति अपनाई।
- चीन एवं पाकिस्तान को एकतरफा छूट नहीं मिलेगी, क्योंकि एकतरफा छूट की नीति केवल छोटे पड़ोसी देशों के प्रति थी और पड़ोसी देशों के साथ विद्यमान सभी समस्याओं का शांतिपूर्ण एवं द्विपक्षीय समाधान किया जाएगा।
- गुजराल सिद्धांत में पड़ोसी देशों के साथ संबंध बेहतर करने पर बल दिया गया और एक-दूसरे की संप्रभुता के सम्मान का आश्वासन दिया गया। यह भी निर्णय किया गया कि एक राज्य, दूसरे राज्य के विरुद्ध कार्य नहीं करेंगे।
- गुजराल सिद्धांत के अनुसार, यह भी कहा गया कि दक्षिण एशिया का कोई भी देश अपने भू-भाग का इस्तेमाल किसी दूसरे देश के विरुद्ध नहीं होने देगा। गुजराल सिद्धांत के द्वारा पड़ोसी देशों को एकतरफा छूट दिया गया, क्योंकि विदेश नीति में पड़ोसी देशों का कोई विकल्प नहीं होता।
- विचारकों के अनुसार, भारत को समस्याओं के समाधान के लिए द्विपक्षीय वार्ता पर ही जोर नहीं देना चाहिए, क्योंकि भारत और उसके पड़ोसी देशों के आकार और शक्ति में बहुत बड़ा अंतर है। इसलिए परिवर्तित परिस्थितियों के अनुसार, द्विपक्षीय वार्ता के मुद्दे को भी परिवर्तित किया जा सकता है, क्योंकि पूर्व में भी सिंधु नदी जल समझौता और ताशकंद समझौते में क्रमश: विश्व बैंक और सोवियत संघ की मध्यस्थता थी।
- भारतीय विदेश नीति में पड़ोसी देशों को एकतरफा छूट प्रदान की जाती है, ऐसा करना भारतीय राष्ट्रीय हित में

है। उदाहरण के लिए, नेपाल एवं भूटान जैसे देशों की वस्तुएं शुल्क मुक्त रूप में आयातित होती है।

- भारत ने जल समझौते में बांग्लादेश को छूट प्रदान की, श्रीलंका को कच्चातीवू द्वीप सौंप दिया गया, परंतु सामरिक और सुरक्षा मुद्दे पर पड़ोसी देशों को छूट प्रदान नहीं की जा सकती।
- इसलिए भारत की आतंकवाद के प्रति 'जीरो टॉलरेंस' की नीति है तथा भारत की दक्षिण एशिया में सामरिक प्राथमिकता को बनाए रखना चाहिए। इसलिए आतंकवाद के मुद्दे पर भारत की प्रतिक्रिया सदैव सख्त होती है।
- मुंबई बम विस्फोट के पश्चात् भारत ने पाकिस्तान के साथ समग्र वार्ता के चक्र को रोक दिया, क्योंकि भारत के अनुसार, जब तक मुंबई घटना के दोषियों के विरुद्ध कार्यवाही नहीं की जाती, तब तक समग्र वार्ता आरंभ नहीं होगी।

## भारतीय नीति

(i) दक्षिण एशिया में भारत का महत्व निर्विवाद है तथा भारत में वह क्षमता है, जिसके द्वारा वह पड़ोसी देशों के आर्थिक विकास में सहायक हो सकता है। भारत को पड़ोसी देशों के आर्थिक विकास में सक्रिय रूप में संलग्न होना चाहिए, क्योंकि इससे भारत में आने वाले घुसपैठियों की संख्या कम होगी तथा आतंकवाद की समस्या का भी दीर्घकालिक समाधान हो सकता है। परंतु पड़ोसी देशों की राजनीतिक अस्थिरता और संदेहपूर्ण व्यवहार के परिणामस्वरूप भारत की नीति व्यावहारिक रूप में कारगर सिद्ध नहीं हो रही है। भारत, दक्षिणी एशियाई पड़ोसी देशों के लिए एक अवसर है, खतरा नहीं।

(ii) भारत ने सदैव लोकतांत्रिक देशों का समर्थन किया तथा लोकतांत्रिक शासन के प्रसार को महत्व दिया, क्योंकि लोकतंत्र का प्रसार भारतीय राष्ट्रीय हित के अनुकूल है, परंतु पड़ोसी देशों में गैर-लोकतांत्रिक देशों के साथ भी भारत संबंध बनाए रखे, क्योंकि लोकतंत्र की स्थापना राज्य का आंतरिक मामला है। वर्तमान समय में सभी दक्षिणी एशियाई राज्यों में लोकतांत्रिक व्यवस्थाएं कायम हैं, परंतु अभी भी पड़ोसी देशों में लोकतांत्रिक संस्कृति स्थायी नहीं है।

(iii) भारत को पड़ोसी देशों में लोकतांत्रिक शक्तियों का समर्थन करना चाहिए, लेकिन पड़ोसी देश के किसी नेता विशेष के साथ अपना लगाव प्रदर्शित नहीं करना चाहिए। उदाहरण के लिए, बांग्लादेश की शेख हसीना के साथ भारत के संबंध सदैव महत्वपूर्ण रहे हैं। परिणामस्वरूप बांग्लादेश के विपक्षी दलों ने शेख हसीना पर यह आरोप लगाया कि वह बांग्लादेश के हितों का परित्याग कर रही हैं। इसलिए पड़ोसी देशों में कोई भी सरकार या नेता हो, उसके साथ भारत को बेहतर संबंधों के निर्माण का प्रयत्न करना चाहिए।

(iv) आवश्यकता पड़ने पर भारत को पड़ोसी देशों में सैन्य सहायता भी करनी चाहिए, यदि पड़ोसी देश इसकी मांग करें। यह सत्य है कि वर्ष 1987 में भारतीय शांति सेना का श्रीलंका भेजना राष्ट्रीय हितों के अनुकूल सिद्ध नहीं हुआ, क्योंकि श्रीलंका मे भारत का भारी आर्थिक नुकसान हुआ और सैकड़ों सैनिक मारे गए। इसके बावजूद भारत को पड़ोसी देशों की सहायता के लिए सदैव तैयार रहना चाहिए।

(v) वर्तमान समय में भारतीय विदेश नीति का मूल उद्देश्य दक्षिण एशियाई क्षेत्र को मुक्त व्यापार क्षेत्र के रूप में परिवर्तित करना है और सभी दक्षिण एशियाई राज्यों को 'ट्रांस नेशनल हाइवे' या 'पार-राष्ट्रीय राजमार्ग' से जोड़ने पर बल दिया जा रहा है। इसलिए भारतीय विदेश नीति में पड़ोसी देशों के साथ अच्छे संबंध का कोई विकल्प नहीं है। इसलिए विदेश नीति के समक्ष सबसे बड़ी चुनौती पड़ोसी देशों के साथ संबंधों को मधुर करना है।

(vi) भारत का संबंध महाशक्तियों के साथ बेहतर है। दक्षिण-पूर्वी एशियाई देशों और पश्चिमी एशियाई देशों से भी संबंध मधुर हैं, परंतु पड़ोसी देशों के साथ बेहतर संबंध के ये विकल्प नहीं हैं। भारतीय विदेश नीति में पं. जवाहरलाल नेहरू से लेकर प्रधानमंत्री नरेन्द्र मोदी तक पड़ोसी देशों के साथ बेहतर संबंध बनाने पर अत्यधिक महत्व प्रदान किया गया।

(vii) नेपाल और भूटान में जल विद्युत क्षमता का बड़ा भंडार है, जबकि भारत को आर्थिक विकास की दर को बढ़ाने के लिए ऊर्जा संसाधनों की आवश्यकता है।

(viii) भारत द्वारा सभी पड़ोसी देशों के साथ विद्यमान विवाद को शांतिपूर्ण रूप में हल करने पर बल दिया जाता है।

(ix) पड़ोसी देशों के विकास के लिए भारत के द्वारा निर्मित परियोजनाएं सही समय पर पूर्ण होनी चाहिए, लेकिन वर्तमान में भारत की परियोजनाएं (Deficit Delivery) लंबित हो रही हैं।

- विदेश नीति में पड़ोसी देशों के साथ संबंध को सर्वाधिक महत्व दिया जाता है। प्रधानमंत्री मोदी के शपथ ग्रहण

समारोह में सार्क सदस्य देशों के प्रमुखों को आमंत्रित किया गया था, जो पड़ोसी देशों से बेहतर संबंध बनाने के भारत की मंशा को स्पष्ट करता है।

- भारत के पूर्व प्रधानमंत्री अटल बिहारी वाजपेयी ने कहा था कि 'मित्र का चयन हो सकता है, परंतु पड़ोसी का नहीं।' भारत के द्वारा पड़ोसियों के साथ बेहतर संबंध एवं शांति स्थापना के लिए आवश्यक है और इससे भी बढ़कर भारत के आर्थिक विकास के लिए प्राथमिक शर्त है। शांति के बिना आर्थिक विकास संभव नहीं है।
- पड़ोसी देशों के साथ संवेदनशील संबंध होने चाहिए, क्योंकि भारत का आकार व अर्थव्यवस्था पड़ोसी देशों की तुलना में अत्यधिक बड़ी है। इसलिए पड़ोसी देशों में भारत के प्रति मनोवैज्ञानिक भय होता है तथा पड़ोसी भारत को खतरे के रूप में देखते हैं।
- इस सुरक्षा प्रत्यक्षण को बदलने के लिए भारत को पड़ोसी देशों को ज्यादा से ज्यादा आर्थिक सहायता प्रदान करनी चाहिए तथा दक्षिण एशिया में भारत को अपनी सामरिक प्राथमिकता भी बनाए रखने का प्रयत्न करना चाहिए।

## पड़ोसी देशों की भारत के प्रति नीति

- भारत के पड़ोसी देशों में भूटान सदाबहार मित्र है, जिसकी भारत के साथ किसी भी प्रकार की असहमति नहीं है। भूटान ही एकमात्र पड़ोसी देश है, जिसका चीन के साथ कूटनीतिक संबंध नहीं है। जबकि दूसरी ओर पाकिस्तान जिसके साथ संबंधों का प्रबंध भी अत्यधिक कठिन है और जो सदैव भारत विरोधी नीति अपनाता है तथा प्रत्येक मुद्दे पर पाकिस्तान का केवल भारत के साथ विवाद है।
- श्रीलंका, नेपाल, बांग्लादेश एवं मालदीव के साथ सांस्कृतिक, भौगोलिक एवं आर्थिक संबंध मित्रतापूर्ण हैं, परंतु अनेक मुद्दों पर विवाद भी बने हुए हैं। श्रीलंका, नेपाल, बांग्लादेश एवं मालदीव जैसे छोटे पड़ोसी देशों में राष्ट्रवाद का विकास स्वाभाविक रूप में भारत विरोध में परिवर्तित हो जाता है। इन देशों में नृजातीय संघर्ष विद्यमान हैं और लोकतांत्रिक शासन अस्थायी है तथा आर्थिक विकास का भी अभाव है।
- ये देश अपनी प्रत्येक घरेलू समस्या के लिए भारत को उत्तरदायी मानते हैं। सांस्कृतिक समानता होने के कारण इन देशों की समस्याएं भारत की समस्या बन जाती है। चीन, भारत का सबसे विशाल पड़ोसी देश है, जिसके साथ व्यापारिक संबंध मित्रतापूर्ण हैं, परंतु सामरिक रूप में भारत के साथ संघर्ष बने हुए हैं।
- चीन का दक्षिण एशिया में बढ़ता प्रभाव छोटे पड़ोसी देशों की भारत विरोधी नीति को प्रोत्साहित करने में सहायक हो जाता है।

## पड़ोसी देशों में भू-राजनीतिक एवं सामरिक विकास

- दक्षिण एशिया में भारत की सीमा सभी पड़ोसी देशों के साथ लगती है, परंतु पड़ोसी देशों की सीमाएं आपस में नहीं मिलती तथा पड़ोसी देशों का आकार भी भारत की तुलना में अत्यधिक छोटा है।
- इसलिए भारत के छोटे पड़ोसी देशों में भारत विरोधी प्रवृत्ति विद्यमान हैं तथा छोटे पड़ोसी देश मनोवैज्ञानिक रूप में भारत के प्रति असुरक्षा की भावना से ग्रस्त होते हैं। पड़ोसी देशों के छोटे आकार के कारण पड़ोसी देशों में राष्ट्रवाद का विकास भारत विरोध बन जाता है।
- नेपाल और भूटान भू-आबद्ध देश हैं। इसलिए भारत पर इनकी निर्भरता अनिवार्य है। बांग्लादेश चारों ओर भारतीय भू-भाग से घिरा हुआ है। इसलिए बांग्लादेश में उत्पन्न होने वाली समस्याएं सीधे भारत की समस्या बन जाती है।
- भारत की सीमा पर चीन की अवस्थिति भारत की भू-राजनीति को महत्वपूर्ण रूप में प्रभावित करती है। नेपाल और भूटान, भारत और चीन के बीच स्थित बफर राज्य हैं। इसलिए नेपाल, चीन की सहायता लेकर भारत को संतुलित करने का प्रयत्न करता है तथा पाकिस्तान, चीन का सदाबहार मित्र है और भारत के लिए चीन और पाकिस्तान दोनों की मित्रता भारतीय सुरक्षा के लिए गंभीर चुनौती प्रस्तुत करती है।
- हिंद महासागर में भारत की स्थिति केंद्रीय और हिंद महासागर में स्थित श्रीलंका और मालदीव महत्वपूर्ण समुद्री संचार मार्ग पर स्थित है। इन देशों पर चीन अपना प्रभाव बनाने का प्रयत्न कर रहा है तथा भारत इन देशों पर अपना परंपरागत प्रभाव बनाए रखना चाहता है।
- चीन के सैनिक रूप में शक्तिशाली उभार के कारण भारत की सुरक्षा पर गंभीर खतरा उत्पन्न होता है। चीन के द्वारा पाकिस्तान को भी प्रभावी सैन्य सहायता उपलब्ध कराई जा रही है। चीन, श्रीलंका में भी समुद्री पत्तन का विकास कर रहा है और पाकिस्तान में पहले ही ग्वादर पत्तन का विकास कर चुका है।
- चीन, बांग्लादेश और म्यांमार को हथियार आपूर्ति करने वाला सबसे बड़ा देश बन गया है और नेपाल भी चीन से हथियार खरीद रहा है। श्रीलंका के द्वारा लिट्टे का

सामना करने के लिए चीन से भारी मात्रा में हथियार आयात किया गया, जो भारत के लिए महत्वपूर्ण सामरिक चुनौती है।

- चीन के द्वारा चीन-पाकिस्तान आर्थिक कॉरिडोर (CPEC) का निर्माण किया जा रहा है तथा समुद्री सिल्क परियोजना के द्वारा महासागर में भी अपना प्रभाव स्थापित करने का प्रयत्न किया जा रहा है।

## निष्कर्ष

- पड़ोसी देशों के साथ संबंध अनिवार्य होता है, स्वैच्छिक नहीं। भारत के लिए चीन सुरक्षा की गंभीर चुनौती है, परंतु आर्थिक सहयोग जारी है और पाकिस्तान के साथ कोई संबंध ही नहीं है तथा भूटान के साथ मतभेद अनुपस्थित है। जबकि नेपाल, श्रीलंका, बांग्लादेश एवं म्यांमार के साथ संबंध मित्रतापूर्ण हैं, परंतु मतभेद भी उभरते रहते हैं।

## भारत-पश्चिम एशिया

- पश्चिम एशिया, जो मध्य पूर्व के नाम से भी जाना जाता है, जो मिस्र जैसे उत्तरी अफ्रीकी देश तथा ईरान के बीच स्थित भौगोलिक क्षेत्र है, जिसमें ईरान, ओमान, लेबनान, सीरिया, ईराक, सऊदी अरब, संयुक्त अरब अमीरात, कतर, बहरीन, कुवैत, जार्डन एवं यमन जैसे देश सम्मिलित हैं। पश्चिम एशिया में खाड़ी के देशों को सम्मिलित किया जाता है तथा इसमें पर्शिया की खाड़ी के निकट स्थित देश सम्मिलित होते हैं।
- इन देशों को अरब देश भी कहा जाता है, क्योंकि यहां अरबी भाषा बोली जाती है। तेल और गैस उत्पादन के लिए इस क्षेत्र का समूचे विश्व में महत्व है, परंतु इस क्षेत्र में शिया और सुन्नी के बीच सदैव संघर्ष होते रहते हैं तथा आर्थिक रूप में संपन्न होने के बावजूद भी यहां लोकतांत्रिक शासन का अभाव है।

## भारत का हित

### डायरस्पोरा

- पश्चिम एशिया में 60 लाख से ज्यादा भारतीय मूल के लोग निवास करते हैं। सऊदी अरब में 15 लाख से ज्यादा भारतीय मूल के लोगों का निवास है एवं संयुक्त अरब अमीरात में भी 15 लाख से ज्यादा भारतीयों का निवास है तथा ओमान, कुवैत एवं कतर में भी 5 लाख से ज्यादा भारतीयों की उपस्थिति प्रत्येक देश में है। बड़ी संख्या में भारतीयों के निवास से भारत को विदेशी मुद्रा प्राप्त होती है।

### व्यापारिक संबंध

- खाड़ी सहयोग परिषद जिसमें सऊदी अरब, कुवैत, कतर, ओमान, बहरीन एवं संयुक्त अरब अमीरात शामिल हैं। इन देशों के साथ भारत का सामूहिक द्विपक्षी व्यापार लगभग 200 बिलियन डॉलर हो गया है। इसके अतिरिक्त भारत के द्वारा ईरान के चाबहार में विशेष आर्थिक क्षेत्र (Special Economic Zone) में निवेश किया गया है। भारत के सॉफ्टवेयर, दवाईयों का निर्यात इस क्षेत्र में बढ़ रहा है।
- भारत की वस्तुओं की इन देशों में मांग बढ़ती है, जिसे भारत के निर्यात में भी वृद्धि होती है। पश्चिमी एशियाई क्षेत्र भारत के वस्तुओं के बड़े निर्यात केंद्र के रूप में उभरे हैं।

### ऊर्जा सुरक्षा

- भारत, ऊर्जा आयात पर निर्भर राज्य है और भारत के कुल तेल और गैस के आयात का लगभग 60 प्रतिशत भाग पश्चिमी एशियाई देशों से आता है और पश्चिमी एशियाई देशों में मुस्लिम आबादी बहुमत में है। इसलिए पाकिस्तान स्वयं को पश्चिम एशिया से जोड़ने का प्रयत्न करता है।
- पाकिस्तान के द्वारा पश्चिम एशिया में भारत विरोध का मुकाबला करने के लिए पश्चिमी एशियाई देशों के साथ मधुर एवं मित्रतापूर्ण संबंध आवश्यक हैं और पश्चिम एशियाई देश कश्मीर मुद्दे पर भी पाकिस्तान का समर्थन न करें।

### सांस्कृतिक संबंध

- इंडोनेशिया के बाद विश्व की दूसरी सबसे बड़ी मुस्लिम जनसंख्या का निवास भारत में है। पश्चिम एशिया में मक्का एवं मदीना का धार्मिक महत्व पूरे विश्व में है और भारत से लाखों लोग हज की यात्रा पर प्रत्येक वर्ष सऊदी अरब जाते हैं।
- वर्तमान में भारत द्वारा वाणिज्य एवं व्यापार को बढ़ाने पर प्रभावी बल दिया जा रहा है, इसलिए प्रत्येक क्षेत्रों के साथ द्विपक्षीय व्यापार को बढ़ाया जा रहा है। इसलिए पश्चिमी एशियाई देशों का व्यापारिक महत्व भी है। भारत एक पंथनिरपेक्ष देश है, जहां अनेक धर्मों के अनुयायियों का निवास है।
- इसलिए पश्चिम एशिया में बढ़ता धार्मिक कट्टरवाद भारत के हितों के लिए प्रतिकूल है। वर्तमान में पश्चिम एशिया में आई. एस. आई. एस. का बढ़ता प्रभाव भारत के लिए अत्यधिक नकारात्मक है।

## भारत की पश्चिम एशिया की नीति

- वर्तमान में भारत के द्वारा ईरान, सऊदी अरब और संयुक्त अरब अमीरात (UAE) तीनों के साथ संबंधों को समानांतर रूप में सुदृढ़ किया जा रहा है। इन देशों के साथ भारत के ऐतिहासिक व सांस्कृतिक संबंध विद्यमान रहे हैं तथा भारत की ऊर्जा आवश्यकताओं का 70 प्रतिशत भाग इस क्षेत्र से आता है। जिसे वर्तमान में राजनीतिक एवं सामरिक रूप में सुदृढ़ किया जा रहा है।
- वर्तमान में पश्चिमी एशियाई देशों के साथ राजनीतिक एवं सामरिक संबंधों में निर्णायक प्रगति हो रही है।
- वर्तमान में आधारभूत संरचनाओं के विकास के लिए भारत में निवेश की आवश्यकता है तथा भारत और यू.ए.ई. के बीच भारत में निवेश के लिए 75 बिलियन डॉलर का समझौता किया गया है। यू.ए.ई. तथा सऊदी अरब के पास Sovereign wealth/cash बड़ी मात्रा में है। इसलिए ये भारत के बड़े बाजार में निवेश करके इसका लाभ उठाना चाहते हैं। संयुक्त अरब अमीरात भारत का तीसरा सबसे बड़ा द्विपक्षीय व्यापारिक सहयोगी बन गया है और सऊदी अरब के साथ निरंतर व्यापार में वृद्धि हो रही है।
- परंपरागत रूप में भारत की पश्चिमी एशियाई नीति का एक बड़ा उद्देश्य पश्चिम एशिया में पाकिस्तान के प्रभाव को कम करना था। जबकि वर्तमान में भारत के बड़े बाजार के रूप में उभार के कारण संयुक्त अरब अमीरात, सऊदी अरब भारत के साथ संबंधों को अत्यधिक महत्व दे रहे हैं। तथा कश्मीर के मुद्दे पर इन देशों का दृष्टिकोण परिवर्तित हो रहा है और इनके अनुसार, कश्मीर भारत एवं पाकिस्तान के बीच विद्यमान एक द्विपक्षीय मुद्दा है।

## ईरान-सऊदी अरब के बीच शक्ति संघर्ष और भारत

- वर्तमान Think West Policy के अतंर्गत पश्चिम एशिया के सभी देशों के साथ उनके महत्व के आधार पर अलग-अलग (Delink) नीतियों का निर्माण किया जा रहा है। इसलिए ईरान और सऊदी अरब के बीच शक्ति संघर्ष बना हुआ है। परंतु भारत दोनों के साथ संबंध निर्माण पर बल दे रहा है। ईरान इजरायल के बीच कूटनीतिक संबंध नहीं है। परंतु भारत के लिए दोनों का महत्व है।

## सामरिक संबंध

- भारत पश्चिमी एशियाई देशों के बीच बढ़ते सामरिक संबंध अत्यधिक महत्वपूर्ण प्रगति है, क्योंकि सितंबर 2001 के बाद यू.ए.ई., सऊदी अरब भी आतंकवाद का सामना कर रहे हैं।
- इसलिए भारत-सऊदी अरब के बीच आतंकवाद के विरुद्ध प्रशिक्षण, संयुक्त सैनिक अभ्यास का आयोजन किया जा रहा है। इसके अतिरिक्त, भारत-ईरान दोनों रूस से हथियार प्राप्त करते हैं इसलिए सैनिक अधिकारियों के प्रशिक्षण तथा उपकरणों के रिपेयरिंग में भी सहयोग किया जा रहा है।
- भारत सऊदी-अरब के बीच तेल संबंधों को केवल क्रेता विक्रेता तक सीमित नहीं किया गया है, बल्कि भारतीय कंपनियों का पश्चिम एशिया में तथा सऊदी अरब और यू.ए.ई. कंपनियों का भारत में निवेश किया जाएगा। भारत एवं संयुक्त अरब अमीरात के बीच साइबर सुरक्षा तथा हवाला व्यापार को प्रतिबंधित करने के लिए भी समझौता हुआ है।

## महाशक्तियां एवं पश्चिम एशिया

- अमेरिका के द्वारा ईरान पर कठोर प्रतिबंध आरोपित किए गए हैं। ईरान को पश्चिम एशिया में अलग-थलग करने के लिए अमेरिका सीरिया के शासक असद को सत्ता से हटाना चाहता है। जबकि रूस पश्चिम एशिया पर तेल और गैस के लिए निर्भर नहीं है परंतु इस क्षेत्र में हथियारों का निर्यात बढ़ाने का इच्छुक है।
- इसलिए असद को शासन में बनाए रखने का समर्थक है। चीन का व्यापार इस क्षेत्र के साथ लगातार बढ़ रहा है। तथा चीन विश्व का ऊर्जा आयात करने वाला दूसरा सबसे बड़ा देश बन गया है। इसलिए पश्चिम एशिया पर अपना प्रभाव बढ़ाना चाह रहा है। इसलिए जिबूति में चीन के द्वारा अपना सैनिक अड्डा बनाया गया है।

## भारत की पश्चिमी एशिया नीति में समस्याएं

- भारत और यू.ए.ई. के बीच 75 बिलियन डॉलर के निवेश का समझौता हो चुका है परंतु अभी भी यह व्यवहार में लागू नहीं हो पाया है, क्योंकि न तो इसकी शर्ते स्पष्ट हैं न ही यह उल्लेखित किया गया है कि किन क्षेत्रों में और किस प्रकार इसका क्रियान्वयन होगा।
- अभी भी पश्चिमी एशियाई देश भारत की ऊर्जा आवश्यकताओं के 70 प्रतिशत भाग की आपूर्ति करते है। परंतु इनके साथ आज भी तेल खरीदने और बेचने वाले संबंध हैं। जबकि इनके साथ निवेश तथा पाइपलाइन बिछाने के प्रस्ताव पर भी विचार करना चाहिए।
- इन देशों के साथ व्यापारिक संबंधों का पूर्ण फायदा उठाने के लिए इज ऑफ डुइंग बिजनेस को बेहतर करने की

आवश्यकता है तथा सामरिक संबंध के स्तर को और बढ़ाना चाहिए।

## भारत और संयुक्त राष्ट्र संघ

- भारत, संयुक्त राष्ट्र संघ का प्रारंभिक सदस्य और संयुक्त राष्ट्र चार्टर पर हस्ताक्षर करने वाले प्रारंभिक 51 सदस्यों में से एक है। भारत ने संयुक्त राष्ट्र के निर्माण से संबंधित अटलांटिक सम्मेलन, सैनफ्रांसिको सम्मेलन में भाग लिया था। भारत सात बार (1950-51, 1967-68, 1972-73, 1977-78, 1984-85, 1991-92, 2011-12) संयुक्त राष्ट्र सुरक्षा परिषद् का अस्थायी सदस्य रहा है।
- वर्ष 1954 में पहली बार नेहरू ने संयुक्त राष्ट्र महासभा में वैश्विक नि:शस्त्रीकरण का समर्थन किया। वर्ष 1988 में राजीव गांधी ने संयुक्त राष्ट्र महासभा में विश्व से परमाणु हथियारों को समाप्त करने का आवाहन किया।
- भारत की विदेश नीति में संयुक्त राष्ट्र संघ की मूल मान्यताओं का सदैव पालन किया गया। भारतीय विदेश नीति के मूल आधार संयुक्त राष्ट्र संघ के आदर्शों के अनुकूल हैं। इसलिए भारत का योगदान संयुक्त राष्ट्र संघ के संदर्भ में उल्लेखनीय हैं। भारत ने सदैव संयुक्त राष्ट्र संघ को शक्तिशाली बनाने का समर्थन किया, क्योंकि संयुक्त राष्ट्र संघ मानवता की शांति की आकांक्षा है। यह बहुपक्षवाद पर आधारित है। अंतर्राष्ट्रीय विधि, इसके कार्यकरण का मूल आधार है।
- सुरक्षा परिषद्, संयुक्त राष्ट्र संघ का सर्वाधिक महत्वपूर्ण अंग है और शीतयुद्धोत्तर विश्व में वर्ष 1991 में भारत, सुरक्षा परिषद् का अस्थाई सदस्य निर्वाचित हुआ। भारत ने तत्कालीन खाड़ी संकट के संदर्भ में सुरक्षा परिषद् के द्वारा पारित प्रस्ताव संख्या-6, 7, 8 का समर्थन किया, जिसके अंतर्गत् ईराक को कुवैत खाली करने का निर्देश दिया गया था। कुवैत की स्वतंत्रता के बाद ईराक के उत्तरी क्षेत्र को 'उड़ान निषिद्ध क्षेत्र' (No Flying Zone) घोषित किया गया, तब भारत ने ईराक की एकता एवं अखंडता और संप्रभुता का समर्थन किया।
- वर्तमान समय में भी भारत, सुरक्षा परिषद् का अस्थाई सदस्य है। लीबिया के संदर्भ में जब सुरक्षा परिषद् ने 'उड़ान निषिद्ध क्षेत्र' (No Flying Zone) घोषित किया, तो भारत मतदान से अनुपस्थित हुआ, प्रस्ताव संख्या-1973 तथा भारत ने लीबिया की एकता और अखंडता का समर्थन किया। भारत ने किसी भी देश के आंतरिक मामले में हस्तक्षेप का समर्थन नहीं किया एवं शासन में परिवर्तन (Regime Change) की संकल्पना या लोकतंत्र के निर्यात का समर्थन कभी नहीं किया। यद्यपि यह भी उल्लेखनीय है कि भारत ने मानवाधिकार उल्लंघन का समर्थन नहीं किया। आलोचकों का मानना है कि लीबिया और सीरिया में उत्पन्न हुए संकट के पीछे अमेरिका और पश्चिम देशों द्वारा जानबूझकर विद्रोहियों को सहायता प्रदान की गई। इसलिए लीबिया के मुद्दे पर रूस और चीन ने अमेरिकी दृष्टिकोण का समर्थन नहीं किया।
- सीरिया के वर्तमान संकट को हल करने के लिए तत्कालीन संयुक्त राष्ट्र महासचिव कोफी अन्नान ने छह (6) सूत्रीय प्रस्ताव प्रस्तुत किया था और सुरक्षा परिषद् द्वारा सीरिया के विरुद्ध प्रस्ताव पारित किया गया। जिसमें नागरिकों की हत्या रोकने संबंधित प्रस्ताव पारित किया गया था। इसलिए भारत ने इस प्रस्ताव के पक्ष में मतदान किया। जबकि रूस और चीन ने इस पर वीटो का प्रयोग कर दिया। भारत ने सीरिया में शासन परिवर्तन का समर्थन नहीं किया, जैसाकि पश्चिमी देशों की मान्यता है।
- वैश्विक आतंकवाद से समूचे विश्व की सुरक्षा के लिए खतरा उत्पन्न हो रहा है। भारत विगत् तीन दशकों से सीमा पार आतंकवाद से प्रभावित है। इसलिए भारत ने पहले ही संयुक्त राष्ट्र संघ में आतंकवाद का मुद्दा उठाया था। संयुक्त राष्ट्र संघ द्वारा पारित प्रस्ताव-1373 का भारत ने पूर्ण समर्थन किया।

### भारतीय न्यायाधीश दलबीर भंडारी का अंतर्राष्ट्रीय न्यायालय में निर्वाचन

- अतंर्राष्ट्रीय न्यायालय में न्यायाधीश के निर्वाचन के लिए 70 वर्षों में पहली बार एक रोचक एवं ऐतिहासिक विवाद उत्पन्न हो गया। क्योंकि महासभा में भारतीय न्यायाधीश दलबीर भंडारी को बहुमत प्राप्त हो गया। जबकि सुरक्षा परिषद् में ब्रिटिश न्यायाधीश ग्रीन वुड को बहुमत मिला।
- इस गतिरोध को तोड़ने के लिए सुरक्षा परिषद् एवं महासभा के सदस्यों से मिलकर समिति के गठन का प्रावधान है। लेकिन समिति के गठन से पहले ही ब्रिटिश न्यायाधीश ने अपना नाम वापस ले लिया, जिससे भारतीय न्यायाधीश दलबीर भंडारी की विजय हुई। यह भारत की बड़ी कूटनीतिक सफलता है तथा भारत के बढ़ते वैश्विक पटल पर बढ़ती शक्ति का भी उदाहरण है।

### शांति निर्माण कार्यक्रमों में भारत की भूमिका

- संयुक्त राष्ट्र संघ द्वारा संचालित शांति निर्माण कार्यक्रमों में

भारत की उल्लेखनीय और महत्वपूर्ण भूमिका है। फिलीस्तीन मुद्दे पर शांति निर्माण कार्यक्रम में भारत ने सबसे पहले भाग लिया। शीतयुद्धोत्तर विश्व में संयुक्त राष्ट्र संघ द्वारा संचालित 23 शांति अभियानों में 15 में भारत ने भागीदारी की। भारत के द्वारा कुछ महत्वपूर्ण शांति अभियानों में भागीदारी की गई, जिनमें कंबोडिया, सोमालिया, रवांडा, हैती और मोजांबिक उल्लेखनीय हैं। शांति अभियानों के संदर्भ में **भारत का दृष्टिकोण निम्नलिखित है-**

(i) भारत के अनुसार, संघर्षरत पक्षों की सहमति के बाद ही शांति निर्माण अभियानों का संचालन होना चाहिए।

(ii) भारत के अनुसार, शांति निर्माण कार्यक्रम और संयुक्त राष्ट्र संघ द्वारा संचालित अन्य कार्यक्रमों जैसे-मानवीय सहायता में स्पष्ट रूप में विभाजन होना चाहिए।

(iii) भारत का ऐसा मानना है कि शांति कार्यक्रमों का निर्धारण देश की परिस्थितियों और आवश्यकता के आधार पर तय होना चाहिए।

(iv) भारत के अनुसार, शांति निर्माण कार्यक्रमों में भागीदारी करने वाले सैनिक देशों को सही समय पर वित्त का भुगतान होना चाहिए।

- आलोचकों ने भारत के शांति अभियान में भागीदारी की आलोचना करते हुए कहा कि भारत को अमेरिका, इंग्लैंड या ऑस्ट्रेलिया की भांति उन्हीं देशों में शांति निर्माण कार्यक्रमों में भागीदारी करना चाहिए, जिसमें भारत का हित संबंधित हो।
- विचारकों के अनुसार, भारत की शांति निर्माण कार्यक्रमों में बढ़ती भागीदारी, भारत की बढ़ती शक्ति आकांक्षा के कारण भी है। यह केवल आदर्शवादी मान्यताओं पर आधारित नहीं है। चीन और पाकिस्तान भारत को चुनौती देने वाले राज्य हैं, क्योंकि इसकी भागीदारी भी शांति निर्माण कार्यक्रम में बड़ी प्रभावशाली है।

## भारत एक विश्वसनीय शांति निर्माता के रूप में

- मार्च, 2000 में संयुक्त राष्ट्र संघ के पूर्व महासचिव कोफी अन्नान ने शांति कार्यक्रमों के अध्ययन के लिए लखादर ब्राह्मी की अध्यक्षता में एक विशेषज्ञ समिति की स्थापना की। इस समिति के अनुसार, शांति अभियानों में सेना की टिके रहने की क्षमता और खतरे उठाने का साहस अतिरिक्त महत्वपूर्ण है। क्योंकि लंबे संघर्षों के परिणामस्वरूप सेना का टिके रहना कठिन होता है। जैसाकि वर्ष 1992 में अमेरिका ने सोमालिया से अनेक सैनिकों को वापस आने का आदेश दिया। क्योंकि मोगादिशु में अनेक अमेरिकी सैनिकों की हत्या कर दी गई। इस मामले में भारत की क्षमता निर्विवाद रूप में उल्लेखनीय है, क्योंकि संयुक्त राष्ट्र संघ के खतरनाक अभियानों में सोमालिया के अभियान को शामिल किया जाता है। वर्ष 1993 में भारत के सैनिकों की हत्या हुई और तीन डॉक्टरों की भी हत्या हुई। लेकिन भारत सोमालिया से नहीं हटा। इसी के साथ मिस्र, मलेशिया और नाइजीरिया के अभियानों को भी भारत ने अंततः पूरा किया। यद्यपि वर्ष 2000 में सियरालियोन से भारत के सैनिकों की पहले ही वापसी हो गई।
- भारत के द्वारा संचालित शांति निर्माण कार्यक्रमों में अनेक कार्यक्रम गैर-सैन्य गतिविधियों से संबंधित रहे हैं। उदाहरण के लिए, कंबोडिया, अंगोला एवं मोजांबिक में चुनाव का निरीक्षण करने के लिए भारतीय शांति सैनिकों को तैनात किया गया। सोमालिया एवं रवाण्डा में भारतीयों को पुलिस कार्य भी सौंपे गए। सियरालियोन, अंगोला तथा कांगो में विस्थापित लोगों के पुनर्वास के लिए भारतीयों को तैनात किया गया। लेबनान तथा कंबोडिया में सिविल प्रशासन और राष्ट्र निर्माण में भारतीयों को कार्य सौंपे गए। यह उल्लेखनीय है कि शीतयुद्ध के बाद के युग में राज्यों के अंदर उत्पन्न होने वाले गृह युद्ध की संख्या में निर्णायक बढ़ोत्तरी हुई है।
- इसलिए वर्तमान समय में अधिकांश शांति निर्माण कार्यक्रम राज्यों के आंतरिक संघर्षों के संदर्भ में संचालित किए जा रहे हैं, जबकि शीतयुद्ध के दौरान ज्यादातर शांति निर्माण कार्यक्रम दो राज्यों के मध्य होने वाले संघर्षों में तैनात किए गए।
- भारतीय शांति निर्माण कार्यक्रम में उल्लेखनीय उपलब्धि सतीश नांबियार को वर्ष 1992 के यूगोस्लावियाई शांति अभियान कार्यक्रम का मुखिया बनाया गया था। जबकि वर्ष 2000 में जनरल विजय जेटली को सियरालियोन के शांति निर्माण कार्यक्रम का अध्यक्ष बनाया गया।

## अन्य अंगों और एजेंसियों के संदर्भ में संयुक्त राष्ट्र संघ में भारत की भूमिका

### सामाजिक एवं आर्थिक परिषद् में भूमिका

- सामाजिक एवं आर्थिक परिषद् के द्वारा पूरे विश्व में लोगों के सामाजिक एवं आर्थिक कल्याण के कार्य संपादित किए जाते हैं, जिससे विश्व में युद्ध और संघर्ष की परिस्थितियां समाप्त हो जाए। सामाजिक एवं आर्थिक परिषद् के द्वारा विश्व में शांति स्थापित करने का सकारात्मक प्रयत्न किया जाता है।
- भारत, सामाजिक एवं आर्थिक परिषद् का पहला अध्यक्ष

निर्वाचित किया गया था। परिषद् के द्वारा विश्व में बीमारी, गरीबी और अशिक्षा के उन्मूलन के लिए 'सहस्राब्दि विकास लक्ष्य' को क्रियान्वित किया गया। इस संदर्भ में प्रतिवर्ष 50 मिलियन अमेरिकी डॉलर की अतिरिक्त आधिकारिक सहायता के द्वारा इन लक्ष्यों को प्राप्त किया जा सकता है।

- सामाजिक एवं आर्थिक परिषद् के अंतर्गत् कार्य करने वाली विभिन्न एजेंसियों में भी भारत की भूमिका उल्लेखनीय हैं। इन एजेंसियों से भारत को बड़ी आर्थिक सहायता भी प्राप्त हुई है। उदाहरण के लिए, यूनिसेफ (UNICEF) के द्वारा अभी भी भारत को सबसे बड़ी आर्थिक सहायता प्रदान की जाती है। दूसरी ओर, संयुक्त राष्ट्र संघ विकास कार्यक्रम (UNDP) के द्वारा भी भारत को सर्वाधिक सहायता प्राप्त होती है। पर्यावरण के संरक्षण के लिए स्थापित 'यूनाइटेड नेशंस फ्रेमवर्क कनवेंशन ऑन क्लाइमेट चेंज' (UNFCCC) में भारत की भूमिका उल्लेखनीय है।

## संयुक्त राष्ट्र संघ महासभा में भारत की भूमिका

- संयुक्त राष्ट्र संघ महासभा, सर्वाधिक महत्वपूर्ण अंगों में से एक है, क्योंकि सभी राज्यों को इस संस्था में समान प्रतिनिधित्व प्राप्त होता है। संयुक्त राष्ट्र संघ महासभा के 13वें अधिवेशन में भारत को अध्यक्ष निर्वाचित किया गया। समकालीन समय में गठित होने वाले शांति निर्माण आयोग में भी भारत सदस्य है, क्योंकि विश्व के पहले पांच (5) राज्यों में शांति निर्माण कार्यक्रमों में योगदान देने वालों में भारत भी सम्मिलित है।

## संयुक्त राष्ट्र संघ मानवाधिकार परिषद् में भारत की भूमिका

- वर्तमान विश्व लोकतंत्र और मानवाधिकारों का युग है। संयुक्त राष्ट्र संघ के द्वारा मानवाधिकारों के संरक्षण को और प्रभावी बनाने के लिए वर्ष 2006 में मानवाधिकार परिषद् की स्थापना हुई। इस परिषद् में भारत को सदस्य के रूप में निर्वाचित किया गया तथा वर्तमान में भारत इसका सदस्य है। श्रीलंका के मुद्दे पर मानवाधिकार परिषद् में पहली बार भारत ने किसी देश विशेष के विरोध में मतदान किया, क्योंकि तमिलों की स्वायत्तता और पुनर्वास के संदर्भ में श्रीलंकाई सरकार के द्वारा किए गए प्रयत्न पर्याप्त नहीं थे। विश्व वैधानिक संघर्षो के शांतिपूर्ण समाधान के लिए संयुक्त राष्ट्र संघ का एक महत्वपूर्ण अंग अंतर्राष्ट्रीय न्यायालय है, जिसमें अनेक भारतीय न्यायाधीशों की भूमिका उल्लेखनीय रही है। दलबीर भंडारी अंतर्राष्ट्रीय न्यायालय में न्यायाधीश के रूप में चयनित होने वाले भारतीय हैं।
- संयुक्त राष्ट्र संघ में भारत की महत्वपूर्ण भूमिका निर्विवाद है। यद्यपि पाकिस्तान के द्वारा संयुक्त राष्ट्र संघ में सदैव कश्मीर का मुद्दा उठाया जाता है। फिलहाल एक उल्लेखनीय घटनाक्रम के अंतर्गत् संयुक्त राष्ट्र संघ ने कश्मीर को दुनिया के प्रमुख विवादित विषयों की सूची से बाहर कर दिया है। संयुक्त राष्ट्र संघ में उल्लेखनीय योगदान के आधार पर भारत की सुरक्षा परिषद् में स्थायी सदस्यता का दावा और प्रबल हो जाता है।
- भारत के नीति आयोग और संयुक्त राष्ट्र संघ के मध्य 29 सितंबर, 2018 को सतत् विकास फ्रेमवर्क 2018-22 पर हस्ताक्षर हुए।

## जलवायु परिवर्तन पर निगरानी हेतु अंतर्सरकारी पैनल (Intergovernmental Panel on Climate Change, (IPCC))

- जलवायु परिवर्तन की समस्या को लेकर United Nations Environment Programme (UNEP) एवं WMO (World Meteorological Organization) द्वारा IPCC का गठन संयुक्त राष्ट्र की आम सभा में 1988 में किया गया। ताकि इस संबंध में एक स्पष्ट वैज्ञानिक दृष्टिकोण उपलब्ध कराया जा सके।
- वर्तमान में 195 देश IPCC के सदस्य हैं। IPCC नियमित तौर पर जलवायु परिवर्तन के बारे में वैज्ञानिक रिपोर्ट जो मूल्यांकन रिपोर्ट के नाम से जानी जाती है, जारी करता है।

## IPCC द्वारा जारी अब तक की विभिन्न मूल्यांकन रिपोर्ट

### प्रथम IPCC आकलन रिपोर्ट (1990)

- इस रिपोर्ट में जलवायु परिवर्तन को एक चुनौती के रूप में रेखांकित किया गया, जिसके परिणामों का सामना करने हेतु अंतर्राष्ट्रीय समन्वय की आवश्यकता पर बल दिया गया।
- इसने UNFCCC के सृजन में निर्णायक भूमिका निभाई। UNFCCC जलवायु परिवर्तन के परिणामों का सामना करने एवं वैश्विक तापमान में कमी करने हेतु एक महत्वपूर्ण अंतर्राष्ट्रीय संधि है।

### द्वितीय आकलन रिपोर्ट (1995)

- 1997 में क्योटो प्रोटोकॉल को अपनाने हेतु किए गए मोलभाव के लिए इसने महत्वपूर्ण सामग्री उपलब्ध कराई।

**तृतीय आकलन रिपोर्ट ( 2001 )**

- इसका विषय वैश्विक था जो कि अतीत, वर्तमान एवं भविष्य के जलवायु परिवर्तन आकलन का सबसे व्यापक ही नहीं, बल्कि अद्यतन वैज्ञानिक आकलन था। इसमें जलवायु परिवर्तन, अनुकूलन एवं सुभेद्यता पर भी प्रकाश डाला गया।

**चतुर्थ आकलन रिपोर्ट**

- यह रिपोर्ट सितंबर, 2013 से नवंबर, 2014 के बीच 4 भागों में प्रकाशित हुई। इसमें जलवायु परिवर्तन हेतु प्रासंगिक ज्ञान की वर्तमान स्थिति पर एक स्पष्ट व अद्यतन दृष्टिकोण प्रस्तुत किया गया है। इसमें तीन वर्किंग ग्रुप की रिपोर्ट एवं सिंथेसिस रिपोर्ट है।
- अप्रैल, 2016 में जलवायु परिवर्तन की अंतर्सरकारी बैठक में यह निर्णय लिया गया कि छठी आकलन रिपोर्ट को तीन कार्य समूह के योगदान द्वारा 2021 में अंतिम रूप दिया जाएगा।
- पांचवीं आकलन रिपोर्ट के अनुसार, एशिया, ध्रुवीय क्षेत्र व छोटे द्वीप समूहों पर जलवायु परिवर्तन का संभावित प्रभाव दर्शाया गया है।

अध्याय 6

# समसामयिक चुनौतियां
# CONTEMPORARY CHALLENGES

## समुद्री सुरक्षा

- वर्तमान समय में सागरीय सुरक्षा का महत्व अत्यधिक बढ़ गया है क्योंकि तकनीकी विकास के साथ-साथ सागर महत्वपूर्ण आर्थिक संसाधन के रूप में उभरे हैं।
- विभिन्न देशों के व्यापारिक जहाज इन्हीं महासागरों से होकर गुजरते हैं।
- वैश्विक स्तर पर उभरते नए खतरों ने सागरीय क्षेत्र को असुरक्षित बना दिया है।
- आतंकी गतिविधियां इन क्षेत्रों के लिए प्रमुख गैर-राष्ट्रीय खतरे के रूप में हैं।
- हिंद महासागर इस दृष्टिकोण से अत्यधिक संवेदनशील है।
- सोमालिया क्षेत्र के लुटेरों द्वारा व्यापारिक जहाजों का अपहरण कर फिरौती मांगना इसका प्रत्यक्ष उदाहरण है।
- भारत में मुंबई का हमला भी समुद्री रास्ते से हुआ।
- देशों के मध्य भी अपने प्रभुत्व को बढ़ाने के लिए अपनी नौसेना के विस्तार पर बल दिया जा रहा है।
- भारत जैसे देशों की विशाल समुद्री सीमा की सुरक्षा भी एक महत्वपूर्ण चुनौती है।
- सागरीय क्षेत्र में आतंकी गतिविधियों व अपहरण की घटनाओं को रोककर व्यापार को समुचित ढंग से संचालित करने के उद्देश्य से विभिन्न देशों द्वारा आपसी सहयोग किया जा रहा है।
- वर्तमान में किए जा रहे प्रयास पर्याप्त नहीं है क्योंकि तकनीकी विकास ने खतरों को बढ़ाया भी है।
- क्षेत्र में प्रभुसत्ता बनाए रखने के लिए भी सागरीय सुरक्षा अत्यंत आवश्यक है।

## ऊर्जा सुरक्षा

ऊर्जा किसी भी राष्ट्र की प्रगति का प्रमुख आधार होता है-

- ऊर्जा के परंपरागत और गैर-परंपरागत दोनों ही स्त्रोत महत्वपूर्ण हैं।
- वर्तमान समय में औद्योगिक विकास परंपरागत जैविक ऊर्जा स्रोतों पर ही निर्भर है।
- भारत अपनी-अपनी पेट्रोलियम जरूरतों का अधिकांश भाग विदेशों से आयात करता है।
- भारत आरंभिक समय में अपनी अधिकांश जरूरतें पश्चिम एशियाई खाड़ी के देशों से पूरा करता था, परंतु 1970 के दशक में खाड़ी संकट ने भारत को अन्य विकल्पों पर विचार करने को विवश किया।
- वर्तमान में भारत कई देशों से जैसे खाड़ी के देश, अफ्रीकी देश, रूस एवं अमेरिका से भी अपनी पेट्रोलियम जरूरतों को पूरा कर रहा है
- भारत अपनी पेट्रोलियम पर निर्भरता कम करने हेतु अनेक विकल्पों पर कार्य कर रहा है।
- भारत में जल विद्युत का उत्पादन बढ़ाया जा रहा है।
- परमाणु ऊर्जा हेतु विभिन्न समझौते किए गए।
- भारत में सौर ऊर्जा की उपलब्धता को ध्यान में रखकर सौर ऊर्जा कार्यक्रमों को अत्यंत महत्व दिया जा रहा है।
- अंतर्राष्ट्रीय सौर ऊर्जा संघ का मुख्यालय भी भारत में स्थापित किया गया है।
- भारत द्वारा जैव ईंधन के रूप में इथेनॉल के प्रयोग को बढ़ावा देकर सिर्फ ऊर्जा माध्यमों का विविधिकरण किया जा रहा है अपितु विदेशी मुद्रा को बचाने एवं पर्यावरण संरक्षण का भी प्रयास किया जा रहा है।

## जल संसाधन

- विश्व में पृथ्वी तीन-चौथाई जल से घिरी है लेकिन उसमें 97 प्रतिशत पानी खारा है जो पीने योग्य नहीं है।
- पीने योग्य पानी की मात्रा मात्र 3 प्रतिशत है।
- यह कहना बिल्कुल गलत नहीं होगा कि अगला विश्व युद्ध पानी के लिए होगा।
- दक्षिण एशिया में मानसून के समय जहां भीषण बाढ़ आती। वहीं गर्मियों में पीने के पानी की समस्या भी उत्पन्न हो जाती है।
- मार्च, अप्रैल में कम होती बारिश की प्रवृत्ति ने इस समस्या को और गंभीर बना दिया है।

- वैश्विक तापन की समस्या एवं बारिश की अनिश्चितता ने इसकी उपलब्धता को और दुष्कर बना दिया है।
- वर्तमान समस्याओं को ध्यान में रखते हुए सरकार द्वारा जलसंरक्षण कार्यक्रमों पर बल प्रदान किया जा रहा है।
- सरकार एकीकृत जलसंरक्षण कार्यक्रम को संचालित कर रही है।
- जन-जागरूकता फैलाई जा रही है।
- पुराने तालाबों का जीर्णोद्धार कराया जा रहा है।
- 'नदी जोड़ो परियोजना' द्वारा बाढ़ एवं सूखे की समस्या का समाधान किया जा रहा है।
- प्रदूषित अवशिष्टों को नदी या जल स्त्रोतों में जाने से रोककर जल प्रदूषण को कम करने का प्रयास किया जा रहा है।
- अंतर्राष्ट्रीय स्तर पर भी जलसंरक्षण के बेहतर प्रयास किए जा रहे हैं।

## अंतर्राष्ट्रीय आतंकवाद

- वर्तमान विश्व के समक्ष आतंकवाद एक प्रमुख चुनौती है। आतंकवाद से तात्पर्य है किसी व्यक्ति, समूह, संस्था या देश द्वारा अपने आर्थिक, धार्मिक, राजनीतिक व विचारात्मक लक्ष्यों की पूर्ति के लिए लोगों में हिंसा फैलाकर भय या आतंक उत्पन्न करना। आतंकवादियों द्वारा अपने स्वार्थों की पूर्ति हेतु गैर-सैनिकों को भी निशाना बनाया जाता है। वर्तमान में आतंकवाद एक अंतर्राष्ट्रीय समस्या है।
- US के संघीय जांच ब्यूरो के अनुसार, 'व्यक्ति या संपत्ति के विरुद्ध गंभीर हिंसा का प्रयोग अथवा अपने राजनीतिक, सामाजिक या वैचारिक उद्देश्यों को बढ़ावा देने के लिए सरकार, जनता या जनता के किसी भाग पर हिंसा का प्रयोग करने का भय दिखाकर दबाव डालने की शक्ति आतंकवाद है।'
- अमेरिकी राज्य विभाग के अनुसार, आतंकवाद अन्य लोगों पर प्रभाव डालने के उद्देश्य से उप-राष्ट्रीय गुटों अथवा गुप्त कारकों द्वारा विरोधी लक्ष्यों के विरुद्ध एक पूर्वनियोजित और राजनीति से प्रेरित हिंसा है।

### आतंकवाद का इतिहास

- आधुनिक काल में आतंकवाद शब्द का प्रयोग फ्रांसीसी क्रांति के परिणामस्वरूप किया गया। यह फ्रांस में 'रॉब्सपियर' की शासन व्यवस्था और जन सुरक्षा समिति द्वारा तैयार की गई नीतियों व कार्यक्रमों को निर्दिष्ट करने के लिए किया गया था।
- 1914 में सरोजेवो के राजकुमार पर किया गया हमला एक आतंकी हमला था, जिसके फलस्वरूप प्रथम विश्व युद्ध हुआ।
- प्रथम विश्व युद्ध के बाद नाजीवाद व फासीवाद का उदय आतंकवाद को बढ़ावा देने वाला था। 1978-79 में ईरानी क्रांति के परिणामस्वरूप भीषण विरोध के साथ शियावादी आतंकवाद का पुनरूत्थान हुआ। आत्मघाती हमले शुरू हुए।
- 1979 में अफगानिस्तान पर सोवियत हमले ने अमेरिकी विदेश नीति में साम्यवाद के विरोध की नीति को बढ़ावा दिया इससे तालिबान का उदय हुआ जो अंतर्राष्ट्रीय इस्लामी आतंकवाद का प्रतीक है। 2001 में अमेरिका में हुए आतंकी हमले के लिए यही उत्तरदायी है। समकालीन समय में आतंकवाद उत्तर-आधुनिक आतंकवाद के रूप में उभरा है।

### आतंकवाद के कारण

**1. राजनीतिक कारण**

- यह देश की राजनीति में सम्मानजनक स्थान पाने या राजनीतिक दासता से मुक्ति पाने के लिए किया जाता है। जैसे- आयरिश रिपब्लिकन आर्मी, फिलीस्तीन व कश्मीर में कार्यरत आतंकवादी गुट।

**2. आर्थिक कारक**

- समाज में विद्यमान आर्थिक-असमानता, गरीबी, बेरोजगारी आतंकवाद को बढ़ावा देती है।

**3. सामाजिक-सांस्कृतिक कारक**

- बहुसांस्कृतिक समाज में अनेक ऐसे उप-राष्ट्रीय व जातीय समूह होते हैं, जो अपनी सामाजिक-सांस्कृतिक विशेषता के कारण परस्पर भिन्न होते हैं। ऐसे समूह प्रभुत्व स्थापित करने के लिए आतंकवाद का सहारा लेते हैं।

**4. विचारधारा**

- वर्तमान में अतंर्राष्ट्रीय आतंकवाद का एक मौलिक कारक विचारधारा भी है। उत्तर-शीत युद्ध काल में अमेरिका की जोखिमपूर्ण नीति, अफगानिस्तान, ईरान आदि की पहल और ओसामा बिन लादेन का उभार इसका उदाहरण है।

**5. असंतोष**

- समाज में उभरने वाला असंतोष, अधीनस्थ की शक्तिशालियों द्वारा उपेक्षा भी आतंकवाद को बढ़ावा देती है।

### 21वीं सदी का अंतर्राष्ट्रीय आतंकवाद

- वर्तमान में साइबर आतंकवाद, नार्को आतंकवाद जैसी अवधारणाएं उभरकर आई हैं। मोबाइल संप्रेषण तकनीक की वैश्विक व्यवस्था, ई-मेल, सेलफोन, ग्लोबल पोजीशनिंग सिस्टम, आदि ने आतंकवाद को अंतर्राष्ट्रीय बना दिया है,

उन्हें एक ही स्थान पर बैठकर दूर स्थित अलग-अलग लक्ष्यों पर बिना किसी कठिनाई के हमला करने की योग्यता प्रदान की है।

- नार्को आतंकवाद से अभिप्राय नशीले पदार्थों के क्रय-विक्रय करने वाले आतंकवादी गुटों के बीच सहयोगपूर्ण संबंधों से है, जिसमें आतंकी गुट नशीले पदार्थों का व्यापार करने वालों को नार्कोटिक्स या ड्रग्स सुलभ उपलब्ध कराता है। बदले में अपनी आतंकी गतिविधियों हेतु बड़ी धनराशि प्राप्त करता है। अर्थात् नार्कोटिक्स के अवैध व्यापार से अर्जित धन का इस्तेमाल आतंकवाद को बढ़ावा देने हेतु करना। गोल्डन क्रीसेंट व Golden- Triangle से इसे बढ़ावा मिलता है।

## भारत और अंतर्राष्ट्रीय आतंकवाद

- भारत स्वतंत्रता के बाद से ही आतंकवाद की समस्या से जूझ रहा है। हालांकि वर्तमान में यह समस्या अत्यधिक गंभीर होती जा रही है। आतंकवादियों को सीमा पार से राजनीतिक, संभार तंत्रीय और नैतिक समर्थन प्राप्त होता है। अगर ऐसा न होता तो शायद देश में इतनी गंभीर स्थिति नहीं होती। वास्तव में भारत में आतंकवाद के बढ़ते खतरे ने देश में सीमा पार से संचालित होने वाले अप्रत्यक्ष युद्ध का रूप ले लिया है।
- भारत में आतंकवाद की समस्या उत्तर-पूर्वी राज्यों व जम्मू कश्मीर में विशेष रूप से विद्यमान है। 1989 से भारत में आतंकवाद का अधिकेंद्र जम्मू-कश्मीर में स्थापित हो चुका है। प्रारंभ में वहां जनता द्वारा असंतोष व्यक्त होता था, बाद में घाटी में सीमा पार से प्रत्यक्ष व अप्रत्यक्ष समर्थन मिलने पर नियुक्ति मोर्चों का गठन किया गया।
- घाटी में सक्रिय आतंकी आंदोलन ने वास्तव में पाकिस्तान, अफगानिस्तान के आतंकियों से समर्थन पाकर अंतर्राष्ट्रीय रूप ले लिया है। जिससे भारत में कड़े आतंकी हमले हो रहे हैं। देश में सामुदायिक तनाव बढ़ाने की एक खेल योजना के रूप में आतंकवादी देश के धार्मिक स्थलों को बढ़ावा दे रहे हैं।

## अंतर्राष्ट्रीय आतंकवाद का समाधान

- चूंकि अंतर्राष्ट्रीय आतंकवाद एक साझा समस्या है। अत: इसका समाधान भी वैश्विक स्तर पर साझा होना चाहिए। आतंकवाद से बचने के लिए सुरक्षा एजेंसियों के साथ-साथ सरकार को भी कार्य करने चाहिए। विकास पर बल दिया जाना चाहिए।
- विभिन्न देशों को आतंकवादी गुटों के खिलाफ एक संयुक्त व ठोस रणनीति तैयार करनी चाहिए और हाथ मिलााने के लिए प्रोत्साहित किया जाना चाहिए। अंतर्राष्ट्रीय मंचों पर आतंकवाद की कड़ी निंदा की जाए और जो देश आतंकवाद को बढ़ावा देते हैं। उनका बहिष्कार किया जाना चाहिए।

## निष्कर्ष

- शीतयुद्धोत्तर विश्व में अंतर्राष्ट्रीय आतंकवाद विश्व की सुरक्षा के समक्ष एक बड़ी चुनौती बनकर उभरा है। तकनीकी ज्ञान व सूचना प्रौद्योगिक ने आतंकी गुटों को अपेक्षित सुविधाएं प्रदान की हैं। इस से निपटने हेतु वैश्विक स्तर पर दीर्घकालिक रणनीति आवश्यक है।

## साइबर अपराध

- कंप्यूटर एवं इंटरनेट को सूचना प्रौद्योगिकी की सबसे बड़ी देन कहा जाता है। इन दिनों सभी क्षेत्र प्राय: कंप्यूटर एवं इंटरनेट के माध्यम से संचालित हो रहे हैं, किंतु यह दुर्भाग्य है कि आपराधिक प्रवृत्ति के व्यक्ति इन शक्तिशाली माध्यमों का अनैतिक कार्यों और विद्वेषपूर्ण भावना से उपयोग कर रहे हैं।
- इन अनैतिक कार्यों में अश्लील संदेशों का प्रसारण किसी को धमकी देना या फिरौती मांगना, क्रेडिट कार्डों या ऑनलाइन बैंकिंग सेवाओं में छेड़-छाड़ कर धन निकालने का प्रयास करने जैसे अनेक कृत्य शामिल हैं।
- इस प्रकार की अनैतिक कार्यवाहियों को **साइबर क्राइम** या **साइबर अपराध** की संज्ञा दी गई है। निम्नांकित कार्यों को साइबर अपराधों की श्रेणी में रखा गया है-
  - (i) साइबर कैफे या सार्वजनिक स्थलों के जरिए इंटरनेट पर अश्लील पोर्नोग्राफिक वेबसाइटों को देखना।
  - (ii) चाइल्ड पोर्नोग्राफी अर्थात् इंटरनेट के माध्यम से बच्चों को यौन कार्यों या अपराधों के लिए उकसाने का प्रयास करना।
  - (iii) बिना आज्ञा के किसी के कंप्यूटर या नेटवर्क सिस्टम में प्रवेश कर जानकारी हासिल करने का प्रयास करना।
  - (iv) बिना मर्जी किसी के कंप्यूटर से फ्लापी या सीडी के जरिए डाटा निकालना।
  - (v) कंप्यूटर के जरिए बैंकों की ऑनलाइन बैंकिंग सेवा और क्रेडिट कार्ड में छेड़छाड़ कर धन निकालने का प्रयास करना।
  - (vi) किसी के कंप्यूटर, वेबसाइट आदि के पासवर्ड में छेड़छाड़ करना और उसको बदलना।
  - (vii) फर्जी वेबसाइट बनाना और कंप्यूटर या मोबाइल के जरिए अश्लील संदेश भेजना।
  - (viii) ई-मेल के जरिए किसी को धमकी देना या फिरौती मांगना।
  - (ix) कंप्यूटर वायरस भेजकर इंटरनेट या कंप्यूटर को खराब करने का प्रयास करना।

# भाग–7

# भारत में राजनीतिक संस्थाएं

# भारतीय संविधान का निर्माण
# MAKING OF THE INDIAN CONSTITUTION

## औपनिवेशिक विरासत

- वैसे तो ब्रिटिश शासन का औपनिवेशिक भारत पर प्रत्यक्ष या परोक्ष रूप से कई क्षेत्रों पर प्रभाव दिखाई पड़ता है। इनमें से कुछ क्षेत्रों पर अत्यधिक प्रभाव पड़ा, **जिनमें से कुछ क्षेत्र निम्नलिखित हैं-**

### 1. आर्थिक क्षेत्र में प्रभाव

- स्वतंत्र भारत पर ब्रिटिश शासन का प्रभाव प्रत्येक क्षेत्र पर विद्यमान था। ब्रिटिश शासन ने आर्थिक क्षेत्र में भारत को अत्यधिक परिवर्तित किया। ब्रिटिश शासन का यह प्रभाव कृषि, उद्योग, परिवहन, संचार, वित्त, प्रशासन और शिक्षा पर निर्णायक रूप में देखा जा सकता है। इस उपनिवेशवादी आर्थिक संरचना ने भारत को गरीब और ब्रिटेन पर निर्भर बना दिया।
- भारत में उपनिवेशवादी संरचना की विशेषताओं को निम्नलिखित रूप में व्यक्त किया जा सकता है-

(i) भारतीय आर्थिक हित को पूर्णत: ब्रिटिश आर्थिक हितों के अधीन कर दिया तथा भारतीय अर्थव्यवस्था, विश्व पूंजीवादी व्यवस्था और शेष भाग घरेलू सामंतों और साहूकारों के द्वारा प्रयोग किया गया। कृषि और उद्योगों के विकास में निवेश का अभाव रहा। इसी को दादाभाई नौरोजी ने **निष्कासन के सिद्धांत** के रूप में चित्रित किया।

(ii) भारत की नीतियों का निर्धारण ब्रिटेन में ब्रिटेन के हितों के लिए किया गया। भारत के अल्प विकास का मूल कारण उद्योगों और कृषि क्षेत्र को राज्य द्वारा सहायता का पूर्ण अभाव था।

(iii) अत: भारतीय प्रशासन, व्यापार और उद्योगों का नियंत्रण, ब्रिटिश हितों को पूरा करने के लिए किया गया। भारत से वसूले गए करों (Tax's) द्वारा ब्रिटिश सेना एवं नागरिक प्रशासन के विकास पर अत्यधिक पैसे खर्च किए गए। भारत में करों की संरचना भी अत्यधिक विषमतापूर्ण थी। उदाहरण के लिए, किसानों एवं नमक दोनों पर कर लगाया गया। जबकि जो समाज का प्रभावशाली और उच्चतर तबका था, जैसे-नौकरशाहों, सामंतों एवं व्यापारियों का उन पर नाममात्र के कर आरोपित किए गए।

- अत: उपनिवेशवादी व्यवस्था द्वारा भारत आर्थिक रूप से पूर्णत: पिछड़ गया और कृषि का विकास लगभग शून्य हो गया। खाद्यान्नों के उत्पादन में लगातार गिरावट हुई, क्योंकि उपनिवेशवादी राज्य का हित कृषि और उस भूमि पर केवल कर इकट्ठा करना था। कृषि के विकास को बिल्कुल उपेक्षित किया गया।
- भारत में भूमिहीन कृषकों की संख्या में वृद्धि होने लगी, जबकि जमींदारों के हितों को ध्यान में रखा गया। कृषि उत्पादन में वाणिज्यिक फसलों को बढ़ावा दिया गया, क्योंकि वाणिज्यिक फसलों की मांग विश्व बाजार में थी। भारत में कृषि के वाणिज्यीकरण ने पूंजीवादी खेती को बढ़ावा दिया। परिणामस्वरूप बेहतर भूमि का उपयोग खाद्यान्न उपजों के बजाए, वाणिज्यिक खेती के लिए किया गया।
- यह बिंदु ध्यान देने योग्य है कि इसी समय विकसित देशों में कृषि का आधुनिकीकरण एवं कृषि के क्षेत्र में क्रांति हो रही थी, जबकि भारत में बाढ़ नियंत्रण एवं नहर या भूमि को मरूस्थलीकरण से बचाने के लिए किसी प्रकार का निवेश नहीं किया गया।
- कृषि के साथ उद्योगों की भी पूर्णतया उपेक्षा हुई। 19वीं सदी में भारत के लघु उद्योग और हथकरघा उद्योग पूर्णत: समाप्त हो गए, क्योंकि ब्रिटेन से आने वाली सस्ती वस्तुओं के सामने वे टिक नहीं पाए। चूंकि ब्रिटेन सरकार ने भारत पर मुक्त व्यापार (Free Trade) की नीति अपना रखी थी।
- परिणामस्वरूप इन उद्योगों में काम करने वाले व्यक्ति भी बेरोजगार हो गए एवं भारत में हथकरघा उद्योग पूर्णत: समाप्त हो गए। यद्यपि 19वीं सदी में चाय, जूट और कपास के क्षेत्रों में कुछ उद्योगों का विकास तथा छोटे-मोटे उद्योगों का निर्माण, लोहे एवं स्टील के क्षेत्रों

में भी हुआ। इसके अतिरिक्त बिजली का विकास नहीं हुआ और बैंकिंग तथा बीमा प्रणाली पूर्णतः अविकसित थी।

- भारत में पूंजीगत उद्योगों एवं वस्तुओं का पूर्णतः अभाव था। उदाहरण के लिए, वर्ष 1950 में भारत अपनी आवश्यकता की मशीनों के 90 प्रतिशत भाग का आयात करता था। यह भारतीय अर्थव्यवस्था की पिछड़ी अवस्था का प्रमाण है। इसके अतिरिक्त, ग्रामीण और शहरी क्षेत्रों के मध्य जनसंख्या का अत्यधिक विषमतामूलक अनुपात था। उदाहरण के लिए, 1951 में ग्रामीण जनसंख्या 82.3 प्रतिशत थी, इसके अतिरिक्त भारत में आर्थिक विषमता में अत्यधिक वृद्धि हुई।
- तत्कालीन समय में विद्यमान कोयले के उत्खनन, जूट उद्योग, बैंकिंग, बीमा और चाय बागानों पर पूर्णतः ब्रिटिश उद्योगों का नियंत्रण था। यद्यपि एक सकारात्मक पक्ष का उल्लेख भी किया जा सकता है। ब्रिटिश शासन द्वारा भारत में परिवहन एवं संचार की सुविधा का विकास तथा विशेष तौर पर रेलों का निर्माण किया गया।
- यह उल्लेखनीय है कि रेल का प्रयोग उपनिवेशवादी व्यवस्था को फायदा पहुंचाने के लिए किया गया। ब्रिटेन और अमेरिका में रेलों द्वारा औद्योगिक क्रांति को बढ़ावा मिला, परंतु भारत में ऐसा नहीं हुआ।

## 2. सामाजिक क्षेत्र में प्रभाव

- ब्रिटिश शासन के दौरान विशेषकर वर्ष 1914 के बाद भारत में प्रभावशाली घरेलू पूंजीपति वर्ग का विकास हुआ, जिनका स्वतंत्र, आर्थिक एवं वित्तीय आधार था। इसके अलावा यह भी उल्लेखनीय है कि भारत में उद्योग एवं पूंजीवाद का विकास तुलनात्मक रूप में अत्यंत पिछड़ा था।
- इसलिए ब्रिटिश शासन के दौरान भारत में गरीबी, बीमारी और भुखमरी फैली हुई थी। अकाल की घटनाएं भारत के प्रत्येक भाग में देखी गई। वर्ष 1943 के अंतर्गत् बंगाल का अकाल उल्लेखनीय माना जाता है, जिनमें लाखों लोगों की मृत्यु हुई। भारत में अनेक प्रकार की बीमारियां फैली हुईं थीं तथा स्वास्थ्य सेवाएं बिल्कुल नगण्य, जल वितरण की सुविधा का अभाव एवं अनेक शहरों में बिजली नहीं थी तथा ग्रामीण क्षेत्रों में बिजली की कल्पना करना ही कठिन था।
- वर्ष 1951 में भारत में 84 प्रतिशत लोग निरक्षर थे। महिलाओं में निरक्षरता की यह दर 92 प्रतिशत और प्रति व्यक्ति आय कम तथा साथ ही जीवन स्तर भी निम्न था। ब्रिटिश शासन की व्यवस्था के द्वारा उच्च शिक्षा के लिए अंग्रेजी भाषा का प्रयोग किया गया। **इसके दो अत्यधिक नकारात्मक परिणाम देखे गए-**
  1. शिक्षित और आम लोगों के बीच बहुत बड़ा अंतर हो गया।
  2. अंग्रेजी ने भारतीय भाषाओं के विकास को अवरुद्ध कर दिया, जिससे शिक्षा का प्रसार आम लोगों तक नहीं हो पाया।
- उपनिवेशवादी शिक्षा प्रणाली में केवल रटंत विद्या पर बल दिया गया एवं लोगों की तार्किक विश्लेषणात्मक क्षमता के विकास की उपेक्षा की गई। इस शिक्षा व्यवस्था के द्वारा वैज्ञानिक और तकनीकी शिक्षा तथा लड़कियों की शिक्षा की बिल्कुल उपेक्षा की गई।

## 3. राजनीतिक क्षेत्र में प्रभाव

- उपनिवेशवादी राज्य की प्रकृति विरोधाभासी थी, क्योंकि यह राज्य मूलतः अधिनायकवादी एवं निरंकुशतावादी था, लेकिन इसमें कुछ उदारवादी तत्व भी विद्यमान थे। उदाहरण के लिए, विधि का शासन और स्वतंत्र न्यायपालिका का विकास किया गया, जिसके द्वारा निरंकुश एवं अधिनायकवादी प्रशासन से व्यक्तियों के अधिकारों एवं स्वतंत्रता की कुछ मात्रा में रक्षा की गई।
- ब्रिटिश शासन की विधियां दमनकारी थीं, जिनका निर्माण भारतीयों द्वारा नहीं किया गया था, न ही इनके निर्माण में लोकतांत्रिक प्रक्रिया का पालन किया गया। परिणामस्वरूप सिविल सेवकों एवं पुलिस के हाथ में असीमित शक्तियां थीं। यहां तक कार्यपालिका और न्यायपालिका के कार्यों का विभाजन भी नहीं था।
- उपनिवेशवादी वैधानिक व्यवस्था विधि के समक्ष समानता पर आधारित थी, परंतु वास्तविक रूप में न्यायपालिका द्वारा भेदभावपूर्ण व्यवहार किया गया। न्यायाधीशों ने सदैव अंग्रेजों का पक्ष लिया तथा न्याय की प्रणाली अत्यधिक खर्चीली और अत्यधिक जटिल थी, जो समाज के अमीर वर्गों के लिए उपयुक्त थी।
- उपनिवेशवादी शासन में व्यक्ति की स्वतंत्रता, प्रेस की स्वतंत्रता, वाक् एवं अभिव्यक्ति की स्वतंत्रता को सामान्य समय में तो स्वीकार किया गया, लेकिन जनांदोलनों के दौरान इनको पूर्णतः समाप्त कर दिया। वर्ष 1857 के बाद स्वतंत्रताओं की अत्यधिक अवहेलना हुई।
- ब्रिटिश उपनिवेशवादी राज्य की प्रकृति विरोधाभासी थी, क्योंकि वर्ष 1858 के बाद ब्रिटिश शासन द्वारा भारतीयों को क्रमिक रूप में संवैधानिक और आर्थिक सुविधाएं

प्रदान की गईं, परंतु ब्रिटिश राजनेताओं और प्रशासकों ने भारत में प्रतिनिधिवादी लोकतंत्र की स्थापना का पूर्ण विरोध किया।

- यह स्पष्ट कहा गया कि लोकतंत्र भारत के लिए उपयुक्त नहीं था। ब्रिटेनवासियों ने भारत के लिए नरम अधिनायकवाद का समर्थन किया। इन्होंने कहा कि भारतीय इतिहास और संस्कृति के लिए यही उपयुक्त है, लेकिन भारतीय राष्ट्रीय आंदोलनकारियों के दबाव के कारण इन्होंने केंद्र और राज्य स्तर पर विधायिकाओं का निर्माण किया तथा चुनाव का प्रयोग किया गया।
- यह बिंदु उल्लेखनीय है कि 1919 के बाद केवल 3 प्रतिशत भारतीयों को मतदान का अधिकार था। 1935 के बाद केवल 15 प्रतिशत भारतीयों को यह अधिकार प्राप्त था। इसलिए इन विधायिकाओं के निर्माण के बाद भी ब्रिटिश शासन का पूर्ण नियंत्रण भारत पर बना रहा।
- इन विधायिकाओं के द्वारा ब्रिटिश शासन की अधिनायकवादी प्रकृति को उजागर तथा इनके संवैधानिक सुधार के खोखलेपन को भी प्रकट किया गया। यद्यपि एक दृष्टि से इसका महत्व सकारात्मक था कि भारतीयों को लोकतांत्रिक शासन प्रणाली के अंतर्गत् इनकी संस्थाओं में कार्य करने का अनुभव जरूर हुआ। आंदोलनकारियों ने इन्हीं छूटों का लाभ उठाकर उपनिवेशवादी व्यवस्था के विरुद्ध संघर्ष प्रारंभ किया।
- ब्रिटिश उपनिवेशवादी राज्य का एक अन्य विरोधाभास उल्लेखनीय है, जिसमें इन्होंने भारत में राजनीतिक और प्रशासनिक एकता निर्मित की एवं इकहरी प्रशासनिक व्यवस्था का निर्माण हुआ। शिक्षा की समान संरचना के कारण भी राजनीतिक एवं सामाजिक मुद्दों पर एक अखिल भारतीय दृष्टिकोण का निर्माण हुआ, इसके अतिरिक्त संचार की सुविधाएं भी प्रदान की गईं।
- दूसरी ओर, ब्रिटिश शासन द्वारा 'बांटो और राज करो' की नीति का प्रयोग किया गया। ब्रिटिश शासन ने एक जाति को दूसरी जाति से, एक वर्ग को दूसरे वर्ग से, हिंदुओं को मुसलमानों से, राजाओं और जमींदारों को राष्ट्रीय आंदोलनकारियों से लड़ा दिया। इन विभाजनकारी नीतियों का अंतिम परिणाम भारत के सांप्रदायिक विभाजन के रूप में हुआ।
- देश को एकता प्रदान करने वाले आई. सी. एस. (ICS) अधिकारी मूलत: ब्रिटिश साम्राज्य के एजेंट थे। इस नौकरशाही को स्वतंत्र और ईमानदार माना जाता था, जबकि वास्तविक रूप में इनका दृष्टिकोण अत्यधिक रूढ़िवादी एवं संकीर्ण था।
- प्रशासन के सर्वोच्च स्तर पर अधिकारी ईमानदार थे, परंतु निचले स्तर पर व्यापक भ्रष्टाचार था। यद्यपि ब्रिटिश सरकार ने एक शक्तिशाली सेना औपनिवेशिक विरासत के रूप में प्रदान की, परंतु भारत के सांप्रदायिक विभाजन का श्रेय मूलत: ब्रिटिश शासकों या ब्रिटिश शासन को ही दिया जाता है।

## राष्ट्रीय आंदोलन (National Movement)

- भारत में 19वीं सदी के उत्तरार्द्ध में राष्ट्रीय चेतना का विकास हुआ तथा भारत में एक संगठित आंदोलन की पृष्ठभूमि तैयार हुई।
- वर्ष 1857 के विद्रोह के बाद भारतीय जनमानस में धीरे-धीरे अंग्रेजों के प्रति अविश्वास बढ़ रहा था। दादा भाई नौरोजी, आर. सी. दत्त आदि विचारकों ने अंग्रेजों की आर्थिक नीतियों का विश्लेषण करके यह दिखाया कि अंग्रेज, भारत का शोषण कर रहे हैं।

### राष्ट्रवाद के उद्भव के पीछे उत्तरदायी कारक

- भारत का आर्थिक एवं प्रशासनिक एकीकरण।
- ब्रिटिश प्रशासन की विदेशी एवं क्रूर प्रकृति।
- सामाजिक एवं धार्मिक आंदोलन।
- पाश्चात्य विचारों का प्रभाव।
- पत्र-पत्रिकाओं का योगदान। जैसे-बंगाल में हिंदू पैट्रियाट, इंडियन मिरर, अमृत बाजार पत्रिका, बंगाली, सोम प्रकाश, संजीवनी, महाराष्ट्र में रोस्त गोफ्तर, मराठा, (अंग्रेजी) केसरी (मराठी), इन्दु प्रकाश, नेटिव ओपीनियन, संयुक्त प्रांत में एडवोकेट, हिंदुस्तानी और आजाद।

### तात्कालिक कारण

(i) लिटन की प्रतिगामी नीति।

(ii) इल्बर्ट बिल विवाद।

## कांग्रेस से पूर्व की संस्थाएं

- भारत में स्थापित होने वाली संस्थाओं में भारतीय राष्ट्रीय कांग्रेस पहली संस्था नहीं थी। इससे पहले भी कई संस्थाएं स्थापित हो चुकी थीं।

(i) **लैंड होल्डर्स सोसाइटी (1838) :** यह संस्था बिहार, बंगाल तथा ओडीशा के जमींदारों की थी। इसका मुख्य उद्देश्य था, अपने वर्ग के हितों की रक्षा करना।

(ii) **बंगाल ब्रिटिश इंडिया सोसाइटी (1839-43) :** इस संस्था की स्थापना का उद्देश्य व्यापक था। जैसे, आम जनता के हितों की रक्षा करना एवं उन्हें बढ़ावा देना। लैंड होल्डर्स संस्था, जो धन के अभिजात तंत्र

का प्रतिनिधित्व करती थी, तो बंगाल ब्रिटिश इंडिया सोसायटी बुद्धि के अभिजात तंत्र का प्रतिनिधित्व करती थी।

(iii) वर्ष 1851 में दोनों का विलय हो गया और ब्रिटिश इंडियन एसोसिएशन की स्थापना हुई।

(iv) वर्ष 1852 में मद्रास नेटिव सोसायटी और बॉम्बे एसोसिएशन की स्थापना हुई।

(v) **ईस्ट इंडिया एसोसिएशन (1866)** : इंग्लैंड में राजनैतिक प्रचार करने के उद्देश्य से भारतीय छात्रों, जैसे-फिरोजशाह मेहता, बदरूद्दीन तैयबजी, दादा भाई नौरोजी तथा मनमोहन घोष ने इस संस्था की स्थापना की थी।

(vi) **पूना सार्वजनिक सभा (1870)** : इस संस्था की स्थापना, जस्टिस महादेव गोविंद राणाडे, जी. वी. जोशी, एस. एच. चिपलांकर तथा अन्य सहयोगियों ने की थी। इस संस्था ने वर्ष 1878 से एक पत्रिका निकाली, जिसने राजनैतिक चेतना जागृत करने में काफी योगदान दिया।

(vii) **इंडिया लीग (1875)** : इस संस्था की स्थापना बंगाल में शिशिर कुमार घोष ने की थी।

(viii) **इंडियन नेशनल एसोसिएशन (1876)** : इस संस्था की स्थापना सुरेन्द्र नाथ बनर्जी तथा आनंद मोहन बोस के सहयोग से हुई थी।

- इंडियन एसोसिएशन को **भारतीय राष्ट्रीय कांग्रेस की पूर्वगामी** संस्था कहा गया है।
- वर्ष 1884 में एम. वीर राघवाचारी, जी. सुब्रमण्यम् अय्यर और आनंद चार्लू ने मद्रास महाजन सभा की स्थापना की।
- वर्ष 1885 में बंबई प्रेसीडेंसी एसोसिएशन की स्थापना फिरोजशाह मेहता, के. टी. तैलंग और बदरूद्दीन तैयबजी ने मिलकर की।

## कांग्रेस की स्थापना

- कांग्रेस की स्थापना का श्रेय एक ब्रिटिश अधिकारी **ए. ओ. ह्यूम** को दिया जाता है।
- कांग्रेस का प्रथम अधिवेशन पहले पूना में आयोजित किया जाना था। परंतु पूना में प्लेग फैल जाने के कारण बंबई के गोकुल दास तेजपाल संस्कृत महाविद्यालय में 28 दिसंबर, 1885 ई. को कांग्रेस की प्रथम बैठक हुई। दादा भाई नौरोजी ने इस संस्था का नाम कांग्रेस दिया।
- कांग्रेस के पहले अध्यक्ष **व्योमेश चंद्र बनर्जी** थे। कांग्रेस के पहले अधिवेशन में 72 प्रतिनिधि थे।
- कांग्रेस (लोगों का समूह), शब्द की उत्पत्ति उत्तरी अमेरिका के इतिहास से हुई है।
- भारतीय राष्ट्रीय संघ (कांग्रेस की पूर्वगामी संस्था) की स्थापना का विचार सर्वप्रथम **डफरिन** के दिमाग में आया।
- भारतीय राष्ट्रीय संघ का नाम 'भारतीय राष्ट्रीय कांग्रेस' दादा भाई नौरोजी के सुझाव पर रखा गया।
- कांग्रेस के प्रथम अधिवेशन में सुरेन्द्र नाथ बनर्जी ने हिस्सा नहीं लिया था।
- सुरेन्द्र नाथ बनर्जी की नेशनल कॉन्फ्रेंस का वर्ष 1886 में भारतीय राष्ट्रीय कांग्रेस में विलय हो गया।

### कांग्रेस के विषय में विशेष टिप्पणी

- कांग्रेस के बारे में डफरिन ने कहा कि 'वह जनता के उस अल्पसंख्यक वर्ग का प्रतिनिधित्व करती है, जिसकी संख्या सूक्ष्म है।'
- वायसराय लॉर्ड कर्जन ने कांग्रेस के बारे में कहा कि 'कांग्रेस अपनी मौत की घड़ियां गिन रही, भारत में रहते हुए मेरी एक सबसे बड़ी इच्छा है कि मैं कांग्रेस के शांतिपूर्वक मरने में मदद कर सकूं।'
- लॉर्ड कर्जन ने कांग्रेस को 'गंदी चीज' और 'देश द्रोही संगठन' कहा।
- बंकिम चन्द्र चटर्जी ने कहा कि 'कांग्रेस के लोग पदों के भूखे हैं।'
- तिलक ने कांग्रेस के बारे में कहा कि 'यदि वर्ष में हम एक बार मेढ़क की तरह टर्राएं तो हमें कुछ नहीं मिलेगा।'
- लाला लाजपत राय ने 'कांग्रेस सम्मेलनों को शिक्षित भारतीयों के वार्षिक राष्ट्रीय मेले की संज्ञा दी।'
- अश्विनी कुमार दत्त ने कांग्रेस के सम्मेलनों को 'तीन दिन का तमाशा' कहा।
- विपिन चन्द्रपाल ने इसे 'याचना संस्था' की संज्ञा दी।

### कांग्रेस का कार्यक्रम

- राष्ट्रवाद को बढ़ावा देना और बनते हुए राष्ट्र की भावना को मूर्त रूप देना था।
- सामान्य कार्यक्रमों के आधार पर विभिन्न क्षेत्रों की जनता को एकत्रित करना था।
- जनता को राजनीतिक प्रशिक्षण देना था।
- औपनिवेशिक अर्थतंत्र की मीमांसा करना था।

### उदारवादी चरण के नेताओं का कार्यक्रम

- उदारवादी नेताओं में गोपाल कृष्ण गोखले, जस्टिस महादेव गोविदं राणाडे, फिरोजशाह मेहता एवं दादा भाई नौरोजी थे।
- प्रशासनिक कार्यक्रम में उन्होंने नारा दिया कि 'प्रतिनिधित्व

के बिना कर नहीं।' उन्होंने व्यवस्थापिका के विस्तार की मांग की, साथ ही व्यवस्थापिका में गैर-सरकारी सदस्यों की संख्या में वृद्धि की मांग की।

- राजनीतिक में सिविल सेवा के भारतीयकरण का मुद्दा उठाया गया।
- आर्थिक में तटकर द्वारा भारतीय उद्योगों की सुरक्षा की मांग की गई।

## उदारवादी राजनीति की सीमाएं

- इन्होंने कानून की चहारदीवारी के अंतर्गत् रहकर आंदोलन करना उचित समझा।
- ब्रिटिश न्यायप्रियता में इनका गहरा विश्वास था।
- इन्होंने जन-आंदोलन लाने का कोई प्रयास नहीं किया।
- इनका सामाजिक आधार विस्तृत नहीं था, क्योंकि ये नेता उच्च वर्गीय मानसिकता के थे।

## उपलब्धि

- प्रारंभिक चरण में इन्होंने भारतीय जनता को राष्ट्रीय आंदोलन से परिचित कराया।
- राष्ट्रवादियों की प्रारंभिक सफलता के रूप में वर्ष 1886 में 'लोक सेवा आयोग' की स्थापना इलाहाबाद में हुई तथा भारत और इंग्लैंड में एक साथ परीक्षा कराने पर सहमति हुई, तथा इसी समय भारतीय व्यय की समीक्षा हेतु वैलबाई आयोग की स्थापना तथा 1892 के भारत परिषद् अधिनियम का पारित होना इत्यादि को देखा जाता है।
- आंदोलन के प्रथम चरण में, राष्ट्रवादी नेता दादा भाई नौरोजी द्वारा प्रस्तुत **धन के निष्कासन का सिद्धांत** जस्टिस महादेव गोविंद राणाडे द्वारा भारतीयों को आधुनिक औद्योगिक विकास के महत्व को समझाने तथा रोमेश चन्द्र दत्त द्वारा लिखी गई भारतीय आर्थिक इतिहास पर पहली पुस्तक के कारण 'आर्थिक राष्ट्रीयतावादी युग' के नाम से भी जाना जाता है।
- उदारवादी नेता रोमेश चन्द्र दत्त, जिन्होंने वर्ष 1899 के लखनऊ में हुए कांग्रेस अधिवेशन की अध्यक्षता की तथा इनको भारत के आर्थिक इतिहास पर प्रथम पुस्तक- "The Economic History of India" लिखने का श्रेय जाता है।

## उग्रवादी चरण ( 1905 के पश्चात् )

- उग्रवादी नेताओं में **बाल गंगाधर तिलक एवं लाला लाजपत राय** थे। उग्रवादी आंदोलन ने अंग्रेजों के शोषण चरित्र को उजागर करते हुए देश के लोगों से आह्वान किया कि संगठित होकर ही अपने अधिकारों और देश की रक्षा की जा सकती है। उग्रवादी चरण के उदय के **निम्नलिखित कारण हैं**-

(i) आर्थिक संकट।

(ii) धर्म सुधार आंदोलन के परिणामस्वरूप जनता में आत्मविश्वास।

(iii) उदारवादी आंदोलन की असफलता।

(iv) अंतर्राष्ट्रीय घटनाक्रम-1896 ई. में इथियोपिया द्वारा इटली को हराया जाना। 1905 ई. में एक छोटे देश जापान के द्वारा रूस की पराजय।

## उग्रवादी राजनीति की पद्धति

(i) आत्म सम्मान (ii) बहिष्कार

(iii) प्रतिरोध (iv) स्वदेशी

(v) राष्ट्रीय शिक्षा।

## उदारवादी और उग्रवादी के बीच मतभेद

- उग्रवादी और उदारवादी के बीच उद्देश्य के संबंध में कोई खास मतभेद नहीं, बल्कि मुख्य मतभेद साधनों पर था।
- उदारवाद की राजनीति को उग्रवादी, भिक्षावृत्ति की संज्ञा देते थे।
- उग्रवाद, ब्रिटिश सरकार में विश्वास नहीं रखते थे। जबकि उदारवादी, ब्रिटिश सरकार में विश्वास रखते थे।
- उदारवादी बहिष्कार की नीति को सिर्फ बंगाल तक रखना चाहते थे। जबकि उग्रवादी इसे संपूर्ण भारत में फैलाना चाहते थे।
- उदारवादियों के लिए बहिष्कार का अर्थ, केवल ब्रिटिश वस्तुओं का बहिष्कार था। जबकि उग्रवादी ब्रिटिश व्यवस्था से जुड़ी हुई सभी चीजों का बहिष्कार करना चाहते थे।
- व्यक्तित्वों की टकराहट-बाल गंगाधर तिलक के शिष्य विनायक दामोदर सावरकर, जस्टिस गोविंद राणाडे के खेमे में चले गए। गोपाल कृष्ण गोखले, फिरोजशाह मेहता और विनायक दामोदर सावरकर के गुट से बाल गंगाधर तिलक का व्यक्तिगत विरोध था। महाराष्ट्र और बंगाल के उग्रवादी एक-दूसरे के निकट आते चले गए।

## बंगाल विभाजन ( 1905 )

- 20 जुलाई, 1905 को बंगाल विभाजन की घोषणा कर दी गई, परंतु यह विभाजन 16 अक्टूबर, 1905 से प्रभावी हुआ।
- बंगाल विभाजन के समय भारत का वायसराय लॉर्ड कर्जन था।
- 16 अक्टूबर, 1905 का दिन समूचे बंगाल में **शोक दिवस** के रूप में मनाया गया, लोगों ने उपवास रखा, वंदेमातरम् का गीत गाया और एक-दूसरे को राखी बांधी।
- विभाजन पर गोपाल कृष्ण गोखले ने कहा था कि 'यह एक निर्मम भूल है।'
- कांग्रेस के बनारस अधिवेशन (1905) में 'स्वदेशी' और 'बहिष्कार आंदोलन' का अनुमोदन किया गया था।
- स्वदेशी आंदोलन के समय लोगों का आंदोलन के प्रति

समर्थन एकत्र करने में 'स्वदेश बांधव समिति' जिसकी स्थापना बारीसाल के अध्यापक अश्विनी कुमार दत्त ने की थी, की भूमिका महत्वपूर्ण थी।

- रवीन्द्रनाथ टैगोर ने इसी समय 'आमार सोनार बांग्ला' नामक गीत लिखा, जो वर्ष 1971 में बांग्लादेश का राष्ट्रीय गान बना। रवीन्द्र नाथ टैगोर को उनके गीतों के संकलन ''गीतांजलि'' के लिए साहित्य का नोबेल पुरस्कार मिला।
- स्वदेशी आंदोलन में जमींदार, शहरी निम्न मध्यम वर्ग, छात्र तथा औरतें शामिल थीं। स्वदेशी आंदोलन के समय पहली बार महिलाओं ने पर्दे से बाहर आकर धरनों और प्रदर्शनों में हिस्सा लिया।
- किसान एवं बहुसंख्यक मुस्लिम समुदाय स्वदेशी और बहिष्कार आंदोलन से बाहर रहा।
- **बंगाल विभाजन के दो उद्देश्य थे**
  (i) मूल बंगाल में बंगालियों की आबादी कम करके उन्हें अल्पसंख्यक बनाना था। मूल बंगाल में 1 करोड़, 70 लाख बंगाली तथा 3.70 करोड़ उड़िया एवं हिंदी भाषी लोगों को रखने की योजना थी।
  (ii) इसके पीछे धार्मिक विभाजन का भी उद्देश्य था। बंगाल का विभाजन कर ढाका को बहुसंख्यक मुस्लिम आबादी वाले प्रांत की राजधानी बनाना था।

## कलकत्ता कांग्रेस अधिवेशन ( 1906 )

- वर्ष 1906 में कलकत्ता में आयोजित कांग्रेस के अधिवेशन में अध्यक्ष पद को लेकर उदारवादियों और उग्रवादियों में विवाद उत्पन्न हो गया। लेकिन दादा भाई नौरोजी को अध्यक्ष के लिए चुनकर विवाद को समाप्त कर दिया गया।
- कलकत्ता के कांग्रेस अधिवेशन में उग्रवादियों ने स्वदेशी, बहिष्कार, राष्ट्रीय शिक्षा और शासन से जुड़े चार प्रस्ताव पास करवा लिए।
- राष्ट्रीय कांग्रेस के कलकत्ता अधिवेशन में दादा भाई नौरोजी ने पहली बार 'स्वराज' शब्द का उल्लेख किया।

## सूरत में कांग्रेस का विघटन ( 1907 )

- वर्ष 1907 में सूरत में आयोजित कांग्रेस के वार्षिक अधिवेशन में उदारवादियों और उग्रवादियों में अध्यक्ष पद को लेकर कांग्रेस का विभाजन हो गया।
- उग्रवादी जहां लाला लाजपत राय को कांग्रेस के सूरत अधिवेशन का अध्यक्ष बनाना चाहते थे, वहीं उदारवादी रास बिहारी बोस को कांग्रेस का अध्यक्ष बनाना चाहते थे। अंततः रास बिहारी बोस अध्यक्ष बनने में सफल हुए।

## मुस्लिम लीग की स्थापना

- वायसराय से जो प्रतिनिधिमंडल मिला था, उसने ही अक्तूबर, 1906 में 'मुस्लिम लीग' के गठन में भूमिका निभाई। 30 दिसंबर, 1906 को जब ढाका में 'मुहम्मडन एजुकेशनल कांफ्रेंस' की बैठक हो रही थी, तभी उस अधिवेशन को ढाका के 'नवाब सलीमुल्लाह' की अध्यक्षता में 'अखिल भारतीय मुस्लिम लीग' के रूप में तब्दील कर दिया गया।
- इस सभा में नवाब सलीमुल्लाह, मोहिसिन-उल-मुल्क, आगा खां तथा नवाब बाकर-उल-मुल्क उपस्थित थे।
- सभा की अध्यक्षता, बाकर-उल-मुल्क द्वारा की गई। वर्ष 1908 में आगा खां को मुस्लिम लीग का स्थाई अध्यक्ष बनाया गया।

## गरमपंथी से क्रांतिकारी राष्ट्रवाद तक ( क्रांतिकारी राष्ट्रवाद की पृष्ठभूमि )

- वर्ष 1907 में सूरत में कांग्रेस के विभाजन के पश्चात् राष्ट्रीय आंदोलन में दुविधापूर्ण स्थिति उत्पन्न हो गई। क्योंकि नरमपंथी राजनीति अव्यावहारिक हो चुकी थी और गरमपंथी रणनीति भी असफल हो रही थी।
- गरमपंथियों द्वारा दी गई मान्यता को क्रांतिकारियों ने व्यावहारिक रूप में परिवर्तन कर दिया, क्योंकि गरमपंथी सदैव कहा करते थे कि अन्याय और शोषण के विरुद्ध हिंसा करना बिल्कुल जाएज है। जैसाकि बाल गंगाधर तिलक और अरविंदो ने कहा।
- खुदी राम बोस व प्रफुल्ल चाकी क्रांतिकारी राष्ट्रवादी थे, जिन्होंने अंग्रेजी न्यायाधीश किंग्सफोर्ड को बम से उड़ाने की कोशिश की, परंतु असफल रहे तथा पकड़े जाने पर इनको फांसी दी गई। अजीत सिंह ने 'भारत माता' नामक पत्र प्रकाशित किया।
- विनायक दामोदर सावरकर ने वर्ष 1904 में **अभिनव भारत** की स्थापना किया।

## मुस्लिम लीग के गठन के तीन उद्देश्य निर्धारित किए गए

- ब्रिटिश सरकार के प्रति मुसलमानों में निष्ठा बढ़ाना।
- मुसलमानों के राजनीतिक अधिकारों की रक्षा और उनका विस्तार करना।
- मुस्लिम लीग के अन्य उद्देश्यों को बिना दुष्प्रभावित किए अन्य संप्रदायों के प्रति कटुता की भावना को रोकना। भारतीय राष्ट्रीय कांग्रेस के बढ़ते प्रभाव को रोकने हेतु प्रस्ताव पारित किए गए।
- वर्ष 1908 में मुस्लिम लीग ने अपने अमृतसर अधिवेशन में मुसलमानों के लिए पृथक् निर्वाचन मंडल की मांग की।

- वर्ष 1909 के सुधार बिल में पृथक् निर्वाचन को स्वीकार कर लिया गया। यहीं दो-राष्ट्र का बीज बो दिया गया।

## गदर आंदोलन ( 1913 )

- गदर आंदोलन के क्रांतिकारियों ने 'सैन फ्रैंसिस्को' नगर में इस संस्था का निर्माण किया एवं लाला हरदयाल ने इसकी स्थापना की। रामचन्द्र एवं बरकतउल्ला इसके अन्य सदस्य थे, इसमें भगवान सिंह एवं भाई परमानंद भी शामिल थे।

## कामागाटामारू प्रकरण ( 1914 )

- कामागाटामारू एक जहाज का नाम था, जिसे गुरुदत्त सिंह कनाडा लेकर जा रहे थे। परंतु उसे कनाडाई सरकार ने बंदरगाह पर आने से रोक दिया।
- इंग्लैंड में क्रांतिकारी राष्ट्रवाद का नेतृत्व श्यामजी कृष्ण वर्मा, मदन लाल ढींगरा, बी. डी. सावरकर एवं लाला हरदयाल ने किया।

## क्रांतिकारी राष्ट्रवाद

- क्रांतिकारी राष्ट्रवादियों के अनुसार, व्यक्तिगत वीरता और त्याग के आधार पर विदेशी शासन के विरुद्ध संघर्ष को किसी भी साधन के द्वारा उखाड़ फेकना होगा। अत: इसके लिए बल प्रयोग करना आवश्यक है।
- इनके प्रेरणा स्त्रोत आयरलैंड के राष्ट्रवादी थे। इन्होंने आजादी के लिए बलिदान का नारा दिया। वायसराय लॉर्ड हार्डिंग की हत्या का असफल प्रयास किया। इसी तरह लंदन में मदन लाल ढींगरा ने कर्जन वाईली की हत्या कर दी।
- आरंभ में क्रांतिकारी राष्ट्रवाद का संचालन दो मूल संगठनों अनुशीलन समिति और युगांतर के द्वारा किया गया।
- क्रांतिकारी राष्ट्रवाद का उपरोक्त चरण, बंगाल विभाजन के पश्चात् आरंभ हुआ।
- क्रांतिकारी राष्ट्रवाद का दूसरा चरण, असहयोग आंदोलन को वापस लेने के पश्चात् शुरू हुआ। पहले और दूसरे चरण के आंदोलन में **निम्नलिखित भिन्नता है-**
  - (i) पहले चरण का आंदोलन, व्यक्तिगत था। जबकि दूसरे चरण का आंदोलन तुलनात्मक रूप में ज्यादा संगठनात्मक था। 'हिंदुस्तान सोशलिस्ट रिपब्लिकन' के एसोसिएशन के रूप में एक प्रभावी संगठन का निर्माण भी हुआ।
  - (ii) दूसरे चरण का क्रांतिकारी राष्ट्रवाद एक वैचारिक आधार पर निर्मित हुआ। जबकि पहले चरण में ऐसे वैचारिक आधार का अभाव था।
  - (iii) पहले चरण के क्रांतिकारी राष्ट्रवादियों ने धार्मिक भावनाओं का प्रयोग किया। जबकि दूसरे चरण के राष्ट्रवादियों ने पंथनिरपेक्षता और भौतिकतावाद को महत्व दिया।
  - (iv) पहले चरण में ब्रिटिश शासन से मुक्ति, मूल उद्देश्य माना गया। जबकि दूसरे चरण में ब्रिटिश शासन से मुक्ति के साथ सामाजिक, राजनीतिक और आर्थिक स्वाधीनता पर बल दिया गया। भगत सिंह के अनुसार, "भारत में संघर्ष तब तक चलता रहेगा, जब तक मुट्ठीभर शोषक अपने लाभ के लिए आम जनता का शोषण करते रहेंगे। चाहे वे अंग्रेज पूंजीपति हों या अंग्रेज भारतीय गठबंधन अथवा पूरी तरह भारतीय हों, सभी शोषक वर्गों का विरोध आवश्यक है।"

## द्वितीय चरण के आंदोलन की धाराएं

- द्वितीय चरण का क्रांतिकारी राष्ट्रवाद दो धाराओं में विकसित हुआ।
- पंजाब, उत्तर प्रदेश और बिहार तथा बंगाल में।
- पंजाब में भगत सिंह ने आंदोलन को प्रभावी नेतृत्व दिया। जबकि बंगाल में चटगांव में सूर्यसेन की भूमिका महत्वपूर्ण थी। इसके अलावा उत्तर प्रदेश से असफाकउल्लाह खां, राम प्रसाद बिस्मिल एवं शिव कुमार वर्मा जैसे क्रांतिकारी थे।
- इस समय व्यक्तिगत वीरता के द्वारा संगठित साम्राज्यवाद से मुकाबला करना कठिन था। ये राजनीति को जन-आंदोलन की रणनीति नहीं बना सके। अत: आम जनता को राष्ट्रीय आंदोलन में सम्मिलित करने में विफल रहे।

## महत्वपूर्ण क्रांतिकारी संगठन

- **आर्य बांधव समाज (1902) :** इस संस्था की स्थापना, तिलक की प्रेरणा से महाराष्ट्र में की गई।
- **अनुशीलन समिति (1902) :** इसकी स्थापना, बंगाल के मिदनापुर में ज्ञानेन्द्र नाथ बसु द्वारा तथा कलकत्ता में जतीन्द्र नाथ बनर्जी और बारीन्द्र नाथ घोष के द्वारा की गई।
- वर्ष 1899 में **मित्र मेला** की स्थापना कालांतर में अभिनव भारत समाज।
- **अभिनव भारत समाज (1904) :** संस्थापक-विनायक दामोदर सावरकर।
- **अंजुमने-मोहिब्बाने वतन :** इस संस्था की स्थापना, पंजाब के लाहौर में अजीत सिंह ने की थी। इस संस्था द्वारा 'भारत माता' नामक अखबार भी निकाला गया।
- वर्ष 1920 में **'अखिल भारतीय ट्रेड यूनियन'** की स्थापना लाला लाजपत राय की अध्यक्षता में हुई। दीवान चमन लाल इसके सचिव थे।

- **हिंदुस्तान रिपब्लिक एसोशिएसन** (1924) : की स्थापना कानपुर में की गई। इसमें राम प्रसाद बिस्मिल, योगेश चन्द्र चटर्जी, सचीन्द्र सान्याल सम्मिलित थे।
- वर्ष 1925 में कानपुर में **भारतीय साम्यवादी दल** की स्थापना हुई।
- अगस्त, 1925 में काकोरी कांड हुआ। इसके आरोप में राम प्रसाद बिस्मिल, अशफाकउल्ला खान, राजेन्द्र लाहिरी एवं रोशन सिंह को फांसी दी गई।
- बाद में इस संस्था का नाम बदल कर 'हिंदुस्तान सोशिएलिस्ट रिपब्लिक एसोशिएसन' कर दिया गया। भगत सिंह तथा चन्द्रशेखर आजाद इसी संस्था के सदस्य थे।

## भारत से बाहर क्रांतिकारी गतिविधियां

- **इंडिया होमरूल सोसायटी :** भारत से बाहर विदेशी धरती पर स्थापित सबसे पुरानी क्रांतिकारी संस्था थी, जिसकी स्थापना 1905 ई. में लंदन में श्यामजी कृष्ण वर्मा ने की थी।
- इंडिया होमरूल सोसायटी के प्रमुख सदस्यों में वी. डी. सावरकर, हरदयाल तथा मदन लाल ढींगरा थे। सोसायटी का प्रमुख उद्देश्य, भारत के लिए 'स्वशासन' प्राप्त करना था।
- मैडम कामा पेरिस में रहते हुए क्रांतिकारी गतिविधियों से जुड़ी रहीं।
- अमेरिका में लाला हरदयाल ने **गदर** नामक संस्था की स्थापना की।

## क्रांतिकारियों पर चलाए गए कुछ प्रमुख मुकद्दमे

- **नासिक षड्यंत्र केस** 1909-10 ई. में विनायक सावरकर को आजीवन निर्वासन तथा 26 अन्य को कारावास दंड।
- **अलीपुर या मानिकतल्ला षड्यंत्र केस** में (1908 ई.) 37 व्यक्तियों पर मुकद्दमा चलाया गया। इनमें अरविन्दो घोष भी थे, जिन्हें निर्दोष पाया गया।
- **हावड़ा षड्यंत्र** जनवरी, 1910 ई. में मुख्य अभियुक्त जतीन्द्र मुखर्जी।
- **ढाका षड्यंत्र केस** (जुलाई, 1910 ई.) में पुलिन दास को 7 साल की सजा।
- **दिल्ली षड्यंत्र केस** (वायसराय हार्डिंग पर बम फेंकना) में मई, 1915 ई. में मास्टर अमीर चन्द्र, अवध बिहारी और बालमुकुंद को फांसी।
- **बनारस षड्यंत्र केस** (फरवरी, 1916 ई.) में शचीन्द्र नाथ सान्याल को आजीवन काला पानी की सजा।
- **काकोरी षड्यंत्र केस** (1924 ई.) में बिस्मिल व असफाक को फांसी।
- **लाहौर षड्यंत्र केस** (1929-30 ई.) में भगतसिंह, राजगुरु व सुखदेव को मृत्युदंड।
- इनका अनन्य राष्ट्र-प्रेम, अदम्य साहस, अटूट प्रतिबद्धता और गौरवमयी बलिदान भारतीय जनता के लिए प्रेरणा स्रोत सिद्ध हुआ। इन्होंने देश में राष्ट्रीय चेतना का संचार किया। समाजवादी विचारधारा का प्रचार किया। संक्षेप में, उन्होंने हमारे पुरुषत्व को फिर से जगाया।

## लखनऊ पैक्ट (1916)

- वर्ष 1916 में कांग्रेस के लखनऊ अधिवेशन अध्यक्ष 'अंबिका चरण मजूमदार' थे।
- कांग्रेस के इस अधिवेशन में कांग्रेस और मुस्लिम लीग के द्वारा एक संयुक्त योजना बनाई गई, जो 'लखनऊ पैक्ट' के नाम से जानी जाती है।
- कांग्रेस के इसी अधिवेशन में कांग्रेस के उदारवादी और उग्रवादी धड़ों में समझौता भी हुआ।
- उग्रवादी और उदारवादियों को पुन: एक करने में एनी बेसेंट की भूमिका महत्वपूर्ण थी।

## होमरूल आंदोलन

- भारत में आयरलैंड की तर्ज पर होमरूल आंदोलन, एनी बेसेन्ट तथा बाल गंगाधर तिलक द्वारा वर्ष 1915 में आरंभ किया गया।
- इसका उद्देश्य भारत में स्वशासन की स्थापना की मांग करना तथा स्थानीय स्तर पर कांग्रेस समितियों को पूर्ण जीवित करना।

## कार्यशैली

- नगरों में संवाद एवं गोष्ठियों का आयोजन किया तथा वाचनालयों की स्थापना की गई।
- पत्रिकाओं तथा पर्चों का वितरण किया गया।

## रॉलेट एक्ट

- केंद्रीय विधान परिषद् से 17 मार्च, 1919 ई. को पास हुआ। यह विधेयक 'रॉलेट एक्ट' या 'रॉलेट अधिनियम' के नाम से जाना जाता है।
- रॉलेट अधिनियम द्वारा अंग्रेजी सरकार द्वारा किसी को भी बगैर बताए गिरफ्तार कर सकती थी।
- भारतीय जनता ने रॉलेट एक्ट को 'काला कानून' कहकर आलोचना की। गांधीजी ने इसकी आलोचना करते हुए इसके विरुद्ध सत्याग्रह करने के लिए 'सत्याग्रह सभा' की स्थापना की।
- गांधीजी के अनुरोध पर 6 अप्रैल, 1919 ई. को देश भर में हड़तालों का आयोजन किया गया।
- कांग्रेस का नागपुर अधिवेशन दिसंबर, 1920 में हुआ।

## गांधीवादी युग

- गांधीजी ने सर्वप्रथम चंपारन सत्याग्रह (1917 में) किया, जिसमें उन्होंने 'तिनकठिया पद्धति' का विरोध किया। गांधीजी के साथ राजेन्द्र प्रसाद भी थे।

- इसके बाद वर्ष 1918 में अहमदाबाद मिल हड़ताल तथा वर्ष 1918 के खेड़ा सत्याग्रह में भी भाग लिया।
- गांधीजी ने भारतीय राष्ट्रीय आंदोलन को जन-आंदोलन के रूप में परिवर्तित कर दिया। इसमें समाज के प्रत्येक समुदाय के व्यक्तियों ने भागीदारी की। अत: राष्ट्रीय आंदोलन वास्तविक मायनों में राष्ट्रीय हो गया।
- गांधीजी ने नरमपंथी बनाम् गरमपंथी विवाद को दरकिनार करते हुए, भारतीय राष्ट्रीय आंदोलन में सत्याग्रह के द्वारा स्वराज प्राप्त करने का लक्ष्य निर्धारित किया। **उनके सत्याग्रह के दो प्रकार थे-**
  (i) असहयोग आंदोलन। (ii) सविनय अवज्ञा।

## खिलाफत आंदोलन

- तुर्की के सुल्तान को भारत के मुसलमान इस्लाम का 'खलीफा' मानते थे। प्रथम विश्व युद्ध में तुर्की के मित्र देशों के विरुद्ध लड़ रहा था। युद्ध की समाप्ति के बाद ब्रिटिश सरकार ने तुर्की साम्राज्य का विघटन करने का निश्चय किया, जिससे भारतीय मुसलमानों की सहानुभूति तुर्की के प्रति हो गई, जिसका मुसलमानों ने विरोध किया।
- सितंबर, 1919 में 'अखिल भारतीय खिलाफत कमेटी' का गठन किया गया।
- अखिल भारतीय स्तर पर 'खिलाफत दिवस' अक्टूबर, 1919 को मनाया गया।
- 24 नवंबर, 1919 में होने वाले खिलाफत कमेटी के सम्मेलन की अध्यक्षता महात्मा गांधीजी को प्रदान की गई।
- वर्ष 1922 में यह आंदोलन स्वत: उस समय समाप्त हो गया। जब मुस्ताक कमाल पाशा के नेतृत्व में तुर्की के खलीफा पद की समाप्ति की घोषणा कर दी गई और वहां एक आधुनिक लोकतांत्रिक प्रणाली की शुरूआत हुई।

## असहयोग आंदोलन

- असहयोग आंदोलन वर्ष, 1920 में प्रारंभ किया गया।
- कांग्रेस के नागपुर अधिवेशन (विशेष अधिवेशन) में असहयोग के प्रस्ताव को मंजूरी प्रदान की गई।
- असहयोग आंदोलन प्रारंभ करने के **निम्नलिखित कारण थे-**
  (i) जलियांवाला बाग कांड तथा हंटर आयोग द्वारा इसकी सही जांच न करना।
  (ii) प्रथम विश्व युद्ध के पश्चात् मंहगाई में वृद्धि।
  (iii) प्रथम विश्व युद्ध के दौरान ही तुर्की के खलीफा को सत्ता से हटा देना, भारतीय मुसलमान तुर्की के खलीफा को अपना धार्मिक नेता मानते थे।
- असहयोग आंदोलन के दो पहलू थे। पहली श्रेणी में रचनात्मक कार्यक्रम सम्मिलित किए गए, जैसे-शिक्षा का राष्ट्रीयकरण, स्वदेशी का सम्मान, चरखे और खादी को लोकप्रिय बनाना, स्वयंसेवक सैनिकों की तैनाती।
- असहयोग आंदोलन के कार्यक्रम के दूसरे पहलू में निम्नलिखित कार्यक्रम को अपनाया गया, जैसे- अदालत का बहिष्कार, शैक्षिक संस्थाओं का बहिष्कार, विधायिकाओं के चुनाव का बहिष्कार, सरकारी काम-काज का बहिष्कार, ब्रिटिश सरकार द्वारा दिए गए सम्मान और उपाधियों को वापस करना।
- असहयोग आंदोलन में जनता की व्यापक भागीदारी हुई।
- बिहार में डॉ. राजेन्द्र प्रसाद, गुजरात में सरदार बल्लभ भाई पटेल जैसे नेताओं ने आंदोलन को व्यापक समर्थन दिया।
- विद्यार्थियों तथा महिलाओं ने व्यापक रूप में भागीदारी की। आंदोलन में किसान और मजदूर भी सम्मिलित हुए। इसका प्रभाव बंगाल, बिहार, उत्तर प्रदेश, संयुक्त प्रांत, पंजाब, महाराष्ट्र, असम, राजस्थान और कर्नाटक जैसे राज्यों में देखा गया।
- गांधीजी ने अहिंसा के निरपेक्ष प्रयोग का समर्थन किया। लेकिन 5 फरवरी, 1922 को चौरी-चौरा कांड के फलस्वरूप 12 फरवरी, 1922 को असहयोग आंदोलन वापस ले लिया गया।
- जिसकी अनेक लोगों ने आलोचना की। वामपंथी विचारकों के अनुसार, गांधीजी ने पूंजीपतियों के हितों को संरक्षित करने के लिए यह आंदोलन वापस ले लिया। कांग्रेस के भी कई नेताओं ने इसकी आलोचना की। उनके अनुसार, चौरी-चौरा की एक घटना के कारण पूरे देश से आंदोलन वापस लेना ठीक नहीं है।
- इस आंदोलन के द्वारा पहली बार जनता को इकट्ठा किया गया तथा पूरे देश पर इसका प्रभाव पड़ा।
- हिंदू तथा मुसलमानों की समान रूप में सहभागिता हुई।
- अनेक सकारात्मक कार्यक्रमों को भी स्वीकार किया गया। जैसे-छुआछूत आदि।
- भारतीय जनता में स्वाभिमान तथा आत्म सम्मान का विकास किया गया।
- जन-आंदोलन की ऐसी प्रकृति होती है कि उसे वर्षों तक नहीं चलाया जा सकता। इसलिए जन-आंदोलन को वापस लेना विवाद का मुद्दा नहीं है। इस बात पर विवाद हो सकता है कि इस आंदोलन को सही समय पर वापस लिया गया या गलत समय पर। ब्रिटिश शासन के दमन से बचने के लिए तत्कालीन समय में आंदोलन को वापस लेना व्यावहारिक रूप में बेहतर रणनीति थी।

## स्वराज पार्टी

- असहयोग आंदोलन के समापन की उद्घोषणा पर चितरंजन दास ने इस्तीफा देकर कांग्रेस 'खिलाफत स्वराज पार्टी' का गठन किया। सी. आर. दास उसके अध्यक्ष और मोतीलाल नेहरू उसके सचिव बने।
- वर्ष 1923 ई. के चुनाव में स्वराज पार्टी ने भाग लिया तथा इसमें इस दल को सफलता मिली। केंद्रीय परिषद् में एक-तिहाई सीटें मिलीं और यह पार्टी विट्ठल भाई पटेल को अध्यक्ष के पद पर निर्वाचित करवाने में सफल रही। विट्ठल भाई पटेल को भारत में विधान सभा का पहला अध्यक्ष माना जाता है।
- मध्य प्रांत में इसे स्पष्ट बहुमत मिला। बंगाल में यह सबसे बड़ी पार्टी के रूप में उभरी और संयुक्त प्रांत एवं असम में यह दूसरी बड़ी पार्टी बनी।
- स्वराज पार्टी के निम्नलिखित **उद्देश्य थे**-
  (i) शीघ्रातिशीघ्र 'डोमिनियन स्टेट्स' प्राप्त करना। इसमें संविधान निर्माण की शक्ति भी शामिल थी।
  (ii) प्रांतीय स्वायत्तता प्रदान करना।
  (iii) भारतीयों के लिए यह अधिकार प्राप्त करना, जिससे वह सरकार एवं सरकारी मशीनरी पर नियंत्रण स्थापित कर सके। विधान परिषद् के अंतर्गत् सरकारी कार्यों में बाधा उपस्थित करना।

## साइमन कमीशन ( 1927 )

- साइमन कमीशन का मूल नाम 'भारतीय विधिक आयोग' था।
- साइमन कमीशन की नियुक्ति वर्ष 1927 में की गई।
- साइमन कमीशन 3 फरवरी, 1928 को भारत पहुंचा तथा वर्ष 1930 में साइमन कमीशन ने अपनी रिपोर्ट प्रस्तुत की।
- वर्ष 1919 के भारत शासन अधिनियम को पारित करते समय ब्रिटिश सरकार ने घोषणा की थी कि वह 10 वर्ष पश्चात् इस अधिनियम की समीक्षा के लिए एक आयोग गठित करेगी।
- साइमन कमीशन का मूल उद्देश्य, वर्ष 1919 के अधिनियम की समीक्षा करना तथा भारत में उत्तरदायी सरकार की स्थापना के बारे में रिपोर्ट देना था।
- साइमन कमीशन का भारत में तीव्र विरोध किया गया, क्योंकि साइमन कमीशन के सभी सातों सदस्य अंग्रेज थे तथा इसका अध्यक्ष जॉन साइमन था।
- भारतीयों का मानना था कि भारत में स्वशासन के संबंध में निर्णय भारतीयों द्वारा किया जाना चाहिए।
- भारत के तत्कालीन सभी राजनीतिक दलों ने साइमन कमीशन का विरोध किया था। परंतु पंजाब के यूनियनिस्ट पार्टी तथा दक्षिण भारत की जस्टिस पार्टी ने कमीशन का बहिष्कार न करने का निर्णय किया।

## नेहरू रिपोर्ट ( 1928 )

- नेहरू रिपोर्ट मोतीलाल नेहरू की अध्यक्षता वाली एक समिति ने प्रस्तुत की।
- इस समिति में नेहरू सहित आठ सदस्य शामिल थे।
- नेहरू रिपोर्ट का मूल उद्देश्य, 'भारतीय संविधान का प्रारूप तय करना था, जो सभी दलों व वर्गों को मान्य हो।'
- भारत को पूर्ण औपनिवेशिक स्वराज का दर्जा प्राप्त हो।
- सार्वजनिक निर्वाचन प्रणाली के स्थान पर संयुक्त निर्वाचन पद्धति लागू की जाए।
- भाषायी आधार पर प्रांतों का गठन किया जाए।
- केंद्र तथा राज्यों में उत्तरदायी सरकार की स्थापना की जाए।
- 19 मौलिक अधिकारों की मांग की गई।
- पूर्ण धर्मनिरपेक्ष राज्य की स्थापना की जाए।
- नेहरू रिपोर्ट की संस्तुतियों से हिंदू महासभा, मुस्लिम लीग एवं सिख समुदाय असंतुष्ट थे।
- जवाहर लाल नेहरू एवं सुभाष चंद्र बोस जैसे युवा नेता भी इस रिपोर्ट से असंतुष्ट थे।
- मोहम्मद अली जिन्ना ने नेहरू रिपोर्ट में संशोधन के लिए अपनी 'चौदह सूत्रीय मांगें' (1929 में) प्रस्तुत कीं।

## कांग्रेस का लाहौर अधिवेशन ( 1929 )

- कांग्रेस का लाहौर अधिवेशन, जवाहर लाल नेहरू की अध्यक्षता में आयोजित किया गया।
- लाहौर अधिवेशन में पहली बार 'पूर्ण स्वराज' की मांग की गई। जबकि इससे पहले कांग्रेस के द्वारा स्वराज की मांग की गई थी।
- लाहौर अधिवेशन में ही 26 जनवरी, 1930 के दिन पूरे राष्ट्र में 'प्रथम स्वतंत्रता दिवस' के रूप में मनाने का निश्चय किया गया।
- लाहौर अधिवेशन में 31 दिसंबर, 1929 को भारतीय स्वतंत्रता का प्रतीक तिरंगा झंडा फहराया गया।

## सविनय अवज्ञा आंदोलन

- गांधीजी ने लाहौर अधिवेशन के परिप्रेक्ष्य में ब्रिटिश सरकार के समक्ष अपनी 'ग्यारह सूत्रीय मांगें' प्रस्तुत की तथा इन मांगों को स्वीकार करने के लिए गांधीजी ने सरकार को 31 जनवरी, 1930 तक का समय दिया।
- नियत समय तक सरकार द्वारा मांगों के संदर्भ में कोई

उत्तर न दिए जाने पर गांधीजी ने नमक के मुद्दे पर दांडी मार्च (12 मार्च से 6 अप्रैल, 1930) के माध्यम से सविनय अवज्ञा आंदोलन प्रारंभ किया।

- गांधीजी ने 12 मार्च, 1930 को साबरमती आश्रम से अपने समर्थकों के साथ (78 समर्थकों) दांडी के लिए यात्रा आरंभ की तथा 6 अप्रैल, 1930 को नमक कानून तोड़ा। इस आंदोलन के कुछ महत्वपूर्ण **कार्यक्रम इस प्रकार थे**-
  (i) शराब की दुकानों एवं विदेशी कपड़ों की दुकानों के समक्ष धरने आयोजित किए जाएं।
  (ii) लोग करों की अदायगी न करें।
  (iii) लोग न्यायालयों का बहिष्कार करें।
  (iv) हर घर में लोग चरखा कातें और सूत बनाएं।
  (v) छात्र सरकारी स्कूलों का बहिष्कार करें।
- सॉण्डर्स हत्या कांड दिसंबर, 1928 में हुआ।
- केंद्रीय विधान सभा में अप्रैल, 1929 में बम विस्फोट किया गया।
- चटगांव शस्त्रागार अप्रैल, 1930 में लूटा गया।
- 5 मार्च, 1931 को गांधी-इरविन समझौते के द्वारा सविनय अवज्ञा आंदोलन को समाप्त कर दिया गया।

## गांधी-इरविन समझौता

- इस समझौते के मुख्य **बिंदु निम्नलिखित थे**-
  (i) गांधीजी के नेतृत्व में कांग्रेस सविनय अवज्ञा आंदोलन समाप्त करने के लिए तैयार हो गई।
  (ii) कांग्रेस इस आधार पर द्वितीय गोलमेज सम्मेलन में हिस्सा लेने के लिए तैयार हो गई कि सम्मेलन में पेश किया जाने वाला संवैधानिक सुधार, संघीय व्यवस्था, उत्तरदायित्वपूर्ण शासन तथा भारत के हित को देखते हुए प्रतिरक्षा एवं वैदेशिक मामलों पर आधारित होगा।
  (iii) सभी राजनीतिक बंदियों, जिनके विरुद्ध हिंसा का आरोप नहीं था, को रिहा करने का आदेश।
- 26 से 29 मार्च, 1931 ई. तक चलने वाले कराची कांग्रेस के वार्षिक अधिवेशन में गांधी-इरविन समझौते को स्वीकार कर लिया गया।
- गांधी-इरविन समझौते में पहली बार भारतीय नेता को बराबरी का स्थान हासिल हुआ।

## सविनय अवज्ञा आंदोलन की असहयोग आंदोलन से तुलना

- इस आंदोलन में पूर्ण स्वतंत्रता को अपना मुख्य लक्ष्य घोषित किया। जबकि असहयोग आंदोलन का लक्ष्य स्वराज था।
- इस आंदोलन में कानून की अवज्ञा को मुख्य हथियार के रूप में प्रयुक्त किया गया। जबकि असहयोग आंदोलन में ऐसा नहीं था।
- इस आंदोलन में मुसलमानों की सहभागिता असहयोग आंदोलन के समान नहीं थे।

## गोलमेज सम्मेलन

- पहला गोलमेज सम्मेलन नवंबर, 1930 से जनवरी, 1931 तक तथा दूसरा गोलमेज सम्मेलन 1931 में हुआ।
- ब्रिटिश सरकार द्वारा लंदन में वर्ष 1930, वर्ष 1931 तथा वर्ष 1932 में क्रमशः पहला, दूसरा तथा तीसरा गोलमेज सम्मेलन आयोजित किया गया।
- केवल दूसरे गोलमेज सम्मेलन में कांग्रेस ने भाग लिया था। गांधीजी इस सम्मेलन में कांग्रेस के एकमात्र प्रतिनिधि के रूप में शामिल हुए।

## करांची सम्मेलन

- यह सम्मेलन 26 से 29 मार्च, 1931 को करांची में संपन्न हुआ, जिसकी अध्यक्षता सरदार बल्लभ भाई पटेल ने की थी।
- इस सम्मेलन में सामाजिक-आर्थिक अधिकारों की रूपरेखा प्रस्तुत की गई तथा गांधी-इरविन समझौते को मान्यता दी गई।

## सांप्रदायिक पंचाट और पूना समझौता

- 16 अगस्त, 1932 ई. को ब्रिटिश प्रधानमंत्री 'रैम्जे मैकडोनॉल्ड' ने एक पंचाट जारी किया, जिसे **सांप्रदायिक पंचाट** (कम्युनल अवॉर्ड) कहा गया।
- इस पंचाट में पृथक् निर्वाचक पद्धति को दलित वर्गों पर भी लागू कर दिया गया।
- महात्मा गांधीजी ने जेल में ही 20 सितंबर, 1932 ई. को दलित वर्ग के पृथक् निर्वाचन मंडल की सुविधा दिए जाने के विरोध में आमरण अनशन शुरू कर दिया।
- 26 सितंबर, 1932 ई. को मदन मोहन मालवीय, डॉ. राजेन्द्र प्रसाद, पुरुषोत्तम दास, सी. राजगोपालाचारी आदि के प्रयत्नों से गांधीजी के उपवास के 5 दिन बाद गांधीजी और दलित नेता अंबेडकर के बीच पूना समझौता हुआ।
- पूना पैक्ट के अनुसार, दलितों के लिए पृथक् निर्वाचन व्यवस्था समाप्त कर दी गई तथा विभिन्न प्रांतीय विधान मंडलों में दलित वर्ग के लिए 148 सीटें आरक्षित की गई, दूसरे केंद्रीय विधान मंडल में 18 प्रतिशत सीटें दलित वर्ग के लिए आरक्षित की गई।
- अक्टूबर, 1940 में गांधीजी ने व्यक्तिगत सत्याग्रह आरंभ किया। बिनोवा भावे एवं जवाहरलाल नेहरू व अन्य व्यक्तिगत सत्याग्रही थे।

## अगस्त प्रस्ताव

- यह प्रस्ताव 8 अगस्त, 1940 को प्रस्तुत किया गया, जिसमें

यह कहा गया कि भारत को युद्ध के बाद 'डोमेनियन स्टेट्स' का दर्जा दिया जाएगा तथा संविधान निर्मात्री सभा का गठन किया जाएगा।

- वायसराय की कार्यकारिणी में तत्कालिक रूप से भारतीय सदस्यों की संख्या में वृद्धि की जाएगी तथा एक युद्ध परिषद् का गठन किया जाएगा।

### क्रिप्स मिशन

- द्वितीय विश्व युद्ध के दौरान मित्र राष्ट्रों के दबाव में ब्रिटेन ने भारतीय नेताओं से बात करने के लिए क्रिप्स मिशन भारत भेजा।
- इस प्रस्ताव में कहा गया कि भारत को युद्ध के बाद 'डोमेनियन स्टेट्स' का दर्जा दिया जाएगा, जिसे ब्रिटिश राष्ट्रमंडल से बाहर होने का अधिकार रहेगा।
- संविधान निर्माण के लिए संविधान सभा का गठन किया जाएगा, जिसमें ब्रिटिश भारत तथा रजवाड़ों को सम्मिलित किया जाएगा।
- यदि कोई प्रांत नए संविधान को न स्वीकार करना चाहे, तो वह अपने लिए अलग संविधान बना सकता है।
- युद्ध के दौरान एक कार्यकारी परिषद् का गठन किया जाएगा।
- इस प्रस्ताव को गांधीजी ने 'उत्तर दिनांकित चेक' (Post-dated Cheque) कहा।

## भारत छोड़ो आंदोलन

- भारत छोड़ो आंदोलन को 'अगस्त क्रांति' भी कहा जाता है। गांधीजी ने ब्रिटिश शासन के विरुद्ध सबसे प्रभावी और सबसे आक्रामक आंदोलन शुरू किया। 1940 के दशक से राष्ट्रीय आंदोलन एक नई दिशा में बढ़ गया, जहां पूर्ण स्वराज की मांग अधिक होने लगी।
- 14 जुलाई, 1942 को वर्धा में आयोजित कांग्रेस कार्य समिति की बैठक में भारत छोड़ो आंदोलन पर एक प्रस्ताव पारित किया गया।
- 7 अगस्त, 1942 को अखिल भारतीय कांग्रेस कमेटी की बैठक बंबई के ऐतिहासिक ग्वालिया टैंक मैदान में हुई। बैठक में भारत छोड़ो आंदोलन के प्रस्ताव की पुष्टि कर दी गई, तथा 9 अगस्त, 1942 को भारत छोड़ो आंदोलन प्रारंभ हो गया।
- क्रिप्स मिशन में 'डोमिनियम दर्जा' देने के प्रावधान। जबकि कांग्रेस ने 'पूर्ण स्वराज' की मांग की।
- भारतीय सैनिकों को भारतीयों की सहमति के बिना युद्ध में तैनात किया गया।
- द्वितीय विश्व युद्ध के परिणामस्वरूप वस्तुओं की कीमत में बेतहाशा वृद्धि होने के कारण जन साधारण के लिए वस्तुओं का अभाव हो गया, जिससे लोगों में बेहद असंतोष था।
- अत: गांधीजी ने पहली बार प्रभावी रूप में कहा कि संपूर्ण आजादी से कम किसी भी चीज की मांग नहीं है।
- इस आंदोलन में गांधीजी ने 'करो या मरो' का मंत्र दिया।
- भारत छोड़ो आंदोलन के दौरान गांधीजी को बंदी बना लिया गया। इसलिए आंदोलन किसी नेता के द्वारा निर्देशित होने की बजाए लोगों के द्वारा निर्देशित हो गया।
- परिणामस्वरूप देश के अनेक भागों में विद्रोह की स्थिति उत्पन्न हो गई तथा देश के कुछ हिस्सों में ब्रिटिश सरकार के समानांतर सरकार की स्थापना हुई। जैसे-बलिया, बंगाल के मिदनापुर जिले, सतारा में समानांतर सरकार की स्थापना हुई।
- ऊषा मेहता तथा राम मनोहर लोहिया ने बंबई में 'भूमिगत कांग्रेस रेडियो' का संचालन किया।
- आंदोलन को निर्देशित करने के लिए अनेक नेता भूमिगत हो गए, जिनमें अच्युत पटवर्धन, अरुणा आसफ अली, राम मनोहर लोहिया तथा जय प्रकाश नारायण मुख्य थे। इस आंदोलन से जुड़े अन्य नेता बीजू पटनायक, छोटू भाई पुराणिक एवं सुचेता कृपलानी थे।
- भारत छोड़ो आंदोलन में निम्नलिखित **तरीके से आंदोलन हुआ**-
  (i) विद्यार्थियों के विशाल समूह की भागीदारी हुई।
  (ii) डाकघरों पर हमले तथा बैंकों को लूटा गया।
  (iii) शराब बंदी लागू हुई।
  (iv) गांधीवादी विवाह का आयोजन हुआ।
  (v) छुआछूत के उन्मूलन का भी प्रयास किया गया।
  (vi) यह आंदोलन, मूलत: स्वत:स्फूर्त था। इसलिए आंदोलन में हिंसा भी हुई। लेकिन गांधीजी ने कभी हिंसा का समर्थन नहीं किया।
  (vii) आजादी गांधीजी की पहली मांग बन गई। इसके लिए उन्होंने 'करो या मरो' का नारा दिया।
  (viii) इसलिए अब भविष्य की मूल समस्या, सत्ता हस्तांतरण से संबंधित थी।
- भारत छोड़ो आंदोलन के पश्चात् यह स्पष्ट हो गया कि अब ब्रिटिश सरकार का भारत में लंबे समय तक बने रहना संभव नहीं है।
- 6 मई, 1944 को गांधीजी को जेल से रिहा कर दिया गया।
- जून, 1945 में शिमला सम्मेलन आयोजित हुआ, जिसमें ब्रिटिश शासन से सत्ता हस्तांतरण के लिए और भविष्य के संविधान निर्माण के लिए भारतीयों से विचार-विमर्श किया।

### महत्वपूर्ण घटनाएं

- मुस्लिम लीग ने अपने करांची अधिवेशन (वर्ष 1940) में अलग पाकिस्तान के निर्माण की मांग की। पाकिस्तान

शब्द का प्रयोग सबसे पहले कैम्ब्रिज विश्वविद्यालय के छात्र **रहमत अली** ने किया था।

- द्वितीय विश्वयुद्ध के प्रारंभ होने के बाद अंग्रेजों से भारतीयों का समर्थन लेने के लिए एक प्रस्ताव भेजा, जिसे **अगस्त प्रस्ताव** के नाम से जाना जाता है। इस प्रस्ताव में गवर्नर जनरल की कार्यकारिणी का विस्तार करके भारतीयों को सम्मिलित करना, एक युद्ध सलाहकार परिषद् का गठन, अल्पसंख्यक वर्गों को अधिक रियायतें एवं युद्ध के बाद भारतीयों द्वारा संविधान निर्माण के प्रावधान थे।
- वर्ष 1942 में अंग्रेजों ने द्वितीय विश्वयुद्ध के दौरान भारतीयों का समर्थन लेने के लिए भारत ने स्टैफर्ड क्रिप्स के नेतृत्व में एक मिशन भेजा। इस मिशन में भारत को युद्ध के बाद 'डोमेनियन स्टेट्स' देने का वादा किया।
- कांग्रेस कार्यसमिति ने वर्धा में 4 जुलाई, 1942 में भारत छोड़ो आंदोलन को स्वीकार किया तथा कांग्रेस समिति ने प्रस्ताव स्वीकार किया।
- भारत छोड़ो का प्रस्ताव 8 अगस्त, 1942 को पारित किया गया।
- मार्च, 1943 को **'पाकिस्तान दिवस'** मनाया गया।

### 1942 के पश्चात् राष्ट्रीय आंदोलन

- भविष्य के संविधान निर्माण के लिए भारतीयों से विचार-विमर्श किया। 6 मई, 1944 ई. में स्वास्थ्य के आधार पर गांधीजी को रिहा कर दिया गया।
- वर्ष 1945 में एटली की सरकार आई और वायसराय लिनलिथगो की जगह वेवेल आया। मई, 1945 तक सभी नेता छोड़ दिए गए।

### राजगोपालाचारी सूत्र (मार्च, 1944)

- जुलाई, 1944 में हिंदू महासभा के कड़े विरोध के बावजूद गांधीजी ने राजगोपालाचारी सूत्र के आधार पर जिन्ना से बातचीत करने का प्रस्ताव किया।
- इसके अनुसार, युद्ध के पश्चात् एक आयोग गठित किया जाएगा, जो मुसलमानों के पूर्ण बहुमत वाले भारत के पूर्वी और पश्चिमी भागों से जुड़े हुए क्षेत्रों का सीमांकन करे। ऐसे क्षेत्रों के सभी निवासी इस संबंध में अपना मत दें कि क्या वे अलग पाकिस्तान चाहते हैं? अलग होने की स्थिति में कुछ सेवाओं जैसे कि प्रतिरक्षा एवं संचार साधनों को साझा रखने पर सहमति हो तथा इस योजना को पूरी तरह तभी लागू किया जाए, जब अंग्रेज पूर्णरूपेण सत्ता हस्तांतरित कर दे।
- किंतु 30 जुलाई को जिन्ना ने 6 प्रांतों (पंजाब, सिंध, बलूचिस्तान, पश्चिमोत्तर सीमा प्रांत, बंगाल तथा असम) को अलग करके पाकिस्तान बनाने की अपनी मांग दुहराई, जिसमें थोड़ा-बहुत फेरबदल किया जा सकता था।
- जिन्ना ने राजगोपालाचारी सूत्र की यह कहकर आलोचना की कि इसमें तो केवल छाया और छिलके, कटा हुआ विकलांग और सड़ा-गला पाकिस्तान दिया जा रहा था। उनका यह भी कहना था कि विभाजन को स्वतंत्रता प्राप्ति तक रोका नहीं जा सकता।
- परिणामत: सितंबर, 1944 में गांधी-जिन्ना वार्ता टूट गई। इस तरह वर्ष 1945 में राजनीतिक अवरोध पैदा हो गया।
- **देसाई-लियाकत समझौता, 1944 :** इस समझौते में भारत के विभाजन की समस्या को सुलझाने का प्रयास किया गया और इसमें एक कमजोर संघ के निर्माण की बात कही गई तथा अंग्रेजों के जाने के बाद जनमत संग्रह द्वारा विभाजन पर निर्णय लेने का प्रावधान था। इस समझौते को महात्मा गांधी का समर्थन प्राप्त था।

## वेवेल प्रस्ताव जून, 1945

### शिमला सम्मेलन

- 14 जून को भारत शासन अधिनियम के ही तहत सरकार कुछ और सुधार लाना चाहती थी। इसी आधार पर 25 जून, 1945 को शिमला में सम्मेलन बुलाया गया, जिसे वेवेल योजना के नाम से जानते हैं। इसमें वायसराय ने एक प्रस्ताव रखा। वह था, भारतीयों द्वारा गठित सरकार को शासन संचालन के लिए नियुक्त करना। इस सरकार को सुरक्षा और विदेश नीति के अतिरिक्त सारे अधिकार होंगे। किंतु वायसराय को कुछ विवेकाधीन शक्तियां होंगी। फिर भी यह आश्वासन दिया गया कि वायसराय इसका दुरुपयोग नहीं करेगा।
- परंतु मुस्लिम लीग द्वारा मुसलमानों के एक मात्र प्रतिनिधि संगठन के रूप में उसे मान्यता दिए जाने को लेकर यह सम्मेलन असफल रूप में समाप्त हो गया।

## आजाद हिंद फौज

### पहला चरण

- आजाद हिंद फौज का विचार सबसे पहले कैप्टन मोहन सिंह के मन में आया। वे ब्रिटेन की भारतीय सेना के अफसर थे। जब ब्रिटिश सेना पीछे हट रही थी, तो मोहन सिंह जापानियों के साथ हो गए। सिंगापुर पर जापान की विजय के पश्चात् मोहन सिंह के प्रभाव क्षेत्र के अंदर 45,000 लोग आजाद हिंद फौज में शामिल होने के इच्छुक थे।
- 1 सितंबर, 1942 में मोहन सिंह के अधीन आजाद हिंद फौज के प्रथम डिविजन का गठन 16,300 सैनिकों को लेकर किया गया। जापानी तब तक भारत पर हमला करने के बारे में सोचने लगे थे और उन्हें भारतीयों का सैनिक रूप से संगठित होना लाभप्रद लग रहा था। लेकिन

दिसंबर, 1942 तक आते-आते आजाद हिंद फौज की भूमिका के बारे में जापानी तथा भारतीय अधिकारियों के मध्य गहरे मतभेद पैदा हो गए। दरअसल जापानी चाहते थे कि भारतीय फौज 2,000 सैनिकों की हो। जबकि मोहन सिंह उसे 2,00,000 तक ले जाना चाहते थे। अतः मोहन सिंह तथा निरंजन सिंह गिल को गिरफ्तार कर लिया गया।

- मार्च, 1942 में टोक्यो में भारतीयों की एक कान्फ्रेंस बुलाई गई, जिसमें इंडियन लीग की स्थापना की गई। इसके बाद बैंकाक में जून, 1942 में एक बैठक हुई, जिसमें रास बिहारी बोस को लीग का अध्यक्ष चुना गया। वे वर्ष 1915 से ही जापान में निर्वासित जीवन जी रहे थे। यहीं पर आजाद हिंद फौज के गठन का निर्णय लिया गया।

## दूसरा चरण

- आजाद हिंद फौज का दूसरा चरण तब प्रारंभ हुआ, जब सुभाष चन्द्र बोस सिंगापुर लाए गए।
- बोस ने वर्ष 1941 में बर्लिन में 'फ्री इंडिया लीजन' की स्थापना की।
- किंतु जब जर्मनी ने उन्हें रूस के विरुद्ध प्रस्तुत करने का प्रयास किया तब कठिनाई उत्पन्न हो गई और बोस ने दक्षिण-पूर्व एशिया जाने का निश्चय किया।
- जुलाई, 1943 में वे पनडुब्बी द्वारा जर्मनी से जापानी नियंत्रण वाले सिंगापुर पहुंचे, वहां से उन्होंने 'दिल्ली चलो' का नारा दिया। 21 अक्टूबर, 1943 को उन्होंने आजाद हिंद सरकार एवं भारतीय राष्ट्रीय सेना 'आजाद हिंद फौज' की स्थापना की घोषणा की।
- आजाद हिंद फौज ने कुछ ही महीनों में तीन लड़ाकू ब्रिगेडें खड़ी कर लीं, जिनके नाम 'गांधी', 'आजाद' तथा 'नेहरू' पर रखे गए। शीघ्र ही अन्य ब्रिगेड स्थापित किए गए, जिनके नाम सुभाष ब्रिगेड तथा रानी झांसी ब्रिगेड रखा गया। इनमें 'रानी झांसी ब्रिगेड महिलाओं' से निर्मित थी।
- नेताजी की संपूर्ण फौज में उनके अलावा शाहनवाज खान गुरुबख्श सिंह ढिल्लो एवं प्रेम कुमार सहगल महत्वपूर्ण कमांडर थे।
- 6 जुलाई, 1944 को आजाद हिंद के रेडियो के एक प्रसारण में महात्मा गांधी को संबोधित करते हुए सुभाष चन्द्र बोस ने कहा कि ''भारत की स्वतंत्रता के लिए अंतिम युद्ध शुरू हो चुका है। राष्ट्रपिता भारतीय स्वतंत्रता के इस पवित्र युद्ध में हमें आपका आशीर्वाद चाहिए।''
- मार्च और जून, 1944 के बीच आजाद हिंद फौज भारतीय भूमि पर सक्रिय रही। शाहनवाज खां ने जापान के साथ इंडो-बर्मा क्षेत्र का घेरा डाला और इम्फाल का अभियान प्रारंभ किया।

## लाल किला मुकद्दमा

- द्वितीय विश्व युद्ध में जापानियों की हार हुई। परिणामतः आजाद हिंद फौज को भी समर्पण करना पड़ा और आजाद हिंद फौज के अधिकारी गिरफ्तार कर लिए गए।
- नवंबर, 1945 के मुकद्दमे में शाहनवाज खां, गुरुबख्श सिंह ढिल्लो तथा प्रेम कुमार सहगल को एक साथ मुकद्दमे चलाने के लिए लाल किले में बनी अदालत में खड़ा किया गया। संपूर्ण देश में इनके पक्ष में सहानुभूति की लहर दौड़ गई। नेहरू ने इन गुमराह देशभक्तों के प्रति उदारता दिखाने की अपील की। कांग्रेस ने 'आजाद हिंद फौज समिति' का गठन किया और रिहा कर दिए गए। फौजियों को आर्थिक सहायता देने तथा उनके लिए रोजगार की व्यवस्था करने के लिए आजाद हिंद फौज राहत एवं जांच समिति भी बनाई।
- जब लाल किले में ऐतिहासिक मुकद्दमा शुरू हुआ, तो भूलाभाई देसाई बचाव पक्ष की अगुवाई कर रहे थे। तेज बहादुर सप्रू, कैलाश नाथ काटजू तथा आसफ अली उनके सहायकों में से थे। कार्यवाही के पहले दिन जवाहर लाल नेहरू भी 25 साल पश्चात् वकीलों की पोशाक पहनकर अदालत में मौजूद थे।
- इस मुकद्दमे को सभी राजनीतिक दलों का समर्थन प्राप्त हुआ। मुस्लिम लीग भी आंदोलन के साथ थी। क्योंकि मुख्यतः एक मुसलमान फौजी रशीद अली भी आजाद हिंद फौजियों में सम्मिलित था। कम्युनिस्ट पार्टी यद्यपि प्रारंभ में अपना समर्थन देने में हिचकिचा रही थी, लेकिन कलकत्ता के युवा साम्यवादी नेता गौतम चटोपाध्याय, सुनील मुंशी आदि व्यक्तिगत रूप से पहले से ही आंदोलन की अगुवाई कर रहे थे।
- इस आंदोलन को यूनियनवादी, अकाली दल, जस्टिस पार्टी, हिंदू महासभा, सिख लीग तथा गदर पार्टी से भी समर्थन मिला।
- अंततः सरकार को दबाव के आगे झुकना पड़ा तथा अपनी नीति को संशोधित करते हुए घोषणा करनी पड़ी कि आजाद हिंद फौज के केवल उन्हीं सदस्यों पर मुकद्दमा चलाया जाएगा, जिनके विरुद्ध हत्या एवं बर्बरता का अभियोग है। इसके तुरंत बाद जनवरी, 1946 में कैदियों के प्रथम समूह के विरुद्ध दिया गया फैसला वापस ले लिया गया। आगे फरवरी, 1946 में आजाद हिंद फौज के राशिद अली को सात साल की कैद की सजा के विरुद्ध कलकत्ता के अंदर मुस्लिम लीग से संबद्ध छात्रों ने 1 फरवरी, 1946 को हड़ताल का आवाहन किया।
- आजाद हिंद फौज के नारे थे-**जय हिंद और दिल्ली चलो।** सबसे अधिक प्रसिद्ध सुभाष चंद्र बोस की वह घोषणा थी, जिसमें उन्होंने कहा कि **तुम मुझे खून दो, मैं तुम्हें आजादी दूंगा।**

## कैबिनेट मिशन

- वर्ष 1946 में भारत की स्वतंत्रता और विभाजन की समस्या के समाधान के लिए इंग्लैंड में तत्कालीन लेबर सरकार के द्वारा कैबिनेट मिशन भारत भेजा गया। इस मिशन में तीन सदस्य थे-स्टैफर्ड क्रिप्स (अध्यक्ष), पैंथिक लौरेन्स और ए. वी. एलेक्जेन्डर थे।
- कैबिनेट मिशन ने पाकिस्तान की मांग को अस्वीकार कर दिया तथा भारत में एक ढीले-ढाले संघ के निर्माण की सिफारिश की। संघ में तीन प्रकार के राज्यों की व्यवस्था थी-**प्रथम**, हिंदू बहुल राज्य। **द्वितीय**, मुस्लिम बहुल राज्य और **तृतीय**, पंजाब और बंगाल।
- कैबिनेट मिशन ने संविधान निर्माण के लिए एक संविधान सभा की सिफारिश की, जिसका चुनाव राज्य विधान सभा द्वारा किया जाना था।
- कैबिनेट मिशन ने संक्रमणकालीन व्यवस्था के लिए एक अंतरिम सरकार के गठन की सिफारिश की, जिसमें कांग्रेस और मुस्लिम लीग को बराबर का दर्जा दिया गया।
- 20 फरवरी, 1947 में एटली की सरकार ने दो महत्वपूर्ण घोषणाएं कीं। **प्रथम**, यह कि हर हालत में 30 जून, 1948 तक भारत को स्वतंत्र कर दिया जाएगा। **दूसरा**, लॉर्ड माउण्टबेटन को वायसराय बनाकर भेजने की। परंतु अब तक भारत की परिस्थितियां ब्रिटिश सरकार के शासन के अनुरूप नहीं रह गई थी तथा ब्रिटिशों के मन में यह धारणा बैठ गई थी कि जितनी जल्दी हो सके, भारत को छोड़ दिया जाए।

## माउण्टबेटन योजना

- माउण्टबेटन 3 जून, 1947 को एक योजना लाया। यही योजना 'इंडिया इंडिपेंडेंस एक्ट' का आधार बनी। **माउण्टबेटन योजना के निम्नलिखित उपबंध थे-**
  - (i) सिंध और बलूचिस्तान की विधान परिषदों को निर्णय लेना था कि वे भारत के साथ रहेंगे या पाकिस्तान के साथ।
  - (ii) पंजाब और बंगाल की विधान परिषदों को दोहरे निर्णय लेने थे। **प्रथम**, क्या ये राज्य पाकिस्तान के साथ जाना पसंद करेंगे? **दूसरा**, अगर हां तो क्या राज्य का विभाजन भी होना है?
  - (iii) उत्तर-पश्चिमी सीमा प्रांत और असम के सिलहट जिले में प्रत्यक्ष जनमत संग्रह होना था।
  - (iv) चूंकि देश का विभाजन होना था। इसलिए सीमा विभाजन के लिए सीमा आयोग गठित करने का प्रावधान था।
- 4 जुलाई, 1947 को ब्रिटिश संसद ने माउण्टबेटन प्रस्ताव को स्वीकार कर लिया। 18 जुलाई को इसे ब्रिटिश क्राउन की स्वीकृति मिल गई तथा 15 अगस्त को इसे लागू कर दिया गया। इसी के साथ देश आजाद हो गया।

### कांग्रेस के अधिवेशन

| वर्ष | स्थान | अध्यक्ष | वर्ष | स्थान | अध्यक्ष |
|---|---|---|---|---|---|
| 1885 | बम्बई | डब्ल्यू. सी. बनर्जी | 1899 | लखनऊ | रमेश चन्द्र दत्त |
| 1886 | कलकत्ता | दादा भाई नौरोजी | 1900 | लाहौर | एन. जी. चन्द्रावरकर |
| 1887 | मद्रास | बदरूद्दीन तैय्यबजी | 1901 | कलकत्ता | दिनशा ई. वाचा |
| 1888 | इलाहाबाद | जॉर्ज यूले | 1902 | अहमदाबाद | सुरेन्द्र नाथ बनर्जी |
| 1889 | बम्बई | बिलियम वेडरबर्न | 1903 | मद्रास | लाल मोहन घोष |
| 1890 | कलकत्ता | फिरोजशाह मेहता | 1904 | बम्बई | सर हेनरी कॉटन |
| 1891 | नागपुर | पी. आनंद चार्लू | 1905 | वाराणसी | गोपाल कृष्ण गोखले |
| 1892 | इलाहाबाद | डब्ल्यू. सी. बनर्जी | 1906 | कलकत्ता | दादा भाई नौरोजी |
| 1893 | लाहौर | दादा भाई नौरोजी | 1907 | सूरत | रास बिहारी बोस |
| 1894 | मद्रास | वेब | 1908 | मद्रास | रास बिहारी बोस |
| 1895 | पूना | सुरेन्द्र नाथ बनर्जी | 1909 | लाहौर | मदन मोहन मालवीय |
| 1896 | कलकत्ता | एम. ए. सयानी | 1910 | इलाहाबाद | सर विलियम वेडरबर्न |
| 1897 | अमरावती | एम. सी. शंकरन | 1911 | कलकत्ता | विशन नारायण दत्त |
| 1898 | मद्रास | आनंद मोहन बोस | 1912 | बांकीपुर | आर. एन. मुधोकर |

| वर्ष | स्थान | अध्यक्ष | वर्ष | स्थान | अध्यक्ष |
|---|---|---|---|---|---|
| 1913 | करांची | नवाब सैय्यद मुहम्मद | 1927 | मद्रास | एम. ए. अंसारी |
| 1914 | मद्रास | भूपेन्द्र नाथ बसु | 1928 | कलकत्ता | मोती लाल नेहरू |
| 1915 | बम्बई | एस. पी. सिन्हा | 1929 | लाहौर | जवाहर लाल नेहरू |
| 1916 | लखनऊ | अम्बिका चरण मजूमदार | 1930 | अधिवेशन नहीं | अधिवेशन नहीं |
| 1917 | कलकत्ता | श्रीमती एनी बेसेन्ट | 1931 | करांची | बल्लभ भाई पटेल |
| 1918 | दिल्ली | मदन मोहन मालवीय | 1932 | दिल्ली | आर. डी. अमृत लाल |
| 1918 | बम्बई (स्पेशल) | सैय्यद हसन इमाम | 1933 | कलकत्ता | श्रीमती नलिनी सेन गुप्ता |
| 1919 | अमृतसर | मोतीलाल नेहरू | 1934 | बम्बई | राजेन्द्र प्रसाद |
| 1920 | नागपुर | सी. विजय राघवाचारी | 1935 | अधिवेशन नहीं | अधिवेशन नहीं |
| 1920 | कलकत्ता | लाला लाजपत राय | 1936 | लखनऊ | जवाहर लाल नेहरू |
| | (स्पेशल) | | 1937 | फैजपुर | जवाहर लाल नेहरू |
| 1921 | अहमदाबाद | सी. आर. दास (जेल में) हकीम | 1938 | हरिपुरा | सुभाष चन्द्र बोस |
| | | अजमल खां (कार्यवाहक) | 1939 | त्रिपुरी | सुभाष चन्द्र बोस |
| 1922 | गया | सी. आर. दास | 1940 | रामगढ़ | अबुल कलाम आजाद |
| 1923 | काकीनाड़ा | मौलाना मुहम्मद अली | 1941-45 | अधिवेशन नहीं | अधिवेशन नहीं |
| 1924 | बेलगांव | महात्मा गांधी | 1946 | रामगढ़ | आचार्य जे. बी. कृपलानी |
| 1925 | कानपुर | श्रीमती सरोजनी नायडू | 1947 | रामगढ़ | डॉ. राजेन्द्र प्रसाद |
| 1926 | गुवाहाटी | एस. श्रीनिवास आयंगर | | | |

(a) सुभाष चन्द्र बोस तथा महात्मा गांधीजी के बीच विवाद के कारण सुभाष चन्द्र बोस ने कांग्रेस अध्यक्ष पद से इस्तीफा दे दिया तथा डॉ. राजेन्द्र प्रसाद कांग्रेस के अध्यक्ष बने।

(b) द्वितीय विश्व युद्ध के कारण वर्ष 1940 से वर्ष 1945 के मध्य कांग्रेस के अधिवेशन आयोजित नहीं हुए। इस दौरान अबुल कलाम आजाद कांग्रेस के अध्यक्ष बने रहे।

## क्रांतिकारी गतिविधियों से जुड़ी महत्वपूर्ण संस्थाएं

| संस्था | संस्थापक | वर्ष | स्थान |
|---|---|---|---|
| मित्र मेला | वी. डी. सावरकर | 1899 | नासिक |
| अभिनव भारत | वी. डी. सावरकर | 1904 | लंदन व भारत |
| अनुशीलन समिति | बारीन्द्र कुमार घोष, जतीन्द्र नाथ बनर्जी | 1902 | कलकत्ता |
| युगांतर | बी. के. घोष, भूपेन्द्र नाथ दत्त | 1906 | कलकत्ता |
| भारत स्वशासन समिति तथा इंडिया हाउस | श्यामजी कृष्ण वर्मा | 1905 | लंदन |
| अंजुमाने मोहिब्बाने वतन | सरदार अजीत सिंह | | लाहौर |
| इंडिया सोसायटी | मैडम कामा | 1906 | पेरिस |
| हिंदू एसोसिएशन ऑफ दि अमेरिका | सोहन सिंह भाकना | 1913 | पोर्टलैंड |
| गदर, युगांतर आश्रम | सोहन सिंह भाकना, लाला हरदयाल | 1913 | सैन फ्रांसिस्को |
| हिंदुस्तान सोशलिस्ट रिपब्लिकन एसोसिएशन | चन्द्रशेखर आजाद | 1928 | दिल्ली |
| भारतीय गणतंत्र सेना | सूर्यसेन | 1930 | चटगांव |
| भारत नौजवान सभा | भगत सिंह, | 1926 | पंजाब |
| छबीलदास, यशपाल | | | |
| लाहौर छात्र संघ | सुखदेव एवं भगत सिंह | 1925 | पंजाब |

## क्रांतिकारी गतिविधियों से जुड़े महत्वपूर्ण समाचार-पत्र, पत्रिका तथा पुस्तकें

| समाचार-पत्र/पुस्तकें | संपादक एवं प्रकाशन | समाचार-पत्र/पुस्तकें | संपादक एवं प्रकाशन |
|---|---|---|---|
| युगांतर | बारीन्द्र कुमार घोष, भूपेन्द्र नाथ दत्त | मदर | हरदयाल (न्यूयार्क) |
| संध्या | मुखदा चरण | बंदी जीवन | शचीन्द्र नाथ सान्याल |
| बंदेमातरम् | अरविन्दो घोष | भारतीय स्वतंत्रता संग्राम | वी.डी. सावरकर |
| जमींदार | सिराजुद्दीन | भवानी मंदिर | अरविंदो घोष |
| भारत माता | अजीत सिंह | वर्तमान रणनीति | बारीन्द्र कुमार घोष |
| इंडियन सोशियोलॉजिस्ट | श्यामजी कृष्ण वर्मा | पथेर दाबी | शरत चन्द्र चट्टोपाध्याय |
| वंदेमातरम् | मैडमकामा (लंदन) | बम मैनुअल | पी. एन. वापट |

अध्याय 2

# संवैधानिक विकास
# CONSTITUTIONAL DEVELOPMENT

## द्वैध शासन, नवाब का शासन (फौजदारी), कंपनी का शासन (राजस्व)

- 22 अक्टूबर, 1764 के बक्सर युद्ध के पश्चात् वर्ष 1765 में इलाहाबाद संधि हुई। यह संधि अवध के नवाब व कंपनी के मध्य हुई।
- इस संधि के अनुसार, कंपनी को बंगाल, बिहार व ओडीशा में राजस्व वसूलने का अधिकार मिल गया।
- अत: वर्ष 1765 से वर्ष 1772 तक भारत में दोहरा शासन बना रहा, क्योंकि प्रशासन का दायित्व नवाब के हाथों में था। जबकि राजस्व वसूली व सेना का प्रशासन कंपनी के हाथों में था।

## रेग्यूलेटिंग एक्ट (1773) भारत पर कंपनी का सीधा शासन

- इस अधिनियम का ध्येय बंगाल में द्वैध शासन का अंत करना तथा कंपनी शासन को नियंत्रित करना था।
- रेग्युलेटिंग एक्ट के द्वारा बंगाल के गवर्नर को बंगाल का गवर्नर जनरल बना दिया गया।
- पहले गवर्नर जनरल 'वारेन हेस्टिंग्स' थे।
- गवर्नर जनरल की 4 सदस्यीय कार्यकारी परिषद् की स्थापना हुई।
- इस अधिनियम के द्वारा बंबई व मद्रास के गवर्नर को बंगाल के गवर्नर जनरल के अधीन बना दिया गया।
- इस अधिनियम के द्वारा कलकत्ता में एक उच्चतम न्यायालय की स्थापना हुई, जिसमें एक मुख्य न्यायाधीश व 3 (तीन) अन्य न्यायाधीश थे।
- कंपनी के सेवकों को निजी व्यापार से प्रतिबंधित किया गया।
- इसके द्वारा कंपनी के मामले को देखने के लिए एक 'बोर्ड ऑफ डायरेक्टर्स' की स्थापना हुई। यह प्रशासन करने की इकाई थी, जो कंपनी के सैन्य व सिविल मामलों की रिपोर्ट ब्रिटिश सरकार को देती है।

## पिट्स इंडिया एक्ट (1784) दोहरा शासन, कंपनी ब्रिटिश सरकार

- इस अधिनियम के द्वारा कंपनी के वाणिज्यिक व राजनीतिक कार्यों में भेद किया गया।
- कंपनी शासन को दो भागों में विभाजित कर दिया गया– **प्रथम**, नियंत्रक मंडल (Board of Control) **द्वितीय**, निदेशक मंडल (Board of Directors)
- अब राजनीतिक कार्यों की देखभाल के लिए एक 6 सदस्यीय 'नियंत्रण बोर्ड' (Board of Control) की स्थापना हुई।
- इस 'नियंत्रण बोर्ड' (Board of Control) के द्वारा ब्रिटिश सरकार को कंपनी के प्रशासन में सर्वोच्चता प्राप्त हो गई।
- इसके माध्यम से भारत में पुन: दोहरा शासन स्थापित हुआ, जिसमें कंपनी का व्यापार पर एकाधिकार था। जबकि सैन्य, राजस्व व नागरिक में 'नियंत्रण बोर्ड' (Board of Control) पर ब्रिटिश सरकार का नियंत्रण हो गया।

## 1813 का चार्टर एक्ट

- कंपनी का चीन में एकाधिकार बरकरार तथा भारत में चाय को छोड़कर अन्य पर से एकाधिकार समाप्त हो गया।
- भारत में ईसाई धर्म के प्रचार की आज्ञा मिली।
- कंपनी भारत में शिक्षा साहित्य पर 1 लाख रूपये व्यय करेगी।

## 1833 का चार्टर एक्ट

- इसके द्वारा भारत में ब्रिटिश इंडिया का शासन केंद्रीयकृत हुआ।
- इस एक्ट के द्वारा बंगाल के गवर्नर जनरल को पूरे भारत का गवर्नर जनरल बना दिया, जिसके हाथों में नागरिक व सैन्य शक्तियां थीं।
- लॉर्ड विलियम बैंटिक, भारत के प्रथम गवर्नर जनरल थे।
- इस अधिनियम द्वारा बंबई प्रेसीडेंसी व मद्रास प्रेसीडेन्सी की विधायी शक्तियां समाप्त कर दी गई व पूरे ब्रिटिश भारत के लिए भारत के गवर्नर जनरल को संपूर्ण विधायी शक्तियां सौंप दी गई।
- इसके द्वारा कंपनी को विशुद्ध प्रशासनिक संस्था के रूप में परिवर्तित कर दिया गया व कंपनी के वाणिज्यिक कार्य

समाप्त हो गए। अब कंपनी के द्वारा भारत में ब्रिटिश सम्राट की ओर से शासन किया जाने लगा।

- वर्ष 1833 के एक्ट के द्वारा सिविल सेवाओं में चयन के लिए एक खुली प्रतियोगी परीक्षा आयोजित करने का प्रयास किया गया। लेकिन 'बोर्ड ऑफ डायरेक्टर्स' (Board of Directors) के विरोध के कारण यह लागू नहीं हो सका।
- इसी एक्ट के द्वारा गवर्नर जनरल की परिषद् में एक विधि सदस्य 'लॉर्ड मैकाले' की नियुक्ति हुई। (विधि आयोग)

## अंतिम चार्टर अधिनियम, 1853

- इसके द्वारा पहली बार गवर्नर जनरल के विधायी व प्रशासनिक कार्यों में विभाजन किया गया।
- गवर्नर जनरल की विधान परिषद् में 6 नए विधायी पार्षदों को सम्मिलित किया गया।
- अत: इसके द्वारा भारत में विधि का निर्माण एक अलग कार्य हो गया।
- इसके द्वारा कंपनी के शासन को स्वीकार किया गया, लेकिन किसी निश्चित अवधि का वर्णन नहीं किया गया।
- सिविल सेवाओं के लिए प्रतियोगी परीक्षाओं का खुला आयोजन हुआ व इसे भारतीयों के लिए भी खोल दिया गया। इसी संदर्भ में वर्ष 1854 में 'मैकाले समिति' की स्थापना हुई।
- इस अधिनियम के तहत् सीमित प्रतियोगी परीक्षा प्रारंभ हुई।
- इस अधिनियम में पहली बार जाति, धर्म एवं मूल वंश के आधार पर रोक लगाई गई।

## भारतीय स्वतंत्रता का मैग्नाकार्टा, सम्राट का भारत पर सीधा शासन (1858)

- इस अधिनियम द्वारा ब्रिटेन में भारतीय शासन से संबंधित परिवर्तन किए गए।
- इसके द्वारा अब ब्रिटिश सम्राट का सीधा शासन भारत पर स्थापित हो गया। अब गवर्नर जनरल को वायसराय कहा जाने लगा।
- इसके द्वारा भारत में 'द्वैध शासन' का अंत हो गया। 'नियंत्रण बोर्ड' (Board of Control) व 'डायरेक्टरों की सभा' (Court of Directors) दोनों को समाप्त कर दिया गया।
- इसके द्वारा भारत सचिव नामक एक नए पद की स्थापना हुई, जो ब्रिटिश कैबिनेट का सदस्य था व ब्रिटिश संसद के प्रति उत्तरदायी था।
- भारत सचिव की सहायता के लिए 15 सदस्यीय भारत परिषद् की स्थापना हुई। इसी परिषद् के कार्यालय को 'भारत कार्यालय' (India Office) कहा जाने लगा।

## 1861 का अधिनियम

- पहली बार भारतीयों का प्रतिनिधित्व या लोकप्रियता का पहला तत्व।
- अत: इसके द्वारा पहली बार विधायी परिषद् में गैर-सरकारी सदस्यों को मनोनीत किया गया।
- इसके द्वारा विकेंद्रीकरण की प्रक्रिया भी आरंभ हुई और बंबई, मद्रास जैसी प्रेसीडेंसियों को उनके अलग विधायी शक्तियां सौंप दी गई।
- इसके द्वारा बंगाल, पश्चिमोत्तर सीमा प्रांत व पंजाब के लिए भी विधायी परिषद्ों की स्थापना हुई।
- इस अधिनियम के द्वारा पहली बार मंत्रिमंडलीय या विभागीय व्यवस्था का आधार भी रखा गया।
- इस अधिनियम के द्वारा वायसराय को अध्यादेश जारी करने की शक्ति प्रदान की गई।
- विधि-निर्माण हेतु वायसराय की कार्यकारी परिषद् में न्यूनतम 6 व अधिकतम 12 सदस्यों की नियुक्ति का प्रावधान भी किया गया।

## 1892 का भारत परिषद् अधिनियम

- इस अधिनियम के द्वारा गैर-सरकारी सदस्यों (केंद्रीय विधान मंडल) की संख्या बढ़ाकर कम से कम 10 व अधिकतम 16 की गई।
- इस अधिनियम के अंतर्गत् विधान मंडल के सदस्यों को प्रश्न पूछने व बजट पर चर्चा करने का अधिकार दे दिया गया।
- इस अधिनियम से 'स्थानीय स्वशासन' आरंभ हुआ।
- अत: यह अधिनियम मूलत: संशोधनात्मक है।

## भारत परिषद् अधिनियम, 1909

- इस अधिनियम के द्वारा पहली बार चुनाव का प्रावधान किया गया।
- परंतु इस अधिनियम में पृथक् निर्वाचन मंडल का भी निर्माण किया गया, जिसके अनुसार, मुसलमान केवल मुसलमानों के लिए ही मत प्रदान कर सकते थे।
- इसलिए 'लॉर्ड मिंटो' को **सांप्रदायिक प्रतिनिधित्व का जन्मदाता** माना जाता है।
- इसके द्वारा केंद्रीय विधान परिषद् के सदस्यों की संख्या बढ़ाकर 16 से 60 कर दी गई।
- केंद्रीय विधान परिषद् में सरकारी सदस्यों का बहुमत बना रहा। परंतु राज्य विधान परिषद्ों में गैर-सरकारी संस्थाओं का बहुमत कायम रहा।

- विधानसभा में सदस्यों को पूरक प्रश्न पूछने व बजट की चर्चा करने की शक्तियां प्रदान की गई।
- पहली बार वायसराय की कार्यकारी परिषद् में एक भारतीय **'सत्येन्द्र प्रसाद सिन्हा'** की नियुक्ति हुई।

### भारत शासन अधिनियम, 1919

- इस अधिनियम का उद्देश्य भारत में एक उत्तरदायी शासन की स्थापना करना था।
- इसमें प्रांतीय शासन के विषयों को दो भागों में विभाजित कर दिया गया-हस्तांतरित व आरक्षित।
- हस्तांतरित विषयों पर राज्य के गवर्नर, मंत्रियों की सलाह के द्वारा कार्य करते थे। जबकि आरक्षित विषयों पर वे कार्यकारी परिषद् की सलाह के द्वारा कार्य करते थे।
- पहली बार प्रांतों में **द्वैध शासन** का प्रयोग किया गया।
- इस अधिनियम द्वारा पहली बार प्रत्यक्ष निर्वाचन की व्यवस्था की गई।
- इस अधिनियम के द्वारा पहली बार केंद्रीय व प्रांतीय विषयों में विभाजन किया गया।
- इस अधिनियम के द्वारा सांप्रदायिक प्रतिनिधित्व को और बढ़ा दिया गया व सिक्खों, भारतीय इसाई एवं एंग्लो इंडियन व यूरोपीय लोगों को पृथक् प्रतिनिधित्व प्रदान किया गया, साथ ही महिलाओं को भी मताधिकार दिया गया।
- इस अधिनियम के द्वारा लंदन में भारतीय उच्चायुक्त नामक एक नए अधिकारी की नियुक्ति हुई, जिसे भारत सचिव के कुछ कार्यों को प्रदान किया गया।
- इसके द्वारा पहली बार यह प्रावधान किया गया कि केंद्रीय बजट व प्रांतीय बजट अलग-अलग पेश होंगे।
- इस एक्ट के द्वारा पहली बार 'एक लोक सेवा आयोग' की स्थापना हुई।
- इस अधिनियम में यह भी प्रावधान था कि इस एक्ट के 10 वर्ष के उपरांत एक वैधानिक आयोग की स्थापना होगी, जिसके द्वारा इसकी समीक्षा की जाएगी।
- इस अधिनियम द्वारा सर्वप्रथम एक लोक सेवा आयोग के गठन का प्रावधान किया गया। (ली कमीशन की सिफारिशों के आधार पर वर्ष 1926 में लोक सेवा आयोग का गठन किया गया, जिसके अध्यक्ष ई. एम. व्हाइट थे।)

### भारत शासन अधिनियम, 1935

- इस अधिनियम के द्वारा भारत में पहली बार संघीय व्यवस्था लागू की गई।
- इस अधिनियम के द्वारा केंद्र में **द्वैध शासन** लागू किया गया।
- इस अधिनियम के द्वारा पहली बार प्रांतों को स्वायत्तता प्रदान कर दी गई। जिसके अनुसार, 1937 में अनेक प्रांतों में भी **लोक सेवा आयोग** की स्थापना का प्रावधान किया गया।
- इस अधिनियम के द्वारा **संघ लोक सेवा आयोग व प्रांतों में लोक सेवा आयोग** की स्थापना का प्रावधान किया गया।
- इसके द्वारा संघीय न्यायपालिका की स्थापना का प्रावधान भी हुआ, जो 1937 में स्थापित भी हो गई।
- इसके द्वारा केंद्रीय बैंक की स्थापना का भी प्रावधान था।
- इसके द्वारा मताधिकार का विस्तार किया गया। लेकिन व्यावहारिक रूप में समूची जनसंख्या के केवल 10 प्रतिशत लोगों को मतदान का अधिकार प्राप्त था।
- इसके द्वारा भारत परिषद् को भी समाप्त कर दिया गया।
- भारत शासन अधिनियम, 1935 से भारतीय संविधान का 60 प्रतिशत से अधिक भाग लिया गया है, जिसमें संघीय व्यवस्था में शक्तियों का विभाजन भी शामिल है।
- **संघ सूची, राज्य सूची एवं समवर्ती सूची** का प्रावधान किया गया।
- 1935 में **अवशिष्ट शक्तियां** गवर्नर जनरल में निहित थी। जबकि भारतीय संविधान में **अवशिष्ट शक्तियां** संघ सरकार में निहित है।

### अन्य प्रावधान

- गवर्नर जनरल को वीटो की शक्ति।
- कुछ विधेयकों को विधान मंडल में प्रस्तुत करने से पूर्व गवर्नर जनरल की पूर्व अनुमति लेना आवश्यक था।
- मतभेद की स्थिति में संयुक्त बैठक का प्रावधान था।
- समवर्ती सूची में संघीय विधि को प्राथमिकता प्रदान करना।
- यदि दो या दो से अधिक राज्य, संघ सरकार से किसी विषय पर विधि-निर्माण का अनुरोध करे, तो संघ, राज्यों के लिए विधि का निर्माण कर सकता है।
- संघ द्वारा राज्यों को निर्देश प्रदान करना।

## संविधान का निर्माण (द्वितीय विश्व युद्ध के समय का घटनाक्रम)

### क्रिप्स मिशन

- द्वितीय विश्व युद्ध के बाद यह प्रश्न महत्वपूर्ण हो गया कि ब्रिटिश शासन में सत्ता किस प्रकार भारतीयों को हस्तांतरित की जाए। इस संदर्भ में 'क्रिप्स मिशन' (Crips Mission) का प्रस्ताव उल्लेखनीय है कि इसमें पहली बार यह स्पष्ट रूप में कहा गया कि भारतीय संविधान का निर्माण भारत के निर्वाचित संविधान सभा के द्वारा होगा।

- भारत को 'डोमिनियन स्टेट्स' (Dominion Status) प्रदान किया जाएगा।
- भारत में संघीय व्यवस्था का निर्माण होगा, जिसमें ब्रिटिश प्रांत व देशी रियासतें भी शामिल होंगी।
- प्रांतों या रियासतों को संविधान को स्वीकार करने या अस्वीकार करने की शक्ति प्राप्त होगी।
- मुस्लिम लीग ने क्रिप्स मिशन की आलोचना करते हुए कहा कि मिशन ने पृथक् पाकिस्तान की मांग को स्वीकार नहीं किया।
- मुस्लिम लीग के अनुसार, दो संविधान सभाओं का निर्माण होना चाहिए। एक भारत के लिए व दूसरी पाकिस्तान के लिए। इसलिए जिन्ना ने इस मिशन के प्रस्ताव को अस्वीकृत कर दिया।
- कांग्रेस ने भी इसे अस्वीकृत कर दिया। क्योंकि कांग्रेस पूर्ण स्वतंत्रता की मांग करती थी। जबकि इसमें केवल 'डोमिनियन स्टेट्स' (Dominion Status) की बात थी।

## कैबिनेट मिशन

- यह मिशन 24 मार्च, 1946 को भारत आया था।
- इस प्रस्ताव के अंतर्गत् भारत में एक ढीला-ढाला संघवाद (Loose Federation) के निर्माण का प्रस्ताव किया गया, **जिसका उदाहरण निम्न हैं-**
  (i) संघ को केवल 3 विषयों (विदेश नीति, प्रतिरक्षा एवं संचार) पर ही अधिकार प्रदान किए गए।
  (ii) शेष शक्तियों पर राज्यों का नियंत्रण होगा।
- प्रस्ताव में संविधान सभा के निर्वाचन के लिए स्पष्ट रूप में प्रावधान किया गया। संविधान सभा के सदस्यों का निर्वाचन प्रांतों के विधान सभा के निर्वाचित सदस्यों के द्वारा आनुपातिक प्रतिनिधित्व प्रणाली के द्वारा होगा।
- चुनाव के लिए बनने वाले निर्वाचक मंडल को 3 वर्गों (मुसलमान, सिक्ख एवं अन्य) में विभाजित किया गया।
- भारत की प्रस्तावित संविधान सभा में 389 सदस्य होंगे, जिनमें 292 भारतीय प्रांतों, 93 देशी रियासतों व 4 चीफ कमिश्नरी प्रांतों के सदस्य होंगे।
- देशी रियासतों के सदस्यों का निर्वाचन किस प्रकार होगा। यह गवर्नर जनरल उनसे सलाह द्वारा निर्धारित करेगा।
- कैबिनेट मिशन प्रस्ताव में मूलतः **दो बिंदुओं** का उल्लेख था-
  (i) भविष्य के संविधान के निर्माण का प्रारूप।
  (ii) एक अंतरिम सरकार की स्थापना।

## अंतरिम सरकार

- प्रस्ताव के अंतर्गत् प्रांतीय विधान मंडलों को तीन समूहों में विभाजित किया गया था-
  (i) हिंदू बहुसंख्यक प्रांत, जिसमें मद्रास, बंबई, मध्य प्रांत, संयुक्त प्रांत, बिहार एवं ओडीशा सम्मिलित थे।
  (ii) मुस्लिम बहुसंख्यक प्रांत, जिसमें पंजाब, उत्तर-पश्चिमी सीमांत प्रांत एवं सिंध सम्मिलित थे।
  (iii) बंगाल एवं असम।
- प्रस्ताव में संघ की कार्यपालिका व विधान मंडल के निर्माण का प्रावधान किया गया। विधान मंडल में जब सांप्रदायिक मुद्दे का निर्धारण होगा, तो दोनों समुदाय के उपस्थित व मतदान करने वाले तथा सभी उपस्थित व मतदान करने वालों के बहुमत से निर्धारण किया जाएगा।
- कैबिनेट मिशन योजना के तहत् 14 सदस्यीय अंतरिम सरकार का प्रावधान था, जिसमें 6 सदस्य कांग्रेस से, 5 सदस्य मुस्लिम लीग तथा 1 सदस्य एंग्लो-इंडियन, 1 सिख एवं 1 पारसी समुदाय से लिए जाने थे।
- 2 सितंबर, 1946 को पं. जवाहर लाल नेहरू के नेतृत्व में 12 सदस्यीय अंतरिम मंत्रिमंडल का गठन किया गया।
- अंतरिम सरकार में प्रारंभ में मुस्लिम लीग सम्मिलित नहीं थी, परंतु 26 अक्टूबर, 1946 को मुस्लिम लीग के पांच सदस्य सम्मिलित हुए, जिस कारण तीन (3) सदस्यों- शरद चन्द्र बोस, अली जहीर, शफात खाँ को त्यागपत्र देना पड़ा।
- अंतरिम सरकार में सम्मिलित **मंत्री थे-**

## कांग्रेस से संबंधित मंत्री

| | | |
|---|---|---|
| जवाहर लाल नेहरू | - | (उपाध्यक्ष) विदेश व राष्ट्रमंडल मामले |
| सरदार वल्लभ भाई पटेल | - | गृह, सूचना प्रसारण विभाग व रियासत |
| बलदेव सिंह | - | रक्षा विभाग |
| जॉन मथाई | - | उद्योग और आपूर्ति विभाग |
| सी. राज गोपालाचारी | - | शिक्षा विभाग |
| सी. एच. भाभा | - | कार्य, खान तथा बंदरगाह |
| डॉ. राजेन्द्र प्रसाद | - | खाद्य एवं कृषि विभाग |
| अरूणा आसफ अली | - | रेलवे विभाग |
| जग जीवन राम | - | श्रम विभाग |

## मुस्लिम लीग से संबंधित मंत्री

| | | |
|---|---|---|
| लियाकत अली खाँ | - | वित्त विभाग |
| आई. आई. चुन्दरीगर | - | वाणिज्य विभाग |
| जोगेन्द्र नाथ मंडल | - | विधि विभाग |

गजनफर अली - स्वास्थ्य विभाग
अब्दुल रवनस्तर - संचार विभाग

## भारत का विभाजन ( माउण्टबेटन योजना )

- भारत व पाकिस्तान नामक दो राष्ट्रों के निर्माण की घोषणा कर दी गई। रेडक्लिफ आयोग द्वारा दोनों राष्ट्रों की सीमाओं का निर्धारण किया गया।
- अलग-अलग संविधान सभाओं के निर्माण की घोषणा की गई।
- भारतीय राजाओं को पुन: सर्वोच्चता लौटा दी गई।
- इस योजना में यह निर्धारित किया गया कि भारत का विभाजन किस प्रकार होगा तथा इसके लिए यह निर्धारित किया गया कि पंजाब व बंगाल के विधान सभाओं के सदस्य मतदान के द्वारा निर्धारित करेंगे।
- पश्चिमोत्तर सीमांत प्रांत व सिलहट के मुस्लिम बहुल क्षेत्रों में जनमत संग्रह होना व बलूचिस्तान एवं सिंध के लोगों ने भारी बहुमत से पाकिस्तान में सम्मिलित होने की इच्छा जताई।

## 1947 का भारतीय स्वतंत्रता अधिनियम

- 1858 से विद्यमान ब्रिटिश शासन की संप्रभुता समाप्त हो गई।
- ब्रिटिश सरकार व संसद का अब भारत पर नियंत्रण नहीं होगा।
- भारत सचिव व भारत मंत्री का पद समाप्त कर दिया गया।
- 1947 के अधिनियम द्वारा गवर्नर व गवर्नर जनरल अब केवल संवैधानिक प्रधान मात्र रह गए।
- इसके द्वारा यह प्रावधान किया गया कि प्रत्येक डोमिनियन व प्रांतों का शासन, भारत शासन अधिनियम, 1935 से संचालित होगा। जब तक नए संविधान का निर्माण न हो जाए।
- इसके द्वारा दोनों डोमिनियन के संविधान सभाओं को परिवर्तित करने की शक्ति प्रदान कर दी गई।
- इसके द्वारा भारतीय देशी रियासतों को यह अधिकार दिया गया **कि वे**-
  (i) या तो भारत में शामिल हो जाएं।
  (ii) या पाकिस्तान में शामिल हो जाएं।
  (iii) या वे स्वतंत्र रह सकते हैं।
- 1947 से केंद्रीय विधायिकाएं व राज्य विधान सभाएं समाप्त कर दी गईं तथा भारत के संविधान के लिए एक नई विधायिका के निर्माण का प्रस्ताव किया गया, जो दो रूपों में **कार्य करेगी**-
  (i) संविधान के निर्माण के लिए।
  (ii) देश में शासन के लिए विधियों का निर्माण भी करेगी।

## भारतीय स्वतंत्रता अधिनियम, 1947

- भारत के विभाजन की प्रक्रिया समाप्त हो जाने के बाद ब्रिटिश सरकार से भारतीयों को सत्ता हस्तांतरण के लिए साथ ही विभाजन को लागू करने के लिए ब्रिटिश संसद में 4 जुलाई, 1947 को भारतीय स्वतंत्रता विधेयक पेश किया गया।
- यह प्रस्ताव 18 जुलाई, 1947 को स्वीकृत हो गया। नॉर्मन डी. पामर ने लिखा है कि ''ब्रिटिश पार्लियामेंट के इतिहास में शायद ही कोई इतना महत्वपूर्ण विधेयक इतने कम समय और इतने कम वाद-विवाद के पास हुआ हो।''

### भारतीय स्वतंत्रता अधिनियम की मुख्य धाराएं निम्नलिखित थीं

#### 1. दो अधिराज्यों की स्थापना

- भारतीय स्वतंत्रता अधिनियम के अंतर्गत् भारत का विभाजन कर पाकिस्तान बना दिया जाएगा। भारत दो अधिराज्यों, हिंदुस्तान और पाकिस्तान में विभाजित होगा। 15 अगस्त, 1947 ई. को भारत स्वतंत्र कर दिया जाएगा।
- पाकिस्तान के अंतर्गत् दो भाग (Wings) थे, पूर्वी पाकिस्तान और पश्चिमी पाकिस्तान। पूर्वी पाकिस्तान में पूर्वी बंगाल तथा सिलहट शामिल था तथा पश्चिमी पाकिस्तान में सिंध, पंजाब, उत्तर-पश्चिम प्रांत, बदावलपुर, खैरपुर, बलूचिस्तान और बलूचिस्तान की आठ देशी रियासतें भी सम्मिलित की गई थीं।

#### 2. संविधान सभाओं को सत्ता सौंपना

- जब तक नया संविधान नहीं बन जाता, तब तक दोनों अधिराज्यों संविधान की सभाओं को अपने-अपने अधिराज्यों के लिए कानून बनाने की शक्ति दी गई। इसके साथ ही दोनों को अपनी इच्छानुसार संविधान का निर्माण करने की स्वतंत्रता होगी। इस प्रकार संविधान सभाएं संपूर्ण प्रभुत्व संपन्न होंगी।

#### 3. दोनों के लिए अलग-अलग गवर्नर जनरल

- भारत और पाकिस्तान, दोनों अधिराज्यों में एक-एक गवर्नर जनरल होगा, जिसकी नियुक्ति उनके मंत्रिमंडल की सलाह से की जाएगी। भविष्य में गवर्नर जनरल और प्रांतों के गवर्नर केवल वैधानिक शासक होंगे।

#### 4. 1935 के भारतीय शासन अधिनियम द्वारा शासन

- यह निश्चित किया गया कि जब तक दोनों अधिराज्य अपना-अपना नया संविधान नहीं बना लेते, वहां शासन

1935 के अधिनियम द्वारा चलाया जाएगा। साथ ही दोनों अधिराज्यों को 1935 के अधिनियम में संशोधन करने का अधिकार होगा।

**5. संविधान सभा, विधान मंडल के रूप में कार्य करेगी**

- जब तक संविधान सभाएं, संविधान का निर्माण नहीं कर लेती हैं, तब तक संविधान सभा, विधान मंडल के रूप में कार्य करेंगी। साथ ही विधान मंडल के रूप में कार्य करते समय इनकी शक्तियों पर किसी प्रकार का नियंत्रण नहीं होगा। 15 अगस्त, 1947 के बाद विधान मंडलों की स्वीकृति के बिना ब्रिटिश संसद द्वारा पारित कोई भी अधिनियम लागू नहीं होगा।

**6. प्रांतीय विधान मंडल**

- जब तक नए संविधान के अनुसार प्रांतों में निर्वाचन नहीं होते हैं, तब तक प्रांतों में इस समय के विधान मंडल ही कार्य करते रहेंगे।

**7. राष्ट्र मंडल की सदस्यता इच्छानुसार**

- भारत तथा पाकिस्तान को ब्रिटिश राष्ट्र मंडल की सदस्यता इच्छानुसार रखने अथवा छोड़ने का अधिकार दिया गया।

**8. गवर्नर जनरल को संशोधन का अधिकार**

- गवर्नर जनरल को आवश्यकतानुसार, भारत सरकार अधिनियम, 1935 में 31 मार्च, 1948 तक आवश्यक परिवर्तन करने का अधिकार दिया गया। इसके बाद अधिनियम में संशोधन करने का अधिकार संविधान सभा को दे दिया जाएगा।

**9. भारत मंत्री पद का अंत**

- भारत मंत्री पद को समाप्त कर दिया जाएगा, क्योंकि 15 अगस्त, 1947 के बाद ब्रिटिश संसद का भारत और पाकिस्तान पर कोई नियंत्रण नहीं रहेगा।

**10. देशी रियासतों की किसी भी अधिराज्य में शामिल होने की स्वतंत्रता**

- देशी रियासतों पर ब्रिटेन की सर्वोपरिता का अंत कर दिया गया तथा उनको किसी भी अधिराज्य में शामिल होने व अपने भावी संबंधों का निश्चय करने की स्वतंत्रता प्रदान की गई।

**11. निषेधाधिकार की शक्ति का अंत**

- ब्रिटिश सम्राट के पद से भारत का सम्राट नामक पद भी हटा दिया गया। सम्राट की अधिराज्य के कानूनों पर निषेधाधिकार लगाने की शक्ति को समाप्त कर दिया गया।

**12. भारत सचिव पद**

- अधिनियम में यह निश्चय किया गया कि भारत सचिव अथवा भारत सचिव की परिषद् के द्वारा जिन व्यक्तियों को ब्रिटिश ताज के अधीन किसी भी नागरिक सेवा में किसी असैनिक पदों पर 15 अगस्त, 1947 से पूर्व नियुक्त किया जा चुका है, वे स्वतंत्रता के बाद भी अपने पदों पर बने रहेंगे और उन्हें सभी सुविधाएं और अधिकार पूर्ववत् प्राप्त रहेंगे।

**स्वतंत्र भारत का पहला मंत्रिमंडल ( 1947 )**

| | | |
|---|---|---|
| जवाहरलाल नेहरू | - | प्रधानमंत्री, राष्ट्रमंडल व विदेशी मामले, वैज्ञानिक शोध |
| सरदार वल्लभ भाई पटेल | - | गृह, सूचना एवं प्रसारण राज्यों के मामले |
| डॉ. राजेन्द्र प्रसाद | - | खाद्य एवं कृषि |
| मौलाना अबुल कलाम आजाद | - | शिक्षा |
| डॉ. जान मथाई | - | रेलवे एवं परिवहन |
| आर. के. षणमुगम शेट्टी | - | वित्त |
| डा. बी. आर. अम्बेडकर | - | विधि |
| जगजीवन राम | - | श्रम |
| सरदार बलदेव सिंह | - | रक्षा |
| राजकुमारी अमृत कौर | - | स्वास्थ्य |
| सी. एच. भामा | - | वाणिज्य |
| रफी अहमद किदवई | - | संचार |
| डॉ. श्यामा प्रसाद मुखर्जी | - | उद्योग एवं आपूर्ति |
| वी. एन. गाडगिल | - | कार्य, खनन एवं ऊर्जा। |

## देशी रियासतों का विलय

- 15 अगस्त, 1947 से पहले भारत में हैदराबाद, कश्मीर, बहालपुर, जूनागढ़ जैसी देशी रियासतों को छोड़ सभी देशी रियासतों का विलय भारत में हो चुका था।
- देशी रियासतों के विलय के लिए सरदार पटेल (पटेल स्कीम) ने **तीन चरणों की प्रक्रिया अपनाई–**
  - (i) 21 देशी रियासतों को उन प्रांतों में मिला दिया गया, जो भौगोलिक रूप में उनके निकट थे।
  - (ii) 61 देशी रियासतों को केंद्र शासित क्षेत्र के रूप में परिवर्तित कर दिया गया।
  - (iii) अनेक राज्यों के समूहों का विलय करके राज्यों

का निर्माण किया गया, जिसके अंतर्गत् सौराष्ट्र, त्रावणकोर, कोचीन व 275 देशी रियासतों को मिलाकर 5 संघीय राज्यों का निर्माण किया गया।

## मूल संविधान में राज्यों की श्रेणी

- **भाग-A में**, असम, बिहार, बंबई, मध्य प्रदेश, मद्रास, ओडीशा, पंजाब, उत्तर प्रदेश व पश्चिम बंगाल को शामिल किया गया।
- **भाग-B में**, हैदराबाद, जम्मू-कश्मीर, मध्य भारत, मैसूर व पेप्सू को शामिल किया गया।
- **भाग-C में**, अजमेर, भोपाल, विलासपुर, कूचबिहार व कुर्ग को शामिल किया गया।
- **भाग-D में**, अंडमान एवं निकोबार द्वीप समूह।

## भारतीय संविधान की विशेषता

- भारतीय संविधान लिखित, नवनिर्मित तथा विश्व का सर्वाधिक व्यापक संविधान है, जिस समय संविधान लागू हुआ, उस समय इसमें 395 अनुच्छेद तथा 8 अनुसूचियां थीं।
- वर्तमान समय में भारतीय संविधान में 395 अनुच्छेद तथा 12 अनुसूचियां हैं।
- भारत का संविधान संपूर्ण प्रभुत्व संपन्न, लोकतांत्रिक, पंथनिरपेक्ष तथा समाजवादी है।
- 42वें संविधान संशोधन 1976 द्वारा संविधान की उद्देशिका में संशोधन करके समाजवादी, पंथनिरपेक्ष और अखंडता शब्द जोड़े गए।
- भारतीय संविधान में एक स्वतंत्र न्यायपालिका की स्थापना की गई है।
- भारतीय संविधान, भारत में विधि के शासन की स्थापना करता है तथा संविधान को ही सर्वोच्च मानता है।
- भारतीय संविधान संघात्मक होते हुए भी एकात्मक है। इकहरी नागरिकता, एकीकृत न्याय प्रणाली तथा अखिल भारतीय सेवाएं संघ को एकात्मक परिदृश्य परिवर्तित कर देती है।
- संविधान द्वारा गणराज्य की स्थापना यह सिद्ध करता है कि शासनाध्यक्ष वंशानुगत न होकर, निर्वाचित प्रतिनिधि होता है।
- प्रजातंत्रात्मक सरकार के गुणों को संविधान में समाहित करते हुए प्रत्येक स्त्री-पुरुष जिनकी आयु 18 वर्ष हो, वयस्क मताधिकार प्रदान किया गया है।
- भारतीय संविधान एक लिखित संविधान होकर भी परिवर्तनीय गुणों से परिपूर्ण है। नम्यता और अनम्यता का एक सुंदर समिश्रण भारतीय संविधान में शामिल किया गया है।
- भारतीय संविधान में मूल अधिकारों को शामिल करके नागरिकों को पूर्ण सुरक्षा प्रदान की गई है।
- आयरलैंड के संविधान के प्रतिमान के आधार पर नीति-निर्देशक सिद्धांतों को सम्मिलित करके प्रशासन को कल्याणकारी बनाने का प्रयास किया गया है।
- भारतीय संविधान में अनुसूचित जातियों तथा जनजातियों को कुछ विशेष अधिकार संविधान द्वारा सौंप कर सामाजिक असमानता को दूर करने का प्रयास किया गया है।
- विघटनकारी प्रवृत्तियों से निपटने में हमारे संविधान में राष्ट्रपति को आपातकालीन शक्तियां प्रदान की गई हैं।
- 42वें संविधान संशोधन द्वारा मूल कर्त्तव्यों को सम्मिलित करके एक सराहनीय प्रयास किया गया है।
- ग्रेनविल ऑस्टिन के अनुसार, जवाहर लाल नेहरू, सरदार बल्लभ भाई पटेल तथा राजेन्द्र प्रसाद संविधान सभा के 'अल्पतंत्र' के रूप में थे।

## भारतीय संविधान के स्रोत

- भारतीय संसदीय प्रणाली को **ब्रिटिश संविधान** से लिया गया है तथा ब्रिटिश प्रतिमान पर ही यहां की मंत्रिपरिषद् को निम्न सदन (लोक सभा) के प्रति उत्तरदायी बनाया गया है।
- **अमेरिकी संविधान** से भारतीय संविधान में मूल अधिकारों, सर्वोच्च न्यायालय की व्यवस्था, उपराष्ट्रपति का पद तथा उसके सौंपे गए कार्यों को शामिल किया गया है।
- न्यायपालिका की स्वतंत्रता, न्यायिक पुनरावलोकन की शक्ति, न्यायाधीशों के पदच्युति, वित्तीय आपात आदि पर **अमेरिकी संविधान** का प्रभाव है।
- संविधान में नीति-निर्देशक तत्व, राष्ट्रपति के निर्वाचन में निर्वाचक मंडल की व्यवस्था तथा राज्य सभा में कला, साहित्य, विज्ञान आदि के क्षेत्र में विख्यात व्यक्तियों का मनोनयन **आयरलैंड की प्रणाली** पर आधारित है।
- भारत में संघीय व्यवस्था **कनाडा** की संघीय व्यवस्था के समान है। भारत के संविधान में 'यूनियन' शब्द कनाडा के संविधान से लिया गया है। कनाडा की भांति भारतीय संविधान में राज्यपाल की नियुक्ति एवं अवशिष्ट शक्तियां केंद्र को सौंपी गई है।
- संविधान में वर्णित समवर्ती सूची का प्रावधान तथा

प्रस्तावना में निहित भावनाएं ऑस्ट्रेलिया के संविधान से लिए गए हैं। शक्ति विभाजन एवं संसदीय विशेषाधिकार भी **ऑस्ट्रेलिया के संविधान** से उधृत है।

- भारतीय संविधान के अनुच्छेद-21 में वर्णित विधि द्वारा स्थापित प्रक्रिया **जापान के संविधान** से ली गई है।
- भारतीय संविधान की संशोधन प्रणाली **दक्षिण अफ्रीका** की संविधान संशोधन प्रणाली का प्रतिरूप है।
- भारतीय संविधान में वर्णित आपातकालीन शक्तियां **जर्मनी के वाइमर संविधान** से ली गई है।
- हमारे संविधान की गणतंत्रीय शासन व्यवस्था **फ्रांस की शासन व्यवस्था** से ली गई है।
- संविधान के मूल कर्त्तव्य पर **सोवियत संघ** के संविधान की स्पष्ट छाप है, जिसे 42वें संविधान संशोधन, 1976 में जोड़ा गया।
- भारतीय संविधान के लगभग 200 अनुच्छेद, 1935 के **भारत शासन अधिनियम** से लिए गए हैं। जैसे-संघ एवं राज्य की शक्तियों का विभाजन, संविधान का आकार, भाषा, अल्पसंख्यक वर्गों की सुरक्षा आदि।
- वर्तमान समय में भारतीय संविधान में 395 अनुच्छेद, 12 अनुसूचियां तथा 22 भाग हैं।

अध्याय 3

# संविधान सभा
# CONSTITUENT ASSEMBLY

- भारत में संविधान सभा के गठन का प्रयत्न राष्ट्रीय आंदोलन के दौरान हुआ। वर्ष 1922 में महात्मा गांधी ने मांग की कि भारतीय संविधान सभा का गठन भारतीयों द्वारा किया जाना चाहिए। साथ ही वर्ष 1928 में नेहरू के रिपोर्ट में भी यह कहा गया था कि संविधान सभा का गठन भारतीयों द्वारा किया जाना चाहिए।
- ब्रिटिश सरकार के द्वारा भारत शासन अधिनियम, 1935 में प्रांतों में निर्वाचित लोकतांत्रिक सरकार के गठन का प्रावधान किया गया, परंतु भारत के लिए विधि का निर्माण ब्रिटिश संसद के द्वारा किया गया। ब्रिटिश सरकार ने क्रिप्स मिशन प्रस्ताव (1942) द्वारा पहली बार यह स्वीकार किया कि भारत के लिए संविधान का निर्माण स्वयं भारतीय जनता के द्वारा होगा और कैबिनेट मिशन योजना (1946) के द्वारा संविधान के गठन का प्रारूप निर्मित किया गया।
- इस योजना के अनुसार, संविधान सभा के लिए 389 सदस्य लिए जाएंगे, जिनमें से 296 सदस्य उन राज्यों से होंगे, जिस पर ब्रिटिश सरकार का सीधा नियंत्रण था तथा 93 सदस्य देशी रियासतों से लिए जाएंगे। राज्यों को संविधान सभा में प्राप्त सीटें जनसंख्या के अनुसार आवंटित की गईं और 10 लाख की जनसंख्या के लिए एक सीट का आवंटन किया गया।

## भारतीय संविधान सभा का निर्माण

- ग्रेनविल ऑस्टिन ने कहा कि संविधान सभा कांग्रेस थी और कांग्रेस ही संविधान सभा थी।
- भारतीय संविधान सभा की पहली बैठक 9 दिसंबर, 1946 को हुई। सच्चिदानंद सिन्हा को अस्थायी अध्यक्ष चुना गया।
- डॉ. राजेन्द्र प्रसाद व एच. सी. मुखर्जी को संविधान सभा के स्थायी अध्यक्ष व उपाध्यक्ष के रूप में 11 दिसंबर, 1946 को निर्वाचित किया गया।
- 13 दिसंबर, 1946 को पंडित जवाहर लाल नेहरू ने उद्देश्य प्रस्ताव पेश किया।
- बी. एन. राव संविधान सभा के संवैधानिक सलाहकार नियुक्त किए गए।
- भारत के विभाजन के पश्चात् संविधान सभा की पुन: बैठक 14 अगस्त, 1947 को हुई।
- संविधान सभा के सदस्यों का चयन कैबिनेट मिशन के प्रस्ताव के अनुसार ही हुआ। लेकिन सदस्य संख्या में परिवर्तन हो गया।
- राज्य व देशी रियासतों को उनकी जनसंख्या के अनुपात में सीटें प्रदान की गईं। यह अनुपात 10 लाख लोगों पर 1 सदस्य का निर्वाचन किया गया। अत: विभाजन के पश्चात् संविधान सभा के सदस्य 299 हो गए। अम्बेडकर बंगाल से चुने गए।
- 26 नवंबर, 1949 को जब सभा ने संविधान निर्माण का कार्य पूरा किया, तब उस पर अध्यक्ष सहित 284 सदस्यों के हस्ताक्षर थे।
- 26 जनवरी, 1950 से भारतीय संविधान लागू किया गया। परंतु इसके कुछ प्रावधान 26 नवंबर, 1949 से लागू हो गए थे। जैसे-नागरिकता का प्रावधान, चुनाव, अस्थायी संसद व संक्रमणकालीन प्रावधान शामिल थे।
- नवंबर 1949 को निर्मित संविधान में 395 अनुच्छेद व 8 अनुसूचियां थीं। इसे पूरा करने में 2 वर्ष, 11 माह एवं 18 दिन लगे थे। संविधान निर्माण होने तक भारत में एक अंतरिम सरकार कार्य कर रही थी व तकनीकी रूप में वे सभी सदस्य वायसराय को सलाह देने के लिए नियुक्त किए गए थे।

## संविधान सभा की समितियां

- संघीय शक्ति समिति के अध्यक्ष-पं. जवाहर लाल नेहरू। सदस्य संख्या-9
- मूल अधिकार व अल्पसंख्यकों के अधिकारों से संबंधित समिति के अध्यक्ष-सरदार पटेल। सदस्य संख्या-54

- संचालन समिति के अध्यक्ष-राजेन्द्र प्रसाद। सदस्य संख्या-3
- कार्य संचालन समिति के अध्यक्ष-के. एम. मुंशी।
- प्रारूप (ड्राफ्टिंग) समिति के अध्यक्ष-डॉ. बी.आर. अम्बेडकर। सदस्य संख्या-7
- प्रारूप समिति के अन्य सदस्य-एन. गोपाल स्वामी आयंगर, ए. के. अय्यर, कन्हैया लाल मणिक लाल मुंशी, मुहम्मद सादुल्ला, ए. एम. माधव, डी. पी. खेतान। डी. पी. खेतान की मृत्य के बाद टी. टी. कृष्णामचारी को सदस्य बनाया गया।
- संघ के संविधान से संबंधित समिति के अध्यक्ष-पं. जवाहर लाल नेहरू।
- संविधान के प्रारूप परीक्षण करने की विशेष समिति के अध्यक्ष-अल्लादि कृष्णा स्वामी अय्यर।
- नियम समिति के अध्यक्ष-डॉ. राजेन्द्र प्रसाद। सदस्य संख्या-15
- संविधान सभा में किन दलों का प्रतिनिधित्व नहीं था, साम्यवादी दल, समाजवादी दल एवं हिंदू महासभा।
- संविधान सभा में महत्वपूर्ण महिलाएं, हंसा मेहता एवं राजकुमारी अमृत कौर।
- चर्चित लेकिन संविधान सभा में नहीं थे-लोहिया, अशोक मेहता, अच्युत राव पटवर्धन, पी. डी. टंडन एवं कमला देवी।
- ऐसे सदस्य, जो संविधान सभा में थे। लेकिन गैर-कांग्रेसी थे, ए. के. अय्यर, हृदय नाथ कुंजरू, के. संथानम्, सच्चिदानंद सिन्हा, के. एम. मुंशी, जॉन मथाई, एम. आर. जयकर एवं डॉ. बी.आर. अम्बेडकर।

## संविधान का निर्माण

- संविधान सभा की पहली बैठक संसद भवन के केंद्रीय कक्ष में 9 दिसंबर, 1946 को हुई। इस सभा के वरिष्ठतम सदस्य डॉ. सच्चिदानंद सिन्हा को अस्थायी अध्यक्ष चुना गया। 11 दिसंबर, 1946 को डॉ. राजेंद्र प्रसाद संविधान सभा के स्थायी अध्यक्ष के रूप में चुने गए। एच. सी. मुखर्जी को उपाध्यक्ष बनाया गया तथा संवैधानिक सलाहकार के रूप में सर बी. एन. राव को नियुक्त किया गया।
- संविधान निर्माण की शुरूआत 13 दिसंबर, 1946 को पंडित जवाहरलाल नेहरू के 'उद्देश्य प्रस्ताव' से हुई। यही उद्देश्य प्रस्ताव भावी संविधान की रूपरेखा थी। नेहरू के उद्देश्य प्रस्ताव ने भारतीय संविधान के प्रमुख उद्देश्यों जिसमें सामाजिक, आर्थिक एवं राजनीतिक न्याय, अभिव्यक्ति की स्वतंत्रता एवं उपासना का अधिकार सम्मिलित था। समाज के पिछड़े वर्गों, अनुसूचित जातियों, जनजातियों और अल्पसंख्यकों के हितों की रक्षा की घोषणा हुई।
- भारत को एक संप्रभु राज्य के रूप में पहचाना तथा विश्व शांति पर बल प्रदान किया गया। संविधान निर्माण के क्रम में संविधान सभा ने समितियों के माध्यम से कार्य करना शुरू किया। इसके लिए कुछ महत्वपूर्ण समितियां बनाई गईं, जो निम्नलिखित हैं-
  (i) प्रारूप समिति (Drafting Committee)
  (i) संघ संविधान समिति (Union Constitution Committee)
  (iii) संघ शक्ति समिति (Union Powers Committee)
  (iv) प्रांतीय संविधान समिति (Provincial Constitution Committee)
  (v) मूल अधिकारों, अल्पसंख्यकों इत्यादि से संबंधित समिति (Committee Related With Fundamental Rights and Minorities)
  (vi) वार्ता समिति (Negotiation Committee)
- संविधान सभा की शुरूआत 9 दिसंबर, 1946 को हुई तथा फरवरी, 1948 में संविधान का मसौदा प्रकाशित किया गया। नवंबर, 1948 से नवंबर, 1949 के बीच उस पर पुनः विचार किया गया।
- 26 नवंबर, 1949 को भारतीय संविधान का निर्माण हुआ, जिसमें 395 अनुच्छेद और 8 अनुसूचियां शामिल थीं। अंतिम रूप से पारित संविधान पर 26 नवंबर, 1949 को संविधान सभा के 284 सदस्यों ने हस्ताक्षर किया। 2 वर्ष, 11 महीने, 18 दिन के बाद 26 जनवरी, 1950 को संविधान लागू कर दिया गया।

## संविधान सभा की कार्य प्रणाली

- संविधान सभा में कांग्रेस का निर्णायक बहुमत था। ग्रेनविल ऑस्टिन नामक विद्वान के अनुसार, संविधान के निर्माण में कांग्रेस के जवाहरलाल नेहरू, वल्लभ भाई पटेल, डॉ. राजेंद्र प्रसाद तथा मौलाना अबुल कलाम आजाद की भूमिका सर्वाधिक महत्वपूर्ण थी।
- संविधान सभा के द्वारा प्रत्येक पक्ष पर विचार-विमर्श करने का प्रयत्न और प्रत्येक सदस्य के विचारों और मतों का सम्मान किया गया तथा बहुमत से निर्णय लेने के बजाए, आम सहमति से निर्णय लेने का प्रयत्न किया गया।
- बहुमत के द्वारा अल्पमत पर अपने विचार थोपने का प्रयत्न नहीं किया गया। संविधान सभा की यह कार्य प्रणाली

गैर-कांग्रेसी सदस्यों को संविधान सभा में शामिल करने से स्पष्ट होती है।

- संविधान निर्माताओं द्वारा किसी विशेष विचारधारा को अपनाने के बजाए, उन विचारों को प्राथमिकता दी गई, जो भारतीय परिस्थितियों के लिए अनुकूल थे। भारतीय संविधान निर्माताओं के समक्ष अमेरिका की अध्यक्षीय शासन प्रणाली तथा ब्रिटेन की संसदीय शासन प्रणाली का मॉडल विद्यमान था। संविधान निर्माताओं का दृष्टिकोण मध्यममार्गी था।
- संविधान निर्माण के दौरान संविधान सभा के सदस्य एस. एन. अग्रवाल, जो प्रसिद्ध गांधीवादी थे, उन्होंने गांधीवादी सिद्धांतों के आधार पर भारत के भविष्य के संविधान निर्माण पर बल दिया। उनके अनुसार, गांधीजी के द्वारा प्रतिपादित विकेंद्रीकृत शासन और पंचायती राज भारतीय परिस्थितियों के लिए अत्यधिक अनुकूल थे।
- यह उल्लेखनीय है कि संविधान सभा में शामिल ज्यादातर सदस्य उदारवादी विचारधारा से अत्यधिक प्रभावी थे। संविधान सभा के सदस्यों की शिक्षा-दीक्षा भी यूरोपीय देशों में हुई थी। इसलिए स्वतंत्रता, विधि का शासन तथा धार्मिक स्वतंत्रता पर विशेष बल दिया गया। जिस दौरान भारतीय संविधान का निर्माण हुआ, उस समय साम्यवादी सोवियत संघ का भी अत्यधिक प्रभाव था।
- संविधान निर्माताओं ने भारत की शासन प्रणाली का मूल आधार उदारवादी रखा, जबकि शासन के उद्देश्य समाजवादी माने गए तथा गांधीवादी आदर्शों को नीति निदेशक तत्वों के अध्याय में शामिल किया गया, जिससे यह प्रतीत होता है कि संविधान निर्माताओं ने समायोजन के सिद्धांत को अपनाया और विभिन्न विचारधाराओं के बेहतरीन तत्वों को संविधान में समावेश किया गया है।

## संविधान सभा की प्रकृति

- संविधान सभा निर्वाचित और आंशिक रूप में मनोनीत संस्था थी। राज्यों के प्रतिनिधियों का निर्वाचन आनुपातिक प्रतिनिधित्व की एकल संक्रमणीय पद्धति के द्वारा हुआ। जबकि देशी रियासतों के प्रतिनिधियों को मनोनीत किया गया। स्वतंत्रता के पूर्व ब्रिटिश सरकार का नियंत्रण भारतीय प्रांतों पर था, जबकि देशी रियासतों के राजाओं का नियंत्रण उनके क्षेत्र पर था।
- देशी रियासतों के राजा अपने शासन में स्वतंत्र थे, यद्यपि इनके ऊपर भी ब्रिटेन की संप्रभु शक्ति का नियंत्रण था। संविधान सभा में कांग्रेस दल का निर्णायक बहुमत होने के कारण इनकी भूमिका सर्वाधिक महत्वपूर्ण थी। इसलिए यह कहा जाता है कि 'संविधान सभा कांग्रेस थी और कांग्रेस ही संविधान सभा।'
- संविधान सभा में कांग्रेस का निर्णायक प्रभुत्व था, परंतु संविधान सभा में डॉ. अंबेडकर, डॉ. राधाकृष्णन, प्रो. के. टी. शाह, हृदय नाथ कुंजरू जैसे प्रमुख गैर-कांग्रेसी सदस्य भी थे। तत्कालीन कांग्रेस एक ऐसा संगठन था, जिसमें भारत के प्रत्येक क्षेत्र, जाति, धर्म, भाषा एवं विचारधारा का प्रतिनिधित्व था।
- इसलिए कांग्रेस विविधतापूर्ण भारत का एक लघुरूप था। समाजवादियों को संविधान सभा में आमंत्रित किया गया, परंतु उन्होंने संविधान सभा में भागीदारी से इनकार कर दिया। मार्क्सवादी अथवा साम्यवादियों द्वारा संविधान सभा का बहिष्कार किया गया था।

## संविधान सभा से संबंधित विवाद

- संविधान सभा का निर्माण कैबिनेट मिशन प्रस्ताव और ब्रिटिश संसद में प्रधानमंत्री एटली द्वारा की गई घोषणा पर आधारित था। साथ ही कैबिनेट मिशन ने केंद्र सरकार को मात्र **तीन विभाग** (प्रतिरक्षा, विदेश और संचार) दिए थे।
- इन तीनों विभागों को चलाने के लिए राजस्व इकट्ठा करने का अधिकार दिया था। इसलिए भारतीय शासन मूलतः ब्रिटिश संसद के अंतर्गत् था। चूंकि संविधान सभा का गठन ब्रिटेन की संसद में पारित प्रस्ताव पर आधारित था।
- इस कारण आलोचकों ने कहा कि भारतीय संविधान सभा संप्रभु नहीं थी, क्योंकि संविधान सभा का गठन ब्रिटिश सरकार के द्वारा किया गया न कि भारतीय लोगों ने संविधान सभा का गठन किया।
- इसलिए इसे किसी भी समय ब्रिटिश संसद द्वारा भंग किया जा सकता था, परंतु संविधान सभा को संप्रभु न मानना उचित एवं तार्किक नहीं है, **जिसके निम्नलिखित कारण हैं-**
  (i) भारत तत्कालीन समय में ब्रिटिश शासन के अधीन था, इसलिए संविधान सभा के गठन का आधार ब्रिटिश सरकार के द्वारा ब्रिटिश संसद में लाया गया। वैधानिक रूप में ब्रिटिश सरकार का भारत पर नियंत्रण था, परंतु राजनीतिक रूप में सरकार के द्वारा भारतीयों को शक्तियों का हस्तांतरण कर दिया गया था। इसलिए इसे संप्रभु न मानना तार्किक नहीं है।

(ii) नेहरू के द्वारा प्रस्तुत उद्देश्य प्रस्ताव में यह स्पष्ट उल्लिखित था कि भारत एक संप्रभु राज्य है। नेहरू का यह उद्देश्य प्रस्ताव 22 जनवरी, 1947 को संविधान सभा में सर्वसम्मति से पारित कर दिया गया।

(iii) संप्रभुता का अभिप्राय यह नहीं है कि किसी भी देश के साथ संबंध निर्मित न हो, स्वतंत्रता के बाद ब्रिटिश सरकार के द्वारा स्थापित कॉमनवेल्थ का सदस्य भारत बना रहा, जिसका यह अभिप्राय नहीं है कि भारत संप्रभु नहीं है। पहले कॉमनवेल्थ की सदस्यता महारानी की इच्छा पर निर्भर थी, परंतु वर्तमान में यह निर्णय भारतीय जनता का है।

## संविधान सभा का प्रतिनिधित्वपूर्ण स्वरूप

- संविधान की प्रस्तावना में यह स्पष्ट उल्लिखित है कि संविधान का निर्माण भारत के लोगों के द्वारा किया गया अथवा भारत की आम जनता (हम भारत के लोग), परंतु संविधान सभा का निर्वाचन आम जनता द्वारा नहीं हुआ, बल्कि संविधान सभा के सदस्यों का निर्वाचन प्रांतीय विधानसभा के सदस्यों के द्वारा हुआ।
- यह भी उल्लेखनीय है कि तत्कालीन समय में प्रांतीय विधानसभा चुनाव में मतदान का अधिकार केवल 28.5 प्रतिशत नागरिकों को दिया गया था, जो संपत्तिशाली और शिक्षित थे। इसलिए जनसंख्या का अधिकांश भाग विधान सभा के चुनाव में सम्मिलित नहीं था। इसलिए आम जनता द्वारा संविधान निर्माण की कल्पना तो दूर की बात है संविधान निर्माण बहुमत जनता के द्वारा भी नहीं हुआ। देशी रियासतों के प्रतिनिधि निर्वाचित नहीं थे, बल्कि इनका मनोनयन किया गया था। इसलिए मुट्ठीभर लोगों ने संविधान सभा का निर्वाचन किया।
- संविधान सभा को अप्रतिनिधिपूर्ण कहने से पहले उन परिस्थितियों पर विचार करना चाहिए, जो संविधान निर्माण के समय भारत में विद्यमान थे। स्वतंत्रता के बाद देशी रियासतों के विलय की समस्या विद्यमान थी। उत्तर-पूर्वी क्षेत्रों के राज्यों में उपद्रवी गतिविधियां कायम थीं।
- आजादी के बाद मद्रास प्रांत सूखे की चपेट में था तथा भारत विभाजन के दौरान भीषण सांप्रदायिक दंगा हुआ था और पाकिस्तान से आने वाले लाखों लोगों को भारत में बसाने की चुनौती बनी हुई थी। इस दौरान संविधान सभा के निर्माण के लिए आम निर्वाचन कराना कठिन था।
- संविधान निर्माण विशेषज्ञता का कार्य है। इसलिए विशेषज्ञ लोगों द्वारा संविधान निर्माण लोकतांत्रिक भावना के विरुद्ध नहीं है। लोकतंत्र का सैद्धांतिक अभिप्राय जनता का शासन माना जाता है, परंतु व्यावहारिक रूप में यह जनता के प्रतिनिधियों का शासन होता है। इसलिए संविधान सभा के सदस्य जनता के प्रतिनिधि थे।

अध्याय 4

# संविधान का दर्शन
# PHILOSOPHY OF THE CONSTITUTION

## प्रस्तावना

- संविधान में प्रस्तावना का विचार अमेरिकी संविधान से प्रभावित है।
- प्रस्तावना में स्वतंत्रता, समता और बंधुत्व के आदर्शों को फ्रांस की क्रांति (1789-1795) से लिया गया है।
- प्रस्तावना, भारतीय संविधान की मूल कुंजी है।
- प्रस्तावना में संविधान के मूलभूत आदर्शों का वर्णन है।
- प्रस्तावना में वर्णित ये आदर्श, संविधान द्वारा 22 जनवरी, 1947 को 'उद्देश्य प्रस्ताव' के रूप में स्वीकार किए गए थे।
- 'हम भारत के लोग' शब्दों से संविधान की शक्ति के स्रोत के रूप में भारत के लोगों को दर्शाया गया है।
- प्रस्तावना में वर्णित आदर्श **निम्नलिखित हैं**-
  (i) सामाजिक, आर्थिक और राजनीतिक **न्याय**।
  (ii) विचार, अभिव्यक्ति, विश्वास, धर्म और उपासना की **स्वतंत्रता**।
  (iii) अवसर की **समानता**।
  (iv) सभी नागरिकों में ऐसी बंधुता की भावना का विकास जो व्यक्ति की गरिमा के साथ राष्ट्र की एकता व अखंडता की रचना को बढ़ावा देती है।
- प्रस्तावना में वर्णित इन आदर्शों को पूर्ण करने के लिए सरकार की प्रणाली का भी स्पष्ट वर्णन है। इसके अनुसार, भारत संप्रभु, समाजवादी, पंथनिरपेक्ष, लोकतांत्रिक गणराज्य शासन के मूलभूत आधार स्वीकार किए गए हैं।
- प्रस्तावना में सामाजिक-आर्थिक न्याय को अभिव्यक्त किया गया है।
- समाजवादी और पंथनिरपेक्ष, अखंडता शब्द 42वें संविधान संशोधन (1976) द्वारा जोड़े गए।
- प्रस्तावना में संविधान के निर्माण की तिथि (26 नवंबर, 1949) का भी उल्लेख किया गया है।

## प्रस्तावना का महत्व

- संविधान सभा के सदस्य सर अल्लादी कृष्णस्वामी अय्यर के शब्दों में, 'संविधान की प्रस्तावना हमारे दीर्घकालिक सपनों का विचार है।'
- प्रारूप समिति के सदस्य के. एम. मुंशी के अनुसार, 'प्रस्तावना, हमारे संप्रभु लोकतांत्रिक गणराज्य का भविष्यफल है।'
- प्रसिद्ध अंग्रेज राजनीतिशास्त्री सर अर्नेस्ट बार्कर ने अपनी प्रसिद्ध पुस्तक-''प्रिंसिपल्स ऑफ सोशल एंड पॉलिटिकल थ्योरी'' (1951) में प्रस्तावना का उल्लेख किया है।

## क्या प्रस्तावना, संविधान का भाग है?

- *बेरूबारीवाद* (1960) में न्यायपालिका ने प्रस्तावना को संविधान का भाग नहीं माना था।
- *केशवानंद भारती वाद* (1973) में न्यायपालिका ने बेरूबारीवाद के निर्णय को पलटते हुए प्रस्तावना को संविधान का अभिन्न भाग माना।
- न्यायपालिका के अनुसार, 'प्रस्तावना का प्रयोग संविधान की व्याख्या के लिए किया जा सकता है।'
- के.एम. मुंशी ने प्रस्तावना को संविधान की जन्मकुंडली कहा है।

## क्या प्रस्तावना का संशोधन किया जा सकता है

- न्यायपालिका के अनुसार, 'जो भाग मूल ढांचे के अंतर्गत् सम्मिलित नहीं है', उनका संशोधन किया जा सकता है, परंतु मूल ढांचे में सम्मिलित भाग का संशोधन नहीं किया जा सकता।

## आधारभूत ढांचा एवं प्रस्तावना

- संविधान की प्रस्तावना में सम्मिलित ज्यादातर शब्द आधारभूत ढांचे के भाग हैं। जैसे-राष्ट्रीय एकता एवं अखंडता, पंथनिरपेक्षता, मूल अधिकार एवं निदेशक तत्वों के संबंध, लोकतांत्रिक, गणतांत्रिक शासन की प्रणाली शामिल है।

## मूल अधिकार

- सर्वप्रथम अमेरिकी संविधान में मूल अधिकारों को स्थान दिया गया, जिन्हें प्रथम 10 संविधान संशोधनों के द्वारा मूल संविधान में जोड़ा गया।
- रूसी क्रांति ने सामाजिक-आर्थिक अधिकारों को बढ़ावा दिया।
- भारतीय स्वतंत्रता आंदोलन के दौरान नेहरू रिपोर्ट तथा करांची अधिवेशन में अधिकारों की व्यापक रूपरेखा को प्रस्तुत किया।
- मूल अधिकारों को भारतीय संविधान के **भाग-3** में अनुच्छेद-12 से 35 तक स्थान दिया गया है।

### मौलिक अधिकारों का अभिप्राय

- मूल अधिकारों का **निम्नलिखित अभिप्राय होता है-**
  (i) मौलिक अधिकारों को लागू कराने के लिए अनुच्छेद-32 के अंतर्गत् सीधे उच्चतम न्यायालय में जा सकते हैं।
  (ii) मौलिक अधिकार, राज्य के विरुद्ध प्राप्त होते हैं।
  (iii) मौलिक अधिकार, संविधान के अन्य भागों में दिए गए अधिकारों से ज्यादा महत्वपूर्ण होते हैं।

### मौलिक अधिकारों की प्रकृति

- मौलिक अधिकार, सकारात्मक तथा नकारात्मक दोनों प्रकार के हैं।
- सकारात्मक मूल अधिकार, राज्य पर कुछ करने का बल प्रदान करते हैं। जबकि नकारात्मक मूल अधिकार, राज्य पर कुछ प्रतिबंध आरोपित करते हैं। ये प्रतिबंध व्यक्ति के लिए भी हैं।
- मौलिक अधिकार, निरपेक्ष नहीं हैं अर्थात् इन्हें सीमित भी किया जा सकता है।
- अपवाद स्वरूप अनुच्छेद-24 व अनुच्छेद-17 निरपेक्ष अधिकार हैं।
- कुछ मूल अधिकार, स्वयं सक्रिय हैं। अर्थात् उन्हें चलायमान करने के लिए विधि की आवश्यकता नहीं होती है। उदाहरण के लिए, समानता का अधिकार (अनुच्छेद-14), स्वतंत्रता का अधिकार (अनुच्छेद-19), जीवन का अधिकार (अनुच्छेद-21)। जबकि कुछ निष्क्रिय हैं, जिन्हें विधि बनाकर ही लागू किया जा सकता है। जैसे-अनुच्छेद-17 व अनुच्छेद-23।

## भारतीय नागरिकों को प्राप्त मूल अधिकार

(i) धर्म, मूलवंश, जाति, लिंग या जन्मस्थान के आधार पर भेदभाव पर रोक, (अनुच्छेद-15)।
(ii) सरकारी नौकरियों में अवसर की समानता, (अनुच्छेद-16)।
(iii) स्वतंत्रता का अधिकार, (अनुच्छेद-19)।
(iv) संस्कृति और शिक्षा संबंधी अधिकार, (अनुच्छेद-29)।
(v) अल्पसंख्यकों के शिक्षा संबंधी अधिकार, (अनुच्छेद-30)।

### भारतीय नागरिक एवं विदेशियों दोनों को प्राप्त मूल अधिकार

(i) विधि के समक्ष समानता, (अनुच्छेद-14)।
(ii) अपराधों के दोषसिद्धि के संबंध में संरक्षण, (अनुच्छेद-20)।
(iii) जीवन का अधिकार, (अनुच्छेद-21)।
(iv) गिरफ्तारी और निवारक नजरबंदी से संरक्षण, (अनुच्छेद-22)।
(v) मानव दुर्व्यापार और बलपूर्वक श्रम पर रोक, (अनुच्छेद-23)।
(vi) कारखानों में बालकों के कार्य करने पर रोक, (अनुच्छेद-24)।
(vii) धर्म को मानने की स्वतंत्रता, (अनुच्छेद-25)।
(viii) धार्मिक कार्यों के प्रबंध की स्वतंत्रता, (अनुच्छेद-26)।
(ix) धर्म विशेष को बढ़ावा देने के लिए राज्य द्वारा करारोपण करने पर प्रतिबंध, (अनुच्छेद-27)।
(x) शिक्षण संस्थाओं में धार्मिक शिक्षा का प्रावधान, (अनुच्छेद-28)।

### मौलिक अधिकारों का प्रावधान

- **अनुच्छेद-12** में राज्य की परिभाषा दी गई है, जिसमें संघ सरकार, राज्य सरकार एवं नगरपालिकाएं शामिल हैं।
- अनुच्छेद-13 (विधि का आशय)
- मूल अधिकारों एवं पूर्व संवैधानिक विधियों के बीच टकराव होने पर मूल अधिकार पूर्व संवैधानिक विधियों को ढक लेते हैं, (अनुच्छेद-13 (i))।
- राज्य के द्वारा ऐसी विधि का निर्माण नहीं होगा, जो भाग-3 में वर्णित मूल अधिकारों के विरुद्ध हो या प्रतिकूल हो। ऐसी विधियों को असंवैधानिक घोषित कर दिया जाएगा, (अनुच्छेद-13 (ii))।
- इन विधियों में अध्यादेश, उपनियम, नियंत्रण और अधिसूचना भी सम्मिलित है। राज्य विधान सभा अथवा भारतीय क्षेत्र में किसी भी अधिकारी द्वारा निर्मित विधियों को भी इसमें सम्मिलित किया जाएगा, (अनुच्छेद-13 (iii))।
- 24वें संविधान संशोधन द्वारा यह अनुच्छेद (अनुच्छेद-13 (iv)) जोड़ा गया। इसके अनुसार, इस अनुच्छेद में वर्णित प्रावधान अनुच्छेद-368 (संविधान का संशोधन करने की संसद की शक्ति) के अंतर्गत् किए गए संवैधानिक संशोधनों पर लागू नहीं होते, (अनुच्छेद-13 (iv))।

- क्योंकि संविधान संशोधन विधि एवं सामान्य विधि अलग-अलग हैं।

**अनुच्छेद-14 संवैधानिक प्रावधान**

- अनुच्छेद-14 में व्यक्तियों को विधि के समक्ष समानता एवं विधि का समान संरक्षण प्राप्त है।

**विधि के समक्ष समानता का आशय**

- सभी व्यक्ति, विधि के समक्ष समान होंगे।
- विधि के समक्ष समानता की संकल्पना का अभिप्राय है कि कोई भी व्यक्ति देश की विधि से बड़ा नहीं है।
- विधि के समक्ष समानता में अधिकारियों एवं नागरिकों के लिए एक ही समान विधि का प्रयोग होता है।
- विधि के समक्ष समानता, समानता का एक व्यापक भाग है, जिसके विशिष्ट भाग अनुच्छेद-15, 16 हैं।
- विधि के समक्ष समानता की संकल्पना मूलत: ब्रिटिश है।

**विधि के समक्ष समानता का अपवाद**

- राष्ट्रपति एवं राज्यपाल को विधि के समक्ष समानता से छूट प्रदान की गई है, (अनुच्छेद-361)।
- राष्ट्रपति एवं राज्यपाल दोनों अपने पद की शक्तियों के प्रयोग और कर्त्तव्यों के लिए न्यायपालिका के प्रति उत्तरदायी नहीं होंगे।
- दोनों के विरुद्ध उनके कार्यकाल के दौरान किसी प्रकार की दाण्डिक अथवा आपराधिक कार्यवाही न तो आरंभ होगी और न ही बनी रहेगी।
- राष्ट्रपति, राज्यपाल पर उनके कार्यकाल के दौरान या बाद में सिविल कार्यवाही आरंभ की जा सकती है।

## विधि के समान संरक्षण का आशय

- यह समानता का सकारात्मक अर्थ है।
- विधि के समान संरक्षण की संकल्पना मूलत: अमेरिकी संविधान से ली गई है।
- विधि के समान संरक्षण का आशय, अलग-अलग परिस्थितियों में अलग-अलग व्यवहार करने से है। परंतु यह अलग-अलग व्यवहार या विभेद तर्कसंगत होना चाहिए, अतार्किक या मनमाना नहीं।

## विभेद या वर्गीकरण का आधार

(i) भौगोलिक आधार।
(ii) समय के आधार पर।
(iii) व्यापार, व्यवसाय, आजीविका प्रकृति में अंतर के आधार पर।

**अनुच्छेद-15 संवैधानिक प्रावधान**

1. राज्य किसी नागरिक के साथ केवल धर्म, प्रजाति, जाति, लिंग, जन्मस्थान या इनमें से किसी एक आधार पर भेद-भाव नहीं करेगा।
2. इन स्थानों पर किसी नागरिक पर कोई अयोग्यता/प्रतिबंध आरोपित नहीं कर सकती, **जिनमें-**

A. (i) दुकानों तक पहुंच।
(ii) सार्वजनिक रेस्त्रां।
(iii) होटल।
(iv) सार्वजनिक मनोरंजन के स्थान।

B. कुएं, तालाब, स्नान घाट, सड़क अथवा सार्वजनिक पर्यटन के स्थान, जो पूर्ण या आंशिक रूप से राज्य के वित्त से संचालित हैं अथवा सामान्य लोगों के प्रयोग के लिए हैं।

**अनुच्छेद-15 के अपवाद**

- यदि राज्य के द्वारा महिलाओं या बच्चों के लिए कोई विशेष प्रावधान किए जा रहे हैं, तब वह समानता का उल्लंघन नहीं होगा, (अनुच्छेद-15 (3))।
- सामाजिक एवं शैक्षिक रूप में पिछड़े वर्गों और अनुसूचित जातियों एवं जनजातियों के उत्थान के लिए कोई उपाय किया जा सकता है, (अनुच्छेद-15 (4))।
- 93वें संविधान संशोधन से यह प्रावधान किया गया है कि सामाजिक व शैक्षिक रूप में पिछड़े वर्ग के नागरिकों और अनुसूचित जाति एवं जनजाति के लिए शैक्षिक संस्थाओं में प्रवेश के लिए आरक्षण किया जा सकता है। इसमें निजी शैक्षणिक संस्थान भी शामिल होंगे। परंतु इसमें अल्पसंख्यक शैक्षणिक संस्थान शामिल नहीं हैं, (अनुच्छेद-15 (5))।

## सामाजिक एवं शैक्षणिक रूप में पिछड़े वर्ग का अभिप्राय

- संविधान में सामाजिक एवं शैक्षणिक रूप में पिछड़े वर्गों की कोई परिभाषा नहीं है।
- संघ सरकार ने पहली बार पिछड़े वर्गों की पहचान के लिए 10 सदस्यीय 'काका कालेलकर आयोग' की स्थापना, 1953 में की। इस आयोग ने पिछड़े वर्गों की पहचान के लिए **निम्नलिखित मानकों का प्रयोग किया-**
  (i) परंपरागत जातीय श्रेणीगत विभाजन में निम्न सामाजिक स्थिति में रहने वाले लोग।
  (ii) जिनका प्रतिनिधित्व सरकारी सेवाओं में अपर्याप्त हो।
  (iii) जिनका प्रतिनिधित्व व्यापार, वाणिज्य और उद्योग में भी अपर्याप्त हो।
- मंडल आयोग (1979), जनता पार्टी सरकार ने मंडल आयोग का गठन किया और बी. पी. मंडल की अध्यक्षता में पांच सदस्यीय आयोग की स्थापना हुई।

- आयोग ने सामाजिक और शैक्षणिक रूप में पिछड़े वर्ग की पहचान के लिए 11 संकेतकों का प्रयोग किया, **जिनमें**- (i) शैक्षणिक पिछड़ापन। (ii) सामाजिक पिछड़ापन। (iii) आर्थिक पिछड़ापन से संबंधित मानक थे।

## पिछड़ा वर्ग आयोग

- अनुच्छेद-340 के अंतर्गत् यह प्रावधान किया गया है कि राष्ट्रपति, सामाजिक एवं शैक्षणिक रूप में पिछड़े वर्गों की स्थिति की जांच के लिए एक आयोग की स्थापना करेगा।
- वर्ष 1993 में संसद ने पिछड़ा वर्ग आयोग का निर्माण किया।

## पिछड़ा वर्ग आयोग के कार्य

(i) पिछड़ी जातियों की पहचान करना।
(ii) पिछड़ी जातियों की सूची का निर्माण करना।
(iii) जिन जातियों को आरक्षण का लाभ मिल चुका हो, उन्हें सूची से बाहर करना और पिछड़े वर्गों के उत्थान के लिए वर्णित संवैधानिक प्रावधानों के लागू होने की जांच करना।
(iv) पिछड़े वर्गों के कल्याण के लिए अनुशंसा करना।
(v) पिछड़े वर्गों के लिए 'मलाई की परत' (Creamy layer) का निर्धारण करना।

## सामाजिक एवं शैक्षणिक रूप में पिछड़े वर्गों की पहचान

### पिछड़ा वर्ग घोषित करने के आधार

- आयोग ने इन तीनों मानदंडों का प्रयोग करते हुए, यह निष्कर्ष निकाला कि भारत में सामाजिक एवं शैक्षणिक रूप में पिछड़े वर्ग, मूलत: पिछड़ी जातियों के लोग हैं।
- भारत में वर्ग और जाति एक-दूसरे के पर्याय हैं।

### अनुसूचित जाति एवं अनुसूचित जनजाति के लिए विशेष प्रावधान

- अनुच्छेद-338 के प्रावधानों के अनुसार, अनुसूचित जाति एवं अनुसूचित जनजाति के लिए राष्ट्रीय आयोग का निर्माण किया गया। (65वां संविधान संशोधन, 1990)
- 89वें संविधान संशोधन द्वारा संविधान में एक नए अनुच्छेद-338(A) द्वारा 'अखिल भारतीय अनुसूचित जनजाति आयोग' का निर्माण हुआ।

### अनुसूचित जाति एवं अनुसूचित जनजाति के लिए संसद एवं विधान सभाओं में आरक्षण, भाग-16 (अस्थायी प्रावधान)

- लोक सभा में अनुसूचित जाति एवं अनुसूचित जनजाति के लिए आरक्षण किया जाता है, (अनुच्छेद-330)।
- अनुसूचित जाति एवं अनुसूचित जनजाति का आरक्षण राज्य विधान सभाओं में भी किया जाता है, (अनुच्छेद-332)।
- यह बिंदु उल्लेखनीय है कि राज्य सभा एवं राज्य विधान परिषदों में अनुसूचित जाति एवं अनुसूचित जनजाति के लिए कोई आरक्षण नहीं है।
- यह बिंदु भी उल्लेखनीय है कि अनुसूचित जाति एवं अनुसूचित जनजाति का आरक्षण संसद एवं विधान सभाओं, पंचायतों में प्रत्येक 10-10 वर्षों में बढ़ाया जाता है। लेकिन सेवाओं में इस आरक्षण को इस तरह बढ़ाने की आवश्यकता नहीं है।

### अनुच्छेद-16 सरकारी सेवाओं में अवसर की समानता

- प्रत्येक नागरिकों को रोजगार एवं राज्य के अंतर्गत् नियुक्ति में समान अवसर की समानता, (अनुच्छेद-16 (1))।
- राज्य के अंतर्गत् सेवाओं में किसी भी नागरिक के साथ केवल धर्म, मूलवंश, जाति, लिंग, जन्मस्थान उद्‌भव एवं निवास स्थान या इनमें से किसी भी एक के आधार पर भेदभाव नहीं किया जाएगा, (अनुच्छेद-16 (2))।
- संसद के द्वारा ऐसी विधि का निर्माण किया जा सकता है, जिससे राज्य की सेवाओं में उसके निवासियों को प्राथमिकता दी जा सके, (अनुच्छेद-16 (3))।

### अनुच्छेद-16 (4) और मंडलवाद का निर्णय

- राज्य, नागरिकों के किन्हीं पिछड़े वर्गों को राज्य सेवाओं में आरक्षण का प्रावधान कर सकता है। यदि राज्य की दृष्टि से इन वर्गों का सेवाओं में पर्याप्त प्रतिनिधित्व न हो।
- उच्चतम न्यायालय ने *इंदिरा साहनी बनाम् भारत संघवाद* में एक ऐतिहासिक निर्णय दिया। (इंदिरा साहनी वाद को 'मंडलवाद' के नाम से भी जाना जाता है)
- अनुच्छेद-16 (4) के अंतर्गत् रोजगार में पिछड़े वर्गों के लिए आरक्षण किया जा सकता है।
- संविधान में पिछड़े वर्गों की परिभाषा नहीं है। इसलिए न्यायपालिका ने मंडलवाद के इस तर्क को स्वीकार किया कि भारत में पिछड़ा वर्ग सामान्यत: पिछड़ी जातियों के लोग हैं।
- अनुच्छेद-16(4) में वर्णित पिछड़ापन मूलत: सामाजिक पिछड़ापन है।
- उच्चतम न्यायालय ने क्रीमीलेयर की संकल्पना दी, लेकिन उसे परिभाषित नहीं किया।
- आरक्षण की अधिकतम सीमा 50 प्रतिशत से ज्यादा नहीं होगी।
- न्यायपालिका के अनुसार, 'आरक्षण पहली नियुक्ति में मिलेगा, प्रोन्नति में नहीं।'

## क्रीमीलेयर की संकल्पना

- क्रीमीलेयर के अंतर्गत् निम्नलिखित व्यक्तियों को शामिल किया जाता है, **जिसका निर्धारण सरकार के द्वारा किया गया है-**
  - (i) संवैधानिक पद धारण करने वाले व्यक्ति।
  - (ii) ग्रुप 'ए' तथा ग्रुप 'बी' की सेवा के क्लास द्वितीय वर्ग के अधिकारी।
  - (iii) सेना में कर्नल या उससे ऊपर के रैंक के अधिकारी।
  - (iv) डॉक्टर, अधिवक्ता, इंजीनियर, कलाकार, लेखक, सलाहकार आदि प्रकार के पेशेवर।
  - (v) व्यापार, वाणिज्य एवं उद्योग में लगे व्यक्ति।
  - (vi) शहरी क्षेत्रों में जिन लोगों के पास भवन हैं तथा जिनके पास एक निश्चित सीमा से अधिक की कृषि भूमि या रिक्त भूमि रखने वाले।
- जिन लोगों की सालाना आय 6 लाख से अधिक है या जिनके पास एक छूट सीमा से अधिक की संपत्ति है।
- आरक्षण पिछड़े वर्गों को ही मिलना चाहिए, जिनका सेवाओं में प्रतिनिधित्व अपर्याप्त हो।

## आरक्षण की सीमा

- उच्चतम न्यायालय ने अनुच्छेद-16(4) को अनुच्छेद-335 के साथ पढ़ते हुए आरक्षण की सीमा 50 प्रतिशत निर्धारित किया।
- अनुच्छेद-16(4) के अंतर्गत् आरक्षण की उच्चतम सीमा 50 प्रतिशत से अधिक नहीं होनी चाहिए। इसलिए उच्चतम न्यायालय द्वारा नरसिंहा राव सरकार द्वारा आर्थिक रूप से पिछड़ों को दिया गया 10 प्रतिशत आरक्षण रद्द कर दिया गया।
- 85वें संविधान संशोधन द्वारा पारिणामिक ज्येष्ठता के सिद्धांत को स्वीकार किया गया।
- उच्चतम न्यायालय के अनुसार, आरक्षण की 50 प्रतिशत सीमा का पालन प्रत्येक वर्ष के अनुसार होना चाहिए।
- अनुच्छेद-16(4) में दिया गया आरक्षण केवल आरंभिक नियुक्ति तक है, प्रोन्नति में नहीं।
- पिछड़े वर्गों की पहचान 'न्यायिक पुनरावलोकन' द्वारा की जा सकती है।
- मंडलवाद को **नौ न्यायाधीशों** की बेंच ने सुना था।
- 5 से अधिक न्यायाधीशों की बेंच को **संवैधानिक बेंच** कहा जाता है।
- उच्चतम न्यायालय ने मंडल आयोग के निर्णय में 'आगे ले जाने का नियम' (Carry Forward Rule) का पालन किया।
- 'आगे ले जाने का नियम' (Carry Forward Rule) बैकलाग सीटों को अगले वर्ष सभी सीटों में जोड़ दिया जाएगा।

## मंडलवाद के निर्णय का प्रभाव

- उच्चतम न्यायालय ने मंडलवाद के निर्णय में यह कहा कि पिछड़े वर्गों की सूची का निर्माण करने और पिछड़े वर्गों को आरक्षण की सीमा से बाहर रखने के लिए एक स्थायी सांविधिक संस्था का निर्माण किया जाए, जिसका कार्य जातियों को पिछड़े वर्ग में सम्मिलित करना एवं बाहर करना तथा क्रीमीलेयर की सीमा निर्धारण करना है।
- 76वां संविधान संशोधन द्वारा तमिलनाडु के आरक्षण अधिनियम, 1994 को नौवीं अनुसूची में रखा गया। क्योंकि तमिलनाडु में 69 प्रतिशत आरक्षण जारी था, जो 50 प्रतिशत की सीमा से ज्यादा था।
- मंडलवाद में यह स्पष्ट कहा गया कि आरक्षण प्रोन्नति में नहीं हो सकता। इसके लिए 77वां संविधान संशोधन किया गया और संविधान में अनुच्छेद-16 (4A) जोड़ा गया कि अनुसूचित जाति एवं अनुसूचित जनजाति को प्रोन्नति में दिया गया आरक्षण जारी रहेगा।
- मंडलवाद में उच्चतम न्यायालय ने Carry Forward Rule को स्वीकार किया तथा यह निर्णय दिया कि आरक्षण की सीमा 50 प्रतिशत से अधिक नहीं हो सकती। इसलिए 81वां संविधान संशोधन किया गया और अनुच्छेद-16(4B) जोड़ा गया, जिसके अंतर्गत् यह प्रावधान किया गया कि यदि बैकलाग की सीटों की पूर्ति करनी है, तो उसके लिए उस वर्ष या आने वाले वर्षों में अलग से पिछड़े वर्गों या अनुसूचित जाति एवं अनुसूचित जनजाति की भर्ती की जा सकती है, जिसमें 50 प्रतिशत की सीमा का उल्लंघन करना असंवैधानिक नहीं होगा।
- 82वें संविधान संशोधन द्वारा यह प्रावधान किया गया कि संघ/राज्य के किसी सेवाओं में अनुसूचित जाति एवं अनुसूचित जनजाति के किसी उम्मीदवारों के लिए न्यूनतम अर्हता अंकों में कटौती की जा सकती है।
- 85वें संविधान संशोधन के द्वारा अनुसूचित जाति एवं जनजातियों के लिए प्रोन्नति में पारिणामिक वरिष्ठता प्रदान की गई।
- वर्ष 2007 में **नागराजन वाद** में 77वें, 81वें, 82वें तथा 85वें संविधान संशोधन को उच्चतम न्यायालय में चुनौती दी गई। न्यायालय ने इन्हें वैध ठहराया और प्रोन्नति में आरक्षण को स्वीकार कर लिया गया, परंतु न्यायपालिका ने कहा कि अनुसूचित जाति एवं जनजातियों के पिछड़ेपन,

सेवाओं की कुशलता तथा उनकी सेवाओं में अपर्याप्त प्रतिनिधित्व का प्रमाण प्रस्तुत करना होगा।

## आर्थिक पिछड़ापन

- संविधान में पहली बार आर्थिक पिछड़ेपन का उल्लेख किया गया है। पहली बार 103वें संविधान संशोधन द्वारा आर्थिक आधार पर पिछड़े वर्गों को 10 प्रतिशत आरक्षण प्रदान किया गया है। यह उल्लेखनीय है कि मंडलवाद पर उच्चतम न्यायालय के द्वारा निर्णय दिया गया था कि संविधान में आर्थिक पिछड़ेपन का कोई उल्लेख नहीं है। इसलिए नरसिम्हा राव सरकार के द्वारा आर्थिक आधार पर दिया गया आरक्षण असंवैधानिक घोषित कर दिया गया था। परंतु इस बार संविधान में संशोधन द्वारा यह आरक्षण प्रदान किया गया है।
- आरक्षण शैक्षिक संस्थाओं में भी लागू होगा और केंद्रीय शैक्षिक संस्थाएं और अन्य निजी शैक्षिक संस्थाओं में भी आर्थिक रूप में पिछड़े वर्गों को 10 प्रतिशत आरक्षण प्राप्त होगा।
- यह आरक्षण राज्य के अंतर्गत सेवाओं में भी उपलब्ध होगा जिसके लिए संविधान में एक नया अनुच्छेद अनुच्छेद 16 खंड 6 जोड़ा गया है। जिसके अनुसार, आर्थिक रूप में पिछड़े वर्गों को राज्य की सेवा में आरक्षण प्राप्त होगा। संविधान में आर्थिक पिछड़ेपन को परिभाषित नहीं किया गया है। अपितु इसका आधार सरकार के द्वारा निर्धारित किया जाएगा।
- उच्चतम न्यायालय के द्वारा इंदिरा साहनी वाद अथवा मंडलवाद में यह कहा गया था कि आरक्षण की मात्रा 50 प्रतिशत से अधिक नहीं होनी चाहिए। जबकि आर्थिक आधार पर आरक्षण से संघ सरकार के अंतर्गत प्राप्त होने वाले आरक्षण से बढ़कर यह 60 प्रतिशत हो गई है। जिसे यूथ फॉर इक्वेलेटी के द्वारा उच्चतम न्यायालय में चुनौती दी गई है।

## संवैधानिक प्रावधान (अनुच्छेद-17)

- अस्पृश्यता का अंत किया जाता है और उसका किसी भी रूप में आचरण प्रतिबंधित किया जाता है।

### संसदीय विधि

- अनुच्छेद-17 के अंतर्गत् संसद ने 'अस्पृश्यता अपराध अधिनियम, 1955' पारित किया, जिसे 1976 में संशोधित करके 'सिविल अधिकार संरक्षण अधिनियम' बना दिया गया।

### विशेष बिंदु

- इसे व्यवहार में प्रयोग के लिए संसद द्वारा विधि का निर्माण किया जाता है।
- अस्पृश्यता का अंत (अनुच्छेद-17), एक निरपेक्ष अधिकार है। अत: इस अधिकार के विरुद्ध कोई प्रतिबंध नहीं लगाया जा सकता है।
- अनुच्छेद-17, व्यक्ति एवं राज्य दोनों के विरुद्ध उपलब्ध है।
- छुआछूत न तो भारतीय संविधान में परिभाषित है और न ही उपरोक्त अधिकार में इसे परिभाषित किया गया। **इसमें सम्मिलित हैं-**
  - (i) किसी सार्वजनिक संस्था, जैसे-अस्पताल, शैक्षणिक संस्थाओं में किसी व्यक्ति के प्रवेश को प्रतिबंधित करना।
  - (ii) सार्वजनिक पूजा स्थलों पर किसी व्यक्ति को पूजा से प्रतिबंधित करना।
  - (iii) किसी भी सार्वजनिक स्थान में प्रवेश से प्रतिबंधित करना।
  - (iv) अनुसूचित जाति के लोगों को छुआछूत के नाम पर अपमानित करना।
  - (v) छुआछूत का प्रत्यक्ष या परोक्ष रूप में उपदेश देना।
  - (vi) छुआछूत को ऐतिहासिक, धार्मिक या दार्शनिक या अन्य किसी आधार पर औचित्यपूर्ण बताना।
  - (vii) छुआछूत का व्यवहार करने पर एक से दो वर्ष तक की सजा का प्रावधान है।
  - (viii) ऐसे व्यक्ति को संसद या विधान सभा के निर्वाचन में भाग लेने से प्रतिबंधित किया जा सकता है।

## संवैधानिक प्रावधान (अनुच्छेद-18)

- इसके अंतर्गत् किसी प्रकार की उपाधियां राज्य के द्वारा नहीं प्रदान की जाएंगी। परंतु राज्य, अकादमिक एवं सैन्य उपाधियां प्रदान कर सकता है।
- कोई भी भारतीय नागरिक विदेशी राज्य से कोई उपाधि ग्रहण नहीं करेगा।
- एक ऐसा व्यक्ति, जो भारत का नागरिक न हो, लेकिन राज्य के अंतर्गत् किसी लाभ के पद पर हो, वह राष्ट्रपति की सहमति के बिना किसी विदेशी राज्य से उपाधि ग्रहण नहीं कर सकता।
- ऐसा कोई व्यक्ति, जो राज्य के अंतर्गत् किसी लाभ के पद या ट्रस्ट पर है, वह राष्ट्रपति की सहमति के बिना किसी विदेशी राज्य से उपहार या उपलब्धि प्राप्त नहीं कर सकता।

### विवाद

- वर्ष 1954 में भारत सरकार ने 4 प्रकार के सम्मान प्रारंभ किए-**भारत रत्न, पद्म विभूषण, पद्म भूषण एवं पद्म श्री**।
- आलोचकों ने इनका तीव्र विरोध करते हुए कहा कि यह

उद्देशिका में वर्णित प्रतिष्ठा एवं समता के अधिकार के विरुद्ध है।

- जनता पार्टी की सरकार ने वर्ष 1977 में इन सम्मानों को समाप्त कर दिया।
- इंदिरा गांधी सरकार ने वर्ष 1980 में इन सम्मानों को पुन: प्रारंभ कर दिया।
- इंदिरा गांधी सरकार के इस निर्णय को न्यायपालिका में चुनौती दी गई।

**न्यायपालिका का निर्णय**

- बालाजी राघवन वाद (1994) में पुरस्कार (Award), एवं उपाधि (Title) दोनों में अंतर बताया।
- इस वाद में न्यायपालिका ने पद्म विभूषण, पद्म भूषण एवं पद्म श्री को उचित ठहराया तथा कहा कि ये पुरस्कार हैं, उपाधि नहीं।

## अनुच्छेद-19 सभी नागरिकों को

- अनुच्छेद-19 नागरिकों को निम्नलिखित स्वतंत्रताएं प्रदान करता है-
- सभी नागरिकों को वाक् एवं अभिव्यक्ति की स्वतंत्रता प्राप्त होगी, (अनुच्छेद-19 (1) a)।
- बिना हथियारों के शांतिपूर्ण रूप में सम्मेलन करने की स्वतंत्रता, (अनुच्छेद-19 (1) b)।
- समूह एवं संघ बनाने की स्वतंत्रता, (अनुच्छेद-19 (1)c)।
- भारत के संपूर्ण क्षेत्र में मुक्त आवागमन (भ्रमण) की स्वतंत्रता, (अनुच्छेद-19 (1) d)।
- भारत के समूचे भाग में रहने एवं बस जाने की स्वतंत्रता, (अनुच्छेद-19 (1) e)।
- भारत में सभी नागरिकों को व्यापार, व्यवसाय और वृत्ति का अधिकार होगा, **(अनुच्छेद-19 (1) g)-**
  - (i) सूचना का अधिकार (अनुच्छेद-19 (1) a) में अंतर्निहित है।
  - (ii) PUCL (Public Union for Civil Liberty) बनाम् भारत संघवाद (2003) में न्यायपालिका द्वारा सूचना का अधिकार दिया गया है।
  - (iii) संपत्ति का अधिकार। (अनुच्छेद-19 (1) f) एवं (अनुच्छेद-31) को 44वें संविधान संशोधन द्वारा समाप्त कर दिया गया। वर्तमान में यह एक विधिक अधिकार के रूप में (अनुच्छेद-300 (a)) में है।

**अभिव्यक्ति की स्वतंत्रता पर आरोपित किए जाने वाले प्रतिबंध**

- भारतीय संविधान में अभिव्यक्ति की स्वतंत्रता पर निम्नलिखित प्रतिबंध आरोपित होते हैं, जो अनुच्छेद-19 (2) से अनुच्छेद-19 (6) में हैं, **जिसमें-**

(i) भारत की एकता, अखंडता एवं संप्रभुता।
(ii) राज्य की सुरक्षा।
(iii) विदेशी राज्यों के साथ मित्रतापूर्ण संबंध।
(iv) लोक व्यवस्था, सदाचार अथवा नैतिकता, न्यायपालिका की अवमानना, मानहानि, अपराध का उद्दीपन या बढ़ावा देना।

- संसद, सशस्त्र बल, पुलिस, आसूचना संगठनों के स्वतंत्रता के अधिकार को प्रतिबंधित कर सकती है। (अनुच्छेद-33)

**प्रतिबंध में तार्किकता का आधार**

- अनुच्छेद-19 (1)(a) से (G) तक विभिन्न प्रकार की स्वतंत्रताओं का उल्लेख है।
- अनुच्छेद-19 (2) से लेकर (6) तक इन स्वतंत्रताओं पर प्रतिबंधों का भी उल्लेख है।
- उच्चतम न्यायालय यह निर्धारित करता है कि प्रतिबंध तार्किक तभी माने जाएंगे, जब व्यक्ति के अधिकार और समाज के अधिकार के मध्य संतुलन स्थापित हो।
- न्यायपालिका के अनुसार, 'प्रतिबंधों की तार्किकता पर दो रूपों में विचार होगा-**तत्वात्मक प्रतिबंध एवं प्रक्रियात्मक प्रतिबंध।**

## प्रेस की स्वतंत्रता

- अनुच्छेद-19 (1) (a) में ही प्रेस की स्वतंत्रता भी अंतर्निहित है।
- भारत में प्रेस को सेंसर करने पर भी कोई प्रतिबंध नहीं है।
- भारत में शांतिपूर्ण स्थितियों में भी प्रेस को पूर्व सेंसर (Pre-Censor) किया जा सकता है।
- भारत में प्रेस को सेंसर करने के लिए वर्ष 1951 में प्रेस आक्षेपणी एक्ट, 1951 तथा 1976 में संसद ने एक अलग एक्ट प्रकाशन सामग्री आक्षेपणी निवारक अधिनियम, 1976 बनाया।
- भारत में प्रेस सेंसर से संबंधित मुख्य मामले **रमेश थापर बनाम् मद्रास राज्य** एवं **बृजभूषण बनाम् दिल्ली राज्य** वाद मुख्य हैं।
- उच्चतम न्यायालय ने प्रिंटर्स मैसूर केस में कहा कि भारत में प्रेस को भी मानहानि के नियमों से छूट नहीं है।
- उच्चतम न्यायालय ने 'कम्युनिस्ट पार्टी ऑफ इंडिया बनाम् भारत संघ वाद' में कहा कि 'वाक् स्वतंत्रता या अभिव्यक्ति की स्वतंत्रता में, बंद आयोजित करने (हड़ताल) की स्वतंत्रता नहीं है।'

- सर्वोच्च न्यायालय ने आई. टी. की धारा-66(A) को अनुच्छेद-19(A) का उल्लंघन मानते हुए निरस्त कर दिया। इस धारा के तहत सोशल मीडिया या इलेक्ट्रॉनिक्स माध्यमों से किसी के लिए अभद्र भाषा का प्रयोग कर कष्ट पहुंचाना या सामाजिक माहौल खराब करने पर 3 साल की सजा का प्रावधान था।
- इस धारा के तहत हाल ही में कुछ गिरफ्तारियां भी हुई थीं। न्यायालय ने माना कि आई. टी. की धारा-66(A) अनुच्छेद-19(2) के द्वारा संरक्षण प्राप्त नहीं है। अनुच्छेद-19(2) के तहत अनुच्छेद-19(1) में प्रदान किए गए अभिव्यक्ति की आजादी पर देश की संप्रभुता, लोकव्यवस्था, सामाजिक समरूपता के आधार पर प्रतिबंध लगाया जा सकता है।

## अनुच्छेद-19 (1)(a) तथा अनुच्छेद-301 में संबंध

- समूचे भारतीय क्षेत्र में व्यापार, वाणिज्य और आवागमन बिना रोक-टोक होगा। इसके उल्लंघन होने पर अनुच्छेद-19 का सहारा लिया जा सकता है।
- व्यापार, वाणिज्य और समागम की स्वतंत्रता (अनुच्छेद-301), मूल अधिकारों के अध्याय से बाहर एकमात्र प्रावधान है, जिसके लिए संवैधानिक उपचारों का अधिकार (अनुच्छेद-32) का सहारा लिया जा सकता है।
- क्योंकि व्यापार, वाणिज्य और समागम की स्वतंत्रता (अनुच्छेद-301), नागरिकों के व्यापार, व्यवसाय और वृत्ति का अधिकार (अनुच्छेद-19 (1) g) से मिलती है।
- व्यापार, वाणिज्य और समागम की स्वतंत्रता तथा अनुच्छेद-301 पर **आरोपित प्रतिबंध-**
  - (i) व्यापार, वाणिज्य और समागम पर संसद प्रतिबंध लगा सकती है, (अनुच्छेद-302)।
  - (ii) व्यापार और वाणिज्य के संबंधों में संघ और राज्यों की विधायी शक्तियों पर प्रतिबंध लगाया जाता है, (अनुच्छेद-303)।
  - (iii) राज्यों के बीच व्यापार, वाणिज्य और समागम पर प्रतिबंध लगाए जाते हैं, (अनुच्छेद-304)।

## आपातकाल का अनुच्छेद-19 पर प्रभाव

- राष्ट्रीय आपातकाल (अनुच्छेद-352) के अनुसार, 'बाह्य आक्रमण, युद्ध, सशस्त्र विद्रोह के आधार पर आपातकाल लगाया जाता है, **तो निम्नलिखित रूप में स्वतंत्रता के अधिकार पर प्रभाव पड़ता है-**
  - (i) अनुच्छेद-358 के अंतर्गत् स्वतंत्रता का अधिकार (अनुच्छेद-19) स्वत: समाप्त हो जाता है। अत: राष्ट्रपति के घोषणा की आवश्यकता नहीं होती है।
  - (ii) अनुच्छेद-359 के अंतर्गत् स्वतंत्रता का अधिकार (अनुच्छेद-19) अपने आप समाप्त नहीं होता, बल्कि राष्ट्रपति की घोषणा के अनुसार समाप्त होता है।

## संवैधानिक प्रावधान (अनुच्छेद-20)

- अपराध के लिए दोषसिद्धि के संबंध में संरक्षण, (अनुच्छेद-20)।
- अत: भारत में किसी व्यक्ति को उतनी मात्रा में ही दंड दिया जा सकता है, जो उस समय विधि में वर्णित हो और जिस विधि का तत्कालीन समय में उल्लंघन किया हो।
- किसी भी व्यक्ति को घटना के पश्चात् विधि बनाकर दंडित नहीं किया जा सकता, (अनुच्छेद-20 (1)। (यह प्रतिबंध केवल दाण्डिक मामलों में लागू होता है, सिविल मामलों में लागू नहीं होता)
- किसी भी व्यक्ति को एक ही अपराध में दो बार दंड नहीं दिया जा सकता, (अनुच्छेद-20 (2))।
- किसी व्यक्ति को अपने विरुद्ध गवाही देने के लिए बाध्य नहीं किया जाएगा, (अनुच्छेद-20 (3))।

## दोहरे दंड का अभिप्राय

- दोहरे दंड, शब्द अमेरिकी संविधान में वर्णित है।
- दोहरे दंड का आशय, 'केवल न्यायपालिका द्वारा दिए गए दंड से है, प्रशासनिक दंड से नहीं।'
- अत: किसी व्यक्ति को न्यायिक और प्रशासनिक दोनों दंड दिया जाए। यह दोहरे दंड का उदाहरण नहीं होगा। अपितु एक ही अपराध के लिए एक बार से अधिक न्यायिक दंड नहीं दिया जा सकता।

### अनुच्छेद-20 से संबंधित वाद

- न्यायपालिका ने **आंध्र प्रदेश बनाम् कृष्ण मेनन वाद** में स्पष्ट कहा कि 'फिंगर प्रिंट और लिखावट को उसके विरुद्ध साक्ष्य माना जाएगा।'
- न्यायपालिका ने **दस्तागीर बनाम् मद्रास वाद** में स्पष्ट कहा कि 'किसी व्यक्ति को अपने विरुद्ध साक्ष्य प्रस्तुत करने के लिए बाध्य नहीं किया जाएगा।'

### जीवन के अधिकार का संवैधानिक प्रावधान (अनुच्छेद-21)

- किसी व्यक्ति को उसके जीवन एवं दैहिक स्वतंत्रता से विधि द्वारा स्थापित प्रक्रिया के अनुसार ही दंडित किया जा सकता है।
- 86वें संविधान संशोधन द्वारा अनुच्छेद-21 (A) को जोड़ा गया, जिसमें कहा गया है कि 6-14 वर्ष के बच्चों के लिए प्राथमिक शिक्षा का अनिवार्य प्रावधान होगा।
- ज्ञानकौर वाद में उच्चतम न्यायालय ने निर्णय दिया कि 'जीवन के अधिकार में आत्महत्या शामिल नहीं है।'

- जीवन का अधिकार, (अनुच्छेद-21) मूलत: कार्यपालिका के विरुद्ध है, विधायिका के विरुद्ध नहीं।

**विभिन्न वादों में अनुच्छेद-21 की न्यायपालिका द्वारा की गई व्याख्या**

- वर्ष 1950 में न्यायपालिका ने विधि द्वारा स्थापित प्रक्रिया का प्रयोग किया। ए. डी. एम. जबलपुर बनाम् शिवकांत शुक्ला। (हेबियस कॉर्पसवाद)

**गोपालन वाद (विधि द्वारा स्थापित प्रक्रिया का प्रयोग)**

- गोपालन वाद में न्यायपालिका ने कहा कि उसका कार्य, विधि का अर्थ स्पष्ट करना है, न कि विधि के औचित्य का परीक्षण करना है।
- गोपालन वाद में न्यायपालिका ने स्पष्ट कहा कि विधि के निर्माण का अधिकार विधायिका को है।
- न्यायपालिका के अनुसार, 'जीवन के अधिकार (अनुच्छेद-21) के अंतर्गत् प्राप्त जीवन का अधिकार कार्यपालिका के विरुद्ध है, विधायिका के विरुद्ध नहीं।'
- न्यायपालिका ने स्वतंत्रता का अधिकार (अनुच्छेद-19) एवं (अनुच्छेद-21) को अलग-अलग माना।
- हैबियस कॉर्पसवाद में न्यायपालिका ने आपातकाल में व्यक्ति के जीवन के अधिकार की रक्षा करने में अपनी असमर्थता व्यक्त की। क्योंकि न्यायपालिका के अनुसार, विधायिका को विधि निर्माण करने का अधिकार प्राप्त है। अत: न्यायपालिका ने विधि द्वारा स्थापित प्रक्रिया का पालन किया।

**मेनका गांधी केस, 1978 (विधि की उचित प्रक्रिया का प्रयोग)**

- न्यायपालिका ने इस वाद में विधि की उचित प्रक्रिया की संकल्पना का प्रयोग किया।
- इस वाद में न्यायपालिका ने प्राकृतिक न्याय का सिद्धांत भी प्रतिपादित किया।
- सात (7) न्यायाधीशों की बेंच ने पहले के गोपालन वाद के निर्णय को परिवर्तित करते हुए कहा कि विधायिका द्वारा निर्मित विधि तार्किक, उचित एवं औचित्यपूर्ण होनी चाहिए, न कि मनमानी और भेदभाव पूर्ण होनी चाहिए।
- न्यायपालिका के अनुसार, 'जीवन का अधिकार (अनुच्छेद-21) एवं स्वतंत्रता का अधिकार (अनुच्छेद-19) आपस में अंतर्संबंधित हैं। इसलिए जीवन के अधिकार में विशिष्ट स्वतंत्रताओं का अधिकार स्वाभाविक रूप में सम्मिलित हो जाता है।'
- न्यायपालिका ने यह भी कहा कि 'जीवन के अधिकार का आशय, गरिमामय जीवन का अधिकार है।'

**अनुच्छेद-21 के अंतर्गत् निहित अधिकार (न्यायपालिका की व्याख्या)**

- सामान्यत: ऐसा माना जाता था कि भारतीय संविधान में वर्णित मौलिक अधिकार संकीर्ण है। परंतु वर्तमान समय में यह मान्यता परिवर्तित हुई है। क्योंकि न्यायपालिका द्वारा जीवन के अधिकार की व्याख्या अत्यंत व्यापक रूप में की गई, **जो निम्नलिखित हैं-**
  - (i) हुसैन आरा केस में विधिक सहायता का अधिकार।
  - (ii) नरेन्द्र कुमार केस में आजीविका का अधिकार।
  - (iii) गोविन्द केस में गोपनीयता का अधिकार।
  - (iv) महाराष्ट्र राज्य केस में कार्य करने का अधिकार।
  - (v) शेरसिंह केस एवं हुसैन आरा केस में त्वरित सुनवाई का अधिकार।
  - (vi) बधेश केस में शुद्ध एवं प्रदूषण मुक्त पानी का अधिकार।
  - (vii) मुरली देवड़ा वाद में शुद्ध एवं प्रदूषण मुक्त वायु का अधिकार।
  - (viii) विशाखा केस में यौन उत्पीड़न के विरुद्ध अधिकार।
  - (ix) पंजाब बनाम् मोहिंदर सिंह केस में स्वास्थ्य का अधिकार।
  - (x) एम. सी. मेहता केस में शुद्ध पर्यावरण का अधिकार।
  - (xi) मोहिनी जैन केस में प्राथमिक शिक्षा का अधिकार।
  - (xii) सतवंत सिंह केस में विदेश यात्रा का अधिकार।
  - (xiii) निकिता केस में गर्भ में पल रहे बच्चे का अधिकार।
  - (xiv) बाबा रामदेव वाद केस में नींद लेने का अधिकार।
  - **Note :** अपराधों के दोष सिद्धि में संरक्षण का अधिकार (अनुच्छेद-20), जीवन का अधिकार (अनुच्छेद-21), आपातकाल में भी समाप्त नहीं होता है। यह प्रावधान 44वें संविधान संशोधन द्वारा किए गए।

**गरिमामय मृत्यु का अधिकार**

- अरुणावाद में उच्चतम न्यायालय ने पहली बार व्यक्ति की अपनी मृत्यु की वसीयत लिखने का अधिकार प्रदान किया।
- ज्ञानकौर वाद में उच्चतम न्यायालय ने यह कहा कि जीवन के अधिकार में आत्महत्या का अधिकार शामिल नहीं है।

यह भी उल्लेखनीय है कि भारतीय दंड संहिता में आत्महत्या के प्रयास को दंडनीय अपराध माना गया है।

- भारत में इच्छामृत्यु (Euthanasia) परंपरा के द्वारा भी जीवन को समाप्त करने का अधिकार नहीं है।
- भारत में निष्क्रिय इच्छामृत्यु (Passive Euthanasia) का प्रावधान है।
- निष्क्रिय इच्छामृत्यु ऐसे बीमार व्यक्तियों के लिए होता है, जो बाह्य यंत्रों के सहारे जीवित हों।

## संथारा एवं जीवन का अधिकार

- जैन धर्मावलंबी 'संथारा' के द्वारा इच्छामृत्यु का प्रयास करते हैं। इनके अनुसार 'संथारा' एक आध्यात्मिक अनुभव है।
- संविधान में धार्मिक अधिकार मूल अधिकार है। इसलिए 'संथारा' उनके धार्मिक आचरण का भी भाग है।
- संविधान में अल्पसंख्यकों के सांस्कृतिक अधिकारों का समर्थन किया गया है।
- राजस्थान उच्च न्यायालय के अनुसार, 'संथारा' आत्महत्या का प्रयास है। इसलिए दंडनीय अपराध है। परंतु उच्चतम न्यायालय ने इस निर्णय पर फिलहाल रोक लगा दी है।
- उच्चतम न्यायालय ने धार्मिक अधिकारों की व्याख्या करते हुए कहा है कि धर्म के 'आवश्यक' और 'अनावश्यक' (Essential and Non-Essential) दो प्रकार के लक्षण हैं और 'संथारा' जैन धर्म का आवश्यक लक्षण नहीं है।
- सभी धर्मों का मूल आवश्यक लक्षण 'नैतिकता, अहिंसा और मानवीय सेवा है। इसलिए 'संथारा' धार्मिक आस्था के रूप में स्वीकार किया जा सकता है। परंतु जीवन का अधिकार का सर्वाधिक महत्व है, जो किसी भी कीमत पर प्राथमिक होना चाहिए।

## निजता का अधिकार

- अगस्त, 2017 में सर्वोच्च न्यायालय के मुख्य न्यायाधीश जे. एस. खेहर की अध्यक्षता वाली नौ सदस्यीय न्यायपीठ ने निजता के अधिकार को मूल अधिकार स्वीकार किया, जो जीवन के अधिकार में सम्मिलित है।
- परिणामस्वरूप अब विधि द्वारा स्थापित प्रक्रिया के द्वारा ही किसी व्यक्ति के निजी मामलों या बायोमैट्रिक डाटा उसकी अनुमति के आधार पर ही लिया जा सकता है।

### संवैधानिक प्रावधान (अनुच्छेद-22)

- अनुच्छेद-22 किसी व्यक्ति को गिरफ्तारी एवं निरोध से संरक्षण प्रदान करता है।
- अनुच्छेद-22 में **दो प्रकार के अधिकारों की व्यवस्था है-**
  - (i) किसी भी व्यक्ति को मनमानी रूप में बंदी नहीं बनाया जा सकता। बंदी बनाए गए व्यक्ति को बंदी के कारणों की सूचना दी जाएगी और उसे वकील से परामर्श का अधिकार होगा तथा उसे 24 घंटे के अंदर न्यायपालिका के समक्ष प्रस्तुत किया जाएगा, जिसमें यात्रा का समय शामिल नहीं होगा। 24 घंटे की समय सीमा का पालन शत्रु, विदेशी तथा निवारक निरोध के अंतर्गत् बंदी बनाए गए लोगों के लिए नहीं किया जाता है।
  - (ii) दूसरे प्रकार का अधिकार, निवारक निरोध में बंदी व्यक्तियों के लिए है, जिन्हें मूल अधिकार के रूप में अनुच्छेद-22 (4) से 22 (7) तक प्रदान किया है, जिसके अंतर्गत् वे भी अपने निवारक निरोध का कारण जान सकेंगे और वे अपनी सहायता के लिए वकील भी कर सकते हैं।

## निवारक नजरबंदी बनाने का आधार

- राज्य की सुरक्षा।
- लोक व्यवस्था।
- समुदाय की आवश्यक सेवाओं की पूर्ति को बनाए रखना।
- रक्षा, विदेश संबंध अथवा भारत की सुरक्षा से संबंधित आधारों पर किसी भी व्यक्ति को निवारक नजरबंदी में लिया जा सकता है।

### निवारक नजरबंदी के प्रकार

- पुट्टा स्वामीवाद में उच्चतम न्यायालय ने निफता के अधिकार को मूल अधिकार कहा। परंतु यह निरपेक्ष नहीं है इसलिए सामाजिक कल्याण और राष्ट्रीय सुरक्षा के आधार पर इस पर प्रतिबंध लगा जा सकते है।
- संविधान में **तीन** प्रकार की निवारक नजरबंदी की व्यवस्था है-
  - (i) किसी व्यक्ति को तीन महीने तक 'निवारक नजरबंदी' में रखा जा सकता है।
  - (ii) किसी व्यक्ति को तीन महीने से अधिक भी निवारक नजरबंदी में रखा जा सकता है।
  - (iii) तीसरे प्रकार के निवारक नजरबंदी में (अनुच्छेद-22 (7)) संसद को यह शक्ति है कि वह किसी भी व्यक्ति को अधिकतम समय के लिए नजरबंद रखने के लिए विधि निर्मित करे।

### निवारक नजरबंदी में रखे गए व्यक्ति के लिए प्रावधान

- निवारक नजरबंदी में रखे गए किसी व्यक्ति को 3 महीने

से अधिक बंदी बनाने के लिए उसे एक समिति के समक्ष प्रस्तुत करना होगा, उस समिति का चेयरमैन उच्च न्यायालय के न्यायाधीश की योग्यता वाला होगा।

- निवारक नजरबंदी में रखे गए व्यक्ति को निवारक नजरबंदी में रखे जाने का कारण पूछा जाएगा और उसे नजरबंदी के विरुद्ध सुनवाई का अधिकार भी प्राप्त होगा।
- यदि नजरबंदी में रखे गए व्यक्ति को कारण बताना सार्वजनिक हित के विरुद्ध हो, तब उसे कारण नहीं बताया जाएगा।
- इसका निर्माण, संसद अथवा विधान सभाओं द्वारा भी किया जा सकता है।
- शांतिकाल में भी इसका निर्माण हो सकता है।

### संघ सरकार द्वारा बनाए गए निवारक नजरबंदी के कानून

- भारत में निवारक नजरबंदी का पहला कानून **बंगाल अधिनियम, 1818** में किया गया।
- **भारत रक्षा अधिनियम, 1939** जो स्वतंत्रता के बाद भी लागू था।
- **निवारक निरोध अधिनियम, 1950** यह स्वतंत्र भारत का पहला नजरबंदी कानून था।
- 1971 में इंदिरा गांधी ने Maintenance of Internal Security Act (MISA) का निर्माण किया, जो 44th Amendment Act of 1978 में समाप्त हो गया।
- Conservation of Foreign Exchange and Prevention of Smuggling Activities Act, 1974, (COFEPOSA) अभी भी कायम है।
- National Security Act (1980) में बना।
- Prevention of Black Marketing and Maintainance of Supply of Accessional Comodities Act-1980
- Terrorist and Disruptive Activities (Prevention) Act-1985 (TADA) में बना, लेकिन 1995 में समाप्त हो गया।
- Prevention of Illicit Traffic in Narcotic Drugs and Psychotropic Substances Act (1988) में निर्मित, अभी भी लागू है।
- Prevention of Terrorism Act (2002) (POTA) समाप्त हो गया है। वर्ष 2005 में नया आतंकवाद विरोधी कानून बना है।

## शोषण के विरुद्ध अधिकार (अनुच्छेद-23)

(i) मानव दुर्व्यापार, बेगार और बलात्श्रम प्रतिबंधित है। इनका उल्लंघन करना दंडनीय अपराध है।

(ii) परंतु यदि राज्य के द्वारा सार्वजनिक उद्देश्यों के लिए कोई अनिवार्य सेवा आरोपित की जाए, तो यह उपरोक्त अधिकार का उल्लंघन नहीं होगा। बशर्ते धर्म, प्रजाति, जाति अथवा वर्ग या इनमें से किसी एक आधार पर भेदभाव न किया जाए।

- अनुच्छेद-35 के अंतर्गत् शक्ति का प्रयोग करते हुए, संसद कानून बनाकर शोषण के विरुद्ध अधिकार को लागू कर सकती है।

### संसद द्वारा निर्मित विधियां

- Suppression of Immoral Traffic in Women and Girls ACT, 1956 (SITA)
- बंधुआ मजदूर श्रम व्यवस्था समापन एक्ट, 1976
- Minimum Wages Act (1948)
- Contract Labour Act (1970)
- समान पुरस्कार एक्ट, 1976

### शोषण के विरुद्ध अधिकार से संबंधित वाद

- एम. सी. मेहतावाद में उच्चतम न्यायालय ने बालश्रम के संदर्भ में महत्वपूर्ण निर्देश जारी किए और न्यायपालिका ने यह भी निर्देश दिया कि 'बालश्रम पुनर्वास कल्याण कोष' का निर्माण हो, जिसमें वह व्यक्ति 20 हजार जमा करेगा, जिसने बच्चों को काम पर लगाया था तथा वह उस बच्चे के घर के वयस्क सदस्य को रोजगार प्रदान करेगा।
- बंधुआ मुक्ति मोर्चा वाद (1997) में उच्चतम न्यायालय ने मजदूरों को उचित दर पर मजदूरी प्रदान करने के निर्देश जारी किए।

### अनुच्छेद-24 के संवैधानिक प्रावधान (कारखानों आदि में बालकों के कार्य करने पर प्रतिबंध)

- 14 वर्ष की आयु से कम बच्चों को फैक्ट्री, खान अन्य खतरनाक कार्यों में नहीं लगाया जाएगा।

### विशेषताएं

- अनुच्छेद-24 को भी संसद विधि बनाकर लागू करती है।
- राज्य एवं व्यक्ति, दोनों के विरुद्ध प्राप्त है।
- यह **निरपेक्ष** अधिकार है, जिस पर किसी भी प्रकार का प्रतिबंध आरोपित नहीं है।

### संसद द्वारा निर्मित विधियां

- बालश्रम एक्ट, 1986
- बच्चों का रोजगार एक्ट, 1938
- कारखाना एक्ट, 1948
- खान एक्ट, 1952
- Merchant Shiping Act, 1956
- प्लानटेशन लेबर एक्ट, 1951
- Motor Transport Workers Act, 1951
- बीड़ी-सिगार कार्य एक्ट, 1966

## अनुच्छेद-25 का संवैधानिक प्रावधान

- प्रत्येक व्यक्ति को अंत:करण के रूप में धर्म को मानने, आचरण करने व प्रचार का अधिकार होगा।
- धार्मिक स्वतंत्रता पर **निम्नलिखित आधार पर प्रतिबंध आरोपित किए जा सकते हैं-**
  (i) स्वास्थ्य (ii) लोक व्यवस्था
  (iii) सदाचार
- कुछ ऐसे विषय हैं, जो अंत:करण की स्वतंत्रता से संबंधित नहीं हैं। लेकिन वह धार्मिक व्यवहारों से संबंधित हैं। इसलिए राज्य के द्वारा धर्म से जुड़ी हुई आर्थिक, वित्तीय, राजनीतिक एवं अन्य लौकिक गतिविधियों का नियंत्रण किया जा सकता है।
- भारत में सामाजिक सुधार और हिंदू धार्मिक संस्थाओं को समाज के सभी वर्गों के लिए खोलने का प्रावधान किया जाएगा, जिसे धार्मिक स्वतंत्रता के नाम पर रोका नहीं जा सकता।

## धर्म परिवर्तन का अधिकार

- भारतीय संविधान में धर्म परिवर्तन को कहीं भी प्रतिबंधित नहीं किया गया है, और न ही धर्म परिवर्तन का सीधा उल्लेख है।
- स्वतंत्रता के बाद सामूहिक धर्म परिवर्तन के कारण लोकव्यवस्था प्रभावित हुई। परिणामस्वरूप मध्य प्रदेश, ओडीशा जैसी सरकारों ने धर्म परिवर्तन संबंधी विधि का निर्माण करते हुए कहा कि 'यदि लोभ, बल एवं कपट के आधार पर धर्म परिवर्तन किया जाता है, तो यह दंडनीय अपराध होगा।' परिणामस्वरूप इस अधिनियम को 'स्टेनिस्लासवाद' में उच्चतम न्यायालय में चुनौती दी गई।
- 'स्टेनिस्लासवाद' में उच्चतम न्यायालय ने स्पष्ट कहा कि प्रचार के अधिकार में धर्म परिवर्तन का अधिकार सम्मिलित नहीं है। न्यायालय ने मध्य प्रदेश एवं ओडीशा सरकार द्वारा निर्मित विधि को संवैधानिक माना। परंतु यह बिंदु ध्यान देने योग्य है कि धर्म परिवर्तन को प्रतिबंधित करने के लिए भारत में अभी भी अखिल भारतीय विधि का अभाव है।

## पंथनिरपेक्षता का अभिप्राय

- धर्म, व्यक्ति की आस्था का विषय है। राज्य का कोई धर्म नहीं है।
- राज्य का धार्मिक गतिविधियों से अलगाव है, या राज्य धार्मिक मान्यताओं से तटस्थ है।
- भारत में पंथनिरपेक्षता का अभिप्राय, यह नहीं है कि राज्य धर्म के विरुद्ध होगा, बल्कि भारत में पंथनिरपेक्षता का वास्तविक आशय है कि राज्य के द्वारा सभी धर्मों का समान सम्मान किया जाएगा।
- भारतीय संविधान में अन्य अनुच्छेदों में भी वर्णित है कि धर्म के आधार पर व्यक्ति से कोई भेदभाव नहीं होगा। जैसे-धर्म, मूलवंश, जाति, लिंग या जन्म स्थान के आधार पर विभेद पर प्रतिबंध, (अनुच्छेद-15 (A)) तथा सरकारी नौकरियों में अवसर की समानता, (अनुच्छेद-16 (2))।

## अनुच्छेद-26 में धार्मिक गतिविधियों के प्रबंध का अधिकार

- लोकव्यवस्था, सदाचार एवं स्वास्थ्य के प्रतिबंध के अंतर्गत् सभी धार्मिक समुदायों या उनके वर्गों का **निम्न अधिकार होगा-**
  (i) धार्मिक और दान के उद्देश्य के लिए संस्थाओं की स्थापना और उनको बनाए रखना।
  (ii) धार्मिक कार्यों का प्रबंध करना।
  (iii) चल एवं अचल संपत्ति का अर्जन एवं प्राप्त करना।
  (iv) संपत्ति का विधि के अनुसार प्रशासन करना।
- भारत में किसी विशेष धर्म या धार्मिक समुदाय के उत्थान या संरक्षण के लिए किसी व्यक्ति को कर देने के लिए बाध्य नहीं किया जा सकता, (अनुच्छेद-27)।

## अनुच्छेद-28

- शैक्षिक संस्थाओं में धार्मिक शिक्षा और उपासना में सम्मिलित होने की **स्वतंत्रता-**
  (i) राज्य द्वारा निर्मित और पूर्णत: वित्त से संचालित किसी भी शैक्षणिक संस्था में कोई भी धार्मिक शिक्षा नहीं दी जा सकती।
  (ii) वह शैक्षणिक संस्था, जो राज्य द्वारा अनुदान प्राप्त करता है और राज्य द्वारा मान्यता प्राप्त हो, तो ऐसी स्थिति में धार्मिक शिक्षा छात्र की सहमति द्वारा दी जा सकती है, यदि बच्चा अल्पवयस्क है, तो बच्चों के अभिभावकों की सहमति द्वारा धार्मिक शिक्षा दी जा सकती है।
  (iii) अल्पसंख्यकों की ऐसी शैक्षणिक संस्थाएं, जो किसी ट्रस्ट द्वारा संचालित हैं, उनमें धार्मिक शिक्षा दी जा सकती है।

## अनुच्छेद-29 में संस्कृति और शिक्षा संबंधी अधिकार

- नागरिकों को, जो कि भारतीय क्षेत्र या उसके किसी भाग में निवास कर रहे हों। उन्हें अपनी विशिष्ट भाषा, लिपि अथवा अपनी संस्कृति के संरक्षण का अधिकार होगा, (अनुच्छेद-29 (1))।
- किसी भी नागरिक से राज्य द्वारा बनाई गई शैक्षणिक संस्थाओं अथवा राज्य से वित्त प्राप्त शैक्षणिक संस्थाओं में प्रवेश के लिए

केवल धर्म, जाति, मूल वंश, भाषा अथवा इनमें से किसी एक आधार पर भेदभाव नहीं होगा, (अनुच्छेद-29 (2))।

## अनुच्छेद-30 में शिक्षण संस्थानों की स्थापना और प्रशासन करने का अल्पसंख्यक वर्गों का अधिकार

- सभी अल्पसंख्यकों को चाहे वे धार्मिक या भाषाई आधार पर हों, उन्हें अपने चयन की शैक्षणिक संस्था के निर्माण, स्थापना एवं प्रशासन का अधिकार होगा।
- राज्य द्वारा धार्मिक या भाषाई अल्पसंख्यकों के प्रबंध में स्थापित शैक्षणिक संस्थाओं को अनुदान देने में भेदभाव नहीं किया जाएगा।
- **Note :** अनुच्छेद-30 में अल्पसंख्यक शब्द का प्रयोग किया गया है। परंतु भारतीय संविधान में अल्पसंख्यक शब्द परिभाषित नहीं है।

## अल्पसंख्यक होने के आधार

- भारत में संविधान में भाषाई एवं धार्मिक आधार पर अल्पसंख्यकों का निर्धारण होता है।
- मुस्लिम, सिख, ईसाई एवं बौद्धधर्म, पारसी तथा जैनधर्म के मानने वाले व्यक्ति को अल्पसंख्यकों में शामिल किया गया है।
- भारत में अल्पसंख्यकों का निर्धारण राज्य स्तर पर होता है, अखिल भारतीय स्तर पर नहीं। क्योंकि भारत में भाषाई आधार पर ही राज्यों का निर्माण हुआ है।
- वर्ष 1992 में अल्पसंख्यकों के राष्ट्रीय आयोग अधिनियम का निर्माण किया गया।
- इसके बाद वर्ष 1993 में अल्पसंख्यक आयोग की स्थापना हुई, जो कि एक सांविधिक संस्था है। इसे संवैधानिक संस्था का दर्जा देने की बात जारी है।
- अल्पसंख्यक आयोग, वर्तमान समय में अल्पसंख्यक मामलों के मंत्रालय के अधीन कार्य करता है।
- पहले अल्पसंख्यकों के मामलों की देखभाल सामाजिक न्याय और सशक्तिकरण मंत्रालय द्वारा की जाती थी।

## अल्पसंख्यकों के अधिकार और न्यायपालिका के निर्णय

- टी. एम. ए. पाई फाउंडेशनवाद में न्यायपालिका ने एक महत्वपूर्ण निर्णय देते हुए कहा कि गैर-अनुदान प्राप्त शैक्षणिक संस्थाओं की स्थापना एवं प्रबंध में अल्पसंख्यकों को **निम्नलिखित अधिकार** प्राप्त हैं-
  (i) फीस निर्धारित करने और उसे वसूलने का अधिकार।
  (ii) गैर-अल्पसंख्यक लोगों की प्रवेश की संख्या निर्धारित करने का अधिकार।
  (iii) अल्पसंख्यक शैक्षणिक संस्थाओं की प्रकृति राज्य द्वारा अनुदान प्राप्त करने से परिवर्तित नहीं होती। परंतु अल्पसंख्यक शैक्षणिक संस्थाएं, कोई भी शैक्षणिक संस्थाएं एवं व्यावसायिक संस्थाएं नहीं हैं। इसलिए शिक्षण संस्थाओं को कैपिटेशन फीस वसूलने का अधिकार नहीं है। परंतु निम्नलिखित मामलों में शैक्षणिक संस्थाओं को राज्य के निर्देश स्वीकार करने होंगे-
    - अकादमिक सत्र का निर्धारण।
    - शिक्षकों की न्यूनतम अर्हता का निर्धारण।
- इस्लामिक ऐकेडमिक केस में 7 न्यायाधीशों की बेंच ने यह पुनः दोहराया कि कैपिटेशन फी वसूलने का अधिकार शैक्षणिक संस्थाओं को बिल्कुल नहीं है।
- अल्पसंख्यक शैक्षणिक संस्थाओं के संदर्भ में इसके पहले आने वाले महत्वपूर्ण वादों में 'सेन्ट स्टीफन केस' और 'उन्नीकृष्णन वाद' मुख्य हैं।

## अनुच्छेद-30 (1A)

- उच्चतम न्यायालय के अनुसार अल्पसंख्यक शैक्षणिक संस्थाओं पर शिक्षा का अधिकार अधिनियम लागू नहीं होता।
- यदि राज्य, अल्पसंख्यक की कोई भी जमीन ले रही है, तो उसे बाजार दर (Market Rate) पर मुआवजा (Compensation) दिया जाएगा। इसे 42वें संविधान द्वारा जोड़ा गया।

## भारतीय संविधान में अल्पसंख्यकों के उत्थान संबंधित अन्य प्रावधान

- राष्ट्रपति, राज्यों को यह निर्देश दे सकते हैं कि भाषाई अल्पसंख्यक समूह के बच्चों के लिए प्राथमिक स्तर पर मातृभाषा में शिक्षा की सुविधा उपलब्ध कराएं, (अनुच्छेद-350 (A))।
- राष्ट्रपति के द्वारा भाषाई अल्पसंख्यकों के लिए एक विशेष अधिकारी की नियुक्ति होगी, (अनुच्छेद-350 (B))।
- राष्ट्रपति, संविधान के कार्यकरण के 5 वर्षों के पश्चात् एक 'राजभाषा आयोग' का निर्माण करेंगे, (अनुच्छेद-344)।

## अनुच्छेद-31 में संपत्ति का अधिकार (समाप्त)

- भारत के मूल संविधान में अनुच्छेद-31 और अनुच्छेद-19 (1F) में संपत्ति के अधिकार का उल्लेख था। अनुच्छेद-31 में वर्णित **प्रावधान निम्नलिखित थे-**
  (i) सरकार किसी भी व्यक्ति की संपत्ति को लोक प्रयोजन के लिए अधिग्रहित कर सकती थी।
  (ii) संपत्ति अर्जित करने के एवज में सरकार द्वारा मुआवजे का प्रावधान किया गया था।

## संपत्ति के अधिकार से संबंधित तथ्य

- निर्देशक तत्वों को लागू करने के लिए आरंभ से ही संपत्ति

के अधिकारों को सीमित किया गया और पहले संविधान संशोधन द्वारा अनुच्छेद-31 (A) और अनुच्छेद-31 (B) जोड़ा गया।

- अनुच्छेद-31 (A) में भूमि सुधार के संबंध में यदि राज्य के द्वारा विधि का निर्माण करके भूमि को अधिग्रहित किया जाए, तो मूल अधिकारों में वर्णित अनुच्छेद-14, 19 और 31 का उल्लंघन किया जा सकता है।
- **नौवीं अनुसूची :** पहले संविधान संशोधन द्वारा नौवीं अनुसूची का निर्माण किया गया। नौवीं अनुसूची में भूमि सुधार संबंधित किसी भी मामलों को सम्मिलित करके न्यायिक पुनरावलोकन से बचाया गया। इस सूची में सम्मिलित विषयों को इस आधार पर अवैध नहीं किया जा सकता कि वे मूल अधिकारों का उल्लंघन करते हैं। परंतु वर्ष 2007 में सुप्रीम कोर्ट ने नौवीं अनुसूची को न्यायिक समीक्षा के अधीन घोषित किया।
- अनुच्छेद-31 (c) 25वें संविधान संशोधन द्वारा जोड़ा गया। इसी संशोधन से मुआवजे (Compensation) की बजाय, राशि (Amount) शब्द का प्रयोग किया गया। इसी संशोधन के द्वारा यह भी प्रावधान किया गया कि निदेशक तत्वों में वर्णित अनुच्छेद-39 (b) और (c) को लागू करने के लिए मूल अधिकारों में वर्णित समानता का अधिकार (अनुच्छेद-14), स्वतंत्रता का अधिकार (अनुच्छेद-19) एवं संपत्ति का अधिकार (अनुच्छेद-31) का उल्लंघन किया जा सकता है।
- 25वें संविधान संशोधन को न्यायपालिका में चुनौती दी गई, जिसका निर्णय केशवानंद भारती वाद (1973) में दिया गया।
- 44वें संविधान संशोधन के द्वारा संपत्ति के अधिकार को पूर्णतया भाग-3 से हटा दिया गया और अब भाग-12 के अनुच्छेद-300 (A) में सम्मिलित किया गया।
- यह उल्लेखनीय है कि 26वें संविधान संशोधन के द्वारा पहले ही प्रीवीपर्स को समाप्त किया जा चुका है।
- आर. सी. कूपरवाद को बैंकों के राष्ट्रीयकरण वाद से भी जाना जाता है।
- महाराज माधवराज सिंधिया वाद को मूलतः **'प्रीवीपर्स वाद'** के नाम से जाना जाता है।

## बचे-खुचे संपत्ति, मूल अधिकार के रूप में

- यदि किसी किसान की भूमि सीलिंग की सीमा के अंदर है, तो यदि राज्य उसके भूमि का अधिग्रहण करेगा, तो उसे बाजार दर पर राशि प्रदान करनी होगी। परंतु मकान के मामले में उसे राशि प्रदान करना आवश्यक नहीं है।
- यदि किसी अल्पसंख्यक शैक्षणिक संस्था की भूमि अधिग्रहित की जा रही है, तो राज्य द्वारा उसका भुगतान बाजार दर पर करना होगा।

## अनुच्छेद-32 में संवैधानिक उपचारों का अधिकार

- डॉ. अम्बेडकर ने अनुच्छेद-32 को **'संविधान की आत्मा'** कहा है।
- यह अधिकार अन्य अधिकारों को प्रकार्यात्मक बनाता है।
- मौलिक अधिकारों के हनन की स्थिति में उच्चतम न्यायालय निम्नलिखित **पांच** प्रकार की रिटें जारी करता है-
  (i) बंदी प्रत्यक्षीकरण (ii) परमादेश
  (iii) अधिकार पृच्छा (iv) उत्प्रेषण
  (v) प्रतिषेध।

### (i) बंदी प्रत्यक्षीकरण (Habeas corpus)

- यह एक लैटिन शब्द है, जिसका शाब्दिक अर्थ होता है, सशरीर उपस्थित होना।
- इस रिट के द्वारा न्यायालय व्यक्ति को सशरीर अपने सामने उपस्थित कराता है, जिससे न्यायालय उसके बंदी बनाए जाने की कारणों को जान सके।
- यदि बंदी रखना अवैधानिक है, तो न्यायालय उस व्यक्ति को मुक्त कर सकता है।
- यह रिट सरकारी अधिकारी एवं निजी लोगों (दोनों) के विरुद्ध जारी हो सकती है। यदि उन्होंने किसी व्यक्ति को बंदी बना रखा हो।

**निम्नलिखित मामलों के विरुद्ध बंदी प्रत्यक्षीकरण की याचिका का प्रयोग नहीं किया जा सकता है**

- यदि न्यायपालिका ने आपराधिक मामले में किसी व्यक्ति को सजा दी हो।
- न्यायालय की अवमानना या संसदीय विशेषाधिकार के अवमानना का व्यक्ति दोषी हो।
- न्यायपालिका द्वारा अपनी अधिकारिता के बाहर बंदी प्रत्यक्षीकरण की रिट जारी नहीं की जा सकती है।

### (ii) परमादेश (Mandamus)

- यह एक लैटिन शब्द है, जिसका शाब्दिक अर्थ है, **आज्ञा देना।**
- यह ऐसे व्यक्ति को आदेश दिया जाता है, जो किसी सार्वजनिक (सरकारी) पद पर बैठा हो या उसका कोई अर्द्धसरकारी कानूनी कार्य हो। तथा उसने अपने कर्त्तव्य पालन में ढिलाई बरती हो अथवा कार्य करने से मना कर दिया हो।
- यह आदेश उच्चतर न्यायालयों द्वारा निम्नतर न्यायालयों को भी दिया जा सकता है।
- उच्च न्यायालय, परमादेश का प्रयोग मूल अधिकारों की रक्षा के अलावा अन्य मामलों के लिए भी करते हैं।
- राष्ट्रपति और राज्यपाल को परमादेश जारी नहीं किया जा सकता है।

**(iii) अधिकार पृच्छा** (Quo-warranto)

- इस रिट के अंतर्गत् न्यायालय सार्वजनिक (सरकारी) पद धारण करने वाले किसी व्यक्ति के दावे की वैधता की जांच करता है।
- यदि उसका दावा सही नहीं है, तो न्यायालय उसे उस पद से हटा सकता है।

**अधिकार पृच्छा जारी करने के लिए शर्तें**

- पद सार्वजनिक (सरकारी) होना चाहिए तथा वह पद किसी कानून या संविधान द्वारा सृजित हो।
- पद निजी नहीं होना चाहिए।
- ऐसे व्यक्ति को पद पर नियुक्त करने में विधि का उल्लंघन हुआ हो।

**(iv) उत्प्रेषण** (Certiorari)

- यह एक लैटिन शब्द है, जिसका शाब्दिक अर्थ है, **मंगा लेना**।
- उत्प्रेषण निम्नलिखित मामलों में जारी होती है-
- उच्चतम न्यायालय कोई भी मामला अपने पास मंगा सकता है।
  - (i) जब किसी न्यायालय ने अपने क्षेत्राधिकार का उल्लंघन किया हो।
  - (ii) सामान्यत: उच्चतम न्यायालय का मानना है कि इसका प्रयोग विशुद्ध प्रशासनिक मामलों में नहीं किया जाना चाहिए, परंतु बाद में वैधानिक एवं प्रशासनिक दोनों मामलों में उत्प्रेषण रिट का प्रयोग किया जाने लगा।
  - (iii) उत्प्रेषण की रिट तब जारी की जाती है, जब संबंधित मामले में न्यायालय ने अपना निर्णय दे दिया हो।
  - (iv) अत: उत्प्रेषण की रिट निर्णय देने के बाद में जारी की जाती है।

**(v) प्रतिषेध** (Prohibition)

- यह एक लैटिन शब्द है, जिसका शाब्दिक अर्थ है, **किसी कार्य के प्रतिपादन को प्रतिबंधित करना**।
- यह एक निवारात्मक याचिका है।
- इसका प्रयोग न्यायपालिका द्वारा उस समय किया जाता है, जब निचली न्यायपालिका में मामला विचाराधीन हो। अत: प्रतिषेध किसी वाद के पहले चरण में दिया जाता है।
- प्रतिषेध के अंतर्गत् उच्चतम न्यायालय, निचले न्यायालय को संबंधित मामले में कार्य करने से मना कर देता है।
- परमादेश के अंतर्गत् न्यायपालिका द्वारा कुछ कार्य करने का निर्देश दिया जाता है, जबकि प्रतिषेध के अंतर्गत् कार्य करने के लिए मना किया जाता है। प्रतिषेध का प्रयोग सामान्यत: न्यायिक और अर्द्धन्यायिक निकायों के विरुद्ध किया जाता है। प्रतिषेध का प्रयोग व्यक्तियों के विरुद्ध बिल्कुल नहीं किया जाता है।

### अनुच्छेद-32 और अनुच्छेद-226 में संबंध

- अनुच्छेद-32 के अंतर्गत् उच्चतम न्यायालय के द्वारा रिट जारी होता है, जबकि अनुच्छेद-226 के अंतर्गत् उच्च न्यायालय के द्वारा रिट जारी होता है।
- उच्चतम न्यायालय केवल मूल अधिकारों के हनन के संदर्भ में ही रिट जारी कर सकता है, (अनुच्छेद-32)। जबकि उच्च न्यायालय उन मुद्दों पर भी रिट जारी कर सकता है, जो मूल अधिकार के भाग नहीं हैं।
- अनुच्छेद-32 का प्रयोग उच्चतम न्यायालय द्वारा पूरे भारतीय क्षेत्र के लिए किया जा सकता है, जबकि अनुच्छेद-226 के अंतर्गत् उच्च न्यायालय के द्वारा रिट जारी करने की शक्ति केवल उसी राज्य की भौगोलिक सीमा तक होती है, जहां तक उच्च न्यायालय का क्षेत्राधिकार है।

### अनुच्छेद-32 और जनहित याचिका (सुने जाने के अधिकार का विस्तार)

- मूल अधिकारों के उल्लंघन की स्थिति में सामान्यत: वही व्यक्ति उच्चतम न्यायालय में जा सकता है, जिसके मूल अधिकारों का उल्लंघन हो। अत: परंपरागत रूप में इस प्रक्रिया को **'वादी-प्रतिवादी प्रक्रिया'** कहा जाता है।
- वर्ष 1980 के दशक में उच्चतम न्यायालय ने इस प्रक्रिया में ढील बरती। जिसके अनुसार, कोई तीसरा व्यक्ति भी मूल अधिकारों को लागू कराने के लिए न्यायपालिका में जा सकता है। यदि समाज में सार्वजनिक हित या समूह का उल्लंघन किया जा रहा हो। (एस. सी. गुप्ता बनाम् भारत संघवाद)
- इसे ही जनहित याचिका के नाम से जाना गया था, इसे सुनवाई के अधिकार का विस्तार कहा गया।

## मूल अधिकारों पर प्रतिबंध

### 1. सैन्य बल, अर्द्ध-सैन्य बल एवं मूल अधिकार

- अनुच्छेद-33 के अंतर्गत् संसद को यह अधिकार है कि वह सैन्य बलों और अर्द्ध-सैनिक बलों के सदस्यों के लिए मूल अधिकार को प्रतिबंधित कर सकती है।
- सशस्त्र बल विशेष अधिकार अधिनियम, 1958 (अनुच्छेद-33) के तहत पारित किया गया है।
- अनुच्छेद-33 के अंतर्गत् विधि निर्माण की यह शक्ति केवल संसद को प्रदान की गई है, विधान सभाओं को नहीं।
- इसका मूल उद्देश्य सैन्य बलों एवं अर्द्ध-सैन्य बलों में अनुशासन बनाए रखना है।
- इसके अंतर्गत् संसद ने **निम्नलिखित विधियों का निर्माण किया है-**
  - (i) सेना एक्ट, 1950
  - (ii) एयर फोर्स एक्ट, 1950
  - (iii) नेवी एक्ट, 1950

(iv) पुलिस फोर्स अधिकार परिसीमन एक्ट, 1966
(v) सीमा सुरक्षा बल एक्ट, 1968

**2. सैन्य एक्ट एवं मूल अधिकार**

- अनुच्छेद-34 के अंतर्गत् भारत के किसी भी क्षेत्र में यदि सैन्य एक्ट लागू है, तो संसद को यह शक्ति है कि मूल अधिकारों पर प्रतिबंध आरोपित किए जा सकते हैं। संसद, विधि के द्वारा सरकारी कर्मचारियों द्वारा किए गए कार्यों और उनके द्वारा पारित नियमों को वैध ठहरा सकती है।
- उदाहरण के लिए, मणिपुर एवं जम्मू व कश्मीर में 'सैन्य बल विशेष शक्ति अधिनियम' लागू है। इस अधिनियम के लागू होने (Armed Forces (Special Powers) Act (AFSPA), Sept.11, (1958)) के दौरान संसद सैन्य बलों के कार्यों को उचित ठहरा सकती है।

## न्यायपालिका के द्वारा मूल अधिकारों की व्याख्या में प्रतिपादित सिद्धांत

### पृथक्करणीयता का सिद्धांत (Doctrine of Separatibility)

- यदि राज्य द्वारा निर्मित विधियों और मूल अधिकारों के मध्य विरोध उत्पन्न हो, तो विधि के केवल उस भाग को अवैध घोषित किया जाएगा, जो भाग मूल अधिकारों का विरोधी हो और शेष भाग को वैध घोषित किया जाएगा। अतः न्यायपालिका द्वारा विधि के वैध और अवैध के मध्य अलगाव को ही 'पृथक्करणीयता का सिद्धांत' कहा जाता है।

### आच्छादन का सिद्धांत (Doctrine of Eclipse)

- यदि मूल अधिकारों और पूर्व संवैधानिक विधियों के मध्य गतिरोध हो, तो मूल अधिकार पूर्व संवैधानिक विधियों को आच्छादित कर लेते हैं। अतः पूर्व सांविधानिक विधियां समाप्त नहीं होतीं, बल्कि आच्छादित हो जाती हैं। इसलिए व्यवहार में इनका प्रभाव समाप्त हो जाता है।

### भविष्यलक्षी विधि का सिद्धांत

- भविष्यलक्षी विधि का सिद्धांत गोलकनाथ वाद में दिया गया, **जिसका निम्नलिखित अभिप्राय है-**
  (i) इस वाद में दिए गए निर्णय भविष्य में लागू होंगे।
  (ii) अतः इसके पहले जिन मौलिक अधिकारों में संशोधन हो चुका है, या जो संशोधन हो चुके हैं, वे अवैध नहीं माने जाएंगे।

## मौलिक अधिकारों का संशोधन (1950-67)

### (शंकरी प्रसाद वाद बिहार राज्य)

- पहले संविधान संशोधन को शंकरी प्रसाद वाद में चुनौती दी गई, तो न्यायपालिका ने निर्णय दिया कि संसद को मूल अधिकारों के संशोधन की शक्ति प्राप्त है।
- न्यायपालिका ने अनुच्छेद-13(2) में वर्णित विधि एवं संविधान संशोधन विधि में अंतर किया।
- न्यायपालिका के अनुसार, मूल अधिकारों को अनुच्छेद-13 (2) में वर्णित सामान्य विधि के अनुसार संशोधित नहीं किया जा सकता, बल्कि अनुच्छेद-368 में वर्णित संविधान संशोधन विधि द्वारा संशोधित किया जा सकता है।
- अनुच्छेद-13(2) का प्रतिबंध, सामान्य विधि पर लागू होता है, संशोधन विधि पर लागू नहीं होता।

### गोलकनाथ वाद पंजाब राज्य (1967) में न्यायपालिका का निर्णय

- गोलकनाथ वाद में 11 न्यायाधीशों की पीठ ने ऐतिहासिक **निर्णय देते हुए कहा कि-**
  (i) मूल अधिकार, अत्यंत पवित्र एवं महत्वपूर्ण हैं, जिनका संशोधन नहीं किया जा सकता।
  (ii) इस वाद में न्यायपालिका ने अनुच्छेद-13 (2) में वर्णित विधि एवं संविधान संशोधन विधि(अनुच्छेद-368) के अंतर को समाप्त कर दिया।
- अतः संविधान संशोधन विधि द्वारा भी मौलिक अधिकारों का संशोधन नहीं किया जा सकता है।

### केशवानंद भारतीवाद केरल राज्य (1973) में न्यायपालिका का निर्णय (मूल अधिकार वाद)

- इस वाद में न्यायपालिका ने गोलकनाथ वाद के निर्णय को पलट दिया। इससे 25वें संशोधन को चुनौती दी गई।
- न्यायपालिका के अनुसार, संसद, संविधान के किसी भी भाग में संशोधन कर सकती है, जिसमें मूल अधिकार भी शामिल है।
- न्यायपालिका के अनुसार, निर्देशक तत्वों के अनुच्छेद-39 (b) (c) को लागू करने के लिए मूल अधिकारों के अनुच्छेद-14, 19, 31 में संशोधन किया जा सकता है, परंतु न्यायपालिका ने इस वाद में आधारभूत ढांचे का सिद्धांत दिया।
- इस वाद में न्यायपालिका ने आधारभूत ढांचे का सिद्धांत दिया।
- न्यायपालिका के अनुसार, संसद, संविधान के आधारभूत ढांचे में शामिल भागों का संशोधन नहीं कर सकती है। अतः मौलिक अधिकारों का जो भाग संविधान के आधारभूत ढांचे में शामिल है, उसका संशोधन नहीं किया जा सकता।
- इस वाद में उच्चतम न्यायालय ने पहली बार किसी संविधान संशोधन को निरस्त कर दिया।
- इस वाद में न्यायपालिका ने पहली बार संसद की संविधान संशोधन शक्ति पर प्रतिबंध लगा दिया।

### मिनर्वा मिल्स वाद 1980 में न्यायपालिका का निर्णय

- मिनर्वा मिल्स वाद में न्यायपालिका ने केशवा नंद भारती वाद को पूर्णतः स्वीकृत किया।

- मिनर्वा मिल्स वाद में 42वें संविधान संशोधन के उस भाग को अस्वीकृत कर दिया गया, जिसमें यह प्रावधान था कि समूचे निदेशक तत्वों को लागू करने के लिए मूल अधिकारों के अनुच्छेद-14, 19, 31 का उल्लंघन किया जा सकता है।
- मिनर्वा मिल्स वाद में यह माना गया है कि नीति निदेशक तत्वों के अनुच्छेद-39 (b) और (c) को लागू करने के लिए समानता के अधिकार, (अनुच्छेद-14) व स्वतंत्रता के अधिकार, (अनुच्छेद-19) तथा अनुच्छेद-31 का उल्लंघन किया जा सकता है। अत: इसमें केशवा नंद वाद को स्वीकार किया गया।
- इस वाद में यह भी स्पष्ट रूप में कहा गया कि मूल अधिकार और निदेशक तत्वों का संबंध एक-दूसरे के पूरक के रूप में हैं।
- इस वाद में यह भी कहा गया है कि **न्यायिक पुनरावलोकन**, संविधान का आधारभूत ढांचा है।

## मूल अधिकार और वेंकट चेलैया आयोग की अनुशंसा

- संसदीय लोकतंत्र के ढांचे में संविधान के कार्यकरण की समीक्षा के लिए संघ सरकार ने 22 फरवरी, 2000 को 10 सदस्यीय आयोग का गठन किया, जिसके सदस्य हैं- बी. पी. जीवन रेड्डी, आर. एस. सरकारिया, के. पुनैया, सोली सोराबजी, के. पराशरण, सुभाष कश्यप, सी. आर. ईरानी, आबिद हुसैन, सुमित्रा कुलकर्णी (सांसद) एवं पी. ए. संगमा।
- इस आयोग के अनुसार, मूल अधिकारों में **निम्नलिखित विषय सम्मिलित किए जाने चाहिए-**

1. अनुच्छेद-15 और 16 में निम्नलिखित शब्दों को जोड़ने की आवश्यकता है-
   (i) नृजातीय अथवा सामाजिक उत्पत्ति।
   (ii) राजनैतिक अथवा अन्य मत।
   (iii) संपत्ति अथवा जन्म।
2. अनुच्छेद-19 में वर्णित वाक् और अभिव्यक्ति की स्वतंत्रता में प्रेस और मीडिया की स्वतंत्रता को भी सम्मिलित किया जाना चाहिए और व्यक्तियों को अपना मत व्यक्त करने, विचारों और सूचनाओं के आदान-प्रदान की स्वतंत्रता होनी चाहिए।
3. **निम्नलिखित नए मूल अधिकार को जोड़ा जाए-**
   (i) प्रताड़ना, अमानवीय एवं बर्बर दंड के विरुद्ध अधिकार।
   (ii) यदि व्यक्ति को जीवन और स्वतंत्रता के अधिकार से अवैधानिक रूप में वंचित किया गया, तो उसे मुआवजे का अधिकार।
   (iii) भारत छोड़ने और वापस लौटने की स्वतंत्रता।
   (iv) गोपनीयता और पारिवारिक जीवन का अधिकार।
   (v) वर्ष में न्यूनतम 85 दिनों के लिए ग्रामीण लोगों को रोजगार का अधिकार।
   (vi) त्वरित न्याय, न्यायपालिका और अधिकरणों में पहुंच का अधिकार।
   (vii) समान न्याय और नि:शुल्क वैधानिक सहायता का अधिकार।
   (viii) देखभाल, सहायता और संरक्षण का अधिकार, विशेषकर बच्चों के संदर्भ में।
   (ix) स्वच्छ पेयजल प्रदूषण नियंत्रण, पारिस्थितिकी संरक्षण और सतत् विकास।
4. अनुच्छेद-352 के अंतर्गत् घोषित होने वाले राष्ट्रीय आपातकाल में 20, 21 के अतिरिक्त अनुच्छेद-17, 23, 24, 25 और 32 भी स्थगित न हो।
5. अनुच्छेद-22 में भी परिवर्तन का सुझाव दिया है, **जिसके अनुसार-**
   (i) निवारक नजरबंदी में 6 माह से ज्यादा बंदी नहीं बनाया जाना चाहिए।
   (ii) निवारक नजरबंदी के लिए जिस बोर्ड का गठन होता है, उसमें अध्यक्ष के अलावा दो अन्य सदस्य भी किसी न किसी उच्च न्यायालय के कार्यरत सदस्य होने चाहिए।
6. अनुच्छेद-21 (A) के भी विस्तार का सुझाव दिया, जिसके अनुसार, लड़कियों और अनुसूचित जातियों, जनजातियों के सदस्यों के लिए 18 वर्षों तक नि:शुल्क शिक्षा का प्रावधान होना चाहिए। 86वां संविधान संशोधन द्वारा सुझाव को स्वीकार कर किया गया।
7. इनके अनुसार, अभी तक अनुच्छेद-25 में परिभाषित धर्म में हिंदू धर्म में सिख, बौद्ध एवं जैन धर्म को भी सम्मिलित कर लिया जाता है, अब इन्हें अलग धर्मों के रूप में मान्यता प्रदान करनी चाहिए।
8. इनके अनुसार अनुच्छेद-31 (B) के अंतर्गत् नौवीं अनुसूची को न्यायिक पुनरावलोकन से बाहर रखा जाए और नौवीं अनुसूची में केवल निम्न विषयों को ही **शामिल किया जाए-**
   (i) भूमि सुधार।
   (ii) आरक्षण।
   (iii) निदेशक तत्वों का क्रियान्वयन।

## मूल कर्त्तव्य

- मूल कर्त्तव्य का उल्लेख मूल संविधान में नहीं था। दुनिया के अधिकांश उदारवादी लोकतांत्रिक देशों के संविधान

में मूल कर्त्तव्यों का उल्लेख नहीं होता है। इसे सोवियत संघ संविधान की प्रेरणा से भारतीय संविधान में सम्मिलित किया गया।

- भारत में 42वें संविधान संशोधन द्वारा 'स्वर्ण सिंह समिति' की सिफारिश पर 10 मूल कर्त्तव्यों को संविधान के भाग-4 (A) और अनुच्छेद-51 (A) में सम्मिलित किया गया।
- यद्यपि स्वर्ण सिंह समिति की कुछ सिफारिशों को कांग्रेस सरकार ने स्वीकार नहीं किया। समिति ने 8 मूल कर्त्तव्यों को सम्मिलित करने का सुझाव दिया था। समिति की सिफारिशों में जिन कर्त्तव्यों को स्वीकार नहीं किया, **वे हैं-**
  - (i) मूल कर्त्तव्यों का उल्लंघन करने एवं इसे पालन करने से इनकार करने के संदर्भ में संसद दंड का प्रावधान कर सकती है।
  - (ii) यदि संसद किसी ऐसे दंड का प्रावधान करती है, तो न्यायपालिका में ऐसे दंड को इस आधार पर अवैध नहीं माना जाएगा कि यह मूल अधिकारों के विरुद्ध है।
  - (iii) नागरिकों का कर अदा करने का कर्त्तव्य।
- 86वें संविधान संशोधन (2002) द्वारा एक नया मूल कर्त्तव्य (11वां) जोड़ा गया, जिसमें माता-पिता या संरक्षक अपने 6 वर्ष तक की आयु वाले बच्चे को शिक्षा के अवसर प्रदान करेंगे।

## मूल कर्त्तव्य

1. संविधान का पालन करें और उसके आदर्शों, संस्थाओं, राष्ट्रध्वज और राष्ट्रगान का आदर करें।
2. राष्ट्रीय आंदोलन को प्रेरित करने वाले उच्च आदर्शों को हृदय में संजोयें।
3. भारत की प्रभुता, एकता एवं अखंडता की रक्षा करें तथा अक्षुण्य रखें।
4. देश की रक्षा करें और आह्वान किए जाने पर राष्ट्र की सेवा करें।
5. भारत के सभी लोगों में समरसता और समान भ्रातृत्व भावना का निर्माण करें।
6. हमारी सामासिक संस्कृति की गौरवशाली परंपरा का महत्व समझें एवं परिरक्षण करें।
7. प्राकृतिक पर्यावरण की रक्षा और उसका संवर्द्धन करें।
8. वैज्ञानिक दृष्टिकोण और ज्ञानार्जन की भावना का विकास करें।
9. सार्वजनिक संपत्ति को सुरक्षित रखें।
10. व्यक्तिगत और सामूहिक गतिविधियों के सभी क्षेत्रों में उत्कर्ष की ओर बढ़ने का सतत् प्रयास करें।
11. यदि माता-पिता या संरक्षक हैं, तो छह वर्ष तक की आयु वाले अपने बच्चे के लिए शिक्षा के अवसर प्रदान करें। (86वें संविधान संसोधन द्वारा)

### मूल कर्त्तव्यों की प्रकृति

- यह राज्य पर बाध्यकारी नहीं हैं अपितु नैतिक हैं।
- मूल कर्त्तव्य, अवादयोग्य हैं। अत: इन्हें लागू कराने के लिए कोई व्यक्ति न्यायपालिका में नहीं जा सकता।

### मूल कर्त्तव्यों का महत्व

- मूल कर्त्तव्यों पर निर्मित '**वर्मा समिति**' ने स्पष्ट कहा कि मूल कर्त्तव्यों को लागू करने के लिए भारत में **अनेक विधियाँ हैं-**
  - (i) भारतीय दंड संहिता के अनुसार, 'राष्ट्रीय एकता के विरुद्ध कार्य करना, दंडनीय अपराध है।'
  - (ii) राष्ट्रीय सम्मान के अपमान का अधिनियम, 1971
  - (iii) सिविल अधिकार संरक्षण अधिनियम, 1955

### मूल अधिकार एवं मूल कर्त्तव्य के संबंध

- मूल कर्त्तव्य, अवादयोग्य हैं। लेकिन जब व्यक्ति ने अपने मूल कर्त्तव्य का उल्लंघन किया हो, तो न्यायपालिका उसके मूल अधिकारों को सीमित या प्रतिबंधित कर सकती है।ये एक-दूसरे के पूरक हैं क्योंकि कर्त्तव्य के बिना अधिकार से अराजकता पैदा हो जाएगी और अधिकारों के बिना मूल कर्त्तव्य व्यक्ति को दास बना देंगे।

### मूल कर्त्तव्य (वेंकट चेलैया आयोग के अनुसार शामिल करने की अनुशंसा)

- चुनाव के समय मतदान का कर्त्तव्य।
- लोकतांत्रिक शासन प्रक्रिया में सहभागिता।
- कर अदा करना।
- बच्चों की शारीरिक और नैतिक भलाई।
- औद्योगिक संगठनों का भी यह कर्त्तव्य है कि वे अपने कर्मियों के बच्चों की शिक्षा का प्रबंध करें।

### मूल कर्त्तव्यों की आलोचना

- कर्त्तव्यों की सूची पूर्ण नहीं है, क्योंकि इनमें कुछ अन्य कर्त्तव्य जैसे-मतदान, कर अदायगी, परिवार नियोजन आदि समाहित नहीं हैं।
- आलोचकों के अनुसार, संविधान के भाग-4 में इसे शामिल करना, मूल कर्त्तव्यों के मूल्य व महत्व को कम करता है। उन्हें भाग-3 के बाद जोड़ा जाना चाहिए था, ताकि वे मूल अधिकारों के बराबर रहते।

## निदेशक तत्व

- भारतीय संविधान में राज्य की नीति के निदेशक तत्वों का उल्लेख भाग-4 के अनुच्छेद-36 से 51 तक किया गया है।
- निदेशक तत्व, आयरलैंड के संविधान से लिए गए हैं।

### भाग-4 के अलावा वर्णित निदेशक तत्व

- भाग-4 के अलावा संविधान के अन्य भागों में भी **निदेशक तत्वों का उल्लेख है-**
  - (i) अनुच्छेद-335 में अनुसूचित जातियों एवं जनजातियों को आरक्षण प्रदान करते समय प्रशासनिक कुशलता का ध्यान रखें।
  - (ii) अनुच्छेद-350 (A) में अल्पसंख्यकों के बच्चों को उनकी मातृभाषा में प्राथमिक शिक्षा उपलब्ध कराना।
  - (iii) अनुच्छेद-351 में हिंदी भाषा का प्रचार-प्रसार करना।

## निदेशक तत्व ( ऐतिहासिक उत्पत्ति )

- संविधान सभा में निदेशक तत्वों का निर्माण मूल अधिकारों की उपसमिति के द्वारा किया गया, क्योंकि संविधान सभा में निदेशक तत्वों के लिए किसी समिति का निर्माण नहीं किया गया, बल्कि मूल अधिकारों की उपसमिति (अध्यक्ष जे. बी. कृपलानी) के द्वारा इसका निर्माण हुआ।
- आरंभ में मूल अधिकारों को अत्यधिक व्यापक रूप में सम्मिलित करने का विचार था, परंतु व्यावहारिक कारणों से मूल अधिकारों को दो भागों में विभाजित कर दिया गया-निदेशक प्रवृत्ति वाले अधिकार तथा मूल अधिकार। मूल अधिकारों को भाग-3 में रखा गया तथा निदेशक तत्वों को भाग-4 में रखा गया।

## निदेशक तत्वों की प्रकृति

- निदेशक तत्व, अवादयोग्य हैं, जिसका अभिप्राय है कि इन्हें लागू करने के लिए कोई व्यक्ति न्यायपालिका का सहारा नहीं ले सकता।
- उच्चतम न्यायालय ने 'महर्षि अवधेश बनाम् भारत संघवाद' (1994) में याचिकाकर्ता की याचिका को खारिज करते हुए कहा कि समान नागरिक संहिता के निर्माण के लिए सरकार को निर्देश या परमादेश नहीं दिया जा सकता, बल्कि यह विधायिका के विधि निर्माण का मुद्दा है।

### अनुच्छेद-37

- इस भाग में वर्णित प्रावधानों को न्यायपालिका द्वारा लागू नहीं कराया जा सकता, बल्कि निदेशक तत्व देश के शासन के मूलभूत नियम हैं। राज्य का यह कर्त्तव्य होगा कि वह इन निदेशक तत्वों का प्रयोग विधि निर्माण के लिए करे।
- परंतु सरकार द्वारा विधि बनाकर और संविधान संशोधन द्वारा इन्हें लागू किया जा रहा है।
- अनुच्छेद-365 में स्पष्ट उल्लिखित है कि यदि राज्य, संघ द्वारा दिए गए निर्देशों का पालन नहीं करते, तो राष्ट्रपति के लिए ऐसा मानना वैधानिक होगा कि राज्य सरकार संविधान के प्रावधानों के अनुरूप नहीं चलाई जा रही है। अत: अनुच्छेद-356 का प्रयोग किया जा सकता है परंतु व्यावहारिक रूप में आज तक ऐसा नहीं किया गया है।

### आलोचना

- आइवर जेनिंग्स के अनुसार, 'निदेशक तत्व, पुण्य आत्माओं की महत्वाकांक्षा मात्र है।'
- टी. टी. कृष्णमचारी ने इसे 'भावनाओं का कूड़ेदान मात्र' कहा।
- प्रो. के. टी. शाह के अनुसार, 'एक ऐसा चेक कहा, जिसका भुगतान बैंक की इच्छा पर निर्भर है।'
- के. सी. ह्वीयर ने आलोचना करते हुए कहा कि 'निदेशक तत्वों के कारण, न्यायालय और विधान मंडल में टकराव होगा, जिससे संविधान की प्रतिष्ठा कम होगी। यदि इन घोषणाओं को केवल शब्द ही मानना है, तो इससे संविधान की विश्वसनीयता कम होगी।'
- आइवर जेनिंग्स के अनुसार, 'निदेशक तत्व, 19वीं सदी के इंग्लैंड का फेबियन समाजवाद है, जिसमें समाजवाद नहीं है।'

### प्रशंसक

- डॉ. अम्बेडकर के अनुसार, 'निदेशक तत्वों के द्वारा आर्थिक लोकतंत्र की स्थापना होगी, जो राजनीतिक लोकतंत्र से भिन्न है। निदेशक तत्व, उन आदेश पत्रों के समान हैं, जिन्हें पहले ब्रिटिश सरकार गवर्नर जनरल या उपनिवेशों के गवर्नर को भेजा करती थी।'
- कृष्णमूर्ति राव के अनुसार, 'निदेशक तत्व, समाजवादी सरकार के मूल मर्म हैं।'
- पाणिक्कर ने निदेशक तत्वों को आर्थिक क्षेत्र में समाजवाद की संज्ञा दी।
- ग्रेनविल ऑस्टिन ने इसे सामाजिक क्रांति का उद्देश्य कहा।
- ठाकुरदास भार्गव ने इसे संविधान का सारतत्व कहा।
- अल्लादि कृष्णास्वामी अय्यर के अनुसार, 'कोई भी लोकप्रिय मंत्रिमंडल संविधान के भाग-4 के उपबंधों का उल्लंघन नहीं करेगा।'

### 42वें ( 1976 ), 44वें ( 1978 ) संशोधन द्वारा जोड़े गए निदेशक तत्व

- नि:शुल्क विधिक सहायता एवं समान न्याय का अधिकार, (अनुच्छेद-39 (A))।
- श्रमिकों की औद्योगिक प्रबंध में भागीदारी, (अनुच्छेद-43 (A))।
- राज्य का यह कर्त्तव्य होगा कि वह पर्यावरण की सुरक्षा और संवर्द्धन करे, वन्य और वन्य जीवों की सुरक्षा करे। अनुच्छेद-38 में संशोधन किया गया, (अनुच्छेद-48 (A))।

- राज्य के द्वारा आय में विषमता को न्यूनतम किया जाएगा और प्रस्थिति, सुविधाओं और अवसर की विषमता को कम किया जाएगा, (44वें संविधान संशोधन)।

## नीति निदेशक तत्व (संविधान में वर्णित)

- निदेशक तत्वों को निम्नलिखित रूपों में भी व्यक्त किया जा सकता है-
  (i) राज्य के आदर्श।
  (ii) राज्य की नीतियों के लिए निर्देश।
  (iii) नागरिकों के अवादयोग्य अधिकार।

### (i) राज्य के आदर्श

- राज्य के द्वारा लोगों का कल्याण किया जाएगा तथा सामाजिक, आर्थिक एवं राजनैतिक न्याय का निर्माण होगा। अवसर की समानता, व्यक्ति और समूहों को प्राप्त होंगी तथा आय प्रस्थिति की विषमता को कम करने का प्रयास किया जाएगा।

### (ii) राज्य की नीतियों के लिए निर्देश

- कार्य करने की न्यायपूर्ण एवं मानवीय परिस्थितियों का निर्माण होगा। श्रमिकों को सामाजिक एवं सांस्कृतिक अवसर प्रदान किए जाएंगे, जिससे वे गरिमापूर्ण जीवन यापन कर सकें।
- राज्य के द्वारा संपत्ति और उत्पादन के साधनों के संकेंद्रण को रोकने का प्रयास किया जाएगा तथा भौतिक संसाधनों का समुदाय में समान वितरण होगा।
- राज्य, अंतर्राष्ट्रीय सद्भाव और शांति बनाए रखने का प्रयास करेगा।

## सभी नागरिकों के सामाजिक, आर्थिक विकास हेतु (गांधीवादी निदेशक तत्व)

- नि:शुल्क और अनिवार्य प्राथमिक शिक्षा।
- शराब और नशीली वस्तुओं पर प्रतिबंध।
- कुटीर उद्योगों का विकास।
- कृषि और पशुपालन का आधुनिक तरीके से संगठन।
- उपयोगी पशुओं के वध का प्रतिषेध, विशेषत: गाय, बछड़े और अन्य दुधारू पशु।
- ग्राम पंचायत को स्वशासन की ईकाई के रूप में संगठित करना।
- कमजोर वर्गों के शैक्षणिक एवं आर्थिक हितों की रक्षा करना।
- ऐतिहासिक एवं कलात्मक धरोहर की रक्षा करना तथा इसे बनाए रखना।
- न्यायपालिका और कार्यपालिका का पृथक्करण।

### (iii) नागरिकों के अवादयोग्य अधिकार

- आजीविका का पर्याप्त अवसर।
- पुरुष और महिला के लिए समान कार्य हेतु, समान वेतन।
- आर्थिक शोषण के विरुद्ध अधिकार।
- काम का अधिकार।
- बेरोजगारी, वृद्धावस्था एवं बीमारी में सहायता का अधिकार।
- श्रमिकों के लिए पर्याप्त आजीविका का अधिकार।
- बच्चों को नि:शुल्क, अनिवार्य प्राथमिक शिक्षा का अधिकार।

## मूल अधिकार और निदेशक तत्वों का संबंध

- मूल अधिकार और निदेशक तत्वों के बीच पहला विवाद 1950 में **'चंपकम दोरई राजन वाद'** में सामने आया, जिसके अंतर्गत् न्यायपालिका ने मूल अधिकारों को प्राथमिकता दिया और मद्रास सरकार द्वारा जाति के आधार पर दिए गए आरक्षण को अवैध घोषित कर दिया।
- इंदिरा गांधी सरकार के द्वारा पहली बार 25वें संविधान संशोधन के द्वारा निदेशक तत्व को मूल अधिकारों पर प्राथमिकता प्रदान किया गया। 25वें संविधान संशोधन के अनुसार, निदेशक तत्वों के अनुच्छेद-39 (b)(c) को लागू करने के लिए मूल अधिकारों के अनुच्छेद-14, 19, 31 का उल्लंघन किया जा सकता है।
- गोलकनाथ वाद में न्यायालय ने मौलिक अधिकारों को पवित्र माना तथा कहा कि इसमें विधायिका द्वारा किसी भी प्रकार से संशोधन नहीं किया जा सकता, चाहे वह नीति निदेशक तत्वों को लागू कराने के लिए ही हैं।
- केशवानंद भारतीवाद (1973) में न्यायपालिका ने पहली बार निदेशक तत्वों की प्राथमिकता को स्वीकार किया। न्यायपालिका ने 25वें संविधान संशोधन को वैध माना, जिसमें अनुच्छेद-39 (b)(c) को लागू करने के लिए मूल अधिकार के भाग-14, 19 एवं 31 का उल्लंघन किया जा सकता है।
- 42वें संविधान संशोधन द्वारा व्यवस्था दी गई कि नीति निदेशक तत्वों को लागू करने के लिए मौलिक अधिकारों में किसी भी प्रकार का संशोधन नहीं किया जा सकता है।
- मिनर्वा मिल्स वाद (1980) में न्यायपालिका ने कहा, निदेशक तत्वों के अनुच्छेद-39 (b), (c) अनुच्छेद-14, 19, 31 से प्राथमिक हैं। शेष निदेशक तत्व एवं मूल अधिकार एक-दूसरे के पूरक हैं।

## राज्य-नीति के निदेशक तत्व (भाग-4 अनुच्छेद-36 से 51)

- **अनुच्छेद-36** में नीति निदेशक तत्वों की व्याख्या की गई है तथा राज्य की परिभाषा दी गई है।
- **अनुच्छेद-37** में बताया गया है कि नीति निदेशक तत्वों के उपबंध किसी न्यायालय द्वारा लागू नहीं होंगे, लेकिन

फिर भी यह देश के शासन के आधार हैं तथा विधि बनाने में इन तत्वों को लागू करना राज्य का कर्त्तव्य होगा।

- **अनुच्छेद-38** में राज्य लोक कल्याण की सुरक्षा और अभिवृद्धि के लिए सामाजिक व्यवस्था का निर्माण करेगा।
- **अनुच्छेद-39** में राज्य विशिष्ठ आय की असमानताओं को कम करने तथा विभिन्न व्यवसायों में लगे लोगों के मध्य प्रतिष्ठा, सुविधाओं तथा अवसर की असमानताओं को समाप्त करने का प्रयास करेगा।
- **अनुच्छेद-39(A)** में राज्य, स्त्री तथा पुरुष सभी नागरिकों को समान रूप से आजीविका के पर्याप्त साधन जुटाएगा।
- **अनुच्छेद-39(B)** में समुदाय के भौतिक संसाधनों का नियंत्रण राज्य इस प्रकार करे कि वह सामूहिक हित का सर्वोच्च रूप से साधन हो।
- **अनुच्छेद-39(C)** में राज्य यह प्रयास करेगा कि उत्पादन का तथा धन का अहितकारी संकेंद्रण न हो।
- **अनुच्छेद-39(D)** में राज्य ऐसी व्यवस्था करेगा, जिसके अंतर्गत् पुरुष तथा स्त्रियों को समान कार्य के लिए समान वेतन मिल सके।
- **अनुच्छेद-39(E)** में राज्य इस प्रकार का प्रबंध करे कि कर्मकारों एवं बालकों के स्वास्थ्य एवं शक्ति का दुरूपयोग न हो।
- **अनुच्छेद-39(F)** में बालकों को स्वतंत्र एवं गरिमामय वातावरण में स्वस्थ विकास के अवसर एवं सुविधाएं दी जाएं तथा उनकी नैतिक एवं आर्थिक शोषण से रक्षा की जाए।
- **अनुच्छेद-39(क)** में सभी को समान न्याय तथा नि:शुल्क विधिक सहायता प्राप्त हो। (42वें संशोधन 1976 द्वारा जोड़ा गया)
- **अनुच्छेद-40** में राज्य, ग्राम पंचायतों को स्वायत्त शासन की इकाइयों के रूप में संगठित करेगा।
- **अनुच्छेद-41** में राज्य, काम तथा शिक्षा पाने के तथा बेरोजगारी, बुढ़ापा, बीमारी तथा नि:शक्तता की स्थिति में लोक सहायता के लिए प्रबंध करेगा।
- **अनुच्छेद-42** में राज्य, काम की न्याय संगत और मानवोचित दशाओं को सुनिश्चित करने के लिए प्रसूति सहायता उपलब्ध कराने की व्यवस्था करेगा।
- **अनुच्छेद-43** में राज्य, जनता के लिए काम, निर्वाह, मजदूरी, शिष्ट जीवन स्तर, अवकाश तथा सामाजिक और सांस्कृतिक अवसर प्रदान करने का प्रयास करेगा और ग्रामों में कुटीर उद्योगों को बढ़ाने का प्रयास करेगा।
- **अनुच्छेद-39(क)** में राज्य, उपयुक्त विधान तथा अन्य किसी रीति से किसी उद्योग में लगे हुए उपक्रमों, संस्थापकों या अन्य संगठनों के प्रबंध में कर्मकारों के भाग लेने को सुनिश्चित करने के लिए कदम उठाएगा, (42वें संशोधन 1976 से जोड़ा गया)।
- **अनुच्छेद-44** में भारत राज्य के समस्त राज्य क्षेत्र में सभी नागरिकों के लिए एक जैसी सिविल संहिता लागू करने का प्रयास करेगा।
- **अनुच्छेद-45** में 0-6 वर्षों तक के बच्चों के शारीरिक व मानसिक विकास हेतु पर्याप्त सुविधा उपलब्ध कराना।
- **अनुच्छेद-46** में राज्य, अनुसूचित जातियों, अनुसूचित जनजातियों और अन्य दुर्बल वर्गों के शिक्षा और अर्थ संबंधी हितों की अभिवृद्धि के लिए प्रयास करेगा।
- **अनुच्छेद-47** में राज्य, सार्वजनिक स्वास्थ्य में सुधार तथा मादक द्रव्यों और हानिकारक औषधियों का निषेध करेगा।
- **अनुच्छेद-48** में राज्य, कृषि और पशुपालन को आधुनिक तथा वैज्ञानिक ढंग से संगठित करने का प्रयास करेगा और दुधारू पशुओं के वध पर रोक लगाएगा।
- **अनुच्छेद-48(क)** में राज्य, देश के पर्यावरण की संरक्षा तथा उसमें सुधार करने का, वन तथा वन्य जीवों की रक्षा करने का प्रयास करेगा।
- **अनुच्छेद-49** में राज्य, ऐतिहासिक तथा राष्ट्रीय महत्व के स्मारकों की रक्षा करेगा।
- **अनुच्छेद-50** में राज्य, न्यायपालिका को कार्यपालिका से पृथक् करेगा।
- **अनुच्छेद-51** में राज्य, अंतर्राष्ट्रीय शांति एवं सुरक्षा की अभिवृद्धि का, राज्यों के मध्य न्यायसंगत और सम्मानपूर्ण संबंधों को बनाए रखने का अंतर्राष्ट्रीय विधि और संधि बाध्यताओं के प्रति आदर बढ़ाने और अंतर्राष्ट्रीय विवादों को मध्यस्थता के द्वारा निपटाने के लिए प्रयास करेगा।

# भारत में संविधानवाद
# CONSTITUTIONALISM IN INDIA

## संविधानवाद का आशय

- संविधानवाद का आशय, सीमित शासन है।
- संविधानवाद, संविधान पर आधारित विचारधारा है, जिसका मूल अर्थ है कि 'शासन, संविधान में लिखे नियमों व विधि के अनुसार संचालित हो।'
- संविधानवाद, 'केवल नियमों के अनुरूप शासन नहीं है, बल्कि इसका अर्थ, निरंकुश शासन के विपरीत विधि सम्मत शासन है।' अत: संविधानवाद, 'शासन की वह पद्धति है, जिसमें शासन, जनता की आस्थाओं, मूल्यों व आदर्शों को परिलक्षित करने वाले नियमों से संचालित हो।'
- जिस देश में संविधान है, वहां संविधानवाद होना आवश्यक नहीं है। क्योंकि सैनिक सरकारों के द्वारा भी संविधान का निर्माण कर लिया जाता है। जबकि ब्रिटेन में संविधान का अभाव है, लेकिन संविधानवाद पाया जाता है।

## संविधानवाद के आधार

- संस्थाओं के ढांचे और प्रक्रियाओं पर समान मत पाया जाना।
- सरकार के आधार के रूप में विधि के शासन पर सहमति का पाया जाना।
- समाज के सामान्य उद्देश्यों पर सहमति का पाया जाना।
- नीति-निर्माण के लक्ष्यों पर सहमति का पाया जाना।

## संविधानवाद के तत्व

- संविधानवाद के निम्नलिखित तत्व **होते हैं**-
  - (i) संविधान राजनीतिक शक्ति पर प्रतिबंध लगाता है।
  - (ii) संविधान विकास का निदेशक होता है।
  - (iii) संविधान राजनीतिक शक्ति का संगठन होता है।

## संविधानवाद की अवधारणाएं

- संविधानवाद की अवधारणाएं **निम्नलिखित हैं**-
  1. उदार लोकतंत्रों की अवधारणा या पाश्चात्य लोकतंत्र की अवधारणा।
  2. साम्यवादी लोकतंत्रों की अवधारणा।
  3. विकासशील लोकतंत्रों की अवधारणा।

### 1. उदार लोकतंत्रों की अवधारणा

- संविधानवाद की उदार लोकतंत्रों की अवधारणा के मूल आधार **निम्नलिखित हैं**-
  - (i) व्यक्ति की स्वतंत्रता
  - (ii) विधि का शासन
  - (iii) मौलिक अधिकारों व स्वतंत्रताओं का प्रावधान होना
  - (iv) राजनीतिक शक्तियों का विभाजन होना
  - (v) स्वतंत्र व निष्पक्ष न्यायपालिका।

### 2. साम्यवादी लोकतंत्रों की अवधारणा

- संविधानवाद की साम्यवादी लोकतंत्र की अवधारणा **निम्नलिखित हैं**-
  - (i) सामाजिक जीवन में शक्ति के आर्थिक पहलू की सर्वोच्चता।
  - (ii) समाज में आर्थिक शक्ति से संपन्न वर्ग का प्रभुत्व।
  - (iii) राजनीतिक शक्ति का आर्थिक शक्ति के अधीन होना।

### 3. विकासशील लोकतंत्रों की अवधारणा

- विकासशील देशों में संविधानवाद अभी तक अस्थायित्व के दौर से गुजर रहा है।
- इन देशों में राजनीतिक प्रक्रियाएं अभी संक्रमणकालीन अवस्था में हैं, इसलिए संविधानवाद के आधार सुनिश्चित नहीं हो पाए हैं। परंतु फिर भी निम्नलिखित बिंदुओं को इन देशों में संविधानवाद का आधार माना जा **सकता है**-
  - (i) संविधानवाद निर्माण की अवस्था में है।
  - (ii) संविधानवाद दिशा रहित चरण में है।
  - (iii) संविधानवाद मिश्रित प्रकृति का है।

## संविधानवाद की समस्याएं

- (i) युद्ध
- (ii) आंतरिक आपात

(iii) सामाजिक संकट
(iv) एकदलीय पद्धति
(v) समाजवाद तथा अंतर्राष्ट्रीयतावाद
(vi) करिश्माई सत्ता

### संविधानवाद की सीमाएं

(i) संविधानवाद, व्यापक परिवर्तन के मार्ग में अवरोध उत्पन्न करता है।
(ii) संविधानवाद की सैद्धांतिक मान्यताओं एवं व्यावहारिक प्रयोग में अंतर देखने को मिलता है।
(iii) संविधानवाद, राजनीतिक आधुनिकीकरण के मार्ग में बाधक है।

## संविधान संशोधन

- परिवर्तित विश्व में संविधान में भी परिवर्तन की आवश्यकता होती है। इसलिए सामाजिक, आर्थिक एवं राजनीतिक परिवर्तन को ध्यान में रखते हुए प्रत्येक संविधान में संशोधन की व्यवस्था की जा सकती है, जिसके द्वारा, परिवर्तित परिस्थितियों के अनुसार स्वयं को अनुकूल बना सके। संविधान सभा में इस बिंदु पर मतभेद उत्पन्न हो गया है कि संविधान संशोधन की प्रक्रिया कैसी हो?
- संविधान सभा में गोपाल स्वामी आयंगर, सर अल्लादि कृष्णस्वामी अय्यर, प्रो. के. टी. शाह, डॉ. के. एम. मुंशी जैसे सदस्यों के अनुसार भारतीय संविधान में संशोधन की प्रक्रिया होनी चाहिए, क्योंकि संविधान में मूल अधिकारों का प्रावधान हो गया तथा संविधान में संघीय प्रणाली का प्रावधान स्वीकार किया गया है, इसमें कठोर संशोधन प्रक्रिया द्वारा संविधान में बार-बार होने वाले संशोधनों को बचाया जा सकता है। दूसरे श्रेणी के विचारकों में पं. जवाहरलाल नेहरू, एच. जी. कामत महावीर त्यागी के अनुसार, संविधान में संशोधन की प्रक्रिया सरल एवं लचीली होनी चाहिए। क्योंकि भारतीय समाज समकालीन है और समाज में परिवर्तनों को बनाए रखने के लिए संशोधन प्रणाली लचीली होनी चाहिए।
- संविधान निर्माताओं ने कठोर और लचीली प्रक्रिया का सम्मिश्रण किया और दोनों दृष्टिकोणों को सामंजस्य कर दिया गया। संशोधन प्रणाली इतनी भी कठोर नहीं होनी चाहिए, जिससे समाज में परिवर्तन न हो सके। अत: भारतीय संविधान में 'फुल्टन पद्धति' को अपनाया गया, जिसके अनुसार संशोधन की तीन विधियों को स्वीकार किया गया।

### अधिक संशोधन क्यों?

- भारतीय संविधान अत्यधिक वृहद् है, इसमें राज्यों के संविधान तथा स्थानीय शासन से संबंधित प्रावधान भी सम्मिलित हैं। अत: बदलती परिस्थितियों के अनुसार सामंजस्य स्थापित करने हेतु संविधान में संशोधन आवश्यक थे। स्वतंत्रता के बाद बना संविधान राजनीतिक न्याय का प्रपत्र था। परंतु सामाजिक व आर्थिक न्याय की स्थापना अभी बाकी थी। अत: संविधान संशोधनों के माध्यम से सामाजिक न्याय की प्राप्ति का प्रयास किया गया।
- प्रश्न यह है कि विगत् पचास वर्षों में भारतीय संविधान में इतने अधिक संविधान संशोधन क्यों हुए? इसका कारण भारतीय संविधान के स्वरूप व कार्यकरण में ही निहित है, संविधान वृहद् है, इसका उद्देश्य सामाजिक न्याय है तथा न्यायिक विवादों ने भी संविधान संशोधन को विस्तृत किया है।

#### वृहद् संविधान

- भारतीय संविधान अत्यधिक विस्तृत है। इसमें राज्यों के संविधान भी सम्मिलित हैं और स्थानीय स्वशासन वाले प्रावधान भी सम्मिलित हैं। अत: राज्यों से संबंधित किसी भी परिवर्तन हेतु संविधान संशोधन करना पड़ता है, जैसे-नए राज्यों का निर्माण, राज्यों के नाम में परिवर्तन आदि।
- इसके अतिरिक्त भारतीय संविधान में एक तीसरा स्तर भी है, जिसमें पंचायती राज तथा नगरीय स्वशासन का उल्लेख है। अत: इनमें भी परिवर्तन हेतु संशोधन करने होते हैं। अत: उपरोक्त कारणों से संविधान में अत्यधिक संशोधन हुए।

#### सामाजिक न्याय

- संविधान, लक्ष्य की प्राप्ति का साधन है। जबकि संविधान का उद्देश्य सामाजिक, आर्थिक एवं राजनीतिक न्याय की स्थापना है। संविधान द्वारा राजनीतिक न्याय की स्थापना तो कर दी गई थी, परंतु सामाजिक एवं आर्थिक न्याय की स्थापना शेष था। अत: संविधान संशोधन द्वारा सामाजिक एवं आर्थिक न्याय की स्थापना का प्रयास किया गया।

#### न्यायिक विवाद

- संविधान की व्याख्या के संदर्भ में न्यायपालिका ने कुछ ऐसे निर्णय दिए, जिससे कार्यपालिका तथा विधायिका सहमत नहीं थे। फलत: विधायिका ने संविधान संशोधन के माध्यम से न्यायपालिका के निर्णयों को निरस्त करने का प्रयास किया, जिससे संविधान संशोधन की बाढ़ आ गई।

### भारतीय संविधान में संशोधन की प्रक्रिया

- भारतीय संविधान में, संविधान संशोधन का उल्लेख संविधान के भाग-20 और अनुच्छेद-368 के अंतर्गत् किया गया है। भारतीय संविधान में कठोर एवं सरल दोनों

प्रकार की प्रक्रियाओं का सम्मिश्रण किया गया है, जिसमें संविधान संशोधन की प्रक्रिया एवं शक्ति का उल्लेख है।

- भारत में संविधान संशोधन विधेयक, संसद के किसी भी सदन में प्रस्तुत किया जा सकता है।
- भारत में संविधान संशोधन का आरंभ राज्य विधान सभाओं द्वारा नहीं हो सकता।
- संविधान संशोधन विधेयक किसी मंत्री या निजी संसद सदस्य द्वारा लाया जा सकता है। इसके लिए राष्ट्रपति की पूर्व अनुमति लेने की आवश्यकता नहीं होती है।
- कुछ संविधान संशोधन विधेयक, एक विशेष बहुमत द्वारा पारित होने चाहिए, **जिसके अंतर्गत् दो शर्तें हैं**-
  (i) सदन की कुल सदस्य संख्या की बहुमत।
  (ii) उपस्थित एवं मत देले वालों का दो-तिहाई (2/3) सदस्य संख्या।
- संविधान संशोधन विधेयक पर सदन की संयुक्त बैठक बिल्कुल नहीं होती।
- 24वें संविधान संशोधन के बाद यह प्रावधान किया गया है कि राष्ट्रपति संविधान संशोधन विधेयक पर वीटो का प्रयोग नहीं करेंगे और न ही वे इसे पुनर्विचार के लिए वापस करेंगे।
- दोनों सदनों के पारित होने के पश्चात् राष्ट्रपति के हस्ताक्षर के बाद यह अधिनियम बन जाता है।

## संविधान संशोधन के प्रकार

### 1. प्रथम श्रेणी

- कुछ संविधान संशोधन विधेयकों को विशेष बहुमत द्वारा पारित किया जाना आवश्यक है, **जिसके अंतर्गत् दो शर्तें हैं**-
  (i) सदन की कुल सदस्य संख्या का बहुमत, और
  (ii) उपस्थित एवं मत देने वालों का दो-तिहाई बहुमत।
- संविधान के ज्यादातर भाग इसी तरीके से संशोधित होते हैं। इसलिए संविधान सभा में डॉ. अम्बेडकर ने कहा था कि जो भारतीय संविधान से असहमत होंगे, उन्हें संसद में दो-तिहाई बहुमत की आवश्यकता होगी। इस प्रावधान के अंतर्गत् मूल अधिकारों, निदेशक तत्वों और संविधान के अनेक भागों का संशोधन होता है।

### 2. द्वितीय श्रेणी

- अनुच्छेद-368(2) के परन्तुक के अंतर्गत् संविधान के संघीय प्रावधानों का संशोधन होता है। संविधान संशोधन की यह प्रक्रिया सबसे कठोर है, जिसमें संसद के विशेष बहुमत के अलावा आधे राज्यों की विधान सभाओं के अनुसमर्थन की आवश्यकता है, परंतु यह बिंदु ध्यान देने योग्य है कि राज्य विधान सभाओं द्वारा साधारण बहुमत से यह प्रस्ताव पारित होता है। राज्य विधान सभाओं द्वारा सहमति प्रदान करने के लिए किसी निश्चित समय सीमा का संविधान में निर्धारण नहीं है। **इसके अंतर्गत् संशोधित होने वाले विषय निम्न हैं**-
- राष्ट्रपति का चुनाव एवं इसका तरीका।
- संघ और राज्यों की कार्यपालिकीय शक्ति का विस्तार।
- उच्चतम न्यायालय एवं उच्च न्यायालय की शक्तियां।
- संघ एवं राज्यों के मध्य विधायी शक्तियों का वितरण (जी. एस. टी. का प्रावधान)।
- सातवीं अनुसूची में उल्लिखित सूची का विषय।
- संसद में राज्यों का प्रतिनिधित्व।
- संसद की संविधान संशोधन की शक्ति एवं प्रक्रिया, (अनुच्छेद-368)।

### संविधान के संक्रमणकालीन भाग

- निम्नलिखित प्रावधानों में परिवर्तन के जिस सामान्य बहुमत द्वारा संशोधन, इसमें 368 की प्रक्रिया का पालन नहीं किया जाता है।
- किसी नए राज्यों की स्थापना या नए राज्य का प्रवेश।
- राज्यों के नाम, भू-भाग और सीमा में परिवर्तन करना।
- विधान परिषदों का निर्माण या उत्सादन (हटाना)।
- दूसरी अनुसूची में वर्णित राष्ट्रपति, राज्यपाल, स्पीकर, न्यायाधीशों की उपलब्धि, भत्ते और विशेषाधिकार।
- संसद में कोरम, सांसदों के वेतन और भत्ते।
- संसदीय प्रक्रिया के नियम।
- संसदीय विशेषाधिकार, इसकी समितियों और सदस्यों के विशेषाधिकार।
- संसद में अंग्रेजी भाषा का प्रयोग।
- उच्चतम न्यायालय में न्यायाधीशों की संख्या।
- उच्चतम न्यायालय के क्षेत्राधिकार का विस्तार।
- आधिकारिक भाषा का प्रयोग।
- नागरिकता अर्जन एवं परित्याग।
- संसद और राज्य विधान सभाओं के चुनाव।
- विधायिकाओं का परिसीमन।
- केंद्र शासित क्षेत्र।
- पांचवीं एवं छठीं अनुसूची में वर्णित विषय।

### संविधान संशोधन एवं सामाजिक न्याय

- भारतीय संविधान का मूल उद्देश्य सामाजिक एवं आर्थिक न्याय की प्राप्ति है। इसलिए अधिकांश संविधान संशोधन में सामाजिक न्याय के उद्देश्य का प्राप्त किए गए हैं। उदाहरण के लिए, पहले संविधान संशोधन द्वारा संपत्ति के अधिकारों को सीमित किया गया और नौवीं अनुसूची का निर्माण करके भूमि सुधार से संबंधित विधि को संरक्षित

किया गया तथा इन्हें न्यायिक पुनरावलोकन के दायरे से बाहर रखा गया।

- 25वें संविधान संशोधन के द्वारा संपत्ति के अधिकार को और सीमित कर दिया गया एवं संविधान से मुआवजे का प्रावधान भी हटा दिया गया, जिससे सरकार सामाजिक न्याय के कार्य प्रभावी रूप में क्रियान्वित कर सके। 44वें संविधान संशोधन द्वारा संपत्ति के अधिकार को मूल अधिकारों के भाग-3 से हटा दिया गया। क्योंकि संपत्ति का अधिकार, निर्देशक तत्वों को लागू करने में बाधा बन रहे थे।
- संविधान में अनेक संशोधन आरक्षण की अवधि को बढ़ाने के लिए किए गए हैं, जिसमें 73वें व 74वें संविधान संशोधन के द्वारा पंचायती राज एवं नगर पालिकाओं में अनुसूचित जातियों तथा जनजातियों के लिए उनकी जनसंख्या के अनुपात में आरक्षण प्रदान किया गया तथा महिलाओं को पंचायती राज तथा नगर पालिकाओं के प्रत्येक स्तर पर एक-तिहाई आरक्षण प्रदान किया गया।
- इसके अतिरिक्त 86वें संविधान संशोधन द्वारा 6 से 14 वर्ष के बच्चों के लिए अनिवार्य एवं निःशुल्क प्राथमिक शिक्षा का अधिकार प्रदान किया गया।
- 93वें संविधान संशोधन के द्वारा सामाजिक और शैक्षिक रूप में पिछड़े वर्गों तथा अनुसूचित जातियों एवं जनजातियों के समुदाय को सभी केंद्रीय शैक्षणिक संस्थाओं और निजी विश्वविद्यालयों में भी आरक्षण प्रदान किया गया।

## संविधान के कार्यकरण की समीक्षा (न्यायमूर्ति वेंकट चलैया आयोग)

- कुछ लोगों का मानना है कि संविधान संशोधन को टुकडों में करने की बजाय, संविधान के समग्र पुनरावलोकन की आवश्यकता है। वर्ष-1990 के दशक के अंत तक यह मांग की जाने लगी कि संविधान की पूर्ण समीक्षा की जाए तथा आवश्यकता पड़ने पर संविधान के स्वरूप में व्यापक परिवर्तन किया जाए। इसी परिप्रेक्ष्य में 22 फरवरी, 2000 को न्यायमूर्ति वेंकट चलैया की अध्यक्षता में एक संविधान समीक्षा आयोग का गठन किया गया। आयोग ने संसदीय शासन के ढांचे के अंतर्गत् संविधान के 60 वर्षों के कार्यकरण की समीक्षा का निर्णय लिया।
- संविधान समीक्षा आयोग के अन्य सदस्य थे-न्यायमूर्ति बी. पी. जीवन रेड्डी, न्यायमूर्ति आर. एस. सरकारिया, न्यायमूर्ति कोंडापल्ली पुनैया, सोली सोराबजी, के. पारासरन, पी. ए. संगमा, सुभाष कश्यप, सी. आर. ईरानी, आबिद हुसैन तथा श्रीमती सुमित्रा कुलकर्णी। केंद्रीय विधि मंत्रालय के तहत् विधायी विभाग के सचिव रघुवीर सिंह को आयोग का सचिव नियुक्त किया गया।

## संविधान समीक्षा आयोग की सिफारिशें

### 1. अनुच्छेद-356

- संविधान समीक्षा आयोग, राष्ट्रपति शासन वाले प्रावधान को संविधान से हटाए जाने के पक्ष में नहीं है, लेकिन वह इस प्रावधान में संशोधन की जरूरत बताता है, जिसके तहत किसी भी राज्य की विधान सभा को भंग किए जाने की घोषणा पर पहले संसद में विचार किया जा सके।

### 2. प्रधानमंत्री को लोक सभा से प्रत्यक्ष चुनाव

- संविधान समीक्षा आयोग ने राजनीतिक स्थिरता सुनिश्चित करने के लिए चुनाव के बाद त्रिशंकु लोक सभा की स्थिति में प्रधानमंत्री के लोक सभा से प्रत्यक्ष चुनाव की सिफारिश की।

### 3. वैकल्पिक नेता

- आयोग ने लोक सभा या विधान सभाओं में लाए जाने वाले अविश्वास प्रस्तावों के बारे में सुझाव दिया है कि इसके लिए सदन में कम-से-कम 20 प्रतिशत सदस्यों द्वारा नोटिस दिया जाना अनिवार्य बनाया जाए, इसके अलावा इस प्रस्ताव में वैकल्पिक नेता का प्रस्ताव किया जाए, इसके लिए मतदान भी साथ-साथ हों।

### 4. चुनाव सुधार

- संविधान समीक्षा आयोग ने चुनाव में अगंभीर उम्मीदवारों पर रोक लगाने के लिए कड़े कदम उठाने की सिफारिशें की है। आयोग ने कहा है कि चुनाव आयोग में राष्ट्रीय दल के रूप में पंजीकृत राजनीतिक दलों व चुनाव पूर्व गठबंधनों को ही लोक सभा के चुनाव लड़ने के लिए चुनाव चिन्ह आवंटित किया जाए।

### 5. मौलिक अधिकारों और मौलिक कर्तव्यों का विस्तार

- संविधान समीक्षा आयोग ने मौलिक अधिकारों और कर्तव्यों का विस्तार करने को कहा है। आयोग ने तीसरे भाग में नए अधिकार व कर्तव्य जोड़ने का प्रस्ताव रखा।

### 6. निर्दलीय प्रत्याशियों पर रोक लगाने की सिफारिश

- रिपोर्ट में निर्दलीय उम्मीदवारों की बढ़ती संख्या पर लगाम लगाने के लिए कुछ कठोर सुझाव देते हुए कहा गया है कि निर्दलीय उम्मीदवारों के कारण न केवल संसाधनों की बर्बादी होती है, बल्कि चुनाव प्रक्रिया की पवित्रता भी धूमिल होती है।

### 7. नियंत्रक एवं महालेखा परीक्षक (CAG) का कार्यकाल घटाने का सुझाव

- आयोग ने कहा कि कैग के कार्यकाल को छह वर्ष से घटाकर पांच वर्ष किया जा सकता है। जबकि अवकाश ग्रहण करने की उम्र 65 वर्ष ही रखना उचित होगा। आयोग ने कहा कि

देश के राष्ट्रपति, उपराष्ट्रपति व लोक सेवा आयोग सभी का कार्यकाल पांच वर्ष है, ऐसे में कैग का कार्यकाल पांच वर्ष से अधिक होने का औचित्य समझ में नहीं आता।

**8. दल-बदल**

- आयोग ने दल-बदल को लोकतंत्र के लिए खतरनाक बताते हुए निर्वाचित प्रतिनिधियों के अकेले अथवा समूह में दल बदलने पर उनकी सदस्यता समाप्त करने की सिफारिश की।

### संविधान की समीक्षा पर विवाद

- पूर्व राष्ट्रपति के. आर. नारायण ने कहा कि यह मंथन करने की आवश्यकता है कि क्या संविधान की समीक्षा की जाए अथवा इस बिंदु पर विचार किया जाए कि हमने किस प्रकार संविधान को असफल कर दिया? उनके अनुसार, 'संविधान में परिवर्तन की बजाय, राजनेताओं को अपने आचरण में परिवर्तन करना चाहिए, क्योंकि संविधान निर्माताओं ने जिन आदर्शों का निर्माण किया था, उनका खुला उल्लंघन किया जा रहा है।' इस विवाद के बावजूद एक समय के बाद संविधान के पुनरावलोकन की आवश्यकता होती है, क्योंकि सामाजिक एवं आर्थिक परिस्थितियां परिवर्तित होती रहती हैं। इसलिए संविधान में भी परिवर्तन की आवश्यकता होती है।

## आधारभूत ढांचा

- संविधान विशेषज्ञों के मध्य इस बिंदु पर आरंभ से ही विवाद रहा है कि मूल अधिकारों के अलावा संविधान के किसी अन्य भाग पर भी संशोधन करने पर प्रतिबंध है। इस समस्या का समाधान, 13 न्यायाधीशों की पीठ के द्वारा 'केशवानंद भारती वाद' के अंतर्गत् किया गया। न्यायपालिका ने इस वाद में मूलभूत ढांचे या आधारभूत ढांचे की संकल्पना का निर्माण किया।
- यह वाद इसलिए अत्यधिक महत्वपूर्ण है कि इसमें संसद द्वारा संविधान संशोधन को भी न्यायिक पुनरावलोकन के दायरे में लाया गया। जबकि इसके पहले न्यायपालिका द्वारा सामान्य विधि के पुनरावलोकन द्वारा सवाल नहीं उठाया जाता था। इस वाद में न्यायपालिका ने संसद की संविधान संशोधन की शक्ति को ही सीमित कर दिया। यह स्पष्ट कहा गया है कि संसद अपनी संशोधन शक्ति के अंतर्गत् भी आधारभूत ढांचे को बदल नहीं सकती। न्यायपालिका ने यह स्पष्ट कहा कि भारतीय संविधान में संविधान संशोधन तथा संविधान के पूर्ण परिवर्तन के मध्य कोई अंतर नहीं किया गया है। जैसाकि स्विट्जरलैंड के संविधान में है। इसलिए संविधान के अंतर्गत् संसद की संशोधनकारी शक्तियां सीमित हैं।
- आधारभूत ढांचे की संकल्पना द्वारा न्यायपालिका ने न्यायिक पुनरावलोकन का अत्यधिक ठोस आधार निर्मित किया। न्यायपालिका का यह दृष्टिकोण पहले से बिल्कुल अलग था, क्योंकि इससे पहले न्यायपालिका ने संसद की संशोधनकारी शक्ति को सीमित करने का प्रयत्न नहीं किया। इस वाद में स्पष्ट कहा गया है कि अनुच्छेद-368 की प्रक्रिया का पालन करते हुए भी संविधान के मूलभूत ढांचे का संशोधन नहीं हो सकता, क्योंकि अनुच्छेद-368 की संशोधन शक्ति में एक अंतर्निहित प्रतिबंध भी आरोपित है।
- न्यायपालिका ने आधारभूत ढांचे को परिभाषित नहीं किया।
- न्यायपालिका के अनुसार, आधारभूत ढांचा, संविधान का वह मूल, अभिन्न एवं आधारभूत भाग है, जिसके परिवर्तन का आशय समूचे संविधान का ही परिवर्तन होगा। परंतु न्यायपालिका ने संविधान के किसी ऐसे भाग का उल्लेख नहीं किया, जो संविधान के अभिन्न भाग हों, बल्कि न्यायपालिका के अनुसार, यह प्रत्येक वाद के अनुसार निर्धारित होगा।
- विभिन्न वादों में आधारभूत ढांचे के विभिन्न तत्वों का उल्लेख किया गया है। लेकिन यह सूची अभी भी अपूर्ण है तथा न्यायपालिका इसका निरंतर विकास कर रही है।
- विभिन्न वादों में **आधारभूत ढांचे का उल्लेख**-
  (i) केशवानंद भारती वाद। (न्यायिक पुनरावलोकन)
  (ii) मिनर्वा मिल्स वाद। (न्यायिक पुनरावलोकन)
- 'केशवानंद भारती वाद' में न्यायमूर्ति सीकरी ने **निम्नलिखित तत्वों को संविधान का मूलभूत ढांचा माना**-
  (i) संविधान की सर्वोच्चता।
  (ii) सरकार का लोकतांत्रिक व गणतांत्रिक स्वरूप।
  (iii) संविधान की पंथनिरपेक्ष प्रकृति।
  (iv) शक्तियों का विभाजन या पृथक्करण।
  (v) संघीय व्यवस्था।
- इसी वाद में न्यायमूर्ति हेगड़े व न्यायमूर्ति मुखर्जी ने निम्नलिखित तत्वों को **संविधान का आधारभूत ढांचा माना**-
  (i) संप्रभुता व एकता।
  (ii) शासन का लोकतांत्रिक स्वरूप।
  (iii) व्यक्ति की स्वतंत्रता।
- न्यायमूर्ति खन्ना के अनुसार, 'संसद की संशोधन शक्ति का अभिप्राय यह नहीं है कि संसद लोकतांत्रिक सरकार को परिवर्तित करके अधिनायकवाद की स्थापना करे तथा राज्य की पंथनिरपेक्ष प्रकृति को बदल दे।'

- इंदिरा गांधी बनाम् राज नारायण वाद, 1975 में न्यायमूर्ति चंद्रचूड़ ने **निम्नलिखित तत्वों को संविधान का मूलभूत ढांचा माना**–
  (i) संप्रभु व लोकतांत्रिक गणराज्य।
  (ii) प्रस्थिति व अवसर की समानता।
  (iii) पंथनिरपेक्षता और अंत:करण की स्वतंत्रता।
  (iv) विधि का शासन।
- इसके अतिरिक्त मिनर्वा मिल्स वाद, 1980 **में निम्नलिखित तत्वों को संविधान का आधारभूत ढांचा माना गया**–
  (i) संसद के संविधान संशोधन की शक्ति।
  (ii) न्यायिक पुनरावलोकन।
  (iii) मूलाधिकार व निर्देशक तत्वों के मध्य सामंजस्य एवं समन्वय।
- इस वाद के पश्चात् मूलभूत ढांचे की संकल्पना का समर्थन किया गया। उदाहरण के लिए, नरसिंह राव वाद में न्यायमूर्ति एस. सी. अग्रवाल के अनुसार, 'संसदीय शासन, संविधान का आधारभूत ढांचा है।' एस. आर. बोम्मई वाद, 1994 में न्यायमूर्ति रामास्वामी के अनुसार, **निम्नलिखित तत्व संविधान के मूलभूत ढांचे में शामिल हैं**–
  (i) सरकार का लोकतांत्रिक स्वरूप।
  (ii) संघीय शासन।
  (iii) राष्ट्रीय एकता व अखंडता।
  (iv) पंथनिरपेक्षता।
  (v) समाजवाद।
  (vi) सामाजिक न्याय।
  (vii) न्यायिक पुनरावलोकन।

## आधारभूत ढांचे के सिद्धांत की विशेषताएं

(i) आधारभूत ढांचे की संकल्पना, वस्तुत: अपरिभाषित है।
(ii) उपरोक्त वर्णित तत्व आधारभूत ढांचे के भाग हैं, परंतु यह सूची अभी भी अपूर्ण है।
(iii) आधारभूत ढांचे के सिद्धांत का निर्माण अमूर्त रूप में नहीं किया गया, बल्कि प्रत्येक वाद में इसका निर्धारण किया गया। अत: न्यायपालिका किसी भी वाद में किसी तत्व को मूलभूत ढांचे की संज्ञा दे सकती है।
(iv) आधारभूत ढांचे के सिद्धांत के द्वारा संविधान के निरंतर और असीमित संशोधन पर एक स्वाभाविक प्रतिबंध आरोपित हो जाता है।
(v) इस सिद्धांत के माध्यम से न्यायपालिका ने अपनी न्यायिक पुनरावलोकन की शक्ति को प्रभावी रूप में बनाए रखा है।

## आलोचना

- 'केशवानंद भारती वाद' पर संसद द्वारा अत्यधिक तीखी प्रतिक्रिया व्यक्त की गई। संसद ने इसे संसदीय भावना के पूर्णत: विपरीत माना, क्योंकि संसदीय शासन में विधि के निर्माण तथा संशोधन का अधिकार भी संसद का है। इसलिए संसद ने इसकी आलोचना न्यायिक सक्रियता के रूप में की, जिसके परिणामस्वरूप संविधान में वर्णित शक्ति विभाजन, असंतुलित हो जाएगा। आलोचकों के अनुसार, यदि संसद की संविधान संशोधन की शक्ति सीमित है, तो न्यायपालिका के न्यायिक पुनरावलोकन की शक्ति असीमित नहीं हो सकती। यदि संसद को एक नया संविधान लिखने की अनुमति प्राप्त नहीं है, तो न्यायपालिका भी संविधान में आमूल-चूल परिवर्तन नहीं कर सकती। यह बिंदु उल्लेखनीय है कि, संविधान निर्माताओं ने शासन के किसी भी अंग को सर्वोच्च नहीं माना, बल्कि उन्होंने संविधान की सर्वोच्चता को स्वीकार किया था। अत: संविधान निर्माताओं ने संसदीय सर्वोच्चता और न्यायिक सर्वोच्चता के मध्य बिंदु को तलाश किया।
- आलोचकों के अनुसार, आधारभूत ढांचे की संकल्पना, अस्पष्ट तथा अनेकार्थी है। न्यायपालिका ने 'केशवानंद भारती वाद' में स्वयं कहा कि संविधान की व्याख्या करते समय हमें संविधान की शर्तों का सामान्य और स्पष्ट अर्थ ग्रहण करना चाहिए। जबकि व्यावहारिक रूप में न्यायपालिका द्वारा ऐसा नहीं किया गया। कुछ वादों में न्यायाधीशों ने परस्पर विरोधी आधारभूत ढांचे की संकल्पना का प्रतिपादन किया। उदाहरण के लिए, 'इंदिरा बनाम् राज नारायण वाद' (1975) में मुख्य न्यायाधीश ए. एन. रे ने मुक्त तथा निष्पक्ष चुनाव को संविधान के आधारभूत ढांचे का भाग नहीं माना। जबकि इसी वाद में न्यायमूर्ति खन्ना ने कहा कि मुक्त और निष्पक्ष निर्वाचन संविधान के आधारभूत ढांचे का भाग है। यह अत्यधिक महत्वपूर्ण है कि न्यायपालिका का कोई ऐसा बहुमत का निर्णय उपलब्ध नहीं है, जिसमें आधारभूत ढांचे को परिभाषित किया गया हो।
- प्रसिद्ध संविधान विशेषज्ञ दुर्गा दास बसु ने 'केशवानंद भारती' के निर्णय के विरोधाभासों को व्यक्त करते हुए कहा कि इस वाद में न्यायिक पुनरावलोकन को संविधान का आधारभूत ढांचा माना गया है। जबकि मूलाधिकारों को आधारभूत ढांचे के अंतर्गत् नहीं रखा गया। यह अत्यधिक रोचक तथ्य है कि न्यायिक पुनरावलोकन, मूलाधिकारों का ही एक भाग है। इसलिए उन्होंने तो इतना तक कहा कि भविष्य में 'केशवानंद भारती वाद' के निर्णय को बदला जा सकता है। आई. आर. कोयलाहो वाद में उच्चतम न्यायालय ने यह पुन: दोहराया

कि आधारभूत ढांचे का संशोधन नहीं हो सकता और यदि किसी विषय को नौवीं अनुसूची में शामिल किया जाता है, तो भी उसका न्यायिक पुनरावलोकन होगा। हालांकि इससे आधारभूत ढांचे का उल्लंघन हो रहा है।

**आई.आर. कोलेहोवाद** (I.R. Coleho)

- उच्चतम न्यायालय के द्वारा ये कहा गया कि नवीं अनुसूची का भी न्यायिक पुनरावलोकन होगा।
  (i) जो विषय 1973 के बाद अनुसूची में जोड़े गए है,
  (ii) ये मूलभूत ढांचे के विरुद्ध हैं।

## निष्कर्ष

- संविधान की कुछ महत्वपूर्ण और मौलिक विशेषताएं होती हैं, जिनको बनाए रखना आवश्यक होता है तथा परिवर्तित परिस्थितियों के परिणामस्वरूप संविधान में संशोधन भी आवश्यक हो जाता है। परंतु प्रत्येक गौण मामलों पर संविधान संशोधन का प्रयत्न करना तार्किक तथा उचित नहीं है, क्योंकि संविधान, देश की सर्वोच्च विधि है, जिसके प्रति सभी नागरिकों को निष्ठा का भाव रखना चाहिए तथा अनावश्यक एवं अधिकाधिक संशोधन, संविधान के महत्व का अवमूल्यन कर देते हैं। इसलिए आधारभूत ढांचे का सिद्धांत, संविधान में अनावश्यक संशोधन पर एक कारगर प्रतिबंध लगाता है।

## भारतीय संविधान में हुए संशोधनों का संक्षिप्त विवरण

### पहला संविधान संशोधन (1951)

- इस संशोधन द्वारा नौवीं अनुसूची को जोड़ा गया, जिसके अंतर्गत् भूमि संबंधी विधियों को संरक्षण प्रदान किया गया और इन विधियों को न्यायिक पुनर्विलोकन से बाहर रखा गया।
- इसके लिए अनुच्छेद-31(अ) और 31(ब) जोड़ा गया।
- रोमेश थापर बनाम् स्टेट ऑफ मद्रास (1951) एस. सी. के मामलों में सर्वोच्च न्यायालय के निर्णय से उत्पन्न परिस्थितियों को दूर करने के लिए यह संविधान संशोधन पारित किया गया।
- इससे स्वतंत्रता, समानता एवं संपत्ति से संबंधित मूल अधिकारों को लागू किए जाने संबंधी कठिनाइयों को दूर करने का प्रयास किया गया।
- वाक् एवं अभिव्यक्ति की स्वतंत्रता पर उचित प्रतिबंध लगाया गया।
- अनुच्छेद-19(2) में प्रतिबंध के तीन नए आधारों को जोड़ा गया-लोक व्यवस्था, विदेशी राज्य से मैत्री संबंध और अपराध हेतु उत्प्रेरित करना।

### दूसरा संविधान संशोधन (1952)

- वर्ष 1951 की जनगणना के अनुसार संसद में राज्यों के प्रतिनिधित्व को निर्धारित किया गया।

### तीसरा संविधान संशोधन (1954)

- इसके द्वारा समवर्ती सूची में संशोधन करके इसमें खाद्यान्न पशुओं के लिए चारा और कच्चा कपास आदि को सम्मिलित किया गया।

### चौथा संविधान संशोधन (1955)

- बेला बनर्जी मामले में सर्वोच्च न्यायालय के विनिश्चय से उत्पन्न हुई कठिनाई को दूर करने के लिए यह संशोधन किया गया।
- इसके अनुसार व्यक्तिगत संपत्ति को लोकहित में राज्य द्वारा छीने जाने की स्थिति में न्यायालय क्षतिपूर्ति राशि का पुनर्निरीक्षण नहीं कर सकता।

### पांचवां संविधान संशोधन (1955)

- अनुच्छेद-3 में संशोधन करके राज्य पुनर्गठन विधेयक के संबंध में यह व्यवस्था की गई कि यदि निर्धारित अवधि के भीतर राज्य अपनी राय नहीं बताते हैं, तो विधेयक को संसद द्वारा पारित मान लिया जाएगा।

### छठा संविधान संशोधन (1956)

- संविधान की सातवीं अनुसूची के संघ सूची में 92(क) को शामिल करके केंद्र सरकार को अंतर्राज्यीय क्रय-विक्रय पर कर लगाने की शक्ति प्रदान की गई।

### सातवां संविधान संशोधन (1956)

- इसके द्वारा संविधान के अनुच्छेद-1 एवं प्रथम सूची में संशोधन करके राज्यों को 14 राज्यों तथा 6 संघ-राज्य क्षेत्रों में पुनर्गठित किया गया।
- अनुच्छेद-230 एवं 231 संशोधित करके उच्च न्यायालयों के क्षेत्राधिकार को संघ-राज्य क्षेत्रों पर बढ़ा दिया गया।
- इसके तहत दो (2) से अधिक राज्यों के लिए एक (1) उच्च न्यायालय का उपबंध किया गया।

### आठवां संविधान संशोधन (1960)

- इस संशोधन द्वारा अनुच्छेद-334 में संशोधन करके अनुसूचित जातियों तथा जनजातियों के लिए लोक सभा और राज्य सभा व विधान सभाओं में आरक्षण की अवधि को 20 वर्ष तक के लिए बढ़ा दिया गया।

### नौवां संविधान संशोधन (1960)

- भारत एवं पाकिस्तान के मध्य भूमि हस्तांतरण के लिए किए गए समझौते को कार्यांवित करने के लिए भारत के भू-भाग को हस्तांतरित करने का अधिकार दिया गया।

- इसके द्वारा बेरूबारी, खुलना आदि क्षेत्रों को पाकिस्तान (अब बांग्लादेश) को दे दिया गया।

**दसवां संविधान संशोधन ( 1961 )**

- भारत में पुर्तगाली क्षेत्रों दादरा एवं नागर हवेली को भारत में शामिल कर उन्हें केंद्र शासित प्रदेश का दर्जा दिया गया।

**ग्यारहवां संविधान संशोधन ( 1961 )**

- इसके माध्यम से प्रावधान किया गया कि राष्ट्रपति या उपराष्ट्रपति के चुनाव को इस आधार पर चुनौती नहीं दी जा सकती कि निर्वाचक मंडल अपूर्ण है।
- उपराष्ट्रपति के चुनाव के लिए संसद के दोनों सदनों की संयुक्त बैठक बुलाना आवश्यक है।

**बारहवां संविधान संशोधन ( 1962 )**

- इसके द्वारा गोवा, दमन तथा दीव को भारत का संघ-राज्य क्षेत्र घोषित किया गया।

**तेरहवां संविधान संशोधन ( 1962 )**

- इसके द्वारा नागालैंड को राज्य की श्रेणी में रखकर संविधान के प्रथम अनुसूची में शामिल किया गया और अनुच्छेद-371(क) को संविधान में जोड़कर नागालैंड के संबंध में विशेष प्रावधान किया गया।

**चौदहवां संविधान संशोधन ( 1962 )**

- पॉण्डिचेरी को भारत का अंग तथा संघ-राज्य क्षेत्र में विधान सभा तथा मंत्रिपरिषद् की स्थापना का अधिकार दिया गया।
- अनुच्छेद-239(क) जोड़कर पॉण्डिचेरी के लिए विधान सभा तथा मंत्रिमंडल के गठन हेतु प्रावधान किया गया।

**पंद्रहवां संविधान संशोधन ( 1963 )**

- इसके द्वारा उच्च न्यायालयों की अधिकारिता में वृद्धि की गई तथा उच्च न्यायालयों के न्यायाधीशों की सेवा निवृत्ति की आयु को 60 से बढ़ाकर 62 वर्ष कर दिया गया।
- एक नया अनुच्छेद-224(क) जोड़कर उच्च न्यायालय के अवकाश प्राप्त न्यायाधीशों को उच्च न्यायालय में नियुक्ति से संबंधित प्रावधान किया गया।
- अनुच्छेद-226 में एक नया खंड-1(क) जोड़ा गया, जिसके अनुसार उच्च न्यायालय किसी सरकार, प्राधिकारी या व्यक्ति के विरुद्ध रिट जारी कर सकता है।

**सोलहवां संविधान संशोधन ( 1963 )**

- राज्य की संप्रभुता तथा अखंडता की रक्षा हेतु राज्य मूल अधिकारों पर युक्तियुक्त निर्बंधन लगा सकता है।
- किसी भी राज्य के भारत संघ से पृथक् होने तथा संघ को भंग करने के प्रयास को अवैध घोषित किया गया।
- संसद तथा राज्य विधान मंडल के सदस्यों को भारत की अखंडता बनाए रखने के तथा प्रभुत्व संपन्नता की रक्षा की शपथ ग्रहण करनी होगी।

**सत्रहवां संविधान संशोधन ( 1964 )**

- नौवीं अनुसूची में 44 अधिनियम जोड़े गए तथा संपत्ति के अधिकार को स्पष्ट किया गया।
- केरल और मद्रास राज्य द्वारा पारित भूमि सुधार अधिनियमों को सांविधानिक संरक्षण प्रदान किया गया।

**अठारहवां संविधान संशोधन ( 1966 )**

- अनुच्छेद-3(क) जोड़कर यह व्यवस्था की गई कि संसद किसी राज्य या संघ-राज्य क्षेत्र के एक भाग का गठन कर सकती है।
- पंजाब को पुनर्गठित करके पंजाब एवं हरियाणा राज्य और हिमाचल संघ-राज्य क्षेत्र की स्थापना की गई।
- अनुच्छेद-3 में यह स्पष्टीकरण जोड़ा गया कि 'राज्य' शब्द के अंतर्गत् संघ-राज्य क्षेत्र भी आते हैं।

**उन्नीसवां संविधान संशोधन ( 1966 )**

- इसके द्वारा निर्वाचन न्यायाधिकरणों को समाप्त करके यह व्यवस्था की गई कि निर्वाचन संबंधी विवादों को सीधे उच्च न्यायालय में दाखिल किया जा सकता है।

**बीसवां संविधान संशोधन ( 1966 )**

- संविधान में एक नया अनुच्छेद-233(क) जोड़कर अनियमितता के आधार पर नियुक्त कुछ जिला न्यायाधीशों की नियुक्ति को वैधता प्रदान की गई।

**21वां संविधान संशोधन ( 1967 )**

- संविधान की आठवीं अनुसूची में सिंधी भाषा को 15वीं भाषा के रूप में शामिल किया गया।

**22वां संविधान संशोधन ( 1969 )**

- असम राज्य से मेघालय को अलग करके एक नए राज्य के रूप में स्थापित किया गया।
- अनुच्छेद-244(क), 371(ख) तथा 275(1-क) जोड़ा गया।

**23वां संविधान संशोधन ( 1970 )**

- इसके द्वारा अनुसूचित जातियों और जनजातियों के लिए लोक सभा तथा विधान सभाओं में आरक्षण की अवधि को और 10 वर्ष के लिए बढ़ा दिया गया।

**24वां संविधान संशोधन ( 1971 )**

- गोलकनाथ वाद में सर्वोच्च न्यायालय द्वारा दिए गए निर्णय से उत्पन्न कठिनाइयों को दूर करने के लिए यह संविधान संशोधन किया गया।
- इसके द्वारा अनुच्छेद-13 और अनुच्छेद-368 में संशोधन किया गया।
- अनुच्छेद-368 में यह स्पष्ट किया गया कि इसके अंतर्गत् संविधान संशोधन की प्रक्रिया और शक्ति दोनों शामिल हैं।

- अनुच्छेद-13(2) में उल्लिखित कोई बात संविधान संशोधन विधि को लागू नहीं होगी।
- एक नया अनुच्छेद-13(4) जोड़ा गया और स्पष्ट किया गया कि अनुच्छेद-368 के अधीन संवैधानिक संशोधन 'विधि' नहीं है।
- केशवानंद भारती बनाम् केरल राज्य वाद में सुप्रीम कोर्ट ने 24वें संविधान संशोधन को विधि मान्य घोषित किया।

**25वां संविधान संशोधन ( 1971 )**

- इसके द्वारा अनुच्छेद-31 के खंड-2 का संशोधन किया गया तथा अनुच्छेद-31(ग) जोड़ा गया।

**26वां संविधान संशोधन ( 1971 )**

- यह संशोधन माधव राव सिंधिया बनाम् भारत संघ (प्रीवी पर्स मामले) वाद में सर्वोच्च न्यायालय द्वारा दिए गए निर्णय की कठिनाइयों को दूर करने के लिए किया गया।
- संविधान से अनुच्छेद-291 और 362 को निकाल दिया गया, जो इन विषयों से संबंधित थे।
- एक नया अनुच्छेद-263(क) जोड़कर भूतपूर्व राजाओं के प्रीवीपर्स तथा विशेषाधिकार को समाप्त कर दिया गया।

**27वां संविधान संशोधन ( 1971 )**

- इसके तहत पूर्वोत्तर राज्य पुनर्गठन अधिनियम पारित किया गया।
- अरूणाचल प्रदेश और मिजोरम को संघ शासित प्रदेशों के रूप में स्थापित किया गया।
- इस संशोधन द्वारा दो नए अनुच्छेद-239(ख) और 371(ग) जोड़े गए।

**28वां संविधान संशोधन ( 1972 )**

- इस संविधान संशोधन द्वारा सिविल सेवा में कार्यरत अधिकारियों के विशेषाधिकार में कटौती की गई।
- अनुच्छेद-312(A) को संविधान में जोड़ा गया तथा अनुच्छेद-314 को निरसित कर दिया गया।

**29वां संविधान संशोधन ( 1972 )**

- केरल भू-सुधार संशोधन अधिनियम, 1969-71 को संविधान की नौवीं अनुसूची में शामिल किया गया, जिससे इनको न्यायालय में चुनौती न दी जा सके।

**30वां संविधान संशोधन ( 1972 )**

- अनुच्छेद-133 में संशोधन किया गया।
- सर्वोच्च न्यायालय में दीवानी विवादों में अपील के लिए 20,000 रूपये से अधिक मूल्य की सीमा समाप्त कर दी गई।

**31वां संविधान संशोधन ( 1973 )**

- अनुच्छेद-81 में संशोधन करके लोक सभा सदस्यों की संख्या को 525 से बढ़ाकर 545 कर दिया गया।

**32वां संविधान संशोधन ( 1974 )**

- अनुच्छेद-371 में संशोधन करके 371(D) और 371(E) को जोड़ा गया।
- अनुच्छेद-371(D) में आंध्र प्रदेश के लिए विशेष प्रावधान है।
- अनुच्छेद-371(E) संसद को केंद्रीय विश्वविद्यालयों की स्थापना के लिए नियम बनाने का अधिकार प्रदान करता है।

**33वां संविधान संशोधन ( 1974 )**

- इसके द्वारा संविधान के अनुच्छेद-101 तथा 190 में संशोधन करके यह व्यवस्था की गई कि संसद या राज्य विधानमंडलों के सदस्यों से बलपूर्वक त्यागपत्र नहीं दिलवाया जा सकता।

**34वां संविधान संशोधन ( 1974 )**

- नौवीं अनुसूची में भूमि सुधार संबंधी अधिनियमों को शामिल किया गया।

**35वां संविधान संशोधन ( 1974 )**

- सिक्किम को सह राज्य का दर्जा प्रदान किया गया।

**36वां संविधान संशोधन ( 1975 )**

- सिक्किम को पूर्ण राज्य का दर्जा प्रदान किया गया और भारत के 22वें राज्य के रूप में संविधान की प्रथम अनुसूची में शामिल किया गया।
- अनुच्छेद-371(च) के अंतर्गत् सिक्किम के लिए विशेष प्रावधान किया गया।

**37वां संविधान संशोधन ( 1975 )**

- अनुच्छेद-239(क) और 240 में संशोधन किया गया।
- अरूणाचल प्रदेश के लिए विधान सभा और मंत्रिपरिषद् की स्थापना से संबंधित व्यवस्था की गई।

**38वां संविधान संशोधन ( 1975 )**

- अनुच्छेद-352 के अधीन आपात स्थिति की घोषणा करने में राष्ट्रपति के समाधान को किसी न्यायालय में प्रश्नगत नहीं किया जा सकता।
- अनुच्छेद-352 में दो नए खंड-4 और 5, अनुच्छेद-356 खंड-5 और अनुच्छेद-359 में खंड-क और अनुच्छेद-360 में खंड-5 जोड़ा गया।
- राष्ट्रपति, राज्यपाल और उप-राज्यपालों द्वारा अध्यादेश जारी करने के मामले को न्यायालय के अधिकार क्षेत्र से बाहर कर दिया गया।

**39वां संविधान संशोधन ( 1975 )**

- राष्ट्रपति, उप-राष्ट्रपति, लोक सभा अध्यक्ष तथा प्रधानमंत्री के निर्वाचन को न्यायालय में चुनौती नहीं दी जा सकती।

**40वां संविधान संशोधन ( 1976 )**

- इसके द्वारा नौवीं अनुसूची में कुछ अधिनियम शामिल किए गए।

**41वां संविधान संशोधन ( 1976 )**

- अनुच्छेद-316(2) में संशोधन करके राज्यों के लोक सेवा आयोगों के अध्यक्षों तथा सदस्यों की सेवा निवृत्ति की आयु 60 वर्ष से बढ़ाकर 62 वर्ष कर दी गई।

**42वां संविधान संशोधन ( 1976 )**

- यह संशोधन अभी तक पारित सभी संशोधनों से अधिक व्यापक था।
- इसके द्वारा संविधान में दो नए अध्याय-4 (क), 14 (क) और नौ (9) नए अनुच्छेदों को शामिल किया गया।
- 52 अनुच्छेदों में संशोधन किया गया।
- 42वें संविधान संशोधन को लघु संविधान भी कहा जाता है। इसके प्रमुख संशोधन इस प्रकार से हैं-
- संविधान की उद्देशिका में 'पंथनिरपेक्ष समाजवादी तथा अखंडता' शब्दों को जोड़ा गया।
- अनुच्छेद-31(ग) जोड़कर यह प्रावधान किया गया कि नीति निदेशक तत्वों को प्रभावी करने के लिए मूल अधिकार में संशोधन किया जा सकता है।
- नीति निदेशक तत्वों में **तीन ( 3 )** नए निदेशक तत्वों को **शामिल किया गया-**

i. समान न्याय और नि:शुल्क विधिक सहायता, (अनु. -39(क)।

ii. उद्योगों के प्रबंध में कर्मकारों की भागीदारी, (अनु. -43(क)।

iii. पर्यावरण की रक्षा और सुधार एवं वन व वन्य जीव की सुरक्षा, (अनु.-48(क))।

- भाग-4(क) तथा अनुच्छेद-51(क) जोड़कर नागरिकों के 10 मूल कर्त्तव्यों का उल्लेख किया गया।
- अनुच्छेद-74 में यह व्यवस्था की गई कि राष्ट्रपति, मंत्रिपरिषद् की सलाह मानने के लिए बाध्य होगा।
- अनुच्छेद-368 में दो (2) नए खंड-(4) और (5) शामिल किया गया। खंड-4 के अनुसार, संसद द्वारा किए गए संविधान संशोधनों को न्यायालय में चुनौती नहीं दी जा सकैगी तथा खंड-5 में यह व्यवस्था है कि संविधान संशोधन के संदर्भ में संसद की शक्ति असीमित है।
- वन, संपदा, शिक्षा, जनसंख्या नियंत्रण तथा परिवार नियोजन, जानवर, पक्षियों की सुरक्षा, बाट तथा माप आदि विषयों को समवर्ती सूची के अंतर्गत् कर दिया गया।
- विधान सभा एवं लोक सभा की समयावधि को 5 वर्ष से बढ़ाकर 6 वर्ष कर दिया गया।
- लोक सभा एवं विधान सभा की सभी सीटों की संख्या को वर्ष-2001 तक के लिए स्थिर कर दिया गया।
- राष्ट्रपति, पूरे देश के साथ-साथ अब देश के किसी एक भाग में भी अनुच्छेद-352 के तहत आपात की उद्घोषणा कर सकता है।
- अनुच्छेद-356 के तहत आपात उद्घोषणा के पश्चात् संसद द्वारा अनुमोदन के बाद छह (6) महीने लागू रह सकती थी। लेकिन अब यह एक (1) वर्ष तक लागू रह सकती है।
- संविधान में एक नया भाग-14(क) जोड़ा गया, जिसके अंतर्गत् 223(क) और 223(ख) अनुच्छेद आते हैं।
- इस संशोधन द्वारा केंद्र, राज्यों में केंद्रीय सुरक्षा बलों को तैनात कर सकता है और संसद को यह अधिकार दिया गया कि वह निर्णय कर सकती है कि कौन सा पद लाभ का पद है।
- संसद तथा राज्य विधानमंडलों के लिए गणपूर्ति की आवश्यकता नहीं है।

**43वां संविधान संशोधन ( 1977 )**

- 42वें संविधान संशोधन की कुछ धाराओं को समाप्त किया गया।

**44वां संविधान संशोधन ( 1978 )**

- यह संशोधन भी अत्यंत महत्वपूर्ण है।
- 42वें संविधान संशोधन द्वारा किए गए अनावश्यक परिवर्तनों को समाप्त करने के लिए जनता दल की सरकार ने यह संशोधन किया था।
- अनुच्छेद-352 में राष्ट्रीय आपात की उद्घोषणा का आधार 'आंतरिक अशांति' के स्थान पर 'सशस्त्र विद्रोह' शब्द को शामिल किया गया।
- राष्ट्रपति, राष्ट्रीय आपात की उद्घोषणा तभी कर सकता है, जब उसे मंत्रिमंडल द्वारा लिखित सूचना दे दी जाए।
- संपत्ति के मूल अधिकार को समाप्त करके अनुच्छेद-300 (क) के अंतर्गत् इसे विधिक अधिकार का दर्जा दिया गया और अनुच्छेद-31 तथा अनुच्छेद-19(1) को निरसित कर दिया गया।
- अनुच्छेद-74 में राष्ट्रपति को अधिकार दिया गया कि वह मंत्रिमंडल की सलाह को एक बार पुनर्विचार के लिए वापस भेज सकता है। लेकिन मंत्रिमंडल द्वारा दोबारा दी गई सलाह को मानने के लिए बाध्य होगा।
- 44वें संविधान संशोधन द्वारा लोक सभा तथा राज्य विधान सभाओं की अवधि पुन: 5 वर्ष कर दी गई।
- राष्ट्रपति, उप-राष्ट्रपति के निर्वाचन संबंधी विवाद को हल करने की अधिकारिता पुन: सर्वोच्च न्यायालय को दी गई।

**45वां संविधान संशोधन ( 1980 )**

- इसके द्वारा लोक सभा तथा राज्य विधान सभाओं में अनुसूचित जातियों तथा जनजातियों के आरक्षण में 10 वर्ष की वृद्धि की गई।

**46वां संविधान संशोधन ( 1982 )**

- कुछ वस्तुओं के संबंध में बिक्री कर की समान दर और वसूली की एक समान व्यवस्था को अपनाया गया।

**47वां संविधान संशोधन ( 1984 )**

- संविधान की नौवीं अनुसूची में कुछ और अधिनियमों को जोड़ा गया।

**48वां संविधान संशोधन ( 1984 )**

- संविधान के अनुच्छेद-356(5) में परिवर्तन करके यह व्यवस्था की गई कि पंजाब में राष्ट्रपति शासन की अवधि को 2 वर्ष तक बढ़ाया जा सकता है।

**49वां संविधान संशोधन ( 1984 )**

- अनुच्छेद-244 तथा पांचवीं व छठीं अनुसूची में संशोधन करके त्रिपुरा में स्वायत्तशासी जिला परिषद् की स्थापना का प्रावधान किया गया।

**50वां संविधान संशोधन ( 1984 )**

- अनुच्छेद-33 को पुन: स्थापित करके सुरक्षा बलों के मूल अधिकारों को प्रतिबंधित किया गया।

**51वां संविधान संशोधन ( 1985 )**

- मेघालय, नागालैंड, अरूणाचल प्रदेश और मिजोरम की अनुसूचित जनजातियों को लोक सभा में आरक्षण प्रदान किया गया।
- नागालैंड और मेघालय की विधान सभाओं में जनजातियों के लिए आरक्षण की व्यवस्था की गई।

**52वां संविधान संशोधन ( 1985 )**

- अनुच्छेद-101, 102, 190 तथा 191 में संशोधन करके संविधान में दसवीं अनुसूची को जोड़कर दल-बदल को रोकने के लिए कानून बनाया गया।

**53वां संविधान संशोधन ( 1986 )**

- मिजोरम को राज्य की श्रेणी में शामिल किया गया तथा अनुच्छेद-371(छ) को जोड़कर राज्य के लिए विशेष व्यवस्था की गई।

**54वां संविधान संशोधन ( 1986 )**

- उच्चतम न्यायालय तथा उच्च न्यायालयों के न्यायाधीशों के वेतन तथा सेवा शर्तों में सुधार किया गया।

**55वां संविधान संशोधन ( 1986 )**

- अरूणाचल प्रदेश को राज्य का दर्जा दिया गया तथा अनुच्छेद-371(ज) के अंतर्गत् विशेष व्यवस्था की गई।

**56वां संविधान संशोधन ( 1987 )**

- गोवा को राज्य की श्रेणी में तथा दमन और दीव को गोवा से अलग करके संघ राज्य क्षेत्र की श्रेणी में रखा गया।

**57वां संविधान संशोधन ( 1987 )**

- मेघालय, मिजोरम, नागालैंड तथा अरूणाचल प्रदेश की विधान सभाओं में जनजातियों के लिए आरक्षण की व्यवस्था की गई।

**58वां संविधान संशोधन ( 1987 )**

- राष्ट्र को संविधान का प्रामाणिक हिंदी संस्करण प्रकाशित करने के लिए अधिकृत किया गया।

**59वां संविधान संशोधन ( 1988 )**

- राज्यों में राष्ट्रपति शासन को 3 वर्ष तक बढ़ाने की व्यवस्था की गई।
- केंद्र, पंजाब में आंतरिक अशांति के आधार पर आपात की घोषणा कर सकता है।
- अनुच्छेद-21 द्वारा प्रदत्त व्यक्तिगत स्वतंत्रता तथा जीवन के अधिकार को राष्ट्रपति सिर्फ पंजाब में ही निलंबित कर सकते हैं।

**60वां संविधान संशोधन ( 1988 )**

- अनुच्छेद-276(2) में संशोधन करके नगरपालिकाओं द्वारा लगाए जाने वाले वृत्ति कर की अधिकतम सीमा 250 से बढ़ाकर 2,500 रुपये कर दी गई।

**61वां संविधान संशोधन ( 1989 )**

- अनुच्छेद-326 में संशोधन करके लोक सभा तथा राज्य विधान सभाओं के चुनाव में मतदान करने की न्यूनतम आयु 21 वर्ष से घटाकर 18 वर्ष कर दी गई।

**62वां संविधान संशोधन ( 1989 )**

- लोक सभा तथा राज्य विधान सभाओं में अनुसूचित जातियों तथा जनजातियों के आरक्षण में 10 वर्ष की और वृद्धि की गई।

**63वां संविधान संशोधन ( 1990 )**

- इसके द्वारा 59वें संविधान संशोधन की व्यवस्था को समाप्त कर दिया गया।

**64वां संविधान संशोधन ( 1990 )**

- अनुच्छेद-356(4) में तीसरा 'परंतुक' जोड़कर पंजाब के संबंध में आपातकाल की अधिकतम अवधि 3 वर्ष की जगह 3 वर्ष, 6 महीने कर दी गई।

**65वां संविधान संशोधन ( 1990 )**

- अनुच्छेद-338 में संशोधन करके अनुसूचित जाति तथा जनजाति आयोग के गठन का प्रावधान किया गया।

**66वां संविधान संशोधन ( 1990 )**

- संविधान के नौवीं अनुसूची में कुछ और अधिनियमों को शामिल किया गया।

**67वां संविधान संशोधन ( 1990 )**

- अनुच्छेद-356 में संशोधन करके पंजाब में राष्ट्रपति शासन की अवधि 4 वर्ष तक कर दी गई।

**68वां संविधान संशोधन ( 1991 )**

- अनुच्छेद-356 में संशोधन करके पंजाब में राष्ट्रपति शासन की अवधि 5 वर्ष तक कर दी गई।

**69वां संविधान संशोधन ( 1991 )**

- संविधान में 2 नए अनुच्छेद-239(क)(क) तथा 239 (क)(ख) जोड़े गए, जिनके अंतर्गत् संघ क्षेत्र दिल्ली को विशेष दर्जा प्रदान किया गया और उसका नाम राष्ट्रीय राजधानी क्षेत्र दिल्ली रखा गया।
- दिल्ली के लिए 70 सदस्यीय विधान सभा तथा 7 सदस्यीय मंत्रिपरिषद् का प्रावधान किया गया।

**70वां संविधान संशोधन ( 1992 )**

- दिल्ली तथा पॉण्डिचेरी संघ-राज्य क्षेत्रों की विधान सभा के सदस्यों को राष्ट्रपति के निर्वाचक मंडल में शामिल करने का प्रावधान किया गया।

**71वां संविधान संशोधन ( 1992 )**

- संविधान की आठवीं अनुसूची में तीन (3) और भाषाओं कोंकणी, मणिपुरी और नेपाली को सम्मिलित किया गया, जिससे आठवीं अनुसूची में भाषाओं की संख्या-18 हो गई।

**72वां संविधान संशोधन ( 1992 )**

- त्रिपुरा विधान सभा में सीटों की संख्या बढ़ाकर 60 कर दी गई और उसी अनुपात में अनुसूचित जातियों के लिए स्थान आरक्षित किया गया।

**73वां संविधान संशोधन ( 1993 )**

- संविधान में भाग-9 तथा अनुच्छेद-243, 243(क) और ग्यारहवीं अनुसूची को जोड़कर संपूर्ण भारत में पंचायती राज की स्थापना का प्रावधान किया गया।

**74वां संविधान संशोधन ( 1993 )**

- संविधान में भाग-9(क) अनुच्छेद-243(त), 243(छ) और बारहवीं अनुसूची जोड़कर नगरीय स्थानीय शासन को संवैधानिक संरक्षण प्रदान किया गया।

**75वां संविधान संशोधन ( 1994 )**

- किराएदारों और मकान मालिकों के विवादों को सुलझाने के लिए राज्यों में ट्रिब्यूनलों की व्यवस्था की गई।

**76वां संविधान संशोधन ( 1994 )**

- संविधान की नौवीं अनुसूची में संशोधन करके तमिलनाडु सरकार द्वारा पारित पिछड़े वर्ग के लिए सरकारी नौकरियों में 69 प्रतिशत आरक्षण का प्रावधान करने वाले अधिनियम को नौवीं अनुसूची में शामिल किया गया।

**77वां संविधान संशोधन ( 1995 )**

- अनुच्छेद-16 में उपखंड-4 (क) को जोड़कर प्रावधान किया गया है कि राज्य के अधीन सेवाओं में पदोन्नति के लिए अनुसूचित जाति/जनजाति को आरक्षण दिया जा सकैगा।

**78वां संविधान संशोधन ( 1995 )**

- संविधान की नौवीं अनुसूची में भूमि सुधार से संबंधित 27 अतिरिक्त अधिनियम जोड़े गए, जिससे उनका पुनर्विलोकन न किया जा सके।
- नौवीं अनुसूची में सम्मिलित अधिनियमों की अब तक कुल संख्या-284 हो गई है।

**79वां संविधान संशोधन ( 1999 )**

- अनुसूचित जाति और जनजाति के लोगों के लिए लोक सभा व राज्य विधान सभाओं में आरक्षण की अवधि को 10 वर्ष और बढ़ाकर संविधान लागू होने की तिथि से 60 वर्ष अर्थात् 2010 तक कर दिया गया।
- इसके द्वारा अनुच्छेद-334 में संशोधन किया गया।

**80वां संविधान संशोधन ( 2000 )**

- 10वें वित्त आयोग के सिफारिश के आधार पर यह संशोधन किया गया।
- इसके अंतर्गत् कुछ केंद्रीय करों तथा शुल्कों में से होने वाली आय से राज्यों को 29 प्रतिशत देने की सिफारिश की गई।
- इस संशोधन के द्वारा अनुच्छेद-269 के खंड-1 और 2 के स्थान पर नया खंड तथा अनुच्छेद-370 के स्थान पर नया अनुच्छेद रखा गया है। जबकि अनुच्छेद-272 को समाप्त कर दिया गया है।
- यह संशोधन 1 अप्रैल, 1996 से लागू माना गया है।

**81वां संविधान संशोधन ( 2000 )**

- अनुसूचित जातियों एवं अनुसूचित जनजातियों तथा अन्य पिछड़े वर्गों के लिए सरकारी नौकरियों में आरक्षण की 50 प्रतिशत सीमा जो सर्वोच्च न्यायालय द्वारा निर्धारित की गई थी, को समाप्त कर दिया गया।
- अब एक वर्ष में न भरी जाने वाली बकाया रिक्तियों को एक पृथक् वर्ग माना जाएगा और अगले वर्ष में भरा जाएगा, भले ही उसकी सीमा 50 प्रतिशत से अधिक हो।
- अनुच्छेद-16 में खंड-4 (क) के बाद एक नया खंड-4 (ख) जोड़ा गया।

**82वां संविधान संशोधन ( 2000 )**

- राज्यों की सरकारी नौकरियों में आरक्षित रिक्त पदों की भर्ती हेतु प्रोन्नतियों के मामले में अनुसूचित जातियों एवं जनजातियों के अभ्यर्थियों के लिए न्यूनतम प्राप्तांकों में छूट प्रदान करने की अनुमति दी गई।
- उच्चतम न्यायालय के एक निर्णय के परिणामस्वरूप इसके पहले वर्ष-1997 में इस छूट को वापस ले लिया गया था।

**83वां संविधान संशोधन (2000)**

- पंचायती राज संस्थाओं में अनुसूचित जाति के लिए आरक्षण का प्रावधान न करने की छूट प्रदान की गई है।
- उल्लेखनीय है कि अरूणाचल प्रदेश में कोई भी अनुसूचित जाति न होने के कारण उसे यह छूट दी गई है।

**84वां संविधान संशोधन (2001)**

- लोक सभा तथा विधान सभाओं की सीटों की संख्या में वर्ष-2026 तक कोई परिवर्तन न करने का प्रावधान किया गया है।

**85वां संविधान संशोधन (2001)**

- अनुच्छेद-16 के खंड-4 (क) में संशोधन करके शब्दावली 'किसी वर्ग की प्रोन्नति के मामले में' के स्थान पर 'किसी वर्ग के प्रोन्नति के मामले में भूतलक्षी ज्येष्ठता' रखी गई है।
- इन वर्गों की प्रोन्नति भूतलक्षी (17 जून, 1995) प्रभाव से दी जाएगी।

**86वां संविधान संशोधन (2002)**

- संविधान में अनुच्छेद-21(क) शामिल किया गया, जिसके तहत् 6 से 14 वर्ष के बच्चों के लिए अनिवार्य एवं नि:शुल्क शिक्षा को मौलिक अधिकार के रूप में मान्यता देने की व्यवस्था की गई।
- भाग-4 के अनुच्छेद-45 में परिवर्तन करके यह शामिल किया गया कि 0 से 6 वर्ष के बच्चों की सुरक्षा और देखभाल का दायित्व राज्य पर होगा।
- अनुच्छेद-51(क) के द्वारा 11वां कर्त्तव्य जोड़ा गया, जिसके तहत् माता-पिता या संरक्षक का यह कर्तव्य होगा कि 6 से 14 वर्ष के बच्चों के लिए शिक्षा की व्यवस्था करें।

**87वां संविधान संशोधन (2003)**

- परिसीमन में जनसंख्या का आधार वर्ष-1991 के स्थान पर वर्ष-2001 कर दिया गया।

**88वां संविधान संशोधन (2003)**

- अनुच्छेद-268(क) को जोड़कर सेवाओं पर कर (Service Tax) का प्रावधान किया गया, जिसे संघ सरकार द्वारा लगाया तथा वसूला जाएगा।

**89वां संविधान संशोधन (2003)**

- अनुच्छेद-338(क) को संविधान में शामिल कर अनुसूचित जनजाति के लिए पृथक् राष्ट्रीय आयोग की स्थापना की व्यवस्था की गई।

**90वां संविधान संशोधन (2003)**

- असम विधान सभा में अनुसूचित जनजातियों और गैर-अनुसूचित जनजातियों का प्रतिनिधित्व बरकरार रखते हुए बोडोलैंड, टेरीटोरियल कौंसिल क्षेत्र, गैर-जनजाति के लोगों के अधिकारों की सुरक्षा का प्रावधान किया गया।

**91वां संविधान संशोधन (2003)**

- दसवीं अनुसूची में संशोधन करके दल-बदल व्यवस्था को और कठोर बनाया गया।
- अब केवल संपूर्ण दल के विलय को मान्यता दी जाएगी।
- अनुच्छेद-75 तथा 164 में संशोधन करके मंत्रिपरिषद् का आकार भी निश्चित किया गया।
- केंद्र तथा राज्य में मंत्रिपरिषद् की सदस्य संख्या लोक सभा तथा विधान सभा की कुल सदस्य संख्या का 15 प्रतिशत से अधिक नहीं होगी।
- लेकिन जहां सदन की सदस्य संख्या-40 या उससे कम है, वहां यह संख्या अधिकतम-12 होगी।

**92वां संविधान संशोधन (2003)**

- संविधान की आठवीं अनुसूची में बोडो, डोंगरी, मैथिली और संथाली भाषाओं का समावेश किया गया।
- इस प्रकार अब आठवीं अनुसूची में कुल 22 भाषाएं हो गई हैं।

**93वां संविधान संशोधन (2006)**

- शिक्षण संस्थानों में अनुसूचित जाति/जनजाति और अन्य पिछड़े वर्गों के नागरिकों के दाखिले के लिए सीटों के आरक्षण की व्यवस्था संविधान के अनुच्छेद-15 की धारा-4 के प्रावधानों के तहत की गई है।

**94वां संविधान संशोधन (2006)**

- इसके द्वारा अनुच्छेद-164 के खंड-1 में बिहार राज्य के स्थान पर 'छत्तीसगढ़ और झारखंड' शब्दों को रखा गया है।

**95वां संविधान संशोधन (2009)**

- अनुच्छेद-334 में संशोधन करके लोक सभा एवं राज्य विधान सभाओं में अनुसूचित जातियों एवं जनजातियों के लिए चुनावी सीटों के आरक्षण तथा आंग्ल भारतीय सदस्यों के मनोनयन की व्यवस्था को 26 जनवरी, 2010 से अगले 10 वर्ष अर्थात् 2020 तक के लिए बढ़ा दिया गया है।

**96वां संविधान संशोधन (2011)**

- आठवीं अनुसूची में संशोधन कर भाषा का नाम उड़िया (Oriya) के स्थान पर ओडिया (Odia) किया गया है।

**97वां संविधान संशोधन (2011)**

- सहकारी समितियों को संवैधानिक संरक्षण प्रदान किया गया।
- सहकारी समिति बनाने का अधिकार एक मौलिक अधिकार बना दिया गया। (अनुच्छेद-19)
- राज्यों की नीतियों में एक नए नीति निदेशक सिद्धांत को सम्मिलित किया गया, जिससे सहकारी समितियों को बढ़ावा मिल सके। (अनुच्छेद-43ख)
- भारतीय संविधान में एक नया भाग-9 ख को जोड़ा गया,

जिसका नाम, 'सहकारी समितियां' है। (अनुच्छेद-243 य ज से (243) य न)

**98वां संविधान संशोधन ( 2012 )**

- इस संविधान संशोधन द्वारा कर्नाटक राज्य के हैदराबाद क्षेत्र में विशेष व्यवस्था के अंतर्गत् ऐसे संस्थागत क्षेत्र की स्थापना करना है, जिससे उस क्षेत्र विशेष में विकास के साथ-साथ मानव संसाधन, शैक्षिक और व्यावसायिक प्रशिक्षण और आरक्षण के साथ रोजगार को बढ़ाने के लिए संस्थानों और कार्यकर्ताओं में धन का समुचित आवंटन सुनिश्चित किया जा सके। (अनुच्छेद-371 (झ))

**99वां संविधान संशोधन ( 2015 )**

- इस संशोधन अधिनियम द्वारा न्यायाधीशों की नियुक्ति तथा हस्तांतरण के लिए न्यायिक नियुक्ति आयोग का गठन किया गया। परंतु न्यायिक नियुक्ति आयोग को सर्वोच्च न्यायालय ने निरस्त कर दिया।

**100वां संविधान संशोधन ( 2015 )**

- इस अधिनियम में भारत तथा बांग्लादेश के मध्य वर्ष-1974 से लंबित भूमि हस्तांतरण संभव हो सका है। इस अधिनियम से पश्चिम बंगाल, मेघालय, त्रिपुरा से लगभग 17,160 एकड़ भूमि बांग्लादेश को दी जाएगी तथा 7,110 एकड़ भूमि बांग्लादेश से भारत को मिलेगी और 111 अंत:क्षेत्र बांग्लादेश को व 51 अंत:क्षेत्र भारत को दिया जाएगा।

**101वां संविधान संशोधन, 2016**

- इस संशोधन के जरिए केंद्र तथा राज्य द्वारा लगाए जाने वाले सभी अप्रत्यक्ष करों को एकीकृत करने हेतु (Goods and Services Tax, (GST) को अधिनियमित किया गया।

## भारतीय संविधान में वर्णित अनुसूचियां

- भारतीय संविधान में वर्तमान में 12 अनुसूचियां हैं।

**पहली अनुसूची**

- राज्य एवं संघ-राज्य क्षेत्र का वर्णन है।

**दूसरी अनुसूची**

- भाग-A- राष्ट्रपति के वेतन एवं भत्ते के बारे में उपबंध है।
- भाग-B- इसमें निरसित भाग का वर्णन है।
- भाग-C- लोक सभा अध्यक्ष, उपाध्यक्ष तथा राज्य सभा के सभापति, उपसभापति और राज्य विधान सभा के अध्यक्ष और उपाध्यक्ष तथा विधान परिषद् के सभापति और उपसभापति से संबंधित उपबंध है।
- भाग-D- उच्चतम न्यायालय तथा उच्च न्यायालयों के विषय में उपबंध है।
- भाग-E- भारत के नियंत्रक महालेखा परीक्षक के विषय में उपबंध किया गया है।

**तीसरी अनुसूची**

- शपथ-पत्र अथवा प्रतिज्ञान के प्रारूप का वर्णन है।

**चौथी अनुसूची**

- राज्य सभा में राज्यों के स्थानों के आवंटन का प्रावधान है।

**पांचवीं अनुसूची**

- अनुसूचित क्षेत्रों और अनुसूचित जनजातियों के प्रशासन और नियंत्रण के विषय में उपबंध है।

**छठी अनुसूची**

- असम, मेघालय, त्रिपुरा और मिजोरम राज्यों के जनजातीय क्षेत्रों के प्रशासन के विषय में उपबंध।

**सातवीं अनुसूची**

- इसमें तीन (3) अनुसूचियां हैं-संघ सूची, राज्य सूची और समवर्ती सूची।

**आठवीं अनुसूची**

- इसमें 22 भाषाओं का उल्लेख है।

**नौवीं अनुसूची**

- भूमि सुधार संबंधी विधियों का उल्लेख किया गया है।

**दसवीं अनुसूची**

- दल-बदल संबंधी उपबंध हैं।

**ग्यारहवीं अनुसूची**

- पंचायतों की शक्तियां, प्राधिकार तथा उत्तरदायित्व का वर्णन है।

**बारहवीं अनुसूची**

- नगरपालिकाओं की शक्तियों, प्राधिकार तथा उत्तरदायित्व का वर्णन है।

# संघीय कार्यपालिका
## UNION EXECUTIVE

### अनुच्छेद-52

- भारत का एक राष्ट्रपति होगा।

### अनुच्छेद-53

- भारत की समूची कार्यपालिकीय शक्तियां राष्ट्रपति में निहित होगी।
- तीनों सेनाओं का प्रधान राष्ट्रपति होगा।

## राष्ट्रपति पद हेतु योग्यताएं

- वह भारत का नागरिक हो।
- 35 वर्ष की आयु पूर्ण कर चुका हो।
- वह लोक सभा का सदस्य चुने जाने की योग्यताएं रखता हो। परंतु वह संसद के किसी भी सदन अथवा राज्य विधायिका का सदस्य नहीं होना चाहिए।
- यदि कोई ऐसा व्यक्ति राष्ट्रपति चुन लिया जाता है, तो उसे पद ग्रहण करने से पहले उस सदन से त्यागपत्र देना होगा।
- वह किसी लाभ के पद पर न हो, परंतु वर्तमान राष्ट्रपति अथवा उपराष्ट्रपति या किसी राज्य का राज्यपाल तथा संघ अथवा राज्य के मंत्री का पद, लाभ का पद नहीं माना जाता है।

## राष्ट्रपति का निर्वाचन ( अनुच्छेद-54 )

- राष्ट्रपति का चुनाव भारत में निर्वाचन आयोग द्वारा कराया जाता है।
- राष्ट्रपति के चुनाव के नामांकन के लिए उम्मीदवार के कम से कम 50 प्रस्तावक और 50 अनुमोदक होने चाहिए।
- प्रत्येक उम्मीदवार जमानत राशि के रूप में 15,000 रूपये भारतीय रिजर्व बैंक में जमा करवाएगा।
- राष्ट्रपति का निर्वाचन, संसद के दोनों सदनों के निर्वाचित सदस्यों और राज्य विधान सभाओं के निर्वाचित सदस्यों तथा दिल्ली और पांडिचेरी विधान सभाओं के निर्वाचित सदस्यों के द्वारा किया जाता है।
- 70वें संविधान संशोधन, 1992 के द्वारा दिल्ली एवं पांडिचेरी के विधान सभा सदस्यों को राष्ट्रपति के निर्वाचक मंडल में शामिल किया गया।
- राष्ट्रपति के निर्वाचक मंडल में रिक्ति के आधार पर राष्ट्रपति का चुनाव स्थगित नहीं होगा और न ही यह अवैध होगा।

## राष्ट्रपति के चुनाव में भागीदारी करने वाले सदस्य

(i) संसद के दोनों सदनों के निर्वाचित सदस्य।

(ii) राज्य विधान सभाओं के निर्वाचित सदस्य।

## राष्ट्रपति चुनाव में भागीदारी नहीं करने वाले सदस्य

(i) राज्य विधान परिषदों के सदस्य।

(ii) लोक सभा एवं राज्य सभा के मनोनीत सदस्य।

- राष्ट्रपति चुनाव में पीठासीन अधिकारी के रूप में क्रमशः राज्य सभा व लोक सभा के महासचिव नियुक्त होते हैं।
- राष्ट्रपति के चुनाव के विवाद के निर्णय की कार्यवाही उच्चतम न्यायालय में होती है।
- राष्ट्रपति का चुनाव कभी भी दलीय आधार पर नहीं होता है और इसमें चुनाव चिन्ह भी नहीं वितरित किया जाता है।
- राष्ट्रपति के चुनाव में पार्टी की ह्विप का प्रयोग नहीं किया जा सकता है।
- राष्ट्रपति के चुनाव में दल-बदल प्रणाली नहीं लागू होती है।

## राष्ट्रपति के चुनाव से संबंधित कुछ तथ्य

(i) डॉ. जाकिर हुसैन तथा फखरूद्दीन अली अहमद की मृत्यु कार्यकाल के दौरान हुई।

(ii) नीलम संजीव रेड्डी निर्विरोध निर्वाचित होने वाले प्रथम राष्ट्रपति हैं।

(iii) वी. वी. गिरि (1969) निर्दलीय उम्मीदवार थे, जो द्वितीय चरण की मतगणना में विजयी हुए तथा उन्होंने कांग्रेस के अधिकारिक उम्मीदवार नीलम संजीव रेड्डी को पराजित किया।

- फखरुद्दीन अली अहमद ऐसे मुख्य न्यायाधीश रहे, जो राष्ट्रपति के पद तक पहुंचे।

### शपथ

- राष्ट्रपति, अनुच्छेद-60 के अनुसार शपथ लेते हैं। भारत के उच्चतम न्यायालय के मुख्य न्यायाधीश राष्ट्रपति को शपथ दिलाते हैं।

## निर्वाचन की प्रक्रिया (अनुच्छेद-55)

- राष्ट्रपति के चुनाव में 'आनुपातिक प्रतिनिधित्व की एकल संक्रमणीय मत प्रणाली' का प्रयोग किया जाता है।
- इसमें जीत के लिए उम्मीदवार को मतों का एक कोटा प्राप्त करना होता है।
- कोटे का आशय $= \dfrac{\text{कुल वैध मत} + 1}{\text{निर्वाचित पदों की संख्या} + 1}$
- संविधान में यह प्रावधान है कि राष्ट्रपति के निर्वाचन में विभिन्न राज्यों का प्रतिनिधित्व समान रूप से हो तथा राज्यों एवं संघ के मध्य भी समानता हो।
- इसके लिए राज्य विधान सभा के सदस्यों तथा संसद सदस्यों के मतों का मूल्य निर्धारित किया जाता है।
- एक विधायक के मत का मूल्य, राज्य की कुल जनसंख्या में उस राज्य के विधान सभा के कुल निर्वाचित सदस्यों का भाग दिया जाएगा, इसके बाद इसमें एक हजार का भाग दिया जाएगा।
- विधायक के मत का मूल्य $= \dfrac{\text{राज्य की कुल जनसंख्या}}{\text{राज्य विधानसभा में निर्वाचित सदस्य संख्या} \times 1000}$
- एक सांसद के मत का मूल्य, 29 राज्यों के विधान सभा के निर्वाचित सदस्यों के मतों का मूल्य तथा दिल्ली और पांडिचेरी के विधान सभा के निर्वाचित सदस्यों का मूल्य, जिसमें कुल निर्वाचित सांसदों का भाग दिया जाएगा। इसके परिणामस्वरूप प्राप्त होने वाला गुणांक ही, एक सांसद के मत का मूल्य होगा।
- सांसद के मत का मूल्य $= \dfrac{\text{राज्य विधान सभाओं के मतों के मूल्यों का योग}}{\text{कुल निर्वाचित सांसद}}$

## राष्ट्रपति का कार्यकाल (अनुच्छेद-56)

- राष्ट्रपति, जिस तिथि से अपना पद ग्रहण करते हैं, उस तिथि से 5 वर्षों तक उनका कार्यकाल होगा।
- राष्ट्रपति, अपना त्यागपत्र उपराष्ट्रपति को सौंपते हैं।
- राष्ट्रपति अपने कार्यकाल के समाप्त होने के बाद भी तब तक अपने पद पर बने रहते हैं, जब तक कि नया राष्ट्रपति पद ग्रहण नहीं करता।
- राष्ट्रपति, पुनर्निर्वाचित भी हो सकते हैं।

### महाभियोग (अनुच्छेद-61)

- राष्ट्रपति को संविधान के उल्लंघन (Violation of Constitution) के आरोप में महाभियोग प्रस्ताव (Impeachment Motion) लाया जा सकता है।
- महाभियोग, संसद के किसी भी सदन में लाया जा सकता है।
- जिस भी सदन में महाभियोग का प्रस्ताव लाया जाता है, उसके 1/4 सदस्य इसके प्रस्तावक होने चाहिए तथा राष्ट्रपति को इस प्रस्ताव की सूचना 14 दिन पहले दी जानी चाहिए।
- जिस सदन में महाभियोग प्रस्ताव लाया जाता है, वह उस पर विचार करता है, जबकि दूसरा सदन इसकी जांच करता है और राष्ट्रपति अपना पक्ष स्वयं अथवा महाधिवक्ता के माध्यम से रखवा सकता है।
- जिस सदन में प्रस्ताव किया गया हो, उस सदन की कुल सदस्य संख्या के 2/3 बहुमत से प्रस्ताव पारित होने पर इसे दूसरे सदन को भेजा जाएगा। यदि दूसरा सदन भी अन्वेषण (जांच) करने के पश्चात् इस प्रस्ताव को अपने कुल सदस्यों के 2/3 बहुमत से पारित कर दे, तो इस प्रस्ताव के जांच करने वाले सदन द्वारा पारित करने की तारीख से राष्ट्रपति का पद रिक्त माना जाएगा।
- महाभियोग, एक **अर्द्धन्यायिक प्रक्रिया** है।
- महाभियोग प्रस्ताव, सिर्फ राष्ट्रपति के लिए एवं अन्य के लिए हटाना (Removal) शब्द का प्रयोग किया जाता है।
- महाभियोग प्रस्ताव में मनोनीत सदस्य भी मतदान कर सकते हैं।
- भारत में अभी तक किसी भी राष्ट्रपति के विरुद्ध में महाभियोग प्रस्ताव नहीं लाया गया है।

## राष्ट्रपति की अनुपस्थिति

- यदि किसी कारणवश राष्ट्रपति अनुपस्थित है, तो उपराष्ट्रपति, राष्ट्रपति के कार्यों को करते हैं। यदि उपराष्ट्रपति भी उपलब्ध नहीं हैं, तो भारत के मुख्य न्यायाधीश, राष्ट्रपति के रूप में कार्य करते हैं। यदि भारत के मुख्य न्यायाधीश भी उपलब्ध नहीं हैं, तो उच्चतम न्यायालय का वरिष्ठतम न्यायाधीश, राष्ट्रपति के रूप में कार्य करेगा। ऐसा संसदीय विधि के द्वारा निर्मित किया गया है।

## उपराष्ट्रपति और राष्ट्रपति के निर्वाचन से संबंधित विवाद

### अनुच्छेद-71

- राष्ट्रपति और उपराष्ट्रपति के चुनाव से संबंधित सभी

विवादों का समाधान उच्चतम न्यायालय के द्वारा किया जाएगा।

- यदि राष्ट्रपति या उपराष्ट्रपति के चुनाव को उच्चतम न्यायालय ने अवैध करार दिया, तब इनके द्वारा पहले संपादित किए गए कार्य अवैध नहीं माने जाएंगे।
- राष्ट्रपति या उपराष्ट्रपति के चुनाव की वैधता पर इस कारण कोई प्रश्न नहीं उठाया जाएगा कि निर्वाचन मंडल में स्थान रिक्त था, (11वें संविधान संशोधन)।
- उपराष्ट्रपति, राज्य सभा का पदेन सभापति होगा, (अनुच्छेद-64)।

## राष्ट्रपति की शक्तियां

### कार्यपालिकीय शक्तियां

- संघ सरकार की समूची कार्यपालिकीय शक्तियों का प्रधान, राष्ट्रपति होता है, (अनुच्छेद-53)।
- प्रधानमंत्री के साथ ही अन्य मंत्रियों की नियुक्ति राष्ट्रपति द्वारा प्रधानमंत्री की सलाह से होगी, (अनुच्छेद-75 (1))।
- मंत्री, राष्ट्रपति के प्रसाद पर्यंत कार्य करते हैं, (अनुच्छेद-75 (2))।
- राष्ट्रपति, मंत्रियों को तीसरी अनुसूची के अनुसार पद और गोपनीयता की शपथ दिलाते हैं, (अनुच्छेद-75 (4))।
- भारत सरकार के सभी कार्य राष्ट्रपति के नाम से किए जाते हैं।
- **राष्ट्रपति, निम्नलिखित पदाधिकारियों की नियुक्ति करता है**
  - (i) प्रधानमंत्री की नियुक्ति एवं प्रधानमंत्री की सलाह पर मंत्रियों की नियुक्ति।
  - (ii) भारत का महान्यायवादी।
  - (iii) भारत के नियंत्रक एवं महालेखा परीक्षक।
  - (iv) मुख्य चुनाव आयुक्त तथा अन्य चुनाव आयुक्त।
  - (v) संघ लोक सेवा आयोग के अध्यक्ष व सदस्य।
  - (vi) राज्यों के राज्यपाल।
  - (vii) वित्त आयोग के अध्यक्ष व सदस्य।
  - (viii) अनुसूचित जाति, अनुसूचित जनजाति तथा पिछड़ा वर्ग आयोग की नियुक्ति।
  - (ix) केंद्र शासित प्रदेशों के प्रशासकों की नियुक्ति।
  - (x) अंतर्राज्यीय परिषद् की नियुक्ति।

### विधायी शक्तियां

- यदि संसद के दोनों सदनों अथवा कोई एक सदन सत्र में न हो, तो राष्ट्रपति, विधि निर्माण के लिए अध्यादेश जारी करते हैं, (अनुच्छेद-123)।
- राष्ट्रपति, प्रत्येक वर्ष के प्रथम सत्र तथा प्रत्येक निर्वाचन के बाद आयोजित होने वाले प्रथम सत्र में दोनों सदनों को संयुक्त रूप से संबोधित करते हैं।
- यह ध्यान देने योग्य बिंदु है कि राष्ट्रपति, संसद में केवल दो बार प्रवेश करते हैं तथा भाषण देते हैं। प्रत्येक वर्ष के प्रथम सत्र के आयोजन पर तथा प्रत्येक निर्वाचन के बाद आयोजित होने वाले प्रथम सत्र के समय पर।
- राष्ट्रपति, संसद को संदेश भेजने की शक्ति रखते हैं। संदेश भेजने की शक्ति विधायी विषयों के अलावा अन्य विषयों के लिए भी होती है।
- अभी तक राष्ट्रपति ने संसद को कोई संदेश नहीं भेजा है।
- कुछ विधेयकों को सदन में प्रस्तुत करने से पूर्व राष्ट्रपति की पूर्व अनुमति आवश्यक है। **ऐसे विधेयक निम्नलिखित हैं-**
  - (i) किसी राज्य के निर्माण या किसी राज्य की सीमा में या नाम में परिवर्तन के लिए विधेयक, (अनुच्छेद-3)।
  - (ii) ऐसे विधेयक के लिए जो धन विधेयक है, (अनुच्छेद-110)।
  - (iii) ऐसे विधेयक, जिनसे भारत की संचित निधि में से खर्च करने का प्रावधान हो, (अनुच्छेद-117(3))।
  - (iv) वे विधेयक, जो उन करों के बारे में हैं, जिनमें राज्यों का हित हो या उन सिद्धांतों के बारे में हैं, जिनसे राज्यों को धन वितरित किया जाता है, या जो कृषि आय की परिभाषा में परिवर्तन करते हैं, (अनुच्छेद-274 (1))।
  - (v) राज्यों के ऐसे विधेयक, जो व्यापार और वाणिज्य की स्वतंत्रता पर प्रभाव डालते हैं, (अनुच्छेद-304)।
- राष्ट्रपति, लोक सभा में **'दो ऐंग्लो इंडियन सदस्य'** (अनुच्छेद-331) तथा राज्य सभा में **बारह (12) सदस्यों** को मनोनीत करते हैं।
- अनुच्छेद-111 के अंतर्गत् राष्ट्रपति, विधेयकों को अनुमति प्रदान करते हैं।

### अध्यादेश की शक्ति (अनुच्छेद-123)

- संसद के एक सदन या दोनों सदनों की बैठक न हो रही हो, तब अध्यादेश जारी होता है। राष्ट्रपति, संघ सूची व समवर्ती सूची से संबंधित विषयों पर अध्यादेश जारी कर सकता है, परंतु जब अनुच्छेद-356 लगा हो, तब राष्ट्रपति, राज्य सूची पर भी अध्यादेश जारी कर सकता है। सदन की बैठक शुरू होने के 6 सप्ताह के भीतर अनुमोदन जरूरी होता है, अन्यथा अध्यादेश समाप्त हो जाएगा।
- किसी भी अध्यादेश की अधिकतम अवधि 6 महीने 6 सप्ताह अर्थात् साढ़े सात महीने होती है।

### राष्ट्रपति के द्वारा संसद के समक्ष रिपोर्ट रखवाना

- राष्ट्रपति के द्वारा वार्षिक वित्तीय विवरण सदन के समक्ष रखवाए जाते हैं। इसके अतिरिक्त वित्त आयोग की अनुशंसा, संघ लोक सेवा आयोग की रिपोर्ट, अनुसूचित जाति, जनजाति की रिपोर्ट तथा पिछड़े वर्ग आयोग की रिपोर्ट और भाषा आयोग की रिपोर्ट भी संसद के समक्ष रखवाई जाती है।

### राज्य विधेयकों को अनुमति प्रदान करना

- अनुच्छेद-200 - के अंतर्गत् राज्यपाल किसी विधेयक को राष्ट्रपति के विचार के लिए आरक्षित कर सकता है।
- आरक्षित विधेयक के संबंध में राष्ट्रपति के समक्ष **निम्नलिखित विकल्प होते हैं**-
  (i) राष्ट्रपति, विधेयक को अनुमति दे सकता है।
  (ii) राष्ट्रपति, विधेयक को अनुमति देने से मना कर सकता है।
  (iii) राष्ट्रपति, राज्यपाल को यह निर्देश भी दे सकता है कि विधेयक को पुनर्विचार के लिए लौटा दिया जाए।
  (iv) यह बिंदु ध्यान देने योग्य है कि राज्य विधान मंडल द्वारा विधेयक को पुनः पारित करके राष्ट्रपति को प्रस्तुत किए जाने पर यह आवश्यक नहीं है कि राष्ट्रपति, विधेयक को अनुमति दे, जबकि संसद द्वारा पुनर्विचार के लिए भेजे गए विधेयक को संसद द्वारा पुनः पारित करने पर राष्ट्रपति को अनुमति प्रदान करना बाध्यकारी होता है।

### राष्ट्रपति की (वीटो) की शक्ति (अनुच्छेद-111)

- संविधान में उल्लिखित है कि किसी विधेयक पर राष्ट्रपति अनुमति देगा या नहीं देगा अथवा पुनर्विचार के लिए वापस भेजेगा।
- संविधान में **'वीटो'** शब्द का प्रयोग नहीं किया गया है, बल्कि इसका प्रयोग व्यावहारिक रूप में होता है।
- **वीटो के प्रकार**-
  (i) **निरपेक्ष वीटो** : जब राष्ट्रपति किसी विधेयक पर अनुमति न दे।
  (ii) **निलंबनकारी वीटो** : जब राष्ट्रपति किसी विधेयक को पुनर्विचार के लिए भेज दे।
  (iii) **पॉकेट वीटो** : जब राष्ट्रपति किसी विधेयक पर कोई कार्यवाही न करे।
- भारत में निरपेक्ष वीटो का प्रयोग केवल एक बार ही किया गया है।
- निरपेक्ष वीटो का प्रयोग राष्ट्रपति डॉ. राजेन्द्र प्रसाद ने **'पेप्सू'** (Patiala and East Punjab States Union (PEPSU) 1954) विधेयक पर किया था।
- पॉकेट वीटो वर्ष 1987 में ज्ञानी जैल सिंह द्वारा 'डाक विधेयक' पर प्रयोग किया गया। यह किसी राष्ट्रपति द्वारा पहली बार 'पॉकेट वीटो' का प्रयोग किया गया था।
- निलंबनकारी वीटो के **प्रयोग के उदाहरण**-
  (i) वर्ष 2006 में सांसदों के लाभ के पद संबंधी विधेयक पर राष्ट्रपति कलाम द्वारा पुनर्विचार के लिए सरकार के पास भेज दिया गया था। इसी विधेयक को दोबारा भेजे जाने पर राष्ट्रपति ने हस्ताक्षर किया था।
  (ii) राष्ट्रपति के. आर. नारायणन द्वारा संघ सरकार द्वारा उत्तर प्रदेश और बिहार में राष्ट्रपति शासन लगाए जाने की अनुशंसा को संघ सरकार के पास पुनर्विचार के लिए भेजा था। (1998)

### राष्ट्रपति की वित्तीय शक्तियां

- राष्ट्रपति, वार्षिक वित्तीय विवरण (बजट) को संसद के समक्ष रखवाता है।
- धन विधेयक, राष्ट्रपति की पूर्व अनुमति से ही संसद में प्रस्तुत किया जा सकता है।
- अनुदान की कोई भी मांग राष्ट्रपति की सिफारिश के बिना नहीं की जा सकती।
- राष्ट्रपति, प्रत्येक 5 वर्ष में 'वित्त आयोग' का गठन करता है।

### राष्ट्रपति की आपातकालीन शक्तियां

- राष्ट्रपति, संविधान में वर्णित तीनों प्रकार के आपातकाल, राष्ट्रीय आपात (अनुच्छेद-352), राज्यों में संवैधानिक तंत्र की विफलता (अनुच्छेद-356) तथा वित्तीय आपात (अनुच्छेद-360) के लगाने की घोषणा करते हैं।

### राष्ट्रपति की न्यायिक शक्तियां

- वह उच्चतम न्यायालय के मुख्य न्यायाधीश तथा अन्य न्यायाधीश एवं उच्च न्यायालय के मुख्य न्यायाधीश व अन्य न्यायाधीशों की नियुक्ति तथा उन्हें हटाने की शक्ति रखता है।
- वह विधि के किसी मुद्दे पर उच्चतम न्यायालय से सलाह ले सकता है।

## आपातकाल

### आपातकाल का प्रावधान

- आपातकाल से संबंधित उपबंध संविधान के भाग-18 में अनुच्छेद-352 से 360 तक है।
- भारतीय संविधान में आपातकाल के प्रावधान आपवादिक हैं, जिनका प्रयोग विशेष परिस्थितियों में किया जाएगा।
- संविधान में **तीन प्रकार के आपातकाल का प्रावधान है**-

1. राष्ट्रीय आपातकाल, जो युद्ध, बाह्य आक्रमण, सशस्त्र विद्रोह के आधार पर आरोपित किया जाता है, (अनुच्छेद-352)।

2. राज्य में संवैधानिक तंत्र की विफलता, जिसे लोकप्रिय रूप में राष्ट्रपति शासन के नाम से जाना जाता है, (अनुच्छेद-356)।
3. आपातकाल का तीसरा प्रकार, वित्तीय आपातकाल है, जब देश की वित्तीय साख पर खतरा हो, तब इसका प्रयोग किया जा सकता है, (अनुच्छेद-360)।

## राष्ट्रीय आपातकाल ( अनुच्छेद-352 )

- अनुच्छेद-352 में वर्णित आपात को 'राष्ट्रीय आपात' कहा जाता है। जब राष्ट्रीय आपात की उद्घोषणा युद्ध या बाह्य आक्रमण के आधार पर की जाती है, तो इसे बाह्य आपात। यदि सशस्त्र विद्रोह के आधार पर की जाती है, तो आंतरिक आपात कहा जाता है।
- उपर्युक्त तीन आधारों पर आपात की उद्घोषणा की जा सकती है। परंतु वास्तविक युद्ध या आक्रमण या सशस्त्र विद्रोह आवश्यक नहीं है। यदि राष्ट्रपति पूर्णत: आश्वस्त हैं कि युद्ध या आक्रमण का संकट सन्निकट है, तो आपात की उद्घोषणा की जा सकती है।
- अब तक तीन बार (1962, 1971 एवं 1975) राष्ट्रीय आपातकाल लगाया जा चुका है।
- जब वर्ष 1975 में तीसरी बार आपातकाल लगाया गया, तब वर्ष 1971 का आपातकाल चल ही रहा था। इसे वर्ष 1977 में समाप्त किया गया।
- वर्ष 1975 में राष्ट्रीय आपातकाल आंतरिक अशांति के आधार पर लगाया गया था।
- 44वें संविधान संशोधन के द्वारा **आंतरिक अशांति** शब्द को संविधान से हटा दिया गया तथा इसके स्थान पर **सशस्त्र विद्रोह** शब्द जोड़ा गया।

## आपातकाल की अवधि को कैसे बढ़ाया जाता है?

- आपातकाल लगने के 1 माह के भीतर लोक सभा और राज्य सभा के द्वारा इसका अनुमोदन अवश्य हो जाना चाहिए। पहली बार आपातकाल केवल 6 माह के लिए लगाया जाता है।
- यदि एक माह की इस निर्धारित अवधि में लोक सभा का विघटन हो जाए, तो पुनर्गठित लोक सभा की पहली बैठक से तीस दिन की अवधि में लोक सभा इसे अनुमोदित करे। परंतु यह शर्त है कि इस अवधि में राज्य सभा ने इसे स्वीकार कर लिया हो।
- फिर अगली बार 6 माह तक बढ़ाया जा सकता है। लेकिन अगली बार 6 माह बढ़ाने के लिए विशेष बहुमत की आवश्यकता होती है, जो कुल सदस्य संख्या का बहुमत और उपस्थित और मत देने वालों का दो-तिहाई बहुमत होनी चाहिए।
- आपातकाल की अवधि 6-6 माह के लिए बढ़ाई जाती है, जबकि इस दौरान संसद (लोक सभा) और विधान सभाओं की अवधि 1 वर्ष के लिए बढ़ाई जाती है।

## आपातकाल को कैसे समाप्त कर सकते हैं?

- 44वें संविधान संशोधन में यह प्रावधान किया गया कि कैबिनेट (मंत्रिमंडल) इस आशय की लिखित सूचना राष्ट्रपति को देगा।
- यदि लोक सभा के 1/10 सदस्य राष्ट्रपति या स्पीकर से यह अनुरोध करें कि आपातकाल हटाने का प्रस्ताव लाया जाए। तब लोक सभा साधारण बहुमत से इस आशय का प्रस्ताव पास कर इसे समाप्त कर सकती है।
- जबकि बढ़ाने के लिए दोनों सदनों की सहमति की आवश्यकता होती है।

## आपातकाल और संघ एवं राज्य संबंध

- संघ, राज्य सूची के किसी विषय पर विधि निर्माण कर सकता है।
- राज्य विधान सभाएं बनी रहती हैं, लेकिन संसद को राज्य सूची पर विधि-निर्माण की समानांतर शक्ति प्राप्त हो जाती है।
- आपातकाल के समय राज्य सूची, समवर्ती सूची बन जाती है।
- अगर संसद का सत्र नहीं चल रहा है, तो राष्ट्रपति, राज्य सूची के विषय पर अध्यादेश भी जारी कर सकता है।
- इस दौरान संघ सरकार राज्यों को किसी भी मुद्दे पर निर्देश दे सकती है।

## राष्ट्रपति शासन ( अनुच्छेद-356 )

- संविधान में इसे संवैधानिक तंत्र की विफलता कहा गया। लोकप्रिय रूप में इसे राष्ट्रपति शासन के रूप में जाना जाता है।
- राज्यों में राष्ट्रपति शासन राज्यपाल की सिफारिश पर या स्वत: राष्ट्रपति द्वारा लगाया जा सकता है।

## अवधि को बढ़ाया कैसे जाता है?

- आपातकाल लागू होने के दो महीने के भीतर लोक सभा एवं राज्य सभा द्वारा साधारण बहुमत से अनुमोदन आवश्यक होता है।
- राष्ट्रपति शासन 6-6 महीने की अवधि के लिए बढ़ता रहेगा।
- यदि लोक सभा भंग हो जाए, तो पुनर्गठित लोक सभा की पहली बैठक से 30 दिन के भीतर इसका अनुमोदन होना चाहिए। तब तक राज्य सभा द्वारा अनुसमर्थन आवश्यक होती है।
- एक (1) वर्ष से ज्यादा के लिए **दो शर्तें आवश्यक हैं**-
  (i) देश के किसी भाग में आपातकाल लागू हो।
  (ii) चुनाव आयोग ने प्रमाणित कर दिया हो कि उस राज्य में फिलहाल चुनाव नहीं कराया जा सकता।
- तब अधिकतम तीन (3) वर्ष तक अवधि को बढ़ाया जा सकता है।

- पंजाब के लिए विशेष 59वां संविधान संशोधन किया गया, जिसके द्वारा पंजाब में तीन वर्षों से ज्यादा राष्ट्रपति शासन लगा रहा।
- अनुच्छेद-356 के तहत आपात की उद्घोषणा सबसे पहले पेप्सू (पंजाब एंड पटियाला स्टेट) में की गई तथा सर्वाधिक बार उत्तर प्रदेश में अनुच्छेद-356 के तहत राष्ट्रपति शासन लगाया गया। वर्ष 2014 में आंध्र प्रदेश तथा तेलंगाना में अनुच्छेद-356 का प्रयोग किया गया।

### राज्यों में राष्ट्रपति शासन हटाने का प्रावधान

- राष्ट्रपति उद्घोषणा द्वारा इसे किसी भी समय समाप्त घोषित कर सकता है।

### केंद्र एवं राज्य संबंध पर इसका प्रभाव

- विधान मंडल भंग हो जाता है एवं पहले विधान परिषद् निलंबित (Suspension) रहती है।
- राज्य सूची के सभी विषयों पर कानून का निर्माण राष्ट्रपति या अन्य प्राधिकारी जिसे वह उचित समझे करेगा।

### वित्तीय आपातकाल (अनुच्छेद-360)

- यदि राष्ट्रपति को यह समाधान हो जाता है कि भारत या उसके किसी भाग में वित्तीय अस्थायित्व या भारत की साख (Credit) संकट में है, तो वित्तीय आपातकाल की घोषणा हो सकती है।
- अभी तक भारत में वित्तीय आपातकाल नहीं लगाया गया।

### अवधि कैसे बढ़ाई जाती है?

- वित्तीय आपातकाल लागू होने के दो (2) महीने की अवधि में दोनों सदनों द्वारा साधारण बहुमत से यह प्रस्ताव अनुमोदित होना चाहिए।
- वित्तीय आपातकाल का अनुमोदन संसद को बार-बार नहीं करना पड़ता।
- परंतु दो महीने की अवधि में यदि लोक सभा भंग हो जाए, तो पुनर्गठित लोक सभा अपनी पहली बैठक के 30 दिनों की अवधि में इसका अनुमोदन करे। परंतु इस बीच राज्य सभा द्वारा यह अनुमोदित होना चाहिए।
- वित्तीय आपातकाल की अधिकतम सीमा का वर्णन नहीं है।

### समाप्त करने का प्रावधान

- राष्ट्रपति कभी भी वित्तीय आपातकाल को समाप्त करने की उद्घोषणा कर सकता है।

### संघ एवं राज्य संबंधों पर प्रभाव

- राज्य के क्रियाकलाप के संबंध में सेवा करने वाले सभी या किन्हीं व्यक्तियों के वेतन या भत्तों में कटौती की जा सकती है।
- राष्ट्रपति के द्वारा संघ सरकार के अंतर्गत् कार्य करने वाले किसी वर्ग या सभी अधिकारियों के वेतन एवं भत्तों में कटौती की जा सकती है। इसमें उच्चतम और उच्च न्यायालय के न्यायाधीशों के वेतन और भत्ते भी सम्मिलित हैं।
- संघ सरकार के द्वारा राज्यों को किसी भी वित्तीय मामले पर निर्देश दिए जा सकते हैं।
- अनुच्छेद-207 के अंतर्गत् राज्य विधान मंडल द्वारा पारित धन विधेयक या अन्य विधेयकों को राष्ट्रपति के विचार के लिए आरक्षित किया जा सकता है।
- हरगोविन्द वाद में सुप्रीम कोर्ट ने कहा कि अनुच्छेद-356 का न्यायिक पुनरावलोकन नहीं करेंगे तथा बोम्मई वाद में कहा कि अगर दुरूपयोग हुआ, तो न्यायपालिका, भंग विधान सभा को भी बहाल कर देगी।

### बोम्मई वाद का निर्णय और अनुच्छेद-356

- वस्तुत: 44वें संविधान संशोधन, 1978 में ही यह प्रावधान कर दिया गया कि अनुच्छेद-356 के दुरूपयोग का न्यायिक पुनरावलोकन किया जा सकता है, क्योंकि राष्ट्रपति की राय न्यायिक पुनरावलोकन से परे नहीं है।
- 1994 में बोम्मई वाद में न्यायपालिका ने अनुच्छेद-356 के संदर्भ में एक ऐतिहासिक निर्णय दिया, **जिसकी मूल विशेषताएं निम्नलिखित हैं-**
  - (i) राष्ट्रपति शासन, न्यायिक पुनरावलोकन के अधीन होगा।
  - (ii) राष्ट्रपति शासन के प्रयोग का वैधानिक आधार होना चाहिए और ऐसी वास्तविक परिस्थितियां होनी चाहिए, जिसके कारण इसका प्रयोग किया गया।
  - (iii) न्यायपालिका ने यहां तक कहा कि यदि अनुच्छेद-356 का दुरूपयोग किया जाता है, तो न्यायपालिका भंग विधान सभा को भी पुनर्जीवित कर सकती है।
  - (iv) राष्ट्रपति की उद्घोषणा के पश्चात् जब तक दोनों सदनों का अनुमोदन प्राप्त न हो, विधान सभा भंग नहीं हो सकती, केवल निलंबित रहेगी।
- यदि दोनों सदनों द्वारा इसका अनुमोदन नहीं किया जाता, तो विधान सभा पुनर्जीवित हो जाएगी।
- राज्य सरकार के बहुमत का परीक्षण विधान सभा के पटल पर होना चाहिए। यदि सरकार को बहुमत परीक्षण का अवसर नहीं दिया गया, तो विधान सभा को भंग नहीं किया जा सकता।
- अगर केंद्र में कोई नया सत्ताधारी दल आ जाए, तो वह राज्य के विपक्षी दलों की सरकार को विघटित नहीं कर सकता।
- अनुच्छेद-356 के अंतर्गत् प्रदत्त शक्ति अपवाद स्वरूप है। इसका आपवादिक परिस्थितियों में ही प्रयोग होना चाहिए।

## राष्ट्रपति निम्नलिखित को क्षमादान (अनुच्छेद-72) देने की शक्ति रखता है

(i) संघ सूची या संघ शासन से संबंधित सभी विषयों पर क्षमा दे सकते हैं।

(ii) कोर्ट मार्शल अपराधी को भी क्षमादान दे सकते हैं।

(iii) मृत्युदंड से पूर्ण क्षमादान की शक्ति, केवल राष्ट्रपति को है।

- क्षमादान, एक व्यापक शब्द है, जिसमें अपराधी को सभी दोषों से बरी कर दिया जाता है। इसके अन्य रूप **निम्नलिखित हैं-**

(i) **लघुकरण** (Commutation) **में**, एक प्रकार के दंड के स्थान पर दूसरा दंड दे दिया जाता है, जिसमें दंड की प्रकृति परिवर्तित हो जाती है। जैसेकि मृत्युदंड प्राप्त व्यक्ति की सजा को आजीवन कारावास में परिवर्तित कर देना।

(ii) **परिहार** (Remission) **में**, केवल दंड की अवधि को कम कर दिया जाता है। दंड की प्रकृति में कोई परिवर्तन नहीं होता है। जैसे-1 वर्ष की सजा को 6 महीने की सजा में परिवर्तित कर देना।

(iii) **निलंबन** (Respite) **में**, जब किसी विशेष परिस्थिति को देखते हुए अथवा किसी तथ्य को ध्यान में रखते हुए दोषी व्यक्ति को निर्धारित सजा की बजाय, कम सजा प्रदान करना।

(iv) क्षमादान के लिए जब राष्ट्रपति के समक्ष अनुरोध किया जाता है, तो उस अवधि में सजा स्थगित कर दी जाती है, जिसे **विराम** (Reprieve) कहा जाता है। यह मृत्युदंड के मामले में लागू होता है।

## क्षमादान तथा न्यायपालिका

- **मारूराम वाद में** न्यायपालिका ने पहले ही निर्धारित कर दिया है कि अनुच्छेद-72 के अंतर्गत् प्रयुक्त शक्तियों का न्यायिक पुनरावलोकन होगा। यदि यह निर्णय अतर्कसंगत तथा मनमाने रूप में किया गया है।
- **केहर सिंह वाद में** न्यायपालिका क्षमादान की शक्ति के संदर्भ में **निम्न आधार** रखे हैं-

(i) क्षमादान की शक्ति, राष्ट्रपति के विवेकाधीन है।

(ii) इस शक्ति का प्रयोग सरकार की सलाह पर किया जाएगा।

(iii) राष्ट्रपति, न्यायालय से अलग मत रख सकता है।

(iv) राष्ट्रपति के समक्ष क्षमादान के लिए मौखिक सुनवाई नहीं होती है।

## वर्तमान में न्यायपालिका का दृष्टिकोण

- किसी भी व्यक्ति को राजनीतिक या संकीर्ण धार्मिक या जातीय आधारों पर क्षमा नहीं किया जा सकता।
- क्षमादान, राष्ट्रपति की विवेकाधीन शक्ति है, लेकिन यह उसकी संवैधानिक शक्ति है, व्यक्तिगत शक्ति नहीं।
- यदि किसी व्यक्ति की दया याचिका 6 वर्षों से ज्यादा अवधि से लंबित है, तो उसके मृत्युदंड को आजीवन कारावास में बदल दिया जाएगा।
- अत: किसी व्यक्ति को क्षमा करने के आधार में उसके परिवार पर पड़ने वाले प्रभाव या समाज पर पड़ने वाले व्यापक प्रभाव को ध्यान में रखा जा सकता है।

## दया याचिका पर सुप्रीम कोर्ट का निर्णय (2014)

- वर्ष 2014 में उच्चतम न्यायालय ने भारत के नागरिकों के मौलिक अधिकारों का विवेचन करते हुए एक महत्वपूर्ण निर्णय दिया।
- न्यायाधीश रंजन गोगोई और एस. के. सिंह की बेंच ने राजीव गांधी हत्याकांड के दोषियों (संथानम्, मुरूगन, पेरारीवालन) के मृत्युदंड की सजा को उम्रकैद में तब्दील कर दिया।
- उच्चतम न्यायालय ने अपनी व्याख्या में संविधान के अनुच्छेद-20(3) और अनुच्छेद-21 को आधार बनाया, जिसमें एक दंड के लिए दोहरी सजा को गरिमामय जीवन की उपेक्षा बताया है।
- संबंधित मामलों में मृत्युदंड मिलने में हुई देरी को आधार बनाते हुए सर्वोच्च न्यायालय ने यह निर्णय सुनाया।

## कोर्ट द्वारा दया याचिका पर कुछ निर्देश भी दिए गए हैं-

1. राष्ट्रपति द्वारा दया याचिका खारिज करने के पहले दोषी को एकांतवास में रखना असंवैधानिक है।
2. दया याचिका खारिज होने के बाद कानूनी प्रक्रिया अपनाने के लिए दोषी को कानूनी सहायता दी जाएगी।
3. दया याचिका खारिज होने की सूचना दोषी तथा उसके परिवार को लिखित रूप में दी जाएगी।

## मृत्युदंड पर 20वें विधि आयोग की रिपोर्ट

- ए. पी. शाह की अध्यक्षता वाले 20वें विधि आयोग की (262वीं) रिपोर्ट में मृत्युदंड से संबंधित प्रावधानों की समीक्षा की गई है।
- 'द डेथ पेनाल्टी' शीर्षक वाली रिपोर्ट में कहा गया है कि मृत्युदंड आजीवन कारावास से अधिक किसी भी उद्देश्य को पूरा नहीं करती हो।
- देश के खिलाफ युद्ध तथा आतंकवादी गतिविधियों को छोड़कर सभी मामलों में मृत्युदंड की सजा को समाप्त कर दिया जाना चाहिए।
- विधि आयोग ने माना कि दुर्लभ से दुर्लभतम् मामलों का स्पष्टीकरण नहीं दिया जा सकता है। मृत्युदंड का लगातार दिया जाना इस पर प्रश्न-चिन्ह खड़ा करता है।

### राष्ट्रपति की राजनयिक शक्तियां

- राष्ट्रपति का विदेशों में भारत के मुख्य संवैधानिक प्रधान के रूप में महत्व होता है।
- राष्ट्रपति, सभी विदेशी राजदूतों से प्रमाण-पत्र प्राप्त करता है।
- राष्ट्रपति, विदेशों में भारतीय राजदूतों की नियुक्ति करता है।
- सभी अंतर्राष्ट्रीय संधियां व समझौते राष्ट्रपति के नाम पर किए जाते हैं।

### राष्ट्रपति की सैनिक शक्तियां

- राष्ट्रपति, तीनों सेनाओं का सर्वोच्च कमाण्डर होता है।
- राष्ट्रपति, युद्ध व शांति की घोषणा करता है।

### राष्ट्रपति का स्वविवेक

- संविधान, राष्ट्रपति को कोई स्वविवेक की शक्ति प्रदान नहीं करता है। वह मंत्रिपरिषद् एवं उनके प्रधान, प्रधानमंत्री की सलाह एवं सहायता के अनुसार कार्य करेगा। परंतु व्यवहार में राष्ट्रपति निम्नलिखित परिस्थितियों में अपने **स्वविवेक का प्रयोग करता है-**
  - (i) जब प्रधानमंत्री की अचानक मृत्यु हो जाए, तो वह अपने विवेक से नए प्रधानमंत्री की नियुक्ति करता है।
  - (ii) जब सरकार अल्पमत में हो जाए तथा लोक सभा अपना विश्वास खो दे, तो ऐसी स्थिति में राष्ट्रपति प्रधानमंत्री व मंत्रिपरिषद् की सलाह के अनुसार कार्य नहीं करेगा, बल्कि अपने विवेक के अनुसार कार्य करेगा।
  - (iii) यदि सरकार बनाने के लिए किसी दल के पास स्पष्ट बहुमत न हो, तो ऐसी स्थिति में राष्ट्रपति अपने विवेक से किसी दल को सरकार बनाने के लिए आमंत्रित करते हैं। व्यावहारिक रूप में राष्ट्रपति द्वारा वर्ष 1996 के बाद से सबसे बड़े दल के स्थान पर सबसे बड़े गठबंधन के नेता को सरकार बनाने के लिए आमंत्रित किया जा रहा है।
  - (iv) किसी विधेयक को पुनर्विचार के लिए भेजने के मामले में राष्ट्रपति अपने स्वविवेक का प्रयोग करते हैं।
  - (v) यदि मंत्रिमंडल सदन में विश्वास मत सिद्ध न कर सके, तो राष्ट्रपति, लोक सभा को विघटित करने में स्वविवेक का प्रयोग करते हैं।

### भारत के राष्ट्रपति

| क्र. | नाम | कार्यकाल | टिप्पणी |
|---|---|---|---|
| 1. | डॉ. राजेन्द्र प्रसाद | 26-1-1950 से 13-5-1962 तक | |
| 2. | डॉ. सर्वपल्ली राधाकृष्णन | 13-5-1962 से 13-5-1967 तक | |
| 3. | डॉ. जाकिर हुसैन | 13-5-1967 से 3-5-1969 तक | (मृत्यु) |
| 4. | वाराह गिरि वेंकट गिरि | 3-5-1969 से 20-7-1969 तक | (कार्यकारी) |
| 5. | एम. हिदायतुल्ला | 20-7-1969 से 24-8-1969 तक | (कार्यकारी) |
| 6. | वाराह गिरि वेंकट गिरि | 24-8-1969 से 24-8-1974 तक | |
| 7. | डॉ. फखरुद्दीन अली अहमद | 24-8-1974 से 11-2-1977 तक | (मृत्यु) |
| 8. | बी. डी. जत्ती | 11-2-1977 से 25-7-1977 तक | (कार्यकारी) |
| 9. | नीलम संजीव रेड्डी | 25-7-1977 से 25-7-1982 तक | |
| 10. | ज्ञानी जैल सिंह | 25-7-1982 से 25-7-1987 तक | |
| 11. | एम. हिदायतुल्ला | 6-10-1982 से 31-10-1982 तक | (राष्ट्रपति ज्ञानी जैल सिंह की अनुपस्थिति में राष्ट्रपति के कृत्यों का निर्वहन किया)। |
| 12. | रामस्वामी वेंकटरामन | 25-7-1987 से 25-7-1992 तक | |
| 13. | डॉ. शंकर दयाल शर्मा | 25-7-1992 से 25-7-1997 तक | |
| 14. | डॉ. के. आर. नारायन | 25-7-1997 से 25-7-2002 तक | |
| 15. | डॉ. ए.पी.जे. अब्दुल कलाम | 25-7-2002 से 25-7-2007 तक | |
| 16. | श्रीमती प्रतिभा देवीसिंह पाटिल | 25-7-2007 से 25-7-2012 तक | |
| 17. | प्रणब मुखर्जी | 25-7-2012 से 25-7-2017 तक | |
| 18. | राम नाथ कोविंद | 25-7-2017 से अब तक | |

## राष्ट्रपति और प्रधानमंत्री के संबंध ( संवैधानिक प्रावधान )

- राष्ट्रपति को सलाह और सहायता देने के लिए एक मंत्रिपरिषद् होगी, जिसका प्रधान, प्रधानमंत्री होगा, (अनुच्छेद-74 (1))।
- राष्ट्रपति, मंत्रिपरिषद् से अपने निर्णय पर पुनर्विचार की मांग कर सकता है, परंतु मंत्रिपरिषद् के पुनर्विचार के बाद दोबारा प्रस्ताव राष्ट्रपति के समक्ष प्रस्तुत किया जाए, तो उसे अनुमति देना होगा, (अनुच्छेद-74 (2))।
- **24वें संविधान संशोधन** के द्वारा यह प्रावधान किया गया है कि राष्ट्रपति, संविधान संशोधन विधेयक पर वीटो का प्रयोग नहीं करेगा।
- **42वें संविधान संशोधन** से यह प्रावधान किया गया है कि राष्ट्रपति, मंत्रिपरिषद् की सलाह और सहायता से कार्य करेगा।
- **44वें संविधान संशोधन** द्वारा यह प्रावधान किया गया कि राष्ट्रपति किसी विधेयक को एक बार पुनर्विचार के लिए वापस कर सकता है।

## न्यायपालिका का निर्णय

- **शमशेर सिंह तथा राम जवाया वाद में** न्यायपालिका ने निर्णय दिया कि अनुच्छेद-53 को अनुच्छेद-74 (1) के साथ मिलाकर पढ़ा जाना चाहिए। अतः राष्ट्रपति अपनी कार्यपालिकीय शक्तियों का प्रयोग मंत्रिपरिषद् की सलाह एवं सहायता के आधार पर करेगा।
- उच्चतम न्यायालय के अनुसार, हमारे संविधान निर्माताओं ने संसदीय शासन प्रणाली का निर्माण किया है, जिसमें राष्ट्रपति, संवैधानिक प्रधान होते हैं तथा प्रधानमंत्री, वास्तविक प्रधान होते हैं।

# उपराष्ट्रपति

## योग्यताएं

- वह भारत का नागरिक हो।
- वह 35 वर्ष की आयु पूर्ण कर चुका हो।
- राज्य सभा का सदस्य बनने के लिए योग्यता रखता हो।
- वह किसी लाभ के पद पर न हो। परंतु वर्तमान राष्ट्रपति अथवा उपराष्ट्रपति किसी राज्य का राज्यपाल और संघ अथवा राज्य का मंत्री को लाभ का पद नहीं माना जाएगा।

## निर्वाचन ( अनुच्छेद-66 )

- उपराष्ट्रपति का निर्वाचन, भारत के निर्वाचन आयोग द्वारा कराया जाता है।
- उपराष्ट्रपति का चुनाव **आनुपातिक प्रतिनिधित्व की एकल संक्रमणीय मत पद्धति** द्वारा कराया जाता है।
- उपराष्ट्रपति के चुनाव में राज्य सभा और लोक सभा के सदस्य मतदान करते हैं।
- यह बिंदु ध्यान देने योग्य है कि उपराष्ट्रपति के चुनाव में **मनोनीत सदस्य** भी मतदान करते हैं, जबकि राष्ट्रपति के चुनाव में मनोनीत सदस्य मतदान नहीं करते हैं।
- राज्य विधान मंडलों के सदस्य उपराष्ट्रपति के चुनाव में मतदान नहीं करते हैं, जबकि राष्ट्रपति के चुनाव में राज्य विधान मंडलों के सदस्य मतदान करते हैं।
- उपराष्ट्रपति पद के उम्मीदवार के लिए **20 प्रस्तावक** तथा **20 अनुमोदक** होते हैं।
- उम्मीदवार के लिए जमानत राशि 15,000 रूपये है। इस राशि को उम्मीदवार 'भारतीय रिजर्व बैंक' में जमा कराते हैं।

## कार्यकाल ( अनुच्छेद-67 )

- उपराष्ट्रपति का कार्यकाल पद ग्रहण से 5 वर्ष तक होता है।
- उपराष्ट्रपति पद के लिए कोई व्यक्ति दोबारा भी चुना जा सकता है।
- 5 वर्ष की अवधि के पश्चात् भी उपराष्ट्रपति तब तक पद त्याग नहीं करता है, जब तक कि नया उपराष्ट्रपति पद ग्रहण न कर ले।

## शपथ ( अनुच्छेद-69 )

- राष्ट्रपति, उपराष्ट्रपति को शपथ ग्रहण कराते हैं।

## पद से हटना

- उपराष्ट्रपति, राष्ट्रपति को इस्तीफा देकर पद त्याग कर सकता है।
- राज्य सभा के पूर्ण बहुमत से पारित संकल्प द्वारा जिससे लोक सभा सहमत हो, उपराष्ट्रपति को पद से हटाया जा सकता है। हटाने के प्रस्ताव का आरंभ राज्य सभा में होगा।
- उपराष्ट्रपति को हटाने संबंधित प्रस्ताव लाने से 14 दिन पहले सूचित किया जाता है।

## उपराष्ट्रपति की शक्तियां

- संविधान में उपराष्ट्रपति के रूप में उसका कोई कार्य वर्णित नहीं है।
- राज्य सभा के पदेन सभापति तथा राष्ट्रपति की अनुपस्थिति या पद रिक्ति के समय वह राष्ट्रपति के रूप में कार्य करता है। उपराष्ट्रपति अपना वेतन राज्य सभा के सभापति के रूप में प्राप्त करता है।

| भारत के उपराष्ट्रपति | |
|---|---|
| नाम वर्ष | |
| 1. डॉ. एस. राधाकृष्णन | 1952 - (राष्ट्रपति बने) |
| 2. डॉ. एस. राधाकृष्णन | 1957 |
| 3. डॉ. जाकिर हुसैन | 1962 - (राष्ट्रपति बने) |
| 4. वी. वी. गिरि | 1967 - (राष्ट्रपति बने) |
| 5. जी. एस. पाठक | 1969 |
| 6. बी. डी. जत्ती | 1974 |
| 7. एम. हिदायतुल्ला | 1979 |
| 8. आर. वेंकटरमन | 1984 - (राष्ट्रपति बने) |
| 9. डॉ. शंकर दयाल शर्मा | 1987 - (राष्ट्रपति बने) |
| 10. के. आर. नारायणन | 1992 - (राष्ट्रपति बने) |
| 11. कृष्णकांत | 1997 |
| 12. बी. एस. शेखावत | 2002 |
| 13. मो. हामिद अंसारी | 2007 |
| 14. मो. हामिद अंसारी | 2012 |
| 15. वेंकैया नायडू | 2017 |

## प्रधानमंत्री

- राष्ट्रपति, प्रधानमंत्री की नियुक्ति करेगा। राष्ट्रपति, प्रधानमंत्री की सलाह से अन्य मंत्रियों की नियुक्ति करेगा, (अनुच्छेद-75 (1))।
- मंत्री, राष्ट्रपति के प्रसाद पर्यंत तक अपने पद पर बना रहेगा, (अनुच्छेद-75 (2))।
- मंत्रिपरिषद्, सामूहिक रूप में लोक सभा के प्रति उत्तरदायी होगा।

### प्रधानमंत्री की नियुक्ति

- संविधान में प्रधानमंत्री की नियुक्ति के लिए कोई विशेष प्रक्रिया नहीं दी गई है।
- संविधान के अनुच्छेद-75 (1) के अनुसार, 'राष्ट्रपति, प्रधानमंत्री की नियुक्ति करेगा' परंतु संसदीय परंपरा के अनुसार वह बहुमत दल के नेता या गठबंधन के नेता की नियुक्ति करता है।

### शपथ

- प्रधानमंत्री को राष्ट्रपति पद एवं गोपनीयता की शपथ दिलाते हैं।

### कार्यकाल

- प्रधानमंत्री का कार्यकाल निश्चित नहीं होता है।
- वह राष्ट्रपति के प्रसाद पर्यंत अपने पद पर बना रहता है। परंतु इसका अर्थ यह नहीं है कि राष्ट्रपति किसी भी समय प्रधानमंत्री को उसके पद से हटा दे।
- प्रधानमंत्री को जब तक लोक सभा में बहुमत प्राप्त है, राष्ट्रपति उसे नहीं हटा सकता है।
- लोक सभा में अपना बहुमत खो देने पर उसे अपने पद से त्यागपत्र देना होगा।
- त्यागपत्र न देने पर राष्ट्रपति उसे पद से हटा सकते हैं।

### प्रधानमंत्री का कर्त्तव्य

- प्रधानमंत्री का यह कर्त्तव्य होगा कि वह संघ के प्रशासन और विधान से संबंधित मंत्रिपरिषद् के सभी निर्णयों को राष्ट्रपति को संप्रेषित करे, (अनुच्छेद-78 (i))।
- संघ के प्रशासन और विधान से संबंधित ऐसी सूचनाओं को प्रदान करे, जिसकी राष्ट्रपति मांग करे, (अनुच्छेद-78 (ii))।
- यदि किसी मुद्दे पर एक मंत्री ने विचार न किया हो, तो राष्ट्रपति ऐसे मुद्दों को मंत्रिपरिषद् के समक्ष रखवा सकते हैं, (अनुच्छेद-78 (iii))।

### संसदीय परंपरा के आधार पर राष्ट्रपति और प्रधानमंत्री के मध्य संबंध

- संसदीय परंपरा के आधार पर राष्ट्रपति, संवैधानिक प्रधान व प्रधानमंत्री कार्यपालिका का वास्तविक प्रधान होगा।
- परंपरा के आधार पर ही प्रधानमंत्री बहुमत दल का नेता व वास्तविक कूटनीति का निर्माता होता है।
- भारत संघ में सदैव मंत्रिपरिषद् की संकल्पना की गई है, जिसका प्रधान, प्रधानमंत्री होगा।

### प्रधानमंत्री के कार्य

- प्रधानमंत्री के कार्यों का संविधान में स्पष्ट व सीधा उल्लेख नहीं है, परंतु व्यावहारिक रूप में प्रधानमंत्री के द्वारा **निम्नलिखित कार्य संपादित किए जाते हैं-**
  (i) प्रधानमंत्री, शासन का नीति निर्माता होता है।
  (ii) मंत्रिमंडल की बैठकों की अध्यक्षता करता है।
  (iii) मंत्रिमंडल और राष्ट्रपति के मध्य कड़ी का कार्य करता है।
  (iv) मंत्रियों के विभागों का बंटवारा करता है।
  (v) विभागों में फेरबदल करता है।
  (vi) प्रधानमंत्री की मृत्यु के बाद पूरा मंत्रिपरिषद् विघटित हो जाता है, क्योंकि प्रधानमंत्री, समकक्षों में प्रधान होता है।
  (vii) प्रधानमंत्री की स्थिति, समकक्षों में प्रथम की होती है।

## भारत के प्रधानमंत्री

| | नाम | कार्यकाल |
|---|---|---|
| 1. | जवाहरलाल नेहरू | 1947-1964 (निधन) |
| 2. | गुलजारी लाल नंदा | 1964 (कार्यवाहक) |
| 3. | लाल बहादुर शास्त्री | 1964-1966 (निधन) |
| 4. | गुलजारी लाल नंदा | 1966 (कार्यवाहक) |
| 5. | इंदिरा गांधी | 1966-1977 |
| 6. | मोरारजी देसाई | 1977-1979 |
| 7. | चरण सिंह | 1979-1980 |
| 8. | इंदिरा गांधी | 1980-1984 (निधन) |
| 9. | राजीव गांधी | 1984-1989 |
| 10. | विश्वनाथ प्रताप सिंह | 1989-1990 |
| 11. | चन्द्रशेखर | 1990-1991 |
| 12. | पी. वी. नरसिंहराव | 1991-1996 |
| 13. | अटल बिहारी वाजपेयी | 1996 13 (दिन के लिए) |
| 14. | एच. डी. देवगौड़ा | 1996-1997 |
| 15. | इन्द्रकुमार गुजराल | 1997-1998 |
| 16. | अटल बिहारी वाजपेयी | 1998-1999 |
| 17. | अटल बिहारी वाजपेयी | 1999-2004 |
| 18. | डॉ. मनमोहन सिंह | 2004-2009 |
| 19. | डॉ. मनमोहन सिंह | 2009-2014 |
| 20. | नरेन्द्र दामोदर दास मोदी | 2014-अब तक |

### महत्वपूर्ण तथ्य

- भारतीय संसदीय व्यवस्था में मंत्री किसी भी सदन से लिए जा सकते हैं तथा मंत्री के रूप में वह दोनों सदनों की चर्चा में भाग ले सकते हैं। लेकिन मतदान केवल उसी सदन में करेंगे, जिसके वह सदस्य होंगे।
- श्रीमती इंदिरा गांधी जब पहली बार प्रधानमंत्री बनीं, तब वह राज्य सभा की सदस्या थीं।
- इन्द्र कुमार गुजराल भी प्रधानमंत्री होने के समय राज्य सभा के सदस्य थे। जबकि देवीगौड़ा और नरसिंहराव बिना किसी सदन के सदस्य होते हुए भी प्रधानमंत्री हुए तथा बाद में देवीगौड़ा ने राज्य सभा की सदस्यता ली तथा नरसिंहराव ने लोक सभा का चुनाव जीता।
- छह (6) लोग जिसमें मोरारजी देसाई, चौ. चरणसिंह, वी. पी. सिंह, पी. वी. नरसिंहराव एवं एच. डी. देवगौड़ा एवं नरेन्द्र दामोदर दास मोदी अपने राज्यों में मुख्यमंत्री बनने के बाद देश के प्रधानमंत्री बने।

## उपप्रधानमंत्री

- भारतीय संविधान में उपप्रधानमंत्री के पद का कोई प्रावधान नहीं है। परंतु व्यावहारिक राजनीति में उपप्रधानमंत्री नियुक्त किए गए हैं।
- उपप्रधानमंत्री चुने जाने वाला व्यक्ति कैबिनेट मंत्री के समान होता है।
- उपप्रधानमंत्री की नियुक्ति भी प्रधानमंत्री की सलाह पर राष्ट्रपति करते हैं।
- अभी तक निम्नलिखित व्यक्ति उपप्रधानमंत्री चुने गए हैं-

| | नाम | कार्यकाल |
|---|---|---|
| 1. | सरदार वल्लभभाई पटेल | 1947-1950 |
| 2. | मोरारजी देसाई | 1967-1969 |
| 3. | चरण सिंह एवं जगजीवन राम | 1979-1979 |
| 4. | वाई. बी. चव्हाण | 1979-1980 |
| 5. | देवीलाल | 1989-1990 |
| 6. | देवीलाल | 1990-1991 |
| 7. | एल. के. आडवाणी | 2002-2004 |

## केंद्रीय मंत्रिपरिषद्

### संवैधानिक प्रावधान (अनुच्छेद-74)

- राष्ट्रपति को सहायता और सलाह देने के लिए एक मंत्रिपरिषद् होगी, जिसका प्रधान, प्रधानमंत्री होगा।
- राष्ट्रपति, मंत्रिपरिषद् की सलाह के अनुसार कार्य करेगा। परंतु राष्ट्रपति, मंत्रिपरिषद् की सलाह पर पुनर्विचार के लिए कह सकता है। लेकिन मंत्रिपरिषद् द्वारा दोबारा भेजने पर राष्ट्रपति उसकी सलाह के अनुसार कार्य करने के लिए बाध्य है।
- मंत्रियों द्वारा राष्ट्रपति को दी गई सलाह की जांच किसी न्यायालय द्वारा नहीं की जा सकती।
- प्रधानमंत्री की नियुक्ति, राष्ट्रपति करेगा तथा अन्य मंत्रियों की नियुक्ति राष्ट्रपति द्वारा प्रधानमंत्री की सलाह पर की जाएगी, (अनुच्छेद-75 (1))।
- मंत्री राष्ट्रपति के प्रसाद पर्यंत पद धारण करेंगे, (अनुच्छेद-75 (2))।
- संविधान में मंत्रिपरिषद् शब्द एवं मंत्री शब्द का प्रयोग किया गया है जबकि **कैबिनेट** शब्द का प्रयोग 44वें संविधान संशोधन में किया गया है।

### मंत्रिपरिषद् का आकार

- मूल संविधान में मंत्रियों की संख्या के बारे में कोई प्रावधान नहीं है।

- 91वें संविधान संशोधन विधेयक, 2003 से यह प्रावधान किया गया है कि प्रधानमंत्री सहित मंत्रिपरिषद् के सदस्यों की कुल संख्या, लोक सभा की कुल संख्या के 15 प्रतिशत से अधिक नहीं होगी। गोवा जैसे राज्यों में यह भी प्रावधान किया गया है कि मंत्रियों की संख्या कम से कम 12 होगी। दिल्ली में मंत्रिपरिषद् की कुल संख्या का दिल्ली विधान सभा के कुल सदस्यों का 10 प्रतिशत से अधिक नहीं होगी, जिसमें मुख्यमंत्री भी शामिल होंगे।

### मंत्रियों की नियुक्ति

- मंत्रियों की नियुक्ति प्रधानमंत्री की सलाह पर राष्ट्रपति द्वारा की जाती है।
- लोक सभा तथा राज्य सभा दोनों ही सदनों से मंत्री नियुक्त किए जा सकते हैं।
- मंत्री जो संसद के किसी एक सदन का सदस्य है, उसे दूसरे सदन की कार्यवाही में भाग लेने और बोलने का अधिकार होता है। परंतु वह मत उसी सदन में दे सकता है, जिसका वह सदस्य है।
- कोई व्यक्ति संसद की सदस्यता के बिना भी मंत्री बन सकता है। परंतु उसे 6 महीने के भीतर संसद के किसी भी सदन की सदस्यता प्राप्त करनी होगी। यदि वह ऐसा नहीं कर पाता है, तो उसे मंत्री पद से हटा दिया जाएगा।

### शपथ

- तीसरी अनुसूची के अनुसार, राष्ट्रपति, मंत्रियों को पद एवं गोपनीयता की शपथ दिलाते हैं।

### मंत्रियों के उत्तरदायित्व

- मंत्रिपरिषद्, लोक सभा के प्रति सामूहिक रूप से उत्तरदायी होती है।
- सामूहिक उत्तरदायित्व का अर्थ है कि मंत्रिपरिषद् का निर्णय सामूहिक होता है। इसलिए कोई भी मंत्री इससे असहमत नहीं हो सकता। अत: एक मंत्री के द्वारा लिया गया निर्णय सभी मंत्रियों का निर्णय माना जाता है।
- यदि किसी एक मंत्री के निर्णय से लोक सभा असहमत है, तो समूचे मंत्रिपरिषद् के विरुद्ध अविश्वास प्रस्ताव पारित होता है तथा पूरे मंत्रिपरिषद् को त्यागपत्र देना होता है।

### व्यक्तिगत उत्तरदायित्व

- मंत्री, व्यक्तिगत रूप में राष्ट्रपति के प्रति उत्तरदायी होते हैं।

## मंत्रिपरिषद् की संरचना

- संविधान में मंत्रियों की कोई श्रेणी नहीं दी गई है परंतु व्यवहार में मंत्रियों की **निम्नलिखित चार श्रेणियां होती हैं**-
  - (i) **कैबिनेट मंत्री :** ऐसे मंत्री को मंत्रिमंडल (कैबिनेट) की प्रत्येक बैठक में उपस्थित होने और भाग लेने का अधिकार है। यह मंत्रिपरिषद् का सबसे महत्वपूर्ण भाग होता है, इसी के द्वारा सभी निर्णय सामूहिक रूप में लिए जाते हैं। कैबिनेट मंत्रियों की लिखित सलाह पर ही राष्ट्रपति राष्ट्रीय आपात (अनुच्छेद-352) की घोषणा करते हैं।
  - (ii) **राज्य मंत्री (स्वतंत्र प्रभार) :** राज्य मंत्री, जो किसी कैबिनेट मंत्री के अधीन काम नहीं करता। जब उसके विभाग से संबंधित कोई विषय मंत्रिमंडल की कार्यसूची में होता है, तो उसे बैठक में उपस्थित होने के लिए आमंत्रित किया जाता है।
  - (iii) **राज्य मंत्री :** इस मंत्री के पास किसी विभाग का स्वतंत्र प्रभार नहीं होता, यह कैबिनेट मंत्री के अधीन कार्य करता है। ऐसे मंत्री को उसका कैबिनेट मंत्री कार्य आवंटित करता है। यह आमंत्रण मिलने पर ही बैठक में भाग लेते हैं।
  - (iv) **उप मंत्री :** ऐसा मंत्री कैबिनेट मंत्री या स्वतंत्र प्रभार वाले राज्य मंत्री के अधीन कार्य करता है। जिस मंत्री के अधीन वह कार्य करता है, वही उसे कार्य आवंटित करता है। यह कभी भी मंत्रिमंडल की बैठक में भाग नहीं लेता।

**Note :** प्रधानमंत्री, कैबिनेट मंत्रियों को और स्वतंत्र प्रभार वाले राज्य मंत्री को विभाग आवंटित करता है। अन्य मंत्रियों को कार्य का आवंटन उनके कैबिनेट मंत्री करते हैं।

## मंत्रिमंडल की भूमिका

- मंत्रिमंडल, केंद्रीय सरकार का मुख्य नीति निर्धारक अंग होता है।
- मंत्रिमंडल, राष्ट्रपति की सलाहकारी संस्था होती है तथा इसकी सलाह के अनुसार कार्य करता है।
- मंत्रिमंडल, सभी विधायी और वित्तीय मामलों को देखता है।
- मंत्रिमंडल, विदेश नीति और विदेश मामलों को भी देखता है।

### मंत्रिपरिषद् तथा मंत्रिमंडल में अंतर

### मंत्रिपरिषद्

- यह एक बड़ा निकाय है, जिसमें 60 से 70 मंत्री होते हैं।
- इसमें मंत्रियों की चारों श्रेणियां-कैबिनेट मंत्री, राज्य मंत्री (स्वतंत्र प्रभार), राज्य मंत्री, उप मंत्री शामिल होते हैं।

### मंत्रिमंडल

- यह एक छोटा निकाय है, जिसमें 15 से 25 मंत्री होते हैं।
- इसमें केवल कैबिनेट मंत्री शामिल होते हैं।
- अत: यह मंत्रिपरिषद् का एक भाग है।

# संसद
# PARLIAMENT

## संसद का गठन (अनुच्छेद-79)

- संसद का गठन लोक सभा, राज्य सभा एवं राष्ट्रपति से मिलकर होता है। तीनों का सामूहिक नाम संसद है।

## संसद के कार्य

- संसद के निम्नलिखित **कार्य होते हैं**-
  - (i) विधि का निर्माण करना।
  - (ii) कार्यपालिका पर नियंत्रण रखना।
  - (iii) संसद, सूचना का सर्वोच्च स्थान होता है।
  - (iv) संसद के न्यायपालिकीय कार्य।

## विधि-निर्माण

- संसद की विधि-निर्माण प्रक्रिया को निम्नलिखित भागों में **बांटा जाता है**-
  - (i) साधारण विधेयक पारित करना।
  - (ii) धन विधेयक पारित करना।
  - (iii) वित्त विधेयक पारित करना।
  - (iv) संविधान संशोधन विधेयक पारित करना।

## साधारण विधेयकों की निर्माण प्रक्रिया

- सामान्य विधेयक, लोक सभा अथवा राज्य सभा किसी भी सदन में प्रस्तुत किया जा सकता है।
- **सरकारी विधेयक :** यह सरकार के किसी मंत्री द्वारा पेश किया गया विधेयक होता है।
- **गैर-सरकारी विधेयक :** यह सरकार में मंत्री के अलावा किसी भी सदस्य द्वारा पेश किया गया, विधेयक होता है, जिसके लिए **शुक्रवार** का दिन निर्धारित होता है।

### 1. प्रथम वाचन

- साधारण विधेयक संसद के किसी भी सदन में प्रस्तुत किया जा सकता है।
- इस चरण में विधेयक पर किसी प्रकार की चर्चा नहीं होती है।
- यदि यह विधेयक प्रस्तुत करने से पहले ही भारत के राजपत्र में प्रकाशित हो जाए, तो विधेयक के संबंध में सदन की अनुमति की आवश्यकता नहीं होती।
- विधेयक का सदन में प्रस्तुत करना तथा उसका राजपत्र में प्रकाशित होना ही **प्रथम वाचन** है।

### 2. द्वितीय वाचन

- यह सबसे महत्वपूर्ण चरण होता है। **इस चरण में**-
  - (i) विधेयक पर चर्चा होती है।
  - (ii) विधेयक को प्रवर समिति अथवा संयुक्त समिति को सौंपा जा सकता है।
  - (iii) जनता की राय जानने के लिए इसे समाचार पत्र में प्रकाशित कराया जा सकता है।
  - (iv) खंडशः चर्चा (Clause by clause)।
- दूसरे वाचन में विधेयक पर चर्चा एवं (सामान्य बहुमत से) मतदान किया जाता है।

### 3. तीसरा वाचन

- तीसरे वाचन में विधेयक को स्वीकार या अस्वीकार करने का कार्य किया जाता है।
- इस वाचन में विधेयक में कोई संशोधन नहीं किया जाता है।
- यदि सदन का बहुमत इसे पारित कर देता है, तो उस सदन के पीठासीन अधिकारी द्वारा विधेयक को दूसरे सदन में भेजा जाता है।

### 4. दूसरे सदन में विधेयक

- दूसरे सदन में विधेयक के प्रस्तुत करने के साथ पहले सदन की प्रक्रिया की भांति पहला, दूसरा एवं तीसरा वाचन संपन्न किया जाता है।
- दूसरे सदन के समक्ष **निम्नलिखित विकल्प होते हैं**-
  - (i) वह विधेयक को उसी रूप में पारित कर दे, जिस रूप में पहले सदन में प्रस्तुत किया था।
  - (ii) वह विधेयक को संशोधनों के साथ पारित करके पहले सदन को भेंजे। इसे पहला सदन स्वीकार कर ले।

## सदन में गतिरोध

(i) दूसरा सदन विधेयक को अस्वीकार कर सकता है।

(ii) दूसरा सदन विधेयक पर किसी प्रकार की कार्यवाही न करे तथा विधेयक को 6 महीने तक लंबित कर दे।
(iii) दूसरे सदन के संशोधन को पहला सदन स्वीकार कर ले।

- यदि दूसरा सदन विधेयक को अस्वीकार कर दे या विधेयक पर किसी प्रकार की कार्यवाही न करे तथा विधेयक को 6 महीने तक लंबित कर दे, तो दोनों सदनों की संयुक्त बैठक कराई जाती है।

## संयुक्त बैठक (अनुच्छेद-108)

- गतिरोध को दूर करने के लिए राष्ट्रपति दोनों सदनों की संयुक्त बैठक बुलाते हैं।
- संयुक्त बैठक की अध्यक्षता लोक सभा का स्पीकर करता है।
- संयुक्त बैठक का आवाहन राष्ट्रपति करता है।
- संयुक्त बैठक में प्रस्ताव सामान्य बहुमत से पारित किया जाता है।
- अभी तक तीन (3) बार दोनों सदनों की **संयुक्त बैठक** आयोजित की गई है–
  (i) दहेज प्रतिषेध अधिनियम, 1961
  (ii) बैंकिंग सेवा अधिनियम, 1978
  (iii) आतंकवाद निवारक अधिनियम, 2002
- संयुक्त बैठक की अध्यक्षता लोक सभा का स्पीकर करता है।
- लोक सभा स्पीकर की अनुपस्थिति में संयुक्त बैठक की अध्यक्षता, लोक सभा का उपाध्यक्ष करेगा। इसकी अनुपस्थिति में राज्य सभा का उपसभापति संयुक्त बैठक की अध्यक्षता करेगा।
- संयुक्त बैठक में विधेयक सामान्य बहुमत से पारित होता है।
- **Note :** धन विधेयक एवं संविधान संशोधन विधेयक पर संयुक्त बैठक का प्रावधान नहीं है। केवल सामान्य विधेयक पर ही संयुक्त बैठक बुलाई जा सकती है।
- राष्ट्रपति की अनुमति मिलने के बाद विधेयक कानून बन जाता है। विधेयक पर केवल राष्ट्रपति के हस्ताक्षर होते हैं और भारत सरकार के गजट में प्रकाशित होने के बाद यह लागू हो जाता है।

## वार्षिक वित्तीय विवरण (अनुच्छेद-112)

**वार्षिक वित्तीय विवरण को लोकप्रिय शब्दों में 'बजट' भी कहा जाता है। बजट पारित करने के क्रम निम्नलिखित हैं-**

(i) बजट, लोक सभा में प्रस्तुत करना।
(ii) बजट पर सामान्य चर्चा।
(iii) लेखानुदान की मांग।
(iv) बजट पर विस्तृत चर्चा।
(v) सरकार द्वारा अनुदान की मांग।
(vi) कटौती प्रस्ताव।
(vii) विनियोग विधेयक।
(viii) वित्त विधेयक।

(i) संसद में वित्तमंत्री द्वारा बजट प्रस्तुत किया जाता है। बजट प्रस्तुत करने के पश्चात् संसद में इस पर सामान्य चर्चा की जाती है

(ii) बजट प्रस्तुत करने के बाद बजट पर विस्तार से चर्चा होती है। परंतु बजट पारित कराने में लगभग 2 महीने का समय लगता है।

(iii) इसलिए सरकार लेखानुदान के माध्यम से संसद से 2 महीने की अवधि के लिए पैसा खर्च करने की अनुमति लेती है, जिस पर संसद बिना चर्चा के ही सरकार को अनुमति प्रदान करती है।

(iv) लेखानुदानों के बाद बजट के प्रत्येक प्रावधानों पर विस्तृत चर्चा की जाती है, जिसमें प्रत्येक खर्चों की आवश्यकता तथा औचित्य पर बहस होती है।

(v) बजट प्रस्तुत करने के बाद सरकार का प्रत्येक विभाग अपने अनुदान की मांग लोक सभा में प्रस्तुत करता हैं। जिसके द्वारा सरकार के विभिन्न विभाग अपने खर्च के लिए लोक सभा से पैसे की मांग करते हैं, जिस पर लोक सभा और राज्य सभा में चर्चा होती है, लेकिन मतदान केवल लोक सभा में होता है। यह उल्लेखनीय है कि वे खर्चे, जो भारत की संचित निधि पर भारित होते हैं, उन पर मतदान नहीं होता।

(vi) कटौती प्रस्ताव : कटौती प्रस्ताव केवल लोक सभा में ही प्रस्तुत होता है। कार्यपालिका पर प्रभावी नियंत्रण रखने के लिए संसद खर्चों में कटौती करने की शक्ति रखती है। इसके लिए निम्नलिखित तीन प्रकार की **कटौती प्रस्ताव होते हैं**–

### 1. नीतिगत कटौती

- यदि लोक सभा संपूर्ण खर्च को सीमित करके एक रूपया कर दे, तब इसे सरकारी नीति का विरोध कहा जाएगा और यह एक प्रकार से सरकार के विरुद्ध अविश्वास प्रस्ताव ही माना जाएगा।

### 2. मितव्ययिता कटौती

- यदि सरकार के खर्च में लोक सभा कुछ राशि की कटौती कर दे, तो यह कटौती मितव्ययिता कटौती कहलाते हैं।

### 3. सांकेतिक कटौती

- जब व्यय से सांकेतिक रूप में लोक सभा द्वारा 100 रूपये की कटौती कर दी जाए, तो यह सांकेतिक कटौती कहलाता है।
  - (vii) विनियोग विधेयक : अनुदान की मांग पारित होने के बाद सरकार विनियोग विधेयक प्रस्तुत करती है, जिसके द्वारा सरकार लोक सभा से भारत की संचित निधि से पैसा निकालने की अनुमति प्राप्त करती है।
  - (viii) वित्त विधेयक : बजट पारित करने का यह आखिरी चरण है, जिसके द्वारा सरकार विभिन्न प्रकार के करों के प्रस्ताव संसद के समक्ष प्रस्तुत करती है।

**अनुपूरक अनुदान** (Supplementary)

- जब किसी वित्तीय वर्ष में (1 अप्रैल से 31 मार्च) किसी सेवा में निर्धारित राशि से ज्यादा पैसा खर्च हो जाए, तब सरकार लोक सभा के समक्ष अनुपूरक मांग प्रस्तुत करती है।

**अतिरिक्त मांग** (Additional Demand)

- जब किसी वित्तीय वर्ष में किसी नई सेवा का निर्माण किया जाए, जिसकी कल्पना बजट के निर्माण के समय नहीं की गई थी। ऐसे खर्च को अतिरिक्त मांग के रूप में लोक सभा के समक्ष प्रस्तुत किया जाता है।

**ज्यादा की मांग** (Excess Grant)

- जब किसी वित्तीय वर्ष में किसी सेवा में निर्धारित राशि से ज्यादा पैसा खर्च हो जाए और इसकी अनुमति लोक सभा से अगले वित्तीय वर्ष में ली जाती है।

**प्रत्ययानुदान** (Vote of Credit)

- यदि किसी राष्ट्रीय आपात के कारण सरकार की वित्तीय मांग में अचानक वृद्धि हो जाए तथा उस खर्च का विवरण भी देना सरकार के लिए संभव न हो, तो इसे लोक सभा के समक्ष प्रत्ययानुदान के रूप में प्रस्तुत किया जाता है।

**अपवादानुदान** (Exceptional)

- यदि किसी विशेष एवं निश्चित उद्देश्य के लिए सरकार अनुदान की मांग रखती है, जो कि सामान्य वर्ष में खर्च के अतिरिक्त होता है, इसे अपवादानुदान कहते हैं।

## धन विधेयक (अनुच्छेद-110)

- धन विधेयक के अंतर्गत् **निम्नलिखित विषय सम्मिलित किए जाते हैं-**
  - (i) किसी कर का लगाना, हटाना, परिवर्तन एवं नियंत्रण करना।
  - (ii) सरकार द्वारा धन उधार लेना।
  - (iii) भारत की संचित निधि या आकस्मिक निधि की अभिरक्षा।
  - (iv) ऐसे कोष में धन का डालना या निकालना।
  - (v) किसी भी व्यय को भारत की संचित निधि पर भारित करना।
  - (vi) भारत की संचित निधि या लोक लेखा से धन प्राप्त करना या उसकी रक्षा करना अथवा संघ या राज्य के लोक लेखे की संपरीक्षा करना।

### धन विधेयक पर राष्ट्रपति का अधिकार

- धन विधेयक, राष्ट्रपति की अनुमति के लिए प्रस्तुत किया जाता है। तब राष्ट्रपति उस पर अनुमति प्रदान कर सकता है अथवा वह विधेयक को अस्वीकार भी कर सकता है। लेकिन वह विधेयक को पुनर्विचार के लिए नहीं भेज सकता।
- धन विधेयक प्रस्तुत करने से पहले राष्ट्रपति की पूर्व अनुमति ली जाती है। इसलिए वह धन विधेयक पर अपनी अनुमति प्रदान करता है।
- **Note :** कोई विधेयक, धन विधेयक है अथवा नहीं। इसका निर्धारण लोक सभा का स्पीकर करता है तथा उसका निर्णय अंतिम होता है।
- धन विधेयक, केवल लोक सभा में प्रस्तुत किया जाता है।
- लोक सभा में प्रस्तुत करने से पूर्व धन विधेयक पर राष्ट्रपति की अनुमति ली जाती है।
- लोक सभा में पारित होने के बाद धन विधेयक को राज्य सभा में भेजा जाता है।
- राज्य सभा, धन विधेयक को अस्वीकृत नहीं कर सकती।
- राज्य सभा, धन विधेयक में किसी प्रकार का संशोधन कर सकती है, परंतु इसको मानना लोक सभा का विशेषाधिकार है। अत: लोक सभा इसे स्वीकार भी कर सकती है और अस्वीकार भी। परंतु राज्य सभा संशोधन की सिफारिश कर सकती है। लोक सभा के लिए यह आवश्यक नहीं है कि वह सिफारिशों को स्वीकार करे।
- राज्य सभा के द्वारा धन विधेयक को **14 दिन के भीतर** स्वीकृति देनी होती है।
- यदि राज्य सभा ने **14 दिन के भीतर** स्वीकृति नहीं दी है, तो भी विधेयक को राज्य सभा द्वारा स्वीकृत माना जाएगा।
- धन विधेयक के संबंध में सदनों की **संयुक्त बैठक** नहीं होती है।
- धन विधेयक के संबंध में राष्ट्रपति को मंजूरी देना आवश्यक होता है।

### धन विधेयक और उससे संबंधित विवाद

- संविधान के अनुच्छेद-110 में धन विधेयक को परिभाषित किया गया है, जिसके अनुसार कर लगाना, करों को परिवर्तित करना या हटाना, भारत की संचित निधि से किया गया विनियोग, संचित निधि और लोक लेखा निधि की अभिरक्षा इत्यादि धन विधेयक है। परंतु इसके साथ यह भी उल्लेखित है (अनुच्छेद-110 में ही) कि धन विधेयक को प्रमाणित करने की अंतिम शक्ति स्पीकर की है। धन विधेयकों के संबंधों में राज्य सभा की भूमिका अपने आप द्वितीयक हो जाती है।
- संविधान के अनुच्छेद-121 में यह उल्लेखित है कि संसद के किसी पदाधिकारी के द्वारा किए गए किसी कार्य का न्यायिक पुनरावलोकन नहीं हो सकता और संसद की प्रक्रिया के निर्धारण की अंतिम शक्ति भी स्पीकर के हाथों में है। परंतु न्यायालय ने अपने पहले के निर्णयों में यह स्पष्ट कहा है कि स्पीकर की शक्ति निरपेक्ष नहीं है। इसलिए स्पीकर के द्वारा दल-बदल के अंतर्गत् अयोग्यता के निर्णय का न्यायिक पुनरावलोकन हो रहा है। न्यायालय ने यह भी कहा है कि स्पीकर को प्रक्रिया निर्धारित करने का अधिकार है, परंतु यह प्रक्रिया अवैध नहीं होनी चाहिए।
- आधार कार्ड से संबंधित विधेयक को 'धन विधेयक' के रूप में प्रमाणित करना विवादास्पद है, क्योंकि भारत की संचित निधि से व्यय के अलावा अन्य प्रशासनिक मानकों का भी उल्लेख है, जिससे यह प्रतीत होता है कि यह धन विधेयक नहीं, बल्कि वित्तीय विधेयक है और इसे धन विधेयक के रूप में अनुच्छेद-117 में इसलिए प्रमाणित किया गया कि राज्य सभा इसे रोक न सके।

## वित्तीय विधेयक के संबंध में विधि-निर्माण

- वित्तीय विधेयक तथा धन विधेयक में अंतर होता है। वित्तीय विधेयकों की **दो श्रेणियां** होती हैं-

### प्रथम श्रेणी

- प्रथम श्रेणी के वित्तीय विधेयकों में अनुच्छेद-110 के प्रावधानों के साथ अन्य विषयों का भी उल्लेख किया जाता है।
- वित्तीय विधेयक को पेश करने के लिए राष्ट्रपति की अनुमति आवश्यक होती है तथा इसे केवल लोक सभा में ही प्रस्तुत किया जा सकता है।
- लेकिन प्रथम श्रेणी के वित्तीय विधेयकों की स्थिति धन विधेयक से भिन्न है, क्योंकि राज्य सभा इसे संशोधित व अस्वीकार कर सकती है। लोक सभा तथा राज्य सभा के मध्य गतिरोध होने पर संयुक्त बैठक का प्रावधान भी लागू होता है।
- प्रथम श्रेणी के वित्तीय विधेयकों पर राज्य सभा को संशोधन का अधिकार है जबकि धन विधेयकों के संदर्भ में राज्य सभा केवल **14 दिन** तक ही अपने पास रोक सकती है।

### द्वितीय श्रेणी

- यह वित्तीय विधेयक है, क्योंकि अनुच्छेद-110 में वर्णित किसी भी विषय का समावेश इसमें नहीं होता है तथा लोक सभा अध्यक्ष इसे धन विधेयक के रूप में भी प्रमाणित नहीं करता। अतः इस श्रेणी में केवल वित्तीय व्यय का संचित निधि से प्रावधान होता है।
- इसे राज्य सभा में भी प्रस्तुत किया जा सकता है। अतः स्वाभाविक रूप में राज्य सभा को इसे अस्वीकार या संशोधित करने की शक्ति होती है।
- इसकी प्रस्तुति के लिए राष्ट्रपति की पूर्व अनुमति भी आवश्यक नहीं है।

### वित्तीय विधेयक तथा धन विधेयक में समानता

- वित्तीय विधेयक के निम्नलिखित **दो प्रावधान धन विधेयक के समान होते हैं**-
  - (i) दोनों लोक सभा में ही आरंभ हो सकते हैं।
  - (ii) राष्ट्रपति की सिफारिश के बिना उन्हें प्रस्तुत नहीं किया जा सकता।

## संविधान संशोधन विधेयकों में विधि-निर्माण प्रक्रिया

- संविधान संशोधन विधेयक, अनुच्छेद-368 के अंतर्गत् आता है।
- संविधान संशोधन विधेयक, संसद के किसी भी सदन में प्रस्तुत किया जा सकता है।
- संविधान संशोधन विधेयक, को पारित करने के लिए दोनों सदनों में विशेष बहुमत (कुल सदस्य संख्या का बहुमत तथा उपस्थित और मतदान करने वाले सदस्यों के 2/3 बहुमत) की आवश्यकता होती है।
- कुछ विधेयकों में संसद के विशेष बहुमत के साथ कम से कम आधे राज्यों की सहमति भी आवश्यक होती है।
- संविधान संशोधन विधेयक को मंजूरी देना, राष्ट्रपति के लिए आवश्यक होता है। अतः राष्ट्रपति, संविधान संशोधन विधेयक को न तो पुनर्विचार के लिए भेज सकते हैं और न ही अनुमति देने से मना कर सकते हैं। (वीटो का प्रयोग नहीं कर सकते हैं)

- संविधान संशोधन विधेयक में किसी प्रकार का गतिरोध होने पर सदनों की संयुक्त बैठक नहीं होती है।
- अत: गतिरोध होने की स्थिति में विधेयक समाप्त हो जाता है।

## भारत की संचित निधि पर भारित खर्चे

- भारत के राष्ट्रपति की उपलब्धियां, उनके भत्ते और उनके कार्यालय से संबंधित खर्चे।
- राज्य सभा के सभापति और उपसभापति तथा लोक सभा के सभापति और उपसभापति के वेतन और भत्ते।
- उच्चतम न्यायालय के न्यायाधीशों के वेतन, भत्ते और पेंशन।
- उच्च न्यायालय के न्यायाधीशों के केवल पेंशन। क्योंकि इनके वेतन और भत्ते राज्य की संचित निधि से दिए जाते हैं।
- भारत के नियंत्रक एवं महालेखा परीक्षक के वेतन, भत्ते और पेंशन।
- संघ लोक सेवा आयोग के अध्यक्ष और सदस्यों के वेतन, भत्ते और पेंशन।
- उच्चतम न्यायालय, महालेखा परीक्षक तथा संघ लोक सेवा आयोग के प्रशासनिक खर्चे।
- संसद के द्वारा अन्य कोई खर्च जो भारत की संचित निधि पर भारित हो।

## संसद द्वारा कार्यपालिका पर नियंत्रण (विधायी नियंत्रण)

- **प्रश्नकाल** : प्रश्नकाल 11 बजे से 12 बजे तक होता है। सांसद, मंत्रियों से प्रश्न पूछ सकते हैं।
- **तारांकित प्रश्न** : 10 दिन पूर्व आवेदन देना पड़ता है। इसका मौखिक जवाब मंत्री देते हैं। प्रश्न हिंदी या अंग्रेजी में पूछा जाएगा। प्रश्नों की संख्या सीमित होती है। (लगभग 20 प्रश्न प्रतिदिन), पूरक प्रश्न (Supplementary Question) भी पूछ सकते हैं।
- **अतारांकित प्रश्न** : इसको 10 दिन पूर्व आवेदन करना पड़ता है। इसका लिखित जवाब दिया जाता है। प्रश्नों की संख्या असीमित होती है। (लगभग 230 प्रश्न प्रतिदिन)। पूरक प्रश्न (Supplementary Question) नहीं पूछा जा सकता।
- **अल्पकालिक प्रश्न** : इसका जवाब निर्धारित तिथि से पहले दे दिया जाए। जब 10 दिन की निर्धारित अवधि से कम अवधि में ही मंत्री प्रश्नों का जवाब दें। क्योंकि यह अतिमहत्वपूर्ण विषय है। इन प्रश्नों का जवाब केवल मौखिक रूप में दिया जाता है।
- **शून्यकाल** : शून्यकाल 12 बजे से 1 बजे तक होता है। शून्यकाल का प्रचलन भी भारतीय संसदीय परंपरा की देन है। शून्यकाल प्रश्नकाल के बाद आरंभ होता है। इसके अंतर्गत् कोई भी सदस्य सरकार की पूर्व अनुमति या इसके बिना भी प्रश्न पूछ सकता है। अत्यधिक महत्वपूर्ण विषयों पर सदन का ध्यान आकर्षित किया जाता है। 1960 के दशक से ही परंपरा प्रारंभ। ऐसे विषय जिन पर प्रश्नकाल में प्रश्न न पूछा जा सके और ऐसे मुद्दों को लोक सभा के नियम-377 के अंतर्गत् उठाया जाता है। इसे राज्य सभा में विशेष उल्लेख (Special mention) के जरिये उठाया जाता है।

### धन्यवाद प्रस्ताव

- अनुच्छेद-87 के अंतर्गत् यह प्रावधान है कि राष्ट्रपति, लोक सभा के चुनाव के पहले सत्र और वर्ष के पहले सत्र में संसद को संयुक्त रूप में संबोधित करते हैं।
- इस प्रस्ताव पर सामान्यत: 3 से 4 दिन तक की चर्चा होती है।
- प्रस्ताव पर चर्चा के बाद मतदान भी होता है।
- विपक्ष द्वारा सरकार की नीतियों और प्रशासनिक विफलता की भी आलोचना की जाती है।
- यदि मतदान में सरकार पराजित हो जाए, तो सरकार के विरुद्ध अविश्वास प्रस्ताव लाया जा सकता है।

### स्थगन प्रस्ताव (Adjournment Motion)

- 15वीं लोक सभा में पहली बार ऐसा हुआ जब धन्यवाद प्रस्ताव पर चर्चा के बाद विपक्ष स्थगन प्रस्ताव लाने की मांग करने लगा।
- स्थगन प्रस्ताव, विशेष प्रक्रिया है, क्योंकि जब स्थगन प्रस्ताव लाया जाता है, तो संसद की सामान्य कार्यवाही को स्थगित कर दिया जाता है।

### स्थगन प्रस्ताव लाने के आधार

- कोई सार्वजनिक महत्व का अतिआवश्यक विषय और इस विषय से पूरा देश प्रभावित हो। (अखिल भारतीय महत्व की)
- स्थगन प्रस्ताव में लाया जाने वाला विषय सुनिश्चित होना चाहिए।
- किसी सांसद के निजी मुद्दे या निजी शिकायत को इसमें नहीं उठाया जा सकता।

### स्थगन प्रस्ताव का प्रभाव

- स्थगन प्रस्ताव लाने हेतु लोक सभा के कम से कम 50 सदस्यों की सहमति आवश्यक है।
- स्थगन प्रस्ताव पर मतदान होता है। यदि सरकार के विरुद्ध

यह प्रस्ताव पारित हो जाता है, तब इसे सरकार की निंदा माना जाता है, और इसके पारित होने के बाद सरकार के विरुद्ध अविश्वास प्रस्ताव लाया जा सकता है।

**ध्यानाकर्षण प्रस्ताव** (Calling Attention Motion)

- यह संसदीय प्रक्रियाओं को भारतीय संसद की देन है। राज्य सभा में इसे **'मोशन ऑफ पेपर्स'** के नाम से जाना जाता है।
- किसी भी सार्वजनिक महत्व के मुद्दे और तात्कालिक (Urgent) मुद्दे पर किसी मंत्री का ध्यान आकर्षित किया जाता है।
- इस प्रस्ताव पर सामान्यत: मंत्री के बयान पर चर्चा नहीं होती। परंतु अंत में संबंधित मंत्री अपना संक्षिप्त बयान देते हैं।
- स्थगन प्रस्ताव, पूरी मंत्रिपरिषद् के विरुद्ध लोक सभा में ही लाया जाता है, जबकि ध्यानाकर्षण प्रस्ताव किसी एक मंत्री के विरुद्ध लोक सभा में ही लाया जाता है।
- भारतीय संसदीय इतिहास में वर्ष 1954 से ही यह प्रचलन में है।

**विश्वास और अविश्वास प्रस्ताव**

- तकनीकी रूप में विश्वास प्रस्ताव और अविश्वास प्रस्ताव सदन में कोई मुद्दा उठाने का संसदीय माध्यम नहीं है। क्योंकि ये प्रस्ताव तब लाये जाते हैं जब सरकार बहुमत खो चुकी हो और सरकार को सत्ता में रहने का अधिकार न हो।
- विश्वास प्रस्ताव, सामान्यत: सरकार द्वारा प्रस्तुत किया जाता है। विश्वनाथ प्रताप सिंह की सरकार द्वारा विश्वास प्रस्ताव की नई परंपरा को आरंभ किया गया, जबकि परंपरागत रूप में विपक्ष के द्वारा सरकार के विरुद्ध अविश्वास प्रस्ताव लाया जाता है।
- यह बिंदु ध्यान देने योग्य है कि एक सत्र में एक बार से अधिक अविश्वास प्रस्ताव नहीं लाया जा सकता।
- अविश्वास प्रस्ताव लाने के लिए किसी विशेष कारण को बताने की आवश्यकता नहीं होती। जैसाकि स्थगन और ध्यानाकर्षण प्रस्ताव में होता है।

**निंदा प्रस्ताव**

- यह केवल लोक सभा में लाया जाता है तथा सरकार के विरुद्ध पारित होने पर तत्काल सरकार को बहुमत सिद्ध करना पड़ता है। यह समूचे मंत्रिपरिषद् के विरुद्ध अथवा एक मंत्री के विरुद्ध भी लाया जा सकता है।

**विश्वास प्रस्ताव**

- विश्वास प्रस्ताव, सरकार के द्वारा लाया जाता है। इसका संसदीय प्रावधानों में उल्लेख नहीं है। इसका गठबंधन सरकारों के युग में प्रयोग होने लगा है।
- पहली बार वर्ष 1979 में चरण सिंह सरकार को राष्ट्रपति ने विश्वास मत प्राप्त करने का निर्देश दिया। परंतु चरण सिंह ने विश्वास मत प्राप्त करने के पहले ही त्यागपत्र दे दिया।
- इसके पश्चात् नरसिंह राव सरकार को राष्ट्रपति ने विश्वास मत प्राप्त करने का निर्देश दिया। नरसिंह राव सरकार ने विश्वास मत प्राप्त कर लिया।
- वी. पी. सिंह तथा देवगौड़ा सरकार ने विश्वास मत पेश किया, लेकिन वे पराजित हो गए।

**अविश्वास प्रस्ताव**

- अविश्वास प्रस्ताव, विपक्ष के द्वारा लाया जाता है। इसका उल्लेख लोक सभा के नियम-198 में पाया जाता है।
- यदि लोक सभा के 50 सदस्य खड़े होकर मांग करें, तो अविश्वास प्रस्ताव को स्वीकार किया जा सकता है।
- इसका कारण बताने की जरूरत नहीं है।
- पहला अविश्वास प्रस्ताव, नेहरू सरकार के विरुद्ध वर्ष 1963 में लाया गया।
- **Note :** विश्वास और अविश्वास प्रस्ताव को संसद द्वारा सरकार पर नियंत्रण स्थापित करने का साधन नहीं माना जाता। अभी तक वी. पी. सिंह, देवगौड़ा एवं अटल बिहारी वाजपेयी के विरुद्ध अविश्वास प्रस्ताव पारित हुआ है।

**आधे घंटे की चर्चा** (Rule-55)

- इसका प्रावधान लोक सभा के नियम-55 के अंतर्गत् वर्णित है। आधे घंटे की चर्चा में उन मुद्दों को उठाया जाता है, जो सार्वजनिक महत्व के हों।
- जिन पर सांसदों ने तारांकित या अतारांकित प्रश्न के जरिए पूछा हो, परंतु उस विषय पर और अधिक स्पष्टीकरण की आवश्यकता हो।
- आधे घंटे की चर्चा के लिए 3 दिन पूर्व नोटिस देना आवश्यक है।

**व्यवस्था का प्रश्न** (Point of Order)

- जब सदन की कार्यवाही सदन के सामान्य नियमों के अनुसार संचालित न हो, तब व्यवस्था के प्रधान का मुद्दा उठाया जाता है।
- सामान्यत: यह विपक्षी दल के द्वारा लाया जाता है तथा

इस पर बहस या चर्चा की अनुमति नहीं होती। उदाहरण के लिए, कोरम का अभाव होना।

## संसद के न्यायपालिकीय कार्य

- राष्ट्रपति, उच्चतम न्यायालय व उच्च न्यायालय के न्यायाधीश, मुख्य निर्वाचन आयुक्त, नियंत्रक एवं महालेखा परीक्षक को हटाने में संसद की अर्द्धन्यायिक भूमिका होती है।

### संसद के सत्र

- संसद के सत्र राष्ट्रपति द्वारा बुलाए जाते हैं।
- संसद के सामान्यत: **तीन सत्र** होते हैं-
  (i) बजट सत्र, सामान्यत: **फरवरी में** आरंभ होता है।
  (ii) मानसून सत्र, जो सामान्यत: **जुलाई में** आरंभ होता है।
  (iii) शीतकालीन सत्र, जो **नवंबर में** आरंभ होता है।
- प्रत्येक सत्र की बैठकों के बीच समयांतराल 6 माह से अधिक नहीं होना चाहिए।
- राष्ट्रपति द्वारा कभी-कभी विशेष बैठकें भी बुलाई जा सकती हैं।

### लेमडक सत्र

- यह नई लोक सभा के गठन से पूर्व वर्तमान लोक सभा का अंतिम सत्र होता है। वर्तमान लोक सभा के वे सदस्य, जो नई लोक सभा हेतु निर्वाचित नहीं हो पाते, **'लेमडक'** कहलाते हैं।

### सत्रावसान

- सत्रावसान से आशय, संसद के सत्र की समाप्ति होना है।
- सत्रावसान, राष्ट्रपति द्वारा किया जाता है।
- सत्रावसान के बाद सदन के पटल पर लंबित सभी संकल्प प्रस्ताव समाप्त हो जाते हैं। लेकिन विधेयक समाप्त नहीं होता।

### स्थगन

- स्थगन का आशय, अस्थायी रूप से संसद के काम-काज के बंद होने से है।
- स्थगन सदन के सभापति द्वारा किया जाता है।
- सदन का स्थगन निश्चित समय के लिए अथवा अनिश्चितकालीन भी हो सकता है।

### विघटन

- केवल लोक सभा का विघटन होता है, राज्य सभा का नहीं।
- विघटन से लोक सभा के कार्यकाल का अंत हो जाता है। अत: नई लोक सभा का चुनाव कराना पड़ता है।
- विघटन राष्ट्रपति द्वारा किया जाता है।

### अधिवेशन

- संसद की प्रतिदिन होने वाली बैठक अधिवेशन कहलाती है।

### संसदीय फोरम

- संसदीय फोरम सांसदों द्वारा निर्मित एक अनौपचारिक मंच है, जिसके द्वारा सांसद नीति निर्माण के लिए विभिन्न गैर-सरकारी स्वैच्छिक समूहों से परामर्श करते हैं और नागरिक समाज से भी विचार-विमर्श करते हैं तथा अनेक मामलों पर संसदीय फोरम की स्थापना की गई है। संसदीय फोरम के द्वारा सांसदों को सदन में किसी मुद्दे को उठाने के लिए भी सहायता प्रदान की जाती है।

## लोक सभा

### लोक सभा की संरचना

- अधिकतम संख्या-552, जिसमें 530 राज्यों से एवं 20 संघ शासित क्षेत्रों से तथा 2 ऐंग्लो इंडियन सदस्य।
- वास्तविक संख्या-545, जिसमें 530 राज्यों से एवं 13 संघ शासित क्षेत्रों से तथा 2 ऐंग्लो इंडियन सदस्य।

### लोक सभा सदस्यों की योग्यता (अनुच्छेद-84) संविधान में वर्णित

- वह भारत का नागरिक हो।
- 25 वर्ष की आयु पूरी कर चुका हो।
- संसद द्वारा निर्धारित योग्यताओं को पूरा करता हो।

### जनप्रतिनिधित्व अधिनियम, 1951 के अनुसार, लोक सभा के सदस्यों की योग्यताएं

- भारत के किसी भी संसदीय क्षेत्र के मतदाता के रूप में रजिस्टर्ड होना चाहिए।
- यदि कोई सदस्य अनुसूचित जाति या जनजाति की आरक्षित सीट से लड़ रहा हो, तो वह उस राज्य की अनुसूचित जाति या जनजाति का सदस्य होना चाहिए। लेकिन वह सामान्य सीट पर भी चुनाव लड़ सकता है।

### संविधान के अनुसार, सदस्यों की अयोग्यता

- यदि वह भारत सरकार या राज्य सरकार के अंतर्गत् कोई लाभ का पद धारण करता है।
- वह विकृत चित्त का हो। (Unsound mind)
- अनुमोचित दिवालिया हो। (Undischarged insolvent)

- स्वैच्छिक रूप में किसी विदेशी राज्य के प्रति स्वामी भक्ति प्रकट की हो।
- यदि वह संसद द्वारा बनाई गई किसी विधि के अंतर्गत् अयोग्य घोषित किया गया हो।
- यदि कोई सदस्य बिना सदन को सूचित किए 60 दिन तक संसद की कार्यवाही में भाग नहीं लेता है, तो उसे संसद की सदस्यता से अयोग्य घोषित किया जा सकता है। स्पीकर या सभापति इस प्रकार की अयोग्यता का निर्णय करता है। परंतु इन 60 दिनों में यदि लगातार 4 दिन से ज्यादा सदन का स्थगन हुआ हो, तो उसे नहीं गिना जाएगा।

### अन्य अयोग्यताएं

- वह किसी चुनाव से संबंधित किसी भ्रष्ट आचरण या अपराध का दोषी हो।
- उसे किसी अपराध में दो या अधिक वर्ष की सजा प्राप्त हो।
- वह किसी ऐसी कंपनी का डायरेक्टर या मैनेजर हो, जिसमें सरकारी हिस्सेदारी कम से कम 25 प्रतिशत हो।
- वह सरकारी सेवाओं में भ्रष्टाचार के लिए बर्खास्त किया गया हो।
- छुआछूत, दहेज और सती प्रथा जैसी सामाजिक कुप्रथा का आचरण करने या उपदेश के लिए दंडित किया गया हो।
- इन अयोग्यताओं का निर्धारण राष्ट्रपति के द्वारा होगा। राष्ट्रपति, निर्वाचन आयोग से सलाह के अनुसार यह निर्णय लेंगे।
- **Note :** यदि कोई अयोग्य सांसद बैठक में भागीदारी लेता है, तो उस पर 500 रुपये का प्रतिदिन का जुर्माना देना होगा।

## सांसदों के अयोग्यता के प्रकार एवं उनका निर्धारण

- संविधान में वर्णित अयोग्यताओं पर निर्णय राष्ट्रपति के द्वारा दिया जाता है। इसके लिए राष्ट्रपति, चुनाव आयोग से परामर्श करता है।
- चुनाव में अवैध व्यवहार तथा जनप्रतिनिधित्व कानून के उल्लंघन की स्थिति में उच्च न्यायालय में भी सांसद के विरुद्ध मामला लाया जा सकता है।
- दल-बदल कानून के उल्लंघन की दशा में सांसदों की अयोग्यता का निर्धारण लोक सभा स्पीकर अथवा राज्य सभा के सभापति के द्वारा किया जाता है।
- 91वें संविधान संशोधन के द्वारा दल-बदल एवं दल के विखंडन के मध्य का अंतर समाप्त कर दिया गया। इसलिए अब कोई भी सांसद न तो अकेले दल-बदल कर सकता है और न ही समूह के साथ दल-बदल करने की इजाजत है।

## लोक सभा के क्षेत्रों का आकार

- लोक सभा क्षेत्रों के आकार का निर्धारण परिसीमन आयोग के द्वारा किया जाता है और प्रत्येक जनगणना के बाद लोक सभा की सीटों का पुनर्निर्धारण किया जाता है, (अनुच्छेद-82)।
- इसके अंतर्गत् संसद ने परिसीमन आयोग अधिनियम का निर्माण किया और वर्तमान समय में **निम्नलिखित परिसीमन आयोग स्थापित किए जा चुके हैं-**

  (i) 1952 (ii) 1962

  (iii) 1972 (iv) 2002
- वर्ष 2002 में लोक सभा सीटों को समायोजित करने के लिए **'कुलदीप सिंह आयोग'** की स्थापना हुई, जिन्होंने लोक सभा में सीटों की संख्या नहीं बढ़ाई। लेकिन विभिन्न राज्यों में लोक सभा के सीटों के आकार में समायोजन किया गया। इस समायोजन का लाभ अनुसूचित जातियों और जनजातियों को प्राप्त हुआ, क्योंकि उनके लिए आरक्षित सीटों की संख्या लोक सभा में बढ़ गई।
- 84वें संविधान संशोधन के द्वारा वर्ष 2026 तक लोक सभा सीटों की संख्या यथावत् रखने का प्रावधान किया गया।
- 87वें संविधान संशोधन के द्वारा यह भी प्रावधान किया गया कि लोक सभा क्षेत्रों की पुनर्संरचना वर्ष 2001 की जनगणना के आधार पर होगी।
- यह पुनर्संरचना राज्यों के भीतर होगी और राज्य की कुल सीटों की संख्या पर इसका प्रभाव नहीं पड़ेगा।
- लोक सभा की वर्तमान संख्या 1971 की जनगणना के आधार पर है। लेकिन लोक सभा क्षेत्रों का निर्धारण 2011 की जनगणना के अनुसार किया गया है।

## लोक सभा की विशेष शक्ति

- धन विधेयक, केवल लोक सभा में प्रस्तुत किया जाता है।
- अनुदान की मांग पर मतदान केवल लोक सभा में होता है।
- सरकार के विरुद्ध अविश्वास प्रस्ताव लाने की शक्ति, केवल लोक सभा के पास है।
- लोक सभा का स्पीकर संसद की संयुक्त बैठक की अध्यक्षता करता है।

- संयुक्त बैठक में लोक सभा की ज्यादा संख्या होने के कारण संयुक्त बैठक में प्रभावी भूमिका होती है।
- मंत्रिपरिषद्, लोक सभा के प्रति उत्तरदायी होती है।
- लोकतंत्र में लोगों के प्रतिनिधि सदन होने के कारण लोक सभा का महत्व निर्विवाद रूप से है।
- धन विधेयक को प्रमाणित करने की शक्ति, लोक सभा के स्पीकर के पास है।
- राष्ट्रीय आपात (अनुच्छेद-352) को समाप्त करने की शक्ति केवल लोक सभा के पास है।

## लोक सभा अध्यक्ष ( स्पीकर ) की योग्यताएं

- लोक सभा का अध्यक्ष चुने जाने के लिए लोक सभा का सदस्य होना आवश्यक है।

## निर्वाचन

- चुनाव के बाद होने वाली पहली बैठक के पश्चात् उपस्थित सदस्यों के बीच से ही लोक सभा के अध्यक्ष का चयन किया जाता है।
- राष्ट्रपति, लोक सभा अध्यक्ष के चयन की तारीख तय करता है।

## लोक सभा अध्यक्ष का पद से हटना

- यदि वह अपने पद से त्याग पत्र दे। लोक सभा अध्यक्ष अपना त्याग पत्र लोक सभा के उपाध्यक्ष को देता है।
- लोक सभा के तत्कालीन सभी सदस्यों के बहुमत से पारित संकल्प द्वारा उसे हटाया जाता है।
- स्पीकर को हटाने के संकल्प को प्रस्तावित करने से 14 दिन पहले सूचना दी जाती है।
- जब अध्यक्ष को हटाने का संकल्प विचाराधीन है, तो अध्यक्ष पीठासीन अधिकारी नहीं होगा। लेकिन उसे लोक सभा में बोलने तथा कार्यवाही में भाग लेने का अधिकार होगा।
- वह संकल्प पर मतदान पहले करेगा और वह निर्णायक मत का प्रयोग नहीं करेगा।
- संविधान सभा के सदस्यों के द्वारा इस बात पर बल दिया गया था कि लोक सभा के स्पीकर के निर्वाचन में विपक्षीय दल के सदस्यों से भी परामर्श लिया जाएगा, जिससे स्पीकर तटस्थ बना रहे और वह किसी दल विशेष के पक्ष में पक्षपात न करे। परंतु व्यवहार में इस परांपरा का पालन नहीं किया गया।
- अतिरिक्त स्पीकर की नियुक्ति अन्य पदों के लिए भी हुई। इसलिए स्पीकर अपने पद से हटने के बाद राज्यपाल और मंत्री भी बनाए गए।
- **Note :** लोक सभा के विघटन होने पर लोक सभा अध्यक्ष अपना पद नहीं छोड़ता है। वह नई लोक सभा की बैठक से पहले तक पद पर रहता है, क्योंकि वह लोक सभा सचिवालय का भी प्रधान होता है।

## लोक सभा अध्यक्ष के कार्य

- स्पीकर यह प्रमाणित करता है कि कोई विधेयक, धन विधेयक है या नहीं।
- जब दोनों सदनों में गतिरोध के मुद्दे पर अनुच्छेद-108 के अनुसार व राज्य सभा का संयुक्त अधिवेशन बुलाया जाए, तो उसकी अध्यक्षता स्पीकर करता है।
- स्पीकर संसदीय समितियों के अध्यक्षों की नियुक्ति करता है तथा यदि वह किसी संसदीय समिति में सदस्य है, तो उस समिति का पदेन सभापति भी होता है।
- किसी लोक सभा सदस्य को उसकी **सदस्यता से अयोग्य** घोषित करना–
  - (i) यदि वह सदस्य सदन को बिना सूचित किए लगातार 60 दिन तक अनुपस्थित रहता है, तब उसकी सदस्यता से उसे हटाया जा सकता है।
  - (ii) दल-बदल के आधार पर वह किसी सदस्य की सदन से अयोग्यता का निर्णय करता है।
- किसी मुद्दे पर अगर सदन में समान मत पड़े हों, तो वह 'निर्णायक मत' का प्रयोग करता है।
- अध्यक्ष का यह कर्त्तव्य है कि गणपूर्ति (कोरम) न होने पर वह सदन को स्थगित कर दे।
- गणपूर्ति (कोरम) का आशय, सदन की कुल सदस्य संख्या का 1/10 भाग होता है।

## वेतन व भत्ता

- लोक सभा अध्यक्ष के वेतन व भत्ते का निर्धारण संसद करती है।
- लोक सभा अध्यक्ष के वेतन व भत्ते, भारत की संचित निधि से दिए जाते हैं।
- **Note** : भारत में सबसे पहले 1919 के अधिनियम के तहत वर्ष 1923 में संपन्न चुनाव में सदन के अध्यक्ष की व्यवस्था की गई। भारत में पहले विधान सभा अध्यक्ष विट्ठल भाई पटेल थे।

## लोक सभा अध्यक्ष

| क्र. सं. | लोक सभा अध्यक्ष | अवधि |
|---|---|---|
| 1. | गणेश वासुदेव मावलंकर | 15-5-1952 से 27-2-1956 तक |
| 2. | एम. अनन्तशयनम आयंगर | 8-3-1956 से 10-5-1957 तक |
| 3. | एम. अनन्तशयनम आयंगर | 11-5-1957 से 16-4-1962 तक |
| 4. | सरदार हुकुम सिंह | 17-4-1962 से 16-3-1967 तक |
| 5. | नीलम संजीव रेड्डी | 17-3-1967 से 19-7-1969 तक |
| 6. | सरदार गुरदयाल सिंह ढिल्लो | 8-8-1969 से 19-3-1971 तक |
| 7. | सरदार गुरदयाल सिंह ढिल्लो | 22-3-1971 से 1-12-1975 तक |
| 8. | बलि राम भगत | 15-1-1976 से 25-3-1977 तक |
| 9. | नीलम संजीव रेड्डी | 26-3-1977 से 13-7-1977 तक |
| 10. | के.एस. हेगड़े | 21-7-1977 से 21-01-1980 तक |
| 11. | डॉ. बलराम जाखड़ | 22-1-1980 से 15-1-1985 तक |
| 12. | डॉ. बलराम जाखड़ | 16-1-1985 से 18-12-1989 तक |
| 13. | रवि राय | 19-12-1989 से 9-7-1991 तक |
| 14. | शिवराज वी. पाटिल | 10-7-1991 से 22-5-1996 तक |
| 15. | पी.ए. संगमा | 23-5-1996 से 23-3-1998 तक |
| 16. | जी.एम.सी. बालयोगी | 24-3-1998 से 21-10-1999 तक |
| 17. | जी.एम.सी. बालयोगी | 22-10-1999 से 3-3-2002 तक (मृत्यु) |
| 18. | मनोहर गजानन जोशी | 10-5-2002 से 2-6-2004 तक |
| 19. | सोमनाथ चटर्जी | 4-6-2004 से 31-5-2009 तक |
| 20. | मीरा कुमार | 4-6-2009 से 4-6-2014 तक |
| 21. | सुमित्रा महाजन | 5-6-2014 से 16-6-2019 तक |
| 22. | ओम बिड़ला | 17-6-2019 से अब तक |

## लोक सभा उपाध्यक्ष

### योग्यता

- लोक सभा का उपाध्यक्ष चुने जाने के लिए लोक सभा का सदस्य होना आवश्यक है।

### चयन

- चुनाव के बाद होने वाली पहली बैठक के पश्चात् उपस्थित सदस्यों के बीच से ही लोक सभा के उपाध्यक्ष का चयन किया जाता है। जब उपाध्यक्ष का पद खाली होता है, तो लोक सभा में दूसरे सदस्य को इस पद के लिए चयनित किया जाता है।
- लोक सभा अध्यक्ष, लोक सभा उपाध्यक्ष के चुनाव की तारीख तय करता है।

### लोक सभा उपाध्यक्ष का पद से हटना

- यदि वह अपने पद से त्याग पत्र दे। लोक सभा उपाध्यक्ष, अपना त्याग पत्र लोक सभा के अध्यक्ष को देता है। यदि वह सदन का सदस्य नहीं रहता।
- लोक सभा के सभी सदस्यों के बहुमत से पारित संकल्प द्वारा उसे हटाया जाता है।
- उपाध्यक्ष को हटाने के संकल्प को प्रस्तावित करने से 14 दिन पहले सूचना दी जाती है।
- जब उपाध्यक्ष को हटाने का संकल्प विचाराधीन होता है,

तो वह पीठासीन नहीं होगा। परंतु उसे सदन में उपस्थित रहने का अधिकार होता है।

### लोक सभा उपाध्यक्ष के कार्य

- अध्यक्ष का पद खाली होने पर उपाध्यक्ष उसके कार्यों को देखता है।
- सदन की बैठक में अध्यक्ष के अनुपस्थित होने पर उपाध्यक्ष, अध्यक्ष के तौर पर कार्य करता है।
- संसद के दोनों सदनों की संयुक्त बैठक में अध्यक्ष के अनुपस्थिति में उपाध्यक्ष पीठासीन होता है।
- किसी संसदीय समिति का सदस्य बनाए जाने पर वह उसका अध्यक्ष होता है।
- जब सदन में अध्यक्ष पीठासीन होता है, तो उपाध्यक्ष की भूमिका सदन के अन्य सदस्यों की तरह होती है तथा उसे सदन में बोलने, कार्यवाही में भाग लेने और किसी प्रश्न पर मत देने का अधिकार होता है।
- यह बिंदु ध्यान देने योग्य है कि उपाध्यक्ष, अध्यक्ष के अधीन नहीं होता है। वह प्रत्यक्ष रूप से संसद के प्रति उत्तरदायी होता है।

### वेतन व भत्ते

- उपाध्यक्ष के वेतन व भत्ते का निर्धारण संसद करती है।
- उपाध्यक्ष के वेतन व भत्ते, भारत की संचित निधि पर भारित होते हैं।

### प्रोटेम स्पीकर (नियुक्ति)

- जब नई लोक सभा के सदस्यों का चुनाव होता है, तब राष्ट्रपति, निर्वाचित सदस्यों में से वरिष्ठतम सदस्य को प्रोटेम स्पीकर के रूप में नियुक्ति करता है।
- प्रथम प्रोटेम स्पीकर जी. वी. मावलंकर थे।

### कार्य

- प्रोटेम स्पीकर के निम्नलिखित **दो मुख्य** कार्य होते हैं-
  (i) लोक सभा के नए निर्वाचित सदस्यों को शपथ ग्रहण कराना।
  (ii) नए स्थायी स्पीकर के चयन तक लोक सभा अध्यक्ष के रूप में कार्य करना।

### लोक सभा के विघटन के पश्चात् लंबित विधेयकों का भविष्य

- लोक सभा के विघटन का आशय, लोक सभा के अंत से होता है। विघटन के पश्चात् नई लोक सभा चुनी जाती है। लोक सभा का विघटन राष्ट्रपति द्वारा किया जाता है।
- अनुच्छेद-85 के अनुसार, यदि विधेयक राज्य सभा द्वारा पारित करके लोक सभा में लंबित है, तो लोक सभा के विघटन के पश्चात् उसे समाप्त मान लिया जाएगा।
- यदि कोई विधेयक लोक सभा में लंबित है और लोक सभा विघटित हो जाए, तो वह विधेयक समाप्त मान लिया जाएगा।
- यदि कोई विधेयक लोक सभा ने पारित कर दिया हो तथा लोक सभा के विघटन के समय राज्य सभा में लंबित हो, तो वह समाप्त मान लिया जाएगा।

### लोक सभा के विघटन के पश्चात् दो प्रकार के विधेयकों पर कोई प्रभाव नहीं पड़ेगा

(i) यदि कोई विधेयक राज्य सभा में ही प्रस्तुत हो तथा राज्य सभा में लंबित हो।

(ii) यदि राष्ट्रपति ने सदन की संयुक्त बैठक को आहूत किया हो, तो लोक सभा के विघटन के पश्चात् भी संयुक्त बैठक होगी, जिसमें विधेयक पर विचार किया जाएगा।

(iii) ऐसे विधेयक, जिसे दोनों सदनों ने पारित करके राष्ट्रपति के समक्ष भेज दिया हो। लेकिन राष्ट्रपति ने उसे अनुमति नहीं प्रदान की है।

## राज्य सभा

- राज्य सभा को उच्च सदन कहा जाता है।
- राज्य सभा, भारत में संघीय व्यवस्था का प्रतिनिधित्व करती है, क्योंकि राज्य सभा में सभी राज्यों से प्रतिनिधि भेजे जाते हैं।
- राज्य सभा के लिए राज्यों को सीटों का बंटवारा उनकी जनसंख्या के आधार पर किया जाता है।
- इसलिए राज्य के प्रतिनिधियों की संख्या समान नहीं होती है। उदाहरण के लिए, उत्तर प्रदेश से राज्य सभा के लिए 31 सदस्य हैं। जबकि नागालैंड, मिजोरम आदि राज्यों से राज्य सभा के लिए केवल 1 निर्वाचित सदस्य होता है।

### राज्य सभा की संरचना

- अधिकतम संख्या-250, जिसमें 238 राज्यों के प्रतिनिधि तथा 12 मनोनीत सदस्य। (जो साहित्य, कला, विज्ञान व समाज सेवा से जुड़े व्यक्ति होते हैं)
- वास्तविक संख्या-245, जिसमें 229 राज्यों के प्रतिनिधि, 4 संघ शासित क्षेत्र तथा 12 मनोनीत सदस्य। राज्य सभा में कोई आरक्षण नहीं होता।
- दिल्ली एवं पांडिचेरी ही दो ऐसे संघ शासित क्षेत्र हैं, जिनका प्रतिनिधित्व राज्य सभा में होता है।
- राज्य सभा के सदस्यों की **दो श्रेणियां** हैं-
  (i) एक जो सीधे राज्य विधान सभा द्वारा निर्वाचित होते हैं, (238 सदस्य)।
  (ii) तथा दूसरे वे, जो मनोनीत किए जाते हैं, (12 सदस्य)।

- राष्ट्रपति, साहित्य कला, विज्ञान व समाज सेवा से जुड़े व्यक्तियों को राज्य सभा में मनोनीत करता है, जिसमें दिल्ली व पांडिचेरी भी शामिल है।

### राज्य सभा के सदस्यों की योग्यता

- वह भारत का नागरिक हो।
- उसकी आयु 30 वर्ष से कम न हो।
- संप्रति जनप्रतिनिधि अधिनियम में संशोधन करते हुए यह प्रावधान किया गया है कि राज्य सभा के लिए निर्वाचित होने वाला व्यक्ति उस राज्य विशेष का निवासी हो, ऐसा आवश्यक नहीं है।

### राज्य सभा के सदस्यों का निर्वाचन

- राज्य सभा के सदस्यों का निर्वाचन, राज्य विधान सभा के निर्वाचित सदस्यों द्वारा 'एकल संक्रमणीय आनुपातिक प्रतिनिधित्व प्रणाली' से होता है।
- राज्य सभा के सदस्यों के चुनाव में खुला मतदान किया जाता है।
- राज्य सभा एक स्थायी सदन है, जिसका कभी विघटन नहीं होता। इसके सदस्यों का कार्यकाल 6 वर्ष होता है, जिसमें प्रति दूसरे वर्ष 1/3 सदस्य अवकाश प्राप्त करते हैं।

### राज्य सभा का सभापति

- राज्य सभा का पीठासीन अधिकारी, सभापति कहलाता है।
- उपराष्ट्रपति, राज्य सभा का पदेन सभापति होता है।
- जब उपराष्ट्रपति, राष्ट्रपति के रूप में काम करता है, तो उस समय वह राज्य सभा का सभापति नहीं होता।
- राज्य सभा के सभापति को तभी पद से हटाया जा सकता है, जब उसे उपराष्ट्रपति के पद से हटा दिया जाए।
- जब उपराष्ट्रपति को पद से हटाने का विचार चल रहा हो, तो वह राज्य सभा के सभापति के रूप में कार्य नहीं करेगा, परंतु वह सदन में उपस्थित रह सकता है, सदन के कार्यवाही में हिस्सा ले सकता है तथा बोल सकता है। यह बिंदु ध्यान देने योग्य है कि वह मत नहीं दे सकता। जबकि लोक सभा अध्यक्ष को हटाने का विचार चलने पर मत दे सकता है।

### राज्य सभा के सभापति के कार्य

- सभापति का कार्य लोक सभा के अध्यक्ष के समान होता है।
- सदन में किसी मुद्दे पर मत समान रहने की स्थिति में लोक सभा अध्यक्ष की तरह 'निर्णायक मत' का प्रयोग करता है।
- केवल दो शक्तियां, **राज्य सभा के सभापति** के पास नहीं होती–
  (i) धन विधेयक के बारे में निर्णय लेना।
  (ii) संसद की संयुक्त बैठक की अध्यक्षता करना।

### वेतन एवं भत्ते

- सभापति के वेतन एवं भत्ते का निर्धारण संसद करती है।
- सभापति के वेतन एवं भत्ते, भारत की संचित निधि से दिए जाते हैं।

### राज्य सभा का उपसभापति (योग्यता)

- राज्य सभा का उपसभापति चुने जाने के लिए राज्य सभा का सदस्य होना आवश्यक है।

### निर्वाचन

- राज्य सभा अपने सदस्यों में से अपने उपसभापति का चुनाव करती है।
- यदि किसी कारण से उपसभापति का पद खाली हो जाता है, तो राज्य सभा नए उपसभापति का चुनाव करती है।

### राज्य सभा के उपसभापति का पद से हटना

- यदि वह अपने पद से त्याग पत्र दे दे। राज्य सभा का उपसभापति अपना त्याग पत्र राज्य सभा के सभापति को देता है।
- राज्य सभा के तत्कालीन सदस्यों के बहुमत से प्रस्ताव आरंभ होता है, जिससे लोक सभा सहमत हो।
- ऐसे संकल्प को प्रस्तावित करने से 14 दिन पहले सूचना दी जाती है।
- जब सभापति को हटाने का संकल्प विचाराधीन होता है, तो वह पीठासीन नहीं होगा परंतु उसे सदन में उपस्थित रहने का अधिकार होता है।

### राज्य सभा के उपसभापति के कार्य

- सभापति का पद खाली होने पर उपसभापति उसके कार्यों को करता है।
- सदन की बैठक में सभापति के अनुपस्थित होने पर उपसभापति, सभापति के तौर पर कार्य करता है।
- जब सदन में सभापति पीठासीन होता है, तो उपसभापति की भूमिका सदन के अन्य सदस्यों की तरह होती है तथा उसे सदन में बोलने, कार्यवाही में भाग लेने और किसी प्रश्न पर मत देने का अधिकार होता है।
- यह बिंदु ध्यान देने योग्य है कि उपसभापति, सभापति के अधीन नहीं होता है। वह प्रत्यक्ष रूप से राज्य सभा के प्रति उत्तरदायी होता है।

### वेतन व भत्ते

- उपसभापति के वेतन एवं भत्तों का निर्धारण संसद द्वारा किया जाता है।
- उपसभापति के वेतन एवं भत्ते, भारत की संचित निधि पर भारित होते हैं।

### राज्य सभा की विशेष शक्ति

- अनुच्छेद-249 के अंतर्गत् राज्य सभा द्वारा राज्य सूची के

किसी विषय पर राष्ट्रीय हित में संसद को विधि-निर्माण का अधिकार दे सकती है। इसके लिए राज्य सभा द्वारा दो-तिहाई बहुमत से प्रस्ताव पारित करती है।

- अनुच्छेद-312 के अंतर्गत् राज्य सभा किसी नई अखिल भारतीय सेवा का गठन कर सकती है।
- राज्य सभा के सभापति (उपराष्ट्रपति) को हटाने की पहल केवल राज्य सभा ही कर सकती है।
- राज्य सभा, राज्यों का सदन माना जाता है।

## लोक सभा एवं राज्य सभा की समान शक्तियां

- राष्ट्रपति के निर्वाचन एवं उनके महाभियोग में।
- उपराष्ट्रपति के निर्वाचन में।
- मंत्री किसी भी सदन से हो सकते हैं।
- प्रधानमंत्री, दोनों में से किसी भी सदन का सदस्य हो सकता है।
- अनुच्छेद-105 के अंतर्गत् दोनों सदनों के विशेषाधिकारों को परिभाषित किया गया है।
- अनुच्छेद-352 के तहत राष्ट्रीय आपात तथा अनुच्छेद-356 के तहत आपात (राज्यों में संवैधानिक तंत्र की विफलता) को बढ़ाने का अनुमोदन करने की शक्ति, लोक सभा एवं राज्य सभा दोनों को है।
- लोक सभा और राज्य सभा दोनों को निम्नलिखित प्राधिकारियों द्वारा सौंपे गए प्रपत्र देखने का अधिकार है। जैसे-वार्षिक वित्तीय विवरण, नियंत्रक एवं महालेखा परीक्षक की रिपोर्ट, संघ लोक सेवा आयोग की रिपोर्ट, अनुसूचित जाति एवं जनजाति आयोग की रिपोर्ट, पिछड़े वर्ग आयोग की रिपोर्ट, भाषायी आयोग की रिपोर्ट।
- न्यायाधीशों, नियंत्रक एवं महालेखा परीक्षक, मुख्य निर्वाचन आयुक्त को हटाने की शक्ति के संबंध में दोनों सदन समान होते हैं।
- अधिकांश संसदीय समितियों व विभागीय समितियों में दोनों सदनों के सदस्य शामिल होते हैं। अतः दोनों की शक्ति समान है।
- अनुदान की मांग एवं धन विधेयक पर चर्चा, दोनों सदनों में होती है।

## राज्य सभा की उपयोगिता

- राज्य सभा, राज्यों का प्रतिनिधित्व करने वाली संस्था है।
- दो सदन से प्रथम सदन की कार्यवाही पर गंभीरता से पुनर्विचार होता है या राज्य सभा एक पुनरीक्षणकारी सदन है।
- समाज के विभिन्न क्षेत्रों, समाज सेवा, कला, साहित्य एवं विज्ञान के क्षेत्र से 12 प्रतिभाशाली लोगों को राज्य सभा में स्थान दिया जा सकता है। उदाहरण के लिए, हाल ही में लाइन तथा सचिन तेन्दुलकर को राज्य सभा का सदस्य मनोनीत किया गया है।
- 2014 में 16वीं लोक सभा चुनाव में वर्ष 1984 के बाद पहली बार भारतीय जनता पार्टी को लोक सभा में पूर्ण बहुमत प्राप्त हुआ। जबकि राज्य सभा में अभी भी भारतीय जनता पार्टी को बहुमत प्राप्त नहीं है। इसलिए विपक्षी दल के द्वारा जान-बूझकर लोक सभा द्वारा पारित अनेक विधेयकों को राज्य सभा में रोक दिया गया। इसलिए राज्य सभा, लोक सभा के कार्यों पर निगरानी करने की बजाय, लोक सभा के कार्यों को बाधित कर रहा है।

## संसदीय विशेषाधिकार (अनुच्छेद-105)

### संवैधानिक प्रावधान

- अनुच्छेद-105 में सांसदों के विशेषाधिकारों का संक्षिप्त वर्णन किया गया है, **जिनमें निम्नलिखित मुख्य हैं-**
  - (i) सांसदों को अभिव्यक्ति की पूर्ण स्वतंत्रता प्रदान की गई है।
  - (ii) सदन में कही गई किसी बात के लिए उन्हें किसी न्यायालय में प्रश्नगत नहीं किया जा सकता है।
- संविधान में यह उल्लेखित किया गया है कि भारत में सांसदों को वही विशेषाधिकार प्राप्त होंगे, जो इंग्लैंड के सांसदों को प्राप्त हैं। इसीलिए संविधान में विशेषाधिकारों का व्यापक उल्लेख नहीं किया गया। परंतु 44वें संविधान संशोधन के द्वारा इंग्लैंड शब्द को संविधान से हटा दिया गया, क्योंकि इसे भारतीय लोकतंत्र और संप्रभुता के प्रतिकूल माना गया।
- सांसदों को दो प्रकार के **संसदीय विशेषाधिकार** प्राप्त हैं-
  - (i) सांसदों को व्यक्तिगत रूप में प्राप्त संसदीय विशेषाधिकार।
  - (ii) संसद के प्रति सामूहिक रूप से संसदीय विशेषाधिकार।
- सांसदों को प्राप्त ज्यादातर विशेषाधिकार लोक सभा नियमों पर आधारित हैं।

### विशेषाधिकारों का निर्धारण

- विशेषाधिकारों के निर्धारण के लिए संसद के दोनों सदनों में विशेषाधिकार समितियों का गठन किया गया है। परंतु राजा रामपालवाद में उच्चतम न्यायालय ने सांसदों की बर्खास्तगी का न्यायिक पुनरावलोकन किया तथा कीहोतो होलोहानवाद में न्यायालय ने कहा कि स्पीकर जब दल बदल से संबंधित अयोग्यता का निर्धारण करता है तो

उसका कार्य अर्द्धन्यायिक (Quasi Judicial) होता है। जो न्यायिक पुनरावलोकन का विषय होगा।

### व्यक्तिगत विशेषाधिकार

- सांसदों को सदन में पूर्ण वाक् एवं अभिव्यक्ति की स्वतंत्रता प्रदान की गई है। अत: अनुच्छेद-19(2) के अंतर्गत् व्यक्ति के मौलिक अधिकारों पर लगने वाले प्रतिबंध सांसदों पर लागू नहीं होंगे। लेकिन सांसदों के अभिव्यक्ति की स्वतंत्रता की भी एक सीमा है, जिसके अंतर्गत् वह न्यायाधीशों के आचरण पर किसी प्रकार की चर्चा नहीं कर सकते।
- सांसदों को सदन की बैठकों के 40 दिन पूर्व तथा 40 दिन बाद तक किसी सिविल मामले में हिरासत में नहीं लिया जा सकता।
- सांसदों को किसी वाद में गवाही देने के लिए बाध्य नहीं किया जा सकता।

### सामूहिक संसदीय विशेषाधिकार

- वे अधिकार, जो संपूर्ण सदन को प्राप्त होते हैं।
- सदन की कार्यवाही के किसी अंश को प्रकाशित करवाने का अधिकार या उसे प्रतिबंधित करने का अधिकार।
- सदन में बैठे किसी भी व्यक्ति को सदन से बाहर करने का अधिकार तथा इसमें सांसद भी शामिल हैं।
- सदन को यह अधिकार है कि वह अपनी बैठक में बाहरी व्यक्तियों का प्रवेश रोक दे तथा अपनी बैठक को गुप्त अधिवेशन बना ले।
- संसद अपने विशेषाधिकारों को बनाए रखने के लिए दंड देने की शक्ति भी रखती है। परंतु दंड के रूप में संसद व्यक्ति की वाक् स्वतंत्रता पर प्रतिबंध लगा सकती है। जहां मनमानी गिरफ्तारी का सवाल हो या जीवन के अधिकार का प्रश्न हो, तो संसदीय विशेषाधिकार की तुलना में जीवन को प्राथमिकता प्रदान की जाएगी।
- यदि अनुच्छेद-19 (1) व अनुच्छेद-105 में विवाद हो, तो अनुच्छेद-105 को अहमियत दी जाएगी।

## लोक सभा में नेता विपक्ष

- लोक सभा में विपक्ष के नेता के प्रावधान का संविधान में वर्णन नहीं है।
- सामान्यत: विपक्षी दल के नेता को मान्यता दी जाती है, जिसकी सदस्य संख्या, सदन की सदस्य संख्या के दसवें भाग से कम न हो।
- लोक सभा में **'राम सुभग सिंह'** 1969 में पहली बार विपक्ष के नेता चुने गए।
- संसदीय विधि के अनुसार, विपक्ष के नेता की मान्यता पहली बार **संसदीय अधिनियम, 1977** द्वारा प्रदान की गई। इस अधिनियम के द्वारा विपक्ष के नेता को कैबिनेट स्तर के मंत्री का दर्जा प्रदान किया गया।
- लोक सभा में उस दल को विपक्षी दल की मान्यता दी जाती है, जिसे विपक्षी दलों में सर्वाधिक सीटें प्राप्त हों, इसके अतिरिक्त उस दल को कुल लोक सभा की सदस्य संख्या का 1/10 सीटें प्राप्त होनी चाहिए। 16वीं लोक सभा में 1/10 सीटों के प्राप्त की अनिवार्यता को हटा दिया गया, क्योंकि विपक्षी दलों में किसी को भी 1/10 सीटें प्राप्त नहीं हुईं।
- अब लोक सभा में सबसे बड़े दल को (विपक्ष में) विपक्षी दल कहा जाएगा, चाहे वे 1/10 सीटों से कम सीटें प्राप्त किए हों।

### दोहरी सदस्यता के संदर्भ में नियम

- जनप्रतिनिधित्व अधिनियम, 1951 के अनुसार, यदि कोई व्यक्ति एक साथ संसद के दोनों सदनों के लिए निर्वाचित हो जाए, तो उसे दस दिन की अवधि में यह सूचित करना होगा कि वह किस सदन का सदस्य बना रहेगा, अन्यथा उसकी राज्य सभा की सदस्यता समाप्त हो जाएगी।
- यदि एक सदन में निर्वाचित सदस्य, दूसरे सदन के लिए निर्वाचित हो जाए, तब उसके पहले वाली सदन की सदस्यता समाप्त हो जाएगी। यदि वह दस दिन में यह सूचित नहीं करता कि वह किस सदन का सदस्य रहेगा।
- यदि एक सदस्य, एक ही सदन में दो सीटों पर चुनाव में विजयी हो जाए, तो उसे सूचित करना होगा, अन्यथा उसके दोनों सीटों की सदस्यता रद्द हो जाएगी।

## संसदीय समितियां

- संसदीय समितियों का निर्माण लोक सभा के नियमों द्वारा किया गया है। संविधान में इनका उल्लेख नहीं मिलता। केवल इनका परिप्रेक्ष्य मात्र लिया जाता है।
- संसदीय समितियों का आशय है कि जो समिति सदन द्वारा या सभापति द्वारा मनोनीत या नियुक्ति किया जाए।
- संसदीय समितियां स्पीकर के निर्देशानुसार कार्य करती हैं। यह समितियां प्रतिवेदन या रिपोर्ट अध्यक्ष या स्पीकर को प्रस्तुत करती हैं।
- यह समितियां, लोक सभा सचिवालय या राज्य सभा सचिवालय द्वारा उपलब्ध की गई सेवाओं का प्रयोग करते हैं।

### संसदीय समितियों की भूमिका

- आधुनिक प्रशासन की जटिलता एवं प्रशासन के बढ़ते

कार्यों के फलस्वरूप समितियों के द्वारा कार्यपालिका पर नियंत्रण स्थापित किया गया है।

- संसदीय समितियां एक छोटे सदन के रूप में कार्य करती हैं, क्योंकि इसमें लगभग सभी दलों के सदस्य होते हैं। अत: यह समितियां दलीय आधार पर विभाजित नहीं होती हैं।
- संसदीय समितियों द्वारा संसद को विशेषज्ञता भी प्राप्त होती है, क्योंकि इन समितियों में संबंधित विषय के विशेषज्ञ को लिया जाता है।
- यह कार्यपालिका पर प्रभावी नियंत्रण स्थापित करती है, क्योंकि इनका कार्यकाल पूरे वर्ष चलता है तथा इन समितियों में दोनों सदनों के सदस्य सामान्यत: लिए जाते हैं। इसलिए समितियों के माध्यम से राज्य सभा की भूमिका महत्वपूर्ण हो जाती है।

## वित्तीय समिति

### लोक लेखा समिति

- लोक लेखा समिति में 15 सदस्य लोक सभा से तथा 7 सदस्य राज्य सभा से लिए जाते हैं।
- लोक लेखा समिति का अध्यक्ष स्थापित प्रक्रिया के अनुसार विपक्ष के किसी सदस्य को नियुक्त किया जाता है। परंतु यह समिति लोक सभा की समिति कहलाती है।
- भारत में संघ तथा राज्य दोनों के लेखा परीक्षण का अधिकार भारत के नियंत्रक एवं महालेखा परीक्षक को दिया गया है तथा यह नियंत्रक एवं महालेखा परीक्षक लेखाओं की परीक्षा करता है।
- राष्ट्रपति द्वारा इन लेखाओं की रिपोर्ट को सदन के पटल पर रखता है। अत: लोक लेखा समिति का कार्य द्वितीय होता है। क्योंकि यह नियंत्रक महालेखा परीक्षक की रिपोर्ट पर कार्य करती है। समिति का **मूल कार्य** यह देखना है कि–
  - (i) क्या पैसा उसी मद में खर्च हुआ है, जिसके लिए दिया गया था?
  - (ii) क्या इस खर्च के लिए संसद ने अनुमति प्रदान कर दी है?
  - (iii) क्या संसद की अनुमति से ज्यादा अतिरिक्त खर्च तो नहीं हुआ है, यदि हुआ है, तो इसके लिए कौन सी परिस्थितियां उत्तरदायी हैं?
- अत: लोक लेखा समिति अपने कार्य संपादन के लिए नियंत्रक एवं महालेखा परीक्षक की सहायता लेती है।
- लोक लेखा समिति, वित्तीय क्षेत्र में सबसे पुरानी समिति मानी जाती है। इस समिति का अध्यक्ष सामान्यत: विपक्षी दल का सदस्य होता है।
- लोक लेखा सहित अन्य समितियां भी सरकार की नीति विषयक मुद्दों की आलोचना नहीं करतीं।

### प्राक्कलन या आकलन समिति

- आकलन समिति केवल लोक सभा के 30 सदस्यों से निर्मित समिति है।
- जब सरकार अपना बजट लोक सभा में प्रस्तुत करती है, तो इस बजट में आगामी वर्ष के लिए खर्च तथा प्राप्ति दोनों के आकलन किए जाते हैं।
- अत: आकलन समिति का मूल कार्य है कि क्या संगठन में कुशलता या प्रशासनिक सुधार के द्वारा आकलन को बेहतर बनाया जा सकता है।
- समिति यह सुझाव भी देती है कि सरकार को किस रूप में आकलन प्रस्तुत करना चाहिए। क्या आकलन सरकार द्वारा निर्धारित रीति के अनुरूप है?
- यह समिति भी सरकार की नीतियों की आलोचना नहीं करती।
- लोक लेखा एवं आकलन दोनों समितियों को परस्पर पूरक भूमिका में देखा जाता है, क्योंकि लोक लेखा समिति खर्च पर नियंत्रण का कार्य तथा आकलन समिति खर्च के आकलन को नियंत्रित करने का कार्य करती है। इसलिए दोनों को **जुड़वां बहनें** कहा जाता है।

### विभागीय समितियां

- विभागीय समितियों में लोक सभा के 21 एवं राज्य सभा के 10 सदस्य लिए जाते हैं।
- लोक सभा में समयाभाव के कारण प्रत्येक विभाग की मांग पर चर्चा हो पाना संभव नहीं होता। अत: सामान्यत: गिलोटिन का सहारा लिया जाता है।
- इसलिए लोक सभा में एक नई परंपरा का जन्म हुआ, जिसका आधार अमेरिकी व्यवस्था से लिया गया है। लोक सभा की नियम समिति ने वर्ष 1989 में तीन विभागीय समितियों की स्थापना का प्रावधान किया, जो बाद में बढ़कर 17 विभागीय समितियों के रूप में परिवर्तित हो गईं। वर्तमान में इनकी संख्या–24 है।
- इन विभागीय समितियों का निर्वाचन नहीं, अपितु लोक सभा अध्यक्ष तथा राज्य सभा के सभापति द्वारा मनोनयन होता है।

### विभागीय समितियों के कार्य

- संबंधित मंत्रालय या विभागों के अनुदान की मांग पर विचार करना।
- मंत्रालय की वार्षिक रिपोर्ट पर विचार करना।
- ऐसे विधेयकों पर विचार करना, जो सभापति द्वारा निर्देशित हों।

- विभागीय समितियों में कोई भी मंत्री सदस्य नहीं हो सकता।
- समितियों के द्वारा सरकार की नीतिगत आधार पर आलोचना नहीं की जाती।

### जांच समितियां

- जांच समितियों का आशय, उन समितियों से है, जो लोगों द्वारा प्रस्तुत आवेदन की जांच करती है एवं सांसदों के विशेषाधिकार से जुड़े प्रश्नों तथा सांसदों के आचार विषयक मुद्दों की भी जांच करती हैं। अत: यह **तीन जांच समितियां** हैं-
  (i) याचिका समिति।
  (ii) विशेषाधिकार समिति।
  (iii) आचार समिति।

## नियंत्रण एवं संवीक्षण संबंधी समितियां

### 1. सरकारी आश्वासन समिति

- इस समिति का कार्य है कि सदन में विभागों द्वारा दिए गए आश्वासन की जांच करना कि क्या यह आश्वासन पूरे किए गए या नहीं।

### 2. प्रदत्त विधायन समिति

- यह जांच करती है कि क्या प्रशासनिक अधिकारियों द्वारा विधि का निर्माण सदन के निर्देशों के अनुरूप किया गया है अथवा नहीं?

## सदन के प्रतिदिन के कार्यों से संबंधित समितियां

### 1. कार्य मंत्रणा समिति

- इसका कार्य विधायी एवं सरकार के अन्य कार्यों के लिए सदन में समय के आवंटन का किस प्रकार निर्धारण किया जाए। अत: सदन में कार्यों के लिए समय के बंटवारे का निर्धारण यही समिति करती है।

### 2. नियम समिति

- नियम समिति का मूल कार्य सदन से संबंधित नियमों का निर्माण करना है, जिससे सदन का संचालन प्रभावी रूप में हो सके। इसलिए नियम समिति की अनुशंसा के आधार पर ही विभागीय समिति की स्थापना की गई।

## सदन की रखरखाव संबंधी समितियां

### 1. सामान्य उद्देश्य समिति

- लोक सभा की सामान्य उद्देश्य समिति का कोई भी निश्चित कार्यकाल नहीं है। यह लोक सभा के विघटन तक कार्य करती रहती है। इसके सदस्यों में स्पीकर, डिप्टी स्पीकर, चेयरमैन पैनल के सदस्य, सभी संसदीय समितियों के चेयरमैन, मान्यता प्राप्त विपक्षी दलों के नेता और वे सदस्य, जो स्पीकर द्वारा मनोनीत हों।
  **कार्य** : जो मामला किसी समिति के अंतर्गत् न आता हो। लोक सभा का स्पीकर इसका पदेन सभापति होता है।

**संयुक्त समितियां**

| संयुक्त समिति | सदस्य | नियुक्ति का तरीका | कार्यकाल |
|---|---|---|---|
| 1. विभागीय समितियां कुल संख्या-24 है। | लोक सभा-16<br>राज्य सभा-8 | सदस्यों का मनोनयन।<br>चेयरमैन की नियुक्ति। | एक वर्ष से अधिक नहीं। |
| 2. एस.सी./एस.टी. के कल्याण से संबंधित समिति। | लोक सभा-20<br>राज्य सभा-10 | निर्वाचित एकल संक्रमणीय।<br>चेयरमैन की नियुक्ति। | एक वर्ष से अधिक नहीं। |
| 3. महिला सशक्तिकरण समिति। | लोक सभा-20<br>राज्य सभा-10 | सदस्य मनोनीत।<br>चेयरमैन की नियुक्ति। | एक वर्ष से अधिक नहीं। |
| 4. लोक लेखा समिति। | लोक सभा-15<br>राज्य सभा-7 | निर्वाचित।<br>चेयरमैन की नियुक्ति। | एक वर्ष से अधिक नहीं। |
| 5. सार्वजनिक उद्यमों से संबंधित समिति। | लोक सभा-15<br>राज्य सभा-7 | निर्वाचित एकल संक्रमणीय।<br>चेयरमैन की नियुक्ति। | एक वर्ष से अधिक नहीं। |
| 6. लाभ के पद से संबंधित संयुक्त समिति। | लोक सभा-10<br>राज्य सभा-5 | निर्वाचित।<br>चेयरमैन की नियुक्ति। | लोक सभा की अवधि तक। |
| 7. सांसदों के वेतन व भत्ते से संबंधित समिति। | लोक सभा-10<br>राज्य सभा-5 | मनोनीत।<br>चेयरमैन निर्वाचित। | 1 वर्ष। |

| | | | |
|---|---|---|---|
| 8. ग्रंथालय समिति। (सबसे छोटी समिति) | लोक सभा-6<br>राज्य सभा-3 | मनोनीत।<br>लोक सभा का उपाध्यक्ष। | 1 वर्ष।<br>--- |
| **लोक सभा एवं राज्य सभा** | | | |
| 1. कार्य मंत्रणा समिति। | लोक सभा- 15<br>राज्य सभा- 11 | सदस्य मनोनीत।<br>लोक सभा अध्यक्ष राज्य सभा का सभापति। | निश्चित नहीं जब तक या पुनर्गठन न किया जाए। |
| 2. नियम समिति। | लोक सभा- 15<br>राज्यस भा- 16 | उपर्युक्त।<br>उपर्युक्त। | उपर्युक्त।<br>उपर्युक्त। |
| **राज्य सभा के सभापति (पदेन सभापति)** | | | |
| 1. विशेषाधिकार समिति। | लोक सभा-15<br>राज्य सभा- 10 | सदस्य मनोनीत।<br>चेयरमैन नियुक्त। | पुनर्गठन तक।<br>उपर्युक्त। |
| 2. याचिका समिति। | लोक सभा-15<br>राज्य सभा- 10 | सदस्य मनोनीत।<br>चेयरमैन नियुक्त। | उपर्युक्त।<br>उपर्युक्त। |
| 3. सरकारी आश्वासन समिति। | लोक सभा-15<br>राज्य सभा-10 | सदस्य मनोनीत।<br>चेयरमैन नियुक्त। | लोक सभा 1 वर्ष।<br>राज्य सभा के पुनर्गठन तक। |
| 4. अधीनस्थ विधायन समिति। (विधायन जो कार्यपालिका द्वारा) | लोक सभा-15<br>राज्य सभा- 15 | सदस्य मनोनीत।<br>चेयरमैन नियुक्त। | लोक सभा 1 वर्ष।<br>राज्य सभा पुनर्गठन तक। |
| 5. सदन के पटल पर रखे गए तथ्यों से संबंधित समिति। | लोक सभा-15<br>राज्य सभा- 10 | सदस्य मनोनीत।<br>चेयरमैन नियुक्त। | लोक सभा 1 वर्ष।<br>राज्य सभा के पुनर्गठन तक। |
| 6. आवास समिति। | लोक सभा-12<br>राज्य सभा- 10 | सदस्य मनोनीत।<br>चेयरमैन नियुक्त। | लोक सभा 1 वर्ष।<br>राज्य सभा के पुनर्गठन तक। |
| **केवल लोक सभा की समिति** | | | |
| **संयुक्त समिति** | **सदस्य** | **नियुक्ति का तरीका** | **कार्यकाल** |
| 1. प्राक्कलन समिति। | लोक सभा-30 | सदस्य निर्वाचित।<br>चेयरमैन नियुक्त। | केवल 1 वर्ष। |
| 2. सदस्यों की अनुपस्थिति से संबंधित समिति | लोक सभा-15 | सदस्य मनोनीत।<br>चेयरमैन नियुक्त। | केवल 1 वर्ष। |
| 3. निजी सदस्यों के विधेयक और संकल्प। | लोक सभा-15 | सदस्य मनोनीत।<br>चेयरमैन नियुक्त। | केवल 1 वर्ष। |
| **केवल राज्य सभा की समिति** | | | |
| 1. कंप्यूटर से संबंधित समिति। | राज्य सभा-7 | सदस्य मनोनीत।<br>राज्य सभा के उपसभापति। | पुनर्गठन तक। |
| 2. सांसदों के स्थानीय विकास निधि से संबंधित समिति। | राज्य सभा-10 | सदस्य मनोनीत।<br>राज्य सभा के उपसभापति। | |

- राज्य सभा में भी इसकी संरचना लोक सभा की भांति होती है और इसकी अवधि पुनर्गठन तक होती है।

**2. आवास समिति**

- सांसदों को आवास उपलब्ध कराने के कार्य की देखरेख करती है।

**3. पुस्तकालय समिति**

**4. सदस्यों के वेतन भत्तों से संबंधित संयुक्त समिति।**

## रेलवे कन्वेशन कमेटी (तदर्थ समिति)

- यह एक तदर्थ समिति है, जिसका मूल कार्य समय-समय पर रेलवे द्वारा प्रदान किए गए सामान्य राजस्व में योगदान की जांच करना है।
- इसके द्वारा रेलवे के वित्त और सामान्य वित्त के संबंध की अनुशंसा पर भी विचार किया जाता है।
- देश की आजादी के बाद वर्ष 1949 में 'रेलवे कन्वेशन समिति' देश में गठित पहली समिति थी।
- अनुपस्थिति की जांच लोक सभा तथा राज्य सभा में एक ही समिति करती है।

## संसद का ह्रास

- संसद की बैठकें लगातार नहीं हो पा रही हैं। अतः संसद, विधि का निर्माण नहीं कर पा रही है। प्रदत्त विधायन में वृद्धि हो रही है, जो संसद के ह्रास का सूचक है।
- बैठकों के लगातार न होने से संसद कार्यपालिका पर नियंत्रण भी नहीं कर पा रही है।
- संसद में अपराधियों की संख्या में हो रही वृद्धि से राजनीति का अपराधीकरण हो रहा है। यह आम लोगों के मन में संसद की गरिमा को नष्ट कर रहा है।
- संसद और विधायिका में लगातार हिंसक कार्यवाहियां बढ़ती जा रही है, जो संसद की गरिमा के विपरीत है।
- संसद की कार्यवाही का बहिष्कार तथा सांसदों और मंत्रियों की संसद से अनुपस्थिति भी संसदीय प्रक्रिया के पतन को जिम्मेदार बनाती है।
- वर्ष 2007 में 11 सांसदों का सदन से निष्कासन किया गया तथा 15वीं लोक सभा में सदन में नोटों की गड्डी लहराना संसद की गरिमा को शर्मसार करता है।
- झारखंड में राज्य सभा की सीटों को खरीदने के मामले में चुनाव आयोग द्वारा चुनाव को रद्द करना भी संसदीय गरिमा के विपरीत है।
- राज्य सभा में गुणवत्ता के स्थान पर राजनीतिक और धनी लोगों को चुनना भी संसदीय गरिमा को नीचे गिराता है।
- वर्ष 2003 से 2013 के बीच एक दशक में लोक सभा की औसत बैठक वर्ष में 68 दिनों की थी। जबकि इसी दौरान राज्य विधान सभाओं की बैठक और भी कम रहीं। दिल्ली विधान सभा की बैठक औसतन 21 दिन, गोवा-26 दिन, हिमाचल प्रदेश-21 दिन तथा हरियाणा विधान सभा की बैठक केवल 13 दिन प्रति वर्ष हुई।

# न्यायपालिका
# JUDICIARY

- संविधान के भाग-5 में अनुच्छेद-124 से 147 तक उच्चतम न्यायालय की शक्तियों एवं कार्यों का वर्णन है।
- भारत में न्यायपालिका का एकीकृत रूप है। संघ और राज्यों दोनों के लिए एक ही न्यायपालिका है। जबकि अमेरिका में संघ एवं राज्यों के लिए अलग-अलग न्यायालय है।
- 'भारत में उच्चतम न्यायालय, मूल अधिकारों का रक्षक और संविधान का संरक्षक भी है।'
- भारतीय संविधान में स्वतंत्र एवं स्वायत्त न्यायपालिका का प्रावधान किया गया है।
- **न्यायपालिका की संरचना निम्नलिखित है-**

उच्चतम न्यायालय

उच्च न्यायालय

जिला न्यायालय

ग्राम न्यायालय

## उच्चतम न्यायालय

### उच्चतम न्यायालय का गठन ( अनुच्छेद-124 )

- उच्चतम न्यायालय में एक मुख्य न्यायाधीश एवं तीस अन्य न्यायाधीश होंगे।
- प्रारंभ में संविधान में मुख्य न्यायाधीश के अतिरिक्त सात अन्य न्यायाधीशों का प्रावधान किया गया था।

### उच्चतम न्यायालय की पीठ ( अनुच्छेद-130 )

- उच्चतम न्यायालय की पीठ 'नई दिल्ली' में है।
- मुख्य न्यायाधीश को यह अधिकार है कि उच्चतम न्यायालय की पीठ किसी और स्थान पर भी राष्ट्रपति की पूर्व अनुमति से स्थापित कर सकता है।

### उच्चतम न्यायालय में न्यायाधीश की नियुक्ति की योग्यताएं

- वह भारत का नागरिक हो।
- वह लगातार कम से कम पांच वर्षों तक किसी उच्च न्यायालय का या ऐसे दो या अधिक न्यायालयों का न्यायाधीश रहा हो, या
- वह लगातार कम से कम 10 वर्षों तक किसी उच्च न्यायालय या ऐसे दो या अधिक न्यायालयों का अधिवक्ता रहा हो, या
- राष्ट्रपति की राय में विख्यात या कुशल विधिवेत्ता हो।

### शपथ

- उच्चतम न्यायालय के न्यायाधीश, तीसरी अनुसूची के अनुसार शपथ ग्रहण करते हैं।
- उच्चतम न्यायालय का न्यायाधीश राष्ट्रपति के समक्ष शपथ ग्रहण करता है।

### उच्चतम न्यायालय की न्यायाधीशों के लिए आयु सीमा

- न्यायाधीशों की नियुक्ति की किसी न्यूनतम आयु का वर्णन नहीं है।
- उच्चतम न्यायालय के न्यायाधीशों की सेवानिवृत्ति की आयु 65 वर्ष है।

### तदर्थ न्यायाधीश

- जब उच्चतम न्यायालय में कोरम/गणपूर्ति का अभाव हो, तो भारत के मुख्य न्यायाधीश, उच्च न्यायालय के न्यायाधीशों को जो उच्चतम न्यायालय में नियुक्ति की योग्यता रखते हों, उनकी नियुक्ति राष्ट्रपति की पूर्व सहमति से की जाएगी और उन्हें उच्चतम न्यायालय के न्यायाधीश की सभी उपलब्धियां प्राप्त होंगी, (अनुच्छेद-127)।

### अवकाश प्राप्त न्यायाधीश ( अनुच्छेद-128 )

- भारत के मुख्य न्यायाधीश, राष्ट्रपति की सहमति से उच्चतम न्यायालय या उच्च न्यायालय के किसी अवकाश प्राप्त न्यायाधीश जो उच्चतम न्यायालय का न्यायाधीश होने की योग्यता रखते हैं की नियुक्ति कर सकते हैं।
- अवकाश प्राप्त न्यायाधीशों के वेतन एवं भत्ते, राष्ट्रपति के द्वारा निर्धारित होते हैं।

### कार्यवाहक मुख्य न्यायाधीश

- राष्ट्रपति के द्वारा कार्यवाहक मुख्य न्यायाधीश की नियुक्ति हो सकती है, **जब-**
  (i) भारत के मुख्य न्यायाधीश का पद रिक्त हो।
  (ii) मुख्य न्यायाधीश कुछ समय के लिए अनुपस्थित हों अथवा मुख्य न्यायाधीश अपने कार्यों को करने में सक्षम न हों, (अनुच्छेद-126)।

## संवैधानिक प्रावधान

### मुख्य न्यायाधीश की नियुक्ति

- मुख्य न्यायाधीश की नियुक्ति के लिए राष्ट्रपति उच्चतम न्यायालय के एवं राज्यों के उच्च न्यायालयों के ऐसे न्यायाधीशों से परामर्श करेंगे, जिनसे आवश्यक समझें।
- सामान्यत: यह परंपरा रही है कि उच्चतम न्यायालय के वरिष्ठतम् न्यायाधीश को मुख्य न्यायाधीश के रूप में नियुक्त किया जाता है।
- परंतु इंदिरा गांधी के कार्यकाल के दौरान पहली बार एक कनिष्ठ न्यायाधीश को उच्चतम न्यायालय का मुख्य न्यायाधीश बना दिया गया। वर्ष 1973 में ए. एन. रे को मुख्य न्यायाधीश बना दिया गया तथा न्यायमूर्ति ए. एन. ग्रोवर, जे. एम. शेलात एवं के. एस. हेगड़े की वरिष्ठता का उल्लंघन किया गया।
- वर्ष 1977 में मिर्जा अहमदुल्लाह बेग को मुख्य न्यायाधीश बनाया गया तथा न्यायमूर्ति बी. आर. कृष्ण अय्यर की वरिष्ठता का उल्लंघन किया गया।
- उच्चतम न्यायालय के अन्य न्यायाधीशों की नियुक्ति राष्ट्रपति द्वारा मुख्य न्यायाधीश, उच्चतम न्यायालय के अन्य न्यायाधीशों एवं उच्च न्यायालयों के न्यायाधीशों की सलाह से की जाएगी।

### कोलिजियम प्रणाली

- इस व्यवस्था की उत्पत्ति उच्चतम न्यायालय द्वारा दिए गए निर्णयों के आधार पर हुई, जिसे 'थ्री जजेज केसेज' भी कहा जाता है।
- 6 अक्टूबर, 1993 को उच्चतम न्यायालय के नौ जजों की एक खंडपीठ ने एक निर्णय दिया, जिससे कोलिजियम प्रणाली की उत्पत्ति हुई।
- मुख्य न्यायाधीश की अध्यक्षता वाली कोलिजियम व्यवस्था में मुख्य न्यायाधीश के अलावा चार (4) वरिष्ठ जज होते हैं, जिनसे सलाह करने के बाद ही मुख्य न्यायाधीश सरकार को सिफारिश भेजते हैं, जिसे मानने के लिए सरकार बाध्य है।

### कोलिजियम प्रणाली की कमियां

- बिना किसी औपचारिक और पारदर्शी प्रणाली के यह एक बंद कमरे में लिए गए फैसले जैसा होता था। अर्थात् इसमें पारदर्शिता का अभाव था।
- सुप्रीम कोर्ट में नियुक्ति के लिए हाई कोर्ट की वरिष्ठता जजों के चयन में कोलिजियम की सीमाएं बाधा बनती थीं। इससे प्रतिभावान वरिष्ठ जजों और वकीलों की अनदेखी होती थी।
- जस्टिस दिनाकरन जैसे न्यायाधीश की नियुक्ति ने भी इस व्यवस्था पर प्रश्न खड़े किए।
- हाल ही में चर्चित न्यायपालिका में महिलाओं के साथ दुष्कर्म के आरोप और न्यायमूर्ति काटजू द्वारा उठाया गया भ्रष्ट जजों की नियुक्ति का मुद्दा भी कोलिजियम व्यवस्था की कमियों को उजागर करता है।

## न्यायिक नियुक्ति आयोग

- न्यायाधीशों की नियुक्ति और उनके विरुद्ध कदाचार की जांच के लिए एक राष्ट्रीय न्यायिक आयोग के निर्माण का प्रस्ताव किया गया है।
- यह आयोग न्यायाधीशों के असंगत आचरण के विषय में राष्ट्रपति को सलाह देगा।
- आयोग का परामर्श राष्ट्रपति के लिए बाध्यकारी माना जाएगा।

### उद्देश्य

- इस विधेयक का उद्देश्य न्यायाधीशों की नियुक्ति में कार्यपालिका तथा विधायिका को बराबर का अधिकार देना है। वर्ष 1993 से अब तक प्रचलित 'कोलेजियम सिस्टम' के तहत न्यायपालिका स्वयं ही उच्चतर न्यायपालिका के न्यायाधीशों की नियुक्ति करती है तथा इसमें कार्यपालिका की कोई भूमिका नहीं है।
- संभवत: भारत, विश्व का पहला ऐसा देश है, जहां न्यायाधीशों की नियुक्ति में कार्यपालिका की कोई भूमिका नहीं होती है। अत: इसी कमी को दूर करने हेतु यह विधेयक लाया गया है साथ ही इस विधेयक को लाने का उद्देश्य न्यायाधीशों की गुणवत्ता में सुधार करना है।

### राष्ट्रीय न्यायिक नियुक्ति आयोग की संरचना

- आयोग में कुल छह (6) सदस्य होंगे।
- भारत के मुख्य न्यायाधीश 'राष्ट्रीय न्यायिक नियुक्ति आयोग' के अध्यक्ष होंगे।
- सर्वोच्च न्यायालय के दो वरिष्ठतम् न्यायाधीश इसके सदस्य होंगे।
- भारत के कानून मंत्री इसके पदेन सदस्य होंगे।
- दो प्रबुद्ध नागरिक इसके सदस्य होंगे, जिनका चयन

प्रधानमंत्री, भारत के मुख्य न्यायाधीश और विपक्ष के नेता वाली तीन सदस्यीय समिति करेगी।

- ऐसे सदस्यों की नियुक्ति का सुझाव 'लोकपाल सर्च कमेटी' देगी।
- दो प्रबुद्ध व्यक्तियों में से एक सदस्य अनुसूचित जाति एवं जनजाति, अन्य पिछड़ा वर्ग व अल्पसंख्यक या महिला वर्ग से होगा।
- आयोग सर्वोच्च न्यायालय और उच्च न्यायालयों के न्यायाधीश पद हेतु व्यक्ति की नियुक्ति की सिफारिश नहीं करेगा, जिसके नाम पर किन्हीं दो सदस्यों ने आपत्ति जताई हो।
- आयोग के किसी कार्य अथवा सिफारिश पर इस आधार पर सवाल नहीं उठाया जाएगा कि आयोग का कोई पद रिक्त था।
- उल्लेखनीय है कि कानून में संशोधन करके 'विपक्ष के नेता' शब्द की जगह लोक सभा में सबसे बड़ी पार्टी के नेता को कर दिया गया है। क्योंकि 16वीं लोक सभा में विपक्ष के नेता का पद खाली है।

## राष्ट्रीय न्यायिक नियुक्ति आयोग असंवैधानिक

- अक्टूबर, 2015 में उच्चतम न्यायालय ने एक ऐतिहासिक निर्णय देते हुए 99वें संविधान संशोधन को असंवैधानिक घोषित कर दिया और उच्चतम न्यायालय के अनुसार न्यायाधीशों की नियुक्ति के लिए कोलेजियम व्यवस्था को बेहतर बताया।
- उच्चतम न्यायालय के अनुसार, न्यायाधीशों की नियुक्ति का मुद्दा न्यायपालिका की स्वतंत्रता का विषय है, जो संविधान का आधारभूत लक्षण है। इसलिए इसको संविधान संशोधन द्वारा भी समाप्त नहीं किया जा सकता। उच्चतम न्यायालय ने कहा कि वर्ष 1970 के दशक में न्यायाधीशों की नियुक्ति में राजनीतिक हस्तक्षेप किया गया था और न्यायपालिका की स्वतंत्रता को प्रभावित किया गया था।
- न्यायाधीशों ने यह भी कहा कि किसी सरकार के द्वारा किसी समलैंगिक व्यक्ति को न्यायाधीश नहीं बनाया जा सकता। इसलिए न्यायाधीशों की नियुक्ति के लिए न्यायाधीश बेहतर हैं। न्यायाधीशों ने यह भी कहा कि वे कोलेजियम व्यवस्था को सुधारने के लिए आम नागरिकों से राय मांगेंगे।
- अत: इससे यह प्रतीत होता है कि न्यायाधीश भी यह मानते हैं कि कोलेजियम व्यवस्था पूर्ण नहीं है। पांच न्यायाधीशों की बेंच में चार न्यायाधीशों ने कोलेजियम व्यवस्था का समर्थन किया और एक न्यायाधीश न्यायमूर्ति चलमेश्वर ने कोलेजियम व्यवस्था का समर्थन नहीं किया, बल्कि उन्होंने 'न्यायिक नियुक्ति आयोग' का समर्थन किया।

**ज्ञापन प्रक्रिया** (Memorandum of Procedure)

- न्यायपालिका के द्वारा राष्ट्रीय न्यायिक नियुक्ति आयोग की असंवैधानिकता के बाद न्यायपालिका ने यह भी स्वीकार किया कि नियुक्ति के लिए कोलेजियम का प्रावधान पारदर्शी और स्पष्ट नहीं है, जिसमें सुधार की आवश्यकता है। वर्तमान में कोलेजियम के सुधार के मुद्दे पर ही न्यायपालिका एवं सरकार के बीच **निम्नलिखित मुद्दों पर मतभेद बने हुए हैं-**
  - (i) सरकार के अनुसार, राष्ट्रीय सुरक्षा के आधार पर किसी भी न्यायाधीश की नियुक्ति को प्रबिंधित किया जा सकता है। जबकि न्यायपालिका का मानना है कि इस आधार पर सरकार किसी भी नियुक्ति को प्रतिबंधित कर सकती है, जो उचित नहीं है।
  - (ii) सरकार का तर्क है कि न्यायाधीशों की नियुक्ति में कुशलता को महत्व देना चाहिए, वरिष्ठता को नहीं। जबकि न्यायपालिका के अनुसार कुशलता के आधार पर स्वतंत्र उम्मीदवारों को हतोत्साहित किया जा सकता है।
  - (iii) सरकार का तर्क है कि कोलेजियम को संभावित न्यायाधीशों के नाम भेजने से पहले अवकाश प्राप्त न्यायाधीशों की एक समिति होनी चाहिए, जो उम्मीदवारों का चयन करेगी। परंतु न्यायपालिका का तर्क है कि यह चयन समिति विधि मंत्रालय के अंतर्गत् नहीं होनी चाहिए।
  - (iv) सरकार का कहना है कि न्यायाधीशों की नियुक्ति में वकीलों का एक निश्चित प्रतिशत (%) होना चाहिए। जबकि न्यायपालिका निश्चित प्रतिशत (%) के निर्धारण को अव्यावहारिक मानती है।
  - (v) सरकार का तर्क है कि कोलेजियम की समूची कार्यवाही का लिखित विवरण उपलब्ध होना चाहिए और न्यायाधीशों के नाम को स्वीकार करने अथवा अस्वीकार करने के कारणों का भी उल्लेख होना चाहिए। परंतु न्यायपालिका का तर्क है कि इससे न्यायाधीशों पर प्रतिकूल प्रभाव पड़ेगा।

## न्यायाधीश को हटाने की प्रक्रिया

**संवैधानिक प्रावधान (अनुच्छेद-124(4))**

- उच्चतम न्यायालय के न्यायाधीशों को राष्ट्रपति द्वारा हटाया जा सकता है।

### हटाने के आधार

(i) कदाचार के आधार पर।

(ii) कार्य करने में असमर्थता के आधार पर।

- संविधान में न्यायाधीशों को हटाने के लिए संसद की विशेष प्रक्रिया का उल्लेख है। न्यायाधीश को संसद की कुल सदस्य संख्या का बहुमत एवं उपस्थित तथा मत देने वाले 2/3 सदस्यों के बहुमत से हटाया जाएगा।

### न्यायाधीश जांच अधिनियम, 1968 (संसदीय प्रक्रिया)

- न्यायाधीश को हटाने का प्रस्ताव, लोक सभा या राज्य सभा किसी भी सदन में लाया जा सकता है।
- लोक सभा के 100 या राज्य सभा के 50 सदस्य राष्ट्रपति को संबोधित एक पत्र संबंधित सदन के स्पीकर या सभापति को देते हैं।
- स्पीकर या सभापति द्वारा प्रस्ताव स्वीकार किया जा सकता है अथवा अस्वीकार किया जा सकता है।
- स्पीकर या सभापति द्वारा प्रस्ताव स्वीकार किए जाने पर निम्नलिखित प्रावधान किए जाते हैं।
- सदन द्वारा तीन सदस्यीय समिति का गठन किया जाएगा, **जिसमें-**

  (i) उच्चतम न्यायालय के मुख्य न्यायाधीश या अन्य न्यायाधीश।

  (ii) उच्च न्यायालय के मुख्य न्यायाधीश।

  (iii) कोई परंपरागत विधिवेत्ता।
- यदि समिति ने आरोप सही पाया, तो प्रक्रिया को आगे बढ़ाया जाएगा। (सिद्ध कदाचार या असमर्थता के आधार पर)
- जिस सदन में प्रस्ताव लाया गया है, वह सदन विशेष बहुमत से न्यायाधीश के विरुद्ध प्रस्ताव पारित करेगा।
- विशेष बहुमत का आशय, सदन की कुल सदस्य संख्या का बहुमत एवं उपस्थित और मतदान करने वाले सदस्यों के दो-तिहाई बहुमत से है। यह प्रस्ताव संसद के एक ही सत्र में पारित होना चाहिए।
- इसके पश्चात् दूसरे सदन में भी विशेष बहुमत से यह प्रस्ताव पारित किया जाएगा।
- प्रस्ताव पारित होने के पश्चात् राष्ट्रपति संबंधित न्यायाधीश को उसके पद से हटने का आदेश देता है।

### न्यायाधीशों को पद से हटाने की आंतरिक (In House) प्रक्रिया

- उच्चतम न्यायालय ने न्यायाधीशों को हटाने के लिए स्वयं इस प्रक्रिया का निर्माण किया है।
- भट्टाचारजी वाद में न्यायपालिका ने इसका सिद्धांत दिया।
- जिसके अनुसार, कदाचार के दोषी पाए गए किसी भी न्यायाधीश को भारत के मुख्य न्यायाधीश उस न्यायाधीश को उसके पद से हटा देंगे। परंतु यह बाध्यकारी नहीं है।

### न्यायालय की अवमानना

- न्यायालय की अवमानना से तात्पर्य, न्यायालय की क्रियाकलापों पर अनुचित टिप्पणी करने से है। 'न्यायालय की अवमानना' एक विधिक शब्द है। न्यायालय की अवमानना करने वालों के विरुद्ध कार्यवाही करने की शक्ति न्यायालय को प्राप्त है, जब न्यायालय किसी मुकद्दमें की सुनवाई या जांच के दौरान यह महसूस करता है कि कोई व्यक्ति उसकी अवमानना कर रहा है, तब वह अपने आदेश में इस शब्दावली का प्रयोग करता है। यह न्यायालय की वह सबसे बड़ी शक्ति है, जिसका प्रयोग कर वह मुकद्दमों के दौरान चल रही कार्यवाही में जानबूझकर व्यवधान डालने वाले व्यक्ति को उसके इस आचरण के लिए दंडित कर सकता है, **अवमानना में निम्नलिखित अर्थ समाहित हैं–**

  (i) न्यायालय के वैध आदेश का अनुपालन नहीं करने पर।

  (ii) न्यायाधीश के प्रति निरादर प्रदर्शित करने पर।

  (iii) असंगत व्यवहार से न्यायालय की कार्यवाही में बाधा डालने या ऐसे तथ्यों को प्रकाशित करने से जिनसे मुकद्दमें के यथोचित संपादन में खतरा उत्पन्न होने की संभावना बनती हो।

  (iv) उपर्युक्त कारणों से न्यायालय की अवमानना की कार्यवाही प्रारंभ होती है। न्यायालय की अवमानना का दोषी पाए जाने पर संबंधित व्यक्ति को न्यायाधीश जेल या जुर्माने की सदा दे सकता है।
- अवमानना का संविधान में निम्नलिखित अनुच्छेदों में प्रावधान है, न्यायालय की अवमानना की रोकथाम की वांछनीयता को देखते हुए भारतीय संविधान के अनुच्छेद-129 एवं 215 में अवमानना का प्रावधान है। यह शक्तियां उच्च न्यायपालिका (Higher Judiciary) को प्रदान करने का प्रावधान किया गया है तथा भारतीय संसद द्वारा वर्ष 1952 में न्यायालय अवमानना कानून, 1952 बनाया गया तथा वर्ष 1971 में 'न्यायालय अवमानना संशोधन कानून, 1971' पास किया गया।

## न्यायाधीशों की स्वतंत्रता एवं स्वायत्तता का प्रावधान

### वेतन एवं भत्ते

- तीसरी अनुसूची में संचित निधि पर भारित होता है। उच्चतम न्यायालय के न्यायाधीशों को संघ की संचित निधि से वेतन, भत्ते एवं पेंशन दिए जाते हैं, (अनुच्छेद-146 (3))।

- वर्तमान में उच्चतम न्यायालय के मुख्य न्यायाधीश को 1,00,000 रूपये प्रति माह तथा अन्य न्यायाधीशों को 90,000 रूपये प्रतिमाह दिए जाते हैं।
- यह बिंदु ध्यान देने योग्य है कि न्यायाधीशों के वेतन व भत्तों का निर्धारण संसद द्वारा किया जाता है।
- कार्यकाल के दौरान कोई वेतन व भत्तों में अलाभकारी परिवर्तन नहीं हो सकता। (अनुच्छेद-125(2)) (अपवाद अनुच्छेद-360 के अंतर्गत् वित्तीय आपातकाल के दौरान वेतन से कटौती की जा सकती है)
- न्यायाधीशों के आचरण पर संसद या विधान सभा में कोई टिप्पणी नहीं की जा सकती। (अपवाद जब हटाने की प्रक्रिया चल रही हो, तब चर्चा हो सकती है)
- उच्चतम न्यायालय के न्यायाधीशों की नियुक्ति राष्ट्रपति के द्वारा की जाती है।
- अवकाश प्राप्ति के बाद न्यायाधीश भारतीय क्षेत्र में किसी भी न्यायपालिका के समक्ष वकालत नहीं करेंगे, (अनुच्छेद-124(7))।

## उच्चतम न्यायालय की शक्तियां

### 1. आरंभिक अधिकारिता (अनुच्छेद-131)

- आरंभिक अधिकारिता से आशय है कि इन मामलों में सीधे उच्चतम न्यायालय द्वारा ही सुनवाई की जाती है।
- निम्नलिखित संघीय मामले उच्चतम न्यायालय की आरंभिक अधिकारिता के **अंतर्गत् आते हैं**-
  (i) केंद्र व राज्यों के मध्य के विवाद।
  (ii) दो या दो से अधिक राज्यों के मध्य विवाद।
- अनुच्छेद-32 के अंतर्गत् मूल अधिकारों की रक्षा के लिए भी सीधे उच्चतम न्यायालय द्वारा ही सुनवाई की जाती है।
- परंतु अनुच्छेद-32 की रिट अधिकारिता को तकनीकी रूप में आरंभिक अधिकारिता नहीं माना जाता है।
- क्योंकि अनुच्छेद-32 के अंतर्गत् राज्य व व्यक्ति के मध्य विवाद होता है।

### संघीय विवाद के वे मामले, जो आरंभिक अधिकारिता के अंतर्गत् नहीं आते

- अंतर्राज्यीय नदी जल विवाद, (अनुच्छेद-263)।
- वित्त आयोग द्वारा राज्यों को प्रदत्त अनुदान, (अनुच्छेद-280)।
- संघ और राज्यों के बीच कुछ ब्यौरों का समाधान, जिसमें संविधान लागू होने से पूर्व देयताओं का प्रावधान है, (अनुच्छेद-290)।
- संविधान लागू होने के पूर्व देशी रियासतों एवं संघ के बीच की गई संधियां, (अनुच्छेद-363)।

### 2. अपीलीय अधिकारिता

- अपीलीय अधिकारिता से आशय, उन मामलों से है, जिनमें उच्च न्यायालय से उच्चतम न्यायालय में अपील की जाती है। इन मामलों में सीधे उच्चतम न्यायालय में नहीं जाए जा सकता है।

### सिविल मामलों में अपील (अनुच्छेद-133)

- जब उच्च न्यायालय यह प्रमाण पत्र दे कि किसी वाद में विधि की व्याख्या का कोई महत्वपूर्ण प्रश्न निहित है।

### दाण्डिक मामलों में अपील (अनुच्छेद-134)

### बिना प्रमाण-पत्र के अपील

- दाण्डिक मामलों में उच्चतम न्यायालय में साधिकार अपील हो सकती है। दूसरे शब्दों में, इसमें उच्च न्यायालय के प्रमाण-पत्र की आवश्यकता नहीं होगी। ऐसी **अपील मृत्युदंड के मामले** में होती है-
  (i) यदि उच्च न्यायालय ने व्यक्ति के दोष मुक्ति के आदेश को पलटकर उसे मृत्युदंड दे दिया हो।
  (ii) यदि उच्च न्यायालय ने किसी निचले न्यायालय से मामले को मंगाकर व्यक्ति को मृत्युदंड दे दिया हो।

### प्रमाण-पत्र के अंतर्गत् अपील

- दूसरे उन मामलों में अपील की जा सकती है, जहां अपील के लिए उच्च न्यायालय प्रमाण-पत्र प्रदान करे। यह प्रमाण-पत्र **निम्न परिस्थितियों** में दिया जा सकता है-
  (i) यदि विधि का कोई महत्वपूर्ण प्रश्न हो।
  (ii) या न्याय के किसी महत्वपूर्ण सिद्धांत का उल्लंघन हुआ हो।
- ऐसे मामले, जिनमें आजीवन कारावास की सजा दी गई हो या 10 वर्ष से अधिक की कैद की सजा दी गई हो। इन मामलों में भी उच्चतम न्यायालय में अपील की जाती है।
- दाण्डिक मामलों में उच्चतम न्यायालय की कोई आरंभिक अधिकारिता नहीं होती है।

### विशेष इजाजत से अपील (अनुच्छेद-136)

- उच्चतम न्यायालय की विशेष इजाजत की यह शक्ति, अपीलीय शक्ति से भिन्न है।
- यह विशेष इजाजत उच्चतम न्यायालय किसी मामले में तब दे सकता है, जब विधि के किसी व्यापक महत्व का प्रश्न हो या ऐसी विशेष परिस्थितियां विद्यमान हों, जिसमें न्याय का घोर उल्लंघन किया गया हो, (अनुच्छेद-132 से 134 की सीमा के बाहर हो)।
- अतः विशेष इजाजत के अंतर्गत् उच्चतम न्यायालय, सिविल एवं दाण्डिक दोनों मामलों में सुनवाई कर सकता है।

- विशेष इजाजत की अपील उच्चतम न्यायालय की आपवादिक शक्ति है, यह सामान्य शक्ति नहीं है।
- विशेष इजाजत के अंतर्गत् अधिकरणों के निर्णय की अपील उच्चतम न्यायालय में हो सकती है। (सैन्य अधिकरण को छोड़कर) इस शक्ति का प्रयोग उच्चतम न्यायालय के विवेक पर छोड़ दिया गया है।

### 3. सलाहकारी अधिकारिता (अनुच्छेद-143)

- सलाहकारी अधिकारिता का अर्थ है कि राष्ट्रपति किसी मामले में उच्चतम न्यायालय से सलाह ले सकता है। सलाह लेने के **निम्नलिखित आधार हैं**-
  (i) यदि सार्वजनिक महत्व का कोई मुद्दा हो, जिस पर उच्चतम न्यायालय की सलाह आवश्यक है।
  (ii) ऐसे संधि या समझौते, जो संविधान के लागू होने से पूर्व किए गए हों।
- राष्ट्रपति उच्चतम न्यायालय की सलाह मानने को बाध्य नहीं होता है।
- उच्चतम न्यायालय प्रत्येक मुद्दे पर सलाह देने को बाध्य नहीं है।
- उच्चतम न्यायालय की सलाह राष्ट्रपति पर बाध्य नहीं होती। परंतु यह सलाह अधीनस्थ न्यायालयों पर बाध्य होती है।
- संविधान के लागू होने के पूर्व किए गए समझौतों एवं संधियों वाले मामले में उच्चतम न्यायालय के लिए सलाह देना बाध्यकारी होता है। परंतु सरकार के लिए सलाह को मानना बाध्यकारी नहीं होता है।

### सलाहकारी अधिकारिता की उपयोगिता

- सलाहकारी शक्ति के अंतर्गत् दी गई सलाह से सरकार को उस महत्वपूर्ण तथ्य पर विधि की व्याख्या तथा जटिलताओं का उत्तर मिल जाता है। इसलिए सरकार विधि के निर्माण से पहले सलाह का ध्यान रखती है।
- सलाहकारी निर्णय भले सरकार पर बाध्यकारी न हो, लेकिन अधीनस्थ न्यायालयों के लिए बाध्यकारी एवं निर्देश के रूप में माने जा सकते हैं।

### मामले जिन पर सलाहकारी शक्ति का प्रयोग किया

- दिल्ली विधि अधिनियम।
- केरल शिक्षा विधेयक।
- बेरूबाड़ी संघ का मामला।
- समुद्रीय प्रशुल्क अधिनियम।
- केशव सिंह वाद।
- राष्ट्रपति चुनाव, 1974
- विशेष न्यायपालिका अधिनियम, 1978
- कावेरी जल विवाद अधिनियम
- राम जन्मभूमि बाबरी मस्जिद विवादास्पद ढांचे का मामला।
- जजेजवाद, 1993
- जम्मू एवं कश्मीर राज्य का पुनर्वास अधिनियम-1982
- स्पेशल रिफरेंस अधिनियम, 2001
- गुजरात विधान सभा चुनाव, 2002
- पंजाब जल समझौता समाप्ति अधिनियम, 2004
- 2G-स्पेक्ट्रम मामला, 2012

### 4. उपचारात्मक याचिका

- यदि किसी व्यक्ति की पुनरावलोकन याचिका को अस्वीकार कर दिया जाए तो वह उपचारात्मक याचिका दायर कर सकता है।
- इसे न्यायाधीशों (तीन वरिष्ठतम) एवं वकीलों द्वारा प्रमाणित होना चाहिए।
- इसमें यह प्रमाणित किया जाए कि न्याय का उल्लंघन हुआ है, जिस पर पुनर्विचार आवश्यक है।

### 5. पुनरावलोकन याचिका

- उच्चतम न्यायालय के निर्णय के विरुद्ध पुनः उच्चतम न्यायालय में अपील किया जा सकता है। इसके लिए एक वरिष्ठ वकील इसे प्रमाणित करे तथा न्यायाधीश भी यह प्रमाणित करे कि पहला निर्णय पूर्णतः सही नहीं था, तब पुनरावलोकन याचिका दायर की जा सकती है।
- उच्चतम न्यायालय में न्यायालय के निर्णय के विरुद्ध पुनः याचिका दायर की जा सकती है। उदाहरण के लिए, वर्ष 2012 में 2जी-स्पेक्ट्रम मामले में सरकार ने उच्चतम न्यायालय में पुनरीक्षण याचिका दायर की।

### उच्चतम न्यायालय की अन्य अधिकारिताएं

- राष्ट्रपति एवं उपराष्ट्रपति के चुनाव के विवाद पर निर्णय देने की शक्ति केवल उच्चतम न्यायालय को प्रदान की गई है।
- संघ लोक सेवा आयोग व राज्य लोक सेवा आयोग के सदस्यों को हटाने के संदर्भ में राष्ट्रपति को सलाह देना।
- मुख्य निर्वाचन आयुक्त के द्वारा अन्य निर्वाचन आयुक्तों को हटाने के संदर्भ में भी उच्चतम न्यायालय से सलाह ली जाती है।
- संसद द्वारा बनाई गई किसी विधि के (या अनुच्छेद-145) के अधीन बनाए गए प्रावधान में उच्चतम न्यायालय अपने पूर्व में दिए गए निर्णय को परिवर्तित कर सकता है, (अनुच्छेद-137)।
- उच्चतम न्यायालय के द्वारा वर्णित विधि भारत के सभी न्यायालयों पर लागू होती है, (अनुच्छेद-141)।

### अभिलेखीय न्यायालय (अनुच्छेद-129)

- उच्चतम न्यायालय, अभिलेखीय न्यायालय है, जिसका **निम्नलिखित आशय है**-

(i) इसके निर्णय उच्च न्यायालय व अन्य न्यायालयों के लिए साक्ष्य के रूप में प्रयुक्त किए जाते हैं।

(ii) उच्चतम न्यायालय अवमानना के मामले में दंड देने की शक्ति रखता है।

### उच्चतम न्यायालय से संबंधित कुछ तथ्य

- उच्चतम न्यायालय के न्यायाधीश सेवानिवृत्ति के पश्चात् किसी अन्य लाभ के पद पर नियुक्त नहीं हो सकते हैं।
- जब ये न्यायाधीश किसी आयोग के अध्यक्ष होते हैं, तब आयोग का निर्णय उच्चतम न्यायालय का निर्णय नहीं माना जाता, इसलिए बाध्यकारी नहीं होता।
- संसद उच्चतम न्यायालय की अपीलीय शक्ति एवं अन्य शक्तियों को बढ़ा सकती है।
- भारत के उच्चतम न्यायालय के पहले मुख्य न्यायाधीश हीरा लाल कानिया थे।
- वर्ष 2013 में पहली बार उच्चतम न्यायालय में दो महिला न्यायाधीश कार्य कर रही हैं, जिसमें एक ज्ञान सुधा मिश्रा और दूसरी रंजना देसाई हैं।

## उच्च न्यायालय

### संवैधानिक प्रावधान

- संविधान के भाग-6 में अनुच्छेद-214 से अनुच्छेद-231 तक उच्च न्यायालय के विभिन्न प्रावधान दिए गए हैं।
- संविधान में संसद को यह शक्ति प्राप्त है कि प्रत्येक राज्य के लिए एक उच्च न्यायालय का प्रावधान किया जाए।
- परंतु 7वें संविधान संशोधन अधिनियम, 1956 से संसद को यह अधिकार है कि वह दो या दो से अधिक राज्यों एवं एक संघ राज्य क्षेत्र के लिए एक साझा उच्च न्यायालय की स्थापना कर सकती है।
- वर्तमान में देश में 25 उच्च न्यायालय हैं।
- दिल्ली, एकमात्र संघ शासित प्रदेश है, जिसका अपना उच्च न्यायालय है, (31अक्टूबर, 1966)।
- संसद विधि के द्वारा किसी उच्च न्यायालय की क्षेत्राधिकार को किसी संघ शासित क्षेत्र के लिए बढ़ा सकती है, (अनुच्छेद-230)।

### एक से अधिक राज्यों की अधिकारिता वाले उच्च न्यायालय

- **मुंबई उच्च न्यायालय :** महाराष्ट्र, दादर एवं नगर हवेली तथा दमन एवं दीव।
- **कलकत्ता उच्च न्यायालय :** पश्चिम बंगाल तथा अंडमान एवं निकोबार।
- **गुवाहाटी उच्च न्यायालय :** असम, मिजोरम, नागालैंड, एवं अरूणांचल प्रदेश।
- **पंजाब एवं हरियाणा उच्च न्यायालय :** पंजाब, हरियाणा एवं चंडीगढ़।
- मणिपुर, मेघालय एवं त्रिपुरा वर्ष 2013 में उच्च न्यायालय बने।

### उच्च न्यायालय का गठन

- प्रत्येक उच्च न्यायालय में एक मुख्य न्यायाधीश व अन्य न्यायाधीश होंगे, (अनुच्छेद-216)।
- संविधान में उच्च न्यायालय के न्यायाधीशों की संख्या के बारे में उल्लेख नहीं है।
- न्यायाधीशों की संख्या को राष्ट्रपति अपने विवेक के अनुसार समय-समय पर निर्धारित करते हैं।

### उच्च न्यायालय के न्यायाधीशों की योग्यता

- वह भारत का नागरिक हो।
- उसे भारत के न्यायिक कार्य में 10 वर्ष का अनुभव हो, अथवा
- वह उच्च न्यायालय या न्यायालयों में 10 वर्ष तक लगातार वकालत की हो।
- योग्यता में न्यूनतम उम्र का वर्णन नहीं है।

### उच्च न्यायालय के न्यायाधीशों की आयु सीमा

- उच्चतम न्यायालय के न्यायाधीशों की भांति उच्च न्यायालय के न्यायाधीशों की नियुक्ति की न्यूनतम आयु का वर्णन नहीं है।
- उच्च न्यायालय के न्यायाधीशों की सेवा निवृत्ति की आयु 62 वर्ष है।

### शपथ

- उच्च न्यायालय का न्यायाधीश तीसरी अनुसूची के अनुसार शपथ ग्रहण करता है।
- उच्च न्यायालय के मुख्य न्यायाधीश को राज्य का राज्यपाल तथा अन्य न्यायाधीशों को उच्च न्यायालय का मुख्य न्यायाधीश शपथ दिलाता है।

### उच्च न्यायालय के न्यायाधीशों की श्रेणियां

**1. उच्च न्यायालय के अतिरिक्त न्यायाधीश (अनुच्छेद-224)**

- जब उच्च न्यायालय में कार्य की अधिकता होती है, तो राष्ट्रपति अतिरिक्त न्यायाधीशों की नियुक्ति कर सकते हैं।
- अतिरिक्त न्यायाधीशों की नियुक्ति दो वर्ष के लिए होती है। परंतु यह परंपरा है कि उन्हें स्थायी कर दिया जाता है।
- अतिरिक्त न्यायाधीश का प्रावधान केवल उच्च न्यायालय के लिए है।

**2. कार्यकारी मुख्य न्यायाधीश (अनुच्छेद-223)**

- यदि किसी उच्च न्यायालय के मुख्य न्यायाधीश का पद

खाली हो, या वह अस्थायी रूप से अनुपस्थित हो या वह अपना कार्य न कर पा रहा हो, तो राष्ट्रपति किसी उच्च न्यायालय के न्यायाधीश को उस उच्च न्यायालय का कार्यकारी मुख्य न्यायाधीश नियुक्त कर सकता है।

**3. अवकाश प्राप्त न्यायाधीशों की नियुक्ति**

- राष्ट्रपति की पूर्व अनुमति से एवं संबंधित न्यायाधीश की मंजूरी के बाद उच्च न्यायालय का मुख्य न्यायाधीश किसी भी उच्च न्यायालय के अवकाश प्राप्त न्यायाधीश को कार्यकारी न्यायाधीश की तरह काम करने के लिए नियुक्त कर सकता है।
- यह नियुक्ति कुछ समय के लिए की जाती है।
- नियुक्त किए गए न्यायाधीश को सभी विशेषाधिकार व सुविधाएं प्राप्त होती हैं।
- इनके वेतन एवं भत्तों का निर्धारण राष्ट्रपति द्वारा किया जाएगा।

## उच्च न्यायालय के न्यायाधीशों का स्थानांतरण (अनुच्छेद-222)

### संवैधानिक प्रावधान

- राष्ट्रपति, भारत के मुख्य न्यायाधीश से परामर्श करके उच्च न्यायालय के न्यायाधीशों का स्थानांतरण कर सकता है।

### कोलिजियम व्यवस्था

- उच्च न्यायालय के न्यायाधीशों के स्थानांतरण के मुद्दे पर भारत के मुख्य न्यायाधीश एवं उच्चतम न्यायालय के चार (4) न्यायाधीश से मिलकर बने कोलिजियम तथा उच्च न्यायालय के मुख्य न्यायाधीश से भी सलाह लेंगे।
- सलाह लेने की प्रक्रिया का आशय, सभी न्यायाधीशों की सम्मिलित सलाह से है।
- सलाह के अनुसार संबंधित न्यायाधीश का स्थानांतरण किया जाता है।

## उच्च न्यायालय के न्यायाधीशों की नियुक्ति की प्रक्रिया (कोलिजियम व्यवस्था)

- तीसरे न्यायाधीश मामले (वर्ष 1998) के पश्चात् उच्च न्यायालय के न्यायाधीशों की नियुक्ति के संदर्भ में भारत के मुख्य न्यायाधीश, उच्चतम न्यायालय के अन्य 4 वरिष्ठतम् न्यायाधीशों से बनी कोलिजियम की सिफारिश से किया जाएगा।
- इस सलाह के अनुसार राष्ट्रपति, उच्च न्यायालय के न्यायाधीश की नियुक्ति करेंगे।

## उच्च न्यायालय के न्यायाधीशों को हटाने की प्रक्रिया

### संवैधानिक प्रावधान

- उच्च न्यायालय के न्यायाधीश को राष्ट्रपति पद से हटा सकते हैं। **हटाने के आधार इस प्रकार हैं-**
  (i) कदाचार के आधार पर।
  (ii) कार्य करने में असमर्थता के आधार पर।
- न्यायाधीशों को संसद की एक विशेष प्रक्रिया द्वारा हटाया जाएगा, जिसमें संसद के विशेष बहुमत की आवश्यकता होगी। विशेष बहुमत का आशय, सदन की कुल सदस्य संख्या का बहुमत तथा उपस्थित एवं मत देने वालों का 2/3 बहुमत से है।

## न्यायाधीश जांच अधिनियम, 1968 (संसदीय प्रक्रिया)

- न्यायाधीश को हटाने का प्रस्ताव लोक सभा या राज्य सभा किसी भी सदन में लाया जा सकता है।
- लोक सभा के 100 या राज्य सभा के 50 सदस्य, राष्ट्रपति को संबोधित एक पत्र संबंधित सदन के स्पीकर या सभापति को देते हैं।
- स्पीकर या सभापति द्वारा प्रस्ताव स्वीकार किया जा सकता है अथवा अस्वीकार किया जा सकता है।
- स्पीकर या सभापति द्वारा प्रस्ताव स्वीकार किए जाने पर निम्नलिखित प्रावधान किए जाते हैं-
- सदन द्वारा तीन सदस्यीय समिति का गठन किया जाएगा, **जिसमें-**
  (i) उच्चतम न्यायालय के मुख्य न्यायाधीश या अन्य न्यायाधीश।
  (ii) उच्च न्यायालय के मुख्य न्यायाधीश।
  (iii) कोई पारंगत विधिवेत्ता।
- यदि समिति ने आरोप सही पाया, तो प्रक्रिया को आगे बढ़ाया जाएगा। (सिद्ध कदाचार या असमर्थता के आधार पर)
- जिस सदन में प्रस्ताव लाया गया है, वह सदन विशेष बहुमत से न्यायाधीश के विरुद्ध प्रस्ताव पारित करेगा।
- विशेष बहुमत का आशय, सदन की कुल सदस्य संख्या का बहुमत एवं उपस्थित और मतदान करने वाले सदस्यों के दो-तिहाई बहुमत से है।
- इसके पश्चात् दूसरे सदन में भी विशेष बहुमत से यह प्रस्ताव पारित किया जाएगा।
- प्रस्ताव पारित होने के पश्चात् राष्ट्रपति संबंधित न्यायाधीश को उसके पद से हटा सकैगा।
- अभी तक तीन न्यायाधीशों के विरुद्ध हटाने का **प्रस्ताव लाया गया है-**
  (i) न्यायामूर्ति रामास्वामी के विरुद्ध लाया गया उन्होंने
  (ii) न्यायमूर्ति सौमित्र सेन के विरुद्ध लाया गया प्रस्ताव राज्य सभा में पारित हो गया। इसके बाद इन्होंने स्वयं इस्तीफा दे दिया।
  (iii) न्यायमूर्ति दिनाकरन के विरुद्ध प्रस्ताव लाया गया उन्होंने इस्तीफा दे दिया है।

- उच्चतम न्यायालय ने न्यायाधीशों को हटाने के लिए स्वयं इस प्रक्रिया का निर्माण किया है।
- भट्टाचारजी वाद में न्यायपालिका ने इसका सिद्धांत दिया, जिसके अनुसार कदाचार के दोषी पाए गए किसी भी न्यायाधीश को भारत के मुख्य न्यायाधीश संबंधित न्यायाधीश को उसके पद से हटा देंगे। परंतु यह बाध्यकारी नहीं है।

## न्यायाधीशों की स्वतंत्रता एवं स्वायत्तता का प्रावधान

### वेतन एवं भत्ते

- उच्च न्यायालय के न्यायाधीशों को राज्य की संचित निधि से वेतन एवं भत्ते दिए जाते हैं, लेकिन पेंशन संघ की संचित निधि से दिया जाता है।
- वर्तमान में उच्च न्यायालय के मुख्य न्यायाधीश को 90,000 रूपये प्रतिमाह वेतन एवं अन्य न्यायाधीशों को 80,000 रूपये प्रतिमाह वेतन दिया जाता है।
- कार्यकाल के दौरान कोई अलाभकारी परिवर्तन नहीं हो सकता। (अपवाद अनुच्छेद-360 के अंतर्गत् यदि वित्तीय आपातकाल लगा हो, तो वेतन में कटौती की जा सकती है)
- न्यायाधीशों के आचरण पर संसद या विधान सभा में कोई टिप्पणी नहीं की जा सकती। (अपवाद जब हटाने की प्रक्रिया चल रही हो, तब चर्चा हो सकती है)
- उच्च न्यायालय का न्यायाधीश उन उच्च न्यायालयों में वकालत नहीं करेगा, जहां वह न्यायाधीश रहा हो।
- उच्च न्यायालय के न्यायाधीशों की नियुक्ति, राष्ट्रपति के द्वारा की जाती है।

## उच्च न्यायालय की शक्तियां

### 1. आरंभिक अधिकारिता

- सामान्यत: उच्च न्यायालय की कोई आरंभिक अधिकारिता नहीं होती है।

#### अपवाद

- सिविल मामलों में मद्रास, मुंबई, कोलकाता उच्च न्यायालयों को आरंभिक शक्ति अभी भी बनाए रखी गई है।
- अन्य किसी उच्च न्यायालय को सिविल मामलों में आरंभिक अधिकारिता नहीं है।

#### निम्नलिखित मामलों में सभी उच्च न्यायालयों को आरंभिक शक्ति है

- संसद सदस्यों और राज्य विधान मंडल सदस्यों के चुनाव संबंधी विवाद।
- नागरिकों के मूल अधिकारों को लागू कराना। (अनुच्छेद-226 के अंतर्गत्) परंतु इसमें मूल अधिकारों के अलावा अन्य मामलों में भी सीधे उच्च न्यायालय जाए जा सकता है।
- अधीनस्थ न्यायालयों से भेजे गए संविधान की व्याख्या से संबंधित मामले।

### 2. अपीलीय अधिकारिता

- सामान्यत: उच्च न्यायालयों को अपीलीय न्यायालय ही कहा जाता है।

#### सिविल मामलों में अपील

- विधि के किसी महत्वपूर्ण मुद्दे पर जिला न्यायालयों से सीधे उच्च न्यायालय में अपील की जा सकती है।
- धन संबंधी मामले में जिला न्यायालय से उच्च न्यायालय में अपील की जाती है।
- उच्च न्यायालय में पहली अपील या दूसरी अपील भी की जाती है।

#### दाण्डिक मामलों में अपील

- यदि किसी सत्र न्यायाधीश द्वारा किसी व्यक्ति को 7 वर्ष से अधिक का दंड दिया जाता है, तो उसकी अपील उच्च न्यायालय में की जाएगी।
- ऐसे आपराधिक मामले जो सहायक सेशन मजिस्ट्रेट या अन्य मजिस्ट्रेट के निर्णय को जो दंड प्रक्रिया में हो उच्च न्यायालय में अपील होगी।

#### लेटर्स पेटेन्ट के अंतर्गत् अपील

- इसके अंतर्गत् एक ही उच्च न्यायालय में जब एक न्यायाधीश के बेंच के निर्णय को उसी न्यायालय में खंडपीठ के समक्ष अपील किया जाए।
- लेटर्स पेटेन्ट के अंतर्गत् अपील का प्रावधान इलाहाबाद, मुंबई, कोलकाता, चेन्नई एवं पटना उच्च न्यायालय में है।

### 3. रिट अधिकारिता (अनुच्छेद-226)

- अनुच्छेद-226 के अंतर्गत् उच्च न्यायालय द्वारा रिट अधिकारिता प्रदान की जाती है।
- यह रिट मूल अधिकारों व अन्य मामलों में ही प्रदान की जाती है।
- परंतु यह रिट शक्ति उच्च न्यायालय की भौगोलिक अधिकारिता क्षेत्र में ही लागू होती है।

#### अनुच्छेद-32 और अनुच्छेद-226 में संबंध

- अनुच्छेद-32 उच्चतम न्यायालय के द्वारा जारी होता है। जबकि अनुच्छेद-226 के अंतर्गत् उच्च न्यायालय के द्वारा जारी होता है।
- उच्चतम न्यायालय केवल मूल अधिकारों के हनन के संदर्भ में ही रिट जारी कर सकता है, (अनुच्छेद-32)।

जबकि उच्च न्यायालय उन मुद्दों पर भी रिट जारी कर सकता है, जो मूल अधिकार के भाग नहीं हैं।

- अनुच्छेद-32 का प्रयोग उच्चतम न्यायालय द्वारा पूरे भारतीय क्षेत्र के लिए किया जा सकता है। जबकि अनुच्छेद-226 के अंतर्गत् उच्च न्यायालय के द्वारा रिट जारी करने की शक्ति केवल उसी भौगोलिक सीमा तक होती है, जहां तक उच्च न्यायालय का क्षेत्राधिकार है।

### 4. उच्च न्यायालय की अधीक्षण की शक्ति

- अधीक्षण की शक्ति केवल उच्च न्यायालय की होती है।
- इस शक्ति के माध्यम से उच्च न्यायालय अपने क्षेत्र के अंतर्गत् आने वाले निचली श्रेणी के अन्य न्यायालयों पर प्रशासकीय नियंत्रण रखता है। उदाहरण के लिए, जिला न्यायाधीशों की नियुक्ति में राज्यपाल, उच्च न्यायालय से सलाह लेता है, उच्च न्यायालय निचले स्तर की न्यायपालिका के न्यायाधीशों के विरुद्ध अनुशासनात्मक कार्यवाही भी करता है। (अनुच्छेद-227)
- उच्च न्यायालय के पास अधीनस्थ न्यायालय से कोई भी मामला अपने पास मंगवाने की शक्ति होती है, (अनुच्छेद-228)।

### 5. अभिलेखीय न्यायालय (अनुच्छेद-215)

- उच्च न्यायालय, अभिलेखीय न्यायालय होता है, **जिसका निम्नलिखित आशय है-**
  (i) इसके निर्णय अधीनस्थ न्यायालयों के लिए साक्ष्य के रूप में प्रयुक्त किए जाते हैं।
  (ii) उच्च न्यायालय, अवमानना के मामले में दंड देने की शक्ति रखता है।

## उच्चतम न्यायालय व उच्च न्यायालय की तुलना

- उच्चतम न्यायालय व उच्च न्यायालय, दोनों अपीलीय न्यायालय होते हैं।
- उच्चतम न्यायालय का क्षेत्राधिकार पूरे देश के लिए होता है। जबकि उच्च न्यायालय का क्षेत्राधिकार अपने अंतर्गत् आने वाले राज्य या राज्यों के भौगोलिक क्षेत्र तक सीमित होता है।
- उच्चतम न्यायालय का उच्च न्यायालय पर कोई प्रशासनिक नियंत्रण नहीं होता है।
- उच्चतम न्यायालय के पास सलाहकारी शक्ति, विशेष इजाजत से अपील एवं संघीय विवाद के निर्धारण की शक्ति है, जो उच्च न्यायालय के पास नहीं है।

## जिला न्यायालय

- जिला न्यायालय, ट्रायल कोर्ट होते हैं।
- जिला न्यायालय में किसी भी मामले की सुनवाई की जा सकती है।
- जिला न्यायालय, अधिकतम दंड, मृत्युदंड दे सकता है।
- जिला न्यायालय एवं निचले न्यायालयों को अधीनस्थ न्यायालय कहा जाता है।

### न्यायाधीशों की नियुक्ति

- जिला न्यायाधीश की नियुक्ति, राज्यपाल द्वारा उच्च न्यायालय की सलाह से की जाती है।
- जिला न्यायाधीश के अलावा अन्य न्यायाधीशों की नियुक्ति राज्यपाल द्वारा उच्च न्यायालय एवं राज्य लोक सेवा आयोग की सलाह से की जाती है।

### जिला न्यायाधीश की भूमिका

- जिला न्यायाधीश की भूमिका **दो रूपों में होती है-**
  (i) जब जिला न्यायाधीश, दाण्डिक मामलों में सुनवाई करता है, तो वह सत्र न्यायाधीश कहलाता है।
  (ii) जब जिला न्यायाधीश, सिविल मामलों की सुनवाई करता है, तो वह जनपद न्यायाधीश कहलाता है।

### जिला न्यायालयों की संरचना

**सिविल मामले**

जनपद न्यायाधीश
↓
अधीनस्थ न्यायाधीश
↓
मुंसिफ मजिस्ट्रेट
↓
न्याय पंचायत

- जिले में सिविल मामलों का प्राथमिक न्यायालय, मुंसिफ न्यायालय तथा न्याय पंचायत होते हैं।

**दाण्डिक मामले (आपराधिक मामले)**

सत्र न्यायाधीश या महानगरों में मेट्रो पोलीटियन मजिस्ट्रेट
↓
अधीनस्थ न्यायालय

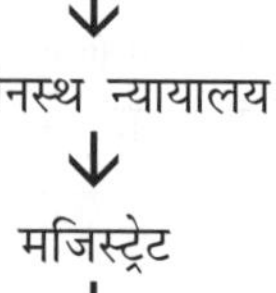

↓
मजिस्ट्रेट
↓
पंचायत अदालत

- दाण्डिक या सेशन मामलों में जिले की सबसे निचली अदालत को 'पंचायत अदालत' कहा जाता है।

### ग्राम न्यायालय

- ग्राम न्यायालय अधिनियम, 2008 के द्वारा 2 अक्टूबर, 2009 से ग्राम न्यायालयों की स्थापना की गई है।

### न्यायाधीशों की नियुक्ति

- ग्राम न्यायालय के न्यायाधीश की नियुक्ति, राज्यपाल द्वारा उच्च न्यायालय की सलाह से की जाएगी।
- ग्राम न्यायालय का न्यायाधीश, न्यायाधिकारी कहलायेगा।

### ग्राम न्यायालयों की विशेषताएं

- ग्राम न्यायालय, प्रत्येक पंचायत के खंड स्तर पर (मध्यवर्ती स्तर) स्थापित किए जाएंगे।
- ग्राम न्यायालय चलते-फिरते न्यायालय (मोबाईल कोर्ट) होंगे, जो अपने पास के गांवों में जाकर मामलों की सुनवाई करेंगे।
- ग्राम न्यायालय को सिविल व दाण्डिक दोनों तरह के मामलों की सुनवाई का अधिकार होगा।
- ग्राम न्यायालयों का मुख्य उद्देश्य, ग्रामीण क्षेत्र के लोगों को उनके द्वार पर ही नि:शुल्क न्याय प्रदान करना है।

### प्रशासनिक अधिकरणों का प्रावधान (CAT)

- 42वें संविधान संशोधन द्वारा संविधान के भाग-14 (A) में अनुच्छेद-323 (A) और 323 (B) जोड़ा गया।
- अनुच्छेद-323 (A) के अंतर्गत् संसद विधि ऐसे प्रशासनिक अधिकरणों का निर्माण करे, जिसके द्वारा संघ और राज्यों में नियुक्त लोकसेवकों की भर्ती और सेवा संबंधी मुद्दों को सुलझाया जा सके।
- इसके अंतर्गत् संसद ने वर्ष 1985 में प्रशासनिक अधिकरणों की स्थापना की। (प्रशासनिक अधिकरण संवैधानिक निकाय हैं)
- इसके अंतर्गत् विभिन्न राज्यों में राज्य, प्रशासनिक अधिकरण और संघीय स्तर पर केंद्रीय प्रशासनिक अधिकरण का निर्माण किया गया।
- चंद्र कुमार वाद के पश्चात् इन अधिकरणों के निर्णय के विरुद्ध उच्च न्यायालय में भी अपील की जा सकती है। पहले सीधे उच्चतम न्यायालय में अपील का प्रावधान था।

## केंद्रीय प्रशासनिक अधिकरण की अधिकारिता से बाहर सेवक

- निम्नलिखित कर्मचारी केंद्रीय प्रशासनिक अधिकरण की अधिकारिता के **अंतर्गत् नहीं आते हैं-**
  (i) सेना के कर्मचारी।
  (ii) लोक सभा एवं राज्य सभा सचिवालय के सेवक।
  (iii) उच्चतम न्यायालय और उच्च न्यायालय के पदाधिकारी।

### अनुच्छेद-323 (B)

- विधायिकाओं को यह अधिकार है कि वे निम्नलिखित मामलों को सुलझाने हेतु अधिकरणों का **निर्माण कर सकती हैं-**
  (i) करारोपण से संबंधित विवाद।
  (ii) विदेशी विनिमय और आयात-निर्यात विवाद।
  (iii) औद्योगिक और श्रमिक विवादों का समाधान।
  (iv) भूमि सुधार एवं अधिग्रहण से संबंधित वाद।
  (v) शहरी संपत्ति की सीलिंग।
  (vi) संसद या विधान सभाओं से संबंधित चुनाव विवादों का समाधान।

### संरचना

- इसकी मुख्य बेंच नई दिल्ली, कोलकाता, चेन्नई और मुंबई में स्थित है।
- केंद्रीय प्रशासन अधिकरण में एक अध्यक्ष तथा एक उपाध्यक्ष और अन्य सदस्य होते हैं।
- अध्यक्ष उच्च न्यायालय के न्यायाधीश की योग्यता वाला व्यक्ति होना चाहिए।
- केंद्रीय प्रशासनिक अधिकरणों के अध्यक्ष का कार्यकाल 5 वर्ष अथवा 68 वर्ष होता है।
- सदस्यों का कार्यकाल 5 वर्ष अथवा 65 वर्ष का होना चाहिए।
- अध्यक्ष और अन्य सदस्यों की नियुक्ति राष्ट्रपति के द्वारा उच्चतम न्यायालय के मुख्य न्यायाधीश के परामर्श से होती है।
- राज्य अधिकरण के सदस्य की नियुक्ति राष्ट्रपति संबंधित राज्य की राज्यपाल की सलाह से करता है।
- राज्य प्रशासनिक अधिकरणों के अध्यक्ष का कार्यकाल 65 वर्ष तथा सदस्यों का कार्यकाल 62 वर्ष का होता है।

### अधिनियम में संशोधन

1956 के अधिनियम में निम्नलिखित संशोधन प्रस्तावित हैं-

### 1. संरचना में संशोधन

- अधिकरण तीन न्यायाधीशों से मिलकर बनेगा और न्यायाधीशों के अलावा एक सलाहकारी समिति का गठन किया जाएगा, जिसमें इंजीनियर, वैज्ञानिक, जल विशेषज्ञ शामिल होने और पहले विवाद को आपसी संवाद और सहमति से हल करने पर बल दिया जाएगा। यदि यह समिति आपसी संवाद से विवाद का समाधान न कर सकी, तो इसे न्यायाधीशों के समक्ष प्रस्तुत किया जाएगा।
- अनेक अस्थायी अधिकरणों के स्थान पर केवल एक स्थायी अधिकरण का गठन किया जाएगा तथा आवश्यकता पड़ने पर इसमें अलग-अलग बैंच का गठन कर लिया जाएगा।

**2. प्रक्रिया में संशोधन**

- विवाद को निर्धारित 'तीन वर्षों' की अवधि के भीतर हल किया जाएगा।
- अधिकरण का निर्णय विवाद में शामिल पक्षों पर बाध्यकारी रहेगा।
- अधिकरण का निर्णय स्वाभाविक रूप में अधिसूचित हो जाएगा।
- अधिनियम में संशोधन के बाद विवाद में शामिल पक्ष उच्चतम न्यायालय नहीं आएंगें।

## राष्ट्रीय हरित न्यायाधिकरण (NGT)

- राष्ट्रीय हरित न्यायाधिकरण की स्थापना वर्ष 2010 में हुई।
- पर्यावरणीय संरक्षण तथा वन के संरक्षण से संबंधित वादों को त्वरित और प्रभावी रूप में हल करने के लिए एक विशेषज्ञ संस्था की स्थापना की गई।
- पर्यावरणीय नियमों के उल्लंघन के कारण होने वाले जन और धन के नुकसान के मुआवजे का प्रावधान किया गया।

**संरचना**

- इसका मुख्य बेंच 'नई दिल्ली' में स्थित है, जबकि इसकी क्षेत्रीय शाखाएं पुणे, भोपाल, चेन्नई और कोलकाता में स्थापित है।

**सदस्य**

- न्यायाधिकरण का अध्यक्ष उच्चतम न्यायालय का अवकाश प्राप्त न्यायधीश होगा तथा इसके अन्य न्यायिक सदस्य उच्च न्यायालय के अवकाश प्राप्त न्यायाधीश होंगे।
- इसके 10 सदस्य पर्यावरणीय विशेषज्ञ होंगे तथा 10 न्यायिक सदस्य भी होंगे।

**न्याय का तरीका**

- न्यायाधिकरण की प्रक्रिया सिविल प्रोसीजर कोड (1908) के द्वारा निर्धारित नहीं है, और न ही यह भारतीय साक्ष्य अधिनियम, 1872 पर आधारित है। यह प्राकृतिक न्याय के सिद्धांत पर कार्य करती है।

**अपील**

- न्यायाधिकरण के समक्ष आने वाले मामलों को 6 महीने के अवधि में हल कर लिया जाएगा और उच्चतम न्यायालय में निर्णय देने के 90 दिन की अवधि में अपील की जा सकती है। कोई भी व्यक्ति 1,000 रूपये के शुल्क के आधार पर मामला न्यायाधिकरण के समक्ष ला सकता है।

**शक्तियां**

- न्यायाधिकरण को सिविल न्यायपालिका की शक्तियां प्राप्त है। इसके द्वारा पर्यावरणीय मुद्दे और उससे संबंधित नियमों के क्रियान्वयन से जुड़े हुए मुद्दे लाए जाते हैं। **जैसे**-
- जल संरक्षण प्रदूषण अधिनियम, 1974
- वन्य संरक्षण अधिनियम, 1980
- वायु नियंत्रण और प्रदूषण अधिनियम, 1981
- पर्यावरणीय संरक्षण अधिनियम, 1986
- सार्वजनिक उत्तरदायित्व बीमा अधिनियम, 1991
- जैव विविधता अधिनियम, 2002
- वन्य जीव संरक्षण अधिनियम, 1972 तथा भारतीय वन्य अधिनियम, 1927 से जुड़े हुए मुद्दे अधिकरण के समक्ष नहीं लाए जा सकते हैं।

## लोक अदालतें

**उद्देश्य**

- इन अदालतों की स्थापना 'विधिक सेवा प्राधिकरण अधिनियम, 1987' के तहत की गई। इन अदालतों का ध्येय आपसी बातचीत के माध्यम से विवादों का निपटारा करना है। यदि दोनों पक्ष सहमत हों, तो दूसरी अदालतों में चल रहे मुकद्दमे लोक अदालतों में हस्तांतरित कर समझौते का प्रयास किया जाता है। इन अदालतों में कोई शुल्क नहीं लगता एवं समझौते की स्थिति में दोनों पक्षों के शुल्क वापस कर दिए जाते हैं।

**संरचना**

- वर्ष 2002 तक ये अदालतें अस्थायी रूप से कार्य करती थीं। वर्ष 2002 में इस अधिनियम में संशोधन करके लोक अदालतों को स्थायी बना दिया गया।
- इन अदालतों की अध्यक्षता एक न्यायाधीश द्वारा की जाती है तथा इसमें दो अन्य सदस्य होते हैं। जरूरी नहीं है कि ये सदस्य न्यायाधीश हों, सामान्यत: एक वकील तथा एक सामाजिक कार्यकर्ता इन अदालतों का सदस्य होता है।

**कार्य**

- लोक अदालतों को दीवानी अदालतों की मान्यता प्राप्त है, यह उन आपराधिक मामलों को भी देख सकते हैं, जिनकी प्रकृति समझौते योग्य (Compoundable) है।
- ये अदालतें पारंपरिक अदालतों से अलग तरह से काम करती हैं, इसमें सुलह, समझौता को वरीयता दी जाती है।
- ये अदालतें अधिकतर सिविल मामलों को देखती हैं। भूमि विवाद, संपत्ति संबंधी विवाद, पारिवारिक विवाद आदि मुकद्दमों को इन अदालतों के तहत लाया जाता है। आपसी सहमति से समझौते होने के कारण इन अदालतों के निर्णयों के खिलाफ अपील नहीं हो सकती है।

## प्ली बार्गेनिंग (Plea Bargaining)

- प्ली बार्गेनिंग, वादी व प्रतिवादी के मध्य एक प्रकार का समझौता है, जिसमें अपराधी अपने गुनाह को इस शर्त पर स्वीकार कर लेता है कि उसे कम सजा दी जाएगी एवं इसमें बचाव पक्ष व अभियोजन पक्ष अदालत से बाहर समझौता कर सकते हैं तथा अपराधी अपना अपराध कबूल करता है। अत: अपराधी को निर्धारित दंड से कम दंड दिया जाता है।

**उद्देश्य**

- इसका उद्देश्य, अदालत और संबंधित पक्षों के समय और धन की बचत करना है। यह व्यवस्था अमेरिका तथा यूरोप के कुछ देशों में सफलतापूर्वक कार्य कर रही है। भारत में न्यायालय में मुकद्दमों का अत्यधिक बोझ है। अत: यह व्यवस्था न्यायपालिका के कार्य को कम कर सकती है तथा लोगों को शीघ्र न्याय दिला सकती हैं। इस उद्देश्य से भारत में 'आपराधिक विधि संशोधन अधिनियम, 2005' पारित किया गया।
- यह व्यवस्था केवल उन मामलों में लागू होती है, जिनमें अधिकतम 7 वर्षों का कारागार हो सकता है तथा यह अधिनियम महिलाओं व बच्चों के खिलाफ अपराधों में लागू नहीं होता है।
- इस व्यवस्था से फायदा यह है कि अदालतों के ऊपर से मुकद्दमों का भार कम किया जा सकता है। परंतु 'प्ली बार्गेनिंग' आदर्श न्याय व्यवस्था के सिद्धांतों के खिलाफ है, क्योंकि कभी-कभी निर्दोष लोग भी सजा कम कराने के चक्कर में आरोप अपने ऊपर ले लेते हैं।

## वाणिज्यिक न्यायालय

- दिसंबर, 2015 में संसद द्वारा वाणिज्यिक न्यायालय का गठन किया गया।
- वाणिज्यिक न्यायालय के गठन का उद्देश्य व्यावसायिक विवादों के त्वरित निस्तारण करना, न्यायालय के भार को कम करना तथा व्यावसायिकता को आसान बनाना है।
- संसद ने वाणिज्यिक न्यायालय तथा वाणिज्यिक अपीलीय प्रभाग अधिनियम, 2015 के द्वारा राज्यों के उच्च न्यायालयों में वाणिज्यिक बेंच तथा जिला स्तर पर वाणिज्यिक न्यायालय के गठन का निर्णय लिया है।
- उन राज्यों में जहां वाणिज्यिक मामले, उच्च न्यायालय के प्रारंभिक अधिकारिता में आते हैं वहां वाणिज्यिक न्यायालयों का गठन नहीं होगा।
- परंतु दिल्ली, मुंबई, चेन्नई और हिमाचल प्रदेश ऐसे उच्च न्यायालय हैं, जहां वाणिज्यिक मामले प्रारंभिक क्षेत्राधिकार में आते हैं, फिर भी यहां वाणिज्यिक न्यायालयों का गठन किया जाएगा।
- वाणिज्यिक न्यायालयों के न्यायाधीशों का चयन राज्य सरकार द्वारा उच्च न्यायालय के मुख्य न्यायाधीश की सलाह पर किया जाएगा। ये नियुक्तियां उच्चतर न्यायिक सेवा द्वारा की जाएगी।
- वाणिज्यिक अपीलीय प्रभाग के न्यायाधीशों की नियुक्ति उच्च न्यायालय के मुख्य न्यायाधीश के द्वारा की जाएगी।
- वाणिज्यिक प्रभाग में एकल न्यायाधीश की पीठ का प्रावधान है।
- विधेयक में वाणिज्यिक विवादों का परिभाषित किया गया है। ऐसे विवाद जो व्यापारिक, बैंकिंग, वित्तीय, ट्रेडिंग से जुड़े लेन-देन (Transactions) से संबंधित होते हैं तथा 1 करोड़ के मूल्य से अधिक के मामले हैं, वे वाणिज्यिक विवादों की श्रेणी में आते हैं।
- वाणिज्यिक न्यायालयों तथा वाणिज्यिक पीठ से संबंधित अपील उच्च न्यायालय में की जा सकती है।

## राष्ट्रीय मुकद्दमा नीति

- यह नीति वर्ष 2010 में घोषित की गई, जिसका ध्येय न्यायालय का समय बचाने हेतु सरकार से सहयोग प्राप्त करना है तथा लंबित पड़े विवादों में स्वयं सरकार एक पक्ष के रूप में है।
- अत: मुकद्दमों के निपटाने हेतु सरकार न्यायालय में जिम्मेदारी के साथ सम्मिलित होगी तथा इस नीति में मुकद्दमों के निपटाने का औसत समय 15 वर्ष से घटाकर 3 वर्ष करना है। **इस नीति की निम्नलिखित विशेषताएं हैं-**

(i) यह नीति वैकल्पिक विवाद समाधान, व्यवस्था जैसे-लोक अदालतें एवं सुलह-समझौते इत्यादि के माध्यम से मुकद्दमों को निपटाने का समर्थन करती हैं।

(ii) जिन मुकद्दमों में सरकार पक्षकार है, वहां तथ्यों का शीघ्र प्रस्तुतिकरण करना, जिससे तथ्यों के अभाव में मुकद्दमे में देरी न हो।

(iii) न्यायालय में यदि सरकार का पक्ष कमजोर है, तो उसे अपनी गलती स्वीकार करते हुए मुकद्दमों से हट जाना चाहिए।

(iv) सरकार द्वारा अपीलीय रिट का कम प्रयोग करना।

(v) सरकारी वकीलों में विशेषज्ञता लाना, जिससे विशेषीकृत याचिकाओं पर शीघ्र कार्यवाही हो।

### फास्ट ट्रैक कोर्ट (Fast Track Court)

- फास्ट ट्रैक कोर्ट के द्वारा मूलत: आपराधिक मामलों को सुलझाया जाता है।
- फास्ट ट्रैक कोर्ट की स्थापना भारत में अप्रैल-2001 में हुई। इनका निर्माण आपराधिक मामलों को त्वरित और निश्चित अवधि में हल करने के लिए हुआ।
- निर्णय को अन्य न्यायालयों में चुनौती दी जा सकती है।

### राजस्व न्यायालय

- राजस्व न्यायालय का कार्य राजस्व से संबंधित मामलों की सुनवाई करना है।
- राजस्व न्यायालय में नायब तहसीलदार का न्यायालय सबसे निचली सीढ़ी पर होता है, उसके बाद तहसीलदार का न्यायालय, तहसीलदार के न्यायालय के बाद उपजिला अधिकारी का न्यायालय तथा जिला अधिकारी के न्यायालय आते हैं। सबसे ऊपर के स्तर पर कमिश्नर का न्यायालय होता है।
- भारत में न्यायिक प्रशिक्षण केंद्र भोपाल में है।

### पारिवारिक न्यायालय

- पारिवारिक न्यायालय प्राकृतिक न्याय के सिद्धांत के आधार पर कार्य करता है एवं इसमें पारिवारिक विवादों को सुलह समझौते के द्वारा हल करने का प्रयत्न किया जाता है।
- इसमें किसी वकील की सहायता लेने की आवश्यकता नहीं होती, बल्कि व्यक्ति अपने मामले की पैरवी स्वयं कर सकता है। पारिवारिक न्यायालय के निर्णय के विरुद्ध अपील किया जा सकता है।
- वर्ष 1985 में पारिवारिक विवादों को सुलझाने के लिए पारिवारिक अदालत की भी स्थापना की गई, जिसमें पारिवारिक मामलों को अनौपचारिक रूप में सुलझाया जाता है।

## न्यायिक पुनरावलोकन

### आशय

- न्यायपालिका, विधायिका द्वारा बनाए गए कानूनों की संवैधानिकता की जांच करती है।
- कार्यपालिका द्वारा किए गए कार्यों की वैधानिकता का परीक्षण है।

### विवाद

- कुछ लोगों के अनुसार, न्यायिक पुनरावलोकन की शक्ति सीधे अनुच्छेद-13 (2) से मिलती है।
- जबकि कुछ लोग न्यायिक पुनरावलोकन की शक्ति को संविधान में परोक्ष रूप में निहित मानते हैं। क्योंकि भारतीय शासन व्यवस्था में संविधान सर्वोच्च है। शासन का कोई अंग सर्वोच्च नहीं है। अत: विधि का निर्माण संविधान के अनुरूप होना चाहिए।
- शासन के प्रत्येक अंग पर प्रतिबंध आरोपित हैं, जिसकी जांच न्यायपालिका द्वारा की जाती है। अत: लिखित संविधान में न्यायिक पुनरावलोकन का सिद्धांत अंतर्निहित होता है।

### न्यायिक पुनरावलोकन पर प्रतिबंध

- निम्नलिखित का न्यायिक पुनरावलोकन नहीं किया **जा सकता है-**
  (i) सांसदों के विशेषाधिकार (अनुच्छेद-105)
  (ii) विधायकों के विशेषाधिकार (अनुच्छेद-194)
  (iii) निर्वाचन क्षेत्रों का परिसीमन।
  (iv) मंत्रिपरिषद् द्वारा राष्ट्रपति और राज्यपाल को दी गई सलाह।

## न्यायिक सक्रियता

**1.** (i) संविधान में विधि द्वारा स्थापित प्रक्रिया का उल्लेख है, इसके अंतर्गत् न्यायपालिका ने विधि का अभिप्राय स्पष्ट किया और यह देखने का प्रयत्न नहीं किया, कि विधि सही है या गलत। क्योंकि विधि के निर्माण का अधिकार विधायिका का है। न्यायपालिका ने गोपालन वाद (1950) में विधि द्वारा स्थापित प्रक्रिया का समर्थन किया।

(ii) न्यायपालिका ने मेनका गांधी वाद में विधि की स्थापित प्रक्रिया को विधि की उचित प्रक्रिया में बदल दिया है, जिसके अनुसार न्यायपालिका ने कहा कि संसद के द्वारा तार्किक एवं उचित विधि का निर्माण होना चाहिए। विधायिका को मनमाने रूप में विधि के निर्माण का अधिकार नहीं है। अत: यह न्यायपालिका के दृष्टिकोण में बड़ा परिवर्तन था।

2. संविधान के अनुसार, संसद अनुच्छेद-368 की प्रक्रिया के आधार पर संविधान के किसी भी भाग का संशोधन कर सकती है। परंतु केशवा नंद भारती वाद में न्यायपालिका ने कहा कि संसद के संविधान संशोधन की शक्ति सीमित है। इसी वाद में न्यायपालिका ने आधारभूत ढांचे का सिद्धांत विकसित किया तथा यह भी कहा कि संसद आधारभूत ढांचे का संशोधन नहीं कर सकती। इसे न्यायिक सक्रियता के रूप में देखा गया।

3. संविधान में अनुच्छेद-32 की प्रक्रिया के अनुसार, वादी-प्रतिवादी न्याय की प्रक्रिया के अंतर्गत् उसी व्यक्ति को न्यायपालिका में जाने का अधिकार था, जिसके अधिकारों का **हनन किया गया हो-**

(i) परंतु न्यायपालिका ने इसे जनहित याचिका के रूप में विस्तृत कर दिया तथा मूल अधिकारों की व्याख्या

अत्यधिक विस्तृत रूप में करनी शुरू कर दी, जो मूल संविधान में संकीर्ण रूप में उल्लिखित है।

(ii) न्यायपालिका मूलत: विवाद निस्तारण की संस्था है, लेकिन वर्तमान समय में सामाजिक न्याय का भी निर्माण करना शुरू कर दिया है।

- न्यायपालिका के इन्हीं परिवर्तित कार्यों को न्यायिक सक्रियता कहा गया है।

### न्यायपालिका की आलोचना

- कार्यपालिका के अनुसार, न्यायपालिका सक्रिय है।
- कार्यपालिका के अनुसार, न्यायपालिका का मूल कार्य, विवादों का समाधान करना है, न कि सरकार को निर्देश देना।
- कार्यपालिका के अनुसार, न्यायपालिका संविधान में दिए गए शक्ति संतुलन की मान्यता (Balance of Power) का उल्लंघन कर रही है।
- कार्यपालिका के अनुसार, न्यायपालिका को प्रशासन और वित्तीय संबंध के तकनीकी पहलुओं का ज्ञान नहीं होता। इसलिए न्यायपालिका द्वारा किए गए हस्तक्षेप से प्रशासन के संचालन में असुविधा उत्पन्न होती है।
- न्यायपालिका का प्राथमिक कार्य विवादों का समाधान द्वि तीयक न्यायिक सक्रियता तथा सरकार को निर्देश देना नहीं होता है।
- प्रकाश सिंह बनाम् भारतीय संघवाद में उच्चतम न्यायालय, संघ सरकार और राज्य सरकारों को पुलिस सुधार करने को निर्देश देते हैं।
- वर्तमान समय में न्यायिक सक्रियता का विवाद जनहित याचिकाओं के प्रयोग से आरंभ हुआ।

## वादी-प्रतिवादी न्याय का आशय

(i) मूल अधिकारों के हनन की स्थिति में अनुच्छेद-32 के अंतर्गत् व्यक्ति सीधे उच्चतम न्यायालय जा सकता है।

(iii) जिस व्यक्ति के मूल अधिकार का अतिक्रमण हुआ है, वह उच्चतम न्यायालय की शरण ले सकता है।

- 1980 के दशक में न्यायपालिका ने वादी-प्रतिवादी न्याय की धारणा को बदल दिया। **न्यायपालिका ने प्रक्रिया** (Locus Standi) **में परिवर्तन कर दिया-**

(i) न्याय दिलाने के लिए न्यायपालिका स्वयं भी पहल कर सकती है।

(ii) यह दो पक्षों के बीच विवाद का मामला नहीं है, बल्कि यह समूह के अधिकारों की रक्षा से संबंधित है।

- अत: तीसरा पक्ष भी वादी हो सकता है।

## जनहित याचिका (PIL)

### आशय

- जनहित याचिका को सामाजिक हित याचिका तथा पत्र अधिकारिता भी कहा जाता है।
- जनहित याचिका के द्वारा वादी-प्रतिवादी न्याय की संकल्पना को बदल दिया गया। इसके तहत समूह के अधिकारों की रक्षा के लिए तीसरा व्यक्ति भी न्यायपालिका में जा सकता है।
- न्याय प्राथमिक है, प्रक्रिया नहीं। व्यापक समाज को न्याय दिलाने के लिए प्रक्रियाओं में परिवर्तन भी किया जा सकता है।
- स्वत: संज्ञान (सू-मोटो एक्शन) में भी न्यायपालिका स्वयं पीड़ित व्यक्ति या समूह तक पहुंचकर उसे न्याय प्रदान कर सकती है।
- एक पत्र द्वारा भी याचिका दायर की जा सकती है।
- जनहित याचिका में मामला सामूहिक अधिकारों का होना चाहिए, न कि व्यक्ति विशेष के व्यक्तिगत हितों से संबंधित।
- जनहित याचिका में न्यायपालिका ने कार्यपालिका एवं प्रशासन को निर्देश दिया है।
- जनहित याचिका के द्वारा विधायिका को सामान्यत: निर्देश नहीं दिया जाता।
- जब जनहित याचिकाओं के सुनवाई के क्रम में न्यायपालिका ने प्रशासन और कार्यपालिका को अत्यधिक निर्देशित करना शुरू किया। इसी के साथ न्यायिक सक्रियता का विवाद गहरा हुआ।

### जनहित याचिका का आरंभ

- इसका आरंभ वर्ष 1980 के दशक में जस्टिस बी. आर. कृष्णा अय्यर और जस्टिस पी. एन. भगवती द्वारा किया गया।
- उपेन्द्र बक्षी का मानना है कि भारत का उच्चतम न्यायालय अंतत: गणराज्य के 32 वर्ष बाद भारतीयों के लिए उच्चतम न्यायालय बन गया।
- जनहित याचिका को औपचारिक रूप में न्यायपालिका द्व ारा एस. पी. गुप्ता बनाम् भारत संघवाद में मान्यता प्रदान की गई। (वर्ष 1982)। इसे ही **प्रथम जजेजवाद** (Judges I Case) भी कहा जाता है।
- जनहित याचिका का उल्लेख संविधान में नहीं है, बल्कि इसका विकास न्यायपालिका द्वारा किया गया।
- इससे पहले जनहित याचिका का प्रयोग अमेरिका में 'मेडिसन बनाम् बरबरा वाद' में दिया गया।

### जनहित याचिका के द्वारा न्यायपालिका की कार्यवाही

- न्यायपालिका ने पीड़ित पक्षों को मुआवजा देने का भी निर्देश दिया। जैसाकि पहली बार रूदल शाह वाद में किया गया।
- जनहित याचिका के द्वारा मौलिक अधिकारों की विस्तार से व्याख्या की गई और न्यायपालिका ने जीवन के अधिकार में स्वास्थ्य, आजीविका और विदेश यात्रा के अधिकार को भी सम्मिलित किया।

### जनहित याचिका का उद्देश्य

- अभाव ग्रस्त लोगों के मूल अधिकार की रक्षा करना।
- त्वरित एवं सस्ता न्याय प्रदान करना।
- आम लोगों के हितों अथवा जनहित की रक्षा करना।

### जनहित याचिका दायर करने का तरीका (केवल उच्च न्यायालय एवं उच्चतम न्यायालय में)

- जनहित याचिकाएं केवल उच्च न्यायालय तथा उच्चतम न्यायालय में जारी की जा सकती है।
- भारत के मुख्य न्यायाधीश या उच्च न्यायालय के मुख्य न्यायाधीश को रजिस्टर्ड पत्र लिखकर।
- नि:शुल्क वैधानिक सहायता समिति के माध्यम से।
- किसी गैर-सरकारी स्वैच्छिक संगठन या वकील के माध्यम से।

## न्यायिक अतिसक्रियता

- संविधान में विधायिका, न्यायपालिका व कार्यपालिका के मध्य शक्ति विभाजन किया गया है तथा प्रत्येक अंग के अपने निर्धारित कार्य हैं।
- वर्तमान में न्यायपालिका द्वारा कार्यपालिका को नीति निर्माण संबंधी आदेश दिए गए हैं। यही न्यायिक अतिसक्रियता है।
- निम्नलिखित मामलों में न्यायपालिका ने कार्यपालिका को **आदेश दिया कि-**
    (i) गेहूं को गरीबों में मुफ्त बांटने का आदेश।
    (ii) केंद्रीय सतर्कता आयुक्त की नियुक्ति को रद्द कर दिया तथा वर्तमान में केंद्रीय सतर्कता आयुक्त की नियुक्ति में सर्वोच्च न्यायालय की सलाह आवश्यक है।
    (iii) काले धन हेतु सरकार द्वारा गठित विशेष जांच टीम के सदस्यों पर न्यायपालिका ने आपत्ति उठाई और सर्वोच्च न्यायालय के निर्देशानुसार विशेष जांच टीम (SIT) का गठन मोदी सरकार द्वारा किया गया।
    (iv) 2G-स्पेक्ट्रम मामले की जांच उच्चतम न्यायालय द्वारा स्वयं की जा रही है।
- कोलिजियम व्यवस्था के माध्यम से न्यायाधीशों की नियुक्ति स्वयं न्यायाधीश कर रहे हैं। न्यायपालिका ने न्यायिक नियुक्ति विधेयक को खारिज कर दिया है।
- परंतु न्यायपालिका ने न्यायिक नियुक्ति आयोग को निरस्त कर दिया तथा सुधारों के साथ कोलिजियम व्यवस्था को पुन: अपनाने का आदेश दिया।

## न्यायिक सुधार (Judicial Reforms)

- वेंकट चलैया आयोग ने न्यायाधीशों की नियुक्ति, स्थानांतरण और उनके विरुद्ध दुराचरण की जांच के लिए एक न्यायिक परिषद् (Judicial Council) बनाने का सुझाव दिया।
- सरकार ने आपराधिक विधि संहिता सुधार के लिए 'मालिमथ कमेटी' की स्थापना की।
- न्यायपालिका में लंबित मामलों को निपटाना सबसे बड़ी चुनौती है, **जिसके लिए निम्नलिखित सुधार आवश्यक हैं-**
    (i) न्यायाधीशों द्वारा संक्षिप्त निर्णय दिए जाएं।
    (ii) न्यायाधीशों द्वारा सामूहिक निर्णय दिए जाएं।
    (iii) आपराधिक विधि संहिता एवं जनहित याचिकाओं में सुधार किया जाए।
    (iv) वकीलों की कार्यशैली में सुधार किया जाए।

## सामाजिक न्यायपीठ का गठन

- 3 दिसंबर, 2014 को उच्चतम न्यायालय ने एक अभूतपूर्व कदम उठाते हुए, 'सामाजिक न्यायपीठ' गठित करने का निर्णय लिया।
- यह पीठ 12 दिसंबर, 2014 से प्रत्येक शुक्रवार को दोपहर 2 बजे से सामाजिक समस्याओं से जुड़े मामलों की सुनवाई करेगी।
- उच्चतम-न्यायालय द्वारा इस सामाजिक न्यायपीठ की जिम्मेदारी न्यायाधीश मदन बी. लोकुर तथा न्यायाधीश यू. यू. ललित को सौंपी गई है।

### उद्देश्य

- उच्चतम न्यायालय के अनुसार, 'सामाजिक न्यायपीठ' के गठन के निम्नलिखित उद्देश्य हैं-
    1. यह पीठ खासकर महिलाओं, बच्चों और वंचित वर्गों से जुड़े सामाजिक मामलों का तेजी से निपटारा करेगी।
    2. संविधान में उल्लिखित अधिकारों को आम लोगों तक पहुंचाना।
    3. भारतीय संविधान के आदर्शों में शामिल सामाजिक न्याय की रक्षा के लिए इस पीठ का गठन किया गया है।

## राष्ट्रीय न्यायिक डाटा ग्रिड

- संपूर्ण देश के जिला न्यायालयों में लंबित मामलों की

सूचना उपलब्ध कराने हेतु यह 'ग्रिड ई-कोर्ट पोर्टल' के माध्यम से कार्य करेगा और इसके द्वारा कोई भी व्यक्ति देश के किसी भी न्यायालय में लंबित मामलों की जानकारी ले सकता है। यह ई-कोर्ट परियोजना का भाग है।

## ग्राम न्यायालय

- 2010 में संसदीय अधिनियम द्वारा निर्मित किया गया।
- यह सिविल व आपराधिक दोनों मामलों की सुनवाई करता है।
- यह ग्रामीण क्षेत्र में जाकर विवादों को हल करता है इसलिए इसे मोबाइल न्यायालय भी कहा जाता है।
- आपराधिक मामलों में इन मामलों की सुनवाई करता है जिसमें दो वर्ष से कम का दंड हो। औरसिविल मामलों में 20 हजार रूपये से कम राशि का विवाद हो।

## राष्ट्रीय विधिक सेवा प्राधिकरण (NALSA)

- विधिक सेवा प्राधिकरण अधिनियम, 1987 के तहत 'नाल्सा' का गठन किया गया है।
- समाज के कमजोर वर्गों को मुफ्त कानूनी सेवाएं प्रदान करने और विवादों के शांतिपूर्ण समाधान के लिए लोक अदालतों का आयोजन 'नाल्सा' द्वारा किया जाता है।
- 'नाल्सा' की नीतियों और निर्देशों को प्रभावी बनाने के लिए 'राज्य विधिक सेवा प्राधिकरण' का गठन किया गया है, जिसका नेतृत्व संबंधित राज्य के उच्च न्यायालय के मुख्य न्यायाधीश करते हैं।
- 'नाल्सा' ने देश भर में 2,648 गांवों में कानूनी सेवा क्लीनिक का शुभारंभ किया है।
- पूर्व प्रधान न्यायाधीश न्यायामूर्ति पी. सदाशिवम ने नई दिल्ली में मुफ्त कानूनी क्लीनिक का उद्घाटन किया।
- 5 लाख रूपये से कम की वार्षिक आय वाले व्यक्तियों को इसकी सहायता प्राप्त होगी।

## मध्यस्थता परिषद की स्थापना

- उसे वैकल्पिक विवाद निकटतम भी कहते हैं। संसद के द्वारा 1996 के मध्यस्थता एवं सुलह अधिनियम में संशोधन (2019) द्वारा भारत में मध्यस्थता परिषद नामक स्थायी संस्था का प्रावधान किया गया है।
- उसका एक अध्यक्ष होगा जो उच्चतम न्यायालय का न्यायाधीश अथवा उच्च न्यायालय का मुख्य न्यायाधीश या न्यायाधीश अपना एक विशिष्ट व्यक्ति होगा।
- इसके द्वारा मध्यस्थता की प्रक्रियाएं एवं नियम निर्धारित होंगे।
- मध्यस्थता को **आउट ऑफ कोर्ट सेटलमेंट** भी कहते हैं, जिसके द्वारा व्यापारिक विवादों से त्वरित रूप में हल किया जाएगा।
- भारत को मध्यस्थता के केंद्र के रूप में विकसित किया जाएगा घरेलू एवं अंतर्राष्ट्रीय विवादों को हल करने का संस्थागत प्रयास है।

अध्याय 9

# राज्यों में कार्यपालिका तथा विधानमंडल

# EXECUTIVE AND LEGISLATURE IN STATES

## राज्यपाल

- संविधान के भाग-6 में राज्य शासन के लिए समान संरचना का उल्लेख है।
- राज्यपाल राज्य का प्रथम नागरिक होता है।
- राज्यपाल राज्य का संवैधानिक प्रधान होता है।
- राज्यपाल राज्य की कार्यपालिकीय शक्ति का सर्वोच्च प्रधान अर्थात् राज्य के सभी कार्य राज्यपाल के नाम पर किए जाते हैं।

### नियुक्ति ( अनुच्छेद-155 )

- राज्यपाल की नियुक्ति राष्ट्रपति द्वारा की जाती है तथा वह राष्ट्रपति के प्रसाद पर्यंत तक पद पर बना रहता है।
- राज्यपाल को दोबारा भी नियुक्त किया जा सकता है।
- एक ही व्यक्ति को दो या दो से अधिक राज्यों का राज्यपाल भी नियुक्त किया जा सकता है।

### योग्यताएं ( अनुच्छेद-157 )

- वह भारत का नागरिक हो।
- उसकी आयु 35 वर्ष से कम न हो।
- अपनी नियुक्ति से पूर्व वह किसी भी लाभ के पद पर न रहा हो।
- कोई भी विधायक या सांसद राज्यपाल हो सकता है। परंतु राज्यपाल की नियुक्ति के तिथि से वह सदन का सदस्य नहीं समझा जाएगा।

### कार्यकाल

- राज्यपाल की कार्यावधि पांच वर्ष की होती है।
- परंतु इसके पूर्व भी वह राष्ट्रपति को इस्तीफा देकर पद त्याग कर सकता है।
- राज्यपाल को हटाने का प्रावधान संविधान में नहीं है।

### स्थानांतरण

- राज्यपाल के स्थानांतरण की संविधान में कोई व्यवस्था नहीं है।
- परंतु व्यावहारिक रूप में राज्यपालों के स्थानांतरण किए जाते हैं।

### राज्यपाल की शक्तियां

- मुख्यमंत्री की नियुक्ति करना तथा मुख्यमंत्री की सलाह से अन्य मंत्रियों की नियुक्ति करना।
- राज्य विश्वविद्यालयों के कुलपतियों की नियुक्ति करना।
- उच्च न्यायालय के न्यायाधीशों की नियुक्ति के संबंध में राज्यपाल से केवल परामर्श लिया जाता है।
- राज्य के महाधिवक्ता की नियुक्ति राज्यपाल करता है।
- राज्य लोक सेवा आयोग के अध्यक्ष व सदस्यों को राज्यपाल नियुक्त करता है, परंतु इन्हें केवल उच्चतम न्यायालय के प्रतिवेदन पर राष्ट्रपति के द्वारा हटाया जा सकता है।

### 1. विधायी कार्य

- राज्यपाल के विधायी कार्य, राष्ट्रपति के ही समान हैं। क्योंकि राज्यपाल भी विधान मंडल का अंग होता है। जैसे-राष्ट्रपति, संसद का अंग होता है।
- राज्यपाल को अनुच्छेद-213 द्वारा किसी विधेयक को अनुमति देने या रोकने की शक्ति प्राप्त है।
- यदि विधान सभा में ऐंग्लो-इंडियन समुदाय को उचित प्रतिनिधित्व प्राप्त न हो, तो राज्यपाल इस समुदाय के एक सदस्य को विधान सभा में मनोनीत कर सकता है।
- जिन राज्यों में विधान परिषद् है, वहां राज्यपाल विधान परिषद् में 1/6 सदस्यों को साहित्य, कला, विज्ञान, सामाजिक सेवा व सहकारी आंदोलन से संबंधित व्यक्तियों को मनोनीत कर सकता है।
- जब राज्यपाल के समक्ष किसी विधि को हस्ताक्षर करने के लिए प्रस्तुत किया जाता है, तो राज्यपाल के पास **निम्नलिखित विकल्प होते हैं-**
  - (i) वह विधेयक को अनुमति प्रदान कर सकता है।
  - (ii) वह विधेयक को अनुमति देने से इनकार कर सकता है।
  - (iii) यदि विधेयक, धन विधेयक नहीं है, तो राज्यपाल उसे मंत्रिमंडल के पास पुनर्विचार के लिए भेज सकता है।

(iv) लेकिन इसी के साथ राज्यपाल को एक विशेष अधिकार प्राप्त है, जो राष्ट्रपति को प्राप्त नहीं है, जिसमें वह किसी भी राज्य विधेयक को राष्ट्रपति के विचार हेतु आरक्षित कर सकता है।

- सामान्यत: कोई संघीय विधेयक को जब पुनर्विचार के बाद राष्ट्रपति के पास पुन: भेजा जाता है, तो राष्ट्रपति के लिए उसे अनुमति देना बाध्यकारी होता है।
- लेकिन यदि राज्यपाल द्वारा राज्य के आरक्षित विधेयक राष्ट्रपति के समक्ष पुनर्विचार के पश्चात् प्रस्तुत किया जाए, तो राष्ट्रपति के लिए उस पर अनुमति देना बाध्यकारी नहीं है।
- यदि राष्ट्रपति व राज्यपाल ने किसी पर अध्यादेश जारी किया है और उस पर विवाद हो, तो राष्ट्रपति के अध्यादेश को मान्यता दी जाएगी।

## 2. न्यायिक शक्तियां

- न्यायिक शक्तियों में भी राज्यपाल, राष्ट्रपति के समान ही है। परंतु राज्यपाल मृत्युदंड को क्षमा नहीं कर सकता, केवल सजा कम कर सकता है।

## 3.1. राज्यपाल की विवेकाधीन शक्तियां

- भारतीय संविधान में राज्यपाल को कुछ विवेकाधीन शक्तियां प्राप्त हैं, जिसके तहत अनुच्छेद-163 में यह वर्णित है कि राज्यपाल उन मामलों में अपनी विवेकाधीन शक्ति का प्रयोग करेगा, जिसमें वह मंत्रिमंडल की सलाह एवं सहायता द्वारा कार्य नहीं करेगा। राज्यपाल निम्नलिखित विषयों पर अपनी विवेकाधीन शक्तियों का **प्रयोग करता है-**

(i) असम का राज्यपाल, असम राज्य की खानों से प्राप्त होने वाली रॉयल्टी को जिला परिषद् को सौंप देगा।

(ii) यदि राज्यपाल को उसके निकट के किसी संघ शासित क्षेत्र का प्रशासक नियुक्त कर दिया जाए, तो इन केंद्र शासित क्षेत्रों के प्रशासन में वह विवेकाधीन शक्ति का प्रयोग करेगा।

(iii) जबकि संविधान में राष्ट्रपति को कोई विवेकाधीन शक्ति प्राप्त नहीं है।

## 3.2. विशेष उत्तरदायित्व

- महाराष्ट्र और गुजरात राज्यों के राज्यपाल का विशेष उत्तरदायित्व (यदि राष्ट्रपति ने ऐसा निर्देश दिया हो) विदर्भ, मराठवाड़ा, सौराष्ट्र और कच्छ आदि के लिए विकास बोर्डों की स्थापना, (अनुच्छेद-371 (2))।
- नागालैंड के राज्यपाल का विशेष उत्तरदायित्व है कि वह नागालैंड में शांति एवं व्यवस्था बनाए रखें, (अनुच्छेद-371 क)।
- मणिपुर के राज्यपाल का विशेष उत्तरदायित्व मणिपुर के पहाड़ी क्षेत्रों से निर्वाचित होने वाली समिति का उचित कार्यकरण सुनिश्चित करने के लिए होता है, (अनुच्छेद-371 ग)।
- सिक्किम के राज्यपाल का विशेष उत्तरदायित्व शांति के लिए तथा जनता की उन्नति व साम्यपूर्ण व्यवस्था करने के लिए है, (अनुच्छेद-371 च)।
- अरूणांचल प्रदेश के राज्यपाल का विधि और व्यवस्था के संबंध में विशेष उत्तरदायित्व है, (अनुच्छेद-371ज)।
- उपरोक्त विशेष उत्तरदायित्वों के संबंध में राज्यपाल, मंत्रिपरिषद् की सलाह मानने या उसे स्वीकार करने के लिए बाध्य नहीं है।

## 3.3. कुछ मुद्दों पर स्वविवेक का प्रयोग

(i) मुख्यमंत्री चुनना एवं मुख्यमंत्री को हटाना।

(ii) सरकार को विधान सभा में अपनी संख्या या बहुमत साबित करने के लिए कहना।

(iii) विधान सभा का विघटन करना।

(iv) राष्ट्रपति शासन की सिफारिशें करना, (अनुच्छेद-356)।

(v) राष्ट्रपति के विचारों के लिए विधेयक आरक्षित करना, (अनुच्छेद-200)।

(vi) पुनर्विचार के लिए विधेयक लौटाना, (अनुच्छेद-200)।

## मुख्यमंत्री का कर्तव्य

- मुख्यमंत्री का राज्यपाल के प्रति कर्तव्य, प्रधानमंत्री के राष्ट्रपति के प्रति कर्तव्य के समान है। अत: मुख्यमंत्री राज्य के प्रशासन से संबंधित सूचना राज्यपाल को देगा, राज्यपाल ऐसी सूचना मांग सकता है, जिस विषय पर मंत्री ने विचार किया हो, इसे मंत्रिपरिषद् के समक्ष रखवाता है।

## राज्यपाल की आपातकालीन शक्ति

- यदि यह स्थिति उत्पन्न हो जाए कि राज्य का शासन संविधान के अनुरूप न चलाया जा सके, तो राज्यपाल, राष्ट्रपति को रिपोर्ट दे सकता है कि राष्ट्रपति शासन लागू किया जाए। परिणामस्वरूप अनुच्छेद-356 के अंतर्गत् राज्य में राष्ट्रपति शासन लागू कर दिया जाता है।

## राज्यपाल के संदर्भ में सरकारिया आयोग की रिपोर्ट

(i) आयोग के अनुसार, राष्ट्रपति, संबंधित राज्य में राज्यपाल की नियुक्ति से पूर्व राज्य के मुख्यमंत्री से अवश्य परामर्श ले।

(ii) राज्यपाल के कार्यकाल को 5 वर्ष तक पूरा करने दिया जाना चाहिए। अर्थात् किन्हीं राजनैतिक कारणों से उसे पांच वर्ष से पूर्व नहीं हटाया जाना चाहिए।

(iii) राज्यपाल एक विशिष्ट व्यक्ति होना चाहिए, जो कि स्थानीय दलीय राजनीति से संबंधित न हो।

(iv) राज्यपाल को अनुच्छेद-356 को लागू करने की सिफारिश करने से पूर्व विभिन्न विकल्पों की तलाश करनी चाहिए और अनुच्छेद-356 का प्रयोग अंतिम विकल्प के रूप में होना चाहिए।

(v) राज्यपाल द्वारा राष्ट्रपति की अनुमति हेतु आरक्षित विधेयकों पर राष्ट्रपति के द्वारा चार माह की अवधि में निर्णय दे दिया जाना चाहिए।

(vi) राज्यपाल को मंत्रिमंडल के बहुमत सिद्ध करने का अधिकार सदन के पटल पर दिया जाना चाहिए।

### राज्यपाल के संदर्भ में पुंछी आयोग की रिपोर्ट

- आयोग के अनुसार राष्ट्रपति के प्रसादपर्यंत कार्य करेगा इसमें प्रसादपर्यंत का संशोधन करना चाहिए।
- राज्यपालों की योग्यता के संदर्भ में पुंछी आयोग की राय सरकारिया आयोग की भांति ही है, जिसमें कहा गया है कि राज्यपाल के रूप में ऐसा व्यक्ति नियुक्त किया जाए, जिसका स्थानीय दलों से कोई संबंध न हो।
- आयोग ने राज्यपालों की मनमानी बर्खास्तगी की आलोचना की। आयोग के अनुसार, राज्यपालों को राजनीतिक फुटबाल की तरह प्रयोग नहीं करना चाहिए।
- आयोग ने राज्यपाल के कार्यकाल को 5 वर्ष निर्धारित करने की मांग की है।
- आयोग ने राज्यपाल को हटाने के लिए विधान सभा द्वारा महाभियोग की प्रक्रिया को स्वीकार करने की अनुशंसा की है।
- पुंछी आयोग ने वर्ष 2007 में स्थापित वेंकट चलैया आयोग की अनुशंसा का समर्थन करते हुए कहा कि राज्यपाल की नियुक्ति एक समिति द्वारा होनी चाहिए, जिस समिति में प्रधानमंत्री, गृहमंत्री, लोक सभा का स्पीकर तथा संबंधित राज्य के मुख्यमंत्री और उपराष्ट्रपति को भी शामिल किया जा सकता है।
- आयोग ने अनुच्छेद-163(2) में विवेकाधीन शक्तियों को सीमित करने की अनुशंसा की है।
- आयोग ने अनुच्छेद-200 के अंतर्गत् आरक्षित किसी भी विधेयक पर चार (4) महीने की अवधि में अनुमति प्रदान करने की अनुशंसा की है।

### राज्यपाल भत्ता और विशेषाधिकार संशोधन नियम (2015)

- वी.पी. सिंहलवाद उच्चतम न्यायालय ने कहा प्रसादपर्यंत का यह अभिप्राय नहीं है कि राज्यपाल को मनमाने तरीके से अपने पद से हटा दिया जाएगा और राज्यपाल इस आधार पर नहीं हटाया जा सकता कि संघ एवं राज्यों की राजनीतिक विचारधाराएं अलग-अलग है।
- राष्ट्रपति द्वारा राज्यपाल के विशेषाधिकारों में कटौती करने के लिए राज्यपाल (भत्ते और विशेषाधिकार) नियमावली वर्ष 1987 में संशोधन किया गया है।
- अब राज्यपाल, राष्ट्रपति की अनुमति से ही घरेलू तथा विदेश यात्राएं कर सकते हैं। अर्थात् अपना राज्य, राष्ट्रपति की अनुमति के बाद ही छोड़ सकते हैं।
- राज्यपाल को एक वर्ष में कम से कम 229 दिन अपने संबंधित राज्य में रहना होगा।
- राज्यपाल आपातकाल तथा विशेष परिस्थितियों में भी इस प्रकार की यात्रा नहीं कर सकते हैं।

## राज्य विधान मंडल

- राज्य विधान मंडल, राज्यपाल तथा विधान सभा से मिलकर बनता है। जिन राज्यों में विधान परिषद् है, उनमें राज्यपाल तथा विधान सभा एवं विधान परिषद् से मिलकर बनता है।
- सात राज्यों के विधान मंडल में दो सदन हैं-विधान सभा तथा विधान परिषद्।

### विधान परिषद्

- सात (7) राज्यों में विधान परिषद् का प्रावधान है, **ये राज्य निम्नलिखित हैं-**

  (i) उत्तर प्रदेश (ii) बिहार
  (iii) महाराष्ट्र (iv) कर्नाटक
  (v) जम्मू एवं कश्मीर (vi) आंध्र प्रदेश
  (vii) तेलगांना।
- राजस्थान तथा असम में विधान परिषद् का निर्माण अभी प्रक्रिया में है।

### सदस्यों की संख्या

- विधान परिषद् की अधिकतम संख्या, विधान सभा की एक-तिहाई होती है, (अनुच्छेद-171)।
- विधान परिषद् की न्यूनतम संख्या 40 निर्धारित की गई है।

### विधान परिषद् का सृजन

- संसद को यह शक्ति प्राप्त है कि वह किसी राज्य में विधान परिषद् का सृजन कर सकती है। संसद इस विधेयक को सामान्य बहुमत से पारित करती है, (अनुच्छेद-169)।
- परंतु संसद यह तभी कर सकती है, जब संबंधित राज्य विधान सभा ने अपने समस्त सदस्य संख्या के बहुमत और उपस्थित तथा मतदान करने वाले सदस्यों के 2/3 बहुमत से ऐसा प्रस्ताव पारित किया गया हो।

### विधान परिषद् को भंग करना

- संसद को यह शक्ति प्राप्त है कि वह किसी राज्य की विधान परिषद् को भंग कर सकती है।
- परंतु संसद यह तभी कर सकती है, जब संबंधित राज्य विधान सभा ने अपने समस्त सदस्य संख्या के बहुमत और उपस्थित तथा मतदान करने वाले सदस्यों के 2/3 बहुमत से ऐसा प्रस्ताव पारित किया गया हो।

### विधान परिषद् को भंग कराने वाले राज्य

- आंध्र प्रदेश ने वर्ष 1957 में विधान परिषद् की स्थापना की तथा वर्ष 1985 में विधान परिषद् को भंग करा दिया। लेकिन वर्ष 2007 से पुन: आरंभ हो गया।
- पश्चिम बंगाल ने वर्ष 1971 में विधान परिषद् को हटा दिया।
- पंजाब ने वर्ष 1971 में विधान परिषद् को हटा दिया।
- तमिलनाडु ने वर्ष 1986 में विधान परिषद् को हटा दिया।
- **Note :** विधान परिषद् अधिनियम, 2005 के द्वारा आंध्र प्रदेश में फिर से विधान परिषद् की स्थापना कर दी गई है।

### विधान परिषद् की संरचना (निर्वाचन)

- विधान परिषद् का गठन अप्रत्यक्ष निर्वाचन की 'आनुपातिक प्रतिनिधित्व पद्धति के एकल संक्रमणीय मत प्रणाली' द्वारा होता है।

### निर्वाचन का तरीका

- विधान परिषद् के 5/6 सदस्य निर्वाचित होते हैं तथा 1/6 सदस्य राज्यपाल द्वारा मनोनीत किए जाते हैं।
- निर्वाचित होने वाले सदस्यों का चुनाव **निम्नलिखित द्वारा किया जाता है-**
  - (i) 1/3 सदस्य स्थानीय निकायों। जैसे-नगर पालिका, जिला बोर्ड आदि के द्वारा चुने जाते हैं।
  - (ii) 1/12 सदस्यों को राज्य में रह रहे 3 वर्षों से स्नातक निर्वाचित करते हैं।
  - (iii) 1/12 सदस्यों का निर्वाचन 3 वर्ष से अध्यापन कर रहे लोग चुनते हैं, लेकिन ये अध्यापक माध्यमिक स्कूलों से कम के नहीं होने चाहिए।
  - (iv) 1/3 सदस्यों का चुनाव विधान सभा के सदस्यों द्वारा किया जाता है।

### विधान परिषद् का कार्यकाल

- विधान परिषद् एक स्थायी सदन है, इसका कभी विघटन नहीं होता है। इसके 1/3 सदस्य प्रत्येक दूसरे वर्ष अवकाश प्राप्त करते हैं।
- विधान परिषद् के सदस्य 6 वर्ष के लिए चुने जाते हैं।

### विधान सभा व विधान परिषद् की तुलना

- यदि विधान सभा व विधान परिषद् की तुलना की जाए, तो स्वाभाविक रूप में विधान परिषद् केवल विलंबकारी सदन है।
- अत: किसी सामान्य विधेयक को विधान परिषद् अधिकतम चार माह तक रोक सकती है। अर्थात् यदि विधान सभा किसी विधेयक को पारित कर विधान परिषद् के पास भेजती है, तो विधान परिषद् केवल 3 माह तक रोक सकती है। यदि 3 माह तक विधान परिषद् विधेयक पर कोई कार्य नहीं करती है, तो विधान सभा पुन: उस विधेयक को विधान परिषद् को भेजेगी और इस बार यदि 1 माह तक विधान परिषद् द्वारा उक्त विधेयक पर कोई कार्यवाही नहीं करती, तो विधेयक उसी रूप में पारित मान लिया जाएगा, जिस रूप में विधान सभा द्वारा विधान परिषद् को भेजा गया था।
- यदि विधान परिषद् उक्त विधेयक पर कुछ संशोधन कर विधान सभा को भेजा जाता है, तो विधान सभा के लिए यह बाध्यकारी नहीं है कि वह उन संशोधनों को स्वीकार करे।
- दोनों के बीच विवाद उत्पन्न होने पर किसी संयुक्त अधिवेशन की व्यवस्था नहीं है।
- यदि कोई सामान्य विधेयक विधान परिषद् द्वारा पारित कर विधान सभा को भेजा जाता है और विधान सभा इसे अस्वीकृत कर दे, तो यह विधेयक तुरंत समाप्त हो जाएगा।
- वित्तीय विधेयकों (धन विधेयक) के संदर्भ में विधान परिषद् की स्थिति राज्य सभा के समान हैं, क्योंकि किसी भी वित्त विधेयक को विधान परिषद् केवल 14 दिन तक रोक सकती है। उसके पश्चात् विधेयक जिस रूप में विधान सभा द्वारा भेजा जाता है, उसी रूप में पारित मान लिया जाता है।

## विधान सभा

### विधान सभाओं की संरचना

- विधान सभाओं के सदस्यों का निर्वाचन प्रत्यक्ष रूप से होता है। 23वें संविधान संशोधन के बाद राज्यपाल एंग्लो-इंडियन समुदाय के एक व्यक्ति को विधान सभा में मनोनीत करेगा। (**अपवाद**-नागालैंड और सिक्किम में कुछ सदस्य अप्रत्यक्ष रूप से निर्वाचित होते हैं तथा जम्मू एवं कश्मीर विधान सभा में एक सीट महिलाओं के लिए आरक्षित हो।)
- संविधान में विधान सभा के सदस्यों की अधिकतम संख्या-500 तथा न्यूनतम संख्या-60 रखी गई है, (अनुच्छेद-170)।
- कुछ छोटे राज्यों के लिए न्यूनतम संख्या को 60 से कम कर दिया गया है।
- अरूणांचल प्रदेश, मिजोरम व गोवा के लिए न्यूनतम संख्या-40 है।

- वर्तमान में सबसे बड़ी विधान सभा उत्तर प्रदेश की है। जिसमें 403 सदस्य हैं, जबकि सबसे छोटी विधान सभा सिक्किम की है, जिसमें केवल 32 सदस्य हैं।

### अवधि

- विधान सभा की अवधि पहली बैठक से 5 वर्ष तक होती है।
- राज्यपाल 5 वर्ष से पहले भी विधान सभा को भंग कर सकता है।
- यदि राष्ट्रीय आपात (अनुच्छेद-352) लगा हो, तो संसद द्वारा विधान सभा का कार्यकाल 1 वर्ष तक बढ़ाया जा सकता है।

## राज्य विधान मंडल के सदस्यों की योग्यताएं

### संवैधानिक प्रावधान

- उसे भारत का नागरिक होना चाहिए।
- वह निर्वाचन आयोग द्वारा इस निमित्त प्राधिकृत किसी व्यक्ति के समक्ष तीसरी अनुसूची में इस प्रयोजन के लिए दिए गए प्रारूप के अनुसार शपथ या प्रतिज्ञान लेता है।
- उसकी आयु विधान सभा के लिए कम से कम 25 वर्ष और विधान परिषद् के लिए कम से कम 30 वर्ष होनी चाहिए।

### जनप्रतिनिधित्व अधिनियम, 1951 के तहत संसद ने निम्नलिखित अतिरिक्त योग्यताओं का निर्धारण किया है-

- विधान परिषद् में निर्वाचित होने वाला व्यक्ति विधान सभा का निर्वाचक होने की योग्यताएं रखता हो और उसमें राज्यपाल द्वारा नामित होने के लिए संबंधित राज्य का निवासी भी होना चाहिए।
- विधान सभा सदस्य बनने वाला व्यक्ति संबंधित राज्य के निर्वाचन क्षेत्र में मतदाता भी होना चाहिए।
- यदि वह अनुसूचित जाति/जनजाति की सीट के लिए चुनाव लड़ता है। तो उसे अनुसूचित जाति/जनजाति का सदस्य होना चाहिए। यद्यपि अनुसूचित जाति या जनजाति का सदस्य उस सीट के लिए भी चुनाव लड़ सकता है, जो सामान्य हो।

### जनप्रतिनिधित्व अधिनियम, 1951 के प्रावधान

- न्यायालय द्वारा दोषी ठहराए जाने पर।
- निर्वाचन में भ्रष्ट आचरण का दोषी होने पर।

### दोहरी सदस्यता लेने पर

- यदि कोई व्यक्ति राज्य विधान मंडल के दोनों सदनों का सदस्य बन जाता है, तो एक सदन में पद धारण की तिथि से उसका स्थान खाली हो जाएगा।
- यदि कोई व्यक्ति दो या दो से अधिक राज्य विधान मंडलों के लिए चुन लिया जाता है, तो उसे 10 दिनों के भीतर एक राज्य को छोड़कर शेष विधान मंडलों से अपना त्यागपत्र देना होगा।
- यदि वह ऐसा नहीं करता है, तो उसका स्थान सभी विधान मंडलों में खाली हो जाएगा।

### अनुपस्थिति के कारण

- यदि कोई सदस्य 60 दिनों तक सदन की अनुमति के बिना अनुपस्थित रहता है, तो सदन में उसका स्थान रिक्त घोषित किया जा सकता है। परंतु यदि सदन का अध्यक्ष अनुपस्थित रहने के कारणों से सहमत है, तो उसे सदस्य बने रहने की अनुमति दे सकता है।

अध्याय 10

# भारत में संघवाद

# FEDERALISM IN INDIA

- ग्रेनविल ऑस्टिन ने भारतीय संघ को 'सहकारी संघवाद' (Cooperative Federalism) कहा।
- पॉल एपेलबी ने भारतीय संघ को 'केंद्रीयकरण की मजबूत प्रवृत्ति के साथ-साथ संघ' कहा है।
- के. सी. व्हिपर ने भारतीय संघ को 'अर्द्धसंघ' कहा।
- आइवर जेनिंग्स ने भारतीय संघ को 'अत्यंत संघीय' कहा।
- अलेक्सेंड्रोविच ने कहा कि भारतीय संघ की व्यवस्था में राष्ट्रीय हितों को प्राथमिकता दी गई है।

## संघवाद का इतिहास

- भारत में संघीय शासन प्रणाली का पहला प्रयोग, भारत शासन अधिनियम, 1935 द्वारा किया गया। यद्यपि इससे पहले नेहरू रिपोर्ट में भी संघीय प्रावधानों का स्पष्ट समर्थन किया गया था।
- कैबिनेट मिशन योजना में भारत के लिए एक ढीले-ढाले संघ (Loose Federation) का प्रावधान किया गया था, जिसमें राज्यों को अत्यधिक शक्तियां प्रदान की गई थीं तथा संघ सरकार को कुछ ही महत्वपूर्ण विषय सौंपे गए थे।
- परंतु भारत के सांप्रदायिक विभाजन के पश्चात् कैबिनेट मिशन की भावना का परित्याग कर दिया गया और ऐसी संघीय व्यवस्था का समर्थन किया गया, जिसमें संघ की शक्तियां प्रभावी हों।
- 1949 के भारत के मूल संविधान में राज्यों को निम्नलिखित श्रेणियों मे **विभाजित किया** गया था-

  **श्रेणी A में**, बिहार, असम, मध्य प्रदेश, मद्रास, ओडीशा, पंजाब, बंबई, संयुक्त प्रांत और पश्चिम बंगाल।

  **श्रेणी B में**, हैदराबाद, जम्मू एवं कश्मीर, मध्य भारत, मैसूर, पटियाला एवं पूर्वी पंजाब यूनियन (PEPSU) जैसी बड़ी रियासतें।

  **श्रेणी C में**, मुख्य आयुक्तों के प्राप्त अजमेर, भोपाल, विलासपुर, कूच बिहार, कोरगू।

## संघवाद का निर्माण

- भारतीय संविधान के अनुच्छेद-1 में कहा गया है कि 'भारत, राज्यों का संघ होगा।' (Union of the states)
- अनुच्छेद-1 में संघ शब्द का प्रयोग नहीं किया गया है, बल्कि 'यूनियन' शब्द का प्रयोग किया गया है।
- भारतीय संविधान की 7वीं अनुसूची में शक्तियों का विभाजन किया गया है तथा इसके अंतर्गत् आने वाले विषयों को संघ सूची, राज्य सूची तथा समवर्ती सूची में रखा गया है।
- भारतीय संघ का निर्माण, कनाडा के मॉडल के आधार पर किया गया है। इसलिए भारतीय संघ के लिए 'यूनियन' शब्द का प्रयोग किया जाता है।
- भारतीय संघवाद में शक्तियां संघ की ओर झुकी हुई हैं।

## भारतीय संविधान में राज्यों की शासन व्यवस्था की रूपरेखा

- इस व्यवस्था की रूपरेखा भाग-6 में वर्णित है। क्योंकि भारत में राज्यों का अपना पृथक् संविधान नहीं है। लेकिन भारतीय राज्य, जम्मू एवं कश्मीर इसका अपवाद है।
- जबकि **भाग-8** में संघीय व्यवस्था का उल्लेख है।
- भारत में सभी राज्यों एवं संघीय प्रदेशों के नाम संविधान की पहली अनुसूची में दिए गए हैं। लेकिन राज्यों या इकाइयों के संदर्भ में सभी के लिए एक व्यवस्था का उल्लेख नहीं है। उदाहरण-5वीं, 6वीं अनुसूची में सम्मिलित प्रावधान केवल कुछ विशेष क्षेत्रों एवं राज्यों के लिए हैं।
- जबकि अनुच्छेद-371 के अंतर्गत् कुछ राज्यों के लिए विशेष प्रावधान किए गए हैं।

## संघीय शासन ( विधायी संबंध )

- संविधान के **भाग-11** में विधायी संबंधों के वितरण का उल्लेख किया गया है। (अनुच्छेद-245 से अनुच्छेद-255 तक)।
- क्षेत्रीय आधार पर भारतीय संसद को पूरे देश में विधि बनाने की शक्ति है तथा संसद देश के बाहर के भारतीयों के लिए भी विधि का निर्माण कर सकती हैं। (अनुच्छेद-245)
- जबकि राज्य, केवल अपने राज्य के लिए विधि बना सकते हैं।
- संघ सूची-99 विषय, राज्य सूची-61 विषय एवं समवर्ती सूची में-52 विषय दिए गए हैं।

### संसद की विधि-निर्माण की शक्ति

- भारतीय संसद समूचे भारतीय क्षेत्र के लिए विधि-निर्माण कर सकती है।
- भारतीय संविधान में संसदीय शासन की व्यवस्था है, संसदीय संप्रभुता की नहीं। क्योंकि संविधान में संसद की विधि-निर्माण पर **प्रतिबंध भी है-**
  - (i) कुछ संघ शासित क्षेत्रों के लिए राष्ट्रपति विधि-निर्माण करेंगे।
  - (ii) अनुसूचित क्षेत्रों के लिए (5वीं, 6वीं अनुसूची) राज्यपाल एवं संसद द्वारा निर्मित विधि को सीमित किया जा सकता है।
- बाद में संसद, इस विधि को परिवर्तित कर सकती है।
- अवशिष्ट शक्तियां, संघ में निहित होती हैं या अवशिष्ट शक्तियों पर विधि-निर्माण की शक्ति संसद को है, (अनुच्छेद-248)।

### विधायी शक्तियों के विभाजन में संघ सरकार की प्राथमिकता

- अवशिष्ट शक्तियां, संघ सरकार को प्रदान की गई है, (अनुच्छेद-248)।
- समवर्ती सूची पर संघ सरकार एवं राज्य सरकार, दोनों को विधि-निर्माण की शक्ति है, (अनुच्छेद-254)। परंतु संघ सरकार एवं राज्य सरकार के मध्य विवाद की स्थिति में संघ द्वारा निर्मित विधि को प्राथमिकता प्राप्त होगी।
- इसका एक अपवाद है। जब किसी राज्य विधेयक को राज्यपाल ने अनुच्छेद-200 के अंतर्गत् राष्ट्रपति के विचार के लिए आरक्षित किया है तथा राष्ट्रपति ने इस पर अपनी अनुमति प्रदान कर दी हो, तब राज्य विधि को प्राथमिकता प्राप्त होगी। लेकिन बाद में संघ सरकार द्वारा इसे परिवर्तित किया जा सकता है।
- यदि राज्य सभा अपने उपस्थित और मतदान करने वाले दो-तिहाई बहुमत से यह संकल्प पारित करे कि राष्ट्रीय हित में संसद द्वारा राज्य सूची के विषय पर विधि-निर्माण किया जाए (अनुच्छेद-249), तब संसद राज्य सूची के विषय पर भारत के समूचे या किसी भाग के लिए विधि-निर्माण कर सकती है। यह विधि एक वर्ष के लिए लागू होगी, जिसे बाद में एक-एक वर्ष के लिए अनिश्चित समय तक के लिए बढ़ाया जा सकता है। विधि समाप्त होने पर 6 महीने तक इसका प्रभाव बना रहेगा।
- संसद के द्वारा आपातकाल के समय राज्य सूची के विषयों पर भी विधि का निर्माण किया जा सकता है। यह विधि आपातकाल के समाप्त होने के 6 महीने बाद तक लागू रहेगी, (अनुच्छेद-250)।
- यदि दो या दो से अधिक राज्य, संघ सरकार से राज्य सूची के विषय पर विधि-निर्माण का अनुरोध करें, तो संघ सरकार राज्य सूची के विषय पर विधि-निर्माण कर सकती है। यह विधि उन्हीं राज्यों पर लागू होगी, जिन्होंने ऐसा अनुरोध किया है, बाद में अन्य राज्य भी इसे स्वीकार कर सकते हैं, (अनुच्छेद-252)।
- किसी अंतर्राष्ट्रीय समझौते के मुद्दे पर संघ सरकार द्वारा राज्य सूची के विषय पर विधि-निर्माण किया जा सकता है, (अनुच्छेद-253)। उदाहरण के लिए, भूमि, राज्य सूची का विषय है, परंतु संघ सरकार द्वारा 'तीन बीघा गलियारा' बांग्लादेश को सौंप दिया गया।
- उपरोक्त बिंदुओं को देखने से ऐसा प्रतीत होता है कि भारतीय संविधान में संघ सरकार ज्यादा शक्तिशाली है। क्योंकि राज्य सूची के विषयों पर भी संघ सरकार के द्वारा विधि का निर्माण संभव है।
- यह उल्लेखनीय है कि आपातकाल के दौरान संघ एवं राज्य के मध्य शक्ति का विभाजन बिल्कुल समाप्त हो जाता है। भारतीय राजनीतिक व्यवस्था, एकात्मक व्यवस्था के रूप में कार्य करने लगती है।

### आपातकाल में संघ एवं राज्य विधायी संबंध

- अनुच्छेद-352 के अंतर्गत् जब राष्ट्रीय आपात की घोषणा होती है, तो संविधान में शक्तियों का विभाजन निलंबित हो जाता है।
- लेकिन राज्य विधान मंडल बने रहते हैं, उनका विघटन नहीं होता।
- राष्ट्रीय आपातकाल में राज्य सूची के सभी विषय, समवर्ती सूची जैसे हो जाते हैं।
- अनुच्छेद-250 के अंतर्गत् राष्ट्रीय आपातकाल में संसद की विधि-निर्माण शक्ति का स्वाभाविक रूप में विस्तार हो जाता है।
- अनुच्छेद-356 के प्रयोग में राज्य विधान मंडल का विघटन हो जाता है।
- राष्ट्रपति को उस राज्य के लिए विधि बनाने की शक्ति या किसी अन्य अधिकारी को संसद सौंप सकती है।
- यदि संसद सत्र में न रहे, तो राष्ट्रपति किसी राज्य के लिए अध्यादेश जारी कर सकता है, (अनुच्छेद-357)।

### संघ एवं राज्य के बीच कार्यपालिकीय संबंध

- संघ एवं राज्य के बीच कार्यपालिकीय शक्तियां, विधायी शक्तियों की भांति विभाजित हैं। संघ सरकार को संघ सूची के विषयों पर कार्यपालिकीय शक्तियां प्राप्त हैं। जबकि राज्य सूची के विषयों पर राज्य सरकार को कार्यपालिकीय

शक्तियां प्राप्त हैं। समवर्ती सूची के संबंध में संघ एवं राज्यों (दोनों) को कार्यपालिकीय शक्तियां प्राप्त हैं।

## कार्यपालिकीय शक्तियों के विभाजन में संघ सरकार की प्राथमिकता

- संघ सरकार के द्वारा राज्यों को विभिन्न निर्देश दिए जाते हैं। निर्देश देने का यह प्रावधान भारतीय शासन अधिनियम, 1935 से लिया गया है। **निम्नलिखित विषयों के संबंध में संघ सरकार द्वारा राज्यों को निर्देश दिए जाते हैं-**
  (i) राज्यों में लागू संघीय विधि का पालन किया जाएगा, (अनुच्छेद-256)।
  (ii) राज्य के कार्यपालिकीय शक्ति का प्रयोग करते समय संघ की कार्यपालिकीय शक्तियों में हस्तक्षेप नहीं होगा, (अनुच्छेद-257)।
  (iii) राष्ट्रीय या सैनिक महत्व के संचार साधनों का राज्य द्वारा निर्माण किया जाएगा तथा उन्हें बनाए रखा जाएगा, (अनुच्छेद-257 (2))।
  (iv) राज्य के अंतर्गत् रेल का संरक्षण किया जाएगा।
  (v) संघ द्वारा उस राज्य की अनुसूचित जनजातियों के कल्याण के लिए योजनाओं के निर्माण एवं उन्हें लागू करने के लिए निर्देश दिया जाएगा, (अनुच्छेद-339 (2))।
  (vi) भाषायी अल्पसंख्यक बच्चों की प्राथमिक शिक्षा मातृभाषा में उपलब्ध कराना, (अनुच्छेद-350 (A))।
  (vii) संघ का यह कर्तव्य होगा कि हिंदी भाषा का विकास करे, (अनुच्छेद-351)।
  (viii) राज्य की सरकार संविधान के प्रावधानों के अनुसार संचालित होनी चाहिए, (अनुच्छेद-355)।
- भारतीय संविधान में अखिल भारतीय सेवाओं का भी प्रावधान है। इन सेवकों की नियुक्ति राज्यों में होती है, परंतु इन पर नियंत्रण संघ सरकार का होता है। इसलिए राज्य सरकारों पर इन सेवकों के माध्यम से संघ सरकार का नियंत्रण हो जाता है, (अनुच्छेद-312)।
- राज्य कार्यपालिका के संवैधानिक प्रधान राज्यपाल की नियुक्ति संघ सरकार द्वारा होती है। अत: राज्यपाल के माध्यम से भी संघ सरकार का राज्यों पर नियंत्रण स्थापित हो जाता है।

## संघ एवं राज्य के मध्य वित्तीय संबंध (इसे वित्तीय संघवाद भी कहा जाता है)

- वित्तीय संबंधों से संबंधित प्रावधान भारत शासन अधिनियम, 1935 द्वारा अत्यधिक प्रभावित है। संघ सरकार को सातवीं अनुसूची में वर्णित विषयों पर कर लगाने की शक्ति है। जबकि राज्य सरकारों को राज्य सूची पर कर आरोपित करने की शक्ति है। कर आरोपण के संबंध में कोई समवर्ती सूची नहीं है। जबकि कर लगाने की अवशिष्ट शक्तियां संघ सरकार में निहित हैं।

## संघ के कर के विषय

(i) सीमा शुल्क (ii) निगम कर (iii) आय कर।

## राज्यों के कर के विषय

(i) भूमि राजस्व।
(ii) अंतर्देशीय जलमार्ग द्वारा ले जाए गए माल और यात्रियों पर कर।
(iii) बिक्री कर।
(iv) पथ कर।
(v) मनोरंजन कर।

## राज्यों को दिया गया अनुदान

- अनुच्छेद-273 में उन राज्यों को अनुदान देने का प्रावधान है, जिसमें असम, बिहार, ओडीशा एवं पश्चिम बंगाल शामिल हैं। राज्यों के राजस्व में सहायता अनुदान प्रत्येक वर्ष भारत की संचित निधि से दी जाएगी।
- अनुच्छेद-275 में उस अनुदान की व्यवस्था है, जो राज्यों को अनुदान वित्त आयोग की सलाह पर दिया जाता है।
- अनुच्छेद-280 में वर्णित वित्त आयोग, जो कि एक अर्द्ध-न्यायिक संस्था है। अनुच्छेद-273, व 275 के लिए अनुदान की अनुशंसा तथा सिफारिश करती है।
- अनुच्छेद-282 के अंतर्गत् संघ सरकार, राज्यों को अनुदान, योजना आयोग की अनुशंसा पर देती है।

## उधार की शक्ति

- भारतीय संदर्भ में संविधान में 'उधार' को, भारत शासन अधिनियम, 1935 से लिया गया है।
- राज्य सरकार, भारत से बाहर उधार नहीं ले सकती। यह अधिकार केवल संघ को है। यदि राज्य सरकार का पिछला ऋण बकाया है, तो नए ऋण के लिए भारत सरकार, राज्यों के ऋण पर प्रतिबंध लगा सकती है, (अनुच्छेद-292)।
- संसद द्वारा बनाई गई विधि के द्वारा राज्यों को ऋण दिया जा सकता है, लेकिन राज्य का ऋण किसी कारण से यदि बकाया है, तो संसद, राज्य को ऋण प्राप्त करने पर प्रतिबंध लगा सकती है, (अनुच्छेद-293)।

## राज्यों के द्वारा बिक्री कर आरोपित करने पर प्रतिबंध (वित्तीय विषयों में संघ सरकार की प्राथमिकता)

- अंतर्राज्यीय व्यापार के संदर्भ में राज्य, बिक्री कर आरोपित नहीं कर सकते।
- वस्तुओं के आयात एवं निर्यात पर भी राज्य द्वारा बिक्री कर का आरोपण नहीं हो सकता।

- कुछ वस्तुओं को संसद ने अंतर्राज्यीय व्यापार के संदर्भ में विशेष महत्व का घोषित किया है। जिन पर राज्य बिक्री कर नहीं लगा सकते। उदाहरण के लिए, चीनी, तंबाकू, कपास एवं सिल्क तथा ऊनी सामान को विशेष महत्व दिया गया है।
- बिजली का विक्रय भी राज्य सूची का विषय है। लेकिन निम्नलिखित मामलों में बिजली के विक्रय पर राज्य सरकारों द्वारा करारोपण नहीं होगा, जैसे-
    (i) यदि बिजली की खरीदारी भारत सरकार द्वारा रेलवे के संचालन के लिए हो रही है।
    (ii) यदि बिजली का विक्रय, रेल कारखानों के प्रयोग के लिए हो रहा है।

## आपातकाल में संघ एवं राज्य के वित्तीय संबंध

- यदि किसी वित्तीय वर्ष में आपातकाल की घोषणा हो रही है, तो संघ एवं राज्यों के मध्य करों का विभाजन समाप्त हो जाता है। अतः उन करों को संघ पूर्णतया रख सकता है।
- आपातकाल में संघ द्वारा दिए जा रहे अनुदान भी स्थगित किए जा सकते हैं।
- अतः राज्यों के पास केवल राज्य के कर बचे रहेंगे। उपरोक्त स्थिति राष्ट्रीय आपात के संदर्भ में है।
- अनुच्छेद-360 के अंतर्गत् कुछ वित्तीय सिद्धांतों के पालन करने का निर्देश संघ, राज्यों को दे सकता है।
- राज्य सरकार में सेवा करने वाले व्यक्तियों के वेतन एवं भत्तों में कटौती भी की जा सकती है। इसमें राज्य के उच्च न्यायालय के न्यायाधीश भी शामिल हैं।
- राज्य के विधान मंडल द्वारा पारित धन, वित्त विधेयकों को राष्ट्रपति के विचार के लिए आरक्षित किया जा सकता है।

## संघ व राज्यों के मध्य करों का बंटवारा व कर लगाना

1. **राज्य सरकार द्वारा लगाए जाने वाले कर, जिसे राज्य अपने विकास के लिए रखते हैं :** जिसमें भू-राजस्व, भूमि पर आयकर, उत्तराधिकार व संपदा शुल्क, भवनों पर कर, जीव-जंतुओं व नौकाओं पर कर, सड़क, मकानों, विज्ञापनों पर कर, मनोरंजन तथा बिजली के उपभोग एवं विकास की वस्तुओं पर कर, बिक्री कर एवं पथ कर इत्यादि।
2. **संघ द्वारा लगाए जाने वाले कर, जो कि राज्यों द्वारा वसूली व प्रयोग किए जाते हैं :** उदाहरण विनिमय पत्रों पर लगने वाले स्टांप शुल्क तथा औषधियों तथा सौन्दर्यकृत वस्तुओं पर लगने वाले उत्पाद शुल्क इत्यादि।
3. **संघ द्वारा लगाए गए व एकत्र किए गए कर, जो कि राज्यों को दे दिए जाते हैं :** इसमें मुख्य कर कृषि, भूमि के अलावा उत्तराधिकार से संबंधित कर, कृषि से अलग संपदा शुल्क, रेलों, समुद्र व वायु मार्ग द्वारा ले जाने वाले माल व यात्रियों पर लगने वाले सीमा कर, रेल भाड़ों व माल भाड़ों पर कर, स्टॉक एक्सचेंज पर लगने वाला कर, समाचार-पत्रों के क्रय-विक्रय व उनमें प्रकाशित होने वाले विज्ञापनों पर लगने वाले कर, ऐसी वस्तुओं का क्रय व विक्रय, जो अंतर्राष्ट्रीय वाणिज्य एवं व्यापार की वस्तु हो इत्यादि।
4. **चौथी श्रेणी में ऐसे कर हैं, जो संघ सरकार द्वारा लगाए जाते हैं व एकत्र किए जाते हैं। लेकिन उनका संघ व राज्य सरकारों में वितरण कर दिया जाता है :** अनुच्छेद-270 के अंतर्गत् कृषि आय से भिन्न आय पर कर, संघ सूची में सम्मिलित उत्पाद शुल्क, सीमा शुल्क, निगम कर इत्यादि।

- 80वें संविधान संशोधन के बाद दसवें वित्त आयोग की सिफारिशों के आधार पर अनुच्छेद-269, 270 और 272 में संशोधन से सभी केंद्रीय कर संघ और राज्यों के बीच विभाजित किए जाते हैं।
- परंतु केंद्रीय करों पर लगाया गया अधिभार (सरचार्ज) तथा उपकर (Cess) केवल संघ के पास रहेंगे। इनका बंटवारा नहीं होगा।
- **सेवा कर :** 88वें संविधान संशोधन के द्वारा सेवा कर लागू किया गया है, जिसके अंतर्गत् सेवा कर को लगाने का अधिकार संघ को है। लेकिन इसकी वसूली एवं उपभोग करने का अधिकार संघ व राज्य दोनों को है।

# वस्तु एवं सेवा कर (GST)

## वस्तु एवं सेवा कर क्या है?

- यह वस्तुओं तथा सेवाओं पर एक समान दर से लगाया जाने वाला अप्रत्यक्ष कर है, जिसमें केंद्र तथा राज्य दोनों द्वारा वस्तुओं तथा सेवाओं पर लगने वाले कर सम्मिलित किए गये हैं। अब केन्द्र तथा राज्य अलग-अलग कर नहीं लगा सकते। केन्द्र तथा राज्य सरकार द्वारा समान दर से एक ही कर लगाया जाएगा। वह है-जी.एस.टी. (GST)। यह 'एक देश, एक अप्रत्यक्ष कर' की अवधारणा पर आधारित है।

## कौन-कौन से कर सम्मिलित होंगे-

- इसमें केन्द्र तथा राज्यों के विभिन्न करों को सम्मिलित किया गया है, जो इस प्रकार हैं-
    (i) केन्द्रीय कर- सेवा कर, केन्द्रीय उत्पाद शुल्क, अतिरिक्त उत्पाद शुल्क, अतिरिक्त सीमा शुल्क।

(ii) राज्य कर- बिक्री कर, वैट, मनोरंजन कर, विलासिता कर व लाटरी कर।

## इतिहास

- सर्वप्रथम वर्ष 2003 में अप्रत्यक्ष करों पर गठित केलकर समिति ने संपूर्ण देश के लिए एक कर 'वस्तु तथा सेवा कर' (GST) की सिफारिश की थी।
- वर्ष 2006-07 में केंद्रीय वित्त मंत्री ने अपने बजट भाषण में वस्तु तथा सेवा कर लाने का उल्लेख किया और वित्त मंत्रालय ने वर्ष 2009 में जी.एस.टी. पर पहला परिचर्चा पत्र भी जारी किया।
- वर्ष 2011 में तत्कालीन वित्त मंत्री प्रणव मुखर्जी ने जी.एस.टी. फ्रेमवर्क के लिए 115वां संविधान संशोधन विधेयक सदन में पेश किया। परंतु भाजपा शासित राज्यों के विरोध के कारण यह पारित न हो सका।
- वर्ष 2014 में भाजपा सरकार के गठन के उपरांत वित्त मंत्री अरूण जेटली ने नए संशोधन के साथ 122वें संविधान संशोधन विधेयक के रूप में पुन: जी.एस.टी. बिल लोक सभा में पेश किया गया।
- 1 जुलाई, 2017 को यह विधेयक 101वें संविधान संशोधन अधिनियम के रूप में संपूर्ण देश में लागू हो गया।

## संविधान संशोधन अधिनियम, 101 में उल्लिखित प्रावधान–

- इस अधिनियम के तहत संविधान में निम्नलिखित अनुच्छेद जोड़े गए-

**(1) अनुच्छेद-246(A)**

प्रत्येक राज्य विधानमंडल जी.एस.टी. से संबंधित कानून बना सकते हैं। बशर्ते वह 246(A) (2) में उल्लिखित संघीय कानूनों की अवहेलना नहीं करता हो।

**(2) अनुच्छेद-246(A) (2)**

संसद को यह शक्ति दी गई है कि वह संपूर्ण देश के लिए वस्तु की आपूर्ति, अंतर्राज्यीय व्यापार या वाणिज्य इत्यादि विषयों में वस्तु एवं सेवा कर से संबंधित कानून का निर्माण कर सकती हैं।

**(3) अनुच्छेद-269(A)**

अंतर्राज्यीय व्यापार के संदर्भ में वस्तु तथा सेवाओं पर अरोपित वस्तु एवं सेवा कर केवल केंद्र सरकार द्वारा ही एकत्रित किया जाएगा,

परंतु जी.एस.टी. परिषद् की सिफारिश पर केंद्र एवं राज्यों में वितरित किया जाएगा।

**(4) अनुच्छेद-279(A)**

इस अधिनियम के तहत जी.एस.टी. विधेयक लागू होने के 60 दिनों के अंदर एक जी.एस.टी. परिषद् की स्थापना की जाएगी।

**(5)** अनुच्छेद-248, 249, 250, 268, 286, 366 तथा छठीं अनुसूची तथा सातवीं अनुसूची में शाब्दिक तथा पारिभाषिक परिवर्तन किया गया है।

**(6)** इस अधिनियम द्वारा अनुच्छेद-268(A) (सेवा कर) तथा सातवीं अनुसूची की प्रविष्टि 92, 92(C) (संघ सूची) तथा 52, 55 (राज्य सूची की प्रविष्टि को समाप्त कर दिया गया है।

## जी.एस.टी. का प्रशासनिक स्वरूप

- संघीय ढांचे को ध्यान में रखते हुए जी.एस.टी. को दो भागों में विभाजित किया गया है-राज्य जी.एस.टी. (SGST) तथा केंद्रीय जी.एस.टी. (CGST)।
- दोनों कर एक साथ वस्तु तथा सेवाओं पर आरोपित किए जाएंगे। सामान्यत: टैक्स का आधा भाग (50 प्रतिशत) राज्य जी.एस.टी. तथा आधा भाग (50 प्रतिशत) केंद्र जी.एस.टी. को प्रदान किए जाते हैं।
- पेट्रोलियम पदार्थो तथा तम्बाकू निर्मित उत्पादों को जी.एस.टी. के दायरे से बाहर रखा गया है। शराब पर बाद में जी.एस.टी. लगाया जाएगा।
- करों की 5 दरें निर्धारित की गईं-0 (शून्य) प्रतिशत, 5 प्रतिशत, 12 प्रतिशत, 18 प्रतिशत तथा 28 प्रतिशत।
- जी.एस.टी. के द्वारा राज्यों को होने वाले नुकसान की भरपाई 5 वर्षों तक केंद्र सरकार के द्वारा की जाएगी।

## जी.एस.टी. परिषद्

- 101वें संविधान संशोधन अधिनियम के तहत अनुच्छेद-279(A) (1) जोड़ा गया, जिसमें कहा गया है कि जी.एस.टी. कानून पास होने के 60 दिनों के भीतर जी.एस.टी. परिषद् की स्थापना की जाएगी। परिणामत: 12 सितंबर, 2016 को केंद्र सरकार ने जी.एस.टी. परिषद् की स्थापना की।

## संरचना

- अनुच्छेद-279(A) में कहा गया है कि जी.एस.टी. परिषद् केंद्र तथा राज्यों का संयुक्त फोरम होगा, जिसकी संरचना इस प्रकार है-

केंद्रीय वित्त मंत्री इसके अध्यक्ष होंगे और केंद्रीय राज्य मंत्री-वित्त राजस्व एवं राज्यों के वित्त/कर मंत्री या अन्य मंत्री, जिन्हें राज्य मनोनीत करे, सदस्य होंगे।

## जी.एस.टी. परिषद् सचिवालय

- 12 सितंबर, 2016 को नई दिल्ली में जी.एस.टी. सचिवालय की स्थापना की गयी।
- राजस्व सचिव (केंद्र सरकार) पदेन (Ex-officio) सचिव होंगे।

- अध्यक्ष सहित केंद्रीय उत्पाद तथा सीमा शुल्क बोर्ड के सदस्य स्थायी सदस्य (permanent invitee) होंगे, परंतु इन्हें मतदान का अधिकार प्राप्त नहीं होगा।
- इसमें एक अतिरिक्त सचिव नियुक्त किया जाएगा।
- इसके अतिरिक्त जी.एस.टी. परिषद् सचिवालय में चार कमीशनरों के पद होंगे, जो केंद्र सरकार में संयुक्त सचिव के समकक्ष होंगे।
- सचिवालय के सभी खर्चे केंद्र सरकार वहन करेगी।

### जी.एस.टी. परिषद् के कार्य

- अनुच्छेद-279(A) (4) के अनुसार, जी.एस.टी. परिषद् के निम्नलिखित कार्य होंगे-
  1. जी.एस.टी. में सम्मिलित किए जाने वाले वस्तुओं तथा सेवाओं का निर्धारण।
  2. मॉडल जी.एस.टी. कानून का निर्माण।
  3. ऐसे सिद्धांत जिससे आपूर्ति का स्थान (Place of supply) निर्धारण हो।
  4. जी.एस.टी. हेतु थ्रेसहोल्ड लिमिट (Threshold Limit) का निर्धारण।
  5. जी.एस.टी. की विभिन्न दरों का निर्धारण।
  6. अतिरिक्त संसाधन के सृजन के लिए विशेष दर, इनका उपयोग तथा प्राकृतिक आपदा इत्यादि में विशेष राज्यों के लिए किया जाएगा।

### जी.एस.टी. परिषद् में मतदान

- परिषद् में भारतीय मतदान की व्यवस्था है, जिसमें 2/3 भार राज्यों का तथा 1/3 भार केंद्र सरकार के मत का है।
- कोई भी निर्णय 3/4 मतों के आधार पर किया जाएगा।
- कुल सदस्यों के आधे से अधिक परिषद् का कोरम होता है, जो परिषद् की कार्यवाही के लिए आवश्यक होता है।

### जी.एस.टी. से होने वाले लाभ

- संपूर्ण देश एक सामान्य बाजार के दायरे में आ जाएगा, जिससे आर्थिक विकास तीव्र होगा, निवेश बढ़ेगा, बेरोजगारी तथा गरीबी कम होगी तथा मेक इन इंडिया जैसे कार्यक्रम सफल होंगे।
- कर व्यवस्था आसान होगी, कर छूट में कमी आएगी, करों का कई बार भुगतान नहीं करना पड़ेगा। कर अनुपालन लागत में कमी आएगी। कर अधिकारियों द्वारा हेराफेरी तथा भ्रष्टाचार कर पाना मुश्किल होगा।
- कर प्रक्रियाएं यथा रिटर्न, टैक्स क्रेडिट, पंजीकरण इत्यादि इलेक्ट्रानिक तथा डिजिटल माध्यमों से किया जाएगा, जिससे पारदर्शिता में वृद्धि होगी तथा इलेक्ट्रानिक मैचिंग की जा सकैगी, जिससे कर चोरी व भ्रष्टाचार रूकैगा।
- सरकारी राजस्व में बढ़ोत्तरी होगी तथा कर का दायरा बढ़ेगा।
- वस्तुओं की अंतिम कीमत में कमी आएगी।

### जी.एस.टी. के संबंध में राज्यों का भय

- राज्यों के राजस्व में कमी की संभावना है, परंतु इस कमी की पूर्ति पांच वर्षों तक केंद्र सरकार द्वारा की जाएगी।
- कुछ वस्तुओं पर राज्य जी.एस.टी. के दायरे में नहीं लाना चाहते। जैसे-पेट्रोलियम पदार्थ, शराब, तम्बाकू। क्योंकि राज्यों का अधिकतर राजस्व इन्हीं वस्तुओं से प्राप्त होता है। इन समस्याओं के समाधान के लिए जी.एस.टी. परिषद् कार्य कर रही है। ये वस्तुएं अभी जी.एस.टी. के दायरे से बाहर हैं।
- राज्य जी.एस.टी. क्षतिपूर्ति कोष के गठन की मांग कर रहे हैं।

### जी.एस.टी. और सहकारी संघवाद

- यह केंद्र तथा राज्यों के मध्य समानता आधारित व्यवस्था है, जिसमें केंद्र ने सेवा कर तथा उत्पाद कर पर अपने एकाधिकार को छोड़ दिया। वहीं राज्यों ने वैट, मनोरंजन कर इत्यादि को छोड़ दिया है।
- यह एक समवर्ती व्यवस्था है, जिसमें दोनों (केंद्र तथा राज्यों) को बराबर कानून निर्माण का अधिकार दिया गया है। (अनुच्छेद-248(A))
- केंद्र तथा राज्यों में करों का विभाजन बराबरी के आधार पर किया गया है। आधा भाग केंद्र तथा आधा भाग राज्यों को दिया जाएगा।
- जी.एस.टी. परिषद् में राज्यों के वित्त मंत्री सदस्य होंगे, कोई भी निर्णय 2/3 सदस्यों की अनुमति के आधार पर ही किया जाएगा। यह करों के विभाजन करेगी (अनुच्छेद-279(।))। सभी राज्यों को चाहे वह छोटे हों या बड़े बराबर मतदान का अधिकार दिया गया है।

## वित्त आयोग

- संविधान में वित्त आयोग की संरचना का कोई प्रावधान नहीं है। संविधान में अनुच्छेद-280 के अनुरूप संसदीय अधिनियम-1951 द्वारा इसकी संरचना का प्रावधान किया गया, **इसमें एक अध्यक्ष, सहित चार सदस्य होंगे-**
  - (i) अध्यक्ष ऐसा व्यक्ति होगा, जिसे सार्वजनिक कार्यों के बारे में अनुभव होगा।
  - (ii) एक सदस्य उच्च न्यायालय के न्यायाधीश की

योग्यता रखने वाला। इसलिए वित्त आयोग को **एक अर्द्ध-न्यायिक संस्था** कहा जाता है।

(iii) एक सदस्य, जिसे सरकार के वित्त और लेखाओं का विशेष ज्ञान हो।

(iv) एक सदस्य, जिसे वित्तीय मामलों और प्रशासन के बारे में व्यापक अनुभव हो।

(v) अर्थशास्त्र का विशेष ज्ञान रखने वाला एक सदस्य।

## वित्त आयोग के कार्य

- संघ और राज्यों के बीच करों का विभाजन एवं राज्यों के बीच करों का वितरण।
- भारत की संचित निधि से राज्यों को अनुदान का प्रावधान।
- भारत के वित्तीय हित के संबंध में राष्ट्रपति द्वारा सौंपे गए विषयों पर सिफारिश (Terms of Reference) करना। (प्रत्येक वित्त आयोग में राष्ट्रपति द्वारा अलग-अलग विषय सौंपे जाते हैं। यही प्रत्येक वित्त आयोग का नया कार्य होता है।)
- राज्यों में पंचायतों को शक्तिशाली बनाने के लिए, राज्य संचित निधि से पंचायतों की सहायता राज्य वित्त आयोग द्वारा दी जाती है।
- राज्यों में नगर पालिकाओं को शक्तिशाली बनाने के लिए राज्य संचित निधि से नगर पालिकाओं को सहायता राज्य वित्त आयोग द्वारा दी जाती है।

## 12वें वित्त आयोग ने राज्यों के लिए उधार के संबंध में कुछ नए सुझाव दिए थे

- राज्यों को केंद्र से उधार देने की बजाय, उन्हें बाजार से उधार लेने को प्रेरित किया जाए।
- राज्यों के ऋण को पुनर्संरचित करके अगले 20 वर्षों में उसे वसूल किया जाए और उनसे केवल 7.5 प्रतिशत का ब्याज लिया जाए। अभी 10.5 प्रतिशत ब्याज लिया जाता है।
- यदि कोई राज्य, राजकोषीय अनुशासन का प्रभावी पालन करे, तो उसके कर्ज माफ किए जा सकते हैं।

## 13वें वित्त आयोग की प्रमुख सिफारिशें

- 13वें वित्त आयोग का गठन नवंबर, 2007 में किया गया था। पूर्व वित्त सचिव डॉ. विजय एल. केलकर को इस आयोग का अध्यक्ष बनाया गया था। आयोग ने 30 दिसंबर, 2009 को अपनी रिपोर्ट राष्ट्रपति को सौंपी थी। 13वें वित्त आयोग का समग्र दृष्टिकोण समावेशी एवं हरित संवृद्धि प्रोन्नत राजकोषीय संघवाद रहा है।
- केंद्र के ऋण जी.डी.पी. अनुपात को वर्ष 2014-15 तक 45 प्रतिशत लाना प्रस्तावित है।
- विभिन्न केंद्रीय करों की निबल प्राप्तियों में राज्यों का हिस्सा प्रत्येक वर्ष के लिए 32 प्रतिशत होगा।

## 14वें वित्त आयोग की प्रमुख सिफारिशें

- 14वें वित्त आयोग का गठन रिजर्व बैंक ऑफ इंडिया (RBI) के पूर्व गवर्नर डॉ. वाई. वी. रेड्डी की अध्यक्षता में किया गया है।
- इस वित्त आएाग का कार्यकाल 1 अप्रैल, 2015 से 31 मार्च, 2020 तक होगा।
- कुल कर राजस्व से होने वाली शुद्ध आय का 42 प्रतिशत राज्यों को हस्तांतरित करने की सिफारिश इसके पहले (13वें वित्त आयोग) में कर राजस्व में राज्यों को 32 प्रतिशत आय राज्यों को हस्तांतरित किया जाता था।
- 14वें वित्त आयोग में अनुदानों को मिलाकर कुल हस्तांतरण 47 प्रतिशत हो जाएगा।
- ज्यादातर संसाधनों का प्रवाह कर राजस्व के हस्तांतरण द्वारा किए जाने की सिफारिश।
- स्थानीय निकायों को दी जाने वाली राशि वर्ष 2011 की जनगणना के आधार पर राज्यों को हस्तांतरित की जाएगी, जिसमें राज्य की कुल जनसंख्या तथा ग्रामीण जनसंख्या को आधार बनाया गया है।
- पंचायतों को दो प्रकार के अनुदान प्रदान किए जाएंगे- साधारण अनुदान तथा प्रदर्शन अनुदान। अत: दोनों का अनुपात 90:10 प्रतिशत का होगा।
- आयोग ने सहकारी संघवाद को बढ़ावा देने के लिए जी. एस. टी. के क्रियान्वयन, राजकोषीय मजबूती, सार्वजनिक सेवाओं तथा सार्वजनिक मूल्य नीति की सिफारिश की है।
- केंद्र द्वारा राज्यों को दिए जाने वाले गैर-कर हस्तांतरण में कमी की गई है। आयोग ने कहा है कि राज्यों को प्राप्त कर राजस्व का प्रयोग सामाजिक क्षेत्र में करना चाहिए।
- वित्त आयोग ने गॉडगिल फॉर्मूला को संशोधित किया है, जिसमें वन क्षेत्र को एक मानक के रूप में स्वीकार किया गया है तथा इस कर हस्तांतरण के 7.5 प्रतिशत का भार दिया गया है। संशोधित गॉडगिल फॉर्मूला इस प्रकार है-

## गाडगिल फॉर्मूला

- गाडगिल फॉर्मूला राज्यों के मध्य करों के निर्धारण का आधार प्रस्तुत करता है। इसे सबसे पहले वर्ष 1971 में लागू किया गया।
- वित्त आयोग के द्वारा विभिन्न राज्यों के मध्य करों के वितरण के लिए 14वें वित्त आयोग ने निम्नलिखित आधार

पर राज्यों को करों का वितरण किया-

(i) जनसंख्या (वर्ष 1971) के आधार पर 17.5 प्रतिशत
(ii) जनसांख्यिकीय परिवर्तन (वर्ष 2011) 10 प्रतिशत
(iii) आय के आधार पर 50 प्रतिशत
(iv) क्षेत्र के आधार पर 15 प्रतिशत
(v) वन क्षेत्र के आधार पर 7.5 प्रतिशत

### 15वें वित्त आयोग का गठन

- 27 नवंबर, 2017 को केंद्र सरकार ने 15वें वित्त आयोग का गठन किया।
- 15वें वित्त आयोग के अध्यक्ष एन. के. सिंह हैं।
- 15वां वित्त आयोग 1 अप्रैल, 2020 से लागू होगा।

### सरकारी कोष

(i) भारत और राज्यों की संचित निधियां।
(ii) **भारत की संचित निधि (अनुच्छेद-266):** कर से प्राप्त धन तथा उधार से प्राप्त धन, इस निधि में रखा जाता है। इस निधि से पैसा निकालने हेतु संसद से अनुमति लेनी पड़ती है।
(iii) **लोक लेखा निधि (अनुच्छेद-266):** लोगों का वह पैसा, जो सरकर के पास है। जैसे-बैंक, इंदिरा विकास-पत्र, लोकनिधि। यह राष्ट्रपति के अधीन होता है।
(iv) **आकस्मिक निधि (अनुच्छेद-267):** संसद, विधि बनाकर तय करती है कि कितना पैसा इस निधि में रखा जाए। खर्च करने का अधिकार राष्ट्रपति को है। संघ और राज्य की आकस्मिक निधियां अलग-अलग होती हैं।

## भारतीय संघीय व्यवस्था एवं स्वायत्तता के रूप-पांचवीं अनुसूची

- राज्यपाल के द्वारा अनुसूचित क्षेत्रों के प्रशासन के लिए राष्ट्रपति को रिपोर्ट भेजी जाएगी।
- अनुसूचित क्षेत्रों एवं अनुसूचित जनजाति के प्रशासन के लिए **'जनजातीय सलाहकारी परिषद्'** (TAC) की स्थापना होगी। इसका निर्देश राष्ट्रपति देगा।
- जनजातीय सलाहकारी परिषद् में 20 सदस्य होंगे, जिसमें तीन-चौथाई उस राज्य की विधान सभा में अनुसूचित जनजातियों के प्रतिनिधि होंगे।
- राज्यपाल किसी भी संसदीय विधि या राज्य विधि को इन अनुसूचित क्षेत्रों में लागू होने से प्रतिबंधित कर सकता है।
- अनुसूचित क्षेत्रों की घोषणा का अधिकार राष्ट्रपति को है।
- इस अनुसूची का संशोधन संसद के सामान्य बहुमत से किया जा सकता है।

### पांचवीं अनुसूची में राज्यों के प्रशासन के विशेष प्रावधान

- पांचवीं अनुसूची में अनुसूचित क्षेत्रों के प्रशासन का प्रावधान है। इस क्षेत्र का आशय, जनजातीय क्षेत्रों से है।
- राष्ट्रपति, राज्य या संघ के किसी भी क्षेत्र को अनुसूचित क्षेत्र घोषित कर सकता है।
- अनुसूचित क्षेत्रों में प्रशासन के लिए राज्यपाल प्रत्येक वर्ष राष्ट्रपति को एक रिपोर्ट देगा। या राष्ट्रपति जब ऐसी मांग करे, तो राज्यपाल को रिपोर्ट देना होगा।
- अनुसूचित क्षेत्र के कल्याण के लिए 'जनजातीय सलाहकारी परिषदों' का गठन किया जाएगा।
- राज्यपाल का यह विशेष उत्तरदायित्व है कि संसद या राज्य विधानमंडल की किसी विधि को इन क्षेत्रों में लागू होने से रोक सकता है।
- संविधान में अनुच्छेद-339 में अनुसूचित क्षेत्रों के प्रशासन एवं अनुसूचित जनजातियों के कल्याण के विषय में रिपोर्ट देने के लिए राष्ट्रपति एक आयोग का गठन करेगा, जो संविधान के प्रारंभ के 10 वर्षों के पश्चात् स्थापित करना आवश्यक होगा। इसके अनुसार, 1960 में एक आयोग की स्थापना हुई, जिसके अध्यक्ष यू. एन. ढ़ेबर थे।

### छठी अनुसूची के विशेष प्रावधान

- स्वायत्तता जनपद एवं स्वायत्त क्षेत्रों के **निर्माण का प्रावधान**-
  (i) प्रत्येक स्वायत्त जनपद के लिए जनपद परिषद् का निर्माण।
  (ii) जनपद परिषद् में 30 सदस्य होंगे, जिसमें 4 सदस्य राज्यपाल के द्वारा मनोनीत होंगे तथा अन्य निर्वाचित होंगे।
  (iii) अलग क्षेत्रीय परिषदों की स्थापना भी होगी।
  (iv) इन परिषदों के लिए विषय का निर्धारण राज्यपाल के द्वारा किया जाएगा।
- जपनद परिषद् एवं क्षेत्रीय परिषदों के विधि-निर्माण की **शक्ति**-
  (i) संपत्ति (ii) विवाह एवं तलाक
  (iii) सामाजिक प्रथाएं (iv) मुखिया की नियुक्ति
  (v) भूमि एवं वन।
- इन क्षेत्रों के अलावा शिक्षा एवं स्वास्थ्य के संबंध में विधि-निर्माण परिषदों के द्वारा होता है।
- उपरोक्त के विषय में विवाद का निर्धारण सीधे उच्च न्यायालय के द्वारा किया जाता है।

- संसद द्वारा निर्मित विधि, राष्ट्रपति के द्वारा अनुमति के बाद ही इस क्षेत्र में लागू होगी।
- राज्य विधान सभाओं की विधियों को परिवर्तित करने की शक्ति, राज्यपाल की है।
- इस अनुसूची में 'मिजो जनपद परिषद्' की स्थापना की गई है।
- उत्तरी कछार पर्वतीय जनपद, उत्तरी कछार पर्वतीय स्वशासी परिषद् कहलाएगी।
- कार्बी आंगलौंग (Karbi Anglong) जनपद का उल्लेख किया गया है।
- मेघालय एवं त्रिपुरा की स्वायत्त परिषदों एवं जनपद का उल्लेख किया गया है।
- छठी अनुसूची का भी संशोधन सामान्य बहुमत के द्वारा हो सकता है। इसके लिए अनुच्छेद-368 में निर्धारित विशेष बहुमत की आवश्यकता नहीं होती।
- छठीं अनुसूची में असम, मेघालय, त्रिपुरा एवं मिजोरम राज्यों के जनजातीय क्षेत्र को रखा गया है।
- यह जनजातीय क्षेत्र स्वशासी जिले के रूप में प्रशासित किए जाएंगे, जिसके लिए जिला परिषद् एवं प्रादेशिक परिषदों का गठन किया गया है। इन परिषदों को कुछ विधायी एवं न्यायिक शक्तियां भी सौंपी गई हैं। इसके अतिरिक्त विवाह, रीति-रिवाज एवं संपत्ति का अधिकार सौंपा गया है।
- लेकिन यह सभी प्रावधान राज्यपाल की अनुमति के बाद ही प्रभावी होंगे।
- कोई भी संघ सरकार की विधि या राज्य का कानून राष्ट्रपति या राज्यपाल के निर्देश द्वारा ही क्षेत्रों में लागू होंगे।
- यह स्वशासी जिले स्वायत्त हैं, लेकिन राज्य की कार्यपालिका शक्ति के अंतर्गत् ही है।

## अनुच्छेद-371 के अंतर्गत् विशेष प्रावधान

- अनुच्छेद-371 में महाराष्ट्र और गुजरात राज्यों के संबंध में विशेष प्रावधान किया गया है।
- वस्तुत: औपनिवेशिक विरासत से स्वतंत्र भारत के सभी क्षेत्रों का विकास एक जैसा नहीं था। कुछ क्षेत्रों में विधि एवं व्यवस्था की समस्या भी थी। अनुच्छेद-371-A में नागालैंड तथा अनुच्छेद-371-B में मणिपुर एवं अनुच्छेद-371-F में सिक्किम जैसे राज्यों के लिए विशेष प्रावधान किए गए।

### वर्तमान नागा विवाद

- वर्तमान में नागालैंड सरकार के द्वारा नागालैंड स्थानीय प्रशासन (नगरपालिका) में महिलाओं के लिए आरक्षण की घोषणा की गई, जिसके बाद नागालैंड में हिंसक विरोध उत्पन्न हो गया।

### शासन का तर्क

- सरकार के अनुसार, नागालैंड उच्च न्यायालय के द्वारा महिलाओं के आरक्षण का समर्थन किया गया। इसलिए आरक्षण के द्वारा महिलाओं की स्थिति को बेहतर करने तथा विधि के शासन को लागू करने का प्रयास किया जा रहा है।
- सरकार का तर्क है कि परंपराओं के नाम पर महिला अधिकारों का दमन संभव नहीं है।

### नागाओं का तर्क

- नागाओं के अनुसार, सामाजिक परंपराओं को परिभाषित करने का अधिकार नागा परिषद् को है, विधान सभा और उच्च न्यायालय को नहीं। इसलिए राज्य सरकार के द्वारा जान-बुझकर नागाओं की स्वायत्तता को क्षतिग्रस्त करने का प्रयास किया जा रहा है।
- नागा परिषद् के अनुसार, राज्य सरकार और परिषद् के बीच यह समझौता पहले ही हो चुका है कि नागालैंड में स्थानीय शासन के अंतर्गत् आरक्षण नहीं दिया जाएगा।
- संविधान के अनुच्छेद-243(M) में यह स्पष्ट उल्लेखित है कि पंचायतों का विस्तार नागालैंड के लिए नहीं होगा।

### नागालैंड की स्वायत्तता और उसमें विद्यमान समस्या

- संविधान के अनुच्छेद-371 के द्वारा नागालैंड को सामाजिक एवं धार्मिक मामलों में स्पष्ट स्वायत्तता प्रदान की गई है।
- परंतु यह दिलचस्प है कि आर्थिक रूप में नागालैंड अभी भी संघ सरकार की आर्थिक सहायता पर निर्भर है और संघ सरकार द्वारा दिए जाने वाली वित्तीय सहायता का भी नागालैंड के विकास के लिए प्रभावी उपयोग नहीं हो पाता है।

## जम्मू एवं कश्मीर की परिवर्तित प्रस्थिति

- संसद ने एक ऐतिहासिक विधेयक परित करते हुए वर्ष-1956 के बाद पहली बार किसी राज्य को केंद्र शासित क्षेत्र में परिवर्तित कर दिया है।
- जम्मू एवं कश्मीर को राज्य के बजाए, एक केंद्र शासित क्षेत्र में परिवर्तित कर दिया है, जिसकी अपनी विधान सभा होगी तथा जिसका कार्यकाल 5 वर्ष का होगा।
- लद्दाख को जम्मू एवं कश्मीर से पृथक् करते हुए एक अलग केंद्र शासित क्षेत्र का दर्जा दे दिया गया है, जिसकी विधान सभा नहीं होगी।

- अतः जम्मू एवं कश्मीर की स्थिति दिल्ली एवं पुदुचेरी जैसी केंद्र शासित क्षेत्र की भांति हो जाएगी।

### अनुच्छेद-370 एवं 35(A)

- संविधान से अनुच्छेद-370 को समाप्त नहीं किया गया है, अपितु जम्मू एवं कश्मीर को प्राप्त विशेष दर्जा समाप्त कर दिया गया है, जिसमें भारतीय संविधान के सभी प्रावधान लागू होंगे।
- संविधान के परिशिष्ट में 1954 से जोड़ा गया अनुच्छेद-35(A) भी कश्मीर के लिए लागू नहीं होगा।

## संघ या केंद्र शासित क्षेत्रों का प्रशासन

### संघ शासित प्रदेशों के निर्माण का कारण

- केंद्र शासित क्षेत्रों का निर्माण **निम्नलिखित कारणों से किया गया-**
  - (i) राजनीतिक और प्रशासकीय कारणों से दिल्ली एवं चंडीगढ़ केंद्र शासित क्षेत्रों का निर्माण किया गया।
  - (ii) सांस्कृतिक विशिष्टता के कारण पांडिचेरी, दादर एवं नगर हवेली, दमन और दीव केंद्र शासित क्षेत्रों का निर्माण किया गया।
  - (iii) सामरिक महत्व के कारण अंडमान निकोबार द्वीप समूह, लक्षद्वीप केंद्र शासित क्षेत्रों का निर्माण किया गया।
  - (iv) जनजातीय क्षेत्रों के संरक्षण के लिए मिजोरम एवं त्रिपुरा केंद्र शासित क्षेत्रों का निर्माण किया गया। जिन्हें बाद में राज्य का दर्जा दे दिया गया।
- भारतीय संविधान में सभी संघ राज्य क्षेत्रों को एक ही वर्ग में रखा गया है। लेकिन विभिन्न संघीय क्षेत्रों की वास्तविक प्रणाली में अंतर भी पाया जाता है। यह अंतर संविधान में वर्णित है तथा संसद द्वारा निर्मित भी है।
- संघ शासित क्षेत्रों का प्रशासन राष्ट्रपति प्रशासकों या उपराज्यपालों के माध्यम से करता है।
- संविधान में यह भी प्रावधान है कि राष्ट्रपति किसी राज्यपाल को उसके निकटवर्ती संघ शासित क्षेत्र के प्रशासक के रूप में भी नियुक्त कर सकता है, (अनुच्छेद-239)।
- 1992 में 69वें संविधान संधोधन द्वारा, अनुच्छेद-239 (A) एवं अनुच्छेद-239 (A, B) का निर्माण किया गया, जिसके अंतर्गत् दिल्ली में विधान सभा एवं मंत्रिपरिषद् दोनों के निर्माण की व्यवस्था की गई।
- दिल्ली को संघ शासित क्षेत्र एवं राज्य सूची के सभी विषयों पर विधि-निर्माण की शक्ति है। लोक व्यवस्था, पुलिस, भूमि को छोड़कर।
- दिल्ली के मुख्यमंत्री एवं मंत्रिपरिषद् की नियुक्ति राष्ट्रपति के द्वारा होती है एवं राष्ट्रपति उन्हें शपथ भी दिलाता है।
- संघीय राज्य क्षेत्र पर विधि-निर्माण की अनन्य शक्ति, भारतीय संसद को है।
- लेकिन दादर व नगर हवेली, लक्षद्वीप, दमन एवं दीव के लिए विधि बनाने की शक्ति, राष्ट्रपति को है। राष्ट्रपति इन क्षेत्रों में लागू होने वाली किसी विधि को परिवर्तित कर सकता है।
- संसद, विधि द्वारा संघ शासित क्षेत्र के लिए उच्च न्यायालय का गठन कर सकती है। भारत में मात्र एक ऐसा संघ शासित क्षेत्र है दिल्ली, जिसका अपना उच्च न्यायालय है। (1966)
- संविधान में अर्जित क्षेत्रों के प्रशासन के लिए कोई अलग से उपबंध नहीं है, (अनुच्छेद-366)।
- चंडीगढ़, दमन एवं दीव, दादर एवं नगर हवेली तथा लक्षद्वीप जैसे संघ शासित क्षेत्रों के कार्यपालिकीय प्रधान को प्रशासक कहा जाता है।
- पांडिचेरी के मुख्यमंत्री एवं मंत्रिपरिषद् के सदस्यों की नियुक्ति और शपथ पांडिचेरी का प्रशासक दिलाता है।
- जबकि दिल्ली, पांडिचेरी, अंडमान एवं निकोबार के कार्यकारी प्रधान को उपराज्यपाल कहा जाता है।

| केंद्र शासित क्षेत्र | | कार्यकारी अधिकारी | उच्च न्यायालय |
|---|---|---|---|
| i. | अंडमान निकोबार द्वीप समूह | लेफ्टिनेंट गवर्नर | कलकता उच्च न्यायालय |
| ii. | चंडीगढ़ | चीफ कमिश्नर | पंजाब एवं हरियाण उच्च न्यायालय |
| iii. | दादर एवं नगर हवेली | एडमिनिस्ट्रेटर | मुंबई उच्च न्यायालय |
| iv. | दमन एवं द्वीप | एडमिनिस्ट्रेटर | मुंबई उच्च न्यायालय |
| v. | दिल्ली (राष्ट्रीय राजधानी क्षेत्र) | लेफ्टिनेंट गवर्नर | मुंबई उच्च न्यायालय |
| vi. | लक्षद्वीप | एडमिनिस्ट्रेटर | केरल उच्च न्यायालय |
| vii. | पांडिचेरी | लेफ्टिनेंट गवर्नर | अपनी विधानसभा है, लेकिन मद्रास उच्च न्यायालय के अधीन है। |

- संविधान के भाग-8 में अनुच्छेद-239 से अनुच्छेद-241 तक केंद्र शासित क्षेत्रों का उल्लेख किया गया है।
- केंद्र शासित क्षेत्रों में सांविधानिक तंत्र की विफलता का प्रावधान है, (अनुच्छेद-239 (a), (b))।

- राष्ट्रपति विभिन्न केंद्र शासित क्षेत्रों के लिए नियामक विधियों का निर्माण कर सकते हैं, (अनुच्छेद-240)।

## राज्यों की स्वायत्तता की मांग

- भारत, एक विविधतापूर्ण विशाल देश है। ऐसे देश में क्षेत्रीय आकांक्षाओं का उत्पन्न होना, स्वाभाविक है। स्वतंत्रता के पश्चात् लोगों ने भाषायी आधार पर राज्यों की मांग की। इन राज्यों की मांग के पश्चात् क्षेत्रीय दलों की सरकारों ने स्वायत्तता की मांग उठाई। स्वायत्तता, एक अनेकार्थी संकल्पना है, जिसका प्रयोग अलग-अलग तरह से किया जाता है।
- स्वायत्तता का सामान्य अभिप्राय संविधान द्वारा प्रदत्त राज्य की शक्तियों में संघ सरकार हस्तक्षेप न करे तथा राज्यों को पर्याप्त वित्तीय संसाधन उपलब्ध हों, संविधान के प्रावधानों का दुरूपयोग न हो।
- स्वायत्तता की संस्थागत रूप में पहली मांग तमिलनाडु की डी. एम. के. सरकार ने उठाई और सरकार ने केंद्र एवं राज्य संबंधों की स्थापना की। आयोग ने राज्यों को स्वायत्तता प्रदान करने के लिए संविधान में परिवर्तन का समर्थन किया। आयोग के अनुसार, भारतीय संघीय प्रणाली में बढ़ती केंद्रीयकरण की प्रवृत्तियों के **मूल कारण निम्नलिखित हैं**-
  - (i) संविधान में संघ सरकार को अधिक शक्तियां प्राप्त हैं।
  - (ii) संघ और राज्य में एक ही दल का शासन, जो 1952 से लेकर 1967 तक बना रहा।
  - (iii) वित्तीय रूप में राज्य की संघ सरकार पर निर्भरता।
  - (iv) केंद्रीयकृत नियोजन एवं योजना आयोग की भूमिका।

**राजमन्नार आयोग ने वर्ष 1971 केंद्र एवं राज्य संबंधों में परिवर्तन के लिए निम्नलिखित सिफारिशें कीं**-

(i) अंतर्राष्ट्रीय परिषद् की स्थापना, (अनुच्छेद-263)।
(ii) वित्त आयोग को स्थायी संस्था के रूप में नियुक्त करना।
(iii) योजना आयोग को समाप्त कर इसके स्थान पर एक सांविधिक संस्था का निर्माण।
(iv) अनुच्छेद-356, 357, 365 जो राष्ट्रपति शासन से संबंधित है, को पूर्णत: समाप्त करना।
(v) संविधान के इस प्रावधान को समाप्त किया जाए, जिसमें यह उल्लिखित है कि राज्य के मुख्यमंत्री और मंत्रिपरिषद्, राज्यपाल के प्रसाद पर्यंत पद पर बने रहेंगे।
(vi) संघ सूची एवं समवर्ती सूची के कुछ विषय, राज्य सूची में हस्तांतरित हों।
(vii) अवशिष्ट शक्तियां, राज्य सरकारों को सौंपना।
(viii) अखिल भारतीय सेवाओं को पूर्णत: समाप्त करना।

### आनंदपुर साहिब प्रस्ताव (1973)

- वर्ष 1973 में अकाली दल ने 'आनंदपुर साहिब प्रस्ताव' पारित किया, जिसमें केंद्र एवं राज्य संबंधों के संदर्भ में आमूलकारी परिवर्तन करने की मांग व सुझाव, जिसमें संघ सरकार की शक्तियां केवल निम्न विषयों तक सीमित होनी चाहिए। जैसे-रक्षा, विदेश मामले, संचार, मुद्रा एवं बैंकिंग। आयोग के प्रस्तावानुसार, शेष शक्तियां राज्य सरकार को सौंप दी जाए।
- परंतु संघ सरकार ने इन मांगों के प्रति सकारात्मक दृष्टिकोण नहीं अपनाया। संघ सरकार के अनुसार, ये मांगें विघटनकारी हैं। यद्यपि यह बिंदु ध्यान देने योग्य है कि स्वायत्तता और विघटनवाद में अंतर होता है। परंतु राज्य सरकारों की आमूल-चूल परिवर्तन की मांग भी तार्किक प्रतीत नहीं होती।

### पश्चिम बंगाल सरकार का मेमोरेंडम (1977) या ज्ञापन

- पश्चिम बंगाल की वामपंथी सरकार ने केंद्र एवं राज्य के मध्य संबंधों के विषय में संघ सरकार को एक ज्ञापन सौंपा, **जिसकी मांगें निम्नलिखित थीं**-
  - (i) संविधान में 'यूनियन' की बजाए 'संघ' (Federation) शब्द का प्रयोग किया जाए।
  - (ii) संघ सरकार की शक्तियों को केवल रक्षा, विदेश, मुद्रा, संचार और आर्थिक समन्वय तक सीमित कर दिया जाए। शेष सभी विषय, राज्य सूची में हस्तांतरित कर दिए जाएं।
  - (iii) अवशिष्ट शक्तियों को राज्य सूची में रख दिया जाए।
  - (iv) अनुच्छेद-356, 357, 360 समाप्त किए जाएं।
  - (v) अखिल भारतीय सेवाएं समाप्त हों तथा भारत में केवल केंद्रीय और राज्य सेवाएं होनी चाहिए।
  - (vi) नए राज्यों के निर्माण या राज्यों के पुनर्गठन के संदर्भ में संबंधित राज्यों की सहमति अनिवार्य हां।
  - (vii) केंद्र सरकार द्वारा अर्जित सभी प्रकार के राजस्व का 75 प्रतिशत भाग राज्यों को सौंप दिया जाए।
- 80 के दशक से क्षेत्रीयता और स्वायत्तता की मांग और प्रभावी हुई। इस मांग पर सकारात्मक अनुक्रिया व्यक्त करते हुए, संघ सरकार ने पहली बार केंद्र और राज्य के मध्य संबंधों पर पुनर्विचार करने के लिए वर्ष 1983 में

'सरकारिया आयोग' का गठन इंदिरा गांधी सरकार द्वारा किया गया। आयोग के अध्यक्ष रंजीत सिंह सरकारिया थे तथा दो अन्य सदस्यों में बी. शिवरामन एवं एस. आर. सेन थे।

## सरकारिया आयोग (जून, 1983) की रिपोर्ट

### 1. संघ को शक्तिशाली बनाया जाए

(i) सरकारिया आयोग के अनुसार, केंद्रीयकृत नियोजन आवश्यक है।

(ii) आयोग ने भारत में अखिल भारतीय सेवाओं को आवश्यक माना। आयोग ने तो यहां तक कहा कि भारत में कुछ और अखिल भारतीय सेवाओं का निर्माण किया जाना चाहिए।

(iii) आयोग के अनुसार, राज्यपाल की संघ सरकार द्वारा नियुक्ति बिल्कुल उचित है। अनुच्छेद-200 समाप्त करने की आवश्यकता नहीं है।

(iv) अनुच्छेद-356, 357, 360 भी संविधान में बना रहना चाहिए।

(v) संघ सरकार, राज्यों में सीधे केंद्रीय सैनिक बल भेज सकती हैं।

### 2. राज्यों को स्वायत्तता भी प्राप्त होनी चाहिए

(i) आयोग के अनुसार, अनुच्छेद-263 के प्रावधान के अनुसार, अंतर्राज्यीय परिषद् की स्थापना होनी चाहिए। इसलिए अनुशंसा के अनुरूप वर्ष 1990 में वी. पी. सिंह सरकार ने 'अंतर्राज्यीय परिषद्' की स्थापना की।

(ii) राज्यपाल, एक विशिष्ट व्यक्ति होना चाहिए, जिसका संबंध स्थानीय दलीय राजनीति से न हो।

(iii) राज्यपाल का कार्यकाल-5 वर्षों का होने चाहिए। आपवादिक परिस्थिति में ही उसे समय से पूर्व हटाया जाए। यदि उसे हटाया जाता है, तो इसके वास्तविक कारण लिखित रूप में संसद के समक्ष प्रस्तुत होना चाहिए।

(iv) अनुच्छेद-356 का प्रयोग, अंतिम विकल्प के रूप में होना चाहिए।

(v) राज्य को अधिक वित्तीय शक्तियां प्रदान की जानी चाहिए। आयोग के अनुसार, करारोपण के संबंध में अवशिष्ट शक्तियां संघ में निहित होनी चाहिए। जबकि शेष अवशिष्ट शक्तियों को समवर्ती सूची में सम्मिलित किया जाना चाहिए।

(vi) 'राष्ट्रीय विकास परिषद्' को पुनर्गठित कर, 'राष्ट्रीय आर्थिक विकास परिषद्' बनाई जाए।

(vii) केंद्र सरकार द्वारा आयकर पर सरचार्ज का प्रयोग नहीं करना चाहिए। यदि आवश्यक हो, तो इसका प्रयोग अपवाद स्वरूप ही होना चाहिए।

(viii) अनुच्छेद-200 के अंतर्गत् यदि राज्यपाल किसी राज्य विधेयक को राष्ट्रपति की राय के लिए आरक्षित करे, तो इस पर 4 महीने के अंदर निर्णय हो जाना चाहिए।

### 3. शक्तिशाली संघ और राज्यों की स्वायत्तता, परस्पर विरोधी नहीं हैं, बल्कि दोनों एक-दूसरे के पूरक हैं।

- सरकारिया आयोग ने स्पष्ट रूप में भारत में शक्तिशाली संघ सरकार का समर्थन किया। राज्यों की स्वायत्तता और शक्तिशाली संघ को एक-दूसरे का पूरक माना। इससे भी बढ़कर भारत में सहकारी संघवाद को प्रभावी करने पर बल दिया। उदाहरण के लिए, आयोग ने भारत में 'त्रिभाषा फॉर्मूला लागू' करने पर बल दिया। नदी जल विवादों के निपटारे के लिए एक निश्चित समयावधि में न्यायाधिकरण की स्थापना का समर्थन किया। न्यायाधिकरण की अनुसंशाओं को बाध्यकारी बनाने पर भी बल दिया। आयोग के अनुसार, राज्यों की स्वायत्तता आवश्यक है, परंतु इसके लिए संविधान में किसी आमूल-चूल परिवर्तन की आवश्यकता नहीं है, बल्कि राजनीतिक दुष्प्रयोगों (संविधान का) को प्रतिबंधित कर आंशिक रूप में संविधान में परिवर्तन करके यह संभव है। इसलिए आयोग ने पूर्व की अतिवादी मांगों को अस्वीकृत कर दिया।
- वर्तमान गठबंधनों की सरकार के दौर में आयोग की अधिकांश अनुशंसाओं को सभी दलों के द्वारा स्वीकार किया जा चुका है। इससे स्पष्ट है कि स्वायत्तता की मांग मूलतः राजनीतिक समस्या थी, जिसका समाधान राजनीतिक रूप में हो रहा है। वर्तमान समय में अनुच्छेद-356 का दुरूपयोग काफी कम हुआ है। सभी केंद्रीय कर, राज्यों के साथ विभाजित किए जा रहे हैं तथा राज्यों को केंद्रीय करों में ज्यादा हिस्सा भी प्रदान किया जा रहा है।

## केंद्र एवं राज्य संबंधों पर 'पुंछी आयोग' की रिपोर्ट के मुख्य बिंदु

- पुंछी आयोग की स्थापना वर्ष 2007 में हुई है। इन्होंने अपनी रिपोर्ट वर्ष 2010 में प्रस्तुत की।
- पुंछी आयोग की मान्यताएं मूलतः सरकारिया आयोग से मिलती-जुलती हैं, लेकिन तकनीकी मामलों में दोनों में अंतर प्रतीत होता है।
- आयोग के अनुसार, अनुच्छेद-355, 356 में संशोधन होना चाहिए। उन्होंने आपातकालीन प्रावधानों के स्थानीय प्रयोग का समर्थन किया। उदाहरण के लिए, किसी जनपद के भाग में भी आपातकाल लागू किया जा सकता है।

उनके अनुसार, आपातकाल 3 महीने से ज्यादा नहीं होना चाहिए।

- आयोग ने मुख्यमंत्री की नियुक्ति के संदर्भ में स्पष्ट रूप में अनुशंसा की है। आयोग के अनुसार, चुनाव पूर्व गठबंधन को एक दल माना जाए। चुनाव पूर्व सबसे बड़े गठबंधन को सरकार बनाने के लिए आमंत्रित किया गया है। चुनाव के बाद निर्मित होने वाले गठबंधन को अंत में आमंत्रित किया जाए।
- राज्यपालों की योग्यता के संदर्भ में पुंछी कमीशन की राय सरकारिया आयोग की भांति है, जिसमें कहा गया है कि राज्यपाल के रूप में ऐसा व्यक्ति नियुक्त किया जाए, जिसका स्थानीय दलों से कोई संबंध न हो।
- आयोग ने राज्यपालों की मनमानी बर्खास्तगी की आलोचना की। आयोग के अनुसार, राज्यपालों को राजनीतिक फुटबाल की तरह प्रयोग नहीं करना चाहिए।
- आयोग ने राज्यपाल के कार्यकाल को 5 वर्ष निर्धारित करने की मांग की है।
- आयोग ने राज्यपाल को हटाने के लिए विधान सभा द्वारा महाभियोग की प्रक्रिया को स्वीकार करने की अनुशंसा की है।
- पुंछी आयोग ने वर्ष 2007 में स्थापित वेकेंट चलैया आयोग की अनुशंसा का समर्थन करते हुए कहा कि राज्यपाल की नियुक्ति एक समिति द्वारा होनी चाहिए। जिस समिति में प्रधानमंत्री, गृहमंत्री, लोक सभा का स्पीकर तथा संबंधित राज्य के मुख्यमंत्री और उपराष्ट्रपति को भी शामिल किया जा सकता है।
- आयोग ने अनुच्छेद-163(2) में राज्यपाल की विवेकाधीन शक्तियों को सीमित करने की अनुशंसा की है।
- आयोग ने अनुच्छेद-200 के अंतर्गत् आरक्षित किसी भी विधेयक पर 4 महीने की अवधि में अनुमति प्रदान करने की अनुशंसा की है।
- आयोग के अनुसार, सांप्रदायिक हिंसा विधेयक में परिवर्तन करके यह प्रावधान होना चाहिए कि केंद्रीय सैनिक बलों को राज्य की सहमति के बिना कुछ समय के लिए तैनाती की जाए तथा तैनाती के बाद राज्य सरकार की अनुमति ली जा सकती है।
- आयोग ने आंतरिक सुरक्षा को बनाए रखने के लिए अमेरिका की भांति 'राष्ट्रीय एकता परिषद्' को ज्यादा शक्तिशाली बनाने की मांग की, जिस प्रकार अमेरिका में गृह सुरक्षा विभाग की भूमिका है।
- आयोग ने 'राष्ट्रीय एकता परिषद्' के वर्ष में कम से कम एक बार सम्मेलन को अनिवार्य बताया।
- आयोग के अनुसार, 'भारत में राष्ट्रीय अन्वेषण एजेंसी (NIA) जैसी संस्थाओं के निर्माण की आवश्यकता है, जो आतंकवाद के संबंध में राज्यों के बीच बेहतर सहयोग सुनिश्चित करें।
- आयोग ने पंचायती नियोजन को ज्यादा प्रभावशाली बनाने की अनुशंसा की।
- आयोग ने वित्तीय स्वायत्तता का भी समर्थन किया।

## संघवाद और भारत में छोटे राज्य

- कैबिनेट मिशन के प्रस्ताव में भारत में ढीले-ढाले संघीय सरकार की स्थापना का प्रावधान था। परंतु देश के सांप्रदायिक विभाजन के पश्चात् कैबिनेट मिशन की मान्यताओं का परित्याग कर दिया गया। राष्ट्रीय एकता एवं अखंडता बनाए रखने तथा देश के चौमुखी आर्थिक विकास के लिए शक्तिशाली केंद्रीय सरकार का समर्थन किया गया।
- स्वतंत्रता के पश्चात् देशी रियासतों का एकीकरण राष्ट्र के समक्ष सर्वप्रमुख चुनौती थी। स्वतंत्रता के पश्चात् लोगों ने भाषायी आधार पर राज्यों की मांग आरंभ कर दी। यह बिंदु ध्यान देने योग्य है कि भारतीय राष्ट्रीय कांग्रेस के 1920 के अधिवेशन में यह स्वीकार किया गया था कि स्वतंत्र भारत में 'राज्यों का पुनर्गठन' भाषायी आधार पर होगा। परंतु स्वतंत्रता के पश्चात् 'दर आयोग' और 'जे. बी. पी. समिति' ने भाषायी आधार पर राज्यों के पुनर्गठन की मांग को अस्वीकृत कर दिया, क्योंकि इससे राष्ट्रीय एकता एवं अखंडता प्रभावित होती।

## राज्यों का पुनर्गठन

- स्वतंत्रता के पश्चात् नए राज्यों के निर्माण के लिए किन मानदंडों को स्वीकारा जाए, यह विवाद का विषय था। जबकि भारत में भाषायी आधार पर राज्यों की मांग हुई।
- इसकी जांच के लिए दो आयोगों का निर्माण हुआ–
  - (i) एस. के. धर आयोग (1948)
  - (ii) जे. वी. पी. आयोग (1948)
- जे.वी.पी. समिति में जवाहर लाल नेहरू, बल्लभ भाई पटेल तथा पट्टाभि सीतारमैया सम्मिलित थे।
- इन दोनों आयोगों ने भाषायी आधार पर राज्यों के निर्माण की मांग को अस्वीकृत कर दिया।
- भारत में भाषायी आधार पर राज्य की मांग के लिए विशाल 'आंध्र आंदोलन' का आयोजन किया गया। इस आंदोलन के द्वारा 'तेलुगू भाषा' के आधार पर एक नए राज्य 'आंध्र प्रदेश' की मांग की गई।

### पहले चरण में राज्यों का गठन

- पहले चरण में नए राज्यों का गठन भाषायी आधार पर किया गया।

- इस आंदोलन के दौरान एक प्रसिद्ध गांधीवादी नेता पोट्टी श्रीरामालू ने आंध्र प्रदेश राज्य के निर्माण के लिए अनशन किया एवं उनकी मृत्यु हो गई। परिणामस्वरूप व्यापक हिंसा हुई और संघ सरकार ने पहली बार भाषायी आधार पर एक नए राज्य का निर्माण कर दिया।

## राज्य पुनर्गठन आयोग

- आंध्र प्रदेश नामक एक नए राज्य के निर्माण (1 अक्टूबर, 1953) के बाद भारत में राज्यों के पुनर्गठन के लिए 'फजल अली' की अध्यक्षता में एक आयोग (1953) की स्थापना हुई, जिसके अन्य दो सदस्य हृदयनाथ कुंजरू और के. एन. पणिक्कर थे।
- राज्य के पुनर्गठन आयोग ने भारत में राज्यों के पुनर्गठन के लिए **निम्नलिखित मानकों का प्रयोग किया**-
  (i) राष्ट्रीय विकास।
  (ii) पंचवर्षीय योजनाओं का बेहतर क्रियान्वयन।
  (iii) प्रशासनिक और वित्तीय क्षमता।
  (iv) राष्ट्र की एकता व अखंडता।
- आयोग की अनुशंसा के अनुसार, 1956 में भारत में 14 नए राज्यों और 6 केंद्र शासित प्रदेशों का निर्माण किया गया। इसके लिए संविधान में 7वां संशोधन किया गया।
- वर्ष 1960 में बंबई का विभाजन करके महाराष्ट्र व गुजरात राज्यों का निर्माण किया गया।
- वर्ष 1966 में पंजाब सूबे की मांग पूरी हो गई। पंजाब को विभाजित करके पंजाब, हरियाणा, चंडीगढ़ व हिमाचल प्रदेश राज्यों का निर्माण किया गया।
- वर्ष 1970 में हिमाचल प्रदेश को राज्य का दर्जा दिया गया।

## उत्तर-पूर्वी राज्यों का गठन

- वर्ष 1963 में असम से नागालैंड राज्य का निर्माण हुआ।
- उत्तरी-पूर्वी राज्य पुनर्गठन अधिनियम के द्वारा मणिपुर, त्रिपुरा, मेघालय को राज्य की श्रेणी में रख दिया गया, (1971) तथा मिजोरम एवं अरूणाचल प्रदेश को केंद्र शासित राज्य का दर्जा मिला।
- वर्ष 1986 में मिजोरम को राज्य का दर्जा दिया गया।
- वर्ष 1986 में अरूणाचल प्रदेश को राज्य का दर्जा दिया गया।
- वर्ष 1987 में गोवा को राज्य का दर्जा दिया गया।

## दूसरे चरण में राज्यों का गठन

- दूसरे चरण में राज्यों के गठन की विशेषता यह थी कि विकास के आधार पर नए राज्यों का निर्माण किया गया।
- छत्तीसगढ़-(1 नवंबर, 2000), उत्तराखंड-(9 नवंबर, 2000) एवं झारखंड-(15 नवंबर, 2000) का निर्माण हुआ।
- वर्ष 2014 में भारत में 29वें राज्य का निर्माण तेलंगाना राज्य के रूप में हुआ।
- विकास के आधार पर 2 जून, 2014 को आंध्र प्रदेश से अलग कर तेलंगाना राज्य का गठन किया गया। कृष्णा आयोग की सिफारिश के आधार पर आंध्र प्रदेश के 10 पश्चिमी जिलों को मिलाकर तेलंगाना राज्य का गठन किया गया। तेलंगाना क्षेत्र आंध्र प्रदेश के तटवर्ती क्षेत्रों के मुकाबले पिछड़ा हुआ था तथा वहां लंबे समय से विकास हेतु एक अलग राज्य की मांग की जा रही थी।
- भारत के संघीय क्षेत्र में केंद्र शासित क्षेत्र नहीं आते। क्योंकि केंद्र व केंद्र शासित क्षेत्रों के मध्य शक्ति विभाजन नहीं है।

## छोटे राज्यों के विपक्ष में तर्क

(i) केवल छोटे राज्यों के कारण ही आर्थिक विकास नहीं होता, बल्कि आर्थिक विकास के लिए अन्य कारक भी महत्वपूर्ण होते हैं। हरियाणा के विकास का मूल कारण, इसकी दिल्ली से निकटता और बेहतर आधारभूत संरचनाएं हैं।

(ii) छोटे राज्यों के निर्माण से राजनीतिक अस्थायित्व में वृद्धि होती है। गोवा, झारखंड व मेघालय जैसे छोटे राज्यों में अत्यधिक राजनीतिक अस्थिरता पाई जाती है।

(iii) छोटे राज्यों के निर्माण से भारी प्रशासनिक और वित्तीय बोझ पड़ता है।

(iv) वर्तमान सूचना क्रांति और पंचायती राज के युग में विकास स्थानीय स्तर पर पंचायतों के द्वारा प्रभावी रूप में संभव है।

(v) भारत में उच्च न्यायालयों के अलग निकाय की स्थापना द्वारा लोगों को न्याय प्रदान किया जा सकता हैं तथा पारदर्शी प्रशासन के द्वारा लोगों का विकास संभव है।

## छोटे राज्यों के पक्ष में तर्क

(i) छोटे राज्य, लोकतंत्र के मानकों के अनुरूप हैं।

(ii) छोटे राज्यों के द्वारा आम जनता और शासन के मध्य बेहतर संबंध स्थापित होता है।

(iii) सरकार के प्रदर्शन और कुशलता में भी अभिवृद्धि होती है, क्योंकि इनका आकार छोटा होता है तथा इनमें भौगोलिक और सांस्कृतिक रूप में भी समरूपता पाई जाती है।

(iv) भारत जैसे विशाल उपमहाद्वीपीय आकार वाले देश में छोटे राज्यों की मांग, क्षेत्रवादी आकांक्षाओं का प्रतीक है।

## निष्कर्ष

- 15वीं लोक सभा के चुनाव में भारतीय जनता पार्टी ने अपने घोषणा-पत्र में गोरखालैंड को एक पृथक् राज्य का दर्जा देने का समर्थन किया। उत्तर प्रदेश की मुख्यमंत्री रहीं मायावती ने उत्तर प्रदेश को तीन भागों में विभाजित करने का समर्थन किया है। इसलिए व्यावहारिक रूप में छोटे राज्यों की मांग अभी भी कायम है। लेकिन इन मांगों को स्वीकार करते समय प्रशासनिक कुशलता और राष्ट्रीय एकता एवं अखंडता का भी ध्यान रखना होगा।

## राज्यों के मध्य का विवाद

- भारत, जैसे विशाल देश में संघीय शासन प्रणाली का प्रयोग विविधता और एकता में सामंजस्य बनाए रखने के लिए किया गया। भारतीय संघीय व्यवस्था में राज्यों के मध्य अनेक विवाद पाए जाते हैं। संविधान ने राज्यों के पुनर्गठन का अधिकार संसद को सौंपा है। अनुच्छेद-3 में स्पष्ट वर्णित है कि संघ सरकार द्वारा राज्यों के नाम, भू-भाग और सीमा में परिवर्तन किया जा सकता है तथा नए राज्यों का निर्माण भी किया जा सकता है। इसके लिए राज्य विधान सभाओं से सहमति ली जाती है। लेकिन यह संघ सरकार के लिए बाध्यकारी नहीं है।
- भारत में नदी जल विवादों को सुलझाने के लिए अनुच्छेद-262 का प्रावधान है। जिसके अनुसार, 'नदी जल विवाद' उच्चतम न्यायालय की आरंभिक अधिकारिता से बाहर होंगे। संसद ने अनुच्छेद-262 के अनुसार, नदी जल विवादों को सुलझाने के लिए, 'अंतर्राज्यीय जल विवाद अधिनियम, 1956' का निर्माण किया। इस अधिनियम के अंतर्गत्, राज्य सरकार किसी विवाद को सुलझाने के लिए, संघ सरकार से न्यायाधिकरण की स्थापना का अनुरोध कर सकती है तथा न्यायाधिकरण द्वारा दिया गया निर्णय विवादरत पक्षों को मानना होगा।
- वर्ष 2002 में अंतर्राज्यीय जल विवाद अधिनियम, 1956 में संशोधन किया गया। इसके अनुसार, जल विवाद को हल करने के राज्य सरकार के अनुरोध के एक वर्ष की अवधि के भीतर अधिकरण का निर्माण संघ सरकार के द्वारा किया जाएगा तथा अधिकरण द्वारा 3 वर्षों की अवधि के भीतर विवाद को हल करना होगा, जो राज्यों के ऊपर बाध्यकारी रूप में लागू होगा।
- सरकारिया आयोग के अनुसार, राज्यों के मध्य जल विवाद को सुलझाने के लिए एक विशेष समय सीमा में संघ सरकार द्वारा न्यायाधिकरण के निर्णय, राज्यों पर बाध्यकारी रूप में लागू होने चाहिए। परंतु राज्यों के मध्य अभी भी विवाद कायम है। विचारकों के अनुसार, इस संदर्भ में संघ सरकार की शक्तियां अभी भी अपर्याप्त हैं, क्योंकि इन विवादों को सुलझाने के लिए राज्य के द्वारा बाध्यकारी शक्ति का प्रयोग नहीं किया जा सकता। न्यायाधिकरण के निर्णय को लागू करना राज्यों का अधिकार है। इस समस्या के समाधान के लिए 'राज्याध्यक्ष समिति' ने नदी जल विवादों को संघ सरकार को सौंपने की अनुशंसा की। अत: नदी जल विवादों को संघ सूची या समवर्ती सूची में सम्मिलित करने का समर्थन किया गया, क्योंकि अनुच्छेद-262 के प्रावधानानुसार, 'न्यायाधिकरण की स्थापना, राज्यों की सहमति के पश्चात् ही होती है।'
- उपरोक्त तथ्यों से स्पष्ट है कि भारतीय संघीय व्यवस्था में शक्तिशाली संघ, राष्ट्रीय हितों और आवश्यकताओं के अनुरूप है।

**भूमि एवं जल का विवाद निम्नलिखित है-**

### 1. बेलगांव विवाद

- बेलगांव को लेकर, महाराष्ट्र और कर्नाटक के मध्य अभी भी विवाद है। 1956 के राज्य पुनर्गठन के पश्चात्, बेलगांव, कर्नाटक का भाग बना दिया गया। लेकिन महाराष्ट्र अभी भी इसे प्राप्त करने के लिए आंदोलन कर रहा है। बेलगांव के बहुसंख्यक लोग मराठी भाषी हैं। जबकि यह चारों ओर से कन्नड़ भाषी लोगों से घिरा है।

### 2. कासरगोड विवाद

- 1956 के राज्य पुनर्गठन के पश्चात् 'महाजन आयोग' ने कासरगोड को कर्नाटक को सौंपने का निर्देश दिया, जिसे केरल मानने को तैयार नहीं है। संसद में कर्नाटक और महाराष्ट्र के सांसदों ने इसका जोरदार विरोध किया।

### 3. चंडीगढ़ का विवाद

- पंजाबी सूबे के निर्माण के पश्चात् राज्यों में सीमा निर्धारण के लिए 'शाह आयोग' की स्थापना हुई। इस आयोग ने चंडीगढ़ को हरियाणा का भाग माना। लेकिन अकाली दल ने इसका कड़ा विरोध किया। संघ सरकार ने एक मध्यम मार्ग अपनाते हुए चंडीगढ़ को एक संघ शासित क्षेत्र घोषित कर दिया। 1970 के दशक में इंदिरा गांधी ने समस्या के समाधान के लिए एक सूत्र प्रस्तुत किया।

**जिसके अनुसार-**

(i) चंडीगढ़, पंजाब को सौंप दिया जाए।

(ii) फजलिका और अगोहर तहसीलें हरियाणा को सौंप दी जाए।

- लेकिन पंजाब या अकाली दल ने इसका कड़ा विरोध किया।

**4. असम और नागालैंड के मध्य विवाद**

- नागालैंड, मेघालय, मिजोरम जैसे राज्यों का निर्माण असम से हुआ है। इसलिए इन सभी राज्यों का आपस में किसी न किसी रूप में सीमा विवाद बना हुआ है। असम और नागालैंड के मध्य रंगापानी क्षेत्र को लेकर विवाद है। नागालैंड सरकार ने असम के 4,973 वर्ग किमी. क्षेत्र पर अपना दावा प्रस्तुत किया है। विवाद को सुलझाने के लिए 'वी. के. सुंदरम् आयोग' की स्थापना हुई। लेकिन नागालैंड ने इसे अस्वीकृत कर दिया।
- असम और मेघालय के मध्य लंगपीह को लेकर विवाद है। इसके अतिरिक्त जिंगीराम क्षेत्र पर भी विवाद है।
- असम और अरूणाचल प्रदेश के मध्य पासीघाट क्षेत्रों के मध्य सीमा विवाद है।

## जल विवाद

- राज्यों के पुनर्गठन द्वारा जल विभाजन की समस्या अभी भी बरकरार है। इसके कारण अनेक परियोजनाएं लंबित हो रही हैं। सरकार को भारी आर्थिक हानि भी उठानी पड़ रही है। बाढ़ की समस्या का भी समाधान नहीं हो पा रहा है।

**1. पंजाब और हरियाणा के मध्य जल विवाद**

- पंजाबी सूबे के निर्माण के बाद, पंजाब और हरियाणा के मध्य रावी एवं व्यास के जल बंटवारे की समस्या अभी भी विद्यमान है। पंजाब और हरियाणा के मध्य सतलुज, यमुना कैनाल लिंक का निर्माण नहीं हो पा रहा है। कुछ वर्ष पहले पंजाब के पूर्व मुख्यमंत्री कैप्टन अमरिंदर सिंह की सरकार ने जल विवाद के समझौते को एकतरफा रोक कर रद्द कर दिया। परिणामस्वरूप हरियाणा सरकार ने उच्चतम न्यायालय में याचिका दायर की। उच्चतम न्यायालय ने पंजाब सरकार को सतलुज, यमुना कैनाल लिंक पूर्ण करने का निर्देश दिया।

**2. कावेरी जल विवाद**

- कावेरी जल विवाद का मुद्दा तमिलनाडु, केरल, कर्नाटक एवं पांडिचेरी के मध्य का है। 1924 के समझौते के अनुसार, कावेरी के जल का विभाजन किया गया था, लेकिन 1975 में यह समझौता समाप्त हो गया। परिणामस्वरूप कर्नाटक और तमिलनाडु के मध्य जल बंटवारे को लेकर एक लंबा संघर्ष हुआ। 1990 में इस विवाद को सुलझाने के लिए संघ सरकार के द्वारा एक न्यायाधिकरण की स्थापना की गई। न्यायाधिकरण ने वर्ष 2007 में निर्णय दिया, जिसके अनुसार कर्नाटक से तमिलनाडु को पानी देने का निर्देश दिया गया। परंतु कर्नाटक ने न्यायाधिकरण का निर्णय मानने से इनकार कर दिया।
- परिणामस्वरूप तमिलनाडु ने न्यायाधिकरण के निर्णय को लागू कराने के लिए उच्चतम न्यायालय में अपील की। उच्चतम न्यायालय ने दिसंबर-2012 में यह निर्णय दिया कि कर्नाटक प्रतिदिन 9,000 क्यूसिक जल तमिलनाडु को प्रदान करे।
- यदि कर्नाटक तमिलनाडु को जल प्रदान नहीं करता, तो यह न्यायपालिका की अवमानना होगी। यदि कर्नाटक जल प्रदान करता है, तो लोग उसके विरुद्ध प्रदर्शन करते हैं।

**3. नर्मदा नदी जल बंटवारा**

- नर्मदा नदी के जल विवाद को लेकर गुजरात, मध्य प्रदेश, राजस्थान एवं महाराष्ट्र के मध्य विवाद उत्पन्न हुआ। इस विवाद को सुलझाने के लिए एक न्यायाधिकरण की स्थापना हुई। (1969-1978) में न्यायाधिकरण ने अपनी रिपोर्ट प्रस्तुत की, जिसके पश्चात् इस विवाद का समाधान हो गया।
- वर्तमान में नर्मदा नदी पर बन रहे बांध पर भी विवाद है। मध्य प्रदेश सरकार बांध का विरोध कर रही है, क्योंकि उसे विस्थापन का भय है। जबकि गुजरात के लोगों के लिए यह अत्यधिक महत्वपूर्ण है।

## जल विवाद हेतु स्थायी अधिकरण

- संसद द्वारा अंतर्राज्यीय जल विवाद अधिनियम-1956 में संशोधन द्वारा नदी जल विवाद हल करने हेतु स्थायी अधिकरण का गठन किया गया है। अधिकरण में एक अध्यक्ष, उपाध्यक्ष, तीन न्यायिक सदस्य एवं तीन विशेषज्ञ सदस्यों को शामिल किया जाएगा।
- वर्ष 2019 में किए गए संशोधन के अनुसार, विवाद को हल करने हेतु **विवाद निवारण समिति** (Dispute Resolution) का प्रावधान किया गया है। जिसमें इंजीनियर शामिल होंगे, विवाद पहले समिति को सौंपा जाएगा, जिसके एक वर्ष के भीतर विवाद हल किया जाएगा। यदि समिति विवाद हल न कर सके तो इसे **अधिकरण** को सौंपा जाएगा।
- **अधिकरण** के द्वारा दो वर्ष के भीतर विवाद हल किया जाएगा, जिसे **एक वर्ष** के लिए बढ़ाया जा सकता है।
- अब नदी जल विवादों को हल करने हेतु बार-बार अधिकरणों के गठन की आवश्यकता नहीं होगी।
- अधिकरण का निर्णय उच्चतम न्यायालय के आदेश के समान होगा।

## सहकारी संघवाद

### सहकारी संघवाद का आशय

- सहकारी संघवाद का अभिप्राय, 'राज्य और संघ के मध्य वित्तीय एवं प्रशासनिक सहयोग से है।'
- सहकारी संघवाद में केंद्र और राज्य के मध्य विधायी शक्तियों के विभाजन का उल्लंघन नहीं किया जाता है।
- प्रशासनिक एवं वित्तीय सहयोग तथा समन्वय पर बल दिया जाता है।
- **ग्रेनविल ऑस्टिन** ने भारतीय संघवाद को 'सहकारी संघवाद' कहा है।

### सहकारी संघवाद के संवैधानिक आधार

- संघ के कार्यपालिकीय कृत्यों को राष्ट्रपति, राज्य सरकार को सौंप सकता है, (अनुच्छेद-258)।
- राज्य सरकार भी राज्य के प्रशासनिक कार्यों को संघ सरकार को सौंप सकती है, (अनुच्छेद-258 A)।
- अनुच्छेद-263 के अंतर्गत् अंतर्राज्यीय परिषदों का प्रावधान है, जिसे 1990 में वी. पी. सिंह सरकार ने स्थापित किया।
- संघ की संपत्ति को राज्य सरकार के करों से छूट होगी। यदि संसद ऐसा विधि द्वारा निर्मित करे, (अनुच्छेद-285)।
- राज्य की संपत्ति को संघ के कराधान से छूट दी गई है, (अनुच्छेद-289)।
- अनुच्छेद-312 में अखिल भारतीय सेवाओं का प्रावधान है। अत: भारत में संघ और राज्यों के लिए सेवाओं में विभाजन नहीं किया गया है, जैसाकि अमेरिका में है।
- भारत में सर्वत्र व्यापार और वाणिज्य का मुक्त प्रसार होगा, (अनुच्छेद-301)।
- अनुच्छेद-307 में एक 'अंतर्राज्यीय वाणिज्यिक आयोग' की स्थापना का प्रावधान है। लेकिन इसके अनुपालन में संसद ने अभी तक किसी आयोग का निर्माण नहीं किया है। जबकि अमेरिकी संघ ने अंतर्राज्यीय वाणिज्यिक आयोग का गठन किया जा चुका है।
- वर्ष 1956 में भारतीय संसद ने अनुच्छेद-262 के अनुसार, 'अंतर्राज्यीय जल विवाद अधिनियम, 1956' का निर्माण किया तथा वर्ष 1956 में ही 'नदी जल बोर्ड अधिनियम' का भी निर्माण किया।

## अंतर्राज्यीय परिषद्

- यह एक संवैधानिक निकाय है। अनुच्छेद-263 में इसका प्रावधान किया गया है।
- वी. पी. सिंह सरकार ने वर्ष 1990 में इस परिषद् का गठन किया।

### अंतर्राज्यीय परिषद् की संरचना

- अंतर्राज्यीय परिषद् की स्थापना, राष्ट्रपति करता है।
- प्रधानमंत्री, इसका अध्यक्ष होता है। इसमें संघ सरकार के 6 मंत्री बतौर सदस्य के रूप में होते हैं।
- सभी राज्यों के मुख्यमंत्री भी इसमें शामिल होते हैं।

### मूल कार्य

- यदि राज्यों के बीच विवाद उत्पन्न होते हैं, तो उनकी जांच करना व उनको सलाह देना।
- संघ तथा एक या एक से अधिक राज्यों के सामान्य हित से संबंधित विषयों पर विचार करना।
- कुछ या सभी राज्यों के सामान्य हितों के संदर्भ में विचार-विमर्श करना।

### सहकारी संघवाद के संविधानेत्तर प्रावधान

(i) योजना आयोग (ii) क्षेत्रीय परिषद्
(iii) राष्ट्रीय विकास परिषद् (iv) पूर्वोत्तर परिषद्
(v) राष्ट्रीय एकता परिषद्।

### योजना आयोग

- इसका निर्माण, केंद्रीय मंत्रिमंडल के प्रस्ताव से मार्च, 1950 में किया गया।
- योजना आयोग का अध्यक्ष, प्रधानमंत्री होता है।
- योजना आयोग के उपाध्यक्ष को कैबिनेट मंत्री का दर्जा दिया गया है।
- योजना आयोग की भूमिका, सलाहकारी है।
- योजना आयोग, अखिल भारतीय स्तर पर योजना बनाता है।
- यह न तो सांविधिक संस्था है और न ही संवैधानिक संस्था है।

### मूल कार्य

- देश के पदार्थ, पूंजी और मानव संसाधनों का आंकलन करना और उनके संवर्धन की संभावनाओं को तलाशना।
- देश के संसाधनों का संतुलित उपयोग करते हुए सबसे प्रभावी योजना तैयार करना।
- वरीयताओं का निर्धारण एवं उन स्तरों को परिभाषित करना, जिनमें इन योजनाओं को लागू किया जा सकता है।
- उन कारकों को चिन्हित करना, जिससे आर्थिक विकास अवरूद्ध हो रहा है।
- योजना के निष्पादन में प्राप्त प्रगति का समय-समय पर मूल्यांकन और आवश्यक परिवर्तनों के संबंध में सिफारिश करना।

### योजना आयोग के स्थान पर नीति आयोग

- प्रधानमंत्री श्री नरेन्द्र मोदी द्वारा 15 अगस्त, 2014 को

लाल किले से अपने भाषण में योजना आयोग को समाप्त करने की बात कही गई थी।

- योजना आयोग के बारे में पहली बार आत्ममंथन वर्ष 1992 में आर्थिक सुधारों की शुरूआत होने के बाद से हुआ।
- वर्ष 2012 में संसद की सलाहकार समिति ने भी योजना आयोग की प्रासंगिकता पर प्रश्न चिह्न लगाए थे और योजना आयोग में बदलाव पर जोर दिया था।
- **योजना आयोग की प्रमुख कमियां निम्नलिखित थीं-**

(i) 90 के दशक में अर्थव्यवस्था के उदारीकरण के बाद योजना आयोग की प्रासंगिकता कम होती चली गई।

(ii) योजना आयोग एक जवाबदेह और निष्पक्ष निकाय के रूप में काम नहीं कर रहा था।

(iii) आयोग अपनी स्थापना के समय से ही केंद्रीय सत्ता दल का उपकरण मात्र बन कर रह गया था।

(iv) योजना आयोग में सरकारी कर्मचारियों का प्रभुत्व स्थापित था।

(v) इसमें राज्यों के प्रतिनिधित्व का अभाव था, जिसके कारण राज्य भेदभाव का आरोप लगाते रहते थे।

- उल्लेखनीय है कि योजना आयोग का गठन देश के पहले प्रधानमंत्री पंडित जवाहर लाल नेहरू द्वारा 23 मार्च, 1950 को किया गया था।

## नीति आयोग (National Institution for Transforming India or NITI Aayog)

- इस नई व्यवस्था में केंद्र सरकार के साथ ही राज्यों और विशेषज्ञों की भी भूमिका होगी।
- इस नई व्यवस्था में राज्यों की भूमिका बढ़ाई जाएगी, ताकि उनके हितों के अनुसार योजना में फेरबदल किया जा सके।
- यह राज्यों के आपसी विवाद के समाधान का मंच भी बनेगी।
- नीति आयोग के अध्यक्ष स्वयं प्रधानमंत्री होंगे।
- इस संस्था में कुछ कैबिनेट मंत्रियों एवं कुछ राज्यों के मुख्यमंत्रियों और अलग-अलग विषयों के विशेषज्ञ शामिल होंगे।
- मुख्यमंत्रियों को बारी-बारी से इसका सदस्य बनाया जाएगा।
- पूर्वोत्तर के राज्यों से एक मुख्यमंत्री को हमेशा इस संस्था में जगह मिलेगी।

## संगठनात्मक स्वरूप

**अध्यक्ष** - प्रधानमंत्री

**उपाध्यक्ष**- प्रधानमंत्री नियुक्त करेंगे।

(नीति आयोग के पहले उपाध्यक्ष अरविन्द पनगड़िया थे। वर्तमान उपाधयक्ष डॉ. राजीव कुमार हैं)

**गवर्निंग काउंसिल**- सभी राज्यों के मुख्यमंत्री एवं केंद्र शासित प्रदेशों के राज्यपाल इसमें सम्मिलित होंगे।

**विशेष आमंत्रित सदस्य**- प्रधानमंत्री द्वारा नामित किए जाएंगे।

**पूर्णकालिक सदस्य**- अधिकतम 5 सदस्य होंगे।

**अंशकालिक सदस्य**- अधिकतम 2 पदेन सदस्य होंगे।

**मुख्य कार्यकारी अधिकारी (सी.ई.ओ.)**- आयोग के मुख्य कार्यकारी अधिकारी के रूप में एक सचिव स्तर के अधिकारी की नियुक्ति प्रधानमंत्री द्वारा निश्चित कार्यकाल के लिए की जाएगी।

## क्षेत्रीय परिषदें भी बनेंगी

- एक से अधिक राज्यों से या क्षेत्र से जुड़े मामलों के समाधान के लिए क्षेत्रीय परिषदें बनेंगी, जिसका गठन प्रधानमंत्री करेंगे।
- इसमें राज्यों के मुख्यमंत्री व उप-राज्यपाल शामिल होंगे।
- प्रधानमंत्री द्वारा नामित व्यक्ति क्षेत्रीय परिषद् की अध्यक्षता करेगा।
- योजना आयोग और नीति आयोग के बीच हुए बदलाव को इस प्रकार समझा **जा सकता है-**

| योजना आयोग | नीति आयोग |
|---|---|
| • योजना बनाने में टॉप-टू-डाउन एप्रोच अर्थात् नीतियों को तय करने में केंद्र के बाद राज्यों का स्थान आता है। | • योजनाएं राज्यों से परामर्श के बाद ही बनेंगी अर्थात् विकेंद्रीकृत नीति नियोजन। |
| • योजना आयोग द्वारा ही विकास दर, लक्ष्य और रण-नीति तय की जाती थी। | • राज्यों से परामर्श करके राष्ट्रीय विकास रणनीति बनाई जाएगी। |
| • कैबिनेट की मंजूरी से पंचवर्षीय योजनाएं बनाना और एन. सी. से पास करवाया जाता था। | • केंद्र-राज्य मिलकर पंचवर्षीय योजनाओं की जगह मध्यावधि और दीर्घावधि रणनीति तैयार करेंगे। |
| • यह मूलत: केंद्र सरकार की संस्था थी, राज्यों की भागी-दारी नहीं। | • इसमें राज्यों के प्रतिनिधि शामिल होंगे। |
| • राज्यों से विचार-विमर्श की संस्थागत व्यवस्था नहीं। | • राज्यों से नियमित कोई विचार-विमर्श होगा। |
| • राज्यों की समस्याओं को सुलझाने की सुदृढ़ व्यवस्था नहीं। | • इस आयोग का सचिवा-लय केंद्र व राज्यों के बीच सेतु का काम करेगा। |
| • केंद्र प्रायोजित योजनाओं पर अधिक जोर दिया जाता था। | • राज्य अपनी आवश्यकता-नुसार योजनाएं बना सकेंगे। |

### उद्देश्य

- नीति आयोग केंद्र के 'थिंक टैंक' के रूप में काम करेगा।
- केंद्र व राज्य स्तर पर केंद्र सरकार को नीति के प्रमुख कारकों के बारे में आवश्यक और तकनीकी परामर्श उपलब्ध कराएगा।
- सशक्त राज्य से सशक्त राष्ट्र, इस मंत्र से सहकारी संघवाद को बढ़ावा मिलेगा।
- ग्राम स्तर पर योजनाएं बनाने के लिए तंत्र विकसित करना।
- राष्ट्रीय सुरक्षा के हितों और आर्थिक नीति में सामंजस्य बिठाना।
- आर्थिक प्रगति से वंचित रहे वर्गों पर विशेष ध्यान देना।
- रणनीतिक और दीर्घावधि के लिए नीति तथा कार्यक्रम का ढांचा तैयार करना।

## राष्ट्रीय विकास परिषद्

- इसकी स्थापना, 1952 में एक कार्यपालिकीय निर्णय के द्वारा हुई। यह भी न तो सांविधिक है और न ही संवैधानिक संस्था।

### संरचना

- राष्ट्रीय विकास परिषद् की संरचना में सभी संघीय मंत्री सभी राज्यों के मुख्यमंत्री केंद्र शासित क्षेत्रों के प्रशासक तथा योजना आयोग के सदस्य शामिल होते हैं।
- राष्ट्रीय विकास परिषद् का मुखिया प्रधानमंत्री होता है।
- योजना आयोग का सचिव ही राष्ट्रीय विकास परिषद् का भी सचिव होता है।

### मूल कार्य

- राष्ट्रीय विकास परिषद् का मूल कार्य योजना के प्रारूप पर अपनी सहमति देना है। अर्थात् योजना आयोग की कोई भी योजना तब तक लागू नहीं हो सकती। जब तक राष्ट्रीय विकास परिषद् इसकी अनुमति प्रदान न कर दे।
- राष्ट्रीय योजना के लिए निर्देशकों का निर्माण तथा योजना आयोग के द्वारा निर्मित योजना पर विचार, योजनाओं के क्रियान्वयन के लिए संसाधनों का आकलन तथा इनकी पूर्ति के लिए उपाय सुझाना।
- राष्ट्रीय विकास को प्रभावित करने वाले सामाजिक एवं आर्थिक नीतियों से संबंधित महत्वपूर्ण प्रश्नों पर विचार।
- समय-समय पर राष्ट्रीय योजनाओं के क्रियान्वयन का पुनरावलोकन तथा राष्ट्रीय नियोजन के लक्ष्यों को प्राप्त करने के लिए उपायों को सुझाना।

## क्षेत्रीय परिषदें

- इसकी स्थापना राज्य पुनर्गठन अधिनियम, 1956 के द्वारा की गई।
- क्षेत्रीय परिषदों का निर्माण संसद द्वारा किया गया।

### संरचना

- क्षेत्रीय परिषदों का पदेन अध्यक्ष, संघीय गृहमंत्री होता है।
- इसके अलावा क्षेत्रीय परिषदों में विभिन्न राज्यों के मुख्यमंत्री तथा एक व्यक्ति योजना आयोग द्वारा नियुक्त किया जाता है तथा प्रत्येक राज्य का मुख्य सचिव भी सम्मिलित होता है।
- भारत में निम्नलिखित **पांच** (5) क्षेत्रीय परिषदें भारत में कार्य कर रही हैं-
  (i) केंद्रीय क्षेत्रीय परिषद्।
  (ii) उत्तरी क्षेत्रीय परिषद्।
  (iii) पूर्वी क्षेत्रीय परिषद्।
  (iv) पश्चिमी क्षेत्रीय परिषद्।
  (v) दक्षिणी क्षेत्रीय परिषद्।

### क्षेत्रीय परिषदों के मूल कार्य

- इनका मूल कार्य राज्यों के मध्य विकास की विभिन्न योजनाओं के लिए सहयोग करना है तथा संघ व राज्यों के मध्य विभिन्न मुद्दों पर सहयोग का प्रावधान है।
- भावनात्मक रूप में देश का एकीकरण प्राप्त करना।
- क्षेत्रवाद, भाषायी तथा पृथक्तावाद को रोकने में सहायता करना।
- विभाजन के बाद के प्रभावों को दूर करना, ताकि पुनर्गठन, एकीकरण तथा आर्थिक विकास की प्रक्रिया एक साथ चल सके।
- मुख्य विकास योजनाओं के सफल तथा तीव्र क्रियान्वयन के लिए एक-दूसरे की सहायता करना।
- देश के अलग-अलग क्षेत्रों के मध्य राजनैतिक साम्य सुनिश्चित करना।

## पूर्वोत्तर परिषद्

- इसका गठन वर्ष 1972 में किया गया था।
- पूर्वोत्तर परिषद् में सभी सातों पूर्वी राज्य सम्मिलित हैं। लेकिन वर्ष 1994 में इसमें सिक्किम को भी सम्मिलित किया गया है।
- पहले पूर्वोत्तर परिषद् का पदेन अध्यक्ष असम का राज्यपाल होता था, लेकिन वर्तमान में इसका अध्यक्ष पूर्वोत्तर विकास मामलों का मंत्री होता है, जो संघ सरकार के अंतर्गत् कार्य करता है।

### मूल कार्य

- पूर्वी राज्यों के एकीकृत आर्थिक विकास को संपन्न किया जा सके।
- लोक व्यवस्था एवं सुरक्षा भी बनाई रखी जा सके।

## राष्ट्रीय एकता परिषद्

- राष्ट्रीय एकता परिषद् का विचार वर्ष 1961 में प्रधानमंत्री

नेहरू के द्वारा प्रस्तुत किया गया और वर्ष 1962 में इसकी पहली बैठक हुई।

- इसका मूल उद्देश्य देश को विभाजित करने वाली विशिष्ट सांप्रदायिक, जाति, क्षेत्रवाद और भाषायी समस्यों के समाधान की खोज करना है।
- राष्ट्रीय एकता परिषद् कार्यपालिका द्वारा स्थापित एक संस्था है, जिसका अनेक बार पुनर्गठन किया गया है और इसका वर्ष 2013 में पुन: पुनर्गठन किया गया है तथा नई दिल्ली में इसकी 15वीं बैठक आयोजित की गई।
- इसका अध्यक्ष प्रधानमंत्री हैं तथा 14 कैबिनेट मंत्री इसके सदस्य हैं। इसके अतिरिक्त सभी राज्यों के मुख्यमंत्री और केंद्र शासित क्षेत्रों के प्रशासकों को शामिल किया गया है।
- इसमें राष्ट्रीय और क्षेत्रीय दलों के वरिष्ठ नेता सम्मिलित हैं तथा मानवाधिकार, अल्पसंख्यक, महिला और अनुसूचित जाति और जनजाति आयोग के अध्यक्षों को सम्मिलित किया गया है।
- मीडिया से जुड़े व्यक्ति, व्यावसायिक घरानों के प्रतिनिधि व श्रमिकों के प्रतिनिधि तथा महिलाओं के प्रतिनिधियों को शामिल किया गया है एवं इसके अतिरिक्त देश के गणमान्य व्यक्ति भी उसमें शामिल हैं।
- इसकी स्थापना वर्ष 1986 में किया गया था।
- यह भी मूलत: संविधान में वर्णित संस्था नहीं है।
- इसका अध्यक्ष प्रधानमंत्री होता है। इसमें समाज के किसी भी बुद्धिजीवी को शामिल किया जा सकता है। इसलिए यह एक सरकारी मशीनरी नहीं है।

### मूल कार्य

- इसका मूल कार्य अखिल भारतीय स्तर पर अल्पसंख्यकों का कल्याण करना है। राष्ट्रीय एकता एवं अखंडता में वृद्धि करना है।

## संघवाद से संबंधित कुछ तथ्य

### संघ सूची में शामिल कुछ महत्वपूर्ण विषय

- भारत की रक्षा।
- विदेशी मामले।
- नागरिकता, देशीयकरण और अन्यदेशीय।
- रेल।
- जनगणना।

### राज्य सूची में शामिल कुछ महत्वपूर्ण विषय

- लोक व्यवस्था।
- पुलिस।
- स्थानीय शासन।
- लोक स्वास्थ्य और स्वच्छता।
- कृषि, जिसके अंतर्गत् कृषि शिक्षा और अनुसंधान।
- उद्योग।
- कृषि आय पर कर।
- पथकर।

### समवर्ती सूची में शामिल कुछ महत्वपूर्ण विषय

- दंड विधि।
- दंड प्रक्रिया।
- विवाह और विवाह विच्छेद।
- न्यास और न्यासी।
- सिविल प्रक्रिया।

## संघ और राज्य के संबंध में भाषायी प्रावधान

- संघ और राज्यों के मध्य संचार, संप्रेषण की भाषा, हिंदी और उसके साथ अंग्रेजी होगी।
- विभिन्न राज्यों के मध्य संचार एवं संप्रेषण की भाषा, हिंदी और उसके साथ अंग्रेजी होगी।
- लेकिन यदि दो या दो से अधिक राज्य अपने संचार एवं संप्रेषण के लिए हिंदी का प्रयोग करना चाहते हैं, तो ऐसा किया जा सकता है।
- यदि किसी राज्य की जनसंख्या का एक भाग राष्ट्रपति से यह अनुरोध करे कि किसी भाषा विशिष्ट को राज्य की अधिकारिक भाषा बना दिया जाए, तो राष्ट्रपति ऐसा कर सकता है।
- अनुच्छेद-345 के अनुसार, राज्य की कोई अधिकारिक भाषा नहीं है, बल्कि राज्य कोई भी भाषा या हिंदी स्वीकार कर सकता है।

## संघवाद एवं राष्ट्रीय एकीकरण

- भारत में क्षेत्रीय विविधता स्वाभाविक है। इसलिए भारत में एकता का अभिप्राय, विविधताओं में एकता स्थापित करना है।
- अत: राष्ट्रीय एकता का आशय, विविधताओं का विनाश करना नहीं, बल्कि विविधताओं में सामंजस्य करना है।
- राष्ट्रीय एकीकरण को ध्यान में रखते हुए प्रस्तावना में अखंडता शब्द को 42वें संविधान संशोधन से जोड़ा गया।
- इसी राष्ट्रीय एकता को संरक्षित करने के लिए संविधान में 16वां संशोधन भी किया गया है, जिसके तहत् अभिव्यक्ति व आजादी पर राष्ट्रीय एकता तथा अखंडता के आधार पर प्रतिबंध लगाया जा सकता है।
- भारत में इस विविध एवं विशाल क्षेत्रीय विविधता के कारण संघवादी शासन प्रणाली का प्रयोग किया गया, क्योंकि संघवादी शासन प्रणाली में एकता एवं विविधता के मध्य बेहतर सामंजस्य किया जा सकता है।

- इसलिए संघवादी शासन प्रणाली के लिए कहा जाता है कि इसमें केंद्रीयकरण के साथ विकेंद्रीकरण की प्रवृत्ति भी पाई जाती है।
- राष्ट्रीय एकता को सामान्यतया राष्ट्र निर्माण भी कहा जाता है। राष्ट्र निर्माण का आशय, राष्ट्रीय एकता एवं अखंडता की वृद्धि है।

## विशेष राज्य का दर्जा

- विशेष राज्य के दर्जे का विचार वर्ष 1969 में उत्पन्न हुआ। वित्त आयोग ने गाडगिल फॉर्मूले के आधार पर 3 राज्यों को विशेष राज्य का दर्जा दिया गया। ये राज्य असम, मेघालय और जम्मू एवं कश्मीर थे। राज्यों को विशेष दर्जा देने के लिए निम्नलिखित आधारों का प्रयोग **किया गया-**
  - (i) पहाड़ी और दुर्गम क्षेत्र।
  - (ii) कम जनसंख्या घनत्व तथा जनजातियों की ज्यादा आबादी।
  - (iii) पड़ोसी राज्यों के साथ सामरिक अवस्थिति।
  - (iv) आर्थिक और आधारभूत संरचना के क्षेत्र का पिछड़ापन।
  - (v) राज्य वित्त की कमजोर स्थिति।

## विशेष राज्य के दर्जे के लाभ

- गाडगिल फॉर्मूले के अनुसार, विशेष राज्य के दर्जे को संघ सरकार के द्वारा करों में विशेष छूट प्राप्त होती है।
- राज्यों को प्रशुल्कों में भी छूट प्रदान की जाती है, जिससे राज्यों में निवेश आकर्षित होता है।
- राज्यों के समक्ष बजट की कमी नहीं होती और उनके ऋण भी माफ कर दिए जाते हैं।
- केंद्र प्रायोजित योजनाओं में विशेष राज्यों को 90 प्रतिशत अनुदान व 10 प्रतिशत कर्ज दिया जाता है।
- जबकि अन्य राज्यों को केंद्र प्रायोजित योजनाओं में 70 प्रतिशत अनुदान और 10 प्रतिशत कर्ज दिया जाता है।
- संघ सरकार के द्वारा राज्यों को दी गई कुल सहायता का 30 प्रतिशत भाग विशेष राज्य के दर्जे वाले राज्यों को प्राप्त होता है।

## विशेष राज्य के दर्जे के आधार में प्रस्तावित परिवर्तन

- वर्ष 2013 के बजट भाषण में तत्कालीन वित्तमंत्री चिदंबरम ने नए मानकों के लिए सुझाव दिया। उनके अनुसार, राज्यों का राष्ट्रीय औसत आय से पिछड़ापन, प्रति व्यक्ति आय, साक्षरता और अन्य मानवीय विकास के संकेतों को आधार बनाना चाहिए।
- रघुराम राज पैनल के द्वारा भारत में पिछड़े राज्यों के पहचान के लिए बहु आयामी संकेतकों का प्रयोग किया गया तथा ओडीशा को सबसे पिछड़ा राज्य कहा गया एवं गोवा को सबसे विकसित राज्य कहा गया।
- वर्तमान में बिहार और ओडीशा भी विशेष राज्यों के दर्जे की मांग कर रहे हैं।

अध्याय 11

# निर्वाचन प्रक्रिया तथा निर्वाचन आयोग

# ELECTORAL PROCESS AND ELECTION COMMISSION

## निर्वाचन आयोग की संरचना (अनुच्छेद-324)

- प्रारंभ में (वर्ष 1950) निर्वाचन आयोग एक सदस्यीय था, जिसमें मुख्य निर्वाचन आयुक्त थे।
- वर्ष 1989 में निर्वाचन आयोग को दो सदस्यीय बना दिया गया।
- वर्ष 1990 में निर्वाचन आयोग को फिर से एक सदस्यीय बना दिया गया।
- वर्ष 1993 से निर्वाचन आयोग को तीन सदस्यीय बना दिया गया है।
- प्रथम मुख्य निर्वाचन आयुक्त, सुकुमार सेन थे तथा वर्तमान में मुख्य निर्वाचन आयुक्त ओम प्रकाश रावत हैं।

## निर्वाचन आयोग की स्वतंत्रता एवं स्वायत्तता

- मुख्य निर्वाचन आयुक्त तथा अन्य आयुक्तों की नियुक्ति राष्ट्रपति द्वारा की जाती है।
- संविधान में निर्वाचन आयोग की स्वतंत्रता व स्वायत्तता पर बल दिया गया है।
- मुख्य निर्वाचन आयुक्त को हटाने का प्रावधान इस प्रकार है, जैसे उच्चतम न्यायालय के न्यायाधीशों को हटाया जाता है।
- उसके वेतन एवं भत्ते में कार्यकाल के दौरान कोई अलाभकारी परिवर्तन नहीं होगा।
- भारत में मुख्य निर्वाचन आयुक्त, राष्ट्रपति के प्रसाद पर्यंत पर काम नहीं करता है।

## कार्यकाल

- निर्वाचन आयुक्त का कार्यकाल 6 वर्ष या 65 वर्ष की आयु तक है। यदि 6 वर्ष का कार्यकाल पूरा होता है, तो हटना पड़ेगा और यदि 6 वर्ष का कार्यकाल शेष रहने पर भी 65 वर्ष की आयु पूरा होने पर हटना पड़ेगा।
- निर्वाचन आयुक्त, राष्ट्रपति को अपना त्याग पत्र देकर पद छोड़ सकते हैं।

## पद से हटाना

- मुख्य निर्वाचन आयुक्त को हटाने की प्रक्रिया उच्चतम न्यायालय के न्यायाधीश को हटाने की प्रक्रिया के समान है।
- राष्ट्रपति, अन्य निर्वाचन आयुक्त तथा प्रादेशिक निर्वाचन आयुक्त को मुख्य निर्वाचन आयुक्त की सिफारिश पर पदच्युत करता है।

## निर्वाचन आयोग के कार्य

- कार्यों का संक्षिप्त वर्णन संविधान में किया गया है। जैसे-राष्ट्रपति, उपराष्ट्रपति, लोक सभा एवं विधान सभाओं के सदस्यों के चुनाव कराना और इनके निर्वाचन का नामांकन करना।

## जनप्रतिनिधित्व अधिनियम, 1950 के अनुसार, कार्य

- मतदाता के लिए अर्हता का निर्धारण करना एवं उनका पंजीकरण करना एवं मतदाता सूची तैयार करना है।
- वर्तमान में निर्वाचन आयोग के **कार्य निम्नलिखित हैं-**
  - (i) राष्ट्रपति का निर्वाचन कराना।
  - (ii) उपराष्ट्रपति का निर्वाचन कराना।
  - (iii) लोक सभा का निर्वाचन कराना।
  - (iv) विधान परिषदों एवं विधान सभाओं का निर्वाचन कराना।
  - (v) राज्य सभा का निर्वाचन कराना।
  - (vi) निर्वाचक नामावली तैयार करना तथा मतदाताओं का पंजीकरण करना।
  - (vii) निर्वाचन की तिथि और समय-सारणी निर्धारित करना।
  - (viii) राजनीतिक दलों को मान्यता प्रदान करना तथा उन्हें चुनाव चिह्न प्रदान करना।
  - (ix) चुनाव के समय दलों व उम्मीदवारों के लिए आचार संहिता का निर्माण करना।
  - (x) अनियमितताओं के आधार पर चुनाव रद्द करना।
  - (xi) राष्ट्रपति को सलाह देना कि राष्ट्रपति शासन वाले राज्य में एक वर्ष समाप्त होने के बाद चुनाव कराए जाएं या नहीं। संविधान में उल्लिखित सांसदों की अयोग्यता के संदर्भ में राष्ट्रपति को सलाह देना।

(xii) चुनाव क्षेत्रों के परिसीमन में परिसीमन आयोग को सहायता प्रदान करना।

(xiii) राजनीतिक दलों को राष्ट्रीय दल तथा क्षेत्रीय दल का दर्जा प्रदान करना।

## राष्ट्रीय दल तथा क्षेत्रीय दल का दर्जा प्रदान करने का तरीका

### राष्ट्रीय दल का दर्जा प्रदान करने का तरीका

(i) यदि कोई दल विधान सभा या लोक सभा के चुनाव में चार या चार से अधिक राज्यों में 6 प्रतिशत से अधिक वैध मत प्राप्त करता है।

(ii) इसके अतिरिक्त लोक सभा चुनावों में किसी राज्य या राज्यों में 4 सीटें प्राप्त की है।

(iii) कोई दल राष्ट्रीय दल की मान्यता प्राप्त करता है, यदि वह लोक सभा में दो प्रतिशत स्थान जीतता है तथा ये सदस्य तीन विभिन्न राज्यों से चुने जाते हैं।

(iii) यदि कोई दल कम से कम चार राज्यों में राज्य स्तरीय दल के रूप में मान्यता प्राप्त है।

### वर्तमान में निम्नलिखित दलों को राष्ट्रीय दल के रूप में मान्यता प्रदान की गई है

1. भारतीय राष्ट्रीय कांग्रेस, 1885
2. भारतीय कम्युनिस्ट पार्टी, 1925
3. भारतीय जनता पार्टी, 1951
4. भारतीय कम्युनिस्ट पार्टी (मार्क्सवादी), 1964
5. बहुजन समाज पार्टी, 1984
6. राष्ट्रवादी कांग्रेस पार्टी, 1999
7. तृणमूल कांग्रेस-1998-ममता बनर्जी।

### क्षेत्रीय दलों की स्थापना एवं उनके संस्थापक

1. असम गण परिषद्-1985-प्रफुल्ल कुमार महंत।
2. बीजू जनता दल-1997-नवीन पटनायक।
3. जनता दल (यूनाइटेड)-1999-शरद यादव।
4. समाजवादी दल-1992-मुलायम सिंह यादव।
5. प्रजा राज्यम् दल-2008-चिरंजीवी।

### क्षेत्रीय दल का दर्जा प्रदान करने का तरीका

(i) यदि उस दल ने राज्य की विधान सभा के आम चुनाव में उस राज्य से कुल वैध मतों का छह प्रतिशत प्राप्त किया हो तथा इसके अतिरिक्त उसने संबंधित राज्य में 2 स्थान प्राप्त किए हों।

(ii) यदि वह राज्य की लोक सभा के लिए हुए आम चुनाव में उस राज्य से हुए कुल वैध मतों का छह प्रतिशत प्राप्त करता है तथा इसके अतिरिक्त उसने संबंधित राज्य में लोक सभा की कम से कम 1 सीट जीती है।

(iii) यदि उस दल ने राज्य की विधान सभा के कुल स्थान का तीन प्रतिशत या तीन सीटें जो भी ज्यादा हों, प्राप्त किए हों।

(iv) किसी राज्य के विधान सभा चुनावों में प्रति 25 सीटों पर 1 सीट प्राप्त करना।

(v) राज्य विधान सभा या लोक सभा चुनावों में वैध मतों का 8 प्रतिशत प्राप्त करना।

## निर्वाचन कराने के व्यावहारिक प्रावधान

### क्षेत्रीय निर्वाचन आयुक्त

- भारत में लोक सभा चुनाव के लिए निर्वाचन आयोग द्वारा क्षेत्रीय निर्वाचन आयुक्तों को नियुक्त किया जाता है। क्षेत्रीय आयुक्त, निर्वाचन आयोग की सहायता करते हैं।

### राज्य स्तर पर चुनाव की मशीनरी

- राज्यों में चुनाव के लिए राज्य सरकार द्वारा अधिकारियों की सूची चुनाव आयोग को सौंपी जाती है। चुनाव आयोग इन अधिकारियों में से राज्य के मुख्य निर्वाचन अधिकारी की नियुक्ति करता है।

### जनपद स्तर पर

- जिलाधिकारी, जनपद निर्वाचन अधिकारी के रूप में कार्य करता है।

## निर्वाचन आयोग के वर्तमान परिवर्तित कार्य

- वर्ष 1990 के बाद निर्वाचन आयोग का उभार भारतीय राजनीतिक परिदृश्य में एक प्रभावी संस्था के रूप में हुआ। वर्ष 1990 के बाद एक ओर विधायिका एवं कार्यपालिका का ह्रास हुआ, तो दूसरी ओर निर्वाचन आयोग एवं न्यायपालिका की भूमिका में उत्तरोत्तर वृद्धि हुई।
- वर्ष 1990 के बाद संघ में भी अल्पमत और गठबंधन सरकारों का दौर आरंभ हुआ। भारतीय राजनीति में संघ शासन में वर्ष 1996 से वर्ष 1999 के बीच के तीन वर्षों में तीन लोक सभा चुनाव आयोजित हो गए। इसलिए 90 के दशक में निर्वाचन आयुक्त की भूमिका ज्यादा शक्तिशाली बनकर उभरी है। अब यह 5 वर्ष में केवल एक बार दिखने वाली संस्था नहीं रही। राज्य विधान सभा चुनाव भी हर वर्ष होने लगे। इसलिए निर्वाचन आयोग की भूमिका प्रभावी बनीं। यह उल्लेखनीय है कि वर्ष 1971 से पहले भारत में संघ और राज्य विधान सभा के चुनाव एक साथ होते थे। परंतु वर्ष 1971 से पहली बार संघ एवं विधान सभा के चुनाव अलग-अलग समय पर होने लगे।

## चुनाव आचार संहिता

- वर्ष 1990 के बाद भारतीय राजनीति का अपराधीकरण हुआ तथा अपराधियों का राजनीतिकरण हुआ। चुनाव में धन बल बहुमत का प्रभावी प्रयोग किया गया और जाति, धर्म जैसे तत्वों का भी अत्यधिक उपयोग किया गया। परिणामस्वरूप स्वतंत्र एवं निष्पक्ष चुनाव आयोजित करना बहुत बड़ी चुनौती बन गई। निर्वाचन आयोग ने चुनाव आचार संहिता को सख्ती से लागू किया। यद्यपि यह उल्लेखनीय है कि चुनाव आचार संहिता का प्रयोग निर्वाचन आयोग ने वर्ष 1960 के दशक से ही प्रारंभ कर दिया था। लेकिन इसका प्रभावी और महत्वपूर्ण प्रयोग वर्ष 1990 के बाद टी. एन. शेषन के कार्यकाल से देखा गया।

### चुनाव आचार संहिता का मूल उद्देश्य निम्नलिखित हैं

1. सरकार में रहने वाले सत्ताधारी दल को सरकार में रहने का किसी प्रकार का लाभ प्राप्त न हो।
2. सभी लोगों के लिए चुनाव में समान अवसर प्रदान करना।
3. कोई भी प्रत्याशी जाति, धर्म या पैसे का प्रयोग करके चुनाव को प्रभावित नहीं करेगा।

### लागू होना

- निर्वाचन की तिथि घोषित होने के साथ ही चुनाव आचार संहिता लागू हो जाती है।

### प्रावधान

- चुनाव आचार संहिता के अंतर्गत् चुनाव की तिथि की घोषणा के बाद सरकार किसी प्रकार की नई योजनाओं का ऐलान या शुरूआत नहीं करेगी।
- चुनाव आचार संहिता लागू होने के बाद किसी भी सरकारी अधिकारी का स्थानांतरण चुनाव आयोग की सहमति के बिना संभव नहीं है।
- निर्वाचन आयोग के द्वारा सरकारी अधिकारियों का भी स्थानांतरण किया जा सकता है।
- निर्वाचन आयोग के द्वारा राजनीति के अपराधीकरण पर अंकुश लगाने का प्रयत्न किया गया और उससे भी बढ़कर वर्ष 2007 में निर्वाचन आयोग ने पहली बार यह प्रावधान किया कि निर्वाचन में भाग ले रहे उम्मीदवारों को अपने नामांकन पत्र के साथ एक ऐसा हलफनामा प्रस्तुत करना होगा, जिसमें उम्मीदवार अपने शैक्षिक रिकॉर्ड, अपनी वित्तीय देनदारी तथा अपने आपराधिक पृष्ठभूमि की भी घोषणा करेगा या अपने ऊपर चल रहे मुकद्दमों का भी वर्णन करेंगे।
- चुनाव आचार संहिता के अंतर्गत् सरकार के सभी मंत्रियों को सरकारी वाहन के प्रयोग से वंचित कर दिया गया। (प्रधानमंत्री को छोड़कर)
- चुनाव आचार संहिता का उल्लंघन करने पर चुनाव आयोग को दंडित करने की शक्ति नहीं है।

## परिसीमन आयोग

- चुनाव आयोग का सर्वप्रथम कार्य चुनाव क्षेत्रों का सीमांकन होता है। परिसीमन आयोग अधिनियम, 1952 में यह प्रावधान है कि दस वर्ष बाद होने वाली प्रत्येक जनगणना के उपरांत निर्वाचन क्षेत्रों का सीमांकन किया जाना चाहिए।
- मुख्य चुनाव आयुक्त, इस परिसीमन आयोग का पदेन सदस्य होता है और उसके अतिरिक्त इनमें दो सदस्य सर्वोच्च न्यायालय अथवा उच्च न्यायालयों के अवकाश प्राप्त न्यायाधीश होते हैं।
- लोक सभा व विधान सभाओं के क्षेत्रों को निर्धारित करना, परिसीमन आयोग के कार्य हैं।
- प्रत्येक जनगणना के बाद परिसीमन का प्रावधान किया गया है।
- **पहला**, परिसीमन आयोग, 1951 में, **दूसरा**, परिसीमन आयोग, 1961 में तथा **तीसरा**, परिसीमन आयोग, 1971 में बना। 42वें संविधान संशोधन द्वारा यह प्रावधान कर दिया गया कि वर्ष 1971 के बाद वर्ष 2000 तक कोई परिसीमन आयोग नहीं बनेगा।
- चौथा, परिसीमन आयोग न्यायाधीश कुलदीप सिंह की अध्यक्षता में वर्ष 2001 में बना।
- 84वें संविधान संशोधन में कहा गया कि वर्ष 2026 तक परिसीमन नहीं किया जाएगा।
- 87वें संविधान संशोधन में यह प्रावधान किया गया है कि परिसीमन के लिए वर्ष 2001 के जनसंख्या के आंकड़ों को आधार बनाया जाएगा।
- कुलदीप सिंह की अध्यक्षता में बने आयोग से सीटों की संख्या नहीं बढ़ी। लेकिन अनुसूचित जाति तथा अनुसूचित जनजाति के सदस्यों के आरक्षण की संख्या में वृद्धि हुई। वर्ष 2002 के परिसीमन के बाद लोक सभा में अनुसूचित जातियों के लिए 84 सीटें आरक्षित हैं, जबकि लोक सभा में अनुसूचित जनजातियों के लिए 47 सीटें आरक्षित हैं।

  **Note :** परिसीमन आयोग की रिपोर्ट प्रकाशित होने के बाद उसे किसी न्यायालय में चुनौती नहीं दी जा सकती।

## चुनाव सुधार

- चुनाव सुधार के लिए बनाई गई समिति–

(i) तारकुण्डे समिति।

(ii) इन्द्रजीत गुप्ता समिति।

(iii) दिनेश गोस्वामी समिति।

- निर्वाचन आयोग की भूमिका अत्यधिक महत्वपूर्ण और प्रशंसनीय है। निर्वाचन आयोग ने लोक सभा के 16 चुनाव का सफलतापूर्वक संचालन किया है, लेकिन इसको भी प्रभावी बनाने के लिए भारत में तत्काल रूप से कुछ और निर्वाचन सुधारों की आवश्यकता है। **इसमें कुछ मुख्य निम्नलिखित हैं-**
  - (i) राजनीतिक दलों के द्वारा प्राप्त चंदे को सार्वजनिक करना चाहिए और उसका स्रोत बताना होगा।
  - (ii) चुनाव आचार संहिता को वैधानिक आधार प्रदान किया जाए और इसके उल्लंघन करने वालों को दंडित करने का अधिकार भी चुनाव आयोग को सौंपा जाए।
  - (iii) एक प्रत्याशी को दो निर्वाचन क्षेत्रों से चुनाव लड़ने पर स्पष्ट प्रतिबंध लगाए जाएं।
  - (iv) प्रत्येक राजनीतिक दलों का वार्षिक अंकेक्षण होना चाहिए।
  - (v) जिन सांसदों और विधायकों के विरुद्ध अपराध के मामले लंबित है, उन मामलों को निपटाने के लिए फास्ट ट्रैक कोर्ट की स्थापना होनी चाहिए और एक निश्चित समय सीमा में इनके विरुद्ध चल रहे मामलों को निपटाया जाए।
  - (vi) सांसदों व विधायकों के लिए निर्धारित खर्च राशि का पालन सख्ती से लागू किया जाए।
  - (vii) चुनाव के लिए वित्तीय सहायता सरकार के द्वारा भी प्रदान की जा सकती है, जिसका समर्थन इन्द्रजीत गुप्ता समिति ने किया।
  - (viii) भारत में लोकतंत्र की मूल समस्या प्रत्येक राजनीतिक दल ही अलोकतांत्रिक है। अतः इनमें भी आंतरिक लोकतंत्र होना चाहिए।
- वर्ष 1999 से डाक मतपत्र द्वारा मतदान की सुविधा प्रदान की गई है।
- वर्ष 2003 से उम्मीदवारों को अपने खिलाफ चल रहे अदालती मामलों, संपत्ति का विवरण, शैक्षणिक योग्यता के बारे में बताना अनिवार्य कर दिया गया है।
- वर्ष 2011 से बड़े राज्यों के लिए निर्वाचन खर्च की सीमा 40 लाख रूपये कर दी गई है तथा अन्य राज्यों तथा केंद्र शासित प्रदेशों के लिए निर्वाचन खर्च की सीमा 16 लाख पांडिचेरी में लोक सभा क्षेत्रों में 33 लाख तथा विधान सभा क्षेत्रों के लिए 8 लाख रूपये हैं। दिल्ली में लोक सभा के लिए 40 लाख तथा विधान सभा के लिए 14 लाख हैं।
- वर्ष 2003 से यह भी प्रावधान किया गया है कि सरकार, संसद एवं विधान सभा चुनाव में मान्यता प्राप्त दलों के उम्मीदवारों को निःशुल्क मतदाता सूची एवं अन्य आवश्यक चीजों की पूर्ति करेगी।
- 20,000 रूपये से अधिक का चंदा प्राप्त करने पर उस दल को इसकी सूचना निर्वाचन आयोग को देनी होगी।
- चुनाव प्रचार की अवधि 14 दिन निर्धारित की गई है।
- निर्दलीय प्रत्याशी की मृत्यु होने पर चुनाव स्थगित नहीं किया जाएगा।

  **Note :** निर्वाचन की अधिसूचना लोक सभा चुनाव के लिए राष्ट्रपति जारी करते हैं तथा विधान सभा चुनाव के लिए अधिसूचना राज्यपाल जारी करते हैं। लेकिन निर्वाचन की तिथि की घोषणा चुनाव आयोग करता है।
- पुनर्मतगणना का आदेश, पीठासीन अधिकारी (जिलाधिकारी) देता है।

**बजट 2017 में चुनाव सुधारों से संबंधित निम्नलिखित प्रयास किया गया-**

(i) कोई भी राजनीतिक दल किसी भी व्यक्ति से अधिकतम नगद (Cash) के रूप में 2000 रूपये से अधिक डोनेशन प्राप्त नहीं करेंगे।

(ii) प्रत्येक दल आयकर अधिनियम के तहत आयकर रिटर्न भरेंगे।

अध्याय 12

# स्थानीय शासन संस्थाएं
# LOCAL GOVERNMENT INSTITUTIONS

## पंचायती राज का आशय

- पंचायती राज, एक दर्शन और विचारधारा है। यह केवल शासन, स्वशासन तक सीमित विचार नहीं है। इसका व्यापक अर्थ है। यह प्रत्यक्ष लोकतंत्र का पर्याय है।
- यह गांधीजी और विनोवा भावे के सर्वोदयी शासन का पर्याय है। यह शासन सत्ता को आम लोगों तक पहुंचाने का साधन है। अर्थात् यह 'सहभागी लोकतंत्र' का पर्याय है।

## ऐतिहासिक विकास

- वर्ष 1870 में लॉर्ड मेयो ने भारत में स्थानीय शासन लागू करने की अनुशंसा की।
- लॉर्ड रिपन के कार्यकाल में पहली बार स्थानीय शासन बोर्ड की स्थापना हुई, जो स्थानीय शासन के विकास में एक महत्वपूर्ण संरचनात्मक उपलब्धि मानी गई।
- राष्ट्रीय आंदोलन में महात्मा गांधीजी ने पंचायती राज को अत्यंत लोकप्रिय बना दिया।
- संविधान सभा में पंचायती राज व्यवस्था का समर्थन प्रसिद्ध गांधीवादी श्रीमन् नारायण अग्रवाल ने किया और पंचायती राज को संविधान के निदेशक तत्वों के भाग में सम्मिलित किया गया।
- स्वतंत्र भारत में जे. सी. कुमारप्पा ने गांधीवादी आदर्शों के आधार पर गांधीवादी अर्थव्यवस्था का समर्थन किया।

## स्वतंत्र भारत में पंचायती राज का विकास

- स्वतंत्र भारत में ग्रामीण जनता के जीवन स्तर में वृद्धि के लिए फोर्ड फाउण्डेशन (Ford Foundation) संयुक्त राज्य अमेरिका की मदद से वर्ष 1952 में 'सामुदायिक विकांस कार्यक्रम' एवं 'राष्ट्रीय विस्तार सेवा कार्यक्रम' लागू किया गया।
- सामुदायिक विकास कार्यक्रम के अंतर्गत् ग्रामीण लोगों को सस्ते बीज और बेहतर तकनीकी सुविधाएं देने का प्रयत्न किया गया, परंतु इस कार्यक्रम को अपेक्षित सफलता नहीं मिली। इसलिए सामुदायिक विकास कार्यक्रम के बेहतर क्रियान्वयन के लिए **बलवंत राय मेहता समिति (1957 में)** की स्थापना हुई, **जिसकी रिपोर्ट निम्नलिखित है-**
  - (i) त्रिस्तरीय पंचायती राज की स्थापना की जाएगी।
  - (ii) इसके अंतर्गत् ग्राम पंचायत का चुनाव प्रत्यक्ष एवं सीधा होगा। जबकि पंचायत समिति एवं जिला समिति का चुनाव परोक्ष रूप में होगा।
  - (iii) नियोजन व विकास की सभी गतिविधियां इन संस्थाओं को सौंपी जाए।
  - (iv) पंचायत समिति, (खंड स्तर) कार्यकारी निकाय के रूप में होगी। जबकि जिला परिषद् की भूमिका सलाहकारी, समन्वयकारी एवं पर्यवेक्षण की होगी।
  - (v) जिला परिषद् का चेयरमैन जिलाधिकारी होगा।
  - (vi) इन संस्थाओं के प्रभावी कार्यकरण के लिए उन्हें पर्याप्त संसाधन स्थानांतरित किए जाएं और भविष्य में शक्तियों का विकेंद्रीकरण किया जाए।

## पंचायतों का व्यावहारिक प्रयोग

- बलवंत राय मेहता समिति की सिफारिशों के बाद पहली बार 2 अक्टूबर, 1959 को राजस्थान के नागौर जिले में पंचायती राज लागू किया गया। दूसरा राज्य आंध्र प्रदेश था, जहां पंचायती राज लागू हुआ।
- परंतु 60 के दशक में भारतीय राजनीतिक व्यवस्था में अनेक संकट देखे गए। दो युद्ध हुए, (भारत-चीन के मध्य एवं भारत-पाकिस्तान के मध्य) जिससे खाद्यान्न तथा आर्थिक संकट पैदा हुआ। इसलिए पंचायतों का प्रभावी क्रियान्वयन नहीं हो सका।

## पंचायतों के विकास का द्वितीय चरण (अशोक मेहता समिति)

- जनता पार्टी सरकार ने **1978 में अशोक मेहता समिति** की स्थापना की, जिसने वर्ष 1978 में अपनी रिपोर्ट दी, **जिसकी मूल अनुशंसाएं हैं-**

(i) पंचायती राज द्विस्तरीय होगा, जिसमें जिला परिषद् एवं मंडल पंचायत नामक दो स्तर होंगे।

(ii) 15 से 20 हजार आबादी के लिए एक मंडल पंचायत का गठन होगा।

(iii) समिति ने जिला स्तर को सर्वाधिक महत्व दिया तथा इसे जनपद स्तर पर योजनाओं के निर्माण के लिए उत्तरदायी और कार्यकारी निकाय के रूप में माना।

(iv) पंचायतों के चुनाव में सभी स्तरों पर राजनीतिक दलों की भागीदारी को औपचारिक मंजूरी दे दी गई।

(v) समिति ने पंचायती राज संस्थाओं को करारोपण की शक्तियां एवं अपने संसाधन उगाहने की शक्ति देने की भी अनुशंसा की।

(vi) राज्य सरकारों के द्वारा पंचायती राज संस्थाओं के कार्यकरण में हस्तक्षेप नहीं होना चाहिए।

(vii) पंचायतों के विघटन के बाद चुनाव 6 महीने की अवधि में ही हो जाने चाहिए।

(viii) पंचायतों में अनुसूचित जाति और जनजातियों को उनकी जनसंख्या के अनुपात में सीटें आरक्षित करने की सिफारिश की।

(ix) इस समिति ने 'पंचायती राज वित्त निगम' की स्थापना का भी सुझाव दिया।

(x) समिति के अनुसार, राज्य सरकार के मंत्रिपरिषद् में एक पंचायती राज मंत्री की भी नियुक्ति होनी चाहिए।

(xi) राज्य के निर्वाचन आयोग द्वारा पंचायतों के चुनाव आयोजित होने चाहिए।

(xii) विकास पंचायत से अलग एक न्याय पंचायत की भी स्थापना होनी चाहिए, जिसका अध्यक्ष एक न्यायाधीश हो।

### दांतेवाला समिति

- इस समिति ने खंड स्तर पर नियोजन की अनुशंसा की।
- गांव, जनपद एवं राष्ट्रीय स्तर पर नियोजन को अंतर्संबंधित करने पर बल दिया।

### जी. वी. के. राव समिति ( 1985 )

- योजना आयोग ने 'ग्रामीण विकास एवं गरीबी निवारण कार्यक्रम' की समीक्षा के लिए वर्ष 1985 में इस समिति की स्थापना की।

#### अनुशंसाएं

- ग्रामीण विकास के लिए पंचायतों का पुनर्जीवन आवश्यक है।
- जिला परिषद् सभी विकास कार्यक्रमों के निर्धारण में केंद्रीय संस्था होनी चाहिए।
- समिति ने वित्त आयोग के गठन, पंचायतों का कार्यकाल 5 वर्ष और त्रिस्तरीय पंचायतों के गठन का सुझाव दिया।

### लक्ष्मीमल सिंघवी समिति ( 1986 )

- राजीव गांधी सरकार ने लोकतंत्र एवं विकास के लिए पंचायतों के पुनर्जीवन नामक समिति की स्थापना की, जिसके अध्यक्ष एल. एम. सिंघवी थे।

#### अनुशंसाएं

- पंचायतों को संवैधानिक आधार प्रदान किया जाए।
- त्रिस्तरीय पंचायतों का गठन किया जाए। यह **तीन स्तर** इस प्रकार होगा-ग्राम स्तर, खंड स्तर तथा जिला स्तर पर।
- पंचायतों के चुनाव एक निश्चित अवधि में संपन्न कराने के लिए एक निर्वाचन आयोग की व्यवस्था की जाए।
- वित्त आयोग के प्रभावी कार्यकरण के लिए पर्याप्त अनुदान देना।
- राजनीतिक दलों की सहभागिता को हतोत्साहित करना।
- पंचायतों में विवाद निपटाने के लिए न्याय पंचायत के गठन का सुझाव।

### पी. के. थुंगन समिति ( 1988 )

- थुंगन समिति ने भी पंचायती राज को संवैधानिक आधार देने का समर्थन किया। परंतु थुंगन समिति के अनुसार, भारत में पंचायतों का संबंध सीधा संघ सरकार से होना चाहिए। अत: समिति ने पंचायती राज को राज्यों का विषय नहीं माना।
- यह बिंदु उल्लेखनीय है कि सरकारिया आयोग ने भी पंचायती राज संस्थाओं को शक्तिशाली बनाने पर बल दिया था।

## विभिन्न सरकारों द्वारा पंचायती राज लागू करने के लिए किए गए प्रयास

- राजीव गांधी सरकार ने वर्ष 1989 में लोक सभा में 64वां संविधान संशोधन विधेयक प्रस्तुत किया, जो भारी बहुमत से पारित हो गया, परंतु राज्य सभा में पारित नहीं हुआ।
- विश्व नाथ प्रताप सिंह सरकार ने पंचायती राज को शक्तिशाली बनाने के लिए वर्ष 1990 में मंत्रियों का एक सम्मेलन आयोजित किया। वर्ष 1990 में ही सरकार ने लोक सभा में संविधान संशोधन विधेयक प्रस्तुत किया। परंतु तब तक वी. पी. सिंह सरकार गिर गई।
- वर्ष 1991 में नरसिंह राव सरकार ने पुन: इसे संवैधानिक आधार देने का प्रयत्न किया तथा 73वां व 74वां संविधान संशोधन अधिनियम, 1992 में पारित हो गया और वर्ष 1993 में यह लागू हो गया।
- यह संविधान संशोधन लागू होने के बाद पहली बार मध्य प्रदेश राज्य में चुनाव हुए।

- 73वां संविधान संशोधन 24 अप्रैल, 1993 को तथा 74वां संविधान संशोधन 1 जून, 1993 को लागू किया गया।

### 73वां संविधान संशोधन के प्रावधान

- पंचायती राज, राज्य सूची का विषय है।
- 73वें संविधान संशोधन के द्वारा संविधान में भाग-9 तथा 11वीं अनुसूची जोड़ी गई।
- राज्य सूची के 29 विषय पंचायतों को सौंपे गए।
- तीन स्तरीय पंचायती राज की स्थापना। (ग्राम स्तर, खंड स्तर एवं जिला स्तर)
- परंतु 73वें संविधान संशोधन के द्वारा यह प्रावधान भी किया गया है कि जिन राज्यों की आबादी 20 लाख से कम है, वहां दो स्तर के पंचायती राज की स्थापना की जाएगी। उदाहरण-गोवा, मणिपुर में ग्राम स्तर तथा जिला स्तर के पंचायती राज की स्थापना की गई है।

## पंचायतों का निर्वाचन

### राज्य निर्वाचन आयोग

- पंचायतों के चुनाव के लिए राज्य चुनाव आयोग की स्थापना की गई है, जिसका कार्य पंचायतों के चुनाव के लिए निर्वाचन नामावली का निर्माण करना तथा चुनाव पर नियंत्रण और निगरानी रखना है।
- पंचायतों के निर्वाचन क्षेत्रों के परिसीमन का न्यायिक पुनरावलोकन नहीं होगा।
- पंचायतों के चुनाव में गड़बड़ी एवं विवाद का निपटारा उच्च न्यायालय द्वारा होगा।
- राज्य निर्वाचन आयोग के अध्यक्ष की नियुक्ति राज्यपाल करेगा। लेकिन इसे उच्च न्यायालय के न्यायाधीश की भांति हटाया जाएगा।
- तीनों स्तरों पर सदस्यों का निर्वाचन प्रत्यक्ष होता है।
- निर्वाचित होने की आयु 21 वर्ष निर्धारित की गई है।
- खंड पंचायत एवं जिला परिषद् के अध्यक्ष परोक्ष रूप से निर्वाचित होते हैं। खंड पंचायत के सदस्य खंड परिषद् के अध्यक्ष का निर्वाचन करते हैं।
- ग्राम पंचायत अध्यक्ष प्रत्यक्ष रूप से निर्वाचित होता है।

### पंचायतों में आरक्षण

- पंचायतों के चुनाव में महिलाओं व अनुसूचित जाति एवं अनुसूचित जनजाति तथा अन्य पिछड़ा वर्ग को आरक्षण प्रदान किया गया है, (अनुच्छेद-243 (D))।
- यह बिंदु ध्यान देने योग्य है कि पिछड़े वर्ग को आरक्षण प्रदान करना, राज्य विधान सभा की मर्जी पर है।
- अध्यक्ष पद हेतु महिलाओं व अनुसूचित जाति तथा अनुसूचित जनजाति को आरक्षण भी राज्य विधान सभा की मर्जी पर है।
- 73वें संविधान संशोधन के द्वारा महिलाओं को एक-तिहाई आरक्षण प्रदान किया गया है।
- हाल ही में कुछ राज्यों ने महिलाओं को 50 प्रतिशत आरक्षण प्रदान किया है। इन राज्यों में मध्य प्रदेश, हिमाचल प्रदेश एवं बिहार राज्य है।
- अनुसूचित जाति तथा अनुसूचित जनजाति को आरक्षण उनके जनसंख्या के अनुपात में प्रदान किया जाएगा।
- पंचायतों में आरक्षण, अध्यक्ष पद एवं सदस्य दोनों के लिए होता है तथा पंचायत के तीनों स्तरों पर आरक्षण दिया जाएगा।

### पंचायतों के सदस्यों की योग्यताएं

- इसमें निर्वाचित होने के लिए 21 वर्ष की आयु आवश्यक है।
- व्यक्ति, राज्य विधान मंडल के निर्वाचन के लिए योग्य होना चाहिए।

  **Note :** पंचायतों की सबसे छोटी ईकाई ग्राम सभा होती है।
- ग्राम सभा में गांव के 18 वर्ष की आयु पूरी कर चुके सभी लोग शामिल होते हैं।

### पंचायतों का कार्यकाल

- पंचायतों का कार्यकाल 5 वर्षों के लिए निर्धारित किया गया है।
- यदि पंचायतों का विघटन निर्धारित समय के पहले हो, तो पंचायतों के विघटन के 6 माह के भीतर चुनाव होने चाहिए तथा चुनाव बचे हुए समय के लिए होगा।
- यदि पंचायतों का कार्यकाल 6 महीने से कम बचा हो, तो चुनाव समूचे 5 वर्षों के लिए होंगे।

## राज्य वित्त आयोग

- 73वें संविधान संशोधन के अंतर्गत् राज्य वित्त आयोग की स्थापना की गई है।
- राज्य वित्त आयोग के अध्यक्ष की नियुक्ति राज्यपाल के द्वारा होगी।
- राज्य वित्त आयोग के **कार्य निम्नलिखित हैं-**
  - (i) राज्य और पंचायतों के द्वारा लगाए जाने वाले शुल्क का निर्धारण और उनके बीच विभाजन करना। शुल्क, पथकर और फीस का बंटवारा करना और पंचायतों के विभिन्न स्तरों में उनको प्रदान करना।

(ii) कर, शुल्क, पथकर और फीस पंचायतों को दिए जा सकते हैं।
(iii) पंचायतों को सहायता अनुदान देना।
(iv) पंचायतों की वित्तीय स्थिति में सुधार के लिए आवश्यक उपाय।
(v) कोई अन्य विषय जो राज्यपाल दे।

## पंचायतों के अधिकार

- राज्य विधान सभा द्वारा विधि निर्माण करके पंचायतों को कर लगाने एवं वसूलने की शक्ति प्रदान की जाती है।
- सामाजिक एवं आर्थिक विकास की योजना तैयार करना तथा योजनाओं को लागू करना।

## पंचायतों का क्या अधिकार नहीं है?

- पंचायतों को विधि निर्माण का अधिकार नहीं है।
- अनुच्छेद-243 (G) में प्रावधान है कि पंचायतों और नगर पालिकाओं को प्राप्त होने वाले विषय राज्य सरकारों के द्वारा दिए जाएंगे।

## ग्राम सभा के कार्य

(i) वार्षिक लेखा विवरण एवं लेखा परीक्षण रिपोर्ट की जांच करना।
(ii) नए कर लगाने, वर्तमान करों में वृद्धि के प्रस्ताव पर विचार करना।
(iii) योजनाओं, लाभार्थियों और स्थलों का चयन।
(iv) सामुदायिक कल्याण के कार्यक्रमों के लिए स्वैच्छिक, श्रमिक या वस्तुओं के रूप में अंशदान देना।
(v) विकास योजनाओं के क्रियान्वयन में सहायता प्रदान करना।
(vi) गांव में वयस्क, शिक्षा एवं परिवार कल्याण कार्यक्रमों का संचालन।
(vii) विगत् वर्षों के लेखा परीक्षण की जांच।
(viii) पंचायतों की वर्तमान योजनाओं तथा समस्त प्रकार के क्रिया-कलापों की समीक्षा करना।
(ix) ग्राम पंचायतों के क्रिया-कलापों एवं आय-व्यय का स्पष्टीकरण मांगना।

## ग्राम पंचायत के कार्य

- ग्राम पंचायत के कार्यों को प्रायः दो वर्गों में विभक्त किया जाता है-अनिवार्य कार्य एवं ऐच्छिक कार्य।
- अनिवार्य कार्य, वे हैं, जो पंचायतों को करना अनिवार्य है। जबकि ऐच्छिक कार्य, पंचायत अपनी इच्छानुसार या राज्य सरकार के आदेशानुसार कर सकती है।

### अनिवार्य कार्य

(i) सार्वजनिक कुओं, तालाबों एवं जलाशयों का निर्माण एवं उनकी मरम्मत तथा रख-रखाव करना।
(ii) सार्वजनिक मार्गों, शौचालयों, नालियों, ग्राम पंचायत की सड़कों एवं पुलियों का निर्माण।
(iii) गांव के मार्गों और अन्य सार्वजनिक स्थानों में प्रकाश की व्यवस्था।
(iv) कृषि का विकास।
(v) जन्म, मृत्यु तथा विवाह का पंजीकरण।
(vi) लघु सिंचाई साधनों का निर्माण।
(vii) सार्वजनिक हाटों, मेलों आदि की स्थापना।
(viii) टीका और सुई लगाना।
(ix) पशुओं और उनकी नस्ल का सुधार।
(x) सार्वजनिक भूमि का प्रबंध।

### ऐच्छिक कार्य

(i) सड़कों के किनारे एवं अन्य स्थान पर वृक्ष लगाना।
(ii) धर्मशालाओं, विश्रामगृहों और सार्वजनिक घाटों का निर्माण।
(iii) सामुदायिक केंद्रों की व्यवस्था।
(iv) खेल स्थलों, पुस्तकालयों और पार्कों का निर्माण।
(v) सामाजिक और नैतिक कल्याण का संवर्द्धन, जिसमें मद्य-निषेध, छुआछूत का उन्मूलन, भ्रष्टाचार उन्मूलन, मुकद्दमे बाजी को हतोत्साहित करना और झगड़ों को सहमति द्वारा सुलझाने को प्रोत्साहित करना।

## खंड पंचायत के कार्य

- भारत के अधिकांश राज्यों में खंड पंचायतें, स्थानीय स्वशासन की मूल धुरी हैं। खंड पंचायत के द्वारा ही समूची योजनाओं का क्रियान्वयन होता है। पंचायत समिति का कार्यकारी अधिकारी, खंड विकास अधिकारी कहलाता है, जो पंचायतों के कार्यों का पर्यवेक्षण और नियंत्रण करता है। साथ ही पंचायतों को आवश्यक तकनीकी और वित्तीय सहायता भी प्रदान करता है। **पंचायत समिति के कार्यों को निम्नलिखित दो भागों में बांटा जाता है-**
  (i) नागरिक सुविधाएं प्रदान करना।
  (ii) विकास कार्यों को पूर्ण करना।

(i) नागरिक सुविधाओं के अंतर्गत् क्षेत्र की सड़कों का निर्माण एवं रखरखाव, पेयजल की व्यवस्था, नालियों का निर्माण, प्राथमिक स्वास्थ्य केंद्रों की स्थापना, पुस्तकालयों की स्थापना एवं प्राथमिक तथा बुनियादी पाठशालाओं की व्यवस्था।
(ii) विकास कार्य, सामुदायिक विकास के अंतर्गत् आने

वाले सभी कार्यों का निष्पादन, उन्नत बीजों की वृद्धि एवं वितरण, ऋण की व्यवस्था, दुग्ध व्यवसाय, कुटीर, ग्रामीण और लघु उद्योगों का विकास, उत्पादन और प्रशिक्षण केंद्रों की स्थापना।

## जिला परिषद् का कार्य

- जिला परिषद्, मूलत: निरीक्षणकारी कार्य संपादित करता है। परिषद् का कार्य अपने अधीनस्थ निकायों के कार्यों का पर्यवेक्षण करना तथा उनके मध्य समन्वय स्थापित करना है। यद्यपि वर्तमान समय में जिला परिषद् समन्वयात्मक भूमिका के अतिरिक्त विकास कार्यों को संपादित भी कर रहा है। जिला परिषद् के **मूल कार्य निम्न हैं**-
  - (i) पंचायत समितियों के बजट का परीक्षण और अनुमोदन।
  - (ii) पंचायत समितियों को कुशलतापूर्वक कार्य संपन्न कराने का निर्देश।
  - (iii) पंचायत समितियों द्वारा तैयार की गई योजनाओं को समन्वित करना।
  - (iv) राज्य सरकार को जनपद के विकास के कार्यों के संदर्भ में परामर्श देना।
  - (v) राज्य सरकार द्वारा निर्धारित धनराशि को जिले की पंचायत समितियों में वितरित करना।
  - (vi) जिलाधिकारी और मंडलायुक्त को जिले की पंचायतों और पंचायत समितियों द्वारा की गई अनियमितताओं के संबंध में सूचना देना।
  - (vii) राज्य सरकार को जिले की पंचायतों और पंचायत समितियों के बीच कार्य के विभाजन के संदर्भ में सलाह देना।
  - (viii) उन शक्तियों का प्रयोग, जो राज्य सरकार द्वारा उन्हें सौंपे जाएं।

## ग्राम पंचायतों के कार्यों को प्रभावी बनाने के लिए निम्नलिखित समितियों का निर्माण किया गया

1. **विकास समिति :** इसका मूल कार्य कृषि, ग्रामीण उद्योग एवं ग्रामीण विकास योजनाओं का निर्माण करना है।
2. **शिक्षा समिति :** इसके द्वारा ग्राम पंचायत शैक्षिक कार्यों का प्रबंध करती हैं तथा 73वें संविधान संशोधन के बाद प्राथमिक और माध्यमिक विद्यालयों पर ग्राम पंचायतों का नियंत्रण स्थापित कर दिया गया है, जिसके द्वारा ग्राम पंचायतें प्राथमिक शिक्षा में भोजन प्रबंध से लेकर छात्रवृत्ति के आवंटन तक विद्यालयों के कार्यों की निगरानी करती हैं।
3. **लोक हित समिति :** इसके द्वारा जन स्वास्थ्य एवं ग्रामीण कार्य से संबंधित कार्यों या मामलों की देखभाल की जाती है।
4. **समता समिति :** इसके द्वारा महिलाओं, बच्चों, अनुसूचित जातियों, अनुसूचित जनजातियों तथा पिछड़े वर्गों के लोगों के कल्याण के लिए कार्य संपादित होते हैं।

## पंचायतों का विस्तार

**अनुसूचित क्षेत्रों में पंचायती राज का विस्तार** (The Panchayats (Extension to the Scheduled Areas Act 1996 (PESA)

- दिलीप सिंह भूरिया की अध्यक्षता में एक समिति (1996) ने यह अनुशंसा की कि पंचायतों का विस्तार अनुसूचित क्षेत्रों में भी होना चाहिए। इन पंचायतों में ज्यादातर अनुसूचित जनजाति के लिए ही आरक्षित होने चाहिए।

  **Note :** 83वें संविधान संशोधन द्वारा अरूणांचल प्रदेश में अनुसूचित जातियों के लिए आरक्षण नहीं होगा।
- यह कानून उन स्थानों हेतु निर्मित किया गया है, जहां पंचायती राज अधिनियम, 1993 लागू नहीं होते। यह कानून वर्ष 1994 में निर्मित हुआ तथा वर्ष 1996 में लागू हुआ। यह मुख्यत: पांचवीं अनुसूची वाले क्षेत्रों के लिए है। ये अधिसूचित क्षेत्र, जनजातीय प्रधान क्षेत्र हैं। इन अधिसूचित क्षेत्रों में सामान्य पंचायती राज कानून लागू नहीं होता है।

### भिन्नता का आधार

- जनजातीय जीवन पद्धति व संस्कृति को ध्यान में रखकर जनजातियों के लिए इस कानून में विशेष व्यवस्था की गई है। इस कानून के अंतर्गत् संबंधित ग्रामों को प्रधानता दी गई। ग्राम सभा को कई महत्वपूर्ण क्षेत्रों में निर्णय करने की शक्ति दी गई है। अत: इसमें विशेष तौर पर कहा गया है कि जनजातीय परंपराओं, उनकी संस्कृति, सामुदायिक संसाधनों व विवादों के निपटारे के परंपरागत तरीकों के संरक्षण की जिम्मेदारी भी ग्राम सभा को प्रदान की गई है। इस कानून के तहत ग्राम सभा सामाजिक एवं आर्थिक विकास की योजनाओं व कार्यक्रमों को अंतिम सहमति देती है तथा गरीबी उन्मूलन व अन्य कार्यक्रमों के संदर्भ में लाभान्वितों का चयन भी ग्राम सभा ही करती है। **इस कानून की निम्नलिखित विशेषताएं हैं**–
  - (i) यह अधिनियम भारत के नौ (आंध्र प्रदेश, छत्तीसगढ़, गुजरात, हिमाचल प्रदेश, झारखंड,महाराष्ट्र, मध्य प्रदेश, ओडीशा एवं राजस्थान) राज्यों में लागू है।

(ii) इन क्षेत्रों के ग्राम सभा में कम से कम आधी सीट जनजातीय लोगों के लिए आरक्षित रहेगी।

(iii) सभी स्थानीय संस्थाओं के अध्यक्ष का पद जनजातीय लोगों के लिए आरक्षित किया गया है तथा भूमि अधिग्रहण व खनन के लिए सरकार द्वारा ग्राम सभा तथा पंचायतों से विचार-विमर्श किया जाएगा।

(iv) खनिज के उत्पादन के लिए लाइसेंस देने से पहले इनकी अनुशंसा ली जाएगी।

(v) इन पंचायती संस्थाओं को ऋण व्यवस्था को नियंत्रित करने की शक्ति दी गई है।

(vi) ग्रामीण बाजारों का विनिमयन व भूमि बिक्री को रोकने के संदर्भ में इन संस्थाओं को विशेष अधिकार दिए गए हैं।

(vii) इस कानून में महिला आरक्षण की भी व्यवस्था है।

### कमियां

- इस अधिनियम की महत्वपूर्ण कमी यह है कि यह कानून जिन क्षेत्रों में लागू है, वहां पर जनजातियों से संबंधित अन्य कानून भी लागू हैं, परंतु दोनों में संतुलन का अभाव है। इस कानून में ग्राम सभा व ग्राम पंचायतों को अधिकतर राज्यों में पर्याप्त संसाधन उपलब्ध नहीं कराए गए हैं।

### महत्व

- देश के 94 जिलों में **पेसा** (PESA) कानून लागू हैं, जिनमें से 32 जिले माओवाद से प्रभावित हैं। इन इलाकों में स्थिति बहुत खराब है। जैसे-छत्तीसगढ़ एवं ओडीशा। इन इलाकों में पेसा के प्रभावी कार्यान्वयन से वामपंथी उग्रवाद को नियंत्रित करने में सहायता मिल सकती थी, क्योंकि इन इलाकों में मुख्य समस्याएं **निम्नलिखित हैं–**

  (i) जनजातीय लोगों की भूमि छिन जाना।

  (ii) आजीविका को खतरा।

  (iii) उनकी सामूहिक पहचान के लिए खतरा।

  (iv) उनके सांस्कृतिक प्रतीकों को क्षति पहुंचाना।

### कहां प्रयोग नहीं हो पा रहा?

- नागालैंड, मिजोरम एवं मेघालय के अनुसूचित व जनजातीय क्षेत्रों में, मणिपुर राज्य की जनजातियां परिषदों में, पश्चिम बंगाल के दार्जिलिंग जिले के स्वायत्तशासी पर्वतीय क्षेत्र में इसका प्रयोग नहीं हो रहा है।

### विभिन्न राज्यों में पंचायतों के खंड स्तर पर विभिन्न नाम

(i) आंध्र प्रदेश, बिहार, ओडीशा एवं राजस्थान में → पंचायत समिति।

(ii) उत्तर प्रदेश में → क्षेत्र समिति एवं पंचायत समिति।

(iii) असम में → आंचलिक पंचायत समिति।

(iv) पश्चिम बंगाल में → आंचलिक परिषद्।

(v) मध्य प्रदेश में → जनपद पंचायत।

(vi) कर्नाटक एवं गुजरात में → तालुका परिषद्।

(vii) तमिलनाडु में → पंचायत संघ।

### जिला परिषदों के विभिन्न नाम

| प्रदेश | - | जिला परिषदों के विभिन्न नाम |
|---|---|---|
| 1. असम। | - | महकमा परिषद् |
| 2. तमिलनाडु एवं कर्नाटक। | - | जिला विकास परिषद् |
| 3. पंजाब, आंध्र प्रदेश, गुजरात, महाराष्ट्र, हरियाणा, राजस्थान, ओडीशा, उत्तर प्रदेश एवं पश्चिम बंगाल। | - | जिला परिषद् |

- पंचायती राज के माध्यम से भारत में सामाजिक न्याय प्रदान किया गया है। इसके द्वारा ए. पी. एल. तथा बी. पी. एल. कार्ड का निर्धारण ग्राम प्रधान द्वारा किया जा रहा है। तथा खाद्य सुरक्षा बिल, मिड डे मील तथा सार्वजनिक वितरण प्रणाली जैसे योजनाएं ग्राम प्रधान की देख-रेख में चलाए जा रहे हैं।
- पंचायती राज द्वारा लैंगिक न्याय हेतु लाभदायक रहा है। 73वें संविधान संशोधन के माध्यम से पंचायतों में महिलाओं को एक-तिहाई आरक्षण प्रदान किया गया है।
- पंचायतों में महिलाओं के आरक्षण के द्वारा उनकी राजनीतिक चेतना में वृद्धि हुई है, निर्णय-निर्माण में भागीदारी महिला सशक्तिकरण और ग्रामीण विकास में महिलाओं की उल्लेखनीय भूमिका है।

## पंचायती राज और विकेंद्रित नियोजन

- पंचायती राज में विकेंद्रित नियोजन का प्रयोग किया जा रहा है, जिससे नियोजन अधिक प्रभावी हुआ है।
- पंचायतें योजना बनाकर खंड पंचायत को भेजती हैं, खंड पंचायत, जनपद परिषद् को और जनपद परिषद् इसे राज्य सरकार को सौंपती हैं।

### पंचायती राज और नौकरशाही

- पंचायती राज की स्थापना के बाद से पंचायतों के प्रतिनिधि तथा नौकरशाह दोनों जनता के विकास के लिए मिलकर कार्य कर रहे हैं, जिससे लोगों का विकास ज्यादा प्रभावी हो पाया है।
- सहभागी प्रशासन का विकास हो रहा है। पंचायती राज

ने भारत में नौकरशाही की शक्तियों पर प्रभावी रूप से नियंत्रण लगा दिया है।

- पंचायती राज के द्वारा नौकरशाही की भूमिका में लचीलापन आया है। ग्राम स्तर पर ग्राम विकास अधिकारी तथा ग्राम प्रधान मिलकर कार्य कर रहे हैं।

### पंचायती राज और मनरेगा (MNREGA)

- मनरेगा को 2 फरवरी, 2006 से 200 जिलों में लागू किया गया तथा बाद में 1 अप्रैल, 2008 से इसे समूचे भारत में लागू कर दिया गया।
- मनरेगा, एक योजना नहीं, अपितु एक अधिनियम है। योजना एवं अधिनियम के मध्य एक महत्वपूर्ण अंतर है कि योजना को समाप्त किया जा सकता है, लेकिन अधिनियम सामान्यत: स्थायी होता है।
- मनरेगा के माध्यम से संविधान के नीति निदेशक तत्वों में वर्णित कार्य के अधिकार को कानूनी रूप प्रदान किया गया है।
- मनरेगा के द्वारा ग्रामीण निवासियों को वर्ष में कम से कम 100 दिन का रोजगार अनिवार्य रूप से दिया जाता है।

## पंचायती राज की कमियां

- भारत के ग्रामीण विकास एवं पंचायती राज मंत्रालय द्वारा भारी मात्रा में वित्तीय सहायता प्रदान किए जाने के बावजूद अभी भी पंचायतों के समक्ष वित्तीय समस्या का अभाव है।
- पंचायतों के पास अपने पदाधिकारी भी नहीं हैं। सामान्यत: अखिल भारतीय सेवक या राज्यों के अधिकारी पंचायतों का प्रशासन करते हैं।
- अधिकांश राज्यों ने अभी भी 29 विषय में वर्णित पंचायती राज की शक्तियों को उन्हें नहीं सौंपा है।
- अधिकांश राज्यों में अभी भी जिला नियोजन समिति का गठन नहीं हो सका है और जनपद ग्रामीण विकास एजेंसी (DRDA) से कार्य चल रहा है।
- अभी भी राज्य और संघ सरकारों के द्वारा पंचायतों के समानांतर अनेक संस्थाओं का निर्माण किया जाता है। जैस-जल संभरण कार्यक्रम (Water Shed Programme), संयुक्त वन समिति, जिसका प्रशासन राज्य सरकार सीधे अपने अधिकारियों या अपने मंत्रियों द्वारा करती हैं।
- वर्ष 1995 में सरकार के द्वारा 'सांसद स्थानीय विकास कोष' (MPLAD) का गठन किया गया, जिसके अंतर्गत् सांसदों को प्राप्त धन सीधे जिलाधिकारी के द्वारा खर्च किया जाता है। इस पर पंचायतों का कोई नियंत्रण नहीं होता। प्रत्येक सांसद को स्थानीय विकास कोष के अंतर्गत् 5 करोड़ रूपये की राशि प्रतिवर्ष दी जाती है।
- वेंकेट चलैया आयोग ने इसे समाप्त करने की अनुशंसा की है।
- समाज अभी भी पितृ-सत्तात्मक है तथा समाज में गरीबी, अभाव एवं निरक्षरता व्याप्त है। इसलिए भारत में पंचायतों के क्रियान्वयन में अनेक बाधाएं हैं।
- राज्य नेतृत्व के द्वारा पंचायतों के स्थानीय नेतृत्व को उभरने को हतोत्साहित किया जाता है, जिससे राज्य और संघ के नेताओं का परंपरागत वर्चस्व कायम रहे।

## पंचायती राज का महत्व

- पंचायती राज में पहली बार प्रत्यक्ष लोकतंत्र का प्रयोग किया है। इसमें शासक और जनता दोनों का संवाद सीधे रूप से होता है।
- इसने प्रत्यक्ष लोकतंत्र का आधार खड़ा किया है। पंचायती राज के माध्यम से सामाजिक न्याय की स्थापना हुई है।
- पंचायती राज के माध्यम से लैंगिक न्याय की स्थापना हुई है। पंचायती राज के माध्यम से सामाजिक एवं आर्थिक विकास अधिक प्रभावी हुआ है।

## 74वॉ संविधान संशोधन (नगर पालिकाओं का प्रावधान)

- 74वें संविधान संशोधन के अंतर्गत् संविधान का भाग-9 A और 12वीं अनुसूची का निर्माण किया गया।
- नगर पालिकाओं को 18 विषय सौंपे गए हैं।
- इस संविधान संशोधन से **दो प्रकार** के संस्थाओं की स्थापना हुई-
  (i) स्वायत्त शासन की संस्थाएं। उदाहरण के लिए, नगर पालिकाएं।
  (ii) योजना संस्थाएं। उदाहरण के लिए, जिला योजना समिति एवं महानगर योजना समिति।

### स्वायत्त शासन की संस्थाएं

(i) नगर पंचायत, ऐसे क्षेत्र के लिए जो ग्रामीण क्षेत्र से, नगर क्षेत्र में परिवर्तित हो रहा है। (10,000 से 20,000 की जनसंख्या के लिए)

(ii) नगर परिषद्, छोटे नगर क्षेत्र के लिए। (20,000 से 3 लाख की जनसंख्या के लिए)

(iii) नगर निगम, बड़े नगर क्षेत्र के लिए। (3 लाख से अधिक जनसंख्या के लिए)

## नगर पालिकाओं का गठन

- नगर पालिकाओं के सदस्यों का निर्वाचन प्रत्यक्ष होता है।
- नगर पालिका में नगर प्रशासन में अनुभव रखने वाले विशेष व्यक्तियों को प्रतिनिधित्व दिया जाएगा।
- लोक सभा, राज्यों की विधान सभा, राज्य सभा और विधान परिषद् के सदस्यों का प्रतिनिधित्व होगा।
- वार्ड समितियों के अध्यक्ष का प्रतिनिधित्व होगा।

### वार्ड समितियां

- 3 लाख या उससे अधिक जनसंख्या वाली नगरपालिका के क्षेत्र में आने वाली दो या दो से अधिक वार्डों के लिए वार्ड समितियां बनाना आवश्यक है।
- वार्ड समितियों के गठन का प्रावधान, राज्य विधान मंडल के द्वारा किया जाएगा।

### नगर पालिकाओं के प्रावधान

- अनुसूचित जाति, जनजातियों के लिए उनकी संख्या के अनुपात में आरक्षण दिया जाएगा।
- इस आरक्षण में अध्यक्ष का पद भी शामिल होगा एवं इसका निर्धारण राज्य विधान मंडल के द्वारा होगा।
- एक-तिहाई आरक्षण महिलाओं के लिए होगा।
- राज्य विधान मंडल पिछड़ी जातियों के लिए भी आरक्षण का प्रावधान करेगा।

### नगर पालिकाओं का कार्यकाल

- नगर पालिकाओं का कार्यकाल पांच वर्ष का होगा।
- नगर पालिकाओं के विघटन के 6 महीने की अवधि के भीतर निर्वाचन कराना आवश्यक है।
- नगर पालिका का कार्यकाल यदि 6 महीने से कम बचा है, तो निर्वाचन समूचे 5 वर्ष के लिए कराना होगा।

## सदस्यता के लिए योग्यता

- इसमें निर्वाचित होने के लिए 21 वर्ष की आयु आवश्यक है।
- व्यक्ति, राज्य विधान मंडल के निर्वाचन के लिए योग्य होना चाहिए।

  **Note :** मतदान की आयु 18 वर्ष है।

## राज्य निर्वाचन आयोग

- नगर पालिकाओं के चुनाव के लिए राज्य विधि द्वारा चुनाव आयोग की स्थापना कर सकता है, जिसका कार्य, नगर पालिका चुनाव के लिए निर्वाचन नामावली का निर्माण करना तथा चुनाव पर नियंत्रण और निगरानी रखना है।
- नगर पालिकाओं के निर्वाचन क्षेत्रों के परिसीमन का न्यायिक पुनरावलोकन नहीं होगा।
- नगर पालिकाओं के चुनाव में गड़बड़ी एवं विवाद का निपटारा उच्च न्यायालय द्वारा होगा।
- राज्य निर्वाचन आयोग के अध्यक्ष की नियुक्ति राज्यपाल करेगा।

## राज्य वित्त आयोग

- 74वें संविधान संशोधन के अंतर्गत् राज्य वित्त आयोग की स्थापना की गई है।
- राज्य वित्त आयोग के अध्यक्ष की नियुक्ति राज्यपाल के द्वारा होगी, (अनुच्छेद-343 G))।
- राज्य वित्त आयोग के **कार्य निम्नलिखित हैं**-
  - (i) राज्य और नगर पालिकाओं के बीच कर तथा लगाए जाने वाले शुल्क का निर्धारण और उनके बीच विभाजन करना, शुल्क, पथकर और फीस का बंटवारा करना और नगर पालिकाओं के विभिन्न स्तरों में उनको प्रदान करना है।
  - (ii) कर, शुल्क, पथकर और फीस नगर पालिकाओं को दिए जा सकते हैं।
  - (iii) नगर पालिकाओं को सहायता या अनुदान देना।
  - (iv) नगर पालिकाओं की वित्तीय स्थिति में सुधार के लिए आवश्यक उपाय।
  - (v) कोई अन्य विषय, जो राज्यपाल दे।

## जिला योजना और महानगर योजना समिति

- जिला स्तर पर जिला योजना समिति।
- प्रत्येक महानगर क्षेत्र में महानगर योजना समिति।

### गठन

- राज्य विधान मंडल इन समितियों के गठन के लिए विधि बनाएगा। परंतु इन समितियों के गठन में निम्नलिखित तरीका **अपनाया जाएगा**-
  - (i) जिला योजना की दशा में कम से कम 4/5 सदस्य जिला स्तर की पंचायत और जिले की नगर पालिकाओं के निर्वाचित सदस्यों द्वारा अपने सदस्यों में से निर्वाचित किए जाएंगे। उनका अनुपात जिले में नगर और ग्राम की जनसंख्या के अनुपात में होगा।
  - (ii) महानगर योजना समिति की दशा में समिति के कम से कम 2/3 सदस्य नगर पालिका के सदस्यों और नगर पालिका क्षेत्र में पंचायत के अध्यक्षों द्वारा अपने सदस्यों में से निर्वाचित किए जाएंगे। स्थानों का बंटवारा उस क्षेत्र में नगर पालिकाओं और पंचायतों की जनसंख्या के अनुपात में होगा।

- राज्य का विधान मंडल, विधि द्वारा निम्नलिखित के बारे में नियम बना सकैगा, **अर्थात्**-
  - (i) जिला योजना के संबंध में कौन से कार्य जिला समितियों को सौंपे जा सकते हैं।
  - (ii) जिला समिति के अध्यक्ष के चुने जाने का तरीका तय करना।
- समिति विकास योजना बनाकर राज्य सरकार को भेजेगी। महानगर योजना समिति संपूर्ण महानगर क्षेत्र के विकास की योजना तैयार करेगी। राज्य विधान मंडल उस समिति के बारे में विधि द्वारा निम्नलिखित के लिए **नियम बनाएगा**-
  - (i) केंद्र और राज्य सरकारों के संगठनों और संस्थाओं के प्रतिनिधित्व के बारे में।
  - (ii) महानगर क्षेत्र के लिए योजना और सहकारिता से संबंधित कार्य।
  - (iii) इन समितियों के अध्यक्षों के चुने जाने का तरीका।
- जो विकास योजनाएं बनाई जाती हैं, वे राज्य सरकार को भेजी जाएंगी।

## जिला नियोजन समिति

- जिला नियोजन समिति, जिला स्तर पर विकास योजना बनाने वाली सबसे बड़ी समिति है। जिला नियोजन समितियां, जम्मू एवं कश्मीर, मेघालय, मिजोरम, नागालैंड तथा दिल्ली को छोड़कर देश के सभी हिस्सों में लागू की गई हैं। इन राज्यों को छोड़कर सभी राज्यों ने जिला नियोजन समिति संबंधी कानून बना लिया है।

### संरचना

- यह समिति सामान्यत: ग्रामीण तथा शहरी स्थानीय निकायों द्वारा निर्वाचित की जाती है। समिति के सदस्यों की संख्या का निर्धारण जिलों की जनसंख्या के आधार पर होता है। अधिक जनसंख्या वाले जिलों में अधिक सदस्य होते हैं तथा ग्रामीण एवं शहरी निकायों से कितने प्रतिनिधि लिए जाएंगे, इसका निर्धारण भी ग्रामीण एवं शहरी जनसंख्या के अनुपात के आधार पर किया जाता है।

### अध्यक्ष

- जिला नियोजन समितियों के अध्यक्ष का चुनाव अलग-अलग राज्यों में अलग-अलग तरीकों से होता है, **जो इस प्रकार से हैं**-
  - (i) कुछ राज्यों जैसे-केरल, बिहार, कर्नाटक, आंध्र प्रदेश, तमिलनाडु एवं राजस्थान में जिला परिषद् का अध्यक्ष, जिला नियोजन समिति का अध्यक्ष होता है।
  - (ii) कुछ राज्यों में जिले से संबंधित राज्य का कैबिनट मंत्री, जिला नियोजन समिति का अध्यक्ष होता है। जैसे- ओडीशा, गुजरात मंडल, छत्तीसगढ़ एवं महाराष्ट्र।
  - (iii) कुछ राज्यों में जिलों का डिप्टी कमिश्नर, जिला नियोजन समिति का अध्यक्ष होता है। जैसे-हरियाणा।

### कार्य व भूमिका

(i) यह ग्रामीण क्षेत्रों तथा शहरी क्षेत्रों हेतु विकास योजना तैयार करने में एक नोडल एजेंसी की तरह कार्य करती है तथा यह सामाजिक एवं आर्थिक न्याय हेतु नियोजन बनाने के लिए जिम्मेवार हैं।

(ii) यह समिति पंचायतों एवं नगर निगमों के मध्य सामान्य हितों के लिए भी योजना तैयार करती है तथा सोपानीकृत योजना भी तैयार करती है, जिसमें प्राकृतिक संसाधनों, आधार संरचना एवं पर्यावरण संरक्षण जैसे विषय सम्मिलित होते हैं।

- इसके अतिरिक्त यह समिति ग्रामीण तथा शहरी नियोजन के सुदृढ़ीकरण हेतु जिम्मेवार हैं। यह समिति शहरी क्षेत्रों के प्रसार की दृष्टि से भी योजना में विचार करती है।

## शहरी स्थानीय निकायों के अन्य रूप ( नोटीफॉइड एरिया कमेटी )

- इसकी स्थापना सरकार के गजट में 'नोटीफिकेशन' (Notification) के द्वारा होती है। इसलिए इसे 'नोटीफॉइड एरिया कमेटी' (Notified Area Council) के नाम से जाना जाता है।
- यह नगरपालिका की भांति पूर्णत: निर्वाचित, अंशत: निर्वाचित तथा अंशत: मनोनीत संस्था है।
- यह राज्य म्यूनिसिपल अधिनियम के अंतर्गत् कार्यरत होती है, जिसे कुछ स्वतंत्र शक्तियां दे दी जाती हैं।
- इसका निर्माण दो प्रकार के क्षेत्रों के लिए **किया जाता है**-
  - (i) औद्योगीकरण के कारण विकसित होते नए शहर।
  - (ii) ऐसे शहर, जिसमें अभी नगर पालिका का निर्माण संभव न हो।

## टाउन एरिया कमेटी

- टाउन एरिया कमेटी एक अर्द्ध नगर पालिकीय संस्था है, जिसके द्वारा सीवेज और सड़क पर प्रकाश की व्यवस्थाएं की जाती हैं।
- इसका निर्माण सामान्यत: छोटे कस्बाई नगरों के प्रशासन हेतु किया जाता है।

- टाउन एरिया कमेटी पूर्णत: निर्वाचित या पूर्णत: मनोनीत हो सकती है।
- यह राज्य विधान सभाओं के एक अलग अधिनियम द्वारा निर्मित होती है।

## छावनी परिषद् (Cantonment Board)

- वर्ष 1924 में केंद्र सरकार एवं रक्षा मंत्रालय के द्वारा छावनी परिषद् अधिनियम का निर्माण किया गया।
- इन परिषद्‌ों का निर्माण कैंट क्षेत्र में नागरिक जनसंख्या के प्रशासन के लिए किया गया।
- छावनी परिषदें आंशिक रूप में निर्वाचित एवं आंशिक रूप में मनोनीत होती हैं।
- वर्तमान में देश में 63 छावनी परिषदें हैं, जिन्हें जनसंख्या के आधार पर पहली, दूसरी व तीसरी श्रेणियों में विभाजित किया गया।
- निर्वाचित सदस्य तीन वर्ष के लिए अपना पद ग्रहण करते हैं।
- कैंटोनमेंट क्षेत्र का कमांडिंग ऑफिसर, इसका प्रशासनिक अधिकारी होता है, जबकि उपाध्यक्ष निर्वाचित सदस्यों से होता है।

## पत्तन परिषद् (Port Trust)

- इसका निर्माण मुंबई, कोलकाता और चेन्नई जैसे शहरों के लिए किया गया है।
- इनका मूल उद्देश्य निम्नलिखित है–
  (i) पत्तन का प्रबंध एवं उसकी रक्षा।
  (ii) नागरिक सुविधाएं प्रदान करना।
- पत्तन परिषद्‌ों का निर्माण संसदीय अधिनियमों द्वारा हुआ है। इसमें निर्वाचित और मनोनीत दोनों सदस्य होते हैं।
- सामान्यत: इसके चेयरमैन पत्तन के अधिकारी ही होते हैं।

## टाउनशिप (Township)

- एक ऐसे औद्योगिक निकाय के निकट स्थित हाउसिंग कालोनी का नागरिक प्रबंध करने के लिए टाउनशिप की स्थापना की जाती है।
- टाउनशिप का नियंत्रण एक प्रशासनिक अधिकारी के द्वारा होता है, जिसे सामान्यत: कंपनी के इंजीनियर अथवा अन्य अधिकारी सहायता प्रदान करते हैं।

अध्याय 13

# संवैधानिक तथा संविधिक निकाय

# CONSTITUTIONAL AND STATUTORY BODIES

## नियंत्रक एवं महालेखा परीक्षक (CAG)

- भारतीय संविधान के अनुच्छेद-148 में नियंत्रक एवं महालेखा परीक्षक (CAG) का वर्णन है। यहां नियंत्रक का अर्थ है-सरकार के समस्त खर्चे पर निगरानी करना तथा ऐसा प्राधिकार रखना, जो सरकार के वित्त पर नियंत्रण रखे।
- महालेखा परीक्षक का अर्थ है-संसद द्वारा आवंटित धन की देख-रेख करना, साथ ही यह देखना की सरकारी धन का प्रयोग उचित तरीके से हो रहा है या नहीं। और सरकार को वित्तीय मितव्ययिता के तरीके बताना। भारत में नियंत्रक एवं महालेखा परीक्षक केवल लेखा परीक्षा का कार्य करता है, न कि नियंत्रक का।

### संरचना

- नियंत्रक एवं महालेखा परीक्षक (CAG) एकल सदस्यीय संस्था है। यह भारत के महालेखा परीक्षा विभाग का संवैधानिक प्रमुख है और इस विभाग के अन्य अधिकारी पूर्णत: कैग के अधीन होते हैं। भारत के अन्य राज्यों में कैग के एजेंट के रूप में कई अन्य अकाउंटेंट जनरल नियुक्त किए जाते हैं, जो राज्यों के लेखाओं की जानकारी कैग को देते हैं।
- संविधान के अनुच्छेद-148 के अनुसार, राष्ट्रपति वारंट एवं सील के द्वारा नियंत्रक एवं महालेखा परीक्षक की नियुक्ति करता है तथा राष्ट्रपति के द्वारा उसे स्वयं अथवा अपने प्रतिनिधि के माध्यम से शपथ दिलाई जाती है। वह राष्ट्रीय वित्त का संरक्षक होता है। कैग का कार्यकाल 6 वर्ष या अधिकतम उम्र 65 वर्ष (इन दोनों में जो भी पहले पूरा हो) तक होती है।

### पदमुक्ति

- अनुच्छेद-148 के अनुसार, कैग को अपने पद से उसी तरीके एवं उन्हीं आधारों से हटाया जा सकता है, जिस प्रकार से उच्चतम न्यायालय के न्यायाधीश को।
- कैग का वेतन उच्चतम न्यायालय के न्यायाधीश के समकक्ष होगा। कैग के पेंशन व भत्ते भारत की संचित निधि पर भारित होती है तथा कैग से अवकाश प्राप्ति के पश्चात् कोई भी सरकारी पद धारण नहीं कर सकता।

### सेवा शर्तें

- संविधान की तीसरी अनुसूची में नियंत्रक एवं महालेखा परीक्षक के वेतन का उल्लेख किया गया है। 7वें वेतन आयोग के अनुसार वर्ष 2018 में उसका वेतन बढ़ाकर 2 लाख, 50 हजार प्रतिमाह कर दिया गया है, जो समय-समय पर संसद के द्वारा निर्धारित किया जा सकता है। नियंत्रक एवं महालेखा परीक्षक का वेतन भी उच्चतम न्यायालय के न्यायाधीशों के वेतन के समान होता है।
- नियंत्रक एवं महालेखा परीक्षक तथा उसके सभी प्रशासनिक खर्चों, जिसमें सभी प्रकार के वेतन व भत्ते और पेंशन शामिल होंगे। भारत की संचित निधि पर भारित होगा, जिसका उल्लेख अनुच्छेद-148 में किया गया है।
- संसद के द्वारा नियंत्रक एवं महालेखा परीक्षक की सेवा शर्तों से संबंधित विधि का निर्माण वर्ष 1971 में किया गया। जिसके अनुसार नियंत्रक एवं महालेखा परीक्षक के वेतन व भत्तों का निर्धारण किया गया है।
- संसदीय विधि के अनुसार भी वर्ष 1976 से नियंत्रक एवं महालेखा परीक्षक को लेखांकन के कार्य से मुक्त कर दिया गया है।

### नियुक्ति पर विवाद

- कैग के रूप में शशिकांत शर्मा की नियुक्ति पर एक याचिका दाखिल की गई और कहा गया कि इनकी नियुक्ति अवैध है, क्योंकि वे रक्षा मंत्रालय के एक पद पर हैं, जो कि एक निर्णय लेने वाली संस्था है।
- कैग का कार्य सरकारी विभागों का ऑडिट (परीक्षा) करना है। एक व्यक्ति स्वयं कैसे अपने विभाग का ऑडिट कर सकता है। यह ऑडिट अगस्ता वेस्ट लैण्ड मामले में अभी किया जाना है, जो रक्षा मंत्रालय से संबंध रखता है।

### कार्य

- संविधान के अनुच्छेद-149 में नियंत्रक एवं महालेखा

परीक्षक के संक्षिप्त कार्यों का उल्लेख है, जिसका विस्तृत उल्लेख संसदीय अधिनियम, 1971 में किया गया है।

- नियंत्रक एवं महालेखा परीक्षक के नाम एवं कार्य में अंतर पाया जाता है। भारत में यह नियंत्रक के रूप में कार्य नहीं करता, क्योंकि सरकार के द्वारा भारत की संचित निधि से व्यय के लिए इसकी पूर्व अनुमति की आवश्यकता नहीं होती, बल्कि पैसे खर्च होने के बाद उसका कार्य शुरू होता है।
- संघ सरकार के खर्च का केवल लेखा परीक्षण किया जाता है, जबकि लेखांकन संघ सरकार के विभागों के द्वारा किया जाता है। राज्य सरकारों के लेखांकन एवं लेखा परीक्षण दोनों कार्य नियंत्रक एवं महालेखा परीक्षक के द्वारा किए जाते हैं।
- अतः भारत में लेखा परीक्षक संघ एवं राज्यों का अलग-अलग नहीं है।

## संरचना

- इस संविधान में नियंत्रक एवं महालेखा परीक्षक की संरचना का उल्लेख नहीं है। इसलिए संसदीय अधिनियम, 1971 में नियंत्रक एवं महालेखा परीक्षक की सेवा शर्तों का प्रावधान किया गया है, जिसमें एक अध्यक्ष के अतिरिक्त चार सदस्य होंगे, जो निम्नलिखित खर्चों का ऑडिट करता है–
  - (i) भारत की संचित निधि पर भारित केंद्र सरकार तथा राज्य सरकारों के सभी खर्चों का।
  - (ii) भारत की आकस्मिक निधि और लोक निधि से सभी खर्चों का परीक्षण करना।
  - (iii) किसी विभाग द्वारा किए गए सभी व्यापार, निर्माण, लाभ व हानि की जांच करना।
  - (iv) सरकार के सभी विभागों की जमा पूंजी की जांच करना।
  - (v) सभी सरकारी कंपनियों के खर्चों की जांच करना।
  - (vi) उन सभी निगमों के खर्चों की जांच करना, जिन्हें कानून द्वारा कैग को अनुमति दी जाए।

## लेखा परीक्षक की रिपोर्ट

- नियंत्रक एवं महालेखा परीक्षक के द्वारा अपनी रिपोर्ट राष्ट्रपति को सौंपी जाती है। राष्ट्रपति के द्वारा इसे संसद के समक्ष प्रस्तुत किया जाता है। भारत में दोनों (संघ एवं राज्यों) के लिए एक ही लेखा परीक्षक है। अतः संघ एवं राज्यों के लिए लेखा परीक्षण के लिए अलग प्रावधान नहीं है, अपितु एकहरी व्यवस्था की गई है।
- इसलिए राज्यों से संबंधित रिपोर्ट लेखा परीक्षक प्रत्येक राज्यों के राज्यपाल को सौंपता है और राज्यपाल के द्वारा इस रिपोर्ट को विधान सभा के समक्ष रखा जाता है।
- इसका उल्लेख संविधान के अनुच्छेद-151 में किया गया है, लेकिन राष्ट्रपति एवं राज्यपाल के लिए रिपोर्ट रखवाने की किसी निश्चित समय सीमा का उल्लेख नहीं किया गया है।

## रिपोर्ट का महत्व

- लेखा परीक्षक द्वारा प्रस्तुत रिपोर्ट अनुशंसात्मक होती है। राज्यों में रिपोर्ट विधानसभा के सत्र के अंतिम दिन प्रस्तुत की जाती है, जिससे विधानसभा को इस पर चर्चा का पर्याप्त समय उपलब्ध नहीं हो पाता। परीक्षक की रिपोर्ट के आधार पर किसी भी पदाधिकारी के विरुद्ध न्यायालय में भ्रष्टाचार का कोई मुकदमा भी दर्ज नहीं हो सकता।
- इसके बावजूद परीक्षक की रिपोर्ट को मीडिया के द्वारा अत्यधिक महत्व दिया जाता है और इसे प्रचार-प्रसार प्राप्त होता है, जिससे जनमत का निर्माण होता है और सत्ताधारी दल को सत्ता से बाहर किया जा सकता है।

## लेखा परीक्षण की विधियां

- लेखा परीक्षण के अंतर्गत् निष्पादन परीक्षण किया जाता है, जिसके द्वारा यह जांच की जाती है कि सरकार द्वारा खर्च राशि का कितना व्यावहारिक लाभ प्राप्त हुआ।
- इसके अतिरिक्त वैधानिक परीक्षण भी किया जाता है, जिसमें यह देखा जाता है कि पैसा जिस मद के लिए दिया गया था क्या उसी मद में खर्च किया गया है? साथ ही सरकार के द्वारा पैसे के खर्च में मितव्ययिता का भी परीक्षण किया जाता है, जिससे फिजूल खर्चों पर प्रतिबंध लगाया जा सके।
- लेखांकन (Accounting) कार्यपालिका से संबंधित विभाग का कार्य है। विभाग अपने खर्चों की गणना स्वयं करता है, जबकि लेखा परीक्षण (Auditing) एक अर्द्ध-संसदीय कार्य है। समस्त धन का आवंटन देश की संसद करती है।
- अतः कैग को देखने का यह अधिकार है कि जो धन व्यय हुआ है, वह कहां और कैसे हुआ है? इसी सिद्धांत पर भारत में वर्ष 1976 से लेखांकन तथा लेखा परीक्षण का कार्य अलग कर दिया गया।
- लेखांकन का कार्य मंत्रालय/विभाग द्वारा स्वयं किया जाता है, जबकि लेखा परीक्षण का कार्य नियंत्रक एवं महालेखा परीक्षक द्वारा किया जाता है।
- परंतु अब भी कैग के पास यह अधिकार है कि वह लेखांकन के तरीके निर्धारित करे, जिससे देश में लेखांकन नियमों में एकरूपता स्थापित हो सके।

### शक्तियां

- यह केंद्र सरकार की सर्वोच्च लेखांकन संस्था है। यह संस्था सिविल न्यायालय की शक्तियां धारण करती है एवं किसी विभाग के लेखा प्रपत्र की जांच कर सकती है तथा किसी भी विभाग से दस्तावेज मंगवा सकती है।

### कैग (CAG) एवं लोक लेखा समिति

- कैग अपनी लेखा परीक्षण रिपोर्ट राष्ट्रपति को सौंपता है तथा राष्ट्रपति उसे संसद के पटल पर रखवाता है और संसद के द्वारा कैग की रिपोर्ट को लोक लेखा समिति (Public Account Committee : PAC) को सौंपा जाता है व लोक लेखा समिति द्वारा कैग की रिपोर्ट को सरलीकृत किया जाता है।
- लोक लेखा समिति अपनी रिपोर्ट संसद में प्रस्तुत करती है तथा कैग लोक लेखा समिति की सहायता करती है। लोक लेखा समिति के द्वारा रिपोर्ट को समझने के लिए कभी भी कैग को बुलाया जा सकता है। कैग की रिपोर्ट तकनीकी किस्म की होती है। इसलिए लोक लेखा समिति के द्वारा इसे सरल बनाया जाता है और इसके बाद इसे संसद के समक्ष प्रस्तुत किया जाता है।
- कैग को सरकार के धन की रखवाली की सबसे बड़ी संवैधानिक संस्था का दर्जा प्राप्त है अर्थात् कैग की भूमिका जनता के पैसे के रक्षक के रूप में है। कार्यपालिका के वित्तीय खर्च को विधायिका के समक्ष नियंत्रित करना है।
- कैग के बिना विधायिका, कार्यपालिका के वित्तीय खर्च पर नियंत्रण नहीं बना सकती है। इसीलिए कैग को संसद का मित्र एवं मार्गदर्शक कहा जाता है। कैग कार्यपालिका के वित्तीय खर्च को नियंत्रित करके करदाताओं के पैसे की रक्षा करती है।

### उच्चतम न्यायालय और नियंत्रक एवं महालेखा परीक्षक

- भारतीय संविधान में उच्चतम न्यायालय, नियंत्रक एवं महालेखा परीक्षक तथा निर्वाचन आयोग के कार्य एक-दूसरे के पूरक हैं और उच्चतम न्यायालय के द्वारा नियंत्रक एवं महालेखा परीक्षक को प्रभावशाली बनाया गया है।
- नियंत्रक एवं महालेखा परीक्षक की रिपोर्ट अनुशंसात्मक होती है। इसीलिए इस रिपोर्ट के आधार पर किसी भी व्यक्ति के विरुद्ध न्यायालय में कोई कार्यवाही संभव नहीं है, परंतु परीक्षक की रिपोर्ट के आधार पर उच्चतम न्यायालय में जनहित याचिका प्रस्तुत की गई है और न्यायालय के द्वारा कोयले आवंटन और स्पेक्ट्रम के आवंटन को रद्द कर दिया गया है।
- अत: नियंत्रक एवं महालेखा परीक्षक की बढ़ती शक्तियों में न्यायालय का अत्यधिक योगदान है।

### सार्वजनिक निजी सहभागिता (Public Private Partnership) का लेखा परीक्षण

- नियंत्रक एवं महालेखा परीक्षक के द्वारा अभी भी पी.पी.पी. के अंतर्गत् चलने वाली परियोजनाओं का लेखा परीक्षण नहीं किया जा रहा है। जबकि इन परियोजनाओं में सार्वजनिक व्यक्ति का प्रयोग हो रहा है और वर्तमान में इनका बड़ी मात्रा में प्रयोग किया जा रहा है। न्यायालयों के निर्णयों के आधार पर कुछ परियोजनाओं का लेखा परीक्षण किया गया है।
- परंतु पी.पी.पी. के अंतर्गत् संचालित परियोजनाओं के लेखा परीक्षण के लिए संसदीय अधिनियम, 1971 में परिवर्तन की आवश्यकता है, जिसमें लेखा परीक्षक को पी.पी.पी. की परियोजनाओं के लेखा परीक्षण का अधिकार दिया जाना चाहिए।

### विवाद

- वर्तमान में नियंत्रक एवं महालेखा परीक्षक (कैग) के द्वारा कुछ मामलों पर अनुमानित घाटे की बात की जा रही है, जो आजकल विवाद का मूल कारण बना हुआ है, जिनमें 2-G स्पेक्ट्रम विवाद प्रमुख है। 2-G स्पेक्ट्रम आवंटन वर्ष-2008 में **पहले आओ, पहले पाओ** के आधार पर किया गया।
- परंतु कैग का मानना था कि यदि यह आवंटन नीलामी प्रक्रिया के आधार पर किया गया होता, तो सरकार को लगभग 1 लाख, 70 हजार करोड़ का लाभ होता, जो कि अनुमानों पर आधारित जांच थी। इसी तरह कोयला ब्लॉक आवंटन में भी घाटा दिखाया गया।
- 2-G स्पेक्ट्रम और कोयला ब्लॉक के आवंटन में कैग द्वारा भारी अनियमितता का आरोप लगाया गया। इसमें कैग ने अनुमानित घाटे की संकल्पना का प्रयोग किया, जो वर्तमान समय में दुनिया के अनेक देशों में प्रयोग किया जा रहा है।
- आलोचकों के अनुसार, कैग ने अपनी परंपरागत् भूमिका से आगे बढ़कर कार्य किया और नीति-निर्माण के मामलों में भी हस्तक्षेप किया, जबकि नीति-निर्माण सरकार का विशेषाधिकार है, परंतु ज्यादातर लोग इन आलोचनाओं से सहमत नहीं हैं, बल्कि वे कैग की भूमिका से सहमत हैं, क्योंकि कैग ने सरकार के 2-G स्पेक्ट्रम मामले में पहले आओ, पहले पाओ की प्रक्रिया में कमी बताई और बताया कि इससे सरकार को करोड़ों का राजस्व घाटा हुआ।

- कैग ने जनता के धन के संरक्षक होने के कारण राजस्व की इस क्षति पर प्रश्न-चिह्न लगाया तथा बाद में कैग की राय से सहमत होते हुए उच्चतम न्यायालय ने 2-G स्पेक्ट्रम आवंटन को पूर्णत: रद्द कर दिया। इससे यह प्रमाणित होता है कि कैग की भूमिका सही थी।

### बहुसदस्यीय कैग

- एक वर्ग का मानना है कि कैग को अधिक जिम्मेवार तथा उपयोगी बनाने हेतु इसे चुनाव आयोग की तरह बहुसदस्यीय निकाय बनाया जाए, जिससे पक्षपात रहित जांच प्रक्रिया अपनाई जा सके तथा व्यक्तिवादी प्रभावों का अभाव रहे। कैग को बहुसदस्यीय बनाने के लिए **निम्नलिखित तर्क दिए जा रहे हैं**–
    (i) एकल व्यक्ति के बजाए, समूह अधिक उत्तरदायी तथा प्रभावी हो सकता है।
    (ii) बहुसदस्यीय कैग राजनीतिक विवादों से दूर रहेगा।
    (iii) अधिक सदस्य होने पर जांच तथा अन्य कार्यभार विभाजित किए जा सकते हैं।
    (iv) दल विशेष की विरोध भावना का अभाव रहेगा तथा राष्ट्रपति को महत्व दिया जाएगा।
- दूसरे वर्ग का मानना है कि कैग की कार्य प्रकृति बहुसदस्यीयता की मांग नहीं करती है। कैग का कार्य केवल जांच करना और रिपोर्ट देना है। चुनाव आयोग की तरह किसी व्यवस्थित कार्य को करना नहीं है।
- फलत: बहुसदस्यीय कैग की आवश्यकता नहीं है। वर्तमान परिप्रेक्ष्य में कैग अपने इसी संरचना में अच्छे ढंग से कार्य कर रहा है।

### कैग की आलोचना

- आलोचक यह मानते हैं कि प्रशासन की कुशलता एवं वित्तीय खर्च में सीधा संबंध विद्यमान होता है और कैग केवल वित्तीय खर्च की निगरानी करता है। इससे प्रशासनिक कुशलता के संबंध में सही जानकारी नहीं होती है। प्रशासनिक निर्णय परिस्थितियों के अनुसार लिए जाते हैं।
- कैग की सक्रिय भूमिका के कारण भारत में निवेश का वातावरण भी हतोत्साहित हुआ। 2-G रिपोर्ट व कोयला आवंटन रद्द करने के कारण भारत में निवेश कुप्रभावित हुआ।
- प्रशासन के द्वारा परिस्थितियों के अनुसार अनेक निर्णय तात्कालिक रूप में लिए जाते हैं, जिसे बाद में कैग भ्रष्टाचार के रूप में परिभाषित करता है। अत: नौकरशाही पहल करने से परहेज करती है।

## राष्ट्रीय अनुसूचित जाति आयोग

- भारतीय संविधान सामाजिक क्रांति का एक दस्तावेज तथा सामाजिक न्याय का एक उपकरण है। इसलिए संविधान में अनुसूचित जाति एवं जनजाति के लिए विशेष प्रावधान किए गए हैं। भारतीय संविधान के अनुच्छेद-338 में यह स्पष्ट उल्लेख किया गया है कि राष्ट्रपति संविधान में वर्णित अनुसूचित जाति एवं जनजाति की संवैधानिक अधिकारों की रक्षा के उपायों की जांच के लिए एक विशेष अधिकारी की नियुक्ति करेगा।
- वर्ष 1978 में कैबिनेट प्रस्तावों द्वारा अनुसूचित जाति एवं जनजाति आयोग की स्थापना की गई। 65वें संविधान संशोधन, 1990 के द्वारा अनुसूचित जाति एवं जनजाति हेतु एक बहुसदस्यीय अनुसूचित जाति एवं जनजाति आयोग की स्थापना की गई। परंतु 89वें संविधान संशोधन, 2003 के द्वारा अनुसूचित जाति एवं अनुसूचित जनजाति आयोग को अलग-अलग कर दिया गया।
- अब इनके नाम क्रमश: राष्ट्रीय अनुसूचित जाति आयोग, (अनुच्छेद-338) और राष्ट्रीय अनुसूचित जनजाति आयोग, (अनुच्छेद-338(।)) है। यह एक संवैधानिक संस्था है।

### संरचना

#### (i) सदस्य

- अनुसूचित जाति आयोग में एक अध्यक्ष, एक उपाध्यक्ष एवं तीन सदस्य होते हैं। अध्यक्ष एवं सदस्यों का कार्यकाल 3 वर्ष का होता है तथा इन्हें दोबारा अपने पद पर नियुक्त किया जा सकता। परंतु दो बार से ज्यादा इन्हें अपने पद पर नियुक्त नहीं किया जा सकता।

#### (ii) वारंट और सील के द्वारा नियुक्ति

- आयोग के अध्यक्ष और सभी सदस्यों की नियुक्ति राष्ट्रपति के द्वारा स्वयं के हस्ताक्षर एवं मुहर लगाकर होती है तथा नियुक्ति के संदर्भ में राष्ट्रपति नियमों का निर्माण भी कर सकता है।
- अनुसूचित जाति आयोग के अध्यक्ष को कैबिनेट मंत्री का एवं उपाध्यक्ष को राज्य मंत्री का दर्जा प्राप्त होता है। अध्यक्ष अनुसूचित जाति का सदस्य होना चाहिए, जो एक प्रसिद्ध राजनीतिक एवं सामाजिक कार्यकर्ता हो।

### कार्य

- संविधान में अनुसूचित जाति के हितों की रक्षा के लिए वर्णित मामलों की जांच व उनकी निगरानी करना तथा अनुसूचित जाति के अधिकारों के हनन की शिकायत की जांच करना आयोग के प्रमुख कार्य हैं।

- इसके अतिरिक्त राष्ट्रीय अनुसूचित जाति आयोग के **निम्नलिखित कर्त्तव्य होंगे**-
  (i) अनुसूचित जातियों के लिए संविधान अथवा भारत सरकार के किसी आदेश के अधीन किए गए रक्षा उपायों से संबंधित सभी विषयों की जांच करना और उन पर निगरानी रखना तथा उन पर किए गए रक्षा उपायों के कार्यान्वयन का मूल्यांकन करना।
  (ii) अनुसूचित जातियों को उनके अधिकारों और रक्षा उपायों से वंचित किए जाने की शिकायत की जांच करना।
  (iii) ऐसे उपबंधों के कार्यान्वयन के विषय में प्रतिवर्ष आयोग द्वारा राष्ट्रपति को प्रतिवेदन देना।
  (iv) अनुसूचित जातियों के संरक्षण, सामाजिक एवं आर्थिक कल्याण तथा विकास के लिए सिफारिश करना।
- संघ सरकार एवं राज्य संरकारों के द्वारा अनुसूचित जाति व संबंधित नीतियों का निर्माण करते समय आयोग से परामर्श लिया जाएगा।
- आयोग अनुसूचित जाति के सामाजिक एवं आर्थिक विकास से संबंधित नियोजन की प्रक्रिया में भी सलाह देगा एवं सहभागिता करेगा तथा अनुसूचित जाति के कल्याण के लिए चलाई जा रही योजनाओं के बेहतर क्रियान्वयन की निगरानी करेगा।

### सलाहकारी शक्ति

- संघ सरकार एवं राज्य सरकारों के द्वारा अनुसूचित जातियों के कल्याण के लिए निर्मित नीतियों के लिए आयोग से परामर्श किया जाता है। राज्यों में अनुसूचित जाति आयोग अलग से स्थापित नहीं होता।
- इसलिए राज्यों द्वारा अनुसूचित जातियों के कल्याण तथा उनके हितों के संरक्षण के लिए आयोग से सलाह ली जाती है और भविष्य में नीतियों के निर्माण के लिए भी आयोग सलाह प्रस्तुत करता है।

### शिकायत की जांच

- अनुसूचित जातियों के विरुद्ध किए गए उत्पीड़न की शिकायत सीधे आयोग से की जा सकती है और यह शिकायत लिखित रूप में होनी चाहिए।
- आयोग द्वारा अनुसूचित जातियों के उत्पीड़न को रोकने के लिए प्रशासन एवं पुलिस को निर्देश दिए जाते हैं। आयोग के समक्ष ऐसे मामलों की शिकायत नहीं हो सकती, जो न्यायपालिका के समक्ष लंबित हैं।

### शक्तियां

- यह बिंदु उल्लेखनीय है कि अनुसूचित जाति आयोग जब किसी शिकायत की जांच करता है, तो वह सिविल न्यायालय की भांति कार्य करता है।
- इसके अंतर्गत् वह भारतीय क्षेत्र से किसी व्यक्ति को बुला सकता है और उसकी जांच कर सकता है तथा किसी न्यायालय अथवा कार्यालय से वह दस्तावेज भी मंगवा सकता है।

### प्रतिवेदन

- आयोग द्वारा प्रति वर्ष राष्ट्रपति को रिपोर्ट प्रस्तुत की जाती है, जिसे राष्ट्रपति संसद के समक्ष रखवाता है तथा यह रिपोर्ट राज्यपाल के द्वारा विधानमंडल के समक्ष रखवाई जाती है।
- यदि रिपोर्ट की किसी सिफारिश को अस्वीकार किया गया, तो सदन के समक्ष इसका कारण बताना होगा।

### महत्व

- आयोग का महत्व अत्यधिक है, क्योंकि इसकी वार्षिक रिपोर्ट राष्ट्रपति को सौंपी जाती है और संसद उस रिपोर्ट पर कार्यवाही की अनुशंसा भी करती है। साथ ही जिस अनुशंसा को स्वीकार नहीं किया जाता है, तो उसके कारणों का उल्लेख भी करना पड़ता है। राष्ट्रपति राज्यों से संबंधित रिपोर्ट को संबंधित राज्यपाल के पास भेज देता है।

## राष्ट्रीय अनुसूचित जनजाति आयोग

- भारत में अनुसूचित जाति शब्द का प्रयोग पहली बार भारत शासन अधिनियम, 1935 में किया गया और भारतीय संविधान के अनुच्छेद-341 में राष्ट्रपति के द्वारा अनुसूचित जाति का निर्धारण किया जाता है, जिसमें राज्यों के राज्यपाल से भी परामर्श किया जाता है।
- जबकि अनुसूचित जनजाति का अभिप्राय, आदिवासी अथवा वनवासी से है, जो भौगोलिक रूप में सुदूर पहाड़ी क्षेत्रों में रहते हैं और वे अत्यधिक पिछड़े हुए हैं, जो अपनी आजीविका के लिए वन्य उत्पादों व कृषि पर निर्भर होते हैं।
- उनकी भाषा एवं संस्कृति विशिष्ट है और वे समाज की मुख्यधारा में शामिल नहीं हैं तथा वे स्वयं को अलग-थलग बनाए रखते हैं। उत्तरी-पूर्वी राज्यों में जनजातियों की आबादी अत्यधिक है।

### संरचना

- 89वें संविधान संशोधन अधिनियम, 2003 द्वारा राष्ट्रीय अनुसूचित जनजाति आयोग के गठन का प्रावधान किया गया, (अनुच्छेद-338(।))। आयोग में एक अध्यक्ष, एक उपाध्यक्ष तथा तीन अन्य सदस्य होंगे।

- राष्ट्रपति समय-समय पर अध्यक्ष, उपाध्यक्ष और सदस्यों की सेवा, शर्तों एवं कार्यकाल का निर्धारण करता है। आयोग के अध्यक्ष, उपाध्यक्ष एवं अन्य सदस्यों का कार्यकाल 3 वर्षों तक होता है। अध्यक्ष और सदस्य दो कार्यकाल से ज्यादा के लिए नियुक्त नहीं हो सकते।
- अध्यक्ष अनुसूचित जनजाति का सदस्य होना चाहिए, जो प्रसिद्ध सामाजिक और राजनीतिक कार्यकर्ता हो। अध्यक्ष को कैबिनेट मंत्री तथा उपाध्यक्ष को राज्य मंत्री का दर्जा प्राप्त होता है और सदस्यों को भारत सरकार के सचिव का दर्जा प्राप्त होता है।
- इनके वेतन व भत्ते भारत सरकार के सचिव के समान होंगे। उपाध्यक्ष और अन्य सदस्यों में कम से कम दो व्यक्ति अनुसूचित जनजाति से संबंधित होने चाहिए। राष्ट्रपति उन्हें आदेश द्वारा और अपने हस्ताक्षर तथा सील के तहत नियुक्त करेगा।
- राष्ट्रीय अनुसूचित जनजाति आयोग के 6 क्षेत्रीय कार्यालय भी हैं, जो **इस प्रकार हैं**-भोपाल (म.प्र.), भुवनेश्वर (उड़ीसा), जयपुर (राजस्थान), रायपुर (छत्तीसगढ़), रांची (झारखंड) और शिलांग (मेघालय)।

### कार्य

- आयोग के निम्नलिखित महत्वपूर्ण कार्य हैं-
- इसे संविधान के अधीन या अस्थाई रूप से किसी अन्य कानून के अधीन या सरकार के किसी आदेश के अधीन अनुसूचित जनजातियों को दिए गए संरक्षण से संबंधित सभी मामलों की जांच व निगरानी करना है।
- अनुसूचित जनजातियों के अधिकारों के हनन से संबंधित विशिष्ट शिकायतों की जांच करना।
- अनुसूचित जनजातियों के सामाजिक एवं आर्थिक विकास की योजना निर्माण में भाग लेना और सलाह देना एवं संघ और किसी भी राज्य में उनके विकास की प्रगति का मूल्यांकन करना।
- राष्ट्रपति को अनुसूचित जनजातियों से संबंधित विकास पर रिपोर्ट देना।
- अनुसूचित जनजातियों के संरक्षण, कल्याण और विकास तथा प्रगति के संबंध में ऐसे अन्य कार्यों को जिन्हें राष्ट्रपति संसद द्वारा बनाए गए किसी भी कानून के अधीन प्रदान किए जा सकते हैं, उनका निर्वहन करना।

## अनुसूचित जनजातियों के कल्याण और विकास में भूमिका

- जनजातीय मंत्रालय द्वारा आयोग अनुसूचित जनजातियों के कल्याण एवं विकास का कार्य संपादित किया जाता है, जिसके द्वारा जनजातीय क्षेत्र में लघु वन उत्पादों पर इनका मालिकाना हक होगा।
- प्राकृतिक संसाधनों व जल संसाधनों पर जनजातियों का अधिकार होगा तथा जनजातीय क्षेत्रों का विकास किया जाएगा और विकास परियोजनाओं से विस्थापित जनजातियों का पुनर्वास आयोग का दायित्व है।
- सामाजिक, वानिकी तथा वन के संरक्षण के लिए जनजातियों का सहयोग प्राप्त करना तथा झूम खेती की परंपरा को धीरे-धीरे समाप्त करना। संघ सरकार एवं राज्य सरकारों के द्वारा अनुसूचित जनजातियों के कल्याण के लिए निर्मित नीतियों में आयोग की सलाह ली जाती है।

### शिकायतों की जांच

- आयोग द्वारा अनुसूचित जनजातियों के उत्पीड़न की शिकायत की जांच भी की जाती है। इस संदर्भ में शिकायत सीधा आयोग के अध्यक्ष एवं उपाध्यक्ष को भेजी जाती है। यदि किसी मामले में न्यायपालिका का निर्णय है, तो उसकी शिकायत आयोग से नहीं की जा सकती।

### शक्तियां

- आयोग के पास सिविल न्यायालय की वे सभी शक्तियां होंगी, जो किसी दावे की सुनवाई के संबंध में होती हैं, अर्थात् भारत के किसी भी भाग में किसी भी व्यक्ति को उपस्थित होने के लिए सम्मन जारी करना, शपथ-पत्र एवं उससे पूछताछ कर सकता है तथा-
  - (i) किसी भी प्रलेख की खोज और प्राप्ति का आदेश दे सकता है।
  - (ii) शपथ-पत्र पर साक्ष्य प्राप्त करना।
  - (iii) किसी भी न्यायालय या कार्यालय से उसकी प्रतिलिपि की मांग करना।
  - (iv) गवाहों और प्रलेखों की जांच के लिए अधिकार-पत्र जारी करना।
  - (v) कोई भी अन्य मामला नियम द्वारा राष्ट्रपति से तय होना।

### आयोग के अन्य कार्य

- वर्ष 2005 में राष्ट्रपति के द्वारा अनुसूचित जनजाति आयोग को वन क्षेत्रों में लघु उत्पादों पर स्वामित्व दिया गया तथा वनों के खनिज संसाधनों पर भी जनजातियों के नियंत्रण को स्वीकार किया गया तथा जनजातियों के स्थानीय स्वशासन हेतु पेसा (Panchayats (Extension to Scheduled Areas) Act, 1996 (PESA)) का प्रावधान किया गया।

### आयोग का प्रतिवेदन

- आयोग द्वारा प्रत्येक वर्ष राष्ट्रपति को अपना प्रतिवेदन

प्रस्तुत किया जाता है तथा राष्ट्रपति के द्वारा इस प्रतिवेदन को संसद के समक्ष रखवाया जाता है और इस प्रतिवेदन के साथ संघ सरकार की सिफारिशें भी की जाती हैं।

- आयोग की रिपोर्ट को राज्यपाल राज्य विधानमंडल के समक्ष रखवाता है। अत: रिपोर्ट की किसी सिफारिश को अस्वीकार करने का कारण बताना पड़ता है।

## राष्ट्रीय मानवाधिकार आयोग

- मानवाधिकार से तात्पर्य ऐसे अधिकारों से है, जो व्यक्ति को मनुष्य होने के कारण प्राप्त होते हैं। यद्यपि भारतीय संविधान में मानवाधिकारों के रूप में मौलिक अधिकारों की व्यवस्था है, जिसे उच्चतम न्यायालय संरक्षण प्रदान करता है, परंतु वर्ष 1948 में घोषित मानवाधिकार अत्यंत व्यापक हैं, जो राष्ट्र-राज्य की सीमाओं से परे हैं।
- यह अधिकार मानव जाति को तथा मौलिक अधिकार नागरिक होने के कारण प्राप्त होते हैं। इसलिए मानवाधिकारों की रक्षा हेतु मानवाधिकार आयोग की स्थापना 20 अक्टूबर, 1993 में की गई। **भारत में इसकी स्थापना के निम्नलिखित कारण हैं**–
  - (i) भारत ने संयुक्त राष्ट्र संघ मानवाधिकार घोषणा-पत्र पर हस्ताक्षर किया है।
  - (ii) एमनेस्टी इंटरनेशनल जैसी मानवाधिकार (अंतर्राष्ट्रीय) एजेंसियों ने भारत के ऊपर मानवाधिकारों के उल्लंघन का आरोप लगाया।
  - (iii) वर्ष 1990 के बाद पूरी दुनिया में मानवाधिकार के संरक्षण की दिशा में अनेक प्रयत्न किए गए और भारत के पुलिस आयोग की रिपोर्ट में भी राष्ट्रीय मानवाधिकार आयोग की स्थापना पर बल प्रदान किया गया।

### उच्चतम न्यायालय एवं मानवाधिकार

- संविधान के भाग-3 में मूल अधिकारों का प्रावधान किया गया है, जो मानवाधिकार ही हैं और इनकी रक्षा के लिए उच्चतम न्यायालय का भी प्रावधान किया गया है, जो मूल अधिकारों की रक्षा के रूप में मानवाधिकारों की रक्षा करता है।
- परंतु उच्चतम न्यायालय के समक्ष कार्य का अत्यधिक बोझ है और न्यायपालिका के समक्ष न्याय की प्राप्ति महंगी है और न्याय उपलब्ध कराने की प्रक्रिया भी जटिल है। इसीलिए मानवाधिकारों की रक्षा हेतु एक स्वायत्त संस्था का निर्माण किया गया है, जिसका कार्य केवल मानवाधिकारों की रक्षा करना है। इसके लिए वित्तीय खर्च और प्रक्रियाएं कठिन नहीं हैं।
- राष्ट्रीय मानवाधिकार आयोग उच्चतम न्यायालय की शक्तियों का विरोधी नहीं, वरन् पूरक है, क्योंकि मानवाधिकार की रक्षा के लिए उच्चतम न्यायालय के कार्यों के बोझ को कम करने के उद्देश्य से ही राष्ट्रीय मानवाधिकार आयोग की स्थापना की गई है।

### संरचना

- अंतर्राष्ट्रीय संधियों (पेरिस संधि) के अनुसार, भारत में मानवाधिकार आयोग की स्वायत्तता पर अत्यधिक बल प्रदान किया गया है। राष्ट्रीय मानवाधिकार आयोग की स्थापना संसदीय विधि के द्वारा वर्ष 1993 में की गई।
- यह एक बहुसदस्यीय संस्था है, जिसके एक अध्यक्ष और चार सदस्य होंगे।
- राष्ट्रीय मानवाधिकार आयोग का अध्यक्ष उच्चतम न्यायालय का कार्यरत अथवा अवकाश प्राप्त मुख्य न्यायाधीश होता है और दो सदस्य उच्चतम न्यायालय के कार्यरत या अवकाश प्राप्त न्यायाधीश अथवा उच्च न्यायालय के कार्यरत या अवकाश प्राप्त न्यायाधीश होते हैं तथा दो अन्य सदस्य जिनको मानवाधिकार के संदर्भ में विशेष जानकारी हो सदस्य बनाए जाते हैं।
- इन स्थाई सदस्यों के अतिरिक्त राष्ट्रीय मानवाधिकार आयोग के चार पदेन सदस्य भी होते हैं, **जो इस प्रकार से हैं**–
  - (i) राष्ट्रीय अल्पसंख्यक आयोग का अध्यक्ष।
  - (ii) राष्ट्रीय महिला आयोग की अध्यक्ष।
  - (iii) राष्ट्रीय अनुसूचित जाति आयोग का अध्यक्ष।
  - (iv) राष्ट्रीय अनुसूचित जनजाति आयोग का अध्यक्ष।
- इन सदस्यों को आयोग की प्रक्रिया और निर्णय में मतदान का अधिकार नहीं होता है।

### नियुक्ति की प्रक्रिया

- राष्ट्रीय मानवाधिकार आयोग की स्वायत्तता और स्वतंत्रता बनाए रखने के लिए अध्यक्ष और सदस्यों की नियुक्ति प्रधानमंत्री की अध्यक्षता वाली 6 सदस्यीय समिति की सिफारिश पर राष्ट्रपति द्वारा की जाती है।
- इस समिति में प्रधानमंत्री, गृहमंत्री, लोक सभा में विपक्ष का नेता, राज्य सभा में विपक्ष का नेता, लोक सभा अध्यक्ष एवं राज्य सभा के उप-सभापति सम्मिलित होते हैं। राष्ट्रपति इसी समिति की अनुशंसा पर राष्ट्रीय मानवाधिकार आयोग के अध्यक्ष और सदस्यों की नियुक्ति करते हैं।
- इसके अतिरिक्त भारत के मुख्य न्यायाधीश की सलाह पर उच्चतम न्यायालय के किसी न्यायाधीश अथवा उच्च न्यायालय के किसी मुख्य न्यायाधीश की नियुक्ति हो सकती है।

### कार्यकाल

- अध्यक्ष और सदस्यों का कार्यकाल अधिकतम 5 वर्ष या 70 वर्ष की उम्र तक (इनमें से जो भी पहले पूरा हो) होता है। अवकाश प्राप्ति के पश्चात् संघ सरकार या राज्य सरकार की किसी सेवा के अंतर्गत् इन्हें नियोजित नहीं किया जा सकता है तथा इन्हें हटाने के लिए उच्चतम न्यायालय की सहमति आवश्यक है और उच्चतम न्यायालय की अनुशंसा के बाद ही अध्यक्ष एवं सदस्यों को हटाया जा सकता है तथा कार्यकाल के दौरान राष्ट्रीय मानवाधिकार आयोग के अध्यक्ष और सदस्यों के वेतन में कोई अलाभकारी परिवर्तन नहीं होगा।

### प्रशासनिक संरचना

- राष्ट्रीय मानवाधिकार आयोग में अध्यक्ष एवं सदस्यों के अलावा भारतीय प्रशासनिक सेवा के पदाधिकारी को सचिव के रूप में नियुक्त किया जाता है। आयोग का एक विधि प्रभाग भी है, जिसमें विधि विशेषज्ञ को रजिस्ट्रार के रूप में नियुक्त किया जाता है।
- इसके अलावा आयोग का एक प्रशिक्षण प्रभाग भी है, जिसके द्वारा मानवाधिकार के संबंध में जन-जागरूकता पैदा की जाती है। आयोग की जांच शाखा भी है, जिसके द्वारा मानवाधिकार हनन की जांच की जाती है, जिसका प्रमुख डी.जी.पी. रैंक का पुलिस अधिकारी होता है और उसकी सहायता के लिए एक वरिष्ठ पुलिस अधीक्षक एवं उप-पुलिस अधीक्षक को तैनात किया जाता है।
- इसके अतिरिक्त आयोग को अनुसंधान प्रभाग भी है। वास्तविक रूप में इन प्रशासनिक संस्थाओं के सशक्तिकरण के बिना आयोग की शक्तिशाली नहीं बनाया जा सकता है और इन प्रभागों में होने वाली नियुक्तियों में विलंब किया जाता है और पद लंबे समय तक खाली पड़े रहते हैं, जिससे आयोग अक्षम बन जाता है।

### प्रकृति

- राष्ट्रीय मानवाधिकार आयोग एक अर्द्ध-न्यायिक संस्था है, जिसके द्वारा मानवाधिकार की जांच के लिए किसी भी व्यक्ति को गवाह के रूप में बुलाया जा सकता है और शपथ के आधार पर उसका परीक्षण भी किया जा सकता है।
- सबूत प्राप्त करना, किसी दस्तावेज को मंगाना, न्यायालय अथवा कार्यालय से किसी सार्वजनिक रिकॉर्ड की प्रतिलिपि मंगाना, ये आयोग के अर्द्ध-न्यायिक कार्य हैं।

### कार्य

- राष्ट्रीय मानवाधिकार आयोग के प्रमुख कार्य निम्नलिखित हैं-
  (i) संविधान के उन प्रावधानों का क्रियान्वयन करना, जिनमें मानवाधिकारों का उल्लेख है।
  (ii) मानवाधिकारों के हनन के मामले की जांच करना।
  (iii) कोई भी व्यक्ति मानवाधिकारों के हनन की शिकायत राष्ट्रीय मानवाधिकार आयोग के सामने कर सकता है, जिसे राष्ट्रीय मानवाधिकार आयोग द्वारा हल करने का प्रयत्न किया जाएगा।
  (iv) राष्ट्रीय मानवाधिकार आयोग का कार्य मानवाधिकारों के संदर्भ में जागरूकता पैदा करना व संबंधित अनुसंधान को बढ़ावा देना तथा मानवाधिकार से संबंधित विभिन्न अंतर्राष्ट्रीय संधियों को लागू करना है।
  (v) विभिन्न जनपद स्तर की मानवाधिकारों की समितियों के गठन की अनुशंसा करना। मानवाधिकार का कार्य सरकार की एजेंसियों की सहायता लेकर किया जाता है।
- राष्ट्रीय मानवाधिकार आयोग मौलिक अधिकारों तथा मानवाधिकारों की रक्षा तथा इनके हनन होने पर जांच एवं आवश्यक कार्यवाही की सिफारिश भी करता है। साथ ही मानवाधिकार आयोग एक ऐसी संस्था है, जो नागरिकों को मुफ्त में न्याय दिलाती है तथा मानवाधिकारों के हनन पर स्वत: उपस्थित हो जाती है।

### शक्तियां

- राष्ट्रीय मानवाधिकार आयोग लोक प्रक्रिया संहिता, 1908 के तहत सिविल न्यायालय की समस्त शक्तियां धारण करता है तथा वह पुलिस से समस्त कार्यवाहियों के रिकॉर्ड की भी मांग और किसी भी व्यक्ति को सम्मन जारी कर सकता है।
- राष्ट्रीय मानवाधिकार आयोग स्वयं एक सिविल न्यायालय की भूमिका में कार्य करता है।

## मानवाधिकार आयोग की भूमिका

### 1. हिरासत में मृत्यु

- जेल में किसी व्यक्ति की मृत्यु मानवाधिकारों का घोर उल्लंघन है। जेल के अंतर्गत् पुलिस के द्वारा बंदियों को दी गई शारीरिक एवं मानसिक प्रताड़ना भी मानवाधिकारों के विरुद्ध है, जिसकी रक्षा के लिए आयोग के द्वारा विभिन्न जेल का निरीक्षण होता है।

### 2. निवारक नजरबंदी

- मानवाधिकार आयोग की अनुशंसा के आधार पर आतंकवाद एवं विध्वंसकारी प्रतिबंधात्मक अधिनियम को समाप्त

कर दिया गया, जिसे लोकप्रिय रूप में टाडा कहा जाता था। आयोग के द्वारा विशेष सैन्य बल अधिनियम को भी क्रमिक रूप में समाप्त करने की अनुशंसा की गई।

**3. श्रमिकों के मानवाधिकार**

- आयोग द्वारा विभिन्न औद्योगिक क्षेत्रों में समय-समय पर यात्राएं की जाती हैं, जिसके माध्यम से पटाखों की फैक्ट्री, चूड़ी बनाने के कारखानों का निरीक्षण किया गया एवं इन कारखानों में बालश्रम को पूर्णतः प्रतिबंधित किया गया है।

**4. शिकायत निवारण**

- आयोग द्वारा जिन व्यक्तियों के मानवाधिकार का उल्लंघन होता है तथा उन्हें सरकार से मुआवजा देने का भी आदेश दिया जाता है एवं दोषी व्यक्तियों के विरुद्ध अनुशासनात्मक कार्यवाही की जाती है।
- न्यायालय के समक्ष भी आयोग मानवाधिकार की रक्षा के लिए पैरवी करता है। आयोग के द्वारा उन उपायों का उल्लेख किया जाता है, जिससे भविष्य में मानवाधिकार के हनन को रोका जा सके।

**5. वंचितों के अधिकारों की रक्षा**

- मानवाधिकार मानव मात्र को प्राप्त होते हैं, परंतु भारत में मानवाधिकार का उल्लंघन महिलाओं, अनुसूचित जातियों, जनजातियों व अल्पसंख्यकों के विरुद्ध ज्यादा देखा जाता है।
- इसलिए आयोग वंचित वर्गों के अधिकारों की रक्षा के लिए पहल करता है। उड़ीसा में भूख से मरने वाले व्यक्तियों के मुद्दों की जांच आयोग द्वारा की गई।

**6. जातीय हिंसा**

- भारत में ऑनर किलिंग (Honour Killing) के नाम पर अंतर्जातीय विवाह करने वाली महिलाओं की हत्याएं की गई हैं और हरियाणा में खाप पंचायत के द्वारा इनका समर्थन भी किया गया है।
- भीड़ के द्वारा गोरक्षा के नाम पर आम व्यक्तियों की हत्या भी मानवाधिकार का उल्लंघन है, जिसे रोकने के लिए आयोग ने सक्रिय पहल की है।

## दंतविहीन बाघ (Toothless Tiger)

- आलोचकों के अनुसार, मानवाधिकार आयोग एक अप्रभावी संस्था है, क्योंकि मानवाधिकार आयोग के समक्ष शिकायतों की संख्या बढ़ रही है। जबकि इन शिकायतों के समाधान की शक्ति मानवाधिकार आयोग के पास नहीं है।
- क्योंकि आयोग की प्रशासनिक क्षमता सीमित है और वित्तीय शक्ति का भी अभाव है। आयोग द्वारा विभिन्न व्यक्तियों को मुआवजा देने की अनुशंसा तो की जाती है, लेकिन सरकार द्वारा पीड़ितों को मुआवजा नहीं दिया जाता।
- मानवाधिकार आयोग की कमजोरी का कारण संसदीय अधिनियम की अक्षमता नहीं है और न ही प्रशासनिक और वित्तीय क्षमता की कमी, बल्कि आयोग की विफलता का मूल कारण है कि आयोग में नियुक्त अध्यक्ष और सदस्य सक्रिय नहीं हैं।
- पूर्व निर्वाचन आयुक्त टी. एन. शेषन के द्वारा निर्वाचन आयोग को सक्रिय संस्था के रूप में परिवर्तित कर दिया गया।
- अतः मानवाधिकार आयोग के अध्यक्ष एवं सदस्यों की सक्रियता के परिणामस्वरूप आयोग को प्रभावशाली बनाया जा सकता है।

## जांच के बाद की कार्यवाही

- राष्ट्रीय मानवाधिकार आयोग के द्वारा किसी मामले की जांच पूरी होने के बाद निम्नलिखित कदम उठाए जा सकते हैं–
  - (i) आयोग के द्वारा सरकार के संबंधित विभाग को हर्जाना देने का आदेश दिया जा सकता है।
  - (ii) आयोग किसी भी राज्य के सेवक के विरुद्ध कार्यवाही करने का भी निर्देश दे सकता है।
  - (iii) सरकार से यह अनुशंसा कर सकता है कि व्यक्ति को किसी न किसी प्रकार से राहत प्रदान की जाए।
  - (iv) आयोग उच्चतम न्यायालय या संबंधित उच्च न्यायालय में भी अपील करने की शक्ति रखता है।
  - (v) लोगों के मानवाधिकारों की रक्षा त्वरित और अनौपचारिक रूप से संभव होगी।
  - (vi) राष्ट्रीय मानवाधिकार आयोग में पहुंचने एवं शिकायत दर्ज कराने के लिए पैसा भी नहीं खर्च होगा तथा लोगों की समस्याओं का निपटारा भी यथाशीघ्र हो सकैगा।

## मानवाधिकार के विभिन्न आयाम

- मानवाधिकार में सैद्धांतिक रूप में मानव मात्र के अधिकार शामिल होते हैं। अतः जाति, धर्म, लिंग व संपत्ति के आधार पर भेदभाव नहीं किया जा सकता। परंतु भारत में मानवाधिकार हनन के मामले में अनुसूचित जाति, जनजाति, महिलाओं एवं अल्पसंख्यकों के अधिकारों का हनन ज्यादा होता है।
- भारत की जेलों में बंद कैदियों में ज्यादा संख्या अनुसूचित जाति, जनजाति और अल्पसंख्यकों की है तथा भारत में होने वाली जातीय हिंसा से भी अनुसूचित जाति, जनजाति एवं अल्पसंख्यक सर्वाधिक प्रभावित होते हैं।

- इसीलिए यह तर्क दिया जाता है कि भारत में राष्ट्रीय मानवाधिकार आयोग के बजाए, अनेक मानवाधिकार आयोग होने चाहिए, जो समूह विशेष की समस्याओं का समाधान कर सके।
- राष्ट्रीय मानवाधिकार आयोग के मंच पर वंचित वर्गों की समस्या का विशेष समाधान किया जाता है। इसीलिए मानवाधिकार आयोग के पदेन सदस्य अनुसूचित जाति, जनजाति आयोग के अध्यक्ष, महिला आयोग के अध्यक्ष, राष्ट्रीय अल्पसंख्यक आयोग के अध्यक्ष भी शामिल होते हैं, जिससे मानवाधिकारों की रक्षा समग्र रूप में हो सके।

### सीमाएं

- राष्ट्रीय मानवाधिकार आयोग के द्वारा प्रदान की गई अनुशंसा सलाहकारी होती है। इसलिए राष्ट्रीय मानवाधिकार आयोग को न तो किसी व्यक्ति को दंडित करने का अधिकार है और न ही किसी व्यक्ति को आर्थिक सहायता देने का अधिकार। आयोग की सलाह सरकार पर बाध्यकारी नहीं है। यद्यपि यह प्रावधान है कि सरकार एक माह की अवधि में आयोग को यह सूचित करेगी कि किस मुद्दे पर किस प्रकार की कार्यवाही की गई।
- राष्ट्रीय मानवाधिकार आयोग सैन्य बलों के द्वारा मानवाधिकार के हनन की जांच नहीं कर सकता है। उदाहरण के लिए, कश्मीर एवं पूर्वी राज्यों में व नक्सलियों के विरुद्ध की गई कार्यवाही में मानवाधिकारों के हनन के आरोप लगाए जाते हैं, लेकिन इनकी जांच करने का अधिकार आयोग को नहीं है, बल्कि आयोग इन मामलों की जांच के लिए सरकार को निर्देश देता है।
- राष्ट्रीय मानवाधिकार आयोग के पास किसी मामले की जांच हेतु अपने स्वयं की पर्याप्त अधिकारी भी नहीं हैं। इसलिए राष्ट्रीय मानवाधिकार आयोग को सरकार के उन्हीं विभागों पर जांच के लिए निर्भर रहना होता है, जिनके विरुद्ध मानवाधिकारों के हनन के आरोप हैं।
- मानवाधिकार अधिनियम, 1993 में यह प्रावधान किया गया था कि मानवाधिकारों से संबंधित राज्य आयोग और जनपद समितियों की भी स्थापना होगी, परंतु राज्य सरकारों ने आयोग की स्थापना में किसी भी प्रकार की दिलचस्पी नहीं दिखाई है।

## राष्ट्रीय महिला आयोग

- भारतीय समाज अभी भी पितृ-सत्तात्मक तथा महिलाओं की स्थिति पुरुषों की तुलना में निम्न है। हमेशा से ही महिलाएं उपेक्षित रही हैं, फलतः संविधान में उनके उत्थान एवं संरक्षण हेतु व्यवस्था की गई है।
- भारतीय संविधान में प्रमुख अनुच्छेदों के अंतर्गत् महिलाओं के विकास से संबंधित प्रावधान किए गए हैं, जो इस प्रकार हैं-अनुच्छेद-14 के अनुसार, सभी भारतीय नागरिकों को राज्य के द्वारा समान सुरक्षा देने का प्रावधान है। अनुच्छेद-15(1) नागरिकों में जाति, धर्म, लिंग एवं मूल के आधार पर विभेद नहीं करने का प्रावधान है।
- अनुच्छेद-16(1) और अनुच्छेद-16(2) लिंग के आधार पर राज्य के किसी संगठन में कार्यरत कर्मियों में विभेद नहीं करने का प्रावधान है। अनुच्छेद-15(3) में स्पष्ट वर्णित है कि महिलाओं के लिए राज्य किसी प्रकार का विशेष प्रावधान कर सकता है।
- अनुच्छेद-39(e) के अनुसार, राज्य अपने सभी कर्मियों के (पुरुष एवं महिला) के स्वास्थ्य के लिए प्रावधान करेगा तथा साथ ही साथ इस बात का भी ध्यान रखेगा कि आर्थिक कारणों से महिलाओं का किसी भी प्रकार का शोषण न हो।
- अनुच्छेद-51(a)(e) के अनुसार, प्रत्येक नागरिक का कर्त्तव्य है कि वे ऐसी किसी भी परंपरा का अनुपालन नहीं करे, जिससे महिलाओं की गरिमा खंडित होती है। अतः भारत सरकार द्वारा महिलाओं के उत्थान, विकास तथा सहयोग हेतु 31 जनवरी, 1992 में राष्ट्रीय महिला आयोग की स्थापना की गई।

### संरचना

- महिला सशक्तिकरण को प्रभावी बनाने हेतु जनवरी, 1992 में राष्ट्रीय महिला आयोग की स्थापना की गई, जिसमें एक अध्यक्ष तथा 5 अन्य सदस्य होंगे तथा इन सदस्यों में कम से कम एक सदस्य अनुसूचित जाति एवं अनुसूचित जनजाति का होना चाहिए, जिनकी नियुक्ति क्रमिक रूप में होगी।
- प्रत्येक सदस्य का कार्यकाल 3 वर्ष का होता है। राष्ट्रीय महिला आयोग में अनुसूचित जाति एवं जनजाति का भी एक सदस्य होना चाहिए।
- यह एक सांविधिक संस्था है। अध्यक्ष और सदस्यों के अलावा संघ सरकार के द्वारा आयोग में सदस्य सचिव की नियुक्ति भी की जाती है, जो सिविल सेवक होता है और महिलाओं के विषयों से भी संबंधित होना चाहिए।

### कार्य

- संविधान अथवा अन्य विधियों में महिलाओं के संरक्षण से संबंधित मुद्दे की जांच एवं परीक्षण आयोग यदि उचित समझे, तो इन मुद्दों के संबंध में केंद्र सरकार को वार्षिक

रिपोर्ट भी प्रस्तुत कर सकता है। संघ और राज्य सरकारों के द्वारा महिलाओं के उत्थान संबंधी उपायों के क्रियान्वयन की अनुशंसा की जाती है।

- संविधान में उल्लिखित अथवा अन्य विधियों में वर्णित महिलाओं के उत्थान संबंधी प्रावधानों में विसंगतियों को दूर करने के लिए केंद्र सरकार से अनुशंसा की जाती है।
- महिलाओं की शिकायतों के संदर्भ में स्वत: संज्ञान की कार्यवाही की जाएगी और महिलाओं से संबंधित सामाजिक एवं आर्थिक विकास के लिए योजना निर्माण की प्रक्रिया में भागीदारी और सलाह दी जाएगी। संघ और राज्यों के अंतर्गत् महिलाओं के उत्थान से संबंधित प्रगति की रिपोर्ट प्रस्तुत की जाएगी और जेल एवं महिला संरक्षक गृहों का दौरा किया जाएगा तथा उनके सुधार के लिए उपाय भी बताए जाएंगे।

### प्रशासनिक ढांचा

- महिलाओं से संबंधित विभिन्न समस्याओं को सुनने हेतु कई शाखाएं स्थापित की गई हैं तथा आयोग इन्हीं शाखाओं के माध्यम से सक्रिय रहता है और अपनी भूमिका का निर्वहन करता है।
- आयोग के अंतर्गत् वैधानिक शाखा, अनुसंधान शाखा व कल्याणकारी शाखा का गठन किया गया है।

### वैधानिक शाखा

- यह शाखा महिला को वैधानिक सहायता प्रदान करती है और दंड के संबंध में सुझाव देती है। आयोग के द्वारा वर्तमान विधियों की समीक्षा की जाती है कि वे महिलाओं के विरोधी तो नहीं हैं।
- महिलाओं के उत्थान के लिए नए प्रकार के विधि-निर्माण का सुझाव भी दिया जाता है। महिला आयोग के सुझाव पर ही भारत में घरेलू हिंसा निवारक अधिनियम, 2005 का निर्माण किया गया।
- आयोग के द्वारा न्यायालय में भी महिलाओं के मामलों में सहायता प्रदान की जाती है और आयोग के द्वारा पीड़ितों की सहायता की जाती है और उन्हें उच्चतम न्यायालय के समक्ष अपने मामले दायर करने की सलाह व सहायता भी दी जाती है।

### अनुसंधान शाखा

- इस शाखा में महिला आयोग द्वारा महिलाओं से संबंधित अनुसंधान को बढ़ावा दिया जाता है। अनुसूचित जाति एवं जनजाति की महिलाओं एवं अन्य महिलाओं के बीच लैंगिक भेदभाव को समाप्त करने तथा महिलाओं के कल्याण के लिए अनेक प्रकार की गोष्ठी (Seminar) एवं कार्यशालाएं (Workshops) आयोजित किए जाते हैं।

### कल्याणकारी शाखा

- यह शाखा महिला कल्याण हेतु नीतियों को लागू करवाने के संदर्भ में सुझाव देने का कार्य करती है तथा संसद द्वारा पारित महिलाओं की सुरक्षा से संबंधित विधियों को भी बेहतर रूप से क्रियान्वित करवाने में सहयोग करती है।
- यह उल्लेखनीय है कि महिला कल्याण हेतु अनुसूचित जाति एवं जनजाति तथा महिला एवं बाल कल्याण मंत्रालय दोनों की भूमिका एक-दूसरे की पूरक हैं।
- इसलिए अनुसूचित जाति एवं जनजाति मंत्रालय का कार्य महिलाओं के कल्याण के लिए एक प्रहरी की तरह है। अनुसूचित जाति, जनजाति द्वारा महिलाओं के कल्याण के लिए अनेक प्रकार के उपाय किए जाते हैं और महिलाओं के हितों की रक्षा के लिए संविधान एवं विधियों में उल्लिखित विभिन्न नियमों का मूल्यांकन एवं क्रियान्वयन महिला आयोग द्वारा किया जाता है।

### शिकायत शाखा एवं परामर्शकारी भूमिका

- अनुसूचित जाति एवं जनजाति की महिलाओं के विरुद्ध घरेलू हिंसा, उत्पीड़न, दहेज प्रताड़ना, उनको अकेला छोड़ देना, बलात्कार, उनकी प्रथम सूचना रिपोर्ट (FIR) दर्ज न करना, अमानवीय व्यवहार, कार्यस्थल पर यौन उत्पीड़न जैसे मामलों की शिकायत आयोग में की जा सकती हैं। महिलाओं द्वारा दर्ज कराई गई शिकायतों को शिकायत शाखा द्वारा सुना जाता है।
- यह उल्लेखनीय है कि आयोग अनुसूचित जाति एवं जनजाति के पीड़ित व्यक्तियों को सहायता प्रदान करता है और पीड़ित लोगों की रक्षा के लिए स्वत: संज्ञान द्वारा कार्यवाही भी कर सकता है।
- अनुसूचित जाति एवं जनजाति के उत्थान हेतु वैधानिक भूमिका के अंतर्गत् महिला आयोग के **निम्नलिखित कार्यों पर बल दिया जाता है**–
    (i) महिला से संबंधित किसी विधि में संशोधन प्रस्तावित करना या सुझाव देना। उदाहरण हेतु-हिंदू विवाह अधिनियम, 1955 एवं दहेज निवारण अधिनियम, 1961 में संशोधन की मांग।
    (ii) नए विधेयकों को प्रस्तावित करना, जैसे-वर्ष 2005 में महिला आयोग के प्रस्ताव पर घरेलू हिंसा निवारक विधेयक पारित किया गया।
    (iii) महिला आयोग के द्वारा पीड़ित महिलाओं को न्यायपालिका के मामलों में भी सहायता प्रदान की जाती है।

### शक्तियां

- यह आयोग सिविल न्यायालय की शक्तियां धारण करता है तथा यह मामलों की जांच एवं विभागों से रिपोर्ट मांग सकता है तथा किसी भी व्यक्ति को या अधिकारी को सम्मन भी जारी कर सकता है।

### समस्याएं

- महिला आयोग की भूमिका केवल सलाहकारी है। इसलिए इनकी अनुशंसा संघ और राज्य सरकारों के ऊपर बाध्यकारी नहीं है।
- आयोग के द्वारा अपने सदस्यों का चयन स्वयं नहीं किया जाता, बल्कि संघ सरकार के द्वारा चयन होता है और भारत की वर्तमान राजनैतिक परिस्थितियों में सदस्यों का भी राजनीतिक तौर पर विभाजन पाया जाता है।
- आयोग की अधिकारिता जम्मू एवं कश्मीर राज्य पर लागू नहीं होती।
- आयोग की संपूर्ण वित्तीय सहायता संघ सरकार के द्वारा प्रदान की जाती हैं। इसलिए वित्तीय रूप में भी आयोग सरकार पर निर्भर होता है।

### आयोग को शक्तिशाली बनाने के सुझाव

- आयोग ने अनुशंसा की है कि महिला आयोग के अध्यक्ष को संघ सरकार के कैबिनेट मंत्री का दर्जा दिया जाना चाहिए।
- आयोग को अपने सदस्यों की नियुक्ति स्वयं करनी चाहिए।
- आयोग को संघ सरकार और राज्य सरकारों के द्वारा अपना अलग बजट दिया जाना चाहिए।

### आयोग को प्रभावी बनाने के उपाय

- तत्कालीन केंद्रीय महिला एवं बाल विकास मंत्री श्रीमती मेनका गांधी ने राष्ट्रीय महिला आयोग के अध्यक्ष पद पर चुनाव हेतु नियमों में संशोधन का प्रस्ताव किया। **संशोधन के मुख्य बिंदु इस प्रकार हैं**–
  - (i) अध्यक्ष पद को गैर-राजनीतिक बनाने के लिए उच्चतम न्यायालय का कोई सेवानिवृत्त न्यायाधीश अथवा उच्च न्यायालय का सेवानिवृत्त मुख्य न्यायाधीश ही आयोग का अध्यक्ष बनाया जाए।
  - (ii) राष्ट्रीय महिला आयोग के अध्यक्ष का चुनाव प्रधानमंत्री की अध्यक्षता वाली समिति करे।
  - (iii) आयोग को सिविल कोर्ट के समान शक्ति मिले।
  - (iv) आयोग को यह शक्ति दी जाए कि वह आरोपी को पेश होने का आदेश दे सके और यदि आरोपी पेश नहीं होता है, तो उस पर रु. 5,000 का जुर्माना हो। उल्लेखनीय है कि आयोग के पास जुर्माना लगाने का अधिकार नहीं है, जिससे आरोपी पेश होने से बचते हैं।
- उपर्युक्त संशोधन के लिए राष्ट्रीय महिला आयोग अधिनियम में संशोधन करना पड़ेगा। वर्तमान में राष्ट्रीय महिला आयोग के अध्यक्ष पद पर चुनाव का प्रस्ताव केंद्र सरकार द्वारा किया जाता है और केंद्रीय महिला और बाल विकास मंत्री उन्हें नियुक्त करती है।

## राष्ट्रीय अल्पसंख्यक आयोग

- अल्पसंख्यकों के लिए सबसे पहले वर्ष 1960 में उत्तर प्रदेश ने अल्पसंख्यक आयोग का गठन किया। इसके बाद संघ की जनता पार्टी सरकार के द्वारा वर्ष 1978 में राष्ट्रीय अल्पसंख्यक आयोग की स्थापना की गई।
- इस आयोग की स्थापना का उद्देश्य अल्पसंख्यकों में सुरक्षा के भाव पैदा करना तथा पंथनिरपेक्ष परंपराओं को सुदृढ़ रखते हुए राष्ट्रीय एकीकरण को बढ़ावा देना है।
- वर्ष 1992 में पारित एक अधिनियम के द्वारा इस आयोग को वैधानिक स्वरूप प्रदान किया गया तथा केंद्र सरकार के द्वारा 6 समूहों (मुस्लिम, ईसाई, सिक्ख, बौद्ध, जैन एवं पारसी) को अल्पसंख्यक समुदाय के रूप में अधिसूचित किया गया था। वर्ष 1995 में इसमें संशोधन करके इसका नाम अल्पसंख्यकों के लिए राष्ट्रीय आयोग कर दिया गया।

### संवैधानिक प्रावधान

- संविधान में अल्पसंख्यकों की सुरक्षा तथा विकास हेतु व्यापक उपबंध किए गए हैं। संविधान के मौलिक अधिकारों वाले भाग के अनुच्छेद-29 में अल्पसंख्यकों की भाषा, लिपि तथा संस्कृति के संरक्षण का प्रावधान किया गया है।
- अनुच्छेद-350 के अंतर्गत् प्रावधान है कि प्रत्येक व्यक्ति अपनी शिकायत निवारण के लिए संघ या राज्यों में बोली जाने वाली किसी भी भाषा में आवेदन दे सकता है। अनुच्छेद-350(।) के अनुसार, प्रत्येक राज्य भाषाई अल्पसंख्यक वर्गों के बच्चों को प्राथमिक स्तर पर मातृभाषा में शिक्षा की व्यवस्था करने का प्रयास करेगा।
- अत: इन वर्गों की भाषाओं को संरक्षण दिया गया है। राष्ट्रीय अल्पसंख्यक आयोग की स्थापना संवैधानिक अधिकारों की रक्षा हेतु किया गया है। आयोग का मुख्य कार्य अल्पसंख्यकों की सुरक्षा के लिए आवश्यक उपायों का निर्माण व इनके लिए प्रदत्त संवैधानिक प्रावधानों को लागू करवाना है।

### संरचना

- यह एक बहुसदस्यीय संस्था है। राष्ट्रीय अल्पसंख्यक आयोग में एक अध्यक्ष, एक उपाध्यक्ष तथा 5 अन्य सदस्य होते हैं। अध्यक्ष सहित सभी सदस्यों का अल्पसंख्यक समुदाय से होना आवश्यक है।
- इनकी नियुक्ति राष्ट्रपति द्वारा की जाती है। आयोग के अध्यक्ष तथा सभी सदस्यों का कार्यकाल 3 वर्षों का होता है।
- राष्ट्रीय अल्पसंख्यक आयोग का अध्यक्ष राष्ट्रीय मानवाधिकार आयोग का पदेन सदस्य भी होता है।

### कार्य

- राष्ट्रीय अल्पसंख्यक आयोग के निम्नलिखित कार्य हैं-
  - (i) राष्ट्रीय अल्पसंख्यकों के अधिकारों के हनन की शिकायतों को सुनना।
  - (ii) राष्ट्रीय अल्पसंख्यकों के विकास के स्तर का मूल्यांकन करना तथा इस संबंध में सुझाव देना।
  - (iii) राष्ट्रीय अल्पसंख्यकों की सुरक्षा तथा कल्याण से संबंधित प्रयासों में सहयोग देना।
  - (iv) संघ और राज्य सरकारों द्वारा पारित विभिन्न (अल्पसंख्यकों से संबद्ध) विधियों की जांच करना।
  - (v) अल्पसंख्यकों की शिकायतों की जांच करना।
  - (vi) राष्ट्रीय अल्पसंख्यकों के कल्याण के लिए वैधानिक व कल्याणकारी उपायों को सुझाना।
  - (vii) संघ सरकार एवं राज्य सरकारों को अल्पसंख्यकों के लिए नीतियों का बेहतर क्रियान्वयन हेतु सुझाव देना।

### शक्तियां

- राष्ट्रीय अल्पसंख्यक आयोग भारत के किसी भी व्यक्ति को सम्मन जारी कर सकता है अथवा उपस्थित होने के लिए बाध्य तथा राष्ट्रीय अल्पसंख्यक आयोग किसी भी दस्तावेज की मांग कर सकता है। शपथ-पत्र दाखिल कर सकता है और यह सिविल न्यायालय की सभी शक्तियां धारण करता है।

### संवैधानिक दर्जा देने के प्रयत्न

- सरकार ने इसे संवैधानिक दर्जा देने का अनेक बार प्रयत्न किया है, लेकिन विपक्ष के असंतोष व गठबंधन सरकार में बहुमत के अभाव के कारण इस संस्था को संवैधानिक दर्जा प्राप्त नहीं हो सका है तथा वर्तमान समय में यह एक विधिक संस्था है।

### कमियां

- अन्य आयोगों के संबंध में यह प्रावधान किया गया है कि सरकार नीतियों का निर्माण करते समय आयोगों से परामर्श करेगी, लेकिन अल्पसंख्यक आयोग के संबंध में यह प्रावधान नहीं है। अल्पसंख्यक आयोग को सहयोग देने के लिए राज्य और जनपद स्तर पर सहायक संस्थाओं का अभाव है।
- पिछड़ा वर्ग आयोग और अनुसूचित जाति एवं जनजाति आयोग के संबंध में कहा गया है कि उनके सदस्य ऐसे व्यक्ति होंगे, जिन्हें उन समुदायों के संबंध में विशेष ज्ञान हो, लेकिन राष्ट्रीय अल्पसंख्यक आयोग के सदस्यों के संबंध में केवल यह वर्णित किया गया है कि वे अल्पसंख्यक समुदाय से संबंधित हों तथा सदस्यों की नियुक्ति हेतु इनसे संबंधित विशेष ज्ञान का प्रावधान होना जरूरी नहीं समझा गया है। यह अनिवार्य नहीं है कि अल्पसंख्यक समुदाय के व्यक्ति को अल्पसंख्यकों के बारे में पर्याप्त जानकारी हो।

# भाग–8

# भारत में राजनीतिक प्रक्रियाएं

अध्याय 1

# राज्य, अर्थव्यवस्था तथा विकास
# STATE, ECONOMY AND DEVELOPMENT

## विकास योजना मॉडल

- स्वाधीनता के पश्चात् भारतीय अर्थव्यवस्था के विकास की रणनीति के रूप में नियोजन का सहारा लिया गया, जिससे अर्थव्यवस्था का विकास तीव्र गति से हो सके एवं सामाजिक न्याय को प्रभावी रूप में प्राप्त किया जा सके। नियोजित अर्थव्यवस्था के उद्देश्य निम्नलिखित थे-
  (i) उत्पादन को अधिकतम बढ़ाना, जिससे राष्ट्रीय आय तथा प्रति व्यक्ति आय में वृद्धि हो सके।
  (ii) पूर्ण रोजगार की प्राप्ति हो।
  (iii) संपत्ति और आय की विषमता को समाप्त एवं गरीबी निवारण किया जा सके।
  (iv) राष्ट्र में एक ऐसे समाजवादी ढांचे का निर्माण करना, जो समानता एवं न्याय पर आधारित हो तथा जिसमें शोषण का अभाव हो।
- स्वतंत्रता के पश्चात् भारत सामाजिक-आर्थिक रूप में पिछड़ा राष्ट्र था। साक्षरता अत्यधिक कम थी एवं आयु प्रत्याशा कम थी तथा शिशु मृत्यु दर अत्यधिक थी और समाज का अधिकांश भाग गरीबी और बीमारी से ग्रस्त था।
- इसलिए भारत के आर्थिक विकास को बाजारवादी शक्तियों के सहारे छोड़ना संभव नहीं था, बल्कि राज्य द्वारा नियंत्रित एवं केंद्रित नियोजित अर्थव्यवस्था की रणनीति को अपनाया गया। भारत में 'लक्षित नियोजन' और नियोजित अर्थव्यवस्था का मिश्रित रूप उपयोग किया गया। अत: पूंजीवादी एवं साम्यवादी विकास मॉडल का समन्वित रूप भारत में प्रयोग किया गया।
- भारत में नियोजन का आधार प्रधानमंत्री पं. जवाहरलाल नेहरू एवं महालनोबिस ने रखा। पं. जवाहरलाल नेहरू और महालनोबिस के अनुसार, देश के अत्यधिक पैमाने पर औद्योगीकरण की आवश्यकता है। औद्योगीकरण का आशय, भारी उद्योगों की स्थापना करना था।
- यहां रूसी अनुभव के द्वारा यह सीखा गया कि भारी उद्यमों के विकास के पश्चात् ही देश के विकास का आधारभूत ढांचा निर्मित होगा, क्योंकि राष्ट्रीय अर्थव्यवस्था में वृद्धि का आशय कोयला, बिजली, लोहे, स्टील, भारी यंत्र और भारी मशीनों के उत्पादन में वृद्धि से है।
- **भारी औद्योगीकरण का निम्नलिखित औचित्य प्रतिपादित किया गया-**
  (i) स्वतंत्रता के पश्चात् भारत मूलत: एक कृषि आधारित अर्थव्यवस्था था। भारत के विशाल प्राकृतिक एवं मानवीय संसाधनों के द्वारा देश का औद्योगीकरण करना संभव था। इसीलिए उद्योगों के निर्माण में संसाधनों का ज्यादा से ज्यादा प्रयोग किया गया।
  (ii) भारतीय कृषि पर जनसंख्या का अत्यधिक दबाव था तथा श्रम उत्पादकता न्यूनतम थी। अत: भूमि पर दबाव कम करने के लिए उद्योगों का विस्तार एवं भारी पैमाने पर उनकी स्थापना की गई। ऐसी मान्यता स्वीकार की गई कि उद्योगों के निर्माण से अर्थव्यवस्था एवं कृषि क्षेत्र दोनों का विकास होगा।
- नेहरूवादी नियोजन के अनुसार, तीव्र गति से औद्योगीकरण सभी क्षेत्रों के विकास के लिए आवश्यक है, क्योंकि उद्योगों के विकास के पश्चात् कपास, जूट, तिलहन की मांग स्पष्ट रूप में बढ़ेगी। इसी के साथ उर्वरक, कीटनाशक और खेती के लिए मशीनों की मांग होगी, जिससे स्वाभाविक रूप में कृषि क्षेत्र का विकास, बाजार का विकास अथवा विस्तार होगा तथा व्यापार अथवा वाणिज्य में स्वाभाविक रूप में वृद्धि होगी।
- अत: द्रुत गति से औद्योगीकरण के द्वारा ही राष्ट्रीय आय एवं प्रति व्यक्ति आय में वृद्धि होगी, क्योंकि कृषि क्षेत्र की तुलना में विनिर्माण के क्षेत्र में श्रम उत्पादकता अधिक है। औद्योगिक क्षेत्र की स्थापना के पश्चात् निर्यात के अच्छे अवसर प्राप्त होंगे तथा भारत का स्वायत्त एवं आत्मनिर्भर विकास होगा।
- **अत: नेहरूवादी योजना में निम्नलिखित रणनीति का प्रयोग किया गया-**
  (i) उच्च बचत के द्वारा उच्च निवेश होगा।
  (ii) भारी उद्योग अर्थव्यवस्था का मूल आधार होंगे।

(iii) इससे आयात प्रतिस्थापना होगी तथा आत्मनिर्भरता प्राप्त होगी।
(iv) समाज के वंचित वर्गों के लिए अत्यधिक और तीव्र गति से सुविधाएं प्राप्त होंगी।
(v) नवजात उद्यम के संरक्षण की आवश्यकता है।
(vi) उद्योग एवं कृषि का परस्पर पूरक रूप में विकास।

## गांधीवादी मॉडल

- भारत में गांधीवादी मॉडल का आधार वर्ष 1944 में आचार्य श्रीमन नारायण ने प्रस्तुत किया। गांधीवादी मॉडल के अनुसार, भारतीय लोगों का भौतिक एवं सांस्कृतिक दोनों स्तर पर उत्थान आवश्यक है। भारत की आर्थिक व्यवस्था 5.5 लाख गांवों के विकास के बिना संभव नहीं है। इसलिए गांधीवादी नियोजन में कृषि के वैज्ञानिक विकास, लघु उद्योगों एवं कुटीर उद्योगों पर अत्यधिक बल दिया गया।
- गांधीवादी मॉडल में कृषि क्षेत्र में आत्मनिर्भरता प्राप्त करने पर बल दिया गया तथा यह भारत में भूमि-सुधार द्वारा ही संभव होगा। गांधीवादी मॉडल में सहकारी खेती पर बल दिया गया। सूदखोरी व्यवस्था के उन्मूलन पर जोर दिया गया, जिसमें किसानों को अधिक से अधिक ऋण की सहायता देने पर बल दिया गया।
- गांधीवादी नियोजन में कृषि क्षेत्र से संबंधित अन्य क्षेत्रों के विकास पर भी बल दिया गया; जैसे-दुग्ध उत्पादन।
- गांधीवादी नियोजन के अनुसार, गांव को आत्मनिर्भर बनाना चाहिए। इसलिए कृषि क्षेत्र के विकास के समानांतर कुटीर उद्योग का भी विकास होना चाहिए। इसलिए खादी वस्त्र के निर्माण पर विशेष बल दिया गया। इसलिए गांव के लोग केवल अपनी रोटी के संदर्भ में ही स्वायत्त नहीं होंगे, बल्कि वस्तुओं के निर्माण में भी स्वायत्त होंगे।
- गांधीवादी मॉडल के अनुसार, भारत जैसे श्रम प्रधान देश में लघु उद्योग एवं कुटीर उद्योगों के द्वारा लोगों को रोजगार प्राप्त होगा तथा आर्थिक शक्तियों का विकेंद्रीकरण होगा। सामान्यत: ऐसा माना जाता है कि गांधीजी भारी उद्योगों के बिल्कुल विरोधी थे, जो वस्तुत: सत्य नहीं है।
- गांधीवादी मॉडल में भी कुछ मूलभूत भारी उद्योगों को आवश्यक माना गया। जैसे-रक्षा उद्योग, थर्मल पावर, भारी इंजीनियरिंग एवं भारी रसायन के उद्योग आवश्यक हैं, लेकिन गांधीवादी मॉडल में मशीनों के अंधाधुंध प्रयोग का विरोध किया गया।
- अत: जब मशीनों का प्रयोग सभी के हित में हो, तो यह अच्छा है, लेकिन यदि कुछ लोगों के हित में हो, तो यह बुरा है, क्योंकि कारखाना उत्पादन प्रणाली में कुछ पूंजीपति बहुसंख्यक मजदूरों का शोषण करते हैं।
- उनके अनुसार, अर्थव्यवस्था रोजगार केंद्रित होनी चाहिए, उत्पादन केंद्रित नहीं। भारत में रोजगार प्रदान करने की सबसे बड़ी क्षमता कृषि क्षेत्र में है। गांधीवादी नियोजन में लघु उद्योगों को प्राथमिकता दी गई तथा वितरण का समतामूलक आधार स्वीकार किया गया।

## आर्थिक विकास की रणनीति (नेहरू के युग में)

- स्वतंत्र भारत में देश के औद्योगिक विकास के लिए राज्य केंद्रित विकास की रणनीति का प्रयोग किया गया, क्योंकि उपनिवेशवादी शासन द्वारा भारतीय अर्थव्यवस्था का विकास एक पराश्रित अर्थव्यवस्था के रूप में किया गया। राष्ट्रीय आंदोलन के दौरान भी भारत के विकास के लिए वर्ष 1938 में सुभाषचंद्र बोस की अध्यक्षता में योजना समिति की स्थापना हुई।
- बांबे प्लान (वर्ष 1944) के अंतर्गत् भविष्य में भारत को एक औद्योगिक राष्ट्र के रूप में विकसित करने का लक्ष्य रखा गया, क्योंकि स्वतंत्र भारत में व्यक्ति की आय न्यूनतम थी। कृषि अर्थव्यवस्था अर्द्ध-सामंतवादी व उद्योग अविकसित थे तथा आधारभूत संरचनाओं का पूर्णत: अभाव था। व्यापक गरीबी, बेरोजगारी, निरक्षरता और उच्च शिशु मृत्यु दर जैसी समस्याएं व्याप्त थीं।
- भारत के विकास के लिए और भारत में उपलब्ध भौतिक एवं मानवीय संसाधनों के बेहतर उपयोग के लिए तथा संविधान में उल्लिखित निदेशक तत्वों की प्राप्ति के लिए राज्य केंद्रित विकास और नियोजित अर्थव्यवस्था को प्राथमिकता प्रदान की गई।
- विकास की इस रणनीति में भारी एवं त्वरित औद्योगीकरण पर बल दिया गया तथा आयात प्रतिस्थापन की रणनीति अपनाई गई। आत्मनिर्भरता निर्मित करने का प्रयत्न किया गया तथा बाह्य पराश्रितता को न्यूनतम करने के प्रयत्न किए गए।
- मिश्रित अर्थव्यवस्था की रणनीति के अंतर्गत् मूलभूत उद्योगों के विकास का दायित्व सार्वजनिक क्षेत्र को सौंपा गया। जबकि अन्य क्षेत्रों में निजी क्षेत्रों को कार्य करने की अनुमति दी गई। देश के औद्योगिक विकास के साथ-साथ सामुदायिक विकास कार्यक्रम, भूमि सुधार तथा जमींदारी उन्मूलन पर भी बल दिया गया।
- विकास के इस पहले चरण की रणनीति को 'नेहरू महालनोबिस मॉडल' के नाम से भी जाना जाता है, जिसके द्वारा अधिक से अधिक तकनीकी उत्पादन के द्वारा पूंजी निर्माण का प्रयत्न किया गया, जिससे देश का समग्र विकास संभव हो तथा लोगों को बड़ी संख्या में रोजगार प्राप्त हो। परंतु इस रणनीति के आलोचकों के

अनुसार, इसमें कृषि क्षेत्र के विकास की उपेक्षा की गई। आलोचकों के अनुसार, भारी औद्योगीकरण की रणनीति भारतीय समाज के लिए उपयुक्त नहीं थी, क्योंकि भारत श्रम प्रधान समाज है।

- आलोचकों के अनुसार, इससे औद्योगिक विकास में बाधा उत्पन्न हुई तथा भूमि सुधार को भी अपेक्षित सफलता प्राप्त नहीं हुई। इसलिए चौथी पंचवर्षीय योजना में लघु व मझोले उद्योगों के विकास पर ज्यादा बल दिया गया।

## आर्थिक विकास (नेहरू के बाद)

- इंदिरा गांधी ने भारत में समाजवादी झुकाव की नीतियों का प्रयोग तथा राज्य केंद्रित विकास को प्रभावी बनाने का प्रयत्न किया। बैंकों के राष्ट्रीयकरण की योजना (वर्ष 1969) एवं 'एकाधिकार व्यापार प्रतिबंधात्मक अधिनियम' (MRTP) के अतिरिक्त वर्ष 1972 में बीमा क्षेत्र का राष्ट्रीयकरण व वर्ष 1973 में कोयला खदानों का राष्ट्रीयकरण किया गया एवं वर्ष 1973 में विदेशी विनिमय नियंत्रण अधिनियम, (FERA) कानून का निर्माण किया गया। इंदिरा गांधी ने 'गरीबी हटाओ' का नारा दिया।
- यह विश्व बैंक की उस आलोचना के जवाब में था, जिसमें विश्व बैंक ने कहा कि अर्थव्यवस्था के विकास के द्वारा गरीबी अनिवार्य रूप में समाप्त नहीं होगी। इंदिरा गांधी ने पंचवर्षीय योजना में विकास के अनेक कार्यक्रमों को आगे बढ़ाया तथा ग्रामीण जनता को रोजगार देने का प्रयत्न किया गया।
- यह उल्लेखनीय है कि वर्ष 1965 के आस-पास का समय भारतीय अर्थव्यवस्था के लिए अत्यधिक संकट का काल था, क्योंकि चीन और पाकिस्तान के साथ युद्ध तथा देश में अकाल व्याप्त था। परंतु 70 के दशक में भारतीय कृषि क्षेत्र में निर्णायक परिवर्तन हुआ। हरित क्रांति के द्वारा भारत खाद्यान्न संकट से उबर गया।
- यह बिंदु उल्लेखनीय है कि इस हरित क्रांति के बाद भारत में नया शक्तिशाली किसान वर्ग उत्पन्न हुआ, जिसने सत्ता में सहभागिता की मांग की।
- जनता पार्टी के शासन काल में 'रोलिंग प्लान' (Rolling Plan) की संकल्पना को अपनाया गया, जिसमें एक वर्षीय, तीन या चार वर्षीय योजनाएं अलग-अलग समय के लिए बनाई जाती हैं। जनता पार्टी सरकार ने नियोजन के गांधीवादी तरीके को लागू करने का दावा किया।
- जनता पार्टी शासन द्वारा कृषि, उद्योग, लद्यु व कुटीर उद्योग के विकास पर बल प्रदान किया गया तथा जनता पार्टी शासन ने गांधीवादी नियोजन को लागू करने के साथ समाजवादी नीतियों को कायम रखा। जबकि यह बिंदु उल्लेखनीय है कि विकास की नेहरूवादी एवं गांधीवादी नीतियां एक-दूसरे की पूरक हैं, विरोधी नहीं।
- इंदिरा गांधी शासन सत्ता के दूसरे कार्यकाल में ज्यादा व्यावहारिक थीं। इन्होंने गरीबी हटाओ की जगह आर्थिक वृद्धि पर बल प्रदान किया। इन्होंने वर्ष 1981-82 में स्टील व सीमेंट की कीमतों पर लागू नियंत्रण को समाप्त कर दिया। विनिर्मित वस्तुओं के आयात को और उदारीकृत किया। अतः इंदिरा गांधी ने भारत में उदारवाद की दिशा में नीति अपनानी आरंभ कर दी। सरकार ने 20 प्रमुख उद्योगों के लिए स्वचालित लाइसेंसिंग व्यवस्था का प्रावधान किया।
- अतः अब इंदिरा गांधी की नीतियों ने समाजवाद की बजाए व्यापार की वृद्धि पर बल दिया तथा व्यवस्था के अनुकूल नीति का निर्माण किया गया। यह बिंदु उल्लेखनीय है कि इंदिरा गांधी के पहले मोरारजी देसाई ने भी अर्थव्यवस्था के उदारीकरण का प्रयत्न किया था, परंतु राजनीतिक बाध्यताओं के कारण ऐसा नहीं कर सके। राजीव गांधी सरकार ने विकास की रणनीति में व्यावहारिक परिवर्तन किया। इन्होंने उदारीकरण की नीतियों का प्रयोग किया।
- अरूण नेहरू और अरूण सिंह इनके मुख्य सलाहकार थे, जो बहुराष्ट्रीय कंपनियों (MNCs) के बड़े प्रबंधन का दायित्व संभाल चुके थे। इसके अतिरिक्त मोंटेक सिंह अहलूवालिया, विमल जालान एवं मनमोहन सिंह जैसे तकनीकी विशेषज्ञों से भी इन्होंने निरंतर सलाह ली। परंतु राजीव गांधी के शासनकाल में आर्थिक समस्याएं अधिक जटिल तथा भयावह हो गई।
- **ये समस्याएं थीं-**

(i) सार्वजनिक उद्यम घाटे में जाने लगे।
(ii) अर्थव्यवस्था की धीमी गति।
(iii) आधुनिकीकरण का अभाव।
(iv) लाइसेंस कोटा की संरक्षणवादी नीतियां।

- राजीव गांधी सरकार ने निगम कर में कटौती का प्रस्ताव किया। मध्यम वर्गीय लोगों के करों में कटौती की गई। अनेक क्षेत्रों के आयात में उदारीकरण किया गया, जिसमें इलेक्ट्रॉनिक्स का क्षेत्र मुख्य था। घरेलू लोगों के लिए लाइसेंसिंग नीति में परिवर्तन किया गया। उद्यमों के एकाधिकार की उच्चतम सीमा में बढ़ोत्तरी की गई।
- राजीव गांधी सरकार ने स्पष्ट कहा कि आयात प्रतिस्थापन बेहतर विकल्प नहीं है तथा इन्होंने तकनीकी आयात पर बल दिया। यह उल्लेखनीय है कि तत्कालीन समय में 'आबिद हुसैन रिपोर्ट' में निर्यात बढ़ाने पर बल दिया गया तथा नई औद्योगिक रणनीति के निर्माण पर बल प्रदान किया गया। सरकार ने ऑटोमोबाइल के क्षेत्र के उत्पादन में विदेशी कंपनियों (जापानियों) के साथ भागीदारी का समर्थन किया।

- यद्यपि यह बिंदु उल्लेखनीय है कि सरकार ने सार्वजनिक उद्यमों की प्राथमिकता के सिद्धांत को बरकरार रखा। सातवीं पंचवर्षीय योजना में गरीबी निवारण, आत्मनिर्भरता और सामाजिक न्याय के साथ आर्थिक वृद्धि पर भी बल प्रदान किया गया। राजीव गांधी सरकार द्वारा भी उदारीकरण नहीं लागू किया जा सका, क्योंकि विपक्षी दलों ने इन्हें अमीरों का समर्थक कहा तथा राजनीतिक बाध्यताओं के कारण वह उदारीकरण नहीं अपना सके।

## आर्थिक विकास की नई रणनीति (उदारीकरण का युग)

(i) औद्योगिक नीति 1991 के तहत सार्वजनिक उद्यमों के लिए तीन क्षेत्र सुरक्षित थे।
(ii) लाइसेंसिंग कोटा की नीति को तुरंत समाप्त कर दिया गया।
(iii) प्रत्यक्ष विदेशी निवेश को आकर्षित करने की नीति।
(iv) निर्यात प्रोत्साहन की नीति को आगे बढ़ाया तथा सार्वजनिक उद्यमों की प्राथमिकता के सिद्धांत को छोड़ दिया।
(v) निजी उद्यमों को बढ़ावा देने की नीति।
(vi) संकेतात्मक नियोजन-सरकार की भूमिका, अब नीतियां बनाने की है, कंपनी निजी क्षेत्र लगाएगी।(उदारीकरण तथा भू-मंडलीकरण की नीति)।
(vii) विनिवेश की नीति अपनाना।
(viii) राजकोषीय प्रबंध की नीति (वर्ष 2003)।

- वर्ष 1991 के बाद नरसिंह राव, मनमोहन सिंह सरकार ने उदारीकरण एवं निजीकरण का प्रयोग किया। यह नेहरूवादी विकास की रणनीति में एक आमूलकारी परिवर्तन था, जिसमें अर्थव्यवस्था में संरचनात्मक सुधार किए गए। निजी उद्यमों के महत्व को स्पष्ट रूप में स्वीकार किया गया। सार्वजनिक उद्यमों की अकुशलता और इनके खराब प्रबंधन के कारण सार्वजनिक उद्यम घाटे में चलने लगे।
- भारतीय अर्थव्यवस्था को संकट से उबारने के लिए मुद्रा का अवमूल्यन तथा निवेश एवं व्यापार की नीतियों का उदारीकरण किया गया। औद्योगिक और विनिवेश के क्षेत्रों में नई तकनीकी का प्रयोग किया गया। इसके अंतर्गत् राज्य की भूमिका को पुनर्परिभाषित किया गया। अब राज्य उत्पादन, निवेशक एवं नियंत्रण की बजाए एक सहायताकारी एजेंसी बन गया।
- राज्य के द्वारा उन नीतियों का निर्माण किया गया, जिससे निजी क्षेत्रों को बेहतर भूमिका सौंपी जा सके। सुशासन के लिए राज्य के द्वारा बेहतर और पारदर्शी नीतियों का निर्माण किया गया। यह बिंदु उल्लेखनीय है कि विकास की इस नई रणनीति में राज्य का दायित्व सामाजिक न्याय और कल्याणकारी क्षेत्रों में बना हुआ है, क्योंकि इस क्षेत्र में निजी निवेशकों का निवेश नहीं हो पा रहा है। उदाहरण के लिए, ग्रामीण क्षेत्रों के विकास का दायित्व राज्य का है।
- कुछ ऐसे भी क्षेत्र हैं, जहां निजी क्षेत्रों का प्रवेश अवांछनीय है। जैसे-शिक्षा, स्वास्थ्य, गरीबी और क्षेत्रीय विषमता। यहां राज्य की भूमिका अभी भी महत्वपूर्ण है। इसलिए उदारीकरण और भू-मंडलीकरण की नीति सामाजिक न्याय की विरोधी नहीं, अपितु सामाजिक न्याय को और बेहतर बनाने के लिए है।
- वर्ष 1991 में आर्थिक उदारीकरण के बाद भारत में बैंकिंग क्षेत्र में सुधार किया गया और बैंकिंग क्षेत्र में भी निजी कंपनियों के प्रवेश की अनुमति प्रदान की गई। वर्ष 1993 में रिजर्व बैंक ने बैंकों की स्थापना के लिए आवश्यक मानकों का निर्माण किया। स्टॉक बाजार के क्षेत्र में भी सुधार किया गया। अब संस्थागत विदेशी निवेशकों को भी शेयर खरीदने की अनुमति दी गई।
- वर्ष 1999 में बीमा क्षेत्र में बैंकिंग तथा गैर-बैंकिंग वित्तीय कंपनियों को कार्य करने की अनुमति प्रदान की गई। सरकार ने 'बीमा नियंत्रण विनियामक अधिनियम' (IRDA,2000) का निर्माण किया।
- आर्थिक सुधारों के पश्चात् आधारभूत ढांचे के क्षेत्र में भी निजी निवेश आकर्षित किए जा रहे हैं, जबकि इसके पहले इसमें निजी उद्यमों को कार्य करने की अनुमति नहीं थी। वर्तमान समय में दूरसंचार एवं बिजली के क्षेत्र में निजी उद्यमों का प्रभाव निर्णायक है, यद्यपि यह बिंदु उल्लेखनीय है कि दूरसंचार के क्षेत्र में सुधार सफल रहा। जबकि बिजली के क्षेत्र में सुधारों को अपेक्षित सफलता नहीं मिली।
- वर्ष 2003 के बाद बिजली के वितरण में निजी कंपनियों को आमंत्रित किया गया। वर्तमान समय में राष्ट्रीय राजमार्गों के निर्माण में निजी क्षेत्रों को आकर्षित किया जा रहा है। उड्डयन क्षेत्र में भी निजी विमान कंपनियों को भी अनुमति प्रदान कर दी गई है। वर्ष 2003 में राजकोषीय प्रबंध को बेहतर करने के लिए एक नया विधेयक लाया गया।
- घाटे में चल रहे सार्वजनिक उद्यमों के विनिवेश का प्रयत्न किया गया तथा श्रम सुधारों को भी आगे बढ़ाया गया। वित्तीय क्षेत्र में भी प्रभावी सुधार के प्रयत्न किए जा रहे हैं।
- समकालीन उदारीकरण और निजीकरण के युग में योजना आयोग की भूमिका में भी परिवर्तन हुआ। अब संकेतात्मक नियोजन का प्रयोग किया जा रहा है। परंतु वर्तमान में योजना आयोग को पूर्णतः समाप्त कर दिया गया और इसके स्थान पर नीति आयोग की स्थापना की गई है।

अध्याय 2

# उदारीकरण की प्रक्रिया
# PROCESS OF GLOBALISATION

## उदारीकरण की पृष्ठभूमि

- वर्ष 1991 में भारतीय अर्थव्यवस्था में आर्थिक विकास की नई रणनीति का प्रयोग किया गया और सार्वजनिक उद्यमों को प्राथमिकता की बजाए, उदारीकरण एवं निजीकरण की नीति पर बल दिया गया।
- **विकास की इस नई रणनीति को अपनाने के निम्नलिखित कारण हैं-**

1. भारतीय अर्थव्यवस्था में ऐसी ढांचागत कमियां उत्पन्न हो गईं, जिसके कारण अर्थव्यवस्था अकुशल होने लगी। **ढांचागत कमियों का अभिप्राय निम्नलिखित है-**
    - आयात को प्रतिबंधित करने की नीति।
    - लघु उद्योगों के लिए आरक्षित सूची में लगातार वृद्धि।
    - सार्वजनिक क्षेत्रों का नौकरशाही प्रबंध।
    - कर्मचारियों की अधिक से अधिक भर्ती।
    - लाइसेंस कोटा और एम.आर.टी.पी. (MRTP) का प्रयोग।
2. वर्ष 1991 में विकास की नई रणनीति का प्रयोग करना पड़ा, क्योंकि भारतीय अर्थव्यवस्था में विश्व अर्थव्यवस्था के अनुरूप परिवर्तन नहीं हो रहा था। **इसका अभिप्राय निम्नलिखित है-**
    - 80 के दशक में संपूर्ण विश्व अर्थव्यवस्था में तीव्र परिवर्तन हुए।
    - विश्व में व्यापारिक आदान-प्रदान में तेजी से वृद्धि हुई।
    - बहुराष्ट्रीय कंपनियां विश्व में निवेश करने के लिए नए स्थानों की तलाश करने लगीं।
    - पूर्वी एशियाई देशों का तेजी से औद्योगीकरण हुआ, लेकिन उपरोक्त परिवर्तित परिस्थितियों के कारण भारतीय अर्थव्यवस्था में परिवर्तन नहीं हो सका।
3. आर्थिक क्षेत्र में तीसरी समस्या राजनीतिक रूप में उत्पन्न हुई, क्योंकि अर्थव्यवस्था को आर्थिक नीतियों के बजाए, लोकलुभावन नारे पर चलाने का प्रयास किया गया। अर्थात्-
    - सरकार ने अपने खर्च में बेतहाशा बढ़ोत्तरी की, लेकिन इन खर्चों को पूर्ण करने के लिए सरकार कोई ठोस आर्थिक उपाय नहीं कर सकी।
    - सब्सिडी में भारी वृद्धि हुई। कर्मचारियों के वेतन में अत्यधिक बढ़ोत्तरी की गई, किसानों के कर्ज माफ कर दिए गए, जिसके परिणामस्वरूप अर्थव्यवस्था ढहने के कगार पर पहुंच गई।
4. इसके अतिरिक्त वर्ष 1990 में उत्पन्न खाड़ी संकट के परिणामस्वरूप अनिवासी भारतीयों ने अपनी जमा मुद्रा को वापस ले लिया। परिणामस्वरूप भारतीय अर्थव्यवस्था संकटग्रस्त हो गई।

## उदारीकरण का आशय

- औद्योगिक नीति में परिवर्तन करना, जिसके द्वारा केवल सार्वजनिक क्षेत्रों के लिए आरक्षित उद्योगों की सूची की संख्या वर्तमान समय में केवल तीन हैं।
- औद्योगिक नीति में परिवर्तन करते हुए यह प्रावधान किया गया कि अब उद्योगों की स्थापना के लिए लाइसेंस आवश्यक नहीं होगा। अब केवल छह महत्वपूर्ण उद्योगों के लिए लाइसेंस की आवश्यकता होगी।
- आयात का सरलीकरण किया गया एवं आयात पर लागू कठोर प्रतिबंधों को हटाया गया।
- उदारीकरण की नीति के अंतर्गत् प्रत्यक्ष विदेशी निवेश को आकर्षित करने की नीति अपनाई गई।
- अब निजी क्षेत्रों पर नियंत्रण एवं प्रतिबंधों के बजाए, उन्हें मुक्त रूप में कार्य करने की अनुमति प्राप्त हुई।
- नई नीति के अंतर्गत् निजी उद्यमियों को बाजारवादी नियमों के आधार पर चलने की छूट प्रदान की गई।
- गुणवत्ता में वृद्धि के लिए प्रतिस्पर्धा को बढ़ावा दिया गया।
- एम. आर. टी. पी. को समाप्त कर दिया गया तथा फेरा को संशोधित किया गया।
- भारतीय अर्थव्यवस्था को विदेशी व्यापार एवं विदेशी मुद्रा के लिए खोल दिया गया।

- अतः उदारीकरण की नीति का अभिप्राय, सार्वजनिक क्षेत्रों की प्राथमिकता के सिद्धांत को परिवर्तित करना है। इसलिए अब सार्वजनिक क्षेत्रों का विनिवेश किया जा रहा है। अतः राज्य नियंत्रित एवं निर्देशित अर्थव्यवस्था की बजाए, निजी उद्यमों को प्राथमिकता दी जा रही है। राज्य एवं सरकार का मूल कार्य सामाजिक न्याय की प्राप्ति करना है।
- इस नई आर्थिक रणनीति का प्रयोग इसलिए किया गया कि सामाजिक न्याय और प्रभावी रूप में स्थापित किया जा सके। राज्य का दायित्व सामाजिक क्षेत्रों में अभी भी प्रमुख है। जहां निजी क्षेत्र कार्य करने को उत्सुक नहीं होते, राज्य का दायित्व ऐसे क्षेत्रों में कार्य करना है। इसलिए उदारीकरण की नीति एवं सामाजिक न्याय एक-दूसरे के विरोधी नहीं, बल्कि पूरक हैं।
- अतः भारत आज विश्व की सबसे तेजी से बढ़ती हुई अर्थव्यवस्था है। इस विकास दर का श्रेय उदारीकरण की नीति को ही दिया जाता है। प्रो. राजकृष्ण के अनुसार, वर्ष 1960 से 1980 के मध्य में भारतीय अर्थव्यवस्था में वृद्धि दर लगभग 3.5 प्रतिशत थी।
- अतः इससे स्पष्ट है कि उदारीकरण की नीतियों का भारत को लाभ प्राप्त हुआ है। इसके अतिरिक्त भारत में प्रत्यक्ष विदेशी निवेश की वृद्धि हुई है। रोजगार के नए अवसर भी प्राप्त हुए हैं, लेकिन उदारीकरण की नीतियों को अपनाने के पश्चात् भारत के सामने **निम्नलिखित समस्याएं अभी भी विद्यमान हैं-**
  (i) अभी भी देश की जनसंख्या का एक बड़ा भाग गरीबी रेखा के नीचे जीवन यापन कर रहा है।
  (ii) बच्चों के कुपोषण की दर अभी भी ऊंची है।
  (iii) गरीबी रेखा के नीचे के लोगों को स्वास्थ्य एवं शिक्षा की सुविधाएं उपलब्ध नहीं हैं।
- इसलिए 12वीं पंचवर्षीय योजना (Five year plan) में तीव्र और सतत् समावेशी विकास का लक्ष्य निर्धारित किया गया है। इससे स्पष्ट है कि राज्य का दायित्व और नियोजन की भूमिका उदारीकरण और निजीकरण के युग में प्रभावी रूप में बनी हुई है।

## उदारीकरण के पक्ष में तर्क

- आर्थिक उदारीकरण से रोजगार में वृद्धि।
- आर्थिक वृद्धि दर का तेजी से बढ़ना।
- देश के निर्यात में बढ़ोत्तरी हुई।
- सॉफ्टवेयर की प्रभावी बढ़त, फॉर्मास्युटिकल एवं ऑटो मोबाइल के क्षेत्र में।
- उद्योगों की कुशलता में बढ़ोत्तरी तथा प्रतिस्पर्धा।
- निवेश में वृद्धि।
- आधारभूत संरचना का विकास एवं सूचना क्रांति।

### विपक्ष में तर्क

- खाद्य संकट एवं भूख से मौत।
- कृषि के क्षेत्र में अल्प विकास।
- स्वास्थ्य एवं शिक्षा की सुविधाएं, आम लोगों की पहुंच से दूर।
- ग्रामीण क्षेत्रों में बढ़ता अंतर।
- ग्रामीण क्षेत्र का विकास एक चुनौती।

## उदारीकरण और नियोजन

- इस उदारीकरण के युग में केंद्रीय नियोजन की संकल्पना को अस्वीकृत कर दिया गया। इसके निम्नलिखित कारण थे-
  (i) अकुशलता।
  (ii) नौकरशाही निर्णय-निर्माण।
  (iii) उत्तरदायित्व के अनेक स्तरों की उपस्थिति।
  (iv) त्वरित निर्णय लेने की अक्षमता।
  (v) नियोजन में जड़ता की वृद्धि।
  (vi) सोवियत संघ के विघटन, पूर्वी यूरोपीय राज्यों के पतन के पश्चात् पूरी दुनिया में आर्थिक परिवर्तन हुए।
  (vii) चीन तथा वियतनाम जैसे साम्यवादी देशों ने भी आर्थिक उदारीकरण की नीतियों को अपनाया तथा इसी परिप्रेक्ष्य में भारत में भी संकेतात्मक नियोजन का प्रयोग हुआ।

## संकेतात्मक नियोजन

(i) संकेतात्मक नियोजन के अंतर्गत् सरकार के द्वारा अर्थव्यवस्था का एक वृहत् खाका तैयार किया जाता है, जिसे दीर्घकाल में प्राप्त करना होता है।

(ii) सरकार का हस्तक्षेप अनेक स्तरों पर आवश्यक होता है, क्योंकि सरकार नीतियों एवं कार्यक्रमों का निर्माण करती है।

(iii) संकेतात्मक नियोजन के अंतर्गत् पूरी अर्थव्यवस्था को बाजार के भरोसे नहीं छोड़ा जाता, बल्कि राज्य के द्वारा वितरणकारी न्याय प्रभावी रूप में लागू किए जाते हैं।

(iv) संकेतात्मक नियोजन में राज्य अप्रासंगिक नहीं होता, बल्कि राज्य की भूमिका परिवर्तित हो जाती है तथा बाजार की असफलता को राज्य के द्वारा नियंत्रित किया जाता है।

(v) संकेतात्मक नियोजन का आशय, नीति नियोजन है, निर्देशन द्वारा नियोजन नहीं।

(vi) संकेतात्मक नियोजन के अंतर्गत् सरकार निवेश को प्रोत्साहन देती है, लेकिन यह निवेश को पूर्ण रूप में निर्देशित नहीं कर सकती।

- **संकेतात्मक नियोजन का आशय, अनेक निर्देश दिए जाते हैं, जो निम्नलिखित रूप में हो सकते हैं-**

(i) राजकोषीय प्रोत्साहन।

(ii) बैंकों से आसानी से ऋण की सुविधा।

(iii) विदेशी बाजार से सुलभ रूप से ऋण।

(iv) आधारभूत संरचना का निर्माण।

(v) संकेतात्मक नियोजन का मूल कार्य नीति निवेश में बाधाओं को दूर करना है, क्योंकि वर्तमान समय में लाइसेंस एवं कोटा जैसी बाधाएं नहीं हैं, लेकिन उद्योगों की भूमि को अधिग्रहित करने में अत्यधिक समस्याएं आ रही हैं।

(vi) संकेतात्मक नियोजन के अंतर्गत् नीतियों का निर्माण तथा लक्ष्यों का निर्धारण किया जाता है, लेकिन नीति क्षेत्रों के लिए एक निश्चित लक्ष्य निर्धारित नहीं किया जा सकता।

(vii) आर्थिक उदारीकरण का अभिप्राय, यह नहीं है कि राज्य की भूमिका कम हो गई है, अपितु राज्य की भूमिका को पुनर्सरचित किया जा रहा है।

(viii) भारत में नियोजन की अभी भी आवश्यकता है, क्योंकि शिक्षा, स्वास्थ्य, ग्रामीण, विकास, गरीबों के लिए घर तथा झुग्गी-झोपड़ियों के विकास का कार्य राज्य का है।

(ix) अत: नियोजन एवं उदारीकरण एक-दूसरे के विरोधी नहीं हैं। भारत जैसे विकासशील देश में नियोजन की अभी भी आवश्यकता है। यह केंद्रित एवं निर्देशित नियोजन से भिन्न है। अत: वर्तमान समय में नियोजन की भूमिका निजी क्षेत्रों की सहायताकारी रूप में है।

## सार्वजनिक क्षेत्र बनाम् निजी क्षेत्र

- भारत में नेहरूवादी विकास की रणनीति के अंतर्गत् सार्वजनिक क्षेत्रों को प्राथमिकता दी गई तथा प्रारंभिक समय में निजी क्षेत्रों को सरकार के द्वारा नियंत्रित और निर्देशित किया गया।
- तत्कालीन समय में भी कुछ लोगों ने भारत में केंद्रीयकृत नियोजन का विरोध किया, लेकिन यह विरोध अत्यधिक कमजोर और आपवादिक था। सामान्यत: सभी लोगों ने भारत में सार्वजनिक उद्यमों की प्राथमिकता को स्वीकार किया तथा एक कल्याणकारी राज्य के अंतर्गत् इन सार्वजनिक उद्यमों के माध्यम से भारत को औद्योगिक बनाने का प्रयास किया गया तथा सामाजिक न्याय अर्जित करने के प्रयत्न किए गए।
- सार्वजनिक क्षेत्रों को अर्थव्यवस्था में प्रमुख **भूमिका निम्न कारणों से दी गई-**

(i) भारत जैसे विकासशील देश के लिए दीर्घकाल में विकसित होने के लिए पूंजी निर्माण की आवश्यकता थी, जिससे आयात पर निर्भरता को भी कम किया जा सके।

(ii) सार्वजनिक उद्योगों को प्राथमिकता के आधार पर देश में उद्योगों के आधारभूत ढांचे का निर्माण किया गया, क्योंकि ब्रिटिश शासन द्वारा देश की अर्थव्यवस्था का विकास औपनिवेशिक लाभ के दृष्टिकोण से किया गया था।

(iii) सार्वजनिक उद्यमों द्वारा भारत में एक सशक्त औद्योगिक आधार निर्मित हुआ, जिसमें विशाल ऊर्जा परियोजनाएं, भारी यंत्र कारखाने एवं लोहे के कारखानों का निर्माण भी हुआ।

(iv) सार्वजनिक उद्यमों की प्राथमिकता के द्वारा आर्थिक शक्ति को विकेंद्रित करने का प्रयास किया गया, जिसमें अधिकांश उद्यमों को राज्य के नियंत्रण में रखा गया, जिससे बाजारवादी शक्तियों पर प्रतिबंध आरोपित हुआ।

(v) सार्वजनिक क्षेत्रों के द्वारा सामाजिक न्याय को बढ़ावा दिया गया, क्योंकि सार्वजनिक क्षेत्रों में अनुसूचित जाति एवं जनजातियों को आरक्षण प्रदान किया गया।

(vi) सार्वजनिक क्षेत्रों के द्वारा क्षेत्रीय विषमता को भी समाप्त करने का प्रयास किया गया एवं सरकार द्वारा अनेक इकाइयां पिछड़े क्षेत्रों में लगाई गईं। जैसे-राउरकेला एवं भिलाई जैसे स्थानों पर उद्योग लगाए गए, जो देश के अत्यंत पिछड़े भाग थे।

(vii) यह बिंदु ध्यान देने योग्य है कि स्वतंत्र भारत में आधारभूत ढांचे के विकास के लिए निजी क्षेत्र तैयार नहीं थे और निजी क्षेत्र का विकास भी नहीं हुआ था। इसलिए तत्कालीन समय में सार्वजनिक उद्यमों की प्राथमिकता का सिद्धांत बेहतर विकल्प था।

- वर्ष 1990 के पश्चात् उदारीकरण एवं निजीकरण की नीतियों के द्वारा निजी क्षेत्रों को बढ़ावा दिया जाने लगा, क्योंकि सार्वजनिक क्षेत्र घाटे में चलने लगे एवं इनका अफसरशाही प्रबंध किया गया और कर्मचारियों की अत्यधिक भर्ती के कारण ये उद्योग कुप्रबंध के शिकार हो गए।
- **वर्तमान समय में निजी क्षेत्रों को प्राथमिकता देने के निम्न कारण हैं-**

(i) वर्तमान वैश्विक आर्थिक परिदृश्य बिल्कुल परिवर्तित हो चुका है।

(ii) निजी क्षेत्र वर्तमान समय में शक्तिशाली होकर उभर रहे हैं और वे अधिकांश क्षेत्रों में निवेश के लिए तैयार हैं।
(iii) सरकार ने अपनी नई रणनीति के अंतर्गत् सार्वजनिक क्षेत्रों के विनिवेश का निर्णय लिया है, क्योंकि वाणिज्य तथा व्यापार निजी क्षेत्रों द्वारा ज्यादा बेहतर रूप में चलाया जा सकता है।
(iv) सरकार का मूल कार्य सामाजिक क्षेत्रों का उत्थान करना है।
(v) सरकार द्वारा आज निजी क्षेत्रों को केवल सहायता प्रदान ही नहीं की जा रही है बल्कि निजी क्षेत्रों को कार्य करने के लिए बेहतर सुविधाएं भी दी जा रही हैं।
(vi) निजी क्षेत्रों के द्वारा अर्थव्यवस्था में कुशलता और प्रतिस्पर्धा उत्पन्न हुई हैं।

- अत: वर्तमान आर्थिक परिदृश्य में निजी क्षेत्रों को प्रोत्साहित करना एक बेहतर रणनीति है, क्योंकि समय और परिस्थितियों के अनुसार आर्थिक नीतियों में परिवर्तन किया जाना आवश्यक होता है।

## सार्वजनिक उद्यम

- भारत में आर्थिक विकास के लिए सार्वजनिक उद्यमों की प्राथमिकता के सिद्धांत को अपनाया गया, जिससे भारत का त्वरित और समग्र विकास हो सके। **निम्नलिखित कारणों के परिणामस्वरूप भारत में सार्वजनिक क्षेत्रों का प्रभावी विकास हुआ-**
  (i) इसके समर्थकों के अनुसार, सार्वजनिक क्षेत्र के द्वारा अर्थव्यवस्था का विकास निजी क्षेत्र की तुलना में तीव्र गति से संभव था एवं सरकार द्वारा सार्वजनिक क्षेत्रों को निश्चित लक्ष्य प्रदान किए गए।
  (ii) सरकार ने सार्वजनिक क्षेत्रों को अत्यधिक संसाधन प्रदान किए, जिससे इनका तीव्र विकास हुआ।
  (iii) भारत में क्षेत्रीय विषमता को दूर करने के लिए सार्वजनिक उद्यमों को बढ़ावा देने की नीति अपनाई गई। उदाहरण के लिए, आरंभ में भारत के तीन स्टील प्लांट क्रमश: भिलाई, राऊरकेला और नेवेली (चेन्नई) में लगाए गए। ऐसे पिछड़े स्थानों पर भी सरकार ने उद्योग लगाए जहां आर्थिक रूप में उद्योग लगाने की परिस्थितियों का अभाव था तथा वहां के स्थानीय संसाधन भी सीमित थे।
  (iv) भारत में कल्याणकारी राज्य की स्थापना की गई, जिसका मूल उद्देश्य समाज के समाजवादी ढांचे का निर्माण था। इसलिए सार्वजनिक क्षेत्रों को महत्व दिया गया, क्योंकि सार्वजनिक क्षेत्रों से प्राप्त होने वाले लाभ सरकार को मिले तथा सरकार की आरक्षण की नीति भी व्यावहारिक रूप में प्रयुक्त हुई।
  (v) विचारकों के अनुसार, निजी क्षेत्रों का दृष्टिकोण भी भारत में सार्वजनिक उद्यमों की प्राथमिकता का कारण बना। यह भी वास्तविकता है कि तत्कालीन भारत में निजी क्षेत्र इतने प्रभावशाली नहीं थे कि वे भारत के औद्योगिक ढांचे का निर्माण कर सके।

### सार्वजनिक क्षेत्रों की कमियां

(i) सार्वजनिक उद्यम घाटे में आ गए।
(ii) सार्वजनिक उद्यमों की स्थापना करते समय आर्थिक तर्कों की बजाए, राजनीतिक तर्कों को महत्व दिया गया। उदाहरण के लिए, भारतीय सरकार ने **'मिग एयर क्राफ्ट परियोजना' की स्थापना दो स्थानों पर की-**
  (1) नासिक (महाराष्ट्र)।
  (2) कोरापुट (उड़ीसा)। जो एक-दूसरे से 900 किमी की दूरी पर हैं।
(iii) परियोजनाओं को पूरा करने में अधिक लागत आई, क्योंकि इनमें विलंब हुआ। उदाहरण के लिए, 'ट्रॉम्बे फर्टिलाइजर प्रोजेक्ट' जिसको तीन साल में बनाने की योजना थी, लेकिन इसे पूरा करने में 6-7 साल लग गए।
(iv) सरकार द्वारा कीमत पर नियंत्रण।
(v) आवश्यकता से अधिक कर्मचारियों की नियुक्ति।
(vi) अकुशल प्रबंधन।

## आर्थिक उदारीकरण एवं संघवाद

- भारत के संघीय परिप्रेक्ष्य में आर्थिक सुधारों का विशेष महत्व रहा, क्योंकि द्वितीय चरण के आर्थिक सुधारों के विषय राज्य सूची से संबंधित हैं, वैसे औद्योगिक आधारभूत संरचना बिजली, कृषि, सिंचाई इत्यादि गठबंधन सरकारों के वर्तमान युग में राज्यों को तुलनात्मक रूप में ज्यादा स्वायत्तता प्राप्त है। इसलिए राज्य सरकारों के समर्थन के बिना आर्थिक सुधार संभव नहीं है।
- यह बिंदु उल्लेखनीय है कि राज्य सरकारें मतदाताओं के निकट होती हैं। इसलिए आर्थिक सुधारों का राजनीतिक परिणाम भी ध्यान में रखना होता है। उदाहरण के लिए, आंध्र प्रदेश के पूर्व मुख्यमंत्री चंद्र बाबू नायडू ने आंध्र प्रदेश में प्रभावी आर्थिक सुधार किया, लेकिन वे चुनाव में पराजित हो गए।
- उदारीकरण के अंतर्गत् अब निजी निवेश को आकर्षित करने का दायित्व राज्य सरकारों का है, परंतु भारत में सभी राज्यों का विकास एकसमान नहीं है। उदाहरण के

लिए, भारत में गोवा, गुजरात, हरियाणा, महाराष्ट्र, पंजाब जैसे राज्य उच्च आय की श्रेणी में सम्मिलित किए जाते हैं।

- जबकि आंध्र प्रदेश, कर्नाटक, केरल, तमिलनाडु और पश्चिम बंगाल दूसरी श्रेणी के राज्यों में तथा निचली श्रेणी या न्यूनतम आय वर्ग में उत्तर प्रदेश, बिहार, उड़ीसा एवं मध्य प्रदेश। इसलिए आर्थिक उदारीकरण का दुष्परिणाम गरीब राज्यों पर नकारात्मक होगा तथा क्षेत्रीय विषमता में वृद्धि होगी, जिससे क्षेत्रीय और पहचानगत आंदोलन और प्रभावी होंगे।

## वृद्धि

- वृद्धि का आशय आर्थिक समृद्धि से लगाया जाता है।
- आर्थिक विकास की संकल्पना स्थिर न होकर, गतिशील रही है।
- आरंभ में मुख्य ध्यान आर्थिक संवृद्धि पर रहा है।
- आर्थिक सवृद्धि एक भौतिक अवधारणा है, जिसके जरिये भौतिक विकास प्रदर्शित किया जाता है।
- प्रतिव्यक्ति आय की लंबे समय तक की वृद्धि, आर्थिक वृद्धि कहलाती है।

## वृद्धि और मानव विकास

- मानव विकास तभी संभव है जब आर्थिक वृद्धि के साथ-साथ सामाजिक क्षमता स्थापित हो।
- आर्थिक वृद्धि के लाभों का समतापूर्वक वितरण होने से मानव के जीवन स्तर में एवं जीवन की गुणवत्ता में सुधार होता है, स्वास्थ्य शिक्षा एवं पोषण का स्तर बेहतर होता है।
- वंचित वर्गों की बुनियादी सुविधाएं पूरी होती है।
- आमर्त्य सेन ने आर्थिक विकास को सक्षमता व अधिकारिता के विकास के संदर्भ में परिभाषित किया।
- विकास का आशय लोगों के लिए ऐसी परिस्थितियों का निर्माण है, जिसमें वह अपने जीवन को बेहतर बनाने का प्रयास कर सकें।
- अपने अधिकारों के प्रति सजग रह सकें।
- यह तभी संभव है जब शिक्षा, स्वास्थ्य व पोषण से संबंधित बेहतर सुविधाएं उपलब्ध हों।
- विकास बहुआयामी प्रवृत्ति है।
- यह अपने भीतर संरचनात्मक परिवर्तनों को भी समावेशित करता है।

अध्याय 3

# पहचान की राजनीति

## IDENTITY POLITICS

- प्रो. अतुल कोहली के अनुसार, 'स्वतंत्रता के बाद भारत में एक अत्यधिक आधुनिक लोकतांत्रिक राजनीतिक प्रणाली को अपनाया गया, जो कि पाश्चात्य लोकतांत्रिक देशों में विद्यमान थी। भारतीय संविधान में इन्हीं उच्च लोकतांत्रिक मूल्यों का समावेश किया गया। व्यक्ति को मूल इकाई माना गया और जाति, धर्म, लिंग, प्रजाति, मूलवंश एवं जन्मस्थान इत्यादि के आधार पर भेदभाव प्रतिबंधित किया गया।
- संविधान में सभी को धार्मिक स्वतंत्रता का अधिकार भी प्रदान किया गया, जिसके लिए पंथनिरपेक्षता का भी प्रयोग किया जा सकता है।' जबकि दूसरी ओर, भारतीय समाज अत्यंत परंपरागत है, समाज जातियों में विभाजित है, जिसमें समुदाय ज्यादा महत्वपूर्ण है।
- समाज धार्मिक है। इसलिए जाति एवं राजनीति का संबंध परंपरागत भारतीय समाज और एक आधुनिक लोकतांत्रिक, राजनीतिक व्यवस्था के मध्य अंतर्क्रिया का द्योतक है। जाति व राजनीति के संबंध भारतीय लोकतंत्र में अत्यंत महत्वपूर्ण हैं। स्वतंत्र भारत में पंथनिरपेक्ष, उदारवादी, लोकतांत्रिक राजनीतिक व्यवस्था का निर्माण किया गया।
- व्यावहारिक राजनीति में भारतीय शासन के आरंभिक दशकों में राजनीतिक सत्ता पर ब्राह्मणों, कायस्थों और बनियों का प्रभुत्व था। भारतीय समाज की मूल संरचना जाति आधारित है। इसलिए पॉल ब्रॉस के अनुसार, 'व्यावहारिक रूप में राजनीतिक सत्ता पर जाति का निर्णायक प्रभाव हुआ।'
- पं. जवाहरलाल नेहरू के अनुसार, 'आने वाले समय में भारतीय राजनीतिक व्यवस्था में जातियों का महत्व गौंण हो जाएगा, क्योंकि देश के क्रमिक औद्योगिक एवं सामाजिक विकास के परिणामस्वरूप व्यक्ति का महत्व होगा, जातियों का नहीं।' लेकिन व्यावहारिक रूप में ऐसा नहीं हुआ।
- पॉल आर. ब्रॉस के अनुसार, 'भारतीय संविधान में अनुसूचित जातियों व जनजातियों के लिए आरक्षण का स्पष्ट प्रावधान किया गया। दलितों के प्रमुख नेता जगजीवन राम, पं. जवाहर लाल नेहरू मंत्रिमंडल में प्रभावी भूमिका में थे। भारत में सभी को समान मताधिकार प्राप्त होने के बावजूद जमींदारी उन्मूलन एवं हरित क्रांति के बाद पिछड़ी जातियों का महत्व निर्णायक रूप में बढ़ा।
- उत्तर भारत में पहले राममनोहर लोहिया और चौधरी चरण सिंह ने पिछड़ी जातियों को लामबंद करना आरंभ किया। वर्ष 1967 के चुनाव में जिन नौ (9) राज्यों में गैर-कांग्रेसी सरकारों का निर्माण हुआ, उनमें पिछड़ी जातियों की भूमिका अत्यंत निर्णायक थी।
- परिणामस्वरूप रजनी कोठारी की मान्यता सत्य प्रतीत होती है कि 'भारत में जातिवाद नहीं, अपितु जातियों का राजनीतिकरण हुआ है।' **रजनी कोठारी की मूल मान्यताएं निम्नलिखित हैं-**
  - (i) भारतीय राजनीति में जो जातिवाद की शिकायत करते हैं उन्हें न तो भारतीय समाज की समझ है और न ही राजनीतिक प्रक्रिया की।
  - (ii) स्वतंत्र भारत में जातियों का राजनीतिकरण हुआ है और अब जातियों का प्रयोग वोट और सत्ता प्राप्त करने के लिए भी किया जा रहा है।
  - (iii) भारत जैसे पिछड़े समाज में जातियों ने दबाव समूह की भूमिका का निर्वाह किया है।
  - (iv) यह कहना तार्किक नहीं है कि जातियां समाप्त हो जाएंगी, बल्कि वास्तविक मुद्दा यह है कि भविष्य में जातियों की भूमिका किस प्रकार की होगी।
  - (v) रजनी कोठारी के अनुसार, 'समाज की कोई भी संरचना पूर्णतः समाप्त नहीं होती, बल्कि उसका स्वरूप परिवर्तित हो जाता है।'
  - (vi) रूडोल्फ एवं रूडोल्फ ने 'भारतीय लोकतंत्र में इसे जातियों का लोकतांत्रिक अवतार माना।' उनके अनुसार, परंपरागत रूप में जातियों के द्वारा विशेषाधिकार आधारित विषमता का निर्माण किया गया। परंतु समकालीन युग में जातियों के परस्पर गठबंधन के द्वारा सत्ता प्राप्त की जा रही है और जो जातियां बहुमत मे हैं, उन्होंने शासन पर नियंत्रण कर लिया है।

(vii) रजनी कोठारी ने जाति के राजनीतिकरण की प्रक्रिया बताते हुए कहा कि 'इसके अंतर्गत् जातियों का पंथनिरपेक्षीकरण एवं लौकिकीकरण हुआ। अब जाति का परंपरागत प्रयोग जिसका उल्लेख जजमानी व्यवस्था में था, अब नहीं रहा, बल्कि जाति समूहों के द्वारा राजनीतिक शक्ति प्राप्त करने के लिए एकता निर्मित हो रही है।'

- रजनी कोठारी और रूडोल्फ के अनुसार, 'जाति के द्वारा भारतीय लोकतंत्र और गहरा हुआ तथा भारतीय लोकतंत्र का विकास हुआ। अत: इन्होंने जाति को लोकतंत्रीकरण के लिए सकारात्मक माना है।' जातियों के इस राजनीतिक स्वरूप को एम. एन. श्रीनिवासन ने 'प्रमुख जाति' (Dominant caste) की संज्ञा दी है।

## जाति का राजनीतिकरण

- रजनी कोठारी ने इस मान्यता को पूर्णत: अस्वीकृत कर दिया कि भारतीय राजनीति में जातिवाद है। इनके अनुसार, जिसे हम जातिवाद कहते हैं, वह वास्तविक रूप में जातियों का राजनीतिकरण है।
- **इनके अनुसार इसके तीन पक्ष हैं-**

(i) **पंथनिरपेक्ष आयाम**

- इनके अनुसार, जातियों में केवल सहयोग ही नहीं, बल्कि विभाजन भी पाया जाता है। जाति का प्रयोग लौकिक या भौतिक सत्ता के लिए किया जाता है। इन्होंने उदाहरण देते हुए कहा कि ब्रिटिश शिक्षा का सर्वाधिक लाभ ब्राह्मणों ने प्राप्त किया। इसलिए इन्हें राजनीतिक और प्रशासनिक शक्ति भी प्राप्त हुई। स्वतंत्र भारत में मध्यमकारी जातियों ने जाति का प्रयोग सार्वजनिक जीवन में शक्ति और सम्मान के लिए किया।
- इन्होंने भारत में प्रचलित इस परंपरा का उदाहरण दिया कि एक व्यक्ति अपनी पुत्री का विवाह अपनी से ऊंची जाति में करता है, क्योंकि इससे वह अपनी सामाजिक हैसियत को बढ़ाने का प्रयत्न करता है। श्रीनिवासन ने इस मान्यता को संस्कृतिकरण के रूप में व्यक्त किया है। जिसके अनुसार, इन्होंने कहा कि अन्य जातियां ऊंची जाति के खान-पान व रहन-सहन तथा उनके नामों का भी अनुकरण करती हैं।

(ii) **एकात्मक आयाम**

- जाति के द्वारा समाज में व्यक्ति की स्थिति का निर्धारण होता है तथा उसके व्यवसाय और आर्थिक गतिविधियां भी निर्धारित होती हैं। लोकतांत्रिक राजनीति में जातियों के अंतर्गत् एकता एवं (समूहन की प्रवृत्ति) सशक्तता का निर्माण हो रहा है।
- अत: इन्होंने यह याद दिलाया कि जातियों के मध्य संघर्ष ही नहीं पाया जाता, बल्कि इनमें एकता भी पाई जाती है, जिसे अभी तक उपेक्षित किया गया।

(iii) **चेतना का आयाम**

- इनके अनुसार, लोकतांत्रिक व्यवस्था में विभिन्न जातियों की सामाजिक एवं आर्थिक स्थिति में परिवर्तन हुआ, जिसके परिणामस्वरूप इन्होंने सत्ता प्राप्ति का प्रयत्न किया, विशेषकर गुजरात में पाटीदार, बंगाल में महिस्या और राजस्थान के जाटों में राजनीतिक सत्ता प्राप्त करने के सीधे प्रयत्न देखे गए व जिन राज्यों में ऊंची जातियों का प्रभुत्व नहीं था। जैसे-आंध्र प्रदेश और कर्नाटक में सत्ता के लिए पिछड़ी जातियों में संघर्ष हुआ। बिहार जैसे राज्यों में पिछड़ी जातियों ने ऊंची जातियों के प्रभुत्व को चुनौती दी।
- रजनी कोठारी ने लोकतांत्रिक व्यवस्था में जाति के अभिव्यक्तिकरण का प्रभावी उल्लेख किया है। इनके अनुसार, लोकतांत्रिक व्यवस्था में मताधिकार और शिक्षा प्राप्त करने के परिणामस्वरूप पहले ऊंची जातियों का प्रभुत्व स्थापित हुआ, परंतु ऊंची जातियों के मध्य संघर्ष होने के परिणामस्वरूप ऊंची जातियों ने पिछड़ी जातियों से अपना समर्थन प्राप्त किया।
- इसलिए बाद में पिछड़ी जातियों का महत्व सत्ता में प्रभावी रूप में हुआ। इनके अनुसार, पहले पिछड़ी जातियों और ऊंची जातियों के मध्य संबंध पराश्रितता का था, लेकिन बाद में यह परिस्थिति परिवर्तित हो गई। रजनी कोठारी ने आधुनिकता और परंपरा के मध्य विद्यमान विरोध को भी अस्वीकृत किया।
- इनके अनुसार, आधुनिकता के परिणामस्वरूप परंपराएं विलुप्त नहीं होती हैं, बल्कि वे नए स्वरूप धारण कर लेती हैं। इसी प्रकार इन्होंने कहा कि समाज की कोई भी संरचना पूर्णतया समाप्त नहीं होती, बल्कि उसके स्वरूप में परिवर्तन हो सकता है। इसलिए भारतीय समाज में यह सवाल करना अनुचित है कि जातियों का स्वरूप किस प्रकार परिवर्तित होगा।

### एम. एन. श्रीनिवासन

- वर्ष 1977 में पहली बार गैर-कांग्रेसी शासन के रूप में जनता पार्टी ने संघ में सत्ता पर नियंत्रण स्थापित किया। ऐसी मान्यता है कि जनता पार्टी को पिछड़ी जातियों का प्रभावी समर्थन प्राप्त हुआ। इसलिए जनता पार्टी सरकार ने 1 जनवरी, 1979 को मंडल आयोग का निर्माण किया, जिसका मूल कार्य भारत में सामाजिक एवं शैक्षिक रूप में पिछड़े वर्गों की पहचान करना था।

- यह बिंदु उल्लेखनीय है कि अनेक राज्यों में पिछड़ी जातियों के प्रभावकारी स्थिति के परिणामस्वरूप आंध्र प्रदेश, कर्नाटक जैसे राज्यों में भी पिछड़ा वर्ग आयोग की स्थापना हुई। वर्ष 1970 के दशक में पिछड़े वर्गों एवं जातियों की सामाजिक एवं आर्थिक स्थिति में सुधार के परिणामस्वरूप न केवल उन्हें सरकारी नौकरियों में आरक्षण दिया गया, बल्कि सत्ता के निर्माण में भी उनकी भूमिका प्रभावी हुई।

## वर्ष 1990 का मंडलवादी राजनीति का दशक

- संघ की विश्वनाथ प्रताप सिंह सरकार ने पहली बार 7 अगस्त, 1990 को यह घोषणा की कि केंद्रीय सेवाओं के लिए पिछड़े वर्गों को 27 प्रतिशत आरक्षण दिया जाएगा। परिणामस्वरूप समाज में संघर्ष की स्थिति पैदा हो गई, क्योंकि ऊंची जातियों ने इसका विरोध किया। 90 के दशक में जाति का मुद्दा भारतीय राजनीति में अत्यधिक प्रभावी हुआ।
- जनता दल के विखंडन के पश्चात् जनता दल (यू), राष्ट्रीय जनता दल एवं समाजवादी पार्टी जैसे दलों का निर्माण मंडलवादी राजनीति की देन है। उत्तर भारतीय राजनीति में इससे महत्वपूर्ण परिवर्तन हुए, जिससे कांग्रेस का जनाधार क्षीण हुआ और उत्तर प्रदेश, बिहार, राजस्थान में पिछड़ी जातियों ने सत्ता पर नियंत्रण किया एवं बहुजन समाजवादी पार्टी ने दलितों को लामबंद किया।

## उत्तर मंडलवादी राजनीति

- वर्तमान भारतीय लोकतंत्र में जातियों का महत्व कम नहीं हुआ है, परंतु जातियों के गठबंधन में एक निर्णायक परिवर्तन देखा जा रहा है। पिछड़ी जातियों में विद्यमान एकता का वर्तमान समय में अभाव दिख रहा है और अब पिछड़ी जातियों में भी विभाजन हो रहा है, पिछड़ों में अत्यंत पिछड़ी जातियां पृथक् रूप में अपनी पहचान बना रही हैं।
- उत्तर प्रदेश और बिहार में इसका स्पष्ट उदाहरण देखा गया। उत्तर प्रदेश में अतिपिछड़ी जातियों ने मायावती को समर्थन दिया। जबकि बिहार में गैर-यादव पिछड़ी जातियों ने नीतीश कुमार का समर्थन किया। वर्ष 2009 के आम चुनाव में कुछ लोगों ने यह तर्क दिया कि भारतीय राजनीति में अब जाति का मुद्दा अवास्तविक व गौण और शासन एवं विकास का मुद्दा वास्तविक एवं प्रमुख हो गया है।
- परंतु जातियों की अभी भी चुनाव में निर्णायक व महत्वपूर्ण भूमिका है। जाति के अलावा विकास का मुद्दा भी महत्वपूर्ण हो रहा है। यद्यपि जातियों के आंतरिक विभाजन से जातियों का महत्व राजनीति में कम हुआ है। लेकिन निकट भविष्य में भारतीय राजनीति में इसका महत्व बना रहेगा।

## जाति एवं लोकतंत्र का संबंध

- जाति, भारतीय समाज की परंपरागत एवं मूलभूत संरचना है और परंपरागत रूप में जाति विभाजित समाज में जातियों के आधार पर वैवाहिक संबंध, खान-पान और व्यवसाय निर्धारित किए जाते हैं। इसलिए समाज में जाति स्थिर व गतिहीन मानी जाती हैं, जहां व्यक्ति का स्थान समाज में जन्म के आधार पर निर्धारित किया गया।
- यह बिंदु उल्लेखनीय है कि जाति विभाजित समाज सोपानिक है, जहां जातियों के मध्य अधिक्रमता विद्यमान है। अतः जाति आधारित समाज विषमतामूलक और समुदाय प्रधान है। जबकि भारतीय संविधान में प्रत्येक व्यक्ति की गरिमा को समान महत्व तथा संविधान में समानता एवं बंधुत्व को केंद्रीय महत्व प्रदान किया गया है। इसलिए सैद्धांतिक रूप में यह प्रतीत होता है कि जाति एवं लोकतंत्र एक-दूसरे के प्रतिकूल हैं।
- रजनी कोठारी ने उपरोक्त मान्यता को खंडित कर दिया। उनके अनुसार, 'जाति एवं लोकतंत्र भारतीय परिप्रेक्ष्य में एक-दूसरे के पूरक हैं, जो लोग भारतीय समाज में जातिवाद की शिकायत करते है, उन्हें न तो भारतीय राजनीति की समझ है और न ही भारतीय समाज की।
- जाति के द्वारा ही भारत में लोकतंत्रीकरण हुआ, क्योंकि भारत की परिस्थितियां पश्चिमी समाजों से अलग हैं। भारत में जातियों ने ही दबाव समूह का कार्य किया, जातीय समूह के द्वारा बहुमत के शासन को व्यावहारिक बनाया गया। क्योंकि भारत में पहले राजनीतिक सत्ता ब्राह्मणों के हाथों में थी, जो पिछड़ी जातियों की ओर स्थानांतरित हुई।
- इसलिए भारत में आधुनिकता का अभिप्राय, परंपराओं की समाप्ति नहीं, बल्कि परंपराओं का ही आधुनिकीकरण है। इसलिए जातियों का लोकतंत्र के द्वारा आधुनिकीकण किया गया और जातीय समूहों की स्थापना हुई।' इसी मान्यता का समर्थन रूडोल्फ एवं रूडोल्फ ने किया और उन्होंने 'इसे जातियों का लोकतांत्रिक अवतार कहा।'
- अतः रजनी कोठारी की मान्यता उन लोगों से भिन्न है, जो यह मानते हैं कि भारत में लोकतंत्र का आरोपण ऊपर से हुआ। उनके अनुसार, लोकतंत्र भारतीय समाज और परंपराओं के अनुसार स्वीकार किया गया तथा समाज की कोई भी संरचना पूर्णतः विलुप्त नहीं होती, बल्कि उसका रूप परिवर्तित हो जाता है और भारत में लोकतंत्र लागू होने के बाद जातियों का भी रूप परिवर्तित हुआ।

- अन्य विचारकों के अनुसार, जातियों के आधार पर वोट मांगना संवैधानिक मूल्यों के प्रतिकूल है और भारत में जाति के आधार पर जाति सेनाओं का निर्माण हुआ, जिसके परिणामस्वरूप हिंसक जातीय संघर्ष हुए। वर्तमान भारत में जाति का महत्व अभी भी बरकरार है, यद्यपि भारतीय राजनीति में विकास का मुद्दा अत्यधिक प्रभावी हो रहा है।

## धर्म और राजनीति (Religion and Politics)

- पॉल ब्रास के अनुसार, भारतीय राष्ट्रीय आंदोलन के दौरान **तीन प्रकार की विचारधाराएं विद्यमान थीं-**
  (i) हिंदू राष्ट्रवाद। (ii) मुस्लिम पृथकतावाद।
  (iii) पंथनिरपेक्षतावाद।
- हिंदू राष्ट्रवादियों ने स्वयं को हिंदू मानते हुए देश में जाति, भाषा इत्यादि विभेद को भुलाकर एकता का नारा दिया। जबकि मुसलमानों ने स्वयं को एक पृथक राष्ट्र के रूप में चित्रित किया और जिन्ना के अनुसार, 'हिंदुस्तान केवल हिंदुओं का देश है।'
- इसलिए उन्होंने मुस्लिम लीग को मत देने का अभिप्राय, इस्लाम को मतदान करना माना। भारतीय राष्ट्रीय कांग्रेस ने पंथनिरपेक्ष विचारधारा को अपनाया, जिसकी आलोचना हिंदू राष्ट्रवादियों और मुस्लिम पृथकतावादियों ने भी की। भारत का विभाजन सांप्रदायिकता के कारण हुआ, जिसमें असंख्य निर्दोष व्यक्तियों का कत्लेआम हुआ।
- भारतीय संविधान में स्पष्ट रूप में पंथनिरपेक्ष शासन प्रणाली का समर्थन किया गया, जिसका उदाहरण मूल अधिकारों के अध्याय में वर्णित है। 42वें संविधान संशोधन के द्वारा पंथनिरपेक्षता शब्द को प्रस्तावना में भी जोड़ दिया गया।
- स्वतंत्रता के पश्चात् भारत में अल्पसंख्यकों को विशेष अधिकार भी प्रदान किए गए। परंतु आजादी के बाद निम्नलिखित समस्याएं उत्पन्न हुईं, **जिससे भारत में सांप्रदायिकता की उत्पत्ति और उसका विकास हुआ-**
  (i) मुसलमानों के वैयक्तिक कानून का मुद्दा।
  (ii) अलीगढ़ मुस्लिम विश्वविद्यालय का मामला।
  (iii) राजनीतिक दलों द्वारा वोट और सत्ता प्राप्त करने के लिए धर्म का प्रयोग।
  (iv) गोवध पर प्रतिबंध।
  (v) समान आचार संहिता का मामला।
- भारत में नेहरू युग के पश्चात् सांप्रदायिक शक्तियों का उभार हुआ और स्वतंत्रता के पश्चात् वर्ष 1960 के दशक में जबलपुर में पहली बार सांप्रदायिक दंगा हुआ। हिंदू कट्टरपंथियों ने धार्मिक मुद्दा उठाया, तो जामा मस्जिद के इमाम बुखारी ने अपने संदेश में मुसलमानों से यह आह्वान किया कि वे दल विशेष के लिए अपना मतदान करें।
- वर्ष 1977 के चुनाव में बाकायदा इमाम बुखारी ने मुसलमानों से जनता पार्टी को वोट देने को कहा। वर्ष 1964 में विश्व हिंदू परिषद् के निर्माण के पश्चात् धार्मिक मुद्दों का व्यवस्थित रूप में राजनीतिकरण किया गया और भारत में बहुसंख्यक और अल्पसंख्यक दोनों समुदायों ने धर्म का राजनीतिक प्रयोग किया।
- स्वतंत्र भारत में सांप्रदायिकता का प्रभाव केवल हिंदुओं और मुसलमानों पर ही नहीं रहा, बल्कि ईसाई धर्मावलंबी भी इससे प्रभावित हुए। विश्व हिंदू परिषद् की स्थापना के पश्चात् इसके द्वारा जनजातीय क्षेत्रों में ईसाई मिशनरियों के विरुद्ध आंदोलन आरंभ किया गया।
- विश्व हिंदू परिषद् ने ईसाई मिशनरियों पर जनजातियों के धर्मांतरण का आरोप लगाया और उन्हें अपने मूल धर्म में लौटने के लिए प्रेरित किया। ईसाइयों के अनुसार, भारतीय संविधान में प्रदत्त धर्म प्रचार के अधिकार में धर्म परिवर्तन के अधिकार भी सम्मिलित हैं। धर्मांतरण से राज्यों में लोकव्यवस्था पर प्रभाव पड़ा और मध्य प्रदेश व उड़ीसा जैसे राज्यों में लोभ, बल और कपट के आधार पर धर्मांतरण को असंवैधानिक और दंडनीय अपराध घोषित किया गया।
- इसके विरुद्ध ईसाई मिशनरियों ने उच्चतम न्यायालय में याचिका दायर की। उच्चतम न्यायालय ने 'स्टेनिस्लास वाद' में उड़ीसा और मध्य प्रदेश राज्यों की विधि को संवैधानिक माना। उच्चतम न्यायालय के अनुसार, 'धार्मिक अधिकार में धर्म परिवर्तन का अधिकार सम्मिलित नहीं है।'
- समकालीन भारत में हिंदुओं और ईसाईयों के मध्य संघर्ष की घटनाओं में लगातार वृद्धि हो रही है। वर्ष 1999 में प्रसिद्ध ईसाई पादरी ग्राहम स्टेंस की हत्या कर दी गई एवं ऐसा आरोप है कि उनकी हत्या बजरंग दल के कार्यकर्ताओं द्वारा की गई। भारत जैसे पंथनिरपेक्ष लोकतांत्रिक राज्यों के लिए ये घटनाएं प्रतिकूल हैं। वर्ष 2008 में कंधमाल (उड़ीसा) में व्यापक पैमाने में सांप्रदायिक हिंसा हुई।
- 70 के दशक में सिक्ख अतिवादियों ने धर्म का राजनीतिक प्रयोग करने का प्रयत्न किया और पंजाब में अकाली दल से प्रतिस्पर्धा को संतुलित करने के लिए कांग्रेस ने जनरैल सिंह भिण्डरवाले जैसे धार्मिक नेता का प्रयोग किया। पंजाब में इस प्रतिस्पर्धी राजनीति का परिणाम खालिस्तान आंदोलन के रूप में उभरा और वर्ष 1984 में इंदिरा गांधी की हत्या के पश्चात् पूरे देश में और विशेषकर नई दिल्ली में भयंकर सिक्ख विरोधी दंगे हुए।

- ऐसा माना जाता है कि दंगा पूर्णत: राजनीतिक दलों द्वारा सुनियोजित रूप में भड़काया गया। वर्ष 1989 में भागलपुर का सांप्रदायिक दंगा यह स्पष्ट करता है कि भारत में सांप्रदायिकता लोकतंत्र की प्रगति में सबसे बाधक है।

## 1990 का दशक और भारत में सांप्रदायिकता का ज्वार

- 80 के दशक से भारत में सांप्रदायिक राजनीति का आधार और प्रभावी हुआ। कांग्रेस ने शाहबानो मुद्दे पर मुसलमानों के तुष्टिकरण का प्रयास किया, तो दूसरी तरफ हिंदुओं को खुश करने के लिए भी राम जन्मभूमि बाबरी मस्जिद विवादास्पद ढांचे के मंदिर का ताला खोलने का भी निर्देश दिया।
- परिणामस्वरूप भाजपा और विश्व हिंदू परिषद् ने इस पूरे मुद्दे का राजनीतिकरण किया और अयोध्या में राम मंदिर निर्माण के लिए व्यापक आंदोलन आरंभ किया गया। नवंबर-दिसंबर, 1991 में उत्तर प्रदेश की भाजपा सरकार ने राम मंदिर निर्माण के लिए 2.77 एकड़ भूमि विश्व हिंदू परिषद् को सौंप दी। बाबरी मस्जिद एक्शन कमेटी ने इसका विरोध किया।
- परिणामस्वरूप इलाहाबाद उच्च न्यायालय ने उत्तर प्रदेश सरकार के निर्णय को स्थगित कर दिया। 6 दिसंबर, 1992 को विहिप द्वारा आयोजित कार सेवा के परिणामस्वरूप विवादास्पद ढांचा ध्वस्त हो गया और पहली बार पूरे भारत में अभूतपूर्व सांप्रदायिक दंगे हुए तथा हिंदू एवं मुसलमानों के मध्य पूर्णत: सांप्रदायिक ध्रुवीकरण हो गया।
- वर्ष 2002 में गुजरात का गोधरा दंगा भारतीय लोकतंत्र के लिए एक काला धब्बा है। इसमें राज्य सरकार ने अप्रत्यक्ष रूप से दंगाइयों का समर्थन किया। गोधरा दंगा यह स्पष्ट प्रमाणित करता है कि भारत में राजनीतिक दल अपनी सत्ता बनाए रखने के लिए सुनियोजित रूप में सांप्रदायिक दंगे कराते हैं।
- इन घटनाओं के पश्चात् मुस्लिम जनता में सांप्रदायिकता, इस्लामीकरण, अलगाववाद व आतंकवाद पनपा। विशेषकर जम्मू एवं कश्मीर में अलगाववादी तत्वों ने इसका पूर्ण लाभ उठाया। भारतीय छात्र इस्लामिक संगठन (SIMI) पर इस संदर्भ में प्रतिबंध आरोपित कर दिया गया। एक अन्य संगठन दीनदार अंजुमन पर भी प्रतिबंध लगाया गया।
- भारतीय संविधान में वर्णित पंथनिरपेक्षता की भावना का व्यावहारिक रूप में माखौल उड़ाया गया। नेहरू ने भारतीय पंथनिरपेक्ष राज्य की **निम्नलिखित विशेषताओं का वर्णन किया था-**
  (i) सभी धर्मावलंबियों के लिए स्वतंत्रता।
  (ii) राज्य के द्वारा सभी पंथों और मतों का समान सम्मान किया जाएगा।
  (iii) राज्य का कोई विशेष धर्म नहीं होगा या राज्य किसी विशेष धर्म से स्वयं को संबंधित नहीं करेगा।
- भारत के संदर्भ में पंथनिरपेक्षता पश्चिमी देशों की पंथनिरपेक्षता से भिन्न है, क्योंकि भारत में सभी धर्मों का समान सम्मान भी पंथनिरपेक्ष में सम्मिलित किया जाता है। न्यायमूर्ति रेड्डी ने पंथनिरपेक्षता को परिभाषित करते हुए कहा कि 'यह धार्मिक सहिष्णुता की निष्क्रिय प्रवृत्ति से ज्यादा महत्वपूर्ण है। यह सकारात्मक संकल्पना है, जिसमें सभी धर्मों के साथ समान व्यवहार किया जाता है।'

## आधुनिक भारत में सांप्रदायिकता

- भारत में व्यावहारिक रूप में सभी राजनीतिक दल धर्म का प्रयोग अपनी सुविधा के अनुसार कर रहे हैं। आंध्र प्रदेश की कांग्रेस सरकार ने धार्मिक आधार पर मुसलमानों के लिए अलग आरक्षण का प्रावधान किया, जिसे आंध्र प्रदेश उच्च न्यायालय ने अवैध घोषित कर दिया (वर्ष 2010)।
- यह तथ्य उल्लेखनीय है कि जिस दिन आंध्र प्रदेश उच्च न्यायालय का निर्णय आया उसी दिन पश्चिम बंगाल की वामपंथी सरकार ने मुसलमानों के लिए अलग आरक्षण की घोषणा की। इसके अतिरिक्त केरल जैसे राज्यों में धार्मिक आधार पर अनेक जिलों का निर्माण किया गया है, जो अत्यधिक नकारात्मक प्रवृत्ति है।
- यद्यपि सच्चर कमेटी ने परोक्ष रूप में मुसलमानों के आरक्षण का समर्थन किया, क्योंकि समिति के अनुसार, मुसलमानों की सामाजिक और शैक्षिक स्थिति अत्यधिक पिछड़ी है और उनका राज्य और अखिल भारतीय सेवाओं में प्रतिनिधित्व कम है।
- **प्रो. जोया हसन ने मुसलमानों के आरक्षण के पक्ष में निम्नलिखित तर्क दिए हैं-**
  (i) उनके अनुसार, एस. सी./एस. टी. को प्राप्त आरक्षण से एस. सी./एस. टी. की स्थिति में निर्णायक सुधार हुआ है। इसलिए मुसलमानों को भी अनुसूचित जातियों में सम्मिलित करना चाहिए।
  (ii) उनके अनुसार, संविधान में अल्पसंख्यकों को विशेष सामाजिक एवं शैक्षिक अधिकार प्रदान किए गए हैं। इसलिए उन्हें आरक्षण का भी लाभ दिया जा सकता है।
  (iii) उनके अनुसार, भारत में पिछड़ेपन का निर्धारण अभी तक हिंदू धर्म के परिप्रेक्ष्य में किया गया है और इसे अन्य धर्मों के परिप्रेक्ष्य में भी देखने की आवश्यकता है।

- मुसलमानों के आरक्षण के मुद्दे पर कांग्रेस और वामपंथी दलों द्वारा समर्थन किया जा रहा है। जबकि भारतीय जनता पार्टी इसका विरोध कर रही है। इसलिए इस मुद्दे पर भी वर्तमान समय में ध्रुवीकरण हो रहा है।
- यह उल्लेखनीय है कि मंडल आयोग की सिफारिशों में मुसलमानों को पिछड़े वर्गों के अंतर्गत् पहले से ही आरक्षण प्रदान किया गया है तथा संविधान में धार्मिक आधार पर आरक्षण का कोई प्रावधान नहीं है। इसलिए मुसलमानों को पृथक् सामाजिक एवं शैक्षिक समुदाय के रूप में आरक्षण देना चाहिए, न कि अलग धार्मिक समुदाय के रूप में।

## समान नागरिक संहिता

- भारतीय संविधान के निदेशक तत्वों में स्पष्ट वर्णित है कि भारत में एकसमान नागरिक संहिता का निर्माण होना चाहिए (अनुच्छेद-44)। परंतु स्वतंत्र भारत में मुसलमान और ईसाई अल्पसंख्यक को विवाह, तलाक और उत्तराधिकार जैसे विषयों में व्यक्तिगत विधि बनाए रखने की स्वतंत्रता दी गई है।
- संविधान निर्माताओं ने अल्पसंख्यकों की भावना का सम्मान करते हुए भारत में समान नागरिक संहिता बाध्यकारी रूप में लागू नहीं की, बल्कि नेहरू की मान्यता थी कि स्वतंत्र भारत में इसका निर्माण स्वयं अल्पसंख्यक समुदाय की पहल पर होगा। परंतु इस मुद्दे का बाद में दलीय राजनीतिकरण कर दिया गया।
- 'शाहबानो वाद' में यह मुद्दा विशेष रूप में विवादित हुआ, क्योंकि मध्य प्रदेश उच्च न्यायालय ने 'आपराधिक विधि संहिता' (CRPC) की धारा-125 की व्याख्या करते हुए कहा कि शाहबानो को अपने पति से गुजारा भत्ता प्राप्त करने का अधिकार है। परंतु उच्च न्यायालय के इस निर्णय को मुसलमानों के व्यक्तिगत विधि के विरुद्ध माना गया। क्योंकि 'आपराधिक विधि संहिता' की धारा-127 के अंतर्गत् यह कहा गया कि मुस्लिम समुदाय में पति केवल मेहर और इदत्त के अंतर्गत् पत्नी को तीन माह तक गुजारा भत्ता देने का प्रावधान है।
- उच्च न्यायालय के इस निर्णय को उच्चतम न्यायालय ने बरकरार रखा। वर्ष 1985 में दिए गए इस निर्णय में कहा गया कि 'आपराधिक विधि संहिता' की धारा-125 व्यक्तिगत विधि से ज्यादा महत्वपूर्ण है तथा यह सभी महिलाओं पर समान रूप से लागू है।
- न्यायालय ने यह भी कहा कि भारतीय सरकार द्वारा समान नागरिक संहिता का निर्माण होना चाहिए, लेकिन कुछ रूढ़िवादी विरोधों के कारण राजीव गांधी सरकार ने वर्ष 1986 में 'आपराधिक विधि संहिता' की धारा-125 में संशोधन करके यह कहा कि यह मुस्लिम महिलाओं पर लागू नहीं होगा।

## भाषायी विवाद

- भारत में स्वतंत्रता के पश्चात् भाषायी समस्या का संबंध निम्नलिखित मुद्दों से था-
  (i) भारत की आधिकारिक भाषा।
  (ii) राज्यों की आधिकारिक भाषा।
  (iii) भाषायी आधार पर राज्यों का पुनर्गठन।
  (iv) राज्यों में भाषायी अल्पसंख्यकों के हितों की रक्षा।
- नेहरू के शासन काल तक भारत में भाषायी समस्या को लेकर हिंसा और कटुता उत्पन्न नहीं हुई। यह बिंदु ध्यान देने योग्य है कि वर्ष 1948 में संघ सरकार ने भाषायी आधार पर राज्यों के पुनर्गठन की मांग को अस्वीकार कर दिया।
- परंतु व्यावहारिक रूप में आंध्र प्रदेश में एक विशाल आंदोलन के कारण वर्ष 1953 में आंध्र प्रदेश राज्य का निर्माण कर दिया गया। इसके पश्चात् भाषायी आधार पर राज्यों के पुनर्गठन के लिए 'फजल अली आयोग' की स्थापना हुई और भारत में भाषायी आधार पर राज्यों के पुनर्गठन की समस्या का समाधान हो गया।
- भाषा के संबंध में अन्य मुद्दा आधिकारिक भाषा से जुड़ा था। संविधान सभा में हिंदी समर्थकों ने कहा कि केवल हिंदी ही एकमात्र राष्ट्रभाषा होनी चाहिए। परंतु गैर-हिंदी भाषी क्षेत्रों के लोग इससे सहमत नहीं थे। हिंदी को संघ की आधिकारिक भाषा बनाते हुए संघ सरकार ने गैर-हिंदी भाषी लोगों को आश्वासन दिया कि उनके भाषायी हितों की उपेक्षा नहीं होगी।
- इसलिए संघ सरकार ने हिंदी के साथ 15 वर्षों तक अंग्रेजी को सहायक आधिकारिक भाषा के रूप में प्रयोग किया और गैर-हिंदी भाषी क्षेत्रों को आश्वासन दिया कि उन पर हिंदी नहीं थोपी जाएगी।
- नेहरू की मृत्यु के पश्चात् भाषायी मुद्दे को लेकर व्यापक हिंसा हुई, विशेषकर तमिलनाडु में इसकी व्यापक प्रतिक्रिया हुई। क्योंकि हिंदी के समर्थक वर्ष 1965 में अंग्रेजी को हटाने की मांग करने लगे तथा समस्या का समाधान करते हुए संघ सरकार ने आधिकारिक भाषा अधिनियम में संशोधन करते हुए यह प्रावधान किया कि हिंदी के साथ अंग्रेजी सहायक भाषा के रूप में बनी रहेगी, जब तक इसे गैर-हिंदी भाषी लोग स्वीकार न करें।

- परिणामस्वरूप आधिकारिक भाषा की समस्या का समाधान हो गया। भारत में हिंदी को आधिकारिक भाषा का दर्जा दिया गया और इसी के साथ संविधान की आठवीं अनुसूची में अनेक क्षेत्रीय भाषाओं को भी सम्मिलित किया गया और राज्यों ने इन क्षेत्रीय भाषाओं को अपनी आधिकारिक भाषा बनाया।
- कुछ समूह अपनी भाषा को आठवीं अनुसूची में इसलिए सम्मिलित करने की मांग करते हैं, जिससे वे भविष्य में अलग राज्य की मांग उठा सकें। भारतीय लोकतंत्र की यह सबसे महत्वपूर्ण विशेषता है कि इसमें जटिल भाषायी मुद्दे का समाधान हो गया। यद्यपि राज्य विशेष में अल्पसंख्यकों की भाषा के मुद्दे पर छिटपुट विवाद उत्पन्न होते हैं, लेकिन अब ये विवाद बहुत सामान्य हैं।

## भूमिपुत्र आंदोलन

- भारतीय राजनीतिक व्यवस्था में शिवसेना की उत्पत्ति भूमिपुत्र आंदोलन के संदर्भ में हुई। शिवसेना ने वर्ष 1967 में यह नारा दिया कि 'महाराष्ट्र मराठियों के लिए।' इसलिए पहले दक्षिण भारतीयों के विरुद्ध आंदोलन चलाया गया तथा उसके बाद शिवसेना ने उत्तर भारतीयों को अपना निशाना बनाया।
- महाराष्ट्र नव-निर्माण सेना ने वर्ष 2008 में उत्तर भारतीयों के विरुद्ध हिंसात्मक आंदोलन किया तथा उन्होंने यह मांग उठाई कि स्थानीय नौकरियों में स्थानीय लोगों का प्रतिनिधित्व होना चाहिए। यद्यपि उत्तर भारत के झारखंड राज्य में भी इसका उदाहरण देखा गया और उत्तराखंड में पहाड़ियों द्वारा मैदानी इलाके से आए लोगों का विरोध किया गया।
- भूमिपुत्र आंदोलन असम में अत्यधिक हिंसक हुआ, असम में 'ऑल असम स्टूडेंट्स यूनियन' (AASU) ने गैर-असमियों के विरुद्ध हिंसात्मक कार्यवाही की, विशेष रूप में बंगालियों को असम से बाहर करने का नारा दिया। वर्तमान समय में उत्तर भारतीयों और बांग्लादेश से आए अवैध घुसपैठियों के विरुद्ध भी उनका हिंसक आंदोलन चल रहा है।

## मूलवंश (Race) के आधार पर

- दक्षिण भारत में स्वतंत्रता आंदोलन के दौरान ही 'आत्म सम्मान आंदोलन' (Self Respect Movement) आरंभ हुआ, जिसके अंतर्गत् ब्राह्मणवादी व्यवस्था का विरोध किया गया। द्रविड़ कड़गम ने हिंदी और आर्य विरोध का नारा दिया। भारत में अकाली दल ने सिक्ख धर्म को हिंदू धर्म से पूर्णतः पृथक् बताकर पंजाबी सूबे की मांग के लिए व्यापक आंदोलन किया।
- भारत के उत्तर-पूर्वी राज्यों में हिंसक नृजातीय संघर्ष देखे जाते हैं। बोडो जनजाति के लोग अपने लिए असम से एक अलग राज्य की मांग कर रहे हैं। नागा जनजाति के लोग बृहत्तर नागालैंड की मांग कर रहे हैं तथा नागा और कुकी के मध्य हिंसक संघर्ष होते रहते हैं।

अध्याय 4

# सामाजिक आंदोलन
# SOCIAL MOVEMENTS

## दलित आंदोलन

### स्वतंत्रता पूर्व युग में

- सर्वप्रथम राजा राममोहन राय ने ब्रह्म समाज के माध्यम से दलितों के सुधार को अपने समाज सुधार कार्यक्रम में शामिल किया।
- आर्य समाज के संस्थापक दयानंद सरस्वती ने दलितों को वेदों का अध्ययन करने, जनेऊ पहनने, मंत्रोच्चारण करने की स्वतंत्रता प्रदान की।
- ज्योतिबा फूले ने वर्ष 1873 में 'सत्य शोधक समाज' की स्थापना की, जिसके माध्यम से उन्होंने महाराष्ट्र में दलितों के उत्थान के लिए अनेक महत्वपूर्ण कदम उठाए।
- केरल में नारायण गुरु स्वामी (वर्ष 1854) ने दलितों की मुक्ति के लिए 'एक जाति, एक धर्म एवं एक ईश्वर' के नाम से एक नए धर्म की स्थापना की।
- तमिलनाडु में ब्राह्मणवादी व्यवस्था के विरोध में पेरियार स्वामी नायकर द्वारा 'आत्म सम्मान' आंदोलन चलाया गया।
- स्वतंत्रता पूर्व के काल में जातिगत भेदभाव के विरुद्ध देश के विभिन्न भागों में 'आदि आंदोलनों' का सूत्रपात हुआ।
- राष्ट्रपिता महात्मा गांधी ने 'अस्पृश्यता' को हिंदू धर्म पर धब्बे की संज्ञा दी।
- गांधीजी ने दलित वर्ग के उत्थान के लिए 'हरिजन सेवक संघ' की स्थापना की तथा 'हरिजन' नामक पत्रिका का संपादन भी किया।

### डॉ. अम्बेडकर के प्रयास

- डॉ. अम्बेडकर पहले व्यक्ति थे, जिन्होंने हिंदू व्यवस्था के विरुद्ध सीधी कार्यवाही के रूप में खुला विद्रोह किया।
- अम्बेडकर ने पहली बार 'दलित आंदोलन' को अखिल भारतीय स्वरूप प्रदान किया।
- अम्बेडकर ने नारा दिया कि 'दलितों शिक्षित बनो, एकत्रित रहो व संघर्ष करो।'
- डॉ. अम्बेडकर ने दलित वर्गों के सामाजिक व शैक्षिक विकास हेतु वर्ष 1924 में 'बहिष्कृत हितकारिणी सभा' का गठन किया।
- डॉ. अम्बेडकर ने सामाजिक भेदभाव से लड़ने के लिए दलित युवकों के संगठन 'समता सैनिक दल' (वर्ष 1927) का गठन भी किया।
- दलित आंदोलन में अम्बेडकर को पहली सफलता वर्ष 1930 के दूसरे गोलमेज सम्मेलन में मिली, जब उनके प्रयासों से दलितों के लिए पृथक् निर्वाचन क्षेत्रों का प्रावधान किया गया।
- बाद में पूना पैक्ट (वर्ष 1932) के द्वारा पृथक् निर्वाचन व्यवस्था को समाप्त कर दलितों के लिए विधायिका में स्थान आरक्षित किए गए।
- दलितों को सामाजिक, आर्थिक व राजनीतिक अधिकार दिलाने के लिए डॉ. अम्बेडकर ने राष्ट्रीय स्तर पर All India Scheduled Castes Federation (1942) की स्थापना की।
- डॉ. अम्बेडकर ने दलितों तथा श्रमिकों को सम्मिलित करके वर्ष 1936 में 'इंडिपेंडेंट लेबर पार्टी' का गठन किया।
- डॉ. अम्बेडकर ने दलितों के मुद्दों के प्रचार-प्रसार के लिए ''मूक नायक'' (वर्ष 1920) तथा ''बहिष्कृत भारत'' (वर्ष 1927) पत्रिकाओं का प्रकाशन किया।

### स्वतंत्रता पश्चात् युग में दलित आंदोलन- संवैधानिक प्रावधान

- संविधान के अनुच्छेद-19, 15(4), 16(4) के माध्यम से सामाजिक पिछड़े वर्गों को संरक्षण प्रदान किया गया तथा सामाजिक समानता की स्थापना की गई।
- दलित वर्गों के उत्थान के लिए अनुसूचित जाति आयोग तथा अनुसूचित जनजाति आयोग की स्थापना की गई।
- संसद में अनुसूचित जाति तथा अनुसूचित जनजाति के लिए आरक्षण का प्रावधान किया गया है।

- 73वें व 74वें संविधान संशोधन के माध्यम से अनुसूचित जाति व जनजाति को उनकी संख्या के अनुपात में आरक्षण प्रदान किया गया।
- स्वतंत्रता के पश्चात् डॉ. अम्बेडकर के अनुयायियों ने दलित वर्गों की पार्टी 'भारतीय रिपब्लिकन पार्टी' का गठन किया।

## दलित पैंथर

- अमेरिका के नीग्रो युवकों के संगठन 'ब्लैक पैंथर' की तर्ज पर महाराष्ट्र के शिक्षित दलित युवकों ने वर्ष 1973 में महाराष्ट्र में 'दलित पैंथर' नामक क्रांतिकारी संगठन की स्थापना की।
- इस संगठन ने 'दलित' शब्द की व्यापक व्याख्या करते हुए धर्म और जाति को गौण माना।
- इस संगठन ने 'दलित' के अंतर्गत् समाज के प्रत्येक जाति व धर्म के उन लोगों को शामिल किया, जो शोषित व उत्पीड़ित हैं।
- दलित पैंथर संगठन का मूल वैचारिक आधार साम्यवादी विचारधारा है।
- आगे चलकर दलित पैंथर में विभाजन हो गया तथा यह संघर्ष के तरीके को लेकर विभाजित हुआ।
- एक भाग वह है, जो उदारवादी संवैधानिक तरीके से दलितों के उत्थान का प्रयास करता है तथा दूसरा भाग वह है, जो क्रांतिकारी तरीके में विश्वास रखता है।

## कांशीराम व दलित आंदोलन

- स्वतंत्र भारत में कांशीराम, दलित आंदोलन के सबसे बड़े प्रणेता हैं।
- कांशीराम ने दलित वर्गों के उत्थान के लिए वर्ष 1978 में 'बामसेफ' The All India Backward and Minority Communities Employees Federation (6 Dec., 1978) (BAMCEF) की स्थापना की।
- बामसेफ के अंतर्गत् दलितों के साथ पिछड़े वर्ग तथा अल्पसंख्यकों को भी शामिल किया गया।
- बामसेफ के अंतर्गत् देश के लगभग 2 लाख कर्मचारियों को इसका नियमित सदस्य बनाया गया।

### दलित शोषण समाज संघर्ष समिति (डी. एस.-4)

- कांशीराम ने वर्ष 1981 में इस संगठन की स्थापना की।
- दलित आंदोलन को राजनीतिक मोड़ देने का श्रेय इसी संगठन को दिया जाता है।
- समानता के नारे के साथ इस संगठन ने 'कारगिल से कोहिमा' तक साईकिल की यात्रा प्रारंभ की, जिससे इस संगठन को अखिल भारतीय पहचान मिली।
- वर्ष 1982 के हरियाणा विधान सभा चुनावों में डी. एस.-4 को सफलता प्राप्त हुई।

### बहुजन समाज पार्टी (बसपा)

- डी. एस.-4 की सफलता से उत्साहित होकर कांशीराम ने वर्ष 1984 में बहुजन समाज पार्टी की स्थापना की।
- कांशीराम ने कहा कि बहुजन समाज द्वारा सत्ता पर नियंत्रण ही उनके उद्धार का एक मात्र प्रभावी तरीका है।
- वर्तमान में मायावती के नेतृत्व में इस पार्टी ने दलित आंदोलन को नई ऊंचाइयों तक पहुंचाया है।

### कांशीराम का सामाजिक परिवर्तन कार्यक्रम

- कांशीराम ने इसके अंतर्गत् निम्नलिखित **पांच कार्यक्रम** शामिल किए–
  (i) आत्म सम्मान (ii) स्वतंत्रता
  (iii) समता (iv) जाति का विनाश
  (v) अस्पृश्यता, अत्याचार एवं अन्याय जैसे आतंक का उन्मूलन।

### कांशीराम का आर्थिक मुक्ति कार्यक्रम

- **पांच आंदोलन चलाए–**
  (i) किसान–मजदूर आंदोलन
  (ii) सफाई–मजदूर आंदोलन
  (iii) दस्तकार आंदोलन
  (iv) शरणार्थी आंदोलन
  (v) भागीदारी आंदोलन।

### दलित आंदोलन के समक्ष समस्याएं

- भारत में दलित आंदोलन, दलीय क्षेत्रीय स्तर पर विभाजित हैं।
- दलित आंदोलन अभी भी अखिल भारतीय स्वरूप ग्रहण नहीं कर पाया है।
- दलित आंदोलन के वर्तमान समय में प्रमुख चिंतक गेल ओम्वेट हैं। इनके अतिरिक्त कांचा इलैया भी एक प्रमुख दलित विचारक हैं।

## कृषक आंदोलन

### स्वतंत्रता पूर्व युग में कृषक आंदोलन

- भारत में सामाजिक आंदोलन के संदर्भ में एम. एस. राव ने सर्वाधिक महत्वपूर्ण रचना–"Social Movement in India" में लिखा।
- भारत में कृषक आंदोलनों की उत्पत्ति ब्रिटिश शासन की देन मानी जाती है।

## नील विद्रोह (1859-60)

- यह आंदोलन वर्ष 1859 में बंगाल में अंग्रेजों की शोषणकारी नीतियों के विरुद्ध शुरू हुआ था।
- इस आंदोलन का नेतृत्व दिगंबर विश्वास और विष्णु विश्वास ने किया।
- किसानों को बाध्य किया गया था कि वे एक निश्चित भाग पर नील की खेती करें।
- अंग्रेज फैक्ट्री मालिक किसानों को उनकी उपज का सही मूल्य नहीं देते थे।
- किसानों ने अंग्रेजों के विरुद्ध हिंसक आंदोलन छेड़ दिया तथा जमींदारों को लगान देना बंद कर दिया।
- आंदोलन के फलस्वरूप किसानों को सफलता प्राप्त हुई तथा नील उत्पादन कराने वाले बागान मालिक नील की उपज का सही मूल्य देने को तैयार हो गए।
- नील आंदोलन की चर्चा दीनबंधु मित्र ने अपनी पुस्तक-'नील दर्पण' में की है।

## पाबना किसान आंदोलन (1873-76)

- यह आंदोलन पश्चिम बंगाल में प्रारंभ हुआ, जो जमींदारों व किसानों के मध्य था तथा जिसमें ज्यादातर जमींदार हिंदू थे।
- इस आंदोलन का मूल कारण जमींदारों द्वारा करों की दर में वृद्धि था।
- जमींदारों ने कर वसूली के लिए किसानों पर अत्याचार किए।
- फलस्वरूप किसानों ने आंदोलन करके जमींदारी उन्मूलन का नारा लगाया।
- स्वामी विवेकानंद ने भी इस आंदोलन को अपना समर्थन दिया तथा नारा लगाया कि 'खेतों को जोतकर एक नए भारत का निर्माण करो।'
- वासुदेव बलवंत फड़के ने किसान संघर्ष को नेतृत्व प्रदान किया।
- पाबना आंदोलन के परिणामस्वरूप सरकार ने वर्ष 1885 में बंगाल में एक नया 'बंगाल काश्तकारी कानून' पास किया।
- इस कानून के द्वारा किसानों को भूमि का वंशानुगत अधिकार प्रदान किया गया तथा यह व्यवस्था की गई कि जमींदार तभी करों में वृद्धि कर सकते हैं, जब फसल अच्छी हुई हो।

## चंपारण आंदोलन (1917)

- चंपारण आंदोलन बिहार के चंपारण जिले में प्रारंभ हुआ। इसमें किसानों के लिए यह अनिवार्य था कि वे अपनी कुल भूमि के 1/3 भाग पर नील की खेती करें। उस समय तक कृत्रिम नील के आविष्कार ने प्राकृतिक नील के महत्व को समाप्त कर दिया था।
- चंपारण किसान आंदोलन भूमि के एक भाग पर अनिवार्य रूप से नील उत्पादन करने का विरोध कर रहे थे। इस पद्धति को 'तिनकाठिया पद्धति' कहा जाता था।
- इस आंदोलन को गांधीजी ने नेतृत्व प्रदान किया, जो 'प्रथम सविनय अवज्ञा आंदोलन' भी कहलाता है।
- गांधीजी के अलावा राजकुमार शुक्ल, राजेन्द्र प्रसाद और जे. बी. कृपलानी जैसे नेता शामिल थे।
- इस आंदोलन के फलस्वरूप अंग्रेज सरकार ने 'तिनकाठिया पद्धति' समाप्त कर दी तथा लगान वृद्धि को समाप्त कर दिया।

## खेड़ा आंदोलन (1918)

- यह आंदोलन गुजरात के खेड़ा जिले में आरंभ हुआ।
- खेड़ा आंदोलन कर वृद्धि के विरोध में आरंभ हुआ था।
- इस आंदोलन को गांधी जी ने अपना नेतृत्व प्रदान किया।
- सुमित सरकार के अनुसार, 'खेड़ा सत्याग्रह, भारत में पहला वास्तविक गांधीवादी किसान सत्याग्रह था।'
- इस आंदोलन के फलस्वरूप सरकार ने लगान की बढ़ी हुई दरें वापस ले लीं थी।

## मोपला किसान आंदोलन

- यह आंदोलन केरल के मुस्लिम किसानों जिन्हें 'मोपला' कहा जाता था, जो हिंदू जमींदारों के शोषण के विरुद्ध आरंभ किया गया था।
- इस आंदोलन को सामंतवाद तथा साम्राज्यवाद दोनों का विरोधी आंदोलन कहा जाता है।
- इस आंदोलन में किसानों ने जमींदारों तथा अंग्रेज सरकार दोनों के विरुद्ध सशस्त्र विद्रोह किया था।
- वर्ष 1920 के मंजेरी सम्मेलन के बाद इस आंदोलन का नेतृत्व खिलाफत आंदोलन के नेताओं के हाथों में चला गया।

## बारदोली किसान आंदोलन (1928)

- बारदोली किसान सत्याग्रह गुजरात के बारदोली जिले में आरंभ हुआ। यहां अकाल व सूखे के बावजूद लगान में वृद्धि कर दी गई।
- यह आंदोलन लगान वृद्धि के विरोध में आरंभ हुआ था।
- इस आंदोलन का नेतृत्व सरदार वल्लभभाई पटेल ने किया।
- यह आंदोलन पूरी तरह गांधीवादी तरीके से चलाया गया।
- इस आंदोलन के परिणामस्वरूप सरकार ने लगान वृद्धि को वापस ले लिया तथा किसानों को उनकी जब्त की हुई जमीनें लौटा दी थी।

- इस आंदोलन में सरदार वल्लभ भाई पटेल को महिलाओं ने 'सरदार' की उपाधि प्रदान की।

### तेभागा आंदोलन ( 1946 )

- यह आंदोलन बंगाल के किसानों का आंदोलन था।
- इस आंदोलन में किसानों ने उपज के दो-तिहाई हिस्से की मांग की।
- यह आंदोलन अत्यधिक व्यापक आंदोलन था तथा इसमें लगभग 60 लाख किसानों ने हिस्सा लिया।
- यह आंदोलन स्वतंत्रता प्राप्ति के बाद भी चलता रहा।
- वर्ष 1950 में कांग्रेस सरकार ने 'बर्गादार अधिनियम' पारित करके किसानों की अधिकांश मांगें मान ली।

### तेलंगाना आंदोलन

- यह आंदोलन आंध्र प्रदेश के किसानों का आंदोलन था।
- इस आंदोलन को साम्यवादियों ने अपना नेतृत्व प्रदान किया।
- इस आंदोलन का मूल कारण देशमुखों, पटेलों, पटवारियों द्वारा किसानों की जमीन पर कब्जा लेना था।

## स्वतंत्रता पूर्व युग के किसान आंदोलनों की विशेषताएं

- किसान आंदोलन सामंतवाद तथा साम्राज्यवाद दोनों के विरोध में थे।
- किसान आंदोलन राष्ट्रीय स्वतंत्रता आंदोलन का एक भाग था।
- किसानों ने अपने को वर्गीय संगठनों तथा राजनीतिक दलों के रूप में संगठित करना प्रारंभ कर दिया।

## किसान संगठनों की भूमिका

- किसान आंदोलनों के संचालन में किसान संगठनों का महत्वपूर्ण योगदान रहा।
- वर्ष 1918 में संयुक्त प्रांत में किसान संगठन की स्थापना की गई।
- बिहार किसान सभा, 1929 में स्वामी सहजानंद सरस्वती द्वारा स्थापित हुई थी।
- प्रोफेसर एन. जी. रंगा के प्रयासों से 'अखिल भारतीय किसान सभा, का 1936' कांग्रेस के लखनऊ अधिवेशन में गठन किया गया।
- किसान संगठनों ने किसानों की समस्याओं से सरकार को अवगत कराने का कार्य किया।
- किसान संगठनों ने किसानों को संगठित करने का कार्य किया।

### स्वतंत्रता पश्चात् के किसान आंदोलन की विशेषता

- इस काल के किसान आंदोलन किसान संगठनों द्वारा चलाए गए।
- इन किसान संगठनों में भारतीय किसान यूनियन, शेतकारी संघ जैसे संगठन प्रमुख थे।
- इस काल के किसान आंदोलनों की मुख्य मांगें, सब्सिडी प्रदान करने, फसलों का न्यूनतम समर्थन मूल्य तय करने तथा किसानों को कृषि उपकरणों पर छूट देने को लेकर रही है।

### नक्सलबाड़ी आंदोलन ( 1967 )

- यह आंदोलन जोतदारों या जमींदारों के विरुद्ध 'अधिकार प्रणाली' के विरोध में आरंभ हुआ था।
- इस आंदोलन का प्रारंभ पश्चिम बंगाल के उत्तरी दार्जिलिंग जिले के नक्सलबाड़ी स्थान से हुआ।
- इस आंदोलन के प्रमुख नेता चारू मजूमदार, कानू सान्याल एवं जुगल संथाल थे।
- इन नेताओं ने किसान आंदोलन को माओ के सशस्त्र क्रांति के सिद्धांत के आधार पर आगे बढ़ाया।

## नव-किसान आंदोलन ( 1980 )

- नव-किसान आंदोलनों का प्रारंभ महाराष्ट्र के नासिक से हुआ, जिसका नेतृत्व शेतकारी संगठन के नेता शरद् जोशी ने किया था।
- शरद् जोशी ने इस आंदोलन को भारत व इंडिया के बीच संघर्ष की विचारधारा बताया।
- किसानों ने इस आंदोलन के दौरान सड़क बंद तथा रेल रोको जैसी कार्यवाहियों को अंजाम दिया।
- वर्ष 1986 में उत्तर प्रदेश के सिसौली में बिजली दरों को घटाने को लेकर किसान नेता महेन्द्र सिंह टिकैत ने आंदोलन चलाया था।

### नव-किसान आंदोलनों के मुद्दे

- नव-किसान आंदोलनों के **मुद्दे निम्नलिखित थे-**
  (i) किसानों के कर्जों को माफ करना।
  (ii) बिजली बिल की दरें घटाना।
  (iii) न्यूनतम समर्थन मूल्यों को बढ़ाना।
  (iv) वर्तमान में नव-किसान आंदोलनों का मुख्य मुद्दा 'भूमि अधिग्रहण' का है।

## नव-किसान आंदोलनों की विशेषताएं

- ये मूलत: धनी किसानों के आंदोलन थे।
- गरीब तथा भूमिहीन किसानों के मुद्दे इन आंदोलनों में शामिल नहीं थे।

- ये आंदोलन संपूर्ण भारत में अलग-अलग संगठन व अलग-अलग नेताओं द्वारा चलाए गए।

### प्रमुख किसान संगठन व उनके क्षेत्र

- नए किसान आंदोलन संपूर्ण भारत में अलग-अलग किसान संगठनों के नेतृत्व में चलाए गए प्रमुख **संगठन निम्नलिखित हैं-**
  - (i) **शेतकारी संगठन :** महाराष्ट्र।
  - (ii) **भारतीय किसान यूनियन :** पंजाब व पश्चिमी उत्तर प्रदेश।
  - (iii) **विवासाइगल संघम् :** तमिलनाडु।
  - (iv) **राज्य रायोथू संघ :** कर्नाटक।
  - (v) **खेदूत समाज किसान संघ :** गुजरात।

### समकालीन किसान आंदोलन

- वर्ष 1990 के पश्चात् वैश्वीकरण के युग में आधुनिकीकरण की प्रक्रिया के फलस्वरूप किसानों की भूमि अधिग्रहण का मुद्दा सबसे प्रमुख रहा है।
- देश के प्रत्येक भाग में भूमि के अधिग्रहण के विरोध में किसान मुखर हुए हैं। उदाहरण के लिए, उत्तर प्रदेश का भट्टा पारसौल किसान आंदोलन, फरीदाबाद के किसानों का आंदोलन व हैदराबाद के किसानों का आंदोलन।
- हाल ही में भूमिहीन किसानों ने भूमि के अधिकार को लेकर ग्वालियर से दिल्ली तक का 'जन सत्याग्रह मार्च' प्रारंभ किया।
- नर्मदा नदी पर बांध के विरोध को लेकर मध्य प्रदेश के किसानों ने 'जल सत्याग्रह' प्रारंभ किया।

## भारत में श्रमिक आंदोलन

(Labour Movement in India)

### परिचय

- आधुनिक भारतीय श्रमिक वर्ग का प्रादुर्भाव भारत में उन्नीसवीं सदी के उत्तरार्द्ध में हुआ।
- द्वितीय विश्व युद्ध के समाप्त हो जाने के बाद राजनीतिक आंदोलनों में काफी तेजी आई, जिसके फलस्वरूप 'श्रमिक आंदोलन' मुख्य रूप से बलशाली हो गए।
- रूस में 1918 की 'साम्यवादी क्रांति' ने भारतीय मजदूर संघों को प्रोत्साहित किया। अंतर्राष्ट्रीय स्तर पर अंतर्राष्ट्रीय मजूदर संघ की स्थापना हुई।
- वी. पी. वाडिया ने भारत में आधुनिक श्रमिक संघ 'मद्रास श्रमिक संघ' की स्थापना की। उन्हीं के प्रयासों से 1926 में श्रमिक संघ अधिनियम पारित किया गया।

### श्रमिक आंदोलन के चरण

- भारत में श्रमिक वर्ग कार्यकलापों की अवधि को चार चरणों में श्रेणीबद्ध किया जा सकता है।
  - प्रथम चरण - 1850 से 1890
  - द्वितीय चरण - 1890 से 1918
  - तृतीय चरण - 1918 से 1947
  - अंतिम चरण - स्वतंत्रता प्राप्ति के बाद

### स्वतंत्रता पूर्व की अवधि में श्रमिक वर्ग आंदोलन

- श्रमिक आंदोलनों को चार अलग-अलग चरणों में वर्गीकृत किया जाता है।
- स्वतंत्रता प्राप्ति से पूर्व श्रमिक वर्ग के कार्य अनियंत्रित तथा असंगठित प्रकृति के थे।
- 1880 के दशक के दौरान कुछ श्रमिक वर्ग के नेताओं ने काम करने की अवस्थाओं में सुधार लाने के लिए भारत में ब्रिटिश प्राधिकारियों से इस संबंध में कानून बनाने का अनुरोध किया।
- इनमें प्रमुख नाम हैः बंबई में एस. एस. बंगाली, बंगाल में शशिपदा बनर्जी तथा महाराष्ट्र में नारायण लोखंडे।
- लेटन के अनुसार, 19वीं सदी के अंतिम दशकों में बंबई, कुर्ला, सूरत, वर्धा, अहमदाबाद तथा अन्य स्थानों पर हड़तालें हुई।
- सरकारी स्रोतों के अनुसार, प्रत्येक फैक्ट्री में प्रतिवर्ष दो बार हड़तालें हुई किंतु ये स्वतः प्रवर्तित एवं स्थानीय थी।

### स्वतंत्रता प्राप्ति तक श्रमिक वर्ग आंदोलन

- प्रथम विश्व युद्ध के बाद देश में श्रमिकों के असंगठित आंदोलन ने संगठित रूप ले लिया।
- इस संबंध में 1920 का दशक कई रूपों में महत्वपूर्ण है। 1920 के दशक में ही अखिल भारतीय स्तर की संस्था बनाने के प्रयास किए गए।
- बंबई में कांग्रेस के लोकमान्य तिलक की चमनलाल तथा अन्य पदाधिकारियों के साथ मिलकर अखिल भारतीय ट्रेड यूनियन कांग्रेस (ए. आई. टी. यू. सी.) का गठन करने में महत्वपूर्ण भूमिका रही।
- 1920 के दशक में साम्यवादियों के उदय के बाद इन लोगों द्वारा भी श्रमजीवी वर्ग को अभिप्रेरित करने का प्रयास किया गया।
- 1930-35 की अवधि के दौरान साम्यवादियों ने श्रमिक वर्ग को अभिप्रेरित करने में उल्लेखनीय भूमिका निभाई।
- 1920 के दशक के अंतिम वर्षों में अखिल भारतीय ट्रेड यूनियन कांग्रेस का विभाजन हुआ तथा नरम दल के

नेताओं जैसे एन.एम. जोशी, वी.वी. गिरी, बी. शिवराव इत्यादि ने नेशनल ट्रेड यूनियन फेडरेशन का गठन किया।

- वामपंथी नेताओं के मध्य भी मतभेद उभर कर सामने आए जिसके कारण उग्र विचारधारा के वामपंथी नेताओं ने एस. के. देशपांडे तथा बी.टी. रानादेव की अध्यक्षता में अखिल भारतीय ट्रेड यूनियन कांग्रेस से नाता तोड़कर ऑल इंडिया रेड ट्रेड यूनियन कांग्रेस का गठन किया।
- 1936 में रेड ट्रेड यूनियन कांग्रेस (आर. टी. यू. सी.) का अखिल भारतीय ट्रेड यूनियन कांग्रेस में विलय हो गया।
- 1940 के दशक में श्रमिक आंदोलन एक निर्णयात्मक चरण में पहुंच गया तथा यह चरण राष्ट्रीय आंदोलन के अंतिम चरण के साथ-साथ 1942 में भारत छोड़ो आंदोलन से आरंभ होकर अंतिम चरण में पहुंच गया।

## स्वतंत्रता प्राप्ति के बाद आंदोलन

- स्वतंत्रता के आरंभिक वर्षों में, 1947-1960 के दौरान पंचवर्षीय योजनाओं के दौरान निजी अथवा सार्वजनिक क्षेत्र में कई नए उद्योगों के स्थापित होने से देश में श्रमिक वर्ग की दशा में कुल मिलाकर सुधार हुआ।
- 1960 के दशक के मध्य में मुद्रास्फीति के वर्षों में श्रमिक वर्ग के वास्तविक वेतन में कमी आई जिसके परिणामस्वरूप औद्योगिक क्षेत्र में विवादों की संख्या बढ़ी।
- द्वितीय विश्व युद्ध की समाप्ति तक देश में दो अखिल भारतीय संस्थाएँ थीं- भारतीय मजदूर संघ तथा सबसे बड़ी यूनियन अखिल भारतीय ट्रेड यूनियन कांग्रेस।
- 1949 तक चार यूनियनें बन गई तथा ये किसी न किसी राजनैतिक दल से संबंधित या नियंत्रित थी। अखिल भारतीय ट्रेड यूनियन कांग्रेस पर भारतीय राष्ट्रीय कांग्रेस का नियंत्रण था। भारतीय मजदूर संघ पर एम. एन. राय की रेडिकल डेमोक्रेटिक पार्टी का प्रभाव था। हिंद मजदूर सभा में समाजवादी पार्टी के सदस्यों की प्रधानता थी।
- 1970 में ए. आई. टी. यू. सी. में विभाजन हुआ तथा भारतीय ट्रेड यूनियन केंद्र का जन्म हुआ जो मार्क्सवादी कम्यूनिस्ट पार्टी से सबंद्ध हुई।
- रूडोल्फ एवं रूडोल्फ के अनुसार, 1965-1975 की अवधि के दौरान कार्य दिवसों की संख्या में क्षति में (हड़तालों एवं तालाबंदी की कारण) लगभग 500 प्रतिशत तक की वृद्धि हुई।
- सर्वाधिक महत्वपूर्ण हड़ताल 1974 की रेलवे की हड़ताल थी, जो देश में श्रमजीवी वर्ग की सर्वाधिक महत्वपूर्ण हड़ताल थी।
- 1991 में नई आर्थिक नीति के लागू होने तथा उसके परिणामस्वरूप भारतीय अर्थव्यवस्था के विश्वव्यापीकरण के कारण देश का श्रमिक वर्ग पूंजी की प्रधानता की समस्या को अलग रूप से झेल रहा है। इससे देश में श्रमिक वर्ग पर प्रतिकूल प्रभाव पड़ा है।
- वैश्वीकरण एवं भूमंडलीकरण के इस युग में श्रमिक आंदोलनों की प्रवृत्ति एवं मांगों में परिवर्तन दृष्टिगोचर हुए हैं।

# भारत में जेंडर और राजनीति
# GENDER AND POLITICS IN INDIA

## स्वतंत्रता पूर्व युग में लैंगिक आंदोलन का विकास

- 19वीं सदी के समाज सुधारक आंदोलनकारियों में राजा राममोहन राय, दयानंद सरस्वती, ईश्वर चन्द्र विद्यासागर जैसे समाज सुधारकों ने महिलाओं के मुद्दे उठाए, जिनमें सती प्रथा, विधवा विवाह, बाल विवाह एवं महिला शिक्षा जैसे विषय शामिल थे।
- वर्ष 1819 में मिशनरियों द्वारा कन्या विद्यालय खोलना, स्त्री शिक्षा के दिशा में उठाया गया प्रथम महत्वपूर्ण कदम था।
- इस काल में ऐनी बेसेंट, शारदा बेन मेहता, सरोजिनी नायडू, कमला देवी चट्टोपाध्याय, अबू बेकम जैसी महिलाओं ने महिला आंदोलन की नींव रखी।
- इनके द्वारा महिलाओं को राजनीति में सक्रिय भूमिका निभाने पर जोर दिया गया।
- 19वीं सदी में वर्ष 1917 में भारतीय महिला संगठन, वर्ष 1920 में महिला सभा, वर्ष 1925 में भारतीय महिला राष्ट्रीय संगठन जैसे नारीवादी संगठनों की स्थापना हुई।
- वर्ष 1927 में 'मारग्रेट कजन्स' द्वारा अखिल भारतीय महिला संघ की स्थापना हुई।
- अखिल भारतीय महिला संघ के द्वारा **निम्नलिखित कार्य** किए गए-
  - (i) महिलाओं को राष्ट्रीय प्रतिनिधित्व दिलाना।
  - (ii) हिंदू बाल विवाह अधिनियम, 1927 का अस्तित्व में आना, इसी संगठन के प्रयासों का परिणाम था।
  - (iii) बहुपत्नी प्रथा, पर्दा प्रथा एवं दहेज प्रथा के विरुद्ध अभियान चलाया गया।
- महात्मा गांधी के प्रयासों से महिलाओं ने स्वतंत्रता आंदोलन में बढ़-चढ़कर हिस्सा लिया।
- बीना मजूमदार के अनुसार, 'भारतीय नारीत्व की अप्रयुक्त शक्ति को जगाना गांधीजी का अनोखा योगदान था।'
- सुभाष चंद्र बोस द्वारा महिलाओं के उत्थान के लिए 'महिला राष्ट्रीय संघ' की स्थापना की गई।

### विशेषता

- स्वतंत्रता पूर्व युग की महिला आंदोलनों की विशेषताएं **निम्नलिखित हैं**-
  - (i) नारीवादी आंदोलनों का नेतृत्व मुख्यत: समाज सुधारक पुरुषों द्वारा किया गया।
  - (ii) नारीवादी आंदोलन, राष्ट्रीय स्वतंत्रता आंदोलन के अभिन्न भाग थे।
  - (iii) बाल विवाह, सती प्रथा, विधवा प्रथा, महिला शिक्षा, दहेज प्रथा एवं पर्दा प्रथा जैसे मुद्दे प्रमुख थे।

## स्वतंत्रता प्राप्ति के पश्चात् महिला आंदोलन

### संवैधानिक प्रावधान

- भारतीय संविधान के अनुच्छेद-15 (3) में महिलाओं को संरक्षण प्रदान किया गया है।
- नीति निदेशक तत्वों के अनुच्छेद-39 (a) के अनुसार, स्त्री व पुरुष दोनों को रोजगार की समानता का प्रावधान किया गया है।
- 73वें एवं 74वें संविधान संशोधन के द्वारा महिलाओं के लिए पंचायतों में एक-तिहाई स्थानों के आरक्षण का प्रावधान किया गया है। लेकिन वर्तमान समय में इसे आधा कर दिया गया है।
- महिलाओं की दशा में सुधार व उनके उत्थान के लिए 'राष्ट्रीय महिला आयोग' की स्थापना की गई है।
- बीना मजूमदार के अनुसार, 'संविधान में लैंगिक समानता अपना लेने से महिलाओं की अपनी स्वतंत्र पहचान का सपना पूरा हुआ है।'

### 1970 के दशक के लैंगिक मुद्दे

- 1971 में महिलाओं की स्थिति की जांच के लिए एक समिति की स्थापना हुई, जिसने अपनी रिपोर्ट 'Towards Equality' (1974) नाम से प्रकाशित की और यह कहा कि भारत में महिलाओं का लिंग अनुपात तेजी से कम हो रहा है और महिलाओं को पंचायतों में आरक्षण प्रदान करने का समर्थन किया गया।

- इस दशक की सबसे महत्वपूर्ण विशेषता यह रही कि महिला आंदोलन का नेतृत्व महिलाओं ने किया।
- इस दशक में महिला आंदोलनों के मुद्दे नवीन थे तथा इनमें क्षेत्रगत विभिन्नता भी थी।
- मुंबई में महिला हिंसा के विरुद्ध व्यापक महिला आंदोलन चला।
- वहीं कोलकाता में गरीबी, शिक्षा एवं बेरोजगारी जैसे मुद्दों को महिला आंदोलन में प्राथमिकता दी गई।
- इसी दशक में इला भट्ट द्वारा महिलाओं की मदद के लिए Self-Employed Women's Association of India (1972) (SEWA) की स्थापना की गई।
- वर्ष 1973 में मृणाल गोरे के नेतृत्व में कीमत वृद्धि के विरुद्ध महिला मोर्चा की स्थापना हुई।
- वर्ष 1973-74 में माओवादी महिलाओं द्वारा 'प्रोग्रेसिव महिला संगठन' की स्थापना की गई।
- वर्ष 1975 में संयुक्त राष्ट्र संघ द्वारा पहली बार 'अंतर्राष्ट्रीय महिला वर्ष' मनाया गया, जिससे महिलाओं का मुद्दा और प्रभावी हुआ।
- वर्ष 1975 में आपातकाल के दौरान नारीवादी आंदोलन में बिखराव आ गया।
- परंतु वर्ष 1977 में आपातकाल समाप्त होने पर नारीवादी आंदोलन फिर से पुनर्जीवित हो गया।
- वर्ष 1977 के बाद 'चिपको आंदोलन' में पर्यावरणीय मुद्दे तथा महिलाओं के मुद्दे सम्मिलित रूप में थे।

## 1980 के दशक के लैंगिक मुद्दे

- इस दशक में नारीवादी आंदोलन में समानता की बजाय, महिलाओं की विशिष्ट पहचान बनाने पर बल दिया गया तथा महिलाओं के विशिष्ट मुद्दों को उठाया गया, जो पूर्णत: महिलाओं के जीवन से संबंधित थे।
- इस दशक में महिलाओं के आंदोलन में स्वास्थ्य, परिवार नियोजन एवं बाल विकास जैसे नारीवादी मुद्दे उठाए गए।
- 80 के दशक में भारतीय नारीवादी आंदोलन को महिला हिंसा के विरुद्ध सुरक्षा के कवच के रूप में देखा जाने लगा।
- महिला आंदोलनों के प्रत्युत्तर में सरकार ने महिलाओं के लिए अनेक कानूनों का निर्माण किया गया।
- महिलाओं के विरुद्ध हिंसा को अपराध माना गया तथा पुलिस द्वारा बाध्यकारी रूप में केस दर्ज करने का प्रावधान किया गया।
- महिलाओं के दहेज विरोधी मंच की मांग के चलते सरकार ने दहेज कानून में परिवर्तन किए।
- रूप कंवर सती केस के विरुद्ध समूचे भारत में महिलाओं ने व्यापक आंदोलन चलाया, जिसके फलस्वरूप सरकार ने 'सती निरोधक कानून, 1987' पारित किया।

## नारीवादी आंदोलन में विभाजन

- वर्ष 1986 में शाहबानो वाद में उच्चतम न्यायालय ने निर्णय दिया कि मुस्लिम महिलाओं को भी अपने पति से गुजारा भत्ता प्राप्त करने का अधिकार है।
- जबकि शरियत के प्रावधानों में मुस्लिम महिलाओं को गुजारा भत्ता देने का प्रावधान नहीं है। इस निर्णय के बाद महिला आंदोलन में विभाजन दिखने लगा।
- बाद में पिछड़ी जातियों और दलित जातियों की महिलाओं ने भी यह कहा कि उनके हित ऊंची जातियों की महिलाओं से अलग हैं।

## 1990 के बाद लैंगिक मुद्दे

- वर्ष 1990 के बाद नारीवादी आंदोलन में बलात्कार, यौन दुराग्रह, घरेलू हिंसा, हानिकारक गर्भ निरोधक तकनीक, स्वास्थ्य नीति के प्रभाव जैसे मुद्दे मुख्य रहे हैं।
- वर्ष 1997 में विशाखा वाद में उच्चतम न्यायालय ने कार्य स्थल पर यौन उत्पीड़न पर रोक लगाने के निर्देश जारी किए।
- समकालीन युग में महिला संगठनों द्वारा संसद में महिलाओं के आरक्षण की मांग का मुद्दा अत्यंत प्रभावी रूप में उठाया जा रहा है।
- समकालीन नारीवादी आंदोलन की विशेषता यह है कि यह आंदोलन उन सभी आंदोलनों को समाहित करता है, जो महिलाओं की स्थिति सुधारने के लिए पहले से चले आ रहे हैं।
- समकालीन नारीवादी आंदोलन ने महिलाओं की स्थिति में सुधार के लिए वैधानिक रास्ता चुना है।
- महिलावादी आंदोलन के परिणामस्वरूप महिलाओं के लिए पंचायतों में आरक्षण प्रदान किया गया तथा वर्ष 2005 में 'घरेलू हिंसा निवारक विधेयक' का भी निर्माण हुआ।
- वर्ष 1996 में महिलाओं को एक-तिहाई आरक्षण प्रदान करने के लिए संसद में पहली बार एक विधेयक प्रस्तुत किया गया।

## राजनीतिक मुद्दे

- 16वीं लोक सभा में कुल 61 महिलाएं लोक सभा सदस्य के रूप में चुनी गईं, जिनमें सर्वाधिक 31 महिला लोक सभा सदस्य भारतीय जनता पार्टी से चुनी गई हैं।
- 16वीं लोक सभा में महिलाओं का प्रतिशत कुल लोक सभा

सदस्यों का 11.19 प्रतिशत है, जो अभी तक महिलाओं का सबसे ज्यादा प्रतिनिधित्व है।

- 15वीं लोक सभा में कुल 59 महिलाएं (10.82 प्रतिशत) लोक सभा के लिए निर्वाचित हुई थीं।

## महिला अधिकारिता एवं सशक्तिकरण की दिशा में न्यायिक निर्णय

- वर्ष 1992 में उच्चतम न्यायालय ने महिलाओं को समान कार्य के लिए पुरुषों के समान वेतन व पदोन्नति को उचित बताया।
- उच्चतम न्यायालय ने कामकाजी महिलाओं के यौन उत्पीड़न को रोकने के लिए वर्ष 1997 में दिशा-निर्देश जारी किया।
- वर्ष 2002 में सर्वोच्च न्यायालय ने कहा कि यदि पत्नी से पति असामान्य व्यवहार करता है, तो इसे अपराध की संज्ञा दी जा सकती है।
- सरकार ने 70 के दशक को महिला कल्याण दशक एवं 80 के दशक को महिला विकास दशक तथा 90 के दशक को महिला सशक्तिकरण दशक के रूप में घोषित किया गया।
- 10वीं पंचवर्षीय योजना (वर्ष 2002 से 2007) में महिला अधिकारिता दृष्टिकोण अपनाया गया।
- Pink Economic Survey 2018

## प्रोजेक्ट गरिमा

- भारतीय थल सेना में लैंगिक विभेद खत्म करने तथा जवानों में महिलाओं के प्रति सम्मान एवं सहिष्णुता का भाव रखने के लिए सेना द्वारा 'प्रोजेक्ट गरिमा' का शुभारंभ किया गया है।
- अब सेना में भर्ती होने वाले अभ्यर्थियों को 'स्त्री के प्रति नजरिए' के मनोवैज्ञानिक परीक्षण से गुजरना होगा। इसमें असफल अभ्यर्थी भर्ती के अयोग्य करार दिए जाएंगे।
- 'प्रोजेक्ट गरिमा' के माध्यम से सेना की नौकरी के प्रति बेटियों को प्ररित करने के लिए सेना की महिला अधिकारियों को रोल मॉडल के रूप में प्रस्तुत किया जाएगा, जिससे उनसे प्रभावित होकर लड़कियां सेना की नौकरी में आने के लिए प्रेरित हों।

## भारतीय महिला बैंक

- भारत सरकार ने सार्वजनिक क्षेत्र के अधीन 'भारतीय महिला बैंक' की शुरूआत की है।
- महिला बैंक का प्रारूप तैयार करने के लिए केनरा बैंक के पूर्व अध्यक्ष एम. वी. एन. राव की अध्यक्षता में एक समिति गठित की गई थी।
- भारतीय महिला बैंक को द्वितीय अनुसूची में शामिल कर इसे वाणिज्यिक बैंक का दर्जा भी दे दिया गया है।
- इस बैंक द्वारा 13 वर्ष तक की आयु की बालिकाओं हेतु 'नन्हीं कली आवर्ती' योजना को प्रारंभ किया गया है।
- महिला बैंक का मुख्यालय 'नई दिल्ली' में है।
- 19 नवंबर, 2013 में स्थापित इस बैंक के निदेशक मंडल की सभी सदस्य महिलाएं हैं।
- वर्तमान में भारतीय महिला बैंक की प्रथम प्रबंध निदेशक ऊषा अनंत सुब्रमणयम हैं।

## किन्नरों की 'तृतीय लिंग' के रूप में पहचान

- उच्चतम न्यायालय ने संविधान के अनुच्छेद-14, 15, 16, 19(1) और 21 के अंतर्गत् देश के नागरिकों को प्राप्त सभी मूल अधिकारों को किन्नरों के भी पक्ष में विस्तारित करते हुए निर्णय दिया है।
- सर्वोच्च न्यायालय के अनुसार, यह वर्ग देश में उपेक्षित है और इसे तत्काल विधिक और सांविधानिक संरक्षण की आवश्यकता है। अतः न्यायालय ने इन्हें एक 'व्यक्ति' मानते हुए यह निर्णय दिया।
- जस्टिस के. एस. राधाकृष्णन और ए. के. सीकरी की बैंच ने किन्नरों को देश की मुख्य धारा में लाने का मार्ग प्रशस्त करते हुए केंद्र व राज्य सरकारों को इस वर्ग में व्याप्त भय, शर्म, सामाजिक दबाव, अवसाद और सामाजिक कलंक जैसे भाव दूर करने के लिए आवश्यक कदम उठाने का निर्देश दिया है।
- इस वर्ग को शिक्षण संस्थानों और सार्वजनिक नौकरियों में सामाजिक और आर्थिक रूप से पिछड़े वर्गों के रूप में आरक्षण का लाभ देने का निर्देश दिया है।
- संसद में पुनः महिलाओं को एक-तिहाई आरक्षण प्रदान करने के लिए राज्य सभा ने विधेयक पारित कर दिया है, परंतु यह लोक सभा में लंबित है।

## वैश्वीकरण तथा लैंगिक मुद्दे

- वैश्वीकरण के युग में शहरी तथा ग्रामीण महिलाओं के मध्य खाई बढ़ी है।
- वैश्वीकरण ने जहां एक ओर शहरी महिलाओं के लिए रोजगार के नए आयाम खोले हैं। ग्रामीण तथा छोटे कस्बों की महिलाओं के नौकरी के अवसर कम हुए हैं।
- वैश्वीकरण का सकारात्मक पक्ष यह है कि महिलाओं के मुद्दे अब वैश्विक रूप धारण कर रहे हैं तथा महिला आंदोलन, वैश्विक पहचान प्राप्त कर रहे हैं।

अध्याय 6

# राजनीतिक दलों की विचारधारा तथा सामाजिक आधार

# IDEOLOGY AND SOCIAL BASIS OF POLITICAL PARTIES

## वामपंथी दल

### पृष्ठभूमि

- वामपंथी दलों की स्थापना राष्ट्रीय आंदोलन के दौरान हुई। इनका मूल उद्देश्य भारत में मजदूरों और किसानों का शासन स्थापित करना था।
- इन्होंने स्वतंत्र भारत को एक अर्द्ध-औपनिवेशिक राज्य की संज्ञा दी। जो साम्राज्यवादी, पूंजीवादी और सामंतवादी गतिविधियों द्वारा चलाया जा रहा है।
- इनके अनुसार, भारत अभी भी साम्राज्यवाद पर आधारित है।
- साम्यवादियों ने स्वतंत्र भारत के विरुद्ध सैन्य एवं सशस्त्र विद्रोह का आह्वान किया।
- इन्होंने सैन्य संघर्ष के माध्यम से भारत सरकार की सत्ता को नियंत्रित करने का प्रयत्न किया।
- व्यावहारिक रूप में तेलंगाना आंदोलन के द्वारा राज्य के विरुद्ध सशस्त्र आंदोलन प्रारंभ किया।

### सामाजिक आधार

- वामपंथी दलों का मुख्य सामाजिक आधार मजदूर, किसान, दलित एवं अल्पसंख्यक हैं।

### विचारधारा (Ideology)

(i) भाजपा (BJP) और सहयोगी दलों को पराजित करना एवं भाजपा (BJP) की सांप्रदायिक नीतियों का विरोध करना।

(ii) संघ में एक पंथनिरपेक्ष सरकार का गठन।

(iii) अमेरिकी साम्राज्यवादी नीतियों का विरोध।

(iv) गुटनिरपेक्ष विदेश नीति का समर्थन।

(v) भारत एवं अमेरिकी सैन्य सहयोग का विरोध।

(vi) भूमि-सुधार का समर्थन।

(vii) श्रमिकों के कल्याण का समर्थन।

(viii) महिलाओं का संसद में आरक्षण का समर्थन।

(ix) कृषि क्षेत्र का विकास।

(x) जम्मू एवं कश्मीर में अनुच्छेद-370 को बनाए रखना।

### साम्यवादी दल एवं क्रांति की रणनीति

- स्वतंत्र भारत में साम्यवादी दल के आंध्र प्रदेश के नेताओं ने तेलंगाना आंदोलन के द्वारा भारत में साम्यवादी क्रांति संभव मानी।
- जबकि साम्यवादी दल के एक अन्य धड़े के अनुसार, भारत में साम्यवाद की स्थापना रूसी क्रांति की रणनीति पर आधारित होनी चाहिए।
- एक महत्वपूर्ण घटनाक्रम के अंतर्गत् वर्ष 1951 में 'मदुरई सम्मेलन' में साम्यवादी दल ने एक ऐतिहासिक निर्णय लिया। उन्होंने घोषणा की कि वे पहले भारतीय आम चुनाव में भाग लेंगे।
- यह विश्व में पहली घटना थी, जब किसी साम्यवादी दल ने लोकतांत्रिक राजनीति में भागीदारी का निर्णय लिया।
- उन्होंने रूसी और चीनी दोनों रणनीतियों को अस्वीकार कर दिया तथा लोकतांत्रिक मार्ग का अनुसरण किया। परंतु यह बिंदु उल्लेखनीय है कि साम्यवादी दल का दृष्टिकोण भारतीय राज्य के बारे में परिवर्तित नहीं हुआ।
- इन्होंने अपनी रणनीति परिवर्तित करते हुए कहा कि अब राज्य को नष्ट करने की नहीं, बल्कि परिवर्तित करने की आवश्यकता है।
- वर्ष 1955 में अमृतसर अधिवेशन में पार्टी ने एक नए संविधान का निर्माण करते हुए कहा कि संसदीय लोकतंत्र में शांतिपूर्ण मार्ग द्वारा साम्यवाद की स्थापना होगी।

### साम्यवादी दल में विभाजन

- साम्यवादी दल के उग्रपंथी धड़े ने क्रांति के संवैधानिक मार्ग को अस्वीकृत कर दिया तथा इसके परिणामस्वरूप साम्यवादी दल का वर्ष 1964 में विभाजन हो गया तथा एक नए दल सी. पी. आई. (एम.) का निर्माण हुआ। बाद में पश्चिम बंगाल के किसानों के क्रांतिकारी आंदोलन को हल करने को लेकर सी. पी. आई. (एम. एल.) अस्तित्व में आया।
- सी. पी. आई. (एम. एल.) के अनुसार किसानों में क्रांतिकारी गतिविधियों के द्वारा संघर्ष जारी रहेगा।

### साम्यवादी दल तथा केंद्र सरकार

- प्रारंभ में बंगाल, त्रिपुरा तथा केरल में साम्यवादियों के प्रभाव में वृद्धि हुई। परंतु देश के अन्य भागों में इनका प्रभाव नगण्य रहा तथा केंद्र में कांग्रेस का शासन प्रभावी था।
- वर्ष 1989 के पश्चात् भारत में गठबंधन सरकारों का दौर आरंभ होने के परिणामस्वरूप संघ शासन में वामपंथी दलों की भूमिका में वृद्धि हुई।
- वर्ष 1989 में राष्ट्रीय मोर्चे की सरकार को वामपंथियों ने बाहर से समर्थन दिया।
- वर्ष 1996 की संयुक्त मोर्चा सरकार में वामपंथी दलों ने सहभागिता की।
- वर्ष 1990 के पश्चात् वर्ष 2004 के लोक सभा चुनाव में वामपंथियों को अब तक की सबसे बड़ी सफलता अर्जित हुई, इन्होंने लोक सभा में 64 सीटें प्राप्त की।
- वर्ष 2009 में लोक सभा चुनाव में वामपंथियों की अप्रत्याशित पराजय हुई।

## भारतीय जनता पार्टी

### राष्ट्रीय स्वयंसेवक संघ और जनसंघ का संबंध

- राष्ट्रीय स्वयंसेवक संघ की स्थापना वर्ष 1925 में हुई, इसके संस्थापक डॉ. केशव बलिराम हेडगेवार थे।
- हिंदू राष्ट्रवाद और सांस्कृतिक राष्ट्रवाद की स्थापना करना इनका मूल उद्देश्य है। राष्ट्रीय स्वयं सेवक संघ (RSS) के मतानुसार, भारत, प्रारंभ से ही राष्ट्र रहा है।
- गोलवलकर के अनुसार, राष्ट्र का अभिप्राय, 'सिंधु नदी से इस ओर बसे भौगोलिक क्षेत्र के लोगों से है।' इनके अनुसार, हिंदुओं के लिए भारत, 'पितृभूमि और पुण्यभूमि' दोनों है।
- जबकि इस्लाम और ईसाई धर्मावलंबियों के लिए भारत, पुण्यभूमि नहीं है। इसलिए भारत में अल्पसंख्यक, बहुसंख्यकों के समान अधिकारों की मांग नहीं कर सकते।
- राष्ट्रीय स्वयंसेवक संघ के अनुसार, 'राष्ट्रीय स्वयंसेवक मूलतः एक सांस्कृतिक संगठन है।' इसलिए राष्ट्रीय स्वयंसेवक संघ ने वर्ष 1951 में अपनी एक राजनीतिक इकाई जनसंघ का निर्माण किया। राजनीतिक गतिविधियों में भाग लेने का दायित्व जनसंघ को सौंपा गया।

### जनसंघ की विचारधारा

- श्यामा प्रसाद मुखर्जी, जो जनसंघ के मूल संस्थापक थे। इन्होंने जनसंघ की विचारधारा को **निम्नलिखित रूप में व्यक्त किया**-
  - (i) हिंदू राष्ट्रवाद और उदारवादी लोकतांत्रिक व्यवस्था का समन्वय।
  - (ii) सकारात्मक पंथनिरपेक्षता।
  - (iii) हिंदी को राष्ट्रभाषा का दर्जा दिलाना।
  - (iv) कश्मीर में अनुच्छेद-370 की समाप्ति।

### जनसंघ का राजनीतिक प्रदर्शन

- जनसंघ का राजनीतिक प्रदर्शन, हिंदी भाषी उत्तर भारतीय क्षेत्रों में ज्यादा था।
- प्रो. जोया हसन के अनुसार, 'इन हिंदी भाषी क्षेत्रों पर देश के सांप्रदायिक विभाजन और सांप्रदायिक दंगों का कटु प्रभाव था।
- दक्षिण भारत में जनसंघ प्रभावी नहीं हो सका।
- वर्ष 1953 में डॉ. श्यामा प्रसाद मुखर्जी की मृत्यु के पश्चात् बंगाल में भी इसका प्रभाव समाप्त हो गया।
- वर्ष 1967 के लोक सभा चुनाव और राज्य विधान सभा चुनावों में जनसंघ को बड़ी सफलता प्राप्त हुई।
- जनसंघ के प्रमुख कार्यकर्त्ताओं में जगन्नाथ राव जोशी, अटल बिहारी वाजपेयी, लालकृष्ण आडवाणी, बलराज मधोक, नानाजी देशमुख थे।
- जनसंघ का वर्ष 1977 में जनता पार्टी में विलय हो गया।
- राष्ट्रीय स्वयंसेवक संघ और जनसंघ के मध्य संबंध अविभाजित थे, क्योंकि राष्ट्रीय स्वयंसेवक संघ के प्रचारक ही जनसंघ के संगठन मंत्री का कार्यभार देखते थे तथा चुनाव में राष्ट्रीय स्वयंसेवक संघ की भूमिका महत्वपूर्ण थी।

### भारतीय जनता पार्टी का उदय

- वर्ष 1977 के आम चुनाव में जनसंघ का विलय, जनता पार्टी में हो गया। परंतु जनता पार्टी सरकार के पतन के परिणामस्वरूप जनसंघ का एक नए रूप में अवतार हुआ। जिसे भारतीय जनता पार्टी का नाम दिया गया।

### विचारधारा

- भारतीय जनता पार्टी (भाजपा) की विचारधारा **निम्नलिखित हैं**-
  - (i) एकात्म मानववाद (दीन दयाल उपाध्याय) पर आधारित विचारधारा जिसके अनुसार, 'समाज और व्यक्ति में किसी प्रकार का विरोध नहीं है तथा समाज में प्रत्येक व्यक्ति का महत्व समान है।'
  - (ii) हिंदू राष्ट्रवाद और गांधीवादी विचारधारा का समन्वय।
  - (iii) जम्मू एवं कश्मीर में अनुच्छेद-370 की समाप्ति।
  - (iv) सकारात्मक पंथनिरपेक्षता पर बल व तुष्टिकरण का विरोध।
  - (v) अयोध्या में राम मंदिर का निर्माण, हिंदुओं और मुसलमानों के आपसी सहयोग द्वारा।
  - (vi) वर्ष 2020 तक देश को एक महान आर्थिक शक्ति के रूप में स्थापित करना।

(vii) सांस्कृतिक राष्ट्रवाद और हिंदुत्व पर बल प्रदान करना।
(viii) महिलाओं का सशक्तिकरण, अनुसूचित जातियों, जनजातियों व पिछड़े वर्गों का कल्याण।
(ix) समान नागरिक संहिता अपनाना, (अनुच्छेद-44)।

## भारतीय जनता पार्टी का सामाजिक आधार

- सामान्यत: भाजपा के समर्थक ऊंची जातियों और प्रभुत्वशाली पिछड़ी जातियों के लोग हैं।
- वर्तमान में भाजपा ने अपनी नई रणनीति के तहत अनुसूचित जातियों एवं जनजातियों को सम्मिलित करने का अभियान चलाया है।

## भारतीय जनता पार्टी का राजनीतिक प्रदर्शन

- वर्ष 1980 के आम चुनाव में भाजपा का प्रदर्शन अत्यधिक खराब रहा। वर्ष 1984 में उसे केवल 2 (दो) सीटें प्राप्त हुईं।
- भाजपा में निर्णायक मोड़ उस समय आया, जब वर्ष 1985 में नेतृत्व आडवाणी ने संभाला। इन्होंने राष्ट्रीय स्वयंसेवक संघ के व्यक्तियों को भाजपा में मुख्य उत्तरदायित्व सौंपा, जिसमें कृष्ण लाल शर्मा, डॉ. मुरली मनोहर जोशी, सिकंदर बख्त, विजयाराजे सिंधिया, गोविंदाचार्य जैसे व्यक्ति मुख्य थे।
- आडवाणी के नेतृत्व में भारतीय जनता पार्टी ने हिंदू राष्ट्रवादी विचारधारा को आक्रामक रूप में आगे बढ़ाया तथा इसमें संघ परिवार ने भी सहयोग प्रदान किया।
- विश्व हिंदू परिषद् ने अयोध्या राम मंदिर से ताला खुलवाने का संघर्ष आरंभ कर दिया।
- वर्ष 1985 में राजीव गांधी सरकार द्वारा राम मंदिर का ताला खुलवा दिया गया।
- ताला खुलते ही मंदिर निर्माण आंदोलन प्रारंभ हो गया।
- वर्ष 1986 में विश्व हिंदू परिषद् ने राम मंदिर आंदोलन को प्रभावी बनाने के लिए बजरंग दल का निर्माण किया, जिसका मूल उद्देश्य राम मंदिर निर्माण के लिए लोगों में जागरूकता पैदा करना था।
- इस आंदोलन के परिणामस्वरूप भाजपा को राजनीतिक सफलता प्राप्त हुई।
- वर्ष 1991 में भाजपा ने कल्याण सिंह के नेतृत्व में उत्तर प्रदेश में सरकार का निर्माण किया तथा इसी वर्ष के लोक सभा चुनाव में भाजपा ने 120 सीटें प्राप्त की। परंतु वर्ष 1992 में बाबरी मस्जिद् विवादास्पद ढांचे का विध्वंस हो गया।
- भाजपा ने राम मंदिर के अलावा अन्य मुद्दों को भी सम्मिलित कर लिया।
- वर्ष 1993 की बंगलौर बैठक में पार्टी ने राम, रोटी और स्वदेशी तीनों मुद्दों को शामिल किया।
- रजनी कोठारी ने इस संदर्भ में भारतीय दलीय प्रणाली की विशेषता बताते हुए कहा कि 'भारत में सत्ता में रहने पर दल जिन नीतियों का समर्थन करते हैं, विपक्ष में आने के पश्चात् उन्हीं नीतियों का विरोध करना प्रारंभ कर देते हैं।' रजनी कोठारी ने यह विचार "Politics in India" (1970) नामक पुस्तक में दिया।
- वर्ष 1990 के दशक में भाजपा की सफलता में लगातार वृद्धि हुई।
- वर्ष 1996 में भारतीय जनता पार्टी सबसे बड़े दल के रूप में उभरी। यह भारतीय दलीय प्रणाली में एक ऐतिहासिक परिवर्तन था, क्योंकि कांग्रेस को भारतीय जनता पार्टी से कम सीटें प्राप्त हुईं। जबकि कांग्रेस का शासन के आरंभिक दशकों में निर्णायक प्रभुत्व था।
- वर्ष 1998 में भाजपा ने संघ सरकार पर नियंत्रण किया तथा पहले जो दल भाजपा को अछूत मानते थे, उसे सांप्रदायिक कहते थे, उन दलों ने भारतीय जनता पार्टी का सरकार में समर्थन किया। परंतु इस गठबंधन सरकार का पतन जल्दी ही हो गया। वर्ष 1999 में पुन: चुनाव हुआ।
- विचारकों के अनुसार, 90 के दशक में भाजपा ने गठबंधन की राजनीति का महत्व समझा। यही उसकी सफलता का मूल कारण था। गठबंधन के परिणामस्वरूप वर्ष 1999 में भारतीय जनता पार्टी और उसके सहयोगी दलों ने (NDA) सरकार का निर्माण किया। वर्ष 1999 में किया गया यह गठबंधन सरकार ने अपने 5 वर्षों का कार्यकाल पूर्ण किया।

## 16वीं लोक सभा चुनाव वर्ष 2014 में भाजपा का प्रदर्शन

- 16वीं लोक सभा चुनाव वर्ष 2014 में भारतीय जनता पार्टी का प्रदर्शन बहुत शानदार रहा।
- वर्ष 1984 के बाद किसी पार्टी को लोक सभा में पूर्ण बहुमत प्राप्त हुआ।
- इस चुनाव में भाजपा को 282 सीटें मिलीं और वह अकेले बहुमत का आंकड़ा पार कर गई।
- एन.डी.ए. गठबंधन को चुनाव में कुल 336 सीटें मिलीं।

## 17वां लोकसभा चुनाव

**भाजपा के चुनाव में बेहतर प्रदर्शन के निम्नलिखित कारण हैं**

- भाजपा के पास प्रधानमंत्री उम्मीदवार के रूप में नरेन्द्र मोदी जैसा लोकप्रिय चेहरा होना।
- यू.पी.ए. शासन के दौरान हुए बड़े-बड़े घोटालों एवं भ्रष्टाचार से त्रस्त जनता ने भाजपा में विश्वास दिखाया।
- इस चुनाव के सबसे प्रमुख मुद्दे भ्रष्टाचार, सुशासन एवं कालाधन वापसी थे।

- भाजपा का अपने मतदाता बेस राज्यों में बहुत अच्छा प्रदर्शन। जैसे-गुजरात, मध्य प्रदेश, राजस्थान, छत्तीसगढ़, उत्तर प्रदेश एवं बिहार इत्यादि।

## कांग्रेस

- भारतीय राष्ट्रीय कांग्रेस की स्थापना वर्ष 1885 में हुई। अपनी स्थापना के समय यह मूलत: बुद्धिजीवियों का एक संगठन था।
- वर्ष 1920 के पश्चात् औपचारिक रूप में कांग्रेस का विकास एक संगठित दल के रूप में हुआ था।

### वैचारिक आधार

- कांग्रेस मूल रूप में एक मध्यममार्गी दल है।
- कांग्रेस में समाज के सभी वर्गों के लोगों को शामिल करने का प्रयास किया जाता है।
- कांग्रेस की प्रकृति सामाजिक रूप में इन्द्रधनुषीय थी।
- क्योंकि उसमें प्रत्येक क्षेत्र, वर्ग और विचारधारा के लोग सम्मिलित थे।

### स्वतंत्रता के पश्चात् कांग्रेस

- स्वतंत्रता के पश्चात् भारतीय दलीय प्रणाली को 'कांग्रेस व्यवस्था' के रूप में चित्रित किया गया।
- स्वतंत्रता के पश्चात् कांग्रेस की प्रकृति 'एक छाताधारी दल' के रूप रही।
- रजनी कोठारी ने तो यहां तक कहा कि 'भारत में कांग्रेस के विघटन से ही अनेक दलों का निर्माण हुआ है।' रजनी कोठारी की पुस्तक-"The Congress System" (1964) है।
- वर्ष 1952 से लेकर वर्ष 1967 तक संघ और राज्य दोनों में कांग्रेस का एकदलीय प्रभुत्व कायम रहा।

### नेहरू युग और कांग्रेस

- मोरिस जोंस ने भारतीय दल प्रणाली को 'एकदलीय प्रभुत्व प्रधान प्रणाली' के रूप में वर्णित किया है।
- नेहरू की कार्यशैली लोकतांत्रिक थी तथा कांग्रेस में आंतरिक लोकतंत्र विद्यमान था।
- आरंभिक वर्षों में सरकार और संगठन के मध्य कुछ मतभेद उत्पन्न हुए। उदाहरण के लिए, कांग्रेस के अध्यक्ष जे. बी. कृपलानी और नेहरू के मध्य मतभेद उत्पन्न हुआ तथा पी. डी. टण्डन और नेहरू के मध्य भी मतभेद उत्पन्न हुए।
- वर्ष 1954 में एक महत्वपूर्ण परिवर्तन के अंतर्गत् कांग्रेस के अध्यक्ष यू. एन. ढेबर ने कहा कि दल सरकार के कार्यों में कोई हस्तक्षेप नहीं करेगा।
- अत: नेहरू युग में कांग्रेस का एकदलीय प्रभुत्व कायम रहा तथा तत्कालीन समय में पक्ष और विपक्ष दोनों की भूमिका का निर्वाह किया।

### कांग्रेस पार्टी और कामराज योजना ( 1963 )

- वर्ष 1963 में कांग्रेस की लोकप्रियता कम होने लगी। इसे पुन: शक्तिशाली और प्रभावी बनाने के लिए कांग्रेस के एक वरिष्ठ नेता कुमार स्वामी कामराज ने अपनी योजना का निर्माण किया, **जिसकी मूलभूत विशेषताएं निम्नलिखित हैं-**
  - (i) संघ सरकार के वरिष्ठ मंत्रियों और राज्यों के मुख्यमंत्रियों को संगठन का दायित्व सौंपा गया। इसके अंतर्गत् संघ सरकार के वरिष्ठ मंत्रियों में मोरारजी देसाई, जगजीवन राम, लाल बहादुर शास्त्री और एस. के. पाटील को संगठन का कार्यभार सौंपा गया।
  - (ii) राज्यों के मुख्यमंत्रियों में के. कामराज, बीजू पटनायक, चन्द्रभान गुप्ता, बक्सी गुलाम मुहम्मद और विनोदा नंद झा को संगठन का कार्यभार सौंपा गया।
- वर्ष 1964 में नेहरू की असामयिक मृत्यु हो गई। नेहरू के उत्तराधिकारी का चयन करना कठिन हो गया, क्योंकि नेहरू ने कभी भी अपने उत्तराधिकारी की घोषणा नहीं की थी।
- वर्ष 1964 में प्रधानमंत्री पद के मुख्य दावेदार मोरारजी भाई देसाई और लाल बहादुर शास्त्री थे। अत: लाल बहादुर शास्त्री प्रधानमंत्री हुए।
- लाल बहादुर शास्त्री की मृत्यु के पश्चात् पुन: मोरारजी भाई देसाई और इंदिरा गांधी के मध्य प्रधानमंत्री के पद को लेकर प्रतिस्पर्धा हुई, जिसमें कांग्रेस के वरिष्ठ नेताओं ने इंदिरा गांधी का समर्थन किया।

### 1967 के पश्चात् कांग्रेस

(i) भारतीय दलीय प्रणाली में एक बड़ा परिवर्तन हुआ तथा पहली बार नौ राज्यों में गैर-कांग्रेसी सरकारों का निर्माण हुआ। अत: राज्यों में कांग्रेस का एकदलीय प्रभुत्व समाप्त होकर भारत में प्रतिस्पर्धीय दलीय प्रणाली का जन्म हुआ।

(ii) पहली बार लोक सभा चुनाव में कांग्रेस को न्यूनतम बहुमत प्राप्त हुआ तथा केवल 283 सीटें प्राप्त हुईं।

(iii) वर्ष 1967 में इंदिरा गांधी पुन: प्रधानमंत्री बनीं। इस समय वे वरिष्ठ नेताओं के समक्ष अत्यंत अनुभवहीन थीं।

(iv) वर्ष 1969 में कांग्रेस दल का विभाजन हो गया। कांग्रेस के वरिष्ठ नेताओं ने कांग्रेस (ओ) का निर्माण किया। इस दल में नीलम संजीव रेड्डी, मोरारजी भाई देसाई जैसे नेता प्रमुख थे। इन वरिष्ठ नेताओं को सिंडीकेट नेता भी कहा गया। जबकि इंदिरा ने कांग्रेस (आर) का निर्माण किया, जो कालांतर में कांग्रेस (आई) हो गया।

(v) पार्टी में विभाजन का मूल कारण, इंदिरा गांधी और वरिष्ठ नेताओं के मध्य का संघर्ष था।

## युवा तुर्क

- वर्ष 1967 के बाद कांग्रेस पार्टी में समाजवादी एवं उदारवादी नीति अपनाने के संबंध में विवाद उत्पन्न हुआ।
- समाजवादी नीति अपनाने के समर्थक नेता, चन्द्रशेखर, रामधन, कृष्णकांत थे। युवा तुर्क के रूप में जाने गए।

## कांग्रेस पार्टी और इंदिरा गांधी की कार्यशैली

- पॉल ब्रास ने इंदिरा गांधी की कार्यशैली को **निम्नलिखित रूप में व्यक्त** किया-
  (i) कांग्रेस संगठन में शक्तियों का केंद्रीयकरण हो गया।
  (ii) राज्य नेतृत्व की स्वायत्तता को क्षीण किया गया।
  (iii) दल की इन्द्रधनुषीय प्रकृति क्षतिग्रस्त होने लगी।
  (iv) कांग्रेस के राज्य नेतृत्व को पूर्णत: केंद्रीय नेतृत्व पर निर्भर बना दिया गया।
  (v) राज्यों के मुख्यमंत्रियों का निर्धारण हाईकमान के द्वारा होने लगा।
  (vi) इंदिरा गांधी के कार्यकाल में कांग्रेस दल में आंतरिक लोकतंत्र लगभग समाप्त हो गया था।

## कांग्रेस और 1970 के दशक

- वर्ष 1977 में पहली बार संघ शासन में गैर-कांग्रेसी सरकार सत्ता में आई थी।
- वर्ष 1977 में कांग्रेस और इंदिरा गांधी चुनाव में पराजित हुई तथा जनता पार्टी सरकार का निर्माण हुआ।
- कुछ विचारकों ने इसे भारतीय दलीय व्यवस्था में द्विदलीय प्रणाली के आगमन का संकेत माना।

## कांग्रेस और 1980 का दशक

- वर्ष 1980 के चुनाव में कांग्रेस ने पुन: संघ शासन पर नियंत्रण किया।
- इस चुनाव में कांग्रेस का प्रसिद्ध नारा था कि 'कांग्रेस ही शासन चलाने का स्वाभाविक दल है।'
- परंतु संघ में कांग्रेस के प्रभुत्व स्थापित होने के बाद भी राज्यों में गैर-कांग्रेसी क्षेत्रीय दलों का प्रभाव कम नहीं हुआ।
- 80 के दशक में आंध्र प्रदेश, कर्नाटक और असम में गैर-कांग्रेसी दलों के रूप में क्षेत्रीय दलों ने विजय प्राप्त की। पश्चिम बंगाल में पहले से ही वामपंथियों का शासन था।
- इसलिए 80 का दशक क्षेत्रीय दलों का उभार का दूसरा चरण माना जाता है।
- वर्ष 1984 के चुनाव में राजीव गांधी को लोक सभा में ऐतिहासिक बहुमत प्राप्त हुआ।

## कांग्रेस और 1990 के बाद का दशक

- वर्ष 1989 के आम चुनाव में दूसरी बार संघ में गैर-कांग्रेसी सरकार की स्थापना हुई।
- विश्व नाथ प्रताप सिंह के नेतृत्व में संयुक्त मोर्चे की सरकार का निर्माण हुआ।
- यह बिंदु ध्यान देने योग्य है कि कांग्रेस इस चुनाव में भी सबसे बड़े दल के रूप में उभरी। परंतु कांग्रेस ने सरकार बनाने से इनकार कर दिया।
- 90 के दशक में भारतीय राजनीति में मंडल और मंदिर की राजनीति प्रभावी हुई।
- परिणामस्वरूप हिंदी भाषी क्षेत्रों में कांग्रेस के जनाधार में व्यापक गिरावट आई।
- मंडल के राजनीति के परिणामस्वरूप पिछड़ी जातियों के नेताओं ने राजनीति पर अपना वर्चस्व स्थापित किया।
- मुलायम सिंह यादव, लालू प्रसाद यादव, शरद यादव जैसे नेताओं ने पिछड़ी जातियों को प्रभावी रूप में लामबंद किया।
- 90 के दशक में बहुजन समाजवादी पार्टी के प्रभाव में वृद्धि हुई तथा दलितों ने बसपा को समर्थन दिया।
- मंदिर आंदोलन के परिणामस्वरूप भाजपा ने भी अपना जनाधार बढ़ाया।
- परिणामस्वरूप कांग्रेस का जनाधार क्षीण हुआ तथा इसका प्रदर्शन अत्यंत कमजोर होने लगा।
- 90 के दशक में कांग्रेस पर नेहरू गांधी परिवार का नेतृत्व नहीं था।
- नरसिंहा राव देश के प्रधानमंत्री हुए एवं सीताराम केसरी को कांग्रेस दल का अध्यक्ष बनाया गया।
- वर्ष 1998 के पश्चात् पुन: सोनिया गांधी ने कांग्रेस का नेतृत्व संभाला तथा कांग्रेस को प्रभावी बनाने के लिए अनेक रणनीतियों का प्रयोग किया।

## 90 के बाद कांग्रेस की रणनीति में परिवर्तन

(i) वर्ष 1998 के पंचमढ़ी घोषणा-पत्र में कांग्रेस ने कहा कि वह संघ शासन में किसी भी गठबंधन सरकार का नेतृत्व नहीं करेगी।

(ii) वर्ष 2003 के शिमला घोषणा-पत्र में कांग्रेस की रणनीति में परिवर्तन हुआ। पहली बार कांग्रेस ने स्वीकार किया कि समान विचारधारा वाले दलों के साथ गठबंधन सरकार का निर्माण करेगी।

(iii) वर्ष 2004 के लोक सभा चुनाव में पहली बार कांग्रेस ने संघ सरकार में किसी गठबंधन सरकार का नेतृत्व किया। यह बिंदु ध्यान देने योग्य है कि कांग्रेस ने यू. पी. ए. के घोषणा-पत्र पर चुनाव लड़ा।

(iv) वर्ष 2004 के लोक सभा चुनाव में कांग्रेस को केवल 145 सीटें प्राप्त हुईं तथा वह सबसे बड़े दल के रूप में उभरी। आठ वर्षों के पश्चात् कांग्रेस ने संघ में सरकार का निर्माण किया।

(v) वर्ष 2009 के चुनाव में कांग्रेस को 206 सीटें प्राप्त हुईं। यह वर्ष 1991 के पश्चात् कांग्रेस का सबसे बेहतर प्रदर्शन है। कांग्रेस ने लगातार दूसरी बार यू. पी. ए. के नेतृत्व में सरकार का निर्माण किया।

### लोक सभा चुनाव वर्ष 2019 में कांग्रेस पार्टी का प्रदर्शन

- 16वीं लोक सभा चुनाव वर्ष 2014 के समान 17वीं लोकसभा चुनाव 2019 में भी कांग्रेस पार्टी का प्रदर्शन बेहद निराशाजनक रहा।
- भारत के संसदीय इतिहास में कांग्रेस का यह सबसे खराब प्रदर्शन है। इस चुनाव में कांग्रेस मात्र 52 सीटें ही जीत सकी।
- यहां तक कि विपक्षी दल का दर्जा प्राप्त करने के लिए आवश्यक सीटों की संख्या (कुल सीटों का 10 प्रतिशत यानि 55 सीटें) भी नहीं प्राप्त कर सकी।

### चुनाव में हार के कारण

- इस चुनाव में कांग्रेस की हार का मुख्य कारण यू. पी. ए. सरकार के दौरान होने वाले बड़े-बड़े घोटाले रहे।
- यह चुनाव भ्रष्टाचार और सुशासन के मुद्दे पर लड़ा गया, जिसमें कांग्रेस पर भाजपा भारी पड़ी।
- प्रधानमंत्री के रूप में विपक्ष के पास नरेन्द्र मोदी जैसा सशक्त व्यक्तित्व का होना।

## क्षेत्रीय दल

- निर्वाचन आयोग के अनुसार, उन दलों को क्षेत्रीय दल का दर्जा प्राप्त होता है, **जिसे-**
  (i) किसी राज्य विधान सभा चुनाव में 6 प्रतिशत मत तथा 2 सीटें प्राप्त की हो।
  (ii) राज्य, लोक सभा चुनाव में 6 प्रतिशत मत प्राप्त किया हो तथा कम से कम एक लोक सभा सीट प्राप्त की हो।
  (iii) राज्य विधान सभा चुनाव में कुल स्थानों का 3 प्रतिशत सीटें या 3 सीटें प्राप्त की हो।

### क्षेत्रीय दलों की प्रकृति

- भारत में क्षेत्रीय दल मूलत: व्यक्ति केंद्रित हैं।
- क्षेत्रीय दल, क्षेत्रीय पहचान और सम्मान के समर्थक हैं।
- ये क्षेत्रीय संस्कृति, इतिहास, भाषा की स्वायत्त पहचान बनाए रखने की मांग करते हैं।
- क्षेत्रीय दलों में वैधता बनाए रखने के लिए विचारधाराओं का निर्माण किया है।
- चुनावी राजनीति को ध्यान में रखते हुए ये दल क्षेत्रीय और गैर-क्षेत्रीय मुद्दों का सम्मिश्रण करते हैं।

### क्षेत्रीय दलों के प्रकार

- भारत में क्षेत्रीय दलों के अनेक प्रकार हैं, **जिनके विभाजन निम्नलिखित हैं-**
  (i) क्षेत्रीय अस्मिता और क्षेत्रीय पहचान बनाए रखने वाले दल।
  (ii) ऐसे क्षेत्रीय दल जिनका आधार क्षेत्रीय है, परंतु एजेंडा अखिल भारतीय हैं।
  (iii) विभिन्न राज्यों के निर्माण को लेकर उत्पन्न हुए क्षेत्रीय दल।
  (iv) ऐसे क्षेत्रीय दल जो कांग्रेस से अलग हुए।

### भारतीय लोकतंत्र और क्षेत्रीय दल

(i) भारत जैसे विशाल बहुलवादी देश में क्षेत्रीय दलों की उपस्थिति स्वाभाविक है।

(ii) क्षेत्रीय दलों के प्रभावी होने से भारतीय समाज में अधिक लोकतांत्रिकरण हुआ है तथा प्रत्येक समृद्ध क्षेत्र के लोगों को सत्ता में सहभागिता प्राप्त हुई, जो अत्यधिक सकारात्मक प्रवृत्ति है।

(iii) क्षेत्रीय दल, क्षेत्र विशेष की आकांक्षाओं और मांगों को प्रकट करते हैं और ये अलगावाद को बढ़ावा नहीं देते। क्षेत्रवाद और अलगावाद में स्पष्ट अंतर है। यद्यपि कभी-कभार कुछ क्षेत्रीय दलों ने पृथकतावादी एवं विघटनकारी मांगों का समर्थन किया है। लेकिन इसे आपवादिक समझा जाना चाहिए, न कि सामान्य मांगें।

(iv) भारत में क्षेत्रीय दल स्वाभाविक हैं। विचारकों ने तो यहां तक कहा है कि कांग्रेस अनेक समूहों का विशाल संगठन था।

(v) क्षेत्रीय दलों के प्रभावी होने से संघीय शासन प्रणाली ज्यादा शक्तिशाली हुई। राज्यों को अधिक स्वायत्तता प्राप्त हुईं तथा क्षेत्रीय दलों की संघीय सरकार में सहभागिता द्वारा इन्होंने अतिवादी मांगों का परित्याग किया।

(vi) क्षेत्रीय दलों के प्रभावी होने के परिणामस्वरूप सरकार के अस्थायित्व में वृद्धि हुई है। परंतु 16वीं लोक सभा वर्ष 2014 के पहले दो लोक सभा चुनावों से स्पष्ट है कि गठबंधन सरकारें भी स्थायी हो सकती हैं।

### क्षेत्रीय दल और लोकतंत्रीकरण

- क्षेत्रीय दल के उदय से भारत में लोकतंत्रीकरण का प्रभाव व्यापक एवं गहरा हुआ है।
- महिलाएं, अनुसूचित जाति एवं जनजाति, पिछड़ी जाति के मतदाता और ग्रामीण मतदाताओं की राजनीतिक सहभागिता में तीव्र वृद्धि हुई है।

- क्षेत्रीय दल, लोगों की लोकतांत्रिक आकांक्षाओं के प्रमुख वाहक हैं।
- संघात्मक दृष्टि से क्षेत्रीय दलों ने संघीय व्यवस्था को और संघात्मक बनाया। क्षेत्रीय मांगों के प्रति संघ सरकार ज्यादा अनुक्रियाशील हुई।
- पहले क्षेत्रीयता एवं स्वायत्तता को विघटनकारी माना जाता था। परंतु अब क्षेत्रीय दल, संघ सरकार की सत्ता निर्माण में प्रमुख भूमिका का निर्वाह कर रहे हैं।
- इसलिए अब ये संघ सरकार के साथ बेहतर सौदेबाजी करते हैं।
- क्षेत्रीय दलों के प्रभाव के कारण भारतीय राजनीति में परंपरागत राष्ट्र-निर्माण और राष्ट्रीय एकता एवं अखंडता की मान्यता को पुनर्परिभाषित किया जा रहा है। क्षेत्रवाद का अभिप्राय, विघटनवाद नहीं है, जिसके अनुसार, एकता का आशय, विविधताओं की समाप्ति नहीं है, बल्कि विविधताओं में एकता का निर्माण करना है।
- क्षेत्रीय दलों के प्रभाव के परिणामस्वरूप प्रतिस्पर्धी दलीय प्रणाली का विकास हुआ।
- 16वीं लोक सभा चुनाव वर्ष 2014 का परिणाम कुछ क्षेत्रीय दलों के लिए बेहद निराशाजनक रहा। जैसे- बसपा, सपा, जे.डी.यू. इत्यादि।
- वर्तमान में अकाली दल, भाजपा का गठबंधन अस्तित्व में है। अत: भारतीय दलीय प्रणाली में विचारधारा जैसी कोई चीज नहीं है।

## क्षेत्रीय दलों की खामियां या त्रुटियां

- रजनी कोठारी के अनुसार, 'भारतीय दलीय प्रणाली में दल का निर्माण व्यक्तियों के इर्द-गिर्द घूमता है।' उदाहरण के लिए, स्वतंत्र पार्टी के नेता राजगोपालाचारी के निधन के पश्चात् स्वतंत्र पार्टी विलीन हो गई।
- क्षेत्रीय दलों के लिए यह कथन बिल्कुल सत्य प्रतीत होता है, क्योंकि इनमें संगठन का अभाव होता है।
- शासन सत्ता पर व्यक्ति या परिवार का नियंत्रण होता है।
- समाजवादी पार्टी, राष्ट्रीय जनता दल, जनता दल (यू) एवं तृणमूल कांग्रेस। इन सभी दलों में द्वितीयक नेतृत्व का अभाव है।
- डी. एम. के. पार्टी के भी करुणानिधि मुख्य कर्ता-धर्ता हैं।
- शिवसेना में संगठन की कमजोरी उस समय सामने आई, जब उद्धव ठाकरे और राज ठाकरे के मध्य विवाद उत्पन्न हुआ। राज ठाकरे ने महाराष्ट्र नव-निर्माण सेना का निर्माण किया।

## विभिन्न क्षेत्रीय दल

1. **नेशनल कॉन्फ्रेंस :** यह जम्मू एवं कश्मीर का दल है। इसकी स्थापना शेख अब्दुल्ला द्वारा वर्ष 1932 में 'ऑल जम्मू एंड कश्मीर मुस्लिम कॉन्फ्रेंस' के नाम से की गई। वर्ष 1939 में इसका नाम परिवर्तित करके 'नेशनल कॉन्फ्रेंस' कर दिया गया।
2. **डी. एम. के. :** यह तमिलनाडु का दल है, इसकी स्थापना वर्ष 1949 में हुई।
3. **शिव सेना :** यह महाराष्ट्र का दल है। इसकी स्थापना वर्ष 1966 में बाल ठाकरे द्वारा की गई।
4. **ए. आई. ए. डी. एम. के. :** यह भी तमिलनाडु का दल है। इसकी स्थापना वर्ष 1972 में एम. जी. राम चन्द्रन द्वारा की गई।
5. **तेलगू देशम पार्टी :** यह आंध्र प्रदेश का दल है। इसकी स्थापना वर्ष 1982 में एन. टी. रामाराव द्वारा की गई थी।
6. **झारखंड मुक्ति मोर्चा :** यह झारखंड का दल है। इसकी स्थापना वर्ष 1972 में शिबू सोरेन द्वारा की गई।
7. **राष्ट्रीय जनता दल** - 1997 - लालू प्रसाद यादव।
8. **झारखंड विकास मोर्चा** - 2006 - बाबू लाल मरांडी।
9. **समाजवादी पार्टी** - 1992 - मुलायम सिंह यादव।

# गठबंधन सरकार या गठबंधन की राजनीति

## पृष्ठभूमि

- कांग्रेस में शुरू से ही एक अदृश्य गठबंधन मौजूद था। इसलिए कांग्रेस को 'छाताधारी या इन्द्रधनुषीय दल' कहा गया।
- लिजफार्ट के सहवर्तनीय लोकतंत्र (Consociational Democracy) की मान्यता भारतीय व्यवस्था के लिए बिल्कुल उपयुक्त है।
- भारतीय समाज ही मूलत: गठबंधनकारी है। भारत में वर्ष 1967 के पश्चात् गठबंधन सरकारों का औपचारिक दौर प्रारंभ हुआ।

## गठबंधन सरकार के निर्माण के कारण

(i) कांग्रेस दल में नेहरू के पश्चात् आंतरिक लोकतंत्र का अभाव।

(ii) नेहरू के पश्चात् कांग्रेस की छाताधारी दल की प्रकृति में परिवर्तन।

(iii) क्षेत्रीय आकांक्षाओं का प्रभावी होना तथा प्रभावी क्षेत्रीय आकांक्षाएं।

(iv) हिंदी भाषी क्षेत्रों में पिछड़ी जातियों का शक्तिशाली उभार।

## गठबंधन सरकारों का प्रथम चरण ( 1967 )

- भारत में गठबंधन सरकारों का निर्माण समाज की बहुलता और विविधता में ही अंतर्निर्भर है।
- इसलिए यह स्वाभाविक है। वर्ष 1967 के आम चुनावों में कई राज्यों में गठबंधन सरकारों का निर्माण हुआ था।
- कांग्रेस के वोट में 5 प्रतिशत की गिरावट हुई। पहली बार कांग्रेस को लोक सभा में दो-तिहाई बहुमत प्राप्त नहीं हुआ।
- पंजाब, हरियाणा, उत्तर प्रदेश, मध्य प्रदेश, बिहार, पश्चिम बंगाल, ओडीशा, तमिलनाडु और केरल में गठबंधन सरकार का निर्माण हुआ। (तमिलनाडु में डी. एम. के. को बहुमत प्राप्त था)।
- मूल प्रश्न उत्पन्न होता है कि गठबंधन के निर्माण के लिए समान नीतियां या विचारधारा उत्तरदायी हैं अथवा गठबंधन का उद्देश्य, अधिकाधिक शक्ति अर्जित करना है।
- रिकर की मान्यता से स्पष्ट है कि 'भारत में गठबंधन का मूल उद्देश्य, अधिक से अधिक शक्ति प्राप्त करना है।'
- रिकर के अनुसार, 1967 का गठबंधन शक्ति अधिकीकरण (Power Maximization) के सिद्धांत पर आधारित था।
- क्षेत्रीय दलों ने मुख्यत: कांग्रेस के विरोध का नारा दिया। सरकार, सत्ता निर्माण के लिए परस्पर विरोधी विचारधाराओं वाले दलों ने भी आपस में समझौता किया।

## गठबंधन सरकारों का दूसरा दौर

- वर्ष 1977 में जनता पार्टी ने संघ में सरकार का निर्माण किया। प्रथम दृष्ट्या ऐसा प्रतीत होता है कि एक विशिष्ट और पृथक् दल था। लेकिन वास्तविक रूप में जनता पार्टी 5 दलों का एक बृहद् गठबंधन था।
- जिसमें वैचारिक मतभिन्नता के साथ व्यक्तित्वों का आपसी विरोध भी विद्यमान था।
- जनता पार्टी सरकार में **निम्नलिखित घटक थे-**
  - (i) कांग्रेस (ओ)-नीलम संजीव रेड्डी एवं मोरारजी देसाई।
  - (ii) जनसंघ-अटल बिहारी वाजपेयी एवं लाल कृष्ण आडवाणी।
  - (iii) कांग्रेस फॉर डेमोक्रेसी-जग जीवन राम।
  - (iv) समाजवादी पार्टी-जॉर्ज फर्नांडिज।
  - (v) भारतीय लोकदल-चौधरी चरण सिंह।
- जनता पार्टी सरकार लोकतंत्र की पुनर्बहाली के मुद्दे पर सत्ता में आई।
- कांग्रेस का विरोध जनता पार्टी का मुख्य मुद्दा था। परंतु घटक दलों में आपसी अंतर्कलह थी।
- इसमें मुख्य विवाद प्रधानमंत्री पद को लेकर मोरारजी देसाई, चौ. चरण सिंह और जग जीवन राम के मध्य था।
- जनसंघ के सदस्यों की दोहरी सदस्यता के मुद्दे पर जनता पार्टी की सरकार गिर गई।

## गठबंधन सरकारों का तीसरा चरण ( अखिल भारतीय स्तर पर गठबंधन )

- वर्ष 1996 के आम चुनाव में भारतीय जनता पार्टी का सबसे बड़े दल के रूप में उदय हुआ। भारतीय राजनीति में निम्नलिखित परिवर्तन देखे गए-
  - (i) पहली बार भारत में पंथनिरपेक्ष गठबंधन का निर्माण हुआ। वामपंथी दल पहली बार सरकार में सम्मिलित हुए। इसलिए इस गठबंधन को 'वामपंथी' (Left of Centre) का गठबंधन कहा गया।
  - (ii) अब गठबंधन सरकार के निर्माण में क्षेत्रीय दलों की भूमिका प्राथमिक हो गई। यद्यपि इस प्रवृत्ति का आरंभ वर्ष 1989 से ही हो चुका था।
  - (iii) राजनीति का क्षेत्रीयकरण हुआ, जिससे दक्षिण भारत एवं उत्तर-पूर्वी भारत में क्षेत्रीय मुद्दे प्रभावी हुए।
  - (iv) मंडल एवं मंदिर का मुद्दा अत्यधिक प्रभावी हुए।
  - (v) पिछड़ी जातियों ने शक्तिशाली रूप में राजनीतिक प्रतिनिधित्व का दावा प्रस्तुत किया।
  - (vi) पश्चिम बंगाल और केरल में वर्गीय राजनीति के आधार पर चुनाव लड़े गए।
- उत्तर भारत के हिंदी भाषी क्षेत्रों में जाति के आधार पर चुनाव का भविष्य निर्धारित होने लगा।
- भारतीय जनता पार्टी ने मंदिर मुद्दा उठाकर हिंदुओं को लामबंद करने का प्रयत्न किया।
- मंडलवादी राजनीति के परिणामस्वरूप पिछड़ी जातियों का प्रभावी राजनीतिकरण हुआ।
- इसी परिप्रेक्ष्य में वर्ष 1989 में दूसरी बार संघ में गठबंधन सरकार का निर्माण हुआ। (व्यावहारिक रूप में पहली बार)
- राष्ट्रीय मोर्चे की इस सरकार को भाजपा और वामपंथी दलों ने बाहर से समर्थन दिया।

## गठबंधन के अस्थायित्व के कारण

- रिकर के अनुसार, गठबंधन सरकार के अस्थायित्व का कारण गठबंधन में ही **अंतर्निहित था-**
  - (i) कांग्रेस, सबसे बड़ा दल होते हुए भी सत्ता से बाहर था।
  - (ii) वामपंथी दल और भाजपा वैचारिक रूप में विरोधी होते हुए भी सरकार को बाहर से समर्थन दे रहे थे।
  - (iii) गठबंधन सरकार में तेलगू देशम पार्टी, डी. एम. के. एवं

असम गण परिषद् जैसे क्षेत्रीय दलों का भी सहयोग था।

- अतः वर्ष 1989 से गठबंधन सरकार का युग औपचारिक रूप में प्रारंभ हुआ, जो 16वीं लोक सभा चुनाव वर्ष 2014 के पहले तक कायम था। उल्लेखनीय यह है कि, 16वीं लोक सभा में भाजपा को पूर्ण बहुमत प्राप्त है। इसके बावजूद एन.डी.ए. तथा यू.पी.ए. गठबंधन अस्तित्व में है।
- वर्ष 1989 से लेकर 16वीं लोक सभा चुनाव वर्ष 2014 के पहले तक संघ सरकार में किसी भी एक दल को पूर्ण बहुमत प्राप्त नहीं था।

### वैचारिक आधार पर गठबंधन ( 1996 )

- वर्ष 1996 में संयुक्त मोर्चे की सरकार का निर्माण हुआ तथा पहली बार तीसरे मोर्चे की संकल्पना आई।
- जनता दल के नेतृत्व वाली संयुक्त मोर्चे की सरकार का गठन हुआ। यह सरकार भी कांग्रेस के समर्थन पर टिकी थी।
- यह बिंदु ध्यान देने योग्य है कि वर्ष 1996 में भाजपा को सबसे अधिक सीटें मिलने के बावजूद उसकी सरकार का निर्माण नहीं हो सका।
- पहली बार ऐसा हुआ कि संघ में वैचारिक आधार पर गठबंधन सरकार का निर्माण हुआ, क्योंकि इस सरकार का मूल आधार भाजपा का विरोध था।
- संयुक्त मोर्चे की सरकार को पंथनिरपेक्ष गठबंधन सरकार की संज्ञा दी गई। अधिकांश दलों ने भाजपा को सांप्रदायिक मानते हुए उसके साथ सरकार बनाने से इनकार कर दिया।

### गठबंधन में नया प्रयोग ( चुनाव पूर्व गठबंधन वर्ष 1998 )

- वर्ष 1998 में पहली बार, भारतीय जनता पार्टी ने चुनाव पूर्व गठबंधन किया, जिसमें क्षेत्रीय दलों की भूमिका अत्यधिक महत्वपूर्ण थी। भाजपा द्वारा गठबंधन का निर्माण करने के कारण इसे 'दक्षिण पंथी' (Right of Centre) का गठबंधन भी कहा गया।
- अब इन क्षेत्रीय दलों ने भाजपा को सांप्रदायिक दल नहीं माना। तृणमूल कांग्रेस ने स्पष्ट कहा कि भाजपा सांप्रदायिक दल नहीं है।
- ए.आई.ए.डी.एम.के. ने भी भाजपा के नेतृत्व में पहली बार संघ में सरकार का समर्थन किया।

### वर्ष 1999 का चुनाव पूर्व गठबंधन

- वर्ष 1999 में भाजपा ने पुनः चुनाव पूर्व गठबंधन किया तथा पहली बार एन. डी. ए. (NDA) का घोषणा-पत्र जारी हुआ।
- 23 (तेइस) क्षेत्रीय दलों ने इस सरकार का सहयोग किया।
- भारतीय जनता पार्टी को इस चुनाव में 191 सीटें प्राप्त हुईं तथा सरकार को चलाने के लिए 'न्यूनतम साझा कार्यक्रम' का निर्माण किया गया।
- जिसके अंतर्गत् भाजपा ने राम मंदिर, अनुच्छेद-370 और समान नागरिक संहिता जैसे मुद्दों को शामिल नहीं किया।
- इस संदर्भ में रजनी कोठारी की उक्ति सत्य प्रतीत होती है कि "भारतीय लोकतंत्र ने भाजपा को भी उदारीकृत कर दिया तथा साम्यवादी दलों का भी उदारीकरण हुआ।"
- पहली बार संघ में किसी गठबंधन सरकार द्वारा कार्यकाल पूर्ण किया गया। यद्यपि लोक जनशक्ति पार्टी जैसे दलों ने गठबंधन से समर्थम बीच में वापस लिया, लेकिन सरकार अस्थिर नहीं हुई।

### गठबंधन का वर्तमान स्वरूप

- वर्ष 2003 के शिमला घोषणा-पत्र में कांग्रेस ने गठबंधन की राजनीतिक वास्तविकता को स्वीकार किया। पहली बार चुनाव पूर्व गठबंधन किया।
- कांग्रेस ने डी. एम. के., राष्ट्रवादी कांग्रेस पार्टी (NCP), तेलंगाना राष्ट्रीय समिति, राष्ट्रीय जनता दल, झारखंड मुक्ति मोर्चा के साथ गठबंधन किया।
- पहली बार वर्ष 2004 में कांग्रेस ने संघ में किसी गठबंधन सरकार का नेतृत्व किया। यू. पी. ए. (UPA) सरकार को वामपंथियों ने बाहर से समर्थन दिया।
- वामपंथियों ने बार-बार यह आरोप लगाया कि कांग्रेस गठबंधन धर्म का पालन नहीं कर रही है। वामपंथी दलों ने भारत एवं अमेरिका सिविल परमाणु समझौते के मुद्दे पर सरकार से समर्थन वापस ले लिया।
- यू. पी. ए. (UPA) सरकार के 'न्यूनतम साझा कार्यक्रम' के **मुख्य बिंदु थे**-(i) सामाजिक समरसता को बढ़ावा देना।
  - (ii) 7 से 8 प्रतिशत वार्षिक आर्थिक वृद्धि दर सुनिश्चित करना।
  - (iii) किसान, श्रमिक व असंगठित क्षेत्रों में कार्यरत श्रमिकों का कल्याण।
  - (iv) महिलाओं का राजनैतिक, आर्थिक, शैक्षिक व वैधानिक सशक्तिकरण।
  - (v) अनुसूचित जातियों, जनजातियों, पिछड़े वर्गों और धार्मिक अल्पसंख्यकों को अवसर की समानता प्रदान करना।
  - (vi) व्यावसायिक, वैज्ञानिकों, इंजीनियरों व उद्यमियों की रचनात्मक ऊर्जा को बढ़ावा देना।

## 16वीं लोक सभा चुनाव वर्ष 2014

- वर्ष 2014 का लोक सभा चुनाव एन. डी. ए. (NDA) और यू. पी. ए. (UPA) गठबंधन के मध्य लड़ा गया।
- वर्ष 2014 के लोक सभा चुनाव में तीसरे और चौथे मोर्चे का निर्माण नहीं हो सका।
- वर्ष 2014 के लोक सभा चुनाव में एन. डी. ए. (NDA) गठबंधन को विजय मिली और सरकार बनाने का अवसर प्राप्त हुआ। इस चुनाव परिणाम की विशेषताएं निम्नलिखित हैं-

(i) 16वीं लोक सभा का चुनाव 7 अप्रैल से 12 मई के मध्य नौ (9) चरणों (अब तक के सर्वाधिक) में कराए गए।

(ii) इस चुनाव की विशेषता थी कि इसमें मतदाताओं ने खूब बढ़-चढ़ कर हिस्सा लिया और रिकार्ड 66.4 प्रतिशत मतदान हुआ। इससे पहले वर्ष 1984 के आम चुनाव में 64.01 प्रतिशत मतदान हुआ था।

(iii) भाजपा (BJP) को 282 सीटें प्राप्त हुईं और अकेले ही बहुमत के आंकड़े को पार कर लिया।

(iv) एन.डी.ए. (NDA) गठबंधन को कुल 336 सीटें प्राप्त हुईं। जबकि दो बार से लगातार सत्तारूढ़ यू. पी.ए. (UPA) गठबंधन मात्र 60 सीटों पर सिमट गया।

(v) कांग्रेस को मात्र 44 सीटें प्राप्त हुईं, जो कि भारतीय संसदीय इतिहास में कांग्रेस का अभी तक का सबसे खराब प्रदर्शन है।

(vi) कांग्रेस का प्रदर्शन इतना खराब रहा कि लोक सभा में विपक्ष के नेता पद हेतु आवश्यक 10 प्रतिशत अर्थात् 55 सीट भी कांग्रेस प्राप्त करने में असफल रही और उसके हाथ विपक्ष के नेता का पद भी नहीं आ सका।

(vii) उल्लेखनीय है कि वर्ष 1984 के बाद हुए आम चुनावों में पहली बार वर्ष 2014 के लोक सभा चुनाव में कोई दल लोक सभा में अकेले बहुमत प्राप्त करने में सफल हुआ है।

(viii) वर्ष 2014 के लोक सभा चुनाव में भाजपा को 31 प्रतिशत और कांग्रेस को 19.3 प्रतिशत वोट प्राप्त हुआ। दोनों राष्ट्रीय दलों के वोटों में 2.88 प्रतिशत का सम्मिलित रूप से इजाफा हुआ।

(ix) इस बार के चुनाव में कुछ अप्रत्याशित परिणाम भी देखने को मिले। जैसे-बहुजन समाजवादी पार्टी राष्ट्रीय स्तर पर 4.1 प्रतिशत वोट पाकर भाजपा और कांग्रेस के बाद तीसरे नंबर पर रही और उसे एक भी सीट नहीं मिली। जबकि वर्ष 2009 के आम चुनाव में उसे 20 सीटें मिली थीं।

(x) वहीं अन्य क्षेत्रीय दलों अन्ना द्रमुक (AIDMK), तृणमूल कांग्रेस (TMC), बीजू जनता दल, शिव सेना, तेलगू देशम, तेलंगाना राष्ट्र समिति, वाई. एस. आर. कांग्रेस, आम आदमी पार्टी तथा लोक जनशक्ति पार्टी की सीटों की संख्या में बढ़ोत्तरी हुई। (आम आदमी पार्टी ने पहली बार लोक सभा चुनाव में भाग लिया।)

## 17वीं लोक सभा चुनाव वर्ष 2019

- वर्ष 2019 का लोक सभा चुनाव एन.डी.ए. (NDA) तथा यू.पी.ए. (UPA) गठबंधन के बीच लड़ा गया, जिसमें एन.डी.ए. (NDA) गठबंधन को पुनः बहुमत प्राप्त हुआ और सरकार बनाने का पुनः अवसर प्राप्त हुआ।
- **इस चुनाव परिणाम की निम्नलिखित विशेषताएं थीं-**

(i) 17वीं लोक सभा का चुनाव 11 अप्रैल से 19 मई, 2019 के मध्य 7 चरणों में संपन्न हुआ।

(ii) 17वीं लोक सभा के चुनाव में एन.डी.ए. (NDA) गठबंधन को कुल 352 सीटें प्राप्त हुईं, जिसमें अकेले भाजपा (BJP) को 303 सीटें प्राप्त हुईं। 17वीं लोक सभा के चुनाव में एन.डी.ए. (NDA) को 45 प्रतिशत मत प्राप्त हुआ।

(iii) 17वीं लोक सभा के चुनाव में यू.पी.ए. (UPA) गठबंधन को 87 सीटें प्राप्त हुईं, जिसमें कांग्रेस को केवल 52 सीटें प्राप्त हुईं। लेकिन कांग्रेस को लगातार दूसरी बार संसद में मुख्य विपक्षी दल का दर्जा प्राप्त नहीं हो सका।

(iv) 17वीं लोक सभा के चुनाव में समाजवादी पार्टी एवं बहुजन समाज पार्टी के मत प्रतिशत में गिरावट दर्ज हुई। जबकि भारतीय जनता पार्टी का मत प्रतिशत बढ़ा।

## भारत में मतदान या चुनाव व्यवहार

- मतदान व्यवहार यह दर्शाता है कि लोग किसी उम्मीदवार या राजनीतिक दल के किन कारकों से प्रभावित होकर मत देते हैं तथा समय-समय पर विभिन्न दल कैसे लोगों के **मत को प्राप्त करते हैं-**

(i) मतदान व्यवहार को समय विशेष में होने वाला मतदान भी प्रभावित करता है। उदाहरण के लिए, भारत में

कुछ आम चुनाव अत्यधिक विशिष्ट परिस्थितियों में संपन्न हुए। जैसे-वर्ष 1967, 1971, 1977 और 1980 का लोक सभा चुनाव। वर्ष 1984 का चुनाव मुख्यत: भावनात्मक मुद्दे पर लड़ा गया। वर्ष 1989 के चुनाव में बोफोर्स मुद्दे से लोगों का चुनाव व्यवहार प्रभावित हुआ तथा वर्ष 1991 के चुनाव का दूसरा चरण, जो राजीव गांधी की हत्या के बाद हुआ, वह भी मतदाताओं के व्यवहार को प्रभावित करने वाला था।

(ii) वर्ष 1990 के दशक में लोक सभा चुनावों में मंदिर और मंडल के मुद्दों ने लोगों के चुनाव व्यवहार को प्रभावित किया। धर्म तथा जाति के आधार पर लोगों ने मतदान किया।

(iii) वर्ष 2004 और वर्ष 2009 के लोक सभा चुनाव सामान्य चुनाव माने जाते हैं, जिसमें बिजली, पानी एवं सड़क का मुद्दा प्रमुख था।

(iv) अखिल भारतीय स्तर पर एक सामान्य समाधान देना कठिन है, क्योंकि पश्चिम बंगाल में वामपंथी दलों ने आर्थिक मुद्दे को प्राथमिकता प्रदान की, इसके बावजूद भी चुनाव में उनकी पराजय हुई।

(v) 15वीं लोक सभा चुनाव में कुछ राज्यों में चुनाव व्यवहार लोक सभा एवं विधान सभा के लिए समान था। उदाहरण के लिए, आंध्र प्रदेश, राजस्थान, कर्नाटक, दिल्ली एवं बिहार। इन राज्यों में मतदाताओं ने एक ही दल को राज्य विधान सभा एवं लोक सभा के लिए वोट दिए।

(vi) अन्य राज्यों में मतदाताओं का व्यवहार खंडित रहा। उदाहरण के लिए, उत्तराखंड में भाजपा की सरकार होने के बावजूद लोक सभा चुनाव में मतदाताओं ने कांग्रेस के पक्ष में मत दिया।

(vii) 15वीं लोक सभा चुनाव में जिन मुद्दों ने मतदाताओं के व्यवहार को प्रभावित किया, उनमें मनरेगा, किसानों की ऋण माफी तथा छठें वेतन आयोग की रिपोर्ट सर्वप्रमुख थे।

(viii) इस चुनाव में जिन मुद्दों से चुनाव व्यवहार प्रभावित नहीं हुआ वह है, परमाणु करार तथा आतंकवाद।

- वर्ष 1990 के दशक में मंदिर एवं मंडल के मुद्दे ने जहां लोगों को प्रभावित किया और लोगों ने धर्म तथा जाति के आधार पर वोट दिए, वहीं वर्ष 2004 और वर्ष 2009 के चुनाव में बिजली, पानी एवं सड़क जैसे सामान्य मुद्दों पर लोगों ने वोट दिया।
- वर्ष 2014 के लोक सभा चुनाव में सबसे बड़ा मुद्दा भ्रष्टाचार, सुशासन एवं कालाधन वापस लाना आदि प्रमुख था। लेकिन सबसे प्रमुख था, मोदी का स्वयं का व्यक्तित्व। उल्लेखनीय है कि इस चुनाव को मोदी बनाम् आल पार्टी के रूप में देखा गया और मोदी के नाम पर लोगों ने मतदान किया।
- वर्ष 2014 के आम चुनाव में भाजपा को स्पष्ट बहुमत मिलने का कारण है, उसके मजबूत आधार वाले राज्यों–जैसे-गुजरात, राजस्थान, मध्य प्रदेश, छत्तीसगढ़ और झारखंड में उसकी एक तरफा आंधी चली।
- उत्तर प्रदेश, बिहार और महाराष्ट्र जैसे बड़े राज्यों में भी भाजपा का प्रदर्शन बहुत अच्छा रहा। वहीं दूसरे तमाम दलों का लगभग सफाया हो गया। (बी. एस. पी. (BSP) का खाता तक नहीं खुला और सपा मात्र 5 सीट पर सिमट गई।)
- भाजपा ने सहयोगी दलों के चुनाव में भी बुद्धिमत्ता का परिचय दिया, जिससे आंध्र प्रदेश में भी उसे सफलता मिली।
- इस बार मतदाताओं का व्यवहार खंडित नहीं दिखा।
- पूरे देश में 'मोदी लहर' का असर दिखा, परंतु कुछ राज्य अपना किला बचाने में सफल रहे। जैसे-तमिलनाडु, केरल, पश्चिम बंगाल एवं ओडिशा इत्यादि।
- इस चुनाव में सबसे प्रमुख मुद्दा, जिसने लोगों को प्रभावित किया, वह था-कांग्रेस सरकार द्वारा किए गए प्रमुख घोटाले एवं भ्रष्टाचार, सुशासन, काला धन वापसी के अलावा, नरेन्द्र मोदी द्वारा गुजरात मॉडल को विकास मॉडल के रूप में प्रस्तुत करना।
- इस चुनाव में सांप्रदायिक तुष्टिकरण का मुद्दा प्रभावी नहीं बन पाया।

**निष्कर्ष**

- वर्ष 2014 लोक सभा चुनाव परिणाम आने के पहले तक तमाम राजनीतिक विशेषज्ञों का यह मानना था कि केंद्र में सरकार बगैर गठबंधन के नहीं बन सकती और 'मोदी लहर' मीडिया की उपज है, को भारतीय जनता ने गलत साबित कर दिया और भाजपा को अकेले बहुमत के आंकड़े तक पहुंचा कर भारतीय लोकतंत्र प्रणाली में अपनी गहरी आस्था का परिचय दिया है और दो दशक से ज्यादा समय से चली आ रही गठबंधन की राजनीति को समाप्त कर दिया। वर्ष 1984 के बाद पूर्ण बहुमत की सरकार केंद्र में वापसी करने में कामयाब हुई।
- जिससे इस बात का अंदाजा आसानी से लगाया जा सकता है कि भारतीय लोकतंत्र प्रणाली कितनी परिपक्व हो चुकी है।

- **लोक सभा में सीटों की दलीय स्थिति अथवा चुनाव परिणाम**

| दल | सीटें (2014) | सीटें (2019) |
|---|---|---|
| भारतीय जनता पार्टी | 282 | 303 |
| भारतीय राष्ट्रीय कांग्रेस | 44 | 52 |
| अन्नाद्रमुक (AIDMK) | 37 | 01 |
| तृणमूल कांग्रेस (TMC) | 34 | 22 |
| बीजू जनता दल (BJD) | 20 | 12 |
| शिव सेना | 18 | 18 |
| तेलगू देशम् | 16 | 03 |
| तेलंगाना राष्ट्र समिति | 11 | 09 |
| मार्क्सवादी कम्युनिस्ट पार्टी | 09 | 03 |
| वाई. एस. आर कांग्रेस पार्टी | 09 | 22 |
| राष्ट्रवादी कांग्रेस पार्टी | 06 | 05 |
| लोक जनशक्ति पार्टी | 06 | 06 |
| समाजवादी पार्टी | 05 | 05 |
| राष्ट्रीय जनता दल | 04 | 00 |
| शिरोमणि अकाली दल | 04 | 02 |
| आम आदमी पार्टी | 04 | 01 |
| जनता दल (यूनाइटेड) | 02 | 16 |
| अपना दल | 02 | 00 |
| भारतीय कम्युनिस्ट पार्टी | 01 | 02 |
| बहुजन समाजवादी पार्टी | 00 | 10 |
| राष्ट्रीय लोक दल | 00 | 00 |
| अन्य दल | 26 | 08 |
| निर्दलीय | 03 | 0 |
| **योग** | **543** | **542** |

## भारत में दलीय प्रणाली

### पहला चरण

- भारतीय दलीय प्रणाली के अध्ययन के द्वारा भारतीय राजनीतिक व्यवस्था को समग्र रूप में समझा जा सकता है। आरंभ से लेकर वर्तमान समय तक दलीय व्यवस्था के स्वरूप में अनेक परिवर्तन हुए। इसलिए इसे अनेक चरणों में विभाजित किया जा सकता है।
- पहले चरण को रजनी कोठारी ने 'कांग्रेस व्यवस्था' की संज्ञा दी, क्योंकि इनके अनुसार, कांग्रेस की भूमिका पक्ष और विपक्ष में थी। कांग्रेस दल के कुछ नेता विपक्षी दलों के साथ मिलकर विपक्ष की भूमिका का निर्वाह करते थे। यह कांग्रेस के एकदलीय प्रभुत्व का युग था। वैचारिक रूप में कांग्रेस मध्यम मार्गी दल था, जिसकी निष्ठा लोकतंत्र, अल्पसंख्यकों के अधिकार, पंथनिरपेक्षता और मिश्रित अर्थव्यवस्था के साथ शक्तिशाली केंद्र सरकार के समर्थन के प्रति थी। विचारकों के अनुसार, कांग्रेस भारतीय बहुलवादी, विविधतामूलक संघात्मक समाज का प्रतिरूप था। कांग्रेस को सहमति वाला दल भी कहा गया, जिसमें सामूहिक नेतृत्व प्रधान था। विचारकों ने कांग्रेस को इन्द्रधनुषीय दल की संज्ञा दी, जिसमें सभी प्रकार की क्षेत्रीय विषमताओं और वैचारिक असहमतियों को स्थान प्रदान किया गया।
- प्रथम चरण में, कांग्रेस का ढांचा या संगठन अत्यधिक लोकतांत्रिक था। कांग्रेस की राज्य इकाइयों को अत्यधिक स्वायत्तता प्राप्त थी। इसलिए राज्य इकाइयों के प्रमुखों का निर्वाचन हाईकमान द्वारा नहीं होता था। नेहरू की मृत्यु के पश्चात् कांग्रेस में वामपंथी झुकाव की बजाय, दक्षिणपंथी झुकाव प्रभावी हुआ। प्रधानमंत्री पद को लेकर कांग्रेस दल में संघर्ष देखा गया। विशेषकर मोरारजी देसाई और वरिष्ठ नेताओं के मध्य। वरिष्ठ नेताओं ने लाल बहादुर शास्त्री और इंदिरा गांधी को प्रधानमंत्री के रूप में समर्थन किया।

### दूसरा चरण (भारत में प्रतिस्पर्धी दलीय प्रणाली का आगमन)

- राज्यों में पहली बार गैर-कांग्रेसी सरकार आई तथा विपक्षी दलों ने इस बिंदु पर बल दिया कि कांग्रेस को मतों का बहुमत प्राप्त नहीं होता, इसलिए कांग्रेस के जीतने का मूल कारण, विपक्षी दलों में एकता का अभाव है। इसलिए वर्ष 1967 में अनेक विपक्षी दलों ने मिलकर कांग्रेस विरोध का नारा दिया।
- वर्ष 1967 का चुनाव पं. जवाहर लाल नेहरू की मृत्यु के पश्चात् पहला लोक सभा चुनाव था। इस चुनाव में केंद्र में कांग्रेस को दो-तिहाई बहुमत प्राप्त नहीं हुआ। नौ राज्यों में गैर-कांग्रेसी सरकारों का भी निर्माण हुआ। अत: भारत में प्रतिस्पर्धी दलीय प्रणाली उत्पन्न हुई। इंदिरा गांधी ने कांग्रेस दल को वामपंथी झुकाव प्रदान किया। इन्होंने गरीबी हटाओ का नारा दिया तथा बैंकों के राष्ट्रीयकरण और प्रिवीपर्स को समाप्त करने का प्रयास किया। इंदिरा गांधी ने संगठन की बजाय, स्वयं को सीधे आम जनता से जोड़ने का प्रयास किया।

- वर्ष 1971 में भारी सफलता प्राप्त हुई। रजनी कोठारी का यह मत सत्य प्रतीत होता है कि 'भारतीय दलीय प्रणाली में दल, व्यक्तित्व प्रधान होते हैं। परंतु इंदिरा गांधी के नेतृत्व के दौरान (भारत) कांग्रेस का बहुलवादी, संघात्मक, लोकतांत्रिक ढांचा विघटित होने लगा तथा इंदिरा गांधी ने शक्तियों का केंद्रीयकरण किया तथा व्यक्तिगत करिश्मा और वफादार लोगों को दल में महत्व प्रदान किया गया।' अब समूचे निर्णय कांग्रेस हाईकमान द्वारा किए गए। परिणामस्वरूप जनाधार वाले नेता कांग्रेस से अलग होने लगे। विपक्ष ने इंदिरा गांधी के प्रति संघर्षात्मक दृष्टिकोण अपनाया।
- वर्ष 1975 में घोषित आपातकाल के बाद इंदिरा गांधी की लोकप्रियता में भारी गिरावट हुई। गैर-साम्यवादी विपक्षी दलों ने एकत्रित होकर लोकतंत्र की बहाली तथा इंदिरा गांधी को हटाने का नारा दिया। रजनी कोठारी ने भारतीय दलीय प्रणाली पर टिप्पणी करते हुए कहा कि 'कांग्रेस पहले एक आंदोलन था, बाद में यह दल के रूप में विकसित हुआ तथा कालांतर में यह गुट के रूप में परिवर्तित हुआ।'

## तीसरा चरण

- वर्ष 1977 में भारतीय लोकदल, जनसंघ और समाजवादी पार्टी ने मिलकर एक नई पार्टी, जनता पार्टी का निर्माण किया एवं पहली बार संघ में गैर-कांग्रेसी शासन का निर्माण हुआ। पॉल ब्रास ने यह सत्य कहा है कि 'भारतीय दलीय व्यवस्था में दलों के मध्य कोई मूलभूत वैचारिक अंतर नहीं पाया जाता, फिर भी विभिन्न दल सदैव वैचारिक अंतर दिखाने का प्रयत्न करते हैं।' वर्ष 1977 में कुछ विचारकों ने भारतीय दलीय प्रणाली में द्विदलीय प्रणाली के आगमन का संकेत माना। जबकि अन्य लोगों के मतानुसार, यह एक अनौपचारिक गठबंधन था, इसमें अनेक दल सम्मिलित थे। इनकी विचारधाराएं और सामाजिक आधार भी अलग-अलग थे। उदाहरण के लिए, कांग्रेस (ओ) एक रूढ़िवादी लेकिन पंथनिरपेक्ष दल था। जनसंघ ने हिंदूवादी नीतियों का समर्थन किया। समाजवादी पार्टी ने समाजवादी नीतियों का समर्थन किया। जनता पार्टी सरकार द्वारा भारत में न केवल कांग्रेस के विकल्प रखने का विकल्प प्रस्तुत किया, बल्कि पिछड़ी जातियों को भी लामबंद किया, लेकिन आंतरिक विरोधों के कारण, जनता पार्टी सरकार कार्यकाल पूरा नहीं कर सकी।
- वर्ष 1980 में पुनः कांग्रेस की संघ सरकार में भारी बहुमत से वापसी हुई, कांग्रेस ने चुनाव में नारा दिया कि कांग्रेस ही देश के शासन संचालन का स्वाभाविक दल है। यद्यपि इस बार इंदिरा गांधी ने समाजवादी नारों की बजाय, आर्थिक वृद्धि पर ध्यान केंद्रित किया। इन्होंने चुनाव जीतने के लिए अपने व्यक्तिगत करिश्मा का प्रयोग किया। इसलिए दल के लोकतांत्रिकीकरण की प्रक्रिया अभी भी उपेक्षित रही। वर्ष 1980 में संघ में कांग्रेस की वापसी हुई, लेकिन इसी दशक में राज्यों में क्षेत्रीय दलों का तीव्र प्रभाव उत्पन्न हुआ। अनेक क्षेत्रीय दलों ने राज्यों में सरकारों का निर्माण किया।
- वर्ष 1983 में आंध्र प्रदेश और कर्नाटक में संपन्न हुए विधान सभा चुनाव में तेलगू देशम् पार्टी और जनता पार्टी को भारी विजय प्राप्त हुई। इसी के साथ असम, पंजाब, कश्मीर और उत्तरी-पूर्वी राज्यों में एक के बाद एक गैर-कांग्रेसी सरकारों का निर्माण हुआ।
- वर्ष 1983 में पुनः क्षेत्रीय दल प्रभावी होने लगे। परिणामस्वरूप हिंदी भाषी क्षेत्रों में भी गैर-कांग्रेसी दलों ने अपना प्रभाव स्थापित करने का प्रयत्न किया।
- वर्ष 1984 के लोक सभा चुनाव में कांग्रेस को अपूर्व बहुमत प्राप्त हुआ। परंतु कांग्रेस में संगठन को सुधारने का प्रयत्न नहीं किया गया। राजीव गांधी ने कांग्रेस पार्टी को चलाने में व्यक्तिगत करिश्मा पर ज्यादा भरोसा किया तथा संगठन को उपेक्षित किया गया। विचारकों के अनुसार, वर्ष 1980 के दशक में कांग्रेस ने भी धर्म और जाति के मुद्दों का चुनावी प्रयोग किया, जो कांग्रेस और देश के लोकतंत्र के लिए एक नवीन प्रवृत्ति थी।

## चौथा चरण या समकालीन चरण

**(बहुदलीय प्रणाली या बहुमत से अल्पमत की ओर या गठबंधनात्मक दलीय प्रणाली या संघात्मक दलीय प्रणाली)**

- वर्ष 1989 के लोक सभा चुनाव से लेकर वर्ष 2014 तक किसी भी दल को लोक सभा में स्पष्ट बहुमत प्राप्त नहीं हुआ। वर्ष 1989 में जनता दल के नेतृत्व में राष्ट्रीय मोर्चे की सरकार का निर्माण हुआ। राष्ट्रीय मोर्चे में मूलतः राजीव गांधी, कांग्रेस विरोध और भ्रष्ट सरकार हटाने का नारा दिया।
- राष्ट्रीय मोर्चे का बाहर से समर्थन, भारतीय जनता पार्टी और साम्यवादी दलों ने किया। इस चुनाव के परिणामस्वरूप भारतीय जनता पार्टी की राजनीतिक शक्तियों में अत्यधिक वृद्धि हुई। दूसरी ओर, सत्ताधारी जनता दल ने अपने आपको मध्यम मार्गी बनाने का प्रयत्न किया तथा जनता दल सरकार के निर्माण में तेलगू देशम् जैसे क्षेत्रीय दल की भूमिका अत्यधिक उल्लेखनीय है। भारतीय दलीय प्रणाली में एक नया परिवर्तन देखा गया।
- 90 के दशक में भारतीय राजनीति में मंदिर एवं मंडल

का मुद्दा अत्यधिक प्रभावी हुआ। उत्तर भारत में मंडलवादी राजनीति के परिणामस्वरूप समाजवादी पार्टी जैसे दलों का निर्माण हुआ। बहुजन समाजवादी पार्टी का भी प्रभावशाली उभार देखा गया। भारतीय दलीय प्रणाली में पहचानगत मुद्दे (धर्म एवं जाति) प्रभावी हुए। वर्ष 1991 में कांग्रेस की संघ सत्ता में पुन: वापसी हुई। परंतु कांग्रेस ने अल्पमत सरकार का निर्माण किया तथा पहली बार कांग्रेस का नेतृत्व नेहरू, गांधी परिवार के हाथ में नहीं था। दूसरी ओर, कांग्रेस की विचारधारा में भी एक बड़ा परिवर्तन देखा गया, क्योंकि कांग्रेस ने पहली बार मध्यम मार्गी प्रकृति से दक्षिणपंथी झुकाव दिखाया। वर्ष 1991 में नरसिंह राव सरकार द्वारा उदारीकरण का प्रयोग किया गया, क्योंकि देश की तात्कालिक आर्थिक परिस्थितियां अत्यधिक प्रतिकूल थे।

- वर्ष 1996 में भारतीय दलीय प्रणाली में एक निर्णायक परिवर्तन हुआ। भारतीय जनता पार्टी का उभार बड़े दल के रूप में हुआ। इसलिए अब भारतीय दलीय प्रणाली कांग्रेस की व्यवस्था नहीं रही। भारतीय दलीय प्रणाली में पहली बार तीसरे मोर्चे की संकल्पना का प्रयोग किया। वर्ष 1996 में संयुक्त मोर्चे या वाम मोर्चे की सरकार का निर्माण हुआ, जिसका समर्थन कांग्रेस ने बाहर से किया। भारतीय जनता पार्टी को सत्ता से बाहर रखने के लिए वैचारिक गठबंधन का नारा दिया। भारत में मंदिर एवं मंडल राजनीति के कारण कांग्रेस के जनाधार में भारी गिरावट हुई। इसी समय भारतीय जनता पार्टी ने अपनी रणनीति में परिवर्तन करते हुए संघ में गठबंधन सरकारों के निर्माण का प्रयत्न किया। परंतु कांग्रेस ने अभी भी गठबंधन सरकारों के निर्माण में दिलचस्पी नहीं दिखाई।
- कांग्रेस के क्षरण के परिणामस्वरूप विशेषकर वर्ष 1998 के चुनाव के बाद कांग्रेस ने सोनिया गांधी को राजनीति में लाने का समर्थन किया तथा कांग्रेसियों ने यह कहा कि इसी के साथ कांग्रेस का पुनरोत्थान संभव है। परंतु सोनिया गांधी के कांग्रेस में प्रवेश के मुद्दे को लेकर शरद पवार, नारायण दत्त तिवारी जैसे नेताओं ने कांग्रेस दल छोड़ दिया। शरद पवार ने राष्ट्रीय कांग्रेस पार्टी (NCP) का निर्माण किया।
- वर्ष 1999 के लोक सभा चुनाव यह प्रदर्शित करते हैं कि कांग्रेस को विजय दिलाने के लिए केवल करिश्मा पर्याप्त नहीं है। यह उल्लेखनीय है कि वर्ष 1996 (के बाद) से संघ सरकार के निर्माण में क्षेत्रीय दलों की भूमिका अत्यधिक निर्णायक हो गई। वर्ष 1999 की गठबंधन सरकार में एन. डी. ए. गठबंधन सरकार के कुछ सहयोगी परिवर्तित हुए। उदाहरण के लिए, एन. डी. ए. की सरकार में ए. आई. ए. डी. एम. के. की बजाय, डी. एम. के. आ गया। भारतीय जनता पार्टी के नेतृत्व में लगातार गठबंधन सरकारों के निर्माण से यह सिद्ध हो गया कि भारतीय जनता पार्टी की हिंदूवादी नीतियां उनके पंथनिरपेक्ष सहयोगियों को स्वीकार्य है। यद्यपि यह बिंदु भी उल्लेखनीय है कि भारतीय जनता पार्टी ने अपने विवादास्पद मुद्दों को छोड़ा और 'न्यूनतम साझा कार्यक्रम' (Common minimum programme) के अंतर्गत् सरकार का निर्माण किया गया या संचालन किया गया। यद्यपि वर्ष 2002 के गोधरा सांप्रदायिक दंगे के दौरान एन. डी. ए. के सहयोगियों ने विशेषकर तेलगू देशम्, तृणमूल कांग्रेस तथा जनता दल यूनाइटेड ने नरेन्द्र मोदी को बर्खास्त करने का दबाव बनाया।
- भारतीय जनता पार्टी द्वारा लगातार सत्ता में रहने के परिणामस्वरूप और क्षेत्रीय दलों के बढ़ते महत्व को देखते हुए कांग्रेस ने अपनी रणनीति में महत्वपूर्ण परिवर्तन किया। क्योंकि वर्ष 1991 की लोक सभा में क्षेत्रीय दलों के सदस्यों की संख्या-56 थी। जबकि वर्ष 1998 में लोक सभा में क्षेत्रीय दलों के सांसदों की संख्या-168 हो गई।
- 13वीं लोक सभा में यह 168 हो गई। इसलिए यह स्पष्ट है कि क्षेत्रीय दलों के समर्थन के बिना शासन संचालन कठिन है। परिणामस्वरूप कांग्रेस ने 'पंचमढ़ी घोषणा-पत्र' में परिवर्तन करते हुए 'शिमला घोषणा-पत्र' स्वीकार किया, जिसमें पहली बार कांग्रेस ने स्पष्ट रूप में स्वीकार किया कि वह गठबंधन सरकार की समर्थक है। पहली बार कांग्रेस ने चुनाव पूर्व गठबंधन की रणनीति का समर्थन किया, जिसका लाभ कांग्रेस को वर्ष 2004 के लोक सभा चुनाव में प्राप्त हुआ। परंतु यह भी उल्लेखनीय है कि वर्ष 2004 के लोक सभा चुनाव में कांग्रेस को केवल 145 सीटें प्राप्त हुईं।
- 15वीं लोक सभा (वर्ष 2009) के चुनाव में कांग्रेस ने पुन: यू. पी. ए. का नेतृत्व किया। अब कांग्रेस को 206 सीटें प्राप्त हुईं। इससे यह स्पष्ट है कि वर्तमान दलीय प्रणाली, बहुदलीय व्यवस्था की ओर अग्रसर है, जिसमें दो दलों के नेतृत्व में दो गठबंधनों का निर्माण हो रहा है। 15वीं लोक सभा चुनाव में वामपंथियों ने तीसरे मोर्चे का निर्माण किया। समाजवादी पार्टी और राष्ट्रीय जनता दल ने मिलकर चौथे मोर्चे का निर्माण भी किया। परंतु ये मोर्चे बुरी तरह विफल हुए। यह प्रश्न अभी भी महत्वपूर्ण है कि क्या कांग्रेस का संगठनात्मक ढांचा शक्तिशाली होगा और राहुल गांधी इसे शक्तिशाली करने में सक्षम होंगे। भारतीय जनता पार्टी के सामने यह मुख्य चुनौती है कि वह अपनी हिंदूवादी नीतियों का पालन करे या उदारवादी स्वरूप का प्रयोग करे।

- 16वीं लोक सभा चुनावों में भाजपा की विजय ने भारतीय दलीय व्यवस्था को द्विदलीय पद्धति की तरफ अग्रसित किया है। साथ ही दिल्ली, बिहार, हरियाणा, झारखंड इत्यादि प्रदेशों के चुनावों ने भी गठबंधन सरकार के युग की समाप्ति की घोषणा की है।
- भारतीय दलीय प्रणाली, अत्यधिक विशिष्ट है, जिसका इकहरा विवेचन करना संभव नहीं है। वर्ष 1998 में डगलस बर्नी ने यह विचार दिया कि 'भारत में वस्तुत: एक ही अखिल भारतीय दल है, भारतीय राष्ट्रीय कांग्रेस। क्योंकि कांग्रेस ही देश के प्रत्येक भागों के चुनाव में भाग लेती है और चुनाव में जीतती है। कांग्रेस के प्रतिनिधि देश के प्रत्येक भागों में हैं।' यद्यपि भारतीय जनता पार्टी की कर्नाटक में विजय अत्यधिक उल्लेखनीय मानी जा रही है।
- 16वीं लोक सभा चुनावों में भी भाजपा की स्वीकार्यता बढ़ी और पूर्व तथा दक्षिण में भी प्रभाव बढ़ा है। यद्यपि भारतीय जनता पार्टी के समक्ष अभी भी दक्षिण भारत में अपना जनाधार बढ़ाने की चुनौती विद्यमान है। डगलस बर्नी ने साम्यवादी दलों को भी क्षेत्रीय दल कहा, क्योंकि साम्यवादियों का प्रभाव केवल पश्चिम बंगाल, त्रिपुरा और केरल तक सीमित है।
- इनके अनुसार, भारत में क्षेत्रीय दल भी अनेक प्रकार के हैं, जिसमें अकाली दल, संकीर्ण क्षेत्रीय दल है, क्योंकि ये संकीर्ण मुद्दों को उठाते हैं। कुछ ऐसे भी क्षेत्रीय दल हैं, जो राष्ट्रीय दल बनने की आकांक्षा रखते हैं। वामपंथियों (दलों का) का प्रभाव भले ही देश के कुछ भागों में सीमित हो, लेकिन इनका एजेंडा राष्ट्रीय होता है। आर. एस. पी. और फॉरवर्ड ब्लाक जैसे छोटे दल भी भारत में हैं, जो एक या दो ही सीटों पर चुनाव लड़ते हैं, लेकिन उन पर विजय प्राप्त करते हैं।

## एकदलीय प्रभुत्व की पुनर्वापसी

- 17वीं लोक सभा में भारतीय जनता पार्टी को अकेले 303 सीटें प्राप्त हुई और कांग्रेस के प्रधानमंत्री नेहरू के बाद प्रधानमंत्री नरेन्द्र मोदी पहले प्रधानमंत्री हैं जिन्हें एक बार 5 वर्ष का कार्यकाल पूरा करने के बाद दुबारा पुन: 5 वर्ष के लिए लगातार सत्ता प्राप्त हुई। सुहास पलिशकर का तर्क है कि भारत में पुन: एक दलीय प्रभुत्व की स्थापना हो रही है और अब कांग्रेस की बजाय भारतीय जनता पार्टी प्रभुत्व स्थापित कर रही है।
- प्रो. जोया हसन के द्वारा यह तर्क दिया गया था कि भारतीय जनता पार्टी मूलत: उत्तर भारत का राजनीतिक दल है। परंतु भारतीय जनता पार्टी की पश्चिम बंगाल में विजय कर्नाटक और उड़ीसा में लोक सभा चुनाव में शानदार प्रदर्शन यह दिखाता है कि भारतीय जनता पार्टी अब केवल उत्तर भारत का राजनीतिक दल नहीं रहा है। भारतीय जनता पार्टी का प्रभाव पूर्वोत्तर राज्यों में भी तीव्र गति से बढ़ रहा है।
- भारतीय जनता पार्टी के लिए आंध्र प्रदेश, केरल और तमिलनाडु में अपने प्रभाव को बढ़ाने की चुनौती बनी हुई है। क्योंकि 17वें लोक सभा चुनाव में भारतीय जनता पार्टी की स्थिति इन राज्यों में प्रभावशाली नहीं थी।

## गठबंधन सरकार का प्रभाव

### 1. गठबंधन सरकार और संघीय व्यवस्था में परिवर्तन

(i) शक्तिशाली मुख्यमंत्री।

(ii) राष्ट्रपति के निर्वाचन में किसी एक दल की भूमिका नहीं रही।

(iii) राज्यपाल की नियुक्ति में मुख्यमंत्री से परामर्श लिया जा रहा है।

(iv) अब अनुच्छेद-356 का दुरूपयोग मुश्किल हो गया है, इसे दोनों सदनों में पारित कराना आसान नहीं है।

(v) योजना आयोग की भूमिका पर विवाद नहीं है।

(vi) अखिल भारतीय सेवकों (I.A.S./I.P.S.) को हटाने का मुद्दा नहीं।

(vii) केंद्रीय सैनिक बलों का मुद्दा भी विवादास्पद नहीं रहा।

### 2. संसदीय व्यवस्था में गठबंधन सरकार का परिवर्तन

- अनुच्छेद-74 में मंत्रिमंडल का प्रधान, प्रधानमंत्री है। संसदीय शासन में दो प्रधान होते हैं। प्रधानमंत्री की **शक्तियां निम्न हैं-**

(i) मंत्रिमंडल की बैठक की अध्यक्षता करना।

(ii) मंत्रालयों का मंत्रियों में विभाजन करना।

(iii) मंत्रालयों के मध्य फेरबदल करना।

(iv) प्रधानमंत्री, मंत्रिमंडल के सदस्यों के समान होते हुए भी प्रथम होता है।

(v) इसलिए प्रधानमंत्री की मृत्यु के पश्चात् समूचे मंत्रिपरिषद् का विघटन हो जाता है। जबकि किसी एक मंत्री की मृत्यु के पश्चात् मंत्रिपरिषद् बना रहता है।

(vi) प्रधानमंत्री, मंत्रिपरिषद् और राष्ट्रपति के मध्य मुख्य संयोजक कड़ी हैं।

(vii) **सामूहिक उत्तरदायित्व का सिद्धांत :** संसदीय शासन में निर्णय कैबिनेट के द्वारा लिए जाते हैं। यदि किसी एक के विरुद्ध अविश्वास प्रस्ताव आ गया, तो पूरे मंत्रिमंडल के सदस्यों को त्यागपत्र देना पड़ेगा।

### 3. गठबंधन सरकार और आर्थिक सुधार

(i) भारत में वर्ष 1991 से 'आर्थिक सुधार कार्यक्रम' अपनाया गया। संयोग से इसी दौरान गठबंधन सरकारों का भी निर्माण हुआ।

(ii) गठबंधन सहयोगियों के मध्य आर्थिक सुधार पर अनेक मतभेद के मुद्दे उभरे। ऐसा माना जाता है कि वर्ष 2004 की यू. पी. ए. सरकार द्वारा अपनाई गई उदारीकरण की नीतियों पर वामपंथियों ने कड़ा अंकुश लगाया।

(iii) यद्यपि यह बिंदु महत्वपूर्ण है कि वर्ष 1990 के बाद सभी दलों ने सरकार का निर्माण संघ में किया तथा सभी दलों ने 'आर्थिक सुधार कार्यक्रम' का समर्थन किया। लेकिन दल जैसे ही सत्ता से बाहर होते हैं, वे 'आर्थिक सुधार कार्यक्रमों' का विरोध करने लगते हैं।

(iv) ऐसा माना जाता है कि वर्ष 2004 की एन. डी. ए. की पराजय का मूल कारण एन. डी. ए. द्वारा अपनाया गया, 'आर्थिक सुधार कार्यक्रम' था, लेकिन वर्ष 2009 के चुनाव परिणाम यह प्रमाणित करते हैं कि केवल आर्थिक सुधारों के कारण कोई दल पराजित नहीं होता, बल्कि इसके उल्टे जिन दलों ने 'आर्थिक सुधार कार्यक्रम' का समर्थन किया, उन्हें विजय प्राप्त हुई।

(v) 16वीं लोक सभा चुनाव में भ्रष्टाचार एवं विकास का मुद्दा सबसे अहम था, जिसने भाजपा को पूर्ण बहुमत तक पहुंचाया।

## दल-बदल कानून

- 52वें संविधान संशोधन अधिनियम, 1985 द्वारा सांसदों तथा विधायकों द्वारा एक राजनीतिक दल से दूसरे दल में दल परिवर्तन के आधार पर निरर्हता के बारे में प्रावधान किया गया है। इसके लिए संविधान के चार अनुच्छेदों-101, 102, 190 तथा 191 (ये अनुच्छेद संसद एवं राज्य विधान मंडलों की सदस्यता से सीटों की रिक्तियों और निरर्हता से संबंधित हैं) में परिवर्तन किया गया तथा संविधान में एक नई अनुसूची (दसवीं अनुसूची) जोड़ी गई।
- बाद में 91वें संविधान संशोधन अधिनियम, 2003 द्वारा दसवीं अनुसूची के उपबंधों में एक परिवर्तन किया गया, अब विभाजन के मामले में दल-बदल के आधार पर अयोग्यता नहीं मानी जाएगी।

### अधिनियम के उपबंध

- दसवीं अनुसूची में दल परिवर्तन के आधार पर सांसदों तथा विधायकों की निरर्हता से संबंधित उपबंधों का वर्णन **निम्नानुसार है-**

### 1. निरर्हता

- **राजनीतिक दलों के सदस्य :** किसी सदन का सदस्य, जो किसी राजनीतिक दल का सदस्य है, उस सदन की सदस्यता के निरर्हक **माना जाएगा-**
  (i) यदि वह स्वेच्छता से ऐसे राजनीतिक दल की सदस्यता छोड़ देता है अथवा
  (ii) यदि वह उस सदन में अपने राजनीतिक दल के निर्देशों के विपरीत मत देता है या मतदान में अनुपस्थित रहता है तथा राजनीतिक दल से उसने 15 दिनों के भीतर क्षमादान न पाया हो।
- **निर्दलीय सदस्य :** कोई निर्दलीय सदस्य, जो बिना किसी राजनीतिक दल का उम्मीदवार होते हुए चुनाव जीता हो किसी सदन की सदस्यता से निरर्हक हो जाएगा। यदि वह उस चुनाव के बाद किसी राजनीतिक दल की सदस्यता धारण कर लेता है।
- **नाम निर्देशित सदस्य :** किसी सदन का नामनिर्देशित सदस्य उस सदन की सदस्यता के अयोग्य हो जाएगा, यदि वह उस सदन में अपना स्थान ग्रहण करने के छह माह बाद किसी राजनीतिक दल की सदस्यता ग्रहण कर लेता है।

### 2. अपवाद

- दल परिवर्तन के आधार पर उपरोक्त अयोग्यता निम्न मामलों में लागू नहीं होगी-
- 2/3 सदस्य अन्य दल में विलय कर सकते हैं।
- यदि कोई सदस्य पीठासीन अधिकारी चुने जाने पर अपने दल की सदस्यता से स्वैच्छिक रूप से बाहर चला जाता है अथवा अपने कार्यकाल के बाद अपने दल की सदस्यता फिर से ग्रहण कर लेता है। यह छूट पद की मर्यादा और निष्पक्षता के लिए दी गई है।
- राजनीतिक दल के द्वारा सदस्य को बर्खास्त कर दिया जाए।

### 3. निर्धारण प्राधिकारी

- दल परिवर्तन से उत्पन्न निरर्हता संबंधी प्रश्नों का निर्णय सदन का अध्यक्ष करता है। प्रारंभ में इस कानून के अनुसार, अध्यक्ष का निर्णय अंतिम होता था तथा इस पर किसी न्यायालय में प्रश्न नहीं उठाया जा सकता था। किंतु किहोतो-होलोहन मामले (1993) में उच्चतम न्यायालय ने यह घोषित किया कि अन्य अधिकरण की तरह अध्यक्ष के निर्णय की दुष्भावना, प्रतिकूलता आदि के आधार पर

न्यायिक समीक्षा की जा सकती है। किंतु न्यायालय ने अध्यक्ष के निर्णय के अधिकार के विवाद को इस आधार पर खारिज कर दिया कि वह स्वयं में राजनीतिक रूप से किसी पक्ष की ओर झुका हुआ है।

### 4. नियम बनाने की शक्ति

- किसी सदन के अध्यक्ष को दसवीं अनुसूची के उपबंधों को प्रभावी करने के लिए नियम-विनियम बनाने की शक्ति प्राप्त है। ऐसे नियम-विनियम सदन के समक्ष 30 दिन के लिए रखना आवश्यक है।
- इन नियमों के अनुसार, अध्यक्ष दल परिवर्तन को संज्ञान में तभी लेता है, जब सदन के किसी सदस्य द्वारा उसे शिकायत प्राप्त हो। अंतिम निर्णय लेने से पूर्व उसे उस सदस्य को (जिसके विरुद्ध शिकायत की गई हो) अपना पक्ष रखने का मौका देना अनिवार्य है। वह इस मामले को विशेषाधिकार समिति के पास जांच के लिए भेज सकता है। अतः दल परिवर्तन का कोई तत्काल और स्वयंमेव प्रभाव नहीं होता।

### कुछ महत्वपूर्ण रचनाएं

- India's Emerging Economy: Performance and Prospects in the 1990s and Beyond (2004)-कौशिक बासु।
- India and the Politics of Developing Countries (2005)-आशुतोष वार्ष्णेय।
- Politics and the State in India ( 2000)-जोया हसन।
- The Political Economy of Development in India (1999)-प्रणब बर्धन।
- State-Directed Development: Political Power and Industrialization in the Global Periphery (2004)-अतुल कोहली।
- Democracy and Discontent: India's Growing Crisis of Governability (1991)-अतुल कोहली।

अध्याय 7

# चुनाव और चुनावी राजनीति
# ELECTIONS AND ELECTORAL POLITICS

## प्रस्तावना

- चुनाव एक ऐसा साधन है जिसके माध्यम से एक आधुनिक राज्य अपने नागरिकों में सार्वजनिक मामलों में शिरकत एवं भागीदारी का भाव उत्पन्न करता है। चुनाव-प्रणाली ही लोकतंत्र में असली प्रतिनिधि सरकार की आधारशिला है।
- चुनाव प्रक्रिया के महत्व पर जोर देते हुए 'पुलॉक' ने बताया- 'जब तक कि आम चुनाव यथार्थता एवं कुशलता के साथ न कराए जाएं, न सिर्फ लोक सेवाओं की मान-प्रतिष्ठा घटती है। बल्कि पूरी लोकतांत्रिक प्रणाली खतरे में पड़ जाती है।'
- चुनाव सरकार की संरचना, संसद के दोनों सदनों, राज्य व संघ शासित विधानसभाओं की सदस्यता तथा राष्ट्रपति एवं उपराष्ट्रपति पद का निर्धारण करते हैं।

## लोकतंत्र में चुनाव की भूमिका

- चुनाव सरकार में शासनकारी अभिजात्यों को चुनने व बदलने के साथ-साथ एक नियमित एवं योजनाबद्ध उत्तराधिकार प्रदान करने के लिए भी बुनियादी क्रियाविधि के रूप में काम आते हैं। चुनाव यह निर्धारित करने में मदद करते हैं कि देश किस प्रकार शासित हो, और साथ ही उनका चयन करते हैं जो राज्य सत्ता का प्रयोग करेंगे।
- चुनाव जनसाधारण की राजनीतिक जागरूकता को बढ़ाते हैं। वे मतदाताओं को शिक्षित करते हैं और सरकार को वैधता प्रदान करते हैं।
- चुनाव सरकार की भिन्न-भिन्न प्रणालियों में भिन्न-भिन्न परिणाम सामने लाते हैं। सभी प्रकार के नेतागण, फौजी तानाशाह से लेकर असैनिक अधिनायकों तक, शासन करने हेतु वैधता प्रदान करने में चुनावों की शक्ति और महत्व को मान्यता देते हैं। चुनाव ही यह व्यवस्था देते हैं जिससे कि वैध राजनीतिक सत्ता नीचे से ऊपर प्रवाहित होती है।
- अत: लोकतंत्र के लिए चुनाव अनिवार्य है। यद्यपि चुनाव का स्वतंत्र एवं निष्पक्ष होना अहम है। लोकतांत्रिक प्रथाएं चुनावों के माध्यम से ही कायम रखी जाती हैं, और मजबूती प्रदान की जाती है।

## निर्वाचन

- निर्वाचन को स्वतंत्र एवं निष्पक्ष तरीके से कराने की जिम्मेदारी निर्वाचन आयोग की है। यह एक संवैधानिक निकाय है। संविधान के अनुच्छेद-324 के अनुसार, संसद, राज्य विधानमंडल, राष्ट्रपति व उपराष्ट्रपति के पदों के निर्वाचन के लिए संचालन, निर्देशन व नियंत्रण की जिम्मेदारी निर्वाचन आयोग की है।
- स्वतंत्रता पश्चात् प्रथम तीन दशकों में चुनाव आयोग की भूमिका बाह्य परिधि वाली ही रही, क्योंकि चुनावों में हिंसा और बूथ कैप्चरिंग जैसी घटनाएं कम ही होती थी। अस्सी का दशक समाप्त होते-होते मंडल और मंदिर मुद्दे राजनीतिक परिदृश्य पर उभरे और राजनीति में ध्रुवीकरण बढ़ा।
- चुनाव आयुक्तों ने स्वतंत्र, निष्पक्ष एवं शांतिपूर्ण चुनाव के वास्ते अपनी संवैधानिक एवं न्यायसंगत शक्तियों के प्रयोग का सहारा लिया। प्रत्याशियों व दलों को अनुशासित करने के लिए चुनाव-कानून भी प्रभावशाली ढंग से लागू किया गया।
- चुनावी कानून एवं आदर्श आचार संहिता को प्रभावी ढंग से लागू किए जाने के कारण नब्बे के दशक में चुनाव प्रक्रिया पर हितकर प्रभाव पड़े। देश में निर्वाचन तंत्र की कार्यवाही को सुधारने का श्रेय पूर्व मुख्य चुनाव आयुक्त टी.एन. शेषण को जाता है।

## चुनाव प्रणाली एवं सहभागिता

- चुनाव एक वृहत्तर राजनीतिक प्रक्रिया का हिस्सा है, जिसमें शामिल हैं- नामांकन, चुनाव अभियान और मतदान।
- डब्ल्यू जे. मैकेंजी ने स्वतंत्र व निष्पक्ष चुनाव कराने हेतु चार शर्तें रखी हैं-
  (i) चुनावी कानून की व्याख्या हेतु एक स्वतंत्र न्यायपालिका

(ii) चुनाव कराने हेतु एक ईमानदार व सक्षम प्रशासन।
(iii) राजनीतिक दलों का एक विकसित बेड़ा।
(iv) योजना क्रियान्वयन के लिए राजनीतिक समुदाय में एक आम सहमति।

- कोई भी विकासशील देश इन शर्तों को पूरा करने का पूर्णत: दावा नहीं कर सकता, फिर भी भारत दूसरे देशों के मुकाबले इन शर्तों को पूरा करने के सबसे करीब है।
- चुनाव व चुनावी नारा राजनीतिक व्यवस्था में एक खास जगह बना चुका है। जैसे- 1971 में 'गरीबी हटाओ', 1977 में 'लोकतंत्र बचाओ, 1980 में 'स्थिर सरकार', 1989 में 'बोफोर्स का नाम लेकर भ्रष्टाचार, 1991 में 'मंडल मंदिर विवाद' आदि।

## चुनाव में जाति एक उभरती प्रवृत्ति

- चुनावों में जाति एक महत्वपूर्ण व निर्णायक तत्व है। जाति को चूंकि जन्म से ही आरोपित कर दिया जाता है, इसलिए यह लोगों के साथ जन्मजात पहचान लिए हुई रहती है। जाति व्यक्ति की सामाजिक स्थिति के साथ-साथ उसकी आर्थिक स्थिति भी इंगित करती है। जाति का परंपरा से निकट संबंध है।
- के. एन. राय, आंद्रे बैते, एम.एन श्रीनिवास जैसे सामाजिक विश्लेषकों के अध्ययनों से इस तथ्य की पुष्टि होती है कि जाति एवं वर्ग के मध्य एक अनुस्यूता है। जमींदार व धनी किसान आमतौर पर ऊंची जातियों से संबंध रखते हैं, जैसे- ब्राह्मण, भूमिहार व राजपूत जबकि दलितों, आदिवासियों व जनजातियों में बहुतायत से खेतीहार मजदूरों का योगदान है। दलित, अनुसूचित जातियां, अनुसूचित जनजातियां व गरीब पिछड़े वर्ग ही हैं जो भूमिहीन श्रमिक बहुल की आपूर्ति करते हैं।
- राजनीतिक प्रयोजन हेतु जाति का इस्तेमाल वयस्क मताधिकार लागू होने से काफी पहले ही प्रारंभ हो चुका था। जातियों के आधार पर लोगों की लामबंदी के संबंध में रूडोल्फ एवं रूडोल्फ का कहना है कि लामबंदी तीन प्रकार की होती है-

(i) ऊर्ध्वाधर
(ii) क्षैतिज
(iii) पार्थक्यसूचक

- ऊर्ध्वाधर लामबंदी उन स्थानीय समाजों में परंपराकृत लब्ध प्रतिष्ठित व्यक्तियों द्वारा राजनैतिक समर्थन का विन्यास है, जो कि परस्पर निर्भरता एवं पारंपरिक सत्ता की वैधता द्वारा संगठित एवं एकीकृत होते हैं।
- क्षैतिज लामबंदी में शामिल हैं- वर्ग अथवा समुदायों के नेताओं व उनके संगठनों द्वारा राजनैतिक समर्थन का विन्यास।
- जबकि पार्थक्यसूचक लामबंदी में आता है, विचारधारा, भावना व हित के संबंध।

## चुनाव सुधार

- चुनाव सुधार हेतु बड़ा प्रयास पहली बार 1971 में किया गया, जब जगन्नाथ राव की अध्यक्षता में एक कानून सुधार विषयक संयुक्त संसदीय समिति नियुक्त की गई। 1974 में न्यायामूर्ति वी. एम. तारकुंडे की अध्यक्षता में एक समिति गठित की गई।
- तारकुंडे समिति ने धन एवं बाहुबल के प्रयोग पर रोक, सरकारी तंत्र के दुरूपयोग पर रोक की सिफारिश की। इसके अतिरिक्त, अनिल गोस्वामी समिति, इंद्रजीत गुप्ता समिति भी चुनाव सुधारों के लिए गठित की गई थी।

## निष्कर्ष

- भारत में चुनाव जटिल प्रक्रिया है। इसने चुनावों में राजनीति के अपराधीकरण की ओर प्रवृत्त किया है। इस ह्रास को रोकने के लिए चुनाव सुधारों हेतु विभिन्न समितियों ने अपनी रिपोर्ट में चुनाव सुधार पर बिंदुवार चर्चा की है। भारत में लोकतंत्र को मजबूत करने हेतु स्वतंत्र एवं निष्पक्ष चुनाव एक आवश्यक शर्त है।

# भाग–9

# लोक प्रशासन

# लोक प्रशासन : अर्थ तथा विकास
# PUBLIC ADMINISTRATION : MEANING & EVOLUTION

## लोक प्रशासन का अर्थ एवं परिभाषा

- वुडरो विल्सन को 'लोक प्रशासन का पिता' (Father of Public Administration) कहा जाता है।
- विल्सन के अनुसार, 'लोक प्रशासन कानून को व्यापक तथा व्यवस्थित रूप से लागू करने की अभिव्यक्ति है।'
- एल. डी. व्हाइट के अनुसार, 'लोक प्रशासन में वे सभी कार्य सम्मिलित हैं, जिनका उद्देश्य सार्वजनिक नीति का निर्माण व उसे लागू करना है।'
- लूथर गुलिक के अनुसार, 'लोक प्रशासन एक शासकीय विज्ञान है।'
- मार्शल ई. डिमॉक का मत है कि 'लोक प्रशासन कहां तथा कैसे (What and how) से संबंधित है?'

**लोक प्रशासन सरकार के किस अंग से संबंधित है-**

- व्यापक दृष्टिकोण के आधार पर यह सरकार के तीनों अंगों से संबंधित है। इसके समर्थक हैं वुडरो विल्सन, एल. डी. व्हाइट, मार्शल डिमॉक, फिफनर।
- संकीर्ण दृष्टिकोण के आधार पर यह केवल कार्यपालिका से संबंधित है। इसके समर्थक हैं साइमन, लूथर गुलिक, हेनरी फियोल, विलोबी।

## लोक प्रशासन की प्रकृति

- लोक प्रशासन की प्रकृति से संबंधित **दो दृष्टिकोण** हैं-
  1. एकीकृत दृष्टिकोण 2. प्रबंधकीय दृष्टिकोण।

1. **एकीकृत दृष्टिकोण :** एकीकृत दृष्टिकोण के अनुसार, प्रशासन में सार्वजनिक नीतियों को लागू करने से लेकर प्रबंधन, तकनीकी, कर्मचारी, चपरासी तथा सरकार के सभी अंग सम्मिलित हैं। इस दृष्टिकोण के समर्थक एल. डी. व्हाइट, डिमॉक तथा डिमॉक हैं।
2. **प्रबंधकीय दृष्टिकोण :** लोक प्रशासन प्रबंधन की गतिविधियों तक ही सीमित है, जिसमें उच्च श्रेणी के प्रबंधकीय अधिकारी सम्मिलित होते हैं। लूथर गुलिक के अनुसार, ''यह निश्चित उद्देश्य की पूर्ति के लिए किए जाने वाले कार्यों का प्रबंध है, न कि इसमें तकनीकी व परंपरागत् कार्य सम्मिलित हैं।'' अन्य समर्थक हैं- साइमन, स्मिथ, बर्ग, थॉमसन।

## लोक प्रशासन विज्ञान या कला

- विज्ञान का अर्थ है-क्रमबद्धता, नियमितता तथा सामान्यीकरण अर्थात् विज्ञान के तहत् किसी व्यवस्थित ज्ञान का अध्ययन किया जाता है। इस दृष्टि से लोक प्रशासन एक विज्ञान है। ई. एम. व्हाइट, मैक्स वेबर, लूथर गुलिक इत्यादि विचारकों ने लोक प्रशासन को विज्ञान माना। क्योंकि लोक प्रशासन में भी नियमितता तथा सिद्धांत निर्माण की व्यापक क्षमता है।
- कुछ विचारक लोक प्रशासन को कला मानते हैं। उनके अनुसार, प्रशासन व्यक्तिगत क्षमता तथा गुणवत्ता से संबंधित है और इसमें व्यक्ति किसी नियमों से परे अपनी क्षमता के अनुसार प्रशासन की कला को संचालित करता है।

## लोक प्रशासन का क्षेत्र

- लूथर गुलिक ने लोक प्रशासन के क्षेत्र को POSDCORB से परिभाषित किया। प्रत्येक शब्द के अनुसार POSDCORB का अर्थ है-planning, organizing, staffing, directing, co-ordinating, reporting and budgeting.
- हेनरी फियोल ने लोक प्रशासन के क्षेत्र को **5 श्रेणियों** में विभाजित किया, जिसे POCCC से संबोधित किया।
- विलोबी (William Franklin Willoughby) ने अपनी पुस्तक- "Principles of Public Administration" (1927) में लोक प्रशासन के कार्य क्षेत्र को **5 भागों में विभाजित किया-**
  1. सामान्य प्रशासन 2. संगठन
  3. कार्मिक प्रबंधन। 4. वित्तीय प्रशासन
  5. भौतिक सामग्री की पूर्ति तथा भर्ती प्रशिक्षण।
- लेविस मेरियम महोदय ने लूथर गुलिक तथा हेनरी फियोल की विचारधारा की आलोचना की तथा कहा कि यह केवल प्रशासन के तकनीकी पक्षों पर जोर देता है, विषय वस्तु पर नहीं। स्वास्थ्य प्रशासन कल्याणकारी निगम इत्यादि की बात नहीं करते।

- लोक प्रशासन के अध्ययन क्षेत्र को समाजशास्त्री व मनोवैज्ञानिक उपागमों ने और अधिक विस्तृत किया। इसके द्वारा लोक प्रशासन में मनोबल, मानवीय संबंध, नेतृत्व, अनौपचारिक संगठन इत्यादि को सम्मिलित किया गया।

## निजी और लोक प्रशासन

(Private and Public Administration)

- साइमन, मैरी फालेट, उर्विक जैसे विचारक लोक प्रशासन व निजी प्रशासन में अंतर करते हैं।
- जहां लोक प्रशासन का स्वरूप राजनीतिक होता है, वहीं निजी प्रशासन गैर-राजनीतिक होता है।
- लोक प्रशासन में नौकरशाही तथा लालफीताशाही होती है, जिसमें औपचारिकता तथा पद-सोपान का विशेष महत्व होता है। जबकि निजी प्रशासन में दक्षता व व्यवसायिकता आधारित नौकरशाही होती है।
- लोक प्रशासन में जनता के प्रति उत्तरदायित्व होता है। निजी प्रशासन में निदेशक बोर्ड/मालिक के प्रति उत्तरदायी होता है।
- हेनरी फियोल ने दोनों में अंतर को स्वीकार नहीं किया। हेनरी फियोल के अनुसार, दोनों में कर्मचारियों व अधिकारियों में समानता होती है।
- प्रशासनिक व्यवहार के नियम तथा संगठन के सिद्धांतों में भी समानता होती है।

## लोक प्रशासन का प्रशासन के रूप में विकास

- सरकारी गतिविधि के रूप में लोक प्रशासन उतना ही पुराना है, जितना कि राजनीतिक समाज। किंतु एक व्यवस्थित अध्ययन के रूप में लोक प्रशासन का आरंभ 18वीं सदी के अंतिम चरण में हुआ था।
- 18वीं सदी में जर्मनी और ऑस्ट्रिया में 'कैमरलवाद' सरकारी मामलों के व्यवस्थित प्रबंधन से जुड़ा हुआ था। जॉर्ज जिन्के कैमरलवादी समूह के सबसे प्रतिष्ठित विद्धान थे।
- अमेरिका में पहली बार एलेक्जेंडर हैमिल्टन की पुस्तक- ''द फेडरलिस्ट पेपर्स'' (The Federalist Papers) (अंक-72) में लोक प्रशासन के अर्थ और उद्देश्यों को परिभाषित किया गया।
- लोक प्रशासन पर पहला पृथक् शोध चार्ल्स ज्यां बूनिन द्वारा लिखित- "Principles of Public Administration" (वर्ष 1812) है।
- साइमन के अनुसार, 'जब दो व्यक्तियों ने संगठित होकर एक पत्थर को ढकेलना प्रारंभ किया, तभी से प्रशासन की शुरूआत हुई।'
- लोक प्रशासन शब्दावली का प्रयोग सबसे पहले हैमिल्टन ने "The Federalist Papers" में पहली बार किया।
- लोक प्रशासन को एक स्वतंत्र विषय के रूप में स्थापित करने का श्रेय 'वुडरो विल्सन' को जाता है।
- वुडरो विल्सन का कहना था कि 'संविधान के निर्माण से अधिक मुश्किल उसका क्रियान्वयन है।'

## उद्भव के चरण

- निकोलस हेनरी ने लोक प्रशासन के विकास को **5 चरणों में विभाजित किया-**

### 1. राजनीति प्रशासन द्विभाजन ( 1887-1926 )

- मूलभूत विषय प्रशासन का राजनीति से पृथक्करण।
- यह चरण वर्ष 1887 में वुडरो विल्सन के लेख ''दि स्टडी ऑफ ऐडमिनिस्ट्रेशन'' के साथ शुरू हुआ।
- इन्हें लोक प्रशासन का पिता कहा जाता है। वुडरो विल्सन मानते हैं कि प्रशासन व्यापार का विषय है, जिसे राजनीति से अलग किया जाना चाहिए।
- फ्रैंक जे. गुडनाव ने इस धारा को आगे बढ़ाया तथा अपनी पुस्तक-"Politics and Administration (1900)" में कहा कि राजनीति राज्य की इच्छा का प्रतिनिधित्व करती है और प्रशासन का संबंध उसके क्रियान्वयन से है। इन्हें अमेरिकी लोक प्रशासन का पिता (Father of American Public Administration) कहा जाता है।
- लोक प्रशासन की पहली रचना-"Introduction to the Study of Public Administration" है, जो कि एल. डी. व्हाइट के द्वारा वर्ष 1926 में लिखी गई।
- यह विशुद्ध रूप से लोक प्रशासन की पहली पुस्तक थी। इससे लोक प्रशासन एकेडमिक रूप से विश्वविद्यालयों में स्थापित हुआ।
- वुडरो विल्सन ने प्रशासन को राजनीति से अलग किया और तर्क दिया कि राजनीति का सरोकार नीति-निर्माण से है। जबकि प्रशासन का सरोकार नीतियों को लागू करने से होता है।
- विल्सन ने लोक प्रशासन का वर्णन व्यापार के एक क्षेत्र के रूप में किया।
- विल्सन मानते थे कि 'प्रशासन एक विज्ञान है।'
- विल्सन ने लोक प्रशासन के पृथक् अध्ययन पर जोर दिया और तर्क दिया कि 'एक संविधान की रचना सरल है पर इसको चलाना बड़ा कठिन है।'
- प्रशासन को एक विज्ञान होना चाहिए।
- फ्रैंक जे. गुडनाव ने वर्ष 1900 में ''पॉलिटिक्स एंड एडमिनिस्ट्रेशन'' नामक पुस्तक लिखी। उन्हें 'अमेरिकी लोक प्रशासन का पिता' कहा जाता है।

- गुडनाव के शब्दों में, 'राजनीति का अर्थ नीतियों की अभिव्यक्ति से होता है, जबकि, प्रशासन का संबंध इन नीतियों को लागू करने से होता है।'

**2. प्रशासनिक सिद्धांतों के निर्माण काल ( 1927-1937 )**

- इसे लोक प्रशासन का स्वर्ण काल कहा जाता है। इस समय हेनरी फियोल, विलोबी, मैरी पार्कर फालेट, मूने व रैले, लूथर गुलिक, उर्विक इत्यादि विद्वानों ने प्रशासनिक सिद्धांतों का निर्माण किया।
- इस चरण में लोक प्रशासन को विज्ञान माना गया।
- यह चरण वर्ष 1927 में डब्ल्यू. एफ. विलोबी की पुस्तक-"Principles of Public Administration" के प्रकाशन के साथ शुरू हुआ।
- विलोबी ने पुस्तक में कहा कि 'प्रशासन में अनेक सिद्धांत हैं, जिनको कार्यान्वित करने से लोक प्रशासन में सुधार हो सकता है, जिस प्रकार किसी भी विज्ञान में होते हैं।'
- विद्वान मानते थे कि प्रशासन में सिद्धांत होने के कारण यह एक विज्ञान है।
- प्रशासन के सिद्धांत तो सार्वभौमिक, वैधता और प्रासंगिकता वाले होते हैं।
- हेनरी फेयोल की रचना-"General and Industrial Management (1949)" है।
- लूथर गुलिक और उर्विक के-"Papers on the Science of Administration" (1937) साथ यह चरण अपनी पराकाष्ठा पर पहुंचा। उन्होंने कहा कि 'इस शोधपत्र की सामान्य थीसिस यह है कि मानव संगठन के अध्ययन द्वारा ऐसे सिद्धांतों पर आगमनात्मक तरीके से पहुंचा जा सकता है, जो किसी भी प्रकार के मानव संबंधों की व्यवस्थाओं को नियमित कर सकते हैं।'
- इस चरण के दौरान लोक प्रशासन अपनी प्रतिष्ठा के शीर्ष पर पहुंचा।

- इस चरण में **निम्नलिखित पुस्तकें लिखी गईं-**
- विलोबी-Principles of Public Administration
- मैरी पार्कर फालेट-Creative Experience (1930)
- मूने व रैले-Principle of Organization (1931)

**3. चुनौती का युग ( 1938-1947 )**

- इस चरण का प्रारंभ चेस्टर ई. बर्नार्ड (Chester Irving Barnard) की पुस्तक-"The Functions of the Executive" (1968) से माना जाता है। इसमें उन्होंने प्रशासन के किसी भी सिद्धांत का उल्लेख नहीं किया।
- इसी चरण में एल्टन मेयो ने अनौपचारिक संगठनों पर बल दिया।
- राबर्ट डाल ने अपने लेख-"The Science of Public Administration (1947)" में इस बात का खंडन किया कि लोक प्रशासन एक विज्ञान है। उन्होंने लोक प्रशासन में सिद्धांत निर्माण से संबंधित तीन बाधाओं का उल्लेख किया, **जो इस प्रकार हैं-**
  1. विज्ञान मूल्य शून्य है। जबकि प्रशासन में मूल्यों का बाहुल्य है।
  2. मनुष्य के व्यक्तित्व अलग-अलग होते हैं, जिससे उसके कार्यों में भिन्नता आती है।
  3. प्रशासन सामाजिक ढांचे में कार्य करता है, जो सभी जगह समान नहीं होते हैं।
- इस चरण का मुख्य विषय था, लोक प्रशासन के अध्ययन के मानव संबंध व व्यवहार उपागम की वकालत करना।
- लोक प्रशासन के दोनों ही निर्धारक स्तंभों को चुनौती दी गई।
- राजनीति प्रशासन द्विभाजन के विचार को खारिज कर दिया गया।
- एल्टन मेयो के हाथोर्न अध्ययनों (वर्ष 1924-1932) में संगठनात्मक प्रभाविता का निर्धारण करने में अनौपचारिक संगठन का महत्व क्या है, दिखाया गया।
- हरबर्ट ए. साइमन प्रशासन के सिद्धांतों के सबसे अहम आलोचक थे। उन्होंने इनको **'कहावत'** कहा। उन्होंने लोक प्रशासन को और अधिक वैज्ञानिक प्रशासन बनाने के लिए व्यवहार संबंधी उपागम की वकालत की।
- वर्ष 1946 में हरबर्ट ए. साइमन ने अपनी पुस्तक-''प्रोव्बर्स ऑफ एडमिनिस्ट्रेशन'' (The Proverbs of Administration) प्रकाशित की, जिसमें उन्होंने तथाकथित सिद्धांतवादी दृष्टिकोणों की खिल्ली उड़ाई तथा उसे मुहावरों एवं किंवदंतियों की संज्ञा दी।
- वर्ष 1947 में हरबर्ट ए. साइमन ने अपनी पुस्तक-"Administrative Behavior: a Study of Decision-Making Processes in Administrative Organization" प्रकाशित की।
- हरबर्ट ए. साइमन ने सिद्धांत उपागम के विकल्प के रूप में निर्णय-निर्माण उपागम पर ध्यान दिया।
- हरबर्ट ए. साइमन ने राजनीति प्रशासन द्वैधता को खारिज किया और लोक प्रशासन के अध्ययन के लिए आनुभविक उपागम का सुझाव दिया।
- वर्ष 1947 में ही रॉबर्ट ए. डाल ने एक लेख-"The Science of Public Administration: Three Problems"

लिखा, जो 'अमेरिकन पब्लिक एडमिनिस्ट्रेशन रिव्यू' में प्रकाशित हुआ।

- रॉबर्ट डाल ने तर्क दिया कि लोक प्रशासन में विज्ञान का उद्‌भव तब तक संभव नहीं है, जब तक कि आदर्शवादी मूल्यों के स्थान को स्पष्ट नहीं किया जाता। लोक प्रशासन के क्षेत्र में मनुष्य की प्रकृति को बेहतर तरीके से नहीं समझा जाता और एक तुलनात्मक अध्ययनों का संग्रह नहीं होता, जिससे कि उन सिद्धांतों और समानताओं को खोजा जा सकेगा।
- रॉबर्ट डाल के अनुसार, 'जब तक लोक प्रशासन का अध्ययन तुलनात्मक नहीं है, तब तक लोक प्रशासन के विज्ञान के दावे खोखले प्रतीत होते हैं।'

### 4. पहचान व संकट का काल (1948-1970)

- राजनीति प्रशासन द्विभाजन और प्रशासन के सिद्धांतों को नकारने के साथ लोक प्रशासन को संकट का सामना करना पड़ा।
- इस चरण में वैश्विक तथा सामाजिक एवं आर्थिक समस्याओं के परिप्रेक्ष्य में लोक प्रशासन की प्रासंगिकता खोजी जाने लगी।
- इस समय राजनीति व प्रशासन में कुछ विद्वानों ने अलगाव को नकार दिया तथा राजनीति के माध्यम से ही प्रशासन का अध्ययन करने लगे। जबकि कुछ ने लोक प्रशासन के अध्ययन को बनाए रखा।
- पूर्व के प्रशासनिक सिद्धांतों की प्रासंगिकता पर प्रश्न उठाया गया।
- इस समय एशिया व अफ्रीका के नवोदित देशों के प्रशासन ने पुराने प्रशासनिक सिद्धांतों पर प्रश्न उठाया।
- इस संकट से बचने के लिए लोक प्रशासन में कल्याण प्रशासन, व्यापार प्रबंध, आर्थिक ढांचे का प्रशासन इत्यादि को सम्मिलित किया गया।
- इस समय फ्रैडरिक रिग्स व डगलस मार्क ग्रेगर महत्वपूर्ण विद्वान थे।
- कुछ विद्वान राजनीति विज्ञान की तरफ लौट गए और कुछ प्रशासनिक विज्ञान की ओर बढ़े।
- दोनों ही मामलों में लोक प्रशासन ने अपनी अलग पहचान और भिन्नता खो दी।
- वर्ष 1956 में 'एडमिनिस्ट्रेशन साइंस क्वार्टरली' पत्रिका का प्रकाशन शुरू किया गया। इस प्रयास में भी लोक प्रकाशन को अपना निजी स्वरूप खोना पड़ा तथा इसे व्यापार प्रबंध की ओर मुखातिब होना पड़ा।

### 5. नवीन लोक प्रशासन ( 1971-जारी )

- इस चरण का मुख्य विषय 'लोकनीति विश्लेषण का सरोकार' था।
- लोक प्रशासन के विद्वान, नीति विज्ञान, राजनीतिक अर्थशास्त्र, नीति-निर्माण, नीति विश्लेषण के संबंधित क्षेत्रों में बहुत रुचि दिखा रहे थे।
- लोकनीति उपागम को प्रशासनिक विश्लेषण में स्वीकार्यता मिल गई। क्योंकि राजनीति प्रशासन द्विभाजन के पारंपरिक विचार को त्यागा जा चुका था।
- ड्वाइट वाल्डो ने कहा कि 'राजनीति और प्रशासन के बीच पृथक्करण एक घिसापिटा मंच बन चुका है।'
- लोकनीति उपागम अपनाने के साथ लोक प्रशासन अंतर अनुशासनात्मक बन गया है, इसने सामाजिक प्रासंगिकता हासिल कर ली है।
- लोक प्रशासन के सीमा क्षेत्र के प्रशासनिक सिद्धांत और अनुप्रयोग सिद्धांत को विभाजित किया।

### भारत में लोक प्रशासन का अध्ययन

- वर्ष 1930 में लखनऊ विश्वविद्यालय में लोक प्रशासन का प्रश्न-पत्र जुड़ा।
- वर्ष 1937 में मद्रास विश्वविद्यालय ने 'विश्व लोक प्रशासन' पर एक डिप्लोमा पाठ्यक्रम शुरू किया।
- वर्ष 1949-50 में नागपुर विश्वविद्यालय ने लोक प्रशासन और स्थानीय सरकार विभाग की स्थापना की।
- 'इंडियन इंस्टीट्यूट ऑफ पब्लिक ऐडमिनिस्ट्रेशन' (IIPA), यह भारत में प्रशासकीय शोध कार्यों का केंद्र है तथा 'इंडियन जर्नल ऑफ पब्लिक ऐडमिनिस्ट्रेशन' (IJPA) के जरिए ज्ञान फैलाता है।

## लोक प्रशासन के अध्ययन के उपागम

- लोक प्रशासन के अध्ययन के विभिन्न उपागमों की व्याख्या इस प्रकार है-

### 1. दार्शनिक उपागम

- यह सबसे व्यापक और पुराना दृष्टिकोण है। यह प्रशासनिक गतिविधियों के सभी पहलुओं पर विचार करता है। यह मानक दृष्टिकोण पर आधारित है और क्या होना चाहिए? इस पर केंद्रित है। इसका उद्देश्य प्रशासनिक गतिविधियों के आधारभूत आदर्शों व सिद्धांतों को प्रतिपादित करना है। प्लेटो का ''दि रिपब्लिक'', हॉब्स का ''लेवियाथन'', महाभारत का ''शांतिपर्व'', स्वामी विवेकानंद और पीटर सेल्फ इस दृष्टिकोण की वकालत करते हैं।

### 2. कानूनी उपागम

- यह दृष्टिकोण यूरोप के फ्रांस, बेल्जियम और जर्मनी जैसे महाद्वीपीय देशों में सबसे अधिक लोकप्रिय रहा है। ब्रिटेन और अमेरिका में भी इसके समर्थक हैं। अमेरिका में फ्रैंक जे. गुडनाव इस दृष्टिकोण के प्रमुख समर्थक थे। ये

लोक प्रशासन का अध्ययन कानून के एक हिस्से के रूप में करता है। संवैधानिक कानूनी ढांचे, संगठन, शक्तियों, कार्यों और लोक अधिकारियों की सीमाओं पर बल देता है। इसलिए इसे न्यायिक या न्यायवादी दृष्टिकोण के रूप में भी जाना जाता है। यह सबसे पुराना व्यवस्थित रूप से निर्धारित दृष्टिकोण है। यह मुक्त व्यापार के युग में अस्तित्व में आया, जब राज्य की भूमिका सीमित और सरल थी।

### 3. ऐतिहासिक उपागम

- यह भूतकाल में हुए ऐतिहासिक परिवर्तनों और वर्तमान पर पड़ने वाले इसके प्रभावों के जरिए लोक प्रशासन का अध्ययन करता है। यह प्रशासनिक एजेंसियों से संबंधित सूचना को कालानुक्रम में संगठित और व्याख्यायित करता है। एल. डी. व्हाइट ने अमेरिकी संघीय प्रशासन का इसके निर्माणात्मक काल में अपने चार शानदार ऐतिहासिक अध्ययनों के जरिए वर्णन किया है, जिनका नाम है-''दि फेडरलिस्ट्स'' (1948), ''दि जैफर्सनियंस'' (1951), ''दि जैक्सनियंस'' और ''दि रिपब्लिकन एरा'', कौटिल्य का ''अर्थशास्त्र'', मुगल प्रशासन और ब्रिटिश प्रशासन के विभिन्न अध्ययन भारत की पुरानी प्रशासनिक व्यवस्थाओं की एक झलक देते हैं। यह दृष्टिकोण प्रशासन के जीवनी संबंधी दृष्टिकोण से निकट रूप से जुड़ा हुआ है।

### 4. केस पद्धति उपागम

- इसका संबंध उन खास घटनाओं के विस्तृत वर्णन से है, जो एक प्रशासन के निर्णय-निर्माण में मुख्य भूमिका निभाते हैं या उस ओर ले जाते हैं। ड्वॉइट वाल्डो इसके प्रमुख समर्थक हैं। यह प्रशासकीय वास्तविकताओं को पुनर्निर्मित करने का प्रयास करता है और लोक प्रशासन के विद्यार्थियों को उनसे परिचित कराता है। यह वर्ष 1930 के दशक में अमेरिका में लोकप्रिय हुआ। वर्ष 1952 में ''पब्लिक ऐडमिनिस्ट्रेशन एंड पॉलिसी एडमिनिस्ट्रेशन'' के नाम से बीस केस अध्ययन 'हैरॉल्ड स्टीन' के संपादन में प्रकाशित हुए। भारत में भी भारतीय लोक प्रशासन संस्थान, नई दिल्ली और राष्ट्रीय प्रशासन अकादमी, मसूरी में कई केस अध्ययन प्रकाशित किए गए हैं। ड्वॉइट वाल्डो के अनुसार, 'केस पद्धति, लोक प्रशासन के अध्ययन और अध्यापन का एक स्थायी अंग होने जा रहा है।'
- उपरोक्त के अलावा लोक प्रशासन के अध्ययन के कई **अन्य दृष्टिकोण भी हैं**-
  - (i) संरचनात्मक उपागम
  - (ii) मानव संबंध उपागम
  - (iii) व्यवहार संबंधी उपागम
  - (iv) तुलनात्मक उपागम
  - (v) पर्यावरणीय उपागम
  - (vi) विकास उपागम
  - (vii) लोक चयन उपागम।
- तथ्य मूल्य दृष्टिकोण से लोक प्रशासन के अध्ययन के इन विभिन्न उपागमों को **दो वर्गों में विभाजित किया जा सकता है**-
  - (i) **आनुभविक उपागम :** जो इस बात पर केंद्रित होते हैं कि लोक प्रशासन क्या है? अर्थात् ये वास्तविक प्रशासनिक स्थितियों के बारे में सुझाव देते हैं।
  - (ii) **मानक उपागम :** जो इस बात पर केंद्रित होते हैं कि लोक प्रशासन को क्या होना चाहिए? अर्थात् ये आदर्श प्रशासनिक स्थितियों के बारे में सुझाव देते हैं।

## अभिप्रेरणा का सामाजिक एवं मनोवैज्ञानिक सिद्धांत
(Social and Psychology Theory of Human Motivation)

- सामाजिक एवं मनोवैज्ञानिक सिद्धांत के प्रमुख प्रतिपादक डगलस मैकग्रेगर और अब्राहम मैस्लो हैं।
- यह सिद्धांत संगठन के मानवीय पक्ष पर अपना ध्यान केंद्रित करता है। व्यक्ति तथा संगठन के प्रति उसके योगदान में विश्वास इस सिद्धांत का केंद्र है।
- मैस्लो ने वर्ष 1943 में प्रकाशित अपने लेख ''मानव अभिप्रेरणा का एक सिद्धांत'' (Human Motivation Theory) में अभिप्रेरणा के एक सिद्धांत की रूपरेखा प्रस्तुत की। मैस्लो ने संगठन तथा व्यक्तियों के बीच संबंधों का मानव आवश्यकताओं की दृष्टि से विश्लेषण किया।
- मैस्लो के अनुसार, व्यक्ति अपनी आवश्यकताओं की पूर्ति के लिए संगठनों के सदस्य बनते हैं। उनकी आवश्यकताएं हैं-शारीरिक, सुरक्षा संबंधी, सामाजिक प्रतिष्ठा एवं आदर संबंधी तथा स्वयंसिद्ध।
- शारीरिक तथा सुरक्षा की आवश्यकताएं सोपान क्रम के निचले स्तर की आवश्यकताएं हैं तथा स्वयंसिद्ध आवश्यकताएं सर्वोच्च स्तर की आवश्यकताएं हैं।
- सामाजिक तथा आदर संबंधी आवश्यकताएं इनके बीच में या सोपान क्रम के मध्य स्तर पर आती है। मैस्लो का विश्वास था कि नीचे की आवश्यकताओं को पूरा किए बिना व्यक्ति को अभिप्रेरित नहीं किया जा सकता।
- मैस्लो के अनुसार, प्रत्येक आवश्यकता एक समय पर एक व्यक्ति के लिए लक्ष्य होती है जब व्यक्ति अपनी एक आवश्यकता पूरी कर लेता है तभी वह उसके ऊपर के क्रम की आवश्यकता की ओर चलता है। यह प्रक्रिया मानव जीवन में प्रतिदिन चलती रहती है।

- सामाजिक एवं मनोवैज्ञानिक सिद्धांत के दूसरे प्रतिपादक के तौर पर मैकग्रेगर का नाम उल्लेखनीय है। **इन्होंने मानवीय स्वभाव के संबंध में दो सिद्धांत दिए-**

1. **एक्स-सिद्धांत** (X-Theory) : इस सिद्धांत के अनुसार, **पहला,** प्रत्येक आदमी काम के प्रति स्वाभाविक अरुचि रखता है तथा जहां तक संभव हो इससे बचने का प्रयास करता है। **दूसरा,** इसके लिए अधिकतर व्यक्तियों को बाध्य करने, नियंत्रित करने, निर्देशित करने तथा दंड की धमकी देने की आवश्यकता है।

- एक्स सिद्धांत मनुष्यों को सुस्त, कोई आकांक्षा न रखने वाला, परिवर्तन विरोधी और झूठा मानता है। ऐसी स्थिति में प्रबंधक कठोर (दबाव एवं धमकी) तथा शिथिल नीति (अधिक छूट देना) आदि अपना सकता है।

2. **वाई-सिद्धांत** (Y-Theory) : यह सिद्धांत मनुष्य और प्रबंध के बीच एक नई दृष्टि प्रदान करता है। इसमें मैकग्रेगर निर्देशन तथा नियंत्रण के स्थान पर 'समन्वय' की स्थापना करता है। मैकग्रेगर के अनुसार, 'समन्वय का अर्थ, ऐसी स्थितियों का निर्माण करने से है, जिसमें संगठनों के सदस्य अपने उद्देश्यों की सफलता के लिए अपने प्रयासों को लगाकर सर्वाधिक अच्छे रूप में प्राप्त कर सकते है।'

- वाई सिद्धांत, एक ऐसे संगठन को बनाए रखने के महत्व पर बल देता है, जिससे लोग आत्म विश्वासी तथा अभिप्रेरित अनुभव करें।

## व्यवस्था उपागम

- व्यवस्था (System) शब्द का सबसे पहले प्रयोग जीव विज्ञान में लुडविक वॉन बर्टलॉनफी ने किया।
- समाज विज्ञान में सबसे पहले टालकॉट पारसंस (Talcott Parsons) ने इस शब्द का प्रयोग किया।
- लोक प्रशासन में इस सिद्धांत की व्याख्या साइमन, चेस्टर बनार्ड, सी. वेस्ट चर्च मैन ने की। इस उपागम के अनुसार, इतिहास, भूगोल, राजनीति विज्ञान, समाजशास्त्र सभी एक व्यापक सामाजिक व्यवस्था के अंग हैं; जैसे-शरीर व्यवस्था तथा उसके अंग है।
- अंतर अनुशासनिक पद्धति (Interdisciplinary Methods) का प्रयोग व्यवस्था सिद्धांत में किया जाता है।
- साइमन ने संगठन की संपूर्ण व्यवस्था को एक उपव्यवस्था माना तथा उन्होंने समस्याओं के समाधान को तर्कसंगत माना।
- संगठन व्यक्तियों की एक ऐसी व्यवस्था है, जो चयन करती है और आवश्यकताओं व वातावरण के साथ प्रतिक्रिया करती है।
- टालकॉट पारसंस ने व्यवस्था उपागम को उस अवधारणा के रूप में परिभाषित किया है- जो संबंध की बोधगम्य नियमितताओं को समेटने वाले अंगों, संघटकों और प्रक्रियाओं के बीच अंतर्निर्भरताओं के जटिल समूह के साथ-साथ अन्य जटिल समूह और उसके परिवेश की ओर भी संकेत करती हैं।
- व्यवस्था की अवधारणा के अध्ययन में व्यवस्था के अंगों तथा अंगों के बीच संबंधों, व्यवस्था और उसके परिवेश के बीच संबंधों का अध्ययन शामिल है।
- किसी भी व्यवस्था के पांच मूल अंग होते हैं-आगत, प्रक्रिया, निर्गत, फीडबैक और परिवेश।
- खुली व्यवस्था पारगम्य सीमाओं वाली होती है और परिवेश के साथ लगातार संबंध बनाए रखती है। बंद व्यवस्थाओं की सीमा अपारगम्य होती हैं और वे अपने परिवेश के साथ घुलती-मिलती नहीं।
- खुली व्यवस्थाएं अधिक आंतरिक विभेदीकरण, विशिष्टीकरण और विस्तार के साथ विकसित होती हैं और संगठन के उच्चतर स्तर की ओर बढ़ती हैं।
- बंद व्यवस्थाएं, अव्यवस्था, असंगठन और आत्मविनाश की ओर बढ़ती हैं, जो सकारात्मक एंट्रापी हैं।
- व्यवस्था से जुड़ी अन्य **अवधारणाएं हैं-**
  (i) साहचर्य, यानी पूर्णता। (गेस्टॉल्ट)
  (ii) साइबरनॉटिक्स अर्थात् फीडबैक प्रणाली
  (iii) एंट्रापी यानी व्यवस्था के विखंडित होने की प्रवृत्ति की माप
  (iv) समअंतिमता यानी समान परिणाम
  (v) समवैयक्तिकता यानी समान गुण।
- एक व्यवस्था के रूप में **संगठन-**
  (i) तकनीकी उपव्यवस्था
  (ii) समर्थक उपव्यवस्था
  (iii) रखरखाव उपव्यवस्था
  (iv) अनुकूलन उपव्यवस्था
  (v) मनोवैज्ञानिक उपव्यवस्था
  (vi) संरचनात्मक उपव्यवस्था
  (vii) प्रबंधन उपव्यवस्था।
- व्यवस्था उपागम के विकास में **मुख्य योगदान निम्न हैं-**
  (i) एक जीव विज्ञानी 'लुडविग वॉन बर्टलॉनफी' ने सामान्य व्यवस्था सिद्धांत का विकास किया।
  (ii) एम. पी. फालेट ने लेखन में संगठन के व्यवस्था उपागम को अपनाया। उन्होंने संगठन को एक सामाजिक व्यवस्था कहा।
  (iii) रॉबर्ट वीनर 'साइबरनॉटिक्स' के क्षेत्र में अग्रणी थे। उन्होंने आगत, प्रक्रिया, निर्गत, फीडबैक व परिवेश

वाली एक व्यवस्था के रूप में संगठन को एक स्पष्ट मार्गदर्शन दिया।

(iv) व्यवस्था उपागम के सांगठनिक सिद्धांत और विश्लेषण में मुख्य योगदान करने वाले 'हर्बर्ट ए.साइमन' हैं। उनकी रचना-'आर्गेनाइजेशंस' का इस क्षेत्र में सबसे महत्वपूर्ण योगदान है।

(v) फिलिप सेल्जनिक ने सरकारी व अन्य विशाल जटिल संगठनों के अध्ययन में व्यवस्था उपागम का अनुसरण किया।

(vi) 'दि टैविस्टॉक इंस्टीट्यूट ऑफ ह्यूमैन रिलेशंस' (इंग्लैंड) ने व्यवस्था उपागम का प्रयोग कर संगठनों पर काफी मात्रा में साहित्य सृजन किया।

- व्यवस्था उपागम ने सांगठनिक परिघटना को इसकी पूर्णता में और एकीकृत रूप से व्याख्यायित और वर्णित किया।

## निर्णय-निर्माण उपागम

- टेरी निर्णय-निर्माण को, दो या अधिक संभाव्य विकल्पों में से एक व्यवहार विकल्प को चुनने के रूप में परिभाषित करते हैं।
- निर्णय-निर्माण का अर्थ है, अत्यधिक विकल्पों में से एक विकल्प का चुनाव करना।
- 'व्यवस्था' का निर्णय-निर्माण (Decision Making) के माध्यम से अध्ययन करते हैं।
- निर्णय-कारिता सिद्धांत लक्ष्य की प्राप्ति के लिए उपलब्ध विकल्पों में से सर्वश्रेष्ठ विकल्प का चयन करता है।
- नीति (Policy) एक दिशा-निर्देश (Guideline) है। जबकि निर्णय एक कार्य है।
- निर्णय-निर्माण दृष्टिकोण (Decision Making Approach) का सबसे पहले प्रयोग चेस्टर बर्नार्ड द्वारा किया गया।
- ये व्यवहारवादी व आधुनिक उपागम से संबंधित है।
- परंपरागत विचारक निर्णय-निर्माण सिद्धांत (Decision Making Theory) को नहीं मानते। हेनरी फियोल, उर्विक निर्णय-निर्माण सिद्धांत (Decision Making Theory) को शिष्टमंडल (Delegation) तथा सत्ता (Authority) से संबंधित मानते हैं।
- जबकि टेलर ने कहा कि केवल वैज्ञानिक प्रबंधन ही निर्णय-निर्माण (Decision Making) का आदर्श आधार है।
- साइमन के अनुसार, निर्णय का अभिप्राय तथ्यों (Fact) व मूल्यों (Value) से है।
- निर्णय तथ्यों व मूल्यों की मिश्रित अभिव्यक्ति है।
- निर्णय में विकल्पों का चुनाव किया जाता है और ऐसे विकल्प चुने जाते हैं, जो अधिकतम सकारात्मक व निम्नतम नकारात्मक हो।
- साइमन के अनुसार, संगठन में सभी स्तर पर निर्णय लिए जाते हैं।
- साइमन के अनुसार, संगठन में निर्णय सबसे महत्वपूर्ण गतिविधि है, जिसे फियोल ने POCCC के द्वारा तथा गुलिक ने POSDCORB के द्वारा वर्णित किया है।
- साइमन ने परंपरागत सिद्धांत को कहावतें (Proverbs) कहा है।
- निर्णय-निर्माण आनुभविक उपागम से संबंधित है।
- निर्णय-निर्माण, नीति-निर्माण से काफी निकटता से जुड़ा है, मगर वे एक नहीं हैं।
- निर्णय-निर्माण की प्रक्रिया का पहला व्यापक विश्लेषण 'चेस्टर बर्नार्ड' ने दिया। उन्होंने कहा कि 'निर्णय की प्रक्रियाएं मोटे तौरपर चुनाव को संकीर्ण बनाने की तकनीकें हैं।'
- हर्बर्ट ए. साइमन सबसे महत्वपूर्ण निर्णय विचारक हैं। उन्होंने निर्णय-निर्माण की परिभाषा-कार्यवाहियों के वैकल्पिक रास्तों के बीच सर्वोत्तम तार्किक चुनाव के रूप में दी।

## हर्बर्ट ए. साइमन

(i) निर्णय-निर्माण पूरे संगठन में ही व्याप्त होता है, यानी संगठन के सभी स्तरों पर निर्णय लिए जाते हैं।

(ii) उन्होंने प्रशासन और निर्णय-निर्माण के बीच समानताएं बताई हैं। क्योंकि प्रशासन का हर पहलू निर्णय-निर्माण के इर्द-गिर्द घूमता है।

(iii) साइमन के अनुसार, प्रशासन की अवधारणा के **दो मूलभूत तत्व हैं**-

- क्लासिकीय चिंतकों के सिद्धांत उपागम के विकल्प के रूप में निर्णय-निर्माण उपागम पर जोर।
- प्रशासन के अध्ययन में आदर्शवादी उपागम के विपरीत आनुभविक उपागम की वकालत।

(iv) हर निर्णय दो आधारों पर निर्भर होता है, तथ्यात्मक आधार व मूल्य आधार।

(v) अंतिम लक्ष्यों के चुनाव मूल्य आधार है।

(vi) लक्ष्यों को लागू करना तथ्यात्मक निर्णय है।

- हर्बर्ट ए. साइमन के अनुसार, निर्णय-निर्माण के **तीन प्रमुख चरण होते हैं**-
  (i) **आसूचना गतिविधि** (Inteligency Activity) : निर्णय लेने के अवसरों की खोज।
  (ii) **डिजाइन गतिविधि** (Design Activity) : कार्यवाही के संभव रास्तों का आविष्कार, विकास और विश्लेषण होता है।

(iii) **चुनाव गतिविधि** (Selection Activity) : दिए गए विकल्पों में से एक चुनना।

- सामान्यतः आसूचना गतिविधि, डिजाइन से पहले और डिजाइन गतिविधि चुनाव से पहले होती है। लेकिन चरणों का चक्र इस क्रम से कहीं जटिल होता है।

### वर्गीकरण

- नियोजित व अनियोजित निर्णय (साइमन)
- समजात और अद्वितीय निर्णय (पीटर ड्रेकर)
- सांगठनिक और व्यक्तिगत निर्णय (चेस्टर बर्नार्ड)।

### मॉडल

- साइमन का परिसीमित तार्किकता मॉडल
- लिंडब्लूम का वृद्धिशील मॉडल
- एत्जिऑनी का मिश्रित मॉडल
- ड्रॉर का ऑप्टिमल मॉडल।

## साइमन का परिसीमित तार्किकता मॉडल

- तार्किक निर्णय-निर्माण के उनके मॉडल को 'व्यावहारीय विकल्प मॉडल' भी कहा जाता है।
- तार्किकता को 'मूल्यों के अर्थ में श्रेयस्कर व्यवहार विकल्पों के चुनाव' के रूप में देखा जाता है और जहां व्यवहार के परिणामों का मूल्यांकन हो सकता है।
- प्रशासनिक व्यवहार में संपूर्ण तार्किकता असंभव है। इसलिए निर्णय को सर्वाधिक विस्तृत करना भी संभव नहीं।
- किसी सांगठनिक विन्यास में मानव व्यवहार 'परिसीमित तार्किकता' से पहचाना जाए, तो 'संतोषप्रद सक्षम निर्णयों' की ओर ले जाता है, न कि 'विशालतम बनाने वाले निर्णय की ओर।'
- संतोषप्रद सक्षम निर्णय, निर्णय-निर्माण एक ऐसा विकल्प चुनता है, जो संतोषजनक या पर्याप्त रूप से अच्छा है।
- सीमाओं को ध्यान में रखते हुए साइमन ने आर्थिक मनुष्य के विरुद्ध, प्रशासनिक मनुष्य (Administrative Man) का मॉडल प्रस्तावित किया।
- प्रशासनिक मनुष्य, विकल्पों के चुनाव में संतुष्ट होकर, जो दुनिया देखता है, वह असली दुनिया का सरलीकृत प्रतिरूप है। वह सभी विकल्प सुनिश्चित किए बिना चुनाव कर सकता है। तुलनात्मक रूप से सरल, अनुभव सिद्ध नियम से निर्णय लेता है।

### वृद्धिशील मॉडल

- चार्ल्स ई. लिंडब्लॉम ने अपने लेख-''दि साइंस ऑफ मॉडलिंग थ्रू'' (1959) में निर्णय-निर्माण के 'वृद्धिशील मॉडल' की वकालत की।
- वृद्धिशील मॉडल को 'शाखा तकनीक' या 'क्रमिक सीमित तुलनाओं का मॉडल' या 'चरणबद्ध निर्णय-निर्माण' भी कहते हैं।
- अमिताई एत्जिऑनी की रचना-''ए थर्ड अप्रोच टू डिसिजन मेकिंग'' है।
- येजलेक ड्रॉर की रचना-''पब्लिक पॉलिसी मेकिंग री एक्जॉमिंड'' है।

## पारिस्थितिक उपागम

- परिवेशीय उपागम, प्रशासनिक व्यवस्था और इसके परिवेश के बीच जिसमें राजनीतिक, सामाजिक, सांस्कृतिक और आर्थिक आयाम शामिल हैं, लेन-देन की गति का अध्ययन करता है।
- प्रशासनिक व्यवस्था समाज की उप-व्यवस्थाओं में से एक है और अन्य उप-व्यवस्थाओं से प्रभावित होती तथा उन्हें प्रभावित करती हैं।
- लोक प्रशासन के अध्ययन में परिवेशीय उपागम की शुरूआत जे. एम. गॉस (वर्ष 1947), रॉबर्ट ए. डाल (वर्ष 1947), रॉस्को मार्टिन और एफ. डब्ल्यू. रिग्स (वर्ष 1961) द्वारा की गई।

## एफ. डब्ल्यू. रिग्स

- एफ. डब्ल्यू. रिग्स इस उपागम के सबसे बड़े व्याख्याकार हैं।
- रिग्स लोक प्रशासन में परिवेशीय उपागम के सबसे बड़े प्रतिपादक हैं।
- रिग्स ने अपनी पुस्तक-''दि इकोलोजी ऑफ पब्लिक एडमिनिस्ट्रेशन'' में लोक प्रशासन और इसके बाह्य परिवेश के बीच के संबंध की जांच की।
- रिग्स ने संरचनात्मक कार्य संबंधी उपागम अपनाया एवं लोक प्रशासन के क्षेत्र में इस उपागम को अपनाने का सुझाव सबसे पहले वर्ष 1955 में 'ड्वाइट वाल्डो' ने दिया था।
- संरचनात्मक कार्य संबंधी उपागम के अनुसार, हर समाज की विशिष्ट संरचना होती है, जो विशिष्ट कामों को करती है।

## संलयित प्रिज्मीय विवर्तित मॉडल (Fused Prismatic Diffrected Model)

- रिग्स ने लोक प्रशासन के परिवेश की व्याख्या के लिए कई आदर्श मॉडल बनाए।
- वर्ष 1956 में कृषि उद्योग वर्गीकरण विकसित किया।
- उन्होंने एक संक्रमणीय माध्यमिक मॉडल का प्रतिपादन किया, जिसमें कृषक और औद्योगिक दोनों का ही चरित्र है।
- रिग्स ने नए ''संलयित प्रिज्मीय विवर्तित मॉडल'' को विकसित किया।

- पारंपरिक कृषि आधारित समाज के निकट, संलयित और आधुनिक औद्योगिक समाज के निकट, विवर्तित समाज।
- इन दोनों के मध्य 'प्रिज्मीय मॉडल।'
- संलयित-कार्यात्मक रूप से विसरित और विवर्तित-कार्यात्मक रूप से विशिष्ट।

**समाजों की विशेषताएं**

| संलयित | प्रिज्मीय | विवर्तित |
|---|---|---|
| आरोपण | प्राप्ति | उपलब्धि |
| विशिष्टता वाद | चयनात्मकता | सार्वभौमिकता |
| कार्यात्मक विसरण | बहुकार्यात्मकता | कार्यात्मक विशिष्टता |

## प्रिज्मीय साला मॉडल

- रिग्स ने मुख्य रूप से प्रिज्मीय समाजों में प्रशासनिक व्यवस्था और उसके परिवेश के बीच संबंधों का अध्ययन किया। इसलिए उन्होंने 'प्रिज्मीय साला मॉडल' का निर्माण किया।
- 'प्रिज्मीय', प्रिज्मीय समाज का प्रतिनिधि है और 'साला', उस प्रिज्मीय समाज की प्रशासनिक उपव्यवस्था या नौकरशाही का प्रतिनिधि है।

## प्रिज्मीय साला मॉडल की तीन विशेषताएं

**1. विषम जातीयता**

- प्रिज्मीय समाज में अलग-अलग किस्म की व्यवस्थाएं, प्रथाएं और उपागम एक ही समय पर साथ-साथ अस्तित्व में रहते हैं।
- साला संलयित समाज के 'चैंबर' और विवर्तित समाज के 'ब्यूरो' के तत्वों को जोड़ता है।

**2. औपचारिकता**

- सिद्धांत और व्यवहार के बीच के अंतर को बताता है।

**3. परस्पर व्याप्ति**

- वह स्तर, जहां एक विवर्तित समाज की औपचारिक रूप से वर्गीकृत संरचनाएं एक संलयित समाज की अवर्गीकृत संरचनाओं के साथ सह अस्तित्व में रहती हैं। इसके पांच अलग-अलग पहलू हैं-भाई-भतीजावाद, बहुमानकीयता, बहुसांप्रदायिकता, बाजार कैंटीन मॉडल, प्राधिकार बनाम् नियंत्रण।

## साला (नौकरशाही) की विशेषता

- **भाई-भतीजावाद :** भर्ती में 'साला' का चरित्र भाई-भतीजा का होता है।
- **बहुमानकीयता :** आधुनिक और पारंपरिक 'मानकों' का सह-अस्तित्व।
- **बहुसांप्रदायिकता :** एक दूसरे के साथ शत्रुतापूर्ण संबंध रखते हुए विभिन्न जातीय और धार्मिक समूहों का एक साथ अस्तित्व में रहना। रिग्स इन्हें 'क्लेक्ट्स' (Clects) कहते हैं। यानी 'क्लब' और 'सेक्ट'।
- **बाजार कैंटीन मॉडल :** प्रिज्मीय समाज की आर्थिक उप व्यवस्था को रिग्स, 'बाजार कैंटीन मॉडल' कहते हैं। 'मूल्य अनिर्धारिकता' पैदा होती है।
- **प्राधिकार बनाम् नियंत्रण :** प्राधिकार संरचना बेहद केंद्रीयकृत और संकेंद्रीकृत होती हैं। जबकि नियंत्रण संरचना स्थानीयकृत और विपरीत होता है। एक असंतुलित राजनीति होती है।
- रिग्स ने अपनी पुस्तक-''प्रिज्मीय समाज: पुनरावलोकन'' (वर्ष 1975) में एक आयामी उपागम का स्थान द्विआयामी उपागम को दिया।

अध्याय 2

# लोक प्रशासन के सिद्धांत तथा अवधारणाएं
# PUBLIC ADMINISTRATION THEORIES AND CONCEPTS

**तार्किक चयन सिद्धांत** (Rational Choice Theory)

- यह सिद्धांत नोबेल पुरस्कार विजेता 'गेरी बेकर' ने दिया। इस सिद्धांत के अनुसार, समग्र सामाजिक व्यवहार, व्यक्तिगत व्यवहारों के एकीकरण का परिणाम है। यह सिद्धांत मानता है कि राज्य द्वारा उपलब्ध कराए गए विकल्पों में से व्यक्ति तार्किक चयन करता है।
- व्यक्ति के तार्किक चयन का आधार सूचनाओं, घटनाओं की प्रायिकता, लागत संभाव्यता तथा लाभ होते हैं।
- विलियम स्टेनली के अनुसार, 'उपभोक्ता के रूप में व्यक्ति के चयन का आधार अधिकतम खुशी या उपयोगिता होती है।'
- डेनियल कोहेनमेन ने मनोवैज्ञानिक आधार पर तार्किक चयन की व्याख्या की। इस हेतु इनको वर्ष 2002 में नोबेल पुरस्कार दिया गया।

## नव-लोक प्रशासन

- नवीन लोक प्रशासन शब्दावली का सर्वप्रथम प्रयोग 1971 में फ्रैंक मैरिनी द्वारा संपादित पुस्तक-"Toward a New Public Administration: the Minnowbrook Perspective" में हुआ।
- नवीन लोक प्रशासन का पिता ड्वाइट वाल्डो को माना जाता है, जिन्होंने मिनोब्रुक सम्मेलन की अध्यक्षता की थी। 1960 के दशक से ही नवीन लोक प्रशासन के लक्षण दिखाई देने लगे थे इस दशक में इससे संबंधित निम्नांकित सम्मेलन हुए-
- नव-लोक प्रशासन के **उदय और वृद्धि संबंधित तथ्य-**
  - (i) वर्ष 1967 में लोक सेवाओं के लिए उच्चतर शिक्षा पर हनी रिपोर्ट। जिसके अध्यक्ष जॉन सी. हनी थे। इस रिपोर्ट में लोक प्रशासन के समक्ष धन का अभाव, प्रोफेसर की कमी इत्यादि समस्याएं बताई गई, जिसके समाधान के लिए लोक सेवाओं के लिए राष्ट्रीय आयोग का गठन, छात्रों के लिए वित्तीय प्रोत्साहन इत्यादि का सुझाव दिया गया।
  - (ii) वर्ष 1967 में फिलाडेल्फिया सम्मेलन की अध्यक्षता जेम्स सी. चार्ल्स वर्थ ने की। इस सम्मेलन में कहा गया कि राजनीति विज्ञान व लोक प्रशासन के मध्य विरोधाभास नहीं है।
  - (iii) वर्ष 1968 में 'ड्वाइट वाल्डो' का लेख-"Public Administration in a Time of Revolutions." प्रकाशित हुआ।
  - (iv) मिनोब्रुक सम्मेलन, 1968 में संपन्न हुआ। इस सम्मेलन में युवा प्रतिभागियों ने भाग लिया तथा लोक प्रशासन में नए तत्व जोड़े गए। इसके द्वारा लोक प्रशासन के **4 मौलिक उद्देश्य स्थापित किए गए-**
    1. प्रासंगिकता।
    2. मान्यताएं व सामाजिक मूल्य।
    3. **सामाजिक दृष्टिकोण :** विकसित देशों के लिए अलग प्रशासनिक परिस्थितियां व विकासशील देशों के लिए अलग।
    4. **परिवर्तन :** अब तक लोक प्रशासन स्थिर (Static) था, जो है उसी का अध्ययन करता था। नौकरशाह, प्रबंधन का अध्ययन लेकिन नौकरशाह के उद्देश्य व समस्याओं के समाधान व परिवर्तन पर बल दिया गया।
  - (v) वर्ष 1971 में फ्रैंक मैरिनी के संपादन में "Toward a New Public Administration: the Minnowbrook Perspective" का प्रकाशन हुआ। फ्रैंक मैरिनी ने नव-लोक प्रशासन की **विषय-वस्तु को 5 भागों/शीर्षकों में विभाजित किया है-**
    1. प्रासंगिकता
    2. मूल्य
    3. सामाजिक समता
    4. परिवर्तन
    5. उपभोक्ता केंद्रित।
  - (vi) वर्ष 1971 में वॉल्डो के संपादन में ''पब्लिक एडमिनिस्ट्रेशन इन दि टाइम ऑफ टर्ब्युलेंस'' का प्रकाशन।
  - (vii) वर्ष 1980 में जॉर्ज फ्रेडरिकसन की पुस्तक-''न्यू पब्लिक ऐडमिनिस्ट्रेशन'' प्रकाशित हुई।

- रॉबर्ट टी. गोलंबीब्स्की के अनुसार, नव-लोक प्रशासन के **तीन प्रति लक्ष्य हैं-**

1. इसका साहित्य प्रत्यक्षवाद विरोधी है, जिसका अर्थ है-
   (i) यह 'मूल्य युक्त' रूप वाले लोक प्रशासन की परिभाषा को नकारता है।
   (ii) तर्कवादी उपागम को नकारता है।
   (iii) राजनीति प्रशासन द्विभाजन को नकारता है।
2. यह तकनीकीवाद का विरोधी है।
3. यह कमोबेश नौकरशाही विरोधी और ऊंच-नीच क्रम विरोधी है।

- फ्रैंक मैरिनी ने नव-लोक प्रशासन की विषय वस्तु को पांच शीर्षकों के अधीन संशोधित किया है-प्रासंगिकता, मूल्य, सामाजिक समानता, परिवर्तन एवं उपभोक्ता संकेंद्रित।
- रॉबर्ट टी. गोलंबीब्स्की के अनुसार, 'नव-लोक प्रशासन के भाष्यकारों का केंद्रीय निशाना प्रत्यक्षवादी नस्ल का मूल्य-मुक्त विज्ञान है।'
- फ्रेडरिकसन के अनुसार, **नव-लोक प्रशासन-**
   (i) कम व्यापक और ज्यादा सार्वजनिक है।
   (ii) कम विवरणात्मक और ज्यादा सुझावात्मक है।
   (iii) जो बदल नहीं सकता, उसके प्रति कम सरोकार और बदलते यथार्थ के प्रति ज्यादा सरोकार है।
   (iv) कम संस्था निर्देशित और इस बात के प्रति ज्यादा सरोकार है कि उपभोक्ता पर क्या प्रभाव पड़ रहा है?
   (v) कम तटस्थ और ज्यादा आदर्शवादी है।
   (vi) कम वैज्ञानिक नहीं है।

## नवीन लोक प्रशासन की विशेषताएं

- कुशलता व मितव्ययिता पर जोर।
- विकेंद्रीकरण तथा बहुलवादी।
- लोकतंत्र, मानवीय गरिमा व नागरिक सहभागिता में वृद्धि पर बल।
- लोक प्रशासन को एक स्वतंत्र विषय के रूप में मान्यता।
- लोक प्रशासन की नीति-निर्माण में भूमिका।
- निजी तथा लोक प्रशासन के मध्य अंतर में कमी।
- लोक प्रशासन विज्ञान नहीं है।
- अनौपचारिक तत्वों के अध्ययन पर बल।
- तुलनात्मक लोक प्रशासन का अध्ययन।
- एक सुधारवादी आंदोलन के रूप में।
- अनुसंधान व परिवर्तन को मान्यता।
- नैतिक/प्रशासन में नैतिकता पर बल।

## नव-लोक प्रशासन के गुण

- प्रासंगिकता, मूल्य, सदाचार, आविष्कार, नैतिकता, उपभोक्ता के प्रति सरोकार, सामाजिक परिवर्तन, सामाजिक समानता एवं उत्तर-प्रत्यक्षवाद।
- नव-लोक प्रशासन एक पहलू में विकास प्रशासन के समान है। दोनों ही लक्ष्य निर्देशित और परिवर्तन निर्देशित हैं। लेकिन विकास प्रशासन के विपरीत इसका सरोकार मुख्य तौर पर पश्चिमी समाजों से है।
- रॉबर्ट टी. गोलंबीब्स्की के अनुसार, 'शब्दों में क्रांति या उग्र सुधारवाद, मगर कुशलताओं और तकनीकों में ज्यादा से ज्यादा यथा-स्थिति।'
- नीग्रो व नीग्रो के अनुसार, 'जब से नव-लोक प्रशासन उभरा है, मूल्यों और सदाचार के प्रश्न लोक प्रशासन में प्रमुख मुद्दे बन रहे हैं।'

## मिनोब्रुक-2 ( 1988 )

- लोक प्रशासन के बदलते युगों की तुलना और अंतर करने के लिए निर्धारित था।
- अपने संघटन, स्तर और दिशा, विषय वस्तु संबंधी जोर और सामाजिक परिवेश के मामले में दोनों मिनोब्रुक सम्मेलनों में अंतर था।
- मिनोब्रुक-2 सम्मेलन में ऐसी कई विषय वस्तुएं और क्षेत्र शामिल थे, जो मिनोब्रुक-1 सम्मेलन के थे। जैसे-सामाजिक समानता, सदाचार, मानव संबंध, जवाबदेही, लोक प्रशासन व लोकतंत्र और प्रशासनिक नेतृत्व में मेल करना।
- "Toward a New Public Administration: The Minnowbrook Perspective" (1971).

## विकास प्रशासन (Development Administration)

- 'विकास प्रशासन' शब्द का प्रयोग पहली बार एक भारतीय प्रशासक यू. एल. गोस्वामी ने वर्ष 1955 में छपे अपने लेख-''दि स्ट्रक्चर ऑफ डेवेलपमेंट एडमिनिस्ट्रेशन इन इंडिया'' में किया था।
- अमेरिकी विद्वान **जॉर्ज ग्रांट** को 'विकास प्रशासन का पिता' माना जाता है। उन्होंने भी इसी काल में इस शब्द का प्रयोग शुरू किया। उनकी पुस्तक-''डेवेलपमेंट ऐडमिनिस्ट्रेशन: कांसेप्ट्स, गोल्स एंड मेथड्स'' पहली बार वर्ष 1979 में प्रकाशित हुई।
- एडवर्ड डब्ल्यू. वीडनर, फ्रेड डब्ल्यू. रिग्स, जोसेफ लॉ पोलोम्बरा, फेरेल हार्डी, मिल्टन जे. एस्मास, एल्बर्ट वाटरसन, लुस्यिन पाई, मर्ल फैनसॉड, अल्फ्रेड डियामाण्ट, हरविंग स्वेर्दलोव, विलियम जे. सॉफिन और हान बीन ली ने लोक प्रशासन के क्षेत्र में विकास प्रशासन की अवधारणा को लोकप्रिय बनाने और विकसित करने में योगदान दिया है।

- जॉर्ज ग्रांट के अनुसार, 'विकास प्रशासन ऐसे अभिकरणों, प्रबंधन तंत्रों एवं प्रक्रियाओं का एक जाल है, जिनकी स्थापना सरकार द्वारा विकासात्मक लक्ष्यों को हासिल करने के लिए की जाती है।'
- डोनाल्ड सी. स्टोन के अनुसार, 'व्यापक रूप से विकास प्रशासन का सरोकार राष्ट्रीय विकास की उपलब्धि से होता है। लक्ष्य, मूल्य और परिवर्तन की रणनीतियां भिन्न हो सकती हैं। योजनाओं, नीतियों, कार्यक्रमों एवं परियोजनाओं का निर्माण तथा क्रियान्वयन किया जाता है।'
- एडवर्ड वीडनर, विकास प्रशासन के सबसे बड़े भाष्यकार हैं। वे विकास प्रशासन की परिभाषा की पहली बार अवधारणात्मक रूप में व्यवस्था करने वाले व्यक्ति भी हैं।
- फेरल हार्डी के अनुसार, 'विकास प्रशासन, एक पाश्चात्य अवधारणा है। इस शब्द का प्रथम प्रयोग 'डोनाल्ड सी. स्टोन' ने किया था।'
- विकास प्रशासन तुलनात्मक लोक प्रशासन की देन है। यह द्वितीय विश्व युद्ध के बाद प्रचलित हुआ, जिसका उद्देश्य लोक प्रशासन को अधिक वैज्ञानिक बनाना है। यह पार-संस्कृति (Cross-Culture) पार-राष्ट्र (Cross Nation) के अध्ययन को शामिल करता है।
- विकास प्रशासन का तात्पर्य विकासशील देशों या अविकसित देशों में विकास के लिए योजना बनाना, गरीबी तथा बेरोजगारी समाप्त करना तथा अन्य कल्याणकारी कार्यों के लिए प्रशासन के प्रयोग से है।
- सार्वभौमिकता व एकरूपता लाने का जो प्रयास लोक प्रशासन में किया गया उससे विकासशील देशों के प्रशासन की व्याख्या नहीं हो पा रही थी परिणामस्वरूप विकासशील राष्ट्रों के प्रशासन के अध्ययन के लिए तुलनात्मक लोक प्रशासन अस्तित्व में आया।

### उद्‌भव के कारण

- पारंपरिक लोक प्रशासन द्वारा प्रशासक के 'माध्यमों' पर ज्यादा और 'लक्ष्यों' पर कम जोर दिया गया था।
- नव-स्वाधीन विकासशील देशों का उदय हुआ।
- विकासशील देशों में संयुक्त राष्ट्र द्वारा प्रायोजित विकास योजनाएं।
- नवोदित विकासशील देशों तक अमेरिकी आर्थिक और तकनीकी सहायता योजनाओं का विस्तार।
- वर्ष 1960 में 'कांप्रेटिव ऐडमिनिस्ट्रेशन ग्रुप' (CAG) की स्थापना।
- विकासशील देशों में पश्चिमी मॉडलों की नाकामी के कारण नव-स्वदेशी प्रशासनिक मॉडल की खोज करना।

### वीडनर का योगदान

- वीडनर ने पारंपरिक प्रशासनिक विचारधारा की सर्वश्रेष्ठ संभव तरीके से प्रशासन करने के 'माध्यमों' पर ज्यादा जोर दिया और 'लक्ष्यों' के अध्ययन पर कम जोर के लिए परंपरागत सिद्धांत की आलोचना की।
- विकास प्रशासन का संबंध विकास के लिए अधिकाधिक नवाचार से है।
- वीडनर महोदय ने विकास प्रशासन को कार्योन्मुखी प्रशासन तथा लक्ष्योन्मुखी प्रशासन के रूप में परिभाषित किया।
- विकास प्रशासन विकास के लिए नवाचार को अधिकतम करता है। नवाचार से तात्पर्य आधुनिकता, राष्ट्र निर्माण, सामाजिक एवं आर्थिक परिवर्तन से है।

## विकास प्रशासन की विशेषताएं

- यह लक्ष्योन्मुखी प्रशासन है।
- परिवर्तन उन्मुखी प्रशासन है
- जनता की सक्रिय भागीदारी होती है।
- नवाचार प्रशासन है।

### रिग्स का योगदान

- विकास प्रशासन को उन 'संगठित प्रयासों' के रूप में परिभाषित किया, जो उन कार्यक्रमों और परियोजनाओं को लागू करते हैं तथा जो विकास के उद्देश्यों की सेवा में लगे लोगों के विषय में सोचते हैं।
- उन्होंने विकास प्रशासन के दो पहलुओं की पहचान की- 'विकास का प्रशासन' और 'प्रशासन का विकास'। (प्रशासनिक विकास)
- उन्होंने विकास के प्रशासन की पहचान संगठनों द्वारा प्रयोग में लाए जाने वाली पद्धतियों के लिए उनके विकास उद्देश्यों को प्राप्त करने के लिए बनी नीतियों और योजनाओं के लिए विकास कार्यक्रमों के प्रशासन के रूप में की।
- प्रशासन के विकास की पहचान प्रशासनिक क्षमताओं के सुदृढ़ीकरण के रूप में की।
- इन दोनों पहलुओं की परस्पर संबद्धता में एक प्रकार से अंडे और मुर्गी के बीच संबंध जैसा है।

## विकास प्रशासन के चारित्रिक गुण

(i) सामाजिक एवं आर्थिक बदलाव लाना
(ii) काल संबंधी आयाम
(iii) लक्ष्य निर्देशित
(iv) नागरिक सहभागिता
(v) प्रतिबद्धता
(vi) संरचनात्मकता
(vii) उपभोक्ता केंद्रित

(viii) परिवेशीय परिप्रेक्ष्य
(ix) प्रतिक्रियात्मकता
(x) प्रभावशाली तालमेल।

- जॉर्ज ग्रांट के अनुसार, 'विकास प्रशासन के चारित्रिक गुण इसके 'उद्देश्यों' (सामाजिक एवं आर्थिक प्रगति), इसकी 'निष्ठाओं' (जनता के प्रति जवाबदेही) और इसके 'रूख' (सकारात्मक प्रयत्नशील और रचनात्मक आगम) से पता चलते हैं।'
- विकास प्रशासन, गतिशील और लचीला है। इसके उद्देश्य जटिल और अनेक हैं। यह विकेंद्रीकरण में विश्वास रखता है। यह रचनात्मकता और आविष्कार को बढ़ावा देता है।

## तुलनात्मक लोक प्रशासन
(Comparative Public Administration)

- तुलनात्मक लोक प्रशासन के विद्वानों एवं समर्थकों का मूल उद्देश्य लोक प्रशासन को परंपरागत अध्ययन क्षेत्र एवं पुरातन अध्ययन प्रणालियों की सीमा से बाहर लाकर उसके क्षेत्र को विस्तृत करना तथा नई समस्याओं के समाधान के अनुरूप नई मान्यताओं को स्थापित करना था। उन्होंने लोक प्रशासन की अमूर्त अवधारणाओं का परित्याग कर समाज की वास्तविक समस्याओं के अध्ययन को आवश्यक माना।
- तुलनात्मक लोक प्रशासन के विद्वानों एवं समर्थकों ने स्पष्टत: लोकतांत्रिक समाज की व्यावहारिक समस्याओं को लोक प्रशासन के अध्ययन क्षेत्र का मौलिक विषय माना व इसके लिए उन्होंने विकासवादी दृष्टिकोण को अपनाने पर बल दिया।

### तुलनात्मक लोक प्रशासन के अध्ययन को प्रेरित करने वाले प्रमुख तत्व

- तुलनात्मक लोक प्रशासन की प्रमुख प्रवृत्ति ने लोक प्रशासन के अध्ययन को संकीर्णता के दायरे से निकालकर व्यापक आधारभूमि पर ला खड़ा किया है।
- तुलनात्मक लोक प्रशासन की दूसरी प्रवृत्ति 'यथार्थवाद की खोज करना' है। यह उन सब संरचनाओं व यथार्थ प्रशासनिक प्रक्रियाओं का परीक्षण करना है, जो लोक प्रशासन व नीति-निर्धारण में प्रभावी भूमिका अदा करती है।
- तुलनात्मक लोक प्रशासन के माध्यम से उन प्राक्कलनों, सामान्यीकरण, प्रतिमानों व सिद्धांतों का निर्माण किया जा सकता है, जो सामूहिक रूप से लोक प्रशासन के वैज्ञानिक अध्ययन में सहायता कर सकते हैं।
- इसमें विकासशील राष्ट्रों की प्रशासनिक व्यवस्थाओं का अध्ययन किया जाता है।
- तुलनात्मक लोक प्रशासन में प्रशासन को वैज्ञानिक बनाने पर बल दिया गया।
- इसके अंतर्गत लोक प्रशासन को स्वायत्त अध्ययन विषय के रूप में प्रतिस्थापित करने पर बल दिया गया।
- लोक प्रशासन के अध्ययन की विषयवस्तु के व्यवस्थित स्पष्टीकरण पर बल दिया गया।

### तुलनात्मक लोक प्रशासन: अर्थ

- दो या दो से अधिक प्रशासनिक ईकाइयों की संरचना एवं कार्यात्मकता की तुलना लोक प्रशासन का तुलनात्मक अध्ययन कहलाता है।
- कीथ एम. हैब्डर्सन के अनुसार, लोक प्रशासन के तुलनात्मक अध्ययन से तात्पर्य वैचारिक संबंधों, राजनीतिक दलों, निर्वाचन तंत्र, दबाव-समूहों, संविधानों तथा औपचारिक संस्थाओं से संबंधित विवेचन को रखा है।
- निमरोड राफली के अनुसार, तुलनात्मक लोक प्रशासन तुलनात्मक आधार पर लोक प्रशासन का अध्ययन है।

### तुलनात्मक लोक प्रशासन के अध्ययन के दृष्टिकोण

#### 1. व्यापक दृष्टिकोण

- इसमें विभिन्न संस्थाओं के परिवेशों में सरकारी अभिकरणों, व्यापारिक निगमों आदि का अध्ययन किया जाता है।

#### 2. सीमित दृष्टिकोण

- यह रिग्स का दृष्टिकोण है। रिग्स तुलनात्मक शब्द को प्रतिबंधित करके उसे आनुभविक तथा सिद्धांतपरक अध्ययनों तक सीमित रखना चाहता है।
- रिग्स के अनुसार, वास्तविक तुलनात्मक अध्ययन वह है, जो निश्चित रूप से अनुभव संबंधी 'नोमोथैटिक' तथा परिस्थितिकीय हो।

### तुलनात्मक लोक प्रशासन के अध्ययन के प्रयोजन

- किसी विशिष्ट प्रशासनिक प्रणाली अथवा प्रणाली समूहों की विशिष्टताओं का अध्ययन।
- प्रशासनिक व्यवहार में सांस्कृतिक संकट व राष्ट्रीय भिन्नताओं के लिए उत्तरदायी घटकों की व्याख्या करना।
- किसी विशिष्ट पारिस्थितिक विन्यास में विशिष्ट प्रशासनिक रूपों की सफलताओं एवं असफलताओं के कारणों की जांच पड़ताल करना।
- प्रशासनिक सुधारों की कार्य नीति को समझना।

### तुलनात्मक लोक प्रशासन का क्षेत्र

- इसमें तीन प्रकार के अध्ययन सम्मिलित किए जाते हैं:

**1. व्यापक स्तर पर**

- व्यापक अध्ययनों का केंद्रबिंदु संपूर्ण प्रशासनिक प्रणालियों की उनकी पारिस्थितिकी के संदर्भ में तुलना करना।

**2. मध्यम स्तर पर**

- मध्यम स्तर अध्ययन प्रशासनिक प्रणाली के कुछ महत्वपूर्ण भागों पर किए जाते हैं, जिनका आकार पर्याप्त विस्तृत व कार्यप्रणाली व्यापक होती है।

**3. सूक्ष्म स्तर पर**

- सूक्ष्म अध्ययन किसी एक संगठन का दूसरे संगठन से उसके प्रतिरूप की तुलना से संबंधित है।

## तुलनात्मक लोक प्रशासन के उपागम

- 'हैंडरसन' ने इसके मुख्यत: तीन उपागम बताए है:

1. नौकरशाही व्यवस्था उपागम
2. निवेश-निर्गत व्यवस्था उपागम
3. घटक उपागम।

- तुलनात्मक लोक प्रशासन के प्रमुख उपागम है:-

**1. नौकरशाही उपागम**

- इसके प्रतिपादक मैक्स वेबर हैं। इन्होंने नौकरशाही प्रारूप के आधार पर अनेक तुलनात्मक अध्ययन किए हैं। माइक क्रेजियर, रायलेयर्ड, मोरो बर्जर भी इसी के अंतर्गत आते हैं।

**2. व्यवहारवादी उपागम**

- इसमें प्रशासनिक व्यवस्थाओं में मानव-व्यवहार के विश्लेषण पर ध्यान केंद्रित किया जाता है, तथा तथ्य व आंकड़े एकत्र करने हेतु वैज्ञानिक पद्धति पर बल दिया जाता है। हर्बर्ट साइमन ने निर्णय निर्माण प्रक्रिया के व्यवहारवादी अध्ययन पर जोर दिया था।

**3. व्यवस्था उपागम**

- यह प्रशासनिक व्यवस्था को सामाजिक व्यवस्था की उपव्यवस्था मानता है। यह प्रशासनिक व्यवस्था के विभिन्न भागों, भूमिकाओं, व्यक्तियों पर दृष्टिपात करता है, और उन भागों के बीच परस्पर संबंधों का परीक्षण करता है। चेस्टर बर्नार्ड ने संगठन का अध्ययन व्यवस्थावादी उपागम से करने का प्रयास किया है।

**4. पारिस्थितिक उपागम**

- इसके प्रवर्तकों में फ्रेड रिग्स प्रमुख हैं। यह लोक प्रशासन का सबसे लोकप्रिय उपागम है। इसमें प्रशासनिक प्रणाली एवं संरचना पर राजनीतिक, आर्थिक, सामाजिक तथा सांस्कृतिक व्यवस्था के प्रभाव और इन पारिस्थितिक संरचनाओं पर प्रशासनिक प्रणाली के प्रभाव पर बल दिया गया है।

**5. विकासवादी उपागम**

- यह विकास प्रशासन पर ध्यान केंद्रित करता है। यह उपागम प्रशासनिक व्यवस्था को विकास व गतिशीलता के परिप्रेक्ष्य में देखता है, जिसका जोर लक्ष्य उन्मुखता तथा परिवर्तनशीलता पर है।

### निष्कर्ष

- तुलनात्मक लोक प्रशासन की उपयोगिता अब स्पष्ट व निश्चित हो चुकी है। एक व्यापक सामान्य सिद्धांत का विकास करने हेतु तुलनात्मक परिप्रेक्ष्य अनिवार्य माना जाने लगा है।
- इससे नवीन परिकल्पनाओं, सामान्यीकरणों एवं विश्लेषण परियोजनाओं तथा उपागमों की प्राप्ति की संभावना बढ़ गई है।

**फ्रेड डब्ल्यू. रिग्स ( Fred W. Riggs) की प्रमुख रचनाएं**

- Frontiers of Development Administration, (1970)
- Administration in Developing Countries; the Theory of Prismatic Society, (1964)
- Prismatic Society Revisited, (1973)
- The Ecology of Public Administration, (1961).

## नवीन लोक प्रबंधन

- नवीन लोक प्रबंधन लोक प्रशासन को परिवर्द्धित व परिष्कृत करने हेतु लाई गई विचारधारा है। इसमें 3 Es- EFFICIENCY, ECONOMY and EFFECTIVENESS (कुशलता, मितव्ययिता तथा प्रभावशीलता) पर बल दिया जाता है।
- लोक प्रबंधन सार्वजनिक व निजी प्रशासन के संयुक्त प्रयास करने से संबंधित है। इसमें सार्वजनिक प्रशासन के संसाधन तथा निजी प्रशासन की कार्यकुशलता, निष्पादन उन्मुखता व प्रभावशीलता का जुड़ाव किया जाता है।
- सार्वजनिक प्रशासन में जवाबदेहिता की कमी, संसाधनों का दुरूपयोग, पद-दुरूपयोग द्वारा स्वहित पर ध्यान केंद्रण, कठोर पदसोपानिक व्यवस्था लालफीताशाही की समस्या है, जबकि निजी प्रशासन में शोषणकारी व्यवस्था, कठोर संसाधनों की कमी की समस्या है।
- नवीन लोक प्रबंध में दोनों क्षेत्रों के संयुक्त योगदान पर बल देते हैं। नवीन लोक प्रबंध (NPM) शब्द को 1991 में क्रिस्टोफर हुड द्वारा प्रयोग किया गया।

- इसके अन्य समर्थक गोरल्ड-काइइन, पी. हौगेर, सी पौलिट, आर रोड्स, आर. एम. कैली व एल टेरी हैं।
- C. Hood, ने नव-लोक प्रबंध के 3 आधारभूत मूल्य बताए हैं-

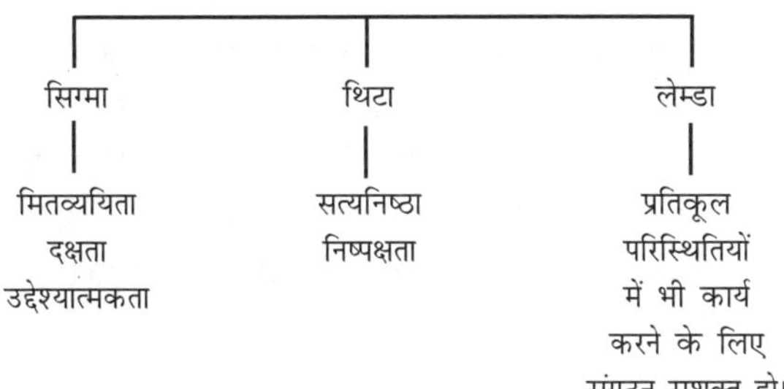


- **ऑसबोर्न व टीड गैबलर ने लोक प्रबंधन के निम्न आधार बताए हैं:**

1. उत्प्रेरक-सरकार
2. सामुदायिक सशक्तिकरण आधारित सरकार
3. प्रतिस्पर्धा आधारित सरकार
4. मिशन आधारित सरकार
5. उद्यमी सरकार
6. पूर्वानुमान आधारित
7. विकेंद्रीकृत
8. बाजारोन्मुख

## नवीन लोक प्रबंध के विकास के कारण

- लोक विकल्प विचारधारा के माध्यम से लोक नौकरशाही का विश्लेषण बढ़ा।
- नवीन लोक प्रबंध का प्रयोग सुशासन में बढ़ा।
- आर्थिक उपक्रमों में प्रतिस्पर्धा बढ़ने से नव लोक प्रबंध का प्रयोग बढ़ा।
- E-Governance के प्रयास के कारण भी NPM का प्रयोग बढ़ा।

## लोक प्रबंध के नए आयाम

- लोक प्रशासन को परिवर्द्धित व परिष्कृत करने के लिए 1994 में 'संक्रमणशील सरकार' नामक विषय पर कनाडा के (कापाम) Commonwealth Association for Public Administration & Management सम्मेलन में लोक प्रशासन व प्रबंधन में निम्न विचारधाराओं को शामिल किया गया-

### 1. सुशासन (Good-Governance)

- सुशासन, विचारधारा प्रशासन में व्यापकता, अंतर्राष्ट्रीय मानकों की अनुरूपता तथा प्रशासन की पारदर्शिता पर बल देती है।

### सुशासन के लक्षण

- पारदर्शिता, उत्तरदायी, प्रभावशीलता, दक्षता, समानता, समावेशिता, जवाबदेहिता, सहभागिता, विधि का शासन।
- सुशासन की अवधारणा 4-E पर आधारित है- Ethics (नैतिकता), Ethos (जनसेवा), Efficiency (कार्यकुशलता), Equality (समानता)।
- **भारत में सुशासन से संबंधित निम्नलिखित उपाय किए गए हैं-**
- सुशासन की स्थापना के प्रयासों की निरंतर जांच करने हेतु सम्मेलन, आयोगों का गठन।
- प्रशासनिक सुधार आयोग-2 में सुशासन पर जोर देना।
- 1996 में जॉन मेजर द्वारा सिटीजन-चार्टर का प्रयोग किया जाना।
- नागरिक शिकायत व नागरिक सुविधा हेतु ई-मित्र जैसी व्यवस्था को प्रारंभ करना।
- निरंतर सिविल सेवा के सुधार पर बल।

### 2. नागरिक अधिकार-पत्र

- सार्वजनिक निकाय द्वारा प्रदत्त सेवाओं को नियमबद्धता व समयानुकूल दिए जाने का प्रपत्र ही नागरिक अधिकार-पत्र कहलाता है।
- सिटीजन चार्टर का विचार सर्वप्रथम 1991 में 'जॉन मेजर' ने प्रस्तुत किया। यह सार्वजनिक सेवाओं की गुणवत्ता में सुधार हेतु Service First के नाम से लाया गया। इसके 6 प्रमुख सिद्धांत हैं-
  1. पारदर्शिता 2. उत्तरदायित्व 3. प्रमाप 4. गुणवत्ता 5. मूल्यपरकता 6. वैकल्पिक व्यवस्था।
- भारत में सर्वप्रथम 1997 मे सिटीजन चार्टर नामक शीर्षक से सचिवों का सम्मेलन अनुशंसित किया गया। भारत में नागरिक अधिकार-पत्र के निम्नलिखित आधार तत्व हैं-

1. कार्यरत संगठन के उद्देश्यों का उल्लेख।
2. कार्यरत संगठन के विस्तृत व्यापार की जानकारी का उल्लेख।
3. सेवा प्राप्त करने वाले नागरिक का विवरण।
4. सेवा के संबंध में शिकायत, उसके निवारण के सुझाव का उल्लेख।
5. सेवा के प्रमाप, समयबद्धता व उत्कृष्टता की जानकारी का उल्लेख।
4. सेवा प्राप्त करने वाले नागरिक की अपेक्षाओं का उल्लेख।

### 3. ई-प्रशासन

- ई-प्रशासन सभी सरकारी एजेंसियों द्वारा नागरिकों को सूचना देने हेतु प्रयोग में लाई जाने वाली तकनीक ही है। ई-प्रशासन के निम्न तत्व हैं:- (SMART)

1. साधारण (Simple)
2. नैतिक (Moral)
3. जवाबदेह (Accountable)
4. उत्तरदायी (Responsive)
5. पारदर्शी (Transparent)

- द्वितीय प्रशासनिक सुधार आयोग (2005-09) ई-शासन के संबंध में ई-प्रशासन को प्रोत्साहन आगे की ओर गतिशील स्मार्ट मार्ग में
- ई-शासन के 4 प्रकार हैं:-

1. सरकार की नागरिकों के साथ अंतर्क्रिया (G2C)
2. सरकार की व्यापार के साथ अंतर्क्रिया (G2B)
3. सरकार से सरकार की अंतर्क्रिया (G2G)
4. सरकार व कर्मचारी के मध्य अंतर्क्रिया (G2E)।

### निष्कर्ष

- नव-लोक प्रशासन की अवधारणा विकसित के साथ-साथ विकासशील देशों के लिए भी उपयोगी है। यह देश में प्रशासन के सर्वांगीण विकास, पारदर्शिता सुनिश्चित करने में सहायक है।

**नव-लोक प्रशासन की प्रमुख पुस्तकें-**

- इन साइड ब्यूरोक्रेसी - एंटोनी डाउंस
- Politics of Bureaucracy - Gordon Tullock
- Bureaucracy and Representative Government - विलियम निस्कनिन
- रिइन्वेन्टिंग गवर्नमेंट (1992) - ओसबोर्न और गैबलर
- National Perfomance Review - अल्गोर

## उदारीकरण तथा वैश्वीकरण के युग में लोक प्रशासन की बदलती प्रकृति

- उदारीकरण, भूमंडलीकरण व वैश्वीकरण आधुनिक युग की प्रमुख विशेषताएं हैं। विश्व की अर्थव्यवस्था में आया खुलापन, आपसी जुड़ाव व परस्पर निर्भरता का फैलाव उदारीकरण व वैश्वीकरण के ही परिणाम हैं।

### वैश्वीकरण, उदारीकरण और निजीकरण से तात्पर्य

- पूरी दुनिया को एक भूमंडलीय गांव के रूप में मानने की अवधारणा ही वैश्वीकरण है। जिसमें विभिन्न वस्तुओं, तकनीक, पूंजी व श्रम का निर्बाध प्रवाह होता है।
- उदारीकरण से तात्पर्य व्यापार हेतु कानूनी प्रतिबंधों में ढील देते हुए आयात-निर्यात को आसान बनाने से होता है। इसमें व्यापार, उद्योग एवं निवेश के स्वतंत्र प्रवाह में बाधा उत्पन्न करने वाले प्रतिबंधों को समाप्त किया जाता है।
- निजीकरण के अंतर्गत उद्योग, व्यापार तथा सेवा को सरकारी नियंत्रण से मुक्त करते हुए निजी क्षेत्र को खुली प्रतिस्पर्धा के लिए बाजारी शक्तियों के सहारे छोड़ दिया जाता है। इसमें आर्थिक क्रियाओं में सरकारी हस्तक्षेप को कम किया जाता है। वैश्वीकरण के दौर में 3 बड़े बदलाव विश्व स्तर पर देखने को मिले, जिसने लोक प्रशासन को प्रभावित किया-

1. तकनीक में परिवर्तन आए। नई तकनीक तक लोगों की पहुंच आसान हुई। कंप्यूटर, इंटरनेट व सूचना तकनीकी के युग में राज्य व प्रशासन के बारे में आम व्यक्ति के लिए जानकारी प्राप्त करना सुलभ हुआ।
2. वैश्वीकरण के युग में विश्व व्यवस्था में बदलाव हुआ। विभिन्न संस्थाओं, विचारधाराओं का उदय हुआ।
3. जैसे-जैसे वैश्वीकरण का उदय हुआ, विकास की रणनीतियों में परिवर्तन हुआ।

### उदारीकरण वैश्वीकरण का लोक प्रशासन पर प्रभाव

- उदारीकरण व वैश्वीकरण के परिणामस्वरूप विकास की संपूर्ण रणनीति में भारी बदलाव आया। लोक प्रशासन व नौकरशाही की भूमिका में भी बदलाव आने लगे। जिसे निम्न बिंदुओं में देख सकते हैं-

#### 1. राज्य व सरकार की भूमिका में कटौती

- स्वतंत्रता के बाद भारत में राज्य व सरकार की भूमिका में जबरदस्त वृद्धि हुई। लेकिन उदारीकरण के बाद राज्य व सरकार द्वारा किए जाने वाले अनेक कार्य निजी क्षेत्र के लिए खोल दिए गए। राज्य व सरकार का कार्यभार कम हुआ। उसका स्थान बाजार, गैर-सरकारी संगठन तथा समुदाय आधारित संगठन ग्रहण करने लगे।

#### 2. कोटा, परमिट व लाइसेंस राज का अंत

- उदारीकरण और आर्थिक सुधारों में नियंत्रण के स्थान पर बाजारीकरण व निजीकरण पर बल दिया गया और लाइसेंस परमिट, सब्सिडी आदि को जारी रखने के बजाय इनको यथासंभव कम करने पर बल दिया जाने लगा। इससे सरकार व नौकरशाही की भूमिका सीमित हुई।

#### 3. लोक प्रशासन की नई भूमिका सकारात्मक व सहयोगात्मक

- उदारीकरण के युग में नौकरशाही की नकारात्मक भूमिका में परिवर्तन आया। अब नौकरशाही को सकारात्मक, रचनात्मक, सहयोगात्मक व मददगार मार्गदर्शक की भूमिका का निर्वाह करना है।

**4. प्रशासनिक सुधार**

- उदारीकरण के बाद प्रशासनिक सुधारों पर पर्याप्त बल दिया जा रहा है, ताकि सरकारी नौकरशाही को जवाबदेह बनाया जा सके। ई-गवर्नेंस, नागरिक चार्टर, पारदर्शिता, गुणवत्ता, जवाबदेयता पर बल दिया जा रहा है।

**5. लोक-विकल्प विचारधारा पर बल**

- लोक विकल्प सिद्धांत लोक प्रशासन में प्रतिस्पर्द्धा को सम्मिलित करता है, तथा सार्वजनिक वस्तुओं व सेवाओं के संस्थात्मक व बहुलवाद का समर्थक है। सार्वजनिक सेवाओं की आपूर्ति के लिए निजी स्त्रोतों का अधिकाधिक प्रयोग कर नौकरशाही के लिए प्रतिस्पर्धा बढ़ाने का समर्थक है।

**6. नवीन लोक प्रबंध प्रतिमान**

- यह प्रतिमान सार्वजनिक क्षेत्र में लोक प्रबंधकों की इस भूमिका पर जोर देता है, कि उन्हें नागरिकों के लिए उच्च स्तर की सेवाएं प्रदान करना है।
- यह सेवा उन्मुखी सरकार (Mission Driven Government) व बाजार उन्मुखी सरकार (Market Oriented Government) के मंतव्यों पर बल देता है।

**7. सार्वजनिक क्षेत्र के उपक्रमों में विनिवेशन**

- सार्वजनिक उपक्रमों की बढ़ती समस्याओं के कारण सरकार ने अपने आर्थिक सुधार कार्यक्रमों की श्रृंखला में सार्वजनिक उपक्रमों में विनिवेशन की नीति अपनाई व सार्वजनिक उपक्रमों का निजीकरण किया । इसका उद्देश्य है- सार्वजनिक उपक्रमों में व्याप्त कमियों व असफलताओं को दूर करके उनकी लाभदायकता बढ़ाना।

**8. राज्य व सरकारी प्रशासन की हस्तक्षेप प्रवृत्ति कम करते हुए नागरिक समाज को दायित्व सौंपना:**

- भूमंडलीकरण के इस युग में राज्य को गैर-सरकारी संगठनों के साथ व नागरिक समाज के साथ सक्रिय सहयोग करते हुए बाजार मैत्री भूमिका का निर्वाह करना है। भूमंडलीकरण न केवल ऊपर से अपितु नीचे से धरातल पर भी दिखना चाहिए।

**ऊपर से भूमंडलीकरण से अभिप्राय है–**

- राष्ट्रीय अर्थव्यवस्थाओं का विश्व अर्थव्यवस्था के साथ समायोजन, राष्ट्रीय अर्थव्यवस्था का विश्व बैंक व अंतर्राष्ट्रीय मुद्रा कोष के निर्देशन में वैश्विक अर्थव्यवस्था के साथ एकीकरण की प्रक्रिया।
- नीचे से भूमंडलीकरण से अभिप्राय है-स्थानीय व धरातलीय स्तर पर महिला सशक्तिकरण, सर्व शिक्षा, मानव अधिकार, उपभोक्ता अधिकार, पर्यावरण संरक्षण, लोकतंत्र, विकेंद्रीकरण आदि क्षेत्रों में जनसहभागिता को प्रोत्साहित करना। इन क्षेत्रों में राज्य व स्थानीय प्रशासन का हस्तक्षेप कम करके जन संगठनों व नागरिक समाज को दायित्व सौंपना।

## निष्कर्ष

- उदारीकरण के दौर में सरकार के आकार में कटौती, नौकरशाही के कार्यभार को हल्का करने, उत्पादकता व जवाबदेह जैसे शब्द लोक-प्रशासन में प्रसिद्ध होने लगे। 'नवीन लोक प्रबंधन' पर बल दिया गया।
- लोक विकल्प सिद्धांत पर बल दिया गया और नौकरशाही को जनता के प्रति अधिक जवाबदेह बनाए जाने का प्रयास किया गया। सुशासन की अवधारणा उभर कर सामने आई।

अध्याय 3

# संगठन के सिद्धांत एवं नियम
# THEORIES & PRINCIPLES OF ORGANISATION

## संगठन

- निश्चित उद्देश्य के लिए बनाया गया व्यक्तियों का समूह संगठन है। संगठन के सिद्धांतों को **दो समूह में बांटा जा सकता है-**

  1. सार्वभौमिक सिद्धांत। 2. पारिस्थितिक सिद्धांत।

### 1. सार्वभौमिक सिद्धांत

- इसमें यह माना जाता है कि संगठन के नियम तथा सिद्धांत सार्वभौमिक होते हैं। इसे यांत्रिक, कुशलता व मितव्ययिता का दृष्टिकोण भी कहा जाता है। **इसे तीन भागों में विभाजित किया जाता है-**
  - (a) वैज्ञानिक सिद्धांत- डब्ल्यू. टेलर -1909
  - (b) परंपरागत सिद्धांत - हेनरी फियोल, लूथर गुलिक, उर्विक, मूने व रैले।
  - (c) नौकरशाही सिद्धांत - मैक्स वेबर।

### 2. पारिस्थितिक सिद्धांत

- इसमें स्थानीय तत्वों, सांस्कृतिक विशेषताओं, मानवीय व्यवहारों इत्यादि पर जोर दिया जाता है। **इसके प्रमुख सिद्धांत इस प्रकार हैं-**
  - (a) मानवीय संबंध सिद्धांत- एल्टन मियो।
  - (b) व्यवहार सिद्धांत- चेस्टर बर्नार्ड।
  - (c) भागीदारी प्रबंध सिद्धांत- मैकग्रेगर।
  - (d) व्यवस्थावादी सिद्धांत- साइमन।

## वैज्ञानिक प्रबंधन

- 'वैज्ञानिक प्रबंधन' नामक शब्द को पहली बार 'लुई ब्रैंडीज' ने प्रयोग किया था।
- टेलर ने सांगठनिक कुशलता और वित्त को बढ़ावा देने के लिए इस शब्द का प्रयोग वैज्ञानिक पद्धति और तकनीकी की पूर्ण क्रमबद्ध व्याख्या के लिए किया।
- 20वीं सदी के पहले दशक में 'टेलर' ने **वैज्ञानिक प्रबंधन** का प्रतिपादन किया। यह प्रशासन का पहला सामंजस्यपूर्ण सिद्धांत है।
- **वैज्ञानिक प्रबंधन** 'टेलरवाद' के रूप में भी जाना जाता है।
- टेलर की रचनाएं-''ए पीस रेट सिस्टम'' (1895), ''शॉप मैनेजमेंट'' (1903), ''ऑर्ट ऑफ कटिंग मेटल्स'' (1906), ''प्रिंसिपल्स ऑफ साइंटिफिक मैनेजमेंट'' (1911)।
- औद्योगिक और सरकारी, दोनों ही संगठनों के प्रशासनिक विचार और प्रणाली पर वैज्ञानिक प्रबंधन आंदोलन का महत्वपूर्ण प्रभाव पड़ा है।
- वैज्ञानिक प्रबंधन, अमेरिका से यह सोवियत संघ पहुंचा। जहां वर्ष 1920-1940 के बीच इसने स्टार विनीवाइट आंदोलन का रूप लिया।
- टेलर के अनुसार, 'प्रबंधन, सच्चा विज्ञान है, क्योंकि यह स्पष्ट रूप से निर्धारित कानूनों, नियमों और सिद्धांतों पर आधारित है और हर प्रकार के संगठन में सार्वभौमिक रूप से लागू होता है।'
- वैज्ञानिक प्रबंधन का सरोकार औद्योगिक संगठनों की प्रबंधकीय प्रथाओं और उत्पादन प्रक्रियाओं में वैज्ञानिक पद्धतियों के प्रयोग से था।
- इसने संगठन के निम्नतम स्तर (Shop floor) पर ध्यान केंद्रित किया।
- इसने सांगठनिक कुशलता और मितव्ययिता में सुधार के लिए विशिष्टीकरण, पूर्वसूचनीयता, तकनीकी क्षमता और तर्कसंगत होने पर बल दिया।
- टेलर ने अपने वैज्ञानिक प्रबंधन के सिद्धांत को **तीन कल्पनाओं पर आधारित किया-**
  - (i) वैज्ञानिक पद्धति के प्रयोग से सांगठनिक कार्यप्रणाली उन्नत की जा सकती है।
  - (ii) एक अच्छा मजदूर काम को शुरू करने वाला नहीं, बल्कि प्रबंधन के निर्देशों को मानने वाला मजदूर है।
  - (iii) हर मनुष्य एक 'आर्थिक मनुष्य' है। यानी वह आर्थिक कारकों से ही प्रेरित होता है।
- टेलर का प्रयोगों के दौरान सामना 'कामचोरी' की परिघटना से हुआ, जिसमें मजदूर की प्रवृत्ति उत्पादन

को बाधित करने की होती है। स्वाभाविक कामचोरी व्यक्तिगत कारकों जैसे-आराम से काम करने, ज्यादा परिश्रम न करने व इसी प्रकार की आदतों का नतीजा है। व्यवस्थित कामचोरी सामाजिक और सांगठनिक कारकों का परिणाम है।

- टेलर कुशलता बढ़ाने के लिए वैज्ञानिक तकनीक का प्रयोग करके 'कामचोरी' को कम करता है।
- वैज्ञानिक प्रबंधन की विशेषताएं **इस प्रकार हैं**-
  (i) कार्यों का प्रबंध।
  (ii) लोगों का प्रबंध।
  (iii) परिचालन का प्रबंध।
  (iv) प्रबंधन, एक सामूहिक क्रिया है।
  (v) प्रबंधन, एक गतिशील क्रिया है।
- **बौद्धिक क्रांति** (Mental Revolution) : मजदूर और प्रबंधक की ओर से बौद्धिक क्रांति, इस चेतना की मांग करती है कि उनके पारस्परिक हित असंगत नहीं हैं और दोनों सहयोग से ही उन्नति कर सकते हैं, न कि टकराव से। यही वैज्ञानिक प्रबंधन का सार है।
- टेलर के अनुसार, 'प्रबंधन का लक्ष्य मालिकों की अधिकतम समृद्धि और साथ ही हर कर्मचारी की अधिकतम समृद्धि हासिल करना होना चाहिए।'
- रीनहार्ड बेंडिक्स ने अपनी रचना-"वर्क एंड अथॉरिटी इन इंडस्ट्री" में कहा है कि 'हर मजदूर की उत्पादक क्षमता को अधिकतम बढ़ाकर, वैज्ञानिक प्रबंधन मजदूर और मालिक दोनों की ही आय को अधिकतम बनाएगा। इसलिए पूंजी और श्रम के बीच के सारे संघर्षों का समाधान इस विज्ञान के परिणामों से ही हो जाएगा।'
- वैज्ञानिक प्रबंधन के उपरोक्त सिद्धांतों को लागू करने में वैज्ञानिक प्रबंधन की तकनीकें मदद करती हैं, **वे हैं**-
  (i) **कार्यात्मक फोरमैनशिप** (Functional Formanship): जिसके अंतर्गत् एक मजदूर, आठ कार्यात्मक फॉरमेन द्वारा पर्यवेक्षित और मार्गदर्शित किया जाता है। इन आठ कार्यात्मक फॉरमेन में से चार योजना के लिए जिम्मेदार होते हैं और योजना कक्ष में बैठते हैं। वे हैं, कार्यक्रम-व-रूट क्लर्क, निर्देश-कार्ड क्लर्क, समय व लागत क्लर्क, कारखाना अनुशासक। कार्यात्मक फोरमैन कारखाना स्थल पर कार्यान्वयन के लिए जिम्मेदार होते हैं-टोली बॉस, गति बॉस, निरीक्षक, मरम्मत बॉस।
  (ii) **गति अध्ययन** (Motion Study) : यह कार्य पद्धतियों के मानकीकरण की एक तकनीकी है। इसमें किसी कार्य विशेष में समाहित सभी गतियों का अवलोकन और फिर गतियों के सर्वश्रेष्ठ समुच्चय का निर्धारण शामिल है।
  (iii) **समय अध्ययन** (Time Study) : यह काम खत्म होने के मानक समय को निर्धारित करने के लिए प्रयुक्त होता है। इस तकनीक के लिए 'स्टॉप वॉच' का प्रयोग महत्वपूर्ण है।
  (iv) **अंतरीय पीस रेट योजना** (Differential Peace Rate Plan) : टेलर ने गति और समय अध्ययनों द्वारा निर्धारित मानकों के आधार पर पीस रेट द्वारा भुगतान का सुझाव दिया। इसलिए इस भुगतान योजना को 'अंतरीय पीस रेट' योजना कहा जाता है। भुगतान की यह योजना मजदूरों को अपना सर्वश्रेष्ठ प्रयास करने के लिए प्रेरित करेगी।
  (v) **अपवाद सिद्धांत** : प्रबंधन हर दिन के काम का निर्धारण करेगा और निर्धारित लक्ष्य की प्राप्ति पर पुरस्कार और असफलता पर दंड देगा।
  (vi) अलग योजना प्रकोष्ठ।
  (vii) औजार और साधनों के साथ ही मजदूरों की कार्यवाहियों और गतियों का मानकीकरण।
  (viii) मजदूरों के लिए निर्देश कार्ड।
- वैज्ञानिक प्रबंधन की **कई वर्गों ने आलोचना** की है-
  (i) एक अधूरा सिद्धांत, उच्च स्तर की सांगठनिक प्रक्रियाओं की उपेक्षा।
  (ii) मानवीय पहलू की अनदेखी, यह मजदूर को यंत्र मानता है।
  (iii) मानवीय प्रेरणा की व्याख्या, यह आर्थिक कारकों के अर्थों में ही करता है और प्रेरणा के सामाजिक और मनोवैज्ञानिक पहलू को उपेक्षित करता है।
  (iv) मजदूरों के उत्पादन से जुड़े व्यवहार से ही सरोकार रखने के कारण मार्च व साइमन ने इसकी कल्पना 'शारीरिक प्रबंधन विचारधारा' के रूप में की है।
  (v) इसका सबसे ज्यादा विरोध मजदूर नेताओं ने किया। टेलरवाद को न केवल उनकी भूमिका, बल्कि 'ट्रेड आंदोलन' और 'सामूहिक सौदेबाजी' के सिद्धांत के लिए खतरा माना गया।
  (vi) प्रो. रॉबर्ट हॉक्सी की जांच-पड़ताल ने तो यहां तक बताया कि वैज्ञानिक प्रबंधन और मजदूर यूनियनवाद के सिद्धांत आपस में मेल नहीं खाते।
  (vii) टेलरवाद के कारण काम और जिम्मेदारियां बढ़ जाएंगी। इसलिए प्रबंधक ने भी इसका विरोध किया। वैज्ञानिक पद्धतियों को अपनाने से उन्हें अपने निर्णय और स्वविवेक से हाथ धोना पड़ेगा।

## टेलर के सहयोगी विचारक

1. **एच. एल. गंट** (Henry Laurence Gantt) : इन्होंने बोनस प्रणाली (Bonus system) एवं प्रोत्साहन (Incentive) के माध्यम से उत्पादन बढ़ाने का प्रयास किया। आदतों के माध्यम से कर्मचारियों के शुरूआती दिनों में उत्पादन बढ़ाने का समर्थन किया है।
2. **गिलब्रेथ :** गिलब्रेथ ने प्रवाह प्रक्रिया चार्ट (Flow process chart) के माध्यम से उत्पादन बढ़ाने का समर्थन किया है। गति अध्ययन में रुचि रखते थे और उन्होंने 18 प्रकार की गतियों (On the job motions) की पहचान की, जिसे वे 'The RBLIGS' कहते हैं।
3. **इमरसन हैरिंगटन** (Emerson, Harrington) : क्षमता के बारह सिद्धांत ("The Twelve Principles of Efficiency (1912)" में उत्पादन बढ़ाने के लिए 12 नियमों का समर्थन किया।

## परंपरागत सिद्धांत

- प्रशासन में इस सिद्धांत का विकास 20वीं सदी के पूर्वार्द्ध में हुआ था।
- इसके मुख्य प्रवर्तक-हेनरी फेयॉल, लूथर गुलिक, लिडल उर्विक, जे.डी. मूनी, ए.सी. रेली, मैरी पार्कर फालेट है।
- क्लासिकीय सिद्धांत के अन्य नाम परंपरागत सिद्धांत, औपचारिक संगठन सिद्धांत, यांत्रिक सिद्धांत, संरचनात्मक सिद्धांत व प्रबंधन प्रक्रिया स्कूल हैं।
- मार्क और साइमन ने इसे 'प्रशासनिक प्रबंधन सिद्धांत' कहा है।
- यह सिद्धांत, 'औपचारिक सांगठनिक संरचना' और 'प्रशासनिक की विधि' पर बल देता है।
- इसकी लाक्षणिक विशेषताएं-विशिष्टीकरण, वर्गीकरण, तर्कसंगति, अवैयक्तिकता और कुशलता।
- श्रम विभाजन, इस सिद्धांत की केंद्रीय विशेषता है।
- गुलिक और उर्विक के "पेपर्स ऑन दि साइंस ऑफ एडमिनिस्ट्रेशन" के प्रकाशन के साथ यह सिद्धांत अपनी पराकाष्ठा पर पहुंचा।
- संगठन कुछ मूलभूत सिद्धांतों के अनुरूप बना हो, तब उसकी कुशलता और अर्थव्यवस्था को अधिकतम बेहतर बनाया जा सकता है।
- संगठन के सिद्धांत निर्धारित करना, उनका मुख्य काम बन गया है।

### हेनरी फेयोल

- यह एक फ्रांसीसी इंजीनियर थे, इन्हें परंपरागत सिद्धांत का पिता कहा जाता है।
- इन्होंने 1916 में "General and Industrial Management" नामक पुस्तक लिखी, जिसमें उन्होंने सभी प्रकार के संगठनों के लिए कुछ सिद्धांत दिए, जिनको **तीन भागों में विभाजित किया जा सकता है-**
  1. प्रशासनिक क्रियाओं का वर्गीकरण
  2. प्रशासन के मूल तत्व
  3. प्रशासन के सिद्धांत।
- वे लोक व असार्वजनिक प्रशासन में भेद नहीं करते।
- फेयोल ने किसी औद्योगिक उपक्रम की सभी गतिविधियों को **छह हिस्सों में बांटा है-**
  - (i) तकनीकी गतिविधियां। (उत्पादन एवं विनिर्माण)
  - (ii) वाणिज्यिक गतिविधियां। (क्रय एवं विक्रय)
  - (iii) वित्तीय गतिविधियां। (पूंजी का सर्वश्रेष्ठ उपयोग)
  - (iv) सुरक्षा संबंधी गतिविधियां। (जान-माल की रक्षा)
  - (v) लेखा गतिविधियां। (बैलेंस शीट एवं लागत)
  - (vi) प्रबंधकीय गतिविधियां। (नियोजन, संगठन, निर्देश, तालमेल व नियंत्रण)।

### प्रशासन के तत्व

- हेनरी फेयोल ने प्रशासन के तत्वों को POCCC से कूट किया-

  P - Planning. O - Organisation.
  C- Commanding. C - Co-ordinating
  C- Controlling.
- फेयोल के अनुसार, प्रशासन 'POCCC' को समेटता है, जिसका अर्थ है-योजना, संगठित करना, निर्देशित करना, तालमेल और नियंत्रण।
- फेयोल के अनुसार, उच्च स्तरों पर तकनीकी क्षमता नहीं, बल्कि प्रशासनिक क्षमता की जरूरत होती है।
- संगठन को इन्होंने दो भागों में बांटा-
  1. भौतिक संगठन - संरचनाएं, भवन
  2. मानव संगठन - मानव संसाधन।
- फेयोल के अनुसार, प्रशासनिक योग्यता, तकनीकी योग्यता से उच्च होती है तथा उच्च स्तर के कर्मचारियों के लिए प्रशासनिक योग्यता व निम्न कर्मचारियों के लिए तकनीकी योग्यता आवश्यक है।
- हेनरी फेयोल पहले विचारक हैं, जिन्होंने कहा कि सभी स्तर के अधिकारियों हेतु प्रशिक्षण व्यवस्था होनी चाहिए।
- फेयोल ने प्रशासकों की 6 योग्यताएं निर्धारित की, जो इस प्रकार हैं- भौतिक योग्यता, मानसिक योग्यता, नैतिक योग्यता, सामान्य शिक्षा, विशेष ज्ञान व अनुभव।

## प्रशासन के मूल सिद्धांत

- फेयोल ने प्रशासन के 14 सिद्धांतों का उल्लेख किया। यह सिद्धांत कठोर नहीं हैं और इनमें परिवर्तन किए जा सकते हैं तथा समय के साथ इन सिद्धांतों में वृद्धि की सकती है-
  (i) कार्य विभाजन।
  (ii) प्राधिकार और जिम्मेदारी।
  (iii) अनुशासन।
  (iv) निर्देशों में एकता।
  (v) निर्देशन में एकता।
  (vi) सामान्य हित सर्वोपरि।
  (vii) पारिश्रगिक।
  (viii) केंद्रीयकरण।
  (ix) स्केलीय शृंखला।
  (x) क्रम व्यवस्था।
  (xi) साम्य।
  (xii) कर्मचारियों के कार्यकाल में स्थिरता।
  (xiii) पहल।
  (xiv) सैन्य भावना।

## डब्ल्यू. टेलर व हेनरी फेयोल की तुलना

- टेलर ने निम्न स्तर (Shop floor) के कर्मचारियों की गतिविधियों का विश्लेषण किया। जबकि फेयोल ने उच्च स्तर (Top floor) के प्रबंधकों की गतिविधियों का विश्लेषण किया।
- टेलर का सिद्धांत निम्न-उच्च सिद्धांत कहलाता है। जबकि फेयोल का सिद्धांत उच्च-निम्न सिद्धांत कहलाता है।
- टेलर का संबंध श्रमिकों की उत्पादन क्षमता को बढ़ाने से है। जबकि हेनरी फेयोल का उद्देश्य प्रबंधन का सिद्धांत देना है, जिसे वे सार्वभौम सामान्य सिद्धांत (Universal General Theory) है।
- टेलर का सिद्धांत वैज्ञानिक प्रयोगों पर आधारित है, जिसे उन्होंने अमेरिकी फर्मों में प्रयोग किया था। जबकि फेयोल व्यक्तिगत अनुभव पर आधारित है।
- टेलर महोदय तकनीकी कार्यों (Technical works) पर। जबकि फेयोल प्रशासनिक कार्यों पर जोर देते हैं।
- लूथर गुलिक तथा उर्विक द्वारा "Papers on the Science of Administration" (1937) नामक पुस्तक लिखी गई। यह पुस्तक परंपरागत सिद्धांत की सबसे महत्वपूर्ण पुस्तक है।
- लूथर गुलिक के अनुसार, संगठन की संरचना उसके कार्यों को निर्धारित करती है। अत: श्रमिकों की अपेक्षा संगठन पर अधिक बल दिया।
- लूथर गुलिक ने अपने सिद्धांत को **दो भागों में विभाजित किया**-

1. प्रशासन के तत्व 2. प्रशासन के सिद्धांत।

**1. प्रशासन के तत्व**

- लूथर गुलिक ने प्रशासन के तत्वों को POSDCORB के माध्यम से समझाया, **जिसका अर्थ है**-
  (i) 'P'- योजना (Planning)
  (ii) 'O'- संगठित करना (Organizing)
  (iii) 'S'- कर्मचारी चयन (Staffing)
  (iv) 'D'- निर्देशन (Directing)
  (v) 'CO'- तालमेल करना (Co-ordinating)
  (vi) 'R'- रपट देना (Reporting)
  (vii) 'B'- बजट बनाना (Budgeting)

## प्रशासन के सिद्धांत

- इन्होंने प्रशासनिक सिद्धांतों को 10 भागों में **विभाजित किया**-
  1. कार्य का विभाजन विभागीय संगठनों के कार्यों के विभाजन के लिए 4P Formula दिया। 4P में सम्मिलित हैं- Purpose, Process, Place, Person.
  2. विभागीय संगठनों का आधार।
  3. पदानुक्रम द्वारा समन्वय।
  4. विचार युक्त समन्वय।
  5. समितियों के माध्यम से समन्वय।
  6. विकेंद्रीकरण।
  7. आदेश की एकता।
  8. स्टाफ और लाइन।
  9. प्रत्यायोजन (Delegation) : प्रत्यायोजन के तहत उच्चस्थ अधिकारी या राजनीतिक कार्यपालिका अपने अधिकारों तथा शक्तियों को अपने अधीनस्थ को निश्चित उद्देश्य के लिए सौंपते हैं।)
  10. नियंत्रण का क्षेत्र : एक प्रशासनिक अधिकारी आसानी से कितना नियंत्रण कर सकता है।

## उर्विक

- गुलिक व **उर्विक का योगदान**-
  (i) संगठन की क्रियाशीलता के निर्धारण में उसकी संरचना पर बल दिया है।
  (ii) सिद्धांतों का संबंध औपचारिक संगठन के संगठन तंत्र से है और उनका लक्ष्य सांगठनिक कुशलता का स्तर ऊंचा करना है।
- संगठनों की कार्यकुशलता के लिए **आठ नियम बताए**-
  1. उद्देश्यों के नियम

2. सादृश्यता का नियम
3. उत्तरदायित्व का नियम
4. सोपनावत सिद्धांत
5. नियंत्रण के क्षेत्र का सिद्धांत
6. कार्य विभाजन का सिद्धांत
7. समन्वय का सिद्धांत
8. परिभाषा का सिद्धांत।

- प्रत्येक कर्मचारी का कार्य स्पष्ट रूप से परिभाषित होगा। 1943 में उर्विक महोदय ने अपनी पुस्तक-"The Elements of Administration" में 29 सिद्धांत बताए, जो टेलर तथा हेनरी फेयोल के विचारों पर आधारित है।
- **मूने और रैले के सिद्धांत**
  (i) तालमेल या समन्वय (Co-ordination)
  (ii) स्केलीय प्रक्रिया (Scaler process)
  (iii) कार्यात्मक विभेदीकरण (Functional differentiate)
  (iv) लाइन व स्टाफ। (Line and Staff)
- मूने और रैले ने 'संगठन चार्टो' और 'मैनुअलों' को लोकप्रिय बनाया।
- क्लासिकीय सिद्धांत **की आलोचना-**
  (i) अवैज्ञानिक सिद्धांत।
  (ii) यह संगठन के मानवीय आयाम की उपेक्षा करता है।
  (iii) वॉरेन बेनिस के अनुसार, 'क्लासिकीय सिद्धांत का ध्यान जनता रहित संगठन पर है।'
  (iv) साइमन व मार्च ने इसे 'मशीन मॉडल' का सिद्धांत कहा।
  (v) क्लासिकीय सिद्धांत 'एटमी', मनुष्यों को संगठन के साथी मनुष्यों से काटकर देखता है।
  (vi) स्वैच्छिकतापूर्ण, क्योंकि मनुष्य समूहों द्वारा नियंत्रण के प्रति प्रतिरक्षित है।
  (vii) इस सिद्धांत को यांत्रिक माना गया है।
  (viii) इस सिद्धांत के सबसे अहम आलोचक, हर्बर्ट ए. साइमन हैं। उन्होंने संगठन के सिद्धांतों की व्याख्या 'कहावतों, मिथकों, नारों और आडंबरपूर्ण मूर्खताओं' के रूप में की है।
  (ix) इस सिद्धांत में अति सरलीकृत मानव प्रेरणा है। यह मान लेता है कि हर कर्मचारी एक आर्थिक मनुष्य है, जो अपनी आय को अधिकतम बनाने में दिलचस्पी रखता है।
  (x) इसकी व्याख्या मानक सिद्धांत के रूप में की गई है।
  (xi) सिर्फ औपचारिक संगठन से संबंध रखता है।
  (xii) क्रिस अर्गिरिस ने ऐसे सिद्धांतों को लागू करना कर्मचारियों को निष्क्रिय, निर्भर, अधीन और संक्षिप्त काल निर्देशित बना देता है।

## मैरी पार्कर फालेट

- इन्होंने परंपरागत उपागम तथा व्यवहारवादी मानव उपागम (Behavioural Human Approach) के मध्य सेतु का निर्माण किया।
- परंपरागत विचारकों के विपरीत इनका मानना था कि संगठन एक सामाजिक व्यवस्था है तथा प्रशासन एक सामाजिक प्रक्रिया।
- इन्होंने सबसे पहले प्रशासन में सामान्य मनोवैज्ञानिक तत्वों का विश्लेषण किया।
- इन्होंने परंपरागत विचारकों के समान अपने सिद्धांतों को सार्वभौमिक माना।
- मैरी पार्कर फालेट ने Concept of Constructive Conflict का सिद्धांत दिया। उनका मानना है कि संगठन में व्यक्तिगत भिन्नताओं के कारण विवाद होते रहते हैं। यह कोई युद्ध नहीं है। ऐसा इसलिए होता है, क्योंकि संगठन में विभिन्न विचारधारा वाले व्यक्ति होते हैं।
- विवाद हमेशा बेकार या हानिकारक नहीं होते हैं या यह सामान्य प्रक्रिया से जिसे संरचनात्मक आधार से (Constructive way) सुलझाया जा सकता है।
- फालेट ने विवाद के समाधान के **तीन तरीके बताए-**
  1. Domination - एक पक्षीय विजय
  2. Compromise - लेन-देन से समझौता
  3. Integration - समझौते का तीसरा रास्ता निकाला जाता है।
- फालेट ने समन्वय (Integration) को महत्वपूर्ण माना। क्योंकि यह मूल समस्या को समाप्त कर समय व संसाधनों की बचत करता है।
- फालेट के अनुसार, समन्वय (Integration) के लिए उच्च कोटि की बौद्धिकता, तीक्ष्ण बुद्धि तथा सहज ज्ञान जरूरी है।

## योजना और समन्वय (Planning and Co-ordination) पर फालेट के विचार

- फालेट ने योजना व समन्वय में गहरा संबंध बताया।
- समन्वय को योजना का आधार माना।
- फालेट के अनुसार, केंद्रीय योजनाएं जो स्थानीय स्तर पर लागू की जाती हैं, समन्वय के अभाव में फेल हो जाती हैं।
- फालेट ने समन्वय को 'हारमोनियश आर्डरिंग' (Harmonious

ordering) कहा। अर्थात् केंद्रीय योजनाएं समन्वय के माध्यम से लागू की जाती है। **इन्होंने समन्वय के चार आधारभूत सिद्धांत बताए-**

1. काम शुरू करने के साथ ही/पहले ही समन्वय की भावना (Principle of Early Stage)
2. सतत् प्रक्रिया (Principle of Continuity)
3. Principle of Direct Contact.
4. पारस्परिक घटना। लेन-देन या दोनों पक्षों की जरूरत होगी, एक की नहीं। (Principle of Reciprocal Relation)

## मानव संबंध स्कूल
(Human Relation School)

- संगठन की मानव संबंध विचारधारा, सांगठनिक विश्लेषण के क्लासिकीय दृष्टिकोण की प्रतिक्रिया के रूप में वर्ष 1930 के दशक में अस्तित्व में आई।
- क्लासिकीय चिंतकों ने संगठन के औपचारिक ढांचे पर बल दिया और संगठन के मानव तत्व की उपेक्षा की। यह क्लासिकीय दृष्टिकोण की गंभीर असफलता थी, जिसने मानव संबंध दृष्टिकोण को जन्म दिया।
- मानव संबंध विचारधारा को मानवतावादी विचारधारा, सामाजिक एवं आर्थिक विचारधारा और नव-क्लासिकी विचारधारा के रूप में भी जाना जाता है।
- ऐल्टन मेयो को 'मानव संबंध विचारधारा का पिता' माना जाता है। उन्होंने शारीरिक, आर्थिक, सामाजिक एवं मनोवैज्ञानिक पहलुओं को ध्यान में लेते हुए मजदूरों के व्यवहार और उत्पादक क्षमता के अध्ययन पर अपना ध्यान केंद्रित किया। उन्होंने इस दृष्टिकोण को 'रोग जांच पद्धति' कहा।
- मेयो ने वर्ष 1923 में फिलाडेल्फिया की एक कपड़ा मिल में 'पहला शोध कार्यक्रम' शुरू किया और उसे 'प्रथम जांच' कहा।

**मेयो की प्रमुख रचनाएं हैं-**
- दि ह्यूमैन प्रॉब्लम्स ऑफ ऐन इंडस्ट्रियल सिविलाइजेशन (1933)
- दि सोशल प्रॉब्लम्स ऑफ ऐन इंडस्ट्रियल सिविलाइजेशन (1945)
- दि पॉलिटिकल प्रॉब्लम्स ऑफ ऐन इंडस्ट्रियल सिविलाइजेशन (1975)

- हाथोर्न अध्ययन (1924-1932) मानव संबंध विचारधारा के उदय का आधार बने-
  (i) इन अध्ययनों ने क्लासिकीय दृष्टिकोण अर्थात् आर्थिक मनुष्य और औपचारिक संगठन के ढांचे की भूमिका की सोच की बुनियादें हिला दीं।
  (ii) ये अध्ययन मेयो के नेतृत्व में 'हावर्ड बिजनेस स्कूल' द्वारा हाथोर्न (शिकागो, अमेरिका के पास) स्थित 'वेस्टर्न इलैक्ट्रिक कंपनी' में चलाए गए।
- हाथोर्न अध्ययन **चार चरणों** में चलाया गया-
  (i) **प्रकाश प्रयोग (1924-27) :** प्रकाश के विभिन्न स्तरों का मजदूरों की उत्पादकता पर प्रभाव निर्धारित करने के लिए।
  (ii) **रिले असेंबली टेस्ट रूम प्रयोग (1927) :** काम करने की स्थितियों में विभिन्न बदलावों का मजदूरों के उत्पादन और उत्साह पर प्रभाव देखने के लिए।
  (iii) **व्यापक साक्षात्कार कार्यक्रम (1928-31) :** कर्मचारियों से बात करके उनकी भावनाओं को जानना।
  (iv) **बैंक वायरिंग प्रयोग (1931-32) :** यह जानने के लिए कि प्रत्येक सदस्य के उत्पादन को नियंत्रित करने वाले मानक मजदूरों के सामाजिक समूहों द्वारा स्थापित होते हैं।
- वर्ष 1939 में रोथलिस बर्गर व डिक्सन द्वारा प्रकाशित- ''मैनेजमेंट एंड दि वर्कर'' में की गई है।
- **हाथोर्न अध्ययन के नतीजे हैं-**
  (i) संगठन, एक सामाजिक व्यवस्था है।
  (ii) कार्य की भौतिक स्थितियां नहीं, बल्कि कार्य स्थान के सामाजिक और मनोवैज्ञानिक कारक कर्मचारियों के उत्पादक और उत्साह को निर्धारित करते हैं। यह सबसे महत्वपूर्ण खोज थी।
  (iii) कर्मचारी सामाजिक प्राणी होते हैं।
  (iv) विशिष्टीकरण के ही आधार पर कार्य विभाजन, अनिवार्यत: सबसे प्रभावी दृष्टिकोण नहीं है।
  (v) मजदूरों में छोटे सामाजिक समूह बनाने का रूझान होता है। उत्पादन के मानक और व्यवहारीय पैटर्न ऐसे समूहों द्वारा ही तय होते हैं।
  (vi) मजदूर प्रबंधन के प्रति अनौपचारिक कार्य समूहों के सदस्यों के तौर पर प्रतिक्रिया देते हैं, न कि व्यक्तियों के रूप में।
  (vii) मजदूरों के व्यवहार, संतोष और उत्पादकता में नेतृत्व, पर्यवेक्षण की शैली, संचार और भागीदारी में एक केंद्रीय भूमिका अदा करते हैं।
- हाथोर्न अध्ययन के नतीजे अचंभित करने वाले थे। उन्होंने सांगठनिक चिंतन में क्रांति ला दी। उन्होंने एक नई विचारधारा को जन्म दिया, जिसे मानव संबंध विचारधारा कहा गया।

- मानव संबंध विचारधारा के तीन संघटक हैं-व्यक्ति, अनौपचारिक संगठन एवं भागीदारी पूर्ण संगठन।
- यह विचारधारा व्यक्तियों की भावनाओं और धारणाओं के महत्व को पहचानती हैं।
- रोथलिस बर्गर के अनुसार, 'हर व्यक्ति अद्वितीय है।'
- बैंक वायरिंग प्रयोग (1931-32) में पाया गया कि अनौपचारिक संगठन उत्पादन के मानक और व्यवहारीय पैटर्न को निर्धारित करता है, **ये मानक हैं**-
  (i) बहुत ज्यादा काम नहीं करना चाहिए, अगर कोई करता है, तो वह 'रेट बस्टर' है।
  (ii) बहुत कम काम नहीं करना चाहिए, अगर कोई करता है, तो वह 'धोखेबाज' है।
  (iii) पर्यवेक्षक को ऐसा कुछ नहीं बताना चाहिए, जो किसी साथी को हानि पहुंचाए। अगर कोई ऐसा करता है, तो वह 'कबूतर का बच्चा' है।
  (iv) सामाजिक दूरी कायम नहीं रखनी चाहिए और बेतकल्लुफी से काम नहीं करना चाहिए। जैसे-किसी निरीक्षक को ऐसे व्यवहार नहीं करना चाहिए।
- इस प्रकार डेविड रिकार्डो की 'रैबल परिकल्पना' को खारिज कर दिया, जो मानती हैं कि 'मनुष्य जाति आत्महित से संचालित व्यक्तियों का झुंड है।'
- रोथलिस बर्गर के अनुसार, 'अक्सर हम मानवीय समस्याओं को गैर-मानवीय साधनों और गैर-मानवीय सूचना के अर्थों में हल करने का प्रयास करते हैं।'
- मानव संबंध विचारधारा की निम्न आधारों पर **आलोचना हुई**-
  (i) वैज्ञानिक आधार के अभाव।
  (ii) प्रयोगों के दौरान मजदूरों का व्यवहार स्वाभाविक नहीं था।
  (iii) लॉरेन बैरिट्ज ने मानव संबंधवादियों के प्रबंधन समर्थक और यूनियन विरोधी होने के लिए आलोचना की।
  (iv) यूनाइटेड ऑटो मजदूरों ने उनको 'गाय समाजशास्त्री' कहा।
  (v) पीटर एफ. ड्रकर ने कहा मानव संबंधवादी कार्य की प्रकृति की उपेक्षा करते हैं। उन्होंने आर्थिक आयामों से अनभिज्ञ होने के लिए उनकी आलोचना की।
  (vi) डेनियल सेल कहते हैं कि 'हार्वर्ड ग्रुप की प्रणाली दोषपूर्ण थी।'
  (vii) आलोचक कहते हैं कि मेयो के दर्शन में तनाव और विरोध का कोई स्थान नहीं था।
  (viii) आलोचक कहते हैं कि मेयो ने संगठन के सदस्यों पर अधिक जोर दिया और इसके काम और प्रयोजन की उपेक्षा की।
- डी. एस. पुग ने मेयो को 'एक व्यावहारिक वैज्ञानिक' कहा। जब यह शब्द पैदा भी नहीं हुआ था।

## व्यवहारवादी

- एल्टन मेयो, चेस्टर बर्नार्ड, क्रिस आरग्रिस, डगलस मैकग्रेगर, ई. डब्ल्यू. बक, रेनिस लिकार्ट इत्यादि विचारकों ने व्यवहारवादी सिद्धांत में योगदान दिया।
- इस सिद्धांत के अनुसार, संगठन व्यक्तियों का समूह है और इन व्यक्तियों का व्यवहार प्रशासन के लिए महत्वपूर्ण है।
- यह संगठनात्मक व्यवहार तथा अनौपचारिक संबंधों पर बल देता है तथा संगठन के गत्यात्मक पहलू पर अधिक जोर देता है। जैसे-अभिप्रेरणा, नेतृत्व, निर्णय-निर्माण इत्यादि।
- यह आनुभविक (Empirical) तरीके अपनाता है। जैसे-क्षेत्र का अध्ययन (Field Study), प्रयोगशाला अध्ययन (Laboratory Study), मात्रात्मक व गणितीय साधनों का प्रयोग इत्यादि।
- व्यवहारवादी अंतर-विषय अध्ययन पर बल देता है।

## चेस्टर बर्नार्ड

- इन्हें लोक प्रशासन में समाज व्यवस्था सिद्धांत का आध्यात्मिक पिता तथा व्यवहारवादी आंदोलन का जनक माना जाता है।
- इन्होंने संगठन में मनोवैज्ञानिक पक्षों को आगे बढ़ाया।
- बर्नार्ड के सिद्धांत **इस प्रकार हैं**-
  (i) मानव संगठन सहयोगी व्यवस्था (Cooperative System) के रूप में है।
  (ii) औपचारिक संगठन दो या अधिक व्यक्तियों के मध्य सहयोग व समन्वय से बनता है।
  (iii) संगठन तब अस्तित्व में आता है, जब दो व्यक्ति एक-दूसरे से संवाद करते हैं तथा सहयोग की भावना दिखाते हैं। बर्नार्ड के अनुसार, संगठन **तीन तत्वों से मिलकर बना है**-

  1. संचार 2. सहयोग की भावना
  3. सामान्य उद्देश्य/सामान्य परियोजना।
- अनौपचारिक संगठन प्राकृतिक संगठन होते हैं।
- अनौपचारिक संगठन व्यक्तियों के संपर्क, अंतराकर्षण तथा व्यक्तियों के सहयोग का सामूहिक नाम है।
- बर्नार्ड के अनुसार, अनौपचारिक संगठन के **तीन कार्य होते हैं**-

1. तथ्यों, मंतव्यों व सुझावों इत्यादि का संचार।
2. संगठन की संयोजकता को बनाए रखना।
3. स्वतंत्र इच्छा, व्यक्तिगत आत्मनिष्ठा तथा व्यक्तिगत एकनिष्ठता को बनाए रखना।

- चेस्टर बर्नार्ड ने अन्य **निम्नलिखित सिद्धांत** दिया है-
  1. योगदान संतुष्टि संतुलन के सिद्धांत ( Theory of Contribution Satisfaction Equilibrium)
  2. प्राधिकरण की स्वीकृति सिद्धांत (Acceptance Theory of Authority)
  3. संचार सिद्धांत (Communication Theory)

**1. योगदान संतुष्टि संतुलन के सिद्धांत** ( Theory of Contribution Satisfaction Equilibrium)

- कर्मचारी संगठन को योगदान करता है तथा संगठन कर्मचारी को संतुष्टि प्रदान करता है।
- कर्मचारी संगठन में तभी तक रह सकता है जब तक उसके योगदान के बराबर या अधिक देय/संतुष्टि (Inducement) प्रदान किया जाए।
- बनार्ड ने देय/संतुष्टि (Inducement) में **चार बातों को सम्मिलित किया**-
  1. भौतिक भुगतान (मुद्रा इत्यादि)।
  2. अभौतिक अवसर (श्रेष्ठता/असमानता प्रदान करना)।
  3. कार्य की भौतिक दशाओं में बेहतरी।
  4. आदर्शवाद (परोपकार, देशभक्ति, सेवा इत्यादि)।

**2. प्राधिकरण की स्वीकृति सिद्धांत** (Acceptance Theory of Authority)

- बर्नार्ड ने वेबर तथा फेयोल के प्राधिकार के सिद्धांतों को अस्वीकृत कर दिया तथा कहा कि प्राधिकार की वैधता का आधार केवल अधीनस्थों की स्वीकार्यता है।
- बर्नार्ड के अनुसार, सत्ता का आधार नीचे से ऊपर ऊर्ध्वगामी होता है।
- संगठन में व्यक्ति तभी तक सत्ता या अधिकार स्वीकार करता है, **जब निम्न चार परिस्थितियां उपलब्ध हों**-
  1. अधीनस्थ आदेश को पूर्णरूपेण समझता हो।
  2. आदेश संगठन के हित में हो।
  3. आदेश अधीनस्थ के हित में हो।
  4. आदेश के पालन में अधीनस्थ मानसिक व शारीरिक दृष्टि से सक्षम हो।
- अत: स्वीकृति सिद्धांतों के तहत अधिकारों का निर्धारण अधीनस्थों की स्वीकृति से होता है। प्रश्न यह है कि अधिकारी अधीनस्थों से अपने आदेश कैसे मनवाएं इस हेतु **दो परिस्थितियां हैं**-
  1. जब आदेश उपरोक्त चार बातों के अनुरूप हों।
  2. उदासीनता का सिद्धांत (Zone of Indifference) का पालन करवाया जा सकता है।

**3. संचार सिद्धांत** (Communication Theory)

- बर्नार्ड के अनुसार, सत्ता तथा संगठन के उद्देश्यों की प्राप्ति के लिए संचार अति-महत्वपूर्ण है। उन्होंने **सात प्रकार के संचार के नियम बताए**-
  1. संचार मार्ग निश्चित हो।
  2. संगठन में सभी व्यक्तियों के पास एक पारिभाषिक औपचारिक संचार चैनल होने चाहिए।
  3. संचार मार्ग संक्षिप्त व प्रत्यक्ष हो।
  4. जो व्यक्ति संचार सेवा दे रहा है, उसकी क्षमता पर्याप्त हो।
  5. संचार मार्ग पूर्णत: औपचारिक हो।
  6. जब संगठन कार्य कर रहा हो, तो उस समय संचार मार्ग को अवरूद्ध नहीं किया जा सकता।
  7. संचार स्पष्ट हो।

**क्रिस आरग्रिस** (Chris Argyris)

- क्रिस आरग्रिस ने परंपरागत सिद्धांतों की आलोचना की तथा व्यवहारवादी सिद्धांत को समृद्ध बनाया।
- इनकी पुस्तक हैं-"Personality and Organization" (1957), "Integrating the Individual and the Organization" (1964), "Management and Organizational Development" (1971).

**परिपक्वता तथा अपरिपक्वता का सिद्धांत** (Principle of Maturity and Immaturity)

- क्रिस आरग्रिस के अनुसार, औपचारिक संगठन कर्मचारियों की निष्क्रियता को बढ़ाते तथा दूसरों पर आश्रित रहने की भावना पैदा करते हैं। व्यक्तिगत विकास को रोकते और मानवीय परिपक्वता के विकास में अवरोध उत्पन्न करते हैं।
- संगठन में व्यक्ति की प्रवृत्ति अपरिपक्वता से परिपक्वता की ओर जाने की होती है।
- आरग्रिस का मानना है कि व्यक्ति की प्रवृत्ति निष्क्रियता से सक्रियता की ओर, निर्भरता से स्वतंत्रता की ओर, व्यवहार के सीमित अवसर से बहुमुखी अवसर की ओर, सतही रुचि से गंभीर रुचि की ओर, अल्पकालिक उद्देश्य से दीर्घकालिक उद्देश्य की ओर तथा अल्प जागरूकता से अधिक जागरूकता की ओर होती है।

**विलय प्रक्रिया का सिद्धांत** (Fusion Process Theory)

- इस सिद्धांत के अनुसार व्यक्ति संगठन से एवं संगठन व्यक्ति से अपना हित चाहता है।

- व्यक्ति स्व:नुभुतिकरण (Self Realization) चाहता है, जो वह संगठन से प्राप्त करना चाहता है। इस हेतु वह संगठन का उपयोग करता है, जिसे व्यक्तिगत प्रक्रिया भी (Personalizing Process) कहते हैं।
- संगठन अपने लक्ष्यों तथा उद्देश्यों की प्राप्ति के लिए व्यक्ति का उपयोग करता है, जिसे सामाजिक प्रक्रिया (Socializing Process) कहते हैं। अत: आरग्रिस महोदय ने दोनों के सम्मिलन को विलय प्रक्रिया (Fusion Process) कहा।
- व्यक्ति संगठन के व संगठन व्यक्ति के हितों को पूरा करे।

## एकीकरण के लिए रणनीति निम्नांकित है

1. **मैट्रिक्स संगठन** (Matrix Organization)
- इसमें कर्मचारियों एवं प्रबंधन का सम्मिलित समूह हो।
- पर्यवेक्षण (Supervision) तथा मातहत (Subordinate) संबंध समाप्त कर दिए जाएं।
- व्यक्ति में स्व-अनुशासन हो।
- पिरामिड संरचना को समाप्त कर दिया जाए।

2. **टी-समूह प्रशिक्षण** (T-Group Training)
- इसमें व्यक्ति में प्रशिक्षण के माध्यम से सुधार किया जा सकता है। जैसे-व्यक्ति को समूह में कार्य करना सिखाया जाए तथा अंतर्व्यक्तिगत क्षमता में वृद्धि हो इत्यादि।

3. **नौकरी में वृद्धि** (Job Enlargement)
- कार्य अधिक संतुष्टि प्रदान करने वाले हो ताकि उसे अभिरुचिपूर्ण (Interesting) बनाया जाए।

## संगठन के प्रकार (औपचारिक व अनौपचारिक)

Type of Organsation (Formal and Informal)

- अनौपचारिक और औपचारिक, संगठनों में भेद के बिंदु हैं।
  (i) अनौपचारिक संगठन, प्रथागत होता है। जबकि औपचारिक संगठन को लागू करना पड़ता है।
  (ii) अनौपचारिक संगठन, लिखित नहीं होता और स्वच्छ चित्रों के अधीन नहीं होता। जबकि औपचारिक संगठन लिखित, नियमावलीबद्ध और सांगठनिक चार्टों में चित्रित होता है।
  (iii) अनौपचारिक संगठन, भावनात्मक और व्यक्तिगत होता है। जबकि औपचारिक संगठन, तार्किक और अवैयक्तिक होता है।
  (iv) अनौपचारिक संगठन, स्वत:स्फूर्त और सामाजिक होता है। जबकि औपचारिक संगठन, नियोजित और कानूनी होता है।
  (v) एल. डी. व्हाइट ने अनौपचारिक संगठन को कार्य संबंधों से उस सम्मुचय के रूप में परिभाषित किया है, जो लंबे समय से साथ काम कर रहे व्यक्तियों के बीच घुलने-मिलने से पैदा होता है।
- मानव संबंध विचारधारा अनौपचारिक संगठन पर जोर देती है।
- हिक्स व गुलेट के अनुसार, 'औपचारिक संगठन के भीतर के अनौपचारिक छाया संगठन पर बल दिया गया है। मनुष्य के सामाजिक पहलुओं पर ध्यान केंद्रित किया गया है।'
- अनौपचारिक संगठन, सांगठनिक कुशलता को निर्धारित करने में महत्वपूर्ण भूमिका निभाते हैं।

# संगठन का प्रबंधन

# MANAGING THE ORGANIZATION

## नेतृत्व

- नेतृत्व किसी संगठन के सफलतापूर्वक काम करने और इसके लक्ष्यों व उद्देश्यों की प्राप्ति के लिए अनिवार्य है।
- नेतृत्व, संभावना को वास्तविकता में बदलता है।
- नेतृत्व, प्रबंधन का एक उपवर्ग है।
- बर्नार्ड के अनुसार, 'नेतृत्व का अर्थ व्यक्तियों के व्यवहार के गुणों से है, जहां वे किसी संगठित प्रयास में लोगों को उनकी गतिविधियों में मार्गदर्शित करते हैं।'
- टेरी के अनुसार, 'नेतृत्व, लोगों को ऐच्छिक रूप से परस्पर उद्देश्यों की पूर्ति के लिए संघर्ष हेतु लोगों को प्रभावित करने की गतिविधि है।'
- चेस्टर बर्नार्ड के अनुसार, 'नेतृत्व, तीन चीजों पर निर्भर करता है-व्यक्ति, अनुसरण करने वाले एवं स्थितियां।
- **नेता, कार्य करता है-**
  (i) उद्देश्यों का निर्धारण।
  (ii) साधनों का कुशल प्रयोग।
  (iii) कार्यवाही के साधनों का नियंत्रण।
  (iv) समन्वित कार्यवाही की प्रेरणा।
- नेता में निम्न चार गुण होने चाहिए (महत्व के क्रम में)- प्राण शक्ति और सहनशक्ति, निर्णायकता, प्रोत्साहकता एवं जिम्मेदारी और बौद्धिक क्षमता।
- बर्नार्ड ने बौद्धिकता को महत्व के क्रम में चौथा नेतृत्व गुण माना। क्योंकि वे मानते थे कि यह नेता की जिम्मेदारी और निर्णायकता में बाधा होता है।
- **एम. पी. फॉलेट के विचार-**
  - वे कहती हैं कि नेता केवल समूह को प्रभावित ही नहीं करता, बल्कि स्वयं भी उससे प्रभावित होता है। उन्होंने इस परस्पर संबंध को 'सर्कुलर प्रतिक्रिया' (sercular responce) कहा।
  - नेता समूह के साथ क्या करता है, हमें इसके बारे में ही नहीं, बल्कि इसके बारे में सोचना चाहिए कि समूह, नेता के साथ क्या करता है?
- **तीन प्रकार के नेतृत्वों में भेद-**
  (i) **पद का नेतृत्व :** औपचारिक प्राधिकार के किसी पद पर होना।
  (ii) **व्यक्ति का नेतृत्व :** नेता के पास शक्तिशाली होने का व्यक्तिगत गुण।
  (iii) **कार्य का नेतृत्व :** नेता के पास पद भी है, और व्यक्तित्व भी।
  (iv) जिनके पास कार्यात्मक ज्ञान है, आधुनिक संगठनों में नेतृत्व करते हैं, न कि वे लोग जिनके पास औपचारिक प्राधिकार या व्यक्तित्व होता है।
- मिलेट के अनुसार, 'नेतृत्व, अक्सर परिस्थितियों द्वारा बनता और बिगड़ता है।'
- **नेतृत्व की तीन बुनियादी शैलियां हैं-**
  (i) **निरंकुश :** संपूर्ण प्राधिकार नेता के हाथ में केंद्रित होता है। वह सभी नीतियां तय करता है तथा वह अधीनस्थों को आदेश देता है।
  (ii) **जनतांत्रिक शैली :** नेता, अधीनस्थों को निर्णय-निर्माण की प्रक्रिया में भाग लेने की आज्ञा देता है। सभी नीतियां और निर्णय ऐसी समूह चर्चाओं से ही निकलते हैं।
  (iii) **मुक्त व्यापार शैली :** नेता, अधीनस्थों को उनके कामों में पूर्ण स्वतंत्रता देता है। वह उन्हें अपने लक्ष्य तय करने और उन्हें प्राप्त करने की अनुमति देता है।
- नेतृत्व के कार्यों का निम्न विवरण-
  **फिलिप सेल्जनिक के अनुसार-**
  (i) संस्थागत मिशन व भूमिका को परिभाषित करना।
  (ii) उद्देश्यों का संस्थागत समावेश।
  (iii) संस्थागत अखंडता की रक्षा।
  (iv) आंतरिक विवादों की व्यवस्था।
- **फॉलेट के अनुसार**
  (i) ताल-मेल।
  (ii) उद्देश्य की परिभाषा।
  (iii) पूर्वानुमान।

## नेतृत्व की तीन विचारधाराएं

(i) विशेषता विचारधारा।
(ii) व्यावहारिक विचारधारा।
(iii) स्थितिगत विचारधारा।

### (i) विशेषता विचारधारा

1. महत्वपूर्ण समर्थक-चेस्टर बर्नार्ड, टेरी, एपल्बी, प्रोल, अर्डवे टीड, मिलेट।
2. यह विचारधारा वर्ष 1900-1940 के दौरान लोकप्रिय रही।
3. कोई भी व्यक्ति अपनी विशेषताओं की वजह से नेता बनता है।
4. प्रारंभ में यह विचारधारा मानती थी कि नेता पैदाइशी होते हैं, वे बनते नहीं। बाद में व्यावहारिक अध्ययनों ने खोजा कि नेतृत्व की विशेषताएं पूरी तरह जन्मजात नहीं होती, बल्कि शिक्षण और अनुभव से हासिल भी की जा सकती हैं।

### आलोचना के कारण

- नेतृत्व की विशेषताओं की एक सामान्य सूची दे पाने में असफल रही।
- विभिन्न विशेषताओं के तुलनात्मक महत्व को नहीं दर्शाती।
- ऐसी विशेषताएं, जिसमें नेतृत्व के गुण बताए जाते हैं, ऐसे व्यक्तियों में भी होती हैं, जो नेता नहीं होते।
- स्थितिगत कारकों के नेतृत्व पर प्रभाव को नहीं पहचानती।
- यह अधीनस्थों की आवश्यकताओं की उपेक्षा करती हैं।

### (ii) व्यावहारिक विचारधारा

- इस बात पर ध्यान केंद्रित करती हैं कि नेता क्या करते हैं? कैसे करते हैं? कैसा व्यवहार करते हैं?
- आयोवा विश्वविद्यालय नेतृत्व अध्ययन (1930) में कर्ट लेविन, लिविट और रॉल्फ व्हाइट। प्रभावी शैली-जनतांत्रिक शैली।
- वर्ष 1945 ओहियो राजकीय विश्वविद्यालय नेतृत्व अध्ययन ई. ए. फ्लीशमान। शैली-पहलकारी संरचना और विचार संरचना का मिश्रण।
- मिशीगन विश्वविद्यालय वर्ष 1946 नेतृत्व अध्ययन-रेनिस लिकर्ट। प्रभावी शैली-कर्मचारी केंद्रित नेतृत्व।
- प्रबंधन नेतृत्व के चार तंत्र वर्ष 1961 द्वारा रेनिस लिकर्ट। प्रभावी शैली, भागीदारी समूह या जनतांत्रिक शैली।
- प्रबंधकीय ग्रिड 1964, द्वारा रॉबर्ट ब्लैक व जेन माऊटन। नेतृत्व की पांच शैली-दरिद्र, देश क्लब, मध्यम मार्ग, टीम, काम उत्पादन के लिए ज्यादा।

### (iii) स्थितिगत विचारधारा

- नेतृत्व, विभिन्न स्थितिगत परिवर्ती कारकों से प्रभावित होता है। इसलिए एक स्थिति से दूसरी स्थिति से भिन्न होता है।
- नेतृत्व, बहुआयामी होता है।
- 1958 नेतृत्व, व्यवहार का अटूट क्रम-रॉबर्ट टैनेनबॉम व शिमित।
- नेतृत्व प्रभाविता का अश्रितता मॉडल, 1967 फ्रेड. ई. फीडलर।
- पथ लक्ष्य विचारधारा, 1970-71 मॉर्टिन इवांस व रॉबर्ट हाऊस।
- नेतृत्व प्रभाविता का त्रिआयामी मॉडल, 1970 विलियम रेडिन।
- निर्णय भागीदारी मॉडल (1937) विक्टर ब्रूम और फिलिप मेटन।
- जीवन चक्र पॉल हर्सी व कैनेथ ब्लैचर्ड। यह मॉडल नेतृत्व की शैलियों को प्रभावित करने वाले एक आश्रित परिवर्ती कारक के रूप में अनुसरणकर्ताओं की 'परिपक्वता' के स्तर पर ध्यान केंद्रित करता है।

## अभिप्रेरणा का अर्थ

- किसी व्यक्ति को कार्य करने के लिए समय-समय पर जो प्रेरणा प्रदान की जाती है, अभिप्रेरणा कहलाती है।
- गिलफोर्ड के अनुसार, 'अभिप्रेरणा वह विशेष आंतरिक कारक होती है, जो क्रिया को आरंभ करने तथा बनाए रखने की ओर प्रवृत्ति करती है।'
- राबर्ट ड्यूविन के अनुसार, 'अभिप्रेरणा उन व्यक्तियों का समूह है, जो संगठन में एक व्यक्ति को कार्य प्रारंभ करने तथा उस कार्य में संलग्न रहने के लिए प्रेरित करती है।'

## अभिप्रेरणा का सिद्धांत

- अभिप्रेरणा के संबंध में अनेक विचारधाराएं विद्यमान हैं, लेकिन अध्ययन की सुविधा की दृष्टि से दो विचारधारा निम्न हैं-
  (i) परंपरागत विचारधारा।
  (ii) आधुनिक विचारधारा।

### 1. परंपरागत विचारधारा

- परंपरागत विचारधारा के अंतर्गत मुख्यत: तीन (3) विचारधाराएं आती हैं-

(i) भय एवं दंड विचारधारा।
(ii) पुरस्कार विचारधारा।
(iii) कैरेट एवं स्टिक विचारधारा।

- भय एवं दंड की विचारधारा प्रताड़ना पर आधारित है, जबकि पुरस्कार की विचारधारा अच्छे कार्य के लिए पारितोषिक या सम्मान पर आधारित है तथा कैरेट एवं स्टिक विचारधारा दंड एवं पारितोषिक दोनों को अभिप्रेरणा के लिए आवश्यक मानती है।

## 2. आधुनिक विचारधारा

- आधुनिक विचारधारा के अंतर्गत मुख्यत: छह (6) विचारधाराएं आती हैं-
  (i) मैस्लो का आवश्यकता सोपान सिद्धांत
  (ii) डगलस मैक्ग्रेगर का X तथा Y सिद्धांत
  (iii) हर्जबर्ग की द्विघटक विचारधारा
  (iv) आउची का Z सिद्धांत
  (v) लिकर्ट का प्रबंध पद्धति सिद्धांत
  (vi) ब्रुम का प्रत्याशा सिद्धांत।

### डगलस मैकग्रेगर (Douglas McGregor)

- डगलस मैकग्रेगर ने भागीदारी प्रबंध सिद्धांत तथा अभिप्रेरणा सिद्धांत दिया, जिसे लोकप्रिय रूप में X-Y सिद्धांत कहते हैं।
- यह एक ऐसा सिद्धांत है, जिसमें यह कल्पना की जाती है कि प्रबंधन मानव संसाधनों के बारे में क्या पूर्व कल्पनाएं रखते हैं? कैसे मानव संसाधनों का बेहतर प्रयोग करेंगे?
- मैकग्रेगर ने बताया कि सभी प्रबंधन X-Y सिद्धांत के अनुसार कार्य करते हैं। X-सिद्धांत परंपरागत सिद्धांत का प्रतिनिधित्व करता है। जबकि Y-सिद्धांत व्यवहारवादी उपागम का प्रतिनिधित्व करता है।

### X-सिद्धांत

- X-सिद्धांत के अनुसार, सामान्य मनुष्य की प्रकृति में कार्य के प्रति नापसंदगी रहती है।
- नकारात्मक भाव के कारण कर्मचारी नियंत्रण, डर, दंड के भय से संगठन के लिए कार्य करते हैं।
- ज्यादातर मनुष्य उत्तरदायित्व नहीं लेना चाहते हैं।
- मनुष्य अमहत्वाकांक्षी होते हैं तथा हमेशा सुरक्षा चाहते हैं।

### Y-सिद्धांत

- X-सिद्धांत के विपरीत नकारात्मक प्रकृति के विरोध में Y-सिद्धांत दिया गया। **जिसके अनुसार-**
  (i) भौतिक तथा मानसिक स्थिति के कारण लोग प्राकृतिक रूप से कार्य करते हैं। यह इस पर आधारित है कि कार्य से पुरस्कार मिलेगा या दंड।
  (ii) बाह्य नियंत्रण या भय ही केवल श्रमिकों के कार्य को प्रेरित करने का माध्यम नहीं है, बल्कि स्व:निर्देशन तथा स्व:नियंत्रण भी संगठन के हित में कार्य करने को प्रेरित करते हैं।
  (iii) कार्य के प्रति वचनबद्धता संगठन में कार्य को उत्प्रेरित करती है तथा सामान्य मनुष्य व्यवस्थित वातावरण में कार्य सीखने को इच्छुक होता है न कि केवल उत्तरदायित्व लेता है, बल्कि खोजता है।
  (iv) उत्तरदायित्व को नकारना, महत्वाकांक्षा में कमी, सुरक्षा पर जोर इत्यादि व्यक्ति के अनुभव का परिणाम है, न कि चरित्र का। X नकारात्मक व Y सकारात्मक की बात करता है।
  (v) संगठन के लक्ष्य निर्धारण में X-सिद्धांत सहायक की भूमिका को नहीं स्वीकार करता है। जबकि Y-सिद्धांत सहायक को बराबर का महत्व देता है।
  (vi) X-सिद्धांत अधोमुखी संचार (ऊपर-नीचे), जबकि Y-सिद्धांत ऊपर मुखी संचार (नीचे-ऊपर) पर बल देता है।

### रेनिस लिकर्ट (Rensis Likert)

- रेनिस लिकर्ट ने अपनी पुस्तक-"The New Ways of Managing Conflict" (1976) में सही प्रबंधन तथा मानव संसाधन के बेहतर उपयोग के लिए **चार उपागमों की चर्चा की।**
- जिसमें पहला उपागम परंपरागत सिद्धांत व चौथा उपागम सहभागी प्रबंध सिद्धांत से संबंधित है।
- कुर्ट लेविन की रचना-"Group Dynamics" (1947) and "Field Theory" (1951).
- कार्ल रोजर्स की रचना-"The Clinical Treatment of the Problem Child" (1939), "Counseling and Psychotherapy" (1942).
- हर्जबर्ग (Frederick Herzberg) की रचना-"Motivation Hygiene Theory" or "The two-factor Theory"
- वार्न वेनिस-"Laboratory Training/T-group or Training group" (बताना, बेचना, हिस्सा लेना, सौंपना)।

### उद्देश्य आधारित प्रबंधन: पीटर ड्रकर

- पीटर ड्रकर का जन्म 19 नवंबर 1909 को कासग्रावेन (वियाना) में हुआ। 11 नवंबर 2005 को कैलीफोर्निया में मृत्यु हुई।
- पीटर ड्रकर प्रबंधक सहयोगी, लेखक और शिक्षक थे, जिन्होंने आधुनिक व्यवसायी संस्थाओं के लिए दार्शनिक रचनाएं भी लिखीं।
- ड्रकर 'प्रबंधन के विकास' के शिक्षक रहे।

- ड्रकर ने Management by Objectives (MBO) की अवधारणा दी।
- उन्हें 2002 में Presidential Medal of Freedom पुरस्कार प्राप्त हुआ।
- ड्रकर अर्थशास्त्री John Maynard, J. M. Keynes से प्रभावित थे। इसके साथ-साथ ऑस्ट्रेलियाई अर्थशास्त्री जोसेफ स्कूमपीटर के विचार से भी प्रभावित हुए।
- पीटर ड्रकर को 'आधुनिक प्रबंधन सिद्धांत का जनक' माना जाता है।
- पीटर ड्रकर का प्रबंधन का सिद्धांत मुख्यत: नेतृत्व पर बल देता है।
- पीटर ड्रकर के अनुसार, प्रशासक, जो प्रशासन में नेता के रूप में अपनी भूमिका अदा करते हैं, एक प्रशासनिक संगठन के मूल परंतु दुर्लभ साधन होते हैं। प्रशासनिक संस्थाओं की अधिकांश असफलताएं उनमें प्रभावी नेतृत्व के अभाव के कारण ही हुई हैं।
- पीटर ड्रकर ने Coined Leadership Terms (नेतृत्व) का सिद्धांत दिया।

### प्रमुख कृतियां

- The Effective Executive-1966
- Managing Oneself - 2008
- The Practice of Management
- Management: Tasks, Responsibilities and Practices
- Management Challenges for the 21st Century
- Managing the Non-Profit Organization- 1989

- पीटर ड्रकर ने लोक प्रशासन में प्रबंधन पर बल दिया। बेहतर प्रबंधन के लिए कुशल नेतृत्व की बात की।
- ड्रकर का मानना था कि कर्मचारियों के लिए कार्यस्थल पर बेहतर वातावरण उपलब्ध कराया जाना चाहिए। अधिकारियों द्वारा कर्मचारियों को कार्यों व शक्तियों का प्रत्यायोजन किया जाना चाहिए।
- कर्मचारियों को भी कार्यस्थल पर जोखिम लेने, सीखने के पर्याप्त अवसर उपलब्ध होने चाहिए। नेतृत्व की कुशलता ही प्रबंधन का आधार है।
- ड्रकर के प्रबंधन सिद्धांत में कई आधुनिक अवधारणाओं को शामिल किया गया।

**1. विकेंद्रीकरण**

- कार्यस्थल पर विकेंद्रीकरण का प्रबंध किया जाना चाहिए। ड्रकर का मानना था कि कर्मचारियों को कार्य के लिए अभिप्रेरित करने हेतु उनके कार्य की प्रशंसा की जानी चाहिए।
- निरीक्षकों और कर्मचारियों के बीच उपर्युक्त तालमेल होना चाहिए। निरीक्षण व कर्मचारियों के साथ-साथ मिलकर कंपनी के लक्ष्यों को प्राप्त करने हेतु कार्य करना चाहिए।

**2. ज्ञान कार्य** (Knowledge Work)

- ज्ञान कार्यकर्ता (Knowledge worker) वे होते हैं, जिनको कार्य के लिए तकनीकी ज्ञान की आवश्यकता होती है, जैसे-इंजीनियर। ड्रकर उस कार्य के लिए अधिक मूल्य दिए जाने की बात करते हैं, जिसमें समस्याओं और विचारों के समाधान हेतु रचनात्मकता आवश्यक होती है।
- ड्रकर कार्यस्थल के वातावरण को इस प्रकार बनाना चाहते थे, जिससे कर्मचारी अधिकाधिक रचनात्मकता से कार्य कर सकें। इनके साथ-साथ ड्रकर ने ब्लू-कॉलर श्रमिकों के लिए भी उपर्युक्त वातावरण पर बल दिया।

**3. प्रबंधन के उद्देश्य** (Management By Objectives)

- ड्रकर के अनुसार, एमबीओ एक प्रक्रिया है, जो कर्मचारियों को सभी स्तर पर साथ में कार्य करने के लिए प्रेरित करती है।
- एमबीओ के पांच स्तर हैं:-
  1. लक्ष्यों की जांच करना।
  2. उद्देश्य निर्धारित करना।
  3. निगरानी प्रक्रिया
  4. कार्य का मूल्यांकन
  5. कर्मचारियों को पुरस्कृत करना।

**4. SMART**

- MBO की प्रक्रिया में ड्रकर ने Smart Term का प्रयोग किया, जिसका अर्थ है-
  1. Specific
  2. Measurable
  3. Achievable
  4. Relevant
  5. Time-Oriented

## निष्कर्ष

- पीटर ड्रकर ने लोक प्रशासन में प्रबंधन में कुशलता के लिए कुशल नेतृत्व पर बल दिया व कर्मचारियों के लिए कार्यस्थल पर उपर्युक्त वातावरण की बात की तथा प्रबंधन में आधुनिकता पर बल दिया। उनका Managment by Objective का सिद्धांत वर्तमान में भी प्रासंगिक है।

# भाग–10

# भारत में शासन विधि तथा लोक नीति

अध्याय 1

# शासन, सुशासन तथा लोकतंत्रीय शासन

# GOVERNANCE, GOOD GOVERNANCE AND DEMOCRATIC GOVERNANCE

## शासन

- परंपरागत् रूप में राजव्यवस्था एवं प्रशासन में सरकार शब्द का प्रयोग किया जाता था। सरकार के तीन अंग (विधायिका, कार्यपालिका एवं न्यायपालिका) होते हैं। सरकार के इन तीनों अंगों के कार्यों का वर्णन संविधान में तथा विभिन्न प्रशासनिक प्रावधानों में किया गया है। उदारीकरण एवं निजीकरण के वर्तमान युग में सरकार के बजाए, शासन शब्द का प्रयोग होने लगा।
- शासन का शाब्दिक अर्थ **संचालन** अथवा **नीति-निर्णय** करना है। विशिष्ट रूप में शासन में सरकार के अधिकरण निजी क्षेत्र (व्यापारिक संगठन) तथा नागरिक समाज को शामिल किया जाता है। इसलिए शासन एक व्यापक शब्द है, जिसमें सरकार के अतिरिक्त बाजार, गैर-सरकारी स्वैच्छिक संगठन तथा आम लोगों की सहभागिता को प्रोत्साहित किया जाता है।
- परंपरागत रूप में राज्य द्वारा विधि व्यवस्था के निर्माण का कार्य किया गया। धीरे-धीरे राज्यों के कार्यों में व्यापक परिवर्तन हुआ और राज्य का कार्य विधि व्यवस्था तक सीमित नहीं रहा, बल्कि कल्याणकारी राज्य का उदय हुआ, जिसके अंतर्गत् राज्य के द्वारा शिक्षा, स्वास्थ्य, न्यूनतम आवास जैसी मूलभूत सामाजिक सुविधाएं आम लोगों को प्रदान की गईं।
- राज्य के द्वारा प्रदत्त इन कल्याणकारी सुविधाओं में अब निजी क्षेत्रों तथा नागरिक समाज की सहभागिता बढ़ रही है। पहले यह अवधारणा थी कि समूचे कार्य केवल राज्य के द्वारा संपादित होंगे, परंतु अब यह मान्यता परिवर्तित हो चुकी है और राज्य के अलावा बाजार (व्यापारिक घराने) तथा विभिन्न स्वैच्छिक संगठनों का सहयोग भी राज्य के कार्यों हेतु लिया जा रहा है। उदाहरण के लिए, शिक्षा प्रदान करना, राज्य का मूल कार्य है।
- परंतु प्रथम जैसे स्वैच्छिक संगठन भी शिक्षा प्रदान करने में अग्रणी भूमिका का निर्वाह कर रहे हैं। विभिन्न आधारभूत संरचनाओं का निर्माण सरकार और निजी क्षेत्रों के सहयोग के द्वारा किया जा रहा है, जिसे लोकप्रिय रूप में सार्वजनिक व निजी सहयोग (PPP) के रूप में भी जाना जाता है।
- सरकार व नागरिक के बीच पहला संबंध सरकार द्वारा प्रदत्त सुविधाओं के द्वारा होता है। उदाहरण के लिए, स्वास्थ्य सुविधा के लिए सरकारी अस्पताल की सुविधा प्रदान की जाती है। सरकार की नियंत्रणकारी भूमिका से व्यक्ति के व्यवहार को नियंत्रित किया जाता है। उदाहरण के लिए, पुलिस व कर विभाग के द्वारा व्यक्तियों के व्यवहार पर नियंत्रण रखा जाता है।
- सरकार व व्यक्ति के बीच तीसरे प्रकार का संबंध याचिकाकर्ता के रूप में होता है, जब व्यक्ति न्यायपालिका में अपने मुद्दे को लेकर जाता है। वर्तमान दौर में व्यक्ति, सरकार द्वारा संचालित अनेक कार्यक्रमों में भागीदारी भी कर रहा है। जैसे-सरकार द्वारा संचालित जल संभरण कार्यक्रम में नागरिकों की भागीदारी। नागरिक का सरकार से दिन-प्रतिदिन की सुविधाओं के लिए सामना होता रहता है। जैसे-बिजली की समस्या, जलभराव इत्यादि।
- यदि सरकार लोगों की उपरोक्त अपेक्षा को पूरा न कर सके, तो नागरिक समाज द्वारा सरकार का विरोध किया जाता है। सरकार द्वारा संपादित कार्यों में निजी क्षेत्र तथा नागरिक समाज की सहभागिता ही शासन (गवर्नेंस) कहलाता है।

## सुशासन (Good Governance)

- सुशासन के द्वारा नागरिक समाज प्रभावशाली रूप से शासन पर नियंत्रण बनाए रखता है। वर्तमान में शासन को सुशासन के रूप में परिवर्तित करने पर बल दिया जा रहा है। सुशासन शब्द का प्रयोग विश्व बैंक के द्वारा लोकप्रिय बनाया गया है।
- **सुशासन को निम्नलिखित रूप में व्यक्त किया जा सकता है-**

  (i) **सरल** (S-Simple) अर्थात् शासन सरल होना चाहिए

और शासन में औपचारिक एवं जटिल प्रक्रियाएं नहीं होनी चाहिए। शासन का उद्देश्य परिणाम अर्जित करना है, प्रक्रिया पर बल देना नहीं।

(ii) **नैतिक** (M-Moral) अर्थात् शासन में भाग लेने वाले पदाधिकारियों का नैतिक दायित्व है कि वे आम जनता के लिए सुलभ रहें तथा उनकी ईमानदारी से सेवा करें।

(iii) **जबावदेही** (A-Accountable) अर्थात् शासन को आम जनता के प्रति उत्तरदायी होना चाहिए।

(iv) **उत्तरदायी** (R-Responsible) अर्थात् शासन को आम लोगों के प्रति अनुक्रियाशील होना चाहिए।

(v) **पारदर्शिता** (T-Transparent) अर्थात् शासन में गोपनीयता को दूर करके पारदर्शिता का निर्माण होना चाहिए तथा शासन द्वारा संचालित सभी कार्य एवं निर्णय आम जनता के समक्ष प्रस्तुत होने चाहिए। इन्हें सामूहिक रूप में स्मार्ट का नाम दिया जाता है।

## सुशासन के आयाम

- सुशासन के **निम्नलिखित आयाम हैं-**

### 1. प्रशासनिक आयाम

- शासन उत्तरदायी, पारदर्शी, अनुक्रियाशील, सहभागी, न्यायपूर्ण (त्वरित न्याय), कुशल, आम सहमति पर आधारित विधि का शासन होना चाहिए, जिससे त्वरित व प्रभावी शासन स्थापित हो।

### 2. आर्थिक आयाम

- निजीकरण को बेहतर रूप में आगे ले जाया जाए और कॉर्पोरेट घरानों के ऊपर नियंत्रण हेतु कानून होना आवश्यक है। साथ ही उनका सामाजिक उत्तरदायित्व भी निर्धारित होना चाहिए। सरकार एवं निजी उद्यमों की भागीदारी को बेहतर बनाना चाहिए तथा उद्योगों के बीच बेहतर प्रतिस्पर्धा का वातावरण होना चाहिए।
- कॉर्पोरेट घरानों द्वारा समाज से जो लाभ प्राप्त किया जा रहा है, उसका एक अंश समाज की भलाई के लिए भी प्रयुक्त होना चाहिए।

### 3. सामाजिक ( नागरिक समाज और सुशासन )

- सुशासन का अभिप्राय, केवल प्रशासनिक कुशलता एवं दक्षता का ही निर्माण नहीं है, बल्कि इसका सामाजिक पहलू भी अत्यधिक महत्वपूर्ण है। किसी अभावग्रस्त समाज में सुशासन की कल्पना संभव नहीं है। व्यक्तियों को मूलभूत सुविधाएं प्राप्त होनी चाहिए और गरीबी, विषमता व कुपोषण को समाप्त करने के लिए प्रयत्न करना चाहिए।
- सुशासन को बेहतर बनाने का दायित्व नागरिक समाज का भी है। नागरिक समाज समाज का दूसरा रूप है। नागरिक समाज का अभिप्राय, समाज में शामिल वे व्यक्ति हैं, जो समाज की भलाई के लिए कार्य कर रहे हैं और वे सरकार के सदस्य नहीं हैं और न ही वाणिज्यिक संगठनों में शामिल हैं। नागरिक समाज में छात्र, मीडियाकर्मी, फिल्मकार तथा गैर-सरकारी स्वैच्छिक संगठनों में शामिल लोग हैं।
- नागरिक समाज का प्रभावशाली रूप शासन पर नियंत्रण बनाए रखता है तथा सुशासन को बढ़ावा देता है, क्योंकि लोकतांत्रिक शासन में आम जनता को ही शासन का मूल आधार माना जाता है। सुशासन का मूल आधार आम जनता की शासन में ज्यादा से ज्यादा सहभागिता है, क्योंकि चुनाव के द्वारा केवल सीमित सहभागिता सुनिश्चित होती है।
- इसलिए नागरिक समाज की नित्य-प्रतिदिन की भागीदारी आवश्यक है। भ्रष्टाचार के विरोध में चलाए गए आंदोलन के परिणामस्वरूप भारत में 40 वर्षों बाद लोकपाल विधेयक का निर्माण हुआ। नागरिक समाज द्वारा आंदोलन के कारण भारत में सूचना का अधिकार प्राप्त हुआ, जिससे भारत में पारदर्शी शासन की शुरूआत हुई।
- जब राजनीतिक दल जनता की इच्छा की अवहेलना करें व दबाव समूह केवल प्रभावशाली लोगों के हितों का साधन बन जाए, तो नागरिक समाज के पास आंदोलन का विकल्प बचता है। नागरिक समाज द्वारा समाज में हाशिए पर रहने वाले लोगों की मांग को उठाया गया, क्योंकि सुशासन में सर्वसमावेशी विकास अंतर्निहित है।
- इसके विपरीत कुछ लोगों का मानना है कि नागरिक समाज शासन के लिए अनेक समस्याएं उत्पन्न करता है। आलोचकों के अनुसार, नागरिक समाज द्वारा बार-बार होने वाले आंदोलन प्रशासनिक दक्षता को कुप्रभावित करते हैं और भीड़ की संस्कृति को आगे बढ़ाते हैं।
- नागरिक समाज द्वारा सरकार पर अनावश्यक दबाव का प्रयोग किया जाता है और समाज में लोगों के हित अलग-अलग व विभाजित हैं। इसलिए नागरिक समाज जैसा कोई विचार ही नहीं है। नागरिक समाज के दबाव में आकर सरकार द्वारा लोक-लुभावन नीतियों का निर्माण किया जाता है, जो सुशासन के विरुद्ध है, जिससे लोगों में असंतोष व्यक्त करने के कई माध्यम हैं, जैसे-सूचना का अधिकार, न्यायालय एवं राजनीतिक दल का निर्माण करना।
- इसलिए बार-बार होने वाले ये आंदोलन प्रशासन के निर्णय को प्रभावित करते हैं। सरकार व प्रशासन नागरिक समाज

का होता है तथा एक सतत् जागरूक नागरिक समाज सुशासन की आवश्यक शर्त है। इसलिए यह सुशासन को बेहतर करने में सहायक है। सुशासन में भ्रष्टाचार के लिए कोई स्थान नहीं है। भ्रष्टाचार एक आम शब्द है, जिसका अर्थ होता है-व्यक्तिगत लाभ के लिए अपनी सत्ता का दुरुपयोग करना। भ्रष्टाचार शब्द का तात्पर्य है-कदाचारपूर्ण, गैर-कानूनी, अनैतिक और अनुचित व्यवहार करना। अत: भ्रष्टाचार व्यक्तिगत लाभ के उद्देश्य से अपने अधिकार का जान-बूझकर किया गया दुरुपयोग (प्रत्यक्ष या अप्रत्यक्ष) है। व्यक्तिगत लाभ के अंतर्गत् आर्थिक लाभ या पदोन्नति या प्रभाव में वृद्धि जैसे तत्व आते हैं। भ्रष्टाचार समाप्त करने के लिए निम्नलिखित उपायों का प्रयोग किया जा सकता है; जैसे-प्रक्रियाओं का सरलीकरण, ई-शासन का प्रयोग, सरकारी ठेका देते समय, सरकारी खरीद करते समय व प्राकृतिक संसाधनों के खनन का ठेका देते समय पारदर्शिता का निर्माण, विवेकाधीन शक्तियों को समाप्त करना, सेवा देने वाले निकायों के बीच प्रतिस्पर्द्धा को बढ़ाना, भ्रष्टाचार को रोकने हेतु बेहतर संस्थाओं का निर्माण; जैसे-लोकपाल, चुनाव सुधार व सिविल सेवा सुधार इत्यादि।

## सिविल सेवा (नौकरशाही)

- सिविल सेवा अर्थात् नौकरशाही का शाब्दिक अर्थ है—मेज का शासन। नौकरशाही का अभिप्राय, मेज पर रखे गए नियमों एवं कानून का शासन है। यह संगठन को संचालित करने का एक तरीका है। वर्तमान जटिल समाज के संचालन के लिए संगठन की आवश्यकता होती है। सरकार के प्रशासन के लिए संगठन और निजी कंपनियों के संचालन के लिए भी संगठन का निर्माण अनिवार्य है।
- नौकरशाही संगठन को संचालित करने का एक तार्किक रूप है, जिसमें संगठन में कार्य करने वाले सभी पदाधिकारी समान स्थिति में नहीं होते, इसलिए संगठन सोपानिक अथवा अधिक्रमतामूलक होता है एवं संगठन में कार्य का विभाजन होता है।
- व्यक्ति का महत्व नहीं होता, बल्कि व्यक्ति के पद का महत्व होता है और संगठन में कार्य करने के लिए व्यक्ति की भावनाओं अथवा इच्छाओं के बजाए, नियमों का महत्व ज्यादा होता है। इसलिए यह औपचारिक और अनम्य कहलाता है। संगठन में प्रवेश के लिए प्रतिस्पर्धी परीक्षाओं का आयोजन होता है।
- पहले राज्य का मूल कार्य विधि एवं व्यवस्था बनाए रखना था। इसलिए नौकरशाही की भूमिका भी विधि एवं व्यवस्था बनाए रखने में महत्वपूर्ण होती थी, परंतु राज्य के कल्याणकारी स्वरूप के उदय के बाद नौकरशाही की परंपरागत भूमिका में परिवर्तन हुआ और नौकरशाही के द्वारा लोगों के कल्याणकारी कार्यों का संपादन किया गया है।
- नौकरशाही के इस परिवर्तित स्वरूप को विकास प्रशासन का नाम दिया गया, जिसमें नौकरशाही आम जनता के कल्याण के लिए प्रतिबद्ध है और इसके द्वारा आम लोगों के साथ सहभागिता को बढ़ावा दिया जा रहा है।
- विश्व के प्रत्येक लोकतांत्रिक देश में स्थाई कार्यपालिका के रूप में नौकरशाही कार्य करती है, जबकि जन-प्रतिनिधि अस्थाई कार्यपालिका के रूप में कार्य करते हैं। इसलिए व्यावहारिक रूप में दोनों एक-दूसरे की सहायता करते हैं।
- राजनेता जनता की इच्छाओं का प्रतिनिधित्व करते हैं, जबकि नौकरशाह अपने मामलों के विशेषज्ञ होते हैं। नौकरशाहों के द्वारा राजनेताओं को सलाह दी जाती है, जिसे मानना या न मानना राजनेताओं का विवेकाधिकार है।
- लोकतांत्रिक व्यवस्था में नौकरशाही और राजनेताओं के मध्य संबंधों को निम्नलिखित रूप में भी व्यक्त किया जा सकता है-

### 1. मंत्री व सिविल सेवक के बीच संबंध

- लोकतांत्रिक देशों में नौकरशाही व लोकतांत्रिक व्यवस्था के बीच सामंजस्यपूर्ण एवं समन्वयात्मक संबंधों की स्थापना हुई है। मंत्री, मंत्रालय का राजनीतिक प्रधान होता है, जबकि सचिव, मंत्रालय के प्रशासनिक कार्यों का संपादन करता है और सचिव के द्वारा मंत्रियों को प्रत्येक मुद्दे पर तटस्थ व निष्पक्ष सलाह दी जाती है।
- यह मंत्री का विवेकाधिकार है कि वह किस प्रकार की सलाह स्वीकार करे। मंत्री द्वारा निर्णय लिए जाने के बाद सिविल सेवक का यह कर्त्तव्य है कि उसे तत्काल निष्पक्षता से लागू करें, चाहे यह निर्णय उसकी राय के विरुद्ध ही क्यों न हो? मंत्री, लोकतंत्र में जनभावनाओं का प्रतिनिधित्व करता है और लोक सेवक नीति विषयक मामलों का विशेषज्ञ होता है।
- यह उल्लेखनीय है कि मंत्रिमंडल उत्तरदायित्व के अंतर्गत् सिविल सेवकों द्वारा संपादित कार्य के लिए मंत्री ही उत्तरदायी होता है। एक लोकतांत्रिक व्यवस्था में सिविल सेवकों से निम्नलिखित प्रकार के दायित्व की उम्मीद की जाती है-

(i) **निष्पक्षता**

- सिविल सेवकों की अपनी व्यक्तिगत मान्यताएं व विश्वास, समुदाय के लिए कार्य करने में बाधा उत्पन्न न करें।

(ii) **कुशलता व प्रभावकारिता**

- सिविल सेवकों का यह दायित्व है कि वे समाज के संसाधनों का कुशल व प्रभावी उपयोग करें तथा कार्य के दौरान उच्च व्यावसायिकता व पारदर्शिता का परिचय दें।

(iii) **प्रक्रियात्मक निष्पक्षता**

- सिविल सेवकों द्वारा अपनाई गई प्रक्रियाएं उचित, पारदर्शी व न्यायपूर्ण होनी चाहिए तथा निर्णय किन कारणों से लिया गया इसकी भी व्याख्या होनी चाहिए।

(iv) **हितों के संघर्ष को बचाना**

- सिविल सेवकों के द्वारा समुदाय की सेवा के लिए निष्पक्ष, प्रभावी व उचित तरीके अपनाने चाहिए, जिसमें सिविल सेवकों के अपने व्यक्तिगत हित व वित्तीय हित में बाधा नहीं होनी चाहिए।

(v) **उत्तरदायित्व**

- सिविल सेवक, मंत्री के प्रति उत्तरदायी होता है, तो वहीं मंत्री आम जनता के प्रति उत्तरदायी होता है। सिविल सेवकों का यह दायित्व है कि विधि व्यवस्था बनाए रखें, नीति-निर्माण करें, साथ ही साथ उनका प्रभावी क्रियान्वयन करें।

(vi) **अनुक्रियाशीलता**

- समुदाय के कार्यों को निष्पक्ष रूप में संपादित करने के लिए और सरकारी सुविधाओं के समुचित वितरण के दौरान उनका व्यवहार अनुक्रियाशील होना चाहिए। यह उल्लेखनीय है कि नीति-निर्माण व नीति-क्रियान्वयन के मुद्दे पर सिविल सेवक सदैव मंत्री के निर्देश का पालन करेगा, परंतु इसका यह अभिप्राय नहीं है कि सिविल सेवकों के स्थानांतरण व प्रोन्नति में मंत्रियों को खुली छूट दे दी जाए।

### नौकरशाही (लोक सेवक) की कमियां

(i) लॉर्ड हीवर्ट ने प्रदत्त विधि-निर्माण तथा प्रशासनिक अधिनिर्णय के कार्यों को लोक सेवक द्वारा लिए जाने की आलोचना की है। इस घटना को उन्होंने नई तानाशाही की संज्ञा दी।

(ii) आलोचकों ने प्रदत्त विधि-निर्माण में वृद्धि का वर्णन नौकरशाही की जीत के रूप में किया।

(iii) आलोचकों ने कहा नौकरशाही की शक्ति आम नागरिकों की स्वतंत्रताओं हेतु खतरा पैदा कर देती है।

(iv) रेम्जेम्योर की पुस्तक-"How Britain is Governed" (1930) में उन्होंने लोक सेवकों की बढ़ती हुई ताकत पर हमला किया है। जनतंत्र के आवरण में यह फ्रैंकेंस्टीन (Frankenstein) के दैत्य की तरह पली और बढ़ी है, जो कभी-कभी अपने जन्मदाता को ही नष्ट करती प्रतीत होती हैं।

(v) विदेशी विद्वानों ने नौकरशाही की कमियों को चित्रित करते हुए कहा कि लोक सेवा के विस्तार को नौकरशाही का ऊंचा पिरामिड कहते हैं। नौकरशाही में अपने काम को बढ़ाने और अपने लिए नए रोजगार पैदा करने की प्रवृत्ति होती है।

- नौकरशाही ने लोक प्रशासन को अधिक कार्यकुशल, विशेषज्ञीकृत, तर्कसंगत, पूर्वानुमेय तथा अवैयक्तिक बनाया है। विलियम बेबरिज के अनुसार, 'जनतंत्र को अगर अपने काम का पता है, तो उसे नौकरशाही से डरने की कोई आवश्यकता नहीं।' हर्बर्ट मोरिसन के अनुसार, 'नौकरशाही, संसदीय जनतंत्र की कीमत है।'

## 2. नौकरशाही (लोक सेवकों) की निरंकुशता

- नौकरशाही की बढ़ रही शक्ति को लॉर्ड हीवर्ट (Lord Hewart of Bury) ने नवीन तानाशाही (The New Despotism, 1929) नाम दिया है। हीवर्ट का मानना है कि इस नवीन प्रवृत्ति ने विभागों को संसद से भी अधिक शक्तिशाली बना दिया है और अब ये न्यायालयों के अधिकार क्षेत्र से भी बाहर होते जा रहे हैं।
- रेम्जेम्योर इस संबंध में लिखते हैं कि 'हमारी शासन प्रणाली में नौकरशाही की शक्ति बहुत ज्यादा है, चाहे प्रशासन हो, विधायन हो या वित्त हो।' मंत्री उत्तरदायित्व के पर्दे में नौकरशाही फ्रैंकेंस्टीन के दैत्य की भांति पनपी और विकसित हुई और अब यह पैदा करने वालों को ही खा जाना चाहती है। भारत और ब्रिटेन इत्यादि देशों में नौकरशाही की निरंतर बढ़ रही **शक्तियों के निम्नलिखित कारण हैं-**

(i) मंत्रियों का अपने विभाग के संबंध में विशेषज्ञता न रखना।

(ii) जनता के मध्य मंत्रियों का ही उत्तरदायित्व होता है। अतः कोई गलती किए जाने पर भी लोक सेवक आलोचना से बचे रहते हैं और आलोचना मंत्री को सहनी पड़ती है।

(iii) मंत्रियों का पद अस्थाई होता है, जबकि नौकरशाही स्थाई होती है।

(iv) मंत्रियों द्वारा बनाई जा रही नीतियों के पीछे नौकरशाही का हाथ होता है। कमजोर बहुमत वाले मंत्रिमंडल में लोक सेवक प्रभावित होंगे, क्योंकि तब जनमत शक्ति कम होगी।

## 3. नौकरशाह (लोक सेवक) एवं मंत्री के संबंधों को निर्धारित करने वाले तत्व

- लोक सेवक एवं मंत्री के संबंधों को निर्धारित करने वाले प्रमुख तत्व निम्नलिखित हैं-

### (i) राजनीतिक दल की प्रकृति

- मंत्री अगर प्रभावशाली व बहुमत दल का सदस्य है, तो वह निःसंदेह रूप से अधिक प्रभावशाली होगा, क्योंकि उसके पीछे उतना ही व्यापक जनमत भी होगा।

### (ii) मंत्रिमंडल में स्थिति

- यदि किसी मंत्री की अपने मंत्रिमंडल में प्रभावशाली स्थिति है, तो वह लोक सेवकों पर अधिक प्रभावशाली होगा।

### (iii) सामाजिक एवं राजनीतिक संस्कृति

- प्रायः मंत्री और लोक सेवकों के मध्य भेद उनकी विभिन्न सामाजिक संस्कृतियों के कारण होते हैं। लोक सेवक औपनिवेशिक काल से ही समाज के उच्च वर्गों से संबद्ध रहे हैं। मंत्रियों तथा उनके दलीय साथियों की निर्वाचन जीतने संबंधी आवश्यकताएं, निर्वाचन प्रणाली, मतदाताओं की प्रकृति इत्यादि घटक भी उक्त संबंधों को सीमित करते हैं।

### (iv) लोक सेवकों के विश्वास, दृष्टिकोण व प्रस्थिति

- नौकरशाह अभी भी पुरानी मान्यताओं पर आधारित हैं तथा वे अपने आपको उच्च शिक्षा प्राप्त वर्ग समझते हैं। यही पूर्वाग्रह सामाजिक, आर्थिक, राजनीतिक एवं सांस्कृतिक स्तर पर मंत्री के साथ उनके संबंधों को प्रभावित करता है।

### (v) वैयक्तिक विशेषताएं एवं लक्ष्य

- मंत्री एवं लोक सेवकों के मध्य जाति, धर्म, भाषा, विचार व पृष्ठभूमि संबंधी एकता उनके मंत्री के साथ संबंधों को बहुत प्रभावित करती हैं। मंत्री प्रायः यह प्रयास करते हैं कि किसी तरह से अपने परिचित प्रशासकों को लाया जाए, ताकि उन पर भरोसा किया जा सके। इसी तरह लोक सेवक भी अपनी शीघ्र पदोन्नति, सेवानिवृत्ति के पश्चात् नियुक्ति एवं आर्थिक लाभ हेतु मंत्री के अनुगामी बन जाते हैं।

### (vi) नीति-निर्माण का स्तर

- मंत्री एवं लोक सेवकों के संबंध विभागीय या निर्णय-निर्माण के स्तरों पर भी निर्भर करते हैं। उच्च स्तर पर उनके संबंध बराबरी और सहयोग, मध्य स्तर पर आदेश-अनुपालन तथा निम्न स्तर पर स्वामी, सेवक जैसे होते हैं।

## 4. भारत में सिविल सेवक की भूमिका

### (i) ब्रिटिश शासन काल में

- ब्रिटिश शासन के दौरान भारत में **स्टील फ्रेम** नौकरशाही का विकास हुआ था, क्योंकि नौकरशाही द्वारा प्रभावी रूप में विधि-व्यवस्था का निर्माण किया गया था।
- नौकरशाही के कारण ही पूरे भारत में प्रशासनिक एकता का निर्माण भी संभव हुआ। अंग्रेजी शासन के दौरान नौकरशाही की भूमिका विधि-व्यवस्था बनाए रखना एवं राजस्व वसूली की थी।
- अतः अंग्रेजों के शासन काल में नौकरशाही की भूमिका नकारात्मक थी और नौकरशाही की निष्ठा ब्रिटिश साम्राज्य के प्रति थी।
- स्वतंत्र भारत में नौकरशाही की भूमिका में बड़ा बदलाव आया और अब सिविल सेवक कल्याणकारी राज्य के कार्यक्रमों को क्रियान्वित करने के मुख्य यंत्र बन गए। लोकतांत्रिक शासन की स्थापना के बाद उनका मूल उद्देश्य नागरिकों का कल्याण करना बन गया।
- अब उनकी निष्ठा भारतीय संविधान व विधि के प्रति हो गई और देश की आजादी के आरंभिक दशकों में सिविल सेवकों की भूमिका अत्यधिक महत्वपूर्ण थी, **जिसके उदाहरण निम्नलिखित हैं-**
  - (i) देश के विभाजन के बाद पाकिस्तान से विस्थापित होने वाले लोगों को बसाना।
  - (ii) देश की एकता एवं अखंडता बनाए रखना।
  - (iii) सामुदायिक विकास कार्यक्रमों का संचालन।
  - (iv) पंचवर्षीय योजनाओं का क्रियान्वयन।
  - (v) सार्वजनिक उद्यमों की स्थापना व उनके प्रबंध में निर्णायक भूमिका का निर्वहन किया गया।
- नौकरशाही के बेहतर प्रदर्शन का कारण मंत्रियों व सिविल सेवकों के बीच बेहतर व मधुर संबंध थे तथा राजनीतिक नेतृत्व भी आदर्शवादी व ईमानदार था और प्रशासनिक अधिकारियों ने अत्यधिक कुशलता व दक्षता का परिचय दिया तथा नीति-निर्माण, नीतियों का क्रियान्वयन, विधि व्यवस्था, राजस्व वसूली और विकास एजेंट के रूप में उन्होंने कार्य किया।
- प्रधानमंत्री नेहरू के कार्यकाल में नौकरशाही एवं राजनेताओं के बीच अत्यधिक बेहतर संबंध थे और इस दौरान मंत्रियों एवं नौकरशाहों के बीच सामंजस्यपूर्ण संबंधों का विकास हुआ।

## प्रतिबद्ध नौकरशाही

- वर्ष 1970 के दशक में इंदिरा गांधी ने प्रतिबद्ध नौकरशाही

का नारा दिया। इनके अनुसार, सिविल सेवकों को सरकार की नीतियों व विचारधारा के प्रति प्रतिबद्ध होना चाहिए। इंदिरा गांधी ने यह भी कहा कि भारत में कल्याणकारी नीतियों के क्रियान्वयन व गरीबी हटाने में नौकरशाही बाधा बन रही है।

- आलोचकों ने प्रतिबद्ध नौकरशाही के विचार को लोकतंत्र और नौकरशाही के कार्यकरण की मूल मान्यताओं के प्रतिकूल माना। क्योंकि सिविल सेवक विधि के शासन व संविधान के प्रति प्रतिबद्ध होते हैं और उनसे वस्तुनिष्ठता व निष्पक्षता की अपेक्षा की जाती है।
- राजनीतिक विचारधारा के पालन की अपेक्षा सिविल सेवकों से नहीं की जाती, क्योंकि लोकतंत्र में सरकारें परिवर्तित होती रहती हैं। संघ में एक दल की सरकार तथा राज्यों में दूसरे दल की सरकारें होती हैं। इसलिए प्रतिबद्ध नौकरशाही को आलोचकों ने नौकरशाही का राजनीतिकरण कहा।
- इंदिरा गांधी के कार्यकाल के दौरान प्रशासनिक अधिकारियों के भारी तबादले की प्रक्रिया शुरू हुई। तबादले को दंड के रूप में प्रयोग किया गया और ईमानदार व निष्पक्ष अधिकारियों की अवहेलना की गई तथा चाटुकार अधिकारियों को प्राथमिकता प्रदान की गई।
- अधिकारियों से वस्तुनिष्ठ व निष्पक्ष सलाह देने के बजाए, प्रशासन की कुशलता की दक्षता गंभीर रूप में प्रभावित हुई। जनता पार्टी शासन के द्वारा कहा गया कि नौकरशाही निष्पक्ष एवं तटस्थ नहीं है, बल्कि कांग्रेस के प्रति प्रतिबद्ध है।

## वर्ष 1990 के बाद नौकरशाही

- वर्ष 1990 के बाद के उदारीकरण व निजीकरण के युग में सिविल सेवकों से सक्रिय पहलकारी भूमिका की अपेक्षा की गई और निजी क्षेत्रों के साथ मिलकर कार्य करने की चुनौती उत्पन्न हुई। साथ ही साथ सिविल सेवकों से निजी क्षेत्रों की सहायताकारी भूमिका की अपेक्षा की गई।
- उनमें निजी क्षेत्रों जैसी प्रतिस्पर्धा व कुशलता के विकास की अपेक्षा की गई। अब सिविल सेवकों की भूमिका नियंत्रणकारी नहीं रही, बल्कि उनसे निजी निवेश को आकर्षित करने की अपेक्षा की गई। इसलिए सिविल सेवकों में अनुनयात्मक व लचीला दृष्टिकोण होना चाहिए। प्रशासन का मूल बल परिणाम केंद्रित हो गया है, प्रक्रिया केंद्रित नहीं।
- वर्तमान युग सूचना तकनीक प्रधान युग है। इसलिए एक पारदर्शी और उत्तरदायी सिविल सेवक की अपेक्षा की जाती है। सुशासन के इस युग में सरकार का दृष्टिकोण जनकेंद्रित हो गया है, इसलिए प्रशासन द्वारा आम लोगों को जन-सुविधाएं त्वरित व गुणवत्तापूर्ण ढंग से प्रदान की जाए।
- पहले सिविल सेवक के लिए यह कहा जाता था कि केवल सिविल सेवक ही यह कार्य कर सकते हैं। वर्तमान में यह कहा जा रहा है कि सिविल सेवक नागरिकों की सहभागिता के साथ ही बेहतर कार्य कर सकते हैं। पंचायती राज के द्वारा भारत में प्रशासन व योजना का विकेंद्रीकरण किया गया है, जहां सिविल सेवक ग्रामीण जनता के साथ मिलकर ग्रामीण जनता का विकास करेंगे।
- इसलिए नीति-निर्माण में विकास योजनाओं के क्रियान्वयन में जनता की ज्यादा से ज्यादा सहभागिता को बढ़ावा दिया जा रहा है, क्योंकि भारत जैसे कल्याणकारी राज्य में सिविल सेवकों की भूमिका कभी कम नहीं हो सकती, लेकिन परिवर्तित परिवेश में इनकी नई भूमिका की अपेक्षा है।
- सिविल सेवक जिला पंचायत के मुख्य कार्यकारी अधिकारी के रूप में कार्य करते हैं। भारत में योजनाओं के क्रियान्वयन में जनता की सहभागिता के साथ इसे बेहतर बनाया जा सकता है।
- वर्तमान निजीकरण के युग में कल्याणकारी कार्यों पर केवल सरकार का एकाधिकार नहीं है, बल्कि अनेक गैर-सरकारी स्वैच्छिक संगठन (NGO) लोगों के कल्याण में महत्वपूर्ण भूमिका का निर्वहन कर रहे हैं। इसलिए वर्तमान युग में सिविल सेवकों व गैर-सरकारी स्वैच्छिक संगठनों के बीच ज्यादा प्रभावशाली समन्वय व सहयोग की अपेक्षा है।
- गैर-सरकारी स्वैच्छिक संगठनों द्वारा नागरिकों का कल्याण अनौपचारिक रूप से और उनके सहयोग के द्वारा होता है। गैर-सरकारी स्वैच्छिक संगठन को अपने क्षेत्र में विशेषज्ञता भी प्राप्त होती है। इसलिए सिविल सेवक भी गैर-सरकारी स्वैच्छिक संगठन की कार्यशैली अपनाने पर बल दे रहे हैं, जिससे प्रक्रिया व औपचारिकता के बजाए, परिणाम व निष्पादन पर बल दिया जाए।
- यह भी उल्लेखनीय है कि राज्य के समक्ष इस समय अनेक प्रकार की नवीन चुनौतियां भी विद्यमान हैं, जिसमें साइबर अपराध (Cyber Crime) जैसी चुनौतियां प्रमुख हैं। इसलिए सामान्य के साथ-साथ विशेषज्ञों की भूमिका को बढ़ावा देने की आवश्यकता है, विशेष तौर पर सचिवालय स्तर पर विशेषज्ञों की बेहतर उपस्थिति अनिवार्य है, क्योंकि वर्तमान सूचना तकनीक और अंतरिक्ष एवं परमाण्विक युग में विशेषज्ञों की भूमिका अत्यधिक निर्णायक है।
- उदारीकरण व निजीकरण के वर्तमान युग में भारतीय

समाज का एक बड़ा भाग अभी भी गरीबी व वंचना का शिकार है। इसलिए गरीबी निवारण व सामाजिक न्याय प्रदान करने में सिविल सेवक की भूमिका महत्वपूर्ण हैं, जिन क्षेत्रों में निजी क्षेत्रों का प्रवेश नहीं हो रहा है, उसमें अभी भी सरकार की भूमिका महत्वपूर्ण है और सिविल सेवकों से उनमें नेतृत्वकारी पहलकारी भूमिका की अपेक्षा है, उनमें समाज के वंचित वर्गों के प्रति संवेदनशीलता की आवश्यकता है।

## सिविल सेवा में लैटरल एंट्री (Lateral Entry)

- भारत में सिविल सेवकों की नियुक्ति के लिए संघ लोक सेवा आयोग के द्वारा परीक्षा का आयोजन होता है और अखिल भारतीय सेवा जिसमें भारतीय प्रशासनिक सेवा के अधिकारी मंत्रालयों में सचिव के रूप में कार्य करते हैं। उदारीकरण के युग में संघ सरकार के विभिन्न मंत्रालयों में भारतीय प्रशासनिक सेवा के अधिकारियों के साथ-साथ अर्थशास्त्रियों को भी सचिवों के रूप में नियुक्त किया गया।
- डॉ. मनमोहन सिंह, मोंटेक सिंह आहलूवालिया तथा अरबिन्द पनगड़िया भारतीय प्रशासनिक सेवा से संबंधित नहीं थे। रघुराम राजन, एम. एस. स्वामीनाथन अपने क्षेत्रों के विशेषज्ञ थे, जिन्होंने भारतीय प्रशासनिक सेवा के अधिकारियों से भी बेहतर कार्य का निष्पादन किया।
- मोदी सरकार के द्वारा नौकरशाही को प्रभावशाली बनाने के लिए लैटरल एंट्री (Lateral Entry) को बढ़ावा दिया जा रहा है, जिससे प्रशासन में पारदर्शिता और कुशलता को बढ़ावा दिया जाए और अनुभव के बजाए, कुशलता को प्राथमिकता देने की आवश्यकता है।
- आलोचकों का मानना है कि लैटरल एंट्री (Lateral Entry) के द्वारा नौकरशाही में राजनीतिक पक्षपात में वृद्धि होगी, क्योंकि प्रत्येक सरकार के द्वारा अपने समर्थक विशेषज्ञों को सरकार में शामिल किया जाएगा। संघ लोक सेवा आयोग के द्वारा आयोजित परीक्षा में आरक्षण का भी प्रावधान होता है।
- जबकि लैटरल एंट्री (Lateral Entry) के द्वारा आरक्षण के प्रावधान पर भी खतरा उत्पन्न होगा तथा सचिव स्तर के अधिकारियों में भारतीय प्रशासनिक सेवा के अधिकारियों और लैटरल एंट्री द्वारा नियुक्त विशेषज्ञ अधिकारियों के बीच प्रतिस्पर्धा भी बढ़ेगी।

## सिविल सेवा में सुधार

- भारत में सुशासन के लक्ष्य को प्राप्त करने के लिए सिविल सेवा में सुधार आवश्यक है। वर्तमान में सिविल सेवकों के चयन के साथ उन्हें परीक्षा में रैंक के आधार पर सेवाओं का आवंटन हो जाता है। प्रशासनिक सुधार आयोग के द्वारा यह अनुशंसा की गई है कि सेवाओं का आवंटन मसूरी में आयोजित फाउंडेशन कोर्स में प्रदर्शन के आधार पर निर्धारित होना चाहिए।
- सिविल सेवकों के कार्यों में राजनीतिक हस्तक्षेप को कम करने के लिए उनकी नियुक्ति और स्थानांतरण के लिए सिविल सेवा बोर्ड की स्थापना की जाए तथा प्रदर्शन के आधार पर उनकी प्रोन्नति होनी चाहिए। सिविल सेवकों का कार्य प्रक्रिया के अनुसार संचालित नहीं होना चाहिए, बल्कि परिणाम के अनुसार निर्धारित होना चाहिए।

## सिविल सेवक की समस्याएं

- द्वितीय प्रशासनिक सुधार आयोग के द्वारा वर्तमान सिविल सेवकों में **निम्नलिखित समस्याओं को उजागर किया गया है**-
  - (i) सिविल सेवकों में व्यावसायिक दृष्टिकोण व क्षमता निर्माण का अभाव।
  - (ii) आम जनता से अलगाव व जनता की अपेक्षा को समझने में असफलता।
  - (iii) एक अकुशल व्यवस्था का निर्माण हो गया है, जिसमें प्रभावशाली व ईमानदार सिविल सेवकों को हतोत्साहित तथा अकुशल व भ्रष्ट सिविल सेवकों को प्रोत्साहित किया जा रहा है।
  - (iv) निरर्थक व बेकार प्रक्रियाओं के प्रति प्रतिबद्धता।
  - (v) निष्पादनकारी संस्कृति का अभाव।
  - (vi) प्रोन्नति में कुशलता के मानदंडों का अभाव।
  - (vii) पारदर्शिता का अभाव।
  - (viii) भ्रष्टाचार के विरुद्ध आवाज उठाने वाले लोगों की रक्षा का अभाव।
  - (ix) मनमानी तबादला व बढ़ता राजनीतिक हस्तक्षेप।
  - (x) सिविल सेवकों की नैतिकता व मूल्य में होती गिरावट।

## सिविल सेवकों की स्वायत्तता और उच्चतम न्यायालय का निर्णय

- यह उल्लेखनीय है कि प्रशासनिक सुधार आयोग ने पहले ही अनुशंसा की है कि सिविल सेवकों के स्थानांतरण व प्रोन्नति हेतु एक स्वतंत्र व निष्पक्ष प्रणाली के निर्माण की आवश्यकता है। अक्टूबर, 2013 में उच्चतम न्यायालय ने एक ऐतिहासिक निर्णय देते हुए कहा कि संघ सरकार व राज्य सरकारें सिविल सेवकों के स्थानांतरण, उनकी प्रोन्नति, उनको पुरस्कृत करने तथा उनके विरुद्ध अनुशासनात्मक

कार्यवाही की अनुशंसा हेतु एक सिविल सेवा बोर्ड की स्थापना करें।

- **उच्चतम न्यायालय द्वारा अवकाश प्राप्त सिविल सेवकों की जनहित याचिका पर यह निर्णय दिया गया-**
  - (i) उच्चतम न्यायालय के अनुसार, सिविल सेवा बोर्ड का अध्यक्ष केंद्र में कैबिनेट सचिव व राज्यों में मुख्य सचिव होगा, जिससे सरकार के कार्यों में पारदर्शिता व उत्तरदायित्व को बढ़ावा दिया जाएगा। सरकार सिविल सेवा बोर्ड के निर्णय को अस्वीकार कर सकती है, परंतु इसका लिखित कारण देना होगा।
  - (ii) एक अत्यंत महत्वपूर्ण निर्देश में उच्चतम न्यायालय ने कहा कि सिविल सेवकों को एक निश्चित कार्यकाल प्रदान किया जाए। न्यायपालिका ने इस निर्णय को तीन महीने में लागू करने का निर्णय दिया।
  - (iii) एक अन्य निर्देश में उच्चतम न्यायालय ने यह भी कहा कि सिविल सेवक राजनेताओं के मौखिक आदेश को न मानें, बल्कि सदैव उनसे लिखित आदेश प्राप्त करें।
  - (iv) उच्चतम न्यायालय ने कहा कि सिविल सेवक किसी व्यक्ति के निजी सेवक नहीं हैं। इसलिए उनका उपयोग किसी के निजी हितों को बढ़ावा देने के लिए नहीं हो सकता।
  - (v) आलोचकों का मानना है कि उच्चतम न्यायालय ने वर्ष 2006 में प्रकाश सिंह मामले पर पुलिस सुधार हेतु अनेक निर्देश दिए थे, जो अभी तक लागू नहीं हो सका है। इसलिए उच्चतम न्यायालय का यह निर्णय कितने प्रभावी रूप में लागू होगा, यह आने वाला समय बताएगा।

## पुलिस सुधार व उच्चतम न्यायालय

- *प्रकाश सिंह वाद* में उच्चतम न्यायालय ने यह कहा था कि पुलिस अधिकारियों को भी 2 वर्ष का निश्चित कार्यकाल प्रदान किया जाए एवं प्रदेश के महानिदेशक (DGP) का चयन प्रदेश के तीन वरिष्ठ भारतीय पुलिस सेवा (IPS) के अधिकारियों में से किया जाए।
- पुलिस को विधि व्यवस्था बनाए रखने के कार्य एवं जांच कार्यों के बीच विभाजन किया जाए।
- न्यायपालिका ने एक पुलिस बोर्ड की स्थापना का निर्देश दिया, जिसके द्वारा पुलिस अधिकारियों के स्थानांतरण व प्रोन्नति के मामलों का निर्धारण किया जाएगा।
- प्रत्येक जनपद में एक पुलिस शिकायत अधिकारिता की स्थापना हो, जो पुलिस अधिकारियों के विरुद्ध आम जनता की शिकायतों की सुनवाई करेगा।
- एक राष्ट्रीय सुरक्षा आयोग संगठनों के निदेशकों की नियुक्ति करेगा, जिसका कार्यकाल 2 वर्ष का होगा।

## सिविल सेवकों के लिए आचार संहिता

- भारत में कार्मिक शिकायत व पेंशन मंत्रालय द्वारा नैतिकता के कोड का प्रारूप तैयार किया गया है, जिसका समर्थन मुख्यमंत्रियों द्वारा किया गया, **जिसके प्रावधान निम्नलिखित हैं-**
  - (i) सिविल सेवकों की ईमानदारी व नैतिकता बनाए रखने के लिए उनसे यह अपेक्षा की जाती है कि वे नागरिकों को आसानी से उपलब्ध रहें।
  - (ii) पूर्वाग्रह से मुक्त हों।
  - (iii) सेवाओं की गुणवत्तापूर्ण एवं समयबद्ध उपलब्धता।
  - (iv) सिविल सेवकों को संविधान के मूल्यों एवं विधि के शासन के प्रति प्रतिबद्धता बनाए रखनी चाहिए तथा अपने वरिष्ठ अधिकारियों के किसी अवैधानिक आदेश का पालन न करें।
  - (v) किसी राजनीतिक विचारधारा के प्रति उनका लगाव नहीं होना चाहिए।
  - (vi) उनका दृष्टिकोण व्यावसायिक होना चाहिए तथा अपने कनिष्ठ अधिकारियों को भी अवैधानिक कार्यों के विरोध हेतु प्रोत्साहित करना चाहिए।
  - (vii) अच्छे कार्य करने वाले अधिकारियों को किसी भी राजनीतिक दल से संबंध बनाने का प्रयत्न नहीं करना चाहिए।
  - (viii) अपने पद का दुरुपयोग व्यक्तिगत लाभों के लिए नहीं करना चाहिए।

### परिणाम

- देश का आर्थिक विकास सुनिश्चित होगा।
- आंतरिक सुरक्षा बेहतर होगी।
- लोकतंत्र जन-केंद्रित होगा।
- पर्यावरण सुरक्षा एवं सतत् विकास होगा।

### आलोचना

- आलोचकों के अनुसार, सुशासन के नाम पर देश में उदारीकरण व निजीकरण को बढ़ावा देने का प्रयत्न हो रहा है। सुशासन के नाम पर भारत में उन विचारों का प्रयोग हो रहा है, जो पश्चिमी देशों द्वारा निर्देशित तथा वैश्विक आर्थिक संस्थाओं द्वारा प्रायोजित हैं।

# राज्य की भूमिका

### प्रस्तावना

- राज्य की अवधारणा राजनीति विज्ञान में एक मुख्य स्थान रखती है। 'राज्य' शब्द का उल्लेख किए बिना राजनीति

सिद्धांत पर कोई चर्चा पूरी नहीं होती। राज्य, वस्तुतः मानव जीवन का हर पहलू छूता है, और यही कारण है कि बिल्कुल सही रूप से कि इसने प्लेटो के समय से ही सभी राजनीतिक विद्वानों का ध्यान आकृष्ट किया है।

- सार्वजनिक जीवन को व्यवस्थित करते एक प्रशसनिक तंत्र के रूप में राज्य को समझना इसके एक पहलू को समझना है। राज्य वहां है, जहां यह कार्यरूप में व्यवस्थित है।

## राज्य का अर्थ

- राज्य *स्टैटो* (Stato) शब्द के रूप में मैकियावली (1496-1527) के लेखों में सोलहवीं सदी के शुरूआती हिस्से में इटली में नजर आया। एक निकाय विज्ञ के भाव में राज्य का अर्थ सोलहवीं सदी के बाद के हिस्से में इंग्लैंड व फ्रांस में सर्वमान्य हो गया।
- राज्य में शुरू से ही, एक प्रदेश और एक राष्ट्र का उल्लेख शामिल रहा है, परंतु यह अकेले ही किसी राज्य का निर्माण नहीं करता। यह बहुत्व-अभाव, कानूनी व राजनीतिक प्राधिकार की अभिन्नता, समाज में आदमी के विशिष्ट बाध्य संबंधों पर नियंत्रण रखने, समाज के भीतर ही अस्तित्व बनाए रखने की ओर भी इशारा करता है।
- यह सार्वजनिक शांति व नियंत्रण की एक व्यवस्था बनाता है, और इस काम के लिए, बल व दमन प्रयोग की कानूनी शक्ति से न्यायगत होता है। एक राज्य, इस प्रकार, अपनी विस्तृत व्यवस्था में स्थापित होता है जो कानून बनाता है और जो उन्हें लागू करता है, यानी, विधायिका, कार्यपालिका व न्यायपालिका जैसी संस्थाओं में।
- यह उन नौकरशाही संस्थाओं में स्थापित होता है जो सरकार की प्रत्येक कार्यकारी शाखा से जुड़ी होती हैं। यह उन संस्थाओं में स्थापित होता है, जिनको उसके मनोरथ को चुनौती मिलने पर कार्यशील होने का आह्वान किया जाता है, यथा सेना व पुलिस। राज्य इन संस्थाओं का कुल योग है।

## भूमिका

- राज्य सामाजिक संबंध के रूप में और किसी प्रदत समाज में एक विधिबद्ध सत्ता के रूप में अपनी कुछ भूमिका रखता है। इन भूमिकाओं को निम्न प्रकार से देखा जा सकता है-

  (i) राज्य एक सत्ता है, अपने आप में संगठित। यह औपचारिक विधि संहिताओं व संस्थाओं के माध्यम से सामाजिक संबंधों को विधिकृत करने और उन्हें मान्यता प्रदान करने का अधिकार रखता है। यह उसे वर्गों और उसमें विद्यमान स्वायत्त प्रतिस्पर्धी गुटों से बनाते हुए राज्य को समाज में एक सुव्यक्त और अलघुकरणीय पद प्रदान करता है।

  (ii) राज्य विशिष्ट रूप से राजनीतिक प्रथाओं के एक सेट के रूप में उदय होता है, जो बाध्यकारी निर्णयों को परिभाषित करता है और उन्हें लागू करता है, सामाजिक जीवन के हरेक पहलू में हस्तक्षेप करने की हद तक।

  (iii) राज्य बल प्रयोग के सभी साधनों को एकाधिकार में लाता है। इस अधिकार को समाज में अन्य कोई भी संगठन नहीं रखता।

  (iv) राज्य सामाजिक संबंधों को नियत-भाव, और समाज को सामाजिक स्थिरता प्रदान करता है। सामाजिक व्यवस्था, चंधोक के अनुसार, "राज्य के माध्यम से स्थापित होती है और राज्य द्वारा तय किए गए मानदंडों के भीतर ही अस्तित्व रखती है"।

  (v) राज्य एक प्रदत्त समाज के ढांचे के भीतर ही अस्तित्व रखता है। जिस प्रकार समाज अनेक सामाजिक बलों द्वारा विवश करने वाली बदलती परिस्थितियों का प्रत्युत्तर देता है, राज्य बदलते समाज का प्रत्युत्तर देता है। राज्य हमेशा समाज के बदलते रिश्तों को प्रकट करता है।

## सारांश

- राज्य महज हुकुमत नहीं है। यह एक राजनीतिक समुदाय भी है। ग्रामशी कहते हैं, यह सभ्य समाज का दृश्य राजनीतिक है, जिनकी उन गतिविधियों की समग्र समष्टि सन्निहित है जिसकी मदद से एक शासक वर्ग अपना प्रभुत्व कायम रखता है, और इसमें वे तरीके भी शामिल हैं जिससे वह उनकी राजामंदी हासिल करने का इंतजार करता है, जिस पर वह शासन करता है।
- दूसरे शब्दों में, यह नागरिक समाज में सत्ता के मध्य बिंदुओं पर आधारित संस्थाओं व प्रथाओं की एक समष्टि है। यह एक सामाजिक संबंध है और मानो, सामाजिक संरचना की विधिबद्ध सत्ता है। इस प्रकार कह सकते हैं कि एक लोकतांत्रिक शासन प्रणाली के विकास और उसके सभी पहलुओं के सुचारू रूप से क्रियान्वयन में राज्य की महत्वपूर्ण भूमिका देखी जा सकती है।

# नागरिक समाज तथा व्यक्ति

- नागरिक समाज (सिविल सोसाइटी) का संबंध मानव जीवन के उन पहलुओं से है जो राजनीतिक सत्ता तथा राज्य और

सरकार के दायरे से बाहर होते हैं-अर्थात् आर्थिक संबंध, परिवार नातेदारी के ढांचे, धार्मिक संस्थाएं, सांस्कृतिक संगठन आदि।

- यह एक विश्लेषणात्मक अवधारणा है क्योंकि नागरिक समाज तो राजनीतिक सत्ता से स्वतंत्र रहकर बनी नहीं रह सकती और राजनीतिक सत्ता भी नागरिक समाज के बगैर नहीं रह सकती।

## नागरिक समाज की अवधारणा की उत्पत्ति

- अठारहवीं सदी के अंत में नागरिक समाज का विचार 'स्कॉटिश प्रबोधन' ने दिया था और फर्ग्यूसन ने उसे जोरदार ढंग से मुखरित किया था। यद्यपि, उस समय यह सिद्धांत मुख्यत: राजनीति पर नहीं बल्कि अर्थशास्त्र के क्षेत्र पर केंद्रित था। राजनीति से इसका संबंध सिर्फ राज्य की गतिविधि को प्रतिबंधित करने तक था जो वाणिज्यवाद के अस्वीकार और अहस्तक्षेप के दर्शन के कारण बाध्यकारी हो गया था।
- नागरिक समाज के विचार की व्युत्पत्ति Koinonia शब्द में देखी जा सकती है। जिसका प्रयोग अरस्तू ने समिति, समुदाय और समाज की धारणाओं के संदर्भ में किया था। इसका अर्थ है–साझा मूल्यों और सार्वजनिक प्रक्रियाओं की एक कानून द्वारा परिभाषित व्यवस्था के अंतर्गत शासन करने और शासित होने में स्वतंत्र और समान नागरिकों का एक नैतिक राजनीतिक समुदाय।
- यद्यपि, अठारहवीं सदी के मध्य में नागरिक समाज और राज्य का अंतर उभरा, जो शासितों की सहमति के आधार पर राजनीतिक सत्ता की अवधारणा को सिद्धांत रूप देने और निरंकुशतावाद की जड़ें, खोदने के उदारवादी कार्यक्रम का एक हिस्सा था। लोकतंत्र का विस्तार नागरिक समाज को राष्ट्र-राज्य के साथ राष्ट्र-राज्यों के बीच क्रमश: गहनता और व्यापकता देता है।

## निष्कर्ष

- इस तरह नागरिक समाज वह प्रक्रिया है जिसके माध्यम से व्यक्ति एक-दूसरे के साथ या राजनीतिक और आर्थिक सत्ता के केंद्रों के साथ बातचीत करते, बहस करते, लड़ाई करते या सहमति बनाते हैं।

### रचनाएं


- मेरी एडर्सन एम., डू नो हार्म: हाऊ ऐड कैन स्पोर्ट पीस और वार (1999)
- एलेन, सी., हू नीड्स सिविल सोसाइटी रिव्यू ऑफ अफ्रीकन पॉलिटिकल इकोनोमी (1997)।

अध्याय 2

# उत्तरदायित्व तथा नियंत्रण
# ACCOUNTABILITY AND CONTROL

- प्रशासन पर सरकार या समाज का नियंत्रण लोकतंत्र का एक स्वाभाविक गुण माना जाता है। जो समाज लोकतंत्र के आदर्शों को प्रतिपादित करते हैं, उनसे अपेक्षा की जाती है, कि वे प्रशासन की इन संस्थाओं के साथ इसका तालमेल स्थापित कर सकें।

## लोक प्रशासन पर नियंत्रण

### 1. विधायी नियंत्रण

- आधुनिक संसदीय शासन व्यवस्था में संसद का महत्वपूर्ण कार्य प्रशासन पर नियंत्रण रखना है। प्रशासन पर नियंत्रण रखने के लिए संसद मुख्य रूप से निम्न साधन अपनाती है-

a. **राष्ट्रपति का अभिभाषण** : संसद के नए अधिवेशन के आरंभ में राष्ट्रपति अपना अभिभाषण देते हैं, जिसमें कई बार लोक सेवाओं के कार्यों का भी प्रत्यक्ष या अप्रत्यक्ष रूप से उल्लेख किया जाता है। राष्ट्रपति के अभिभाषण पर प्रतिक्रिया व्यक्त करते समय प्रशासनिक अधिकारियों पर अनेक वक्तव्य प्रदान किए जाते हैं। इस प्रकार यह लोक सेवकों की क्रियाओं पर नियंत्रण रखने में सफल साधन होता है।

b. **प्रश्नकाल** : प्रश्न पूछना संसदीय नियंत्रण का एक प्रभावशील साधन है। संसद के सत्र में प्रतिदिन पहला घंटा प्रश्नों के लिए निश्चित रहता है। तीन प्रकार के प्रश्न पूछे जाते हैं- **तारांकित, अतारांकित, अल्प सूचना प्रश्न**। प्रश्न कई उद्देश्यों से पूछे जा सकते हैं: शिकायत व्यक्त करना, विशिष्ट मामलों के संबंध में जानकारी प्राप्त करना या उनके बारे में सरकार की राय मालूम करना, किसी आरोपित अनियमितता के बारे में सरकार की राय मालूम करना, किसी आरोपित अनियमितता के बारे में संबंधित विभाग की आलोचना करना।

- प्रश्न प्रशासकों को सावधान या सतर्क रखते हैं। अनेक प्रश्न नौकरशाही को जवाबदेह (Accountable) बनाने के लिए पूछे जाते हैं। प्रश्न काल के द्वारा प्रशासनिक नीति अथवा क्रिया के किसी भी भाग की ओर जन सामान्य का ध्यान आकर्षित करवाया जा सकता है।

c. **वाद-विवाद तथा बहस** : वाद-विवाद तथा बहस के द्वारा संसद के सदस्य सरकार के द्वारा किए गए कार्यों का सूक्ष्म परीक्षण करते हैं। जब कोई नया विधेयक प्रस्तुत किया जाता है, तो इस पर होने वाली बहस के समय विभिन्न सदस्यों द्वारा प्रशासन की पुनरीक्षा की जा सकती है।

- सरकारी नीति एवं मंत्रियों के विभाग की उपलब्धियों को वाद-विवाद का विषय बनाया जा सकता है। प्रशासन की आलोचना, समालोचना एवं प्रशंसा की जा सकती है।

d. **बजट पर बहस** : बजट पर होने वाले वाद-विवाद प्रशासन पर संसदीय नियंत्रण की दृष्टि से सबसे महत्वपूर्ण उपकरण हैं। बजट पर बहस के समय संसद सदस्य विभागों की प्रशासनिक क्रियाओं की सूक्ष्म जांच व परीक्षण करते हैं।

e. **स्थगन प्रस्ताव** : सार्वजनिक महत्व के किन्हीं भी मामलों पर स्थगन प्रस्ताव सदस्यों को एक ऐसा अवसर प्रदान करता है। जिसके द्वारा वे किसी भी प्रशासनिक विभाग के कार्य संचालन पर वाद-विवाद कर सकते हैं।

- इस प्रस्ताव के माध्यम से संसद सदस्यों द्वारा संसद के निश्चित कार्यक्रम को रोककर किसी अविलंबनीय लोक महत्व के विषय पर बहस की जा सकती है। किसी विभाग के अधिकारियों के अत्याचार के विरुद्ध भी इस प्रकार के प्रस्ताव रखे जा सकते हैं।

f. **अविश्वास प्रस्ताव** : इसे 'निंदा प्रस्ताव' भी कहते हैं। संसदीय प्रणाली वाले देशों में अविश्वास प्रस्ताव द्वारा सरकार को पदच्युत किया जा सकता है। संसदीय असंतोष को फलीभूत न होने देने के लिए मंत्रिमंडल संसद के बहुमत को अपने पक्ष में रखता है तथा प्रशासकों के कार्यों की देख-रेख करके उनको असंतुष्ट होने का अवसर नहीं देता।

g. **संसदीय समितियां :** प्रशासन पर नियंत्रण रखने में संसदीय समितियों का योगदान रहता है, वे प्रशासन के कार्य की जांच-पड़ताल करती हैं। लोक प्रशासन की गतिविधियों का विस्तृत अध्ययन करने के बाद यह बताती हैं, कि कहां अनियमितता, अधिकारों का दुरूपयोग और जनविरोधी कार्य किए जा रहे हैं। धन के अपव्यय पर भी संसदीय समितियों द्वारा नियंत्रण किया जाता है।

h. **लेखा परीक्षण :** भारतीय संविधान के अंतर्गत लेखा परीक्षण का कार्य नियंत्रक तथा लेखा-परीक्षक (CAG) को सौंपा गया है। कैग यह देखता है कि प्रशासन के विभिन्न विभाग स्वीकृत धनराशि का व्यय संसद के आदेशानुसार ही कर रहे हैं या नहीं। कैग प्रत्येक वर्ष अपना प्रतिवेदन संसद के सम्मुख रखता है, और इस प्रकार प्रशासन की धन संबंधी त्रुटियां प्रकाश में लाता है।

- नियंत्रक तथा महालेखा परीक्षक को लोक लेखा समिति का मार्गदर्शक कहा जाता है।

## 2. लोक प्रशासन पर कार्यपालिका का नियंत्रण

- शासन की नीतियों का निर्धारण मुख्य कार्यपालिका द्वारा ही होता है।
- प्रशासकों की नियुक्ति, स्थानांतरण तथा निष्कासन का अधिकार कार्यपालिका में निहित है।
- बजट कार्यपालिका बनाती है।
- लोकमत से अपील द्वारा नियंत्रण।
- लोक सेवा संहिता तथा अनुशासनात्मक कार्यवाही कार्यपालिका द्वारा ही की जाती है।

## 3. लोक प्रशासन पर न्यायिक नियंत्रण

- प्रशासन पर न्यायपालिका का नियंत्रण उतना ही आवश्यक है, जितना कि प्रशासन पर विधायिका का नियंत्रण। न्यायालय जनता के अधिकारों तथा स्वतंत्रता की रक्षक है। न्यायालय द्वारा किए गए नियंत्रण को कानूनी प्रतिकार कहा जाता है।
- न्यायालय अपनी इच्छा से प्रशासन के कार्यों में हस्तक्षेप नहीं कर सकते। वे सत्ता के दुरूपयोग से नागरिकों को तब तक नहीं बचा सकते, जब तक कोई व्यक्ति, समूह तथा संस्था न्यायालय में आवेदन पत्र देकर उससे इस आधार पर हस्तक्षेप करने की प्रार्थना न करे।
- प्रशासन पर न्यायिक नियंत्रण निम्न प्रकार से किया जा सकता है-

a. **बंदी प्रत्यक्षीकरण** (The writ of habeas corpus)

- इससे तात्पर्य है, कि न्यायालय द्वारा किसी भी संबंधित अधिकारी को यह आदेश दिया जा सकता है, कि अभियुक्त को कानून के विरुद्ध जेल में न रखा जाए व समीपस्थ न्यायाधीश के समक्ष पेश किया जाए। इसका मुख्य लक्ष्य गैर कानूनी रूप से बंदी बनाए गए व्यक्ति को स्वतंत्र रखना होता है।

b. **परमादेश** (The writ of Mandamus)

- परमादेश लेख द्वारा न्यायालय सार्वजनिक निकाय सार्वजनिक कर्मचारी, निगम या संस्था को आदेश दे सकते हैं, कि वह अपने कर्तव्य या कानून के अनुसार कार्य करे। इसके द्वारा न्यायालय सरकारी अधिकारी को किसी न किसी प्रकार से कार्य करने हेतु बाध्य कर सकता है।

c. **प्रतिषेध** (The writ of Prohibition)

- यह उच्च न्यायालय द्वारा छोटी अदालतों को उस समय जारी किया जाता है, जबकि वे अपने अधिकार क्षेत्र से बाहर जा रही हों।

d. **उत्प्रेषण** (The writ of Certiorari)

- उत्प्रेषण का शब्दिक अर्थ प्रमाणित होना या सूचना देना है। इसे एक उच्च न्यायालय द्वारा अधीनस्थ न्यायालयों को या अधिकरणों को या लंबित मामलों के स्थानांतरण को सीधे या पत्र जारी कर किया जाता है। इस प्रकार प्रतिषेध केवल विचारक है, जबकि उत्प्रेषण निवारक एवं सहायक दोनों प्रकार का है।

e. **अधिकार पृच्छा** (Quo Warranto))

- इसके द्वारा कोई व्यक्ति यदि गैर कानूनी रूप से किसी पद या अधिकार का प्रयोग करता है, तो न्यायालय उसे ऐसा करने से रोक सकता है।

## लोक प्रशासन पर नियंत्रण सीमाएं

- अत्यधिक नियंत्रण लोक प्रशासन को अपाहिज बना देता है, प्रशासन स्वतंत्र रूप से कार्य नहीं कर पाता है।
- न्यायिक नियंत्रण महंगा होने के साथ-साथ पर्याप्त समय भी लेता है।
- प्रशासन पर संसदीय नियंत्रण उतना प्रभावशाली नहीं है, जितना होना चाहिए।
- प्रशासन पर प्रभावशाली नियंत्रण रखने के लिए संसद के पास न तो पर्याप्त समय रहता है और न ही दक्ष कर्मचारी।
- संसद के सदस्य विशेषज्ञ नहीं होते, जिसके फलस्वरूप वे प्रशासनिक जटिलताओं की सूक्ष्मता को आसानी से नहीं समझ पाते। इससे वे प्रशासन की रचनात्मक आलोचना करने में असमर्थ रहते हैं।

## निष्कर्ष

- लोक प्रशासन पर उत्तरदायित्व व नियंत्रण लोकतंत्र के लिए आवश्यक है, हालांकि नियंत्रण इस सीमा तक होना

चाहिए ताकि प्रशासक विवेकीय शक्तियां प्रयुक्त कर सके व लोकहित में निर्णय ले सकें। अधिकार व नियंत्रण में संतुलन बना रहना चाहिए।

## प्रशासनिक संस्कृति
(Administrative Culture)

- कानून के निर्माण, संशोधन एवं क्रियान्वयन के संबंध में प्रशासन द्वारा अपनाई गई पद्धति या व्यवहार प्रशासनिक संस्कृति है।
- दूसरे शब्दों में, प्रशासन के कार्य करने का ढंग ही प्रशासनिक संस्कृति है। क्योंकि किसी व्यक्ति या समाज के रहन-सहन, खान-पान, बोल-चाल, उसके उठने-बैठने, सोचने और व्यवहार करने का ढंग ही संस्कृति कहलाती है।

### प्रशासनिक संस्कृति की विशेषताएं

- प्रशासनिक संस्कृति एक परिवर्तनशील अवधारणा है, इसे परिवर्तनशील अवधारणा इसलिए कहा जाता है कि प्रशासन के कार्य करने का ढंग, परिस्थिति और काल के अनुसार बदलता रहता है, जाहिर है परिस्थिति एवं काल के अनुसार प्रशासनिक संस्कृति भी बदलती रहती है।
- प्रशासनिक संस्कृति का स्वरूप देश के सामाजिक, आर्थिक, धार्मिक एवं सांस्कृतिक वातावरण पर भी निर्भर करता है। अर्थात् जिस देश की सामाजिक, राजनीतिक एवं सांस्कृतिक स्थिति जैसी होगी, वहां की प्रशासनिक संस्कृति भी उस जैसी ही मिलती-जुलती होगी। खुले और मुक्त समाज की प्रशासनिक संस्कृति और 'बंद समाज' की प्रशासनिक संस्कृति के बीच अंतर होता है।
- प्रशासनिक संस्कृति का स्वरूप विचारधारा से भी जुड़ा है। प्राय: यह देखा जाता है कि किसी देश की राजनीतिक व्यवस्था विचारधारा पर ही आधारित होती है और प्रशासन राजनीतिक व्यवस्था की ही एक उपव्यवस्था है। अत: जब जिस विचारधारा आधारित राजनीतिक दल की सरकार बनती है, तो वहां पर प्रशासनिक संस्कृति का स्वरूप उसी के अनुरूप हो जाता है।
- प्रशासनिक संस्कृति में आंशिक बदलाव करिश्माई व्यक्तित्व के कारण भी देखने को मिलता है। प्राय: यह देखा जाता है कि सत्ता के उच्च पद पर जैसा व्यक्तित्व रहता है वहां की प्रशासनिक संस्कृति वैसी ही होने लगती है।
- जनता की जागरूकता से भी प्रशासनिक संस्कृति में बदलाव आता है। जहां की जनता शिक्षित होती है वहां प्रशासनिक व्यवस्था जागरूक एवं गतिशील होती है।
- नई प्रशासनिक संस्कृति का सूत्रधार भारत के परिप्रेक्ष्य में देखा जाए तो एस.आर. सुब्रमण्यम का नाम आता है, वे न केवल प्रशासनिक सुधार चाहते हैं, अपितु इस बहाने आम लोगों को उनके अधिकारों के प्रति सजग करना चाहते हैं। वह कहते हैं कि पश्चिमी देशों की तरह राजनीतिक लापरवाहियों पर हमारे देश की जनता आक्रामक प्रतिक्रिया देने में 'सुस्त' क्यों है।

### प्रशासनिक संस्कृति : एक अवलोकन

- प्रशासनिक संस्कृति के स्वरूप में एकरूपता का अभाव पाया जाता है, क्योंकि यह हर देश और परिस्थिति के मुताबिक अपने स्वरूप को अख्तियार करती रहती है। यही कारण है कि विकसित देशों की प्रशासनिक संस्कृति अविकसित एवं विकासशील देशों की प्रशासनिक संस्कृति से भिन्न होती है।
- ऐसे विकसित देशों के प्रशासनिक स्वरूप में भी एकरूपता का अभाव पाया जाता है, जो सैद्धांतिक तौर पर समान हैं जैसे अमेरिका, फ्रांस, इंग्लैंड जैसे विकसित देशों की संस्कृति में समानता है, वहां का प्रशासन समान पद सोपानीय व्यवस्था पर आधारित है, उन देशों का प्रशासन अपने लक्ष्य और कार्य के प्रति प्रतिबद्ध होता है। प्रशासन में परंपरागत तत्वों जैसे कि जाति, संप्रदाय, वर्ण आदि का सामान्यत: गौण स्थान है।
- प्रशासन के कार्यों में राजनीतिक हस्तक्षेप का अभाव है, प्रशासन के पास नए-नए उपकरण आदि हैं। इसका परिणाम है कि विकसित देशों की राजनीतिक संस्कृति ने एक विशेष प्रकार का विभिन्नकृत एवं विशेषीकृत स्वरूप धारण किया है।
- जबकि विकासशील देशों की प्रशासनिक संस्कृति में परंपरागत तत्वों जैसे कि जाति, धर्म, भाषा, वर्ण आदि का प्रभाव दृष्टिगोचर होता है। प्रशासन में अपने लक्ष्यों एवं उद्देश्यों के प्रति प्रतिबद्धता का अभाव देखने को मिलता है। इन देशों की प्रशासनिक संस्कृति में लक्ष्य के प्रति अप्रतिबद्धता, मालिकाना मनोवृत्ति, कर्तव्य परायणता का अभाव आदि विशेषताएं देखने को मिलती हैं।
- भारतीय प्रशासनिक संस्कृति में भी एकरूपता का अभाव है। इसका कारण यह है कि भारत जैसे विशाल देश में सामाजिक, आर्थिक एवं सांस्कृतिक स्तर पर काफी विषमता है, बंगाल में जो प्रशासनिक संस्कृति है वह बिहार में नहीं है, जो बिहार में है वह दिल्ली में नहीं।
- स्पष्टत: विकसित, विकासशील और अविकसित देशों की प्रशासनिक संस्कृति में अंतर होता है। सूचना एवं संचार प्रौद्योगिकी ने सरकारी संगठनों में प्रशासनिक संस्कृति के पुनर्निर्माण की चुनौती स्वीकार की है।

- इसने निम्नलिखित को प्रोत्साहित कर उन्नत और गुणात्मक कार्य संस्कृति उत्पन्न की है-
  - (i) खुला पारदर्शी, लचीला और विकेंद्रित संगठन।
  - (ii) सूचना, सहभागिता और प्रचार-प्रसार।
  - (iii) तटस्थता, अनामवत्ता और राजनीतिक उत्तरदायित्व के परंपरागत संगठनात्मक संस्कृति में परिवर्तन।
  - (iv) दिन-प्रतिदिन के कार्य में गति, परिशुद्धता और दक्षता।
  - (v) सहभागी, सहयोगशील, लागत प्रभावी और अनुक्रियाशील कार्य संस्कृति।
  - (vi) प्रशासनिक संगठनों में जन हित, जन संवाद व विचार विमर्श तथा लोकतांत्रिक नागरिकता के मूल्य, और
  - (vii) सार्वजनिक जबावदेही प्रशासन में जनमानस का विश्वास।

## निष्कर्ष

- स्थान, समय, काल एवं चक्र के अनुसार जैसे ही संस्कृति में बदलाव देखने को मिलते हैं, ठीक उसी प्रकार से प्रशासनिक संस्कृति भी बदलती दिखाई देती है। जैसे-जैसे वैश्विक समाज की अवधारणा प्रबल होती जाएगी, आपस में विचारों का स्वतंत्र प्रवाह होगा तथा उसी प्रकार प्रशासनिक संस्कृति भी मजबूत होती दिखेगी।

### रचनाएं

- Poet-Critics and the Administration of Culture (2017) – Evan Kindley.
- Creating a Service Culture in Higher Education Administration (2013) - Mario Martinez.
- From Bureaucracy to Public Management: The Administrative Culture of the Government of Canada (1999) - James Iain Gow and O.P. Dwivedi.

# प्रशासनिक सुधार

- वर्तमान में प्रशासन मानव जीवन के प्रत्येक पहलू से संबंध रखता है। प्रशासनिक सुधार से तात्पर्य प्रशासन में इस प्रकार के सुनियोजित परिवर्तन लाना है, जिनसे यह सामाजिक लक्ष्यों की प्राप्ति में सहायक हो सके।
- हैराल्ड ई. कैडेन, 'प्रशासनिक सुधार प्रतिरोध के विरुद्ध प्रशासनिक परिवर्तन का कृत्रिम अभिप्रेरण है।'
- आर्नी एफ. लीमन्स, 'प्रशासनिक सुधार यथार्थता व वांछनीयता के बीच के अंतर को पाटने के प्रयास में सरकारी तंत्र में किया गया अभिप्रेरित परिवर्तन है।'

## भारत में ब्रिटिश शासन काल में प्रशासनिक सुधार

- ब्रिटिश सरकार द्वारा प्रशासनिक सुधार हेतु नियुक्त किए जाने वाले प्रमुख आयोग थे-
  - (i) ऐचियन आयोग
  - (ii) ली-आयोग
  - (iii) टाटनहम रिपोर्ट
  - (iv) इस्लिंगटन आयोग।

## स्वतंत्रता प्राप्ति के बाद प्रशासनिक सुधार की समितियां व आयोग

### 1. सचिवालय पुनर्गठन समिति या वाजपेयी समिति (1947)

- इस समिति ने उच्च अधिकारियों की कमी की पूर्ति करने हेतु अनेक सुझाव दिए तथा साथ ही ऐसी सिफारिशें भी की जिनसे उपलब्ध अधिकारियों की सेवाओं का अधिकतम एवं संभावित उपयोग किया जा सकता था।

### 2. मितव्ययिता समिति (1948)

- इस समिति के अध्यक्ष देश के प्रमुख उद्योगपति कस्तूरभाई लालभाई थे। इस समिति ने केंद्रीय सरकार के बढ़ते हुए असैनिक व्यय का विश्लेषण किया तथा प्रशासन में मितव्ययिता लाने एवं अनावश्यक खर्चों को समाप्त करने से संबंधित महत्वपूर्ण सिफारिशें की।

### 3. आयंगर समिति प्रतिवेदन (1949)

- 1949 में श्री एन. गोपालस्वामी आयंगर को केंद्रीय सरकार के पुनर्गठन का अध्ययन करने हेतु एक सदस्यीय आयोग के रूप में नियुक्त किया।

### 4. गोरबाला रिपोर्ट (1951)

- नियोजित विकास के संदर्भ में तत्कालीन प्रशासन तथा इसकी प्रणालियों की उपयुक्तता की जांच करने हेतु ए. डी. गोरबाला को नियुक्त किया गया, जिन्होंने अपने प्रतिवेदन में निम्न सुझाव दिए-
  - (i) सर्वोच्च महत्व की चीजों को प्राथमिकता दी जाए।
  - (ii) परिणामों का मूल्यांकन किया जाए।
  - (iii) नीतियों को लागू करने में ईमानदारी तथा सत्यनिष्ठा की जांच की जाए।
  - (iv) मंत्रियों तथा वरिष्ठ पदाधिकारियों के बीच अच्छे संबंधों से कुशल प्रशासन को बल मिलेगा।
  - (v) सरकारी उद्यमों व निजी उद्यमों की तुलना की।

### 5. गोपालास्वामी प्रतिवेदन (1952)

- 1952 में आर. ए. गोपालास्वामी ने "सरकारी तंत्र की

कार्यकुशलता की अभिवृद्धि" पर अपना प्रतिवेदन सरकार के विचारार्थ प्रस्तुत किया।

### 6. पॉल एच. एपल्बी प्रतिवेदन ( 1952 )

- 1952 में सरकार ने भारत में प्रशासनिक सुधारों पर विचार करने हेतु पॉल एपल्बी की नियुक्ति की। उन्होंने 3000 शब्दों का प्रतिवेदन (भारत में लोक प्रशासन सर्वेक्षण) सरकार को प्रस्तुत किया।

### 7. प्रथम प्रशासनिक सुधार आयोग ( 1966 )

- देश की प्रशासनिक जांच तथा आवश्यकतानुसार प्रशासन में सुधार व पुनर्गठन के संबंध में सिफारिश करने के लिए 5 जनवरी 1966 को प्रशासनिक सुधार आयोग की स्थापना की गई।
- इसके प्रथम सभापति श्री मोरारजी देसाई थे। अन्य 4 सदस्य थे- सर्वश्री के. हनुमन्तैया, हरिशचन्द्र माथुर, जी. एस. पाठक तथा एच. बी. कामथ। श्री वी. शंकर इसके सदस्य सचिव थे।
- 17 मार्च 1967 को के. हनुमन्तैया को सभापति बनाया गया। 1968 में टी. एन. सिंह को अध्यक्ष बनाया गया।

### आयोग की सिफारिशें

- केंद्र व राज्य के मंत्रियों व सचिव स्तर के लोक सेवकों के विरुद्ध अभियोगों की जांच हेतु लोकपाल नाम का एक अखिल भारतीय अधिकारी नियुक्त किया जाना चाहिए।
- मंत्रिपरिषद का आकार आवश्यकतानुसार निर्धारित किया जाए तथा मंत्रियों के विभागों के वितरण में मंत्रालयों का विवेक सम्मत समायोजन किया जाए।
- अनुच्छेद 263 के तहत अंतर्राज्यीय परिषद की स्थापना की जानी चाहिए। इसका अध्यक्ष प्रधानमंत्री हो तथा वित्त मंत्री, गृह मंत्री, विपक्ष का नेता तथा प्रत्येक क्षेत्रीय परिषद का एक-एक प्रतिनिधि भी इसके सदस्य होने चाहिए।
- सरकारी कर्मचारियों को किसी प्रकार की हड़ताल का अधिकार नहीं होना चाहिए। शिकायतों को विचार-विमर्श परिषद द्वारा हल किया जाना चाहिए।
- राज्यपाल उस व्यक्ति को बनाया जाए जिसे प्रशासन तथा सार्वजनिक जीवन का दीर्घ अनुभव हो। कार्यकाल समाप्त होने पर उसे पुनर्नियुक्त न किया जाए। राज्यपाल की नियुक्ति से पूर्व उस राज्य के मुख्यमंत्री को विश्वास में लिया जाना चाहिए।
- राज्य में राष्ट्रपति शासन के समय संघ सरकार द्वारा अधिक हस्तक्षेप नहीं किया जाना चाहिए तथा राज्यपाल एवं उसके परामर्शदाताओं को उनकी इच्छानुसार शासन चलाने देना चाहिए।
- जिला प्रशासन को दो भागों में विभाजित किया जाना चाहिए- नियामकीय तथा विकासात्मक।

### 8. द्वितीय प्रशासनिक सुधार आयोग ( 2005 )

- इसका गठन 31 अगस्त 2005 को किया गया। इसके अध्यक्ष वीरप्पा मोइली थे। यह आयोग देश में सरकार के सभी स्तरों पर एक सक्रिय उत्तरदायी, जवाबदेह, स्थायी व सक्षम प्रशासन लाने के उपाय सुझाएगा। आयोग का कार्यकाल 30 अप्रैल 2009 को समाप्त हो चुका है।
- अपनी रिपोर्ट में आयोग ने निम्न 15 सुझाव पेश किए हैं-
  1. सूचना का अधिकार अच्छे शासन की मुख्य कुंजी।
  2. मानव पूंजी का विकास-पात्रता व शासन एक प्रकरण अध्ययन।
  3. संकटकाल में प्रबंधन निराशा से आशा की ओर।
  4. शासन में नैतिकता।
  5. जन आदेश प्रत्येक के लिए न्याय सभी के लिए शांति।
  6. स्थानीय प्रशासन।
  7. संघर्ष के समाधान हेतु क्षमता बढ़ाना।
  8. आतंकवाद का मुकाबला।
  9. सामाजिक पूंजी- एक साझी नियति।
  10. वैयक्तिक प्रशासन का पुनर्गठन - नई ऊंचाइयों की प्राप्ति।
  11. ई-प्रशासन को बढ़ावा भविष्य की ओर सोचा-समझा कदम।
  12. जन केंद्रित प्रशासन- प्रशासन का हृदय।
  13. भारत सरकार का संगठनात्मक ढांचा।
  14. वित्तीय प्रबंधन व्यवस्था को मजबूत बनाना।
  15. राज्य और जिला प्रशासन।
- आयोग की सिफारिशों के कार्यान्वयन की समीक्षा और निर्णयों के पालन में संबंधित विभागों को मार्गदर्शन प्रदान करने हेतु मंत्रियों के एक समूह का गठन किया गया है।

### निष्कर्ष

- प्रशासन में सुधार लाने हेतु समय-समय पर भिन्न-भिन्न समितियों व आयोगों का गठन किया गया। जिसके आधार पर प्रशासन में सुधार किया गया। समय-समय पर बदलाव किया गया। प्रशासन को जवाबदेह, उत्तरदायी, पारदर्शी एवं जनोन्मुख बनाने हेतु लगातार प्रयास किए जा रहे हैं।

अध्याय 3

# सुशासन के संस्थानिक तंत्र

# INSTITUTIONAL MECHANISM FOR GOOD GOVERNANCE

- अच्छा अभिशासन क्या है? इसे सर्वमान्य आधार पर परिभाषित किया जाना न तो संभव है और न ही ऐसा किया जाना चाहिए। क्योंकि विभिन्न विचारधाराओं की भिन्नता के आधार पर अच्छा अभिशासन के अभिप्राय में अंतर होना स्वाभाविक है।
- यहां तक कि एक ही देश में समय के परिवर्तन के साथ अच्छा अभिशासन के मानदंड परिवर्तनशील होंगे।
- विश्व बैंक के द्वारा 'अच्छा अभिशासन' से संबंधित **कारक**-
  (i) राजनैतिक उत्तरदायित्व का होना।
  (ii) शासन की प्रक्रिया में उचित भागीदारी।
  (iii) एक स्थापित विधि की रूपरेखा का होना।
  (iv) सूचना एवं विचारों की अभिव्यक्ति के आधार पर नीतियों का निर्धारण।
  (v) एक ऐसी प्रशासनिक प्रणाली को विकसित करना, जो कार्य कुशलता एवं प्रभावशीलता को प्राप्त कर सके।
  (vi) सरकार एवं विभिन्न सामाजिक संगठनों के बीच सहयोग।
  (vii) प्रशासनिक व्यवस्था में कुशलता और प्रभावशीलता लाना।
  (viii) सरकार एवं नागरिक समाज के संगठनों के मध्य सहयोग प्राप्त करना।
- भू-मंडलीकरण के दौर में कोई भी देश स्वयं को बाहरी जगत में हो रहे परिवर्तन से अछूता नहीं रख सकता।
- सामाजिक-आर्थिक आयोग (ESCAP) के अनुसार, सुशासन सामाजिक-आर्थिक पहलू को शासन (Governance) से जोड़ता है। सहमति उन्मुख-विविधता वाला समाज विविधता होते हुए भी सहमति बनी रहे।
- समता तथा समावेशीकरण जाति, धर्म के आधार पर सब समान जो भी नीतियां बनें, उनमें सबका समावेश हो तथा सबकी भागीदारी हो और विकास प्रक्रिया की नौकरशाही में हर जगह भागीदारी है।
  - सक्षम तथा प्रभावी प्रक्रिया।
  - उत्तरदायित्व।
  - सहभागिता।
  - विधि का शासन।
  - पारदर्शिता।
  - अनुक्रियाशीलता।
- **The Organisation for Economic Co-operation and Development (OECD) के अनुसार सुशासन के तत्व**
  - सरकार की वैधता।
  - उत्तरदायी सरकार।
  - ऐसी सरकार जो नीतियां बनाने व सेवा देने में सक्षम हो।
  - विधि का शासन तथा अधिभार।

## सुशासन (Good Governance) के चार आयाम

- प्रशासनिक आयाम।
- **राजनीतिक आयाम :** समय-समय पर चुनाव, शासन में सहभागिता व राजनीतिक उत्तरदायित्व।
- **आर्थिक आयाम :** सुशासन आर्थिक रूप में नव-उदारवाद/बाजारवाद को बढ़ावा देता है। सुशासन नव-उदारवाद की देन तथा प्रतियोगिता को बढ़ावा देता है।
- **सामाजिक आयाम :** विविधतापूर्ण समाज, समानता एवं सहिष्णुता हो।

## सुशासन के तरीके

- ई-गवर्नेंस
- नागरिक अधिकार-पत्र (Citizen Charter)
- एकल खिड़की सेवा
- शिकायत निवारण संस्थाएं
- आर. टी. आई. (RTI)।
- जहां तक सुशासन की बात है, भारत इसका अपवाद नहीं हो सकता। परंतु यह अभिप्राय नहीं है कि भारत में सुश्रेष्ठ शासन या अच्छे शासन या अच्छे अभिशासन का विचार बहुत ही नवीन है, अपितु भारत में इस धारणा की जड़ें कौटिल्य के अर्थशास्त्र में भी देखने को मिलती हैं।
- कौटिल्य ने राजा को शासक न मानकर सेवक माना है, जिसकी अपनी पसंद, नापसंद महत्ता नहीं रखती, बल्कि

शासित जनता की पसंद, नापसंद ही शासक के लिए महत्ता रखती है।

- आज के सुशासन की अवधारणा के अनुरूप राज्य की शक्तियों एवं क्षेत्रों को कम कर एवं सही कर सिविल समाज एवं बाजार की शक्तियों को शामिल करने की बात, भावना एवं दर्शन पर गांधीजी जैसे विचारकों ने कई दशक पहले ही महसूस किया था।
- वर्ष 1996 में राज्य एवं केंद्रशासित क्षेत्रों में मुख्य सचिवों के सम्मेलन से देखने को मिलता है कि सुशासन आवश्यक है। वर्ष 1997 में अखिल भारतीय मुख्यमंत्रियों का सम्मेलन।
- अच्छे अभिशासन को प्राप्त करने हेतु **निम्न प्रयास करना चाहिए-**
  - (i) एक प्रभावी एवं उत्तरदायी प्रशासन का निर्माण।
  - (ii) सरकारी कार्यों को उचित आधार पर सीमित किया जाना।
  - (iii) सूचना प्रौद्योगिकी एवं प्रबंधन की नवीन तकनीकों का अत्यधिक प्रयोग।
  - (iv) प्रशासनिक प्रत्यायोजन पर विशेष बल दिया जाना।
  - (v) प्रशासन में जन-सहभागिता को प्रोत्साहित करते हुए अधिक खुलेपन एवं पारदर्शिता पर बल दिया जाना।
  - (vi) प्रशासनिक आचार संहिता, नैतिकता एवं सत्यनिष्ठा पर विशेष बल दिया जाना।
  - (vii) प्रशासन को जनता के प्रति उत्तरदायी बनाना।
  - (viii) विधि के शासन के नियम की व्यावहारिकता को प्राप्त किया जाना।
  - (ix) विधि सर्वोच्च।
  - (x) विधि के समक्ष सभी नागरिक समान हैं।
  - (xi) संवैधानिक सत्ता के स्रोत आम नागरिक होते हैं।
  - (xii) राजनीतिक सुधार।
  - (xiii) संगठनात्मक पुनर्गठन कार्यक्रम पर बल।
- **सुशासन जैसे लक्ष्यों के लिए कुछ सरकारी प्रयास**
  - (i) ई-गवर्नेंस। (e-Governance)
  - (ii) नागरिक चार्टर।
  - (iii) ई-चौपाल।
  - (iv) सूचना एवं सुविधा केंद्रों की स्थापना।
  - (v) प्रशासन में जनता की भागीदारी।
  - (vi) एकल खिड़की द्वारा जनता को विभिन्न सेवाएं।
  - (vii) उत्तम शासन व्यवस्था के लिए क्षमता निर्माण।
- **SMART शासन के तत्व**

  (i) Simple (ii) Moral (iii) Accountable (iv) Responsible (v) Transparent
- **FRIENDS**

  (i) Fast (ii) Reliable
  (iii) Instant (iv) Efficient
  (v) Network (vi) Distribution
  (vii) Services
- विश्व बैंक के द्वारा प्रस्तुत सुशासन की भावना में बहुत से विकासशील एवं अविकसित संप्रभु राज्यों की संप्रभुता का क्षरण देखने को मिलता है एवं पूंजीवाद की स्थापना का भी महिमामंडन इसमें व्याप्त है। यही कारण है कि हाल में बहुत से दक्षिण अमेरिकी एवं लैटिन अमेरिकी देशों में ऐसी विचारधारा का विरोध किया जा रहा है।
- विश्व बैंक द्वारा प्रस्तुत विचारधारा में यह भी स्पष्ट नहीं होता कि विश्व बैंक की वास्तविक चिंता क्या है? अर्थात् क्या यह प्रजातंत्र की सहयोगी या प्रभुत्व की स्थापना करना चाहती है।
- लोक प्रशासन के नए आयामों की चर्चा वर्ष 1994 में कनाडा में कापाम सम्मेलन (Commonwealth Association of Public Administration and Management (CAPAM)) में संक्रमणशील सरकार के रूप में की गई।

## भारत में सुशासन के उपाय

- सुशासन के संदर्भ में द्वितीय प्रशासनिक सुधार आयोग की सिफारिश महत्वपूर्ण है। इसका शीर्षक था-'नागरिक केंद्रित शासनः सुशासन का हृदय।'
- द्वितीय प्रशासनिक सुधार आयोग ने सुशासन के लिए नौकरशाही में सुधार की सिफारिश की।
- नागरिक अधिकार-पत्र की व्यवस्था।
- ई-गवर्नेन्स पर जोर।
- सिविल सेवा में संवेदनशीलता व सत्यनिष्ठता को पाठ्यक्रम में सम्मिलित किया जाना।

## भ्रष्टाचार

- भ्रष्टाचार, समाज एवं राष्ट्र के नैतिक पतन का परिणाम एवं कारण दोनों है।
- भ्रष्टाचार, शासन व प्रशासन में ही नहीं, अपितु संपूर्ण समाज के बीच अपनी त्वरित गति से फैलता जा रहा है।
- भ्रष्टाचार, दो शब्दों से मिलकर बना है, भ्रष्ट एवं आचार।
- सामान्य रूप से वे कार्य या व्यापार जो फरेब, धोखा एवं बेईमानी पर आधारित होते हैं, भ्रष्टाचार की श्रेणी में आते हैं।
- इसमें रिश्वत, कालाबाजारी, काला धन, मिलावट जैसी समस्त सामाजिक, राजनीतिक एवं आर्थिक कुरीतियां समाहित हैं।

- जे. पी. मांटिरो के अनुसार, 'भ्रष्टाचार, वह कार्य है, जिसमें अधिकार संपन्न व्यक्ति अपने पद, स्तर या प्रभाव का प्रयोग, अनुचित लाभ के लिए स्वार्थपूर्ण तरीके से करता है।'
- कौटिल्य ने 'अर्थशास्त्र में राज्य कर्मचारियों द्वारा किए जाने वाले लगभग 50 प्रकार के गबनों एवं अन्य भ्रष्ट उपायों का उल्लेख किया है।'
- पं. जवाहर लाल नेहरू के अनुसार, 'हम सब भ्रष्ट मार्गों के इतने आदी हो गए हैं कि अब हमने उन्हें जीवन का सामान्य मार्ग मान लिया है।'
- पारिभाषिक दृष्टि से भ्रष्टाचार की सही परिभाषा भारतीय दंड संहिता की धारा-161 में व्यक्त की गई है-
- 'जो व्यक्ति शासकीय कर्मचारी होते हुए या होने की आशा में अपने या अन्य किसी व्यक्ति के लिए विधिक पारिश्रमिक से अधिक धन लेता है या स्वीकार करता है अथवा लेने के लिए तैयार हो जाता है या लेने का प्रयत्न करता है या किसी कार्य को करने के लिए उपहार स्वरूप या अपने शासकीय कार्य को करने में किसी व्यक्ति के पक्षपात या उपेक्षा या किसी व्यक्ति की कोई सेवा या कुसेवा का प्रयास, केंद्रीय तथा अन्य राज्य सरकार या संसद या विधान मंडल या किसी लोक सेवक के संदर्भ में करता है, तो उसे तीन वर्ष तक के कारावास का दंड या अर्थदंड या दोनों दिए जा सकेंगे।'
- स्वतंत्रता के बाद के लाइसेंस, परमिट राज से प्रारंभ हुए भ्रष्टाचार के नवीन स्वरूपों ने इधर इतना व्यापक आकार ग्रहण कर लिया है कि हाल के घोटालों में लूटी गई सरकारी रकम का आकलन देश के सकल घरेलू उत्पाद के प्रतिशत के रूप में किया जाने लगा।
- बोफोर्स घोटाला, आवास घोटाला, 2-जी स्पेक्ट्रम घोटाला, राष्ट्रमंडल खेल घोटाला आदि समूचे भ्रष्टतंत्र की कलई खोलने के लिए काफी है।
- सर्वाधिक भ्रष्टाचार सरकारी एवं व्यावसायिक क्षेत्रों में दिखाई देता है।
- भ्रष्टाचार के चार स्वरूपों को **विशिष्ट श्रेणियों** में रखा जा सकता है-
  (i) प्रशासनिक भ्रष्टाचार।
  (ii) राजनीतिक भ्रष्टाचार।
  (iii) व्यावसायिक भ्रष्टाचार।
  (iv) शिक्षा के क्षेत्र में भ्रष्टाचार।
- प्रशासनिक भ्रष्टाचार के अंतर्गत् प्रशासन में नियुक्त अधिकारियों एवं कर्मचारियों के द्वारा भ्रष्टाचार किया जाता है। रिश्वत लेकर अनुचित लाभ पहुंचाना, सरकारी कागजों में देर करके या हेराफेरी कर गड़बडी पैदा करना, पक्षपातपूर्ण ढंग से कार्य करना, बेईमानी करना, अधीनस्थ कर्मचारियों को तंग कर विवशता का लाभ उठाना आदि प्रशासनिक भ्रष्टाचार के प्रमुख लक्षण हैं।
- निश्चय ही भ्रष्टाचार का परिणाम भयावह है। आज राजनीतिक भ्रष्टाचार का बहुत बड़ा संकट खड़ा हो गया है। प्रशासनिक अकर्मण्यता, शिथिलता एवं विलासिता शासन की लचर कार्यवाही का परिणाम है।
- यद्यपि भ्रष्टाचार का निदान ढूंढने के लिए अनेक समितियों एवं आयोगों का गठन किया गया, पर उनका कार्यान्वयन समुचित नहीं हो सका।
- वर्ष 1947 में भ्रष्टाचार उन्मूलन कानून पास किया गया।
- वर्ष 1964 में केंद्रीय सतर्कता आयोग।
- वर्ष 1964 में भ्रष्टाचार निरोधक समिति ने महत्वपूर्ण सुझाव दिए।

### भ्रष्टाचार उन्मूलन हेतु निम्नलिखित कदम

(i) भ्रष्टाचार का उन्मूलन व्यक्ति के जीवन में सुसंस्कारों के विकास एवं आदर्शों की स्थापना से ही संभव हो सकता है।

(ii) सरकार और समाज, व्यक्ति और परिवार तथा कानून एवं नैतिकता सभी का सम्मिलित सहयोग अपेक्षित होगा।

(iii) समाज में गरीबी, बेरोजगारी एवं आर्थिक विषमता को दूर करने की आवश्यकता है।

(iv) मंत्रियों, अधिकारियों एवं अन्य राजनीतिज्ञों के लिए एक आचार संहिता का निर्माण किया जाए एवं इसका कठोरता से पालन किया जाए।

(v) प्रशासनिक पद्धतियों को सरल बनाया जाए।

(vi) भ्रष्टाचार विरोधी कानून में विनिर्धारित कठोर दंड की व्यवस्था का ईमानदारी से पालन किया जाए।

(vii) भ्रष्टाचारी नेताओं और अधिकारियों के साथ अत्यंत कठोरतापूर्ण व्यवहार किया जाए।

(viii) पुलिस, सी. बी. आई, विजिलेंस एवं राज्य भ्रष्टाचार विरोधी ब्यूरो को पूरी तरह से सरकारी नियंत्रण से मुक्त रखा जाए।

(ix) न्याय प्रक्रिया में विलंब से बचा जाए।

(x) योग्यता एवं नैतिक गुणों के आधार पर निष्पक्ष नियुक्तियों एवं शुद्ध आचरण वाले व्यक्तियों की पदोन्नति एवं पुरस्कार के अवसर इस दिशा में सहायक होंगे।

- भ्रष्टाचार की समस्या सिर्फ कानूनी प्रावधानों से ही हल हो सकती है, कदापि उचित नहीं। इसके लिए जनचेतना की

भी उतनी ही आवश्यकता है। अन्ना हजारे का जनांदोलन इस दिशा में विशेष सार्थक प्रतीत होता है।

- जब तक हम एकजुट होकर एक समवेत स्वर से इसके विरुद्ध आंदोलन नहीं छेड़ेंगे, तब तक हमें इस दिशा में कामयाबी नहीं मिल सकती है।

## भारत में भ्रष्टाचार रोधी कार्य तंत्र

(i) लोक सेवक जांच अधिनियम, 1850
(ii) भारतीय दंड संहिता, 1860
(iii) विशेष पुलिस अवस्थापन, 1941
(iv) भ्रष्टाचार निरोध अधिनियम, 1947
(v) अखिल भारतीय सेवा (आचरण) नियम, 1954
(vi) केंद्रीय लोक सेवा (आचरण) नियम, 1955
(vii) रेलवे सेवा (आचरण) नियम, 1956
(viii) केंद्रीय जांच ब्यूरे, 1963
(ix) केंद्रीय सतर्कता आयोग, 1964
(x) राज्य सतर्कता आयोग, 1964
(xi) राज्यों में लोकायुक्त।
(xii) जिला सतर्कता अधिकारी।
(xiii) सर्वोच्च न्यायालय एवं राज्यों में उच्च न्यायालय।
(xiv) प्रशासनिक ट्रिब्यूनल।
(xv) संसद और उसकी समितियां।

## केंद्रीय जांच ब्यूरो ( 1963 )

(i) स्थापना गृह मंत्रालय के प्रस्ताव पर की गई थी।
(ii) वर्तमान में यह कार्मिक मंत्रालय के अंतर्गत् है।
(iii) इसको संबद्ध कार्यालय का दर्जा प्राप्त है।
(iv) भ्रष्टाचार रोकने और प्रशासन को ईमानदार बनाए रखने में यह महत्वपूर्ण भूमिका अदा करता है।
(v) केंद्रीय सतर्कता आयोग की सहायता करता है।
(vi) वर्तमान में केंद्रीय जांच ब्यूरो आपराधिक मामलों के तीन श्रेणियों की जांच करता है–
    (a) भ्रष्टाचार।
    (b) आर्थिक अपराध, जिनमें धोखाधड़ी भी शामिल है।
    (c) आतंकवाद, बम विस्फोट जैसे विशेष अपराध।

## केंद्रीय सतर्कता आयोग (Central Vigilance Commission)

(i) इसकी स्थापना 'संथानम् समिति' की सिफारिश पर वर्ष 1964 में की गई।
(ii) वर्ष 2003 में वैधानिक दर्जा दे दिया गया।
(iii) केंद्रीय सतर्कता आयुक्त की नियुक्ति राष्ट्रपति द्वारा उच्चस्तरीय समिति की सिफारिश पर की जाएगी, जिसके अध्यक्ष प्रधानमंत्री और सदस्य गृहमंत्री तथा लोक सभा के विरोधी दल के नेता होंगे।
(iv) आयुक्त का कार्यकाल-4 वर्ष है, परंतु उनकी आयु 65 वर्ष से अधिक नहीं होनी चाहिए।
(v) सी. वी. सी. केंद्र सरकार में भ्रष्टाचार रोकने की प्रमुख एजेंसी है।
(vi) इसकी भूमिका सलाहकारी है।
(vii) आयोग को भ्रष्टाचार और दुराचार के विरुद्ध शिकायतें सीधे पीड़ित नागरिकों से मिलती हैं।

## पारदर्शिता और उत्तरदायित्व

- प्रशासन में पारदर्शिता लाने तथा जनसाधारण को वांछित सूचना देने में सबसे बड़ी बाधा है। शासकीय गुप्त बात अधिनियम, 1923 (Government Privacy Act, 1923)
- इसी अधिनियम के आड़ में शासन की नीतियों, राष्ट्र की सुरक्षा, एकता और अखंडता के नाम पर लोक सेवक कोई भी सूचना, इच्छुक व्यक्ति को प्रदान नहीं करते हैं।
- सेवा नियमों में स्पष्ट प्रावधानों के बावजूद कितने सरकारी कर्मचारियों को उनकी सेवा पुस्तिका तथा गोपनीय प्रतिवेदन दिखाया जाता है।
- हमारे संविधान के अनुच्छेद-19(1)क में भाषा एवं अभिव्यक्ति की स्वतंत्रता प्रदान की गई है।
- राजस्थान में 'मजदूर किसान शक्ति संगठन' (MKSS) ने इस दिशा में आंदोलन भी चला रखा है।

## पारदर्शिता के लाभ

(i) प्रशासन में जनसहभागिता
(ii) प्रशासन का लोकतंत्रीकरण
(iii) जन उत्तरदायित्व
(iv) भ्रष्टाचार पर रोक
(v) प्रशासनिक क्षमता का विकास
(vi) प्रशासनिक सुधार
(vii) सरकारी कार्यक्रम अच्छी तरह से लागू।

## उत्तरदायित्व

- प्रशासक को अपने कार्य निष्पादन का और उन्हें प्रदान की गई शक्तियों के प्रयोग के ढंग का संतोषजनक लेखा-जोखा देना होता है।
- उत्तरदायित्व का मुख्य लक्ष्य गलत और मनमाने प्रशासकीय कार्यों को रोकना और प्रशासनिक प्रक्रिया की कार्य कुशलता तथा प्रभावशीलता को बढ़ाना है।
- एल. डी. व्हाइट के अनुसार, 'संवैधानिक, वैधानिक, प्रशासकीय और न्यायिक नियमों तथा मिसालों और उन

पद्धतियों का कुल योग है, जिनके द्वारा सरकारी कामों के लिए उत्तरदायी ठहराया जा सकता है।'

- फिफनर उत्तरदायित्व तथा दायित्व के बीच भेद करते हैं। उनके अनुसार, उत्तरदायित्व, दायित्व के औपचारिक एवं विशिष्ट स्थान की ओर इंगित करता है, जबकि दायित्व का गुण, अत्यंत व्यक्तिगत और नैतिक होता है। यह आवश्यक रूप से विधिवत् पद या सत्ता से जुड़ा नहीं होता।
- फिफनर कहते हैं कि 'दायित्व, सार्वजनिक इच्छा के प्रति सरकारी कर्मचारी की प्रतिक्रियाशीलता को बताता है। जबकि उत्तरदायित्व सरकारी कर्मचारी के दायित्व को पूरा करने के विशिष्ट उपायों तथा कार्यविधियों को सूचित करता है।'
- अत: दायित्व, मनोगत है तथा अंतर्मन् से काम करता है। जबकि उत्तरदायित्व, वस्तुगत है तथा बाहर से काम करता है।
- सरकार की संवैधानिक और प्रजातांत्रिक प्रणाली में प्रशासनिक दायित्व को सरकारी कर्मचारियों के केवल व्यक्तिगत दायित्व के सहारे नहीं छोड़ा जा सकता है।

## सूचना का अधिकार

- सूचना के अधिकार का अर्थ है, लोगों तक सरकारी सूचना की पहुंच।
- सरकारी कार्यकलापों में खुलापन और पारदर्शिता हो। यह लोक प्रशासन में गोपनीयता के विपरीत है।
- सरकारी कार्यों, निर्णयों तथा उनके निष्पादन से संबंधित फाइलों तक स्वतंत्र पहुंच होनी चाहिए।
- वर्ष 1992 में विश्व बैंक ने 'प्रशासन और विकास' नामक दस्तावेज जारी किया था। इसमें प्रशासन के सात पहलुओं या तत्वों का उल्लेख किया गया था, जिसमें से एक 'पारदर्शिता और सूचना' भी था।

### सूचना का अधिकार क्यों आवश्यक है?

(i) यह प्रशासन को जनता के प्रति अधिक उत्तरदायी बनाता है।
(ii) यह प्रशासन और जनता के बीच की दूरी को कम करता है।
(iii) यह जनता को प्रशासनिक निर्णय-निर्माण से अवगत कराता है।
(iv) यह प्रशासन की सकारात्मक आलोचना को आसान बनाता है।
(v) प्रशासन में जनता की भागीदारी बढ़ाता है।
(vi) जनहित को प्रोत्साहित करता है।
(vii) भ्रष्टाचार के अवसरों को घटाता है।
(viii) प्रशासन में खुलेपन और पारदर्शिता को बढ़ावा देकर यह जनतंत्र की विचारधारा को आगे बढ़ाता है।
(ix) प्रशासन को अधिक संवेदनशील बनाता है।
(x) यह लोक सेवकों द्वारा सत्ता के दुरूपयोग के अवसरों को कम करता है।

- वुडरो विल्सन के अनुसार, 'मेरा एक विश्वास है कि सरकार को पूरी तरह बाहर (अर्थात् खुला) होना चाहिए, न कि अंदर। (अर्थात् बंद)'
- लॉर्ड एक्टन के अनुसार, 'कोई भी चीज सुरक्षित नहीं, जो चर्चा और प्रचार बर्दाश्त नहीं कर सकती।'
- स्वीडन, पहला देश है, जिसने 'सूचना के अधिकार' को लागू किया। इस देश में वर्ष 1766 से सरकारी दस्तावेजों तक पहुंच जनता का एक अधिकार है।
- वर्ष 1975 से सर्वोच्च न्यायालय यह कहता रहा है कि सूचना का अधिकार, भाषण और अभिव्यक्ति की स्वतंत्रता के अधिकार का अभिन्न अंग है, जिसकी गारंटी भारत के संविधान की धारा-19(1)(a) में दी गई है।
- विभिन्न कानून और नियम प्रतिबंध लगाते हैं और इस प्रकार प्रशासन में **गोपनीयता की हिमायत** करते हैं-
  (i) सरकारी गोपनीयता अधिनियम, 1923
  (ii) भारतीय साक्ष्य अधिनियम, 1872
  (iii) जांच आयोग अधिनियम, 1952
  (iv) अखिल भारतीय सेवा अधिनियम, 1954
  (v) केंद्रीय लोक सेवा नियम, 1955
  (vi) रेलवे सेवा नियम, 1956
- पांचवें वेतन आयोग (वर्ष 1994-97) ने सिफारिश की थी कि 'सरकारी गोपनीयता अधिनियम' को समाप्त कर देना चाहिए और 'सूचना के अधिकार अधिनियम' को लाना चाहिए।

### सूचना का अधिकार अधिनियम, 2005

- वर्ष 2005 में संसद ने 'सूचना के अधिकार अधिनियम' को पारित किया, **इसके विभिन्न प्रावधान हैं-**
  (i) प्रत्येक नागरिक को यह सरकारी अधिकारियों के अधीन ऐसी सूचना को हासिल करने की स्वतंत्रता देता है, जो जनहित से मेल खाती है।
  (ii) इसका लक्ष्य प्रशासन में खुलेपन, पारदर्शिता और उत्तरदायित्व को प्रोत्साहित करना है।
  (iii) योजनाओं संबंधी विवरण एवं सरकारी तंत्र से जानकारी हासिल कर सकें।
  (iv) सूचना प्राप्त करने के लिए 'कार्यक्रम अधिकारी' को एक निर्दिष्ट प्रपत्र भर कर देगा।

(v) 30 दिन के भीतर सूचना दी जाएगी।
(vi) अधिकारी को बाध्य करता है कि वह सूचना उपलब्ध कराए।

- **कुछ सूचनाएं प्रकट नहीं की जा सकतीं, जैसे-**
  (i) वह सूचना, जिससे भारत की प्रभुसत्ता एवं अखंडता पर प्रतिकूल प्रभाव पड़ता हो।
  (ii) मंत्रिमंडल के कागजात से संबंधित।
  (iii) अनुशंसाओं और पत्र व्यवहार वाले आंतरिक कार्य संचालन संबंधी कागजात।
  (iv) जिस सूचना से संसद या राज्य विधायिका के विशेषाधिकार का हनन होता है।
  (v) वह सूचना, जिससे केंद्र और राज्य के परस्पर संबंध प्रभावित हों।
  (vi) वह सूचना, जो सरकारी अधिकारियों के प्रबंधन तथा कार्यों पर प्रतिकूल प्रभाव डालती हैं।
  (vii) व्यापारिक या वाणिज्यिक गोपनीयता से संबंधित सूचना।
  (viii) वह सूचना, जिसमें सार्वजनिक सुरक्षा और व्यवस्था पर प्रतिकूल प्रभाव पड़ता हो।

## केंद्रीय सूचना आयोग

- केंद्रीय सूचना आयोग एक उच्च शक्ति प्राप्त स्वतंत्र संस्था है, जो अन्य विषयों से जुड़ी शिकायतें सुनता है और अपीलों पर निर्णय करता है। यह केंद्र सरकार तथा संघ शासित प्रदेशों के अधीन आने वाले कार्यालयों, वित्तीय संस्थानों और सार्वजनिक क्षेत्र के उपक्रमों से जुड़ी शिकायतें और अपीलें सुनता है।

### संरचना

- आयोग में एक मुख्य सूचना आयुक्त तथा अधिकतम 10 सूचना आयुक्त शामिल होते हैं। इनकी नियुक्ति राष्ट्रपति द्वारा प्रधानमंत्री की अध्यक्षता वाली एक चयन समिति की सिफारिश के आधार पर की जाती है। इस समिति में प्रधानमंत्री के अलावा लोक सभा में विपक्ष के नेता तथा प्रधानमंत्री द्वारा नामित एक कैबिनेट मंत्री सदस्य के रूप में शामिल होते हैं। आयुक्तों की नियुक्ति ऐसे व्यक्तियों में से की जाती है, जो लोक जीवन में श्रेष्ठता के अलावा कानून, विज्ञान एवं प्रौद्योगिकी, समाज सेवा, प्रबंधन, पत्रकारिता या प्रशासन एवं शासन के क्षेत्र में व्यापक ज्ञान और अनुभव रखते हैं। उन्हें संसद या किसी राज्य या संघ शासित प्रदेश के विधान मंडल का सदस्य नहीं होना चाहिए। किसी लाभ के पद पर नियुक्त या किसी राजनीतिक दल से जुड़े व्यक्ति या कोई भी व्यवसाय या व्यापार संचालित करने वाले व्यक्ति को सूचना आयुक्त के रूप में नियुक्त नहीं किया जा सकता।

### कार्यकाल एवं सेवा शर्तें

- मुख्य सूचना आयुक्त और अन्य सूचना आयुक्तों की समयावधि 5 वर्ष या 65 वर्ष की आयु पूरा होने तक (जो भी पहले हो) अपना पद धारण करते हैं। वे पुनर्नियुक्ति के पात्र नहीं होते हैं। राष्ट्रपति निम्नलिखित परिस्थितियों में मुख्य सूचना आयुक्त या किसी सूचना आयुक्त को उसके पद से **हटा सकता है**-
  1. यदि उसे पागल या दिवालिया घोषित किया गया हो।
  2. यदि वह राष्ट्रपति के मतानुसार शारीरिक या मानसिक अक्षमता के कारण कार्य करने में असमर्थ हो।
  3. उसे किसी ऐसे अपराध के लिए दोषी सिद्ध किया गया हो, जो राष्ट्रपति के मत में नैतिक भ्रष्टाचार के अंतर्गत् आता है।
  4. यदि वह अपने कार्यकाल के दौरान अपने पद एवं दायित्वों के बाहर किसी भुगतान योग्य रोजगार में संलग्न हो।
- इनके अलावा राष्ट्रपति मुख्य सूचना आयुक्त या किसी भी सूचना आयुक्त को कदाचार या अक्षमता के आधार पर भी पद से हटा सकता है, फिर भी इन मामलों में राष्ट्रपति जांच का कार्य उच्चतम न्यायालय को सौंपता है। यदि उच्चतम न्यायालय जांच के बाद पदच्युति के कारण को सही मानता है और इस संबंध में अपना परामर्श देता है, तो राष्ट्रपति उसे पद से हटा सकता है। सूचना आयुक्त का वेतन, भत्ते और सेवा शर्तें मुख्य सूचना आयुक्त के समकक्ष होते हैं और इसी प्रकार अन्य सूचना आयुक्तों के वेतन, भत्ते और सेवा शर्ते चुनाव आयुक्त के समकक्ष होते हैं। किंतु उनके सेवाकाल के दौरान उन्हें मिलने वाले लाभों में कटौती नहीं की जा सकती है।

### शक्तियां एवं कार्य

- केंद्रीय सूचना आयुक्त की शक्तियां एवं कार्य **इस प्रकार हैं**-
  1. आयोग किसी भी ऐसे व्यक्ति से शिकायतें प्राप्त कर सकता है और उनकी जांच कर सकता है, जो एक जन सूचना अधिकारी की नियुक्ति न होने के कारण एक सूचना आवेदन प्रस्तुत करने में असमर्थ रहा हो, जिसने आवेदित सूचना को देने से मना किया हो, जिसे निर्दिष्ट समयावधि के भीतर अपने सूचना आवेदन के बारे में कोई प्रत्युत्तर प्राप्त न हुआ हो, जो यह सोचता हो कि उससे वसूल की गई फीस अनुचित है एवं जो यह सोचता है कि उसे दी गई सूचना अपूर्ण, असत्य और मिथ्याजनक है।

2. आयोग समुचित आधार पर किसी भी मामले में अपनी पहल पर जांच करने का आदेश दे सकता है।
3. जांच करते समय आयोग के पास एक सिविल अदालत की शक्तियां होती हैं।
4. किसी शिकायत की जांच के दौरान आयोग किसी ऐसे भी अभिलेख का परीक्षण कर सकता है, जो सार्वजनिक प्राधिकारी के नियंत्रण के अधीन है। किसी ऐसे अभिलेख को किसी भी आधार पर आयोग को देने से इनकार नहीं किया जा सकता। **दूसरे शब्दों में,** जांच परीक्षण के दौरान आयोग को सभी सार्वजनिक अभिलेख अनिवार्य रूप से दिए जाने चाहिए।
5. आयोग के पास यह शक्ति है कि वह लोक प्राधिकारियों द्वारा अपने निर्णयों का आज्ञापालन सुनिश्चित कर सके। **इसके अंतर्गत् शामिल हैं**-
   (i) एक विशिष्ट रूप में सूचना तक पहुंच उपलब्ध कराना।
   (ii) एक लोक सूचना अधिकारी न होने की दशा में उसकी नियुक्ति के लिए प्राधिकारी को निर्देशित करना।
   (iii) सूचना या सूचना की श्रेणियों का प्रकाशन करना।
   (iv) अभिलेखों के प्रबंधन, रख-रखाव और भंजन से जुड़े व्यवहारों में आवश्यक परिवर्तन लाना।
   (v) सूचना के अधिकार पर अधिकारियों हेतु प्रशिक्षण प्रावधान को बढ़ावा देना।
   (vi) इस अधिनियम के अनुपालन पर लोक प्राधिकारियों की एक वार्षिक रिपोर्ट मांगना।
   (vii) आवेदन द्वारा उठाई गई किसी भी हानि के संबंध में लोक प्राधिकारी से क्षतिपूर्ति की मांग करना।
   (viii) इस अधिनियम के तहत आर्थिक जुर्माना आरोपित करना।
   (ix) आवेदन को अस्वीकार करना।

## राज्य सूचना आयोग

- प्रत्येक राज्य सरकार राजपत्र में अधिसूचना द्वारा आयोग के नाम से एक निकाय का गठन करेगी, जो उसे इस अधिनियम के अधीन प्राप्त शक्तियों का प्रयोग और निर्दिष्ट कृत्यों का पालन करेगा।

### संरचना

- राज्य सूचना आयोग में निम्नलिखित पदाधिकारी होंगे- राज्य मुख्य सूचना आयुक्त और दस से अनधिक इतने राज्य सूचना आयुक्त जितने आवश्यक समझे जाएं। राज्य मुख्य सूचना आयुक्त और राज्य सूचना आयुक्त निम्नलिखित से मिलकर बनी समिति की सिफारिश पर राज्यपाल द्वारा नियुक्त किए जाएंगे, जिसमें मुख्यमंत्री, जो समिति का अध्यक्ष होगा, विधान सभा में प्रतिपक्ष का नेता और एक सदस्य मुख्यमंत्री द्वारा नाम निर्देशित किए जाने पर मंत्रिमंडल का सदस्य। राज्य सूचना आयुक्त के कार्यकलापों का साधारण अधीक्षण, निर्देशन और प्रशासन राज्य मुख्य सूचना आयुक्त में निहित होगा, जिसकी सहायता राज्य सूचना आयुक्त करेंगे और वह ऐसी शक्तियों का प्रयोग और ऐसे सभी कार्य और बातें कर सकेगा, जो इस अधिनियम के अधीन किसी अन्य प्राधिकारी के निर्देशों के अधीन हुए बिना राज्य सूचना आयोग द्वारा स्वायत्तता प्रयुक्त की जा सकेगी।

### योग्यता

- राज्य मुख्य सूचना आयुक्त एवं अन्य सूचना आयुक्त सार्वजनिक जीवन से संबंधित ऐसे व्यक्ति होंगे, जिन्हें विधि, विज्ञान और तकनीकी, सामाजिक सेवा, प्रबंध, पत्रकारिता, मास मीडिया या प्रशासन और शासन का व्यापक ज्ञान और अनुभव प्राप्त हों।

### शर्तें

- राज्य मुख्य सूचना आयुक्त या राज्य सूचना आयुक्त संसद का सदस्य या यथास्थिति किसी राज्य या संघ-राज्य क्षेत्रों के विधान मंडल का सदस्य नहीं होगा या लाभ का कोई पद धारण नहीं करेगा या किसी राजनैतिक दल से जुड़ा हुआ नहीं होगा या कोई भी कारोबार या कोई भी व्यवसाय नहीं कर रहा होगा।

## सिटीजन चार्टर (नागरिकों का अधिकार-पत्र)

- वर्तमान प्रजातांत्रिक देशों के अंतर्गत् सिटीजन चार्टर एक ऐसा माध्यम है, जिसके द्वारा प्रशासन को जनता के प्रति अधिक व्यापक तरीके से उत्तरदायी बनाने का प्रयास किया गया है। सिटीजन चार्टर का विकास सर्वप्रथम ब्रिटेन में जॉन मेजर द्वारा वर्ष 1991 में किया गया, परंतु इस चार्टर की उत्पत्ति की प्रारंभिक मान्यताओं को मारग्रेट थ्रेचर (वर्ष 1979-1990) के समय से ही देखा जा सकता है। मारग्रेट थ्रेचर ने Efficiency Scruitinizer (1979) Financial Management Initiative (1982), Next Steps Programme (1988) जैसे कार्यक्रमों की शुरूआत की थी।

**सिटीजन चार्टर (नागरिक अधिकार-पत्र) के तहत निम्नलिखित बातें सम्मिलित हैं-**

- प्रत्येक विभाग या संगठन नागरिकों को यह बताता है कि संगठन/विभाग/सरकारी कार्यालय का जनता या उपभोक्ता के प्रति प्रथमतया क्या दायित्व है? अर्थात् इन विभागों से नागरिकों को कौन से अधिकार (सुविधाएं) प्राप्त होंगी।
- सार्वजनिक सेवाओं की उपलब्धता के बारे में।
- सिटीजन चार्टर एक लिखित दस्तावेज है, जो निश्चित समय सीमा के अंतर्गत गुणवत्तापूर्ण सेवा उपलब्ध करवाता है।
- यह प्रशासन को अधिक कुशल तथा उत्तरदायी बनाता है।
- यह खुलापन तथा पारदर्शी व्यवस्था सुनिश्चित करता है।
- यह जनता की सहभागिता प्राप्त करता है।
- यह मानकों का निर्धारण करता है।
- शिष्ट तथा सहयोगी व्यवहार, शिकायत दर्ज कराने के लिए सरल तथा सुविधाजनक प्रक्रिया।
- सिटीजन चार्टर को 'चार्टर आंदोलन' (Chartism) भी कहा जाता है, जिसका अर्थ है लोक सेवा संगठनों में सांस्कृतिक बदलाव।

## चार्टर आंदोलन (Chartism) के तीन आयाम

(1) बाजारीकरण (Marketization)
(2) निगमीकरण (Corporatization)
(3) प्रोत्साहनीकरण (Encouragement)।

- सिटीजन चार्टर एक ऐसा सामाजिक समझौता है, जो कि प्रशासनिक संगठन एवं उन ग्राहकों के बीच किया जाता है, जो उस संगठन से सेवाओं को प्राप्त करते है, परंतु इसकी कोई वैधानिक बाध्यता नहीं होती है। अत: सिटीजन चार्टर में एक तरफ प्रशासनिक संगठनों के कर्त्तव्यों को तो दूसरी तरफ नागरिकों के अधिकारों या नागरिकों द्वारा अमुक संगठन से कौन-कौन सी सेवाओं की आकांक्षा रखनी चाहिए को दर्शाया जाता है। यह शासकीय नैतिकता के पहलू को भी दर्शाता है और साथ ही अच्छे अभिशासन की संकल्पना के लिए भी आवश्यक है।
- सिटीजन चार्टर का मौलिक उद्देश्य प्रशासनिक प्रक्रिया में जनता की भागीदारी सुनिश्चित करते हुए प्रशासनिक सेवा की गुणवत्ता को सुनिश्चित करने से है।
- भारतीय परिप्रेक्ष्य में चार्टरवाद से संबंधित सुधारात्मक प्रयास का पहला कदम वर्ष 1996 में आयोजित मुख्य सचिवों के सम्मेलन तथा 24 मई, 1997 को प्रधानमंत्री इन्द्र कुमार गुजराल की अध्यक्षता में 'प्रभावी उत्तरदायी प्रशासन' विषय पर मुख्यमंत्रियों का सम्मेलन के रूप में देखा जा सकता है।
- मुख्यमंत्रियों के इस सम्मेलन में सिटीजन चार्टर को लागू करने पर बल दिया गया और इसे लागू करने हेतु 'एक्शन प्लान फॉर इफेक्टिव एंड रिस्पांसिव एडमिनिस्ट्रेशन' जैसे कार्यक्रमों की बात की गई। **उपर्युक्त कार्ययोजना में निम्नांकित तीन बातों पर मुख्य रूप से बल दिया गया-**

(i) उत्तरदायी एवं नागरिकों के प्रति मैत्रीभाव रखने वाली सरकार।
(ii) पारदर्शिता एवं सूचना ग्रहण करने की स्वतंत्रता।
(iii) दक्षतापूर्ण कार्य एवं निष्ठावान सार्वजनिक सेवाएं।

- साथ ही इस एक्शन प्लान (कार्य योजना) में निम्नांकित **नौ सूत्रीय सिद्धांत या विचारधारा की बात की गई-**

(i) नागरिकों के लिए अधिकार-पत्र एवं जवाबदेह प्रशासन।
(ii) प्रभावी एवं त्वरित लोक शिकायत निवारण।
(iii) ग्रामीण एवं शहरी स्थानीय निकायों को स्थानीय निकायों को अधिक अधिकार दिया जाना।
(iv) प्रवर्तित कानूनों एवं प्रक्रियाओं की समीक्षा एवं सरलीकरण।
(v) प्रशासन में पारदर्शिता।
(vi) सरकारी कार्यों से सूचना प्राप्त करने का अधिकार।
(vii) लोक सेवकों के लिए आचार संहिता।
(viii) भ्रष्टाचार से निपटने के लिए कर्मचारियों के कार्यकाल में स्थायित्व।
(ix) सेवाओं का विकेंद्रीकरण।

- इस निर्णय के पश्चात् भारत सरकार के अनेक मंत्रालयों द्वारा सिटीजन चार्टर निर्मित किया गया तथा जनता के लिए जारी किया गया, जिसमें तेल एवं प्राकृतिक गैस मंत्रालय, विदेश मंत्रालय, सार्वजनिक वितरण विभाग, जीवन बीमा निगम, दिल्ली विकास प्राधिकरण एवं सार्वजनिक क्षेत्र के अधिकांश बैंक सम्मिलित हैं।
- साथ ही राज्यों के स्तर पर बहुत से राज्य जैसे हिमाचल प्रदेश, हरियाणा, गोवा, तमिलनाडु, दिल्ली, पाण्डिचेरी ने भी सिटीजन चार्टर को अपनाया। आज लगभग 19 राज्यों में सिटीजन चार्टर को अपनाया जा चुका है।

## नागरिक अधिकार-पत्र का विकास

- सिटीजन चार्टर सबसे पहले ब्रिटेन में वर्ष 1991 में अपनाया गया था। इसके उपरांत क्रमशः बेल्जियम, मलेशिया, तथा फ्रांस में वर्ष 1992, वर्ष 1993 तथा वर्ष 1992 में।
- भारत में सर्वप्रथम वर्ष 1996 में मुख्य सचिव के सम्मेलन में इसे स्वीकार करने की बात कही गई।
- वर्ष 1997 में मुख्यमंत्रियों के सम्मेलन में भी इस पर चर्चा की गई।
- भारत में सिटीजन चार्टर के विकास में उपभोक्ता समन्वय

परिषद् (Consumer Coordination Council, (CCC)) की महत्वपूर्ण भूमिका रही है।

- द्वितीय प्रशासनिक सुधार आयोग रिपोर्ट में सिटीजन चार्टर के बारे में कहा गया है कि यह एक ऐसा दस्तावेज है, जिसका उद्देश्य किसी भी संगठन को पारदर्शी, जवाबदेह व नागरिक के अनुकूल बनाना है।
- भारत में वर्ष 2011 में सिटीजन चार्टर बिल, 2011 लाया गया। इसका नाम है–The Right of Citizens for Time Bound Delivery of Goods and Services and Redressal of their Grievances Bill, 2011 or Citizens Charter Bill.
- इस विधेयक में लोक शिकायत निवारण आयोग के गठन की सिफारिश की गई है।
- इस विधेयक के पास हो जाने पर 6 माह के अंदर सभी संगठनों को अपने सिटीजन चार्टर लगाने होंगे।
- प्रत्येक विभाग शिकायत निवारण के लिए एक अधिकारी की नियुक्ति करेगा।
- सबसे पहले सिटीजन चार्टर को मध्य प्रदेश में लागू किया गया।

## व्हिस्लब्लोअर (Whistleblower)

- व्हिस्लब्लोअर (Whistleblower) शब्द की उत्पत्ति ब्रिटिश पुलिस अधिकारी अपने कार्य के दौरान अगर किसी अपराध को होते हुए देखते थे, तो अपनी सीटी बजाने लगते थे, व्हिस्लब्लोअर (Whistleblower) शब्द की उत्पत्ति वहीं से हुई है। सीटी बजाने से अन्य उपस्थित कानून प्रवर्तन अधिकारी और आम जनता खतरे से सतर्क हो जाते थे।
- एक व्हिस्लब्लोअर वह व्यक्ति है, जो संगठन या लोगों में होने वाले अन्याय से संबंधित मुद्दों को उजागर करता है। आमतौर पर यह व्यक्ति उसी संगठन का सदस्य होता है। होने वाले अन्याय को कई तरीके से वर्गीकृत किया जा सकता है। उदाहरण के लिए, कानून, नियम, विनियम का उल्लंघन या सार्वजनिक हितों को प्रत्यक्ष रूप से खतरा जैसे धोखाधड़ी, स्वास्थ्य, सुरक्षा का उल्लंघन और भ्रष्टाचार इत्यादि।
- अधिकतर व्हिस्लब्लोअर, आंतरिक व्हिस्लब्लोअर होते हैं, जो कंपनी के साथी कर्मचारी या उच्च अधिकारी के दुर्व्यवहार की सूचना देते हैं, जबकि बाहरी व्हिस्लब्लोअर, बाहरी व्यक्तियों और संस्थाओं के गलत आचरण के बारे में सूचना देते हैं। व्हिस्लब्लोअर दुर्व्यवहार की सूचना वकीलों, मीडिया, कानून प्रवर्तन या प्रहरी एजेंसियों अथवा अन्य स्थानीय, राज्य या संघीय एजेंसियों को देते हैं। कुछ मामलों में बाहरी व्हिस्लब्लोअर को वित्तीय इनाम देकर प्रोत्साहित किया जाता है।

### व्हिस्लब्लोअर (Whistleblower) संरक्षण अधिनियम, (2011)

- इस अधिनियम का उद्देश्य राष्ट्रीय एकता और अखंडता से संबंधित सूचनाओं को प्रसारित होने से रोकना है, जिससे राष्ट्र विरोधी गतिविधियों को रोका जा सके।
- इस अधिनियम के द्वारा व्हिस्लब्लोअर (Whistleblower) को गोपनीयता अधिनियम, 1923 के तहत संरक्षित सूचनाएं नहीं प्रदान की जाएंगी।
- सरकार तथा एजेंसियों से संबंधित जानकारी उजागर करने की अनुमति नहीं दी जाएगी, जिसे सूचना के अधिकार अधिनियम, 2005 के तहत मनाही है।
- व्हिस्लब्लोअर को देश की सुरक्षा, एकता और अखंडता जैसे विषयों से संबंधित जानकारी नहीं प्रदान की जाएगी।
- यद्यपि यह कानून दोनों सदनों द्वारा पास कर दिया गया है, परंतु अभी इसे लागू करने के लिए सरकार द्वारा नोटीफाई नहीं किया गया है।

### राष्ट्रीय ई-गवर्नेंस प्लान

- इसका उद्देश्य देश में ई-क्रांति लाना है तथा यह डिजिटल भारत कार्यक्रम का एक हिस्सा है।
- उभरती प्रौद्योगिकी से तालमेल बिठाना, नागरिक केंद्रित सेवाओं का पोर्टफोलियो बढ़ाना, अधिक कुशल कार्यान्वयन मॉडलों का उपयोग करना इस नीति के अन्य उद्देश्य हैं।
- इस नीति का विजन है–"गवर्नेंस के कायाकल्प के लिए ई-गवर्नेंस का कायाकल्प।"
- इस नीति के कार्य सिद्धांत हैं–क्लाउड बाई डिफाल्ट, भाषा का स्थानीयकरण, तेजी से निगरानी के साथ अनुमोदन, मांग पर आधारित बुनियादी ढांचा, कायाकल्प और अनुवाद नहीं।

## ऑम्बुड्समैन

- नागरिकों की शिकायतों का निपटारा करने के लिए दुनिया की सर्वप्रथम जनतांत्रिक संस्था "स्केंडिनेवियन इंस्टीट्यूशन ऑफ ऑम्बुड्समैन" थी।
- ऑम्बुड्समैन की संस्था का निर्माण, सर्वप्रथम स्वीडन में वर्ष 1809 में हुआ था।
- 'ऑम्बुड' स्वीडिश भाषा का शब्द है। यह किसी दूसरे व्यक्ति के प्रतिनिधि के रूप में काम करता है।
- ऑम्बुड्समैन, नागरिकों के निम्नलिखित मामलों की शिकायतों का **निपटारा करता है–**

  (i) कुप्रशासन। (ii) प्रशासनिक भ्रष्टाचार।
  (iii) भाई-भतीजावाद। (vi) अशिष्टता।
  (v) प्रशासनिक विवेकाधिकार का दुरूपयोग।

- स्वीडन में ऑम्बुड्समैन की नियुक्ति संसद द्वारा चार वर्ष के कार्यकाल के लिए की जाती है।
- उसे मात्र संसद द्वारा हटाया जा सकता है।
- वह अपनी वार्षिक रिपोर्ट संसद में प्रस्तुत करता है। इसलिए उसको 'संसदीय ऑम्बुड्समैन' भी कहा जाता है।
- वह संसद अर्थात् विधायिका के साथ-साथ कार्यपालिका एवं न्यायपालिका से भी स्वतंत्र होता है।
- 'ऑम्बुड्समैन', एक संवैधानिक पद है।
- वह सभी सरकारी अधिकारियों, नागरिक, न्यायिक तथा सैनिक अधिकारियों पर नजर रखता है, ताकि वे निष्पक्षता के साथ वस्तुगत और वैधानिक रूप से कानून के अनुसार काम करें।
- वह किसी निर्णय को उलटने या रद्द करने का अधिकार नहीं रखता।
- प्रशासन अथवा न्यायालयों पर उसका कोई सीधा नियंत्रण नहीं होता है।
- वह अपनी कार्यवाही किसी अनुचित प्रशासनिक कार्य के विरुद्ध नागरिक से प्राप्त शिकायत के आधार पर या अपनी पहल पर कर सकता है।
- वह न्यायाधीशों सहित किसी भी पथभ्रष्ट अधिकारी पर मुकदमा चला सकता है। वह खुद सजा नहीं देता है। उसका काम मामले को उच्चाधिकारियों तक पहुंचाना है।
- ऑम्बुड्समैन की यह संस्था स्वीडन से स्कैंडिनेविया के दूसरे देशों जैसे-फिनलैंड (1919), डेनमार्क (1955) और नॉर्वे (1962) में फैल गई।
- न्यूजीलैंड में संसदीय जांच आयुक्त, 1962 में स्थापित किया गया।
- ग्रेट ब्रिटेन संसदीय प्रशासन आयुक्त, 1967 में।
- ऑम्बुड्समैन को भारत में लोकपाल या लोकायुक्त कहा गया है।
- डोनॉल्ड सी. रोवोट कहते हैं कि 'यह नौकरशाही के आंतक के विरुद्ध जनतांत्रिक सरकार की दीवार है।'
- गेरॉल्ड ई. कैडेन ने इसको 'संस्थाकृत जनचेतना' कहा है।
- फ्रांस में प्रशासनिक न्यायालय है, जो नागरिकों के शिकायत को निपटाने के लिए पूर्व सोवियत संघ, चीन एवं हंगरी आदि देशों में प्राधिकर्ता प्रणाली होती है।

## लोकपाल

- प्रशासनिक सुधार आयोग (ARC) 1966 ने 'नागरिकों की शिकायत के निपटाने' के लिए 'लोकपाल' और 'लोकायुक्त' नामक दो विशेष अधिकरणों की स्थापना की बात की।
- इन संस्थानों का गठन 'स्कैंडिनेवियन' देशों की ऑम्बुड्समैन संस्था और न्यूजीलैंड के संसदीय जांच आयुक्त के नमूने पर किया जाना था।
- लोकपाल का कार्य, केंद्र तथा राज्यों के स्तर पर मंत्रियों और सचिवों के विरुद्ध शिकायतों को निपटाना था।
- लोकायुक्त, (एक केंद्र में तथा प्रत्येक राज्य में एक) का कार्य विशेष उच्च अधिकारियों के विरुद्ध शिकायतों को निपटाना है।
- प्रशासनिक सुधार आयोग ने न्यूजीलैंड की तरह ही न्यायपालिका को लोकपाल और लोकायुक्त के अधिकार क्षेत्र से बाहर रखा था। जबकि स्वीडन में ऑम्बुड्समैन के अधिकार क्षेत्र में न्यायपालिका भी आती है।
- ARC रिपोर्ट के अनुसार, लोकपाल की नियुक्ति, भारत के मुख्य न्यायाधीश, लोक सभा अध्यक्ष और राज्य सभा के सभापति की सलाह से राष्ट्रपति द्वारा की जाएगी।
- ARC ने यह भी सिफारिश की थी कि लोकपाल और लोकायुक्त की संस्थाओं में **निम्न विशेषताएं होनी चाहिए-**
  - (i) वे स्पष्ट रूप से स्वाधीन और निष्पक्ष हों।
  - (ii) जांच और कार्यवाही गुप्त होनी चाहिए।
  - (iii) जांच और कार्यवाही, अनौपचारिक प्रकृति की होनी चाहिए।
  - (iv) नियुक्ति जहां तक संभव हो, गैर-राजनीतिक होनी चाहिए।
  - (v) उनकी पदस्थिति देश के सर्वोच्च न्यायिक कार्यकर्त्ताओं के समकक्ष होनी चाहिए।
  - (vi) उनकी कार्यवाहियां न्यायिक हस्तक्षेप के अधीन नहीं होनी चाहिए।
  - (vii) उनको विवेकानुसार, उन मामलों से निपटना चाहिए, जिनका संबंध अन्याय, भ्रष्टाचार या पक्षपात के कार्यों से हो।
  - (viii) अपने कार्यों से संबंधित प्रासंगिक सूचनाओं को प्राप्त करने के लिए उनको अधिकतम छूट और अधिकार मिलने चाहिए।
  - (ix) कार्यकारी सरकार से उनको किसी प्रकार के हित या आर्थिक लाभ की आशा नहीं करनी चाहिए।
- अभी तक कई सरकारी प्रयास हो चुके हैं, परंतु किसी न किसी कारण से विधेयक पारित न हो सका।
- वर्ष 2011 में भी कांग्रेस सरकार द्वारा प्रयास किया गया। लेकिन राज्य सभा में विधेयक पारित नहीं हो सका।
- लोकपाल विधेयक को संसद की मंजूरी मिल गई है, जिसके दायरे में प्रधानमंत्री को भी रखा गया है।

## लोकायुक्त

- लोकायुक्त संस्था की सबसे पहले स्थापना 1971 में महाराष्ट्र में की गई थी। हालांकि उससे संबंधित विधेयक ओडीशा में 1970 में पारित कर दिया था। ओडीशा में अधिनियम, 1983 में लागू हुआ था।
- **राज्यों में लोकायुक्त**

  (i) ओडीशा-1970 (ii) महाराष्ट्र-1971
  (iii) राजस्थान-1973 (vi) बिहार-1974
  (v) उत्तर प्रदेश-1975 (vi) मध्य प्रदेश-1981
- लोकायुक्त की संरचना सभी राज्यों में एक समान नहीं है।
- लोकायुक्त और उप लोकायुक्त की नियुक्ति, राज्यपाल करते हैं। इस हेतु राज्यों में अलग-अलग नियम हैं।
- योग्यताएं निश्चित नहीं हैं।
- अधिकतर राज्यों में लोकायुक्त का कार्यकाल-5 वर्ष या 65 वर्ष की आयु जो भी पहले हो, तय किया गया है। वह दूसरी बार नियुक्त होने का पात्र नहीं होता है।
- राज्यों में लोकायुक्त के अधिकार क्षेत्र अलग-अलग हैं।
- अधिकांश राज्यों में लोकायुक्त अपनी जांच प्रशासन के अनुचित कार्य के विरुद्ध किसी नागरिक से प्राप्त शिकायत के आधार पर या अपनी पहल पर कर सकता है। किंतु अपनी पहल पर जांच शुरू करने का अधिकार उसे उत्तर प्रदेश, हिमाचल प्रदेश और असम राज्यों में नहीं है।
- लोकायुक्त, शिकायतों तथा आरोपों दोनों प्रकार के मामलों पर विचार कर सकता है।
- यह राज्य विधायिका के प्रति उत्तरदायी है।
- राज्य की जांच एजेंसियों की सहायता लेता है।
- वह राज्य सरकार के विभागों से प्रासंगिक फाइलों और दस्तावेजों को तलब कर सकता है।
- सिफारिशें केवल सलाहकारी हैं और राज्य सरकार उनको मानने के लिए बाध्य नहीं है।

## लोकपाल

- 44 साल तक संसद में तमाम उतार-चढ़ाव देखने के बाद आखिरकार संसद के दोनों सदनों से लोकपाल बिल पास हो गया। दो साल पहले अन्ना हजारे के आंदोलन और जन दबाव के चलते चार दशक से भी लंबे समय से ठंडे बस्ते में पड़े लोकपाल एवं लोकायुक्त बिल को लोक सभा में 27 दिसंबर, 2011 को पास किया गया था।
- राज्य सभा में तमाम बिंदुओं पर सहमति नहीं बन पाने के कारण उसको सेलेक्ट कमेटी को भेजा गया तथा कमेटी ने अपनी रिपोर्ट में कई सुझाव दिए। 31 जनवरी, 2013 को कैबिनेट ने उनमें से कई सुझावों को स्वीकार कर कुछ को खारिज कर दिया। एक बार फिर अन्ना हजारे के आमरण अनशन के बीच राज्य सभा में संशोधित बिल को पास किया गया। सुझावों के बाद यह मूल बिल से कई मायनों में भिन्न है।
- संसद से पारित विधेयक की शक्ल वैसी नहीं है, जैसी आंदोलन की मांग थी। वे तीन प्रस्ताव भी इसमें शामिल नहीं है, जिन पर संसद ने अन्ना से अनशन तोड़ने का अनुरोध करते हुए आम सहमति जताई थी।
- इस विधेयक में न सिटीजन चार्टर को शामिल किया गया और न ही लोकपाल की तर्ज पर राज्यों में लोकायुक्तों की नियुक्ति की अनिवार्यता का प्रावधान है। सी. बी. आई. को लोकपाल के मातहत रखने या उसकी अपनी जांच एजेंसी गठित करने का प्रावधान भी नहीं किया गया, जो कि अन्ना हजारे आंदोलन की एक बहुचर्चित मांग थी।

## लोकपाल में नवीन संशोधन

### सिफारिशें

- राज्यों में लोकायुक्त के गठन का प्रावधान हटाया जाए।
- नई धारा-63 जोड़ी गई, जिसके तहत इस कानून के लागू होने की तारीख से 365 दिन के भीतर राज्य विधान सभा द्वारा एक कानून पारित करके लोकायुक्त संस्था का गठन। (मंजूर)।

### अन्य महत्वपूर्ण सिफारिशें

- लोकपाल का सदस्य बनने पर अयोग्यता-किसी राजनीतिक दल के साथ जुड़ाव शब्दों की जगह किसी राजनीतिक दल से संबद्ध शब्दों का उपयोग किया जा सकता है। (मंजूर)
- लोकपाल चुनने के लिए चयन समिति का संयोजन-समिति के 5वें सदस्य (प्रमुख विधिविद्) को पहले 4 सदस्यों की सिफारिश के आधार पर राष्ट्रपति द्वारा नामित किया जा सकता है। (मंजूर)
- लोकपाल के दायरे से दान लेने वाली संस्थाओं और संगठनों को बाहर रखा जाए, केवल उन संस्थाओं या प्राधिकारों को छूट देने का फैसला, जो सोसायटी पंजीकरण अधिनियम के तहत पंजीकृत है। (नामंजूर)
- लोकपाल को पहली नजर में मामला बनता दिखने की स्थिति में ही (शुरूआती जांच के बगैर) सीधे जांच के आदेश का अधिकार होना चाहिए। (मंजूर)
- शुरूआती जांच के दौरान लोक सेवक से टिप्पणियां मांगना अनिवार्य नहीं। (नामंजूर)
- लोक सेवकों के अभियोजन की मंजूरी का अधिकार सरकार की जगह लोकपाल को दिया जा सकता है, लोकपाल इस

तरह के फैसले करने से पहले संबंधित प्राधिकार लोक सेवक से टिप्पणियां मांग सकता है। (मंजूर)

- केंद्रीय जांच ब्यूरो को मजबूत बनाने के लिए कई संशोधन। (मंजूर)

## लोकपाल एवं लोकायुक्त

### संरचना

- लोकपाल का एक अध्यक्ष होगा, जो या तो भारत के पूर्व मुख्य न्यायाधीश या फिर सुप्रीम कोर्ट के रिटायर जज या फिर कोई महत्वपूर्ण व्यक्ति हो सकते हैं।
- लोकपाल में अधिकतम 8 सदस्य हो सकते हैं, जिनमें से आधे न्यायिक पृष्ठभूमि से होने चाहिए।
- इसके अलावा कम से कम आधे सदस्य अनुसूचित जाति, अनुसूचित जनजाति, पिछड़ी जाति, अल्पसंख्यकों और महिलाओं में से होने चाहिए।

### कौन नहीं हो सकता?

- संसद सदस्य या किसी राज्य या केंद्र शासित प्रदेश की विधान सभा का सदस्य।
- ऐसा व्यक्ति, जिसे किसी प्रकार के नैतिक भ्रष्टाचार का दोषी पाया गया हो।
- ऐसा व्यक्ति, जिसकी उम्र अध्यक्ष या सदस्य का पद ग्रहण करने तक 45 साल न हुई हो।
- किसी पंचायत या निगम का सदस्य।
- ऐसा व्यक्ति, जिसे राज्य या केंद्र सरकार की नौकरी से बर्खास्त या हटाया गया हो।

### चयन समिति

- प्रधानमंत्री-अध्यक्ष।
- लोक सभा के अध्यक्ष-सदस्य।
- लोक सभा में विपक्ष के नेता-सदस्य।
- मुख्य न्यायाधीश या उनकी अनुशंसा पर नामित सुप्रीम कोर्ट के एक जज-सदस्य।
- राष्ट्रपति द्वारा नामित कोई प्रतिष्ठित व्यक्ति-सदस्य।
- अध्यक्ष या किसी सदस्य की नियुक्ति इसलिए अवैध नहीं होगी, क्योंकि चयन समिति में कोई पद रिक्त था।

### पद मुक्ति के बाद

- लोकपाल कार्यालय में नियुक्ति खत्म होने के बाद अध्यक्ष और सदस्यों पर कुछ काम करने के लिए प्रतिबंध लग जाता है।
- इनकी अध्यक्ष या सदस्य के रूप में पुनर्नियुक्ति नहीं हो सकती।
- इन्हें कोई कूटनीतिक जिम्मेदारी नहीं दी जा सकती और केंद्र शासित प्रदेश के प्रशासक के रूप में नियुक्ति नहीं हो सकती। इसके अलावा ऐसी कोई भी जिम्मेदारी या नियुक्ति नहीं मिल सकती, जिसके लिए राष्ट्रपति को अपने हस्ताक्षर और मुहर से वारंट जारी करना पड़े।
- पद छोड़ने के 5 साल बाद तक ये राष्ट्रपति, उपराष्ट्रपति, संसद के किसी सदन किसी राज्य विधान सभा या निगम या पंचायत के रूप में चुनाव नहीं लड़ सकते।

### जांच शाखा

- अगर कोई जांच कमेटी मौजूद नहीं है, तो भ्रष्टाचार के आरोपी सरकारी कर्मचारी के खिलाफ शुरूआती जांच के लिए लोकपाल एक जांच शाखा का गठन कर सकता है, जिसका नेतृत्व एक निदेशक करेगा।
- लोकपाल द्वारा गठित जांच शाखा के लिए केंद्र सरकार अपने मंत्रालय या विभाग से उतने अधिकारी और कर्मचारी उपलब्ध करवाएगी, जितनी प्राथमिक जांच के लिए लोकपाल को जरूरत होगी।

### अभियोजन शाखा

- किसी सरकारी कर्मचारी पर लोकपाल की शिकायत की पैरवी के लिए लोकपाल एक अभियोजन शाखा का गठन करेगा, जिसका नेतृत्व एक निदेशक करेगा।
- लोकपाल द्वारा गठित ऐसी अभियोजन शाखा के लिए केंद्र सरकार अपने मंत्रालय या विभाग से उतने कर्मचारी और अधिकारी उपलब्ध करवाएगी, जितनी प्राथमिक जांच के लिए लोकपाल को जरूरत होगी।

### अधिकार क्षेत्र

- लोक सभा द्वारा 27 दिसंबर, 2011 को पारित विधेयक के अनुसार लोकपाल के क्षेत्राधिकार में प्रधानमंत्री, मंत्री, संसद सदस्य और केंद्र सरकार के समूह ए, बी, सी और डी के अधिकारी और कर्मचारी आते हैं।

### लोकपाल के अधिकार

- तलाशी और जब्तीकरण।
- कुछ मामलों में लोकपाल के पास दीवानी अदालत के अधिकार भी होंगे।
- लोकपाल के पास केंद्र या राज्य सरकार के अधिकारियों की सेवा का इस्तेमाल करने का अधिकार होगा।
- संपत्ति को अस्थायी तौर पर नत्थी करने का अधिकार।
- नत्थी की गई संपत्ति की पुष्टि का अधिकार।
- विशेष परिस्थितियों में भ्रष्ट तरीके से कमाई गई संपत्ति, आय, प्राप्तियों या फायदों को जब्त करने का अधिकार।
- भ्रष्टाचार के आरोप वाले सरकारी कर्मचारियों के स्थानांतरण या निलंबन की सिफारिश करने का अधिकार।

- शुरूआती जांच के दौरान उपलब्ध रिकॉर्ड को नष्ट होने से बचाने के लिए निर्देश देने का अधिकार।
- अपना प्रतिनिधि नियुक्त करने का अधिकार।
- केंद्र सरकार को भ्रष्टाचार के मामलों की सुनवाई के लिए उतनी विशेष अदालतों को गठन करना होगा, जितनी लोकपाल बताए।
- विशेष अदालतों को मामला दायर होने के 1 साल के अंदर उसकी सुनवाई पूरी करना सुनिश्चित करना होगा।
- अगर 1 साल के समय में यह सुनवाई पूरी नहीं हो पाती, तो विशेष अदालत इसके कारण दर्ज करेगी और सुनवाई 3 महीने में पूरी करनी होगी। यह अवधि 3-3 महीने के हिसाब से बढ़ाई जा सकती है।

## लोकायुक्त (राज्यों में)

- लोकायुक्त का एक अध्यक्ष होगा, जो राज्य के हाईकोर्ट के मुख्य न्यायाधीश या फिर हाईकोर्ट के अवकाश प्राप्त जज या फिर कोई महत्वपूर्ण व्यक्ति हो सकता है।
- लोकायुक्त में अधिकतम 8 सदस्य हो सकते हैं, जिनमें से आधे न्यायिक पृष्ठभूमि से होने चाहिए।
- इसके अलावा कम से कम आधे सदस्य अनुसूचित जाति, अनुसूचित जनजाति, पिछड़ी जाति, अल्पसंख्यकों और महिलाओं में से होने चाहिए।

## लोकायुक्त में नियुक्ति की शर्तें

- न्यायिक सदस्य के रूप में नियुक्ति हो सकती है अगर वह हाईकोर्ट के जज हों या रह चुके हों।
- न्यायिक सदस्य के अलावा सदस्य बनने के लिए पूरी तरह ईमानदार, भ्रष्टाचार निरोधी नीति, लोक प्रशासन, सतर्कता, बीमा, बैंकिंग, कानून और प्रबंधन के मामलों में कम से कम 25 साल का विशेष ज्ञान और विशेषज्ञता हो।

## कौन नहीं हो सकता है?

- संसद सदस्य या किसी राज्य या केंद्र शासित प्रदेश की विधान सभा का सदस्य।
- ऐसा व्यक्ति, जिसे किसी तरह के नैतिक भ्रष्टाचार का दोषी पाया गया हो।
- ऐसा व्यक्ति, जिसकी उम्र अध्यक्ष या सदस्य का पद ग्रहण करने तक 45 साल न हुई हो।
- किसी पंचायत या निगम का सदस्य।
- ऐसा व्यक्ति, जिसे राज्य या केंद्र सरकार की नौकरी से बर्खास्त या हटाया गया हो।
- लोकायुक्त कार्यालय में अपने पद के अलावा किसी लाभ या विश्वास के पद पर हो।
- किसी राजनीतिक दल से संबंध हो, व्यापार करता हो एवं पेशेवर के रूप में सक्रिय हो।

## नियुक्ति

- मुख्यमंत्री-अध्यक्ष।
- विधान सभा अध्यक्ष-सदस्य।
- विधान सभा में विपक्ष के नेता-सदस्य।
- हाईकोर्ट के मुख्य न्यायाधीश या उनकी अनुशंसा पर नामित हाईकोर्ट के एक जज-सदस्य।
- राज्यपाल द्वारा नामित कोई प्रतिष्ठित व्यक्ति-सदस्य।
- अध्यक्ष या किसी सदस्य की नियुक्ति इसलिए अवैध नहीं होगी, क्योंकि चयन समिति में कोई पद रिक्त था।।

## जांच और अभियोजन

- अगर कोई जांच कमेटी मौजूद नहीं है, तो भ्रष्टाचार के आरोपी सरकारी कर्मचारी के खिलाफ शुरूआती जांच के लिए लोकपाल एक जांच शाखा का गठन कर सकता है, जिसका नेतृत्व एक निदेशक करेगा।
- एक जांच निदेशक और एक अभियोजन निदेशक होंगे, जो राज्य सरकार में अतिरिक्त सचिव से छोटे पद पर नहीं होंगे तथा उनका चयन राज्य सरकार द्वारा सुझाए गए नामों में से लोकायुक्त अध्यक्ष द्वारा किया जाएगा।
- लोकपाल द्वारा गठित ऐसी जांच शाखा के लिए केंद्र सरकार अपने मंत्रालय या विभाग से उतने अधिकारी और कर्मचारी उपलब्ध करवाएगी, जितनी प्राथमिक जांच के लिए लोकपाल को जरूरत होगी।
- अभियोजन शाखा के निदेशक लोकायुक्त की शिकायत पर किसी सरकारी कर्मचारी के खिलाफ मुकदमा लड़ेगा।

## क्षेत्राधिकार

- लोकायुक्त भ्रष्टाचार के आरोप लगने पर किसी भी मामले की जांच कर या करवा सकता है, **लोकायुक्त निम्न मामलों की जांच कर सकता है-**
- ऐसा मामला, जिसमें वर्तमान मुख्यमंत्री या पूर्व मंत्री शामिल हो।
- ऐसा मामला, जिसमें राज्य सरकार का वर्तमान या पूर्व मंत्री शामिल हो।
- ऐसा मामला, जिसमें राज्य विधान सभा का कोई सदस्य शामिल हो।
- ऐसा मामला, जिसमें राज्य सरकार के अधिकारी या कर्मचारी शामिल हों।
- ऐसे सभी कर्मचारी राज्य सरकार के कर्मचारी माने जाएंगे, जो ऐसे किसी भी संस्थान या बोर्ड या कॉरपोरेशन या अथॉरिटी या कंपनी या सोसायटी या ट्रस्ट या स्वायत्त

संस्था में काम करते हों, जिनका गठन संसद या राज्य सरकार के कानून द्वारा किया गया हो या राज्य सरकार द्वारा आंशिक या पूर्ण रूप से नियंत्रित या वित्त पोषित हो।

- ऐसा व्यक्ति शामिल हो, जो ऐसी किसी भी सोसायटी, एसोसिएशन का निदेशक, प्रबंधक, सचिव या कोई और अधिकारी हो, जो पूर्ण या आंशिक रूप से राज्य सरकार द्वारा वित्त पोषित या अनुदान प्राप्त हो और जिसकी वार्षिक आय सरकार द्वारा तय की गई सीमा से अधिक हो।
- ऐसा व्यक्ति शामिल हो, जो ऐसी किसी भी सोसायटी, एसोसिएशन का निदेशक, प्रबंधक, सचिव या कोई और अधिकारी हो, जिसे जनता से डोनेशन मिलता हो और जिसकी वार्षिक आय राज्य सरकार द्वारा तय की गई सीमा से अधिक हो या विदेश से प्राप्त होने वाली धनराशि विदेशी चंदा (विनियमन) कानून के तहत 10 लाख रूपये से अधिक हो या फिर केंद्र सरकार द्वारा तय की गई सीमा से अधिक हो।

### लोकायुक्त के अधिकार

- लोकायुक्त के पास किसी मामले में जांच एजेंसी के निरीक्षण करने और उसे निर्देश देने का अधिकार है।
- अगर लोकायुक्त को लगता है कि कोई दस्तावेज काम का हो सकता है या किसी जांच से संबंधित हो सकता है, तो वह किसी भी जांच एजेंसी को आदेश दे सकता है कि वह उस स्थान की तलाशी ले और उस दस्तावेज को जब्त कर दे।

## लोकपाल सर्च कमेटी के नए नियम

- सरकार ने लोकपाल सर्च कमेटी के नए नियमों को अधिसूचित कर दिया है, जिसमें उसे भ्रष्टाचार निरोधक निकाय के अध्यक्ष और सदस्यों के नाम सुझाने के लिए कार्मिक एवं प्रशिक्षण विभाग की सूची के अतिरिक्त स्वतंत्रता दी गई है।
- नए नियमों से सरकार ने उन प्रतिबंधों को हटा दिया है, जिसमें सर्च कमेटी को डी. ओ. पी. टी. की ओर से दी गई सूची से ही लोकपाल के नाम की सिफारिश करने की बात कही गई थी।
- नियमों के अनुसार, सर्च कमेटी में कम से कम 7 (सात) सदस्य होंगे और उन्हें भ्रष्टाचार निरोधक, लोक प्रशासन, और सतर्कता समेत अन्य विषयों के बारे में विशेष जानकारी होनी चाहिए।
- पूर्व के नियमों में सर्च कमेटी में 8 (आठ) सदस्य होने की बात कही गई थी।
- सरकार ने सर्च कमेटी को डी. ओ. पी. टी. की सूची मिलने के बाद उसमें से चयन समिति को नाम सुझाने के लिए 30 दिनों की समय सीमा को भी समाप्त कर दिया है।

## उपभोक्ता संरक्षण अधिनियम

- भारत में उपभोक्ताओं के अधिकारों की सुरक्षा के लिए 1986 में उपभोक्ता संरक्षण अधिनियम, 1986 लाया गया। समयानुसार उपभोक्ताओं के अधिकारों की सुरक्षा हेतु इसे और प्रभावी बनाने हेतु 2018 में सरकार द्वारा उपभोक्ता संरक्षण अधिनियम 2018 लाया गया।

## उपभोक्ता संरक्षण अधिनियम, 2018 के मुख्य आधार

### उपभोक्ता

- कोई भी व्यक्ति जो कोई वस्तु खरीदता है, या किसी सेवा का उपयोग करता है, उपभोक्ता कहलाता है। वह व्यक्ति उपभोक्ता नहीं कहलाता है, जो किसी वस्तु को पुन: बेचने के लिए या किसी अन्य व्यापारिक उद्देश्य से खरीदता है।
- उपभोक्ता के अंतर्गत वह सभी व्यक्ति शामिल होते हैं, जिन्होंने वस्तु को सीधे बाजार से या इंटरनेट के द्वारा या टेलीशॉपिंग के द्वारा या डायरेक्ट मार्केटिंग के द्वारा खरीदा हुआ है।

### उपभोक्ता के अधिकार (Rights of Consumers)

- अधिनियम 2018 के अंतर्गत उपभोक्ता के निम्नलिखित अधिकार बताए गए हैं:
  - (i) उपभोक्ता के अधिकार के अंतर्गत उन वस्तुओं या सेवाओं से उपभोक्ता को सुरक्षित करना है, जो कि मनुष्य के जीवन को नुकसान पहुंचा सकती है।
  - (iii) विक्रेता को वस्तु या सेवा की मात्रा, गुणवत्ता, शुद्धता व मूल्य आदि के बारे में सूचित करना अनिवार्य होगा।
  - (iii) गलत या प्रतिबंधित व्यापार के उपयोग पर तय सजा का प्रावधान है, जिससे व्यापारी गलत व्यापार करने से सावधान रहें।

### केंद्रीय उपभोक्ता संरक्षण समिति (CCPA)

- उपभोक्ता के अधिकार की रक्षा के लिए सरकार के द्वारा उपभोक्ता संरक्षण समिति (CCPA) की स्थापना की गई।
- यह उपभोक्ता के अधिकारों का उल्लंघन, गलत विज्ञापनों और गलत व्यापार से उपभोक्ता के अधिकारों का संरक्षण करेगी।
- इस समिति के अंतर्गत एक जांच दल होगा जो कि गलत व्यापारिक मामलों की जांच करेगा।

## विधेयक की मुख्य विशेषताएं

- इस विधेयक के अंतर्गत एक उपभोक्ता संरक्षण समिति बनाने का निर्णय लिया गया है, जिसके द्वारा उपभोक्ता के विवादों को हल किया जाएगा।
- इस उपभोक्ता संरक्षण समिति के पास जिला स्तर पर 1 करोड़ रुपये तक के मामले की सुनवाई की जा सकेगी जबकि राज्य स्तर पर यह सीमा 10 करोड़ रुपये की होगी।
- उपभोक्ता के पास उपलब्ध वस्तु या सेवा में कमी पाए जाने पर यह समिति उत्पाद को वापस लौटाने या उसकी कीमत लौटाने या जुर्माना लगाने जैसे प्रावधान लागू करेगी। यह समिति दोषी व्यक्ति या संस्थानों पर लगभग 10 लाख रुपये तक का जुर्माना लगा सकती है। दूसरी बार दोषी पाए जाने पर यह जुर्माना 50 लाख तक का हो सकता है।
- उपभोक्ता संरक्षण समिति द्वारा भ्रामक विज्ञापनों पर भी रोक लगाई जाएगी व ऐसी स्थिति में दोषी पाए जाने पर 2 साल की सजा का प्रावधान है, और अगर फिर से वही गलती दोहराई जाती है, तो यह सजा बढ़ाकर 5 साल कर दी जाएगी।
- नए अधिनियम के अंतर्गत विज्ञापन में काम करने वाले व्यक्तियों पर भी विज्ञापन में दिखाई गई वस्तु की जांच करने की जिम्मेदारी होगी। विज्ञापन में किसी तरह की गलत जानकारी प्राप्त होने पर सेलीब्रिटी पर भी 1 साल का प्रतिबंध लगाया जाएगा और पुनः यह स्थिति दोहराने पर प्रतिबंध 1 साल से बढ़ाकर 3 साल कर दिया जाएगा।
- उपभोक्ता के संरक्षण के लिए दिए गए आदेशों का पालन ठीक उसी तरह होगा जिस तरह से सिविल कोर्ट के आदेशों का होता है। उपभोक्ता के हितों के संरक्षण हेतु राष्ट्रीय आयोग किसी भी योग्य व्यक्ति या संस्थान से मदद ले सकता है।
- इस नए विधेयक के अंतर्गत उपभोक्ता शिकायत की स्थिति में अपनी शिकायत ऑनलाइन कर सकते हैं, और सुनवाई भी वीडियो-कांफ्रेंस के द्वारा जितनी जल्दी हो की जाएगी।

## इस विधेयक के अंतर्गत निम्न बिंदुओं पर सुनवाई की जाएगी-

- अनुचित अनुबंध के अंतर्गत यदि किसी उत्पादक या सेवा प्रदाता द्वारा अपनी सेवा या वस्तु के लिए अनुचित मूल्य वसूलने या अनुबंध के पूरा न होने पर मनमाना जुर्माना लगाने या निर्माता द्वारा अनुबंध एकतरफा खत्म करने पर उपभोक्ता के अधिकारों का हनन होना शामिल है।
- यदि किसी विक्रेता द्वारा मिलावटी समान बेचा जाता है या सेवा प्रदाता द्वारा समय पर सेवा नहीं दी जाती है, तब उपभोक्ता फोरम के अंतर्गत उपभोक्ता शिकायत दर्ज करवा सकता है।
- ऑनलाइन खरीदी करने पर पहले मूल्य चुकाने के बाद वस्तु नहीं उपलब्ध कराना, गलत वस्तु उपलब्ध कराने, वस्तु वापस करने पर पैसा वापस न होना जैसे मामलों की सुनवाई भी इस विधेयक के अंतर्गत की जा सकेगी।
- यदि किसी संस्था द्वारा अपने सामान या सेवा से संबंधित गलत विज्ञापन दिया जाता है, जो उपभोक्ता गलत जानकारी प्रदान करता है, तो इस स्थिति में भी इस अधिनियम के अंतर्गत सुनवाई की जाती है।

## निष्कर्ष

- वर्तमान में नया संशोधित उपभोक्ता संरक्षण बिल अधिक प्रभावी बनाया गया है। उपभोक्ता संबंधित मामलों का समाधान शीघ्र संभव होगा और विक्रेता या सेवा प्रदाता संस्था पर भी कार्यवाही का डर बना रहेगा, जिससे उपभोक्ता को अच्छी सेवाएं प्राप्त होगी।

# योजना तथा विकास
# PLANNING AND DEVELOPMENT

## सतत विकास
(Sustainable Development)

### प्रस्तावना

- सतत विकास एक बहुआयामी अवधारणा है। इसकी व्याख्या एवं समझ प्राय: विषयसूची एवं संदर्भ की विशिष्टता के अनुसार होती है। इस अवधारणा का उदय राष्ट्रीय, सामुदायिक अथवा वैयक्तिक स्तरों पर सामाजिक और आर्थिक प्रणालियों, नीतियों, कार्यक्रमों तथा गतिविधियों में परिवर्तन की वांछित दिशा पर बहस तथा निर्णय लेने के लिए एक वृहद् रूपरेखा के रूप में हुआ।
- सतत विकास सामाजिक-आर्थिक विकास की प्रक्रिया है जिसमें पृथ्वी की ग्रहण क्षमता की सीमाओं के अंदर विकास की बात की जाती है। यह अवधारणा 1960 के दशक में विकसित हुई। धीरे-धीरे यह 1990 के दशक की सर्वाधिक महत्वपूर्ण सामाजिक-आर्थिक अवधारणा बन गई। आज के समय में यह अवधारणा अंतर्राष्ट्रीय विकासवादी सम्मेलनों तथा कार्यक्रमों की सर्वाधिक राजनीतिकृत नारा बन गई है।

### सतत विकास का अर्थ

- सतत विकास की अवधारणा पर जोर आर्थिक विकास नीतियों में पर्यावरणीय विचारों को केंद्रीय विषय में लाने के लिए दिया गया। इसका उद्देश्य सतत विकास युक्तियों में संशोधन लाना था।
- सतत विकास में सतत व विकास के दो शब्द जुड़े हैं जिसका अर्थ अभिवृद्धि के एक ऐसे नमूने से है जो प्रकृति के समग्र संसाधनों के साथ संबंधों में अपनी जनता की देखभाल की राष्ट्रीय क्षमताओं को मजबूत करता है।
- सतत विकास की सबसे अधिक प्रयोग की जाने वाली परिभाषा ब्रंटलैंड आयोग ने अपनी रिपोर्ट ''अवर कॉमन फ्यूचर'' 1987 में दी। उसने सतत विकास को ऐसा विकास कहा जो भविष्य की पीढ़ियों की आवश्यकताओं की पूर्ति से बिना कोई समझौता किए वर्तमान की आवश्यकताएं पूरी करता है।

### सतत विकास के उद्देश्य

- सतत विकास के कुछ दूरदर्शी तथा व्यापक उद्देश्य हैं जो वर्ग, जाति, भाषा व क्षेत्रीय पाबंदियों से परे हैं। ये उद्देश्य शोषण मनोस्थिति की जंजीरों से अर्थव्यवस्था की मुक्ति हेतु एक अधिकार पत्र हैं जिन्होंने राष्ट्रों को नष्ट और उनकी जैव संपदा को कम किया है। संक्षेप में ये उद्देश्य हैं:
  (i) समता तथा न्याय के साथ अधिकांश लोगों के जीवन-स्तर पोषित हो। यहां निर्णय प्रक्रिया में सीमाओं के आर-पार तथा संचित प्रभावों को ध्यान में रखना होगा।
  (ii) दुरूपयोग तथा व्यर्थ उपभोग से पृथ्वी के प्राकृतिक संसाधनों का परिरक्षण व संरक्षण हो।
  (iii) विविधता का सम्मान करना और स्थानीय तथा देशी समुदायों को और अधिक बुनियादी रूझान वाली तथा प्रासंगिक विकास नीतियों के लिए शामिल करना।
  (iv) शासन प्रबंध की संस्थाओं का विकेंद्रीकरण करना और उन्हें अधिक लचीला, पारदर्शी तथा जनता के प्रति उत्तरदायी बनाना। उनमें मुक्त, समावेशीय तथा भागीदारी निर्णय प्रक्रिया हो।
- सतत विकास एक मूल्य आधारित अवधारणा है जो परस्पर सह अस्तित्व और अन्यों के लिए समाज के सार्वभौमिक विषय को आकर्षित करती है।

### सतत विकास की परिभाषाएं (आयाम तथा अवधारणाएं)

- विश्व परिरक्षण कार्यनीति रिपोर्ट में सतत विकास को 'परिरक्षण तथा विकास के एकीकरण' के रूप में परिभाषित किया गया, जिससे यह सुनिश्चित हो कि पृथ्वी पर होने वाले बदलाव से सभी लोगों का जीवन बना रहे तथा उनका कल्याण हो।
- यदि संसाधनों के परिरक्षण को 'जीवमंडल के मानवीय

प्रयोग के प्रबंध' के रूप में परिभाषित किया गया। जिससे भविष्य की पीढ़ी की आवश्यकताओं तथा आकांक्षाओं की संभावना को बनाए रखते हुए वर्तमान पीढ़ी को अधिकतम सततशील लाभ प्राप्त हो।

## निष्कर्ष

- एक अवधारणा के रूप में सतत विकास का जन्म 1960 के प्रारंभिक वर्षों में हुआ, जब विकासशील देशों में निर्दयी औद्योगीकरण ने प्राकृतिक पतन और प्रदूषण तथा बुरे-स्वास्थ्य के स्पष्ट दर्शनीय संकेत देना शुरू कर दिया था।
- इसलिए विकसित और विकासशील देशों ने सतत विकास की परिभाषा अपनी आवश्यकतानुसार की है। फिर भी इस अवधारणा में सभी द्वारा स्वीकृत एक मूलभूत मूल्य निहित है और वह यह है कि मानवीय आवश्यकताओं के प्रति सम्मान केवल अधिकतम समय सीमा में अधिकतम लोगों की सहायता के लिए पर्यावरण क्षमता को ध्यान में रखकर ही होगा।

### कुछ उपयोगी पुस्तकें

- अग्रवाल, ए. एवं अन्य (संपा), ग्रीन पॉलिटिक्स ग्लोबल इनवायरनमेंट नेगोशिएशन, खंड 1.
- अग्रवाल, ए. एवं अन्य (संपा), पोल्स अपार्ट: ग्लोबल इनवायरनमेंट नेगोशिएशन, खंड 2,
- एशर्ब्थ, डब्ल्यू, ए शॉर्ट हिस्ट्री ऑफ दी इंटरनेशनल इकोनॉमी, चौथा संस्करण, लॉगमैन, (1987).

# ई-गवर्नेंस

- सूचना तकनीकी के वर्तमान युग में सरकार के द्वारा लोगों के व्यवहार को नियंत्रित करने के लिए एवं उन्हें सुविधाएं देने के लिए कंप्यूटर (इंटरनेट) एवं मोबाइल का प्रयोग ई-गवर्नेंस है।

## मूल उद्देश्य

- ई-गवर्नेंस का मूल उद्देश्य शासन को नागरिक केंद्रित बनाना है तथा नागरिकों व शासन के बीच की दूरी कम करना है। नागरिकों को सूचना प्रदान करके उनका सशक्तिकरण तथा सेवाओं को समय पर उपलब्ध कराना।
- इसके द्वारा शासन को सरल, उत्तरदायी और पारदर्शी बनाया जा रहा है।
- इसका मूल उद्देश्य प्रशासन से संबंधित नागरिकों की मूल आवश्यकताओं व अपेक्षाओं को पूर्ण करना और प्रशासन को कुशल व सभी लोगों के लिए उपलब्ध करा देना है।

## ई-गवर्नेंस के लाभ

- लेन-देन (क्रय-विक्रय) की कीमत में कमी तथा लेन-देन (क्रय-विक्रय) को त्वरित रूप में संपादित करना।
- प्रशासन को आम लोगों के लिए सुलभ बनाना।
- अब नागरिकों को सरकारी विभागों का चक्कर काटने की आवश्यकता नहीं पड़ेगी।
- इससे प्रशासन व नागरिकों के बीच सीधी अंतर्क्रिया घटी।
- सरकार के दस्तावेज व प्रपत्र नागरिकों को आसानी से उपलब्ध हों।

## ई-गवर्नेंस के मॉडल

**1. सामान्य सूचना मॉडल** (Broadcasting Model)

- यह ई-गवर्नेंस का पहला कदम है, जिसमें परंपरागत सरकार आधुनिक सरकार के रूप में परिवर्तित हो रही है। इसके द्वारा सरकार की उन सूचनाओं को नागरिकों के लिए इंटरनेट से उपलब्ध कराया जाता है, जो सूचनाएं पहले से उपलब्ध हैं।
- इसका मूल उद्देश्य है, सरकार की कार्यप्रणाली के संबंध में आम लोगों को जानकारी उपलब्ध कराई जाए तथा इसके अंतर्गत सरकार द्वारा अपनी विभिन्न योजनाओं एवं कार्यक्रमों की जानकारी आम जनता को प्रदान की जाती है।
- सरकार की विधियां व नियम भी इंटरनेट पर उपलब्ध होते हैं और संबंधित विभाग के अधिकारियों के पते व फोन नंबर का भी उल्लेख किया जाता है।

**2. क्रिटिकल सूचना मॉडल** (Critical Information Model)

- इसके अंतर्गत् सरकार के द्वारा कुछ प्रसंस्करित सूचनाओं को आम लोगों के लिए उपलब्ध कराया जाता है, जिसका लाभ एक विशेष लक्षित समुदाय प्राप्त करता है। इसीलिए इस मॉडल को कार्योन्मुखी मॉडल (Action Oriented Model) भी कहा जाता है।
- इसके द्वारा विकास व कल्याण की योजनाओं को आम जनता तक पहुंचाया जाता है। मध्य प्रदेश सरकार द्वारा 'ज्ञानदूत' परियोजना के अंतर्गत धार जिले में पंचायतों में कंप्यूटर व इंटरनेट की सुविधा प्रदान की गई है, जिसके द्वारा ग्रामीण जनता को ऑनलाइन पंजीकरण की सुविधा, भूमि रिकॉर्ड, उनके कृषि उत्पादों के मूल्य एवं सरकारी योजनाओं के संदर्भ में जानकारी प्रदान की जाती है।
- कर्नाटक ई-गवर्नेंस के संदर्भ में अग्रणी राज्य है और कर्नाटक सरकार द्वारा ई-गवर्नेंस के अंतर्गत् बच्चों के स्कूल की प्रवेश परीक्षा आयोजित की जा रही है। सरकारी विद्यालयों में सभी शिक्षकों के वेतन कंप्यूटरीकृत हो गए

हैं। कर्नाटक ने 'भूमि' एवं 'नोन्दानी' योजना के अंतर्गत् राज्य के सभी भूमि रिकॉर्ड को कंप्यूटराइज कर दिया है और भूमि की रजिस्ट्री भी कंप्यूटराइज हो गई है।

- क्रांतिक सूचना मॉडल में मानवाधिकार विषयों व पर्यावरणीय मॉडलों की सूचनाएं भी उपलब्ध होती हैं तथा भ्रष्टाचार से संबंधित सूचनाएं उपलब्ध कराई जाती हैं, जिसके आधार पर नागरिक समाज के आंदोलन भी होते हैं।

**3. प्रचार-प्रसार मॉडल** (Advocacy Model)

- इस मॉडल में नागरिक समाज और विशेष तौर पर गैर-सरकारी स्वैच्छिक संगठनों द्वारा किसी सार्वजनिक मुद्दे का आम जनता के बीच प्रचार-प्रसार किया जाता है। इस प्रचार-प्रसार द्वारा सरकार व उसकी नीतियों को प्रभावित करने का प्रयास किया जाता है तथा इसके माध्यम से ज्यादा से ज्यादा लोगों की सहभागिता सुनिश्चित की जाती है और एक आभासी समुदाय का निर्माण हो जाता है।
- इस मॉडल के अंतर्गत् जनता द्वारा सार्वजनिक मुद्दों पर वाद-विवाद होता है, जिसका प्रभाव सरकारी नीति-निर्माण व सरकार के कार्यों पर होता है तथा इसके द्वारा किसी विशेष नीति के निर्माण हेतु सरकार पर दबाव समूह का निर्माण किया जाता है।
- इसके द्वारा समाज के पिछड़े एवं वंचित वर्गों हेतु कल्याणकारी कार्य संपादित होते हैं और कल्याणकारी योजनाओं से उनके हितों की रक्षा की जाती है। वर्तमान ई-गवर्नेंस के युग में किसी विशेष मुद्दे पर प्रचार-प्रसार के लिए भारत के अलावा किसी विदेशी विद्वान को भी जोड़ा जा सकता है।

**4. अंतर्क्रिया का मॉडल** (Interactive Model)

- ई-गवर्नेंस का अंतर्क्रिया मॉडल उपरोक्त तीनों मॉडल का समन्वित रूप है, जिसके द्वारा सरकार के कार्यों में आम लोगों की भागीदारी को बेहतर किया जाए, जिससे शासन में सहभागिता, कुशलता व पारदर्शिता उत्पन्न हो।
- इसके अंतर्गत् सरकार व सरकारी प्रतिनिधियों का सीधा आम लोगों से संबंध स्थापित होता है, जिससे आम व्यक्ति सरकारी अधिकारी से सीधे अपनी शिकायत दर्ज करा सकता है तथा सरकार व उसकी नीतियों के संदर्भ में अपना फीडबैक दे सकता है।
- अंतर्क्रिया मॉडल में आम नागरिकों की भूमिका निष्क्रिय न होकर, सक्रिय होती है, क्योंकि आम लोगों से पहलकारी भूमिका की अपेक्षा की जाती है और इसी भूमिका के कारण सरकार उत्तरदायी व जबावदेह होती है।
- इसके द्वारा भारत जैसे देश में नागरिक सुविधाओं को प्रदान किया जा रहा है, जिससे सीधे नागरिकों का संपर्क सरकार तक बना रहे व सरकार की ज्यादातर गतिविधियों को ऑनलाइन बना दिया जाए।

## ई-गवर्नेंस का 6-सी मॉडल

**1. विषय वस्तु** (Content)

- ई-गवर्नेंस को व्यावहारिक बनाने के लिए सरकार की सभी फाइलों व दस्तावेजों को कंप्यूटरीकृत करना होगा।

**2. कुशलता** (Competence)

- सरकार की सभी फाइलों व दस्तावेजों को कंप्यूटरीकृत करने के लिए तकनीकी कार्यबल की आवश्यकता होगी।

**3. कनेक्टिविटी** (Connectivity)

- ई-गवर्नेंस के लिए पूरे देश को कंप्यूटर नेटवर्क से जोड़ना आवश्यक है तथा कंप्यूटर नेटवर्क से पूर्व समूचे देश में बिजली की आपूर्ति होनी चाहिए।

**4. साइबर विधि** (Cyber Law)

- ई-गवर्नेंस के परिणामस्वरूप व्यक्ति और सरकार के अधिकांश दस्तावेज सार्वजनिक हो जाते हैं। इसलिए इनको सुरक्षित रखना ई-गवर्नेंस की बड़ी चुनौती है। विशेष तौर पर ई-बैंकिंग द्वारा अनाधिकृत व्यक्ति दूसरे के पैसे हथिया ले रहा है अथवा आपत्तिजनक और अवमाननापूर्ण सूचनाएं भी इंटरनेट पर उपलब्ध होती हैं। इसलिए भारत सरकार द्वारा वर्ष 2000 में सूचना तकनीकी अधिनियम का निर्माण किया गया।

**5. नागरिक अंतर्क्रिया** (Citizen Interface)

- ई-गवर्नेंस नागरिक केंद्रित और प्रयोग करने वालों के लिए सुविधाजनक होना चाहिए।

**6. पूंजी** (Capital)

- उपरोक्त सभी कार्यों को संपादित करने के लिए वित्तीय उपलब्धता की आवश्यकता होती है।

## ई-गवर्नेंस की कमियां

- भारत में ई-गवर्नेंस के लिए अभी भी आधारभूत संरचनाओं का अभाव है। ई-गवर्नेंस को प्रभावशाली बनाने के लिए भारत की विभिन्न स्थानीय भाषाओं में सॉफ्टवेयर निर्माण की आवश्यकता है।
- ई-गवर्नेंस मूलत: प्रयोग में आसान (User Friendly) होना चाहिए।
- भारत में देश के अनेक भागों में अभी भी पर्याप्त बिजली आपूर्ति और संसाधनों का भी अभाव है।
- भारत में विद्यमान परंपरागत नौकरशाही का दृष्टिकोण ई-गवर्नेंस के प्रति अनुक्रियाशील नहीं हैं।

## ई-गवर्नेंस को बढ़ाने हेतु भारत सरकार की नीतियां

- ई-गवर्नेंस को क्रियान्वित करना एक जटिल प्रक्रिया है, जिसके लिए एक व्यापक आधारभूत तकनीकी संरचना

के निर्माण की आवश्यकता होती है। उदाहरण के लिए, स्टेट वाइड एरिया नेटवर्क (State Wide Area Network), राज्य आंकड़ा केंद्र (State Data Center) व सामान्य सेवा केंद्र (Common Service Center) के निर्माण की आवश्यकता होती है, जिससे ई-गवर्नेंस क्रियान्वित हो सके।

- ई-गवर्नेंस के लिए तकनीकी सहायता व क्षमता निर्माण की आवश्यकता है, जिसको लागू करने के लिए नीतियों एवं मानकों के निर्माण की भी आवश्यकता है।
- योजना में गह उल्लिखित है कि ई-गवर्नेंस का निर्माण केंद्रित तथा क्रियान्वयन विकेंद्रित और यह मूलत: नागरिक केंद्रित होना चाहिए। योजना को क्रियान्वित करने हेतु सार्वजनिक व निजी क्षेत्रों की आपसी सहभागिता भी होनी चाहिए।
- योजना में सरकार व नागरिकों के बीच अंतर्क्रिया को बढ़ाने पर बल दिया गया है।
- राष्ट्रीय व राज्य दोनों स्तर पर योजनाओं के क्रियान्वयन की रणनीति बनाई गई है, जिसमें तकनीकी सहायता, सूचना तकनीकी व इलेक्ट्रॉनिक्स विभाग द्वारा दिया जाएगा।

## डिजिटल भारत (Digital India)

- भारत में ई-शासन को प्रभावी बनाने के लिए वर्तमान मोदी सरकार ने समूचे प्रशासन तथा सरकारी सेवाओं की उपलब्धता हेतु ई-शासन के प्रयोग की पहल की है। अर्थात् सभी सरकारी सेवाओं तथा दस्तावेजों के डिजिटलीकरण (Digitalization) करने की योजना प्रस्तावित है, जिसे लोकप्रिय रूप में **डिजिटल इंडिया** का नाम दिया गया है।
- सरकार द्वारा प्रारंभ की गई यह एक योजना है, जिसका तात्पर्य दूरसंचार साधनों तक सबकी पहुंच सुनिश्चित करना है, जिससे सशक्त, ज्ञानपरक समाज एवं अर्थव्यवस्था का विकास किया जा सके।
- प्रधानमंत्री द्वारा जुलाई, 2015 में डिजिटल इंडिया कार्यक्रम की शुरूआत की गई है। डिजिटल इंडिया के तहत् मूलरूप से तीन मुख्य क्षेत्रों (Key Areas) पर ध्यान दिया जा रहा है-
  1. डिजिटल आधारित संरचना के तहत्।
  2. मांग के अनुरूप शासन एवं सेवाएं उपलब्ध कराने के तहत्।
  3. नागरिकों को डिजिटल सशक्तिकरण के लिए डिजिटल उपलब्धता को बढ़ावा देना।

### 1. डिजिटल आधारित संरचना के तहत्

- उच्च गति वाली इंटरनेट सेवा का विस्तार।
- डिजिटल पहचान के लिए कदम, जो आजीवन उपलब्ध हों।
- मोबाइल नेटवर्क का विस्तार।
- सबके लिए उपयोगी सेवा केंद्र तक सबकी पहुंच।
- क्लाउड कंप्यूटिंग (Cloud Computing) का विस्तार।
- सुरक्षित साइबर स्पेस।

### 2. मांग के अनुरूप शासन एवं सेवाएं उपलब्ध कराने के तहत्

- मांग के अनुरूप शासन एवं सेवाएं उपलब्ध कराने के तहत् सभी विभागों, मंत्रालयों, संगठनों को दूरसंचार साधनों का उपयोग कर आपस में जोड़ना।
- वास्तविक समाज में ऑनलाइन एवं मोबाइल प्लेटफार्म के माध्यम से सभी सेवाओं की उपलब्धता।
- भारत में व्यवसाय को सरल बनाने (Ease of doing business) के लिए सभी सेवाओं का डिजिटलीकरण।
- वित्तीय लेन-देन को इलेक्ट्रॉनिक रूप में गैर-नकदी (Cashless) रूप में करना।
- जी.आई.एस. (GIS) का विस्तार एवं विकास तथा निर्णय प्रक्रिया में उसका उपयोग।

### 3. नागरिकों के डिजिटल सशक्तिकरण के लिए डिजिटल उपलब्धता को बढ़ावा देना

- सार्वभौम डिजिटल साक्षरता।
- डिजिटल संसाधनों तक सार्वभौम पहुंच।
- क्लाउड कंप्यूटिंग के तहत् विकसित क्लाउड पर सभी दस्तावेज एवं प्रमाण-पत्रों का उपलब्ध होना।
- सभी भारतीय भाषाओं में डिजिटल सेवाओं का उपलब्ध होना।
- भागीदारी आधारित शासन के प्लेटफार्म के रूप में डिजिटल नेटवर्क का उपयोग।

### डिजिटल इंडिया के 9 स्तंभ निर्धारित किए गए हैं

1. ब्रॉडबैंड हाइवे- इसके तहत् दिसंबर, 2014 तक 2.5 लाख ग्राम पंचायतों को (National Optical Fibre Network, (NOFN) के तहत् जोड़ना तथा इसी प्रकार स्टेट वाइड एरिया नेटवर्क (State Wide Area Network, (SWAN) का विस्तार सभी IT क्षेत्रों को ब्रॉडबैंड के दायरे में शामिल करना।
2. मोबाइल कनेक्टिविटी तक सबकी पहुंच, (वर्ष 2014 से 2018 के बीच)।
3. राष्ट्रीय ग्रामीण इंटरनेट मिशन के तहत् सभी ग्राम पंचायतों को मार्च, 2017 तक इंटरनेट से जोड़ना और डाकघरों को बहु-सेवा केंद्र (Multi-Service Center) के रूप में विकसित करना।
4. ई-गवर्नेंस। (e-Governance)

5. सेवाओं को इलेक्ट्रॉनिक रूप से पहुंचाना। (e-Kranti-Electronic Delivery of Services) जैसे-ई-शिक्षा, ई-स्वास्थ्य सुविधा, किसानों के लिए तकनीकी सुरक्षा, वित्तीय सेवाओं के लिए तकनीकी।
6. **सबके लिए सूचना**-ऑनलाइन सूचना आदान-प्रदान में सोशल मीडिया का उपयोग।
7. इलेक्ट्रॉनिक साधनों का निर्माण, जिसके तहत् वर्ष 2020 तक शुद्ध आयात शून्य करना।
8. रोजगारपरक सूचना प्रौद्योगिकी, जिसमें एक करोड़ छात्रों को शामिल करना तथा बी.पी.ओ. (BPO) केंद्रों की स्थापना।
9. Early Harvest Programmes- जिसके तहत् डिजिटल इंडिया कार्यक्रम को लागू करने के लिए बुनियादी ढांचा तैयार करना है।

## नीति आयोग (Niti Aayog)

- केंद्रीय मंत्रिमंडल ने 1 जनवरी, 2015 को एक प्रस्ताव पारित कर योजना आयोग के स्थान पर नई संस्था नीति आयोग (NITI Aayog : National Institution for Transforming India) की स्थापना का मार्ग प्रशस्त किया तथा 5 जनवरी, 2015 को इसकी नियुक्ति कर दी गई।
- प्रथम नीति आयोग में प्रधानमंत्री अध्यक्ष, एक उपाध्यक्ष, दो पूर्णकालिक सदस्य एवं चार कैबिनेट मंत्री पदेन सदस्य तथा तीन विशिष्ट आमंत्रित मेहमान सदस्य सम्मिलित हैं।
- इसके अतिरिक्त नीति आयोग में एक प्रशासनिक/संरक्षक परिषद् (Governing Council) के गठन का प्रावधान है, जिसमें सभी राज्यों के मुख्यमंत्री और केंद्रशासित प्रदेशों के उप-राज्यपाल/प्रशासक सम्मिलित होंगे।
- इन प्रशासनिक परिषद् के साथ-साथ विशिष्ट क्षेत्रीय परिषदों (Regional Councils) का गठन क्षेत्रीय आवश्यकता के अनुसार किया जाएगा। प्रधानमंत्री समय-समय पर विशेष क्षेत्रों से संबंधित विद्वानों को नीति आयोग में विशिष्ट आमंत्रित सदस्यों के रूप में मनोनीत करते रहेंगे।

### स्थापना का कारण

- समूचे भारत के भौतिक एवं मानवीय विकास के लिए वर्ष 1950 में योजना आयोग की नींव रखी गई थी, जिसके द्वारा पांच वर्ष के लिए योजना का निर्माण तथा देश के आर्थिक विकास के लिए विशेषज्ञ एवं सलाहकारी संस्था के रूप में स्थापित किया गया था।
- परंतु योजना आयोग देश के विकास के लिए दीर्घकालिक रणनीति का निर्माण नहीं कर सका और विशेषज्ञों के बजाए इसमें सिविल सेवकों की नियुक्ति होने लगी। वर्ष 1990 के बाद भारत में समाजवादी अर्थव्यवस्था के बजाए, उदारीकरण एवं निजीकरण की नीति को स्वीकार किया गया तथा विश्व में भूमंडलीकरण का प्रभाव अत्यधिक बढ़ गया।
- परंतु इस बदलते आर्थिक वातावरण में आयोग कोई वैकल्पिक नीति का निर्माण नहीं कर सका। केंद्रीयकृत नियोजन में योजना निर्माण में राज्यों की भूमिका संघ के अधीनस्थ थी और समूचे भारत के लिए योजना आयोग योजनाओं का निर्माण कर रहा था। इस परिवर्तित परिप्रेक्ष्य में आयोग को भी परिवर्तित करने का प्रयत्न किया गया।

### नीति आयोग की प्रकृति

- नीति आयोग को एक विशेषज्ञ संस्था के रूप में निर्मित किया गया, जिसके द्वारा देश के विकास के लिए 20 वर्षों की लंबे समय की रणनीति का निर्माण किया जा सके, न कि पांच वर्ष के लिए योजना बने। इसके द्वारा **थिंक टैंक** की भूमिका का निर्वाह किया जाएगा।
- आयोग में संघ एवं राज्यों के बीच सहकारिता अथवा सहयोग बढ़ाने के लिए योजना निर्माण में राज्यों को भी समान स्थान दिया गया है, जिससे राज्यों की भूमिका संघ के समान एवं समकक्ष होगी।
- नीति आयोग की शासकीय परिषद् में सभी राज्यों एवं केंद्रशासित क्षेत्रों को समान महत्व प्रदान किया गया है। इसके अतिरिक्त क्षेत्रीय परिषदों का भी गठन किया गया है, जिसमें एक क्षेत्र के भौगोलिक रूप में निकट राज्यों को शामिल किया जाएगा, जिनकी सामाजिक एवं आर्थिक समस्याएं एकसमान हैं।

### विशेषताएं

- भारत समान, विविधतापूर्ण एवं बहुलतावादी देश में पूरे भारत के लिए एक केंद्र से नियोजन करना अत्यधिक कठिन है, क्योंकि अलग-अलग राज्यों की समस्याएं पृथक्-पृथक् हैं।
- राजस्थान राज्य में पेयजल एवं सिंचाई की समस्या है, तो उड़ीसा में आधारभूत संरचना का विकास सबसे बड़ी चुनौती है तथा बिहार, झारखंड अभी भी सामाजिक एवं आर्थिक रूप में पिछड़े हैं। जबकि गुजरात, महाराष्ट्र व पंजाब आर्थिक रूप में समृद्ध हैं।
- इसलिए राज्यों का नियोजन अलग-अलग समस्याओं के अनुसार हल होना चाहिए। नीति आयोग में संघ एवं राज्यों को योजना निर्माण में साझी भूमिका प्रदान की गई है।

# सामाजिक-आर्थिक विकास के उपकरण के रूप में लोकनीति

# PUBLIC POLICY AS AN INSTRUMENT OF SOCIO-ECONOMIC DEVELOPMENT

## आवास

- वर्ष 2015 में सबके लिए आवास उपलब्ध कराने हेतु प्रधानमंत्री आवास योजना मिशन आरंभ किया गया था, जिसे वर्ष 2015 से 2022 तक अमल में लाया जाना है-

**अमृत योजना**

(i) Atal Mission for Rejuvenation and Urban Transformation (AMRUT) की शुरूआत 24 जून, 2015 में की गई।

(ii) इसके अंतर्गत 500 शहरों को रखा गया।

(iii) अमृत योजना में देश की 60 प्रतिशत आबादी को समाहित किया गया है।

- आवास की समस्या दुनिया भर में मौजूद है, लेकिन भारत के ग्रामीण क्षेत्रों में आवास की समस्या अधिक है जबकि संपूर्ण जनसंख्या का लगभग 70 प्रतिशत भाग गांवों में निवास करता है।
- 1987 को संयुक्त राष्ट्र द्वारा आवासहीनों को आवास उपलब्ध कराने वाले वर्ष के रूप में मनाया गया था। इसके तहत प्रत्येक देश में आवास नीति का निर्माण करना था। वर्ष 2000 तक सभी गरीबों को आवास उपलब्ध कराने का लक्ष्य रखा गया।
- संयुक्त राष्ट्र के इस प्रस्ताव के बाद 1992 में राष्ट्रीय आवास नीति संसद में प्रस्तुत की गई 1994 में संसद ने इसका अनुमोदन किया।
- राष्ट्रीय आवास नीति का उद्देश्य विस्थापित व्यक्तियों, निराश्रितों, महिलाओं, अनुसूचित जाति एवं जनजाति तथा आर्थिक रूप से कमजोर व्यक्तियों को आवास उपलब्ध करना है।
- आवास निर्माण हेतु भूमि, वित्त, भवन निर्माण सामग्री तथा तकनीक आदि की सामान्य व्यक्तियों तक पहुंच सुनिश्चित करना।
- नगरीय क्षेत्र की झुग्गी बस्ती आदि का सुधार करना ताकि अधिकतम लोगों को आवास मिल सके।
- पर्यावरण संरक्षण, तकनीकी विकास तथा आवास सूचना प्रणाली आदि को बढ़ावा देना।
- आवास निर्माण हेतु वित्तीय सहायता प्रदान करने हेतु विभिन्न संस्थाओं का निर्माण किया गया जैसे- आवास एवं शहरी विकास निगम, राष्ट्रीय आवास बैंक, जीवन बीमा निगम आदि।
- वर्तमान समय में निजी-सार्वजनिक भागीदारी के द्वारा भी आवास निर्माण किया जा रहा है।

## राष्ट्रीय ग्रामीण स्वास्थ्य मिशन (NRHM)

- ग्रामीण क्षेत्रों में कमजोर वर्गों को बेहतर स्वास्थ्य सुविधा उपलब्ध कराने के लिए 12 अप्रैल, 2005 को राष्ट्रीय ग्रामीण स्वास्थ्य मिशन की शुरूआत की गई।
- राष्ट्रीय ग्रामीण स्वास्थ्य मिशन कमजोर वर्गों को सस्ती व सुलभ स्वास्थ्य सेवाएं प्रदान करता है।
- राष्ट्रीय ग्रामीण स्वास्थ्य मिशन (NRHM) के तहत सभी राज्यों विशेषतः पूर्वोत्तर एवं हिमाचल प्रदेश पर बल प्रदान किया गया है।
- मिशन का जोर विकेंद्रीकृत स्वास्थ्य प्रणाली की स्थापना पर है, ताकि पानी, स्वास्थ्य, शिक्षा व पोषण जैसी सुविधाएं सुनिश्चित की जा सकें।
- राष्ट्रीय ग्रामीण स्वास्थ्य मिशन (NRHM) और राष्ट्रीय शहरी स्वास्थ्य मिशन को एकीकृत कर वर्ष 2013 में राष्ट्रीय स्वास्थ्य मिशन का गठन किया गया।

**कार्यक्रम**

- मिशन के लक्ष्यों को प्राप्त करने हेतु सार्वजनिक स्वास्थ्य वितरण प्रणाली को पूरी तरह कार्यात्मक एवं समुदाय के लिए जवाबदेह बनाना, मानव प्रबंधन, सामुदायिक भागीदारी, मानकों के खिलाफ कठोर निगरानी एवं मूल्यांकन।

**रणनीतियां**

- पंचायती राज संस्थाओं को सार्वजनिक स्वास्थ्य सेवाओं को नियंत्रित व प्रबंधित करने हेतु प्रशिक्षण देना।
- आशा के माध्यम से घर तक बेहतर स्वास्थ्य सुविधा पहुंचाना।

- पंचायत की स्वास्थ्य समिति के माध्यम से प्रत्येक गांव के लिए स्वास्थ्य योजना का निर्माण।
- मौजूदा PHCs व CHCs को मजबूत करना।
- सार्वजनिक स्वास्थ्य प्रबंधन हेतु राष्ट्रीय, राज्य व जिला स्वास्थ्य मिशनों को तकनीकी सहायता प्रदान करना।
- गैर लाभकारी क्षेत्र, को बढ़ावा देना, विशेषत: कम सेवा वाले क्षेत्र में।
- उचित लागत पर नागरिकों को गुणवत्तापूर्ण सेवा उपलब्ध कराने के लिए अनौपचारिक ग्रामीण चिकित्सकों सहित निजी क्षेत्र का विनियमन।
- मुख्यधारा-आयुष व स्थानीय स्वास्थ्य परंपरा का पुनरूद्धार।

### संस्थागत तंत्र

- ग्राम स्वास्थ्य व स्वच्छता समिति।
- सार्वजनिक अस्पतालों के सामुदायिक प्रबंधन हेतु लोक कल्याण समिति।
- राष्ट्रीय व राज्य स्तर पर स्वास्थ्य व परिवार कल्याण विभागों का एकीकरण।
- चयनित कार्य के लिए समूह।
- प्रमुख कार्यक्रम इस प्रकार हैं-आयुष्मान भारत, मिशन इंद्रधनुष, भारत नवजात शिशु कार्यक्रम एवं प्रधानमंत्री सुरक्षित मातृत्व अभियान।

## पेयजल

- पेयजल आपूर्ति राज्य का विषय है और इसे संविधान की 11वीं अनुसूची में ऐसे विषय में रखा गया है, जो राज्य द्वारा पंचायतों को सौंपे जा सकते हैं।
- पेयजल आपूर्ति क्षेत्र में भारत सरकार ने बड़ा कार्यक्रम 1972-73 में त्वरित ग्रामीण जलापूर्ति कार्यक्रम के रूप में शुरू किया गया था।
- वर्ष 1991 में इसे राजीव गांधी राष्ट्रीय पेयजल आपूर्ति मिशन का नया नाम दिया गया।
- वर्ष 1999-2000 में पेयजल कार्यक्रमों के आयोजन, कार्यान्वयन व प्रबंधन में सामुदायिक भागीदारी को शामिल किया गया।
- वर्ष 2002 में स्वजलधारा कार्यक्रम को संचालित किया गया तथा वर्ष 2009 में इसे राष्ट्रीय ग्रामीण जलापूर्ति कार्यक्रम का नाम दिया गया।
- पेयजल मानव की बुनियादी आवश्यकता में प्रमुख है। जल जीवन का आधार है। स्वच्छ जल अनेक बीमारियों से बचने में मदद करता है, इसी को ध्यान में रखते हुए सरकार द्वारा लोगों को स्वच्छ पानी उपलब्ध कराने का प्रयास किया जा रहा है।
- सरकार द्वारा पेयजल उपलब्ध कराने व उसके संभरण के लिए अनेक योजनाएं लागू की गई हैं। राष्ट्रीय पेयजल मिशन के अंतर्गत कई कार्यक्रम संचालित हो रहे हैं जिनका उद्देश्य निम्नलिखित होता है-
  (i) पेयजल की एक स्रोत पर अत्यधिक निर्भरता को कम करना।
  (ii) परंपरागत जल संरचनाओं को पुनर्जीवित करना।
  (iii) ग्रामीण स्कूलों में पेयजल शुद्धिकरण हेतु पेयजल आपूर्ति गाइडलाइन के साथ जल गुणवत्ता मॉनिटरिंग व निगरानी।
  (iv) पेयजल परीक्षण हेतु जिला एवं विकासखंड स्तर पर जल परीक्षण प्रयोगशाला स्थापित कराना।
  (v) जल संवर्धन संबंधी सभी कार्यक्रमों को ग्राम स्तर पर समन्वित करना।
  (vi) जल बजटिंग, ग्राम जल सुरक्षा योजना।

## खाद्य सुरक्षा

- खाद्य सुरक्षा को बेहतर बनाने हेतु सार्वजनिक वितरण प्रणाली को कंप्यूटरीकृत किया जा रहा है।
- राष्ट्रीय खाद्य सुरक्षा नियम लागू होने के बाद यह और जरूरी हो गया था।
- लक्षित सार्वजनिक वितरण प्रणाली के माध्यम से वितरित किए जाने वाले अनाज की कीमत कम होती है, जिसे वर्ष 2019 तक बढ़ा दिया गया है।
- पारदर्शी पोर्टल, ऑनलाइन शिकायत पंजीकरण टोल फ्री नं. लागू करके टी.पी.डी.एस. (Targeted Public Distribution System (TPDS)) के कार्यान्वयन में पारदर्शिता लाने का कार्य किया गया है।

### अन्य योजनाएं

#### (i) मिड-डे मील

- सरकारी या सहायता प्राप्त स्कूलों के प्राथमिक व उच्च प्राथमिक कक्षा के विद्यार्थियों को प्रतिदिन क्रमश: 100 ग्राम व 150 ग्राम अनाज की आपूर्ति की जाती है।
- इसके अंतर्गत् विद्यार्थियों को प्रतिदिन पका हुआ भोजन प्रदान किया जाता है।

#### (ii) किशोरियों के लिए योजना

- सबला योजना के तहत् 11 वर्ष से 18 वर्ष की उम्र की लड़कियों की पौष्टिकता व स्वास्थ्य की स्थिति में सुधार

लाकर तथा उनके लिए उपयोगी विभिन्न कौशलों को उन्नत बनाकर उन्हें सशक्त बनाना है।

- इसके अंतर्गत् 100 ग्राम प्रतिदिन आहार देने को कहा गया है।

(iii) **अन्नपूर्णा योजना**

- इसके अंतर्गत् राष्ट्रीय वृद्धावस्था पेंशन नहीं पाने वाले 65 वर्ष से अधिक आयु वाले वरिष्ठ नागरिकों को 10 किलोग्राम निःशुल्क अनाज दिया जाता है।

(iv) **वेयर हाउस का विकास व भंडारण क्षमता में वृद्धि द्वारा खाद्य सुरक्षा के प्रभावी लक्ष्य को प्राप्त किया जा सकता है।**

- वह देश जहां जनसंख्या का एक बड़ा भाग गरीबी रेखा से नीचे जीवन यापन करता हो, वहां खाद्य सुरक्षा उपलब्ध करवाना एक महत्वपूर्ण जिम्मेदारी बन जाती है।
- खाद्यान्नों की पर्याप्त उत्पादकता के बावजूद कुषोषण एक गंभीर समस्या बनी हुई है।
- खाद्य सुरक्षा के प्रति भारत की संवैधानिक के साथ-साथ अंतर्राष्ट्रीय प्रतिबद्धता है।
- सर्वोच्च न्यायालय ने भी अनुच्छेद 21 के तहत भोजन को मौलिक अधिकार की संज्ञा दी।
- वर्ष 2000 में गठित अभिजीत सेन समिति ने PDS को लक्षित करने के बजाए सार्वभौमिक करने की सलाह दी।
- वर्ष 2006 में स्वामीनाथन कमेटी ने पोषण सुरक्षा प्रणाली विकसित करने का सुझाव दिया।
- पोषकता पर्याप्तता व पहुंच खाद्य सुरक्षा के महत्वपूर्ण घटक हैं।

## खाद्य सुरक्षा नीति, 2013

- प्रत्येक व्यक्ति को 5 किग्रा. अनाज उपलब्ध कराया जाएगा। चावल 3रू किलो व गेहूं 3रू किलो मोटा अनाज 1रू।
- इसके तहत 75 प्रतिशत ग्रामीण आबादी व 50 प्रतिशत शहरी आबादी सहित देश की 67 प्रतिशत आबादी की खाद्य सुरक्षा सुनिश्चित की।
- इस अध्यादेश के तहत एपीएल, बीपीएल, या प्राथमिकता समूह और सामान्य समूह के वर्गीकरण को नकार दिया गया।
- इस अधिनियम में महिलाओं व बच्चों के पोषण पर भी ध्यान दिया गया। मातृत्व लाभ के रूप में 6000 रू दिया जाएगा।
- यह अनिधियम बेघर लोगों के लिए सामुदायिक रसोई के प्रावधान को सम्मिलित करता है।
- प्रत्येक राज्य सरकार, इसकी निगरानी हेतु जिला एवं ब्लॉक स्तर पर निगरानी समिति का निर्माण करेगी।

## मनरेगा

(Mahatma Gandhi National Rural Employment Guarantee Act 2005)

- राष्ट्रीय ग्रामीण रोजगार गारंटी योजना (नरेगा) भारत सरकार का फ्लैगशिप प्रोग्राम है, जो ग्रामीण विकास मंत्रालय द्वारा कार्यान्वित किया जा रहा है।
- यह 2004 में संयुक्त प्रगतिशील गठबंधन (संप्रग) सरकार के राष्ट्रीय न्यूनतम कार्यक्रम का अंग था। यह कार्यक्रम सीधा निर्धनों के जीवन को छूता है और सर्वसमावेशी विकास (इन्क्ल्यूसिव ग्रोथ) को प्रोत्साहित करता है।
- यह ग्रामीण क्षेत्रों में परिवारों को जीवनयापन की सुरक्षा प्रदान करता है, क्योंकि इसके जरिये एक वित्तीय वर्ष में प्रत्येक परिवार को कम से कम 100 दिन के लिए मजदूरी पर रोजगार की गारंटी प्रदान की जाती है, जिसमें परिवार के वयस्क सदस्य (18 वर्ष से अधिक आयु के) अकुशल शारीरिक श्रम के लिए अपनी इच्छा से शामिल होते हैं।
- यह कार्यक्रम रोजगार गारंटी योजना के पैटर्न पर चलाया गया है। भारत में नरेगा तीन चरणों में लागू किया गया। प्रथम चरण 2 फरवरी, 2006 को 200 जिलों में प्रारंभ किया गया था। ये देश के सबसे पिछड़े जिले थे। 2007-08 में यह दूसरे चरण में देश के 274 अतिरिक्त ग्रामीण जिलों में फैलाया गया। इस प्रकार अब यह भारत के कुल 604 जिलों में लागू कर दिया गया है।
- अब इसका नाम महात्मा गांधी राष्ट्रीय ग्रामीण रोजगार गारंटी (मनरेगा) कार्यक्रम कर दिया गया है। यह विश्व में मजदूरी पर रोजगार की गारंटी प्रदान करने वाला सबसे बड़ा कार्यक्रम माना गया है। इसका प्राथमिक उद्देश्य तो मजदूरी पर रोजगार प्रदान करना है, लेकिन इसके सहायक उद्देश्य में प्राकृतिक साधनों के प्रबंध को सुदृढ़ करना माना गया है।
- नरेगा को लागू करने में प्रसिद्ध आर्थिक चिंतक एवं सक्रिय सामाजिक कार्यकर्ता ज्यां द्रेज एवं अरूणा रॉय जैसी विचारकों का अहम योगदान रहा है।
- इसमें केंद्र सरकार द्वारा 90 प्रतिशत रोजगार प्रदत्त किया जाता है।
- इसमें नियमानुसार ठेकेदारों एवं मशीनरी का उपयोग वर्जित होता है, क्योंकि इसमें श्रम आधारित कार्यों पर ही जोर दिया जाता है।
- अधिनियम में स्त्रियों की एक-तिहाई भागीदारी अनिवार्य मानी गई है।
- मनरेगा की वार्षिक प्रगति का विवरण केंद्रीय सरकार को

संसद में तथा राज्य सरकार को विधानसभा में पेश करना होता है।

- संसद द्वारा वर्ष 2005 में राष्ट्रीय ग्रामीण रोजगार गारंटी अधिनियम 2004 पारित किया गया।
- इसकी शुरूआत वर्ष 2006 में आंध्र प्रदेश के बंदापालि से हुई।
- अप्रैल 2008 से इसे पूरे देश में लागू कर दिया गया।
- यह न्यूनतम 100 दिन रोजगार की गारंटी प्रदान करता है।

### मनरेगा की विशेषताएं

- समावेशी विकास को ध्यान में रखते हुए इसमें 1/3 हिस्सा महिला श्रमिकों का रखा गया।
- इसमें अकुशल श्रमिकों के लिए शारीरिक श्रम की प्रकृति वाले रोजगार उपलब्ध कराए गए।
- इसके तहत रोजगार रोजगार प्राप्त करने के इच्छुक व्यक्ति को आवेदन करना होता है।
- आवेदन के 15 दिन के अंदर रोजगार उपलब्ध कराना होता है।

### मनरेगा के परिणाम एवं प्रभाव

- मनरेगा से सबसे बड़ा लाभ यह हुआ है कि इसकी वजह से गांवों से शहरों की तरफ श्रम शक्ति का पलायन कम होने लगा है। **मनरेगा के अन्य परिणाम निम्न प्रकार हैं**-
  (i) मनरेगा से गांवों में परिसंपत्ति के निर्माण में मदद मिली है।
  (ii) मनरेगा ने ग्रामीण श्रमिकों में आत्मविश्वास की भावना को जगाया है, और उन्हें अपने पैरों पर खड़ा होने का अवसर प्रदान किया है।
  (iii) मनरेगा के परिणामस्वरूप गांवों में मजदूरी का स्तर ऊंचा हुआ है। इससे उनके उपयोग का स्तर बढ़ा है तथा न्यूनतम मजदूरी के क्रियान्वयन को बल मिला है।
  (iv) श्रमिकों को कच्चे घरों, अशिक्षा एवं अंधेरे से बाहर उजाले में आने का अवसर दिखाई देने लगा है, और कालांतर में वे भी समाज की मुख्यधारा में जुड़ कर अपनी राजनीतिक एवं सामाजिक सामर्थ्य बढ़ाने की स्थिति में आ रहे हैं।

## मनरेगा के क्रियान्वयन में कमियां

- ग्रामीण रोजगार की गारंटी स्कीम को कार्यकुशल ढंग से लागू करने के लिए विशाल मात्रा में वित्तीय साधनों, कुशल प्रबंधन, उचित नियोजन एवं श्रमिकों के पर्याप्त सहयोग की आवश्यकता है।
- भारत में अभी तक इन सुविधाओं का काफी सीमा तक अभाव पाया गया है। इसलिए मनरेगा के क्रियान्वयन में **निम्न कमियां पाई गई हैं**-
  (i) जिस प्रकार पहले के अकाल राहत कार्यों में झूठे 'मस्टर रोल' की समस्या पाई जाती थी उसी प्रकार के मामले कुछ स्थानों पर आज भी देखने को मिलते हैं।
  (ii) महिलाओं के लिए काम के स्थानों पर बच्चों की देखभाल, जल, विश्राम, आवश्यक दवा आदि की व्यवस्था का अभाव पाया जाता है।
  (iii) मनरेगा के क्रियान्वयन के लिए कार्यक्रमों के चुनाव, कार्यस्थल के प्रबंधन, भुगतान की प्रक्रियाओं एवं रिकॉर्ड रखने आदि के संबंध में केंद्रीय सरकार के द्वारा जारी किए गए दिशा-निर्देशों का व्यवहार में पूरी तरह परिपालन नहीं किया जाता है। इनके संबंध में अनियमितताएं दिखाई देती है।
  (iv) केंद्रीय रोजगार गारंटी परिषद राष्ट्रीय स्तर पर मनरेगा की स्वतंत्र जांच रिपोर्ट तैयार नहीं करती है। ये निगरानी संस्थाएं पूरी तरह से सक्रिय एवं सचेष्ट नहीं पाई गई हैं। इस प्रकार संपूर्ण मनरेगा प्रणाली अनेक प्रकार के दोषों से ग्रस्त है। और इसी बजट से इसकी उपादेयता एवं भावी सफलता कई लोगों को संदिग्ध प्रतीत होती है।

## मनरेगा के प्रभावी क्रियान्वयन के लिए सरकारी प्रयास

- मनरेगा रोजगार की वैधानिक गारंटी देने वाला सार्वजनिक क्षेत्र का विश्व सबसे बड़ा कार्यक्रम है। इसलिए इसका सफल क्रियान्वयन बहुत बड़ी चुनौती है।
- इसके लिए कई शासकीय प्रयास किए गए हैं। इसके प्रभावी क्रियान्वयन हेतु किए गए **कुछ प्रमुख प्रयास निम्नलिखित हैं**-
  (i) मनरेगा में होने वाले कार्यों एवं लेखा जोखा का सामाजिक अंकेक्षण किए जाने का प्रावधान है।
  (ii) समाज के प्रमुख नागरिकों को जिलेवार क्रियान्वयन की समीक्षा का काम सौंपा जा रहा है।
  (iii) अकुशल श्रमिकों की प्रत्याशित मांग का श्रम बजट तैयार किया जा रहा है।
  (iv) मनरेगा की व्यवस्था को सुचारू रूप से चलाने के लिए सहायक कार्मिक नियुक्त किए जाएगें।

### निष्कर्ष

- इस प्रकार मनरेगा वह अमोघ अस्त्र है जो ग्रामीण जीवन में आमूलचूल परिवर्तन करने की क्षमता रखता है। इसे यूपीए सरकार का 'मुकुटमणि' भी कहा जाता है। इससे

कहीं न कहीं सरकार को राजनीतिक लाभ भी मिला है। पर इसमें व्याप्त भ्रष्टाचार के साथ-साथ कई अन्य पहलू हैं जिस वजह से इसका जितना लाभ समाज के सभी वर्गों को मिलना चाहिए, वह लाभ उपरोक्त कमियों के कारण नहीं मिल पाया है।

## शिक्षा का अधिकार

- शिक्षा के अधिकार को संविधान के अनुच्छेद-21(a) के तहत् मूल अधिकार की श्रेणी में रखा गया है।
- इसके अंतर्गत पुस्तकें व यूनीफार्म भी प्रदान की जाती है।
- सर्व शिक्षा अभियान के तहत् समावेशी शिक्षा पर बल दिया गया है।
- सर्व शिक्षा अभियान के अंतर्गत् शिक्षकों के प्रशिक्षण पर बल दिया गया।
- प्रधानाध्यापकों को प्रबंधकीय कौशल प्रशिक्षण के अंतर्गत् 10 दिन का प्रशिक्षण दिया जाता है।
- शिक्षा के अधिकार के तहत् आधारभूत ढांचे के विकास पर भी बल प्रदान किया गया है।
- कंप्यूटर शिक्षा को बढ़ावा दिया जा रहा है तथा मॉडल स्कूलों का निर्माण कराया जा रहा है।

### शिक्षा का कानून 2009

- शिक्षा का अधिकार कानून 6-14 वर्ष के प्रत्येक बच्चे को मुफ्त व अनिवार्य शिक्षा प्राप्त करने का अधिकार देता है।
- इसे 86वें संविधान संशोधन द्वारा प्रभावी बनाया गया।
- सरकारी स्कूल सभी बच्चों को मुफ्त शिक्षा उपलब्ध कराएंगे।
- स्कूल का प्रबंधन, प्रबंध समिति द्वारा किया जाएगा।
- निजी स्कूल न्यूनतम 25 प्रतिशत बच्चों को मुफ्त शिक्षा देंगे।

### विधेयक का महत्व

- इसमें निःशुल्क और अनिवार्य प्रारंभिक एवं माध्यमिक शिक्षा का कानूनी प्रावधान है।
- प्रत्येक इलाके में एक स्कूल का प्रावधान है।
- 6-14 वर्ष के किसी भी बच्चे को नौकरी पर नहीं रखने का प्रावधान है।
- इसके तहत परिवार को लाभकर्ता ईकाई माना जाता है।
- परियोजना लागत में 90 प्रतिशत हिस्सेदारी केंद्र की एवं 10 प्रतिशत राज्य की होती है।

### उपलब्धियां

- मनरेगा ग्रामीण क्षेत्रों में रोजगार की वैधानिक गारंटी प्रदान करता है।
- यह वित्तीय समावेशन को बढ़ावा देता है।
- यह वंचित वर्गों के आर्थिक सशक्तिकरण का माध्यम है।
- यह अनुसूचित जाति एवं जनजातियों हेतु रोजगार के अवसर उपलब्ध कराता है।

### समस्याएं

- मनरेगा में व्यापक भ्रष्टाचार व फर्जीवाड़ों ने इसके लाभ को सीमित किया।
- बैंक व डाकघर में खाते भुगतान को विलंबित करते हैं।
- ठेकेदारों की मनमानी से मजदूरों की उपलब्धता प्रभावित होती है।
- फंड की उपलब्धता को लेकर भी समस्याएं रही है।

## जनसुनवाई

- जनसामान्य की विभिन्न विभागों से संबंधित शिकायतों की वरिष्ठ अधिकारियों द्वारा एकीकृत रूप से निगरानी एवं उनके समाधान के संदर्भ में निर्देश दिया जाता है।

  **जो इस प्रकार है-**

  (i) इसके द्वारा समस्या का त्वरित समाधान किया जाता है।

  (ii) यह सुशासन की अवधारणा को मजबूत बनाने का एक प्रभावी कदम है।

  (iii) वर्तमान सूचना प्रौद्योगिकी के युग में लोक शिकायतों के बेहतर समाधान हेतु जनसुनवाई पोर्टल का विकास किया गया है।

  (iv) जनसुनवाई पोर्टल पर शिकायत दर्ज कराने के बाद शिकायतकर्ता को उसके द्वारा दर्ज कराए गए मोबाइल नंबर पर समस्या की निगरानी हेतु विशेष पहचान संख्या प्रदान की जाती है, जिसके माध्यम से शिकायत की प्रभावी निगरानी संभव हो पाती है।

  (v) जनसुनवाई, जनसहभागिता तथा लोकतंत्र में विश्वास बढ़ाने का एक बेहतर विकल्प है।

## सामाजिक अंकेक्षण (Social Audit)

- पंचायती राज में भ्रष्टाचार को नियंत्रित करने और पारदर्शिता बनाए रखने के लिए सामाजिक अंकेक्षण का प्रयोग किया जा रहा है, जिसके द्वारा पंचायतों के द्वारा किए गए कार्यों और उनके द्वारा खर्च पैसे की जांच और उस पर चर्चा ग्राम सभा में आयोजित की जाएगी।
- यह परिचर्चा और जांच आम ग्रामीण लोगों के द्वारा स्थानीय भाषा में होगी तथा इसमें किए गए खर्च को नोटिस बोर्ड पर भी लगाया जाएगा। सामाजिक अंकेक्षण के दौरान पंचायत के सभी सदस्य एवं सभी कर्मचारी उपस्थित

होंगे तथा ग्राम सभा के द्वारा ग्रामीण लोगों और श्रमिकों को इसकी पूर्व सूचना दी जाएगी, जिससे वे इस बैठक में भाग ले सकें।

- इसमें पंचायतों के द्वारा किए गए खर्च की कैश बुक, बैंक के दस्तावेज और अन्य व्यक्ति के रिकॉर्ड की जांच होगी तथा पंचायतों के द्वारा खर्च किए गए पैसे की रसीद और अन्य दस्तावेज ग्राम सभा के समक्ष प्रस्तुत किए जाएंगे।
- ग्राम सभा द्वारा ग्रामीणों के मस्टर रोल (Muster Roll) में अंकित नाम, उनको दिए गए पैसे तथा रोजगार के आंकड़ों की बाकायदा जांच की जाएगी। पंचायतों के द्वारा किए गए कार्य का मौके पर मुआयना किया जाएगा तथा उस कार्य की गुणवत्ता की भी जांच होगी। इसके द्वारा पंचायतों को जनकेंद्रित बनाने का प्रयत्न किया जा रहा है।

# महत्त्वपूर्ण पुस्तकें

A. Gramsci, *Selections from the Prison Notebooks*, (1971).
A. Maclntyre , After Virtue, (1984), *Whose Justice? Which Rationality*, (1988).
Adams Raymond , *Studies in Philology*, (1945).
Amartya K. Sen, *Liberty, Unanimity and Rights*,(1982), *Choice, Welfare and Measurement*, (1982), *Goals, Commitment, and Identity*, (1985), *Inequality Reexamined*,(1992), *Development as Freedom*, (1999).
Amsden, Alice H., *The Rise of the Rest*, (2001).
Arendt, Hannah, *The Human Condition*, (1958), *What was Political Authority*, (1958), *On Violence*, (1970).
Arneil, Barbara, *Politics and Feminism*, (1999).
Arora, Balveer and Douglas V. Verney, *Multiple Identities in a Single State.*
Austin, Granville S., *The Indian Constitution: Cornerstone of a Nation.*
Austin, Granville,*The Supreme Court and the Struggle for Custody of the Constitution,* (2004).
Bardhan, Pranab, *The Political Economy of Development In India,* (1984).
Barry, Brian,*Theories of Justice*, (1989), *Culture and Equality: An Egalitarian.*
Baruah, Sanjib, *Durable Disorder: Understanding the Politics of North-East India,* (2005).
Baxi, Upendra ,*The Avatars of Indian Judicial Activism: Exploration in the Geographies of (In). Justice,* (2003).
Baxi, Upendra, *Courage, Craft and Contention: The Indian Supreme Court in the Eighties,* (1985).
Baxi, Upendra, *Taking Suffering Seriously: Social Action Litigation,* (1987).
Bell, D., *A Communitarian Critique of Authoritarianism,* (1995).,
Bell, Denial, *The End of Ideology*, (1960), *The Coming of Post-Industrial Society*, (1973), *The Cultural Contradictions of Capitalism*, (1976).
Berlin, Isaiah, *Four Essays on Liberty*, (1969), *Freedom and its Betrayal*, (2002).
Beteille, Andre,*The Problem, posed for a special issue on Reservation*, (1981).
Bhagwati, P. N., *Social Action Litigation: The Indian Experience*, (1987).
Bhargava, Rajeev, *What is political Theory and Why do we Need it ?,* (2010).
Bhatnagar, S. C., *E-governance: Opportunities and Challenges*, (1999).
Bhushan, *Prashant, Public Interest Litigation: Supreme Court in the Era of Liberalization*, (2007).
Blechman, Barry & Stephen Kaplan ,*Force without War*, (1978).
Bottomore, T. B., *Elites and Society*, (1964).
Braudel, Fernand, *The Identity for France*, (1988-1990).
Brecher, M., *Nehru: A Political Biography,* (1959).
Brecher, *Michael, Political Succession in India*, (1966).
Buchanan, J. M., *The Limits of Liberty: Between Anarchy and Leviathan, (*1975).
Calhoun, C., *Social Theory and the Political of Identity*, (1994), *New Social Movement of the Early Nineteenth Century*, (1993).
Caney, S., *Liberalism and Communitarianism: A Misconceived Debate*, (1992).
Carson, Rachel, *Silent Spring*, (1965).,
Chopra, Vir K., *The Mirage of Good Governance*, (1996).
Cohen, Elizabeth, *Semi-citizenship in Democratic politics*, (2009).
Cohen, Joshua Howard Matthew, & Martha C. Nussbaum , *Is Multiculturalism bad for Women?,* (1999).
*Comparative Analysis*, (2003).
*Conflict from 1500-2000*, (1987).
*Critique of Multiculturalism*, (2001).
Dasgupta, P., *An Enquiry into Well Being and Destitution*, (1993).
De Beauvoir Simone, *The Second Sex*, (1949, 1989).

Derrida, J., *Writing and Difference*, (1978).
Dhawan, Rajeev, *Governance by judiciary: Into the Next Millennium*, (2007).,
Dobson, Andrew, *Ecological Politics in the Age of Risk*, (1995*), Green Political*
Douglas, Eugene Smith, *India as a Secular State*, (1963).
Dreeze, J., & Amartya K. Sen, *India: Economic Development and Social Opportunity*, (2002).
Dunn, John, *Modern Revolutions: An Introduction to the Analysis of a Political Phenomenon*, (1989).
Dworkin, Ronald, *Taking Rights Seriously*, (1977),*What is Equality? Part- 2: Equality*
Easton, David, *An Analysis of Political Structure*, (1990).
Eulau, Heinz, *Behaviouralism in Political Science*, (1969).
Fernandes, *Leela , India's New Middle Class: Democratic Politics in an Era of Economic Reform*, (2006).
Foucault, Michel, *The History of Sexuality: An Introduction*, (1978).
Francis, Fukuyama , *Social Capital and Civil Society*, (1999).
Frank, Andre Gunder, *Capitalism and Underdevelopment in Latin America: Historical Studies in Chile and Brazil,* (1967).
Frazer, E., *The problems of Communitarian Politics*, (1999).
Friedman, T. , *The Lexus and the Olive Tree*, (1999).
Gallaher, Carolyn, et al. , *Key Concepts in Political Geography*, (2009).
Gandhi, M. K., *Hind Swaraj and Other Writings*, (1909).
Ghali, Boutros Boutros, *An Agenda for Peace*, (1992).
Gidden, Anthony, *A Contemporary Critique of Historical Materialism*, (1981).
Gidden, Anthony, *Modernity and Self-identity: Self and Society in the Late Modern Age,* (1991).
Gilpi, Robert, *War and Change in World Politics*, (1981).
Gilpin, Robert, *U.S. Power and the Multinational Corporation: The Political Economy*
Goldmann, Kjell, *Transforming the European Nation-State: Dynamics of Internationalisation,* (2001).
Goldsmith, Edward, *A Blueprint for Survival*, (1972).
Goldstein, Joshua S. , *Long Cycles: Prosperity and War in the Modern Age*, (1988).
Goldstone, A. Jack, *Review: Theories of Revolution: The Third Generation*, (1980), *Revolution and Rebellion in the Early Modern World*, (1991).
Goodwin, Jeff & Theda Skocpol, *Explaining Revolutions in the Contemporary Third*
Gordon, Lincoln, *Libertarianism at Bay, the American Economic Review*, (1949).
Green, T. H., *Lectures on Principle of Political Obligation*, (1986).
Guha, Ramchandra, *India after Gandhi: The History of the World's Largest Democracy,* (2007).
Hayek , F. A., *The Road to Serfdom*, (1944).
Haywood, *Andrew, Political Theory*, (2009).
Hekman, Susan J., *Gender and Knowledge: Elements of a Postmodern Feminism*, (1990), *Identity Crises: Identity, Identity Politics, and Beyond,* (1999).
Held , David, *Democracy and Global Order: From the Modern State to Cosmopolitan Governance,* (1995), *Political Theory and the Modern State,* (1998), *Political Theory*
Held, David & A. McGrew , *Globalization/Ant globalization,* (2002).
Hobsbawm, Eric, *Globalization, Democracy and Terrorism*, (2007), *On Empire,* (2008).
Hollinger, David, *Post ethnic America: Beyond Multiculturalism*, (1995).
Huntington, P. Samuel, *Political Order in Changing Societies*, (1968).
Ikenberry, G. John, *What States Can Do Now,* (2003), *Indian Federalism in a Comparative Perspective*, (1995). *Indian Politics*, (2003).
Jaffrelot, Christophe, *India's Silent Revolution: The Rise of Low Castes on North* (1957).
Jonathan Kirshner, Currency and Coercion: The Political Economy of International
Jones-Morris ,W. H., *Politics Mainly Indian*, (1964).
Jones-Morris, W. H., *Government and Politics of India*, (1964).
Joseph, Sarah, *Political Theory and Power*, (1988).
Jurgen , Habermas, *The Inclusion of the Other: Studies in Political Theory*, (1998).
Kaplan, E. Ann & Michael Sprinker, *The Althusserian Legacy*, (1993).
Keane, John, *Reflections on Violence,* (1996).

Kennedy, Paul, *The Rise and fall of the Great Powers*, (1987).
Kennedy, Paul, *The Rise and fall of the Great powers: Economic Change and Military*
Khan, Rasheeduddin, *Federal India: A Design for Change*, (1992).
Kindleberger, Charles P., *The World in Depression*, (1973).
Knorr, Klaus , *The War Potential of Nations*, (1956).
Kochanek, Stanley, *The Congress Party of India: The Dynamics of One-Party Democracy,* (1968).
Kohli, Atul, *The success of India's Democracy*, (2001).
Kothori, Rajni, *Congress System in India,* Asian Survey, (1974).
Kuhn, Thomas S., *The Structure of Scientific Revolutions,* (1970).
Kumar, Niraj, *The Role of the State in Development Process: A Study of the South Korean Experience*, (2004).
Kymlicka, W., *Multicultural Citizenship: A Liberal Theory of Minority Rights*, (1995).
Lasswell, Harold & Abraham Kaplan, *Power and Society*, (1950).
Lipset, Seymour Martin, *Political Man*, (1963).
Majeed, Akhtar, *Federalism within the Union: Distribution of Responsibilities in the Indian System*, (2004).
Malick, *Rose, Development Policy of a Communist Government: West Bengal Since 1977* (1993).
Marshall, T. H., *Citizenship and Social Class and Other Essays*, (1950), *Sociology at*
Mason, Andrew, *Ideals of Equality*, (1998).
Mastanduno, Michael, *System Maker, Privilege Taker*, (2009).
Matthew, Kramer, *Rights, Wrongs and Responsibilities*, (2001).
Miller, Arthur, *Political Issues and Trust in Government: 1964-1970*, (1974).
Miller, David & Micheal Walzer, *Pluralism, Justice, and Equality*, (1995).
Miller, David the Blackwell, *Encyclopedia of Political Thought*, (1987).
Millett, Kate, *Sexual Politics*, (1970).
Mills , C. W., *The Power Elite*, (1956).
Misra, B. B., *The Indian Middle Classes: Their Growth in Modern Time,* (1961).
Monetary Power, (1995).
Nanda , B. R., *The Nehru's: Motilal and Jawaharlal*, (1962).
Narayan, Jayaprakash, *Towards Total Revolution*, (1978).
Norris, Christopher, *Deconstruction: Theory and Practice,* (1982), *Deconstruction and the Interests of Theory,* (1988).
Oakeshott , M., *Introduction to Hobbes*, (1946).
*of Foreign Direct Investment*, (1975).
*of India,* (2007).
*of Welfare,* (1981), *Sovereign Virtue: The Theory and Practice of Equality*, (2000), *Equality, Luck and Hierarchy*, (2003).
Ole R. Holsti, Randolph M. Siverson,& Alexander L. George, *Change in the International System*, (1980).
Otsuka, Michael, *Libertarianism without Inequality*, (2003).
Palmer, Norman D., *Elections and Political Development: The South Asian Experience,*
Pateman, Carole, *Participation and Democratic Theory*, (1976), *The problem of Political Obligation,* (1979), *The Problem of Political Obligation: A Critical Analysis of Liberal Theory*, (1985), *The Sexual Contract*, (1988).
Poultantzas , N., *State, Power and Socialism,* (1978).
Pyle , M. V., *Constitutional Amendment in India*, (2003).
Quentin Skinner, *The Foundations of Modern Political Thought*, (1978), *Machiavelli on the Maintenance of Liberty*, (1983), *The Idea of Negative Liberty*, (1984), *The Paradoxes of Political Liberty,* (1985), *Thomas Hobbes on the Proper Signification of Liberty*, (1990).
Raphael , D. D., *Problems in Political Philosophy,* (1970).
Rawls , John, *A Theory of Justice,* (1971), *Political Liberalism*, (1996).
Raz, Joseph, *The Authority of Law,* (1979), *The Morality of Freedom*, (1986).
*Republic and the Unencumbered Self,* (1984), *The Political Theory of the Procedural*
*Republic*, (1988), *Moral Argument and Liberal Toleration: Abortion and Homosexuality*, (1989).
Robert Heilbroner, *An Inquiry into the Human Prospect,* (1974).
Roche , M., *Rethinking Citizenship*, (1992).
Rod, Aya, *Theories of Revolution Reconsidered: Contrasting Models of Collective*

Sandel, J. Michael, *Democracy's Discontent: America in Search of a Public Philosophy*, (1996), *Liberalism and Republicanism: Friends or Foes? A Reply to Richard Dagger*, (1999).
Sandel, J. Michael, *Liberalism and the Limits of Justice*, (1982), *The Procedural*
Sartory, Giovanni, *Democratic Theory*, (1965).
Savarkar, V. D., *Essentials of Hindutva, Samagra Savarkar Vangmaya,* (1964), *Indian Wars of Independence-1857,* (1970), *My Transportation for Life*, (1984).
Schlesinger, Arthur, Jr., *The Disuniting of America*, (1991).
Schwarzmantel , John, *Ideology and Politics*, (2008).
Sen, Anupam, *The State, Industrialization and Class Formation and Institutional Change,* (1982).
Sen, Sarbani ,*Popular Sovereignty and Democratic Transformation: The Constitution*
Sibley, *The Political Theories of Modern Pacifism: An Analysis and Criticism,* (1944).
Siddiqa-Agha, A., *Pakistan's Arms Procurement and Military Buildup,* 1979-99.
Simmons, John A., *Justification and Legitimacy: Essay on Rights and Obligations,* (2001).
Singh, Jasvir, *Regulation, Institutions and the Law,* (2007).
Singh, M. P., & Rekha Saxena, *Indian Politics: Contemporary Issues and Concerns,* (2008).
Singh, M. P., & Rekha Saxena , *Ideologies and Institutions in India Politics,* (1998).
Singh, M. P., *The Impact of Global and Regional Integration on Federal Systems: A*
Somit, Albert &Tanenhaus Joseph, *The Development of American Political Science: From Burgess to Behaviouralism*, (1968).
Spellman, W.M., *A Concise History of the World since 1945*, (2007).
Spiro , Peter J., *Beyond Citizenship: American Identity after Globalization*, (2008).
Stanford Levinson, *Wrestling with Diversity*, (2003).
Stanley, John, *Equality of Opportunity as Philosophy and Ideology*, (1977).
Strauss , Levi, *The Raw and the Cooked*, (1969).
Sullivan , Noel, *Political Theory in Transition*, (2000).
Suzumura, Kotaro, *Alternative Approaches to Libertarian Rights in the Theory of Social Choice,* (1991).
Taylor, Charles, *Philosophy and the Human Science*, (1985), *Sources of the Self,* (1989), *The Politics of Recognition*, (1992).
*the Cross Roads*, (1963), *The Right to Welfare and Other Essays*, (1981).
Theda, Skocpol, *Social Revolution and Mass Military Mobilization*, (1988).
Theda, Skocpol, *State and Revolution*, (1979).
Theodore, L. Putterman, *Berlin's Two Concept of Liberty*, (2006).
Thoreau, Henry David, *The Writings of Henry David Thoreau*, (1906), *Walden,* (1960), *Walden and Civil Disobedience,* (1986), *Civil Disobedience and Other Essays*, (1993), *On Duty of Civil Disobedience,* (2008).
*Thought,* (1995), *Justice and the Environment*, (1998).
*Today*, (1991), *Prospects for Democracy: North, South, East, West,* (1993).
UNDP, *Governance for Sustainable Human Development*, (1997).
Verba, Sidney & Norman H. Nie, & Jae-On Kim, *Participation and Political Equality: A Cross-national Comparison,* (1978).
*Violence, Theory and Society*, (1979).
Virmani, Arvind, *China's Socialist Market Economy: Lessons for democratic developing countries*, (2006).
Waltz , Kenneth N., *Theory of International Politics*, (1979).
Waltz, Kenneth N., *Theory of International Politics*, (1979).
Walzer, Michael, Obligations, (1970), *The Communitarian Critique of Liberalism*, (1990), *On Toleration,* (1997), *Spheres of Justice: A Defense of Pluralism and Equality,* (1983).
Weiner, Myron, *Party Politics in India: The Development of a Multi-Party System*,
Weiner, Myron, Party-Building in a New Nation: The Indian National Congress, (1967).
Weldon, T. D., *The Vocabulary of Politics*, (1953).
Wheare, K. C., *Federal Government,* (1964).
White, Harrison, *Identity and Control: A Structural Theory of Social Action*, (1992).
William K. Carroll, *Organising Dissent*, (1992).
*World,* (1989).
Young, John W. & John Kent, *International Relations since 1945*, (2004).